DUDEN

Band 2

Der Duden in 10 Bänden
Das Standardwerk
zur deutschen Sprache

Herausgegeben vom Wissenschaftlichen Rat
der Dudenredaktion:
Prof. Dr. Günther Drosdowski,
Dr. Wolfgang Müller,
Dr. Werner Scholze-Stubenrecht,
Dr. Matthias Wermke

WIE FUNKTIONIERT DAS?

Wie funktioniert das?
Die Technik im Leben von heute
608 Seiten mit 280 zweifarbigen und 8 vierfarbigen Schautafeln.

Wie funktioniert das?
Der Mensch und seine Krankheiten
600 Seiten mit 257 zweifarbigen und 8 mehrfarbigen Schautafeln.

Wie funktioniert das?
Gesund sein und fit bleiben
543 Seiten mit 229 zweifarbigen Schautafeln.

Wie funktioniert das?
Der moderne Staat
512 Seiten mit 240 zweifarbigen Schautafeln.

Wie funktioniert das?
Die Umwelt des Menschen
607 Seiten mit 244 zweifarbigen Schautafeln.

Wie funktioniert das?
Die Wirtschaft heute
656 Seiten mit 315 ganzseitigen Schautafeln.

Wie funktioniert das?
Die Energie – Erzeugung, Nutzung, Versorgung
303 Seiten mit 137 zweifarbigen Schautafeln.

Wie funktioniert das?
Die Arzneimittel
320 Seiten mit 132 zweifarbigen Abbildungen.

Wie funktioniert das?
Städte, Kreise und Gemeinden
336 Seiten mit 160 zweifarbigen Schautafeln.

Wie funktioniert das?
Die Bundeswehr
316 Seiten mit rund 147 zweifarbigen Schautafeln.

Wie funktioniert das?
Der Computer
288 Seiten mit 137 farbigen Bildtafeln.

Wie funktioniert das?
Wetter und Klima
304 Seiten mit 140 zweifarbigen Bildtafeln.

MEYERS TASCHENLEXIKA ZU SPEZIALTHEMEN

Meyers Taschenlexikon Biologie in 3 Bänden
Alles Wissen über Mensch, Tier und Pflanze.
960 Seiten, rund 15 000 Sachartikel und Biographien. Über 800 meist farbige Abbildungen, Graphiken, Tabellen, Übersichten.

Meyers Taschenlexikon Geschichte in 6 Bänden
Die Weltgeschichte in 25 000 exakt definierten Stichwörtern. 1984 Seiten, rund 25 000 Biographien, Sachartikel und Ländergeschichten. Zahlreiche zum Teil mehrfarbige Abbildungen, Graphiken, Übersichten und Stammtafeln. Rund 200 historische Karten und mehr als 6 000 Literaturangaben.

Meyers Taschenlexikon Musik in 3 Bänden
Das gesamte Wissen über die Musik: Vom Mittelalter bis ins 20. Jahrhundert. 1 056 Seiten, rund 8 000 Biographien und Sachartikel. Über 800 Notenbeispiele, zahlreiche, zum Teil farbige Abbildungen, rund 9 000 Literaturangaben.

SCHLAGLICHTER

Deutsche Geschichte in Schlaglichtern
Ein Geschichtsbuch mit neuartiger Konzeption.
480 Seiten, über 320 Abbildungen. Register.

Deutsche Literatur in Schlaglichtern
Ein ideales Handbuch mit Informationen zu den wichtigsten Aspekten deutschsprachiger Literatur. 516 Seiten, zahlreiche, meist farbige Abbildungen.

Europäische Musik in Schlaglichtern
Die bedeutendsten musikalischen Ereignisse der abendländischen Musik von ihren Anfängen bis heute. 496 Seiten mit zahlreichen, meist farbigen Abbildungen und Notenbeispielen.

Geschichte der Medizin in Schlaglichtern
Die verschiedenen Epochen der Medizingeschichte werden von Anfang an und von alten Seiten beleuchtet. Etwa 420 Seiten mit überwiegend farbigen Abbildungen.

KINDER- UND JUGENDBÜCHER

Meyers Jugendlexikon
Ein allgemeines Lexikon, das auf keinem Schülerschreibtisch fehlen sollte. 672 Seiten, rund 7 500 Stichwörter, zahlreiche meist farbige Abbildungen, Fotos, Schautafeln und Tabellen.

Meyers Großes Kinderlexikon
Das neuartige Wissensbuch für Vor- und Grundschulkinder. 323 Seiten mit 1 200 Artikeln, 1 000 bunten Bildern sowie einem Register mit etwa 4 000 Stichwörtern.

Meyers Kinderlexikon
Mein erstes Lexikon. 259 Seiten mit etwa 3 000 Stichwörtern und rund 1 000 farbigen Bildern.

Meyers Buch vom Menschen und von seiner Erde
Das besondere „Schmökerlexikon". Erzählt für jung und alt von James Krüss, gemalt von Hans Ibelshäuser und Ernst Kahl.
162 Seiten mit 77 überwiegend ganzseitigen, farbigen Bildtafeln.

Meyers Großes Buch der alten Schiffe
Von den frühesten Bootsformen bis zu den schönen schnellen Segelschiffen unseres Jahrhunderts. 96 Seiten mit 45 großformatigen, farbigen Bildtafeln.

Meyers Großes Sternbuch für Kinder
Eine umfassende Einführung in das faszinierende Wissensgebiet der Astronomie für Kinder. 126 Seiten mit über 100 farbigen, teils großformatigen Zeichnungen und Sternkarten.

MEYERS LEXIKONVERLAG
Mannheim/Wien/Zürich

DUDEN

Stilwörterbuch
der deutschen Sprache

Die Verwendung der Wörter im Satz

7., völlig neu bearbeitete und erweiterte
Auflage von
GÜNTHER DROSDOWSKI
unter Mitwirkung folgender Mitarbeiter
der Dudenredaktion:
Wolfgang Eckey, Dieter Mang, Charlotte Schrupp,
Marion Trunk-Nußbaumer

DUDEN BAND 2

DUDENVERLAG
Mannheim/Wien/Zürich

CIP-Titelaufnahme der Deutschen Bibliothek
Der **Duden**: in 10 Bd.; d. Standardwerk zur dt. Sprache/
hrsg. vom Wiss. Rat d. Dudenred.: Günther Drosdowski...
Mannheim; Wien; Zürich: Dudenverl.
Früher mit d. Verl.-Angabe: Bibliogr. Inst.,
Mannheim, Wien, Zürich
Frühere Ausg. u. d. T.: Der grosse Duden
NE: Drosdowski, Günther [Hrsg.]
Bd. 2. Duden »Stilwörterbuch der deutschen Sprache«.
7., völlig neu bearb. u. erw. Aufl./von Günther Drosdowski.
Unter Mitw. folgender Mitarb. d. Dudenred.:
Wolfgang Eckey... - 1988
Duden »Stilwörterbuch der deutschen Sprache«:
d. Verwendung d. Wörter im Satz.
7., völlig neu bearb. u. erw. Aufl./von Günther Drosdowski.
Unter Mitw. folgender Mitarb. d. Dudenred.: Wolfgang Eckey...
Mannheim; Wien; Zürich: Dudenverl., 1988
(Der Duden; Bd. 2)
ISBN 3-411-20902-X
NE: Drosdowski, Günther [Bearb.]; Eckey, Wolfgang [Mitverf.];
Stilwörterbuch der deutschen Sprache

© Bibliographisches Institut & F. A. Brockhaus AG,
Mannheim 1988.
Satz: Bibliographisches Institut (DIACOS Siemens)
und Mannheimer Morgen Großdruckerei und Verlag GmbH
Druck und Einband: Klambt-Druck GmbH, Speyer
Printed in Germany
ISBN 3-411-20902-X

VORWORT

Das Stilwörterbuch stellt die Verwendung der Wörter im Satz dar – es ist gewissermaßen das Bindeglied zwischen Grammatik und Wörterbuch. Es zeigt, welche Verbindungen die Wörter des allgemeinen Wortschatzes eingehen können, verzeichnet auch formelhafte Wendungen, Redensarten und Sprichwörter und führt den ganzen Reichtum der Ausdrucksmöglichkeiten der deutschen Sprache vor.

Alle Stichwörter sind mit detaillierten Angaben für den Gebrauch versehen, vor allem mit grammatischen und stilistischen Hinweisen, die zum guten und korrekten Sprachgebrauch hinführen sollen. Die Wörterbuchartikel sind übersichtlich nach der Bedeutung der Wörter und ihrer Verwendung im Satz gegliedert; alle festen Verbindungen und Redewendungen, die das idiomatische Deutsch ausmachen, sind jeweils am Ende des Artikels aufgeführt. Zahlreiche Beispiele veranschaulichen den eigentlichen und den bildlichen Gebrauch, das Zusammenspiel der einzelnen Worter im Satzganzen, dessen Kenntnis eine wichtige Voraussetzung für einen guten Stil ist.

Für die Neuauflage wurde das gesamte Wortgut überprüft, veraltete Wörter und Verwendungsweisen wurden ausgeschieden, neue aufgenommen; vor allem wurden zahlreiche neue Bedeutungen, Wendungen und Redensarten hinzugefügt. Die Beispiele stammen aus der Sprachkartei der Dudenredaktion, einer der größten Sammlungen von Belegen aus der deutschen Gegenwartssprache. Mit mehr als 100 000 Fügungen und Satzbeispielen bietet das Stilwörterbuch – selbst dem gewandten Stilisten – eine Fülle von Anregungen für die sprachliche Gestaltung von Texten.

Mannheim, den 1. September 1988

DER WISSENSCHAFTLICHE RAT DER DUDENREDAKTION

Zur Anlage des Buches

I. Aufbau der Wörterbuchartikel:

Die Artikel sind systematisch und für die einzelnen Wortarten einheitlich aufgebaut. Auf das Stichwort folgen die stilistischen, grammatischen und sonstigen Angaben, die das Stichwort gen e r e l l betreffen. Beziehen sich diese Angaben nur auf eine bestimmte Bedeutung des Stichwortes, dann stehen sie bei der betreffenden Bedeutungsangabe.

Stichwörter, feste Verbindungen und Wendungen sind **fett gedruckt**, die Bedeutungsangaben *kursiv*, die Beispiele erscheinen in Normalschrift. Hochgestellte Zahlen beim Stichwort kennzeichnen gleichlautende Wörter (Homonyme).

> **Mond,** der: 1. a) *die Erde umkreisender Himmelskörper:* zunehmender, abnehmender, wechselnder M.; der M. ist [noch nicht] aufgegangen, ist voll, nimmt zu, scheint, steht am Himmel, verdunkelt sich; der M. hat heute einen Hof; der Hund bellt den M. an; die Rakete umkreist den M.; das Licht, der Schein, der Schimmer (geh.) des Mondes; die Scheibe des Mondes (geh.), die Sichel des Mondes (geh.); die der Erde abgewandte Seite des Mondes; das erste, letzte Drittel des Mondes; die Oberfläche, die Krater des Mondes; eine Rakete auf den M. schießen; das Raumschiff ist sicher auf dem M. gelandet, setzt auf dem M. auf, startet zum M. b) (Astron.) *einen Planeten umkreisender Himmelskörper:* der Mars hat zwei Monde. 2. (geh. veraltet) *Monat:* viele Monde vergingen. * (ugs.:) **den Mond anbellen** *(heftig schimpfen, ohne damit etwas zu erreichen)* · (ugs.:) **auf/hinter dem Mond leben** *(nicht wissen, was in der Welt vorgeht)* · (ugs.:) **hinter dem Mond [zu Hause/daheim] sein** *(rückständig sein)* · (ugs.:) **in den Mond gucken** *(das Nachsehen haben)* · (ugs.:) **etwas in den Mond schreiben** *(etwas als verloren betrachten).*

Runde Klammern ( ) schließen stilistische Bewertungen und Zuordnungen zu Sondersprachen ein. Ferner stehen erläuternde Zusätze und Ergänzungen bei einzelnen Beispielen in runden Klammern. Winkelklammern 〈 〉 enthalten grammatische Angaben. In eckige Klammern [ ] sind Buchstaben, Silben und vor allem Wörter in den Satzbeispielen eingeschlossen, die mitgelesen oder weggelassen werden können. In Schrägstrichen / / stehen Angaben, die im strengen Sinne keine Bedeutungsangaben sind, z. B. Angaben zur grammatischen Bedeutung (Funktion) der Pronomen, Partikeln usw., Hinweise auf Nebenvorstellungen, die Kennzeichnung als Gruß-, Dankesformeln, Flüche o. ä. Der „auf Mitte" stehende Punkt · wird als Gliederungszeichen verwendet, z. B. bei der Aneinanderreihung der festen Verbindungen und Wendungen. Unter dem Zeichen R werden sprichwörtliche Redensarten und Sprichwörter angeführt. Das Sternchen * kündigt am Schluß der Artikel zugehörige feste Verbindungen und Wendungen an. Inhaltlich unterscheidet das Stilwörterbuch im Artikelaufbau zwischen freien Fügungen und Verknüpfungen und festen Verbindungen und Wendungen. Letztere stehen jeweils am Schluß des Artikels.

atmen: 1. *Luft einziehen und ausstoßen:* leicht, tief, schwer, mühsam a.; der Kranke hatte unregelmäßig geatmet; durch den Mund, durch die Nase a.; wir wagten [vor Angst] kaum zu a.; der Verunglückte atmet *(lebt)* noch; solange ich noch atme (geh.; *lebe),* ... 2. ⟨etwas a.⟩ *einatmen:* Gestank und Abgase a. müssen; er atmete gierig die frische Nachtluft. 3. ⟨etwas atmet sich; mit Artangabe⟩ *sich in bestimmter Weise atmen lassen:* die Luft atmet sich schwer; ⟨es atmet sich; mit Art- und Umstandsangabe⟩ in dieser Luft, im Gebirge atmet es sich viel leichter *(kann man viel leichter atmen).* 4. (geh.) ⟨etwas atmet etwas⟩ *etwas strömt etwas aus, ist von etwas erfüllt:* dieses Buch atmet den Geist der Vergangenheit; alles ringsum atmet Freude. * (geh.:) **[wieder] frei atmen können** *(sich [wieder] sicher, nicht [mehr] unterdrückt fühlen).*

¹albern: *töricht, linkisch:* ein alberner Kerl; albernes Benehmen, Getue, Geschwätz; alberne Witze; albernes Zeug reden; sei nicht so a.!; sich a. aufführen, benehmen.

²albern: *sich albern benehmen, Unfug treiben:* die Schüler albern auf dem Schulhof, in der Klasse; die Ärzte und Schwestern alberten miteinander.

nachgehen: 1. ⟨jmdm., einer Sache n.⟩ *folgen:* der Fährte, der Spur eines Tieres n.; sie gingen dem Wimmern nach und fanden ein verletztes Tier; er war dem Mädchen, dem Fremden nachgegangen; ü b e r t r.: *verfolgen:* die Polizei ging den Hinweisen nach. 2. ⟨einer Sache n.⟩ **a)** *ausüben, betreiben:* seiner Arbeit, seinem Tagewerk (geh.), seinen Studien, seinem Beruf, seinen Geschäften n.; seiner Lieblingsbeschäftigung, einem Hobby, seinen Interessen n.; er geht nur seinem Vergnügen nach *(sucht nichts als das Vergnügen).* **b)** *etwas zu ergründen, aufzuklären suchen:* einer Frage, einem Problem, einer Vermutung, einem Gedanken n.; dieser Sache muß man genauer n. 3. ⟨etwas geht jmdm. nach⟩ *etwas beschäftigt jmdn. im Geiste:* seine Worte, die Erlebnisse des Tages gingen ihr noch lange nach. 4. ⟨etwas geht nach⟩ *etwas bleibt zurück:* die Uhr geht [eine Viertelstunde] nach.

II. Bedeutungsangaben:

Die verschiedenen Bedeutungen eines Stichwortes werden gewöhnlich mit arabischen Ziffern gekennzeichnet. Bedeutungen, die sich enger berühren, werden durch Kleinbuchstaben gegliedert. Mit Hilfe römischer Ziffern wird gelegentlich gegliedert, wenn Bedeutungen stärker voneinander abweichen. Immer wird mit römischen Ziffern gegliedert, wenn ein Wort verschiedenen Wortarten angehört. (Die Anordnung der Bedeutungen folgt nicht historischen, sondern synchronischen Gesichtspunkten.)

der: I. ⟨bestimmter Artikel⟩ /bezeichnet das maskuline Genus eines Substantivs/: d. Mann; d. Schrank. II. ⟨Demonstrativpronomen⟩ *dieser, derjenige:* d. Wagen soll mir gehören?; d. da ist es gewesen; so etwas kann nur d. (ugs., oft abwertend) gesagt haben; d. und arbeiten, pünktlich sein (ugs., oft abwertend; *nie und nimmer arbeitet er, ist er pünktlich).* III. ⟨Relativpronomen⟩ *welcher:* das ist der Arzt, d. mir geholfen hat. * **der und der** *(irgend jemand).*

III. Anordnung der Beispiele:

Die Beispiele sind im allgemeinen so angeordnet, wie es die Darstellung der Bedeutungsverhältnisse erfordert. Einfache Beispiele und Beispielsätze wechseln sich dabei ab. Beim Adjektiv und beim Substantiv wird die Reihenfolge der Beispiele von grammatischen Gesichtspunkten bestimmt:

Adjektiv:

1. als Attribut (die müden Wanderer). 2. als Artangabe: a) prädikativ, d. h. in Verbindung mit den kopulativen Verben *sein, werden* usw. (er war, wurde müde). b) adverbial, d. h. in Verbindung mit anderen Verben (sie wirkte müde). 3. in Verbindung bes. mit *sein* und *werden* und einer notwendigen Ergänzung (sie war seiner, der lästigen Arbeit müde).

> **müde: 1. a)** *schlafbedürftig, schläfrig:* die müden Augen fielen ihm zu; er war so m., daß er sofort einschlief; ich bin rechtschaffen (geh.; *sehr*), zum Umfallen (ugs.; *sehr*) m.; er sank m. ins Bett. **b)** *erschöpft, ermattet, abgespannt, geschwächt:* ein müder Arbeiter, Wanderer; seine müden Glieder, seinen müden Körper ausruhen; sie waren m. von der Arbeit; seine Füße waren m. vom vielen Laufen; sich m. arbeiten; das viele Sprechen hat ihn m. gemacht; sie kamen m. von ihrem Ausflug zurück; er hat das Pferd m. geritten; **übertr.:** mit müder *(matter und leiser)* Stimme sprechen; er wehrte mit einer müden *(schwachen, resignierenden)* Geste ab. **2.** (jmds., einer Sache/(seltener:) jmdn., etwas m. sein, werden) *jmds., einer Sache überdrüssig sein:* er würde ihrer bald m. werden; sie war der ganzen Empfänge m. *** nicht müde werden, etwas zu tun** *(nicht aufhören, etwas zu tun).*

Substantiv:

1. mit Attributen (ein schnittiges Boot). 2. als Subjekt (das Boot kentert). 3. als Objekt (Akkusativ-, Dativ-, Genitiv-, Präpositionalobjekt) (ein Boot bauen). 4. in Verbindung mit Präpositionen als Teil einer Umstandsangabe usw. (mit einem Boot den Fluß überqueren).

> **Boot,** das: /*kleines Wasserfahrzeug/:* ein schnelles, wendiges, schnittiges, leichtes, schweres, offenes, breites, schmales B.; die Boote der Fischer; das B. sticht in See (Seemannsspr.), treibt auf den Wellen, gleitet über das Wasser, sinkt, kentert, leckt, kippt um, schlägt um, geht unter, tanzt auf den Wellen (geh.), liegt tief im Wasser, läuft voll Wasser, liegt am Ufer, legt am Steg an, schaukelt, schwankt, zerschellt, bricht auseinander, liegt im Hafen, geht vor Anker, läuft auf Grund; die Kinder fahren gerne B.; ein B. bauen, vom Stapel laufen lassen, vertäuen (Seemannsspr.), festmachen, ausrüsten; das B. klarmachen (Seemannsspr.), steuern, rudern, an Land ziehen; sie ließen die Boote aufs Wasser; aus dem B. steigen, klettern; in das B. steigen; in die Boote gehen; in einem B., mit einem B. den Fluß überqueren; mit einem B. fahren, segeln; die Fischer sind mit den Booten hinausgefahren. ***** (ugs.:) **in einem Boot sitzen** *(gemeinsam eine schwierige Situation bewältigen müssen).*

IV. Anordnung der festen Verbindungen und Wendungen:

Die festen Verbindungen und Wendungen (Phraseologismen) stehen im Druck abgehoben (fett gedruckt) am Ende des Artikels. Es handelt sich dabei im wesentlichen um folgende Arten:

1. feste Attribuierungen: **schwarzer Markt** *(illegaler Handel mit verbotenen oder rationierten Waren).* 2. feste Verbindungen: **einen zwitschern** *(Alkohol*

trinken). 3. Funktionsverbgefüge: **in Erwägung ziehen** *(erwägen);* **zur Verteilung gelangen** *(verteilt werden).* 4. Wortpaare (Zwillingsformeln): **ab und zu** *(manchmal,* von Zeit zu Zeit*);* **bei Nacht und Nebel** *(heimlich* [bei Nacht]). 5. feste Wendungen: **etwas auf die lange Bank schieben** *(etwas Unangenehmes nicht gleich erledigen; etwas aufschieben).* (In allen diesen Fällen ist die jeweilige Verbindung oder Wendung beim [ersten] Substantiv oder, wenn kein Substantiv vorkommt, beim ersten sinntragenden Wort aufgeführt.)

V. Stilistische Angaben; Kennzeichnung des sonder- und fachsprachlichen Wortgutes und der zeitlichen und räumlichen Zuordnung:

Nicht besonders gekennzeichnet werden die normalsprachlichen Wörter, d. h. die Wörter, die in ihrem Stilwert neutral sind und die den größten Teil des Wortschatzes ausmachen. Wörter, Wendungen und Verwendungsweisen, die nicht der Normalsprache angehören, die einer Sonder- oder Fachsprache zuzurechnen sind, nur in einem Teil des deutschen Sprachgebiets gebräuchlich sind usw., werden gekennzeichnet. Sprachgebräuche, die als hochsprachlich nicht korrekt gelten, werden ebenfalls gekennzeichnet. Alle diese Kennzeichnungen sollen zu einem korrekten, stilistisch einwandfreien Sprachgebrauch hinführen.

Angaben zum Stil und zum Gebrauch:

gehoben (geh.): gewählte, nicht alltägliche Ausdrucksweise, die in der gesprochenen Sprache gelegentlich feierlich oder gespreizt wirkt: Anbeginn, Bürde, sich befleißigen.

umgangssprachlich (ugs.): ungezwungene, anschauliche und gefühlsbetonte, gelegentlich auch burschikose Ausdrucksweise: kriegen, eine Meise haben, Knüller.

familiär (fam.): vertrauliche Ausdrucksweise: ein Schläfchen machen, wie ein Spatz essen.

derb: ungepflegte, grobe und gewöhnliche Ausdrucksweise: sich besaufen, kotzen, die Schnauze halten.

Papierdeutsch (Papierdt.): unlebendige, umständliche [behördliche] Ausdrucksweise: unter Bezugnahme auf, in Verlust gehen, in Wegfall kommen.

scherzhaft (scherzh.): die Fische füttern (für: *seekrank sein).*

ironisch (iron.): eine reife Leistung.

abwertend: kennzeichnet eine Aussage, die ein ablehnendes Urteil enthält: sich anbiedern, Almosen.

nachdrücklich: kennzeichnet vor allem die Fügungen, die eine Aussage verstärken oder stärker abstufen: in Angriff nehmen, in Erwägung ziehen, zum Abschluß bringen.

verhüllend (verhüll.): kennzeichnet eine Aussage, die dazu dient, eine als anstößig oder unangenehm empfundene direkte Aussage zu vermeiden und zu umschreiben oder einen Sachverhalt zu beschönigen: heimgehen (für: *sterben*); in anderen Umständen sein (für: *schwanger sein*).

Kennzeichnung des sonder- und fachsprachlichen Wortgutes:
Wörter und Verwendungsweisen, die einer Sonder- oder Fachsprache angehören, werden entsprechend gekennzeichnet: einen Auftrag stornieren (Kaufmannsspr.), ein Pferd versammeln (Reitsport).

Kennzeichnung der zeitlichen und räumlichen Zuordnung:
veraltend: nur noch selten, meist von der älteren Generation gebraucht: Rendezvous.

veraltet: nicht mehr Bestandteil des Wortschatzes oder des Systems der Gegenwartssprache, vereinzelt aber noch in altertümelnder, scherzhafter oder ironischer Ausdrucksweise vorkommend: Abend (für: *Westen*), Mond (für: *Monat*); eines Kindes genesen (für: *ein Kind gebären*).

landschaftlich (landsch.): steht im allgemeinen in Verbindung mit (ugs.) und kennzeichnet die Zugehörigkeit zur lokalen Umgangssprache: sich schnauben (für: *sich schneuzen*); Messe (für: *Jahrmarkt*).

norddeutsch, süddeutsch, österreichisch, schweizerisch usw. (nordd., südd., österr., schweiz.): kennzeichnen die Zugehörigkeit zu dem entsprechenden Sprachraum: kehren, fegen, Knödel.

VI. Grammatische Angaben:

1. Zuordnung der Stichwörter zu Wortarten:
Außer bei Substantiven, Adjektiven und Verben wird bei allen Wörtern die Wortart angegeben: à ⟨Präp.⟩, **acht** ⟨Kardinalzahl⟩, **dafür** ⟨Adverb⟩. Gehört ein Wort mehreren Wortarten an, dann werden alle genannt: **westlich: I.** ⟨Adj.⟩. **II.** ⟨Präp. mit Gen.⟩. **III.** ⟨Adverb⟩.

2. Angabe der begrenzten Verwendungsfähigkeit:
Wörter, die nur in einer festen Verbindung oder in bestimmten Wendungen vorkommen, werden in der ihnen eigenen Form der Verwendung vorgeführt: **ausfindig** ⟨in der Verbindung⟩ jmdn., etwas ausfindig machen; **Duzfuß** ⟨in der Wendung⟩ mit jmdm. auf [dem] Duzfuß stehen.

3. Angaben zu Zahl und Art der Ergänzungen (Valenz und Distribution) bei den Verben:
Angaben zu Zahl und Art der notwendigen Ergänzungen bei den Verben stehen in spitzen Klammern hinter dem jeweiligen Stichwort bzw. bei den einzelnen Bedeutungspunkten des Stichwortes. Sie zeigen das Muster, nach dem sich der Satz aufbaut. Bei den semantischen Merkmalen wird lediglich eine Unterscheidung zwischen „belebt" und „unbe-

lebt" vorgenommen in der Weise, daß Menschen und Tiere als „jmd."
gelten, Pflanzen, Dinge und Abstrakta als „etwas":

schlagen: ⟨jmdn. s.⟩ *Schläge versetzen, prügeln:* ein Kind, ein Tier
schlagen.
⟨etwas s.⟩ *fällen:* Bäume schlagen.

anpfeifen: ⟨etwas a.⟩ *durch Pfeifen beginnen lassen:* das Spiel, die
erste Halbzeit anpfeifen.
⟨jmdn. a.⟩ *zurechtweisen:* einen Untergebenen anpfeifen.

Nur vereinzelt ist, um Mißverständnisse auszuschließen, genauer unterschieden worden, z. B. **erlegen** ⟨ein Tier e.⟩: *töten,* weil die Angabe ⟨jmdn.
e.⟩ dazu verleiten könnte, einen Satz *Er hat einen Menschen erlegt* zu
bilden.

Die Angaben im einzelnen:

1. Ohne Objekt (Ergänzung):

Mit persönlichem Subjekt (Satzgegenstand):

abrüsten: die Großmächte rüsten ab.

Mit außerpersönlichem Subjekt (Satzgegenstand):

tropfen ⟨etwas tropft⟩: der Wasserhahn tropft.

dröhnen ⟨etwas dröhnt⟩: der Saal dröhnt [vom Applaus]; ⟨etwas dröhnt
jmdm.⟩ die Ohren dröhnten mir vom Lärm.

Mit unpersönlichem Subjekt (Satzgegenstand):

regnen ⟨es regnet⟩: es regnet schon seit Tagen.

Mit einem Reflexivpronomen (rückbezügliches Fürwort):

schämen ⟨sich s.⟩: er schämt sich.

2. Mit Akkusativobjekt[1]:

loben ⟨jmdn., etwas l.⟩: sie lobt den Schüler; sie lobt die kluge Antwort.

waschen ⟨jmdn., sich, etwas w.⟩: das Kind, sich, die Haare w.

Fakultative Akkusativobjekte stehen in eckigen Klammern:

backen ⟨[etwas] b.⟩: wir backen jede Woche [Kuchen].

Elliptisch:

enttäuschen ⟨jmdn., etwas e.⟩: er enttäuschte mich, meine Erwartungen;
⟨auch ohne Akk.⟩ der brasilianische Meister enttäuschte.

---

[1] Als Akkusativobjekte gelten in der Regel auch Akkusative des Inhalts oder der Menge: ⟨et-
was enthält etwas⟩ das Faß enthält 100 Liter; ⟨etwas faßt etwas⟩ der Saal faßt 1 000 Menschen; ⟨etwas wiegen⟩ er wiegt 80 Kilo; die Kiste wiegt viel, wenig. Auch die Verben „laufen,
springen, schwimmen" usw. haben in bestimmten Verwendungsweisen ein Akkusativobjekt: ⟨etwas laufen⟩ er läuft 10,2 Sekunden; ⟨etwas springen⟩ er springt 7,80 m; ⟨etwas
schwimmen⟩ sie schwimmt Weltrekord. („Akkusativobjekte 2. Grades" werden dagegen
nicht angegeben: er springt [7,80 m] weit; der Schnee liegt [2 m] hoch; der Fluß ist [2 m] tief).

Nebensatz oder Infinitiv an Stelle des Akkusativobjekts:

verlangen ⟨etwas v.⟩: er verlangte Anerkennung; er verlangte, daß man ihn anerkennt; er verlangte, anerkannt zu werden.

Mit einer Umstandsangabe:

treten ⟨jmdn. t.; mit Raumangabe⟩: er hat ihn auf den Fuß getreten.

schießen ⟨jmdn. s.; mit Umstandsangabe⟩: er schoß ihn zum Krüppel.

Mit einer Umstandsangabe und einem Dativobjekt[1]:

legen ⟨jmdm., sich etwas l.; mit Raumangabe⟩: er legt ihm die Hand auf die Schulter.

Mit einem zweiten Objekt im Akkusativ, Dativ oder Genitiv oder mit einer Präposition:

schenken ⟨jmdm. etwas s.⟩: er schenkt seinem Freund ein Buch; sie schenkte ihm ihre Liebe.

abfragen ⟨jmdn., etwas a.⟩: er fragt ihn ab; er fragt die Vokabeln ab; ⟨jmdn./auch: jmdm. etwas a.⟩ er fragt ihn/ihm die Vokabeln ab.

abbürsten ⟨jmdn., sich, etwas a.⟩: den Jungen, sich, den Mantel a.; ⟨jmdm., sich etwas a.⟩ er bürstet ihm die Jacke ab.

unterziehen ⟨jmdn., sich, etwas einer Sache u.⟩: er unterzieht das Auto einem Test.

bringen ⟨etwas b.⟩ die Zeitung b.; ⟨jmdm. etwas b.⟩: er bringt ihr das Essen.

beschuldigen ⟨jmdn., sich einer Sache b.⟩: er wurde des Mordes beschuldigt; er wurde beschuldigt, daß er den Mord begangen habe; man beschuldigte ihn, den Mord begangen zu haben.

nötigen ⟨jmdn. zu etwas n.⟩: er nötigt ihn zum Platznehmen.

überreden ⟨jmdn. zu etwas ü.⟩: er überredete ihn zum Kauf; er überredete sie, das Buch zu kaufen.

Hierher gehören auch Fügungen mit einem Adjektiv und einem bestimmten Verb, vor allem mit „sein" oder „werden":

schuldig ⟨jmdm. etwas s. sein⟩: er ist ihm 100 Mark s.

Mit Gleichsetzungsakkusativ:

nennen ⟨jmdn., etwas n.; mit Gleichsetzungsakkusativ⟩: er nannte ihn einen Verräter.

3. Mit Dativobjekt:

danken ⟨jmdm. d.⟩: er dankte ihm überschwenglich.

ähneln ⟨jmdm., sich, einer Sache ä.⟩: er ähnelt dem Vater; sie ähneln sich sehr; das ähnelt einem Komplott.

Elliptisch:

kondolieren ⟨jmdm. k.⟩: sie kondolierte ihm; ⟨auch ohne Dat.⟩ er hat nicht kondoliert.

---

[1] Nicht angegeben werden freie Dative, d. h. der Dativus commodi bzw. incommodi und der Dativus ethicus. Er trägt mir (= für mich) den Koffer. Träumt mir nicht!

Mit einer Umstandsangabe:

> **klopfen** ⟨jmdm. k.; mit Raumangabe⟩: sie klopfte ihm auf die Schulter.
> **gehen** ⟨es geht jmdn.; mit Artangabe⟩: es geht ihr ausgezeichnet.

Elliptisch:

> **stehen** ⟨etwas steht jmdm.; mit Artangabe⟩ das Kleid steht dir gut; ⟨auch
> ohne Artangabe⟩ das Kleid steht dir.

Mit einem Präpositionalobjekt:

> **verhelfen** ⟨jmdm. zu etwas v.⟩: er hat seinem Freund zu einer Stellung ver-
> holfen.
> **liegen** ⟨jmdm. liegt an jmdm., an etwas⟩: ihm liegt an ihr, an ihrer Freund-
> schaft.

4. Mit Genitivobjekt

> **gedenken** ⟨jmds., einer Sache g.⟩: seines alten Lehrers, jener schönen
> Tage g.
> **harren** ⟨jmds., einer Sache h.⟩: er harrt seiner, der kommenden Dinge.

Hierher gehören auch Fügungen mit einem Adjektiv und einem bestimmten Verb, vor allem mit „sein" oder „werden":

> **schuldig** ⟨einer Sache s. sein⟩: er ist eines schweren Verbrechens s.
> **müde** ⟨jmds., einer Sache m. sein, werden⟩: sie ist, wird seiner, des Wartens
> m.

5. Mit Gleichsetzungsnominativ:

> **sein** ⟨mit Gleichsetzungsnominativ⟩: er ist Abgeordneter.
> **bleiben** ⟨mit Gleichsetzungsnominativ⟩: er bleibt der beste Tennisspieler.

6. Mit Präpositionalobjekt:

> **achten** ⟨auf jmdn., auf etwas a.⟩: er achtete auf die Fußgänger, auf den
> Verkehr.
> **wissen** ⟨von/um etwas w.⟩: von einer Sache nichts w.; er weiß um die
> Schwierigkeiten.

Elliptisch:

> **einwilligen** ⟨in etwas e.⟩: sie hat in seine Vorschläge eingewilligt; ⟨auch
> ohne Präp.-Obj.⟩ er wird kaum e.

Mit einer Umstandsangabe:

> **umgehen** ⟨mit jmdm., mit etwas u.; mit Artangabe⟩: er geht behutsam mit
> dem Kind um.

Mit einem zweiten Präpositionalobjekt:

> **übereinstimmen** ⟨mit jmdm. in etwas ü.⟩: in diesem Punkt stimmt er mit
> mir überein.

Hierher gehören auch Fügungen mit einem Adjektiv und einem bestimmten Verb, vor allem mit „sein" oder „werden":

> **arm** ⟨a. an etwas sein⟩: dieses Gemüse ist a. an Vitaminen.

7. Mit Umstandsangaben (Ort, Zeit, Art usw.):

hausen ⟨mit Raumangabe⟩: sie müssen in einem Keller h.
dauern ⟨etwas dauert; mit Zeitangabe⟩: die Sitzung dauerte 4 Stunden.
aussehen ⟨mit Artangabe⟩: sie sieht schick aus.
fühlen ⟨sich f.; mit Artangabe⟩: sie fühlt sich geehrt.

Wenn nicht nur **eine** Art der Angabe möglich ist, wird nur allgemein „Umstandsangabe" eingesetzt:

liegen ⟨mit Umstandsangabe⟩: Berlin liegt an der Spree; diese Wohnung liegt verkehrsgünstig.

Hierher gehören auch Fügungen mit einem Adjektiv und einem bestimmten Verb, vor allem mit „sein" oder „werden":

ansässig ⟨a. sein; mit Raumangabe⟩: er ist in Köln a.

8. Mit Nebensatz:

zusehen ⟨mit Nebensatz⟩: du mußt z., daß nichts passiert.

9. Mit Infinitiv:

können ⟨Modalverb; mit Infinitiv⟩: er kann [gut] kochen; du kannst [das Geld] bezahlen.

weigern ⟨sich w.; mit Infinitiv mit *zu*⟩: er weigerte sich, diesen Auftrag auszuführen; ⟨auch ohne Infinitiv mit *zu*⟩ du kannst dich nicht länger w.

wissen ⟨mit Infinitiv mit *zu*⟩: er weiß [dem Druck] zu widerstehen.

VII. Verzeichnis der in diesem Buch verwendeten Abkürzungen:

Adj.	Adjektiv	Dat.	Dativobjekt
adj. Part.	adjektivisches Partizip	Datenverarb.	Datenverarbeitung
		dgl.	dergleichen
Akk.	Akkusativ[objekt]	d. h.	das heißt
Archäol.	Archäologie	Druckerspr.	Druckersprache
Astrol.	Astrologie	Eisenbahnw.	Eisenbahnwesen
Astron.	Astronomie	ev.	evangelisch
Bauw.	Bauwesen	fachspr.	fachsprachlich
bayr.	bayrisch	Fachspr.	Fachsprache
Bergmannsspr.	Bergmannssprache	fam.	familiär
berlin.	berlinisch	Fernsprechw.	Fernsprechwesen
bes.	besonders	Filmw.	Filmwesen
bibl.	biblisch	Fliegerspr.	Fliegersprache
bildl.	bildlich	Flugw.	Flugwesen
Biol.	Biologie	Forstw.	Forstwirtschaft
Buchw.	Buchwesen	Fot.	Fotografie
Bürow.	Bürowesen	Gaunerspr.	Gaunersprache
bzw.	beziehungsweise	geh.	gehoben

Geldw.	Geldwesen	Philat.	Philatelie
Gen.	Genitiv[objekt]	Philos.	Philosophie
Geogr.	Geographie	Postw.	Postwesen
Geom.	Geometrie	Präp.	Präposition
Handw.	Handwerk	Präp.-Obj.	Präpositionalobjekt
Hochschulw.	Hochschulwesen	Psych.	Psychologie
hochsprachl.	hochsprachlich	R	sprichwörtliche
Hotelw.	Hotelwesen		Redensart
Hüttenw.	Hüttenwesen		oder Sprichwort
Imkerspr.	Imkersprache	Rechtsw.	Rechtswesen
Inf.	Infinitiv	Rel.	Religion
Interj.	Interjektion	Rundf.	Rundfunk
iron.	ironisch	s.	siehe
Jägerspr.	Jägersprache	S.	Seite
Jh.	Jahrhundert	scherzh.	scherzhaft
jmd.	jemand	Schülerspr.	Schülersprache
jmdm.	jemandem	schweiz.	schweizerisch
jmdn.	jemanden	Seemannsspr.	Seemannssprache
jmds.	jemandes	Sing.	Singular
kath.	katholisch	Soldatenspr.	Soldatensprache
Kaufmannsspr.	Kaufmanns-	Sprachw.	Sprachwissenschaft
	sprache	Studentenspr.	Studentensprache
Kinderspr.	Kindersprache	subst.	substantivisch oder
Kochk.	Kochkunst		substantiviert
Konj.	Konjunktion	Subst.	Substantiv
Kunstw.	Kunstwissenschaft	südd.	süddeutsch
Kurzw.	Kurzwort	u. a.	und andere[s]
landsch.	landschaftlich	u. ä.	und ähnliches
Landw.	Landwirtschaft	übertr.	übertragen
Math.	Mathematik	u. dgl.	und dergleichen
Med.	Medizin	ugs.	umgangssprachlich
Meteor.	Meteorologie	Ugs.	Umgangssprache
militär.	militärisch	usw.	und so weiter
Min.	Mineralogie	verhüll.	verhüllend
Myth.	Mythologie	Verkehrsw.	Verkehrswesen
Nom.	Nominativ	Versiche-	Versicherungs-
nordd.	norddeutsch	rungsw.	wesen
o. ä.	oder ähnliches	vgl.	vergleiche
o. dgl.	oder dergleichen	volkst.	volkstümlich
österr.	österreichisch	westmd.	westmitteldeutsch
ostmd.	ostmitteldeutsch	Winzerspr.	Winzersprache
Päd.	Pädagogik	Wirtsch.	Wirtschaft
Papierdt.	Papierdeutsch	Wissensch.	Wissenschaft
Part.	Partizip	z. B.	zum Beispiel
Pers.	Person	Zeitungsw.	Zeitungswesen
Phil.	Philologie	z. T.	zum Teil

A

a, A, das: 1. *der erste Buchstabe des Alphabets:* ein großes, verschnörkeltes A; ein kleines a; a/A sagen; A wie Anton (beim Buchstabieren), Waage schreibt man mit zwei a; R: wer A sagt, muß auch B sagen *(wer etwas anfängt, muß es auch fortsetzen und die Folgen tragen).* 2. /*Tonbezeichnung/:* ein hohes, tiefes, eingestrichenes A; der Kammerton a; auf dem Klavier das A anschlagen. * **das A und O** *(die Hauptsache, das Wesentliche, der Kernpunkt):* Disziplin ist das A und O · (ugs.:) **von A bis Z** *(von Anfang bis Ende, ohne Ausnahme, vollständig):* die Geschichte ist von A bis Z erfunden; etwas von A bis Z lesen.

à 〈Präp.〉 (Kaufmannsspr. und ugs.): *zu; zu je* /zur Angabe des Stückpreises, der Stückzahl o. ä./: fünf Briefmarken à 30 Pfennig; zehn Kisten à 50 Zigarren; das Lexikon hat acht Bände à 1000 Seiten; ein Karton à 20 Teebeutel.

Aal, der: /*ein Fisch/:* ein dicker, fetter, armlanger A.; Aale fangen; einen A. stechen, räuchern, kochen; er ist dünn wie ein A.; Kochk.: A. grün, A. blau.

aalen (ugs.) 〈sich a.; gewöhnlich mit Umstandsangabe〉: *sich wohlig dehnen und strecken; sich behaglich ausgestreckt ausruhen:* sich im Liegestuhl, am Strand, in der Sonne a.

Aas, das: 1. *[verwesende] Tierleiche, Kadaver:* faulendes, stinkendes A.; A. wittern, fressen; Hyänen leben von A.; R: wo ein A. ist, da sammeln sich die Geier. 2. (ugs. abwertend): *durchtriebener, gemeiner, niederträchtiger Mensch; widerspenstiges, faules [Haus]tier* /oft als Schimpfwort/: ein gemeines, faules A.; so ein raffiniertes A.!; diese verkommenen Äser/(seltener:) Aase; /oft mit dem Unterton der [widerstrebenden] Anerkennung/: so ein schlaues A.!; er ist ein feines A. *(übertrieben vornehm gekleideter Mensch).* * (ugs.:) **kein Aas** *(niemand):* diesen Ort kennt kein A.; es ist noch kein A. da.

aasen (ugs.) 〈mit etwas a.〉: *verschwenderisch mit etwas umgehen:* mit der Butter, mit dem Geld, seiner Gesundheit, seinen Kräften a.

ab: I. 〈Präp.〉 1. (Kaufmannsspr.; Verkehrsw.) *von ... an, von* 〈bei Raumangaben; mit Dativ〉: ab Werk, ab Fabrik, ab unserem Lager; frei ab Hamburg; ab Autobahnausfahrt; der Bus fährt ab Hauptbahnhof; ab Frankfurt, ab allen deutschen Flughäfen. 2. *von ... an* 〈bei Zeitangaben, Angaben der Reihenfolge o. ä.; mit Dativ und Akk.〉: ab sofort, ab morgen, ab Ostern; (ugs.:) ab da *(von diesem Zeitpunkt an)* ging alles viel leichter; ab erstem/ersten Mai; ab kommendem/kommenden Montag; ab Montag, dem/den 5. Mai; bei Bestellung ab 50 Exemplaren/Exemplare wird Rabatt gewährt; jugendfrei ab vierzehn Jahren/Jahre /geht ein Artikel oder ein Pronomen voran, dann steht nur der Dativ/: ab dem 15. Mai; ab

seinem 18. Lebensjahr; ab diesem Zeitpunkt. **II.** 〈Adverb; häufig imperativisch oder elliptisch〉 **1.** *weg; fort; entfernt:* keine drei Schritte ab; rechts ab von der Station; ab nach Hause; weit vom Weg ab; /als Bühnenanweisung:/ Hamlet ab *(geht ab),* ab durch die Mitte; Filmw.: Film ab!, Ton ab! **2.** *herunter, hinunter* /in militär. u. a. Kommandos/ Gewehr ab!; Mützen ab! * (bes. nordd.:) **ab und an** *(manchmal, von Zeit zu Zeit)* · **ab und zu: a)** *(manchmal, von Zeit zu Zeit):* sich ab und zu treffen; jemanden ab und zu besuchen. **b)** (veraltet) *(aus und ein, hinweg und herbei):* Kellner gingen ab und zu.

abändern 〈etwas a.〉: *ein wenig, in Teilen ändern:* ein Kleidungsstück a.; ein Programm, sein Testament a.; er hat den Entwurf abgeändert.

abarbeiten: 1. 〈etwas a.〉 *durch Arbeit tilgen:* eine Summe, Schulden a. **2.** 〈sich a.〉 *sich abplagen:* ich arbeite mich ab, und du schaust zu; sie hat sich für ihre Kinder abgearbeitet; sich an einem Projekt, an einem Problem a. *(sich damit abmühen);* adj. Part.: *durch Arbeit erschöpft; verbraucht:* ein abgearbeiteter Mensch; sie hat rauhe, abgearbeitete Hände; abgearbeitet sein, aussehen, nach Hause kommen. **3.** (ugs.) 〈etwas a.〉 *als Arbeitspensum erledigen:* ein Arbeitspensum, einen Auftrag a.; acht Stunden a.

Abbau, der: **1.** *das Abbauen:* der A. der Gerüste, Tribünen, Baracken. **2. a)** *allmähliche Herabsetzung, Senkung; Beseitigung:* ein stufenweiser A.; dem sozialen A. entgegenwirken; der A. der Preise, Zölle, der alten Vorurteile. **b)** *Verringerung des Bestandes durch teilweise Entlassung o. ä.:* der A. der Verwaltung, des Personals; der fortschreitende A. von Arbeitsplätzen; der A. von Krankenhausbetten; ein A. im militär. u. a. Beamten fordern. **3.** (Bergmannsspr.) *Förderung, Gewinnung:* ein lohnender A.; der A. von Kohle, des Erzes; dem A. unterliegen *(abgebaut werden);* Kali in A. nehmen *(abbauen).* **4.** (Chemie, Biol.) *Zerlegung in niedere Aufbauelemente:* der A. von Eiweiß, Stärke, Fett, des Alkohols im Blut. **5.** *das Schwinden; Rückgang:* ein biologischer A. findet statt; der A. der Kräfte im Alter.

abbauen: 1. 〈etwas a.〉 *in seine Teile zerlegen, abbrechen:* Gerüste, Kulissen, Maschinen a.; wir haben das Lager, die Zelte abgebaut; den Markt a. *(die Marktbuden abbrechen).* **2. a)** 〈etwas a.〉 *nach und nach herabsetzen, verringern, beseitigen:* Preise, Löhne, Steuern, ein Defizit a.; die Bestände, Vorräte müssen abgebaut werden; Arbeitsplätze werden abgebaut; die Anzahl der Betten wird abgebaut; Vorurteile, Ängste, Feindbilder a. **b)** 〈jmdn. a.〉 *vorzeitig in den Ruhestand versetzen, entlassen:* der Beamte wurde abgebaut; Verwaltungskräfte, Personal a. **3.** *in seiner Leistung, seinem körperlichen, geistigen Leistungsver-*

mögen nachlassen: im Alter a.; er baut in letzter Zeit sehr ab; von der zehnten Runde an baute der Europameister [körperlich] stark ab; einige Zuhörer bauten während des Open-air-Konzerts ab *(sie wurden von einem Schwächezustand befallen).* **4.** (Bergmannsspr.) ⟨etwas a.⟩ *fördern, gewinnen:* Kohle, Erze a. **5.** (Chemie, Biol.) **a)** ⟨etwas a.⟩ *in niedere Aufbauelemente zerlegen:* ein Stoff wird biologisch abgebaut; der Körper baut den Alkohol im Blut ab. **b)** ⟨etwas baut sich ab⟩ *etwas zerfällt in niedere Aufbauelemente:* die chemische Verbindung, Substanz baut sich [schlecht] ab, hat sich noch nicht abgebaut.

abbeißen ⟨etwas a.⟩: *mit den Zähnen abtrennen:* den Faden, die Spitze, das Ende der Zigarre a.; ein großes Stück Schokolade, von dem Kuchen a.; ⟨auch ohne Akk.:⟩ laß mich mal a.!; abgebissene *(abgeknabberte)* Fingernägel; ⟨jmdm., sich etwas a.⟩ jmdm. ein Ohr a.

abbekommen ⟨etwas a.⟩: **1.** *(etwas von etwas) bekommen:* ein Stück, die Hälfte, nichts [von etwas] a.; keine Angst, du bekommst auch etwas ab; ⟨ugs.:⟩ er hat keine Frau abbekommen *(gefunden).* **2.** *hinnehmen müssen, einstecken müssen, erhalten:* der Fahrer, das Auto bekam eine Beule, eine Schramme ab; ich habe etwas abbekommen *(bin in Mitleidenschaft gezogen worden).* **3.** *loslösen, entfernen können:* ich habe den Flecken von der Decke nicht abbekommen; etwas ist schwer abzubekommen; den Deckel nicht a.

abberufen ⟨jmdn. a.⟩: *von einem Posten zurückberufen:* den Botschafter [von seinem Posten, aus Moskau] a.; ü b e r t r. (geh.; verhüll.): er wurde aus dem Leben, in die Ewigkeit abberufen *(ist verstorben).*

abbestellen: a) ⟨etwas a.⟩ *(die Bestellung von etwas) rückgängig machen:* eine Ware, die Zeitung [bei der Zeitungsfrau], ein Taxi a.; das Zimmer im Hotel ist nicht abbestellt worden. **b)** ⟨jmdn. a.⟩ *eine mit einer Dienstleistung beauftragte Person nicht kommen lassen:* den Klempner a.

abbezahlen ⟨etwas a.⟩: **a)** *in kleinen Beträgen zurückbezahlen, begleichen:* eine Summe, die letzte Rate a. **b)** *in Teilbeträgen bezahlen:* ein Fernsehgerät, die Waschmaschine a.

abbiegen: 1. a) *sich von einer eingeschlagenen Richtung entfernen, eine andere Richtung nehmen:* falsch, [nach] links, nach Norden, in einen Seitenweg, von der Autobahn, in scharfem Winkel, plötzlich a.; das Auto, der Fahrer ist abgebogen. **b)** ⟨etwas biegt ab⟩ *etwas macht eine Biegung in eine andere Richtung:* die Straße, der Weg biegt [hier nach rechts] ab, ist abgebogen. **2.** (ugs.) ⟨etwas a.⟩ *einer Sache eine andere Wendung geben und damit etwas Unerwünschtes verhindern:* ein Vorhaben, die Ausführung eines Plans a.; er hat das Gespräch, lästige Fragen abgebogen.

abbilden ⟨jmdn., etwas a.⟩: *bildlich darstellen, nachgestalten:* etwas naturgetreu a.; er war auf der Titelseite, in der Zeitung abgebildet.

Abbildung, die: **1.** *das Abbilden, bildliche Darstellung:* etwas eignet sich nicht gut für eine A.; die A. der Gegenstände wurde verboten. **2.** *das Abgebildete, bildliche Darstellung:* eine künstlerische, ganzseitige, farbige A.; die A. zeigt ...; das Buch enthält, hat viele Abbildungen; ein Lexikon mit zahlreichen Abbildungen.

abbinden: 1. ⟨etwas a.⟩ *losbinden, abnehmen:* die Schürze, den Schlips a.; ⟨jmdm., sich etwas a.⟩ darf ich mir die Krawatte a.?; er band ihr das Kopftuch ab. **2.** ⟨etwas a.⟩ *mit einem Band o. ä. vorübergehend fest umwickeln (um das Ausfließen von Blut zu verhindern oder einzudämmen):* die Schlagader, das verletzte Bein a.; ⟨jmdm., sich etwas a.⟩ sie banden dem Verletzten den Arm mit einem Taschentuch ab. **3.** (Fachspr.) ⟨etwas bindet ab⟩ *(ein Wasser enthaltender Baustoff) wird hart:* der Mörtel, Gips, Kalk bindet gut, schlecht ab; der Zement hat noch nicht abgebunden. **4.** (Kochk.) ⟨etwas a.⟩ *mit einem Bindemittel verdikken:* eine Soße mit Mehl a.

Abbitte ⟨gewöhnlich in Verbindung mit *tun* und *leisten*⟩: ⟨nachdrückl.:⟩ [jmdm.] Abbitte tun/leisten *(für ein Unrecht, das man jmdm. zugefügt hat, um Verzeihung bitten):* öffentlich A. tun; er leistete ihr A. für sein Verhalten.

abblasen: 1. ⟨etwas a.⟩ **a)** *durch Blasen entfernen, wegblasen:* den Staub [von den Büchern, den Möbeln] a. **b)** *durch Blasen vom Staub o. ä. reinigen:* die Bücher a. **2.** (Technik) ⟨etwas a.⟩ **a)** *(unter Druck Stehendes) entweichen lassen:* Dampf, Gas a. **b)** *eine Feuerungsanlage stillegen, außer Betrieb setzen:* einen Dampfkessel, Hochofen a. **3.** (Jägerspr.) ⟨etwas a.⟩ *das Ende der Jagd mit dem Jagdsignal anzeigen:* die Jagd wurde abgeblasen. **4.** (ugs.) ⟨etwas a.⟩ *absagen, abbrechen, beenden:* die Premiere, eine Feier a., das ganze Unternehmen mußte wegen des schlechten Wetters abgeblasen werden.

abblenden: 1. a) ⟨etwas a.⟩ *(eine Lichtquelle) [mit einer Blende] abdunkeln, abschirmen:* die Taschenlampe, grelles Licht [mit einem Tuch] a.; die Scheinwerfer am Auto a. *(ihnen die Blendwirkung nehmen);* mit abgeblendeten Scheinwerfern fahren; ⟨ohne Akk.⟩ der Fahrer, das entgegenkommende Auto blendet ab. **b)** ⟨etwas blendet ab⟩ *(eine Lichtquelle) schaltet um, verlischt:* die Scheinwerfer blenden ab. **2.** (Fot.) ⟨etwas a.⟩ *durch Kleinstellen der Blende den Eintritt des Lichtes verringern:* das Objektiv, auf Blende 16 a.; ich habe bei dieser Aufnahme nicht genug abgeblendet. **3.** (Film) *eine Aufnahme, eine Einstellung beenden:* bitte abblenden!; nach dem Happy-End blenden wir ab.

abblitzen (ugs.): *abgewiesen werden:* er blitzte [mit seinem Gesuch] ab; er ist bei ihr abgeblitzt; das Mädchen ließ ihn a. *(wies ihn ab).*

abbrausen: 1. ⟨jmdn., sich, etwas a.⟩ *mit der Brause besprühen:* sich kalt, heiß a.; ⟨jmdm., sich etwas a.⟩ sich, den Kindern den Rücken a. **2.** (ugs.) *geräuschvoll und mit hoher Geschwindigkeit davonfahren:* das Auto, der Motorradfahrer braust ab; er ist mit Vollgas abgebraust.

abbrechen: 1. ⟨etwas a.⟩ *etwas, einen Teil von etwas brechend loslösen:* einen Zweig, ein Stück Brot a.; ich habe mir einen Riegel Schokolade abgebrochen; /mit dem Nebenmotiv des Unabsichtlichen/: die Spitze des Bleistifts [beim Schreiben] a.; ⟨jmdm., sich etwas a.⟩ ich habe mir den Fingernagel abgebrochen; der Zahnarzt hat mir den Zahn abgebrochen. **2.** ⟨etwas bricht ab⟩ *etwas löst sich los, geht durch einen Bruch von etwas ab:* der Henkel bricht leicht ab; die Spitze des Messers, das Stuhlbein brach ab; der Henkel der

Kanne war abgebrochen; der Absatz ist [mir] abgebrochen. **3.** ⟨etwas a.⟩ *eine bauliche Konstruktion nieder-, abreißen:* eine Laube, ein baufälliges Haus, eine alte Brücke a.; das Zelt, ein Lager a. *(abbauen).* **4.** ⟨etwas a.⟩ *unvermittelt, vorzeitig beenden:* die Unterhaltung, ein Gespräch, das Verhör, die Verhandlungen, ein Spiel, ein Experiment, das Studium, die Vorstellung, den Unterricht a.; er hat seinen Urlaub abgebrochen; den Umgang mit jmdm. a.; der Kampf mußte in der 3. Runde abgebrochen werden; die diplomatischen Beziehungen zu diesem Staat sind abgebrochen worden; ⟨ohne Akk.⟩ (ugs.:) er hat abgebrochen *(hat sein Studium abgebrochen).* **5.** a) ⟨jmd.⟩ *unvermittelt, vorzeitig aufhören, nicht fortfahren:* plötzlich, angeekelt, nach ein paar Worten, mitten im Satz a.; wir wollen a.; der Klavierspieler brach nach ein paar Akkorden ab. **b)** ⟨etwas bricht ab⟩ *etwas endet, hört unvermittelt, vorzeitig auf:* eine Unterhaltung, die Musik bricht ab; hier bricht der Bericht ab; die Funkverbindung mit dem Flugzeug ist abgebrochen. * (ugs.:) **sich** (Dativ) **einen/keinen abbrechen: a)** *(sich bei einer Tätigkeit [nicht] übermäßig anstrengen).* **b)** *(übertrieben vornehm tun).*

abbrennen /vgl. abgebrannt/: **1.** ⟨etwas brennt ab⟩ *etwas geht in Flammen auf und brennt nieder:* das Haus, der Schuppen, das Gehöft brannte ab; mehrere Gebäude sind bis auf den Grund, bis auf die Grundmauern abgebrannt. **2.** ⟨etwas brennt ab⟩ *etwas brennt herunter:* das Feuer brennt allmählich ab; die Kerzen sind [fast] abgebrannt; ein abgebranntes Streichholz; Kerntechnik: abgebrannte *(verbrauchte)* Brennstäbe, Brennelemente. **3.** ⟨etwas a.⟩ *durch Feuer zerstören, niederbrennen:* Gehöfte, ganze Dörfer a. **4.** ⟨etwas a.⟩ **a)** *durch Feuer entfernen, beseitigen:* Borsten, Unkraut, alten Lack [mit der Lötlampe] a. **b)** *die Pflanzendecke von etwas durch Feuer entfernen:* das Moor wird abgebrannt; Technik: Messing, Metalle a. *(durch chemische Mittel reinigen, abbeizen).* **5.** ⟨etwas a.⟩ *anzünden und explodieren lassen:* Raketen, ein Feuerwerk a.

abbringen: 1. ⟨jmdn. von etwas a.⟩ *jmdn. so beeinflussen, daß er von etwas oder jmdm. abläßt, von etwas abgeht:* einen Menschen vom rechten Weg, von seinem Glauben, von einem Plan, von seiner Lebensweise a.; nichts in der Welt kann mich davon a.; er läßt sich von seiner Meinung nicht a.; sie ist nicht von diesem Mann abzubringen; diese Frage bringt uns zu weit vom Thema ab *(führt zu sehr in eine andere Richtung).* **2.** (ugs.) ⟨etwas [von etwas] a.⟩ *etwas von etwas loslösen, entfernen:* den Fleck vom Kleid a.; ich kann den Deckel nicht a.

abbröckeln ⟨etwas bröckelt ab⟩: *etwas löst sich brocken-, bröckchenweise los [und fällt ab]:* Kalk, Mörtel, Putz bröckelt [von der Wand] ab; übertr.: die Anhänger, Mitglieder bröckeln [von der Partei] ab; Wirtsch.: Preise, Aktienkurse bröckeln ab *(fallen allmählich, gehen herunter).* **b)** *durch ein Sichablösen kleiner Teile allmählich zerstört werden:* die Mauer bröckelt ab; der Fels ist abgebröckelt.

Abbruch, der: **1.** *das Abbrechen, Niederreißen:* der A. des Hauses, der Brücke, der alten Kapelle; reif für den A. sein. **2.** *unvermittelte, vorzeitige*

Beendigung: der A. des Gesprächs, der Verhandlungen, des Spiels; es kam zum A. der diplomatischen Beziehungen; Boxen: durch A. *(Beendigung des Kampfes wegen Kampfunfähigkeit)* unterliegen. **3.** *Beeinträchtigung, Schaden* ⟨in Verbindung mit einigen Verben, bes. in Verbindung mit *tun*⟩: einem A. *(beeinträchtigte sie nicht);* unsere Freundschaft erfährt, erleidet dadurch keinen A. (geh.); R (scherzh.): das tut der Liebe keinen A. * **etwas auf Abbruch verkaufen** *(ein Gebäude zum Abbruch verkaufen).*

abbürsten: a) ⟨etwas a.⟩ *mit einer Bürste entfernen:* Staub [von der Couch] a.; ⟨jmdm., sich etwas a.⟩ sie bürstete ihm, sich die Flusen, Fusseln [von der Jacke] ab. **b)** ⟨jmdn., sich, etwas a.⟩ *mit der Bürste säubern:* den Mantel, die Schuhe a.; würden Sie mich bitte a.?; ⟨jmdm., sich etwas a.⟩ der Friseur bürstete ihm die Jacke ab.

Abc, (auch:) **Abece,** das: das Abc lernen, aufsagen; den Schülern das Abc beibringen; Namen nach dem Abc ordnen; übertr.: *Anfangsgründe:* das gehört zum Abc der Philosophie.

abdampfen (ugs.): *davonfahren, abreisen:* morgen dampfen wir in den Urlaub ab; sie sind schon abgedampft.

abdanken: 1. *von seinem Amt, Posten zurücktreten:* der Minister, der General hat abgedankt; der König dankt ab. **2.** (veraltet) ⟨jmdn., etwas a.; nur noch im 2. Part.⟩ *aus dem Dienst entlassen:* ein abgedankter *(entlassener, in den Ruhestand getretener)* Minister, Offizier.

abdecken: 1. ⟨etwas a.⟩ **a)** *weg-, herunternehmen:* die Bettdecke, die Schutzfolie a.; er deckte die Zweige vorsichtig von den jungen Pflanzen ab. **b)** *von etwas Bedeckendem frei machen:* das Bett a.; den Tisch a. *(abräumen);* der Orkan deckte die Häuser, die Dächer ab *(riß die Ziegel o. ä. von den Dächern).* **2.** ⟨etwas a.⟩ *etwas zudecken:* ein Beet [mit Tannenzweigen], Schacht [mit Brettern] a.; eine Mauer a. *(mit Deckplatten abschließen);* er deckte die einen Teil des Gemäldes mit der Hand ab *(verdeckte ihn, um einen Bildausschnitt zu betrachten).* **3.** ⟨jmdn., etwas a.⟩ *jmdn., etwas schützen, abschirmen:* den Turm mit der Dame (beim Schachspiel) a.; die Spieler deckten das Tor ab. **4.** (Kaufmannsspr.) ⟨etwas a.⟩ *etwas ausgleichen, tilgen:* die Unkosten werden durch die Einnahmen nicht abgedeckt; die Ausgaben, Schulden müssen mit Steuergeldern abgedeckt werden; die Prämie deckt das Risiko nicht ab.

abdrehen: 1. (ugs.) ⟨etwas a.⟩ **a)** *etwas ab-, ausschalten:* den Haupthahn, die Lampe, das Radio, die Heizung a. **b)** *(durch Drehen der entsprechenden Vorrichtung) die Zufuhr von etwas unterbinden:* das Gas, das Wasser, den Strom a.; übertr.: bei dieser Unternehmung hat man ihm fast die Luft abgedreht. **2.** ⟨etwas a.⟩ *etwas durch Drehen loslösen, abtrennen:* den Schlüsselbart, den Schlüssel [im Schloß], einen Knopf a. **3. a)** ⟨sich, etwas a.⟩ *sich, etwas abwenden:* die Frau drehte sich ab; er drehte das Gesicht ab. **b)** *eine andere Richtung einschlagen [und sich entfernen]:* der Eisläufer dreht in einem großen Bogen ab; das Flugzeug, der Dampfer hat/ist abgedreht. **4.** (Film) ⟨[etwas] a.⟩ *etwas zu Ende drehen:* eine

Szene, eine Sequenz im Atelier a.; der Regisseur hat [seinen Film] abgedreht.

¹Abdruck, der: *das Abdrucken, Wiedergabe im Druck:* der A. des Artikels in der Zeitschrift; der A. des Romans beginnt im nächsten Heft; den, mit dem A. beginnen; von etwas mehrere Abdrucke herstellen.

²Abdruck, der: *(durch Eindrücken entstandene) plastische Nachformung; hinterlassene Spur:* ein sauberer, [un]brauchbarer A.; der A. eines Gebisses in Gips, eines Fußes im Sand, eines Fingers auf dem Glas; Abdrücke von Pflanzen, Insekten in Kohle; einen A. [ab]nehmen, machen, ausgießen.

abdrucken ⟨etwas a.⟩: *in der Zeitung, in einer Zeitschrift gedruckt erscheinen lassen:* ein Gedicht, einen Roman [in Fortsetzungen], eine Erklärung in der Zeitung a.; die Rede wurde auszugsweise, ungekürzt, wörtlich abgedruckt.

abdrücken: 1. ⟨jmdn., sich, etwas a.⟩ *wegdrücken, abstoßen:* ein Boot vom Landungssteg, Wagen beim Rangieren [vom Ablaufberg] a.; der Schwimmer drückt sich vom Startblock ab. 2. ⟨jmdm. etwas a.⟩ *jmdm. etwas abpressen, abquetschen:* er drückte mir fast die Finger ab; die Erregung drückte ihr die Luft ab. 3. ⟨[etwas] a.⟩ *den Abzug einer Schußwaffe betätigen, um einen Schuß auszulösen:* den Revolver, das Gewehr a.; man muß völlig ruhig sein, bevor man abdrückt; er hat auf den Dieb abgedrückt. 4. **a)** ⟨etwas a.⟩ *(durch Eindrücken in eine weiche Masse) nachbilden:* einen Schlüssel in Wachs a. **b)** ⟨etwas drückt sich ab⟩ *etwas zeichnet sich plastisch ab:* die Kufen, die Reifen drücken sich im Schnee ab. 5. (ugs.) ⟨jmdn. a.⟩ *jmdn. liebkosen, an sich drücken und küssen:* jmdn. stürmisch a.

abebben ⟨etwas ebbt ab⟩: *etwas läßt nach, wird schwächer:* die Erregung, der Streit, die Unruhe ebbte langsam ab; der Lärm ist abgeebbt.

abend ⟨Adverb⟩: *am Abend:* heute, gestern, morgen, Dienstag a.; bis heute a.! /Abschiedsformel/.

Abend, der: 1. *Ende des Tages:* ein lauer, sommerlicher, kühler A.; der Heilige A. *(Abend oder Tag vor dem ersten Weihnachtsfeiertag);* es wird A.; der A. kommt, naht (geh.), bricht herein (geh.), sinkt hernieder (geh.), senkt sich herab (geh.) · den A. in Gesellschaft verbringen; die Glocken läuten den A. ein; die Abende der Familie widmen; der Kellner hat seinen freien A.; guten A.! /Grußformel/; [jmdm.] guten A. sagen; [jmdm.] einen guten A. wünschen · ⟨Akk. als Zeitangabe⟩ einen, diesen, manchen A.; jeden A. zu Hause sein; sie wartete viele Abende; ⟨Gen. als Zeitangabe⟩ des Abends (geh. für: *abends*); eines [schönen] Abends *(an einem nicht näher bestimmten Abend)* brachen sie auf · während, im Lauf[e], im Verlaufe des Abends; sich für den A. umziehen; seine Erzählung zog sich über mehrere Abende hin · am späten, frühen A.; am A. des 1. Januar[s]; am A. vorher; A. auf A.; vom Morgen bis zum A.; bis gegen A.; A. für A.; R: je später der A., desto schöner die Gäste /Kompliment für verspätete Gäste/ · übertr. (geh.): *Ende, Spätzeit:* am A. des Lebens, des Jahrhunderts. 2. *[geselliges] Beisammensein, Unterhaltung am Abend:* ein netter, heiterer, anregender, ge-

mütlicher, langweiliger A.; ein bunter A. *(Abendveranstaltung mit heiterem, abwechslungsreichem Programm);* ein angebrochener A. (ugs. scherzh. für: *Abend, mit dem man nicht mehr viel anzufangen weiß);* der A. war sehr interessant, feuchtfröhlich · sich einen vergnügten A. machen; jmdm. den A. verderben; einen A. retten; einen literarischen A. absagen. 3. (geh. veraltet) *Westen:* gegen A. *(nach Westen, westwärts).* * zu **Abend essen** *(die Abendmahlzeit einnehmen).*

Abendbrot, das (nordd. u. ostmd.): ↑ Abendessen.

Abendessen, das: *abends eingenommene Mahlzeit:* das A. steht auf dem Tisch, ist fertig; ein A. geben *(ein festliches Abendessen veranstalten);* mit dem A. *(dem Einnehmen der abendlichen Mahlzeit)* auf jmdn. warten; bleiben Sie doch zum A.!; jmdn. zum A. einladen; vor, nach dem A.

abendlich: a) *in die Abendzeit fallend, in den Abendstunden eintretend, stattfindend* /gelegentlich mit der Nebenvorstellung der allabendlichen Wiederkehr/: abendliches Training, abendlicher Skat; seinen abendlichen Spaziergang machen. **b)** *dem Abend (der Abendzeit, der Abendstimmung) gemäß; wie am Abend:* abendliche Stille, Kühle; der abendliche Himmel; das abendliche Treiben auf den Straßen; es ist fast a. kühl.

Abendmahl, das: (ev. Rel.) *Altarsakrament:* das A. nehmen, empfangen; jmdm. das A. reichen; am A. teilnehmen; zum A. gehen. R (ugs. veraltend): er ist unschuldig, darauf nehme ich das A.

abends ⟨Adverb⟩: *zur Abendzeit, am Abend:* a. [um] 8 Uhr; [um] 8 Uhr a.; a. spät; a. morgens und a.; etwas findet a. statt; Dienstag a.; dienstags a.; von morgens bis a.

Abenteuer, das: 1. **a)** *außergewöhnliches, erregendes Geschehen, außergewöhnliche, gefahrvolle Situation:* das A. lockt; das große A. suchen; ein A. erleben, bestehen; auf A. aussein, ausgehen; sich in ein A. stürzen. **b)** *außergewöhnliches, erregendes Erlebnis:* ein einmaliges, unvergeßliches, seltsames, romantisches A.; die Fahrt, die Reise war ein A.; seine A. schildern, erzählen; A. unter Wasser, im Urwald. **c)** *gewagtes, gefahrvolles Unternehmen mit ungewissem Ausgang:* ein militärisches, politisches A.; das A. scheiterte; jemanden vor einem A. warnen; übertr.: *erregendes Unternehmen:* das A. des Geistes. 2. (veraltend) *Liebeserlebnis:* ein galantes A.; im Urlaub Abenteuer suchen; sie war sein erstes A.

abenteuerlich: a) *voller Abenteuer, ungewöhnlich und erregend; gewagt, gefährlich:* eine abenteuerliche Reise, Flucht; ein abenteuerliches Leben führen; abenteuerliche Kunststücke. **b)** *ungewöhnlich und seltsam, phantastisch:* abenteuerliche Gestalten, Verkleidungen; einen abenteuerlichen Eindruck machen; das klingt höchst a.; der Plan war sehr a. **c)** (selten) *dem Abenteuer zugeneigt:* ein abenteuerlicher Mensch.

aber: I. ⟨Konj.⟩ 1. *dagegen, jedoch, doch* /gibt den Gegensatz an; drückt aus, daß etwas der Erwartung widerspricht/: ihr Schwester war groß und schlank, sie a. war klein und dick; ich habe davon gehört, a. ich glaube es nicht; es wurde dunkel, a. sie machten kein Licht; er ging zur Tür, kehrte a. plötzlich um. 2. *jedoch, allerdings*

/gibt eine Einschränkung, Ergänzung an/: gut, a. teuer; streng, a. gerecht; nicht schön, a. selten; klein, a. mein; wir machen jetzt Pause, nachher wird a. auch gearbeitet; es ist nicht ganz korrekt, a. man kann ja mal ein Auge zudrücken. **3.** /leitet einen Widerspruch, eine Entgegnung ein/: a. das stimmt doch gar nicht!; a. warum soll ich mich denn entschuldigen?; ich habe a. nicht gelogen!; s u b s t.: ich möchte kein Aber hören! **4.** (veraltend) /dient zur Anknüpfung und Weiterführung/: als es a. dunkel wurde, machten sie Rast. **II.** ⟨Gesprächspartikel⟩ **1.** *wirklich* /dient der Verstärkung; häufig nur emphatisch zur Kennzeichnung der gefühlsmäßigen Anteilnahme des Sprechers und zum Ausdruck von Empfindungen/: a. ja; a. natürlich; a. gern; a. jederzeit; verschwinde, a. schnell!; das ist a. fein!; das ist a. ein schönes Auto!; das dauert a.!; aber, aber! *(nicht doch!, was soll das?)*; a., meine Herrschaften, beruhigen Sie sich doch! **III.** ⟨Adverb/ nur noch in einigen Fügungen⟩ *wieder[um], noch einmal:* aber und abermals *(immer wieder);* Hunderte und aber Hunderte.

Aberglaube, (selten auch:) **Aberglauben,** der: *als irrig angesehener Glaube an die Wirksamkeit übernatürlicher Kräfte:* ein heidnischer, verbreiteter, finsterer Aberglaube; einem Aberglauben anhängen; im Aberglauben befangen sein; einen Hang zum Aberglauben haben; von Aberglauben erfüllt sein; aus Aberglauben.

abergläubisch: *im Aberglauben befangen:* abergläubische Furcht, Scheu; er ist ein abergläubischer Mensch, ich bin nicht a.

aberkennen ⟨jmdm. etwas a.⟩: *durch einen [Gerichts]beschluß absprechen:* das Gericht erkannte ihm die bürgerlichen Ehrenrechte ab (selten: aberkannte ihm ...); jmdm. seinen Titel, ein Recht, einen Anspruch a.

abermals ⟨Adverb⟩ (geh.): *noch einmal, zum zweiten, wiederholten Mal:* er verlor a.; a. kam er zu spät; nach a. vier Jahren.

abessen: 1. ⟨etwas a.⟩ **a)** *weg-, herunteressen:* die Streusel [vom Kuchen], das Fleisch von den Knochen a. **b)** *[säuberlich] leer essen:* den Teller, die Knochen a. **2.** *die Mahlzeit beenden:* wir haben noch nicht abgegessen. **3.** (ugs.) ⟨etwas a.⟩ *für den Verzehr bestimmtes Geld o. ä. aufbrauchen:* seine Bons, Marken a.; die fünfzig Mark kann man gar nicht a. * (ugs., bes. ostmd.:) **bei jmdm. abgegessen haben** *(nichts mehr zu suchen haben):* der hat bei uns abgegessen.

abfahren: 1. *weg-, davonfahren:* ich fahre gleich, in wenigen Minuten mit dem Zug [vom Hauptbahnhof] ab; das Schiff, der Bus ist pünktlich, mit Verspätung abgefahren. **2.** *auf Skiern zu Tal fahren:* im Schuß a.; er ist glänzend abgefahren. **3.** (ugs.) ⟨auf jmdn., etwas a.⟩ *von jmdm., einer Sache sehr angetan, begeistert sein:* auf jmdn., etwas voll a.; auf die ist er total abgefahren. **4.** (ugs.) *abgewiesen werden:* er fuhr mit seiner Werbung übel ab; sie hat ihn kühl abfahren lassen. **5.** ⟨jmdn., etwas a.⟩ *mit einem Fahrzeug fortschaffen, abtransportieren:* Müll, Schutt a.; er hat Holz [aus dem Wald], Heu [von der Wiese] /abgefahren; die Verletzten wurden in Krankenwagen abgefahren. **6.** ⟨etwas a.⟩ *an etwas zum Zweck der Besichtigung oder Kontrolle entlangfahren; mit ei-*

nem *Fahrzeug aufsuchen, bereisen:* die Grenze, die Baustellen a.; in seinem Urlaub hat, ist er ganz Dänemark abgefahren. **7.** ⟨etwas a.⟩ *mit dem Fahrzeug, durch Überfahren abtrennen:* einen Mauervorsprung a.; ⟨jmdm. etwas a.⟩ dem Arbeiter wurde bei dem Unfall ein Arm abgefahren. **8. a)** ⟨etwas a.⟩ *durch Fahren abnutzen:* er hat die Reifen schnell abgefahren; die Skier sind stark abgefahren. **b)** ⟨etwas fährt sich ab⟩ *etwas nutzt sich durch Fahren ab:* die Hinterreifen haben sich schon, sehr schnell abgefahren. **9.** (ugs.) ⟨etwas a.⟩ *etwas zum Fahren verwenden:* hast du deine Mehrfahrtenkarte schon abgefahren?; abgefahrene Fahrscheine bitte in den Papierkorb werfen! **10.** (Film, Fernsehen, Rundf.) *beginnen* /in Aufforderungen/: Kamera, Eurovision, bitte a.!

Abfahrt, die: **1.** *Abreise mit einem Fahrzeug; das Abfahren:* eine pünktliche A.; die A. des Zuges erfolgt um 8 Uhr, wie vorgesehen; die A. verzögert sich [um einige Minuten]; die A. verschieben, hinauszögern; vor, bei A. des Zuges; das Zeichen zur A. geben; alles klar zur A.? **2. a)** *Abwärtsfahrt, Fahrt talwärts:* die A. auf der Paßstraße war sehr gefährlich; S k i s p o r t: eine herrliche, gemütliche A.; eine A. durchstehen, gewinnen; bei der A. stürzen. **b)** *Hang, auf dem abgefahren wird, Abfahrtsstrecke:* eine steile, gefährliche A.; eine A. abstecken, sperren. **3.** *Ausfahrt von einer Autobahn:* A. Frankfurter Kreuz; die A. [in Richtung Wiesbaden] ist wieder frei.

Abfall, der: **1.** *Reste, unbrauchbarer Überrest, der bei der Herstellung von etwas anfällt:* wertloser, industrieller, stinkender A.; radioaktive Abfälle; es entsteht viel A.; der A. häuft sich, wächst an; den A. wegwerfen, sammeln, beseitigen, verwerten; in den A. kommen *(weggeworfen werden).* **2.** (veraltend) *Lossagung, das Abtrünnigwerden:* der A. von der Partei, von der Kirche, vom Glauben; der A. der Niederlande, der Niederländer von Spanien. **3.** *Abnahme, Rückgang:* der A. des Drucks, der Temperatur; der A. in der Leistung, seiner Leistungen ist unverkennbar; das ist ein A. gegen früher. **4.** *Neigung; Hang:* ein steiler, allmählicher A.; die Wiese erstreckt sich in sanftem A. bis zum Weg.

abfallen: 1. ⟨etwas fällt ab⟩ *etwas löst sich los und fällt herunter:* die Blätter, Blüten, Früchte fallen ab; der Mörtel ist von der Wand abgefallen; übertr.: die Scheu, Unsicherheit, alle Angst fiel von ihr ab *(wich von ihr).* **2. a)** ⟨etwas fällt ab⟩ *etwas bleibt als Rest übrig, entsteht nebenbei:* etwas fällt als Nebenprodukt ab; in der Küche fällt immer eine Menge ab; beim Zuschneiden ist viel Stoff abgefallen. **b)** (ugs.) ⟨etwas fällt für jmdn. ab⟩ *etwas fällt jmdm. nebenher als Anteil, als Gewinn zu:* was fällt dabei für mich ab?; für ihn sind [bei dem Geschäft] 1 000 Mark abgefallen. **3.** (veraltend) ⟨von jmdm., von etwas a.⟩ *sich lossagen, abtrünnig werden:* er ist vom Glauben, von Gott, von der Partei abgefallen; die Freunde, Verbündeten fielen von ihm ab. **4.** ⟨etwas fällt ab⟩ /mit Umstandsangabe/ *etwas neigt sich, verläuft sich nach unten:* das Gebirge fällt sanft, stufenförmig, nach Osten, gegen den Fluß ab; abfallende Dächer, Schultern. **5.** *hinter einer Erwartung zurückbleiben, schlechter sein; nachlassen:* der zweite Band des Romans fällt gegen den ersten, gegenüber dem ersten stark ab; neben seinen Mitstreitern, gegen seine Mitstreiter fällt er ab; die Sängerin fiel im zweiten Akt ab. **6. a)** ⟨etwas fällt ab⟩ *etwas nimmt [schnell] ab, läßt [schnell] nach:* der Druck, die Leistung des Motors fällt ab; das Segelflugzeug ist abgefallen *(hat an Höhe verloren).* **b)** (selten) *an Gewicht verlieren, abmagern:* das Vieh fällt ab; nach der Krankheit ist er sehr abgefallen.

abfällig: *ablehnend, mißbilligend; geringschätzig:* ein abfälliges Urteil; abfällige Bemerkungen; a. reden; a. von jmdm./von jmdm. a. sprechen; sich über jemanden, über etwas a. äußern.

abfangen: 1. ⟨jmdn., etwas a.⟩ *nicht zum Ziel gelangen lassen, aufhalten [und in seine Gewalt bringen]:* einen Brief, eine Nachricht, einen Transport, Agenten a.; die in den Luftraum eingedrungenen Flugzeuge wurden abgefangen; Sport: der Verteidiger konnte den Ball, die Vorlage a.; ⟨jmdm. etwas a.⟩ er fängt mir die Kunden ab *(macht sie mir abspenstig).* **2.** ⟨jmdn. a.⟩ *in bestimmter Absicht erwarten und aufhalten, abpassen:* den Briefträger, die Zeitungsfrau a.; er fing seinen Freund nach Arbeitsschluß, kurz vor dem Bahnhof ab; Sport: auf den letzten Metern, kurz vor dem Ziel fing er den finnischen Läufer ab *(überholte er ihn und verhinderte dadurch dessen Sieg).* **3.** ⟨etwas a.⟩ *auffangen, aufhalten; abhalten, abwehren:* einen Stoß, Schlag, die Wucht des Aufpralls a.; Boxen: den Gegner, einen Angriff a. **4.** ⟨etwas, sich a.⟩ *wieder unter Kontrolle bringen, in die Gewalt bekommen:* einen schleudernden Wagen, ein Flugzeug a.; der Skispringer fing sich ab und stand den Sprung. **5.** (Bauw., Technik) ⟨etwas a.⟩ *abstützen:* ein baufälliges Haus, loses Gestein a.

abfärben ⟨etwas färbt ab⟩: *etwas gibt Farbe ab, überträgt eigenen Farbstoff auf etwas anderes:* die Wand färbt ab; das blaue Hemd hat auf die andere Wäsche, beim Waschen abgefärbt; übertr.: *etwas übt auf jmdn. einen Einfluß aus:* der schlechte Umgang färbt [auf den Jungen] ab.

abfassen: 1. ⟨etwas a.⟩ *schriftlich formulieren, schreiben:* einen Brief, ein Gesuch, ein Testament, eine Rede a.; das Schreiben ist höflich, im Geschäftsstil, in englischer Sprache abgefaßt. **2.** (ugs.) ⟨jmdn. a.⟩ **a)** *abpassen, noch erreichen:* ich versuchte, ihn vor der Abfahrt des Zuges abzufassen. **b)** *ertappen:* einen Dieb [beim Einbruch] a.; er hat sie mit dem Kerl abgefaßt.

abfertigen: 1. ⟨etwas a.⟩ *zur Beförderung, zum Versand fertigmachen:* Pakete, Waren, Gepäck a.; die Güter sind zollamtlich abgefertigt worden; einen Zug a. *(zur Abfahrt fertigmachen, abfahren lassen).* **2.** ⟨jmdn. a.⟩ *der Reihe nach bedienen; jmds. Formalitäten erledigen:* Reisende, Besucher a.; Scheckeinreicher werden am Schalter 3, Stammkunden werden bevorzugt abgefertigt; ⟨auch ohne Akk.; mit Artangabe⟩ die Zollbeamten fertigten zügig, nur schleppend ab. **3.** (ugs.) ⟨jmdn. a.⟩ *unfreundlich behandeln, abweisen:* einen Bettler, einen Vertreter a.; er hat ihn an der Tür, barsch, kurz, schroff abgefertigt; er wollte ihn mit 20 Mark abfertigen *(abspeisen);* Sport: *überlegen schlagen, besiegen:* er hat ihn in drei Sätzen abgefertigt; die deutsche Mannschaft wurde klar mit 6 : 0 abgefertigt.

abfinden: 1. ⟨jmdn. a⟩ *[teilweise] entschädigen: jmds. Rechtsansprüche befriedigen:* seine Geschwister, die Geschädigten a.; die Gläubiger wurden mit einer lächerlichen Summe abgefunden; übertr.: er wollte ihn mit neuen Versprechungen a. *(zufriedenstellen, abspeisen).* **2.** (selten) ⟨sich mit jmdm. a.⟩ *sich einigen, sich vergleichen:* sich mit seinem Prozeßgegner gütlich a. **3.** ⟨sich mit jmdm., mit etwas a.⟩ *sich zufriedengeben, sich fügen:* sich mit seinem Schicksal, mit der schlechten Bezahlung a.; ich kann mich damit nicht a.; er hat sich mit der Tatsache abgefunden, daß ...; ⟨auch ohne Präp.-Obj.⟩ er hat sich schließlich abgefunden.

Abfindung, die: *[einmalige] Entschädigung:* eine hohe, großzügige, einmalige, lächerliche A.; die A. der Gläubiger; jmdm. eine A. bieten, geben; sie bekam keine A. für das entgangene Geschäft.

abflauen ⟨etwas flaut ab⟩: *etwas wird allmählich schwächer, läßt nach:* der Wind, der Sturm flaute ab; übertr.: die Erregung, Spannung flaute ab; nach Weihnachten flaut das Geschäft allgemein ab.

abfliegen: 1. *weg-, davonfliegen:* das Flugzeug fliegt gleich, pünktlich, mit Verspätung ab; mein Freund ist gestern in die Karibik, nach London, von Berlin abgeflogen. **2.** ⟨jmdn. a.⟩ *gewöhnlich im Passiv⟩ mit dem Flugzeug fortschaffen:* die Verletzten wurden aus dem Unglücksgebiet abgeflogen. **3.** ⟨etwas a.⟩ *überfliegen und absuchen, vom Flugzeug aus besichtigen:* die Autobahn a.; sie haben/sind die Strecke, die Stellungen des Feindes abgeflogen. **4.** (ugs.) ⟨etwas fliegt ab⟩ *etwas löst sich plötzlich und wird fortgeschleudert:* die Radkappe, der Verschluß flog [mir] ab.

abfließen ⟨etwas fließt ab⟩: **a)** *etwas fließt weg:* das Wasser fließt gut, langsam, aus der Wanne, in den Gully ab; das Hochwasser ist schnell abgeflossen *(zurückgegangen);* der Regen ist schnell abgeflossen *(im Erdreich versickert);* übertr.: das Geld, das Kapital fließt ins Ausland ab. **b)** *etwas entleert sich:* die Wanne fließt schlecht ab; der Ausguß floß nicht ab *(war verstopft).*

Abflug, der: **1.** *das Ab-, Wegfliegen:* der A. der Schwalben im Süden; das Flugzeug befindet sich im A. **2.** *Start eines Flugzeuges, Flugbeginn:* ein glatter, pünktlicher A.; der A. erfolgt um 12 Uhr, verzögert sich; fertigmachen zum A.!

Abfluß, der: **1.** *das Ab-, Wegfließen:* der A. des Wassers stockt; übertr.: der A. des Verkehrs; den A. des Geldes ins Ausland verhindern. **2.** *Stelle, wo etwas abfließt:* ein unterirdischer A.; der A. der Badewanne ist verstopft, muß repariert werden; der See hat keinen A.

abfragen: *jmds. Kenntnisse durch Fragen überprüfen:* ⟨jmdn./auch: jmdm. etwas a.⟩ die Schüler/den Schülern die Vokabeln, das Einmaleins a.; ⟨etwas a.⟩ der Lehrer fragt das Einmaleins, die Geschichtszahlen ab; ⟨jmdn. a.⟩ der Lehrer fragt die Schüler, die Klasse ab.

Abfuhr, die: **1.** (selten) *Abtransport:* die A. des Mülls, von Holz, Schutt. **2.** *entschiedene Abweisung, Zurückweisung:* jmdm. eine A. erteilen, (geh.:) zuteil werden lassen *(jmdn. abweisen);* eine A. erhalten, sich eine A. [bei jmdm.] holen *(abgewiesen werden).* **3.** (Sport) *Niederlage:* die Berliner Elf holte sich eine schwere A.

abführen: 1. ⟨jmdn. a.⟩ *[festnehmen und] wegführen, in polizeilichen Gewahrsam bringen:* man führte ihn [aus dem Gerichtssaal] ab; von Polizisten, in Handschellen, wie ein Verbrecher abgeführt werden; der Richter ließ ihn a.; er ließ sich widerstandslos a. 2. **a)** ⟨etwas führt ab; mit Umstandsangabe⟩ *etwas führt von etwas weg:* dieser Weg führt vom Ziel ab; übertr.: dieser Gedankengang führt vom Thema ab; das führt zu weit ab. **b)** ⟨etwas führt jmdn. ab; mit Umstandsangabe⟩ *etwas bringt jmdn von etwas ab:* das würde uns vom Ziel, zu weit a. **3.** ⟨etwas führt ab; mit Raumangabe⟩ *etwas zweigt von etwas ab:* der Weg führt an dieser Stelle, von der Hauptstraße ab. **4.** ⟨etwas [an jmdn., etwas] a.⟩ *Gelder zahlen:* Steuern an das Finanzamt a.; ein gewisser Prozentsatz wird [an den Verband] abgeführt. **5. a)** ⟨etwas führt ab⟩ *etwas fördert den Stuhlgang:* Rhabarber führt ab, wirkt abführend. **b)** (Fachspr.) *für die Entleerung des Darmes sorgen:* der Operation muß der Patient a. **6.** ⟨etwas a.⟩ *aus einem Bereich ableiten:* Abwasser, Abgase a.

¹abfüttern ⟨[Tiere] a.⟩: *füttern:* das Vieh a.; wir haben schon abgefüttert; übertr.: (ugs. scherzh.): eine Reisegesellschaft a. *(verköstigen).*

²abfüttern ⟨etwas a.⟩: *ein Kleidungsstück mit Futter versehen:* ein Kleid, einen Mantel [mit Seide] a.; ein schlecht abgefütterter Skianzug.

Abgabe, die: **I. 1.** *das Abgeben, Ablieferung; Aushändigung, Überreichung:* die Frist für die A. der Prüfungsarbeiten, Stimmzettel, Bestellscheine verlängern; gegen A. der Bescheinigung; nach A. des Beglaubigungsschreibens; übertr.: bei der A. der Stimmen *(bei der Abstimmung);* die A. *(Bekanntgabe)* einer Regierungserklärung. **2.** (Wirtsch.) *Verkauf:* größere Abgaben [an der Börse] drückten auf den Kurs. **3.** (Sport) *Ab-, Zuspiel:* eine schlechte, ungenaue A.; seine Abgaben kamen nicht an, erreichten nicht die Flügelstürmer; mit der A. des Balles zu lange zögern. **4.** *das Abfeuern:* bei der A. des Schusses. **II.** *Geldleistung (an ein Gemeinwesen), Steuer:* eine einmalige A.; niedrige, hohe, laufende, jährliche, Abgaben; die Abgaben [an den Staat, auf Tabak, für die Benutzung] steigen, erhöhen sich, ermäßigen sich, fallen weg; Abgaben erheben, senken, einziehen, eintreiben, entrichten, zahlen, leisten; jmdn. von Abgaben befreien.

Abgang, der: **1. a)** *Weggang, das Verlassen eines Schauplatzes:* ein dramatischer, theatralischer A.; Theater: ein guter, von Beifall umrauschter A. **b)** *Abfahrt:* kurz vor A. der Fähre, des Flugzeugs ankommen; auf den A. des Zuges warten. **c)** (Turnen) *das Verlassen eines Gerätes:* ein leichter, schwieriger, mißglückter A.; Riesenwelle mit gerätstischem A.; sich beim A. [vom Gerät] verletzen. **d)** *Absendung:* etwas noch vor dem A. der Post erledigen; den A. der Waren überwachen. **e)** (Med.) *Ausscheidung:* das Blut im Kot; das Mittel fördert den A. der Steine, der Blähungen. **f)** (Med.) *Fehlgeburt:* die Frau hat durch den Unfall einen A. gehabt. **2. a)** *das Verlassen eines Wirkungskreises, das Ausscheiden:* nach dem A. von der Schule, aus der 7. Klasse; der A. des Ministers aus seinem Amt wurde tief bedauert. **b)** *jmd., der einen Wirkungskreis verläßt, ausscheidet:* an unserer Schule haben wir 5 Abgänge; 50

Abgängen stehen 80 Neuzugänge gegenüber. **3.** (Med.) *Tod:* der frühe Abgang des Dichters; sein A. steht bevor. **4.** (Kaufmannsspr.) *Absatz, Verkauf:* einen schnellen, reißenden, langsamen A. haben, finden. **5.** (Kaufmannsspr.) *Schwund, Verlust:* den A. ersetzen; in A. kommen *(verlorengehen);* beim Obsthandel gibt es viel A. * **sich einen guten, glänzenden Abgang verschaffen** *(sich zum Schluß in Szene setzen, einen guten Eindruck machen)* · (ugs.:) **keinen Abgang finden** *(sich nicht entschließen können aufzubrechen).*

abgeben: **1.** ⟨etwas a.⟩ *geben, übergeben, aushändigen:* einen Brief, ein Geschenk, seine Visitenkarte, ein Empfehlungsschreiben, die Hefte, bestellte Waren a.; etwas persönlich, eigenhändig, beim Nachbarn, auf dem Fundbüro a. **2.** ⟨etwas a.⟩ *zur Aufbewahrung geben:* den Koffer [an der Gepäckaufbewahrung] a.; ich habe meinen Mantel an der Garderobe abgegeben. **3. a)** ⟨jmdm. etwas a.⟩ *einen Teil von etwas einem anderen überlassen:* er hat mir nichts, die Hälfte abgegeben; er gibt seinem Freund von den Bonbons etwas ab; (auch ohne Dativ) er will nichts a. [von seinem Grundstück]. **b)** ⟨etwas a.⟩ *überlassen, abtreten; aufgeben:* die Leitung, den Vorsitz, ein Amt [an jmdn.] a.; der Bauer hat den Hof [an seinen Sohn, seinem Sohn] abgegeben; er braucht zu Hause kein Geld abzugeben; Sport: der Fußballmeister gab beide Punkte ab *(überließ sie dem Gegner).* **c)** ⟨etwas a.⟩ *zu einem niedrigen Preis überlassen, verkaufen:* Obst, Eier a.; wir geben einen Gebrauchtwagen billig ab; ein Zimmer, einen Laden a. *(vermieten).* **4.** (Sport) ⟨etwas a.⟩ *abspielen:* den Ball, die Scheibe an den Verteidiger a.; er muß schneller a. **5.** ⟨einen Schuß a.⟩ *abfeuern:* einen Warnschuß, mehrere Schüsse auf einen Flüchtling a. **6.** ⟨etwas gibt etwas ab⟩ *etwas gibt etwas von sich, strömt etwas aus:* der Ofen gibt [nur mäßig] Wärme an die Umgebung ab; Pflanzen geben bei der Assimilation Sauerstoff ab. **7.** ⟨etwas a.⟩ *verlauten lassen, äußern:* ein Versprechen, eine Erklärung, ein Gutachten, seine Stimme [bei der Wahl] a.; sein Urteil a.; einen Funkspruch a. **8.** (ugs.) ⟨jmdn., etwas a.⟩ *geeignet sein, jmd. oder etwas zu sein; als jmd. oder etwas fungieren:* eine perfekte Hausfrau, einen guten Familienvater, einen glänzenden Redner a.; den Prügelknaben, den Sündenbock a.; den Hintergrund, den Rahmen, einen Stoff für einen Film a.; er gab den Chinesen ab *(mimte ihn);* eine komische Figur a. *(einen komischen Eindruck machen).* **9.** (ugs.) ⟨sich mit jmdm., mit etwas a.⟩ *sich beschäftigen, befassen; Umgang pflegen:* mit Basteln, Gartenarbeit a.; damit gebe ich mich nicht ab; sich viel mit Kindern a.; er hat sich mit Ganoven abgegeben *(sich eingelassen).*

abgebrannt ⟨in der Verbindung⟩ a. sein (ugs.): *vorübergehend ohne Geld sein:* völlig, total a. sein; ⟨auch attributiv⟩ abgebrannte Urlauber.

abgebrüht (ugs.): *abgestumpft, zynisch, unempfindlich:* ein abgebrühter Bursche; er ist a.

abgedroschen (ugs.): *bis zum Überdruß gebraucht, nichtssagend:* abgedroschene Phrasen, abgedroschene Redensarten, Witze *(Klischees);* der Schlager ist schon völlig a.

abgegriffen: *durch häufiges Anfassen abgenutzt:* ein abgegriffener Mützenschirm; die Kan-

ten, die Spielkarten sind schon sehr a.; übertr.: *nichtssagend, leer:* abgegriffene Schlagworte.
abgehen: 1. a) *einen Ort verlassen, abfahren:* das Schiff, der Zug, der Transport geht ab; wann geht die Maschine nach London ab?; es geht gleich ab *(es geht gleich los);* ab geht's! *(es geht los).* b) (Theater) *die Bühne nach einem Auftritt verlassen, abtreten:* Hamlet geht ab. c) (Turnen) *ein Gerät mit einem Sprung o. ä. verlassen und damit eine Übung beenden:* elegant, mit einer Grätsche ging er [vom Barren] ab. d) ⟨etwas geht ab⟩ *etwas wird geschickt, abgesandt:* die Benachrichtigung, die Vorladung, der Brief ist gestern abgegangen; die Waren werden mit dem Schiff a.; einen Funkspruch a. lassen. e) (Med.) ⟨etwas geht ab⟩ *etwas wird vom Körper ausgeschieden, abgesondert:* Steine, Blähungen gehen ab; die Würmer gehen mit dem Kot ab; ⟨etwas geht jmdm. ab⟩ dem Kranken ging viel Blut ab. f) ⟨etwas geht ab⟩ *etwas löst sich:* plötzlich, unversehens ging ein Schuß ab; eine Lawine war abgegangen. 2. *einen Wirkungskreis verlassen, aus einer Tätigkeit ausscheiden:* von der Schule, vor dem Abitur, aus der 7. Klasse a. 3. ⟨von etwas a.⟩ *ablassen, verzichten, aufgeben:* von einer Gewohnheit, seiner Meinung, einem Grundsatz a.; er ging von seiner Forderung nicht ab. 4. ⟨etwas geht ab; mit Raumangabe⟩ *etwas zweigt ab:* dort, von der Hauptstraße, neben dem Bahnhof geht der Weg ab; die Straße geht *(verläuft)* dann links, nach Norden ab. 5. (Kaufmannsspr.) ⟨etwas geht ab; mit Artangabe⟩ *etwas wird verkauft, findet Absatz:* die Ware geht gut, reißend, schlecht ab. 6. ⟨etwas geht von etwas ab⟩ *etwas wird abgezogen, abgerechnet:* wieviel Prozent gehen von dieser Summe ab?; vom dem Gewicht geht noch die Verpackung ab. 7. ⟨etwas geht ab⟩ *etwas löst sich los:* der Knopf, ein Rad, der Absatz geht ab; der Putz, die Farbe geht ab *(blättert ab);* das Etikett, der Fleck ging nicht ab *(ließ sich nicht entfernen);* ⟨etwas geht jmdm. ab⟩ mir ist der Fingernagel abgegangen. 8. ⟨etwas geht ab; mit Artangabe⟩ *etwas verläuft, endet in einer bestimmten Weise:* es ist noch einmal gut abgegangen; alles ging glatt, glimpflich ab; es ist nicht ohne Lärm, Streit, Ärger, Tränen, Prügel abgegangen. 9. ⟨etwas geht ab; einer Sache ab⟩ *etwas fehlt:* ihm geht die Begabung, jedes Taktgefühl, der Humor ab; dafür geht ihm das Verständnis ab; was geht dir ab? *(woran fehlt es dir?);* den Kindern geht nichts ab *(es fehlt ihnen an nichts).* 10. ⟨etwas a.⟩ *an etwas zum Zwecke der Besichtigung oder Kontrolle entlanggehen:* die Front a.; wir sind, haben die Strecke abgegangen.
abgekämpft: *von übermäßiger Anstrengung gezeichnet, erschöpft:* einen abgekämpften Eindruck machen; die Sportler sind völlig a.
abgeklärt: *über den Dingen stehend, weise, besonnen:* ein abgeklärter Mensch; mit abgeklärtem Lächeln, ja wir, urteilte a.
abgelegen: *abseits liegend:* ein abgelegenes Haus, Dorf; sie wohnen sehr a.
abgeleiert (ugs. abwertend) *bis zum Überdruß gebraucht, nichtssagend:* abgeleierte Worte, Redensarten, Phrasen; die Melodie ist a.
abgelten ⟨etwas a.⟩: *ausgleichen; bezahlen:* etwas gleichwertig, durch Bezahlung, in Dollar a.; mit der Zahlung sind alle Ansprüche abgegolten.

abgeneigt ⟨gewöhnlich verneint in der Verbindung⟩ *einer Sache,* (seltener:) *jmdm. a. sein: ablehnend gegenüberstehen:* dem Plan, einem Bündnis [nicht] a. sein; jmdm. persönlich [nicht] a. sein; ich bin nicht a., ein Glas Wein zu trinken; ⟨auch attributiv⟩ die der modernen Musik abgeneigten Zuhörer.
Abgeordnete, der und die: *gewähltes Mitglied eines Parlaments:* ein neuer Abgeordneter; zwei weibliche Abgeordnete; die Abgeordneten beraten, vertagen sich; einen Abgeordneten [nach]wählen; ihm als Abgeordneten/Abgeordnetem; ihr als Abgeordneten/Abgeordneter.
abgerissen: 1. *in zerrissener Kleidung, zerlumpt:* ein abgerissener Häftling; abgerissene Kleidung; er sah völlig a. aus. 2. *unzusammenhängend:* abgerissene Worte, Sätze, Gedanken.
abgesagt ⟨nur in der Fügung⟩ ein abgesagter Feind (geh.): *ein erklärter Feind:* er ist ein abgesagter Feind des Alkohols.
abgeschieden (geh.): 1. *einsam gelegen; einsam:* ein abgeschiedenes Dorf; ein abgeschiedenes Leben führen. 2. *verstorben, tot:* abgeschiedene Seelen; subst.: die Abgeschiedenen.
abgeschlossen: 1. *von der Welt getrennt, einsam:* ein streng abgeschlossenes Leben; a. leben, arbeiten. 2. *abgerundet, in sich geschlossen:* der neue Roman macht einen abgeschlossenen Eindruck, wirkt sehr a. 3. *in sich geschlossen:* eine abgeschlossene Wohnung.
abgeschmackt: *plump, geistlos; albern:* abgeschmackte Witze, Redensarten, Komplimente; das ist im höchsten Maße a.
abgespannt: *müde, erschöpft:* einen abgespannten Eindruck machen; a. aussehen, sein, sich fühlen; er kam völlig a. nach Hause.
abgestanden: *schal; nicht mehr frisch:* abgestandenes Bier; der Wein ist, schmeckt a. übertr.: *fade, nichtssagend:* abgestandene Reden, Phrasen.
abgetakelt: *alt und verlebt, heruntergekommen:* eine abgetakelte Person, Schauspielerin; a. aussehen, wirken.
abgewinnen: 1. ⟨jmdm. etwas a.⟩ *im Spiel, im Wettkampf abnehmen, gewinnen:* er hat ihm [im Kartenspiel] viel Geld abgewonnen. 2. ⟨jmdm., einer Sache, etwas a.⟩ *abnötigen, abringen; durch intensive Bemühungen erlangen, entlocken:* dem Meer Land a.; der Mann hat mir Achtung, Anerkennung, Bewunderung abgewonnen; er versuchte, der Frau ein Lächeln abzugewinnen. 3. ⟨einer Sache etwas a.⟩ *etwas (Positives, Gutes) an einer Sache finden:* der Arbeit, dem Leben die schönen Seiten a.; ich habe der Sache nichts, keinen Geschmack, keinen Reiz abgewinnen können *(keinen Gefallen daran finden können).*
abgewöhnen ⟨jmdm., sich etwas a.⟩: *dazu bringen, eine Gewohnheit, eine schlechte Angewohnheit abzulegen:* dem Kind seine Unarten, die schlechten Manieren a.; das mußt du dir a.; ich will mir das Rauchen a.; subst. (ugs. scherzh.): noch einen, noch ein [letztes] Glas zum Abgewöhnen.
abgießen: 1. ⟨etwas a.⟩ a) *weggießen:* das Wasser von den Kartoffeln, von den Nudeln a. b) *das Kochwasser von etwas weggießen:* die Kartoffeln a.; das Gemüse muß abgegossen werden. 2. ⟨etwas a.⟩ a) *einen Teil einer Flüssigkeit aus einem*

Gefäß weg-, herausgießen: etwas Wasser, Milch [aus der Kanne] a. **b)** durch Weggießen eines Teils der Flüssigkeit den Inhalt eines Gefäßes verringern: der Topf ist zu voll, gieße ihn ab!

abgleiten (geh.): **1.** seitwärts [und nach unten] gleiten, abrutschen: er glitt am Beckenrand ab und fiel ins Wasser; übertr. (geh.): ihre Gedanken, Blicke waren immer wieder abgeglitten (abgeschweift); die Beleidigungen, Schimpfworte, Ermahnungen glitten an/von ihm ab (berührten ihn nicht). **2.** nach unten gleiten, hinunterrutschen: er ließ sich [vom Pferd] a.; übertr. (geh.): er ist in letzter Zeit immer mehr, völlig abgeglitten (moralisch abgesunken); ihre Leistungen gleiten ab (lassen nach); der Schüler ist [in seinen Leistungen] abgeglitten. **3.** (Wirtsch.) an Wert verlieren, fallen: die Preise gleiten leicht ab (sinken); die Mark ist abgeglitten; abgleitende Preise.

Abgott, der: vergöttertes Wesen, leidenschaftlich Verehrtes: der Junge ist der A. seiner Eltern; Geld ist sein A.; jmdn. zu seinem A. machen.

abgöttisch: übertrieben, übersteigert: mit abgöttischer Liebe an jmdm. hängen; sie liebte, verehrte ihn a.

abgrasen: 1. (etwas a.) das Gras von etwas abfressen, abweiden: das Vieh grast die Wiese, die Berghänge ab; übertr. (ugs.): dieses Gebiet, dieser Themenkreis ist abgegrast (bietet keine Möglichkeiten mehr für eine Bearbeitung). **2.** (etwas a.) nach etwas absuchen, in bestimmter Absicht aufsuchen: alle Geschäfte, die ganze Stadt nach etwas a.; er hat die ganze Gegend abgegrast, ohne etwas Passendes zu finden.

abgrenzen: (etwas a.): abteilen, abtrennen: den Garten vom/gegen das Nachbargrundstück [mit einer Mauer] a.; ein Teil des Strandes ist für Hotelgäste abgegrenzt; übertr.: Begriffe, Befugnisse, Aufgabenbereiche scharf, genau [von-, gegeneinander] a. (scheiden, abheben). **2.** (sich a.) sich gegenüber anderen (durch Hervorheben der Unterschiede) absetzen, distanzieren: er sucht immer, sich von anderen, gegen andere abzugrenzen; sich gegen fremden Einfluß a.

Abgrund, der: steil abstürzende Tiefe, Schlucht: ein gähnender A.; ein A. klafft, öffnet sich, tut sich [vor jmdm.] auf (geh.); in den A. stürzen; mit dem Auto in einen A. rasen; jmdn. mit sich in den A. reißen; er stieß ihn in den A. **2. a)** unermeßliche Tiefe, Unergründlichkeit: in die Abgründe der Seele blicken, hineinleuchten. **b)** unvorstellbares Ausmaß: ein [wahrer] A. von Gemeinheit, Verworfenheit. **c)** Untergang, Verderben: die Völker in den A. führen, treiben; das Land geriet an den Rand, war am Rande des Abgrunds, stand vor dem A. **d)** unüberbrückbare Kluft: uns trennen Abgründe; zwischen ihren Ansichten lag ein tiefer A.

abgucken: 1. a) (jmdm. etwas a.) durch Zuschauen lernen: jmdm. ein Kunststück, eine Fertigkeit, einen Handgriff a. **b)** (sich etwas a.) (durch Nachahmen) übernehmen: wo hast du dir denn diese Unart abgeguckt?; das hat er sich [bei, von seinem Spielkameraden] abgeguckt. **2.** unerlaubt übernehmen, abschreiben: er hat [von, bei seinem] Nachbarn abgeguckt; sie ließ ihre Freundin a.

abhaben (ugs.): **1.** (etwas a.; gewöhnlich im In-

finitiv) einen Teil von etwas erhalten: willst du etwas a.?; ich möchte auch ein Stück a.; er hat sein[en] Teil ab (seine Strafe bekommen). **2.** (etwas a.) abgenommen haben: den Hut, den Schlips a. **3.** (etwas a.) (Haftendes) abgelöst, entfernt haben: den Flecken, das Pflaster a.

abhacken (etwas a.): (mit dem Beil o. ä.) abtrennen: Äste [vom Baum], Zweige a.; (jmdm., sich etwas a.) einem Huhn den Kopf, sich beinahe den Daumen a.; adj. Part.: abgehackt, in abgehackten Sätzen (stockend) sprechen.

abhaken: 1. (etwas a.) loshaken: das Bild [von der Wand] a. **2.** (etwas a.) mit einem Häkchen kennzeichnen: die Namen der Anwesenden, die Posten einer Rechnung a.: übertr.: ein Thema, eine Frage, einen Tagesordnungspunkt a. (für erledigt erklären).

abhalten: 1. (jmdn., etwas a.; mit Artangabe) entfernt halten: die Zeitung weit [von sich] a.; sie hielt das strampelnden Säugling ein Stück von sich ab. **2.** (ein Kind a.) so halten, daß es seine Notdurft verrichten kann: die Mutter hielt das Kleine ab. **3.** (etwas a.) fernhalten, abwehren: der Vorhang soll die Fliegen a.; der Schutzanzug hält die Hitze ab. **4.** (jmdn. von etwas a.) zurückhalten, hindern, etwas zu tun: jmdn. von unüberlegten Handlungen a.; eine dringende Angelegenheit hielt mich davon ab, ihn zu besuchen; nichts in der Welt kann mich davon a., so zu handeln; sie hielt ihn davon ab, noch mehr zu trinken; halte mich nicht von der Arbeit ab! (störe mich nicht!); (auch ohne Präpositionalobjekt) ich bin abgehalten worden; lassen Sie sich nicht a.! **5.** (etwas a.) veranstalten, durchführen: freie Wahlen, eine Sitzung, Versammlung, Versteigerung, Haussuchung, Parade, ein Manöver, Kurse, Prüfungen a.; sie hielten ein Strafgericht ab.

¹abhandeln: 1. (jmdm. etwas a.) nach längerem Handeln abkaufen: er hat ihm den Pelz billig abgehandelt; (jmdm. etwas a.; mit Zugeständnis, einen Kompromiß a. **2.** (etwas a.) durch Handeln erreichen, daß der Preis herabgesetzt wird: ich habe viel, nichts, nur 10 Mark [von dem Preis] a. können; übertr.: ich lasse mir von meinen Bedingungen, von meinem Recht nichts a.

²abhandeln (etwas a.): (wissenschaftlich) darstellen, behandeln: ein Thema gründlich, fesselnd, oberflächlich, trocken a.; dieses Problem ist bereits abgehandelt worden.

abhanden (nur in der Fügung) [jmdm.] abhanden kommen: verlorengehen, plötzlich verschwinden: mir ist meine Brieftasche a. gekommen; in der Firma soll Geld a. gekommen sein; die abhanden gekommenen Bücher.

Abhandlung, die: größerer [wissenschaftlicher] Aufsatz; Traktat: eine geistreiche, grundlegende, verfehlte A. über ein Thema. A. schreiben, verfassen, veröffentlichen.

¹abhängen, hing ab, abgehangen: **1.** (etwas hängt ab) etwas wird durch längeres Hängen mürbe: der Hase hat noch nicht lange genug abgehangen; das Fleisch muß noch einige Tage a.; gut abgehangenes Wild. **2. a)** (von jmdm., von etwas a.) abhängig sein, angewiesen sein: er hing finanziell von seinen Eltern ab; von jmds. Gnade a. **b)** (etwas hängt von jmdm., von etwas ab) etwas ist durch etwas bedingt, ist jmds. Willen oder

Macht unterworfen: das hängt nur, letztlich von uns ab; es hängt von dir ab, ob ...; das hängt davon ab, wieviel Zeit wir haben; von diesem Entschluß hatte die Zukunft seiner Familie abgehangen; es hängt viel davon für mich ab *(es ist für mich sehr wichtig).*
²abhängen, hängte ab, abgehängt: **1.** ⟨etwas a.⟩ *ab-, herunternehmen:* ein Bild [von der Wand] a. **2.** ⟨etwas a.⟩ *abkuppeln:* einen Anhänger, einen Wohnwagen a.; der Schlafwagen wird in München abgehängt. **3.** (ugs.) ⟨jmdn., etwas a.⟩ *hinter sich lassen; abschütteln:* er hängte die Verfolger, die anderen Läufer, seine Gegner klar ab; wir haben den Sportwagen abgehängt; er versuchte, die Konkurrenz abzuhängen; sie wollten ihn nicht mitkommen lassen und haben ihn unterwegs einfach abgehängt *(mit einem Trick abgeschüttelt).*
abhängig: 1. ⟨in den Verbindungen⟩ **a)** etwas ist von etwas abhängig: *etwas hängt von etwas ab:* sein Kommen ist vom Wetter, von den Umständen a.; ⟨auch attributiv⟩ die vom Zufall abhängige Entwicklung. **b)** etwas von etwas abhängig machen: *für etwas als Bedingung stellen:* sie haben ihr Kommen von Wetter abhängig gemacht. **c)** von jmdm., einer Sache abhängig sein: *auf jmdn., etwas angewiesen sein:* politisch, wirtschaftlich von einem Land a. sein; er ist [finanziell] noch von seinen Eltern a.; von jmds. Wohlwollen a. sein; ein vom Alkohol völlig abhängiger Mensch. **2.** *unselbständig:* in abhängiger Stellung sein, arbeiten; ein abhängiger Staat; a. *(in abhängiger Stellung)* beschäftigt sein.
abhärmen (geh.) ⟨sich a.⟩: *sich in Kummer verzehren:* die Mutter härmte sich um ihren Sohn, seinetwegen, wegen seines Todes ab; sie sieht abgehärmt aus, hat ein abgehärmtes Gesicht.
abhärten ⟨jmdn., sich, etwas a.⟩: *durch Gewöhnung widerstandsfähig machen:* seinen Körper frühzeitig, durch Sport, gegen Erkältungen a.; die Kinder härten sich durch kaltes Duschen ab; übertr.: er war ein abgehärteter Journalist.
abhauen: 1. a) ⟨etwas a.⟩ *abschlagen:* er haute/ (geh.:) hieb die Äste, die Zweige [vom Baum] ab; die Maurer haben den Putz abgehauen; einen Baum a. (ugs.; *fällen).* **b)** ⟨jmdn., sich etwas a.⟩ *mit einer Waffe, einer Axt o. ä. abschlagen, abtrennen:* ich hätte mir beinahe beim Holzhacken einen Finger abgehauen; er hieb/(ugs.:) haute dem Huhn den Kopf ab. **2.** (ugs.) *sich [heimlich] entfernen, verschwinden:* er haute rechtzeitig ab; er ist gestern abend, bei Nacht und Nebel, mit dem gestohlenen Wagen, über die Grenze, in den Westen, aus dem Internat abgehauen; Mensch, hau ab! *(mach, daß du fortkommst!).*
abheben: 1. ⟨etwas a.⟩ *ab-, herunternehmen:* den Deckel [vom Topf] a.; er hob den Hörer [von der Gabel] ab; Kartenspiel: die Karten a.; ⟨häufig ohne Akk.⟩ *einen Teil der Karten nach dem Mischen wegnehmen und den Rest obenauf legen:* heb bitte ab!; du mußt noch abheben; Stricken: Maschen a. *(von der Nadel nehmen).* **2.** ⟨etwas a.⟩ *sich auszahlen lassen:* eine Summe, Geld [von seinem Konto] a.; er hat sein Guthaben [auf der Bank] abgehoben. **3. a)** *sich in die Luft erheben:* um 12 Uhr hoben wir ab; die Maschine hebt schnell, elegant ab; die Rakete hebt von der Plattform ab. **b)** ⟨etwas hebt sich ab⟩ *etwas löst*

sich ab: das Sperrholz, der Belag hat sich abgehoben. **4. a)** ⟨etwas hebt sich ab⟩ *etwas zeichnet sich ab, tritt gegenüber seiner Umgebung deutlich hervor:* sich schwach, scharf, deutlich vom Hintergrund a.; die Türme hoben sich gegen den Abendhimmel ab; die Dächer heben sich aus dem Blättergewirr, im Dunst kaum ab. **b)** ⟨sich a.⟩ *sich von jmdm. unterscheiden:* er wollte sich von den anderen, aus der Masse a. **5.** ⟨auf etwas a.⟩ *(in einem Zusammenhang) auf etwas Bezug nehmen, besonders hinweisen:* auf die noch offenen Fragen a.; er hob darauf ab, daß ...
abheften ⟨etwas a.⟩: *in einem Hefter, Aktenordner einordnen:* Rechnungen a.; Durchschläge in einem/(seltener:) einen Ordner a.
abhelfen ⟨einer Sache a.⟩: *einen Übelstand beseitigen, etwas in Ordnung bringen:* einem Übel, der Not, berechtigten Beschwerden a.; einem Mißstand, diesem Bedürfnis muß schnell abgeholfen werden; dem ist leicht abzuhelfen.
abhetzen: 1. ⟨ein Tier a.⟩ *bis zur Erschöpfung antreiben:* die Pferde a. **2.** ⟨sich a.⟩ *sich übermäßig, bis zur Erschöpfung beeilen:* wir haben uns fürchterlich abgehetzt; er hat sich a. müssen, um den Zug noch zu erreichen; abgehetzt aussehen.
Abhilfe, die: *Beseitigung eines Übelstandes:* schnelle A. fordern, versprechen, schaffen; er hat unverzüglich für A. gesorgt.
abhold ⟨in der Verbindung⟩ jmdm., einer Sache abhold sein (geh.): *nicht geneigt sein:* der Gewalt, großen Worten a. sein; sie war ihm a.; dem Alkohol nicht a. sein *(ganz gern trinken);* ⟨auch attributiv⟩ der jedem Streit abholde Ehemann gab nach.
abholen: 1. ⟨etwas a.⟩ *sich geben lassen und mitnehmen, Bereitliegendes in Empfang nehmen:* Briefe, ein Paket von, auf der Post a.; er holte die Theaterkarten [von, an der Kasse] ab. **2.** ⟨jmdn. a.⟩ *kommen, um jmdn. mitzunehmen:* holt ihr mich ab?; die Tochter von der Schule a.; den Freund von der Bahn, an der Haltestelle, in der Wohnung, zum Spaziergang, mit dem Auto a.; wir werden Vater vom Flugzeug, vom Flughafen a. **3.** (ugs. verhüll.) *verhaften:* sie haben ihn, die ganze Familie heute nacht abgeholt.
abhorchen ⟨jmdn., etwas a.⟩: *auf Geräusche prüfen:* den Patienten, das Herz, die Lunge mit dem Stethoskop a. *(auskultieren).*
abhören: 1. *jmds. Kenntnisse prüfen, abfragen:* ⟨jmdn./jmdm. etwas a.⟩ die Schüler/den Schüler die Vokabeln, das Einmaleins a.; einander, sich [gegenseitig] das Gedicht a.; ⟨etwas a.⟩ der Lehrer hört das Einmaleins, die Geschichtszahlen ab; ⟨jmdn. a.⟩ der Lehrer hört die Schüler, die Klasse ab. **2.** ⟨jmdn., etwas a.⟩ *abhorchen, auskultieren:* der Arzt hörte den Kranken, das Herz, die Lunge ab. **3.** ⟨jmdn., etwas a.⟩ *jmdn., etwas heimlich überwachen, etwas mit anhören:* Telefone, Leitungen a.; sie haben das Gespräch abgehört; über Lauschanlagen sind hohe Offiziere abgehört worden. **4.** ⟨etwas a.⟩ *zur Überprüfung anhören, kontrollieren:* eine Aufnahme [auf die Tonqualität], ein Band a. **5.** ⟨etwas a.⟩ *heimlich anhören, um sich zu informieren:* einen ausländischen Sender, den Polizeifunk, Nachrichten a.
abjagen: 1. a) ⟨ein Tier a.⟩ *abhetzen:* die Pferde a. **b)** ⟨sich a., sich abhetzen:* sich a., um den Zug

zu erreichen. 2. ⟨jmdm. etwas a.⟩ *nach längerer Verfolgung abnehmen:* sie haben dem Dieb die Beute abgejagt; der Stürmer konnte seinem Bewacher den Ball wieder a.; übertr.: jmdm. Kunden a.; wie können wir der Regierungspartei Stimmen a.?; sie haben gute Chancen, dem amtierenden Meister den Titel abzujagen.

abkanzeln (ugs.) ⟨jmdn. a.⟩: *[einen Untergebenen] scharf tadeln:* der Chef kanzelte ihn scharf, gehörig, nach Strich und Faden, öffentlich, mit harten Worten, vor allen Leuten ab.

abkarten (ugs.) ⟨etwas a.⟩: *heimlich vereinbaren:* sie haben die Sache unter sich abgekartet; ein abgekartetes Spiel treiben.

abkaufen: 1. ⟨jmdm. etwas a.⟩ *etwas von jmdm. kaufen:* jmdm. die Urheberrechte a.; er kaufte seinem Freund das Buch, das Fahrrad ab; übertr.: laß dir nicht jedes Wort a. *(sei nicht so wortkarg, so schweigsam).* 2. ⟨jmdm. etwas a.⟩ *abnehmen, abzwingen:* er hat seinem Gegner den Mut, den Schneid, die Kampfmoral abgekauft. 3. (ugs.) ⟨jmdm. etwas a.⟩ *glauben:* das sollen wir dir a.?; diese Geschäfte, diese Sache, Entschuldigung kauft ihm niemand ab.

Abkehr, die: *das Abkehren, Abwendung:* in bewußter A. von der Welt, von der bisherigen Politik; eine A. vollziehen.

abkehren (geh.): a) ⟨etwas a.⟩ *zur Seite richten, abwenden:* sie kehrte ihr Gesicht ab; die uns abgekehrte Seite des Mondes. b) ⟨sich a.⟩ *sich ab-, wegwenden:* er kehrte sich [von ihr] ab und trat ans Fenster; sie kehrte sich von der Tür ab; übertr.: sich vom Glauben, von Gott a.

abklappern (ugs.) ⟨jmdn., etwas a.⟩: *der Reihe nach aufsuchen:* Kunden, die ganze Gegend a.; sie klapperten alle Geschäfte ab, um das richtige Geschenk zu finden; er hat die halbe Stadt nach einem Zimmer abgeklappert.

Abklatsch, der (Kunst): *Nachbildung, Negativ einer Vorlage:* ein sauberer A. eines Reliefs; übertr.: *minderwertige Nachbildung, schlechte Nachahmung:* ein schwacher A.; die Landschule darf kein A. der Stadtschule sein.

abklingen (geh.) ⟨etwas klingt ab⟩: a) *etwas wird immer leiser:* der Ton, der Lärm klingt ab. b) *etwas wird schwächer, läßt nach, schwindet:* das Unwetter, der Sturm, die Erregung, der Schmerz, das Fieber klingt ab; die Begeisterung ist abgeklungen; subst.: die Grippe ist im Abklingen.

abklopfen: 1. a) ⟨etwas a.⟩ *durch Klopfen entfernen:* Schnee vom Mantel, die Asche der Zigarre, den Putz von den Wänden a.; ⟨jmdm., sich etwas a.⟩ er klopfte sich den Staub, den Schnee ab. b) ⟨jmdn., etwas a.⟩ *durch Klopfen säubern:* Polstermöbel a.; der Kellner klopfte die Tische mit einer Serviette ab; kannst du mich mal a.?; ⟨jmdm., sich etwas a.⟩ er klopfte seinem Freund den Mantel ab. 2. ⟨ein Tier, etwas a.⟩ *mit leichten Schlägen liebkosen:* den Hals des Springpferdes a.; ⟨einem Tier etwas a.⟩ er klopfte dem Pferd liebevoll den Hals ab. 3. ⟨jmdn., etwas a.⟩ *durch Klopfen untersuchen, prüfen:* die Wand [nach Hohlräumen] a.; der Polizist klopfte seine Jacke nach Waffen ab; der Arzt klopfte den Kranken, Rücken und Brust ab; übertr.: ein Verfahren auf seine Wirtschaftlichkeit a.; das Ergebnis muß kritisch abgeklopft werden. 4. (Musik) ⟨[etwas] a.⟩

durch Klopfen mit dem Taktstock unterbrechen: der Dirigent klopfte die Probe ab, klopfte nach den ersten Takten ab.

abknallen (ugs. abwertend): ⟨jmdn., etwas a.⟩ *rücksichtslos ab-, erschießen:* einen Flüchtling [aus dem Hinterhalt] a.; sie wollten uns a. wie die Hasen; wilde Kaninchen, Spatzen, streunende Hunde a.; ein Flugzeug, einen Panzer a.

abknöpfen: 1. ⟨etwas a.⟩ *aufknöpfen und abnehmen:* die Kapuze vom Mantel a. 2. (ugs.) ⟨jmdm. etwas a.⟩ *jmdm. einen Geldbetrag ablisten, abnehmen:* er hat mir beim Kartenspielen 5 Mark abgeknöpft; der Anwalt knöpfte ihm ein hohes Honorar ab; übertr.: der Aufsteiger konnte dem deutschen Meister einen Punkt a.

abkochen: 1. ⟨etwas a.⟩ *gar kochen, fertigkochen:* Eier für den Salat a. 2. ⟨etwas a.⟩ *durch Kochen keimfrei, haltbar machen:* Trinkwasser, Milch a. 3. *im Freien kochen:* die Wanderer, die Pfadfinder kochen ab. 4. (ugs.) ⟨jmdn. a.⟩ *zermürben, fertigmachen:* jmdn. im Verhör, in einer Einzelzelle abzukochen versuchen; er ließ sich nicht a. 5. (ugs. landsch.) ⟨jmdn. a.⟩ *schröpfen, ausplündern:* jmdn. beim Skat ganz schön a.

abkommen: 1. ⟨von etwas a.⟩ a) *sich von einer eingeschlagenen Richtung entfernen, abweichen:* vom Weg, vom Kurs a.; der Wagen kam von der Fahrbahn ab. b) *abschweifen:* vom Wesentlichen auf Nebensächliches a.; er ist vom Thema abgekommen. 2. ⟨von etwas a.⟩ *seinlassen, aufgeben:* von einem Plan, von seinen Grundsätzen a.; er ist ganz von seinen Gewohnheiten abgekommen. 3. *sich freimachen:* schwer, auf ein paar Tage, für einige Stunden a.; ich kann von der Besprechung, vom Geschäft nicht a.; subst.: sein Abkommen ist fraglich. 4. ⟨etwas kommt ab⟩ *etwas kommt außer Gebrauch, aus der Mode:* diese Sitte ist heute ganz abgekommen; weite Röcke kommen immer mehr ab. 5. (Sport) ⟨mit Artangabe⟩ *eine sportliche Übung beginnen:* alle Läufer kommen gut ab; der Springer ist schlecht [vom Sprungbalken, von der Schanze] abgekommen.

Abkommen, das: *Übereinkunft, Vereinbarung:* ein langfristiges, politisches, kulturelles, geheimes A.; ein A. zur gegenseitigen Unterstützung, über die Verringerung der Einfuhrzölle; das A. kommt zustande, tritt in Kraft; ein A. mit der Konkurrenz treffen, schließen; das A. unterzeichnen, einhalten, verletzen, brechen; das verstößt gegen das A.; sich an ein A. halten.

abkoppeln: 1. ⟨etwas a.⟩ *abkuppeln:* den Anhänger, die Weltraumkapsel von der Zielrakete a.; ⟨auch ohne Akk.⟩ können wir a.?; übertr.: Renten von der Entwicklung der Arbeitnehmereinkommen a.; den Dollar vom Gold a.; die Sicherheit Europas darf von der Sicherheit Amerikas nicht abgekoppelt werden. 2. ⟨ein Tier a.⟩ *losbinden; loslassen:* Pferde, Hunde a.

abkratzen: 1. ⟨etwas a.⟩ a) *durch Kratzen entfernen:* den Schmutz von den Schuhen, alte Farbe von der Tapete, den Rost a.; ich habe das Preisschild mit dem Messer abgekratzt; ⟨jmdm., sich etwas a.⟩ er kratzte (ugs.; *rasierte*) ihm den Bart ab. b) *durch Kratzen reinigen:* die Schuhe a.; hast du den Topf abgekratzt? 2. (derb) *sterben:* er wird wohl bald a., ist abgekratzt.

abkriegen (ugs.): 1. ⟨etwas a.⟩ *abbekommen:*

viel, nichts, ein Stück a.; du kriegst von dem Geld etwas ab; (ugs.:) sie hat keinen Mann abgekriegt *(ist nicht geheiratet worden).* 2. ⟨etwas a.⟩ *hinnehmen müssen, erhalten:* einen Schlag im Gewühl a.; das Schiff hat zwei Treffer abgekriegt; ich habe etwas abgekriegt *(bin in Mitleidenschaft gezogen worden).* 3. ⟨etwas a.⟩ *loslösen, entfernen:* den Deckel, den Fleck [von der Hose] nicht a.; kriegst du das Etikett, den Verschluß ab?

abkühlen: 1. ⟨etwas a.⟩ *kühl machen:* die Milch [durch Pusten, Umrühren] a.; er kühlte sein brennendes Gesicht ab; übertr.: dieser Vorfall kühlte ihre Zuneigung, das Verhältnis, die Gemüter, die Beziehungen merklich ab. 2. a) ⟨etwas kühlt ab⟩ *etwas wird kühl[er]:* der Kaffee, die Suppe muß noch a.; der Motor ist noch nicht abgekühlt; übertr.: die Begeisterung kühlte ab. b) ⟨etwas kühlt sich ab⟩ *etwas wird kühl[er]:* die Luft hat sich abgekühlt; übertr.: ihre Beziehungen kühlten sich ab. c) ⟨es kühlt ab⟩ *es wird kühl[er]:* nach dem Regen hat es stark abgekühlt. d) ⟨es kühlt sich ab⟩ *es wird kühl[er]:* es hat sich abgekühlt. 3. ⟨sich a.⟩ *sich erfrischen:* ins Wasser springen, um sich abzukühlen; sich nach dem Tanzen im Park a.

Abkunft, die (geh.): *Abstammung, Herkunft:* ein Amerikaner deutscher A.; von hoher, niedriger, edler, bürgerlicher, vornehmer A.; ihrer A. nach; übertr.: die slawische A. dieses Wortes.

abkuppeln ⟨etwas a.⟩: *durch Lösen der Kupplung trennen;* den Anhänger a.; der Schlafwagen wird in Frankfurt abgekuppelt.

abkürzen: a) ⟨etwas a.⟩ *verkürzen:* ein Wort, einen Namen a. *(verkürzt wiedergeben);* einen Weg a. *(einen kürzeren Weg nehmen);* ein Verfahren a. *(verkürzen und dadurch vereinfachen);* ein abgekürztes *(vereinfachtes)* Verfahren; eine Rede, Verhandlung, einen Besuch, eine Reise a. *(früher als vorgesehen beenden).* **b)** ⟨etwas kürzt ab⟩ *etwas führt schneller zum Ziel:* dieser Weg kürzt ab.

Abkürzung, die: 1. *verkürzt wiedergegebenes Wort:* Verzeichnis der verwendeten Abkürzungen; die Abkürzung Lkw bedeutet Lastkraftwagen; eine A. nicht kennen, nicht auflösen können. 2. *Verkürzung:* die A. des Besuches, der Rede, des Verfahrens. 3. *abkürzender Weg:* eine A. nehmen, gehen; gibt es hier keine A.?

abladen: a) ⟨etwas a.⟩ *von einem Transportmittel herunternehmen:* etwas vorsichtig, schnell a.; Holz, Sand, Steine, Fässer [von einem Wagen] a.; (ugs.:) ⟨jmdn. a.⟩ er lud seinen Freund an der Ecke ab; wo kann ich Sie a.?; ⟨selten auch ohne Akk.⟩ wir müssen noch a.; übertr.: seinen Ärger, seine schlechte Laune, seine Sorgen bei anderen a. *(loswerden; sich davon befreien);* er lädt seinen Kummer im Wirtshaus ab; er möchte die Verantwortung, die Schuld auf andere a. *(abwälzen);* (ugs.:) am Zahltag gleich a. müssen *(sein Geld abgeben müssen);* nun lad mal [dein Geld] ab! *(bezahle!).* **b)** ⟨etwas a.⟩ *durch Herunternehmen der Ladung leer machen:* den Wagen a.

ablagern: 1. **a)** ⟨etwas lagert etwas ab⟩ *etwas schwemmt etwas an:* der Fluß lagert Sand am Ufer ab. **b)** ⟨etwas lagert sich ab⟩ *etwas setzt sich ab:* an der Mündung lagert sich Schlamm ab; Staub hat sich in der Lunge, Kalk an den Arterienwänden abgelagert. 2. ⟨etwas lagert ab⟩ *etwas*

reift, wird durch Lagern besser: das Holz muß noch a.; der Tabak ist/hat gut abgelagert; abgelagerte Weine. 3. ⟨etwas a.⟩ *lagern, deponieren:* Chemieabfälle, Fässer nach Vorschrift a.

ablassen: 1. ⟨etwas a.⟩ a) *abfließen, entweichen lassen:* das Wasser aus der Wanne, verbrauchtes Öl aus dem Motor, Luft aus den Reifen a.; Chemikalien in einen Fluß a.; die Lokomotive läßt Dampf ab; übertr. (ugs.): seinen Ärger, seinen Frust a.; Sprüche a. b) *leer machen:* die Wanne, einen Teich a.; vor der Reparatur muß der Kessel abgelassen werden. 2. ⟨jmdm. etwas a.⟩ *[preiswert] verkaufen, abtreten:* er ließ mir 3 Zentner Kartoffeln ab; ich würde Ihnen das Buch unter dem Selbstkostenpreis, für 12 Mark a. 3. ⟨etwas a.⟩ *Preisnachlaß gewähren, ermäßigen:* er läßt von dem Preis nichts, 15 Prozent ab; ⟨jmdm. etwas a.⟩ können Sie mir noch 10 Mark a.? 4. a) ⟨von etwas a.⟩ *nicht weiterverfolgen, abgehen:* von der Verfolgung, von einem Vorhaben a.; sie ließen vom Gesetz nicht ab *(hielten daran fest);* ohne von der Arbeit abzulassen *(ohne sie zu unterbrechen);* er läßt nicht ab *(hört nicht auf),* den Sturz des Diktators zu fordern. b) (geh.) ⟨von jmdm. a.⟩ *sich abwenden, in Ruhe lassen:* von dem Fliehenden, Unterlegenen a.; er ließ von dem wehrlosen Tier nicht ab. 5. (ugs.) ⟨etwas a.⟩ *nicht [wieder] befestigen, anlegen, aufsetzen:* wir lassen das Schild ab; darf ich den Schlips a.?

Ablauf, der: 1. *Abfluß:* der A. der Badewanne ist verstopft; den A. freihalten. 2. *Verlauf:* ein schneller, reibungsloser A. des Programms; der genaue zeitliche A. des Festivals; der äußere A. der Befragung; der A. der Ereignisse zeigt, daß ...; etwas bestimmt, ändert, gewährleistet den A.; für einen glatten A. sorgen. 3. *Beendigung, Abschluß:* nach A. der Frist; vor der Lehrzeit; gegen A. seiner Dienstzeit; nach A. *(Erlöschen der Gültigkeit)* des Visums.

ablaufen: 1. (Sport) *loslaufen:* wenn die eine Gruppe ankommt, läuft die nächste ab; das Feld [der Marathonläufer] ist abgelaufen. 2. ⟨etwas läuft ab⟩ a) *etwas fließt ab:* das Wasser läuft nicht ab; er ließ das Wasser aus der Wanne ablaufen. b) *etwas leert sich:* die Badewanne läuft schlecht ab; der Ausfluß läuft nicht ab *(ist verstopft).* 3. ⟨etwas läuft von etwas ab⟩ *etwas fließt herunter:* der Regen läuft von den Ölmänteln ab; das Wasser ist vom Geschirr abgelaufen; bildl.: an ihm läuft alles ab *(läßt ihn gleichgültig).* 4. a) ⟨etwas a.⟩ *an etwas zum Zweck der Besichtigung oder Kontrolle entlanggehen, entlanglaufen:* er hat/ist die Strecke, den Weg abgelaufen. b) ⟨jmdn., etwas a.⟩ *der Reihe nach aufsuchen:* die Läden einer Stadt nach etwas a.; alle Kunden in einem Bezirk a.; ich habe/bin die ganze Gegend abgelaufen. 5. ⟨etwas a.⟩ *durch vieles Gehen abnutzen:* ich habe die Spitzen (der Schuhe), die Absätze schon wieder abgelaufen; die Schuhsohlen sind abgelaufen; abgelaufene Teppiche. 6. ⟨etwas läuft ab⟩ *etwas rollt ab, wird abgespult:* das Kabel läuft [von der Trommel] ab; das Tonband läuft ab; er ließ den Film a. *(führte ihn vor).* 7. ⟨etwas läuft ab⟩ *etwas wird vor sich, geht vonstatten, verläuft:* das Programm läuft pausenlos ab; die Tagung, die Veranstaltung lief ruhig, nach Plan ab; Veränderungen laufen ab; alles ist gut, glücklich, glimpf-

abliegen

lich, reibungslos, planmäßig [für ihn] abgelaufen *(ausgegangen)*. **8.** ⟨etwas läuft ab⟩ *etwas hört auf, in Tätigkeit zu sein, bleibt stehen:* die Uhr läuft ab; das Spielzeug ist abgelaufen. **9.** ⟨etwas läuft ab⟩ *etwas geht zu Ende, erlischt:* die Frist, das Trauerjahr, die Amtszeit, der Vertrag läuft am 30. Mai ab; der Paß ist abgelaufen *(ist ungültig).* * (ugs.:) **jmdn. ablaufen lassen** *(kühl abweisen).*
ablauschen (geh.) ⟨jmdm., einer Sache etwas a.⟩: *durch aufmerksames Hinhören erfahren:* jmdm. ein Geheimnis a.; übertr.: diese Geschichte ist dem Leben abgelauscht *(nachgestaltet).*
Ableben, das (geh.): *Tod:* das unerwartete, frühe A. eines Mitarbeiters beklagen; nach dem A. des Vaters übernahm der Sohn die Firma.
ablegen: 1. ⟨etwas a.⟩ *niederlegen:* eine Last a.; Fliegen legen ihre Eier auf dem Käse ab; Bürow.: die Post, den Schriftwechsel, die Unterlagen a. *(abheften, in die Ablage tun);* Kartenspiel: eine Karte, den König a. *(beiseite legen).* **2.** ⟨etwas a.⟩ *von sich tun, abnehmen, ausziehen:* Mantel, Hut und Schirm an der Garderobe a.; sie legte die Kleider ab; bildl.: die Maske a. *(sich so zeigen, wie man ist);* (geh.:) die sterbliche Hülle a. *(sterben);* ⟨auch ohne Akk.⟩ legen Sie bitte ab!; möchten Sie nicht a.?; subst.: kann ich Ihnen beim Ablegen behilflich sein? **3.** ⟨etwas a.⟩ *nicht mehr tragen:* die Trauerkleidung, den Verlobungsring, die Auszeichnungen a.; er hat den Anzug abgelegt; abgelegte Schuhe, Sachen; übertr.: seinen Namen a.; die Scheu, den Stolz a. *(aufgeben, sich davon frei machen);* er hat seine Nervosität, seine Gewohnheiten, seine Untugenden abgelegt. **4.** ⟨etwas a.; in bestimmten nominalen Fügungen⟩ *vollziehen, leisten, machen:* eine Beichte a. *(beichten);* ein Geständnis a. *(gestehen);* ein Bekenntnis [über etwas] a. *(bekennen);* ein Gelübde a. *(geloben);* einen Eid [auf etwas] a. *(einen Eid leisten);* Rechenschaft [über etwas] a. *(Rechenschaft geben);* Zeugnis [für jmdn. oder etwas] a. *(bezeugen);* einen Beweis [für etwas] a. *(beweisen);* eine Probe a. *(ein Beispiel geben);* eine Prüfung a. *(eine Prüfung machen).* **5.** (Seemannsspr.) *vom Kai o. ä. ab-, wegfahren:* die Fähre hat eben abgelegt; wir legen gleich ab.
ablehnen: a) ⟨etwas a.⟩ *nicht annehmen, ab-, zurückweisen:* eine Einladung, ein Geschenk, ein Angebot, eine Wahl, ein Amt a.; sie lehnte den Heiratsantrag entschieden ab; ein Gesuch höflich, unfreundlich, unbegründet a.; der Antrag wurde abgelehnt *(nicht genehmigt);* ein ablehnender Bescheid. **b)** ⟨jmdn., etwas a.⟩ *mißbilligen, nicht einverstanden sein:* die Politik der Regierung, die Regierung a.; Blutübertragungen aus Glaubensgründen a.; er lehnte das Buch ab; das Publikum verhielt sich ablehnend; er machte ein ablehnendes Gesicht; er lehnt seinen Schwiegersohn, die modernen Maler ab. **c)** ⟨jmdn., etwas a.⟩ *von sich weisen; nicht als zuständig anerkennen:* einen Vorwurf, eine Beschuldigung a.; ich lehne jede Verantwortung für diesen Vorfall glatt, rundweg ab; den Richter [als befangen], Zeugen [wegen Befangenheit] a. **d)** ⟨etwas a.⟩ *nicht tun, verweigern:* die Behandlung eines Patienten, die Zahlung von Kosten a.; er lehnte es ab, darüber zu sprechen; ablehnend antworten.

Ablehnung, die: *das Ablehnen:* die A. des Gesuchs, der Verantwortung; [bei jmdm., mit etwas] auf höfliche, kühle, scharfe, schroffe, entschiedene, eisige A. stoßen.
ableisten ⟨etwas a.⟩: *erfüllen, leisten:* den Wehrdienst, ehrenamtliche Arbeitsstunden a.
ableiten: 1. ⟨etwas a.⟩ *in eine andere Richtung leiten:* einen Fluß, den Rauch [durch den Schacht] a.; der Blitz wird abgeleitet; der Verkehr wird [von der Autobahn] abgeleitet. **2. a)** ⟨etwas von etwas, aus etwas ab⟩ *herleiten:* ein Vorrecht aus seiner Stellung a.; Sprachw.: ein Verb von einem Substantiv a. *(bilden);* „kräftig" ist von „Kraft" abgeleitet; das Wort leitet man vom Griechischen ab *(führt man auf das Griechische zurück).* **b)** (Math.) ⟨etwas a.⟩ *(auf mathematischem Wege) ermitteln:* eine mathematische Formel a.; eine Gleichung a. **c)** ⟨etwas leitet sich aus etwas, von etwas ab⟩ *etwas leitet sich her:* dieser Anspruch leitet sich aus ererbten Privilegien ab; Sprachw.: das Wort leitet sich aus dem Lateinischen ab *(stammt aus dem Lateinischen).*
ablenken: 1. ⟨etwas a.⟩ *in eine andere Richtung lenken:* der Torwart lenkte den Ball (zur Ecke) ab; die Lichtstrahlen werden durch das Prisma abgelenkt; übertr.: *weglenken, abbringen:* jmdn. von der Arbeit a.; die Aufmerksamkeit der Schüler, das Interesse der Zuschauer a.; den Verdacht von jmdm. a.; lenk nicht ab! *(stör mich nicht!);* ⟨auch ohne Akk.⟩ vom Thema a.; sie lenkte schnell ab und sprach über anderes. **2.** ⟨jmdn., sich a.⟩ *auf andere Gedanken bringen, zerstreuen:* ich möchte sie ein bißchen a.; ins Kino gehen, um sich abzulenken.
ablesen: 1. ⟨etwas a.⟩ *nach einer Vorlage sprechen:* der Präsident las die Rede [vom Blatt] ab; ⟨auch ohne Akk.⟩ der Redner liest ab *(spricht nicht frei).* **2.** ⟨etwas a.⟩ **a)** *den Stand eines Meßgerätes feststellen:* den Stromzähler, die Gasuhr, das Thermometer a. **b)** *an Hand eines Meßgerätes feststellen:* er las den Strom, die Temperatur [vom Thermometer] ab. **3. a)** ⟨etwas von etwas/an etwas a.⟩ *erkennen, heraushören:* die Wünsche der Ehefrau von ihren Augen a.; er suchte den Eindruck seiner Worte von/an ihrem Gesicht abzulesen; ⟨jmdm., einer Sache etwas [von/an etwas] a.⟩ jmdm. die Worte von den Lippen a.; er las ihm seine schmutzigen Gedanken von/an der Stirn ab; das lese ich dir doch an der Nasenspitze (ugs.) ab!; seinen Worten war die Verärgerung abzulesen. **b)** ⟨etwas aus etwas a.⟩ *erfassen und einschätzen; erschließen:* die Bedeutung dieses Ereignisses kann man daraus a., daß ...
ableugnen ⟨etwas a.⟩: *nachdrücklich leugnen:* seine Schuld, ein Verbrechen a.; alles a.
abliefern: a) ⟨etwas a.⟩ *pflichtgemäß aushändigen, abgeben:* die bestellte Ware pünktlich a.; alle Waffen müssen an die Behörden abgeliefert werden; den Schlüssel beim Pförtner a.; ⟨jmdm. etwas a.⟩ den Rest des Geldes der Mutter a. **b)** (ugs.) ⟨jmdn. a.⟩ *pflichtgemäß irgendwohin bringen:* die Tochter nach der Party wieder [bei den Eltern] a.; den Einbrecher auf der Wache a.
abliegen /vgl. abgelegen/: **1.** ⟨etwas liegt ab⟩ *etwas ist von etwas entfernt:* der Bahnhof liegt sehr weit [von der Stadt] ab; übertr.: das liegt vom eigentlichen Thema ab. **2.** (südd., österr.) ⟨etwas

liegt ab⟩ *etwas wird durch längeres Liegen mürbe:*
das Fleisch muß noch a., ist gut abgelegen.
ablösen: 1. a) ⟨etwas a.⟩ *lösen und entfernen:*
eine Briefmarke vorsichtig, behutsam, geschickt
[vom Umschlag] a.; er löste das Fleisch von den
Knochen ab; ⟨jmdm. etwas a.⟩ der Arzt löste ihm
das Pflaster ab. **b)** ⟨etwas löst sich ab⟩ *etwas löst
sich los:* die Farbe, der Lack löst sich [vom Holz]
ab. **2. a)** ⟨jmdn. a.⟩ *die Tätigkeit, die Stellung von
jmdm. übernehmen:* einen Posten a.; einen Kollegen bei der Arbeit, einen Läufer in der Führung
a.; er hat den Direktor abgelöst; (verhüll.:) der
Kanzler muß abgelöst *(abgesetzt)* werden;
übertr.: der Frühling löst den Winter ab. **b)**
⟨sich/(geh.:) einander a.⟩ *sich folgen; sich abwechseln:* sich in der Herrschaft, beim Nachtdienst a.;
übertr.: Sonne und Regen lösen sich ab.
Ablösung, die: **1.** *das Ablösen; das Sichablösen:*
der Arzt stellte eine A. der Netzhaut fest. **2. a)**
*Übernahme einer Tätigkeit, einer Stellung; Wech-
sel:* die A. der Posten, der Wache findet um 8 Uhr
statt; bei, vor, nach der A. des Staatssekretärs;
übertr.: die A. der herkömmlichen Technik
durch neue Technologien. **b)** *Person, die jmdn.
ablöst; ablösende Personengruppe:* wann kommt
deine, unsere A.?; die A. ist unterwegs.
abmachen: 1. ⟨etwas a.⟩ *loslösen und entfernen:*
das Schild [von der Tür], die Schnur [vom Paket],
den Schmutz, den Rost a.; ⟨jmdm., sich etwas a.⟩
der Arzt machte ihm den Verband ab; dem Hund
die Leine a. **2.** ⟨etwas a.⟩ **a)** *vereinbaren:* einen
Termin, eine dreimonatige Kündigungsfrist, ein
Erkennungszeichen [mit jmdm.] a.; wir haben abgemacht, daß ...; 14 Uhr war abgemacht; es ist
von ihnen/zwischen ihnen noch nichts wegen
dieser Sache abgemacht worden; abgemacht!
(einverstanden!). **b)** *erledigen, zum Abschluß, in
Ordnung bringen:* eine Sache im guten, gütlich,
unter sich a.; du mußt diese Angelegenheit mit
dir allein, mit dir selbst a. *(damit fertig werden):*
das ist so gut wie abgemacht *(beschlossen).*
Abmachung, die: *Vereinbarung:* eine geheime,
bindende, feste, rechtsgültige, freundschaftliche
A.; eine A., Abmachungen [über etwas] treffen
(gewöhnlich besser: *etwas vereinbaren*); eine A.
nicht als/für bindend ansehen; eine A. halten,
nicht einhalten; das entspricht nicht unserer A.;
sich nicht an Abmachungen halten; es bleibt bei
unserer A.; das verstößt gegen unsere A.
abmagern: *mager werden:* bis auf die Knochen,
bis zum Skelett a.; ein abgemagerter Körper.
Abmarsch, der: *das Abmarschieren:* der A. der
Soldaten erfolgte pünktlich; der A. der Demonstranten vollzog sich schweigend.
abmarschieren: a) *wegmarschieren, abrücken:*
die Soldaten marschieren ab; die Sportler sind
geschlossen abmarschiert. **b)** ⟨etwas abmarschie-
ren⟩ *zur Kontrolle abgehen:* er ist/hat die ganze
Gegend abmarschiert.
abmelden: a) ⟨jmdn., sich a.⟩ *den Weggang, das
Ausscheiden o. ä. ordnungsgemäß melden:* sich
vor dem Verlassen des Betriebs beim Meister a.;
der Vater hat seinen Sohn [von der Schule] abgemeldet; er meldete sich vom Lehrgang, bei seinem Verein ab; sich polizeilich a.; seine Familie
auf dem Einwohnermeldeamt, bei der Polizei a.
b) ⟨etwas a.⟩ *melden, daß etwas nicht mehr benutzt*

wird: das Telefon a.; ich habe das Auto für die
Wintermonate abgemeldet. **2.** (Sport) ⟨jmdn. a.⟩
ausschalten, beherrschen: der Linksaußen wurde
vom Verteidiger völlig abgemeldet; die deutschen Fahrer waren abgemeldet. * (ugs.:) **[bei
jmdm.] abgemeldet sein** *[von jmdm.] nicht mehr
beachtet werden).*
abmessen: a) ⟨etwas a.⟩ *genau messen:* eine
Strecke, den Abstand [mit dem Zirkel] a.; streng,
genau abgemessene Bewegungen. **b)** ⟨etwas a.⟩
messend abteilen: 375 g Mehl a.; der Verkäufer
maß einen Meter Stoff [vom Ballen] ab.
abmühen (geh.) ⟨sich a.⟩; *sich abquälen:* er
mühte sich mit der Kiste, mit dem Schüler, mit
der Aufgabe ab; ich habe mich abgemüht, die Familie zu ernähren.
abmustern (Seemannsspr.): **a)** ⟨jmdn. a.⟩ *aus
dem Schiffsdienst entlassen:* einige Mann bei der Besatzung a. **b)** *den Schiffsdienst aufgeben:* die
Mannschaft musterte ab.
abnagen ⟨etwas a.⟩. **a)** *durch Nagen entfernen:*
das Fleisch vom Knochen a.; die Maus hat ein
Stück abgenagt. **b)** *durch Nagen von etwas frei
machen:* er nagte die Knochen ab.
Abnahme, die: **1.** *das Ab-, Wegnehmen:* die A.
des Kronleuchters, des Verbandes. **2.** *Entgegen-
nahme:* nach A. des Versprechens. **3.** *Begutachtung, [offizielle] Überprüfung:* die A. eines Neu-
baues obliegt der Behörde; die A. der Parade erfolgt durch den General; die A. der Fahrzeuge
wird vom Werk durchgeführt, vorgenommen. **4.**
Verminderung, Rückgang: eine plötzliche, merk-
liche, starke A. des Gewichts; die A. der Geburten. **5.** (Kaufmannsspr.) *Kauf:* der Käufer muß
sich zur A. des ganzen Werkes verpflichten; bei
A. größerer Mengen gewähren wir Preisnachlaß.
* **etwas findet Abnahme** *(läßt sich verkaufen):* die
Ware findet gute, reißende, keine A.
abnehmen: 1. ⟨etwas a.⟩ *weg-, herunternehmen;
entfernen:* den Deckel, das Tischtuch, die Bettdecke, das Bild, die Wäsche [von der Leine] a.; er
nahm die Brille, den Hut, den Schlips ab; den
[Telefon]hörer, das Telefon a. *(abheben und ein
Gespräch entgegennehmen)* ⟨auch ohne Akk.⟩ da
nimmt niemand ab; den Bart a. *(abrasieren);* das
Bein, die erfrorenen Finger a. *(amputieren);* die
Beeren, das Obst a. *(abpflücken, ernten);* die Raupen [vom Kohl] a. *(absammeln, ablesen);* ⟨jmdm.,
sich etwas a.⟩ ich lasse mir den Bart a.; dem Verunglückten mußten beide Beine abgenommen
werden; dem Patienten Blut a. *(entnehmen).*
2. ⟨jmdm. etwas a.⟩ *aus der Hand nehmen und
selbst halten oder tragen; übernehmen, an sich
nehmen:* einer alten Frau ein Paket, die Ein-
kaufstasche a.; kannst du mir mal den Hammer,
die Flasche a.?; er sah seiner Frau den Mantel
ab; übertr.: der Mutter eine Arbeit, einen Weg
(ugs.) a.; er nahm ihm die Verantwortung nicht
ab. **3.** ⟨jmdm. etwas a.⟩ *sich geben lassen, entgegennehmen:* er nahm dem Briefträger das Päckchen an der Haustür ab; übertr.: jmdm. die
Beichte a.; einem Zeugen den Eid a. *(ablegen lassen);* er nahm seinem Freund das Versprechen ab
(ließ es sich geben), nicht darüber zu sprechen. **4.**
⟨etwas a.⟩ *prüfend begutachten [und genehmigen]:*
einen Neubau, technische Geräte, ein Fahrzeug
a.; er nahm die Parade, den Vorbeimarsch ab;

eine Prüfung a. *(abhalten).* **5.** ⟨jmdm. etwas a.⟩ *fort-, wegnehmen:* einem Jungen die Streichhölzer a.; der Mann nahm ihm die Uhr, die Brieftasche ab *(raubte sie ihm);* der Polizist wollte ihm den Führerschein, den Ausweis a. *(entziehen);* er hat mir alle Trümpfe, viel Geld abgenommen *(abgewonnen);* in jeder Kurve konnte er dem führenden Wagen ein paar Meter, eine Sekunde a. (S p o r t : *näher an den führenden Wagen herankommen*); er nahm seinem Gegner den Aufschlag ab (Tennis: *er gewann dessen Aufschlagspiel).* **6.** ⟨jmdm. etwas a.⟩ *abkaufen:* der Händler will uns die alten Sachen a.; er hat uns die Ware für 20 Mark abgenommen. **7.** ⟨jmdm. etwas a.⟩ *abverlangen:* wieviel, was hat er dir dafür abgenommen?; die Werkstatt will mir für die Reparatur 50 Mark a. **8.** (ugs.) ⟨jmdm. etwas a.⟩ *glauben:* das nimmt dir keiner ab; er hat uns die Geschichte nicht abgenommen. **9.** ⟨etwas a.⟩ *nachbilden, übertragen:* die Totenmaske a.; ⟨jmdm. etwas a.⟩ der Polizist nahm ihm die Fingerabdrücke ab. **10. a)** *Gewicht verlieren, leichter werden:* du mußt noch ein paar Pfündchen a.; der Kranke hat drei Kilo, viel, wenig abgenommen; sie hat sehr, stark, tüchtig abgenommen; hast du abgenommen? **b)** ⟨etwas nimmt ab.⟩ *etwas wird kleiner, weniger, geringer, läßt nach:* die Geschwindigkeit, Stärke, Helligkeit nimmt ab; die Zuschauerzahlen haben stark abgenommen; das Fieber, seine Aufmerksamkeit nimmt ab; die Tage nehmen ab *(werden kürzer);* der Mond nimmt ab *(seine Lichtscheibe wird kleiner);* wir haben abnehmenden Mond.

Abneigung, die: *Widerwille:* eine große, heftige, krankhafte, unüberwindliche, ganz natürliche A. gegen etwas; eine A. gegen einen Menschen haben, hegen, empfinden; mich überfiel eine leichte A.; er hat eine A. dagegen, über diese Dinge zu sprechen.

abnötigen (geh.) ⟨jmdm., sich etwas a.⟩: *durch intensive Bemühung erlangen, erzwingen:* jmdm. Respekt, Achtung a.; er hat mir das Geständnis abgenötigt; sich ein Lächeln a.

abnutzen, (bes. südd., österr.:) abnützen: **a)** ⟨etwas a.⟩ *durch Gebrauch in Wert und Brauchbarkeit mindern:* den Teppich, die Autoreifen a.; er hat die Sachen schnell abgenutzt; bildl.: abgenutzte Begriffe. **b)** ⟨etwas nutzt sich ab⟩ *etwas verliert durch Benutzung an Wert und Brauchbarkeit:* die Autoreifen haben sich schnell, stark, mit der Zeit abgenutzt.

Abonnement, das: *Bezug auf bestimmte Zeit:* das A. beginnt, erlischt, endet am 1. Juli; das A. des „Sprachspiegels"/(bes. schweiz.:) auf den „Sprachspiegel" ist abgelaufen; ein A. haben, erneuern, beziehen; ein A. mit 10 Kammermusikabenden belegen; das Essen ist im A. billiger; ein A. *(Anrecht)* bei der Volksbühne beantragen, nehmen; sein A. für die Oper erneuern, verlängern; übertr.: ein A. auf den Titel haben.

abonnieren ⟨etwas a.⟩: *im Abonnement beziehen:* eine Zeitung [ab 1. Januar, für ein Jahr] a. ✶ **[auf etwas] abonniert sein** *(etwas abonniert haben):* ich bin auf diese Zeitung abonniert; im, beim Theater abonniert sein (ugs.; *ein Abonnement haben);* übertr.: auf Skandale, auf vordere Plätze abonniert sein.

abordnen ⟨jmdn. a.; gewöhnlich mit Raumangabe⟩: *dienstlich entsenden:* einen Vertreter nach Berlin, zu einer Tagung a.

Abordnung, die: **1.** *das Abordnen:* die A. eines Bevollmächtigten war zu erwarten. **2.** *Gruppe von Beauftragten, Delegation:* eine A. schicken, entsenden, empfangen.

abpassen: **a)** ⟨etwas a.⟩ *den passenden Zeitpunkt abwarten:* den richtigen Zeitpunkt, Moment, eine günstige Gelegenheit a. **b)** ⟨jmdn. a.⟩ *erwarten und aufhalten:* den Briefträger, die Zeitungsfrau a.; er hat mich abgepaßt.

abpfeifen (Sport) ⟨etwas a.⟩: **a)** *durch einen Pfiff unterbrechen:* das Spiel [wegen Abseitsstellung] a.; ⟨auch ohne Akk.⟩ der Schiedsrichter hatte schon vorher abgepfiffen. **b)** *durch einen Pfiff beenden:* die erste Halbzeit, ein Spiel a.

abpflücken ⟨etwas a.⟩: **a)** *pflückend abmachen:* die Äpfel, ein paar Blumen a. **b)** *eine Pflanze, einen Baum von etwas leer pflücken:* den Kirschbaum, die Stachelbeersträucher a.

abplagen ⟨sich a.⟩: *abmühen:* sich a., um die Familie zu ernähren; er hat sich redlich, sein ganzes Leben lang [damit] abgeplagt.

abprallen ⟨etwas prallt ab⟩: *etwas springt federnd zurück:* die Kugel prallt von, an der Mauer ab; der Ball ist [vom Pfosten] abgeprallt; übertr.: die Vorwürfe prallten an ihm ab *(berührten ihn nicht).*

abputzen ⟨etwas a.⟩ *wischend, bürstend entfernen:* den Schmutz a. **b)** ⟨jmdn., sich, etwas a.⟩ *reinigen, säubern:* die Schuhe, den Tisch, die Rüben a.; nach dem Sturz putzte er sich ab; ⟨jmdm., sich etwas a.⟩ er putzte sich den Mund ab.

abquälen: 1. ⟨sich a.⟩ *sich abplagen:* sich lange, sehr [mit einer Arbeit] a.; er quälte sich vergeblich [damit] ab, den Motor in Gang zu bringen. **2.** ⟨sich (Dativ) etwas a.⟩ *sich abzwingen:* ich quälte mir eine Antwort, ein Lächeln ab.

abquetschen ⟨etwas a.⟩: *durch Quetschen abtrennen:* mein Finger wäre beinahe abgequetscht worden; ⟨jmdm., sich etwas a.⟩ sich den Daumen a.; die Maschine quetschte ihm beide Beine ab.

abrackern (ugs.) ⟨sich a.⟩: *sich abplagen:* sich mit dem schweren Koffer a.; die alte Frau rackerte sich für ihre Kinder, bis zum Tode, 30 Jahre lang ab; am meisten rackerte der Linksaußen ab.

abraten: *raten, etwas nicht zu tun:* **a)** ⟨jmdm. von etwas a.⟩ er riet mir entschieden, dringend, ernstlich, energisch davon ab; seinem Freund vom Wiederkommen, vom Kauf einer Eigentumswohnung a. **b)** ⟨jmdm. etwas a.⟩ ich rate dir ab; ich riet ihm ab, die Stellung anzunehmen.

abräumen ⟨etwas a.⟩: **a)** *wegräumen; fortschaffen:* den Teller, das Frühstück a.; alle Kegel a. *(umwerfen);* einige Millionen, drei der vier Titel a. *(gewinnen).* **b)** *durch Abräumen leer machen:* den Tisch a.; ⟨auch ohne Akk.⟩ die Kellnerin räumt bereits ab.

abreagieren: 1. ⟨etwas a.⟩ *zum Abklingen bringen:* seine schlechte Laune, seinen Ärger, seine Enttäuschung, seine Aggressionen a.; er hat seine Wut an seinen Mitarbeitern abreagiert *(ausgelassen);* ⟨sich (Dativ) etwas a.⟩ er reagierte sich seine Minderwertigkeitsgefühle ab. **2.** ⟨sich a.⟩ *sich beruhigen:* ich muß mich erst a.

abrechnen: 1. ⟨etwas a.⟩ *abziehen:* die eigenen Unkosten, von einer Summe die Steuer a.; übertr.: das abgerechnet *(nicht berücksichtigt),* bin ich einverstanden. **2.** ⟨etwas a.⟩ *die Schlußrechnung aufstellen:* die Kasse a.; ⟨auch ohne Akk.⟩ bitte zahlen Sie an der Sammelkasse, wir haben schon abgerechnet. **3.** *Geldangelegenheiten in Ordnung bringen, begleichen:* wann können wir [über unsere Ausgaben] a.?; er rechnet mit den Arbeitern genau ab. **4.** ⟨mit jmdm. a.⟩ *zur Rechenschaft ziehen:* mit dem Kerl werde ich a.; wir beide rechnen schon noch miteinander ab. **Abrechnung,** die: **1.** *das Abrechnen, Abzug:* nach A. der Unkosten. **2.** *Schlußrechnung:* eine spezifizierte, endgültige A.; die A. der Konten erfolgt halbjährlich; seine Frau macht die A.; eine A. unterschreiben. **3.** *Vergeltung, Rache:* der Tag der A. wird kommen; mit jmdm. A. halten *(abrechnen).* * (Papierdt.:) **etwas kommt in Abrechnung** *(wird abgerechnet)* · (Papierdt.:) **etwas in Abrechnung bringen** *(abrechnen).* **Abrede,** die (geh. veraltend): *Vereinbarung:* eine geheime, stillschweigend getroffene A. * (Papierdt.:) **etwas in Abrede stellen** *(ab-, bestreiten):* er hat seine Mittäterschaft in A. gestellt. **abreiben:** **1. a)** ⟨etwas a.⟩ *durch Reiben entfernen:* den Schmutz, den Rost vom Metall a.; ⟨jmdm., sich etwas a.⟩ er rieb sich die Fettschicht vom Körper ab. **b)** ⟨etwas a.⟩ *durch Reiben säubern:* die Fensterscheibe a.; ⟨jmdm., sich etwas a.⟩ er rieb sich die Hände mit dem Taschentuch, an den Hosen ab. **2.** ⟨jmdn., sich, etwas a.⟩ *trokkenreiben:* sich nach dem Baden a.; er rieb das Pferd mit Stroh ab; ⟨jmdm., sich etwas a.⟩ kannst du mir mal den Rücken a.? **3.** ⟨etwas a.⟩ *[die Schale von etwas] für die Zubereitung zerreiben:* eine Zitrone, eine Muskatnuß a. **Abreibung,** die: **1.** *das Abreiben, Frottieren:* der Arzt verordnete ihm kalte, trockene Abreibungen. **2.** (ugs.) **a)** *Prügel:* der Vater gab, verabreichte dem Sohn eine anständige, tüchtige, gehörige A.; eine A. bekommen. **b)** *Zurechtweisung:* wortlos nahm er die A. hin. **Abreise,** die: *Aufbruch, Abfahrt zu einer Reise:* eine plötzliche, schnelle, überstürzte, heimliche A.; die A. erfolgt wie vorgesehen, vollzog sich fluchtartig; die A. hinauszögern, auf den nächsten Tag verschieben; meine A. hat sich verzögert; fertig zur A. sein; kurz vor der A. stehen. **abreisen:** *zu einer Reise aufbrechen:* plötzlich, überstürzt, heimlich, in aller Frühe, mit dem Auto a.; sie sind nach München abgereist; unser Besuch reist morgen wieder ab *(reist zurück).* **abreißen** /vgl. abgerissen/: **1.** ⟨etwas a.⟩ *los-, herunterreißen:* ein Kalenderblatt, ein Stück Schnur, alte Plakate [von der Hauswand] a.; der Wind hat die Blüten abgerissen; ⟨jmdm., sich, einer Sache etwas a.⟩ er riß ihm den Kopfhörer, den falschen Bart ab; dem Auto wurde ein Kotflügel abgerissen. **2.** ⟨etwas a.⟩ *niederreißen, beseitigen:* eine Mauer, eine Brücke a.; sie haben das baufällige Haus abgerissen. **3.** (ugs.) ⟨etwas a.⟩ *ableisten:* seine Lehre, den Militärdienst, Überstunden a.; er hat ein Jahr im Knast abgerissen *(verbüßt).* **4.** ⟨etwas reißt ab⟩ *etwas löst sich los, geht entzwei, zerreißt:* der Aufhänger am Mantel, der Faden, der Schnürsenkel riß ab; ⟨etwas reißt

jmdm. ab⟩ mir ist der Knopf abgerissen. **5.** ⟨etwas reißt ab⟩ *etwas hört plötzlich auf, wird unterbrochen:* das Gespräch ist plötzlich abgerissen; wir dürfen die Funkverbindung nicht a. lassen; die Arbeit, die Klingelei, der Strom der Flüchtlinge reißt nicht ab *(nimmt keine Ende, geht ununterbrochen weiter);* die Unruhen rissen nicht ab *(nahmen kein Ende).* **abrichten** ⟨ein Tier a.⟩: *zu bestimmten Leistungen oder Fähigkeiten erziehen:* einen Hund [auf den Mann, richtig, falsch] a.; übertr.: junge Menschen zu Untertanen a. **abriegeln** ⟨etwas a.⟩: *mit einem Riegel versperren:* die Tür, den Stall a.; übertr.: *absperren:* eine Straße, die Unfallstelle a.; die Polizei hat alle Zugänge hermetisch abgeriegelt. **abringen** ⟨jmdm., sich, einer Sache etwas a.⟩ *unter Mühen abgewinnen:* dem Meer neues Land, dem Boden eine nur karge Ernte a.; er hat seinem Freund die Zusage, das Versprechen abgerungen; dem Körper mehr Leistung a.; der Aufsteiger hat dem deutschen Meister ein Unentschieden abgerungen; sich ein Lächeln a. **abrollen:** **1. a)** ⟨etwas a.⟩ *abwickeln:* ein Kabel [von einer Trommel], ein Tau a. **b)** ⟨etwas rollt ab⟩ *etwas läuft von einer Rolle ab:* das Kabel rollt ab. **c)** ⟨etwas rollt sich ab⟩ *etwas wickelt sich [von selbst] ab:* der Faden, der Film hat sich abgerollt. **2.** (Sport) *eine rollende Bewegung [mit etwas] machen:* auf der Matte a.; der Läufer rollt über den ganzen Fuß ab; langsam nach vorn, über den rechten Arm, über die Schulter a. **3.** ⟨etwas a.⟩ *mit einer Rollfuhre [ab]transportieren:* Bierfässer a.; der Spediteur hat die Kisten bereits von der Bahn abgerollt. **4.** ⟨etwas rollt ab⟩ *etwas entfernt sich rollend:* Tag und Nacht rollen die Güterzüge ab; das Flugzeug ist zum Kontrollturm abgerollt. **5.** *etwas läuft ab, geht vor sich, geht vonstatten:* **a)** ⟨etwas rollt ab⟩ das Programm rollt pausenlos ab; die Veranstaltung ist reibungslos abgerollt; ihr Leben rollt ab; kurze Szenen rollen vor ihren Augen ab. **b)** ⟨etwas rollt sich ab⟩ sein Schicksal, das Geschehen dieser Tage rollte sich noch einmal vor seinen Augen ab. **abrücken:** **1. a)** ⟨etwas a.⟩ *fortschieben:* den Schrank [von der Wand] a.; wir haben das Bett ein Stück abgerückt. **b)** ⟨von jmdm., von etwas a.⟩ *wegrücken, sich ein Stück entfernen:* sie rückte vorsichtig, ein wenig von ihm ab; übertr.: *sich distanzieren, sich lossagen:* von seinen Äußerungen a.; die Forschung rückt von dieser Meinung immer mehr ab. **2.** *abmarschieren:* die Truppen sind abgerückt; die Soldaten rücken in die Kaserne ab; die Demonstranten sind aus der Universität abgerückt; übertr. (ugs.): die Mädchen rückten wieder ab *(gingen wieder weg).* **Abruf,** der ⟨gewöhnlich nur noch in der Verbindung⟩ auf Abruf: **a)** *bis zur Weisung, irgendwohin zu kommen; bis zur Abberufung:* sich auf Abruf bereit halten; ich muß dort bis auf Abruf bleiben. **b)** (Kaufmannsspr.) *bis zur Anweisung zur Lieferung:* eine Ware auf Abruf bestellen, kaufen, bereithalten; A. nach Bedarf, aus Lagerbeständen. **abrufen:** **1.** ⟨jmdn. a.⟩ **a)** *weg-, herausrufen:* jmdn. aus einer Sitzung, von der Arbeit a.; **b)** *abberufen:* einen Funktionär, den Minister [von seinem Posten] a.; (geh. verhüll.:) der Herr hat ihn aus dem Leben abgerufen *(er ist gestorben).* **2.** ⟨etwas a.⟩ **a)** (Kaufmannsspr.) *anfordern, liefern lassen:* einen weiteren Posten, den Rest der Ware a. **b)** (Geldw.) *abheben:* Geld von einem Konto, eine bestimmte Summe a. **3.** ⟨etwas a.⟩ *(Bereitstehendes) telefonisch, über Funk o. ä. anfordern:* das Artilleriefeuer im wirkungsvollsten Moment a.; D a t e n v e r a r b.: Daten [vom Speicher] a.; Belegmaterial jederzeit am Bildschirm a. können.

abrunden: 1. ⟨etwas a.⟩ *rund machen, eine Rundung geben:* Ecken [durch Schleifen, mit der Feile] a.; scharfe Kanten sorgfältig a. **2.** ⟨etwas a.⟩ *auf die nächste runde Zahl bringen/*häufig, besonders in der Technik, als Gegensatz zu „aufrunden" im Sinne von *nach unten abrunden* gebraucht/: 80,4 auf 80 a.; 5³/₄ auf 6 a.; runden Sie die Summe, den Betrag bitte ab! **3. a)** ⟨etwas a.⟩ *vervollkommnen, die abschließende Form geben:* einen Roman [stilistisch] a.; das rundet unser Angebot, meinen Eindruck ab; den Geschmack, ein Gericht im Geschmack a.; eine gut abgerundete Mischung. **b)** ⟨etwas rundet sich ab⟩ *etwas bekommt die abschließende, wohl abgewogene Form:* mein Eindruck rundet sich allmählich ab.

abrüsten: *die Rüstung vermindern:* unter Kontrolle a.; wir fordern die Großmächte auf abzurüsten; ⟨auch mit Akk.⟩ wir wollen die Atomwaffen a.

Abrüstung, die: *das Abrüsten:* eine allgemeine, kontrollierte A. fordern, vereinbaren; über Fragen der A. sprechen.

absacken: 1. ⟨etwas a.⟩ *in Säcke füllen:* Getreide, Kartoffeln, Kohlen a. **2.** (ugs.) **a)** *absinken; sinken, untergehen:* das gerammte Schiff sackt ab; der Schwimmer ist plötzlich abgesackt; das Flugzeug sackt ab *(verliert plötzlich an Höhe);* der Boden ist abgesackt *(hat sich gesenkt).* **b)** ⟨etwas sackt ab⟩ *etwas wird geringer, verliert an Wert:* der Blutdruck sackt ab; der Dollarkurs sackte [auf 1,68 DM] ab; die Partei ist auf 10,3 Prozent abgesackt. **c)** *nachlassen, schlecht werden:* der Schüler, die Leistung des Schülers ist abgesackt. **d)** *herunterkommen:* der Mann sackte völlig ab.

Absage, die: **1.** *Rücknahme einer Zusage, ablehnender Bescheid:* eine unerwartete, briefliche A.; seine A. kam überraschend; eine A. geben, erhalten. **2.** *Ablehnung, Zurückweisung:* jmdm. eine A. erteilen; das ist eine A. an die totalitäre Politik. **3.** (Rundf.; Fernsehen) *abschließende Worte am Schluß einer Sendung:* die A. geben, sprechen, machen.

absagen: 1. ⟨etwas a.⟩ *nicht stattfinden lassen:* eine Veranstaltung, ein Konzert, das Training a. **2.** ⟨etwas a.⟩ *eine Zusage rückgängig machen:* seinen Besuch, seine Teilnahme a.; ⟨auch ohne Akk.⟩ wir müssen leider a.; ⟨jmdm. a.⟩ jmdm. brieflich, telefonisch a.; er hat uns gestern abgesagt. **3.** (geh.) ⟨einer Sache a.⟩ *entsagen; aufgeben:* dem Alkohol a.; er hat der alten Lehre abgesagt. **4.** (Rundf.; Fernsehen) ⟨etwas a.⟩ *die Absage machen:* eine Sendung, Darbietung a.

absägen: 1. ⟨etwas a.⟩ *mit einer Säge abtrennen:* einen Ast, ein Stück von einem Brett a. **2.** (ugs.) ⟨jmdn. a.⟩ *absetzen, von einem Posten entfernen:* einen Beamten, den Trainer a.; sie haben den Trainer [überraschend] abgesägt.

Absatz, der: **1.** *der erhöhte Teil der Schuhsohle*

unter der Ferse: hohe, flache, spitze Absätze; [sich (Dativ)] einen A. abbrechen; einen A. verlieren; die Absätze ablaufen, schieftreten; mit den Absätzen klappern. **2.** *Treppenpodest:* er stand auf dem zweiten A. **3.** *Textabschnitt:* ein kurzer, langer, neuer A.; einen A. machen *(mit einer neuen Zeile beginnen);* einen Text in Absätze gliedern; einen A. aus einem Buch vorlesen. **4.** (Kaufmannsspr.) *Verkauf:* ein guter, geringer, mäßiger A.; der A. stockt, ist rückläufig; den A. steigern; die Ware findet, hat keinen A. *(wird nicht verkauft);* die Ware findet großen, reißenden A. *(wird sehr gut verkauft).* * **sich auf dem Absatz umdrehen/umwenden; auf dem Absatz kehrtmachen** *(spontan umkehren).*

abschaffen: 1. ⟨jmdn., etwas a.⟩ *nicht länger [be]halten:* das Dienstmädchen, das Personal, den Hund a.; wir haben das Auto a. müssen. **2.** ⟨etwas a.⟩ *außer Kraft setzen, aufheben:* ein Gesetz, die Todesstrafe, die Monarchie, den Lateinunterricht a.

abschalten: 1. ⟨etwas a.⟩ **a)** *die Zufuhr unterbrechen:* der Strom wird von 9 bis 12 Uhr abgeschaltet. **b)** *abstellen:* das Radio, den Motor, eine Maschine a.; sämtliche Kernkraftwerke a. *(außer Betrieb setzen).* **2.** (ugs.) **a)** *sich nicht mehr mit etwas konzentriert beschäftigen:* vorübergehend a.; einige Zuhörer schalteten ab. **b)** *Abstand gewinnen, sich entspannen:* im Urlaub mal a. können; wir wollen über Weihnachten einmal richtig a.

abschätzen: 1. ⟨etwas a.⟩ *schätzen, taxieren:* etwas genau, fachmännisch, mit einem Blick a.; die Entfernung, das Alter, den Schaden, die Kosten, die Situation a.; das läßt sich nicht so leicht a. **b)** ⟨jmdn. a.⟩ *kritisch prüfen, einschätzen:* der Ober schätzte ihn ab; eine abschätzende Miene.

abschätzig: *geringschätzig:* eine abschätzige Bemerkung, Äußerung; mit abschätzigen Blicken; jmdn. a. anschauen; man nennt ihn a. „Dicker"; er bezeichnet sie a. als Emanze.

Abschaum, der (geh.): *der übelste Teil von einer Gesamtheit:* diese Leute sind der A. der Menschheit, der Gesellschaft.

abscheiden /vgl. abgeschieden/: **1. a)** ⟨etwas scheidet etwas ab⟩ *etwas sondert etwas ab:* die Drüsen scheiden Sekrete ab; die Lösung hat Salz abgeschieden. **b)** ⟨etwas scheidet sich ab⟩ *etwas sondert sich ab:* in der Lösung scheidet sich Kupfer ab. **2.** (geh. verhüll.) *sterben:* er schied nach langer Krankheit [aus der Welt] ab, ist früh abgeschieden; ⟨subst.:⟩ vor, nach seinem Abscheiden.

Abscheu, der (seltener auch: die): *starke Abneigung; Ekel:* starker, tiefer, wilder (geh.), heftiger A.; das flößte ihm A. ein; vor einem/gegen einen Menschen A. haben, empfinden, hegen (geh.); jmds. A., bei/in jmdm. A. erregen; das erfüllt mich mit A.; seinen A. zeigen, verbergen; er blickte sie voller, mit A. an.

abscheuern: 1. ⟨etwas a.⟩ **a)** *durch Scheuern entfernen:* Schmutz, Farbe a.; ⟨jmdm., sich etwas a.⟩ ich habe mir die Haut abgescheuert. **b)** *durch Scheuern reinigen:* den Fußboden, den Tisch a. **2. a)** ⟨etwas a.⟩ *durch Scheuern abnützen:* er hat mit der Tasche den Stoff abgescheuert; eine abgescheuerte Stelle am Mantel. **b)** ⟨etwas scheuert sich ab⟩ *etwas nützt sich durch Scheuern ab:* der Kragen hat sich abgescheuert.

abscheulich: a) *abscheuerregend, schändlich:* eine abscheuliche Tat, ein abscheulicher Mord; dieser Gedanke ist geradezu a. **b)** *unangenehm, widerwärtig:* ein abscheulicher Geruch, Anblick, Mensch; das schmeckt a.; du bist a.; er hat sich a. benommen. **c)** (ugs.) ⟨verstärkend bei Adj. und Verben⟩ *sehr:* es ist a. kalt; mein Hals tut a. weh.

abschicken: a) ⟨etwas a.⟩ *wegschicken, absenden:* einen Brief, Geld, Waren a.; er hat das Paket rechtzeitig, schon längst abgeschickt. **b)** ⟨jmdn. a.⟩ *losschicken:* einen Boten mit einer Nachricht a.

abschieben: 1. ⟨etwas [von etwas] a.⟩ *wegschieben:* den Schrank, die Couch von der Wand a.; übertr.: die Verantwortung von sich a. *(abwälzen):* er hat die Schuld [von sich] auf andere abgeschoben. **2.** ⟨jmdn. a.⟩ *einen unerwünschten Menschen wegschicken, sich seiner entledigen:* sie haben die alte Frau ins Altersheim, das Kind auf die Sonderschule abgeschoben; Asylanten, Ausländer über die Grenze, in ein anderes Land, nach Spanien a. *(ausweisen).* **3.** (ugs.) *davongehen:* er ist vergnügt, verärgert abgeschoben; schieb ab! *(verschwinde!).*

Abschied, der: **1.** *Trennung:* ein kurzer, förmlicher, feierlicher, fröhlicher, schwerer, tränenreicher, zärtlicher, eiliger A.; ein A. für immer, fürs Leben; der A. [von meinen Freunden] fällt mir schwer; das macht mir den A. leicht; beim A. weinen; ohne A. fortgehen; jmdm. zum A. winken, einen Kuß geben; Abschiede auf Bahnhöfen hassen; übertr.: der A. vom Leben, vom Theater, von der Kindheit. **2.** (geh.) *Entlassung aus dem Dienst:* den A. erteilen, bewilligen, bekommen; der Offizier erhielt einen ehrenvollen, schlichten A.; er nahm seinen A.; seinen A. einreichen; um den A. ersuchen, nachsuchen, einkommen. * (geh.:) Abschied nehmen: **a)** *(sich vor einer längeren Trennung verabschieden):* er nahm von seinen Eltern A. **b)** (verhüll.) *einem Toten den letzten Gruß entbieten):* heute nehmen wir A. von einem verehrten Kollegen.

abschießen: 1. ⟨etwas a.⟩ **a)** *losschießen:* einen Pfeil, ein Torpedo, eine Rakete a.; eine Ladung Schrot auf jmdn. a.; bildl.: er schoß wütende Blicke auf ihn ab. **b)** *abfeuern:* ein Gewehr a.; er hat den Revolver aus kürzester Entfernung auf ihn abgeschossen. **2.** ⟨jmdn., etwas a.⟩ *mit einem Schuß beseitigen, erledigen:* krankes Wild, Vögel a.; sie haben den Mann aus dem Hinterhalt, von hinten, kaltblütig abgeschossen; ein Flugzeug, einen Panzer a.; ⟨jmdm. etwas a.⟩ im Krieg wurden ihm beide Beine abgeschossen. **3.** (ugs.) ⟨jmdn. a.⟩ *aus der Stellung verdrängen:* einen Politiker a.; man versuchte, den Minister abzuschießen; er wollte seine alte Freundin a. *(loswerden).*

abschinden: 1. (veraltend) ⟨sich (Dativ) etwas a.⟩ *abschürfen:* ich habe mir bei dem Sturz die Haut [an der Stirn], das rechte Knie abgeschunden. **2.** ⟨sich a.⟩ *sich abquälen:* sich mit einem schweren Koffer a.; er hat sich sein Leben lang abgeschunden.

abschirmen: a) ⟨jmdn., sich etwas a.⟩ *schützen, absichern:* einen Kranken, eine Unfallstelle a.; sein Privatleben vor den Journalisten a.; jmdn. gegen schädliche Einflüsse, gegen Außenkontakte a.; ein Zimmer gegen Lärm a.; er schirmte

seine Augen mit der Hand ab. **b)** ⟨etwas a.⟩ *zurückhalten:* das Licht, den Lärm, radioaktive Strahlen [mit/durch etwas] a. **c)** ⟨etwas a.⟩ *(Lichtquelle) verdecken:* er schirmte die Lampe [mit einem Tuch] ab.

Abschlag, der: **1.** (Kaufmannsspr.) *Teilbetrag, Rate:* etwas auf A. kaufen, liefern; ein A. auf den Lohn. **2.** (Kaufmannsspr.) *Preisrückgang:* bei verschiedenen Waren ist ein A. [der Preise] festzustellen; mit A. verkaufen. **3.** (Sport) *das Abschlagen:* die weiten, kräftigen Abschläge des Tormannes; den A. *(abgeschlagenen Ball)* abfangen, aufnehmen.

abschlagen: 1. ⟨etwas a.⟩ *durch Schlagen abtrennen, wegschlagen:* einen Ast a.; sie haben die Bäume, den ganzen Wald abgeschlagen *(gefällt);* den Putz [von den Wänden] a.; ich habe ein Stück von dem Teller abgeschlagen; ⟨jmdn., sich etwas a.⟩ dem Huhn mit dem Beil den Kopf a. **2.** (landsch.) ⟨etwas a.⟩ *abbauen:* ein Zelt, ein Gerüst a.; wir haben die Möbel für den Transport abgeschlagen *(auseinandergenommen).* **3.** (Sport) ⟨[etwas] a.⟩ *den Ball vom Torraum aus wieder ins Spiel schlagen:* der Torwart, der Verteidiger schlägt [den Ball] ab; [das Leder] weit und genau a. **4.** ⟨jmdm. etwas a.⟩ *nicht gewähren; verweigern:* seinem Nachbarn eine Bitte, eine Gefälligkeit a.; ich kann es ihm nicht gut a.; er hat meinen Antrag, rundweg, glatt (ugs.) abgeschlagen. **5.** ⟨jmdn., etwas a.⟩ *zurückschlagen, abwehren:* den Feind, einen Angriff a. **6.** ⟨etwas schlägt sich ab⟩ *etwas schlägt sich nieder:* die Feuchtigkeit hat sich an den Scheiben abgeschlagen.

abschlägig (Papiertdt.): *ablehnend:* ein abschlägiger Bescheid; eine abschlägige Antwort erteilen, erhalten; eine Bitte a. beantworten; auf mein Gesuch hin ist a. beschieden worden.

abschleifen: 1. ⟨etwas a.⟩ **a)** *durch Schleifen entfernen:* Unebenheiten, den Rost [von der Klinge] a.; **b)** *durch Schleifen glätten:* scharfe Kanten, den Parkettboden a. ⟨etwas schleift sich ab⟩ *etwas nützt sich durch Reibung ab:* der Bremsbelag schleift sich allmählich ab; übertr.: seine rauhen Seiten werden sich schon noch a.

abschleppen: 1. a) ⟨jmdn., etwas a.⟩ *wegen Fahruntüchtigkeit fortbringen:* ein Schiff, ein Auto a.; ich mußte mich *(meinen Wagen)* auf der Autobahn a. lassen. **b)** (ugs.) ⟨jmdn. a.⟩ *irgendwohin bringen:* einen Betrunkenen a.; ich will noch für ein Bier, in eine Kneipe a.; er wollte sie [auf sein Zimmer] a. *(mitnehmen, um mit ihr sexuell zu verkehren).* **2.** (ugs.) ⟨sich a.⟩ *sich beim Tragen abplagen:* sich mit/an dem Koffer a.

abschließen /vgl. abgeschlossen/: **1. a)** ⟨etwas a.⟩ *zu-, verschließen:* den Schrank, die Tür, die Wohnung, das Haus a.; er schloß das Zimmer hinter sich, von innen ab; ⟨auch ohne Akk.⟩ hast du abgeschlossen? **b)** ⟨jmdn., sich, etwas a.⟩ *absondern, fernhalten, trennen:* etwas in einer Glocke luftdicht, hermetisch a.; er schloß sich von der Gesellschaft, von der Außenwelt, gegen alle Einflüsse a.; der Gelehrte hat sich ganz abgeschlossen *(lebt ganz für sich, völlig zurückgezogen).* **2. a)** ⟨etwas a.⟩ *beenden, zu Ende führen:* eine Verhandlung, eine Untersuchung, eine Arbeit, eine Versuchsserie, einen Roman a.; ein Dribbling mit einem Tor a.; diese Angelegenheit ist für mich abgeschlossen *(erledigt);* ein abgeschlossenes *(ordnungsgemäß zu Ende geführtes)* Studium; etwas abschließend *(zum, als Abschluß)* sagen, feststellen; ich kann noch kein abschließendes *(endgültiges)* Urteil abgeben; ⟨mit etwas a.⟩ mit der Welt, mit dem Leben a. *(nichts mehr von der Welt, vom Leben erhoffen).* **b)** ⟨etwas schließt mit etwas ab⟩ *etwas endet mit etwas:* das Geschäftsjahr schließt mit einem Gewinn von 10 000 Mark, mit einem Fehlbetrag ab; die Veranstaltung schloß mit einem Feuerwerk ab. **3.** ⟨etwas a.⟩ *abmachen, vereinbaren:* ein Bündnis, einen Kauf, ein Geschäft a.; eine Wette a. *(wetten);* ich habe mit der Gesellschaft eine Versicherung abgeschlossen; ⟨auch ohne Akk.⟩ mit jmdm. a. *(einen Vertrag schließen);* der Schauspieler hat für die neue Spielzeit abgeschlossen.

Abschluß, der: **1.** *Verschluß:* ein luftdichter A. **2.** *abschließender Teil:* der obere, seitliche A. der Mauer. **3.** *Beendigung, Schluß:* ein endgültiger, befriedigender, schneller A.; der A. der Arbeiten; ein Feuerwerk bildet den krönenden *(glanzvollen)* A.; keinen A. finden *(kein abschließendes Schulzeugnis)* haben; die Verhandlungen nähern sich dem A., stehen kurz vor dem A.; nach A. der Untersuchung, des Studiums; zum, als A. hören Sie Musik; Kaufmannsspr.: der A. der Bücher, Konten *(Bilanz);* Sport: beim A. *(Torschuß)* Pech haben. **4.** *das Vereinbaren:* der A. des Friedens, des Bündnisses; bei A. des Vertrages; nach A. der Versicherung; Kaufmannsspr.: *Geschäf[sabschluß]:* ein A. über 200 t Getreide; einen vorteilhaften A. machen, tätigen; gute Abschlüsse erzielen; wir hoffen, mit Ihnen bald zum A. zu kommen. * (nachdrücklich:) **etwas kommt/ gelangt zum Abschluß** *(wird abgeschlossen)* · **etwas zum Abschluß bringen** *(abschließen).*

abschmecken ⟨etwas a.⟩: *prüfend kosten und nach Bedarf würzen:* die Suppe, die Soße a.

abschmieren: 1. ⟨etwas a.⟩ *(eine Maschine o. ä. [an den Schmierstellen]) mit Fett versehen:* die Achsen, die Maschine, das Auto a. **2.** (ugs.) ⟨[etwas] a.⟩ *unordentlich abschreiben:* er hat das schnell abgeschmiert; der Schüler schmiert [die Aufgaben] bei, von seinem Nachbarn ab. **3.** (Fliegerspr.) *abstürzen:* das Flugzeug, der Pilot ist über dem Atlantik abgeschmiert.

abschnallen: 1. a) ⟨etwas a.⟩ *losschnallen:* die Schlittschuhe, das Koppel a.; ⟨jmdm., sich etwas a.⟩ er schnallte sich die Skier ab. **b)** ⟨sich a.⟩ *sich aus einem Gurt lösen:* die Passagiere dürfen sich jetzt a. **2.** (ugs.) **a)** *nicht mehr mitmachen, folgen können:* restlos, völlig a.; bei dem Vortrag schnallte er bereits nach 10 Minuten [geistig] ab. **b)** *fassungslos sein:* wenn man so etwas sieht, schnallt man doch ab; ich schnallte ab, als ich davon erfuhr.

abschneiden: 1. ⟨etwas a.⟩ **a)** *durch Schneiden abtrennen:* Stoff [vom Ballen], ein Stück Brot, ein paar Blumen a.; die Mutter schnitt ihm/für ihn eine Scheibe Brot ab; ⟨jmdm., sich etwas a.⟩ er schnallte sich die Skier ab. **b)** ich habe mir mit dem Messer fast den Daumen abgeschnitten. **b)** *kürzer schneiden, um ein Stück kürzen:* die Haare, den Rock [ein Stück] a.; ⟨jmdm., sich etwas a.⟩ du mußt dir die Fingernägel a. **2.** ⟨etwas a.⟩ *unterbinden; [ver]sperren:* mit einer Bemerkung ein Gespräch a.; den Flüchtlings-

strom a.; die Möglichkeit zu Auslandsreisen war abgeschnitten; er schnitt alle Einwände einfach ab; ⟨jmdm. etwas a.⟩ er schnitt ihm das Wort, die Rede ab *(ließ ihn nicht weitersprechen);* einem Verbrecher den Weg, die Flucht a.; sie schnitten ihnen die Zufuhr von der See ab. **3.** ⟨jmdn., etwas a.⟩ *trennen, isolieren:* die Truppen wurden abgeschnitten; eine Stadt von der Stromversorgung a.; die Bewohner waren eine Woche lang durch das Hochwasser [von der Umwelt] abgeschnitten. **4.** (ugs.) ⟨mit Artangabe⟩ *ein bestimmtes Ergebnis erzielen:* bei einer Prüfung gut, glänzend, hervorragend, schlecht, kläglich, nur mäßig a.; er hat erfolgreich, enttäuschend abgeschnitten. **5.** ⟨[etwas] a.⟩ *einen Weg abkürzen:* wir schneiden hier ein Stück ab; der Pfad schneidet [den Bogen der Straße] ab; ⟨jmdm. etwas a.⟩ dem Weg a.

Abschnitt, der: **1.** *Teilstück, Teilbereich:* der erste A. eines Textes; ein A. aus einem Lehrbuch; einen A. machen; an diesem A. der Front herrscht Ruhe; ein A. *(eine Epoche)* der Geschichte; es beginnt ein neuer, bedeutungsvoller A. *(Zeitabschnitt)* in seinem Leben. **2.** *abtrennbarer Teil:* der A. der Zahlkarte, Postanweisung; den A. abtrennen; der A. ist gut aufzubewahren.

abschnüren: a) ⟨etwas a.⟩ *abbinden:* wir müssen das Bein [mit dem Tuch] a. **b)** ⟨jmdm., sich etwas a.⟩ *durch Zusammenschnüren zum Stocken bringen:* der Kragen schnürt mir die Luft ab; das Gummiband hat ihm das Blut abgeschnürt; übertr.: jmdm. die Luft a. *(ihn wirtschaftlich ruinieren).*

abschöpfen ⟨etwas a.⟩: **a)** *weg-, herunterschöpfen:* Fett, den Schaum, den Rahm [von der Milch] a.; übertr. (Wirtsch.): Gewinne, Kaufkraft a. *(aus dem Verkehr ziehen, binden).* **b)** *durch Schöpfen von etwas befreien:* die Milch, die Brühe a.

abschrecken: 1. ⟨jmdn. a.⟩ *[durch bestimmte Maßnahmen] abhalten, abbringen:* der Preis, die Kälte, der weite Weg schreckte sie ab; ich lasse mich nicht [von meinem Vorhaben] a.; er ist durch nichts abzuschrecken; seine Art hat schon viele abgeschreckt *(zurückschrecken lassen);* ⟨auch ohne Akk.⟩ die Strafe soll a. **2.** ⟨etwas a.⟩ **a)** (Technik) *durch Abkühlen härten:* Stahl a. **b)** *mit kaltem Wasser übergießen:* die Eier a.

abschreckend: a) *als Warnung dienend:* ein abschreckendes Beispiel; die Strafen sollen a. wirken. **b)** *abstoßend:* ein abschreckendes Äußeres; sie ist a. häßlich.

Abschreckung, die: *das Abschrecken:* Möglichkeiten der atomaren A.; die Strafe soll zur A. von/vor weiteren derartigen Handlungen dienen.

abschreiben: 1. a) ⟨etwas a.⟩ *eine Abschrift machen:* eine Stelle aus einem Buch a.; ich habe alles säuberlich abgeschrieben. **b)** ⟨[etwas] a.⟩ *unerlaubt übernehmen:* die Aufgaben a.; etwas wörtlich a.; er hat [den Satz] von seinem Nachbarn, aus einem Buch abgeschrieben; voneinander a.; er läßt alle anderen Schüler a. **2.** ⟨jmdn. a.⟩ *brieflich absagen:* ich mußte ihm leider a.; er hat uns abgeschrieben. **3.** (Kaufmannsspr.) ⟨etwas a.⟩ *abziehen, absetzen:* einen Betrag von einer Rechnung a.; die Werbungskosten können [von der Steuer] abgeschrieben werden; er hat 5 000 Mark für die Abnutzung der Maschinen abgeschrieben. **4.** (ugs.) ⟨jmdn., etwas a.⟩ **a)** *als verloren oder* *tot ansehen:* seine Frau hatte den gestohlenen Schmuck längst abgeschrieben; die Rettungsmannschaft schrieb die beiden Bergsteiger ab. **b)** *mit jmdm., etwas nicht mehr rechnen, aufgeben:* einen Plan, ein Projekt a.; trotz der Niederlage sollte man die Mannschaft nicht a.; der Trainer will den verletzten Stürmerstar noch nicht a. **5. a)** ⟨etwas a.⟩ *durch Schreiben abnutzen:* einen Bleistift, eine Feder a. **b)** ⟨etwas schreibt sich ab⟩ *etwas nutzt sich beim Schreiben ab:* das Farbband, der Bleistift hat sich schnell abgeschrieben.

abschreiten: 1. ⟨etwas a.⟩ *an etwas zum Zwecke der Besichtigung oder Kontrolle entlangschreiten:* der Präsident hat/ist die Front der Ehrenkompanie abgeschritten. **2.** ⟨etwas a.⟩ *mit Schritten ausmessen:* ein Feld, die Entfernung a.

Abschrift, die: *Zweitschrift:* eine beglaubigte A. von etwas anfertigen, machen lassen, einreichen, beifügen, vorlegen.

abschüssig: *mit starkem Gefälle:* eine abschüssige Straße, Strecke, Fahrbahn; das Gelände ist a.

abschütteln: 1. ⟨etwas a.⟩ **a)** *durch Schütteln entfernen:* den Staub von sich a.; Krümel vom Tischtuch a.; ⟨sich (Dativ) etwas a.⟩ ich schüttelte mir den Schnee ab. **b)** *durch Schütteln säubern:* das Tischtuch, das Laken a. **2. a)** ⟨etwas a.⟩ *sich von etwas frei machen, sich entledigen:* die Müdigkeit, den Ärger, seine Sorgen, traurige Erinnerungen [von sich] a.; so etwas läßt sich nicht so leicht a.; die Knechtschaft a. **b)** ⟨jmdn. a.⟩ *jmdn. loswerden, einem Verfolger entkommen:* er wollte den aufdringlichen Menschen a.; er hat die Polizei abgeschüttelt; S p o r t : der Linksaußen konnte seinen Bewacher a.

abschwächen: ⟨etwas a.⟩ *schwächer machen, mildern:* einen Eindruck, die Wirkung [von etwas], eine zu harte Formulierung a.; die Regierung bemühte sich, die Äußerungen des Botschafters [durch diese Stellungnahme] abzuschwächen. **b)** ⟨etwas schwächt sich ab⟩ *etwas wird schwächer, läßt nach:* das Interesse, der Lärm schwächt sich ab; M e t e o r .: das Hoch hat sich leicht abgeschwächt.

abschweifen: *sich unabsichtlich entfernen:* seine Gedanken schweifen immer wieder ab; ihre Blicke schweiften von ihm, in die Ferne ab; der Redner ist [vom Thema] abgeschweift.

abschwellen ⟨etwas schwillt ab⟩: **a)** *etwas geht in der Schwellung zurück:* die Entzündung, die Hand schwillt ab. **b)** *etwas klingt ab, läßt nach:* die Flut, der Sturm, der Lärm schwillt ab.

abschwenken: *in eine andere Richtung schwenken:* die Kolonne schwenkt von der Straße, nach rechts, in Richtung Norden ab; die Filmkamera schwenkt ab.; ü b e r t r .: von der Parteilinie a.

abschwören: 1. *sich [feierlich] lossagen, aufgeben:* **a)** ⟨jmdm., einer Sache a.⟩ dem Glauben, einer Lehre, einem bestimmten Konzept a.; er hat dem Alkohol abgeschworen. **b)** (selten) ⟨etwas a.⟩ den Glauben a. **2.** (veraltend) ⟨etwas a.⟩ *unter Eid ableugnen:* seine Schuld, seine Mittäterschaft a.

absehbar: *überschaubar:* absehbare Verbesserungen; die Schäden, die Folgen sind kaum, nicht a.; im Ende der Diskussion ist noch nicht a. *(voraussehbar);* in absehbarer Zeit *(bald, in nächster Zeit).*

absehen: 1. ⟨jmdm. etwas a.⟩ *durch Zuschauen lernen, übernehmen:* er hat ihm dieses Kunststück abgesehen. **2.** ⟨[etwas] a.⟩ *unerlaubt übernehmen:* du darfst nicht a.; er hat die Lösung der Aufgaben von seinem Nachbarn abgesehen. **3.** (selten) ⟨jmdm. etwas an etwas a.⟩ *ablesen, erkennen:* sie sieht ihm alles an den Augen ab; man konnte ihm seine Verärgerung am Gesicht, an der Nase (ugs.) a. **4.** ⟨[etwas] a.⟩ *durch Beobachtung der Mundbewegung des Sprechers verstehen:* das taubstumme Kind lernt a.; er kann Gesprochenes vom Munde a. **5.** ⟨etwas a.⟩ *erkennen, voraussehen:* das Ende der Kämpfe ist nicht abzusehen; die Folgen lassen sich nicht a.; man kann ungefähr a., wohin die Entwicklung führt. **6.** ⟨von etwas a.⟩ *verzichten, Abstand nehmen:* von einer Anzeige, von einer Bestrafung, von weiteren Maßnahmen a.; wir bitten Sie, von einem Besuch abzusehen. **7.** ⟨von etwas a.⟩ *ausnehmen, nicht in Betracht ziehen, beiseite lassen:* sehen wir einmal davon ab, daß ...; wenn man davon absieht, daß ...; abgesehen davon/davon abgesehen *(außerdem, im übrigen)* ist das Auto zu teuer; abgesehen von dieser Tatsache *(außer dieser Tatsache)* ...; von einzelnen Störaktionen abgesehen, verlief die Tagung ruhig. **8.** ⟨es auf jmdn., auf etwas a.⟩ **a)** *auf etwas abzielen; auf etwas begierig sein:* als ob sie es darauf absähen, ihn zu kränken; er hat es darauf abgesehen, die Wahl zu verhindern; die Frau hat es auf ihn, nur auf sein Geld abgesehen. **b)** *jmdn. kritisieren, schikanieren:* der Abteilungsleiter hat es auf ihn abgesehen.

absein (ugs.): **1.** ⟨etwas ist ab⟩ *etwas hat sich losgelöst:* der Knopf, die Leiste, die Farbe ist ab. **2.** *entfernt sein:* die Hütte soll weit von jeder menschlichen Behausung a. **3.** *erschöpft sein:* Mensch, bin ich ab!; er war völlig ab.

abseits: I. ⟨Präp. mit Gen.⟩ *fern von:* a. des Weges, des Verkehrs, der Straßen, der Pisten. **II.** ⟨Adverb⟩ **a)** *beiseite, fern, außerhalb:* a. von der Stadt; a. vom Großstadtlärm; ein a. gelegenes Gehöft; ü b e r t r .: sich a. halten, a. stehen *(nicht mitmachen, sich nicht beteiligen).* **b)** (Sport) in Abseitsstellung: a. laufen, sein; der Stürmer stand a.

Abseits, das (Sport): **1.** *regelwidrige Stellung eines Spielers:* im A. stehen; ins A. laufen; ü b e r t r .: im technologischen A. stehen; jmdn. [politisch] ins A. schieben. **2.** *Verstoß gegen die Abseitsregel:* ein klares A.; der Schiedsrichter pfiff A.

absenden: a) ⟨etwas a.⟩ *abschicken:* einen Brief, ein Päckchen a.; er sandte/sendete sofort das Geld ab; er hat das Telegramm rechtzeitig abgesandt/abgesendet. **b)** ⟨jmdn. a.⟩ *losschicken:* einen Kurier, einen Boten a.

Absender, der: *der Absendende:* wer ist der A. dieses Briefes?; der A. war nicht zu ermitteln. **2.** *Name und Anschrift des Absendenden:* A. nicht vergessen!; falls Adressat verzogen, zurück an A.; auf dem Paket fehlt der A.

abservieren: 1. (geh.) ⟨etwas a.⟩ *abräumen, abtragen:* das Geschirr nach dem Essen a.; ⟨auch ohne Akk.⟩ würden Sie bitte a.! **2.** (ugs.) ⟨jmdn. a.⟩ *seines Postens entheben, aus seiner Stellung verdrängen:* sie haben ihn kurzerhand abserviert; der Killer soll ihn a. *(töten).*

absetzen: 1. ⟨etwas a.⟩ *ab-, herunternehmen:*

den Hut, die Brille a. **2.** ⟨etwas a.⟩ *niedersetzen, hinstellen:* das Gepäck, den Koffer a.; sie setzte das Glas nach einem kleinen Schluck ab; die Träger hatten die Bahre vorsichtig abgesetzt. **3. a)** ⟨etwas a.⟩ *von einer Stelle wegnehmen und dadurch etwas unterbrechen oder beenden:* die Feder a.; nach dem Schuß das Gewehr a.; der Geiger setzte den Bogen ab; sie setzte das Glas [vom Munde] ab. **b)** *anhalten, unterbrechen:* mitten im Singen setzte sie ab; sie trank, ohne abzusetzen. **4. a)** ⟨etwas setzt etwas ab⟩ *etwas lagert etwas ab:* der Fluß setzt Schlamm, Sand ab. **b)** ⟨etwas setzt sich ab⟩ *etwas schlägt sich nieder, lagert sich ab:* Schlamm, Geröll setzt sich ab; in der Lunge setzt sich Staub ab; an den Wänden hatte sich Feuchtigkeit abgesetzt. **5.** ⟨jmdn. a.⟩ *aus dem Amt, aus seiner Stellung entfernen:* einen Minister a.; der Rektor wurde wegen seiner Verfehlungen abgesetzt; sie haben die Regierung abgesetzt *(gestürzt).* **6.** ⟨etwas a.⟩ *verkaufen:* eine Ware leicht, schwer, nicht a.; wir haben alle Exemplare abgesetzt. **7.** ⟨etwas a.⟩ **a)** *nicht stattfinden lassen, absagen:* eine Versammlung, ein Konzert, ein Spiel a.; einen Punkt von der Tagesordnung a.; der umstrittene Film wurde abgesetzt; der Spielleiter hat die Oper [vom Spielplan] abgesetzt. **b)** *abbrechen, nicht weiterführen:* die Therapie, die Behandlung a. **c)** *nicht weiter einnehmen:* ein Medikament, das Schlafmittel, die Pille a. **8.** ⟨etwas a.⟩ *abziehen, abschreiben:* einen Betrag [für Abnutzung] a.; Sie können diese Summe von der Steuer a. **9.** (ugs.) ⟨jmdn. a.; mit Umstandsangabe⟩ *irgendwohin bringen und aussteigen lassen:* jmdn. am Bahnhof a.; du kannst mich jetzt, dort vorne a.; ⟨auch ohne Umstandsangabe⟩ die Alliierten setzten Fallschirmjäger ab *(brachten sie zum Einsatz).* **10.** ⟨sich a.⟩ **a)** *sich unbemerkt entfernen:* sich rechtzeitig, heimlich, mit dem ganzen Geld a.; er hat sich in den Westen, über die Grenze, nach Österreich, zur Fremdenlegion abgesetzt; übertr.: (Sport): die Mannschaft hat sich von ihren Verfolgern, vom Tabellenende, aus der Abstiegszone abgesetzt. **b)** (militär.) *sich zurückziehen:* die Truppen mußten sich a. **11.** ⟨etwas etwas a.⟩ *besetzen; abschließen:* einen Saum mit einer Borte, eine Täfelung mit einer Leiste a.; mit Samt abgesetzte Ärmel. **12. a)** ⟨etwas a.⟩ *abheben, trennen:* Farben [voneinander] a.; eine Zeile beim Schreiben a. *(einrücken).* **b)** ⟨sich gegen, von etwas a.⟩ *sich abheben:* die Berge setzen sich gegen den hellen Nachthimmel ab; er wollte sich gegen die anderen, von den anderen a. **13.** (ugs.) ⟨es setzt etwas ab⟩ *es gibt, geschieht etwas (Unangenehmes):* es setzt gleich Prügel, ein Donnerwetter ab; wenn du nicht hörst, setzt es etwas ab *(gibt es Schläge).*

absichern: 1. ⟨etwas a.⟩ **a)** *[gegen mögliche Unfälle] sichern:* einen Weg (im Hochgebirge), eine Baustelle a.; die Unfallstelle mit dem Warndreieck a. **b)** *nachweisen, beweisen:* das Versuchsergebnis wissenschaftlich a.; mit abgesicherten Methoden. **2. a)** ⟨sich, etwas a.⟩ *sichern, schützen:* sich vertraglich a.; ich habe mich nach allen Seiten abgesichert; die Truppen sollen die Evakuierung absichern; die militärischen Interessen der Großmacht a.; tariflich abgesicherte Löhne. **b)** ⟨jmdn. a.⟩ *beschützen:* alle in den Fall verwik-

kelten Personen müssen sofort abgesichert werden; der Wahlkreiskandidat ist auf der Landesliste abgesichert *(steht so weit oben auf der Liste, daß er mit Sicherheit ins Parlament kommt).*

Absicht, die: **a)** *Plan, Vorsatz, Ziel:* eine gute, edle, böse, unzweideutige A.; das sind löbliche Absichten; meine A. ist es, das Geld zurückzugewinnen; da steckt doch A. dahinter!; er hat klare, feste, geheime, die besten Absichten; sie hat ernstlich die A. gehabt, diesen Mann zu heiraten; besondere Absichten mit etwas verfolgen; eine A. erreichen, verbergen, erkennen lassen, durchschauen; er hat meine Absichten durchkreuzt, vereitelt; etwas nicht ohne A. tun, erzählen; wir zweifeln nicht an der Ehrlichkeit seiner Absichten. **b)** *das Bestreben, Wollen:* das war nie meine A.; es war nicht meine A., sie zu informieren; das geschieht gegen meine A. *(gegen meinen Willen);* das geschah in der A., mit der A., uns zu schaden; das lag nicht in meiner A. *(das wollte ich nicht, habe ich nicht beabsichtigt);* er tat das in der A., uns zu täuschen. * **mit Absicht** *(absichtlich, willentlich):* er wollte mich mit A. herausfordern · **sich mit der Absicht tragen** *(beabsichtigen):* ich trage mich mit der A., ein Haus zu kaufen · (ugs.:) **Absichten haben** *(heiraten wollen):* er hat ernste, ehrliche Absichten auf dieses Mädchen.

absichtlich: *mit Absicht, willentlich:* eine absichtliche Täuschung, Kränkung; etwas a. tun.

absinken: 1. ⟨etwas sinkt ab⟩ *etwas sinkt in die Tiefe:* das Schiff sinkt ab; der Boden, der Wasserspiegel sinkt ab *(senkt sich).* **2. a)** ⟨etwas sinkt ab⟩ *etwas wird niedriger, schwächer:* die Temperatur, der Druck sinkt ab; der Dollarkurs ist stark abgesunken; die Ernteerträge sanken auf ein Drittel ab; der Außenhandel ist auf 42 Prozent abgesunken; das Interesse sinkt ab. **b)** *nachlassen, schlechter werden:* der Schüler ist in seinen Leistungen abgesunken. **c)** *[moralisch] herunterkommen:* sie sinkt immer mehr, völlig ab.

absitzen: 1. *vom Pferd steigen:* die Schwadron sitzt ab, ist abgesessen; abgesessen! /Reiterkommando/. **2.** (ugs.) ⟨etwas a.⟩ *durch Daraufsitzen abnutzen:* die Sessel sind sehr abgesessen; abgesessene Samtstühle. **3.** (ugs.) ⟨etwas a.⟩ **a)** *[sitzend] ableisten, zubringen:* acht Stunden, den halben Tag im Büro a. **b)** *verbüßen:* eine Gefängnisstrafe a.; er hat seine 3 Jahre abgesessen.

absolut: 1. *unumschränkt:* ein absoluter Herrscher; eine absolute Monarchie; Ludwig XIV. regierte a. **2.** *unbedingt, uneingeschränkt:* die absolute Geltung; von absolutem Wert; die Gültigkeit dieses Lehrsatzes ist a. **3.** *äußerst, höchst:* eine absolute Grenze erreichen; die absolute Höhepunkt. **4. a)** *völlig /verstärkend/:* absolute Zuverlässigkeit; es herrscht absolute Windstille; der Patient braucht absolute Ruhe; das Mittel ist a. ungefährlich. **b)** *ganz und gar, überhaupt /verstärkend bei Verneinungen/:* das ist a. unmöglich; ich habe a. keine Lust; er kann a. nichts damit anfangen. **5.** *durchaus, um jeden Preis:* er will a. haben, wissen; es ist a. nötig.

Absolution, die (kath. Rel.): *Freisprechung von Sünden:* jmdm. A. erteilen; A. erbitten, erhalten.

absolvieren ⟨etwas a.⟩: **1.** *bis zum Abschluß durchlaufen:* die Schule, das Studium, einen Lehrgang a. **2.** *hinter sich bringen:* eine Aufgabe, ein Pensum, das Training, seinen Achtstundentag, seinen Auftritt, einen Wettkampf, 20 Flugstunden a.; er hat das Examen mit Auszeichnung, glänzend absolviert *(bestanden).*

absondern: 1. ⟨etwas sondert etwas ab⟩ *etwas scheidet etwas aus:* Gift a.; die Drüsen sondern Schweiß, Speichel ab; die Bäume haben Harz abgesondert. **2.** ⟨jmdn., sich, etwas a.⟩ *fernhalten, isolieren, trennen:* die kranken Tiere a.; er sondert sich immer mehr von den Mitschülern ab.

absparen ⟨sich (Dativ) etwas [von etwas] a.⟩: *erübrigen:* ich habe mir das Radio von meinem Taschengeld abgespart.

abspeisen: 1. (selten) ⟨jmdn. a.⟩ *beköstigen:* den Rest der Gäste in einem Nebenraum a. **2.** (ugs.) ⟨jmdn. [mit etwas] a.⟩ *mit weniger als angemessen zufriedenstellen; vertrösten, abweisen:* er wollte ihn mit 5 Mark a.; er speiste ihn mit leeren Versprechungen, mit Redensarten, mit Vertröstungen ab; ich lasse mich nicht so einfach a.

abspenstig ⟨in der festen Verbindung⟩ jmdm. jmdn., etwas abspenstig machen: *dazu bringen, sich von jmdm., von einer Sache abzuwenden:* seinem Freund die Braut a. machen; er hat der Konkurrenz die Kunden a. gemacht.

absperren: 1. ⟨etwas a.⟩ *durch eine Sperre unzugänglich machen:* einen Bauplatz, eine Unglücksstelle a.; die Polizei hat das Hafenviertel abgesperrt; übertr.: ein Land gegen fremde Einflüsse a.; er hat sich von der Welt abgesperrt *(abgesondert).* **2.** ⟨etwas a.⟩ *unterbrechen, sperren:* den Ölzufuhr, das Wasser, den Strom a. **3.** (südd., österr.) ⟨[etwas] a.⟩ *abschließen:* die Tür, das Haus a.; ich habe vergessen abzusperren.

abspielen: 1. ⟨etwas a.⟩ *ablaufen lassen:* einen Film, eine Schallplatte a.; er spielte das Tonband bis zur Hälfte ab. **2.** ⟨etwas a.⟩ *bis zum Ende spielen:* die Nationalhymnen wurden abgespielt. **3.** ⟨etwas a.⟩ *vom Blatt spielen:* eine Sonate a.; ⟨auch ohne Akk.⟩ der Schüler kann nicht a. **4.** ⟨etwas a.⟩ *durch häufiges Spielen abnutzen:* die Tennisbälle schnell a.; abgespielte Schallplatten, Skatkarten, Filme. **5.** (Sport) ⟨[etwas] a.⟩ *an einen Mitspieler der eigenen Mannschaft abgeben:* den Ball, die Scheibe an den Verteidiger a.; er muß schneller, früher, genauer a. **6.** ⟨etwas spielt sich ab; mit Umstandsangabe⟩ *etwas ereignet sich, geschieht, geht vor sich:* der Vorfall, die Szene, das Verbrechen hat sich hier abgespielt; die Ereignisse spielten sich vor zwei Jahren ab; manches spielt sich hinter den Kulissen ab; was hat sich zwischen den beiden abgespielt?; es spielte sich alles in rasender Eile, vor unseren Augen ab. R (ugs.): da/hier spielt sich nichts ab! *(das kommt nicht in Frage; daraus wird nichts).*

Absprache, die: *Vereinbarung:* eine geheime, interne A.; auf Grund unserer A.; ohne vorherige A.; eine A. treffen.

absprechen: 1. *besprechen und festlegen, vereinbaren, ausmachen:* **a)** ⟨etwas a.⟩ eine Sache, neue Maßnahmen a.; sie haben ihre Aussagen offensichtlich miteinander abgesprochen; das war abgesprochen!; ist das nicht abgesprochen worden? **b)** ⟨sich mit jmdm. a.⟩ ich werde mich mit ihm absprechen; ⟨auch ohne Präp.-Obj.⟩ sie hatten sich abgesprochen, die Unterlagen nicht herauszugeben. **2.** ⟨jmdm. etwas a.⟩ **a)** *aberkennen,*

nicht belassen: den Ständen die Privilegien a.; jmdm. die bürgerlichen Ehrenrechte (Rechtsw.) a.; wir lassen uns nicht das Recht auf Selbstbestimmung a. **b)** *für nicht vorhanden erklären:* einem Schüler die Begabung a.; dem Kanzlerkandidaten die Regierungsfähigkeit a.; er spricht mir alles Verständnis, jegliche Sachkenntnis ab; ihr ist ein gewisser Hang zur Bequemlichkeit nicht abzusprechen. **3.** ⟨über jmdn., über etwas a.; gewöhnlich nur noch im 1. Part.⟩ *[negativ] urteilen:* er haßte ihre Art, über die Dinge abzusprechen; ein absprechendes *(abfälliges)* Urteil; in absprechendem *(geringschätzigem)* Ton reden.

abspringen: 1. a) *herunterspringen:* vom Fahrrad, vom Pferd a.; er ist in der Kurve [von der Straßenbahn, vom fahrenden Zug, vom Trittbrett] abgesprungen; die Fallschirmjäger springen über dem Einsatzgebiet ab *(springen mit dem Fallschirm zur Erde);* der Pilot ist mit dem Fallschirm abgesprungen. **b)** (Sport) *los-, wegspringen:* er ist gut, schlecht, mit dem linken Bein [vom Sprungbalken] abgesprungen. **2.** ⟨etwas springt ab⟩ *etwas löst sich los und springt weg; etwas platzt ab:* die Farbe, der Lack springt ab; der Verschluß ist [von der Flasche] abgesprungen; ⟨etwas springt jmdm. ab⟩ mir ist der Knopf abgesprungen. **3.** (ugs.) *zurücktreten, sich von etwas zurückziehen:* vor Unterzeichnung des Vertrages a.; er ist plötzlich abgesprungen; er will von diesem Plan, vom Studium, von der Partei a.; ein Teil der Kundschaft springt ab *(geht zur Konkurrenz).*

abspülen ⟨etwas a.⟩: **a)** *durch Spülen entfernen, wegspülen:* den Schaum mit Wasser a.; sie spült die Speisereste vom Geschirr a. **b)** *durch Spülen reinigen:* das Geschirr [mit heißem Wasser] a.

abstammen ⟨von jmdm., etwas a.⟩: *herkommen, seinen Ursprung herleiten:* der Mensch stammt vom Affen ab; er stammt in direkter Linie von Karl dem Großen ab; dieses Wort stammt vom Griechischen ab.

Abstammung, die: *Herkunft, Abkunft:* von vornehmer, adliger A. sein; er ist nach A. und Wesen bürgerlich; der A. nach ist er Russe.

Abstand, der: **1. a)** *Entfernung, Zwischenraum:* ein großer, weiter, geringer, erheblicher A.; in 50 m A., in A. von 50 Meter[n] jmdm. folgen; der A. zwischen den Bäumen ist nicht groß; der A. der beiden Wagen hat sich zusehends vergrößert, verringert; der A. zum führenden Läufer beträgt nur noch 20 m; der A. schrumpft [zusammen]; den A. verkleinern; A. [von seinem Vordermann] halten; ihr müßt die Abstände (in einer Aufstellung, auf einer Seite) besser einhalten; sie standen in weitem A. um ihn herum; übertr. (Sport): die Mannschaft stellte mit diesem Tor den alten A. wieder her. **b)** *Zeitspanne, zeitliche Folge:* ein A. von 14 Sekunden; der A. beträgt jetzt schon 2 Minuten; die Fahrer starten in kurzen Abständen; er schreibt in regelmäßigen Abständen nach Hause. **2. a)** *Reserviertheit, Zurückhaltung:* den gebührenden A. wahren; A. von seinem Bruder halten. **b)** *innere Distanz:* ihm fehlt nicht den nötigen A., um ruhig und überlegt zu sprechen; es fehlt ihr noch der innere A. zu den Ereignissen; ich muß endlich A. gewinnen [von diesen Geschehnissen]. **3.** *Abfindung:* wie hoch ist der A.?; er müßte eine bestimmte Summe als

A. zahlen. * (ugs.:) **mit Abstand** *(bei weitem):* das ist mit A. der beste Wagen · (geh.:) **von etwas Abstand nehmen** *(auf etwas verzichten).*

abstatten (geh.) ⟨jmdm. etwas a.⟩ *etwas formell, offiziell tun:* jmdm. Dank a. *(danken);* jmdm. einen Besuch a. *(jmdn. besuchen);* jmdm. [einen] Bericht a. *(berichten).*

abstauben: 1. ⟨etwas a.⟩ *vom Staub befreien:* die Möbel, die Bilder a.; ⟨auch ohne Akk.⟩ sie staubt nicht gründlich genug ab. **2.** (ugs.) ⟨etwas a.⟩ *in seinen Besitz bringen:* er versucht überall, etwas abzustauben; er hat ein Päckchen Tabak abgestaubt. 3. (Sport; ugs.) ⟨etwas a.⟩ *durch Ausnutzen eines glücklichen Zufalls ein Tor erzielen:* er staubt fast in jedem Spiel ein Tor ab.

abstechen: 1. ⟨ein Tier a.⟩ *durch das Durchstechen der Halsschlagader töten:* ein Schwein, einen Hammel a.; ⟨derb/von Personen/:⟩ ich stech' dich ab, du Schwein! 2. ⟨etwas a.⟩ *abtrennen, ablösen:* die Grasnarbe [mit dem Spaten] a.; der Torf wurde abgestochen; Teig, Klöße mit einem Löffel a. *(ausschöpfen).* 3. ⟨etwas a.⟩ *ausfließen lassen; ablaufen lassen:* a) (Hüttenw.) das flüssige Metall, Stahl a.; den Hochofen a. **b)** (Winzerspr.) den Wein a. *(von der Hefe abziehen).* 4. ⟨von jmdm., von etwas a./gegen jmdn., gegen etwas a.⟩ *sich abheben, sich unterscheiden:* sie stach durch ihr gepflegtes Äußeres von den anderen ab; die dunklen Häuser stechen gegen den hellen Hintergrund ab.

Abstecher, der: *das Aufsuchen eines abseits der Reiseroute liegenden Ziels:* einen A. nach Rüdesheim machen, unternehmen; wir planen einen kurzen A. in die Pfalz.

abstecken: 1. ⟨etwas a.⟩ *durch Zeichen markieren:* einen Bauplatz [im Grundriß], einen Zeltplatz, den Kurs für ein Rennen, die Grenzen a.; übertr.: die Delegationen steckten ihre Ausgangsposition ab; sie haben ihr Programm abgesteckt *(festgelegt).* 2. ⟨etwas a.⟩ *mit Hilfe von Stecknadeln in die passende Form bringen:* einen Saum, die Ärmel a.

abstehen /vgl. abgestanden/: 1. ⟨etwas steht ab⟩ *etwas steht von etwas weg, liegt nicht an:* das struppige Haar steht ab; abstehende Ohren. 2. ⟨gewöhnlich mit Artangabe⟩ *entfernt stehen:* ich stand ziemlich weit ab; der Schrank steht zu weit von der Wand ab. 3. (geh. veraltend) ⟨von etwas a.⟩ *Abstand nehmen, aufgeben:* er stand davon ab, mich zu begleiten; sie wollte von ihrer Absicht nicht a.

absteigen: 1. a) *heruntersteigen:* Radfahrer müssen a. und das Fahrrad schieben; er ist vom Pferd abgestiegen. **b)** *nach unten steigen:* ins Tal a.; die Bergsteiger wollen noch am gleichen Tag a.; übertr.: die absteigende Linie *(Nachkommenschaft).* 2. *Quartier nehmen:* in einem Hotel, bei einem Freund a.; wir sind dort schon oft abgestiegen. 3. (Sport) *in die nächstniedrigere Klasse zurückgestuft werden:* zwei Mannschaften müssen a.; der Verein ist in der vorigen Saison abgestiegen.

abstellen: 1. ⟨etwas a.⟩ **a)** *niedersetzen, hinstellen:* seinen Koffer, einen Korb, ein Tablett a.; sie stellte das Glas ab. **b)** *irgendwo hinstellen:* ein Fahrrad [im Hof, an der Wand] a.; die Schlafwagen werden auf dem Nebengleis abgestellt. **c)** *un-*

terstellen, aufbewahren: die alten Möbel im Keller, auf dem Speicher, bei Freunden a.; abgestellte Sachen. 2. ⟨etwas a.⟩ **a)** *ab-, ausschalten:* eine Maschine, das Radio, den Fernsehapparat, die Klingel a.; sie hatten die Motoren abgestellt. **b)** *die Zufuhr von etwas unterbrechen, sperren:* das Gas, das Wasser, den Strom a. **c)** *zudrehen:* den Haupthahn a. **3.** ⟨etwas a.⟩ *unterbinden; beheben, beseitigen:* eine Unsitte, einen Übelstand, Störungen, Mißstände a.; wir haben die Mängel abgestellt. 4. ⟨jmdn. a.⟩ *beordern, abkommandieren:* einen Mann für Außenarbeiten a.; für diese Aufgabe stellte die Polizei einen Beamten ab; sie wurden an die Front abgestellt; Sport: der Verein wollte den Spieler nicht für das Länderspiel a. 5. ⟨etwas auf etwas a.⟩ *ausrichten, einstellen:* die Produktion auf den Publikumsgeschmack a.; alles nur auf den äußeren Eindruck a.

abstempeln ⟨etwas a.⟩: *stempeln:* einen Ausweis, Briefe a.; übertr.: man hat ihn bereits [als, zum Betrüger] abgestempelt *(festgelegt, gekennzeichnet);* die Partei war als reaktionär abgestempelt.

absterben: 1. ⟨etwas stirbt ab⟩ *etwas hört auf zu wachsen, zu leben:* die Blätter, Äste, Pflanzen sterben ab; ein abgestorbener Baum; übertr.: das Brauchtum stirbt allmählich ab. 2. ⟨etwas stirbt ab⟩ *etwas wird durch Kälte oder schlechte Durchblutung gefühllos:* meine Hände sterben ab; meine Füße sind [wie] abgestorben, sind vor Kälte ganz abgestorben. 3. (ugs.) ⟨etwas stirbt ab⟩ *(vom Kfz-Motor) etwas kommt zum Stillstand, geht aus:* der Motor sprang zwar an, starb aber gleich wieder ab; in der Kreuzung starb der Wagen *(der Motor des Wagens)* ab.

Abstieg, der: 1. **a)** *das Absteigen:* ein leichter, beschwerlicher A.; der A. vom Gipfel war sehr ermüdend; Sport: die Elf, die Mannschaft mußte gegen den A. *(die Zurückstufung in die niedrigere Spielklasse)* kämpfen. **b)** *talwärts führender Weg:* ein steiler, gefährlicher A. 2. *Niedergang:* ein gesellschaftlicher, sozialer A.; einen wirtschaftlichen A. erleben.

abstimmen: 1. *durch Abgeben der Stimme eine Meinung ermitteln, entscheiden:* [über jmdn., über etwas] namentlich, öffentlich, offen, geheim, durch Stimmzettel, mit Ja, durch Hand[auf]heben a.; wir haben über den Antrag ohne Aussprache abgestimmt. 2. ⟨etwas a.⟩ *klanglich harmonisieren:* Kirchenglocken a.; das Rundfunkgerät a. *(den Schwingungskreis einstellen);* die Instrumente sind gut aufeinander abgestimmt; übertr.: *aufeinander einstellen, in Einklang bringen:* Farben, Muster, Termine, Interessen aufeinander a.; seine Rede auf die Zuhörer a.; eine fein abgestimmte Mischung. 3. ⟨sich mit jmdm. a.⟩ *absprechen:* ich habe mich mit ihm abgestimmt; ⟨auch ohne Präp.-Obj.⟩ wir müssen uns a.

Abstimmung, die: 1. *das Abstimmen:* eine geheime, namentliche A.; A. durch Hand[auf]heben, Erheben [von den Plätzen]; die A. im Parlament ergab, brachte eine geringe Mehrheit; eine A. [über etwas] vornehmen, durchführen; (geh.:) zur A. schreiten *(mit der Abstimmung beginnen);* (Papierdt.:) einen Antrag zur A. bringen *(darüber abstimmen).* 2. *das In-Einklang-Bringen:* A. der Farben; eine A. der Interessen befürworten.

abstoppen: 1. a) ⟨etwas a.⟩ *zum Stehen bringen, anhalten:* die Maschinen a.; übertr.: die Produktion, die Einwanderung a. **b)** *zum ‚Stehen kommen, anhalten:* der Fahrer stoppte an der Kreuzung ab; das Auto hatte plötzlich abgestoppt; der Stürmer konnte noch rechtzeitig a. *(im Laufen anhalten).* **2. a)** ⟨etwas a.⟩ *mit der Stoppuhr messen:* die Zeit a. **b)** ⟨jmdn., etwas a.⟩ *mit der Stoppuhr die Laufzeit von jmdm., etwas ermitteln:* die Läufer, die Rennwagen a.

.**abstoßen: 1. a)** ⟨jmdn., sich, etwas a.⟩ *mit einem Stoß fortbewegen:* den Kahn [vom Ufer] a.; er hat sich mit den Füßen vom Boden abgestoßen. **b)** *sich durch einen Stoß entfernen:* die Boote, die Segler stoßen ab; die Fähre ist/hat [vom Land] abgestoßen. **2.** ⟨etwas a.⟩ *durch Stoß beschädigen, abschlagen, abbrechen:* Kalk, Mörtel [von der Wand] a.; Kanten, Spitzen, Ränder a.; abgestoßene Möbel; die Jacke ist an den Ellbogen abgestoßen; ⟨sich (Dativ) etwas a.⟩ ich habe mir die Haut am Knöchel abgestoßen *(abgeschürft).* **3.** ⟨etwas a.⟩ *weg-, zurückstoßen:* das Gewebe stößt das Wasser, den Schmutz ab; der Organismus stößt das Spenderherz ab; Physik: Pole, Protonen stoßen sich [gegenseitig] ab. **4.** (Kaufmannsspr.) ⟨etwas a.⟩ *billig verkaufen, losschlagen:* Waren, einen Posten schnell, billig, mit Verlust a. **5.** ⟨jmdn. a.⟩ *jmdn. widerwärtig sein, Abscheu erregen:* dieser Mensch, sein Benehmen stößt mich ab; ⟨auch ohne Akk.⟩ dieser Geruch stößt ab; ein abstoßendes Äußeres; sie fühlte sich von seinem Wesen abgestoßen.

abstottern (ugs.) ⟨etwas a.⟩: **a)** *in Raten bezahlen:* sie stottern ihren Fernseher, das Auto ab. **b)** *abbezahlen:* er muß drei Raten, 1 000 DM a.

abstrakt: 1. *rein begrifflich, nicht konkret:* abstraktes Denken; Dinge ganz a. sehen, betrachten; bildende Kunst: *nicht gegenständlich:* abstrakte Malerei, Kunst; er malt a. **2.** *nur gedacht; unanschaulich:* ein abstraktes Ziel; seine Antwort war zu a.; sich viel zu a. ausdrücken.

abstreichen: 1. ⟨etwas a.⟩ **a)** *weg-, herunterstreichen:* den Schaum [vom Bier] a. **b)** *durch Weg-, Herunterstreichen von etwas säubern:* er strich seine Schuhe an der Matte ab. **2.** ⟨etwas von etwas a.⟩ *abziehen, tilgen:* von einer Summe 100 Mark a.; von dem, was er sagt, muß man die Hälfte a. *(darf man nur die Hälfte glauben).*

abstreifen: 1. ⟨etwas a.⟩ **a)** *weg-, herunterstreifen:* die Asche [von der Zigarre] a.; Beeren von den Rispen a. **b)** *durch das Weg-, Herunterstreifen von etwas säubern:* die Schuhsohlen a.; ⟨sich (Dativ) etwas a.⟩ er streifte sich die Füße, die Schuhe an der Matte ab. **2.** ⟨etwas a.⟩ *[herunterstreifend] von sich tun, ablegen:* die Strümpfe, die Handschuhe, den Rock, den Ring a.; die Schlange streift ihre Haut ab; ⟨jmdm., sich etwas a.⟩ er hat sich das nasse Zeug abgestreift; bildl.: Unarten, Vorurteile, Hemmungen a. **3.** ⟨etwas a.⟩ *suchend durchstreifen:* sie streiften das Gelände nach Vermißten ab.

abstreiten: a) ⟨etwas a.⟩ *zurückweisen, von sich weisen, leugnen:* seine Mittäterschaft a.; er hat vor Gericht alles abgestritten; er streitet ab, die Tat begangen zu haben. **b)** ⟨jmdm. etwas a.⟩ *absprechen, bestreiten:* das lasse ich mir nicht a.; sie stritten ihm diplomatisches Geschick nicht ab.

Abstrich, der: **1.** *Streichung, Kürzung, Abzug:* am Etat geringe, erhebliche, unbedeutende Abstriche machen, vornehmen; mit weiteren Abstrichen nicht einverstanden sein; übertr.: man muß oft Abstriche machen *(zurückstecken).* **2.** (Med.) *Entnahme zur bakteriologischen Untersuchung:* der Arzt nahm, machte einen A. ∗ **mit Abstrichen** *(mit Einschränkungen).*

abstufen ⟨etwas a.⟩: **a)** *stufenförmig anlegen:* eine Terrasse a.; ein abgestuftes Gelände; übertr.: ein Steuer a. *(staffeln).* **b)** *gegeneinander absetzen, nuancieren:* Farben a.; eine reich abgestufte Skala von Farbtönen.

abstumpfen: 1. ⟨etwas a.⟩ **a)** *stumpf machen:* Kanten, Spitzen a. **b)** (selten) ⟨etwas stumpft ab⟩ *etwas wird stumpf:* die Klinge stumpft allmählich ab. **2. a)** *gefühllos, teilnahmslos werden:* der alte Mann stumpft immer mehr ab; er ist in der Gefangenschaft völlig abgestumpft; sie ist abgestumpft gegen alles Schöne. **b)** ⟨jmdn., etwas a.⟩ *gefühllos, teilnahmslos machen:* die Zeit im Gefängnis hatte ihn abgestumpft.

abstürzen: 1. *aus großer Höhe herunterstürzen:* der Bergsteiger stürzte tödlich ab; das Flugzeug ist abgestürzt. **2.** ⟨etwas stürzt ab⟩ *etwas fällt steil ab:* nach Norden zu stürzt der Berg steil ab.

abstützen: 1. ⟨etwas a.⟩ *durch Stützen sichern:* eine Mauer, einen Stollen a.; übertr.: seine Behauptung durch Belege a. **2.** ⟨sich a.⟩ *einen festen Halt finden:* ich kann mich mit der Hand a.

absuchen ⟨etwas a.⟩: **1. a)** *suchend wegnehmen, absammeln:* die Raupen [vom Kohl], die Beeren von den Sträuchern a. **b)** *leer pflücken, sammeln:* die Sträucher waren alle abgesucht. **2.** *gründlich untersuchen, durchsuchen:* er suchte nervös alle Taschen ab; die Polizei suchte mit Hunden das Gelände ab; die Schießplätze wurden nach Blindgängern abgesucht; er suchte mit den Augen den Horizont ab *(ließ den Blick suchend über den Horizont gleiten).*

absurd: *unsinnig, sinnlos:* ein absurder Gedanke; das ist einfach a.; er fand die Situation a.

abtasten: a) ⟨jmdn., etwas a.⟩ *durch Betasten untersuchen, absuchen:* der Polizist tastete den Mann nach Waffen ab; Technik: die Maschine hat die Lochstreifen abgetastet. **b)** (Boxen) ⟨sich a.⟩ *vorsichtig, um den Gegner kennenzulernen, den Kampf beginnen:* die Boxer tasteten sich in der ersten Runde ab.

abtauen: 1. ⟨etwas taut ab⟩ **a)** *etwas taut, schmilzt weg:* der Schnee, das Eis taut ab. **b)** *etwas wird frei von Eis und Schnee:* die Straßen tauen allmählich ab; die Scheiben sind abgetaut. **2.** ⟨etwas a.⟩ *von einer Eisschicht befreien:* die Windschutzscheibe, den Kühlschrank a.

Abteil, das: *abgeteilter Raum in Eisenbahnwagen:* ein volles, überfülltes, leeres A.; ein A. 1. Klasse, für Schwerbeschädigte, für Mutter und Kind; dieses A. ist besetzt; ein A. reservieren.

abteilen: ⟨etwas a.⟩ *abtrennen, in einzelne Teile teilen:* einen Raum durch einen Verschlag a.; in einer abgeteilten Ecke der Wohnung.

Abteilung, die: **1.** *Teilbereich, selbständiger Teil eines Ganzen:* die chirurgische , innere A.; A. für Haushaltswaren; durch die Abteilungen eines Kaufhauses schlendern. **2.** *Truppeneinheit:* A., marsch! /Kommando/; rechts ruft vorwärts.

abtragen: 1. (geh.) ⟨etwas a.⟩ *abräumen:* die Speisen, die Teller a.; ⟨auch ohne Akk.⟩ Herr Ober, würden Sie bitte a.! 2. ⟨etwas a.⟩ *Stein für Stein abbrechen, abreißen:* eine Mauer, die Ruine a.; die Ruine wurde abgetragen. 3. ⟨etwas a.⟩ *nach und nach fortschaffen, beseitigen:* das Wasser trägt das Erdreich ab; einen Erdhaufen, Hügel a. 4. (geh.) ⟨etwas a.⟩ *abbezahlen, zurückzahlen:* eine Schuld, Zinsen a. 5. ⟨etwas a.⟩ *durch Tragen abnutzen:* die Schuhe schnell a.; ihre Sachen sind sehr abgetragen; abgetragene Kleider.

abträglich (geh.): *nachteilig, schädlich:* eine abträgliche Bemerkung, Äußerung; über jmdn., von jmdm. a sprechen; ⟨etwas ist jmdm., einer Sache a.⟩ das ist seinem Ansehen a.; der Alkohol ist seiner Gesundheit a.

abtreiben: 1. a) ⟨etwas treibt jmdn., etwas ab⟩ *etwas bringt jmdn., etwas vom Weg, vom Kurs weg:* die Strömung treibt das Schiff ab; der Schwimmer wurde [vom Land] abgetrieben; der Wind hat den Ballon weit abgetrieben. b) *vom Weg, vom Kurs abkommen:* der Schwimmer, das Boot treibt immer schneller ab; der Ballon ist nach Westen abgetrieben. 2. (landsch.) ⟨Vieh a.⟩ *von der Hochweide zu Tal treiben:* im Herbst treiben die Sennen die Kühe, die Herde [von der Alm] ab. 3. a) ⟨[jmdn., etwas] a.⟩ *verhindern, daß eine Leibesfrucht ausgetragen wird:* ein Kind, die Leibesfrucht a.; sie hat abgetrieben. b) ⟨etwas a.⟩ *abgehen lassen:* Gallensteine, Würmer a.

Abtreibung, die: *Beseitigung der Leibesfrucht:* eine mißglückte A.; eine A. vornehmen, machen (ugs.), hinter sich haben.

abtrennen: 1. ⟨etwas a.⟩ *lostrennen, ab-, loslösen:* den Ärmel, die Borte, die Knöpfe [vom Kleid] a.; er trennte die Quittung, den Kassenzettel ab; ⟨jmdm. etwas a.⟩ (geh.) bei dem Unfall wurde ihm das Bein oberhalb des Knies abgetrennt; übertr.: das Verfahren gegen die erkrankten Angeklagten wurde abgetrennt. 2. ⟨jmdn., etwas a.⟩ *absondern, abteilen:* ein Seil trennte die Zuhörer ab.

abtreten: 1. *eine bestimmte Stelle verlassen:* die Soldaten traten ab; die Wache ist abgetreten; Theater: *die Bühne nach einem Auftritt verlassen:* vom Beifall umrauscht, trat er ab. 2. *sich zurückziehen, seinen Wirkungskreis verlassen:* der Minister tritt ab; er trat sang- und klanglos [von der politischen Bühne] ab; übertr. (ugs.): er ist abgetreten *(gestorben).* 3. a) ⟨etwas a.⟩ *durch häufiges Begehen, Tragen abnutzen:* den Teppich a.; er hat die Absätze abgetreten. b) ⟨etwas tritt sich ab; mit Umstandsangabe⟩ *etwas nutzt sich durch Begehen, Tragen ab:* der Teppich hat sich schnell abgetreten; die Absätze traten sich innerhalb weniger Wochen ab. 4. ⟨etwas a.⟩ a) *[fest auftretend] entfernen:* den Schmutz, den Schnee a.; ⟨sich (Dativ) etwas a.⟩ ich habe mir vor der Hütte den Schnee abgetreten. b) *[durch festes Auftreten] säubern:* die Schuhe, die Füße a.; ⟨sich (Dativ) etwas a.⟩ ich habe mir nicht die Schuhe abgetreten. 5. *überlassen, übertragen:* a) ⟨jmdm. etwas a.⟩ jmdm. seinen Platz, seine Eintrittskarte, etwas vom Vorrat a.; ich habe ihm meine Ansprüche abgetreten. b) ⟨etwas an jmdn., an etwas a.⟩ ich habe meine Rechte an ihn abgetreten; das Gebiet mußte an das Nachbarland abgetreten werden.

abtrocknen: 1. a) ⟨jmdn., sich, etwas a.⟩ *mit einem Tuch trocken machen, trockenreiben:* das Geschirr, die Gläser vorsichtig a.; er hat sich noch nicht abgetrocknet; ⟨auch ohne Akk.⟩ ich muß noch a.; ⟨jmdm., sich etwas a.⟩ trocknest du mir den Rücken ab?; er trocknete sich die Hände mit einem Tuch ab. b) ⟨jmdm., sich etwas a.⟩ *ab-, wegwischen:* sie trocknete sich die Tränen ab; ich habe ihr den Schweiß mit dem Taschentuch abgetrocknet. 2. a) ⟨etwas trocknet etwas ab⟩ *etwas läßt etwas trocken werden:* die Sonne hat die Straße schnell abgetrocknet. b) ⟨etwas trocknet ab⟩ *etwas wird trocken:* die Fahrbahn, die Wäsche hat/ist schnell abgetrocknet.

abtrünnig (geh.): *treulos:* ein abtrünniger Vasall; a. werden; ⟨jmdm., einer Sache a. werden⟩ er ist dem König a. geworden *(ist von ihm abgefallen);* dem Glauben, der Partei a. werden.

abtun: 1. (ugs.) ⟨etwas a.⟩ *von sich tun, ablegen:* den Hut, die Schürze, die Brille a. 2. a) ⟨jmdn. a.⟩ *jmdn. geringschätzig behandeln, übergehen:* sie hat mich arrogant abgetan; wer gute Noten hat, wird sofort [als Streber] abgetan. b) ⟨etwas a.⟩ *beiseite schieben, keine Bedeutung beimessen:* eine Sache kurz, rasch, obenhin a.; er tat meine Einwände mit einer Handbewegung ab; sie haben meinen Plan als Hirngespinst, als undurchführbar abgetan; ⟨2. Part. in Verbindung mit *sein*⟩ *erledigt sein:* die Angelegenheit war in 10 Minuten abgetan; damit ist es noch nicht abgetan.

aburteilen ⟨jmdn., etwas a.⟩: *verurteilen:* die Angeklagten als Agenten a.

abverlangen ⟨jmdm., sich, einer Sache etwas a.⟩: *fordern, haben wollen:* jmdm. einen hohen Preis a.; den Motor, dem Wagen alles a.; der Kurs verlangt den Fahrern viel ab; das Ausfüllen der Fragebogen wird Ihnen einige Mühe a.

abwägen ⟨etwas a.⟩: *genau, prüfend bedenken, überlegen:* einen Plan sorgfältig a.; er wägte/wog das Für und Wider, die Vorteile ab; wir haben die Gründe gegeneinander abgewogen/abgewägt; sorgsam abgewogene Worte.

abwählen ⟨jmdn., etwas a.⟩: *nicht wiederwählen; nicht mehr belegen:* einen Vorsitzenden a.; ein Schulfach in der Oberstufe a.

abwälzen ⟨etwas auf jmdn., auf etwas a.⟩: *von sich schieben, aufbürden:* die Schuld, die Verantwortung, die Arbeit auf einen anderen a.; du hast alle Kosten [von dir] auf mich abgewälzt.

abwandeln ⟨etwas a.⟩: *leicht verändern, variieren:* ein Thema, ein Motiv [in immer neuen Variationen] a.

abwandern: 1. a) (selten) *los-, fortwandern:* in der Frühe wanderten sie ab; Meteor.: das Tief, der Hochdruckkeil wandert ab *(zieht ab);* Sport: nach der Pause wanderten viele Zuschauer ab *(verließen das Stadion).* b) *wegziehen, in einen anderen Bereich überwechseln:* viele Menschen wandern vom Land, aus den ländlichen Gebieten in die Stadt ab; in die Industrie, zur Konkurrenz a.; Sport: einige Spieler sind zu anderen Klubs abgewandert. 2. ⟨etwas a.⟩ *durchwandern:* wir haben/sind den ganzen Schwarzwald abgewandert.

abwarten: 1. ⟨jmdn., etwas a.⟩ *auf jmdn., auf etwas warten:* etwas geduldig, ruhig, tatenlos a.; jmds. Antwort a.; er wartete einen günstigen Au-

genblick ab; wir haben das Ende des Spiels nicht
abgewartet; den Briefträger a.; eine abwartende
Haltung einnehmen; ⟨auch ohne Akk.⟩ wir wollen noch a. *(uns gedulden); warten wir noch ab,
ob er tatsächlich kommt; ich wartete ab, bis ... 2.*
⟨etwas a.⟩ *auf das Ende von etwas warten:* den Regen, das Unwetter a.

abwärts ⟨Adverb⟩: *nach unten, talwärts:* a. steigen; der Weg führt a.; a. geneigt; bildl.: vom
Hauptmann [an] a.

abwaschen: 1. ⟨jmdn., sich, etwas a.⟩ *mit Wasser [und Seife o.ä.] säubern:* das Gesicht a.; sie
wuschen das Geschirr ab; ⟨auch ohne Akk.⟩ wir
müssen noch a. *(Geschirr spülen);* ⟨jmdm., sich etwas a.⟩ die Mutter wusch dem Kind das Gesicht
ab. **2.** ⟨etwas a.⟩ *wegwaschen:* Schmutz, Farbe a.

abwechseln ⟨sich, einander a.⟩: **a)** *sich bei etwas ablösen, wechseln:* sich bei der Arbeit, in der
Pflege des Kranken a.; die Fahrer wechseln sich
ab. **b)** *im Wechsel aufeinander folgen:* Regen und
Sonne, Freud und Leid wechseln sich ab; abwechselnd lachen und weinen.

Abwechs[e]lung, die: *Unterbrechung des Ei-
nerleis:* eine willkommene, erfreuliche, angenehme A.; A. in etwas bringen; das Leben hier
bietet keine Abwechslungen; keine A. haben; zur
A. *(um einmal etwas anderes zu machen)* mal allein verreisen; für A. sorgen. * (ugs.:) **die Abwechslung lieben** *(häufig die Liebhaber, die Freundinnen wechseln).*

Abweg ⟨in der Wendung⟩ auf Abwege geraten:
in sittlicher Hinsicht auf falschem Wege sein.

abwegig: *seltsam, merkwürdig, unsinnig:* ein
abwegiger Gedanke; dieser Verdacht ist einfach
a.; sie hielt den Vorschlag für a.

Abwehr, die: **1. a)** *innerer Widerstand, Ablehnung:* auf A. stoßen; er spürte ihre stumme,
feindliche A. **b)** *das Abwehren:* die rechtzeitige A.
der Gefahr. **c)** *Verteidigung:* die feindliche A. war
gering; sich in der A. befinden. **2.** (militär.) *Geheimdienst, der Gegenspionage treibt:* die A. hat
versagt; in der A. arbeiten. **3.** (Sport) **a)** *die vertei-
digenden Spieler einer Mannschaft:* eine tiefge-
staffelte A.; die englische A. war erschreckend
unsicher; die A. organisieren. **b)** *Abwehraktion:*
eine glänzende, riskante, verunglückte (ugs.) A.

abwehren: a) ⟨jmdn., etwas a.⟩ *abschlagen, zurückschlagen:* den Feind, den Angreifer a.; der
Angriff wurde erfolgreich abgewehrt; Sport: einen Elfmeter, einen Satzball a.; ⟨auch ohne Akk.⟩
der Torhüter hat abgewehrt. **b)** ⟨jmdn., etwas a.⟩
fernhalten: einen Besucher, Neugierige, Fliegen
[von jmdm.] a. **c)** ⟨etwas a.⟩ *abwenden:* Unheil,
eine Gefahr a.; das Schlimmste konnte gerade
noch abgewehrt werden. **d)** ⟨etwas a.⟩ *abweisen,
von sich weisen:* einen Gedanken, einen Vorwurf,
einen Verdacht a.; er wehrte den Dank kühl ab;
⟨auch ohne Akk.⟩ bescheiden, höflich, entschieden wehrte er ab; abwehrend hob er die Hand.

[1]abweichen: a) ⟨etwas a.⟩ *aufweichen und ablösen:* ein Etikett [von der Flasche], die Briefmarke
a. **b)** ⟨etwas weicht ab⟩ *etwas weicht auf und löst
sich ab:* das Plakat ist abgeweicht.

[2]abweichen: a) ⟨von etwas a.⟩ *sich von etwas
entfernen:* das Flugzeug wich vom vorgeschriebe-
nen Kurs ab; bildl.: vom rechten Weg a.;
übertr.: er ist in keinem Punkt von seinem Plan

abgewichen *(abgegangen).* **b)** ⟨von jmdm., von etwas a.⟩ *verschieden sein:* ihre Ansichten weichen
voneinander ab; diese Fassung weicht im Wortlaut von der anderen ab; ihr Geschmack weicht
stark von dem der Mutter ab.

abweisen: a) ⟨jmdn. a.⟩: *nicht vorlassen, nicht zu
sich lassen:* einen Bettler [an der Tür] a.; die Sekretärin wies die Besucher ab; er wurde höflich
abgewiesen; sich nicht a. lassen; jmdn. abweisend behandeln. **b)** ⟨etwas a.⟩ *ablehnen:* ein Anerbieten höflich, kühl, entschieden a.; das Gesuch
wurde abgewiesen; das Gericht hat die Klage abgewiesen; jede Hilfe a. **c)** ⟨jmdn., etwas a.⟩ *abwehren:* die Angreifer, einen Angriff a.

abwenden: 1. ⟨sich, etwas a.⟩ *nach einer anderen Seite wenden:* den Blick, die Augen, den Kopf
a.; er wandte/wendete sich rasch, schweigend,
angewidert ab; übertr.: er hat sich [innerlich]
von seinen Freunden abgewendet/abgewandt
(abgekehrt). **2.** ⟨etwas a.⟩ *abwehren, abweisen:*
eine Niederlage, Katastrophe, einen Schaden,
ein Unheil a.; er wendete die Gefahr von seinem
Land ab; den Krieg a. *(verhindern).*

abwerfen: 1. ⟨etwas a.⟩ *[aus großer Höhe] herun-
terwerfen:* Bomben, Flugblätter a.; die Ballon-
fahrer werfen Ballast ab. **2.** ⟨jmdn., etwas a.⟩ *von
sich werfen, von sich tun:* den Mantel a.; der Rehbock wirft das Geweih ab; das Pferd hat den Reiter abgeworfen; Kartenspiel: eine Karte, den
König a. *(ablegen);* bildl.: das Joch der Unfreiheit, die Schmach a. **3.** ⟨etwas wirft etwas ab⟩ *etwas bringt einen bestimmten Gewinn:* Ertrag, Zinsen, Gewinne a.; die Sache wirft nicht viel ab.

abwerten ⟨etwas a.⟩: **a)** *die Kaufkraft von etwas
herabsetzen:* den Dollar a.; der Franc wurde um
10% abgewertet. **b)** *in seinem Wert, in seiner Bedeutung herabsetzen:* Ideale a.; sein Vortrag
wurde als zu unwissenschaftlich abgewertet; eine
abwertende Bemerkung.

abwesend: 1. *nicht anwesend:* der abwesende
Geschäftsführer; er ist dienstlich, in Geschäften
a.; subst.: die Abwesenden benachrichtigen.
2. *in Gedanken verloren:* mit abwesendem Blick,
Gesichtsausdruck; er war ganz a.; a. lächeln.

Abwesenheit, die: **1.** *das Abwesendsein:* nach
langer, kurzer A.; während in meiner A.; für die
Dauer seiner A. einen Vertreter bestellen; in A.
des Chefs, des Meisters, von Herrn Krause;
übertr.: die A. *(das Fehlen)* störender Einflüsse,
von Fanatismus. **2.** *geistiges Abwesendsein:* aus
seiner A. aufschrecken, wieder zu sich kommen;
er saß in völliger A. da. * (iron.) **durch Abwesenheit glänzen** *(nicht zugegen sein).*

abwickeln: 1. ⟨etwas a.⟩ *herunterwickeln, wik-
kelnd abnehmen:* Garn, einen Faden, ein Kabel
[von der Rolle] a.; ⟨jmdm., sich etwas a.⟩ er wik-
kelte sich den Verband ab. **2. a)** ⟨etwas a.⟩ *ausführen, erledigen:* Geschäfte, einen Auftrag a.; die
Veranstaltung konnte ohne Störungen abgewik-
kelt werden. **b)** ⟨etwas wickelt sich ab⟩ *etwas läuft
ab:* das Programm wickelte sich reibungslos ab;
der Berufsverkehr wickelt sich flüssig ab.

abwiegen ⟨etwas a.⟩: *etwas wegnehmen
und] wiegen:* Äpfel, Kartoffeln, die Zutaten a.

abwimmeln (ugs.) ⟨jmdn., etwas a.⟩ *abweisen:*
einen Auftrag a.; der Vertreter ließ sich nicht a.

abwinken: 1. *[mit einer Handbewegung] seine*

Ablehnung zum Ausdruck bringen: höflich, ärgerlich, ungeduldig a.; er hat gleich abgewinkt. **2.** (Sport) **a)** ⟨etwas a.⟩ *durch Winken beenden:* ein Rennen a. **b)** ⟨jmdn., etwas a.⟩ *durch Winken zum Anhalten bewegen:* die Fahrer, die Wagen *(die Fahrer der Wagen)* werden abgewinkt.

abwischen ⟨etwas a.⟩: **a)** *durch Wischen entfernen:* den Staub [vom Regal], das Blut a.; ⟨jmdm., sich etwas a.⟩ sie wischte ihm den Schweiß [von der Stirn] ab. **b)** *durch Wischen säubern:* den Tisch a.; die Hände an der Hose a.; ⟨jmdm., sich etwas a.⟩ sich die Nase mit, an einem Tuch a.

abwürgen ⟨etwas a.⟩ *zum Erliegen bringen, zunichte machen:* ein Gespräch, einen Streik, die Diskussion, die Opposition a.; er hat den Motor abgewürgt (ugs.; *durch unsachgemäßes Bedienen zum Stillstand gebracht).*

abzahlen ⟨etwas a.⟩: **a)** *in kleinen Beträgen zurückzahlen:* seine Schulden, ein Darlehen a.; er zahlt monatlich 100 Mark ab. **b)** *in Raten bezahlen:* das Auto, den Kühlschrank a.

abzählen: a) ⟨jmdn., etwas a.⟩ *zählen, die Anzahl feststellen:* Schrauben, Knöpfe a.; die Anwesenden a. **b)** *Gruppen bilden, indem bis zu einer bestimmten Anzahl gezählt wird:* abzählen! /militär. Kommando/; zu zweien a.; die Schüler mußten a. **c)** ⟨etwas a.⟩ *zählend wegnehmen:* 10 Zigarren a.; das Fahrgeld ist abgezählt *(passend)* bereitzuhalten.

Abzahlung, die: **a)** *Zurückzahlung:* sich mit der A. des Darlehens Zeit lassen. **b)** *Ratenzahlung:* ein Auto auf A. kaufen.

abzapfen ⟨etwas a.⟩ *zapfend entnehmen:* Wein, Bier a.; ⟨jmdm. etwas a.⟩ jmdm. Blut a. (ugs.; *einen Aderlaß vornehmen);* übertr. (ugs.): jmdm. Geld a. *(abnehmen).*

Abzeichen, das: **a)** *Plakette, Anstecknadel:* ein A. des Vereins; ein A. kaufen, anstecken, tragen, verlieren; sich mit einem A. als Delegierter ausweisen. **b)** (geh.) *Erkennungszeichen, Attribut:* er trug die A. der Abtswürde.

abzeichnen: 1. ⟨etwas a.⟩ *zeichnend nachbilden:* ein Haus, eine Blume, ein Muster [von einer Vorlage] a. **2.** ⟨etwas a.⟩ *mit seinem Namenszeichen versehen, als gesehen kennzeichnen:* ein Schreiben, eine Mitteilung a.; er zeichnete den Wisch ab, ohne ihn zu lesen. **3.** ⟨etwas zeichnet sich ab⟩ *etwas hebt sich ab, ist [in Umrissen] erkennbar, wird sichtbar:* der Baum zeichnet sich gegen den Himmel, vom Himmel ab; die Gestalt zeichnete sich vor den erleuchteten Fenstern ab; auf seiner Backe zeichneten sich zwei Striemen ab; übertr.: eine Tendenz, eine Entwicklung, das Ende begann sich abzuzeichnen.

abziehen: 1. ⟨etwas a.⟩ **a)** *ziehend entfernen, weg-, herunterziehen:* den Ring a.; er zog den [Zünd]schlüssel ab; die Haut von den Tomaten a.; die Mutter zieht das Bettzeug ab; (landsch.:) den Hut, das Kopftuch, die Schürze a. *(abnehmen, ablegen).* **b)** *durch das Weg-, Herunterziehen von etwas frei, leer machen:* Tomaten, Pfirsiche a.; die Betten a.; ⟨einem Tier etwas a.⟩ sie haben dem Hasen das Fell abgezogen *(haben ihn abgebalgt).* **c)** (militär.) *zurückziehen:* Truppen aus einem Frontabschnitt in einen anderen a.; die Regierung wurde aufgefordert, die Panzer, die Raketen aus dem Land abzuziehen. **2.** ⟨[etwas] a.⟩

den Abzug einer Schußwaffe betätigen: die Handgranaten a.; sie luden durch und zogen ab. **3.** ⟨etwas a.⟩ **a)** *herausziehen, [saugend] entnehmen:* Wasser a.; der Ventilator zieht den Rauch ab; bild l.: Geld, Kapital [aus einem Land] a. **b)** *abfüllen:* Wein, Most [auf Flaschen] a. **4.** ⟨etwas a.⟩ *abrechnen, subtrahieren:* zieh einmal 20 von 100 ab!; diese Summe muß noch vom/(selten:) am Lohn abgezogen werden; übertr.: von dem ganzen Gerede kann man neunzig Prozent a.; ⟨jmdm. etwas a.⟩ er zieht ihnen den Vorschuß ab. **5.** ⟨etwas a.⟩ *schärfen:* ein Messer auf einem Stein, eine Rasierklinge a. **6.** (Handw.) ⟨etwas a.⟩ *glätten, abhobeln:* ein Brett a.; das Parkett, den Fußboden [mit einer Klinge, mit Stahlspänen] a. **7.** (Fot.) ⟨etwas a.⟩ *einen Abzug machen:* Bilder vom Negativ a. **8.** (Druckw.) *einen Abdruck machen; vervielfältigen:* einen Druckstock a.; einen Text 100mal a. und verteilen; das Plakat soll [in 50 Exemplaren] abgezogen werden. **9.** (Kochk.) ⟨etwas mit etwas a.⟩ *verrühren und dadurch eindicken:* eine Suppe mit einem Ei a. **10.** (geh.) ⟨etwas a.⟩ *ableiten:* Regeln, Erkenntnisse a. **11.** (ugs.) ⟨etwas a.⟩ *routinemäßig durchführen, erledigen:* ein Programm, eine Party a.; der Schauspieler hat seine Rolle abgezogen. **12. a)** *abrücken, abmarschieren:* die Wache zieht ab; die Truppen sind aus den Stellungen, an die Front abgezogen; die Demonstranten konnten ungehindert a. **b)** (ugs.) *weg-, davongehen:* der Bettler zieht mißmutig, enttäuscht, mit leeren Händen, unverrichteterdinge ab; der kleine Junge zog strahlend ab; zieh ab! *(verschwinde!).* **13.** ⟨etwas zieht ab⟩ *etwas zieht weg:* der Dampf zieht in Schwaden, durch den Schornstein ab; das Wasser kann nicht a. *(abfließen, absickern);* die Wolke, das Gewitter, das Tief zieht ab. **14.** (Sport; ugs.) *plötzlich wuchtig schießen:* der Torjäger zog entschlossen ab.

abzielen ⟨auf jmdn., auf etwas a.⟩: *hinzielen, richten:* er zielte mit seiner Rede auf die Mißstände in der Partei ab; seine Worte zielten darauf ab, ihr Mitgefühl zu erregen; ihre Andeutungen zielten eindeutig auf ihn ab.

Abzug, der: **1. a)** *das Abziehen, Entnehmen:* der A. des Kapitals. **b)** *Abfüllung:* beim A. gehen 2 bis 3% des Volumens des Weins verloren. **2. a)** *Abrechnung:* bei Barzahlung wird ein A. von 5 v. H. gewährt; die Preise verstehen sich bar, ohne A.; nach A. der Unkosten blieb kaum ein Gewinn. **b)** *Steuer, Abgabe:* einmalige, monatliche Abzüge; meine Abzüge sind sehr hoch; die Abzüge errechnen. **3.** *Hebel zum Auslösen des Schusses:* sein Finger berührte den A., lag am A. des Gewehrs; er hatte den Finger am A., spielte mit dem A. **4.** (Fot.) *das von einem Negativ entwickelte Bild:* einen A. machen; wieviel Abzüge wünschen Sie? **5.** (Druckw.) *Abdruck:* die Abzüge korrigieren. **6.** *Vorrichtung, Öffnung, durch die etwas abziehen kann:* über dem Herd befindet sich ein A. für den Rauch; ein A. für Abgase. **7.** *Abmarsch; Rückzug:* der A. der Truppen erfolgt im Herbst; jmdm. freien A. zusichern, gewähren; den A. der Besatzung fordern. **8.** *das Wegziehen:* nach dem A. der Gewitterfront, des Tiefs. * (Papierdt.:) **etwas in Abzug bringen** *(abziehen):* die Unkosten in A. bringen.

abzüglich (Kaufmannsspr.) ⟨Präp. mit Gen.⟩

vermindert um, ohne: a. der Unkosten, des gewährten Rabatts; ⟨ein folgendes alleinstehendes, stark gebeugtes Substantiv im Singular bleibt gewöhnlich ungebeugt⟩ a. Rabatt.

abzweigen: 1. a) ⟨etwas zweigt ab; gewöhnlich mit Umstandsangabe⟩ *etwas geht seitlich ab, führt in eine andere Richtung:* die Straße zweigt am Ortsausgang, nach links, zum Dorf, vor dem Wald, in Richtung Norden ab; von diesem Weg zweigte ein schmaler Pfad ab. b) ⟨etwas zweigt sich ab⟩ *etwas gabelt sich:* am Ortsende zweigt sich die Straße ab. c) (veraltend) ⟨von etwas a.⟩ *sich von etwas entfernen:* die anderen waren von unserem Weg abgezweigt. 2. (ugs.) ⟨etwas a.⟩ *beiseite bringen:* einen Teil des Geldes zweigt er [für Neuanschaffungen, zur Schuldentilgung] ab; ich habe ein paar Flaschen für uns abgezweigt.

abzwingen ⟨jmdm., sich, einer Sache etwas a.⟩: *abnötigen, abverlangen:* dem Gegner Bewunderung a.; jmdm. ein Versprechen, ein Zugeständnis a.; sie zwang sich ein Lächeln ab.

ach: I. ⟨Interj.⟩: ach nein!; ach ja!; ach, das tut mir leid!; ach Gott!; ach, du lieber Gott!; ach, du lieber Himmel!; ach, wie schade!; ach, das freut mich aber; ach, das ist mir neu; ach, du bist's; ach, sagen Sie mal!; ach, laß mich doch in Ruhe!; ach was!; ach wo!; ach so! II. ⟨Partikel⟩ /verstärkend/: die ach so schnell vergangene Ferienzeit; das ach so beliebte Thema. * **ach und weh schreien** *(jammern und klagen).*

Ach (in der Wendung) (ugs.:) mit Ach und Krach: *mit Mühe und Not, gerade noch:* er hat die Prüfung mit Ach und Krach bestanden.

Achse, die: 1. *Teil, das zwei nebeneinanderliegende Räder eines Fahrzeugs verbindet:* eine feste, starre A.; die A. hat sich heißgelaufen, ist gebrochen; der Wagen sinkt bis an die Achsen im Schlamm ein; ein Zug mit, von 80 Achsen *(Radpaaren).* 2. *gedachte Mittellinie, um die eine Drehbewegung stattfindet:* die Erde dreht sich um ihre A.; der Mann drehte sich um seine eigene A. und brach zusammen. * (ugs.:) **auf [der] Achse sein** *(unterwegs sein):* als Vertreter ist er ständig auf A.

Achsel, die: a) *Schulter[gelenk]:* die Achseln hochziehen, fallen lassen; etwas unter die A. klemmen; unter der A. Fieber messen. b) *Achselhöhle:* die Achseln ausrasieren; in der A. Fieber messen. * **jmdn., etwas über die Achsel ansehen** *(auf jmdn., etwas herabsehen)* · **die Achsel[n], mit den Achseln zucken** *(mit einem Hochziehen der Schultern zu verstehen geben, daß man etwas nicht weiß, nicht versteht).*

acht ⟨Kardinalzahl⟩: *8:* es sind a. Mann, wir sind zu acht, (ugs.:) zu achten, (geh.:) unser acht; es ist a. [Uhr]; um Punkt a.; es schlägt eben a.; ein Viertel vor(seltener: auf), nach a.; halb a.; er kommt gegen a.; er wird, ist heute a. [Jahre alt]; seit a. Tagen; die Mannschaft gewann a. zu vier; a. und eins ist, gibt, macht neun; subst.: eine A. malen, auf dem Eis laufen, schießen; die A. (ugs.; *[Straßen]bahn, Omnibus der Linie 8)* fährt zum Hauptbahnhof; er hat eine A. im Hinterrad (ugs.; *es ist in Form einer Acht verbogen).*

¹Acht, die: *im Mittelalter ausgeübte Praxis des Ausschlusses einer Person vom Rechtsschutz:* über jmdn. die A. verhängen, aussprechen; der König belegte ihn mit der A. * **jmdn. in Acht und Bann**

tun/erklären: a) *(im Mittelalter aus der weltlichen und kirchlichen Gemeinschaft ausschließen).* b) (geh.; *aus einer Gemeinschaft ausschließen).*

²Acht, die ⟨nur in bestimmten Wendungen, als Substantiv verblaßt und daher meist klein geschrieben⟩ **etwas außer acht lassen,** (selten:) **etwas aus der, aus aller A. lassen** *(nicht beachten):* er hat alle Warnungen außer acht gelassen · **etwas in acht nehmen** *(vorsichtig, sorgsam behandeln):* nimm das kostbare Geschirr in acht! · **sich in acht nehmen** *(vorsichtig sein, aufpassen):* bei dem feuchten Wetter muß man sich sehr in acht nehmen.

achtbar (geh.): a) *geachtet, ehrbar:* ein Kind achtbarer Eltern; ein achtbarer Geschäftsmann; er befindet sich in achtbarer Stellung. b) *anerkennenswert:* 2:3 ist ein achtbares Resultat; er hat sich a. geschlagen, seine Rolle a. gespielt.

achte ⟨Ordinalzahl⟩: *8.:* er ist der a. (der Reihe nach); der a. von rechts; das a. Schuljahr; der a. Januar; subst.: er ist der Achte (der Leistung nach) in der Klasse; heute ist der Achte *(8. Tag des Monats);* sie spielten die Achte *(8. Sinfonie).*

achten: 1. ⟨jmdn., etwas a.⟩ *Achtung entgegenbringen, respektieren:* das Gesetz, das Alter, die Gefühle anderer a.; [die] Vorfahrt a.; er wird von allen [als Forscher] geachtet; der Politiker ist wegen seiner Gesinnung bei allen sehr geachtet. 2. *beachten, Aufmerksamkeit schenken:* a) ⟨auf jmdn., auf etwas a.⟩ er achtete nicht auf die Passanten; wir hatten nicht auf das heranziehende Gewitter geachtet; er sprach weiter, ohne auf die Zwischenrufe zu a.; achten Sie nicht auf ihn!; sie achtet sehr auf ihr Äußeres, auf ihre Kleidung. b) (geh. veraltend) ⟨jmds., einer Sache a.⟩ er achtete nicht des Schmerzes; wir hatten nicht des Weges geachtet. c) (geh. veraltend) ⟨jmds., einer Sache a.⟩ er achtete nicht der Gefahr, der Mühe; ... ohne die Kälte zu a. 3. ⟨auf jmdn., auf etwas a.⟩ *aufpassen, achtgeben:* er achtet genau, streng, scharf darauf, daß seine Anordnungen befolgt werden; der Chef achtet sehr auf Pünktlichkeit; würden Sie einmal auf das Kind a.? 4. (geh. veraltend) ⟨jmdn., etwas a.; mit Artangabe mit *für*⟩ *halten für:* jmdn. für verloren, ehrlich a.; sie achtete ihn für einen Wohltäter.

ächten: a) ⟨jmdn. ä.⟩ *(im Mittelalter) aus einer Gemeinschaft ausstoßen:* die Abtrünnigen wurden geächtet. b) ⟨jmdn., etwas ä.⟩ *verdammen:* die Todesstrafe ä.; das Land wurde wegen seiner Rassenpolitik geächtet.

achtgeben ⟨auf jmdn., auf etwas a.⟩: *aufpassen:* auf die Kinder, auf das Gepäck a.; man muß genau, gut a., daß nichts passiert; ⟨auch ohne Präp.-Obj.⟩ wenn er nicht achtgibt, wird er sich erkälten; gib acht! *(Vorsicht!; paß auf!).*

achthaben: a) (geh.) ⟨auf jmdn., auf etwas a.⟩ *aufpassen, auf etwas achten:* auf die Kinder, auf die Sachen a. b) (geh. veraltend) ⟨jmds., einer Sache a.⟩ *beachten:* sie hatten des Weges nicht achtgehabt.

Achtung, die: 1. *Hochschätzung, Respekt:* das gebietet die gegenseitige A.; jmdm. A. einflößen (geh.), erweisen; er brachte ihm nicht die nötige A. entgegen; [sich] die besondere A. der Kollegen erwerben, ihre A. genießen; sich A. zu verschaffen suchen; eine hohe A. vor dem Richterstand

haben; er hat die A. vor dem Leben verloren; keine A. für jmdn. empfinden, hegen (geh.); er erfreut sich allgemeiner A.; der Sohn tat dies aus A. vor seinen, gegen seine Eltern; bei aller A. vor den Ärzten ...; er ist in unserer A. gestiegen, gefallen, gesunken; mit A. von jmdm. sprechen; jmdm. mit der schuldigen A. begegen. **2. a)** /*Warnung!:* A. *(Vorsicht),* Stufe!; A., Hochspannung! **b)** /*Aufforderung, auf etwas zu achten/:* A. *(aufpassen!),* Aufnahme! **c)** /*militär.* Ankündigungskommando/: A., präsentiert das Gewehr! **(ugs.:)* **alle Achtung!** /*Ausruf der Bewunderung/.*
achtzig ⟨Kardinalzahl⟩: *80:* es waren nur a [Personen] anwesend, er ist a. [Jahre alt]; a., mit a. (ugs.; *80 Stundenkilometern)* fahren. *** (ugs.:) **auf achtzig kommen** *(wütend werden)* · (ugs.:) **auf achtzig sein** *(wütend sein)* · (ugs.:) **jmdn. auf achtzig bringen** *(wütend machen).*
ächzen: *mit gepreßt klingendem Laut ausatmen:* laut, unter einer schweren Last, vor Anstrengung ä.; ächzend richtete er sich auf; übertr.: die Dielen ächzten unter seinen Schritten.
Acker, der: **1.** *für den Anbau genutzte Bodenfläche:* ein fruchtbarer, ertragreicher, lehmiger A.; die Äcker liegen brach, dampfen; einen A. bebauen, bestellen, bewirtschaften, pflügen, eggen, düngen. **2.** /*ein altes Feldmaß/:* 10 Acker Land.
ackern: a) (veraltend) ⟨[etwas] a.⟩ *pflügen:* der Bauer ackert [das Feld]. **b)** (ugs.) *schwer arbeiten, sich plagen:* sie ackert für die Prüfung; er hat schwer geackert, um ein Ziel zu erreichen.
ad acta ⟨in der Wendung⟩ etwas ad acta legen: *zu den Akten legen:* ein Schriftstück, einen Vorgang ad acta legen; übertr.: wir können die Sache ad acta legen *(als erledigt betrachten).*
Adam ⟨in den Wendungen⟩ (ugs.:) **seit Adams Zeiten, Tagen** *(seit je, solange man denken kann)* · (ugs.:) **etwas stammt von Adam und Eva** *(etwas ist uralt)* · (ugs.:) **bei Adam und Eva anfangen/beginnen** *(bei seinen Ausführungen weit ausholen)* · **der alte Adam** *(die alten Schwächen, Gewohnheiten eines Mannes):* er versucht, den alten A. auszuziehen *(ein neuer Mensch zu werden);* der alte A. regt sich wieder in ihm.
Adam Riese ⟨in der Wendung⟩ nach Adam Riese (ugs. scherzh.): *richtig gerechnet:* nach Adam Riese macht das 10 Mark.
Adamskostüm ⟨in der Wendung⟩ im Adamskostüm (ugs. scherzh.): *nackt:* er war im A.
ade (veraltet, noch landsch.) ⟨Adverb⟩: *auf Wiedersehen!:* er sagte ihm a.; wir mußten uns a. sagen. *** **einer Sache ade sagen** *(etwas aufgeben):* wir haben dieser Politik a. gesagt.
Adel, der: **1. a)** *aristokratische Oberschicht; Adelsstand:* der A. stand auf der Seite der Krone; die Söhne des englischen Adels; dem hohen, niedrigen A. angehören; R: A. verpflichtet. **b)** *Adelsfamilie:* verarmter A.; er stammt aus altem A. **2.** *Adelstitel:* erblicher, persönlicher A.; den A. verlieren, anerkennen, erwerben, ablegen. **3.** (geh.) *Vornehmheit, Würde:* innerer, geistiger, menschlicher A. · der A. des Herzens, der Arbeit.
adeln: 1. ⟨jmdn. a.⟩ *in den Adelsstand erheben:* er wurde für seine, wegen seiner Verdienste geadelt. **2.** (geh.) ⟨etwas adelt jmdn., etwas⟩ *etwas verleiht jmdm., einer Sache Würde oder Vornehmheit:* diese Gesinnung adelt ihn.

Ader, die: **1.** *Blutgefäß:* blaue Adern; die Adern schwellen, treten an den Schläfen hervor, klopfen; eine A. abbinden, bei der Operation abklemmen, unterbinden; jmdm. stockt, erstarrt, gerinnt [vor Schreck] das Blut in den Adern *(jmd. ist sehr erschrocken);* jmdm. kocht das Blut in den Adern *(jmd. ist stark erregt, sehr zornig, wütend);* übertr.: **a)** (Bergmannsspr.) *Erzgang:* sie stießen auf eine [ergiebige] A. **b)** (Biol.) *Blattrippe:* die Adern des Blattes. **c)** (Technik) *stromführenden Teil eines Kabels:* dieses Kabel hat zehn Adern. **2.** ⟨gewöhnlich in Verbindung mit *haben*⟩ **a)** *Anlage, Begabung:* eine künstlerische, poetische, musikalische A. haben. **b)** *Veranlagung, Wesensart:* er hat eine großzügige, masochistische A.; seine Tochter hat eine leichte A. *(neigt zum Leichtsinn);* er hat keine A. *(keinen Sinn) für ...* *** (geh.:) **sich** (Dativ) **die Adern öffnen** *(durch Öffnen der Pulsader Selbstmord begehen)* · **jmdn. zur Ader lassen: a)** (veraltet) *(jmdm. Blut abzapfen).* **b)** *(jmdm. Geld abnehmen).*
adlig: 1. *dem Adel angehörend:* eine adlige Dame, Familie; von adliger Abstammung sein; er ist a. [geboren]. **2.** (geh.) *vornehm, edel:* eine adlige Gesinnung; ihr Gesicht ist a.
Adresse, die: **1.** *Anschrift:* die A. ist, lautet ...; die A. ist unleserlich; das Viertel ist eine gute, teure A. *(Wohngegend);* die A. angeben, schreiben, [auf einem Zettel] notieren, erfragen, erfahren, nicht kennen, wissen; er hinterließ seine A.; ich wechsle oft meine A. *(meinen Aufenthaltsort);* jmdm. seine A. geben; eine A. im Telefonbuch suchen, nachsehen; an welche A. ist der Brief gerichtet, soll ich den Brief schicken?; ein Paket mit einer A. versehen; übertr.: die Drohung ist an die A. der Aggressoren gerichtet *(richtet sich an sie);* unsere Bank ist eine erste A. *(ein führendes Unternehmen);* das Unternehmen gehört zu den ersten Adressen *(führenden Firmen)* auf diesem Sektor. **2.** (geh.) **a)** *schriftliche Willenskundgebung:* die Regierung lehnte es ab, diese A. entgegenzunehmen. **b)** *offizielles Gruß- oder Dankschreiben:* eine A. an einen Parteitag richten; der Leiter des Kongresses verlas die A. der Regierung. *** (ugs.:) **sich an die richtige Adresse wenden** *(sich an die zuständige Stelle wenden)* · (ugs.:) **an die falsche/verkehrte Adresse kommen/geraten** *(an den Unrechten kommen, scharf abgewiesen werden):* damit bist du bei mir an die falsche A. gekommen.
Affäre, die: **a)** *[unangenehme] Angelegenheit, [peinlicher] Zwischenfall:* eine dunkle, peinliche, ärgerliche, schlimme, üble A.; die A. um den Vorsitzenden; die A. Jürgen H.; eine A. beilegen, aus der Welt schaffen; jmdn. in eine A. hineinziehen; verwickelt sein; wer hat eine A. mit ihm gehabt; seine Affären waren allgemein bekannt. **c)** *Angelegenheit, Sache:* das ist eine A. von höchstens zwei Stunden, von tausend Mark. *** **sich aus der Affäre ziehen** *(mit Geschick aus einer [unangenehmen] Situation herausgelangen):* der Minister hat sich [klug, geschickt, noch rechtzeitig, mit Anstand] aus der A. gezogen.
Affe, der. **1.** /*ein Tier/:* die Affen klettern auf den Bäumen herum; sich wie ein wildgewordener A. benehmen (ugs.); im Zoo die Affen füt-

Affekt

46

tern; der Mensch stammt vom Affen ab; R (ugs.): [ich denk',] mich laust der A.! *(das überrascht mich sehr).* **2.** (ugs.) *dummer oder eitler Mensch /oft als Schimpfwort/:* so ein eingebildeter A.!; mit den Affen wollen wir nichts zu tun haben. **3.** (ugs.) *Tornister:* der A. drückt mich; den A. pakken, umnehmen, abschnallen. * (ugs.:) **einen Affen [sitzen] haben** *(betrunken sein)* · (ugs.:) **sich** (Dativ) **einen Affen kaufen/antrinken** *(sich betrinken)* · (ugs.:) **seinem Affen Zucker geben** *(sein Steckenpferd reiten, über sein Lieblingsthema immer wieder sprechen)* · (ugs.:) **vom wilden/tollen Affen gebissen sein** *(verrückt, von Sinnen sein)* · (ugs.:) **nicht um einen Wald voll/von Affen** *(auf gar keinen Fall)* · (ugs.:) **wie ein Affe auf dem Schleifstein [da]sitzen** *(sitzend eine unglückliche Figur machen).*

Affekt, der: *heftige Erregung:* Affekte auslösen, hervorrufen; im A. handeln; eine im A. begangene Straftat; Mord im A.

affektiert ⟨gekünstelt, geziert, unnatürlich⟩: ein affektierter Mensch; ein affektiertes Benehmen; sehr a. sein; a. sprechen; sich a. geben.

Agent, der: **1.** *in staatlichem Geheimauftrag arbeitender Spion:* er ist, arbeitet als A.; die Tätigkeit der Agenten; Agenten einschleusen, überführen, entlarven, unschädlich machen, verhaften; einen Agenten auf jmdn. ansetzen. **2.** *Vertreter, Vermittler:* er ist A. einer großen Versicherung; wenn Sie den Künstler interviewen wollen, wenden Sie sich an seinen Agenten.

ahnden ⟨geh.⟩ ⟨etwas a.⟩: *hart bestrafen:* ein Unrecht streng a.; alle Vergehen wurden mit schweren Strafen geahndet.

ähneln ⟨jmdm., sich, einer Sache ä.⟩: *ähnlich sehen, ähnlich sein:* sie ähnelt sehr, kaum, mehr, nur ein wenig ihrer Mutter; die beiden Kinder ähneln sich/⟨geh.:⟩ einander; ihre Erlebnisse ähnelten sich in lächerlicher Weise.

ahnen: **1.** *ein Vorgefühl von etwas Kommendem haben:* a) ⟨etwas a.⟩ ein Unglück, die Nähe des Todes, nichts Gutes a.; er ahnte nicht das mindeste. b) ⟨jmdm. ahnt etwas⟩ ihm ahnte Böses. **2.** *ein undeutliches Wissen von etwas haben, im voraus wissen, vermuten:* a) ⟨jmdn., etwas a.⟩ etwas dunkel, dumpf a.; ⟨die Wahrheit, ein Geheimnis a.;⟩ ... als ob er es geahnt hätte; das konnte ich wirklich nicht a.; nichts [Böses] ahnend, ging er auf sie zu; R ⟨ugs.:⟩ [ach,] du ahnst es nicht! */Ausruf der Überraschung/.* b) ⟨geh.⟩ ⟨jmdm. ahnt etwas⟩ ihm ahnte nichts von den Schwierigkeiten; mir ahnte, daß er mir nicht helfen würde.

ähnlich: **1.** *in bestimmten Merkmalen übereinstimmend:* ähnliche Interessen, Gedanken; ein sehr ähnliches Porträt; ein inhaltlich ähnlicher Vortrag; auf ähnliche Weise; das Porträt ist sehr ä.; ⟨jmdm., einer Sache ä. sehen, werden, sein⟩ er ist seinem Bruder sehr ähnlich; sie sieht ihrer Schwester täuschend, zum Verwechseln, nicht, kaum ä.; ganz ä. empfinden; ein ä. großer Erfolg; ... ä. wie er es versucht hatte; man erlebt ähnliches *(solches),* wenn man ...; Bücher, Zeitschriften und ähnliches. **2.** ⟨in der Funktion einer Präp. mit Dativ⟩ *wie:* sie schritt ä. einer Walküre/einer Walküre ä. herein. * ⟨ugs.:⟩ **etwas sieht jmdm. ähnlich** *(paßt zu jmdm., ist jmdm. zuzutrauen).*

Ähnlichkeit, die: *das Ähnlichsein:* eine große,

starke, verblüffende, geringe, auffallende, entfernte Ä.; die Ä. drängt sich mir auf; zwischen ihnen besteht keine Ä.; er hat [in seinem Wesen] viel Ä. mit ihm; eine gewisse Ä. feststellen.

Ahnung, die: **a)** *Vorgefühl:* eine dunkle, düstere, böse A.; eine A. von dem kommenden Unheil haben; eine A. steigt in mir auf, befällt mich, überkommt mich; seine Ahnungen haben sich erfüllt, sich bestätigt, haben mich nicht getrogen; ich habe da so eine A., als ob man uns hereinlegen will. **b)** *intuitives Wissen, Vermutung:* haben Sie eine A. *(wissen Sie),* wo er ist?; [ich habe] keine A.! *(ich weiß es nicht);* hast du eine A.! ⟨ugs.; *wenn du wüßtest!*⟩; sie hat keine A., wie das passieren konnte; er hat kaum eine, [absolut] keine, keine blasse, nicht die geringste/leiseste/mindeste/entfernteste A. von Mathematik *(er weiß kaum etwas, nichts, überhaupt nichts von Mathematik).*

ahnungslos: *nichts ahnend; völlig unwissend:* der ahnungslose Besucher; er war a.; stellte sich a.; kam ganz a. herein.

Ähre, die: *Blüten- und Fruchtstand von bestimmten Getreidepflanzen:* reife, taube, volle, schwere, goldene ⟨geh.⟩ Ähren; Ähren lesen.

akklimatisieren ⟨sich a.⟩: *sich an fremde Klimaverhältnisse anpassen:* die Sportler mußten sich in Mexiko erst a.; ü bertr.: der Neue hat sich bei uns leicht, schnell akklimatisiert; ich muß mich erst noch an den rauhen Ton a.

¹Akkord, der (Musik): *Zusammenklang:* ein voller, sanfter A.; einen A. [auf dem Klavier] anschlagen, greifen.

²Akkord, der: *Stück-, Leistungslohn:* einen schlechten A. haben; die Akkorde herabsetzen; Arbeit im A. übernehmen; im/(selten auch:) in, auf A. arbeiten.

Akt, der: **1.** *Handlung, Tat:* ein symbolischer A.; rechtswidrige Akte; ein A. der Vernunft, Gerechtigkeit, der Menschenliebe, der Verzweiflung; etwas als einen feindseligen A. ansehen, als einen unfreundlichen A. betrachten. **2.** *Feierlichkeit, Zeremonie:* ein feierlicher, festlicher A.; der A. der Preisverleihung; er hatte diesem denkwürdigen A. beigewohnt. **3.** (Theater) *Aufzug:* so folgt der letzte A.; das Drama hat drei Akte; eine Tragödie in fünf Akten; [mitten] im zweiten A. **4.** *Darstellung des nackten menschlichen Körpers:* ein männlicher, weiblicher A.; einen A. malen; in seinem Schlafzimmer hängt ein A. **5.** *Koitus:* der eheliche A.; während des Aktes, nach dem A. **6.** (bes. südd., österr.) *Akte:* einen A. anlegen; geben Sie mir mal bitte den A.

Akte, die: *[Sammlung von] Unterlagen:* eine wichtige, vertrauliche, geheime A.; unerledigte Akten; die A. zu diesem Fall; die Akten über einen Prozeß, eines Prozesses; die Akten häufen, türmen, stapeln sich; Akten anlegen, anfordern, bearbeiten; Akten einsehen, ordnen, studieren, abschließen, einstampfen; hinter, über einer A. sitzen; der Richter blätterte in den Akten; das kommt in die Akten *(wird eingetragen);* etwas zu den Akten nehmen; wir können dieses Schreiben zu den Akten legen; * ⟨ugs.:⟩ **etwas zu den Akten legen** *(als erledigt betrachten):* wollen wir nicht die ganze Angelegenheit zu den Akten legen? · **über etwas die Akten schließen** *(etwas beenden, über etwas nicht mehr verhandeln).*

Aktie, die: /ein Wertpapier/: alte, junge Aktien; eine A. über, zu 100 Mark; die Aktien steigen, fallen, stehen gut, sind stabil; das Unternehmen gibt neue Aktien aus; Aktien abstoßen, besitzen; er legte sein Vermögen in Aktien an; übertr. (ugs.): wie stehen die Aktien? *(wie geht's?);* die Aktien stehen gut, schlecht *(es geht gut, schlecht).* *(ugs.:) jmds. Aktien steigen *(jmds. Aussichten auf Erfolg werden besser).*

Aktion, die: 1. *gemeinschaftliche Unternehmung; Maßnahme:* eine gemeinsame, gewaltfreie, großangelegte A.; eine konzertierte *(gemeinsame)* A.; eine A. zugunsten krebskranker Kinder; (in Namen von Verbänden u. ä.:) A.s Sühnezeichen; die A. kommt nicht in Gang, wird eingestellt; sie starteten eine militärische A. gegen die Aufständischen; eine A. [für den Frieden] planen, einleiten, durchführen, abbrechen. 2. *Handlung, Tätigkeit:* sie beobachtete seine Aktionen; tagelang ging von ihm keine A. aus. * **in Aktion** *(in Tätigkeit):* in A. setzen, treten; er ist, befindet sich in voller A.

aktiv: 1. a) *tatkräftig, rührig, eifrig:* eine sehr aktive Dame; aktive Mitarbeit gewünscht!; der alte Herr ist noch sehr a. b) *selbst in einer Sache tätig, sie ausübend:* ein aktiver Teilnehmer; aktives Wahlrecht *(das Recht, selbst zu wählen);* aktiver *(vom Sprecher tatsächlich verwendeter)* Wortschatz; aktive Handelsbilanz *(Bilanz, bei der der Wert der Ausfuhr den der Einfuhr übersteigt);* sie ist politisch a.; nach diesen Vorfällen muß die Regierung a. werden *(eingreifen);* (in einer Sache a. werden) wir sollten endlich in Sachen Umgehungsstraße a. werden *(die Initiative ergreifen);* sich a. für etwas einsetzen; etwas a. unterstützen, a. daran beteiligt sein; ein a. praktizierender Christ. c) *in besonderer Weise wirksam:* biologisch aktives Insulin; aktiver *(besonders reaktionsfähiger)* Sauerstoff; die Kur wirkt a. auf Haar und Kopfhaut. 2. a) *mit Aktivitäten verbunden:* aktive Erholung, Entspannung, Solidarität, Nachbarschaftshilfe; aktive Verbrechensvorbeugung; aktiver Umweltschutz; als aktiver Beitrag zum Jahr der Jugend. b) *als Mitglied einer Vereinigung, Institution die geforderten Tätigkeiten regelmäßig ausübend:* aktives Mitglied; aktiver Sportler, Offizier; er war früher einmal a. *(hat an Wettkämpfen teilgenommen);* im Gesangverein a. sein; er spielt noch a., hat a. gedient.

aktivieren: 1. (jmdn., etwas a.) *zu einer [verstärkten] Tätigkeit bewegen, in Schwung bringen:* die Arbeit an einem Projekt a.; die Mitglieder, die Jugend, die Massen politisch a.; durch das Mittel wird die Drüsentätigkeit aktiviert; Chemie: Kohle, einen Katalysator a. *(besonders reaktionsfähig machen).* 2. (Kaufmannsspr.) (etwas a.) *durch buchhalterische Belastung ausgleichen:* eine Werterhöhung, Kosten a.

Aktualität, die: 1. *Gegenwartsbezogenheit, Zeitnähe:* etwas ist von besonderer, außerordentlicher, brennender A.; ein Buch von großer A.; etwas gewinnt, verliert an A., büßt seine A. ein. 2. (Plural) *Tagesereignisse, jüngste Geschehnisse:* auf die Aktualitäten neugierig sein.

aktuell: *gegenwärtig [vorhanden], zeitnah, -gemäß:* ein aktuelles Thema, aktuelle Ereignisse; die aktuelle Gewerkschaftspolitik, National-

mannschaft; ihre aktuelle LP; aus aktuellem Anlaß; modisch a.; diese Fragen werden wieder a.; das ist nicht mehr a.; das ist nicht mehr a.; Mode: die aktuellen Sommerfarben; Langhaarfrisuren sind nicht mehr a.

akut: 1. *unvermittelt auftretend, im Augenblick herrschend, vordringlich:* eine akute Frage; das bildet eine akute Bedrohung für den Weltfrieden; akute Lebensgefahr; dieses Problem wird jetzt a. *(muß behandelt, gelöst werden);* die Gefahr ist nicht a. *(drohend).* 2. (Med.) *plötzlich auftretend und heftig verlaufend:* eine akute Blinddarmentzündung; die Krankheit ist a.

Akzent, der: 1. *Betonungszeichen:* auf dem é ist ein A.; einen A. richtig, falsch setzen; einen Buchstaben mit einem A. versehen. 2. *Betonung:* der A. liegt auf der zweiten Silbe; die Stammsilbe trägt den A. 3. *Tonfall, Färbung, Aussprache:* sein französischer A. war unverkennbar; mit hartem, starkem, leichtem, fremdem, ausländischem A. sprechen; er sprach ohne jeden A.; sie ist durch ihren A. aufgefallen, hat sich durch ihren A. verraten. 4. *Schwerpunkt, Nachdruck; Gewicht:* die Akzente haben sich verschoben; [neue] Akzente setzen *[neue] Hinweise, Anregungen geben);* einem Gespräch einen scharfen A. geben; die Sache bekommt dadurch einen anderen A.

akzeptieren: (etwas a.): *annehmen, billigen:* einen Vorschlag, eine Entscheidung, einen Preis, ein Angebot, Bedingungen [als Verhandlungsgrundlage] a.; eine Entschuldigung a. *(gelten lassen);* (auch ohne Akk.) a. hat akzeptiert; dankend, widerwillig, nur ungern a. 2. (jmdn. a.) *gelten lassen, anerkennen:* sie wurde von der Gruppe nicht akzeptiert; er hat seinen Schwiegersohn, ihn als Partner akzeptiert.

Alarm, der: 1. *Warnung bei Gefahr:* ein voreiliger, falscher A.; der A. kam zu spät; A. auslösen, geben. 2. *Dauer, Zustand des Alarmiertseins:* es ist noch A.; der A. dauert an; den A. aufheben. * **blinder Alarm** *(grundlose Aufregung, Beunruhigung)* · **Alarm schlagen** *(alarmieren, Aufmerksamkeit erregen).*

alarmieren: 1. (jmdn., etwas a.) *bei Gefahr herbeirufen, zu Hilfe rufen:* die Feuerwehr, die Bergwacht, die Polizei a.; militär.: einen Truppenteil a. *(in Gefechtsbereitschaft versetzen).* 2. (jmdn., etwas a.) *beunruhigen, aufschrecken, in Aufregung versetzen:* der Summer alarmierte das ganze Haus; alarmierende Meldungen; diese Entwicklung ist alarmierend.

¹albern: *töricht, linkisch:* ein alberner Kerl; albernes Benehmen, Getue, Geschwätz; alberne Witze; albernes Zeug reden; sei nicht so a.!; sich a. aufführen, benehmen.

²albern: *sich albern benehmen, Unfug treiben:* die Schüler albern auf dem Schulhof; die Ärzte und Schwestern alberten miteinander.

Alibi, das: *[Nachweis der] Abwesenheit vom Tatort zur Tatzeit:* ein lückenloses, stichhaltiges, hieb- und stichfestes, sicheres, glaubhaftes, falsches A.; er hat ein, kein A.; ein A. beibringen, überprüfen; ich habe mir, dir, dem Freund ein A. verschafft; übertr.: sie suchen nach einem A. *(einer Rechtfertigung)* für ihr Vorgehen.

Alkohol, der: 1. *Weingeist, Spiritus:* reiner A.; Weingeist enthält mindestens 38% A.; der Arzt tupfte die Stelle mit A. ab. 2. *geistiges Getränk:*

der A. wirkt, tut seine Wirkung, löste ihm die Zunge; keinen A. trinken, vertragen; wir haben keinen Tropfen A. im Haus; den A. meiden; sich nichts aus A. machen; der Fahrer roch nach A. * *etwas in/im Alkohol ertränken (etwas beim Genuß von Alkohol zu vergessen suchen):* er ertränkte seinen Kummer in A. · **jmdn., sich unter Alkohol setzen** *(betrunken machen)* · **unter Alkohol stehen** *(betrunken sein).*

alkoholisch: ⟨gewöhnlich in bestimmten Attribuierungen⟩ alkoholisches *(alkoholhaltiges)* Getränk; alkoholischer Exzeß *(übermäßiger Alkoholgenuß);* Chemie: alkoholische Gärung *(Gärung, bei der Alkohol entsteht);* subst.: sie trinkt nichts Alkoholisches *(keine alkoholischen Getränke).*

all ⟨Indefinitpronomen und unbestimmtes Zahlwort⟩: **1.** ⟨Singular: aller, alle, alles; unflektiert: all⟩ /nähert sich der Bedeutung von *ganz, gesamt/*: alles oder nichts; alles in Ordnung; alles [auf einmal] haben wollen; es ist alles bezahlt; es ist alles aus *(das ist das Ende);* das geht mir über alles *(ist mir das Höchste);* das ist noch nicht alles *(es geht noch weiter, gibt noch mehr);* alles, was ... (nicht: das ...); er bekam alles, was er sich gewünscht hatte; das, dieses alles; bei dem allen/(selten:) allem; diesem allen/(selten:) allem bin ich nicht gewachsen; er hat sich dieses allen bedient; alles das; all das; bei allem dem; mit allem diesem; mit all diesem; alles übrige; alles Glück, alles Leid der Erde; bei aller Bewunderung, Liebe; mit allem Nachdruck; in aller Deutlichkeit; in aller Frühe *(ganz früh);* in aller Regel *(gewöhnlich);* zu allem Unglück wurde er noch krank; die Wurzel allen/(selten:) alles Übels ist ...; trotz allen/(selten:) alles Fleißes; allen Ernstes *(tatsächlich);* aller heimliche/(selten:) heimlicher Groll entlud sich; trotz allen/(selten:) allen guten Willens; er war allem gesunden Fortschritt aufgeschlossen; all der Fleiß war vergebens; all sein Zureden half nichts; von all dem Lärm nichts hören; all[e] meine Mühe war umsonst; all[er] dieser Arbeit war er überdrüssig; in all/(selten:) aller meiner Unschuld /nähert sich der Bedeutung von *jeder, jeglich/*: alles hat seine zwei Seiten, braucht seine Zeit; wen alles hast du eingeladen?; was hast du alles *(im einzelnen)* gesehen?; ohne allen *(irgendeinen)* Grund; jmdm. alles Gute, Liebe, Schöne wünschen; Bücher aller Art; alles mögliche tun; alles [andere], nur nicht das; R: was es nicht alles gibt! /Ausruf der Verwunderung/; da hört sich doch alles auf! (ugs.; *das ist unerhört!).* **2.** ⟨Plural: alle; unflektiert: all⟩ /nähert sich der Bedeutung von *sämtliche/*: alle sind dagegen; alle, die eingeladen waren, sind gekommen; alle (betont) haben wir versagt; das geht uns alle an; auf euer aller Wohl!; diese alle/alle diese/all diese kenne ich bereits; all die Jahre über; alle Personen, Tiere, Sachen; alle Reisenden/(selten:) Reisende mußten aussteigen; alle schönen/(selten:) schöne Mädchen; mit allen Kräften; für alle Fälle; alle meine Freunde; all[e] seine Hoffnungen; er will all[en] diesen Kranken helfen · /nähert sich der Bedeutung von *jeder [von diesen]/*: alle beide; wir haben mit allen dreien gesprochen; nach allen vier Himmelsrichtungen · ⟨mit Zeit- und Maßangaben⟩ /gibt die

Wiederholung, die Wiederkehr in regelmäßigen Abständen an/: alle paar, alle fünf Minuten; alle drei Schritte; sie besuchte uns alle vier Wochen. **3.** (ugs.) ⟨Singular: alles⟩ *alle, alle Anwesenden:* alles aussteigen!; alles [mal] herhören!; alles hört auf mein Kommando!; alles wartet jetzt auf die Marathonläufer · /nähert sich der Bedeutung von *nur/*: es waren alles Politiker. * **vor allem** *(in erster Linie, hauptsächlich, besonders)* · **alles und jedes** *(jegliches ohne Ausnahme)* · **alles in allem** *(im ganzen gesehen).*

All, das: *Weltraum, Universum:* das weite, unermeßliche A.; das A. erforschen; Spaziergang im A. *(Schweben des Astronauten außerhalb der Raumkapsel im All während des Fluges);* sie stießen ins A. vor.

alle (ugs.): *zu Ende, aufgebraucht:* das Brot, der Zucker, unser Geld ist a.; du kannst den Kuchen ruhig a. machen; die billigen Äpfel sind leider a. *(ausverkauft);* ich bin ganz a. *(erschöpft).* * **jmdn. alle machen** *(umbringen).*

alledem ⟨nach Präpositionen mit dem Dativ⟩: *allem dem:* trotz, bei, aus, mit a.; es ist nichts von a. wahr.

allein: **I.** ⟨Adj.; ugs. auch: *alleine⟩* **a)** *ohne einen anderen, ohne Gesellschaft, für sich:* a. leben, in Urlaub fahren; sie ist gerne a.; heute abend bin ich a. zu Hause; laß mich nicht a.! **b)** *einsam, vereinsamt:* sich sehr, ganz a. fühlen; ich bin unvorstellbar a. **c)** *ohne fremde Hilfe:* a. mit etwas fertig werden; etwas a. machen, tragen; das erledige ich [ganz] a. **II.** ⟨Adverb⟩ **a)** (geh.) *nur, einzig, ausschließlich:* er a. ist daran schuld; a. bei ihm liegt die Entscheidung. **b)** *von anderen abgesehen; schon* ⟨häufig in Verbindung mit „schon"⟩: a. der Gedanke ist schrecklich; schon a. bis zum Wald/a. schon bis zum Wald sind es 2 km; die Baukosten a. betragen 24 Millionen Mark. **III.** (geh.) ⟨Konj.⟩ *aber, jedoch:* ich hoffte auf ihn, a. ich wurde bitter enttäuscht. * (ugs.:) **von allein[e]** *(von sich aus, aus eigenem Antrieb):* das weiß ich von a.; die Tür schließt sich von a. *(selbsttätig)* · ⟨verstärkend:⟩ **einzig und allein** *(nur):* das verdanken wir einzig und a.

alleinig: *einzig:* der alleinige Erbe, Vertreter.

allemal ⟨Adverb⟩: **1.** *immer, jedesmal:* er hat noch a. versagt. **2.** (ugs.) *ganz bestimmt, gewiß:* das schaffen wir a.; schwierig wird es a. * ⟨verstärkend:⟩ **ein für allemal** *(für alle Zeit):* ich verbiete es dir ein für a.

allenfalls ⟨Adverb⟩: *höchstens; bestenfalls:* es kann a. noch zwei Stunden dauern; ich weiß, wie weit ich a. gehen darf; wir warten ab, was a. *(gegebenenfalls, möglicherweise)* noch zu tun ist.

allenthalben (geh.) ⟨Adverb⟩: *überall:* der Lebensstandard hat a. zugenommen; ein Lied, das man a. hören konnte.

allerdings ⟨Adverb⟩: **1.** *freilich, jedoch* /einschränkend/: ich muß a. zugeben, daß ...; sie bestreitet das a.; er ist sehr stark, a. wenig geschickt. **2.** *aber gewiß, natürlich* /bejahend/: „Hast du das gewußt?" – „Allerdings!"

allergisch (Med.): *krankhaft überempfindlich:* allergische Haut, Reaktion; eine allergische *(auf Allergie beruhende)* Krankheit; a. [veranlagt] sein; übertr.: in diesem Punkt bin ich a.; ⟨gegen etwas a. sein⟩ ich bin a. gegen Erdbeeren;

übertr.: ich bin gegen Propaganda, gegen rücksichtslose Autofahrer a.

allerhand (ugs.) ⟨unbestimmtes Gattungszahlwort⟩: *vielerlei, ziemlich viel:* a. Ärger, Schwierigkeiten, Schaulustige; er weiß a. [Neues]; sie hat a. durchgemacht; ich bin auf a. vorbereitet; 100 Mark ist/sind a.; (ugs.:) das ist [ja, doch, schon] a.! */Ausruf der Entrüstung/.*

allerlei (unbestimmtes Gattungszahlwort): *mancherlei, vielerlei:* a. Gutes, Schwierigkeiten; sich a. zu erzählen haben.

allerseits ⟨Adverb⟩: **1.** *alle [zusammen]:* guten Abend a.! **2.** *allseits.*

allgemein: 1. a) *allseitig, allen gemeinsam:* allgemeine Zustimmung; die Tat erregte allgemeines Aufsehen; zur allgemeinen Überraschung, Verwunderung; auf allgemeinen Wunsch; die Verwirrung war a. **b)** *allerseits, überall:* a. bekannt, beliebt; diese Geschichte wird a. erzählt. **2.** *alle angehend, betreffend:* das allgemeine Wahlrecht; die allgemeine Wehrpflicht; das liegt im allgemeinen Interesse. **3. a)** *nicht speziell, generell:* allgemeine Probleme, Grundsätze; Arzt für allgemeine Medizin; was kann man ganz a. dazu sagen?; wir sprachen darüber, aber nur a. **b)** *unbestimmt, unklar:* allgemeine Redensarten; seine Ausführungen waren, blieben viel zu a. * **im allgemeinen** *(meistens, gewöhnlich).*

Allgemeinheit, die: **1.** *Öffentlichkeit, alle:* der A. dienen; sich an die A. wenden; auf Kosten der A.; etwas für die A. tun; das ist nicht für die A. bestimmt. **2.** (selten) *Unbestimmtheit:* Ausführungen von zu großer A. **3.** *Phrase:* seine Rede erschöpfte sich in Allgemeinheiten.

allmählich: *langsam; nach und nach, mit der Zeit:* das allmähliche Nachlassen der Kräfte; a. dunkler werden; sich a. beruhigen; der Schnaps zeigte a. seine Wirkung; ich habe es a. satt!; es wird a. Zeit.

allseits ⟨Adverb⟩: *allgemein; bei, von allen:* sie war a. beliebt; es herrschte a. Zufriedenheit.

Alltag, der: **1.** *Werktag:* mitten im A. **2.** *tägliches Einerlei, gleichförmiger Tagesablauf:* der freudlose, trübe, graue A.; der sozialistische A. *(der A. im Sozialismus);* der A. eines Landarztes; jetzt beginnt wieder der A.; den A. verschönern; dem A. entfliehen; das wird bald zum A. gehören.

alltäglich: 1. *üblich; ohne außergewöhnliche Kennzeichen:* eine ganz alltägliche Geschichte, Szene; ein nicht alltäglicher Preis; kein alltäglicher Fall, Vorgang; sein Spezialgebiet ist nicht a. **2.** *[tag]täglich, jeden Tag:* sein alltäglicher Spaziergang; unser alltäglicher Energieverbrauch; er war beinahe a. Gast bei ihnen.

Almosen, das: **1.** *kleinere Spende, Gabe:* einem Bettler ein A. geben; um ein A. bitten. **2.** (abwertend) *geringes Entgelt:* er will eine angemessene Bezahlung und kein A.; er arbeitet für ein A.

Alp, der: *seelische Belastung, Beklemmung, Alpdruck:* ein A. lag ihm auf der Brust; ein A. wich von ihr; von einem A. befreit sein.

als: I. ⟨temporale Konj.⟩: a. wir das Haus erreicht hatten, fing es an zu regnen; a. er die Wohnung verläßt, klingelt das Telefon; sie wird, a. sie die Zeitung kauft, von dem Herrn angesprochen; kaum hatte er sich umgezogen, a. der Besuch eintraf; damals, als er noch jung war, ... **II.** ⟨modale

Konj.⟩ **1.** ich bin älter als er; sie ist schöner a. ihre Schwester; geschwinder a. wie (veraltend statt *als)* der Wind; besser etwas a. gar nichts; eher heute a. morgen; lieber sterben a. unfrei sein; mehr aus Mitleid a. aus Liebe; das ist alles andere a. schön *(ist nicht schön);* er hat nichts a. Unfug im Sinn *(nur Unfug im Sinn);* mit keinem Menschen a. ihm *(nur mit ihm);* es war so, a. spräche er eine fremde Sprache; mir kam es vor, a. ob ich schon Stunden gewartet hätte; er tat, a. wenn er zur Arbeit ginge · */in einigen Verbindungen* [neben *wie]/* sowohl der Vater a. auch die Mutter; sie ist sowohl schön a. [auch] klug; so bald, soweit a. möglich; die Ernte ist doppelt so groß a. im vorigen Jahr · */veraltend, landsch. und ugs. statt* hochsprachl. *wie/* so rasch a. möglich; mir geht es ebenso schlecht a. ihm; er verhandelte so lange, a. es ihm nützlich schien. **2.** (veraltend; gewöhnlich in der Verbindung *als da ist ..., als da sind ...) wie zum Beispiel /zur Aufzählung/:* er liebt eine einfache Mahlzeit, als da ist Erbsensuppe mit Speck; Taunusbäder, als da sind Wiesbaden und Homburg. **3.** /leitet eine nähere Erläuterung [Apposition, Umstandsangabe] ein/: ich a. Künstler *(in meiner Eigenschaft als Künstler);* ihm a. leitendem Arzt; meine Aufgabe a. Lehrer ist es ...; sein Urteil a. das eines der größten Gelehrten; er erschien a. Zeuge vor Gericht; 2 000 Mark a. Entschädigung zahlen; das soll mir a. *(zur)* Warnung dienen; er fühlt sich a. Held; die Geschichte erwies sich als wahr; sie hat a. Mädchen *(in ihrer Mädchenzeit)* davon geträumt. **4.** /in bestimmten Verbindungen oder Korrelaten/ **a)** /zu ..., als daß; gibt die Folge an/: die Aufgabe ist viel zu schwierig, a. daß man sie auf Anhieb lösen könnte. **b)** /insofern, insoweit ..., als/: ich bin insoweit dazu bereit, a. meine Interessen davon nicht berührt werden; ... insofern nämlich, a. kein Tatzeuge zu finden war. **c)** /um so ..., als; gibt den Grund an/: ... was um so peinlicher war, a. *(weil)* die Vorstellung abgebrochen werden mußte; der Vorfall ist bedauerlich, um so mehr, a. er unserem Ansehen schadet.

alsbaldig (Papierdt.): *umgehend, sofortig:* um alsbaldige Übersendung wird gebeten; die Ware ist zum alsbaldigen Gebrauch bestimmt.

also: I. ⟨Adverb⟩ **1. a)** *folglich, demnach, mithin* /drückt eine Schlußfolgerung aus/: ein Beamter, ein gewissenhafter Mensch a.; er schickte ihr Blumen, a. liebte er sie. **b)** *das heißt* /nimmt etwas Vorausgegangenes zusammenfassend, erläuternd, weiterführend auf/: bestimmte Bevölkerungsteile, a. Rentner, Studenten, Ausländer ...; Laufvögel, a. Strauße, Nandus, Emus, sind flugunfähig. **2.** (veraltet) *so, in dieser Weise:* a. haben die Menschen schon vor Jahrtausenden gefühlt. **II.** ⟨Gesprächspartikel⟩ /[einleitend] bei gefühlsbetonten Aussagen, Ausrufen, Großworten/ a. schön, a. gut, a. meinetwegen; a., kommst du jetzt?; a. doch!; a., auf Wiedersehen!; a. los!; na a.! *(siehst du! warum nicht gleich!).*

alt /vgl. Alte/. **1.** *in vorgerücktem Lebensalter, bejahrt, nicht jung:* ein altes Mütterchen; alte Leute; ein altes, krankes Pferd; der alte Mann des amerikanischen Kinos *(der durch seine langjährige erfolgreiche Arbeit für das amerikanische Kino Anerkennung und Respekt genießende*

Mann); das Haus stand unter alten Bäumen; unser Hund ist schon sehr a.; er ist so a. wie Methusalem *(ugs.; sehr alt);* sie ist nicht sehr a. geworden; ⟨bei etwas a. und grau werden⟩ bei dieser Arbeit werde ich noch a. und grau; der Vater fühlt sich a. und schwach · ein älterer *(nicht mehr ganz junger)* Herr; ein Kleid für eine ältere *(nicht mehr ganz junge)* Dame; sie waren schon älter *(im vorgerückten Alter),* als sie heirateten; sie hat ein altes *(Merkmale des Alters aufweisendes)* Gesicht; mit alten, zittrigen Händen. 2. *ein bestimmtes Alter habend:* ein drei Wochen alter Säugling; der ältere Bruder; ihre älteste Tochter; sie ist erst 17, schon 30 Jahre a.; er ist so a. wie ich, doppelt so a. wie ich; wie a. sind Sie?; [für] wie a. schätzen Sie diesen Baum?; R: man ist so a., wie man sich fühlt · sie sieht älter aus, als sie ist; diese Frisur macht sie älter. 3. *nicht [mehr] neu, gebraucht, abgenutzt:* alte Schuhe; das alte Auto verkaufen; die alten Häuser werden abgerissen; das Fernsehgerät ist schon sehr a.; er hat den Wagen a. *(aus zweiter Hand)* gekauft; S p o r t (ugs.): das Spiel war gerade zwei Minuten a. *(dauerte gerade zwei Minuten),* als das erste Tor fiel; R: aus a. mach neu → ein 3 Jahre altes *(vorhandenes, in Gebrauch befindliches)* Fahrrad. 4. a) *nicht [mehr] frisch, seit längerer Zeit vorhanden:* altes Brot; die alte Wunde platzte wieder auf; eine alte und eine frische Spur im Schnee; der Kuchen ist a., schmeckt schon a. b) *vom letzten Jahr, vorjährig:* das alte Laub vermodert; die alten Kartoffeln aufbrauchen; das alte *(vergangene)* Jahr macht einem neuen Platz. 5. a) *seit langem vorhanden, bestehend; vor langer Zeit entstanden, begründet:* eine alte Tradition, Erfahrung, Weisheit; alte Rechte; das ist sein alter Fehler; er tat das aus alter Anhänglichkeit; dieses Gewerbe ist schon sehr a. b) *langjährig:* ein altes Mitglied; er ist ein alter Soldat; wir sind alte Freunde; die alten Leser unserer Zeitschrift wissen, daß ... c) *längst bekannt, überholt:* ein alter Witz; seine alte Masche (ugs.); die alte Platte (ugs.); dieser Trick ist a. 6. a) *einer früheren Zeit, Epoche entstammend; eine vergangene Zeit betreffend:* alte deutsche Sagen; alte Meister; er kannte noch das alte Rußland; die alten Griechen, Römer *(Griechen, Römer der Antike);* er studiert alte *(klassische)* Sprachen. b) *durch sein Alter wertvoll:* alte Münzen, Drucke, Stiche; sie liebt altes Porzellan, alter *(abgelagerter)* Wein. 7. *von früher her bekannt, vertraut, gewohnt:* es bot sich ihnen das alte Bild; es geht alles seinen alten Gang *(wie immer);* wir lassen alles, es bleibt alles beim alten *(wie es bisher war);* sie ist immer noch die alte *(hat sie nicht verändert);* wir bleiben die alten *(es ändert sich nichts zwischen uns).* 8. *vorherig, früher; ehemalig:* wir haben noch die alten Preise; die alten Plätze wieder einnehmen; seine alten Schüler, Kollegen besuchen ihn noch; der alte Lehrer, Pfarrer war beliebter als der neue. 9. a) (fam.) /in vertraulicher Anrede/ na, alter Freund, alter Junge, alter Knabe, altes Haus *(alter Freund).* wie geht es? b) (abwertend) /verstärkend bei negativ charakterisierenden Personenbezeichnungen und Schimpfwörtern/ ein alter Geizhals, Schwätzer, Knacker (ugs.); sie ist eine alte Hexe, ein alter Drachen (ugs.); altes Schwein! (derb). * **alt und jung** *(jeder-*

mann) · (ugs.:) **alt aussehen** *(das Nachsehen haben):* weil wir den neuen Trend verschlafen haben, sehen wir jetzt ganz schön a. aus · (ugs.:) **nicht alt werden** *(nicht lange bleiben, es nicht lange aushalten):* hier werden wir nicht alt.

Alt, der (Musik): 1. *tiefe Frauen- oder Knabenstimme:* ein klarer, schöner A.; die Sängerin hat einen tiefen A.; sie singt A. 2. *Sängerin mit Altstimme, Altistin:* der A. war indisponiert.

Altar, der: a) *erhöhter, tischartiger Aufbau für gottesdienstliche Handlungen:* ein einfacher, hoher, geschnitzter, reichverzierter A.; an den, vor den, zum A. treten. b) *heidnische Opferstätte:* der A. des Zeus in Pergamon; b i l d l. (geh.): jmdn., etwas auf dem A. der Gerechtigkeit, der Liebe, des Vaterlandes *(für die Gerechtigkeit, Liebe, für das Vaterland)* opfern. * (geh.:) **jmdn.** (eine Frau) **zum Altar führen** *(heiraten).*

¹Alte, der: 1. *alter Mann, Greis:* ein verhutzelter Alter; er beobachtete die beiden Alten. 2. (ugs.) *Vater:* mein Alter erlaubt das nicht. 3. (ugs.) *Ehemann:* ihr Alter ist sehr eifersüchtig. 4. (ugs.) *Chef, Vorgesetzter:* der Alte hat schlechte Laune; unser Alter ist verreist. 5. /eine Spielkarte/: mit dem Alten stechen.

²Alte, die: 1. *alte Frau, Greisin:* eine gutmütige A.; sie spielt in dem Stück die komische A. /eine bestimmte Theaterrolle/. 2. (ugs.) *Mutter:* meine A. gibt mir kein Geld. 3. (ugs.) *Ehefrau:* er hat Krach mit seiner Alten. 4. (ugs.) *Chefin, Vorgesetzte:* die Lehrmädchen arbeiten nur, wenn die A. da ist. 5. *Muttertier:* die A. leckt die Jungen ab.

Alten, die: 1. *alte Leute:* die Alten hatten am meisten darunter zu leiden. 2. (ugs.) *Eltern:* seine Alten sind nicht zu Hause. 3. *Tiereltern:* bei der Fütterung der jungen Vögel wechseln sich die Alten ab; R: wie die Alten sungen, so zwitschern auch die Jungen *(die [negativen] Eigenschaften der Eltern zeigen sich auch bei den Kindern).*

Alter, das: 1. a) *hohe Anzahl von Lebensjahren; letzter Lebensabschnitt:* ein biblisches, ehrwürdiges, gesegnetes A.; das A. macht sich langsam bemerkbar; 50 ist noch kein A. *(mit 50 Jahren ist man noch nicht alt);* ein geruhsames, sorgenfreies A. haben; die Würde, Weisheit des Alters; er ist sehr rüstig für sein A.; vom A. gebeugt. b) *lange Zeit des Bestehens, des Vorhandenseins:* das A. hat die Handschriften brüchig gemacht; die Tapeten sind vor A. vergilbt. 2. a) *Lebenszeit, Anzahl der Lebensjahre:* ein jugendliches, blühendes A.; im kindlichen, zarten, mittleren, fortgeschrittenen A.; das richtige, beste, vorgeschriebene, gesetzliche A. haben; ein hohes A. erlangen, erreichen; ins schulpflichtige, wehrpflichtige, heiratsfähige A. kommen; trotz seines gesetzten, würdigen, reifen Alters; ein Mann unbestimmten Alters; diesem A. ist er entwachsen; er ist groß für sein A.; sie sind, stehen im gleichen A.; ich bin in seinem A.; er starb im A. von 70 Jahren; seine Frau ist im kritischen A. *(in den Wechseljahren).* A.; er fragte nach ihrem A. b) *Zeit des Bestehens, Vorhandenseins:* das A. eines Gemäldes schätzen, bestimmen. 3. a) *alte Menschen:* das A. geht voran; vor dem A. sollst du Ehrfurcht haben. b) *Personen, die ein bestimmtes Lebensalter vertreten:* jedes A. war vertreten; er gab dem reiferen A. den Vorzug.

altern: 1. *alt werden, Merkmale des Alters zeigen:* rasch, zusehends, merklich, stark, frühzeitig, vorzeitig, um Jahre a.; sie ist/(seltener:) hat in letzter Zeit sehr gealtert; der alternde Rockstar. 2. (veraltend) ⟨etwas altert jmdn., etwas⟩ *etwas macht vorzeitig alt:* das schreckliche Erlebnis hat ihn, sein Gesicht über Nacht gealtert.

Alternative, die: 1. *Entscheidung, Wahl zwischen zwei Möglichkeiten:* vor der A. stehen; vor die A. gestellt sein, werden; sich vor die A. gestellt sehen. 2. *zweite, andere Möglichkeit:* eine echte, klare A.; das ist keine A.; es gibt keine A. zu Europa; es gibt keine A. als die Anerkennung der Forderungen; wir haben keine andere A.; ich habe eine A. anzubieten.

alters ⟨in festen Verbindungen⟩ (geh.:) **seit alters** *(seit langer Zeit, von jeher):* seit alters wird dieses Fest im Herbst gefeiert. Nicht korrekt ist die Verbindung „seit alters her" · (geh.:) **von alters her** *(seit langer Zeit, von jeher):* das war von alters her so; das ist ein Brauch von alters her · (veraltet:) **vor alters** *(vor langer Zeit, einstmals):* vor alters stand dort eine Burg.

altertümlich: *aus früherer Zeit stammend; in der Art früherer Zeiten:* ein altertümliches Bauwerk; altertümliche *(altmodische)* Vorstellungen, die Straßen waren a. und idyllisch.

altklug: *von unkindlicher, wichtigtuerischer Art:* ein altkluges Mädchen; ein altkluges Gesichtchen; altkluge Bemerkungen; a. antworten.

ältlich: *nicht mehr ganz jung:* eine ältliche Dame; ein ältliches Gesicht; der Verkäufer sieht etwas ä. aus.

altmodisch: *nicht mehr modern; überholt; rückständig, unzeitgemäß:* altmodische Kleidung; ein altmodischer Name; sie hat altmodische Ansichten, Ideen; er war a. gekleidet; seine Eltern sind ein bißchen a.; die Schriftzüge wirkten a.

am: 1. *an dem:* am Fuß des Berges; die Straße führt am See entlang; der Anschlag hängt am Schwarzen Brett; die Sitzung am Landgericht; am Abend, am Sonntag, dem/den 7. Januar; am 22. Juli; der Dienst am Kranken. 2. ⟨mit folgendem Superlativ⟩ er läuft am schnellsten; es wäre am besten, wenn er gleich käme. 3. (ugs. landsch.) ⟨in Verbindung mit *sein* und einem substantivierten Infinitiv; zur Bildung der Verlaufsform⟩ ich bin am Überlegen; das Essen ist am Kochen; er ist am Arbeiten.

Ambition, die: *Streben, Ehrgeiz:* künstlerische, politische, sportliche, persönliche Ambitionen; Ambitionen auf den Parteivorsitz; er hat keine Ambitionen *(ist mit seinem Rang, Status zufrieden);* die eigenen Ambitionen aufgeben; er konnte seine Ambitionen nicht restlos befriedigen.

Ameise, die: /ein Insekt/: Ameisen krabbeln, laufen über die Halme; auf der Terrasse wimmelt es von Ameisen; sie ist fleißig, emsig wie eine A.

amen (Rel.): /liturgische Abschlußformel/: Herr, wir danken dir, a.; subst.: die Gemeinde sang das Amen; R: das ist so sicher wie das Amen in der Kirche *(das ist ganz gewiß).* * (ugs.:) **zu allem ja und amen sagen** *(mit allem einverstanden sein).*

Amnestie, die (Rechtsw.): *Straferlaß:* eine A. verkünden, erlassen; A. für politische Gefangene fordern; er fällt nicht unter die A.

amnestieren ⟨jmdn. a.⟩: *Straferlaß gewähren:* die politischen Gefangenen a.

Amok ⟨meist in festen Verbindungen⟩ **Amok laufen** *(in einem Anfall von Geistesgestörtheit umherlaufen und blindwütig töten):* der Matrose hat/ist A. gelaufen · **Amok fahren** *(in wilder Zerstörungswut mit einem Fahrzeug durch die Gegend rasen).*

Ampel, die: 1. *kleinere Hängelampe:* in der Diele hängt, brennt eine A. 2. *hängendes Gefäß für Topfpflanzen:* eine A. am Fenster anbringen. 3. *Lichtanlage zur Regelung des Straßenverkehrs:* die A. zeigt Grün, ist außer Betrieb; die A. springt [auf Rot] um; eine [rote] A. überfahren *(weiterfahren, obwohl eine Ampel Rot zeigt);* der Verkehr wird hier durch Ampeln geregelt.

Amt, das: 1. a) *offizielle Stellung, Posten:* ein ehrenvolles, verantwortungsvolles, weltliches, geistliches A.; das höchste A. im Staat; das A. eines Wahlleiters; ein A. annehmen, übernehmen, antreten, bekleiden, verwalten, versehen, innehaben; viele Ämter haben; das A. behalten, quittieren, zur Verfügung stellen, niederlegen; jmdm. ein A. übertragen, geben, antragen (geh.), anvertrauen; jmdn. seines Amtes entheben (geh.); kraft meines Amtes (geh., veraltend) *auf Grund meiner Stellung;* aus seinem Amt ausscheiden; sie mußten ihn aus seinem A. entfernen, entlassen; für ein A. kandidieren; die Partei sucht einen zuverlässigen Mann für dieses A.; jmdn. in ein A. einführen, einweisen, einsetzen; jmdn. in seinem A. bestätigen; im A. sein, bleiben; sich um ein A. bewerben. b) *Aufgabe, Obliegenheit, Verpflichtung:* er versieht, übt das A. des Kassierers aus; ich habe das schwere A. (geh.), Ihnen diese Nachricht zu überbringen; es ist nicht meines Amtes (geh. veraltend: *kommt mir nicht zu),* darüber zu urteilen; er tat, was seines Amtes war (geh., veraltend: *wozu er verpflichtet war).* 2. a) *Dienststelle, Behörde:* A. für Statistik, für Gesundheitswesen; ein A. einschalten; auf ein A. gehen; in einem A. vorsprechen; auf einem A. vorstellig werden (Papierd.); der Ärger mit den Ämtern · das A. *(Fernsprechamt)* anrufen; bitte [ein] A.! (veraltend: *eine Amtsleitung zum Telefonieren).* b) *Dienstgebäude, Sitz einer Behörde:* ein A. betreten, verlassen. 3. (kath. Rel.) *Messe mit Gesang:* ein A. singen, bestellen, [ab]halten; er wohnte dem A. bei. * **in Amt und Würden sein** *(eine feste Position innehaben)* · (geh.:) **seines Amtes walten** *(eine Handlung, die in jmds. Aufgabenbereich liegt, ausführen)* · **von Amts wegen: a)** *(dienstlich, aus beruflichen Gründen):* er ist von Amts wegen hier. **b)** *(auf behördliche Anordnung):* etwas von Amts wegen verkünden.

amtlich: a) *behördlich, von einem Amt:* eine amtliche Genehmigung, Verfügung, Bekanntmachung, Entscheidung; ein amtlicher Vermerk; das amtliche Kennzeichen *(die Zulassungsnummer an Kraftfahrzeugen);* etwas a. bekanntmachen; das Schriftstück muß a. beglaubigt, bestätigt werden · /mit der Nebenvorstellung des Glaubwürdigen, Zuverlässigen/: etwas aus amtlicher Quelle erfahren; wie von amtlicher Seite verlautet; das ist a. *(ganz sicher, wirklich wahr);* ich habe es [ganz] a. *(aus sicherer Quelle).* **b)** *dienstlich, von Amts wegen:* er ist in amtlicher Eigenschaft, im amtlichen Auftrag hier; jmdn. a.

beauftragen, verpflichten. c) *wichtig, ernst:* eine amtliche Miene aufsetzen; seine Haltung wurde immer amtlicher.

Amtsschimmel, der (ugs. scherzh.): *Bürokratie:* den Kampf mit dem A. aufnehmen. * **den Amtsschimmel reiten** *(die Dienstvorschriften übertrieben genau einhalten)* · **der Amtsschimmel wiehert** *(es herrscht Bürokratismus).*

amüsant: *Vergnügen bereitend, unterhaltsam:* ein amüsanter Film; er ist ein amüsanter Gesprächspartner; der Abend war sehr a.; ich finde sie a.; sie kann a. plaudern.

amüsieren: **1.** ⟨sich a.⟩ *sich vergnügen, seinen Spaß haben:* sich gut, köstlich a.; wir haben uns großartig dabei amüsiert. **2. a)** ⟨jmdn. a.⟩ *belustigen, erheitern:* der Gedanke amüsierte sie; er amüsierte die Gesellschaft mit seinen witzigen Bonmots, durch seine Tolpatschigkeit; mit amüsiertem Gesicht zusehen. **b)** ⟨sich über jmdn., etwas a.⟩ *sich lustig machen:* die Leute amüsierten sich über ihn, über seinen Aufzug.

an: /vgl. *am und ans*/ **I.** ⟨Präp. mit Dativ und Akk.⟩ **1.** /räumlich/ **a)** ⟨mit Akk.; zur Angabe der Richtung⟩ den Ball an die Mauer werfen; bis an den Boden reichen; an Bord, an Land gehen; der Brief ist an mich gerichtet; ich habe eine Bitte an Sie; er wurde an eine andere Schule versetzt. B e a c h t e : Manche Verben (z. B. anbringen, anschließen) können in Verbindung mit *an* sowohl mit dem Akk. als auch mit dem Dativ verbunden werden. **b)** ⟨mit Dativ; zur Angabe der Lage, der Nähe, der Berührung o. ä.⟩ an der Mauer stehen; nahe an der Tür; Trier liegt an der Mosel; der Kapitän ist an Bord; Millionen sitzen an ihren Fernsehgeräten; er ist Lehrer an dieser Schule; sie wischte die Hände an der Schürze ab; das Auto fuhr an ihm vorbei; er nahm ihn an der Hand; er humpelte an *(mit Hilfe von)* Krücken · /koppelt gleiche Substantive/: sie gingen Seite an Seite *([dicht] nebeneinander);* sie standen Kopf an Kopf *(dicht gedrängt);* sie wohnen Tür an Tür *(in unmittelbarer Nachbarschaft).* – Bes. in Österreich und der Schweiz wird *an* für hochsprachliches *auf* gebraucht: der Blumentopf steht an der Fensterbank. **2.** /zeitlich/ **a)** ⟨mit Dativ⟩ an einem trüben Novembertag; an diesem Abend geschah es; nicht am Ende der Ferien, sondern an ihrem Beginn; (bes. südd.:) an Ostern, Pfingsten, Weihnachten. **b)** ⟨mit Akk. mit vorausgehendem *bis*⟩ er war gesund bis an seinen letzten Lebenstag, bis an sein Ende. **3.** /unabhängig von räumlichen und zeitlichen Vorstellungen/ ⟨mit Dativ und Akk.; stellt eine Beziehung zu einem Objekt oder Attribut her⟩ an Krebs erkranken; er erkannte ihn an seiner Stimme; er schreibt an einem Roman; an etwas glauben; er ist noch jung an Jahren, aber reich an Erfahrungen; die Kost war arm an Fett; er ist schuld an dem Unglück; an dem Buch ist nicht viel *(es taugt nicht viel);* an der Meldung ist nichts *(sie ist nicht wahr);* das Schönste an der Sache ist, daß ...; die Kritik an dieser Entscheidung ist berechtigt; Mangel, Überfluß an Lebensmitteln haben; was stellt uns an Mitteln zur Verfügung? **II.** ⟨Adverb⟩ **1. a)** (Verkehrsw.) /zur Angabe der Ankunft/ Frankfurt an: 17⁵⁰ Uhr. **b)** ⟨in Verbindung mit der Präp. *von* räumlich und zeitlich⟩ von dort an; von der zehn-

ten Reihe an; von München an; von jetzt, heute an, von Kindheit an. **2.** *ungefähr, etwa; annähernd:* die Strecke war an [die] 30 Kilometer lang; er ist an die 80 Jahre alt; sie half an die 50 Kindern. **3. a)** ⟨elliptisch, bes. in Aufforderungen⟩ andrehen!, anstellen!: Licht an!; Scheinwerfer an!; Spot an! **b)** (ugs.) ⟨elliptisch⟩ anziehen: nur rasch den Mantel an und weg von hier!; mit nur wenig an *(wenig bekleidet);* ohne etwas an *(unbekleidet).* * **an [und für] sich** *(eigentlich, im Grunde genommen):* eine an [und für] sich gute Idee; dagegen ist an sich nichts einzuwenden · **etwas an sich** *(etwas als solches):* die Natur, das Ding an sich · (ugs.:) **etwas an sich haben** *(eine besondere Eigenart haben):* sie hat etwas Rührendes an sich · **an sich halten** *(sich mit großer Mühe beherrschen):* ich mußte an mich halten · **es ist an dem** *(es ist so, verhält sich so)* · (geh.:) **es ist an jmdm., etwas zu tun** *(es ist jmds. Aufgabe, etwas zu tun):* es ist an dem Minister, den Studenten zu sprechen; nun ist es an mir *(nun bin ich an der Reihe)* zu antworten.

analog: *entsprechend, ähnlich:* eine analoge Erscheinung; a. [zu] diesem Fall.

Analyse, die: *gliedernde Untersuchung:* eine genaue, sorgfältige, wissenschaftliche A.; die A. der Marktlage; eine A. machen, vornehmen, durchführen; etwas einer A. unterziehen.

analysieren ⟨jmdn., sich, etwas a.⟩: *auf einzelne Merkmale hin untersuchen, zergliedern:* einen Text, eine Sonate, einen Satz, Probleme, die Wirtschaftslage a.; sie hat sich selbst analysiert.

anbahnen: **1.** ⟨etwas a.⟩ *in die Wege leiten, anknüpfen:* eine Verbindung, Handelsbeziehungen, Gespräche a. **b)** ⟨etwas bahnt sich an⟩ *etwas beginnt sich zu entwickeln:* eine Freundschaft bahnt sich zwischen beiden an; eine Möglichkeit hat sich angebahnt; langsam bahnt sich eine Wende in den Beziehungen an.

anbändeln (ugs.) ⟨mit jmdm. a.⟩: **a)** *eine Liebesbeziehung anknüpfen:* er versuchte mit der Stewardeß anzubändeln. **b)** *Streit anfangen:* er bändelt mit allen Leuten an.

Anbau, der: **1. a)** *das Anbauen:* der A. eines Stalles war nötig geworden. **b)** *angebauter Gebäudeteil:* in störender A.; ein Hauptgebäude und zwei Anbauten. **2.** *das Anpflanzen:* der A. von Kartoffeln, Getreide, Tabak.

anbauen: **1.** ⟨[etwas] a.⟩ *hinzubauen, anfügen:* eine Garage a.; sie bauten einen Seitenflügel an das/(seltener:) an dem Hauptgebäude an; im nächsten Jahr wollen wir a.; ü b e r t r.: Dominosteine a.; wenn wir anbauen (ugs.; *einen zusätzlichen Tisch an die Tafel heranrücken),* haben alle Gäste Platz. **2.** ⟨etwas a.⟩ *anpflanzen:* Getreide, Kohl, Tabak, Wein a.

Anbeginn, der (geh.): *Beginn, Anfang:* seit A. der Welt; von A. [an]; es waren Zeichen eines hoffnungsvollen Anbeginns.

anbehalten (ugs.) ⟨etwas a.⟩: *nicht ablegen, nicht ausziehen:* die Schuhe, den Mantel a.

anbei (Papierdt.) ⟨Adverb⟩: *als Anlage:* a. senden, schicken wir Ihnen die gewünschten Unterlagen; Porto a.

anbeißen: **1.** ⟨etwas a.⟩ *das erste Stück von etwas abbeißen:* einen Apfel a.; ein angebissenes Stück Brot. **2.** *den Köder an der Angel anfressen, ver-*

schlucken: der Fisch hat angebissen; übertr. (ugs.): der Mann wollte nicht recht a. *(auf das Angebot eingehen);* bei ihr biß keiner an *(keiner wollte sie heiraten).* * (ugs.:) **zum Anbeißen sein/ aussehen** *(überaus anziehend sein, aussehen).*

anbelangen ⟨in der Verbindung⟩ was jmdn., etwas anbelangt: *was jmdn., etwas betrifft:* was mich anbelangt, [so] bin ich einverstanden.

anberaumen (Papierdt.) ⟨etwas a.⟩: *festsetzen, bestimmen:* einen Tag, eine Sitzung, eine Verhandlung a.; die Konferenz auf Mittwoch a.; der [für das Treffen] anberaumte Termin.

anbeten ⟨jmdn., etwas a.⟩: **a)** *betend verehren:* Götzen a.; laßt uns den Herrn a.! **b)** *bewundern, vergöttern:* er betet seine Frau an; übertr.: eine Gesellschaft, die das Geld anbetet.

Anbetracht ⟨in der Verbindung⟩ in Anbetracht: *im Hinblick auf:* in A. seiner Verdienste, seines hohen Alters; in A. der Verhältnisse *(angesichts dieser Verhältnisse)* ...; in A. dessen, der Tatsache, daß er sich große Verdienste erworben hat.

anbetreffen: ↑ anbelangen.

anbiedern ⟨sich bei jmdn. a.⟩: *sich plump-vertraulich jmdm. nähern:* sich bei allen a.

anbieten: **1.** ⟨jmdm. etwas a.⟩ **a)** *wissen lassen, daß man jmdm. etwas geben will:* jmdm. seine Hilfe, seine Dienste, seinen Schutz, seine Begleitung a.; er bot der Frau seinen Platz, seinen Stuhl an; ⟨jmdm. jmdn. a.⟩ er bot mir drei Mann als Aushilfe an; übertr.: er bot ihm eine Ohrfeige, Prügel an *(drohte damit).* **b)** *(zum Verzehr) reichen, vorsetzen:* den Gästen Getränke a.; er bot ihm von seinem Essen an; ⟨auch ohne Dat.⟩ Erfrischungen, etwas zu essen, zu trinken a.; wir haben nichts anzubieten. **2. a)** ⟨jmdm. etwas a.⟩ *vorschlagen, antragen:* jmdm. einen Vertrag, einen Tausch a.; er hat mir das Du angeboten; ⟨auch ohne Dat.⟩ Verhandlungen a.; der Minister hat seinen Rücktritt angeboten *(hat sein Amt zur Verfügung gestellt).* **b)** ⟨etwas a.⟩ Waren zum Verkauf a.; Elektrogeräte [zu einem günstigen Preis] a.; ⟨sich a.⟩ sie bietet sich als Fotomodell an; ⟨jmdm., einer Sache etwas a.⟩ einem Verlag einen Roman a. **3. a)** ⟨sich a.⟩ *sich zu etwas bereit erklären, sich erbieten:* sich als Begleiter, als Vermittler a.; sie bietet sich freiwillig zum Vorlesen an; er bot sich an, das Geld zu besorgen. **b)** ⟨etwas bietet sich an⟩ *etwas liegt nahe, drängt sich auf:* das bietet sich förmlich an; eine andere Möglichkeit bietet sich nicht an. **c)** ⟨etwas bietet sich an⟩ *etwas ist geeignet:* für das Treffen bietet sich Genf an.

anbinden: **1.** ⟨jmdn., etwas a.⟩ *festbinden:* einen Hund [an einem Pfahl] a.; man kann Kinder nicht a. *(nicht ständig beaufsichtigen).* **2.** (geh.) ⟨mit jmdm. a.⟩ **a)** *Streit anfangen:* er wagte nicht, mit ihm anzubinden. **b)** *ein Liebesverhältnis anfangen:* er versuchte mit der Stewardeß anzubinden. * **angebunden sein** *(an Pflichten gebunden sein)* · **kurz angebunden** *(unfreundlich und abweisend):* er war, antwortete kurz angebunden.

anblasen: **1.** ⟨jmdn., etwas a.⟩ *gegen jmdn., gegen etwas blasen:* der Wind blies sie an; blase mich nicht mit dem Zigarettenrauch an! **2.** ⟨etwas a.⟩ *anfachen:* die Glut, das Feuer a.; Hüttenw.: den Hochofen a. *(in Betrieb setzen).* **3.** (ugs.) ⟨jmdn. a.⟩ *heftig anfahren, zurechtweisen:* der Unteroffizier blies ihn an.

Anblick, der: **a)** *das Anblicken, Betrachten:* beim A. des Fremden erschrak sie; in den A. eines Bildes versunken sein. **b)** *Bild, Eindruck:* ein erfreulicher, trostloser A.; der A. war überwältigend, begeisterte ihn; es bot sich ihm ein gräßlicher A.; einen A. nicht ertragen können; erspare mir diesen A.!; (ugs.:) es war ein A. für [die] Götter *(ein lustiger, komischer Anblick).*

anblicken ⟨jmdn., etwas a.⟩: *ansehen:* sie blickte ihn lächelnd, fragend, wütend, von unten her an; ihre Augen blickten ihn unverwandt an; bildl.: die Rosen blickten sie traurig an.

anbrechen: **1.** ⟨etwas a.⟩ *nicht ganz [durch]brechen:* einen Ast, den Henkel einer Tasse a.; ⟨jmdm., sich etwas a.⟩ bei dem Sturz hat er sich zwei Rippen angebrochen. **2.** ⟨etwas a.⟩ *zu verbrauchen beginnen:* noch eine Flasche Wein, eine neue Kiste Zigarren a.; dieses Geld breche ich nicht an; eine angebrochene Tafel Schokolade; bildl.: ein angebrochener Abend *(noch verbleibender Teil des Abends, an dem man noch etwas unternehmen kann).* **3.** (geh.) ⟨etwas bricht an⟩ *etwas fängt an, tritt ein:* der Tag, die Dämmerung bricht an; das Raketenzeitalter ist angebrochen.

anbrennen: **1. a)** ⟨etwas a.⟩ *anstecken, anzünden, in Brand setzen:* eine Kerze, eine Lunte, einen Holzstoß a.; sie brannten ein Feuerchen an; ⟨jmdm., sich etwas a.⟩ ich brannte mir eine Zigarre an; /mit der Nebenvorstellung des Unabsichtlichen/: du hast dir [an der Kerze] die Haare angebrannt; das Feuer brannte ihm den Bart an. **b)** ⟨etwas brennt an⟩ *etwas beginnt zu brennen:* das Holz brennt gut, nur langsam an. **2.** ⟨etwas brennt an⟩ *etwas setzt sich beim Kochen, Braten im Topf an:* die Milch, das Essen ist angebrannt; es riecht, schmeckt angebrannt. * (ugs.:) **nichts anbrennen lassen: a)** *(sich nichts entgehen lassen).* **b)** (bes. Sport; *keinen Fehler machen):* der Torwart ließ nichts an.

anbringen /vgl. angebracht/: **1. a)** ⟨jmdn., etwas a.⟩ *herbeibringen:* was bringst du da an?; sie brachten ihn in betrunkenem Zustand an. **b)** ⟨etwas a.⟩ *vorbringen:* eine Bitte, eine Beschwerde a.; er konnte sein Wissen nicht a. *(nicht zeigen).* **c)** (ugs.) ⟨jmdn., etwas a.⟩ *unterbringen:* er hat seinen Sohn [in einer Lehrstelle, als Lehrling] angebracht; ich kann dich bei der Zeitung a. **d)** ⟨etwas a.⟩ *absetzen, verkaufen:* die Ware ist schwer anzubringen. **e)** (ugs. landsch.) ⟨jmdn., etwas a.⟩ *verraten:* er hat ihn, er hat alles beim Lehrer angebracht. **2.** ⟨etwas a.⟩ *festmachen, befestigen:* ein Bild, neue Scheibenwischer, Girlanden a.; eine Lampe an der/(seltener:) an die Decke a.; übertr.: er hat an dieser Stelle ein Ausrufezeichen angebracht *(gesetzt).* **3.** (ugs.) ⟨etwas a.⟩ *ankommen:* ich kann die Schuhe nicht a.

Anbruch, der (geh.): *Anfang, Beginn:* der A. einer neuen Zeit; vor, bei, mit A. des Tages, der Dunkelheit, der Nacht.

Andacht, die: **1. a)** *Besinnung auf Gott:* in frommer, tiefer A. vor dem Altar knien. **b)** *kurzer [Gebets]gottesdienst:* eine kurze, feierliche A.; eine A. halten; sie nahm a. der abendlichen A. teil. **2.** *innere Sammlung, innere Anteilnahme:* voller A. vor einem Gemälde stehen; er war in [tiefe] A. versunken, hörte mit A. zu; (scherzh.:) etwas mit A. *(bedächtig und mit Genuß)* essen, verspeisen.

andächtig: *innerlich gesammelt, versunken:* eine andächtige Gemeinde, Zuhörerschaft; es herrschte eine andächtige *(feierliche)* Stille; a. lauschen, beten.

andauern /vgl. andauernd/ ⟨etwas dauert an⟩: *etwas hält an:* der Regen, das Schweigen dauert an; die Verhandlungen dauern noch an.

andauernd: *unausgesetzt, fortwährend, immer wieder:* diese andauernden Störungen, Belästigungen; es regnet a.; er unterbrach mich a.

Andenken, das: **1.** *Erinnerung:* wir werden ihm ein ehrendes, liebevolles A. bewahren (geh.); das A. eines Verstorbenen in Ehren halten; jmdn. in freundlichem, treuem, bleibendem A. behalten; er steht bei uns in gutem A.; mein Onkel seligen Andenkens (geh.); zum A. an den Toten; wir werden ihm zum A. ein Buch schenken. **2.** *Gegenstand, Geschenk mit Erinnerungswert:* ein hübsches, kleines A.; jmdm. ein A. von der Reise mitbringen; ich möchte das Buch als A. behalten.

andere ⟨Indefinitpronomen⟩: **1.** /gibt an, daß ein Wesen oder Ding nicht dasselbe ist wie das, dem es gegenübergestellt wird/ **a)** /nähert sich der Bedeutung von *der zweite, weitere*/: der eine kommt, der andere geht; von einer Seite auf die andere; der eine oder der andere *(dieser oder jener)* kaufte etwas; weder das eine noch das andere *(keins von beiden);* eins tun und das andere nicht lassen *(beides tun).* **b)** /nähert sich der Bedeutung von *der nächste, folgende, vorhergehende*/: von einem Tag zum ander[e]n; ein Jahr um das andere *(die Jahre hindurch);* er kam einen Tag um den anderen *(jeden zweiten Tag);* am anderen *(folgenden)* Morgen; ein Wort gab das andere *(sie gerieten in Streit);* einen Brief über den anderen, nach dem anderen *(in rascher Folge)* schreiben; ein Bild ist schöner als das andere; er durfte bleiben, die beiden anderen mußten den Saal verlassen; sie kamen einer nach dem anderen *(nacheinander);* eins nach dem andern *(der Reihe nach).* **2.** /gibt die Verschiedenheit an; nähert sich der Bedeutung von *nicht gleich, andersgeartet*/: ein anderes gedrucktes Material; bei anderer seelischer Verfassung; ein anderer Abgeordneter; die Forderung anderer Betroffener; andere wertvolle Gegenstände; aus anderem besseren/(auch:) besserem Stoff; ich bin anderer Meinung als Sie; in ganz anderer Weise; mit anderen Worten ...; etwas in einem anderen Licht, mit anderen Augen sehen; das ist etwas anderes; er ist ein ganz anderer Mensch geworden *(hat sich völlig verändert);* man hat mich eines anderen *(Besseren)* belehrt (geh.); er konnte nichts anderes tun als ...; ich habe schon etwas anderes vor; (ugs.:) das kannst du einem anderen *(einem Dümmeren)* erzählen; hier herrscht ein anderer *(strengerer)* Ton; (ugs.:) in diesem Betrieb weht ein anderer Wind *(geht es strenger zu);* (ugs.:) ich hätte beinahe etwas anderes *(Unangebrachtes, Unanständiges)* gesagt; das ist alles andere als *(ist genau das Gegenteil von)* leicht; das ist alles andere als die Wahrheit *(ist keineswegs die Wahrheit).* * **unter anderem** *(darunter auch; außerdem).*

ander[e]nfalls ⟨Adverb⟩: *sonst, im anderen Fall:* ich mußte ihm helfen, weil er a. zu spät gekommen wäre; dies muß befolgt werden, a. wird die Veranstaltung abgebrochen.

and[e]rerseits, (auch:) **anderseits** ⟨Adverb⟩: *zum anderen, auf der anderen Seite:* ich möchte ihn nicht kränken, aber a. muß ich ihm die Wahrheit sagen; ⟨oft in der Verbindung⟩ einerseits ... and[e]rerseits: die Gesetze schränken die Regierungsgewalt einerseits ein, a. dienen sie dem Schutz der Demokratie; einerseits macht es Spaß, a. Angst.

andermal ⟨in der Verbindung⟩ ein andermal: *bei einer anderen Gelegenheit:* heute nicht mehr, vielleicht ein a.; wir befassen uns damit ein a.

ändern: 1. ⟨jmdn., etwas ä.⟩ *anders machen, umgestalten:* den Mantel, den Kragen am Kleid ä.; der Schneider ändert den Rock, die lange Hose in eine kurze; die Ansicht, einen Entschluß, das Programm ä.; das ändert natürlich die Sache; ich kann es nicht ä.; er hat das Testament ä. lassen; die Richtung, seine Taktik, den Ton [seiner Stimme] ä. *(wechseln);* das Flugzeug ändert seinen Kurs um 30 Grad; daran ist nichts zu ä., daran läßt sich nichts mehr ä.; alte Menschen kann man nicht mehr ä. **2.** ⟨sich ä.⟩ *anders werden, sich wandeln:* das Wetter, die Lage ändert sich; die Zeiten haben sich geändert; daran wird sich nichts ä.; er hat sich in der letzten Zeit sehr zum Vorteil, zu seinem Nachteil geändert.

anders ⟨Adverb⟩: **1.** *verschieden; abweichend:* a. denken, reden, handeln; die Sache ist a., verhält sich a.; ich habe mich a. besonnen, es mir a. überlegt; es geht nicht a.; a. ausgedrückt ...; ich kann nicht a. *(nur so [handeln]);* so und nicht a. *(nur so);* (ugs.:) a. tut er es nicht *(nur unter dieser Bedingung tut er es);* /mit der Nebenvorstellung des Besseren/ die Suppe schmeckt gleich ganz a.; so sieht die Sache a. aus. **2.** ⟨in Verbindung mit Pronomen und Adverbien⟩ *sonst:* wer a. käme in Frage?; niemand a. als er *(kein anderer)* hat es getan; wie sollte, könnte es a. sein?

anderthalb ⟨Zahlwort⟩: *eineinhalb:* a. Wochen später; ich habe a. Stunden gewartet.

Änderung, die: *das Ändern, Umgestaltung, Wandlung:* eine teilweise, gründliche, einschneidende Ä.; soziale Änderungen; eine Ä. der Verfassung; die Änderung des Kleides; eine Ä. [zum Besseren, zum Schlechteren] ist eingetreten; eine Ä. der Arbeitsverhältnisse fordern, herbeiführen, vornehmen; Änderungen vorbehalten.

andeuten: 1. ⟨etwas a.⟩ **a)** *kurz erwähnen, flüchtig auf etwas hinweisen:* etwas verschämt, vorsichtig, mit einem Blick, im Gespräch a.; das Wichtigste, einen Gedankengang a.; ⟨jmdm. etwas a.⟩ er deutete ihm an *(gab ihm zu verstehen),* daß er gehen könne. **b)** *nicht vollständig ausführen, nur flüchtig angeben:* eine Verbeugung, ein Lächeln a.; eine Figur mit ein paar Strichen a.; der Pianist deutete die Melodie nur an. **2.** ⟨etwas deutet sich an⟩ *etwas zeichnet sich ab:* eine günstige Wendung, das Neue deutet sich an.

Andeutung, die: **1.** *flüchtiger Hinweis, Anspielung:* vage, geheimnisvolle Andeutungen; eine A. machen, fallenlassen; sich in Andeutungen ergehen (geh.). **2.** *schwache Spur von etwas:* die A. eines Lächelns, einer Verbeugung.

andichten ⟨jmdm., einer Sache etwas a.⟩: *nachsagen, zu Unrecht zuschreiben:* er dichtete ihm unlautere Absichten an.

Andrang, der: *andrängende Menschenmenge, Zulauf:* ein starker, heftiger, unerwarteter A.; der A. der Massen war groß; an der Kasse, an den Schaltern herrschte großer A.

andrehen: 1. (ugs.) ⟨etwas a.⟩ **a)** *durch Betätigen eines Schalters, Knopfes o. ä. zum Strömen, Fließen o. ä. bringen:* das Licht, das Wasser, das Gas a. **b)** *durch Betätigung eines Schalters, Knopfes o. ä. in Betrieb setzen:* die Lampe, eine Maschine a.; er drehte im Zimmer das Radio an. **2.** ⟨etwas a.⟩ *durch Drehen befestigen:* einen Griff, die Schrauben a. **3.** (ugs. abwertend) ⟨jmdm. etwas a.⟩ *dazu bringen, etwas zu kaufen;* er wollte ihm die alten Sachen a.; er ließ sich von dem Vertreter eine Versicherung a.

androhen ⟨jmdm. etwas a.⟩: *mit etwas drohen:* er drohte ihm Schläge, schwere Bestrafung an; der Chef hat ihr angedroht, sie zu entlassen.

anecken (ugs.): **1.** *an etwas stoßen:* ich bin mit dem Rad [am Bordstein] angeeckt. **2.** *Anstoß erregen, unangenehm auffallen:* er ist bei seinem Chef angeeckt; wenn Sie so weitermachen, werden Sie schwer anecken.

aneignen ⟨sich (Dativ) etwas a.⟩: **1.** *sich in etwas üben, bis man darüber verfügt:* sich eine fremde Sprache a.; du hast dir viele Kenntnisse angeeignet. **2.** *sich unrechtmäßig in den Besitz einer Sache setzen:* sich jmds. Vermögen a.; du hast dir das Buch einfach angeeignet.

aneinander ⟨Adverb⟩: **a)** *einer am anderen:* a. vorbeigehen, vorbeireden. **b)** *einer an den anderen:* sie denken a.

aneinandergeraten: *in Streit geraten:* die beiden gerieten heftig aneinander; ich werde mit ihm noch aneinandergeraten.

anekeln ⟨jmdn. a.⟩: *jmds. Abscheu erregen, anwidern:* der Anblick, diese Person, das ganze Leben ekelte ihn an; angeekelt wandte er sich ab; er fühlte sich, war davon angeekelt.

Anerbieten, das (geh.): *Angebot, Vorschlag:* Ihr A. ehrt mich; ein A. annehmen, ausschlagen; von Ihrem A. nehme ich Kenntnis.

anerkennen: 1. ⟨jmdn., etwas a.⟩ *für gültig erklären, [offiziell] bestätigen:* etwas offiziell, amtlich, behördlich a.; einen Staat diplomatisch a.; eine Unterschrift, ein Testament a.; wir erkennen seine Forderungen [als zu Recht bestehend] an; ein Kind nicht als sein eigenes a.; ich erkenne das an/(auch:) ich anerkenne das. **2.** ⟨etwas a.⟩ *würdigen, loben;* etwas dankbar, hoch, voll a.; wir erkennen seine Verdienste an; jmdm. anerkennend zunicken; adj. Part.: *allgemein geschätzt, unbestritten:* er ist eine [international] anerkannte Größe; seine anerkannte Zuverlässigkeit.

Anerkennung, die: **1.** *[offizielle] Bestätigung der Gültigkeit, der Rechtmäßigkeit:* die diplomatische A. eines Staates; jmdm. die A. als politischer Flüchtling verweigern; diese Schule hat die staatliche A. erhalten. **2.** *Würdigung, Lob:* seine Leistung verdient volle A., erhielt, fand keine A.; jmdm. seine A. ausdrücken, aussprechen; sie zollten (geh.), spendeten (geh.) seinen Taten hohe A.; als A. für seine Verdienste, in A. seiner Verdienste ...; mit A. von jmdm. sprechen.

anfachen (geh.) ⟨etwas a.⟩: *zum Brennen, Aufflammen bringen:* das Feuer, die Glut a.; übertr.: jmds. Leidenschaften a. *(erregen).*

anfahren: 1. *losfahren:* das Auto fährt langsam, sanft an; der Wagen ist ruckartig angefahren; er gab Gas und fuhr vorsichtig an. **2.** ⟨gewöhnlich im 2. Part. in Verbindung mit *kommen*⟩ *heranfahren:* er kam mit seinem Sportwagen, das Motorrad kam in rasendem Tempo angefahren. **3.** ⟨etwas a.⟩ *mit einem Fahrzeug bringen, herbeischaffen:* Steine, Holz, Kohlen a.; er will mir die Kartoffeln selbst a.; übertr.: (ugs.): Schnaps, eine neue Runde a. lassen *(spendieren, bringen lassen).* **4.** ⟨jmdn. a.⟩ *mit einem Fahrzeug streifen, umstoßen:* er hat eine alte Frau angefahren; das Kind wurde vom Bus angefahren. **5.** ⟨etwas a.⟩ *ansteuern; auf etwas zufahren:* diesen Ort fahren wir auf unserer Reise nicht, zuerst an; er hat die Kurve falsch, zu schnell angefahren. **6.** ⟨jmdn. a.⟩ *in heftigem Ton zurechtweisen:* einen Untergebenen barsch, gereizt, wütend, grob a.

Anfall, der: **1.** *plötzliches Auftreten einer Krankheit:* ein schwerer, leichter, epileptischer A.; ein A. von Fieber; der A. läßt nach, geht vorüber, kommt, wiederholt sich; einen A. bekommen, haben, erleiden; er tötete sich in einem A. von Schwermut; übertr.: in einem A. *(Anflug, Stimmung)* von Wut, Eifersucht; (ugs. scherzh.:) in einem A. von Großmut gab er mir 10 Mark. **2.** *Ausbeute, Ertrag:* der A. an Roheisen, an Getreide ist sehr gering. * (ugs.:) **einen Anfall bekommen/kriegen** *(außer sich geraten).*

anfallen: 1. ⟨jmdn., etwas a.⟩ *plötzlich angreifen:* jmdn. im Dunkeln, hinterrücks a.; der Hund hat die Frau angefallen; übertr.: er hat mich mit groben Worten angefallen. **2.** (geh.) ⟨etwas fällt jmdn. an⟩ *etwas befällt jmdn.:* Wut, Verzweiflung hat ihn angefallen. **3. a)** ⟨etwas fällt bei etwas an⟩ *etwas entsteht nebenher, als Folge von etwas:* bei diesem Verfahren sind viele Nebenprodukte angefallen. **b)** ⟨etwas fällt an⟩ *etwas entsteht, ergibt sich:* viel Arbeit ist angefallen; alle anfallenden *(vorkommenden)* Arbeiten.

anfällig: *zu Krankheiten neigend, ihnen ausgesetzt:* ein schwaches, anfälliges Kind; sie war schon immer sehr a.; übertr.: der wirtschaftlich anfällige Mittelstand; ⟨a. sein für/(seltener:) gegen etwas⟩ er ist sehr a. für/(seltener:) gegen Erkältungen *(ist nicht sehr widerstandsfähig).*

Anfang, der: *der erste Teil, das erste Stadium von etwas; das, womit etwas einsetzt:* ein neuer, guter, verheißungsvoller, schwerer A.; der A. des Buches, des Films; sich aus kleinen Anfängen emporarbeiten; R: das ist der A. vom Ende *(der Ruin, Untergang o. ä. ist nicht mehr fern);* aller A. ist schwer · man muß nur den richtigen A. finden; den A. verpassen; einen neuen Anfang machen; mit etwas [unter anderen Voraussetzungen] noch einmal beginnen; am A. der Woche; am/zu A. *(anfangs, zuerst)* war er mit allem zufrieden; am/(seltener:) im A. des Jahrhunderts; am, gegen, seit A. unserer Zeitrechnung; für den A. reicht es; er war von [allem] A. an *(gleich)* dagegen; A. Oktober, des Monats; es geschah A. 1960; er ist jetzt A. Fünfzig *(etwas älter als fünfzig)* · der A. *(Ursprung)* aller Dinge, des Lebens; die Anfänge *(das Entstehen)* des Tonfilms; über die Anfänge *(ersten Versuche)* nicht hinauskommen; in den Anfängen *(Ansätzen)* steckenbleiben. * **den Anfang machen** *(anfangen,*

der erste sein) · (geh.:) *etwas* **nimmt seinen Anfang**
(etwas fängt an) · **von Anfang bis Ende** *(vollstän-*
dig, ohne etwas auszulassen): ich habe das Buch
von A. bis Ende gelesen.
anfangen: 1. a) ⟨etwas a.⟩ *mit einer Handlung,*
einem Vorgang einsetzen; beginnen: eine Arbeit,
ein Gespräch [mit jmdm.], einen Brief, ein neues
Leben a.; er fing mit ihm Streit an; (ugs.:) etwas,
ein Verhältnis mit jmdm. a.; wir fingen ein Haus
zu bauen an/wir fingen an, ein Haus zu bauen/
(hochsprachl. nicht korrekt:) wir fingen ein
Haus an zu bauen · wenn wir anfangen zu bauen,
.../wenn wir zu bauen anfangen, .../(hochsprachl.
nicht korrekt:) wenn wir an zu bauen fangen,
... · ⟨auch ohne Akk.⟩ wer fängt an?; (ugs.:) du
hast (nicht: bist) angefangen *(du hast den Streit*
begonnen); wieder von vorn a. **b)** ⟨mit etwas a.⟩ *et-*
was in Angriff nehmen; mit etwas beginnen: mit
der Ernte a.; wir können jetzt mit dem Essen a.;
⟨auch ohne Präp.-Obj.⟩ fangt nur schon an, ich
komme auch gleich. **c)** ⟨mit Umstandsangabe⟩
eine Ausbildung, berufliche Tätigkeit beginnen: am
1. August können Sie [bei uns] a.; er hat klein, mit
nichts, von unten angefangen; er fing als Vertreter an. **d)** (ugs.) ⟨mit etwas/von etwas a.⟩ *über et-*
was zu sprechen beginnen: mein Vater fing wieder
von Politik an; mußt du immer wieder damit/da-
von a.? **2.** ⟨etwas fängt an; mit Umstandsangabe⟩
etwas setzt ein, nimmt seinen Anfang: hier fängt
das Sperrgebiet an; das Konzert fängt um 20 Uhr
an; wann hat das Spiel angefangen?; das fängt ja
gut, schön, heiter an! (iron.). **3. a)** ⟨etwas a.⟩ *ma-*
chen, tun: was soll ich nun a.?; eine Sache richtig,
verkehrt, falsch a.; du mußt es anders a. **b)** ⟨etwas
mit jmdm., mit sich, mit etwas a.⟩ *anstellen:* was
soll ich damit a.?; ich kann mit dieser Meldung,
mit dem Theaterstück nichts a.; sie weiß mit sich
nichts anzufangen; mit ihm ist nichts anzufangen
(er ist zu nichts zu gebrauchen).
Anfänger, der: *jmd., der am Anfang einer Aus-*
bildung, Tätigkeit steht: Anfänger und Fortgeschrittene; Kurse für Anfänger; er ist kein A.
mehr; er ist ein blutiger (ugs.) A.
anfangs: I. ⟨Adverb⟩ *am Anfang, zuerst:* a. ging
alles gut; sie war a. sehr zurückhaltend. **II.** (ugs.)
⟨Präp. mit Gen.⟩ *am Anfang:* a. des Jahres.
anfassen: 1. a) ⟨jmdn., etwas a.⟩ *mit der Hand*
berühren; ergreifen: den warmen Ofen a.; sie läßt
sich nicht gerne a.; etwas vorsichtig, mit spitzen
Fingern a.; sie faßte das Tuch an einem Zipfel
an; übertr.: der Kritiker hat den jungen Komponisten zart, grob angefaßt. **b)** (ugs. landsch.)
⟨jmdn. a.⟩ *bei der Hand nehmen:* sie faßt das Kind
an. **2.** *zupacken, helfen:* der Korb ist schwer, faß
doch mal [mit] an! **3.** ⟨etwas faßt sich an; mit Art-
angabe⟩ *etwas fühlt sich in einer bestimmten Weise*
an: der Stoff faßt sich rauh, zart, glatt an. **4.** ⟨et-
was a.; mit Artangabe⟩ *in Angriff nehmen; anfan-*
gen: eine Sache, ein Problem klug, geschickt a.;
du mußt es nur am/beim rechten Ende a. **5.** (geh.)
⟨etwas faßt jmdn. an⟩ *etwas befällt, packt jmdn.:*
ein Schauder, Mitleid faßte ihn an.
anfauchen ⟨jmdn. a.⟩: *einen fauchenden Laut*
gegen jmdn. ausstoßen: die Katze fauchte mich,
den Hund an; übertr.: sie hat ihn ganz schön
angefaucht *(zurechtgewiesen, heftig angefahren).*
anfechten: 1. ⟨etwas a.⟩ *nicht anerkennen, gegen*

etwas angehen: das Testament, eine Entscheidung, ein Urteil a.; der Vertrag ist angefochten
worden. **2.** (geh.) ⟨etwas ficht jmdn. an⟩ *etwas be-*
unruhigt, bekümmert jmdn.: Sorgen, Versuchungen haben ihn angefochten; das ficht mich nicht
an; er ließ es sich nicht a. *(ließ sich nicht beirren).*
Anfechtung, die: **1.** *Einspruch gegen etwas; das*
Anfechten: die A. des Urteils, eines Testaments.
2. (geh.) *Versuchung:* der Glaube hält allen Anfechtungen stand; Anfechtungen erleiden, überwinden, überstehen; schweren Anfechtungen
ausgesetzt sein; einer A. erliegen.
anfeinden (geh.) ⟨jmdn. a.⟩: *feindselig begeg-*
nen: er wurde von allen angefeindet; sie feinde-
ten sich [gegenseitig] heftig an.
anfertigen ⟨etwas a.⟩: *in sach-, kunstgerechter*
Weise herstellen; machen: eine Übersetzung a.;
sie hatte ein Protokoll, eine Liste [mit Sorgfalt]
angefertigt; ein Kleid a. lassen; diese Fabrik fertigt Waren fürs Ausland an.
anfeuchten ⟨etwas a.⟩: *feucht, naß machen:*
eine Briefmarke, einen Schwamm a.; ⟨jmdm.,
sich etwas a.⟩ ich feuchtete mir den Finger, die
Lippen [mit der Zunge] an.
anfeuern: 1. ⟨etwas a.⟩ *anheizen:* den Ofen, den
Kessel a. **2.** ⟨jmdn., etwas a.⟩ *anspornen; mitrei-*
ßen: sie feuerten die Mannschaft lautstark, durch
Zurufe, mit Zurufen an; jmds. Mut, die Spieler
zu immer größeren Leistungen a.
anflehen (geh.) ⟨jmdn. a.⟩: *inständig bitten:*
jmdn. weinend, auf den Knien [um Hilfe] a.; er
flehte die Bürger an, nichts zu unternehmen.
anfliegen: 1. (vorwiegend im 2. Part. in Verbindung mit *kommen*) *heranfliegen:* anfliegende
Maschinen; ein Vogel, ein Ball kam angeflogen.
2. ⟨etwas a.⟩ *auf etwas zufliegen:* eine Stadt, einen
Flughafen a.; die Lufthansa fliegt Moskau an
(hat eine Fluglinie nach Moskau). **3. a)** ⟨etwas
fliegt jmdn. an⟩ *etwas fällt jmdm. zu:* die Kenntnisse sind ihm nur so angeflogen. **b)** (geh.) ⟨etwas
fliegt jmdn. an⟩ *etwas befällt jmdn.:* eine gewisse
Bangigkeit hatte ihn angeflogen.
Anflug, der: **1. a)** *das Zufliegen auf ein Ziel:*
beim A.; die Maschine ist, befindet sich bereits
im A. [auf Frankfurt]. **b)** *Flugweg:* das Geschwa-
der hat einen zu weiten A. **2.** *Hauch, Spur, Andeu-*
tung: ein A. von Spott lag in ihrer Antwort; in/
mit einem A. von Verlegenheit kratzte er sich am
Ohr; ein A. von Bart/der A. eines Bartes.
anfordern ⟨jmdn., etwas a.⟩: *mit Nachdruck ver-*
langen: einen Bericht, Ersatzteile [für eine Repa-
ratur] a.; wir haben zwei Monteure angefordert.
Anforderung, die: **1.** *das Anfordern:* eine
schriftliche, telefonische A. von Ersatzteilen, von
Arbeitskräften. **2.** *Anspruch, Beanspruchung:*
harte, strenge Anforderungen; die Rallye stellt
hohe Anforderungen an Mensch und Material;
einer A. genügen, gewachsen sein; seine Leistungen entsprechen nicht den Anforderungen.
Anfrage, die: *Bitte um Auskunft:* eine schriftliche, telegrafische A.; Ihre A. bei unserer Firma
wegen/(Kaufmannsspr.:) bezüglich der Reparatur ...; eine A. an jmdn. richten; Anfragen beantworten, bearbeiten; (Papierdt.:) hiermit erlaube
ich mir die [höfliche] A., ob ...; eine kleine, große
A. *(Interpellation)* an die Regierung (im Parlament) einbringen; Näheres, Preise auf A.

anfragen: *sich mit einer Frage an jmdn. wenden:* brieflich, telefonisch, höflich [wegen einer Sache] a.; darf ich a., ob du bald fertig bist.

anfreunden: 1. ⟨sich mit jmdm. a.⟩ *eine Freundschaft beginnen, gut bekannt werden:* er freundete sich mit den anderen Schülern schnell an; ⟨auch ohne Präp.-Obj.⟩ die beiden haben sich schnell angefreundet. 2. ⟨sich mit etwas a.⟩ *sich an etwas gewöhnen:* ich muß mich erst mit diesem Gedanken, mit der neuen Mode a.

anfühlen: 1. ⟨etwas a.⟩ *prüfend betasten:* einen Stoff a.; fühle einmal meine Hände an, wie kalt die sind. 2. ⟨etwas fühlt sich an; mit Artangabe⟩ *etwas vermittelt ein bestimmtes Gefühl:* seine Hände fühlten sich feucht, rauh an; der Stoff fühlt sich an wie Leder.

anführen: 1. ⟨jmdn., etwas a.⟩ *führend vorangehen; leiten, befehligen:* einen Festzug eine Demonstration, den Reigen a.; er hatte den Trupp angeführt. 2. a) ⟨etwas a.⟩ *vorbringen, aufzählen:* Beispiele, Gründe, Tatsachen a.; etwas als Argument für etwas a.; ich habe das als Entschuldigung, zu meiner Entschuldigung angeführt; die oben angeführten Thesen. b) ⟨jmdn. als jmdn. a.⟩ *benennen:* er führt ihn als Gewährsmann, als Zeugen an. c) (geh.) ⟨jmdn., etwas a.⟩ *zitieren:* eine Textstelle, einen Autor a.; er führte seinen Vorredner an. 3. ⟨jmdn. a.⟩ *[zum Scherz] irreführen:* ich lasse mich nicht a.; man hat uns gründlich [mit dieser Nachricht] angeführt.

Anführungszeichen, (auch:) Anführungsstriche, die ⟨Plural⟩: *Strichzeichen zur Kennzeichnung der wörtlichen Rede, zur Hervorhebung:* ein Wort, einen Satz, ein Zitat in A. setzen.

Angabe, die: 1. *das Angeben; Aussage, Auskunft:* eine zuverlässige, falsche, sachdienliche, genaue A.; Angaben zur Person; widersprechende Angaben [zum Hergang, über den Hergang] machen; die Polizei erbittet, bittet um nähere Angaben; eine A. nachprüfen; die Richtigkeit der A. überprüfen; nach A. der Zeugen; etwas nach Angaben eines Kunden anfertigen; ohne A. der Adresse verzogen; unter A. des Kennwortes, des Aktenzeichens schreiben; ich halte mich an seine Angaben *(Anweisungen, Vorschriften)*. 2. (ohne Plural) *Prahlerei, Angeberei:* das ist ja alles bloß A. 3. (Sport) *eröffnender Schlag:* wer hat die A.?; um die A. spielen; die A. *(der bei der Angabe gespielte Ball)* ging ins Aus.

angängig (Papierdt.): *zulässig, erlaubt:* eine kaum angängige Handlungsweise; dies ist nicht a.; etwas, wenn irgend a., vermeiden.

angeben: 1. ⟨etwas a.⟩ a) *nennen, Auskunft über etwas geben:* seinen Namen, die Personalien, den Grund [für etwas], Ort und Zeit [für ein Treffen], den Preis, die genauen Maße [von etwas] a.; das hat er bei der Steuererklärung falsch, ungenau angegeben; der Wert des Grundstücks wurde mit 50 000 Mark angegeben; etwas als Motiv a.; er hat ihn als Zeugen angegeben *(benannt)*; ⟨jmdm. etwas a.⟩ Sie müssen mir Ihre Adresse a. b) *bestimmen, festsetzen:* das Tempo, den Takt a.; der Kommandant gab einen neuen Kurs an. 2. ⟨jmdn., etwas a.⟩ *anzeigen, denunzieren, melden:* einen Mitschüler [beim Direktor] a.; den Täter bei der Polizei a.; er hat das Versteck, seinen Komplizen angegeben *(verraten)*. 3. (ugs.) *prah-*

len: der gibt ganz schön [mit seinem neuen Auto] an. 4. *ein Spiel eröffnen:* wer gibt an?; im ersten Satz habe ich angegeben.

Angeber, der (ugs.): *Wichtigtuer, Prahlhans:* er ist ein schrecklicher A.

angeblich: *nicht verbürgt, vermeintlich; wie [fälschlich] behauptet:* ihr angeblicher Onkel; ein angeblicher Augenzeuge; a. krank, verreist sein.

angeboren: *von Geburt an vorhanden, von Natur aus eigen:* eine angeborene Sehschwäche; die Krankheit ist a.; ⟨etwas ist jmdm. a.⟩ ihr ist die Schlagfertigkeit a.

Angebot, das: 1. *das Anbieten, Vorschlag:* ein günstiges, verlockendes, großzügiges, vorteilhaftes, unverbindliches, billiges A.; das ist mein letztes, äußerstes A.; Versteigerung: das A. *(das erste Gebot)* beträgt 500 Mark; [jmdm.] ein A. machen; der Künstler erhielt, bekam, hat ein A. [aus Amerika, nach England, in die Schweiz, an das Burgtheater]; ein A. aufrechterhalten, ablehnen, annehmen; er ging auf meine Angebote nicht ein; wir bitten Sie um Ihr A. über/für [die] Lieferung von ... 2. *angebotene Ware:* ein großes, reichhaltiges, preiswertes A.; das A. an/von Kleidern, an/von Gemüse ist gering; das A. *(die Auswahl)* in Elektrogeräten ist groß; die Preise richten sich nach A. und Nachfrage.

angebracht: *passend, sinnvoll, richtig:* eine keineswegs angebrachte Bemerkung; unser Vertrauen ist [wegen seiner Leistungen] durchaus a.; Schmeicheleien sind bei ihm nicht a.; er hielt es für a., sofort abzureisen.

angebunden: ↑ anbinden.

angedeihen (geh.) ⟨in der Verbindung⟩ jmdm. etwas angedeihen lassen: *zukommen lassen, zuteil werden lassen:* der Staat läßt uns Schutz a.; er läßt seinen Kindern eine gute Erziehung a.

Angedenken, das (geh.): *Andenken, Erinnerung:* sie bewahrte ihm ein liebes A.; zum ewigen A. * seligen Angedenkens: a)** (veraltend) *(tot, verstorben):* das stammt von meinem Großvater seligen Angedenkens. **b)** (ugs. scherzh.) *(einstig):* die gute Postkutsche seligen Angedenkens.

angegriffen: ↑ angreifen.

angeheitert (ugs.): *durch Alkoholgenuß beschwingt:* angeheiterte Gäste; in angeheitertem Zustand; er ist leicht a.

angehen /vgl. angehend/: 1. a) ⟨jmdn., etwas a.⟩ *angreifen:* die Polizisten a.; der Verteidiger ging den Stürmer hart an. b) ⟨jmdn., etwas a.⟩ *zu bewältigen suchen:* eine Aufgabe, Schwierigkeiten zielstrebig a.; die Bergsteiger haben den Gipfel angegangen; die Mannschaft hat das Spiel zu schnell angegangen; das Pferd geht das Hindernis im Galopp an *(reitet im Galopp darauf zu)*. c) ⟨gegen jmdn., gegen etwas a.⟩ *vorgehen, ankämpfen:* die Feuerwehr ging mit Schaumlöschern gegen die Flammen an; gegen Mißstände, gegen die Umweltverschmutzung a.; ich bin dagegen angegangen. 2. ⟨jmdn., etwas [um etwas] a.⟩ *um etwas bitten:* den Freund um Rat, um Unterstützung, um Geld a.; er hat die Bank [um ein Darlehen] angegangen. 3. ⟨etwas geht jmdn., etwas an⟩ *etwas betrifft jmdn., etwas:* dieser Fall geht mich unmittelbar, am meisten, persönlich an; was mich angeht, so erkläre ich ...; das geht dich nichts, einen Dreck (ugs.) an *(ist nicht deine*

Sache). **4.** (geh.) ⟨etwas geht an⟩ *etwas ist möglich, vertretbar:* das geht gerade noch, kaum, nicht an; ich würde, wenn es anginge, absagen; mit der Hitze ging es noch an *(sie war noch erträglich).* **5.** ⟨etwas geht an⟩ (ugs.) **a)** *etwas fängt an:* morgen geht die Schule an; die Vorstellung ist schon angegangen. **b)** *etwas beginnt zu brennen, zu leuchten:* das Feuer geht nicht an; im Saal gingen die Lampen an. **6.** *anwachsen, festwachsen:* die Pflanzen, Ableger sind [nicht] alle angegangen.

angehend: *am Anfang, in der Ausbildung stehend; künftig:* ein angehender Arzt; eine angehende junge Dame; ein angehender Vierziger *(Mann, der bald vierzig Jahre alt wird).*

angehören ⟨jmdm., einer Sache a.⟩: *zu jmdm., zu etwas gehören:* einer Partei, einem Verein [als aktives Mitglied], einer anderen Nation a.

Angehörige, der und die: **1.** *jmd., der einer bestimmten Gruppe angehört:* Angehörige/die Angehörigen des Betriebes; Angehöriger einer anderen Nation sein; männliche und weibliche Angehörige; die Teilnahme ehemaliger Angehöriger. **2.** *nächster Verwandter:* seine Angehörigen besuchen; ich habe keine Angehörigen mehr.

Angeklagte, der und die: *jmd., der unter Anklage steht:* der A., die A. hat das Wort; Angeklagter, treten Sie vor!; ihm als Angeklagten/Angeklagtem; ihr als Angeklagten/Angeklagter.

¹Angel, die: *Gerät zum Fischfang:* die A. auswerfen, einziehen; die Fische gehen nicht an die A.; einen dicken Fisch an der A. haben.

²Angel, die: *Tür-, Fensterzapfen:* verrostete Angeln; die Angeln ölen; die Tür kreischt, hängt schief in den Angeln; einen Fensterflügel aus den Angeln heben. * **etwas aus den Angeln heben** *(etwas grundlegend ändern):* er wollte die Welt aus den Angeln heben.

angelegen (geh.) ⟨in der Verbindung⟩ sich (Dativ) etwas angelegen sein lassen: *sich um etwas bemühen, kümmern:* er ließ sich die Erziehung der Kinder sehr a. sein; ich will es mir a. sein lassen, ihr Vertrauen zu gewinnen.

Angelegenheit, die: *Sache, Sachverhalt, Problem:* eine dringliche, nebensächliche, ernste, ganz vertrackte, peinliche, private, geschäftliche A.; kulturelle, politische Angelegenheiten *(Belange);* das ist meine A. *(geht nur mich an);* wichtige Angelegenheiten hielten mich fern; eine A. regeln, erledigen, klären, besprechen, bearbeiten, weiterleiten; um was für eine A. handelt es sich?; kümmere dich um deine Angelegenheiten!; ich komme in einer dienstlichen A. zu Ihnen; er wird sich nicht in fremde Angelegenheiten mischen.

angelegentlich (geh.): *eingehend, nachdrücklich:* eine angelegentliche Bitte; er erkundigte sich a. nach ihm.

angeln: 1. ⟨[etwas] a.⟩: *mit der Angel zu fangen suchen, fangen:* er angelt mit Begeisterung, im Urlaub; nach/(fachspr.) auf Forellen a.; er angelt Forellen; übertr.: Fleisch aus der Suppe a.; ⟨sich (Dativ) jmdn., etwas a.⟩ er angelte sich mit ausgestreckter Hand das Glas *(ergriff es);* sie hat sich einen Millionär geangelt *(hat ihn geheiratet).* **2.** (ugs.) ⟨nach etwas a.⟩ *etwas entfernter Befindliches zu fassen, zu ergreifen suchen:* er angelte mit den Füßen nach dem Hausschuh.

angemessen: *passend; richtig bemessen:* eine

[der Arbeit] angemessene Bezahlung; ein angemessener Preis; etwas in angemessener Form sagen; der Lohn war [der Leistung] a.; ich halte das Honorar für a.

angenehm: *wohltuend, erfreulich:* ein angenehmer Geruch; eine angenehme Abwechslung; [ich wünsche dir] angenehme Reise!; er ist ein angenehmer *(liebenswerter)* Mensch; ihre Stimme ist sehr a.; a. träumen; sich a. unterhalten; von etwas a. überrascht sein; ich bin a. enttäuscht (ugs., oft scherzh.; *a. überrascht*); ⟨jmdm. a. sein⟩ Ihr Besuch ist mir stets a. (geh.); Sie sind uns stets a. (geh.; *willkommen*); es wäre mir a. *(lieb),* wenn Sie ...

angesagt (ugs.) ⟨in den Verbindungen⟩ **angesagt sein:** *(im Schwange, in Mode, sehr gefragt, von vielen begehrt sein):* die beiden Liedermacher, ihre Lieder sind zur Zeit a.; Gefühl ist wieder a. · **etwas ist a.** *(etwas geschieht, wird gemacht, vollzogen):* heute ist bei ihnen ein Ausflug a.; jetzt ist Frühstück a. *(wird gefrühstückt).*

angeschlagen: *nicht mehr im Vollbesitz seiner Kräfte, erschöpft:* einen angeschlagenen Eindruck machen: der Boxer ist a.; er kam nach dem Verhör a. nach Hause.

angesehen: *Ansehen genießend, geachtet:* ein angesehener Verlag; sie stammt aus einer angesehenen Familie; er ist überall a.

Angesicht, das (geh.): *Gesicht:* das geliebte, zarte, vertraute A. das A. verhüllen; mit unbewegtem A.; jmdn. von A. *(vom Sehen)* kennen; jmdm. von A. zu A. *(unmittelbar)* gegenüberstehen. * (geh.:) **im Angesicht: a)** *(im, beim Anblick):* im A. der Gefahr, des Todes. **b)** *(im Hinblick auf:)* im A. der Tatsache, daß ...; im A. der Sachlage.

angesichts (geh.) ⟨Präp. mit Gen.⟩: **a)** *im, beim Anblick:* a. der Bergwelt, der Gefahr. **b)** *im Hinblick auf:* a. der Tatsache, daß...

angespannt: a) *angestrengt:* mit angespannter Aufmerksamkeit a. lauschen. **b)** *kritisch, bedenklich:* die angespannte Finanzlage; die Situation ist ziemlich a.

Angestellte, der und die: *jmd., der in einem vertraglichen Arbeitsverhältnis mit monatlicher Gehaltszahlung steht:* ein höherer, leitender, kaufmännischer Angestellter; weibliche Angestellte; Angestellte/die Angestellten unserer Firma; einige Angestellte entlassen.

angestrengt: *mit Anstrengung, konzentriert:* mit angestrengter Aufmerksamkeit; a. arbeiten, nachdenken, zuhören.

angetan ⟨in den Verbindungen⟩ **von jmdm., von etwas angetan sein** *(angenehm berührt sein):* er war von ihr, von ihrem Vorschlag sehr a. · **danach/dazu angetan sein** *(geeignet sein):* die Lage ist nicht dazu/danach a., Feste zu feiern.

angewandt: ↑anwenden.

angewiesen ⟨in der Verbindung⟩ auf jmdn., auf etwas angewiesen sein: *abhängig sein:* auf sich, auf deine Hilfe a.; wir sind aufeinander a.

angewöhnen ⟨jmdm., sich etwas a.⟩: *zur Gewohnheit machen:* sich Pünktlichkeit, das Rauchen a.; gewöhne ihm an, früher aufzustehen.

Angewohnheit, die: *[schlechte] Gewohnheit, Eigenheit:* eine schlechte, seltsame, üble A.; eine A. annehmen, ablegen; er hat die A., beim Essen, während des Essens zu lesen.

angezeigt (geh.): *angebracht, ratsam, passend:* er hielt es für a., früher zu kommen; in diesem Falle wäre eine Badekur a.

angleichen ⟨sich, etwas jmdm., einer Sache/an jmdn., eine Sache a.⟩: *gleichmachen, anpassen:* sie hat sich ihrem Mann angeglichen; sie haben sich [einander] angeglichen; die Löhne den Preisen/an die Preise a.

angliedern ⟨einer Sache etwas a.⟩: *anschließen, hinzufügen:* die Jugendabteilungen sind dem Verein angegliedert.

angreifen: 1. a) ⟨[jmdn., etwas] a.⟩ *gegen jmdn., gegen etwas vorgehen; den Kampf beginnen:* den Feind überraschend, von der Flanke [her], mit Panzern a.; im Tiefflug a.; der Feind griff in den Morgenstunden an; der Betrunkene griff die Gäste an *(wurde tätlich).* **b)** *im sportlichen Wettkampf einem Gegner gegenüber die Initiative ergreifen:* die Stürmer griffen frühzeitig, heftig, zu hektisch, planlos an. **c)** ⟨jmdn., etwas a.⟩ *heftig kritisieren:* die Rede des Ministers, seine Politik a.; er wurde in den Zeitungen scharf, heftig angegriffen. **2.** (ugs. landsch.) **a)** ⟨jmdn., etwas a.⟩ *anfassen:* die Kinder greifen alles an. **b)** ⟨etwas greift sich an; mit Artangabe⟩ *etwas fühlt sich an:* der Stoff greift sich rauh, weich an. **3.** ⟨etwas a.⟩ *in Angriff nehmen, anfangen:* eine Aufgabe richtig, entschlossen a.; wir müssen die Sache anders, an der richtigen Stelle a. **4.** ⟨etwas a.⟩ *anbrechen, zu verbrauchen beginnen:* Vorräte nicht a. wollen, a. müssen; ich habe das Guthaben noch nicht angegriffen. **5. a)** ⟨etwas greift jmdn., etwas an⟩ *etwas schadet jmdm., einer Sache; etwas schwächt jmdn., etwas:* das Licht greift die Augen an; die Krankheit hat ihn sehr angegriffen; er sieht sehr angegriffen *(erschöpft)* aus. **b)** ⟨etwas greift etwas an⟩ *etwas beschädigt, zersetzt etwas:* der Rost greift das Eisen an.

angrenzen ⟨etwas grenzt an⟩: *etwas stößt an etwas an, ist benachbart:* das Grundstück grenzt unmittelbar [an den Garten] an; die angrenzenden Gebäude.

Angriff, der: **1.** *das Angreifen; Offensive, Eröffnung eines Kampfes:* heftige, schwere, pausenlose Angriffe; ein atomarer A.; der A. auf die feindlichen Stellungen; der A. brach zusammen; einen A. einleiten, [gegen etwas] vortragen, abschlagen, abwehren, [blutig] zurückweisen; die Bomber flogen einen A. gegen die Nachschubwege; zum A. ansetzen, übergehen, vorgehen. **2. a)** *Initiative gegenüber einem Gegner im sportlichen Wettkampf:* einen A. starten, parieren; der A. über die Flügel. **b)** *Gesamtheit der Angriffsspieler:* der A. ist schlecht, hat versagt, war nicht zu bremsen. **3.** *heftige Kritik, Anfeindung:* ein offener, versteckter Angriff; massive Angriffe gegen das Fernsehen richten; der Minister sah sich heftigen Angriffen ausgesetzt. * (nachdrücklich:) **etwas in Angriff nehmen** *(mit etwas beginnen):* wir haben das Projekt in A. genommen.

Angst, die: *Gefühl der Beklemmung, Furcht:* eine große, entsetzliche, grundlose A.; panische A. ergriff, schüttelte, befiel, quälte ihn; eine unerklärliche A. steigt in ihm auf, erfaßt, überkommt, beschleicht ihn; die A. weicht, sitzt ihm in den Gliedern, im Nacken, in der Kehle; er kennt keine A.; A. bekommen, ausstehen, leiden (geh.); die A. [in sich] überwinden; er hat Angst *(fürchtet sich);* er hat Angst, daß ... *(befürchtet, daß ...);* das Kind hat A. vor dir, vor Strafe; er hatte A., sie wiederzusehen; A. um jmdn. haben *(sich um jmdn. sorgen);* jmdm. [durch, mit etwas] A. bereiten, einjagen, einflößen (geh.); A. [in, bei jmdm.] erwecken, hervorrufen; die Truppen verbreiteten A. und Schrecken; aus A. etwas tun, etwas verschweigen; in A. geraten; sie versetzten das Land in A. und Schrecken; in A. *(Sorge)* um jmdn. sein; sie war, schwebte in tausend Ängsten; er sah der Entscheidung mit einer gewissen A. entgegen; vor A. vergehen, zittern, blaß werden, fast sterben, umkommen; /verblaßt und in Kleinschreibung/: jmdm. ist, wird [es] angst [und bange] *(jmd. fürchtet sich, hat, bekommt Angst);* jmdm. angst [und bange] machen *(jmdn. in Angst versetzen).* * **es mit der Angst zu tun bekommen/ kriegen** *(ängstlich werden).*

ängstigen: a) ⟨jmdn. ä.⟩ *in Angst versetzen:* ein böser Traum hatte ihn geängstigt. **b)** ⟨sich ä.⟩ *Angst haben:* sich unnötig, vor der Zukunft ä.; die Mutter ängstigte sich um ihr Kind.

ängstlich: 1. a) *von Angst bestimmt, voller Angst:* ein ängstlicher Blick; sie machte ein ängstliches Gesicht; ä. aufblicken; ihm wurde ä. zumute. **b)** *scheu, schüchtern:* ein ängstliches Kind; sei nicht so ä.! **2.** *übertrieben genau, gewissenhaft:* mit ängstlicher Genauigkeit; ihr ä. gehütetes Geheimnis; ä. bemüht sein, ...

angucken (ugs.): **1.** ⟨jmdn. a.⟩ *ansehen:* jmdn. treuherzig, lächelnd, mit großen Augen a. **2.** ⟨jmdn., etwas a.⟩ *betrachten:* ich gucke mir die Schaufenster, die Auslagen an.

anhaben: 1. (ugs.) ⟨etwas a.⟩ *ein Kleidungsstück tragen:* ein Kleid, neue Schuhe a.; sie hatte nichts an. **2.** ⟨jmdn., einer Sache etwas a.⟩: *gewöhnlich verneint in Verbindung mit bestimmten Modalverben⟩ ein Leid antun, Schaden zufügen:* der Sturm konnte dem Boot nichts a.

anhaften: 1. ⟨etwas haftet an⟩: *etwas bleibt hängen, setzt sich fest:* Schmutz haftet [an dieser Stelle] an; anhaftende Farbreste entfernen. **2.** (geh.) ⟨etwas haftet jmdm., einer Sache an⟩ *etwas Negatives gehört zu jmdm., einer Sache, ist jmdm., einer Sache eigen:* dieser Ruf, diese Schmach wird ihm immer a.; jedem Kompromiß haften Mängel an.

anhalten: 1. a) ⟨jmdn., etwas a.⟩ *zum Halten, zum Stillstand bringen:* ein Auto, die Pferde, die Drehtür a.; er wurde von den Posten angehalten; er hielt einige Sekunden den Atem an *(atmete nicht);* den Schritt a. (geh.; *stehenbleiben).* **b)** *stehenbleiben, zum Stillstand kommen:* das Auto hielt vor dem Haus an; er hielt mitten in der Rede, bei der Arbeit, mit dem Lesen an *(hielt inne).* **2.** ⟨jmdn. zu etwas a.⟩ *zu etwas bringen; dafür sorgen, daß jmd. etwas tut:* die Kinder zur Ordnung, zum Gehorsam a.; sie wurde von ihrem Vater dazu angehalten, selbständig zu arbeiten. **3.** ⟨etwas hält an⟩ *etwas dauert an:* das schöne Wetter, der Frost, das Fieber hält an; wie lange soll dieser Zustand noch a.?; adj. Part.: anhaltender Beifall; es hat anhaltend geschneit.

Anhalter, der: *jmd., der fremde Fahrzeuge anhält, um sich mitnehmen zu lassen:* an der Auffahrt standen viele Anhalter. * (ugs.:) **per Anhal-**

ter fahren, reisen *(in einem fremden Fahrzeug, das man angehalten hat, mitfahren).*

Anhaltspunkt, der: *Stütze für eine Annahme; Hinweis:* es gibt, es bieten sich keine neuen Anhaltspunkte für seine Schuld; einen A. geben, liefern, suchen, finden.

anhand: ↑ Hand.

Anhang, der: 1. *Nachtrag:* der A. zu dem Vertrag; im A. des Buches finden sich die Anmerkungen. 2. a) *Anhängerschaft:* diese Bewegung hat keinen großen A.; damit kann die Partei keinen Anhang gewinnen. b) *Verwandtschaft, Angehörige:* eine Witwe ohne A.; ihr Bruder kam mit seinem ganzen A. zu Besuch.

¹anhängen, hing an, angehangen (geh.:) 1. ⟨etwas hängt jmdm., einer Sache a.⟩ *etwas haftet jmdm., einer Sache an, ist mit jmdm., einer Sache verknüpft:* die Krankheit hängt mir noch an; die Gefängnisstrafe wird ihm immer a.; Schwierigkeiten hängen jeder Reform an. 2. ⟨jmdm., einer Sache a.⟩ *ergeben sein; sich verschrieben haben:* einer Lehre, einem Glauben a.; das Volk hat ihm angehangen.

²anhängen, hängte an, angehängt: 1. a) ⟨etwas a.⟩ *an etwas hängen:* einen Zettel [an ein Paket] a.; ⟨jmdm., sich etwas a.⟩ sie hatte sich Ohrringe angehängt. b) ⟨etwas a.⟩ *ankuppeln:* den Wohnwagen a.; der Schlafwagen wird hinten am Zug, an den Zug angehängt. 2. ⟨sich a.⟩ a) *sein Fahrzeug an ein anderes Fahrzeug hängen, um von diesem mitgezogen zu werden:* sie liefen, fuhren mit den Rädern dem Wagen nach und hängten sich an. b) *beim Laufen, Fahren usw. unaufgefordert folgen, sich anschließen:* der Sportwagen hängte sich an; er hängte sich an den führenden Läufer an; ⟨sich jmdm. a.⟩ die Katze hatte sich uns angehängt. 3. ⟨etwas a.⟩ *anfügen, hinzusetzen:* ein Kapitel, eine Nachschrift [an einen Brief] a.; er hängte noch drei Tage Urlaub [an die Tagung] an. 4. (ugs. abwertend) ⟨jmdm. etwas a.⟩ a) *etwas Übles zuschreiben, aufbürden:* sie hat ihrer Nachbarin allerhand angehängt; jmdm. einen Prozeß a. b) *etwas Unbrauchbares, Schlechtes verkaufen; andrehen:* er hat ihm eine ganze Ladung verdorbener Ware angehängt. c) *eine Krankheit auf jmdn. übertragen:* jmdm. den Tripper a.

Anhänger, der: 1. *angehängter Wagen:* ein Lastkraftwagen mit A.; sie stiegen in den A. der Straßenbahn. 2. *Schmuckstück, das an einer Kette, an einem Band getragen wird:* ein wertvoller A. 3. *angehängtes Namen- oder Nummernkärtchen:* einen A. ausfüllen, am Koffer befestigen. 4. *jmd., der einer Person oder Sache anhängt:* ein treuer, gläubiger, überzeugter A. einer Lehre; er hat nicht viele A.

anhängig (Rechtsw.) ⟨in bestimmten Verbindungen⟩ **etwas ist anhängig** *(etwas steht bei Gericht zur Entscheidung):* die Sache, der Fall ist schon länger bei Gericht a. · **etwas anhängig machen** *(vor Gericht bringen):* eine Klage [vor Gericht] a. machen.

anhänglich: *an jmdm. sehr hängend; treu:* sein anhänglicher Freund; der Hund ist sehr a.

Anhänglichkeit, die: *das Anhänglichsein:* Tiere entwickeln große A.; er tat es aus [alter] A.

anhauchen: 1. ⟨jmdn., etwas a.⟩ *gegen jmdn., gegen etwas hauchen:* den Spiegel a.; hauch mich

mal an!; ⟨jmdn., sich etwas a.⟩ er hauchte sich die kalten Hände an; bildl.: ihre Wangen waren rosig angehaucht; übertr.: er ist kommunistisch angehaucht. 2. (ugs.) *zurechtweisen:* der Chef hat ihn ordentlich angehaucht.

anhauen (ugs.) ⟨jmdn. a.⟩: a) *um etwas bitten, angehen:* er haute seinen Freund [um 50 Mark] an; mich hat er auch angehauen. b) *plump vertraulich ansprechen:* ein Mädchen a.

anhäufen: a) ⟨etwas a.⟩ *sammeln und aufbewahren:* Vorräte, Geld a. b) ⟨etwas häuft sich an⟩ *etwas sammelt sich an:* die Arbeit hat sich immer mehr angehäuft.

anheben: 1. ⟨etwas a.⟩: a) *hochheben:* den Schrank, den Teppich a.; sie hob den Mantel ein wenig an. b) *erhöhen:* die Gehälter, die Postgebühren a.; die Preise sind wieder angehoben worden. 2. (geh.) *anfangen, beginnen:* zu sprechen, zu singen a.; die Glocken hoben/(veraltet:) huben zu läuten an; ... danach hob der Geistliche an *(begann zu sprechen);* der Gesang hob an.

anheften ⟨etwas a.⟩: *lose befestigen:* den Saum a.; eine Schleife an das/an dem Kleid a.; sie heftete einen Zettel an; ⟨jmdm., einer Sache etwas a.⟩ er heftete ihm einen Orden an.

anheimfallen ⟨einer Sache a.⟩: *zufallen:* der Vergessenheit a. *(vergessen werden);* der Zerstörung a. *(zerstört werden);* nach seinem Tod fiel sein Besitz dem Staat anheim.

anheimgeben (geh.) ⟨jmdm., einer Sache jmdn., sich, etwas a.⟩: *übergeben, anvertrauen:* er gab das Kind seiner Schwester, ihrer Obhut anheim; ich gebe es Ihnen anheim *(überlasse es Ihnen), davon Gebrauch zu machen.*

anheimstellen (geh.) ⟨jmdm., einer Sache jmdn., sich, etwas a.⟩: *überlassen:* ich stelle das Ihrem Belieben, Ihrer Entscheidung anheim.

anheischig (geh.) ⟨in der Verbindung⟩ sich anheischig machen ⟨mit Infinitiv und zu⟩: *sich erbieten:* er machte sich a., den Plan auszuführen.

anheizen: 1. ⟨etwas a.⟩ *zu heizen beginnen:* den Ofen a. 2. ⟨etwas a.⟩ *zu einem Höhepunkt treiben, steigern:* die Stimmung, die Konjunktur a.

anherrschen (geh.) ⟨jmdn. a.⟩: *in herrischem Ton zurechtweisen:* er herrschte ihn barsch, wütend [wegen des Versehens] an.

anheuern (Seemannsspr.): a) ⟨jmdn. a.⟩ *für den Schiffsdienst anwerben:* Seeleute a.; übertr.: Statisten, Arbeitskräfte a. b) *in den Schiffsdienst treten:* auf einem Ozeandampfer a.

Anhieb (ugs.) ⟨in der Verbindung⟩ auf [den ersten] Anhieb: *sofort, gleich zu Beginn:* es glückt, klappt auf A.; sie wußte, schaffte es auf den ersten A.

anhimmeln (ugs.) ⟨jmdn. a.⟩: a) *schwärmerisch ansehen:* sie himmelte ihn den ganzen Abend an. b) *schwärmerisch verehren:* einen Filmstar a.

anhören: 1. ⟨jmdn., etwas a.⟩ *aufmerksam bis zum Ende hören, zuhören, Gehör schenken:* einen Antragsteller schweigend, geduldig, freundlich a.; die Anliegen, die Beschwerden des Nachbarn a.; ⟨sich (Dativ) etwas a.⟩ ich habe mir seine Klagen, Pläne, die Rede, das Konzert, den Sänger angehört. 2. ⟨etwas mit a.⟩ *[unfreiwillig] mithören:* ein Gespräch am Nachbartisch [mit] a.; ich kann das nicht mehr mit a. *(es regt mich auf, ist kaum mehr zu ertragen).* 3. ⟨jmdm., einer Sache etwas a.) *an der Stimme, an den Äußerungen anmerken:* man hört [es] ihr an, daß sie erkältet ist; er hörte ihr, ihrer Stimme die Erleichterung an; man hört ihm immer noch den Engländer an. **4.** ⟨etwas hört sich an; mit Artangabe⟩ *etwas klingt in einer bestimmten Weise und vermittelt einen bestimmten Eindruck:* der Vorschlag hört sich ganz gut, nicht schlecht an; das hört sich nach Streit an; es hört sich an, als ob es regnet.

ankämpfen ⟨gegen jmdn., gegen etwas a.⟩: *gegen jmdn., etwas vorgehen, kämpfen:* gegen den Sturm a.; gegen Müdigkeit, Tränen, Versuchungen, alte Vorurteile a.

Ankauf, der: *das Ankaufen:* der A. von Wertpapieren; Ankäufe tätigen, machen.

ankaufen: 1. ⟨etwas a.⟩ *Wertobjekte, größere Mengen von etwas kaufen:* Grundstücke, Aktien a.; die Galerie hat mehrere Gemälde angekauft. **2.** ⟨sich a.; mit Raumangabe⟩ *ein Grundstück, Haus erwerben, um sich dort niederzulassen:* sich in der Nähe von Hamburg a.

Anker, der: *schwerer eiserner Doppelhaken zum Festmachen eines Schiffes am Grund des Gewässers:* der A. faßt nicht, rutscht durch den Schlamm; den A. auswerfen, einholen, aufwinden, hieven (Seemannsspr.; *hochziehen*), lichten (Seemannsspr.; *einholen*); übertr.: sein Glaube war ihm ein fester A. *(Halt, Stütze).* * (Seemannsspr.:) *sich vor Anker legen (den Anker auswerfen)* · (Seemannsspr.:) *vor Anker liegen/treiben (mit dem Anker am Grund festgemacht sein)* · *Anker werfen; vor Anker gehen:* **a)** (Seemannsspr.; *den Anker auswerfen).* **b)** (ugs.; *irgendwo Rast machen, sich niederlassen:)* in diesem Lokal können wir A. werfen, vor A. gehen.

ankern: *den Anker auswerfen; am Anker festgemacht sein:* das Schiff ankert in der Bucht, vor der Reede; morgen a. wir in Hamburg.

Anklage, die: **1. a)** *Klage, Beschuldigung vor Gericht:* die A. gründet sich auf ...; die A. lautet auf Widerstand gegen die Staatsgewalt; eine A. einreichen, vorbringen, zurücknehmen; der Staatsanwalt erhob A. wegen Körperverletzung; jmdn. unter A. stellen *(vor Gericht anklagen);* unter A. stehen *(vor Gericht angeklagt sein).* **b)** *Anklagevertretung:* Zeugin der A. **2.** (geh.) *Beschuldigung, Vorwurf:* soziale Anklagen; der Redner erhob leidenschaftliche A. gegen die Regierung.

anklagen: 1. ⟨jmdn. a.⟩ *gegen jmdn. vor Gericht Klage erheben:* er wurde [vor der ersten Kammer] angeklagt; ⟨jmdn. einer Sache/wegen einer Sache a.⟩ einen Mann wegen Diebstahls a.; man hatte ihn wegen der Verschwörung angeklagt. **2.** (geh.) ⟨jmdn., sich, etwas a.⟩ *beschuldigen, Vorwürfe erheben:* er klagte sich als der/(seltener:) als den Mörder des Kindes an; der Film klagt die sozialen Mißstände an.

anklammern: 1. ⟨etwas a.⟩ *mit einer Klammer befestigen:* die Wäsche a.; er klammerte eine Fotokopie an das/dem Schreiben an. **2.** ⟨sich an jmdn., an etwas a.⟩ *sich krampfhaft festhalten:* das Kind klammerte sich an die/an der Mutter an; ⟨auch ohne Präp.-Obj.⟩ der kleine Affe klammerte sich ängstlich an.

Anklang, der: **1.** (geh.) *Ähnlichkeit, leichte Übereinstimmung:* der A. an Bach ist unverkennbar; in seinen Dramen finden sich viele Anklänge an

Brecht. **2.** ⟨in der Verbindung⟩ *Anklang finden: mit Zustimmung, Beifall aufgenommen werden:* sein Plan, die Musik fand viel, wenig, keinen A.

ankleben: 1. ⟨etwas a.⟩ *festkleben:* Plakate, Tapeten a.; einen Zettel an die/an der Tür a.; ⟨jmdm., sich etwas a.⟩ er hat sich einen falschen Bart angeklebt. **2.** ⟨etwas klebt an⟩ *etwas haftet fest an:* der Teig klebt in der Schüssel an.

ankleiden (geh.) ⟨jmdn., sich a.⟩: *anziehen:* er kleidet die Kinder an; sich schnell, sorgfältig, für den Abend a.; ich bin noch nicht angekleidet.

anklingen: 1. ⟨etwas klingt an⟩ *etwas kommt andeutungsweise zum Ausdruck, wird hörbar:* immer wieder klingt das Leitmotiv an; in ihren Worten klang so etwas wie Wehmut an; viele Erinnerungen klingen an *(werden wach).* **2.** (geh.) ⟨etwas klingt an etwas an⟩ *etwas stimmt mit etwas leicht überein:* die Melodie klang an ein Volkslied an.

anklopfen: 1. *[an die Tür] klopfen, um sein Eintreten anzukündigen:* leise, zaghaft, laut, energisch a.; an die/an der Tür a.; trat ein, ohne anzuklopfen. **2.** (ugs.) *anfragen, um etwas bitten:* ich habe überall umsonst angeklopft; er klopfte bei seinem Freund um 50 Mark an.

anknabbern ⟨etwas a.⟩: *ein wenig an etwas knabbern:* die Nüsse, den Speck a.

anknüpfen: 1. ⟨etwas a.⟩ *durch Knüpfen an etwas befestigen:* eine abgerissene Schnur wieder a.; das eine Ende des Seils an das andere/an dem anderen Ende a. **2.** ⟨an etwas a.⟩ *etwas wiederaufnehmen; anschließen:* an langjährige Erfahrungen a.; er knüpfte an die Worte des Vorredners an. **3.** ⟨etwas a.⟩ *anfangen:* ein Gespräch, ein [Liebes]verhältnis, Beziehungen [mit jmdm.] a.

Anknüpfungspunkt, der: *Punkt, an dem man [im Gespräch] anknüpfen kann:* es bestanden, boten sich keine Anknüpfungspunkte für neue Verhandlungen; einen A. suchen, finden.

ankommen: 1. *an einem Ort eintreffen, ihn erreichen:* pünktlich, völlig unerwartet, glücklich zu Hause, um 8 Uhr, in Hamburg, auf dem Gipfel, in der Heimat, mit der Bahn a.; ein Brief, ein Päckchen ist angekommen; der Wagen kam mit hoher Geschwindigkeit an *(näherte sich);* übertr.: wir waren schon bei der Nachspeise angekommen *(angelangt);* bei unseren Nachbarn ist ein kleiner Junge angekommen *(geboren worden).* **2.** (ugs.) *sich [in belästigender Weise] an jmdn. wenden:* kommst du schon wieder an!; die Zuhörer kamen mit immer neuen Fragen an. **3.** (ugs.) *angestellt werden:* ich möchte in dieser Firma gerne a.; er ist bei dem Unternehmen als Werbefachmann angekommen. **4.** (ugs.) *Anklang finden:* der Schlager, die Sendung, das Stück ist angekommen; die junge Schauspielerin kam gut, schlecht, nicht [beim Publikum] an; mit seinem Gesuch kam er übel [bei ihm] an; (iron.:) da kam ich schön an! *(hatte keinen Erfolg).* **5.** ⟨gegen jmdn., gegen etwas a.⟩ *sich durchsetzen, aufkommen können:* man kann gegen ihn, gegen alte Vorurteile nicht a.; sie suchte [vergeblich], dagegen anzukommen. **6.** (geh.) ⟨etwas kommt jmdn./ (veraltend:) jmdm. an⟩ *etwas befällt, überkommt jmdn.:* Angst, Entsetzen, Ekel kam ihn/(veraltend:) ihm an; ein seltsames Verlangen war sie angekommen; ⟨mit Artangabe⟩ der Dienst kam ihn hart, schwer, sauer an *(wurde ihm hart,*

schwer, sauer; fiel ihm schwer). **7.** ⟨es kommt auf
jmdn., auf etwas an⟩ *es hängt von jmdm., von etwas ab; jmd., etwas ist wichtig, ist von Bedeutung:*
es kommt auf ihn an, ob wir reisen dürfen; es
käme auf einen Versuch an; darauf kommt es
hier gar nicht an; auf die paar Mark kommt es
[mir] nun wirklich nicht an; ihr kommt es mehr
auf ein gutes Arbeitsverhältnis als auf hohe Bezahlung an *(sie legt mehr Wert auf ...).* * **es auf etwas ankommen lassen** *(vor etwas nicht zurückschrecken, es riskieren):* es auf einen Versuch a.
lassen; sie werden es nicht auf einen Prozeß a.
lassen; ich lasse es darauf a. *(warte es ab).*
ankönnen (ugs.) ⟨gegen jmdn., gegen etwas a.;
gewöhnlich verneint⟩: *sich durchsetzen, etwas
ausrichten können:* er kann gegen mich nicht an;
gegen soviel Mißtrauen hat er nicht angekonnt.
ankoppeln a) ⟨etwas a.⟩: *anhängen, anschließen:* einen Waggon [an den Zug], einen Anhänger a.; die Astronauten koppelten die Lande-
fähre an das Raumschiff an. **b)** ⟨etwas koppelt
an⟩ *etwas wird angekoppelt:* die Raumfähre kop-
pelte [an das Mutterschiff] an.
ankreiden (ugs.) ⟨jmdm. etwas a.⟩: *übel vermerken:* jmdm. einen Fehler, eine Bemerkung [als
Bosheit] a.
ankreuzen ⟨etwas a.⟩: *durch ein Kreuz kennzeichnen:* eine Stelle, Namen in einer Liste [mit
dem Bleistift] a.
ankündigen: a) ⟨jmdn., sich, etwas a.⟩: *jmds.
baldiges Erscheinen, etwas demnächst Eintreten-
des mitteilen:* etwas amtlich, öffentlich, feierlich,
rechtzeitig a.; eine Veranstaltung in der Zeitung,
auf Plakaten a.; er kündigte sich [für das Wo-
chenende] an; ⟨jmdm. etwas a.⟩ er hat mir seinen
Besuch angekündigt. übertr.: Morgennebel soll
schönes Wetter a. *(darauf hindeuten).* **b)** ⟨etwas
kündigt sich an⟩ *etwas meldet sich an:* ein Verhängnis kündigt sich an; die Krankheit kündigte
sich durch starke Kopfschmerzen an.
Ankunft, die: *das Ankommen:* die A. des Präsidenten verzögert sich; können Sie mir die genaue
A. des Zuges sagen?; jmds. A. mitteilen, ankündigen, erwarten.
ankuppeln ⟨etwas a.⟩: *anhängen, anschließen:*
einen Waggon [an den Zug] a.
ankurbeln ⟨etwas a.⟩: **1.** *mit einer Kurbel in
Gang bringen:* den Motor, den Wagen a. **2.** *in
Schwung bringen, beleben:* die Wirtschaft, die
Produktion, ein Geschäft a.
anlächeln ⟨jmdn. a.⟩: *lächelnd anblicken:* jmdn.
freundlich, zaghaft, verlegen, glücklich a.; sie lä-
chelten sich/(geh.:) einander an.
anlachen: 1. ⟨jmdn. a.⟩ *lachend anblicken:* er
lachte sie fröhlich an; bildl.: blauer Himmel
lachte uns an. **2.** (ugs.) ⟨sich (Dativ) jmdn. a.⟩ *ein
Liebesverhältnis beginnen:* du hast dir auf dem
Empfang wohl einen Arzt angelacht?
Anlage, die: **1.** *das Anlegen, Schaffen:* die A. eines Stausees; sie beauftragten einen jungen Architekten mit der A. des Parks. **2.** *das Anlegen von
Geld:* eine vorteilhafte, prämienbegünstigte A.;
Pfandbriefe sind eine sichere A. **3.** *Entwurf, Aufbau:* die A. eines Romans, einer Komposition;
das Theaterstück ist bereits in der A. verfehlt.
4. *für einen bestimmten Zweck gestaltete Flächen,
Bauten o. ä.:* militärische Anlagen; Anlagen für

den Sport; städtische, öffentliche Anlagen *(Grün-
flächen, Parks);* der Kurort hat schöne Anlagen;
sich in den Anlagen erholen. **5.** *Vorrichtung; Einrichtung:* eine komplizierte A.; er konstruierte
eine elektrische A.; sanitäre Anlagen *(Toiletten).*
6. *Veranlagung:* eine erbliche, krankhafte A.; das
Kind hat [eine] A. *(Neigung)* zur Tuberkulose;
der Junge hat, zeigt gute Anlagen; eine A. ausbilden, verkümmern lassen. **7.** (Bürow.) *Beilage zu
einem Schreiben:* als A./in der A. sende ich eine
Probe; Anlagen: 2 Lichtbilder, 3 Zeugnisabschriften.
anlangen: 1. (geh.) ⟨mit Umstandsangabe⟩ *ankommen:* endlich, glücklich zu Hause, am Ziel a.;
die Nachricht war noch nicht angelangt; im
Freien angelangt, ...; übertr.: auf der Höhe des
Ruhms angelangt sein; die Verhandlungen sind
auf dem toten Punkt angelangt; wir sind schon
beim zweiten Kapitel des Buches angelangt. **2.** ⟨in
der Verbindung⟩ was jmdn., etwas anlangt: *was
jmdn., etwas betrifft:* was mich, meine Pläne anlangt, so bin ich einverstanden.
Anlaß, der: **1.** *Ausgangspunkt, Ursache, Beweggrund:* der A. des Streites war ...; A. meiner Anfrage ist ...; das ist ein doppelter A. zum Feiern;
das war der A. für seine Beschwerde; es besteht
kein unmittelbarer A. zur Besorgnis; einen A. suchen, finden; sie boten, gaben den Polizisten keinen A. einzugreifen; er hat mir nie einen, den geringsten A. zur Klage gegeben; aus einem geringfügigen A. in Wut geraten; beim geringsten A.
weinen; ohne besonderen, jeden, allen A. etwas
tun; er nahm das Gespräch, die Tagung, den Besuch zum A., Verhandlungen anzuknüpfen. **2.** *Gelegenheit:* ein willkommener, trauriger, feierlicher A.; einen A. ergreifen, benutzen, nicht vorübergehen lassen; bei diesem A. teilte er mit, daß
...; er nahm die Feier zum A. *(nutzte die Gelegenheit bei der Feier),* ihnen mitzuteilen, daß ...
anlassen: 1. ⟨etwas a.⟩ *in Gang setzen:* den Motor, den Wagen a. **2.** (ugs.) ⟨etwas a.⟩ **a)** *anbehalten, nicht ausziehen:* den Mantel a.; er hatte die
Handschuhe angelassen. **b)** *angestellt, eingeschaltet lassen:* den Motor a.; wir ließen
die Scheinwerfer an. **c)** *brennen lassen:* den Ofen,
die Kerze, das Feuer a. **3.** (ugs.) ⟨sich a.; mit Art-
angabe⟩ *einen bestimmten Anfang nehmen, zu Beginn sich als jmd., als etwas erweisen:* die Ernte,
das Wetter, der erste Tag läßt sich gut an; wie hat
sich das Geschäft angelassen?; der Lehrling hat
sich hervorragend angelassen.
anläßlich ⟨Präp. mit Gen.⟩: *aus Anlaß:* a. des
Geburtstages; eine Feier a. seines Besuches.
anlasten ⟨jmdm. etwas a.⟩: **a)** (veraltend) *aufbürden:* die Kosten wurden den Veranstaltern
angelastet. **b)** *als Schuld zuschreiben:* sie wollten
ihm das Verbrechen a.
Anlauf, der: **1.** (Sport) **a)** *das Anlaufen:* viel, wenig A. nehmen *(lang, kurz anlaufen);* ohne A. *(aus
dem Stand)* springen; beim A. war er zu langsam.
b) *Strecke für das Anlaufen:* ein langer, guter A.;
den A. um 10 Meter verkürzen. **2.** *das Einsetzen,
Beginn:* auf den A. der Produktion warten. **3.** *Versuch:* A. zur Reform ist steckengeblieben; er
machte immer neue Anläufe, ihn umzustimmen;
sie schafften es beim, mit dem ersten A. *(beim ersten Versuch, gleich);* die Stellungen wurden im

ersten A. *(beim ersten Versuch, gleich)* genommen. * **einen [neuen] Anlauf nehmen** *[neu] ansetzen):* er nahm einen neuen A. und diktierte weiter.
anlaufen: 1. (Sport) **a)** *durch Laufen Schwung holen:* du mußt [für den Hoch-, Weitsprung] kräftiger a.; der Mittelstürmer lief an, um den Strafstoß auszuführen. **b)** ⟨etwas a.; mit Artangabe⟩ *ein Rennen in einer bestimmten Art und Weise laufen, angehen:* er ist den Hundertmeterlauf, die ersten 50 m zu schnell, viel zu langsam angelaufen. **2.** ⟨im 2. Part. in Verbindung mit *kommen*⟩ *herbeilaufen:* der Junge kam weinend angelaufen. **3. a)** ⟨gegen jmdn., gegen etwas a.⟩ *im Lauf gegen jmdn., etwas prallen:* er lief im Dunkeln gegen den Parkuhr an. **b)** ⟨gegen etwas a.⟩ *angehen:* gegen Vorurteile, gegen eine Entscheidung a. **4.** ⟨etwas a.⟩ *ansteuern:* wir laufen zuerst London an; das Schiff hat diesen Hafen nicht angelaufen. **5.** ⟨etwas läuft an⟩ **a)** *etwas kommt in Gang:* der Motor, die Maschine läuft an. **b)** *etwas beginnt, setzt ein:* die Produktion des neuen Modells läuft an; die Fahndung ist bereits angelaufen; der Film läuft am 10. Oktober an *(wird vom 10. Oktober an gezeigt).* **6.** (ugs. landsch.) ⟨etwas läuft an⟩ *etwas schwillt an:* die Backe läuft an. **7.** ⟨mit Artangabe⟩ *eine bestimmte Farbe annehmen:* sie, ihr Gesicht lief [vor Wut] rot, blau an. **8.** ⟨etwas läuft an⟩ *etwas beschlägt, wird glanzlos:* Metalle laufen mit der Zeit an; die Scheiben sind angelaufen. **9.** ⟨etwas läuft an⟩ *etwas nimmt zu, steigt an:* die Kosten, Schulden, Zinsen sind [auf eine beträchtliche Summe] angelaufen.
anlegen: 1. ⟨jmdn., etwas a.⟩ *an jmdn., an etwas was legen:* das Lineal a.; den Säugling a. *(zum Stillen an die Brust legen):* das Pferd legt die Ohren an; die Leiter an den Baum a. *(dagegenstellen);* eine Karte, einen Dominostein a. *(anfügen);* bildl.: einen strengen Maßstab a. *(etwas streng beurteilen).* **2.** (ugs. landsch.) ⟨[etwas] a.⟩ *Brennmaterial aufs Feuer legen:* Holz, Kohlen, noch etwas a.; wir müssen neu anlegen. **3. a)** ⟨[etwas] a.⟩ *das Gewehr in Anschlag bringen:* er legte [das Gewehr] an und schoß; legt an! Feuer! **b)** ⟨auf jmdn. a.⟩ *auf jmdn. mit dem Gewehr zielen:* er legte auf den Flüchtenden an. **4.** ⟨etwas a.⟩ *anziehen, antun, umlegen:* ein Gewand, die Uniform, Trauerkleidung a. (geh.); sie hatte Trauer *(Trauerkleidung)* angelegt (geh.); Schmuck a.; er legte *(steckte)* seine Orden an; ⟨jmdm. etwas a.⟩ *dem* Verwundeten einen Verband [am Kopf] a.; er legte dem Verbrecher Handschellen an; dem Pferd das Zaumzeug, dem Hund das Maulkorb a. **5.** ⟨etwas a.⟩ *(gemäß einem Plan) schaffen, erstellen; gestalten, ausführen:* einen Spielplatz, einen Vorrat, Statistiken, ein Verzeichnis, eine Akte a.; der Roman ist sehr breit angelegt. **6.** ⟨etwas a.⟩ **a)** *investieren, gewinnbringend verwenden:* sein Geld gut, vorteilhaft, sicher, nutzbringend, zu 5 %, für 5 Jahre, in Wertpapieren a.; sie wollte ihre Ersparnisse a. **b)** *für etwas zahlen, ausgeben:* wieviel, was wollen Sie für das Bild a.?; für die Waschmaschine haben wir viel Geld angelegt. **7. a)** ⟨es auf jmdn., auf etwas a.⟩ *absehen, abzielen:* er hat es auf dich angelegt; sie legte alles darauf an, ihn zu täuschen. **b)** ⟨etwas ist auf etwas angelegt⟩ *etwas läuft auf etwas hinaus, hat etwas zum Ziel:* alles war auf Betrug, auf eine Demonstra-

tion der Stärke angelegt. **8.** ⟨sich mit jmdm. a.⟩ *Streit suchen:* der Betrunkene wollte sich mit ihm a. **9.** *landen:* wir legen gegen Mittag an; das Schiff hat am Kai angelegt.
anlehnen: 1. a) ⟨sich, etwas a.⟩ *an jmdn., an etwas lehnen:* er lehnte sich mit dem Rücken an den Türpfosten an; er hatte das Fahrrad angelehnt; bildl.: die kleinen Länder müssen sich an die Großmacht a. *(sind von ihr mehr oder weniger abhängig).* **b)** ⟨etwas a.⟩ *ein wenig offenlassen:* die Tür, das Fenster a.; er trat durch das angelehnte Tor. **2.** ⟨sich an jmdn., an etwas a.⟩ *als Vorlage, zum Vorbild nehmen:* das Vertragswerk lehnt sich an frühere Verträge an; er lehnt sich mit seinen Ideen an Marx an.
Anlehnung, die: **1.** *das Sichstützen, Halt:* das kleine Land sucht A. und Unterstützung im Ausland. **2.** ⟨in Verbindung mit *an*⟩ *Bezugnahme, nachahmende Annäherung:* die A. an Brecht, an Brechts „Kreidekreis" ist unverkennbar; der Vertrag wurde in/unter A. an frühere Verträge *(nach dem Vorbild früherer Verträge)* formuliert.
Anleihe, die: *größere langfristige Geldaufnahme:* öffentliche, staatliche Anleihen; die A. ist bis 1999 unkündbar; eine A. auflegen, aufgeben, ausgeben, überzeichnen; der Staat nahm eine A. von 100 Millionen Mark auf; bei jmdm. eine A. machen *(Geld borgen);* übertr.: er hat einige Anleihen bei Mozart gemacht *(hat einige Elemente von Mozart übernommen).*
anleimen ⟨etwas a.⟩: *mit Leim befestigen:* ein Stuhlbein a.; ein abgeplatztes Stück an das/(seltener:) an dem Brett wieder a.; wie angeleimt sitzen, stehen (ugs.: *nicht aufbrechen).*
anleiten a) ⟨jmdn. a.⟩: *unterweisen:* die Schüler [bei der Arbeit] a. **b)** ⟨jmdn. zu etwas a.⟩ *zu etwas bringen, anhalten:* er leitete sie zur Ordnung an.
Anleitung, die: **a)** *Anweisung, Unterweisung:* eine A. geben, befolgen, beachten; er mußte unter [der] A. des Meisters arbeiten. **b)** *Zettel mit einer aufgedruckten Anweisung, Unterweisung:* eine A. zur Herstellung, zum Gebrauch liegt bei.
anlernen: 1. ⟨jmdn. a.⟩ *in eine berufliche Tätigkeit einarbeiten:* der Meister lernt ihn als Lackierer an; ein angelernter Arbeiter. **2.** (ugs.) ⟨sich (Dativ) etwas a.⟩ *sich etwas durch Lernen oberflächlich aneignen:* das hast du dir wohl als Kellner angelernt; eine angelernte Bildung.
anlesen: 1. ⟨etwas a.⟩ *die ersten Seiten von etwas lesen:* ein Buch a.; der Lektor hat den Roman nur angelesen. **2.** ⟨sich (Dativ) etwas a.⟩ *sich etwas nur durch Lesen aneignen:* sich Kenntnisse a.
anliegen /vgl. angeliegend/: **1.** ⟨etwas liegt an⟩ *etwas schmiegt sich an, berührt den Körper:* das Trikot lag eng [am Körper] an; anliegende Ohren. **2.** (ugs.) ⟨etwas liegt an⟩ *etwas ist noch zu erledigen:* was liegt an?; es liegt nichts Besonderes an.
Anliegen, das: *Angelegenheit, die jmdm. am Herzen liegt; Wunsch, Bitte:* das zentrale A. seiner Politik ist es, den Frieden zu stärken; ich habe ein A. an Sie; ein dringendes A. vorbringen, vortragen, formulieren, erfüllen, abweisen; auf ein A. eingehen; mit einem A. kommen.
anliegend: 1. *angrenzend:* die anliegenden Grundstücke. **2.** (Bürow.) *beigefügt:* die anliegende Kopie; a. übersenden wir Ihnen den Brief unseres Kunden.

anlocken ⟨jmdn., etwas a.⟩: *heranlocken:* Touristen a.; der Lärm hatte uns angelockt.
anlügen ⟨jmdn. a.⟩: *ohne Zögern, Bedenken belügen:* jmdn. frech, dreist, unverschämt a.
anmachen ⟨etwas a.⟩: **1.** (ugs.) *befestigen, anbringen:* Gardinen a.; er machte einen Zettel an die/an der Tür an. **2.** (ugs.) **a)** *anschalten:* die Heizung, das Radio, das Licht a. **b)** *anzünden:* die Kerzen, Feuer a.; den Ofen *(das Feuer im Ofen)* a. **3.** *anrühren, mischend bereiten:* Kalk, Mörtel a.; sie machte den Salat mit Essig und Öl an. **4.** (ugs.) ⟨jmdn. a.⟩ **a)** *herausfordernd, in provozierender Weise ansprechen [und unmißverständlich sein Interesse an jmdm. zeigen]:* er macht alle Mädchen in der Disko an; mach mich nicht an *(laß mir meine Ruhe)*! **b)** *zum Mitmachen anregen; verlocken, mitreißen, reizen:* der Sänger versuchte, [durch Klatschen] das Publikum anzumachen; das macht mich nicht an.
anmaßen /vgl. anmaßend/ ⟨sich (Dativ) etwas a.⟩: *ohne Berechtigung für sich in Anspruch nehmen:* sich Vorrechte, Befugnisse, Autorität a.; ich möchte mir kein Urteil a.; er hatte sich angemaßt, darüber zu entscheiden.
anmaßend: *ohne Berechtigung selbstbewußt, überheblich:* ein anmaßender Mensch; in anmaßendem Ton; er ist sehr a., tritt sehr a. auf.
Anmaßung, die: *Überheblichkeit, unberechtigter Anspruch:* eine freche, unglaubliche A.; diese A. weisen wir zurück.
anmelden: **1.** ⟨jmdn., sich, etwas a.⟩ *ankündigen:* sich zu einem Besuch, seinen Besuch a.; er hat sich telefonisch angemeldet; der Mann ließ sich durch die Sekretärin beim Direktor a. **2. a)** ⟨jmdn., sich a.⟩ *den neuen Wohnsitz, den Beginn eines Aufenthalts der zuständigen Stelle melden:* sich, seine Familie polizeilich a.; innerhalb von drei Tagen muß man sich auf dem Einwohnermeldeamt a. **b)** ⟨jmdn., sich a.⟩ *den Eintritt, die Teilnahme an etwas der zuständigen Stelle melden:* sich bei einem Verein, zu einem Kursus a.; er meldete sein Kind im Kindergarten, zur Schule an. **c)** ⟨etwas a.⟩ *der zuständigen Stelle zur Registrierung melden, eintragen lassen:* ein Rundfunkgerät [bei der Post], ein Gewerbe a.; er meldete ein Patent, eine Erfindung zum Patent an. **3.** ⟨etwas a.⟩ *vorbringen, geltend machen:* Bedenken, Wünsche, Forderungen a.; Protest a.
Anmeldung, die: **1.** *Ankündigung:* ohne vorherige A. können Sie den Direktor nicht sprechen. **2.** *das Anmelden bei der zuständigen Stelle:* polizeiliche A.; die A. auf dem Einwohnermeldeamt erledigen; ein Kind zur A. in die Schule bringen. **3.** *das Vorbringen, Geltendmachen:* die A. eines Protestes; auf die A. von Ansprüchen verzichten.
anmerken: **1.** ⟨jmdm., einer Sache etwas a.⟩ *an jmdm., einer Sache feststellen, bemerken, spüren:* jmdm. den Ärger, die Anstrengung a.; man merkt ihm, seiner Stimme nichts an; er hat sich nichts a. lassen. **2.** ⟨etwas a.⟩ *notieren:* einen Tag im Kalender a.; ⟨sich (Dativ) etwas a.⟩ ich habe mir die Stelle rot angemerkt *(angestrichen).* **3.** (geh.) *etwas zu einer Sache äußern:* dazu möchte ich a., ist folgendes anzumerken.
anmontieren ⟨etwas a.⟩: *mit technischen Hilfsmitteln anbringen:* eine Klingel a.; er montierte eine Steckdose an die/an der Wand an.

Anmut, die: *liebliche Schönheit, Liebreiz:* ihre reine, natürliche, kindliche, mädchenhafte A.; die A. der Erscheinung, der Bewegung; ihr fehlte jede A.; A. haben, besitzen; sie tanzte mit, voller A.; übertr.: die A. einer Landschaft.
anmuten (geh.) ⟨jmdn. a.; mit Artangabe⟩: *jmdm. in einer bestimmten Art erscheinen:* sein Benehmen mutet mich seltsam an; die Menschen muteten ihn fremd an; ⟨auch ohne Akk.⟩ seine Rede mutete höchst merkwürdig an.
anmutig: *voller Anmut:* eine anmutige Frau; ihre Bewegungen sind a.; sie plauderte a.
annageln ⟨etwas a.⟩: *mit einem Nagel befestigen:* ein Brett a.; er nagelte das Schild an die/an der Tür an; wie angenagelt (ugs.; *unbeweglich)* sitzen bleiben.
annähen ⟨etwas a.⟩: *festnähen:* das Futter, einen Knopf [am Mantel] a.
annähernd ⟨Adverb; vereinzelt auch adjektivisch als Attribut⟩: *ungefähr, fast:* etwas a. errechnen; a. 90 Stundenkilometer; das Kleid ist nicht a. *(bei weitem nicht)* so schön wie das andere; mit annähernder Sicherheit.
Annäherung, die: **a)** *das Nahen, Herankommen:* bei der A. feindlicher Flugzeuge. **b)** *Angleichung:* eine A. an die Wirtschaftsgemeinschaft erstreben; es kam zu keiner A. der Standpunkte. **c)** *Anfreundung, Anknüpfung menschlicher Beziehungen:* die A. zwischen den beiden macht Fortschritte.
Annäherungsversuch, der: *Versuch, mit jmdm. näher in Kontakt zu kommen:* ein plumper A.; Annäherungsversuche machen.
Annahme, die: **1. a)** *das An-, Entgegennehmen:* die A. eines Briefes, einer Sendung verweigern. **b)** *Billigung:* die A. eines Plans, einer Gesetzesvorlage, einer Dissertation; die A. der Resolution gilt als sicher. **c)** *Übernahme:* die A. einer Gewohnheit; sich zur A. eines anderen Namens entschließen. **d)** *Einstellung:* die A. einiger Bewerber ist noch fraglich. **2.** *Annahmestelle:* die A. ist geschlossen; das Paket ist noch in der A. **3.** *Vermutung, Ansicht:* eine irrige, falsche, richtige A.; diese A. erwies sich als trügerisch, als Irrtum; meine A. hat sich bewahrheitet; das ist eine weitverbreitete A.; ich war bei der A. *(nahm an),* daß er krank sei; in der A., daß ...; ich habe mich in meiner A. nicht getäuscht; wir gehen von der A. aus, daß ...; ich habe Grund zu der A., daß ...
annehmbar: a) *geeignet, angenommen oder gebilligt zu werden:* ein annehmbarer Preis; diese Bedingungen sind a. **b)** *ziemlich gut:* annehmbares Wetter; sie spielt ganz a. Klavier.
annehmen: 1. ⟨etwas a.⟩ **a)** *etwas Angebotenes nehmen; entgegennehmen:* ein Geschenk, Trinkgeld a.; er hat den Brief für mich angenommen; Sport: einen Ball, die Scheibe, eine Flanke a. *(in seinen Besitz, unter Kontrolle bringen);* Geldw.: ausländische Zahlungsmittel, Travellerschecks a. *(in Zahlung nehmen, umwechseln);* einen Wechsel a. *(einlösen).* **b)** *mit etwas einverstanden sein, seine Zustimmung dazu geben:* eine Wahl, eine Einladung, jmds. Hilfe a.; der Angeklagte nahm die Strafe ohne Murren an; ich werde die Arbeit annehmen; eine Wette, eine Herausforderung, den Kampf a. *(darauf eingehen).* **c)** *billigen:* ein Gesetz, eine Resolution, eine Doktorarbeit a.; der-

Antrag wurde einstimmig angenommen; der Roman ist [vom Verlag] angenommen worden *(zur Veröffentlichung akzeptiert worden)*. **2.** ⟨etwas a.⟩ *übernehmen, sich aneignen, sich zulegen:* die Lebensgewohnheit seines Freundes a.; Starallüren a.; er nahm einen anderen Namen an; /häufig verblaßt/: seine Stimme nahm eine gewisse Feierlichkeit an *(wurde feierlich);* die Katastrophe nimmt unvorstellbare Ausmaße, Formen an *(wird unvorstellbar groß).* **3.** ⟨jmdn. a.⟩ **a)** *aufnehmen, nicht abweisen:* im Gymnasium nicht angenommen werden; wir können die Bewerber, neue Arbeitskräfte a. *(einstellen);* der Arzt nimmt keine Patienten mehr an *(empfängt sie nicht mehr zur Behandlung).* **b)** *adoptieren:* sie haben ein kleines Mädchen angenommen. **4.** ⟨etwas nimmt etwas an⟩ *etwas läßt etwas eindringen, haften:* das Papier nimmt kein Fett an; diese Stoffe nehmen Farben gut an. **5.** ⟨etwas a.⟩ **a)** *vermuten, glauben, meinen:* etwas mit Recht a.; niemand nahm ernstlich an, daß ...; er ist nicht, wie vielfach angenommen wird, der Autor. **b)** *voraussetzen:* eine Strecke als gegeben a.; wir nehmen die Existenz anderer Spionageorganisationen als Tatsache an; angenommen, daß ... **6.** ⟨sich jmds., einer Sache a.⟩ *sich kümmern:* sich der Armen und Kranken a.; ich werde mich der Angelegenheit annehmen. **7.** (Jägerspr.) ⟨etwas a.⟩ **a)** *eine Fährte aufnehmen und ihr folgen:* der Hund hat die Fährte angenommen. **b)** *einen Wechsel betreten:* das Wild nimmt den Wechsel an. **c)** *Futter nicht verschmähen, fressen:* die Hirsche wollten das ausgelegte Futter zunächst nicht a.

Annehmlichkeit, die: *Angenehmes, Bequemlichkeit:* die Annehmlichkeiten *(guten Seiten)* des Lebens; auf eine A. verzichten müssen; der Campingplatz bietet manche A.

anno, Anno (veraltet): *im Jahre:* Weihnachten anno/(auch:) Anno 1815; es war wie anno/(auch:) Anno 1840; erbaut anno/(auch:) Anno 1905. * (ugs.:) **anno**/(auch:) **Anno dazumal** *(früher, in jener Zeit)* · (ugs. scherzh.:) **anno**/(auch:) **Anno Tobak** *(früher; in, aus alter [längst überholter] Zeit):* der Hut stammt noch aus, ist von anno/(auch:) Anno Tobak · **Anno Domini** *(im Jahre des Herrn):* erbaut Anno Domini 1784.

Annonce, die: *Anzeige:* eine A. aufgeben, in die Zeitung setzen; sich auf eine A. melden.

annoncieren: a) *eine Annonce in die Zeitung bringen:* in der Zeitung a.; wir haben bereits annonciert. **b)** ⟨etwas a.⟩ *durch Annonce ankündigen:* die neuen Modelle, das Erscheinen eines aktuellen Buches a.

anöden (ugs.) ⟨jmdn. a.⟩: *langweilen:* das Leben, die Feier ödete ihn an; er hat mich mit seinen Urlaubsschilderungen angeödet.

anordnen: 1. ⟨etwas a.; gewöhnlich mit Umstandsangabe⟩ *nach einem bestimmten Plan ordnen, aufstellen:* die Tischdekoration neu, geschmackvoll a.; das Verzeichnis ist nach Sachgebieten angeordnet. **2.** ⟨etwas a.⟩ *veranlassen, verfügen:* etwas ausdrücklich, strikt, dienstlich a.; die Verhaftung, die Beschlagnahme a.; er ordnete an, die Gefangenen zu entlassen; der Arzt hat [für den Kranken] Bettruhe angeordnet.

Anordnung, die: **1.** *das Anordnen, Gruppierung:* eine übersichtliche, zweckmäßige A.; die A. ist

streng alphabetisch; die Anordnung vornehmen, überprüfen. **2.** *das Verfügen, Verordnung:* eine amtliche, polizeiliche, dienstliche A.; eine A. erlassen, treffen; er gab A., die Lebensmittel zu verteilen; den Anordnungen des Personals folgen, nachkommen, sich fügen, sich widersetzen; das geschah auf meine A.; er hat gegen seine Anordnungen gehandelt.

anpacken: 1. ⟨jmdn., etwas a.⟩ *fest mit den Händen fassen, zufassen; anfassen:* das Steuer fest a.; er packte ihn grob, am Arm, von hinten an. **2.** *mit zugreifen, zupacken, helfen:* wenn alle [mit] a., sind wir bald mit der Arbeit fertig. **3.** ⟨etwas a.⟩ *anfangen, in Angriff nehmen:* ein Problem richtig, energisch, völlig verkehrt a.; wie sollen wir die Sache a.? **4.** ⟨jmdn. a.; mit Artangabe⟩ *mit jmdm. in einer bestimmten Weise umgehen:* der Lehrer packt die Schüler hart an.

anpassen: 1. a) ⟨jmdn., einer Sache etwas a.⟩ *zupassen, passend machen:* Bauteile einander a.; der Schneider hat mir einen neuen Anzug angepaßt *(angemessen).* **b)** ⟨etwas a.⟩ *feststellen, ob etwas paßt:* Schuhe, Kleidungsstücke a. **2.** ⟨etwas einer Sache a., etwas auf etwas abstimmen:* sein Leben den veränderten Verhältnissen a.; er paßte seine Kleidung der Jahreszeit an. **3.** ⟨sich jmdm., einer Sache a.⟩ *sich angleichen, sich nach jmdm., nach etwas richten:* sich der Zeit, der Umgebung, jeder Lebenslage a.; er paßte sich den anderen an; ⟨auch ohne Dat.⟩ Kinder passen sich schnell an. ◇ adj. Part.: der angepaßte Mensch; er ist, lebt sehr angepaßt.

anpeilen ⟨etwas a.⟩: *als Richtpunkt nehmen, mittels Peilung bestimmen:* den Flugplatz, einen Geheimsender a.; übertr.: die Mannschaft peilt die Meisterschaft an; die Partei peilt bei dieser Wahl eine zweistellige Prozentzahl an.

anpfeifen: 1. (Sport) ⟨etwas a.⟩ *durch Pfeifen beginnen lassen:* die erste Halbzeit a.; der Schiedsrichter pfiff das Spiel wieder an; (auch ohne Akk.) er hat mit drei Minuten Verspätung angepfiffen. **2.** (ugs.) ⟨jmdn. a.⟩ *in scharfem Ton zurechtweisen:* der Chef hat sie angepfiffen.

Anpfiff, der: **1.** (Sport) *Pfiff als Zeichen für den Spielbeginn:* der A. ist erfolgt; gleich nach dem A. schoß er ein Tor. **2.** (ugs.) *Zurechtweisung, Tadel:* einen A. bekommen.

anpflanzen ⟨etwas a.⟩: **a)** *pflanzen:* Sträucher, Obstbäume a. **b)** *anbauen:* Tee, Tabak a. **c)** *bepflanzen:* Blumenbeete, einen Garten a.

anpflaumen (ugs.) ⟨jmdn. a.⟩: *jmdn. verulkend oder aggressiv ansprechen:* er pflaumte die Kollegen an; subst.: laß das ewige Anpflaumen!

anprangern ⟨jmdn., etwas a.⟩: *öffentlich tadeln, brandmarken:* die sozialen Mißstände, die korrupte Verwaltung a.; jmdn. als Aufrührer a.

anpreisen ⟨jmdn., sich, etwas a.⟩: *rühmen [und empfehlen]:* eine Ware, ein Land als Reiseziel, einen Schlagersänger a.; ⟨jmdm. etwas a.⟩ der Händler pries den Kunden seine Stoffe an.

Anprobe, die: *das Anprobieren:* eine weitere A. ist nicht nötig; bei der ersten A.; zur A. kommen; ich bin für heute zur A. bestellt.

anprobieren ⟨etwas a.⟩: *feststellen, ob etwas paßt:* Schuhe, Kleider a.; ich soll a. kommen (ugs.; *zur Anprobe kommen*) ⟨jmdm. etwas a.⟩ der Schneider probierte ihm den Anzug an.

anpumpen (ugs.) ⟨jmdn. a.⟩: *von jmdm. Geld leihen:* er hat mich [um 50 Mark] angepumpt.
anquatschen (ugs.) ⟨jmdn. a.⟩: *[plump-vertraulich] ansprechen:* die Leute in der Straßenbahn a.; ich lass' mich doch nicht von jedem dumm a.!
anraten ⟨jmdm. etwas a.⟩: *raten, dringend nahelegen:* der Arzt riet ihm Spaziergänge, Ruhe an; er hat mir angeraten, das Grundstück zu verkaufen; ⟨auch ohne Dat.⟩ der Lehrer riet die Zurückstellung vom Schulbesuch an; s u b s t.: auf Anraten des Arztes unterzog ich mich der Kur.
anrechnen: 1. ⟨etwas a.⟩ **a)** *berechnen:* er hat einen hohen Preis, nur 3 Mark, zuviel angerechnet; ⟨jmdm. etwas a.⟩ wir werden ihm die Ware billig anrechnen. **b)** *mit der Gesamtsumme verrechnen:* das alte Auto rechnen wir an; die Überstunden werden als Arbeitszeit angerechnet; ⟨jmdm. etwas a.⟩ die Untersuchungshaft wurde ihm [auf die Gefängnisstrafe] angerechnet. **2.** ⟨jmdm., sich, einer Sache etwas a.; mit Artangabe⟩ *in einer bestimmten Weise werten, [vergleichend] einschätzen, bewerten:* er rechnete es sich zur Ehre an, daß ...; die Stabilisierung der Währung wurde ihm als Verdienst angerechnet; wir können ihm das als strafmildernd a.; daß er nicht nachgegeben hat, rechne ich ihm hoch an *(erkenne ich besonders an).*
Anrechnung, die: *das Anrechnen:* eine A. *(Berechnung)* der Transportkosten erfolgt nicht; unter A. *(Einbeziehung)* der Untersuchungshaft; er wurde in A. *(Anerkennung)* seiner Verdienste befördert. ∗(nachdrücklich:) **in Anrechnung bringen** *(anrechnen).*
Anrecht, das: *Recht auf etwas, Anspruch:* ein altes, verbrieftes A.; ein A. geltend machen, verlieren, preisgeben; ein A. auf Unterstützung haben.
Anrede, die: *das Anreden:* eine korrekte, passende, steife, vertrauliche A.; wie lautet die A. für einen Kardinal?
anreden: 1. a) ⟨jmdn. a.⟩ *ansprechen:* der Nachbar redete ihn im Hausflur an; er hat mich darauf, auf diese Bemerkung hin angeredet. **b)** ⟨jmdn. a.; mit Artangabe⟩ *mit einer bestimmten Bezeichnung, in einer bestimmten Form ansprechen:* jmdn. feierlich, höflich, vertraulich, mit „Sie" a.; er redete den Fremden mit seinem Titel, mit „Genosse" an. **2.** ⟨gegen etwas a.⟩ *redend gegen etwas angehen:* er mußte gegen den Lärm a.
anregen: 1. ⟨etwas regt jmdn., etwas an⟩ *etwas belebt jmdn., etwas, weckt, muntert jmdn., etwas auf:* Bewegung regt den Appetit an; der Kaffee regte ihn zu neuer Aktivität an; ⟨auch ohne Akk.⟩ Tee regt an; a d j. P a r t.: ein anregendes Mittel; in angeregter Stimmung; sich angeregt unterhalten. **2. a)** ⟨etwas a.⟩ *den Anstoß zu etwas geben:* einen Betriebsausflug, ein neues Projekt a.; ich werde das einmal a. *(zur Sprache bringen, vorschlagen).* **b)** ⟨jmdn. zu etwas a.⟩ *veranlassen, inspirieren:* das Buch regte ihn zum Nachdenken an; die Begegnung hatte ihn angeregt, einen neuen Roman zu schreiben.
Anregung, die: **1.** *Belebung:* ein Präparat zur A. des Blutkreislaufs. **2.** *das Anregen, Anstoß, Impuls:* neue, wertvolle, wichtige Anregungen; die A. zu der Sammlung ging von der Kirche aus; mein Professor gab mir die A. zu dieser Arbeit; ich verdanke ihm viele Anregungen; sich irgendwo Anregungen holen; er hat das Bild auf A. seiner Lehrerin gemalt.
anreichern ⟨etwas a.⟩: *bei etwas den Gehalt an bestimmten Bestandteilen steigern; gehaltvoller machen:* Lebensmittel mit Vitaminen a.; mit Staub und Dämpfen angereicherte Luft; angereichertes Uran.
anreihen: a) ⟨etwas a.⟩ *in einer Reihe anfügen:* Perlen a. **b)** (geh.) ⟨sich a.⟩ *sich anschließen:* er reihte (stellte) sich hinten an; hier reiht sich noch ein weiterer Bericht an.
anreißen ⟨etwas a.⟩: **1.** (Technik) *mit einem spitzen Gerät auf etwas Linien zur Bearbeitung andeuten:* Metallplatten, ein Werkstück a. **2.** (ugs. landsch.) *anzünden:* ein Streichholz a.; er riß das Feuerzeug an. **3.** *in Gang bringen:* er riß den Außenbordmotor an. **4.** (ugs.) *anbrechen, zu verbrauchen beginnen:* die letzte Schachtel Zigaretten, seine Vorräte a. **5.** *zur Sprache bringen:* ein Thema, eine Frage, soziale Probleme a.
Anreiz, der: *Antrieb; Lockung:* ein materieller A.; ein A. zum Sparen; etwas erhöht den A., nimmt einer Sache den A.; das Preisausschreiben bietet keinen A.; der Sache fehlt der letzte A.
anreizen: 1. ⟨etwas a.⟩ *erregen, wecken:* die Neugier, die Sensationslust a. **2.** ⟨jmdn. zu etwas a.⟩ *zu etwas anregen, verlocken:* jmdn. zu besonderen Leistungen, zum Sparen a.; unsere Erfolge reizten uns zu immer neuen Wagnissen an.
anrempeln (ugs.) ⟨jmdn. a.⟩: **1.** *im Vorübergehen anstoßen:* sie wurde von einem Betrunkenen angerempelt. **2.** *provozierend belästigen, Streit suchen, beschimpfen:* er hat sie so lange angerempelt, bis sie ihm eine geklebt hat.
anrennen: 1. ⟨im 2. Part. in Verbindung mit kommen⟩ *angelaufen kommen:* die Kinder kamen schreiend angerannt. **2. a)** ⟨jmdn., etwas a.⟩ *gegen jmdn., gegen etwas laufen, stoßen:* er rannte mehrere Passanten an; er hat mich mit dem Ellbogen angerannt *(im Laufen mit dem Ellbogen angestoßen).* **b)** ⟨sich (Dativ) etwas a.⟩ *sich einen Körperteil an etwas stoßen:* ich habe mir den Kopf angerannt; an dieser Ecke rennt man sich immer das Knie an. **c)** *an etwas rennen, rennend anstoßen:* mit dem Ellenbogen bin ich an/gegen die Fensterecke angerannt. **3.** ⟨gegen jmdn., gegen etwas a.⟩ *anstürmen:* gegen die Feinde, gegen die feindlichen Stellungen a.; ü b e r t r.: gegen die alten Vorurteile a. *(angehen).*
anrichten ⟨etwas a.⟩: **1.** *zum Verzehren fertigmachen, bereitstellen:* ein kaltes Buffet, die Salatplatten a.; die Hausfrau richtet das Essen an; es ist angerichtet *(wir können essen).* **2.** *(etwas Übles) verursachen, herbeiführen:* ein Unheil, Schaden, große Verwirrung, ein Blutbad a.; der Sturm richtete große Verheerungen an; (iron.:) da hast du etwas Schönes angerichtet!
anriechen ⟨jmdm. etwas a.⟩: *etwas an jmds. Geruch feststellen:* ich rieche es dir sofort an, wenn du Alkohol getrunken hast; ü b e r t r.: (ugs.:) ich rieche ihm auf drei Meilen an, was er vorhat.
anrüchig: a) *von zweifelhaftem Ruf:* ein anrüchiges Lokal, anrüchige Geschäfte, eine anrüchige Person. **b)** *leicht anstößig:* ein anrüchiges Lied; er erzählte anrüchige Witze.
anrücken: *in geschlossener Formation herankommen:* der Feind, die Feuerwehr rückt an; die

anrückenden Truppen; übertr. (ugs.): gestern sind meine Verwandten angerückt.
Anruf, der: 1. *Zuruf, der eine Aufforderung enthält:* auf einen A. nicht reagieren; ohne A. schießen. 2. *Telefongespräch:* dein A. erreichte mich nicht; viele Anrufe erhalten; auf einen A. warten.
anrufen: 1. ⟨jmdn. a.⟩ *durch Zuruf zu etwas auffordern:* der Wachposten rief ihn [halblaut, leise] an. 2. ⟨jmdn., etwas a.⟩ *um Hilfe bitten, um etwas ersuchen:* jmdn. als Zeugen, um Hilfe a.; eine Schiedsstelle a.; Gott [um Gnade] a.; sie wollen die Gerichte a. *(wollen vor Gericht gehen).* 3. *sich telefonisch mit jmdm. in Verbindung setzen:* **a)** ⟨jmdn., etwas a.⟩ seinen Freund, die Auskunft a.; ich werde dich im Laufe des Tages anrufen; ⟨auch ohne Akk.⟩ hat jmd. angerufen? **b)** ⟨mit Raumangabe⟩ bei seinen Eltern, im Klub, auf dem Arbeitsamt a.; ich muß noch zu Hause a.; ⟨auch ohne Raumangabe⟩ ich werde später a. – Die Verbindung mit dem Dativ *(ich rufe ihm an)* ist ugs. landsch., bes. südd. und schweiz.; sie gilt hochsprachlich als nicht korrekt.
anrühren: 1. ⟨etwas a.⟩ *mit etwas verrühren, rührend zubereiten, gebrauchsfertig machen:* eine Farbe, Gips [mit Wasser] a.; einen Teig a.; frisch angerührter Kleister. 2. ⟨jmdn., etwas a.⟩ *mit der Hand berühren:* wenn du das Kartenhaus anrührst, fällt es zusammen; vor dem Eintreffen der Polizei nichts a. *(anfassen, verändern);* rühr mich nicht an!; übertr.: (verneint oder eingeschränkt): kaum einen Bissen a. *(fast nichts essen);* das Klavier nicht a. *(nicht darauf spielen);* kein Buch a. *(nicht lesen);* ich habe das Geld auf der Sparkasse nicht angerührt *(nichts abgehoben).* 3. (geh.) ⟨jmdn. a.⟩ *innerlich, seelisch berühren:* die Leiden der Mitmenschen, die Flüchtlinge in ihrer Not rührten ihn an.
ans: *an das:* sich ans Steuer setzen; bis ans Ende der Welt; ans Aufstehen denken.
ansagen /vgl. angesagt/: 1. ⟨etwas a.⟩ *ankündigen, bekanntgeben:* eine Versammlung, seinen Besuch a.; das Programm, die Zeit a. S k a t : Schneider a. 2. ⟨sich a.; mit Umstandsangabe⟩ *sich anmelden, seinen Besuch ankündigen:* sich bei seinen Verwandten, bei seinem Freund [zu Besuch] a.; er hat sich im Ministerium, für heute abend angesagt. 3. (Bürow.) ⟨jmdm. etwas a.⟩ *diktieren:* der Chef sagt der Sekretärin gerade einige Briefe an.
ansammeln: 1. ⟨etwas a.⟩ *nach und nach zusammentragen, anhäufen:* Reichtümer, Kunstschätze a. 2. ⟨sich a.⟩ *sich anhäufen, zusammenkommen:* im Bindegewebe sammelte sich Flüssigkeit an; überall sammelt sich Staub an; immer mehr Neugierige sammelten sich an *(fanden sich in wachsender Zahl ein);* übertr.: Zorn, Empörung hatte sich in ihm angesammelt.
ansässig ⟨in der Verbindung⟩ ansässig sein ⟨mit Raumangabe⟩: *an einem bestimmten Ort wohnen, seinen Sitz haben:* in München a. sein; er ist seit vielen Jahren dort a.; ⟨auch attributiv⟩ die in diesem Raum ansässigen Handelsunternehmen.
Ansatz, der: 1. *angesetztes Verlängerungsstück:* das Rohr wurde mit einem A. versehen. 2. **a)** *das Sichansetzen, -bilden:* das Mittel verhindert den A. von Kalk. **b)** *Schicht, die sich angesetzt hat:* den A. von Kalkstein entfernen. 3. *Stelle, an der*

etwas ansetzt, beginnt: am A. des Halses hat er eine kleine Narbe. 4. *das Entstehen, sich abzeichnende Herausbildung:* der A. einer Knospe, eines neuen Blattes an einer Pflanze; er hat schon den A. eines Bauches; der A. *(Anflug)* eines Bartes; der A. *(die Andeutung)* eines Lächelns; das Befinden des Kranken zeigt Ansätze *(erste Zeichen)* zur Besserung. 5. *Beginn, Anlauf zu etwas:* der hoffnungsvolle A. ist gescheitert; in den [ersten, zaghaften] Ansätzen steckenbleiben; nicht über Ansätze hinauskommen. 6. (Musik) *das An-, Einsetzen:* der A. des Trompeters ist schlecht; der Sänger hat einen weichen A. 7. (Math.) *mathematische Umsetzung einer Textaufgabe:* dein A. ist falsch!; der Schüler konnte den A. zu dieser Aufgabe nicht finden. 8. (Wirtsch.) *Veranschlagung, Kalkulation:* ein hoher, falscher A. [für die Kosten]; die Ansätze sind auf 5,6 Mio. gestiegen.
anschaffen: 1. ⟨jmdm., sich etwas a.⟩: *erwerben, sich zulegen:* sich Bücher, neue Möbel, ein Auto a.; ich habe mir einen Hund angeschafft; ⟨auch ohne Dativ⟩ neue Maschinen [für das Werk] a.; übertr. (ugs.): sich einen Liebhaber, eine Geliebte a.; sich Kinder a. 2. (ugs.) *Prostitution betreiben:* sie schaffen beide an; sie geht [für ihn] a.
anschalten ⟨etwas a.⟩: *einschalten, anstellen:* das Radio, den Fernseher a.; sie hatte das Licht nicht angeschaltet.
anschauen (bes. südd., österr., schweiz., sonst geh.): 1. ⟨jmdn. a.⟩ *ansehen:* einen Menschen nachdenklich, forschend, traurig, mitleidig, vorwurfsvoll, erstaunt a.; sie hatten sich/(geh.:) einander unverwandt angeschaut. 2. ⟨sich (Dativ) jmdn., etwas a.⟩ *aufmerksam, eingehend betrachten:* sich eine Stadt, die alten Bauwerke a.; der Arzt schaute sich den Kranken an; ich schaue mir das gar nicht an *(beachte das gar nicht).*
anschaulich: *leicht faßlich, deutlich, plastisch:* eine anschauliche Darstellung; ein Problem, den Unterrichtsstoff a. darstellen; er versteht a. zu erzählen; jmdm. etwas [durch etwas] a. machen.
Anschauung, die: 1. **a)** *das Anschauen, Betrachtung, Meditation:* er stand vor dem Bild, ganz in A. versunken. **b)** *Vorstellung, Eindruck:* eine klare A. von etwas haben; er weiß es aus eigener A. 2. *Meinung, Auffassung:* moderne, fortschrittliche, veraltete Anschauungen; das ist die herrschende A.; er hat über das Verkehrswesen, vom Verkehrswesen rückständige Anschauungen; eine A. vertreten, nicht teilen; seine Anschauungen ändern; er hält an dieser A. fest.
Anschein, der: *äußerer Schein, Eindruck:* es entsteht der A., als ob die Scheibe sich drehte; aller A. spricht dafür, daß der Versuch gelingt; es hat den A. *(sieht so aus),* als wollte es regnen; es bekommt den A. *(sieht allmählich so aus),* als wollte er uns nur hinhalten/als er uns nur hinhalten wollte; er erweckt, gibt sich (Dativ) den A., als wäre er reich/als ob er reich wäre. * dem/ allem Anschein nach *(anscheinend, vermutlich).*
anscheinend ⟨Adverb⟩: *wie es scheint, dem Anschein nach:* er ist a. krank; a. ist niemand zu Hause; sie hat a. Schweres erlebt.
anschicken (geh.) ⟨sich zu etwas a.⟩: *sich zu etwas bereitmachen; im Begriff sein, etwas zu tun:* er schickte sich zum Gehen an; die Stadt schickte sich an, die Sportler zu empfangen.

anschieben ⟨etwas a.⟩: *schiebend in Bewegung setzen:* ein Auto a.; s u b s t.: würden Sie mir bitte beim Anschieben des Wagens helfen?
anschießen: 1. ⟨jmdn. a.⟩ *durch einen Schuß verletzen:* der Jäger hat den Hirsch nur angeschossen; der flüchtende Einbrecher wurde von dem Polizisten angeschossen. 2. ⟨gewöhnlich im 2. Part. in Verbindung mit *kommen*⟩ *sehr schnell herankommen:* das Wasser kam plötzlich angeschossen; er kam angeschossen wie ein Pfeil.
Anschlag, der 1. *öffentlich angeschlagene Bekanntmachung:* am Schwarzen Brett hängt ein neuer A.; einen A. machen, aushängen; die Anschläge der Regierung lesen. 2. *gewalttätiger Angriff, Attentat:* ein teuflischer, heimtückischer A.; der A. ist gelungen, mißglückt; einen A. [auf eine Fabrik] planen, vorbereiten, verüben, ausführen, verhindern, vereiteln; er fiel einem A. zum Opfer; ü b e r t r. (ugs.): einen A. auf jmdn. vorhaben *(etwas von jmdm. wollen).* 3. ⟨häufig in Verbindung mit *in, im*⟩ *Schußstellung:* A. liegend, stehend freihändig; das Gewehr im A. haben, halten, in A. bringen; die Soldaten gingen, lagen in A. 4. *das Niederdrücken einer Taste:* sie schreibt schon 250 Anschläge (auf der Schreibmaschine) in der Minute; mit 400 Anschlägen wurde sie Siegerin im Berufswettkampf. 5. a) *Art des Anschlagens:* der Klavierspieler hat einen guten, kräftigen, weichen, harten A. b) *Art, in der sich etwas anschlagen läßt:* eine Schreibmaschine mit leichtem A.; das Klavier hat einen guten, weichen A. 6. *das Anschlagen, Auftreffen:* den gleichmäßigen A. der Wellen hören; der A. des Schwimmers *(das Berühren des Beckenrandes mit der Wende, am Ziel).* 7. (Technik) *Stelle, bis zu der ein Maschinen- oder Geräteteil bewegt werden kann:* einen Verschluß bis zum A. aufdrehen; er zog den Steuerknüppel bis zum A. durch. 8. (Kaufmannsspr.) *Schätzung der Kosten:* machen Sie mir bitte einen A.
anschlagen /vgl. angeschlagen/: 1. ⟨etwas a.⟩ a) *befestigen:* ein Brett, eine Leiste a.; S e e m a n n s s p r.: die Segel [am Großbaum] a. b) *öffentlich zur Information anbringen:* eine Bekanntmachung a.; der Aufruf ist, steht am Schwarzen Brett angeschlagen. 2. ⟨[etwas] a.⟩ *die Taste bis zum Anschlag niederdrücken:* die Tasten lassen sich ziemlich schwer a.; bei vier Durchschlägen muß man kräftiger a. 3. ⟨etwas a.⟩ a) *durch Anschlagen zum Tönen bringen:* eine Saite, das Klavier a.; er schlug die Stimmgabel an. b) *erklingen lassen:* einen Akkord [auf dem Klavier] a.; sie schlug einige Töne der Melodie an. 4. ⟨etwas a.⟩ *in anderer Weise mit etwas beginnen oder fortfahren:* ein [Gesprächs]thema a.; er schlug ein anderes Tempo, einen schnelleren Schritt an. 5. a) ⟨etwas schlägt an⟩ *ertönt:* die Klingel, die Alarmglocke schlägt an; die Turmuhr hat zwölfmal angeschlagen. b) *warnend bellen:* der Hofhund schlug plötzlich, kurz, wütend an. 6. ⟨etwas a.⟩ *leicht beschädigen:* beim Geschirrspülen einen Teller angeschlagen; angeschlagene Tassen, Biergläser. 7. a) *an etwas schlagen, auftreffen:* die Wellen schlagen kaum hörbar [an das Ufer] an; der Schwimmer auf Bahn 6 hat als erster angeschlagen *(am Ziel den Beckenrand berührt);* /mit der Nebenvorstellung des Unabsicht-

lichen/: ich bin mit dem Knie [an die Wand] angeschlagen *(gestoßen, geprallt).* b) ⟨sich (Dativ) etwas a.⟩ *mit einem Körperteil an etwas stoßen:* ich habe mir wiederholt den Schädel angeschlagen; ⟨auch ohne Dat.⟩ sie hat ihr Knie [am Stuhl] angeschlagen. 8. (geh.) ⟨etwas a.; mit Artangabe⟩ *in einer bestimmten Weise einschätzen:* man darf seine Verdienste nicht zu gering a.; er hat es hoch angeschlagen, daß die Waren pünktlich geliefert worden sind. 9. a) ⟨etwas schlägt an⟩ *etwas wirkt, hat Erfolg:* das Mittel schlägt nicht an; die Kur hat bei ihm gut angeschlagen. b) ⟨etwas schlägt an⟩ *etwas macht dick:* Kuchen schlägt an; bei ihr schlägt alles, nichts an.
anschleichen: *sich langsam, [heimlich] schleichend nähern, heranschleichen:* a) ⟨jmdn., etwas a.⟩ ein Lager a.; der Jäger schleicht das Wild an. b) ⟨sich a.⟩ wir haben uns ganz leise [an das Lager] angeschlichen. c) ⟨gewöhnlich im 2. Part. in Verbindung mit *kommen*⟩ er kam bedrückt angeschlichen.
anschließen /vgl. anschließend/: 1. ⟨etwas a.⟩ *mittels eines Schlosses [gegen Diebstahl] sichern:* das Fahrrad am(/seltener:) an den Zaun a. 2. ⟨etwas a.⟩ *an etwas anbringen und dadurch eine Verbindung herstellen, verbinden:* den Schlauch an die(/seltener:) an der Leitung a.; einen Kühlschrank mit Mikrophon a.; die Häuser sind an die Fernheizung angeschlossen; angeschlossen sind *(die Sendung übernehmen)* alle deutschen Sender; die angeschlossenen Sender kommen mit eigenem Programm wieder. 3. ⟨etwas a.⟩ *anfügen, folgen lassen:* eine Frage a.; ⟨etwas einer Sache a.⟩ er schloß seinen Ausführungen eine Bitte an. 4. ⟨etwas schließt sich an⟩ *etwas folgt unmittelbar:* an die Wiese schließt sich ein Wald an; Stallungen und Wirtschaftsgebäude schlossen *(reihten)* sich an; den Vortrag hat sich eine Aussprache angeschlossen; ⟨auch: etwas schließt an⟩ die Sportreportage schließt unmittelbar [an die Nachrichten] an; die anschließende Diskussion brachte nichts Neues. 5. ⟨sich jmdm., einer Sache a.⟩ *sich zugesellen:* sich den Demonstranten a.; er schloß sich uns an; einem Streik, einer Besichtigung a. *(daran teilnehmen);* sich einer Ansicht, einem Vorschlag a. *(zustimmen);* er hat sich dieser Partei angeschlossen *(ist ihr beigetreten);* der Junge schließt sich den anderen Kindern [leicht, schwer, nicht] an *(findet Kontakt);* ⟨auch ohne Dat.⟩ darf ich mich a.?; ich schließe mich an *(bin der gleichen Ansicht, Meinung);* er schloß sich [an uns] bei dem Rundgang an; sie hat sich an die anderen angeschlossen. 6. ⟨etwas schließt an; mit Artangabe⟩ *etwas liegt in einer bestimmten Weise an:* das Kleid schließt [am Hals] eng an.
anschließend ⟨Adverb⟩: *danach:* a. gingen wir ins Theater; wir verreisen.
Anschluß, der: 1. a) *Verbindung mit einem Leitungsnetz:* A. an die städtische Strom- und Wasserversorgung haben; das Haus erhält elektrischen A. b) *Telefonanlage:* der A. ist gestört; das Haus hat mehrere Anschlüsse; mein Freund hat keinen A. *(kein Telefon).* c) *gewünschte telefonische Verbindung:* keinen A. haben, bekommen; er wartet auf den A. 2. *anschließende Verkehrsverbindung:* dieser Zug hat schlechten, keinen A.; Sie haben sofort A. an die Fähre, nach Berlin, an

den Zug nach Hamburg; einen A. erreichen, [nicht] bekommen, verpassen. **3.** *Verbindung zu etwas, zu jmdm.; Kontakt:* A. suchen, finden; wir haben keinen A. *(mit niemandem Umgang);* er hat A. bei ihnen gefunden; A. *(Verbindung nach vorn)* halten; unsere Sportler haben den A. an die Spitze erreicht, halten den A. zur Spitze; wir sollen den Flüchtlingen den A. *(Kontakt)* erleichtern. **4.** *Angliederung, politische Vereinigung:* den A. eines Gebietes [an ein Land] betreiben; nach dem gewaltsamen A. *(nach der Annexion).* * **im Anschluß an etwas** *(unmittelbar nach; unter Bezugnahme auf):* im A. an den Vortrag; im A. an meinen letzten Brief · (ugs.:) **den Anschluß verpaßt haben: a)** *(keinen Ehepartner gefunden haben).* **b)** *(beruflich nicht vorwärtsgekommen sein).*
anschmiegen: (sich, etwas an jmdn., an etwas a.): *sich liebevoll, zärtlich an jmdn., etwas schmiegen:* das Kind schmiegte sich, sein Gesicht zärtlich an die Mutter an; ⟨auch ohne Präp.-Obj.⟩ sie schmiegte sich eng an; übertr.: das Kleid schmiegt sich an den Körper/(auch:) dem Körper an.
anschmiegsam: *sich in zärtlicher, liebevoller Art jmdm. anpassend:* ein anschmiegsames Wesen haben; sie ist sehr a.
anschmieren: 1. ⟨sich a.⟩ *sich versehentlich beschmieren:* wo hast du dich nur so angeschmiert? **2.** (ugs. abwertend) ⟨jmdn. a.⟩ *täuschen, betrügen:* er hat mich ganz schön angeschmiert; der Verkäufer hat ihn mit dem Gebrauchtwagen angeschmiert. **3.** (ugs. abwertend) ⟨sich bei jmdm. a.⟩ *sich beliebt machen:* er versuchte sich beim Chef anzuschmieren.
anschnallen ⟨jmdn., sich, etwas a.⟩: *festschnallen:* das Kind a.; die Steigeisen a.; während der Fahrt schnallen wir uns an; die Passagiere werden gebeten, sich anzuschnallen; ⟨jmdm., sich etwas a.⟩ er hat sich die Rollschuhe angeschnallt.
anschnauzen (ugs.) ⟨jmdn. a.⟩: *grob zurechtweisen:* die Kinder a.; dauernd angeschnauzt werden; die Verkäuferin barsch a.
Anschnauzer, der (ugs.): *grobe Zurechtweisung:* er hat von seinem Vorgesetzten einen A. bekommen, erhalten, gekriegt (ugs.).
anschneiden: 1. ⟨etwas a.⟩ **a)** *durch Abschneiden des ersten Stückes zu verbrauchen beginnen:* das Brot, den Kuchen a.; ein frisch angeschnittener Schinken. **b)** *am Stielende ein wenig kürzen:* die Tulpen a., bevor sie in die Vase gestellt werden. **2.** ⟨etwas a.⟩ *zur Sprache bringen:* eine Frage, ein Thema a. **3.** ⟨etwas a.⟩ *mit einem anderen Teil in einem Stück zuschneiden:* sie hat die Ärmel angeschnitten; eine angeschnittene Kapuze. **4.** *auf der Innenseite angehen, nicht voll ausfahren:* eine Kurve eng, scharf a.; Skisport: beim Slalom die Tore geschickt a. *(sie sehr dicht an den Torstangen durchfahren).* **5.** (Sport) ⟨etwas a.⟩ *einen bestimmten Drall geben:* einen Ball [im Tischtennis] a.; der Rechtsaußen hat den Ball raffiniert angeschnitten. **6.** (Fot.) ⟨jmdn., etwas a.⟩ *durch den Bildrand einen Teil von jmdm., von etwas abschneiden:* einen Darsteller [mit der Kamera] a.; im Hintergrund, seitlich angeschnitten, die Rückfront des Schlosses.
anschrauben ⟨etwas a.⟩: *durch Schrauben befestigen:* das Namensschild an die/(seltener:) an

der Tür a.; er hat die lose Türklinke angeschraubt *(festgeschraubt).*
anschreiben: 1. ⟨etwas a.⟩ *etwas an etwas schreiben:* ein Wort, einen Satz [an die Tafel] a.; an den Wänden waren, standen Parolen angeschrieben. **2.** ⟨[etwas] a.⟩ *bis zur Bezahlung notieren:* beim Kaufmann a. lassen; würden Sie bitte die acht Mark, die Summe a.? **3.** (Papierdt.) ⟨jmdn., etwas a.⟩ *sich schriftlich an jmdn., an eine Stelle wenden:* den Oberbürgermeister, den Senat a.; 40 Prozent aller angeschriebenen Personen bejahten die Frage. * (ugs.:) **bei jmdm. gut, schlecht angeschrieben sein** *(bei jmdm. in gutem, schlechtem Ansehen stehen).*
anschreien ⟨jmdn. a.⟩: *mit lauter Stimme zurechtweisen, beschimpfen:* sie schrien sich [gegenseitig]/(geh.:) einander fürchterlich an; er schrie seine Frau aufgeregt, wütend an; schrei mich nicht so an!
Anschrift, die: *Angabe der Wohnung; Adresse:* meine A. lautet ...; die A. angeben; er hat mir seine neue A. mitgeteilt.
anschuldigen (geh.) ⟨jmdn. a.⟩: *bezichtigen, [vor Gericht] anklagen:* einen Menschen unbegründet a.; ⟨jmdn. einer Sache/wegen einer Sache a.⟩ man hat ihn des Diebstahls, wegen eines Vergehens angeschuldigt; er wurde angeschuldigt, den Mord begangen zu haben.
anschwärzen: 1. (selten) ⟨etwas a.⟩ *ein wenig schwärzen:* das Gesicht mit Ruß a. **2.** (ugs. abwertend) ⟨jmdn. a.⟩ *schlechtmachen, in Mißkredit bringen:* er versucht seine Kollegen beim Chef anzuschwärzen.
anschwellen ⟨etwas schwillt an⟩: *etwas nimmt an Umfang, an Stärke zu:* der Fluß schwillt [zu einem reißenden Strom] an; die Adern auf seiner Stirn schwollen an; ihre Beine, die Lymphdrüsen sind stark angeschwollen *(in krankhafter Weise dicker geworden);* übertr.: der Lärm, der Gesang schwillt an *(wird lauter);* der Beifall schwoll zum Orkan an.
anschwemmen ⟨etwas schwemmt etwas an⟩: *etwas spült etwas an:* die Flut schwemmt Wrackteile, die Ertrunkenen an; angeschwemmtes Land.
ansehen /vgl. angesehen/: **1.** ⟨jmdn., etwas a.⟩ *den Blick auf jmdn., auf etwas richten; betrachten:* einen Menschen aufmerksam, scharf, offen, mit großen Augen, nachdenklich, mißtrauisch, vorwurfsvoll, entgeistert, verwundert, spöttisch, zärtlich, liebevoll, ängstlich, ratlos, von der Seite a.; sieh mich nicht so an!; sie sehen sich/(geh.:) einander unverwandt an; er sah seine Hände an; bildl.: jmdn. von oben a. *(herablassend behandeln);* jmdn. scheel, über die Schulter a. *(auf jmdn. herabsehen);* jmdn. nicht mehr a. *(keinen Umgang mehr mit jmdm. wünschen).* **2. a)** ⟨sich (Dativ) jmdn., etwas a.⟩ *aufmerksam, prüfend betrachten; etwas betrachten, um es kennenzulernen:* sich einen Film, eine Vorstellung a.; ich habe mir die Ausstellung angesehen; der Arzt sah sich die Verbände, die Verwundeten an; ich werde mir die Sache mal ansehen *(mich damit befassen);* ⟨auch ohne Dat.⟩ wenn du die Bilder angesehen hast, kannst du sie weitergeben; R (ugs.): sieh mal [einer] an! *(wer hätte das gedacht!);* das sehe sich einer an! *(das ist doch nicht zu glauben!).* **3.**

⟨anzusehen sein; mit Artangabe⟩ *einen bestimmten Anblick bieten:* das Wiedersehen war rührend anzusehen; das Verhör ist abscheulich anzusehen; das junge Paar war reizend anzusehen. **4.** ⟨etwas sieht sich an; mit Artangabe⟩ *etwas sieht in einer bestimmten Weise aus:* das sieht sich ganz hübsch an, ist aber nicht viel wert; das sieht sich an wie ...; sah sich an, als würde er untergehen. **5.** ⟨jmdm., einer Sache etwas a.⟩ *vom Gesicht ablesen können, an der äußeren Erscheinung erkennen:* einem Menschen sein Alter, seine schlechte Laune a.; man sah ihm seinen Kummer [an den Augen] an; ich habe ihm angesehen, daß er krank ist. **6. a)** ⟨etwas a.; mit Artangabe⟩ *einschätzen, beurteilen:* wir sehen die Sache ganz anders, mit anderen Augen an; wenn man die Lage richtig ansieht, kann für Abhilfe gesorgt werden. **b)** ⟨jmdn., etwas als/für jmdn., als/für etwas a.⟩ *als etwas betrachten, auffassen; für jmdn., für etwas halten:* fremde Soldaten als Eindringlinge a.; ich habe Sie als meinen Freund angesehen; ich sehe das als/(seltener:) für ein Verbrechen an; etwas als/(seltener:) für seine Pflicht, als einen Mangel, als vordringlich, als gesichert, als wahr, als/(seltener:) für echt a.; ⟨sich als jmd., als etwas/(seltener:) als jmdn., als etwas a.⟩ er sieht sich als Held/(seltener:) als Helden an. **7.** ⟨etwas [mit] a.; gewöhnlich verneint⟩ *zusehen, ohne etwas zu unternehmen; dulden:* ich kann das nicht mehr mit a.; die Regierung wird die Übergriffe nicht länger, nicht ruhig mit a.; ⟨sich (Dativ) etwas a.⟩ ich habe mir seine Unhöflichkeiten lange genug [mit] angesehen.

Ansehen, das: **1.** *Achtung, Wertschätzung:* jmds. A. sinkt, leidet unter etwas; ein großes, hohes A. [bei jmdm.] genießen; sein A. verlieren, einbüßen, heben, erhöhen; A. erlangen; er hat sich dadurch A. verschafft, daß ...; das schadet dem A. des Kunstziehers als des beliebtesten Lehrers/als beliebtester Lehrer; das A. von Kunsterzieher Müller als dem beliebtesten Lehrer/als beliebtester Lehrer; er hat es durch seine Forschungen zu internationalem A. gebracht; bei jmdm. in hohem A. stehen; sie ist in meinem A. gestiegen. **2.** (geh.) *Aussehen:* ein Greis von ehrwürdigem A.; dadurch bekommt, erhält, gewinnt die Sache ein anderes A. *(muß anders beurteilt werden);* er gab sich gern ein vornehmes A. *(den Anschein von Vornehmheit).* * *[nur] von/vom Ansehen ([nur] vom Sehen, nicht vom Namen):* ich kenne ihn nur vom A. · *ohne Ansehen der Person (ohne Rücksichtnahme auf jmdn.):* wir werden bei den Ermittlungen ohne A. der Person vorgehen.

ansehnlich: **1.** *gut aussehend:* ein ansehnlicher Mann; sie fand die Dekorationen ganz a. **2.** *so groß, daß es Beachtung verdient; bedeutend:* eine ansehnliche Summe; die Ausbeute war a.

ansein (ugs.) ⟨etwas ist an⟩ *etwas ist eingeschaltet, angezündet, brennt:* das Feuer, die Heizung, das Radio war an.

ansetzen: **1.** ⟨etwas a.⟩ *an eine bestimmte Stelle setzen, bringen, führen:* die Flasche [zum Trinken] an, die Trompete, die Feder, den Hobel, den Bohrer a.; ü bertr.: wenn wir sie für uns gewinnen wollen, müssen wir [mit unseren Argumenten] woanders a.; den Hebel an der richtigen Stelle a. *(etwas richtig anpacken).* **2.** ⟨etwas a.⟩ *anfügen:* ein Verlängerungsstück [an ein Rohr] a.; 5 Zentimeter, ein Stück, einen Saum an das/am Kleid a.; ein Kleid mit tief angesetztem Rock; ⟨jmdm., einer Sache etwas a.⟩ er setzte dem Engelchen Flügel an. **3.** ⟨etwas a.⟩ *festsetzen, [für einen Zeitpunkt] bestimmen:* einen Termin, eine Besprechung, eine Sitzung a.; die Veranstaltung ist für den/auf den 10. Mai angesetzt; für eine Arbeit eine bestimmte Zeit a.; wir haben die Kosten mit 200 Mark zu niedrig angesetzt *(veranschlagt).* **4.** ⟨jmdn., etwas a.⟩ *einsetzen, mit etwas beauftragen:* Polizeihunde [auf eine Spur] a.; drei Mitarbeiter auf ein neues Projekt a.; er setzte die Frau als Lockvogel auf ihn a.; S port: der Trainer setzte gleich zwei Spieler auf den Torjäger an. **5. a)** ⟨[etwas] a.; mit Raumangabe⟩ *mit etwas beginnen:* an diesem Punkt, an diesem Problem werde ich a.; er setzte seine Kritik, mit seiner Kritik an der schlechten Bildqualität an. **b)** ⟨etwas setzt an; mit Raumangabe⟩ *etwas beginnt, setzt ein:* hier, an dieser Stelle muß die Kritik a. **6. a)** ⟨etwas a.⟩ *hervorbringen:* die Bäume setzen Blätter, Blüten, Frucht an; er hat in letzter Zeit Fett, einen Bauch angesetzt; ⟨auch ohne Akk.⟩ die Obstbäume haben gut angesetzt *(Fruchtknospen hervorgebracht);* sie setzt schnell an *(wird schnell dick).* **b)** ⟨etwas setzt etwas an⟩ *etwas bildet an:* das Eisen setzt Rost an; meine Zähne setzen schnell Zahnstein an. **7. a)** ⟨etwas setzt an⟩ *etwas kommt hervor:* Knospen setzen bereits an; an der Pflanze hat ein neuer Trieb angesetzt. **b)** ⟨etwas setzt sich an⟩ *etwas bildet sich schichtförmig:* an den Rohren setzt sich Rost, Grünspan an; im Boiler hat sich Kalkstein angesetzt. **8.** ⟨etwas setzt an; mit Umstandsangabe⟩ *etwas hat seinen Ausgang, beginnt:* die Haare setzen bei ihm tief, über einer hohen Stirn an. **9.** ⟨zu etwas a.⟩ *im Begriff sein, etwas zu tun:* zum Sprung, zum Endspurt, zum Überholen, zur Landung a.; er setzte mehrmals zum Sprechen an; ⟨auch ohne Präp.-Obj.⟩ er setzte immer wieder an *(begann immer wieder zu sprechen),* brachte aber keinen Satz heraus. **10.** ⟨etwas a.⟩ *mischen; [mischend] zur weiteren Verwendung fertigmachen:* eine Bowle, Kuchenteig a.; der Tischler setzte zunächst den Leim an. **11.** (ugs. landsch.) ⟨etwas a.⟩ *zum Kochen auf den Herd setzen:* das Essen, Kartoffeln a. **12.** *etwas setzt sich beim Kochen am Boden des Topfes fest:* **a)** ⟨etwas setzt sich an⟩ die Suppe hat sich angesetzt. **b)** ⟨etwas setzt an⟩ Milch setzt nach kurzer Zeit an.

Ansicht, die: **1.** *Meinung, Überzeugung:* eine irrige, vernünftige, gegenteilige, weitverbreitete A.; feste, revolutionäre, verworrene, altmodische Ansichten; das ist meine ganz private A.; was ist Ihre A.?; seine eigenen Ansichten haben; eine A. äußern, vertreten, verfechten, ändern; das bestärkt nur meine A.; ich teile seine A., lasse seine A. gelten; sich jmds. A. zu eigen machen; ich bin darüber anderer A. als du; ich bin der gleichen A. wie du; er ist der A. *(er glaubt),* daß ...; in einer A. bestärkt werden; mit einer A. zurückhalten, brechen; nach meiner A., meiner A. nach hat er unrecht. **2.** *Bild, Abbildung:* einige Ansichten von Dresden. **3.** *sichtbarer Teil:* die vordere, seitliche A. eines Schlosses. * *zur Ansicht (zum Ansehen):* den Kunden Bücher, Waren zur A. schicken.

ansichtig ⟨nur in der Verbindung⟩ jmds., einer Sache ansichtig werden (geh.): *sehen, erblicken:* er erschrak, als er seiner, des Mannes, des Feuerscheins a. wurde.

Ansichtskarte: ↑ Karte.

Ansichtssache ⟨nur in der Wendung⟩ etwas ist Ansichtssache: *darüber kann man verschiedene Ansichten haben:* ob es gut ist, [das] ist A.

Ansinnen, das (geh.): *Vorschlag, Zumutung:* ein ungeheuerliches, seltsames, ungehöriges A.; ein A. ablehnen, zurückweisen; an jmdn. ein A. stellen, richten; er ging auf mein A. nicht ein.

ansonsten ⟨Adverb⟩: **a)** (ugs.) *sonst, im übrigen:* a. gibt es nichts Neues zu berichten. **b)** (Papierdt.) *im anderen Falle:* zur Vermeidung von Steuererhöhungen, die a. notwendig wären.

anspannen /vgl. angespannt/: **1. a)** ⟨[ein Tier] a.⟩ *ein Zugtier vor etwas spannen:* ein Pferd, einen Ochsen a.; der Kutscher hatte angespannt. **b)** ⟨[etwas] a.⟩ *mit einem Zugtier, Gespann versehen:* den Wagen a.; er ließ a. **2.** ⟨etwas a.⟩ *straffer spannen:* ein Seil, die Zügel a. **3. a)** ⟨etwas a.⟩ *anstrengen; zur Höchstleistung zusammenfassen:* seine Muskeln a.; er mußte alle Kräfte a. **b)** ⟨etwas spannt sich an⟩ *etwas strengt sich an:* er spürte, wie sich seine Nerven anspannten.

Anspannung, die: *Anstrengung, Beanspruchung:* eine übermenschliche, seelische A.; mit, trotz äußerster A.; unter A. aller Kräfte.

anspielen: 1. (Sport) ⟨jmdn. a.⟩ *jmdm. den Ball, die Scheibe zuspielen:* der Verteidiger spielte den Linksaußen an. **2. a)** (Kartenspiel) ⟨etwas a.⟩ *zur Eröffnung des Spiels hinlegen:* Trumpf a.; er hat Kreuz, den Buben angespielt. **b)** (Sport, Spiel) *das Spiel beginnen:* wer spielt an? **3.** ⟨auf jmdn., auf etwas a.⟩ *versteckt hinweisen, andeuten:* auf Mißstände, auf jmds. Alter a.; er spielte in seiner Rede auf den Minister an.

Anspielung, die: *Andeutung, versteckter Hinweis:* eine scherzhafte, boshafte A.; soll das eine A. auf mein Alter sein?; eine A. machen; er verstand, überhörte ihre A., ging auf ihre A. ein.

anspinnen: a) (selten) ⟨etwas a.⟩ *anknüpfen, anbahnen:* ein Liebesverhältnis, eine Unterhaltung, Verhandlungen [mit jmdm.] a. **b)** ⟨etwas spinnt sich an⟩ *etwas bahnt sich an, entwickelt sich allmählich:* da, zwischen den beiden spinnt sich etwas an; neue Beziehungen spannen sich zwischen den beiden Ländern an.

anspitzen: 1. ⟨etwas a.⟩ *spitz machen:* den Bleistift a. **2.** (ugs.) ⟨jmdn. a.⟩ **a)** *antreiben, auf Trab bringen:* der Chef hat den Azubi ordentlich angespitzt. **b)** *zu etwas überreden, verleiten, anstiften:* sie hat es zwar getan, aber er hat sie [dazu] angespitzt; er hat sie angespitzt, die Akten verschwinden zu lassen.

Ansporn, der: *Antrieb, Anreiz:* einen A. erhalten; ich brauche einen A. für das Training.

anspornen: 1. ⟨ein Tier a.⟩ *die Sporen geben:* der Reiter spornt das Pferd an. **2.** ⟨jmdn., etwas a.⟩ *einen Ansporn geben:* die Schüler zu besseren Leistungen a.; etwas spornt jmds. Ehrgeiz an.

Ansprache, die: **1.** *kurze Rede:* eine kurze A.; eine A. an den Kongreß; der Vorsitzende hielt eine A. **2.** (bes. südd., österr.) *Aussprache, Gespräch:* er suchte eine persönliche A.; sie hat wenig A. *(Unterhaltung, Umgang).*

ansprechen: 1. ⟨jmdn. a.⟩ *einige Worte an jmdn. richten, jmdn. in ein Gespräch verwickeln:* jmdn. höflich, auf der Straße, im Park a.; ich lasse mich nicht von fremden Männern a. **2.** ⟨jmdn. a.⟩ *mit Artangabe⟩ in einer bestimmten Weise anreden:* jmdn. mit seinem Vornamen, mit einem Titel a.; wie spricht man einen Minister an? **3.** ⟨jmdn., etwas a.⟩ *sich an jmdn. wenden:* alle Bürger der Stadt, die Betriebsangehörigen a.; er sprach die Massen direkt an; ich habe ihn wegen dieser Sache, auf diese Angelegenheit, darauf angesprochen *(seine Stellungnahme dazu erbeten);* sein Nachbar sprach ihn um Geld an *(bat ihn darum).* **4.** ⟨jmdn., etwas als jmdn., etwas a.⟩ *als etwas ansehen; bezeichnen:* eine Gruppe als Extremisten a.; das Ergebnis muß als günstig angesprochen werden; Fieber ist nicht als Krankheit anzusprechen. **5.** ⟨etwas a.⟩ *ins Gespräch, zur Sprache bringen:* eine Frage a.; anschließend sprach er die Produktionsschwierigkeiten an. **6.** ⟨etwas spricht jmdn., etwas an⟩ *berühren, einen positiven Eindruck machen:* das Lied sprach ihr Innerstes an; der Vortrag hat viele Menschen angesprochen; ihr Wesen spricht ihn an *(gefällt ihm);* ⟨auch ohne Akk.⟩ die Aufführung sprach [beim Publikum] nicht besonders an *(fand wenig Anklang);* adj. Part.: *reizvoll:* eine ansprechende Mode; sein Äußeres ist nicht sehr a. **7. a)** ⟨auf etwas a.⟩ *eine Reaktion zeigen, in positiver Form reagieren:* der Patient spricht auf dieses Mittel nicht an; das Meßgerät spricht auf die kleinsten Schwankungen an; gut ansprechende Bremsen. **b)** *Wirkung haben, wirken:* das Medikament spricht [bei ihr] nicht, gut an. **8.** (Musik) ⟨etwas spricht an; gewöhnlich mit Artangabe⟩ *etwas läßt sich in einer bestimmten Weise zum Tönen bringen:* die Flöte spricht leicht, schwer an.

anspringen: 1. ⟨jmdn., etwas a.⟩ *sich mit einem Sprung auf jmdn., auf etwas stürzen:* der Hund springt den Fremden an; der Luchs hat sein Opfer angesprungen. **2.** ⟨im 2. Part. in Verbindung mit *kommen*⟩ *[in Sprüngen] herbeilaufen:* die Kinder kommen angesprungen. **3.** ⟨etwas springt an⟩ *etwas kommt in Gang:* der Motor springt leicht, schwer an; der Wagen ist heute nicht angesprungen. **4.** (ugs.) *auf etwas eingehen:* ich machte ihm ein Angebot, aber er sprang nicht auf die Stichelleien nicht angesprungen.

Anspruch, der: **1.** *Forderung:* ein berechtigter A.; Ansprüche haben; der Trainer stellt hohe Ansprüche an die Spieler; Ansprüche anmelden, [gegen jmdn.] durchsetzen, anerkennen, befriedigen, erfüllen; A. auf ein Gebiet erheben *(es beanspruchen);* das Buch erhebt keinen A. auf Vollständigkeit *(will nicht vollständig sein);* seine Ansprüche zu hoch schrauben, herabsetzen; den Ansprüchen genügen. **2.** *Recht, Anrecht:* ein alter, verbürgter A.; jeder Arbeiter hat A. auf Krankengeld; keinen A. auf Schadenersatz haben; er hat A. darauf, in dieser Sache gehört zu werden. * **jmdn., etwas in Anspruch nehmen: a)** *(erfordern, beanspruchen):* die Arbeit nimmt mich sehr in A.; das Projekt wird viele Monate in A. nehmen. **b)** *(von etwas Gebrauch machen):* sie haben unsere Gastfreundschaft in A. genommen; ich nehme dieses Recht für mich in A.

anstacheln ⟨jmdn., etwas a.⟩: *anspornen:* den

Eifer, den Ehrgeiz der Schüler [durch Lob] a.; der Erfolg stachelte ihn zu neuen Taten an.

Anstalt, die: a) *[öffentliche] einem bestimmten Zweck, bes. der Erziehung dienende Einrichtung:* wegen dieser Sache mußten zwei Gymnasiasten die A. verlassen; er kam in eine A. für schwer erziehbare Kinder. b) *Heilstätte:* einen Trinker, einen Geisteskranken in eine [geschlossene] A. einliefern; er wurde in eine A. gegeben, eingewiesen, eingesperrt; er konnte nach einigen Monaten aus der A. entlassen werden. c) *Unternehmen, Betrieb:* eine kartographische A.; Rechtsw.: eine A. des öffentlichen Rechts *(Verwaltungseinrichtung mit einem bestimmten Nutzungszweck).* *Anstalten machen/(Papierdt.:) treffen (Vorbereitungen treffen, sich anschicken, etwas zu tun):* er machte [keine, keinerlei] A. aufzubrechen; die Regierung hatte alle A. getroffen, den Putsch zu verhindern.

Anstand, der: 1. *gute Sitten, gutes Benehmen:* das fordert, verlangt, verbietet schon allein der A.; das erlaubt der A. nicht; er hat, besitzt keinen A.; den A. wahren, verletzen; Sitte und A. lernen; jmdm. A. beibringen (ugs.); etwas aus A. unterlassen; ihm fehlt jedes Gefühl für A.; das ist gegen allen A.; man muß auch mit A. *(mit Würde)* verlieren können; er hat sich mit A. *(gut)* aus der Affäre gezogen; er ist ein Mann von A. 2. *(südd., österr.) Schwierigkeit, Ärger:* ich will keine Anstände bei der Kontrolle, mit den Zollbeamten haben; es hat keinen A. gegeben. * (ugs. veraltend) **[keinen] Anstand an etwas nehmen** *([keinen] Anstoß nehmen, sich [nicht] an etwas stören).*

anständig: 1. *sittlich einwandfrei, den geltenden moralischen Begriffen entsprechend, gut:* ein anständiger Mensch; sie ist ein anständiges Mädchen; er hat eine anständige Gesinnung; sie haben a. gehandelt, sich a. benommen; sich a. *(ordentlich)* kleiden. 2. *(ugs.) zufriedenstellend, durchaus genügend:* eine anständige Bezahlung; wir suchen uns eine halbwegs anständige Unterkunft; das Essen war ganz a.; a. leben können *(sein Auskommen haben).* 3. *(ugs.) beträchtlich, ziemlich:* eine anständige Tracht Prügel; wir mußten a. draufzahlen; ich habe mich a. gestoßen; es regnet ganz a. *(ziemlich stark).*

anstandslos ⟨Adverb⟩: *ohne Umstände, ohne Schwierigkeiten zu machen, ohne weiteres:* eine Summe a. zahlen; die Ware a. zurücknehmen.

anstarren ⟨jmdn., etwas a.⟩: *den Blick starr auf jmdn., auf etwas richten:* die Wände a.; jmdn. entsetzt, ungläubig, fassungslos, schweigend, aus großen Augen, wie einen Geist a.; sie starrten sich/(geh.:) einander feindselig an.

anstatt: I. ⟨Präp. mit Gen.⟩ *an Stelle:* er nahm mich a. seines Bruders mit. II. ⟨Konj.⟩ *statt, an Stelle:* er schoß in die Luft a. auf den Flüchtenden; a. zu grüßen, blickte er weg; er trieb sich herum, a. zu arbeiten/(veraltend:) a. daß er arbeitete. ↑ statt.

anstechen: 1. ⟨etwas a.⟩ a) *durch einen Stich verletzen, beschädigen:* die Randalierer stachen die Autoreifen an; er brüllt wie ein angestochenes Schwein, rennt herum wie angestochen (ugs.; *wild, wütend*); die Birnen sind alle angestochen *(madig).* b) *ein wenig in etwas hineinstechen:* die Kartoffeln prüfend a.; den Braten [mit der Ga-

bel] a. 2. ⟨[etwas] a.⟩ *anzapfen:* ein Faß Bier a.; wir haben eben frisch angestochen.

anstecken: 1. ⟨etwas a.⟩ *etwas an etwas stecken:* ein Abzeichen, eine Brosche [an das/(auch:) am Kleid] a.; ⟨jmdm., sich etwas a.⟩ er steckte seiner Braut den Ring an *(an den Finger);* sie steckte sich eine Rose an. 2. (ugs.) ⟨etwas a.⟩ *anzünden:* das Licht, das Gas, die Kerzen, die Laternen a.; eine Scheune a. *(in Brand stecken);* ⟨jmdm., sich etwas a.⟩ er steckte sich eine Zigarette an; Unbekannte haben ihm das Haus angesteckt. 3. a) ⟨jmdn., sich a.⟩ *eine Krankheit auf jmdn. übertragen, sich selbst zuziehen:* er hat ihn [mit seiner Grippe] angesteckt; ich habe mich bei ihm, im Betrieb angesteckt; übertr.: jmdn. mit seiner Angst a.; sein Lachen steckte alle an. b) ⟨etwas steckt an⟩ *eine Krankheit überträgt sich:* Grippe steckt an; diese Krankheit ist nicht ansteckend; übertr.: Gähnen, Lachen steckt an.

anstehen: 1. *warten, bis man an die Reihe kommt:* stundenlang, in einer langen Schlange, auf dem Arbeitsamt, bei einer Behörde a.; wir haben nach Eintrittskarten, um unsere Brotration angestanden. 2. (geh.) ⟨etwas steht an⟩ *etwas wartet auf Erledigung:* viel Arbeit steht an; es steht noch an *(es bleibt noch zu tun übrig),* glaubhaft zu machen, daß ...; er läßt die Angelegenheit a. *(schiebt sie hinaus).* 3. (Rechtsspr.) ⟨etwas steht an⟩ *etwas ist festgesetzt:* ein Termin steht noch nicht an; die Verhandlung steht auf Mittwoch an. 4. (geh.) ⟨etwas steht jmdm., einer Sache an; gewöhnlich mit Artangabe⟩ *etwas ziemt sich für jmdn., paßt zu etwas:* die Begeisterung steht ihm gut an; es steht mir nicht an *(es kommt mir nicht zu),* darüber zu richten. * (geh.:) **nicht anstehen, etwas zu tun** *(etwas ohne weiteres tun):* er stand nicht an zu behaupten, daß ...

ansteigen ⟨etwas steigt an⟩: 1. *etwas führt aufwärts:* der Weg steigt sanft, allmählich an; das Gelände, der Berg stieg steil an. 2. ⟨etwas steigt an⟩ *etwas steigt höher [und nimmt zu]:* das Wasser steigt an; die Temperaturen sind angestiegen; übertr.: die Preise steigen an; die Zahl der Teilnehmer stieg auf das Doppelte an.

anstelle: ↑ Stelle.

anstellen: 1. ⟨etwas an etwas anstellen⟩ *eine Leiter an eine/(seltener:) am Baum a.* 2. ⟨sich a.⟩ *sich in eine Reihe von Wartenden stellen, um bedient oder abgefertigt zu werden:* sich an der Kasse a.; Sie müssen sich hinten a.; er hatte sich nach Karten angestellt. 3. ⟨etwas a.⟩ a) *einschalten, in Betrieb setzen:* das Radio, den Fernsehapparat, das Bügeleisen, den Motor a.; (ugs.:) er stellte die Nachrichten an *(stellte wegen der Nachrichten das Radio-, Fernsehgerät an).* b) *die Zufuhr von etwas ermöglichen:* das Gas, das Wasser a. c) *aufdrehen:* den Haupthahn, die Dusche a.; er hatte die Heizung nicht angestellt. 4. ⟨jmdn. a.⟩ a) *einstellen:* jmdn. aushilfsweise, fest, als Verkäufer a.; wir mußten Aushilfskräfte a.; bei der Behörde, im Ministerium angestellt sein. b) (ugs.) *mit einer Arbeit beauftragen, beschäftigen:* sie wollte mich zum Kartoffelschälen a.; der sucht immer Leute, die er a. kann. 5. a) ⟨etwas a.; in Verbindung mit bestimmten Substantiven⟩ *vornehmen /häufig verblaßt/:* mit jmdm. ein Verhör a. *(jmdn. verhören);* Experimente a. *(experimen-*

tieren); Beobachtungen a. (etwas beobachten); Nachforschungen a. *(nachforschen);* Berechnungen a. *(etwas berechnen);* über etwas Vergleiche a. *(etwas vergleichen).* Überlegungen über etwas a. *(etwas überlegen).* **b)** (ugs.) ⟨etwas a.⟩ *tun, machen:* ich habe alles nur Erdenkliche angestellt, um das Geld zurückzubekommen; der Arzt hat mit ihm alles mögliche angestellt; Unfug, Unsinn, etwas Schlimmes a.; was haben die Kinder nun schon wieder angestellt *(angerichtet)?* **c)** (ugs.) ⟨etwas a.; mit Artangabe⟩ *etwas in einer bestimmten Weise anfangen:* ich weiß nicht, wie ich es a. soll; wie hast du es angestellt, hier wieder herauszukommen?; er hat die Sache schlau, geschickt, dumm angestellt. **6.** (ugs.) ⟨sich a.; mit Artangabe⟩ *sich in einer bestimmten Weise verhalten:* sich ungeschickt, dumm a.; er stellt sich so an, als ob ...; stell dich nicht so an! *(zier dich nicht so!).* **Anstellung,** die: **1.** *das Einstellen, Einstellung:* zur Zeit erfolgt keine A. **2.** *Stellung:* eine A. bei einer Behörde, in einer Firma suchen, finden, erhalten; er hat keine feste A.

anstiften: **1.** ⟨etwas a.⟩ *etwas Unheilvolles ins Werk setzen:* ein Unheil, Unfug, Verschwörungen a. **2.** ⟨jmdn. zu etwas a.⟩ *zu etwas verleiten:* jmdn. zum Verrat, zum Mord a.; ⟨auch ohne Präp.-Obj.⟩ er stiftete die anderen an und blieb selbst im Hintergrund.

anstimmen ⟨etwas a.⟩: **1.** *zu singen, zu spielen beginnen:* ein Lied, die Nationalhymne a. **2.** *in etwas ausbrechen:* ein Gelächter, Geschrei a.

Anstoß, der: **1.** (Sport) *erstes, spieleröffnendes Spielen des Balles:* der A. erfolgt um 15 Uhr; die deutsche Mannschaft hat A.; der A. ist bereits ausgeführt. **2.** *auslösende Wirkung, Impuls:* der erste A. zu dieser Aktion ging von ihm aus; dieses Ereignis gab den A. zur Revolution; es bedurfte eines neuen Anstoßes. * (geh.:) **Anstoß erregen** *(Mißbilligung hervorrufen):* seine Rede hat A. erregt · **an etwas Anstoß nehmen** *(etwas mißbilligen):* er nahm an seinem Benehmen keinen A.

anstoßen: **1. a)** ⟨jmdn., etwas a.⟩ *einen kleinen Stoß geben:* das Pendel einer Uhr, eine Kugel a. *(durch einen Stoß in Bewegung setzen);* jmdn. heimlich, verstohlen, mit dem Fuß [unter dem Tisch] a. *(durch einen Stoß auf etwas aufmerksam machen);* er hat mich beim Schreiben angestoßen *(mir versehentlich einen Stoß gegeben).* **b)** (Sport) *den Anstoß ausführen:* die deutsche Mannschaft stößt an, hat bereits angestoßen. **2.** *an etwas stoßen, prallen:* mit dem Tablett a.; das Kind ist mit dem Kopf [an die Wand] angestoßen. **3.** *lispeln:* er stößt leicht an; das Kind stößt beim Sprechen mit der Zunge an. **4.** *die gefüllten Gläser leicht aneinanderstoßen:* sie stießen an und ließen das Paar hochleben; auf jmds. Wohl, Gesundheit a. **5.** ⟨mit Umstandsangabe⟩ *jmds. Unwillen hervorrufen:* beim Chef a.; er ist mit seiner Bemerkung angestoßen. **6.** ⟨etwas stößt an⟩ *etwas grenzt an, ist benachbart:* unser Grundstück stößt unmittelbar [an den Wald] an; die anstoßenden Räume. **anstößig:** *Anstoß erregend:* anstößige Witze; eine Filmszene a. finden; er benahm sich a.

anstrahlen: **1.** ⟨jmdn., etwas a.⟩ *Licht[strahlen] auf jmdn., auf etwas fallen lassen:* eine Häuserfront, einen Springbrunnen mit Scheinwerfern a.; von der Sonne angestrahlte Berggipfel.

2. ⟨jmdn. a.⟩ *strahlend anblicken:* er strahlte sie dankbar an; ihre Augen strahlten ihn an.

anstreben (geh.) ⟨etwas a.⟩: *zu erreichen suchen:* eine neue soziale Ordnung, die Wiedervereinigung a.; sie strebte eine bessere Stellung, ihre Versetzung in eine andere Abteilung an.

anstreichen: **1.** ⟨etwas a.⟩ *Farbe auf etwas streichen:* ein Haus weiß a.; ich habe das Spielzeug [mit Farbe] angestrichen. **2.** ⟨etwas a.⟩ *mit einem Strich hervorheben, kennzeichnen:* einen Fehler [rot] a.; er hat einen Satz, eine Stelle mit Bleistift angestrichen; ⟨sich (Dativ) etwas a.⟩ ich habe mir einige Buchtitel angestrichen *(angemerkt).* **3.** (ugs. landsch.) ⟨jmdm. etwas a.⟩ *heimzahlen:* das werde ich dir schon a.! **4.** ⟨etwas a.⟩ *ein Streichholz anzünden:* ein Zündholz a.

anstrengen: **1. a)** ⟨sich a.⟩ *seine körperlichen oder geistigen Kräfte zu besonderer Leistung steigern:* sich sehr, bis zur Erschöpfung, nicht sonderlich a.; du mußt dich in der Schule mehr a.; streng dich mal [ruhig] etwas an *(gib dir mal etwas Mühe);* unsere Gastgeber haben sich sehr angestrengt *(haben eine Mühe und Kosten gescheut);* angestrengt nachdenken, arbeiten. **b)** ⟨etwas a.⟩ *zu einer besonderen Leistung steigern:* seinen Geist, sein Gedächtnis, seine Kräfte, sein Gehör, seine Augen a.; streng mal deinen Verstand ein bißchen an! *(überleg mal ein bißchen!).* **2.** ⟨jmdn., etwas a.⟩ *stark beanspruchen, strapazieren:* das Licht strengt die Augen an; sie, ihr Besuch, das Sprechen strengte den Patienten an; ein anstrengender Beruf; die Fahrt war anstrengend. **3.** (Rechtsspr.) *einen Prozeß o. ä. einleiten:* einen Prozeß, eine Klage [gegen jmdn.] a.

Anstrengung, die: **1.** *das Anstrengen:* alle Anstrengungen waren vergeblich; seine Anstrengungen verdoppeln, vervielfachen; [gemeinsame, verzweifelte, verstärkte] Anstrengungen machen/ (geh.:) unternehmen *(sich [gemeinsam, verzweifelt, verstärkt] anstrengen, bemühen);* mit äußerster A. etwas erreichen; er ließ in seinen Anstrengungen nach; trotz aller Anstrengungen schaffte er es nicht; eine Aufgabe nur unter großen Anstrengungen bewältigen. **2.** *starke Beanspruchung, Strapaze:* unser Ausflug war eine einzige A.; sich von den Anstrengungen erholen.

Anstrich, der: **1. a)** *das Anstreichen:* ein neuer A.; das Boot bekommt einen hellen A. *(wird hell angestrichen).* **b)** *aufgetragene Farbe, Farbauftrag:* der A. des Hauses gefällt mir. **2.** *Aussehen, Note:* sich einen gelehrten, vornehmen A. geben; das verleiht der Sache einen persönlichen A.

Ansturm, der: *das Heranstürmen; stürmisches Andrängen:* den A. des Feindes auffangen; dem feindlichen A. standhalten; er konnte sich des Ansturms der Interessenten kaum erwehren.

antasten: **1.** (selten) ⟨jmdn., etwas a.⟩ *anfühlen; anrühren:* einen ausgestellten Gegenstand a. **2.** ⟨etwas a.; gewöhnlich verneint⟩ *verletzen, beeinträchtigen:* jmds. Ehre, Würde, guten Namen [nicht] a.; der Staat darf die Freiheit des Individuums nicht a. **b)** *zu verbrauchen beginnen:* das Geld, die Vorräte [nicht] a.

Anteil, der: **1.** *Teil, der jmdm. gehört oder zukommt:* der prozentuale A. beträgt ...; den A. der Arbeiter am Sozialprodukt erhöhen; seinen A. an der Beute fordern; er hat auf seinen A. verzichtet; ich lasse mir meinen A. am Gewinn auszahlen. **2.** (selten) *[innere] Teilnahme, Beteiligung:* ohne inneren A.; er war voller A. *(Interesse)* für alles, was um ihn geschah. * **Anteil an etwas haben** *(an etwas beteiligt sein):* er hat an diesem Erfolg tätigen A., keinen A. · **Anteil an etwas nehmen** *(sich an etwas beteiligen):* er nahm an dem Gespräch keinen A. mehr · **Anteil an jmdm., an etwas nehmen /zeigen/** (geh.:) **bekunden: a)** *(sich für jmdn., etwas interessieren, Interesse zeigen):* auch im Alter nahm, zeigte er lebhaften A. an der Politik. **b)** *(Mitgefühl, Anteilnahme für jmdn., etwas zeigen):* ich nehme [aufrichtigen, herzlichen] A. an Ihrem schweren Verlust; er zeigte keinerlei A. an ihr, an ihrem Geschick.

Anteilnahme, die: **1.** *Beteiligung:* die Beisetzung fand unter starker A. der Bevölkerung statt. **2.** *innere Beteiligung, Mitgefühl:* er zeigte aufrichtige, innige, starke A. an ihrem Unglück; jmdm. seine A. *(sein Beileid)* aussprechen; sie verfolgten das Geschehen mit lebhafter A.; er war voller A.

Antenne, die: *Vorrichtung zum Empfang oder zur Ausstrahlung von Sendungen des Rundfunks, Fernsehens o. ä.:* eine A. auf dem Dach haben; die A. erden. * (ugs.:) **eine A. für etwas haben** *(Gefühl, Gespür für etwas haben, etwas voraus ahnen).*

Antlitz, das (geh.): *Gesicht:* ein edles A.; sie verbarg, verhüllte, wandte ihr A. ab.

Antrag, der: **1. a)** *Forderung, Gesuch:* ein formloser, schriftlicher A.; einen A. auf (nicht: um oder nach) Fahrpreisermäßigung stellen; einen A. einreichen, billigen, ablehnen; dem A. wurde nicht stattgegeben (Papierdt.). **b)** *Antragsformular:* ich muß mir einen A. besorgen; Anträge gibt es am Schalter 4. **2.** *zur Abstimmung eingereichter Entwurf, Vorschlag:* der A. geht durch; einen A. einbringen, zurückziehen, unterstützen, fallenlassen, zum Beschluß erheben; auf A. des Senats ...; für, gegen einen A. stimmen; über einen A. abstimmen. **3.** (veraltend) *Heiratsantrag:* einem Mädchen einen A. machen; viele Anträge bekommen; sie nahm seinen A. an.

antragen (geh.) ⟨jmdm. etwas a.⟩: *anbieten:* jmdm. ein Amt, den Vorsitz a.; er hat mir seine Dienste, seine Hilfe, das Du angetragen.

antreffen ⟨jmdn., etwas a.⟩: *vorfinden:* jmdn. nicht an seinem Platz, zu Hause, in seinem Zimmer a.; ich habe ihn ganz verändert angetroffen; die Situation, die ich antraf, ...

antreiben: 1. a) ⟨ein Tier a.⟩ *vorwärts treiben:* die Pferde [mit der Peitsche] a. **b)** ⟨jmdn. a.⟩ *anstacheln, zu höherer Leistung zwingen:* die Posten treiben die Kriegsgefangenen [bei der Arbeit] an; er hat uns zu immer größerer Eile angetrieben. **c)** ⟨etwas treibt jmdn. an⟩ *etwas bringt, beflügelt jmdn. zu etwas:* die Neugier trieb ihn an, den Raum zu betreten. **2.** ⟨etwas a.⟩ *in Bewegung setzen und halten:* das Wasser treibt die Turbine an; die Drehbank wird elektrisch, durch einen Motor angetrieben. **3. a)** ⟨etwas treibt jmdn., etwas an⟩ *etwas schwemmt etwas an:* die Wellen treiben die Quallen [ans/am Ufer] an. **b)** *angeschwemmt werden, herantreiben:* Wolken sind von Westen angetrieben; Eisschollen treiben ans Ufer an; eine Leiche ist angetrieben.

antreten: 1. ⟨etwas a.⟩ *festtreten:* die Erde, den

Sand a. **2.** ⟨etwas a.⟩ *durch Treten auf den Starthebel in Gang bringen:* das Motorrad a.; er hat die Maschine angetreten. **3.** (Sport) *zu spurten beginnen:* rasch, plötzlich, kraftvoll a.; der Europameister trat an und lief dem Feld davon. **4. a)** *sich in einer Formation aufstellen:* der Größe nach, in einer Reihe, zum Appell a.; die Rekruten a. lassen; die Mannschaften sind/stehen zum sportlichen Wettkampf angetreten. **b)** (Sport) *sich zum Wettkampf stellen:* die Sportler aus Südafrika treten nicht an; die deutsche Fußballmannschaft muß gegen die englische a. **c)** *sich zu etwas irgendwo einfinden:* wann tritt der Neue an?; zur Schicht a.; wir sind pünktlich zum Dienst angetreten. **5.** ⟨etwas a.⟩ *sich zu etwas anschicken; mit etwas, mit der Übernahme, der Ausführung von etwas beginnen:* eine Reise, einen Flug, die Rückfahrt, den Heimweg, den Urlaub a.; er hat sein fünfzigstes Lebensjahr angetreten (geh.); die Regierung, jmds. Nachfolge a. *(auszuüben beginnen);* er hat sein Erbe, sein Vermächtnis angetreten *(übernommen);* eine Strafe a. *(abzubüßen beginnen);* einen Dienst, eine Stellung, seine Lehrzeit a. *(aufnehmen);* er will das Amt nicht a. *(nicht übernehmen).* **6.** (Sprachw.) ⟨etwas tritt an etwas an⟩ *etwas tritt zu etwas hinzu:* die Endung tritt an den Stamm an.

Antrieb, der: **1.** *bewegende Kraft, Triebkraft:* diese Maschine hat elektrischen A.; den A. [durch Riemen] übertragen; den A. *(Antriebsmotor)* drosseln, hemmen. **2.** *Anlaß, Impuls:* ich fühle nicht den geringsten A., mich zu rechtfertigen; der Erfolg gab ihm neuen A.; das wird den Verhandlungen neuen A. geben; aus eigenem A. *(von sich aus)* handeln, etwas tun.

antrinken: 1. (gewöhnlich im 2. Part.) *nicht austrinken:* den Wein nur a.; angetrunkene Bierflaschen, Gläser. **2.** ⟨sich (Dativ) etwas a.⟩ *sich durch Trinken verschaffen:* sich einen Rausch a.; er hat sich Mut angetrunken; adj. Part.: *leicht betrunken:* in angetrunkenem Zustand; der Fahrer war angetrunken. * (ugs.:) **sich** (Dativ) **einen antrinken** *(trinken, bis man einen Rausch hat).*

antun /vgl. angetan/: **1.** ⟨jmdm., sich etwas a.⟩ **a)** *zuteil werden lassen, erweisen:* einem Menschen Gutes, eine Wohltat a.; ich möchte mir auch etwas Gutes a. *(mir etwas gönnen);* sie taten ihm die Ehre an und salutierten; tu mir die Liebe an *(sei so lieb)* und komm nicht so spät nach Hause! **b)** *zufügen:* einem Menschen Böses, Schande, Unrecht, ein Leid a.; das wirst du dir doch nicht a.! (ugs.: *das wirst du doch wohl nicht tun!);* tu dir keinen Zwang an! (ugs.: *sei ganz ungeniert, mach es dir bequem!).* **2.** (veraltend) ⟨es jmdm. a.⟩ *jmdn. anziehen, in seinen Bann zwingen, begeistern:* seine Sprache, sein Klavierspiel, sein Aussehen tat es ihr an; sie hat es ihm mit ihren Liedern angetan. **3. a)** (ugs. landsch.) ⟨etwas a.⟩ *anziehen:* sie hatte einen seidenen Hausanzug angetan; ⟨jmdm., sich etwas a.⟩ ich tu mir noch schnell die Jacke an. **b)** (geh.) ⟨jmdn., sich a.; mit Artangabe⟩ *in bestimmter Weise kleiden:* sie hatte sich festlich, mit einem neuen Kleid angetan. * (verhüll.:) **sich** (Dativ) **etwas antun** *(Selbstmord begehen).*

Antwort, die: *Erwiderung, Entgegnung:* eine höfliche, scharfe, bissige, freche, witzige, schlagfertige, kurze, falsche, dumme, kluge, ausweichende, ablehnende A.; diese A. genügt mir nicht, befriedigt mich nicht; die A. blieb aus; die A. lautet folgendermaßen; es sind viele Antworten *(Lösungen)* auf die Preisfrage eingegangen; R.: keine A. ist auch eine A.; jmdm. keine A. geben; er erteilte ihm die richtige A.; eine A. fordern, erwarten, von jmdm. bekommen, erhalten; die passende A. finden; auf alles eine A. wissen, haben; die A. auf eine Frage schuldig bleiben, verweigern; seine A. bei sich behalten; sich (Dativ) eine A. überlegen, zurechtlegen; es bedarf keiner A.; auf A. warten; sich mit einer A. begnügen; nach einer A. suchen; er ist um eine A. nie verlegen. * [jmdm.] keine Antwort schuldig bleiben *(nicht um eine Antwort verlegen sein).*

antworten: *erwidern, auf eine Frage Auskunft erteilen:* auf eine Anfrage umgehend, unverzüglich, schriftlich, zustimmend, ablehnend, nicht a.; der Wahrheit gemäß, mit Ja oder Nein a.; ich kann darauf nicht a.; ⟨jmdm. a.⟩ er hat ihm freundlich, bereitwillig, unbefangen, verlegen, barsch geantwortet; antworte mir auf meine Frage!; ⟨etwas a.⟩ was hat er auf deine Frage geantwortet?; sie antwortete etwas Unverständliches; übertr.: sie antwortete darauf mit einem vielsagenden Blick, mit Achselzucken.

anvertrauen: 1. ⟨jmdm., einer Sache jmdn., sich, etwas a.⟩ *vertrauensvoll übergeben, überlassen:* einer Persönlichkeit die Leitung des Unternehmens a.; ich habe ihm meine ganze Barschaft anvertraut; sein Leben, sein Schicksal Gott a.; wir haben uns seiner Führung anvertraut; bildl.: sie vertrauten seine sterbliche Hülle der Erde an (geh.; *setzten ihn bei).* **2. a)** ⟨jmdm. etwas a.⟩ *vertrauensvoll mitteilen:* jmdm. ein Geheimnis, seine Pläne [unter dem Siegel der Verschwiegenheit] a.; ich vertraue dir meine Entdeckung an/ (selten:) ich anvertraue dir meine Entdeckung. **b)** ⟨sich jmdm. a.⟩ *sich vertrauensvoll offenbaren:* sich seinen Eltern, dem Pfarrer a.

anwachsen ⟨etwas wächst an⟩: **1. a)** *etwas wächst fest:* die transplantierte Haut ist angewachsen. **b)** *etwas schlägt Wurzeln:* die Bäume sind gut angewachsen. **2.** *etwas nimmt stetig zu:* die Bevölkerung, der Verkehr wächst an; seine Schulden wuchsen sehr an.

Anwalt, der: **1.** *Rechtsanwalt:* zwei bekannte Anwälte; sich als A. niederlassen; ich habe mir einen A. genommen; er hat sich bei der Verhandlung von seinem A., durch seinen A. vertreten lassen. **2.** *Verfechter, Fürsprecher:* ein glühender A. sozialer Reformen; als A. einer guten Sache auftreten; er machte sich zum A. der Armen.

anwandeln (geh.) ⟨etwas wandelt jmdn. an⟩: *etwas erfaßt, befällt jmdn.:* Ekel, Langeweile, eine Laune wandelte ihn an; ein Gefühl der Entmutigung hatte sie angewandelt.

Anwandlung, die: *plötzlich auftretendes Gefühl, rasch verfliegende Stimmung:* eine sentimentale A.; eine A. von Furcht, Heimweh überkam ihn; ihn befiel eine A. von Reue; sonderbare Anwandlungen haben *(sich merkwürdig benehmen);* einer plötzlichen A. folgend ...

Anwärter, der: *aussichtsreicher Bewerber:* A. auf einen Posten, auf eine Medaille sein.

anwehen: 1. (geh.) ⟨etwas weht jmdn. an⟩ *etwas weht gegen jmdn.:* ein kühler Hauch wehte ihn

an; bildl.: eine Todesahnung wehte sie an. **2. a)** ⟨etwas weht etwas an⟩ *etwas weht etwas aufturmend zusammen:* der Wind hat den Sand, viel Schnee angeweht. **b)** ⟨etwas weht an⟩ *etwas wird heran-, zusammengeweht:* Sand, Schnee weht an.

anweisen /vgl. angewiesen/: **1.** ⟨jmdm. etwas a.⟩ *zuweisen, zeigen und überlassen:* jmdm. einen Platz, sein Quartier a.; er wies mir eine Arbeit an. **2.** ⟨jmdn. a.; mit Infinitiv mit *zu*⟩ *beauftragen, befehlen:* ich habe ihn angewiesen, die Sache sofort zu erledigen; er ist angewiesen, uns sofort zu verständigen. **3.** (geh.) ⟨jmdn. a.⟩ *anleiten:* den Lehrling bei der Arbeit, den Schüler im Unterricht a.; er weist den Neuen an. **4.** ⟨etwas a.⟩ **a)** *überweisen:* weisen Sie das Geld bitte durch die Post an; ich habe ihm die gewünschte Summe angewiesen. **b)** *die Auszahlung von etwas veranlassen:* das Gehalt, ein Honorar a.

Anweisung, die: **1.** *Zuweisung:* auf die A. eines Bettes in der Klinik warten. **2.** *Anordnung, Befehl:* eine strenge A.; die letzten, nötigen Anweisungen geben, erteilen; eine A. genau befolgen; sie haben A., uns gut zu behandeln; auf A. des Ministeriums ... **3.** *Anleitung:* eine A. ist dem Gerät beigefügt; die ausführliche A. lesen, studieren. **4. a)** *Überweisung:* um A. des Geldes auf das Bankkonto bitten. **b)** *Anordnung zur Auszahlung:* die A. des Honorars, des Gehalts erfolgt fünf Tage vor Monatsende. **c)** (Bank) *Anweisungsauftrag:* eine A. auf/über 3 000 Mark ausstellen, ausschreiben.

anwenden: 1. ⟨etwas a.⟩ *für einen Zweck nutzbar machen; gebrauchen:* eine Technik richtig, falsch, verkehrt, geschickt a.; eine Therapie, ein [Heil]mittel, ein vereinfachtes Verfahren a.; die Polizei mußte Gewalt a.; sie wandten/(veraltend:) wendeten eine List an; wir haben viel Fleiß, Mühe angewandt/(auch:) angewendet; adj. Part.: *praktisch verwertet:* angewandte Mathematik, Chemie. **2.** ⟨etwas auf jmdn., auf etwas a.⟩ *in Beziehung setzen, übertragen:* ein Zitat auf einen Menschen a.; einen Paragraphen auf einen Fall a.; wir haben diese Prinzipien auf die Wirtschaft angewandt/(auch:) angewendet.

Anwendung, die: **1.** *Gebrauch, Verwendung:* bei richtiger A. dieses Verfahrens ...; auf die A. von Gewalt verzichten. **2.** *das In-Beziehung-Setzen, Übertragung:* die A. dieser Bestimmung auf Ausländer ist nicht möglich. **3.** *therapeutische Maßnahme, Heilbehandlung bes. im Rahmen einer Kur:* Sie bekommen noch drei Anwendungen, haben morgen Ihre letzte A.; der Arzt verschrieb ihr noch einmal sechs Anwendungen. * (Papierd.:) **etwas in/zur Anwendung bringen** *(anwenden)* · (Papierd.:) **etwas kommt, gelangt zur Anwendung** *(etwas wird angewendet).*

anwesend: *sich aus einem gegebenen Anlaß an einem bestimmten Ort befindend:* alle anwesenden Personen; persönlich, selbst a. sein; der Chef ist nicht a.; subst.: verehrte Anwesende (nicht: Anwesenden)! /Begrüßungsanrede/; alle Anwesenden; Anwesende ausgenommen *(die Anwesenden sind nicht gemeint).*

Anwesenheit, die: **1.** *das Zugegensein:* jmds. A. vermissen; die A. aller Teilnehmer feststellen; jmdn. mit seiner A. erfreuen, beehren; bei, während meiner A. in Berlin; in A. der Königin. **2.**

Vorhandensein: die A. eines Metalls, von Sauerstoff in einem Gas feststellen.

anwidern ⟨jmdn. a.⟩: *zuwider sein, jmds. Ekel erregen:* dieser Mensch, sein Anblick widert mich an; er fühlte sich von dem Treiben angewidert.

Anzahl, die: a) *gewisse Zahl, gewisse Menge:* eine beträchtliche, große, unbedeutende A.; eine A. kostbare Gegenstände/kostbarer Gegenstände; er hat mit einer A. Abgeordneter/Abgeordneten gesprochen; eine A. Schrauben lag/ (auch:) lagen im Kasten. b) *[Gesamt]zahl:* die A. der Teilnehmer, der Tage, Stunden.

anzahlen ⟨etwas a.⟩: a) *als ersten Teilbetrag zahlen:* die Hälfte, 100 Mark a.; wieviel hat der Kunde angezahlt? b) *den ersten Teilbetrag für etwas zahlen:* die neuen Möbel a.

Anzahlung, die: *Zahlung des ersten Teilbetrages:* eine A. leisten; etwas gegen eine kleine A., ohne A. kaufen, bekommen.

anzapfen: a) ⟨etwas a.⟩ *eine Flüssigkeit aus etwas [zapfend] entnehmen, gewinnen:* ein Faß a.; Bäume zur Harzgewinnung a.; ⟨auch ohne Akk.⟩ der Wirt hat frisch angezapft *(angestochen).* **b)** ⟨etwas a.⟩ *sich zum Abhören heimlich in etwas einschalten:* eine Leitung, einen Draht a. **c)** (ugs.) ⟨jmdn. a.⟩ *von jmdm. Geld leihen:* er wollte mich wieder a., hat mich [um 50 Mark] angezapft.

Anzeichen, das: a) *Vorzeichen:* A. eines nahenden Gewitters, eines drohenden Krieges; es gibt keine Anzeichen für eine Krise; bei den ersten Anzeichen *(Symptomen)* zum Arzt gehen; wenn nicht alle Anzeichen täuschen, trügen, so wird bald eine Besserung eintreten. b) *Zeichen, Merkmal:* A. von Reue erkennen lassen; bei dem geringsten A. des Widerstands ...

Anzeige, die: 1. *Meldung an eine Behörde:* eine anonyme A.; bei der Staatsanwaltschaft eine A. eingegangen; eine A. verfolgen, niederschlagen; A. [wegen einer Sache] machen *(jmdn. anzeigen);* wir haben gegen ihn bei der Polizei A. erstattet *(ihn angezeigt);* er drohte mir mit einer A. **2. a)** *gedruckte Bekanntgabe eines privaten Ereignisses:* jmdm. eine A. schicken; wir haben die A. ihrer Vermählung erhalten. **b)** *Inserat, Annonce:* eine A. aufgeben, (Fachspr.:) schalten, in die Zeitung setzen [lassen]; es hat sich niemand auf die A. gemeldet. **3. a)** *ablesbarer Stand:* die A. eines Meßinstruments; auf die A. der Ergebnisse warten. **b)** *Anlage, die etwas anzeigt:* die elektrische A. funktioniert nicht, ist ausgefallen; die Zeiten des Endlaufs erscheinen auf der A. * (Papierdt.:) **jmdn., etwas zur Anzeige bringen** *(anzeigen).*

anzeigen /vgl. angezeigt/: 1. ⟨etwas zeigt etwas an⟩ *etwas zeigt etwas, gibt den Stand von etwas an:* die Uhr zeigt fünf Minuten nach neun an; das Barometer zeigte schönes Wetter an. 2. ⟨jmdn., etwas a.⟩ *einer Behörde melden, Strafanzeige erstatten:* einen rücksichtslosen Autofahrer a.; sie haben den Diebstahl bei der Polizei angezeigt. 3. ⟨etwas a.⟩: **a)** *durch Anzeige bekanntgeben:* seine Verlobung, die Geburt eines Kindes a.; der Verlag hat die neuen Bücher angezeigt. **b)** *mitteilen, ankündigen:* die Sprengung durch ein Signal a.; ⟨jmdm. etwas a.⟩ der Trainer zeigt der Mannschaft an, daß noch zehn Minuten zu spielen sind; er hat uns seinen Besuch angezeigt (geh.; *sich zu einem Besuch angemeldet).*

anzetteln ⟨etwas a.⟩: *etwas Böses vorbereiten und ins Werk setzen:* eine Schlägerei, eine Verschwörung, einen Putsch a.

anziehen: 1. a) ⟨etwas a.⟩ *an sich, an den Körper heranziehen:* ein Bein, die Knie a.; mit fest angezogenem Kinn. **b)** *an sich ziehen:* der Magnetstab zieht Eisenspäne an; Metall zieht den Blitz an; das Salz zieht die Feuchtigkeit an *(saugt sie in sich auf);* die Butter hat den Geruch von Seife angezogen *(angenommen);* ⟨auch ohne Akk.⟩ die Lebensmittel ziehen an *(nehmen den Geschmack, den Geruch von etwas an).* **c)** ⟨jmdn., etwas a.⟩ *in den Bann ziehen, anlocken:* er fühlte sich von dem Fremden angezogen; die Ausstellung, der Wettkampf hat viele Besucher angezogen; adj. Part.: *reizvoll:* ein anziehendes Äußeres; das Mädchen ist sehr anziehend. 2. **a)** *straffer spannen:* die Zügel a.; er zog zwei Saiten leicht an. **b)** *festziehen:* eine Schraube a.; ich habe vergessen, die Handbremse anzuziehen; bildl.: der Staat hat die Steuerschraube angezogen *(erhebt Steuern).* 3. (ugs. landsch.) ⟨etwas a.⟩ *bis auf einen Spalt schließen:* die Tür a.; er hat das Gartentor nur angezogen. 4. **a)** *zu ziehen beginnen, sich in Bewegung setzen:* die Pferde ziehen an; der Zug zog an und verließ langsam die Station. **b)** (veraltend) *anrücken:* das feindliche Heer zog an. **c)** (Brettspiele) *den ersten Zug ausführen, das Spiel beginnen:* Weiß zieht an, hat angezogen. 5. **a)** ⟨jmdn., sich a.⟩ *die Kleidung anlegen:* sich warm, ordentlich, sportlich, standesgemäß, nur notdürftig, sommerlich a.; die Mutter zog das Kind an; ich bin schon fertig angezogen; sauber, altmodisch, zu leicht angezogen sein *(gekleidet sein);* eine elegant angezogene *(gekleidete)* Frau. **b)** ⟨etwas a.⟩ *über den Körper streifen, anlegen, umtun:* den Mantel, das Kleid, die Hosen, die Schuhe a.; die Mütze, den Hut a. (ugs. landsch.; *aufsetzen);* ich habe nichts anzuziehen; ⟨jmdm., sich etwas a.⟩ dem Kind frische Wäsche a. 6. (Kaufmannsspr.) ⟨etwas zieht an⟩ *etwas steigt (im Preis):* die Preise, die Aktien ziehen an; Baumwolle hat angezogen. 7. **a)** ⟨etwas zieht an⟩ *mit Artangabe) etwas beschleunigt in bestimmter Weise:* der Wagen zieht gut, schlecht an. **b)** (Sport) *das Tempo beschleunigen:* der Europameister zog gleich vom Start weg energisch an; ⟨etwas a.⟩ einen Spurt a. *(zu spurten beginnen).* 8. (veraltend) ⟨jmdn., etwas a.⟩ *zitieren:* einen Autor, eine Stelle a.

Anzug, der: 1. *aus Hose und Jacke bestehendes Kleidungsstück:* ein eleganter, schäbiger, flotter, sportlicher, zweireihiger, einfarbiger, karierter A.; der neue A. sitzt gut, steht mir gut; einen A. von der Stange *(einen Konfektionsanzug)* kaufen; ich habe mir einen A. bestellt, nach Maß anfertigen lassen; einen A. anprobieren, ändern lassen; den besten A. anziehen, tragen; er hat, besitzt mehrere Anzüge; er kam im dunklen A. 2. *Beschleunigungsvermögen:* der Sportwagen hat einen kraftvollen A.; das Auto ist schlecht im A. * **im Anzug sein** *(sich nähern):* der Feind ist im A.; ein Gewitter war im A.; Gefahr ist im A. *(droht).* **anzüglich: 1.** *auf etwas Unangenehmes anspielend:* anzügliche Bemerkungen; werde nur nicht a.!; er lächelte a. 2. *zweideutig, anstößig:* er erzählte anzügliche Witze, Geschichten.

anzünden ⟨etwas a.⟩: *zum Brennen bringen:* ein Streichholz, eine Kerze, das Gas a.; sie zündeten ein Feuer an; ein Haus a. *(in Brand stecken);* ⟨jmdm., sich etwas a.⟩ sich eine Zigarette a.

anzweifeln ⟨etwas a.⟩: *nicht recht glauben, in Frage stellen:* die Glaubwürdigkeit eines Zeugen a.; er hat die Echtheit des Bildes angezweifelt.

apart: *eigenartig und [angenehm] auffallend, reizvoll:* ein apartes Aussehen, Gesicht; das Kleid ist sehr a.; das Mädchen sieht a. aus.

Apfel, der: **a)** *Frucht des Apfelbaums:* ein grüner, [un]reifer, rotbäckiger, saurer, wurmstichiger, kandierter A.; dieser Apfel schmeckt gut; Äpfel pflücken, [vom Baum] schütteln; einen A. schälen, mit der Schale essen, reiben; bildl.: ihm ist der Erfolg wie ein reifer A. in den Schoß gefallen; R: der Apfel fällt nicht weit vom Stamm *(jmd. ist in den [negativen] Anlagen den Eltern sehr ähnlich).* **b)** *Apfelbaum:* die Äpfel blühen bereits. * **Äpfel mit Birnen vergleichen; Äpfel mit Birnen zusammenzählen/addieren** *(Unvereinbares zusammenbringen)* · (ugs.:) **für einen Apfel und ein Ei** *(sehr, viel zu billig):* ich habe das Fahrrad für einen A. und ein Ei gekauft, verkauft · **in den sauren Apfel beißen [müssen]** *(etwas Unangenehmes notgedrungen tun) [müssen]).*

Apparat, der: **1. a)** *technisches Gerät, das bestimmte Funktionen erfüllt:* ein komplizierter A.; der A. läuft; Apparate bauen, konstruieren, einschalten, abschalten, ausschalten. **b)** *Telefonapparat:* der A. klingelt, bleibt stumm; jmdn. am A. verlangen, an den A. holen; an den A. kommen, gehen; am A. sein; bleiben Sie bitte am A.! **c)** *Radio:* der A. spielt nicht mehr; den A. einschalten, andrehen, auf Zimmerlautstärke stellen. **d)** *Rasierapparat:* mein A. ist kaputt; den A. nach der Rasur säubern; eine neue Klinge in den A. einlegen. **e)** *Fotoapparat:* ein guter, teurer A.; er macht mit seinem einfachen A. die schönsten Bilder. **2. a)** *Menschen und Hilfsmittel, die für eine bestimmte größere Aufgabe benötigt werden:* den ganzen A. der Verwaltung, des Gerichts, der Diplomatie in Bewegung setzen; Wagners Opern erfordern einen umständlichen szenischen A. **b)** (Fachspr.) *Hilfsmittel (Bücher) für eine wissenschaftliche Arbeit:* einen A. im Seminar aufbauen; der kritische A. *(Lesarten und Verbesserungen eines Textes).* **3.** (ugs.) *etwas, was durch seine Größe oder Ausgefallenheit Staunen erregt:* ist das ein A.!; diese Birnen sind tolle Apparate!

Appell, der: **1.** (militär.) *[Antreten zur] Befehlsausgabe, Überprüfung o. ä.:* einen A. ansetzen, abhalten; zum A. antreten. **2.** *[mahnender] Aufruf, Aufforderung:* ein beschwörender A. zur Einheit; einen A. an die Öffentlichkeit richten; der A. darf nicht ungehört verhallen.

appellieren ⟨an jmdn., an etwas a.⟩: *sich mit einem Appell an jmdn. wenden:* an die Bevölkerung, an jeden einzelnen, an das Gewissen der ganzen Welt, an jmds. Ehrgefühl, an die Vernunft a.

Appetit, der: *Eßlust:* der A. ist mir vergangen; der A. des Kranken ist schlecht; jmdm. vergeht der A. *(er hat plötzlich aus einem bestimmten Grund keinen Appetit mehr);* bei dieser Vorstellung kann einem der A. vergehen; A. [auf etwas] bekommen, haben; ich habe einen guten, gesunden, kräftigen, unbändigen A.; den A. anregen,

reizen, wecken, stillen, befriedigen; frische Luft macht, gibt A. [auf/(veraltend:) nach etwas]; den A. verlieren; die Gäste brachten einen gesegneten A. mit (ugs.); jmdm. den A. verderben; die Süßigkeiten haben mir den A. verlegt; etwas mit A. essen; er aß ohne rechten A.; gesegneten A.!, guten A.! /Wunschformeln beim Essen/; R: der A. kommt beim Essen; übertr.: ich habe A. *(Verlangen)* nach Meeresluft; damit hat er uns A. gemacht auf eine solche Reise.

appetitlich: a) *appetitanregend, zum Essen verlockend:* a. angerichtete Speisen; die Wurst sieht nicht sehr a. aus. **b)** *sauber, hygienisch:* etwas a. verpacken; übertr.: eine nicht sehr a. *(nicht sehr sauber)* aussehende Person.

applaudieren: *Beifall klatschen:* lebhaft, begeistert a.; das Publikum applaudierte dankbar für die Zugabe; ⟨jmdm., einer Sache a.⟩ man applaudierte ihm freundlich.

Applaus, der: *Beifall:* ein stürmischer, donnernder, frenetischer, stehender (bei dem die Applaudierenden sich von Ihren Plätzen erheben) A.; der A. setzt ein, bricht los, verebbt, verrauscht; A. bekommen, erhalten; es gab begeisterten A. für die Künstler.

April, der: *vierter Monat des Jahres:* der unbeständige, wetterwendische, launische A.; heute ist der erste A.; A., A.! /Ausruf, wenn man jemanden in den April geschickt hat/; veränderlich wie der A.; Anfang, Ende A.; im Laufe des Monats A., des April[s]. * **jmdn. in den April schicken** *(1. April mit etwas zum besten halten).*

Äquivalent, das (geh.): *Gegenwert, Ausgleich:* das war ein ungenügendes, angemessenes, kein Ä. für seine große Mühe; ein Ä. finden, fordern; er bot ihm als Ä. dafür die Benutzung seiner Garage; es gibt für dieses englische Wort kein Ä. *(kein entsprechendes Wort)* im Deutschen.

Ära, die: *Zeitabschnitt, Epoche, [Amts]zeit:* eine neue Ä. zieht herauf, bricht an; die Wilhelminische Ä. *(die Regierungszeit Kaiser Wilhelms II.);* die Ä. der Eleonora Duse, Adolf Hitlers; die Ä. Adenauer ist vorbei; eine Ä. einleiten.

Arbeit, die: **1. a)** *Tätigkeit, einzelne Verrichtung, Ausführung eines Auftrages:* eine leichte, schwere, anstrengende, mühsame, interessante, qualifizierte, niedere, grobe, zeitraubende, langweilige, undankbare, notwendige, unnötige A.; die Arbeiten ruhen, stocken, können beginnen; die A. am Staudamm geht voran, vorwärts; diese A. ging mir gut, leicht, schwer von der Hand; diese A. erfüllt ihn, gefällt ihm, sagt ihm zu, macht ihm Spaß, paßt ihm nicht, schmeckt (ugs.) ihm nicht; die A. wächst uns über den Kopf, kommt nicht vom Fleck, bleibt liegen; die A. läuft uns nicht davon (scherzh.; *wir brauchen uns nicht damit zu beeilen);* das ist keine A. für eine Frau; diese A. erfordert einen ganzen Mann; eine A. planen, anordnen, verteilen, vergeben, überwachen, beaufsichtigen, leiten, organisieren, übernehmen, fortführen, fortsetzen, ausführen, verrichten, bewältigen, beenden, abschließen, ablehnen, abbrechen, unterbrechen, auf-, hinausschieben; sie scheut keine A.; wir erledigen alle vorkommenden Arbeiten; er hat seine A. geschafft, liederlich gemacht; ich kann noch A. abgeben *(ich habe viel zu tun);* man muß sich (Dativ) die A. einteilen; das Gerät erleichtert mir sehr die A.; jmdm. eine A. geben, anvertrauen, übertragen, zuweisen, abnehmen; sich einer A. widmen, er geht der A. aus dem Wege *(arbeitet nicht gern);* die Früchte der A. genießen; zu Hause liegt noch ein ganzer Berg [mit] A.; an die A. gehen; er machte sich an die A.; Freude an der A. haben; jmdn. aus der A. herausreißen; bei einer A. sein; sich in die A. stürzen, hineinknien; er vertieft sich in seine A., flüchtet sich in seine A.; mit einer A. beginnen, gut vorankommen, im Rückstand sein, fertig sein; ich bin mit A. überhäuft, eingedeckt; sich nicht nach einer A. drängen, reißen (ugs.); über einer A. sitzen, schwitzen (ugs.), von der A. aufblicken, ausruhen; ich bin von dieser A. freigestellt; sich vor A. nicht retten können; er drückte sich (ugs.) vor der A. **b)** *das Arbeiten, Schaffen, Beschäftigtsein mit etwas:* die körperliche, geistige A.; eine entsagungsvolle, harte, schöpferische A.; die A. fällt ihm schwer, wird ihm sauer; die Maschinen ersetzen oft die menschliche A.; das Parlament hat gute A. geleistet; er hat viel A. *(muß viel arbeiten);* seine A. tun, machen *(so arbeiten, wie es sich gehört);* sich (Dativ) die A. leichtmachen; der hat die A. auch nicht erfunden (scherzh.); *er faulenzt gern*); die Arbeiter gingen wieder an die A.; jmdm. bei der A. helfen; er mußte mit der A. aufhören; R: nach getaner A. ist gut ruh[e]n · kein Freund von [der] A. sein (ugs.; *nicht gern arbeiten*); übertr.: das Herz nimmt seine A. wieder auf. **c)** *beschwerliche Arbeit, Anstrengung, Mühe:* das war eine ziemliche A.; sich [mit, durch etwas] A. machen; Gäste machen, bereiten, verursachen immer A.; mit jmdm., einer Sache viel A. haben; damit haben wir nur die halbe A. **d)** *Berufsausübung, Erwerbstätigkeit:* eine erträgliche, unterbezahlte A.; A. suchen, finden, bekommen, sich (Dativ) verschaffen; seine A. aufgeben, hinschmeißen (ugs.), verlieren; die A. wurde eingestellt, niedergelegt, wiederaufgenommen; A. haben *(nicht arbeitslos sein);* keine A. haben *(arbeitslos sein);* unsere Firma hat A. *(hat Aufträge);* das Arbeitsamt vermittelt Arbeitsuchenden A.; der Meister gab ihm A. in seinem Betrieb; er nahm A. bei ihm; sie will sich (Dativ) wieder eine A. suchen; einer [geregelten] A. nachgehen *(berufstätig sein);* jeder Mensch hat das Recht auf A.; auf A. gehen (ugs.); er geht in seiner A. ganz auf; sich nach A. erkundigen, umsehen (ugs.); ohne A. sein *(arbeitslos sein);* er kam von der A.; zur A. gehen, fahren; R: erst die A., dann das Vergnügen **2.** (Sport) *Training:* die A. am Sandsack, mit der Hantel; er beobachtete die A. an den Geräten. **3.** *Werk, Erzeugnis:* eine schöne, ausgezeichnete, gewissenhafte, sorgfältige, fleißige, grundlegende, bahnbrechende A.; eine frühe A. dieses Künstlers; seine A. zeigt viele Schwächen, enthält viele Fehler; seine Arbeiten erregten Aufsehen; diese A. kann sich sehen lassen; die jungen Künstler stellen ihre Arbeiten aus; eine wissenschaftliche A. schreiben, abschließen, veröffentlichen; der Lehrer sammelte die Arbeiten ein, gab uns die Arbeiten zurück; die schriftlichen Arbeiten korrigieren; der Lehrer läßt eine A. *(Klassenarbeit)* schreiben; eine keramische A.; das Tablett ist eine venezianische A.; eine edle A.

aus Bronze, in Marmor. * **ganze/gründliche Arbeit leisten, tun,** (ugs.:) **machen** *(etwas – meist Negatives – so gründlich tun, daß nichts mehr zu tun übrigbleibt):* die Einbrecher hatten ganze A. gemacht *(hatten alles verwüstet, alles Wertvolle mitgenommen o. ä.)* · **etwas in Arbeit geben** *(etwas anfertigen, machen lassen)* · **etwas in Arbeit nehmen** *(mit der Anfertigung beginnen)* · **etwas ist in Arbeit** *(an etwas wird gerade gearbeitet)* · **etwas in Arbeit haben** *(an etwas zur Zeit arbeiten)* · **jmdn. in Arbeit nehmen** *(jmdn. einstellen)* · **[bei jmdm.] in Arbeit sein, stehen** *([bei jmdm.] beschäftigt, angestellt sein)* · **Arbeit und Brot** *(Erwerbsmöglichkeit)* · (geh.:) **von seiner Hände Arbeit leben** *(sich seinen Lebensunterhalt selbst verdienen)* · **nur halbe Arbeit machen** *(etwas nur unvollkommen ausführen).*

arbeiten: 1. a) *Arbeit leisten, tätig sein:* fleißig, emsig, flink, zügig, zielstrebig, angestrengt, konzentriert, unermüdlich, hart, fieberhaft, mit Hochdruck, verbissen, lange, sorgfältig, gewissenhaft, sauber, gut, nachlässig, liederlich, ehrenamtlich, körperlich, geistig, gern a.; er hat den ganzen Tag bis in die Nacht hinein, zeitlebens gearbeitet; seine Frau arbeitet auch *(übt keinen Beruf aus);* als Kellner, als Schweißer a.; er arbeitet am Schreibtisch, am Fließband, auf dem Bau, bei der Bahn, in einer Fabrik a.; wir arbeiten in drei Schichten, im Akkord, acht Stunden am Tag; er arbeitet für zwei *(sehr viel);* ich arbeite nur für/gegen gute Bezahlung; er arbeitet für den Rundfunk; mit den Händen, mit dem Kopf a.; er arbeitet mit meinem Geld; nach einem bestimmten System a.; um Lohn a.; unter Tarif *(zu billig)* a.; er arbeitet unter ihm *(ist ihm unterstellt);* er arbeitet wie ein Pferd (ugs.), wie ein Wilder (ugs.); das Ministerium arbeitet von ... bis ...; das Büro, die Börse arbeitet heute nicht; subst.: an selbständiges Arbeiten gewöhnt sein; übertr.: sein Geld a. lassen *(es gewinnbringend anlegen);* ⟨an etwas a.⟩ *mit [der Herstellung von] etwas beschäftigt sein:* an einem Roman, an einer Erfindung a.; an seiner Karriere a. *(etwas für seine Karriere tun);* ⟨an sich (Dativ) a.⟩ *sich um seine Weiterentwicklung bemühen:* er muß noch viel an sich a.; die Sportler haben sich gearbeitet; ⟨für etwas a.⟩ *sich für etwas einsetzen:* für eine bessere Zukunft, für den Frieden a.; ⟨etwas arbeitet für jmdn., für etwas⟩ die Zeit arbeitet für uns, für die Sache *(die verstreichende Zeit bewirkt eine günstige Entwicklung);* ⟨gegen jmdn., gegen etwas a.⟩ *zu schaden suchen:* gegen seinen Vorgesetzten a.; er hat gegen das Regime gearbeitet; ⟨mit etwas a.⟩ *zur Erreichung eines Zieles anwenden:* mit unlauteren Mitteln, mit allen Tricks a.; ⟨über jmdn., über etwas a.⟩ *sich mit jmdm., mit etwas befassen [und darüber schreiben]:* er arbeitet über Brecht, über den Expressionismus; ⟨zu etwas a.⟩ *einen Beitrag zu etwas liefern:* er arbeitet zum Wohle der Menschheit. **b)** *sich arbeitet sich;* mit Artangabe und Umstandsangabe) *man kann in bestimmter Weise arbeiten:* es arbeitet sich gut in diesem Betrieb, mit diesem Apparat. **2.** ⟨mit Artangabe⟩ *alle Kräfte aufbieten, gegen etwas anzukommen suchen:* er arbeitet mächtig, um über die Mauer zu kommen; das Schiff arbeitet schwer in der Dünung. **3.** ⟨etwas arbeitet⟩ *etwas ist im Betrieb, in Funktion, in Bewegung:* der Motor arbeitet leise, ruhig, gleichmäßig; die Anlage arbeitet vollautomatisch; das Herz des Patienten arbeitet normal; der Teig arbeitet *(geht auf);* der Wein arbeitet *(gärt);* das Holz arbeitet noch *(ist noch nicht trocken, verzieht sich).* **4.** ⟨etwas arbeitet in jmdm.⟩ *etwas beschäftigt jmdn., macht ihm zu schaffen:* die Kränkung arbeitete heftig in ihr; er beobachtete, wie es in ihm arbeitete. **5.** (Sport) *trainieren, die Leistungsfähigkeit steigern:* mit den Hanteln, am Sandsack a.; Spitzensportler müssen hart a. **6. a)** ⟨sich a.; mit Artangabe⟩ *durch Arbeit, durch körperliche Anstrengung in einen bestimmten Zustand gelangen:* sich warm, müde a.; seine Mutter hat sich krank gearbeitet. **b)** ⟨sich (Dativ) etwas a.; mit Artangabe⟩ *so arbeiten, daß ein Körperteil in einen bestimmten Zustand gerät:* sich die Hände blutig a.; ich habe mir den Rücken lahm gearbeitet. **7.** ⟨sich a.; mit Raumangabe⟩ *einen Weg [zu einem Ziel] mühevoll zurücklegen:* sich durch das Gebüsch a.; sie arbeiten sich immer tiefer in den Schacht; übertr.: sich in die Höhe, nach oben a. *(sich wirtschaftlich, sozial hocharbeiten).* **8.** ⟨etwas a.⟩ *herstellen, anfertigen:* ein Kostüm nach Maß, auf Taille a.; ein Gefäß in Ton, in Silber a.

Arbeiter, der: **a)** *jmd., der körperlich oder geistig tätig ist:* er ist ein gewissenhafter, langsamer A. **b)** *Arbeitnehmer, der überwiegend körperliche Arbeit leistet:* ein ungelernter, qualifizierter A.; die Arbeiter streiken; neue Arbeiter einstellen; die Arbeiter am Gewinn beteiligen; Arbeiter freistellen, umsetzen, entlassen; er vertritt die Interessen der Arbeiter.

arbeitsam (geh. veraltend): **a)** *fleißig und tüchtig:* ein arbeitsamer Mensch; dieses Volk ist sehr a. **b)** *von Arbeit erfüllt:* ein arbeitsames Leben.

arbeitslos: *ohne Arbeitsplatz:* arbeitslose Jugendliche; a. werden, sein; die Stillegung der Zeche machte viele a.

arg: 1. (geh.) *schlimm, übel, böse:* es war eine arge Zeit; das ist dann doch zu a.!; das Schicksal hat ihm a. mitgespielt; etwas noch ärger machen, als es schon ist; subst.: an nichts Arges denken; nichts Arges im Sinn haben; wir haben das Ärgste verhüten können. **2.** (südd., österr., schweiz.) **a)** *unangenehm groß, stark, heftig:* eine arge Enttäuschung; ein arger Spötter; ein arges Gedränge. **b)** *sehr:* es ist a. warm; er ist noch a. jung; es sind a. viele Fehler; a. schwitzen; er hat sich a. gefreut. ∗ *etwas liegt im argen (etwas befindet sich in Unordnung):* unsere Politik liegt im a.

Arg (geh. veraltend): ⟨meist verneint in bestimmten Wendungen⟩ *ohne Arg sein (ohne Falschheit, Boshaftigkeit sein)* · **es ist kein Arg an/in jmdm.** *(jmd. ist ohne Falschheit, Boshaftigkeit)* · **kein Arg an etwas finden** *(nichts Böses an jmdm. finden).*

Ärger, der: **a)** *Verdruß, Unwille:* berechtigter, aufgespeicherter Ä.; sein Ä. ließ nach, verflog; das ist sein stiller, ständiger Ä.; seinen Ä. unterdrücken, verbergen, hinunterschlucken, in sich hineinfressen (ugs.), an jmdm. auslassen; Ä. [bei jmdm., mit etwas] erregen; er machte seinem Ä. Luft, vor Ä. platzen (ugs.), krank werden, schwarz werden (ugs.); zu seinem Ä. war alles umsonst. **b)** *Unannehmlichkeit, Ärgernis:* der tägliche, häusliche, berufliche Ä.; viel Ä. [mit jmdm., wegen einer Sache] haben, bekommen,

kriegen; das gibt unnötigen Ä.; den Ä. hättest du dir ersparen können; mach ... [bloß] keinen Ä.!

ärgerlich: 1. *voll Verdruß, verärgert, aufgebracht:* ein ärgerlicher Blick, Zuruf; er war, wurde sehr ä.; ⟨auf/über jmdn., etwas ä. sein/ werden⟩ sie ist ä. auf mich; er war über den Mißerfolg ä.; ⟨deswegen verärgert); ä. antworten, fortgehen. **2.** *mißlich, unerfreulich, unangenehm:* ein ärgerlicher Vorfall; das ist eine ganz ärgerliche Sache, Geschichte; es ist ä., daß ...; subst.: das Ärgerliche an/bei der Sache ist, daß ...

ärgern: 1. ⟨jmdn. ä.⟩ *ärgerlich machen, aufbringen:* er hat mich mit seiner Bemerkung, mit seinem Verhalten sehr geärgert; das hat er nur getan, um mich zu ä.; es ärgert mich, daß ...; jmdn. krank, zu Tode, ins Grab ä.; ihn ärgert die Fliege an der Wand *(jede Kleinigkeit);* die Jungen ärgerten *(reizten, neckten)* den Hund. **2.** ⟨sich ä.⟩ *ärgerlich, verstimmt sein:* sich furchtbar, maßlos, sehr ä.; sich krank, zu Tode ä.; ich ärgere mich, daß ...; ich habe mich über ihn, über mich selbst, über den Fehler geärgert. ∗ (ugs.:) **sich schwarz/ grün und blau/gelb und grün ärgern** *(sich sehr ärgern).*

Ärgernis, das: *Unannehmlichkeit:* **a)** *etwas Ärgerliches, Anstößiges:* dieser ständige Lärm ist ein Ä. für die Anwohner; sein Verhalten erregt Ä. bei vielen; Rechtsw.: Erregung öffentlichen Ärgernisses *(Verletzung des sittlichen Gefühls).* **b)** *Ärger, Unannehmlichkeit:* die kleinen Ärgernisse des Alltags; berufliche, private Ärgernisse.

arglos (geh.): **a)** *harmlos, ohne Arg:* eine ganz arglose Bemerkung; er fragte ihn völlig a. nach seiner Frau. **b)** *nichts Böses ahnend:* das Kind folgte a. dem Fremden.

Argument, das: *Beweis[grund]:* ein schwerwiegendes, [durch]schlagendes, scharfsinniges A.; dieses A. überzeugt mich nicht, leuchtet mir nicht ein; das A. ist unwiderleglich, unhaltbar; das ist doch kein A.! *(kein Grund für etwas Bestimmtes);* Argumente für/gegen etwas finden, anführen, vorbringen, geltend machen; ins Feld führen (geh.); etwas als A. gebrauchen; jmds. Argumente gelten lassen, widerlegen, entkräften; ich machte mir seine Argumente zu eigen.

Argusaugen (geh.): ⟨in der Verbindung⟩ **mit Argusaugen:** *mit Aufmerksamkeit und Skepsis:* eine Entwicklung mit A. verfolgen, beobachten; mit A. über etwas wachen.

Argwohn, der (geh.): *Mißtrauen, Verdacht:* A. steigt in jmdm. auf; A. schöpfen, [gegen jmdn.] hegen, haben; jmds. A. zerstreuen; etwas [er]weckt A. bei jmdm.; er betrachtete sie mit A.

argwöhnen (geh.): ⟨etwas a.⟩: *befürchten, mißtrauisch vermuten:* er argwöhnte eine Falle; er hatte zunächst geargwöhnt, daß ...

argwöhnisch (geh.): *mißtrauisch:* ein argwöhnischer Blick; etwas a. beobachten; jmdn. a. mustern; er wurde a. gegen ihn; seine schlechten Erfahrungen hatten ihn a. gemacht.

arm: 1. a) *mittellos, ohne genügend Geld:* eine arme Familie; ein armer Schlucker (ugs.); ein armes Land *(ohne Ressourcen);* sie waren a., aber glücklich; (ugs. scherzh.:) er war damals arm wie eine Kirchenmaus *(hatte kein Geld);* (ugs.:) seit seine Frau nicht mehr da ist, ist er a. dran *(geht es ihm schlecht);* ihre Verschwendungssucht hat ihn

a. gemacht.; subst.: Arm und Reich *(die Armen und die Reichen);* die Ärmsten der Armen; R (ugs.): es trifft ja keinen Armen *(er hat genug Geld, so daß es ihn nicht so hart trifft).* b) ⟨a. an etwas sein⟩ *wenig von etwas haben, enthalten:* die Früchte sind a. an Vitaminen; sein Dasein war a. an Freude *(war freudlos).* c) ⟨um jmdn., etwas ärmer sein/werden⟩ *jmdn., etwas verloren haben, verlieren:* wir sind um eine Illusion ärmer [geworden]. 2. (geh.) *kümmerlich, unbefriedigend:* ein armer Boden; um das auszudrücken, ist unsere Sprache zu a. 3. *elend, bedauernswert:* das arme Kind, Ding (ugs.); er ist ein armes Schwein (ugs.; *bedauernswerter Mensch);* quäl doch nicht das arme Tier!; subst.: du Armer!; der Ärmste, was hat er [nicht] dulden müssen! ∗ (veraltend:) **arm und reich** *(alle Menschen ohne Unterschied).*

Arm, der: a) *bes. zum Greifen und Halten dienende Gliedmaße:* kräftige, starke, dicke, runde, fleischige, behaarte, sehnige, muskulöse, lange Arme; sein linker A. ist steif; die Arme erlahmen [vom Tragen], sinken, fallen [schlaff, müde] herab; die Arme aufstützen, ausstrecken, hochhalten, heben, hochreißen, fallen lassen, öffnen (geh.), weit auf halten, ausbreiten, verschränken, [über der Brust] kreuzen, anwinkeln; sie stemmte die Arme in die Hüften; jmds. A. nehmen *(jmdn. unterhaken);* (geh.) jmdm. den A. geben, reichen, bieten, damit er sich einhaken kann; sie nahm seinen A.; er schob seinen A. unter ihren; er legte seinen A. um ihre Schulter; sie schlang ihre Arme um seinen Hals; keinen A. frei haben *(sehr bepackt sein);* beide Arme voll haben *(sehr bepackt sein);* jmdm. den A. umdrehen (ugs.); er hat sich (Dativ) den A. gebrochen, verrenkt, ausgekugelt; dem Verunglückten mußte der rechte A. abgenommen werden; den A. bandagieren, schienen, abbinden; den A. in der Schlinge tragen (geh.); an jmds. A. gehen *(untergehakt bei jmdm. gehen);* sie hing an seinem Arm; eine Dame am A. führen (geh. veraltend); er nahm ihn am/beim A. und zog ihn beiseite; das Kind auf den A. nehmen, auf dem A. haben, tragen; sie löste (geh.), riß sich aus seinen Armen und lief fort; jmdn. im A., in den Armen halten; jmdn. in die Arme nehmen, schließen (geh.); sie sanken sich in die Arme, lagen sich gerührt in den Armen; sie gingen A. in A. *(eingehakt);* mit den Armen in der Luft herumfuchteln (ugs.); er ruderte mit den Armen; sie kam mit einem A. voll Holz herein; den Mantel über den A. nehmen, über dem A. tragen; er preßte die Mappe unter den Arm; bildl.: der Baum breitet seine Arme (geh.; *Äste)* aus; der A. des Gesetzes reicht weit; übertr.: *Armartiges, Armförmiges:* ein Kronleuchter mit acht Armen; der A. des Wegweisers zeigt in die falsche Richtung; die Arme *(Fangkörperteile)* des Polypen b) *Nebenlauf eines Flusses:* ein toter *(nicht weiterführender)* A. des Rheins. c) (ugs.) *Ärmel:* ein Kleid mit kurzem, halbem, angeschnittenem A. ∗ **einen langen/den längeren Arm haben** *(weitreichenden/ weiter reichenden Einfluß haben)* · **jmds. verlängerter A. sein** *(für einen anderen agieren, ihm zuarbeiten)* · (ugs.:) **jmdn. am steifen Arm verhungern lassen** *(unnachgiebig sein)* · (ugs.:) **jmdn. auf den Arm nehmen** *(jmdn. zum besten haben)* · **jmdm. in den Arm fallen** *(jmdn. an etwas hindern)* · **sich**

jmdm., einer Sache in die Arme werfen *(sich jmdm., einer Sache ganz ergeben)* · (ugs.:) **jmdm. in die Arme laufen** *(jmdm. zufällig begegnen)* · **jmdn. jmdm., einer Sache in die Arme treiben** *(bewirken, daß jmd. auf die Gegenseite tritt, sich einer Sache ergibt)* · **jmdn. mit offenen Armen aufnehmen/**(geh.:) **empfangen** *(jmdn. gern bei sich aufnehmen, freudig willkommen heißen)* · (veraltend:) **per Arm gehen** *(eingehakt gehen)* · (ugs.:) **jmdm. [mit etwas] unter die Arme greifen** *(jmdm. in einer Notlage helfen).*

Armee, die: 1. a) *Heer, Streitkräfte:* eine starke, schlagkräftige A.; eine A. aufstellen; die Mobilmachung der A. anordnen; der A. angehören; in die A. eintreten; bei der A. sein. b) *Heereseinheit, großer Truppenverband:* die siegreiche A.; eine A. einkesseln, aufreiben, vernichten. 2. *große Anzahl:* eine A. eifriger/(selten:) eifrige Helfer stand/standen bereit; eine A. von Obern.

Ärmel, der: *den Arm bedeckendes Teil eines Kleidungsstückes:* ein langer, kurzer, weiter, angeschnittener Ä.; die Ärmel einsetzen, kürzen, einen Zentimeter auslassen; die Ärmel hochstreifen, hochschieben, umschlagen, hoch-, aufkrempeln; er zupfte, packte ihn am Ärmel; ein Kleid mit Ärmeln, ohne Ärmel. ∗ (ugs.:) **[sich (Dativ)] etwas aus dem Ärmel, aus den Ärmeln schütteln** *(etwas mit Leichtigkeit schaffen)* · (ugs.:) **[sich (Dativ)] die Ärmel hochkrempeln** *(sich anschicken, bei einer Arbeit tüchtig zuzupacken).*

ärmlich: *dürftig, kümmerlich:* ärmliche Kleidung; in ärmlichen Verhältnissen leben; sie waren ä. gekleidet; ä. wohnen.

armselig: 1. *sehr arm, elend; dürftig, kümmerlich:* eine armselige Mahlzeit; ein armseliges Hotel; a. wirken, aussehen, leben. 2. *als unzureichend empfunden:* armselige Ausflüchte; die armseligen paar Mark.

Armut, die: 1. *das Armsein, Mittellosigkeit:* tiefe, drückende A.; es herrschte bittere A. im Land; es gibt eine neue *(es gibt wieder)* A.; in A. geraten; sie lebten, starben in bitterer A. 2. *Dürftigkeit, Kümmerlichkeit:* diese Schrift verrät A. an Gedanken, zeigt a. des Ausdrucks; die A. *(der Mangel)* eines Landes an Bodenschätzen.

Armutszeugnis (nur in bestimmten Wendungen) **etwas ist ein A. für jmdn.** *(etwas beweist jmds. Unfähigkeit)* · **jmdm., sich** (Dativ), **einer Sache mit etwas ein A. ausstellen** *(jmdn., sich, etwas als unfähig in bezug auf etwas hinstellen):* eine Regierung, die zu solchen Mitteln greift, stellt sich ein A. aus.; damit stellst du dir ein A. aus.

arrangieren: 1. ⟨etwas a.⟩ *bewerkstelligen, organisieren:* ein Fest, ein Treffen a.; er hatte eine Begegnung arrangiert; die Sache wird sich a. lassen. 2. ⟨etwas a.⟩ *künstlerisch anordnen, zusammenstellen, gestalten:* Blumen, den Tischschmuck geschmackvoll, wirkungsvoll a. 3. ⟨sich [mit jmdm., mit etwas] a.⟩ *sich trotz gegensätzlicher Standpunkte einigen, eine Übereinkunft treffen:* wir haben uns mit den Vertretern der Gewerkschaften arrangiert; die beiden haben sich [miteinander] arrangiert; du mußt dich [mit den Verhältnissen] a. 4. (Musik) ⟨etwas a.⟩ *ein Musikstück für andere Instrumente einrichten; instrumentieren:* ein Stück [für eine Big Band] a.; Lieder a.

Arrest, der: 1. (früher) *Haft:* leichter, mittlerer,

strenger verschärfter A.; eine Stunde A. *(Nachsitzen)* haben; in/im A. sein, sitzen. **2.** (Rechtsw.) *Beschlagnahme:* auf jmds. Vermögen A. legen; etwas unter A. stellen, mit A. belegen.
Art, die: **1.** *Eigenart, Wesen:* das ist so seine A., nun einmal seine A.; sie hat eine frische, lebhafte, vornehme A.; ein Mensch dieser A., von solcher A. wird das gar nicht empfinden; das liegt in seiner A. **2.** *[Verfahrens-, Handlungs-, Verhaltens]weise:* eine höfliche, aufreizende, nette, merkwürdige A.; diese A. stößt mich ab; das ist die beste, billigste, einfachste A., sein Ziel zu erreichen; seine A. zu leben gefiel ihr; er hat eine unangenehme A., Fragen zu stellen; auf geheimnisvolle A. verschwinden; er hat es auf die richtige A. *(richtig)* angefangen; auf die eine oder andere A. [und Weise] *(so oder so);* auf diese, irgendeine, alle mögliche, keine A.; er malt in der A. *(im Stil)* von Picasso/in der A. Picassos; er schimpfte, daß es [nur so] eine A. hatte (ugs.; *tüchtig).* **3.** *Verhalten, Benehmen:* er hat keine A.; das ist doch keine A. [und Weise]!; was ist denn das für eine A.? *(was soll das?);* ist das [vielleicht] eine A.? *(gehört sich das?).* **4.** *Gattung, Sorte:* alle Arten von Tulpen; diese A. stirbt bald aus; Antiquitäten aller A.; er ist ein Verbrecher übelster A.; jede A. von Gewaltanwendung ablehnen; einzig in seiner A. dastehen, sein; R: A. läßt nicht von A. *(besondere Charaktereigenschaften der Eltern werden meistens weitervererbt).* ∗ **etwas, das ist nicht die feine [englische] Art** *(ist nicht fair, nicht ehrenhaft)* · **nach Art** *(jmdm. entsprechend, wie es bei jmdm. üblich ist):* nach Schweizer A.; Eintopf nach A. des Hauses · **eine Art [von]** *(etwas Ähnliches wie):* eine A. italienischer Salat/(geh.:) italienischen Salats/von italienischem Salat · **aus der Art schlagen** *(anders als die übrigen Familienangehörigen sein)* · **in jmds. Art schlagen** *(einem seiner Verwandten ähneln).*
artig: 1. *folgsam, gut erzogen:* artige Kinder; die Mutter ermahnt die Kinder, a. zu sein; sich a. verhalten. **2.** (geh. veraltend) *höflich, galant:* mit artiger Verbeugung; jmdn. a. begrüßen.
Artikel, der: **1.** *Aufsatz, schriftlicher Beitrag:* ein langer, interessanter A.; einen A. über etwas schreiben; ein A. über etwas; in dem A. steht, daß ... **2.** *Abschnitt:* A. 1 der Verfassung; dieser A. besagt, daß ... **3.** (Sprachw.) *Geschlechtswort:* der bestimmte, unbestimmte A.; dieses Substantiv steht immer ohne A. **4.** *Handelsgegenstand, Ware:* ein gängiger, billiger A.; dieser A. ist sehr gefragt, ist ausverkauft, geht nicht.
Arznei, die (veraltend): *Medikament, Medizin:* eine A. anfertigen; jmdm. eine A. verschreiben, verordnen; seine A. einnehmen, schlucken; eine A. gegen, für (ugs.) den Husten; die Kasse ersetzt alle Arzneien *(Medikamente)* und Sonderleistungen; übertr.: das ist eine bittere, heilsame A. *(Lehre)* für ihn. ∗ **die bittere A. schlucken müssen** *(mit etwas Unangenehmem fertig werden müssen).*
Arzt, der: *jmd., der nach dem Medizinstudium die staatliche Erlaubnis erhalten hat, Kranke zu behandeln:* ein praktischer A.; der leitende, diensthabende, behandelnde A.; der A. hat einen Infarkt festgestellt, diagnostiziert (geh.); er arbeitet als A.; den A. aufsuchen, holen, rufen [lassen], fragen, zu Rate ziehen (geh.), konsultieren (geh.);

sich an einen A. wenden; er schickte (veraltend), verlangte nach dem A.; zum A. gehen.
ärztlich: *den Arzt betreffend; ... des Arztes, vom Arzt:* eine ärztliche Untersuchung, Verordnung; er mußte sich in ärztliche Behandlung begeben; er ist in ärztlicher Behandlung; ein ärztliches Gutachten; die ärztliche Schweigepflicht; (geh.) ärztliche Hilfe in Anspruch nehmen müssen; der ärztliche Beruf; für ärztliche Bemühungen liquidiere ich ...; alle ärztliche Kunst war vergebens; sich ä. behandeln, untersuchen lassen; das Präparat wird ä. empfohlen.
As, das: **1.** *[eine Spielkarte]:* alle Asse haben; den König mit dem A. nehmen. **2.** (ugs.) *der Beste, Spitzenkönner:* er ist das A. unter den Modefotografen; der Mittelstürmer ist das A. seiner Mannschaft; er ist ein A. in Mathematik. **3.** (Tennis) *unerreichbar plazierter Aufschlag:* ein A. schlagen; er servierte ihm ein A. ∗ (ugs.:) **ein As auf der Baßgeige sein** *(clever sein).*
Asche, die: *staubig-pulveriger Rückstand eines verbrannten Stoffes:* graue, weiße, heiße A.; die A. glüht noch; die A. [der Zigarre/von der Zigarre] abstreifen; das Feuer glimmt unter der A.; etwas zerfällt zu A.; ∗ (meist scherzh.:) **sich** (Dativ) **Asche aufs Haupt streuen** *(demütig bereuen)* · (geh.:) **wie aus dem Phönix aus der Asche steigen/erstehen** *(verjüngt, neubelebt wieder erstehen).*
Ast, der: **1.** *stärkerer Zweig eines Baumes:* ein dicker, knorriger A.; den A. eines Obstbaums abstützen; ein Eichhörnchen hüpft von A. zu A.; M e d.: die Äste einer Arterie; M a t h.: die Äste einer Parabel. **2.** *Stelle im Holz, an der früher ein Ast gewachsen ist:* dieses Brett hat viele Äste. **3.** (ugs. landsch.) **a)** *Rücken:* den Rucksack auf den A. nehmen. **b)** *krummer, verwachsener Rücken:* einen A. haben, bekommen. ∗ (ugs.:) **einen Ast durchsägen** *(laut schnarchen)* · **auf dem absteigenden Ast sein/sich befinden:* **a)** *(in schlechte Lebensverhältnisse geraten)* · **b)** *(in seinen Leistungen nachlassen)* · (ugs.:) **sich** (Dativ) **einen Ast lachen** *(sehr lachen)* · **den Ast absägen, auf dem man sitzt** *(sich selbst schaden, sich seiner Lebensgrundlage berauben).*
asten (ugs.): **1.** *sich sehr anstrengen:* wir haben ganz schön a. müssen. **2.** ⟨etwas a.; mit Raumangabe⟩ *etwas Schweres mit Mühe irgendwohin schaffen:* das Klavier in den 3. Stock a.
Asyl, das: **1.** *Unterkunft für Menschen, die kein Heim haben:* ein A. für Obdachlose; in einem A. übernachten. **2.** *Aufenthaltsrecht, das ein Staat einem Flüchtling gewährt:* er bat um politisches A.; jmdm. A. geben, bieten, gewähren; A. beantragen, erhalten; sich um A. bewerben; um A. nachsuchen.
Atem, der: **1.** *das Atmen, Atmung:* kurzer, schneller, schwacher, keuchender A.; der A. setzt aus, steht still, geht stoßweise, pfeifend, rasselnd; ihm stockte der A.; sein A. flog (geh.), so war er gelaufen. **2.** *ein- und ausgeatmete Luft:* warmer, dampfender, frischer A.; ihr A. riecht übel; [tief] A. holen; A. schöpfen (geh.); er hielt einige Augenblicke den A. an; die Angst preßte, schnürte ihr den A. ab; das Tempo benahm (geh.), verschlug, raubte ihr den A.; außer A. kommen, geraten (geh.), sein; die Frau rang nach A.; er kam allmählich wieder zu A.; (ugs.:) da bleibt einem

der A. weg! *(da wundert man sich!).* * ⟨geh.:⟩ **Atem holen/schöpfen** *(eine Pause machen, um neue Kraft zu schöpfen)* · **einen langen Atem haben**; **den längeren Atem haben** *(es lange, länger als der Gegner aushalten)* · **etwas verschlägt jmdm. den Atem** *(etwas macht jmdn. sprachlos)* · **jmdm. geht der Atem aus** *(jmd. ist mit seiner Kraft, wirtschaftlich am Ende)* · **jmdn., etwas in Atem halten** *(in Spannung halten, nicht zur Ruhe kommen lassen)* · **in einem/im selben/im gleichen Atem** *([fast] gleichzeitig):* diese beiden Dinge kannst du doch nicht in einem A. nennen · **wieder zu Atem kommen** *(wieder zur Ruhe kommen).*

atemberaubend, (auch:) **atemraubend:** *den Atem nehmend, ungewöhnlich erregend:* eine atemberaubende Spannung; ein atemberaubendes *(sehr großes)* Tempo; die Kunststücke der Artisten waren a.

atemlos: 1. *außer Atem:* sie kamen a. auf dem Bahnhof an. **2.** *voller Spannung, Erregung:* eine atemlose Stille; a. lauschen. **3.** *schnell:* ein atemloses Tempo; in atemloser Folge.

Atemzug, der: *das Einziehen [und Ausstoßen] des Atems:* tiefe, ruhige Atemzüge; er zögerte einen A. lang. * ⟨geh.:⟩ **bis zum letzten Atemzug** *(bis zum Tod)* · **im nächsten Atemzug** *(gleich danach)* · **in einem/im selben/im gleichen Atemzug** *([fast] gleichzeitig).*

atmen: 1. *Luft einziehen und ausstoßen:* leicht, tief, schwer, mühsam a.; der Kranke hatte unregelmäßig geatmet; durch den Mund, durch die Nase a.; wir wagten [vor Angst] kaum zu a.; der Verunglückte atmet *(lebt)* noch; solange ich noch atme *(lebe),* ... **2.** ⟨etwas a.⟩ *einatmen:* Gestank und Abgase a. müssen; er atmete gierig die frische Nachtluft. **3.** ⟨etwas atmet sich; mit Artangabe⟩ *sich in bestimmter Weise atmen lassen:* die Luft atmet sich schwer; ⟨es atmet sich; mit Art- und Umstandsangabe⟩ in dieser Luft, im Gebirge atmet es sich viel leichter. **4.** ⟨geh.⟩ ⟨etwas atmet etwas⟩ *etwas strömt etwas aus, ist von etwas erfüllt:* alles ringsum atmet Freude. * ⟨geh.⟩ **[wieder] frei atmen können** *(sich [wieder] sicher, nicht [mehr] unterdrückt fühlen).*

Atmosphäre, die: **1.** *Lufthülle der Erde:* die A. war mit Elektrizität geladen; das Gewitter hat die A. gereinigt; Kohlendioxyd an die A. abgeben; das Raumschiff tritt wieder in die A. ein **2.** *(von Menschen erzeugte) Stimmung:* eine gespannte, vergiftete, feindliche A.; es herrschte eine frostige A.; eine A. des Vertrauens; die A. vergiften, auflockern. **3.** *Fluidum, eigenes Gepräge:* dem Fest fehlte jede A.; eine A. von Behaglichkeit; die Kerzen verbreiten A.; die Stadt hat keine A.; **4.** (Technik) */Maßeinheit für den Druck/:* ein Druck von 40 Atmosphären.

Attacke, die: *Angriff, den jmd. gegen einen anderen, gegen andere führt:* eine A. gegen die Regierung; eine A. abwehren. * **eine Attacke gegen jmdn., gegen etwas reiten** *(sich scharf gegen jmdn., gegen etwas wenden).*

attackieren ⟨jmdn., etwas a.⟩: **a)** *angreifen:* er wurde plötzlich von hinten attackiert. **b)** *heftig kritisieren:* die Regierung wurde von der Opposition scharf attackiert.

Attentat, das: *Mordanschlag:* ein politisches A.; ein A. vorbereiten, planen; auf den Präsidenten wurde ein A. verübt; ein A. verhindern, vereiteln; der Diktator fiel einem A. zum Opfer. * ⟨ugs. scherzh.:⟩ **ein Attentat auf jmdn. vorhaben** *(jmdn. um einen Gefallen bitten wollen).*

Attest, das: *ärztliche Bescheinigung über einen Krankheitsfall:* ein A. benötigen, vorlegen; der Arzt schreibt ein A. aus.

attraktiv: a) *reizvoll; anziehend durch sein ansprechendes Äußeres:* ein attraktives Äußeres; sie ist eine ausgesprochen attraktive Frau; sie ist sehr a., sieht sehr a. aus; übertr.: sie spielen attraktiven Fußball. **b)** *einen Anreiz bietend:* attraktive Bezahlung; ein Angebot nicht a. finden; das Gehalt ist wenig, nicht besonders a.; etwas für jmdn. a., attraktiver machen.

ätzen: 1. ⟨etwas ä.⟩ *durch Säure o. ä. zerstören, entfernen:* Wundränder mit Höllenstein ä. **2.** ⟨etwas ätzt⟩ *(von Säuren, Laugen o. ä.) zerfressend wirken:* die Salzsäure ätzt; adj. Part.: ätzende Chemikalien; ätzender *(beißender)* Rauch; übertr.: ätzender Spott; eine ätzende Satire; etwas ist ätzend, sieht ätzend aus (ugs.; *ist verabscheuenswert, sieht widerwärtig aus).* **3.** ⟨etwas ä.; mit Raumangabe⟩ *einätzen:* etwas in, auf die Kupferplatte ä.

auch: I. ⟨Adverb⟩ **1.** *ebenfalls, genauso:* du bist a. so, a. einer von denen; ich bin a. nur ein Mensch *(mehr kann ich auch nicht tun);* das wird ihm a. nichts helfen; a. gut *(damit bin ich ebenfalls einverstanden);* alle schwiegen, a. der Fahrer sprach kein Wort. **2.** *außerdem, überdies, im übrigen:* ich kann nicht, ich will a. nicht; ich hatte a. [noch] die Kosten zu zahlen. **3.** *selbst, sogar:* a. die kleinste Freude wird einem verdorben; das habe ich mir a. im Traum nicht einfallen lassen; er lebte bescheiden, a. als er Geld hatte; er gab mir a. nicht *(nicht einmal)* einen Pfennig. **II.** ⟨Gesprächspartikel⟩ **1.** */drückt gefühlsmäßige Anteilnahme, Ärger, Verwunderung o. ä. aus/:* du bist aber a. dumm!; warum stehst du a. hier herum?; der ist a. überall dabei! **2.** *tatsächlich, wirklich, natürlich:* sie sah krank aus, und sie war es a.; er wartete auf einen Brief, der dann a. am Vormittag eintraf. **3.** */drückt in einem Fragesatz Zweifel, Unsicherheit o. ä. aus/:* darf ich das a. glauben?; ist es a. warm genug? **4. a)** */verallgemeinernd in Verbindung mit Fragewörtern/:* was a. immer ... *(jeder, der ...);* was a. geschieht, ... *(alles, was geschieht, ...);* wo er a. *(überall, wo er)* hinkommt, wird er jubelnd begrüßt; wie sehr a. sei, ... *(ob es falsch oder richtig ist, ...).* **b)** */einräumend in Verbindung mit wenn und so oder wie/:* er hat Angst, wenn er auch das Gegenteil behauptet; sie war, wenn a. nicht krank, so doch völlig abgespannt; es meldete sich niemand, sooft ich a. anrief; (ugs.:) wenn a.!; *(das macht doch nichts!).*

auf /vgl. aufs/: **I.** ⟨Präp. mit Dativ und Akk.⟩ **1.** */räumlich/* **a)** ⟨mit Dativ; zur Angabe der Berührung von oben, der Lage⟩ an der Couch, a. dem Boden liegen; a. einer Bank sitzen; die Vase steht oben a. dem Schrank; die Wäsche hängt a. der· Leine; der Zug fährt a. Gleis 6 ein, hält a. einer kleinen Station; a. dem Mond landen; a. dem Feld, a. dem Bau arbeiten; er lebt a. dem Lande; jmdm. a. der Straße, a. dem Markt begegnen; er wurde auf den letzten Metern überholt; /gibt den Aufenthalt in einem Raum, den Seins-, Geschehens-, Tätigkeitsbereich an/: er ist a. *(in)* seinem Zimmer; er ist a. der Universität *(ist Student)*, noch a. der Schule *(ist noch Schüler);* die Anträge gibt es a. *(in, bei)* der Post, a. dem Einwohnermeldeamt; er hat sein Geld a. *(bei)* der Sparkasse angelegt; /gibt die Teilnahme an/: a. einer Hochzeit, a. einem Empfang, a. einem Fest sein; a. Patrouille sein; a. [der] Wanderschaft sein; er ist a. Urlaub, a. Besuch bei uns; er wurde a. *(bei, während)* der Jagd erschossen; der Dirigent starb a. *(bei, während)* der Probe. **b)** ⟨mit Akk.; zur Angabe der Richtung⟩ sich a. die Couch, auf den Boden legen; sich a. eine Bank setzen; die Vase a. den Schrank stellen; sie hängt die Wäsche a. die Leine; jmdm. a. die Füße treten; a. den Markt gehen; aufs Land ziehen; die Fischer fahren aufs Meer hinaus; er geht a. die Wand zu; der Läufer schiebt sich auf den 3. Platz vor; der Abstand hat sich a. 10 Meter verringert; der Umsatz ist a. das Dreifache gestiegen; /gibt die Richtung in einem Raum, in einem Seins-, Geschehens-, Tätigkeitsbereich an/: er geht a. *(in)* sein Zimmer; seine Tochter geht a. die Universität, noch a. die Schule; jmdn. a. die *(zur)* Wache schleppen; jmdn. a. die *(zur)* Post schicken; er hat sein Geld a. *(zur)* die Bank gebracht; /gibt die Hinwendung zur Teilnahme, den Antritt an/: a. eine Hochzeit, a. einen Ball gehen; a. eine Tagung fahren; er geht morgen a. Urlaub, a. Jagd. **c)** ⟨mit Akk.; zur Angabe der Entfernung⟩ a. 100 Meter *(in einer Entfernung von 100 Metern);* die Explosion war a. 2 Kilometer Entfernung zu hören. **2.** /zeitlich/ **a)** (ugs. landsch.) ⟨mit Akk.; zur Angabe der Zeitpunkts⟩ a. den Abend *(am Abend)* Gäste bekommen; a. Weihnachten *(Weihnachten)* verreisen wir; das Taxi ist a. *(für)* 16 Uhr bestellt; die Sitzung ist auf *(für)* Freitag, den 2. Mai, anberaumt; a. bald!; a. morgen! /Grußformeln/. **b)** ⟨mit Akk.; zur Angabe der Zeitspanne⟩ a. drei Jahre *(drei Jahre lang);* a. Jahre [hinaus] versorgt sein; a. Lebenszeit; a. ein paar Tage verreisen; /in Verbindung mit einem Zweck/: zu jmdm. a. eine Tasse Kaffee gehen; er brachte zwei Kollegen a. ein Glas Bier mit. **c)** ⟨mit Akk.; zur Angabe des Übergangs, des Nacheinanders, der Aufeinanderfolge⟩ von Minute a. *(zu)* Minute ändert sich das Bild; in der Nacht vom 4. auf den 5. September; a. *(nach)* Regen folgt Sonne. **d)** ⟨mit Akk.; zwischen zwei gleichen Substantiven zur Angabe der Wiederholung⟩ Welle a. Welle; es folgte Schlag a. Schlag. **3.** ⟨mit Akk.; zur Angabe der Art und Weise⟩ auf solche, diese Weise; a. brutale Art; sich a. deutsch unterhalten; a. Marken essen; a. leeren Magen Schnaps trinken; /vor dem Superlativ/: jmdn. a. das herzlichste *(sehr herzlich)* begrüßen. **4.** ⟨mit Akk.; zur Angabe des Ziels, des Zwecks oder Wunsches⟩ die Mannschaft spielt a. Zeit; a. jmds. Wohl, a. gute Zusammenarbeit anstoßen; einen Aufsatz a. Fehler [hin] *(im Hinblick auf Fehler)* durchlesen; (fachspr.:) a. Hechte angeln. **5.** ⟨mit Akk.; zur Angabe des Grundes, der Voraussetzung⟩ a. Veranlassung, Initiative von ...; sich a. ein Inserat melden; er ist a. meine Bitte [hin] zum Arzt gegangen. **6.** ⟨mit Akk.; zur Angabe der bei der Aufteilung einer Menge zugrunde gelegten Einheit⟩ a. jeden entfallen 100 Mark; 3 Eier auf 1 Pfund Mehl; der Wagen ver-

braucht 10 Liter auf 100 Kilometer. **7.** ⟨mit Akk.; zur Herstellung einer Beziehung⟩ a. etwas achten, sich a. etwas freuen; er ist böse a. mich; jeder hat das Recht a. Arbeit. **II.** ⟨Adverb; gewöhnlich imperativisch oder elliptisch⟩ **1. a)** *in die Höhe, nach oben:* a.! *(aufstehen!);* Sprung a., marsch, marsch! /militär. Kommando/. **b)** *los!, vorwärts!:* a. zur nächsten Stelle!; a., ans Werk!; a. geht's. **2.** *offen, geöffnet:* Augen a. im Straßenverkehr!; Tür a.! *(aufmachen!).* **∗ auf und davon** *(schnell) fort)* · **auf und ab:** a) *(nach oben und wieder nach unten).* b) *(hin und her)* · **auf und nieder:** a) *(auf und ab).* b) (veraltend:) *(hin und her).*

aufarbeiten ⟨etwas a.⟩: **1.** *(Liegengebliebenes) erledigen, bewältigen:* einen Stoß Briefe, Akten, die Korrespondenz a.; hast du alles aufgearbeitet? **2.** *erneuern, auffrischen:* alte Kleider, Möbel, Polster a. **3.** *geistig, kritisch verarbeiten:* einen Konflikt, die Vergangenheit a.; dieses heikle Thema muß noch aufgearbeitet werden.

aufatmen: 1. *einmal tief hörbar atmen:* merklich, befreit a. **2.** *erleichtert sein:* erleichtert a.; ich werde a., wenn alles vorüber ist; nach diesem Sieg kann die Mannschaft erst einmal a.

Aufbau, der: **1.** *das Aufbauen:* der A. der Tribünen; der A. der Bomber zerstörten Innenstadt; der A. von Mannheim nach dem Krieg; den wirtschaftlichen A., den A. der Wirtschaft beschleunigen; am, beim A. mitarbeiten; etwas ist noch im A. begriffen. **2.** *das Aufgebaute:* ein turmartiger, kastenförmiger A.; B a u w.: *aufgestockter Gebäudeteil;* S c h i f f b a u: *Bauteile, die sich über dem Hauptdeck befinden:* die weißen Aufbauten des Schiffes glänzten in der Sonne. **3.** *Gliederung, Art der Anlage, Bau:* der musikalische, dramaturgische A.; man kann den [inneren] A. eines Atoms durch ein Modell darstellen.

aufbauen: 1. ⟨etwas a.⟩ **a)** *(aus Einzelteilen) zusammenfügen, errichten:* Zelte, Baracken a.; Buden auf dem Marktplatz a.; die Kameras wurden für die Übertragung aufgebaut. **b)** *Zerstörtes neu errichten, wiederstehen lassen:* die zerstörten Gebäude, Städte wurden wieder aufgebaut. **c)** *an einer bestimmten Stelle aufstellen, arrangieren:* Geschenke [auf dem Tisch] a.; ein kaltes Büfett a.; den Gabentisch a. *(die Geschenke darauf anordnen).* **2.** ⟨etwas a.⟩ *gestalten, schaffen, hervorbringen:* einen Vortrag a.; ein Spionagenetz, eine Armee, eine Beziehung a.; (sich (Dativ) etwas a.) ich habe mir eine neue Existenz aufgebaut. **3. a)** ⟨etwas auf etwas a.⟩ *etwas als Grundlage, Voraussetzung für etwas nehmen:* eine Theorie auf einer Annahme a.; die Anklage wurde auf diesem Gutachten aufgebaut; alles ist auf Schwindel aufgebaut. **b)** ⟨etwas baut auf etwas a.⟩ *etwas fußt, gründet auf etwas:* diese Lehre baut auf der Beobachtung auf, daß ...; seine Darstellung der Epoche baut auf ganz neuen Quellen auf; auf diesen Grundkenntnissen kannst du a. **c)** ⟨etwas baut sich auf etwas a.⟩ *etwas fußt, gründet sich auf etwas:* mein Plan baut sich auf folgenden Erwägungen auf. **4.** ⟨jmdn. a.⟩ *jmdn. fördern, auf eine Aufgabe vorbereiten:* einen Sänger, einen Sportler a.; die Partei will ihn als Regierungschef a. **5.** ⟨etwas baut sich a.⟩ *etwas entsteht, bildet sich:* ein neues Hochdruckgebiet baut sich auf; dieser Stoff baut sich aus folgenden Elementen auf *(setzt sich aus ihnen zusammen).* **6.** (ugs.) **a)** ⟨sich a.; mit Raum- oder Artangabe⟩ *sich irgendwo, in einer bestimmten Haltung aufstellen:* er baute sich [drohend] vor ihm auf; sich der Größe nach a. **b)** ⟨sich a.⟩ *strammstehen:* die Ordonnanz baute sich auf und salutierte.

aufbäumen ⟨sich a.⟩: *sich ruckartig hoch aufrichten:* die Pferde bäumten sich auf; sich vor Schmerz a.; ü b e r t r.: *sich auflehnen:* sein Stolz bäumte sich auf; das Volk bäumte sich gegen sein Schicksal auf.

aufbauschen: 1. a) ⟨etwas bauscht etwas auf⟩ *etwas bläht etwas auf:* der Wind bauscht die Segel auf. **b)** ⟨etwas bauscht sich auf⟩ *etwas bläht sich auf:* die Segel, die Röcke bauschten sich auf. **2. a)** ⟨etwas a.⟩ *einer Sache mehr Bedeutung beimessen, als ihr zukommt; übertreibend vergrößern:* etwas unnötig a.; den Vorfall zu einem Skandal a. **b)** ⟨etwas bauscht sich auf⟩ *etwas nimmt unvorhergesehene Ausmaße an:* die Sache bauscht sich [zu einer Krise] auf.

aufbegehren (geh.): *sich auflehnen:* dumpf a.; er begehrte gegen sein Schicksal a.; niemand wagte [dagegen] aufzubegehren.

aufbehalten (ugs.) ⟨etwas a.⟩: *nicht abnehmen:* den Hut, die Brille a.; er behielt seine Mütze auf.

aufbekommen (ugs.) ⟨etwas a.⟩: **1.** *öffnen [können]:* die Tür, eine Konservendose nicht a. **2.** *ganz aufessen [können]:* das Kind bekommt die Suppe nicht a.; ich habe alles aufbekommen. **3.** *(Hausaufgaben) zur Erledigung bekommen:* die Schüler haben für morgen nichts aufbekommen.

aufbereiten ⟨etwas a.⟩: **1.** *für eine [weitere] Verwendung vorbereiten, geeignet machen:* ein Material für die Wiederverwendung a.; Trinkwasser a.; die Erze, Salze werden aufbereitet *(von unerwünschten Bestandteilen geschieden).* **2.** *auswerten:* eine Erhebung statistisch a.; Zahlenwerte, Belege a. **3.** *durch Bearbeitung erschließen:* einen alten Text, alte Quellen a.

aufbessern ⟨etwas a.⟩ *(in Qualität oder Quantität) verbessern:* den Lohn a.; seine Kenntnisse a.; sein Taschengeld, die Haushaltskasse durch, mit Gelegenheitsarbeiten a.

aufbewahren ⟨etwas a.⟩: *in Verwahrung nehmen, sorgsam hüten, aufheben:* die Papiere, Dokumente sorgfältig, in einem Safe, unter Verschluß a., etwas zum Andenken, für die Nachwelt a.; Wertsachen, Geld a.; würdest du meine Uhr [für mich] a.?; die Medikamente sind kühl aufzubewahren *(zu lagern);* ü b e r t r.: (geh.): etwas in seinem Gedächtnis a.

aufbieten: 1. ⟨etwas a.⟩ *aufwenden:* alle Kräfte, seinen ganzen Verstand, seinen Einfluß a.; ich habe meine ganze Überredungskunst aufgeboten, um ihn zu überzeugen. **2.** ⟨jmdn., etwas a.⟩ *für die Erledigung einer Aufgabe einsetzen:* Militär, Polizei a.; ein Heer von Bediensteten war aufgeboten worden. **3.** ⟨jmdn. a.⟩ *die beabsichtigte Heirat eines Paares öffentlich bekanntgeben:* ein Brautpaar a.; sind die beiden schon aufgeboten?

Aufbietung, die ⟨in Verbindung mit bestimmten Präp.⟩ *Aufwendung, besondere Anspannung:* unter, mit, bei A. aller Kräfte gelang es.

aufbinden: 1. ⟨etwas a.⟩ *Zugebundenes lösen; öffnen:* die Schnürsenkel, eine Schleife, die Schürze a.; die Frau band ihr Haar auf; ⟨jmdm.,

sich etwas a.⟩ ich mußte mir die Krawatte a. **2.** ⟨etwas a.⟩ *hochbinden:* Reben, die Heckenrosen a. **3.** (ugs. abwertend) ⟨jmdm. etwas a.⟩ *weismachen:* er hat ihm eine Lüge aufgebunden; ich lasse mir diese Geschichte nicht a.

aufblähen: 1. ⟨etwas a.⟩ *[durch Gase] auftreiben, durch Luft prall machen:* Hülsenfrüchte blähen den Leib auf; der Wind bläht die Segel auf. ü b e r t r.: *in unangemessener Weise vergrößern:* den Beamtenapparat, eine Abteilung a. **2.** ⟨etwas bläht sich auf⟩ *wird prall:* das Segel bläht sich auf. **3.** (abwertend) ⟨sich a.⟩ *sich wichtig tun:* er bläht sich auf mit seinem Wissen.

aufblasen: 1. ⟨etwas a.⟩ *durch Hineinblasen prall machen; anschwellen lassen:* eine Tüte, einen Luftballon, die Backen a. **2.** (ugs. abwertend) ⟨sich a.⟩ *sich wichtig tun:* blas dich nicht so auf!; ein aufgeblasener *(eingebildeter)* Kerl.

aufbleiben: 1. (ugs.) ⟨etwas bleibt auf⟩ *etwas bleibt offen:* das Fenster soll nicht so lange a.; die Tür ist die ganze Nacht über aufgeblieben. **2.** *nicht zu Bett gehen:* die halbe Nacht, bis 12 Uhr a.; die Kinder durften noch a. *(brauchten noch nicht ins Bett zu gehen).*

aufblenden: 1. ⟨etwas blendet auf⟩ *etwas scheint mit voller Lichtstärke:* die Scheinwerfer blenden auf. **2.** ⟨etwas a.⟩ *auf volle Lichtstärke, auf Fernlicht einstellen:* der Fahrer blendete auf das Fernlicht, die Scheinwerfer auf, raste mit aufgeblendeten Scheinwerfern durch die Stadt; ⟨ohne Akk.⟩ der Wagen blendete auf *(schaltete das Fernlicht ein).* **3.** (Fot.) ⟨[etwas] a.⟩ *durch Größerstellen der Blende den Eintritt des Lichtes vergrößern:* stärker, auf Blende 4 a. **4.** (Film) **a)** ⟨etwas a.⟩ *eine Aufnahme, eine Einstellung beginnen:* eine Szene a.; bitte a.! **b)** ⟨etwas blendet auf⟩ *ein Film[ausschnitt] beginnt zu laufen:* eine Szene aus dem alten Film blendete auf.

aufblicken: 1. *den Blick nach oben, in die Höhe richten:* erstaunt, verwirrt, erschrocken a.; sie blickte besorgt zum Himmel auf; er blickte von seiner Arbeit auf; die Schüler wagten es nicht, aufzublicken. **2.** ⟨zu jmdm. a.⟩ *bewundernd verehren:* ehrfürchtig, gläubig zu jmdm. a.

aufblitzen: a) ⟨etwas blitzt auf⟩: *etwas leuchtet kurz, wie ein Blitz auf:* eine Taschenlampe, Mündungsfeuer blitzt auf; die Chromteile blitzten in der Sonne auf. **b)** ⟨etwas blitzt in jmdm. auf⟩ *etwas taucht plötzlich in jmds. Bewußtsein auf:* eine Idee, eine Erinnerung blitzte in ihm auf.

aufblühen: 1. ⟨etwas blüht auf⟩ *(eine Blüte) entfaltet sich, geht auf:* die Rosen fangen gerade an aufzublühen. **2. a)** ⟨etwas blüht auf⟩ *etwas nimmt einen Aufschwung:* das Land, der Handel blühte auf; die aufblühende Industrie. **b)** *erleichtert sein, aufleben:* sie blühte richtig auf, als sie von der Last der Verantwortung befreit war.

aufbrauchen ⟨etwas a.⟩: *bis auf den letzten Rest verbrauchen:* alle Ersparnisse a.; wir haben alle Vorräte aufgebraucht; ü b e r t r.: meine Kräfte sind aufgebraucht.

aufbrausen: 1. ⟨etwas braust auf⟩ *etwas steigt brausend nach oben:* das Brausepulver braust auf; ü b e r t r.: Jubel brauste auf. **2.** *plötzlich in Zorn geraten und seiner Erregung Ausdruck geben:* schnell, leicht, jäh a.; er ist immer gleich aufgebraust; ein aufbrausendes Wesen haben.

aufbrechen: 1. ⟨etwas a.⟩ **a)** *gewaltsam öffnen:* ein Schloß, die Tür, ein Auto, einen Verkaufsstand a.; er brach die Kiste mit einem Stemmeisen auf; den Asphalt, den Straßenbelag mit dem Preßluftbohrer a. **b)** (veraltend) *[ohne Sorgfalt] öffnen:* einen Brief a. **c)** (Jägerspr.) *ausweiden:* Wild a. **2.** ⟨etwas bricht auf⟩ **a)** *etwas bricht auseinander, öffnet sich:* die Knospen brechen auf; die Wunde, das Geschwür ist wieder aufgebrochen; die Straßendecke war an verschiedenen Stellen aufgebrochen. **b)** (geh.) *etwas tritt hervor, ist plötzlich da:* ein Gegensatz war zwischen ihnen aufgebrochen; in ihr brach eine Erinnerung, eine Sehnsucht auf. **3.** *einen Ort verlassen:* in aller Frühe, heimlich, pünktlich, überstürzt a.; sie sind zu einer Expedition nach Afrika aufgebrochen.

aufbringen: 1. ⟨etwas a.⟩ *beschaffen:* das erforderliche Geld, die notwendigen Mittel, die Kosten für den Unterhalt a.; sie kann die Miete nicht mehr a.; übertr.: Kraft, Energie, den Mut zu etwas, den nötigen Humor a.; er hat das Verständnis dafür nicht aufgebracht. **2.** (ugs.) ⟨etwas a.⟩ *öffnen [können]:* ich bringe die Tür, das Schloß nicht auf. **3.** ⟨etwas a.⟩ *in Umlauf setzen:* ein Gerücht, eine Mode a.; wer hat denn nur diesen Schwindel aufgebracht? **4.** ⟨jmdn. a.⟩ *wütend machen:* der geringste Anlaß bringt ihn auf; er war darüber, durch diesen Vorfall sehr aufgebracht. **b)** ⟨jmdn. gegen jmdn. a.⟩ *aufwiegeln:* man brachte die Massen gegen die Regierung auf. **5.** (Seemannsspr.) ⟨etwas a.⟩ *kapern:* feindliche Schiffe a.; der Tanker wurde auf hoher See aufgebracht. **6.** ⟨etwas a.⟩ *auf, an etwas bringen:* Farben a.; Creme auf das Gesicht a. *(auftragen).*

Aufbruch, der: **1.** *das Aufbrechen:* ein eiliger, verspäteter A.; der A. zur Jagd vollzog sich reibungslos; den A. verschieben; im A. begriffen sein; wir befanden uns im A.; zum A. rüsten, drängen, mahnen; er gab das Zeichen zum A. **2.** *aufgebrochene Stelle:* die durch Frost entstandenen Aufbrüche auf der Autobahn beseitigen. **3.** (Jägerspr.) *Eingeweide des Wildes.*

aufbrühen ⟨etwas a.⟩: *durch Übergießen mit kochendem Wasser bereiten:* Kaffee, Tee a.

aufbrummen (ugs.) ⟨jmdm. etwas a.⟩: *als Strafe auferlegen:* der Lehrer brummte den Schülern eine Strafarbeit auf; sie haben ihm 2 Jahre [Gefängnis] aufgebrummt.

aufbürden ⟨jmdm., sich etwas a.⟩: *eine Bürde auferlegen:* jmdm. eine Schuld, die ganze Last der Verantwortung a.; ich habe mir zuviel aufgebürdet.

aufdecken: 1. **a)** ⟨etwas a.⟩ *auflegen:* ein frisches Tischtuch a. **b)** ⟨[etwas] a.⟩ *decken:* den Tisch a.; die Mutter hat schon aufgedeckt. **2.** ⟨etwas a.⟩ *offen hinlegen:* die Karten a.; bildl.: er hat seine Karten noch nicht aufgedeckt *(seine Absichten noch nicht erkennen lassen).* **3.** ⟨etwas a.⟩ *die Decke vom Bett zurückschlagen:* das Bett a. **4.** (ugs.) ⟨sich a.⟩ *die Bettdecke wegschieben, so daß man nicht mehr ganz zugedeckt ist:* das Kind hatte sich aufgedeckt. **4.** ⟨etwas a.⟩ *offenbar machen, enthüllen:* Mißstände, eine Verschwörung, ein Verbrechen a.; wir haben den Betrug aufgedeckt; Schwächen, Lücken, Zusammenhänge a.

aufdonnern (ugs. abwertend) ⟨sich a.⟩: *sich übertrieben zurechtmachen, auffallend kleiden:* sie

hatte sich fürchterlich aufgedonnert; eine aufgedonnerte Person.

aufdrängen: 1. ⟨jmdm. etwas a.⟩ *nötigen, etwas anzunehmen:* jmdm. etwas zu essen, seine Ansichten a.; er hat mir seine Begleitung förmlich aufgedrängt. **2.** ⟨sich jmdm. a.⟩ *sich unaufgefordert zugesellen, seine Dienste anbieten:* er drängt sich uns auf; allen Leuten hat er sich als Ratgeber aufgedrängt; ⟨auch ohne Dativ⟩ ich will mich nicht a. **3.** ⟨etwas drängt sich jmdm. auf⟩ *etwas ergibt sich für jmdn. zwangsläufig:* ein Gedanke, eine Ahnung drängte sich ihm auf; mir drängte sich die Frage auf, ob er nur wegen des Geldes gekommen war; ⟨häufig auch ohne Dativ⟩ der Verdacht drängt sich auf, daß ...

aufdrehen: 1. ⟨etwas a.⟩ **a)** *durch Drehen öffnen:* einen Verschluß, den Wasserhahn, die Ventile a. **b)** *lauter stellen:* das Radio a. **c)** (südd., österr.) *an-, einschalten:* das Licht, die Lampe a. **d)** (ugs. landsch.) *aufziehen:* ein Spielzeug a. **2.** (ugs.) *Gas geben, die Fahrt beschleunigen:* auf der Autobahn mächtig, ordentlich, anständig a.; der Taxifahrer drehte auf; übertr.: *das Tempo, die Leistung steigern:* der Europameister dreht im Endspurt voll auf; in der zweiten Halbzeit hatte die Mannschaft noch einmal aufgedreht. **3.** (ugs.) *in Stimmung kommen:* nach dem dritten Glas dreht er mächtig auf; adj. Part.: sie ist heute sehr aufgedreht: *(sehr angeregt, animiert).* **4.** (ugs.) ⟨jmdm., sich etwas a.⟩ *die Haare auf Lockenwickler wickeln:* sie dreht sich die Haare auf.

aufdringlich: *sich aufdrängend, lästig:* eine aufdringliche Person; ein aufdringlicher Vertreter; die Musik ist sehr a.; die Reklame wirkt a.; übertr.: ein aufdringliches Parfüm.

aufdrücken: 1. ⟨etwas a.⟩ *durch Drücken, durch Druck öffnen:* die Tür a.; ⟨auch ohne Akk.⟩ kannst du mal a. *(die Haus-, Wohnungstür durch Knopfdruck öffnen).* **2.** ⟨[etwas] a.⟩ *fest, mit starkem Druck aufsetzen:* die Feder, mit der Feder beim Schreiben zu sehr a.; du mußt stärker a. **3.** ⟨jmdm., einer Sache etwas a.⟩ *etwas auf jmdn., auf etwas drücken:* einem Schriftstück ein Siegel a. * (ugs.:) **jmdm. einen aufdrücken** *(einen Kuß geben).*

aufeinander ⟨Adverb⟩: **a)** *übereinander:* a. liegen, stehen. **b)** *auf sich gegenseitig, einer auf den anderen:* a. angewiesen sein; a. losgehen; a. warten; sich a. einstellen.

Aufenthalt, der: **1.** *das Sichaufhalten:* der A. im Depot ist verboten; das war ein angenehmer A.; jmdm. den A. verschönern; den A. ausdehnen, beenden; bei meinem A. in München; nach längerem A. im Ausland kehrte er zurück; während meines Aufenthalts. **2.** *Unterbrechung, Verzögerung:* ich habe in Frankfurt zwei Stunden A.; wie lange hält der Zug hier A.?; ohne A. *(Halt)* durchfahren; im Hotel gab es einen kleinen A. (geh.). **3.** (geh.) *Aufenthaltsort:* Venedig ist ein schöner A.; ich kenne nicht seinen A.; er ist ohne festen A. * (geh. veraltend) **Aufenthalt nehmen** ⟨mit Raumangabe⟩ *(eine gewisse Zeit an einem bestimmten Ort verweilen):* er nahm in Berlin A.

auferlegen (geh.) ⟨jmdm., sich etwas a.⟩: *als Aufgabe, Bürde übertragen:* jmdm. Lasten, eine Buße, Strafe, ein Opfer a.; dem Volk wurden neue Steuern auferlegt; er erlegte ihm einen Eid auf/(selten:) er auferlegte ihm einen Eid; sich keinen Zwang a. *(sich zwanglos geben).*

auffahren: 1. ⟨auf etwas a.⟩ *auf, gegen etwas fahren:* der Lastwagen fuhr auf den Pkw auf; das Schiff ist auf ein Riff aufgefahren. 2. *an den Davorfahrenden heranfahren:* der Fahrer des Pkw war [zu] dicht aufgefahren. 3. *an eine bestimmte Stelle gefahren kommen, vorfahren:* ständig fuhren Taxis vor dem Portal auf; Panzer, Geschütze fahren auf *(gehen in Stellung);* auf dem Platz sind Polizisten mit Wasserwerfern aufgefahren. 4. ⟨etwas a.⟩ *an eine bestimmte Stelle fahren und in Stellung bringen:* Geschütze a.; die Regierung ließ Panzer auffahren; übertr. (ugs.): *herbeischaffen, auftischen:* der Gastgeber ließ Sekt a. 5. ⟨auf etwas a.⟩ *hinauffahren:* auf Autobahnen darf nur an den Anschlußstellen aufgefahren werden. 6. *hochfahren, aufschrecken:* verstört, erschreckt, wie von der Tarantel gestochen (ugs.) a.; er fuhr aus dem Schlaf auf. 7. *aufbrausen, zornig werden:* verärgert a.; er hat ein auffahrendes Wesen.

auffallen: 1. *die Aufmerksamkeit auf sich lenken; Aufsehen erregen:* sein Benehmen, seine Kleidung fiel auf; unangenehm, übel a.; nur nicht a.!; er fiel durch seinen Fleiß an der Schule auf; er fiel durch seine hohe Stimme/mit seiner hohen Stimme überall auf; es fällt allgemein auf, daß ...; auf fällt, daß ...; adj. Part.: *auffällig:* er ist eine auffallende Erscheinung; das Kleid ist zu auffallend; er ist auffallend *(sehr)* blaß. 2. ⟨jmdm. a.⟩ *von jmdm. bemerkt werden:* die Ähnlichkeit ist mir gleich aufgefallen; es fiel mir auf, daß der Motor nicht gleichmäßig lief. 3. ⟨sich (Dativ) etwas a.⟩ *durch Darauffallen verletzen:* der Junge hat sich die Knie aufgefallen.

auffällig: *die Aufmerksamkeit auf sich ziehend:* ein auffälliges Benehmen; in auffälliger Weise; es ist a., daß ...; er ist a. geworden *(ist durch ein ungewöhnliches Verhalten aufgefallen);* er ist a. *(ungewöhnlich)* oft bei ihr; sich a. kleiden.

auffangen: 1. ⟨jmdn., etwas a.⟩ *im Fall, in einer Bewegung fassen, festhalten:* den Ball a.; der Hund fängt den Bissen auf; er konnte den Mann a. *(vor dem Sturz bewahren).* 2. ⟨etwas a.⟩ *in etwas sammeln:* Regenwasser [in einer Wanne] a.; der Brennspiegel fängt die einfallenden Strahlen auf. 3. ⟨etwas a.⟩ a) *abfangen:* einen Sturz gerade noch a. können; er fing den Hieb [mit dem Arm] auf *(wehrte ihn ab);* übertr.: den Konjunkturrückgang a. *(abbremsen).* b) *[zufällig] wahrnehmen:* jmds. Blick, einen Blick von jmdm. a.; ein Amateur hat den Funkspruch aufgefangen.

auffassen ⟨etwas a.; mit Artangabe⟩: a) *in einer bestimmten Weise verstehen, auslegen:* eine Bemerkung falsch, wörtlich a.; er hat alles persönlich aufgefaßt; etwas als Vorwurf, als Beleidigung a. b) *begreifen, verstehen:* einen Text schnell, leicht a.; er faßte alles richtig auf.

Auffassung, die: 1. *Vorstellung von etwas, Meinung:* eine herkömmliche A.; das ist eine irrige A.; diese A. geht auf Kant zurück; diese A. wird nicht durchdringen; eine strenge, hohe A. von der Arbeit haben; eine A. vertreten; ich kann diese A. nicht teilen; eine A. bestätigt finden; eine A. erhärten; seine A. von einer Sache/über eine Sache vortragen, überprüfen, ändern; er entsprach meiner A.; an einer A. festhalten; ich bin

der A., daß ...; nach meiner A. ...; meiner A. nach ...; zu der A. kommen, daß ...; was hat Sie zu dieser A. gebracht? 2. (selten) *Auffassungsgabe:* er hat eine schwerfällige A.

auffinden ⟨jmdn., etwas a.⟩: *zufällig finden, entdecken:* die Toten, die Überreste wurden erst nach Jahren aufgefunden; er wurde tot a.; der Schlüssel war nirgendwo aufzufinden.

aufflackern ⟨etwas flackert auf⟩: *etwas leuchtet flackernd, zuckend auf:* das Feuer, die Kerze flackert auf; übertr.: der Haß, Streit, Widerstand, eine schwache Hoffnung flackert wieder auf *(entwickelt sich wieder, entsteht).*

auffliegen: 1. *hoch- und wegfliegen:* die Tauben fliegen auf; Staubwolken flogen *(wirbelten)* auf. 2. ⟨etwas fliegt auf⟩ *etwas öffnet sich schnell und heftig:* die Tür flog auf. 3. (ugs.) a) ⟨etwas fliegt auf⟩ *etwas nimmt ein jähes Ende:* die Versammlung ist aufgeflogen; eine Konferenz a. lassen. b) *entdeckt und zur Aufgabe gebracht werden:* der Schwindel flog auf; willst du, daß alles auffliegt?; los, weg hier, wir sind aufgeflogen.

auffordern: 1. ⟨jmdn. zu etwas a.⟩ *ersuchen, etwas zu tun:* jmdn. zur Teilnahme, zur Mitarbeit, zum Verlassen des Saals a.; er forderte ihn wiederholt, dringend zur Zahlung des Betrages auf; die Männer sind aufgefordert, sich zu ergeben. 2. ⟨jmdn. a.⟩ *zum Tanz bitten:* eine Dame zum Tanz a.; er forderte die Tochter seines Chefs auf.

Aufforderung, die: *Ersuchen, etwas zu tun:* eine energische, versteckte, offizielle A.; an die Bevölkerung erging die A., sich ruhig zu verhalten; eine A. zur Zahlung von 50 Mark erhalten; einer A. folgen, nachkommen (geh.); auf meine A. hin ...; er half ohne A. *(von sich aus).* * (ugs.:) Aufforderung zum Tanz *(Herausforderung).*

auffressen: 1. ⟨jmdn., etwas a.⟩ *bis auf den letzten Rest fressen:* die Katze hat das Futter aufgefressen; (derb /von Personen/:) der Kerl hat doch wirklich alles aufgefressen!; übertr. (ugs.): er fraß sie mit Blicken fast auf *(verschlang sie fast);* wenn die Sache schiefgeht, frißt er mich auf *(ist er sehr ärgerlich auf mich);* der Umzug hatte seine Ersparnisse aufgefressen *(aufgebraucht).* 2. (ugs.) ⟨etwas frißt jmdn. auf⟩ *etwas beansprucht jmdn. völlig:* die Arbeit frißt mich auf.

auffrischen: 1. ⟨etwas a.⟩ *wieder frisch, wieder neu machen:* die Politur, die verblichenen Farben a.; übertr.: *wieder lebendig machen, aktivieren:* Erinnerungen, sein Gedächtnis a.; seine Englischkenntnisse auffrischen. 2. ⟨etwas frischt auf⟩ *etwas wird stärker:* die Brise hatte/war aufgefrischt; stark auffrischender Wind.

aufführen: 1. ⟨etwas a.⟩ a) *vor einem Publikum spielen:* ein Schauspiel, eine Oper a.; auf unserer Bühne, in unserem Theater werden auch moderne Dramatiker *(ihre Stücke)* aufgeführt. b) *vollführen:* einen Ringkampf a. 2. ⟨sich a.; mit Artangabe⟩ *sich in einer bestimmten Weise benehmen:* sich gut, übel, schlecht, anständig a.; er hat sich wie ein Verrückter, wie ein dummer Junge aufgeführt; (auch ohne Artangabe) er hat sich wieder einmal aufgeführt! *(unpassend, skandalös benommen).* 3. ⟨jmdn., etwas a.⟩ *nennen, anführen:* jmdn. namentlich, als Zeugen a.; weitere Beispiele a.; die in der Rechnung aufgeführten Posten prüfen.

Aufführung, die: 1. *das Spielen eines Stückes; Vorstellung:* eine gelungene, mittelmäßige A.; die A. dieser Oper ist für den Winter vorgesehen, fällt aus; eine A. einstudieren, wiederholen, absagen; bei einer A. mitwirken; die Aufführungen waren nur schwach besucht. 2. *das Nennen, Anführen:* die A. der Ausgaben im Jahresbericht. * (Papierdt.:) *etwas zur* **Aufführung bringen** *(aufführen)* · (Papierdt.:) **etwas gelangt zur Aufführung** *(etwas wird aufgeführt):* das Stück gelangt in der nächsten Spielzeit zur A.

Aufgabe, die: 1. a) *Auftrag; Verpflichtung:* eine leichte, schwere, schwierige A.; das ist eine dankbare, reizvolle, interessante, sinnvolle, verantwortungsvolle A.; das ist nicht meine A. *(Pflicht, Obliegenheit);* wichtige Aufgaben stehen ihm bevor; auf ihn warten große Aufgaben; meine A. als Lehrer ist es ...; es ist nicht die A. *(Sinn, Zweck, Absicht)* dieser Darstellung ...; ich sehe es als meine A. an, die Öffentlichkeit zu unterrichten; eine A. übernehmen, bewältigen; er bekam, erhielt die A., das Geld zu beschaffen; dieses Instrument hat die A. *(Funktion),* ...; er ist dieser A. nicht gewachsen; vor eine A. stehen; ich halte es für meine A., das Amt zu übernehmen; vor eine A. gestellt werden; er ist von seiner A. ganz erfüllt; ihm fällt die A. zu *(er soll),* den Schaden zu beseitigen; ich habe es mir zur A. gemacht *(als Ziel gesetzt),* Vorurteile abzubauen. b) ⟨meist Plural⟩ *Schulaufgabe:* mündliche, schriftliche Aufgaben; Aufgaben [für den nächsten Montag, zum nächsten Montag] aufkriegen (ugs.), aufbekommen, aufhaben (ugs.); die Kinder müssen noch ihre Aufgaben machen, erledigen. c) *Rechenaufgabe:* eine komplizierte A.; eine A. lösen. 2. *das Aufgeben:* die A. des Gepäcks; die A. einer Annonce, eines Telegramms. 3. a) *das Nichtfortsetzen, vorzeitige Beenden:* die A. des Widerstands, der Karriere; S p o r t : eine Verletzung zwang sie zur A. b) *Verzicht, Niederlegung; das Sichtrennen von etwas:* die A. von Plänen, Forderungen, Gewohnheiten, persönlichen Zielen; nach der A. seiner verschiedenen Ehrenämter; sich zur A. des Geschäftes, der Wohnung entschließen.

aufgabeln (ugs.) ⟨jmdn. a.⟩: *treffen, kennenlernen [und irgendwohin mitnehmen]:* die Matrosen hatten zwei Mädchen aufgegabelt; wo hast du den aufgegabelt?

Aufgang, der: 1. *das Aufgehen:* den A. der Gestirne, der Sonne beobachten. 2. *aufwärts führende Treppe:* das Haus hat zwei Aufgänge; bitte den A. am anderen Ende benutzen!

aufgeben: 1. ⟨etwas a.⟩ *zur Weiterbeförderung, Weiterbearbeitung o. ä. jmdm. übergeben:* einen Brief, ein Telegramm [am Schalter, bei/auf der Post] a.; ein Gepäckstück a.; er gab ein Inserat auf; wir gaben unsere Koffer bei der Bahn, am/auf dem Bahnhof auf; der Gast gab beim Ober seine Bestellung auf. 2. ⟨jmdm. etwas a.⟩ *als Aufgabe stellen:* den Schülern Schularbeiten, ein Gedicht [zum Lernen] a.; die Sphinx gab den Vorübergehenden ein Rätsel auf; sein voreiliges Handeln hat uns große Probleme aufgegeben; das Gericht hatte uns aufgegeben (geh.; *auferlegt),* die Wohnung zu räumen. 3. a) ⟨etwas a.⟩ *nicht fortsetzen:* das Rauchen a. *(nicht mehr rauchen);* die Verfolgung, seinen Widerstand a.; er hat die Hoffnung noch nicht aufgegeben; ich gebe es auf, ständig darüber nachzudenken; S p o r t : *vorzeitig beenden:* den Kampf, das Rennen a. b) ⟨jmdn., etwas a.⟩ *auf etwas verzichten, niederlegen:* einen Plan, Ansprüche, Grundsätze, liebe Gewohnheiten, eine Laufbahn a.; er gab sein Amt auf; sie hat ihren Beruf als Schauspielerin aufgegeben; man legte ihm nahe, das Mädchen aufzugeben *(seine Beziehung zu ihr abzubrechen);* der Arzt hat seine Praxis aufgegeben; ein Geschäft, eine Wohnung a. *(auflösen).* c) *nicht weitermachen, aufhören:* wir werden trotz aller Schwierigkeiten nicht a.; S p o r t : der Boxer gab auf; nach dem Sturz mußte sie a. 4. ⟨jmdn., sich, etwas a.⟩ *als verloren ansehen, abschreiben:* Bergsteiger, ein Schiff, ein Flugzeug a.; ich durfte mich nicht selbst a.

Aufgebot, das: 1. *öffentliche Bekanntmachung einer beabsichtigten Eheschließung:* das standesamtliche A.; das A. hängt aus; das A. bestellen. 2. *das Aufgebotene:* ein starkes A. von Polizeikräften riegelte den Platz ab; das deutsche A. wurde von den Kunstturnern angeführt; mit einem gewaltigen A. an Menschen und Material.

aufgedunsen: *ungesund aufgequollen:* ein aufgedunsenes Gesicht; sein Leib war a.; seine Züge sahen vom vielen Trinken a. aus.

aufgehen: 1. ⟨etwas geht auf⟩ *etwas tritt hervor, erscheint am Horizont:* die Sonne, der Mond geht auf. 2. ⟨etwas geht auf⟩ a) *etwas öffnet sich:* die Tür geht immer wieder auf; das Fenster geht schwer auf *(läßt sich schwer öffnen);* der Vorhang ging auf, und die Vorstellung begann. b) *aufplatzen:* das Geschwür, die Unterlippe ist aufgegangen. c) *nicht zubleiben:* der Verband, der Reißverschluß, der Schnürsenkel geht immer wieder auf; das Weckglas ist aufgegangen *(ist nicht mehr dicht).* d) *sich entfalten:* der Fallschirm ging nicht auf; die Knospen, die Blüten gehen auf. 3. ⟨etwas geht auf⟩ a) *etwas keimt auf, kommt hervor:* die Saat geht auf; die Radieschen sind nicht aufgegangen; die Pocken gehen auf *(die Impfung verläuft positiv).* b) (geh.) ⟨etwas geht in jmdm. auf⟩ *etwas entsteht in jmdm.:* eine Ahnung, Hoffnung ging in mir auf. 4. ⟨etwas geht auf⟩ *etwas geht in die Höhe, dehnt sich aus:* der Teig, der Kuchen ist aufgegangen; er ist aufgegangen wie ein Hefekloß/Pfannkuchen (ugs.; *er ist sehr dick geworden).* 5. ⟨etwas geht jmdm. auf⟩ *etwas kommt jmdm. zu Bewußtsein, wird jmdm. klar:* der Sinn seiner Worte ging mir auf; mir war noch nicht aufgegangen, was es bedeuten sollte. 6. ⟨etwas geht auf⟩ *nichts bleibt von etwas übrig:* alle geraden Zahlen gehen durch 2 geteilt auf; diese Aufgabe geht nicht, ohne Rest auf; die Patience geht auf. 7. a) ⟨in jmdm., in etwas a.⟩ *sich ganz widmen:* in der Familie, im Beruf a. b) ⟨in etwas aufgehen⟩ *sich in etwas auflösen:* in blauen Dunst a.; die kleineren Betriebe gingen in den größeren auf *(wurden von ihnen geschluckt);* er wollte nicht in der Masse a. *(darin verschwinden).*

aufgeklärt: *frei von Aberglauben oder Vorurteilen:* er ist ein aufgeklärter Geist; im aufgeklärten 20. Jahrhundert.

aufgelegt ⟨in den Verbindungen⟩ **aufgelegt sein** (mit Artangabe) *(in bestimmter Weise gelaunt sein):* er war schlecht a.; sie fühlte sich heute glänzend a.; ⟨auch attributiv⟩ der gut aufgelegte

Lehrer hat uns heute keine Aufgaben aufgegeben; die glänzend aufgelegte *(sich in glänzender Form befindende)* Australierin gewann den ersten Satz · **zu etwas aufgelegt sein** *(in der Stimmung sein, etwas zu tun):* zum Feiern a. sein; sie war nicht [dazu] a., Besuch zu empfangen.

aufgelöst: *außer sich, durcheinander:* vor Schmerz, Freude ganz a. sein; sie war durch diesen Vorfall, über diese Nachricht völlig a.

aufgeräumt: *munter, gutgelaunt:* in aufgeräumter Stimmung; er wurde noch aufgeräumter.

aufgeschlossen: *offen, interessiert:* sie machte einen aufgeschlossenen Eindruck; für politische Probleme a. sein; er ist jetzt aufgeschlossener gegenüber dieser Frage als vorher.

aufgeschmissen (ugs.): *hilflos, verloren:* wenn er uns nicht hilft, sind wir a.; ohne ihn bin ich a.

aufgeschossen: ↑ aufschießen.

aufgeweckt: *von rascher Auffassungsgabe:* ein aufgewecktes Kind; der Schüler ist sehr a.

aufgießen ⟨etwas a.⟩. **a)** *aufbrühen:* Kaffee, Tee a. **b)** *auf, über etwas gießen:* sie goß langsam das kochende Wasser auf.

aufgliedern: *gliedernd aufteilen:* die Studentenschaft soziologisch, in bestimmte Gruppen a.; etwas nach Alter, nach Sachgruppen a.

aufgreifen: 1. ⟨jmdn. a.⟩ *jmdn., der umherstreift, festnehmen:* die Polizei hat den entsprungenen Häftling, den jugendlichen Ausreißer bei einer Razzia aufgegriffen. **2.** ⟨etwas a.⟩ *aufnehmen; sich wieder mit etwas befassen:* einen Gedanken, einen Plan, den Faden der Erzählung a.; die Presse hat den Fall aufgegriffen.

aufgrund: ↑ Grund.

aufhaben (ugs.): **1.** ⟨etwas a.⟩ *aufgesetzt haben:* den Hut a.; er hat seine Brille nicht auf. **2. a)** ⟨etwas a.⟩ *offenhalten:* die Augen, den Mund a.; das Fenster, die Tür ein wenig a. *(offenstehen haben).* **b)** ⟨etwas a.⟩ *aufbekommen haben:* endlich einen Knoten a.; hast du den Koffer, die Kette immer noch nicht auf? **c)** ⟨etwas a.⟩ *geöffnet, aufgemacht haben:* wir haben unser Geschäft samstags nicht auf; der Bäcker hat seinen Laden noch auf; ⟨auch ohne Akk.⟩ der Bäcker hat ab 7 Uhr auf. **d)** ⟨etwas hat auf⟩ *etwas ist geöffnet, zugänglich:* die Bäckerei hat bis 18 Uhr auf; die Hauptpost hat auch abends auf. **3.** ⟨etwas a.⟩ *zu erledigen haben:* viel, wenig a.; haben wir etwas in Latein auf? **4.** (ugs. landsch.) ⟨etwas a.⟩ *aufgegessen haben:* das Kind hat den Brei noch nicht auf.

aufhalsen (ugs.) ⟨jmdm., sich etwas a.⟩: *mit etwas belasten:* er halst den anderen alle Arbeiten auf; da habe ich mir etwas Schönes aufgehalst.

aufhalten: 1. (ugs.) ⟨etwas a.⟩ *geöffnet halten; offenhalten:* die Hände a.; die Augen kaum noch a. können; einen Sack a.; könnten Sie bitte die Tüte a.?; ⟨jmdm. etwas a.⟩ er hielt ihm die Tür auf. **2.** ⟨sich a.; mit Raumangabe⟩ *irgendwo sein, vorübergehend leben:* sich zu Hause, bei Freunden, im Ausland a.; wo hält er sich zur Zeit auf? **3. a)** ⟨jmdn., etwas a.⟩ *bewirken, daß jmd., etwas nicht mehr vorankommt:* einen Fliehenden, die scheuenden Pferde a.; ich bin im Büro aufgehalten worden; den Vormarsch des Feindes a.; den ganzen Verkehr a.; übertr.: die Katastrophe, eine Entwicklung, den Fortschritt nicht mehr a. können; er hält nur den ganzen Betrieb auf *(er*

wirkt nur hemmend auf alles). **b)** ⟨sich mit jmdm., mit/bei etwas a.⟩ *zu ausführlich befassen:* der Lehrer kann sich nicht mit jedem schwachen Schüler a.; wir wollen uns nicht länger bei diesen Fragen, mit solchen Nebensächlichkeiten a. **4.** ⟨sich über jmdn., über etwas a.⟩ *sich aufregen:* sich über jmdn., über jmds. Benehmen a.

aufhängen: 1. ⟨etwas a.⟩ *etwas auf etwas hängen:* den Hut a.; den Mantel auf einen Kleiderbügel a.; er hängte die Wäsche zum Trocknen auf; Gardinen a.; er hat das Bild aufgehängt; den Hörer a.; ⟨auch ohne Akk.⟩ sie hat aufgehängt *(das Telefongespräch beendet).* **2.** ⟨jmdn., sich a.⟩ *erhängen:* sie hängten die Mörder [an einem Baum] auf; er hat sich auf dem Dachboden, mit der Wäscheleine aufgehängt. **3.** ⟨etwas an etwas a.⟩ *(von etwas ausgehend) entwickeln:* sie hat die Darstellung des Rassenproblems an einem realen Fall aufgehängt. **4.** (ugs. landsch. abwertend) ⟨jmdm. etwas a.⟩ **a)** *andrehen:* im Laden hat man ihm erfrorene Kartoffeln aufgehängt. **b)** *etwas Unwahres erzählen:* wer hat dir diese Geschichte aufgehängt? **c)** *aufbürden:* der Chef hat ihm eine neue Arbeit aufgehängt.

aufheben: 1. ⟨jmdn., etwas a.⟩ *[vom Boden] hochnehmen:* einen Stein, den Handschuh [vom Boden] a.; sie hoben den reglosen Körper auf. **2.** ⟨etwas a.⟩ *aufbewahren:* einen Gegenstand sicher, gut, sorgfältig im Schreibtisch a.; Briefe zur Erinnerung a.; sie hebt immer alles auf *(wirft nie etwas weg);* der Bäcker hat mir/für mich ein Brot aufgehoben *(zurückgelegt);* du hebst dir das Beste immer bis zum Schluß auf; diese Besichtigung hebe ich mir für später auf *(behalte ich mir für später vor).* **3. a)** ⟨etwas a.⟩ *nicht länger bestehen lassen:* die Sitzung, die Belagerung a. *(beenden);* die Absperrung, die Zensur, den Visumzwang a. *(beseitigen);* die Todesstrafe a. *(abschaffen);* ein Gesetz, ein Urteil, einen Haftbefehl, die Verlobung a. *(für ungültig erklären);* die Schwerkraft a. *(außer Kraft setzen);* dadurch wird der Widerspruch aufgehoben *(aufgelöst)* **b)** ⟨etwas hebt etwas auf⟩ *etwas gleicht etwas aus:* der Verlust hebt den Gewinn in anderen Bereichen wieder auf; +2 und −2 heben sich gegenseitig auf. * **gut o. ä. aufgehoben sein** (mit Raumangabe) **a)** *(in guter Obhut sein):* dort ist das Kind gut aufgehoben; Geheimnisse sind bei ihm schlecht aufgehoben. **b)** (Sport: *seine Fähigkeiten nicht entfalten können):* der Stürmerstar war bei dem kleinen Verteidiger gut aufgehoben.

Aufheben ⟨in bestimmten Wendungen⟩ **viel Aufheben[s], kein Aufheben von etwas, jmdm. machen** *(einer Sache [keine] große Bedeutung beimessen)* · **ohne [jedes, großes] Aufheben** (geh.; *ohne irgendwelche, ohne große Umstände)* · **etwas ist nicht des Aufhebens wert** (geh.; *etwas rechtfertigt nicht das Aufsehen, das es erregt).*

aufheitern: 1. ⟨jmdn. a.⟩ *in eine heitere Stimmung versetzen:* es gelang ihm nicht, sie aufzuheitern. **2. a)** ⟨etwas heitert sich auf⟩ *etwas wird heiter:* die Stimmung heiterte sich auf; sein Gesicht hatte sich aufgeheitert. **b)** ⟨etwas heitert sich auf⟩ *etwas wird schön, klar:* das Wetter, der Himmel heitert sich auf; es heitert sich etwas auf; ⟨auch etwas heitert auf⟩ der Himmel, es heitert auf; allmählich aufheiternd.

aufhellen: 1. ⟨etwas a.⟩ **a)** *heller machen:* ein Bild, das Haar a.; übertr.: die Stimmung aufzuhellen *(aufzuheitern)* versuchen. **b)** *Klarheit in etwas bringen:* jmds. Vergangenheit, die Hintergründe, ein Verbrechen a. 2. ⟨etwas hellt sich auf⟩ **a)** *etwas wird heller:* der Himmel, das Wetter hellt sich auf; übertr.: seine Miene, sein Gesicht hatte sich aufgehellt. **b)** *etwas wird klar, durchschaubar:* das Rätsel hellt sich auf.

aufhetzen: a) ⟨jmdn. a.⟩ *aufwiegeln:* das Volk, die Parteien gegeneinander a.; er hat meine Kinder gegen mich aufgehetzt. **b)** ⟨jmdn. zu etwas a.⟩ *durch Hetze zu etwas bewegen:* er hat die Matrosen zur Meuterei, zu Gewalttaten aufgehetzt.

aufholen: 1. a) ⟨etwas a.⟩ *gutmachen, wieder einbringen:* der Dampfer, der Zug hat die Verspätung aufgeholt; wir müssen den Zeitverlust, den Rückstand a.; die Schülerin hat den versäumten Lehrstoff wieder aufgeholt. **b)** *den Vorsprung eines anderen verringern:* der finnische Läufer holt [zusehends, mächtig, noch ein paar Meter] auf. **2.** (Seemannsspr.) ⟨etwas a.⟩ *nach oben holen, in die Höhe ziehen:* den Anker, die Segel a.

aufhorchen: *plötzlich aufmerksam werden:* argwöhnisch, mißtrauisch a.; er horchte auf, als er die Summe hörte; übertr.: das Ergebnis, ihr Erstlingswerk ließ a. *(erregte Aufmerksamkeit).*

aufhören: a) ⟨etwas hört auf⟩ *etwas endet:* der Regen hört auf; plötzlich hörte der Wind auf; an dieser Stelle hört der Weg auf; da hört die Gemütlichkeit auf (ugs.; *jetzt wird es ernst);* das muß a.! (ugs.: *das darf nicht so weitergehen!);* R (ugs.): da hört [sich] doch alles auf!; da hört's bei mir auf. **b)** *eine Tätigkeit nicht fortsetzen, einstellen, beenden:* am nächsten Ersten [mit der Arbeit] a.; hör doch endlich mit dem Rauchen, dem Alkohol, dem Geschrei auf!; es hat aufgehört zu schneien; das Herz hat zu schlagen aufgehört; er hört auf zu spielen; aufhören! *(Schluß machen!).*

aufkaufen ⟨etwas a.⟩: *den Gesamtbestand von etwas, in großen Mengen kaufen:* Getreide, Aktien, eine Sammlung a.

aufklaren: 1. ⟨etwas klart auf⟩ *etwas wird klar, sonnig:* es klart auf; der Himmel, das Wetter hat aufgeklart; örtlich aufklarend; subst.: bei Aufklaren Frostgefahr. **2.** (Seemannsspr.) ⟨etwas a.⟩ *aufräumen, in Ordnung bringen:* das Deck a.

aufklären /vgl. aufgeklärt/: **1.** ⟨etwas klärt sich auf⟩ *etwas wird klar, sonnig:* das Wetter, den Himmel klärt sich auf; übertr.: seine Miene, sein Gesicht klärte *(heiterte)* sich auf. **2. a)** ⟨etwas a.⟩ *Klarheit in etwas bringen, entwirren, auflösen:* ein Flugzeugunglück, ein Verbrechen, einen Fall a.; er klärte den Widerspruch, den Irrtum auf. **b)** (milit.) ⟨etwas a.⟩ *erkunden, auskundschaften:* Truppenansammlungen, feindliche Stellungen a. **c)** ⟨etwas klärt sich auf⟩ *etwas wird klar, löst sich auf:* ein Mißverständnis klärt sich auf; es hat sich alles aufgeklärt. **3.** ⟨jmdn. a.⟩ **a)** *jmdn. über etwas unterrichten:* jmdn. über den wahren Sachverhalt a.; die Bevölkerung [politisch] a. **b)** *über geschlechtliche Dinge unterrichten:* wer hat dich aufgeklärt?; Kinder [über geschlechtliche Fragen, sexuell] a.; sie ist noch nicht aufgeklärt.

Aufklärung, die: **1. a)** *Klarstellung, Klärung, Auflösung:* die A. eines Flugzeugabsturzes; das Verbrechen steht kurz vor der A., harrt noch der restlosen A., hat noch keine A. gefunden (Papierdt.; *ist noch nicht aufgeklärt worden);* das trägt nicht gerade zur A. des Mißverständnisses bei. **b)** (milit.) *Erkundung, Auskundschaftung:* die A. ergab starke Truppenkonzentrationen. **2. a)** *Aufschluß, Auskunft, Unterrichtung:* A. von jmdm. verlangen; jmdm. A. [über etwas, in bestimmten Fragen] geben; die gewünschte A. erhalten; ich werde mir A. verschaffen; ich bitte um sofortige A.; die A. der Bevölkerung über Möglichkeiten der Geburtenregelung; A. durch die Medien. **b)** *Unterrichtung über geschlechtliche Vorgänge:* sexuelle A.; wer übernimmt die A. der Jugendlichen?; **3.** *von Rationalismus und Fortschrittsglauben bestimmte geistige Bewegung des 18. Jahrhunderts:* das Zeitalter der A.

aufkleben ⟨etwas a.⟩: *etwas auf etwas kleben:* ein Etikett a.; du mußt noch die Briefmarke [auf den Brief] a.

aufknöpfen ⟨etwas a.⟩: *etwas Zugeknöpftes öffnen:* das Hemd, den Mantel a.; ⟨jmdm., sich etwas a.⟩ ich knöpfe mir die Bluse auf.

aufkommen: **1.** ⟨etwas kommt auf⟩ *etwas entsteht:* Wind, Nebel kommt auf; tagsüber aufkommende Niederschläge; übertr.: keiner wußte, wie das Gerücht aufgekommen war; Zweifel, Wünsche kamen in ihr auf; es wollte keine rechte Stimmung, Freude a.; ich sage das, um keine Mißverständnisse a. zu lassen; er ließ keine Vertraulichkeit a.; in diesem Jahr kam das Fernsehen, die Minimode auf *(wurde Mode).* **2.** (landsch.) ⟨etwas kommt auf⟩ *etwas wird entdeckt:* der Schwindel kommt bestimmt auf; es ist alles aufgekommen. **3.** ⟨für jmdn., für etwas a.⟩ *einstehen, bürgen, Ersatz leisten:* für den entstandenen Sachschaden a.; wir mußten für alles selbst a.; ich komme für alles, für die Unkosten auf; die Firma muß für den Verlust a.; die Eltern kommen für ihre Kinder, für den Unterhalt auf. **4. a)** ⟨gegen jmdn., gegen etwas a.⟩ *etwas gegen jmdn., gegen etwas tun können; sich durchsetzen:* gegen die japanische Konkurrenz nicht a. können; mit Argumenten war dagegen nicht aufzukommen; sie konnte gegen ihn nicht a. **b)** ⟨neben jmdm. a.; meist verneint⟩ *jmdm. gleichkommen:* neben ihm kommt so leicht keiner a. **5.** (Sport) *aufholen, besser werden:* der dänische Marathonläufer kam von den letzten Kilometern stark auf; die Mannschaft kam in den Schlußminuten noch einmal auf. **6.** (Seemannsspr.) ⟨etwas kommt auf⟩ *etwas wird sichtbar, nähert sich:* das Schiff kommt schnell auf. **7.** ⟨mit Umstandsangabe⟩ *beim Sprung oder Fall auftreffen:* der Akrobat kam auf das/auf dem Netz auf; beim Doppelaxel ist sie schlecht aufgekommen.

aufkrempeln ⟨etwas a.⟩ *hochkrempeln:* die Ärmel a.; ⟨jmdm., sich etwas a.⟩ ich habe mir das Hemd bei der Arbeit aufgekrempelt.

aufkriegen: ↑aufbekommen.

aufkündigen ⟨etwas a.⟩: *durch Kündigung für beendet, für ungültig erklären:* ein Arbeitsverhältnis, Tarifabkommen a.; übertr.: ⟨jmdm. etwas a.⟩ er hat mir die Freundschaft aufgekündigt.

auflachen: *ein Lachen hören lassen:* hell, höhnisch a.; sie lachte bei dem Gedanken auf.

aufladen: 1. a) ⟨etwas a.⟩ *etwas auf etwas laden:*

Waren, Holz, Gepäck [auf einen Wagen] a. **b)** ⟨jmdm., sich etwas a.⟩ *auf den Rücken, auf die Schulter packen:* er lud sich den Koffer auf; ü b e r t r .: er hat mir alle Schuld, die Sorge für die Kinder aufgeladen; sie hat sich viel Arbeit aufgeladen. **2. a)** ⟨etwas a.⟩ *elektrisch laden:* eine Batterie a.; ü b e r t r .: eine emotional, ideologisch aufgeladene Diskussion. **b)** ⟨etwas lädt sich auf⟩ *etwas lädt sich elektrisch:* die Zellen laden sich durch die Sonnenenergie auf.

Auflage, die: **1. a)** *etwas, was man auf etwas legt:* eine A. aus Schaumgummi für die Matratzen. **b)** *Schicht:* die Bestecke haben eine A. aus Silber. **2. a)** *Gesamtzahl der auf einmal gedruckten Exemplare:* wie hoch ist die A.?; die erste A. des Werkes ist vergriffen; die Zeitung hat eine hohe A., eine A. von über einer Million; eine zweite, verbesserte A. vorbereiten; das Buch ist in riesigen Auflagen erschienen; Vorwort zur dritten A.; ü b e r t r .: bei der vierten A. des Bergrennens, des Boxturniers. **b)** (Wirtsch.) *Fertigungsmenge:* dieses Modell ist in einer A. von 7 000 Stück zu haben. **3.** (Papierdt.) *auferlegte Verpflichtung, Bedingung:* jmdm. eine A. erteilen; er erhielt, hat die A., 200 Mark an das Rote Kreuz zu zahlen; die Mittel wurden mit der A. bereitgestellt, daß ...; wir konnten ohne irgendwelche Auflagen filmen; die Strafaussetzung ist mit Auflagen verbunden; man machte ihm dies zur A.

auflassen: 1. (ugs.) ⟨etwas a.⟩ *geöffnet lassen:* die Tür, das Fenster, die Schublade a.; er ließ den Mantel auf. **2.** (ugs.) ⟨etwas a.⟩ *aufbehalten:* den Hut a. **3.** (ugs.) ⟨jmdn. a.⟩ *aufbleiben lassen:* Weihnachten lassen wir die Kinder länger auf. **4.** (ugs.) ⟨etwas a.⟩ *in die Höhe steigen lassen:* einen Drachen, Raketen a. **5.** (Rechtsw.) ⟨etwas a.⟩ *übereignen, übertragen:* ein Grundstück, ein Eigentumsrecht a. **6.** (bes. südd., österr.) ⟨etwas a.⟩ *stillegen:* einen Betrieb a.

auflauern ⟨jmdm. a.⟩: *auf jmdn. lauern:* er lauerte mir (n i c h t k o r r e k t : mich) auf; er hat ihm an der Straßenkreuzung aufgelauert.

auflaufen: 1. a) *auf etwas laufen, aufprallen:* der Dampfer ist [auf ein Riff, auf eine Sandbank] aufgelaufen; er lief auf seinen Vordermann auf; S p o r t : er ließ seine Gegenspieler a. *(veranlaßte durch Stehenbleiben einen Zusammenstoß).* **b)** (ugs.) *Mißerfolg haben, auf Widerstand stoßen:* mit seinen Ideen lief er bei den Parteigenossen auf; wir haben unsere Lehrerin ganz schön a. lassen. **2.** (Sport) **a)** *einlaufen:* nur zehn Spieler sind aufgelaufen; ins Stadion, zum Training, in neuen Trikots a.; ü b e r t r . (ugs.): er ist zu großer Form, zu Hochform aufgelaufen *(hat sich zu einer starken Leistung gesteigert).* **b)** *aufrücken:* im Endspurt lief er zur Spitzengruppe auf. **3.** ⟨sich (Dativ) etwas a.⟩ *wund laufen:* ich habe mir die Füße, die Hacke aufgelaufen. **4.** ⟨etwas läuft auf⟩ **a)** *etwas wächst an, steigt:* das Guthaben, das Sparkonto ist durch die Zinsen auf 2 000 Mark aufgelaufen; während ihrer Abwesenheit ist die eingegangene Post ziemlich aufgelaufen. **b)** (Seemannsspr.) *etwas steigt [mit der Flut]:* das Wasser läuft auf; auflaufendes Wasser.

aufleben: a) *neues Leben, frische Kraft bekommen:* die Pflanzen leben nach dem Regen auf; der Kranke lebte durch den Besuch sichtlich auf;

beim Anblick der Flasche Korn lebte er plötzlich auf *(wurde er munter).* **b)** ⟨etwas lebt auf⟩ *etwas beginnt von neuem:* das Gespräch, das Gewehrfeuer lebte auf; ich ließ dieses Kapitel meines Lebens noch einmal in meiner Phantasie a.

auflegen /vgl. aufgelegt/: **1.** ⟨etwas a.⟩ *etwas auf etwas legen:* den Sattel, eine Decke a.; ein neues Tischtuch a. *(aufdecken);* bitte legen Sie noch ein Gedeck auf!; eine Schallplatte a. *(zum Abspielen auf den Plattenteller legen);* Rouge, Make-up a. *(auftragen);* ⟨auch ohne Akk.⟩ sie hat zu stark aufgelegt *(sich zu stark geschminkt)* · Holz, Kohlen a. *(aufs Feuer legen);* ⟨auch ohne Akk.⟩ die Mutter hatte neu aufgelegt *(nachgelegt);* den Telefonhörer a. *(auf die Gabel legen);* ⟨auch ohne Akk.⟩ er hat aufgelegt *(das Telefongespräch beendet)* · ⟨jmdm., sich etwas a.⟩ dem Pferd den Sattel a.; der Priester legte ihm segnend die Hand auf. **2.** ⟨etwas a.⟩ **a)** *drucken lassen und auf den Markt bringen:* einen Roman neu a. **b)** *mit der Herstellung eines Fabrikats beginnen:* eine neue Serie von etwas a. **3.** (Geldw.) ⟨etwas a.⟩ *ausschreiben:* eine Anleihe a.

auflehnen: 1. (ugs. landsch.) ⟨sich, etwas a.⟩ *aufstützen:* er lehnte sich [auf das/auf dem Fensterbrett] auf. **2.** ⟨sich gegen jmdn., gegen etwas a.⟩ *sich widersetzen, sich empören:* sich gegen den Staat, die bestehende Ordnung, das Unabänderliche a.; sie lehnte sich gegen ihr Schicksal auf.

auflesen: 1. ⟨etwas a.⟩ *aufsammeln:* Obst, Steine, Papier a. **2.** (ugs.) ⟨jmdn. a.⟩ *begegnen und mitnehmen:* wo hast du den bloß aufgelesen? **3.** (ugs.) ⟨etwas a.⟩ *sich holen:* eine Krankheit, Ungeziefer a.; ⟨sich (Dativ) etwas a.⟩ ich habe mir einen Schnupfen aufgelesen.

aufleuchten ⟨etwas leuchtet auf⟩: *etwas leuchtet plötzlich, für kurze Zeit:* das Objekt leuchtete auf dem Radarschirm auf; die Lampe hat/ist aufgeleuchtet; bildl.: ihre Augen leuchteten vor Freude auf; ein Gedanke leuchtete in ihr auf.

auflockern: 1. ⟨etwas a.⟩ *locker machen:* den vertrockneten Boden [mit einer Hacke] a.; aufgelockerte *(leichte)* Bewölkung. **2.** ⟨etwas a.⟩ **a)** *abwechslungsreicher machen:* einen Text durch Illustrationen a.; den Unterricht durch Gruppenarbeit a.; in Wohngebiet mit Grünanlagen a.; eine aufgelockerte Bauweise. **b)** *gelöster, unbeschwerter machen:* der Alkohol hatte die Stimmung aufgelockert; er versuchte, durch einen Witz die gespannte Atmosphäre aufzulockern; sie war aufgelockerter als sonst. **3.** ⟨sich a.⟩ *sich locker machen:* die Läufer lockern sich vor dem Start auf.

auflösen /vgl. aufgelöst/: **1. a)** ⟨etwas a.⟩ *zergehen lassen:* eine Tablette [in Wasser] a. **b)** ⟨etwas löst sich auf⟩ *etwas zergeht:* das Pulver, der Zucker löst sich in der Flüssigkeit auf; der Nebel hat sich noch nicht aufgelöst. **c)** ⟨etwas löst sich auf⟩ *etwas geht in etwas über, verwandelt sich in etwas:* die Gestalt schien sich in Luft aufgelöst zu haben; alles löste sich in eitel Freude auf. **2.** (geh.) **a)** ⟨etwas a.⟩ *aufbinden, aufmachen:* eine Verschnürung, das Haar a.; sie saß da mit aufgelösten Haaren. **b)** ⟨etwas löst sich auf⟩ *etwas geht auf:* die Schleife, ihre Frisur löste sich auf. **3. a)** ⟨etwas a.⟩ *etwas nicht länger bestehen lassen:* einen Haushalt, den Landtag a.; eine Verlobung a. *(aufheben);* einen Vertrag a. *(für ungültig erklä-*

ren); er hat sein Geschäft aufgelöst *(aufgegeben);* Menschenansammlungen a. *(zerstreuen).* **b)** ⟨etwas löst sich auf⟩ *etwas besteht nicht länger:* die alten Ordnungen lösten sich auf; die Band hat sich aufgelöst; die Menschenmassen hatten sich aufgelöst *(zerstreut, verteilt).* **4. a)** ⟨etwas a.⟩ *aufklären:* ein Rätsel, eine Gleichung a. **b)** ⟨etwas löst sich auf⟩ *etwas klärt sich auf:* Mißverständnisse lösen sich auf. * (ugs.:) **etwas löst sich in seine Bestandteile auf** *(etwas fällt auseinander).*
aufmachen: 1. (ugs.) **a)** ⟨etwas a.⟩ *öffnen:* die Tür, das Fenster, den Koffer, ein Päckchen, einen Brief, eine Flasche a.; er mußte beim Zahnarzt den Mund weit a.; den obersten Knopf, den Gürtel, den Mantel a.; das Haar a. *(lösen);* ⟨jmdm., sich etwas a.⟩ darf ich mir den Kragen a.?; ⟨jmdm. a.⟩ er hat uns nicht aufgemacht *(uns nicht eingelassen).* **b)** *die Geschäftszeit beginnen:* wann machen die Geschäfte auf?; wir machen morgens um 8 Uhr auf. **2.** (ugs.) ⟨etwas a.⟩ *eröffnen, gründen:* ein Geschäft, eine neue Filiale a.; er hat ein Transportunternehmen aufgemacht. **b)** ⟨etwas macht auf⟩ *etwas wird eröffnet, gegründet:* in letzter Zeit haben hier viele neue Geschäfte aufgemacht. **3.** ⟨etwas a.⟩ *zurechtmachen, effektvoll gestalten:* Auslagen, ein Buch hübsch a.; der Artikel war mit folgender Schlagzeile aufgemacht (Zeitungsw.; *als Blickfang versehen):* ...; der Prozeß wurde von der Parteipresse groß aufgemacht; sie hatte sich auf jung aufgemacht (ugs.; *zurechtgemacht);* eine ordinär aufgemachte Bardame. **4.** ⟨sich a.⟩ *sich auf den Weg machen, aufbrechen:* sie machten sich in aller Frühe auf; er hatte sich zu einem Spaziergang aufgemacht; sie machten sich endlich auf *(schickten sich an),* uns zu besuchen. **5.** (ugs. landsch.) ⟨etwas a.⟩ *anbringen, aufhängen:* ein Plakat im Fenster a.; die Mutter macht die Gardinen auf.
Aufmachung, die: *Gestaltung, Ausstattung:* eine teure A.; sie erschien in eleganter A.; die Blätter berichteten darüber in großer A.
aufmerksam: 1. *mit wachen Sinnen, mit Interesse [folgend]:* aufmerksame Zuhörer, Beobachter; ein aufmerksames Publikum; der Schüler ist immer sehr a.; a. zuhören; einer Darbietung a. folgen. **2.** *höflich, zuvorkommend:* ein aufmerksamer junger Mann; das ist sehr a. von Ihnen. * **jmdn. auf jmdn., auf etwas aufmerksam machen** *(auf jmdn., auf etwas hinweisen);* · **[auf jmdn., auf etwas] aufmerksam werden** *(jmdn., etwas bemerken, wahrnehmen).*
Aufmerksamkeit, die: **1.** *das Achten auf etwas, Beachtung, Interesse:* die A. der Zuhörer läßt nach; A. für etwas zeigen, bekunden (geh.); die A. auf etwas richten; jmds. A. fesseln, auf sich ziehen, auf etwas lenken, ablenken; einer Entwicklung A. schenken, seine A. zuwenden; die Angelegenheit fordert, verlangt, verdient unsere volle, ganze A.; es scheint Ihrer A. entgangen zu sein, daß ...; etwas mit besonderer, wachsender, erhöhter, gespannter A. verfolgen. **2.** *Höflichkeit, Zuvorkommenheit:* er umgab sie mit A. **3.** *kleines Geschenk:* ich habe Ihnen eine kleine A. mitgebracht.
aufmöbeln (ugs.): **1.** ⟨etwas a.⟩ *instand setzen, aufpolieren:* einen alten Kahn a.; · übertr.: seine Italienischkenntnisse wieder a.; die Mannschaft

muß ihren Ruf a. **2.** ⟨jmdn., sich a.⟩ *aufmuntern:* er versuchte, die anderen mit Späßen ein bißchen aufzumöbeln; der Besuch, die Reise hat sie aufgemöbelt. **3.** ⟨jmdn., sich a.⟩ *beleben, aufputschen:* der Kaffee hat mich aufgemöbelt.
aufmuntern: 1. ⟨jmdn., etwas a.⟩ **a)** *munter machen, heiter stimmen:* er wollte die anderen mit lustigen Geschichten a. **b)** *beleben, aufputschen:* der Alkohol munterte sie, die Stimmung ein bißchen auf. **2.** ⟨jmdn. a.⟩ *ermuntern:* jmdn. [mit Zurufen] zum Weitermachen a.; jmdm. aufmunternd zunicken.
Aufnahme, die: **1.** *Beginn, Einleitung, Eröffnung:* die A. von Verhandlungen, von diplomatischen Beziehungen; nach A. des Fernsprechverkehrs. **2. a)** *Empfang, Unterbringung:* die A. [in der Familie] war überaus herzlich; er fand kühle A. *(wurde kühl aufgenommen);* sie bereiteten ihm eine begeisterte A. *(nahmen ihn begeistert auf);* er bedankte sich für die freundliche A.; übertr.: die A. eines Wortes ins Lexikon. **b)** *Empfangsraum:* die Kranken mußten in der A. warten. **3.** *Erteilung der Mitgliedschaft, Eintritt:* die A. in einen Verein beantragen; er bemühte sich um die A. seines Sohnes in das Internat. **4.** *das Leihen, Inanspruchnahme:* die A. von Geldern; die A. einer Anleihe beschließen. **5.** *Aufzeichnung, Niederschrift:* die A. eines Protokolls, eines Diktats, eines Telegramms; zwei Polizisten waren mit der A. des Unfalls beschäftigt; die A. *(kartographische Vermessung)* eines Geländes. **6. a)** *das Fotografieren, Filmen:* Achtung, A.!; bei der A. mit dem Apparat wackeln. **b)** *Fotografie, Bild:* eine schöne, [un]scharfe, verwackelte, künstlerische A.; der Fotograf machte eine A. von dem Paar. **7. a)** *Übertragung von Tonband, auf Schallplatte:* die Aufnahmen dauerten drei Stunden; bei der A. muß absolute Ruhe herrschen. **b)** *Ton-, Musikaufzeichnung:* der Hörbericht wurde als A. gesendet; sich die A. eines Konzerts noch einmal anhören. **8.** *Reaktion:* wie war die A. beim Publikum?; die Sendung fand eine begeisterte A. *(wurde begeistert aufgenommen).* **9.** *das In-sich-Aufnehmen:* die A. der Nahrung.
aufnehmen: 1. a) ⟨jmdn., etwas a.⟩ *hochnehmen, aufheben:* den Handschuh a.; die Träger hatten den Sarg vom Boden aufgenommen; die Mutter nahm das Kind auf *(nahm es auf den Arm).* **b)** (nordd.) ⟨etwas a.⟩ *aufwischen:* das Wasser mit dem Lappen a. **c)** (Sport) ⟨etwas a.⟩ *an sich nehmen:* eine Flanke von links direkt a.; der Torwart konnte die Rückgabe ungehindert a. **2.** ⟨etwas a.⟩ *beginnen, einleiten, eröffnen:* den Kampf, die Verfolgung a.; die Spur, eine die Fährte a. *(zu verfolgen beginnen);* Verhandlungen mit jmdm. a.; diplomatische Beziehungen zu einem Staat, mit einem Land a.; er will an uns Kontakt, Fühlung a.; der Fernsprechverkehr ist heute aufgenommen worden; die Arbeit, das Training, den Betrieb, das Studium, Gespräche a.; ein Thema *(eines Musikstücks),* einen Gedanken, eine Anregung a. *(aufgreifen und weiterführen).* **3.** ⟨es mit jmdm., mit etwas a.⟩ *die Auseinandersetzung nicht scheuen, sich messen:* mit dem nehme ich es [im Trinken] noch allemal auf. **4.** ⟨jmdn. a.⟩ *empfangen, unterbringen:* jmdn. freundlich, höflich, liebenswürdig,

kühl a.; Flüchtlinge [bei sich, in seinem Haus] a.; in ein/in einem Krankenhaus aufgenommen werden; er konnte in dem Hotel nicht mehr aufgenommen werden. **5. a)** ⟨jmdn. a.⟩ *die Mitgliedschaft gewähren; ein-, beitreten lassen:* jmdn. als Teilhaber in sein Geschäft a.; sein Sohn wurde in die Schule, in den Sportverein aufgenommen. **b)** ⟨jmdn., etwas in etwas a.⟩ *in etwas mit hineinnehmen, mit einbeziehen:* ein Stück in den Spielplan a.; dieser Punkt ist in die Tagesordnung aufgenommen worden; der Pfarrer nahm sie in sein Gebet mit auf. **6.** ⟨etwas nimmt jmdn., etwas auf⟩ *etwas bietet Platz für jmdn., für etwas, faßt etwas:* eine Gondel der Seilbahn nimmt 40 Personen auf; übertr.: der Arbeitsmarkt nimmt noch ausländische Arbeitskräfte auf. **7.** ⟨etwas a.⟩ *in sein Bewußtsein dringen lassen, erfassen:* ich wollte neue Eindrücke, die Atmosphäre [in mich/in mir] a.; das Gedächtnis der Kinder kann das alles so rasch gar nicht a.; ⟨auch ohne Akk.⟩ der Schüler nimmt leicht, schwer, schnell auf. **8.** ⟨etwas a.⟩ *etwas in sich hineinnehmen, aufgehen lassen:* der Rasen hat das Wasser aufgenommen; die Zellen nehmen aus der Gewebsflüssigkeit Sauerstoff auf; der Kranke nimmt wieder Nahrung auf *(nimmt sie wieder zu sich).* **9.** ⟨etwas a.⟩ *leihen, Geld in Anspruch nehmen:* Geld, eine Anleihe a.; eine Hypothek auf das Haus a. **10.** ⟨etwas a.; mit Artangabe⟩ *in bestimmter Weise Stellung nehmen, reagieren:* einen Vorschlag freundlich, kühl, beifällig, mit Zurückhaltung a.; die Rede wurde übel aufgenommen; wie hat er es, die Nachricht, das Ganze aufgenommen?; das Publikum nahm das Stück wohlwollend auf. **11. a)** ⟨etwas a.⟩ *aufzeichnen, niederschreiben, festhalten:* ein Protokoll, ein Diktat, ein Telegramm a.; der Polizist nahm seine Personalien, den Unfall auf; Warenbestände a.; ein Gelände [in einer genauen Karte] a. *(kartographisch festhalten).* **b)** ⟨jmdn., etwas a.⟩ *fotografieren:* das junge Paar, die siegreiche Mannschaft [für die Zeitung] a.; ein Motiv a.; ich habe mehrere Bilder aufgenommen. **c)** ⟨etwas a.⟩ *auf einer Schallplatte, auf Tonband festhalten:* ein Konzert a.; eine neue LP a.; die Telefongespräche sind auf Band aufgenommen worden.

aufoktroyieren (geh.) ⟨jmdm., einer Sache etwas a.⟩: *aufzwingen:* dem Staat eine neue Verfassung a.; er wollte mir seine Meinung a.

aufopfern: 1. ⟨sich a.⟩: *sich ohne Rücksicht auf die eigene Person einsetzen:* die Mutter opfert sich für die Familie auf; adj. Part.: aufopfernde Liebe, Freundschaft; aufopfernd für jmdn. sorgen. **2.** (selten) ⟨jmdn., etwas a.⟩ *opfern, hingeben:* Tausende hat er für sein Machtstreben, hat er den Zielen der Revolution aufgeopfert.

aufpassen: 1. a) *aufmerksam sein, achtgeben:* in der Schule, beim Unterricht, an der Straßenkreuzung a.; auf der Straße, im Straßenverkehr scharf, höllisch (ugs.), wie ein Schießhund (ugs.), wie ein Luchs a.; auf die Verkehrszeichen a.; er paßte genau auf, daß alles klappte; aufgepaßt! *(Achtung, Vorsicht!);* paß auf (ugs.; *du wirst sehen),* das ändert sich. **b)** ⟨auf jmdn., auf etwas a.⟩ *achthaben:* auf die Kinder a.; er sollte auf die Gans im Ofen a. **2.** (ugs. landsch.) ⟨jmdm. a.⟩ *auflauern:* er paßte ihm an der Ecke auf.

aufpeitschen: 1. ⟨etwas peitscht etwas auf⟩ *et-*

was wühlt etwas auf: der Sturm peitscht das Meer, die Wellen auf. **2.** ⟨jmdn., sich, etwas a.⟩ *stark erregen:* die Musik peitschte die Sinne auf; er peitschte sich mit/durch Kaffee auf; ⟨auch ohne Akk.⟩ der harte Beat peitscht auf; aufpeitschende Reden.

aufpflanzen: 1. ⟨etwas a.⟩ **a)** *aufstellen, aufrichten:* eine Fahne a. **b)** *aufstecken:* das Seitengewehr a. **2.** (ugs.) ⟨sich a.; mit Raumangabe⟩ *sich großspurig hinstellen:* er pflanzte sich vor ihm, am Eingang des Saals auf.

aufplatzen ⟨etwas platzt auf⟩: *etwas platzt auseinander:* die Knospen platzen auf; die Naht, das Kleid ist aufgeplatzt.

aufplustern: 1. a) ⟨etwas a.⟩ *aufblähen:* die Henne plustert ihre Federn auf. **b)** ⟨sich a.⟩ *die Federn aufblähen:* die Vögel plustern sich auf. **2.** (ugs. abwertend) ⟨sich a.⟩ *sich wichtig tun:* wie der sich wieder aufplustert.

aufprallen ⟨auf jmdn., auf etwas a.⟩: *heftig auftreffen:* das Auto prallte auf den parkenden Lkw auf; das Flugzeug war auf das/(seltener:) auf dem Wasser aufgeprallt und zerschellt.

aufprobieren ⟨etwas a.⟩: *probeweise aufsetzen:* einen Hut, eine Sonnenbrille a.

aufpulvern (ugs.): **a)** ⟨jmdn., etwas a.⟩: *anregen:* sie pulverten sich mit Kaffee, mit Tabletten auf; er wollte die Moral der Truppe a. *(neu beleben).* **b)** ⟨etwas pulvert auf⟩ *etwas wirkt anregend:* Kaffee pulvert auf.

aufraffen: 1. ⟨etwas a.⟩ *raffend aufnehmen:* Papiere, Geldstücke [vom Boden] a.; den Rock a. *(hochraffen).* **2.** ⟨sich a.⟩ *mühsam aufstehen:* obwohl schwer verwundet, raffte er sich wieder auf und flüchtete. **3.** ⟨sich a.⟩ *seine Kräfte zusammennehmen, um etwas zu tun; sich mühsam entschließen:* er raffte sich aus seinen Träumen auf; er kann sich zu keiner Antwort, zu keiner Entscheidung a.; schließlich raffte sie sich dazu auf, doch noch ans Telefon zu gehen; wir müssen uns endlich a. und zu einem Entschluß kommen.

aufragen: *in die Höhe ragen:* die Türme der Stadt ragten [in den, zum Himmel] auf; der Stumpf hat etwa einen Meter hoch aufgeragt.

aufräumen: 1. ⟨etwas a.⟩ **a)** *Ordnung in etwas bringen:* ein Zimmer, den Keller a.; er räumte seinen Schreibtisch auf; (ugs.) ich muß noch a. *(Ordnung machen).* **b)** *wegräumen:* die Kinder müssen noch die Spielsachen a. **2.** (ugs.) *Opfer fordern:* die Seuche hat unter den Truppen furchtbar aufgeräumt. **3.** ⟨mit jmdm., mit etwas a.⟩ *mit etwas Schluß machen:* mit der Vergangenheit, mit überholten Begriffen a.; wir wollen mit diesem Vorurteil a.; der Staat hat mit den Verbrechern, mit dem Rauschgifthandel aufgeräumt.

aufrecht: 1. *aufgerichtet, gerade:* ein aufrechter Gang; in aufrechter Haltung; a. sitzen, stehen; er hielt sich trotz seines hohen Alters sehr a. **2.** *ehrlich, rechtschaffen:* ein aufrechter Charakter, ein aufrechter Demokrat; eine aufrechte Gesinnung. ✻ *sich nicht mehr/kaum noch aufrecht halten können (so erschöpft sein, daß man sich hinlegen oder hinsetzen muß).*

aufrechterhalten ⟨etwas a.⟩: *bestehenbleiben lassen, beibehalten:* die [öffentliche] Ordnung a.; Kontakte a.; er erhielt sein Angebot, seinen Entschluß, seine Behauptung aufrecht.

aufregen: 1. ⟨jmdn. a.⟩ *in Erregung versetzen:* der Lärm, dieser Kerl regt mich auf; das braucht dich nicht weiter aufzuregen *(zu beunruhigen);* ein aufregendes Erlebnis; der Film war nicht besonders aufregend (ugs.; *nur mittelmäßig);* vor der Prüfung war sie sehr aufgeregt. 2. ⟨sich a.⟩ *in Erregung geraten:* sich entsetzlich a.; sich künstlich (ugs.; *ohne Grund, übertrieben)* a.; der Kranke darf sich nicht a. 3. ⟨sich über jmdn., über etwas a.⟩ *sich ereifern und entrüsten:* die ganze Nachbarschaft regt sich über diesen Hausmeister, über diese Ruhestörungen auf.

Aufregung, die: a) *heftige Gefühlsbewegung, Erregung:* die Aufregungen der letzten Wochen haben mich krank gemacht; nur keine A.! (ugs.); A. verursachen; Aufregungen durchmachen, überstehen; alle Aufregungen von dem Patienten fernhalten; in A. versetzen, geraten; in der A. hatte ich alles vergessen; in großer, ängstlicher, fieberhafter A. sein, sich befinden; vor A. stottern; kein Grund zur A. **b)** *Unruhe, Durcheinander:* es herrschte große A.; alles war in heller A.

aufreiben: 1. ⟨sich (Dativ) etwas a.⟩ *sich etwas wund reiben:* sich die Hände [beim Waschen], die Hacken a. 2. ⟨jmdn., etwas a.⟩ *vernichten, kampfunfähig machen:* die Truppen wurden in der Schlacht völlig aufgerieben. 3. a) ⟨jmdn., etwas a.⟩ *zermürben, aufzehren, zerstören:* die Arbeit reibt ihn, seine Kräfte, seine Gesundheit völlig auf; eine aufreibende Tätigkeit. **b)** ⟨sich a.⟩ *seine Kräfte völlig verbrauchen:* die Mutter reibt sich mit der Sorge für die Kinder auf; du reibst dich [bei dieser Arbeit, in einem Beruf] auf.

aufreißen: 1. ⟨etwas a.⟩ *ruckartig öffnen:* das Fenster, die Wagentür a.; ⟨jmdm. etwas a.⟩ er riß ihm die Tür auf. **b)** *(Verschlossenes) öffnen:* einen Brief, eine neue Schachtel Zigaretten a. **c)** *aufbrechen:* die Arbeiter rissen den Straßenbelag auf. **d)** *auseinanderreißen, ein Loch in etwas reißen:* der Rumpf des Schiffes wurde aufgerissen; der Wind reißt die Wolken, den Himmel auf; ⟨jmdm., sich etwas a.⟩ er hat sich den Anorak aufgerissen. 2. ⟨etwas reißt auf⟩ *etwas reißt auseinander:* die Wunde, die Naht ist aufgerissen; die Wolkendecke reißt auf. 3. (Sport) ⟨etwas a.⟩ *die gegnerische Deckung auseinanderziehen:* der Mittelfeldregisseur riß mit Direktpässen die Abwehr auf. 4. (Technik) ⟨etwas a.⟩ *einen Aufriß von etwas anfertigen:* ein Haus a. 5. ⟨etwas a.⟩ *in großen Zügen darstellen:* ein Thema, ein Problem, eine Geschichte a. 6. (ugs.) **a)** ⟨jmdn. a.⟩ *jmds. Bekanntschaft suchen, um geschlechtlich zu verkehren:* wo können wir heute abend hingehen, um jemanden aufzureißen?; in der Disko hat er sich die letzte Tussi aufgerissen. **b)** ⟨etwas a.⟩ *sich etwas verschaffen:* einen Job, eine neue Wohnung a.

aufreizen: 1. ⟨jmdn. a.⟩ *aufwiegeln:* zum Klassenhaß a.; die Belegschaft a. 2. *in herausfordernder Weise erregen:* sie reizt mit ihrem Benehmen die Männer auf; ein aufreizender Gang, Anblick.

aufrichten: 1. ⟨jmdn., sich, etwas a.⟩ *in die Höhe richten:* einen Gestürzten a.; den Oberkörper a.; der Hund richtete die Ohren auf; sich mühsam, aus seiner gebückten Haltung, hoch, zu voller Größe, an jmds. Arm, mit fremder Hilfe a.; der Kranke richtete sich im Bett auf. 2. ⟨etwas a.⟩ *errichten:* ein Gerüst, einen Wall a.; übertr.: ein

Reich a. 3. a) ⟨jmdn. a.⟩ *trösten:* einen Verzweifelten durch Zuspruch a.; diese Hoffnung richtete ihn auf. **b)** ⟨sich a.⟩ *wieder Mut schöpfen:* ich habe mich an ihm, seinem Zuspruch aufgerichtet.

aufrichtig: *ehrlich, dem innersten Gefühl, der eigenen Überzeugung entsprechend:* ein aufrichtiger Mensch; aufrichtige Anteilnahme, Bewunderung; dieses Ja war a.; er ist nicht immer ganz a.; sich a. freuen; etwas a. bedauern; es a. mit jmdm. meinen; es tut mir a. leid; a. gesprochen; ⟨a. gegen jmdn./gegenüber jmdm./zu jmdm. s.⟩ mir gegenüber, zu mir war er immer a.

aufrollen: 1. a) ⟨etwas a.⟩ *auf eine Rolle, zu einer Rolle wickeln:* ein Seil, ein Kabel a.; sie rollten den Teppich auf und trugen ihn weg; die Ärmel, Hosenbeine a. *(aufkrempeln);* ⟨jmdm., sich etwas a.⟩ ich habe mir die Haare aufgerollt *(auf Lockenwickler aufgedreht).* **b)** ⟨etwas rollt sich auf⟩ *etwas rollt sich zusammen:* der Läufer hat sich aufgerollt. 2. a) ⟨etwas a.⟩ *auseinanderrollen:* einen Stoffballen, einen Teppich a. **b)** ⟨etwas rollt sich auf⟩ *etwas rollt auseinander, entfaltet sich:* der Film, das Transparent hat sich aufgerollt. 3. ⟨etwas a.⟩ *etwas in seiner Entwicklung verfolgen und zur Sprache bringen, klären:* ein Problem, eine Frage a.; der Prozeß wurde vor dem Schwurgericht noch einmal aufgerollt. 4. (militär.) ⟨jmdn., etwas a.⟩ *von der Seite her nehmen:* die feindlichen Stellungen, Schützengräben a.; übertr. (Sport): das Teilnehmerfeld von hinten a.

aufrücken: 1. *nachrücken, aufschließen:* bitte a.!; die anderen Wartenden rückten näher auf. 2. *aufsteigen:* in eine höhere Klasse, zum Abteilungsleiter a.; er ist rasch aufgerückt.

Aufruf, der: 1. *das Aufrufen:* Eintritt nur nach A.!; beim nächsten A. war er an der Reihe. 2. *öffentliche Aufforderung:* einen A. an die Bevölkerung erlassen, richten; an den Mauern waren Aufrufe angeschlagen.

aufrufen: 1. a) ⟨jmdn., etwas a.⟩ *laut nennen, aus einer Menge herausrufen:* die Schüler dem Alphabet nach, einzeln, in Gruppen a.; sein Name, seine Nummer wurde aufgerufen; endlich wird unser Flug nach Rom aufgerufen. **b)** (Rechtsw.) ⟨jmdn. a.⟩ *öffentlich auffordern, sich zu melden:* Zeugen, unbekannte Erben a. 2. ⟨jmdn. zu etwas a.⟩ *zu etwas öffentlich auffordern:* die Bevölkerung zu Spenden, zum Widerstand a.; er rief sie auf, die Aktion zu unterstützen. 3. (geh.) ⟨etwas a.⟩ *wachrufen:* das Interesse, neue Kräfte a.

Aufruhr, der: 1. a) *Aufgewühltsein, Bewegtheit:* die ganze Natur war in A.; ein A. der Elemente (geh.; *Unwetter)* brach los. **b)** *heftige Erregung:* jmdn. in A. versetzen, bringen; in einem A. der Leidenschaften; seine Gefühle gerieten in A. 2. *Zusammenrottung gegen die Staatsgewalt, Empörung:* der A. bricht los; den A. unterdrücken, ersticken; das ganze Land kam, geriet in A.; das Land stellt in offenem A.

aufrühren: 1. ⟨etwas a.⟩ *rührend hochwirbeln:* Teeblätter, Schlamm a. 2. (geh.) a) ⟨etwas a.⟩ *wecken, hervorrufen:* das Erlebnis rührte Leidenschaften auf. **b)** ⟨jmdn. a.⟩ *stark bewegen:* der Bericht hat ihn im Innersten aufgerührt. 3. ⟨etwas a.⟩ *erneut zur Sprache bringen:* die Vergangenheit, eine dumme Geschichte a.

aufrührerisch: a) *zum Aufruhr anstachelnd:* ein

aufrührerischer Geist; er hielt aufrührerische Reden. **b)** *in Aufruhr befindlich:* aufrührerische Studenten, Volksmassen.

aufrunden ⟨etwas a.⟩: *nach oben abrunden:* eine Summe a.; 98,5 auf 100 a.

aufrüsten ⟨[etwas] a.⟩: *die Kampfkraft erhöhen:* Streitkräfte aufrüsten; statt abgerüstet wurde weiter aufgerüstet; übertr.: die Ampeln mußten für etwa 100 Millionen Mark aufgerüstet werden; anläßlich des Jubiläums will die Stadt a.

aufrütteln ⟨jmdn. a.⟩: *wachrütteln:* er rüttelte ihn [aus dem Schlaf] auf; übertr.: seinen Freund aus der Gleichgültigkeit a.; er rüttelte mit seinen Worten das Gewissen der Welt auf.

aufs: *auf das:* a. Siegerpodest steigen; a. neue; a. äußerste; bis a. Blut.

aufsagen: 1. ⟨etwas a.⟩ *Auswendiggelerntes vortragen:* das Vaterunser, ein Gedicht, das Einmaleins a. **2.** (geh.) ⟨jmdm. etwas a.⟩ *für beendet erklären:* er hat mir die Freundschaft aufgesagt; sie haben ihm den Gehorsam aufgesagt *(verweigert).*

aufsammeln: 1. ⟨etwas a.⟩ *einzeln aufheben [und zusammentragen]:* Papierfetzen, Geldstücke a.; er sammelte die Stummel vom Boden auf. **2.** (ugs.) ⟨jmdn. a.⟩ *auffinden und mitnehmen:* die Ausreißer wurden im Hafenviertel aufgesammelt; aus der Gosse hat sie ihn aufgesammelt.

Aufsatz, der: **1.** *aufgesetztes Stück, Aufbau:* der A. des Büfetts. **2. a)** *kürzere schriftliche Arbeit über ein vom Lehrer gestelltes Thema:* der A. hat das Thema ...; einen A. schreiben; der Lehrer korrigiert die Aufsätze. **b)** *[wissenschaftliche] Abhandlung:* ein wissenschaftlicher A. über die Jugendkriminalität; für eine Fachzeitschrift einen A. schreiben, abfassen; einen A. in einer Zeitschrift unterbringen, veröffentlichen.

aufsaugen: 1. ⟨etwas saugt etwas auf⟩ *etwas nimmt etwas [saugend] in sich auf:* der Schwamm saugte die Flüssigkeit auf; übertr.: die Kleinbetriebe wurden von den Großbetrieben aufgesogen/aufgesaugt; sie saugte den Wissensstoff begierig auf. **2.** (geh.) ⟨etwas saugt jmdn. auf⟩ *etwas nimmt jmdn. ganz in Anspruch, absorbiert jmdn.:* die Arbeit sog/saugte mich auf.

aufschauen: 1. (bes. südd., österr., schweiz.) *aufblicken:* erstaunt, gedankenverloren a.; zum Himmel a.; er schaute von seinem Buch auf. **2.** ⟨zu jmdm. a.⟩ *bewundernd verehren:* er hatte immer zu seinem Vater aufgeschaut.

aufschieben ⟨etwas a.⟩: **1. a)** *durch Schieben öffnen:* eine Tür, eine Luke a. **b)** *zurückschieben:* den Riegel a. **2.** *hinausschieben, zurückstellen:* eine Reise a.; eine Entscheidung auf den, bis zum nächsten Tag a.; die Sache läßt sich nicht länger a.; R: aufgeschoben ist nicht aufgehoben.

aufschießen: 1. a) ⟨etwas schießt auf⟩ *etwas bewegt sich rasch nach oben:* Flammen schossen aus dem brennenden Dach auf; ein Wasserstrahl schießt auf. **b)** *schnell wachsen, größer werden:* die Saat ist nach dem Regen aufgeschossen; ein lang, hoch aufgeschossener Junge. **c)** *hochfahren:* wütend schoß er von seinem Stuhl auf. **2.** (geh.) ⟨etwas schießt in jmdn. auf.⟩ *etwas entsteht plötzlich:* Angst schoß in ihm auf.

Aufschlag, der: **1.** *das Aufschlagen, Aufprall:* ein dumpfer, harter A.; die Maschine explodierte beim A. **2.** (Sport) *spieleinleitender Schlag:* ein

harter, weicher, angeschnittener A.; der A. ging ins Aus; A. haben; den A. abgeben, verlieren. **3.** *umgeschlagener [aufgesetzter] Teil an Kleidungsstücken:* eine Uniform mit grünen Aufschlägen; Hosen ohne A.; die Aufschläge ausbürsten. **4.** *Verteuerung eines Preises:* Aufschläge für Luxusartikel; der A. beträgt 50%; bei Teilzahlung muß ein A. gezahlt werden.

aufschlagen: 1. *im Fall hart, heftig auftreffen:* auf das/auf dem Wasser a.; er ist mit dem Hinterkopf auf die/auf der Kante aufgeschlagen. **2.** (Sport) *mit einem Schlag das Spiel einleiten:* hart, plaziert a.; unsere Mannschaft schlägt auf. **3. a)** ⟨etwas a.⟩ *schlagend öffnen:* ein Ei am Tellerrand, mit dem Löffel a.; die Kinder schlugen das Eis auf *(schlugen ein Loch in die Eisdecke).* **b)** ⟨jmdm., sich etwas a.⟩ *[durch einen Schlag] verletzen:* ich habe mir das Knie aufgeschlagen; er schlug seinem Gegner die Augenbraue auf. **4. a)** ⟨etwas a.⟩ *öffnen:* eine Zeitung, ein Buch a.; eine Stelle in einem Buch a. *(aufblättern);* das Bett a. *(aufdecken);* das Klavier a. *(den Klavierdeckel aufklappen);* die Augen a.; den Blick a. *(nach oben richten).* **b)** ⟨etwas schlägt auf⟩ *etwas öffnet sich:* die Fensterläden schlugen auf. **5.** (selten) ⟨etwas a.⟩ *hoch-, umschlagen:* bei der Arbeit die Ärmel a.; mit aufgeschlagenem Kragen. **6.** ⟨etwas a.⟩ *aufstellen, aufbauen:* ein Bett dem Sofa, einen Liegestuhl, ein Zelt, Gerüste a.; bildl.: sein Quartier, seine Residenz irgendwo a.; er hat seinen Wohnsitz in Berlin aufgeschlagen *(sich in Berlin niedergelassen).* **7.** ⟨etwas schlägt auf⟩ *etwas schlägt in die Höhe:* Flammen schlugen aus dem Dach auf. **8.** (Kaufmannsspr.) **a)** ⟨etwas a.⟩ *Preis erhöhen:* die Händler haben [die Preise/mit den Preisen] wieder aufgeschlagen. **b)** ⟨etwas auf etwas a.⟩ *als Aufschlag hinzurechnen:* die Lagergebühren werden auf diese Summe aufgeschlagen. **c)** ⟨etwas schlägt auf⟩ *etwas verteuert sich, wird teurer:* die Butter schlägt [um 10 Prozent] auf; die Preise haben/(seltener:) sind aufgeschlagen. **9.** (Stricken) ⟨etwas a.⟩ *eine bestimmte Anzahl Maschen als erste Reihe auf die Nadel nehmen:* für den Rücken einer Strickjacke 120 Maschen a.

aufschließen /vgl. aufgeschlossen/: **1.** ⟨etwas a.⟩ *etwas Verschlossenes öffnen, zugänglich machen:* die Tür, den Schrank, die Kassette a.; er schloß das Zimmer mit einem Nachschlüssel auf; ⟨jmdm. etwas a.⟩ sie schloß ihrer Nachbarin die Tür auf; übertr.: der Lehrer hat den Schülern den Sinn des Gedichts aufgeschlossen (geh.; *erklärt).* **2.** (geh.) **a)** ⟨jmdm. etwas a.⟩ *offenbaren, mitteilen:* einem Menschen sein Herz a.; er hat mir seine geheimsten Gedanken aufgeschlossen. **b)** ⟨sich jmdm. a.⟩ *sich erschließen, sich offenbaren:* eine neue Welt schloß sich ihm auf; ich habe mich meinem Freund aufgeschlossen. **3.** (Bergmannsspr.) ⟨etwas a.⟩ *erschließen:* Erdgas, Uranvorkommen a. **4.** ⟨etwas a.⟩ **a)** (Hüttenwesen) *aufbereiten:* Erze a. **b)** (Biol., Chemie) *löslich machen, auflösen:* Eiweiß a.; die Körpersäfte schließen die Nahrung auf. **5.** *an jmdn. heranrücken:* bitte a.!; der Truppenabteilung schloß auf; Sport: der Europameister hat zu der Spitzengruppe aufgeschlossen; übertr.: wir bemühen uns, im Bereich der Hochtechnologie zu den Japanern und Amerikanern aufzuschließen.

Aufschluß, der: *Aufklärung, Belehrung, Unterrichtung:* A. über jmdn., über jmds. Vorleben verlangen, erlangen, bekommen, erhalten; er gab ihm A. über seine Vermögensverhältnisse.

aufschlüsseln ⟨jmdn., etwas a.⟩: *nach einem Schlüssel aufteilen, aufgliedern:* Produktionskosten a.; wir haben die Wähler nach Alters- und Berufsgruppen aufgeschlüsselt.

aufschlußreich: *informativ, lehrreich:* eine aufschlußreiche Aufstellung, Statistik; Ihr Bericht war für uns sehr a.

aufschnappen: 1. ⟨etwas schnappt auf⟩ *etwas springt auf:* die Tür schnappt auf; das Kofferschloß ist aufgeschnappt. **2.** ⟨etwas a.⟩ *mit dem Maul auffangen:* der Hund schnappte das Stück Wurst auf. **3.** (ugs.) ⟨etwas a.⟩ *zufällig hören, erfahren:* eine Neuigkeit a.

aufschneiden: 1. ⟨jmdn., etwas a.⟩ *durch einen Schnitt öffnen:* einen Knoten [mit der Schere], einen Gipsverband, ein Geschwür a.; ⟨jmdm., sich etwas a.⟩ einem Tier den Bauch a.; er hat sich an der Scherbe den Fuß aufgeschnitten. **2.** ⟨etwas a.⟩ *in Scheiben, in Stücke schneiden:* Wurst, Schinken, Kuchen a.; aufgeschnittener Braten. **3.** (ugs.) *prahlen:* die Matrosen schnitten mächtig, fürchterlich auf; der hat aber aufgeschnitten!

aufschrauben ⟨etwas a.⟩: **1. a)** *etwas Zugeschraubtes öffnen:* das Marmeladenglas, die Thermosflasche. **b)** *durch Schrauben lösen:* den Deckel a. **2. a)** *schraubend schließen:* den Deckel [auf das Glas], einen Verschluß a. **b)** *mit Hilfe von Schrauben befestigen:* der Tischler hat eine Leiste [auf das Brett] aufgeschraubt.

aufschreiben: 1. ⟨etwas a.⟩ *schriftlich festhalten, niederschreiben:* seine Beobachtungen, seine Gedanken a.; ich habe alles, was ich erfahren habe, aufgeschrieben; ⟨jmdm., sich etwas a.⟩ sich einen Namen, eine Telefonnummer a.; ich habe dir die Abfahrtzeiten aufgeschrieben. **2.** (ugs.) ⟨jmdm. etwas a.⟩ *auf ein Rezept schreiben, verordnen:* „Ich werde Ihnen mal etwas aufschreiben", sagte der Arzt; der Doktor hat mir ein neues Mittel aufgeschrieben. **3.** (ugs.) ⟨jmdn. a.⟩ *wegen einer Übertretung jmds. Personalien notieren:* der Polizist schrieb ihn auf. **4.** (landsch.) ⟨[etwas] a.⟩ *bis zur Bezahlung notieren, anschreiben:* wir lassen a.

Aufschub, der: *Zurückstellung, Verschiebung:* ein A. ist nicht möglich; A. der Wahl beantragen; A. beim Gericht erwirken; die Sache duldet, verträgt, leidet (geh.) keinen A.; einem Schuldner A. geben, bewilligen, gewähren; um einen A. von 4 Wochen/um 4 Wochen A. bitten; wir mußten ihn ohne A. *(unverzüglich)* bezahlen.

aufschwatzen (ugs.) ⟨jmdm. etwas a.⟩: *jmdn. durch Zureden dazu bringen, daß er etwas kauft, übernimmt:* sich nichts a. lassen; der Vertreter hat mir einen Staubsauger aufgeschwatzt.

aufschwingen: 1. ⟨sich a.⟩ *sich in die Höhe schwingen:* der Bussard schwingt sich [in die Luft] auf. **2.** ⟨sich zu etwas a.⟩ **a)** *sich hocharbeiten:* er hat sich zum Klassenbesten, zur Weltklasse aufgeschwungen. **b)** *sich eigenmächtig zu etwas machen:* er will sich hier zum Richter a.; er hat sich zum Wortführer aufgeschwungen. **c)** *sich aufraffen:* sich zu einem Entschluß a.; mein Freund hat sich endlich zu einem Besuch der El-

tern aufgeschwungen. **3.** ⟨etwas schwingt auf⟩ *etwas öffnet sich schwingend:* die Tür zur Halle schwang weit auf.

Aufschwung, der: **1.** (Sport) *das Sichaufschwingen:* ein A. am Reck. **2.** (geh.) *innerer Auftrieb:* ein A. der seelischen Kräfte; die Anerkennung gab ihm [einen] neuen A. **3.** *lebhafte Aufwärtsentwicklung:* ein lebhafter, ungeahnter A. der Wirtschaft; der [wirtschaftliche] A. blieb aus; die Naturwissenschaften nahmen, erlebten, erfuhren (geh.) einen rapiden, stürmischen A.

aufsehen: 1. *aufblicken:* ärgerlich [zu jmdm.], verstohlen, verwundert a.; er sah von der Zeitung auf; sie sieht nicht von der Arbeit auf *(läßt sich nicht stören).* **2.** ⟨zu jmdm. a.⟩ *bewundernd verehren:* er ist froch noch tatsächlich der Meinung, die Frau müßte zu ihrem Mann a.; voll Dankbarkeit, bewundernd zu seinem Lehrer a.

Aufsehen, das: *große Verwunderung, Aufregung; allgemeine, starke Beachtung:* es entstand ein unliebsames A.; jedes A. scheuen, vermeiden; er hat mit seinem Buch ungeheures A. erregt; der Prozeß machte einiges A., ging ohne A. über die Bühne; seine Rede verursachte viel A.

aufsein (ugs.): **1.** ⟨etwas ist auf⟩ *etwas ist geöffnet:* das Fenster, die Tür, der Schrank ist auf; die Geschäfte sind heute nur bis 14 Uhr auf. **2.** *aufgestanden sein:* ob die Kinder schon auf sind?; der Kranke ist gestern aufgewesen; um 12 Uhr waren wir noch auf *(wach).*

aufsetzen: 1. ⟨etwas a.⟩ **a)** *etwas auf etwas setzen:* den Hut, die Brille, eine Maske a.; ⟨jmdm., sich etwas a.⟩ sich etwas a.; er hatte sich den Kindern mit aufgesetzten *(aufgenähten)* Taschen; übertr.: ein Lächeln, eine strenge, feierliche Miene a. *(bewußt zeigen);* eine aufgesetzte *(unechte)* Fröhlichkeit. **b)** *auf den Herd stellen:* das Essen, einen Topf a. **c)** *niedersetzen:* den Tonarm [auf die Schallplatte] a.; den Fuß vorsichtig, fest a. **d)** *auf die Erde, an Land bringen:* der Pilot setzte die Maschine hart, weich, sicher auf die Piste auf; Seemannsspr.: in Boot a. *(auf den Strand setzen).* **2.** ⟨etwas a.⟩ *etwas treffen, eine Unterlage, den Boden berühren:* der Tonarm (des Plattenspielers) setzt auf; das Auto setzte mit der Hinterachse auf; das Flugzeug hatte elegant auf der/(seltener:) auf die Landebahn aufgesetzt. **3.** ⟨jmdn., sich a.⟩ *aufrichten und aufrecht hinsetzen:* der Kranke setzte sich im Bett auf; die Mutter hatte das Kind aufgesetzt. **4.** ⟨etwas a.⟩ *entwerfen, abfassen; niederschreiben:* ein Schreiben, einen Vertrag, den Text für eine Annonce a.; der Rechtsanwalt hatte das Testament aufgesetzt. **5.** (Jägerspr.) ⟨[etwas] a.⟩ *das neue Geweih bilden:* der Hirsch hat ein neues Geweih aufgesetzt.

Aufsicht, die: **1.** *Beaufsichtigung, Kontrolle:* die A. über jmdn., über etwas haben; zwei Lehrer haben, führen [die] A. auf dem Schulhof; die A. übernehmen; die Kinder sind tagsüber ohne A.; unter polizeilicher A. stehen, sein; jmdn. unter ärztliche A. stellen. **2.** *aufsichtsführende Person, Stelle:* die A. auf dem Bahnsteig um Auskunft bitten; Leihscheine gibt es bei der A. im Lesesaal.

aufsitzen: 1. a) *sich auf ein Reittier setzen:* er saß auf und ritt los; die Abteilung war aufgesessen. **b)** *sich auf ein Fahrzeug setzen:* auf dem Rücksitz [des Motorrads] a.; er hat seinen Freund hinten a. lassen. **2.** (ugs.) *nicht zu Bett gehen, wach bleiben:* ich habe über meiner Arbeit nächtelang, die ganze Nacht, bis zum Morgen aufgesessen. **3.** (ugs.) *aufgerichtet sitzen:* der Patient saß im Bett auf. **4.** (Seemannsspr.) *auf Grund geraten, festsitzen:* wir saßen [auf einer Sandbank] auf. **5.** ⟨jmdm., einer Sache a.⟩ *sich täuschen lassen:* einer Lüge, einem Irrtum, Schwindel, einer Fälschung, einem Gerücht a.; ich bin diesem Schwindler, Betrüger aufgesessen. **6.** ⟨jmdn. a. lassen⟩ *im Stich lassen, vergeblich warten lassen; anführen:* der Handwerker hat uns a. lassen; seine Freundin ließ ihn gehörig a.

aufspannen: ⟨etwas a.⟩ **a)** *öffnen, ausbreiten und spannen:* den Regenschirm a.; die Feuerwehrleute spannten ein Sprungtuch auf. **b)** *festspannen:* ein Blatt Papier [zum Zeichnen, auf das Zeichenbrett] a.

aufsparen ⟨etwas a.⟩: *für einen späteren Zeitpunkt aufheben:* Vorräte für den Winter a.; ⟨sich (Dativ) etwas a.⟩ ich spare mir die Reise für später auf; diese Flasche haben wir uns bis zum Schluß der Feier aufgespart.

aufsperren ⟨etwas a.⟩: **a)** *weit aufmachen, aufreißen:* den Schnabel a.; das Krokodil sperrte den Rachen auf. **b)** (bes. südd., österr.) *aufschließen, öffnen:* die Tür, die Wohnung a.; ⟨auch ohne Akk.⟩ hast du aufgesperrt?

aufspielen: 1. *zum Tanz, zur Unterhaltung Musik machen:* die Kapelle spielte [zum Tanz] auf. **2.** (Sport) ⟨mit Artangabe⟩ *in einer bestimmten Weise spielen:* die deutsche Mannschaft spielt groß, stark, glänzend auf. **3.** (abwertend) **a)** ⟨sich a.⟩ *sich wichtig tun:* er spielt sich gern auf; spiel dich doch nicht auf! **b)** ⟨sich als jmd. a.⟩ *so tun, als ob man jmd. wäre:* er spielt sich als Held/(veraltet:) als Helden auf.

aufspießen: 1. a) ⟨jmdn., etwas a.⟩ *durchbohren [und hochnehmen]:* ein Stück Fleisch mit der Gabel a.; der Stier hätte den Torero beinahe aufgespießt. **b)** ⟨etwas a.⟩ *auf etwas Spitzes stecken:* Schmetterlinge, Kassenzettel a. **2.** ⟨etwas a.⟩ (ugs.) *öffentlich kritisieren, anprangern:* in einem Artikel Mißstände im Krankenhäusern a.

aufspringen: 1. *hochspringen:* erregt, entsetzt, jubelnd, vor Freude a.; sie sprang plötzlich von ihrem Stuhl auf. **2.** *auf etwas (Fahrendes o. ä.) springen:* auf die Straßenbahn a.; als der Zug anruckte, sprang er auf. **3.** ⟨etwas springt auf⟩ **a)** *etwas öffnet sich:* die Tür, das Schloß ist aufgesprungen; ein Rock mit aufspringenden (aufklaffenden) Falten. **b)** *etwas entfaltet sich:* die Knospen springen auf. **c)** *etwas wird rissig, platzt auf:* die Haut springt von der Kälte auf; ⟨etwas springt jmdm. auf⟩ die Hände, die Lippen sind ihm aufgesprungen. **4.** *auf den Boden springen, auftreffen:* der Ball sprang vor ihm, hinter der Torlinie auf; der finnische Skispringer sprang weich, sicher, bei der 80-m-Marke auf.

aufspüren ⟨jmdn., etwas a.⟩: *ausfindig machen, entdecken:* der Hund spürt das Wild, die Fährte, das versteckte Rauschgift auf; die Polizisten hatten den Flüchtigen aufgespürt; unsere Reporterin hat den Star in Paris aufgespürt; übertr.: Mißstände, die Geheimnisse der Natur a.

aufstacheln: **a)** ⟨jmdn. a.⟩ *aufhetzen, aufwiegeln:* er stachelte die Leute zum Widerstand, ge-

gen die fremden Truppen [mit Hetzreden] auf. **b)** (geh.) ⟨jmdn., etwas a.⟩ *ansporen:* der Lehrer stachelte den Ehrgeiz der Schüler auf; sie wollte die Schüler zu größerem Eifer a.

Aufstand, der: *Empörung, Aufruhr, Erhebung:* ein bewaffneter, organisierter A. des Volkes; ein A. droht, bricht aus, bricht los, scheitert; einen A. planen, vorbereiten, niederschlagen; er gab das Signal zum A. gegen den König; übertr.: wenn der Chef das erfährt, macht er einen A.

aufständisch: *im Aufstand befindlich:* aufständische Bauern; subst.: gegen Aufständische kämpfen.

aufstechen ⟨etwas a.⟩: **a)** *durch einen Stich öffnen:* ein Geschwür, eine Blase a.; ⟨jmdn., sich etwas a.⟩ aus Wut hat er seiner Vermieterin die Reifen aufgestochen. **b)** (ugs.) *aufdecken, finden:* Betrügereien a.; er hat einen Fehler in der Abrechnung aufgestochen.

aufstecken: 1. ⟨etwas a.⟩ *hochstecken:* sie steckte ihr Haar [im Nacken, zu einem lockeren Knoten] auf; ⟨jmdm., sich etwas a.⟩ sie steckte der Kleinen die Zöpfe auf. **2.** ⟨etwas a.⟩ *etwas auf etwas stecken:* Kerzen [auf den Weihnachtsbaum] a.; den Stander a.; **3.** (ugs.) ⟨etwas a.⟩ **a)** *nicht weiterführen:* einen Plan a.; er hat das Studium aufgesteckt. **b)** *aufgeben:* auch nach schweren Schicksalsschlägen steckte sie nicht auf.

aufstehen: 1. a) *sich erheben:* nach einem Sturz nicht mehr a. können; der Mittelstürmer stand auf und spielte weiter; wütend vom seinem Platz, vom Tisch, vom Essen a.; ehrerbietig vor jmdm. a. **a. b)** *das Bett verlassen:* spät, früh, vor Sonnenaufgang, um 7 Uhr, müde, völlig zerschlagen a.; der Kranke darf noch nicht a., ist heute zum ersten Mal aufgestanden (vom Krankenlager). R (ugs.): da mußt du (muß er usw.) früher/eher aufstehen *(da mußt du dir schon etwas Besseres einfallen lassen);* da hättest du früher/eher aufstehen müssen. **c)** *sich auflehnen, sich empören:* die Belegschaft stand wie ein Mann, gegen die neuen Firmeninhaber auf. **2.** (ugs.) ⟨etwas steht auf⟩ *etwas steht auf dem Boden:* das eine Fuß steht nicht auf; der Tisch steht nur mit drei Beinen auf. **3.** ⟨etwas steht auf⟩ *etwas steht offen:* die Tür, der Schrank, die Schublade steht auf; das Fenster hatte die ganze Nacht aufgestanden.

aufsteigen: 1. a) *auf etwas steigen:* auf das Trittbrett, Fahrrad, Pferd a.; er stieg von links auf. **b)** *nach oben steigen:* die Höhlenforscher konnten nicht mehr a.; zur Hütte, zum Gipfel a.; übertr.: die aufsteigende Linie *(Vorfahren).* **2. a)** *hochsteigen:* der Rauch, die warme Luft steigt auf; der Nebel steigt [aus den Wiesen] auf; die Sonne stieg am Horizont auf (ging auf). **b)** *sich in die Höhe bewegen:* Raketen steigen in den Himmel auf; mit einem Ballon a.; der Pilot steigt [zur Beobachtung] auf. **3.** (geh.) ⟨etwas steigt auf⟩ *etwas taucht auf, kommt hoch:* Wünsche, Träume steigen auf; die schrecklichen Erlebnisse stiegen wieder vor ihr auf; in ihm stieg Haß, Ekel auf; Tränen steigen in ihr auf; ⟨etwas steigt jmdm. auf⟩ ihm stieg der Verdacht auf, daß ... **4. a)** *eine höhere Stellung erreichen:* beruflich a.; aus der Arbeiterklasse a.; Frauen steigen selten auf; er ist zum Abteilungsleiter, in ein hohes Amt aufgestiegen. **b)** (Sport) *in die nächsthöhere Spielklasse ein-*

gestuft werden: zwei Vereine, Mannschaften steigen auf. **5.** (geh.) ⟨etwas steigt auf⟩ *etwas ragt auf, erhebt sich:* ein Bergmassiv steigt gewaltig auf; vor ihnen stieg die Fassade der Kathedrale auf. **aufstellen: 1. a)** ⟨etwas a.⟩ *hinstellen:* eine Falle, Tische und Stühle, die Kegel a. **b)** ⟨etwas a.⟩ *aufbauen:* ein Gerüst, eine Baracke a. **c)** ⟨jmdn., sich a.⟩ *postieren:* sich paarweise, in Reih und Glied, der Größe nach a.; er hatte sich mit seiner Frau vor dem Eingang aufgestellt; Wachen, Posten a. **2.** ⟨etwas a.⟩ *hochstellen, aufrichten:* den Mantelkragen a.; der Hund stellte die Ohren auf. **b)** ⟨etwas stellt sich auf⟩ *etwas richtet sich auf:* die Borsten stellten sich auf. **3.** ⟨etwas a.⟩ *zusammenstellen, formieren:* ein Heer, eine schlagkräftige Truppe a.; der Trainer stellt die Mannschaft auf. **4.** ⟨jmdn. a.⟩ *für die Wahl vorschlagen, benennen:* einen Kandidaten, jmdn. als Kandidaten a.; 14 Personen sind für die Betriebsratswahl aufgestellt worden. **5.** ⟨etwas a.⟩ *zusammenstellend niederschreiben, festlegen; ausarbeiten* /häufig verblaßt/: eine Rechnung, eine Liste, eine Statistik a.; er hat einen Plan aufgestellt; eine Regel, einen Lehrsatz a.; einen Rekord a. *(erzielen);* eine Behauptung a. *(behaupten);* eine Forderung a. *(fordern);* eine Vermutung a. *(vermuten).*

Aufstellung, die: **1.** *das Aufstellen:* die A. einer Verkehrsampel, von Baracken, der Wachtposten. **2.** *das Zusammenstellen, Formierung:* die A. einer Armee, eines Chors; die A. *(Zusammensetzung)* der Mannschaft bekanntgeben; die englische Mannschaft spielt in folgender A. ... **3.** *Vorschlag für die Wahl, Nominierung:* die A. eines Kandidaten aussprechen. **4.** *Festlegung, Ausarbeitung:* die A. eines Lehrsatzes; an der A. einer Statistik arbeiten. * **Aufstellung nehmen** *(sich aufstellen):* die Paare nahmen in der Mitte A.

aufstemmen: 1. ⟨etwas a.⟩ *durch Stemmen öffnen:* eine Kiste [mit dem Stemmeisen] a. **2.** ⟨etwas, sich a.⟩ *aufstützen:* er stemmte die Ellbogen, sich mit den Ellbogen [auf die Unterlage] auf.

Aufstieg, der: **1.** *das Aufsteigen:* ein beschwerlicher A.; der A. auf den Berg, zum Gipfel war sehr anstrengend. **2. a)** *das Vorwärtskommen, Aufwärtsentwicklung:* ein wirtschaftlicher, beruflicher, gesellschaftlicher, sozialer A.; der A. eines Landes zur Weltmacht; die Produktion befindet sich in einem ständigen A., ist im A. begriffen. **b)** (Sport) *das Eingestuftwerden in die nächsthöhere Spielklasse:* wir wollen den A. schaffen; der Mannschaft gelang der A. in die Bundesliga. **3.** *aufwärts führender Weg:* ein steiler, gefährlicher A.; auf den Berg führen zwei Aufstiege.

aufstöbern ⟨jmdn., etwas a.⟩: *auffinden, entdecken:* der Hund hat einen Igel aufgestöbert; eine Handschrift, seltene Briefmarken a.; Detektive stöberten den Gesuchten in Panama auf.

aufstoßen: 1. ⟨etwas a.⟩ *durch einen Stoß, ruckartig öffnen:* die Tür mit dem Fuß, die Fensterläden a. **2. a)** *aus dem Magen hochgestiegenes Gas hörbar entweichen lassen:* laut, kräftig a.; das Baby muß noch a.; er hat nach dem Essen aufgestoßen. **b)** ⟨etwas stößt jmdm. auf⟩ *etwas steigt jmdm. aus dem Magen hoch:* Bier stößt mir leicht auf; der billige Sekt hat/ist mir dauernd aufgestoßen. **3.** (ugs.) ⟨etwas stößt jmdm. auf⟩ *etwas fällt jmdm. negativ auf:* in dem Vortrag ist mir

diese Sache aufgestoßen. * (ugs.:) **etwas stößt jmdm. sauer/übel auf** *(etwas verärgert jmdn.).*

aufstreben: 1. (geh.) ⟨etwas strebt auf⟩ *etwas steigt in die Höhe:* überall strebten neue Bauten auf; ein steil aufstrebendes Bergmassiv. **2.** (gewöhnlich im 1. Part.) *vorwärtskommen:* ein aufstrebendes Entwicklungsland; eine aufstrebende Stadt; aufstrebende Talente.

aufstützen ⟨sich, etwas a.⟩: *etwas auf etwas stützen:* die Arme, sich [mit den Ellbogen] a.; sie hatte den Kopf auf die/(selten:) auf der Tischkante aufgestützt.

aufsuchen: 1. ⟨jmdn., etwas a.⟩ *sich irgendwohin, zu jmdn. hinbegeben:* einen Bekannten a.; einen Arzt a. *(konsultieren);* den Friseur, die Toilette a.; Freunde in der fremden Stadt a. **2.** ⟨etwas a.⟩ *suchen, ausfindig machen:* er hatte meine Adresse im Telefonbuch aufgesucht.

auftakeln: 1. (Seemannsspr.) ⟨[etwas] a.⟩ *mit Takelwerk versehen; Segel setzen:* die Segelboote nach dem Winter a.; wenn wir aufgetakelt haben, legen wir ab. **2.** (ugs. abwertend) ⟨sich a.⟩ *sich auffällig anziehen, zurechtmachen:* sie hat sich mächtig aufgetakelt; zu sehr aufgetakelt sein; eine aufgetakelte Bardame.

Auftakt, der: **1.** (Musik) *der ein Musikstück eröffnende unvollständige Takt:* das Lied beginnt mit einem A. **2.** *Beginn, Eröffnung:* ein vielversprechender A. des Turniers; die Rede war der A., bildete den A. zum Wahlkampf.

auftauchen: 1. *an die Wasseroberfläche kommen:* wieder, nach einer Weile, nicht mehr a.; das U-Boot ist aufgetaucht. **b)** *[plötzlich, unerwartet] erscheinen, sich zeigen, auftreten:* in der Ferne, am Horizont tauchten Berge auf; plötzlich tauchte ein Mann aus dem Dunkel auf; nach langer Abwesenheit war er auf einmal wieder aufgetaucht; übertr.: der Verdacht tauchte auf; Zweifel, Gerüchte, Schwierigkeiten tauchten auf.

auftauen: 1. ⟨etwas a.⟩ **a)** *zum Tauen bringen:* Lebensmittel aus der Tiefkühltruhe, ein Hähnchen a.; die Sonne hat den Schnee, das Eis aufgetaut. **b)** *vom Eis befreien:* die Sonne hat die Fensterscheibe aufgetaut; wir mußten die eingefrorene Wasserleitung a. **2.** ⟨etwas taut auf⟩ **a)** *etwas löst sich tauend auf:* die Eisschicht taut auf. **b)** *etwas wird frei von Eis:* die Windschutzscheibe ist noch nicht aufgetaut. **3.** *die Befangenheit verlieren, gesprächig werden:* es dauert eine Weile, bis er auftaut.

aufteilen: 1. ⟨etwas a.⟩ *teilen und aus-, verteilen:* das Land [an die Bauern] a.; die Männer teilten den Gewinn unter sich auf. **2.** ⟨jmdn., etwas a.⟩ *aufgliedern:* einen Raum a.; ein Gelände in Parzellen a.; die Teilnehmer wurden in Gruppen aufgeteilt.

auftischen ⟨jmdm. etwas a.⟩: *zum Essen auf den Tisch bringen:* er tischte seinen Gästen die leckersten Speisen auf; (auch ohne Dativ) sie hatten reichlich aufgetischt; übertr.: [den Leuten] Lügen, Märchen a.

Auftrag, der: **1.** *Weisung, zur Erledigung übertragene Aufgabe:* ein geheimer, wichtiger, schwieriger A.; unser A. lautet, mit ihnen Verbindung aufzunehmen; jmdm. einen A. geben, erteilen; einen A. bekommen, erhalten, übernehmen, ausführen, erledigen, erfüllen; ich habe den ehrenvollen A., Sie willkommen zu heißen; sich eines Auftrages entledigen; in höherem A.; ich handle im A. des Ministers; ich komme im A. meiner Firma; jmdn. mit einem A. betrauen. **2.** *Weisung, etwas herzustellen; Bestellung:* ein umfangreicher, großer A.; ein A. in Höhe von 1,2 Millionen Mark; ein A. über/(seltener:) auf 30 Kühltruhen; zahlreiche Aufträge sind bei uns eingegangen; die Firma ist mit Aufträgen überhäuft; einen A. erhalten, annehmen, ablehnen, zurückziehen, stornieren (Kaufmannsspr.), hereinholen (Kaufmannsspr.), einbringen; jmdm. einen A. geben, wegschnappen (ugs.); wir sehen Ihren weiteren Aufträgen gern entgegen (Kaufmannsspr.). **3.** *Verpflichtung, Mission:* einen geschichtlichen A. erfüllen; seinem gesellschaftlichen A. gerecht werden. * (Kaufmannsspr.:) **etwas in Auftrag geben** *(etwas bestellen).*

auftragen: **1.** (geh.) ⟨etwas a.⟩ *zum Essen auf den Tisch bringen:* die Speisen a.; es ist aufgetragen! **2.** ⟨etwas a.⟩ *durch Tragen völlig abnutzen:* eine Hose zu Hause a.; er mußte die Sachen seines Bruders a. **3.** ⟨etwas trägt auf⟩ *etwas läßt dikker erscheinen:* die Wolljacke trägt nicht, kaum, stark auf. **4.** ⟨etwas a.⟩ *etwas auf etwas streichen:* Farbe, Schminke a.; sie trug die Salbe leicht auf die/(seltener:) auf der Wunde auf. **5.** ⟨jmdm. etwas a.⟩ *den Auftrag geben, etwas Bestimmtes zu tun:* sie trug ihm auf, die Fenster zu putzen; man hat mir einen Gruß an dich aufgetragen. * (ugs. abwertend:) **dick/stark auftragen** *(übertreiben).*

auftreiben: **1. a)** (geh.) ⟨etwas a.⟩ *hochtreiben:* der Wind treibt Staub, Blätter, die Wellen auf. **b)** ⟨etwas a.⟩ *in die Höhe treiben, aufblähen:* die Hefe treibt den Teig auf; sein Leib war aufgetrieben. **2.** (ugs.) ⟨jmdn., etwas a.⟩ *ausfindig machen [und herbeischaffen], besorgen:* ein Taxi, einen Arzt a.; das Buch war schwer aufzutreiben; wo hast du das Geld aufgetrieben?

auftreten: **1.** ⟨gewöhnlich mit Artangabe⟩ *den Fuß aufsetzen:* leise, vorsichtig, fest, laut, mit der ganzen Sohle a.; er konnte [mit dem verstauchten Fuß] nicht a. **2.** ⟨etwas a.⟩ *durch einen Tritt öffnen:* er trat die Stalltür auf. **3. a)** *in Erscheinung treten, sich zeigen:* als Sachverständiger, als Zeuge [vor Gericht], als Redner [in einer Versammlung] a.; er tritt nicht gern öffentlich auf; wir werden gemeinsam, geschlossen auftreten. **b)** *vorkommen:* die Schädlinge treten in großen Massen auf; diese Krankheit tritt nur selten auf; falls Blutungen auftreten *(einsetzen),* muß der Arzt verständigt werden; Widersprüche, neue Schwierigkeiten, Spannungen sind aufgetreten *(haben sich ergeben, sind aufgetaucht);* ⟨gegen etwas a.⟩ gegen eine Meinung, gegen die veraltete Hochschulordnung a. *(sich dagegen wenden);* ⟨mit etwas a.⟩ die Gegenpartei ist mit neuen Forderungen aufgetreten *(hat sie geltend gemacht).* **c)** ⟨mit Artangabe⟩ *sich in einer bestimmten Weise benehmen, verhalten:* sicher, selbstbewußt, forsch, zaghaft a.; er wußte nicht, wie er ihr gegenüber a. sollte; subst.: ein forsches, selbstsicheres, gewandtes Auftreten. **d)** ⟨als Schauspieler o. ä.⟩ *spielen:* als Hamlet, in einer großen Rolle, in einer Revue a.; der Sänger will nicht mehr a.; sie ist zum ersten Mal aufgetreten *(hat debütiert);* subst.: ihr erstes Auftreten in Berlin war ein großer Erfolg.

Auftrieb, der: **1.** (Kaufmannsspr.) *Menge der zum Verkauf auf den Markt gebrachten Schlachttiere:* der A. von/an Kälbern, Schweinen, Rindern war genügend. **2.** *das Hinauftreiben des Viehs auf die Bergweide:* der A. ist im Frühjahr, wird mit einem Fest gefeiert. **3.** (Physik) *nach oben wirkende Kraft, Aufwärtsdruck:* den A. [eines Körpers im Wasser] messen; der Ballon hat, bekommt starken A. **4.** *Schwung, Elan:* keinen A. haben; etwas gibt jmdm. A.; durch den Sieg bekam die Mannschaft neuen A.; die Industrie erhielt starken A. *(nahm Aufschwung).*

Auftritt, der: **1.** *das In-Erscheinung-Treten, Betreten eines Schauplatzes:* ein glänzender, theatralischer (geh.) A.; der Minister hatte, verschaffte sich einen großen A.; Theater: *das Auftreten auf die Bühne:* jetzt kam ihr A.; den A. verpassen; sie wartete auf ihren A., auf das Zeichen zum A. **2.** *Teil eines Aufzugs, Szene:* der dritte Akt hat, umfaßt vier A. **3.** *Auseinandersetzung, Streit:* ein häßlicher, heftiger A.; es gab einen A. [mit dem Chef]; es kam zu einem peinlichen A.

auftrumpfen: *seine Überlegenheit herauskehren:* ordentlich, tüchtig a.; er wollte mit seinem Wissen a.; er hat gegen ihn ganz schön aufgetrumpft; der deutsche Meister trumpfte gleich zu Beginn des Spiels auf.

auftun: **1.** (geh. veraltend) ⟨etwas a.⟩ *öffnen:* die Tür, das Fenster a. **2.** (geh.) ⟨etwas tut sich auf⟩ **a)** *etwas öffnet sich:* die Pforte tat sich auf; bildl.: ein Abgrund hatte sich vor ihm aufgetan. **b)** *etwas erschließt sich jmdm.:* ein Weg, ein Tal tat sich vor uns auf; neue Möglichkeiten haben sich aufgetan; ⟨etwas tut sich jmdm. auf⟩ eine neue Welt tat sich ihm auf. **3.** ⟨etwas tut sich auf⟩ *etwas wird eröffnet, gegründet:* viele Geschäfte, neue Firmen haben sich aufgetan. **4.** (ugs.) ⟨jmdn., etwas a.⟩ *ausfindig machen:* ich habe einen guten Friseur, ein nettes Lokal aufgetan.

auftürmen: a) ⟨etwas a.⟩ *etwas hoch aufschichten, aufstapeln:* der Wind türmte den Schnee zu hohen Wällen auf. **b)** ⟨etwas türmt sich auf⟩ *etwas häuft sich auf, steigt turmartig auf:* Wolken türmen sich auf; das schmutzige Geschirr türmte sich in der Küche auf; bildl.: neue Schwierigkeiten haben sich aufgetürmt.

aufwachen: *wach werden:* früh, spät, plötzlich, aus einem Traum, durch ein Geräusch, von selbst, von/(selten:) über einem Geräusch, mitten in der Nacht, mit schwerem Kopf a.; er wachte aus der Narkose auf; übertr.: es wird Zeit, daß ihr aufwacht *(beginnt, die Verhältnisse richtig zu sehen).*

aufwachsen: **1.** *groß werden:* auf dem Lande, in der Großstadt, in kleinbürgerlichen Verhältnissen, als einziges Kind a.; wir sind zusammen aufgewachsen; sie ist zu einem hübschen Mädchen aufgewachsen (geh.; herangewachsen). **2.** (geh.) ⟨etwas wächst auf⟩ *mit Raumangabe⟩ etwas erhebt sich, ragt auf:* aus dem Dunst wuchsen die Masten der Schiffe auf.

Aufwand, der: **1. a)** *das Aufwenden:* ein großer A. an Kraft, an Geld, an Menschen; der A. lohnt sich nicht; das erfordert einen A. von 2 Millionen Mark; etwas mit geringem A., ohne großen A. an Kosten erreichen. **b)** *aufgewendete Mittel, Ko-*

sten: der finanzielle A. war beträchtlich; der A. hat sich bezahlt gemacht. **2.** *übertrieben hohe Ausgaben, Prunk:* unnötigen A. [mit etwas] treiben; ohne A. leben.

aufwärmen: **1.** ⟨etwas a.⟩: *(von Speisen) wieder warm machen:* die Suppe, das Essen a.; übertr.: ein alte Geschichte, einen Streit a. (ugs. abwertend; *wieder zur Sprache bringen, von neuem aufleben lassen*). **2. a)** ⟨sich a.⟩ *sich warm machen, wärmen:* sich am Ofen, mit einem Grog a.; die Läufer wärmten sich vor dem Start auf (Sport; *bereiteten sich durch Lockerungsübungen vor*). **b)** ⟨sich (Dativ) etwas a.⟩ *wärmen:* sich die Füße a.

aufwarten: 1. a) (geh. veraltend) ⟨jmdm. mit etwas a.⟩ *anbieten, reichen:* er wartete seinen Gästen mit einem Truthahn auf. **b)** ⟨mit etwas a.⟩ *zu bieten haben:* mit einem Sonderangebot, mit einer Neuigkeit a.; die Sportler warteten mit guten Leistungen auf; damit kann ich nicht a. *(nicht dienen).* **2.** (geh.) *bedienen:* er wartete bei Tisch, bei dem Fest auf; ⟨jmdm. a.⟩ den Gästen a. **3.** (veraltend) ⟨jmdm. a.⟩ *einen Besuch abstatten:* er wartete ihm auf.

aufwärts ⟨Adverb⟩: *nach oben:* der Weg führt a.; die Enden haben sich a. gebogen; übertr.: vom Leutnant [an] a.

Aufwartung, die: **1.** *Bedienung:* sie versieht, besorgt, macht in dem Haus die A. **2.** *Frau, die im Haushalt hilft, Aufwartefrau:* eine neue A. suchen. **3.** (veraltend) *Höflichkeitsbesuch:* mit jmds. A. rechnen; jmdm. seine A. machen.

Aufwasch, der (nordd., ostmd.): **1.** *das Aufwaschen:* wer macht heute den A.? **2.** *abzuwaschendes Geschirr:* in der Küche steht der ganze A. * (ugs.:) **das ist ein Aufwasch; das geht/das machen, erledigen wir in einem Aufwasch** *(das läßt sich gleichzeitig mit anderem erledigen).*

aufwecken /vgl. aufgeweckt/ ⟨jmdn. a.⟩: *wach machen:* die Kinder nicht a.; das ist ja ein Lärm, um Tote aufzuwecken.

aufweichen: 1. ⟨etwas a.⟩ *durch Feuchtigkeit weich machen:* ein Brötchen in Milch a.; der Regen hatte den Boden aufgeweicht; übertr.: die starren Fronten a.; ein Bündnissystem a. *(aushöhlen, allmählich auflösen).* **2.** ⟨etwas weicht auf⟩ *etwas wird weich:* der Boden weichte auf.

aufweisen ⟨etwas a.⟩: **a)** *auf etwas hinweisen:* der Redner wies neue Möglichkeiten auf. **b)** *erkennen lassen:* keinerlei Beschädigungen a.; dieses Verfahren weist viele Vorzüge auf. * **etwas aufzuweisen haben** ⟨haben, über etwas verfügen⟩: haben Sie Referenzen aufzuweisen?

aufwenden ⟨etwas a.⟩: *aufbringen; für etwas verwenden, einsetzen:* Kräfte, Mühe, Fleiß, Geld, Kosten [für einen Plan] a.; er wendete/wandte seine ganze Beredsamkeit auf, ihn zu überzeugen; wir haben alles aufgewendet/aufgewandt, ihm zu helfen.

aufwerfen: 1. ⟨etwas a.⟩ *nach oben, in die Höhe werfen:* die Schiffsschraube warf das Wasser auf; den Kopf a. *(ruckartig heben);* die Lippen a. *(schürzen);* ein aufgeworfener Mund. **2.** ⟨etwas a.⟩ *etwas auf etwas werfen:* noch ein paar Kohlen, Scheite a. *(aufs Feuer werfen).* **3.** ⟨etwas a.⟩ *aufhäufen, aufschütten:* Erde, einen Damm, einen Wall a. **4.** ⟨etwas a.⟩ *zur Sprache bringen:* ein Problem a.; es wurde die Frage aufgeworfen, ob … **5.**

⟨sich zu jmdm. a.⟩ *sich eigenmächtig zu jmdm. machen:* sich zum Richter a.; er hatte sich zu ihrem Beschützer aufgeworfen.

aufwerten ⟨etwas a.⟩: *(eine Währung) in ihrem Wert erhöhen:* die Mark, den Dollar a.; übertr.: die Familie im Bewußtsein der Menschen a.; einen Stadtteil durch Baumaßnahmen a.; sein Ansehen in der Partei wurde aufgewertet.

aufwiegeln ⟨jmdn. a.⟩: *jmdn. dazu bewegen, sich aufzulehnen; aufhetzen:* die Kollegen a.; er wiegelte das Volk gegen die Regierung, zum Widerstand auf.

aufwiegen ⟨etwas wiegt etwas auf⟩: *etwas gleicht etwas aus, bietet Ersatz für etwas:* die Vorteile wogen die Nachteile nicht auf; der Erfolg hatte die langen Entbehrungen aufgewogen.

aufwirbeln: a) ⟨etwas a.⟩ *hochwirbeln:* der Wind wirbelte die dürren Blätter, Schmutz auf. **b)** ⟨etwas wirbelt auf⟩ *etwas wirbelt hoch, stiebt auf:* Schnee, Sand wirbelte auf.

aufwischen ⟨etwas a.⟩: **a)** *wischend aufnehmen:* Wasser, verschüttetes Bier a. **b)** *mit einem feuchten Lappen säubern:* den Fußboden [feucht] a.; sie hatte die ganze Wohnung aufgewischt; ⟨auch ohne Akk.⟩ ich muß noch a.

aufwühlen: 1. ⟨etwas a.⟩ **a)** *wühlend an die Oberfläche bringen:* Steine, Wurzeln a. **b)** *wühlend aufreißen:* die Ketten der Panzer hatten den Boden aufgewühlt. **2.** ⟨etwas a.⟩ *aufrühren:* der Sturm wühlt den See auf; die Badenden hatten den Schlamm aufgewühlt; übertr.: die Musik wühlte ihn bis ins Innerste auf *(erregte ihn stark);* ein aufwühlendes *(erregendes)* Erlebnis.

aufzählen: 1. ⟨etwas a.⟩ *einzeln angeben, nacheinander nennen:* Namen, Daten, alle Möglichkeiten a.; seine Verdienste, Schandtaten a.; ⟨jmdm., sich etwas a.⟩ der Richter zählte ihm seine Vorstrafen auf. * (ugs.:) **jmdm. eins aufzählen** *(jmdm. Prügel verabreichen).*

aufzäumen ⟨ein Tier a.⟩: *den Zaum anlegen:* ein Pferd a.; übertr.: er hat die Sache falsch, verkehrt aufgezäumt *(nicht richtig angepackt).*

aufzehren ⟨etwas a.⟩: **a)** ⟨etwas a.⟩ *aufbrauchen:* alle Vorräte, Ersparnisse a.; der Marsch hatte seine Kräfte völlig aufgezehrt. **b)** ⟨sich a.⟩ *sich verbrauchen:* seine Frau hatte sich [innerlich] aufgezehrt.

aufzeichnen ⟨etwas a.⟩: **1.** *etwas auf etwas zeichnen:* ein Muster, einen Plan a. **2. a)** *aufschreiben, notieren:* etwas gewissenhaft, aus der Erinnerung, wortwörtlich a.; er hatte seine Gedanken, diese Ereignisse aufgezeichnet. **b)** (Fernsehen) *auf einem Film, Magnetband festhalten, speichern:* eine Sendung a.

aufzeigen ⟨etwas a.⟩: *zeigen, darlegen, nachweisen:* Fehler, Widersprüche, neue Wege, Alternativen, Zusammenhänge a.; er zeigte an vielen Beispielen auf, wie schädlich Alkohol ist.

aufziehen: 1. ⟨etwas a.⟩ *in die Höhe ziehen:* den Schlagbaum, die Zugbrücke a.; eine Fahne [am Mast], die Segel a. *(hissen).* **2.** ⟨etwas a.⟩ *ziehend öffnen:* die Vorhänge, einen Reißverschluß a.; er zog vorsichtig die Schublade auf; sie hatten schon einige Flaschen aufgezogen *(entkorkt).* **3.** ⟨etwas a.⟩ *etwas auf etwas spannen:* eine neue Saite [auf die Geige] a.; Landkarten, Fotos auf Leinwand, auf Pappe a. *(aufkleben, befestigen).* **4. a)** ⟨etwas a.⟩ *spannen:* die Feder [eine Spieldose] a. **b)** ⟨etwas a.⟩ *die Feder von etwas spannen:* das Grammophon, ein Spielzeug a.; er zog seine Uhr auf. **c)** ⟨etwas zieht sich auf; mit Artangabe⟩ *die Feder von etwas läßt sich in einer bestimmten Weise spannen:* das Werk zieht sich leicht, schwer auf; die Uhr zieht sich selbsttätig auf. **5.** ⟨jmdn., ein Tier a.⟩ *großziehen:* ein fremdes Kind [wie sein eigenes], ein Tier mit der Flasche a.; ein Kind im christlichen Glauben a. **6.** (ugs.) ⟨etwas a.⟩ *beginnen, ins Werk setzen:* ein Unternehmen, einen Supermarkt a.; ein Fest, eine Veranstaltung a.; die Sache war groß, geschickt, falsch aufgezogen *(arrangiert);* einen Prozeß politisch a. **7.** (ugs.) ⟨jmdn. a.⟩ *Scherz oder Spott mit jmdm. treiben:* jmdn. mit seinen abstehenden Ohren/wegen seiner abstehenden Ohren a.; sie haben den neuen Schüler mächtig aufgezogen. **8. a)** *aufmarschieren, anrücken:* die Wache, die Posten ziehen auf; die Ablösung ist aufgezogen. **b)** ⟨etwas zieht auf⟩ *etwas kommt auf, nähert sich:* ein Sturm, ein Gewitter zieht auf; schwarze Wolken waren aufgezogen; **übertr.:** die aufziehende neue Zeit. **9.** (Med.) ⟨etwas a.⟩: **a)** *eine zur Injektion bestimmte Flüssigkeit in eine Spritze einsaugen:* eine Traubenzuckerlösung a. **b)** *eine Spritze durch Einsaugen des flüssigen Präparates vorbereiten:* eine Spritze a.

Aufzug, der: **1.** *Fahrstuhl:* ein elektrischer, hydraulischer, automatischer A.; wir benutzen den A.; ein A. für Personen, für Lasten; mit dem A. fahren, steckenbleiben. **2.** *das Aufmarschieren, Anrücken:* den A. der Wache beobachten, fotografieren; der A. *(das Herankommen)* größerer Wolkenfelder. **3.** *äußere Erscheinung, Ausstaffierung:* ein seltsamer, lächerlicher, ärmlicher, verwahrloster A.; er zeigte sich in einem ungewohnten A.; in dem A. konnte ich mich vor ihr nicht sehen lassen. **4.** (Theater) *Akt:* das Drama hat fünf Aufzüge.

aufzwingen: 1. ⟨jmdm. etwas a.⟩ *zwingen, etwas anzunehmen:* einem Volk eine Staatsform a.; er wollte mir seinen Willen a. **2.** (geh.) ⟨etwas zwingt sich jmdm. auf⟩ *sich aufdrängen:* ihm zwang sich der Gedanke auf, daß ...

Auge, das: **1. a)** *Sehorgan:* das rechte, linke A.; große, mandelförmige, vorstehende, tiefliegende Augen; entzündete, verweinte, rote, blutunterlaufene, verquollene Augen; blaue Augen; Augen voll Trauer, voller Schwermut; die Augen strahlen, glänzen, leuchten auf, brennen, tränen, füllen sich mit Tränen; seine Augen weiteten sich vor Entsetzen, traten hervor, blickten ihn vorwurfsvoll an, glitten über ihn hinweg, fielen ihm vor Müdigkeit zu; das A. gewöhnt sich an die Dunkelheit; seine Augen richten sich auf jmdn., folgen jmdm., ruhen auf jmdm.; R: vier Augen sehen mehr als zwei; ich hab' doch hinten keine Augen! *(ich kann doch nicht sehen, was hinter mir vorgeht!);* aus den Augen, aus dem Sinn! *(wer abwesend ist, wird leicht vergessen);* A. um A., Zahn um Zahn!; die Augen essen mit *(es schmeckt besonders gut, wenn etwas schön angerichtet ist)* · die Augen öffnen, aufschlagen (geh.), aufmachen, entsetzt aufreißen, schließen, zu[sammen]kneifen, [vor Wut] rollen; ein A. verpflanzen, übertragen; jmdm. die Augen verbinden; er drückte dem Toten die Augen zu; er rieb sich erstaunt die Au-

gen; sie hätte ihm am liebsten die Augen ausgekratzt; das Lesen bei schlechtem Licht strengt, greift die Augen an; ich habe mir die Augen verdorben; der Anblick entzückte, beleidigte ihr A. (geh.); sie beschattete die Augen mit den Händen; erstaunte, bittende Augen machen; scharfe *(gute),* flinke, kalte Augen haben; Augen wie ein Luchs haben; gute, schlechte Augen haben *(gut, schlecht sehen können);* etwas an jmds. Augen ablesen können; auf einem A. blind sein; jmdn. aus großen Augen ansehen; er rieb sich den Schlaf aus den Augen; sie konnte vor Müdigkeit nicht mehr aus den Augen sehen; das ist etwas fürs A. *(es befriedigt das ästhetische Empfinden);* sie schauten sich/(geh.:) einander in die Augen; jmdm. fest ins A. sehen, blicken; ihm standen die Tränen in den Augen; einen Fremdkörper im A. haben; jmdm. nicht in die Augen sehen können *(jmdn. nicht ansehen können, weil man ein schlechtes Gewissen ihm gegenüber hat);* mir ist etwas ins A. gekommen, geflogen; der Rauch beißt mir/ mich in die Augen; mit den Augen zwinkern; ich habe es mit eigenen Augen gesehen; jmdn. mit den Augen durchbohren (ugs.; *scharf und durchdringend ansehen);* dunkle Ringe um die Augen haben; die Hände schützend vor die Augen halten; vor aller Augen *(vor allen, öffentlich);* es war so dunkel, daß man die Hand nicht vor den Augen sehen konnte. **b)** *Blick:* die Augen senken (geh.), niederschlagen (geh.), zu Boden schlagen (geh.), erheben (geh.), abwenden; er richtete seine A. auf ihn; sie fühlte seine Augen in ihrem Rükken; nichts entging seinen Augen; er folgte dem Wärter mit den Augen; /milit. Kommandos/: Augen links!; Augen geradeaus! **2. a)** *Keim; Knospenansatz:* die Augen [der Kartoffel] ausschälen, ausschneiden; einen Zweig mit Augen zum Veredeln auswählen. **b)** *Punkt (auf dem Würfel), Zählwerk beim Spielen):* er hat vier Augen geworfen; wieviel Augen haben wir? **c)** *Fetttropfen auf einer Flüssigkeit:* auf der Brühe schwimmen viele Augen. ∗ (Rundf.:) **magisches Auge** *(Abstimmungsanzeigeröhre des Rundfunkgerätes)* · (geh.:) **so weit das Auge reicht** *(so weit man sehen kann)* · (ugs.:) **ganz Auge und Ohr sein** *(genau aufpassen)* · die, jmds. **Augen sind größer als der Magen** *(jmd. häuft sich mehr auf den Teller, als er essen kann)* · **jmdm. gehen die Augen über: a)** (ugs.; *jmd. ist durch einen Anblick überwältigt).* **b)** (geh.; *jmd. beginnt zu weinen)* · (ugs.:) **jmdm. gehen die Augen auf** *(jmd. durchschaut plötzlich etwas)* · (ugs.:) **da bleibt kein Auge trocken: a)** *(alle weinen vor Rührung).* **b)** *(alle lachen Tränen).* **c)** *(keiner bleibt davon verschont)* · (geh.:) **jmds. Augen brechen** *(jmd. stirbt)* · (ugs.:) **seinen [eigenen] Augen nicht trauen** *(vor Überraschung etwas nicht fassen):* ich traute meinen Augen nicht, als ich ihn plötzlich daherkommen sah. · (ugs.:) **|große| Augen machen** *(staunen, sich wundern):* der hat Augen gemacht, als ich mit einem Auto ankam · (ugs.:) **jmdm. [schöne] Augen machen** *(mit jmdm. einen Flirt beginnen)* · (ugs.:) **jmdm. verliebte Augen machen** *(jmdn. verliebt ansehen)* · (ugs.:) **die, seine Augen auftun/aufmachen/aufsperren** *(genau auf das achten, was um einen herum vorgeht):* machen Sie doch Ihre Augen auf! · **die Augen offen haben/offenhalten** *(achtgeben, aufpassen)* · (ver-

hüll.:) **die Augen schließen** (geh.)**/zutun/zumachen**
(sterben): der Großvater hat die Augen zugemacht · **die Augen vor etwas verschließen** *(etwas
nicht wahrhaben wollen):* verschließt nicht vor
dem sozialen Problem die Augen! · (ugs.:) **ein
Auge/beide Augen zudrücken** *(etwas nachsichtig,
wohlwollend übersehen)* · (ugs.:) **ein Auge riskieren** *(einen verstohlenen Blick auf jmdn. oder etwas
werfen)* · (ugs.:) **ein Auge auf jmdn., auf etwas werfen** *(Gefallen an jmdn., an etwas finden)* · **ein
Auge auf jmdn., auf etwas haben: a)** *(auf jmdn.,
auf etwas achten, aufpassen).* **b)** *(an jmdn., an etwas Gefallen finden, etwas gerne haben wollen)* ·
(ugs.:) **nur Augen für jmdn., für etwas haben**
(jmdn., etwas ganz allein beachten) · **ein Auge für
etwas haben** *(das richtige Verständnis, das nötige
Urteilsvermögen haben in bezug auf etwas Bestimmtes)* · (ugs.:) **kein Auge zutun** *(nicht schlafen
[können]):* ich habe die ganze Nacht kein A. zugetan · (ugs.:) **die Augen auf Null stellen** *(sterben)* · (ugs.:) **seine Augen überall/vorn und hinten
haben** *(alles sehen)* · (ugs.:) **Augen im Kopf haben:
a)** *(etwas durchschauen, beurteilen können):* ich
weiß, was los ist, ich habe doch Augen im Kopf.
b) *(aufpassen):* haben Sie keine Augen im
Kopf? · **kein Auge von jmdm., von etwas lassen/
wenden** *(unablässig ansehen, beobachten)* · **jmdm.
die Augen öffnen** *(jmdn. darüber aufklären, wie
unerfreulich etwas in Wirklichkeit ist):* ich muß dir
einmal über diesen Freund die Augen öffnen ·
sich (Dativ) **die Augen ausweinen/aus dem Kopf
weinen** *(sehr weinen)* · (ugs.:) **sich** (Dativ) **die Augen nach jmdm., nach etwas ausgucken/aus dem
Kopf sehen/gucken** *(angestrengt Ausschau halten)* · (veraltend:) **etwas ruht/steht auf zwei Augen**
(etwas hängt von einem einzigen Menschen ab) ·
**jmdn., etwas nicht aus dem Auge/aus den Augen
lassen** *(scharf beobachten)* · **jmdn. jmdn., etwas
aus den Augen schaffen** *(wegschaffen, fortbringen):* schafft mir den Kerl, das Zeug aus den Augen! · **jmdn., etwas aus dem Auge/aus den Augen
verlieren** *(die Verbindung mit jmdm. verlieren; etwas nicht verfolgen)* · **jmdm. aus den Augen kommen** *(keine Verbindung mehr mit jmdm. haben)* ·
jmdm. aus den Augen gehen *(sich nicht mehr bei
jmdm. sehen lassen):* geh mir aus den Augen! · **etwas im Auge haben** *(etwas im Sinn haben, vorhaben, anstreben):* er hat nur seinen Vorteil im A.,
hat ein Ziel fest im A. · **jmdn., etwas im Auge behalten** *(beobachten, verfolgen)* · **in den Augen ...**
(nach Ansicht von ...): in den Augen der Polizei ist
er der Täter · **jmdm. Auge in Auge gegenüberstehen** *(ganz nah gegenüberstehen)* · **etwas fällt/
springt [jmdm.] ins Auge/in die Augen** *(etwas fällt
auf, lenkt jmds. Aufmerksamkeit auf sich)* · (ugs.:)
etwas sticht jmdm. ins Auge/in die Augen *(etwas
gefällt jmdm. so sehr, daß er es haben möchte)* · **einer Sache ins Auge sehen/blicken** *(etwas Unangenehmem gefaßt entgegensehen):* er sah der Gefahr
gelassen ins A. · **jmdm. zu tief ins Auge, in die Augen sehen** *(sich in jmdn. verlieben)* · **etwas ins Auge
fassen** *(erwägen; sich vornehmen)* · (ugs.:) **etwas
geht ins Auge** *(etwas geht übel aus, hat schlimme
Folgen)* · **mit bloßem Auge** *(ohne optisches Hilfsmittel):* man kann die Larven mit bloßem A. erkennen · **mit einem lachenden und einem weinenden Auge** *(teils erfreut, teils betrübt)* · **mit offenen**

Augen/sehenden Auges ins Unglück rennen *(eine
deutlich erkennbare Gefahr nicht erkennen wollen)* · **mit offenen Augen durch die Welt gehen** *(alles unvoreingenommen betrachten, um daraus zu
lernen)* · (ugs.:) **mit offenen Augen schlafen** *(nicht
aufpassen)* · (ugs.:) **mit einem blauen Auge davonkommen** *(glimpflich davonkommen)* · **jmdn., etwas
mit anderen/mit neuen Augen [an]sehen/betrach-
ten** *(zu einem neuen Verständnis gelangen, eine
neue Einstellung gewinnen)* · (ugs.:) **jmdn., etwas
mit den Augen verschlingen** *(mit begehrlichen Blik-
ken ansehen)* · (ugs.:) **jmdn. mit den Augen ausziehen** *(mit begehrlichen Blicken ansehen)* · (ugs.:)
jmdn., etwas mit scheelen Augen ansehen *(voll Neid
betrachten)* · **etwas nicht [nur] um jmds. schöner,
blauer Augen willen/wegen jmds. schöner, blauer
Augen tun** *(nicht aus reiner Gefälligkeit tun)* · **unter vier Augen** *(ohne Zeugen):* ich möchte die Angelegenheit mit Ihnen unter vier Augen besprechen · **unter jmds. Augen** *(unter jmds. Aufsicht):*
jmdm. unter die Augen kommen, treten *(sich bei
jmdm. sehen lassen):* er darf ihm nach diesem
Krach nicht mehr unter die Augen treten · **jmdm.
wird es schwarz vor den Augen** *(jmd. wird ohnmächtig)* · **jmdm. etwas vor Augen führen/halten/
stellen** *(jmdm. etwas deutlich zeigen, klarmachen):*
der Film führt uns die furchtbaren Folgen eines
Atomkrieges vor Augen · **sich** (Dativ) **etwas vor
Augen führen/halten/stellen** *(sich über etwas klar-
werden)* · **etwas steht/schwebt jmdm. vor Augen**
(etwas ist jmdm. deutlich in Erinnerung): das Bild
steht, schwebt mir noch immer vor Augen.
Augenblick, der: **a)** *Zeitraum von sehr kurzer
Dauer, Moment:* ein winziger, erhebender, ein-
zigartiger, geschichtlicher A.; es waren aufregende Augenblicke; ein A. des Schweigens; keinen A. warten, zögern; wir dürfen keinen A. verlieren; es dauert nur noch einen A.; einen A.
bitte!; bitte gedulden Sie sich noch einen A.!; haben Sie einen A. Zeit für mich?; er verstand, den
A. zu nutzen. **b)** *Zeitpunkt:* im entscheidenden,
unpassenden, rechten, nächsten A.; sie erreichte
den Zug im letzten A.; er hat den richtigen A. erwischt, verpaßt; für den A. sind wir noch versorgt; von diesem A. an ...; * (ugs.:) **alle Augenblicke** *(andauernd, immer wieder)* · **jeden Augenblick** *(schon im nächsten Augenblick, sofort):* die
Vorstellung muß jeden A. beginnen · **im Augenblick** *(jetzt, momentan)* · **einen lichten Augenblick
haben: a)** *(vorübergehend bei klarem Verstand
sein).* **b)** (scherzh.; *einen guten Einfall haben).*
augenblicklich: 1. *unverzüglich, sofort:* eine
augenblickliche Entscheidung fordern; ich
werde die a. erledigen. **2.** *momentan:* die augenblickliche Lage; eine augenblickliche Notlage; er
folgte einer augenblicklichen *(plötzlichen)* Eingebung; wo ist er a. beschäftigt?
Augenmerk, das: *Aufmerksamkeit:* wir werden
das, unser A. mehr auf Wirtschaftsfragen richten,
lenken; ihr A. galt dem spielenden Kindern; er
hatte ein A. auf ihn, auf die Vorgänge; das A. von
jmdm. abwenden (geh.).
Augenschein, der: *das Anschauen, die unmittelbare Wahrnehmung durch das Auge:* der A.
kann trügen, spricht dagegen; wie der A. zeigt,
lehrt; der A. widerlegt das; der bloße A. genügt;
(bes. Rechtsw.:) einen A. vornehmen; dem A.

nach ...; du kannst dich durch den A. davon überzeugen. * jmdn., etwas in Augenschein nehmen *(genau und kritisch betrachten).*
augenscheinlich (geh.): *offensichtlich:* das ist ein augenscheinlicher Mangel, Nachteil; es war a., daß ...; der Fahrer war a. betrunken.
August, der: *achter Monat des Jahres:* ein heißer, sonniger, verregneter A.; Anfang, Ende A.; im Laufe des Monats A., des August[s].
aus: I. ⟨Präp. mit Dativ⟩ 1. /räumlich; zur Angabe der Richtung von innen nach außen/: a. dem Hause gehen; a. dem Keller holen; a. der Nase bluten; a. der Flasche trinken; er nahm ihm den Revolver a. der Hand; a. ihm spricht der Neid; /ohne räumliche Vorstellung/: a. einem Traum erwachen; a. einer Laune heraus; a. der Mode; er kam a. dem Gleichgewicht. 2. /zur Angabe der Herkunft, des Ursprungs in räumlicher und zeitlicher Hinsicht/: er ist a. Berlin; a. weiter Ferne kommen; a. großer Höhe abstürzen; a. aller Herren Länder; a. der Kindheit, a. den Tagen, da ...; das Bild stammt a. dem 15. Jh., a. dem Jahr 1980; a. der Nähe; a. 100 m Entfernung; er stammt aus guter Familie; er las a. seinen Werken; a. Erfahrung sprechen. 3. a) /zur Angabe des Stoffes/: ein Kleid a. Seide; eine Figur a. Holz schnitzen; sie bereitete ein Gericht a. Fleisch und Zwiebeln. b) /zur Angabe des Ausgangspunkts, der ursprünglichen Beschaffenheit/: a. einer Tüte eine Papiermütze machen; a. dieser Sache wird nichts; a. ihr wird nie ein ordentlicher Mensch werden; a. der Raupe wird ein Schmetterling. 4. /zur Angabe des Grundes/: a. Mangel an Geld; er tat es a. Überzeugung; er hat es nur a. Spaß gesagt; er handelte a. einer Notlage heraus. II. ⟨Adverb; gewöhnlich imperativisch oder elliptisch⟩ 1. (ugs.) *vorbei, zu Ende:* der Motor blieb stehen, a. der Traum von einem Sieg; ... sieben, acht, neun - a.! (beim Boxen); subst.: in der fünften Runde kam das Aus. 2. Licht a.! *(ausdrehen!).* * aus sich heraus *(unaufgefordert, von sich aus)* · bei jmdm. aus und ein gehen *(bei jmdm. oft sein; mit jmdm. verkehren)* · weder aus noch ein wissen; nicht aus noch ein wissen; nicht aus und ein wissen *(völlig ratlos sein)* · etwas ist aus und vorbei *(etwas ist endgültig vorbei).*
ausarbeiten: 1. ⟨etwas a.⟩ *erarbeiten, erstellen:* einen Plan, einen Vortrag a.; ich habe ein Gutachten ausgearbeitet; etwas sorgfältig, im Detail a. *(in den Einzelheiten ausführen, was im Entwurf bereits vorliegt).* 2. ⟨sich a.⟩ *sich durch körperliche Arbeit Bewegung, einen Ausgleich verschaffen:* in den Ferien, nach Feierabend arbeite ich mich gern ein bißchen aus.
ausarten: a) ⟨etwas artet aus⟩ *etwas entwickelt sich, steigert sich ins Negative:* das Spiel artete aus; das Fest begann in eine/zu einer Orgie auszuarten; die Proteste arteten in/zu Straßenschlachten aus. b) *sich ungehörig benehmen:* wenn er getrunken hat, artet er immer aus.
ausatmen ⟨[etwas] a.⟩: *den Atem aus der Lunge entweichen lassen:* kräftig, laut a.; die Luft durch den Mund, durch die Nase a.
ausbaden (ugs.) ⟨etwas a.⟩; gewöhnlich in Verbindung mit *müssen*⟩: *die Folgen tragen:* ihr habt das angerichtet, und ich muß die Sache jetzt a./habe die Sache jetzt auszubaden.

ausbauen ⟨etwas a.⟩: 1. *herausnehmen, ausmontieren:* den Motor, die Batterie, ein Türschloß a.; er baute den Zünder der Bombe aus. 2. *erweitern, vergrößern:* den Hafen, das Eisenbahnnetz a.; übertr.: das Land baute seine Machtstellung weiter aus; den Handel a.; einen Vorsprung, eine Mehrheit a. 3. *umbauen, ausgestalten:* das Dachgeschoß [zu Wohnungen] a.; einen Fluß zu einer/als Schiffahrtsstraße a.; der Hafen war für den Überseehandel ausgebaut worden.
ausbedingen (geh.) ⟨sich (Dativ) etwas a.⟩: *zur Bedingung machen:* sich ein Mitspracherecht a.; ich habe mir ausbedungen, daß die Prüfung von mir vorgenommen wird.
ausbeißen ⟨sich (Dativ) etwas a.⟩: *einen Zahn beim Beißen ab-, herausbrechen:* ich habe mir [an dem Kirschkern] einen Zahn ausgebissen.
ausbessern ⟨etwas a.⟩: a) *(schadhaft Gewordenes) in Ordnung bringen, instand setzen:* das Dach, die Straße a.; Kleidungsstücke, Wäsche a. *(flicken).* b) *(eine schadhafte Stelle) beseitigen:* die schadhaften Stellen a.
Ausbeute, die: *Gewinn, Ertrag:* eine große, geringe, magere A. an Uran; die wissenschaftliche A. war bescheiden; die Grabungen lieferten, brachten keine A.
ausbeuten: 1. ⟨etwas a.⟩ *nutzen:* eine Grube, ein Erzvorkommen a.; seine Werke sind von anderen ausgebeutet *(ausgeschrieben, ausgeschöpft)* worden. 2. (abwertend) ⟨jmdn., etwas a.⟩ *skrupellos ausnutzen:* jmdn., jmds. Arbeitskraft a.; ein besetztes Land a.; er beutet seine Angestellten systematisch aus.
ausbiegen (landsch.): *ausweichen:* rechtzeitig, nach links, zur Seite a.; er konnte nicht mehr a.; ⟨jmdm., einer Sache a.⟩ er bog dem Radfahrer, dem Hindernis aus; übertr.: er biegt allen Fragen aus.
ausbilden: 1. a) ⟨jmdn. a.⟩ *auf einen Beruf, eine Tätigkeit vorbereiten, schulen:* Lehrlinge, Krankenschwestern, Rekruten a.; jmdn. in einem Fach, an der Drehbank a.; sie ließ sich als/zur Kindergärtnerin a.; ich bin als Sanitäter ausgebildet ⟨auch ohne Akk.⟩ in dieser Einrichtung wird in verschiedenen Berufen ausgebildet. b) ⟨etwas a.⟩ *entwickeln, zur Entfaltung bringen:* seine Stimme a. lassen; er hatte seinen Verstand, seine Fähigkeiten ausgebildet. 2. a) ⟨etwas a.⟩ *hervorbringen:* die Pflanze bildet schmale und breitere Blätter aus. b) ⟨etwas bildet sich aus⟩ *etwas entwickelt sich, entsteht:* die Blüten bilden sich sehr langsam aus; dieser Industriezweig hat sich erst nach dem Krieg ausgebildet. 3. ⟨etwas a.; mit Artangabe⟩ *in bestimmter Weise gestalten:* Kolbenstangen hohl a.; die Mundpartie ist stark ausgebildet.
Ausbildung, die: 1. *das Ausbilden, Schulung:* eine gründliche, umfassende, mangelhafte, technische, abgeschlossene A.; eine gute A. erhalten, genießen (geh.), besitzen, haben; er hat seine A. abgeschlossen, beendet; er ist, steht noch in der A. 2. *Entwicklung, Entfaltung:* die A. des politischen Bewußtseins.
ausbitten ⟨sich (Dativ) etwas a.⟩: a) (geh.) *um etwas bitten:* sich von seinem Nachbarn die Zeitung a.; er hatte sich Bedenkzeit ausgebeten. b) *mit Nachdruck um etwas bitten, fordern:* ich

bitte mir Ruhe aus; das will ich, möchte ich mir ausgeben haben.

ausblasen ⟨etwas a.⟩: **1.** *durch Blasen zum Erlöschen bringen:* die Kerzen a. **2. a)** *herausblasen:* den Rauch a. **b)** *durch Blasen leer machen:* ein Ei a.; die Tanks des U-Bootes werden beim Auftauchen ausgeblasen. **c)** *durch Blasen säubern:* den Kamm, den Hobel a.

ausbleiben: a) *nicht kommen:* der Nachschub, die Post bleibt aus; der Erfolg, die Katastrophe, die erhoffte Wirkung blieb aus *(trat nicht ein);* die Kunden, die Besucher bleiben aus *(bleiben fern, kommen nicht mehr);* das bleibt ja nicht aus, wenn ...; es konnte nicht a. *(es mußte so kommen),* daß er sich erkältete; die Folgen werden nicht a. *(zwangsläufig kommen).* **b)** *fortbleiben:* er ist lange, über Nacht ausgeblieben.

Ausblick, der: *Blick in die Weite, Aussicht:* ein schöner, herrlicher A.; den A. versperren: der Turm bietet einen weiten A. auf die Stadt; von diesem Platz hat, genießt man einen schönen A.; übertr.: der Raumfahrt eröffnen sich grandiose Ausblicke; er gab in seinem Referat einen A. auf die weitere Entwicklung.

ausbooten: 1. (Seemannsspr.) **a)** *mit einem Boot das Schiff verlassen und an Land gehen:* die Truppen booteten unter starkem Beschuß aus. **b)** ⟨jmdn. a.⟩ *von einem Schiff mit dem Boot an Land bringen:* die Passagiere wurden ausgebootet. **2.** (ugs.) ⟨jmdn. a.⟩ *aus seiner Stellung entfernen:* der Finanzminister wurde aus dem Kabinett ausgebootet.

ausbrechen: 1. ⟨etwas a.⟩ **a)** *herausbrechen:* Steine [aus der Mauer] a.; /mit der Nebenvorstellung des Unabsichtlichen/ ⟨jmdm., sich etwas a.⟩ ich habe mir einen Zahn ausgebrochen. **b)** *durch das Herausbrechen von etwas schaffen:* ein Fenster, einen Notausgang a. **2.** ⟨etwas a.⟩ *erbrechen:* der Kranke hat den Tee, alles [wieder] ausgebrochen. **3. a)** *aus einem Gewahrsam entkommen:* der Verbrecher ist wieder [aus dem Gefängnis] ausgebrochen; die Löwen brachen aus dem Käfig aus; übertr.: aus dem Alltag, aus der Ehe, aus der Gemeinschaft, aus einem Teufelskreis a. **b)** (Reiten) *die vorgegebene Richtung plötzlich verlassen:* vor dem Hindernis brach das Pferd aus. **c)** ⟨etwas bricht aus⟩ *etwas gerät aus der Spur:* der Wagen bricht beim Bremsen leicht aus; in der Kurve brach das Auto seitlich, mit dem Heck aus. **4.** ⟨etwas bricht aus⟩ *löst sich aus einer Verankerung:* der Haken ist [aus der Wand] ausgebrochen. **5.** ⟨etwas bricht aus⟩ *etwas beginnt plötzlich, setzt mit Heftigkeit ein:* Krieg, eine Panik, ein Aufstand, eine Krise bricht aus; lauter Jubel brach aus; bei euch ist wohl der Wohlstand ausgebrochen (scherzh.); ein Feuer ist ausgebrochen; eine Krankheit bricht aus *(kommt zum Ausbruch);* Seuchen brechen aus *(treten auf);* der Vesuv ist ausgebrochen *(in Tätigkeit getreten);* ⟨etwas bricht jmdm. aus⟩ dem Kranken brach der Schweiß aus *(trat ihm aus den Poren).* **6.** ⟨in etwas a.⟩ *(in bezug auf eine Gefühlsäußerung) plötzlich in etwas verfallen:* in Weinen, in Tränen, in Wut, in Klagen a.; er brach in Jubel, in einen Ruf des Entzückens aus.

ausbreiten: 1. ⟨etwas a.⟩ *nebeneinander hinlegen, auf einer Fläche verteilen:* die Verkäufer breiten ihre Waren vor den Fremden aus; er breitete die Karten auf dem Tisch aus. **2.** ⟨etwas a.⟩ *auseinanderbreiten, entfalten:* ein Tuch, einen Stadtplan a.; sie hatte ihren Bademantel auf dem Rasen ausgebreitet; übertr.: er breitete seine Lebensgeschichte, sein Wissen, seinen Plan vor uns aus. **3.** ⟨etwas a.⟩ *seitwärts ausstrecken:* die Flügel a.; er kam mit ausgebreiteten Armen auf sie zu. **4.** ⟨etwas breitet sich aus⟩ **a)** *etwas gewinnt Raum, verbreitet sich:* der Nebel breitet sich über dem/ über das Land aus; dieses Unkraut hat sich sehr ausgebreitet; der Wohlstand hat sich ausgebreitet; das Feuer, die Seuche breitet sich aus *(greift um sich).* **b)** ⟨etwas erstreckt sich⟩ *:* eine weite Ebene breitete sich vor uns aus. **5.** (geh.) ⟨sich über etwas a.⟩ *weitschweifig erörtern:* er hat sich stundenlang über sein Lieblingsthema ausgebreitet.

ausbringen ⟨etwas a.⟩: **1. a)** *darbringen:* Trinksprüche a.; er brachte ein Hoch, einen Toast auf den Jubilar aus. **b)** (selten) *hochleben lassen:* er brachte das Wohl, die Gesundheit des Paares aus. **2.** (Seemannsspr.) *zu Wasser lassen:* die Rettungsboote a. **3.** (ugs.) *nur mit Mühe ausziehen können:* ich bringe die Schuhe nicht aus

Ausbruch, der: **1.** *das Ausbrechen, Flucht:* der A. der Gefangenen; der A. glückte, mißlang; einen A. vorbereiten, entdecken, verhindern; ihr A. aus der Ehe, aus der bürgerlichen Gesellschaft. **2.** *das plötzliche Einsetzen, Beginn:* der A. der Revolution, der Krankheit, des Unwetters; bei, vor A. des Krieges; der A. *(die einsetzende Tätigkeit)* des Vulkans; sie kannte seine Ausbrüche der Begeisterung, von Verzweiflung. **3.** *Gefühlsentladung, Affekt:* einen A. haben; sie fürchtete sich vor seinen unbeherrschten Ausbrüchen; sich in, mit einem A. Luft machen (ugs.). * **etwas kommt zum Ausbruch** *(etwas bricht aus):* die Krankheit kam nicht zum A.

ausbrüten: 1. a) ⟨etwas a.⟩ *bebrüten, bis die Jungen aus den Eiern ausschlüpfen:* Eier a. **b)** ⟨einen Vogel a.⟩ *(junge Vögel) durch Bebrüten der Eier zum Ausschlüpfen bringen:* Enten a.; übertr. (scherzh.): ich brüte einen Schnupfen aus. **2.** (ugs.) *ausdenken, ersinnen:* einen Racheplan a.; was habt ihr da wieder ausgebrütet?

ausbügeln ⟨etwas a.⟩: **1. a)** *durch Bügeln entfernen:* Falten, Knicke, einen Stearinfleck [aus einem Kleidungsstück] a. **b)** *durch Bügeln glätten:* den Rock a. **2.** (ugs.) *bereinigen:* einen Fehler a.; ich habe die Sache wieder ausgebügelt.

Ausbund, der: *Inbegriff, Muster:* ein A. an/von Temperament; er ist ein [wahrer] A. von Gelehrsamkeit, ein A. von einem *(ein großer)* Filou.

Ausdauer, die: *Beharrlichkeit (bei der Arbeit o. ä.):* viel, wenig, große A. haben; er besitzt keine A.; einen Plan mit A. verfolgen; mit A. arbeiten.

ausdehnen: 1. a) ⟨etwas a.⟩ *den Umfang von etwas vergrößern; ausweiten:* die Wärme dehnt das Metall aus; übertr.: seine Macht, seine Herrschaft a.; das Hochdruckgebiet hat seinen Einfluß ausgedehnt. **b)** ⟨etwas dehnt sich aus⟩ *vergrößert seinen Umfang, weitet sich aus:* Wasser dehnt sich beim Erhitzen aus; das Gummiband dehnt sich ausgedehnt; übertr.: der Schlechtwettergebiet dehnt sich aus; der Krieg hatte sich über das ganze Land ausgedehnt *(ausgebreitet).*

2. a) ⟨etwas a.⟩ *zeitlich in die Länge ziehen, verlängern:* seinen Besuch, Urlaub [über die geplante Zeit hinaus] a.; er hatte den Aufenthalt über Gebühr ausgedehnt; sie machten ausgedehnte Spaziergänge; ein ausgedehntes Frühstück. **b)** ⟨etwas dehnt sich aus; mit Zeitangabe⟩ *etwas zieht sich in die Länge, zieht sich hin:* die Sitzung hat sich bis nach Mitternacht ausgedehnt. **3.** ⟨etwas dehnt sich aus; mit Umstandsangabe⟩ *etwas erstreckt sich:* das Tal dehnt sich nach Norden aus; er besitzt ausgedehnte *(große)* Ländereien.
Ausdehnung, die: **1. a)** *Vergrößerung, Ausweitung:* durch die A. des Gesteins ... **b)** *Verlängerung:* die A. der Besprechungen. **2.** *Größe, Umfang:* eine gewaltige A.; der Einfluß Chinas hat an A. gewonnen (Papierdt.; *ist größer geworden).*
ausdenken ⟨sich (Dativ) etwas a.⟩: **a)** *ersinnen:* sich einen Scherz, ein Spiel, etwas als Überraschung a.; ich hatte mir die Sache so schön ausgedacht *(ausgemalt);* das hast du dir nur ausgedacht *(frei erfunden);* R: da mußt du dir (muß er sich usw.) schon etwas anderes a.! *(das mußt du klüger anstellen);* ⟨auch ohne Dat.⟩ neue Methoden, Systeme a. **b)** *sich etwas ausmalen, vorstellen:* ich hatte mir alles ganz anders ausgedacht.
∗ **etwas ist nicht auszudenken** *(etwas ist unvorstellbar):* die Folgen sind nicht auszudenken; ⟨elliptisch:⟩ nicht auszudenken, was alles hätte passieren können!
ausdienen (ugs.) ⟨etwas hat ausgedient⟩: *etwas ist (nach langem Gebrauch) unbrauchbar geworden:* der Mantel, der Plattenspieler hat ausgedient; ausgediente Schuhe.
ausdörren ⟨jmdn., etwas a.⟩: *dürr, trocken werden lassen, austrocknen:* die Sonne dörrt alles, die Erde aus; seine Kehle war von der Hitze ganz ausgedörrt.
ausdrehen ⟨etwas a.⟩: **1.** (ugs.) **a)** *ausschalten:* das Radio, die Lampe, das Licht a. **b)** *abstellen:* das Gas a. **2.** *herausdrehen:* die Sicherungen a.
Ausdruck, der: **1.** *Wort, Bezeichnung; Wendung:* ein falscher, treffender, veralteter, moderner, ordinärer, gewählter, fachsprachlicher A.; ein A. für etwas; die A. ist ironisch gemeint; den passenden A. suchen, nicht finden; sie gebrauchte einen häßlichen A.; Unflätigkeit, das ist der richtige A. dafür; R: das ist gar kein A.! *(das ist noch viel zu schwach ausgedrückt)* · er hat sich sehr im A. vergriffen *(hat in unangemessenem Ton gesprochen).* **2. a)** *Ausdrucksweise, Stil:* einen schlechten, guten A. haben; Gewandtheit im A. **b)** *Aussagekraft:* seinem Gesang fehlt es an A.; sie spielt mit viel, ohne A. **3.** *Gesichtsausdruck, Miene:* ein schmerzlicher, sorgenvoller, ärgerlicher, erwartungsvoller A. erschien auf seinem Gesicht; sein Gesicht hatte einen gespannten A., nahm einen entsetzten A. an. **4.** *Kennzeichen:* Tempo ist der A. unserer Zeit; Monumentalität ist der A. für diese Epoche; etwas mit dem A. *(der Bekundung)* tiefen Bedauerns zurücknehmen (geh.). ∗ **Ausdrücke gebrauchen**/(ugs.:) **im Munde führen**/**an sich haben** *(sich derb ausdrücken, Schimpfwörter gebrauchen)* · (geh.:) **einer Sache Ausdruck geben/verleihen** *(etwas zu erkennen geben, äußern):* er gab seinem Wunsch, der Hoffnung A., sie bald wiederzusehen · (nachdrücklich:) **etwas kommt in etwas zum Ausdruck** *(etwas*

drückt sich in etwas aus): in seinen Worten kam das Bedauern zum A. · (nachdrücklich:) **etwas zum Ausdruck bringen** *(etwas erkennen lassen, ausdrücken):* er brachte seine Dankbarkeit, seine Glückwünsche zum A.
ausdrücken: 1. ⟨etwas a.⟩ **a)** *herauspressen:* den Saft [aus einer Zitrone] a.; sie drückte das Wasser aus dem Schwamm aus. **b)** *auspressen:* eine Zitrone, Trauben, den Schwamm a.; sie hat sich, dem Kind eine Apfelsine ausgedrückt; **2.** ⟨etwas a.⟩ *durch Drücken zum Erlöschen bringen, ausmachen:* eine Fackel a.; er drückte die Zigarette, die Glut [im Aschenbecher] aus. **3. a)** ⟨etwas a.; mit Artangabe⟩ *formulieren:* einen Gedanken richtig, knapp, treffend a.; er konnte es in seiner Sprache schwer a.; ⟨etwas in etwas a.⟩ einen Betrag in Mark, in Prozenten a. *(angeben);* wieviel macht das in Dollar ausgedrückt? **b)** ⟨sich a.; mit Artangabe⟩ *sich in bestimmter Weise äußern, eine bestimmte Redeweise haben:* sich gewählt, klar, deutlich, verständlich a.; so ähnlich, so etwa hatte er sich ausgedrückt; ... wenn ich mich so a. darf; einfach ausgedrückt, heißt das ... **4. a)** ⟨etwas a.⟩ *aussprechen:* seinen Dank, seine Verwunderung, sein Mißfallen a.; ich möchte mein Bedauern a., daß ...; ⟨jmdm. etwas a.⟩ er drückte ihm sein Mitgefühl, seine Anerkennung aus. **b)** ⟨etwas drückt etwas aus⟩ *etwas läßt etwas erkennen, zeigt etwas:* seine Worte drücken Besorgnis, Schadenfreude aus; ihre Augen drückten unendliche Trauer aus. **c)** ⟨etwas drückt sich in etwas aus⟩ *kommt in etwas zum Ausdruck:* in seinem Verhalten drückte sich seine große, berechtigte Verärgerung aus.
ausdrücklich: *klar, eindeutig, unmißverständlich, entschieden:* ein ausdrückliches Verbot; sein ausdrücklicher Wunsch war es ...; etwas a. sagen; er wies a. auf die hohen Kosten hin.
auseinander ⟨Adverb⟩: **1.** *voneinander weg, getrennt:* der Lehrer setzt die Schüler a.; sie wohnen sehr weit a.; die beiden Schwestern sind altersmäßig fast sieben Jahre a. (ugs.); das schreibt man a. *(getrennt);* (ugs.:) wir sind schon lange a. *(nicht mehr befreundet).* **2.** *eins aus dem anderen:* Theorien a. entwickeln; etwas a. ableiten.
auseinandergehen: 1. *sich trennen, nicht länger zusammenbleiben:* die Versammlung geht auseinander; sie sind im Zorn, erst spät in der Nacht auseinandergegangen; übertr.: unsere Wege gehen auseinander. **2.** *sich teilen und sich seitwärts zurückbewegen:* der Vorhang ging auseinander. **3.** ⟨etwas geht auseinander⟩ *etwas fällt in einzelne Teile auseinander, geht entzwei:* das Spielzeug, der Stuhl ist auseinandergegangen; übertr.: ein Bündnis, eine Verlobung geht auseinander *(löst sich auf).* **4.** ⟨etwas geht auseinander⟩ *etwas ist verschieden, stimmt nicht überein:* darüber gehen die Meinungen weit auseinander; die Ansichten der Kritiker gehen in vielen Punkten auseinander. **5.** (ugs.) *dick werden:* sie ist sehr auseinandergegangen.
auseinanderhalten ⟨jmdn., etwas a.⟩: *voneinander unterscheiden:* er kann die beiden Wörter, die Zwillinge nicht a.
auseinanderleben ⟨sich a.⟩: *sich innerlich fremd werden:* die Studienfreunde, die Partner lebten sich auseinander.

auseinandersetzen: 1. ⟨jmdm. etwas a.⟩ *darlegen, erläutern:* jmdm. seine Pläne, seine Absichten a.; jmdm. die Gründe für etwas a. 2. **a)** ⟨sich mit jmdm., mit etwas a.⟩ *sich mit etwas kritisch befassen, eingehend beschäftigen:* sich mit einem Problem, mit der Vergangenheit, mit dem Werk eines Dichters a.; er hat sich lange mit diesem Philosophen *(mit dem Werk des Philosophen)* auseinandergesetzt. **b)** ⟨sich mit jmdm. a.⟩ *mit jmdm. strittige Fragen klären:* mit ihm muß ich mich wegen dieser Sache, über diese Sache a.

Auseinandersetzung, die: 1. *eingehende Beschäftigung:* wir kommen um eine A. mit diesen Ideen, mit dieser Lehre nicht herum. 2. *[Streit]gespräch, Diskussion:* eine angeregte, leidenschaftliche, politische A.; es gab eine A. über die Verleihung des Preises. 3. *Streit:* eine heftige, scharfe A.; wir hatten eine A.; es kam zu einer heftigen A. zwischen den Parteien.

auserlesen (geh.): **a)** *von ungewöhnlicher Güte, hervorragend:* auserlesene Weine, Speisen; von auserlesener Eleganz. **b)** *sehr, überaus, besonders:* er kaufte einige a. schöne Stücke.

ausfahren: 1. *hinausfahren:* das Boot fährt zum Fang aus *(fährt aufs Meer hinaus);* die Leute winkten, als der Zug aus dem Bahnhof ausfuhr *(aus dem Bahnhof hinausfuhr);* Jägerspr.: der Fuchs ist ausgefahren *(aus dem Bau herausgekommen);* Bergmannsspr.: die erste Schicht fährt aus *(verläßt den Schacht);* Rel.: der Dämon war aus dem Kranken ausgefahren *(hatte den Körper des Besessenen verlassen).* 2. **a)** *spazierenfahren:* am Wochenende fährt die ganze Familie aus; der Vater ist mit den Kindern ausgefahren. **b)** ⟨jmdn. a.⟩ *ins Freie fahren, spazierenfahren:* einen Kranken im Rollstuhl a.; sie hat das Baby ausgefahren. 3. ⟨etwas a.⟩ *mit dem Fahrzeug ausliefern, verteilen:* Heizöl, Brot, Kohlen a.; als Junge hatte er mit dem Fahrrad Zeitungen ausgefahren. 4. ⟨etwas a.; gewöhnlich im 2. Part.⟩ *durch häufiges Befahren beschädigen, abnutzen:* die schweren Panzer haben die Wege ausgefahren; ausgefahrene Straßen; eine Piste ist sehr ausgefahren. 5. ⟨etwas a.⟩ *auf der äußeren Seite durchfahren:* eine Kurve voll a. 6. ⟨etwas a.⟩ *auf der Rennstrecke austragen:* ein Rennen, eine Meisterschaft a.; am kommenden Sonntag wird der Große Preis von Europa ausgefahren. 7. ⟨etwas a.⟩ *die Leistungsfähigkeit voll ausnutzen:* den Motor, den Wagen voll a. 8. ⟨etwas a.⟩ *ganz durchfahren:* eine Strecke a. 9. **a)** ⟨etwas a.⟩ *nach außen bewegen, herausbringen:* das Fahrgestell, eine Antenne a. **b)** ⟨etwas fährt aus⟩ *etwas bewegt sich nach außen:* das Fahrgestell fährt aus.

Ausfahrt, die: 1. *das Ausfahren:* die Boote bei der A. beobachten; der Zug hat keine A. *(darf noch nicht aus dem Bahnhof ausfahren).* 2. (geh.) *Spazierfahrt:* eine A. machen, unternehmen. 3. **a)** *Stelle, an der man die Autobahn verläßt:* die A. Frankfurt Nord nehmen; wir haben die A. nach Mannheim verpaßt. **b)** *Stelle, an der ein Fahrzeug einen umgrenzten Raum verläßt:* die A. des Hafens; die A. freihalten.

Ausfall, der: 1. *das Ausfallen:* der A. der Federn, der Haare, Zähne. 2. **a)** *Wegfall:* der A. der Einnahmen. **b)** *das Ausscheiden:* das Rennen wurde nach dem A. der italienischen Rennwagen

uninteressant. **c)** *Verlust:* große, beträchtliche Ausfälle erleiden, zu verzeichnen haben; ein A. von mehreren tausend Mark; Ausfälle in der Produktion vermeiden; der Stoßtrupp hatte keine Ausfälle; übertr. (ugs.): der Mittelstürmer war ein glatter A. *(versagte völlig).* 3. **a)** (militär.) *Angriff aus einer Umklammerung, Ausbruch:* ein verzweifelter A.; einen A. wagen, unternehmen, vereiteln; die Belagerten machten einen A. aus der Festung. **b)** (Fechten) *Angriff:* einen A. parieren; einen A. auf den Gegner. **c)** (geh.) *anfällige Äußerung, Attacke:* ein unbeherrschter, bissiger A.; seine Ausfälle ließen sie kalt; es kam zu einem A. gegen das Komitee.

ausfallen /vgl. ausfallend; ausgefallen/: 1. ⟨etwas fällt aus⟩ *etwas fällt heraus:* die Samenkörner fallen bereits aus *(aus der Samenkapsel heraus);* ⟨etwas fällt jmdm. aus⟩ ihm sind die Haare, die Zähne ausgefallen. **b)** (ugs.) ⟨sich (Dativ) etwas a.⟩ *bei einem Sturz ausbrechen:* er hat sich bei dem Sturz zwei Zähne ausgefallen. 2. **a)** ⟨etwas fällt aus⟩ *etwas fällt weg:* die Einnahmen fallen in dieser Zeit aus. **b)** ⟨etwas fällt aus⟩ *etwas findet nicht statt:* die Schule, der Unterricht, die Sitzung fällt aus; die beiden ersten Schulstunden sind ausgefallen; er mußte den Vortrag wegen einer Erkältung a. lassen; etwas fällt aus wegen Nebel (ugs.: *findet nicht statt);* (scherzh.:) dieses Jahr ist der Winter ausgefallen *(es ist nicht sehr kalt geworden).* **c)** ⟨etwas fällt aus⟩ *etwas funktioniert plötzlich nicht mehr, setzt aus:* das Licht, der Strom, die Anlage, die Heizung fällt aus; der Motor, das Triebwerk ist ausgefallen. **d)** *ausscheiden:* zwei Rennwagen sind bereits durch Motorschaden ausgefallen; der Mittelstürmer fällt wegen einer Verletzung für die nächsten Spiele aus. **e)** *nicht verfügbar sein:* er ist [wegen Krankheit] wochenlang ausgefallen. 3. ⟨etwas fällt aus; mit Artangabe⟩ *etwas gerät, geht in bestimmter Weise aus, hat ein bestimmtes Ergebnis:* die Arbeit, Prüfung fiel gut aus; die Wahl ist ungünstig ausgefallen; mein Anteil ist recht klein, nach Wunsch, zu meiner Zufriedenheit ausgefallen; das Kleid fällt ein bißchen zu eng aus.

ausfallend: *beleidigend, unverschämt:* ausfallende Äußerungen; er wird leicht a.; er war sehr a. gegen ihn, ihm gegenüber.

ausfechten ⟨etwas a.⟩: *bis zur Entscheidung austragen:* einen Streit, einen Prozeß, einen Kampf a.; er soll die Angelegenheit mit seinem Kontrahenten selbst a.; einen Strauß mit jmdm. a. *(sich mit jmdm. heftig auseinandersetzen).*

ausfegen (bes. nordd.) ⟨etwas a.⟩: **a)** *durch Fegen entfernen:* den Schmutz a. **b)** *durch Fegen säubern:* die Stube, die Küche, den Flur a.

ausfeilen ⟨etwas a.⟩: **a)** *zurechtfeilen:* einen Schlüssel[bart] a.; übertr.: *stärker ausformen, vervollkommnen:* einen Aufsatz, eine Rede, eine Skizze a.; der Hochspringer hat eine ausgefeilte Technik. **b)** *durch Feilen herstellen:* ein Loch a.

ausfertigen (Papierdt.) ⟨etwas a.⟩: *ausstellen:* eine Urkunde, ein Protokoll a.; der Reisepaß ist am 15. Mai ausgefertigt worden.

Ausfertigung, die: 1. (Papierdt.) *das Ausfertigen:* die A. eines Dokuments, eines Testaments. 2. *ausgefertigtes Schriftstück:* einen Lebenslauf in einfacher, in doppelter A. einreichen.

ausfindig ⟨in der Verbindung⟩ jmdn., etwas ausfindig machen: *nach langem Suchen finden:* eine Adresse, den Aufenthaltsort von jmdm., ein nettes Urlaubsquartier a. machen.
ausfliegen: 1. *das Nest verlassen; fortfliegen:* die Jungen werden bald a.; die Alten sind ausgeflogen, um Futter zu holen; übertr.: die ganze Familie war ausgeflogen *(hatte die Wohnung, das Haus verlassen).* **2. a)** *aus einem Gebiet hinausfliegen:* die feindlichen Bomber fliegen [aus unserem Luftraum] wieder aus. **b)** ⟨jmdn., etwas a.⟩ *mit dem Flugzeug aus einem Gebiet wegbringen:* die Verwundeten wurden aus dem Kessel ausgeflogen.
Ausflucht, die: *Ausrede, Vorwand:* das ist nur eine A.; Ausflüchte machen; er beschwichtigte mich mit leeren, billigen Ausflüchten.
Ausflug, der: **1.** *Wanderung, Fahrt durch die Natur:* ein gemeinsamer, kleiner, weiter A.; ein A. zu Fuß, mit dem Dampfer, ins Grüne; einen A. machen, unternehmen; Sport: ein weiter A. in die gegnerische Hälfte; bildl.: es war ein A. in die Vergangenheit. **2.** *das Ausfliegen:* der A. der Bienen; der erste A. der Jungvögel.
Ausfluß, der: **1.** *das Ausfließen, Ausströmen:* den A. des Öls stoppen. **2.** *Stelle, an der etwas ausfließt:* der A. eines Sees; der A. des Beckens ist verstopft. **3.** (Med.) *ausfließende Absonderung:* ein grünlicher, übelriechender A.; A. haben; an A. leiden. **4.** (geh.) *Auswirkung, Folge:* wo nur ein A. seiner schlechten Laune, seiner überhitzten Phantasie.
ausfragen ⟨jmdn. a.⟩: *viele Fragen an jmdn. richten, um etwas zu erfahren:* jmdn. nach einem Sachverhalt, wegen einer Angelegenheit, über eine Person a.; ich lasse mich nicht [von dir] a.
ausfressen: 1. ⟨etwas a.⟩ *leer fressen:* der Hund hat seinen Napf ausgefressen. **2.** (ugs.) ⟨etwas a.⟩ *die Folgen tragen:* wir sollen die Sache jetzt a. * (ugs.:) **etwas ausgefressen haben** *(etwas angestellt, verbrochen haben):* er scheint schon wieder etwas ausgefressen zu haben.
Ausfuhr, die: ↑ Export.
ausführen: 1. ⟨jmdn. a.⟩ **a)** *spazierenführen:* einen Kranken, Blinden a.; er muß den Hund noch a. **b)** *mit jmdm. ausgehen [und ihn freihalten]:* jeden Sonntag führt er seine Freundin aus; wir müssen den Besuch einmal a.; übertr. (ugs. scherzh.): sie führt heute ein neues Kleid aus *(trägt es in der Öffentlichkeit).* **2.** ⟨etwas a.⟩ *ins Ausland verkaufen:* Waren, Südfrüchte a.; unser Land führt hauptsächlich Maschinen aus. **3.** ⟨etwas a.⟩ **a)** *verwirklichen:* einen Plan, eine Idee, einen Beschluß a.; er wollte seinen Vorsatz unbedingt a. **b)** *vollziehen, auftragsgemäß erledigen:* er hat seine Anordnung, den Auftrag wunschgemäß ausgeführt; die ausführende Gewalt *(Exekutive);* eine Arbeit, Reparaturen, eine Bestellung, Untersuchungen, eine Operation a.; Bauten a.; eine Bewegung, eine Drehung a. *(vollführen, machen);* Sport: einen Straf-, Freistoß, eine Ecke a. **4.** ⟨etwas a.; mit Artangabe⟩ *in bestimmter Weise gestalten, herstellen:* ein Bild in Öl, in Wasserfarben a.; eine stromlinienförmig ausgeführte Karosserie. **5.** ⟨etwas a.⟩ *[eingehend] darlegen:* der Redner führte aus, daß ...; er hatte umständlich, weitschweifig seine Gedanken ausgeführt.

ausführlich: *bis in alle Einzelheiten, eingehend, breit:* ein ausführlicher Brief, Bericht; die Beschreibung ist sehr a.; etwas a. darstellen, schildern, beantworten.
Ausführung, die: **1.** *das Ausführen:* die A. des Plans, des Vorhabens scheiterte; die A. aller anfallenden Arbeiten übernehmen. **2.** *Machart, Herstellungsweise; Qualität:* dieses Geschäft führt Anzüge in jeder, verschiedener, eleganter A.; Lederwaren, Textilien in bester A. **3.** *eingehende Darlegung:* langweilige, fesselnde Ausführungen; die Studenten folgten den Ausführungen des Vortragenden; er schloß seine Ausführungen mit den Worten ... ∗ (nachdrücklich:) **etwas kommt/gelangt zur Ausführung** *(wird ausgeführt)* · (nachdrücklich:) **etwas zur Ausführung bringen** *(ausführen).*
ausfüllen: 1. ⟨etwas a.⟩ **a)** *ganz füllen:* ein Loch mit Sand und Steinen a.; bildl.: die Lücke, die er hinterlassen hat, wird schwer auszufüllen sein. **b)** *ganz beanspruchen, einnehmen:* der Schrank füllt die Ecke fast ganz aus. **2.** ⟨etwas a.⟩ *mit den erforderlichen Eintragungen versehen:* ein Formular, einen Fragebogen a.; füllen Sie bitte die Anmeldung aus! **3.** ⟨etwas a.⟩ *hinbringen, verbringen:* die Stunden mit unnützen Spielereien a.; die Zeit bis zur Abfahrt a. **4.** ⟨etwas a.⟩ *einer Sache gewachsen sein, etwas beherrschen:* eine Stellung gewissenhaft, gut a.; er füllt seinen Posten aus. **5.** ⟨etwas füllt jmdn. aus⟩ *etwas nimmt jmdn. ganz in Anspruch, erfüllt jmdn.:* sein Beruf füllt ihn ganz aus; diese Aufgabe hat mich nicht ausgefüllt.
Ausgabe, die: **1.** *das Ausgeben:* die A. der Pässe, der Gutscheine erfolgt in der Zeit von ...; die A. von Proviant; Geldw.: die A. von neuen Banknoten; übertr. (Verkauf, Emission) von Aktien; übertr.: *das Bekanntgeben:* die A. eines Befehls. **b)** *Stelle, wo etwas ausgegeben wird:* die A. für Berechtigungsscheine befindet sich im 2. Stock, ist geschlossen. **2.** *ausgegebenes Geld, Kosten:* sie scheuen diese große A.; eine einmalige A.; ungewöhnliche, laufende Ausgaben; Ausgaben haben, bestreiten (geh.), scheuen; er hält die Ausgaben für den Lebensunterhalt niedrig. **3. a)** *Abdruck eines Werkes; Form der Veröffentlichung:* eine broschierte, gebundene, gekürzte, verbesserte, erweiterte, dreibändige A.; eine vollständige A. der Werke Brechts; eine A. letzter Hand *(letzte vom Autor selbst besorgte Ausgabe);* die Weimarer *(in Weimar herausgebrachte)* A. der Werke Goethes. **b)** *Nummer einer Zeitung:* die heutige, gestrige A. des Lokalanzeigers; die A. wurde beschlagnahmt; war sofort vergriffen; das steht in der letzten A. **c)** *(in Rundfunk oder Fernsehen) zu einer bestimmten Zeit des Tages regelmäßig gebrachte Sendung:* eine A. der Nachrichten, der Tagesschau. **4.** *Nachbildung von etwas, Ausführung:* eine viertürige A. dieses Modells; das ist eine verkleinerte A. des Originals.
Ausgang, der: **1. a)** *das Ausgehen:* einen A. machen; vom A. zurückkehren; jmdn. zum A. abholen. **b)** *Erlaubnis zum Ausgehen:* den Soldaten den A. sperren; die Rekruten haben, bekommen keinen A. **2.** (Bürow.) **a)** *das Abschicken:* die Post zum A. fertigmachen. **b)** *zum Abschicken vorbereitete Post:* die Ausgänge erledigen. **3. a)** *Tür, Öffnung, durch die man einen Raum verlassen kann:*

der hintere, seitliche A.; der Raum hat zwei Ausgänge; wir benutzen, nehmen den anderen A.; die Polizei bewachte, besetzte, schloß alle Ausgänge; er strebte (geh.) dem A. zu; er wartete am A. auf sie; ü b e r t r.; der A. des Magens; er hat einen künstlichen A. (Med.: *Darmausgang*). **b)** *anderes Ende:* am A. des Waldes; das Restaurant lag am A. der Ortschaft. **4.** *Ende, Schluß, Abschluß:* der A. des Verses, der Zeile; Spannungen traten erst am A., gegen A. dieser Epoche auf; eine Krankheit mit tödlichem A.; der A. des Kampfes ist ungewiß; auf den A. *(Ergebnis)* der Wahlen warten. **5** *Ausgangspunkt:* zum A. seines Gespräches, seiner Gedanken zurückkehren.
* (nachdrücklich:) *etwas nimmt von etwas seinen Ausgang (etwas geht von etwas aus).*

ausgeben: 1. ⟨etwas a.⟩ *[in offizieller Funktion] austeilen, verteilen:* Verpflegung, warme Kleidung an die Flüchtlinge a.; der Koch gibt das Essen aus; die Spielkarten a.; G e l d w.: Aktien a. *(zum Kauf anbieten);* neue Banknoten a. *(in Umlauf bringen);* ü b e r t r.: *bekanntgeben, verkünden:* eine Parole, einen Befehl, Direktiven a.; von wem sind diese Instruktionen ausgegeben worden? **2.** (ugs.) ⟨etwas a.⟩ *spendieren:* eine Runde, einen Schnaps a.; gib mal einen aus! **3.** ⟨etwas a.⟩ *Geld verbrauchen:* viel [Geld] für eine Liebhaberei a.; er hat in kurzer Zeit alles, den letzten Pfennig, ein Vermögen ausgegeben; er gibt sein Geld mit vollen Händen aus *(vergeudet es);* sie gibt gerne Geld aus *(ist verschwenderisch);* wieviel hast du für das Bild ausgegeben *(bezahlt)?* **4.** ⟨sich a.⟩ *sich verausgaben:* die Läufer haben sich völlig, restlos ausgegeben; der Europameister brauchte sich nicht voll auszugeben. **5.** ⟨jmdn., sich, etwas als/für jmdn., etwas a.⟩ *behaupten zu sein; fälschlich bezeichnen:* jmdn. als/für seinen Bruder a.; ihre Freundin gab sich für jünger, für unverheiratet aus; er wollte das Gerät als seine Erfindung a. **6.** ⟨etwas a.⟩ *zur Bearbeitung weggeben, außer Haus geben:* die Wäsche a.

ausgebucht: *bis zum letzten Platz belegt:* ein restlos ausgebuchtes Hotel; alle Flüge, die Fähren sind auf Wochen a.; die Maschine ist bereits a.; ü b e r t r.: der Künstler ist voll ausgebucht (ugs.; *hat keinen freien Termin mehr).*

ausgefallen: *extravagant, nicht alltäglich:* ein ausgefallenes Muster; seine Ideen sind sehr a.; das klingt ausgefallener, als es wirklich ist

ausgeglichen: a) *gleichbleibend, ohne Schwankungen:* ein ausgeglichenes Klima; der Markt ist a.; S p o r t: ein ausgeglichenes *(in allen Positionen gleich gut besetztes)* Team; die ersten beiden Runden waren a. *(brachten keinem der Spieler bzw. keiner Mannschaft Vorteile).* **b)** *harmonisch, nicht von Stimmungen abhängig:* ein ausgeglichener Mensch; er ist jetzt ausgeglichener als früher.

ausgehen: 1. a) *die Wohnung verlassen, einen Gang machen:* die Mutter ist ausgegangen, um einzukaufen; meine Nachbarin ist eben ausgegangen. **b)** *zu Vergnügungen gehen:* häufig, selten, mit Freunden a.; heute gehen wir mal nett, ganz groß (ugs.), schick (ugs.) aus. **c)** ⟨etwas geht aus; gewöhnlich im 1. Part.⟩ *etwas wird abgeschickt:* er hatte die Einladungen bereits a. lassen; die ausgehende Post. **2. a)** ⟨etwas geht von etwas aus⟩ *etwas nimmt seinen Ausgang, führt weg:*

von dem Platz gehen mehrere Straßen aus. **b)** ⟨von etwas a.⟩ *etwas zugrunde legen:* von der Tatsache, von der Annahme, von der Voraussetzung a., daß ...; gehen wir davon aus, wir könnten den Umsatz steigern. **c)** ⟨etwas geht von jmdm., von etwas aus⟩ *etwas rührt von jmdm., von etwas her:* die Anregung, der Gedanke, die Einladung ging vom Minister aus; das Gerücht war von Baracke 3 ausgegangen. **d)** ⟨etwas geht von jmdm., von etwas aus⟩ *etwas wird von jmdm., von etwas ausgeströmt, ausgestrahlt:* von dem Künstler geht ein ungewöhnliches Fluidum aus; von jmdm. geht Ruhe, Sicherheit aus; von dem Ofen ging eine behagliche Wärme aus; die Schmerzen waren von der Wirbelsäule ausgegangen. **3.** ⟨auf etwas a.⟩ *bezwecken, beabsichtigen, es auf etwas absehen:* auf Abenteuer a.; er geht nur auf Gewinn, Betrug aus; sein Plan geht nur darauf aus, die Produktion zu steigern. **4.** ⟨etwas geht aus; mit Umstandsangabe⟩ *etwas endet:* das Wort geht auf einen Vokal aus; die Sache ging gut, schlecht, unentschieden, mit einem Patt, wie das Hornberger Schießen *(ergebnislos)* aus; es hätte schlimmer a. können; wie ist das Spiel, die Unterredung ausgegangen? **5.** ⟨etwas geht aus⟩ *etwas erlischt, hört auf zu brennen:* das Feuer, der Ofen *(das Feuer im Ofen),* die Kerze, die Zigarre geht aus; plötzlich ging im Saal das Licht aus. **6.** ⟨etwas geht aus⟩ *etwas geht zu Ende, schwindet:* die Vorräte, Kohlen sind ausgegangen; der Treibstoff geht allmählich aus; ⟨etwas geht jmdm., einer Sache aus⟩ mir ist das Geld, die Geduld ausgegangen; ihm gehen die Haare aus *(er verliert sie);* adj. P a r t.: im ausgehenden Mittelalter. **7.** ⟨etwas geht aus etwas heraus⟩ **a)** *etwas geht aus etwas heraus:* die Farbe ist beim Waschen [aus der Decke] ausgegangen. **b)** (landsch.) *etwas verblaßt:* die Decke, der Stoff geht beim Waschen aus. **8.** (ugs.) ⟨etwas geht aus; mit Artangabe⟩ *etwas läßt sich ausziehen:* die Gummihandschuhe gehen schwer, leicht, gut aus.

ausgelassen: *lustig [und wild], übermütig:* ausgelassene Schüler; eine ausgelassene Stimmung; das Fest war sehr a.; sie sangen laut und a.

ausgemacht: 1. *sicher, gewiß:* das ist eine ausgemachte Sache; es ist noch nicht a., ob es wirklich so war; es gilt doch als a., daß wir abreisen. **2. a)** *ausgesprochen, besonders groß:* ein ausgemachter Dummkopf; das war ein ausgemachter Betrug. **b)** ⟨verstärkend vor Adjektiven⟩ *sehr, überaus:* es war ihr a. unheimlich.

ausgenommen ⟨Konj.⟩: *außer:* ich muß dem ganzen Buch widersprechen, a. dem Schluß/den Schluß a.; es waren alle da, a. er/er a.; er kommt bestimmt, es gibt Glatteis.

ausgerechnet ⟨Adverb⟩ (ugs.): *gerade* /drückt Unwillen, Ärger, seltener Bedauern aus/: a. jetzt kommt er!; muß das a. heute sein?; mußte das a. mir passieren!

ausgeschlossen: *unmöglich:* jeder Irrtum ist a.; es ist a., daß ...; ich halte das für ganz a.; a. [das geht nicht]!

ausgesprochen: a) *besonders groß; ausgeprägt:* sie war eine ausgesprochene Schönheit; eine ausgesprochene Vorliebe, Begabung, Abneigung; er hatte ausgesprochenes Pech. **b)** ⟨verstärkend vor Adjektiven⟩ *sehr, überaus:* ein a. schöner Film; das ist a. gemein.

ausgesucht: 1. a) *besonders groß:* er begrüßte ihn mit ausgesuchter Höflichkeit, Freundlichkeit. **b)** *sehr, überaus:* a. schöne Früchte; er ist ein a. höflicher Mensch. **2.** *erlesen, hervorragend:* ausgesuchte Weine; es war eine ausgesuchte Gesellschaft. **3.** *nicht mehr viel Auswahl bietend:* ausgesuchte Waren; die Stoffe sind schon sehr a.

ausgewachsen: *zur vollen Größe herangewachsen:* ein ausgewachsener Bursche; ausgewachsene Bäume; die Tiere sind in wenigen Wochen a.; übertr. (ugs.): ein ausgewachsener *(riesiger)* Skandal; ein ausgewachsener *(fertiger)* Jurist.

ausgewogen: *sorgfältig abgestimmt, harmonisch:* ein ausgewogenes Programm, Urteil; das Orchester ist klanglich a.

ausgezeichnet: *ganz hervorragend:* ein ausgezeichneter Arzt, Autofahrer, Skiläufer; der Wein, der Film ist a.; sie machte einen ausgezeichneten Eindruck; er kann a. kochen, tanzen.

ausgiebig: 1. *reichlich, beträchtlich; recht viel:* ein ausgiebiges Frühstück; ein ausgiebiger Mittagsschlaf; er machte von dem Angebot ausgiebigen Gebrauch; a. essen, spazierengehen; es hat a. geregnet. **2.** (veraltend) *ergiebig:* eine ausgiebige Sorte; dieses Fett ist recht a.

ausgießen ⟨etwas a.⟩: **1. a)** *etwas aus etwas gießen; weggießen:* das Wasser [aus dem Eimer] a.; den Rest können wir a.; übertr.: *ausschütten:* sie gossen ihren Spott über ihn aus. **b)** *durch das Ausgießen einer Flüssigkeit leer machen:* den Eimer, die Kanne a. **2.** *mit einer flüssigen, später erstarrenden Masse füllen:* Fußspuren a.; wir haben die Risse mit Zement, mit Teer ausgegossen.

Ausgleich, der: *das Ausgleichen:* ein geschickter, vernünftiger, sozialer, gerechter A.; ein A. kam nicht zustande; einen A. für etwas schaffen, herbeiführen; er sah einen A. darin, daß ...; auf [einen] A. bedacht sein; als A. für ...; er bemühte sich um einen A. der Gegensätze; es kam zu einem A. der Spannungen; als/zum A. *(um etwas wettzumachen)* treibt er regelmäßig Sport; Kaufmannsspr.: zum/als A. *(Begleichung, Verrechnung)* Ihrer Rechnung überwiesen wir Ihnen ...; Sport: *Tor, das das Torverhältnis ausgleicht:* der A. fiel kurz vor Spielschluß; der Mannschaft gelang der verdiente A.; den A. erzielen.

ausgleichen: 1. ⟨etwas a.⟩ **a)** *durch Ausgleichen beseitigen:* Unebenheiten, Niveauunterschiede a. **b)** *Gegensätze durch Vermitteln o. ä. mildern oder beseitigen:* Spannungen, Differenzen, einen Konflikt, soziale Unterschiede a.; den Mangel an Bewegung durch Gymnastik a. *(wettmachen);* Kaufmannsspr.: eine Rechnung a. *(begleichen);* Geldw.: ein Konto a. *(Soll- und Habenseite auf den gleichen Stand bringen);* (ohne Akk.) Sport: *das gleiche Torverhältnis herstellen:* kurz vor dem Schlußpfiff hat der Gegner ausgeglichen; er konnte zum 2:2 a. **2.** ⟨etwas gleicht sich aus⟩ *Gegensätzliches, Unterschiedliches, Nachteiliges hebt sich auf:* Einnahmen und Ausgaben gleichen sich aus; dieser Nachteil gleicht sich dadurch aus, daß ...

ausgleiten (geh.) **1.** *ausrutschen:* er glitt auf den feuchten Blättern aus. **2.** ⟨etwas gleitet jmdm. aus⟩ *etwas rutscht jmdm. aus der Hand:* der Hammer, das Messer glitt ihm aus.

ausgraben ⟨jmdn., etwas a.⟩: *durch Graben aus der Erde herausholen:* einen Toten wieder a.; sie gruben einige Kisten aus; Pflanzen [mit der Wurzel] a.; Archäol.: Tontafeln, eine Amphore a.; sie gruben Teile eines Tempels aus *(legten sie frei);* übertr.: *Vergessenes wieder hervorholen:* eine alte Bestimmung a.; er grub eine Melodie aus den zwanziger Jahren aus.

aushaken: a) ⟨etwas a.⟩ *loshaken:* einen Fensterladen, eine Kette a.; der Reißverschluß ist ausgehakt. **b)** ⟨etwas hakt sich aus⟩ *etwas hakt sich los:* der Reißverschluß hat sich ausgehakt. *∗* (ugs.:) **es hakt bei jmdm. aus: a)** *(jmd. verliert die Nerven).* **b)** *(jmd. hat kein Verständnis für die Handlungsweise eines anderen)*

aushalten: 1. a) ⟨etwas a.⟩ *in der Lage sein, etwas zu überstehen; ertragen:* Strapazen leicht, schwer, mit Mühe a.; Hunger, Durst, Schmerzen, Spannungen a.; viel a. können; sie hielt seinen Blick aus *(hielt ihm stand);* diese Ware hält den Vergleich mit der anderen aus *(ist von gleicher Güte);* R: das hältst du nicht aus! (ugs.; *das ist unglaublich!)* ⟨mit unpersönlichem es⟩ es vor Hitze nicht a. können; er hält es nirgends lange aus *(bleibt nirgendwo lange);* hier läßt es sich a./kann man es a. *(hier ist es schön);* mit ihm ist es in letzter Zeit nicht mehr auszuhalten; subst.: es ist nicht zum Aushalten mit diesen Leuten. **b)** *durchhalten, [bis zum Ende] bleiben:* tapfer, bis zum letzten Mann a.; sie hat bei ihm ausgehalten, bis er starb. **2.** ugs. ⟨jmdn. a.⟩ *jmds. Lebensunterhalt bezahlen, den man damit von sich abhängig macht:* eine Geliebte a.; er läßt sich von der Witwe a.; er wird von seiner Freundin ausgehalten. **3.** ⟨etwas a.⟩ *eine bestimmte Zeit erklingen lassen:* einen Ton lange a. [können].

aushandeln ⟨etwas a.⟩: *vereinbaren, festlegen:* Bedingungen a.; den Preis, einen Vertrag, einen Kompromiß a.; neue Tarife wurden zwischen beiden Parteien ausgehandelt.

aushändigen ⟨jmdm. etwas a.⟩: *[offiziell] übergeben:* er händigte mir das Geld, die Quittung, die Papiere aus; der Polizist ließ sich die Autoschlüssel a.; ⟨selten: an jmdn. etwas a.⟩ er händigte den Schlüssel an den Hausmeister aus.

Aushang, der: *öffentlich ausgehängte Bekanntmachung:* die neuen Aushänge lesen; einen A. machen; der genaue Termin wird durch A. bekanntgegeben.

¹aushängen, hing aus, ausgehangen ⟨etwas hängt aus⟩: *etwas ist [öffentlich] zur allgemeinen Beachtung angebracht:* der Zeitplan hängt am Schwarzen Brett aus; das Aufgebot hängt im Kasten aus.

²aushängen, hängte ausgehängt: **1.** ⟨etwas a.⟩ *öffentlich, an einem Aushangbrett anbringen:* Verordnungen, Bilder [im Schaufenster] a. **2.** ⟨etwas a.⟩ *aus der Haltevorrichtung herausnehmen:* die Tür a.; der Telefonhörer war ausgehängt. **b)** ⟨etwas hängt sich aus⟩ *etwas löst sich aus einer Haltevorrichtung:* der Fensterladen hat sich ausgehängt. **3.** (ugs.) ⟨jmdm., sich etwas a.⟩ *verrenken:* ich habe mir den Arm, das Kreuz ausgehängt. **4.** ⟨etwas hängt sich aus⟩ *etwas glättet sich wieder durch Hängen:* das Kleid hängt sich wieder aus, hat sich ausgehängt.

Aushängeschild, das: *vorgeschobene Person*

oder Sache, die sich vorteilhaft für jmdn. oder etwas ausnimmt: er dient nur als A. für dieses Unternehmen; wir können seinen Namen als A. benutzen; er ist das A. des Vereins.
ausharren (geh.): *geduldig warten und nicht fortgehen, aushalten:* die Angehörigen harren am Unglücksschacht aus; er hatte auf seinem Posten bis zuletzt ausgeharrt.
ausheben: 1. ⟨etwas a.⟩ *aus einer Haltevorrichtung heben, herausnehmen:* eine Tür, einen Fensterladen a. 2. (ugs.) ⟨jmdn., sich etwas a.⟩ *verrenken:* ich habe mir beim Turnen den Arm, die Schulter ausgehoben. 3. ⟨etwas a.⟩ **a)** *aus dem Nest nehmen:* Eier, Junge a. **b)** *durch das Herausnehmen der Eier leer machen:* ein Nest a.; bildl.: die Polizei hob das Verbrechernest aus; übertr.: die Polizisten haben die Gangster, die Bande ausgehoben *(unschädlich gemacht).* 4. (veraltet) ⟨jmdn. a.⟩ *zum Soldatendienst einziehen:* Rekruten, 5 000 Mann a. 5. ⟨etwas a.⟩ **a)** *grabend, schaufelnd aus der Erde holen:* Erde, Sand a.; sie hatten den Bäumen mit den Wurzeln ausgehoben. **b)** *graben:* ein Grab a.; die Soldaten hoben neue Schützengräben aus. 6. (ugs.) ⟨jmdm. etwas a.⟩ *auspumpen:* dem Kranken den Magen a.
aushecken (ugs.) ⟨etwas a.⟩: *sich mit List ausdenken; ersinnen:* Streiche, einen Scherz, einen Plan, ein Komplott a.; wer weiß, was sie wieder ausgeheckt haben.
aushelfen: a) ⟨jmdm. a.⟩ *aus einer momentanen Notlage helfen:* können Sie mir mit 50 Mark a.?; die Leute halfen sich [gegenseitig]/(geh.:) einander kameradschaftlich aus. **b)** (meist mit Umstandsangabe) *vorübergehend helfen, einspringen:* in der Erntezeit auf dem Lande, beim Bauern a.; er hilft zur Zeit im Ersatzteillager aus.
Aushilfe, die: **a)** *das Aushelfen:* jmdn. um A. bitten; sie ist oft zur A. da. **b)** *jmd., der Aushilfsarbeiten macht:* sie ist in einem Warenhaus als A. tätig; A. gesucht.
ausholen: 1. *mit einer schwungvollen Bewegung zu etwas ansetzen:* mit der Hand, zum Schlag, zum Wurf a.; die Pferde holen aus *(greifen aus);* adj. Part.: *groß, raumgreifend:* mit ausholenden Schritten, Bewegungen; übertr.: *zu etwas ansetzen:* die Truppen holen zum Gegenschlag aus. 2. *mit sehr Entferntem beginnen, mit langer Vorgeschichte erzählen:* der Professor holte weit aus. 3. (ugs. landsch.) ⟨jmdn. a.⟩ *ausfragen:* die Nachbarn a.; ich lasse mich doch nicht von dir a.
aushorchen ⟨jmdn. a.⟩: *ausfragen:* die Leute a.; jmdn. über etwas, über jmdn. a.
auskennen ⟨sich a.⟩: *gewöhnlich mit Umstandsangabe) vertraut sein, sich zurechtfinden:* sich gut, schlecht, kaum in einer Stadt a.; ich kenne mich hier, in dieser Branche mit diesen Maschinen nicht aus; er kannte sich bei Frauen gut aus *(wußte, wie man sie behandelt);* mit ihm kenne ich mich nicht mehr aus *(ich weiß nicht mehr, woran ich bei ihm bin);* wer soll sich da noch a.!
auskippen ⟨etwas a.⟩: **a)** *ausschütten:* die Zigarettenstummel, das Wasser a.; er kippte den Inhalt des Korbes auf den Boden aus. **b)** *durch das Ausschütten des Inhalts leer machen:* den Aschenbecher, den Eimer a.
ausklammern: 1. (Math.) ⟨etwas a.⟩ *vor oder hinter die eingeklammerte algebraische Summe*

stellen: eine Zahl, x a. 2. ⟨jmdn., etwas a.⟩ *beiseite lassen, ausschließen:* eine Frage, ein Thema, ein Problem a.; die Person des Erzählers ist dabei bewußt ausgeklammert worden.
auskleiden: 1. (geh.) ⟨jmdn., sich a.⟩ *ausziehen:* einen Kranken a.; sie hatte sich bereits ausgekleidet. 2. ⟨etwas a.⟩ *ausschlagen, mit etwas versehen:* ein Zimmer mit einer Seidentapete a.; der Ofen ist mit Schamottesteinen ausgekleidet.
ausklingen ⟨etwas klingt aus⟩: 1. *etwas verklingt:* das Lied klingt aus; der Ton war/hatte ausgeklungen. 2. *etwas endet:* das Fest klang harmonisch, bei Einbruch der Dunkelheit aus; seine Rede klang aus in der Mahnung ...; sie ließen den Tag mit einer Serenade a.
ausklügeln ⟨etwas a.⟩: *mit Scharfsinn ersinnen, ausdenken:* einen Plan genau, sorgfältig, fein a.; ein raffiniert ausgeklügeltes Verbrechen, System.
ausknipsen (ugs.) ⟨etwas a.⟩: *ausmachen:* die Lampe, das Licht a.
ausknobeln ⟨etwas a.⟩: 1. (ugs.) *durch Knobeln, Würfeln entscheiden:* wir knobeln aus, wer bezahlen muß. 2. (ugs.) **a)** *ersinnen:* einen Plan a.; ⟨sich (Dativ) etwas a.⟩ wer hat sich das bloß ausgeknobelt? **b)** *lösen:* eine Aufgabe a.
auskochen ⟨etwas a.⟩: 1. *kochen lassen, um daraus eine Brühe zu gewinnen:* Knochen, ein Stück Suppenfleisch a. 2. **a)** *durch Kochen vom Schmutz befreien:* Hemden, ein Tischtuch a. **b)** *durch Kochen steril machen:* die Instrumente, die Babyfläschchen müssen ausgekocht werden. 3. (ugs.) *etwas [Übles] ersinnen:* eine Betrügerei a.; ich bin gespannt, was sie ausgekocht haben.
auskommen: a) ⟨mit etwas a.⟩ *so viel von etwas haben, daß es genügt:* mit den Vorräten gut a.; er ist mit seinem Geld nie ausgekommen. **b)** ⟨mit jmdm. a.⟩ *sich verstehen, sich vertragen:* mit den Schülern, gut, schlecht, gar nicht a.; wir kommen glänzend miteinander aus; mit ihm ist nicht auszukommen. **c)** ⟨ohne jmdn., ohne etwas a.⟩ *nicht brauchen, unabhängig sein:* ohne fremde Hilfe a.; ich komme ohne dich nicht aus.
Auskommen, das: *Verdienst, Lebensunterhalt:* ein gutes, anständiges, reichliches A. haben; er hat sein A.; er fand ein sicheres A. ∗ **mit jmdm. ist kein Auskommen** *(jmd. ist unverträglich).*
auskosten (geh.) ⟨etwas a.⟩: 1. *voll genießen:* die Urlaubstage, die Freuden des Lebens, jede Sekunde a.; er kostete seinen Sieg, seinen Triumph aus. 2. ⟨gewöhnlich in Verbindung mit *müssen*⟩ *erleiden:* den Schmerz bis zur Neige a. müssen.
auskratzen ⟨etwas a.⟩: **a)** *durch Kratzen entfernen:* Buchstaben, Schmierereien mit dem Messer a. **b)** *durch Kratzen von etwas befreien:* die Bratpfanne, die Schüssel a.
auskundschaften ⟨etwas a.⟩: *[heimlich] durch Nachforschen herausfinden, erkunden:* ein Versteck, die feindlichen Stellungen, eine günstige Gelegenheit a.; wir werden seine Meinung zu diesem Projekt auskundschaften.
Auskunft, die: **a)** *aufklärende Mitteilung, Unterrichtung, Antwort auf eine Anfrage:* eine ausführliche, zuverlässige, vertrauliche, ungenügende A.; eine ungenaue A. erhalten, bekommen, geben, erteilen (geh.); über eine Firma erbitten, einholen; er bat ihn um nähere Auskünfte; der Angeklagte verweigerte jede A. **b)** *Stelle, wo*

Auskünfte gegeben werden: wo ist hier die A.?; die A. ist geschlossen, nicht besetzt; er rief die A. an; sich bei/in der A. erkundigen.

auskurieren ⟨jmdn., sich, etwas a.⟩: *vollständig heilen:* einen Patienten, ein Leiden a.; der Arzt hat meinen Fuß wieder auskuriert; es dauerte einige Zeit, bis er sich wieder auskuriert hatte.

auslachen ⟨jmdn. a.⟩: *sich lachend über jmdn. lustig machen:* jmdn. laut, gründlich wegen seiner Haare a.; laß dich [mit deiner Ansicht] nicht a.! *(mach dich nicht lächerlich [damit]!);* lachen Sie mich an oder aus?

¹ausladen ⟨jmdn., etwas a.⟩: **a)** *die Ladung, Fracht herausnehmen:* Kartoffeln, Kisten, Waren [aus dem Waggon] a.; die Möbel müssen vorsichtig ausgeladen werden; Truppen a. **b)** *durch Herausnehmen der Ladung, Fracht leer machen:* das Auto, den Möbelwagen, das Schiff a.

²ausladen (ugs.) ⟨jmdn. a.⟩: *die Einladung rückgängig machen:* nach dieser Sache haben wir die beiden wieder ausgeladen.

ausladend: a) *weit hervortretend:* ausladende Äste, Konsolen. **b)** *ausholend:* ausladende Gesten, Bewegungen.

Auslage, die: **1. a)** *ausgestellte Ware:* reichhaltige, prächtige Auslagen; seine Frau bewunderte die A. des Juweliers. **b)** *Schaufenster, Schaukasten:* sie haben ein schönes Kleid in der A.; ich werde Ihnen das Stück aus der A. herausnehmen. **2.** ⟨Plural⟩ *ausgelegtes Geld:* die Auslagen sind sehr hoch; er vergütete, erstattete, ersetzte ihm seine Auslagen. **3.** (Sport) *typische Körperhaltung, Stellung:* in welcher A. boxt er?; der Fechter geht in die A. *(Ausgangsstellung).*

Ausland, das: *außerhalb der eigenen Staatsgrenzen liegendes Gebiet:* im A. arbeiten, leben; ins A. reisen; er mußte ins A. gehen *(mußte emigrieren);* Waren aus dem A., für das A.; der Handel mit dem A.; ü b e r t r.: das A. *(die Ausländer, ausländische Regierungen)* verhält sich neutral.

Ausländer, der: *Angehöriger eines fremden Staates:* naturalisierte A.; er ist A.

ausländisch: *das Ausland betreffend, aus dem Ausland:* ausländische Erzeugnisse; ausländische Arbeitnehmer, Mitbürger; er zahlte in ausländischer Währung.

auslassen /vgl. ausgelassen/: **1.** ⟨etwas a.⟩ *weglassen:* beim Abschreiben einen Satz versehentlich a.; er ließ keinen Schüler bei der Verteilung aus *(überging keinen);* eine gute Gelegenheit, eine Chance a. *(sich entgehen lassen).* **2.** (selten) ⟨etwas a.⟩ *herauslassen:* Wasser, den Dampf [aus dem Kessel] a. **3.** ⟨etwas an jmdm. a.⟩ *ungehemmt fühlen, entgelten lassen:* sie ließ ihre Launen an den Verkäuferinnen aus; er hat seine Wut, seinen Ärger darüber an den Untergebenen ausgelassen. **4.** ⟨sich über jmdn., über etwas a.⟩ *gewöhnlich mit Artangabe) sich äußern:* sich wohlwollend, lobend, lang und breit (ugs.), weitläufig über jmds. Arbeit a.; er hat sich nicht näher über die Vorfälle ausgelassen. **5.** ⟨etwas a.⟩ *durch Auftrennen einer Naht länger, weiter machen:* das Kleid, die Ärmel a.; die Mutter ließ den Saum 5 Zentimeter aus. **6.** ⟨etwas a.⟩ *zergehen lassen:* Butter, Speck a. **7.** (südd., österr.) **a)** ⟨jmdn., etwas a.⟩ *loslassen:* der Hund ließ den Maulwurf aus. **b)** ⟨jmdn. a.⟩ *in Ruhe lassen:* er ließ mich erst aus, als ich ihm die

Geschichte erzählt hatte. **8.** (ugs.) ⟨etwas a.⟩ **a)** *(ein Kleidungsstück) nicht anziehen:* die Handschuhe, den Mantel a. **b)** *nicht anstellen, nicht einschalten, nicht in Gang setzen:* den Motor, das Radio a.; er ließ das Licht aus; den Ofen a.

auslaufen: 1. *den Hafen verlassen, in See stechen:* wir laufen morgen, pünktlich, von Überseehafen aus; das Schiff ist bereits ausgelaufen. **2.** ⟨etwas läuft aus⟩ **a)** *etwas fließt aus:* das Benzin, die Kühlflüssigkeit läuft aus; das Wasser ist aus dem Faß ausgelaufen. **b)** *etwas läuft leer:* der Topf, das Faß läuft aus; die Flasche fiel um und lief aus; ⟨etwas läuft jmdm. aus⟩ mir ist die Parfümflasche ausgelaufen. **3.** ⟨etwas läuft aus⟩ *etwas kommt zum Stillstand:* er wartete, bis das Schwungrad ausgelaufen war; den Motor, die Maschine a. lassen; S p o r t: *die Geschwindigkeit nach dem Ziel abbremsen:* er durchreißt als erster das Zielband und läuft locker aus. **4. a)** ⟨etwas läuft aus⟩ *etwas geht zu Ende, endet:* die Produktion dieses Modells ist ausgelaufen; der Mietvertrag, seine Amtszeit läuft am 1. Mai, Ende April aus. **b)** ⟨etwas läuft aus; mit Artangabe⟩ *etwas nimmt einen bestimmten Ausgang:* das Gespräch lief in einen bösen Streit aus; die Sache ist gut, unglücklich ausgelaufen. **c)** ⟨etwas läuft aus; mit Artangabe⟩ *etwas mündet in etwas ein, geht in etwas über:* etwas läuft spitz, in eine Spitze aus. **5.** ⟨sich a.⟩ *sich Bewegung verschaffen:* ich laufe mich abends, nach Dienstschluß gern ein wenig aus; wir haben uns ordentlich ausgelaufen. **6.** ⟨etwas läuft aus⟩ *etwas verläuft, verwischt sich:* die Farbe, die Schrift läuft aus.

auslegen: 1. ⟨etwas a.⟩ *hinlegen, in die für einen bestimmten Zweck notwendige Lage bringen:* Tücher als Markierung für eine Abwurfstelle a. *(ausgebreitet hinlegen);* neue Kabel a.; einen Köder, Schlingen, Reusen a.; er hatte auf seinem Grundstück Rattengift ausgelegt; Schmuckstücke in einer Vitrine a. *(zur Ansicht hinlegen, ausstellen);* eine Liste, Kondolenzliste a. **2.** ⟨etwas a.⟩ **a)** *mit einer Auflage, einem Belag versehen; bedecken:* eine Backform [mit Pergamentpapier] a.; den Schrank mit Papier a.; wir haben unsere Wohnung [mit Teppichboden] a. lassen. **b)** *durch Einlegearbeiten verzieren:* eine Tischplatte mit Elfenbein a.; das Schachbrett war reich ausgelegt. **3.** ⟨etwas a.⟩ *vorläufig für etwas bezahlen:* einen Betrag, eine Summe a.; kannst du mir/für mich 50 Mark a.? **4.** ⟨etwas a.⟩ *deuten, erklären:* eine Stelle falsch, richtig a.; die Bibel, ein Gesetz a.; ⟨jmdm. etwas als etwas a.⟩ jmdm. etwas als Feigheit a.; ⟨auch ohne Dat.⟩ er hat meine Nachgiebigkeit als Furcht ausgelegt. **5.** ⟨etwas a.; gewöhnlich mit Artangabe⟩ *anlegen:* die Federung ist straff ausgelegt; die Kapazität des Werks ist auf 20 000 Fahrzeuge ausgelegt.

ausleihen: 1. ⟨jmdm./(selten:) an jmdn. etwas a.⟩ *leihen:* ich habe ihm den Plattenspieler, meine Luftmatratze ausgeliehen; er lieh seine Platten an seine Freunde aus; ⟨auch ohne Dat.⟩. sie leiht ihre Sachen nicht aus; der Verein hat einen Spieler ausgeliehen. **2.** ⟨sich (Dativ) etwas a.⟩ *sich leihen:* ich werde mir das Zelt [bei ihm, von ihm] ausleihen.

auslernen: *die Lehre beenden:* er hat noch nicht ausgelernt; R: man lernt [im Leben] nie aus

(macht immer wieder neue Erfahrungen); adj. Part.: er ist ausgelernter Koch.
¹auslesen ⟨etwas a.⟩: **a)** *aussondern:* die faulen Kartoffeln a. **b)** *auswählen:* die besten Früchte a. **c)** *von den schlechten, unbrauchbaren Stücken befreien:* Erbsen, Bohnen a.
²auslesen ⟨etwas a.⟩: *zu Ende lesen:* einen Roman a.; hast du das Buch schon ausgelesen?; ausgelesene Zeitungen.
ausliefern: 1. (Kaufmannsspr.) ⟨[etwas] a.⟩ *zum Verkauf an den Handel liefern:* Bücher, Elektrogeräte a.; am 5. Mai liefern wir aus. **2.** ⟨jmdm./an jmdn., einer Sache/an eine Sache jmdn., sich, etwas a.⟩ *[auf eine Forderung hin] übergeben:* Unterlagen dem Geheimdienst, an den Geheimdienst a.; einen Mörder dem Gericht, der Gerechtigkeit a. *(überantworten);* sie hatten sich ohne Bedenken dem Bergführer ausgeliefert; sie waren dem Erpresser, der feindlichen Macht wehrlos ausgeliefert *(preisgegeben, überlassen);* an dem verlassenen Ort waren sie ihrem Schicksal ausgeliefert; ⟨auch ohne Dat. oder Präp.-Obj.⟩ dieses Land liefert politische Flüchtlinge nicht aus.
ausliegen ⟨etwas liegt aus⟩: *etwas ist [zur Ansicht, Einsichtnahme] hingelegt:* im Schaufenster liegen kostbare Schmuckstücke aus; wo liegen die Wahllisten aus?
auslöffeln ⟨etwas a.⟩: **a)** *mit dem Löffel herausessen:* mißmutig, lustlos die Suppe a.; **bildl.:** sie müssen a., was sie sich eingebrockt haben (ugs.; *müssen die Folgen ihres Tuns tragen*). **b)** *mit dem Löffel leer essen:* einen Teller [Suppe] a.
auslöschen: 1. ⟨etwas a.⟩ *löschen, ausmachen:* das Feuer a.; sie löschte die Kerzen, das Licht aus. **2.** ⟨etwas a.⟩ *wegwischen:* er löschte das Geschriebene, die Zeichnung [an der Tafel] wieder aus. **3.** (geh.) ⟨jmdn., etwas a.⟩ *verschwinden lassen, beseitigen:* alle Spuren a.; er wollte die Schmach a.; die Erinnerung an diesen Dichter ist ausgelöscht worden *(aus dem Bewußtsein gedrängt worden);* ein Menschenleben a.; ganze Familien wurden im Krieg ausgelöscht.
auslosen ⟨jmdn., etwas a.⟩: *durch Losen ermitteln:* die Reihenfolge, die Gewinner, die Teilnehmer a.; wir losen aus, wer beginnt.
auslösen: 1. (südd., österr.) ⟨etwas a.⟩ *aus etwas herauslösen:* die Knochen [aus dem Fleisch] a. **2.** (veraltend) **a)** ⟨jmdn.⟩ *loskaufen:* Gefangene a. **b)** ⟨etwas a.⟩ *einlösen:* ein Pfand a.; sie löste den Ring im Pfandhaus aus. **3. a)** ⟨etwas a.⟩ *in Gang setzen, betätigen:* das Schlagwerk einer Uhr, den Verschluß eines Fotoapparates a.; er löste durch Knopfdruck den Alarm aus; der Pilot hatte die Bomben ausgelöst; **übertr.:** eine Kettenreaktion, im Verkehrschaos, Proteste, Angst a. *(hervorrufen).* **b)** ⟨etwas löst sich aus⟩ *etwas kommt in Gang:* die Alarmanlage löst sich automatisch aus. **4.** ⟨etwas löst etwas aus⟩ *weckt etwas, ruft etwas hervor:* die Begegnung löste in ihr Erinnerungen, seltsame Gefühle aus; er hatte mit seiner Rede Heiterkeit, Begeisterung, Entrüstung, Besorgnis, Befriedigung, Beifall ausgelöst.
ausmachen /vgl. ausgemacht/: **1.** (westmd.) ⟨etwas a.⟩ *aus der Erde herausholen:* Kartoffeln, Rüben a. **2.** (derb) ⟨sich a.⟩ *seine Notdurft verrichten:* hinter dem Schuppen hatte sich jemand ausgemacht. **3.** ⟨etwas a.⟩ **a)** *ausschalten, abstellen:*

die Lampe, das Licht, den Ventilator, das Radio a.; ich habe vergessen, den Fernseher auszumachen. **b)** *zum Erlöschen bringen:* die Kerzen, das Feuer a. **4. a)** ⟨etwas a.⟩ *vereinbaren:* einen Termin, einen Treffpunkt, ein Erkennungszeichen, einen Preis a.; das ist mit dem Betriebsrat, zwischen uns ausgemacht worden; eine ausgemachte *(beschlossene)* Sache; es war, galt als ausgemacht *(beschlossen).* **b)** ⟨etwas a.; gewöhnlich mit Umstandsangabe⟩ *austragen, klären:* einen Streit vor Gericht a.; wir haben die Sache unter uns/untereinander ausgemacht; etwas mit sich selbst, mit sich allein a. *(mit etwas allein fertig werden).* **5.** ⟨jmdn., etwas a.⟩ *[in der Ferne] erkennen, entdecken:* einen Dampfer, feindliche Flugzeuge, Heringsschwärme a.; es läßt sich nicht mehr a. *(feststellen),* warum das Triebwerk nicht zündete; ein Quartier a. (veraltend; *besorgen).* **6. a)** ⟨jmdn., etwas a.⟩ *das sein, was das Wesen einer Sache oder Person ist, ausmacht; darstellen, bilden:* Seen und Wälder machen den Zauber dieser Landschaft aus; die Mieteinnahmen machen den Hauptanteil seines Einkommens aus; ihm fehlte alles, was einen großen Künstler ausmacht. **b)** ⟨etwas macht etwas aus⟩ *etwas beträgt:* die Entfernung macht etwa 5 km aus; alles zusammen macht 300 Mark aus. **7.** ⟨etwas macht etwas aus⟩ *etwas ist von Belang, spielt eine Rolle:* die neue Tapete macht viel aus *(ist sehr vorteilhaft);* es macht nichts aus, wenn Sie etwas später kommen; bei diesen Beträgen macht das kaum etwas aus; ⟨etwas macht jmdm., einer Sache etwas aus⟩ würde es Ihnen etwas a., wenn Sie sofort zahlten?; das macht mir nichts aus.
ausmalen: 1. ⟨etwas a.⟩ **a)** *mit Farbe ausfüllen, farbig machen:* die Figuren (in einem Malbuch) a. **b)** *die Innenseiten von etwas bemalen:* einen Raum, das Theaterfoyer a. **2.** ⟨etwas a.⟩ *schildern:* die Folgen breit, bis ins einzelne, anschaulich a.; ⟨jmdm. etwas a.⟩ er hatte ihm seine Erlebnisse in den grellsten Farben ausgemalt. **3.** ⟨sich (Dativ) etwas a.⟩ *sich etwas vorstellen:* ich male mir [in meiner Phantasie] den Urlaub aus; ich hatte mir schon ausgemalt, wie es werden würde.
Ausmaß, das: *Größe, Ausdehnung:* das gewaltige A. des Baugeländes; Berge von mächtigen Ausmaßen; die Ausmaße der Fläche sind gigantisch; **übertr.:** *Größe, Umfang:* das A. der Zerstörung ist noch nicht bekannt; erschreckende Ausmaße annehmen; bis zu einem bestimmten A.; mit Wärmeverlust in diesem A. hatten wir nicht gerechnet; eine Katastrophe grauenvollen Ausmaßes/von grauenvollem A.
ausmerzen ⟨etwas a.⟩: **a)** *ausrotten, vertilgen:* Schädlinge, Unkraut a. **b)** *tilgen, beseitigen:* Spuren, Fehler, überflüssige Fremdwörter [aus einer Arbeit] a.; die anstößigen Stellen sind ausgemerzt worden; **übertr.:** ich habe es aus meiner Erinnerung ausgemerzt.
ausmessen ⟨etwas a.⟩: *die Ausdehnung, die Maße von etwas feststellen:* eine Wand, den Balkon, Boden a.; **übertr.:** er maß mit schnellen Schritten das Zimmer aus *(durchquerte es).*
Ausnahme, die: *Sonderfall, Abweichung vom Üblichen, von der Regel:* das ist eine große A., muß eine A. bleiben; R: Ausnahmen bestätigen die Regel · eine A. machen, zulassen, gelten las-

sen; wir machen bei ihm, mit ihm, für ihn eine A. *(behandeln ihn, seinen Fall anders);* die Anordnung gestattet keine A.; Sie bilden da keine A.!; mit A. des Sonntags *(Sonntag ausgenommen);* mit A. von Peter ...; alle Teilnehmer ohne A.; sie kamen ohne A. *(ausnahmslos);* von gelegentlichen, kleinen Ausnahmen abgesehen; er, sie gehört zu den wenigen Ausnahmen.

ausnahmsweise ⟨Adverb⟩: *abweichend von der Regel:* der Zug fährt a. von Bahnsteig 3 ab; ich werde es dir a. einmal erlauben; ⟨mit Verbalsubstantiven auch attributiv⟩ eine ausnahmsweise Aufhebung des Verbotes.

ausnehmen /vgl. ausnehmend und ausgenommen/: **1. a)** ⟨etwas a.⟩ *etwas aus etwas nehmen:* Eier a. *(aus dem Nest herausnehmen);* der Imker nimmt den Honig aus. **b)** ⟨etwas a.⟩ *durch Herausnehmen des Inhalts leer machen:* Nester von Vögeln a. **c)** ⟨ein Tier a.⟩ *die Eingeweide eines geschlachteten Tiers entfernen:* ein Huhn, eine Gans a.; der Fisch muß noch ausgenommen werden. **2.** (ugs.) ⟨jmdn. a.⟩ *das Geld abnehmen, ausplündern:* sie nahm ihre Liebhaber tüchtig aus; die Kerle haben mich beim Pokern [wie eine Weihnachtsgans] ausgenommen. **3.** ⟨jmdn., sich, etwas a.⟩ *ausschließen, gesondert behandeln:* alle haben Schuld, ich nehme mich nicht aus; Anlieger [sind von dem Durchfahrverbot] ausgenommen. **4.** (geh.) ⟨sich a.; mit Artangabe⟩ *wirken, einen bestimmten Eindruck machen:* das Bild nimmt sich hier gut, schlecht, prächtig aus; wie nimmt sie sich als Chefin aus?

ausnehmend (geh.): **a)** *besonders groß:* eine Frau von ausnehmender Schönheit. **b)** *überaus, sehr:* es hat mir a. gut gefallen; sie ist a. klug.

ausnutzen, (bes. südd., österr.:) **ausnützen:** **1.** ⟨etwas a.⟩: *ganz nutzen:* die [günstige] Gelegenheit, die Konjunktur a.; er hat seinen Vorteil schamlos ausgenutzt; sie nutzte jede freie Minute für die Weiterbildung, zum Training aus *(verwendete sie dafür).* **2.** ⟨jmdn., etwas a.⟩ *ausbeuten, für seine Zwecke in Anspruch nehmen:* die Angestellten a.; er nutzte/nützte seinen Freund tüchtig, gründlich, bedenkenlos aus; er hat ihre Leichtgläubigkeit ausgenutzt/ausgenützt.

auspacken: **1.** ⟨etwas a.⟩ **a)** *etwas Eingepacktes aus der Verpackung, aus einem Behältnis herausnehmen:* die Sachen [aus dem Koffer] a.; er packte das Geschenk aus; ⟨auch ohne Akk.⟩ wir haben noch nicht ausgepackt. **b)** *durch Herausnehmen des Eingepackten leer machen:* den Koffer, Kisten a.; sie packte das Päckchen aus *(entfernte die Verpackung).* **2.** (ugs.) **a)** ⟨[etwas] a.⟩ *berichten, erzählen:* seine Erlebnisse, viele Neuigkeiten a.; nun pack mal aus!; er drohte ihnen auszupacken *(Belastendes auszuplaudern).* **b)** *die Meinung sagen:* er hat ordentlich ausgepackt.

ausplaudern ⟨etwas a.⟩: *weitererzählen, verraten:* einen Plan a.; er hat alles ausgeplaudert.

ausposaunen (ugs. abwertend) ⟨etwas a.⟩: *in aller Öffentlichkeit weitererzählen:* eine Neuigkeit überall a.; sie hat die Sache gleich ausposaunt.

ausprägen: a) ⟨etwas a.⟩ *herausbilden:* beide Regierungsformen waren schon im Altertum ausgeprägt worden; adj. Part.: er hat einen ausgeprägten *(markanten)* Charakterkopf; ein ausgeprägter Familiensinn; scharf ausgeprägte Gegen-

sätze. **b)** ⟨etwas prägt sich aus⟩ *etwas bildet sich heraus:* sein Organisationstalent prägte sich erst nach und nach aus. **c)** ⟨etwas prägt sich in etwas aus⟩ *etwas drückt sich in etwas aus:* seine Gesinnung prägt sich im Gesicht aus.

auspressen ⟨etwas a.⟩: **a)** *herauspressen:* den Saft [aus einer Apfelsine] a. **b)** *durch Pressen den Saft entziehen:* Apfelsinen a.; übertr.: sie preßten das Land wie eine Zitrone aus; die Bevölkerung a. *(ausbeuten);* jmdn. a. *(ausfragen).*

auspumpen: 1. ⟨etwas a.⟩ **a)** *herauspumpen:* das Wasser [aus dem Keller] a. **b)** *durch das Herauspumpen von etwas leer machen:* den Keller a.; ⟨jmdm. etwas a.⟩ jmdm. den Magen a. **2.** (ugs.) ⟨jmdn. a.; meist im 2. Part.⟩ *erschöpfen:* der Lauf hatte ihn völlig ausgepumpt; die Schwimmer waren ausgepumpt.

ausquetschen: 1. ⟨etwas a.⟩ **a)** *herausquetschen:* den Saft [aus den Früchten] a. **b)** *durch Quetschen den Saft entziehen:* Früchte, Beeren a. **2.** (ugs.) ⟨jmdn. a.⟩ *ausfragen:* sie haben mich in der Prüfung, nach allem, was sie interessierte, stundenlang ausgequetscht.

ausrangieren (ugs.) ⟨etwas a.⟩: *als nicht mehr brauchbar aussortieren:* Hemden, eine wacklige Couch a.; ausrangierte Kleidungsstücke.

ausräuchern: 1. ⟨ein Tier a.⟩ *durch Rauch, Gas o. ä. vertreiben, vernichten:* Ungeziefer a.; einen Fuchs a.; übertr.: die Polizisten räucherten die Verbrecher in ihrem Versteck aus. **2.** ⟨etwas a.⟩ *durch Rauch, Gas o. ä. von etwas befreien:* eine verwanzte Wohnung, Brutstätten, ein Wespennest a.; übertr.: das Versteck, den Schlupfwinkel der Verbrecher a. *(ausheben).*

ausraufen ⟨etwas a.⟩: *ausreißen:* Gras, Unkraut a.; ⟨sich (Dativ) etwas a.⟩ ich könnte mir die Haare a.! */Ausruf der Verärgerung/;* bildl.: er raufte sich vor Wut die Haare aus */(war wütend).*

ausräumen: 1. ⟨etwas a.⟩ **a)** *aus einem Raum oder einem Behältnis herausschaffen:* die Möbel a.; er hat alle Sachen aus dem Schreibtisch ausgeräumt. **b)** *durch das Ausräumen von etwas leer machen:* die Regale, den Schrank, die Wohnung a. **2.** (ugs.) ⟨etwas a.⟩ *ausrauben:* die Ladenkasse, den Tresor a.; ⟨jmdm. etwas a.⟩ die Einbrecher haben uns die Wohnung ausgeräumt. **3.** ⟨etwas a.⟩ *beseitigen:* alle Mißverständnisse sind nun endlich ausgeräumt; wir konnten seinen Verdacht, alle Bedenken, seine Zweifel a.

ausrechnen /vgl. ausgerechnet/: **a)** ⟨etwas a.⟩ *durch Rechnen lösen:* ich habe alle Aufgaben ausgerechnet. **b)** *errechnen:* den Preis, die Kosten [mit der Rechenmaschine] a.; der Ober rechnete aus, was ich zu zahlen hatte; ⟨sich (Dativ) etwas a.⟩ sie rechneten sich aus, daß die Sache zu teuer würde; übertr.: du kannst dir a. *(denken, voraussagen),* was er sagen wird; sich Gewinnchancen, eine Medaille a.

Ausrede, die: *nicht zutreffender Grund, der als Entschuldigung angegeben wird:* eine dumme, billige, lächerliche A.; diese A. verfängt (geh.) nicht; mir fällt eine gute A. ein; eine A. suchen, finden, erfinden, sich (Dativ) ausdenken, sich (Dativ) zurechtlegen, gebrauchen; keine Ausreden! (ugs.; *versuche nicht, dich herauszureden!);* ich habe keine passende A.; das können wir als A. benutzen; auf eine A. verfallen; komm mir

nicht mit faulen (ugs.) Ausreden!; nach einer A. suchen; um eine A. nicht verlegen sein.
ausreden: 1. ⟨jmdm. etwas a.⟩ *durch Reden von etwas abbringen:* seinem Freund einen Plan, Gedanken a.; das lasse ich mir nicht a.; /auch von Personen/: er versuchte seiner Tochter den jungen Mann auszureden. **2.** (veraltend) ⟨sich a.⟩ *sich herausreden:* sich auszureden versuchen; er redete sich mit dem Nebel aus; sie hatte sich damit, darauf ausgeredet, daß ... **3.** *zu Ende reden:* darf ich erst einmal a.?!; er gehört zu denen, die niemanden a. lassen.
ausreichen: 1. ⟨etwas reicht aus⟩ *etwas genügt:* das Geld, der Stoff, die Zeit reicht nicht aus; seine Kenntnisse reichten für diese Arbeit, zu dem Vorhaben kaum aus; etwas ist in ausreichendem Maße vorhanden; das Essen ist ausreichend; sie wird ausreichend unterstützt; /als Zensur/: der Aufsatz ist "ausreichend". **2.** ⟨mit etwas a.⟩ *auskommen:* wir werden mit den Vorräten gut, nicht a.
ausreifen ⟨etwas reift aus⟩: *etwas wird völlig reif:* die Früchte a. lassen; der Wein reift in den Fässern aus *(entwickelt sich zur vollen Reife);* übertr.: wir lassen den Plan erst a.; der Roman ist stilistisch ausgereift; diese Konstruktion ist technisch [noch nicht] ausgereift.
ausreißen: 1. ⟨etwas a.⟩ **a)** *herausreißen:* Blumen a.; ⟨jmdm., sich etwas a.⟩ er riß sich das erste graue Haar aus. **b)** ⟨etwas reißt aus⟩ *etwas löst sich und reißt los:* das Futter, der Aufhänger reißt aus; das Knopfloch ist ausgerissen *(eingerissen und größer geworden).* **2.** (ugs.) *weglaufen, heimlich verschwinden:* die Jungen wollten a.; er ist von zu Hause, vor der Prüfung, nach Berlin, aus dem Internat ausgerissen; ⟨jmdm. a.⟩ seinen Eltern a.
ausrenken ⟨jmdm., sich etwas a.⟩: *aus dem Gelenk drehen:* sich den Kiefer, den Arm a.; ich habe mir fast den Hals ausgerenkt, um besser sehen zu können.
ausrichten: 1. a) ⟨etwas a.⟩ *in eine bestimmte [einheitliche] Richtung, Aufstellung bringen:* eine Fahrzeugkolonne a.; die Sportler standen schnurgerade ausgerichtet in einer Reihe; übertr.: die Preise auf den zukünftigen Umsatz a. *(einstellen);* das Angebot an/nach den Bedürfnissen a.; kommunistisch ausgerichtete *(orientierte)* Studentengruppe. **b)** ⟨sich a.⟩ *sich in einer bestimmten [einheitlichen] Richtung aufstellen:* die Rekruten richteten sich aus; übertr.: sich ideologisch nicht a. lassen; der Handel richtet sich auf die Bedürfnisse der Verbraucher aus *(stellt sich darauf ein).* **2.** ⟨etwas a.⟩ *übermitteln, bestellen:* einen Gruß, einen Auftrag, eine Botschaft [an einen Kongreß] a.; ⟨jmdm. etwas a.⟩ richten Sie bitte Ihren Eltern herzliche Grüße von mir aus; er ließ ihm a., daß ... **3.** ⟨etwas a.⟩ *erreichen, tun können:* mit Geld kann man viel bei ihm a.; er hat nichts, einiges, viel [gegen ihn] a. können. **4.** ⟨etwas a.⟩ *vorbereiten, arrangieren:* eine Hochzeit, einen Empfang a.; die Olympischen Spiele wurden von Deutschland ausgerichtet; der ausrichtende Verein ist ...
ausrollen: 1. ⟨etwas a.⟩ **a)** *flach auswalzen:* den Teig [zu einem Fladen] a. **b)** *auseinanderrollen:* einen Läufer a.; für den Staatsbesuch den roten Teppich a. **2.** ⟨etwas rollt aus⟩ *bis zum Stillstand*

rollen: das Flugzeug rollt auf der Piste aus; warten, bis der Wagen ausgerollt ist.
ausrotten ⟨jmdn., etwas a.⟩: *für immer vernichten, beseitigen:* Stechmücken, Tier- und Pflanzenarten a.; übertr.: den Militarismus mit Stumpf und Stiel a.; das Übel ist nicht mit der Wurzel ausgerottet worden.
ausrücken: 1. *sich in geschlossener Formation irgendwohin begeben:* die Feuerwehr rückt [zum Großeinsatz] aus; die Truppen sind ins Manöver ausgerückt. **2.** (ugs.) *weglaufen, heimlich verschwinden:* er ist von zu Hause, mit unserem Geld, vor dem Polizisten ausgerückt; ⟨jmdm. a.⟩ er ist seinen Eltern ausgerückt. **3.** ⟨etwas a.⟩ *vor den Zeilenbeginn oder hinter den rechten Zeilenrand rücken:* ein Wort a.; ich habe den Betrag nach rechts ausgerückt.
Ausruf, der: *laute Äußerung (als Ausdruck einer Gemütsbewegung):* ein A. der Freude, der Angst; er hörte einen unterdrückten A.; etwas durch A. (selten; *Ausrufen*) bekanntmachen.
ausrufen: 1. ⟨jmdn., etwas a.⟩ **a)** *laut [rufend] nennen, mitteilen:* die Stationen a.; die Zeitungsverkäufer riefen die Schlagzeilen aus; vor dem Abflug ließ er seinen Namen, seinen Freund [über den Lautsprecher] a. **b)** *öffentlich verkünden, proklamieren:* einen Streik, den Notstand, Ausnahmezustand a.; die Republik wurde ausgerufen; man rief ihn zum/als Sieger aus. **2.** ⟨etwas a.⟩ *spontan äußern:* "Herrlich!" rief er aus.
ausruhen: 1. ⟨etwas a.⟩ *ruhen lassen, nicht beanspruchen:* die Augen a.; ich muß meine müden Glieder a.; adj. Part.: wir sind, fühlen uns ausgeruht *(erholt).* **2. a)** ⟨sich a.⟩ *ruhen:* sich nach dem Essen eine Weile a.; wir mußten uns von den Strapazen a. **b)** *sitzend verweilen:* auf einer Bank a.
ausrüsten ⟨jmdn., sich, etwas a.⟩: *mit etwas versehen:* Wanderer zünftig a.; eine Expedition a.; sie haben sich für den langen Marsch, mit den notwendigen Apparaten ausgerüstet; gut, komplett, modern ausgerüstet sein.
ausrutschen: 1. *den festen Halt mit den Füßen verlieren und beinahe hinfallen:* auf einer Bananenschale, mit dem linken Fuß a.; übertr.: er rutscht manchmal aus (ugs.; *benimmt sich schlecht).* **2.** ⟨etwas rutscht jmdm. aus⟩ *etwas rutscht jmdm. aus der Hand, rutscht ab:* beim Brotschneiden ist ihm das Messer ausgerutscht.
Aussage, die: **1.** *Äußerung zur Klärung eines Tatbestandes:* eine belastende, wichtige A.; seine A. war sachlich und klar; hier steht A. gegen A. die A. verweigern; eine A. vor Gericht machen; eine A. erzwingen, bekräftigen, zurücknehmen; diese Aussagen können gegen ihn benutzt werden; einer A. etwas hinzufügen; er blieb bei seiner A.; nach A. zweier Zeugen ... **2.** *zum Ausdruck kommender geistiger Gehalt:* das Bild hat eine starke A.; seinem Frühwerk fehlt jede A.
aussagen: 1. ⟨[etwas] a.⟩ *eine Aussage machen:* [wissentlich] falsch, vor der Polizei, als Zeuge, in einer Sache, unter Eid a.; er hat gegen ihn ausgesagt; über das Verbrechen selbst kann ich nichts, einiges a.; er sagte aus, daß ... **2.** ⟨etwas a.⟩ *sagen, ausdrücken:* der Roman sagt über seine Zeit nichts aus.
ausschalten: 1. ⟨etwas a.⟩ *durch Bedienen eines*

Schalters o. ä. abstellen: den Strom, das Licht, die Lampe, das Radio a.; er schaltete die Maschine aus. **2.** ⟨jmdn., sich, etwas a.⟩ *daran hindern, auf etwas Einfluß auszuüben:* Fehlerquellen a. *(ausschließen);* jmdn. bei Verhandlungen a. *(nicht teilnehmen lassen);* Sport: er schaltete den Konkurrenten in zwei Sätzen aus *(warf ihn aus dem Tennisturnier);* diesen Punkt wollen wir zunächst einmal a. *(beiseite lassen).*

Ausschau ⟨in der Verbindung⟩ **nach jmdm., nach etwas Ausschau halten** (nachdrücklich): *ausschauen:* er hielt nach den Gästen, nach dem Schiff, nach einer passenden Gelegenheit A.

ausschauen: 1. a) ⟨nach jmdm., nach etwas a.⟩ *zu erspähen suchen, erwartungsvoll entgegensehen:* nach jmdn. lange, vergeblich, sehnsüchtig a.; ich habe lange nach dem Briefträger ausgeschaut. **b)** (südd., österr.) ⟨nach etwas a.⟩ *sich umsehen:* nach einer Arbeit a. **2.** (südd., österr.) ⟨mit Artangabe⟩ *in einer bestimmten Weise aussehen:* er schaute vergnügt, traurig aus. **3.** ⟨es schaut aus mit jmdm., mit etwas; mit Artangabe⟩ *es verhält sich in bestimmter Weise:* es schaut gut, schlecht mit ihm, mit der Sache aus; ⟨auch ohne Präp.-Obj.⟩ wie schaut's aus?; es schaut gut aus.

ausscheiden: 1. ⟨etwas a.⟩ *von sich geben:* der Körper scheidet die Giftstoffe [mit dem Harn] aus; die Lösung hat Kristalle ausgeschieden. **2. a)** ⟨jmdn., etwas a.⟩ *aussondern:* Waren mit Fabrikationsfehlern a. **b)** *nicht in Betracht kommen:* diese Möglichkeit scheidet aus; er scheidet dabei als Täter, für diesen Posten aus. **3. a)** ⟨aus etwas a.⟩ *eine Gemeinschaft verlassen, eine Tätigkeit aufgeben:* aus dem Dienst, aus einem Amt, aus dem Erwerbsleben, aus der Firma a.; ⟨auch ohne Präp.-Obj.⟩ er ist im vorigen Jahr ausgeschieden. **b)** *die Teilnahme an einem Spiel, an einem Wettkampf aufgeben müssen:* nach einem Sturz, wegen Verletzung, zu Beginn der zweiten Halbzeit a.; der deutsche Teilnehmer ist ausgeschieden.

ausscheren: *sich aus einer Gruppe, Reihe lösen:* aus einer Fahrzeugkolonne [nach links] a.; drei Schiffe scherten aus *(verließen den Verband, nahmen einen anderen Kurs);* bei Glätte scheren die Fahrzeuge leicht aus *(geraten aus der Spur);* übertr.: aus einem Bündnis a. *(es verlassen).*

ausschimpfen ⟨jmdn. a.⟩ *tadeln:* jmdn. [wegen etwas] a.; wir wurden von ihr ausgeschimpft.

ausschlachten: 1. ⟨ein Tier a.⟩ *die Eingeweide von geschlachtetem Vieh herausnehmen:* ein Schwein a. **2.** ⟨etwas a.⟩ *die noch brauchbaren Teile aus etwas ausbauen:* alte Autos a.; das Schiff wurde ausgeschlachtet und verschrottet. **3.** (ugs.) ⟨etwas a.⟩ *für seine Zwecke [skrupellos] ausnutzen:* etwas kommerziell a.; einen Fall politisch [weidlich] a.; der Roman wurde von ihm zu einem Film ausgeschlachtet.

ausschlafen: 1. *schlafen, bis man sich erholt fühlt:* **a)** ⟨sich a.⟩ sich ordentlich, gründlich, richtig a.; ich konnte mich nicht ausschlafen. **b)** einmal richtig a.; ich habe völlig ausgeschlafen; er ist nicht ausgeschlafen. **2.** ⟨etwas a.⟩ *durch Schlafen überwinden:* seinen Rausch a.

Ausschlag, der: **1.** *Erkrankung der Haut:* A. bekommen, haben; er leidet an einem A. im Gesicht, an den Händen. **2.** *das Verlassen der Ruhe- oder Gleichgewichtslage:* der A. des Pendels, der

Magnetnadel; Kaufmannsspr.: *Über-, Gutgewicht:* die Waage hat A. * **den Ausschlag geben** *(entscheidend für jmdn., etwas sein):* seine bessere Kür gab den A. [für die Entscheidung der Jury].

ausschlagen: 1. *mit dem Hinterhuf stoßen, auskeilen* /gewöhnlich von Pferden/: das Pferd schlägt gern aus. **2.** ⟨etwas a.⟩ *herausschlagen:* ein Stück aus einer Platte a.; ⟨jmdm., sich etwas a.⟩ er hat ihm, sich einen Zahn ausgeschlagen. **3.** ⟨etwas a.⟩ *durch Schlagen von etwas befreien:* die Mundharmonika a. *(vom Speichel befreien);* das Staubtuch a. *(ausschütteln).* **4.** ⟨etwas a.⟩ *durch Schlagen ersticken:* ein Feuer a.; die Männer schlugen die Flammen mit nassen Decken aus. **5.** ⟨etwas a.; gewöhnlich mit Artangabe⟩ *auskleiden:* ein Zimmer, die Wände eines Zimmers mit Stoff a.; zur Trauerfeier wurde der Raum schwarz, mit schwarzem Samt ausgeschlagen; Schubladen mit Schrankpapier a. **6.** ⟨jmdn., etwas a.⟩ *ablehnen, zurückweisen:* ein Geschenk, eine Erbschaft, ein Angebot, eine Stellung, eine Einladung a. **7.** *etwas schlägt aus* **a)** *etwas gerät aus der Ruhe- oder Gleichgewichtslage:* das Pendel, die Wünschelrute schlägt aus; die Magnetnadel ist/hat nach links, um zwei Striche ausgeschlagen. **b)** *etwas zeigt einen Ausschlag an:* der Geigerzähler hat/ist ausgeschlagen. **8.** ⟨etwas schlägt aus⟩ *etwas beginnt zu sprießen:* die Sträucher schlagen aus; die Birken haben/sind schon ausgeschlagen. **9.** (selten) **a)** ⟨etwas schlägt aus⟩ *etwas tritt aus:* Salpeter schlägt aus. **b)** ⟨etwas schlägt [etwas] aus⟩ *etwas läßt etwas austreten, schwitzt etwas aus:* die Wände schlagen [Salpeter] aus. **10.** ⟨etwas schlägt aus; mit Artangabe⟩ *etwas entwickelt sich, wird zu etwas:* die Sache ist gut, günstig, zu seinem Nachteil ausgeschlagen. **11.** ⟨etwas hat ausgeschlagen⟩ *etwas hat aufgehört zu schlagen:* die Turmuhr hatte ausgeschlagen.

ausschlaggebend: *entscheidend, bestimmend:* die Wahl war von ausschlaggebender Bedeutung; a. [bei der Sache, für seine Entscheidung] war der Umstand, daß ...

ausschließen /vgl. ausgeschlossen/: **1.** ⟨jmdn. a.⟩ *durch Verschließen der Tür das Betreten unmöglich machen:* er konnte nicht ins Haus, man hatte ihn ausgeschlossen. **2.** ⟨jmdn. aus etwas a.⟩ *aus einer Gemeinschaft entfernen:* sie schlossen ihn aus der Partei aus; er wurde aus dem Verein ausgeschlossen. **3. a)** ⟨jmdn., sich, etwas von etwas a.⟩ *nicht teilhaben lassen:* Arbeiter von der Vermögensbildung a.; man hatte ihn von der Feier ausgeschlossen; Rel.: von der Gnade, vom Heil ausgeschlossen sein; die Ausverkaufsware ist vom Umtausch ausgeschlossen *(kann nicht umgetauscht werden).* **b)** ⟨jmdn., sich, etwas a.⟩ *ausnehmen:* alle Spieler hatten schlecht gespielt, der Trainer schloß keinen aus; wir haben diese Möglichkeit ausgeschlossen. **4.** ⟨etwas a.⟩ *unmöglich machen, ausschalten:* jeden Zweifel, Irrtum a.; eins schließt das andere nicht aus *(beides ist denkbar, möglich);* man kann nicht a., daß er verunglückt ist.

ausschließlich: I. ⟨Adj.⟩ *alleinig, uneingeschränkt:* die Zeitung hat das ausschließliche Recht auf diese Veröffentlichung; sein Einfluß dominiert, wenn auch nicht mehr so a. wie früher. **II.** ⟨Adverb⟩ *nur:* das ist a. sein Verdienst; er lebt a. für seine Familie; das betrifft a. dich. **III.** ⟨Präp. mit Gen.⟩ *ohne, außer:* die Kosten a. des genannten Betrages; die Miete a. der Heizkosten; ⟨ein stark dekliniertes Substantiv im Singular bleibt im allgemeinen ungebeugt, wenn es ohne Artikel oder Attribut steht⟩ die Kosten a. Porto; ⟨im Plural mit dem Dativ, wenn der Genitiv nicht erkennbar ist⟩ der Preis für die Mahlzeiten a. Getränken.

Ausschluß, der: *das Ausschließen:* den A. [aus der Partei] beantragen, beschließen; der Verein drohte ihm mit dem A.; das Verfahren fand unter A. der Öffentlichkeit statt; unter A. des Rechtsweges.

ausschmücken ⟨etwas a.⟩: *das Innere, die Innenseiten von etwas schmücken:* einen Raum a.; die Kirche ist mit Blumen ausgeschmückt worden; ü b e r t r.: er hatte die Geschichte von seinem Unfall ein bißchen ausgeschmückt *(seiner Phantasie beim Erzählen freien Lauf gelassen).*

ausschneiden ⟨etwas a.⟩: **a)** *durch Schneiden herauslösen, heraustrennen:* eine Annonce [aus der Zeitung] a.; ich habe alle Kritiken, alle Bilder ausgeschnitten; faulige Stellen [aus den Äpfeln] a. **b)** *mit der Schere herstellen:* Figuren, Blumen [aus Buntpapier] a. **c)** *durch das Herausschneiden von etwas frei machen:* einen angefaulten Apfel a.; Bäume a. *(die überflüssigen Äste herausschneiden).*

Ausschnitt, der: **1. a)** *das Ausgeschnittene:* ein A. aus einer Zeitung; einen A. aufheben. **b)** *Teilstück:* ein A. aus einem Brief; einen A. aus einem Film zeigen; sie kannte nur einen A. des englischen Lebens; etwas nur in Ausschnitten kennen. **2.** *ausgeschnittene Öffnung:* ein Kleid mit tiefem, rundem, spitzem A.

ausschöpfen ⟨etwas a.⟩: **1. a)** *durch Schöpfen herausholen:* das Wasser [aus der Tonne] a. **b)** *leer schöpfen:* eine Tonne, einen Kahn a. **2.** *sich bis ins letzte zunutze machen, ganz ausnutzen:* alle Möglichkeiten, Mittel, Reserven, die Kapazität von etwas a.; wir haben den Geist des Werkes, das Werk noch längst nicht voll ausgeschöpft.

ausschreiben: 1. ⟨etwas a.⟩ *nicht abgekürzt schreiben:* seinen Vornamen, ein Wort a. **2.** ⟨etwas a.⟩ **a)** *herausschreiben:* eine Stelle [aus einem Buch] a.; die Rollen eines Theaterstücks, die Stimmen [für die einzelnen Instrumente] aus einer Partitur a. **b)** *für seine Zwecke ausschöpfen, ausbeuten:* eine wissenschaftliche Arbeit, einen Autor a. **3.** ⟨etwas a.⟩ *ausfüllen, ausfertigen, ausstellen:* einen Scheck, eine Rechnung, ein Rezept, ein Attest a.; würden Sie mir bitte eine Quittung ausschreiben? **4.** ⟨etwas a.⟩ *öffentlich zur Kenntnis bringen, bekanntgeben:* einen Wettbewerb, eine Meisterschaft a.; neue Steuern wurden ausgeschrieben; sich um eine ausgeschriebene Stelle bewerben.

ausschreiten (geh.): **1.** ⟨etwas a.⟩ *mit Schritten ausmessen:* eine Strecke, den Weg bis zum Tor a. **2.** *sich mit raumgreifenden Schritten vorwärtsbewegen:* eilig, forsch, tüchtig a.; der Wanderer schritt rascher aus.

Ausschreitung, die: *Übergriff, Gewalttätigkeit:* Ausschreitungen verhindern; es kam zu Ausschreitungen.

Ausschuß, der: **1.** *Austrittstelle eines Geschos-*ses: der A. war sehr groß. **2.** *aus einer größeren Körperschaft ausgewählte Personengruppe:* ein engerer, erweiterter, vorbereitender, ständiger A.; ein A. von Wissenschaftlern; ein A. konstituiert sich, tagt, tritt zusammen; der A. setzt sich aus 12 Vertretern zusammen; einen A. bilden, gründen, wählen; er wurde in den A. gewählt. **3.** *minderwertige Ware:* das ist alles A.

ausschütteln ⟨etwas a.⟩: **a)** *herausschütteln:* den Staub a. **b)** *durch Schütteln von etwas befreien:* ein Staubtuch a.; sie schüttelte die Decke aus dem Fenster aus.

ausschütten ⟨etwas a.⟩: **1. a)** *etwas aus etwas schutten; wegschütten:* Sand, schmutziges Wasser, das abgestandene Bier a.; das Kind hat die Milch ausgeschüttet *(verschüttet).* **b)** *durch Ausschütten des Inhalts leer machen:* den Eimer, den Sack, den Aschenbecher a.; er schüttete den Kübel in den Rinnstein aus; b i l d l.: sie haben sich ausgeschüttet vor Lachen *(haben sehr gelacht).* **2.** ⟨etwas a.⟩ *auszahlen, verteilen:* Dividende, Erträge, Prämien [an die Aktionäre] a.; im ersten Rang sind 320 000 Mark ausgeschüttet worden.

ausschweifend: *das normale Maß [des Lebensgenusses] überschreitend:* ein ausschweifendes *(sittenloses)* Leben führen; sie hat eine ausschweifende Phantasie; a. leben.

ausschweigen ⟨sich a.⟩: *beharrlich zu etwas schweigen, nicht Stellung nehmen:* sich über etwas a.; der Minister schwieg sich aus.

ausschwitzen ⟨etwas a.⟩ *mit dem Schweiß ausscheiden:* eine Flüssigkeit a.; das Nikotin wird im Schlaf weitgehend ausgeschwitzt; ü b e r t r.: die Wände schwitzen Feuchtigkeit aus *(sondern sie ab);* eine Erkältung, eine Grippe a. *(durch Schwitzen heraustreiben).* **b)** ⟨etwas schwitzt [aus etwas] aus⟩ *etwas tritt aus:* aus den Wänden schwitzt Salpeter aus.

aussehen: 1. a) ⟨mit Artangabe⟩ *einen bestimmten Anblick bieten; einen bestimmten Eindruck machen; wirken:* hübsch, gut, nicht übel, appetitlich, jung, gesund, wie das blühende Leben, krank, abgespannt, bleich, heruntergekommen, verboten (ugs.) a.; so siehst du aus! (ugs.; *da irrst du dich aber!);* sehe ich so/danach aus? (ugs.; *hält man mich dafür?);* im Zimmer sah es wie auf einem Schlachtfeld (ugs.; *wüst, unordentlich)* aus; sie sieht älter aus, als sie ist; er sah traurig, schuldbewußt, völlig unverändert aus; der Fremde sah zum Fürchten aus; die Verletzung sieht böse, gefährlich aus; das Kleid sieht nach etwas, nach nichts aus *(macht einen besonderen, keinen besonderen Eindruck);* in dem Lokal sah es wüst aus; ich kann mir nicht denken, wie eine solche Maschine aussieht *(beschaffen ist);* die Sache sieht gut, nicht schlecht, nicht rosig (ugs.), faul (ugs.), günstig aus *(scheint so zu sein);* für mich sieht die Sache so aus, ...; es sieht wie Silber aus *(scheint Silber zu sein);* es sieht nach Regen aus *(sieht aus, als gäbe es Regen);* wie sieht es bei dir aus?; wie sieht's aus?; es sieht so aus, als ob ...; das sieht wie/nach Verrat aus *(scheint Verrat zu sein);* seine Reise sah nach Flucht aus *(deutete darauf hin);* S p o r t: gut, besser, schlecht a. *(eine gute, bessere, schlechte Figur machen);* der Meister hat gegen ihn schlecht ausgesehen. **b)** ⟨es sieht mit jmdm., mit etwas aus; mit Artangabe⟩ *es ist in einer be-*

stimmten Weise um jmdn., um etwas bestellt: mit unseren Vorräten sieht es nicht gut aus; mit ihm sah es schlimm aus. **2.** ⟨nach jmdm., nach etwas a.⟩ *ausschauen:* er sah nach den Gästen aus.
Aussehen, das: *äußere Erscheinung, Erscheinungsbild:* ein gesundes, blühendes, kränkliches, vertrauenswürdiges A.; einer Sache ein harmloses A. geben. * ⟨veraltend:⟩ **dem Aussehen nach** *(dem Anschein nach).*
aussein (ugs.): **1.** ⟨etwas ist aus⟩ **a)** *etwas ist zu Ende:* die Schule, das Kino, der Krieg ist aus. **b)** *etwas brennt nicht mehr:* das Feuer, die Kerze ist aus; der Ofen ist schon ausgewesen. **c)** *etwas ist ab-, ausgeschaltet:* die Lampe, das Licht, das Radio ist aus. **2.** ⟨es ist mit jmdm., mit etwas aus⟩ *es ist mit jmdm., mit etwas vorbei:* es ist aus mit dem schönen Leben; mit ihm war es aus. **3.** ⟨auf etwas, jmdn. a.⟩ *etwas haben wollen:* auf Abenteuer a.; er war auf diesen Posten aus; er war darauf aus, ...; er ist immer auf Mädchen ausgewesen; ich weiß nicht, ob er auf eine Belohnung aus ist. **4.** ⟨gewöhnlich in einer Zeit der Vergangenheit⟩ *ausgegangen sein:* wir sind gestern ausgewesen.
außen ⟨Adverb⟩: *auf der Außenseite:* der Becher ist a. und innen vergoldet; a. (Sport; *auf der Außenbahn*) laufen; die Tür geht nach a. auf; die Füße beim Gehen nach a. setzen; wir haben die Kirche nur von a. gesehen; übertr.: hier muß Hilfe von a. *(von [einem] Außenstehenden)* kommen; von a. betrachtet, sieht die Sache ganz anders aus. * ⟨ugs.:⟩ **außen vor** *(außer Betracht):* etwas a. vor lassen; etwas muß a. vor bleiben.
aussenden: **1.** ⟨jmdn., etwas a.⟩ *zur Erledigung eines Auftrags wegschicken:* eine Patrouille [zur Erkundung] a.; sie sendeten/sandten eine Expedition aus; Boten wurden nach ihm ausgesendet/ausgesandt. **2.** ⟨etwas a.⟩ *ausstrahlen, in die Weite senden:* radioaktive Stoffe senden Strahlen aus; das Gerät sendet Signale aus.
Außenstände, die ⟨Plural⟩: *ausstehende Forderungen:* A. haben; wir werden die A. einziehen, eintreiben.
außer: **I.** ⟨Präp.⟩ **1.** ⟨mit dem Dativ⟩ *ausgenommen, abgesehen von:* a. dir habe ich keinen Freund; man hörte nichts a. dem Ticken der Uhr; niemand weiß es a. mir allein[e]. **2.** *außerhalb, nicht [mehr] in:* **a)** ⟨mit dem Dativ⟩ a. Haus[e] sein, essen; er ist wieder a. Bett (veraltend; *steht wieder auf*); a. Sicht, Hörweite, [aller] Gefahr sein; der Arzt nimmt keinen a. der Reihe *(gesondert)* dran; du kannst auch a. der Zeit kommen; er startet a. Konkurrenz; a. Dienst sein; er ist Hauptmann außer Dienst (a. D.); die Fabrik ist jetzt a. Betrieb *(arbeitet nicht mehr);* etwas a. Betracht lassen; ich bin a. Atem *(atemlos);* etwas ist a. Kurs *(ist nicht mehr gültig);* die Verfügung ist a. Kraft *(nicht mehr gültig, nicht mehr wirksam);* das steht a. Frage, a. [jedem] Zweifel *(gilt als sicher, steht fest).* **b)** ⟨mit dem Akk.⟩ etwas a. [jeden] Zweifel stellen; das Schiff wurde a. Dienst gestellt; a. Kurs setzen *(für ungültig erklären);* a. Gefecht setzen *(kampfunfähig machen).* **c)** ⟨veraltend⟩ ⟨mit dem Gen.⟩ a. Landes sein; er ist a. Landes gegangen. **II.** ⟨Konj.⟩ *ausgenommen, es sei denn:* wir gehen täglich spazieren, a. wenn es neblig ist; ich habe nichts erfahren können, a. daß er abgereist ist; niemand weiß es a. ich allein[e]; a. eines ein-

zigen entsinne ich mich der Vorfälle nicht mehr; ich kenne hier niemanden a. ihn. * **außer sich** (Dativ) **sein** *(sich nicht zu fassen wissen):* ich bin ganz a. mir vor Freude · **außer sich geraten** *(die Selbstbeherrschung verlieren):* ich geriet a. mich/mir vor Wut.
außerdem ⟨Adverb⟩: *darüber hinaus, überdies:* der Angeklagte ist a. vorbestraft; ... und a. ist er gesünder.
äußere: a) *sich außen befindend:* die äußere Schicht ablösen; es ist nur eine äußere Verletzung. **b)** *von außen kommend:* ein äußerer Anlaß. **c)** *unmittelbar in Erscheinung tretend:* der äußere Rahmen; die äußere Ähnlichkeit täuscht. **d)** *auswärtig:* die äußeren Angelegenheiten; subst.: er war Minister des Äußeren.
Äußere, das: *äußere Erscheinung:* ein gepflegtes, angenehmes Äußeres; auf sein Äußeres halten; auf das Äußere Wert legen; nach dem Äußeren zu urteilen, ...; ein Herr von jugendlichem Äußerem/(seltener:) Äußeren.
außergewöhnlich: a) *nicht in der üblichen Art:* ein außergewöhnlicher Umstand; er ist ein außergewöhnlicher Mensch; dieser Fall ist ganz a.; subst.: es gibt nichts Außergewöhnliches zu berichten. **b)** *über das gewohnte Maß hinausgehend, außerordentlich:* eine außergewöhnliche Begabung. **c)** ⟨verstärkend bei Adjektiven⟩ *sehr, überaus:* es war a. heiß.
außerhalb: I. ⟨Präp. mit dem Gen.⟩ **a)** *nicht in einem bestimmten Raum:* a. der Stadt, des Bezirks, der Landesgrenzen; a. Bayerns/Kölns; in und a. von Bayern/von Köln; übertr.: das ist a. der Legalität. **b)** *nicht in einem bestimmten Zeitraum:* a. der Geschäftszeit, der Saison, der Sprechstunden. **II.** ⟨Adverb⟩ *nicht am Ort, nicht in der Stadt:* er hat sein Geschäft in der Stadt, wohnt aber a.; der Flugplatz liegt a.; er kommt von a.; etwas nach a. verlegen.
äußerlich: a) *an der Außenseite, außen feststellbar:* eine Arznei für den äußerlichen Gebrauch *(nicht zum Einnehmen);* ä. war er gefaßt; die Verletzungen waren nur ä. **b)** ⟨selten⟩ *oberflächlich:* ein äußerlicher Mensch.
Äußerlichkeit, die: *etwas Äußerliches; [Umgangs]form:* jede Ä. verachten; sie hängt sehr an, legt großen Wert auf Äußerlichkeiten.
äußern: 1. ⟨etwas ä.⟩ *aussprechen, kundtun:* seine Meinung, einen Wunsch, Bedenken [wegen einer Sache], Zweifel ä.; er äußerte sein Befremden über ihr Verhalten; die Ansicht ä., daß ... **2.** ⟨sich ä.; mit Umstandsangabe oder Präp.-Obj.⟩ *seine Meinung sagen, Stellung nehmen:* sich freimütig, unumwunden, zurückhaltend, vorsichtig ä.; sie äußerte sich dahin, daß ...; der Angeklagte äußerte sich in diesem Sinne; sich über jmdn. abfällig, günstig, wohlwollend ä.; ich kann mich darüber, dazu nicht ä. **3.** ⟨etwas äußert sich; mit Artangabe⟩ *etwas tritt in bestimmter Weise in Erscheinung:* die Krankheit äußert sich zunächst in, durch Schüttelfrost.
äußerst: 1. *am weitesten entfernt:* aus den äußersten Bezirken; am äußersten Ende; sie leben im äußersten (höchsten) Norden. **2. a)** *stärkste, größte:* es ist äußerste Vorsicht geboten; ein Augenblick äußerster Spannung; es handelt sich um eine Sache von äußerster Wichtigkeit; mit äußer-

ster Genauigkeit, Anstrengung; er war auf das äußerste/aufs äußerste *(sehr)* erschrocken. **b)** ⟨verstärkend; bei Adjektiven⟩ *im höchsten Maße, überaus:* ä. nervös, gesprächig, bescheiden sein; das ist eine ä. wertvolle Information. **3.** *letzt[möglich]:* der äußerste Termin ist der 1. August; das ist mein äußerstes Angebot; welches ist der äußerste Preis? *(der Preis, auf den jmd. heruntergeht);* subst.: das Äußerste wagen, tun, leisten; er geht bis zum Äußersten. **4.** *schlimmste:* im äußersten Fall; subst.: auf das Äußerste gefaßt sein; er machte sich auf das Äußerste gefaßt.

außerstand[e] ⟨in Verbindung mit bestimmten Verben⟩ *nicht imstande, nicht in der Lage:* er ist außerstande, sich zu verteidigen; sich außerstande erklären zu kommen; ich sehe, fühle mich leider außerstande, ...; ich halte ihn für außerstande, das zu leisten; die Entscheidung hat ihn außerstand gesetzt, zu reisen.

Äußerung, die: *ausgesprochene Meinung, Stellungnahme:* eine unvorsichtige Ä.; seine Äußerungen waren beleidigend; eine Ä. tun, fallenlassen; ich enthalte mich jeder Ä.

aussetzen: 1. ⟨jmdn. a.⟩ *an einem bestimmten Ort absetzen [und sich selbst überlassen]:* ein neugeborenes Kind a.; die Gefangenen wurden auf einer einsamen Insel ausgesetzt; Fische [zu Zuchtzwecken] in einem Teich a.; Passagiere a. *(in Booten an Land bringen).* **b)** ⟨kath. Rel.⟩ ⟨etwas a.⟩ *zur Anbetung auf dem Altar aufstellen:* das Allerheiligste a. **c)** ⟨Bürow.⟩ ⟨etwas a.⟩ *zum Verpacken vorbereiten:* eine Sendung a. **d)** ⟨Billard⟩ ⟨etwas a.⟩ *zum Anspielen hinsetzen:* die Kugel a. **2.** ⟨jmdn., sich, etwas einer Sache a.⟩ *preisgeben:* sich nicht den Blicken anderer a.; seinen Körper der Sonne a.; sich einer Gefahr, einem Verdacht a.; du setzt dich dem Gespött der Leute aus; der Motor ist höchsten Beanspruchungen ausgesetzt; Anfeindungen, Pressionen, Vorwürfen ausgesetzt sein; er sah sich heftigen Angriffen ausgesetzt. **3.** ⟨etwas a.⟩ *für etwas in Aussicht stellen, versprechen:* eine Belohnung von 5 000 Mark für die Ergreifung des Täters a.; für das beste Fernsehspiel wurde ein Preis ausgesetzt; er hat seinem Sohn/für seinen Sohn ein Erbteil von 50000 Mark ausgesetzt. **4.** ⟨etwas an jmdm., an etwas a.; gewöhnlich mit Infinitiv mit *zu* in Verbindung mit bestimmten Verben⟩ *nicht zufrieden sein, kritisieren:* an der Organisation der Veranstaltung haben wir nichts auszusetzen, gab es kaum etwas auszusetzen; es ist nichts daran auszusetzen; ⟨auch ohne Präp.-Obj.⟩ es gab nichts auszusetzen. **5. a)** ⟨etwas setzt aus⟩ *etwas hört in seinem Fortgang auf:* die Musik setzte aus; der Atem, der Puls setzte aus *(stockte);* der Motor hatte ausgesetzt *(war ausgefallen).* **b)** ⟨meist mit Umstandsangabe⟩ *für eine gewisse Zeit eine Pause machen, aufhören:* wegen Krankheit a. müssen; ich habe vierzehn Tage ausgesetzt; mit der Schule a.; beim Spiel einmal a. müssen *(einmal übersprungen werden).* **6.** ⟨etwas a.⟩ **a)** *unterbrechen:* die Kur auf einige Zeit a. **b)** ⟨Rechtsspr.⟩ *hinausschieben:* die Urteilsverkündung, Strafe zur Bewährung a.

Aussicht, die: **1. a)** *weiter Blick nach allen Seiten:* die schöne A. genießen; von hier aus bietet sich, hat man eine herrliche Aussicht auf den See, über die Stadt; die A. aus dem Fenster, vom Turm herunter; jmdm. die A. nehmen, versperren, verbauen; Zimmer mit A. *(Ausblick)* auf das Gebirge. **2.** *sich für die Zukunft zeigende Möglichkeit:* A. auf Erfolg, auf Gewinn, auf eine Anstellung; es besteht keinerlei A. für die Zukunft; die A., daß ...; begründete, gute, glänzende Aussichten haben, gewählt zu werden; das sind ja schöne (iron.; *keine guten)* Aussichten. * **etwas in Aussicht haben** *(mit etwas rechnen können)* · **jmdm. etwas in Aussicht stellen** *(versprechen)* · **jmdn., etwas für etwas in Aussicht nehmen** *(für etwas vorsehen)* · **in Aussicht stehen** *(zu erwarten sein).*

aussöhnen: a) ⟨jmdn., sich a.⟩ *versöhnen:* die streitenden Parteien a.; unsere Völker haben sich ausgesöhnt; wir haben uns wieder ausgesöhnt. **b)** ⟨geh.⟩ ⟨sich, jmdn. mit etwas a.⟩ *sich mit etwas abfinden, jmdn. eine positive Einstellung gewinnen lassen:* er hatte sich mit seinem Schicksal ausgesöhnt; die besseren Verdienstmöglichkeiten söhnten ihn mit dem ungeliebten Ort aus.

aussondern ⟨jmdn., etwas a.⟩: *aus einer Menge aussuchen und entfernen:* schlechte Kartoffeln a.; die kranken Tiere wurden ausgesondert.

ausspannen: 1. ⟨etwas a.⟩ *weit auseinanderspannen:* ein Tuch, ein Netz a. **2. a)** ⟨[ein Tier] a.⟩ *vom Wagen losschirren:* die Pferde a.; der Kutscher hatte schon ausgespannt. **b)** ⟨etwas a.⟩ *aus einem Gespann lösen:* die Kutsche, den Pflug a. **3.** ⟨etwas a.⟩ *etwas Eingespanntes herausnehmen:* den Bogen (aus der Schreibmaschine) a. **4.** ⟨ugs.⟩ ⟨jmdm. jmdn., etwas a.⟩ *abnehmen:* den Schmuck hatte sie ihrer Tante ausgespannt; er hat mir meine Freundin ausgespannt *(abspenstig gemacht).* **5.** *für einige Zeit mit einer Arbeit aufhören, um sich zu erholen:* ein paar Tage a. müssen; der Arzt riet ihm, einmal gründlich auszuspannen.

aussperren: 1. ⟨jmdn., sich a.⟩ *ausschließen:* sie hatte ihn einfach ausgesperrt; die Tür schlug zu, und ich war ausgesperrt. **2.** ⟨jmdn. a.⟩ *in Streikabwehr von der Arbeit ausschließen:* die Arbeiter der Werft wurden [vom Arbeitgeber] ausgesperrt.

ausspielen: 1. (Kartenspiel) **a)** ⟨etwas a.⟩ *zur Eröffnung des Spiels hinlegen:* Pikas, einen Trumpf a. **b)** *das Spiel beginnen:* klug, unüberlegt, schlecht a.; wer hat ausgespielt?; ich habe mit Pikas ausgespielt. **2.** ⟨etwas a.⟩ **a)** (Sport) *etwas spielen:* einen Pokal a. **b)** *als Spielgewinn festsetzen:* 20 Millionen werden in der Lotterie ausgespielt; es wurden Geldpreise, Bücher und Schallplatten ausgespielt. **3.** (Sport) ⟨jmdn. a.⟩ *nicht an den Ball, zum Spiel kommen lassen:* beide Verteidiger a. und einschießen; in der zweiten Halbzeit wurde die deutsche Mannschaft völlig ausgespielt. **4.** (Theater) ⟨etwas a.⟩ *in allen Einzelheiten spielen:* eine Szene a.; er spielte eine Rolle breit, voll aus; **5.** ⟨etwas a.⟩ *zu seinen Gunsten ins Spiel bringen, einsetzen:* seine Erfahrung, seine große Routine a.; kurz vor dem Ziel spielte der Europameister seine Spurtstärke aus. **6.** ⟨jmdn. gegen jmdn. a.⟩ *gegen jmdn. vorgehen lassen, um dadurch zu profitieren:* sie versuchte, ihn gegen seinen Freund auszuspielen; er hat die beiden Gruppen geschickt gegeneinander ausgespielt; übertr.: den Glauben gegen die Vernunft a. **7.** (im Perfekt, Plusquamperfekt und 2. Futur) *nichts mehr ausrichten können:* die Gangster ha-

ben ausgespielt; bei mir hat er ausgespielt; ⟨auch mit Akk.⟩ er hat seine Rolle hier ausgespielt.
Aussprache, die: 1. a) *Art des Aussprechens:* eine gute, schlechte, deutliche, reine, richtige, falsche, fehlerhafte A.; seine A. [der Endsilben] verriet den Ausländer; jmdn. an der A. erkennen. b) *das richtige Aussprechen; Artikulation eines Wortes:* die Aussprache des Polnischen machte ihm Schwierigkeiten. 2. *Unterredung, klärendes Gespräch:* eine offene, geheime, vertrauliche A.; eine A. wünschen; eine längere A. mit jmdm. führen, haben; er hat mich um eine A. gebeten. * (ugs. scherzh.:) **eine feuchte Aussprache haben** *(beim Sprechen Speichel versprühen).*
aussprechen /vgl. ausgesprochen/: 1. a) ⟨etwas a.⟩ *in den Lauten einer Sprache wiedergeben:* ein Wort deutlich, richtig, unverständlich, falsch, mit fremdem Akzent a.; wie spricht man dieses Wort aus?; er versuchte immer wieder, den Namen auszusprechen. b) ⟨etwas spricht sich aus; mit Artangabe⟩ *etwas läßt sich in einer bestimmten Weise artikulieren:* dieses Wort spricht sich leicht, gar nicht einfach, schwer aus. 2. *zu Ende sprechen:* der Redner hatte kaum ausgesprochen, als ...; laß ihn doch a.! 3. ⟨etwas a.⟩ *zur Kenntnis geben, äußern, ausdrücken:* einen Gedanken, einen Wunsch, seine Bedenken, einen Zweifel [an etwas], eine Verdächtigung, eine Warnung a.; ein Urteil, eine Strafe, eine Kündigung a. *(verkünden);* ⟨jmdm. etwas a.⟩ einen Menschen seinen Dank, seine Teilnahme, sein Bedauern a.; das Parlament sprach der Regierung das Vertrauen aus. b) ⟨sich über jmdn., über etwas a.; mit Artangabe⟩ *in bestimmter Weise über jmdn., über etwas sprechen:* sich anerkennend, lobend, befriedigt über den Ablauf des Festes a.; der Lehrer hatte sich über die Leistungen nicht näher ausgesprochen. c) (geh.) ⟨etwas spricht sich in jmdm., in etwas aus⟩ *etwas zeigt sich, kommt zum Ausdruck:* in ihren Gesichtern sprach sich Besorgnis aus. 4. a) ⟨sich für jmdn., für etwas a.⟩ *befürworten:* sich für Reformen, für einen Antrag a.; er hatte sich für diesen Kandidaten ausgesprochen. b) ⟨sich gegen jmdn., gegen etwas a.⟩ *gegen jmdn., gegen etwas Stellung nehmen; ablehnen:* sich gegen Atomwaffen a.; ich werde mich gegen seine Wiederwahl aussprechen. 5. ⟨sich a.⟩ a) *über das sprechen, was einen innerlich beschäftigt:* das Bedürfnis haben, sich auszusprechen; sich bei jmdm. über seine Kümmernisse a. b) *miteinander sprechen, um etwas zu klären:* wir müssen uns einmal in Ruhe a.; er hat sich mit ihm ausgesprochen und damit die Sache aus der Welt geschafft.
Ausspruch, der: *Satz, in dem eine Ansicht, eine Weisheit ausgesprochen ist:* der A. eines Weisen; dieser A. stammt von Herder.
ausspucken: a) *Speichel aus dem Mund herausspucken:* verächtlich a.; die Gefangenen hatten vor ihm ausgespuckt. b) ⟨etwas a.⟩ *herausspucken:* den Kaugummi, Kirschkerne a.; ü b e r t r. (ugs.): *auswerfen, ausstoßen:* unser Werk spuckt täglich 3 000 Wagen aus; der Computer spuckt [in wenigen Minuten] die gewünschten Daten aus; (ugs.:) spuck aus, was du weißt!
ausspülen ⟨etwas a.⟩: a) *herausspülen:* die Rückstände a.; der Regen hat das Erdreich ausgespült. b) *durch Spülen reinigen:* ein Glas, die

Kaffeekanne a.; ⟨jmdm., sich etwas a.⟩ ich habe mir den Mund mit Wasser ausgespült.
ausstaffieren: a) (veraltend) ⟨jmdn., etwas a.⟩ *ausstatten:* ein Zimmer mit Stilmöbeln a.; jmdn. ganz neu a. b) ⟨jmdn., sich a.⟩ *[auffällig] kleiden, herausputzen:* wir müssen uns für die Reise neu a.; sie hatten ihn als Matrosen ausstaffiert.
Ausstand, der: 1. *Streik:* in kurzer A.; sich im A. befinden, in den A. treten. 2. (veraltend) *ausstehende Geldforderung, Außenstände:* wir haben noch Ausstände in Höhe von ...
ausstatten: a) ⟨jmdn., etwas mit etwas a.⟩ *mit etwas versehen:* jmdn. mit Geldmitteln, mit besonderen Vollmachten a.; die Natur hatte ihn mit Humor ausgestattet; der Raum ist mit einer Klimaanlage ausgestattet. b) ⟨jmdn., etwas a.; mit Artangabe⟩ *in einer bestimmten Weise einrichten, zurechtmachen:* das Hotel ist modern, gemütlich ausgestattet; ein reich ausgestatteter Bildband.
Ausstattung, die: 1. *das Ausstatten:* die A. der Räume übernehmen. 2. a) *Ausrüstung:* über die technische A. eines Autos unterrichten. b) *[Innen]einrichtung:* die A. der Räume ist modern, gemütlich. c) *Aufmachung:* die A. des Lexikons genügt höchsten Ansprüchen; T h e a t e r : die A. *(die verwendeten Bühnenbilder, Kostüme usw.)* der Operette war hervorragend.
ausstechen: 1. ⟨jmdm. etwas a.⟩ *durch einen Stich zerstören:* er hat ihm ein Auge ausgestochen. 2. ⟨etwas a.⟩ a) *herausstechen:* junge Pflanzen, Rasen[stücke] a. b) *durch Herausstechen herstellen:* einen Abzugsgraben a.; die Mutter stach mit der Form Plätzchen aus. 3. ⟨jmdn. a.⟩ *eindeutig übertreffen [und verdrängen]:* einen Konkurrenten a.; er hat ihn bei ihr ausgestochen.
ausstehen: 1. ⟨etwas steht aus⟩ *etwas ist zur Ansicht, zum Verkauf ausgestellt:* die neuen Modelle stehen im Schaufenster, auf der Messe aus. 2. ⟨etwas steht aus⟩ *etwas ist noch zu erwarten:* eine Antwort auf unser Schreiben steht noch aus; das Geld hatte noch ausgestanden *(war noch nicht eingegangen);* eine Lösung des Problems steht noch aus. 3. a) ⟨etwas a.⟩ *ertragen, aushalten:* Angst, Schmerz, Hunger, Durst a.; er wußte nicht, was sie um ihn ausgestanden hatte; sie steht viel aus mit ihrem Mann *(macht viel durch);* ich stehe [bei ihm, in der Firma] nichts aus, habe nichts auszustehen *(mir geht es gut).* b) ⟨etwas ist ausgestanden⟩ *etwas ist endlich vorbei:* die Sache, der Fall ist noch nicht ausgestanden *(ist noch nicht erledigt, nicht abgetan).* c) ⟨jmdn., etwas nicht a.; in Verbindung mit können⟩ *nicht leiden können:* ich kann diesen Menschen, den Lärm nicht a.

aussteigen: 1. *ein Beförderungsmittel, ein Fahrzeug verlassen:* der Wagen hielt, und wir stiegen aus; aus dem Zug, aus der Straßenbahn a.; der Pilot der Maschine mußte a. (Fliegerspr.: *sich mit dem Fallschirm retten).* 2. (ugs.) ⟨aus etwas a.⟩ *sich nicht mehr an etwas beteiligen:* sein Kompagnon ist aus dem Geschäft ausgestiegen; aus einem Bündnis, einem Vertrag, einer Partnerschaft a.; S p o r t : aus einem Wettkampf, Rennen a. *(aufgeben);* der Linksaußen ließ den Verteidiger a. *(spielte ihn aus);* ⟨auch ohne Präp.-Obj.⟩ er will a.; ü b e r t r.: er ist ausgestiegen *(hat seinen Beruf, seine gesellschaftlichen Bindungen aufgegeben).*

ausstellen: 1. ⟨etwas a.⟩ *zur Ansicht, zum Verkauf hinstellen:* Waren im Schaufenster a.; die neuesten Modelle waren [zum Verkauf] ausgestellt. **2.** ⟨jmdn., etwas a.⟩ *zu einem bestimmten Zweck an einen bestimmten Platz stellen:* Warnschilder a.; es wurden Wachen, Posten ausgestellt. **3.** ⟨etwas a.⟩ *ausschreiben, ausfertigen [und jmdm. aushändigen]:* einen Paß, einen Ausweis, eine Arbeitserlaubnis, ein Zeugnis, ein Attest, eine Rechnung a.; ich werde den Scheck auf Sie, auf Ihre Firma ausstellen; ich habe [mir] die Bescheinigung selbst ausgestellt. **4.** (ugs. landsch.) ⟨etwas a.⟩ *ausschalten, abstellen:* das Radio, die Dusche, den Motor, die Heizung a. **5.** ⟨etwas a.⟩ *schräg nach außen stellen:* den Rolladen, das Fenster a.; ein ausgestellter Rock *(Rock, der so zugeschnitten ist, daß er nach unten zu absteht).* **6.** (veraltend) ⟨etwas an jmdm., an etwas a.⟩ *aussetzen, bemängeln:* an der Qualität nichts auszustellen haben; was hast du an ihm auszustellen?

Ausstellung, die: 1. a) *das Ausstellen:* gegen die A. der Bilder protestieren. **b)** *das Postieren:* die A. von Posten anordnen. **c)** *das Ausschreiben, Ausfertigung:* um die A. eines Visums bitten. **2.** *Veranstaltung, bei der etwas ausgestellt wird; Schau:* eine sehenswerte, landwirtschaftliche A.; eine A. moderner Kunst, von Schülerarbeiten, über Skandinavien; die A. findet in Berlin statt, geht morgen zu Ende; eine A. veranstalten, machen, eröffnen, besuchen, beschicken; auf, in einer A. vertreten sein.

aussterben: *nicht weiterbestehen:* die Familie, das Geschlecht ist ausgestorben; s u b s t.: diese Tiergattung ist vom Aussterben bedroht; ü b e r t r.: eine Sprache, ein Brauch, ein Handwerk stirbt aus *(verschwindet);* a d j . P a r t.: die Stadt war wie ausgestorben *(menschenleer).*

¹aussteuern ⟨etwas a.⟩: **1.** *durch geschicktes Steuern unter Kontrolle bringen:* wenn ein Reifen platzt, muß man den Wagen a. **2.** (Elektronik) *so einstellen, daß Verzerrungen vermieden werden:* einen Lautsprecher, ein Tonbandgerät a.

²aussteuern ⟨jmdn. a.⟩: **1.** *eine Aussteuer geben:* seine Töchter nicht a. können. **2.** (Versicherungsw.) *die Versicherungsleistungen an jmdn. beenden:* seine Kasse hat ihn ausgesteuert; ausgesteuert werden.

ausstoßen: 1. ⟨etwas a.⟩ *durch Druck nach außen treiben:* der Vulkan stößt Rauchwolken aus. **2.** ⟨etwas a.⟩ *von sich geben, äußern:* einen Schrei, einen Seufzer, einen Fluch, Drohungen a.; er hat laute Verwünschungen ausgestoßen. **3.** ⟨jmdn. a.⟩ *aus einer Gemeinschaft ausschließen:* jmdn. aus einem Verein, aus der Partei a.; er wurde aus der Armee ausgestoßen; sich ausgestoßen fühlen. **4.** ⟨etwas a.⟩ *in einem bestimmten Zeitraum produzieren:* das Werk stößt täglich 400 Autos aus.

ausstrahlen: 1. a) ⟨etwas strahlt etwas aus⟩ *etwas sendet etwas strahlenförmig aus, verbreitet etwas:* die Lampe strahlt gedämpftes Licht, der Ofen strahlt Wärme aus; ü b e r t r.: die Frau, ihr Gesicht strahlte sehr viel Wärme, eine eigenartige Faszination aus. **b)** ⟨etwas strahlt aus; mit Raumangabe⟩ *etwas verbreitet sich strahlenförmig:* von dem Ofen strahlte gemütliche Wärme aus; ü b e r t r.: von seinem Wesen strahlte Ruhe aus; die Schmerzen strahlten in den Arm, in die

Nierengegend aus. **2.** ⟨etwas a.⟩ *senden:* Nachrichten in alle Welt a.; dieses Programm wird von allen deutschen Sendern ausgestrahlt. **3.** ⟨auf jmdn., auf etwas a.⟩ *einwirken:* seine Ruhe strahlte auf die anderen aus.

ausstrecken: 1. ⟨etwas a.⟩ *in seiner ganzen Länge strecken:* die Beine [unter dem Tisch] a.; mit ausgestrecktem Zeigefinger; das Kind streckt die Ärmchen nach der Mutter aus; die Schnecke hatte ihre Fühler ausgestreckt. **2.** ⟨sich a.⟩ *sich lang ausgestreckt hinlegen:* er streckte sich behaglich am Strand, auf dem Bett aus.

ausstreichen: 1. ⟨etwas a.⟩ *streichend auf einer Fläche verteilen:* Teig a.; einen Blutstropfen zum Mikroskopieren auf einer Glasplatte a. **2.** ⟨etwas a.⟩ *auf den Innenflächen bestreichen:* eine Backform mit Butter a. **3.** ⟨etwas a.⟩ *glattstreichen:* eine zerknitterte Stelle, Falten [mit dem Bügeleisen] a. **4.** ⟨etwas a.⟩ *durchstreichen:* ein Wort, einen Satz a.; das Geschriebene wieder a.

ausströmen: 1. a) ⟨etwas strömt etwas aus⟩ *etwas läßt etwas [in großer Menge] austreten, verbreitet etwas:* der Ofen strömt Wärme aus; die Blumen strömen einen betäubenden Duft ausgeströmt; ü b e r t r.: der Raum strömte Behaglichkeit aus; er strömte Zuversicht aus. **b)** ⟨etwas strömt aus⟩ *etwas strömt heraus, verbreitet sich:* Wasser, Gas, Dampf strömt aus; ü b e r t r.: von ihm strömte Ruhe, Kraft, Sicherheit aus.

aussuchen /vgl. ausgesucht/: **1.** ⟨jmdn., etwas a.⟩ *auswählen, sich für etwas entscheiden:* ein Kleid, ein Paar Schuhe a.; jmdn. für eine Arbeit, als Begleiter a.; ich habe mir/für mich etwas ausgesucht. **2.** (veraltend) ⟨etwas a.⟩ *durchsuchen:* die Taschen, die ganze Wohnung a.

Austausch, der: **a)** *das Austauschen:* der A. von Waren; den A. von Studenten, Gefangenen anregen; die Studenten kommen im A. hierher; Öl im A. gegen Stahlerzeugnisse erhalten; ü b e r t r.: ein kultureller A.; der A. von Erfahrungen, Erinnerungen; die Wissenschaftler stehen in ständigem A. miteinander. **b)** *das Auswechseln, Ersetzung:* der A. der Ventile; wir haben den A. von zwei Feldspielern vereinbart.

austauschen: 1. ⟨jmdn., etwas a.⟩ **a)** *sich wechselseitig jmdn., etwas übergeben, schicken:* Gefangene, Schüler a.; Geiseln gegen die Freilassung von Gefangenen a.; Botschafter a. *(diplomatische Beziehungen aufnehmen);* sie tauschten Geschenke aus; ü b e r t r.: Zärtlichkeiten a. *(zärtlich zueinander sein);* Höflichkeiten a. *(höflich zueinander sein);* sie tauschten bedeutungsvolle Blicke aus *(sahen sich bedeutungsvoll an);* Gedanken, Erfahrungen, Erinnerungen, Informationen a. *(sich gegenseitig mitteilen).* **b)** *auswechseln, ersetzen:* den Motor [gegen einen neuen] a.; einen Spieler, den Torwart a.; der verseuchte Boden muß ausgetauscht werden; a d j . P a r t.: er war plötzlich wie ausgetauscht *(völlig verändert).* **2.** (geh.) ⟨sich a.⟩ *sich unterhalten:* sie haben sich [über die gemachten Erfahrungen] ausgetauscht; sich mit jmdm. a.

austeilen ⟨etwas a.⟩: *verteilen:* die Post, die Hefte an die Schüler, etwas an die, unter die Flüchtlinge/(selten:) unter den Flüchtlingen a.; die Karten zum Spiel a.; der Geistliche teilte das Abendmahl, das Sakrament aus; ü b e r t r.: den

Segen, Prügel a.; Spitzen gegen jmdn. a. (ugs.; *sticheln*).

austoben: 1. ⟨sich a.⟩ *so lange toben, bis man sich beruhigt:* einen Kranken, die Häftlinge sich a. lassen; übertr.: der Sturm, das Unwetter, das Fieber tobt sich aus *(wütet bis zum Abklingen)*. **b)** *seinen Gefühlen freien Lauf lassen; überschüssige Kraft ungezügelt verausgaben:* Jugend will, muß sich a.; er hat sich vor der Ehe ausgetobt; sich auf dem Klavier, beim Tanzen, in der Turnhalle a. 2. ⟨etwas a.⟩ *ungezügelt auslassen:* seinen Ärger a.; seine Launen an jmdn. a.

austragen: 1. ⟨etwas a.⟩ *zu einem bestimmten Personenkreis tragen und abgeben:* Brötchen, Zeitungen a.; der Postbote trägt die Briefe aus. 2. ⟨ein Kind a.⟩ *bis zur Niederkunft im Mutterleib tragen:* ein Kind nicht a. können. 3. ⟨etwas a.⟩ **a)** *klärend zum Abschluß, zur Entscheidung bringen:* einen Streit, Konflikt, eine Meinungsverschiedenheit, ein Duell a.; eine Sache mit jmdm., vor Gericht a. **b)** (Sport) *durchführen:* ein Turnier, ein Länderspiel a.; die Meisterschaften, etwas in Berlin a. 4. ⟨jmdn., sich, etwas a.⟩ *aus einer Liste o. ä. streichen:* jmdn., sich, seinen Namen aus der Liste a.

austreiben: 1. ⟨Vieh a.⟩ *auf die Weide treiben:* die Kühe a. 2. **a)** (geh. selten) ⟨jmdn. a.⟩ *vertreiben, verstoßen:* die Menschen wurden aus ihren Häusern, aus ihrer Heimat ausgetrieben. **b)** ⟨etwas a.⟩ *durch Beschwörung verbannen, vertreiben:* den Teufel, böse Geister a.; er wollte die Dämonen aus dem Körper des Besessenen a. 3. ⟨jmdm. etwas a.⟩ *dazu bringen, von etwas abzulassen:* jmdm. seine Unarten, Launen, Frechheiten a.; man hatte ihnen ihren Hochmut ausgetrieben. 4. ⟨etwas treibt aus⟩ *etwas beginnt zu sprießen:* Knospen, die Birken treiben aus. 5. (Med.) *ausstoßen:* die Leibesfrucht a.

austreten: 1. ⟨etwas a.⟩ *durch Darauftreten ersticken:* die Glut, ein Feuer a.; er trat den Zigarettenstummel mit dem Absatz aus. 2. ⟨etwas a.⟩ **a)** *durch Treten bahnen, festtreten:* eine Spur im Schnee a.; ausgetretene Pfade. **b)** *durch häufiges Darauftreten abnutzen:* ausgetretene Stufen, Dielen. **c)** *durch Tragen ausweiten:* ausgetretene Pantoffeln; er hat die neuen Schuhe schon wieder ausgetreten. 3. (Jägerspr.) *ins Freie treten:* das Rudel tritt auf die Lichtung, aus dem Dickicht aus. 4. (ugs.) ⟨nur im Infinitiv gewöhnlich in Verbindung mit *müssen* oder *gehen*⟩ *seine Notdurft verrichten:* ich muß mal a.; ich gehe mal a. 5. ⟨aus etwas a.⟩ *freiwillig ausscheiden:* aus der Partei, aus der Kirche a.; ⟨auch ohne Präp.-Obj.⟩ mein Schwager ist nicht mehr in dem Verein, und ich bin auch ausgetreten. 6. ⟨etwas tritt aus⟩ *etwas kommt an einer bestimmten Stelle hervor:* an dieser Stelle tritt Öl, Dampf aus.

austrinken ⟨etwas a.⟩: **a)** *bis zum letzten Tropfen trinken:* das Bier [in einem Zug] a.; ich habe meinen Kaffee nicht ausgetrunken. **b)** *leer trinken:* ein Glas, die Flasche a.; Eier a.; ⟨auch ohne Akk.⟩ hast ihr ausgetrunken?

austüfteln (ugs.) ⟨etwas a.⟩: *ersinnen, ausdenken:* einen Plan, einen Streich a.; ⟨sich (Dativ) etwas a.⟩ sich eine Reiseroute a.

ausüben: 1. ⟨etwas a.⟩ *[gewohnheitsmäßig] verrichten, tun:* ein Amt, einen Beruf, ein Gewerbe a.; ich weiß nicht, ob er noch seine Praxis ausübt *(praktiziert);* er ist ausübender Musiker *(ein Interpret von Musikwerken).* 2. ⟨etwas a.⟩ *innehaben und anwenden:* die Macht, die Herrschaft a.; er hat sein Wahlrecht nicht ausgeübt *(nicht davon Gebrauch gemacht).* 3. ⟨etwas auf jmdn., auf etwas a.⟩ *wirksam werden lassen:* einen Zwang, politischen Einfluß auf das Volk a.; sein Name übt eine magische Wirkung, eine starke Anziehungskraft auf die Menschen, die Massen aus.

Ausübung, die: *das Ausüben:* er starb in A. seines Berufes *(während er seinen Beruf ausübte, seine Pflicht tat);* die A. von Gewalt.

Ausverkauf, der: *Verkauf von Waren zur Räumung des Lagers:* A. wegen Geschäftsaufgabe; der A. beginnt morgen; übertr.: der A. *(das unrühmliche Ende)* der weißen Rasse.

ausverkauft: *restlos verkauft:* die Würstchen, Brötchen, Lose sind a.; die Eintrittskarten sind restlos a.; die Oper ist, die Vorstellungen sind a. *(es gibt keine Karten mehr);* wir sind ausverkauft *(haben alles ausverkauft);* vor ausverkauftem *(voll besetztem)* Haus spielen.

auswachsen /vgl. ausgewachsen/: 1. ⟨etwas wächst aus⟩ *(Getreide) keimt infolge feuchtwarmer Witterung auf dem Halm:* das Getreide, das Korn wächst aus. 2. ⟨etwas wächst sich aus⟩ *etwas normalisiert sich beim Wachstum:* die kleine Mißbildung wird sich noch a. 3. ⟨etwas a.; meist im 2. Part.⟩ *so wachsen, daß etwas nicht mehr paßt:* er wird die Sachen bald a.; eine Hosen sind schon alle ausgewachsen; ein ausgewachsener Pullover. 5. (geh.) **a)** ⟨etwas wächst sich aus⟩ *etwas nimmt zu, vergrößert sich:* die Unruhe, die Angst in der Bevölkerung wächst sich aus. **b)** ⟨sich zu etwas a.⟩ *sich zu etwas entwickeln, zu etwas werden:* die Unruhen wachsen sich zur Rebellion aus; er wächst sich zu einer Bedrohung, zu einer Gefahr für Europa aus. 6. (ugs.) *vor Langeweile verzweifeln:* ich wachse hier bald aus; das ist ja zum A.! /Ausruf der Ungeduld/.

Auswahl, die: 1. *das Auswählen:* Richtlinien für die A. und Bewertung des Materials; die freie A. haben unter mehreren Bewerbern; eine A. treffen *(auswählen);* zur A. stehen; jmdm. etwas zur A. vorlegen. 2. **a)** *ausgewählte Menge, Zusammenstellung von ausgewählten Dingen:* eine einseitige, sorgfältige, repräsentative A.; eine A. aus Goethes Werken. **b)** (Sport) *aus mehreren Mannschaften zusammengestellte Mannschaft:* die Nationalelf gegen eine Berliner A. 3. *Warenangebot, Sortiment:* eine große A. an/von Gardinen; der Kaufmann hat eine gute A., bietet wenig A.; Delikatessen in reicher A.

auswählen ⟨jmdn., etwas a.⟩: *aussuchen:* ein paar Schuhe, einen Bauplatz a.; jmdn. aus einer großen Zahl von Bewerbern a.; jmdn., etwas für etwas a.; ich habe mir/für mich das Beste ausgewählt; ausgewählte Werke.

auswandern: *in einem anderen Land eine neue Heimat suchen:* nach Australien, in die Vereinigten Staaten, aus Irland a.

auswärts ⟨Adverb⟩: 1. *nach außen:* die Fußspitzen nach a. winkeln. 2. **a)** *nicht zu Hause:* einmal in der Woche essen wir a. **b)** *nicht am Wohnort:* a. arbeiten; viele Schüler wohnen a., kommen von a.; etwas nach a. liefern; Sport: *auf fremdem*

Platz: a. spielen, einen Punkt holen; die Mannschaft ist a. sehr stark.
auswaschen: 1. ⟨etwas a.⟩ **a)** *durch Waschen aus etwas entfernen:* den Schmutz [aus dem Kleid] a. **b)** *durch das Herauswaschen von etwas saubermachen:* die Wäsche kalt, in lauwarmem Wasser a.; den Pinsel a.; ⟨jmdm., sich etwas a.⟩ jmdm. eine Wunde a. **2.** ⟨etwas a.⟩ *durch Wassereinwirkung aushöhlen:* das Wasser wäscht das Ufer aus. **3.** ⟨etwas wäscht etwas aus⟩ *etwas spült etwas heraus:* der Regen wäscht Schadstoffe [aus der Müllkippe] aus.
auswechseln ⟨jmdn., etwas a.⟩: *durch einen anderen, etwas anderes ersetzen:* die durchgebrannte Sicherung, Zündkerzen, Holzbalken gegen Stahlträger a.; der Torwart mußte ausgewechselt werden; ein Teil gegen ein anderes a.; Sport: ⟨auch ohne Akk.⟩ der Trainer mußte a.; adj. Part.: er war wie ausgewechselt *(völlig verändert).*
Ausweg, der: *Hilfe, rettende Lösung in einer schwierigen Situation:* das ist ein glücklicher, rettender A.; Importbeschränkung bietet sich als letzter A. an; es gibt keinen A.; einen A. suchen, finden, wissen; ich sehe keinen anderen A. als ...; ich möchte mir einen A. offenhalten, offenlassen; auf einen A. verfallen.
ausweichen: 1. a) *aus der Bahn gehen [und Platz machen]:* der Fahrer versuchte auszuweichen; geschickt, zu spät, [nach] rechts, nach der/ zur Seite a.; ⟨jmdm., einer Sache a.⟩ er ist dem Motorrad rechtzeitig ausgewichen. **b)** ⟨einer Sache a.⟩ *zur Seite weichen, zu entgehen versuchen:* einem Schlag, einem Stoß, einem Hieb a.; er versuchte, dem Stein auszuweichen, wurde aber am Kopf getroffen. **c)** ⟨jmdm., einer Sache a.⟩ *aus dem Weg gehen, meiden:* jmdm. [auf der Straße] a.; sie wich einer Begegnung aus; einer Frage, jmds. Blicken, einer Entscheidung a.; ⟨selten auch ohne Dat.⟩ sie fragte nach Einzelheiten, er wich jedoch höflich aus *(ging auf ihre Fragen nicht ein);* eine ausweichende Antwort geben. **2. a)** ⟨auf etwas a.⟩ *gezwungenermaßen etwas anderes wählen:* auf das 3. Programm a.; er war auf eine andere Möglichkeit, auf eine andere Droge ausgewichen. **b)** (Sport) ⟨mit Raumangabe⟩ *einen anderen Platz einnehmen:* auf die Flügel a.
ausweinen: 1. ⟨sich a.⟩ *sich durch Weinen erleichtern:* sich bei jmdm. a.; weine dich nur einmal aus! **2.** *zu Ende weinen:* laß sie a.! **3.** (geh.) ⟨etwas a.⟩ *sich von etwas durch Weinen befreien:* seinen Kummer a.; das Kind weinte seinen Schmerz an der Brust der Mutter aus.
Ausweis, der: **1.** *Schriftstück, das die Identität einer Person oder eine Berechtigung zu etwas beglaubigt:* ein ungültiger, gefälschter A.; der A. läuft ab; einen A. beantragen, ausstellen, [vor]zeigen, einbehalten; etwas nur gegen Vorlage des Ausweises aushändigen; er war ohne A.; der Polizist nahm ihm den A. ab. **2.** (Bankw.) *Übersicht über den Geschäftsstand:* sich an Hand der Ausweise der Zentralbanken informieren. * (Papierdt.:) **nach Ausweis** *(wie zu erkennen ist).*
ausweisen: 1. ⟨jmdn. a.⟩ *aus dem Land weisen:* einen Staatenlosen, einen Asylbewerber a.; alle unerwünschten Personen wurden ausgewiesen. **2.** ⟨jmdn., sich a.⟩ *[mit Hilfe eines Ausweises] seine*

Identität nachweisen: bitte weisen Sie sich aus!; er konnte sich nicht, durch seinen Führerschein a.; die Dokumente haben ihn als Unterhändler ausgewiesen. **3. a)** ⟨sich als etwas a.⟩ *sich erweisen:* sich als guter Geschäftsmann, als großer Künstler a. **b)** ⟨etwas a.⟩ *erweisen, unter Beweis stellen:* mit diesem Roman hat er sein Talent ausgewiesen; Kenntnisse, Erfahrung a. **4.** ⟨etwas a.⟩ *rechnerisch nachweisen, zeigen:* der Kontoauszug weist einen geringen Fehlbetrag aus; ..., wie die Statistik ausweist; ausgewiesene Überschüsse.
ausweiten: 1. a) ⟨etwas a.⟩ *ein wenig zu groß, zu weit machen:* seinen Pullover a.; ausgeweitete Hausschuhe; ⟨jmdm. etwas a.⟩ du hast mir die Schuhe ausgeweitet. **b)** ⟨etwas weitet sich aus⟩ *etwas wird ein wenig zu weit:* das Gummiband hat sich ausgeweitet. **2. a)** ⟨etwas a.⟩ *erweitern, vergrößern:* den Handel a.; das Werk zu einer Weltfirma a. **b)** ⟨etwas weitet sich aus⟩ *etwas erweitert sich, vergrößert sich:* der Kreis der Teilnehmer hat sich ausgeweitet; die Unruhen weiten sich zum Bürgerkrieg aus.
auswendig: *ohne Vorlage, aus dem Gedächtnis:* ein Gedicht a. können *(aus dem Gedächtnis vortragen können);* er konnte nach Noten und a. spielen; ein Gedicht a. lernen *(seinem Gedächtnis so einprägen, daß man es behält);* etwas a. hersagen; etwas a. wissen (ugs.). * (ugs. abwertend:) **etwas schon auswendig können** *(etwas bis zum Überdruß gehört oder gesehen haben).*
auswerfen: 1. ⟨etwas a.⟩ *zu einem bestimmten Zweck an eine vorgesehene Stelle werfen, legen:* eine Angel, Netze a.; das Schiff wirft die Anker aus. **2. a)** ⟨etwas wirft etwas aus⟩ *etwas schleudert etwas nach außen:* der Vulkan wirft Asche aus. **b)** (geh.) ⟨etwas a.⟩ *ausspucken:* der Kranke wirft Schleim aus. **3.** (geh.) ⟨etwas a.⟩ **a)** *herausschaufeln:* Erde a. **b)** *durch Herausschaufeln der Erde anlegen:* einen Abzugsgraben a. **4.** ⟨etwas a.⟩ *zur Ausgabe bestimmen:* hohe Prämien, Dividenden a.; der Staat will für dieses Projekt 3 Millionen a. **5.** ⟨etwas a.⟩ *in einem bestimmten Zeitraum produzieren:* die Anlage wirft täglich 20 000 Behälter aus. **6.** (Bürow.) *ausrücken, gesondert aufführen:* die einzelnen Posten der Aufstellung werden rechts ausgeworfen.
auswerten ⟨etwas a.⟩: *nutzbar machen:* Erfahrungen, Berichte, eine Statistik a.; die Aufnahmen vom Mars sind noch nicht ausgewertet.
auswickeln ⟨etwas a.⟩ **a)** *aus einer Umhüllung herausholen:* ein Päckchen, ein Bonbon, ein Geschenk a. **b)** ⟨jmdn., sich a.⟩ *aus etwas herauswickeln:* sie hat sich aus der Decke ausgewickelt; sie wickelte das Kind aus den Tüchern aus.
auswirken ⟨etwas wirkt sich aus⟩ *etwas übt eine Wirkung aus, macht sich geltend:* dieser Umstand hat sich günstig, verhängnisvoll ausgewirkt; der Streik wirkt sich auf die Wirtschaft aus; etwas wirkt sich für jmdn. nachteilig aus; das wirkt sich zu unserem Nachteil, in den Wahlergebnissen aus.
auswischen ⟨etwas a.⟩: **a)** *herauswischen:* den Staub [aus dem Glas] a.; er nahm den Helm ab und wischte den Schweiß aus. **b)** *durch Wischen säubern:* das Glas a.; ich habe den Schrank feucht ausgewischt; ⟨jmdm., sich etwas a.⟩ ich mußte mir die Augen a. **c)** *durch Wischen entfer-*

nen: Kreidestriche a. * (ugs.:) **jmdm. eins auswischen** *(jmdm. [aus Rache] übel mitspielen).*
auswringen ⟨etwas a.⟩: *die Feuchtigkeit durch
Zusammendrehen, Drücken herauspressen:* Wäsche a.; **subst.**: sie waren naß zum Auswringen.
Auswuchs, der: **1.** *krankhafte Wucherung:*
krankhafte Auswüchse an Obstbäumen. **2.** *ungesunde Entwicklung, Übersteigerung:* das sind Auswüchse seiner Phantasie; gegen die Auswüchse
in der Verwaltung vorgehen.
auszahlen: 1. ⟨etwas a.⟩ *einen Geldbetrag, der
jmdm. zukommt, aushändigen:* Gehälter, Prämien, Gewinne a.; ⟨jmdm. etwas a.⟩ er ließ sich
von ihm sein Erbteil a.; er zahlte ihm den Scheck
anstandslos aus. **2.** ⟨jmdn. a.⟩ *entlohnen:* er hat
seine Teilhaber ausgezahlt *(abgefunden).* **3.** (ugs.)
⟨etwas zahlt sich aus⟩ *etwas lohnt sich:* die Investition zahlt sich für uns, in größerem Umsatz
aus; das zahlt sich nicht aus.
auszählen: 1. ⟨etwas a.⟩ *durch Zählen die genaue
Zahl feststellen:* die Stimmen nach der Wahl a.
2. (Boxen) ⟨jmdn. a.⟩ *die Niederlage eines kampf-
unfähigen Boxers durch Zählen bis zum Aus feststellen:* er wurde in der achten Runde ausgezählt.
auszeichnen /vgl. ausgezeichnet/: **1.** ⟨etwas a.⟩
mit einem Preisschild versehen: die ausgestellten
Waren müssen ausgezeichnet werden. **2. a)**
⟨jmdn. a.; mit Umstandsangabe⟩ *mit Vorzug behandeln, ehren:* er zeichnete ihn dadurch aus,
daß ...; der Minister hat ihn durch sein Vertrauen, mit seinem Vertrauen ausgezeichnet. **b)**
⟨jmdn., etwas a.⟩ *durch die Verleihung einer Auszeichnung ehren:* einen Forscher mit dem Nobel-
preis a.; er ist für seinen Einsatz, wegen seiner
guten Leistungen ausgezeichnet worden; der
Film wurde mit drei Preisen ausgezeichnet. **3. a)**
⟨etwas zeichnet jmdn., etwas aus⟩ *etwas hebt
jmdn., etwas aus einer Menge heraus:* gute Fahreigenschaften zeichnen diesen Wagen aus; Klugheit und Fleiß zeichneten ihn vor allen anderen
aus. **b)** ⟨sich a.⟩ *sich hervortun:* sich durch Fleiß,
Ausdauer, Klugheit, Schönheit a.; er hat sich als
erfolgreicher Politiker ausgezeichnet; der Kunststoff zeichnet sich durch große Härte aus *(unterscheidet sich von anderen durch ...).* **4.** (Druk-
kerspr.) ⟨etwas a.⟩ *durch eine besondere Schriftart
hervorheben:* ein Zitat a.; der Lektor hat das Manuskript ausgezeichnet *(zum Satz fertiggemacht).*
Auszeichnung, die: **1.** *das Auszeichnen:* mit
der A. der Waren beschäftigt sein. **2. a)** *Gunstbe-
weis, Ehrung:* er empfand diese Bemerkung als
A. **b)** *Ehrung durch einen Orden, Preis o. ä.:* die A.
der Sportler findet in einer Feierstunde statt; einige Soldaten zur A. vorschlagen. **3.** *Orden, Medaille, Preis:* das Silberne Lorbeerblatt ist eine
hohe, die höchste A. für Sportler; er ist Inhaber
zahlreicher Auszeichnungen; eine A. erringen,
verdienen, erhalten, tragen, zurückgeben; man
verlieh ihm die A. für seine Verdienste. * **mit Auszeichnung** *(mit dem Prädikat „ausgezeichnet"):*
die Prüfung mit A. bestehen.
ausziehen: 1. ⟨etwas a.⟩ **a)** *herausziehen:* den
Nagel mit der Zange a.; sie zog ein paar Radieschen aus; das Chlor hat die Farben ausgezogen
(ausgebleicht); Pflanzenstoffe a. *(einen Extrakt
herstellen):* ⟨jmdm., sich etwas a.⟩ ich habe ihm
den Splitter ausgezogen. **b)** *durch [Heraus]ziehen*

verlängern: ein Stativ, den Tisch a.; Metall [zu
Draht] a. **2. a)** ⟨etwas a.⟩ *von sich tun, ablegen:* die
Hosen, das Jackett, das Kleid, den Mantel a.; er
zog Schuhe und Strümpfe aus; ⟨jmdm. sich etwas
a.⟩ ich hatte mir das Hemd ausgezogen. **b)** ⟨jmdn.,
sich a.⟩ *entkleiden:* die Mutter zieht die Kleinen
aus; er hatte sich bereits ausgezogen; ganz ausgezogen sein; **übertr.**: er hat sie mit den Augen
ausgezogen; er hat uns ganz schön ausgezogen
(ugs.; *uns geschröpft).* **3.** *hinausziehen, ausrücken:*
zur Jagd a.; er war ausgezogen, um die Welt kennenzulernen; auf Raub, auf Abenteuer a. *(ausgehen).* **4.** *eine Wohnung, einen Arbeitsraum aufgeben und verlassen:* am Ersten müssen wir a. **5.**
(selten) ⟨etwas zieht aus⟩ *etwas zieht aus etwas
heraus, schwindet:* das Aroma ist [aus dem Kaf-
fee] ausgezogen. **6.** ⟨etwas a.⟩ *herausschreiben, ex-
zerpieren:* alle Wörter auf -ung aus einem Text a.;
einen Roman, einen Schriftsteller *(das Werk des
Schriftstellers)* a. **7.** ⟨etwas a.⟩ *zu einer Linie vervollständigen; nachzeichnen:* eine punktierte Linie, eine Kurve a.; die Schüler ziehen die Umrisse mit Tusche aus.
Auszug, der: **1.** *das Ausziehen:* ein eiliger, überstürzter A.; der feierliche A. des Lehrkörpers aus
der Aula. **2.** *das Aufgeben und Verlassen einer
Wohnung, eines Arbeitsraumes:* der A. muß bis
zum Ersten erfolgen. **3.** *Extrakt:* Alkohol mit einem konzentrierten A. von Melisse; ein A. aus
Heilkräutern. **4. a)** *Teilabschrift:* ein beglaubigter
A. aus dem Grundbuch, aus dem Taufregister;
die Bank schickt die Auszüge *(Kontoauszüge)* an
die Kunden. **b)** *Ausschnitt aus einem Text:* Auszüge aus Büchern; einen A. aus einer Rede abdrucken. **c)** (Musik) *Bearbeitung eines Orchester-
werks für Klavier:* einen A. [aus einer Oper] anfertigen.
Auto, das: *Kraftwagen:* ein neues, altes, gebrauchtes, schnelles A.; das A. steht vor dem
Haus, parkt auf dem Grünstreifen, fährt an, zieht
schlecht an, zischt ab (ugs.), hat gute Fahreigenschaften, gerät ins Schleudern, überschlägt sich,
prallt gegen einen Baum, hat eine Panne; ein A.
bestellen, kaufen, haben, besitzen, fahren; das
Auto starten, parken, reparieren, überholen lassen, waschen, in die Garage fahren, zur Inspektion bringen; ich kann nicht A. fahren; er fährt
gut A.; aus dem A. steigen, klettern; im A., mit
dem A. reisen; er ist viel mit dem A. unterwegs;
jmdn. im A. mitnehmen; er ist mit dem A. verunglückt; im Schnee steckengeblieben; ins A. steigen; (ugs.:) wie ein A. *(erstaunt)* gucken.
Autobahn, die: /Schnellverkehrsstraße/: die A.
ist verstopft, ist gesperrt; die Autobahn benutzen, wegen mehrerer Unfälle meiden; auf der A.
verunglücken, an der A. bauen; auf die A. auffahren; von der A. abfahren; sie fahren weite
Strecken über die A.
automatisch: 1. a) *mit einer selbsttätigen technischen Vorrichtung versehen:* eine automatische
Kamera, Anlage; ein automatisches Getriebe.
b) *durch Automatik erfolgend, ausgelöst; selbsttätig:* die automatische Zeitansage; das automatische Sortieren der Post; eine automatische Steuerung; ein automatisches Getriebe; ein automatischer Anrufbeantworter; automatische Tür-
schließer; die Türen öffnen, schließen sich a.; die

Temperatur regelt sich a. **2. a)** *wie von selbst, unwillkürlich:* automatische Bewegungen; er nahm a. eine stramme Haltung an, grüßte a.; a. antworten. **b)** *ohne Zutun des Beteiligten; zwangsläufig:* diese Entwicklung führt a. zu Preissteigerungen; das erledigt sich a.

Autorität, die: **1.** *gewichtiges Ansehen, anerkannt machtvolle Geltung:* die väterliche, elterliche, ärztliche A.; seine A. wankt, geht verloren; große, viel A. haben, besitzen, genießen; der Lehrer hat in der Klasse, gegenüber den Schülern keine A.; A. erhalten; er wahrt seine A.; sich (Dativ) A. verschaffen; sein Amt verlieh ihm A.; jmds. A. anerkennen; an A. gewinnen, verlieren, einbüßen. **2.** *Person mit maßgebendem Einfluß;* *allgemein anerkannter Fachmann:* eine wissenschaftliche A.; er ist eine A. auf diesem Gebiet, in der Medizin; eine A. zu Rate ziehen (geh.).

Aversion, die: *Abneigung, Widerwille:* er hatte eine starke A. gegen parfümierte Seife; Aversionen abbauen.

Axt, die: */ein Werkzeug zum Fällen von Bäumen, zum Spalten und Behauen von Holz/:* eine scharfe, stumpfe A.; die A. rutschte ab; R: die A. im Haus erspart den Zimmermann; die Äxte schärfen; die A. schwingen; mit der A. ausholen; (ugs.:) er hat ein Benehmen, benimmt sich wie die A. im Walde *(ist ungehobelt);* bildl.: sie haben die A. an diese Mißstände gelegt *(sind sie angegangen).*

B

Bach, der: *kleiner Fluß:* ein klarer B.; der B. rauscht, murmelt, windet sich durch das Tal, schlängelt sich durch die Wiesen, trocknet im Sommer aus; bildl.: Bäche von Schweiß flossen an ihm herunter. * (ugs.:) *etwas geht den Bach runter (etwas geht zugrunde).*

Backe, die: **1.** *fleischiger Teil des Gesichts:* volle, rote, gerötete, runde, gesunde, eingefallene Backen; meine linke B. ist dick [an]geschwollen; seine Backen hängen schlaff herab; die Backen aufblasen; er streichelte, tätschelte ihr die Backen; rote Flecken auf den Backen haben; ein Küßchen auf die B.; er kaute mit vollen Backen; Tränen liefen ihr über die Backen; über beide Backen strahlen *(sehr strahlen, überaus glücklich sein).* **2.** *verstellbarer Seitenteil, bewegliche Seitenfläche:* die Backen des Schraubstocks.

¹backen: 1. a) ⟨[etwas] b.⟩ *einen Teig zubereiten und unter Hitzeeinwirkung gar und eßbar machen:* wir backen jede Woche, nur zu Weihnachten; bäckst/backst du gerne?; er steht in der Küche und bäckt/backt; Kuchen [aus Hefeteig], Brot b.; die Großmutter backte/(veraltet:) buk Plätzchen; die Brötchen wurden schön knusprig, zu scharf gebacken; bildl.: ein frischgebackener Ehemann, Referendar, Pilot. **b)** (westmd.) ⟨etwas b.⟩ *braten:* Fisch, ein Hähnchen, Eier b.; es gibt zum Mittagessen gebackene Leber. **c)** (landsch.) ⟨etwas b.⟩ *dörren, [aus]trocknen:* Pflaumen, Pilze b.; Dachziegel b. **2.** ⟨etwas bäckt/backt⟩ *etwas wird durch Hitzeeinwirkung gar und eßbar:* der Kuchen muß noch 10 Minuten b. **3.** ⟨etwas bäckt/backt; mit Artangabe⟩ *etwas hat bestimmte, zum Backen notwendige Eigenschaften:* der Herd, diese Form backt ganz hervorragend.

²backen (ugs. landsch.): **a)** ⟨etwas backt⟩ *etwas ballt sich zusammen:* der Schnee backt. **b)** ⟨etwas backt an etwas⟩ *etwas klebt, haftet an etwas:* der Schnee backt an den Skiern.

Bad, das: **1.** *das Baden:* das tägliche B. [im Meer]; römisch-irische Bäder; die Bäder, die mir der Arzt verordnet hat; ein B. nehmen *(baden);* sich durch ein B. erfrischen. **2.** *Wasser zum Baden:* ein kaltes, warmes, heißes B.; jmdm. ein B. richten (geh.); sich (Dativ) ein B. machen, bereiten; ein B. einlaufen lassen; medizinische Bäder verabreichen; ich mache mir ein heißes B.; ins B. steigen. **3. a)** *Raum zum Baden, Badezimmer:* ein sauberes, gekacheltes B.; das B. benutzen; die Ferienhäuser haben B. oder Dusche; eine Wohnung mit Küche und B.; im B. sein. **b)** *Badeanstalt; Schwimmbad:* ein modernes B.; die öffentlichen Bäder sind ab 1. Mai geöffnet; die Bäder waren überfüllt; ins B. gehen. **c)** *Kurort mit Heilquellen:* ein teures, vornehmes B.; ein B. für Frauenleiden, für Rheumakranke; sie fährt, reist in ein B. an der See, im Gebirge. * **Bad in der Menge** *(unmittelbarer Kontakt mit einer [positiv eingestellten] Menschenmenge).*

baden: a) *sich im Wasser reinigen, erfrischen; ein Bad nehmen:* kalt, warm, heiß, täglich b.; sie badeten nackt im See; subst.: er ist beim Baden ertrunken. **b)** ⟨jmdn., sich, etwas b.⟩ *im Wasser reinigen, erfrischen:* das Neugeborene wird von der Hebamme gebadet; die Vögel baden sich in der Pfütze; übertr.: in Schweiß gebadet *(schweißüberströmt)* aufwachen; ⟨jmdm., sich etwas b.⟩ ich habe mir die wunden Füße in Kamillenlösung gebadet. * (ugs.:) **baden gehen** *(keinen Erfolg haben, hereinfallen):* ich bin mit meinem Plan ganz schön b. gegangen.

baff (ugs.:) *verblüfft:* er war ganz b. [über diese Antwort]; b. vor Staunen schwieg er.

Bahn, die: **1. a)** *[abgeteilte] ebene Strecke, Weg:* sich eine B. durch das Unterholz schlagen, schlagen; das Wasser hat sich eine B. gebrochen, eine neue B. gesucht; die neue Straße hat drei Bahnen *(Fahrbahnen);* die Bowlinganlage mit 12 Bahnen *(Bowlingbahnen);* von der B. *(Eisbahn)* den Schnee entfernen; die deutsche Staffel hat B. 3, läuft auf B. 3; Sport: *Rennstrecke:* eine schwere B. *(vom Regen nasse Aschenbahn);* die B. im Olympiastadion besteht aus Kunststoff, ist sehr schnell; der Rennwagen wurde in der Kurve aus der B. getragen, geschleudert; der Bob kam von der B. ab; R: freie B. dem Tüchtigen!; übertr.:

sich auf/in neuen, gefährlichen, anderen Bahnen bewegen *(neue usw. Wege beschreiten);* ihr Leben verläuft in geregelten Bahnen; das Leben kehrte in die gewohnten Bahnen zurück. **b)** *vorgeschriebener Weg; Strecke, die ein Körper durchmißt:* eine fast kreisförmige B.; die B. des Geschosses, der Gestirne; eine bestimmte B. beschreiben, durchlaufen; der Mond zieht still seine B.; er berechnet die B. der Rakete. **c)** *breiter Streifen:* die einzelnen Bahnen der Tapeten. **2.** *Gleisweg, Schienenstrang:* eine mehrgleisige B.; die Straße wird von der B. gekreuzt. **3. a)** *Eisenbahn, Zug:* die Bahnen waren überfüllt; sich auf die B. setzen (ugs.; *einsteigen)* und hinfahren; mit der B. reisen, fahren; unser Besuch kommt mit der B.; Gepäck per B. senden. **b)** *Straßenbahn:* die B. fährt an der Haltestelle durch; ich habe meine B. verpaßt, nehme die nächste B.; sich in die volle B. drängen; in die B. einsteigen. **4.** *Haltestelle einer Bahn; Bahnhof:* an die B. gehen, um jmdn. abzuholen; er brachte seinen Besuch an die B., zur B.; ich werde meinen Freund von der B. abholen. **5.** *Bahnverwaltung (Reichs-, Bundesbahn):* die B. zahlt schlecht; die B. setzt Entlastungszüge ein; er ist, arbeitet bei der B. * **einer Sache Bahn brechen** *(zum Durchbruch verhelfen, Anerkennung verschaffen):* er hat dieser Theorie B. gebrochen · **etwas bricht sich (Dativ) Bahn** *(etwas setzt sich durch):* das Gute bricht sich B. · (geh.:) **jmdn., einer Sache die Bahn ebnen** *(jmds. Vorwärtskommen, die Entwicklung von etwas erleichtern, Schwierigkeiten aus dem Weg räumen)* · **jmdn. aus der Bahn bringen/werfen/schleudern** *(jmdn. aus seinem gewohnten Lebensgang reißen und ihn etwas Falsches tun lassen)* · **auf die schiefe Bahn geraten/kommen** *(auf Abwege geraten, herunterkommen)* · **freie Bahn haben** *(alle Schwierigkeiten beseitigt haben)* · **etwas in die richtige Bahn lenken** *(dafür sorgen, daß sich etwas richtig entwickelt).*
bahnen *(jmdm., sich, einer Sache etwas b.):* als Zu-, Durchgang schaffen: sich einen Weg durch den Urwald, durch den Schnee b.; er bahnte ihm einen Weg zum Saal, ins Freie.
Bahnhof, der: *Anlagen und Gebäude an der Haltestelle der Eisenbahn:* wo ist hier der B.?; der B. liegt außerhalb der Stadt; dieser Zug hält nicht auf allen Bahnhöfen; der Zug fährt, läuft in den B. ein; jmdn. vom B. abholen, zum B. bringen. * (ugs.:) **großer Bahnhof** *(festlicher Empfang):* der Staatschef bekam einen großen B. · (ugs.:) **[immer] nur Bahnhof verstehen** *(nicht richtig, überhaupt nicht verstehen).*
Bahre, die: *Gestell zum Tragen von gehunfähigen Menschen und Toten:* sie legten den Verletzten auf die B.; der Tote lag auf der B.
Balance, die: *Gleichgewicht:* die strategische B. zwischen der UdSSR und den USA; [die] B. halten; die B. verlieren; aus der B. kommen; sich nicht mehr in [der] B. halten können.
bald: 〈Adverb〉 **1. a)** *in [verhältnismäßig] kurzer Zeit:* ich komme b. wieder; bist du b. fertig?; er wird b. berühmt sein; b. ist Ostern; möglichst b.; so bald wie möglich/(seltener:) als möglich; b. *(kurz)* darauf; b. *(kurz)* nachdem er gegangen war; bis b.! *(bis zum baldigen Wiedersehen);* hast du jetzt b. (ugs. landsch.; *endlich)* genug?; bist du jetzt b. (ugs. landsch.; *gleich)* still!; nun, wird's

b.? /*drohende Frage, scharfe Aufforderung*/. **b)** *schnell; ohne Schwierigkeiten, leicht:* das kommt so b. nicht wieder; er konnte so b. nicht einschlafen; sie hatten das sehr b. erkannt; das ist b. getan. **2.** *fast:* ich hätte b. etwas gesagt; es ist b. keinem Menschen mehr zu trauen; wir warten b. 3 Stunden. **3.** 〈nur in der Verbindung〉 **bald ... bald:** *erst ... dann, teils ... teils;* b. hier, b. da; b. laut, b. leise; b. war er nah, b. schien er fern.
Bälde 〈in der Verbindung〉 **in Bälde** (Papierdt.): *bald:* wir werden in Bälde Genaueres erfahren.
baldig: *kurz bevorstehend, umgehend:* wir bitten um baldige Antwort; er wünschte ihm baldige Genesung; auf baldiges Wiedersehen!
balgen 〈sich b.〉: *miteinander raufen:* die Jungen balgten sich; die Hunde hatten sich um das Fleisch gebalgt; 〈auch sich mit jmdm. b.〉 sie balgt sich mit ihrem jüngeren Bruder.
Balken, der: *vierkantiges Stück Bauholz:* ein dicker, morscher B.; Balken aus Eichenholz; die Balken tragen die Decke; neue Balken einziehen; eine Wand mit Balken abstützen; Sport (ugs.): *Schwebebalken:* am B. turnen. * **lügen, daß sich die Balken biegen** *(unglaublich lügen).*
Balkon, der: **1.** *vom Wohnungsinnern betretbarer, offener Vorbau:* ein sonniger B.; die Balkons/Balkone gehen nach Süden; auf den B. treten; sich auf den B. legen, sich auf dem B. sonnen. **2.** *erhöhter, umlaufender Teil des Zuschauerraums:* wir saßen B., dritte Reihe.
¹Ball, der: /*Spielball*/: ein leichter, bunter B.; ein B. aus Leder; der Ball springt auf, rollt auf die Straße, dreht sich, prallt gegen den Pfosten, landet im Tor, zappelt im Netz (ugs.), wandert von Spieler zu Spieler, ist im Aus; einen B. aufpumpen; B. spielen; den B. werfen, schleudern, schlagen, schießen, ins Tor befördern, köpfen, an die Latte knallen (ugs.), anschneiden, [am Fuß] führen, zum Außen passen, sich (Dativ) vorlegen, stoppen, fangen; der Torwart hält den B.; der Stürmer hat den B. verloren *(hat ihn sich abnehmen lassen);* auf den B. zuspielen; den B. verstolpern, verschlagen; einen B. *(Punkt)* machen; nach dem B. laufen; den nicht vom B. trennen lassen; bildl.: die Sonne war ein feuerroter B. * **sich [gegenseitig] die Bälle zuwerfen, zuspielen: a)** (veraltend) *begünstigen, Vorteile verschaffen.* **b)** *(sich durch Fragen, Bemerkungen geschickt im Gespräch verständigen)* · (ugs.:) **am Ball sein** *(aktiv sein, handeln [können])* · (ugs.:) **am Ball bleiben** *(aktiv bleiben, etwas weiterverfolgen).*
²Ball, der: *Tanzfest:* ein großer, festlicher, glanzvoller B.; der erste B. der Saison findet am ... statt; einen B. geben, veranstalten, eröffnen, besuchen, bis zum Ende mitmachen (ugs.), frühzeitig verlassen; auf einen B. gehen.
Ballast, der: *tote Fracht, Last:* Sand als B. ein-, aufnehmen, mit sich führen; B. über Bord werfen, abwerfen; übertr.: *unnötige Belastung, Bürde:* das ist alles überflüssiger B.; den unnötigen B. abwerfen.
ballen: **1.** 〈etwas b.〉 *zusammenpressend in eine ballähnliche Form bringen:* die Hand zur Faust b.; er ballte die Fäuste; Papier zu einer Kugel b. **2.** 〈sich b.〉 *[durch Zusammenpressen] eine ballähnliche Form annehmen:* der Schnee ballt sich zu Klumpen; am Himmel hatten sich Wolkenberge

geballt; am Bahnhof ballten sich die Demonstranten; eine geballte *(dicht zusammengedrängte)* Menschenmasse; übertr.: die Schwierigkeiten ballen *(häufen)* sich; mit geballter *(konzentrierter)* Kraft, Energie.

Ballen, der: 1. *bündelförmiges Fruchtstück, rundlicher Packen:* einige B. Stroh; /Maßeinheit/: zwei B. Leder, Stoff kaufen. 2. a) *verdickte Stelle an der Hand- und Fußfläche:* wunde B. haben; über den B. weich abrollen. b) *krankhafte Verdickung an der Innenseite des Mittelfußknochens:* B. haben; jmdm. die B. [weg]operieren.

Ballon, der: 1. *mit Luft oder Gas gefüllte ballförmige Hülle:* ein knallroter B.; ein B. für Werbezwecke; der B. platzt, fliegt weg, treibt ab; eine Bö erfaßte den B.; Ballons/Ballone aufsteigen lassen; B., im B. fliegen. 2. *bauchiger Glasbehälter:* ein B. Schwefelsäure; den Most in einem B. aufbewahren. 3. (ugs.) *Kopf:* jmdm. eins über den B. hauen. * (ugs.:) [so] **einen Ballon bekommen/kriegen** *(einen roten Kopf bekommen).*

banal: *nichtssagend, geistlos:* eine banale Geschichte; eine banale Antwort geben; der Film, das Stück war b. und langweilig.

¹Band, das: 1. a) *längerer schmaler Streifen:* ein seidenes, gesticktes B.; ein B. aus Stoff, aus Leder; sie trug ein B. im Haar; der Minister zerschnitt das B. bei der Einweihung; er trug ein B. *(Ordensband)* im Knopfloch, den Orden an einem B. um den Hals; eine Matrosenmütze mit langen, blauen Bändern; bildl.: das leuchtende B. der Autobahn. b) *Fließband:* am B. stehen, arbeiten; im Frühjahr soll ein neues Modell auf B. gelegt werden. c) *Muskelband, Gewebestrang:* die Bänder am Knöchel überdehnen, zerren. d) *[Magnet]tonband:* das B. läuft; ein B. einlegen, bespielen, besprechen, zurücklaufen lassen, ablaufen lassen, abspielen, löschen; etwas auf B. [auf]nehmen, sprechen, diktieren. 2. (geh.) *Bindung:* familiäre, verwandtschaftliche, freundschaftliche Bande; ein geistiges B.; die Bande des Bluts; langjährige Bande hielten ihn zurück. * (ugs.:) **am laufenden Band** *(unablässig, immer wieder):* er hat sich am laufenden B. beschwert · (geh.:) **zarte Bande knüpfen** *(ein Liebesverhältnis anbahnen).*

²Band, der: a) *Buch, das eine Sammlung, eine Auswahl enthält:* ein dünner, schmaler B.; er schenkte ihr einen B. Shakespeares Werke in einem B. b) *Buch als Teil eines Werkes, einer Bibliothek:* der erste B. des Lexikons ist soeben erschienen; wieviel Bände liegen bereits vor?; das Werk umfaßt 3 Bände; ich könnte darüber Bände *(sehr viel)* schreiben, reden; der Duden in 10 Bänden. * (ugs.:) **etwas spricht Bände** *(etwas ist sehr aufschlußreich, sagt alles).*

¹Bande, die: 1. *Horde; organisierte Gruppe von Verbrechern:* eine gefährliche, berüchtigte B.; eine B. von Autodieben; diese B. terrorisiert die Stadt; er ist der Anführer der B. 2. (ugs.) *Gruppe, Schar:* die ganze B. zog mit; ihr seid mir eine B.!

²Bande, die: *Einfassung, Umgrenzung einer Spielfläche oder Bahn:* die Kugel berührt die B. (beim Kegeln, beim Billard); die Scheibe prallt an/von der B. ab (im Eishockey); mit B. spielen.

bändigen: a) ⟨ein Tier b.⟩ *zahm machen, zähmen:* Löwen, Wildpferde b. b) ⟨jmdn., etwas b.⟩

zum Gehorsam bringen, besänftigen: einen tobenden Elefanten, einen randalierenden Betrunkenen b.; die Kinder waren vor Freude kaum zu b.; übertr.: Naturgewalten, seine Triebe, seine Leidenschaften b. *(zügeln).*

bang[e]: *ängstlich, angsterfüllt:* eine bange [Vor]ahnung; bange Minuten; banges Warten; voll banger Erwartung sein; b. sein (bes. nordd.; *ängstlich sein, Angst haben),* etwas zu tun; ich bin nicht b. (bes. nordd.; *ich habe keine Angst)* vor dem Ergebnis; ihr wurde b. ums Herz; ihr wurde es b. zumute; b. lauschen; sie wartete b. auf seine Rückkehr; ℝ (ugs.): bange machen (auch: Bangemachen) gilt nicht! *(keine Angst, ich lasse mich nicht einschüchtern);* (bes. nordd.:) ⟨auf jmdn., auf etwas b. sein⟩ *ängstlich gespannt sein:* er ist b. auf ihre Antwort; (bes. nordd.:) ⟨jmdm. ist b. nach jmdm., nach etwas⟩ *jmd. sehnt sich nach jmdm., nach etwas:* sie ist b. nach seiner Rückkehr; (bes. nordd.:) ⟨um jmdn., um etwas b. sein⟩ *sich um jmdn., um etwas sorgen, Angst um jmdn. haben:* die Mutter ist b. um ihr Kind. * **jmdm. bang[e] machen** *(jmdn. in Angst versetzen)* · (scherzh.:) **jmdm. wird bang und bänger** *(jmd. bekommt immer mehr Angst).*

Bange, die (bes. nordd.): *Angst, Furcht:* nur keine B.!; ohne [jede] B.; [große] B. haben; wir haben keine B., daß es nicht klappen könnte.

bangen (geh.): 1. *Angst haben, in Sorge sein:* a) ⟨um jmdn., um etwas b.⟩: sie bangen um ihr Kind; die Ärzte hatten um sein Leben gebangt; man bangt um seine Sicherheit, seine Zukunft. b) ⟨sich um jmdn., um etwas b.⟩ sie bangen sich um ihr krankes Kind. 2. ⟨jmdm. bangt vor etwas⟩ *jmd. fürchtet sich vor etwas:* ihnen bangt vor der Zukunft; ⟨es bangt jmdm. vor etwas⟩ es hatte uns allen vor dem Abend gebangt. 3. *sich sehnen:* a) ⟨nach jmdm., nach etwas⟩ die Kinder bangten nach der Mutter. b) ⟨sich nach jmdm., nach etwas b.⟩ sie hatte sich nach einem Wiedersehen gebangt.

¹Bank, die: 1. a) *längliche Sitzgelegenheit für mehrere Personen:* eine schmale, frisch gestrichene, sonnige B.; die vorderen Bänke; eine B. aus Holz; im Park stehen viele Bänke; der Schüler verläßt die B., tritt aus der B. heraus; er wollte sich auf die B. setzen; auf der B. saß ein Mädchen; sich auf einer B. niederlassen (geh.); er sitzt in der Klasse auf/in der ersten B.; in jeder B. sitzen drei Schüler; etwas unter der B. hervorholen; von einer B. aufstehen. b) (Sport) *Auswechselbank:* der Trainer ließ ihn auf der B.; der teure Neueinkauf saß auf der B. 2. *auf einem Tippschein unverändert getippter Spieleinsatz:* dieses Spiel ist eine B.; alle Bänke sind gekracht (ugs.); übertr. (ugs.): der deutsche Meister ist natürlich eine B. in unserem Team *(ein Spieler o. ä., auf dessen erfolgreiches Abschneiden man sich verlassen kann);* dieses Geschenk ist eine B. *(ist sicher ein Erfolg).* * (ugs.:) **etwas auf die lange Bank schieben** *(aufschieben)* · (ugs.:) **durch die Bank** *(durchweg, alle ohne Ausnahme):* die Spieler haben durch die B. schlecht gespielt · **vor leeren Bänken** *(vor wenigen Zuhörern, Zuschauern).*

²Bank, die: 1. *Unternehmen, das Geld- und Kreditgeschäfte erledigt; Bankgebäude:* eine private B.; eine B. überfallen; wir haben die B. angewiesen, Gespräche zu führen; Geld auf der B. [liegen] haben; ein Scheck auf die B. von England; ein Konto bei der B. haben, eröffnen; Geld bei der B. einzahlen; sie ist *(arbeitet)* bei der B.; das Geld von der B. überweisen lassen; Geld zur B. bringen. **2.** *Geldeinsatz des Spielers, der gegen alle anderen spielt:* die B. übernehmen, halten, abgeben; er hat die B. gesprengt *(die Spielbank durch große Gewinne spielunfähig gemacht);* gegen die B. spielen.

bankrott: *zahlungsunfähig:* ein bankrotter Unternehmer; viele Geschäftsleute waren b.; diese Investition hat die Firma b. gemacht; sich [für] b. erklären; du machst mich noch b.! (ugs.; *arm*); übertr.: *gescheitert:* eine bankrotte Politik; er war innerlich b. * **bankrott gehen** *(zahlungsunfähig werden).*

Bankrott, der: *Zahlungsunfähigkeit, -einstellung:* Rechtsw.: ein betrügerischer B.; der Kaufmann erklärte, sagte den B. an, meldete den B. an; den B. einer Firma vertuschen; vor dem B. stehen; das führte zum B.; übertr.: *Scheitern, Zusammenbruch:* der B. dieser Politik; das führte zu seinem gesundheitlichen B. * **Bankrott machen: a)** *(zahlungsunfähig werden).* **b)** *(scheitern).*

Bann, der: **1.** *Ausschluß aus der mittelalterlichen [kirchlichen] Gemeinschaft:* den B. über jmdn. aussprechen, verhängen; den B. von jmdm. nehmen; der Papst belegte ihn mit dem B.; der Herzog wurde vom B. gelöst. **2.** (geh.) *magische Wirkung, beherrschender Einfluß:* ein übermächtiger B. lag auf ihnen; der B. wollte nicht von ihr weichen; den B. des Schweigens brechen; sich aus dem B. einer Musik lösen; sie waren ganz im Bann[e] des Geschehens; das Spiel hielt ihn im B., in seinem B.; in jmds. B. geraten; die Welt stand unter dem B. der Ereignisse. * **jmdn. in seinen Bann schlagen/ziehen** *(ganz gefangennehmen, fesseln):* die Musik schlug alle in ihren B.

bannen: 1. ⟨jmdn. b.⟩ *mit dem Bann belegen:* die Ketzer wurden vom Papst gebannt. **2.** (geh.) ⟨jmdn., etwas b.⟩ *mit magischer Kraft festhalten:* ihre Augen hatten ihn gebannt; er bannte die Zuhörer mit seiner Stimme auf ihre Plätze; sie stand da, lauschte wie gebannt; übertr.: ein Geschehen auf die Leinwand b. *(es malen oder filmen).* **3.** (geh.) ⟨jmdn., etwas b.⟩ *mit magischer Kraft abwehren, vertreiben:* den Teufel, böse Geister b.; übertr.: die Gefahr ist durch das Eingreifen der UNO vorläufig gebannt *(behoben).*

bar: 1. *in Münzen oder Geldscheinen [vorhanden]:* bares Geld; die baren Auslagen betragen ....; etwas b. bezahlen; eine Summe b. auf den Tisch legen; ich zahle in b.; etwas gegen b. verkaufen. **2.** *rein, offenkundig, nichts anderes als:* das ist ja barer Unsinn; etwas als bare Realität nehmen; ihn packte bares Entsetzen. **3.** (geh.) ⟨einer Sache b. sein⟩ *von etwas entblößt sein, etwas nicht haben:* er ist b. jeder Vernunft.

Bär, der: **1.** /ein Raubtier/: ein brauner, zottiger B.; der B. brummt, richtet sich auf; einen Bären jagen, schießen, erlegen, abrichten. **2.** (ugs.): *plumper, ungeschickter Mensch:* er ist ein rechter B. * (ugs.:) **jmdm. einen Bären aufbinden** *(jmdm. etwas Unwahres so erzählen, daß er es glaubt).*

barbarisch: 1. *grausam, roh; ungesittet:* barbarische Sitten; das Verhör war b. gewesen; Gefan-

gene b. foltern. **2.** (ugs.) **a)** *schlimm, furchtbar; sehr groß:* eine barbarische Kälte, Hitze. **b)** ⟨verstärkend bei Adjektiven und Verben⟩ *sehr:* es ist heute b. kalt; wir haben b. schuften müssen.

Bärendienst ⟨in der Wendung⟩ jmdm. einen Bärendienst erweisen (ugs.): *jmdm. einen schlechten Dienst erweisen.*

Bärenhaut ⟨in der Wendung⟩ auf der Bärenhaut liegen (ugs.): *faulenzen.*

barfuß: *mit nackten Füßen:* die Kinder waren b.; b. laufen, gehen; b. bis an den Hals (ugs. scherzh.; *nackt*).

Barometer, das: *Luftdruckmesser:* das B. steigt, fällt, sinkt, steht auf Sturm, auf „veränderlich", zeigt auf Regen; das B. kündigt, zeigt gutes Wetter an; übertr.: die Börse ist das B. für die Weltwirtschaft; R: das B. steht auf Sturm *(es herrscht ein Zustand der Gereiztheit).*

Barrikade, die: *[Straßen]sperre:* eine B. aus Sandsäcken; Barrikaden errichten, durchbrechen; sie starben auf den Barrikaden. * **auf die Barrikaden gehen/steigen** *(gegen etwas angehen, Widerstand leisten; durch Proteste durchzusetzen versuchen):* wenn man das zuläßt, gehen wir auf die Barrikaden; für die Gleichberechtigung auf die Barrikaden steigen.

barsch: *unfreundlich, grob:* ein barscher Unteroffizier; in barschem Ton sprechen; er war recht b. zu ihr; jmdn. b. anfahren, zurechtweisen.

Bart, der: **1.** *im Gesicht des Mannes auftretender starker Haarwuchs:* ein langer, schwarzer, dichter, dünner, struppiger, drei Tage alter B.; der B. sticht, kratzt; einen starken B. *(Bartwuchs)* haben; einen B. bekommen; er trägt ein Bärtchen auf der Oberlippe; sich (Dativ) einen B. wachsen, stehen lassen; jmdm. den B. stutzen, schneiden, rasieren; ich lasse mir den B. abrasieren, abnehmen; er strich sich (Dativ) befriedigt den B., durch den B.; sich (Dativ) vor Wut den B. raufen; er zupfte ihn am B.; er brummte etwas in seinen B.; ein Mann mit B.; beim Barte des Propheten! /scherzh.; *Ausruf der Beteuerung/*; übertr.: die Katze hat von der Milch einen weißen B. *(weiße Schnurrhaare);* R (ugs.): der Bart ist ab! *(jetzt ist Schluß!).* **2.** *Schlüsselbart:* den B. abbrechen. * **jmdm. um den Bart gehen** *(jmdm. schmeicheln)* · (ugs.:) **etwas hat [so] einen Bart** *(etwas ist altbekannt):* dieser Witz hat so einen Bart.

Basis, die: *Grundlage:* eine breite, solide, gesunde B.; Vertrauen ist, bildet die B. für unsere Zusammenarbeit; eine gemeinsame B. suchen; eine gute B. für den Wahlkampf haben; auf der B. gegenseitigen Vertrauens; er stellte das Unternehmen auf eine sichere B.; wir stehen, ruhen auf einer festen B.; auf dieser B. können wir nicht weiterarbeiten; Politik: *die breiten Volksmassen:* an der B. arbeiten; die Meinung der B.; militär.: *Stützpunkt:* neue Basen schaffen; die Basen im Südosten wurden aufgelöst; Math.: *Grundlinie, Grundfläche:* die B. eines Dreiecks; Bauw.: *Sockel:* die Säule hat eine große B.

baß (gewöhnlich in der Verbindung) baß erstaunt, verwundert sein (altertümlich): *sehr erstaunt, verwundert sein.*

Baß, der: **1.** *tiefe Männerstimme:* er hat einen tiefen, sonoren B.; er sang das Lied mit vollem B.; ... antwortete sie im tiefsten B. **2.** *Sänger mit*

Baßstimme: der B. ist indisponiert. **3.** *Baßgeige,* *Baßgitarre, Kontrabaß:* B. spielen.

Batterie, die: **1.** /*Artillerieeinheit*/: die B. geht in Stellung, feuert aus allen Rohren. **2.** (ugs.) *Reihe, größere Anzahl:* in der Baubude steht eine B. leerer Flaschen, von ausgetrunkenen Bierflaschen. **3.** *zusammengeschaltete Stromelemente:* eine B. von 12 Volt; die B. [der Taschenlampe, im Auto] ist verbraucht, ist leer; die B. anschließen, erneuern, aufladen; er ließ in der Tankstelle die B. prüfen; übertr.: (ugs.): seine B. ist leer *(er hat keine Energie mehr, er ist ausgelaugt.)*

Batzen, der: **1.** (landsch.) *dicker Klumpen:* ein B. Lehm. **2.** (ugs.) *größere Summe, Haufen Geld:* er hat einen schönen B. Geld; das kostet einen ganzen B. **3.** /*ein Geldstück im Mittelalter*/: er besaß nur noch einen B.

Bau, der: **1.** *das Bauen:* der B. eines Hauses, einer Autobahn; der B. schreitet zügig voran; den B. beginnen, einstellen; das neue Düsenflugzeug ist, befindet sich in B./im B.; er ist mit dem B. eines Rennwagens beschäftigt. **2. a)** *Bauweise, Aufbau, Struktur:* der B. des Universums, der deutschen Sprache; den B. einer Turbine studieren. **b)** *Körperbau:* sie ist von schlankem, zartem B. **3. a)** *Bauwerk, Gebäude:* ein langgestreckter B.; viele moderne Bauten prägen das Stadtbild; historische Bauten abreißen. **b)** *Unterschlupf, Höhle von Tieren:* viele Tiere legen Baue an; der Dachs kriecht aus seinem B.; der Fuchs ist in seinem B., fährt aus dem B., zu B. (Jägerspr.); übertr. (ugs.): *Behausung, Wohnung:* er geht nicht, rührt sich nicht aus seinem B. **c)** (Soldatenspr.) *Arrest:* 3 Tage B. bekommen; er muß in den B. gehen, sitzt im B. **d)** (Bergmannsspr.) *Grube, ausgebauter Stollen:* einige Baue der Anlage sind verschüttet. **4.** *Baustelle:* auf dem B. arbeiten; auf den Bau gehen (ugs.; *auf einer Baustelle arbeiten, Maurer sein).* * (ugs.:) **vom Bau [sein]** *(vom Fach [sein]):* wir sind Leute vom B.

Bauch, der: **1. a)** *Teil des Körpers zwischen Zwerchfell und Becken:* den B. herausdrücken, einziehen, vorstrecken; der Arzt tastete seinen B. ab; jmdm. den B. aufschlitzen; auf dem B. schlafen, liegen, kriechen; mit nacktem B.; übertr. (ugs.): *Bauch als angeblicher Sitz des subjektiven Gefühls, der Emotion:* diese Entscheidung kommt aus dem B.; seine Lieder zielen auf den Kopf, nicht auf den B. **b)** *der sich vorwölbende Teil (als Zeichen der Beleibtheit):* ein dicker, fetter, spitzer B.; einen B./(verhüllend:) ein Bäuchlein ansetzen, bekommen, haben; sich (Dativ) einen B. anfressen (derb), ansaufen (derb); er hat keinen B. mehr, hat seinen B. verloren *(ist schlank geworden);* bildl.: der B. des Kruges. **2.** (ugs.) *Magen:* einen leeren B. haben; ich habe mir den B. vollgeschlagen (ugs.): nichts im B. haben *(hungrig sein);* bildl.: die Ladung wird in dem riesigen B. des Schiffes verstaut. * (ugs.:) **sich** (Dativ) **den Bauch [vor Lachen] halten** *(sehr lachen müssen)* · (ugs.:) **vor jmdm. auf dem Bauch rutschen/liegen/ kriechen** *(übertrieben unterwürfig sein)* · (ugs.:) **auf den Bauch fallen** *(scheitern)* · (ugs.) **aus dem hohlen Bauch** *(ohne Vorbereitung).*

bauen: **1. a)** *(etwas b.) etwas nach einem Plan [aus Einzelteilen] zu einem Ganzen zusammenfügen, errichten, anlegen:* Städte, eine Brücke [aus Stahl und Beton], einen Staudamm, eine Eisenbahnlinie, neue Autobahnen b.; ich habe mir ein Häuschen gebaut; die Schwalben haben sich ein Nest gebaut; eine Schaukel für die Kinder, ein Boot, einen Tanker, Maschinen, Flugzeuge, Atombomben b.; ich habe mir selbst eine Alarmanlage gebaut; in diesem Ort werden Geigen gebaut; bildl.: die Jugend will einen neuen Staat b. *(schaffen);* Sprachw.: einen Satz b. *(konstruieren)* /verblaßt/: sich (Dativ) einen Anzug b. (ugs.; *anfertigen)* lassen; Betten b. (ugs.; *säuberlich in Ordnung bringen, machen);* sein Abitur, seinen Doktor b. (ugs.; *ablegen, machen);* er hat einen Unfall gebaut (ugs.; *verursacht, gehabt);* wir haben Mist, Scheiße gebaut (ugs.; *alles falsch gemacht).* **b)** *ein Haus bauen:* wir haben im vorigen Jahr gebaut, wollen demnächst b.; im Schwarzwald, in der Nähe eines Sees b. **c)** ⟨mit Artangabe⟩ *ein Bauvorhaben in einer bestimmten Weise ausführen:* unsere Firma baut ganz solide; heute baut man besser als früher; ein stabil, modern gebautes Haus. **d)** ⟨an etwas b.⟩ *mit Bauarbeiten beschäftigt sein:* mehrere Jahre an einer Kirche b.; wieviel Leute bauen an dem Haus?; bildl.: wir bauen an einem modernen Staat. **2. a)** (fachspr.) ⟨etwas baut; mit Artangabe⟩ *etwas ist in bestimmter Weise gebaut:* der Boxermotor baut flach. **b)** ⟨gebaut sein; mit Artangabe⟩ *in einer bestimmten Weise gewachsen sein, einen bestimmten Körperbau haben:* kräftig, schmächtig gebaut sein; [so] wie wir gebaut sind! (ugs.; *mit unserer Figur, mit unserer Kraft macht uns das keine Schwierigkeiten);* sie ist ein gut gebautes Mädchen. **3.** ⟨auf jmdn., auf etwas b.⟩ *fest vertrauen:* auf seine Erfahrungen, auf diesen Mann können wir bauen; ich habe auf mein Glück gebaut. **4.** ⟨etwas b.⟩ **a)** (selten) *anbauen:* Kartoffeln, Weizen, Wein b. **b)** (veraltet) *bestellen; bebauen:* den Boden, den Acker b.

¹Bauer, der: **1. a)** *Landwirt:* leibeigene, freie, arme Bauern; ein schlaues Bäuerlein; der B. arbeitet auf dem Feld; er benimmt sich wie ein B. *(grob, ungeschliffen);* die Klasse der Arbeiter und Bauern. **b)** (abwertend) *grober, ungeschliffener Kerl:* so ein B.!; dieser B. hat mir auf den Fuß getreten. **2. a)** /*Figur im Schachspiel*/: den Bauern ziehen, opfern, verlieren. **b)** (ugs.) *Bube im Kartenspiel:* den Bauern ausspielen. * (derb:) **kalter Bauer** *(Spuren des Samenergusses).*

²Bauer, das, (auch:) der: *Vogelkäfig:* ↑ Käfig.

Baum, der: **1.** *Gewächs mit einem Stamm aus Holz:* ein mächtiger, belaubter, blühender, verdorrter, knorriger, morscher, abgestorbener B.; einige Bäume und Sträucher sind erfroren, sind eingegangen; die Bäume rauschen, biegen sich [im Sturm], bekommen Blätter, werden grün, schlagen aus (veraltend), verlieren ihr Laub; er ist stark wie ein B. *(sehr stark);* einen B. [ver]pflanzen, veredeln, abernten; Bäume abhauen, fällen, schlagen *(fällen),* zersägen; der Sturm hat viele Bäume entwurzelt; im Schatten der Bäume ausruhen; er klettert auf einen B., fährt gegen einen B., liegt unter einem B.; R: die Bäume wachsen nicht in den Himmel *(alles hat seine Grenze);* einen alten Baum soll man nicht verpflanzen *(einen alten Menschen soll man nicht aus seiner gewohnten Umgebung herausreißen).* **2.**

Weihnachtsbaum: der B. nadelte schon stark; den B. schmücken, anzünden *(die Kerzen am Baum).* *zwischen Baum und Borke stecken/stehen/sitzen *(in einer Zwickmühle sein)* · **vom Baum der Erkenntnis essen** *(durch Erfahrung wissend werden, etwas erkennen)* · (ugs.:) **Bäume ausreißen** *(Kraft und Schwung haben; viel leisten können):* der neue Chef hat auch keine Bäume ausgerissen.

baumeln: a) ⟨mit Raumangabe⟩ *lose hängend hin und her schwingen:* am Galgen baumelten die beiden Mörder; der Fotoapparat baumelt von ihrer Schulter; zu beiden Seiten der Lenkstange baumeln Einkaufstaschen; er ließ die Beine ins Wasser, die Hand aus dem Bett b.; ⟨etwas baumelt jmdm.; mit Raumangabe⟩ die Fransen und Troddeln baumelten ihm ins Gesicht. **b)** (ugs.) *am Galgen hängen:* er muß b.; ich möchte den Kerl b. sehen. **c)** ⟨mit etwas b.⟩ *hängen lassen und hin und her bewegen:* mit den Beinen b.

Bausch, der: *kleines Bällchen aus lockerem, leichtem Stoff:* ein B. [aus] Watte, [aus] Zellstoff. * **in Bausch und Bogen** *(ganz und gar):* er lehnt alle Reformpläne in B. und Bogen ab.

bauschen: a) ⟨etwas b.⟩ *blähen, prall und rund machen:* der Wind bauschte die Segel. **b)** ⟨etwas bauscht sich⟩ *etwas bläht sich:* die Fahnen, die Vorhänge haben sich im Wind gebauscht.

beabsichtigen ⟨etwas b.⟩: *die Absicht haben (zu tun):* er beabsichtigt zu verreisen; sie beabsichtigte, die Stadt zu verlassen; was beabsichtigt er mit dieser Maßnahme?; sie beabsichtigt einen Spaziergang; das war nicht beabsichtigt; die beabsichtigte Wirkung blieb aus.

beachten: 1. ⟨etwas b.⟩: *berücksichtigen, befolgen:* die Vorschriften, die Sicherheitsmaßnahmen, ein Gebot, einen Hinweis, die Spielregeln b.; er beachtete nicht meine Einwände. **2.** ⟨jmdn., etwas b.⟩ *Aufmerksamkeit schenken:* sie hat sein Geschenk kaum beachtet; er hat sie überhaupt nicht beachtet *(über sie hinweggesehen).*

beachtlich: a) *ziemlich groß, bedeutsam:* beachtliche Erfolge; das ist ein beachtlicher Fortschritt; seine Leistungen sind recht b. **b)** *Beachtung verdienend:* ein beachtliches Resultat; sie hat einen beachtlichen dritten Platz belegt. **c)** ⟨verstärkend bei Adjektiven und Verben⟩ *ziemlich, sehr:* sein Guthaben ist b. angewachsen; die Preise sind b. gestiegen; eine b. große Strecke.

Beachtung, die: *das Beachten:* die B. der Vorschriften; jmdm. B. schenken, zollen *(ihn beachten);* sein Plan fand keine B. *(wurde nicht beachtet);* die Arbeiten des Künstlers verdienen B. *(sollten beachtet werden);* ihre prächtigen Haare erfahren überall B.; dem neuen Schüler wurde B. zuteil *(er wurde beachtet).*

Beamte, der: *Angestellter im öffentlichen Dienst mit Pensionsberechtigung:* ein höherer, mittlerer Beamter; Beamte/die Beamten des gehobenen Dienstes, im Staatsdienst; er ist nur ein kleiner *(unbedeutender)* B.; einen Beamten ernennen, einstellen, pensionieren; einige Beamte wurden vorzeitig in den Ruhestand versetzt.

beängstigen ⟨jmdn. b.; gewöhnlich nur noch im 1. Part.⟩: *in Angst versetzen:* ihre Nähe beängstigte ihn; das Gedränge war beängstigend; unsere Reserven nehmen beängstigend, in beängstigendem Maße ab.

beanspruchen: 1. ⟨etwas b.⟩ *Anspruch erheben:* Schadenersatz, sein Erbteil, gleiches Recht für alle b.; er beanspruchte einen Sitzplatz, die Hälfte des Gewinns; der Zwischenfall beanspruchte seine Aufmerksamkeit; wer sich so verhält, kann nicht für sich b., daß ...; wir wollen Ihre Gastfreundschaft nicht länger b. *(davon Gebrauch machen).* **2. a)** ⟨etwas b.⟩ *in Anspruch nehmen:* viel Raum, nur wenig Zeit b. **b)** ⟨jmdn., etwas b.⟩ *Belastungen aussetzen:* der Sport beansprucht ihn stark, völlig; der Beruf beansprucht sie sehr; bei deiner Fahrweise werden die Reifen beansprucht; er ist beruflich stark beansprucht.

beanstanden ⟨etwas b.⟩: *mit etwas nicht einverstanden sein, bemängeln:* eine Ware [wegen der schlechten Qualität], eine Rechnung b.; die Wahl wurde beanstandet; ich habe an seinem Stil nichts zu b.

beantragen ⟨jmdn., etwas b.⟩: *durch Antrag verlangen:* Urlaub, seine Versetzung, Kindergeld, eine Kur [bei der Krankenkasse], ein Visum, einen weiteren Mitarbeiter [bei der Geschäftsleitung] b.; für den Angeklagten eine Freiheitsstrafe b.; die Auslieferung der Tatverdächtigen b.; ich beantrage die Vertagung der Sitzung; ich beantrage, daß die Sitzung vertagt wird; die beantragte Unterstützung wurde bewilligt.

beantworten ⟨etwas b.⟩: *auf etwas antworten:* eine Anfrage sofort, erst nach Tagen, ausführlich, kurz, sachlich, exakt, mit Ja b.; einen Brief, ein Gesuch b.; diese Frage ist nicht leicht zu b.; übertr.: die Regierung beantwortet die Provokation mit einer Ausgangssperre.

Beantwortung, die: *Antwort auf etwas:* die B. dieser Frage fällt mir schwer. * (Papierdt.:) **in Beantwortung** *(auf [etwas antwortend]):* in B. Ihres Schreibens teilen wir Ihnen mit ...

bearbeiten: 1. ⟨etwas b.⟩ **a)** *durch eine Arbeit für seine Zwecke herrichten:* den Boden, das Land b.; der Künstler bearbeitet den Marmor; das Material wird mit verschiedenen Chemikalien bearbeitet; das Schlagzeug, das Klavier b. *(wild darauf spielen).* **b)** *überarbeiten:* ein Manuskript, ein Buch b.; ein Buch für den Film b.; eine Komposition für großes Orchester b. **c)** *[wissenschaftlich] untersuchen:* ein Thema für eine Prüfung b. **d)** *sich mit etwas beschäftigen:* wer hat meinen Antrag, meinen Fragebogen bearbeitet?; der Inspektor bearbeitet den Fall. **2.** (ugs.) ⟨jmdn., etwas b.⟩ *hartnäckig zu überzeugen suchen, beeinflussen:* die Wähler, die noch unentschiedenen Abgeordneten b.; ich habe ihn so lange bearbeitet, bis er mitmachte. **3.** (ugs.) ⟨jmdn. mit etwas b.⟩ *schlagen, mißhandeln:* einen Gefangenen mit Fußtritten, mit Faustschlägen b.

beauftragen ⟨jmdn., etwas b.⟩: *einen Auftrag geben:* er beauftragte ihn mit der Ausführung des Plans; man hat mich beauftragt, die Konferenz vorzubereiten; die Rechtsanwälte sind beauftragt, meine Interessen wahrzunehmen.

bebauen ⟨etwas b.⟩: **1.** *Bauten auf etwas errichten:* ein Gelände [mit Mietshäusern] b.; dieses Gebiet darf nicht bebaut werden; eine dicht, weit, großzügig bebaute Fläche. **2.** *bestellen:* einen Acker [mit Korn] b.; bebautes Land.

beben: a) ⟨etwas bebt⟩ *etwas wird [von Erdstößen] erschüttert:* minutenlang bebte die Erde; die

Wände, Mauern bebten; der Boden bebte unter ihren Füßen; die ganze Musikhalle bebte bei dieser Musik. **b)** (geh.) *heftig zittern:* sein Knie bebte; er hatte am ganzen Leib vor Wut gebebt; mit [vor Empörung] bebender Stimme.
Becher, der: /*ein Trinkgefäß*/: ein goldener B.; der B. kreiste, ging um, machte die Runde; den B. füllen; einen B. [voll] Milch trinken; einen Becher Eis essen; er warf den leeren B. weg.
Becken, das: **1.** *Wasch-, Toilettenbecken:* ein B. aus Marmor, aus Porzellan; das B. ist verstopft, stark verschmutzt; das Wasser aus dem B. lassen. **2.** *Schwimmbecken, Bassin:* ein B. zum Planschen für die Kinder; das Schwimmbad hat zwei Becken; das Wasser im B. erneuern; nicht ins B. springen! **3.** (Geol.) *Senke, Mulde:* die Erdschichten eines Beckens. **4.** *Teil des Körpers von der Taille bis zum Ansatz der Oberschenkel:* ein breites, ausladendes, knabenhaftes B.; der Skispringer hat sich das B. gebrochen; sie hat ein fruchtbares B. (scherzh.; *bekommt leicht Kinder).* **5.** /*ein Musikinstrument aus zwei tellerförmigen Metallscheiben*/: die Becken schlagen.
bedacht: ↑ bedenken.
Bedacht, der ⟨in bestimmten Verbindungen⟩: **mit/voll Bedacht** *(mit/voll Überlegung):* mit einem gewissen B. seine Worte setzen; er wählte voll B. · **ohne Bedacht** *(ohne Überlegung)* · (Papierdt.; veraltend:) **auf etwas Bedacht nehmen** *(auf etwas bedacht sein).*
bedächtig: a) *langsam und sorgfältig:* mit bedächtigen Schritten; sein Vater war älter und bedächtiger geworden; er stopfte b. seine Pfeife. **b)** *besonnen, umsichtig:* bedächtige Worte.
bedanken ⟨sich b.⟩: *seinen Dank ausdrücken:* sich höflich, herzlich, überschwenglich [bei jmdm.] b.; er bedankte sich bei ihm für die freundliche Einladung; ich bedanke mich *(danke sehr);* sei bedankt! *(danke sehr);* bedanke dich bei ihm für den schönen Blumenstrauß!; bedanke dich bei ihm (ugs. iron.; *er hat dir das eingebrockt);* für das schöne Geschenk bedanke ich mich; dafür bedanke ich mich [bestens]! (ugs. iron.; *damit will ich nichts zu tun haben).*
Bedarf, der: *das, was benötigt wird; Nachfrage nach etwas:* es besteht ein dringender B. der Bevölkerung an Nahrungsmitteln; der B. der Industrie an Arbeitskräften nimmt ab; keinen B. an/ (Kaufmannsspr.:) in Kohlen haben; die Wirtschaft kann den steigenden B. nicht mehr decken; mein B. ist gedeckt (ugs.; *ich habe endgültig genug, mir reicht's);* Dinge des täglichen Bedarfs, Güter des gehobenen Bedarfs; bei B. *(im Bedarfsfall)* werde ich mich an Sie wenden; die Straßenbahn hält nach B. *(wie es nötig ist);* je nach B. *(je nachdem, wie es nötig ist);* wir sind über B. eingedeckt *(haben mehr als nötig).*
bedauerlich: *nicht erfreulich, zu bedauern:* ein bedauerlicher Vorfall, Irrtum, Verlust; es ist b., daß er nicht anwesend ist; ich finde das im höchsten Maße b.
bedauern: 1. ⟨jmdn., sich b.⟩ *Mitgefühl mit jmdm. haben:* einen kranken alten Mann b.; sie bedauerte ihn wegen seiner Mißerfolge; er ist zu b.; er hatte sich selbst am meisten bedauert. **2.** ⟨etwas b.⟩ *unerfreulich finden [und bereuen]:* einen Vorfall, seine Worte tief, zutiefst, aufrichtig b.;

ich bedauere, daß ich ihn nicht mehr gesehen habe; [ich] bedauere sehr *(es tut mir leid).*
Bedauern, das: **1.** *bedauernde Anteilnahme, Mitgefühl:* sein B. über den Vorfall äußern; er drückte ihr sein B. aus; er sprach der Regierung sein B. aus; **2.** *Betrübnis:* mit B. habe ich davon gehört; dieses Angebot muß ich mit B. *(leider)* ablehnen; zu meinem großen B.
bedecken: a) ⟨jmdn., sich, etwas b.⟩ *zudecken, verhüllen:* den Leichnam mit einem Tuch b.; er bedeckte sein Gesicht mit den Händen; er bedeckte sich mit einer Zeltplane; der Himmel hatte sich bedeckt *(bewölkt);* übertr.: die Mutter bedeckte das Kind mit Küssen; adj. Part.: er war am ganzen Körper mit Narben bedeckt; sich bedeckt halten *(sich nicht äußern; keine Stellung beziehen).* **b)** ⟨etwas bedeckt etwas⟩ *etwas breitet sich über etwas aus:* Schnee bedeckt die Erde; weiche Teppiche bedecken den Boden; der Rock bedeckt *(reicht über)* das Knie.
bedenken: 1. ⟨etwas b.⟩ *erwägen, überlegen:* die Folgen b.; wir müssen unsere Lage b.; er bedenkt nicht, daß ...; ich gebe [es] zu b. *(ich bitte [es] zu erwägen),* daß er in Notwehr gehandelt hat; wir hatten nicht bedacht, wie gefährlich so ein Vorgehen war. **2.** (geh.) ⟨sich b.⟩ *mit sich zu Rate gehen, sich besinnen:* er bedachte sich einige Augenblicke und unterschrieb dann. **3.** (geh.) ⟨jmdn. b.⟩ *mit etwas versehen, beschenken, beglücken:* jmdn. reichlich bei der Erbteilung b.; ich bin in seinem Testament mit wertvollen Gemälden bedacht worden; er bedachte unsere Firma mit großen Aufträgen. * **auf etwas bedacht sein** *(auf etwas achten, etwas im Auge haben, sich um etwas bemühen):* auf seinen guten Ruf b. sein; er war immer darauf b., mir eine Freude zu bereiten.
Bedenken, das: **1.** *Nachdenken, Überlegung:* erst nach reiflichem, gründlichem B. antworten. **2.** *Zweifel:* schwerwiegende, ernste, moralische Bedenken; ihm kamen immer neue Bedenken [hinsichtlich der Richtigkeit, der Aussagen]; große, mancherlei, keine Bedenken *(wegen jmds.* Teilnahme] haben; sie äußerte einige Bedenken *(Einwände)* gegen meine Anwesenheit; Bedenken *(Einwände)* gegen einen Plan anmelden; jmds. Bedenken zerstreuen, beseitigen, entkräften; er teilt meine Bedenken; er hegt B. (geh.; *er zögert),* dies zu tun; sich über jmds. Bedenken hinwegsetzen. * (geh.:) **Bedenken tragen** *(noch nicht entschlossen sein, zögern).*
bedenklich: 1. a) *Bedenken hervorrufend, besorgniserregend, bedrohlich:* eine bedenkliche Wendung nehmen; sein Gesundheitszustand ist b.; die Zahl der Verbrechen hat b. zugenommen; der Himmel sah b. aus *(es sah nach Regen, Gewitter aus).* **b)** *nicht einwandfrei, fragwürdig:* bedenkliche Geschäfte machen; das wirft ein bedenkliches Licht auf seinen Charakter. **2.** *voller Bedenken, zweifelnd:* ein bedenkliches Gesicht machen; der Vorfall stimmte mich b.
bedeuten: 1. a) ⟨etwas bedeutet etwas⟩ *etwas hat einen bestimmten Sinn, meint:* das Zeichen bedeutet, daß wir aufbrechen müssen; was soll das b.? **b)** ⟨etwas bedeutet etwas⟩ *etwas hat etwas zur Folge, bringt etwas mit sich:* Perlen bedeuten Tränen; handelspolitischer Protektionismus bedeutet Einschränkung des Verkehrs zwischen

den Völkern; das bedeutet, daß wir den Vertrag einhalten müssen; sie hatte nie erlebt, was es bedeutet, allein zu sein; das bedeutet nichts Gutes. **c)** ⟨etwas bedeutet etwas⟩ *etwas ist etwas:* dieses Vorgehen bedeutet einen Mißbrauch der Befehlsgewalt; dieser Plan bedeutet ein Wagnis; das hatte einen Schritt vorwärts bedeutet; ⟨jmd., etwas bedeutet jmdm. etwas⟩ sie bedeutete ihm nur ein Abenteuer. **d)** ⟨mit Gleichsetzungsnominativ⟩ *heißen, sein:* Abitur bedeutet nicht reiner Zeitverlust; das Wort Monarch bedeutet eigentlich „alleiniger Herrscher". **2.** ⟨etwas b.⟩ *einen bestimmten Wert haben, gelten:* er bedeutet schon etwas in diesem Gremium; sein Name bedeutet viel in der Fachwelt; das hat nichts zu b. *(ist nicht wichtig);* ⟨jmdm. etwas b.⟩ Geld bedeutet mir wenig; die Liebe zu ihr bedeutet ihm viel, nichts, alles; das bedeutet mir eine ganze Menge. **3.** (geh.) ⟨jmdm./(veraltet:) jmdn. etwas b.⟩ *zu verstehen geben:* er bedeutete mir zu schweigen; sie bedeutete ihm, daß man Großes mit ihm vorhabe.
bedeutend: 1. a) *wichtig, von besonderer Tragweite:* ein bedeutender Schritt vorwärts; sie spielt bei dieser Verschwörung eine bedeutende Rolle. **b)** *namhaft, berühmt:* ein bedeutender Wissenschaftler, Forscher, Maler; die Werke der bedeutendsten Meister des 17. Jahrhunderts; eine bedeutende Handelsstadt. **c)** *hervorragend, wertvoll:* ein bedeutendes Ereignis; ein bedeutender Film; seine Leistungen sind b. **d)** *groß, stark:* eine bedeutende Summe; sein Anteil daran, sein Einfluß ist b. **2.** ⟨verstärkend⟩ *sehr, überaus:* sein Zustand hat sich b. gebessert; der neue Turm ist b. besser als der alte; sie ist um ein bedeutendes (geh.; *viel)* älter als er.
bedeutsam: 1. *von großer Bedeutung, wichtig:* eine bedeutsame Entdeckung; das strategisch bedeutsame Rote Meer; volkswirtschaftlich sehr b. sein; diese Rede ist für alle b. **2.** *vielsagend:* ein bedeutsames Lächeln; sie blickte ihn b. an.
Bedeutung, die: **1. a)** *Inhalt:* die eigentliche, ursprüngliche, übertragene B. eines Wortes; die B. vieler Wörter hat sich gewandelt; das Substantiv „Geist" hat mehrere Bedeutungen; seine Plakate waren verrückt in des Wortes wahrster B. **b)** *Sinn:* die B. eines Traums, eines Märchens erklären; die Fabel hat ihre tiefere B.; er erfaßte nicht die B. ihrer Worte. **2.** *Wichtigkeit:* die B. der Krebsvorsorge als sozialer Maßnahme/als einer sozialen Maßnahme; etwas erlangt, bekommt, hat plötzlich große B.; einer Sache keine B. beimessen *(sie nicht wichtig, ernst nehmen);* er legt meiner Äußerung eine B. bei, die ihr nicht zukommt, die sie nicht hat; etwas ist von praktischer, wirtschaftlicher B.; nichts von B. *(nichts Besonderes);* dieser Vorfall ist von schwerwiegender, weitreichender, entscheidender, geschichtlicher B., ist ohne B.; er ist ein Mann von B.
bedienen: die: **1. a)** ⟨jmdn. b.⟩ *jmdm. Dienste leisten:* die Gäste b.; er läßt sich [gerne] hinten und vorne b. **b)** ⟨jmdn. b.⟩ *jmdn. in einem Lokal o. ä. mit Essen und Trinken versorgen:* ein mürrischer Kellner bediente mich; ⟨auch ohne Akk.⟩ welcher Kellner bedient hier?; **c)** ⟨jmdn. b.⟩ *einen Kunden beraten, ihm behilflich sein:* seine Kunden gut, aufmerksam, zuvorkommend, fachmännisch b.; werden Sie schon bedient? **d)** ⟨sich b.⟩ *sich mit*

Speisen, Getränken versorgen: bitte, bedienen Sie sich!; ich bediente mich mit Geflügelsalat und Toast. **2.** ⟨jmdn., etwas b.⟩ *versorgen:* die Bevölkerung umfassend mit Informationen b.; die Sportfans werden am Wochenende von den Fernsehanstalten gut bedient; diese Firma bedient mit ihren Produkten den südostasiatischen Markt; das Gebiet wird von drei regionalen Zeitungen bedient; nur zwei Fluggesellschaften bedienen diese Strecke. **3.** ⟨etwas b.⟩ *in Gang bringen, halten; handhaben:* eine Maschine, den Lift, eine Alarmanlage b.; das Geschütz wird von drei Mann bedient. **4.** (geh.) ⟨sich jmds., einer Sache b.⟩ *verwenden, Gebrauch machen:* sich eines Kompasses b.; sich einer Wiese als Flugplatz, als eines Flugplatzes b.; er bediente sich eines Vergleichs. **5.** (Kartenspiel) ⟨etwas⟩ b.⟩ *eine Karte der bereits ausgespielten Farbe zulegen:* Herz b.; er hat nicht bedient. **6.** (Sport) ⟨jmdn. b.⟩ *anspielen, eine Vorlage geben:* den Mittelstürmer [mit einer Steilvorlage] b. * (ugs.:) **bedient sein** *(genug haben):* wir sind bedient *(uns reicht es)* · **gut/ schlecht bedient sein** *(gut/schlecht beraten sein).*
bedingen /vgl. bedingt/ ⟨etwas bedingt etwas⟩: **1.** *etwas verursacht etwas, hat etwas zur Folge:* der Aufenthalt in den Tropen hatte die Kreislaufschwäche bedingt; sein Leiden ist noch organisch bedingt; der Produktionsrückstand ist durch den Streik bedingt. **2.** *etwas setzt etwas voraus:* diese Aufgabe bedingt Fleiß und Können.
bedingt: *unter bestimmten Voraussetzungen geltend:* eine bedingte Zusage, Erlaubnis; ein bedingtes (eingeschränktes) Lob; etwas b. gutheißen, bejahen; das ist nur b. richtig, tauglich; Psych.: ein bedingter *(nicht angeborener, sondern durch Konditionierung erworbener)* Reflex.
Bedingung, die: **1. a)** *Forderung:* wie sind, lauten Ihre Bedingungen?; jmdm. eine B. stellen; jmdm. Bedingungen *(Verpflichtungen)* auferlegen; eine B. annehmen, akzeptieren, anerkennen, einhalten; unsere Bedingungen sind nicht erfüllt worden; an keine B. gebunden sein, werden; daran knüpft sich die B., daß ...; sich auf keine Bedingungen einlassen; mit allen Bedingungen einverstanden sein; etwas zu den vereinbarten Bedingungen kaufen; etwas zur B. machen. **b)** *Voraussetzung:* B. dafür ist ...; ich beteilige mich daran unter/(selten:) mit der B., daß ...; unter keiner B. *(keinesfalls).* **2.** ⟨Plural⟩ *Umstände, Verhältnisse:* gute, schlechte, [un]günstige Bedingungen; wie sind die klimatischen Bedingungen?; unter harten Bedingungen arbeiten.
bedrängen: a) ⟨jmdn. b.⟩ *zu einem bestimmten Handeln zu bewegen versuchen:* jmdn. mit Fragen b.; die Gläubiger bedrängten ihn sehr; von allen Seiten bedrängte ihn die Reporter. **b)** ⟨jmdn.; etwas b.⟩ *in Bedrängnis bringen:* der Linksaußen wurde von zwei Abwehrspielern hart bedrängt; der Feind bedrängte die Stellung. **c)** ⟨jmdn. b.⟩ *bedrücken, belasten:* Zweifel, Sorgen bedrängten ihn; adj. Part.: sich in bedrängter *(schwieriger, unheilvoller)* Lage befinden.
Bedrängnis, die: *das Bedrängtsein, schwierige Lage:* in arger B. sein; in B. geraten; er hätte mich fast in B. gebracht.
bedrohen: 1. ⟨jmdn. b.⟩ *sich anschicken, Gewalt anzuwenden, gegen jmdn. anzugehen:* einen Men-

schen tätlich, mit der Faust, mit dem Messer b.; sich bedroht fühlen. 2. ⟨etwas bedroht jmdn., etwas⟩ *etwas gefährdet jmdn., etwas:* Hochwasser bedroht die Stadt; ausfließendes Öl bedroht die Trinkwasserversorgung; sein Haus war von Flammen bedroht.; der Friede war bedroht; diese Vogelart ist vom Aussterben bedroht; ihr Leben, ihre Gesundheit ist bedroht.

bedrohlich: *gefährlich:* eine bedrohliche Situation; etwas nimmt bedrohliche Ausmaße an; die Lage wurde immer bedrohlicher; das Feuer kam b. nahe.

bedrücken ⟨etwas bedrückt jmdn.⟩: *etwas lastet auf jmdm., deprimiert jmdn* · was bedrückt dich?; dieser Gedanke, die Sorge um die Kinder hatte sie sehr bedrückt; adj. Part.: bedrückende Aussichten; ein bedrückendes Schweigen; die Stimmung war bedrückt; er saß bedrückt in einer Ecke, schlich bedrückt umher.

bedürfen (geh.) ⟨jmds., einer Sache b.⟩: *nötig haben, brauchen:* des Trostes, der Schonung, der Zustimmung b.; der Kranke bedarf eines Arztes, eines guten Freundes; Tiere bedürfen der ständigen Pflege; es bedurfte nur eines Wortes, und die Sache wäre geregelt worden; es hat meiner ganzen Überredungskunst bedurft, um ...; das bedarf doch keiner Erklärung, keines Dankes.

Bedürfnis, das: 1. *Gefühl, einer Sache zu bedürfen; Verlangen:* es ist mir ein B., Ihnen zu danken; es liegt für eine Erweiterung kein B. vor; dafür/dazu besteht kein wirkliches, echtes B.; ein dringendes B. nach Ruhe haben; er fühlte, verspürte das B., sich mit ihr auszusprechen. 2. ⟨meist Plural⟩ *Lebensnotwendigkeit:* elementare Bedürfnisse; die dringendsten Bedürfnisse des Lebens; bestimmte, gewisse Bedürfnisse als Mann haben; seine geistigen, kulturellen Bedürfnisse befriedigen. 3. (geh. veraltend) *Notdurft:* ein B. haben; er verrichtete sein B.

bedürftig: 1. *arm, notleidend:* bedürftige Familien; wenn ein Ehepartner b. ist, hat er darauf Anspruch; subst.: für die Bedürftigen sammeln. 2. (geh.) ⟨jmds., einer Sache sein⟩ *jmdn., etwas brauchen:* sie ist der Ruhe, der Liebe b.

beehren (geh.): 1. ⟨jmdn. mit etwas b.⟩ *eine Ehre erweisen, auszeichnen:* er beehrte ihn mit seinem Besuch, seiner Anwesenheit. 2. ⟨jmdn., etwas b.⟩ *besuchen:* bitte beehren Sie uns bald wieder! 3. ⟨sich b.⟩ *sich die Ehre geben, sich erlauben* /formelhaft in Briefen, Anzeigen o. ä./: die Verlobung unserer Tochter mit Herrn ... beehren wir uns anzuzeigen/die Verlobung ihrer Tochter mit Herrn ... beehren sich anzuzeigen ...; wir beehren uns, die Geburt unseres Sohnes ..., eines gesunden Stammhalters anzuzeigen.

beeilen ⟨sich b.⟩: *schnell machen:* wir müssen uns b.; er hatte sich mit der Abrechnung, bei den Vorbereitungen beeilt; er beeilte sich (geh.; zögerte nicht), ihm zuzustimmen.

beeindrucken ⟨jmdn. b.⟩: *starken Eindruck auf jmdn. machen:* das Gemälde, die Aufführung, die Begegnung mit diesem Menschen hatte ihn beeindruckt; sie beeindruckte ihn mit ihrem Wissen/durch ihr Wissen; er war tief von den Leistungen der Bevölkerung beeindruckt; die Light-Show war beeindruckend.

beeinflussen ⟨jmdn., etwas b.⟩: *Einfluß auf jmdn., auf etwas ausüben:* jmds. Urteil, Denken b.; dieser Zwischenfall beeinflußte die weiteren Verhandlungen; der Dichter ist von Bert Brecht nachhaltig beeinflußt; er ist leicht, schwer zu b.

beeinträchtigen ⟨jmdn., etwas b.⟩: *negativ beeinflussen, hemmen:* jmdn. in seiner Freiheit b.; das schlechte Wetter hatte die Veranstaltung sehr, stark, erheblich beeinträchtigt; Alkohol beeinträchtigt das Reaktionsvermögen; der nasse Sommer hat die Ernte beeinträchtigt.

beenden, (auch:) beendigen ⟨etwas b.⟩: *enden lassen, zum Abschluß bringen:* ein Gespräch, die Arbeit, einen Streik, den Krieg, sein Studium b.; einen Vortrag mit einem Zitat b.; ein Unfall hatte ihre Karriere beendet; sie beendete den Wettkampf auf dem dritten Platz, mit einem Sieg.

beerdigen ⟨jmdn. b.⟩: *begraben:* den Verstorbenen, die Toten b.; jmdn. kirchlich b.; übertr. (ugs.): ein Thema, seine Pläne b.

Beerdigung, die: *Begräbnis:* die B. findet am ... statt; auf die/zur B. gehen.

Beere, die: /*kleine Frucht*/: rote, [un]reife, saftige B.; Beeren suchen, sammeln, pflücken, lesen, vom Strauch abnehmen, abstreifen, einkochen.

befahren ⟨etwas b.⟩: a) *auf etwas fahren, als Fahrweg benutzen:* Tanker können diese Route nicht b.; der mittlere Fahrstreifen darf hier durchgängig befahren werden; diese Straße darf nur in einer Richtung befahren werden; die Strecke mit dem Fahrrad b.; die Autobahn Hamburg-Hannover ist stark befahren. b) (Bergmannsspr.): *in etwas zum Abbau fahren:* einen Schacht b.; die Grube wird nicht mehr befahren. c) *im Fahren bestreuen:* eine Straße mit Schotter, einen Weg mit Sand, den Acker mit Dung b.

befallen ⟨etwas befällt jmdn., etwas⟩: *etwas überkommt, packt, ergreift jmdn., etwas:* Furcht, Scheu, Ekel, Schwermut befiel ihn; hohes Fieber, eine tückische Krankheit hatte ihn befallen; von Übelkeit, einer plötzlichen Schwäche befallen werden; der Baum ist von Pilzen befallen.

befangen: 1. *verlegen und gehemmt:* einen befangenen Eindruck machen; in Gesellschaft ist sie immer sehr b.; die vielen Menschen machten ihn b. 2. *parteiisch, nicht objektiv:* ein befangener Sachverständiger; jmdn. für b. erklären; lehnte den Richter als b. ab. 3. (geh.) ⟨in etwas b. sein⟩ *in etwas verstrickt sein, eingenommen sein:* er ist in einem fürchterlichen Irrtum befangen; sie ist in dem Vorurteil, im Glauben b., daß ...

Befangenheit, die: 1. *Verlegenheit, Scheu:* seine B. schwand allmählich; seine B. ablegen, nicht loswerden. 2. *parteiische Einstellung:* einem Zeugen B. vorwerfen; den Richter wegen [Besorgnis der] B. ablehnen.

befassen: 1. ⟨sich mit jmdm., mit etwas b.⟩ *sich beschäftigen:* sich mit einer Frage, mit einem Fall, mit einer Angelegenheit b.; ich habe mich bereits gründlich, intensiv mit diesen Problemen befaßt; mit Kleinigkeiten hat er sich nie befaßt; die Eltern befassen sich viel mit ihren Kindern. 2. (Papierdt.) ⟨jmdn., etwas mit etwas b.⟩ *veranlassen, sich mit etwas zu beschäftigen:* einen Beamten mit einer Aufgabe befassen; das mit dem Fall befaßte Kommissariat.

Befehl, der: a) *Auftrag, Anordnung eines Vorgesetzten:* ein dienstlicher, geheimer, strenger,

strikter B.; B. zum Rückzug; es ergeht der B. [an alle], das Feuer einzustellen; wir haben B., den Hafen anzulaufen; jmdm. einen B. geben, erteilen; einen B. erlassen, befolgen, empfangen, erhalten, ausführen, verweigern; B. ausgeführt! /militär. Meldung/; einem B. gehorchen, sich widersetzen; es geschah auf meinen B.; zu B.! (militär. veraltend; *jawohl!*) b) *Befehlsgewalt, Kommando:* den B. [über eine Festung] haben, führen, übernehmen; unter jmds. B. stehen.
befehlen: 1. ⟨jmdm. etwas b.⟩ *einen Befehl geben, verfügen:* er befahl ihm strengstes Stillschweigen; er hatte ihnen befohlen, das Werk zu verlassen; den Soldaten wurde befohlen, die Brücke zu sprengen; von Ihnen lasse ich mir nichts b.; ⟨auch ohne Dat.⟩ der General befahl den Rückzug, sich zurückzuziehen; ⟨auch ohne Dat. und ohne Akk.⟩ wie Sie b.! 2. ⟨über jmdn., über etwas b.⟩ *die Befehlsgewalt haben, bestimmen:* er befiehlt über die 2. Armee. 3. ⟨jmdn., etwas b.; mit Umstandsangabe⟩ *jmdn. befehlen, sich irgendwohin zu begeben:* alle Abteilungsleiter zum Chef b.; er wurde zum Rapport befohlen. 4. (geh. veraltet) ⟨jmdm. etwas b.⟩ *anvertrauen:* ich befehle meinen Geist in deine Hände (bibl.); befiehl dem Herrn deine Wege (bibl.).
befestigen: 1. ⟨etwas b.⟩ *festmachen, anbringen:* einen Haken, ein Plakat, einen Anhänger, ein Schild an der Tür b.; er befestigte das Boot mit der Kette an einem Pfahl. 2. ⟨etwas b.⟩ *widerstandsfähig, haltbar machen:* einen Damm b.; eine Straße mit Schotter b.; die Fahrbahn ist nicht befestigt; ü b e r t r. (geh.): diese Tat befestigte seinen Ruhm. 3. ⟨etwas b.⟩ *zur Verteidigung ausbauen, sichern:* eine Stadt, die Küste, die Landesgrenzen b.
befinden: 1. ⟨sich b.; mit Raumangabe⟩ a) *sich aufhalten:* sich im Urlaub, auf Reisen, im Ausland b.; er befindet sich in seinem Büro, im Lager; der Eingang befindet sich vorn, links neben der Kasse; unsere Wohnung befindet sich im 3. Stock. b) (geh.) *in einem bestimmten Zustand sein:* sie befindet sich im Irrtum, in bester Laune b.; die beiden Länder hatten sich im Kriegszustand befunden; sich in guten Händen b. *(gut versorgt sein).* 2. (geh.) ⟨sich b.; mit Artangabe⟩ *sich in einer bestimmten Weise fühlen:* sich wohl, unpäßlich b. 3. (Papierdt.) ⟨über jmdn., über etwas b.⟩ *urteilen, entscheiden:* darüber haben wir nicht zu b.; über die Zahl der Teilnehmer, über den Kurs der Partei wird der Ausschuß befinden. 4. (geh.) a) ⟨jmdn., etwas b.; mit Artangabe⟩ *als, für etwas ansehen, halten:* einen Verräter [als/für] schuldig b.; eine Meldung [als/für] wahr, falsch b.; er wurde für tauglich befunden; der Vorschlag wurde für gut befunden. b) ⟨etwas b.⟩ *äußern:* die Gutachter befanden: Die Verschmutzung geht von dieser Fabrik aus; der Arzt befand, daß die Frau ertrunken sei.
Befinden, das: 1. *Gesundheitszustand:* wie ist das B. des Patienten?; sein B. hat sich leicht gebessert; er hat sich nach deinem B. erkundigt. 2. (geh.) *Urteil, Ansicht:* nach eigenem B. entscheiden.
befindlich: *sich befindend:* die im Bau befindlichen Häuser; er bediente den neben dem Kasten befindlichen Schalter.

beflecken ⟨etwas b.⟩: *Flecken auf etwas machen:* das Tischtuch b.; er hat seine Hände mit Blut befleckt; bildl.: jmds. Ehre, Ruf b.
befleißigen (geh.) ⟨sich einer Sache b.⟩: *sich eifrig um etwas bemühen:* sich großer Höflichkeit, Zurückhaltung b.; ich befleißigte mich, liebenswürdig zu sein.
beflügeln (geh.): a) ⟨jmdn., etwas b.⟩: *beschwingter machen, anregen:* diese Vorstellung beflügelte meine Phantasie, meinen Geist; das Lob hatte ihn beflügelt; sie beflügelte ihn zu neuen Taten. b) ⟨etwas beflügelt etwas⟩ *etwas bewirkt, daß etwas schneller wird:* Angst, Hoffnung beflügelte ihre Schritte.
befolgen ⟨etwas b.⟩: *nach etwas handeln, sich richten:* einen Befehl, Vorschriften, den Rat eines Freundes, einen Wink, die Anschnallpflicht b.; er befolgte nicht die Politik seines Vorgängers.
befördern: 1. ⟨jmdn., etwas b.⟩ *von einem Ort an einen anderen bringen:* Güter, Waren, Gepäck b.; ein Paket mit der Post b.; die Teilnehmer werden mit/in Bussen zum Tagungsort befördert; ü b e r t r.: den Ball ins Tor b.; der Türsteher beförderte ihn ins Freie/an die frische Luft *(warf ihn hinaus).* 2. ⟨jmdn.⟩ *in eine höhere Stellung aufrücken lassen:* jmdn. zum Major b.; er ist zum Direktor befördert worden.
befragen: 1. a) ⟨jmdn. b.⟩ *nach etwas fragen:* jmdn. sehr genau b.; jmdn. nach seiner Meinung, um seinen Rat, über den wahren Sachverhalt, wegen seines Verhaltens b.; Studenten befragen die Politiker zu aktuellen Themen. b) (geh.) ⟨etwas b.⟩ *mit Hilfe von etwas zu erfahren suchen:* die Karten, das Orakel, ein kluges Buch, den Computer b. 2. (veraltend) ⟨sich b.⟩ *sich erkundigen:* sich bei seinem Rechtsanwalt über die/nach den Erfolgsaussichten b.
befreien /vgl. befreit/: 1. ⟨jmdn., sich, etwas b.⟩ *frei machen, die Freiheit geben:* einen Gefangenen b.; das Kind konnte [mit/durch einen Trick] aus den Händen der Entführer befreit werden; ein Land [von der Fremdherrschaft] b.; das Volk vom Faschismus b.; sich aus einer schwierigen Lage, aus einer Umklammerung b.; er hat sich selbst befreit. 2. ⟨jmdn., etwas von etwas b.⟩ a) *von etwas Störendem, Unangenehmem frei machen; erlösen:* jmdn. von Angst, Hemmung b.; der Arzt hat ihn von seinem Leiden befreit; der Spieler ist endlich von Gipsverband und Krücken befreit. b) *von etwas freistellen:* einen Schüler vom Turnunterricht b.; er ist von dieser Arbeit, vom Militärdienst befreit.
befremden ⟨jmdn. b.⟩: *merkwürdig berühren:* ihre Worte, ihre Antworten, ihr Verhalten, der Inhalt ihres Briefes hatte ihn befremdet; meine Schwester befremdete mich ein wenig; es befremdete uns, daß ...; ⟨auch ohne Akk.⟩ es befremdet, daß ...; der Vater sah seine Tochter befremdet an.
Befremden, das: *Unwillen, Erstaunen:* sein Benehmen erregte [einiges] B.; sein B. [über diese Entscheidung] äußern; jmdm. sein B. ausdrücken; er gab seinem B. Ausdruck; etwas mit B. sehen; zu meinem größten B. ...
befreunden 1. ⟨sich mit jmdm. b.⟩ *Freundschaft schließen:* ich habe mich mit seinem Bruder befreundet; wir sind eng, fest miteinander befreun-

det; ⟨auch ohne Präp.-Obj.⟩ die beiden haben sich schnell befreundet; wir sind schon lange befreundet; befreundete Staaten. **2.** ⟨sich mit etwas b.⟩ *sich an etwas gewöhnen:* sich mit einem Gedanken b.; mit der neuen Mode habe ich mich noch nicht befreundet.

befriedigen: 1. a) ⟨jmdn., etwas b.⟩ *zufriedenstellen:* jmds. Ansprüche, Wünsche b.; die Gläubiger b.; sie wollte ihre Neugier b.; er ist schwer zu b. *(er stellt hohe Ansprüche)*; ⟨auch ohne Akk.⟩ das Ergebnis befriedigt nicht; eine befriedigende Lösung; /als Zensur/: die Arbeit wurde mit „befriedigend" bewertet. **b)** ⟨jmdn. b.⟩ *innerlich ausfüllen:* mein Beruf befriedigt mich; die Hausarbeit befriedigt sie nicht. **2. a)** ⟨jmdn. b.⟩ *jmds. sexuelles Verlangen stillen:* er war nicht in der Lage, sie zu b. **b)** ⟨sich b.⟩ *masturbieren.*

Befriedigung, die: **a)** *das Befriedigen:* die B. elementarer Bedürfnisse, von Wünschen; die B. aller Forderungen der Gläubiger ist nicht möglich. **b)** *Genugtuung, Zufriedenheit:* diese Arbeit gewährt, bereitet mir [volle] B.; B. suchen, empfinden; sich B. verschaffen; mit einem Gefühl der inneren B.; mein Beruf erfüllt mich mit B.; mit B. haben wir festgestellt, daß ...

befristen ⟨etwas b.; meist im 2. Part.⟩: *zeitlich begrenzen:* die Bestimmungen befristen seine Tätigkeit auf zwei Jahre; ein befristetes Abkommen, Visum; ein auf drei Monate befristeter Arbeitsvertrag; eine zeitlich befristete Ausnahmegenehmigung; jmdn. befristet einstellen, einsetzen; sich länger befristet im Ausland aufhalten.

befruchten ⟨jmdn., etwas b.⟩: **1.** *die Befruchtung vollziehen:* ein Ei, Blüten b.; sie wollte sich künstlich b. lassen. **2.** ⟨geh.⟩ *wertvolle Anregungen geben:* seine Theorien haben auch Nietzsche befruchtet; seine Forschungen haben die moderne Physik befruchtet; befruchtende Ideen.

Befugnis, die: *Berechtigung:* zu etwas keine B. haben; nur beschränkte Befugnisse haben; er hat seine Befugnisse überschritten.

befugt ⟨in der Verbindung⟩ zu etwas befugt sein: *berechtigt, ermächtigt sein:* zu einem Vorgehen nicht b. sein; er ist b., das Lager zu betreten, Anweisungen zu unterschreiben.

Befund, der: *Ergebnis einer Untersuchung:* der amtliche, ärztliche B. liegt noch nicht vor; der B. hat ergeben, zeigt, daß ...; der B. ist negativ [ausgefallen]; den B. des Arztes abwarten; Lunge ohne B. (Med.: *die Lunge ist gesund*).

befürchten ⟨etwas b.⟩: *mit Angst, Bedenken erwarten, Schlimmes ahnen:* das Schlimmste, eine Verschärfung der Lage b.; so etwas Ähnliches hatte ich befürchtet; du hast nichts zu b. [von uns]; er befürchtete, gemaßregelt zu werden; es ist/(geh.:) steht zu b., daß etwas passiert.

Befürchtung, die: *schlimme Vorahnung, Angst:* eine B. bewahrheitet sich; seine Befürchtung war unbegründet; er hat/(geh.:) hegt, äußert die B., daß ...; jmds. Befürchtungen zerstreuen.

befürworten ⟨etwas b.⟩: *durch Empfehlung unterstützen:* einen Antrag, ein Gesuch, eine Beförderung b.; ich befürworte diese Politik; der Chef hat befürwortet, daß sie versetzt wird.

begabt: *mit besonderen Anlagen, Fähigkeiten ausgestattet:* ein begabter junger Autor; der Schüler ist ungewöhnlich, hervorragend, vielsei-

tig, künstlerisch, nur durchschnittlich b.; für diese Aufgabe ist sie begabt.

begeben: 1. ⟨geh.⟩ ⟨sich b.; mit Raumangabe⟩ *gehen:* sich in das Bad, in den Garten, auf den Marktplatz b.; er begab sich zu Bett, zur Ruhe *(ging schlafen)*; er hat sich nach Hause, auf den Heimweg begeben; sie begab sich zu Herrn Müller; er mußte sich in ärztliche Behandlung b. *(sich behandeln lassen).* **2.** ⟨geh.⟩ ⟨sich an etwas b.⟩ *sich an etwas machen, beginnen:* die Arbeiter begaben sich wieder an die Arbeit. **3.** ⟨geh. veraltend⟩ ⟨sich begibt sich⟩ *etwas ereignet sich, trägt sich zu:* etwas Besonderes hat sich dort begeben; da begab es sich, daß ... **4.** ⟨geh.⟩ ⟨sich einer Sache b.⟩ *sich um etwas bringen, auf etwas verzichten:* sich einer Möglichkeit b.; er hat sich jedes politischen Einflusses begeben. **5.** ⟨Kaufmannsspr.⟩ ⟨etwas b.⟩ *in Umlauf setzen; ausgeben:* einen Wechsel, Wertpapiere, eine Anleihe b.

Begebenheit, die: *Vorfall, Ereignis:* eine seltsame, heitere, nicht alltägliche, unbedeutende B.; wann hat sich diese B. zugetragen?; eine wahre B. liegt dem Film zugrunde.

begegnen: **1. a)** ⟨jmdm. b.⟩ *zufällig mit jmdm. zusammentreffen:* ich bin ihm erst kürzlich, zufällig, auf einer Party, in der Straßenbahn, beim Einkaufen begegnet; ⟨sich/(geh.:) einander b.⟩ wir sind ihm vom Gericht, auf der Straße; bildl.: unsere Augen, Blicke begegneten sich; übertr.: wir begegneten uns/einander in dem Wunsch *(stimmen im dem Wunsch überein)*, ihm zu helfen. **b)** ⟨einer Sache b.⟩ *auf etwas stoßen:* kühler Zurückhaltung b.; das ist eine Meinung, der man überall b. kann. **c)** ⟨geh.⟩ ⟨etwas begegnet jmdm.⟩ *etwas widerfährt jmdm.:* hoffentlich ist ihnen nichts Schlimmes begegnet. **3.** ⟨geh.⟩ ⟨jmdm. b.; mit Artangabe⟩ *in bestimmter Weise jmdm. entgegentreten, sich zu jmdm. verhalten:* allen Menschen freundlich, höflich b.; er war ihm mit Spott, voller Hochachtung begegnet. **3.** ⟨geh.⟩ ⟨einer Sache b.⟩ *entgegentreten, etwas unternehmen:* einer Gefahr, einem Angriff b.; Ängsten verständnisvoll b.; er ist allen Schwierigkeiten mit Umsicht begegnet.

begehen ⟨etwas b.⟩: **1.** *als Fußgänger benutzen:* im Winter ist der Weg oft nicht b.; ein häufig begangener Überweg. **2.** *etwas Schlechtes tun, verüben:* einen Fehler, eine Dummheit, eine Sünde, einen Verrat, ein Verbrechen, Selbstmord b.; irgend jemand hat eine Indiskretion begangen. **3.** ⟨geh.⟩ *feiern:* ein Fest würdig b.; das 30jährige Dienstjubiläum b.; wir haben seinen Geburtstag festlich begangen.

begehren ⟨geh.⟩: **a)** ⟨jmdn., etwas b.⟩ *gern haben wollen, wünschen:* ein Mädchen zur Frau b. (veraltet); schon lange hatte er sie begehrt *(hatte er sexuelles Verlangen nach ihr)*; er hat alles, was sein Herz begehrt; sie ist ein begehrter Star; dieser Preis ist sehr begehrt. **b)** ⟨etwas b.⟩ *bittend fordern:* er begehrt zu sprechen; er begehrte Einlaß.

begeistern: 1. a) ⟨jmdn. b.⟩ *in Begeisterung versetzen:* die Menschen mit seiner Stimme, durch seine Vortragskunst b.; das Spiel hatte die Zuschauer begeistert; adj. Part.: eine begeisternde Rede; begeisterte Zuhörer, Zurufe; er war restlos, hellauf [von ihr] begeistert; die Rede wurde begeistert aufgenommen. **b)** ⟨jmdn. für etwas b.⟩ *ein lebhaftes Interesse erwecken:* er begeisterte uns alle für seinen Plan; fürs Skilaufen bin ich nicht zu b. **2. a)** ⟨sich b.⟩ *in Begeisterung geraten, schwärmen:* es ist schön, daß sich die Jugend noch b. kann; er hat sich an der Natur begeistert. **b)** ⟨sich für etwas b.⟩ *ein lebhaftes Interesse entwickeln:* sie begeisterte sich für diese Ideen.

Begeisterung, die: *freudige Erregung, leidenschaftliche Anteilnahme:* eine große, grenzenlose, stürmische, glühende, flammende (geh.), überschwengliche B.; es herrschte helle B.; die B. flaute ab, ließ nach, verebbte, ebbte ab, verrauschte; die B. kannte keine Grenzen; B. hervorrufen, auslösen, entfachen (geh.), dämpfen, ersticken; seine B. über jmdn., etwas kundtun; die Wogen der B. gingen hoch, glätteten sich; ein Sturm der B. brach los; etwas aus B. [für den Sport] tun; jmdn. in B. versetzen; in B. geraten; mit jugendlicher B.; etwas ohne sonderliche B. tun; die Zuschauer brüllten vor B.

Begierde, die: *leidenschaftliches Verlangen:* heiße, wilde, fleischliche Begierden; seine B. nach Besitz nicht zügeln können; voll B. lauschte sie seinen Worten; er brennt vor B., dich zu sehen.

begierig: *voller Verlangen nach etwas; stark interessiert:* mit begierigen Blicken; ich bin b. zu erfahren, wie es ihm geht; wir sind b. auf seinen Besuch; ich bin b. nach Sonne; die würzige Luft b. einatmen.

begießen: 1. ⟨jmdn., etwas b.⟩ *Flüssigkeit auf jmdn., auf etwas gießen:* Blumen b.; der Braten wird dann mit dem heißen Fett begossen. **2.** (ugs.) ⟨etwas b.⟩ *mit Alkohol feiern:* die Verlobung, ein Wiedersehen b.; das muß begossen werden.

Beginn, der: *Anfang:* ein neuer, mutiger B.; [der] B. des Turniers: 20 Uhr; den B. einer Veranstaltung verschieben, hinauszögern; bei, nach, vor B. der Vorstellung; seit B. der Unruhen; ich habe seit [dem] B./von B. an davor gewarnt; zu B. unserer Zeitrechnung.

beginnen: 1. ⟨etwas/mit etwas b.⟩ *anfangen:* ein Gespräch mit jmdm., einen Streit, eine Arbeit b.; ein neues Leben b.; die Mannschaft begann mit der Rückrunde mit einer Niederlage; zu reden b.; mit der Ernte b.; wir hatten gerade mit dem Bau, mit dem Training begonnen, als ...; ⟨auch ohne Akk. und ohne Präp.-Obj.⟩ wer soll b.?; er hat als Laufbursche bei der Firma, als Tellerwäscher begonnen. **2.** ⟨etwas beginnt⟩ *etwas fängt an:* hier beginnt das Hafenviertel; die Vorstellung begann um 20 Uhr; das Fest, das neue Jahr, eine neue Epoche hat begonnen; unsere Freundschaft begann in Berlin; es begann zu regnen. **3. a)** ⟨etwas b.⟩ *tun, machen:* was willst du nun b.?; er wußte nicht, was er b. sollte. **b)** ⟨etwas mit jmdm., mit etwas b.⟩ *anstellen:* was sollen wir damit b.?

beglaubigen ⟨etwas b.⟩: *amtlich als wahr bestätigen:* eine Urkunde, die Abschrift eines Zeugnisses b.; er ließ das Testament notariell b.; eine beglaubigte Kopie.

begleichen (geh.) ⟨etwas b.⟩: *bezahlen:* eine Rechnung, die Zeche, ein Strafmandat, die Spesen, den Schaden b.; die Verluste werden vom Steuerzahler beglichen; diese Schuld ist noch nicht beglichen.

begleiten: 1. a) ⟨jmdn. b.⟩ *mit jmdm. mitgehen:* seinen Freund bis ans Gartentor, zum Zug, ein Stück, nach Hause, ins Kino b.; jmdn. auf seiner Reise b.; darf ich Sie b.?; **bildl.**: alle meine guten Wünsche begleiten dich; das Glück hat mich immer begleitet. **b)** ⟨etwas b.⟩ *mit etwas einhergehen:* sein Streben wurde von Erfolg begleitet; er begleitete seine Worte mit lebhaften Gesten; die Probleme mit einer begleitenden Familientherapie in den Griff bekommen. **2.** ⟨jmdn., etwas b.⟩ *ein Solo auf einem oder mehreren Instrumenten unterstützen:* den Gesang auf dem Klavier b.; singt ..., am Flügel begleitet von ...

Begleitung, die: **1. a)** *das Begleiten:* jmdm. seine B. anbieten; er bat ihn um seine B. **b)** *Begleiter, begleitende Personen:* die B. des Transportes besteht aus 20 Personen; jmdn. als B. mitnehmen; der König erschien mit großer B. *(Gefolge);* er wurde in B. *(Gesellschaft)* verdächtiger Leute gesehen. **2.** *musikalische Unterstützung:* ein Lied ohne B. singen; die B. hat er übernommen.

beglücken (geh.) ⟨jmdn. b.⟩: *glücklich machen, erfreuen:* seine Nähe beglückte sie; es beglückt sie, daß er sich um sie kümmerte; sie beglückte ihre Fans mit exzellenten/(selten:) durch exzellente Platten; er lächelte beglückt; (ugs. iron.): er hat uns tagelang mit seiner Anwesenheit beglückt; wann darf ich euch b.?

beglückwünschen ⟨jmdn. zu etwas b.⟩: *gratulieren:* ich habe ihn zu seinem Erfolg, zu seinem Entschluß, zu seiner Verlobung beglückwünscht; ⟨auch ohne Präp.-Obj.⟩ die Spieler einer Mannschaft herzlich b.; du bist zu b.

begnadigen ⟨jmdn. b.⟩: *jmds. Strafe mildern oder erlassen:* einen zum Tode Verurteilten [zu einer lebenslänglichen Freiheitsstrafe] b.

begnügen ⟨sich mit etwas b.⟩: **a)** *zufrieden sein:* sich mit dem, was man hat, b.; ich begnüge mich mit meinem jetzigen Posten. **b)** *sich beschränken:* er begnügte sich mit ein paar kurzen Worten; wir werden uns nicht damit begnügen, daß ...

begraben: 1. ⟨jmdn. b.⟩ *ins Grab legen:* die Toten in aller Stille, in ihren Heimatorten, würdig b.; sie fühlte sich lebendig begraben; in dieser Stadt möchte ich nicht begraben sein *(unter keinen Umständen leben).* **2.** ⟨etwas b.⟩ *aufgeben, fahrenlassen:* die Hoffnung, seine Ideale, seine Karriereträume b.; die Radikalen haben ihre Forderungen b.; sie wollen die Angelegenheit, den Streit b. **3.** ⟨etwas begräbt jmdn., etwas unter sich, etwas⟩ *verschütten:* das Mauerstück begrub zwei Arbeiter unter einem Lkw unter sich; lose Deckenteile fielen herab und begruben ihn unter Mörtel und Staub; die Skifahrer wurden unter einer, von einer Lawine begraben. * (ugs.) **sich begraben lassen können** *(versagt haben, zu nichts zu gebrauchen sein):* unsere Mannschaft kann sich b. lassen.

Begräbnis, das: *das feierliche Begraben eines Toten:* ein schlichtes, feierliches B.; das B. findet am ... statt; er hat ein christliches B. gehabt; an einem B. teilnehmen.

begreifen /vgl. begriffen/: **1.** (landsch.) ⟨etwas b.⟩ *befassen:* die Kinder haben die Schranktür begriffen. **2.** (veraltend) ⟨etwas begreift etwas in sich⟩ *etwas enthält, umfaßt etwas:* diese Bestimmung begreift auch die Lösung unserer Frage in sich. **3. a)** ⟨etwas b.⟩ *mit dem Verstand erfassen,*

verstehen: den Sinn einer Sache, eine Rechenaufgabe b.; das Kind begreift das einfach nicht; ich habe nicht begriffen, was das bedeuten soll; ⟨auch ohne Akk.⟩ schon gut, ich habe begriffen; das ist schwer zu b. **b)** ⟨mit Artangabe⟩ *eine bestimmte Auffassungsgabe haben:* das Kind begreift leicht, schnell, schwer. **c)** ⟨jmdn., sich, etwas b.⟩ *jmdn., sich, etwas in seinem Denken, Fühlen und Handeln verstehen:* sich selbst nicht mehr b.; ich kann meinen Freund gut begreifen; ich begreife nicht, wie das hat passieren können; R: das begreife, wer will *(ich jedenfalls verstehe das nicht).* **d)** ⟨jmdn., sich, etwas als etwas b.⟩ *als etwas betrachten:* ich begreife sie als eine Frau voller Widersprüche; er begriff sich als Kosmopolit; alle diese Werke müssen wir als Einheit b.
begreiflich: 1. *verständlich:* ein begreiflicher Wunsch; er war in begreiflicher Erregung, Verlegenheit; es ist nicht b., wie man so etwas tun kann; du wirst es wohl b. finden, daß ... 2. ⟨jmdm. etwas b. machen⟩ *jmdm. etwas die schwierige Lage b. machen;* er konnte ihr b. machen, daß ...
begrenzen: 1. ⟨etwas begrenzt etwas⟩ *etwas bildet die Grenze von etwas:* ein Wald begrenzt das Feld. 2. ⟨etwas b.⟩ *beschränken, [einengend] festlegen:* die Geschwindigkeit in der Stadt b.; die Redezeit b.; einen begrenzten Horizont haben; seine Anwälte hoffen auf eine zeitlich begrenzte Freiheitsstrafe; unser Wissen ist begrenzt.
Begriff, der: 1. *Sinngehalt, Zusammenfassung wesentlicher Merkmale in einer gedanklichen Einheit:* ein fest umrissener, klarer, schillernder, leerer B.; ein denkbarer B.; ein philosophischer B.; einen B. definieren; zwei Begriffe miteinander verwechseln, voneinander abgrenzen. 2. *Vorstellung, Meinung:* einen [un]deutlichen, ungefähren B. von etwas haben; ich kann mir keinen rechten B. davon machen; die Schönheit des Landes übersteigt alle Begriffe; du hast ja einen schönen, sonderbaren B. von mir; damit verbinde ich keinen B.; für meine Begriffe ist alles für das Kind zu schwer; nach unseren, nach europäischen Begriffen ist ...; das geht über meine Begriffe. * **[jmdm.] ein Begriff sein** *([jmdm.] bekannt sein):* der Firmenname ist mir kein B.; diese Sängerin ist in der ganzen Welt ein B. · (ugs.:) **schwer/langsam von Begriff sein** *(eine langsame, schwere Auffassungsgabe haben):* sei doch nicht so schwer von B.! · **im Begriff sein/stehen** *(gerade etwas anfangen, tun wollen).*
begriffen ⟨in der Verbindung⟩ in etwas begriffen sein: *gerade etwas anfangen:* im Aufbruch, in der Umstellung b. sein.
begründen ⟨etwas b.⟩: 1. *gründen, den Grund zu etwas legen:* einen Hausstand, einen Verein b.; eine Richtung, Schule in den Sozialwissenschaften b.; dieser Sieg begründete seinen Reichtum, seinen Ruhm. 2. *Gründe für etwas angeben:* seine Ansichten wissenschaftlich, vernünftig b.; seine Forderungen, seinen Standpunkt, seinen Verdacht, sein Urteil mit etwas b.; wie, womit willst du das b.?; adj. Part.: begründete Zweifel hegen; es besteht begründete Hoffnung, Aussicht auf eine friedliche Lösung; ein begründeter Verdacht; begründete *(berechtigte)* Ansprüche. * **etwas ist/liegt in etwas begründet** *(etwas ist in etwas beschlossen, läßt sich aus etwas herleiten):* das ist/

liegt in seinem Charakter, im Wetter, in der Natur der Sache begründet.
begrüßen: 1. ⟨jmdn. b.⟩ *zu Beginn einer Begegnung, eines Gesprächs grüßen:* einen Bekannten freudig, stürmisch, feierlich, kühl, reserviert b.; der Hausherr begrüßte die Gäste; ich begrüße Sie im Namen des Vorstands; wir würden uns freuen, Sie bei uns b. zu dürfen; die beiden begrüßten sich/(geh.:) einander mit Handschlag; bildl.: die Kinder begrüßten den ersten Schnee mit großem Freudengeschrei. 2. ⟨etwas b.⟩ *zustimmend aufnehmen:* einen Vorschlag, jmds. Entschluß b.; wir begrüßen diese Regelung, diese Maßnahmen, diese Entwicklung; ich würde dies in unser aller Interesse b. *(gutheißen und wünschen);* es ist zu b., daß ...
Begrüßung, die: *das Begrüßen:* eine herzliche, freundliche, kühle B.; die feierliche, offizielle B. fand im Rathaus statt; bei, während der B. ...; sich zur B. erheben.
begünstigen ⟨jmdn., etwas b.⟩: *Vorteile verschaffen:* der Schiedsrichter begünstigt mit seinen Entscheidungen die heimische Mannschaft; alle seine Unternehmungen waren vom Glück begünstigt; die Ausbreitung des Feuers wurde durch die große Trockenheit begünstigt.
begutachten ⟨etwas b.⟩: a) *fachmännisch beurteilen:* ein Bild, ein Baugelände, den Schaden b. b) (ugs.) ⟨jmdn., etwas b.⟩ *betrachten:* laß dich mal b.; vom Fenster aus begutachteten die Vorgänge auf der Straße.
begütigen ⟨jmdn. b.⟩: *besänftigen:* er versuchte den aufgebrachten Fahrer zu b.; begütigend auf jmdn. einreden.
behagen ⟨etwas behagt jmdm.⟩: *etwas sagt jmdm. zu:* diese Arbeit, diese Idee behagt mir sehr; irgend etwas an der Sache hatte mir von Anfang an nicht behagt.
behaglich: a) *gemütlich, Wohlbehagen verbreitend:* ein behagliches Wohnzimmer; eine behagliche Atmosphäre; es sich b. machen. b) *voller Behagen:* sich b. fühlen; b. in der Sonne sitzen.
behalten: 1. a) ⟨jmdn., etwas b.⟩ *nicht hergeben, in seinem Besitz lassen:* ein Geschenk b.; den Rest des Geldes können Sie b.; ich möchte das Bild als/zum Andenken b.; ich möchte dich gern als Freund behalten; wir hätten unsere Eltern gern noch länger behalten (ugs.; *wir hätten gern, daß sie noch länger gelebt hätten);* übertr.: recht b. **b)** ⟨jmdn., etwas b.; mit Raumangabe⟩ *dort lassen, wo jmd., etwas ist:* den Hut vor dem Kopf, den Schirm in der Hand, die Hände in den Taschen b.; der Patient hat das Essen nicht bei sich behalten; wir behalten die Ware auf Lager (Kaufmannsspr.); jmdn. [weiter] in seinem Amt b. **c)** ⟨jmdn., etwas b.; mit Raumangabe⟩ *nicht fortlassen, in seiner Obhut belassen:* jmdn. als Gast bei sich b.; wir haben die Flüchtlinge über Nacht in unserem Haus behalten. 2. ⟨etwas b.⟩ *nach wie vor in gleicher Weise haben, bewahren:* seine Fassung, die Nerven, einen klaren Kopf b.; er behält immer seine gute Laune; das Gold behält den Glanz; das Haus hat seinen Wert behalten; er hat von der Angina einen Herzschaden behalten *(sich für immer zugezogen).* 3. ⟨etwas b.⟩ *sich merken:* eine Adresse b.; Zahlen gut b. können; ich habe von dem Vortrag nichts behalten. * **etwas**

für sich behalten *(etwas nicht weitererzählen):* du mußt alles, was ich dir gesagt habe, für dich b. **behandeln:** 1. ⟨jmdn., etwas b.; mit Artangabe⟩ *mit jmdm., etwas in einer bestimmten Weise verfahren, umgehen:* einen Menschen gut, schlecht, gemein, stiefmütterlich, unwürdig, unfreundlich, verächtlich, herablassend, von oben herab, liebevoll, spöttisch, mit Nachsicht, wie ein rohes Ei *(sehr vorsichtig),* wie ein kleines Kind, nach Verdienst (geh.) b.; sie weiß, wie man Männer b. muß; er behandelt das Gerät [un]sachgemäß; wir müssen die Angelegenheit diskret b. **2. a)** ⟨etwas b.; mit Artangabe⟩: *bearbeiten:* den Boden mit Wachs, mit einem Reinigungsmittel b.; ein Material chemisch, mit Säure b. **b)** ⟨etwas b.⟩ *darstellen, untersuchen:* ein Thema [wissenschaftlich] b.; einen Stoff, eine Frage im Unterricht b.; in seinem neuesten Film wird das Problem der Jugendarbeitslosigkeit behandelt; der Roman behandelt den Aufstieg Napoleons; militärische Fragen wurden nur am Rande behandelt *(besprochen).* **3.** ⟨jmdn., etwas b.⟩ *durch ein bestimmtes Verfahren zu heilen suchen:* einen Kranken, eine Krankheit b.; wer hat Sie behandelt?; sie wurde mit Penizillin, mit Strahlen, ambulant behandelt; die Wunde muß schleunigst behandelt werden; adj. Part.: der behandelnde *(mit dem Fall beschäftigte)* Arzt. **Behandlung,** die: 1. *das Umgehen mit jmdm. oder etwas:* eine gute, freundliche, schlechte, stiefmütterliche, empörende, kränkende, ungerechte, unwürdige B. erfahren; sie verdient eine bessere B.; diese B. lasse ich mir nicht länger gefallen; der Fall erfordert eine diskrete B.; der Motor reagiert empfindlich auf falsche, unsachgemäße B. **2. a)** *Bearbeitung:* das Werkstück wird einer chemischen, mechanischen B. unterzogen. **b)** *Darstellung, Untersuchung:* die literarische B. eines Stoffes, Themas; das Problem findet hier eine eingehende B. **3.** *Heilverfahren; ärztliche Betreuung:* die vorbeugende B.; die B. einer Krankheit, von Diabetikern; eine ambulante, stationäre B.; die B. mit Insulin; die B. ist langwierig, teuer; eine B. anwenden; sie mußte sich in ärztliche B. begeben; er ist bei einem Facharzt in B. **behängen** ⟨jmdn., sich, etwas mit etwas b.⟩: *mit etwas, was man aufhängen kann, ausstatten:* die Wände mit Teppichen b.; sie hat den Weihnachtsbaum mit Süßigkeiten behängt (nicht korrekt: behangen); sie behängt sich gern mit Ohrringen und vielen Ketten. **beharren: a)** ⟨auf etwas/bei etwas b.⟩ *an etwas festhalten; nicht nachgeben:* auf seinem (nicht korrekt: auf seinen) Standpunkt, Recht, Vorsatz, Entschluß, Willen, Forderung, auf konkreten Maßnahmen b.; bei seiner Ansicht, Meinung b.; er beharrte eigensinnig, stur, hartnäckig darauf, mitgenommen zu werden. **b)** ⟨mit Umstandsangabe⟩ *bleiben:* in einem Zustand b. **beharrlich:** *ausdauernd, hartnäckig:* beharrlicher Fleiß; beharrliches Werben, Zureden; er schwieg, leugnete, weigerte sich b.; sie blieb b. bei ihrer Meinung. **behaupten:** 1. ⟨etwas b.⟩ *mit Bestimmtheit aussprechen:* etwas steif und fest, im Ernst, kühn, dreist b.; das Gegenteil b.; das habe ich nicht behauptet; ich kann von etwas Sie so etwas b.?; er behaup-

tet das, ohne es beweisen zu können; sie behauptet, er sei verreist; er behauptet, sie nicht zu kennen; man behauptet von ihm/es wird von ihm behauptet *(erzählt),* daß er ... 2. (geh.) **a)** ⟨etwas b.⟩ *erfolgreich verteidigen, bewahren:* seine Stellung, seinen Platz b., die Tabellenführung b.; seine Vorteile zu b. wissen. **b)** ⟨sich b.⟩ *sich durchsetzen:* die Firma konnte sich nicht b.; du mußt dich in deiner neuen Stellung, gegen deine Gegner b.; hartnäckig behauptet sich dieses Gerücht. **Behauptung,** die: 1. *Meinungsäußerung:* eine kühne, gewagte, unverschämte, leere B.; das ist eine unbewiesene, aus der Luft gegriffene B.; hier steht B. gegen B.; eine B. aufstellen, vorbringen; jmds. Behauptungen nachprüfen, widerlegen; er blieb bei seiner B., ging nicht von seiner B. ab.; wie kommen Sie zu diesen Behauptungen? **2.** (geh.) *das [Sich]behaupten:* die B. des Gleichgewichts fiel ihm schwer. **beheben** ⟨etwas b.⟩: *wieder in Ordnung bringen; beseitigen:* einen Schaden, Mangel b.; eine Panne selbst b. können; Mißstände b.; die Verkehrsstörung wurde rasch behoben. **behelfen: a)** ⟨sich mit etwas b.⟩ *unzureichenden Ersatz verwenden:* du mußt dich (nicht: dir) einstweilen hiermit b.; ich behalf mich notdürftig mit einem alten Mantel. **b)** ⟨sich b.⟩: *notdürftig auskommen:* er mußte sich ohne sein Auto b.; kannst du dich solange b.? **beherrschen:** 1. ⟨jmdn., etwas b.⟩ **a)** *über jmdn., etwas herrschen, Herr sein:* eine Stadt, ein Land b.; damals wurde/war Gallien noch von den Römern beherrscht; übertr.: die Türme beherrschen das Stadtbild; er war ganz von dem Willen beherrscht, das Rennen zu gewinnen. **b)** *die Macht, das Übergewicht haben:* dieses Produkt beherrscht den Markt; diese Vorstellung beherrschte sein ganzes Denken; beherrschendes Thema in Bonn war heute ... 2. ⟨etwas, sich b.⟩ *bezähmen, zügeln, zurückhalten:* seine Worte b.; ich konnte mich nicht mehr b.; R: ich kann mich b.! (ugs.; *ich werde das bestimmt nicht tun*); adj. Part.: er tritt beherrscht, mit beherrschter Miene auf. **3.** ⟨etwas b.⟩ **a)** *sehr gut können:* ein Handwerk, ein Instrument b.; die Spielregeln b.; er beherrscht mehrere Sprachen. **b)** *souverän handhaben:* sein Fahrzeug b.; er beherrscht jede Situation. **beherzigen** ⟨etwas b.⟩: *ernst nehmen und befolgen:* einen Rat, eine Bitte, Ermahnung, Warnung b.; beherzige meine Worte! **behilflich** ⟨meist in der Verbindung⟩ jmdm. behilflich sein: *helfen:* einer Dame beim Aussteigen b. sein; kann ich dir b. sein? **behindern** ⟨jmdn., etwas b.⟩: *hemmen, störend aufhalten:* der Betrunkene, Schneefall behinderte den Verkehr; der Gurt behinderte mich nicht; die Arbeiter behinderten sich/(geh.) einander in dem kleinen Raum; die Sicht war durch den Nebel stark behindert *(eingeschränkt).* **behufs** (Papierdt.; veraltend) ⟨Präp. mit Gen.⟩: *zu[m Zweck]:* b. schnellen Wiederaufbaus (besser: zum schnellen Wiederaufbau). **behüten: a)** ⟨jmdn., etwas b.⟩ *bewachen, beschützen:* der Hund behütet das Haus, die Kinder; adj. Part. (geh.): eine sorgsam behütete Kindheit; ein behütetes junges Mädchen. **b)** ⟨jmdn., etwas vor jmdm., vor etwas b.⟩ *bewahren, schützen:* jmdn. vor Schaden, vor einer Gefahr b.; der Himmel behüte uns davor!; behüte! /Ausruf des Erschreckens, der Abwehr/.

bei /vgl. beim/: ⟨Präp. mit Dativ⟩ **1.** /räumlich/ **a)** /zur Angabe der Nähe, der losen Berührung u. ä./: Potsdam liegt b. Berlin; die Schlacht b. Waterloo; dicht b., nahe b. der Schule; b. jmdm. stehen, sitzen; sie standen Kopf b. Kopf, dicht b. dicht. **b)** *zwischen, unter:* dieser Brief lag b. seinen Papieren, b. der Morgenpost; er war auch b. den Demonstranten. **c)** /gibt den Aufenthalt, den Seins-, Geschehens-, Tätigkeitsbereich an/: b. einer Firma arbeiten, angestellt sein; bei jmdm. Unterricht haben; er wohnt b. seiner Mutter; wir sind b. ihr eingeladen; hast du Geld, den Brief b. dir?; b. uns ist das nicht üblich; gedruckt, verlegt b. ...; er ist *(arbeitet)* b. der Post; er dient b. der Luftwaffe; das steht, findet sich schon b. Sokrates; übertr.: die Entscheidung liegt b. dir; was nun werden soll, das steht b. Gott *(das weiß nur Gott);* das gleiche war b. mir der Fall. **d)** /gibt die Teilnahme an/: b. einer Hochzeit, b. einem Gottesdienst sein; b. einer Aufführung mitwirken. **e)** *an* /zur Angabe der direkten Berührung/: ein Kind, ein Mädchen b. der Hand nehmen; jmdn. b. der Schulter packen. **2.** /zeitlich/ /zur Angabe eines Zeitpunktes oder einer Zeitspanne/: b. der Ankunft des Zuges; b. Beginn, b. Ende der Vorstellung; b. Eintritt der Dämmerung; b. Tag und Nacht *(während des Tages und der Nacht).* **3.** /zur Angabe der Begleitumstände/: b. der Arbeit *(beim Arbeiten)* sein; jmdm. b. der Arbeit helfen; b. Tisch sein *(essen);* sich b. einer Zigarette, b. einem Glas Bier unterhalten; b. Kräften, b. guter Laune sein; nicht b. Verstand, [nicht] b. Bewußtsein sein; b. Vollmond, Regen, Nebel fahren; b. Tageslicht arbeiten; etwas ist b. Strafe verboten; b. alledem mußt du eins bedenken; /mit konditionalem Nebensinn/: b. Glatteis muß gestreut werden; /mit kausalem Nebensinn/: b. solcher Hitze bleiben wir zu Hause; /mit konzessivem Nebensinn/: b. aller Freundschaft, das geht zu weit. * (ugs.) *nicht ganz bei sich sein (verschlafen, geistesabwesend sein):* nach der durchzechten Nacht war er noch nicht ganz b. sich.

beibringen: 1. ⟨jmdm. etwas b.⟩ **a)** *erklären, zeigen;* jmdm. *etwas lehren:* wer bringt mir Italienisch bei?; du hast mir damals Schwimmen, Autofahren beigebracht; /in Drohungen/ (ugs.): dem werde ich's schon noch b.!; ich will dir b., mich zu belügen! **b)** *vorsichtig mitteilen; begreiflich machen:* man muß ihr die Wahrheit schonend b.; ich versuchte vergeblich, ihm beizubringen, daß er nicht willkommen sei. **2.** ⟨jmdm. etwas b.⟩ *zufügen:* jmdm. eine Wunde, einen Stich in die Brust b.; sie haben dem Gegner eine Niederlage beigebracht *(ihn besiegt).* **3. a)** ⟨etwas b.⟩ *herbeischaffen, vorlegen:* Beweise, zwei Paßbilder, ein Attest, eine Unterschrift b. **b)** ⟨jmdn. b.⟩ *stellen:* er konnte keine Zeugen b.

Beichte, die (Rel.): *Sündenbekenntnis:* bei dem Priester die B. ablegen *(beichten);* jmdm. die B. abnehmen; der Geistliche hört, sitzt B. *(sitzt im Beichtstuhl und hört die Beichte der Gläubigen an);* er geht selten, häufig zur B.; übertr.: ich mußte mir seine B. anhören.

beide ⟨Indefinitpronomen und Zahlwort⟩: *alle zwei, die zwei:* b. Kinder; b. jungen/(selten:) junge Mädchen; Angehörige beider politischen/ (selten:) politischer Gruppen; b. Beamten/(selten:) Beamte; die ersten beiden, die beiden ersten Ankömmlinge; ein Mann und eine Frau, b. bewaffnet; zwei Gestalten, b. völlig verwahrlost; sie sind b. evangelisch; wir b./(seltener:) beiden werden das machen; alle b. wollen studieren; dies beides gehört dir; b. haben sich anders entschieden; die beiden gefallen mir am besten; [alles] beides ist möglich; in beidem hast du recht; von beidem möchte ich etwas haben; einer von beiden muß gehen.

Beifall, der: **a)** *Applaus:* starker, schwacher, [lang] anhaltender, stürmischer, nicht enden wollender, rauschender, brausender, tosender, frenetischer, spontaner, minutenlanger, herzlicher, verdienter B.; der B. der Menge setzt ein, bricht los, brandet auf (geh.), hält an, nimmt zu, verebbt, verklingt; der Redner erntete, erhielt, bekam viel B.; [jmdm.] B. klatschen; B. spenden; seine Darbietungen lösten B. aus; der Redner wurde wiederholt durch B. unterbrochen; das Publikum sparte nicht mit B. auf offener Szene. **b)** *Zustimmung:* etwas findet allgemeinen B., den ungeteilten B. aller; dieser Plan hat meinen B.; seine Worte wurden mit B. aufgenommen.

beigeben: a) ⟨einer Sache etwas b.⟩ *zufügen, beimischen:* der Suppe noch etwas Salz, einige Gewürze b.; dem Waschpulver ein Bleichmittel b.; übertr.: dem Substantiv ein Adjektiv b. **b)** ⟨jmdm. jmdn. b.⟩ *zur Unterstützung zur Verfügung stellen:* man hat ihm zur Unterstützung einen Sachbearbeiter beigegeben. * **klein beigeben** *(kleinlaut nachgeben).*

Beigeschmack, der: *zusätzlicher, den eigentlichen Geschmack beeinträchtigender Geschmack:* die Butter, der Wein hat einen [eigenartigen, unangenehmen] B.; ein B. von Zimt; übertr.: die Angelegenheit hat einen bitteren, pikanten, üblen, negativen, faden B.

beikommen: 1. a) ⟨jmdm. b.⟩ *jmdn. zu fassen bekommen; mit jmdm., etwas fertig werden:* diesem schlauen Burschen ist nicht [leicht], nur mit einer List beizukommen; sie wußten nicht, wie sie ihm b. sollten; dem Ungeziefer, der Feuersbrunst ist kaum beizukommen. **b)** ⟨einer Sache b.⟩ *etwas bewältigen, lösen:* man mußte versuchen, den Schwierigkeiten, dem Problem auf andere Weise beizukommen; niemals konnten sie ihren finanziellen Sorgen b.; man versuchte, mit Eisbeuteln seinem blauen Auge beizukommen. **2.** (veraltet) ⟨etwas kommt jmdm. bei⟩ *etwas fällt jmdm. ein:* sich zu verteidigen war ihr nicht beigekommen.

beilegen: 1. ⟨einer Sache etwas b.⟩ *beifügen;* zu etwas hinzulegen: einem Brief Rückporto, eine Fotografie b.; dem Blumenstrauß war eine Karte beigelegt; ⟨auch ohne Dat.⟩ Unterlagen, Zeugnisabschriften sind beigelegt. **2. a)** ⟨jmdm., sich etwas b.⟩ *zusätzlich geben, verleihen:* jmdm., sich einen Titel, Künstlernamen b.; eine Eigenschaft b. **b)** ⟨einer Sache etwas b.⟩ *beimessen, einer bestimmte Bedeutung geben:* man sollte der Angelegenheit mehr Gewicht b.; wir haben der Äußerung keine besondere Bedeutung, keinen allzu großen Wert beigelegt. **3.** ⟨etwas b.⟩ *schlichten,*

durch eine Aussprache o. ä. beseitigen: einen Konflikt, Differenzen, einen Streit b.
Beileid, das: *Anteilnahme an jmds. Trauer:* [mein] herzliches, aufrichtiges B.!; jmdm. sein B. aussprechen, ausdrücken, bekunden, bezeigen, bezeugen.

beiliegen ⟨etwas liegt einer Sache bei⟩: *etwas ist einer Sache beigefügt:* der Sendung liegt die Rechnung bei; ihrer Bewerbung lagen Zeugnisabschriften bei; adj. Part.: unsere Fragen finden Sie auf beiliegendem Formular; beiliegend *(anbei)* finden Sie die gewünschten Unterlagen.
beim: 1. *bei dem:* der Garten liegt nahe b. Haus; ich habe mich b. Pförtner erkundigt; Vorsicht b. Öffnen der Tür! 2. ⟨in Verbindung mit *sein* und einem substantivierten Infinitiv zur Bildung der Verlaufsform⟩: er ist b. Waschen, Frühstücken, Lesen, Schreiben *(er wäscht sich gerade usw.)*
beimessen ⟨jmdm., einer Sache etwas b.⟩: *zuerkennen:* jmdm. die Schuld an etwas b.; diesen Dingen wurde eine übermäßige Bedeutung, ein zu großes Gewicht beigemessen.
Bein, das: 1. *zum Stehen und Fortbewegen dienende Gliedmaße:* das linke, rechte B.; beide Beine, gerade, schlanke, lange, schöne, rassige, kräftige, dicke, geschwollene Beine; Sport: gestrecktes B. /Foul im Fußball!/; die Beine waren ihm eingeschlafen; das gebrochene B. wurde geschient; das kranke, verletzte B. mußte abgenommen, amputiert werden; die Beine spreizen, grätschen, anwinkeln, kreuzen, hochheben, hochlegen, kreuzen, übereinanderschlagen, ausstrecken, von sich strecken; er hatte ein steifes B.; sie ließen ein offenes B. *(ein nicht heilendes Geschwür am Bein);* ich habe mir ein B. gebrochen; er hat im Krieg beide Beine verloren; sie ließen die Beine baumeln; der Hund hebt das B. *(läßt Wasser);* die Beine breit machen (ugs.; *die Oberschenkel zum Geschlechtsverkehr spreizen);* auf einem B. hüpfen; R: auf einem B. kann man nicht stehen */Aufforderung, ein zweites Glas Alkohol zu trinken/;* der Hund hatte ihm ins B. gebissen; sich kräftig mit den Beinen abstoßen; das Baby strampelte mit den Beinen; ich wäre beinahe über meine eigenen Beine gestolpert; vor Ungeduld trat er von einem B. aufs andere; das Kind ist mir vor die Beine gelaufen; übertr.: er möchte auch weiterhin ein B. im Zeitungsgeschäft behalten. 2. *beinartiges Teil eines Möbelstücks oder Gerätes:* die Beine des Tisches, des Stativs; an dem Stuhl ist ein B. abgebrochen. 3. *Hosenbein:* das rechte B. ist etwas kürzer; die Beine länger machen; eine Hose mit engen, weiten Beinen. 4. (bes. nordd. und ostmd.) *Fuß:* vom Wandern tun mir die Beine weh; ihr frieren die Beine. 5. (ugs. südd., österr., schweiz.) *Knochen:* der Hund nagte an einem B.; mir tun nach dem Marsch alle Beine weh. * (Sport:) **ein Bein stehen lassen** *(einen den Ball führenden Gegner über sein Bein fallen lassen)* · (ugs.:) **die Beine in die Hand/unter die Arme nehmen** *(schnell weglaufen; sich beeilen)* · **jüngere Beine haben** *(besser als ein Älterer laufen oder stehen können)* · (ugs.:) **die Beine unter jmds. Tisch strecken** *(von jmdm. finanziell abhängig sein; sich von jmdm. ernähren lassen)* · (ugs.:) **jmdm. [lange] Beine machen** *(jmdn. fortjagen; jmdn. antreiben, sich schneller zu bewegen)* ·

(ugs.:) **jmdm. ein Bein stellen:** a) *(sich jmdm. so in den Weg stellen, daß er fällt oder stolpert).* b) *(jmdm. durch eine bestimmte Handlung Schaden zufügen)* · (ugs.:) **sich (Dativ) kein Bein ausreißen** *(sich nicht sonderlich anstrengen)* · (ugs.:) **sich (Dativ) die Beine vertreten** *(nach langem Sitzen etwas [spazieren]gehen)* · (ugs.:) **sich (Dativ) die Beine in den Leib/Bauch stehen** *(sehr lange stehen und warten)* · (ugs.:) **kein Bein auf die Erde kriegen** *(nicht zum Zuge kommen)* · (ugs.:) **etwas kriegt/bekommt Beine** *(etwas verschwindet, wird gestohlen)* · (ugs.:) **alles, was Beine hat** *(jedermann):* alles, was Beine hatte, war auf dem Sportplatz · (ugs.:) **etwas ans Bein binden** *(etwas drangeben, einbüßen)* · (ugs.:) **jmdm., sich etwas ans Bein hängen/binden** *(jmdm., sich etwas aufbürden und ihn, sich dadurch in der Aktivität hemmen)* · (ugs.:) **immer wieder auf die Beine fallen** *(aus allen Schwierigkeiten immer wieder ohne Schaden hervorgehen)* · **sich nicht mehr/kaum noch auf den Beinen halten können** *(vor Schwäche, Müdigkeit dem Umfallen nahe sein)* · **auf eigenen Beinen stehen** *(selbständig, unabhängig sein)* · (ugs.:) **auf den Beinen sein** *(in Bewegung, unterwegs sein)* · **etwas steht auf schwachen Beinen** *(etwas ist nicht sicher, nicht gut begründet)* · (ugs.:) **wieder auf den Beinen sein** *(wieder gesund sein)* · (ugs.:) **jmdm. auf die Beine helfen:** a) *(einem Gestürzten wieder aufhelfen).* b) *(jmdm. helfen, eine Schwäche oder Krankheit zu überwinden).* c) *(jmdm. wirtschaftlich wieder aufrichten)* · (ugs.:) **sich auf die Beine machen** *([schnell] weggehen)* · (ugs.:) **wieder auf die Beine kommen** a) *(sich wieder aufrichten).* b) *(wieder gesund werden).* c) *(wirtschaftlich wieder festen Fuß fassen)* · (ugs.:) **etwas auf die Beine stellen** *(etwas in bewundernswerter Weise zustande bringen)* · **mit beiden Beinen im Leben/[fest] auf der Erde stehen** *(die Dinge realistisch sehen; lebenstüchtig sein)* · **etwas geht in die Beine:** a) (ugs.; *etwas [= Alkohol] macht die Beine schwer).* b) *(etwas hat einen Rhythmus, der zum Bewegen, Tanzen reizt)* · **etwas fährt jmdm. in die Beine** *(etwas erschreckt jmdn. sehr)* · (ugs.:) **mit einem Bein im Gefängnis stehen** *(in Gefahr sein, mit dem Gesetz in Konflikt zu kommen)* · **mit einem Bein im Grab[e] stehen** *(schwer krank oder in großer Gefahr sein)* · (ugs.:) **mit dem linken Bein zuerst aufgestanden sein** *(schlechte Laune haben)* · (ugs.:) **jmdm. Knüppel/einen Knüppel zwischen die Beine werfen** *(jmdm. Schwierigkeiten machen).*
beinah[e] ⟨Adverb⟩: *fast, nahezu:* ich wäre b. verunglückt; zu diesem Ergebnis kam man b. in allen/in b. allen Fällen.
beinhalten ⟨etwas beinhaltet etwas): *etwas zum Inhalt haben, schließt etwas ein:* was beinhaltet dieser Paragraph?; der Preis beinhaltet volle Verpflegung.
beipflichten ⟨jmdm., einer Sache b.⟩: *nachdrücklich beistimmen, recht geben:* er pflichtete ihm bei; sie haben unserer Ansicht beigepflichtet; darin, in diesem Punkt muß ich Ihnen b.
beirren ⟨jmdn. b.⟩: *unsicher machen:* du darfst dich durch andere, dadurch nicht b. lassen; nichts konnte ihn in seiner Ansicht b.
beisammen ⟨Adverb⟩: *beieinander, zusammen:* wir sind morgen zum letztenmal b.; endlich waren sie wieder einmal ein paar Tage b.

Beisein, das ⟨in den Verbindungen⟩ **im Beisein von jmds./in jmds. Beisein** *(während jmds. Anwesenheit):* im B. der Kinder, im B. von Fremden sollte darüber nicht gesprochen werden · **ohne Beisein von jmdm./ohne jmds. Beisein** *(ohne jmds. Anwesenheit):* ohne sein B. hätte der Plan nicht beschlossen werden dürfen; die Feier fand ohne B. von Regierungsvertretern, ohne B. des Botschafters statt.

beiseite ⟨Adverb⟩: **a)** *zur Seite, auf die Seite:* b. springen, treten; sie legte das Buch b.; übertr.: (ugs.): sie versuchte, jeden Monat etwas [Geld] b. zu legen *(zu sparen);* die Spenden hatte er für die eigenen Zwecke b. gebracht, geschafft *(sich angeeignet);* wir müssen sie b. schaffen *(umbringen).* **b)** *seitlich in gewisser Entfernung; abseits:* er hielt sich, stand b.; der Schauspieler sprach b. *(machte abgewandt vom seinem Partner eine nur für das Publikum bestimmte Äußerung);* übertr.: warum soll er immer b. stehen? *(zurückstehen, bei etwas nicht berücksichtigt werden?);* lassen wir diese Frage zuerst b. *(außer Betracht);* laß dich nicht b. schieben *(verdrängen)!*

beisetzen ⟨jmdn., etwas b.⟩: *feierlich begraben, beerdigen:* der Verstorbene wurde in der Familiengruft beigesetzt; sie ließen die Urne in der Heimat des Verstorbenen b.

Beispiel, das: **a)** *etwas erklärender, beweisender Einzelfall:* ein gutes, anschauliches, konkretes, praktisches, treffendes, lehrreiches B.; etwas dient als B.; Beispiele nennen, aufzählen, anführen; etwas als B. angeben; etwas an einem B., an Hand eines Beispiels erklären, demonstrieren; dieser Vorgang ist ohne B. *(ist unerhört);* bei ihren Besuchen brachte sie meist etwas für die Kinder mit, wie zum B. Bücher, Spielzeug oder Süßigkeiten. **b)** *Vorbild:* er, sein Verhalten ist uns allen ein leuchtendes, warnendes B.; ein gutes, abschreckendes B. geben; nimm dir an deinem Bruder ein B. *(nimm dir deinen Bruder zum Vorbild)!;* sie folgte seinem B.; die Eltern sollten mit gutem B. vorangehen *(sollten zuerst das tun, was sie von ihren Kindern verlangen).*

beißen: 1. a) ⟨mit Raumangabe⟩: *mit den Zähnen in etwas eindringen:* ins Brot, in einen Apfel b.; beim Essen auf ein Pfefferkorn b. **b)** ⟨etwas b.⟩ *mit den Zähnen zerkleinern, kauen:* ich kann das harte Brot, die Rinde nicht b.; ⟨auch ohne Akk.⟩ mit seinen paar Zähnen kann er kaum noch b. **c)** *der Köder annehmen:* die Fische beißen nicht, haben heute gut gebissen. **d)** ⟨nach jmdm., nach etwas b.⟩ *mit den Zähnen zu packen suchen, schnappen:* der Hund biß nach dem Briefträger, nach seinem Bein. **2. a)** ⟨jmdn. b.⟩ *mit den Zähnen fassen und verletzen:* eine Schlange hat sie gebissen; die Tiere bissen sich im Käfig; (ugs.): geh zu ihm, er wird dich schon nicht b. *(er wird freundlich zu dir sein);* ⟨auch ohne Akk.⟩ komm doch, ich beiße nicht *(ich bin ganz verträglich);* ⟨jmdm./ (seltener:) jmdn., sich b.; mit Raumangabe⟩ der Hund hat mir/mich ins Bein gebissen; ich habe mir/mich auf die Zunge gebissen. **b)** *bissig sein:* der Hund beißt; Vorsicht, das Pferd beißt! **b)** ⟨sich (Dativ) etwas b.; mit Artangabe⟩ *durch Beißen in einen bestimmten Zustand bringen:* ich biß mir die Lippen wund, um nicht laut zu lachen, um keine unvorsichtige Bemerkung zu machen.

3. ⟨jmdn. b.⟩ *stechen, jmdm. Blut aussaugen* /von Insekten/: ein Floh, eine Wanze hat ihn gebissen. **4.** (ugs.) ⟨etwas beißt sich⟩ *etwas paßt [farblich] nicht zueinander:* die Farben beißen sich; Rot und Violett, das beißt sich. **5.** ⟨etwas beißt⟩ *etwas ist scharf, brennt:* die Kälte beißt; Pfeffer beißt auf der Zunge; der Rauch beißt in den/in die Augen; ⟨etwas beißt jmdm./(seltener:) jmdn.; mit Raumangabe⟩ der Rauch beißt mir/mich in die Augen · adj. Part.: ein beißender Geruch; beißende Kälte; übertr.: beißender Spott. *(ugs.:) nichts zu beißen haben (arm sein, nicht viel zu essen haben).*

beistehen ⟨jmdm. b.⟩: *helfen, zur Seite stehen:* jmdm. gegen seine Feinde, in einer schwierigen Lage, mit Rat und Tat b.; die Freunde standen sich [gegenseitig]/(geh.:) einander bei; er hat mir immer beigestanden, wenn ich in Not war.

Beitrag, der: **1.** *Arbeit, Leistung als Anteil, mit dem jmd. an etwas beteiligt:* einen wichtigen B. leisten; er hat einen bedeutenden B. zur Entwicklung seines Landes geliefert. **2.** *Betrag, der regelmäßig an eine Organisation zu zahlen ist:* einen [hohen] B. entrichten, zahlen; die Beiträge für einen Verein kassieren, abführen; er überwies seine Beiträge per Dauerauftrag. **3.** *Aufsatz, Artikel in einer Zeitung, Zeitschrift o. ä.:* wissenschaftliche, juristische Beiträge; einen B. für eine Zeitung, für den Rundfunk schreiben, liefern, einschicken; die Beiträge eines Korrespondenten; in einer Zeitschrift Beiträge über die neuesten Forschungsaufgaben veröffentlichen.

beitragen: a) ⟨zu etwas b.⟩ *bei etwas mithelfen:* zum Gelingen eines Festes b.; in vielen Familien trägt auch die Frau zum Lebensunterhalt bei; dies trägt dazu bei, die Situation zu entkrampfen. **b)** ⟨etwas zu etwas b.⟩ *als seinen Beitrag zu etwas beisteuern, bei der Verwirklichung von etwas dazutun:* er hat das Seine zu diesem Sieg beigetragen; jeder mußte etwas, sein Teil dazu b., daß sich die Atmosphäre entspannte.

beitreten ⟨einer Sache b.⟩: *Mitglied werden; sich anschließen:* einem Verein, Verband, einer Partei, Organisation b.; das Land ist dem Nichtangriffspakt beigetreten.

beiwohnen (geh.) ⟨einer Sache b.⟩: *bei etwas anwesend, zugegen sein:* einer Veranstaltung, einem Fest, der Messe, einer Unterredung, einer [Gerichts]verhandlung b.; ausländische Regierungsvertreter wohnten dem Staatsakt bei.

bejahen ⟨etwas b.⟩: **a)** *auf etwas mit Ja antworten:* eine Frage b.; eine bejahende Antwort. **b)** *einer Sache zustimmen, sie gutheißen, mit etwas einverstanden sein:* das Leben, eine Tat b.; er hat den Plan ohne weiteres bejaht; adj. Part.: eine bejahende *(positive)* Lebensauffassung.

bekämpfen: 1. ⟨jmdn. b.⟩ *gegen jmdn. kämpfen, ihn zu vernichten, ihm zu schaden suchen:* einen Feind b.; die beiden Familien bekämpfen sich [gegenseitig]/(geh.:) einander auf Leben und Tod. **b)** ⟨etwas b.⟩ *energisch gegen etwas vorgehen, ankämpfen:* Seuchen, ein Feuer b.; eine Meinung, einen Plan b.

bekannt: a) *von vielen gekannt, gewußt:* eine bekannte Sache, Melodie; die Geschichte ist allgemein b.; der Grund für seine Weigerung ist b.; er ist b. wie ein bunter Hund (ugs.; *sehr bekannt);* es

dürfte b. sein *(man weiß doch sicher), daß ...*; er ist durch mehrere wichtige Publikationen b. geworden; dieser Kaufmann ist für seine gute Ware b.; er ist b. dafür, daß er geizig ist; er ist wegen seines Ehrgeizes b.; diese Theorie setze ich als bekannt voraus *(ich nehme an, daß man diese Theorie kennt).* **b)** *berühmt, angesehen:* ein bekannter Künstler, Arzt; er ist in Wien b. *(hat in Wien einen Namen).* **c)** ⟨jmdm. bekannt sein⟩ *jmdm. nicht fremd, nicht neu sein; von jmdm. gekannt werden:* die Einbrecher waren der Polizei bekannt; sein Fall ist mir b.; davon ist mir nichts b. *(davon weiß ich nichts);* ⟨attributiv auch ohne Dat.⟩ ich sah viele bekannte Gesichter *(viele Gesichter, die ich kannte);* ⟨mit jmdm., mit etwas bekannt sein/werden⟩ *jmdn., etwas näher kennen, kennenlernen; mit jmdm., etwas vertraut sein, werden:* ich bin mit ihm, mit seinen Problemen seit langem b.; sie sind gestern miteinander b. geworden. * **jmdn.** **mit jmdm. bekannt machen** *(jmdn. jmdm. vorstellen):* ich werde dich mit ihm, ich werde euch miteinander b. machen; ⟨auch ohne Präp.-Obj. und ohne Akk.⟩ darf ich b. machen? · **jmdn., sich mit etwas bekannt machen** *(jmdn., sich über etwas informieren, mit etwas vertraut machen):* jmdn. mit einer Maßnahme b. machen; sie mußten sich erst mit der neuen Arbeit b. machen.
Bekannte, der und die: **a)** *jmd., mit dem man gut bekannt ist:* gemeinsame, alte Bekannte; ein Bekannter meines Vaters; sie ist eine gute Bekannte von mir; die Kinder inzwischen verstorbener Bekannter/(veraltend:) Bekannten kümmerten sich um die alten Leute; besagtem Bekannten/(veraltet:) Bekanntem wurde gekündigt; dir als Bekannten/Bekanntem, ihr als Bekannten/Bekannter des Ministers sollte es möglich sein, in dieser Hinsicht etwas zu erreichen. **b)** (veraltend verhüll.) ⟨in Verbindung mit einem Possessivpronomen⟩ *Freund eines Mädchens, einer Frau oder Freundin eines Mannes:* ich habe sie mit ihrem Bekannten getroffen.
bekanntgeben ⟨etwas b.⟩: *öffentlich mitteilen:* die Namen der Gewinner werden durch Anschlag, über den Rundfunk bekanntgegeben; sie haben ihre Verlobung in der Zeitung bekanntgegeben; /Formel in Anzeigen/: ihre Verlobung, Vermählung geben bekannt ...
bekanntmachen ⟨etwas b.⟩: *der Allgemeinheit zur Kenntnis geben:* etwas in der Zeitung, durch Plakatanschlag, über den Rundfunk b.; das Gesetz wurde bekanntgemacht *(veröffentlicht).*
Bekanntschaft, die: **1.** *das Bekanntsein; Kontakt, persönliche Beziehung:* eine B. anknüpfen, pflegen, beenden; das war schon in der ersten Zeit unserer B. so; bei näherer B. erhielt man ein völlig anderes Bild von ihm. **2.** *Mensch oder Kreis von Menschen, die jmd. näher kennt:* viele Bekanntschaften haben; sie brachte ihre B. mit; in seiner B. war niemand, der ihm helfen konnte; zu seiner B. gehören viele Künstler. * **jmds. Bekanntschaft machen** *(jmdn. kennenlernen)* · (ugs.:) **mit etwas Bekanntschaft machen** *(mit etwas Unangenehmem in Berührung kommen):* mit dem Stock, mit der Polizei B. machen.
bekehren: a) ⟨jmdn. zu etwas b.⟩ *bei jmdm. eine innere Wandlung bewirken und ihn für eine bestimmte [Lebens]auffassung, einen Glauben ge-*

winnen: jmdn. zum christlichen Glauben b.; es gelang, ihn zu einer anderen Ansicht zu b.; ⟨auch ohne Präp.-Obj.⟩ Andersgläubige b.; er ließ sich nicht b.; du hast mich bekehrt; sie sind inzwischen bekehrt. **b)** ⟨sich zu etwas b.⟩ *eine Wandlung durchmachen und zu einer bestimmten [Lebens]auffassung kommen oder einen Glauben annehmen:* sich zum Christentum b.; er bekehrte sich zu meiner Auffassung; ⟨auch ohne Präp.-Obj.⟩ hast du dich bekehrt?
bekennen: 1. ⟨etwas b.⟩ *eingestehen, offen aussprechen:* einen Irrtum, die Wahrheit, seine Schuld, seine Sünden b.; ich bekenne offen, es getan zu haben; ich bekenne, daß ich es getan habe; seinen Glauben b. *(Zeugnis für seinen Glauben ablegen).* **2.** ⟨sich b.; mit Artangabe⟩ *sich als, für etwas erklären:* er bekannte sich [als/für] schuldig, als eigentlicher/(veraltend:) eigentlichen Täter. **3.** ⟨sich zu jmdm., zu etwas b.⟩ *für jmdn., etwas eintreten; zu jmdm., zu etwas stehen:* sich zum Christentum b.; er bekannte sich zu seinen Taten; nur wenige seiner früheren Freunde bekannten sich zu ihm.
Bekenntnis, das: **1. a)** *Eingeständnis:* das B. einer Schuld, seiner Sünden; er legte ein offenes, ehrliches, freimütiges B. ab. **b)** ⟨Plural⟩ *Erinnerungen, Lebensbeichte:* die Bekenntnisse eines zum Tode Verurteilten, des hl. Augustin. **2. a)** *Erklärung seiner Zugehörigkeit, das Eintreten für etwas:* ein B. zur demokratischen Rechtsordnung ablegen. **b)** *Konfession:* evangelisches, katholisches B.; er hat sein B. gewechselt.
beklagen: 1. (geh.) ⟨etwas b.⟩ **a)** *über jmdn., etwas trauern:* einen Verlust, den Tod eines Freundes b.; bei dem Unglück waren Menschenleben nicht zu b. *(gab es keine Toten).* **b)** *sehr bedauern, über etwas klagen:* jmds. Los beklagen; die sozialen Mißstände b. **2.** ⟨sich über jmdn., über etwas/wegen etwas b.⟩ *Klage führen, sich beschweren:* sich über einen anderen, über den Lärm b.; er hat sich bei mir über die/wegen der Ungerechtigkeit beklagt; ⟨auch ohne Präp.-Obj.⟩ eigentlich könnt ihr euch doch nicht b. *(könnt ihr doch zufrieden sein);* adj. Part.; Rechtsw.: die beklagte *(beschuldigte)* Partei, Person.
bekleiden: 1. ⟨jmdn., sich b.; meist in 2. Part.⟩ *mit Kleidung versehen:* in der Eile hatte sie sich nur notdürftig bekleidet; er war nur leicht, nur mit einer Hose bekleidet. **2.** ⟨etwas b.⟩ *innehaben:* einen hohen Posten, ein Amt, eine Stellung b.
beklemmen /vgl. beklommen/: ⟨etwas beklemmt jmdn., etwas⟩: *etwas bedrückt, beengt jmdn., etwas:* Angst beklemmte ihn, seine Seele; ⟨etwas beklemmt jmdm. etwas⟩ eine bange Ahnung beklemmt mir das Herz; adj. Part.: ein beklemmendes Gefühl; sein Schweigen, die Luft war beklemmend.
beklommen: *von einem Gefühl der Angst, Unsicherheit erfüllt:* sie antwortete mit beklommener Stimme; sie war ganz b.; ihm war b. zumute.
bekommen: 1. ⟨etwas b.⟩ *in den Besitz von etwas kommen; etwas erhalten:* ein Geschenk, einen Preis, eine Belohnung, 100 Mark Finderlohn, einen Brief, [keine] Antwort b.; Urlaub, Gehalt, Lohn, Sozialhilfe, Ermäßigung b.; er bekommt 25 Mark für die Stunde *(verdient 25 Mark in der Stunde);* [keine] telefonische Verbindung b.; die

Firma bekam keine Aufträge mehr; der Patient bekam eine Spritze *(ihm wurde eine Spritze verabreicht);* Sie bekommen von uns Nachricht; was bekommen Sie bitte *(was darf ich Ihnen verkaufen; was bin ich Ihnen schuldig)?;* ich bekomme ein Bier *(ich hätte gern, bringen Sie mir ein Bier);* ich bekomme noch 10 Mark von dir *(du schuldest mir noch 10 Mark);* ihr könnt aber auch niemals genug b. *(wollt immer noch mehr haben)* · /verblaßt/: einen Kuß b. *(geküßt werden);* Besuch b. *(besucht werden);* ein Lob b. *(gelobt werden);* eine Belohnung b. *(belohnt werden);* einen Tadel, eine Rüge, einen Verweis b. *(getadelt werden);* Prügel b. *(verprügelt werden);* ein Jahr Gefängnis b. *(zu einem Jahr Gefängnis verurteilt werden);* einen [elektrischen] Schlag b. *(von einem elektrischen Schlag getroffen werden);* etwas in die Hände, Finger (ugs.) b. *(aus Versehen erhalten);* einen Stoß bekommen *(gestoßen werden);* einen Stein an den Kopf b. *(von einem Stein getroffen werden).* **2. a)** ⟨jmdn., etwas b.⟩ *durch eigene Bemühung zu etwas kommen; finden:* sie hat keinen Mann, er hat keine Frau bekommen; kein Personal b.; er hat eine Stellung, [keine] Arbeit bekommen; ich bekam keinen Schlaf *(konnte nicht schlafen).* **b)** ⟨etwas b.⟩ *erlangen; gewinnen:* Einblick in etwas, eine falsche Vorstellung von etwas b.; du sollst dein Recht b. *(haben);* das Kind darf nicht immer seinen Willen b. *(durchsetzen).* **3. a)** ⟨etwas b.⟩ *eine physische oder psychische Veränderung aufweisen:* Grippe, Fieber, Kopfschmerzen, einen Schlaganfall, Herzklopfen, kalte Füße, eine Gänsehaut, graue Haare, eine Glatze, einen Wutanfall, Hunger b.; er bekam Angst, Heimweh, Gewissensbisse; ihr Gesicht, ihre Haut bekam Falten; die Wand hat Risse bekommen; die Kranke hat schon wieder Farbe bekommen *(sieht schon wieder frischer aus);* er bekam plötzlich Lust zu verreisen *(wollte plötzlich gern verreisen);* man bekommt allmählich Übung *(wird allmählich erfahrener)* darin. **b)** ⟨jmdn., etwas b.⟩ *hervorbringen, entstehen lassen:* der Baum hat Blätter, die Pflanze hat einen neuen Trieb bekommen; sie hat ein Kind bekommen *(geboren).* **c)** ⟨etwas b.⟩ *mit etwas rechnen müssen oder können:* wir bekommen anderes, schönes Wetter; Schwierigkeiten, Unannehmlichkeiten b. **4.** ⟨jmdn., etwas b.; mit Umstandsangabe⟩ *jmdn., etwas in einen bestimmten Zustand versetzen; jmdn. dazu bringen, etwas zu tun:* man konnte ihn nicht mehr aus Klavier b. *(er wollte nicht mehr Klavier spielen).* **5.** ⟨etwas b. + 2. Part.; an Stelle der eigentlichen Passivkonstruktion⟩ *etwas geliehen, geschickt, vorgesetzt, geliefert b.;* er hatte die Bücher [von seinem Vater] geschenkt bekommen *(die Bücher waren ihm [von seinem Vater] geschenkt worden).* **6.** ⟨etwas b. + Inf. mit zu⟩ **a)** *die Möglichkeiten haben, etwas zu tun:* ihr bekommt heute nichts zu essen; wo bekommt man hier etwas zu trinken?; er bekam den Ast zu fassen. **b)** *etwas ertragen müssen:* er bekam ihren Haß zu spüren; wenn er das tut, bekommt er [von mir] aber etwas zu hören *(werde ich ihm aber die Meinung sagen).* **7.** ⟨etwas bekommt jmdm.; mit Artangabe⟩ *etwas ist jmdm. zuträglich:* das Essen, die Kur, der Aufenthalt in den Bergen ist ihr gut, nicht bekommen; wohl bekomm's!

bekräftigen: 1. ⟨etwas b.⟩ *mit Nachdruck bestätigen:* eine Aussage durch einen/mit einem Eid b.; sie bekräftigten die Vereinbarung mit einem Handschlag; er bekräftigte noch einmal, daß er auch helfen wolle. **2.** (geh.) ⟨jmdn., etwas b.⟩ *bestärken, in etwas unterstützen:* jmds. Plan, Vorhaben b.; er, die Entwicklung der Dinge hat mich in meiner Ansicht bekräftigt.

bekümmern: 1. ⟨etwas bekümmert jmdn.⟩ *etwas bereitet jmdm. Kummer, Sorge:* seine Lage, sein Zustand bekümmert mich; was andere von ihm denken, bekümmert ihn wenig; adj. Part.: *traurig, bedrückt:* er sah mich mit bekümmertem Blick an; sie war darüber sehr bekümmert. **2.** (veraltend) ⟨sich um jmdn., um etwas b.⟩ *sich um jmdn., etwas kümmern:* sie hätte sich etwas mehr um ihre Kinder b. sollen; er bekümmerte sich nicht darum, was aus seinem Freund wurde.

bekunden: 1. ⟨etwas b.⟩ **a)** (geh.) *deutlich zum Ausdruck bringen, zeigen:* sein Interesse, seine Freude, Teilnahme, Sympathie, Abneigung b.; sie bekundeten durch Beifall ihr Einverständnis mit der Ansicht des Redners. **b)** (Rechtsw.) *bezeugen:* Augenzeugen bekundeten, daß der Beklagte die Vorfahrt nicht beachtet habe. **2.** (geh.) ⟨etwas bekundet sich; mit Umstandsangabe⟩ *etwas zeigt sich, kommt deutlich zum Ausdruck:* dadurch, darin bekundete sich ihr ganzer Haß, ihre Verschiedenheit.

beladen ⟨jmdn., sich, etwas mit etwas b.⟩: *mit einer Ladung, Last versehen:* ein Schiff mit Holz, Kohle b.; er belud sich mit dem ganzen Gepäck; ein mit Autos beladener Güterzug; der Tisch war mit Geschenken beladen *(bedeckt, überfüllt);* übertr.: sich nicht mit Sorgen b. wollen; ⟨auch ohne Präp.-Obj.⟩ einen Wagen b.; schwer beladen kam sie vom Einkauf zurück.

belagern: a) ⟨etwas b.⟩ *einen Ort mit Truppen umschlossen halten:* eine Stadt, Festung, Burg b. **b)** ⟨jmdn., etwas b.⟩ *sich neugierig warten [in großer Zahl] um jmdn., etwas drängen:* Reporter belagerten das Hotel des Ministers; der Star wurde ständig von Fans belagert.

Belang, der: *berechtigte Forderung; Interesse:* die sozialen, kulturellen Belange einer Stadt; der Verband wird Ihre Belange vertreten. * **von Belang** *(von einiger Bedeutung, wichtig):* eine Frage, nichts von B. · **ohne Belang** *(ohne Bedeutung, unwichtig):* die Frage ist für uns ohne B.

belangen (Rechtsw.) ⟨jmdn. b.⟩: *zur Rechenschaft, Verantwortung ziehen:* jmdn. gerichtlich [für etwas] b.; er wurde wegen seiner politischen Äußerung, wegen der Verbreitung von Unwahrheiten belangt. * (veraltend) **was jmdn., etwas belangt ...** *(was jmdn., etwas betrifft ...):* was das belangt, so habt ihr sicher recht.

belanglos: *ohne große Bedeutung; unwichtig:* belanglose Dinge, Gespräche; diese Ergebnisse sind für die Gesamtbeurteilung völlig b.

belassen ⟨jmdn., etwas b.; mit Umstandsangabe⟩: *unverändert lassen:* man hat ihn in seiner Stellung belassen; jmdn. in dem Glauben b., daß ...; wir wollen es dabei b. *(bewenden lassen).*

belasten: 1. ⟨etwas b.⟩ *mit einer Last versehen, beschweren:* ihr könnt den Wagen nicht noch mehr b.; der Fahrstuhl ist mit mehr als fünf Personen zu stark belastet; den linken Fuß stärker b.

(das Körpergewicht stärker auf den linken Fuß ver-lagern). **2. a)** ⟨jmdn., sich, etwas mit/durch etwas b.⟩ *in starkem Maße beanspruchen:* er belastet sich, sein Gedächtnis mit allen möglichen Kleinigkeiten; damit kann ich mich jetzt nicht auch noch b.; man soll Kinder in diesem Alter noch nicht durch zu viele Aufgaben b.; **adj. Part.**: er ist mit schwerer Schuld belastet *(schwere Schuld lastet auf ihm);* sie waren erblich belastet *(hatten eine bestimmte Veranlagung, Begabung geerbt).* **b)** ⟨etwas belastet jmdn., etwas⟩ *etwas beansprucht jmdn., etwas in starkem Maße, macht jmdm. zu schaffen, beeinträchtigt etwas in seinem Wert, seiner Wirkung:* Erbsen, fettreiche Speisen belasten den Magen; Schadstoffe belasten die Atmosphäre; die große Verantwortung belastet ihn sehr; diese Auseinandersetzungen haben ihr Verhältnis doch stark belastet. **3.** (Rechtsw.) ⟨jmdn. b.⟩ *als schuldig erscheinen lassen:* mehrere Zeugen, ihre Aussagen belasteten den Angeklagten; **adj. Part.**: belastendes Material. **4.** ⟨jmdn., etwas mit etwas b.⟩ *eine finanzielle Belastung, Schuld auferlegen:* die Bevölkerung wurde mit zusätzlichen Steuern belastet; Geldw.: die Bank belastete sein Konto mit 200 DM *(rechnete seinem Konto 200 DM als Soll an);* das Haus war mit mehreren Hypotheken belastet *(auf das Haus waren mehrere Hypotheken eingetragen).*

belästigen ⟨jmdn. b.⟩: **a)** *jmdm. lästig werden; stören:* jmdn. mit seinen Fragen, Bitten, Besuchen b.; ich möchte Sie nicht b.; darf ich Sie in dieser Angelegenheit noch einmal b. *(mich an Sie wenden)?*; sich belästigt fühlen. **b)** *jmdm. gegenüber aufdringlich, zudringlich werden:* belästigen Sie mich nicht!; er belästigte die Frauen, die Passanten auf der Straße.

belaufen ⟨etwas beläuft sich auf etwas⟩: *etwas beträgt etwas:* seine Schulden beliefen sich auf 10 000 DM.

beleben: a) ⟨jmdn., etwas b.⟩ *lebhafter machen, anregen:* die Wirtschaft, den Kulturaustausch b.; der Kaffee belebt ihn; **adj. Part.**: das Getränk hatte eine belebende Wirkung; nach dem Bad fühlte er sich neu belebt *(erfrischt).* **b)** ⟨etwas belebt sich⟩ *lebendig werden, mit Leben erfüllt werden:* im Frühling, wenn sich die Natur wieder belebt. **c)** ⟨etwas belebt sich⟩ *etwas wird lebhafter, lebendiger:* die Unterhaltung, der Verkehr, die Konjunktur belebte sich; bei diesem Anblick belebten sich ihre Züge; **adj. Part.**: eine belebte *(verkehrsreiche, nicht menschenleere)* Straße. **d)** ⟨etwas b.⟩ *lebendig[er] gestalten:* einen Text mit Bildern, durch Bilder b.

belegen: 1. ⟨etwas b.⟩ *mit einem Belag versehen; bedecken:* den Boden mit einem Teppich, mit Linoleum b.; Brot mit Wurst, Käse, Schinken b.; **adj. Part.**: belegte Brötchen; eine belegte Zunge *(eine Zunge mit krankhaftem Belag);* seine Stimme klang belegt *(nicht frei, etwas heiser).* **2.** ⟨etwas b.⟩ **a)** *reservieren; jmdm., sich sichern:* einen Platz im Zug b.; habt ihr schon Plätze [für uns] belegt?; sie belegte mehrere Vorlesungen und Seminare *(trug sich dafür in die Hörerliste ein).* **b)** *besetzen:* eine Stadt mit Truppen b.; im Krankenhaus, im Hotel sind alle Zimmer, Betten belegt; die Telefonleitung ist belegt. **c)** *in einer Rangordnung einnehmen, erreichen:* nach dem

dritten Wettkampftag belegten die Australier die ersten Ränge; unsere Läuferin belegte den 2. Platz. **3.** ⟨etwas b.⟩ *mit einem Schriftstück beweisen:* einen Kauf, Ausgaben mit einer, duch eine Quittung b.; er konnte seine Behauptungen urkundlich b.; **adj. Part.**: diese grammatische Form ist [schon im 17. Jahrhundert] belegt. **4.** ⟨jmdn. mit etwas b.⟩ *jmdm. etwas auferlegen:* jmdn. mit einer Strafe, mit einer Geldbuße b.; Importwaren mit hohem Zoll b.

belehren: a) ⟨jmdn. über etwas b.⟩ *über etwas aufklären; etwas wissen lassen:* jmdn. über Vorschriften b.; er hat uns darüber belehrt, wie der Apparat funktioniert. **b)** ⟨jmdn. b.⟩ *von seiner bisherigen falschen Ansicht abbringen:* ich brauche mich nicht von dir b. zu lassen; er ist nicht zu b. * **jmdn. eines anderen belehren** *(jmdm. zeigen, daß er im Irrtum ist).*

beleibt: *dick, korpulent:* ein beleibter älterer Mann; der Herr war sehr b.

beleidigen ⟨jmdn., etwas b.⟩: *kränken, durch eine Äußerung, sein Verhalten verletzen:* jmdn. durch sein Benehmen schwer, tief b.; mit dieser Äußerung hast du ihn [in seiner Ehre], seine Ehre beleidigt; **adj. Part.**: eine beleidigende Antwort; beleidigte Kinder; sie machte ein beleidigtes Gesicht *(sah beleidigt aus);* er fühlte sich [tief] beleidigt; sie ist immer gleich beleidigt *(faßt immer gleich etwas als Beleidigung auf);* **übertr.**: dieser Anblick beleidigt das Auge, den guten Geschmack; solche Mißklänge beleidigen das Ohr.

Beleidigung, die: **a)** *das Beleidigen:* er wurde wegen B. eines Polizeibeamten verklagt. **b)** *Kränkung; verletzende Äußerung:* eine direkte, schwere B.; eine B. zurücknehmen [müssen]; diese B. lasse ich mir nicht gefallen; **übertr.**: die schlechten Kostüme waren eine B. des Auges.

beleuchten ⟨etwas b.⟩: *Licht auf etwas werfen, mit Licht versehen:* eine Bühne [mit Scheinwerfern], eine Straße b.; die Sitzecke wurde indirekt beleuchtet *(hatte indirekte Beleuchtung);* ein schwach, spärlich beleuchteter Platz; **übertr.**: *betrachten, untersuchen:* der Redner beleuchtete das Problem, Thema näher, von allen Seiten, unter verschiedenen Aspekten.

belieben (geh.) /vgl. beliebt/: **a)** ⟨etwas beliebt jmdm.⟩ *jmdm. gefällt es, jmd. hat [für den Augenblick] Lust, etwas zu tun:* ihr könnt tun, was euch beliebt; selbstverständlich ganz, wie es dir beliebt!; wie beliebt? (veraltet: wie bitte?). **b)** ⟨etwas zu tun b.⟩ *geneigt sein, etwas zu tun; etwas zu tun pflegen:* er beliebte lange zu schlafen; (iron.:) er beliebte, sich zu erinnern; Sie belieben zu scherzen! *(das ist wohl nicht Ihr Ernst!).*

Belieben ⟨in den Verbindungen⟩ **nach Belieben** *(nach eigenem Wunsch, Geschmack; wie man will)* · **etwas steht in jmds. Belieben** *(etwas ist jmds. Entscheidung überlassen).*

beliebig: *nach Belieben:* ein Stoff von beliebiger Farbe; er griff ein beliebiges *(irgendein)* Beispiel heraus; die Reihenfolge ist b.; das können Sie b. oft wiederholen; der Entwurf darf nicht b. *(nach Gutdünken)* geändert werden.

beliebt: a) *allgemein gern gesehen; von vielen geschätzt:* ein beliebter Lehrer, Ausflugsort; sie ist sehr b.; (bei jmdm. b. sein) er war bei allen b.; ⟨sich b. machen⟩ er verstand es, sich b. zu machen *(die Gunst anderer zu geinnen).* **b)** *häufig, gern verwendet:* eine beliebte Ausrede; dieses Thema war sehr b.

Beliebtheit, die: *das Beliebtsein:* die B. dieses Schriftstellers nahm mit jedem Roman zu; er erfreute sich allgemein großer B. *(war allgemein sehr beliebt).*

bellen: 1. *bellende Laute von sich geben:* der Hund bellte, als ...; übertr.: man hörte die Geschütze b. **2.** (ugs.) **a)** *laut husten:* er bellte so furchtbar, daß man es im ganzen Haus hören konnte. **b)** ⟨etwas b.⟩ *in lautem, heiserem Ton rufen, sprechen:* er bellte seine Kommandos.

belohnen: a) ⟨jmdn. b.⟩ *zum Dank mit etwas beschenken:* jmdn. für seine Mühe, Hilfe b.; ich habe den ehrlichen Finder reichlich, mit einem Geschenk belohnt; starker Beifall belohnte den *(dankte dem)* Redner. **b)** ⟨etwas b.⟩ *mit etwas [Gutem] vergelten:* eine gute Tat, jmds. Treue, Fleiß b.; seine Ausdauer wurde durch den Erfolg aufs schönste belohnt; so belohnst du mein Vertrauen! *(so schlecht vergiltst du es!).*

belügen ⟨jmdn. b.⟩: *jmdm. die Unwahrheit sagen:* er hat seine Eltern, den Lehrer belogen; du belügst dich selbst *(machst dir etwas vor).*

bemächtigen (geh.): **a)** ⟨sich jmds., einer Sache b.⟩ *etwas in seine Gewalt, mit Gewalt in seinen Besitz bringen:* er bemächtigte sich [ganz einfach] des Geldes; die Armee bemächtigte sich der Hauptstadt *(besetzte die Hauptstadt);* die Entführer hatten sich seiner bemächtigt. **b)** ⟨etwas bemächtigt sich jmds.⟩ *etwas überkommt jmdn.:* Angst, ein Gefühl der Verzweiflung, der Freude bemächtigte sich ihrer.

bemalen ⟨etwas b.⟩: *mit bunten Malereien, mit Farbe versehen, verzieren:* Ostereier, Spielzeug, eine Truhe b.; die Wand mit Ölfarbe b.; schön bemaltes Geschirr; ⟨jmdn., sich etwas b.⟩: sie bemalte sich die Fingernägel mit rosa Nagellack.

bemängeln ⟨etwas b.⟩: *als Fehler, Mangel an etwas kritisieren, beanstanden:* den schlechten Service, die Qualität der Ware b.; ich habe daran, an/bei Ihnen nichts zu b.

bemänteln ⟨etwas b.⟩: *beschönigen, hinter etwas Angenehmerem verbergen:* eine Angelegenheit zu b. versuchen.

bemerken: 1. ⟨jmdn., etwas b.⟩ *wahrnehmen, entdecken:* jmdn. nicht sogleich, zu spät b.; einen Fehler, eine Veränderung, jmds. Erstaunen b.; sie bemerkte an unseren Gesichtern, daß etwas vorgefallen war; zufällig bemerkte er ihn unter den Wartenden. **2.** ⟨etwas b.⟩ *[ergänzend] sagen; äußern, einwerfen:* er hatte einiges zu den Worten des Redners zu b.; ich möchte, muß dazu b., daß ...; nebenbei bemerkt, die Wände sind sehr hellhörig; „Du mußt es ja wissen!" bemerkte er trocken, kurz, verärgert.

Bemerkung, die: *kurze Äußerung:* eine treffende, abfällige, spitze, spöttische, hämische, unpassende, überflüssige B.; eine B. fallenlassen; eine B. über jmdn., zum Thema machen; sich (Dativ) eine B. erlauben; gestatten Sie mir eine B.?; zunächst möchte ich einige Bemerkungen vorausschicken; solche Bemerkungen möchte ich mir verbitten; sie schrieb eine B. *(Anmerkung, Notiz)* an den Rand; ich kann mich auf wenige Bemerkungen beschränken.

bemitleiden ⟨jmdn., sich b.⟩: *bedauern, Mitleid mit jmdm. empfinden:* der Kranke ist zu b.; er bemitleidet sich immer [selbst].

bemühen: 1. ⟨sich b.⟩ *sich anstrengen, sich Mühe geben:* sich redlich b.; sie hatten sich umsonst bemüht, die Verhältnisse zu ändern; bitte, bemühen Sie sich nicht!; wir sind stets bemüht, die Wünsche unserer Kunden zu erfüllen. **2.** ⟨sich um jmdn., um etwas b.⟩ **a)** *sich kümmern; etwas für jmdn., für etwas tun:* ein Arzt bemühte sich um den Verunglückten; sie war ständig um das kranke Kind bemüht; er war stets um ein gutes Arbeitsklima bemüht. **b)** *für sich zu gewinnen, erlangen suchen:* sich um eine Stellung b.; mehrere Bühnen hatten sich um den Regisseur bemüht. **3.** (geh.) ⟨sich b.; mit Raumangabe⟩ *sich irgendwohin begeben, sich die Mühe machen, irgendwohin zu gehen:* sich aufs Gericht b.; er hatte sich zu ihm in die Wohnung bemüht; würden Sie sich bitte hierher b.? **4.** (geh.) ⟨jmdn. b.⟩ *jmds. Hilfe in Anspruch nehmen:* jmdn. wegen einer Sache b.; darf ich Sie noch einmal in dieser Angelegenheit b.?; für die Ausgestaltung der Räume wurden namhafte Künstler bemüht.

Bemühung, die: *das Sichbemühen; Anstrengung:* alle Bemühungen waren umsonst, vergeblich; ihre wiederholten, angestrengten, verzweifelten Bemühungen blieben ohne Erfolg; seine Bemühungen fortsetzen; trotz aller Bemühungen konnte er nicht gerettet werden; vielen Dank für Ihre Bemühungen!; der Arzt berechnete für seine Bemühungen *(für die Behandlung)* 100 DM.

bemüßigt (in der Verbindung:) sich bemüßigt fühlen/sehen/finden (mit Infinitiv mit *zu*) (oft iron.): *sich veranlaßt, genötigt sehen, etwas zu tun, was von andern oft als überflüssig betrachtet wird:* er fühlt sich bemüßigt, eine Rede zu halten.

benachteiligen ⟨jmdn. b.⟩: *schlechter behandeln als andere, jmdm. nicht das gleiche wie anderen zugestehen:* jmdn. zugunsten eines anderen b.; er hat den jüngeren Sohn immer benachteiligt; er fühlt sich dabei, dadurch benachteiligt; eine wirtschaftlich benachteiligte Region.

benehmen/vgl. benommen/: **1.** ⟨sich b.; mit Artangabe⟩ *sich in einer bestimmten Weise betragen, verhalten:* sich [un]höflich, flegelhaft, ordinär, wie zu Hause, albern, kindisch b.; er benahm sich wie ein Elefant im Porzellanladen *(plump, taktlos);* er hat sich gegen ihn/ihm gegenüber anständig, schlecht, gemein, unmöglich benommen; ich wußte nicht, wie ich mich dabei b. sollte; ⟨auch ohne Artangabe⟩ sich nicht b. können; er weiß sich zu b.; benimm dich! **2.** (geh.) ⟨etwas benimmt jmdm. etwas⟩ *etwas nimmt, raubt jmdm. etwas:* der Schreck benahm mir den Atem; seine Worte benahmen mir den Mut, die Lust, mich weiter zu äußern.

Benehmen, das: *Art, wie sich jmd. benimmt:* ein höfliches, anständiges, ordentliches, anstößiges, freches, schlechtes, flegelhaftes, unmögliches, linkisches, kindisches, albernes B.; das ist kein [gutes] B.!; (iron.:) das ist mir ein feines B.!; er hat kein B. *(ist unerzogen, hat keine Manieren);* das entschuldigt sein seltsames B. *(Verhalten).* ∗ (Papierdt.:) **sich mit jmdm. ins Benehmen setzen** *(sich mit jmdm. verständigen).*

beneiden ⟨jmdn. um jmdn., um etwas/wegen einer Sache b.): *auf jmdn., auf etwas neidisch sein, selbst gerne haben wollen, was ein anderer besitzt:* jmdn. um seinen Reichtum, um sein Glück, um seine Kinder, wegen seiner Fähigkeiten b.; ⟨auch ohne Präp.-Obj.⟩ er ist nicht zu b. *(er ist in einer schwierigen Lage).*

benommen: *wie betäubt:* ein benommenes *(dumpfes)* Gefühl haben; sie war von dem Sturz ganz b.; er lag b. auf der Couch.

benötigen ⟨jmdn., etwas b.⟩: *nötig haben, brauchen:* Geld b.; wir benötigen einen weiteren Mitarbeiter; Sie benötigen für den Grenzübertritt nur den Personalausweis; das benötigte Geld.

benutzen, ⟨bes. südd., österr.:⟩ **benützen: a)** ⟨etwas b.⟩ *sich einer Sache ihrem Zweck entsprechend bedienen:* etwas gemeinsam b.; ein Handtuch, keine Seife b.; den vorderen Eingang b. *(vorne hineingehen);* die Bahn, das Auto, den Aufzug b. *(damit fahren);* das kann niemand mehr b. *(gebrauchen);* am Schluß der Arbeit wurde die benutzte Literatur angegeben. **b)** ⟨jmdn., etwas als/ zu/für etwas b.⟩ *verwenden:* das alte Gebäude wird als Stall benutzt; dieser Raum wurde als Gästezimmer benutzt; er benutzte ihn als Alibi, als Werkzeug für seine Zwecke; seine freie Zeit benutzte er hauptsächlich zum Lesen; für die Biographie benutzte der Verfasser authentisches Material. **c)** ⟨jmdn., etwas zu/als etwas b.⟩ *zu einem bestimmten Zweck oder seinem persönlichen Vorteil ausnutzen:* sie benutzte die Kinder als Vorwand; sie benutzten die Gelegenheit zu einem Museumsbesuch; er benutzte den freien Tag, um endlich einmal auszuschlafen.

beobachten: 1. ⟨jmdn., etwas b.⟩ *[heimlich] aufmerksam, genau betrachten, kontrollierend auf jmdn., etwas achten:* jmdn., etwas genau, scharf, lange, ängstlich, insgeheim, angespannt b.; sich im Spiegel b.; die Natur, Vögel, Sterne b. (um besondere Kenntnisse zu erwerben); Kinder in ihrer Entwicklung, einen Patienten b.; sie ließ ihren Mann b. *(durch einen Detektiv überwachen).* **2.** ⟨etwas b.⟩ *feststellen, bemerken:* nichts Besonderes [an jmdm., etwas] b.; man konnte dabei b., daß .../wie ...; das ist gut beobachtet. **3.** ⟨etwas b.⟩ *beachten:* ein Verbot, die Gesetze b.

Beobachtung, die: **1.** *das Beobachten:* eine genaue, scharfe, anhaltende B.; astronomische Beobachtungen; er steht unter polizeilicher B. *(Überwachung);* er wurde zur B. [seines Geisteszustandes] in eine Klinik eingewiesen. **2.** *Ergebnis des Beobachtens, Feststellung:* das ist eine gute B.; er hat an diesem Tier eine interessante B. gemacht; Beobachtungen zum Sprachgebrauch; seine Beobachtungen aufzeichnen, für sich behalten.

bequem: 1. *keine Beschwerden, kein Mißbehagen, keine Anstrengung verursachend; angenehm, nicht strapaziös:* ein bequemer Weg; bequeme *(nicht einengende)* Kleidung; eine bequeme Stellung; ein bequemes Leben führen; der Sessel ist b.; die Schuhe sind, sitzen b.; diese Lösung, Ausrede ist sehr b. *(ist leicht gefunden);* man kann den Ort b. *(leicht, mühelos)* in einer Stunde, zu Fuß, mit dem Bus erreichen; sitzen Sie b.?; machen Sie es sich (Dativ) b. *(nehmen Sie Platz, wo Sie behaglich sitzen können).* **2.** *träge:* ein bequemer Mensch; er ist zu b. zum Laufen.

bequemen ⟨sich zu etwas b.⟩ ⟨geh.⟩: *sich endlich entschließen:* es dauerte einige Zeit, bis er sich zu einer Erklärung bequemte; nach einigen Wochen bequemte er sich, mir zu schreiben; ⟨auch ohne Präp.-Obj.⟩ hoffentlich bequemst du dich bald *(tust du bald, was man dir aufgetragen hat).*

Bequemlichkeit, die: **1.** *das Leben erleichternde Annehmlichkeit:* seine B. haben [wollen]; die gewohnte B. vermissen; die Zimmer des Hotels sind mit allen Bequemlichkeiten ausgestattet, versehen; zur größeren B. der Reisenden findet die Kontrolle im Zug statt. **2.** *Trägheit:* er hat aus [reiner] B. nichts unternommen.

beraten: 1. ⟨jmdn. b.⟩ *durch Rat unterstützen:* jmdn. gut, schlecht b.; sich [von jmdm.] b. lassen; wir beraten Sie beim Einkauf; adj. Part.; diese Mitglieder haben nur beratende Stimme; da bist du gut, schlecht, übel b. *(da hast du richtig, unklug gehandelt).* **2.** *gemeinsam überlegen und besprechen:* **a)** ⟨etwas b.⟩ eine Sache, Gesetzesvorlage b. **b)** ⟨über etwas b.⟩ sie haben lange über das Vorhaben beraten. **3.** *etwas mit jmdm. beratschlagen:* **a)** ⟨mit jmdm. b.⟩ sie haben miteinander [über die Sache, wegen der Angelegenheit] beraten; er beriet mit ihm, was zu tun sei; ⟨auch ohne Präp.-Obj.⟩ wir haben lange beraten, aber leider ohne Ergebnis. **b)** ⟨sich mit jmdm. b.⟩ er hat sich mit ihm [über die Sache, wegen der Angelegenheit] beraten; wir berieten uns miteinander; ⟨auch ohne Präp.-Obj.⟩ sie haben sich lange beraten.

berauben *jmdn. gewaltsam etwas entwenden:* **a)** ⟨jmdn. b.⟩ er wurde überfallen und beraubt; /Höflichkeitsformel/: ich möchte Sie nicht b. (oft scherzh.; *ich möchte Ihnen nichts wegnehmen).* **b)**⟨geh.⟩ ⟨jmdn. einer Sache b.⟩ sie wurde ihres gesamten Schmuckes, ihrer Handtasche, Barschaft beraubt; übertr.: jmdn. seiner Freiheit, seiner Rechte b.

berauschen ⟨geh.⟩: **1.** ⟨etwas berauscht jmdn.⟩ **a)** *etwas versetzt jmdn. in einen Rausch, macht jmdn. betrunken:* der starke Wein hatte sie berauscht; adj. Part.: berauschende Getränke, Düfte, Mittel; er war wie berauscht [von der Frühlingsluft]. **b)** *etwas versetzt jmdn. in Begeisterung, macht jmdn. trunken:* sein Vortrag berauschte die Zuhörer; der Erfolg berauschte ihn; adj. Part.: ein berauschendes Glücksgefühl; sie waren von Begeisterung berauscht; das war nicht berauschend (ugs.; *war mittelmäßig).* **2.** ⟨sich an etwas b.⟩ **a)** *sich durch etwas in einen Rausch versetzen, sich betrinken:* sie berauschten sich an dem starken Wein, Bier. **b)** *sich an etwas begeistern:* sich am Erfolg, an Schlagworten b.

berechnen: 1. ⟨etwas b.⟩ *durch Rechnen festsetzen, ermitteln:* den Preis, die Kosten, Zinsen, den Umfang eines Dreiecks, die Entfernung zwischen zwei Punkten b.; übertr.: die Wirkung von etwas b.; adj. Part.: ein kalt berechnender Verstandesmensch; sie ist sehr berechnend (abwertend; *stets auf eigenen Vorteil, Gewinn bedacht);* bei ihr ist alles berechnet. **2.** ⟨jmdm. etwas b.⟩ *anrechnen, in Rechnung stellen:* jmdm. etwas zum Selbstkostenpreis b.; ich berechne Ihnen das leicht beschädigte Exemplar mit drei Mark; dafür berechne ich Ihnen weniger; ⟨auch ohne Dat.⟩ die Verpackung hat er nicht berechnet. **3.** ⟨etwas für jmdn., auf/für etwas b.⟩ *vorausbe-*

rechnen, veranschlagen, kalkulieren: die Bauzeit auf drei Jahre b.; ein Lexikon auf zwanzig Bände b.; der Aufzug ist für fünf Personen berechnet; übertr.: alles war auf Effekt berechnet; (auch ohne Präp.-Obj.) so etwas läßt sich im voraus nicht b.

Berechnung, die: 1. *das Berechnen:* die B. der Kosten, Zinsen, des Umfangs; die Berechnungen waren falsch, stimmten [nicht]; genaue, exakte, sorgfältige Berechnungen anstellen *(etwas genau, exakt, sorgfältig berechnen);* nach meiner B./meiner B. nach. 2. a) (abwertend) *auf eigenen Vorteil zielende Überlegung, Absicht:* bei ihr war alles B.; sie tat es aus purer B. b) *nüchterne Überlegung, Vorausberechnung:* er ging mit kühler B. vor.

berechtigen (etwas berechtigt jmdn. zu etwas): *etwas gibt jmdm. das Recht zu etwas:* seine Rede berechtigte die Bevölkerung zu der Annahme, daß diese Entwicklung weitergehen wird; (auch ohne Akk.) die Karte berechtigt zum Eintritt; adj. Part.: ich bin berechtigt *(habe das Recht),* das zu verlangen; er ist dazu berechtigt *(befugt);* sein Einwand war berechtigt *(bestand zu Recht);* ein berechtigter Vorwurf, Stolz; berechtigtes Mißtrauen; berechtigte Forderungen.

bereden: 1. (etwas mit jmdm. b.) *besprechen:* etwas miteinander b.; ich werde die Sache, Angelegenheit mit ihm b.; (auch ohne Präp.-Obj.) wir haben seinen Fall beredet. 2. (sich mit jmdm. b.) *sich beraten; etwas mit jmdm. besprechen:* ich habe mich mit ihm beredet; (auch ohne Präp.-Obj.) wir haben uns eingehend darüber beredet. 3. (seltener) (jmdn. zu etwas b.) *überreden:* er hat mich beredet mitzukommen; sie hat mich zum Kauf beredet.

beredt: *redegewandt:* ein beredter Anwalt; er setzte sich mit beredten Worten für ihn, die Sache ein; er ist sehr b.; er hat sich b. verteidigt; übertr.: eine beredte *(ausdrucksvolle)* Gestik; beredtes *(vielsagendes)* Schweigen.

Bereich, der, (selten:) das: a) *abgegrenzter Raum; Gebiet:* der B. um den Äquator; diese Häuser liegen außerhalb des Bereichs, nicht mehr im B. der Stadt. b) *[Sach]gebiet, Sektor; Sphäre:* der private, öffentliche, politische, seelische B.; der B. der Kunst; wichtige Neuerscheinungen aus dem B. der Technik; im B. der Familie; das ist nicht mein B. *(Aufgabengebiet; dafür bin ich nicht zuständig);* das liegt durchaus im B. des Möglichen *(ist durchaus möglich).*

bereichern: 1. a) (etwas b.) *reichhaltiger machen, vergrößern, erweitern:* sein Wissen, seine Kenntnisse b.; er konnte seine Sammlung um einige wertvolle Stücke b. b) (etwas bereichert jmdn.) *etwas macht jmdn. innerlich reicher:* die Reisen, die neuen Eindrücke, Erlebnisse haben ihn bereichert; durch diese Begegnung fühle ich mich bereichert. 2. (sich an jmdm., an etwas b.) *sich ohne Skrupel einen Gewinn verschaffen:* er hat sich an anderen bereichert; (auch ohne Präp.-Obj.) auf diese Weise gedachten sie sich zu b.

bereinigen (etwas b.): *etwas, was zu einem falschen Bild, einer Mißstimmung geführt hat, in Ordnung bringen:* eine Angelegenheit, Mißverständnisse, einen Streitfall b.; eine Statistik b. *(von verzerrenden Faktoren befreien);* die bereinigte *(korrigierte)* Fassung eines Buches.

bereit (in den Verbindungen) **bereit sein** *(fertig sein):* bist du b.?; es ist alles b., wir können anfangen; sie sind zum Abmarsch b.; (auch attributiv) die zum Aufbruch bereiten Gäste · **sich bereit halten** *(auf etwas vorbereitet sein)* · **etwas bereit haben** *(etwas vorbereitet, zurechtgelegt, parat haben)* · **sich bereit machen** *(sich fertigmachen):* sie machten sich für den, zum Theaterbesuch bereit · **zu etwas bereit sein; sich zu etwas bereit erklären/finden/zeigen** *(den Willen zu etwas haben; zum Ausdruck bringen, zu etwas entschlossen sein):* sie waren zu einer großzügigen Unterstützung b.; er ist, zeigt sich b., dir zu helfen; sie erklärte, fand sich b. mitzumachen.

bereiten: 1. a) (etwas b.) *zubereiten, fertigmachen:* eine Speise, ein Mahl, das Essen, aus Heilkräutern einen Tee b.; jmdm., sich/für jmdn., sich ein Bad b. b) (geh.) (sich zu etwas b.) *sich auf etwas vorbereiten:* sich zum Sterben b. 2. (jmdm. etwas b.) *jmdm. etwas zuteil werden lassen, zufügen, verursachen:* jmdm. mit/durch etwas Kummer, Schmerz, Vergnügen, Angst, Sorge, Ärger, [eine] Freude b.; sie haben dem Gast einen schönen Empfang bereitet; (auch ohne Dat.) das bereitet viele Schwierigkeiten.

bereithalten (etwas b.): *[ständig] griffbereit haben:* die Fahrkarte, Medizin, das Geld b.

bereits (Adverb): *schon:* er wußte es b.; sie sind b. abgefahren.

Bereitschaft, die: 1. *das Bereitsein:* die B. zur Versöhnung; B. *(Bereitschaftsdienst)* haben; dazu fehlte es an innerer B.; etwas ist, liegt, steht in B. *(ist, liegt, steht bereit);* etwas in B. *(verfügbar)* haben. 2. *einsatzbereiter Verband:* eine B. der Polizei.

bereuen (etwas b.): *Reue über etwas empfinden; bedauern:* seine Sünden, eine Schuld, einen Entschluß, eine Tat, seine Worte b.; das wirst du noch bitter b.; ich habe nichts zu b.; wir bereuen es nicht, das Konzert besucht zu haben; sie bereute, daß sie nicht mitgegangen war.

Berg, der: *größere Erhebung im Gelände:* ein hoher, steiler B.; bewaldete Berge; B. und Tal; die Berge ragen in die Höhe, tauchen in der Ferne, dem Nebel auf; einen B. besteigen, erklettern, hinaufklettern, bezwingen, hinunterlaufen; den B. hinauf, hinab, hinunter; der Fuß, Kamm, Gipfel, die Wand des Berges; auf einen B. steigen, klettern, kraxeln (ugs.); die Sonne verschwand hinter den Bergen; sie fahren in die Berge *(ins Gebirge);* die Fahrt ging über B. und Tal *(bergauf und bergab; unentwegt weiter);* der Ort war von Bergen umgeben, umsäumt; übertr. (ugs.): *große, sich auftürmende Menge:* Berge von belegten Broten; einen B. von Sorgen haben; Berge von Arbeit hatten sich aufgetürmt. * (ugs.:) mit etwas hinterm Berg halten *(etwas absichtlich noch nicht mitteilen)* · (ugs.:) **[noch nicht] über den Berg sein** *(die größte Schwierigkeit, die Krise [noch nicht] überstanden haben):* der Kranke ist über den B. · (ugs.:) **[längst] über alle Berge sein** *(auf und davon sein).* · **jmdm. goldene Berge versprechen** *(jmdm. übertriebene Versprechungen machen).*

bergab (Adverb): *den Berg hinunter, abwärts:* b. laufen; die Straße geht b.; b. geht es [sich] leich-

ter; **bildl.** (ugs.): mit ihm geht es immer mehr b. *(sein [Gesundheits]zustand, seine [wirtschaftliche] Lage verschlechtert sich immer mehr).*
bergan (seltener), **bergauf** ⟨Adverb⟩: *den Berg hinauf, aufwärts:* langsam b. gehen; b. mußte er das Fahrrad schieben; bildl. (ugs.): mit ihm geht es jetzt [wieder] b. *(sein [Gesundheits]zustand, seine [wirtschaftliche] Lage bessert sich allmählich).*
bergen /vgl. geborgen/: **1.** ⟨jmdn., etwas b.⟩ *retten, in Sicherheit bringen:* verunglückte Bergleute [lebend, nur noch tot] b.; eine Schiffsladung b.; die Rettungsmannschaft barg die Leiche des Abgestürzten; das Getreide wurde noch vor dem großen Unwetter geborgen *(geerntet);* Seemannsspr.: die Segel b. *(einholen, einziehen).* **2.** (geh.) **a)** ⟨sich, etwas b.; mit Raumangabe⟩ *verstecken, verhüllen:* das Gesicht in den Händen b.; sich, den Kopf an jmds. Schulter b. **b)** ⟨etwas birgt jmdn.⟩ *etwas verbirgt und schützt jmdn.:* die Hütte barg sie gegen das Unwetter, vor ihren Verfolgern. **3.** (geh.) ⟨etwas birgt etwas⟩ *etwas enthält etwas:* die städtische Kunstsammlung birgt viele kostbare Schätze; übertr.: diese Lösung birgt viele Vorteile in sich.
Bericht, der: *Darstellung, Mitteilung eines Sachverhalts:* ein schriftlicher, mündlicher, langer, ausführlicher, knapper, authentischer, wahrheitsgetreuer, interessanter, spannender B.; die ersten offiziellen Berichte vom Regierungswechsel; an dieser Stelle endet der B.; einen B. abfassen, anfordern, weiterleiten; [mündlich] B. erstatten *(berichten);* der Reporter gab einen B. über das/vom Derby; die Sendung brachte Berichte zum Tagesgeschehen.
berichten ⟨jmdm. etwas b.⟩: *sachlich darstellen, mitteilen, melden:* **a)** ⟨jmdm. etwas b.⟩ jmdm. etwas schriftlich, mündlich b.; er hatte ihm alles berichtet; es ist uns berichtet worden, daß ...; ⟨auch ohne Dat.⟩ sie berichtete aufgeregt, daß in ihrer Wohnung eingebrochen worden sei; wie soeben berichtet wird, sind die Verhandlungen erneut gescheitert; adj. Part. (veraltend): da bist du falsch berichtet *(unterrichtet).* **b)** ⟨über jmdn., über etwas/von jmdn., von etwas b.⟩ sie berichteten über ihre Reise nach Portugal; die Zeitungen berichteten in großer Aufmachung von der Regierungskrise; ⟨jmdm. über jmdn., über etwas/von jmdm., von etwas b.⟩ er hat uns vieles über die Ureinwohner, von seinem Aufenthalt in Afrika berichtet.
berichtigen ⟨jmdn., sich, etwas b.⟩: *verbessern, korrigieren:* einen Fehler, Irrtümer b.; er berichtigte sich sofort; ich muß dich leider b.
berieseln: 1. ⟨etwas b.⟩ *etwas ständig mit Wasser besprühen, um feucht zu halten:* Felder, Gärten b. **2.** (abwertend) ⟨jmdn. mit etwas b.⟩ *ständig mit etwas auf jmdn. einwirken:* die Menschen mit Hintergrundmusik, Reklame b.
bersten (geh.): **1.** ⟨etwas birst⟩ *etwas zerspringt, platzt, bricht plötzlich mit großer Gewalt auseinander:* das Schiff, die Mauer, das Eis war geborsten; bei dem Erdbeben barst die Erde. **2.** (vor etwas b.⟩ *von etwas im Übermaß erfüllt sein:* vor Bosheit, Neid, Ungeduld, Wut b.; er barst förmlich vor Lachen *(lachte unmäßig).* * **[bis] zum Bersten voll/gefüllt** *(übervoll; brechend voll):* der Omnibus, der Saal war bis zum Bersten voll.

berüchtigt: *übel beleumdet und allgemein gefürchtet; verrufen:* ein berüchtigter Betrüger; die Gegend, das Lokal ist b.; er war wegen seiner Rauflust b.
berücken (geh.): *bezaubern, betören:* jmdn. mit Worten, Blicken b.; ein berückendes Lächeln.
berücksichtigen: a) *bei seinen Überlegungen, seinem Handeln beachten, in seine Überlegungen einbeziehen:* eine Sache, jmds. Verhältnisse, Gesundheitszustand b.; dieser Einwand ist zu b.; ich bitte, meine schwierige Lage zu b.; man muß b., daß er blind ist. **b)** ⟨jmdn., etwas b.⟩ *auf jmdn., auf jmds. Wünsche, Anliegen eingehen:* kinderreiche Familien wurden für diese Sozialwohnungen in erster Linie berücksichtigt; wir können Ihren Antrag leider nicht b.
Berücksichtigung, die: **a)** *das Berücksichtigen, Beachten:* die B. der sozialen Umstände; bei, unter B. seines Gesundheitszustandes; in B. Ihrer Verdienste; nach, trotz, unter B. aller Einzelheiten sind wir zu keinem anderen Ergebnis gekommen. **b)** *das Nichtübergehen; das Stattgeben:* eine B. Ihres Gesuchs ist zur Zeit nicht möglich.
Beruf, der: *erlernte Erwerbstätigkeit:* ein interessanter, beliebter, schöner, schwerer, anstrengender, handwerklicher, akademischer, künstlerischer, freier B.; der B. des Arztes, Kaufmanns; dieser B. verlangt große Fähigkeiten; sein B. nimmt ihn völlig in Anspruch, befriedigt ihn nicht, füllt ihn [nicht] aus; was ist Ihr [erlernter, jetziger] B.?; einen B. wählen, ergreifen, [er]lernen, ausüben; den B. wechseln; keinen festen B. haben; du hast deinen B. verfehlt (auch scherzh. als Lob, Anerkennung für jmds. außerberufliche Fähigkeiten); sich auf einen B. vorbereiten; sich für einen B. entscheiden; er hielt es nicht länger in diesem B. aus; er steht seit zwanzig Jahren im B. *(ist seit zwanzig Jahren berufstätig);* er hat Erfolg in seinem B., geht in seinem B. auf; sie war ohne B. *(hatte keinen Beruf erlernt);* er versteht etwas von seinem B.; er ist Ingenieur von B. *(hat den B. eines Ingenieurs erlernt);* von Berufs wegen.
berufen: 1. ⟨jmdn. b.; mit Umstandsangabe⟩ *jmdm. ein Amt anbieten; in ein Amt einsetzen:* jmdn. in ein Amt, zum Nachfolger, auf einen Lehrstuhl b.; der Professor wurde, er wurde als Professor an die Universität Hamburg, nach Hamburg berufen; er wurde in diesen Ausschuß, ins Ministerium berufen; adj. Part.: er fühlte sich von Gott berufen, den Armen zu helfen; er fühlte sich dazu berufen *(besonders befähigt)* [zu sein], die Sache zu einem guten Ende zu bringen; er war zu Höherem, fühlte sich zum Dichter berufen; ein berufener Kritiker. **2.** ⟨sich auf jmdn., etwas b.⟩ *sich zur Rechtfertigung auf jmdn., etwas beziehen:* sich auf jmdn. als Zeugen, auf eine Vorschrift, auf das Gesetz, auf etwas als Rechtsgrundlage b.; du kannst dich bei ihm, in deinem Antrag auf mich b. **3.** ⟨etwas b.; gewöhnlich verneint⟩ *zuviel [im voraus] über etwas sprechen und es (nach abergläubischer Vorstellung) dadurch gefährden:* ich will/man soll es nicht b., aber die Lage scheint mir nicht mehr so aussichtslos.
beruflich: *den Beruf betreffend:* die berufliche Tätigkeit, Ausbildung; die beruflichen Pflichten; das berufliche Fortkommen; er war b./aus beruflichen Gründen verhindert; b. verreisen.

Berufung, die: 1. *Angebot für ein wissenschaftliches, künstlerisches, politisches o. ä. Amt:* eine B. [auf einen Lehrstuhl, an eine Universität, an ein Theater] erhalten; er hat die B. angenommen, abgelehnt, ausgeschlagen. 2. *besondere Befähigung, die man als Auftrag in sich fühlt:* es war seine B., den Menschen zu helfen; er fühlte, trug eine B. zum Arzt in sich. 3. (Rechtsw.) *Einspruch gegen ein Urteil:* beim Oberlandesgericht B. einlegen; eine B. zurückweisen; der B. wurde nicht stattgegeben; in die B. gehen *(Berufung einlegen).* 4. *das Sichberufen, Sichstützen auf jmdn., etwas:* die B. auf seinen Vorgesetzten hat ihm eher geschadet; unter B. auf jmds. Aussage, auf sein Recht.

beruhen ⟨etwas beruht auf etwas⟩: *etwas gründet sich auf etwas, hat seinen Grund in etwas:* das beruht auf alten Traditionen; seine Aussagen haben auf Wahrheit beruht; das beruhte auf einem Irrtum; die Sympathie, Antipathie beruht auf Gegenseitigkeit *(ist auf beiden Seiten, bei beiden Partnern vorhanden).* * *etwas auf sich beruhen lassen (etwas nicht weiterverfolgen).*

beruhigen: a) ⟨jmdn., etwas b.⟩ *ruhig machen, besänftigen:* ein weinendes Kind, die aufgeregte Menge, sein Gewissen b.; ich konnte ihn nur schwer b.; wir können Sie b., es ist alles in Ordnung; überzeugen Sie sich selbst, wenn Sie das beruhigt; diese Medizin beruhigt die Nerven; adj. Part.: ein beruhigendes Gefühl der Sicherheit; diese Aussichten sind doch sehr beruhigend *(stimmen zuversichtlich);* es war beruhigend für mich, zu wissen, daß ...; sie konnten beruhigt *(ohne sich Sorgen machen zu müssen)* in die Zukunft sehen; bist du jetzt beruhigt *(zufrieden)*? b) ⟨sich b.⟩ *ruhig werden, sich besänftigen:* sie beruhigte sich nur langsam; ihre Nerven beruhigten sich mit der Zeit; das Meer beruhigte sich; er beruhigte sich bei dem Gedanken, daß ...; ich konnte mich nicht darüber b.; nun beruhige dich doch! *(höre doch auf zu weinen, dich zu erregen!);* die Lage hat sich etwas beruhigt *(entspannt).*

Beruhigung, die: a) *das Beruhigen:* eine Medizin zur B. der Nerven; zur B. der Gemüter *(um alle zu beruhigen); zu deiner B.* b) *das Ruhigwerden:* es ist mir eine große B. *(es gibt mir ein Gefühl der Sicherheit)* zu wissen, daß ...; nach B. des Wetters.

berühmt: *wegen seiner besonderen Leistung, Qualität weithin bekannt:* ein berühmter Mann, Arzt, Künstler, Schriftsteller, Roman; dieses Land ist wegen seiner/(auch:) für (nicht: durch) seine Weine b.; er wird eines Tages b. werden; er ist durch dieses Buch plötzlich, über Nacht, mit einem Schlag[e] b. geworden; ihre Klugheit hat sie b. gemacht; das war nicht gerade b. (iron.; *war nicht besonders gut, recht mittelmäßig);* diese Symphonie hat ihn b. gemacht.

Berühmtheit, die: 1. *das Berühmtsein:* ihre B. hat sie stolz gemacht; B. erlangen; er ist zu einer traurigen B. gelangt, hat sich zu einer traurigen B. gebracht *(hat sich durch etwas einen schlechten Ruf erworben).* 2. *berühmte Persönlichkeit:* sie verkehrte früher mit vielen Berühmtheiten.

berühren: 1. ⟨jmdn., etwas b.⟩ *[mit der Hand] einen Kontakt herstellen; streifen:* jmdn. leicht, zufällig, aus Versehen b.; er berührte ihn an der Schulter, um ihn zu wecken; ihre Hände berühr

ten sich; er berührte die Speisen nicht (geh.; *aß nicht);* er hat sie nicht berührt (geh.; *hat keinen sexuellen Kontakt mit ihr gehabt);* Math.: der Punkt, wo die Tangente den Kreis berührt *(mit dem Kreis zusammentrifft);* ⟨auch ohne Akk.⟩ nicht b.!; subst.: Berühren [der Ware] verboten!; übertr.: die Eisenbahnlinie berührt den Ort [nicht]; diesen Ort haben wir auf unserer Reise nicht berührt *(durch diesen Ort sind wir auf unserer Reise nicht gekommen);* deine Pläne berühren sich mit meinen Vorstellungen *(kommen meinen Vorstellungen entgegen);* bei jmdm. einen wunden Punkt mit etwas b. *(auf etwas für jmdn. Unangenehmes zu sprechen kommen).* 2. ⟨etwas b.⟩ *kurz erwähnen:* eine Frage, eine Angelegenheit im Gespräch b.; er hat diesen Punkt nicht berührt; das Thema wurde überhaupt nicht berührt. 3. ⟨etwas berührt jmdn.; mit Artangabe⟩ *etwas wirkt auf jmdn., beeindruckt jmdn. in einer bestimmten Weise:* seine Worte haben uns tief, im Innersten berührt; sein Haß berührt mich nicht *(ist mir gleichgültig);* ⟨auch ohne Akk.⟩ es berührt seltsam, schmerzlich, unangenehm, daß ...; adj. Part.: er fühlte sich peinlich berührt.

Berührung, die: 1. *das Berühren:* eine zufällige, unmerkliche, leichte B.; die B. der Hände; jede körperliche B. meiden; bei jeder B. zuckte er zusammen; durch B. der beiden Drähte entstand Kurzschluß. 2. *gesellschaftlicher, kultureller, menschlicher Kontakt:* er vermied jede B. mit ihnen; er versuchte mit diesen Leuten in B. zu kommen; B. mit der Umwelt haben; die Reise brachte sie mit der Antike in B. 3. *das Erwähnen:* die B. dieser Angelegenheit war mir höchst peinlich.

Berührungspunkt, der: 1. (Math.) *Punkt, in dem sich zwei geometrische Figuren berühren:* der B. von Tangente und Kreis. 2. *geistige, gedankliche Übereinstimmung, Gemeinsamkeit:* es bestehen, gibt Berührungspunkte zwischen uns; ich habe keine Berührungspunkte mit ihm.

besagen /vgl. besagt/ ⟨etwas besagt etwas⟩: *etwas drückt etwas aus, bedeutet etwas:* das besagt nichts, viel; das will gar nichts b.; das Schild besagt, daß man hier nicht halten darf; der englische Text besagt, daß ...

besagt (Papierdt.): *bereits genannt, erwähnt:* das ist das besagte Buch; um aber auf besagte Familie, Einrichtung zurückzukommen ...

besänftigen ⟨jmdn., etwas b.⟩: *beruhigen, beschwichtigen:* die erregte Menge, die Gemüter, jmds. Zorn zu b. versuchen.

beschädigen ⟨etwas b.⟩: *Schaden an etwas verursachen; schadhaft machen:* das Haus wurde durch Bomben, Blitzschlag beschädigt; ein beschädigtes Exemplar; das Buch war leicht beschädigt.

¹beschaffen ⟨jmdm., sich etwas b.⟩: *dafür sorgen, daß jmdm., einem selbst etwas zur Verfügung steht; besorgen, herbeischaffen:* jmdm. Geld, Arbeit b.; er hat sich die Genehmigung beschafft; ⟨auch ohne Dat.⟩ etwas ist schwer zu b.; wir haben die Ware doch noch beschafft.

²beschaffen: *von einer bestimmten Art geartet:* ein [ganz] anders beschaffener Plan; die Straße ist kaum anders, besser b.; ⟨meist in den Verbindungen⟩ **so beschaffen sein, daß ...** *(von der Art sein, daß ...):* das Material ist so b., daß es Wasser

abstößt · mit jmdm., mit etwas ist es beschaffen ⟨mit Artangabe⟩ *(mit jmdm., etwas steht es in bestimmter Weise):* wie ist es mit ihm, mit seiner Gesundheit b.?; damit ist es schlecht b.
beschäftigen: 1. ⟨sich mit jmdm., mit etwas b.⟩ *etwas zum Gegenstand seiner Tätigkeit machen; jmdm., einer Sache seine Zeit widmen:* sich mit Handarbeiten, mit französischer Literatur, mit einer Frage b.; ich beschäftige mich viel mit den Kindern; die Polizei mußte sich mit diesem Fall b. *(befassen);* sie war damit beschäftigt *(war dabei),* das Essen zuzubereiten; sie war viel zu sehr mit sich selbst, mit ihren Problemen beschäftigt, um noch an andere zu denken; ⟨auch ohne Präp.-Obj.⟩ die Kinder können sich nicht [allein] b. **2.** ⟨etwas beschäftigt jmdn., etwas⟩ *etwas nimmt jmdn. innerlich in Anspruch:* die politischen Ereignisse beschäftigten die Menschen auf der Straße; Märchen beschäftigen die Phantasie des Kindes; der Vorfall hielt ihn tagelang beschäftigt. **3. a)** ⟨jmdn. b.⟩ *jmdm. Arbeit geben:* er beschäftigt drei Verkäufer in seinem Geschäft; das Unternehmen, die Firma, der Betrieb beschäftigt 500 Arbeiter; er ist bei der Bundesbahn beschäftigt *(tätig).* **b)** ⟨jmdn., etwas b.⟩ *jmdm. etwas zu tun geben:* die Kinder mit einem Spiel b.; man muß die Phantasie des Kindes b.
Beschäftigung, die: **1. a)** *Tätigkeit:* eine langweilige, interessante, gesunde B.; (scherzh.:) für B. ist gesorgt *(an Arbeit wird es nicht fehlen).* **b)** *berufliche Tätigkeit:* keine B. finden; einer B. nachgehen; er ist zur Zeit ohne B. *(arbeitslos).* **2.** *das Sichbeschäftigen:* die B. mit diesen Fragen führte zu folgenden Überlegungen. **3. a)** *das Beschäftigen, Anstellen:* die B. von ausländischen Arbeitnehmern. **b)** *das Beschäftigtsein, Anstellung:* die B. bei der Post brachte ihm manche Vorteile.
beschämen ⟨jmdn. b.⟩: *durch sein Verhalten Scham empfinden lassen, mit einem Gefühl der Scham erfüllen:* er beschämte sie durch seine Großzügigkeit; seine Großmut beschämte uns; er will sich nicht [von mir] b. lassen; adj. Part.: ein beschämendes *(demütigendes)* Gefühl der Niederlage; seine Einstellung ist beschämend *(schändlich);* das war für ihn beschämend *(eine Schande);* das ist beschämend *(äußerst)* wenig; sie fühlte sich dadurch tief beschämt.
beschatten: 1. ⟨etwas b.⟩ *mit Schatten bedecken [und vor der Sonne schützen]:* belaubte Bäume beschatten den Weg; ein breitkrempiger Hut beschattete sein Gesicht; er beschattete mit den Händen die Augen. **2. a)** ⟨jmdn., etwas b.⟩ *einem Auftrag gemäß heimlich überwachen, beobachten:* einen Agenten b. [lassen]; der vermutliche Täter wurde von zwei Beamten beschattet. **b)** (Sport) ⟨jmdn. b.⟩ *einen Spieler der gegnerischen Mannschaft eng decken:* der Mannschaftskapitän sollte den gefährlichen Außen b.
beschaulich: *besinnlich; geruhsam:* sein Lebensabend in beschaulicher Ruhe hinbringen; ihr Leben war, verlief sehr b.
Bescheid, der: **a)** *Nachricht, Mitteilung; Auskunft:* B. bringen, geben, erwarten; B. [über etwas von jmdn.] erhalten, bekommen, haben: er hat keinen B. hinterlassen. **b)** *behördliche Stellungnahme, Entscheidung:* der schriftliche B. geht Ihnen per Post zu; er mußte den B. der

Krankenkasse, des Finanzamts abwarten. ∗ **Bescheid wissen: a)** *(Kenntnis haben; unterrichtet sein):* ich weiß schon B. **b)** *(sich auskennen):* in einem Fach, überall, mit allem B. wissen · **jmdm. Bescheid sagen: a)** *(jmdn. benachrichtigen, von etwas unterrichten):* hast du schon allen B. gesagt? **b)** (ugs.; *jmdm. die Meinung sagen):* dem habe ich aber B. gesagt! · (ugs.:) **jmdn. Bescheid stoßen** *(jmdm. gehörig die Meinung sagen).*
¹bescheiden: 1. (geh.) ⟨sich mit etwas b.⟩ *sich begnügen:* man muß sich mit wenigem b.; sie mußte sich damit b., ihre Kinder einmal im Jahr zu sehen; ⟨auch ohne Präp.-Obj.⟩ ihr müßt lernen, euch zu b. **2.** (geh.) ⟨jmdm. etwas b.; gewöhnlich im 2. Part.⟩ *zuteil werden lassen:* Gott hatte ihm ein langes Leben beschieden; ihnen war [vom Schicksal] wenig Glück beschieden *(zuteil geworden);* seinen Bemühungen war kein Erfolg beschieden *(sie blieben ohne Erfolg).* **3.** (geh. veraltend) ⟨jmdn. b.; mit Raumangabe⟩ *irgendwohin kommen lassen, beordern:* jmdn. vor Gericht, aufs Rathaus b.; der Kanzler hat ihn [persönlich] zu sich beschieden. **4.** (Papierdt.) ⟨jmdn., etwas b.; mit Artangabe⟩ *jmdm. behördlicherseits eine Entscheidung mitteilen:* man hat mich dahin gehend beschieden, daß ...; er, sein Gesuch wurde abschlägig beschieden *(wurde abgelehnt).*
²bescheiden: 1. *sich nicht in den Vordergrund stellend, genügsam, anspruchslos:* ein stilles, bescheidenes Kind; bescheidenes Benehmen; bescheidene Ansprüche, Forderungen; /Skepsis, Kritik o. ä. ausdrückende Floskel/: eine bescheidene Frage: Wie lange dauert das denn noch?; b. sein, werden, bleiben; sie trat b. hinter den andern zurück; er fragte sehr b. *(höflich).* **2. a)** *gehobenen Ansprüchen nicht genügend; einfach, schlicht:* ein bescheidenes Zimmer, Essen; er lebt in bescheidenen Verhältnissen; sie feierten in bescheidenem Rahmen; sie lebten b. von einer kleinen Pension. **b)** *gering, nicht genügend:* ein bescheidener Lohn; die Einkünfte, seine Leistungen waren sehr b.
Bescheidenheit, die: *bescheidenes Wesen; Genügsamkeit:* eine falsche *(unnötige)* B.; B. ist hier nicht, fehl am Platze; aus lauter B. sagte er nichts; bei aller B. solltest du doch ...
bescheinigen ⟨jmdn. etwas b.⟩: *schriftlich bestätigen:* der Arzt bescheinigte ihm seine Arbeitsunfähigkeit; ich ließ mir die Überstunden b.; ⟨auch ohne Dat.⟩ den Empfang des Geldes b.
Bescheinigung, die: *Schriftstück, mit dem etwas bescheinigt wird:* eine B. beibringen; jmdm. eine B. ausstellen; er hat von ihm eine B. über seinen Aufenthalt im Krankenhaus verlangt.
beschenken ⟨jmdn. b.⟩: *mit Gaben bedenken:* jmdn. reichlich b.; sie haben die notleidenden Kinder mit Kleidung und Spielzeug beschenkt.
bescheren: 1. *jmdm. zu Weihnachten etwas schenken:* ⟨jmdm. b.⟩ den Kindern wurden viele schöne Dinge beschert; ⟨auch ohne Dat. und Akk.⟩ sie bescheren schon am Nachmittag; bei uns wird erst abends beschert. **b)** ⟨jmdm. etwas b.⟩ der Verein bescherte Waisen und hilfsbedürftige alte Leute. **2.** ⟨jmdn. jmdm., etwas b.⟩ *zuteil werden lassen:* das Schicksal hat ihnen keine Kinder beschert; ihnen waren viele Jahre des Glücks beschert *(zuteil geworden).*

Bescherung, die: 1. *Austeilung der Weihnachtsgeschenke im Rahmen einer [Familien]feier:* die B. fand bei uns am Morgen des ersten Weihnachtstages statt; wann ist bei euch B.? **2.** (ugs.) *unangenehme Überraschung:* da haben wir die B.!; das ist [ja] eine [schöne, reizende] B.! (iron.); da liegt die ganze B. *(alles liegt am Boden)!*

beschicken ⟨etwas b.⟩: **1. a)** *Dinge auf eine Ausstellung, Messe schicken:* eine Ausstellung [mit Gemälden] b.; zahlreiche Aussteller haben auch in diesem Jahr diese Messe beschickt. **b)** *Vertreter zu einem Kongreß o. ä. entsenden:* der medizinische Kongreß wurde auch von außereuropäischen Ländern beschickt. **2.** (Technik) *mit Material zur Ver- oder Bearbeitung füllen:* den Hochofen [mit Kohle, Erzen] b.

beschimpfen ⟨jmdn. b.⟩: *mit groben Worten beleidigen:* er hat ihn mit unflätigen Ausdrücken, in aller Öffentlichkeit beschimpft; ich lasse mich nicht von dir b.; die beiden haben sich [gegenseitig]/(geh.:) einander entsetzlich beschimpft.

Beschlag, der: **a)** *auf etwas befestigtes Metallstück zum Zusammenhalten, als Schutz oder Verzierung:* die Beschläge einer Tür, eines Koffers, einer Truhe; ein Sattel mit silbernen Beschlägen. **b)** *die Hufeisen eines Pferdes:* das Pferd braucht einen neuen B. * **jmdn., etwas mit Beschlag belegen; jmdn., etwas in Beschlag nehmen** *(jmdn., etwas ganz für sich beanspruchen).*

¹beschlagen: 1. ⟨ein Tier, etwas b.⟩ *mit etwas versehen, was durch Nägel gehalten wird:* der Schmied beschlägt das Pferd, die Hufe; er beschlug die Schuhe mit Eisenspitzen. **2.** *etwas überzieht sich mit einer dünnen Schicht, läuft an:* **a)** ⟨etwas beschlägt⟩ das Fenster, der Spiegel beschlug sofort. **b)** ⟨etwas beschlägt sich⟩ die Brillengläser, die Silberlöffel haben sich beschlagen. **3.** ⟨etwas beschlägt⟩ *etwas bekommt einen Pilzbelag, setzt Schimmel an:* das Kompott, die Marmelade, die Wurst war schon beschlagen.

²beschlagen: *in etwas erfahren, sich auskennend:* ein beschlagener Kunstliebhaber; er ist auf seinem Gebiet sehr b.

beschlagnahmen ⟨etwas b.⟩: *in amtlichem Auftrag wegnehmen, konfiszieren:* die Polizei beschlagnahmte die Schmuggelware, alle Akten; bestimmte Bücher wurden beschlagnahmt.

beschleichen: 1. ⟨jmdn., etwas b.⟩ *sich an jmdn., etwas heranschleichen:* der Jäger beschleicht das Wild. **2.** ⟨etwas beschleicht jmdn.⟩ *etwas erfaßt jmdn. langsam und unmerklich:* ein Gefühl der Niedergeschlagenheit beschlich sie.

beschleunigen: 1. a) ⟨etwas b.⟩ *schneller werden lassen:* den Schritt, die Geschwindigkeit b.; die Angst beschleunigte seine Schritte; der Puls war vom Laufen beschleunigt. **b)** ⟨etwas beschleunigt; mit Artangabe⟩ *etwas hat ein bestimmtes Beschleunigungsvermögen:* das Auto beschleunigt gut, schlecht. **c)** ⟨etwas beschleunigt sich⟩ *etwas wird schneller:* durch die Aufregung beschleunigt sich ihr Puls; das Tempo beschleunigt sich. **2.** ⟨etwas b.⟩ *dafür sorgen, daß etwas früher geschieht, schneller vonstatten geht:* seine Abreise, die Arbeit b.; wir werden die Lieferung der Ware beschleunigen.

beschließen: 1. ⟨etwas b.⟩ **a)** *einen bestimmten Entschluß fassen:* er beschloß abzureisen, den

Besuch zu verschieben; sie beschlossen die Vergrößerung des Betriebes; adj. Part.: es war beschlossen, den Ausflug bei schönem Wetter zu wiederholen; das ist beschlossene Sache *(das steht fest).* **b)** *sich mit Stimmenmehrheit für etwas entscheiden:* ein Gesetz, einen Antrag b. **2.** ⟨über etwas b.⟩ *abstimmen:* über einen Antrag, eine Gesetzesvorlage b.; das Parlament, die Versammlung hat über diese Sache noch nicht beschlossen. **3.** ⟨etwas b.⟩ *beenden; enden lassen:* eine Feier [mit einem Lied] b.; einen Festzug b. *(den Abschluß eines Festzugs bilden);* er beschloß die Rede, den Brief mit einem Wunsch; sie beschlossen ihre Tage, ihr Leben als Rentner.

Beschluß, der: *[gemeinsam] festgelegte Entscheidung; Ergebnis einer Beratung:* ein einstimmiger B.; einen B. verwirklichen, ausführen, in die Tat umsetzen; einen B. fassen *(etwas beschließen);* auf, laut B. des Ausschusses; einen Antrag zum B. erheben *(über einen Antrag positiv abstimmen und einen entsprechenden Beschluß fassen);* sie konnten zu keinem B. kommen.

beschmieren: 1. ⟨etwas mit etwas b.⟩ *bestreichen:* Brot mit Butter, Leberwurst b. **2.** ⟨jmdn., sich, etwas b.⟩ *mit etwas Schmierigem, Weichem beschmutzen:* die Tischdecke b.; er hat sich mit Farbe beschmiert; ich habe mir das Gesicht mit Ruß beschmiert. **3.** ⟨etwas b.⟩ *unordentlich, unsauber beschreiben, bemalen:* Papier, die Wandtafel b.

beschmutzen ⟨jmdn., sich, etwas b.⟩: *unabsichtlich schmutzig machen:* seine Kleider b.; du hast dich beschmutzt; übertr.: er hat unseren Namen, unser Ansehen beschmutzt; manche müssen alles b. *(herabziehen);* ⟨jmdm., sich etwas b.⟩ du hast dir das Gesicht beschmutzt.

beschneiden: 1. ⟨etwas b.⟩ **a)** *durch Schneiden kürzen und in die richtige Form bringen:* Hecken, Bäume, Sträucher b.; ⟨einem Tier etwas b.⟩ einem Vogel die Flügel b. *(stutzen).* **b)** *am Rand gerade-, glattschneiden:* Papier, ein Heft, Bretter, Fotografien b.; der Buchbinder beschneidet die Bücher [in der Presse]. **2.** (geh.) ⟨etwas b.⟩ *einschränken, kürzen:* ihre Rechte, Freiheiten durften dadurch nicht beschnitten werden; ⟨jmdm. etwas b.⟩ man hat ihnen das Einkommen, die Gehälter beschnitten. **3.** ⟨jmdn. b.⟩ *jmdm. die Vorhaut entfernen:* bei diesen Völkerstämmen werden die Knaben bald nach der Geburt beschnitten.

beschnuppern ⟨jmdn., etwas b.⟩: *an jmdm., etwas schnuppern /von Tieren/:* die Hunde beschnupperten ihn, sich [gegenseitig]; übertr. (ugs.): die neue Umgebung erst einmal b. *(vorsichtig prüfend kennenzulernen versuchen);* die Neuen mußten sich erst einmal b. *(vorsichtig prüfend Kontakte herstellen).*

beschönigen ⟨etwas b.⟩: *etwas Fehlerhaftes, Schlechtes als nicht so schlimm, schwerwiegend darstellen:* jmds. Fehler, Handlungen b.; es ist besser, du gibst dein Versagen zu, anstatt es zu b.

beschränken /vgl. beschränkt/: **1.** *einschränken, begrenzen:* **a)** ⟨etwas b.⟩ jmds. Rechte, Freiheit b.; die Zahl der Abonnenten, den Import b.; adj. Part.: es steht nur eine beschränkte Anzahl zur Verfügung; das Unternehmen ist eine Gesellschaft mit beschränkter Haftung; wir haben dafür nur beschränkt Zeit zur Verfügung; sie leben in beschränkten *(ärmlichen)* Verhältnissen; die Zahl der Studienplätze ist beschränkt; wir sind räumlich ziemlich beschränkt *(haben wenig Platz)*. **b)** ⟨jmdn. in etwas b.⟩ einen Menschen in seiner [Handlungs]freiheit, in seinen Rechten b. **c)** ⟨etwas auf etwas b.⟩ seine Ausgaben auf das Notwendigste, auf ein Mindestmaß b. **2. a)** ⟨sich auf jmdn., auf etwas b.⟩ *sich begnügen:* sich auf die wichtigsten Dinge b.; in seiner Rede hätte er sich auf das Wesentliche, auf wenige Beispiele b. sollen. **b)** ⟨etwas beschränkt sich auf jmdn., auf etwas⟩ *etwas gilt nur für jmdn., für etwas, erstreckt sich auf etwas:* die Verwendung des Wortes beschränkt sich auf Südwestdeutschland; diese Regelung beschränkt sich auf die Rentner.

beschränkt: *geistig unbeweglich; engstirnig:* ein beschränkter Mensch; beschränkte Ansichten; einen beschränkten Gesichtskreis, Horizont haben; er ist etwas b.

Beschränkung, die: **1. a)** *das Beschränken:* eine B. der Teilnehmer-, Schülerzahl, Ausgaben erwies sich als notwendig. **b)** *das Sichbeschränken:* die B. auf das Wesentliche fiel dem Redner offenbar schwer. **2.** *etwas, was jmdn. einschränkt:* jmdm., sich Beschränkungen auferlegen.

beschreiben: 1. ⟨etwas b.⟩ *mit Schrift bedecken:* ein Blatt Papier einseitig b.; das Kind hatte die ganze Seite beschrieben; drei sehr eng beschriebene Bogen. **2.** ⟨etwas b.⟩ *mit Worten in Einzelheiten darstellen:* etwas genau, ausführlich, zutreffend, anschaulich b.; einen Vorgang, jmds. Äußeres, den Täter, den Krankheitsverlauf, ein Erlebnis, Experiment b.; *(sie hatten Furchtbares zu erdulden);* es ist nicht zu b. *(ist unbeschreiblich, unglaublich),* wie blau das Meer dort ist; wer beschreibt ihre Freude *(ihre Freude war übergroß),* als der vermißte Sohn zurückkehrte!; ⟨jmdm. etwas b.⟩ jmdm. den Weg b. *(jmdm. genau erklären, wie er an einen gewünschten Ort kommt);* ich kann dir meine Lage, Gefühle kaum b. **3. a)** ⟨etwas beschreibt etwas⟩ *etwas bewegt sich in einer bestimmten, meist gekrümmten Bahn:* das Flugzeug beschrieb mehrere Kreise; die Himmelskörper beschreiben verschiedene Bahnen. **b)** ⟨etwas mit etwas b.⟩ *eine gekrümmte, kreisende Bewegung mit etwas ausführen:* er beschrieb mit den Armen eine Acht [in der Luft].

Beschreibung, die: **a)** *das Beschreiben:* solche Frechheit spottet jeder B.; ich kenne ihn, die Stadt nur aus ihrer, durch ihre B. **b)** *Darstellung von etwas:* eine gründliche ausführliche B.; die B. trifft genau auf den Vermißten zu; sie gaben eine genaue B. des Täters, des Vorfalls.

beschreien (ugs.) ⟨etwas b.; gewöhnlich verneint⟩: *berufen:* so etwas darf man nicht b.; beschrei es nur nicht!

beschreiten (geh.) ⟨etwas b.⟩: *schreitend betreten:* einen Weg, eine schmale Brücke b.; bildl.: den Rechtsweg, Instanzenweg b.; neue Wege b. *(eigene Gedanken entwickeln und anders vorgehen als bisher üblich).*

beschuldigen ⟨jmdn., etwas einer Sache b.⟩: *jmdm., sich selbst etwas zur Last legen; jmdm., sich selbst die Schuld an etwas geben:* jmdn., sich eines Vergehens, des Mordes, des Landesverrats b.; man beschuldigte ihn, einen Diebstahl began-

gen zu haben; ⟨auch ohne Gen.⟩ sich selbst b.; ich will niemanden b.

beschützen ⟨jmdn., etwas b.⟩: *Gefahr von jmdm., etwas abhalten; vor jmdm., etwas bewahren:* jmdn. vor seinen Feinden, vor einer Gefahr b.; er beschützt seinen kleinen Bruder; Gott beschütze dich, deine Familie, dein Haus!

beschwatzen (ugs.): **1.** ⟨jmdn. zu etwas b.⟩ *überreden:* du hättest dich nie zu dieser Anschaffung, dazu b. lassen dürfen!; sie haben mich beschwatzt mitzugehen; ⟨auch ohne Präp.-Obj.⟩ laß dich nicht b.! **2.** (selten) ⟨etwas mit jmdm. b.⟩ *bereden, über etwas mit jmdm. reden:* ich muß das noch mit dir b.; ⟨auch ohne Präp.-Obj.⟩ sie haben die Neuigkeit natürlich ausgiebig beschwatzt.

Beschwerde, die: **1.** *Klage, mit der man sich über jmdn., etwas beschwert:* seine B. hat nichts genützt; bei der Behörde sind wiederholt Beschwerden eingegangen; B. führen (Papierdt.); B. [gegen jmdn., etwas, über jmdn., etwas] vorbringen; Rechtsw.: B. einlegen/einleiten. **2.** *Strapaze, körperliches Leiden:* dauernde, plötzlich auftretende Beschwerden; die Beschwerden des Alters; das Gehen macht, verursacht ihr Beschwerden.

beschweren: 1. ⟨etwas b.⟩ *mit etwas Schwerem belasten:* Briefe, lose Papiere b.; wir haben die Dachschindeln mit Steinen beschwert; übertr. (geh.): ich will dein Herz nicht mit diesen Dingen b. **2.** ⟨sich über jmdn., über etwas/wegen etwas b.⟩ *sich beklagen:* sie hat sich bei mir über ihn, über sein Verhalten, über die Zurücksetzung/wegen der Zurücksetzung beschwert; ich werde mich deswegen b.; ⟨auch ohne Akk.-Obj.⟩ selbstverständlich können Sie sich b.!

beschwerlich: *mit Anstrengung verbunden; mühsam:* eine beschwerliche Reise, Fahrt; ein beschwerlicher Weg; die Arbeit war b.; ⟨etwas ist jmdm. b.⟩ die große Hitze ist mir sehr b.

beschwichtigen (geh.) ⟨jmdn., etwas b.⟩: *beruhigen, besänftigen:* ein schreiendes Kind, jmds. Zorn, sein Gewissen b.; ⟨auch ohne Akk.⟩ er versuchte zu b.; adj. Part.: beschwichtigende Gesten; er hob beschwichtigend die Hände.

beschwingt: *voller Schwung, heiter:* beschwingte Melodien; mit beschwingten Schritten verließ sie den Raum; die Stimmung war an diesem Abend sehr b.; sie waren vom Erfolg b.

beschwören: 1. ⟨etwas b.⟩ *beeiden:* seine Aussagen [vor Gericht] b.; kannst du das b.?; das hätte ich b. mögen *(dessen war ich ganz sicher).* **2.** ⟨jmdn. b.; mit Infinitiv mit zu oder mit Nebensatz⟩ *eindringlich bitten:* er beschwor ihn, nicht zu reisen; sie beschwor ihn, er solle doch bleiben; ich beschwöre dich, tu es nicht!; adj. Part.: sie blickte mich beschwörend an. **3.** ⟨etwas b.⟩ *durch Zauber über jmdn., etwas Gewalt erlangen; bannen:* einen Geist, Schlangen, den Sturm b.; Erinnerungen, die Vergangenheit b. *(lebendig werden lassen).*

beseelen (geh.): **1.** ⟨etwas b.⟩ *mit Seele, [Eigen]leben erfüllen:* die Natur b.; der Schauspieler hat diese Gestalt neu beseelt; adj. Part.: ein beseeltes Wesen; ein beseelter *(seelenvoller)* Blick; das Spiel der Künstlerin war wie beseelt. **2.** ⟨etwas beseelt jmdn.⟩ *etwas erfüllt jmdn. innerlich:* ihn beseelte ein starkes Verlan-

gen, ein neuer Glaube; er war von dem einen
Wunsch beseelt, sich zu rächen.
besehen ⟨jmdn., etwas b.⟩: *betrachten, ansehen:*
Bilder b.; jmdn. prüfend von allen Seiten b.; ⟨sich
(Dativ) etwas b.⟩ ich möchte mir das Haus, den
Schaden einmal näher b.
beseitigen: 1. ⟨etwas b.⟩ *dafür sorgen, daß etwas
nicht mehr vorhanden ist; entfernen:* Schmutz, Abfälle, [Farb]flecken b.; der Verbrecher hatte vergessen, die Spuren zu b.; Schwierigkeiten, Mißstände, Hindernisse, alle Bedenken b. **2.** ⟨jmdn.
b.⟩ *[kaltblütig] ermorden:* einen Nebenbuhler, Rivalen, Gegner b.; sie wurden bei Säuberungsak-
tionen beseitigt.
Besen, der: *Gerät zum Fegen, Kehren:* ein harter, weicher B.; die Küche mit dem B. auskehren;
R: ich fresse einen B./will einen B. fressen, wenn
das stimmt (ugs.; *ich glaube nicht, daß das
stimmt);* neue B. kehren gut. * **mit eisernem Besen
[aus]kehren** *(rücksichtslos Ordnung schaffen).*
besessen: 1. *(nach abergläubischer Vorstellung)
von bösen Geistern beherrscht:* die Leute hielten
ihn für b.; er ist [wie] vom Teufel b.; er rannte wie
b. hinter ihm her. **2.** *heftig von etwas ergriffen,
ganz von etwas erfüllt:* von einem Gedanken, von
einer Leidenschaft, von einem Aberglauben b.
sein; ein besessener *(fanatischer)* Fußballer;
subst.: er arbeitet wie ein Besessener.
besetzen: 1. ⟨etwas b.⟩ *belegen:* einen Platz,
Stuhl b.; alle Tische sind besetzt; ist der Platz besetzt?; das Theater war gut, voll, bis auf den letzten Platz besetzt; das WC ist besetzt *(ist nicht
frei);* die Leitung ist besetzt *(auf dieser Leitung
wird gerade telefoniert);* die nächste Woche ist bei
mir schon besetzt, bin ich schon besetzt *(habe ich
keine Zeit mehr).* **2.** ⟨etwas b.⟩ *mit Truppen belegen, mit Posten versehen und beherrschen, kontrollieren:* ein Land, eine Stadt b.; die Aufständischen besetzten das Rathaus *(brachten es in ihre
Gewalt);* ein Haus b. *(ein leerstehendes, für den
Abbruch vorgesehenes Haus ohne Erlaubnis beziehen, um darin zu wohnen);* die Demonstranten
besetzten das Baugelände *(zogen dorthin, um gegen die geplante Verwendung zu demonstrieren);*
alle Zufahrtsstraßen besetzt halten. **3.** ⟨etwas b.⟩
an jmdn. vergeben: ein Amt, einen Posten b.; eine
Rolle b.; das Stück war gut, mit ausgezeichneten
Schauspielern besetzt; die Stelle ist schon besetzt. **4.** ⟨etwas mit etwas b.⟩ *etwas zur Verzierung
auf etwas nähen:* einen Mantel mit Pelz, ein
Kleid mit Spitze b.; der Kragen war mit Perlen
besetzt. **5.** ⟨etwas mit Tieren b.⟩ *ein Gewässer mit
Tieren versehen:* einen Teich mit Karpfen, mit
Forellen b.
Besetzung, die: **1.** *das Besetzt-, Belegtsein:* der
Bus faßt bei voller B. 50 Personen. **2.** *das Besetzt-
halten, Belegen mit Truppen:* die B. des Landes
durch feindliche Truppen; unter feindlicher B.
stehen. **3. a)** *das Vergeben, Besetzen einer Stelle,
einer Rolle:* die B. einer Stelle, der einzelnen Rollen eines Theaterstücks. **b)** *Gesamtheit der Mitar-
beitenden bei einer Aufführung einer Sportveranstaltung:* eine neue, die erste, zweite B.; in welcher B. wird die Oper gegeben?; die Mannschaft
spielte [wieder] in derselben B.
besichtigen ⟨jmdn., etwas b.⟩: *aufsuchen und
[umhergehend] interessiert, prüfend betrachten:*

die Stadt, eine Kirche, eine Ausstellung, eine Fabrik b.; den Tatort b. *(inspizieren).*
besiegeln (geh.) ⟨etwas b.⟩: **1.** *bekräftigen:* etwas mit einem Handschlag, mit einem Kuß b.;
sie besiegelten ihre Freundschaft mit einem Händedruck. **2.** *endgültig, unabwendbar machen:*
durch den Entschluß hat er unser Schicksal besiegelt; sein Untergang war bereits besiegelt.
besiegen ⟨jmdn., sich, etwas b.⟩: *überwinden;
über jmdn., etwas einen Sieg erringen:* über den
Feind, einen Gegner [im Kampf] b.; die Mannschaft wurde mit 3:2 besiegt; seine Leidenschaften, seine Begierden b.; du hast dich selbst besiegt; adj. Part.: ein besiegtes Land.
besinnen /vgl. besonnen/: **1.** ⟨sich b.⟩ *nachdenken, überlegen:* sich kurz, eine Weile, nicht eine
Sekunde b.; ohne sich lange zu b., ging er; erst
wollte er abreisen, doch dann besann er sich anders *(änderte er seinen Entschluß, seine Meinung);*
endlich hat er sich besonnen *(ist er zur Vernunft
gekommen);* subst.: ohne langes Besinnen. **2. a)**
⟨sich auf jmdn., auf etwas b.⟩ *sich erinnern:* ich
besinne mich kaum auf ihn, auf seinen Namen;
er konnte sich auf jede Einzelheit, auf nichts
mehr b.; ich besinne mich nicht [darauf], ihn hier
gesehen zu haben; (auch ohne Präp.-Obj.) jetzt
besinne ich mich wieder *(jetzt fällt es mir wieder
ein);* wenn ich mich recht besinne, war er schon
hier. **b)** ⟨sich auf sich, auf etwas b.⟩ *sich bewußt
werden:* besinne dich auf dich selbst, auf deinen
früheren Schwung, auf deine eigentliche Aufgabe! * (geh.:) **sich eines anderen besinnen** *(seinen
Entschluß ändern).*
besinnlich: *nachdenklich; der Besinnung dienend:* ein besinnlicher Mensch; eine besinnliche
Stunde; der Nachmittag war sehr b.
Besinnung, die: **1.** *Bewußtsein:* die B. verlieren
(bewußtlos werden); er hat die B. noch nicht wiedererlangt; sie war ohne B., nicht bei B., kam
endlich wieder zur B. **2.** *Nachdenken, ruhige
Überlegung:* die Streitenden zur B. bringen; laß
mich erst einmal zur B. kommen!; sie kam vor
lauter Arbeit nicht zur B. **3.** (geh.) *das Sichbesin-
nen:* nur die B. auf das Notwendige kann uns
helfen.
Besitz, der: **a)** *etwas, was jmdm. gehört, was er
ererbt oder erworben hat, so daß er darüber verfügen kann:* ein wertvoller, ererbter, mühsam erworbener B.; das Haus ist sein einziger, rechtmä-
ßiger B., ist ein alter B. seiner Familie; er hat großen B. *(Grundbesitz)* in der Schweiz; seinen B.
verlieren; das ist ein Stück aus ihrem persönlichen B.; übertr.: etwas zu seinem geistigen B.
machen. **b)** *das Besitzen:* der B. eines Autos; der
unerlaubte B. von Waffen; im B. eines Ausweises
sein; der Hof ist schon lange im/in B. der Familie; etwas im/in B. haben *(etwas besitzen);* das
Buch befindet sich in seinem B. *(gehört ihm);* das
Haus kam, gelangte in ihren B., ging in ihren B.
über; er gelangte in den B. eines Hauses; etwas in
B. nehmen, in seinen B. bringen *(sich etwas aneignen);* er setzte sich in den B. der Waffe *(eignete sie
sich an).* * **von etwas Besitz ergreifen/nehmen** *(sich
einer Sache bemächtigen; etwas in Besitz nehmen)* · (geh.:) **etwas ergreift Besitz von jmdm.**
(etwas erfüllt jmdn. ganz): dieser Gedanke ergriff
B. von ihm.

besitzen

besitzen /vgl. besessen/: **1.** ⟨etwas b.⟩ *als Besitz, zu eigen haben:* ein Haus, Geld, ein großes Vermögen, ein Auto, viele Bücher b.; er hat ein Landhaus am Tegernsee besessen; sie besaß nicht die Mittel, große Reisen zu machen; übertr.: er wollte sie als Frau, als Geliebte [ganz für sich] b.; sie besaß meine Zuneigung, mein unbedingtes Vertrauen; /von charakteristischen Eigenschaften/ Talent, Phantasie, Geschmack b.; er besaß die Frechheit wiederzukommen; /verblaßt/ die Erlaubnis, das Recht b. (stilistisch unschön, besser: *haben*), etwas zu tun; adj. Part.: die besitzende Klasse *(die Vermögenden).* **2.** (geh. verhüll.) ⟨jmdn. b.⟩ *Geschlechtsverkehr mit jmdm. haben:* er wollte sie b.; er hat viele Frauen besessen.

besondere: 1. *außergewöhnlich, nicht alltäglich:* das war eine besondere Freude; es gab keine besonderen Vorkommnisse; er hat sich besondere Mühe gemacht; eine besondere *(über das Übliche, Normale hinausgehende)* Leistung; von besonderer *(hervorragender)* Qualität; subst.: dieser Wein ist etwas ganz Besonderes; sie hält sich für etwas Besonderes; was gibt es denn dort Besonderes zu sehen? **2.** *abgesondert; zusätzlich:* besondere Wünsche haben; besondere Kennzeichen: keine; ein besonderes *(separates)* Zimmer haben; dieses Kind war ihr besonderer *(spezieller)* Liebling; er hat sich weder im allgemeinen, noch im besonderen *(einzelnen)* dazu geäußert. * **im besonderen** *(vor allem, besonders):* er interessiert sich im besonderen für alte Stiche.

besonders ⟨Adverb⟩: **1. a)** *ausdrücklich, nachdrücklich:* etwas b. betonen, erwähnen, hervorheben. **b)** *vor allem, insbesondere:* b. heute; b. du solltest es wissen; b. wenn ...; b. im Frühling ist es dort sehr schön; es kommt b. darauf an, schnell zu reagieren. **c)** ⟨verstärkend vor Adjektiven⟩ *außerordentlich, sehr:* eine b. große, b. reichhaltige Auswahl; er ist dafür b. geeignet; er ist nicht b. groß *(er ist mittelgroß);* der Film ist nicht b. (ugs.; *ziemlich schlecht).* **2.** *gesondert, für sich allein:* die Frage muß einmal b. behandelt werden.

besonnen: *ruhig abwägend, vernünftig:* ein besonnener Mensch; durch ihr besonnenes Verhalten hat sie Schlimmeres verhütet; er ist sehr b.; sie handelte b.

besorgen /vgl. besorgt/: **1.** ⟨jmdn., etwas b.⟩ *beschaffen, anschaffen:* er hat die Pässe, einen Platz, ein Zimmer besorgt; kannst du mir/für mich ein Taxi, einen Gepäckträger, Zigaretten b.?; sie besorgte *(kaufte)* die Geschenke; ich werde [mir] etwas zu trinken besorgen; die Steine habe ich [mir] auf einer Baustelle besorgt (verhüllend; *heimlich mitgenommen, gestohlen).* **2. a)** ⟨etwas b.⟩ *ausführen, erledigen:* einen Auftrag, ein Geschäft b.; er besorgt die Auswahl der Texte für das Lesebuch; Sport: der Rechtsaußen besorgte *(erzielte)* den Ausgleich, das 2:1. **b)** ⟨jmdn., etwas b.⟩ *versorgen, betreuen:* das Haus, die Wirtschaft b.; wer besorgt dir/für dich den Haushalt, das Baby? **3.** (geh. veraltend) ⟨etwas b.⟩ *befürchten:* es ist zu b., daß er nicht wieder gesund wird. * (ugs.:) **es jmdm. besorgen: a)** *(jmdm. etwas Schlechtes antun, jmdm. etwas heimzahlen):* dem hab' ich's aber [gründlich] besorgt. **b)** *(jmdn. geschlechtlich befriedigen).*

Besorgnis, die: *das Besorgtsein; Befürchtung:* seine B. um das kranke Kind war sehr groß; etwas erregt B. in jmdm./jmds. B.; er empfand, hatte, zeigte echte B.; ich konnte seine Besorgnisse zerstreuen; etwas mit B./voller B. sehen; es gab keinen Grund zur B.; Rechtsw.: jmdn. wegen B. der Befangenheit ablehnen.

besorgt: *von Sorge, von Fürsorge für jmdn., etwas erfüllt:* die [um ihr Kind] besorgten Eltern; mit besorgten Blicken; ich war sehr b., weil sie nicht kam; b. nach etwas fragen; ⟨um jmdn., etwas b. sein⟩ er ist sehr um sie, im ihre Gesundheit b.; ⟨über etwas b. sein⟩ sie war über sein langes Ausbleiben b.

Besorgung, die: **1.** *das Besorgen:* er überließ mir die B. der Fahrkarten. **2.** *Einkauf:* eine B. machen, erledigen; der Nachmittag blieb frei für Besorgungen.

bespannen ⟨etwas b.⟩: **1.** *überziehen:* eine Wand mit Stoff b.; einen Tennisschläger neu b. *(mit einer neuen Bespannung versehen);* die Geige ist neu bespannt *(mit neuen Saiten versehen)* worden. **2.** *Zugtiere vorspannen:* einen Wagen mit zwei Pferden b.

besprechen: 1. a) ⟨etwas b.⟩ *gemeinsam beratend, erörternd über etwas sprechen:* ich muß die Sache mit dir, wir müssen die Sache gründlich b.; wir haben noch etwas zu b.; sie haben die Frage eingehend besprochen; wir müssen noch b., wie wir vorgehen wollen. **b)** *sich beraten, miteinander wegen etwas sprechen:* ⟨sich mit jmdm. b.⟩ er besprach sich [deswegen, in dieser Sache] mit seinem Anwalt; ⟨auch ohne Präp.-Obj.⟩ sie sprachen sich eingehend [über das Angebot]. **2.** ⟨etwas b.⟩ *rezensieren, eine Kritik schreiben:* ein Buch, eine Aufführung b.; er hat den jungen Schriftsteller *(ein Werk, Werke des jungen Schriftstellers)* [in der Zeitung] besprochen. **3.** ⟨etwas b.⟩ *Worte, einen Text sprechen und auf etwas aufnehmen lassen:* ein Tonband, eine Schallplatte b. **4.** ⟨jmdn., etwas b.⟩ *durch Zaubersprüche zu beeinflussen, bes. zu heilen suchen:* einen Kranken b.; sie kann Warzen b.

Besprechung, die: **1.** *Aussprache, Unterredung:* die B. findet um 9 Uhr statt; eine B. [über etwas] abhalten, anberaumen, ansetzen; um 18 Uhr habe ich eine B. **2.** *Rezension:* das Buch hatte eine lobende, wohlwollende, kritische, ziemlich ablehnende B. in der Fachpresse.

bespritzen ⟨jmdn., sich, etwas b.⟩: *durch Spritzen naß machen, beschmutzen:* das Auto bespritzte mich von unten bis oben; er hat sich mit Farbe bespritzt; sein Anzug war mit Blut bespritzt.

besser: I. ⟨Adj.⟩ /Komparativ von gut/: das ist das bessere Stück, das bessere Mittel; eine bessere Ernte als voriges Jahr; sie hat bessere Tage gekannt *(in besseren Verhältnissen gelebt als heute);* bessere (ugs.; *sozial höhergestellte)* Leute; der Saal ist eine bessere (abwertend; *nicht viel mehr als eine)* Scheune; die Anstrengung wäre einer besseren Sache würdig gewesen; das bessere Ich *(die positiven Seiten seines Charakters);* das ist b. als [gar] nichts; heute ist das Wetter b.; er ist b. als sein Ruf; sie fühlt sich immer b.; du siehst heute schon viel b. aus; sie weiß alles b. *(man kann sie nicht überzeugen, nicht mit ihr re-*

den); es wäre b., wenn du geschwiegen hättest; die Sache ist bedenklich oder, b. (treffender) gesagt, aussichtslos; R: b. ist b.; subst.: ich habe Besseres zu tun (ich kann mich hiermit nicht abgeben); in Ermangelung eines Besseren; eine Wendung zum Besseren. **II.** ⟨Adverb⟩ *lieber, zweckmäßigerweise:* du hättest b. geschwiegen; laß das b. bleiben; das solltest du b. nicht tun; dann geh ich b. * **jmdn. eines Besseren belehren** *(jmdm. zeigen, daß er im Irrtum ist)* · **sich eines Besseren besinnen** *(seinen Entschluß ändern).*

bessergehen ⟨es geht jmdm., einer Sache besser⟩: *jmd., etwas ist in einem besseren Zustand als vorher:* dem Kranken wird es bald b.; damals ist es dem Handwerk [finanziell] bessergegangen.

bessern: a) ⟨jmdn., etwas b.⟩ *besser machen:* wir müssen ihn zu b. suchen; damit besserst du nicht die Verhältnisse. **b)** ⟨sich b.⟩ *besser werden:* du mußt dich b., wenn du versetzt werden willst; ihr Zustand, ihre Laune, ihr Befinden bessert sich allmählich; das Wetter hat sich gebessert.

Besserung, die: *das Besserwerden:* eine B. der Verhältnisse zeichnet sich ab, ist [nicht] in Aussicht, ist zu erwarten; er befindet sich auf dem Wege der B.; einem Kranken gute B. wünschen; sich für eine B. der Zustände einsetzen.

Bestand, der: **1.** *das Bestehen; Fortdauer:* den B. der Firma sichern; sein Eifer hat keinen B., ist nicht von B. *(dauert nicht an, ist nicht dauerhaft).* **2.** *vorhandene Menge, Anzahl, Vorrat:* wie ist der B.?; den B. aufnehmen, erfassen, prüfen; die Bestände [an Waren] auffüllen, ergänzen, erneuern; den lebenden B., den B. an Vieh, an Rotwild schätzen, überprüfen, vergrößern. **3.** (Forstw.) *Waldteil mit gleichartiger Bepflanzung:* ein B. von Fichten; zwei Bestände wurden abgeholzt. * **der eiserne Bestand** *(Vorrat für den Notfall, der nicht angegriffen werden darf)* · **zum eisernen Bestand gehören** *(fester Bestandteil von etwas sein, unbedingt und immer dazugehören):* dieses Stück gehört zum eisernen B. des Spielplans.

beständig: a) *dauernd, ständig:* in beständiger Unruhe, Sorge, Gefahr leben; er klagt b. über Kopfschmerzen. **b)** *gleichbleibend:* ein beständiger (treuer) Freund; das Wetter ist heute b.; nichts auf der Welt ist b. **c)** *widerstandsfähig:* eine beständige Verbindung; ⟨etwas ist b. gegen etwas/gegenüber einer Sache⟩ dieses Material ist b. gegen/gegenüber Hitze, gegen Korrosion.

bestärken: a) ⟨jmdn. in einer Sache b.⟩ *jmdn. sicher machen:* er hat ihn in seiner Meinung, in seinem Irrtum [noch] bestärkt; dieses Ereignis bestärkte ihn in dem Vorsatz, nicht zurückzutreten. **b)** ⟨etwas bestärkt etwas⟩ *etwas fördert, verstärkt etwas:* diese Entdeckung bestärkte meinen Verdacht, daß ...

bestätigen: 1. a) ⟨etwas b.⟩ *für richtig, zutreffend erklären:* etwas ausdrücklich, schriftlich b.; die Meldung ist bisher amtlich, offiziell nicht bestätigt worden; das Berufungsgericht hat das erste Urteil bestätigt *(für gültig erklärt);* ⟨jmdm. etwas b.⟩ er bestätigte mir, daß sie einverstanden sei/ist. **b)** ⟨etwas bestätigt etwas⟩ *etwas erweist etwas als richtig:* dies bestätigt meinen Verdacht; er fand/sah seine Ansicht aufs neue, immer wieder bestätigt. **c)** ⟨etwas bestätigt jmdn. in einer Sache⟩ *etwas ist für jmdn. eine Bestätigung:* ihr Verhalten

bestätigte ihn in seinem Verdacht; ⟨auch ohne Präp.-Obj.⟩ das bestätigt mich; er fühlte sich bestätigt. **d)** ⟨etwas bestätigt sich⟩ *etwas erweist sich wahr, richtig:* die Nachricht, seine Befürchtung hat sich leider bestätigt. **2.** (Kaufmannsspr.) ⟨etwas b.⟩ *den Eingang einer Sendung o. ä. mitteilen:* einen Brief, ein Paket b.; hiermit bestätige ich den Empfang Ihres Schreibens vom ...; ich bitte, den Auftrag zu b. *(anzuerkennen).* **3.** ⟨jmdn. als jmdn., in etwas b.⟩ *als Inhaber eines Amtes o. ä. anerkennen:* die Regierung hat ihn im Amt bestätigt; er wurde als Bürgermeister bestätigt.

Bestätigung, die: *Nachweis der Richtigkeit:* das ist eine B. deiner Ansicht, für deine Auffassung; eine amtliche B. der Meldung war nicht zu erhalten; diese Befürchtungen fanden leider bald ihre B.

bestatten (geh.) ⟨jmdn. b.⟩: *[feierlich] beerdigen:* die Toten [in fremder Erde] b.

beste (Superlativ von *gut*): b. Qualität; mein bestes Kleid; sein bester Freund; das b. meiner Bücher; bei bester Laune sein; ich hatte nicht das b. *(kein gutes)* Gewissen dabei; die Sache ist in besten Händen; mit den besten Grüßen Ihr .../Briefschlußformel/; mit den besten Wünschen für ... /Wunschformel/; ein Kavalier im besten Sinne des Wortes; er handelte, antwortete nach bestem Wissen und Gewissen; sie konnte uns beim besten Willen *(sosehr sie sich auch mühte)* nicht helfen; im besten *(günstigsten)* Falle; sie zeigt sich heute von ihrer besten *(angenehmsten)* Seite; ein Mann in den besten *(mittleren)* Jahren; du hast ihn im besten *(tiefsten)* Schlaf gestört; ein junger Mann aus bestem *(sozial hochgestelltem)* Hause; es ist das b./am besten, wenn ...; Sie fahren am besten *(günstigsten)* mit dem Frühzug; ich halte es für das b., du schweigst; das mußt du selbst am besten wissen; es ist alles aufs b. *(bestens)* versorgt; mit seinem Geschäft steht es nicht zum besten *(ziemlich schlecht);* subst.: er ist der Beste *(der beste Schüler)* in der Klasse; die Mannschaft gab ihr Bestes; er versucht aus allem das Beste zu machen *(es so günstig wie möglich zu gestalten);* wir wollen das Beste hoffen; fast hätte ich das Beste *(das Wichtigste)* vergessen; ich tue mein Bestes; es geschieht nur zu deinem Bestes *(dein Wohlergehen);* es hat sich alles zum Besten gewendet, gekehrt; Herr Wirt, ein Glas vom Besten *(vom besten Wein)!;* aber meine Beste, wie kommen Sie mir vor? * **etwas zum besten geben** *(etwas zur Unterhaltung vortragen)* · **jmdn. zum besten haben/halten** *(jmdn. necken).*

bestechen ⟨jmdn. b.⟩: **1.** *durch unerlaubte Geschenke, Geldzuwendungen o. ä. für sich gewinnen:* einen Beamten b.; er hat die Zeugen mit Geld bestochen. **2.** *großen Eindruck auf jmdn. machen und für sich einnehmen:* er besticht alle durch sein elegantes Spiel; ihre Freundlichkeit bestach mich nicht; ⟨auch ohne Akk.⟩ sie besticht durch ihre Schönheit; adj. Part.: ein bestechendes Äußeres; subst.: etwas Bestechendes.

Bestechung, die: *das Bestechen:* einfache, schwere B.; die B. eines Zeugen; aktive B. (R e c h t s w.: *Angebot von Bestechungsgeldern o. ä. an eine Person im öffentlichen Dienst);* passive B. (R e c h t s w.: *Annahme von Bestechungs-*

geldern o. ä. im Zusammenhang mit einer Amtshandlung).

Besteck, das: **1. a)** *Satz von Löffel, Gabel, Messer:* silberne Bestecke; hier fehlt noch ein B.; noch ein B. auflegen. **b)** (ugs.) *Gesamtheit der zum Essen benutzten Geräte:* wir haben nicht genug B.; das ganze B. abwaschen, putzen, polieren. **2.** *Satz von medizinischen Geräten, Werkzeugen:* das ärztliche B.; das B. desinfizieren, steril machen.

bestehen: 1. ⟨etwas besteht⟩ *etwas existiert, ist vorhanden:* das Geschäft besteht 50 Jahre, seit 50 Jahren; bei dieser Konkurrenz kann der kleine Laden kaum b.; es besteht keine Vorschrift, wonach ...; es bestand die Aussicht, die Hoffnung, daß ...; etwas besteht zu Recht; es besteht der dringende Verdacht, daß ...; darüber besteht kein Zweifel; zur Zeit besteht große Nachfrage nach diesem Artikel; zwischen beidem besteht ein großer Unterschied. **2. a)** ⟨etwas besteht aus etwas⟩ *etwas ist aus etwas hergestellt, zusammengesetzt:* etwas besteht aus Metall, aus Kunststoff; der Roman besteht aus drei Teilen; übertr.: du bestehst nur noch aus Arbeit (ugs.; *du arbeitest nur noch*). **b)** ⟨in etwas b.⟩ *in etwas seinen Inhalt, seinen Wesenspunkt haben:* seine Aufgabe besteht im wesentlichen darin, die Arbeit zu planen; sein ganzes Leben bestand nur in Arbeiten und Dienen. **3. a)** ⟨etwas b.⟩ *etwas erfolgreich absolvieren:* einen Kampf b.; er hat das Examen mit „sehr gut", gerade noch bestanden; er hat schon manches Abenteuer, manche Gefahren bestanden (geh.; *durchgestanden, ertragen*). **b)** ⟨in etwas b.⟩ *sich bewähren:* er hat im Kampf, in der Gefahr, in der Auseinandersetzung großartig bestanden. **c)** ⟨mit Umstandsangabe; gewöhnlich in Verbindung mit „können"⟩ *sich behaupten; standhalten:* er konnte gegen ihn nicht b.; diese Marke kann neben unseren kaum b.; er kann [mit seiner Arbeit], diese Sache kann vor jedem Prüfer, vor jeder Prüfung, Kritik, vor den kritischsten Augen b.; er kann [damit] überall b. **4.** ⟨auf einer Sache/ (selten:) auf eine Sache b.⟩ *auf etwas beharren:* auf seinem Recht, auf der/(selten:) die Erfüllung des Vertrages b.; er besteht darauf, daß ...; auf seinem Willen, Standpunkt b.

bestehlen ⟨jmdn. b.⟩: *jmdm. etwas stehlen:* die Arbeitskollegen b.; ich bin [um 50 Mark] bestohlen worden.

besteigen: a) ⟨ein Tier, etwas b.⟩ *hinaufsteigen:* das Pferd, Fahrrad, die Kanzel, einen Turm, Berg b.; bildl.: den Thron b. *(die Herrschaft übernehmen).* **b)** ⟨etwas b.⟩ *über eine Treppe in etwas hineinsteigen:* den Zug, das Flugzeug b.

bestellen: 1. ⟨etwas b.⟩ **a)** *beantragen, veranlassen, daß etwas geliefert, gebracht wird:* Waren, Ersatzteile [bei der Firma] b.; das Gerät ist bestellt; die bestellten Sachen abholen; ein Bier, eine Flasche Sekt b.; ich habe mir/für mich ein Schnitzel bestellt; das Aufgebot b. *(beantragen);* sie hat sich etwas Kleines bestellt (scherzh.; *sie erwartet ein Kind),* ⟨auch ohne Akk.⟩ ich habe schon bestellt *(dem Kellner meine Wünsche mitgeteilt).* **b)** *reservieren lassen:* Karten b.; ich habe [im Restaurant] einen Tisch bestellt; sie hat ihm/für ihn im Hotelzimmer bestellt. **2.** ⟨jmdn. b.; mit Umstandsangabe⟩ *Ort, Zeitpunkt für jmds. Erscheinen*

festlegen: jmdn. in seine Praxis, zu sich [nach Hause] b.; ich bin auf, für, um 11 Uhr [zu ihm] bestellt?; er kam wie bestellt; er steht da wie bestellt und nicht abgeholt (ugs.; *steht verloren und ein wenig ratlos da*). **3. a)** ⟨jmdm. etwas b.⟩ *jmdm. etwas ausrichten:* jmdm. Grüße, eine Botschaft [von jmdm.] b.; er läßt Ihnen durch mich b., daß ...; ⟨auch ohne Dat.⟩ kann, soll ich etwas b.? **b)** ⟨veraltend⟩ ⟨etwas b.⟩ *etwas zustellen:* Post, Pakete b.; ⟨jmdm. etwas b.⟩ jmdm. die Zeitung b. **4. a)** ⟨jmdn. b.⟩ *jmdn. einsetzen:* einen Vertreter, Sonderbotschafter, Vikar b. **b)** ⟨jmdn. zu/als etwas b.⟩ *berufen, ernennen:* jmdn. zu seinem Nachfolger, zu seinem persönlichen Referenten, zum Verteidiger b.; er ist in dem Prozeß als Gutachter bestellt. **5.** ⟨etwas b.⟩ *etwas bearbeiten:* einen Acker, das Land b. * **es ist um jmdn., etwas/mit jmdm., mit etwas bestellt** ⟨mit Artangabe⟩ *(jmd., etwas ist in einem bestimmten Stadium):* mit ihm, um seine Gesundheit ist es schlecht bestellt · (ugs.:) **nichts/nicht viel zu bestellen haben** *(eine untergeordnete Rolle spielen).*

Bestellung, die: **1. a)** *Lieferauftrag:* eine große, umfangreiche B.; eine B. auf/über/von/(selten:) für 10 Tonnen Zement; die B. läuft *(wurde weitergeleitet);* heute gingen, liefen viele Bestellungen ein; eine B. aufgeben, entgegennehmen; alle Bestellungen wurden sofort erledigt; etwas nur auf B. anfertigen, liefern; b. *bestellte Ware:* Ihre B. ist eingetroffen. **2. a)** *jmd., der [zum Arzt] bestellt ist:* der Arzt hatte noch zwei Bestellungen. **b)** (veraltend) *Verabredung:* er hat heute abend noch eine B. **3.** *Berufung:* die B. der Richter, eines Verteidigers, Gutachters, Stellvertreters. **4.** *Botschaft, Nachricht:* eine B. [von jmdm.] ausrichten. **5.** *Bearbeitung:* die B. des Ackers, Bodens, der Felder.

bestens ⟨Adverb⟩: *aufs beste; ausgezeichnet:* etwas hat sich b. bewährt; es ist alles b. vorbereitet; ich danke Ihnen b. *(vielmals, herzlichst)* dafür.

bestimmen: 1. ⟨etwas b.⟩ *festsetzen, entscheiden:* etwas allein, sofort, willkürlich, nach Gutdünken b.; einen Termin, den Preis b.; was gemacht wird, bestimme ich; es wurde bestimmt, daß ...; er hat hier nichts zu b.; das Gesetz, Testament bestimmt, daß ... **2.** ⟨etwas b.⟩ *ermitteln; definieren:* die Bedeutung eines Wortes b.; etwas genau, wissenschaftlich, durch chemische Analyse b.; eine Pflanze, die Zusammensetzung eines Stoffes b. **3.** ⟨jmdn., etwas für/zu jmdm., etwas b.⟩ *für etwas vorsehen; ausersehen:* das Geld ist für Anschaffungen, zum Bezahlen der Versicherung bestimmt; jmdn. zu seinem Nachfolger b.; er ist zu Höherem/für Höheres bestimmt. **4.** ⟨über jmdn., über etwas b.⟩ *verfügen:* über etwas frei b. [können]; er allein bestimmt über das Geld, über die Verwendung des Geldes. **5. a)** ⟨jmdn., etwas b.⟩ *prägen, entscheidend beeinflussen:* das Christentum hat das mittelalterliche Weltbild bestimmt; das Gebirge bestimmt die Menschen dieser Gegend; sich sehr von seinen Gefühlen b. lassen. **b)** ⟨etwas bestimmt sich; mit Umstandsangabe⟩ *etwas wird von etwas beeinflußt:* die Investitionen bestimmen sich jetzt anders, nach Konjunkturlage. **6.** ⟨jmdn. zu etwas b.⟩ *jmdn. zu etwas bewegen, drängen:* jmdn. zum Bleiben, zur Annahme des Vergleichs b.

bestimmt: I. ⟨Adjektiv⟩ **1.** *feststehend, speziell; gewiß:* das ist ein ganz bestimmtes Buch, nicht irgendeins; ein bestimmter Betrag; an einem noch nicht bestimmten Ort zusammentreffen; von etwas eine bestimmte Vorstellung haben; du mußt dich bestimmter ausdrücken. **subst.**: etwas, nichts Bestimmtes vorhaben. **2.** *entschieden:* jmdn. höflich, aber b. hinausweisen; etwas in bestimmtem Ton, sehr b. sagen. **II.** ⟨Adverb⟩ *gewiß, sicher[lich]:* etwas b. wissen, nicht b. sagen können; ich glaube b., daß dies möglich ist; das ist ganz b. so.
Bestimmtheit, die: **a)** *Entschiedenheit:* die B. seines Auftretens beeindruckte; etwas mit [großer] B. sagen, erklären. **b)** *Gewißheit:* etwas [nicht] mit B. sagen können, wissen.
Bestimmung, die: **1. a)** *das Bestimmen, Festlegen:* die B. eines Termins, der Preise. **b)** *das Ermitteln; Klärung:* die B. der Echtheit eines Dokumentes, der Position eines Schiffes; die B. einer Pflanze, eines Begriffs; die B. des Schwerpunktes. **2.** (Sprachw.) *Satzteil in Form einer freien genaueren Angabe:* eine adverbiale, nähere B. **3.** *Anordnung, Vorschrift:* gesetzliche Bestimmungen; eine B. erlassen; beachten, verletzen, um-, übergehen; die Bestimmungen genau kennen; entgegen den Bestimmungen etwas tun; nach den Bestimmungen ist dies unzulässig. **4.** *das Bestimmtsein; Berufung:* eine höhere, göttliche B.; jmds. B. zum/als Gutachter gutheißen, kritisieren. **5.** *Ziel, Zweck:* etwas an den Ort seiner B. bringen; eine Brücke ihrer B. übergeben *(für den Verkehr freigeben);* etwas seiner B. zuführen.
bestrafen: a) ⟨jmdn. b.⟩ *jmdn. eine Strafe auferlegen:* jmdn. hart, schwer, streng, milde, mit Gefängnis b.; dafür ist er genug bestraft worden. **b)** ⟨etwas b.⟩ *mit einer Strafe belegen, ahnden:* den Ungehorsam b.; dieses Vergehen wird mit Gefängnis [von mehr über drei Monaten] bestraft.
bestrahlen ⟨jmdn., etwas b.⟩: *mit Strahlen behandeln:* jmdn., eine Entzündung, Geschwulst [mit Rotlicht, Ultrakurzwellen] b.
bestreben (geh.) ⟨sich b.; mit Infinitiv mit *zu*⟩: *sich ernsthaft bemühen, anstrengen, etwas zu tun:* er bestrebt sich eifrig, immer alles recht zu machen; (meist in der Verbindung) bestrebt sein: er ist bestrebt, die Kunden zufriedenzustellen.
Bestrebung, die ⟨meist Plural⟩: *ernsthaftes Bemühen:* revolutionäre Bestrebungen; es sind Bestrebungen im Gange, eine Partei zu gründen.
bestreichen: ⟨etwas mit etwas b.⟩ *etwas auf etwas streichen:* etwas mit Salbe, mit Isolierfarbe b.; das Brot ist mit Butter bestrichen.
bestreiten: 1. a) ⟨etwas b.⟩ *etwas für nicht zutreffend erklären:* eine Behauptung entschieden, energisch, mit allem Nachdruck b.; das hat noch nie jemand bestritten; es/die Tatsache läßt sich nicht b., daß ... **b)** ⟨jmdm. etwas b.⟩ *jmdm. etwas streitig machen:* jmdm. das Recht auf Freiheit b. **2. a)** *finanzieren:* etwas allein b.; den Aufwand, die Kosten b.; sein Studium bestreiten die Eltern. **b)** *gestalten, durchführen, abhalten:* er bestreitet das Programm, den ganzen Abend [allein]; die Mannschaft hat ein schweres Spiel zu b.
bestürmen: 1. ⟨etwas b.⟩ *gegen etwas anstürmen:* eine Stadt, Festung b.; **Sport**: die Mannschaft bestürmte pausenlos das gegnerische Tor.

2. ⟨jmdn. mit etwas b.⟩ *jmdn. mit etwas bedrängen:* jmdn. mit einer Bitte, mit einem Anliegen, mit Fragen b.
bestürzen ⟨etwas bestürzt jmdn.⟩: *etwas erschreckt, erschüttert jmdn.:* diese Nachricht, seine Krankheit hat uns alle bestürzt; **adj. Part.**: bestürzende Nachrichten; sich über etwas bestürzt zeigen; man sah überall bestürzte Gesichter.
Bestürzung, die: *Erschütterung:* die B. war groß; etwas erregt allgemeine B., ruft B. hervor.
Besuch, der: **1. a)** *das Besuchen:* ein eintägiger, längerer, offizieller B.; sein B. galt der Tochter; das war der erste B. seit drei Jahren; jmdm. einen B. abstatten; [bei jmdm.] einen B. machen; er erwartet den B. *(Hausbesuch)* des Arztes; seinen B. ankündigen; jmdm. mit seinem B. beehren (geh.); auf/zu B. kommen; [bei jmdm.] auf/zu B. sein. **b)** *das Teilnehmen:* der regelmäßige B. des Gottesdienstes, der Messe, des Theaters; der B. der Schule ist Pflicht. **c)** *das Aufsuchen, Besichtigen:* der B. eines Restaurants; auf dem Programm steht ein B. alter Schlösser. **2.** *Gastperson[en]:* hoher, gern gesehener, ausländischer B.; der B. wartet in der Diele, ist wieder abgereist; wir bekommen, erwarten heute abend B.; den B. [an]melden, empfangen, zum Flughafen bringen.
besuchen: a) ⟨jmdn. b.⟩ *jmdn. aufsuchen und dort einige Zeit verweilen:* jmdn. zu Hause, kurz, öfter b.; seinen Freund, einen Kranken, die Kunden b.; der Arzt besucht seine Patienten *(macht bei ihnen Hausbesuche).* **b)** ⟨etwas b.⟩ *an etwas teilnehmen:* ein Konzert b.; eine Schule, den Unterricht, eine Universität mehrere Jahre b.; die Veranstaltung war gut besucht. **c)** ⟨etwas b.⟩ *etwas zu einem bestimmten Zweck aufsuchen:* Kirchen, Schlösser, Ausstellungen b.; er besucht häufig dieses Restaurant.
betätigen: 1. ⟨sich b.; mit Umstandsangabe⟩ *sich beschäftigen:* sich eifrig, künstlerisch, politisch, als Vermittler, in der Partei, bei den Vorbereitungen b.; du kannst dich hier, gleich b. (ugs.; *hier, gleich mithelfen).* **2.** ⟨etwas b.⟩ *etwas bedienen:* etwas wird automatisch, mit der Hand betätigt; einen Hebel, Schalter, die Bremse b.
betäuben: a) ⟨jmdn., etwas b.⟩ *schmerzunempfindlich machen:* jmdn., einen Nerv örtlich b.; der Arzt hat ihn vor der Operation [durch eine Narkose, mit einer Narkose] betäubt; **bildl.**: seinen Kummer, sein Gewissen durch/(auch:) mit Alkohol b. *(zu verdrängen suchen);* sie versuchte sich durch Arbeit zu b. **b)** ⟨jmdn. b.⟩ *jmdn. bewußtlos machen:* jmdn. mit einem Schlag, mit Äther b.; sich wie betäubt fühlen; **bildl.**: ein betäubender *(berauschender)* Duft.
beteiligen: a) ⟨sich an etwas b.⟩ *Teilnehmer sein; mitwirken:* sich an einem Spiel, Preisausschreiben b.; sich rege, lebhaft an der Diskussion b.; er soll an dem Überfall beteiligt gewesen sein; die Firma hat sich mit einer halben Million Mark an dem Auftrag beteiligt; direkt, finanziell, innerlich an etwas beteiligt sein; er ist an dem Unternehmen, an der Firma beteiligt *(ist Teilhaber).* **subst.**: eine für alle Beteiligten *(Betroffenen)* befriedigende Lösung. **b)** ⟨jmdn. an etwas b.⟩ *teilhaben lassen:* jmdn. am Gewinn, am Umsatz b.; er ist an der Erbschaft [mit] beteiligt.
Beteiligung, die: **a)** *das Teilnehmen, Sichbeteili-*

gen: die B. war schwach, gering; seine B. an etwas zusagen; eine B. *(einen Anteil)* an dem Unternehmen erwerben; die Veranstaltung fand unter großer B. der Bevölkerung statt. **b)** *das Beteiligtwerden:* eine B. am Gewinn, Umsatz zusichern.

beten: **a)** *ein Gebet sprechen, mit einem Gebet um Hilfe o. ä. bitten:* laut, andächtig b.; zu Gott, für den Frieden, um eine gute Ernte b.; laßt uns b.! **b)** ⟨etwas b.⟩ *als Bitte an Gott richten:* das Vaterunser, den Rosenkranz b.

beteuern ⟨etwas b.⟩: *nachdrücklich versichern:* seine Unschuld b.; sie beteuerte unter Tränen, daß sie mit der Sache nichts zu tun habe; ⟨jmdm. etwas b.⟩ er beteuerte ihr seine Liebe.

betiteln: a) ⟨etwas b.⟩ *etwas mit einem Titel versehen:* einen Aufsatz, ein Buch b.; wie ist die Schrift betitelt? **b)** ⟨jmdn. b.⟩ *jmdn. mit einem Titel anreden:* jmdn. [mit] Professor, Herr Rat b. **c)** (ugs.) *nennen, beschimpfen:* er betitelte ihn [mit] Saukerl.

betonen ⟨etwas b.⟩: **a)** *auf etwas den Akzent setzen, legen:* ein Wort richtig, falsch b.; eine betonte Silbe; ein [schwach] betonter Taktteil. **b)** *unterstreichen, hervorheben:* seinen Standpunkt, seine großen Erfahrungen b.; eine Sache zu stark b.; diese Schule betont *(legt den Schwerpunkt auf)* die musische Erziehung; ich habe wiederholt betont, daß ich so etwas nicht dulde; adj. Part.: *ausdrücklich, bewußt:* sich mit betonter Einfachheit, sich betont einfach kleiden.

betören ⟨jmdn. b.⟩: *jmdn. berauschen, verführen:* jmdn. mit Blicken b.; ein betörender Duft; sie lächelte betörend.

Betracht (in den Verbindungen) **jmdn., etwas in Betracht ziehen** *(etwas berücksichtigen, jmdn., etwas in Erwägung ziehen)* · **jmdn., etwas außer Betracht lassen** *(jmdn., etwas unbeachtet lassen)* · **etwas kommt [nicht] in Betracht** *(etwas wird als Möglichkeit [nicht] beachtet, berücksichtigt)* · **außer Betracht bleiben** *(unberücksichtigt bleiben).*

betrachten: a) ⟨jmdn., sich, etwas b.⟩ *längere Zeit ansehen:* jmdn. lange, neugierig, ungeniert, genau, aufmerksam, schweigend, staunend, mißtrauisch, mitleidig, von oben bis unten, mit Kennermiene b.; ein Bild, ein Bauwerk eingehend b.; jmdn. unauffällig, von der Seite, aus nächster Nähe b.; sich im Spiegel b. **b)** ⟨jmdn., etwas als etwas b.⟩ *für etwas halten:* er betrachtet sich als mein/(auch:) meinen Freund; jmdn. als Verbündeten, als einen Betrüger b.; jmdn. als enterbt, als politisch tot b. **c)** ⟨etwas b.⟩ *genauer erörtern, beurteilen:* etwas einseitig, objektiv, von zwei Seiten, unter einem anderen Aspekt b.; die finanzielle Situation der Firma b.; genau betrachtet, ist die Sache etwas anders.

beträchtlich: *erheblich:* eine beträchtliche Summe; der Schaden ist b.; er hat die Miete b. erhöht; er fuhr b./um ein beträchtliches *(sehr viel)* schneller als b.

Betrachtung, die: **1.** *das Betrachten:* erst bei genauerer B. erkennt man die Struktur; in die B. eines Bildes versunken sein. **2.** *Überlegung, Untersuchung:* kritische Betrachtungen; eine B. der sozialen Situation; Betrachtungen anstellen; sich in Betrachtungen verlieren.

Betrag, der: *bestimmte Geldsumme:* ein hoher, geringer, niedriger B.; ein B. [in Höhe] von 100

Mark; einen bestimmten B. bezahlen, von der Steuer absetzen; größere Beträge werden überwiesen; ein Scheck über einen B. von 100 DM.

betragen: 1. ⟨etwas beträgt etwas⟩ *etwas beläuft sich auf:* die Rechnung, das Gehalt, der Schaden beträgt 1 000 Mark; die Entfernung beträgt zwei Kilometer; die Differenz betrug nur wenige Zentimeter. **2.** ⟨sich b.; mit Artangabe⟩ *sich benehmen:* sich schlecht, ordentlich, vorbildlich b.; er hat sich ihr gegenüber ungebührlich betragen.

Betragen, das: *Benehmen:* ein anständiges, schlechtes, ungehöriges B.; sein B. war unmöglich; jmds. B. läßt zu wünschen übrig; er hat in B. (im Zeugnis) eine Eins; jmdn. wegen seines Betragens rügen.

betrauen ⟨jmdn. mit etwas b.⟩: *jmdn. etwas übertragen, ihn mit etwas beauftragen:* jmdn. mit der Leitung eines Unternehmens b.; er wurde mit neuen Aufgaben betraut; man hat ihn damit betraut, den Verband neu zu organisieren.

betreffen /vgl. betroffen/: **1.** ⟨etwas betrifft jmdn., etwas⟩ *etwas geht jmdn. an; etwas bezieht sich auf etwas:* diese Sache, die neue Verordnung betrifft jeden; diese Vorwürfe betreffen mich nicht; adj. Part.: der betreffende *(zuständige)* Sachbearbeiter; ⟨auch schon wie eine Präp. mit Akk.⟩ unser Schreiben betreffend den Bruch des Vertrages. **2.** (geh.) **a)** ⟨etwas betrifft jmdn., etwas⟩ *etwas widerfährt jmdm., einer Sache:* ein Unglück, ein Schicksalsschlag hat die Familie betroffen; das Land wurde von einem schweren Erdbeben betroffen *(heimgesucht);* subst. Part.: das ist schmerzlich für die Betroffenen. **b)** ⟨etwas betrifft jmdn.; mit Artangabe⟩ *etwas trifft jmdn. in bestimmter Weise:* diese Äußerung hat ihn schmerzlich, tief betroffen. **3.** (geh. veraltend) ⟨jmdn. b.; mit Umstandsangabe⟩ *ertappen:* jmdn. bei etwas, in einer bestimmten Situation b.

betreffs (Papierdt.) ⟨Präp. mit Gen.⟩: *bezüglich:* einen Antrag b. [eines] Zuschusses; Ihr Schreiben b. Steuerermäßigung.

betreiben ⟨etwas b.⟩: **a)** *[beruflich] ausüben:* einen schwungvollen Handel, ein Gewerbe b.; ein Geschäft, ein Lokal b. *(führen);* den Sport als Beruf b. **b)** *vorantreiben:* etwas ernsthaft, energisch, mit Hochdruck b.; einen Prozeß, den Umbau b. **c)** (Technik) ⟨mit Umstandsangabe⟩ *etwas antreiben:* etwas elektrisch, mit Dampf b.; ein atomar betriebenes Schiff. * **auf jmds. Betreiben [hin]** *(auf jmds. Veranlassung [hin]).*

¹**betreten** ⟨etwas b.⟩: **a)** *auf etwas treten:* den Rasen, das Spielfeld nicht b.; ein zweiter Schauspieler betrat die Bühne; übertr.: damit betreten wir ein noch unerforschtes Gebiet. **b)** *in etwas hineingehen:* das Zimmer, den Saal, das Geschäft b.; ich werde sein Haus nie mehr betreten; subst.: [das] Betreten der Halle [ist] verboten!

²**betreten:** *verlegen, peinlich berührt:* es herrschte betretenes Schweigen; über diese Äußerung waren einige sehr b.; jmdn. b. ansehen.

betreuen ⟨jmdn., etwas b.⟩: *in seine Obhut nehmen; für jmdn., etwas die Verantwortung haben:* Kinder, alte Leute, Tiere b.; die Mannschaft wird von einem bekannten Trainer betreut; wer betreut dieses Arbeitsgebiet?

Betrieb, der: **1. a)** *industrielles, gewerbliches o. ä. Unternehmen:* ein privater, staatlicher, mittelständischer, bäuerlicher B.; der B. beschäftigt 500 Leute, arbeitet mit Gewinn; einen B. erweitern, stillegen, verlagern, rationalisieren; in einem kleineren B. arbeiten. **b)** *Belegschaft eines Unternehmens:* der ganze B. gratulierte ihm, war versammelt. **2.** *Tätigkeit; das In-Funktion-Sein, Arbeiten:* ein vollautomatischer B.; der B. war eine Stunde lang unterbrochen; den B. stören, einstellen; etwas in B. nehmen *(mit etwas zu arbeiten beginnen);* etwas in/außer B. setzen; etwas ist in/außer B **3.** *Betriebsamkeit, Unruhe, Trubel:* in dem Lokal war viel, großer B.; auf dem Bahnhof herrschte ein furchtbarer B.; bei diesem B. kann ich nicht arbeiten.

betrinken ⟨sich b.⟩: *bis zum Rausch Alkohol trinken:* sich sinnlos, aus Kummer b.; adj. Part.: ein betrunkener Fahrer; er war [völlig] betrunken, torkelte betrunken nach Hause.

betroffen: *unangenehm überrascht:* ein betroffenes Gesicht machen; er war sehr b., als er das hörte; jmdn. b. anblicken.

betrüben ⟨jmdn. b.⟩: *traurig machen, bekümmern:* jmdn. mit einer Nachricht, durch sein Verhalten b.; der Brief hat sie sehr betrübt; (geh. veraltend auch:) ⟨sich b.⟩ er hat sich [darüber] sehr betrübt *(ist sehr traurig geworden);* adj. Part.: ein betrübtes Gesicht machen; über etwas betrübt sein; betrübt dreinblicken.

betrüblich: *traurig stimmend:* eine betrübliche Nachricht; etwas ist b., sieht b. aus.

Betrug, der: *Täuschung, Unterschlagung:* ein raffiniert angelegter, ausgeführter B.; das ist B.; B. begehen; jmdn. B. aufdecken, durchschauen; auf jmds. B. hereinfallen; etwas durch B. gewinnen; er ist wegen mehrfachen Betruges angeklagt. * ein frommer Betrug: **a)** *(Selbsttäuschung durch den Versuch, sich etwas in Wirklichkeit Unrealisierbares einzureden).* **b)** *(Täuschung eines anderen in guter Absicht).*

betrügen: a) ⟨jmdn., etwas b.⟩ *täuschen, hintergehen:* einen Kunden, Geschäftspartner, eine Firma b.; sie hat ihren Mann betrogen *(die Ehe gebrochen);* den Staat b. *(ugs.; zu wenig Steuern bezahlen);* sich selbst b. *(sich Selbsttäuschungen hingeben);* sich in etwas betrogen sehen; ⟨auch ohne Akk.⟩ er betrügt öfter. **b)** ⟨jmdn. um etwas b.⟩ *jmdn. um etwas bringen:* jmdn. um 100 Mark, um sein ganzes Geld, um sein Recht b.

Bett, das: **1.** *Möbelstück zum Schlafen:* ein langes, breites, flaches, französisches B.; Betten *(Bettgestelle)* aus Eiche, Eisen; das B. ist breit, zu kurz für mich; ein B. aufstellen, aufschlagen; jmdm. das Frühstück ans B. bringen; auf dem B. sitzen; aus dem B. springen, steigen, klettern; nur schwer aus dem B. kommen *(ungern aufstehen);* jmdn. [nachts] aus dem B. holen, klingeln; die Kinder ins B. bringen, schicken; marsch ins B.!; sich ins B. legen; ins/zu B. gehen; sich im B. aufrichten, umdrehen, herumwälzen; er liegt schon fünf Tage im B. *(ist schon fünf Tage lang krank);* ein Hotel mit 60 Betten. **2.** *Federbett:* ein leichtes, schweres, dickes B.; die Betten sind frisch bezogen, überzogen, sind mit echten Federn gefüllt, gestopft; die Betten [auf]schütteln, sonnen, lüften, abziehen; die Betten machen, bauen (ugs.; machen). **3.** *Flußbett:* ein enges, breites, tiefes B.; der Fluß ist sein B. verlassen, sich ein neues B

gesucht. * **das Bett hüten müssen/ans Bett gefesselt sein** *(wegen Krankheit im Bett bleiben müssen)* · (ugs.:) **mit jmdm. ins Bett gehen/steigen** *(mit jmdm. Geschlechtsverkehr haben)* · **sich ins gemachte Bett legen** *(seine Existenz auf etwas bereits Bestehendes aufbauen).*

betteln: 1. *um eine Gabe bitten:* **a)** auf der Straße, an den Türen b.; er geht b. **b)** ⟨um etwas b.⟩ um Geld, um ein Almosen, um ein Stück Brot b. **2.** ⟨um etwas b.⟩ *jmdn. um etwas inständig bitten:* um Gnade, Verzeihung b.; die Kinder betteln darum, mitgehen zu dürfen; subst.: sich aufs Betteln verlegen.

Bettelstab ⟨in den Wendungen⟩ **an den Bettelstab kommen** *(völlig verarmen)* · **jmdn. an den Bettelstab bringen** *(jmdn. finanziell ruinieren).*

betten ⟨jmdn., sich, etwas b.; mit Umstandsangabe⟩ *behutsam hinlegen, zur Ruhe legen:* den Kranken in die Kissen b., weich b.; jmdn. auf das Sofa/(seltener:) auf dem Sofa b.; sie bettete ihren Kopf an seine/(seltener:) an seiner Schulter; R: wie man sich bettet, so liegt/schläft man; sie betteten ihn in die Erde *(begruben ihn);* bild l.: du hast dich weich gebettet (ugs.; *bist durch Heirat in gute Verhältnisse gekommen);* (geh.:) das Dorf ist in grüne Wiesen gebettet.

beugen: 1. a) ⟨jmdn., sich, etwas b.⟩ *biegen, krümmen:* den Arm, den Nacken, den Kopf, die Knie b.; sie beugte sich, als B. hätte er, hat seinen Rücken gebeugt; Rumpf beugt! /Kommando beim Turnen/; eine vom Alter gebeugte Gestalt. **b)** ⟨sich, etwas b.⟩ *neigen:* sich nach vorn, aus dem Fenster, über den Tisch b.; sie beugte den Kopf über das Buch. **2.** ⟨sich jmdm., einer Sache b.⟩ *sich fügen:* sich jmds. Willen, Urteil b.; sich der Gewalt b.; er wird sich dir nicht b. **3.** (Rechtsw.) ⟨etwas b.⟩ *willkürlich auslegen:* das Recht, das Gesetz b.

Beule, die: **a)** *Anschwellung des Gewebes:* er hat eine B. an der Stirn, bekam eine B., hat sich beim Sturz eine B. geholt (ugs.). **b)** *durch Stoß oder Schlag entstandene Unebenheit:* eine B. im Kotflügel ausklopfen; die Kanne war voller Beulen, hatte mehrere Beulen.

beunruhigen ⟨jmdn. b.⟩ *in Unruhe, Sorge versetzen:* ihr Ausbleiben beunruhigt mich; allein der Gedanke daran beunruhigte ihn sehr; sie war über ihn, wegen dieser Sache tief beunruhigt; laß dich davon nicht b.! **b)** ⟨sich b.⟩ *unruhig werden, sich Sorgen machen:* du brauchst dich deswegen, ihretwegen nicht zu b.

beurlauben ⟨jmdn. b.⟩ **a)** *jmdm. Urlaub geben:* einen Schüler [für ein paar Tage] b.; ich muß mich für den Umzug b. lassen. **b)** *vorläufig von seinen Dienstpflichten entbinden:* der Beamte wurde bis zur Klärung der Angelegenheit beurlaubt. **2.** (veraltet) ⟨sich b.⟩ *sich verabschieden; sich entfernen:* gleich nach dem offiziellen Empfang beurlaubte ich mich.

beurteilen ⟨jmdn., etwas b.⟩: *ein Urteil über jmdn., über etwas abgeben:* jmds. Arbeit, Leistung b.; einen Menschen nach seinem Äußern, nach seiner Kleidung b.; er hat die Angelegenheit klar, richtig, gerecht, [zu] günstig, sachlich, streng, falsch beurteilt; das ist schwer, kaum zu b.; ob er recht hat, kann ich nicht b.

Beute, die: **a)** *durch Gewalt, Diebstahl o. ä. Er-*

beutetes: die kranken Tiere waren eine leichte, sichere B. für ihre Verfolger; die B. in Sicherheit bringen, verteilen; sie teilten die B. unter sich; die Polizei konnte den Dieben ihre Beute wieder abnehmen, abjagen; B. machen *(etwas erbeuten);* die Jäger machten reiche Beute; fette (ugs.; *reiche)* B. machen; auf B. ausgehen; die Räuber entkamen mit der B., kehrten, mit B. beladen, heim. **b)** *Opfer:* das Raubtier stürzte sich auf seine B.; ü b e r t r .: sie wurden eine B. ihres Leichtsinns.

Beutel, der: *sackartiger Behälter:* ein voller, leerer, lederner B.; Tabak in den B. tun, stopfen; die Wäsche in den B. stecken. * (ugs.:) **tief in den Beutel greifen müssen** *(viel zahlen müssen).*

bevölkern: 1. a) ⟨etwas b.⟩ *in etwas wohnen, etwas besiedeln:* die Erde, ein Land, ein Gebiet b.; damals bevölkerten noch die Kelten das Land; ein sehr dicht, schwach, nur wenig bevölkertes Land; ein von Einwanderern bevölkerter Landstrich. **b)** ⟨etwas mit jmdm. b.⟩ *mit Menschen besiedeln:* ein Land mit Ansiedlern b. **2. a)** ⟨etwas b.⟩ *in großer Zahl füllen:* Ausflügler bevölkerten alle Lokale; im Sommer ist der Strand, die Insel von Touristen bevölkert. **b)** ⟨etwas bevölkert sich⟩ *etwas belebt sich mit Menschen:* nach dem Kriege bevölkerte sich das Land allmählich wieder; das Schwimmbad bevölkerte sich [mit Besuchern].

Bevölkerung, die: *alle Bewohner eines bestimmten Gebietes:* die städtische, ländliche, arbeitende, die männliche B.; die B. nahm zu, ab, ist stark gewachsen; aus allen Kreisen der B.; er wurde unter starker Anteilnahme der B. beerdigt.

bevor ⟨Konj.⟩ /drückt aus, daß etwas zeitlich vor etwas anderem geschieht/: b. wir abreisen, müssen wir noch viel erledigen; kurz b. er starb, habe ich ihn noch besucht /mit konditionaler Nebensinn nur verneint/: b. du nicht unterschrieben hast, lasse ich dich nicht heraus.

bevormunden ⟨jmdn. b.⟩: *jmdm. vorschreiben, was er tun soll:* er meint, er könne andere b.; ich lasse mich von niemandem b.

bevorstehen ⟨etwas steht bevor⟩: *etwas wird bald geschehen:* seine Abreise, das Fest stand [unmittelbar, nahe] bevor; bevorstehende Wahlen; ⟨etwas steht jmdm. bevor⟩ mir steht einiges bevor; er wußte nicht, was ihm bevorstand.

bevorzugen ⟨jmdn., etwas b.⟩: *lieber mögen; den Vorzug vor anderen oder anderem geben:* er bevorzugt Pfälzer Wein; das jüngste Kind wurde vor den anderen bevorzugt; a d j. P a r t .: eine bevorzugte Stellung; bevorzugt *(vorzugsweise)* bleifreies Benzin tanken; bevorzugt Anwendung finden; jmdn. bevorzugt *(vorrangig)* bedienen.

bewachen ⟨jmdn., etwas b.⟩: *über jmdn., über etwas wachen; jmdn., etwas beaufsichtigen:* die Grenze b.; der Hund bewacht das Haus; die Gefangenen werden scharf, streng bewacht, von Aufsehern bewacht; ein bewachter Parkplatz.

bewaffnen ⟨jmdn., sich, etwas b.⟩: *mit Waffen versehen:* die Gangster hatten sich mit Maschinenpistolen bewaffnet; die Rebellen waren bewaffnet; ü b e r t r . (scherzh.): die Touristen waren mit Kameras bewaffnet; ich bewaffnete mich mit einem Regenschirm, mit einem Löffel · a d j. P a r t .: bewaffneter Widerstand; ein bewaffneter Angriff, Konflikt.

bewahren: 1. ⟨jmdn., etwas vor etwas b.⟩ *behüten, schützen:* jmdn. vor Schaden, vor Krankheit, vor einem Verlust, vor Enttäuschungen b.; er bewahrte ihn davor, eine (n i c h t k o r r e k t: keine) Dummheit zu machen; Gott bewahre mich davor, so etwas zu tun!; mögst du vor allem Unglück bewahrt bleiben (geh.)! **2.** (geh. selten) ⟨etwas b.; mit Raumangabe⟩ *aufbewahren:* Schmuck in einem Kasten bewahren; ü b e r t r .: etwas im Gedächtnis b. *(nicht vergessen).* **3.** *erhalten, [bei]behalten:* **a)** ⟨etwas b.⟩ Ruhe, die Fassung, Haltung b.; ruhig Blut b.; einen klaren Kopf b.; Diskretion b.; Stillschweigen über etwas b. **b)** ⟨jmdm. etwas b.⟩ dem Freund die Treue b. *(halten);* wir werden ihm ein ehrendes Andenken b. **c)** ⟨sich (Dativ) etwas b.⟩ sie hat sich ihre Frische, ihren Humor bewahrt; er konnte sich eine gewisse Selbständigkeit gegenüber seinem Vorgesetzten b.

bewähren ⟨sich b.⟩: *sich als brauchbar, geeignet erweisen:* es muß sich erst noch b.; er hat sich als treuer Freund bewährt; diese Einrichtung bewährte sich [gut], hat sich nicht bewährt; a d j. P a r t .: ein bewährter Mitarbeiter; ein [seit langem] bewährtes Mittel; das Orchester stand unter der bewährten Leitung seines Dirigenten.

bewahrheiten ⟨etwas bewahrheitet sich⟩: *etwas erweist sich als wahr, richtig:* das Gerücht, unsere Vermutung scheint sich zu b.

Bewahrung, die: *das Sichbewähren:* er muß eine Möglichkeit zur B. erhalten; R e c h t s w .: drei Monate Gefängnis mit, auf, ohne B. *(Bewährungsfrist);* die Strafe zur B. aussetzen.

bewältigen ⟨etwas b.⟩: *mit etwas Schwierigem fertig werden; etwas meistern:* eine Arbeit, ein Pensum, Schwierigkeiten, Probleme b.; er hat die schwere Aufgabe, den Lernstoff spielend bewältigt; der Zug bewältigt (geh.) die Strecke in 5 Stunden; ü b e r t r .: die Vergangenheit b.; die große Portion war kaum zu b. *(aufzuessen).*

bewandert ⟨in der Verbindung⟩ in etwas, auf einem Gebiet bewandert sein: *besonders erfahren sein:* er ist in Geschichte, auf dem Gebiet der Literatur gut b.; ⟨auch ohne Präp.-Obj.⟩ er ist sehr bewandert; ⟨auch attributiv⟩ ein in allen einschlägigen Arbeiten bewanderter Fachmann.

Bewandtnis, die ⟨in der Verbindung⟩ mit jmdm., mit etwas hat es [s]eine eigene/besondere Bewandtnis, hat es folgende Bewandtnis: *für jmdn., für etwas sind besondere/folgende Umstände maßgebend:* mit diesem Mann, mit diesem Brief hat es eine eigene B.; mit seiner Herkunft hat es folgende B.; was hat es damit für eine B.?

¹bewegen, bewegte, bewegt: **1. a)** ⟨etwas b.⟩ *in Bewegung bringen, versetzen:* einen Arm, ein Bein b.; der Wind bewegte die Fahnen, die Blätter, die Wellen, das Meer; sie bewegte beim Sprechen kaum die Lippen; a d j. P a r t .: die See war leicht, stark bewegt; ü b e r t r .: *(ereignisreiche)* Zeiten; ein bewegtes *(stürmisches)* Leben; sie hat eine bewegte (verhüll.; *moralisch nicht einwandfrei)* Vergangenheit. **b)** ⟨sich b.⟩ *in Bewegung sein:* sich schnell, langsam, heftig, träge, mit Mühe b.; die Blätter bewegen sich im Wind; er konnte sich [vor Schmerzen] kaum b.; der Schlafende hat sich kaum bewegt. **c)** ⟨etwas b.⟩ *von einer Stelle wegschaffen:* er konnte die Kiste kaum [von der Stelle] b.; bei den Bauarbeiten wurden viele tausend Kubikmeter Erde bewegt; ⟨ein Pferd b.⟩ die Pferde müssen unbedingt bewegt werden *(sie müssen Bewegung haben)*. **d)** ⟨sich b.⟩ *eine Bewegung, Bewegungen ausführen:* sich auf und ab, hin und her b.; sich im Kreis b.; ich muß mich noch ein bißchen b. (ugs.; *an die Luft gehen);* du mußt dich mehr b. *(mehr spazierengehen, dir mehr Bewegung verschaffen);* **e)** ⟨sich b.; mit Raumangabe⟩ *sich an einen anderen Ort begeben:* ein langer Zug von Menschen bewegt sich zum Friedhof; die Erde bewegt sich um die Sonne; übertr.: die Ausführungen des zweiten Redners bewegten sich in der gleichen Richtung; der Preis bewegt sich *(schwankt)* zwischen zehn und zwanzig Mark. **f)** ⟨sich b.; mit Artangabe⟩ *umhergehen; sich verhalten:* er durfte sich [innerhalb des Lagers] frei bewegen; sie bewegt sich noch etwas ungeschickt [auf dem Eis; bildl.: er bewegte sich mit großer Sicherheit auf dem diplomatischen Parkett. **2. a)** ⟨etwas bewegt jmdn.⟩ *etwas beschäftigt jmdn.; rührt jmdn. an:* seine Worte haben uns tief bewegt; wir wissen nicht, was ihn so heftig bewegt hat; er dankte mit bewegten Worten *(gerührt).* **b)** ⟨etwas bewegt jmdn.⟩ *etwas beschäftigt jmdn.:* dieser Gedanke bewegt mich seit langem; wir sprachen über Fragen, die uns alle bewegen. **c)** ⟨geh.⟩ ⟨etwas b.; mit Raumangabe⟩ *bei sich bedenken:* er bewegte die Worte, das Gehörte, Erfahrene in seinem Innern, in seinem Herzen (veraltet), Gemüt (veraltet). **3.** ⟨etwas bewegt sich⟩ *etwas kommt in Bewegung, verändert sich:* in der Sache hat sich bis jetzt nichts, kaum etwas bewegt; es bewegt sich etwas. **4.** ⟨etwas b.⟩ *durch aktives Eingreifen verändern:* der neue Mann hat schon einiges bewegt.

²**bewegen**, bewog, bewogen ⟨jmdn., etwas zu etwas b.⟩: *veranlassen:* jmdn. zur Umkehr, zum Einlenken b.; er ließ sich nicht b. zu bleiben; was hat ihn wohl zur Abreise bewogen?; der Brief bewog ihn dazu, zurückzukehren; ich fühle mich nicht bewogen, hier einzugreifen.

beweglich: 1. *[leicht] bewegbar:* ein beweglicher Ring, Griff; die Puppe hat bewegliche Glieder; übertr.: seine bewegliche *(transportierbare)* Habe; bewegliche Güter; Ostern und Pfingsten sind bewegliche *(nicht an ein festes Datum gebundene)* Feste, Feiertage · der Hebel ist nur schwer b. **2.** *wendig, schnell reagierend:* ein beweglicher Verstand; er ist [geistig] sehr b.

Bewegung, die: 1. *das Bewegen:* **a)** *Veränderung der Lage:* eine plötzliche, ruckartige, lebhafte, blitzschnelle, ruhige, gemessene, langsame, müde B.; ihre Bewegungen sind anmutig, elegant, geschmeidig, ungeschickt, plump; sie machte eine ungeduldige, abwehrende B. [mit der Hand]; eine Maschine in B. *(in Gang)* setzen; sie zog ihren Arm mit einer unwilligen B. zurück; er wischte alle Schwierigkeiten mit einer lässigen B. beiseite. **b)** *das [Sich]bewegen:* eine gleichmäßig beschleunigte B.; sich B. machen *(spazierengehen);* der Kranke hat zu wenig B.; der Arzt verordnete ihm viel B. in frischer Luft; die ganze Stadt war in B. *(viele Menschen waren auf der Straße);* der Zug setzte sich in B.; die Erdmassen gerieten in B. **2.** *inneres Ergriffensein, Rührung, Erregung:* er konnte seine [innere] B. nicht ver-

bergen, unterdrücken; sein Spiel löste große B. unter den Zuschauern aus; ihre Stimme zitterte vor B. **3. a)** *gemeinsames Bestreben einer Gruppe:* die liberale B. des 19. Jahrhunderts. **b)** *Gruppe mit gemeinsamem Ziel:* eine B. ins Leben rufen; sich einer revolutionären B. anschließen.

Beweis, der: a) *Nachweis der [Un]richtigkeit:* ein schlüssiger, untrüglicher unwiderlegbarer, sprechender, schlagender B.; die Beweise sprechen gegen ihn; das ist der B. seiner Schuld/für seine Schuld; der B. für die Richtigkeit meiner Auffassung ist, daß ...; Beweise für etwas haben; einen B. antreten, beibringen, führen; einen B. für etwas liefern, erbringen; einen B. entkräften; Beweise aufnehmen, erheben; der Angeklagte wurde aus Mangel an Beweisen/(Rechtsw.·) mangels Beweisen freigesprochen; als/zum B. seiner Aussage legte er Briefe vor; etwas unter B. stellen (Papierdt.; *etwas beweisen);* ich glaube das bis zum B. des Gegenteils. **b)** *Ausdruck, [sichtbares] Zeichen:* diese Äußerung ist ein B. seiner Schwäche; die Ausstellung ist ein sprechender B. für die Leistungsfähigkeit des Landes; sie schwieg – ein B., daß sie sich schuldig fühlte; er gab mit viele Beweise seines Vertrauens, seiner Zuneigung, Dankbarkeit; er gab Beweise seines Könnens; wir danken für die vielen Beweise der Anteilnahme; zum B. seiner Verehrung.

beweisen ⟨etwas b.⟩: **a)** *nachweisen, erhärten:* seine Unschuld, die Richtigkeit einer Behauptung b.; dieser Brief beweist gar nichts; es läßt sich [nicht mehr] b., daß er dort war (nicht korrekt: ..., ob er dort war); M a t h.: einen Lehrsatz b. *(ableiten);* ⟨jmdm. etwas b.⟩ ich habe ihm [dadurch, damit] bewiesen, daß er unrecht hat; was zu b. war /bekräftigende Schlußformel/. **b)** *zeigen; erkennen lassen:* er hat bei dem Unglück große Umsicht, viel Mut bewiesen; ihre Kleidung beweist, daß sie Geschmack hat; seine Ablehnung beweist nur seine mangelnde Einsicht; dieser Tatbestand beweist zur Genüge, daß ...

bewenden (in der Verbindung) es bei/(seltener:) mit etwas bewenden lassen: *es mit etwas genug sein lassen:* wir wollen es diesmal noch bei einer leichten Strafe b. lassen.

Bewenden, das (in der Verbindung) damit/ dabei mag/soll es sein Bewenden haben: *damit soll es genug sein:* mit diesem Hinweis mag es sein B. haben.

bewerben: 1. a) ⟨sich um etwas b.⟩ *sich bemühen, etwas zu erhalten:* sich um ein Stipendium b.; um die Lieferung der Maschinen haben sich mehrere Firmen beworben; er bewarb sich darum, in den Klub aufgenommen zu werden. **b)** ⟨sich b.; mit Umstandsangabe⟩ *sich um eine Position bemühen:* sich wiederholt, vergebens, bei einem großen Unternehmen, um die Stellung eines Hausmeisters, als Ingenieur b.; ⟨auch ohne Umstandsangabe⟩ er hat sich beworben. **c)** (veraltend) ⟨sich um jmdn. b.⟩ *jmdm. einen Heiratsantrag machen:* er bewarb sich um die älteste Tochter. **2.** (Kaufmannsspr.) ⟨etwas b.⟩ *Werbung für etwas treiben:* ein Produkt b.

Bewerbung, die: 1. *das Bewerben:* seine B. um die ausgeschriebene Position hatte Erfolg, wurde [nicht] berücksichtigt; er hat seine B. zurückgezogen. **2.** *Bewerbungsschreiben:* eine B. schreiben, einreichen; auf unsere Anzeige sind mehrere Bewerbungen eingegangen.

bewerfen: a) ⟨jmdn., etwas mit etwas b.⟩ *etwas auf jmdn., auf etwas werfen:* sich/(geh.:) einander mit Schneebällen b.; man bewarf den Politiker mit faulen Eiern; übertr.: jmdn., jmds. Namen mit Schmutz b. (geh.; *jmdn. verleumden*). **b)** (Bauw.) ⟨etwas mit etwas b.⟩ *verputzen:* eine Mauer mit Mörtel, mit Lehm b.

bewerkstelligen ⟨etwas b.⟩: *zustande bringen, erreichen:* er wird den Verkauf schon b.; wir müssen es irgendwie b., daß ...; etwas ist leicht, schwer zu b.; ich weiß nicht, wie ich das b. soll.

bewerten: a) ⟨jmdn., etwas b.; mit Artangabe⟩ *einschätzen, beurteilen:* etwas positiv, negativ b., das Grundstück wurde mit 800 000 Mark viel zu hoch bewertet; man muß diese Äußerungen richtig b.; einen Menschen nach seiner Gesinnung b.; den Verlust auf 1000 Mark, mit 1000 Mark b. (*beziffern*); etwas als Großtat b. **b)** ⟨etwas mit etwas b.⟩ *mit einer Note o. ä. versehen:* der Aufsatz wurde mit „gut“ bewertet; S p o r t : die Kampfrichter bewerteten ihre Kür mit Noten zwischen 5,6 und 5,9; die Mannschaft, der Sprung wurde mit 10 Punkten bewertet.

bewilligen ⟨jmdm. jmdn., etwas b.⟩: *genehmigen, zugestehen:* jmdm. Urlaub, einen Kredit b.; man hat ihm zwei Mitarbeiter bewilligt; ⟨auch ohne Dat.⟩ die Steuern müssen vom Parlament bewilligt werden; die geforderte Summe wurde anstandslos bewilligt.

bewirten ⟨jmdn. b.⟩: *einem Gast zu essen und trinken geben:* er bewirtete uns mit Tee und Gebäck; wir wurden gut, fürstlich bewirtet.

bewogen: → ²bewegen.

bewohnen ⟨etwas b.⟩: *in etwas wohnen:* ein ganzes Haus, das obere Stockwerk b.; die Burg ist bewohnt; die von uns bewohnte Etage.

bewölken ⟨etwas bewölkt sich⟩: *etwas bedeckt sich mit Wolken:* der Himmel bewölkt sich, ist bewölkt; a d j . P a r t . : ein bewölkter Himmel; tagsüber leicht, stark bewölkt; b i l d l . : seine Stirn bewölkte sich *(ließ seinen Unmut erkennen)*.

bewundern ⟨jmdn., etwas b.⟩: *staunend anerkennen; mit Hochachtung ansehen:* jmdn. glühend, neidlos, heimlich, im stillen [wegen seiner Leistungen] b.; etwas aufrichtig b.; man bewundert an ihm seine Unabhängigkeit; ein Gemälde b.; ich bewunderte seinen Geist, seine Zähigkeit; ihre Schönheit wurde viel bewundert; sie läßt sich gern b., möchte bewundert werden; seine Geduld ist zu b.; (iron.:) wir mußten zuerst sein neues Auto b.; a d j . P a r t . : bewundernde Blicke; er war sein bewundertes Vorbild.

bewußt: 1. a) ⟨absichtlich:⟩ das war eine bewußte Lüge, Irreführung; er hat das ganz b. getan. **b)** *klar erkennend, geistig wach:* b. leben; etwas b. wahrnehmen; er hat den Krieg noch nicht b. erlebt; wir waren uns b. oder unbewußt daran schuld. **c)** *aus Überzeugung handelnd:* er war ein bewußter Anhänger der Reformbewegung. **2.** *bereits erwähnt, bekannt:* wir treffen uns in dem bewußten Haus, zu der bewußten Stunde. **3.** ⟨sich (Dativ) einer Sache b. sein, werden⟩ ich bin mir dessen nicht b. *(kann es nicht erkennen)*. **4.** ⟨etwas ist/wird jmdm. b.⟩ die Folgen meines Tuns waren mir durchaus b. *(waren mir klar)*.

bewußtlos: *ohne Bewußtsein, ohnmächtig:* in bewußtlosem Zustand sein; der Kranke war tagelang b.; sie brach b. zusammen.

Bewußtlosigkeit, die: *Zustand des Bewußtloseins; Ohnmacht:* sie versank in B., lag in tiefer, langer B.; er erwachte aus seiner B. * (ugs.:) **bis zur Bewußtlosigkeit** *(unaufhörlich, maßlos):* er übte das Stück bis zur B.

Bewußtsein, das: **1. a)** *Wissen von etwas, Gewißheit, Einsicht:* das B. seiner Kraft erfüllte ihn; er hatte das bedrückende B., versagt zu haben; jmds. B. verändern, erweitern; ein waches B. für etwas haben; in dem B., seine Pflicht getan zu haben, ging er heim; etwas ins allgemeine B. bringen; er rief sich den Vorgang in sein B. zurück; plötzlich trat alles wieder in sein B.; etwas mit vollem B. tun; allmählich kam ihm zu[m] B. *(wurde ihm klar),* daß seine Methode falsch war; den Menschen etwas zum B. bringen *(bewußt machen).* **b)** (Psychol.) *Gesamtheit der sinnlichen und geistigen Eindrücke:* eine Spaltung des Bewußtseins; etwas tritt über die Schwelle des Bewußtseins. **c)** *Überzeugung, für die jmd. bewußt eintritt:* das soziale, politische B. eines Menschen. **2.** *Zustand geistiger Klarheit:* auf einmal verlor er das B. *(wurde er ohnmächtig);* der Kranke war nicht mehr, war wieder bei [vollem] B.; nach einer halbstündigen Ohnmacht kam sie wieder zu[m] B.; er starb, ohne das B. wiedererlangt zu haben.

bezahlen: **1. a)** ⟨etwas b.⟩ *für etwas Geld zahlen:* eine Ware, das Essen, ein Zimmer b.; ich habe die Möbel noch nicht bezahlt; er hat mir/für mich die Übernachtung bezahlt; etwas [in] bar, mit einem/durch einen Scheck, in ausländischer Währung, in/mit Schweizer Franken, in Raten b.; die Arbeit wird gut, schlecht bezahlt; er läßt sich seine Arbeit gut, teuer b.; bezahlter Urlaub; ⟨auch ohne Akk.⟩ Herr Ober, ich möchte b.; er bezahlte mit einem Hundertmarkschein; ü b e r t r .: er mußte seinen Leichtsinn/für seinen Leichtsinn [teuer], mit dem Leben, mit seiner Gesundheit b. **b)** ⟨jmdn. b.⟩ *entlohnen:* den Friseur, den Schneider b.; ich kann den Arzt nicht b.; jmdn. schlecht, gut, hoch, nach Tarif, über, unter Tarif b.; er wird dafür bezahlt, daß er .... **2.** ⟨etwas b.⟩ *Geld als Gegenleistung geben:* 100 Mark, einen hohen Betrag, eine beträchtliche Summe b.; diese Preise sind nicht mehr zu b.; er bezahlt jeden Preis; dafür habe ich viel [Geld] b. müssen; er brauchte keinen Pfennig zu b.; ⟨jmdm./an jmdn. etwas b.⟩ sie hat ihm/(selten:) an ihn 10 Mark für die Bücher bezahlt. **3.** ⟨etwas b.⟩ *eine Schuld tilgen:* die Miete, eine Rechnung, die Zeche, seine Schulden b.; seine Steuern b.; der Beitrag ist jährlich im voraus zu b.; er hat für die Waren [keinen] Zoll bezahlt. * **etwas macht sich bezahlt** *(etwas lohnt den Aufwand):* der Kauf, die Anschaffung, der große Aufwand hat sich bezahlt gemacht.

Bezahlung, die: **a)** *das Bezahlen:* er verlangt sofortige B. **b)** *Entgelt, Lohn:* sie nahm keine B. an; sie arbeitete ohne B., nur gegen B.

bezähmen ⟨sich, etwas b.⟩: *zügeln, beherrschen:* seine Begierden, Leidenschaften, seinen Hunger b.; er konnte seine Neugier nicht [länger] b.; ich mußte mich sehr b., um ihn nicht hinauszuwerfen.

bezaubern ⟨jmdn. b.⟩: *jmds. Entzücken hervorrufen:* sie bezaubert alle durch ihre Liebenswürdigkeit; diese Musik bezaubert das Publikum; ein bezauberndes junges Mädchen; ich war bezaubert von ihrem Anblick.

bezeichnen /vgl. bezeichnend/: **1. a)** ⟨etwas b.⟩ *durch ein Zeichen kenntlich machen; markieren:* zu fällende Bäume b.; der Wanderweg ist mit einem blauen Dreieck bezeichnet; ein Kreuz bezeichnet die Stelle, wo er verunglückt ist. **b)** ⟨jmdn. jmdn., etwas b.⟩ *genau angeben, beschreiben.* er bezeichnete mir die Ecke, an der ich abbiegen sollte. **2. a)** ⟨jmdn., sich, etwas mit etwas/als etwas b.⟩ *[be]nennen:* mit dem Wort „Blazer" bezeichnet man eine Art Klubjacke; er bezeichnet sich als freier Architekt. **b)** ⟨etwas bezeichnet jmdn., etwas⟩ *etwas benennt jmdn., etwas:* das Wort „Pony" bezeichnet ein kleines Pferd; dieser Ausdruck kann sehr verschiedene Tätigkeiten b. **3.** ⟨jmdn., sich, etwas als jmdn., etwas b.⟩ *hinstellen, charakterisieren:* er bezeichnete ihn als seinen Freund, als Verräter; er bezeichnete sich als den Verfasser des Buches; ich muß sein Verhalten als Feigheit, als anmaßend b.

bezeichnend: *kennzeichnend, charakteristisch:* ein bezeichnendes Verhalten; das ist b. für ihn.

Bezeichnung, die: **1.** *Kennzeichnung, Markierung:* die B. der Wanderwege läßt zu wünschen übrig; die Akzente dienen zur B. der Aussprache. **2.** *Benennung, passendes Wort:* eine treffende, charakteristische, [un]genaue B.; ich finde keine bessere B. dafür; dieses Medikament ist unter verschiedenen Bezeichnungen im Handel.

bezeigen (geh.): **1. a)** ⟨jmdm. etwas b.⟩ *erweisen:* jmdn. Ehrfurcht, Respekt, seine Teilnahme b. **b)** ⟨etwas b.⟩ *zu erkennen geben, zeigen:* sie bezeigte Freude, Furcht, großen Mut. **2.** ⟨sich b.; mit Artangabe⟩ *einem Gefühl Ausdruck geben:* ich wollte mich dafür dankbar b. und ...

bezeugen ⟨etwas b.⟩: *[durch eine Aussage] bekräftigen, bestätigen:* er hat den Tatbestand unter Eid bezeugt; ich kann b., daß sie die Wahrheit sagt; der Ort ist schon im 8. Jh. bezeugt ⟨urkundlich nachgewiesen⟩; ⟨jmdm. etwas b.⟩ er mir wird glaubwürdig bezeugt, daß er gestorben ist.

bezichtigen ⟨jmdn. einer Sache b.⟩: *beschuldigen:* jmdn. des Verrats, des Diebstahls b.; er wurde bezichtigt, gelogen zu haben.

beziehen: 1. a) ⟨etwas b.⟩ *bespannen, überziehen:* die Betten frisch b.; einen Schirm, einen Tennisschläger neu b.; das Sofa mit Leder bezogen. **b)** ⟨etwas bezieht sich⟩ *etwas bewölkt sich:* der Himmel bezieht sich, hat sich mit schwarzen Wolken bezogen; es ist bezogen, hat sich bezogen. **2.** ⟨etwas b.⟩ **a)** *in etwas einziehen:* ein Haus, eine neue Wohnung b.; er bezog die Universität ⟨veraltet: begann zu studieren⟩. **b)** (militär.) *einnehmen, besetzen:* einen Posten, eine günstige Stellung b.; ü b e r t r.: einen festen, klaren Standpunkt b. *(sich eine Meinung bilden).* **3.** ⟨etwas b.⟩ *regelmäßig erhalten:* eine Zeitung durch die Post b.; er bezog ein gutes Gehalt, nur eine kleine Rente; wir beziehen die Ware aus Köln, von einer Berliner Firma, über den Fachhandel; sein Wissen bezog er aus Illustrierten; für diese Antwort bezog er (ugs.; *bekam er*) eine Ohrfeige, Prügel. **4. a)** ⟨sich auf etwas b.⟩ *sich auf etwas be-*

rufen: wir beziehen uns auf Ihr Schreiben vom ..., auf unser Ferngespräch vom/am Donnerstag und teilen Ihnen mit, ...; er bezog sich auf eine Rede des Bundeskanzlers. **b)** ⟨etwas bezieht sich auf jmdn., auf etwas⟩ *etwas betrifft jmdn., etwas:* diese Kritik bezog sich nicht auf dich, auf deine Arbeit. **c)** ⟨etwas auf jmdn., auf sich, auf etwas b.⟩ *mit jmdm., sich, etwas in Zusammenhang bringen:* er bezieht immer alles [,was er hört,] auf sich.

Beziehung, die: **1.** *Verbindung:* gute, freundschaftliche, intime Beziehungen zu jmdm. haben; wirtschaftliche, diplomatische Beziehungen anbahnen, aufnehmen, abbrechen, mit/zu einem Land unterhalten; er hat überall Beziehungen *(Verbindung zu Leuten, die etwas für ihn tun können);* diese Wohnung hat er nur durch Beziehungen bekommen; seine Beziehungen spielen lassen *(nutzbar machen);* ein Mann von weitreichenden Beziehungen. **2.** *innerer Zusammenhang, wechselseitiges Verhältnis:* die B. zwischen Angebot und Nachfrage; die B. zwischen den Geschlechtern; zwischen diesen Ereignissen besteht keine B.; er hat keine B. *(kein inneres Verhältnis)* zur Kunst; zwei Dinge zueinander in B. setzen, bringen; ihre Abreise steht in keiner B. zum Rücktritt des Ministers. **3.** (ugs.) *Liebesbeziehung, Verhältnis:* eine B. haben, abbrechen; sich aus einer B. lösen; sich in eine B. einbringen. * **in ... Beziehung** *(in bestimmter Hinsicht):* in dieser B. *(was dies betrifft)* hat er recht; das Buch ist in mancher, in jeder B. zu empfehlen.

beziehungsweise /Abk.: bzw./ ⟨Konj.⟩: **1.** *(stilistisch unschön) oder; oder vielmehr, genauer gesagt:* ich war mit ihm bekannt b. befreundet; er wohnt in Frankfurt b. in einem Vorort von Frankfurt. **2.** *und im anderen Fall:* die beiden Angeklagten bekamen 12 b. 14 Monate Gefängnis.

beziffern: 1. ⟨etwas b.⟩ *mit Ziffern versehen:* die Seiten eines Buches b. **2. a)** ⟨etwas auf etwas b.⟩ *schätzen:* man beziffert den Sachschaden auf 3 000 Mark. **b)** ⟨etwas beziffert sich auf etwas⟩ *etwas beträgt soundso viel:* die Verluste beziffern sich auf zwei Millionen Mark.

Bezug, der: **1.** *Überzug:* der B. des Kissens, Sessel ist schadhaft. **2.** *das regelmäßige Empfangen:* der B. von Zeitschriften, Waren aus dem Ausland unterliegt den Zollbestimmungen. **3.** ⟨Plural⟩ *Gehalt, Einkommen:* er erhält die Bezüge eines Beamten. **4.** *Beziehung, Zusammenhang:* den B., Bezüge zu etwas herstellen; dieser Film vermeidet jeden B., war ohne jeden B. zur Gegenwart. * (Kaufmannsspr.:) **Bezug nehmen auf etwas** *(sich auf etwas beziehen):* wir nehmen B. auf unser Schreiben vom ... · (Kaufmannsspr.:) **unter/mit Bezug auf etwas** *(Bezug nehmend auf etwas):* mit B. auf Ihr letztes Schreiben teilen wir Ihnen mit, ... · **in bezug auf jmdn., auf etwas** *(was jmdn., etwas betrifft).*

bezüglich (Papierdt.): **I.** ⟨Präp. mit Gen.⟩ *in bezug auf; wegen; über:* b. seiner Pläne (besser: über seine Pläne) hat er sich nicht geäußert; Ihre Anfrage b. (besser: wegen) der Bücher; ⟨mit Dativ, wenn der Gen. nicht erkennbar ist⟩ Ihre Anfrage b. (besser: wegen) Büchern. **II.** ⟨Adj.⟩ *sich beziehend:* das darauf bezügliche Schreiben.

Bezugnahme ⟨in der Verbindung⟩ unter Bezugnahme auf etwas (Papierdt.): *mit Bezug auf et-*

was: unter B. auf Ihr letztes Schreiben teilen wir Ihnen mit, daß ...

bezwecken ⟨etwas mit etwas b.⟩: *beabsichtigen, zu erreichen suchen:* was bezweckst du mit diesem Verhalten, mit deiner Anfrage?; ⟨auch: etwas bezweckt etwas⟩ was bezweckt das Ganze?

bezweifeln ⟨etwas b.⟩: *an etwas zweifeln:* jmds. Fähigkeiten b.; ich bezweifle, daß er das getan hat (**nicht:** ob er das getan hat!).

bezwingen ⟨jmdn., sich, etwas b.⟩: *besiegen, überwinden:* einen Gegner im sportlichen Kampf b.; er konnte sich, seine Neugier kaum b. *(beherrschen);* ich bezwang mich, meinen Zorn; er hat diesen Berg als erster bezwungen *(erstiegen).*

biegen: 1. a) ⟨etwas b.⟩ *in eine gekrümmte Form bringen:* einen Draht, ein Blech b.; einen Ast nach unten, zur Seite, seitwärts b.; er sitzt mit gebogenem *(krummem)* Rücken; seine Nase ist stark gebogen. b) ⟨sich b.⟩ *eine gekrümmte Haltung, Form annehmen, krumm werden:* ich bog mich zur Seite; die Bäume biegen sich im Wind, unter der Last des Schnees; das Blech hat sich gebogen; bildl.: ich bog mich vor Lachen (ugs.; *lachte heftig*). 2. ⟨mit Raumangabe⟩ *einen Bogen beschreiben:* der Weg biegt um den Berg; der Wagen ist eben um die Ecke, in eine Toreinfahrt gebogen. * (ugs.:) **es geht auf Biegen oder Brechen** *(es geht hart auf hart)* · (ugs.:) **auf Biegen oder Brechen** *(mit Gewalt, unter allen Umständen):* er will auf Biegen oder Brechen morgen fahren.

Biene, die: 1. /*Honig lieferndes Insekt*/: emsige, summende Bienen; die Bienen schwärmen, fliegen aus; von einer B. gestochen werden. 2. (ugs.) *Mädchen:* eine kesse, flotte, muntere B.

Bier, das: /*ein alkoholisches Getränk*/: helles, dunkles, einfaches, starkes B.; das ist hiesiges, auswärtiges B.; Kulmbacher B.; B. in Flaschen, in Dosen; B. vom Faß; das B. schäumt, ist frisch, gut, gepflegt, süffig (ugs.), bitter, abgestanden, schal, sauer; das ist ein Bierchen! (ugs.; *ein gutes Bier*); B. brauen, zapfen, ausschenken, abfüllen; ein Faß B. auflegen, anzapfen; einen Kasten B. holen; ein [Glas] B. trinken; er hat zehn [Glas/Gläser] B. getrunken; jmdn. auf ein B. einladen; beim B. *(im Wirtshaus)* sitzen; zum B. *(ins Wirtshaus)* gehen. * (ugs.:) **etwas wie sauer/saures Bier anpreisen** *(für etwas werben, was niemand haben will)* · (ugs.:) **das ist [nicht] mein, dein** usw. **Bier** *(das ist [nicht] meine, deine* usw. *Angelegenheit).*

bieten: 1. a) ⟨jmdm. etwas b.⟩ *anbieten, zur Verfügung, in Aussicht stellen:* jmdm. Geld, eine Chance, Ersatz für etwas b.; dem Nachbarn die Zeit b. (veraltend; *jmdn. grüßen*); jmdm. einen guten Abend b. (geh.; *wünschen*); was, wieviel, welchen Preis bietest du mir dafür? *(was willst du mir zahlen?);* er hat mir mehr geboten als sein Konkurrent; ⟨auch ohne Dativ⟩ wieviel hat er geboten?; /verblaßt/: etwas bietet jmdm. eine Handhabe, einen Anlaß für, zu etwas *(etwas ermöglicht jmdm. etwas);* diese Maßnahme bietet dir Gewähr *(gewährleistet),* daß ...; jmdm. die Möglichkeit b., etwas zu tun. b) ⟨etwas b.⟩ *bei einer Versteigerung o. ä. ein Angebot machen:* er hat auf das Bild 5 000 Mark geboten; nur zwei Interessenten boten auf, für das Grundstück. c) ⟨etwas bietet sich jmdm.⟩ *etwas eröffnet sich, ergibt sich:* hier bietet sich dir eine Chance; ⟨auch ohne Da-

tiv⟩ endlich bot sich ein Ausweg, eine günstige Gelegenheit. 2. (geh.) ⟨jmdm. etwas b.⟩ a) *[dar]reichen:* er bot ihr den Arm; er bot mir Feuer; bildl.: jmdm. die Hand zur Versöhnung b. *(sich mit jmdm. versöhnen wollen).* b) *gewähren:* jmdm. Obdach, Unterschlupf b. 3. a) ⟨etwas b.⟩ *zeigen; darbieten:* die Mannschaft bot ausgezeichnete Leistungen; es wurde guter Fußball geboten; bei dem Fest wurde viel, wenig, ein schönes Programm geboten; die Unfallstelle bot ein schreckliches Bild; sie bot einen prächtigen Anblick *(sie war prächtig anzusehen);* er hat etwas, nicht viel zu b. *(er ist [nicht besonders] tüchtig; er hat wenig, kaum Geld);* jmdm. Trotz b. *(jmdm. trotzen);* /verblaßt/: diese Arbeit bietet *(bereitet)* keine besonderen Schwierigkeiten. b) ⟨etwas bietet sich jmdm.⟩ *etwas wird sichtbar:* ein Bild des Jammers bot sich um, unseren Augen, unseren Blicken. 4. ⟨jmdm. etwas b.⟩ *zumuten:* so etwas ist mir noch nicht geboten worden; das lasse ich mir nicht b. *(nehme ich nicht hin).*

Bilanz, die: a) (Wirtsch.) *Kontenabschluß, Abschlußrechnung:* eine aktive, passive, positive, negative B.; eine gesunde, ausgeglichene B.; die B. des Unternehmens weist einen Fehlbetrag aus; eine B. aufstellen, vorlegen, prüfen; er hat die B. verschleiert, frisiert *(die Vermögenslage absichtlich falsch dargestellt).* b) *Fazit, Ergebnis:* die erfreuliche B. der deutschen Außenpolitik; zehn Tote und zahlreiche Verletzte sind die traurige, erschütternde B. des Wochenendes. * (ugs.:) **Bilanz machen** *(seine persönlich verfügbaren Mittel überprüfen)* · **die Bilanz aus etwas ziehen** *(das Ergebnis von etwas feststellen).*

Bild, das: 1. *[künstlerische] Darstellung auf einer Fläche:* ein meisterhaftes, wertvolles, kitschiges, geschmackloses B.; Bilder alter Meister; ein kleines Bildchen; ein naturgetreues, realistisches, abstraktes B.; ein B. meiner Mutter; das B. ist sehr ähnlich, ist gut getroffen, stellt den Prinzen Eugen dar; ein B. [in Öl, in Wasserfarben] malen; ein B. zeichnen, entwerfen, skizzieren, ausführen; Bilder rahmen, aufhängen, hängen, ausstellen, verkaufen, betrachten; ein B. restaurieren, kopieren; sie nahmen den Fotoapparat mit, um ein paar Bilder zu machen; jmdm., etwas im Bild darstellen, vorführen; etwas durch B. und Wort erklären; Fot.: ein gestochen scharfes, unscharfes, verwackeltes B.; dieses B. ist gestellt; Bilder abziehen, kopieren, vergrößern, retuschieren; er hat aus dem Urlaub viele Bilder mitgebracht; Fernsehen, Filmw.: das B. ist unscharf, verschwommen, verzerrt, gestört; ein Buch mit vielen Bildern; übertr.: in seinem Bericht malte, entwarf er ein anschauliches, fesselndes, düsteres, erschütterndes B. von den Zuständen in jenem Land. 2. *Anblick, Ansicht:* das äußere B. der Stadt ist verändert; die Straße zeigte, bot ein freundliches B.; ein friedliches, schreckliches B. bot sich unseren Augen. 3. *Vorstellung, Eindruck:* Bilder der Vergangenheit stiegen vor ihm auf (geh.), quälten, bedrängten ihn, verblaßten, versanken (geh.); er beschwor das B. seiner Geliebten (geh.; *stellte sie sich lebhaft vor);* jmdm. ein richtiges, falsches, schiefes B. von etwas geben, vermitteln; ein genaues B. von etwas gewinnen; sie konnte sich von dieser Zeit, von diesen Vorgängen kein rechtes B. machen *(diese Zeit, diese Vorgänge konnte sie sich nicht richtig vorstellen)*. **4.** (Theater) *Abschnitt eines Bühnenstücks mit gleichbleibender Dekoration:* das erste, das zweite B.; Schauspiel in sieben Bildern; Pause nach dem dritten B. **5.** *bildlicher Ausdruck:* dieser Schriftsteller gebraucht kühne, dunkle, abgegriffene Bilder; er spricht gern in Bildern; um im Bilde zu bleiben, ... *(um es in gleicher Weise auszudrükken ...).* *(Theater:)* **ein lebendes Bild** *(Darstellung einer Szene durch eine unbewegte Personengruppe)* · **ein Bild für [die] Götter sein** *(grotesk, komisch wirken)* · **ein Bild des Jammers sein** *(sehr elend aussehen)* · **ein Bild von ... sein** *(sehr schön, wohlgestaltet sein):* er ist ein Bild von einem Mann · **jmdn. [über etwas] ins Bild setzen** *(jmdn. informieren)* · **[über etwas] im Bilde sein** *([über etwas] Bescheid wissen).*

bilden /vgl. gebildet/: **1. a)** ⟨etwas b.⟩ *herstellen, hervorbringen, formen, schaffen:* die Kinder bilden einen Kreis, eine bunte Reihe; die Straßen bilden einen Stern; der Kanzler bildet eine neue Regierung; die Pflanze bildet Wurzeln, neue Triebe; Laute, Wörter, Sätze b.; sich ⟨Dativ⟩ eine Meinung, ein eigenes Urteil b. **b)** ⟨etwas b.⟩ *modellieren:* Figuren aus/in Wachs, Ton b.; die bildende Kunst *(Plastik, Malerei, Graphik, Baukunst [und Kunstgewerbe]).* **c)** ⟨etwas bildet sich⟩ *etwas entsteht:* auf dem Boden hat sich eine Pfütze gebildet; auf gekochter Milch bildet sich leicht eine Haut; auf seiner Haut hatten sich Blasen gebildet. **2.** ⟨etwas b.⟩ *darstellen, sein:* sie bildeten die Spitze des Zuges, die Nachhut; der Fluß bildet hier die Grenze; etwas bildet die Regel, eine Ausnahme; sein Auftritt bildete den Höhepunkt des Abends. **3.** ⟨jmdn., sich, etwas b.⟩ *geistig-seelisch entwickeln, erziehen:* diese Tätigkeit bildet den Verstand, den Charakter, den Geschmack; er bildete sich, seinen Geist durch Lesen; ⟨auch ohne Akk.⟩ Reisen bildet.

Bildfläche ⟨in den Wendungen⟩ (ugs.:) **auf der Bildfläche erscheinen** *(plötzlich auftreten, erscheinen)* · (ugs.:) **von der Bildfläche verschwinden: a)** *(verschwinden).* **b)** *(in Vergessenheit geraten).*

bildlich: **1.** *im Bild, mit Hilfe von Bildern:* die bildliche Wiedergabe eines Gegenstandes, eines Vorgangs; etwas b. darstellen; sich ⟨Dativ⟩ etwas b. vorstellen. **2.** *als Bild gebraucht, anschaulich:* ein bildlicher Ausdruck, Vergleich; er war, b. gesprochen, der Motor des Ganzen.

Bildung, die: **1. a)** *das Sichbilden; Entstehung, Entwicklung:* die B. von Wolken, Schaum, Kristallen; die B. von Ruß unterbinden, verhindern. **b)** *das Bilden, Schaffen:* die B. eines Ausschusses; er wurde mit der B. einer neuen Regierung beauftragt. **c)** *etwas in bestimmter Weise Gebildetes; Form:* die eigenartigen, phantastischen Bildungen der Wolken; Sprachw.: die Bildungen *(Wörter)* auf -ung, auf -lich. **2.** *Erziehung; Kenntnisse, Wissen; geistige Haltung:* wissenschaftliche, künstlerische B.; eine höhere, humanistische B. erwerben; seine B. vervollständigen, vertiefen; er hat eine vorzügliche B. genossen; sie hat keine B. (ugs.; *sie weiß nicht, was sich schickt*); er stand auf der Höhe der B. seiner Zeit; sie verfügt über eine umfassende, lückenlose B.; ein Verhalten zeigt einen Mangel an B.; er ist ein Mann von B.

ein gebildeter Mann); das gehört zur allgemeinen B. *(das muß man als gebildeter Mensch wissen).*

billig: **1.** *niedrig im Preis:* billiges Obst; billige Arbeitskräfte; billiges Geld (Wirtsch.; *Geld, das zu einem niedrigen Zinssatz verliehen wird*); ein erstaunlich billiger (ugs.; *niedriger*) Preis; etwas für billiges Geld *(billig)* kaufen; die Wohnung, das Essen ist b., könnte billiger sein; dieses Buch ist nicht ganz b. *(ziemlich teuer);* b. *(günstig)* einkaufen; etwas b. herstellen; gebrauchter Gasherd b. abzugeben /Zeitungsanzeige/. **2.** (abwertend) *vordergründig:* das ist ein billiger Trost, eine billige Ausrede, ein billiger *(primitiver)* Trick; es wäre zu b. *(zu einfach),* ihn einfach abzuweisen. **3.** (veraltend) *angemessen, berechtigt;* ein billiges Verlangen; man sollte sich nicht mehr als b. darüber aufregen; R: was dem einen recht ist, ist dem andern b. *(jeder hat das gleiche Recht).*

billigen ⟨etwas b.⟩: *gutheißen, für angebracht halten:* jmds. Pläne, Vorschläge b.; ich billige deinen Entschluß; ich kann es nicht b., daß ...

Binde, die: **1. a)** *schmaler Streifen aus Stoff, Mull o. ä. als Schutz-, Stützverband:* eine [elastische] B. anlegen, abnehmen, aufwickeln; er trägt eine schwarze B. über dem Auge; sie trug den Arm in der B. **b)** *Stoffstreifen als Abzeichen, Armbinde:* die Ordner trugen eine weiße B. am Arm. **2.** (veraltend) *Halsbinde, Querschleife:* im Frack mit weißer B. erscheinen. *(ugs.:)* **[sich (Dativ)] einen hinter die Binde gießen** *(Alkohol zu sich nehmen).*

binden: **1. a)** ⟨etwas zu etwas/in etwas b.⟩ *zusammenbinden:* Blumen zu einem Strauß b., [mit Draht] zu einem Kranz b.; das Korn in Garben b.; ⟨auch ohne Präp.-Obj.⟩ Blumen b. **b)** ⟨etwas b.⟩ *durch Zusammenbinden herstellen:* einen Kranz, Strauß b.; Garben b.; Handw.: Besen, Bürsten b.; ein Faß [aus Dauben] b. **2. a)** ⟨jmdn., etwas b.⟩ *fesseln:* einen Gefangenen [mit Stricken] b.; er wurde an Händen und Füßen gebunden; seine Hände waren auf dem Rücken gebunden; übertr.: gegnerische Truppen durch einen Entlastungsangriff b.; gebundene *(festgelegte)* Preise; ⟨jmdm. etwas b.⟩ sie banden ihm die Hände; bildl.: mir sind die Hände gebunden *(ich kann nicht handeln, wie ich will).* **b)** ⟨jmdn., sich durch etwas/mit etwas b.⟩ *verpflichten:* man hat ihn durch ein Versprechen, durch einen Vertrag, mit einem Eid gebunden; er hat sich durch seine Zusage gebunden; ⟨auch ohne Präp.-Obj.⟩ ich wollte mich noch nicht b. *(festlegen)* und fühlte sich gebunden. **c)** ⟨etwas bindet jmdn.⟩ *etwas verpflichtet jmdn.:* mein Versprechen, der Befehl bindet mich; bindet sich. adj. Part.: eine bindende Zusage machen. **3.** ⟨jmdn., sich, etwas b.; mit Raumangabe⟩ *festbinden, befestigen:* das Pferd an den Zaun, den Kahn an einen Pflock b.; die Haare in die Höhe b.; Rosen in einen Kranz b. *(hineinbinden);* ein Band um die Blumen b.; ⟨jmdm., sich etwas b.⟩ mit Raumangabe sie hat sich das Tuch um den Kopf; übertr.: er hat sich zu früh an das Mädchen gebunden *(durch Ehe[versprechen] o. ä. mit ihr verbunden);* sie sind an kein Versprechen gebunden; die Verhandlungen sind an keinen Ort, an keine Zeit gebunden. **4.** ⟨etwas b.⟩ *knüpfen, schlingen:* die Schuhbänder b.; einen Schal, eine Krawatte b.; eine Schleife b. **5.** ⟨etwas b.⟩ **a)** *zusammen-, festhalten:* der Regen bindet

den Staub; die Grasnarbe bindet den Boden; Kochk.: eine Suppe, Soße b. *(sämig machen);* ⟨auch ohne Akk.⟩ der Leim, der Zement, das Mehl bindet gut; adj. Part.: bei diesem Vorgang wird die gebundene Wärme wieder frei. **b)** (Musik) *legato spielen oder singen:* die Töne, Akkorde b. **c)** (Literatur) *durch Reim oder Rhythmus gestalten:* Wörter durch Reime b.; adj. Part.: in gebundener Rede *(in Versen).* **d)** (Buchbinderei) *mit festem Rücken und Decke versehen:* ein Buch, eine Zeitschrift b.; die Blätter, Bogen müssen noch gebunden werden; ein Album in Leinen, in Leder b.; adj. Part.: gebundene Bücher.
Bindfaden, der: *dünne Schnur, Kordel:* der B. reißt; ein Stück, eine Rolle B.; den B. aufmachen, verknoten, abschneiden; ein Paket mit B. verschnüren; etwas mit B. umwickeln. * (ugs.:) **es regnet Bindfäden** *(es regnet sehr stark).*
Bindung, die: **1. a)** *bindende Beziehung, Verpflichtung:* zwischen den Partnern besteht keine vertragliche B.; er hat alle persönlichen Bindungen gelöst; sie will nach diesen Erfahrungen keine neue B. mehr eingehen; er ist ein Mensch ohne B., ohne religiöse B. **b)** *innere Verbundenheit:* seine B. an die Heimat ist sehr stark; er hat eine enge B. zu seiner Familie. **2.** (Sport) *Skibindung:* die B. geht [nicht] auf, springt [nicht] auf; die B. schließen, zumachen. **3.** (Weberei) *Verbindung von Kett- und Schußfäden:* eine feste, haltbare B.; Gewebe in luftdurchlässiger B.
binnen ⟨Präp. mit Dat.⟩: *im Verlauf von, innerhalb:* b. drei Tagen; b. einem Jahr; b. Jahresfrist muß der Antrag gestellt werden; ⟨seltener, geh. mit Gen.⟩ b. dreier Tage; b. eines Jahres.
Binse, die: */eine Pflanze/:* Körbe, Matten aus Binsen flechten. * (ugs.:) **etwas geht in die Binsen** *(etwas geht verloren, entzwei, mißlingt).*
Binsenwahrheit, die (ugs.): *allbekannte, selbstverständliche Tatsache:* es ist eine B., daß ...; was er schreibt, sind nur Binsenwahrheiten.
Binsenweisheit, die: ↑ Binsenwahrheit.
Birne, die: **1. a)** *Frucht des Birnbaums:* eine [un]reife, gelbe, saftige, mehlige B.; Birnen pflükken, [vom Baum] schütteln, schälen, einmachen. **b)** *Birnbaum:* die Birnen blühen. **2.** (ugs.) *Glühlampe:* eine starke, schwache, mattierte B.; die B. ist durchgebrannt, ist entzwei, kaputt (ugs.); die B. auswechseln, einschrauben. **3.** (ugs.) *Kopf:* er gab ihm eins auf die B. * (ugs.:) **eine weiche Birne haben** *(nicht ganz normal sein).*
bis: I. ⟨Präp. mit Akk. oder Adverb in Verbindung mit einer Präp.⟩ **1.** /zeitlich; gibt die Beendigung eines Zeitabschnittes an/: b. jetzt; b. morgen; b. wann brauchst du den Wagen?; b. nächste Woche, nächstes Jahr; b. 12 Uhr; von 16 b. 18 Uhr; der Park ist b. [einschließlich] Oktober geöffnet; Weihnachtsferien vom 22. Dezember bis [zum] 5. Januar */der 5. Januar ist der letzte Ferientag/*; ich bleibe b. Ostern hier; b. Montag, den 5. Mai; er arbeitet b. zum Abend, bis in die Nacht [hinein], b. gegen, b. nahe an, b. nach Mitternacht. **2.** /räumlich; gibt das Erreichen eines Endpunktes an/: b. hierher [und nicht weiter]; von unten b. oben; von Anfang b. Ende; b. an den Rhein; der Zug fährt b. München, von der Schweiz b. [nach] Dänemark; wir flogen b. [nach] Frankfurt, der alten Messestadt; sie begleite dich

b. an, b. zur, b. über die Grenze; b. ans Ende der Welt *(überallhin);* er wurde naß b. auf die Haut. **3.** /in Verbindung mit *auf/* **a)** *einschließlich:* der Saal war b. auf den letzten Platz *(vollständig)* besetzt; er hat alles b. auf den letzten Pfennig bezahlt. **b)** *mit Ausnahme /von/:* b. auf einen Mann kamen sie alle um; ich habe das Buch b. auf wenige Seiten gelesen. **4.** /in Verbindung mit *zu* vor Zahlen; gibt die obere Grenze an/: Gemeinden b. zu 10 000 Einwohnern; Jugendliche b. zu 18 Jahren haben keinen Zutritt; darauf steht Freiheitsstrafe b. zu 10 Jahren. **II.** ⟨Adverb⟩ /in der adverbialen Verbindung „bis zu"; gibt die obere Grenze einer unbestimmten Zahl an/: b. zu 20 Mitglieder können berufen werden; wir können nur b. zu 10 Schülern Prämien geben; /auch ohne *zu/* Kinder b. zehn Jahren zahlen die Hälfte. – Nicht korrekt: b. zu 500 Besucher und mehr haben Platz (500 ist die obere Grenze!). **III.** ⟨Konj.⟩ **1.** /nebenordnend zwischen Zahlen; gibt einen ungefähren Wert an/: in drei b. vier Stunden; das sind wohl zwei b. drei Kilometer; ein Brunnen von 100 b. 120 Meter[n] Tiefe; deutsche Dichter des 15. b. 18. Jahrhunderts. **2.** /unterordnend; kennzeichnet die zeitliche Grenze, an der ein Vorgang endet/: warte, b. ich komme!; b. es dunkel wird, bin ich zurück; das Kind hörte nicht eher zu weinen auf, b. es vor Müdigkeit einschlief; ⟨mit konditionaler Nebenbedeutung⟩ du darfst nicht gehen, b. [nicht] die Arbeit gemacht ist.
bisher ⟨Adverb⟩: *bis jetzt:* b. war alles in Ordnung; alle b. bekannten Fälle; er war b. (nicht: seither!) in Kiel und ist jetzt in Bonn.
bisherig: *bisher gewesen, bisher vorhanden:* seine bisherigen Erfolge; der bisherige (nicht: seitherige!) Postminister trat zurück.
Biß, der: **1.** *das Beißen:* der B. dieser Schlange ist giftig; er bekam einen B. in die Hand. **2.** *gebissene Stelle:* der B. verheilte schnell. **3.** (ugs.) *das Zupackende, die Schärfe, die gewisse Aggressivität:* der Sendung, dem Fußballspiel fehlte der B.; etwas hat B., keinen B., ist ohne B.
bißchen (ugs.) ⟨Indefinitpronomen⟩: *etwas, wenig:* darf es ein b. mehr sein?; das ist ein b. viel verlangt; ich möchte ein b. schlafen; kommst du ein b. mit mir?; es schmerzt kein b. *(gar nicht);* ein b. Brot; nur ein [klein] b./kleines b. Geduld!; der Preis dieses b. Stoffs ist zu hoch; von dem b. Geld kann man nicht leben; er hat kein b. guten Willen; (ugs.:) [ach] du liebes b.! /Ausruf der Überraschung, des Erschreckens/.
Bissen, der: *kleine Menge [die man auf einmal von etwas abbeißen kann]; Happen:* ein kleiner, großer B.; das war ein feiner, guter, leckerer B. *(etwas, was sehr gut geschmeckt hat);* er wollte rasch einen B. *(ein wenig)* Brot essen; der Kranke hat keinen B. *(nichts vom Essen)* angerührt; einen B. auf die Gabel nehmen; er brachte vor Schreck keinen B. hinunter *(konnte nichts essen);* er ging aus dem Haus, ohne einen B. *(ohne irgend etwas)* gegessen zu haben. * (ugs.:) **ein fetter Bissen** *(ein gutes Geschäft)* · (ugs.:) **jmdm. bleibt der Bissen im Hals stecken** *(jmd. erschrickt sehr)* · (ugs.:) **jmdm. keinen Bissen gönnen** *(sehr mißgünstig, neidisch sein)* · (ugs.:) **sich** (Dativ) **jeden/den letzten Bissen am/vom Mund[e] absparen** *(sehr sparsam*

sein) · (ugs.:) jmdn. **die Bissen in den Mund/im Mund zählen** *(jmdm. aus Sparsamkeit das Essen nicht gönnen).*

bissig: 1. *zum Beißen neigend:* ein bissiger Köter (ugs.); ein bissiges Pferd; Vorsicht, bissiger Hund! */warnender Hinweis/.* 2. *scharf, verletzend:* eine bissige Bemerkung, Kritik; bissige Worte, Reden; er hat eine sehr bissige Art; er ist, wird leicht b.; b. antworten, reagieren; Sport (ugs.): b. *(aggressiv)* spielen; eine bissige Abwehr.

bisweilen (geh.) ⟨Adverb⟩: *manchmal:* b. hat man den Eindruck, daß er gar nicht zuhört.

bitte: */Höflichkeitsformel/* **a)** */bei einer höflichen Aufforderung/:* b.[,] nehmen Sie Platz!; b.[,] gib mir das Buch!; gib mir das Buch [,] b.!; gib mir[,] b.[,] das Buch!; b. weitergehen!; b. wenden!; b. die Tür schließen!; b. kommen Sie herein!; grüßen Sie Ihre Frau [,] b.!; b.[,] sei so gut/b.[,] seien Sie so freundlich ...; der nächste b.! Herr Ober, b. einen Kaffee!; entschuldigen Sie b.! **b)** */als bejahende Antwort auf eine Frage/:* möchten Sie noch eine Tasse Kaffee? – B. [ja]! **c)** */als Antwort auf eine Dankesäußerung o. ä./:* Vielen Dank! – B. [sehr]!; ich danke Ihnen für Ihre Hilfe! – B. [schön]!; Verzeihung! – B.!; b. sehr! **d)** */als Aufforderung einzutreten/:* b. [treten Sie ein]! **e)** */als höfliche Aufforderung, eine Äußerung, die man nicht [richtig] verstanden hat, zu wiederholen/:* [wie] b.?; b.? Ich habe Sie leider nicht verstanden! *∗* (fam.:) **bitte, bitte machen** *([von Kindern] durch mehrmaliges Zusammenschlagen der Hände eine Bitte ausdrücken).*

Bitte, die: *an jmdn. gerichteter Wunsch:* eine kleine, große, herzliche, inständige, flehentliche, stumme *(wortlose),* unausgesprochene, schüchterne, [un]höfliche, höfliche, dringende, freundliche B.; R: heiße B., kalter Dank · eine B. um Hilfe, um Verzeihung; ich habe eine Bitte *(ich bitte darum),* können Sie mir sagen, wie ich zum Bahnhof komme?; ich habe eine [große] B. an Sie (geh.; *möchte Sie um etwas bitten*); eine B. erfüllen, gewähren, erhören (geh.), zurückweisen, abweisen; eine B. vortragen, vorbringen, aussprechen, äußern, wiederholen; jmds. Bitten nachgeben (geh.), nachkommen (geh.); jmdm. eine B. versagen (geh.), verweigern; eine B. an jmdn. richten; einer B. stattgeben (geh.), entsprechen (geh.); er konnte den Bitten der Kinder nicht widerstehen; auf seine B. hin wurde der Termin verschoben; jmdn. mit Bitten bestürmen; er ist mit einer B. an uns herangetreten (geh.).

bitten: 1. **a)** ⟨um jmdn., um etwas b.⟩ *eine Bitte aussprechen:* dringend, flehentlich, fußfällig, auf den Knien, demütig, eindringlich, vergeblich, inständig, höflich um etwas b.; um Hilfe, Entschuldigung, Geduld, Nachsicht, Verständnis, Gnade b.; darf ich einen Augenblick um Aufmerksamkeit b.?; ich bitte ums Wort (geh.; *bitte darum, sprechen zu dürfen*); er bat um Urlaub (geh.; *suchte um Urlaub nach*); um eine Erklärung b. (geh.); um ein Gespräch b.; ich bitte dringend um Ruhe; der Flüchtling hat um Asyl gebeten; darf ich um den nächsten Tanz b.?; um vollzähliges Erscheinen wird gebeten; um zusätzliche Arbeitskräfte b.; er hat dringend gebeten, nicht über die Angelegenheit zu sprechen; ich bitte gehorsamst, jetzt gehen zu dürfen; wir bitten[,] die Waren abzuholen; es wird gebeten, in den Räumen nicht zu rauchen; subst.: es half ihm kein Bitten; er verlegte sich aufs Bitten; auf sein Bitten hin. **b)** ⟨jmdn. um etwas b.⟩ *sich mit einer Bitte an jmdn. wenden:* jmdn. um Geld, um ein Stück Brot b.; darf ich Sie um Rat, um Ihren Namen b.?; jmdn. um Verständnis für seine Situation b.; jmdn. um eine Gefälligkeit b.; ich muß Sie b., sich noch ein wenig zu gedulden; die Passagiere werden gebeten, sich anzuschnallen; ich bitte dich um alles in der Welt (ugs.; *bitte dich dringend*), das nicht zu tun; ⟨auch ohne Präp.-Obj.⟩ er läßt sich gerne b. *(es eilt ihm nicht mit etwas)*; [aber] ich bitte Sie!; ich muß doch sehr b.! */ Ausruf der Entrüstung/;* jmdn. bittend ansehen. **c)** (veraltend) ⟨jmdn. etwas b.⟩ *jmdn. um etwas bitten:* ich möchte Sie herein b., ich bitte dich um eins, tu das nicht! 2. (geh.) ⟨für jmdn., für etwas b.⟩ *Fürsprache einlegen:* er hat [bei den Vorgesetzten] für seinen Kollegen gebeten. 3. **a)** (geh.) ⟨jmdn. zu etwas/auf etwas b.⟩ *einladen:* jmdn. zum Essen, zum Kaffee, zum Tee b.; jmdn. zum Tanz b. *(auffordern);* zu Tisch b. er bat die Bekannten auf ein Glas Wein. **b)** ⟨jmdn. b.; mit Raumangabe⟩ *auffordern, an einen bestimmten Ort zu kommen:* jmdn. ins Zimmer, zu sich b.; ⟨auch ohne Präp.-Obj.⟩ darf ich Sie b.?; wenn ich Sie b. darf!; der Herr Direktor läßt b. *∗* (ugs.:) **bitten und betteln** *(inständig bitten):* er bat und bettelte, man möge ihn schonen.

bitter: 1. *herb, ohne Süße:* bittere Schokolade; bittere Mandeln; einen bitteren Geschmack auf der Zunge, im Mund haben; die Marmelade hat einen bitteren Nachgeschmack, der Tee ist, schmeckt zu b.; die Medizin ist abscheulich (ugs.) b., ist b. wie Galle; subst.: einen Bitteren *(bitteren Likör)* trinken. 2. *schmerzlich:* eine bittere Enttäuschung, Erfahrung; bittere Gefühle; bittere Tränen weinen; bittere Stunden durchleben; ein bitteres Schicksal haben; das ist eine bittere Wahrheit, eine bittere Notwendigkeit; bitteres Leid erfahren (geh.), bittere Reue empfinden; er mußte bis zum bitteren Ende ausharren; der plötzliche Tod des Mannes ist sehr b. (ugs.) für die Familie. 3. **a)** *verbittert:* ein bitterer Zug im Gesicht; bittere Worte; ein bitteres Lachen; er ist durch sein schweres Schicksal sehr b. geworden; die Enttäuschungen haben ihn b. gemacht. **b)** *beißend, scharf:* bittere Hohn, bittere Ironie. 4. **a)** *groß, schwer:* bittere Not leiden; bitteres Unrecht; er macht sich bittere Vorwürfe; das ist bitterer Ernst; bittere Kälte. **b)** (verstärkend vor Adjektiven und Verben) *sehr:* das ist b. wenig; etwas b. nötig haben, b. bereuen; b. enttäuscht sein; sich b. beschweren; der Leichtsinn hat sich b. gerächt; draußen ist es b. kalt.

bitterlich: 1. *leicht bitter:* ein leicht bitterlicher Geschmack; der Tee schmeckt [leicht] b. 2. *sehr heftig:* b. weinen, frieren; er hat sich b. beklagt.

blähen: 1. **a)** ⟨etwas bläht etwas⟩ *etwas strafft etwas, füllt etwas mit Luft:* der Wind bläht die Segel; ein Luftzug blähte die Vorhänge. **b)** ⟨etwas bläht sich⟩ *etwas wird prall, strafft sich:* die Segel, die Vorhänge, die Fahnen blähen sich [im Wind]; die Nüstern des Tieres blähten sich; mit geblähten Nüstern. 2. (ugs.) ⟨sich b.⟩ *angeben, sich wichtig tun:* er blähte sich vor Stolz; was blähst du dich so? 3. ⟨etwas bläht⟩ *etwas verursacht Blähungen:* Kohl bläht; blähende Speisen meiden.

Blamage, die: *beschämender, peinlicher Vorfall:* eine große B.; etwas ist eine B. [für jmdn.]; jmdm. eine B. bereiten (geh.); er fürchtet die B.; er hatte Angst vor der B.

blamieren: a) ⟨sich b.⟩ *sich bloßstellen, sich lächerlich machen:* sich arg, furchtbar, mächtig (ugs.), unsterblich (ugs.; *sehr*) b.; da hast du dich ja ganz schön blamiert; R: jeder blamiert sich, so gut er kann · sich durch sein Benehmen, mit dieser Sache, vor allen Leuten b. **b)** ⟨jmdn. b.⟩ *in Verlegenheit bringen, bloßstellen:* jmdn. in aller Öffentlichkeit, vor der ganzen Gesellschaft (ugs.) b.; er war, fühlte sich durch den Zwischenfall blamiert.

blank: 1. a) *glatt und glänzend:* blankes Metall; blanke Knöpfe, Geldstücke; blanke Schuhe, Stiefel; eine blanke [Eis]fläche; die Kinder hatten blanke *(leuchtende)* Augen; der Fußboden ist b.; die Schuhe b. wichsen; das Metall b. reiben, putzen; übertr. (geh.): draußen ist der blanke *(helle)* Tag. **b)** *sauber:* blanke [Fenster]scheiben; die Planken, Dielen, die Tischplatte b. scheuern. **c)** (ugs.) *abgewetzt:* blanke Ärmel, ein blanker Hosenboden; die Ärmel b. wetzen. **2. a)** (ugs.) *nackt, unverhüllt:* unter der Bluse sah man die blanke Haut; etwas auf der blanken Haut tragen; die Kinder laufen mit blanken Armen und Beinen umher; etwas mit der blanken Hand anfassen; er hat dem Jungen den blanken Popo (fam.), Hintern (ugs.) verhauen; übertr.: *gezogen:* das blanke Schwert; er ging mit blanker Waffe, mit dem blanken Messer auf die Polizisten los; subst.: der Blanke *(das nackte Gesäß).* **b)** *unbedeckt:* das blanke Holz; sie saßen auf der blanken Erde; auf dem blanken [Fuß]boden *(ohne irgendeine Unterlage)* schlafen. **3.** (ugs.) *pur, rein, absolut:* der blanke Unsinn, Hohn, Neid; blanker Egoismus. * (ugs.:) **blank sein** *(kein Geld mehr haben)* · (Kartenspiel:) **etwas blank haben** *(nur eine Karte von einer Farbe haben).*

Blase, die: **1. a)** *mit Luft gefüllter oder durch ein Gas gebildeter Hohlraum in einem flüssigen oder festen Stoff:* große, schillernde Blasen; kleine Bläschen von Kohlensäure; Blasen im Glas, im Metall, im Teig, im Wasser; Blasen steigen auf, bilden sich, entstehen, platzen; etwas wirft, zieht Blasen. **b)** *durch Hitzeeinwirkung, Reibung o. ä. entstandener, mit Flüssigkeit gefüllter Hohlraum unter der Oberhaut:* Blasen, Bläschen bilden sich; eine B. an der Ferse, an der Oberlippe haben; eine B. aufstechen; die B. ist aufgegangen, ist ausgetrocknet; er hat sich (Dativ) eine B., Blasen gelaufen (ugs.). **2.** *Harnblase:* eine empfindliche, erkältete, schwache (ugs.; *empfindliche*) B. haben; die B. entleeren; sich (Dativ) die B. erkälten; er hat es an der B., hat es mit der B. zu tun (ugs.; *hat ein Blasenleiden*). **3.** (ugs.) *Gruppe von Personen, die in irgendeiner Hinsicht zusammengehören:* er wollte mit der ganzen B. nichts mehr zu tun haben. * (ugs.:) **etwas zieht Blasen** *(etwas hat unangenehme Folgen).*

blasen: 1. a) ⟨mit Raumangabe⟩ *Atem in eine bestimmte Richtung ausstoßen:* gegen die Scheibe, ins Feuer, in die Glut b.; er blies auf die schmerzende Stelle; ⟨jmdm. b.; mit Raumangabe⟩ er

blies ihm ins Gesicht. **b)** ⟨etwas b.; mit Raumangabe⟩ *durch Ausstoßen von Atem an eine bestimmte Stelle bringen:* die Krümel auf die Erde, vom Tisch b.; den Rauch [in Ringen], Seifenblasen in die Luft b.; ⟨jmdm., sich etwas b.; mit Raumangabe⟩ er hat seinem Gegenüber den Rauch ins Gesicht geblasen. **c)** ⟨etwas b.⟩ *Blasen kühlen:* die heiße Suppe, den Tee b. **2. a)** *auf einem Blasinstrument spielen:* der Trompeter, der Hornist bläst. **b)** ⟨etwas b.⟩ *(ein Blasinstrument) spielen:* [die] Flöte, Trompete, Posaune, [das] Horn b. **c)** *etwas auf einem Blasinstrument hervorbringen:* ein Signal, eine Melodie, ein Lied, ein Solo, das Halali, einen Blues [auf der Trompete] b.; der Posaunenchor bläst zu einem Choral. **3.** ⟨zu etwas b.⟩ *das Signal zu etwas geben:* zum Angriff, zum Sturm, zum Rückzug, zum Aufbruch b.; die Jäger bliesen zum Sammeln. **4. a)** ⟨etwas bläst⟩ *etwas weht:* der Wind bläst kräftig; es bläst eine frische Brise; ein heftiger Wind bläst aus Norden; ⟨etwas bläst jmdm.; mit Raumangabe⟩ der Wind blies ihm ins Gesicht. **b)** ⟨etwas bläst etwas; mit Raumangabe⟩ *etwas weht, treibt etwas an eine bestimmte Stelle:* der Wind blies den Schnee durch die Ritzen; ⟨etwas bläst jmdm. etwas; mit Raumangabe⟩ der Wind blies ihm den Sand ins Gesicht. **c)** (ugs.) ⟨es bläst⟩ *es ist sehr windig:* draußen bläst es heute ganz schön. **5.** ⟨etwas b.⟩ *in einem Blasverfahren formen:* Glas b.; geblasenes Glas. * (ugs.:) **jmdm. etwas blasen** *(jmds. Ansinnen ablehnen).*

blasiert: *eingebildet, dünkelhaft:* ein blasierter Kerl, ein blasiertes Benehmen; b. sein, lächeln.

blaß: 1. a) *ohne die natürliche frische Farbe, bleich:* ein blasses Kind; ein blasses Gesicht; blasse Lippen; eine blasse Haut, Gesichtsfarbe; du bist heute sehr b.; b. sein um die Nase; er war, wurde b. vor Schreck, vor Erregung; er war b. wie eine Wand; b. aussehen; das Kleid, die Farbe macht dich sehr b. **b)** *nicht kräftig gefärbt, hell, matt:* ein blasses Rot; blasse Farben; ein blasser Schein; dieser Farbton, diese Tapete ist zu b.; b. schimmern; die Schriftzüge sind b. geworden *(verblaßt);* übertr.: *schwach, ungenau:* er hat nur noch eine blasse Vorstellung von etwas haben; die Darstellung, Schilderung war etwas, blieb etwas *(farblos, unlebendig);* er wirkt etwas b. *(hat keine ausgeprägten Züge oder Eigenschaften, die ins Auge fallen).* **2.** *rein, pur:* die blasse Neid sprach aus seinen Worten.

Blatt, das: **1.** /*Pflanzenteil*/: grüne, gelbe, welke, verdorrte, dürre, trockene, gelappte, gezackte, gefiederte Blätter; frische, saftige Blätter; die Blätter des Baumes; der Blüte, der Pflanze; die Blätter rauschen, rascheln, fallen [ab], welken, sprießen (geh.), werden gelb, färben sich bunt; die Blätter fallen *(es wird Herbst);* es regt sich kein B. *(es ist windstill);* der Gummibaum bekommt ein neues B.; Blätter abreißen, abfressen; der Baum treibt neue Blätter, wirft die Blätter ab. **2. a)** *rechteckig zugeschnittenes Stück Papier:* ein großes, weißes, leeres, [un]beschriebenes, [un]bedrucktes, loses, fliegendes *(loses),* numeriertes B.; ein kleines Blättchen; ein B. Papier; /bei Mengenangaben/: 100 B. Schreibmaschinenpapier; ein B. falten, knicken, vollschreiben; er be-

ginnt ein neues B. *(fährt mit dem Schreiben auf einem neuen Blatt fort);* B. für B./B. um B. *(ein Blatt nach dem anderen);* auf ein B. schreiben, zeichnen. **b)** *Buch-, Heftseite:* ein B. aus dem Heft, dem Buch herausreißen; das B. umwenden, umblättern; er kann nicht vom B. spielen *(kann einen Notentext nicht spielen, ohne ihn vorher einstudiert zu haben);* b i l d l. : das ist ein neues B. *(ein neuer Abschnitt)* in der Geschichte. **c)** *Kunstblatt:* graphische, farbige Blätter. **3.** *Zeitung:* ein großes, bedeutendes, überregionales, [un]seriöses, liberales, vielgelesenes, regierungsfreundliches, unabhängiges B.; das B. berichtet, schreibt, meldet ...; das B. ist eingegangen (ugs.; *hat sein Erscheinen eingestellt*); ein B. lesen, abonnieren, halten (ugs.), kaufen; die Nachricht stand im Blättchen (ugs.; *in der Lokalzeitung*). **4.** *Spielkarte:* ein neues B. *(Spielkarten)* kaufen; er hat ein gutes B. *(günstige Zusammenstellung der Karten beim Spiel);* ein B. ausspielen. **5.** (Jägerspr.) *Schulter des Schalenwildes:* ein Schuß aufs B. **6.** *Werkzeugblatt:* das B. der Säge, der Axt, der Sense, der Schaufel. * (ugs.:) **kein Blatt vor den Mund nehmen** *(offen seine Meinung sagen)* · (ugs.:) **[noch] ein unbeschriebenes Blatt sein: a)** *([noch] unbekannt sein.* **b)** *(noch ohne Kenntnisse, Erfahrungen sein)* · (ugs.:) **das Blatt/das Blättchen hat sich gewendet** *(die Situation hat sich verändert)* · **das steht auf einem [ganz] anderen Blatt: a)** *(das ist eine ganz andere Sache).* **b)** *(das ist zweifelhaft).*
blättern: 1. ⟨etwas blättert⟩ **a)** *etwas zerfällt in dünne Schichten:* Schiefer blättert. **b)** *etwas löst sich in dünnen Schichten ab:* die Farbe blättert schon, ist von der Wand geblättert. **2.** ⟨in etwas b.⟩ *in etwas flüchtig lesen und Seiten umblättern:* in einem Buch, einer Zeitschrift, in den Akten b. **3.** ⟨etwas b.; mit Raumangabe⟩ *Geldscheine, Spielkarten einzeln hinlegen:* er blätterte das Geld, die Summe auf den Tisch; ⟨jmdm. etwas b.; mit Raumangabe⟩ der Schalterbeamte blättert dem Kunden die Scheine auf den Tisch.
blau: 1. */eine Farbbezeichnung/:* blaue Augen, Blumen, Blüten; der blaue Himmel; blaue Farbe, Tinte; ein blaues Kleid; blaue Rauchwolken; die blaue Blume *(als Sinnbild der Sehnsucht in der romantischen Dichtung);* sie wanderten in die blaue (geh.; *weite)* Ferne; er hat blaue *(blutleere)* Lippen, ein blaues *(durch Blutandrang oder Kälteeinwirkung verfärbtes)* Gesicht, blaue *(durch Kälteeinwirkung verfärbte)* Hände, Finger; der Sturz vom Rad hatte ihm Abschürfungen und blaue *(blutunterlaufene)* Flecke eingebracht; er hat ein blaues *(blutunterlaufenes)* Auge; K o c h k. : Aal, Karpfen, Forelle b.; die Tapete, die Farbe der Tapete war b.; der Mann war b. im Gesicht *(sein Gesicht war dunkel verfärbt);* seine Hände waren b. vor Kälte; etwas b. anstreichen, färben; etwas schimmert, leuchtet b.; das Kleid war b. gestreift; das Metall war b. angelaufen; s u b s t. : ein schönes, helles, dunkles Blau; die Farbe Blau; das Blau des Himmels; sie trägt gerne Blau; ihre Lieblingsfarbe ist Blau; ganz in Blau. **2.** (ugs.) *betrunken:* b. werden; b. sein [wie ein Veilchen / wie eine Strandhaubitze]. * (ugs.:) **jmdm. das Blaue vom Himmel [herunter] versprechen** *(jmdm. ohne Hemmungen Unmögliches versprechen)* ·

(ugs.:) **das Blaue vom Himmel herunterlügen** *(ohne Hemmungen lügen)* · **ins Blaue hinein** *(ohne genau umrissene Vorstellung).*
blaumachen (ugs.): *ohne Grund der Arbeit fernbleiben, bummeln:* häufig, zwei Tage b.
Blech, das: 1. *zu Platten dünn ausgewalztes Metall:* dünnes, dickes, starkes, verrostetes, rostiges, verzinktes B.; das B. ist verbeult; B. walzen, formen, biegen, schneiden, hämmern; ein Kasten aus B. **2.** *Backblech, Kuchenblech:* das B. mit Butter bestreichen, in den Ofen schieben; den Kuchen auf einem B. backen, vom B. nehmen. **3.** *Gesamtheit der Blechblasinstrumente eines Orchesters:* das B. war zu laut, trat zu stark hervor. **4.** (ugs.) *Orden, Ehrenzeichen:* er legt keinen Wert auf das B. **5.** (ugs.) *Unsinn:* rede kein B.!
Blei, das: 1. */ein schweres Metall/:* reines B.; B. schmelzen; B. gießen */ein Silvesterbrauch/;* Rohre aus B.; Lettern wurden aus B. gegossen; etwas mit B. beschweren; die Füße waren ihm schwer wie B.; die Müdigkeit lag wie B. in seinen Gliedern; das Essen lag ihm wie B. (ugs.; *schwer)* im Magen. **2.** *Senkblei:* die Wassertiefe mit einem B. loten.
Bleibe, die (ugs.): *Unterkunft, Obdach, Wohnung:* keine B. haben; eine B. finden; jmdm. eine B. geben; sich eine andere B. suchen, nach einer neuen B. umsehen; ohne B. sein.
bleiben: 1. a) ⟨mit Raum- oder Zeitangabe⟩ *an einer bestimmten Stelle verharren:* am Strand, an seinem/auf seinem Platz b.; bleiben Sie bitte am Apparat!; es muß jemand bei den Kindern b.; im Haus, im Zimmer b.; der Kranke mußte ein paar Tage im Bett b.; sie blieben über Nacht, über Weihnachten; unter der Decke b.; zu Hause b.; willst du nicht zum Essen b.? *(bei uns essen?);* draußen b.; bleib da, wo du jetzt bist; wo bleibst du so lange?; ü b e r t r. : an der Macht b.; im Amt b.; im Hintergrund b.; im verborgenen, im dunkeln *(anonym)* b.; er blieb mit seinen Leistungen immer unter dem Durchschnitt; sie wollten für sich, unter sich b. *(keine Fremden in ihren Kreis aufnehmen);* ⟨jmdm. b.; mit Raumangabe⟩ er ist mir nicht in Erinnerung geblieben; der Vorfall blieb mir lange im Gedächtnis · adj. Part. : ein bleibender Gewinn; eine bleibende Erinnerung; das Geschenk ist von bleibendem Wert; s u b s t. : jmdn. zum Bleiben einladen; hier ist meines Bleibens nicht (geh.; *hier will ich nicht bleiben).* **b)** ⟨mit Artangabe⟩ *in einem bestimmten Zustand verharren, eine bestimmte Eigenschaft bewahren:* ernst, gelassen, ruhig, sachlich, gefaßt, nüchtern, gesund, wachsam, konsequent, standhaft, ungerührt, untätig, allein, unvergessen b.; das Land blieb neutral; unklar blieb, was er damit meinte; ledig b. *(sich nicht verheiraten);* das Geschäft bleibt geöffnet, geschlossen; er ist von der Grippe verschont geblieben; er ist lange wach geblieben; das Wetter blieb lange Zeit schön; der Schein sollte gewahrt bleiben; er ist bei seiner Forderung geblieben; es soll alles b., wie es ist; es bleibt alles beim alten; am Leben b.; bei Kräften b.; in Kontakt, in Verbindung, in Übung, in Bewegung b.; im Plan, in der Zeit b. *(den Plan, die vorgesehene Zeit einhalten);* die Sache wird nicht ohne Folgen bleiben; ⟨jmdm., einer Sache b.; mit Artangabe⟩ seinen Freunden, seiner Überzeu-

gung treu b.; die Angelegenheit blieb ihnen nicht verborgen; vieles ist ihm erspart geblieben; das muß dir überlassen bleiben. **c)** ⟨mit Gleichsetzungsnominativ⟩ *eine Eigenschaft behalten:* wir wollen Freunde b.; das Werk blieb Fragment; du bist ganz der alte geblieben; er ist und bleibt der Größte. **d)** ⟨in Verbindung mit einem Infinitiv⟩ *eine Haltung nicht verändern:* er ist auf dem Stuhl sitzen geblieben; du mußt bei der Begrüßung stehen b. **e)** ⟨jmdm. b.⟩ *übrigbleiben:* es blieb ihnen nur eine schwache Hoffnung; nur eines ihrer Kinder ist ihr geblieben; es blieb ihnen keine andere Wahl; nur wenig Zeit blieb uns für die Besorgungen. **f)** ⟨es bleibt; mit Infinitiv mit *zu* und abhängigem Nebensatz⟩ *man muß:* es bleibt zu hoffen, zu wünschen, daß ...; es bleibt abzuwarten, ob die Methode wirklich Erfolge zeitigt. **2.** ⟨bei etwas b.⟩ *etwas nicht ändern oder aufgeben:* bei seiner Meinung, Überzeugung, Entscheidung, bei seinem Entschluß, bei der Wahrheit b.; ich bleibe bei diesem Waschmittel; ich bleibe dabei, daß er lügt; es bleibt dabei *(es wird nichts geändert).* **3.** (geh. verhüll.) ⟨mit Raumangabe⟩ *fallen, umkommen:* er ist auf See, im Krieg geblieben.

bleich: **a)** *sehr blaß aussehend:* ein bleiches Gesicht; ein bleiches, kränkliches Kind; er war b. vor Schreck, Erregung, sie war b. wie Wachs, wie eine Wand, wie der Tod. **b)** (geh.) *fahl:* ein bleicher Schein, Schimmer; das bleiche Licht des Mondes; der bleiche Morgenhimmel; übertr.: das bleiche Grauen, Entsetzen hatte die Zuschauer befallen.

¹bleichen ⟨etwas b.⟩: *heller machen:* Wäsche b.; die Sonne hatte ihr Haar gebleicht; das Haar b. lassen; ⟨jmdm., sich etwas b.⟩ der Friseur hatte ihr das Haar gebleicht.

²bleichen (geh.) ⟨etwas bleicht⟩: *etwas wird heller, blaßt ab:* die Farbe, die Tapete bleichte/(veraltet:) blich innerhalb kurzer Zeit; ihr Haar war von der Sonne gebleicht/(veraltet:) geblichen.

bleiern: **1. a)** *aus Blei hergestellt:* bleierne Rohre; er schwimmt wie eine bleierne Ente (ugs. scherzh.; *kann nicht oder nur schlecht schwimmen*). **b)** *bleifarben:* ein bleiernes Grau; der Himmel hatte, bekam eine bleierne Färbung. **2.** *schwer, lastend:* eine bleierne Schwere, Müdigkeit; bleierne Luft, Hitze; er erwachte aus einem bleiernen (*tiefen, keine Erholung bringenden*) Schlaf; seine Füße, Beine, Glieder waren b.

blenden /vgl. blendend/: **1.** ⟨jmdn., etwas b.⟩ *durch übermäßige Helligkeit das Sehvermögen beeinträchtigen:* der Scheinwerfer, die Sonne, das grelle Licht, das entgegenkommende Auto blendet ihn; der Schnee blendete die Augen; der Verbrecher blendete ihn mit einer Taschenlampe; ⟨auch ohne Akk.⟩ das Licht, die Sonne blendet; blendende Helligkeit, Helle (geh.); ein blendendes (*strahlendes*) Weiß. **2.** ⟨etwas blendet jmdn.⟩ *etwas beeindruckt, bezaubert jmdn.:* Schönheit blendet jmdn.; er war von dem Anblick geblendet; er läßt sich vom Geld, vom Reichtum dieser Leute b. **3.** ⟨jmdn. b.⟩ *täuschen:* er blendete die Menschen durch sein Auftreten; sich nicht durch den äußeren Schein b. lassen; ⟨auch ohne Akk.⟩ er blendet gern. **4.** ⟨jmdn. b.⟩ *jmdm. das Augenlicht nehmen:* die Gefangenen wurden geblendet;

er war von dem grellen Licht wie geblendet *(konnte einen Augenblick lang nichts sehen).*

blendend (ugs.): *ausgezeichnet, sehr gut:* ein blendender Redner; er ist eine blendende Erscheinung; sie waren in blendender Stimmung, Laune; du siehst b. aus; es geht ihm b.; er hat sich an dem Abend b. amüsiert, unterhalten.

Blick, der: **1.** *[kurzes] Blicken, Hinschauen:* ein kurzer, schneller, rascher, prüfender, mißtrauischer, ängstlicher, sorgenvoller, trauriger, ärgerlicher, wehmütiger, nachdenklicher, strenger, mahnender, erstaunter, betroffener, scheuer, fragender, dankbarer, stummer, sprechender, vielsagender, lüsterner B.; ein B. auf die Uhr, aus dem Fenster, durchs Fenster, in den Spiegel, über den Gartenzaun, vom Turm; jmds. B. fällt auf etwas; ihre Blicke begegneten sich, trafen sich; ein gehässiger B. traf ihn; sein neugieriger B. ging in die Runde (geh.); ihre Blicke wanderten, flogen hin und her (geh.); ein B. genügte, um die Sache zu durchschauen; R: wenn Blicke töten könnten! / *Reaktion auf einen feindseligen Blick*/ · jmds. B. erwidern; sie wechselten heimlich Blicke; jmds. B. nicht aushalten, nicht ertragen können; einen B. auffangen, erhaschen (geh.); er warf einen B. ins Zimmer, auf den Brief; sie tauschten verliebte Blicke (geh.), warfen sich heimlich Blicke zu (geh.); er wandte keinen B. von dem Kind; sich den Blicken anderer entziehen; jmds. Blicken ausweichen; sie begegnete seinem B. (geh.); sie würdigte ihn keines Blickes *(beachtete ihn nicht);* die Vorgänge waren seinem B. entzogen; er sah auf den ersten B. *(sofort),* daß mit der Sache etwas nicht stimmte; erst auf den zweiten B. *(erst nach längerem Hinsehen)* erkannte er ihn wieder; es war Liebe auf den ersten B. zwischen den beiden; sie verständigten sich durch Blicke; er maß sie mit argwöhnischen Blicken (geh.); etwas mit kritischem B. prüfen, verfolgen, betrachten; unter den Blicken der Menge; bildl.: *Augen:* den B. senken (geh.), niederschlagen (geh.), erheben (geh.), abwenden; seine Blicke auf jmdn. richten, auf etwas senken, heften; sie zog die Blicke auf sich; er wendete keinen B. von ihr (geh.); den B. auf jmdm. ruhen lassen (geh.); jmdn. mit Blicken durchbohren (geh.; *mit durchdringendem Blick ansehen).* **2.** *Ausdruck der Augen:* er hat einen klaren, offenen, sanften, stechenden, geraden, gutmütigen, verschlagenen, bösen, treuen, trotzigen, wilden, starren, strahlenden B.; sein B. war erloschen (geh.). **3.** *Aussicht:* ein schöner, herrlicher, einmaliger (ugs.) B.; das Zimmer hat B. aufs Meer, nach Süden, zur Straße; hier hat man einen wunderschönen B.; die Räume geben ein B. auf Wiesen und Felder frei; ein Zimmer mit B. ins Grüne. **4.** *Urteil:* ein geschärfter, geschulter, weiter, sicherer B.; er hat einen weiten B.; *(ein vorausschauendes Urteil);* einen B. für etwas haben, bekommen; er hat den richtigen B. für diese Dinge verloren. * **einen Blick hinter die Kulissen werfen/tun** *(die Hintergründe einer Sache kennenlernen)* · **den bösen Blick haben** *(durch bloßes Ansehen angeblich Unheil bringen).*

blicken: **a)** ⟨mit Artangabe⟩ *in bestimmter Weise dreinschauen:* freundlich, traurig, finster, mißmutig, heiter, starr, scheu, sorgenvoll, kühl, unsicher, mißtrauisch, streng, herausfordernd, dro-

hend, verstört b.; seine Augen blickten fragend.
b) ⟨mit Raumangabe⟩ *seinen Blick irgendwohin richten:* beiseite, geradeaus, von einem zum anderen, vor sich hin, weder nach rechts noch nach links, nach unten b.; auf die Uhr b.; er blickte gebannt aus dem Fenster, durch den Türspalt; ins Buch b.; er blickte in die Ferne; in den Spiegel b.; in die Runde b.; das Baby blickte neugierig, mit großen Augen in die Welt; er blickte ungeduldig nach der Uhr, nach der Tür; er blickte ängstlich um sich; zur Seite, zu Boden b.; **R** (ugs.): das läßt tief b. *(ist sehr aufschlußreich);* übertr.: sie blicken sorgenvoll in die Zukunft; die Sonne blickt durch die Wolken; Zorn, Verachtung blickte aus seinen Augen; · ⟨jmdm. b.; mit Raumangabe⟩ jmdm. in die Augen, ins Gesicht b.; er blickte ihm neugierig über die Schulter. * (ugs.:) **sich blicken lassen** *(jmdn. besuchen):* wann läßt du dich wieder einmal b.?

blind: 1. *ohne Sehvermögen:* ein blinder Mann; ein blindes Tier; b. sein, werden; das Kind ist b. geboren; sein linkes Auge ist b.; er ist auf dem linken Auge b.; ihre Augen waren b. von/vor Tränen; bist du b.? (ugs.; *kannst du nicht aufpassen, siehst du nichts?);* er ist mit sehenden Augen b. (geh.; *durchschaut nicht die Dinge, die sich vor seinen Augen abspielen*); übertr.: das blinde Schicksal (geh.); der blinde *(reine)* Zufall; das Glück ist b. *(verteilt seine Güter wahllos);* für etwas/gegen etwas/gegenüber einer Sache b. sein *(etwas nicht erkennen);* subst.: einen Blinden über die Straße führen; **R:** er redet davon wie der Blinde von der Farbe; unter den Blinden ist der Einäugige König. **2. a)** *maßlos, hemmungslos, verblendet:* blinde Wut, Leidenschaft, Gier; blinder Haß; mit blinder Gewalt vorgehen; er lief in blinder Angst davon; b. sein vor Zorn/vor Wut, b. drauflosschlagen. **b)** *kritiklos; ohne Überlegung:* blinder Gehorsam, Glaube; blindes Vertrauen; blinde Schwärmerei; bildl.: er war ein blindes Werkzeug der Macht; jmdm. b. glauben, gehorchen, vertrauen; jmdm. b. ergeben sein; er hat die Befehle b. ausgeführt; das unterschreibe ich b. (ugs.; *damit erkläre ich mich ohne Zögern solidarisch).* **3.** *trübe, angelaufen:* blinde [Fenster]scheiben; blindes Glas; ein blinder Spiegel; die Metallbeschläge sind b. geworden. **4. a)** *vorgetäuscht:* blinde Fenster, Türen; ein blindes Knopfloch; ein b. Tasche aufsetzen. **b)** *unsichtbar:* eine blinde Naht; der Mantel ist b. geknöpft.

Blindheit, die: *das Blindsein:* eine angeborene B.; bei dem Patienten wurde völlige B. festgestellt; übertr.: eine gefährliche politische B.; seine B. gegenüber den Gefahren führte ihn ins Verderben. * *[wie]* **mit Blindheit geschlagen sein** *(etwas Wichtiges nicht sehen, erkennen):* er muß mit B. geschlagen gewesen sein, als er das zuließ.

blindlings ⟨Adverb⟩: **a)** *ohne Bedenken, kritiklos:* jmdm. b. gehorchen, vertrauen; er folgte b. allen Befehlen; er glaubte b. an ihn; sich b. auf etwas verlassen. **b)** *unbesonnen, ohne nachzudenken, ohne Vorsicht:* er schlug b. zu, um sich; b. davonlaufen; sich b. in sein Verderben stürzen.

blinken: 1. ⟨etwas blinkt⟩ *etwas leuchtet, glänzt:* die Sterne blinkten; ein Licht, ein Leuchtfeuer blinkt in der Ferne; das Metall, das Messer [in seiner Hand] blinkte; die ganze Wohnung blinkte

vor Sauberkeit; blinkende Beschläge, Spiegel. **2. a)** *ein Blinkzeichen geben:* er hatte versäumt, vor dem Abbiegen zu b.; er blinkte mit einer Lampe; (ugs.:) ⟨jmdm. b.⟩ der Fahrer blinkte mir, daß ich einbiegen solle. **b)** ⟨etwas b.⟩ *durch Blinkzeichen zu erkennen geben:* SOS b.; die Leuchttürme blinken ihre Signale für die Schiffe.

blinzeln: *die Augenlider rasch auf und ab bewegen:* angestrengt, verschlafen b.; seine Augen blinzelten; er blinzelte zum Zeichen des Einverständnisses; ⟨in etwas b.⟩ er blinzelte ins Licht *(sah blinzelnd ins Licht).*

Blitz, der: *grelle Lichterscheinung, die durch elektrische Entladung in der Atmosphäre entsteht:* starke, grelle, zuckende, kalte Blitze; B. und Donner folgten unmittelbar aufeinander; der B. hat in das Gebäude, in den Baum eingeschlagen; Blitze durchzuckten den Nachthimmel (geh.); Blitze flammen auf (geh.); die Meldung vom Tod des Präsidenten schlug ein wie ein/wie der B. *(kam völlig überraschend und rief große Aufregung hervor);* Wasser zieht den B. an; die Scheune war von einem B. getroffen worden; er stand da wie vom B. getroffen *(starr und völlig verstört);* der Bauer war auf dem Feld vom B. erschlagen *(durch einen Blitzschlag getötet)* worden. * (ugs.:) **wie der Blitz; wie ein geölter Blitz** *(sehr schnell)* · (ugs.:) **wie ein Blitz aus heiterem Himmel** *(ohne Vorbereitung, plötzlich, völlig unerwartet).*

blitzen: 1. (es blitzt) *Blitze leuchten am Himmel auf:* es blitzt und donnert; in der Ferne blitzt es; übertr.: (ugs. scherzh.): bei dir blitzt es *(dein Unterrock guckt hervor).* **2.** ⟨etwas blitzt⟩ *etwas glänzt, leuchtet auf im Licht:* das Silber, Metall, Kristall blitzt; seine weißen Zähne, seine Augen blitzten; die Fensterscheiben blitzten in der Sonne; eine Waffe blitzte in seiner Hand; die ganze Wohnung blitzt [vor Sauberkeit] (ugs.; *ist peinlich sauber);* blitzende Augen; blitzende Metallknöpfe. **3.** ⟨etwas blitzt; mit Raumangabe⟩ *etwas wird sichtbar:* Wut, Zorn blitzt aus seinen Augen. **4.** (ugs.) **a)** ⟨jmdn., etwas b.⟩ *(jmds. Autokennzeichen) mit elektronischer Kamera aufnehmen:* er war bei einer Tempoüberschreitung geblitzt worden. **b)** *mit Blitzlicht fotografieren:* bei den Aufnahmen im Zimmer muß er geblitzt.

Block, der: **1.** *kompaktes, kantiges Stück aus einem festen Material, Quader:* ein riesiger, schwerer, unbehauener B.; ein erratischer B. *(Findling);* Blöcke aus Marmor. **2.** *Häuserblock:* hier sind große, neue Blocks gebaut, errichtet worden; sie wohnen in B. 5, im gleichen B. 3. *Gruppe:* diese Parteien bilden einen geschlossenen B. in der Regierung; es gibt verschiedene Blöcke/(seltener:) Blocks. **4.** *Schreibblock, Notizblock:* ein B. Briefpapier; ein B. für Notizen; zwei Blocks/Blöcke mit 100 Blatt; etwas auf einen B. notieren. **5.** *Briefmarkenblock:* ein ungestempelter B.; die Post hat neue Blocks herausgegeben.

blockieren: 1. ⟨etwas b.⟩ *durch Abriegeln seiner Zufahrtswege sperren:* ein Land, einen Hafen b. **2.** ⟨etwas b.⟩ **a)** *versperren:* die Straße war stundenlang [durch einen Unfall] blockiert; Schneeverwehungen hatten vorübergehend die Strecke blockiert; Streikposten blockieren die Eingangstore. **b)** *unterbinden:* die Stromzufuhr b.; der Verkehr auf dieser Straße war zeitweilig blockiert. **3.**

⟨etwas blockiert etwas⟩ *etwas setzt etwas außer Funktion:* die Bremse blockiert die Räder; die Lenkung des Fahrzeugs wird durch ein Schloß blockiert. **4.** ⟨etwas b.⟩ *verhindern, aufhalten:* Verhandlungen, eine Entscheidung, Reformen, Maßnahmen, eine Entwicklung b. **5.** ⟨etwas blokkiert⟩ *etwas dreht sich nicht mehr:* die Räder blockieren; die Lenkung, das Gerät blockiert.

blöd[e]: 1. (veraltet) *schwachsinnig:* sie haben ein blödes Kind; der Junge ist von Geburt an blöde. **2.** (ugs.) *albern, töricht:* der Schlager hat einen ganz blöden Text; laß die blöden Bemerkungen!; so ein blöder Kerl! **3.** (ugs.) *ungeschickt, dumm:* es war sehr, ganz schön b. von dir, dich so zu verhalten; du bist doch sonst nicht so b.!; sei doch nicht so b. und laß dich so ausnutzen!; sich [reichlich] b. benehmen, anstellen. **4.** (ugs.) *ärgerlich, unangenehm:* eine blöde Geschichte, Sache; ein blöder Fehler; es ist zu b., daß ich das vergessen habe; subst.: so etwas Blödes!

Blödsinn, der (ugs.): *Unsinn; sinnloses Reden oder Handeln:* das ist ja ausgemachter, heller (großer), höherer (ausgesprochener) B.!; das ist der größte B., den ich je gehört habe; so ein B.! /Ausruf des Unmuts/; B. verzapfen, reden; hör doch auf mit diesem B.!; mach keinen B.!

blond: 1. a) *hell:* blondes Haar, blonde Locken, Zöpfe; ein blonder Bart; ihre Haare sind b.; sie hat sich das Haar b. färben lassen; subst.: ein helles, dunkles Blond. **b)** *blondhaarig:* ein blondes Kind, Mädchen; sie ist ein blonder Typ; er ist b.; subst.: er tanzte mit einer hübschen Blonden *(Blondine).* **2.** (ugs.) *von heller, goldgelber Farbe:* blonde Brötchen; blondes Bier; subst.: ein [kühles] Blondes/eine [kühle] Blonde *(helles Bier; Berliner Weißbier).*

bloß: I. ⟨Adj.⟩ *nackt, unbedeckt:* bloße Arme, Knie, Füße; ein Kleidungsstück auf der bloßen Haut tragen; er arbeitete mit bloßem Oberkörper; er geht mit bloßem Kopf *(ohne Kopfbedeckung);* etwas mit bloßen Händen anfassen; das Kind lag b. *(hatte sich bloßgestrampelt);* übertr.: das bloße Schwert; der bloße *(unbewachsene)* Fels; sie schliefen auf der bloßen Erde. **2.** *nichts weiter als:* das ist bloßes Gerede, bloße Annahme, Vermutung; der bloße Gedanke erschreckte ihn schon; man hat ihn auf bloßen Verdacht hin verhaftet; nach dem bloßen Augenschein urteilen; er kam mit dem bloßen Schrekken davon; er lief mit bloßem Hemd umher. **II.** (ugs.) ⟨Konj. oder Adverb⟩ *nur:* das macht er b., um dich zu ärgern; er hatte b. noch 5 Mark; er hatte b. Angst; er bleibt b. bis morgen; da kann man b. staunen; er denkt b. an sich; b. wegen dir sind wir zu spät gekommen. **III.** ⟨Partikel⟩ /verstärkend in einer Aufforderung oder Frage/: geh mir b. aus dem Weg!; [tu das] b. nicht!; was hat er b.!; (ugs.:) sag b.! /Ausruf der Verwunderung/; was soll ich b. machen?

Blöße, die (geh.): *Nacktheit:* sie hatten nichts, um ihre B. zu bedecken. * **sich** (Dativ) **eine Blöße geben** *(etwas bloßstellen, sich blamieren)* · **jmdm. eine Blöße bieten** *(jmdm. eine Gelegenheit zum Angriff, zum Tadel geben).*

bloßstellen (jmdn., sich b.): *blamieren:* mit diesem Wort hat er sich bloßgestellt; er wollte seinen Kollegen nicht in aller Öffentlichkeit b.

blühen /vgl. blühend/: **1.** ⟨etwas blüht⟩ *steht in Blüte:* die Linden, die Rosen blühen; der Flieder blüht schon, blüht noch nicht; in diesem Jahr blühen die Obstbäume reich *(haben sie viele Blüten);* die Apfelbäume blühen rosa und weiß; die Wiesen, die Gärten blühen *(sind voll von Blumen und blühenden Pflanzen);* überall grünt und blüht es (geh.); die Heide blüht; blühende Sträucher, Wiesen; übertr.: sie blüht wie eine Rose *(sieht rosig, blühend aus).* **2.** ⟨etwas blüht⟩ *gedeiht, floriert, ist in Schwung:* das Geschäft, der Handel, die Wirtschaft blüht; in diesen Jahrzehnten blühten Kunst und Wissenschaft; er hat einen blühenden Handel mit pornographischen Schriften. **3.** (ugs.) ⟨jmdm. blüht etwas⟩ *jmdm. widerfährt etwas (Unangenehmes):* es kann ihm noch b., daß er für seine Fahrlässigkeit bestraft wird; das kann dir auch noch b.

blühend: 1. *jung und frisch aussehend:* ein blühendes Mädchen; sie ist eine blühende Schönheit; ein blühendes Aussehen haben; er starb in blühender Jugend, im blühenden Alter von 20 Jahren; sie sieht b. aus. **2.** *übertrieben wuchernd, ausschweifend:* er hat eine blühende Phantasie; das ist blühender Unsinn.

Blume, die: **1. a)** *blühende Pflanze:* eine seltene, exotische, reich blühende, prachtvolle *(anspruchslose, lange [und reich] blühende)* B.; diese Blumen wachsen, gedeihen nur auf feuchten Wiesen; die Blumen blühen, sind erfroren; eine B. geht ein; Blumen pflanzen, pflegen, ziehen, düngen, gießen, umtopfen; eine Rabatte mit Blumen bepflanzen; ein Garten voller Blumen. **b)** *Blüte mit Stiel:* frische, duftende, langstielige, teure, verblühte, welke, verwelkte, vertrocknete, getrocknete, künstliche Blumen; die blaue B. *(Sinnbild der Sehnsucht in der romantischen Dichtung);* die Blumen duften, lassen die Köpfe hängen, welken, vertrocknen, gehen auf, blättern, halten lange; Blumen pflücken, [ab]schneiden, binden, in eine Vase stellen, auf den Tisch stellen; jmdm. Blumen schenken, schicken; Blumen streuen; eine B. ins Haar stecken; eine B. im Knopfloch tragen; sie gab ihm Blumen frisches Wasser; ein Kranz aus frischen Blumen; R: vielen Dank für die Blumen /ironische Dankesformel/. **2. a)** *Bukett, Duft:* die B. des Weines, des Weinbrands. **b)** *Schaum auf dem gefüllten Bierglas:* die B. des Bieres; die B. [ab]trinken. **3.** (Jägerspr.) *Schwanz von Hase und Kaninchen:* die B. des Hasen ist weiß. * **etwas durch die Blume sagen** *(etwas verblümt, nur in Andeutungen zu verstehen geben).*

Bluse, die: /ein Kleidungsstück/: eine weiße, bunte, seidene B.; eine B. mit langen, kurzen Ärmeln; sie trägt am liebsten Blusen; sie war mit Rock und B. bekleidet.

Blut, das: *rote Körperflüssigkeit:* rotes, dunkles, dünnes, dickes, krankes, gesundes, [un]reines, konserviertes B.; ein Tropfen Blut; das Blut fließt durch die Adern, pocht in den Schläfen, fließt, strömt, quillt, schießt, stürzt, sickert, tropft aus der Wunde; das B. gerinnt, trocknet, klebt an seinen Händen; das B. zirkuliert, strömt zum Herzen; bei der Anstrengung stieg ihm das B. in den Kopf, zu Kopf; vor Zorn, vor Scham schoß ihr das B. ins Gesicht; vor Schreck stockte ihm das B. in den Adern; das B. sauste ihm in den

Ohren; alles B. wich aus ihrem Gesicht *(sie wurde ganz blaß);* bei den Kämpfen ist viel B. geflossen, viel [unschuldiges] B. vergossen worden (geh.; *sind viele Menschen getötet worden);* der Himmel war rot wie B.; B. spenden, übertragen, waschen (Med.), spucken, speien (gch.), husten; sie versuchten vergebens, das B. zu stillen; jmdm. B. abnehmen; die Watte saugt das B. auf; das B. abwischen, abwaschen; er hat bei dem Unfall viel B. verloren; er kann kein B. sehen; das Kind hat zu wenig B. *(ist blutarm);* der Zorn trieb ihm das B. ins Gesicht; sie hatte keinen Tropfen B. im Gesicht *(war sehr blaß);* eine Vergiftung des Blutes; der verunglückte Fahrer hatte Alkohol im B.; der Alkohol geht ins B. *(wird vom Blut aufgenommen);* der Verletzte lag [auf der Straße] in seinem B. (geh.; *lag stark blutend auf der Straße);* seine Kleider waren mit B. befleckt, besudelt; sein Hemd war mit B. getränkt, durchtränkt; seine Hände waren voll B.; Ströme von B. waren geflossen (geh.); [nur] ruhig B.! */Ermahnung, sich nicht aufzuregen/;* übertr.: das B. der Reben (geh.; *Wein);* dem Unternehmen muß neues, frisches B. zugeführt werden (geh.; *es braucht neue, frische Kräfte);* er hat feuriges, wildes B. *(ist sehr leidenschaftlich, temperamentvoll);* ihm kochte das B. in den Adern *(er war sehr erregt, sehr zornig);* ihnen erstarrte, gefror (geh.) das B. in den Adern *(sie waren starr vor Schreck, vor Entsetzen wie gelähmt);* (geh.): bäuerliches, adliges B. haben *(bäuerlicher, adliger Abkunft sein);* die Bande des Blutes (geh.; *die verwandtschaftlichen Bindungen);* die Stimme des Blutes *(das Zusammengehörigkeitsgefühl der Familie).* * (geh.:) junges **Blut** *(junge Leute)* · heißes Blut haben *(leidenschaftlich sein)* · kaltes Blut bewahren *(sich beherrschen, kaltblütig bleiben)* · etwas schafft/macht böses Blut *(etwas erregt Unwillen)* · (ugs.:) [und Wasser] schwitzen *(große Angst haben)* · blaues Blut in den Adern haben *(adliger Abkunft sein)* · (ugs.:) Blut geleckt haben *(Gefallen an etwas gefunden haben)* · etwas liegt jmdm. im Blut *(jmd. hat für etwas eine angeborene Begabung)* · etwas im Blut ersticken (geh.; *in einem Blutbad unterdrücken)* · jmdn. bis aufs Blut quälen/peinigen/reizen *(jmdn. sehr quälen, peinigen, reizen)* · ruhig[es] Blut bewahren *(in einer aufregenden Situation Ruhe bewahren).*
Blüte, die: 1. */Teil der blühenden Pflanze/:* zarte, unscheinbare, duftende, welke, verwelkte, männliche (Biol.), weibliche (Biol.) Blüten; eine B. entfaltet sich, entwickelt sich, öffnet sich, schließt sich wieder, fällt ab; der Kaktus hat eine wunderschöne B. bekommen; die Pflanze treibt Blüten, bringt zahlreiche Blüten hervor; der Hibiskus hat seine Blüten abgeworfen; die Sträucher sind voll[er] Blüten; die Bienen fliegen von B. zu B.; bildl. (geh.): die Besten: der Krieg vernichtete die B. der Jugend. 2. *das Blühen:* die B. der Obstbäume beginnt, ist vorüber; die Bäume sind, stehen in [voller] B.; es ist schwierig, diese Pflanze zur B. zu bringen; die exotischen Sträucher kommen hier nicht zur B.; sich zu voller B. entfalten; sie unternahmen eine Fahrt in die B. *(in die Baumblüte);* bildl.: er starb in der B. der Jugend, in der B. seiner Jahre (geh.; *in jungen Jahren);* sie war über die erste B. hinaus *(nicht mehr*

ganz jung). 3. (geh.) *hoher Entwicklungsstand:* das Land erlebte eine geistige, kulturelle, wirtschaftliche B.; etwas erreicht eine hohe B.; eine Zeit der B. begann; die Industrie entwickelte sich zu ungeahnter B. 4. (ugs.) *gefälschte Banknote:* Blüten drucken, in Umlauf bringen. 5. (ugs.) *Pickel:* sein Gesicht war voller Blüten. * etwas treibt seltsame/wunderliche Blüten *(etwas nimmt seltsame/wunderliche Formen an).*
bluten: 1. *Blut verlieren; Blut austreten lassen:* stark, heftig, ein wenig b.; der Verletzte blutete fürchterlich, wie ein Schwein (ugs.; *heftig);* seine Nase, die Wunde blutet; er blutete an der Hand, im Gesicht, aus der Nase; blutendes Zahnfleisch; ⟨jmdm. blutet etwas⟩ ihm blutet die Nase; bildl.: der Baum, die Rebe blutet *(verliert Harz, Saft).* 2. (ugs.) *viel Geld aufwenden müssen:* für dieses Unternehmen hat er ganz schön geblutet; er mußte schwer b.
blutig: 1. a) *mit Blut befleckt:* blutige Hände; ein blutiger Verband; sein Hemd war b.; man hatte ihn b. geschlagen; du hast dich b. gemacht (ugs.). b) *mit Blutvergießen verbunden:* ein blutiger Kampf; blutige Zwischenfälle; eine blutige Schlacht; ein blutiges Gemetzel; er hat blutige Rache genommen *(hat sich grausam gerächt).* 2. (ugs.) */drückt eine Verstärkung aus/:* das ist mir blutiger *(tiefer)* Ernst; er ist ein blutiger *(völliger, absoluter)* Laie, Anfänger; blutige Tränen weinen; *heftig weinen).*
Bock, der: 1. */männliches Tier bei verschiedenen Säugetieren/:* ein störrischer B. *(Ziegenbock);* ein kapitaler B. (Jägerspr.; *großer Rehbock);* der Mann stank wie ein B. (derb); R: jetzt ist der B. fett! (ugs.; *jetzt reicht's aber!).* 2. (derb) */Schimpfwort für eine männliche Person/:* er ist ein sturer B.; so ein geiler, alter B.! 3. a) *Gestell, auf dem etwas aufgebockt wird:* ein hoher, niedriger B.; das Auto auf einen B. schieben. b) *Gestell, auf dem Bücher, Akten o. ä. abgelegt werden können:* ein B. für die Akten. c) */ein Turngerät/:* Übungen am B.; [über den] B. springen. 4. *Platz des Kutschers auf dem Pferdewagen:* auf den B. klettern; vom B. herunterspringen; er schwingt sich auf den B. * (ugs.:) einen Bock schießen *(einen Fehler machen)* · (ugs.:) den Bock melken *(etwas Unsinniges tun)* · (ugs.:) den Bock zum Gärtner machen *(einen völlig Ungeeigneten mit einer Aufgabe betrauen)* · *(fam.:)* einen Bock haben *(trotzig sein)* · (fam.:) jmdm. stößt der Bock *(jmd. weint schluchzend)* · (ugs.:) Bock, keinen Bock, null Bock auf jmdn., etwas haben *(jmdn., etwas [nicht] mögen; keine Lust zu etwas Bestimmtem haben).*
bocken: 1. *(von Reit- und Zugtieren) nicht vorwärts gehen, sich aufbäumen:* der Esel, das Pferd bockte; übertr. (ugs.): störrisch, widerspenstig sein: der Junge bockte, als sie ihm seinen Willen nicht lassen wollte; der Motor, der Wagen bockt *(bleibt stehen, funktioniert nicht).* 2. (Landw.) *brünstig sein:* Schafe, Ziegen bocken.
Bockshorn ⟨in der Wendung⟩ sich nicht ins Bockshorn jagen lassen (ugs.): *sich nicht einschüchtern lassen.*
Boden, der: 1. a) *Erde, Erdreich:* sandiger, lehmiger, [un]fruchtbarer, fetter, magerer, schwerer, leichter, lockerer, guter, schlechter, ertragreicher, jungfräulicher (geh.; *ungenützter),* ausgelaugter,

aufgeweichter, nasser, trockener, [un]durchlässiger B.; der B. ist aufgewühlt, hart gefroren; diese Böden sind für den Weinbau nicht geeignet; den B. festtreten; den B. *(den Acker, das Land)* bestellen, bebauen, bearbeiten, bewirtschaften; er besitzt 50 Morgen fruchtbaren B./(geh.:) Bodens; auf diesem B. wächst ein guter Wein; das Wasser versickert im B.; er wollte vor Scham in den B. [ver]sinken; er stand plötzlich da, wie aus dem B. gewachsen. **b)** *Erdoberfläche:* felsiger, steiniger, [un]ebener, rissiger B.; der B. bebte, schwankte unter seinen Füßen; die Reisenden waren froh, wieder festen B. *(Land)* zu betreten; die Flugzeuge wurden am B. zerstört; diese Vögel bauen ihre Nester auf dem B. **c)** *Fläche, auf der man sich bewegt; Fußboden:* ein sauberer, gestrichener B.; der B. ist ausgelegt, mit Teppichen belegt; der B. glänzt vor Sauberkeit; den B. pflegen, bohnern, schrubben, fegen; er lag erschöpft am B.; sich auf den B. legen; auf den B. fallen; bildl.: mit dieser Unternehmung begibt er sich auf unsicheren, schwankenden B. · etwas vom B. aufheben; die Schulden drücken ihn zu B. (geh.); die Augen zu B. schlagen (geh.; niederschlagen); Boxen: zu B. gehen *(niederstürzen).* **c)** *Terrain; Raum:* historischer, klassischer, geweihter B.; der Spion wurde auf schwedischem B. verhaftet; Sport: der Läufer hat B. gutgemacht, wettgemacht *(hat aufgeholt, wieder einen Vorsprung gewonnen);* der Läufer hat B. verloren *(ist zurückgefallen);* bildl.: den B. für jmdn., für etwas vorbereiten *(günstige Bedingungen, Voraussetzungen schaffen);* er fand günstigen B. *(günstige Voraussetzungen)* für sein Vorhaben; übertr.: *Grundlage:* auf dem B. des Rechts, der Verfassung, der Wirklichkeit stehen; sich auf den B. der Tatsachen stellen. **d)** *Bodenfläche eines Gefäßes, Behälters:* ein breiter, flacher B.; der B. des Topfes, der Kiste, des Korbes hat ein Loch; der Koffer des Diplomaten hatte einen doppelten B.; der B. des Meeres *(Meeresboden);* der Satz sinkt auf den B. des Gefäßes, setzt sich auf dem B. des Gefäßes ab; bildl.: eine Moral mit doppeltem B. *(eine zwielichtige Moral).* **e)** *Tortenboden:* der B. (der Obsttorte) ist aus Mürbeteig; einen B. backen, mit Erdbeeren belegen. **2.** (bes. nordd. und ostmd.) *Dachboden:* den B. ausbauen, entrümpeln; etwas auf dem B. abstellen; auf den B. steigen; die Wäsche auf dem B. aufhängen; etwas vom B. herunterholen. * (ugs.:) **jmdm. wird der Boden unter den Füßen zu heiß;** jmdm. **brennt der Boden unter den Füßen** *(jmdm. wird es an seinem Aufenthaltsort zu gefährlich)* · **festen Boden unter den Füßen haben** *(eine sichere Grundlage haben)* · (ugs.:) **Boden gutmachen/wettmachen** *(einen Vorsprung gewinnen, Fortschritte machen):* die Entwicklungsländer haben auf technischem Gebiet B. gutgemacht · **einer Sache den Boden entziehen** *(etwas entkräften)* · **jmdm. den Boden unter den Füßen wegziehen** *(jmdn. der Existenzgrundlage berauben)* · **den Boden unter den Füßen verlieren** *(die Existenzgrundlage verlieren; haltlos werden)* · **etwas gewinnt [an] Boden** *(etwas breitet sich aus)* · **etwas verliert [an] Boden** *(etwas verliert an Einfluß)* · (ugs.:) **am Boden zerstört sein** *(völlig erschöpft sein)* · **etwas fällt auf fruchtbaren Boden** *(etwas wird bereitwillig aufgenommen, wird wirksam)* · **et-**

was aus dem Boden stampfen *(etwas hervorzaubern, scheinbar aus dem Nichts hervorbringen).*
Bogen, der: **1.** *gebogene Linie; Biegung:* ein weiter B.; mit dem Zirkel einen B. schlagen, beschreiben; B. fahren; auf dem Eis B. laufen; der Fluß, die Straße macht hier einen B. [nach Westen]; einen B. über das „u" machen; in einem B. um das Hindernis herumfahren; das Wasser spritzt in hohem B. aus der schadhaften Leitung; die Brücke spannt sich in einem eleganten B. über das Tal; bildl.: (ugs.): jmdn. im hohen B. hinauswerfen *(jmdn. entlassen);* er ist im hohen B. hinausgeflogen *(hinausgeworfen, entlassen worden).* **2.** (Bauw.) *gewölbtes Tragwerk, das eine Öffnung überspannt:* spitze, runde, romanische, gotische B.; B. spannen sich zwischen den Pfeilern. **3.** /*eine Schußwaffe/:* Pfeil und B.; den B. spannen; die Eingeborenen schießen mit B. **4.** /*Teil des Streichinstrumentes/:* den B. der Geige bespannen; den B. ansetzen, absetzen, führen. **5.** *rechteckig zugeschnittenes Schreibpapier, Packpapier:* ein [un]beschriebener B.; ein B. Packpapier; zwanzig B. weißes Papier; einen B. in die Schreibmaschine [ein]spannen, falten, knicken. **6.** *Druckbogen:* das Buch hat 20 B.; ein Band aus/von 20 B. * (ugs.:) **einen Bogen um jmdn./um etwas machen** *(jmdm., etwas meiden)* · **den Bogen überspannen** *(etwas auf die Spitze treiben, zu hohe Forderungen stellen)* · (ugs.:) **den Bogen heraushaben** *(wissen, wie man etwas machen muß)* · (ugs.:) **große Bogen spucken** *(sich aufspielen, sich wichtig machen).*

böhmisch ⟨in der Wendung⟩ etwas kommt jmdm. böhmisch vor (ugs.): *jmd. versteht etwas nicht, findet etwas seltsam.*

Bohne, die: **1. a)** /*eine Gemüsepflanze/:* blühende Bohnen; die Bohnen ranken an Stangen; Bohnen legen, ziehen. **b)** *Schote und Samen der Bohnenpflanze:* grüne, weiße, gelbe Bohnen; Bohnen ernten, pflücken, schneiden, abziehen, [ab]fädeln; Bohnen einweichen, kochen; es gibt heute grüne Bohnen. **2.** *Kaffeebohne:* Bohnen rösten, mahlen; sie zählt die Bohnen für den Kaffee. * (ugs.:) **blaue Bohnen** *(Gewehrkugeln)* · (ugs.:) **nicht die Bohne** *(überhaupt nicht[s]):* er versteht nicht die B. von der Sache.

bohren: 1. a) ⟨etwas b.⟩ *durch drehende Bewegung [mit einem Werkzeug] herstellen:* ein Loch in das Holz, in die Wand, durch das Brett b.; er bohrte mit dem Absatz eine Vertiefung in den Boden; sie bohrten einen Brunnen, einen Schacht. **b)** *eine Bohrung vornehmen:* der Zahnarzt bohrt [an/in dem kranken Zahn]; der Holzwurm bohrt im Gebälk. **c)** ⟨etwas b.⟩ *mit dem Bohrer bearbeiten:* Metall, Holz, Beton [mit einem elektrischen Bohrer] b. **d)** ⟨etwas b.; mit Raumangabe⟩ *etwas bohrend an eine bestimmte Stelle bringen:* eine Stange in die Erde b.; ⟨jmdm., sich etwas b.⟩ er bohrte ihm das Raummangabe⟩ er hat ihm das Schwert in den Leib, durch die Brust gebohrt. **e)** ⟨etwas bohrt sich; mit Raumangabe⟩ *etwas dringt bohrend an eine bestimmte Stelle vor:* der Meißel bohrt sich durch den Asphalt; die Larve bohrt sich durch die Gefäßwand; übertr.: das abgestürzte Flugzeug hatte sich in den Acker gebohrt. **2.** ⟨nach etwas/auf etwas b.⟩ *durch Bohren nach etwas suchen:* nach/auf Erdöl, Wasser, Kohle b. **3.**

⟨etwas bohrt⟩ *etwas peinigt:* der Schmerz bohrte [im Zahn]; ⟨etwas bohrt jmdm.; mit Raumangabe⟩ der Schmerz bohrte ihm in der Brust; adj. Part.: bohrender Schmerz; bohrender Zweifel; bohrende Fragen stellen. **4.** (ugs.) *drängen, bitten:* die Kinder bohrten so lange, bis die Mutter ihnen die Erlaubnis gab.

bombardieren: 1. ⟨jmdn., etwas b.⟩ *(Fliegerbomben) auf ein Ziel abwerfen:* eine Stadt, feindliche Stellungen b.; wir wurden von feindlichen Verbänden bombardiert; übertr. (ugs.): die Demonstranten bombardierten *(bewarfen)* die Polizisten mit Tomaten. **2.** (ugs.) ⟨jmdn., etwas mit etwas b.⟩ *überschütten, bedrängen:* jmdn. mit Fragen, Vorwürfen, Beschimpfungen b.; er bombardierte die Behörde mit Eingaben.

Bombe, die: **1.** /*ein Sprengkörper*/: schwere, leichte Bomben; eine B. mit Zeitzünder; eine B. fällt, explodiert, detoniert, platzt, schlägt ein; eine B. hat das Haus zerstört; die Nachricht schlug ein wie eine B. *(rief große Verwirrung hervor);* Bomben [ab]werfen, abladen *(abwerfen),* entschärfen; Terroristen hatten die B. gelegt; die Stadt wurde durch Bomben zerstört, verwüstet; die Stellung wurde mit Bomben belegt (militär.), eingedeckt (militär.); wir müssen mit der B. (verhüll.; ↑Atombombe) leben. **2.** (Sport ugs.) *Torschuß:* eine B. [aufs Tor] schießen, knallen, abfeuern. * (ugs.:) **die Bombe ist geplatzt** *(das gefürchtete Ereignis ist eingetreten).*

Bonbon, das (auch: der): *Süßigkeit zum Lutschen:* ein süßes, saures, gefülltes, klebriges, hartes B.; ein B. gegen Husten, Heiserkeit; ein B. lutschen; eine Tüte Bonbons; übertr.: *etwas Besonderes:* das Programm bot einige Bonbons.

Boot, das: /*kleines Wasserfahrzeug*/: ein schnelles, wendiges, schnittiges, leichtes, schweres, offenes, breites, schmales B.; die Boote der Fischer; das B. sticht in See (Seemannsspr.), treibt auf den Wellen, gleitet über das Wasser, sinkt, kentert, leckt, kippt um, schlägt um, geht unter, tanzt auf den Wellen (geh.), liegt tief im Wasser, läuft voll Wasser, liegt am Ufer, liegt am Steg an, schaukelt, schwankt, zerschellt, bricht auseinander, liegt im Hafen, geht vor Anker, läuft auf Grund; die Kinder fahren gerne B.; ein B. bauen, vom Stapel laufen lassen, vertäuen (Seemannsspr.), festmachen, ausrüsten; das B. klarmachen (Seemannsspr.), steuern, rudern, an Land ziehen; sie ließen die Boote aufs Wasser; aus dem B. steigen, klettern; in das B. steigen; in die Boote gehen; in einem B., mit einem B. den Fluß überqueren; mit einem B. fahren, segeln; die Fischer sind mit den Booten hinausgefahren. * (ugs.:) **in einem Boot sitzen** *(gemeinsam eine schwierige Situation bewältigen müssen).*

¹Bord (in den Wendungen) **an Bord** *(im Inneren/ ins Innere eines Schiffes, eines Flugzeuges, eines Raumschiffes):* an B. eines Tankers, eines Flugzeugs, eines Raumschiffes gehen; Fracht an B. nehmen; alle Mann an B.! /seemännisches Kommando/ · **über Bord** *(von Deck des Schiffes ins Wasser):* über B. gehen *(ins Wasser gespült werden);* er wurde über B. gespült; Mann über B. /Notruf/ · **etwas über Bord werfen** *(etwas aufgeben, fallenlassen):* alle Vorsicht, alle Sorgen über B. werfen · **von Bord gehen** *(das Schiff verlassen).*

²Bord, das: *Wandbrett, Bücherbrett:* ein hölzernes, schmales, breites B.; die Bücher, die Flaschen auf das B. stellen, vom B. nehmen.

borgen: 1. ⟨jmdm. etwas b.⟩ *jmdm. etwas unter dem Versprechen der Rückgabe geben:* jmdm. Geld, ein Buch, das Bügeleisen b.; er hat dem Freund sein Auto geborgt; ⟨auch ohne Dat.⟩ er borgt nicht gern. **2.** ⟨sich (Dativ) etwas b.⟩ *mit dem Versprechen der Rückgabe von jmdm. nehmen:* sich das Geld für etwas b.; ich habe mir ein Buch bei ihm/von ihm geborgt; ⟨auch ohne Dat.⟩ er hat den Frack nur geborgt; übertr.: diese Ideen hat er geborgt.

Borke, die: ↑Rinde.

Börse, die: **1.** (geh. veraltend) *Geldbeutel:* eine lederne, volle, leere B.; seine B. verlieren, suchen, zücken. **2.** (Wirtsch.) a) *Markt für Wertpapiere:* die Frankfurter B.; die B. ist, verläuft lebhaft, ruhig, freundlich, stürmisch; die B. schloß gut, schwach, flau; die B. behauptete sich, war bewegt; diese Papiere werden nicht an der B. gehandelt; an der B. spekulieren, kaufen, verkaufen; Wertpapiere an der B. notieren, umsetzen. b) *Börsengebäude:* die B. ist geschlossen.

Borste, die: *dickes, festes Tierhaar:* weiche, harte Borsten; die Borsten des Pinsels, der Bürste; das Schwein hat Borsten.

böse: 1. *sittlich schlecht:* eine böse Tat, Gesinnung; das war böse Absicht, böser Wille; böser Mensch; die böse Fee /eine Märchengestalt/; diese Frau ist b. *(hat eine üble Gesinnung);* subst.: etwas Böses tun. **2.** (ugs.) *schlimm, übel, unheilvoll:* böse Zeiten; ein böser Traum; jmdm. einen bösen Streich spielen; eine böse Krankheit; eine böse Geschichte, Angelegenheit; eine böse Überraschung erleben; er hat einen bösen Husten; das b. ausgehen; die Worte waren nicht b. gemeint; man hat ihm b. mitgespielt; er hat sich b. blamiert; subst.: nichts Böses ahnen; ihm schwant Böses. **3.** *ärgerlich, verärgert:* ein böses Gesicht machen; er wird immer gleich, wird leicht b.; die beiden Freunde sind in bösen auseinandergegangen ⟨jmdm./auf jmdn. b. sein⟩ bist du mir noch b.?; bist du noch b. auf mich? die beiden sind sich b.; ⟨mit jmdm. b. sein⟩ b. mit ihm *(hat Streit mit ihm);* sie sind b. miteinander; ⟨b. über etwas sein⟩ sie war b. *(ärgerte sich)* über sein langes Fortbleiben. **4.** (ugs.) *(von Kindern)* unartig: du bist ein ganz böses Kind; wenn du so b. bist, darfst du nicht mitgehen. * (geh.:) **der Böse** *(der Teufel).*

boshaft: *hämisch, böse:* ein boshafter Mensch; eine boshafte Bemerkung; sei war b. von dir; er grinste, lächelte b. *(sarkastisch).*

Bosheit, die: a) *böse Gesinnung:* das ist reine B. von ihm; die B. schaut ihm aus den Augen; er läßt seine B. an anderen aus; er steckt voller B.; das hat er aus lauter B. gesagt, getan. b) *boshafte Handlung, Bemerkung:* eine versteckte B.; allerlei Bosheiten aushecken; jmdm. Bosheiten sagen; Bosheiten verspritzen. * (abwertend:) **mit konstanter Bosheit** *(immer wieder in gleicher Weise etwas Unerwünschtes tuend).*

böswillig: *in böser Absicht, absichtlich:* böswillige Beschädigung; Rechtsw.: böswillige Verleumdung; böswilliges Verlassen der Familie, des Ehepartners · er hat b. gehandelt.

Bote, der: *jmd., der im Auftrag eines anderen etwas überbringt; Laufbursche:* ein zuverlässiger B.; als B., beschäftigt sein; einen Boten schicken, entsenden (geh.); ü b e r t r. (geh.): *Anzeichen:* Schneeglöckchen sind die Boten des Frühlings.
Botschaft, die: 1. *Nachricht:* eine gute, frohe, schlimme, traurige, geheime B.; eine B. des Präsidenten an die Bevölkerung; eine B. hinterlassen, erhalten, bekommen, entgegennehmen; eine B. ausgehen lassen (geh.); jmdm. eine B. bringen, senden; ich habe eine freudige B. für dich; sie warten auf eine B.; die [christliche] B. *(das Evangelium)* verkündigen, predigen. 2. a) *diplomatische Vertretung eines Staates im Ausland:* eine deutsche, englische B.; die amerikanische B. in Paris; eine B. errichten, einrichten. b) *Botschaftsgebäude:* die französische B. befindet sich im Zentrum der Stadt; sie flüchteten sich in die B.; ein Empfang in der B.
brachliegen ⟨etwas liegt brach⟩: *etwas ist nicht bebaut, bleibt unbestellt:* die Felder liegen immer noch brach; der Acker hat mehrere Jahre brachgelegen; brachliegendes Land; ü b e r t r.: in diesem Amt liegen seine besten Kräfte brach *(werden sie nicht genutzt).*
Brand, der: 1. *großes Feuer, Feuersbrunst:* ein verheerender, furchtbarer, riesiger B.; ein B. bricht aus, schwelt, wütet, greift um sich; einen B. verursachen, [an]legen, anfachen, verhüten; man versuchte vergebens, den B. zu löschen, einzudämmen; die Scheune ist in B. geraten; sie setzten, steckten den Holzstoß in B. *(zündeten ihn an);* die Feuerwehr wurde mit dem B. nicht fertig; beim B. *(dem Brennen)* der alten Scheune wurde niemand verletzt. 2. (Handwerk) *das Brennen, Ausglühen (bei hoher Temperatur):* der B. der Ziegel, des Porzellans. 3. (ugs.) *starker Durst:* seinen B. löschen; ich habe einen tüchtigen B. 4. /eine Krankheit/: a) /bei Menschen und Tieren/: trockener, nasser, feuchter, kalter, heißer B.; den B. haben, bekommen. b) /bei Pflanzen/: der Baum, das Getreide ist vom B. befallen.
branden (geh.) ⟨etwas brandet; mit Raumangabe⟩: *etwas prallt schäumend an etwas, bricht sich an etwas:* das Meer brandet an die Kaimauer, gegen die Felsen; übertr.: brandender *(tosender)* Beifall; der Verkehrslärm brandete um uns.
Brandung, die: *am Strand, an der Küste sich brechende Wellen:* die tobende, tosende, rollende B.; die B. donnerte an die Küste; das Rauschen der B.; sie stürzten sich in die B.
braten: a) ⟨etwas b.⟩ *durch Erhitzen in Fett gar und an der Oberfläche braun werden lassen:* Fleisch braun, knusprig, dunkel, scharf b.; ein Spanferkel am Spieß b.; Kartoffeln in der heißen Asche b.; Fisch in Öl b.; Kartoffeln in einer Pfanne b.; er briet sich, ihm/für ihn ein Schnitzel. b) ⟨etwas brät⟩ *etwas wird unter Hitzeeinwirkung in Fett gar und an der Oberfläche braun:* die Kartoffeln braten in der Pfanne; die Gans muß noch eine Stunde b.; auf dem Ofen brieten Äpfel; übertr. (ugs.): sie braten in der Sonne, lassen sich/von der Sonne b. *(lassen sich bräunen).*
Braten, der: *größeres, gebratenes oder zum Braten bestimmtes Stück Fleisch:* ein großer, saftiger, knuspriger B.; der B. ist angebrannt; am Sonntag einen B. machen (ugs.); den B. auf den Herd stel-

len, mit Fett begießen; es gab Brote mit kaltem B.; übertr. (ugs.): das war ein fetter B. *(ein großer Gewinn, ein guter Fang).* * (ugs.:) **den Braten riechen** *(etwas schon vorher merken; Gefahr wittern)* · **dem Braten nicht trauen** *(einer Sache mit Skepsis begegnen; Argwohn hegen).*
Brauch, der: *überkommene Sitte:* ein schöner, überlieferter, aus heidnischer Zeit überkommener B.; es ist ein alter B.; das ist in dieser Gegend [so] B.; die alten Bräuche pflegen, wieder aufleben lassen; etwas nach altem B. tun, feiern.
brauchbar: *geeignet, verwendbar:* brauchbare *(sinnvolle)* Vorschläge machen; das Material, der Gegenstand ist noch b.; sich als b. erweisen; s u b s t.: alles Brauchbare aufheben.
brauchen: 1. *nötig haben; jmds., einer Sache bedürfen:* a) ⟨jmdn., etwas b.⟩ etwas dringend, nötig, unbedingt, rasch, sofort b.; Ruhe, Schlaf, Bewegung, Erholung, Hilfe, Rat, Trost b.; die Kinder brauchen neue Schuhe; sie braucht [zum Lesen] eine Brille; sie braucht jemanden, der sich um die Kinder kümmert; ich brauche dich; ich kann dich jetzt nicht b. (ugs.; *habe jetzt keine Zeit für dich);* diese Arbeit braucht [Zeit] *(läßt sich nicht schnell erledigen);* er braucht Geld für ein neues Auto/(ugs. landsch.:) zu einem neuen Auto; dort gibt es alles, was man zum Leben braucht. b) ⟨mit Zeitangabe⟩ er hat für die Arbeit einen Tag, 4 Jahre gebraucht; er brauchte lange, um sich zu entscheiden. c) (geh.) ⟨es braucht einer Sache⟩ es braucht keines Beweises, keiner weiteren Erklärungen; es braucht nur eines Winkes, und alles wird geschehen; (ugs. auch:) ⟨es braucht eine Sache⟩ es braucht keine große Anstrengung, um zu erkennen ...; es braucht nur einen Wink, und ... 2. ⟨jmdn., etwas b.⟩ *gebrauchen, verwenden:* etwas häufig, selten, oft b.; das kann ich gut, nicht [mehr] b.; kannst du die Sachen noch b.? *(hast du noch Verwendung dafür?);* seinen Verstand, seine Ellenbogen b.; er ist zu allem zu b. (ugs.; *ist sehr anstellig);* sie war heute zu nichts zu b. (ugs.; *war zu keiner Arbeit imstande).* 3. ⟨etwas b.⟩ *verbrauchen:* das Gerät braucht wenig Strom; sie haben alles Geld, Material gebraucht. 4. ⟨mit Infinitiv mit *zu;* verneint oder eingeschränkt⟩ *müssen:* er braucht heute nicht zu arbeiten/(ugs. auch ohne *zu:)* braucht heute nicht arbeiten; du brauchst doch nicht gleich zu weinen; es braucht nicht besonders gesagt zu werden, daß ...; es braucht nicht sofort zu sein *(es hat Zeit);* du brauchst es [mir] nur zu sagen, wenn du mitfahren willst; das brauchst du dir nicht gefallen zu lassen; das brauchst du nicht zu sein, hätte nicht zu sein b. *(wäre vermeidbar gewesen);* das hättest du nicht zu tun b. (nicht korrekt: gebraucht).
brauen: 1. ⟨etwas b.⟩ a) *Bier herstellen:* Bier b.; die Firma braut monatlich 20000 Hektoliter [Bier]. b) (ugs.) *ein [alkoholisches] Getränk zubereiten:* wir wollen für heute abend einen Punsch, eine Bowle b.; ich habe mir/dir/für Sie einen Kaffee gebraut. 2. (geh.) ⟨etwas braut⟩ *etwas brodelt, wallt:* Nebel brauen in dem Tal.
braun: 1. /eine Farbbezeichnung/: braunes Haar; brauner Zucker; sie hat braune Augen; der Stoff, Anzug ist b.; etwas b. färben; wir sind im Urlaub schön b. geworden; s u b s t.: ein kräfti-

ges, tiefes Braun. **2.** (ugs.) *nationalsozialistisch:* die braunen Machthaber; braune Parolen.

bräunen: 1. ⟨etwas b.⟩ *durch Hitzeeinwirkung braun werden lassen:* das Fleisch, Mehl b.; Zwiebeln in Butter b. **2.** ⟨jmdn., etwas b.⟩ *(von der Sonne) braun werden lassen:* sie ließen sich von der Sonne b.; die Sonne hat mich, meine Haut stark gebräunt. **3.** *braun werden:* **a)** der Braten bräunt schön, gleichmäßig; unter südlicher Sonne b. **b)** ⟨sich b.⟩ meine Haut hat sich schnell gebräunt; im Herbst bräunen sich die Blätter.

Brause, die: **1.** (ugs. veraltend) /*eine Limonade*/: eine B. mit Waldmeistergeschmack; eine B trinken, **2. a)** *das Duschen:* eine warme, kalte B.; die B. ist zu heiß. **b)** *[bewegliche] Vorrichtung zum Brausen:* die B. aufdrehen, abstellen; sich mit der B. abspritzen; sich unter die B. stellen. **c)** *Sprühteil:* die B. [auf die Gießkanne] aufstecken, aufsetzen; eine Gießkanne mit B.; die Pflanzen mit der B. besprühen, begießen.

brausen: 1. ⟨etwas braust⟩ *etwas bringt (durch seine Bewegung) ein starkes Rauschen hervor:* das Meer, die Brandung, das Wasser, der Gebirgsbach, der Sturm braust; die Orgel braust *(erklingt in voller Stärke);* großer Jubel braust *(dröhnt)* durch das Stadion; brausenden *(tosenden)* Beifall ernten; ⟨es braust jmdm.:⟩ mit Raumangabe⟩ es hat mir in den Ohren gebraust. **2.** (veraltend) **a)** *duschen:* heiß, lauwarm, kalt b.; ich brause jeden Tag. **b)** ⟨jmdn., sich, etwas b.⟩ *abduschen:* sich, die Kinder b.; ich habe die verschmutzten Gummistiefel gebraust; ⟨jmdm., sich etwas b.⟩ sie hat sich die Haare gebraust. **3.** ⟨mit Raumangabe⟩ *geräuschvoll, mit hoher Geschwindigkeit fahren:* um die Ecke, über die Autobahn, nach München b.; der Zug ist über die Brücke gebraust.

Brautschau ⟨in den Wendungen⟩ **auf [die] Brautschau gehen; Brautschau halten** (ugs. scherzh.): *eine Frau zur Ehe suchen.*

brav: 1. (bes. von Kindern) *gehorsam:* ein braves Kind; der Junge war heute b.; sei b.!; b. bleiben, sitzen bleiben. **2.** (veraltend) **a)** *von rechtschaffener, biederer Art:* sie ist eine brave Frau; es sind brave Leute, Bürger. **b)** *tapfer, mutig:* ein braver Mann, Soldat; er hat sich b. gehalten, geschlagen. **c)** *gut, trefflich:* er hat seine Aufgaben b. gemacht; der Pianist hat die Sonate b. *(korrekt, aber ohne besonderes Format)* heruntergespielt. **3.** *(bes. von Kleidungsstücken) sehr bieder, ohne Eleganz:* das Kleid ist zu b. für den Anlaß.

brechen /vgl. gebrochen/: **I. 1.** ⟨etwas b.⟩ *etwas abknicken, zerteilen:* etwas in Stücke b.; Flachs b. (Landw.); Blumen, Rosen b. (veraltet, aber noch landsch.; *pflücken*); für die Vorspeise wird das Brot gebrochen; ⟨jmdm., sich etwas b.⟩ sich ein Bein, den Knöchel b. **2.** ⟨etwas bricht⟩ *etwas zerfällt in [zwei] Teile, knickt ab:* das Brett bricht; die Äste brachen unter der Schneelast; das Leder, der Stoff beginnt zu b. *(wird rissig);* das Rohr, die Achse, die Feder, die Welle ist gebrochen. **3.** ⟨etwas b.⟩ *abbauen:* Marmor, Schiefer b. **4. a)** ⟨etwas bricht sich an/in etwas⟩ *etwas wird abgelenkt:* die Brandung bricht sich an den steilen Felsen; die Strahlen brechen sich im Glas. **b)** ⟨etwas bricht etwas⟩ *etwas lenkt etwas ab, läßt etwas abprallen:* die Brückenpfeiler brechen die Wellen. **5.** ⟨etwas b.⟩ *überwinden, durchbrechen:* jmds. Widerstand,

Trotz, Hartnäckigkeit b.; er hat endlich sein Schweigen gebrochen *(hat berichtet, ausgesagt);* eine Blockade b.; einen Rekord b. *(einen neuen Rekord aufstellen);* Bundesrecht bricht *(steht höher als)* Landesrecht. **6.** ⟨mit jmdm., mit etwas b.⟩ *die bisherige Verbindung, Beziehung aufgeben, abbrechen:* mit seinem Elternhaus, mit seinen Freunden b.; er hat endgültig mit der Kirche, mit der Partei gebrochen; mit der Tradition, einer Gewohnheit, der Vergangenheit b. **7.** ⟨etwas b.⟩ *nicht mehr einhalten:* einen Vertrag, Eid, sein [Ehren]wort, Versprechen b.; er hat die Ehe gebrochen (veraltend; *ist untreu geworden*); den Frieden b. *(Streit, Krieg beginnen);* mehrmals wurde der Waffenstillstand gebrochen; das Fasten b. *(mit dem Fasten aufhören, es beenden).* **8.** ⟨mit Raumangabe⟩ *hindurch-, hervorstoßen:* die Sonne, das Flugzeug bricht durch die Wolken; eine Quelle bricht aus dem Felsen; die Reiter brachen aus dem Hinterhalt; das Wild ist durch das Gebüsch gebrochen *(durchgelaufen);* ⟨jmdm. bricht etwas; mit Raumangabe⟩ Tränen brachen ihr aus den Augen (geh.). **II.** (ugs.) **a)** *erbrechen:* er mußte mehrmals, heftig b., hat mehrmals gebrochen. **b)** ⟨etwas b.⟩ *von sich geben:* das ganze Essen, Blut, Galle, Schleim b. * (geh.:) *nichts zu brechen und zu beißen haben (hungern müssen)* · *etwas ist brechend/zum Brechen voll (ist überfüllt).*

Brei, der: **1.** *zähflüssige Speise:* dünner, dicker, steifer B.; B. kochen; das Baby mit B. füttern; etwas zu B. kochen. **2.** *unförmige Masse:* der aufgeweichte Boden war nur noch ein B.; etwas zu B. zerstampfen. * (ugs.:) *um den [heißen] Brei herumreden (um etwas herumreden; nicht wagen, etwas Bestimmtes zur Sprache zu bringen)* · *jmdm. Brei um den Mund/ums Maul schmieren (jmdm. zu Gefallen reden)* · (derb:) *jmdn. zu Brei schlagen (jmdn. zusammenschlagen).*

breit: 1. a) *von größerer Ausdehnung in einer Richtung:* eine breite Straße, ein breiter Fluß; breite Fenster; sie hat ein breites Gesicht, breite Hüften; der junge Mann ist sehr b. *(breitschultrig);* er schreibt b. *(hat eine in die Breite gezogene Schrift);* etwas breiter machen; einen Nagel b. schlagen; er hat die Schuhe b. getreten; **übertr.:** eine b. angelegte Studie. **b)** *von bestimmter Breite:* das Brett ist 10 cm b.; der Teppich ist 4,50 Meter b.; er ist so b. wie lang (ugs. scherzh.; *ist sehr dick*); das Band ist zwei Finger b. **2.** *größere Teile des Volkes, der Öffentlichkeit betreffend:* die breite Öffentlichkeit; die breite Masse; wir wollen damit breite, breiteste Bevölkerungsschichten ansprechen; die Aktion fand ein breites *(großes)* Interesse, Echo [in, unter der Bevölkerung]; eine breite Streuung des Eigentums *(Verteilung von Eigentum an viele Bürger);* etwas auf breiter, breitester Grundlage diskutieren; die Volksaktien sollen b. gestreut werden *(in den Besitz vieler Bürger kommen).* **3.** *laut und unangenehm:* ein breites Lachen; er hat eine breite *(plumpe)* Aussprache; er lächelte, grinste b. *(aufdringlich).*

Breite, die: **1.** *Ausdehnung in der Horizontale:* Länge, B. und Höhe eines Zimmers; ein Weg von drei Meter/(seltener auch:) Metern B.; die Brücke hat eine B. von dreißig Metern; etwas der B. nach *(entsprechend der Querachse)* legen, falten, durchsägen; wir liefern die Stücke in ver-

schiedenen Breiten; ü b e r t r.: eine Darstellung in epischer B. *(von großer Ausführlichkeit);* der Aufsatz geht zu sehr in die B. *(behandelt zu viele Details, Nebensächlichkeiten).* **2.** *geographische Lage, Position:* die geographische Breite bestimmen; die Insel liegt [auf, unter] 50° Grad nördlicher B.; in diesen Breiten *(in dieser Gegend, in diesen Gegenden)* herrscht feuchtwarmes Klima. * (ugs.:) **in die Breite gehen** *(dick werden).*
breiten (geh.): **a)** ⟨etwas über/auf jmdn., etwas b.⟩ *ausbreiten:* ein frisches Tuch über den Tisch, auf den Boden b.; ⟨jmdm., sich etwas b.⟩ sie breitete ihm eine Decke über die Beine. **b)** ⟨etwas b.⟩ *ausstrecken:* der Vogel breitet die Flügel. **c)** ⟨sich über etwas b.⟩ *sich ausdehnen:* dichte Nebelschwaden breiten sich über das Tal; ein hämisches Grinsen breitete sich über sein Gesicht.
breitmachen (ugs.) ⟨sich b.⟩: *viel Platz für sich in Anspruch nehmen:* mach dich nicht so breit!; ü b e r t r.: eine bestimmte Geisteshaltung, eine gewisse Unzufriedenheit macht sich in der Bevölkerung breit *(verbreitet sich, breitet sich aus).*
breitschlagen (ugs.) ⟨jmdn. zu etwas b.⟩ *überreden, beschwatzen:* sie hatten ihn dazu breitgeschlagen, er hatte sich dazu b. lassen, mitzumachen.
breittreten (ugs.) ⟨etwas b.⟩: **1.** *ausgiebig, bis zum Überdruß erörtern:* ein Thema immer wieder b.; die Einzelheiten des Prozesses sind jetzt genügend breitgetreten [worden]. **2.** ⟨etwas b.⟩ *ärgerlicherweise weiterverbreiten, an die Öffentlichkeit bringen:* mußtest du die Sache unbedingt b.?
Bremse, die: *Vorrichtung zum Verlangsamen oder Beenden einer Bewegung:* eine schnellwirkende, automatische B.; die Bremsen quietschen, kreischen, laufen heiß, versagen, blockieren; neue Bremsen einbauen; die B. prüfen, betätigen, loslassen, durchtreten (ugs.; *das Bremspedal bis zum Anschlag treten*); die B. *(Handbremse)* anziehen, feststellen, lösen; auf die B. treten; mit angezogener B. fahren.
bremsen a) *die Bremse betätigen:* rechtzeitig, zu spät b.; mit dem Motor b.; der Fahrer, das Auto hatte zu scharf gebremst; ü b e r t r.: wir müssen [mit den Ausgaben] b. *(zurückhaltend, sparsam sein).* **b)** ⟨etwas b.⟩ *zum Halten bringen:* einen Wagen b.; der Wagenführer konnte die Straßenbahn nicht mehr rechtzeitig b.; ü b e r t r.: man muß ihn dauernd b. (ugs.; *davon zurückhalten, zu weit zu gehen);* ich kann mich b.! (ugs.; *das werde ich nicht tun!*); er war [in seinem Tatendrang] nicht/kaum zu b.; er konnte sich nicht [mehr] b. [in seinem Zorn]; eine Entwicklung, die Einfuhren, die Ausgaben b. *(verlangsamen).*
brennen /vgl. brennend/: **1.** ⟨etwas brennt⟩ **a)** *etwas steht in Flammen:* hell, lichterloh, wie Stroh *(sehr stark)* b.; das Haus, der Wald brennt; es brannte an allen Ecken und Enden; der Ofen brennt *(ist angezündet);* das Schiff treibt brennend auf dem Meer; b i l d l.: Haß brennt in ihm (geh.); brennende Liebe (geh.); wo brennt's denn? (ugs.; *was ist denn los?*); es brennt im Strafraum/vor dem Tor (Fußball). **b)** ⟨mit Artangabe⟩ *etwas hat eine bestimmte Brenneigenschaft:* das brennt schnell, leicht, wie Zunder *(ist leicht entzündbar);* dieser Ofen brennt gut *(heizt gut).* **c)** *die Sonne scheint sehr heiß:* die Sonne brennt

[heute ungeheuer], brennt vom Himmel; sich in die brennende Sonne legen. **2.** ⟨etwas b.⟩ *als Heizmaterial verwenden:* Holz, Öl b.; in diesen Öfen kann man nur Koks b. **3. a)** ⟨etwas brennt⟩ *etwas ist eingeschaltet oder angezündet:* die Kerze, das Licht brennt [die ganze Nacht]; laß das Licht b. *(mach es nicht aus)!;* a d j. P a r t.: brennende Kerzen; ein brennendes *(grelles, leuchtendes)* Rot. **b)** ⟨etwas b.⟩ *eingeschaltet haben, leuchten lassen:* den ganzen Tag Licht b.; nur die Stehlampe, nicht alle Birnen b. **4.** ⟨etwas in etwas b.⟩ *einbrennen:* ein Zeichen aus der Fell, in die Haut des Tieres b.; das Muster ist in das Porzellan gebrannt; ⟨jmdm., sich etwas b.; mit Raumangabe⟩ ich habe mir ein Loch in den Anzug gebrannt. **5.** (selten) ⟨jmdn., sich b.⟩ *durch Hitze, Feuer verletzen:* jmdn. mit der Zigarette [am Arm] b.; ich habe mich [am Ofen] gebrannt. **6.** ⟨etwas b.⟩ **a)** *unter großer Hitzeeinwirkung härten lassen bzw. herstellen:* Ziegel, Porzellan, Ton b.; Holz zu Kohlen, Kohlen aus Holz b.; Kalk b. *(zum Zwecke seiner chemischen Veränderung großer Hitze aussetzen);* gebrannter Kalk. **b)** *destillieren:* Schnaps b.; Whisky wird vorwiegend aus Weizen gebrannt; ⟨auch ohne Akk.⟩ er brennt selbst, heimlich *(stellt selbst, heimlich Schnaps her).* **c)** (selten) *etwas rösten:* Kaffe, Mehl, Zucker [braun] b.; gebrannte Mandeln. **7. a)** ⟨etwas brennt⟩ *etwas schmerzt, verursacht einen brennenden Schmerz:* die Wunde brennt; die Fußsohlen, meine Füße brennen entsetzlich; ⟨etwas brennt jmdn.⟩ mir brennen die Augen [vor Müdigkeit, vom vielen Lesen]; a d j. P a r t.: *quälend; schmerzlich:* brennendes Heimweh; brennender Durst; ein brennender Ehrgeiz. **b)** ⟨etwas brennt⟩ *etwas ist scharf, verursacht einen beißenden Reiz:* der Pfeffer brennt auf der Zunge, im Hals; ⟨etwas brennt jmdn.; mit Raumangabe⟩ der Schnaps brennt mir wie Feuer in der Kehle. **8. a)** ⟨auf etwas b.⟩ *etwas heftig erstreben:* auf Rache b.; er brennt darauf, ihn zu sprechen. **b)** ⟨vor etwas b.⟩ *wegen etwas ganz ungeduldig sein:* er brennt vor Neugier, Ungeduld, Ehrgeiz, Tatendrang.
brennend: a) *sehr wichtig, akut:* ein brennendes Problem. **b)** ⟨verstärkend vor Adjektiven und Verben⟩ *sehr:* etwas b. gern tun, haben wollen; sich b. für etwas interessieren.
Brennpunkt, der: **1.** (Optik): *Treffpunkt von Strahlen:* der B. einer Linse, eines Hohlspiegels; b i l d l.: der Platz ist im B. des Verkehrs. **2.** *Mittelpunkt:* in den B. rücken; im B. des allgemeinen Interesses, der öffentlichen Kritik stehen.
brenzlig: a) (veraltend) *verbrannt riechend:* ein brenzliger Geruch, Geschmack; hier riecht es b. **b)** (ugs.) *bedenklich, gefährlich:* eine brenzlige Situation; ein brenzliger Augenblick; die Sache ist, wird [mir] zu b.; es wurde langsam b. für sie.
Bresche, die (veraltend): *große Lücke:* tiefe Breschen klafften in der Mauer; eine B. [in die Festung] schlagen, schießen, reißen. * **für jmdn.,** **für etwas eine Bresche schlagen** *(sich für jmdn., etwas erfolgreich einsetzen)* · **[für jmdn., für etwas] in die Bresche springen/treten; sich für jmdn., für etwas in die Bresche werfen** *(einspringen, eintreten).*
Brett, das: **1.** *schmale, längliche Holzplatte:* ein dünnes, schwaches, stabiles, schweres B.; die Bretter sind morsch, verfault; ein B. schneiden,

zurechtsägen, annageln; hier ist die Welt [wie] mit Brettern vernagelt (ugs.; *hier geht es nicht weiter, kommt man nicht voran).* **2.** *Spielplatte:* am ersten, zweiten B. des Turniers spielen; am B. sitzen; die Figuren auf das B. setzen. **3.** ⟨Plural⟩ **a)** *Bühne:* nach langer Krankheit steht sie jetzt wieder auf den Brettern; das Stück ging hundertmal über die Bretter *(wurde hundertmal aufgeführt).* **b)** *Boden [des Boxrings]:* auf die Bretter müssen; er schickte seinen Gegner dreimal auf die Bretter; (ugs.:) der Typ versetzte ihm einen Schlag, der ihn für Stunden auf die Bretter legte. **4.** ⟨Plural⟩ *Ski:* [sich (Dativ)] die Bretter an-, abschnallen; die Bretter wachsen; er steht noch unsicher auf den Brettern. * *das Schwarze Brett (Anschlagbrett)* · *die Bretter, die die Welt bedeuten (Bühne)* · (ugs.:) *ein Brett vor dem Kopf haben (begriffsstutzig sein)* · (ugs.): *das Brett bohren, wo es am dünnsten ist (sich eine Sache leichtmachen).*
Brief, der: *schriftliche Mitteilung in einem Umschlag:* ein langer, ausführlicher, kurzer, handgeschriebener, dienstlicher, privater, anonymer, offener *(der Öffentlichkeit bekanntgegebener),* versiegelter B.; ein B. von zu Hause, an die Eltern, aus Japan, nach Amerika, zum Abschied, zum Geburtstag; der B. ist angekommen, verlorengegangen, erreichte mich zu spät; unsere Briefe haben sich gekreuzt; einen B. schreiben, adressieren, zukleben, frankieren, freimachen, einwerfen, öffnen, aufmachen (ugs.), persönlich überreichen, abfangen, beantworten; der Brief ist an den Direktor persönlich gerichtet; Briefe austragen, zustellen; einen B. als/per Einschreiben schikken; mit jmdm. Briefe wechseln; jmdm. etwas in einem B. mitteilen. * (ugs.:) *ein blauer Brief:* **a)** *(Kündigungsschreiben)* · **b)** *(Mahnbrief an die Eltern eines Schülers, dessen Versetzung gefährdet ist)* · *jmdm. Brief und Siegel geben (jmdm. etwas fest versichern, garantieren):* ich gebe Ihnen [darauf] B. und Siegel, daß ...
Briefkasten, der: † Kasten
Briefmarke, die: † Marke.
Brieftasche, die: *kleine Mappe für Ausweise, Geld o. ä.;* eine wohlgefüllte B.; eine B. aus Leder, mit allen Papieren; die B. einstecken, zükken, ziehen; den Paß habe ich in der B. * (ugs.:) *eine dicke Brieftasche haben (viel Geld haben).*
Briefwechsel, der: **a)** *das gegenseitige Briefeschreiben:* ein reger, ausgedehnter B.; [mit jmdm.] einen längeren B. über etwas haben, führen; mit jmdm. in B. stehen. **b)** *gesammelte Briefe über eine Sache, von bestimmten Personen:* den ganzen B. einsehen, durchsehen, veröffentlichen; Goethes B. mit Schiller/den B. zwischen Goethe und Schiller herausgeben.
brillant: *ausgezeichnet:* ein brillanter Redner, Fechter; eine brillante Leistung; brillante Einfälle haben; die Aufführung war b.; der Pianist spielt b.; b. aussehen; jmdm. geht es b.
Brille, die: **1.** *Gestell mit Augengläsern:* eine moderne, schicke, goldene, dunkle B.; eine B. mit getönten Gläsern, für die Ferne, für weit (ugs.), für die Nähe, für nah (ugs.), zum Lesen; die B. ist [für meine Augen] zu schwach [geworden]; die B. paßt, sitzt schlecht, rutscht, läuft an; eine B. tragen [müssen]; eine neue, schärfere, stärkere B. brauchen; sich vom Arzt eine neue B. verschrei-

ben lassen; die B. aufsetzen, abnehmen, putzen, auf die Stirn schieben; ein Mann mit B.; etwas nur mit B., nicht ohne B. lesen können. **2.** (ugs.) *Klosettbrille:* die B. hoch-, herunterklappen; sich auf die B. setzen. * *etwas durch eine gefärbte, durch seine eigene Brille sehen/betrachten (etwas voreingenommen, subjektiv beurteilen)* · *etwas durch eine rosa Brille [an]sehen/betrachten (etwas allzu positiv beurteilen)* · *alles durch die schwarze Brille sehen (allzu pessimistisch sein).*
bringen: **1. a)** ⟨jmdn., etwas b.; mit Raumangabe⟩ *irgendwohin tragen, befördern:* die Ware ins Haus, den Koffer zum Bahnhof b.; er läßt das Frühstück aufs Zimmer b.; die Kinder ins/zu Bett b.; Geschütze in Stellung b.; den Verletzten in die Klinik, den Wagen zum TÜV b.; was bringt dich denn hierher?; ich muß die Pflanze heil nach Hause b. übertr.: Leben, Stimmung in eine Gesellschaft b.; Unglück, Unheil [über jmdn., über etwas] b.) **b)** ⟨etwas b.⟩ *zu jmdm. tragen und übergeben:* die Post, Geld b.; ich bringe das Essen; ⟨jmdm. etwas b.⟩ Blumen, ein Geschenk, täglich das Essen b.; er brachte mir einen Stuhl; jmdm. eine [gute] Nachricht, Neuigkeiten b.; bildl.: der letzte Winter brachte uns viel Schnee. **2.** ⟨jmdn. b.; mit Raumangabe⟩ *jmdn. irgendwohin begleiten:* jmdn. an die Bahn, zum Flughafen, ins Krankenhaus b.; er hat das Mädchen nach Hause gebracht. **3.** *erreichen, schaffen:* **a)** ⟨es zu etwas b.⟩ er hat es [im Leben, auf diesem Gebiet] zu nichts gebracht; zu Ansehen, Vermögen, einer hohen Stellung, zu Ruhm, zu Ehren b.; er hat es bis zum Direktor gebracht *(ist bis zum Direktor aufgestiegen).* **b)** ⟨es auf etwas b.⟩ sie hat es auf 90 Jahre gebracht *(wurde 90 Jahre alt);* der Motor, Wagen hat es auf 150 000 Kilometer gebracht. **4.** ⟨jmd., etwas b.; mit Raumangabe⟩ *dafür sorgen, daß jmd., etwas irgendwohin kommt, gerät:* jmdn. vor Gericht, vor den Richter, ins Gefängnis, auf die Wache b.; den Satelliten auf eine Umlaufbahn um die Erde b.; das Gespräch auf ein anderes Thema b. *(lenken);* er bringt 120 Kilo auf die Waage *(ist 120 Kilo schwer);* wir hoffen, daß wir viel von unserer kreativen Energie über den Sender b. können; übertr.: seine Mannschaft in Front, in Führung b.; den Gegner an den Rand einer Niederlage b.; jmdn. auf den rechten Weg b.; jmdn. in seine Gewalt, unter seine Herrschaft b.; er hat mich in Gefahr gebracht; komm, bringen wir es hinter uns; jmdn. zum Reden, Lachen, Schweigen, zur Besinnung, Einsicht, Vernunft, Verzweiflung b.; jmdn. aus der Fassung b. *(jmdn. verwirren);* sich nicht aus der Ruhe b. lassen *(sich nicht nervös machen lassen);* so etwas bringt mich zum Wahnsinn *(macht mich noch krank);* /häufig verblaßt/: jmdn. dazu b., daß er etwas tut; jmdn. auf andere, auf Gedanken, auf eine Idee b.; jmdn. in Verdacht, Verruf, Verlegenheit, Wut, Zorn b.; etwas in Umlauf b. *(umlaufen lassen);* etwas auf den Markt b. *(produzieren, anbieten);* etwas auf der Bühne b. *(aufführen);* etwas zu Ende b. *(abschließen);* sich in Erinnerung b.; etwas nicht über die Lippen b. *(etwas nicht zu sagen wagen);* etwas zum Vorschein bringen *(unverhofft vorfinden, hervorholen).* **5.** ⟨jmdn. um etwas b.⟩ *schuld sein, daß jmd. etwas verliert, großen Schaden erleidet:* jmdn. um

seine Stellung, um sein Geld, um Haus und Hof, um seine Ehre b.; der Lärm auf der Straße hat mich um den Schlaf, um die Nachtruhe gebracht; so etwas bringt mich noch um den Verstand *(macht mich noch krank)*. **6. a)** (ugs.) ⟨etwas b.⟩ *der Allgemeinheit darbieten, veröffentlichen:* etwas zu einem späteren Zeitpunkt b. *(veröffentlichen, senden);* einen Aufsatz, Artikel [in der Zeitschrift] b.; die Zeitung brachte nichts, keinen Bericht darüber; das Zweite Deutsche Fernsehen bringt *(sendet)* zur gleichen Zeit ein Konzert. **b)** ⟨jmdm. etwas b.⟩ *darbieten:* den Göttern Opfer b.; jmdm. ein Ständchen b. **7. a)** ⟨etwas bringt etwas⟩ *etwas erbringt etwas, hat etwas zur Folge:* hohen Ertrag, großen Gewinn, Zinsen b.; auf der Auktion brachte das Gemälde 50 000 Mark; der Motor bringt (ugs.; *leistet*) 100 PS; etwas bringt es mit sich, daß ... *(etwas schließt etwas ein);* das bringt nichts (ugs.; *das hat keinen Zweck, das lohnt sich nicht*); das bringt einiges, viel *(das lohnt sich, lohnt sich sehr).* **b)** ⟨etwas bringt jmdm. etwas⟩ *etwas beschert jmdm. etwas:* etwas bringt jmdm. Ärger, Verdruß, Freude, keinen Segen, Vorteil, Erfolg; das hat mir nur Nachteile gebracht; das bringt mir nichts mehr (ugs.; *befriedigt mich nicht mehr*). **c)** (ugs.) ⟨etwas b.⟩ *zustande bringen, können, schaffen:* ich muß heute Leistung b.; sie will es unbedingt heute b. *(eine gute Leistung zeigen);* mir den Kopf kahlscheren zu lassen, das bring' ich nicht; die neue LP bringt's voll *(ist ausgezeichnet);* der, die, das bringt's! *(der, die das ist hervorragend).* * **es weit bringen** *(im Leben viel erreichen)* · (ugs.:) **etwas an sich bringen** *(sich etwas aneignen).*

Brise, die: *leichter [See]wind:* eine leichte, kühle, kräftige, steife B.; hier weht [von See her] eine frische B.; eine B. kam auf, erhob sich (geh.).

bröckeln ⟨etwas bröckelt⟩ **a)** *etwas zerfällt in Bröckchen:* das Brot bröckelt sehr stark; der Kuchen hat gebröckelt. **b)** *etwas löst sich in Bröckchen ab:* der Putz ist von den Wänden gebröckelt.

Brocken, der: *größeres, abgebrochenes Stück:* ein schwerer, dicker B. (Stein, Kohle o. ä.); ein fetter B. (Fleisch); dem Hund einen B. *(Bissen)* zuwerfen; übertr.: ein paar B. Englisch/einige englische Brocken können; ein paar Brocken *(einige Sätze)* des Gesprächs mitbekommen; sich die besten Brocken *(das Beste)* nehmen; jmdm. einen fetten B. *(ein gutes Geschäft)* wegschnappen; mit dicken, schweren B. *(mit großkalibriger Munition)* schießen; das war ein harter B. *(das war eine schwierige Sache, ein schwerer Gegner);* das ist vielleicht ein B. *(ein kräftiger, vierschrötiger Mensch).* * (ugs.:) **die Brocken hinwerfen/hinschmeißen** *(alles aufgeben).*

brodeln ⟨etwas brodelt⟩ *etwas wallt, kocht:* das Wasser, die Suppe brodelt [im Topf]; brodelnde Lava; brodelnde (geh.; *dampfend aufsteigende*) Nebel; übertr.: es brodelt in den Betrieben, unter der Bevölkerung *(Unruhe breitet sich aus).*

Brot, das: **1. a)** */aus Mehl gebackenes Grundnahrungsmittel/:* ein rundes, langes, weiches, frisch gebackenes, helles, schwarzes, grobes, trockenes, hartes, verschimmeltes, französisches B.; ein Laib B.; ein B. aus Roggenmehl; das B. ist von gestern, ist noch warm, ist ganz frisch, kommt gerade aus dem Ofen; etwas nötig haben wie das

tägliche B. *(etwas sehr nötig haben);* das B. in den Ofen schieben, schießen (fachspr.); ein B. kaufen, anschneiden, aufschneiden; sie bäckt ihr B. selbst. **b)** *vom Brotlaib abgeschnittene Scheibe:* eine Scheibe B.; belegte Brote; trockenes B. essen; ein B. mit Käse; B. in die Suppe brocken; [sich (Dativ)] ein paar Brote schneiden, schmieren; etwas aufs Brot legen, streichen, schmieren; jmdm. ein B. *(ein Frühstücksbrot)* mitgeben. **2.** *Lebensunterhalt:* [sich (Dativ)] sein B. mit Zeitungsaustragen, als Müllmann verdienen; jmdm. das B. wegnehmen/jmdn. ums B. bringen (veraltend; *jmdn. um seinen Verdienst bringen)* * (Rel.:) **Brot und Wein** *(das heilige Abendmahl)* · **etwas ist ein hartes/schweres Brot** *(etwas ist ein mühevoller Gelderwerb)* · (ugs.:) **mehr als Brot essen können** *(nicht dumm sein, etwas können)* · (geh. veraltend:) **anderer Leute Brot essen** *(unselbständig sein)* · (geh.:) **überall sein Brot finden** *(fleißig, anstellig sein, so daß man überall seinen Lebensunterhalt finden kann).*

Brötchen, das: */kleines Gebäckstück/:* ofenfrische, knusprige, belegte B.; ein B. mit Honig; die B. sind noch warm, schon trocken, hart; der Bäcker bäckt täglich zweimal B.; B. holen gehen; es gibt frische B. zum Frühstück; die B. aufschneiden, belegen. * (ugs.:) **sich seine Brötchen verdienen** *(seinen Lebensunterhalt verdienen)* · (ugs.:) **kleine/kleinere Brötchen backen [müssen]** *(sich bescheiden [müssen]).*

Bruch, der: **1. a)** *das Zerbrechen; das Durchgebrochensein:* der B. einer Achse, einer Welle, eines Dammes. **b)** *Knochenbruch:* ein doppelter, komplizierter, offener B.; ein glatter B. ist gut verheilt; den B. schienen, einrichten. **c)** *Eingeweidebruch:* ein eingeklemmter B.; einen B. operieren, einrichten; er hat sich (Dativ) einen B. gehoben, zugezogen; jmdn. am B. operieren. **d)** (Kaufmannsspr.) *zerbrochene, minderwertige Ware:* B. [von Schokolade] kaufen; etwas als B. verkaufen; übertr.: das ist alles B. *(minderwertig, wertlos).* **e)** (ugs.) *Einbruch:* den B. machen wir während der Nacht; er versuchte, den Kumpel von früher zu einem B. zu überreden. **2.** *Knick, Falte:* ein scharfer B.; ein Tuch nach dem B. legen. **3. a)** *das Nichteinhalten:* der B. eines Versprechens, des Vertrages, des Waffenstillstandes. **b)** *Abbruch einer Verbindung, Beziehung:* der B. mit dem Elternhaus, mit der Tradition; dieser Schritt bedeutete den endgültigen B. mit der Partei; es kam zum offenen B. zwischen ihnen. **4.** (Math.) *mit Bruchstrich geschriebene gebrochene Zahl:* ein [un]echter, uneigentlicher, abgeleiteter, gleichnamiger B.; einen B. kürzen, erweitern; mit Brüchen rechnen. * **Bruch machen: a)** (Fliegerspr.; *so landen, daß das Flugzeug beschädigt, zerstört wird).* **b)** (ugs.; *etwas zerbrechen).* · (ugs.:) **sich (Dativ) einen Bruch lachen** *(sehr lachen)* · **etwas geht zu Bruch** *(etwas geht entzwei, in Trümmer)* · **etwas zu Bruch fahren** *(kaputtfahren)* · **etwas geht in die Brüche: a)** *(etwas geht entzwei, in Trümmer):* das neue Boot ist in die Brüche gegangen. **b)** *(etwas hat keinen Bestand):* ihre Ehe ist in die Brüche gegangen.

brüchig: *sich im Zerfallszustand befindend:* brüchiges Leder, Material; leicht brüchige Fingernägel; der Stoff, das Mauerwerk, der Sandstein ist

b. [geworden]; übertr.: eine brüchige *(spröde, rauhe)* Stimme; eine brüchige *(schwankende)* Moral; das Verhältnis zu China ist b. geworden; eine b. gewordene Ehe.
Bruchteil, der: *sehr kleiner Teil:* etwas dauerte nur den B. einer Sekunde, geschah im B. einer Sekunde; man kann einen B. der Kosten decken; ich kann dir nur einen B. dessen bieten, was er dir bietet; er verkaufte die Aktien zu einem B. von dem, was er dafür gezahlt hatte.
Brücke, die: **1.** *Überführungsbauwerk:* eine lange, schmale, breite, sechsspurige, moderne, zweistöckige, freitragende, bewegliche B.; eine B. über den Rhein; die B. verbindet den alten mit dem neuen Stadtteil; eine B. schwingt sich, spannt sich, führt über das Tal; die B. hängt an zwei Pylonen, ruht auf drei Pfeilern; eine B. bauen, dem Verkehr übergeben, sperren, hochziehen, herablassen; eine B. über einen Fluß schlagen; auf der B. stehen; über eine B. gehen; unter der B. hindurchfahren; von der B. ins Wasser springen; bildl.: eine B. von der Vergangenheit in die Zukunft schlagen; der Sport schlägt Brücken zwischen den Völkern. **2.** *Kommandobrücke:* auf die B. gehen; auf der B. stehen; von der B. aus etwas beobachten, Befehle geben. **3.** *kleiner Teppich:* echte Brücken; der Boden ist mit Brücken bedeckt. **4.** *Zahnersatz:* die B. sitzt nicht fest, paßt nicht; jmdm. eine B. einpassen. **5.** /eine Turnübung/: eine B. machen; in die B. gehen. * **die/alle Brücken hinter sich** (Dativ) **abbrechen** *(sich von allen bisherigen Bindungen endgültig lösen)* · **jmdm. eine [goldene] Brücke/[goldene] Brücken bauen** *(jmdm. ein Eingeständnis, das Nachgeben erleichtern).*
Bruder, der: **1.** *Kind männlichen Geschlechts in einer Geschwisterreihe:* mein älterer, jüngerer, großer *(älterer),* kleiner *(jüngerer)* B.; ein leiblicher B.; feindliche Brüder; zu jmdm. wie ein B. sein; etwas wie unter Brüdern *(ehrlich)* teilen. **2.** (geh.) *Freund, Mitmensch:* na, B., wie geht's?; unsere Brüder und Schwestern in der DDR. **3.** (kath. Rel.) *Mönch [ohne Priesterweihe]:* geistlicher B. (veraltend); /in der Anrede/: B. Johannes. **4.** (ugs.) *Bursche, Kerl:* ein falscher, gefährlicher, windiger, lustiger B.; die Brüder wollen nur unser Geld haben; den B. kenne ich; /in bestimmten namenähnlichen Verbindungen/: B. Leichtfuß/Lustig/Liederlich (veraltend; *lebenslustiger Mensch).* * (ugs. abwertend:) **warmer Bruder** *(Homosexueller)* · (ugs.:) **unter Brüdern** *(offen und ehrlich; unter guten Bekannten [gesagt]):* was hast du unter Brüdern dafür bezahlt? · **der große Bruder: a)** *(der größere, mächtigere Partner).* **b)** *(Verkörperung der allmächtigen, alle und alles überwachenden Staatsgewalt).*
brüderlich: *im Geiste von Brüdern:* brüderliche Hilfe; etwas b. teilen; b. zusammenstehen.
Brüderschaft, die: *enge Freundschaft, bei der man sich mit du anredet:* jmdm. die B. anbieten, antragen; mit jmdm. B. schließen. * **Brüderschaft trinken** *(mit einem Schluck eines alkoholischen Getränks die Duzfreundschaft besiegeln).*
Brühe, die: **1. a)** *durch Kochen von Fleisch oder Knochen gewonnene Flüssigkeit:* eine klare, kräftige B. [von Rindsknochen]; eine Tasse B. mit Einlage, mit Ei. **b)** (landsch.) *Kochwasser:* die B.

vom Spinat weiterverwenden, wegschütten, abgießen. **2.** (ugs.) *schmutziges, trübes Wasser:* eine braune, stinkige, trübe, schmutzige B.; die ganze Brühe lief über den Boden; in dieser B. kann man nicht mehr baden; diese dünne B. *(diesen dünnen Kaffee)* kannst du alleine trinken; die B. *(der Schweiß)* lief ihm über das Gesicht.
brüllen: 1. *einen brüllenden Laut von sich geben:* das Vieh brüllt; subst.: das dumpfe Brüllen der Rinder. **2.** (ugs.): **a)** *sehr laut sprechen, aus bestimmtem Grund schreien:* die Kinder brüllen auf der Straße; er brüllte, daß man es im Nebenzimmer hörte; wie ein Stier b. *(schreiend schimpfen);* vor Schmerzen, vor Wut b. **b)** *(etwas b.) etwas schreiend äußern:* die Zuschauer brüllten: „Tor!"; „Ich werde mich rächen!" brüllte er durch den Saal. **c)** *laut weinen:* wie am Spieß, aus Leibeskräften b.; das Kind brüllte die ganze Nacht. **3.** (geh.) *donnern:* der Donner, Sturm brüllt; die Wogen brüllen. * (ugs.:) **zum Brüllen sein** *(sehr lustig sein, sehr zum Lachen reizen).*
brummen: 1. a) *einen brummenden Laut von sich geben:* die Fliegen, Käfer brummen; der Bär hat böse gebrummt; der Motor brummt sehr stark; der Kühlschrank brummt; ⟨etwas brummt jmdm.⟩ mir brummt der Kopf, der Schädel *(ich habe Kopfschmerzen).* **b)** *⟨mit Raumangabe⟩ brummend fahren, fliegen:* eine Hummel brummt durch das Zimmer; mehrere Flugzeuge waren über die Stadt gebrummt. **2. a)** *nörgeln, sich mürrisch äußern:* er brummt heute schon den ganzen Tag; vor sich hin b. **b)** *⟨etwas b.⟩ etwas mürrisch und unverständlich sagen:* etwas Unverständliches, eine Antwort b.; er brummt etwas ins Telefon, vor sich hin. **c)** *⟨etwas b.⟩ etwas in tiefen Tönen [falsch] vor sich hin summen:* ein Lied, eine Melodie b. **d)** *mit tiefer Stimme unmelodisch, falsch singen:* da hinten brummt doch jemand! **4.** (ugs.) *in Arrest, Haft sein:* er muß b., hat [für den Diebstahl] sechs Monate gebrummt; der Schüler hat zwei Stunden gebrummt *(nachgesessen).*
brummig (ugs.): *unfreundlich, mürrisch:* ein brummiges Wesen haben; er ist heute so b.; b. antworten.
Brummschädel ⟨in der Wendung⟩ einen Brummschädel haben (ugs.): *einen benommenen, schmerzenden Kopf nach Alkoholgenuß haben.*
Brunnen, der: **1. a)** *[besonders gestaltete] Anlage mit ständig fließendem Wasser:* der B. auf dem Marktplatz, vor dem Schloß; der B. sprudelt, fließt, plätschert, rauscht die ganze Nacht; Wasser am/vom B. holen. **b)** *technische Anlage zur Gewinnung von Grundwasser:* ein verseuchter, tiefer, natürlicher B.; artesischer B. *(natürlicher Brunnen, bei dem das Wasser durch Überdruck des Grundwassers selbsttätig aufsteigt);* der B. ist versiegt; einen B. graben, bohren, anlegen, bauen, zudecken; Wasser aus dem B. schöpfen, fördern; bildl.: (geh.:) ein unversiegbarer, lebendiger B. der Freude, des Wissens. **2.** *Wasser einer Heilquelle:* salziger, salzreicher B.; B. trinken.
brüsk: *schroff:* ein brüskes Auftreten; ein brüsker Ton; etwas b. ablehnen.
Brust, die: **1. a)** *Vorderseite des Rumpfes:* eine breite, schmale, gewölbte, flache B.; eine B. ist stark behaart; die B. *(der Brustkorb)* hebt sich, senkt sich; die B. herausstrecken, dehnen; B.

raus!; jmdn. an seine B. ziehen, drücken; an jmds. B. ruhen; er schlug sich (Dativ) an die B.; **bildl.** (geh.): etwas in seiner B. verschließen *(etwas für sich behalten).* **b)** *milchspendendes Organ der Frau:* eine spitze, rundliche, kleine, feste, volle, üppige, hängende, schlaffe, straffe B.; weiße, rosige, riesige Brüste; die linke B. ist entzündet; ihre B. ist flach wie ein Brett; sie hat eine schöne B./schöne Brüste; die B. bedecken, entblößen; einer Frau die B. abnehmen *(operativ entfernen);* dem Kind die B. geben, reichen *(ein Kind stillen);* das Baby nimmt die B. *(trinkt);* den Säugling an die B. legen, von der B. nehmen; **bildl.** (geh.): an den Brüsten der Natur, der Weisheit. **2.** *Sitz der Atmungsorgane, der Lunge:* eine schwache, gesunde B.; jmd. hat es auf der B. (ugs.; *ist lungenkrank);* der Nebel legt sich mir auf die B. * **Brust an Brust** *(dicht beieinander):* B. an B. stehen, kämpfen · **sich an die Brust schlagen** *(Reue empfinden, sich seine Fehler vorhalten)* · (ugs.:) **schwach auf der Brust sein: a)** *(anfällige Atmungsorgane haben).* **b)** *(wenig Geld haben)* · (ugs.:) **sich in die Brust werfen** *(sich brüsten, prahlen)* · **mit geschwellter Brust** *(stolz)* · (ugs.:) **einen zur Brust nehmen** *(Alkohol trinken)* · (ugs.:) **[sich (Dativ)] jmdn., etwas zur Brust nehmen** *(sich jmdn., etwas vornehmen).*
Brustton ⟨in der Wendung⟩ im Brustton der Überzeugung: *von etwas völlig überzeugt.*
Brut, die: **1. a)** *das Brüten:* die erste, zweite B.; künstliche B.; das Tier ist bei der B. **b)** *ausgeschlüpfte Tiere:* die flügge, nackte B.; die B. schlüpft aus; die Schwalbe füttert ihre B. **2.** (ugs.) *Gesindel:* eine üble, gefährliche, verhaßte B.; sein Zorn richtet sich gegen diese B.
brutal: a) *roh, gewalttätig:* ein brutales Verbrechen, Vorgehen; brutaler Fußball; ein brutaler Mord, Terroranschlag; ein brutales Gesicht; er ist b. [geworden]; jmdn. b. behandeln, vergewaltigen, foltern; einen Aufstand b. niederschlagen. **b)** *schonungslos:* brutale Härte, Wirklichkeit; die Kinofilme werden immer brutaler; jmdm. etwas b. ins Gesicht sagen; der Sound klingt hart und b. **c)** (ugs.) *großartig:* die Band, die Fete war echt b.
brüten: 1. a) *auf den Eiern sitzen, um die Jungen zum Ausschlüpfen zu bringen:* die Henne, der Vogel brütet. **b)** (ugs.) ⟨über etwas b.⟩ *lange über etwas Schwieriges nachdenken:* über einer Aufgabe, über der Lösung eines Problems b.; ⟨auch ohne Präp.-Obj.⟩ er brütet schon seit Tagen und kommt nicht weiter. **2.** ⟨etwas brütet⟩ *etwas lastet drückend auf etwas:* die Sonne brütet [über dem Land]; bei brütender Hitze arbeiten. **3.** (ugs.) ⟨etwas b.⟩ *sich etwas ausdenken:* Rache, etwas Schlimmes, einen bösen Plan b.
Bub, der: *(südd., österr., schweiz.):* *Junge:* er ist ein frecher, lieber B.; ist es ein B. oder ein Mädchen?; er hat zwei Buben.
Bube, der: **1.** (veraltet) *Schurke:* ein feiger, erbärmlicher B. **2.** */eine Spielkarte/:* den Buben ausspielen; mit dem Buben stechen.
Buch, das: **1. a)** *größeres, gebundenes Druckwerk; Band:* ein dickes, handliches, zerlesenes B.; ein B. in Leinen, mit Goldschnitt, in/im Lexikonformat, von 1 000 Seiten; das B. ist beschädigt, vergilbt, vergriffen; ein B. aufschlagen, zuklappen, durchblättern, [antiquarisch] kaufen,

verschenken, ausleihen; Bücher binden, einstampfen; kein B. in die Hand nehmen *(nicht gerne lesen);* die Bücher wieder an den Platz, ins Regal stellen; in einem B. blättern; über den Büchern sitzen *(eifrig lernen).* **b)** *in Buchform erscheinender oder veröffentlichter [literarischer] Text:* ein hochaktuelles, gutes, fesselndes, spannendes B.; das B. erscheint im März, ist ein Bestseller [geworden], liest sich gut; ein B. [aus]lesen, verschlingen (ugs.); er schreibt ein neues B., an einem neuen B.; das B. *(Drehbuch)* schrieb ...; ein B. *(Manuskript)* redigieren, in Druck geben, drucken; ein B. verlegen, neu auflegen, herausgeben; ein B. zitieren/etwas aus einem B. zitieren; Bücher wälzen *(in vielen Büchern nachschlagen);* sein Wissen aus Büchern haben, schöpfen; sich in ein B. vertiefen, versenken; **bildl.:** im Buch des Lebens lesen. **c)** (veraltend) *Band:* das B. Hiob, Salomon; ein Roman in drei Büchern. **2.** *Rechnungs-, Kassenbuch:* die Bücher stimmen, sind in Ordnung; über etwas B. führen; jmdm. die Bücher führen; die Bücher prüfen; B. machen *(Wetten beim Pferderennen eintragen);* jmdm. Einblick in die Bücher gewähren; das Grundstück steht mit 50 000 Mark zu B. *(ist mit diesem Wert eingetragen).* * **das Goldene Buch** *(das Gästebuch einer Stadt)* · **ein aufgeschlagenes/offenes Buch für jmdn. sein** *(jmdm. ganz vertraut sein, so daß man seine innersten Regungen kennt)* · **das Buch der Bücher** *(die Bibel)* · **etwas ist jmdm., für jmdn. ein Buch mit sieben Siegeln** *(etwas bleibt jmdm. dunkel und unverständlich)* · (ugs.:) **sein, wie jmd., wie etwas im Buch[e] steht** *(etwas ganz typisch sein):* er ist ein Lehrer, wie er im B. steht · (geh.:) **sich mit etwas ins Buch der Geschichte eintragen** *(sich unsterblich machen)* · **etwas schlägt zu Buch[e]: a)** *(etwas schlägt sich im Etat nieder).* **b)** *(etwas fällt ins Gewicht).*
buchen ⟨etwas b.⟩**: a)** *etwas eintragen:* Eingänge und Ausgänge b.; wir haben den Betrag, die Zinsen auf Ihr Konto gebucht; **übertr.:** etwas als Erfolg, Fortschritt b.; die Mannschaft konnte einen Sieg, zwei Punkte für sich b. **b)** *vorbestellen; reservieren:* einen Platz auf dem Schiff, im Flugzeug b.; ich habe den Flug nach Rom gebucht; wir haben dieses Jahr Korsika *(Urlaub auf Korsika)* gebucht; ⟨auch ohne Akk.⟩ habt ihr schon gebucht *(eure Reise festgemacht)?*; **übertr.** (ugs.:) wir haben für unser Festival ein paar Superstars gebucht.
Büchse, die: **1.** *Dose:* eine B. Milch; eine B. öffnen; aus Büchsen *(Speisen aus Dosen)* essen; Fleisch in Büchsen; etwas in der B., mit der B. warm machen. **2.** *Sammeldose:* etwas in die B. werfen; mit der B. herumgehen, klappern, sammeln. **3.** *Jagdgewehr:* die Bücher laden, anlegen, hochreißen und schießen; ein Reh vor die B. bekommen; er schoß, was ihm vor die B. kam.
Buchstabe, der: *Schriftzeichen:* kleine, große, lateinische, kyrillische Buchstaben; der B. m; ein Plakat mit schwarzen Buchstaben auf weißem Grund; /in bestimmten Verbindungen als Ausdruck kleinlicher Genauigkeit:/ den Buchstaben des Gesetzes/das Gesetz dem Buchstaben nach erfüllen; am Buchstaben kleben (ugs.); sich an den Buchstaben klammern/halten; sich nach dem Buchstaben des Gesetzes richten *(ein Gesetz*

sehr streng handhaben); etwas bis auf den letzten Buchstaben erfüllen. * (ugs.:) **sich auf seine vier Buchstaben setzen** *(sich hinsetzen).*

buchstabieren ⟨etwas b.⟩: *ein Wort in seiner Buchstabenfolge angeben:* ein Wort b.; würden Sie bitte Ihren Namen b.?; ⟨auch ohne Akk.⟩ bitte buchstabieren Sie!

buchstäblich: I. ⟨Adj.⟩ *sehr genau:* etwas b. *(dem Wort nach)* übersetzen. **II.** ⟨Adverb⟩ *in der Tat, wahrlich:* die Eintrittskarten wurden ihm b. aus der Hand gerissen.

Buckel, der: **1.** (ugs.) *Rücken:* sich den B. kratzen, bürsten; den B. voll bekommen, voll kriegen (ugs.; *Schläge bekommen);* sich den Rucksack auf den B. schnallen; R: steig mir den B. rauf *(laß mich in Ruhe);* er kann mir den B. runterrutschen *(er soll mich in Ruhe lassen).* **2.** *höckerartige Verkrümmung zwischen den Schulterblättern:* er hat einen B.; übertr.: die Katze macht einen B.; durch schlechte Haltung bekommt man allmählich einen B.; **3.** (ugs.) *Hügel, kleiner Berg:* das Haus steht auf einem B.; über den B. laufen, fahren. * (ugs.:) **jmdm. juckt der Buckel** *(jmd. benimmt sich so, daß er bald Prügel bekommen wird)* · (ugs.:) **den Buckel hinhalten** *(die Verantwortung tragen)* · (ugs.:) **einen breiten Buckel haben** *(viel Kritik vertragen)* · (ugs.:) **sich** (Dativ) **den Buckel freihalten** *(sich sichern)* · (ugs.:) **den Buckel voll Schulden haben** *(sehr verschuldet sein)* · (ugs.:) **etwas auf dem Buckel haben** *(etwas überlebt, überdauert haben; etwas hinter sich haben):* er hat schon 74 Jahre auf dem B.; der Mannschaftsführer hat 67 Länderspiele auf dem B. · (ugs.:) **genug/viel auf dem Buckel haben** *(viele Aufgaben zu erledigen haben)* · (ugs.:) **einen krummen Buckel machen** *(sich unterwürfig zeigen).*

bücken: ⟨sich b.⟩: *sich nach unten beugen:* sich schnell, tief auf den Boden, zur Erde b.; sich nicht mehr b. können; er muß sich b., wenn er durch die Tür will; sich nach dem heruntergefallenen Geld b.; in gebückter Haltung. * (geh. veraltend:) **sich vor jmdm. bücken** *(unterwürfig sein).*

Bude, die: **1.** *Bau-, Marktbude:* eine wacklige B., eine B. für das Baubüro aufstellen, zusammenzimmern; die Händler bauen, reißen ihre Buden ab. **2.** (ugs.) **a)** (abwertend) *Haus:* eine alte, baufällige B.; die B. ist abbruchreif. **b)** *Wohnung, Zimmer:* eine ungeheizte, feuchte, muffige B.; eine sturmfreie B. *(Zimmer, in dem man unbehelligt Damen- bzw. Herrenbesuch empfangen kann);* die B. aufräumen; sich eine B. suchen; er ist auf seiner B.; Leben in die B. bringen *(für Betriebsamkeit, Stimmung sorgen).* **c)** *Laden, Geschäft:* wann öffnet diese B.?; die Polizei hat ihm die B. zugemacht. * (ugs.:) **jmdm. fällt die Bude auf den Kopf** *(jmd. hält das Alleinsein zu Hause nicht mehr aus)* · (ugs.:) **die Bude auf den Kopf stellen** *(ausgelassen sein, feiern)* · (ugs.:) **jmdm. die Bude einlaufen/einrennen** *(jmdn. ständig wegen der gleichen Sache aufsuchen)* · (ugs.:) **jmdm. auf die Bude rücken** *(jmdn. unaufgefordert aufsuchen [um etwas mit ihm zu bereinigen]).*

Büfett, das: **1.** *Anrichte, Geschirrschrank:* ein altes B.; ein B. aus Eiche, Nußbaum; die Gläser aus dem B. holen, ins B. stellen. **2.** *Theke, Ausschank, Verkaufstisch:* am B. stehen; etwas am B. trinken; in der Theaterpause stürmt alles ans/ zum B.; sich ein Glas Sekt am B. holen; den Kuchen am B. aussuchen, bestellen. * **kaltes Büfett** *(auf einem Tisch zur Selbstbedienung angerichtete kalte Speisen):* ein kaltes B. anrichten.

büffeln (ugs.): **a)** *intensiv lernen:* er büffelt für die Prüfung, für die Klassenarbeit; in den Ferien büffelte sie [fünf Stunden am Tag]. **b)** ⟨etwas b.⟩ *sich etwas intensiv geistig aneignen, einlernen:* Vokabeln, Grammatik, Mathematik b.

Bügel, der: **1.** *Kleiderbügel:* den Mantel auf/ über den B. hängen, vom B. nehmen. **2.** *Steigbügel:* jmdm. den B. halten, in den B. helfen; in den B. steigen. **3.** *Teil der Brille:* der B. ist [ab]gebrochen; die Bügel zusammenklappen. **4.** *Stromabnehmer bei elektrischen Bahnen:* ein B. für E-Loks; der B. hat keinen Kontakt; den B. einziehen, auflassen. **5.** *Metalleinfassung am oberen Rand von Taschen:* ein goldfarbener B.; der B. ist verbogen.

bügeln: a) *mit dem Bügeleisen arbeiten:* ich muß heute noch b.; sie hat drei Stunden gebügelt. **b)** ⟨etwas b.⟩ *etwas mit dem Bügeleisen glätten:* etwas nur leicht, feucht, sehr heiß b.; die Hose ist frisch gebügelt, muß gebügelt werden.

buhlen: ⟨um jmdn., um etwas b.⟩: *sich um jmdn., um etwas bemühen:* um die Wähler, Stimmen der Wähler, die Gunst des Publikums b.

Bühne, die: **1. a)** *Podium für Aufführungen, Veranstaltungen:* eine breite, tiefe, drehbare, versenkbare B.; die B. ist weit in den Zuschauerraum vorgezogen; die B. betreten; eine B. dekorieren, erweitern; B. frei!; ein Stück auf die B. bringen *(aufführen)* als Regisseur [als Ophelia] auf der B. *(spielt wieder [die Ophelia]);* hinter die B. gehen; das Stück ging, lief über alle Bühnen *(wurde überall aufgeführt);* bildl.: von der [politischen] B. abtreten, verschwinden; etwas spielt sich hinter der B. *(im Hintergrund, heimlich)* ab; die B. der Weltgeschichte. **b)** *Theaterunternehmen:* eine kleine, gute, staatliche B.; die Städtischen Bühnen Frankfurt; sie ist an, bei der B.; auf der B. stehen *(Schauspieler[in] sein);* er will zur B. [gehen] *(Schauspieler werden).* * (ugs.) **etwas über die Bühne bringen** *(etwas [erfolgreich] durchführen)* · **etwas geht über die Bühne** ⟨mit Umstandsangabe⟩ *(etwas verläuft, geschieht in der bestimmter Weise):* die Sitzung ging gestern, ohne Zwischenfälle, schnell über die B. · (geh. verhüllend:) **von der Bühne abtreten** *(sterben)* · **von der Bühne abtreten, verschwinden / die Bühne verlassen** *(aus dem Blickpunkt der Öffentlichkeit verschwinden).*

Bummel, der: *kleiner Stadtspaziergang:* einen kleinen B. am Abend, während der Mittagspause machen; er war auf einem B. durch die Stadt.

bummeln (ugs.): **1. a)** *in der Stadt spazierengehen:* durch die Stadt, über den Broadway b.; wir sind über den Markt gebummelt; wir sind/haben ein bißchen gebummelt; wir sind noch b. gegangen. **b)** ⟨in Verbindung mit *gehen*⟩ *Lokale besuchen:* er geht jeden Abend, jede Nacht b. **2.** *trödeln, faulenzen:* bei der Arbeit, den ganzen Tag b.; er hat während des Studiums viel gebummelt.

¹**Bund,** der: **1. a)** *Zusammenschluß, Vereinigung:* ein enger, fester, dauerhafter, militärischer B.; alte Bünde; der B. der Steuerzahler; ein B. zwischen drei Staaten; einen B. schließen, erneuern,

bekräftigen, erweitern, lösen, verlassen; einem B. beitreten; sich einem B. anschließen; übertr.: er ist der Dritte im Bunde *(der dritte Teilnehmer).* **b)** *der förderative Gesamtstaat:* der B. und die Länder; der B. zahlt Zuschüsse. **c)** (ugs.) *Bundeswehr:* er muß zum B.; er ist seit kurzem beim B.; seine Entlassung vom B. **2.** *oberer, fester Rand bei Hosen und Röcken:* ein B. mit Gummizug; der B. [an der Hose] ist zu eng, ist 55 Zentimeter weit; den B. weiter machen/die Hose am B. weiter machen. * (geh.:) **den Bund der Ehe eingehen, schließen / den Bund fürs Leben schließen** *(heiraten)* · **mit jmdm. im Bunde** *(zusammen mit jmdm.).*

²Bund, das: *Bündel:* ein B. Stroh; das B. kostet 1 DM; mehrere Bunde, drei B. Dill kaufen.

Bündel, das: *Einheit aus zusammengebundenen Dingen:* ein schweres, dickes B.; ein B. Stroh, Zeitungen, Banknoten; etwas zu einem B. zusammenpacken, zusammenschnüren; übertr.: das schreiende B. *(Baby)* im Arm; R: jeder hat sein B. zu tragen *(hat seine Sorgen).* * (ugs.:) **sein Bündel packen/schnüren: a)** *(sich reisefertig machen, aufbrechen).* **b)** *(seine Arbeitsstelle aufgeben).*

bündig: *zwingend schlüssig:* ein bündiger Beweis, Schluß; eine bündige Erklärung abgeben.

Bündnis, das: *Zusammenschluß, Bund:* ein militärisches, wirtschaftliches B.; ein B. zwischen drei Staaten; [mit jmdm.] ein B. eingehen, schließen; ein B. erneuern, erweitern, lösen; einem B. beitreten.

bunt: 1. *vielfarbig:* bunte Muster, Blumen, Vögel; bunte *(farbige)* Wäsche; ein buntes Gefieder; ein bunter Blumenstrauß; eine bunte *(gefleckte)* Kuh; der Stoff ist b., ist bunt gefärbt, gestreift. **2.** *gemischt, vielgestaltig, abwechslungsreich:* ein bunter Nachmittag, Abend; ein buntes Programm; ein bunter *(mit Obst, Nüssen o. ä. gefüllter)* Teller; die Fußgängerzone bietet ein buntes Bild. **3.** *wirr; ungeordnet:* hier herrscht ein buntes Durcheinander; es sieht hier recht b. aus; es geht hier ziemlich b. zu; etwas liegt b. durcheinander. * (ugs.:) **jmdm. wird das/es zu bunt** *(jmds. Geduld ist zu Ende)* · **es zu bunt treiben** *(über das erträgliche Maß hinausgehen).*

Bürde, die (geh.): *Belastung, Mühsal:* eine schwere, drückende B.; die B. des Alters; die B. des Amtes lastet auf ihm; eine B. tragen, abwerfen; jmdm. eine B. aufladen, auferlegen, abnehmen; mit etwas eine große B. auf sich nehmen.

Burg, die: **1.** *alte Festung:* eine B. aus dem 13. Jahrhundert; die B. liegt über der Stadt; eine B. verteidigen, belagern, [er]stürmen, zerstören; die Ruinen einer alten B.; übertr.: in einer alten B. (ugs. abwertend; *in einem alten Haus, in einer verwohnten Wohnung)* leben. **2.** *Sandwall am Strand:* [sich] eine B. bauen; in der B. liegen.

bürgen: a) *(für jmdn., für etwas b.) sich verbürgen; eine Gewähr geben:* für die Richtigkeit der Angaben, für jmds. Zuverlässigkeit, Ehrlichkeit b.; ich kann für diesen Mann b.; der Name bürgt für Qualität; (jmdm. für jmdn., für etwas b.) wer bürgt mir dafür, daß er pünktlich zahlt? **b)** (Kaufmannsspr.) *(für jmdn., für etwas b.) haften:* er bürgt mit seinem gesamten Vermögen dafür.

Bürger, der: **a)** *Angehöriger eines Staates, einer Gemeinde:* ein angesehener, freier B.; die B. der Bundesrepublik; B. in Uniform *(der Soldat als*

gleichgeordnete Person in einem demokratischen Staat); er ist B. dieses Landes, dieser Stadt; einen Aufruf an alle B. erlassen; Wohlstand für alle B.; der Unterschied zwischen B. und Untertan. **b)** *Angehöriger einer Gesellschaftsschicht:* ein gutsituierter, satter, fleißiger B.; er gehört zu den wohlhabenden Bürgern der Stadt.

bürgerlich: 1. (Rechtsw.) *den Staatsbürger betreffend:* das bürgerliche Recht *(Zivilrecht);* das Bürgerliche Gesetzbuch *(Gesetzbuch des bürgerlichen Rechts);* die bürgerliche *(vor dem Standesbeamten geschlossene)* Ehe; jmdm. die bürgerlichen Ehrenrechte aberkennen. **2. a)** *das Bürgertum, den Bürgerstand betreffend:* die bürgerliche Gesellschaft[sordnung]; eine bürgerliche Existenz; sein bürgerlicher *(richtiger)* Name ist ...; die bürgerlichen Parteien; das bürgerliche *(in Kreisen des Bürgertums spielende)* Trauerspiel; aus bürgerlichem Hause stammen; ein bürgerlicher Mittagstisch *(einfaches, aber gutes Essen);* gut bürgerliche Küche; sie haben schon immer b. *(eine bürgerliche Partei)* gewählt. **b)** *spießig, engherzig:* bürgerliche Vorurteile; er ist mir zu b.

Bürgschaft, die: **a)** *das Haften:* eine B. für jmdn., etwas übernehmen, auf sich nehmen, leisten. **b)** *Haftungsbetrag:* eine hohe B.; eine B. [in Höhe] von 50 000 Mark übernehmen, leisten, stellen.

Büro, das: **1.** *Diensträume; Geschäftsstelle:* unser B. befindet sich im ersten Stock; die Büros schließen um 16 Uhr; die Firma unterhält hier ein B.; jeden Morgen ins B. gehen; ich bin im B. zu erreichen, habe noch im B. zu tun; sie arbeitet in einem B./(landsch.:) geht aufs B. **2.** *die zu einem Büro gehörenden Angestellten:* bitte wenden Sie sich an unser B.; unser B. erledigt das.

Bursche, der: **1. a)** *junger Mann:* ein junger, lustiger B.; er ist ein toller B. *(ein Draufgänger).* **b)** *Junge:* ein kleiner, hübscher, aufgeweckter, gesunder, kräftiger B. **2.** (ugs. abwertend) *Kerl:* ein unverschämter, übler, dreister, ausgekochter, gerissener B.; der B. wird mir zu frech; du bist [mir] ja ein sauberer Bürschchen; den Burschen werde ich mir noch kaufen, vorknöpfen (ugs.; *zur Rede stellen).* **3.** (veraltend) *Lehrling, Gehilfe:* ein B. hat die Ware gebracht; den Burschen schicken. **4.** (ugs.) *großes Exemplar* /meist von Tieren/: er hat einen mächtigen, prächtigen Burschen gefangen, geangelt.

burschikos: *frei und ungezwungen; flott:* sie hat ein burschikoses Wesen; das Mädchen ist recht b.; burschikose Äußerungen; sich b. benehmen.

Busch, der: **1.** *dichter Strauch:* ein blühender, dichter, dorniger B.; sich hinter einem B. verstecken; in den Büschen verschwinden. **2.** *Urwald:* der afrikanische B.; aus dem B. kommen; im B. leben. **3.** *großer Strauß:* ein B. Flieder. * (ugs.:) **[bei jmdm.] auf den Busch klopfen** *(bei jmdm. gezielt auf etwas anspielen und etwas zu erfahren versuchen)* · **mit etwas hinter dem Busch halten** *(mit einer Äußerung absichtlich zurückhalten):* er hält mit seiner Meinung, seinem Urteil nicht hinter dem B. · (ugs.:) **etwas ist im Busch** *(etwas bereitet sich im verborgenen vor)* · (ugs.) **sich [seitwärts] in die Büsche schlagen** *(heimlich verschwinden).*

Busen, der: *weibliche Brust:* ein schöner, kleiner, zarter, voller, üppiger, wogender, straffer,

schlaffer B.; viel B. zeigen; sie drückte ihn an ihren B.; sie steckte den Zettel in ihren B. *(Ausschnitt);* mit nacktem B.; bildl.: (geh.): am B. der Natur; etwas in seinem B. verschließen, bewahren *(für sich behalten).*
Buße, die: 1. (Rel.) *tätige Reue:* B. predigen, tun; das Sakrament der B.; etwas als, zur B. beten; jmdn. zur B. ermahnen. 2. (Rechtsw.) *[Geld]strafe:* eine B. zahlen, entrichten; jmdm. eine geringe, wirksame B. auferlegen; jmdm. eine B. erlassen; jmdn. für etwas mit einer B. belegen.
büßen: 1. *eine Strafe für etwas auf sich nehmen:* **a)** ⟨etwas b.⟩ eine böse Tat, ein Vergehen b.; das mußt du/sollst du [mir] b ; Rel.: seine Sünden b. **b)** ⟨für etwas b.⟩ für diese Tat muß er b.; sie wird lange dafür b., daß sie so leichtsinnig war. 2. ⟨etwas mit etwas b.⟩ *mit etwas bezahlen:* seinen Leichtsinn mit dem Tod b. [müssen].
Butter, die: *aus Milch gewonnenes Fett:* frische, gesalzene B.; ein Stück, ein Pfund B.; etwas schmilzt wie B. an der Sonne *(vermindert sich rasch);* B. und Brot; die B. ist ranzig; B. zerlassen, auslassen, formen; B. dick aufs Brot streichen, schmieren; etwas in [brauner] B. braten; mit B. braten; Toast mit B. bestreichen; R (ugs.): es ist alles in B. *(in bester Ordnung).* ∗ (ugs.:) **jmdm. fiel die Butter vom Brot/ist die Butter vom Brot gefallen** *(jmd. ist enttäuscht, entsetzt)* · (ugs.:) **sich nicht die Butter vom Brot nehmen lassen** *(sich nichts gefallen, sich nicht benachteiligen lassen).*
Butterbrot, das: *mit Butter bestrichene Brotscheibe:* ein B. essen, zum Frühstück ins Büro mitnehmen; sich (Dativ) ein B. streichen, schmieren, machen. ∗ **etwas um/für ein Butterbrot bekommen, [ver]kaufen** *(etwas sehr billig bekommen, [ver]kaufen)* · (ugs.:) **für ein Butterbrot arbeiten** *(gegen sehr wenig Bezahlung arbeiten)* · (ugs.:) **jmdm. etwas aufs Butterbrot schmieren/streichen** *(jmdm. etwas als Vorwurf überdeutlich sagen).*

C

Café, das: *Kaffeehaus:* ein kleines, gemütliches, schön gelegenes C.; in einem C. sitzen.
Chance, die: **a)** *Möglichkeit, günstige Gelegenheit:* es bietet sich eine günstige, große, reelle, einmalige C.; hierin liegt unsere C.; noch eine letzte, einzige C. haben; eine C. sehen, wittern, erhalten, bekommen, [aus]nutzen, verpassen, verschenken, vergeben, vorübergehen lassen; er hat die C. zum Sieg verspielt; seine C. erkennen, wahrnehmen; sich (Dativ) eine C. nicht entgehen lassen; jmdm. eine [neue] C. *(die Möglichkeit zur Rehabilitierung oder Bewährung)* geben; er ließ die größte C. des ganzen Spiels aus. **b)** *Aussicht auf Erfolg:* die Chancen, den Wettbewerb zu gewinnen, verringern sich, stehen schlecht, sinken; die C. einer Lösung des Konflikts/für eine Lösung des Konflikts steigt; die C., daß er gewinnt, steht eins zu tausend; sich alle Chancen verbauen; jede C. zunichte machen; keine, wenig, die besten, geringe Chancen auf den Sieg haben; sich (Dativ) eine C. bei, in etwas ausrechnen; dadurch hast du dir alle Chancen auf Beförderung verdorben; jmdm. wenig Chancen einräumen; er hat bei ihr keine Chancen; nicht die Spur einer C. haben; ein Beruf mit guten Chancen.
Chaos, das: *Auflösung aller Ordnung; völliges Durcheinander:* ein wildes, heilloses, rettungsloses C.; jeden Morgen das gleiche C.; ein C. drohte, brach aus, brach über das Land herein; auf den Straßen herrschte ein ziemliches C.; der Verkehrsunfall löste auf der Autobahn ein C. aus; ein C. heraufbeschwören; Ordnung in das C. bringen; das mußte zum C. führen.
chaotisch: *sich wie ein Chaos auswirkend; völlig ungeordnet:* eine chaotische Wohnung; chaotische Zeiten, Verhältnisse; die Zustände waren geradezu c.; unsere Beziehung wurde immer chaotischer; in seinem Innern ging es c. zu.
Charakter, der: **1. a)** *Gesamtheit der geistig-seelischen Eigenschaften eines Menschen, Wesensart:* einen guten, anständigen, festen, schlechten, schwierigen, [un]aufrichtigen C. haben; seinen C. ändern; seinen wahren C. zeigen, offenbaren; [keinen, wenig] C. haben; C. zeigen, beweisen *(sich als zuverlässig, standhaft oder mutig erweisen);* solche Erlebnisse formen, prägen den C.; das liegt am C.; er ist ein Mann von C. *(ein charakterfester Mann).* **b)** *Mensch als Träger bestimmter Wesenszüge:* er ist ein schwieriger, übler C.; sie sind beide ganz gegensätzliche Charaktere. **2.** *charakteristische Eigenart; eigentümliche Merkmale, Wesenszüge:* der spezifische, unverwechselbare C. einer Landschaft, eines Volkes, einer Handschrift; der private, politische C. einer Veranstaltung; der vorläufige C. eines Vertragsentwurfs; das Gespräch hatte, bekam den C. eines peinlichen Verhörs, nahm den C. eines peinlichen Verhörs an.
charakterisieren: 1. ⟨jmdn., etwas c.⟩ *in seiner typischen Eigenart darstellen:* mit knappen Worten jmds. Lebensweise c.; der Schriftsteller hat die Personen in seinem Roman gut, genau, unzureichend charakterisiert; die Journalistin charakterisierte den Filmstar als alternden Playboy, als kleinlich und spießbürgerlich; wie könnte man diese Situation am besten c.? **2.** ⟨etwas charakterisiert jmdn., etwas⟩ *etwas ist für jmdn., etwas kennzeichnend:* einfache und knappe Sätze charakterisieren die moderne Werbesprache; das Zeitalter des Barocks ist durch einen großen Formenreichtum charakterisiert *(gekennzeichnet).*
charakteristisch: *die spezifische Eigenart erkennen lassend:* eine charakteristische Form, Erscheinung, Handlungsweise; charakteristische Merkmale; ⟨etwas ist für jmdn., für etwas c.⟩ der Ausspruch ist c. *(bezeichnend)* für ihn.

charmant: *durch Anmut, Liebenswürdigkeit bezaubernd; reizend:* eine charmante Frau, Gastgeberin, ein charmanter Herr; ein charmantes Lächeln; sie hat eine charmante Art zu sprechen; sie ist nicht schön, aber sehr c.; c. lächeln.

Charme, der: *verführerische Anmut; bezauberndes Wesen:* natürlicher, unwiderstehlicher, persönlicher, weiblicher C.; C. haben, entfalten, entwickeln, ausstrahlen; seinen ganzen C. aufbieten, spielen lassen; man konnte sich ihrem C. nicht entziehen; ihr Wesen ist von einem herben C.; lassen auch Sie sich von dem C. dieser Stadt einfangen!

Chor, der: **1. a)** *Gemeinschaft singender Personen:* ein berühmter, gemischter *(aus Frauen und Männern bestehender)* C.; es singt der C. der Wiener Staatsoper; einen C. dirigieren, leiten; einem C. angehören; sie singen im C. der städtischen Bühnen. **b)** *das Bühnengeschehen kommentierende Gruppe von Schauspielern:* der C. in der antiken Tragödie. **c)** *Gruppe gleichartiger Orchesterinstrumente:* der C. der Posaunen, Holzbläser, der Streicher. **2.** *Komposition für gemeinsamen [mehrstimmigen] Gesang:* einen C. komponieren, einstudieren; mehrstimmige, vierstimmige Chöre singen. **3. a)** *erhöhter Kirchenraum mit [Haupt]altar:* der C. ist bei dem Brand zerstört worden; beim Bau der Kirche begann man mit dem C. **b)** *Platz der Sänger auf der [Orgel]empore:* einige Besucher des Kirchenkonzerts gingen auf den C.; die Sänger nahmen im C. Aufstellung. * **im Chor** *(gemeinsam):* sie sprachen im C.; sie sagten das Gedicht im C. auf.

Christ, der: *jmd., der sich als Getaufter zu einer christlichen Konfession bekennt:* ein gläubiger, frommer, überzeugter, wahrer, eifriger, echter C.; evangelische, katholische Christen; Christen und Heiden; er ist C. geworden; er hat als C. gehandelt; sie bekannten sich als Christen.

Christentum, das: **a)** *von Christus gestiftete Religion:* das C. annehmen, verbreiten; sich zum C. bekehren, bekennen. **b)** *individueller christlicher Glaube:* mit seinem C. ist es schlecht bestellt.

christlich: a) *auf Christus oder dessen Lehre zurückgehend:* die christliche Lehre, Religion, Taufe; der christliche Glaube. **b)** *sich zum Christentum bekennend:* die christlichen Kirchen, Gemeinschaften, Sekten; der größere Teil der christlichen Bevölkerung ist katholisch. **c)** *im Christentum verwurzelt, verankert:* die christliche Tradition, Ethik, Kunst; das christliche Abendland; das christliche Erbe, Weltbild; die christli-

che Deutung des Lebens. **d)** *der Lehre Christi entsprechend:* christliche Gesinnung, Güte, Nächstenliebe; die christliche Seefahrt (scherzh.); seine Einstellung ist nicht sonderlich c.; c. handeln, denken, leben; ü b e r t r.: er hat die Schokolade c. geteilt *(hat dem anderen das größere Stück gegeben).* **e)** *kirchlich:* die christlichen Feste; ein christliches Begräbnis; er wurde c. beerdigt.

chronisch: a) (Med.) *langwierig; als dauerndes Leiden auftretend:* eine chronische Krankheit, Entzündung; ein chronisches Leiden; chronische Schmerzen; seine Stirnhöhlenvereiterung ist c., droht c. zu werden. **b)** *dauernd, ständig:* ein chronisches Übel; er leidet an chronischer Geldknappheit (ugs.); deine Faulheit wird langsam c. (ugs.); er ist c. erkältet.

Clou, der (ugs.): *Glanzpunkt, Kernpunkt:* der C. des Abends, des Festes; jetzt kommt der C. des Ganzen; das ist der C. der Sache.

Computer, der: *elektronische Rechenanlage:* ein C. überwacht, steuert den Verkehrsfluß; er will mir zeigen, wie der C. arbeitet; der C. speichert, verarbeitet Informationen, führt logische Operationen durch, liefert Ergebnisse; den C. programmieren, füttern (ugs.); dem C. wurde ein bestimmtes Programm eingegeben; das gesamte Rechnungswesen auf C. umstellen; spielend mit dem C. umzugehen lernen.

Coup, der: *frech und kühn angelegtes Unternehmen:* ein lohnender, gewagter, einträglicher, erfolgreicher C.; ein toller C., dieser Einbruch in das Museum!; einen großen C. vorhaben, planen, machen; einen C. [gegen jmdn., etwas] landen, starten; die an dem C. Beteiligten.

Courage, die (ugs.): *Mut, Unerschrockenheit:* dafür fehlt ihm die [richtige, rechte] C.; dazu gehört schon einige C.; [keine, wenig, große] C. haben, zeigen; die C. verlieren; Angst vor der eigenen C. haben, bekommen *(unsicher werden und keinen Mut haben).*

Creme, die /vgl. Krem/: **1.** *Salbe zur Pflege der Haut:* eine fettende, feuchtigkeitshaltige C.; die C. zieht rasch ein, schützt gegen Sonnenbrand; C. [dünn, dick auf die Haut] auftragen, in die Haut einreiben, einmassieren; C. bitte leicht verreiben und 20 Minuten einwirken lassen!; die Hände mit C. einreiben. **2.** *[schaumige] Süßspeise:* C. rühren, steif schlagen, zubereiten, aufkochen lassen, erkalten lassen, mit Butter anrühren; sie füllte die Torte mit C. **3.** *Oberschicht:* die C. der Gesellschaft, der Musikwelt, der deutschen Fußballer; die C. von Hamburg.

D

da: I. ⟨Adverb⟩ **1. a)** *an dieser Stelle, dort:* da draußen, drüben, vorn; da herum; da hinein; da ist er; da kommt er ja; da war ich schon um acht Uhr da; ich wohne da nicht mehr; ist jemand da?; [halt] wer da? /Anruf eines Wachtpostens/; he, Sie da!; der [Mann] da ist es gewesen; ich stand da

und er dort; von da aus fahre ich direkt zum Flugplatz. **b)** *hier:* da wären wir nun endlich; da nimm das Geld und verschwinde!; da haben wir's, haben wir den Salat! (ugs.; *nun ist das eingetreten, was zu befürchten war);* sieh da! /Ausruf der Überraschung/; (südd., österr.:) da schau her!

/*Ausruf der Überraschung*/. **2.** *zu diesem Zeitpunkt; in diesem Augenblick:* kaum waren die Arbeiter auf dem Gerüst, da passierte das Unglück; ich weiß nicht, ob ich da (ugs.; *dann*) Zeit habe; er war da noch ein Kind; was haben wir da gelacht; als ich das sah, da ging ich sofort wieder; von da an herrschte Ruhe. **3.** /gibt einen Umstand an/ es ist nichts passiert, da haben wir noch einmal Glück gehabt; wenn ich schon gehen muß, da gehe ich lieber gleich; was soll man da *(so wie die Dinge liegen)* noch sagen? **II.** ⟨Konj.⟩ **1.** ⟨meist in Satzanfangsstellung⟩ *weil:* da ich krank bin, kann ich nicht kommen; ich werde, da ich keine Nachricht habe, nochmals schreiben; er hat das ohne großes Risiko tun können, zumal da er wußte, daß ... **2.** (geh. veraltend) *als:* da er noch reich war, hatte er viele Freunde; es gab Zeiten, da viele nichts zu essen hatten. **3.** *nachdem:* jetzt, da es beschlossen ist, kommt dein Einwand zu spät. * **da und dort: a)** *(an einigen Orten, an manchen Stellen).* **b)** *(manchmal).*

dabei ⟨Adverb⟩: **a)** *bei etwas, in der Nähe der betreffenden Sache:* ich habe das Paket ausgepackt, eine Rechnung war nicht d. **b)** *im Verlaufe von, währenddessen:* er war verärgert, aber er blieb d. dennoch höflich; er wollte den Streit schlichten und wurde d. selbst verprügelt; sie sah sich das Fernsehquiz an und strickte d. **c)** *bei der betreffenden Angelegenheit, hinsichtlich des eben Erwähnten:* sich d. nicht wohl fühlen; es kommt doch nichts d. heraus; wichtig ist, daß ...; ich finde nichts d. *(habe keine Bedenken gegen etwas);* es ist doch nichts d. *(es ist nicht schlimm, bedenklich),* wenn wir zusammen verreisen; es bleibt d. *(es wird nichts geändert);* er bleibt d. *(ändert nicht seine Meinung).* **d)** *obwohl, obgleich:* die Produktion des Wagens wurde eingestellt, d. fand er guten Absatz; sie hat alles weggeworfen, d. hätte ich vieles noch gut gebrauchen können.

dabeisein: 1. *anwesend, beteiligt sein:* ich war zufällig dabei, als der Unfall geschah; bei dem Einbruch war noch ein dritter Mann dabei; R: d. ist alles. **2.** *im Begriffe sein:* er kam, als ich [gerade] dabei war, ihm zu schreiben.

dableiben: *nicht fortgehen:* noch eine Weile d.; er blieb lange da.

Dach, das: *oberer Abschluß eines Hauses:* ein flaches, steiles D.; die roten Dächer der Stadt; das D. ist mit Schiefer, Ziegeln gedeckt; das D. aufsetzen, eindecken (fachspr.); der Orkan hat viele Dächer abgedeckt; jmdm. das D. über den Kopf *(während er sich im Haus aufhält)* anzünden; es regnet durch das D.; über den Dächern von Paris; den Neubau bis zum Herbst unter D. bringen, unter D. haben *(fertigstellen);* ein Zimmer unterm D.; im obersten Stockwerk; vom D. fallen, stürzen. * (ugs.:) **[k]ein Dach über dem Kopf haben** *([k]eine Unterkunft haben)* · (ugs.:) **jmdm. aufs Dach steigen;** (ugs.:) **jmdm. eins/etwas aufs Dach geben** *(jmdn. zurechtweisen, in die Schranken weisen)* · (ugs.:) **eins aufs Dach bekommen** *(zurechtgewiesen werden, in die Schranken gewiesen werden)* · (ugs.:) **unter einem Dach wohnen/leben/hausen** *(im gleichen Haus wohnen)* · **etwas unter Dach und Fach bringen** *(glücklich zum Abschluß bringen)* · **etwas ist unter Dach und Fach** *(etwas ist glücklich abgeschlossen).*

dadurch ⟨Adverb⟩: **1.** *durch etwas hindurch:* es gibt nur eine Tür, d. mußt du gehen. **2. a)** *durch dieses Mittel, Verfahren:* die Packungen bekommen mir gut, d. werde ich wieder gesund werden. **b)** *aus diesem Grund; auf diese Weise:* d. hat sie sich selbst geschadet; er hat das Problem d. gelöst, daß ...; d., daß *(weil)* er uns sein Auto zur Verfügung stellte, hat er uns sehr geholfen.

dafür ⟨Adverb⟩: **1.** *für diesen Zweck, für dieses Ziel:* Voraussetzung d. ist, daß ...; d. hat er seinen Apparat repariert, d. bist du ja Fachmann. **2.** *statt dessen; als Gegenleistung:* was geben Sie mir d.?; ich brauchte d. nur 28 Mark zu zahlen; d. muß er noch büßen /*eine Drohung*/; ich möchte mich d. bei Ihnen bedanken; das ist nun der Dank d.! (iron.). **3.** *zugunsten einer Sache:* die Mehrheit ist d. *(bejaht es);* das ist noch kein Beweis d., daß er es getan hat; alles spricht d., daß ...; ich bin nicht d. zu haben (ugs.; *ich mag das nicht).* **4.** *hinsichtlich einer Sache, im Hinblick darauf:* d. habe ich kein Verständnis; d. bekannt sein, daß ...; das Kind ist erst zwölf Jahre alt, d. ist es schon sehr selbständig. **5.** (ugs.) *dagegen:* die Tabletten sind gerade d. sehr gut; d. gibt es [noch] kein Mittel *(dagegen kann man nichts machen).*

dafürkönnen ⟨in der Wendung⟩ etwas/nichts dafürkönnen (ugs.): *an etwas [keine] Schuld haben:* was kann ich d., daß du dich ärgerst?

dagegen ⟨Adverb⟩: **1. a)** *gegen etwas, an etwas heran:* ein Brett, einen Blendschutz d. halten; wir können die Leiter jetzt d. stellen. **b)** /drückt eine Abneigung gegen etwas, ein Angehen gegen etwas, ein Entgegenwirken aus/: [grundsätzlich] d. sein; hat jmd. etwas d.?; d. ist nichts zu sagen; sich entschieden d. verwahren, daß ...; d. sind wir machtlos; man muß endlich etwas d. tun; das ist ein sehr gutes Mittel d. **2.** *im Vergleich dazu:* die Überschwemmungen im vergangenen Jahr waren furchtbar, d. sind diese noch harmlos. **3.** *hingegen, jedoch:* die eine Arbeit ist gut, d. ist die andere kaum zu gebrauchen; im Süden ist es schon warm, bei uns d. schneit es noch.

daheim ⟨Adverb⟩ (bes. südd., österr., schweiz.): **a)** *zu Hause:* d. sein, bleiben; d. ist es am schönsten; bei uns d.; sich wie d. fühlen; wie geht's d. *(der Familie)?;* er ist in Bayern d. *(stammt aus Bayern);* ich bin hier d. *(wohne hier);* d. ist d.! *(es geht nichts über das Zuhause).* **b)** *in der Heimat:* er war lange nicht mehr d.; wer aus dem Dschungelkrieg zurückkam, hatte d. Schwierigkeiten.

daher ⟨Adverb⟩: **1.** *von dort:* ich komme gerade d.; bist *(stammst)* du auch d.?; die Westflanke ist stark befestigt, von d. droht keine Gefahr. **2.** *aus diesem Grund, deshalb:* er war krank und konnte d. nicht kommen. **3.** *aus dieser Quelle, durch diesen Umstand:* d. hat er seine Informationen; d. also seine Begeisterung!; die Krankheit kommt d., daß er immer den Staub einatmen muß.

dahin ⟨Adverb⟩: **1.** *an diesen Ort, an diese Stelle:* wir fahren oft d.; ist es noch weit bis d.?; mir geht's/steht's bis d. (ugs.; *ich habe es gründlich satt);* überdies: d. laß es nicht d. *(soweit)* kommen, daß du enterbt wirst; d. hat ihn der Alkohol gebracht. **2.** /drückt eine bestimmte [gedankliche] Richtung aus/: etwas d. [gehend] auslegen, daß ...; sich in einer Sache d. *(in dem Sinne)* äußern, aussprechen ...; die öffentliche Meinung geht d. ...; sich d. *(in der Weise)* einigen, daß ... 3. ⟨in Verbindung mit *bis*⟩ *bis zu diesem Zeitpunkt:* bis d. ist [es] noch Zeit; die Frist läuft am Jahresende ab, bis d. müssen alle Anträge gestellt sein. * **dahin sein** *(verloren, vorbei sein):* mein ganzes Geld ist d.; die Zeit war schnell d.

dahingehen (geh.).: a) ⟨etwas geht dahin⟩ *etwas vergeht:* die Zeit geht dahin; wie schnell sind die schönen Tage dahingegangen. b) (verhüllend) *sterben:* er ist [früh] dahingegangen.

dahingestellt ⟨in den Verbindungen⟩ **etwas dahingestellt sein lassen** *(etwas nicht weiter diskutieren):* lassen wir es d., ob er das Signal nicht bemerkt hat · **etwas sei/bleibt dahingestellt** *(etwas ist nicht sicher, nicht bewiesen, ist fraglich):* es sei d., ob er das Geld wirklich stehlen wollte.

dahinter ⟨Adverb⟩: **1.** *hinter etwas (räumlich):* ein Haus mit einem Garten d.; er stellte sich d. **2.** *hinter der betreffenden Angelegenheit/hinter die betreffende Angelegenheit:* ich weiß nicht, was sich bei ihm d. verbirgt; da ist, steckt schon etwas d. *(die Sache hat einen realen Kern);* viel Lärm und nichts d.!; wir müssen Dampf, Druck d. machen *(die Erledigung beschleunigen).*

dahinterkommen (ugs.): *herausfinden:* d., was jmd. vorhat; man ist dahintergekommen, daß er Spionage treibt.

dahinterstecken (ugs.): a) *der eigentliche Urheber, der Drahtzieher sein:* wer steckt denn [bei der Sache] dahinter?; sicherlich steckt eine Frau dahinter. b) ⟨etwas steckt dahinter⟩ *etwas ist das eigentliche Ziel, der wahre Grund:* was steckt bei diesem Plan eigentlich dahinter?; herausfinden, was dahintersteckt *(was damit los ist);* sie redet zwar viel, es steckt aber auch etwas dahinter *(es hat Hand und Fuß).*

daliegen: *deutlich sichtbar an einer bestimmten Stelle liegen:* völlig erschöpft, leblos, wie tot, regungslos, mit einer Grippe, verletzt, ausgestreckt d.; die Stadt liegt in völliger Dunkelheit, wie ausgestorben da.

damals ⟨Adverb⟩: *zu jenem Zeitpunkt, in jener Zeit:* so etwas gab es d. noch nicht; d., als meine Eltern noch lebten; d. und heute; d. wie heute/heute wie d.; eine Erinnerung an d.; seit d. ist er gelähmt; ein Bild von d.

Dame, die: **1. a)** /höflicher Ausdruck für *Frau*/: eine junge, reiche, nette, ältere D.; eine D. in Schwarz; die D. des Hauses *(die Hausherrin, Gastgeberin);* die D. seines Herzens *(seine Angebetete);* die erste D. des Staates/im Staat *(die Frau des Staatsoberhauptes);* eine D. möchte Sie sprechen; das Mädchen ist schon eine richtige D.; etwas ist bei den Damen sehr beliebt; Sport: bei den Damen siegte die deutsche Staffel; /in der Anrede/: meine [sehr geehrten/verehrten] Damen und Herren; guten Tag, die Damen! b) *gebildete, gepflegte Frau:* eine elegante, vornehme D.; eine D. von Welt *(eine weltgewandte Frau);* als große D. auftreten. **2. a)** /*Figur beim Schach*/: die D. austauschen, schlagen; mit der D. ziehen. b) /*eine Spielkarte*/: die D. ausspielen. **3. a)** /*ein Brettspiel*/: D. spielen. b) *Doppelstein im Damespiel:* eine D. bekommen; jmdm. die D. wegnehmen. * (ugs.): **jmds. Alte Dame** *(jmds. Mutter).*

damit: I. ⟨Adverb⟩: a) *mit etwas, mit der betref-*

fenden, eben erwähnten Sache: er nahm die Taschenlampe und leuchtete ihm d. ins Gesicht; d. kann ich nicht umgehen, nichts anfangen; mußt du immer wieder d. [an]kommen, anfangen?; d. komme ich zum Schluß meiner Rede; ich will d. nichts zu tun haben; weg d.! (ugs.; *nimm, wirf das weg!*); heraus d.! (ugs.; *gib es her!, sage es endlich!*); d. basta! (ugs.; *jetzt ist aber Schluß*). b) *gleichzeitig mit diesem Geschehen:* er zitierte Ludwig Erhard und beendete d. seine Rede; sie gewann das erste Spiel, und d. kehrte auch ihr Selbstvertrauen zurück. c) *somit, infolgedessen:* er hatte für die Tatzeit kein Alibi, und d. gehörte er auch zum Kreis der Verdächtigen. II. ⟨Konj.⟩: *zu diesem Zweck, auf daß:* damit nochmals sagen, d. es nicht vergessen wird; ich nehme gleich zwei Tabletten, d. ich endlich schlafen kann.

Damm, der: **1.** *Deich:* ein hoher, steiler, stark befestigter D.; ein D. gegen Hochwasser; die Dämme sind gebrochen; einen D. aufschütten, bauen, errichten, aufführen (geh.); das Wasser hat die Dämme durchbrochen, unterspült; bildl.: einen D. gegen die Willkür aufbauen. **2.** *aufgeschütteter Unterbau eines Fahr- oder Schienenwegs, Bahndamm:* die Insel ist mit dem Festland durch einen D. verbunden. **3.** (nordd.) *Fahrbahn:* vorsichtig über den D. gehen. **4.** (Med.) *Verbindung zwischen Geschlechtsteil und After:* der D. ist [ein]gerissen. * (ugs.:) **wieder/nicht auf dem Damm sein** *(wieder/nicht gesund sein)* · (ugs.:) **jmdm. auf den Damm helfen** *(jmdm. weiterhelfen).*

dämmern: 1. a) ⟨es dämmert⟩ *die Dämmerung beginnt:* es begann bereits d., als wir aufbrachen. b) (geh.) ⟨etwas dämmert⟩ *etwas bricht an:* der Morgen, der Abend dämmert. **2.** (ugs.) ⟨etwas dämmert jmdm./bei jmdm.⟩ *etwas wird jmdm. langsam klar, bewußt:* jetzt dämmert es ihm/bei ihm; langsam dämmerte ihm die Erinnerung, die Ahnung, Vermutung. **3.** *im Halbschlaf sein:* ein bißchen, eine Weile d.; sie hat nur gedämmert. * **vor sich hin dämmern** *(nicht klar bei Bewußtsein, im Dämmerzustand sein).*

Dämmerung, die: *Übergang vom Tag zur Nacht, von Nacht zum Tag:* die D. bricht an/herein, naht (geh.), kommt auf, breitet sich über das Land (geh.), breitet sich über dem Land aus (geh.); bei/mit Einbruch der D.; in der D.

Dampf, der: **1.** *sichtbarer [weißlicher] Dunst:* D. quillt hoch, wallt empor (geh.), strömt aus; der D. löst sich auf, schlägt sich nieder; es bilden sich Dämpfe; die Küche war voller D.; Physik, Technik: schwefliger, chemischer, gesättigter, überhitzter D.; D. von hoher, niedriger Spannung; D. ablassen; eine Maschine mit D. treiben, betreiben, antreiben; das Schiff, die Lokomotive ist/steht unter D. (veraltend; *ist fahrbereit)*; mit D. kochen; etwas in, unter D. erhitzen. **2.** (ugs.) *Wucht, Schwung:* hinter diesem Angriff steckt kein D.; seine Schläge haben keinen D.; dieser Boxer hat D. in den Fäusten. * (ugs.:) **aus etwas ist der Dampf raus** *(etwas ist lahm, langweilig, hat seinen Schwung, seine Energie verloren)* · (ugs.:) **Dampf ablassen** *(seinen Ärger, seine Wut abreagieren)* · (ugs.:) **Dampf machen** *(für Schwung, Aufregung sorgen)* · (ugs.:) **jmdm. Dampf machen** *(jmdn energisch zusetzen)* · (ugs.:) **hinter etwas**

Dampf machen/setzen *(etwas energisch betreiben)* · (ugs.:) **mit Dampf** *(voller Eifer, mit Fleiß)* · (ugs.:) **unter Dampf stehen** *(voller Energie sein).*

dampfen: 1. *Dampf bilden, abgeben:* das Wasser, die Suppe dampft; die Erde hat [vor Feuchtigkeit] gedampft; die Pferde dampfen nach dem langen Galopp; eine dampfende Schüssel. 2. ⟨mit Raumangabe⟩ **a)** *unter Dampfentwicklung irgendwohin fahren:* das Schiff dampft aus dem Hafen; über die Brücke dampfte im Zug. **b)** (ugs.) *[mit einem dampfgetriebenen Fahrzeug] irgendwohin reisen:* er war nach Berlin gedampft.

dämpfen ⟨etwas d.⟩: 1. *etwas mit Dampf kochen:* Kartoffeln, Fleisch d.; gedämpftes Gemüse. 2. *mit Dampf bearbeiten, glätten:* das Kleid, die Hose d. 3. *abschwächen, mildern:* die Stimme, den Ton, den Lärm d.; die Teppiche dämpfen den Schall; das hat den Stoß, den Aufprall gedämpft; ⟨häufig im 2. Partizip⟩ gedämpfte *(nicht grelle)* Farben; sich bei gedämpftem Licht unterhalten; übertr.: seine Begierde, Leidenschaft, Wut d.; diese Meldung hat seine Begeisterung, Zuversicht gewaltig gedämpft.

Dampfer, der: *mit Dampf getriebenes Schiff:* der D. legt an, fährt ab; einen Ausflug auf, mit einem D. machen. ∗ (ugs.:) **auf dem falschen Dampfer sein/sitzen/sich befinden** *(etwas Falsches annehmen, denken).*

Dämpfer, der: (Musik) *Tondämpfer:* den D. aufsetzen; der zweite Satz wird mit D. gespielt; übertr. (ugs.): nach diesem D. konnte sich die Mannschaft wieder aufrappeln. ∗ (ugs.:) **einen Dämpfer bekommen/erhalten** *(eine Rüge bekommen; eine Enttäuschung erfahren)* · (ugs.:) **jmdm., einer Sache einen Dämpfer aufsetzen** *(jmds. Überraschung mäßigen, etwas dämpfen).*

danach ⟨Adverb⟩: 1. **a)** *zeitlich nach etwas, im Anschluß an etwas; hinterher:* kurz, unmittelbar, eine halbe Stunde d. rief er wieder an; zuerst spricht der Vorsitzende, d. hält ein Professor den Festvortrag. **b)** *räumlich nach etwas, auf jmdn., auf etwas folgend, dahinter:* voran gingen die Eltern, d. kamen die Kinder und Enkelkinder. 2. *nach etwas* /drückt eine Zielrichtung aus/: er sah das Seil und wollte d. greifen; wir werden d. streben, trachten; d. steht mein Sinn nicht (geh., veraltend: *darauf bin ich nicht aus)*; mir ist nicht d. (ugs.; *dazu habe ich keine Lust, fehlt mir die rechte Stimmung).* 3. *einer Sache entsprechend:* das ist Vorschrift, richtet euch d.; die Ware ist billig, aber sie ist auch d. (ugs.; *entsprechend weniger gut)*; er soll ein Betrüger sein – d. sieht er aber nicht aus (ugs.; *diesen Eindruck macht er aber nicht).*

daneben ⟨Adverb⟩: 1. *neben jmdm./jmdn., neben etwas:* das Paket lag auf dem Tisch, die Rechnung d.; in der Mitte saß der Minister, [links] d. ein Staatssekretär; im Haus d. wohnen; dicht d. war ein Abhang; übertr.: er ist sehr berühmt, sein Bruder tritt d. ganz in den Hintergrund. 2. *im Vergleich dazu:* ihr Spiel war hervorragend, d. fiel das der übrigen Schauspieler stark ab. 3. *außerdem:* wir werden d. noch andere Dinge besprechen; sie ist berufstätig, d. hat sie noch ihren Haushalt zu besorgen.

danebengehen ⟨etwas geht daneben⟩: **a)** *etwas verfehlt das Ziel:* der Schuß ging daneben. **b)**

(ugs.) *etwas schlägt fehl, mißlingt:* der Saisonauftakt ging voll daneben; alle Experimente sind danebengegangen.

danebenhauen: 1. *nicht treffen:* er hat mit dem Hammer danebengehauen. 2. (ugs.) *sich irren:* mit seiner Antwort gewaltig d.

daniederliegen (geh.): *krank sein:* schwer [an Thypus] d.; übertr.: der Handel, die Wirtschaft, die Firma liegt danieder *(floriert nicht).*

dank ⟨Präp. mit Gen. im Sing., mit Gen. im Plural⟩: *auf Grund:* d. des Computers/dem Computer läuft hier alles bestens; d. detaillierter Zeugenaussagen wurde er gefaßt.

Dank, der: *Gefühl, Ausdruck der Dankbarkeit:* der D. des Vaterlandes!; dem Himmel sei D.!; das ist nun der D. dafür! /Ausruf der Enttäuschung/; /Dankesformeln:/ vielen D.!; herzlichen D.!; (ugs.:) tausend D.!; besten D.!; schönen D.!; hab[t] D.!; jmdm. seinen wärmsten, innigsten, aufrichtigsten D. aussprechen; jmdm. seinen D. abstatten, bezeigen, erweisen; jmdm. [für etwas] D. sagen, schulden, zollen (geh.), schuldig sein; nehmen Sie bitte meinen [aller]herzlichsten D. [entgegen]; als/zum D. dafür ...; mit etwas keinen D. ernten; kein Wort des Dankes sagen; nicht auf D. hoffen, rechnen; mit bestem, verbindlichstem D.; etwas mit D. annehmen, erhalten; jmdm. zu D. verpflichtet sein.

dankbar: 1. *dankerfüllt; Anerkennung zeigend:* ein dankbarer Patient, ein dankbares Publikum; sich d. zeigen, erweisen; d. lächeln; jmdn. d. anblicken; etwas d. anerkennen, annehmen; ⟨für etwas d. sein⟩ er ist d. für alles; ⟨jmdm. d. sein⟩ ich werde Ihnen immer d. [dafür] sein. 2. *lohnend:* eine dankbare Arbeit, Aufgabe; eine dankbare *(haltbare)* Qualität; dieser Stoff ist sehr d. *(trägt sich gut und lange)*; diese Pflanze ist sehr d. *(anspruchslos).*

Dankbarkeit, die: *Gefühl, Ausdruck des Dankes:* [jmdm.] seine D. [be]zeigen, beweisen; D. an den Tag legen; das ist der Ausdruck, das Zeichen meiner tiefen D. [ihm gegenüber]; etwas [für jmdn.] aus reiner, bloßer D. tun; in/mit [tiefer, aufrichtiger] D. ... /Dankesformel/.

danken: 1. **a)** ⟨jmdm. d.⟩ *jmdm. seinen Dank aussprechen:* jmdm. [für ein Geschenk] herzlich, von ganzem Herzen, aufrichtig, überschwenglich, vielmals, tausendmal d.; ich kann Ihnen für ihre Hilfe nicht genug d.; wir danken Ihnen für dieses Gespräch; du kannst Gott auf Knien d., daß du noch lebst!; Gott/dem Himmel sei's gedankt! /Ausrufe der Erleichterung/; ⟨auch ohne Dat.⟩ danke kurz; /als Höflichkeitsfloskel:/ danke [schön; sehr]!; danke!; ich möchte ihm danke schön sagen; nein, danke!; na, ich danke! (ugs.; *das möchte ich nicht)*; etwas dankend entgegennehmen; Betrag dankend erhalten. **b)** ⟨jmdm. etwas d.⟩ *jmdm. für etwas dankbar sein, jmdm. etwas lohnen:* niemand wird dir deine Mühe d.; er hat ihm seine Hilfe schlecht gedankt; wie soll ich Ihnen das jemals d.? *(wie kann ich mich je dafür revanchieren?).* **c)** *einen Gruß erwidern:* freundlich, kühl, flüchtig d.; ⟨jmdm. d.⟩ ich habe ihn gegrüßt, aber er hat mir nicht gedankt. 2. (geh.) ⟨jmdm., einer Sache jmdn., etwas d.⟩ *verdanken:* ich danke ihm mein Leben; diesen Sieg dankt er nur seinem unermüdlichen Fleiß.

dann ⟨Adverb⟩: **1. a)** *danach:* erst spielten sie friedlich zusammen, d. stritten sie sich; wenn die Vorräte zu Ende sind, was machen wir d., was d., was soll d. werden?; ⟨ugs.:⟩ bis d.! */Grußformel bei der Verabschiedung/.* **b)** *darauffolgend, dahinter:* an der Spitze des Zuges marschiert eine Blaskapelle, d. folgt eine Trachtengruppe; an die Schrebergärten schließt sich d. Ödland an. **2.** *unter diesen Umständen, in diesem Falle:* lehnt die Firma ab, d. werden wir klagen; selbst d., wenn ...; na, d. ist ja alles bestens; d. will ich nicht weiter stören; d. bis morgen; also d., mach's gut! **3.** *zu diesem [betreffenden, späteren] Zeitpunkt:* wenn Sie hier sind, d. kommen Sie mal vorbei; noch ein Jahr, d. ist er mit dem Studium fertig. **4.** *außerdem, ferner:* d. kommt noch die Mehrwertsteuer hinzu; zuletzt fiel d. noch der Strom aus. * **dann und dann** *(zu einem nicht näher bezeichneten Zeitpunkt)* · **dann und wann** *(ab und zu; zuweilen)* · **von dann bis dann** *(in einem nicht näher bezeichneten Zeitraum).*

daran ⟨Adverb⟩ */vgl. dran/:* **1. a)** *an etwas (räumlich):* da hängt, klebt etwas d.; laß mich mal d. riechen; du darfst dich nicht d. lehnen. **b)** *an etwas; an der betreffenden Sache, Angelegenheit; hinsichtlich der betreffenden Sache:* d. ist nichts mehr zu ändern; d. ist zu erkennen, daß ...; mir liegt d., zu einer Einigung zu kommen; es liegt mir [viel, nichts] d. *(ich habe an etwas [viel, kein] Interesse);* kein Wort ist d. wahr; Sie werden viel Freude d. haben; viele Menschen sind d. erkrankt; er ist d. gestorben. **2.** *an etwas (zeitlich), danach:* d. anschließend; im Anschluß d.; er hielt einen Vortrag, und d. schloß sich eine längere Diskussion.

daransetzen: 1. ⟨etwas d.⟩ *etwas einsetzen:* alles, seine ganze Kraft, sein Vermögen d., ein Ziel zu erreichen. **2.** ⟨ugs.⟩ ⟨sich d.⟩ *etwas in Angriff nehmen:* ich muß mich jetzt [endlich] d., meine Post zu erledigen.

darauf ⟨Adverb⟩ */vgl. drauf/:* **1. a)** *auf etwas (räumlich):* d. stehen, sitzen, liegen; er hat ein Grundstück gekauft und will d. eine Tankstelle bauen. **b)** *auf etwas, auf der betreffenden Sache, Angelegenheit/auf die betreffende Sache, Angelegenheit:* er wies d. hin, daß ...; etwas beruht darauf, daß ...; ich bin d. angewiesen; das Gespräch kam nur kurz d./wir kamen nur kurz d. zu sprechen; es [nicht] d. ankommen lassen *(es [nicht] zu weit kommen lassen);* ich komme nicht d. *(es fällt mir nicht ein);* wir wollen d. *(auf diesen Wunsch, auf dieses Ziel)* anstoßen, trinken; ich bin nicht d. aus *(ich will das nicht).* **2. a)** *nach etwas (zeitlich), danach:* bald, am Tage, tags, ein Jahr d. starb er; erst ein Blitz, unmittelbar d. ein Donnerschlag. **b)** *nach etwas (räumlich); dahinter:* erst kommt der Speisewagen, d. folgen die Kurswagen nach Ostende. **3.** *infolgedessen, daraufhin:* er stellte einen Antrag und bekam d. den Zuschuß.

daraus ⟨Adverb⟩: **1.** *aus etwas (räumlich):* sie öffnete den Koffer und holte ein Kleid d. hervor; das ist mein Glas, wer hat d. getrunken? **2. a)** *aus der betreffenden Sache, aus der eben erwähnten Angelegenheit:* wir haben d. bereits unsere Konsequenzen gezogen; d. geht hervor, daß ...; wir wollen eigentlich verreisen, aber d. wird wohl nichts; mach dir nichts d.! *(nimm es nicht ernst!).*

b) *aus diesem Stoff:* d. wird Öl gewonnen; sie kaufte sich Stoff und nähte ein Kleid d. **c)** *aus dieser Vorlage:* sie nahm ein Buch und las d. vor.

darbieten ⟨geh.⟩: **1. a)** ⟨etwas d.⟩ *zeigen, aufführen:* Folklore, [Volks]tänze d.; was das Ensemble darbot, hatte gutes Niveau. **b)** ⟨etwas d.⟩ *vortragen:* den Unterrichtsstoff anschaulich, verständlich d. **2.** ⟨sich jmdm. d.⟩ **a)** *sich zeigen:* eine herrliche Aussicht bot sich unseren Augen dar; in seiner ganzen körperlichen Fülle bot er sich dem Publikum dar. **b)** *sich anbieten, ergeben:* eine günstige Gelegenheit, eine neue Laufbahn bot sich ihm dar. **3.** ⟨geh.⟩ ⟨jmdm. etwas d.⟩ *reichen:* den Gästen Getränke d.; er bot der Dame den Arm als Stütze dar; sie bot ihm ihren Mund zum Kuß dar; übertr.: er schlug die [ihm] dargebotene Hand *(das Angebot zur Versöhnung)* aus.

darin ⟨Adverb⟩ */vgl. drin/:* **a)** *in etwas (räumlich):* ich habe d. nichts gefunden; wieviel Menschen wohnen d.?; wenn man das Pulver in eine Flüssigkeit schüttet, löst es sich d. auf. **b)** *in etwas, in der betreffenden Sache: Angelegenheit; hinsichtlich der betreffenden Sache:* d. liegt ein Widerspruch; d. ist er mir überlegen; d. ist er ganz groß ⟨ugs.⟩, sehr sicher, unschlagbar; ich kann d. nichts finden *(habe keine Bedenken).*

darlegen ⟨etwas d.⟩: *etwas ausführlich erläutern, erklären:* etwas schriftlich, ausführlich, klar, überzeugend d.; den Sachverhalt d.; sie versuchte, vor der Kommission darzulegen, wie sich alles zugetragen hatte; ⟨jmdm. etwas d.⟩ jmdm. seine Gründe, seinen Standpunkt d.

darstellen: 1. ⟨jmdn., etwas d.⟩ *wiedergeben; abbilden:* etwas graphisch, skizzenhaft, mit wenigen Strichen d.; was, wen stellt das Bild dar?; das Gemälde stellt eine Alpenlandschaft dar; die darstellende Kunst *(Theater; auch Malerei und Plastik).* **2.** ⟨jmdn., etwas d.⟩ *eine Rolle spielen:* den Othello, die komische Alte d.; er hat den Faust dargestellt; ein darstellender Künstler. **3.** ⟨etwas d.⟩ *schildern, beschreiben:* etwas einleuchtend, klar, überzeugend, ausführlich, genau, richtig, objektiv, sachlich, verzerrt, in einem günstigen Licht d.; den Hergang eines Geschehens d.; er hat die Sache so dargestellt, als wäre er unschuldig. **4.** ⟨etwas stellt etwas dar⟩ *etwas bedeutet, ist etwas:* das stellt etwas Besonderes dar; eine großartige Leistung dar; dieser Sieg stellt den Höhepunkt in seiner Laufbahn dar; die Überstunden stellten eine zusätzliche Belastung für sie dar; Währungs-, Konjunktur- und Beschäftigungspolitik stellen die Einheit dar. **5. a)** ⟨sich d., etwas stellt sich dar⟩ *in bestimmter Eigenart zeigen, erscheinen:* die Sache stellt sich schwieriger als erwartet dar; er bot sich als hervorragender Kenner niederländischer Geschichte dargestellt. **b)** ⟨sich d.⟩ *sich herausstellen:* er hat den Hang, sich darzustellen. **c)** ⟨geh.⟩ ⟨sich jmdm. d.; mit Artangabe⟩ *sich zum Anblick darbieten:* sie dem begeisterten Publikum dar; die Stadt stellt sich den Touristen als blühendes Handelszentrum dar. **6.** (Chemie) ⟨etwas d.⟩ *gewinnen:* einen Stoff rein, auf synthetischem Weg d. * **etwas/ nichts darstellen** *(etwas/nichts Besonderes sein; großen/keinen Eindruck machen).*

darüber ⟨Adverb⟩: **1. a)** *über etwas (räumlich):* ich wohne im 2. Stock und er d. *(ein Stockwerk* *höher);* sie packte die Wäsche unten in den Koffer, und d. legte sie die Anzüge. **b)** *über etwas, über der betreffenden Sache, Angelegenheit; hinsichtlich der betreffenden Sache:* d. brauchst du dir keine Sorgen zu machen; das täuscht nicht d. hinweg, daß ...; er war d. sehr ungehalten, hoch erfreut; er ist d. erhaben *(steht über der Sache).* **2.** *über das betreffende Maß, die betreffende Grenze hinaus:* das Alter liegt bei 30 Jahren und d.; das Gewicht ist etwas d.; es ist schon eine Viertelstunde d. *(später).* **3.** *inzwischen, währenddessen:* die Sitzung wird lange dauern, es kann d. Abend werden; er war d. eingeschlafen; d. habe ich ganz vergessen ... • ∗ **darüber hinaus** *(außerdem)* • **darüber hinaussein** *(eine Enttäuschung o. ä. überwunden haben).*

darum ⟨Adverb⟩ /vgl. drum/: **1. a)** *um etwas (räumlich):* der Strauß in der Mitte und die Geschenke d.; ein Häuschen mit einem bißchen Grün d. (ugs.). **b)** *um etwas, um die betreffende Sache, Angelegenheit; hinsichtlich der betreffenden Sache:* ich werde mich d. kümmern, bemühen; nicht d. herumkommen; ich würde etwas d. geben, wenn ...; d. geht es jetzt nicht; mir geht es d. *(ich habe vor, beabsichtige),* eine Einigung zu erzielen. **2.** *aus diesem Grunde, deshalb:* ach, d. ist er so schlecht gelaunt!; das Auto hatte zuletzt viele Mängel, d. hat er es verkauft; sie ist zwar klein, aber d. *(trotzdem)* nicht schwach; „Warum hast du das getan?" – „Darum!"/ugs.; *nichtssagende Antwort aus Trotz, Verärgerung/.*

darunter ⟨Adverb⟩ /vgl. drunter/: **1. a)** *unter etwas (räumlich):* oben im Koffer liegen die Hemden, d. die Anzüge; im Stockwerk d. befinden sich Büroräume; sie trug einen Morgenmantel und nichts d. **b)** *unter etwas, unter der betreffenden Sache, Angelegenheit:* was habe ich d. zu verstehen?; sie hat sehr d. gelitten. **2.** *unter dem betreffenden Maß, der betreffenden Grenze:* die Temperatur blieb noch d.; d. *(billiger)* kann ich die Ware nicht verkaufen; d. (ugs.; *für weniger)* tut er es nicht. **3.** *dazwischen, innerhalb dieser Menge:* es waren vier Äpfel, einer d. war faul; es wurden mehrere Arbeiten ausgezeichnet, d. auch einige von deutschen Künstlern; mehreren Schülern, d. zwei Zehnjährige/d. zwei Zehnjährige, wurden Preise verliehen; in vielen Ländern, d. der Bundesrepublik/d. die Bundesrepublik.

das: I. ⟨bestimmter Artikel⟩ /bezeichnet das neutrale Genus eines Substantivs/: d. Haus; d. Pferd; d. Böse. **II. 1.** ⟨Demonstrativpronomen⟩ **a)** *dies, dasjenige:* d. ist die Lösung; d. *(so etwas)* soll ich gesagt haben?; hast du d. gehört? /*Ausruf des Überraschtseins/;* ich weiß d. nicht; d. kommt davon/d. hast du jetzt davon (ugs.; *das passiert, wenn man etwas nicht befolgt);* d. ist/d. heißt/d. bedeutet ... **b)** *es:* d. regnet heute wieder!; wie d. schneit! **2.** ⟨Relativpronomen⟩ *welches:* das Buch, d. er sich geliehen hat.

Dasein, das: *das Vorhandensein, Existieren:* ein elendes, kümmerliches, freudloses D.; ein bescheidenes, menschen[un]würdiges D. führen; sein D. fristen; der Kampf ums D.

daß ⟨Konj.⟩: **1.** /Inhaltssätze/: **a)** /leitet einen Subjekt-, Objekt-, Gleichsetzungssatz ein/: daß du mir geschrieben hast, hat mich sehr gefreut; er weiß, daß du ihn nicht leiden kannst; dafür sorgen, daß alles klappt; nicht damit rechnen, daß ... **b)** /leitet einen Attributsatz ein/: die Tatsache, daß er hier war, zeigt sein Interesse; gesetzt den Fall, daß ...; unter der Bedingung, daß ...; im Falle, daß ...; ungeachtet dessen, daß ...; ausgenommen, daß ... **2.** /Adverbialsätze/ **a)** (selten) /leitet einen Finalsatz ein/: gib ihm den Brief, daß er ihn selbst liest. **b)** /leitet einen Konsekutivsatz ein/: die Sonne blendete ihn so, daß er nichts erkennen konnte/blendete ihn, so daß er nichts erkennen konnte. **c)** /leitet einen Kausalsatz ein/: das kommt davon, daß du nicht aufgepaßt hast; das liegt daran, daß ... **d)** /leitet einen Instrumentalsatz ein/: er verdient seinen Unterhalt damit, daß er Zeitungen austrägt. **3.** /in Verbindung mit bestimmten Konjunktionen, Adverbien, Präpositionen/: das Projekt ist zu kostspielig, als daß es verwirklicht werden könnte; [an]statt daß er selbst kam, schickte er einen Vertreter; ich habe nichts erfahren, außer daß er überraschend abgereist ist; kaum daß er hier war, begann der Tumult; er kaufte den Wagen, ohne daß wir es wußten; iß mehr, auf daß (veraltet, noch scherzh.) du kräftig wirst. **4.** /leitet Hauptsätze mit der Wortstellung von Nebensätzen ein, die meist einen Wunsch, eine Drohung, ein Bedauern o.ä. ausdrücken/: d. mir keine Klagen kommen!; d. es so weit kommen mußte!

dastehen: **1.** *in bestimmter Haltung irgendwo stehen:* erstaunt, starr, fassungslos, wie versteinert, steif, unbeweglich, kerzengerade, hilflos, wie vor den Kopf geschlagen, wie vom Donner gerührt/getroffen, wie ein Ölgötze (ugs.), wie begossener Pudel (ugs.), wie die Kuh/der Ochs vorm neuen Tor/vorm Berg (ugs.), wie der Ochs am/vorm Berg (ugs.), wie die Kuh, wenn's donnert (ugs.), d.; übertr.: ohne Mittel, mittellos d. *(kein Geld mehr haben);* nach dem Tod der Mutter steht sie ganz allein da. **2.** ⟨mit Artangabe⟩ *einen bestimmten Eindruck hinterlassen:* [nach einem Sieg, Erfolg] großartig, glänzend, hervorragend d.; die Firma steht nicht schlecht da *(ist wirtschaftlich gesund);* wie stehe ich jetzt da? (ugs.): **a)** *(jetzt bin ich blamiert).* **b)** *(bin ich nicht großartig?);* eine einzig dastehende *(unerreichbare)* Leistung.

datieren: **1.** ⟨etwas d.⟩ **a)** *etwas mit einem Datum versehen:* etwas falsch, nachträglich, im voraus d.; eine Urkunde, einen Vertrag d.; der Brief ist vom 14. Mai datiert. **b)** *die Entstehungszeit bestimmen:* die Archäologen haben die Funde nicht d. können, in die Mitte des 3. Jahrhunderts datiert. **2. a)** ⟨etwas datiert aus, von etwas⟩ *etwas rührt von etwas her, stammt aus etwas:* das Schreiben, der Brief, die Urkunde datiert vom 10. Juli; dieser Fund datiert aus der spätrömischen Zeit. **b)** ⟨etwas datiert seit etwas⟩ *etwas besteht seit einem Zeitpunkt:* unsere Bekanntschaft datierte seit dem Jahr 1945, seit Kriegsende.

Datum, das: **1. a)** *Kalender-, Tagesangabe:* das heutige D. ist der 14. Mai; das D. angeben, eintragen, ändern; welches D. ist heute, haben wir heute?; mit heutigem D. (Kaufmannsspr.) senden wir Ihnen ...; der Brief ist unter heutigem D. (Kaufmannsspr.) eingegangen. **b)** *Zeitpunkt:* ein historisches D.; eine Entwicklung neueren, älteren Datums *(aus neuerer, älterer Zeit).* **2.** ⟨Plural⟩

Angaben, Zahlenwerte: statistische, wirtschaftliche, persönliche, exakte, genaue Daten; die technischen Daten eines Autos; Daten verwerten, sammeln, gewinnen, eingeben, auswerten, geheimhalten, mißbrauchen.

Dauer, die: *das Andauern, Fortbestehen:* die D. des Krankenhausaufenthaltes ist noch unbestimmt; für die Dauer eines Jahres/von einem Jahr; eine Benutzung von [un]begrenzter, [un]beschränkter D. * **auf [die] Dauer** *(eine längere Zeit lang):* auf [die] D. ist der Lärm nicht zu ertragen · **auf Dauer** *(für unbegrenzte Zeit):* sie hat die Stelle auf D. · **etwas ist von Dauer** *(etwas hat Bestand)* · **etwas ist nur von kurzer/nicht von langer Dauer** *(etwas wird nicht lange bestehen).*

¹dauern: a) ⟨etwas dauert; mit Zeitangabe⟩ *andauern:* etwas dauert lange, ewig (ugs.), endlos; die Sitzung dauert zwei Stunden, von 9 bis 11 Uhr, nur kurz; das hat mir zu lange gedauert; es dauerte drei Wochen, bis wir das Visum hatten; ⟨auch ohne Zeitangabe⟩ sie frühstückt noch, und das kann d. **b)** (geh.) ⟨etwas dauert⟩ *etwas hat Bestand:* er glaubt, die Freundschaft wird d.

²dauern: a) (geh.) ⟨jmdn. d.⟩ *bei jmdm. Mitleid erwecken:* der arme Kerl dauert mich; sie kann einen d. **b)** (geh. veraltend) ⟨etwas dauert jmdn.⟩ *etwas reut jmdn.:* ihn dauert das viele Geld; mich dauert die vergeudete Zeit.

dauernd: *ständig:* diese dauernde Nörgelei geht mir auf die Nerven; er hat hier seinen dauernden Wohnsitz; d. unterwegs sein, fernsehen.

Daumen, der: *kleinster und dickster der fünf Finger:* der rechte D.; am D. lutschen. * **Daumen/Däumchen drehen** *(nichts tun, sich langweilen)* · (ugs.:) **jmdm./für jmdn. den/die Daumen halten/drücken** *(in Gedanken bei jmdm. sein und ihm in einer schwierigen Sache Erfolg wünschen)* · (ugs.:) **jmdm. den Daumen aufs Auge drücken/setzen/halten** *(jmdn. zu etwas zwingen)* · (ugs.:) **den Daumen auf etwas** (Akk.) **drücken** *(auf etwas bestehen)* · (ugs.:) **auf etwas** (Akk.) **den Daumen halten/auf etwas** (Dativ) **den Daumen haben** *(etwas nicht gerne hergeben)* · (ugs.:) **etwas über den Daumen peilen** *(etwas nur ungefähr schätzen).*

davon ⟨Adverb⟩: **1. a)** /drückt die Entfernung von einem bestimmten Punkt aus/: nicht weit genug d. entfernt sein, liegen, stehen; übertr.: wir sind noch weit d. entfernt *(haben noch lange keine Lösung gefunden).* **b)** /drückt den Ausgangspunkt bei einer Trennung, Loslösung von etwas aus/: das Schild klebt so fest an dem Brett, daß es nicht mehr d. abzulösen ist; d. frei, befreit, geheilt sein. **2.** /drückt den Bezug auf eine Sache [als Ausgangspunkt] aus/: wir gehen d. aus, daß ...; das kommt d., daß ...; das kommt d.! (ugs.; *die Folgen waren dir ja bekannt!*); genau das Gegenteil d. ist wahr!; er will d. nichts wissen; ein andermal mehr d. ; nichts d. *(keinen Nutzen von etwas)* haben. **3.** /bezeichnet den Teil von einer Menge/: das ist ein Teil, die Hälfte d.; ich habe nichts d. bekommen; ich habe drei Exemplare, eines d. können Sie haben. **4.** /drückt aus, daß etwas als Grundlage, als Material benutzt wird/: hier ist der Stoff, und d. mache ich mir ein Kleid; d. kann man nicht leben

davonkommen: *sich vor einer Gefahr retten können:* glücklich, glimpflich, heil, mit dem

Schrecken d.; er ist noch einmal [mit dem Leben] davongekommen; mit einer Verwarnung, mit einer Geldstrafe d.

davonlaufen: 1. a) *weglaufen:* sie sind vor uns davongelaufen; kein Mensch kann vor sich selbst d. **b)** ⟨jmdm. d.⟩ *jmdn. überraschend verlassen:* die Braut ist ihm davongelaufen. **2.** ⟨etwas läuft jmdm. davon⟩ *etwas entzieht sich jmds. Kontrolle:* die Preise sind uns davongelaufen; die Konjunktur läuft der Regierung davon. * (ugs.:) **etwas ist zum Davonlaufen** *(etwas ist unerträglich).*

davontragen: 1. (selten) ⟨jmdn., etwas d.⟩ *wegtragen:* einige brachen zusammen und wurden davongetragen. **2.** ⟨etwas d.⟩ **a)** *etwas erringen:* einen großen Sieg, mehrere Erfolge d.; sie haben Ruhm davongetragen (geh.). **b)** *sich zuziehen, erleiden:* eine schwere Verletzung d.; er hat von dem Unfall dauernden Schaden davongetragen.

davor ⟨Adverb⟩: **1.** *vor etwas:* ein Haus mit einem großen Garten d. **2.** *vorher:* das Spiel beginnt um 16 Uhr, d. spielen zwei Jugendmannschaften ; kurz d. hatte ich noch mit ihm gesprochen. **3.** *vor der betreffenden, eben erwähnten Sache:* wir haben ihn d. gewarnt; er hat keinen Respekt, keine Angst d.

dazu ⟨Adverb⟩: **1.** *zu der betreffenden Sache, hinsichtlich der eben erwähnten Angelegenheit:* ich habe d. keine Zeit, Lust; ich bin d. nicht in der Lage, nicht bereit; was soll man d. noch sagen? /Äußerung des Verwundertseins/. **2.** *zu einem Zielpunkt; für ein bestimmtes Ziel, zu einem bestimmten Zweck:* diese Entwicklung führte d., daß ...; d. wird es nicht kommen; wie komme ich d.? (ugs.; *warum soll ich das tun?*); ich eigne mich d.; nicht; d. *(dafür)* reicht das Geld nicht mehr. **3.** *zusätzlich zu der betreffenden, eben erwähnten Sache:* man gebe etwas Salz d.; d. ißt man ein besten Salat; sie ist ängstlich und d. *(überdies, außerdem)* ungeschickt; er arbeitet und singt d.

dazwischen ⟨Adverb⟩: **1. a)** *zwischen den betreffenden, eben erwähnten Personen, Gegenständen:* die Häuser stehen frei, d. liegen große Gärten; es ist kaum Platz d.; übertr.: das sind extreme Standpunkte, d. gibt es auch noch andere Möglichkeiten. **b)** *zwischen den betreffenden Zeitpunkten:* beide Vorträge finden am Vormittag statt, d. ist eine Stunde Pause; drei Monate liegen d. **2.** *darunter, innerhalb einer Menge:* wir haben alles durchgesehen, aber Ihr Antrag war nicht d.

dazwischenkommen: 1. *unvorhergesehen und störend auftreten:* ich nehme teil, wenn nichts dazwischenkommt; ⟨jmdm. d.⟩ ihm ist etwas dazwischengekommen. **2.** *zwischen etwas geraten:* ich bin mit den Fingern dazwischengekommen.

Debatte, die: *Diskussion, Aussprache [im Parlament]:* eine lange, lebhafte, erregte, stürmische, hitzige D.; die D. über die Regierungserklärung, um die Frage der Verwaltungsreform; die D. dauert an, ist noch im Gang; das Fernsehen überträgt die D. aus dem Bundestag; die D. eröffnen, leiten, unterbrechen; ein neues Argument in die D. werfen; in die D. eintreten; in die D. eingreifen; etwas zur D. stellen; etwas steht [nicht] zur D. *(soll [nicht] erörtert werden).*

Deck, das: **a)** *oberer betretbarer Abschluß des Schiffsrumpfes:* das D. reinigen, scheuern; (Seemannsspr.:) alle Mann an D.! /ein Kommando/;

auf D. sein; unter, von D. gehen. **b)** *Stockwerk eines Schiffes:* der Salon befindet sich im mittleren D. * (ugs.:) **nicht/wieder auf Deck sein** *(nicht recht/wieder gesund sein).*

Decke, die: **1.** *Tuch zum Be-, Zudecken:* eine weiche, wollene, dünne, dicke, warme, gehäkelte, bunte D.; eine D. aus Seide; Decken für die Opfer des Erdbebens; eine D. auflegen, zusammenlegen, zurückschlagen, ausbreiten, zusammenrollen; sich (Dativ) die D. bis über den Kopf ziehen; jmdm. die D. wegziehen; dem Pferd eine D. überlegen; sich in eine D. wickeln; unter die D. *(Bettdecke)* kriechen, schlüpfen; b i l d l .: das Land liegt unter einer weißen D. *(unter Schnee).* **2.** *oberer Abschluß eines Raumes:* eine niedrige, hohe, getäfelte, schallisolierende, verkleidete D.; die D. weißen, neu streichen; eine D. einziehen; die Nachbarin klopfte mit dem Besenstiel an die D.; von der D. herabhängende Spinnweben. **3.** *Straßenoberfläche:* eine geteerte D.; die D. hat viele Schlaglöcher, ist völlig aufgebrochen; die D. erneuern. * (ugs.:) **jmdm. fällt die Decke auf den Kopf** *(jmd. fühlt sich in einem Raum beengt und niedergedrückt)* · (ugs.:) **(vor Freude o. ä.) [bis] an die Decke springen** *(seiner großen Freude o. ä. Ausdruck geben)* · (ugs.:) **an die Decke gehen** *(aufbrausen, sehr zornig, wütend werden)* · (ugs.:) **sich nach der Decke strecken [müssen]** *(mit wenig auskommen, sparsam sein [müssen])* · (ugs.:) **mit jmdm. unter einer Decke stecken** *(mit jmdm. insgeheim die gleichen [schlechten] Ziele verfolgen).*

Deckel, der: **1.** *Verschluß eines Gefäßes, Behälters:* ein abnehmbarer, emaillierter D.; der D. paßt, schließt nicht; den D. öffnen, schließen, aufschrauben, abheben, hochheben, zurückklappen. **2.** (ugs.) *Hut:* sie trägt einen neuen, teuren, komischen D. **3.** *Bucheinband:* ein D. aus Leder, Kunststoff, Pappe; der D. ist vergilbt, stark beschädigt. * (ugs.:) **jmdm. eins auf den Deckel geben** *(jmdn. zurechtweisen)* · (ugs.:) **eins auf den Deckel bekommen/kriegen: a)** *(zurechtgewiesen werden):* wenn mein Chef davon hört, bekomme ich eins auf den D. **b)** *(eine Niederlage erleiden):* Napoleon hat bekanntlich in Rußland eins auf den D. gekriegt.

decken: 1. a) *(etwas über/auf jmdn., über/auf etwas d.) auf jmdn., etwas legen; über jmdn., etwas breiten:* ein Tuch über eine Leiche d.; die Hand über die Augen d.; die Hülle obendrauf d. **b)** *(etwas d.) bedecken:* das Dach [mit Ziegeln] d.; ein gedeckter *(überdachter)* Gang, Waggon; K o c h k .: gedeckter *(mit einer Teigschicht überzogener)* Apfelkuchen· Schnee deckt die Flur (geh.); ihn deckt schon längst der grüne Rasen (geh.; *er ist schon lange tot).* **c)** *(etwas d.) den Tisch für das Essen vorbereiten:* den Tisch d.; sie hat eine Tafel für sechs Personen gedeckt; es ist für vier Personen gedeckt. **2.** *(etwas deckt) etwas läßt als aufgetragene Schicht nichts mehr durchscheinen:* die Farbe deckt [gut]; das Make-up deckt nicht; (selten auch mit Akk.) die Farbe deckt die Grundfarbe noch nicht. **3.** *(etwas d.) befriedigen:* die Nachfrage, die Bedürfnisse der Bevölkerung, den Bedarf nicht [voll] d. können; die Versorgung ist für zwei Monate gedeckt *(gesichert);* mein Bedarf ist gedeckt (ugs.; *mir reicht es jetzt).* **4.** (Kaufmannsspr.) *(etwas d.) finanziell ab-*

sichern: einen Wechsel, ein Defizit d.; der Scheck ist nicht gedeckt; das Darlehen wird durch eine Hypothek (als Sicherheitsgarantie) gedeckt; der Brandschaden ist durch die Versicherung voll gedeckt. **5. a)** (jmdn., sich, etwas d.) *schützen:* Artillerie deckte den Rückzug; die Mutter hat das Kind mit ihrem Körper gedeckt; S c h a c h : der Turm wird vom Läufer gedeckt; B o x e n : er deckt sich, das Gesicht mit der Linken; (auch ohne Akk.; mit Artangabe) er deckt nicht genügend, schlecht. **b)** (jmdn., etwas d.) *jmdn., jmds. unredliches Tun schützend verbergen:* der Täter deckte seine Komplizen; sie versuchte, die Veruntreuungen ihres Freundes zu d. **c)** (Sport) (jmdn., etwas d.) *abschirmen, bewachen:* den Gegenspieler, den freien Raum d.; der Mittelstürmer wurde von zwei Mann eng, hautnah, [messer]scharf gedeckt; (auch ohne Akk.) die Tore fielen, weil die Abwehr ungenau deckte. **6.** (etwas deckt sich mit etwas) *etwas stimmt mit etwas überein:* meine Ansicht deckt sich mit Ihrer/mit den Ihrigen; die Aussagen der Frau deckten sich mit denen des Taxifahrers; diese Behauptungen decken sich nicht mit den Tatsachen; (auch ohne Präp.-Obj.) in diesem Punkt decken sich unsere Standpunkte; G e o m .: die beiden Dreiecke decken sich. **7.** (Landw.) (ein Tier d.) *begatten:* der Hengst hat die Stute gedeckt.

Deckung, die: **1. a)** (Kaufmannsspr.) *[finanzielle] Absicherung:* die D. der Währung in Gold und Devisen; dem Darlehen fehlt die entsprechende D.; D. *(Sicherheit)* in Händen haben; der Scheck ist ohne D. **b)** *das Begleichen:* die Versicherung übernimmt das volle D. des Schadens; das Geld reicht nicht zur D. der Schulden. **2.** *Befriedigung, Erfüllung:* zur D. der Nachfrage reicht eine Monatsproduktion. **3.** (milit.) **a)** *das Sichern:* die D. des Rückzuges übernehmen; jmdm. D. *(Feuerschutz)* geben. **b)** *Schutz:* D. nehmen, suchen [in Gräben]; in D. gehen, bleiben; B o x e n : die D. durchschlagen; die Linke benutzte er für die/zur D. **4.** (Sport:) **a)** *das Abschirmen, das Bewachen:* die D. des Gegenspielers, des freien Raumes; er übernahm, vernachlässigte die D. des Linksaußen. **b)** *Abwehr:* eine sichere, stabile, gut organisierte D.; die gegnerische D. war nicht zu überwinden; die D. durchbrechen.

Defekt, der: **a)** *Fehler, Schaden:* ein leicht zu behebender D.; an dem Wagen ist, entstand ein D.; der Motor hat einen D. **b)** *Fehlen, Ausfall einer körperlichen oder seelischen Funktion:* sie hat einen geistigen, psychischen, seelischen D.

dehnen: a) *(etwas d.) durch Ziehen länger, breiter machen:* das Gummi[band] d.; seine Glieder, Arme d. *(kräftig ausstrecken);* übertr.: die Wörter, Laute d. *(langgezogen aussprechen).* **b)** (sich d.) *länger, breiter werden:* der Stoff dehnt sich [mit der Zeit]; in der Sonne liegen und sich wohlig d. *(ausstrecken)* und recken; übertr.: *sich hinziehen:* der Weg dehnt sich [in die Länge]; eine weite Ebene dehnte sich vor unseren Blicken; die Minuten dehnten sich zu Stunden.

deichseln (etwas d.): *etwas mit Geschick fertigbringen, bewältigen:* er wird die Sache schon d.; das hat er großartig gedeichselt.

dein (Possessivpronomen; 2. Person Sing.): **a)** *dir gehörend:* d. Auto; ich trage heute deinen *(den* *von dir geschenkten)* Schlips; das ist nicht mein Heft, sondern deines/das deine; dein Schimpfen nutzt nichts; /in Grußformeln am Briefschluß/: mit freundlichen Grüßen Dein Peter; herzlichst Deine Monika; immer die Deine; subst.: das Deine *(das dir Gehörende); die Deinen (deine Angehörigen);* du sollst das Deine *(deinen Anteil)* dazu beitragen. **b)** *bei dir zur Gewohnheit, Regel geworden:* rauchst du noch deine 10 Zigaretten täglich?; nimm deine Tabletten; beinahe hättest du deine Bahn verpaßt.

Delegation, die: *Abordnung:* eine kleine, starke, zehnköpfige, parlamentarische, deutsche D.; eine D. der Arbeiter, von Experten, aus Frankreich; eine D. zusammenstellen, [an]führen, leiten, entsenden, empfangen, begrüßen; einer D. angehören.

delikat: 1. *besonders fein schmeckend:* delikates Gemüse, Fleisch; ein delikater Salat; der Braten ist, schmeckt sehr d. **2.** (geh.) *behutsam, feinfühlig:* etwas d. andeuten, vorbringen; er hat das Thema d. behandelt; sich d. ausdrücken. **3.** *heikel:* eine delikate Sache, Frage; in eine delikate Lage geraten; dieses Thema ist äußerst d.

demnach (Adverb): *folglich:* es gibt d. keine andere Möglichkeit.

Demokratie, die: *Staatsform, in der das Volk durch seine gewählten Vertreter die Herrschaft ausübt:* eine freie, freiheitliche, direkte, rechtsstaatliche D.; die parlamentarische D.; in einer D. *(einem Staat mit demokratischer Verfassung)* leben; übertr.: *freie Willensbildung und gleichberechtigte Mitbestimmung:* D. am Arbeitsplatz; D. wagen; in unserem Verein, Betrieb herrscht D.

demokratisch: *den Grundsätzen der Demokratie entsprechend:* ein demokratischer Staat; eine demokratische Verfassung; unsere freiheitliche demokratische Grundordnung; die demokratischen Parteien, Grundrechte, Freiheiten; eine d. gewählte Regierung; übertr.: *freiheitlich:* d. denken, handeln; hier geht es ganz d. zu.

Demonstration, die: **1.** *Massenkundgebung, Protestversammlung:* eine eindrucksvolle, machtvolle, friedliche D.; Demonstrationen gegen den Krieg, für freie Wahlen; morgen findet eine D. statt; die D. verlief ohne Zwischenfälle, löste sich allmählich auf; eine D. veranstalten, genehmigen, absagen, verbieten; die Polizei löste die D. auf; an einer D. teilnehmen; zu einer D. aufrufen; es kam überall zu Demonstrationen. **2.** *eindringliche Bekundung; sichtbarer Ausdruck von etwas:* die Parade war eine D. der militärischen Stärke; die Veranstaltung wurde zu einer D. für den Frieden. **3.** *anschauliche Darlegung:* Unterricht mit praktischer D.; etwas zur D. von etwas heranziehen.

demonstrieren: 1. *eine Demonstration veranstalten, an ihr teilnehmen:* für Frieden und Freiheit, gegen die Aufrüstung, aus Solidarität mit den Inhaftierten d.; wir demonstrieren morgen vor der Botschaft, in der Uni. **2.** (etwas d.) *etwas bekunden, deutlich vor Augen führen:* Entschlossenheit, Härte, seinen Willen, seine Absicht d.; (jmdm. etwas d.) der Staat demonstrierte der Welt den Stand seiner technischen Entwicklung. **3.** (etwas d.) *etwas anschaulich darlegen:* die Arbeitsweise des Motors, Zusammenhänge am Mo-

dell d.; (jmdm. etwas d.) er demonstrierte den Studenten seine Thesen an Hand des Materials.

Demut, die: *tiefe Ergebenheit:* echte, wahre, tiefe, christliche D.; D. besitzen; voll D.; in D. dienen; etwas in/mit D. [er]tragen.

demütig: *von Demut erfüllt:* eine demütige Bitte; demütige Gebärden; er ist sehr d.

demütigen (jmdn., sich d.): *erniedrigen:* ein Volk d.; diese Äußerung hat ihn aufs tiefste gedemütigt; sich vor jmdm. d.; die Versetzung ist für ihn demütigend; sich [von, durch etwas] sehr gedemütigt fühlen.

demzufolge (Adverb): *folglich, deshalb:* er fuhr früher weg, d. mußte er bereits hier sein; diese Wohnung liegt auf der Schattenseite und ist d. immer kühl.

denkbar: 1. *vorstellbar, möglich:* alle nur denkbaren Sicherheitsvorkehrungen waren getroffen worden; etwas ist nicht, kaum d.; es ist durchaus d., daß ... **2.** (verstärkend bei Adjektiven) *äußerst:* ein d. günstiges Angebot; die Sache ist d. einfach; es geht ihm d. schlecht; auf dem d. schnellsten *(allerschnellsten)* Weg.

denken: 1. *geistig arbeiten, überlegen:* angestrengt, scharf, schnell, nüchtern, kühl, logisch d.; er denkt praktisch *(betrachtet etwas unter praktischem Aspekt);* laut d. (ugs.; *vor sich hin sprechen);* bei dieser Arbeit muß man viel d.; ich kann [vor Müdigkeit] nicht mehr klar d.; das gibt es, solange ich d. kann *(schon immer);* wo denkst du hin! (ugs.; *da irrst du dich aber sehr; das muß ich zurückweisen);* denk mal an! (ugs.; /Äußerung des Verwundertseins/); denkste! (ugs.; *das hast du dir so gedacht!);* R: erst d., dann handeln. **2. a)** (mit Artangabe) *eine bestimmte Gesinnung haben:* edel, kleinlich, spießbürgerlich, niederträchtig d. **b)** (etwas d.) *annehmen, vermuten:* nichts Böses, immer gleich Schlimmes d.; ich weiß nicht, was du jetzt denkst; wer hätte das gedacht? /Äußerung des Überraschtseins/; wie können Sie so etwas d.! /Äußerung der Empörung/; das hätte ich nie gedacht!; was, wieviel haben Sie denn gedacht? *(welche Preisvorstellung haben Sie?);* ich denke, wir könnten uns einigen; so geht es nicht, dachte sie bei/für sich; er dachte mich hereinlegen zu können; wir dachten, daß Sie schon zu Hause seien; er denkt *(bildet sich ein),* wunder was getan zu haben; (auch ohne Akk.) ich denke schon!; ich denke nein/nein. **c)** (von jmdm., von etwas/über jmdn., über etwas d.; mit Artangabe) *in bestimmter Weise beurteilen:* wie denken Sie darüber?; über diesen Plan denkt er ganz anders. **d)** (etwas von jmdm., von etwas, über jmdn., über etwas d.) *eine bestimmte Meinung haben:* ich weiß nicht, was man davon, von ihm d. soll; was werden die Leute über dich d.?; er denkt nur Gutes über ihn; das hätte ich nicht von ihm gedacht *(ihm nicht zugetraut);* (auch ohne Präp.-Obj.) was werden die Leute d.?; man weiß nicht, was man d. soll; (auch ohne Akk.) mach, wie du denkst! **3. a)** (sich (Dativ) etwas d.) *annehmen, erwarten:* das kannst du dir denken d. (ugs.; *selbst erklären);* das hättest du dir doch d. können *(das war doch klar);* ich habe mir das gleich gedacht *(ich habe nichts anderes angenommen);* was hast du dir eigentlich dabei gedacht? /Ausdruck eines Vorwurfs/; das kann ich mir d. *(das weiß ich selbst);*

das ist teurer, als ich mir dachte; denkt euch (ugs.; *welche Überraschung*), wir haben gewonnen. **b)** ⟨sich (Dativ) jmdn., etwas d.; mit Artangabe⟩ *sich jmdn., etwas in bestimmter Weise vorstellen:* sich die Sache so d.; ich denke mir eine Seereise auch sehr schön. **4. a)** ⟨an jmdn., an etwas/(geh. veraltet:) jmds., einer Sache d.⟩ *sich erinnern, zurückdenken:* oft, mit Freude, mit Grauen, an etwas d.; ich muß immer daran d., wie sie dalag; an seine Jugend, an die Studienzeit, (geh. veraltet:) eines alten Freundes d.; denke daran *(vergiß nicht)*, die Rechnung zu bezahlen. **b)** ⟨an jmdn., sich, etwas d.⟩ *sein Interesse auf jmdn., auf etwas richten:* er denkt nur an sich [selbst], an seinen Vorteil; bei diesem Posten, bei dieser Arbeit haben wir an Sie gedacht *(haben wir Sie dafür vorgesehen);* du mußt an deine Gesundheit, an morgen, endlich an Schlaf d.; sie denkt ans Heiraten, an Scheidung *(erwägt zu heiraten, sich scheiden zu lassen);* ich denke gar nicht daran *(ich lehne es ab)*, das zu unterschreiben; daran war nicht zu d. *(das war ausgeschlossen).* * **etwas gibt [jmdm.] zu denken** *(etwas macht [jmdn.] nachdenklich).*
Denkmal, das: **1.** *Standbild zur Erinnerung an jmdn., an etwas:* ein D. zu Ehren der Gefallenen; ein D. errichten, enthüllen; einen Kranz am D. niederlegen; zu Lebzeiten war Picasso schon sein eigenes D. *(fest verankert im Bewußtsein der Menschen als Verkörperung von etwas Bestimmtem).* **2.** *Zeugnis aus alter Zeit:* ein D. römischer Kunst; diese Dichtung gehört zu den bedeutendsten Denkmälern des Mittelalters. * **mit** (Dativ) **ein Denkmal setzen** *(eine Leistung vollbringen und dadurch in der Erinnerung anderer weiterleben).*
denn: I. 1. ⟨kausale Konj.⟩: wir blieben zu Hause, d. es regnete. **2.** ⟨Vergleichspartikel⟩ *vereinzelt noch, um doppeltes als zu vermeiden, sonst geh. oder veraltet:* er ist als Wissenschaftler bedeutender d. als Künstler; ⟨häufig in Verbindung mit *je* nach Komparativ⟩ mehr, besser, öfter d. je; sie war schöner d. je. **II.** ⟨Adverb⟩ **1.** /einräumend/ (selten): ich traue ihm nicht mehr, er müßte sich d. gründlich geändert haben. **2.** (nordd.) *dann:* er hat es d. doch noch geschafft; na, d. prost! **III.** ⟨Gesprächspartikel⟩ /verstärkend/: was soll d. das?; was ist d. los?; wieso d.?; wohlan d.!; das ist d. doch die Höhe! /*Äußerung der Entrüstung*/. * **es sei denn** *(ausgenommen):* er wird gewinnen, es sei d., es passiert etwas Unvorhergesehenes/daß etwas Unvorhergesehenes passiert.
dennoch ⟨Adverb⟩: *trotzdem:* häßlich und d. schön; er will es d. versuchen; sie war krank, d. wollte sie die Reise nicht verschieben.
deprimieren ⟨jmdn.⟩: *entmutigen, bedrücken:* die Niederlage hat ihn deprimiert; es deprimiert mich, wenn ich dieses Elend sehe; er ist ganz, furchtbar deprimiert; eine deprimierende Entwicklung; das war für ihn sehr deprimierend.
der: I. ⟨bestimmter Artikel⟩ /bezeichnet das maskuline Genus eines Substantivs/: d. Mann; d. Schrank. **II. 1.** ⟨Demonstrativpronomen⟩ *dieser, derjenige:* d. Wagen soll mir gehören?; so etwas kann nur d. (ugs. oft abwertend) gesagt haben; d. und arbeiten, pünktlich sein (ugs. oft abwertend); *nie und nimmer arbeitet er, ist er d. pünktlich*). **2.**

⟨Relativpronomen⟩ *welcher:* der Arzt, d. mir geholfen hat. * **der und der** *(irgend jemand).*
derb: 1. a) *stabil:* derbes Schuhwerk; ein derber Stoff; derbes Leder. **b)** *voller Nährkraft:* derbe Kost lieben. **c)** *stark, heftig:* d. zugreifen, zupacken. **2. a)** *grob, drastisch:* derbe Witze, Reden; seine Späße sind sehr d.; d. ausdrücken. **b)** *unfreundlich:* eine derbe Antwort; jmdn. d. anfahren.
dergleichen ⟨Demonstrativpronomen⟩ *derartig:* d. Fälle hatten wir schon früher; er hat nichts d. gesagt; ... und d. mehr.
derselbe, dieselbe, dasselbe ⟨Demonstrativpronomen⟩ /drückt die strenge Identität aus/: er trägt denselben Anzug wie das letzte Mal; ich hatte dieselbe Idee; das ist ein und dasselbe; er ist immer noch d. *(hat sich nicht verändert).*
deshalb ⟨Adverb⟩: *aus diesem Grund:* er ist krank und kann d. nicht kommen; d. brauchst du nicht gleich beleidigt zu sein; ich betone das d., weil ...; ach, d. also!
desto ⟨Adverb⟩ *um so:* Fußball schätze ich nicht sehr, d. lieber spiele ich Handball; je eher, d. besser; je älter er wird, d. besser wird er.
deswegen ⟨Adverb⟩: *aus diesem Grund:* er wurde krank und mußte d. den Vortrag absagen.
Detail, das: *Einzelheit:* ein [un]wichtiges, wesentliches D.; die Details weglassen; erspare mir die Details!; nicht auf Details eingehen; etwas in allen Details, bis in das kleinste D. schildern; zu sehr ins D. gehen; sich in Details verlieren; sich über die Details einigen können; die Liebe zum D. * **im Detail** *(im einzelnen):* im D. wollte sie sich dazu nicht äußern.
Deut ⟨in der Verbindung⟩ keinen/nicht einen Deut: *gar nicht, nichts:* [um] keinen/nicht einen D. besser sein; keinen/nicht einen D. für etwas geben; sich keinen D. um etwas kümmern.
deuteln ⟨in den Verbindungen⟩ an etwas ist nichts zu/gibt es nichts zu/läßt sich nicht deuteln: *etwas ist eindeutig:* daran gibt es nichts zu d.
deuten: 1. ⟨mit Raumangabe⟩ *deutlich auf jmdn., auf etwas zeigen:* [mit dem Finger] auf jmdn. d.; er deutete nach Süden, in die andere Richtung. **2.** ⟨etwas deutet auf etwas⟩ *etwas läßt etwas erkennen:* alles deutet auf einen wirtschaftlichen Umschwung; diese Beobachtungen deuten darauf, daß ... **3.** (geh.) ⟨etwas d.⟩ *auslegen:* etwas richtig, falsch, verkehrt, ganz anders d.; eine Dichtung, Träume d.; wir deuten es als Zeichen der Entspannung; etwas nicht zu d. wissen; ⟨jmdm. etwas d.⟩ jmdm. die Zukunft d. *(vorhersagen);* jmdm. etwas übel d. (geh.; *auslegen).*
deutlich: a) *scharf umrissen, klar, gut wahrnehmbar; gut verständlich:* eine deutliche Schrift, Aussprache; die Aufnahme ist nicht d.; d. sprechen; bitte d. schreiben!; daraus wird d. *(klar erkenntlich),* daß ...; etwas d. erkennen; d. traten die Berge [aus dem Dunst] hervor; sich d. *(genau)* an etwas erinnern; jmdm. d. machen *(verdeutlichen, eindrucksvoll vor Augen führen),* daß ...; jmdm. etwas d. vor Augen führen, halten, stellen *(eindringlich erklären).* **b)** *eindeutig, unmißverständlich:* deutliche Begriffe; das war ein deutlicher Hinweis, Wink; ein deutlicher *(hoher)* Sieg; eine deutliche Sprache mit jmdm. reden *(jmdm. unmißverständlich, unverblümt seine Meinung sa-*

*gen); das war klar und d.; habe ich mich nicht d.
ausgedrückt?; er ist sehr d. geworden (hat seine
Kritik [heftig und grob] geäußert).*
Deutlichkeit, die: **a)** *Klarheit, gute Wahrnehm-
barkeit, Verständlichkeit:* die D. einer Schrift, seiner Aussprache; etwas gewinnt an D. **b)** *Eindeutigkeit, Unmißverständlichkeit:* etwas mit aller D.
sagen; etwas tritt mit aller D. zutage; seine Antwort läßt nichts an D. *(Offenheit, Unverblümtheit)*
zu wünschen übrig; er hat ihm einige Deutlich-
keiten *(Grobheiten)* gesagt.
deutsch: a) *die Deutschen, Deutschland betreffend:* das deutsche Volk, die deutsche Sprache,
Nationalhymne; deutscher Abstammung sein; er
hat die deutsche Staatsangehörigkeit; deutsche
(aus Deutschland stammende) Wertarbeit; er
fährt einen deutschen Wagen; das ist typisch d.;
d. *(für die Deutschen eigentümlich)* fühlen, denken. **b)** *in der Sprache der Bevölkerung Deutschlands:* der Redner spricht d.; sich d. unterhalten;
etwas ist d. abgefaßt; die deutsche Schweiz *(der
Teil der Schweiz, in dem deutsch gesprochen wird);*
⟨häufig in adverbialen Fügungen⟩ auf, in, zu (veraltend) d.; der Brief ist in d. geschrieben. * (ugs.:)
auf [gut] deutsch *(unverblümt, ohne Beschönigung)* · (ugs.:) **mit jmdm. deutsch reden** *(jmdm. gegenüber unmißverständlich sein Mißfallen ausdrücken).*
Deutsch, das: **1.** *die deutsche Sprache:* gutes,
gepflegtes, akzentfreies D.; sein D. ist nicht gerade gut; er lernt, versteht, spricht fließend D.;
etwas ist in D. abgefaßt; du verstehst wohl kein
D. mehr, verstehst wohl nicht mehr D.? *(du willst
wohl nicht hören, nicht gehorchen?).* **2.** *die deutsche Sprache und Literatur als Unterrichtsfach:*
wir haben D.; in D. eine Zwei haben; er unterrichtet [in] D., hat einen Lehrauftrag für D.
¹**Deutsche,** das: *die deutsche Sprache:* das D. ist
eine germanische Sprache; etwas aus dem Deutschen, vom Deutschen ins Englische übersetzen.
²**Deutsche,** der und die: *Angehöriger des deutschen Volkes:* ein typischer Deutscher; alle Deutschen; wir Deutschen/(seltener:) D.; er ist [ge-
bürtiger] Deutscher; sie ist [eine] D.
Dezember, der: *zwölfter Monat des Jahres:* ein
kalter, ungewöhnlich milder D.; Anfang, Ende
D.; im Laufe des Monats D./des Dezember[s].
dezent: *zurückhaltend, unaufdringlich:* dezente
Muster; ein dezentes Parfüm; dezente, Beleuchtung, Musik; ein dezentes Benehmen; die Farben
sind sehr d.; sich d. schminken, kleiden; jmdn. d.
auf etwas aufmerksam machen.
Dialekt: *Mundart:* ein süddeutscher D.; Elsäs-
ser D.; er spricht [einen breiten] D.; sie antwortete in unverfälschtem D.
Diamant, der: */ein Edelstein/:* ein ungeschliffener D.; ein D. von 20 Karat; der D. strahlt, funkelt; Diamanten fördern, schleifen, fassen;
b i l d l .: schwarze Diamanten *(Steinkohle).*
diät: *einer gesunden Ernährungsweise entsprechend:* [streng] d. kochen, essen, leben; ⟨selten
auch attributiv⟩ eine diäte Lebensweise.
Diät, die: *gesunde Ernährungsweise; Schonkost:*
eine strenge, salzarme D.; eine D. für Gallenlei-
dende; D. halten; der Arzt verordnete ihm
D./(ugs.:) setzte ihn auf D.
dicht: 1. a) *eng zusammengedrängt, ohne größere*

Zwischenräume: dichtes Haar, Gefieder, Gewebe, Gebüsch; dichter Wald; dichte Hecken;
dichter *(undurchdringlicher)* Nebel; eine dichte
Zuschauermenge; mitten im dichtesten *(stärksten)* Verkehr, Gewühl; die Züge fahren in dichter Folge/d. hintereinander; die Wolken werden
immer dichter; die Zuschauer standen sehr d.;
die d. an d./d. bei d. *(sehr dicht beieinander)* stehenden Tulpen; ü b e r t r .: eine dichte (geh.; ge-
straffte, das Wesentliche betonende) Szene, Aufführung; ein dichtes *(voll ausgefülltes)* Programm. **b)** ⟨in Verbindung mit einem 2. Part.⟩ *sehr
stark:* d. behaart sein; die Berge sind d. bewaldet; in einer sehr d. bevölkerten Gegend wohnen.
2. *undurchlässig:* ein dichtes Faß; das Dach, das
Fenster, der Verschluß ist nicht mehr d.; meine
Schuhe sind, halten nicht mehr d.; Ritzen d. machen, verschließen; die Vorhänge, die Fenster
waren d. geschlossen. **3.** ⟨in Verbindung mit einer
Präp.⟩ **a)** *ganz nahe, unmittelbar bei:* er stand d.
bei mir; bis d. an den Abgrund; d. davor, dahinter, daneben. **b)** *zeitlich sehr nahe:* Weihnachten
stand d. bevor; d. daran sein, etwas zu tun.
* (ugs.:) **nicht [mehr] ganz dicht sein** *(nicht recht bei
Verstand sein).*
¹**dichten: a)** ⟨etwas d.⟩ *abdichten:* die Leitung,
das Dach, im Leck [mit etwas] d.; die Fugen sind
schlecht gedichtet. **b)** ⟨etwas dichtet; mit Artan-
gabe⟩ *als Mittel zum Abdichten geeignet sein:* der
Kitt dichtet gut.
²**dichten** ⟨[etwas] d.⟩: *ein sprachliches Kunstwerk
schaffen:* ein Lied, ein Epos d.; etwas in Versen
d. * (geh.:) **jmds. Dichten und Trachten** *(jmds. ganzes Streben):* sein ganzes Dichten und Trachten
ist auf Erwerb gerichtet.
Dichter, der: *jmd., der dichtet:* ein berühmter,
erfolgreicher, moderner, klassischer, dramatischer D.; ein D. der Romantik; der D. des „Hamlet", von „Romeo und Julia"; D. sein; einen D.
(sein Werk) lesen.
dick: 1. *massig, von beträchtlichem Umfang:* ein
dicker Baumstamm, Brocken; ein dicker Bauch;
sie hat dicke Beine, Arme; ein dickes Buch; eine
dicke Zigarre; jmd., etwas ist [sehr, zu] d.; das
Baby ist dick und rund; er ist d. und fett geworden (ugs.); der Stoff, Teppich ist ziemlich d. *(fest
und dicht gewebt);* der Sitz ist d. gepolstert; sich
d. (ugs.; *satt)* essen; ü b e r t r .: eine dicke (ugs.;
enge) Freundschaft; sie sind dicke Freunde
(ugs.; *sehr eng befreundet);* ein dicker (ugs.;
schlimmer) Fehler; ein dickes (ugs.; *sehr gutes)*
Gehalt haben; ein dickes *(großes)* Lob ernten;
dicke Gelder (ugs.; *sehr viel Geld)* haben; ein dik-
kes (ugs.; *sehr gutes)* Geschäft machen. **2.** /als
Maßangabe/ *eine bestimmte Dicke habend, stark:*
das Brett ist zwei Finger, fünf Zentimeter d.; die
Mauer ist einen halben Meter d. **3.** (ugs.) *geschwollen:* eine dicke Backe; dicke Lippen; er hat
dicke Mandeln; meine Beine, Füße sind d. [ge-
worden]. **4.** *zähflüssig:* dicker Brei, Leim; dicke
(saure) Milch; die Suppe ist zu d.; etwas so lange
kochen, bis es d. wird. **5.** (ugs.) *dicht, stark:* dikker Qualm; dicke Staubwolken; dicke Ge-
sträpp; im dicksten Verkehr; der Nebel wird immer dicker; ihre Haare sind sehr d. * (ugs.:) **sich
[mit etwas] dick machen** *(sich [mit etwas] brüsten,
angeben)* · (ugs.:) **es nicht so dick haben** *(nicht*

über viel Geldmittel verfügen) · (ugs.:) **etwas dick[e]
haben** *(einer Sache überdrüssig sein)* · **mit jmdm.
durch dick und dünn gehen** *(jmdm. in allen Lebenslagen helfen).*
Dickicht, das: *dichtes Gebüsch:* die Sträucher
bilden ein undurchdringliches D.; das Reh floh
ins D., verschwand im D.; übertr.: sich durch
das D. der Paragraphen hindurcharbeiten.
die: I. ⟨bestimmter Artikel⟩ **a)** ⟨Sing.⟩ /bezeichnet
das feminine Genus eines Substantivs/: d. Frau;
d. Küche; sie ist d. Schönste. **b)** ⟨Plural⟩ /bezeich-
net alle drei Genera der Substantive/: d. Männer;
d. Frauen; d. Kinder; d. Häuser; d. Messer, Gabeln und Löffel; seine Bilder waren d. schönsten.
II. 1. ⟨Demonstrativpronomen⟩ **a)** ⟨Sing.⟩ *diese:*
d. Bluse da gefällt mir; d. (ugs., oft abwertend;
diese Frau, diese Person) hat das gerade nötig; d.
(ugs., oft abwertend; *sie)* kommt immer zu spät.
b) ⟨Plural⟩ /bezeichnet eine nicht näher gekennzeichnete Anzahl von Personen oder Sachen/:
gerade d. mußten es sein, andere wollte er nicht;
(ugs. oft abwertend) /bezeichnet alle zuständigen, aber nicht bekannten Personen/: jetzt reißen
d. schon wieder die Straße auf; warum wollen d.
das wissen? **2.** ⟨Relativpronomen⟩ *welche:* **a)**
⟨Sing.⟩: eine Frage, die ich nicht beantworten
kann. **b)** ⟨Plural⟩ es waren Bilder, d. er noch nie
gesehen hatte.
Dieb, der: *jmd., der stiehlt:* ein raffinierter, gemeiner D.; der D. konnte entkommen, wurde gefaßt, auf frischer Tat ertappt; den D. verfolgen,
festnehmen; haltet den D.!
diebisch: **1.** *(veraltend) zum Diebstahl neigend:*
diebisches Gesindel. **2.** *verstohlen, heimlich und
mit Schadenfreude gemischt:* ein diebisches Vergnügen; etwas macht jmdm. diebische Freude; er
hat sich d. gefreut.
Diebstahl, der: *das Stehlen:* einfacher, schwerer D.; geistiger D. *(unerlaubte Übernahme fremden Gedankenguts);* einen D. begehen, entdek-
ken, vertuschen; sich gegen D. versichern; jmdn.
wegen Diebstahls verurteilen.
Diele, die: **1.** *starkes Fußbodenbrett:* rohe, gestrichene Dielen; die Dielen knarren, sind ausgetreten; neue Dielen legen. **2.** *geräumiger Flur:* eine
geräumige D.; das Telefon steht in der D.
dienen: **1. a)** *von jmdm. abhängig sein und für ihn
Dienste tun; in jmds. Dienst stehen:* viele Ritter
dienten an seinem Hof; sie sollte als Magd, bei
einer Familie in der Stadt d.; ⟨jmdm. d.⟩ er hatte
dem König treu gedient; er wollte nur noch Gott
d. **b)** ⟨jmdm., einer Sache⟩ *für jmdn., für etwas
tätig sein, sich einsetzen:* dem Staat, der Allgemeinheit, der Gemeinschaft d.; er dient mit seiner Arbeit einer guten Sache, der Wissenschaft,
dem Fortschritt. **c)** *den Militärdienst ableisten:*
bei der Artillerie, bei der Luftwaffe d.; 18 Monate d. müssen; er hatte noch unter diesem Ad-
miral gedient; ein gedienter *(veraltend)* Soldat.
2. a) ⟨etwas dient jmdm., einer Sache⟩ *etwas ist
jmdm., einer Sache dienlich, nützlich:* etwas dient
einer guten Sache; sein Vorgehen hat nicht unseren Interessen, nicht gerade der Wahrheit gedient; das Programm dient zur Erforschung des
Weltalls. **b)** ⟨jmdm. d.⟩ *zu Diensten sein, behilflich
sein, helfen:* womit kann ich Ihnen d.?; wäre Ihnen damit gedient?; es tut mir leid, daß ich Ihnen

in dieser Angelegenheit nicht d. konnte; mit 50
Mark wäre mir schon gedient. **3.** ⟨als etwas, zu etwas d.⟩ *als/zu etwas brauchbar sein, verwendet
werden:* das alte Schloß dient als Museum; etwas
dient als Ersatz, Notlösung, Vorwand, zur Illu-
stration, zum Schutz vor Erkältung; ⟨jmdm. als
etwas, zu etwas d.⟩ das möge dir zur Warnung d.;
er hatte ihm nur als Prügelknabe gedient.
Diener, der: **1. a)** *jmd., der in jmds. Dienst steht:*
ein alter, treuer, herrschaftlicher D.; er war viele
Jahre D. bei einem Grafen gewesen. **b)** *jmd., der
für etwas tätig ist, sich für etwas einsetzt:* ein D.
der Wissenschaft, des Staates. **2.** *(veraltend) Verbeugung (bes. eines Jungen):* er macht einen D.,
verabschiedet sich mit einem D * **stummer Diener** *(Serviertisch).*
Dienst, der: **1. a)** *Erfüllung von [beruflichen]
Pflichten, [berufliche] Tätigkeit:* ein schwerer, harter, interessanter, anstrengender, aufreibender,
eintöniger, langweiliger D.; der D. beginnt um 8
Uhr; R: D. ist D., und Schnaps ist Schnaps
(Dienst und Privatvergnügen sind zweierlei) · den
D. antreten; zur Zeit D. haben, machen, tun; welche Apotheke hat heute D.? *(ist heute dienstbe-
reit?);* seinen D. gewissenhaft versehen; den D.
verweigern, beenden, vernachlässigen, wiederaufnehmen; außer D., außerhalb des Dienstes *(in
meiner Freizeit)* kann ich tun, was ich will; nicht
im D. sein *(dienstfrei haben);* in den D. gehen;
vom D. sofort nach Hause kommen; jmdn. vom
D. beurlauben; zum D. gehen, zu spät kommen;
/als Teil von Dienstbezeichnungen/ Unteroffizier, Kommissar, Chef vom D. *(der diensthabende
Unteroffizier, Kommissar, Chef).* **b)** *Arbeitsverhältnis, Stellung:* einen neuen D. suchen (veraltend); den D. quittieren (veraltend); aus dem D.
ausscheiden; jmdn. in D. nehmen (veraltend;
jmdn. anstellen, ihm Arbeit geben); in jmds.
Dienst treten *(jmdm. dienen, für ihn arbeiten);* in
jmds. D./Diensten sein/stehen *(bei jmdm. in Stellung sein);* er hatte in D. des Königs, beim König
in D., in königlichen Diensten gestanden; mein
Vater ist nicht mehr im D. *(ist nicht mehr berufstätig, ist pensioniert);* er wurde vom D. suspendiert.
c) *Tätigkeitsbereich:* er ist Beamter des mittleren
Dienstes, im gehobenen D.; er steht im öffentlichen D.; jmdn. in den diplomatischen D. übernehmen. **2.** *Dienstleistung, Hilfe:* der D. am Kunden; jmdm. seinen D./seine Dienste anbieten
(sich bereit erklären, jmdm. zu helfen); jmds.
Dienste in Anspruch nehmen; jmdm. einen großen D. erweisen *(ihm sehr helfen);* er hat mir
seiner Fürsprache einen schlechten D. erwiesen
(mir geschadet); diese Werkzeugbank wird dieselben Dienste tun *(genausogut taugen, funktionieren);* die alte Lokomotive tut immer noch ihre
Dienste *(fährt immer noch, ist einsatzbereit).* * außer Dienst /Abkürzung: a. D./ *(im Ruhestand):* er
ist Major, Minister a. D. · **etwas in Dienst stellen**
(in Betrieb nehmen): diese Lok, dieser Dampfer
wurde 1929 in D. gestellt · **im Dienst einer [guten]
Sache stehen; sich in den Dienst einer [guten] Sache stellen** *(etwas fördern, sich für etwas [Gutes]
einsetzen)* · **etwas tut jmdm. gute Dienste** *(etwas ist
jmdm. sehr nützlich);* dieses Gerät hat mir bei der
Arbeit gute Dienste getan · (geh.:) **etwas versagt
jmdm. den Dienst** *(etwas erfüllt bei jmdm. plötzlich*

nicht mehr seine Funktion, versagt jmdm.): die Stimme versagte ihm den D. · **zu jmds. Diensten/ jmdm. zu Diensten sein, stehen** *(jmdm. seine Hilfe anbieten):* ich bin, stehe immer zu Ihren Diensten; was steht zu [Ihren] Diensten? *(was wünschen Sie?).*
Dienstag, der: *zweiter Tag der mit Montag beginnenden Woche:* heute ist D., der 9. Juni; den ganzen D. [über] hat es geregnet; am D., dem 9. Juni/(auch:) den 9. Juni; er kommt nächsten/ am nächsten D.; [am] D. vor acht Tagen; [am] D. morgen, nachmittag, abend; D. vormittags, nachts; die Nacht von Montag auf/zum D.; von D. auf/zum Mittwoch.
dienstbar ⟨in der Wendung⟩ sich (Dativ) jmdn., etwas dienstbar machen *(jmdn., etwas in seinen Dienst zwingen):* wir haben uns andere Menschen, die Naturkräfte d. gemacht.
dienstlich: a) *das Amt, den Dienst betreffend:* eine [rein] dienstliche Angelegenheit; im dienstlichen Verkehr; jmdn. mit etwas d. beauftragen; d. unterwegs, verhindert sein. b) *streng offiziell, amtlich:* das ist ein dienstlicher Befehl; in streng dienstlichem Ton; d. werden *(vom persönlichen zum formellen Ton übergehen).*
Dienstweg, der: *vorgeschriebener Bearbeitungsweg, Amtsweg:* den D. gehen, einhalten; etwas auf dem D. erledigen.
dieser, diese, dieses ⟨Demonstrativpronomen⟩ /weist auf eine Person oder Sache besonders hin, hebt etwas in der Nähe Befindliches, bereits Erwähntes, gerade Vergangenes o. ä. hervor/: a) ⟨attributiv⟩ dieser Baum; diese Stadt; dieses/(seltener:) dies Buch; dieses eine Mal; diese beiden; dies alles/alles dies kann man kaufen; am Letzten dieses Monats; die Versammlung fand dieser Tage statt. b) ⟨alleinstehend⟩ dies[es] ist mein Exemplar; gerade diese möchte ich haben; Mutter und Tochter verließen den Raum, diese bestürzt, jene belustigt. * **dies und das/dieses und jenes** *(einiges, mancherlei)* · **dieser und jener** *(einige)* · **dieser oder jener** *(manch einer).*
diesseits: I. ⟨Präp. mit Gen.⟩ *auf dieser Seite:* d. des Flusses. **II.** ⟨Adverb⟩ *auf dieser Seite:* d. vom Rhein.
Differenz, die: **1.** a) *Unterschied:* eine beträchtliche, unbedeutende D.; eine D. von 2 DM, von 20 Minuten; die D. zwischen Berechnung und Messung ist erheblich. b) (Math.) *Ergebnis der Subtraktion:* die D. bestimmen, ausrechnen; die D. von zehn minus acht ist zwei. **2.** ⟨meist Plural⟩ *Meinungsverschiedenheit:* eine kleine D. mit jmdm. haben; zwischen den beiden bestehen dauernd Differenzen, kommt es oft zu Differenzen; persönliche Differenzen haben; die Differenzen konnten beigelegt werden.
Diktat, das: **1.** a) *das Diktieren:* beim D. sein; nach D. verreist; einen Brief nach D. des Chefs schreiben; die Sekretärin zum D. rufen. b) *das Diktierte:* die D. aufnehmen; das D. in die Maschine übertragen. c) *vom Lehrer als Rechtschreibübung diktierter Text:* ein schwieriges D.; ein D. schreiben, korrigieren, zurückgeben; er hatte drei Fehler im D. **2.** *etwas Aufgezwungenes:* das D. der Siegermächte; der Vertrag kommt einem D. gleich; sich einem D. beugen.
diktatorisch: 1. *einer Diktatur entsprechend:*

eine diktatorische Staatsform; [ein Land] d. regieren. **2.** *autoritär, herrisch; keinen Widerspruch duldend:* ein diktatorischer Chef, Trainer; sein Vorgehen ist sehr d.; etwas d. entscheiden.
Diktatur, die: **1.** *unumschränkte [Gewalt]herrschaft; Staat, der diktatorisch regiert wird:* eine militärische, totale, gemäßigte D.; die D. des Proletariats; eine D. errichten, stürzen; in/unter einer D. leben. **2.** *autoritärer Zwang:* die D. einer Partei, des Chefs; unter jmds. D. zu leiden haben.
diktieren: 1. ⟨etwas⟩ d.⟩ *zum wörtlichen Niederschreiben vorsagen:* langsam, schnell, leise d.; einen Brief d.; etwas auf Band, direkt in die [Schreib]maschine d.; ⟨jmdm. etwas d.⟩ sie können nen mir den Entwurf jetzt d. **2. a)** ⟨etwas d.⟩ *vorschreiben, aufzwingen:* die Konzerne diktieren die Preise; Paris diktiert die Mode; der Gegner hat von Anfang an den Kampf, das Tempo diktiert; ⟨jmdm. etwas d.⟩ ich lasse mir nicht von Ihnen d. **b)** (geh.) ⟨etwas diktiert etwas⟩ *etwas bestimmt etwas [in zwanghafter Weise]:* Haß diktierte sein Handeln; sein Denken und Handeln ist von der Vernunft diktiert.
Dilemma, das: *Zwangslage:* ein großes, schweres D.; er weiß nicht, wie er aus dem D. herauskommen soll; sich in einem D. befinden; in ein D. geraten; jmdn. in ein D. bringen; vor einem [ziemlichen, argen] D. stehen.
Dimension, die: **1.** (Physik) *Ausdehnung eines Körpers nach Länge, Breite, Höhe:* die erste, zweite D.; ein Körper hat drei Dimensionen. **2.** *Ausmaß:* das Projekt nimmt gigantische, ungeheure, ungeahnte Dimensionen an.
Ding, das: **1.** a) *Gegenstand, Sache:* teure, nützliche, neuartige, wertlose, ausgefallene, alltägliche, private Dinge; Gott ist der Schöpfer aller Dinge; Philos.: die D. an sich *(das Sein, unabhängig von der Erkenntnis);* R: aller guten Dinge sind drei; jedes D. hat zwei Seiten *(alles hat seine Vor- und Nachteile).* b) ⟨meist Plural⟩ *Angelegenheit, Vorgang, Ereignis:* persönliche und geschäftliche Dinge besprechen; die Dinge sind noch im Fluß, ändern sich; es bereiten sich große Dinge vor; man muß die Dinge genauer betrachten, untersuchen; er hat andere Dinge im Kopf; nach Lage der Dinge; sich nach dem Stand der Dinge erkundigen; harren wir der Dinge, die da kommen sollen (geh.; *warten wir ab);* in diesen Dingen weiß er Bescheid; R: gut D. will Weile haben. **3.** (ugs.) **a)** *etwas, was [absichtlich] nicht näher bezeichnet wird:* ein riesiges D.; es war so ein kleines, viereckiges D.; was ist das für ein D.?; die alten Dinger kannst du wegwerfen; mit diesen Dingern kann ich nichts anfangen. **b)** *Sache; Unternehmung; Tat:* das ist ein [tolles] D.; ein D. mit 'nem Pfiff (ugs.; *etwas Besonderes, Außergewöhnliches);* was macht ihr bloß für Dinger (ugs.)?; morgen abend lassen wir die D. steigen (ugs.; *führen wir das Geplante aus);* er macht, schiebt eine krumme Dinger (ugs.; *stellt nichts an, begeht kein Verbrechen).* **4.** (ugs.) *Mädchen:* ein hübsches, frisches, albernes, naseweises, nettes, freches D.; die dummen Dinger; die jungen Dinger sind zu nichts zu gebrauchen. * **die Letzten Dinge** *(religiöse Vorstellungen von Tod, Gericht und Ewigkeit)* · etwas ist ein Ding der Unmöglich-

keit *(etwas ist nicht möglich, ist völlig ausgeschlossen)* · (ugs.:) **ein Ding drehen** *(etwas anstellen, Unrechtmäßiges tun)* · (ugs.:) **jmdm. ein Ding verpassen a)** *(jmdm. einen gehörigen Schlag versetzen).* **b)** *(jmdm. hart anfahren, zurechtweisen)* · **guter Dinge sein** *(gut aufgelegt, fröhlich und munter, voller Optimismus sein)* · **unverrichteter Dinge** (meist: unverrichteterdinge; *ohne etwas verwirklicht, erreicht zu haben)* · **etwas geht nicht mit rechten Dingen zu** *(etwas ist merkwürdig, unerklärlich; etwas ist auf unredliche Weise geschehen)* · **über den Dingen stehen** *(sich nicht allzusehr von etwas beeindrucken lassen)* · **vor allen Dingen** *(vor allem).*
dingfest ⟨in der Wendung⟩ jmdn. dingfest machen: *jmdn. verhaften.*
dir: 1. /Personalpronomen; 2. Person Sing. Dativ/: ich glaube d.; das liegt an/bei d.; ist d. übel? **2.** /Dativ Sing. des Reflexivpronomens/: was stellst du d. eigentlich vor?
direkt: I. ⟨Adj.⟩ **1.** *unmittelbar:* der direkte Weg; eine direkte Verbindung; ein direkter *(durchgehender)* Wagen [von Frankfurt] nach Rom; in direkter Linie von jmdm. abstammen; eine direkte Einflußnahme; ein direktes Interesse an etwas haben; der Raum hat kein direktes *(unmittelbar von außen einfallendes)* Licht; G e l d w .: direkte Steuern; S p r a c h w .: direkte *(wörtliche)* Rede; S p o r t : direkter Freistoß · schicken Sie Post d. an mich; ein Fußballspiel d. *(live)* übertragen; er kam d. *(geradewegs)* auf mich zu; das Haus liegt d. am Wald; d. beim/vom Bauern kaufen; nach dem Dienst d. *(sofort)* nach Hause gehen; d. miteinander verhandeln. **2.** (ugs.) *ganz offen, unverblümt, ohne Umschweife:* direkte Fragen stellen; er ist in seinen Äußerungen immer sehr d.; jmdn. d. auf etwas ansprechen. **II.** ⟨Adverb⟩ *geradezu, wirklich, ausgesprochen:* das war d. unverschämt, d. eine Beleidigung; die Farben stören d.; da habt ihr d. Glück gehabt; das hat mich d. gefreut.
Direktive, die: *Weisung:* neue Direktiven ab-erwarten; wir haben strenge Direktiven [bekommen], wie wir uns zu verhalten haben; sich an die Direktiven des Ministeriums halten.
dirigieren: 1. (Musik) **a)** ⟨[jmdn., etwas] d.⟩ *[jmdn., etwas] als Dirigent leiten:* ein Orchester, einen Chor d.; er wird bei den Festspielen zwei Konzerte d.; straff, gestenreich, ohne Taktstock d.; heute abend dirigiert ... **b)** ⟨etwas d.⟩ *etwas dirigierend aufführen:* eine Oper, ein Chorwerk d.; er dirigierte die Symphonie sehr pathetisch; S p o r t : er dirigierte als Vorstopper das Mittelfeld und den Angriff. **2. a)** ⟨jmdn., etwas d.⟩ *bestimmend leiten, steuern:* den Verkehr, ein Geschehen, die Wirtschaft d. **b)** ⟨jmdn., etwas d.; mit Raumangabe⟩ *irgendwohin lenken, geleiten:* eine Wagenkolonne durch die Innenstadt d.
Diskrepanz, die: *Mißverhältnis:* eine starke D.; die D. zwischen Theorie und Praxis; hier bestehen erhebliche Diskrepanzen.
diskret: a) *vertraulich, geheim:* ein diskretes Gespräch; eine diskrete Angelegenheit; jmdm. d. mitteilen, daß ...; alle Zuschriften werden d. behandelt. **b)** *unauffällig, unaufdringlich:* ein diskretes Parfüm, Muster; mit einer diskreten Geste gab er mir dies zu verstehen; die Farben des Kleides sind sehr d.; d. im Hintergrund bleiben. **c)** *taktvoll:* ein diskreter Mensch; ein diskretes

Benehmen; d. sein; etwas d. übergehen, überhören, regeln; d. schweigen, zur Seite sehen.
Diskretion, die: **a)** *Verschwiegenheit, Vertraulichkeit:* D. [ist] Ehrensache!; strengste D. wahren, jmdm. zusichern; etwas mit D. behandeln; jmdn. um äußerste D. in einer Angelegenheit bitten. **b)** *taktvolle Zurückhaltung, Takt:* vornehme D.; D. üben.
Diskussion, die: *Meinungsaustausch, Aussprache:* eine sachliche, eingehende, offene, freimütige, erregte, endlose D.; eine D. zwischen Politikern und Journalisten; die D. *(das Diskutieren)* über aktuelle Fragen; die D. über den Haushaltsplan war sehr lebhaft, verlief stürmisch; die D. beginnt, kommt in Gang; es entbrannte, gab eine leidenschaftliche D. über/um diesen Paragraphen; die D. eröffnen, leiten, beenden; etwas löst eine lange D. aus; sich an der D. beteiligen; sich [mit jmdm.] auf keine D. einlassen; jmdn. in eine D. verwickeln, hineinziehen; in die D. eingreifen; etwas in die D. bringen, werfen; der Vorschlag wurde ohne lange D. akzeptiert; es kam zu einer längeren D.; etwas zur D. stellen.
diskutieren: a) *seine Meinungen über etwas austauschen:* ruhig, sachlich, lebhaft, leidenschaftlich [über ein Problem] d.; darüber läßt sich d. *(reden, verhandeln).* **b)** ⟨etwas d.⟩ *erörtern, durchsprechen:* einen Plan, ein Thema d.; wir müssen diese Frage noch ausführlich d.; etwas ist noch nicht zu Ende diskutiert.
disponieren: a) ⟨über jmdn., über etwas d.⟩ *verfügen:* über das Geld, die notwendigen Mittel, über das Personal frei d. können. **b)** *vorausplanen:* nicht d. können; gut, nicht weitsichtig genug d.; sie haben anders, besser disponiert.
disponiert ⟨in den Verbindungen⟩ **disponiert sein** ⟨mit Artangabe⟩ *(bes. im Hinblick auf eine künstlerische Betätigung in einer bestimmten Verfassung, in bestimmter Weise aufgelegt sein):* er ist gut, ausgezeichnet, schlecht d. · **zu/für etwas disponiert sein** *(bes. im Hinblick auf Krankheiten o. ä. für etwas empfänglich sein, zu etwas neigen):* er ist für diese Krankheiten, zu Asthma besonders d.
Disposition, die: **1.** *Verfügungsgewalt über etwas, freie Verwendung:* volle, freie, uneingeschränkte D. über das Vermögen haben; etwas steht [jmdm.] zur D.; etwas zur D. stellen. **2. a)** *Anordnung, Planung:* [seine] Dispositionen treffen, ändern. **b)** *Gliederung:* eine klare D.; die D. des Aufsatzes ist übersichtlich, logisch; [zu etwas] eine D. machen, entwerfen. **3.** *(bes. im Hinblick auf Krankheiten o. ä.) Veranlagung, Neigung:* eine angeborene D.; er hat eine starke D. für/zu Erkältungskrankheiten.
Distanz, die: **1. a)** *Abstand, räumliche Entfernung:* die D. zwischen den Markierungen beträgt nur wenige Meter; etwas auf die D. von 300 Metern treffen; ü b e r t r .: zu einer Sache noch nicht die nötige D. *(den nötigen inneren Abstand)* haben; etwas aus der D. *(aus einem zeitlichen Abstand)* beurteilen. **b)** (Sport) *zurückzulegende Strecke; Dauer eines Wettkampfs:* die kurze D. *(Sprintstrecke);* die langen Distanzen *(Langstrecken);* er benötigte die ganze D. *(vorgesehene Wettkampfdauer, Rundenzahl),* um seinen Gegner zu besiegen; der Boxkampf ging über die volle D. *(Rundenzahl).* **2.** *respektvoller Abstand; Reser-*

viertheit, Zurückhaltung: [die] D. halten; die gebührende D. [zwischen sich und den anderen] wahren; auf D. bedacht sein.

distanzieren: 1. (geh.) ⟨sich von jmdm., von etwas d.⟩ *von jmdm., von etwas abrücken, sein Nichtübereinstimmen mit jmdm., etwas zum Ausdruck bringen:* sich von einer Äußerung, von einer Veröffentlichung d.; er hat sich von seinen Parteifreunden distanziert; adj. Part.: eine distanzierte Haltung; er wirkte sehr distanziert. *(zurückhaltend).* 2. (Sport) ⟨jmdn. d.⟩ *klar überbieten, besiegen:* er hat seine Konkurrenten klar, um 30 Meter, um fast drei Sekunden distanziert.

Disziplin, die: 1. *Zucht, Ordnung; bewußtes Einhalten bestimmter Regeln:* freiwillige, eiserne D.; hier herrscht strenge D.; etwas verlangt äußerste D.; die D. [in der Klasse, bei den Schülern] ist denkbar schlecht; D. verlangen, fordern, halten, üben, wahren; die D. untergraben; Mangel an D.; für D. sorgen; etwas verstößt gegen die D. 2. a) *Wissenschaftszweig, Fachbereich:* die naturwissenschaftlichen Disziplinen. b) *Teilbereich des Sports; Sportart:* die alpine D.; er beherrscht mehrere Disziplinen der Leichtathletik.

doch: I. ⟨Konj.⟩ *aber:* ich habe mehrmals angerufen, d. er war nicht zu Hause; die Wohnung ist herrlich, d. [sie ist/ist sie] auch teuer. II. ⟨Adverb⟩: 1. /immer betont/ *dennoch:* er sagte es höflich und d. bestimmt; der Urlaub war d. [noch] schön. 2. /nicht betont und mit Inversion der vorausgehenden Verbform/: schließt eine begründende Aussage an/: er bot mir den Wagen gar nicht an, wußte er d. *(weil er wußte),* daß ich mir so ein teures Fahrzeug nicht leisten kann. 3. /immer betont; als widersprechende Antwort auf eine negativ formulierte Aussage oder Frage/: „Das stimmt nicht!" – „Doch!"; „Du willst wohl nicht!" – „Doch, d.". 4. /stark betont/ *tatsächlich:* er hat d. recht; es ist d. so, wie ich gesagt habe; also d. III. ⟨Gesprächspartikel⟩ /nicht betont/ 1. /gibt einer Frage oder Aussage eine bestimmte Nachdrücklichkeit/: das hast du d. gewußt; paß d. auf!; Sie kommen d. [oder nicht]?; es wird d. nichts passiert sein; er ist d. kein Kind mehr; so hör d. mal! 2. /drückt in Ausrufesätzen Entrüstung, Unmut, Verwunderung aus/: du mußt d. immer zu spät kommen!; was man d. alles so hört! 3. /drückt in Fragesätzen die Hoffnung des Sprechers auf eine Zustimmung aus oder daß der Sprecher nach etwas Bekanntem fragt, was ihm nur gerade nicht einfällt/: ihr kommt d. heute abend?; wie heißt er d. gleich?

Doktor, der: 1. *akademische Grad; Träger des Doktortitels* /Abkürzung: Dr./: er ist D. der Philosophie; D. ehrenhalber; sehr geehrte Frau Dr. Schulz!; sehr geehrte Frau Doktor!; die Herren Doktoren Schmitt und Krause; den medizinischen D. haben; seinen D. machen, bauen (ugs.); den Titel eines Doktors beider Rechte erwerben, führen; zum D. promovieren, promoviert werden. 2. (ugs.) *Arzt:* ein guter D.; einen D. rufen, holen, kommen lassen; keinen D. brauchen; beim D. sein; zum D. gehen.

Dokument, das: 1. *Urkunde, amtliches Schriftstück:* ein echtes, versiegeltes, wichtiges D.; das D. ist gefälscht; Dokumente sichern, aufbewahren, veröffentlichen, vernichten, jmdm. zugäng-

lich machen; der Bericht stützt sich auf Dokumente. 2. *Beweisstück, Zeugnis:* ein wichtiges D. für etwas; ein erschütterndes D. des Krieges.

dominieren: 1. *vorherrschen:* in dieser Stadt dominiert die konservative Partei; helle Farben dominieren in der neuen Herbstmode; auf einem Gebiet eine dominierende *(beherrschende)* Rolle spielen. 2. ⟨jmdn., etwas d.⟩ *beherrschen:* die Heimmannschaft dominierte die Gäste eindeutig; die literarische, politische Szene d.; eine von Männern dominierte Gesellschaft.

Donner, der: *dumpf rollendes Geräusch, das dem Blitz folgt:* ein lang anhaltender D.; dem Blitz folgte unmittelbar der D.; der D. rollt, grollt, kracht, hallt wider; bildl.: der D. der Kanonen; (ugs.:) D. und Blitz!; D. und Doria!; ach du Donnerchen! */Ausrufe des Erstaunens/.*

donnern: 1. ⟨es donnert⟩ *der Donner rollt:* es blitzt und donnert; übertr.: die Motoren donnern; adj. Part.: mit donnernden Hufen; donnernder Applaus. 2. ⟨etwas donnert; mit Raumangabe⟩ *etwas bewegt sich mit donnerndem Geräusch fort, irgendwohin:* der Zug donnert über die Brücke; eine Lawine war zu Tal gedonnert. 3. a) (ugs.) ⟨etwas d.; mit Raumangabe⟩ *mit Wucht irgendwohin schleudern, schießen:* er donnerte seine Mappe in die Ecke; der Mittelstürmer donnert den Ball an die Latte. b) ⟨gegen etwas d.⟩ *gegen etwas heftig schlagen, mit Wucht prallen:* er war gegen einen Baum gedonnert. c) *mit Wucht schlagen, so daß ein lautes Geräusch entsteht:* an die Tür, gegen die Scheiben d. 4. (ugs.) *brüllen, wettern, schimpfen:* gegen die Schlamperei d.; er donnerte furchtbar, weil wir zu spät kamen.

Donnerschlag, der: *heftiger Donner:* ein gewaltiger D. erschreckte uns alle; die Nachricht wirkte [auf uns] wie ein D.

Donnerstag, der: *vierter Tag der mit Montag beginnenden Woche:* heute ist D., der 1. Mai/; den ganzen D. [über] hat es geschneit; am D., dem 1. Mai/(auch:) den 1. Mai; er kommt nächsten/am nächsten D.; [am] D. vor acht Tagen; am D. abend; D. vormittags; die Nacht von Mittwoch auf/zum D.

Donnerwetter, das (ugs.): *große Schelte:* es gab zu Hause ein großes, fürchterliches D.; sich auf ein D. gefaßt machen · da soll doch gleich ein D. dreinschlagen/dreinfahren!; zum D. [noch einmal]! */Ausrufe der Verärgerung/;* D.! */Ausruf des Erstaunens, der Bewunderung/.*

doppelt: 1. *zweifach:* die doppelte Länge; der Koffer hat einen doppelten Boden; doppeltes Gehalt beziehen; (Kaufmannsspr.:) doppelte Buchführung; einen doppelten Klaren trinken; eine doppelte *(zweifache, sich aufhebende)* Verneinung; ein doppelter *(zweifach gedrehter)* Sprung, Axel, Rittberger; die Fenster sind d. verglast; etwas zählt d.; du kannst ein Exemplar haben, ich habe es d.; der Stoff, das Papier liegt d.; R: das ist d. gemoppelt (ugs.; *unnötigerweise zweimal gesagt);* d. [genäht] hält besser; d. *(noch einmal)* so alt, groß, schön, lange, teuer wie ...; subst.: das Doppelte bezahlen; die Kosten sind auf das Doppelte gestiegen; einen Doppelten (ugs.; *doppeltes Maß Schnaps)* trinken. 2. *besonders groß, stark; ganz besonders:* etwas mit doppeltem Eifer betreiben; wir müssen uns jetzt d.

vorsehen. * (ugs.:) **doppelt sehen** *(betrunken sein)* · **doppelt und dreifach** *(über das Notwendige hinausgehend):* etwas d. und dreifach sichern.
Dorf, das: 1. *kleine ländliche Siedlung:* ein altes, verträumtes, abgelegenes D.; stille, heimatliche Dörfer; aufs D. ziehen; auf dem D. wohnen; vom D. in die Stadt ziehen. 2. *Gesamtheit der Dorfbewohner:* das ganze D. ist auf dem Feld. * **das olympische Dorf** *(Wohngebiet der Olympiasportler)* · **Potemkinsche Dörfer** *(Vorspiegelungen, Trugbilder)* · (ugs.:) **das sind jmdm./für jmdn. böhmische Dörfer** *(jmd. versteht etwas nicht)* · (Kartenspiel:) **auf die Dörfer gehen** *(Farben statt Trumpf ausspielen)* · (ugs.:) **auf/über die Dörfer gehen** *(etwas umständlich tun, erzählen)* · **nie aus seinem Dorf herausgekommen sein** *(einen beschränkten Horizont haben).*
Dorn, der: *Pflanzenstachel:* Rosen haben Dornen; einen D. aus der Haut ziehen, entfernen; sich (Dativ) einen D. in den Fuß treten; sich an den Dornen reißen, ritzen, verletzen, stechen; übertr. (geh.): sein [Lebens]weg war voller Dornen *(Leiden).* * **jmdm. ein Dorn im Auge sein** *(jmdn. stören, ihm ein Ärgernis sein).*
dort ⟨Adverb⟩: *an jenem Platz, Ort:* d. oben, drüben, hinten; d. wohnt er; d., wo das Haus steht, ist die Post; d. an der Ecke; wer ist d.?; ich komme gerade von d. *(dorther);* von d. aus können Sie mich anrufen.
dorthin ⟨Adverb⟩: *nach dort:* stell dich d.!; wie komme ich am schnellsten d.?
Dose, die: 1. **a)** *kleiner Behälter mit Deckel:* eine D. aus Porzellan; Pralinen in eine D. tun. **b)** *Konservenbüchse:* eine D. grüne Bohnen/(geh.:) grüner Bohnen; eine D. Fisch öffnen, aufmachen (ugs.); Bier in Dosen. 2. *Steckdose:* den Stecker in die D. stecken, aus der D. ziehen.
dösen (ugs.): 1. *leicht, nicht tief schlafen:* ich habe im Liegestuhl gedöst. 2. *nicht aufmerksam sein:* die Schüler dösten.
Dosis, die: *entsprechende, zugemessene [Arznei]menge:* eine schwache, zu starke, lebensgefährliche, tödliche D.; sie hat eine beträchtliche D. [an] Schlaftabletten zu sich genommen; übertr. (ugs.): jmdm. etwas in kleinen Dosen *(nach und nach)* verabreichen, beibringen.
Drache, der: *feuerspeiendes Fabeltier:* ein feuerspeiender D.; der Kampf mit dem Drachen.
Drachen, der: 1. /*ein Kinderspielzeug*/: im Herbst D. steigen lassen. 2. (ugs.) *zänkische Frau* /oft als Schimpfwort/: sie ist ein D.
Draht, der: **a)** *schnurförmig ausgezogenes Metall:* ein gedrehter, dünner D.; ein Stück D. aus Kupfer; Drähte [aus]ziehen *(herstellen);* den D. abklemmen; etwas mit D. umwickeln; über einen D. stolpern. **b)** *Telefon-, Telegrafendraht, Leitungsdraht:* Drähte ziehen; die Drähte sind durchgeschmort (ugs.), schlecht isoliert; am anderen Ende des Drahtes *(der Telefonleitung)* meldete sich eine Frauenstimme; die Nachricht kam per/über D. (veraltend; *telegraphisch);* übertr.: den D. nach Übersee, nach Moskau nicht abreißen lassen *(die Beziehungen aufrechterhalten);* einen [geheimen, verborgenen] D. *(eine Verbindung)* zu Widerstandsorganisationen haben. * **heißer Draht** *(direkte telefonische Verbindung [zwischen den Regierungen der Großmächte], be-*

sonders für ernste Konfliktsituationen) · (ugs.:) **auf Draht sein** *(äußerst wachsam, wendig sein).*
Drahtzieher, der: *jmd., der andere für seine Zwecke arbeiten läßt und selbst im Hintergrund bleibt:* die D. der Bewegung halten sich verborgen; der eigentliche D. ist nicht bekannt.
drakonisch (geh.): *äußerst streng:* drakonische Maßnahmen, Gesetze, Strafen; mit drakonischer Strenge vorgehen.
Drama, das: 1. *Schauspiel [mit tragischem Ausgang]:* ein bühnenwirksames, packendes D.; ein deutsche, klassische, moderne D.; ein D. in fünf Akten; Brechts Dramen; ein D. von Shakespeare; ein D. schreiben, aufführen, inszenieren, spielen. 2. *aufregendes Geschehen, Vorgang mit tragischen Folgen:* das D. der Geiselbefreiung; ihre Ehe war ein einziges D.; *(die Versorgung ist schwierig):* mache daraus kein D. *(übertreibe die Sache nicht so);* die Flucht endete in einem D.
dramatisch: 1. *das Drama betreffend:* die dramatische Kunst, Literatur; der dramatische Konflikt; einen Stoff d. bearbeiten, gestalten. 2. *aufregend, spannend:* ein dramatisches Rennen; eine dramatische Rettungsaktion; das Spiel war, verlief äußerst d.; die Situation spitzte sich d. zu.
dramatisieren ⟨etwas d.⟩ 1. *zu einem Drama verarbeiten, umarbeiten:* einen Roman, Stoff d. 2. *etwas bedeutungsvoller, aufregender, schlimmer darstellen, als es wirklich ist:* Ereignisse, Vorfälle, eine Situation, ein Mißgeschick d.
dran (ugs.) ⟨Adverb⟩: *daran:* laß mich mal d. riechen; mir liegt nichts d.; ich werde d. denken; an der Geschichte ist schon was [Wahres] d.; übertr. (in Verbindung mit *sein* in bestimmten Fügungen und Redensarten): nicht wissen, wie man bei jmdm. d. ist *(was man von jmdm. zu halten hat);* früh d. sein *(recht früh kommen, gehen);* gut, schlecht, übel d. sein *(es gut, schlecht, übel haben);* er ist mit seiner Frau gut d. *(hat eine gute Wahl mit ihr getroffen);* an dem Motor, an der Batterie ist etwas d. *(ist etwas nicht in Ordnung);* an dem Gerät ist nichts d. *(es ist in Ordnung, funktioniert);* an ihm ist nichts d. *(er hat keine äußerlichen oder inneren Vorzüge);* da ist alles d.! *(das hat alle Vorzüge, ist großartig);* ich hatte eine schlimme Erkältung, da war alles d. (iron.; *ich hatte eine sehr schlimme Erkältung);* an der Geschichte ist schon etwas d. *(sie ist nicht ganz erfunden).* * (ugs.:) **dran sein: a)** *(an der Reihe sein).* **b)** *(zur Verantwortung gezogen werden):* jetzt bist du aber d. **c)** *(sterben müssen)* · (scherzh.:) **am dransten sein** *(an der Reihe sein)* · (ugs.:) **dran glauben müssen: a)** *(einer Gefahr, einer schwierigen Aufgabe nicht entgehen).* **b)** *(sterben müssen).*
Drang, der: *starker innerer Antrieb:* einen starken, heftigen D. [in sich] fühlen, [ver]spüren; einen D. zum Lügen haben; Sport: er hat einen starken D. zum Tor · einen inneren D. nachgeben.
drängeln: 1. **a)** *unablässig schiebend und drückend sich in einer Menge vorschieben:* du brauchst nicht zu d., du kommst doch nicht eher an die Reihe; wer drängelt da so? **b)** ⟨jmdn., sich d.; mit Raumangabe⟩ *unablässig schiebend und drückend vorwärts bewegen, irgendwohin bewegen:* sich nach vorn, durch die Menge, an jmds. Seite d.;

der Portier drängelte ihn zur Tür, in die Ecke. **2.** ⟨[jmdn.] d.⟩ *jmdn. unablässig zu etwas zu bewegen suchen:* so lange d., bis der andere nachgibt; er drängelte zum Aufbruch, weil er müde war; das Kind drängelte die Mutter, ein Eis zu kaufen. **drängen** /vgl. gedrängt/: **1.** *in einer Menge schieben und drücken, um ein Ziel zu erreichen:* **a)** bitte nicht d.!; die Leute drängten so unvernünftig, daß die Tore nicht geöffnet werden konnten; S p o r t : vom Anpfiff an drängte die Heimmannschaft *(spielte sie stark offensiv).* **b)** ⟨sich d.⟩ mit Raumangabe⟩ Tausende drängten sich vor den Eingängen zum Stadion; in den Ausstellungshallen hatten sich die Besucher gedrängt; die Bahn, der Saal war gedrängt voll. **2.** ⟨jmdn., sich d.⟩ mit Raumangabe⟩ *schiebend und drückend vorwärts bewegen, irgendwohin bewegen:* jmdn. zur Seite, in die Ecke, nach vorn d.; sich durch die Menge, zur Kasse, an jmds. Seite d.; alles drängte zum Ausgang; ü b e r t r.: jmdn. in den Hintergrund d.; sich in den Vordergrund d. **3. a)** ⟨jmdn. zu etwas d.⟩ *bewegen, etwas zu tun; ungeduldig antreiben:* jmdn. d., seine Schulden zu bezahlen; sein Freund hatte ihn zur Wiedergutmachung des Schadens gedrängt; ⟨es drängt jmdn. zu etwas⟩ es drängte sie, mich *(war ihr, mir ein Bedürfnis),* ihm für alles zu danken; ⟨auch ohne Präp.-Obj.⟩ der Gläubiger drängten ihn; ⟨auch ohne Akk.⟩ zum Aufbruch d.; s u b s t .: jmds. Drängen nachgeben; ihr Drängen veranlaßte ihn zu bleiben; auf sein Drängen hin blieb sie. **b)** ⟨auf etwas d.⟩ *auf etwas aussein, etwas fordern:* auf Lösung der Probleme, auf Abbruch der diplomatischen Beziehungen d.; seine Frau drängte auf Abreise. **4.** ⟨etwas drängt⟩ *etwas verlangt rasches Handeln:* die Zeit drängt; eine drängende Frage.

drankommen (ugs.): *an der Reihe sein und behandelt, berücksichtigt, abgefertigt werden:* als erster, nächster, letzter d.; wer kommt jetzt dran?; ich komme vor Ihnen dran; das kommt nachher dran; er ist heute in Latein mehrmals drangekommen *(wurde mehrmals aufgerufen).*

drannehmen (ugs.): **a)** ⟨jmdn. d.⟩ *aufrufen und behandeln, berücksichtigen, abfertigen:* die Kunden der Reihe nach d.; der Arzt hat mich zwischendurch drangenommen; der Lehrer hat ihn heute nicht drangenommen *(nicht zur Beantwortung von Fragen aufgerufen).* **b)** ⟨etwas d.⟩ *durchnehmen:* die unregelmäßigen Verben d.

drastisch: a) *äußerst wirksam:* drastische Maßnahmen ergreifen; den Etat d. *(einschneidend)* kürzen; die Preise wurden d. *(sehr stark)* gesenkt. **b)** *unverblümt, derb:* eine drastische Schilderung; ein drastischer Spaß; seine Ausdrucksweise ist immer recht d.; das Beispiel ist sehr d. *(deutlich);* sich d. ausdrücken.

drauf ⟨Adverb⟩ (ugs.): *darauf:* er sitzt d. ∗ (ugs.:) **etwas drauf haben: a)** *(etwas beherrschen, einstudiert haben):* er hat einiges, viele Lieder d. **b)** *(mit einer bestimmten Geschwindigkeit fahren):* er hat 80 Sachen d. · (ugs.:) **gut o. ä. drauf sein** *(in guter o. ä. Verfassung sein)* · (ugs.:) **drauf und dran sein, etwas zu tun** *(im Begriff sein, etwas [Negatives] zu tun).*

draufgehen (ugs.): **a)** *verbraucht werden:* im Urlaub, für das Auto ist mein ganzes Geld draufgegangen. **b)** *entzweigehen; zugrunde gehen:* bei

der Arbeit ist mein Anzug draufgegangen. **c)** *zugrunde gehen, umkommen:* bei der Explosion wären wir alle beinahe draufgegangen.

drauflegen (ugs.) ⟨etwas d.⟩: *etwas zusetzen:* noch ein paar Mark d. [müssen]; ich lege noch etwas drauf und kaufe den besseren Wagen; bei dem Geschäft hat er ganz schön draufgelegt *(hat er einen ziemlich großen Verlust gemacht).*

draußen ⟨Adverb⟩: **a)** *außerhalb eines Raumes:* d. vor der Tür, auf dem Flur, im Garten; bleib d.!; drinnen und d.; nach d. gehen; von d. hereinkommen. **b)** *irgendwo weit entfernt:* d. auf dem Meer, in der Welt.

drechseln (etwas d.): *auf der Drehbank und mit dem Schneidwerkzeug bearbeiten, herstellen:* eine Figur d.; gedrechselte Stuhlbeine; ü b e r t r. (scherzh.): *kunstvoll formen:* Phrasen, Verse d.; wie gedrechselt *(gekünstelt)* sprechen.

Dreck, der (ugs.): **1.** *Schmutz:* hier ist ein fürchterlicher D.; Handwerker machen viel D.; den D. zusammenkehren, entfernen; etwas ist voller D., voll von D.; in den D. fallen; im D. steckenbleiben; sich mit D. bespritzen; vor D. starren. **2.** (abwertend) *Angelegenheit, Kram:* macht euren D. alleine; den alten D. *(eine unangenehme Sache von früher)* wieder aufrühren; sich über jeden D. *(Kleinigkeit)* aufregen; sich um jeden D. [selbst] kümmern müssen. ∗ (ugs.:) **einen Dreck** *(gar nichts):* sich einen D. daraus machen; das geht dich einen D. an; der hat uns einen D. zu befehlen; er versteht einen D. davon · (ugs. abwertend:) **ein Dreck / der letzte Dreck sein** *(sehr minderwertig, zu verachten sein; zum Abschaum gehören)* · (ugs.:) **jmdn. wie [den letzten] Dreck behandeln** *(jmdn. sehr schlecht, entwürdigend behandeln)* · (ugs.:) **[bis an den Hals/über die Ohren] im Dreck sitzen/stecken** *(in Schwierigkeiten sein)* · (ugs.:) **jmdn., etwas mit Dreck bewerfen** *(jmdn. verleumden)* · (ugs.:) **jmdn., etwas durch den Dreck ziehen/in den Dreck ziehen/treten** *(jmdn., etwas verunglimpfen, über jmdn., etwas nichts Gutes sagen)* · (ugs.:) **aus dem größten, gröbsten Dreck heraus sein** *(die größten Schwierigkeiten überwunden haben)* · (ugs.:) **jmdn. aus dem Dreck ziehen** *(jmdm. aus einer schwierigen Lage, Situation heraushelfen)* · (ugs.:) **Dreck am Stecken haben** *(sich etwas haben zuschulden kommen lassen)* · (ugs.:) **in Dreck und Speck** *(von der Arbeit o. ä. ganz verschmutzt, in ganz verschmutzter Kleidung)* · (ugs.:) **mit Dreck und Speck** *(mit allem noch anhaftenden Schmutz, ungewaschen):* er ißt das Obst immer mit D. und Speck.

dreckig (ugs.): **1.** *schmutzig:* dreckige Wäsche, Schuhe, Hände; der Boden, die Wohnung ist [ganz] d.; jmd. ist d. *(pflegt sich nicht);* sich d. machen; er macht sich nicht gerne d. *(scheut schmutzige Arbeit).* **2.** *frech, gemein:* ein dreckiges Grinsen, Lachen; ein dreckiger *(unanständiger)* Witz; dreckige Bemerkungen machen; d. lachen (abwertend). ∗ (ugs.:) **jmdm. geht es dreckig** *(jmdm. geht es [finanziell] nicht gut).*

Dreh, der (ugs.): *Kunstgriff, Trick:* den richtigen D. herauskriegen, finden, weghaben, [noch nicht] herausgefunden; er hat einen D. gefunden, wie man den Zoll umgehen kann; auf einen D. verfallen; auf diesen D. wäre ich nicht gekommen; hinter einen D. kommen. ∗ (ugs.:) **um den Dreh [herum]**

(so ungefähr): „Kommst du um 3 Uhr?" - „Ja, so um den D. [herum]."
drehen: 1. a) ⟨jmdn., sich, etwas d.⟩ *im Kreis, um die Achse bewegen:* den Schalter, Griff, Verschluß [nach links] d.; die Kaffeemühle d.; den Schlüssel im Schloß d.; der Sessel läßt sich d.; sich um sich selbst, um die eigene Achse d.; die Erde dreht sich um die Sonne; etwas dreht sich im Wind; die Tanzpaare drehten sich im Kreis; Sport: seine Runden, Runde um Runde d. *(einen [Rund]kurs absolvieren);* ü b e r t r.: man kann die Sache d. und wenden, wie man will, sie wird nicht besser; die Gedanken drehen sich in meinem Kopf. b) ⟨mit Umstandsangabe⟩ *einstellen:* den Apparat lauter d.; die Gasflamme klein, auf klein d.; die Heizung höher d. c) ⟨an etwas d.⟩ *mit einer Drehbewegung etwas betätigen:* am Apparat, an der Kurbel, am Steuer d.; R: da hat doch jemand dran gedreht (ugs.; *da stimmt doch etwas nicht, ist etwas nicht in Ordnung).* 2. *wenden, umkehren:* a) das Flugzeug, der Omnibus, der Autofahrer dreht; das Schiff drehte nach Norden; der Wind hat gedreht *(ist umgesprungen).* b) ⟨sich d.⟩ *sich wenden:* der Wind hat sich gedreht *(weht aus anderer Richtung);* sich seitwärts, nach rechts, hin und her, im Bett auf die andere Seite d. c) ⟨etwas d.⟩ *etwas wenden:* den Hals, den Kopf nicht mehr d. können; kaum hatte er den Rücken gedreht *(war er gegangen),* als ... 3. ⟨etwas d.⟩ *mit Drehbewegungen o. ä. [maschinell] formen, herstellen:* Pillen, Seile, Tüten d.; ich habe [mir, für meinen Freund] ein paar Zigaretten gedreht; Filmw.: einen Film d. *(Filmaufnahmen machen);* ⟨auch ohne Akk.⟩ in Italien d. *(Filmaufnahmen machen).* 4. ⟨etwas dreht sich um jmdn., etwas⟩ *etwas handelt von jmdm., von etwas, hat etwas Bestimmtes zum Gegenstand:* bei/in dem Prozeß dreht es sich um Betrügereien; das Gespräch drehte sich um dieses eine Thema; alles dreht sich nur um ihn *(er ist die Hauptperson);* ich weiß nicht, worum es sich hier dreht; es dreht sich *(geht)* darum, daß ... 5. (ugs.) ⟨etwas d.⟩ *etwas in bestimmter Weise beeinflussen:* das hat er schlau gedreht; eine Sache so d., daß sie nicht anfechtbar ist. * (ugs.:) **jmdm. dreht sich alles** *(jmdm. ist schwindlig)* · **an etwas sich nicht zu drehen und zu deuteln** *(etwas ist ganz eindeutig, steht ganz fest).*
drei ⟨Kardinalzahl⟩: *3:* die d. Grazien, Nornen, Parzen; die d. Weisen aus dem Morgenlande; wir sind unser d. (geh.); sie gingen immer zu dreien *(je drei und drei)* die Treppe hinauf; wir waren zu dreien (veraltend), zu dritt; es ist d. [Uhr]; er wird heute d. [Jahre alt]; die Aussagen dreier zuverlässiger Zeugen; er ißt, arbeitet für d.; viele Grüße von uns dreien; sich zu d. und d. aufstellen; alle drei Minuten *(in kurzen Abständen)*; s u b s t .: in Latein eine Drei *(Note 3)* schreiben, haben; die Prüfung mit der Note „Drei" bestehen; mit der Drei *(Straßenbahnlinie 3)* fahren; eine Drei würfeln. * (ugs.:) **nicht bis drei zählen können** *(nicht sehr intelligent sein).*
dreifach: *dreimal bestehend, vorhanden:* ein dreifacher Sieg; ein dreifach[es] Hoch; ein Vertrag in dreifacher Ausfertigung; ein dreifacher *(dreifach gedrehter)* Rittberger; etwas ist d. isoliert; s u b s t .: das Dreifache des Grundpreises; etwas auf, um das Dreifache vergrößern.

dreißig: ↑ achtzig.
dreist: *frech, unverschämt:* ein dreister Bursche; ein dreistes Benehmen; eine dreiste Herausforderung, Verleumdung; er wurde immer dreister; etwas d. *(unverfroren)* behaupten, fordern.
dreizehn ⟨Kardinalzahl⟩: *13:* der Spieler trägt die Nummer d.; R: jetzt schlägt's [aber] d.! *(das geht aber zu weit, jetzt ist Schluß damit!);* s u b s t .: die Dreizehn ist für ihn eine Unglückszahl.
dreschen: 1. ⟨[etwas] d.⟩ *Getreidekörner durch entsprechende, bes. maschinelle Bearbeitung aus den Ähren o. ä. lösen:* Korn, Weizen d.; zur Zeit wird Tag und Nacht gedroschen; mit der Maschine, auf dem Felde d.; s u b s t .: die Bauern sind beim D. 2. (ugs.) ⟨jmdn. d.⟩ *prügeln:* sie haben ihn gehörig, grün und blau gedroschen; wir haben uns gedroschen. 3. (ugs.) ⟨etwas d.⟩ *mit Raumangabe)* a) *mit Wucht irgendwohin schießen, befördern:* er drosch den Ball ins Tor, über die Auslinie. b) ⟨mit Raumangabe⟩ *mit Wucht irgendwohin schlagen, treten:* der Spieler hat über den Ball gedroschen; auf die Tasten d.
dressieren: 1. a) ⟨ein Tier d.⟩ *einem Tier bestimmte Fertigkeiten beibringen:* einen Hund, Pferde d.; der Hund ist auf den Mann dressiert. b) (abwertend) ⟨jmdn. d.⟩ *jmdn. durch strenge Erziehung zu bestimmten Verhaltensweisen bringen:* er hat seine Kinder [fürchterlich] dressiert. 2. (Kochk.) ⟨etwas d.⟩ *bes. Fleisch vor dem Braten kunstvoll herrichten:* den Braten d.
drin (ugs.): *darin:* der Schlüssel steckt d.; es ist schon jmd. d. * (ugs.:) **etwas ist drin** *(etwas ist möglich, läßt sich machen):* mehr ist in dem Gespräch nicht d.; dieser Preis ist bei mir nicht d.; in dem Spiel ist noch alles d. *(ist noch keine Entscheidung gefallen).*
dringen: 1. a) ⟨mit Raumangabe⟩ *durch etwas hindurch an eine bestimmte Stelle gelangen; ein-, vordringen:* Wasser ist durch die Decke, in den Keller gedrungen; die Sonne dringt langsam durch den Nebel, durch die Wolken; ü b e r t r.: das Gerücht drang in die Öffentlichkeit, bis zur höchsten Stelle; ⟨jmdn. d.; mit Raumangabe⟩ der Splitter drang ihm in die Brust. b) ⟨aus etwas d.⟩ *aus etwas gelangen, hervordringen:* die Menschen drangen aus der Stadt; aus der Wunde drang Blut; ein Schrei drang aus dem Zimmer. 2. (geh.) ⟨in jmdn. d.⟩ *auf jmdn. heftig einwirken:* mit Bitten, Fragen in jmdn. d.; er drang mit seinem Anliegen in ihn; sie war in ihn gedrungen, ihr alles zu gestehen. 3. ⟨auf etwas d.⟩ *[etwas] [unnachgiebig] fordern, verlangen:* darauf d., daß etwas getan wird; er hat darauf gedrungen, einen Spezialisten zu rufen; er dringt auf sofortige Zahlung.
dringend: a) *keinen Aufschub duldend, eilig, wichtig:* eine dringende Arbeit, Angelegenheit; ein dringendes *(sofort zu vermittelndes)* [Telefon]gespräch; eine Sache ist sehr d.; etwas d. benötigen; jmdn. d. *(unbedingt sofort)* sprechen müssen. b) *zwingend, nachdrücklich:* einen dringenden Appell an jmdn. richten; es besteht der dringende Verdacht, daß ...; ist einer Tat d. verdächtig; ich muß Sie d. bitten, ...
drinnen ⟨Adverb⟩: *innerhalb eines Raumes:* Ihr Besucher ist, wartet schon d.; er ist dort d.; ü b e r t r.: darüber herrschte eine einhellige Meinung d. und draußen *(im In- und Ausland).*

dritte ⟨Ordinalzahl⟩: *3.:* die d. Dimension; der d. Fall *(Dativ)*; er schreibt in der dritten Person; ein Verwandter dritten Grades; er ist dritter, der d.; der d. von rechts; im dritten Gang fahren; etwas von dritter Seite erfahren; heute ist [Montag,] der d. Juli; zum ersten, zum zweiten, zum dritten [und letzten]/*Ausruf des Auktionators!*; **subst.:** er ist der Dritte im Bunde; es ist noch ein Drittes zu erwähnen; etwas einem Dritten *(einem Unbeteiligten)* gegenüber erwähnen; sie spielen die Dritte *(3. Symphonie)* * **der lachende Dritte** *(jmd., der aus der Auseinandersetzung zweier Personen Nutzen zieht).*

drohen: **1.** *einzuschüchtern versuchen, einschüchternd warnen:* **a)** ⟨jmdm. d.⟩: jmdm. mit dem Finger, mit einem Stock d.; er hatte den Anwesenden offen gedroht; **adj. Part.:** eine drohende Handbewegung; eine drohende Haltung einnehmen; den Finger drohend erheben. **b)** ⟨jmdm., einer Sache mit etwas d.⟩ dem Nachbarn, dem Nachbarvolk, einem Land mit Krieg d.; er drohte mir, mich anzuzeigen; er drohte ihm mit Entlassung/drohte, ihn zu entlassen/drohte, daß er ihn entlassen werde; ⟨ohne Dat.⟩ er drohte, den Saal räumen zu lassen; die Regierung hat mit dem Abbruch der diplomatischen Beziehungen gedroht/ hat gedroht, die diplomatischen Beziehungen abzubrechen. **2.** ⟨mit Infinitiv mit *zu*⟩ *im Begriff sein, etwas zu tun:* er drohte zusammenzubrechen; das Haus droht *(ist in Gefahr)* einzustürzen. **3.** ⟨etwas droht⟩ *etwas steht bevor, kann eintreffen:* es droht ein Gewitter; eine Katastrophe hatte gedroht; eine drohende Gefahr; ⟨etwas droht jmdm., einer Sache⟩ dem Land droht eine Wirtschaftskrise; ihm droht Gefahr.

dröhnen ⟨etwas dröhnt⟩: **a)** *etwas tönt hallend und durchdringend:* die Motoren dröhnen; seine Stimme dröhnte durch das Haus; der Donner der Geschütze dröhnt aus der Ferne; ⟨etwas dröhnt jmdm.; mit Raumangabe⟩ der Lärm dröhnte uns allen in den Ohren, im Kopf. **b)** *etwas ist von lautem, vibrierendem Schall erfüllt:* der ganze Saal dröhnte [vom Applaus]; der Erdboden dröhnte unter den Hufen; ⟨etwas dröhnt jmdm.⟩ uns dröhnten vom Lärm die Ohren.

Drohung, die: *das Drohen:* eine offene, finstere, versteckte, schreckliche D.; das sind [alles] nur leere Drohungen; soll das eine D. sein?; eine D. aussprechen, ausstoßen, ernst nehmen; wegen etwas erhalten; seine D. wahrmachen; jmdn. durch/mit Drohungen einschüchtern.

drollig: a) *belustigend wirkend:* eine drollige Geschichte erzählen; sie hat drollige *(komische)* Einfälle; er hat eine drollige Art zu erzählen; ein drolliger *(komischer, seltsamer)* Kauz; das war so d., daß wir furchtbar lachen mußten; **subst.:** mir ist etwas Drolliges passiert. **b)** *niedlich, possierlich:* ein drolliges Kind, Kätzchen.

drosseln ⟨etwas d.⟩: **a)** *in der Leistung herabsetzen; kleiner stellen:* den Motor, die Heizung d.; ein gedrosselter Motor (Technik; *Motor, dessen mögliche Höchstleistung technisch nicht voll ausgenutzt wird).* **b)** *die Zufuhr von etwas verringern:* den Dampf d. **c)** *herabsetzen, einschränken:* das Tempo d.; die Einfuhr, die Ausgaben d.

drüben ⟨Adverb⟩: *auf der anderen, gegenüberliegenden Seite:* da, dort d.; d. über dem Rhein;

nach d. *(über den Ozean, über die Grenze)* fahren; von d. *(von jenseits der Grenze)* kommen.

drüber (ugs.) ⟨Adverb⟩: *darüber:* der Preis liegt noch d.

¹Druck, der: **1.** (Physik) *auf eine Fläche wirkende Kraft:* großer, starker, geringer D.; ein D. von 10 bar; in der Leitung ist kein D.; in den Zylindern entstehen hohe Drücke; das Gas, Wasser hat keinen D.; den D. messen, kontrollieren, erhöhen; etwas steht unter hohem D.; **übertr.:** einen D. *(ein drückendes Gefühl)* im Kopf, im Magen, in der Brust haben, verspüren. **2.** *das Drücken:* ein leichter D. auf den Knopf genügt; durch einen D./mit einem D. auf die Taste setzte der Minister die Anlage in Betrieb. **3.** *Zwang, Bedrängnis:* D. auf jmdn. ausüben; der militärische D. des Gegners wurde immer stärker; den D. der öffentlichen Meinung nachgeben, weichen; einem ständigen D. von seiten der Verbände ausgesetzt sein; in/im D. *(in Zeitnot)* sein; in D. kommen, geraten; unter starkem innenpolitischem D. stehen; die Abwehr stand mächtig unter D. *(wurde hart bedrängt);* etwas nur unter D. tun. * (ugs.:) **hinter etwas Druck machen** *(dafür sorgen, daß etwas beschleunigt erledigt wird).*

²Druck, der: **a)** *das Drucken:* ein guter, sauberer, schlechter, unklarer, leserlicher D.; den D. überwachen, genehmigen; etwas in D. geben; etwas geht in D.; der Vortrag ist im D. erschienen, liegt im D. *(gedruckt)* vor. **b)** *gedrucktes Werk:* ein alter, wertvoller, seltener D. **c)** *Art, Qualität, in der etwas gedruckt ist:* ein schlechter, kursiver D.

drucken ⟨etwas d.⟩: **a)** *Schriftzeichen, Bilder auf etwas abbilden und vervielfältigen:* einen Text, farbige Bilder d.; etwas ist, wird auf mattem/(seltener:) mattes Papier, in Offset/im Offsetverfahren gedruckt; ⟨auch ohne Akk.⟩ die Maschine druckt sehr sauber. **b)** *als fertiges Druckwerk herstellen:* Bücher, Zeitungen, Formulare [in hoher Auflage] d.; die Dissertation wurde gedruckt, liegt gedruckt vor.

drücken: 1. a) ⟨mit Raumangabe⟩ *einen Druck auf etwas ausüben:* auf einen Knopf d.; auf die Hupe d. *(sie durch Druck betätigen);* du darfst nicht auf dem Geschwür d.; die schwere Kiste drückte auf das schwache Brett, bis es durchbrach; **übertr.:** der Nebel drückt auf die Stadt *(lastet drückend über ihr);* eine drückende Hitze; es war drückend heiß; die Meldung drückte auf die Stimmung *(drückte sie herunter, beeinträchtigte sie);* der Film drückt auf die Tränendrüse (ugs.; *ist sehr rührselig, will Rührung hervorrufen);* **Sport:** der Gegner drückte ständig [auf das Tor]; die englische Mannschaft war, spielte drückend überlegen. **b)** ⟨jmdn., etwas d.⟩ *pressen:* bei Alarm bitte Knopf drücken; die Mutter drückt das Kind *(preßt es an sich, umschließt es eng);* ⟨jmdm. etwas d.⟩ er drückte ihm fest die Hand. **c)** ⟨etwas aus etwas d.⟩ *herauspressen, -quetschen:* den Saft aus der Zitrone d.; er versuchte, den Eiter aus der Wunde zu d. **d)** ⟨jmdn., sich, etwas d.; mit Raumangabe⟩ *unter Anwendung von Kraft irgendwohin bewegen, bringen:* jmdn. zur Seite, auf einen Stuhl d.; den Stempel, das Siegel auf die Urkunde d.; die Nase an die Scheibe d.; sie drückte ihr Gesicht in die Kissen und weinte; jmdn. ans Herz, an seine Brust, an sich d.; er hatte den Hut tief in die Stirn gedrückt; er drückte sich verstohlen ins Dunkel der Toreinfahrt; ⟨jmdm. etwas d.; mit Raumangabe⟩ jmdm. einen Kuß auf die Wange d.; er drückte ihm einen Zehnmarkschein in die Hand. **2.** *etwas [ist zu eng und] ruft ein Druckgefühl hervor:* **a)** ⟨etwas drückt⟩ der Rucksack, der Helm drückt; drücken diese Schuhe an den Zehen? **b)** ⟨etwas drückt jmdn.⟩ die Brille drückt mich [an den Ohren, an der Nase]; die Schuhe haben mich schon immer gedrückt. **3.** (geh.) ⟨etwas drückt jmdn.⟩ *etwas lastet schwer auf jmdm., bedrückt jmdn.:* seine schwere Schuld, das schlechte Gewissen drückt ihn; jahrelang hatten ihn die Sorgen gedrückt; drückende Schulden. **4. a)** (Fliegerspr.) ⟨etwas d.⟩ *nach unten steuern:* der Pilot drückte die Maschine. **b)** ⟨etwas d.⟩ *herabsetzen, verringern:* das Niveau d.; die Kosten, die Miete d.; die erhöhten Einfuhren drücken stark die Preise; er hat den Rekord, die Rekordzeit um zwei Sekunden gedrückt *(unterboten).* **c)** (ugs.) ⟨jmdn. d.⟩ *jmds. Entfaltung verhindern, jmdn. nicht hochkommen lassen:* der Lehrer drückt den Schüler ständig. **5.** (ugs.) **a)** ⟨sich d.; mit Raumangabe⟩ *unauffällig verschwinden:* sich stillschweigend aus dem Saal, um die nächste Ecke d. **b)** ⟨sich d.⟩ *eine Arbeit nicht machen wollen, einer Verpflichtung nicht nachkommen:* sich zu d. versuchen; er drückt sich gern [vor/von der Arbeit]. **6.** (Kartenspiel) ⟨etwas d.⟩ *verdeckt ablegen:* er hat zwei Asse, Herz gedrückt ⟨auch ohne Akk.⟩: hast du schon gedrückt?; ich muß noch d. **7.** (Gewichtheben) ⟨etwas d.⟩ *in bestimmter Weise stemmen:* er drückt 280 kg, die Hantel zur Hochstrecke; s u b s t.: er ist Meister im beidarmigen Drücken.

drum (ugs.) ⟨Adverb⟩: **1.** *darum:* ich d. drücken; er will sich d. kümmern. **2.** *deshalb:* er hat mehrmals abgesagt, d. lade ich ihn schon gar nicht mehr ein. * (ugs.:) ...was drum und dran ist *(... was dazugehört, was damit in Verbindung steht):* alles, was d. und dran ist · (ugs.:) **das ganze/alles Drum und Dran** *(alles, was dazugehört).*

drunter ⟨Adverb⟩ (ugs.): *darunter:* er wohnt ein Stockwerk d.; der Preis liegt etwas d. * (ugs.:) **es/ alles geht drunter und drüber** *(es herrscht heillose Unordnung, Verwirrung).*

du ⟨Personalpronomen⟩; **2.** Person Singular Nom.⟩: **a)** /vertraute Anrede/: du hast recht; ich weiß nicht, was du willst; du alter Gauner; jmdn. du nennen, mit du anreden; zu zueinander sagen; [mit jmdm.] per du sein; mit jmdm. auf du und du stehen; Lieber Max! Wann besuchst Du uns einmal? /im Brief/; R: wie du mir, so ich dir; s u b s t.: das vertraute Du; jmdm. das Du anbieten; beim Du bleiben. **b)** *man:* du kannst machen, was du willst, es wird nicht besser.

ducken: 1. a) ⟨sich d.⟩ *den Kopf einziehen und sich klein machen:* sich vor einem harten Schlag d.; sich hinter eine Mauer, in eine Ecke d.; in geduckter Haltung. **b)** (seltener) ⟨etwas d.⟩ *einziehen:* den Kopf d. **2.** (ugs.) **a)** ⟨sich d.⟩ *sich unterwürfig verhalten, sich ergeben zeigen, sich demütigen:* er widerspricht nie, sondern duckt sich immer. **b)** ⟨jmdn. d.⟩ *jmdn. demütigen, einschüchtern, neben sich nicht hochkommen lassen:* er ist in seinem Leben immer nur geduckt worden; den Burschen werde ich noch gründlich d.

Duft, der: *als angenehm empfundener Geruch:* ein herber, feiner, süßer, zarter, lieblicher D.; der D. des Parfüms verfliegt rasch; einen angenehmen D. verbreiten, ausströmen, haben; ü b e r t r.: der D. *(die Atmosphäre)* der weiten Welt.

duften: a) *Duft verbreiten:* die Blumen duften stark; ein angenehm duftendes Parfüm. **b)** ⟨nach etwas d.⟩ *einen bestimmten, für etwas charakteristischen Duft haben, verbreiten:* die ganze Wohnung duftet nach frischem Gebäck; es duftet nach Flieder; (iron.:) er duftet nach Schnaps.

duftig: 1. *fein und leicht, hauchzart:* duftige Kleider, Spitzen; ein duftiges Lila; die Bluse ist, wirkt d. **2.** (geh.) *in feinen Dunst gehüllt, dunstartig.* in duftiger Ferne.

dulden: 1. a) ⟨etwas d.⟩ *zulassen, gelten lassen:* etwas stillschweigend d.; keinen Widerspruch d.; Ausnahmen werden nicht geduldet; ich dulde [es] nicht, daß du weggehst; die Arbeit hat keinen Aufschub geduldet. **b)** ⟨jmdn. d.; mit Raumangabe⟩ *jmdn. sich irgendwo aufhalten lassen:* sie duldeten ihren Verwandten nicht in ihrer Mitte, in ihrem Haus; wir sind hier nur geduldet *(nicht gern gesehen).* **2.** (geh.) **a)** *leiden, Schweres mit Gelassenheit ertragen:* standhaft, still, ergeben d.; er duldet, ohne zu klagen. **b)** ⟨etwas d.⟩ *ertragen, über sich ergehen lassen:* sie mußte viel Leid d.; Not und Verfolgung d.

duldsam: *tolerant:* ein duldsamer Mensch; d. sein; sich d. gegen Andersdenkende zeigen.

dumm: 1. a) *nicht klug, unintelligent:* ein dummer Mensch; sie ist eine dumme Gans, Pute (ugs.; *ein einfältiges Mädchen*); jmdn. wie einen dummen Jungen behandeln; er ist [so] d. wie Bohnenstroh; so d., daß er brummt, dümmer als die Polizei erlaubt (ugs.; *er ist ziemlich einfältig, nicht sehr intelligent*); er ist nicht so d., wie er aussieht; sich d. stellen (ugs.; *so tun, als ob man nichts wüßte, jmds. Anspielung o. ä. nicht verstünde*); da müßte ich schön d. sein (ugs.; *darauf lasse ich mich ein, da mach ich nicht mit*); jmdm. d. kommen (ugs.; *zu jmdm. frech, unverschämt werden*); R: d. geboren, nichts dazugelernt (ugs.; *erschreckend dumm, unklug*) s u b s t.: immer wieder einen Dummen *(jmdn., der sich für etwas hergibt, der auf etwas hereinfällt)* finden; nicht immer den Dummen *(denjenigen, der sich für etwas hergibt)* machen, spielen wollen. R: die Dummen werden nicht alle. **b)** *in seinem Verhalten wenig Überlegung zeigend, unklug im Handeln:* das war d. von dir, ihm das zu sagen; sei nicht so d., und nimm das Angebot an!; er war d. *(naiv)* genug, darauf hereinzufallen. **c)** (ugs.) *töricht, albern:* dummes Gerede, Geschwätz; rede kein dummes Zeug!; dumme Bemerkungen, Witze; er machte ein dummes Gesicht; nur dumme Gedanken im Kopf haben; die Sache wurde mir einfach zu d.; das ist aber d.; zu d.!; wie d.!; jmdn. d. anstarren. **2.** (ugs.) *in ärgerlicher Weise unangenehm:* die dumme Angewohnheit; das ist eine dumme Geschichte; das hätte für dich ganz d. ausgehen können; wenn er nicht kommt, stehen wir [ganz schön] d. da (ugs.; *sind wir in einer ziemlich unangenehmen, peinlichen Lage*); s u b s t.: so etwas Dummes; mir ist etwas Dummes passiert; etwas Dummes anstellen. **3.** (ugs.) *benommen, schwindlig:* mir ist d. im

Kopf; der Lärm machte uns ganz d. * (ugs.:) **der Dumme sein** *(der Benachteiligte sein, den Schaden tragen)* · (ugs.:) **jmdm. ist, wird etwas zu dumm** *(jmds. Geduld ist am Ende)* · (ugs.:) **sich nicht für dumm verkaufen lassen** *(sich nichts einreden, vormachen, sich nicht täuschen lassen)* · (ugs.:) **dumm und dämlich** *(bis an die Grenze des Erträglichen, sehr lange):* sich d. und dämlich suchen, reden. **Dummheit,** die: 1. *mangelnde Intelligenz:* seine D. ist schon sprichwörtlich; S p r i c h w.: D. und Stolz wachsen auf einem Holz · etwas aus D. verraten, sagen; mit D. geschlagen sein (ugs.). 2. *unkluge Handlung:* das war eine große D. von dir; eine D. begehen; macht keine Dummheiten!; nur lauter Dummheiten im Kopf haben.
dumpf: 1. *dunkel und gedämpft klingend:* ein dumpfer Trommelwirbel; das dumpfe Rollen des Donners; dumpf aufprallen; etwas klingt d. 2. *muffig, moderig:* ein dumpfes Zimmer, Gewölbe; die Luft, der Keller ist ganz d.; das Mehl ist, schmeckt, riecht d. 3. *stumpfsinnig, lähmend:* die dumpfe Atmosphäre der Elendsviertel; in dumpfem Brüten, Schweigen, in dumpfer Gleichgültigkeit dasitzen; er blickte d. vor sich hin. 4. *nicht klar ausgeprägt, nur undeutlich [hervortretend]:* ein dumpfes Gefühl haben; einen dumpfen Schmerz verspüren; eine dumpfe Ahnung von etwas haben; mein Kopf ist ganz d. *(benommen).*
düngen: a) ⟨etwas d.⟩ *mit Dünger versehen:* Äkker, Pflanzen kräftig, mit Mist d.; gut gedüngte Erde. **b)** ⟨etwas düngt⟩ *etwas wirkt als Dünger:* das faule Laub düngt.
dunkel: 1. *finster, ohne [viel] Licht:* eine dunkle Straße; in dunkler Nacht; im dunklen Wald; das Zimmer ist [mir] zu d. *(es bekommt zu wenig Tageslicht);* im Keller, in der Höhle ist es ganz d.; es wird d. *(es wird Abend);* plötzlich wurde es d. *(ging das Licht aus);* s u b s t.: im Dunkeln sitzen; sich im Dunkeln *(in der Dunkelheit)* zurechtfinden; R: im Dunkeln ist gut munkeln; ü b e r t r.: *finster, trübe, unerfreulich:* das war der dunkelste Tag in seinem Leben; ein dunkles Kapitel der Geschichte. 2. *nicht leuchtend, in der Farbe sich dem Schwarz nähernd:* dunkle Farben; ein dunkles Rot; dunkle Kleidung; einen dunklen Anzug tragen; dunkles Haar; von dunkler Hautfarbe; der dunkle Erdteil *(Afrika);* dunkles Brot, Bier; die Tapete ist mir zu d.; s u b s t.: Herr Ober, bitte ein Dunkles (ugs.; *dunkles Bier*). 3. *(in bezug auf Klang und Stimme) nicht hell, tief:* eine dunkle Stimme haben; ein dunkler Vokal; d. klingen, tönen. 4. *unbestimmt, undeutlich; unklar:* eine dunkle Ahnung, Vorstellung von etwas haben; einen dunklen Verdacht haben; dunkle Andeutungen machen; sich d. an etwas erinnern; jmdn. im dunkeln *(im ungewissen)* lassen; im dunkeln *(anonym)* bleiben; etwas liegt noch im dunkeln *(ist noch ungewiß).* 5. *undurchschaubar, zweifelhaft:* dunkle Gestalten; dunkle Geschäfte machen; das Geld kam aus dunklen Quellen, floß in dunkle Kanäle; es gibt einen dunklen Punkt in seinem Leben; etwas ist [von] dunkler Herkunft. * **im dunkeln tappen** *(in einer aufzuklärenden Sache noch keinen Anhaltspunkt haben).*
Dunkelheit, die: *Finsternis, lichtloser Zustand:* eine tiefe, unheimliche D.; die D. überraschte uns; die D. senkt sich herab (geh.); bei einbre-

chender D./bei/nach Einbruch der D.; der Dieb entkam im Schutze der D.
dünken (geh. veraltend): **a)** ⟨jmdn./(seltener:) jmdm. dünkt [es], mit Nebensatz oder mit Infinitiv mit zu⟩ *jmdm. scheint es:* mich/mir dünkt das Angebot günstig [zu sein]; es dünkt mich/mir, wir haben keinen Erfolg. **b)** ⟨sich dünken; mit Artangabe⟩ *sich für etwas halten:* er dünkt sich etwas Besseres, ein Held [zu sein]; er dünkte sich, ...
dünn: 1. *von geringem Umfang, von geringer Stärke, Dicke:* ein dünner Ast; ein dünnes Brett, Blech, Buch; sie hat dünne *(magere)* Beine; etwas in dünne Scheiben schneiden; die Wand, die Eisdecke, das Eis ist sehr d.; er ist d. geworden (ugs.; *abgemagert);* sich d. machen (scherzh.; *sich schlank machen und weniger Platz beanspruchen).* 2. **a)** *von geringer Dichte:* ein dünner Vorhang, Schleier; ein dünnes *(nicht warmes)* Kleid; du bist zu d. *(nicht warm genug)* angezogen; dünne Strümpfe, Hemden; dünnes Haar haben; ü b e r t r.: die Luft wird in großer Höhe immer dünner. **b)** ⟨in Verbindung mit einem 2. Part.⟩ *schwach; wenig:* das Land ist d. besiedelt, bewachsen. **c)** *nicht dick:* die Farbschicht ist sehr d.; die Farbe, Salbe, den Lack d. auftragen. 3. *nicht gehaltvoll, wäßrig:* eine dünne Suppe; dünner Tee; der Kaffee ist ziemlich d.; ü b e r t r.: eine dünne Mehrheit; der Beifall, das Angebot war d. (ugs.; *mäßig).* * **dünn gesät sein** *(selten sein).*
dünnmachen, (auch:) **dünnemachen** (ugs.) ⟨sich d.⟩: *weglaufen, heimlich verschwinden:* die Burschen haben sich längst dünngemacht.
Dunst, der: **a)** *von Rauch oder Nebel erfüllte, wie ein feiner Schleier wirkende Luft:* starker, bläulicher D.; ein feiner D. liegt über der Stadt; die Berge liegen im D., sind in D. gehüllt (geh.). **b)** *warme, schlechte Ausdünstung, Luft, starker Geruch:* gefährliche, giftige Dünste stiegen auf; der D. von Pferden; die Wohnung ist erfüllt von D. aus Speisen. * (ugs.:) **jmdm. blauen Dunst vormachen** *(jmdm. etwas vorgaukeln)* · (ugs.:) **keinen [blassen] Dunst von etwas haben** *(von etwas überhaupt nichts wissen).*
durch /vgl. durchs/: **I.** ⟨Präp. mit Akk.⟩ 1. **a)** *(räumlich)/kennzeichnet eine Bewegung, die auf der einen Seite in etwas hinein- und auf der anderen Seite wieder hinausführt/:* d. die Tür gehen; das Geschoß drang d. den rechten Oberarm; etwas in Sieb gießen; d. die Nase atmen, sprechen. **b)**/kennzeichnet eine [Vorwärts]bewegung in ihrer ganzen räumlichen Ausdehnung/: d. das Wasser waten; d. die Straßen, d. den Park bummeln; er ist auf einem Rundgang d. das Werk; ü b e r t r.: mir schießt ein Gedanke d. den Kopf. 2. **a)** *mittels* /gibt die vermittelnde, bewirkende Person, das Mittel, den Grund, die Ursache an/: etwas d. Boten, d. die Post schicken; etwas d. Lautsprecher bekanntgeben; ein Land d. Deiche schützen; er hat das d. Fleiß erreicht; d. einen Freund habe ich noch drei Karten bekommen; etwas d. eine Bürgschaft gedeckt; etwas d. das Los entscheiden; M a t h.: 6 durch 3 = 2. **b)** *von* /in passivischen Sätzen, wenn es sich nicht um den eigentlichen, den unmittelbaren Urheber oder Träger des Geschehens handelt/: das Haus wurde durch Bomben zerstört. 3. (zeitlich) *meist nachgestellt)*

hindurch, über einen gewissen Zeitraum hinweg: den Winter, das ganze Jahr d.; er hat sich d. viele Jahre bewährt. **II.** (ugs.) ⟨Adverb⟩ **1.** *vorbei/bei Zeitangaben/:* es ist schon 3 Uhr d. **2.** *durchgebraten:* ich hätte das Steak gerne d. * **durch und durch** *(völlig; ganz und gar):* d. und d. naß · (ugs.:) **etwas geht jmdm. durch und durch** *(etwas tut jmdm. weh):* der Schrei ging mir d. und d.

durcharbeiten: 1. *ohne Pause arbeiten:* heute müssen wir d., wird durchgearbeitet. **2.** ⟨etwas d.⟩ **a)** *intensiv bearbeiten:* Teig d.; beim Massieren werden die Muskeln kräftig durchgearbeitet. **b)** *gründlich lesen und auswerten:* ein wissenschaftliches Werk, Akten d. **3.** ⟨etwas d.⟩ *bis ins Detail ausarbeiten:* einen Aufsatz d.; ich muß das Manuskript noch einmal gründlich d. **4.** (ugs.) ⟨sich d.; mit Raumangabe⟩ *sich hindurchzwängen:* sich mühsam durch die Menge, bis zum Ausgang d.

durchaus ⟨Adverb⟩: **a)** *unbedingt, unter allen Umständen:* er möchte d. mitkommen. **b)** *völlig; ohne weiteres; sehr wohl:* das ist d. richtig, möglich; nein, d. nicht *(keinesfalls);* ich bin d. *(ganz und gar)* Ihrer Meinung.

¹**durchbeißen: 1.** ⟨etwas d.⟩ *durch Beißen zertrennen:* eine Schnur, einen Faden d.; er hat das Stück Schokolade durchgebissen. **2.** (ugs.) ⟨sich d.⟩ *sich durchkämpfen:* sich durch die Lehre d.; man muß sich einfach d.

²**durchbeißen** ⟨jmdm. etwas d.⟩: *mit den Zähnen zerbeißen:* der Iltis durchbiß den Hühnern die Hälse; mit durchbissener Kehle.

durchblättern, (auch:) **durchblättern** ⟨etwas d.⟩: *flüchtig durchsehen:* eine Illustrierte d.; er hat die Akten durchgeblättert/durchblättert.

durchblicken 1. ⟨durch etwas d.⟩: *hindurchsehen:* durch das Fernglas, das Mikroskop, durch ein Loch im Zaun d. **2.** (ugs.) *etwas verstehen, durchschauen:* er blickt durch; das ist so wirr, da blickt keiner mehr durch. * **etwas durchblicken lassen** *(etwas andeuten):* er ließ d.,

¹**durchbohren: a)** ⟨etwas d.⟩ *durch etwas hindurchbohren:* ein Brett d. **b)** ⟨etwas d.⟩ *durch Bohren herstellen:* ein Loch [durch die Wand] d. **c)** ⟨sich d.⟩ *sich durcharbeiten:* der Wurm hat sich [durch das Holz] durchgebohrt.

²**durchbohren** ⟨jmdn., etwas d.⟩ *durchdringen:* mehrere Kugeln durchbohrten das Brett; sie hatten ihn mit einem spitzen Pfahl durchbohrt; übertr.: jmdn. mit Blicken d.

¹**durchbrechen: 1.** ⟨etwas d.⟩ *in zwei Teile brechen:* ein Stück Brot, eine Tafel Schokolade [in der Mitte] d.; der Knochen ist durchgebrochen. **b)** ⟨etwas bricht durch⟩ *etwas bricht auseinander, in zwei Teile:* das Brett bricht im der Sitz ist in der Mitte durchgebrochen. **c)** *einbrechen und nach unten sinken:* er ist durch die Eisdecke, durch den Bretterboden durchgebrochen. **2.** ⟨etwas d.⟩ **a)** *eine Öffnung in etwas brechen, schlagen:* eine Wand d. **b)** *(durchbrechend) schaffen:* wir haben eine Tür, ein Fenster durchgebrochen. **3.** *durch etwas dringen:* der erste Zahn ist bei dem Kind durchgebrochen; überall brachen die Knospen durch; der Feind ist an drei Frontabschnitten durchgebrochen; Sport: der Mittelstürmer war plötzlich durchgebrochen und schoß das Führungstor; übertr.: seine wahre Natur ist jetzt durchgebrochen *(zutage getreten).*

²**durchbrechen** ⟨etwas d.⟩ **a)** *[gewaltsam] überwinden:* die Fluten durchbrachen die Deiche; das Flugzeug hat die Schallmauer durchbrochen; eine Absperrung, eine Blockade d. **b)** *sich von etwas frei machen:* alle Konventionen, ein Verbot, ein Tabu, ein Prinzip d.

durchbrennen: 1. ⟨etwas brennt durch⟩ **a)** *etwas geht durch zu starke Hitze-, Strombelastung entzwei:* die Sicherung, die [Glüh]birne, das Kabel ist durchgebrannt. **b)** *etwas brennt vollständig:* die Kohlen müssen erst d. **c)** *etwas brennt dauernd:* wir lassen den Ofen, das Licht [Tag und Nacht] d. **2.** (ugs.) *sich davonmachen; ausreißen:* von zu Hause, mit einem Mädchen, mit den Tageseinnahmen d.; ⟨jmdm. d.⟩ seine Frau ist ihm [mit einem anderen] durchgebrannt.

durchbringen: 1. a) ⟨jmdn., sich d.⟩ *dafür sorgen, daß das Lebensnotwendige vorhanden ist:* sich gut, ehrlich, schlecht und recht d.; sie hat die Kinder, die Familie mit Heimarbeit durchgebracht. **b)** ⟨jmdn. d.⟩ *erreichen, daß jmd. eine Krise übersteht und wieder gesund wird:* die Ärzte hoffen, den Kranken durchzubringen. **2.** (ugs.) ⟨jmdn., etwas d.⟩ *über die Grenze, durch die Kontrolle bringen:* bis jetzt haben sie alle Flüchtlinge, alle Waren durchgebracht. **3.** ⟨jmdn., etwas d.⟩ *durchsetzen:* einen Kandidaten d.; die Regierung hat im Parlament das Gesetz gegen die Stimmen der Opposition durchgebracht. **4.** (ugs.) ⟨etwas d.⟩ *etwas verschwenden:* die Ersparnisse, sein ganzes Vermögen in kurzer Zeit d.

Durchbruch, der: **a)** *das Durchbrechen:* der D. der ersten Zähne; der D. des Blinddarms, eines Abszesses (Med.); der D. durch die feindlichen Linien ist geglückt; einen D. wagen, erzwingen, vereiteln; übertr.: der D. vornehmen, machen; ihm gelang der D. zur internationalen Spitzenklasse; einer Sache zum D. *(Erfolg)* verhelfen; eine Idee kommt zum D. *(setzt sich durch);* der Sänger hat den D. geschafft. **b)** *Stelle des Durchbrechens:* der D. des Flusses durch das Gebirge; es wurden mehrere Durchbrüche im Deich entdeckt; ein D. in der Mauer.

durchdenken, (auch:) **durchdenken** ⟨etwas d.⟩: *gründlich erwägen:* ein gut durchdachter Plan; er hat den Beweis bis zur letzten Klarheit durchdacht/durchgedacht.

durchdrehen: 1. ⟨etwas d.⟩ *durch eine Maschine drehen:* Fleisch, Gemüse d. **2.** (ugs.) *die Nerven verlieren:* wenn er so weitermacht, wird er bald d.; vor dem Examen hat er/(seltener:) ist er durchgedreht; völlig durchgedreht *(kopflos)* sein.

¹**durchdringen: 1.** ⟨etwas dringt durch etwas durch⟩ *etwas kommt durch etwas durch:* der Regen drang durch die Decke, die Sonne ist heute kaum durchgedrungen; adj. Part.: der Geruch war durchdringend *(in unangenehmer Weise intensiv);* ein durchdringendes Geräusch; übertr.: das Gerücht ist bis zur Direktion durchgedrungen. **2.** ⟨mit etwas d.⟩ *sich mit etwas durchsetzen:* mit diesem Plan wirst du nicht d.; er ist bei der Behörde damit durchgedrungen; mit seiner Stimme nicht d.; ⟨auch ohne Präp.-Obj.⟩ nicht d. können *(sich nicht verständlich machen können).*

²**durchdringen: 1.** ⟨etwas d.⟩ *durch etwas hindurchdringen:* die Strahlen können dickste Wände d.; ein Feuerschein durchdrang die

Nacht. 2. (geh.) ⟨jmdn. d.⟩ *erfüllen, ergreifen:* diese Idee hat ihn völlig durchdrungen; jmd. ist von der Überzeugung durchdrungen, daß ...

durchdrücken ⟨etwas d.⟩: **1.** *durchpressen:* Quark [durch ein Tuch, durch ein Sieb], gekochtes Obst d. **2.** *so strecken, daß es eine Gerade bildet:* die Knie, den Ellbogen, das Kreuz d.; mit durchgedrückten Knien. **3.** (ugs.) *gegen Widerstand durchsetzen:* seinen Willen d.; ein Gesetz im Parlament, eine Änderung [gegen starken Widerstand] d.; er hat durchgedrückt, daß ...

durcheinander ⟨Adverb⟩: *völlig ungeordnet:* hier ist alles völlig d.; alles d. *(wahllos)* essen. * (ugs.:) **[ganz] durcheinander sein** *(verwirrt sein).*

Durcheinander, das: **1.** *Unordnung:* in der Wohnung herrschte ein fürchterliches D. **2.** *Verwirrung, Chaos:* es gab ein heilloses D.; im allgemeinen D. konnte der Dieb entkommen.

¹durchfahren: 1. *ohne größere Unterbrechung direkt ans Ziel fahren:* wir sind [die Nacht, heute nacht] durchgefahren; der Zug ist [bis Rom] durchgefahren; wir konnten mit dem Zug d. *(brauchten nicht umzusteigen).* **2.** *vorbeifahren, passieren:* am Tage fahren hier zehn Züge durch; der Bus ist durchgefahren.

²durchfahren: 1. ⟨etwas d.⟩ *eine Strecke fahrend zurücklegen:* die Strecke muß zwanzig Mal d. werden; er hat den Kurs in zwölf Minuten durchfahren. **2.** ⟨etwas d.⟩ *im Fahrzeug durchqueren:* ein Gebiet, ein Tal d.; wir haben das Land kreuz und quer durchfahren. **3.** ⟨etwas durchfährt jmdn.⟩ *etwas wird jmdm. bewußt und ruft eine Reaktion hervor:* ein Schreck, ein Gedanke durchfahren ihn.

Durchfall, der: **1.** *Diarrhö:* D. haben, bekommen; ein Mittel gegen den D. **2.** *Reinfall:* die Oper erlebte einen totalen D.

¹durchfallen: 1. ⟨durch etwas d.⟩ *hindurchfallen:* die kleinen Steine fallen durch den Rost durch. **2.** (ugs.) **a)** *nicht bestehen:* er ist in/bei der Prüfung] durchgefallen; bei der Wahl d. *(nicht gewählt werden).* **b)** *keinen Erfolg haben:* das Stück ist [beim Publikum] durchgefallen.

²durchfallen ⟨etwas d.⟩ *eine Strecke fallend durchmessen:* der Fallschirmspringer hat 1000 m in zehn Sekunden durchfallen.

¹durchfliegen (ugs.): *durchfallen:* er ist im Abitur durchgeflogen.

²durchfliegen: 1. ⟨etwas d.⟩ **a)** *fliegend durchmessen:* die Rakete hat die vorgeschriebene Bahn durchflogen. **b)** *fliegend durchstoßen:* das Flugzeug hat die Wolken durchflogen. **2.** (ugs.) ⟨etwas d.⟩ *flüchtig lesen:* ich habe das Buch, den Brief nur durchflogen.

durchführen: 1. ⟨jmdn. durch etwas d.⟩ *durch etwas begleiten, geleiten:* er hat uns durch das ganze Anwesen, durch die Räume durchgeführt. **2.** ⟨etwas d.⟩ **a)** *verwirklichen:* ein Vorhaben, einen Plan, einen Beschluß d.; die Idee ist zwar faszinierend, aber das läßt sich nicht d. **b)** *ausführen:* eine Arbeit, Operation, Messungen d.; wir haben die Untersuchung mit aller Strenge durchgeführt. **3.** ⟨etwas d.⟩ *veranstalten, stattfinden lassen:* ein Spiel, eine Abstimmung d.; die Veranstaltung konnte ohne Störungen durchgeführt werden.

Durchgang, der: **1. a)** *das Durchgehen:* D. verboten, nicht gestattet; D. durch die Unterführung; A s t r o n.: der D. *(das Vorbeiziehen)* des

Planeten durch die Sonne. **b)** *Weg zum Durchgehen:* ein schmaler D.; kein öffentlicher D.; ein D. für Fußgänger und Radfahrer; der D. ist gesperrt. **2.** *eine von mehreren Phasen eines Geschehens, eines Ablaufs:* der erste D. einer Versuchsreihe; der Kandidat unterlag im zweiten D. der Wahl; S p o r t.: die Stürmer vergaben im zweiten D. *(Spielabschnitt)* die besten Chancen.

durchgeben ⟨etwas d.⟩: *durchsagen, übermitteln:* einen Befehl d.; die Nachricht im/über Rundfunk, per/über Telefon d.; die Anweisung wurde an die Zentrale durchgegeben; ⟨jmdm. etwas d.⟩ diese Entscheidung wurde uns erst am nächsten Morgen telefonisch durchgegeben.

durchgehen: 1. a) *durch etwas gehen, etwas passieren:* der Bach ist so flach, daß man d. kann; vor jmdm. [durch die Tür] d.; wir sind ohne Kontrolle durch die Sperre durchgegangen. **b)** ⟨etwas geht durch⟩ *etwas durchdringt etwas:* der Regen ist [durch die Plane] durchgegangen. **c)** (ugs.) *durch etwas hindurchkommen:* der Faden geht [durch die Nadel] durch; das Klavier ist nicht durch die Tür durchgegangen. **2. a)** ⟨etwas geht durch⟩ *etwas fährt direkt zum Ziel:* der Zug ist bis Rom durchgegangen; adj. Part.: ein durchgehender Zug, Wagen. **b)** ⟨etwas geht durch⟩ *etwas dauert ohne größere Pause:* die Sitzung ist bis zum Abend durchgegangen; adj. Part.: wir haben durchgehend geöffnet. **c)** ⟨etwas d.⟩ *bis zu einem bestimmten Punkt auf dem eingeschlagenen Weg weitergehen:* bitte d.!; gehen Sie die Straße gerade durch bis zu der Kirche. **3.** ⟨etwas geht durch⟩ *etwas wird angenommen, akzeptiert, hingenommen:* das Gesetz, der Antrag ist ohne Schwierigkeiten, glatt (ugs.) [im Parlament] durchgegangen; die Sache ging ohne Beanstandungen durch; ⟨etwas d. lassen⟩ ich werde es noch einmal d. lassen, daß du meine Sachen benutzt hast; der Schiedsrichter hat bei der Mannschaft viele Unsportlichkeiten d. lassen; ⟨jmdm. etwas d. lassen⟩ er hat ihm allerhand d. lassen. **4.** ⟨etwas d.⟩ *in allen Einzelheiten durcharbeiten:* etwas Punkt für Punkt, Wort für Wort d.; wir wollen die Rechnung noch einmal [miteinander] d.; der Lehrer ist/(selten:) hat die Arbeit mit den Schülern durchgegangen. **5.** (ugs.) *davonlaufen, sich davonmachen:* die Pferde gehen durch *(gehorchen nicht mehr den Zügeln und galoppieren davon);* ⟨mit etwas d.⟩ der Bote ist mit dem Geld durchgegangen; ⟨jmdm. d.⟩ seine Frau ist ihm durchgegangen. **6.** ⟨etwas geht jmdm./mit jmdm. durch⟩ *etwas entzieht sich jmds. Kontrolle, übermannt jmdn.:* ihm gingen die Nerven d.; sein Temperament ging mit ihm durch. **7.** ⟨etwas geht durch⟩ *etwas verläuft von Anfang bis Ende durch etwas:* der Streifen, Faden geht durch; adj. Part.: ein Kleid mit durchgehender Knopfleiste; an durchgehenden *(nicht unterbrochenen)* Linien darf nicht überholt werden; übertr.: dieses Motiv geht durch das ganze Werk durch.

¹durchglühen: ⟨etwas glüht durch⟩ **1.** *etwas brennt durch und geht entzwei:* der Draht, die Heizspirale ist völlig durchgeglüht. **2.** *etwas glüht vollständig:* die Kohlen müssen erst d.

²durchglühen (geh.): ⟨etwas durchglüht jmdn.⟩ *etwas erfüllt jmdn. gänzlich:* Begeisterung durchglühte ihn; von Leidenschaft durchglüht sein.

durchgreifen: *drastische Maßnahmen ergreifen:* rücksichtslos, scharf d.; der Schiedsrichter hat energisch durchgegriffen; **adj. Part.:** durchgreifende *(einschneidende)* Maßnahmen, Änderungen.
durchhalten: a) *einer Belastung standhalten:* die verschütteten Bergleute haben durchgehalten, mußten noch einige Stunden d. **b)** ⟨etwas d.⟩ *aushalten, überstehen:* einen Kampf, einen Streik d.; das halte ich [gesundheitlich] nicht durch.
durchhauen: 1. a) ⟨etwas d.⟩ *in zwei Teile hauen:* das Seil d.; er hieb/(ugs.:) haute den Ast durch; der Metzger hat den Knochen durchgehauen. **b)** ⟨sich d.⟩ *sich einen Weg bahnen:* wir hieben uns/(ugs.:) hauten uns, haben uns durch das Dickicht durchgehauen. **2.** (ugs.) ⟨jmdn. d.⟩ *verprügeln:* der Vater haute den Jungen durch; er hat den Jungen tüchtig durchgehauen. **3.** (ugs.) ⟨etwas d.⟩ *(in bezug auf elektrische Leitungen) zerstören:* der Blitz haute die Leitungen durch.
durchhecheln (ugs.) ⟨jmdn., etwas d.⟩: *über jmdn., über etwas klatschen:* beim Kaffeekränzchen wurden die Verwandten, die beiden Verlobten durchgehechelt.
¹durchkämmen ⟨etwas d.⟩: **1.** *kräftig kämmen:* das Haar, das Fell des Hundes d. **2.** *systematisch durchsuchen:* ein Gebiet [nach jmdm., etwas] d.; die Polizei hat das Gelände systematisch durchgekämmt.
²durchkämmen: *systematisch durchsuchen:* die Polizei durchkämmte den Wald, hat den Wald [nach den Ausbrechern] durchkämmt.
durchkommen: 1. (gewöhnlich mit Raumangabe) **a)** *trotz räumlicher Behinderung an sein Ziel gelangen:* der Bus kommt hier, durch die enge Straße nicht durch; es war voll und kaum [durch die Menge] durchzukommen; nur einer der Flüchtlinge war [durch die Sperren] durchgekommen. **b)** *vorbeifahren, passieren:* der Umzug ist noch nicht durchgekommen. **2.** (ugs.) **a)** *die Krise überwinden:* der Patient kann d.; er ist bei der Operation nicht durchgekommen. **b)** *eine Prüfung bestehen:* alle Kandidaten kamen durch; er ist beim Examen/durch das Examen [gerade noch] durchgekommen. **3. a)** *sein Ziel erreichen, Erfolg haben, weiterkommen:* im Leben, mit seinen Sprachkenntnissen d.; er ist bis jetzt überall gut durchgekommen; ich komme hier nicht durch *(weiß in dieser Arbeit nicht weiter);* mit dieser Methode kommt man immer, mit Englisch kommt man überall durch; mit dieser Entschuldigung kommst du bei ihm nicht durch *(er akzeptiert sie nicht).* **b)** (ugs.) ⟨mit etwas d.⟩ *mit etwas auskommen:* mit dem Gehalt komme ich im Monat gerade durch. **4.** (ugs.) ⟨etwas kommt durch⟩ *etwas wird durchgesagt, bekanntgegeben:* die Meldung vom Putsch kam in den Nachrichten durch; die Totoergebnisse sind noch nicht durchgekommen. **5.** (ugs.) *eine telefonische Verbindung bekommen:* ich bin [mit meinem Anruf] nicht durchgekommen; heute ist nicht durchzukommen. **6.** (ugs.) ⟨etwas kommt durch⟩ *etwas dringt irgendwo durch:* der Regen ist [durch die Decke] durchgekommen; die Sonne kommt durch.
¹durchkreuzen ⟨etwas d.⟩ *kreuzförmig durchstreichen:* Zahlen auf dem Lottoschein d.; Nichtzutreffendes bitte d.

²durchkreuzen ⟨etwas d.⟩: **1.** *etwas vereiteln:* jmds. Vorhaben, Absichten d.; der Vorfall hat alle meine Pläne durchkreuzt. **2.** *kreuz und quer durchfahren o. ä.:* Länder, die Meere d.
durchlassen: 1. ⟨jmdn., etwas d.⟩ *vorbeigehen, vorbeifahren lassen:* würden Sie mich bitte d.?; der Posten hat ihn ohne Ausweis nicht durchgelassen. **2.** ⟨etwas läßt etwas d.⟩ *etwas läßt etwas durchdringen:* der Vorhang läßt kein Licht durch; die Schuhe haben das Wasser durchgelassen.
¹durchlaufen: 1. a) *durch etwas laufen:* durch ein Tor, durch die Absperrung d. **b)** ⟨etwas läuft durch⟩ *etwas dringt, sickert durch:* Wasser lief [durch die Decke] durch; der Kaffee ist noch nicht ganz [durch den Filter] durchgelaufen. **2.** ⟨etwas d.⟩ *etwas durch Laufen verschleißen:* die Schuhe sind völlig durchgelaufen; durchgelaufene Sohlen; ⟨sich (Dativ) etwas d.⟩ ich habe mir die Hacken durchgelaufen *(wund gelaufen).* **3.** ohne [größere] Unterbrechung laufen: wir sind ohne Rast durchgelaufen. **4.** (gewöhnlich mit Raumangabe) *vorbei-, vorüberlaufen; passieren:* die Jogger sind hier durchgelaufen.
²durchlaufen: 1. ⟨etwas d.⟩ *durchqueren:* wir haben den ganzen Wald, die Stadt kreuz und quer durchlaufen. **b)** *zurücklegen:* er hat die 800 m in weniger als zwei Minuten durchlaufen; Astron.: die Erde durchläuft die Sonnenbahn in einem Jahr. **2.** ⟨etwas d.⟩ *absolvieren:* die höhere Schule bis zum Abitur d.; er hat alle Abteilungen während der Ausbildung durchlaufen; verschiedene Entwicklungsstufen d. **3.** (geh.) ⟨etwas durchläuft jmdn.⟩ *etwas erfaßt, erfüllt jmdn.:* uns durchlief ein Schauder, ein Grauen; mich hat es heiß und kalt durchlaufen.
durchlesen ⟨etwas d.⟩: *von Anfang bis Ende lesen:* einen Vertrag, eine Gebrauchsanweisung d.; ich habe den Brief noch nicht durchgelesen.
¹durchleuchten ⟨etwas leuchtet durch⟩: *etwas scheint, leuchtet durch etwas hindurch:* der helle Untergrund leuchtet [durch das Gewebe] durch.
²durchleuchten ⟨jmdn., etwas d.⟩: **1.** *mit Röntgenstrahlen untersuchen:* den Kranken, Materialproben d.; vor dem Verkauf müssen die Eier durchleuchtet werden; bei den Sicherheitskontrollen wurde das Gepäck durchleuchtet; ⟨jmdm. etwas d.⟩ der Arzt hat ihm den Magen, die Lunge durchleuchtet. **2.** ⟨etwas d.⟩ *kritisch betrachten, untersuchen:* einen Fall, eine Angelegenheit kritisch, bis ins kleinste d.; jmds. Charakter, Vergangenheit, politische Einstellung d.; übertr.: Personen, einen Bewerber für ein wichtiges Amt auf seine Vertrauenswürdigkeit hin d.
durchmachen: 1. ⟨etwas d.⟩ *durchstehen, erleiden:* viel, eine schwere Krankheit, schlechte Zeiten, schwere Jahre d.; im Leben allerhand durchgemacht, d. müssen. **2.** ⟨etwas d.⟩ *durchlaufen:* eine Lehre, eine gründliche Ausbildung, die Schule bis zu Ende d.; übertr.: eine Wandlung, bestimmte Entwicklung d. **3.** (ugs.) *über den üblichen Zeitpunkt hinaus tätig sein:* das Wochenende d. *(durcharbeiten);* wir haben die ganze Nacht durchgemacht *(durchgefeiert).*
Durchmesser, der: *durch den Mittelpunkt einer regelmäßigen flächigen oder räumlichen Figur verlaufende Sehne:* der D. eines Kreises, einer Kugel; der D. beträgt 50 cm; der Baumstamm hat ei-

nen D. von zwei Metern; den D. messen, berechnen; etwas mißt drei Meter im D.

durchnehmen ⟨etwas d.⟩: *etwas als Unterrichtsstoff behandeln:* einen Abschnitt gründlich, zum zweiten Mal[e] d.; der Lehrer hat heute im Unterricht, mit den Schülern die unregelmäßigen Verben durchgenommen; wir haben diese Lektion noch nicht durchgenommmen.

durchqueren ⟨etwas d.⟩: *von einem zum anderen Ende durchlaufen, durchfahren:* den Wald [auf dem kürzesten Wege], den Fluß, einen Erdteil d.; das Schiff hat den Ärmelkanal in einer halben Stunde durchquert.

durchreißen: 1. a) ⟨etwas d.⟩ *in zwei Teile reißen:* den Faden, das Papier d.; er hat das Heft in der Mitte durchgerissen. **b)** ⟨etwas reißt durch⟩ *etwas reißt entzwei, zerfällt in zwei Teile:* das Seil riß durch, ist durchgerissen. **2.** (militär.) ⟨[etwas] d.⟩ *(eine Schußwaffe) vorzeitig abdrücken:* er hat [das Gewehr] durchgerissen.

durchringen ⟨sich zu etwas d.⟩ *sich zu etwas entschließen:* sich zu einem Entschluß d.; sich zu der Überzeugung d., daß ...; er hat sich schließlich doch dazu durchgerungen, an der Aktion teilzunehmen.

durchs: *durch das:* d. Haus rennen; er ist d. Examen gefallen.

Durchsage, die: *Mitteilung über Lautsprecher, Rundfunk, Telefon:* eine dringende telefonische D.; die D. der Polizei; diese D. erfolgt ohne Gewähr; eine D. bringen; Ende der D.

durchsagen ⟨etwas d.⟩: **1.** *etwas über Lautsprecher, Rundfunk, Telefon mitteilen:* den Wetterbericht, die Sportergebnisse d. **2.** *in einer Gruppe eine Mitteilung von Person zu Person weitergeben:* das Stichwort, eine Parole d.

¹durchschauen: ⟨jmdn., etwas d.⟩ *in seinen Zielsetzungen, Zusammenhängen erkennen:* jmds. Plan, Absicht, Spiel d.; er hat die Hintergründe schnell durchschaut; jmdn. leicht d. [können] *(seine Beweggründe erkennen);* du bist durchschaut *(in bezug auf deine Absichten erkannt).*

²durchschauen (bes. südd., österr., schweiz.): *durchsehen:* laß mich auch einmal [durch das Fernglas] d.!

¹durchschlagen /vgl. durchschlagend/: **1. a)** ⟨etwas d.⟩ *mit einem Schlag durchtrennen, in zwei Teile zerschlagen:* er hat das Brett mit einem Hieb durchgeschlagen. **b)** ⟨etwas d. meist mit Raumangabe⟩ *hindurchschlagen:* hier muß ein Bolzen durchgeschlagen werden; einen Nagel [mit dem Hammer] d. **c)** ⟨etwas d.⟩ *durchbrechen:* sie haben die Wand durchgeschlagen, um eine Tür einzusetzen. **d)** ⟨etwas d.⟩ *durch ein Sieb streichen:* die gekochten Äpfel, Kartoffeln d. **2.** (ugs.) ⟨sich d.⟩: **a)** *sich durchbringen:* sich allein, kümmerlich, mühsam d.; irgendwie werden wir uns schon durchschlagen. **b)** ⟨meist mit Raumangabe⟩ *unter Überwindung von Hindernissen, Gefahren ein erstrebtes Ziel erreichen:* sich [zwischen den Fronten, durch das Kampfgebiet] durchschlagen; wir haben und bis zur Grenze durchgeschlagen. **3.** ⟨etwas schlägt durch⟩ **a)** *etwas dringt durch:* Wasser, Feuchtigkeit schlägt [durch die Wände] durch; das Fett hat durchgeschlagen; übertr. (ugs.): *sichtbar werden, zutage treten:* bei ihm schlägt das Temperament seines Vaters durch. **b)**

etwas wirkt abführend: dieses Obst, Mittel schlägt [bei ihm] durch. **c)** ⟨etwas schlägt auf jmdn., etwas durch⟩ *etwas wirkt sich auf jmdn., etwas aus:* die Verteuerung der Rohstoffe ist voll auf die Preise durchgeschlagen.

²durchschlagen ⟨etwas durchschlägt etwas⟩ *etwas dringt durch etwas:* mehrere Geschosse durchschlugen die Wand, haben die Wand durchschlagen; ⟨etwas durchschlägt jmdm. etwas⟩ der Schuß durchschlug ihm die Schulter.

durchschlagend: *überzeugend, entscheidend:* durchschlagende Beweise; der Erfolg war d.

¹durchschneiden ⟨etwas d.⟩ *in zwei Teile schneiden:* ein Brot in der Mitte d.; er hat das Blech glatt durchgeschnitten.

²durchschneiden ⟨etwas d.⟩: **1.** *schneidend durchtrennen:* er durchschnitt das Band; mit durchschnittener Kehle. **2.** *teilend durchdringen:* das Schiff durchschneidet die hohen Wellen; ein von vielen Tälern durchschnittenes Gebirge.

Durchschnitt, der: **1.** *mittleres Ergebnis in bezug auf Qualität, Quantität:* ein guter D.; der D. der Bevölkerung; der D. liegt bei 10 Prozent; 70 Prozent Wahlbeteiligung ist der D.; Math.: der D. *(Durchschnittswert)* von 5 und 7 ist 6 · etwas ist bestenfalls D., liegt über/unter dem D.; gerade [den] D. erreichen; nehmen wir den D., so ergibt sich ...; der Schüler gehört zum D., liegt unter/ über dem D.; er ruft im D. *(gewöhnlich)* zweimal in der Woche an. **2.** (fachspr.) *Querschnitt:* einen D. der Brücke, von dem Gebäude zeichnen, anfertigen.

durchschnittlich: 1. *dem Durchschnitt entsprechend; allgemein üblich, gewöhnlich:* das durchschnittliche Einkommen, Alter; die durchschnittliche Lebenserwartung; die durchschnittliche Leistung liegt bei 100 Stück pro Tag; er ruft d. dreimal in der Woche an; die Spieler sind d. nicht älter als 25 Jahre. **2.** *mittelmäßig, nicht besonders gut:* ein durchschnittliches Ergebnis; ein Mensch von durchschnittlicher Intelligenz; seine Leistung ist nur d.; er ist d. begabt.

durchsehen: 1. ⟨durch etwas d.⟩; gewöhnlich mit Raumangabe) *hindurchschauen:* laß mich einmal [durch das Fernglas] d.! **2.** ⟨etwas d.⟩ **a)** *prüfend lesen:* einen Brief, Text [noch einmal] d.; der Lehrer hat die Hefte noch nicht durchgesehen. **b)** *einsehen:* Akten, alte Zeitungen, die Post d. **3.** (ugs.) *klarsehen, überblicken:* in einer Sache noch nicht ganz d.; ich werde schon noch d.

durchsein (ugs.): **1.** *durchgefahren sein:* der Zug ist schon durch. **2.** *hindurchgelangt sein:* wir sind endlich durch das Gestrüpp durch. **3.** *ein Examen o. ä. bestanden haben:* er ist durch. **4.** *mit einer Arbeit o. ä. fertig sein:* bis morgen werde ich [mit der Sache, mit dem Buch] d. **5.** ⟨etwas ist durch⟩ *durchgelaufen, durchgescheuert sein:* der Hosenboden ist, die Schuhsohlen sind durch. **6.** *durchgezogen, durchgebraten sein:* der Käse, der Braten ist durch. * (ugs.:) **bei jmdm. unten d.** *(jmds. Wohlwollen verscherzt haben).*

¹durchsetzen ⟨jmdn., etwas d.⟩: **a)** *zum Erfolg verhelfen, bringen:* den eigenen Kandidaten, Pläne, seinen Willen, seinen Dickkopf (ugs.) d.; er hat seine Forderungen, Ansprüche durchgesetzt. **b)** ⟨sich d.⟩ *durchdringen, Erfolg haben:* er hat sich mit seiner Meinung nicht d. können;

diese Idee, Einsicht, Erkenntnis hat sich jetzt überall durchgesetzt.
²durchsẹtzen ⟨jmdn., etwas d.; meist im 2. Part. in Verbindung mit *sein*⟩ *in etwas hineinbringen, darin verteilen:* die Nahrung mit Konservierungsstoffen d.; die Luft war mit Staubpartikeln durchsetzt; die Betriebe sind mit/von Agitatoren durchsetzt; das Gestein ist mit Erz durchsetzt.
Durchsicht, die: **1.** *das Durchsehen:* eine genaue D. der Akten; bei D. unserer Bücher stellten wir fest, daß ...; etwas jmdm. zur D. vorlegen. **2.** *Durchblick:* jmdm. die D. verwehren, versperren; etwas verschlechtert, verbessert die D.
durchsichtig: a) *das Hindurchsehen ermöglichend:* ein durchsichtiges Gewebe; ihre Bluse ist d.; ü b e r t r.: sie hat eine durchsichtige *(sehr helle, blasse)* Haut; ein durchsichtiges Gesicht; etwas d., durchsichtiger *(verständlicher)* machen. **b)** *(in bezug auf die dahinterstehende Absicht) leicht durchschaubar:* ein durchsichtiger Plan; deine Absichten sind zu d.; S p o r t : das Spiel der Mannschaft war viel zu d. [angelegt].
durchsịckern ⟨etwas sickert durch⟩: **a)** *etwas sickert durch etwas:* der Regen sickert an mehreren Stellen durch; Blut sickerte durch den Verband durch; ü b e r t r.: Agenten sind durch die Front durchgesickert. **b)** *etwas wird allmählich bekannt:* Einzelheiten des Planes sind [aus dem Regierungslager] durchgesickert.
durchsprechen ⟨etwas d.⟩: *im einzelnen besprechen:* einen Plan [mit jmdm.] d.
¹durchstoßen: 1. ⟨etwas d.; gewöhnlich mit Raumangabe⟩ *hindurchstoßen:* er hat die Eisenstange [durch die Eisdecke] durchgestoßen. **2.** ⟨etwas d.⟩ *stark abnutzen:* der Saum, der Kragen ist durchgestoßen; er hat die Hose an den Knien durchgestoßen. **3.** (bes. militär.) *vorstoßen:* der Gegner ist an verschiedenen Frontabschnitten, bis zur Stadtgrenze durchgestoßen.
²durchstoßen ⟨etwas d.⟩ *durchbrechen, mit Wucht überwinden:* das Flugzeug durchstieß die Wolken; Panzer haben die Front durchstoßen.
durchstreichen ⟨etwas d.⟩: **1.** *durch einen Strich ungültig machen:* einen Abschnitt, ein Wort d.; bitte Nichtzutreffendes d. **2.** (selten) *durchpassieren:* Erbsen [durch ein Sieb] d.
durchsụchen, (ugs. auch:) **dụrchsuchen** ⟨jmdn., etwas d.⟩: *gründlich, Teil für Teil untersuchen, um jmdn., etwas zu finden:* eine Wohnung, ein Auto, Gepäck, die Reisenden [nach/auf Waffen] d.; die ganze Stadt wurde nach den beiden Ausbrechern durchsucht; wir haben alles ohne Erfolg durchsucht/durchgesucht.
durchtrieben: *gerissen; raffiniert:* ein durchtriebener Bursche.
dụrchwärmen, (selten:) **durchwärmen** ⟨jmdn., etwas d.⟩: *vollständig erwärmen:* der Tee hat uns richtig durchgewärmt/(selten:) durchwärmt; ein gut durchgewärmtes/(selten:) durchwärmtes Zimmer.
¹durchwühlen ⟨etwas d.⟩: **a)** *Sachen völlig in Unordnung bringen:* er durchwühlte hastig den Schrank; die Diebe haben alle Schubladen nach Geld und Schmuck durchwühlt. **b)** *umwühlen:* Panzer durchwühlten das Gelände. **c)** (ugs.) *eifrig durcharbeiten:* er hat die Akten, das Archiv, die Fachliteratur durchwühlt.

²dụrchwühlen: 1. ⟨etwas d.⟩ *¹durchwühlen* (a, c): er hat die Schublade durchgewühlt. **2.** ⟨sich d.⟩ *sich wühlend hindurcharbeiten:* der Goldhamster hat sich durch das Sägemehl durchgewühlt; ü b e r t r.: ich habe mich durch den Berg von Akten endlich durchgewühlt.
¹dụrchziehen: 1. ⟨etwas d.; meist mit Raumangabe⟩ *hindurchziehen:* einen Faden d.; wir haben das Kabel [durch die Röhre] durchgezogen. **2.** ⟨etwas d.⟩ *etwas bis zum Anschlag betätigen:* sie geblatt d.; er hat das Ruder gleichmäßig durchgezogen. **3.** (ugs.) ⟨etwas d.⟩ *zügig ausführen, erledigen, abwickeln:* den Etat, das Gesetz, Reformprogramm, ein Projekt [innerhalb von drei Tagen] d.; sie hat ihr Studium in sehr kurzer Zeit durchgezogen. **4.** *vorbei-, vorüberziehen:* tagelang sind hier Flüchtlinge, Truppen durchgezogen. **5.** ⟨etwas d. durch⟩ *etwas wird durch und durch würzig:* der Salat muß noch d.; der eingelegte Sauerbraten ist schon gut durchgezogen.
²durchziehen: 1. ⟨etwas d.⟩ *kreuz und quer durch etwas ziehen:* meuternde Soldaten haben die Gegend durchzogen. **2.** ⟨etwas durchzieht etwas; häufig im 2. Part. in Verbindung mit *sein*⟩ *etwas verläuft durch etwas:* viele Flüsse durchziehen das Land; der Stoff ist von/mit Metallfäden durchzogen.
durchzucken ⟨etwas durchzuckt etwas⟩: *etwas bewegt sich ganz schnell durch etwas:* Blitze durchzuckten den Himmel; wie ein Blitz durchzuckte es sie *(trat ein bestimmter Gedanke in ihr Bewußtsein):* ü b e r t r.: ein rettender Gedanke durchzuckte mich; ihn durchzuckte die Erkenntnis, daß sie in großer Gefahr seien.
Durchzug, der: **1.** *starker Luftzug:* hier herrscht D.; D. machen *(durch Öffnen von Fenstern und Türen einen Luftzug erzeugen, um einen Raum zu lüften);* sich im D. erkälten; mitten im D. stehen. **2.** *das Durch-, Vorbeiziehen:* den D. der Vogelschwärme, der Truppen beobachten; M e t e o r.: es ist mit dem D. einer Gewitterfront zu rechnen. ∗ (ugs.:) **auf Durchzug schalten** *(jmds. Worten nicht zuhören):* wenn er anfängt zu reden, schalten alle auf D.
dürfen I. ⟨Modalverb; mit Infinitiv⟩ **1.** *Erlaubnis haben, etwas zu tun:* niemand darf den Raum verlassen; ich habe nicht fahren dürfen; darf ich eintreten?; dürfen wir Sie kurz stören?; darf ich bitten?; was hat das gekostet, wenn ich fragen darf?; man wird doch noch fragen dürfen; (iron.:) darf man einmal fragen, wie lange das noch dauert?; hier darf nicht geraucht werden. **2. a)** ⟨verneint⟩ *(moralisch) nicht berechtigt sein, etwas Bestimmtes zu tun; nicht sollen:* ich darf keinen vorziehen; du darfst jetzt nicht aufgeben; so etwas darfst du nicht sagen; das hättest du nicht tun dürfen; diese Katastrophe darf sich niemals wiederholen; das durfte [jetzt] nicht kommen/ hätte nicht kommen d. (ugs.; *das hättest du, hätte er/sie usw. nicht sagen sollen);* das darf doch nicht wahr sein! /Ausruf der Entrüstung/. **b)** *Veranlassung haben, etwas zu tun; können:* man darf wohl hoffen, daß ...; Sie dürfen sich nicht wundern, wenn ...; das dürfen Sie mir ruhig glauben; darf ich mich auf Sie berufen, verlassen?; darauf dürfen Sie stolz sein. **3.** (im 2. Konjunktiv) *es ist wahrscheinlich, daß ...:* heute abend dürfte es ein

Gewitter geben; es dürfte nicht schwer sein, das zu beweisen; heute dürften wir gewinnen; er dürfte vorläufig genug haben. **II.** ⟨Vollverb; etwas d.⟩ *die Erlaubnis haben zu tun:* das darf ich nicht, habe ich nie gedurft; ⟨auch ohne Akk.⟩ er wollte gerne mitgehen, aber er hat nicht [aus dem Haus] gedurft.

dürftig: a) *ärmlich, armselig:* ein dürftiges Ergebnis; seine Unterkunft ist d.; in dürftigen Verhältnissen leben; d. leben, gekleidet sein. **b)** *unzureichend, kümmerlich:* eine dürftige Beleuchtung; die Leistung, Qualität ist d.; seine Kenntnisse waren d.; das Haus ist d. verputzt.

dürr: 1. *trocken, abgestorben:* dürres Gras, Laub; ein dürrer Ast; auf diesem dürren *(ausgetrockneten)* Boden wächst nichts; übertr.: es waren dürre Jahre *(ohne geistige Anregung, Produktivität);* etwas in/mit dürren Worten *(ganz nüchtern)* sagen. **2.** *mager:* ein dürrer Mensch; ein dürrer Körper, Hals; er ist furchtbar d. [geworden].

Dürre, die: *große Trockenheit in der Natur durch ausbleibenden Niederschlag:* es herrscht eine große D.; eine D. *(Trockenperiode)* brach über das Land herein; dem Land droht eine D.; übertr.: eine geistige D. *(Unfruchtbarkeit).*

Durst, der: *Bedürfnis zu trinken:* übermäßiger, brennender, quälender D.; D. haben, bekommen, verspüren, fühlen; diese Arbeit macht D.; D. auf ein Bier, nach einem Bier haben; seinen D. mit etwas löschen, stillen; unter großem D. leiden; vor D. fast umkommen (ugs.), vergehen; ihm klebte vor D. die Zunge am Gaumen; übertr. (geh.): *heftiges Verlangen:* brennenden D. nach Wahrheit, Wissen, Ruhm haben. * (ugs. scherzh.:) **eins/einen über den Durst trinken** *(zuviel von einem alkoholischen Getränk trinken).*

dursten: *Durst leiden:* das Vieh durstet bei der großen Hitze; laß uns nicht so lange d.!

dürsten: a) (geh. veraltend) ⟨jmdn. dürstet [es]⟩ *jmd. leidet Durst:* ihn dürstete; es hatte ihn gedürstet. **b)** (geh.) ⟨jmdn. dürstet [es] nach etwas⟩ *jmd. hat heftiges Verlangen nach etwas:* es dürstete ihn nach Rache, nach Ruhm und Ehre.

durstig: *Durst habend:* ein durstiger Wanderer; durstige Tiere tränken; eine durstige Kehle haben (ugs. scherzh.; *gern Alkohol trinken);* sehr d.

sein; übertr. (geh.): die durstige *(ausgetrocknete)* Erde verlangt nach Regen; er ist d. (geh.; *verlangt heftig)* nach Wissen, Wahrheit.

Dusche, die: **a)** *Duschvorrichtung:* Zimmer mit D.; unter die D. gehen; sich unter die D. stellen; unter der D. stehen. **b)** *das Duschen:* eine warme, kalte D.; die morgendliche, tägliche D.; eine D. nehmen *(sich duschen).* * **etwas ist/wirkt für jmdn. wie eine kalte Dusche** *(etwas ist für jmdn. eine Enttäuschung, eine Ernüchterung).*

duschen ⟨jmdn., sich, etwas d.⟩: *unter der Dusche erfrischen:* sich, die Kinder, seinen Oberkörper warm und kalt d.; ⟨auch ohne Akk.⟩ nach der Arbeit hatten sie das Bedürfnis zu d.

Dusel, der: **1.** (ugs.) *unverdientes Glück:* so ein D.!; in/bei etwas großen, mächtigen D. [gehabt] haben. **2.** (ugs.) *Benommenheit:* im D./in seinem D. griff er daneben; oft im D. *(betrunken)* sein.

düster: a) *dunkel und unfreundlich:* ein düsteres Haus; eine düstere Gegend; düstere Farben; die Wohnung ist d.; im Walde wurde es d.; übertr.: ein düsteres *(negatives)* Bild von etwas zeichnen; eine düstere *(dunkle, unheimliche)* Ahnung von etwas haben; eine düstere *(undurchsichtige)* Angelegenheit. **b)** *gedrückt, finster und unheimlich:* ein düsterer Mensch; ein düsteres Wesen haben; es herrschte düstere Stimmung; sein Gesicht, seine Miene wurde plötzlich d.; d. dreinschauen.

Dutzend, das: **a)** *Einheit von 12 Stück:* ein ganzes, halbes, knappes, gutes D.; sie besitzt mehrere D. Handtücher, Servietten; viele D. Male *(sehr oft);* zwei D. frische Eier; ein D. Eier kostet/ (auch:) kosten drei Mark; die Eier kosten drei Mark das D.; etwas im D. kaufen; etwas ist im D. billiger. R: davon gehen zwölf aufs/auf ein D. (ugs.; *etwas ist nichts Besonderes).* **b)** ⟨Plural⟩ *eine große Anzahl:* Dutzende [von] Fähnchen wurden geschwenkt; der Protest Dutzender von Anwohnern; in/zu Dutzenden kamen die Käufer.

duzen: a) ⟨jmdn. d.⟩ *zu jmdm. du sagen:* er hat mich, ihn geduzt. **b)** ⟨sich mit jmdm. d.⟩ *sich gegenseitig mit du anreden:* er duzt sich mit ihm; ⟨auch ohne Präp.-Obj.⟩ die beiden duzen sich seit einiger Zeit.

Duzfuß ⟨in der Wendung⟩ mit jmdm. auf [dem] D. stehen: *sich mit jmdm. duzen.*

E

Ebbe, die: *auf die Flut folgendes Absinken des Meeresspiegels:* es ist E.; wann tritt die E. ein?; E. und Flut *(die Gezeiten);* bei E. kann man hier nicht baden; die Schiffe laufen mit der E. aus; übertr. (ugs.): in meinem Geldbeutel ist, herrscht [wieder mal] E. *(er ist leer).*

¹eben ⟨Adj.⟩: **a)** *gleichmäßig, flach, ohne Erhebungen:* ebenes Land; eine ebene Fläche; das Land ist e. [wie eine Tischplatte]; sie wohnen zu ebener Erde *(im Erdgeschoß).* **b)** *glatt, ohne Hindernisse:* ein ebener Weg, Platz; die Bahn ist e.; den Boden e. machen *(glätten).*

²eben: I. ⟨Adverb⟩: **a)** *soeben, gerade jetzt:* e. tritt er ein. **b)** *gerade vorhin:* er war e. noch hier; was hast du e. gesagt? **c)** (bes. nordd.) *für kurze Zeit, schnell:* komm du e. [einmal] mit? **d)** *gerade noch:* mit drei Mark komme ich [so] e. aus. **2.** /bestätigt – oft alleinstehend am Satzanfang –, daß der Sprecher der gleichen Ansicht ist wie sein Vorredner/: „Wir haben nicht mehr viel Zeit." – „E. [, e.]!" **II.** ⟨Gesprächspartikel⟩ /unbetont/: **a)** /verstärkt eine [resignierte Feststellung/ *nun einmal, einfach:* das ist e. so; ich weiß es e. nicht; du hättest ihm das Geld e. nicht geben sollen; er ist e. nicht zu gebrauchen. **b)** /verstärkt bzw. bestätigt eine Aussage/ *gerade, genau:* e. das wollte ich sagen; das ist es e.

ebenbürtig: a) *gleichrangig; mit den gleichen Fähigkeiten:* ein ebenbürtiger Gegner, Konkurrent; eine ebenbürtige Leistung; die beiden waren sich/(geh.:) einander e.; er war ihm an Geist, in allen Dingen e. **b)** *(von Adelsfamilien) durch Abstammung im gleichen Rang stehend; von gleicher Abkunft:* ebenbürtige Familien; die zweite Frau des Grafen war nicht e.

Ebene, die: 1. *flaches Land:* eine fruchtbare, weite E.; der Fluß windet sich durch die E.; der Ort liegt in einer E. · **2.** (Geom., Physik) *unbegrenzte, nicht gekrümmte Fläche:* drei Punkte in einer E.; eine schiefe *(geneigte)* E. **3.** (Bauw.) *Gebäudefläche auf einem Niveau:* Küche und Wohnräume befinden sich, liegen auf einer E.; das Gebäude hat mehrere Ebenen. **4.** *Stufe, Niveau, auf dem etwas stattfindet:* ein Gespräch auf wissenschaftlicher E. führen; etwas liegt, bewegt sich auf einer anderen E.; Verhandlungen auf höherer, höchster, nationaler, europäischer, kommunaler E. *(im Kreis der höheren, höchsten usw. Vertreter).* * **auf die schiefe Ebene geraten/ kommen** *(auf Abwege geraten; herunterkommen).*

ebenfalls ⟨Adverb⟩ *auch, gleichfalls:* er war e. anwesend; e. möchte ich sagen, daß ...; sein Bruder, e. Mitglied der Partei, ...; danke, e.! *(ich wünsche Ihnen das gleiche).*

ebnen ⟨etwas e.⟩*: planieren:* einen Weg, Platz e.

Echo, das: *Reflexion von Schallwellen; Widerhall:* ein einfaches, mehrfaches E.; von der Felswand kam ein E. zurück, hallte ein E. wider; das E. antwortete uns; ein [Film]atelier mit, ohne E.; übertr.: er ist nur das E. seines Freundes *(er hat keine eigene Meinung);* das E. *(die Reaktion)* des Auslandes war schwach; das E. *(die Reaktion)* aus der Bevölkerung war gering; seine Worte fanden bei den Zuhörern ein lebhaftes, starkes, großes E. *(großen usw. Anklang).*

echt: I. ⟨Adjektiv⟩: **1.** *nicht nachgemacht, nicht imitiert:* echtes Leder; ein echter Pelz; echte Perlen; ein echter *(handgeknüpfter)* Orientteppich; ein echter Dürer *(von Dürer selbst gemaltes Bild);* eine echte *(reinrassige)* Dogge; der Ring ist e. *(rein)* golden, e. Gold; der Geldschein ist e. **2.** *wahr, wirklich:* eine echte Freundschaft, Liebe, Freude, Leidenschaft; sein Schmerz war e.; er ist nicht e. *(nicht aufrichtig, ehrlich);* ein echtes (ugs.) Anliegen, Problem, Bedürfnis; eine echte (ugs.) Lücke. **3.** *ganz typisch:* ein echter Berliner; das ist e. englisch, echt Hitchcock; (ugs.) das war wieder einmal e.! **4.** (Math.) *wirklich, eigentlich:* ein echter Bruch. **5.** (Chemie) *beständig:* echte Farben; das Blau ist e. **II.** (ugs.) ⟨Adverb⟩ *wirklich, tatsächlich:* also e.!; das ist e. gut; das kannst du e. vergessen!; das hat e. Spaß gemacht.

Ecke, die: 1. *Stelle, wo zwei Seiten eines Raumes bzw. einer Fläche zusammenstoßen:* die vier Ecken des Zimmers; eine gemütliche, behagliche E. einrichten; etwas in die E. *(beiseite)* stellen; etwas in allen Ecken und Winkeln suchen; das gesuchte Buch stand in der hintersten E.; das Kind muß [zur Strafe] in der E. stehen; etwas in die linke obere E. [einer Postkarte] schreiben; sie hat voller Ungeduld ihre Arbeit in die E. geworfen

(ugs.; *unwillig beiseite gelegt*); in einer E. des Gartens hat sie Kräuter gezogen; der Hund hat sich in eine E. verkrochen; Sport: den Ball in die kurze obere E. *(Torecke)* schießen. **2.** *Spitze, hervorstehende Kante:* eine scharfe, stumpfe E.; die vier Ecken des Tisches, des Tischtuchs; die Ecken des Buches sind geknickt, abgestoßen, eingerissen; sich an einer E. stoßen; ein Kragen mit abgerundeten Ecken; übertr.: er ist ein Mensch ohne Ecken und Kanten *(ist nicht schwierig, nicht eigenwillig).* **3. a)** *Stelle, wo zwei Straßen zusammenstoßen:* eine zugige E.; er wohnt E. Meyer- und Müllerstraße; hier ist eine unübersichtliche, gefährliche E.; die Kneipe an der E.; an der E. stehen; um die E. fahren, biegen, gukken (ugs.); ich wohne gleich um die E. (ugs.; *ganz in der Nähe*); R: (ugs.): das ist schon längst um die E. *(das ist vorbei).* **b)** (ugs.) *Gegend:* in dieser E. Deutschlands; in einer idyllischen E.; in welcher E. [von Mannheim] wohnst du?; übertr.: aus welcher E. *(aus welchen Kreisen)* kommen die Angriffe, die Verleumdungen? **4.** (ugs.) *spitz zulaufendes Stück:* eine E. Käse, Kuchen. **5.** (ugs.) *Strecke:* bis dahin ist es noch eine ganze E. *(noch ziemlich weit);* übertr.: er ist eine ganze E. (ugs.; *um ein beträchtliches*) besser als seine Kameraden. **6.** (Sport) *Eckball:* die E. treten; eine E. verwandeln *(zu einem Tor nutzen);* die E. kurz spielen *(nicht direkt vors Tor treten);* den Ball zur E. *(über die Torauslinie)* schlagen. * (ugs.:) **an allen Ecken [und Enden/Kanten]** *(überall):* die Stadt brennt an allen Ecken; es fehlt, hapert an allen Ecken und Enden · (ugs.:) **jmdn. um die Ecke bringen** *(jmdn. ermorden)* · (ugs.:) **mit jmdm. um ein paar/um sieben Ecken verwandt sein** *(mit jmdm. weitläufig verwandt sein).*

edel: 1. a) *hochwertig, vorzüglich, erlesen:* edles Material; edles Holz; edles Instrument; edle Weine; ein edler Tropfen *(guter Wein);* (scherzh.:) die edlen [Körper]teile. **b)** *reinrassig:* ein edles Pferd, Tier; edle Rosen. **c)** (veraltet) *adlig:* ein Mann aus edlem Geschlecht. **2.** (geh.) *selbstlos, von vornehmer Gesinnung:* eine edle Gesinnung, Tat; ein edler Wettstreit; ein edler Spender; er hat e. [an dir] gehandelt. **3.** *schön geformt, harmonisch:* edler Wuchs; eine edle Haltung; eine e. geformte Nase.

Effeff ⟨in der Wendung⟩ etwas aus dem Effeff beherrschen, verstehen, können (ugs.): *etwas sehr gut können, verstehen.*

Effekt, der: 1. *Wirkung:* der E. seiner Bemühungen war gleich Null, war verblüffend; die Effekte des Bildes liegen allein in der Farbe; ein E. tritt ein; etwas E. erzielen, [keinen großen] E. machen; etwas ist auf E. berechnet; er ist immer auf E. aus; das ist im E. das gleiche. **2.** *etwas, was Wirkung erreichen soll:* ein optischer, akustischer E.; er arbeitet mit billigen Effekten.

egal: 1. *gleich[artig]:* die beiden Teile sind nicht ganz e.; Bretter e. schneiden. **2.** (ugs.) *einerlei, gleichgültig:* das ist völlig e.; e. soll das erledigen, e., wie [er das macht]; ⟨jmdm. e. sein⟩ mir ist alles e.; der kann dir doch e. sein.

egoistisch: *nur an sich denkend; selbstsüchtig:* ein egoistischer Mensch; er verfolgt nur egoistische Zwecke, Ziele; sein Verhalten war sehr e.; e. denken, handeln.

eh ⟨in den Verbindungen⟩ seit eh und je *(solange man denken, sich erinnern kann)* · wie eh und je *(wie schon immer)*.

ehe ⟨Konj.⟩: *bevor:* es vergingen drei Stunden, e. wir landen konnten; e. wir das wagen können, muß sich noch vieles verändert haben; wir kamen noch nach Hause, e. das Unwetter losbrach; /mit konditionaler Nebenbedeutung nur verneint bei gleichfalls verneintem, nachgestelltem Hauptsatz/ e. ihr nicht *(wenn ihr nicht)* still seid, kann ich euch das Märchen nicht vorlesen.

Ehe, die: *gesetzlich anerkannte Lebensgemeinschaft von Mann und Frau:* eine harmonische, glückliche, zerrüttete E.; die bürgerliche E.; ihre E. war, blieb kinderlos, ist gescheitert; nach kurzer Zeit wurde die E. wieder aufgelöst (geh.), geschieden; einer Frau die E. versprechen (geh.); eine E. ohne Trauschein; eine E. zu dritt; eine E. stiften (veraltend); die E. mit jmdm. eingehen, schließen; die E. brechen (veraltend; *Ehebruch begehen*); der Pfarrer hat die E. eingesegnet; wir führen keine gute E.; einen Sohn aus erster E., aus der ersten E. haben; er ist aus der E. ausgebrochen; sie hat etwas Vermögen, zwei Kinder in die E. mitgebracht, war in zweiter E. mit einem Kaufmann verheiratet; R: Ehen werden im Himmel geschlossen und auf Erden geschieden. * Ehe zur linken Hand/morganatische Ehe *(nicht standesgemäße Ehe von Angehörigen des Hochadels)* · (veraltend:) in wilder Ehe leben *(ohne standesamtliche Trauung mit jmdm. leben).*

Ehebruch, der: *Verletzung der ehelichen Treue:* E. begehen; [mit jmdm.] E. treiben.

ehemalig: *früher:* ein ehemaliger Offizier; meine ehemalige Wohnung; subst.: seine Ehemalige (ugs.; *seine frühere Frau, Freundin*); ein Treffen der Ehemaligen *(früheren Schüler einer bestimmten Schule o. ä.).*

eher ⟨Adverb⟩: **a)** *früher:* je e., desto besser; je e., je lieber; ich konnte nicht e. kommen. **b)** *leichter:* er wird es um so e. tun, als es ja sein Vorteil ist; e. *(wahrscheinlicher)* stürzt der Himmel ein, als daß er nachgibt; das ist schon e. möglich; so geht es am ehesten *(leichtesten).* **c)** *[viel] mehr:* er ist e. klein als groß; das ist e. eine Frage des Geschmackes; er ist alles e. als dumm, als ein Dummkopf *(er ist absolut nicht dumm);* die Farbe des Kleides ist e. grün als blau.

ehestens ⟨Adverb⟩: *frühestens:* er kann e. morgen früh hier sein.

ehrbar: *achtbar, der Sitte gemäß lebend:* ehrbare Leute; ein ehrbarer Bürger, Kaufmann; einen ehrbaren Beruf ausüben; e. handeln.

Ehre, die: **1. a)** *Ansehen, Achtung, Anerkennung durch andere Menschen:* die E. einer Familie, eines Standes; seine E. wahren (geh.), verteidigen, preisgeben (geh.), verlieren; jmds. E. verletzen, kränken; diese Tat macht, bringt ihm [alle, wenig] E.; er macht seinen Eltern, seiner Vaterstadt E. *(fördert das Ansehen seiner Eltern, seiner Vaterstadt);* R: E. verloren, alles verloren · (geh.:) in Ehren ergraut sein; sein Wort in Ehren, aber ...; jmdn. um seine E. bringen; etwas nur um der E. willen *(nicht des Vorteils wegen)* tun; zu [hohen] Ehren gelangen; etwas wieder zu Ehren bringen, kommen lassen; zu seiner E. *(um ihm gerecht zu werden)* muß ich sagen, daß ...; /in Beteuerungsformeln:/ auf E.!; bei meiner E.! **b)** *Zeichen der Wertschätzung; Ehrung:* jmdm. militärische Ehren erweisen; jmdn. mit Ehren überschütten, mit militärischen Ehren bestatten; etwas zur E. Gottes tun; /in Höflichkeitsformeln:/ es war mir eine [große] E.!; ich habe die E.! /österr. Grußformel/; ich hatte schon die E., Sie kennenzulernen; mit wem habe ich die E.? *(wie ist Ihr Name?);* (auch iron.:) was verschafft mir die E. [Ihres Besuches]?; Herr Müller gibt sich die E. *(erlaubt sich),* Herrn ... einzuladen. R: E., wem E. gebührt. **2.** *innere Würde, Selbstachtung:* meine E. verbietet mir, ihn zu hintergehen; er setzt seine E. darein (geh.), den Preis zu gewinnen; das bin ich meiner [persönlichen] E. schuldig; jmdn. bei seiner E. packen; er ist ein Mann von E. * (veraltend:) **jmdm. die Ehre abschneiden** *(jmdn. verleumden)* · **jmdm., einer Sache zuviel E. antun** *(jmdn., etwas in einem bestimmten Zusammenhang überbewerten)* · **mit jmdm., mit etwas [keine] Ehre einlegen** *([keine] Anerkennung gewinnen)* · (geh.:) **jmdm. die letzte Ehre erweisen** *(zu jmds. Beerdigung gehen)* · **keine Ehre im Leib haben** *(kein Ehrgefühl besitzen)* · (geh.:) **etwas ist aller Ehren wert** *(etwas verdient Lob, Anerkennung)* · **etwas auf Ehre und Gewissen versichern** *(nachdrücklich versichern)* · **jmdn. bei seiner Ehre packen** *(an jmds. Ehrgefühl appellieren)* · **etwas in [allen] Ehren sagen, tun** *(ohne häßliche Nebengedanken sagen, tun)* · **etwas in [allen] Ehren halten** *(etwas [als Erinnerungsstück] sorgsam bewahren, achten)* · **wieder zu Ehren kommen** *(wieder beachtet werden/geachtet, benutzt werden)* · **mit Ehren** *(ehrenvoll).*

ehren: a) ⟨jmdn., etwas e.⟩ *jmdm., einer Sache Ehre, seine Hochachtung erweisen:* man soll das Alter e.; der Sieger wurde mit einem Lorbeerkranz, durch einen Empfang geehrt; die Toten e. jmds. Andenken e. (geh.; *in Ehren halten);* er wurde [von seiner Firma] geehrt; sein Vertrauen ehrt mich *(ist eine Ehre, Anerkennung für mich);* ich fühle mich durch dieses Angebot geehrt; adj. Part.: jmdm. ein ehrendes Andenken bewahren (geh.); sehr geehrter Herr Müller!; sehr geehrte gnädige Frau! / Briefanreden/. **b)** (veraltend) ⟨etwas e.⟩ *respektieren, achten:* ich ehre deinen Schmerz, aber ... **c)** ⟨etwas ehrt jmdn.⟩: *etwas macht jmdm. Ehre:* deine Großmut ehrt dich.

Ehrensache, die: *selbstverständliche Pflicht:* das ist für mich [eine] E.; „Machst du mit?" – „E.!" (ugs.; *natürlich!);* etwas als E. ansehen.

Ehrenwort, das: *feierliches Versprechen:* sein E. geben, verpfänden, brechen; der Gefangene erhielt Urlaub auf E. *(er mußte versprechen zurückzukehren);* „Kommst du auch wirklich?" – „[Großes] E.!" (ugs.; *ganz bestimmt!);* ich gebe dir mein E. darauf, daß ...; sich auf E. verpflichten, etwas Bestimmtes zu tun.

Ehrfurcht, die (geh.): *achtungsvolle Scheu:* die E. vor allem Lebendigen, vor dem Alter; die E. gebietet Schweigen; eine E. gebietende, einflößende Gestalt; vor etwas keine E. haben; er trat ihn in tiefer E. entgegen; sie verneigten sich in E. vor den Toten; er betrachtete das Bild mit scheuer E.; sie erstarben vor E. (iron.).

Ehrgefühl, das: *Gefühl für die eigene Ehre:* er hat ein ausgeprägtes, übersteigertes E.; das verletzt mein E.; etwas aus falschem E. [heraus] tun, unterlassen; er hat keinen Funken E. [im Leibe].

Ehrgeiz, der: *starkes Streben nach Erfolg und Ehren:* ein gesunder, übertriebener, krankhafter E.; ihm fehlt jeder E.; sie besaß politischen, künstlerischen E.; die Belohnung spornte seinen E. an; er hatte den E., als erster fertig zu werden; sie war von brennendem E. besessen; er setzte seinen E. darein, daß ... (geh.).

ehrgeizig: *nach Erfolg und Auszeichnung strebend:* ein ehrgeiziger Mensch, Politiker; ein ehrgeiziges *(von Ehrgeiz zeugendes)* Projekt; sie haben ehrgeizige Pläne *(haben sich viel vorgenommen);* er ist sehr e.; e. auf ein Ziel hinarbeiten.

ehrlich: I. ⟨Adjektiv⟩ **1.** *zuverlässig (bes. in Geldsachen):* ein ehrlicher Angestellter; der ehrliche Finder *(jmd., der Gefundenes abliefert);* er ist e.; wir haben e. geteilt; e. verdientes Geld; R: e. währt am längsten. **2.** *aufrichtig, ohne Verstellung:* ein ehrlicher Mann; wir sind in ehrlicher Sorge; er ist eine ehrliche Haut (ugs.; *ein ehrlicher Mensch*); sie treibt kein ehrliches Spiel; er hat ehrliche Absichten (veraltend; *er will das Mädchen heiraten*); sei e.!; seien wir doch e.!; um ganz e. zu sein, ich weiß es nicht; er hat offen und e. gesagt, was er vorhat; e. gesagt, ich glaube nicht daran; er meint es e. [mit dir]; er bemüht sich e., alles gewissenhaft zu erledigen; er war e. davon überzeugt; wir bedauern e., daß ...; ich muß e. *(offen)* sagen, er ist ...; ⟨e. gegen jmdn./ jmdm. gegenüber/zu jmdm. sein⟩ er ist immer e. gegen mich, zu mir gewesen. **3.** (veraltet) *anständig, ohne Schande:* mein ehrlicher Name; ein ehrliches Begräbnis; ein ehrliches Handwerk treiben; er will wieder e. werden *(nicht mehr stehlen).* **II.** ⟨Adverb⟩ (ugs.) *wirklich:* e. *(ganz bestimmt),* ich weiß es nicht!; ich weiß es nicht, e.!; also e./aber e./mal e. *(das müssen Sie/das mußt du doch zugeben),* das ist doch Blödsinn!

Ehrung, die: **1.** *das Ehren:* die E. der Sieger. **2.** *Ehrenerweis:* dem Jubilar wurden zahlreiche Ehrungen zuteil; man erwies (geh.) ihm eine hohe, verdiente E.; er wurde mit Ehrungen überhäuft.

ehrwürdig: *Ehrfurcht gebietend, verehrungswürdig:* eine ehrwürdige alte Dame; ein ehrwürdiger Greis; ein Dokument von ehrwürdigem Alter; eine ehrwürdige Gedenkstätte; e. aussehen.

Ei, das: **1. a)** *von einer Schale umschlossenes kugeliges, oft länglich-ovales Gebilde, Vogelei:* ein weißes, gesprenkeltes, angebrütetes Ei; die Eier der Schlangen, Frösche; die Henne legt ein Ei, brütet ihre Eier aus, sitzt auf den Eiern; R: das Ei will klüger sein als die Henne *(die Jungen wollen klüger sein als die Alten);* sie gleichen sich/(geh.:) einander wie ein Ei dem anderen. **b)** *Hühnerei als Nahrungsmittel:* ein frisches, rohes, weiches, hartes *(weich-, hartgekochtes)* Ei; verlorene, pochierte, gefüllte Eier; russische Eier; ein Ei kochen, abschrecken, braten, backen (südd.), schälen; ein Ei trennen (Kochk.; *Eiweiß und Dotter voneinander trennen);* sich (Dativ) zwei Eier in die Pfanne schlagen; mit faulen Eiern werfen; Brühe mit Ei; zu Ostern werden Eier gefärbt; (ugs.:) jmdn., etwas wie ein rohes Ei *(sehr vorsichtig)* behandeln. **2.** *menschliche oder tierische Keimzelle:* das reife Ei wird befruchtet, entwickelt sich zum Embryo. **3.** ⟨Plural⟩ (ugs.) *Mark:*

das kostet 3 000 Eier. * **das Ei des Kolumbus** *(überraschend einfache Lösung)* · (ugs.:) **etwas ist ein faules Ei** *(etwas taugt nichts, ist nicht in Ordnung).* (ugs.:) **wie auf Eiern gehen** *(behutsam, die Füße vorsichtig aufsetzend gehen)* · (ugs.:) **wie aus dem Ei gepellt**/(selten:) **geschält sein** *(sehr sorgfältig gekleidet sein)* · (ugs.:) **ungelegte Eier** *(Dinge, die noch nicht spruchreif sind);* kümmere dich nicht um ungelegte Eier!; das sind doch ungelegte Eier.

eichen ⟨etwas e.⟩ *(Maße, Meßgeräte) amtlich auf richtiges Maß oder Gewicht prüfen und mit der Norm in Übereinstimmung bringen:* Maße, Gewichte e.; die Waage muß noch geeicht werden; adj. Part.: ein geeichtes Gefäß. * (ugs.:) **auf etwas geeicht sein** *(etwas besonders gut können, sich sehr gut darauf verstehen).*

Eid, der: *feierliche Versicherung [vor Gericht] in vorgeschriebener Form:* einen E. [auf die Bibel, auf die Verfassung] schwören, ablegen, leisten; ich kann einen E. darauf schwören *(ich weiß es ganz genau);* sie wollte tausend Eide schwören, daß ... *(sie versicherte, daß ...);* einen E. brechen, halten; einen falschen E. *(Meineid)* schwören; der Richter nahm ihm den E. ab *(ließ ihn schwören);* ich nehme es auf meinen E. *(ich kann es beschwören),* daß er es nicht getan hat; durch einen E. gebunden sein; eine Aussage durch E. bekräftigen; unter E. stehen; jmdn. unter E. nehmen; etwas unter Eid aussagen, bezeugen; jmdn. von einem E. entbinden; jmdn. zum E. zulassen. * **an Eides Statt** *(wie wenn man vereidigt worden wäre):* etwas an Eides Statt erklären, versichern; eine Versicherung an Eides Statt abgeben.

eidlich: *durch einen Eid gebunden:* eine eidliche Erklärung; ein eidliches Versprechen; ich habe mich e. dazu verpflichtet; eine Aussage [vor Gericht] e. erhärten, bekräftigen.

Eifer, der: *unablässiges, ernstes Streben, Bemühen um etwas:* ein glühender (geh.), blinder, missionarischer *(überzeugen wollender)* E.; sein E. erlahmte, ließ bald nach; voller E. an die Arbeit gehen; sie zeigte einen unermüdlichen E.; er stachelte ihren E. an; in E. geraten; jmdn. in E. bringen; er machte sich mit E. ans Werk; R: blinder E. schadet nur. * **im Eifer des Gefechts** *(in der Eile):* etwas im E. des Gefechts übersehen.

Eifersucht, die: *übersteigerte Furcht, bes. jmds. Liebe an einen anderen zu verlieren:* eine krankhafte E.; aus E. eine Tat geschah aus E.; voll E. auf jmdn., etwas sein; von E. geplagt sein; er beobachtete sie mit, voll[er] E.

eifersüchtig: *voll Eifersucht:* ein eifersüchtiger Liebhaber, Ehemann; eifersüchtige Blicke; sie war e. auf ihre Schwester, auf ihre Erfolge; er versuchte sie e.; er wachte e. über seine Rechte; jmdn., etwas e. beobachten.

eifrig: *voll Eifer; unermüdlich:* er ist ein eifriger Zeitungsleser; ein eifriger *(fleißig mitarbeitender)* Schüler; sie ist immer sehr e. *(macht sehr rege mit);* e. lernen; e. um etwas bemüht sein; er war e. dabei, sein Auto zu waschen.

eigen: 1. a) *jmdm. selbst gehörend, zugehörend; einer Sache zugehörig:* er hat ein eigenes Haus, ein eigenes Zimmer; er verfügt nicht über eigenes Geld; er hat im Fernsehen eine eigene Sendung *(eine Sendung, die er selbst gestaltet);* ein Verlag mit eigener Druckerei; das Auto drehte sich um die eigene Achse; das sind seine eigenen Worte; ich konnte ihn mit seinen eigenen Worten widerlegen; es war so laut, daß man sein eigenes Wort nicht verstehen konnte; etwas auf eigene Kosten machen; im eigenen Namen *(nicht stellvertretend)* handeln; etwas aus eigener Kraft zustande bringen; das geschah zu deinem eigenen Vorteil, Nutzen, Schaden; in seinen eigenen vier Wänden; über die eigenen Füße stolpern; das habe ich mit meinen eigenen Augen gesehen; sein eigener Bruder hat ihn verraten; ein Kind als e., als eigenes annehmen; **subst.**: sie möchten gerne etwas Eigenes haben *(etwas, was ihnen gehört).* **b)** *selbständig, unabhängig, ganz persönlich:* eine eigene Meinung, einen eigenen Willen haben; eigene Wege suchen; seinem eigenen Kopf folgen; etwas aus eigenem Entschluß, Antrieb tun; etwas nach eigenem Befinden, Ermessen, Gutdünken entscheiden; Zubehör nach eigener Wahl; der Autor schreibt seinen eigenen Stil. **c)** *besonders, gesondert:* jede Wohnung hat ihren eigenen Eingang; für die Buchhaltung ist eine eigene Abteilung eingerichtet worden. **2.** (geh.) ⟨etwas ist jmdm. e.⟩ *etwas ist für jmdn. typisch, bezeichnend:* großer Charme war ihr e.; ⟨auch attributiv⟩ eine ihm eigene Bewegung, Haltung. **3.** (veraltend) *seltsam, sonderbar:* mit dem sogenannten Fortschritt ist es eine eigene Sache; die Sache hat einen eigenen Reiz; er hat so einen eigenen Zug um den Mund; er ist ein ganz eigener Mann *(ein Sonderling).* **4.** *penibel, heikel, genau:* er ist sehr e.; darin, mit eigenen Büchern war er schon immer ziemlich e. * (geh.:) **etwas zu eigen haben** *(besitzen)* · (geh.:) **jmdm. etwas zu eigen geben** *(schenken)* · (geh.:) (Dativ) **etwas zu eigen machen** *(sich etwas aneignen; etwas erlernen, übernehmen):* er machte sich diese Grundsätze zu e. · (geh.:) **jmdm., etwas sein eigen nennen** *(jmdn., etwas haben, besitzen)* · (geh.:) **jmd., etwas ist jmds. eigen** *(jmd., etwas gehört jmdm.):* sie, das Haus ist mein e.

eigenartig: *ungewöhnlich, seltsam:* ein eigenartiger Mensch; eine eigenartige Form, Farbe; ein eigenartiges Gefühl; eine Stimme von eigenartigem Reiz; er sieht e. aus; das ist doch e.! */Ausdruck des Befremdens/.*

eigenhändig: *mit eigener Hand [ausgeführt]:* ein Bild mit eigenhändiger Unterschrift; er schrieb e. sein Testament; der Brief ist e. *(persönlich)* abzugeben; etwas e. *(selbst)* ausführen.

eigenmächtig: *ohne Auftrag; angemaßt:* ein eigenmächtiges Vorgehen; er handelte e.

eigens ⟨Adverb⟩: **a)** *besonders; ausdrücklich:* ich habe es ihm e. gesagt; das muß nicht e. erwähnt, begründet werden. **b)** *nur; speziell:* er war e. zur Premiere aus Zürich gekommen; das Geld ist für diesen Zweck bestimmt.

Eigenschaft, die: *Wesenszug, charakteristisches Merkmal:* er hat gute, hervorragende, schlechte Eigenschaften; ein Kunststoff mit idealen Eigenschaften; Silber hat die E., schwarz anzulaufen; er ist in amtlicher, dienstlicher E. *(in amtlicher, dienstlicher Funktion)* hier. * **in seiner Eigenschaft als** *(in seinem Amt, seiner Funktion als):* ich spreche hier in meiner E. als Vorsitzender (**nicht**: als Vorsitzendem).

Eigensinn, der: *hartnäckiges Beharren auf seinem Standpunkt, Starrsinn:* sein E. verärgerte die andern; das ist nur E. bei/von ihr.

eigensinnig: *starrköpfig; hartnäckig:* ein eigensinniger Mensch; e. auf seiner Meinung beharren; im Alter wurde er immer eigensinniger.

eigentlich: **I.** ⟨Adj.⟩ *wirklich, tatsächlich:* der eigentliche Grund, Zweck meines Besuches ist ...; er hat keine eigentlichen Fehler gemacht; sein eigentlicher Beruf ist Bäcker; sein eigentlicher Name lautet anders; die eigentliche *(wirkliche, ursprüngliche)* Bedeutung eines Wortes. **II.** ⟨Adverb⟩ **1.** *in Wirklichkeit, tatsächlich:* er heißt e. Meyer. **2.** *im Grunde, genaugenommen:* das Wort bedeutet e. etwas anderes; e. hast du recht; er ist [recht] e. der Entdecker dieses Landes; das ist nicht e. *(nicht genau)* das, was wir wollten; wir wollten e. *(ursprünglich)* nach München, aber ... **III.** ⟨Gesprächspartikel⟩ /drückt verstärkte Anteilnahme, einen verstärkten Vorwurf aus/: wie heißt du e. *(überhaupt)?*; was denkst du dir e.?

Eigentum, das: *jmdm. gehörende Sachen:* persönliches, privates, öffentliches, rechtmäßiges E.; das Haus ist mein E.; diese Erfindungen sind sein geistiges E. *(er ist ihr allein verfügungsberechtigter Urheber);* die Ware bleibt bis zur Bezahlung unser E.; das E. an etwas erwerben, erlangen, haben; das E. achten, schützen, garantieren; E. erwerben; der Schutz des Eigentums; sich an fremdem E. vergreifen *(stehlen);* das Grundstück ist in unser E. übergegangen *(wir haben es erworben, geerbt);* in öffentlichem E. stehen; ein Unternehmen in staatlichem E.

eigentümlich: **1.** *merkwürdig, sonderbar:* ein eigentümlicher Geruch; sie ist doch eine eigentümliche Person; ihr Verhalten hat mich e. berührt. **2.** *für jmdn. typisch:* mit dem ihr eigentümlichen Stolz wies sie das Anerbieten zurück.

eigenwillig: a) *die eigene Art nachdrücklich zur Geltung bringend:* eine eigenwillige Persönlichkeit; eine eigenwillige Auffassung; ein eigenwilliges Design; der Stil dieses Malers ist sehr e. **b)** *dickköpfig, eigensinnig:* ein eigenwilliges Kind; er beharrt e. auf seiner Meinung.

eignen /vgl. geeignet/: **1.** ⟨sich zu etwas/als etwas/für etwas e.⟩ *tauglich, geeignet sein:* er eignet sich nicht als/zum Lehrer; dieses Buch eignet sich als/zum Geschenk; sie hat sich gut für diese Arbeit geeignet; dieser Film eignet sich nicht für Kinder; das Buch eignet sich zum Verschenken; der Stoff eignet sich gut für einen Rock. **2.** (geh.) ⟨etwas eignet jmdm., einer Sache⟩ *etwas ist ein Merkmal von jmdm., von etwas:* dem Thema eignet eine gewisse Sprödigkeit.

Eile, die: *Bestreben, etwas rasch zu erledigen; Hast:* ich habe [keine] E.; die Sache hat große E. *(ist sehr eilig);* es hat keine E. damit; er ist immer in E. *(hat es immer sehr eilig);* er fuhr in höchster E. davon; sie schrieb den Brief in fliegender, in größter E.; er teilte es mir in aller E. *(schnell und kurz)* mit, daß ...; etwas mit möglichster E. betreiben; in der E. *(Hast)* hatte sie vergessen, die Fenster zu schließen; jmdn. zur E. antreiben.

eilen: 1. ⟨mit Raumangabe⟩ *sich schnell an einen bestimmten Ort begeben:* zur die Bahn, aus dem Haus, nach Hause, zur Polizei, zum Bahnhof e.; er ist sofort zu seiner Mutter geeilt; **bildl.**: er eilte von Erfolg zu Erfolg. **2.** ⟨etwas eilt⟩ *etwas muß schnell erledigt werden, ist dringend:* die Angelegenheit hat sehr geeilt; Eilt! / *Notiz auf Akten u. dgl.* /; ⟨es eilt [jmdm.]⟩ mir eilt es; eilt es denn damit so sehr?; es eilt mir nicht damit *(ich habe Zeit):* rufe ihn gleich an, es eilt! **3.** (ugs.) ⟨sich e.⟩ *sich beeilen:* du brauchst dich nicht so zu e.; ich habe mich sehr geeilt.

eilig: **1.** *rasch, in Eile:* eilige Schritte; ein eiliger Blick ins Buch; e. davonlaufen; nur nicht so e. *(nicht so hastig)!;* er ist, er hat es immer e. *(ist immer in Eile).* **2.** *dringlich:* ein eiliger Auftrag; die Sache ist e.; du hast es wohl sehr eilig damit? *(es drängt wohl sehr?);* s u b s t.: ich hatte etwas Eiliges zu besorgen; sie hatte nichts Eiligeres zu tun, als ... (iron.: *sie mußte natürlich sofort ...).*

Eimer, der: *größeres, oft zylindrisches Gefäß mit am oberen Rand beweglich angebrachtem Henkel:* ein voller E.; ein E. Wasser, voll Wasser, mit heißem Wasser; ein E. heißes Wasser/(geh.:) heißen Wassers; einen E. füllen, tragen, bereitstellen; es gießt, schüttet wie mit/aus Eimern (ugs.; *es regnet sehr stark).* * (ugs.:) **etwas ist im Eimer** *(etwas ist entzwei, verdorben):* die Uhr, die schöne Stimmung ist im E.

¹ein: **I.** ⟨unbestimmter Artikel⟩ /nicht betont/ **a)** /kennzeichnet ein Einzelwesen oder -ding/: e. Mann; eine Frau; e. kleines Haus; was für e. Lärm!; so eine Enttäuschung!; e. anderer, e. jeder; jmdm. eine Freude machen. **b)** /kennzeichnet einen allgemeinen Begriff/: e. Gletscher besteht aus Eis; e. Haustier braucht eine bestimmte Pflege. **c)** /kennzeichnet die Zugehörigkeit zu einer Gattung/: unser Hund ist e. Dackel; dies ist e. [echter] Picasso *(ein Bild von Picasso).* **II.** ⟨Indefinitpronomen und unbestimmtes Zahlwort⟩ **1.** /alleinstehend/: **a)** *jemand, irgendeiner; [irgend]-etwas:* das war einer von uns; er ist belesen wie selten einer *(sehr belesen);* ein[e]s *(etwas)* fehlt ihm: Geduld; das ist der Rat eines, der die Lage kennt; der Besuch eines unserer Herren; /Ausrufe des Erstaunens:/ sieh einer an!; so einer bist du also! **b)** *jemand, man:* was einer (ugs.) nicht kennt, das kann er nicht beurteilen; dieses Wetter muß einen ja melancholisch machen; das wird einem schnell klar; das kann einem alle Tage zustoßen. **c)** (ugs.) *mir:* das tut einem gut. **2.** /in [hinweisender] Gegenüberstellung/: der eine kommt, der andere geht; hier ist einer wie der andere; es kam so eins nach dem andern, eins zum andern; er wartete einen Tag um den andern; (ugs.:) mein eines Auge *(nicht das andere)* tränt. **III.** ⟨Kardinalzahl⟩ /betont; vgl. eins; *bezeichnet den Zahlenwert 1*/: das kostet eine Mark; es ist e. Uhr; er hat nur ein Bein; wir sind stets einer Meinung; er leerte das Glas auf einen Zug; ein[e]s der Kinder; R: einer für alle, alle für einen · nur einer war bereit; eins von beiden *(nicht beides);* das geht in einem (ugs.; *auf einmal)* hin. * **jmds.** **ein und alles sein** *(jmds. ganzes Glück sein)* · (nachdrücklich:) **ein und dasselbe** *(genau das gleiche)* · **in einem fort** *(ununterbrochen).*

²ein (in den Verbindungen) **bei jmdm. ein und aus gehen** *(oft bei jmdm. sein, mit jmdm. verkehren)* · **nicht/weder ein noch aus wissen, nicht ein und aus wissen** *(völlig ratlos sein).*

einander (geh.) ⟨reziprokes Pronomen⟩: *sich,*

uns, euch gegenseitig: wir, sie kennen e. nicht; e. (n i c h t: e. gegenseitig) die Hände reichen; e. widersprechende Aussagen.

einarbeiten: **1. a)** ⟨jmdn. e.⟩ *mit einer Arbeit vertraut machen:* seinen Nachfolger e.; er ist gründlich eingearbeitet worden. **b)** ⟨sich e.⟩ *mit einer Arbeit vertraut werden:* ich hatte mich schnell eingearbeitet; er muß sich in dieses/(seltener:) in diesem Gebiet noch e. **2.** ⟨etwas e.⟩ *einfügen:* Zusätze, Nachträge in einen/(seltener:) in einem Aufsatz e. **3.** ⟨etwas e.⟩ *durch vermehrte Arbeit ausgleichen:* einen Zeitverlust e.

einatmen: **a)** *Luft, Atem holen:* tief, ruhig, durch die Nase e. **b)** ⟨etwas e.⟩ *in die Lunge einziehen:* er hat giftige Gase, Dämpfe eingeatmet.

einbauen ⟨etwas e.⟩: *montieren, hineinbauen:* ein Ventil, einen Motor e.; einen Schrank e.; in die Tür/(seltener:) in der Tür wurde ein zweites Schloß eingebaut; eine Kamera mit eingebautem Belichtungsmesser; übertr.: eine Szene in ein Schauspiel e. *(nachträglich einfügen).*

einberufen: **a)** ⟨jmdn., etwas e.⟩ *zu einer Tagung, Sitzung zusammenrufen:* den Bundestag, eine Versammlung e.; die Abgeordneten wurden zu einer Sitzung einberufen. **b)** ⟨jmdn. e.⟩ *zum Wehrdienst heranziehen:* er wurde gleich bei Kriegsbeginn einberufen; er wurde zur Luftwaffe einberufen.

einbeziehen ⟨jmdn., etwas in etwas e.⟩: *einschließen, mit aufnehmen:* einen Umstand in seinen Plan, in seine Berechnungen [mit] e.; dieser Personenkreis wurde in die Untersuchung mit e.; er bezog mich in die Unterhaltung, in die Beratung [mit] ein *(ließ mich daran teilnehmen);* ⟨auch ohne Präp.-Obj.⟩ wir wurden nicht, viel zu wenig einbezogen *(beteiligt).*

einbiegen: **1.** ⟨etwas e.⟩ *nach innen biegen:* die Finger e.; er hat das überstehende Blech eingebogen. **2.** ⟨mit Raumangaben⟩ *um die Ecke [in eine andere Straße] gehen oder fahren:* das Auto ist in einen Hof; es nach links eingebogen.

einbilden /vgl. eingebildet/: **a.** ⟨sich (Dativ) etwas e.⟩: *irrtümlich glauben, annehmen:* sich e., alles zu wissen; du bildest dir das nur ein; ich bilde mir ein *(ich meine),* das schon einmal gehört zu haben; was bildest du dir eigentlich ein *(was fällt dir ein)!* /*Ausruf der Entrüstung*/; adj. Part.: eine eingebildete *(nicht wirklich vorhandene)* Gefahr, Krankheit. **b)** ⟨sich (Dativ) etwas auf etwas e.⟩ *ohne rechten Grund auf etwas stolz sein:* er bildet sich viel auf seine Kenntnisse ein; darauf brauchst du dir nichts einzubilden.

Einbildung, die: **a)** *Vorstellung, die nicht der Wirklichkeit entspricht; Phantasie:* seine Krankheit ist reine E.; das ist alles nur E.; die Sache existiert nur in seiner E.; sie leidet unter, an krankhaften Einbildungen *(Vorstellungen).* **b)** *Überheblichkeit:* seine E. ist unerträglich; R (scherzh.): E. ist auch eine Bildung.

einblenden: **a)** (Rundf., Fernsehen, Filmw.): ⟨etwas e.⟩ *in eine Sendung, in einen Film einschalten, einfügen:* Musik e.; ein Interview in eine/in einer Reportage e. **b)** (Rundf., Fernsehen) ⟨sich e.⟩ *sich mit einer Sendung einschalten:* eine Sendung übernehmen: wir blenden uns in wenigen Minuten wieder [in die zweite Halbzeit] ein.

einbleuen (ugs.) ⟨jmdm. etwas e.⟩: *durch stän-*

dige Wiederholung beibringen: er hat den Schülern nur Formeln und Zahlen eingebleut; sie bleute den Kindern ein, von Fremden keine Geschenke anzunehmen.

Einblick, der: **a)** (selten) *Blick in etwas hinein:* den E. in ein Zimmer, in einen Park haben. **b)** *Erkenntnis; Kenntnis[nahme] von etwas:* überraschende, aufschlußreiche Einblicke; E. in die Akten haben, nehmen; jmdm. einen E. gewähren, geben; sich E. in etwas verschaffen; er gewann, bekam E., einen ersten E. in den Produktionsablauf.

einbrechen: 1. a) *gewaltsam eindringen, um zu stehlen:* in ein Haus e.; Diebe sind in die Werkstatt eingebrochen/haben in der Werkstatt eingebrochen; bei uns, in unsere/in unserer Firma wurde gestern eingebrochen; sie haben in der Bank eingebrochen *(einen Einbruch verübt);* übertr.: sie war in die Ehe ihrer Freundin eingebrochen. **b)** *(von feindlichen Soldaten) in einen Bereich eindringen:* der Gegner ist in unsere Stellung eingebrochen. **c)** ⟨etwas bricht ein⟩ *etwas dringt mit Gewalt ein:* das Wasser ist in den Stollen eingebrochen. **2.** (geh.) ⟨etwas bricht ein⟩ *etwas beginnt plötzlich:* der Winter brach ein; bei einbrechender Dunkelheit. **3. a)** ⟨etwas bricht ein⟩ *etwas stürzt ein:* das Gewölbe, die Decke ist eingebrochen. **b)** *eine Oberfläche durchbrechen und einsinken:* der Junge brach [auf dem Eis] ein und ertrank. **4.** (ugs.) *eine schwere Niederlage erleiden, scheitern:* bei den Wahlen, mit ihrem Vorhaben ist die Partei [schwer] eingebrochen.

einbringen: 1. ⟨jmdn., etwas e.⟩ *[ernten und] in den dafür vorgesehenen Raum bringen, hineinschaffen:* die Ernte, das Heu e.; ein Schiff [in den Hafen] e.; Techn.: ein Werkstück in die Maschine e. **2.** ⟨etwas e.⟩ *zur Beschlußfassung vorlegen:* einen Antrag auf etwas e.; im Bundestag ein Gesetz e.; eine Resolution e. **3.** ⟨etwas in etwas⟩ *eine Gemeinschaft mitbringen:* sie hat ein Haus in die Ehe eingebracht; sein Vermögen in eine Stiftung e. *(in eine Stiftung verwandeln);* ⟨auch ohne Akk.⟩ sie hatte ein großes Vermögen eingebracht; eingebrachtes Vermögen. **4.** ⟨etwas bringt etwas ein⟩ *etwas bringt Gewinn, Ertrag:* diese Arbeit bringt viel, wenig, nichts ein; ⟨etwas bringt jmdm. etwas ein⟩ das Unternehmen brachte ihm viel Geld ein; übertr.: seine Tätigkeit hat ihm Anerkennung, den Ruf eines großen Könners, Arbeit, Ärger eingebracht. **5.** ⟨etwas e.⟩ *wettmachen:* die verlorene Zeit, den Verlust wieder e. **6.** (ugs.) ⟨sich, etwas e.⟩ *etwas von sich, sich selbst als Persönlichkeit in etwas mit hineinbringen, es dort wirksam werden lassen:* sich bei etwas, in etwas [voll] e.; sein Wissen in die Gruppe e.

einbrocken: a) ⟨etwas e.⟩ *brockenweise hineintun:* Brot [in die Suppe] e. **b)** (ugs.) ⟨jmdm., sich etwas e.⟩ *jmdn., sich in eine unangenehme Lage bringen:* wer hat uns das eingebrockt?; da habe ich mir etwas Schönes eingebrockt!

Einbruch, der: **1.** *gewaltsames Eindringen in ein Gebäude (um zu rauben):* einen E. verüben, anzeigen, aufklären; er war an dem Einbruch in die/ (seltener:) in der Fabrik beteiligt; die Zahl der Einbrüche steigt; der Schmuck stammt von einem E. **2.** (militär.) *erfolgreicher Vorstoß:* ein E. in die feindliche Front, Stellung; einen E. abrie-

geln. **3.** *gewaltsames Durchbrechen:* der E. des Wassers in den Schacht. **4.** *plötzlicher Beginn:* bei, vor, nach E. der Nacht, des Winters. **5.** *Zusammenbruch:* der E. des Gewölbes; übertr. (Wirtsch.): ein E. *(ein plötzliches Fallen)* der Kurse ist nicht zu befürchten; ein konjunktureller E. **6.** *schwere Niederlage, Scheitern:* bei dem entscheidenden Spiel erlebte die Mannschaft einen schlimmen E.

einbürgern: 1. ⟨jmdn. e.⟩ *jmdm. eine Staatsangehörigkeit geben:* er ist [in die/in der Schweiz] eingebürgert worden; sich e. *(naturalisieren)* lassen. **2. a)** ⟨jmdn., etwas e.⟩ *heimisch machen:* eine Pflanzenart, Tierart, eine Sitte e.; man versucht jetzt, den Biber bei uns wieder einzubürgern. **b)** ⟨sich e.⟩ *heimisch, zur Gewohnheit werden:* diese Sportart hat sich bei uns eingebürgert.

Einbuße, die: *Verlust, Verringerung:* eine empfindliche, schwere E.; finanzielle Einbußen; eine E. an Macht, Vermögen; eine E. von Arbeitsplätzen; er hat nur geringe Einbußen erlitten, hinnehmen müssen; diese Rede hat seiner Beliebtheit schwere E. getan (geh.).

einbüßen ⟨etwas e.⟩: *verlieren:* sein ganzes Vermögen, seine Freiheit, das Vertrauen seiner Wähler, sein Leben e.; er hat bei diesem Unternehmen viel Geld eingebüßt; der Motor büßte schnell an Leistung ein.

eindämmen ⟨etwas e.⟩ *(Negatives, Schaden u. ä. Verursachendes) aufhalten, begrenzen:* das Hochwasser, einen Waldbrand e.; die Inflation, die Kriminalität einzudämmen versuchen; die Seuche konnte schnell eingedämmt werden.

eindecken: 1. ⟨sich mit etwas e.⟩ *sich mit Vorräten versorgen:* sich [für den Winter] mit Obst, Kartoffeln e.; ⟨auch ohne Präp.-Obj.⟩ ich habe mich, ich bin gut eingedeckt. **2. a)** ⟨etwas e.⟩ *schützend bedecken:* die Rosen für den Winter e.; Bauw.: ein Dach [mit Ziegeln] e. **b)** (ugs.) ⟨jmdn., etwas mit etwas e.⟩ *überhäufen, überschütten:* jmdn. mit Fragen, mit Aufträgen e.; ich bin mit Arbeit eingedeckt *(ich habe viel Arbeit);* militär.: die Stellungen wurden mit einem Hagel von Granaten eingedeckt.

eindeutig: a) *völlig klar, unmißverständlich:* eine eindeutige Anordnung; ein eindeutiger Fall; er bekam eine eindeutige Abfuhr (ugs.); eine eindeutige Sprache sprechen *(sich unmißverständlich ausdrücken).* **b)** *klar und deutlich; keine Zweifel aufkommen lassend:* er ist e. überlegen; die Sache läßt sich nicht e. klären; die Beweise sind e.; etwas e. zu verstehen geben; der Rechtslage ist e.

eindringen: 1. ⟨in etwas e.⟩: *trotz Behinderung hineingelangen:* in die feindliche Stellung e.; das Wasser drang in den Keller ein; die Salbe dringt schnell in die Haut ein; ⟨auch ohne Präp.-Obj.⟩ die Salbe ist vollständig eingedrungen; übertr.: in die Geheimnisse einer Wissenschaft e.; diese Erkenntnis ist noch nicht ins Bewußtsein der Öffentlichkeit eingedrungen. **2.** ⟨auf jmdn. e.⟩ *jmdn. angreifen:* zwei Männer drangen [mit Messern] auf ihn ein; sie drangen mit Fragen auf ihn ein *(bestürmten ihn damit).*

eindringlich: *nachdrücklich, mahnend:* eindringliche Worte, Bitten; mit eindringlicher Stimme sprechen; seine Rede war sehr e.; jmdn. e., auf das/aufs eindringlichste warnen.

Eindruck, der: **1.** *Vorstellung, die durch Einwirkung von außen in jmdm. entsteht:* ein tiefer, nachhaltiger, bleibender, unauslöschlicher, oberflächlicher, frischer E.; ein E. von großer Traurigkeit; der erste E. war entscheidend; ein E. entsteht, haftet, bleibt [haften], dauert, verstärkt sich, vertieft sich; ein E. schwindet (geh.), verblaßt, verwischt sich; einem bestimmten E. entgegentreten; er versuchte E. zu schinden (ugs.; *zu beeindrucken*); das Spiel hat auf mich keinen E. gemacht; bei jmdm. den besten, einen guten, ausgezeichneten, [un]günstigen, schlechten, üblen, keinen E. machen; einen E. erwecken, hervorrufen, hinterlassen, vermitteln; ich habe den E. gewonnen, daß ...; so etwas macht mir keinen E.; neue Eindrücke gewinnen, empfangen (geh.); einen falschen, ungefähren E. von jmdm. erhalten; er machte einen gedrückten E., den E. eines zerfahrenen Menschen *(er wirkte gedrückt, zerfahren);* die Rede hat ihren E. auf ihn nicht verfehlt; sein Brief erweckt den Eindruck, als ob ...; ich habe den E., kann mich des Eindrucks nicht erwehren (geh.), daß ...; er stand noch ganz unter dem E. dieses Erlebnisses. **2.** (selten) *Vertiefung, Spur:* der E. eines Fußes im Boden, im Schnee; die Räder haben tiefe Eindrücke im Sand hinterlassen; die Eindrücke verwischen.

eindrücken ⟨etwas e.⟩: *nach innen drücken und dabei zerbrechen:* einen Kotflügel e.; der Dieb drückte die Fensterscheibe ein; ⟨jmdm. etwas e.⟩ die einstürzende Mauer drückte ihm den Brustkorb ein; eine eingedrückte Nase.

eindrucksvoll: *einen starken Eindruck machend:* er hat eine eindrucksvolle Rede gehalten; eine eindrucksvolle Persönlichkeit; das Schloß war ein eindrucksvolles Bauwerk; was er sagte, war sehr e.; etwas e. darstellen.

einerlei: I. ⟨Adj.⟩ *gleichgültig:* denke immer daran, e., was du tust!; ⟨jmdm. e. sein⟩ ihr war alles e. **II.** ⟨Gattungszahlwort⟩ *[völlig] gleichartig:* Kleider von e. Farbe; subst.: das ewige, stumpfe Einerlei *(die Eintönigkeit)* des Alltags.

einerseits ⟨in der Verbindung⟩ einerseits ..., and[e]rerseits/anderseits ⟨Konj.⟩: */setzt zwei Gesichtspunkte zueinander in Beziehung/:* e. freute er sich über den Brief, and[er]erseits aber machte er sich Sorgen.

einesteils ⟨in der Verbindung⟩ einesteils ..., ander[e]nteils ⟨Konj.⟩: *zum einen ..., zum andern; einerseits ..., andererseits:* in den Regalen standen e. Fachbücher, andernteils Romane.

einfach: I. ⟨Adj.⟩ **1.** *nicht doppelt oder mehrfach:* ein einfacher Knoten; eine einfache Fahrt *(ohne Rückfahrt);* bitte Mannheim e. *(Fahrkarte ohne Rückfahrt);* er braucht nur eine einfache Mehrheit *(von weniger als 50 Prozent der Stimmen);* in einfacher Ausfertigung; der Brief ist nur e. gefaltet; der Stoff liegt e. breit; einfache Buchführung. **2. a)** *unkompliziert:* ein einfaches Hilfsmittel; eine einfache Apparatur; Rechtsw.: einfacher Diebstahl; die Maschine ist ganz e. konstruiert; ℝ (iron.): so e. ist das!; warum e., wenn es auch umständlich geht! **b)** *leicht, mühelos:* eine einfache Aufgabe; das ist gar nicht so e. **3.** *schlicht:* einfache Sitten; er liebt das einfache Leben; eine einfache Mahlzeit; in einfachen Verhältnissen leben; er ist nur ein einfacher Mann

(ohne höhere Schulbildung); einfache *(in bescheidenen Verhältnissen lebende)* Leute; e. leben, wohnen, sich e. kleiden. **II.** ⟨Gesprächspartikel⟩ /drückt eine [emotionale] Verstärkung aus/: das ist e. unmöglich; e. herrlich!; ich begreife Sie e. nicht; ich mache das e., ohne lange zu fragen; das hat er e. so (ugs.; *ohne Grund)* gemacht; die Sache ist e. *(kurzum)* die, daß ...; er lief e. *(ohne weiteres)* davon.

Einfachheit, die: **1.** *Schlichtheit:* größte, spartanische E.; sich mit betonter E. kleiden. **2.** *Unkompliziertheit:* eine Konstruktion von verblüffender E.; der E. halber *(um es einfacher zu machen)* schicke ich gleich die quittierte Rechnung mit.

einfädeln: 1. ⟨etwas e.⟩ **a)** *durch ein Nadelöhr ziehen:* Garn, einen Faden e. **b)** *mit einem Faden versehen:* die Nadel e. **2.** (ugs.) ⟨etwas e.⟩ *geschickt bewerkstelligen:* ein Geschäft e.; eine Intrige e.; du hast die Sache fein, gut, schlau eingefädelt. **3.** (Verkehrsw.) ⟨sich e.⟩ *sich mit seinem Fahrzeug in den fließenden Verkehr einreihen:* sich rechtzeitig e.; er mußte sich in eine Kolonne, in eine andere Fahrspur e. **4.** (Skisport) *beim Slalom mit dem Ski an einer Torstange hängenbleiben:* beim dritten Tor fädelte er ein und stürzte.

einfahren: 1. *fahrend hineingelangen:* der Zug fährt auf Gleis 3, fährt pünktlich ein; das Schiff fährt in den Hafen ein; in die Autobahn, in die Kreuzung e.; er warf sich vor den einfahrenden Zug; Bergmannsspr.: die Bergleute sind eingefahren *(in den Schacht gefahren).* **2.** ⟨etwas e.⟩ *durch heftiges Dagegenfahren beschädigen, zerstören:* mit dem Auto das Tor, das Geländer e. **3.** ⟨etwas e.⟩ *(von der Ernte) in die Scheune bringen:* die Ernte, das Korn, Heu e. **4.** ⟨jmdn., sich, etwas e.⟩ *an das Fahren gewöhnen:* junge Pferde e.; das Auto muß erst eingefahren werden; ich muß mich erst e.; übertr.: sich in/auf eingefahrenen Gleisen *(in konventionellen Bahnen)* bewegen; die Sache hat sich eingefahren *(ist zur Gewohnheit geworden).* **5.** (ugs.) *erzielen, erwirtschaften:* die Firma hat große Gewinne, Verluste, ein gutes Ergebnis, einen Rekord eingefahren. **6.** *(ein Maschinenteil o. ä.) mit Hilfe einer Mechanik einziehen:* eine Antenne, das Fahrwerk e.

Einfahrt, die: **1.** *das Hineinfahren:* die E. in das enge Tor war schwierig; der Zug hat keine E. [in den Bahnhof]. **2.** *Stelle, an der man hineinfährt:* das Haus hat eine breite E.; E. freihalten!

Einfall, der: **1.** *plötzlicher Gedanke, plötzliche Idee:* ein alberner, dummer, glücklicher, großartiger, guter, kluger, lustiger, merkwürdiger, seltsamer, sonderbarer, witziger E.; mir kam der E., sie zu fragen; es war ein bloßer E. von mir; sich einen E. notieren; jmdn. auf einen E. bringen; er kam auf den E., mich zu besuchen. **2.** *kriegerisches Eindringen:* der E. der Hunnen in Europa. **3.** *(von Lichtstrahlen) das Eindringen:* der E. des Lichtes. **4.** *plötzliches Einsetzen, Beginnen:* der E. des Winters beendete ihre Arbeit im Freien.

einfallen: 1. ⟨etwas fällt ein⟩ *etwas fällt, stürzt zusammen:* das Haus, das alte Gemäuer ist eingefallen. **2. a)** ⟨in etwas e.⟩ *gewaltsam eindringen:* der Feind fiel in unser/(selten:) in unserem Land ein; die Stare fallen in Scharen in die Kirschbäume ein. **b)** (Jägerspr.) *niedergehen:* die Rebhühner fallen ein; Enten fallen auf den/auf dem

See ein. **c)** ⟨etwas fällt ein⟩ *etwas kommt herein, hinein:* das Licht fiel durch ein Fenster ein; schräg einfallende Strahlen. **d)** *einstimmen, einsetzen:* an dieser Stelle fielen die Bläser, die Geigen ein, fiel der Baß ein; ⟨in etwas e.⟩ einer nach dem anderen fiel in das Gelächter ein; in den Gesang der Gemeinde e. **3. a)** ⟨etwas fällt jmdm. ein⟩ *etwas kommt jmdm. [plötzlich] in den Sinn:* er macht, was ihm gerade einfällt; mir fiel allerlei, ein Ausweg, eine Ausrede ein; das fiele mir nicht im Traum ein (ugs.; *das würde ich niemals tun*); ihm fiel nichts Passendes, nichts Besseres, nichts Neues ein; da mußt du dir schon etwas anderes, etwas Besseres e. lassen; mir fiel ein, daß ...; es ist mir nie eingefallen zu glauben *(ich habe nie geglaubt),* daß ...; laß dir das ja nicht e.! *(tu das ja nicht!);* was fällt Ihnen denn ein? *(was erlauben Sie sich?);* das fällt mir gar nicht ein (ugs.; *das mache ich nicht*)!; zu dieser Frage, zu diesem Thema fällt mir nichts ein *(ich habe keine Meinung dazu).* **b)** ⟨jmd., etwas fällt jmdm. ein⟩ *jmd. erinnert sich an jmdn., an etwas:* der merkwürdige Gast fiel mir wieder ein; sein Name fällt mir gerade nicht ein; halt, da fällt mir ein, daß ...
einfältig: *töricht, naiv, arglos-gutmütig:* er hat, ist ein einfältiges Gemüt; ein einfältiger Mensch; rede nicht so einfältiges Zeug!; er ist ein Bißchen e.; e. lächeln; sei doch nicht so e. *(sei nicht so dumm, dir das gefallen zu lassen)!*
einfangen: **1.** ⟨etwas. e.⟩: *fangen:* einen Verbrecher, die Ausbrecher e.; wir haben den Vogel wieder eingefangen; übertr.: Strahlen in/mit einem Spiegel e. **2.** (geh.) ⟨etwas e.⟩ *in seiner Eigenart festhalten und wiedergeben:* er hat in seinen Bildern die Stimmung gut eingefangen.
einfinden: **1.** ⟨sich e.; gewöhnlich mit Umstandsangabe⟩ *an einem bestimmten Ort erscheinen:* sich pünktlich, um 10 Uhr, bei uns, in der Hotelhalle e.; zum Abschied hatte sich auch mein Bruder eingefunden. **2.** (seltener) ⟨sich in etwas e.⟩ *hineinfinden:* er hat sich [leicht, schnell] in die neue Arbeit eingefunden.
einfließen ⟨etwas fließt ein⟩: *etwas fließt hinein, herein:* Abwässer fließen in den Kanal ein; Meteor: Kaltluft ist von Nordosten eingeflossen *(eingeströmt);* übertr.: in seine Rede ließ er einige Andeutungen e.; er ließ e., daß ...
einflößen ⟨jmdm. etwas e.⟩: **1.** *vorsichtig zu trinken geben:* einem Kranken Wasser, Arznei e. **2.** *in jmdm. ein bestimmtes Gefühl hervorrufen:* jmdm. Ehrfurcht, Mitleid, Mut, Furcht, Trost, Vertrauen, Zuversicht, Achtung, Bewunderung e.; seine Worte haben mir Angst eingeflößt.
Einfluß, der: *Einwirkung:* ein großer, segensreicher, maßgeblicher, schädlicher, nachteiliger, unheilvoller, verderblicher E.; Einflüsse der Umwelt, des Wetters; sein E. auf die Massen wächst ständig, nimmt ab, schwindet; E. *(Geltung, Ansehen)* suchen; E./an E. gewinnen, verlieren; großen E. [bei jmdm., auf jmdn.] haben; seinen [persönlichen] E. geltend machen; auf etwas starken E. haben, nehmen, ausüben; darauf hat er keinen E.; er bot seinen ganzen E. auf, um ...; jmds. E. brechen, unterschätzen, fürchten; er weiß sich E. zu verschaffen; ohne [allen] E. sein, bleiben; unter jmds. E. stehen; unter dem E. von Alkohol; ein Mann von großem E.

einförmig: *keine Abwechslung bietend; gleichförmig:* eine einförmige Landschaft; einförmige Musik; sein Leben ist, verläuft sehr e.
einfrieren: **1.** ⟨etwas friert ein⟩: **a)** *etwas wird durch Frost unbenutzbar:* das Waschbecken, die Wasserleitung friert ein; eingefrorene Rohre auftauen. **b)** *etwas wird vom Eis festgehalten:* das Schiff ist im Packeis eingefroren. **2.** ⟨etwas e.⟩ *mit Hilfe von Kälte konservieren:* Lebensmittel e.; wir haben das Fleisch eingefroren. **3.** (ugs.) ⟨etwas e.⟩ *nicht weiterführen:* ein Projekt e.; die diplomatischen Beziehungen e.; Preise, Gehälter e. *(auf dem erreichten Stand halten);* subst.: das sofortige Einfrieren der Nuklearrüstung fordern.
einfügen: **1.** ⟨etwas e.⟩ *in etwas fügen, einsetzen:* neue Steine in ein Mauerwerk e.; ein Zitat, einige Worte in einen Text e.; in das/(seltener:) in dem Mosaik sind viele goldene Steine eingefügt. **2.** ⟨sich e.⟩ *sich einordnen, einpassen;* du willst dich nie e.; er fügte sich nur schwer in die Gemeinschaft, in die neue Umgebung ein.
Einfuhr, die: ↑Import.
einführen: **1.** ⟨etwas e.⟩ *importieren:* Erdöl, Getreide e.; Waren in ein Land, nach Deutschland e.; diese Rohstoffe werden aus Übersee eingeführt. **2.** ⟨etwas e.⟩ *als Neuerung verbreiten, in Gebrauch nehmen:* einen Brauch, neue Moden, eine neue Währung e.; an unserer Schule wurde ein neues Lehrbuch eingeführt; die Ware ist beim Publikum gut eingeführt *(allgemein bekannt).* **3. a)** ⟨jmdn. bei jmdm., in etwas e.⟩ *mit jmdm., mit etwas bekannt machen:* jmdn. in ein Haus, in eine Familie e.; er hat das Mädchen bei seinen Eltern eingeführt; jmdn. in sein neues Amt, in einen neuen Wirkungskreis e.; adj. Part.: ein gut eingeführtes Geschäft; er ist bei den zuständigen Behörden gut eingeführt. **b)** ⟨sich e.⟩ *sich in einer bestimmten Weise vorstellen, in Erscheinung treten:* du dich im Klub gut eingeführt; er führte sich mit einem Vortrag ein. **c)** ⟨jmdn. in etwas e.⟩ *jmdm. die Anfangsgründe von etwas erklären:* er führte uns in die Geschichte des Bergbaus ein; er sprach einige einführende *(einleitende)* Worte. **d)** ⟨jmdn. in etwas e.⟩ *mit der zukünftigen Arbeit vertraut machen:* einen neuen Mitarbeiter [in seine Arbeit] e. **4.** ⟨etwas [in etwas] e.⟩ *vorsichtig in eine Öffnung schieben:* eine Sonde e.; einen Schlauch in den Magen e.
Eingabe, die: **1.** *Gesuch, Beschwerde:* eine E. aufsetzen, an die Behörde richten; er hat eine E. [beim Landrat] gemacht, eine E. an das Landratsamt gerichtet; eine E. prüfen, bearbeiten, beurteilen. **2.** (Datenverarb.) *das Eingeben in eine Maschine:* die E. von Daten; die E. eines Textes.
Eingang, der: **1.** *Tür, Öffnung nach innen:* verbotener E.!; kein E.!; der E. der Kirche, zur Kirche; das Haus hat zwei Eingänge; den E. verschließen, öffnen, freihalten; am E., vor dem E. stehen; übertr.: der E. *(die Eintrittsöffnung)* des Magens. **2.** *Zutritt, Aufnahme:* er fand keinen E. in diese Kreise/in diesen Kreisen; das Gedicht fand E. in eine Schulausgabe; er verschaffte sich E. in das Haus. **3.** (Kaufmannsspr.) **a)** *das Eintreffen:* den E. von Briefen, Waren bestätigen; den E. der Außenstände überwachen; nach E. des Betrages. **b)** *eingehende Post:* die Eingänge sortieren, weiterleiten, bearbeiten.

eingangs: I. ⟨Adverb⟩ *am Anfang (einer Rede o. ä.):* ich habe e. darauf hingewiesen; das e. genannte, erwähnte Buch. II. ⟨Präp. mit Gen.⟩ *am Anfang* /räumlich und zeitlich/: e. der Kurve nahm er das Gas weg; e. des Jahres.

eingeben: 1. ⟨jmdm. etwas e.⟩ *einflößen:* dem Kranken die Arznei e. 2. **a)** ⟨Datenverarb.⟩ ⟨etwas e.⟩ *in eine Rechenanlage hineingeben:* Daten, Zahlen, Texte [in den Computer] e. **b)** (veraltet) ⟨jmdn., etwas e.⟩ *einreichen:* ein Gesuch e.; jmdn. zur Beförderung e. 3. (geh.) ⟨jmdm. etwas e.⟩ *in jmdm. einen Gedanken aufkommen lassen:* diesen Gedanken gab dir ein guter Geist ein; die Angst gab ihm den Wunsch ein zu fliehen.

eingebildet: *allzusehr von sich selbst überzeugt:* ein eingebildeter Mensch; er war maßlos e. [auf seine gute Erziehung].

Eingebung, die: *plötzlich in jmdm. auftauchender Gedanke:* eine E. haben; er folgte einer höheren, einer richtigen E.; in einer plötzlichen E. änderte er seinen Entschluß.

eingefleischt: 1. *unverbesserlich; überzeugt:* ein eingefleischter Junggeselle, Optimist; ein eingefleischter Demokrat. 2. *zur zweiten Natur geworden, tief eingewurzelt:* eingefleischte Vorurteile, Gewohnheiten.

eingehen /vgl. eingehend/: 1. (geh.) ⟨in etwas e.⟩ *Aufnahme finden, Eingang finden:* etwas ist in die Literatur eingegangen; sein Name, dieses Ereignis ist in die Geschichte eingegangen; übertr.: zur ewigen Ruhe, in die Unsterblichkeit, in den ewigen Frieden e. *(sterben).* 2. (Kaufmannsspr.) ⟨etwas geht ein⟩ *etwas trifft ein:* es geht täglich viel Post ein; der Brief ist gestern [bei uns] eingegangen; Gelder, Außenstände gehen ein; die ein- und ausgehende Post. 3. (ugs.) ⟨etwas geht jmdm. ein⟩ *jmd. nimmt etwas auf, versteht etwas:* ihm geht alles leicht, schnell ein; es geht mir nicht ein, will mir nicht e., daß *(ich begreife nicht, warum)* ich darauf verzichten soll. 4. ⟨etwas geht ein⟩ *(ein Gewebe, ein Kleidungsstück) schrumpft beim Waschen:* der Pullover ist bei, in der Wäsche eingegangen; dieser Stoff geht nicht ein. 5. **a)** *(von Pflanzen, Tieren) absterben, sterben:* die Pflanzen kümmern, sie werden e.; der Baum ist eingegangen; die Katze wird bald e.; (ugs. /von Menschen/:) er ist jämmerlich an seiner Krankheit eingegangen; vor Langeweile sind wir fast eingegangen; sie ist dort eingegangen wie eine Primel *(ist verkümmert);* bei dieser Hitze geht man ja ein; ⟨jmdm. e.⟩ die Topfpflanze ist mir eingegangen. **b)** (ugs.) *(wegen mangelnder Rentabilität o. ä.) aufhören müssen, nicht länger existieren können:* die Zeitung ist eingegangen. 6. ⟨etwas e.⟩ *sich [vertraglich] binden; sich auf etwas einlassen:* ein Bündnis, einen Vertrag, Vergleich [mit jmdm.] e.; Verpflichtungen e.; eine Verbindung, Beziehung e.; er wollte kein Risiko e.; eine Ehe e.; darauf gehe ich jede Wette ein. 7. ⟨auf etwas e.⟩ *reagieren; zu etwas Stellung nehmen, sich äußern:* auf eine Frage, auf einen Gedanken e.; er ging dann im einzelnen auf unsere Lage ein; sie ging auf meine Vorschläge, Wünsche, Bedingungen ein *(akzeptierte sie).*

eingehend: *gründlich, ausführlich:* eine eingehende Besprechung, Schilderung; die Untersuchung war sehr e.; etwas e. prüfen.

eingestehen ⟨etwas e.⟩: *zugeben, offen aussprechen:* eine Schuld, einen Irrtum, seine Niederlage, einen Fehler e.; ⟨jmdm., sich etwas e.⟩ er hat mir seine Angst eingestanden; er will sich nicht e. *(will nicht wahrhaben),* daß er Unrecht hat.

Eingeweide, die ⟨Plural⟩: *die Organe von Bauch- und Brusthöhle:* einem geschlachteten Huhn die E. herausnehmen; (geh.:) der Schmerz wühlt in den Eingeweiden.

eingießen ⟨etwas e.⟩: *in ein Trinkgefäß gießen:* den Kaffee e.; den Wein in die Gläser e.; ⟨jmdm., sich etwas e.⟩ er goß sich einen Kognak, noch ein Gläschen ein; ⟨auch ohne Akk.⟩ er goß [mir] immer wieder ein.

eingreifen: 1. ⟨etwas greift in etwas ein⟩ *etwas hakt [antreibend] hinein:* das Zahnrad greift in das Getriebe ein. 2. *sich entscheidend einschalten:* handelnd, fördernd, hemmend, vermittelnd e.; griff sofort ein; in eine Debatte, einen Vorgang e.; wir wollen nicht in ein schwebendes Verfahren e.; die Polizei mußte [bei der Schlägerei] e.; übertr.: die Maßnahme greift tief in unsere Rechte ein *(beschneidet sie);* subst.: sein beherztes Eingreifen rettete die Lage.

Eingriff, der: 1. *chirurgische Operation:* ein ärztlicher, operativer E.; ein kleiner, gefährlicher, harmloser E.; ein verbotener E. *(Unterbrechung der Schwangerschaft);* einen E. machen, an jmdm. vornehmen; sich einem E. unterziehen. 2. *unrechtmäßiger Übergriff:* ein roher, gewaltsamer E.; ein E. in die private Sphäre; einen E. abwehren; er erlaubte sich Eingriffe in fremdes Recht.

einhaken: 1. ⟨etwas e.⟩ *mit/in einem Haken befestigen:* das Fenster öffnen und e.; das Seil in eine/(seltener:) in einer Öse e. 2. ⟨sich e.⟩ *seinen Arm in jmds. Arm schieben:* sie hakte sich bei ihm ein; sie hakten sich/(geh.:) einander ein; die beiden gingen eingehakt *(Arm in Arm).* 3. (ugs.) *energisch, um einen Einwand vorzubringen, in ein Gespräch eingreifen:* an dieser Stelle hakte er ein; sie hakte sofort ein und sagte ...

Einhalt (nur in der Wendung) jmdm., einer Sache Einhalt gebieten/tun (geh.): *energisch entgegentreten und sich nicht ausbreiten lassen:* einem Übel, den Übeltätern E. tun; jmds. Treiben E. gebieten; übertr.: ein Unwetter gebot uns E.

einhalten: 1. ⟨etwas e.⟩ **a)** *sich an etwas halten:* sein Versprechen, einen Termin, die Lieferzeit, eine Frist e.; einen Vertrag, eine Abmachung e. *(erfüllen);* Normen, Vorschriften e.; sie hält die Mahlzeiten nicht ein *(ißt nicht regelmäßig);* er muß eine strenge Diät e. **b)** *nicht von etwas abweichen:* den Kurs, die Richtung, den Abstand, die vorgeschriebene Geschwindigkeit e. 2. ⟨in, mit etwas e.⟩ *aufhören, innehalten:* im/mit dem Lesen e.; im Arbeiten e.; ⟨auch ohne Präp.-Obj.⟩ halt ein! 3. (ugs.) *Harn, Stuhlgang zurückhalten:* ich kann nicht mehr e. 4. (Schneiderei) ⟨etwas e.⟩ *durch Einnähen von Fältchen o. ä. die Weite von etwas verringern:* einen Ärmel e.

einhämmern: 1. ⟨etwas e.⟩ **a)** *[mit dem Hammer] hineinschlagen:* den Zeltpflock [in den Boden] e. **b)** *einmeißeln:* eine Inschrift e. 2. **a)** ⟨jmdm. etwas e.⟩ *durch ständige Wiederholung einprägen:* den Massen ein Schlagwort e. **b)** (auf jmdn. e.⟩ *immer wieder auf jmdn. eindringen, einwirken:* Propaganda hämmert auf uns ein.

einhängen: a) ⟨etwas e.⟩ *in eine Haltevorrichtung hängen:* die Tür, das Fenster e.; den Hörer e.; ⟨auch ohne Akk.⟩ er hat einfach eingehängt *(das Telefongespräch durch Auflegen des Hörers abgebrochen).* **b)** ⟨sich e.⟩ *seinen Arm in jmds. Arm schieben:* sie hängte sich bei mir ein; sie gingen eingehängt *(Arm in Arm).*

einhauen: 1. ⟨etwas e.⟩ **a)** *hineinschlagen:* eine Kerbe [in das Holz] e.; in den/(seltener:) in dem Stein war eine Inschrift eingehauen. **b)** *entzweischlagen:* eine Tür e.; ⟨jmdm., sich etwas e.⟩ jmdm. die Fenster e.; die Jugendlichen haben sich gegenseitig die Köpfe eingehauen. **2.** ⟨auf jmdn. e.⟩ *jmdn. wiederholt und kräftig schlagen:* er hieb/(ugs.:) haute auf die Pferde ein. **3.** (ugs.) ⟨gewöhnlich mit Artangabe⟩ *schnell und viel essen:* sie hauten/hieben beim Frühstück ordentlich ein; sie haben kräftig eingehauen.

einheimsen (ugs.) ⟨etwas e.⟩: *für sich erlangen:* Preise, Schätze, Lob e.; (iron.:) hier konnte er keine Lorbeeren e.

einheiraten ⟨in etwas e.⟩: *durch Heirat Mitglied einer Familie, Mitbesitzer von etwas werden:* in eine [angesehene] Familie e.; er hat in das Geschäft eingeheiratet; ⟨auch ohne Präp.-Obj.⟩ er hatte eingeheiratet.

Einheit, die: **1.** *Ganzheit, Einheitlichkeit:* die nationale, staatliche, politische E. eines Volkes; die innere, künstlerische E. einer Dichtung; die E. wächst, zerfällt; alle Teile bilden eine E.; eine E. darstellen; die E. von Theorie und Praxis; zu einer E. verschmelzen. **2.** *militärischer Verband:* eine motorisierte E.; feindliche Einheiten; er wurde zu einer neuen E. versetzt. **3.** *Größe, die einem Maß- oder Zählsystem zugrunde liegt:* eine statistische E.; der Kranke erhält täglich 10 Einheiten dieses Medikaments.

einheitlich: a) *eine Einheit erkennen lassend:* ein einheitliches Werk; die Struktur ist e.; e. vorgehen; etwas e. gestalten, regeln. **b)** *für alle in gleicher Weise geltend, gleich:* einheitliche Kleidung, Verpflegung; die Truppen sind e. ausgerüstet.

einheizen: 1. a) *heizen:* bei solcher Kälte muß man tüchtig e.; übertr. (scherzh.): sie hatten tüchtig eingeheizt *(reichlich Alkohol getrunken).* **b)** (selten) ⟨etwas e.⟩ *durch Heizen warm machen:* den Ofen, ein Zimmer e. **2.** (ugs.) ⟨jmdm. e.⟩ **a)** *jmdn. zur Arbeit antreiben:* der hat mir aber eingeheizt! **b)** *jmdm. die Meinung sagen:* ich habe ihm gehörig eingeheizt.

einhellig: *einstimmig:* der Vorschlag fand einhellige Anerkennung, wurde mit einhelligem Lob bedacht; wir waren e. der Meinung, daß ...; die Aktion wurde e. begrüßt, abgelehnt.

einholen: 1. a) ⟨jmdn. e.⟩ *trotz Vorsprungs erreichen:* einen flüchtigen Dieb e.; ich holte ihn gerade noch ein. **b)** ⟨jmdn., etwas e.⟩ *einen Rückstand aufholen:* er konnte das Versäumte, die verlorene Zeit nicht wieder e.; im Englischen hatte er seine Mitschüler bald eingeholt. **2.** ⟨etwas e.⟩ **a)** *einziehen:* die Fahne e.; eine Leine, das Netz e. *(an Bord ziehen).* **b)** (nordd.) *einkaufen:* Brot, Gemüse e.; ⟨auch ohne Akk.⟩ die Mutter ist e. gegangen; subst.: zum Einholen gehen. **c)** *sich geben lassen, erbitten:* eine Genehmigung, ein Gutachten, Referenzen e.; jmds. Rat, Befehle e.; die Er-laubnis für etwas e.; wir haben Auskünfte über ihn eingeholt. **3.** ⟨jmdn., etwas e.⟩ *feierlich empfangen und geleiten:* die Olympiasieger, die neuen Glocken wurden feierlich eingeholt.

einhüllen ⟨jmdn., sich, etwas e.⟩: *umhüllen, in etwas hüllen:* das Kind, Kopf und Schultern in einen Schal e.; er hüllte sich in eine Decke, in seinen Mantel ein; übertr. (geh.): das Land war in dichten Nebel eingehüllt.

einig: *geeint, eines Sinnes:* ein einiges Volk; wir müssen e. sein; ⟨sich (Dativ) e. sein⟩ wir sind uns [in allen Fragen, über die Angelegenheit] e. *(haben Übereinstimmung erzielt);* (ugs.:) ich bin mir noch nicht e., ob ich es machen soll oder nicht *(ich bin mir noch nicht schlüssig, ob ...);* R: darüber sind sich die Gelehrten noch einig; ⟨sich (Dativ) mit jmdm. e. sein, werden⟩ ich bin mir mit ihm darüber nicht e. geworden *(wir konnten uns darüber nicht einigen).*

einige ⟨Indefinitpronomen und unbestimmtes Zahlwort⟩: **1.** ⟨Singular⟩ *ein wenig, etwas:* einiger politischer Zündstoff; mit einigem guten/(selten:) gutem Willen hätte er es geschafft; vor einiger Zeit; er erzählte einiges, was (nicht: das!) wir nicht wußten; hier fehlt noch einiges. **2.** ⟨Plural⟩ *ein paar, mehrere:* e. gute Menschen; die Taten einiger guter/(seltener:) guten Menschen; an einigen Stellen; es sind nur e. *(wenige)* Fehler zu verbessern; er hat e. *(mehrere)* hundert Bücher; (ugs.:) e. dreißig *(dreißig und einige)* Leute; e. standen noch herum. **3.** ⟨Singular und Plural⟩ *beträchtlich, nicht wenig:* hierin hat er e. Erfahrung; das wird e. Überlegungen fordern; die Reparatur wird einiges kosten.

einigen: 1. ⟨jmdn., etwas e.⟩ *einig machen; zu einer Einheit verbinden:* er hat sein Volk geeinigt. **2.** ⟨sich mit jmdm. e.⟩ *zu einer Übereinstimmung kommen:* ich habe mich gütlich mit ihm geeinigt; die Parteien haben sich miteinander [auf einen Kandidaten] geeinigt; ⟨auch mit Präp.-Obj.⟩ sie konnten sich nicht e.; die Parteien einigten sich auf einen Vergleich, schnell über den Preis.

einigermaßen ⟨Adverb⟩: *ziemlich:* ich war e. entsetzt über seine Antwort; „Wie geht es dir?" - „Einigermaßen!" *(erträglich);* eine e. *(leidlich)* gelungene Arbeit.

einiggehen ⟨in etwas e.⟩: *übereinstimmen:* in dieser Sache gehen wir beide einig; ⟨auch mit jmdm. e.⟩ ich gehe mit Ihnen darin einig, daß ...; wir sind darin einiggegangen, daß ...

Einigkeit, die: *Übereinstimmung, Einmütigkeit:* es herrschte E. darüber, daß ...; die E. wiederherstellen; R: E. macht stark.

Einigung, die: **1.** *das Vereinigen:* die wirtschaftliche E. Europas; die E. schaffen, vollziehen. **2.** *Übereinkunft:* eine E. kam nicht zustande; über diesen Punkt wurde zwischen den Partnern keine E. erzielt; eine außergerichtliche E. anstreben, herbeiführen; sie waren zu keiner E. gelangt.

einjagen ⟨jmdm. etwas e.⟩: jmdm. Angst, Furcht e. *(jmdn. ängstigen);* jmdm. einen Schreck[en] e. *(jmdn. erschrecken).*

Einkauf, der: **1.** *das Einkaufen:* beim E. von Lebensmitteln auf das Verfallsdatum achten; ich muß noch einige Einkäufe machen, erledigen, besorgen; einen E. tätigen. **2.** *eingekaufte Ware:* sie packte die Einkäufe aus; das ist ein guter,

schlechter E. *(Kauf.)* **3.** (Kaufmannsspr.) *Einkaufsabteilung:* er arbeitet beim/im E.
einkaufen: 1. a) ‹etwas e.› *kaufen; im Handel beziehen:* etwas billig, preisgünstig, vorteilhaft, teuer e.; Lebensmittel, Fleisch e.; dieser Film wurde vom Fernsehen in den USA eingekauft *(von dort übernommen).* **b)** *Einkäufe, Besorgungen machen, kaufen:* er ist e. gegangen; er kauft immer im Warenhaus ein. **c)** ‹mit Umstandsangabe› *beziehen:* die Großhandelskette kann günstig e.; ‹auch etwas e.› das Warenhaus kauft seine Produkte vorwiegend im Ausland ein. **2.** ‹jmdn., sich in etwas e.› *durch Zahlung eine Anwartschaft, eine Berechtigung erwerben:* seine Kinder in eine Versicherung e.; er hat sich in ein Altersheim eingekauft. **3.** (ugs.) ‹jmdn. e.› *jmdn. (als Arbeitskraft o. ä.) für sich gewinnen [und dafür eine bestimmte Summe bezahlen]:* der Verein hat einen erfahrenen Torwart eingekauft; einen Spitzenstar e.

Einkehr, die (veraltend): **a)** *das Einkehren:* in einem Gasthaus E. halten *(einkehren).* **b)** *Besinnung:* ich hielt E. bei mir selbst; jmdn. zur E. bringen, mahnen; es waren stille Tage der E.
einkehren: 1. *unterwegs eine Gaststätte besuchen:* bei einem Wirt e.; er ist auf seiner Wanderung in einem/(seltener:) in ein Gasthaus eingekehrt. **2.** (geh.) ‹etwas kehrt ein› *etwas stellt sich ein:* nun ist endlich wieder Ruhe eingekehrt; Sorge, Not, das Unglück kehrte bei ihnen ein.
Einklang, der: *Übereinstimmung, Harmonie:* mit jmdm. im E. sein; sich mit jmdm., mit etwas im/in E. befinden; seine Worte und seine Taten stehen nicht miteinander im/in E. *(stimmen nicht überein);* wir versuchen unsere Wünsche und die des Partners in E. zu bringen *(aufeinander abzustimmen).*
einkleiden ‹jmdn., sich e.›: *mit [neuer] Kleidung ausstatten:* seine Kinder neu e.; ich durfte mich völlig neu e.; die Rekruten wurden eingekleidet *(erhielten Uniformen);* die Novizen e.; übertr.: seine Gedanken in ein Gleichnis e. *(in die Form eines Gleichnisses bringen).*
einklemmen: 1. a) ‹etwas e.› *in etwas festdrücken:* der Hund klemmt den Schwanz ein; der Fahrer wurde unter dem Lenkrad eingeklemmt. **b)** ‹etwas klemmt sich ein› *etwas verklemmt sich:* der Bruch hat sich eingeklemmt (Med.); ein eingeklemmter Bruch. **c)** ‹jmdn., sich etwas e.› *durch Quetschen verletzen:* ich habe mir den Daumen eingeklemmt.
Einkommen, das: *(aus Gehalt und anderen Einkünften o. ä. bestehende) regelmäßige Einnahmen:* ein gutes, sicheres, geregeltes, müheloses, geringes E.; er hat ein hohes monatliches E.; sein jährliches E. beträgt ...; er muß sein E. versteuern; Personen mit hohem E.
Einkünfte, die ‹Plural›: *Summe der Einnahmen; Einkommen:* gute, feste, [un]regelmäßige, niedrige E.; seine E. an Zinsen sind gering; er hat keinerlei E. aus Grundbesitz; seine E. verbessern, versteuern; er verfügt über große, hohe E.
¹einladen /vgl. einladend/ ‹jmdn. e.›: **a)** *als Gast zu sich bitten; zu einem Besuch auffordern:* seine Freunde, die Verwandten e.; jmdn. nach Berlin, in die Schweiz, zum Geburtstag, in sein Heim, für 3 Wochen, zu einer Tasse Tee, auf ein Glas Wein e.; er lädt/(landsch.:) ladet uns für heute abend

zum Essen ein; wir laden Sie zu einem Umtrunk in unseren neuen Geschäftsräumen/in unsere neuen Geschäftsräume ein; sie lud mich ein *(forderte mich auf),* Platz zu nehmen; ‹auch ohne Akk.› die Nachbarn haben eingeladen; adj. Part.: eine einladende Geste, Handbewegung; übertr.: das herrliche Wetter lud zu einem Spaziergang ein *(verlockte dazu).* **b)** *zur [kostenlosen] Teilnahme auffordern:* jmdn. ins Theater, zum Ball, zu einer Autofahrt e.; ‹auch ohne Akk.› zur Hundertjahrfeier lädt/(landsch.:) ladet ein ...; alle Eltern sind herzlich eingeladen.
²einladen ‹etwas e.›: *in ein Fahrzeug o. ä. laden:* Waren, Pakete, Kisten e.
einladend: *verlockend:* ein einladender Anblick; das Wetter ist wenig e.; die Kneipe sah nicht sehr e. aus.
Einladung, die: **a)** *Aufforderung zum Besuch, zur Teilnahme:* eine mündliche, schriftliche, formelle, herzliche E.; an jmdn. eine E. ergehen lassen (geh.); eine E. zum Tee bekommen; eine E. annehmen, ablehnen; einer E. folgen; wir werden Ihrer freundlichen E. gern Folge leisten. **b)** *Einladungsschreiben:* Einladungen drucken lassen, verschicken; jmdm. eine E. schicken.
Einlage, die: **1.** *Hineingelegtes, Beilage:* eine E. in den Brief, in das Paket legen; etwas als E. verschicken; Suppe mit E. *(Nudeln o. ä.);* die E. *(Versteifung)* in einem Kragen; der Zahnarzt macht eine E. *(provisorische Füllung).* **2.** *Fußstütze im Schuh:* Einlagen tragen; Einlagen *(Einlegesohlen)* aus Schaumgummi. **3.** *eingeschobener Teil des Programms:* ein Konzert mit tänzerischen Einlagen. **4.** *eingezahltes Geld:* die Einlagen bei den Sparkassen sind gestiegen. **5.** *in ein Unternehmen eingebrachtes Geld:* die Einlagen der verschiedenen Teilhaber.
Einlaß, der: *Zutritt:* E. ab 18 Uhr; E. begehren, fordern, finden; jmdm. E. gewähren; er verschaffte mir E. in das Haus.
einlassen: 1. ‹jmdn. e.› *jmdm. Zutritt gewähren:* er ließ niemanden ein. **2.** ‹etwas e.› *einlaufen lassen:* Wasser [in die Badewanne] e.; ein Bad e. **3.** ‹etwas e.› *hineinarbeiten, einsetzen:* über dem Torbogen war ein Wappen [in die Mauer] eingelassen. **4.** (ugs.) ‹sich mit jmdm. e.› *Kontakt aufnehmen; Umgang pflegen:* laß dich nicht mit diesem Menschen ein!; sie hat sich zu weit mit ihm eingelassen. **5.** ‹sich auf etwas/in etwas e.› *sich zu etwas hergeben; mitmachen; auf etwas eingehen:* sich auf ein Abenteuer, auf einen Streit e.; ich ließ mich nicht auf Unterhandlungen, in ein Gespräch mit ihm ein; darauf wollte er sich nicht e.; er ließ sich auf nichts ein.
Einlauf, der: **1.** *Darmspülung:* die Schwester machte dem/bei dem Patienten einen E. **2.** (Kochk.) *gequirltes Ei:* Brühe mit E. **3.** (Kaufmannsspr.) *eingehende Post:* die Einläufe durchsehen. **4.** (Sport) *das Einlaufen:* der Marathonläufer [in das Stadion]; der Skiläufer stürzte kurz vor dem E. [ins Ziel].
einlaufen: 1. (Sport) *hinein-, hereinlaufen:* die Mannschaften laufen [in das Stadion] ein; in die letzte Runde, in die Zielgerade e. *(sie erreichen).* **2.** *einfahren:* das Schiff ist [in den Hafen] eingelaufen; wir laufen um 8 Uhr ein; der Zug läuft gerade [auf Gleis 6] ein. **3.** ‹etwas läuft ein› **a)** *et-*

was fließt hinein: das Wasser läuft [in das Becken] ein; jmdm., sich ein Bad e. lassen. **b)** *etwas trifft ein:* Briefe, Beschwerden laufen bei der Behörde, auf dem Rathaus ein; es sind viele Spenden eingelaufen. **4.** ⟨etwas läuft ein⟩ *etwas schrumpft:* der Pullover ist beim Waschen eingelaufen; dieser Stoff läuft nicht ein. **5.** ⟨etwas e.⟩ *(Schuhe) durch Tragen ausweiten und dadurch bequemer machen:* die neuen Schuhe e.; gut eingelaufenes Schuhwerk. **6.** ⟨sich e.⟩ *sich ans Laufen gewöhnen; richtig in Gang kommen:* die Läufer müssen sich erst e.; übertr.: die Geschäfte haben sich gut eingelaufen, sind gut eingelaufen.

einleben ⟨sich e.⟩: *heimisch werden:* er hat sich bei uns, in unserer Stadt gut eingelebt; übertr.: der Schauspieler hat sich ganz in die Rolle eingelebt *(hineinversetzt).*

einlegen ⟨etwas e.⟩: **1.** *hineinlegen:* einen Film [in die Kamera] e.; Geld, Bilder [in einen Brief] e.; beim Einparken den Rückwärtsgang e. *(in den Rückwärtsgang schalten).* **2.** *in Flüssigkeit konservieren:* Gurken, Heringe e. **3.** *als Verzierung einfügen:* [ein Muster aus] Elfenbein, Perlmutter e.; edle Hölzer [in Holz, Metall] e.; eingelegte Arbeit; die Tischplatte war mit Elfenbein eingelegt *(verziert).* **4.** *einschieben, einfügen:* eine Pause e.; eine Arie [in eine Oper] e.; zwischen Hamburg und Frankfurt ist ein neues Schnellzugpaar eingelegt worden. **5.** *offiziell aussprechen, geltend machen:* Verwahrung, Protest, Beschwerde, ein Veto [gegen etwas] e.; der Anwalt legte Berufung, Revision [beim Oberlandesgericht] ein. **6.** *die nassen Haare mit Hilfe von Wicklern o. ä. in eine bestimmte Form bringen:* die Haare e.; ⟨jmdm. etwas e.⟩ der Friseur legt mir die Haare ein.

einleiten ⟨etwas e.⟩: **1.** *in Gang setzen; beginnen:* Maßnahmen, eine Untersuchung e.; die Narkose, die Operation e.; die Geburt künstlich e.; diplomatische Schritte e.; man hat ein Verfahren gegen ihn eingeleitet. **2.** *eröffnen:* eine Feier mit Musik e.; Orgelspiel leitete den Gottesdienst ein; adj. Part.: er sprach einige einleitende *(einführende)* Worte. **3.** ⟨etwas in etwas e.⟩ *hineinfließen lassen:* Abwässer in den See e.

Einleitung, die: **1.** *das Einleiten:* die E. eines Verfahrens fordern. **2.** *einleitender Teil:* eine kurze, knappe, lange, umständliche E.; die E. eines Buches; er trug zur E./als E. der Feier ein Gedicht vor. **3.** *das Hineinfließenlassen:* die E. von Abwässern in den See untersagen.

einlenken: 1. ⟨in etwas e.⟩ *einbiegen:* der Karnevalszug ist nach links, in eine Seitenstraße eingelenkt. **2.** ⟨etwas in etwas e.⟩ *einbiegen lassen:* eine Rakete in ihre Bahn e. **3.** *von einer starren Haltung abgehen, nachgeben:* nach dieser scharfen Entgegnung lenkte er sofort wieder ein; subst.: jmdn. zum Einlenken bewegen.

einleuchten ⟨etwas leuchtet jmdm. e.⟩: *jmd. versteht, begreift etwas:* dieser Grund leuchtet mir ein; es leuchtet ihm nicht ein, wollte ihm nicht e., daß ...; adj. Part.: das ist eine einleuchtende *(plausible)* Erklärung.

einliefern ⟨jmdn. e.; gewöhnlich mit Raumangabe⟩: *an einen bestimmten Ort bringen:* jmdn. in eine Heilanstalt, ins Gefängnis e.; der Verletzte wurde heute [in die Klinik] eingeliefert. **b)** ⟨etwas e.; gewöhnlich mit Raumangabe⟩: *zur weiteren Behandlung, Beförderung o. ä. abliefern:* die Pakete bei der Post e.; Waren e.

einlösen ⟨etwas e.⟩: **a)** *sich auszahlen lassen:* einen Scheck, Wechsel e. **b)** *zurückkaufen:* ein Pfand, den versetzten Schmuck e. **c)** *erfüllen, halten:* sein Versprechen, sein [Ehren]wort e.

einmachen ⟨etwas e.⟩: *durch Einkochen konservieren:* Obst, Gemüse in Büchsen, in Gläser e.; die Mutter macht Kirschen ein; subst. Part.: sie hat viel Eingemachtes im Keller.

einmal: I. ⟨Adverb⟩: **1. a)** *ein [einziges] Mal;* e. Berlin einfach; e. am Tag; e. in der Woche; e. und nicht wieder; er war erst e. da; das gibt's nur e. (ugs.]; laß dir das ein[mal] für allemal gesagt sein!; ich versuche es noch e. *(ein letztes Mal);* R: e. ist keinmal. **b)** */zählend/:* e. widerspricht sich e. ums/übers andere; /ugs. auch: mal/: e. sagt er dies, e./ein andermal das; mein Buch ist noch e. *(doppelt)* so groß, so dick wie deines; ich versuche es noch e. *(wieder, aufs neue);* das ist noch e. gutgegangen. **2.** / ugs. auch: mal/ **a)** *eines Tages, später:* er wird es [noch] e. bereuen; es wird e. eine Zeit kommen, da ... **b)** *einst, früher:* es ging ihm e. besser als heute; es war e. ... /formelhafter Märchenanfang/; das war e. (ugs.; *das gibt es heute nicht mehr).* **c)** *irgendwann:* kommen Sie doch e. zu mir!; ⟨häufig verblaßt⟩ laß mich e. versuchen!; wir wollen e. sehen; wenn du e. groß bist. **d)** *gerade:* da ich schon e. hier bin, ...; e. in Florenz, wollte er kein Museum auslassen. **II.** ⟨Partikel⟩: **1.** /ugs. auch: mal/: verstärkend oder eingrenzend bei anderen Adverbien/ **a)** ⟨auch e.⟩ *ebenfalls:* darf ich auch e. probieren? **b)** ⟨nun e.⟩ *eben:* das ist nun e. so; man kann nun e. nichts mit ihm anfangen. **c)** ⟨erst e.⟩ *als erstes:* komm erst e. mit!; hör erst e. zu! **d)** ⟨wieder e.⟩ *wieder:* er hat wieder e. recht gehabt. **e)** ⟨nicht e.⟩ *sogar ... nicht:* nicht e. lesen kann er. **2.** /ugs. auch: mal/: verstärkend im Aufforderungssatz/: sage e.!; aber hör e., das ist ja ungeheuerlich! * **auf einmal: a)** *(plötzlich):* auf e. brach die Sonne durch die Wolken. **b)** *(zugleich):* ich kann nicht alles auf e. tun · (ugs.:) **einmal mehr** *(wiederum):* e. mehr hat es sich gezeigt, daß ...

einmalig: a) *nur einmal erforderlich:* eine einmalige Zahlung, Anschaffung. **b)** *nie wiederkehrend, großartig:* nutzen Sie diese einmalige Chance, Gelegenheit!; dieser Film ist wirklich e. (ugs.); der Bursche ist e. (ugs.; *ein Unikum).* **c)** *sehr, unvergleichlich:* das Wetter, die Aussicht war e. schön.

einmischen ⟨sich e.; gewöhnlich mit Umstandsangabe⟩: *sich in fremde Angelegenheiten mischen:* du mischst dich überall, immer, allzu gern, in alles ein; ich will mich [da] nicht e.

einmütig: *eines Sinnes; völlig übereinstimmend:* einmütige Ablehnung, Zustimmung; etwas e. beschließen, verurteilen, begrüßen; e. protestieren.

Einmütigkeit, die: *volle Übereinstimmung:* es herrschte volle E. [zwischen uns, in der Versammlung, unter den Delegierten] über die Angelegenheit, in dieser Sache.

Einnahme, die: **1.** *eingenommenes Geld, Verdienst:* eine unerwartete E.; hohe, ständige, steigende Einnahmen aus dem Verkauf von etwas erzielen; seine monatlichen Einnahmen schwanken. **2.** *das Einnehmen:* die E. von Tabletten einschränken. **3.** *militärische Eroberung:* die E. der Stadt steht bevor.

einnehmen: 1. ⟨etwas e.⟩ *in Empfang nehmen, verdienen:* Geld e.; 1000 Mark e.; er hat heute viel, wenig eingenommen; der Staat nimmt Steuern ein. **2.** (veraltend) ⟨etwas e.⟩ *laden:* das Schiff nimmt Fracht, Kohlen, Öl ein. **3.** ⟨etwas e.⟩ *zu sich nehmen, essen:* Pillen, eine Medizin e.; (geh.:) eine Mahlzeit e.; wir nahmen das Frühstück auf der Terrasse ein. **4.** ⟨etwas e.⟩ *erobern:* eine Stadt, eine Festung e. **5.** ⟨etwas e.⟩ **a)** *besetzen:* bitte nehmen Sie Ihre Plätze wieder ein *(setzen Sie sich wieder!).* **b)** *als Raum beanspruchen, ausfüllen, innehaben:* der Schrank nimmt viel Platz ein; der Aufsatz nimmt drei Seiten ein; bildl.: dieser Gedanke nimmt ihn völlig ein *(beschäftigt ihn stark);* /häufig verblaßt/: einen Posten, eine wichtige Stelle e. *(innehaben);* eine abwartende Haltung e. *(sich abwartend verhalten);* er nimmt in dieser Frage einen anderen Standpunkt ein. **6. a)** ⟨jmdn. für jmdn., für sich, für etwas e.⟩ *gewinnen, günstig stimmen:* er nahm durch sein freundliches Wesen alle für sich ein; seine bescheidene Art nahm alle Kollegen für ihn ein; adj. Part.: ein einnehmendes Äußeres; er hat ein einnehmendes Wesen (auch scherzh.: *er nimmt alles, was für ihn erreichbar ist).* **b)** ⟨jmdn. gegen jmdn., gegen sich, gegen etwas e.⟩ *ungünstig beeinflussen, zu einer ablehnenden Haltung bewegen:* mein Kollege hat Sie gegen mich, gegen meine Pläne eingenommen; er ist gegen ihn eingenommen *(hat etwas gegen ihn).* * *von sich eingenommen sein (von sich überzeugt sein, eingebildet sein).*

einordnen: 1. ⟨etwas e.⟩: *in eine Ordnung einfügen:* Karteikarten [alphabetisch] e.; Zeitungen in eine Mappe e.; übertr.: ich weiß nicht, in welche Kategorie ich ihn e. *(wie ich ihn einschätzen)* soll; ein Kunstwerk zeitlich e. **2.** ⟨sich e.⟩ **a)** *sich einfügen:* du mußt dich [in die Gemeinschaft, in den Betrieb] e. **b)** *in die vorgeschriebene Fahrspur fahren:* der Fahrer muß sich rechtzeitig vor dem Abbiegen e.; bitte e.!

einpacken ⟨jmdn., etwas e.⟩: *einwickeln:* Waren e.; Geschenke [in buntes Papier] e.; einen Anzug für die Reise e. *(in den Koffer packen);* pack deine Sachen ein!; die Mutter packte das Kind in eine/ (selten:) in einer Decke ein; ich lag warm eingepackt *(in warme Decken o. ä. eingehüllt)* auf dem Balkon; ⟨auch ohne Akk.⟩ ihr müßt e., es ist Zeit; pack ein! /Ausruf der Verärgerung/*(hör auf!; verschwinde!).* * (ugs.:) **einpacken können** *(nichts erreichen; nichts ausrichten).*

einpendeln: 1. ⟨in etwas e.⟩ *zur Arbeit in die Stadt fahren:* in diese Stadt pendeln täglich etwa 10 000 Arbeitnehmer ein. **2.** ⟨etwas pendelt sich auf, bei etwas ein⟩ *etwas kommt auf einem bestimmten Niveau zum Stillstand:* die Tagesleistung hat sich allmählich auf, bei 300 Stück eingependelt; ⟨auch ohne Präp.-Obj.⟩ die Preise haben sich eingependelt *(haben sich stabilisiert).*

einpflanzen: 1. ⟨etwas e.⟩ *in die Erde pflanzen:* Rosen, einen jungen Baum e.; Stecklinge in den/ im Topf e. **2.** (geh.) ⟨jmdm. etwas e.⟩ *in jmdm. ein bleibendes Gefühl, Bewußtsein von etwas erwekken:* den Kindern Ordnungsliebe e.

einprägen: 1. ⟨etwas e.⟩ *in etwas prägen:* ein

Bild, eine Inschrift in eine/(seltener:) in einer Münze e.; eingeprägte Zahlen. **2. a)** ⟨jmdm., sich etwas e.⟩ *einschärfen; im Bewußtsein, im Gedächtnis verankern:* er prägte ihm ein, pünktlich zu sein; ich prägte mir, meinem Gedächtnis diese Worte fest ein; sich einen Namen e. *(genau merken).* **b)** ⟨etwas prägt sich jmdm. ein⟩ *etwas bleibt jmdm. im Gedächtnis:* dieses Bild hat sich mir unauslöschlich eingeprägt; ⟨auch ohne Dat.⟩ dieser Vers, diese Melodie prägt sich leicht ein.

einrahmen ⟨etwas e.⟩: *mit einem Rahmen einfassen:* ein Bild e.; bildl.: bewaldete Höhen rahmen das Dorf ein; die Feier wurde von einem Kammerorchester musikalisch eingerahmt; (scherzh.:) eingerahmt von zwei jungen Damen saß er am Tisch; R: das kannst du dir e. lassen *(das ist nicht viel wert).*

einräumen: 1. ⟨etwas e.⟩ **a)** *in einer bestimmten Anordnung in einen Raum, einen Schrank o. ä. hineinstellen, -legen:* Bücher, Kleider, Wäsche [in den Schrank] e.; Möbel in ein Zimmer e. **b)** *etwas mit etwas füllen, ausstatten:* einen Schrank, ein Zimmer e. **2. a)** ⟨jmdm. etwas e.⟩ *überlassen:* er räumte mir eins seiner Zimmer ein; jmdm. den Ehrenplatz e. **b)** ⟨jmdm., einer Sache etwas e.⟩ *zugestehen; gewähren:* jmdm. einen Preisnachlaß, einen Kredit, Konzessionen, einen Aufschub, eine Chance e.; dieser Angelegenheit muß Vorrang eingeräumt werden; jmdm. Befugnisse, Rechte, Freiheiten, Vorteile e.; er räumte ein *(gab zu),* daß der Preis zu hoch sei.

einreden: 1. ⟨jmdm., sich etwas e.⟩ *jmdn. etwas glauben machen:* wer hat dir diesen Unsinn eingeredet?; er redete ihm ein, er solle verzichten; das lasse ich mir nicht ein.; das hast du dir nur eingeredet. **2.** ⟨auf jmdn. e.⟩ *eindringlich zu jmdm. sprechen:* er redete unablässig, stundenlang auf mich ein.

einreichen: 1. ⟨etwas e.⟩ *zur [dienstlichen] Bearbeitung abgeben oder absenden:* ein Gesuch, einen Antrag e.; eine Examensarbeit e.; Rechnungen e.; er bat der/bei der Regierung seinen Abschied *(sein Entlassungsgesuch)* eingereicht; gegen jmdn. Beschwerde e.; eine Klage bei Gericht e. *(gegen jmdn. klagen).* **2.** (ugs.) ⟨jmdn. für/zu etwas e.⟩ *vorschlagen:* einen Beamten für die/zur Beförderung e.

einreihen ⟨jmdn., sich, etwas e.; mit Raumangabe⟩: *einordnen, eingliedern:* Ausländer in den Arbeitsprozeß e.; er reihte sich hinten, in den Zug, unter die Demonstranten ein.

Einreise, die: *Reise im eigenen Land:* die E. nach Deutschland, in die Schweiz, in die USA, mit dem Schiff; jmdm. die E. gestatten, verweigern.

einreißen: 1. ⟨etwas e.⟩ *ab-, niederreißen:* ein Haus, eine Mauer e. **2. a)** ⟨etwas e.⟩ *vom Rand her einen Riß hineinmachen:* er hat das Tuch, den Geldschein eingerissen. **b)** ⟨etwas reißt ein⟩ *etwas bekommt vom Rand her einen Riß:* der Stoff reißt ein; die Zeitung, das Titelblatt, der Fingernagel ist eingerissen. **3.** ⟨sich (Dativ) etwas e.⟩ *durch eine unachtsame Bewegung unter die Haut dringen lassen:* wo hast du dir den Dorn, den Splitter eingerissen? **4.** ⟨etwas reißt ein⟩ *etwas wird zur schlechten Gewohnheit:* diese Unsitte reißt immer mehr ein; ist sie uns eingerissen; wir wollen keine Schlamperei (ugs.) e. lassen.

einrenken: 1. ⟨etwas e.⟩ *ein Glied wieder ins Gelenk drehen:* einen Arm, ein Bein e.; ⟨jmdm. etwas e.⟩ *der Arzt hat ihm die Schulter wieder eingerenkt.* 2. (ugs.) **a)** ⟨etwas e.⟩ *wieder in Ordnung bringen; bereinigen:* ich konnte die Sache wieder e. **b)** ⟨etwas renkt sich ein⟩ *etwas kommt wieder in Ordnung:* alles hat sich wieder eingerenkt.
einrennen: **a)** ⟨etwas e.⟩ *durch Dagegenrennen zerstören, gewaltsam öffnen:* ein Tor mit einer Eisenstange e. **b)** (ugs.) ⟨sich (Dativ) etwas e.⟩ *durch heftiges Anstoßen verletzen:* ich habe mir den Kopf, den Schädel an der Kante eingerannt.
einrichten: 1. (Med.) ⟨etwas e.⟩ *wieder in die richtige Lage bringen:* einen Bruch, einen gebrochenen Arm e. 2. **a)** ⟨etwas e.⟩ *mit Möbeln, Einrichtungsgegenständen ausstatten:* ein Zimmer [mit neuen Möbeln], einen Laden e.; ⟨sich (Dativ) etwas e.⟩ *sich im Keller eine Werkstatt e.;* ich habe mir eine moderne Wohnung eingerichtet. **b)** ⟨sich e.⟩ *seinen Wohn-, Arbeitsraum gestalten:* sich behaglich, sparsam, neu, mit Stilmöbeln e.; sie hat sich im Gartenhaus häuslich, wohnlich eingerichtet; a d j. P a r t. : sie ist sehr hübsch, geschmackvoll eingerichtet. 3. ⟨sich e.⟩ *sich den Umständen anpassen:* er muß sich e.; seine Frau weiß sich einzurichten *(kommt mit ihren Mitteln aus).* 4. ⟨etwas e.⟩ *neu schaffen, eröffnen:* in dem Neubau wurde eine Bankfiliale eingerichtet; eine Beratungsstelle, einen Pannendienst e. 5. **a)** ⟨etwas e.⟩ *nach bestimmten Gesichtspunkten umgestalten:* ein Orchesterstück für Klavier e. (Musik; *arrangieren);* etwas für die Bühne neu e. **b)** *möglich machen:* wir müssen es so e., daß wir vor ihm ankommen; kannst du es e., heute mit mir zu essen?; es ließ sich leider nicht anders e.; ⟨sich (Dativ) etwas e.⟩ ich kann es mir/kann mir das e. **c)** (ugs.) ⟨sich auf etwas e.⟩ *einstellen, vorbereiten:* sich auf eine lange Wartezeit e.; a d j. P a r t. : darauf bin ich nicht eingerichtet.
Einrichtung, die: 1. *das Einrichten:* Überlegungen zur E. eines Betriebes; T h e a t e r : E. *(Arrangement)* und Ausstattung von ...; M e d . : die E. eines gebrochenen Gliedes. 2. **a)** *Ausstattung:* sie haben eine geschmackvolle, dürftige E. **b)** *Vorrichtung:* eine automatische E.; die sanitären Einrichtungen *(Bad und Toilette).* 3. *Institution:* eine staatliche, öffentliche, soziale E.; das Rote Kreuz ist eine segensreiche E.; ü b e r t r . : unser jährliches Klassentreffen ist zu einer ständigen E. *(einer festen Gewohnheit)* geworden.
einrücken: 1. **a)** *einmarschieren:* die Truppen rücken [in die Stadt] ein; die Feuerwehr ist wieder eingerückt *(hat den Einsatz beendet).* ü b e r t r. (ugs.): er ist in den Stadtrat eingerückt *(ist Stadtrat geworden).* **b)** *zum Wehrdienst eingezogen werden:* er muß übermorgen [zur Bundeswehr] e. 2. (Bürow.) ⟨etwas e.⟩ *eine Zeile mit Abstand vom Rand beginnen lassen:* eine Überschrift, die Anrede eines Briefes, eine Zeile, einen Absatz e. 3. (Zeitungsw.) ⟨etwas e.⟩ *in die Zeitung setzen:* eine Anzeige, ein Inserat e.; er ließ den Artikel ins Morgenblatt e.
eins ⟨Kardinalzahl⟩: *1:* es ist, schlägt e. *(ein Uhr);* um e.; Punkt e.; ein Viertel vor, nach, auf e.; halb e.; er kommt gegen e.; die Mannschaft gewann e. zu null; e. und e. ist, macht, gibt zwei; er liegt auf Platz e.; s u b s t. : eine arabische, rö-

mische Eins *(Ziffer 1);* er hat in Latein eine Eins geschrieben; er hat die Prüfung mit „Eins" bestanden; er würfelt drei Einsen; (ugs.:) er fährt mit der Eins *(Straßenbahnlinie 1).* * (ugs.:) **eins, zwei, drei** *(im Handumdrehen):* er war e., zwei, drei damit fertig · (ugs.:) **etwas ist jmdm. eins** *(etwas ist jmdm. gleichgültig)* · **mit jmdm. eins werden/sein** *([handels]einig werden/sein)* · **etwas ist eins.** **a)** *(etwas ist ein und dasselbe):* das ist doch alles e. **b)** *([zweierlei, mehreres] läuft gleichzeitig ab):* Blitz und Donner waren e.; hinsetzen und zugreifen war e.
einsam: a) *völlig allein; vereinsamt; zurückgezogen:* ein einsamer Mensch; ein einsames Leben führen; e. und verlassen sein; ganz e. leben; ich fühle mich e. *(verlassen);* er liebt die einsamen Entschlüsse, Entscheidungen *(Entschlüsse, Entscheidungen, die er alleine trifft, ohne die Meinung anderer anzuhören oder einzubeziehen);* es begegnete ihnen nur ein einsamer *(vereinzelter)* Wanderer. **b)** *abgelegen:* eine einsame Gegend, Straße; ein e. gelegenes Wirtshaus; der Hof liegt e. in der Heide. **c)** (ugs.) *unübertroffen:* er ist der einsame Beherrscher des Marktes *(ist ohne Konkurrenz);* das ist einsame Klasse, Spitze.
Einsamkeit, die: *das Einsamsein:* die E. lieben, suchen, fliehen (geh.), meiden (geh.); in selbstgewählter E. leben; er zog sich in die E. *(Abgeschiedenheit)* eines Bergdorfes zurück.
einsammeln ⟨etwas e.): **a)** *sammeln; auflesen:* Früchte [in einen Korb] e.; die herumliegenden Kleidungsstücke e.; ü b e r t r. (scherzh.): die letzte Bahn sammelt die Nachtschwärmer ein. **b)** *sich von jedem einzelnen einer Gruppe geben lassen:* die Ausweise, Schulhefte e.
einsargen ⟨jmdn. e.): *in einen Sarg legen:* der Tote wurde eingesargt; R (ugs.): laß dich e.!/du kannst dich e. lassen *(mit dir ist nichts los).*
Einsatz, der: 1. *einsetzen, eingesetztes Teil:* der E. eines Koffers; die Decke hat einen gehäkelten, geklöppelten E., einen E. aus Spitze; ein Topf mit passendem E. 2. *in einem Spiel eingesetzter Betrag:* der E. war niedrig, hoch; den E. zahlen, erhöhen; er hat nur seinen E. wiedergewonnen; mit hohem E. spielen. 3. *das Einsetzen:* der E. von Herbiziden ist hier nicht erlaubt; der E. von Panzern, von Flugzeugen; dieser Beruf verlangt, fordert den vollen E. *(die ganze Arbeitskraft)* der Person; er rettete das Kind mit/unter E. seines Lebens. 4. (militär.) *das Eingesetztwerden an der Front:* die Truppe ist, steht im E. *(im Kampf);* er ist vom E. nicht zurückgekehrt (verhüllend; *er ist gefallen).* 5. (Musik) *das Beginnen, Einsetzen einer Stimme, eines Instruments:* die Einsätze waren ungenau; der Dirigent gab den E. *(das Zeichen zum Beginn)* zu spät; er hat den E. verpaßt. * (nachdrücklich:) **zum Einsatz kommen/gelangen** *(eingesetzt werden):* Truppen kamen zum E.
einschalten: 1. ⟨etwas e.⟩ **a)** *durch Schalten in Gang setzen:* eine Batterie, Maschine e.; den [elektrischen] Strom, das Licht e.; er hat einen anderen Sender eingeschaltet; den dritten Gang e. **b)** ⟨etwas schaltet sich ein⟩ *etwas setzt sich automatisch in Gang:* das Licht, die Alarmanlage schaltet sich automatisch ein. 2. ⟨etwas e.⟩ *einfügen:* einige Worte zur Erklärung e.; wir schalten jetzt eine kurze Pause ein. 3. **a)** ⟨sich e.⟩ *eingrei-*

fen: sich in eine Diskussion e.; er schaltete sich in die Verhandlungen ein; die Staatsanwaltschaft hat sich eingeschaltet. **b)** ⟨jmdn. e.⟩ *an etwas beteiligen:* Sachverständige e.; Interpol wurde [in die Ermittlungen] eingeschaltet.

einschärfen ⟨jmdm. etwas e.⟩: *jmdn. eindringlich zu etwas ermahnen:* jmdm. ein Verbot, eine Verhaltensregel e.; sie schärfte uns ein, vorsichtig zu sein.

einschätzen: 1. ⟨jmdn., etwas e.; mit Artangabe⟩ *beurteilen, bewerten:* eine Situation richtig, falsch e.; ich schätze ihn, seine Arbeit hoch ein; etwas noch nicht e. können; das ist schwer einzuschätzen. **2.** ⟨jmdn. e.⟩ *jmds. Steuerkraft veranschlagen:* jmdn. zur Steuer e.; ich bin dieses Jahr höher eingeschätzt worden.

einschenken ⟨etwas e.⟩: *in ein Trinkgefäß gießen:* Wein, Kaffee e.; ⟨jmdm., sich etwas e.⟩ er schenkte mir ein Glas Bier ein; sich noch eine Tasse e.; ⟨auch ohne Dat. und ohne Akk.⟩ der Wirt schenkte immer wieder ein.

einschicken ⟨etwas e.⟩: *an die zuständige Stelle schicken:* eine Uhr zur Reparatur e.; eine Rechnung an die Versicherung e.; er hat die Probe einem Institut/an ein Institut eingeschickt.

einschießen: 1. ⟨etwas e.⟩ *durch Schießen zertrümmern:* mit dem Ball eine Fensterscheibe e. **2. a)** ⟨etwas e.⟩ *durch Erproben treffsicher machen:* ein Gewehr e. **b)** ⟨sich e.⟩ *treffsicher werden:* du mußt dich erst e.; S p o r t : nach zwanzig Minuten hatte sich der gegnerische Sturm eingeschossen; ⟨sich auf jmdn., auf etwas e.⟩ der Gegner hatte sich auf uns, unsere Stellung eingeschossen; übertr.: die Medien haben sich auf den Minister eingeschossen *(attackieren ihn).* **3.** ⟨etwas e.⟩ *hineinschießen:* einen Dübel e.; S p o r t : der Linksaußen schoß den Ball zum 3:0 ein; F a c h s p r .: den Faden e. *(beim Weben quer durchstoßen);* das Brot in den Backofen e. *(schieben);* leere Bogen e. *(zwischen die Druckbogen heften);* ⟨auch ohne Akk.⟩ S p o r t : er schoß zum 1:0 ein.

einschlafen: 1. *in Schlaf fallen:* nicht e. können; er schlief schnell, nur schwer, erst spät ein; ich bin beim/über dem Lesen, über diesem Buch eingeschlafen. **2.** *sanft sterben:* sie ist friedlich eingeschlafen. **3.** ⟨etwas schläft ein⟩ *etwas wird gefühllos:* das, mein Bein ist beim Sitzen eingeschlafen; ⟨etwas schläft jmdm. ein⟩ mir ist der linke Fuß eingeschlafen. **4.** ⟨etwas schläft ein⟩ *etwas läßt nach, hört auf:* unser Briefwechsel ist allmählich eingeschlafen; wir wollen die alten Beziehungen nicht e. lassen.

einschläfern: 1. ⟨jmdn. e.⟩ **a)** *in Schlaf versetzen:* diese Musik schläfert mich ein; adj. P a r t .: die einschläfernde Eintönigkeit einer Bahnfahrt; die Hitze wirkt einschläfernd. **b)** *narkotisieren:* jmdn. vor einer Operation e. **c)** ⟨ein Tier e.⟩ *(ein krankes Tier) schmerzlos töten:* der Hund mußte eingeschläfert werden. **2.** ⟨jmdn., etwas e.⟩ *sorglos, sicher machen:* jmds. Wachsamkeit, Gewissen e.; wir lassen uns dadurch nicht e.

Einschlag, der: **1.** *das Einschlagen:* der E. einer Granate; die Einschläge waren deutlich zu sehen. **2.** *Anteil, Beimischung:* eine Familie mit französischem E.; eine Stadt mit stark ländlichem E.

einschlagen: 1. ⟨etwas e.⟩ **a)** *schlagend hineintreiben:* einen Nagel [in die Wand] e.; Pfähle in die Erde e. **b)** *durch Schlagen zertrümmern:* Schaufenster, eine Fensterscheibe e.; ⟨jmdm., sich etwas e.⟩ jmdm. den Schädel e.; er schlug sich [an der Bettkante] zwei Zähne ein; sie haben sich gegenseitig die Köpfe eingeschlagen. **2.** (Forstw.) ⟨etwas e.⟩ *planmäßig fällen:* Brennholz e.; einen Baumbestand, Wald e. **3.** ⟨auf jmdn. e.⟩ *jmdn. wiederholt schlagen:* mit der Peitsche auf die Pferde e.; er schlug wie von Sinnen auf das Kind ein. **4.** *jmds. Hand zustimmend ergreifen:* in eine dargebotene Hand e.; die Wette gilt, schlag ein!; übertr.: als man ihm die Stelle anbot, schlug er ein *(sagte er zu).* **5.** ⟨etwas e.⟩ *einwickeln:* ein Geschenk in buntes Papier e.; das Kleid war in ein/(selten:) in einem Tuch eingeschlagen. **6.** (Schneiderei) ⟨etwas e.⟩ *nach innen legen:* einen Saum, die Ärmel e. **7.** (Landw.) ⟨etwas e.⟩ *bis zum Auspflanzen mit Erde bedecken:* Stauden, Sträucher e. **8.** ⟨etwas e.⟩ *einen Weg wählen:* den direkten Weg, die Straße nach Süden e.; eine neue, andere Richtung e.; den eingeschlagenen Kurs ändern; übertr.: eine Laufbahn, ein neues Verfahren e. *(beginnen).* **9.** ⟨etwas schlägt ein⟩ *etwas trifft und zündet explodierend:* der Blitz hat [irgendwo, in die Scheune] eingeschlagen; im Nachbarhaus hat es eingeschlagen; die Granate schlug in den Turm ein; diese Nachricht schlug wie eine Bombe ein (ugs.). **10. a)** (ugs.) *sich gut einarbeiten, sich bewähren:* der neue Mitarbeiter schlägt [gut] ein. **b)** (ugs.) ⟨etwas schlägt ein⟩ *etwas findet Anklang, hat Erfolg:* der neue Artikel, die Idee hat [hervorragend] eingeschlagen. **11.** *das Lenkrad drehen, so daß sich die Stellung der Vorderräder ändert:* mehr nach rechts e.!

einschlägig: *zu einem Gebiet oder Fach gehörend, in Frage kommend:* die einschlägige Literatur; die einschlägigen Paragraphen des Gesetzes; einschlägige Kenntnisse, Erfahrungen haben; diese Ware ist in allen einschlägigen Geschäften erhältlich; er ist e. vorbestraft.

einschleichen: 1. ⟨sich e.⟩: *heimlich eindringen:* ein Dieb schlich sich in unser/(selten:) in unserem Haus ein; übertr.: in die Rechnung hat sich ein Fehler eingeschlichen; der Verdacht schleicht sich ein, daß ... **2.** (Med.) ⟨etwas e.⟩ *(ein Medikament) in sich langsam steigender Dosis zuführen:* ein Medikament e.; eine einschleichende Therapie.

einschleppen ⟨etwas e.⟩ **1.** *in den Hafen schleppen:* ein Schiff e. **2.** *eine Krankheit o. ä. mitbringen und auf andere übertragen:* Läuse e.; er hat aus Indien die Pocken eingeschleppt.

einschleusen ⟨jmdn., etwas e.⟩: *unbemerkt hineinbringen:* Agenten in ein Land, nach Polen e.; eingeschleuste Spione; ⟨auch sich e.⟩ er hat sich unbemerkt in das Land eingeschleust.

einschließen: 1. a) ⟨jmdn. e.⟩ *durch Verschließen eines Raumes darin festhalten:* die Kinder e.; ich schloß ihn in sein/in seinem Zimmer ein. **b)** ⟨sich e.⟩ *durch Abschließen der Tür niemanden zu sich hereinlassen:* er hat sich [in sein/in seinem Büro] eingeschlossen. **c)** ⟨etwas e.⟩ *in einem Raum oder Behältnis verschließen:* sie schloß ihren Schmuck [in einen/in einem Schrank] ein. **2.** ⟨jmdn., etwas e.⟩ *von allen Seiten umgeben:* hohe

Mauern schlossen uns ein; die feindlichen Truppen schlossen die Festung ein *(umzingelten sie);* das Tal ist ringsum von Bergen eingeschlossen. **3.** ⟨jmdn., sich, etwas e.⟩ *mit einbeziehen:* jmdn. in sein Gebet [mit] e.; die Bedienung ist im/(seltener:) in den Zimmerpreis eingeschlossen; das Klavier kostet 2000 Mark, [den] Transport eingeschlossen; alle tragen Schuld an der Sache, du eingeschlossen *(auch du).*

einschließlich: I. ⟨Präp. mit Gen.⟩ *mitsamt; unter Einschluß:* e. der Unkosten; e. aller Reparaturen; Europa e. Englands; die Bundesrepublik e. Berlins; ⟨ein stark dekliniertes Substantiv im Singular bleibt ungebeugt, wenn es ohne Artikel oder Attribut steht; dies gilt auch für Personennamen⟩ e. Brigitte/Brigitte e.; die Kosten e. Porto; das Buch hat 700 Seiten e. Vorwort; ⟨im Plural üblicherweise mit dem Dativ, wenn der Genitiv nicht erkennbar ist⟩ der Saal e. Tischen und Stühlen kostet 200 Mark Miete. **II.** ⟨Adverb⟩ *das Letztgenannte eingeschlossen:* bis Freitag e.; bis zum 20. März e.; wir lasen bis S. 110 e.

Einschluß, der: **1.** *eingeschlossener Fremdkörper:* ein Bernsteinanhänger mit einem E. **2.** *Einbeziehung:* die ganze Familie mit E. der Großmutter; die weltpolitischen Probleme unter E. der Abrüstungsfrage. **3.** *das Eingeschlossenwerden von Strafgefangenen in ihre Zelle:* bei, nach, vor [dem] E.; um 6 Uhr ist E.

einschmeicheln ⟨sich e.⟩: *sich durch Schmeicheln beliebt machen:* du willst dich [damit] bei ihm, in seine Gunst e.; eine einschmeichelnde Musik; eine einschmeichelnde *(angenehm klingende)* Stimme.

einschmuggeln: 1. ⟨etwas e.⟩ *unter Umgehung des Zolls einführen:* Tabak, Kaffee [in ein Land] e. **2.** (ugs.) ⟨jmdn., sich e.⟩ *unerlaubt Zutritt verschaffen:* er hatte seinen Bruder ohne Eintrittskarte [in den Saal] eingeschmuggelt.

einschnappen: 1. ⟨etwas schnappt ein⟩ *etwas schließt sich beim Zufallen:* die Tür schnappt ein; das Schloß ist eingeschnappt. **2.** (ugs.) *schnell gekränkt sein, etwas übelnehmen:* bei, wegen jeder Kleinigkeit schnappt er ein.

einschneiden /vgl. einschneidend/: **1.** ⟨etwas schneidet ein⟩ *etwas dringt scharf ein:* das Gummiband schneidet [in die Haut] ein; übertr.: diese Maßnahme schneidet tief in das Wirtschaftsleben ein. **2.** ⟨etwas e.⟩ **a)** *(vom Rand her) einen Schnitt in etwas machen:* das Papier [an den Ecken] e.; die Stiele von Schnittblumen e. **b)** *einkerben:* einen Ast e.; etwas in eine Baumrinde e.; eingeschnittene Figuren. **c)** (Kochk.) *zerkleinern und in etwas hineintun:* Äpfel, Zwiebeln [in das Rotkraut] e. **d)** (Filmw.) *in einen Filmstreifen einsetzen:* Archivaufnahmen in eine Reportage e.

einschneidend: *tiefgreifend, sich stark auswirkend:* einschneidende Änderungen, Maßnahmen; dieses Gesetz ist von einschneidender Wirkung; seine Entscheidung war sehr e.

Einschnitt, der: **1.** *Schnitt in etwas:* der Arzt machte einen T-förmigen E. **2.** *eingeschnittene Stelle:* die Straße führt durch einen E. [im Gelände]. **3.** *einschneidendes Ereignis:* die Prüfung, der Tod des Vaters war ein bedeutender E. in seiner Entwicklung.

einschränken: 1. a) ⟨etwas e.⟩ *verringern, redu-*
zieren: den Zugverkehr e.; seine Ausgaben [auf ein vernünftiges Maß, auf das Notwendigste] e.; er muß das Rauchen e.; die Macht, Handlungsfreiheit des Parlaments wird durch dieses Gesetz stark eingeschränkt. **b)** ⟨jmdn. in etwas e.⟩ *einengen:* jmdn. in seinen Rechten, in seiner Bewegungsfreiheit e. **2.** ⟨sich e.⟩ *die Ausgaben für den Lebensunterhalt klein halten:* als Student mußte ich mich sehr e.; adj. Part.: wir lebten ziemlich eingeschränkt, in eingeschränkten Verhältnissen.

Einschränkung, die: **a)** *das Einschränken:* die E. des Verkehrs; ich mußte mir manche E. auferlegen *(sehr sparsam sein).* **b)** *Vorbehalt:* ich kann dieses Mittel nur mit E. empfehlen; die Methode ist gut, mit der E., daß ...

einschreiben: 1. ⟨jmdn., sich, etwas e.⟩ *in etwas eintragen:* Einnahmen und Ausgaben in ein Buch e.; er wurde in die/(selten:) in der Liste der Teilnehmer eingeschrieben; Studenten müssen sich e. *(immatrikulieren);* adj. Part.: eingeschriebene Mitglieder. **2.** ⟨etwas e.⟩ *durch Registrierung bei der Post sichern:* einen Brief e. lassen; adj. Part.: ein eingeschriebener Brief.

Einschreiben, das: *bei der Post eingeschriebene Sendung:* ein Päckchen als E., per E. schicken.

einschreiten ⟨gegen jmdn., gegen etwas e.⟩ *energisch eingreifen:* die Polizei schritt energisch, mit Wasserwerfern gegen die Demonstranten ein, sie gegen den Rauschgifthandel eingeschritten; ⟨auch ohne Präp.-Obj.⟩ die Staatsanwaltschaft ist eingeschritten; subst.: ein Vorwand zum Einschreiten.

einschüchtern ⟨jmdn. e.⟩: *jmdn. Angst machen:* den Gegner e.; er versuchte, mich mit/ durch Drohungen einzuschüchtern; wir ließen uns durch nichts e.; adj. Part.: eine einschüchternde Wirkung haben; eingeschüchtert sein.

einsegnen: a) (ev. Rel.) ⟨jmdn. e.⟩ *konfirmieren:* sie wird nächstes Jahr eingesegnet. **b)** (kath. Rel.) ⟨jmdn., etwas e.⟩ *segnen:* den Toten, ein Grab e.; ihre Ehe wurde kirchlich eingesegnet.

einsehen ⟨etwas e.⟩: **1. a)** *erkennen:* sein Unrecht, seinen Irrtum e.; endlich hat er eingesehen, daß er so nicht weiterkommt. **b)** *begreifen, verstehen:* ich sehe ein, daß du unter diesen Umständen nicht kommen kannst. **2.** *einen Blick in, auf etwas werfen können:* der Balkon kann von keiner Seite eingesehen werden; der Flieger konnte die Stellungen nicht e. **3.** *prüfend nachlesen:* Briefe, Akten, die Abrechnung e.

Einsehen ⟨in der Verbindung⟩ ein, kein Einsehen haben: *für jmdn., für etwas [kein] Verständnis haben:* der Chef hatte ein E. und gab uns den Nachmittag frei.

einseifen: 1. ⟨jmdn., sich, etwas e.⟩ *mit Seifenschaum bedecken:* jmdn., sein Gesicht, sich vor dem Rasieren gut e.; ⟨jmdn., sich etwas e.⟩ sich vor dem Duschen den ganzen Körper e.; bildl. (scherzh.): wir haben ihn tüchtig eingeseift *(mit Schnee eingerieben).* **2.** (ugs.) ⟨jmdn. e.⟩ *beschwatzen, betrügen:* dieser Bursche hat dich schön eingeseift; laß dich von ihm nicht e.!

einseitig: 1. a) *nur auf einer Seite [bestehend]:* eine einseitige *(nicht erwiderte)* Zuneigung; eine einseitige Willenserklärung; er ist e. gelähmt; das Blatt darf nur e. beschrieben werden. **b)** *auf ein Gebiet beschränkt:* eine einseitige Begabung; er ist nur e. interessiert; sich zu e. ernähren *(nur bestimmte Dinge essen und damit wichtige Stoffe nicht aufnehmen)*. **2.** *nur einen Gesichtspunkt berücksichtigend:* eine einseitige Beurteilung, Aufassung; diese Maßnahmen sind sehr e.; du darfst den Vorfall nicht e. darstellen.

einsenden ⟨etwas e.⟩: *einschicken:* Unterlagen, Manuskripte e.; er sandte das Gedicht einer Zeitung ein, hat es an eine Zeitung eingesandt.

einsetzen: 1. ⟨etwas e.⟩ **a)** *hineinsetzen, einfügen:* eine Fensterscheibe e.; einen Flicken in die Hose e.; Pflanzen in Töpfe e.; Fische in den Teich e.; die Boote wurden ins Wasser eingesetzt; übertr.: in den/in dem Voranschlag wurde ein Betrag für Reparaturen eingesetzt; den gefundenen Wert in die Gleichung e. (Math.); ⟨jmdm. etwas e.⟩ der Zahnarzt setzte ihm einen Stiftzahn ein. **b)** (Verkehrsw.) *zusätzlich fahren lassen:* im Feiertagsverkehr zusätzlich Busse, Entlastungszüge e. **2.** ⟨jmdn. in etwas e.⟩ *in eine Position setzen:* er wurde in das Bürgermeisteramt eingesetzt; man hat ihn wieder in seine Rechte eingesetzt. **3.** ⟨jmdn., etwas e.⟩ **a)** *ernennen, bestimmen:* einen Kommissar e.; zur Untersuchung des Falles wurde ein Ausschuß eingesetzt; ⟨jmdn. zu jmdm./als jmdn. e.⟩ sein Onkel setzte ihn zu seinem Erben/als seinen Erben ein. **b)** *in Aktion treten lassen, verwenden:* jmdn. in einer anderen Abteilung e.; gegen die Demonstranten wurde Polizei, wurde Tränengas eingesetzt; wir müssen bessere Maschinen e.; das Regiment war im Nordabschnitt eingesetzt; ⟨etwas für etwas e.⟩ er setzte alle Kräfte, seine ganze Kraft für diese Aufgabe ein. **4. a)** ⟨etwas e.⟩ *als Spieleinsatz geben, riskieren:* [beim Glücksspiel] 10 Mark e.; etwas als/zum Pfand e.; übertr.: sein Leben e., um anderen zu helfen. **b)** ⟨sich e.⟩ *sich persönlich um jmdn., etwas bemühen:* er hat sich [in dieser Sache] voll, tatkräftig, selbstlos eingesetzt; ⟨sich für jmdn., für etwas e.⟩ als wir in Not waren, hat er sich für uns eingesetzt; er hat sich bei den Behörden für die Flüchtlinge eingesetzt. **5.** (gewöhnlich mit Zeitangabe) *beginnen:* im Oktober setzte die Kälte, die Regenzeit ein; abends hat das Fieber wieder stärker eingesetzt; der Sänger, der Chor, die Musik setzte ein.

Einsicht, die: **1. a)** *Erkenntnis:* die E. kam spät; neue Einsichten gewinnen; ich kann mich dieser E. nicht länger verschließen; ich bin zu der Einsicht gekommen, daß ... **b)** *Vernunft:* haben Sie doch E.!; jmdn. zur E. bringen; er scheint wirklich zur E. zu gelangen, zu kommen. **2.** *Einblick:* E. in die Akten haben; jmdm. E. gewähren; er nahm E. in den Briefwechsel.

einsilbig: 1. *nur eine Silbe habend:* ein einsilbiges Wort. **2.** *wortkarg, kurz angebunden:* ein einsilbiger Mann; er war heute sehr e. *(wenig gesprächig)*.

einspannen: 1. ⟨ein Tier e.⟩ *vor den Wagen spannen:* die Pferde, den Schimmel e. **2.** ⟨etwas e.⟩ *in eine Vorrichtung spannen:* einen Bogen [in die Schreibmaschine] e.; er spannte das Werkstück [in den Schraubstock] ein. **3.** (ugs.) ⟨jmdn. e.⟩ *heranziehen, für sich arbeiten lassen:* sie versuchte gleich, mich [für ihre Pläne] einzuspannen; er ist immer sehr eingespannt *(er hat immer viel zu tun)*.

einsperren: a) ⟨jmdn., sich e.⟩ *in einen Raum einschließen:* die Kinder, den Hund in die/in der Wohnung e.; ich sperrte mich in meinem Zimmer ein. **b)** (ugs.) ⟨jmdn. e.⟩ *ins Gefängnis bringen:* einen Verbrecher e.; er war drei Monate eingesperrt *(war drei Monate im Gefängnis)*.

einspielen: 1. a) ⟨ein Instrument e.⟩ *bes. ein neues Instrument durch längeres Spielen zur vollen Entfaltung seiner Klangqualität bringen:* eine Flöte e. **b)** ⟨sich e.⟩ *vor einem Auftritt übend spielen:* das Orchester spielt sich ein; die Fußballmannschaft mußte sich erst e. **c)** ⟨etwas spielt sich ein⟩ *etwas wird durch Gewöhnung geläufig:* die neue Regelung hat sich gut eingespielt. **2.** ⟨etwas e.⟩ *(Kosten) durch Aufführungen einbringen:* dieser Film hat bis jetzt 74 Millionen Mark eingespielt; die Herstellungskosten wurden in drei Monaten eingespielt. **3.** (Rundf.) ⟨etwas e.⟩ *auf Schallplatten aufnehmen:* sämtliche Sinfonien von Beethoven e.; ⟨eine Schallplatte *(Musik auf einer Schallplatte)* e. * **aufeinander eingespielt sein** *(gut zusammenarbeiten):* die Mitarbeiter sind gut aufeinander eingespielt.

einsprengen: 1. ⟨etwas e.⟩ *anfeuchten:* die Wäsche vor dem Bügeln e. **2.** ⟨etwas in etwas e.⟩ *gewöhnlich im 2. Part.) verstreut hineinfügen:* Kiefernwald mit eingesprengten Birken; in diesem Gestein ist Silber eingesprengt *(in Teilchen enthalten)*.

einspringen: 1. ⟨für jmdn. e.⟩ *kurzfristig an jmds. Stelle treten; jmdn. vertreten:* da ich verhindert war, sprang er für mich ein; für einen erkrankten Kollegen e.; ⟨auch ohne Präp.-Obj.⟩ er war kurzfristig eingesprungen. **2.** (Skisport) ⟨sich e.⟩ *sich durch Übungssprünge auf einen Wettbewerb vorbereiten:* er sprigt sich auf der neuen Schanze ein. **3.** ⟨etwas springt ein⟩ **a)** *etwas schnappt ein:* das Schloß ist eingesprungen. **b)** *etwas springt zurück, nach innen:* die Mauer springt hier ein; ein einspringender Winkel.

Einspruch, der: *Einwand, Protest:* bisher ist kein E. erfolgt; Rechtsw.: [einen] E. einlegen *(als Rechtsmittel geltend machen);* seinen E. zurückziehen; gegen etwas E. erheben.

einst ⟨Adverb⟩ (geh.): **1.** *früher, vor langer Zeit:* e. stand hier eine Burg; was hast du anders geurteilt. **2.** *in ferner Zukunft:* du wirst es e. bereuen.

Einstand, der: **1. a)** *Dienstantritt:* jmdm. zum E. Glück wünschen; seinen E. feiern. **b)** *kleine Feier zum Dienstantritt:* er hat seinen E. noch nicht gegeben. **2.** (Tennis) *gleiche Punktzahl:* das Spiel steht auf E.

einstecken: a) ⟨etwas e.⟩ *in etwas stecken:* einen Brief e. *(in den Briefkasten stecken);* den Degen e. *(in die Scheide stecken).* **b)** ⟨etwas e.⟩ *in die Tasche stecken; mitnehmen:* ein Taschentuch, die Schlüssel, sein Frühstücksbrot e.; ich habe kein Geld eingesteckt/(ugs.:) e. *(ich habe kein Geld bei mir);* ⟨sich (Dativ) etwas e.⟩ hast du dir die Zeitung eingesteckt? **c)** (ugs.) ⟨etwas e.⟩ *(Negatives) hinnehmen, hinunterschlucken:* eine Niederlage e.; er muß hier viel e. **d)** (ugs.) ⟨jmdn. e.⟩ *ins Gefängnis bringen:* der Dieb ist für drei Monate eingesteckt worden.

einstehen ⟨für jmdn., für etwas e.⟩: **a)** *sich verbürgen:* ich stehe gern, voll und ganz für ihn ein; ich stehe dafür ein, daß er seine Sache gut macht.

b) *Ersatz leisten:* für einen Schaden e.; er mußte für seinen Sohn e. *(die Schulden seines Sohnes bezahlen).*

einsteigen: 1. *in ein Fahrzeug steigen:* bitte [vorn] e.!; in ein Auto, in den Zug e. **2.** (ugs.) ⟨in etwas e.⟩ *sich an etwas beteiligen:* in die hohe Politik e.; ⟨auch ohne Präp.-Obj.⟩ er ist mit einer hohen Summe, als Kompagnon eingestiegen. **3.** *heimlich in einen Raum klettern:* der Dieb ist [durch ein Fenster] in das Haus eingestiegen. **4.** (Bergsteigen) ⟨in etwas e.⟩ *hineinklettern:* in eine Wand, einen Kamin e.; ⟨auch ohne Präp.-Obj.⟩ die Seilschaft ist um 6 Uhr eingestiegen. **5.** (Sport) ⟨mit Artangabe⟩ *den Gegner unfair attackieren:* hart e.; der Spieler steigt ganz schön ein.

einstellen: 1. ⟨etwas e.⟩ *an den geeigneten oder dafür vorgesehenen Platz stellen:* ein Buch [in das/ in dem, im Regal] e.; den Wagen in eine/in einer Garage e.; können die Räder hier eingestellt werden? **2.** ⟨jmdn. e.⟩ *jmdm. eine Stellung, Arbeitsmöglichkeit geben:* Arbeitskräfte e.; er wurde sofort, als Aushilfe eingestellt. **3.** ⟨etwas e.⟩ **a)** (gewöhnlich mit Artangabe) *ein technisches Gerät richten:* ein Fernglas scharf, eine Kamera auf die richtige Entfernung, ein Radio auf Zimmerlautstärke e.; den Zeiger auf eine Marke e.; ü b e r t r.: er stellte seinen Vortrag auf Massenwirkung ein *(gestaltete ihn entsprechend).* **b)** *eine gewünschte Leistung erzielen:* die richtige Entfernung e. **4.** ⟨etwas e.⟩ *mit etwas aufhören:* die Produktion e.; seine Zahlungen e.; das Verfahren gegen ihn wurde eingestellt; der Feind stellte das Feuer ein; das Wettrüsten e.; die Zeitschrift stellt ihr Erscheinen ein; wegen des Nebels wurde der Flugverkehr eingestellt; die Belegschaft stellte die Arbeit ein *(streikte).* **5.** (geh.) ⟨sich e.⟩ *erscheinen, kommen, eintreten:* er stellte sich pünktlich bei uns ein; am Abend hatte sich Fieber eingestellt; die ersten Blumen, Vögel haben sich eingestellt; endlich stellte sich der Frühling ein; allerlei Gebrechen stellten sich mit den Jahren bei ihm ein; der Erfolg wollte sich nicht e. **6.** ⟨sich auf jmdn., auf etwas e.⟩ *sich vorbereiten; sich anpassen:* wir haben uns bereits auf die gleitende Arbeitszeit eingestellt; wir müssen uns auf großen Andrang e. **7.** ⟨eingestellt sein; mit Artangabe⟩ *eine bestimmte Einstellung haben:* er ist links, liberal eingestellt; er ist gegen mich eingestellt. **8.** (Sport) ⟨etwas e.⟩ *(einen Rekord) nochmals erreichen:* damit stellte er den Weltrekord ein. **9.** (Sport) ⟨jmdn. e.; mit Artangabe⟩ *in bestimmter Weise auf den Gegner vorbereiten:* die Mannschaft gut, defensiv, auf Defensive e.

Einstellung, die: **1.** *Anstellung:* die E. neuer Mitarbeiter. **2.** *Beendigung, Unterbrechung:* die E. eines Gerichtsverfahrens beantragen; die E. der Kampfhandlungen. **3. a)** *technisches Richten:* die richtige, scharfe E. einer Kamera. **b)** (Filmw.) *Szene, die ohne Unterbrechung gefilmt wird:* eine lange, statische, bewegte E.; das Drehbuch verzeichnet 499 Einstellungen. **4.** *Meinung, Ansicht, Verhalten:* eine kritische E. zu den Dingen; das ist die einzig richtige E.; er hat eine falsche E. gegenüber seinen Vorgesetzten; jmds. politische E. nicht kennen; die E. ändern; mit welcher inneren E. gehst du an die Sache heran?

einstimmen: 1. a) *in den Gesang, in das Spiel von Instrumenten einfallen:* der Tenor, das Fagott stimmt ein; alle stimmten in den Gesang [mit] ein; ü b e r t r.: in das Gelächter, in den allgemeinen Jubel e. **b)** ⟨etwas e.⟩ *(Saiteninstrumente)* für *das Zusammenspiel auf die gleiche Tonhöhe stimmen:* ein Instrument [auf den Kammerton] e. **2.** ⟨jmdn., sich auf etwas e.⟩ *innerlich vorbereiten:* die Hörer waren auf den Vortrag eingestimmt; wir haben uns auf das große Ereignis eingestimmt.

einstimmig: 1. *nur aus der Melodie bestehend; nicht mehrstimmig:* ein einstimmiges Lied; die Kinder haben bisher nur e. gesungen. **2.** *einmütig, mit allen Stimmen:* ein einstimmiger Beschluß; jmdn. e. loben, verurteilen, freisprechen; er wurde e. gewählt.

Einstimmigkeit, die: *volle Übereinstimmung:* es herrschte, bestand E. in der Beurteilung der Lage; wir konnten [eine] E. erzielen.

einstreichen (ugs.) ⟨etwas e.⟩: **1.** *Geld nehmen, einstecken:* er hat bei dem Geschäft eine hohe Provision eingestrichen; ü b e r t r.: ein Lob e. **2.** ⟨mit Artangabe⟩ *vollständig bestreichen:* die Tapete mit Kleister, die Wände neu e.

einstudieren ⟨etwas e.⟩: *gründlich einüben:* ein Schauspiel, eine Rolle e.; ein einstudiertes *(nur gespieltes)* Lächeln; ⟨jmdm., sich etwas e.⟩ ich hatte mir die Antworten genau einstudiert.

einstufen ⟨jmdn., etwas e.; mit Umstandsangabe⟩: *einordnen, klassifizieren:* jmdn. in eine Steuerklasse, Lohngruppe e.; es ist falsch, zu hoch eingestuft worden; er wurde als Erwerbsunfähiger, als gefährlich eingestuft.

einstürzen: 1. ⟨etwas stürzt ein⟩ *etwas bricht zusammen:* das Haus, die Mauer stürzte ein; die Decke droht einzustürzen; bildl.: eine Welt ist für sie eingestürzt. **2.** ⟨etwas stürzt auf jmdn. ein⟩ *etwas überfällt jmdn.:* diese Ereignisse stürzten mit Gewalt auf ihn ein.

einstweilen ⟨Adverb⟩: **a)** *vorläufig, zunächst einmal:* e. arbeitet er in der Schlosserei; es bleibt uns e. nichts anderes übrig. **b)** *inzwischen:* ich muß noch den Salat machen, du kannst e. schon den Tisch decken.

einteilen: 1. ⟨jmdn., etwas in etwas, nach etwas e.⟩ *aufteilen, untergliedern:* eine Stadt in Bezirke e.; die Schüler wurden in Jahrgänge, nach Begabung, nach Altersstufen eingeteilt; er teilte uns nach der Größe in Gruppen zu 4 Mann ein; Pflanzen in/nach Gattungen e.; nach diesen Gesichtspunkten ist das Werk eingeteilt. **2.** ⟨jmdn. e.; mit Umstandsangabe⟩ *zuweisen:* die Leute zur Arbeit e.; sie ist für den/zum Nachtdienst eingeteilt; er ist heute zum Essenholen/als Essenholer eingeteilt. **3.** ⟨etwas e.⟩ *sinnvoll, überlegt mit etwas umgehen:* sein Geld, seine Zeit [gut] e.; ⟨sich (Dativ) etwas e.⟩ ich habe mir das Taschengeld, seine freien Stunden e.; ⟨auch ohne Akk. und ohne sich⟩ sie kann nicht e. *(rationell haushalten).*

eintönig: *gleichförmig, keine Abwechslung bietend:* eine eintönige Gegend; eintönige Arbeit; eintöniger Gesang; sein Leben verlief e.; der Redner sprach sehr e.

Eintracht, die: *Zustand der Einmütigkeit:* brüderliche E.; E. stiften; die E. stören, wiederherstellen; sie lebten in [Frieden und] E. zusammen.

einträchtig: *einmütig und friedlich:* e. beieinandersitzen.

eintragen: 1. ⟨jmdn., sich, etwas e.⟩ *in etwas hineinschreiben:* jmdn., sich, seinen Namen in eine/ (seltener:) in einer Liste e.; er trug sich in das Gästebuch ein; der Posten wurde auf dem falschen Konto eingetragen; das Auto ist auf meinen Namen eingetragen; Rechtsw.: eine Firma in das Handelsregister e.; ein eingetragener Verein; ein eingetragenes Warenzeichen. 2. (Biol.) ⟨etwas e.⟩ *ernten, sammeln:* die Bienen tragen Nektar ein. 3. a) ⟨etwas trägt jmdm. etwas ein⟩ *etwas ergibt etwas:* sein Fleiß hat ihm viel Anerkennung eingetragen; meine Bemühungen trugen mir nur Undank ein; sein Verhalten trug ihm Sympathie, viel Kritik ein. b) ⟨etwas trägt etwas ein⟩ *etwas bringt etwas ein:* dieses Geschäft trägt viel, einiges, wenig, nichts ein.

einträglich: *Gewinn oder Vorteil bringend:* ein einträgliches Geschäft; ⟨etwas ist für jmdn. e.⟩ diese Tätigkeit war für ihn sehr e.

eintreffen: 1. *ankommen:* pünktlich, rechtzeitig, verspätet e.; in der Heimat, auf dem Fest e.; die Gäste treffen heute mittag ein; das Paket ist eingetroffen; Spargel, frisch eingetroffen! 2. ⟨etwas trifft ein⟩ *etwas wird erwartungsgemäß Wirklichkeit:* die Prophezeiung ist eingetroffen; alles traf ein, wie er es vorausgesagt hatte.

eintreiben: 1. ⟨Tiere e.⟩ *in den Stall treiben:* der Hirt treibt seine Herde ein. 2. ⟨etwas e.⟩ *einschlagen:* Pfähle [in den Boden] e.; einen Stollen in den Berg e. 3. ⟨etwas e.⟩ *einziehen, kassieren:* Schulden, Außenstände, Steuern, Forderungen, Zinsen, Rechnungen, Gebühren ein.

eintreten: 1. ⟨sich (Dativ) etwas e.⟩ *in den Fuß treten:* ich habe mir einen Dorn eingetreten. 2. ⟨etwas e.⟩ *durch Fußtritte zerstören:* die Türfüllung, die Tür e.; er hat die Schaufensterscheibe eingetreten. 3. a) *hineingehen:* durch die Seitentür e.; er ist in das Zimmer eingetreten; sie ist leise, auf Zehenspitzen eingetreten; bitte, treten Sie ein!; subst. Part.: er begrüßte die Eintretenden. b) ⟨etwas tritt in etwas ein⟩ *etwas gelangt in einen bestimmten Bereich:* das Raumschiff ist in seine Umlaufbahn eingetreten; die Kugel trat ins Herz ein. 4. ⟨in etwas e.⟩ *Mitglied werden:* in einen Verein, in einen Orden, in eine Partei e.; er trat als Teilhaber in die Firma ein. 5. a) ⟨in etwas e.⟩ *mit etwas beginnen:* in das 50. Lebensjahr e.; das Unternehmen trat ins dritte Jahrzehnt ein; die Verhandlungen sind in eine kritische Phase eingetreten; /häufig verblaßt/: in ein Gespräch, in Verhandlungen e.; Rechtsw.: in die Beweisaufnahme, in die Beratung e. b) ⟨etwas tritt ein⟩ *etwas beginnt, ereignet sich:* um 6 Uhr tritt die Flut ein; der Tod trat nach zwei Stunden ein; eine Krisis ist eingetreten; /häufig verblaßt/: wenn der Fall eintritt, daß er stirbt *(wenn er stirbt)*; es tritt eine Besserung seines Befindens ein *(sein Befinden bessere sich).* 6. ⟨für jmdn., für etwas e.⟩ *sich einsetzen:* er trat mutig für seine Freunde, für Reformen ein.

eintrichtern (ugs.) ⟨jmdm. etwas e.⟩: *mit Mühe beibringen:* einem Schüler die Vokabeln, die Formeln e.; man hat ihr eingetrichtert, daß sie nichts davon erzählen soll.

Eintritt, der: 1. *das Eintreten:* E. verboten!; sich

E. verschaffen; beim E. in die Erdatmosphäre kann die Raumkapsel verglühen. 2. *Beginn einer Mitgliedschaft:* beim E. in den Staatsdienst. 3. *Beginn eines Zustandes:* der E. der Pubertät verzögert sich; bei E. der Krise, der Dunkelheit. 4. *Zugang zu etwas:* der E. [zu der Veranstaltung] ist frei; er hat freien E.; was kostet der E. ins Museum? 5. (Sport) *Teilnahmeberechtigung:* den E. ins Viertelfinale schaffen.

Eintrittskarte, die: ↑ Karte.

einverleiben: 1. ⟨etwas einer Sache e.⟩ *einfügen:* seiner Sammlung ein wertvolles Stück e.; die eroberten Gebiete dem Staat e.; zwei Hotels auf Teneriffa wurden dem Konzernbesitz einverleibt. 2. (ugs.) ⟨sich (Dativ) etwas e.⟩ *etwas essen, trinken:* ich verleibte mir drei Stück Kuchen ein; (auch:) ich einverleibte mir ...; er hatte sich bereits mehrere Flaschen Wein einverleibt.

Einvernehmen, das: *Übereinstimmung:* es besteht ein gutes, herzliches E. zwischen den Partnern; im E. mit jmdm. handeln; das Buch erscheint im E. mit der Akademie; wir leben in bestem/im besten E. miteinander; du mußt dich mit ihm ins E. setzen (Papierdt.; *dich mit ihm verständigen).*

einverstanden ⟨in den Verbindungen⟩ [mit jmdm., mit etwas] einverstanden sein ⟨jmdm., einer Sache zustimmen⟩: er wollte studieren, aber sein Vater war nicht e.; ich bin mit deinem Vorschlag e., mit allem e.; ich bin damit e., daß wir uns morgen treffen; wir sind gar nicht mit ihm e. (wir mißbilligen sein Verhalten) · sich einverstanden erklären (seine Zustimmung erklären).

Einverständnis, das: *Übereinstimmung:* es herrscht völliges, voll[st]es, stillschweigendes E. zwischen uns; im E. erklären; ich habe Ihr E. vorausgesetzt *(ich habe mit Ihrer Zustimmung gerechnet);* Ihr E. vorausgesetzt *(wenn Sie zustimmen),* werde ich die Ware bestellen; ich handle im E. mit ihm; dies geschieht mit meinem E. *(mit meiner Zustimmung).*

Einwand, der: *Äußerung einer abweichenden Auffassung, Gegengrund:* ein berechtigter, entscheidender, [un]begründeter, nichtiger E.; meine Einwände kamen zu spät; ich habe keine Einwände; gegen etwas [keine] Einwände erheben, vorbringen, machen; einen E. gelten lassen, überhören, zurückweisen.

einwandfrei: 1. a) *ohne Fehler:* einwandfreies Deutsch; einwandfreie Arbeit liefern; sein Verhalten war e.; diese Wurst ist noch e. *(noch genießbar);* die Maschine arbeitet e. b) *untadelig:* ein einwandfreier Leumund; sein Alibi war e.; er hat sich absolut e. verhalten. 2. *eindeutig, unzweifelhaft:* eine einwandfreie Beweisführung; es ist e. erwiesen, daß ...; das ist e. Betrug; der Zeuge hat den Täter e. identifiziert.

einwechseln: a) ⟨etwas e.⟩ *umtauschen:* er hatte vergessen, sein Geld einzuwechseln; er wechselte 500 Deutsche Mark in/(seltener:) gegen Francs ein. b) (Sport) ⟨jmdn. e.⟩ *für einen aus dem Spiel genommenen Spieler einsetzen:* ein weiterer Stürmer wurde eingewechselt.

einweichen ⟨etwas e.⟩: a) *in schmutzlösende Lauge legen:* Wäsche e. b) *in Flüssigkeit weich werden lassen:* die Erbsen, Backpflaumen über Nacht e.; sie hat die Brötchen in Milch eingeweicht; übertr.: wir waren ganz eingeweicht vom Regen.

einweihen: 1. ⟨etwas e.⟩ **a)** *mit einer Feier seiner Bestimmung übergeben:* ein Theater, eine Kirche, ein Stadion e. **b)** (ugs.) *zum erstenmal gebrauchen, tragen:* auf der Party wollte sie ihren neuen Overall e.; die neuen Turnschuhe e. **2.** ⟨jmdn. in etwas e.⟩ *etwas [Geheimes] wissen lassen:* jmdn. in seine Pläne e.; er ist in die Verschwörung, in das Geheimnis nicht eingeweiht; ⟨auch ohne Präp.-Obj.⟩ wir haben ihn schon eingeweiht.

einweisen: 1. ⟨jmdn. e.; gewöhnlich mit Raumangabe⟩ **a)** *an einem bestimmten Ort unterbringen:* jmdn. ins Krankenhaus, in ein Pflegeheim e.; wer hat Sie hier eingewiesen? **b)** *jmdn. in eine neue Tätigkeit, in ein neues Amt einführen:* der Chef hat ihn in seine neue Aufgabe eingewiesen; der Geistliche wurde in sein Amt, die Sekretärin wurde von ihrer Vorgängerin eingewiesen. **2.** (Verkehrsw.) ⟨jmdn., etwas e.⟩ *an einen Platz lenken:* das Auto, den Fahrer in eine Parklücke e.; die Polizei wies die ankommenden Wagen ein.

einwenden ⟨etwas e.⟩: *einen Einwand, ein Bedauern äußern:* gegen deinen Vorschlag habe ich nichts einzuwenden; dagegen ließe sich viel, manches e.; wandte/wendete ein, daß es zu spät sei; sie hat zwar einiges eingewandt/eingewendet, aber ...; dagegen ist nichts einzuwenden (ugs.; *das ist völlig in Ordnung*); gegen eine Tasse Kaffee hätte ich nichts einzuwenden (ugs.; *eine Tasse Kaffee würde ich gerne trinken*).

Einwendung, die: *Einwand:* seine Einwendungen waren begründet; er machte keine Einwendungen, brachte nur wenige Einwendungen vor.

einwerfen: 1. ⟨etwas e.⟩ *durch Werfen zerbrechen:* eine Scheibe e.; ⟨jmdm. etwas e.⟩ man hat ihm in der Nacht die Fenster eingeworfen. **2.** ⟨etwas e.⟩ *hineinwerfen:* Münzen in einen Automaten e.; einen Brief e. *(in den Kasten werfen).* **3.** ⟨etwas e.⟩ *eine Zwischenbemerkung machen:* eine Bemerkung e.; er warf ein, daß wir nicht alles bedacht hätten. **4.** (Sport) *[den Ball] ins Spielfeld werfen:* die deutsche Mannschaft wirft ein; der Spieler hat falsch eingeworfen; ⟨auch mit Akk.⟩ wer wirft den Ball ein?

einwickeln: 1. a) ⟨etwas e.⟩ *in etwas wickeln; einpacken:* das Geschenk in Papier e. **b)** ⟨jmdn., sich e.⟩ *in etwas hüllen:* das Kind in eine/(selten:) in einer Decke e.; sie wickelte sich fest [in ihren Mantel] ein. **2.** (ugs.) ⟨jmdn. e.⟩ *geschickt für sich gewinnen:* sich von jmdm. e. lassen.

einwilligen ⟨in etwas e.⟩: *einer Sache zustimmen:* in die Scheidung, in jmds. Vorschlag e.; ⟨auch ohne Präp.-Obj.⟩ er wird kaum e.

Einwilligung, die: *Zustimmung, Erlaubnis:* die E. des Vermieters einholen, erbitten; der Aufsichtsrat gab endlich seine E. zu dem Geschäft.

einwirken ⟨auf jmdn., auf etwas e.⟩: **1. a)** *Einfluß ausüben:* auf jmdn. erzieherisch, mäßigend e.; die Regierung muß auf die Preisentwicklung e. **b)** *eine bestimmte Wirkung ausüben:* eine Kraft, eine Säure wirkt auf etwas ein; er wirkte durch seine Persönlichkeit stark auf die Zuhörer ein; ⟨auch ohne Präp.-Obj.⟩ eine Salbe e. lassen.

Einwohner, der: *jmd., der dauernd an einem Ort wohnt:* die E. von Frankfurt, des Saarlandes; die E. einer Stadt; die Gemeinde hat 5 000 E.

Einwurf, der: **1.** *kurzer Einwand:* ein zustimmender, kritischer E.; einen E. machen, widerlegen; auf einen E. eingehen. **2.** *Schlitz:* der E. am Briefkasten; ein E. für Zeitungen; etwas in/durch den E. stecken. **3.** (Sport) *das Einwerfen des Balles:* ein falscher *(regelwidriger)* E.; wer hat E.?

einzahlen ⟨etwas e.⟩ *an eine Kasse zahlen:* einen Betrag e.; die Miete ist auf mein Konto bei der Sparkasse einzuzahlen.

einzeichnen: 1. ⟨etwas e.; gewöhnlich mit Raumangabe⟩ *hineinzeichnen:* Berichtigungen in eine Landkarte e.; in/auf dieser Karte sind alle Campingplätze eingezeichnet. **2.** (selten) ⟨sich, etwas e.⟩ *eintragen:* du mußt dich, deinen Namen sofort in die/in der Liste e.

Einzelheit, die: *einzelner Teil eines Ganzen, Detail:* interessante, [un]wichtige Einzelheiten; nähere, weitere Einzelheiten erfahren Sie später; sich an Einzelheiten erinnern; auf Einzelheiten eingehen; etwas bis in alle Einzelheiten kennen, festlegen, beschreiben; bis in die, zu den kleinsten Einzelheiten.

einzeln: 1. *einer für sich allein, von anderen getrennt:* ein einzelner Mensch, ein einzelner Baum; die einzelnen Teile des Geräts; jeder einzelne; der einzelne ist machtlos; im einzelnen *(genauer)* kann ich darauf nicht eingehen; er ging bei seinem Bericht sehr ins einzelne *(in die Einzelheiten);* die Gäste kamen e.; bitte e. eintreten! /Türaufschrift/; jeder Band ist e. zu kaufen. **2.** *manche[s], einige[s]:* einzelne Regenschauer; es gab einzelne gute Bilder; einzelnes will ich heraushehen; einzelne sagen, daß ...

einziehen: 1. ⟨etwas e.⟩ **a)** *hineinziehen, einfügen:* einen Faden e.; ein Gummiband [in eine Sporthose] e. **b)** *einbauen:* eine Zwischenwand [in einen Raum] e.; Handw.: Speichen e.; eine Scheibe in den Fensterrahmen e. **c)** *einatmen:* die Luft e.; den Duft einer Blume durch die Nase e. **2.** ⟨etwas e.⟩ *nach innen ziehen, einholen:* den Kopf, den Bauch, die Krallen, die Fühler e.; die Netze, die Ruder, die Segel, das Fahrgestell e.; *(klemmt ihn zwischen die Beine).* **3.** *in eine Wohnung ziehen:* wir sind gestern [in das neue Haus] eingezogen; wann kannst du e.? **4.** *[feierlich] einmarschieren; hineinkommen:* das Regiment zog in die Stadt ein; die Mannschaften ziehen in das Stadion ein; bildl.: diese Partei ist mit 10 Abgeordneten in den Landtag eingezogen; Sport: die Mannschaft ist in die Endrunde eingezogen; (geh.:) bald zieht der Frühling ein; endlich zog wieder Gemütlichkeit in unser/in unserem Haus ein. **5.** ⟨jmdn., etwas e.⟩ *zum Militärdienst einberufen:* man hat einen weiteren Jahrgang eingezogen; er wird im Herbst zur Marine eingezogen. **6.** ⟨etwas e.⟩ **a)** *einfordern, sich geben lassen:* Nachrichten, Erkundigungen [über jmdn., über etwas] e. **b)** *anfordern, beitreiben:* Gelder, Steuern e. **c)** *beschlagnahmen, aus dem Verkehr ziehen:* jmds. Vermögen e.; man hat seinen Führerschein eingezogen; Münzen, Banknoten e. **d)** *nicht mehr besetzen:* Ämter, Stellen e. **7.** ⟨etwas e.⟩ *etwas dringt ein:* die Creme zieht gut [in die Haut] ein; das Wasser ist schnell eingezogen.

einzig: I. ⟨Adj.⟩ **a)** *nur einmal vorhanden; nur einer* /oft verstärkend/: nicht korrekt: einzigste/: sie ist sein einziges Kind; ich habe nur einen einzigen Anzug; meine einzige Sorge ist, daß wir rechtzeitig nach Hause kommen; du bist mein einziger Trost; das ist das einzige, was wir tun können; sie hat sich als einzige gemeldet; **subst.**: er ist unser Einziger *(unser einziges Kind)*. **b)** *einmalig, unvergleichlich:* er ist e. in seiner Art; diese Leistung steht e. da. **II.** ⟨Adverb⟩ *allein, nur, ausschließlich:* e. er ist daran schuld. * (nachdrücklich:) **einzig und allein** *(nur):* unsere Rettung verdanken wir e. und allein dir.

Einzug, der: **1.** *das Einziehen, Beziehen:* der E. in die neue Wohnung. **2.** *feierlicher Einmarsch:* der E. der Truppen; bildl. (geh.): der Frühling hält seinen E. *(beginnt);* Sport: die Spieler feierten den E. ins Halbfinale *(das Erreichen des Halbfinales).* **3.** *das Einkassieren:* jmdn. mit dem E. von Beiträgen beauftragen.

Eis, das: **1.** *gefrorenes Wasser:* blankes, hartes, spiegelglattes, dickes, brüchiges E.; die [ant]arktische Zone des ewigen Eises; das E. kracht, bricht, schmilzt; das E. trägt noch nicht *(ist noch nicht fest genug);* nehmen Sie E. *(Eiswürfel)* in den Whisky?; ein Faß Bier auf E. legen; morgen gehen wir aufs E. *(laufen wir Schlittschuh);* bei Schnee und Eis; Sport: auf dem E. ist nun die deutsche Meisterin im Eiskunstlauf; auf eigenem E. *(im eigenen Eisstadion)* hat der deutsche Eishockeymeister noch keinen Punkt abgegeben; bildl. (geh.): mit dieser humorvollen Ansprache war das E. gebrochen *(hatte sich die Stimmung gelockert);* wenn einmal das E. gebrochen ist *(wenn die ersten Hemmungen beseitigt sind),* werdet ihr sicher gute Freunde werden. **2.** *gefrorene Süßspeise:* E. am Stiel; E. mit Früchten; ein E. essen, lutschen, schlecken (ugs. südd.); zum Nachtisch gibt es E.; wir wollen E. essen gehen; krieg' (ugs.) ich, kaufst du mir ein E.?; ich lade dich zum E. ein. * *etwas auf Eis legen (verschieben, vorläufig nicht weiter bearbeiten):* der Plan wurde auf E. gelegt.

Eisen, das: **1.** */ein schweres Metall/:* rotglühendes, flüssiges, rostiges E.; E. glühen, schmieden, abschrecken, in Formen gießen; etwas ist fest, hart wie E.; er ist wie von E. *(unverwüstlich);* sie soll mehr E. *(eisenhaltige Nahrung)* zu sich nehmen; R: man muß das E. schmieden, solange es heiß, warm ist *(man muß den rechten Augenblick nützen).* **2.** *Gegenstand aus Eisen:* Schlägel und E. *(Bergmannswerkzeuge);* das Pferd hat ein E. *(Hufeisen)* verloren, braucht neue E.; eine Kiste mit E. *(Bändern, Beschlägen)* beschlagen. * (ugs.:) **ein heißes Eisen** *(eine heikle, bedenkliche Sache):* das ist ein heißes E. an · (ugs.) **ein heißes Eisen anfassen/anpacken/anrühren** *(eine heikle Sache, ein heikles Thema aufgreifen)* · (ugs.) **zwei/ mehrere/noch ein Eisen im Feuer haben** *(mehr als eine Möglichkeit haben)* · (ugs.) **zum alten Eisen gehören/zählen** *(nicht mehr arbeits- und verwendungsfähig sein)* · (ugs.) **jmdn., etwas zum alten Eisen werfen/legen** *(jmdn., etwas als untauglich, nicht mehr verwendungsfähig ausscheiden)* · (ugs.:) **[bei jmdm.] auf Eisen beißen** *(unüberwindlichen Widerstand finden)* · (ugs.) **in die Eisen steigen** *([beim Autofahren] scharf abbremsen).*

Eisenbahn, die: **1.** */schienengebundenes Fernverkehrsmittel/:* eine E. bauen; nach dem Bom-

benangriff fuhr keine E., verkehrten keine Eisenbahnen; mit der E. fahren; etwas mit der/per E. befördern. **2.** *Spielzeug-, Modellbahn:* er hat zu Weihnachten eine elektrische E. bekommen; er baut seine E. auf, spielt mit der E. * (ugs.:) **es ist [die] [aller]höchste Eisenbahn** *(es ist höchste Zeit).*

eisern: 1. *aus Eisen bestehend:* ein eisernes Gitter, Geländer; eine eiserne Brücke; Götz von Berlichingen mit der eisernen Hand; bildl.: sein Griff war e. *(hart wie Eisen).* **2.** *unerschütterlich:* ein eiserner Wille, Fleiß; eine eiserne Gesundheit, Ruhe; eiserne Nerven; er bezwang seine Schmerzen mit eiserner Energie; e. schweigen; sie hielt sich e. an den Diätplan; e. sparen, trainieren; er blieb trotz aller Vorhaltungen e. bei seiner Behauptung; (ugs.:) e.! /Bekräftigung/. **b)** *unnachgiebig, unerbittlich:* eine eiserne Strenge, Miene, Disziplin; mit eiserner Faust Ordnung schaffen; ⟨in einer Sache e. sein⟩ der Termin muß eingehalten werden, darin ist der Chef e. (ugs.).

eisig: 1. *schneidend kalt:* ein eisiger Wind; eisige Temperaturen; das Zimmer, die Luft war e.; /verstärkend/: es ist e. kalt. **2. a)** *jäh packend:* ein eisiger Schreck; es durchfuhr, durchzuckte mich e. **b)** *frostig, kalt ablehnend, ohne jede Gefühlsäußerung:* eisige Mienen; eine eisige Atmosphäre; es herrscht eisiges Schweigen; ihr Blick war, wurde e.; er wurde e. empfangen.

eitel: 1. *selbstgefällig, eingebildet:* ein eitler Geck (ugs.); ein eitler Schauspieler; er ist e. wie ein Pfau; das kleine Mädchen ist sehr e. geworden. **2.** (geh. veraltend) *leer, nichtig:* eitle Wünsche; eitles Geschwätz. **3.** (geh.) *rein:* ein Schmuckstück aus e. Gold; es herrschte e. *(nichts als, nur)* Freude; alles war e. Sonnenschein.

Eiter, der: *bei Entzündungen abgesonderte gelbliche Flüssigkeit:* in der Wunde hat sich E. gebildet, [an]gesammelt; aus der Narbe tritt E. aus; die Wunde sondert E. ab.

eitern ⟨etwas eitert⟩: *etwas sondert Eiter ab:* das Geschwür, der Finger eitert; eiternde Wunden.

¹Ekel, der: *Abscheu, heftiger Widerwille:* ein E. packte, erfüllte mich, stieg in mir hoch; etwas erregt E. in mir; ich empfinde E. bei diesem Anblick; er hat einen E. vor fettem Fleisch; ein kämpfte mit dem E., wandte sich voll E. ab.

²Ekel, das (ugs.): *widerlicher, unangenehmer Mensch:* er, sie ist ein E.; du altes E.!

ekelhaft: *ekelerregend, widerlich:* ein ekelhaftes Tier; ekelhaftes Wetter; sein Benehmen war e.; etwas schmeckt, riecht e.; ⟨zu jmdm. e. sein, werden⟩ sei nicht e. zu mir.

ekeln: 1. a) ⟨sich e.⟩ *Ekel empfinden:* er ekelte sich; ich ek[e]le mich vor Spinnen. **b)** ⟨etwas ekelt jmdn.⟩ *etwas erregt jmds. Ekel:* die Speise ekelte ihn. **c)** ⟨jmdn./jmdm. ekelt [es] vor jmdm., vor etwas⟩ *jmd., etwas flößt jmdm. Ekel ein:* mich/mir ekelt [es] vor ihm, vor dieser Speise. **2.** ⟨jmdn. aus etwas e.⟩ *hinausekeln:* sie hatte ihre Tochter aus dem Haus geekelt.

eklig: 1. *widerwärtig, abscheulich:* ein ekliges Reptil. **2.** (ugs.) *unangenehm, bedenklich:* ein ekliger Bursche; der Chef kann sehr e. werden; ⟨zu jmdm. e. sein, werden⟩ sei doch nicht zu ihr! **3.** ⟨verstärkend vor Adjektion und Verben⟩ *[unangenehm] stark, sehr:* e. kalt; e. frieren; ich habe mich e. geschnitten.

Elan, der: *Schwung, Begeisterung:* ihr E. schwand allmählich, ließ nach; viel E. zeigen, entwickeln; mit E. an eine Aufgabe herangehen; die Mannschaft spielte ohne E.
elegant: 1. *durch Geschmack, Vornehmheit hervorstechend:* eine elegante Dame; er ist eine elegante Erscheinung; ein eleganter Herrenmantel; Möbel in eleganter Ausführung; ein Treffpunkt der eleganten Welt; das Kleid ist sehr e.; sie ist immer e. angezogen. **2.** *gewandt, geschickt:* eine elegante Verbeugung, Handbewegung; er spricht ein elegantes Französisch; das wäre sicher die eleganteste Lösung; mit einem eleganten Schwung; er weiß sich e. um etwas zu drücken (ugs.), aus der Affäre zu ziehen (ugs.).
Eleganz, die: **1.** *[geschmackvolle] Vornehmheit:* modische, zeitlose, lässige, einfache, schlichte, schäbige, verblichene, verschlissene E.; ein Kleid von sportlicher E. **2.** *Gewandtheit:* die E. seiner Bewegungen; er tanzt mit unnachahmlicher E.
elektrisch: 1. *auf Elektrizität beruhend:* der elektrische Strom, Widerstand; die elektrische Spannung; er bekam einen elektrischen Schlag; der Zaun ist e. geladen. **2.** *Elektrizität führend, habend:* eine elektrische Leitung. **3.** *durch Elektrizität betrieben:* eine elektrische Zahnbürste, Schreibmaschine; elektrische Kerzen; eine elektrische Eisenbahn; das elektrische Licht; wir kochen, heizen e.; das geht alles e. (ugs.); ein e. betriebener Rollstuhl.
Element, das: **1.** *Grundstoff:* Sauerstoff ist ein chemisches E.; radioaktive Elemente; das periodische System der Elemente. **2. a)** *(in der antiken und mittelalterlichen Philosophie) Urstoff:* die vier Elemente /Feuer, Wasser, Luft und Erde/. **b)** (geh.) *Naturgewalt:* das Wüten der entfesselten Elemente; das gefräßige E. *(das Feuer);* das nasse E. *(das Wasser).* **3.** *Grundzüge, Anfangskenntnisse:* er ist nicht über die Elemente der Mathematik hinausgekommen. **4. a)** *Kraft, Faktor:* seine Anwesenheit brachte ein heiteres E. in die Gesellschaft; in den Sportsendungen will man das weibliche E. mehr betonen; im Mittelfeld fehlte das spielerische E. **b)** *Bestandteil, Wesenszug:* ein konstruktives, belebendes, unentbehrliches E.; der Spitzbogen ist ein E. der gotischen Baukunst; die verschiedenen Elemente bilden ein harmonisches Ganzes. **5.** *[idealer] Lebensraum:* hier fühlt sie sich, ist sie in ihrem E.; der Fisch schwimmt in seinem E. **6.** ⟨meist Plural⟩ *Mensch als Bestandteil einer Gruppe:* dunkle, kriminelle Elemente; dort halten sich asoziale, subversive, arbeitsscheue Elemente auf. **7.** *Einzelteil eines größeren Ganzen:* die Elemente einer Stahlkonstruktion, einer Anbauwand; die aus 5 Elementen bestehende Couch.
elementar: 1. *ungestüm; urwüchsig:* elementare Kräfte; mit elementarer Gewalt; seine Leidenschaft war e., brach e. hervor. **2.** *grundlegend; den Anfang bildend:* elementare Begriffe, Pflichten, Voraussetzungen, Bedürfnisse; die elementare Stufe des Unterrichts; ihm fehlen selbst die elementarsten *(einfachsten)* Kenntnisse.
elend: 1. a) *jämmerlich, beklagenswert:* ein elendes Leben führen; er ist in einer elenden Lage; er ist e. zugrunde gegangen. **b)** (selten) *armselig, ärmlich:* eine elende Unterkunft. **c)** *kränklich:* ein

elendes Aussehen; ich fühle mich e.; ⟨jmdm. ist, wird [es] e.⟩ mir ist ganz e. *(übel).* **d)** *gemein, niederträchtig:* ein elender Schurke, Lügner; dieses Buch ist ein elendes Machwerk. **2.** (ugs.) ⟨verstärkend⟩ *sehr [groß]:* ich habe einen elenden Hunger; mir ist e. kalt; ich habe e. gefroren.
Elend, das: *Unglück, Not:* großes, bitteres, drückendes, menschliches E.; das ist vielleicht ein E. (ugs.; *ein trostloser Zustand)* [mit ihm]; er ist nichts als ein Häufchen E. (ugs.); im E. leben; immer tiefer ins E. geraten; jmdn. ins E. bringen. * (ugs.:) **das heulende Elend haben/kriegen** *(sehr niedergeschlagen sein, verzweifeln).*
elf ⟨Kardinalzahl⟩: *11:* eine Fußballmannschaft besteht aus e. Spielern; **subst.:** die gegnerische, unsere Elf. ↑ acht.
Ellbogen, (auch:) **Ellenbogen,** der: **1.** *Vorsprung der Elle am mittleren Armgelenk:* den E. aufstützen; sich auf die E. stützen; jmdn. mit dem E. anstoßen. **2.** ⟨Plural⟩ *Rücksichtslosigkeit, Durchsetzungsvermögen:* keine E. haben; seine E. gebrauchen; du schaffst man nur mit E.
Elle, die: **1.** /ein Unterarmknochen/: E. und Speiche; ich habe mir die E. gebrochen. **2. a)** /altes Längenmaß/: fünf Ellen Tuch. **b)** *Maßstock in Länge einer Elle:* etwas nach/mit der E. messen; R: er geht, als hätte er eine E. verschluckt *(steif, kerzengerade)*; **übertr.:** er will alles mit gleicher E. messen *(gleich werten, behandeln);* sie mißt alles nach ihrer E., legt bei/an alles die eigene E. an *(beurteilt alles von ihrem Standpunkt aus).*
Elster, die: /ein Vogel/: sie ist geschwätzig wie eine E. * **diebische Elster** *(Person, die gern stiehlt).*
Eltern, die ⟨Plural⟩: *Vater und Mutter:* liebe, fürsorgliche, strenge, autoritäre E.; E. und Kinder; liebe E.! /Briefanrede/; ihre E. sind geschieden; er hat seine E. verloren *(sie sind tot);* an seinen E. hängen; sie wohnt noch bei ihren E.; sie versteht sich gut mit ihren E.; er ist seinen E. über den Kopf gewachsen *(er ist größer als sie, auch: sie werden nicht mehr mit ihm fertig).* * (ugs.:) **etwas ist nicht von schlechten Eltern** *(etwas hat Format):* die Ohrfeige war nicht von schlechten E.
Empfang, der: **1. a)** *das Empfangen, Entgegennehmen:* den E. einer Ware, einer Geldsumme bescheinigen; gleich nach E. des Briefes brach er auf; **Kaufmannsspr.:** E. des Briefes brach er auf; **Kaufmannsspr.:** E. des Briefes [der Ware]. **b)** (Rundf., Fernsehen, Funkwesen) *das Hören, Sehen einer Sendung:* der E. ist gestört; wir wünschen Ihnen einen guten E.; ich gehe, bin auf E. **2.** *Begrüßung:* ein herzlicher, kühler, frostiger E.; ihm wurde ein begeisterter E. zuteil (geh.); dem Feind wurde ein heißer E. bereitet *(er wurde unter Beschuß genommen).* **3.** *offizielle festliche Veranstaltung:* die Stadt gab einen E. für ihre Gäste, für die Presse; an einem E. teilnehmen; auf/bei einem E. in der deutschen Botschaft; zu einem E. gehen. **4.** *Stelle im Hotel, wo sich die Gäste eintragen:* wir treffen uns beim/am E. * **etwas in Empfang nehmen** *(entgegennehmen)* · (ugs.:) **jmdn. in Empfang nehmen** *(jmdn. bei seiner Ankunft begrüßen).*
empfangen: 1. ⟨etwas e.⟩ **a)** (geh.) *bekommen, entgegennehmen:* Briefe, Glückwünsche e.; einen Befehl e.; **Rel.:** das Sakrament, die Taufe, die Krankensalbung e. **b)** (geh.) *in sich aufnehmen:* neue Eindrücke, Anregungen e. **c)** (Soldatenspr.)

zugeteilt bekommen: Munition, Essen e. **d)** (Rundf., Fernsehen, Funkwesen) *eine Sendung hören oder sehen:* einen Funkspruch störungsfrei e.; wir können diesen Sender nur über UKW, auf Kanal 13 e. **2.** (geh.) ⟨[ein Kind] e.⟩ *schwanger werden:* ein Kind von jmdm. e.; sie hat schon, noch nicht empfangen. **3.** ⟨jmdn. e.⟩ *als Gast begrüßen:* jmdn. herzlich, kühl, zurückhaltend, feierlich, mit freundlichen Worten e.; der Hausherr empfing die Gäste in der Halle; der Minister empfing den Botschafter zu einer Aussprache; er wurde vom Papst in Audienz empfangen; übertr.: die Polizei empfing die Demonstranten mit Gummiknüppeln.

empfänglich: *Eindrücken zugänglich, aufnahmebereit:* ein empfängliches Gemüt; für alles Schöne, für Lob, Schmeicheleien e. sein; er ist sehr e. *(anfällig)* für Infektionen.

empfehlen: 1. ⟨jmdm., jmdn. etwas e.⟩ *zu jmdm., zu etwas raten:* ich kann dir dieses Geschäft, dieses Buch, diesen Film nur e., wärmstens e.; er empfahl mir seinen Hausarzt; man hat Sie mir als tüchtigen Anwalt empfohlen; sein Entwurf wurde als Arbeitsgrundlage, zur Annahme empfohlen; (geh. veraltend:) bitte empfehlen Sie mich Ihren Eltern /Höflichkeitsformel/; ⟨auch ohne Dat.⟩ der Arzt empfahl eine Kur; diesen Weg möchte ich weniger e.; es wird empfohlen, sofort Zimmer zu bestellen; dieses Lokal ist sehr zu e. **2.** ⟨sich e.⟩ **a)** *sich als geeignet, vorteilhaft erweisen:* sie empfiehlt sich durch Leistung [als geeignet]; das empfiehlt sich nicht als vernünftig; es empfiehlt sich zuzustimmen; Vorsichtsmaßnahmen würden sich durchaus e. **b)** *seine Dienste anbieten:* er empfahl sich als geeigneter/(veraltend:) als geeigneten Mann; K a u f m a n n s s p r.: wir halten uns zu weiteren Aufträgen bestens empfohlen. **c)** *sich verabschieden, weggehen:* er empfahl sich höflich, unauffällig; er hat sich bald wieder empfohlen; ich empfehle mich! *(auf Wiedersehen!).* **3.** (geh.) ⟨einer Sache jmdn., sich, etwas e.⟩ *anvertrauen:* ich empfehle das Kind deiner Obhut; ich empfehle der Gnade des Herrn e. * *sich [auf] französisch empfehlen (heimlich [aus einer Gesellschaft] weggehen).*

Empfehlung, die: **1. a)** *Vorschlag, Rat:* auf E. des Arztes in den Süden reisen. **b)** *lobende Beurteilung, Fürsprache:* jmdm. eine E. schreiben, mitgeben; es gilt als E., dort studiert zu haben; auf Grund meiner E. wurde er befördert; auf die E. ihres Lehrers hin bekam sie die Stelle. **2.** (geh.) *Gruß:* bitte eine freundliche E. an Ihre Gattin!; eine E. ausrichten, bestellen; mit den besten Empfehlungen Ihr [ergebener] ... /Briefschluß/.

empfinden: a) ⟨etwas e.⟩ *sinnlich wahrnehmen, spüren:* Hunger, Kälte, Schmerz e. **b)** *von etwas im Gemüt bewegt werden:* Abscheu, Furcht, Ekel, Angst vor etwas e.; Freude an der Musik, über ein Geschenk e.; Achtung vor jmdm., Freundschaft für jmdn. e.; Liebe für jmdn., zu jmdn. e.; sie empfand tiefe Reue über diese Tat. **c)** ⟨jmdn., sich, etwas e.; mit Artangabe⟩ *in bestimmter Weise spüren, auffassen, für etwas halten:* etwas als kränkend, als verrückt, als ungerecht, als Wohltat, als Erlösung e.; ich empfand seine Worte als Ironie; wir haben seinen Verlust tief empfunden; er empfand dunkel, daß sie ihn betrogen habe;

jmdn. als [einen] Störenfried e.; er empfand sich als Begnadeter/(veraltend:) als Begnadeten.

empfindlich: 1. a) *leicht auf Reize reagierend, leicht schmerzend:* eine empfindliche Haut; er hat eine empfindliche Stelle am Arm; meine Augen sind sehr e.; übertr.: ein empfindliches *(fein reagierendes)* Gerät. **b)** *anfällig:* ein empfindliches Kind; gegen Hitze e. sein; übertr.: eine empfindliche *(leicht schmutzende)* Tapete, Bluse. **2.** *seelisch verletzbar, feinfühlig:* ein empfindlicher Mensch, Künstler; jmdn. an seiner empfindlichen Stelle, in seinem empfindlichsten Punkt treffen; sei doch nicht so e. *(reizbar, leicht beleidigt)!* **3.** *spürbar; hart treffend:* eine empfindliche Strafe, Niederlage; wir haben empfindliche Verluste erlitten; deine Kritik hat ihn e. getroffen.

Empfindung, die: **1.** *sinnliche Wahrnehmung, bes. durch den Tastsinn:* eine E. von Schmerz, von Kälte; der gelähmte Arm war ohne E. **2.** *seelische Regung; seelisches Gefühl:* eine reine, klare, echte, starke, lebhafte E.; eine schwache, unangenehme E.; die E. der Liebe, des Hasses; eine E. der Bitterkeit; die verschiedensten, widersprechendsten Empfindungen bestürmten ihn (geh.); diese E. läßt sich nicht beschreiben; sie kann ihre Empfindungen nicht verbergen; sie erwidert seine Empfindungen (geh.; *seine Liebe zu ihr).*

empor (geh.) ⟨Adverb; meist zusammengesetzt mit Verben⟩: *aufwärts, in die Höhe:* zum Licht, zum Gipfel e.; e. zu den Sternen.

empören: 1. ⟨sich e.⟩ *sich auflehnen, Widerstand leisten:* sich gegen eine Diktatur, gegen ein Unrecht e. **2. a)** ⟨sich über e.⟩ *sich erregen, entrüsten:* ich empörte mich über diese Ungerechtigkeit; er war empört über ihr Verhalten. **b)** ⟨etwas empört jmdn., etwas⟩ *etwas macht jmdn. wütend, bringt jmdn., etwas in Aufruhr:* diese Behauptung empörte ihn; adj. Part.: ein empörender Leichtsinn; sein Benehmen war empörend; eine empörte *(aufgebrachte)* Menge.

Empörung, die: **1.** (veraltend) *Erhebung:* die E. des Volkes wurde niedergeschlagen. **2.** *Erregung, Entrüstung:* ihn erfüllte eine tiefe, ehrliche E. über dieses Treiben; er war voll[er] E.; seiner E. [über etwas] Luft machen; sie bebte vor E.

emsig: *rastlos tätig:* emsige Bienen; emsiges Treiben; e. arbeiten, schaffen.

Ende, das: **1. a)** *Stelle, wo etwas aufhört:* das spitze, das stumpfe E.; das E. der Straße, des Ganges; wir wohnen am E. der Stadt, (scherzh.:) am E. der Welt *(weit draußen);* ich folge dir bis ans E. der Welt *(überallhin);* wir liefen von einem E. zum anderen; übertr.: er faßt die Sache am richtigen, falschen, verkehrten E. *(von der richtigen, falschen Seite her)* an. **b)** *Zeitpunkt, an dem etwas aufhört; letztes Stadium:* Anfang und E.; ein plötzliches, bitteres, böses, glückliches, schlimmes, schmähliches, tragisches, trauriges, blutiges, versöhnliches E.; am E. der Welt *(der Jüngste Tag);* das E. *(der Schluß)* der Vorstellung, des Konzerts, der Sendung; F u n k w.: E. *(Schluß)* der Durchsage; das E. naht, überrascht uns, ist nicht abzusehen; es war des Staunens kein E. (geh.); alles muß einmal ein E. haben; bei seinen Erzählungen findet er kein E., kann er kein E. finden; die Diskussion nahm kein E. *(wollte nicht aufhören);* die Sache nahm doch

noch ein gutes E. *(ging gut aus);* dem Streit ein E.
machen/setzen/bereiten *(den Streit beenden);* seinem Leben ein E. machen/setzen (geh.; *Selbstmord begehen);* die Saison ging ihrem E. zu; R:
E. gut, alles gut; alles hat ein E., nur die Wurst
hat zwei · am, zu[m], gegen, bis, seit E. des Jahres, des Jahrhunderts; er kommt E. *(am Ende)*
der Woche, E. Oktober, E. 1990 zurück; er ist E.
fünfzig/der Fünfziger *(er ist bald 60 Jahre alt);*
(ugs.:) das ist der Anfang vom E.; er muß den
Kampf, den Prozeß bis zum bitteren E. durchstehen; die Vorstellung ist [gleich] zu E. *(ist aus,
beendet);* meine Geduld ist zu E.; mit ihm ist es
aus und zu E. (ugs.; *völlig aus);* mit ihr geht es zu
E. (verhüllend; *sie stirbt);* der Tag geht zu E. *(hört
auf);* unser Geld geht zu E.; eine Arbeit zu E.
bringen, führen *(beenden);* etwas zu E. denken;
mit etwas zu E. kommen (geh.; *fertig werden);*
den Brief zu E. *(fertig)* lesen, bis zu E. *(vollständig)* lesen. **c)** (verhüllend) *Tod:* das E. kam
schnell; er fühlte sein E. nahen (geh.); sie hatte
ein sanftes, ein schweres, qualvolles E.; eine Em-
bolie führte das E. herbei; sein Leben neigte sich
dem E. zu (geh.). **2. a)** *letztes, äußerstes Stück:* die
beiden Enden der Schnur zusammenknüpfen;
das E. *(der Zipfel)* der Wurst; ein Endchen Brot;
Jägerspr.: dieses Geweih hat acht Enden *(Zak-
ken).* **b)** (ugs.) *kleines Stück:* ein E. Draht, Bindfaden. **c)** (ugs.) *Strecke:* es ist noch ein gutes E.
bis zum Bahnhof; das letzte E. mußte sie laufen.
3. (Seemannsspr.) *Tau:* ein E. auswerfen, kappen; die Enden aufschießen. * (ugs.:) **das dicke
Ende** *(die [unerwarteten] größten Schwierigkeiten):* das dicke E. kommt noch, kommt nach · **das
Ende der Fahnenstange** *(Punkt, an dem es nicht
mehr weitergeht)* · **letzten Endes** *(schließlich):* letzten Endes ist alles ganz gleichgültig · **das Ende
vom Lied** *(der [enttäuschende] Ausgang von etwas):* das E. vom Lied war, daß ... · **ein Ende mit
Schrecken** *(ein schreckliches, schlimmes Ende)* ·
am Ende: a) *(schließlich, im Grunde):* das ist am E.
dasselbe. **b)** (nordd.; *vielleicht):* du bist am E.
[gar] selbst gewesen · (ugs.:) **am Ende sein** *(sehr
müde, erschöpft sein).*
enden: 1. ⟨etwas endet; mit Umstandsangabe⟩
a) *etwas hört räumlich auf:* die Buslinie endet am
Bahnhof, auf einem Platz; der Weg endete plötzlich [im Dickicht]; die Röcke enden knapp unter
dem Knie. **b)** *etwas hört zeitlich auf, ist zu Ende:*
der Vortrag endete um 22 Uhr; der Streit endete
tragisch, mit einer Prügelei; das Spiel endete unentschieden; der Skiurlaub endete im Krankenhaus; ich weiß nicht, wie das es. soll, e. wird; nicht
e. wollender Beifall dankte dem Sänger. **2.** ⟨mit
Umstandsangabe⟩ **a)** *schließen, etwas beenden:*
der Redner hatte mit einem Hoch auf den Jubilar
geendet. **b)** *sein Leben beschließen:* am Galgen e.;
wie hat/(seltener:) ist er geendet? **3.** (Sprachw.)
⟨etwas endet auf/mit etwas⟩ *etwas hat etwas als
Auslaut, als Endung:* dieses Wort endet auf/mit k,
endet auf -ung.
endgültig: *unumstößlich, nicht mehr zu ändern:*
eine endgültige Lösung; diese Entscheidung ist
e.; nun ist e. Schluß; damit ist es aus, vorbei; er
hat sich e. entschlossen abzureisen; **subst.:** ich
kann jetzt noch nichts Endgültiges sagen.
endlich: I. ⟨Adverb⟩ **a)** *nach einer langen Zeit des*

Wartens, der Verzögerung: er ist e. gekommen;
wann bist du e. fertig?; (ugs.:) na e.! */Ausruf der
Ungeduld/.* **b)** *schließlich:* e. gab er doch nach;
wir mußten e. erkennen, daß ... **II.** ⟨Adj.⟩
(Fachspr.) *in Raum und Zeit begrenzt:* eine endli-
che Zahl, Größe, Menge; die Welt ist e.
endlos: *sich sehr in die Länge ziehend:* eine endlose Kolonne; ein endloser Streit; endlose Qualen; der Weg schien e. zu sein; es dauerte e. *(unendlich)* lange, bis er kam.
Energie, die: **1.** *Tatkraft, Schwung, Ausdauer:*
eine große, starke, gesammelte, geballte, nie er-
lahmende, produktive E.; viel, wenig, keine E.
haben; nicht die nötige E. haben, besitzen, aufbringen; alle E. für etwas aufbieten, aufwenden,
daranwenden; E. verschwenden; er legt eine erstaunliche E. an den Tag; sie arbeitet mit eiserner, ungeheurer, verbissener E.; sie steckt voller
E., birst fast vor E. **2.** (Physik) *Kraft, die Arbeit
leisten kann:* mechanische, chemische, elektrische E.; alternative Energien; bei diesem Vorgang wird E. frei, geht E. verloren; E. erzeugen,
zuführen, abgeben; Energien nutzen, speichern,
umwandeln, verwerten.
energisch: a) *tatkräftig, entschlossen:* ein energischer Mann; ein energisches Auftreten; ein
energisches *(Energie verratendes)* Kinn; e. durchgreifen; sich e. zur Wehr setzen; jmdm. e. entgegentreten. **b)** *nachdrücklich:* energische Maßnahmen; etwas e. betonen, bestreiten; e. widersprechen; das mußt du dir e. verbitten.
eng: 1. a) *räumlich eingeschränkt, schmal:* ein enges Zimmer; enge Straßen, Gassen; das Tal ist
sehr e.; übertr.: in engen *(beschränkten)* Verhältnissen leben. **b)** *dicht gedrängt:* e. schreiben;
die Bäume stehen e. [nebeneinander]; sich e. anschmiegen; die Schüler sitzen zu e.; c) *fest anliegend:* ein enges Kleid; der Rock wird mir zu e.;
die Schuhe sind zu e.; ich will mir die Hose enger
machen. **2.** *eingeschränkt, begrenzt, ohne Spielraum:* ihm sind enge Grenzen gesetzt; einen engen Gesichtskreis, Horizont haben; mir ist hier
alles zu e. und provinziell; etwas e. auslegen; etwas e. bemessen; für die deutsche Staffel wird
es e. werden (ugs.; *der Erfolg ist ungewiß);* das
wird e. (ugs.; *knapp)* werden, aber ich muß unbedingt den Zug noch erreichen; ⟨im Komparativ
und Superlativ⟩ er kam in die engere Wahl *(er gehört zu den aussichtsreichen Bewerbern);* im enge-
ren, engsten Sinn bedeutet das Wort ... **3.** *nah,
vertraut:* enge Mitarbeiter; eine enge Freundschaft; wir stehen in engen Beziehungen zueinander, in engem Kontakt miteinander; im engsten Kreise feiern; die engere Heimat; wir sind e.
befreundet, e. verwandt. * (ugs.:) **etwas nicht
so/zu eng sehen** *(etwas nicht so/zu eingeschränkt
beurteilen, einschätzen; etwas tolerieren):* ich sehe
es, das alles nicht so e.
engagieren: 1. ⟨jmdn. e.⟩ *für eine bestimmte Tätigkeit verpflichten:* einen neuen Trainer e.; der
Mafiaboß hat Killer (ugs.) engagiert; jmdn. als
Privatlehrer e.; der Schauspieler wurde [für die
nächste Spielzeit] an das Stadttheater engagiert.
2. ⟨sich e.⟩ **a)** *sich binden, einsetzen; einen geistigen
Standort beziehen:* sich politisch, emotional e.; er
ist bereit, sich voll für die Ziele der Partei, in der
Partei zu e.; **adj. Part.:** ein politisch engagier-

ter Dichter; ein engagierter *(sich für etwas einsetzender)* Film. **b)** *militärische, geschäftliche o. ä. Verpflichtungen eingehen:* sich finanziell, geschäftlich e.; die Amerikaner hatten sich in Vietnam zu sehr engagiert.

Enge, die: **1.** *Mangel an Raum, Beschränktheit:* die E. der kleinen Wohnung, des Raumes; in bedrückender, drangvoller E. leben; übertr.: kleinbürgerliche, dogmatische E.; die E. seines Geistes, seiner Anschauungen. **2.** (veraltend) *Engpaß:* gefährliche Engen; die Straße läuft durch eine E. * **in die Enge geraten** *(keinen Ausweg mehr wissen)* · **jmdn. in die Enge treiben** *(durch Fragen in ausweglose Bedrängnis bringen).*

Engel, der: **1.** *überirdisches Wesen [als Bote Gottes]:* der E. der Verkündigung; die bösen, gefallenen Engel; sie ist schön wie ein E.; ein blonder E. *(junges, hübsches Mädchen oder junger, gutaussehender Mann mit längerem blondem, gelocktem Haar);* R: ein E. fliegt, geht durchs Zimmer *(wenn die Unterhaltung plötzlich verstummt).* **2. a)** *als Helfer oder Retter wirkender Mensch:* sie ist ein wahrer E., ein E. der Betrübten, der Gefangenen; sie ist mein guter E.; er kam als rettender E.; (ugs.:) du bist ein E., daß du mir die Arbeit abnimmst. **b)** (ugs.) *unschuldiger Mensch:* er ist auch nicht gerade ein E.; ich habe drei Söhne, die alle keine Engel waren; (iron.:) du unschuldsvoller, ahnungsloser E.! * (ugs.:) **die Engel im Himmel singen/pfeifen hören** *(starke Schmerzen haben).*

engherzig: *kleinlich:* ein engherziger Spießer; er ist e.; etwas zu e. beurteilen.

englisch: *England, die Engländer betreffend, ihnen zugehörend:* die englische Sprache, Verfassung, Staatsangehörigkeit; die feine/vornehme englische Art; er spricht [gut] e. *(in englischer Sprache);* etwas [auf] e. sagen; subst.: sie spricht [ein gutes] Englisch, der Prospekt erscheint in Englisch; er unterrichtet Englisch *(als Unterrichtsfach).*

engstirnig: *in Vorurteilen befangen:* ein engstirniger Pfarrer; eine engstirnige Haltung; er ist politisch sehr e.; sie denkt, handelt e.

Enkel, der: **1.** *Kind des Sohnes oder der Tochter:* er hat viele E.; der Großvater spielt mit seinen Enkeln. **2.** *Nachfahre:* noch unsere E. werden davon erzählen; nach dieser Wahlniederlage drängen die politischen E. an die Macht.

enorm: *außerordentlich; ungewöhnlich groß:* enorme Anstrengungen, Schwierigkeiten; eine enorme Belastung, Leistung; ein enormer Vorsprung, Einfluß; die Begeisterung war e.; seine Kräfte sind e.; die Preise sind e. gestiegen; die einheimische Mannschaft steigerte sich e.; das Einkommen konnte e. verbessert werden; (ugs.) /verstärkend/: das neue Gerät ist e. *(äußerst)* praktisch; ein e. günstiger Preis.

entbehren: 1. a) (geh.) ⟨jmdn., etwas e.⟩ *vermissen:* sie entbehrt schmerzlich ihren Freund. **b)** ⟨jmdn., etwas e.; in Verbindung mit Modalverben⟩ *auf jmdn., etwas verzichten:* ich kann das Buch, meine Mitarbeiterin nicht länger e.; er hat in seiner Jugend viel[es] e. müssen. **2.** (geh.) ⟨einer Sache (Gen.) e.⟩ *ohne etwas sein:* diese Behauptung entbehrt jeder Grundlage; sein Verhalten entbehrt nicht des Komik *(ist recht komisch).*

Entbehrung, die: *empfindlicher Mangel, fühl-*

bare Einschränkung: die E. hatte sein Gesicht gezeichnet; schmerzliche Entbehrungen auf sich nehmen, ertragen; ich mußte mir große Entbehrungen auferlegen; unter großen Entbehrungen gelangten die Siedler in den Westen.

entbieten (geh.) ⟨jmdm. etwas e.⟩: *übermitteln, sagen:* der Minister entbietet Ihnen seine Grüße, ein Willkommen.

entbinden: 1. *befreien:* **a)** ⟨jmdn. von etwas e.⟩: er wurde von seinen dienstlichen Pflichten entbunden; das entbindet uns nicht von der Notwendigkeit der Selbstkritik. **b)** (geh.) ⟨jmdn. einer Sache.⟩ der Präsident entband ihn seiner Ämter. **2. a)** ⟨jmdn. e.⟩ *einer Frau bei der Geburt ihres Kindes helfen:* dieser Arzt hat meine Frau entbunden; sie ist [von einem gesunden Jungen] entbunden worden. **b)** *ein Kind gebären:* sie hat gestern, zu Hause, in der Klinik entbunden.

entblöden ⟨nur in der Wendung⟩ sich nicht entblöden, etwas zu tun (geh.): *sich nicht schämen, sich erdreisten, etwas zu tun:* er entblödete sich nicht, zu behaupten, ...

entblößen: 1. ⟨sich, etwas e.⟩ *von Kleidung frei machen:* die Brust, den Oberkörper e.; er entblößte seine Zähne *(legte sie bloß);* er hat sich vor den Leuten entblößt (veraltend; *ausgezogen);* mit entblößtem Kopf/(geh.:) entblößten Hauptes stand er am Grabe; übertr.: ich habe mich, mein Innerstes vor dir entblößt *(dir alle meine geheimen Gedanken mitgeteilt).* **2.** ⟨jmdn., sich, etwas von etwas/(geh.:) einer Sache e. *des Schutzes, der Hilfsmittel berauben:* er entblößte die Stadt von allen Truppen; ich bin von allen Mitteln/(geh.:) aller Mittel entblößt *(ich habe kein Geld mehr);* ⟨auch ohne Präp.-Obj. oder Gen.⟩ die Deckung, die Abwehr e. *(lockern).*

entbrennen (geh.): **a)** ⟨etwas entbrennt⟩ *etwas bricht aus:* der Kampf entbrannte an allen Fronten; über dieser/(seltener:) über diese Frage ist zwischen uns ein Streit entbrannt. **b)** ⟨von/in etwas e.⟩ *von einer Gemütsbewegung heftig ergriffen werden:* in Zorn e.; er entbrannte in Liebe für sie/zu ihr; vor Begierde, von Wut entbrannt sein.

entdecken: 1. ⟨etwas e.⟩ *als erster etwas Unbekanntes finden:* eine Insel, einen neuen Stern e.; ein chemisches Element, ein Virus e.; Kolumbus hat Amerika entdeckt. **2.** ⟨jmdn., etwas e.⟩ **a)** *finden:* einen Fehler, eine Lücke im Gesetz, ein nettes Lokal e.; er entdeckte seinen Freund in der Menge; der Verbrecher wurde endlich entdeckt und festgenommen. **b)** *auf jmdn., etwas stoßen:* eine Fähigkeit in sich e.; ich entdeckte ihn zufällig unter den Gästen; die Künstlerin wurde schon mit 16 Jahren entdeckt *(man hat ihr Talent schon im Alter von 16 Jahren entdeckt).* **3.** (geh.) ⟨jmdm. etwas e.⟩ *offenbaren, mitteilen:* ich will dir mein Geheimnis e.; er hat ihr sein Herz entdeckt *(seine Liebe erklärt);* ⟨auch sich jmdm. e.⟩ du mußt dich ihm e.

Entdeckung, die: **1.** *das Entdecken:* die E. Amerikas; die E. eines Krankheitserregers, eines Betrugs, eines Verbrechens; eine wissenschaftliche E. von großer Tragweite; das war eine unerwartete, überraschende, peinliche E.; eine E. machen *(etwas entdecken);* eine seltsame, grausige E. machen *(etwas Seltsames, Grausiges entdecken).* **2.** *das Entdeckte:* eine bedeutsame E.; der junge Schauspieler ist eine großartige E.; er meldete seine E. der Polizei.

Ente, die: 1. /*ein Schwimmvogel*/: eine braune, weiße, junge, gefräßige E.; die Enten schnattern, schwimmen im/auf dem Wasser, gründeln, tauchen; er watschelt (ugs.; *geht*) wie eine E.; sie ist eine lahme E. (ugs.; *eine langweilige Person*); er schwimmt wie eine bleierne E. (ugs.; *er kann nicht, nur schlecht schwimmen*). 2. (ugs.) *falsche [Presse]meldung:* diese Nachricht war eine E., hat sich als E. erwiesen; die E. ist geplatzt (ugs.; *erkannt worden*). * **kalte Ente** *(bowlenartiges Getränk):* eine kalte E. ansetzen, zubereiten.

enterben (jmdn. e.): *vom Erbe ausschließen:* er hat seine Kinder enterbt.

entfachen (geh.) (etwas e.): a) *zum Brennen bringen:* ein Feuer, die Glut e.; einen Funken zur Flamme e.; der Wind entfachte einen Brand. b) *erregen, entfesseln:* einen Streit, eine Diskussion, einen Sturm der Entrüstung e.; der Anblick entfachte seine Begierde, Leidenschaft.

entfahren (geh.) (etwas entfährt jmdn.): *etwas wird unbeabsichtigt ausgesprochen, ausgestoßen:* ein Seufzer entfuhr ihr; das Wort ist ihm im Zorn entfahren; „Mist!" entfuhr es ihm.

entfallen: 1. (etwas entfällt jmdn., einer Sache) a) (geh.) *etwas fällt jmdm. aus der Hand:* das Buch entfiel ihm, seinen Händen. b) *etwas kommt jmdm. aus dem Gedächtnis:* sein Name, diese Tatsache ist mir entfallen. 2. (etwas entfällt auf jmdn., auf etwas) *etwas kommt als Anteil auf jmdn., etwas:* auf jeden Teilnehmer entfallen 100 DM; auf den ersten Rang entfallen drei Gewinne zu 100 000 DM. 3. (Papierdt.) (etwas entfällt) *etwas fällt aus, kommt nicht in Betracht:* dieser Punkt entfällt; die Fragestunde muß e.

entfalten: 1. a) (etwas e.) *auseinanderfalten:* eine Fahne, eine Landkarte, ein Taschentuch, eine Serviette e.; die Blume entfaltet ihre Blüte. b) (etwas entfaltet sich) *etwas öffnet sich:* die Blüte entfaltet sich in voller Pracht; der Fallschirm entfaltet sich. 2. a) (etwas e.) *zur Geltung bringen, zeigen:* sein Können, seine Phantasie, viel Geschmack e.; der Fürst entfaltete einen ungeheuren Prunk; bei diesem Unternehmen hat er viel Mut entfaltet. b) (sich e.) *sich [voll] entwickeln:* ihre Schönheit hat sich voll entfaltet; hier wirst du dich beruflich nicht e. können; sie will sich frei, ihren Fähigkeiten gemäß e.; seine Begabung, seine Persönlichkeit, sein Talent kann sich hier e. 3. (etwas e.) *beginnen und fortsetzen:* eine fieberhafte, fruchtbringende Tätigkeit e.

entfernen /vgl. entfernt/: 1. (jmdn., etwas e.) *fortschaffen, beseitigen:* einen Flecken e.; das Schild wurde entfernt; der Schüler wurde von/aus der Schule entfernt *(ausgeschlossen);* er wurde aus seinem Amt entfernt *(seines Amtes enthoben);* (jmdm. etwas e.) ihr werden die Mandeln entfernt *(herausgenommen);* übertr.: das entfernt uns weit von unserem Thema *(bringt uns davon ab).* 2. (sich e.) *weggehen, einen Ort verlassen:* er entfernte sich heimlich aus der Stadt; die Schritte entfernten sich wieder; er hatte sich unerlaubt von der Truppe entfernt; übertr.: der Parteivorstand entfernt sich immer mehr von der Basis; er hat sich von der Wahrheit [allzusehr] entfernt *(ist nicht bei der Wahrheit geblieben).*

entfernt: 1. a) *fern, weit abgelegen:* bis in die entferntesten Teile des Landes; der Hof liegt weit e. von der Straße/weit von der Straße e. übertr.: der Spieler ist weit von seiner Bestform e.; ich bin weit davon e., dir zu glauben *(ich glaube dir auf keinen Fall).* b) (in Verbindung mit Maßangaben) *einen Abstand, eine Entfernung habend:* das Haus liegt 300 Meter, eine Stunde e. [von hier]; der Stich war nur zwei Zentimeter vom Herzen e. 2. *weitläufig:* entfernte Verwandte, Bekannte; er ist e. mit mir verwandt. 3. *gering, schwach, undeutlich:* er hat eine entfernte Ähnlichkeit mit dir; sich e. an etwas erinnern. * **nicht entfernt/im entferntesten** *(absolut nicht, überhaupt nicht).*

Entfernung, die: 1. *[kürzester] Abstand, Strecke zwischen zwei Punkten:* die E. bis zur Mauer, zwischen den Häusern beträgt 100 Meter; die E. des Kometen von der Erde nimmt zu; eine E. messen, abschreiten, berechnen; weite Entfernungen überwinden; die Musik ist auf große E. [hin] *(weithin)* zu hören; auf eine E. von 50 Metern/ (auch:) Meter treffen; aus der E. *(aus der Ferne)* konnte man sie für einen Mann halten; er sah aus einiger E. zu; sie stand in gebührender, respektvoller E.; bei der großen E. bin ich auf die Bahn angewiesen. 2. a) *das Entfernen, Beseitigen:* die E. der Trümmer; die operative E. eines Organs; ich habe auf seine E. *(Entlassung)* aus dem Amt gedrungen. b) *das Sichentfernen:* er wurde wegen unerlaubter E. von der Truppe bestraft.

entfesseln (etwas e.): *zum Ausbruch kommen lassen:* einen Aufruhr, Krieg e.; die Darbietung entfesselte Lachstürme im Publikum; Stürme der Begeisterung e.; entfesselte Naturgewalten, Leidenschaften.

entfliehen: 1. *fliehend entweichen:* aus der Gefangenschaft, aus dem Gefängnis e.; drei Häftlinge sind entflohen; (jmdm., einer Sache) der Gefangene konnte seinen Wächtern e.; übertr.: der Unruhe, dem Lärm e. (geh.; *sich davor zurückziehen);* dem Schicksal zu e. (geh.; *entrinnen)* suchen. 2. (geh.): (etwas entflieht) *etwas vergeht schnell:* die Zeit, die Jugend entflieht.

entführen (jmdn., etwas e.): *heimlich oder gewaltsam fortschaffen:* ein Kind, ein Flugzeug e.; der Politiker wurde von seinen Gegnern ins Ausland entführt; (jmdm. jmdn. e.) man hat ihm seine Tochter entführt; übertr.: *mit-, wegnehmen:* hast du mir mein Buch entführt?; die Bronzemedaille entführte der norwegische Meister.

entgegen: I. (Adverb; meist zusammengesetzt mit Verben) 1. *in Richtung auf jmdn., etwas hin:* dem Morgen, der Sonne e.; er war schon unterwegs, neuen Abenteuern e. 2. *entgegengesetzt, zuwider:* dieser Beschluß ist meinen Wünschen völlig e. II. (Präp. mit Dativ) *im Widerspruch, im Gegensatz zu:* e. allen Erwartungen; e. seiner Gewohnheit tankte er diesmal Super; e. einer weitverbreiteten Meinung, Auffassung; e. der bisher geübten Praxis; e. früheren Äußerungen; e. seiner vorherigen Ankündigung nahm er doch teil; e. meinem Wunsch/meinem Wunsch e. ist er nicht abgereist.

entgegenbringen (jmdm., einer Sache etwas e.): *bezeigen, erweisen:* jmdm. Wohlwollen, Achtung, großes Vertrauen e.; er brachte dem Vorschlag nur wenig Interesse entgegen.

entgegengesetzt: a) *gegensätzlich, gegenteilig:* er war entgegengesetzter Meinung; ich denke genau e.; seine Auffassung ist meiner diametral e.; sich e. [zu] den Erwartungen verhalten. **b)** *umgekehrt, gegenüberliegend:* am entgegengesetzten Ende, in entgegengesetzter Richtung.
entgegenkommen: 1. ⟨jmdm. e.⟩ *auf einen Ankommenden zukommen:* sie kam mir auf der Treppe entgegen; der entgegenkommende Wagen, Fahrer blendete mich. **2.** ⟨jmdm., einer Sache e.⟩ **a)** *Zugeständnisse machen; auf jmds. Wünsche eingehen:* wir sind gerne bereit, Ihnen entgegenzukommen; er kam meinen Wünschen auf halbem Wege entgegen; die Partner kamen einander entgegen *(einigten sich);* er war, zeigte sich sehr entgegenkommend; subst.: wir danken Ihnen für ihr freundliches Entgegenkommen. **b)** *entsprechen, gerecht werden:* diese Arbeit kommt meinen Neigungen sehr entgegen; wir müssen dieser Auffassung e.; die Anordnung der Armaturen kommt dem Benutzer entgegen; der hartgefrorene Boden kam dem Spieler entgegen.
entgegennehmen ⟨etwas e.⟩: *annehmen:* einen Brief, eine Sendung e.; Aufträge, Bestellungen e.; unsere Vertreter sind nicht berechtigt, Zahlungen entgegenzunehmen; nehmen Sie bitte meinen Dank entgegen; er nahm die Glückwünsche der Kollegen freudig, gleichmütig entgegen.
entgegensehen ⟨einer Sache e.⟩: *etwas Zukünftiges erwarten:* einer Entscheidung gespannt, gelassen, mit Skepsis, mit gemischten Gefühlen e.; dem Winter mit Sorge e.; sie sieht ihrer Niederkunft entgegen *(sie wird bald gebären);* ich sehe Ihrer Antwort gern, mit Interesse entgegen /Briefschluß/.
entgegensetzen /vgl. entgegengesetzt/ ⟨jmdm., einer Sache etwas e.⟩: *gegenüberstellen [,um etwas zu blockieren]:* er setzte mir, meinen Forderungen Widerstand engegen; der Realität die Utopie e.; ihren Argumenten konnte er wenig e.; dieser Beschuldigung hatte er nichts entgegenzusetzen; ⟨auch: sich jmdm. e.⟩ er, starker Widerstand setzte sich mir entgegen.
entgegentreten: 1. a) ⟨jmdm., einer Sache e.⟩: *in den Weg treten:* einem Einbrecher furchtlos e. **b)** ⟨etwas tritt jmdm. entgegen⟩ *etwas begegnet jmdm.:* diese Erscheinung tritt einem in der Natur häufig entgegen; diese Staaten, die uns heute entgegentreten, ... **c)** ⟨einer Sache e.⟩ *gegenübertreten:* allen Problemen tatkräftig, mit Entschlossenheit, Elan e.; dem Tod gefaßt e. **2.** ⟨jmdm., einer Sache e.⟩ *gegen jmdn., gegen etwas angehen:* einer Unsitte, einem Vorurteil e.; einer Behauptung e.; einem Kontrahenten, jmds. Forderungen energisch, mit Nachdruck e.
entgegnen ⟨etwas e.⟩: *erwidern:* sie entgegnete liebenswürdig, heftig, kurz, scharf, nach kurzem Zögern, daß ...; er entgegnete, ich solle abwarten; „Er kommt erst morgen", entgegnete sie; darauf wußte er nichts zu e.; ⟨jmdm. etwas e.⟩ sie entgegnete ihm, daß sie sich freue.
entgehen: 1. a) ⟨jmdm., einer Sache e.⟩: *ausweichen, von jmdm., etwas verschont werden:* seinen Verfolgern, einer Gefahr, der Strafe, dem Tadel e.; er ist dem Tode nur knapp entgangen; wer kann seinem Schicksal e.!; dieser Vorteil, Gewinn, diese gute Gelegenheit soll mir nicht e.

(ich werde sie nutzen). **b)** ⟨sich (Dativ) etwas e. lassen⟩ *eine Gelegenheit ungenutzt lassen:* diesen Festzug, diese Premiere, einen solchen Film solltest du dir nicht e. lassen. **2.** ⟨etwas entgeht jmdm.⟩ *etwas bleibt von jmdm. unbemerkt:* das, dieser Fehler ist mir leider entgangen; von der Rede ist mir kein Wort entgangen; meiner Mutter entging nichts; es ist mir nicht entgangen *(ich habe es wohl bemerkt),* daß ...
entgeistert: *verstört, sprachlos:* entgeisterte Blicke; als ich das sagte, starrte er mich e. an.
Entgelt, das, (veraltet:) der: *Entschädigung, Lohn:* ein höheres E. fordern; er mußte gegen/ (seltener:) für [ein] geringes E., ohne E. arbeiten; als/zum E. für deine Mühe.
entgelten (geh.): **1.** ⟨etwas e.⟩ *büßen:* er hat diesen Fehler schwer e. müssen; ich ließ ihn diese Frechheit nicht e. **2.** ⟨jmdm. etwas e.⟩ *vergüten; jmdn. für etwas entschädigen:* er entgalt mir diese Arbeit reichlich, mit Undank.
entgleisen: 1. ⟨etwas entgleist⟩: *etwas springt aus dem Gleis:* der Zug, die Straßenbahn ist entgleist. **2.** *sich taktlos benehmen:* der Redner ist in peinlicher Weise entgleist; er entgleist leicht.
entgleiten (geh.): ⟨etwas entgleitet jmdm., einer Sache⟩: *etwas entfällt jmdm.:* das Glas, Messer entglitt ihm, seiner Hand; bildl.: das Kind war meiner Führung entglitten; die Kontrolle darüber war ihm entglitten.
enthalten: 1. ⟨etwas enthält etwas⟩ *etwas hat etwas zum Inhalt:* die Flasche enthält Wasser, Petroleum; das Buch enthält 300 Abbildungen, politischen Zündstoff; frisches Obst enthält Vitamine; in diesem Getränk ist Kohlensäure enthalten; wie oft, wievielmal ist 4 in 12 enthalten? **2.** (geh.) ⟨sich einer Sache e.⟩ *auf etwas verzichten:* sich des Alkohols e.; bei der Abstimmung enthielt er sich der Stimme; ich konnte mich des Lachens nicht e. *(ich mußte lachen);* sie konnte sich nicht e., ihn zu tadeln.
entheben (geh.) ⟨jmdn. einer Sache e.⟩: **a)** *absetzen, von etwas entbinden:* er wurde wegen dieser Verfehlungen seines Amtes, seiner Stellung enthoben. **b)** *von etwas befreien:* deine Hilfe enthebt mich aller Sorgen (nicht korrekt: allen Sorgen); wir sind aller Verpflichtungen enthoben; das enthebt mich der Notwendigkeit, ...
enthüllen: 1. ⟨etwas e.⟩: *durch Entfernen einer Hülle der Öffentlichkeit übergeben:* ein Denkmal, eine Gedenktafel e. **2.** (geh.) **a)** ⟨etwas e.⟩ *nicht länger geheimhalten; offenbaren:* die Zukunft, ein Geheimnis e.; dieser Bericht enthüllt die Hintergründe des Finanzskandals; ⟨jmdm. etwas e.⟩ jmdm. einen Plan e.; sein Schreiben hat mir alles enthüllt. **b)** ⟨etwas enthüllt sich⟩ *etwas wird offenkundig:* die Wahrheit wird sich e.; ⟨etwas enthüllt sich jmdm.⟩ dabei enthüllte sich mir sein wahrer Charakter. **3.** (geh.) ⟨jmdn. e.; mit Artangabe⟩ *entlarven, bloßstellen:* dieser Brief enthüllt ihn als Schwindler, in seiner ganzen Armseligkeit.
entkleiden (geh.): **1.** ⟨jmdn., sich e.⟩ *ausziehen:* einen Kranken entkleiden; sie mußten sich bis aufs Hemd e.; sich vor jmdm. e. **2.** ⟨jmdn., etwas einer Sache e.⟩ *jmdn., einer Sache etwas wegnehmen:* jmdn. seines Amtes, seiner Macht, seiner Würde e.; eine Sache ihres Reizes e.
entkommen: *entfliehen, von etwas freikommen:*

der Täter konnte unbemerkt e.; er ist über die Grenze, aus dem Gefängnis, über die Mauer, mit dem Hubschrauber entkommen; ⟨jmdm., einer Sache e.⟩ er entkam seinen Verfolgern; er entkam *(entging)* nur mit knapper Not einer Verhaftung. **entkräften:** 1. ⟨etwas entkräftet jmdn.⟩ *etwas raubt jmdm. die Kräfte:* die Krankheit, der Hunger hat ihn völlig entkräftet. 2. ⟨etwas e.⟩ *widerlegen:* einen Einwand e.; ich konnte seine Argumente nicht e.; der Verdacht wurde durch die Zeugenaussage entkräftet. **entladen:** 1. ⟨etwas e.⟩ a) *leeren, ausladen:* einen Wagen, ein Schiff e. b) *die Munition herausnehmen:* ein Gewehr e. c) (Physik) *elektrische Energie entnehmen:* eine Batterie, einen Akkumulator e. 2. ⟨sich e.⟩ a) (Physik) *elektrische Energie abgeben:* die Batterie entlädt sich. b) *losbrechen, heftig zum Ausbruch kommen:* das Gewitter entlud sich über dem See; seine Wut entlud sich über die Kinder/(seltener:) über den Kindern; sein Zorn entlud sich auf mein Haupt; die Begeisterung der Zuschauer hatte sich in stürmischem Beifall entladen. **entlang** (ugs. auch: lang): *an der Seite hin, am Rand hin:* I. ⟨Präp.: bei Nachstellung mit Akk., selten mit Dativ⟩ die Wand e. /(ugs.:) lang; den Fluß e./ (selten:) dem Fluß e. standen Bäume; ⟨bei Voranstellung mit Dativ, selten mit Gen.⟩ e. dem Weg/(selten:) des Weges läuft ein Zaun. II. ⟨Adverb⟩ am Bach e.; die Kinder stellten sich an den Fenstern e. auf. **entlarven** ⟨jmdn., sich, etwas e.⟩: *jmds. wahre Absichten, den wahren Charakter einer Person oder Sache aufdecken:* jmds. Pläne, jmds. falsches Spiel e.; sie entlarvte ihn als gemeinen Betrüger; damit hat er sich selbst entlarvt. **entlassen** ⟨jmdn. e.⟩ 1. *jmdm. erlauben, etwas zu verlassen:* einen Gefangenen e.; er wurde vorzeitig vom/aus dem Wehrdienst entlassen; der Patient ist als geheilt aus der Klinik entlassen worden; er entließ mich (geh.; *ließ mich gehen*) mit der Bitte, bald wiederzukommen; übertr.: jmdn. aus einer Verpflichtung, Verantwortung e. *(ihn davon entbinden).* 2. *jmdm. kündigen:* jmdn. [wegen einer Unterschlagung] fristlos e.; die Fabrik mußte zahlreiche Arbeiter e. **Entlassung,** die: 1. *das Entlassen:* eine bedingte, vorläufige E., eine E. auf Widerruf (aus einer Anstalt); nach seiner E. aus dem Krankenhaus, aus dem Gefängnis ... 2. *Kündigung:* eine fristlose E.; die E. aus dem Staatsdienst; jmdm. mit der E. drohen; er bat um seine E. **entlasten** 1. a) ⟨jmdn., sich, etwas e.⟩ *die Beanspruchung von jmdm., etwas mindern:* seine Eltern im Geschäft e.; du mußt dich von der Hausarbeit mehr e.; den Verkehr, die Umwelt e.; das Herz muß entlastet werden. b) ⟨etwas e.⟩ *von seelischer Belastung frei machen:* er wollte sein Gewissen e., indem er mir alles erzählte. 2. a) ⟨jmdn. e.⟩ *[teilweise] von einer Schuld befreien:* die Zeugen entlasteten den Angeklagten; entlastende Aussagen, Umstände. b) (Kaufmannsspr.) *jmds. Geschäftsführung nach Prüfung gutheißen:* der Vorstand wurde für das abgelaufene Geschäftsjahr entlastet. 3. (Geldw.) ⟨jmdm., etwas e.⟩ *einen Sollbetrag tilgen ausgleichen:* wir haben sie, Ihr Konto um/ für diesen Betrag entlastet.

entlaufen: *davonlaufen:* die Katze ist entlaufen; der Junge ist aus dem Heim entlaufen; ⟨jmdm. e.⟩ der Hund entlief seinem Herrn. **entledigen** (geh.): a) ⟨jmdn., sich jmds., einer Sache e.⟩ *von jmdm., etwas befreien:* die Aussagen des Vorstands entledigen uns nicht unserer Sorgen; er entledigte sich seiner Kleider *(er zog sich aus);* er hat sich all seiner Mitwisser entledigt *(er hat sie beseitigt).* b) ⟨sich einer Sache e.⟩ *einer Verpflichtung nachkommen:* er entledigte sich seines Auftrages mit viel Geschick; er entledigte sich mir gegenüber seines Auftrages. **entleihen** ⟨etwas e.⟩: *für sich leihen:* ein Buch [aus der Bibliothek] e.; er hat Geld von mir entliehen; ein entliehenes Buch zurückbringen. **entlocken** ⟨jmdm. etwas e.⟩: *jmdn. zu einer Äußerung veranlassen:* jmdm. ein Geheimnis, ein Geständnis, eine Zusage e.; die rührende Geschichte entlockte ihr Tränen; übertr.: er konnte dem Instrument keinen Ton e. **entmutigen** ⟨jmdm. e.⟩: *jmdm. den Mut nehmen:* du hast ihn mit dieser Bemerkung völlig entmutigt; sie läßt sich durch nichts so leicht e.; der Eindruck war entmutigend. **entnehmen** ⟨etwas jmdm., einer Sache/aus einer Sache e.⟩: 1. *herausnehmen:* [aus] der Kasse Geld e.; er entnahm dem Etui eine Brille; diese Zahlen entnehme ich [aus] der Statistik; dem Fahrer wurde eine Blutprobe entnommen; ⟨auch ohne Dat. oder Präp.-Obj.⟩ an drei Stellen mußten Gewebeproben entnommen werden. 2. *erkennen:* [aus] deiner Darstellung läßt sich nicht e., wer der Angreifer war; woraus entnehmen *(schließen)* Sie das?; (Papierdt.:) [aus] Ihrem Schreiben haben wir entnommen, daß ... **entpuppen** ⟨sich als jmd., als etwas e.⟩: *sich überraschend als jmd., als etwas erweisen:* er entpuppte sich als Betrüger, als kleiner Tyrann, als großes Talent, als mein neuer Kollege; die Sache hat sich als Schwindel entpuppt; du hast dich ganz schön entpuppt (ugs. iron.; *überraschend [im Negativen] entwickelt*). **entreißen** ⟨jmdm., einer Sache jmdn., etwas e.⟩: 1. *gewaltsam wegnehmen:* jmdm. eine Waffe, die Handtasche e.; übertr.: ich konnte ihr das Geheimnis e.; den Feinden den Sieg e.; der Tod entriß ihm seine Kinder (geh.). 2. a) *aus, vor etwas retten:* ein Kind den Flammen, den Fluten (geh.), dem nassen Tod (geh.) e. *(ihm das Leben retten).* b) *aus einer bestimmten Verfassung herausreißen:* das riß sie aus ihren Träumen, ihrer Lethargie. **entrichten** (Papierdt.) ⟨etwas e.⟩: *[be]zahlen:* Steuern, Schulgeld, eine Kaution, eine Gebühr e.; er muß die Raten monatlich [an die Bank] e.; ⟨jmdm. etwas e.⟩ bildl. (geh.): die Stadt mußte der Seuche ihren Tribut e. **entrinnen** (geh.) ⟨jmdm., einer Sache e.⟩: *entgehen, entkommen:* er entrann mit knapper Not der Gefahr; er ist dem Verderben entronnen; subst.: es gab kein Entrinnen mehr. **entrüsten:** 1. ⟨sich e.⟩ *seiner Empörung Ausdruck geben:* er hat sich über diese Zustände [moralisch] entrüstet; warum entrüstest du dich so? 2. (geh.) ⟨etwas entrüstet jmdn.⟩ *etwas macht jmdn. zornig:* diese Behandlung entrüstete ihn; ich war entrüstet über diese Ungerechtigkeit. **Entrüstung,** die: *Unwille, Empörung:* eine ehrliche, geheuchelte, gespielte E.; sittliche, moralische E.; E. über ein Verbrechen; seine E. war unbeschreiblich; ein Schrei der E. ging durch die Menge; es erhob sich ein Sturm der E.

entsagen ⟨einer Sache e.⟩: *[freiwillig] auf etwas verzichten:* dem Alkohol, den Freuden der Liebe, des Lebens e.; der Fürst entsagte freiwillig dem Thron; ⟨auch ohne Dat.⟩ er hat früh zu e. gelernt.

entschädigen ⟨jmdn. e.⟩: *jmdm. Ausgleich, Ersatz verschaffen:* jmdn. finanziell, angemessen, reichlich, großzügig e.; ich habe ihn für seinen Verlust mit Geld entschädigt; übertr.: der Erfolg entschädigte uns für alle Mühen.

entscheiden /vgl. entschieden/: **1. a)** ⟨etwas e.⟩ *einen Zweifelsfall klären; ein Urteil fällen:* das Gericht wird den Fall, die Sache, den Streit e.; du kannst das von Fall zu Fall selbst e.; ich wage [es] nicht zu e., wer hier recht hat; ⟨selten auch ohne Akk.⟩ er entschied ohne Ansehen der Person. **b)** ⟨über etwas e.⟩ *bestimmen:* über den Einsatz von Truppen e.; er soll [darüber] e., was zu tun ist; ist schon entschieden, wer hinfahren soll? **2.** ⟨etwas e.⟩ *den Ausschlag geben, gewinnen:* er entschied oftmals Spiele ganz alleine; sie entschied zwei Wettbewerbe für sich; ein umstrittener Elfmeter entschied die Meisterschaft zugunsten der Hamburger; dieser Zug entschied die Schachpartie; ⟨auch ohne Akk.⟩ das Los soll e.; adj. Part.: er führte den entscheidenden Schlag gegen den Gegner; im entscheidenden Augenblick versagten seine Nerven. **3.** ⟨sich für jmdn., etwas, gegen jmdn., etwas e.⟩ *seine Wahl treffen:* sich für/gegen ein Verfahren, für eine Partei, für/gegen einen Bewerber e.; er entschied sich dafür, sofort abzureisen; ⟨auch ohne Präp.-Obj.⟩ er konnte sich nur schwer e. **4.** ⟨etwas entscheidet sich⟩ *etwas stellt sich heraus:* morgen wird [es] sich entscheiden, wer recht behält.

Entscheidung, die: **a)** *Lösung eines Zweifelsfalls:* eine gerichtliche, amtliche E.; eine klare, weittragende, folgenschwere E.; die E. fiel zu seinen Gunsten aus, fiel durch das Los; eine E. erzwingen, herbeiführen, annehmen, ablehnen; es ist schwer, hier die richtige E. zu treffen; die Frage steht vor der E., kommt heute zur E. **b)** *das Sichentscheiden:* die E. ist ihm schwergefallen; die E. hinauszögern; einer E. ausweichen; wir müssen zu einer E. kommen *(uns entscheiden).*

entschieden: 1. *fest entschlossen; eine eindeutige Meinung vertretend:* er ist ein entschiedener Gegner dieser Richtung; sie nimmt in dieser Sache eine entschiedene Haltung ein; etwas e., auf das entschiedenste *(ganz energisch)* ablehnen. **2.** *eindeutig, klar ersichtlich:* das ist ein entschiedener Gewinn für unsere Sache; das geht e. zu weit.

entschließen /vgl. entschlossen/ ⟨sich zu etwas e.⟩: *beschließen, etwas zu tun:* sich zum Aufbruch e.; sich e., etwas zu kaufen; er kann sich nicht dazu e.; in ihrer Verzweiflung war sie zu allem entschlossen; er ist fest entschlossen, nicht nachzugeben; ⟨auch ohne Präp.-Obj.⟩ sich schnell, rasch, gleich e.; entschließ dich endlich!; bis heute abend muß ich mich entschlossen haben; kurz entschlossen fuhr er nach Hause.

entschlossen: *energisch:* ein entschlossener Gegner der Todesstrafe, Verfechter der Menschenrechte; e. handeln; e. für etwas kämpfen.

entschlüpfen: *[unbemerkt] entkommen:* der Dieb ist durch das Fenster entschlüpft; ⟨jmdm., einer Sache e.⟩ das Kind entschlüpfte der Mutter; übertr.: ihm ist ein unbedachtes Wort entschlüpft *(entfahren).*

Entschluß, der: *Absicht, Vorsatz, etwas Bestimmtes zu tun:* ein einsamer, plötzlicher, weiser, löblicher E.; mein E. steht fest; ein E. reifte in ihr; es ist mein fester E., daran teilzunehmen; einen E. fassen; seinen E. ändern, bereuen; einen E. billigen, gutheißen, ausführen; ich bin kein Freund von raschen Entschlüssen; er ist ein Mann von raschem E. (veraltend; *ein schnell entschlossener Mann*); jmdn. von seinem E. abbringen; ich konnte zu keinem E. kommen; ich mußte mich schwer zu diesem E. durchringen.

entschuldigen: 1. a) ⟨sich e.⟩ *um Nachsicht, Verzeihung bitten:* sich förmlich, in aller Form e.; er hat sich sofort bei mir entschuldigt; sich wegen seines Benehmens, wegen eines Versehens e.; er hat sich dafür, für seine Vergeßlichkeit, für seine Faulheit entschuldigt; er entschuldigt sich mit Krankheit (geh.); er hat sich damit entschuldigt, daß ...; R: wer sich entschuldigt, klagt sich an. **b)** ⟨jmdn., etwas e.⟩ *einen Fehler, ein Versäumnis begründen:* einen verhinderten Teilnehmer e.; er ließ sich e.; sie entschuldigte ihr Verhalten mit Nervosität; ein entschuldigendes Wort; der Schüler fehlte entschuldigt. **2.** ⟨jmdn., etwas e.⟩ *für jmdn., etwas Nachsicht, Verständnis zeigen:* entschuldigen Sie bitte die Störung!; entschuldigen bitte, daß/wenn ich unterbreche; ich bitte das Fernbleiben meiner Tochter zu e.; ⟨auch ohne Akk.⟩ entschuldigen Sie bitte! /Höflichkeitsformel/. **3.** ⟨etwas entschuldigt etwas⟩ *etwas läßt etwas verständlich erscheinen:* der Alkoholgenuß entschuldigt sein Betragen nicht.

Entschuldigung, die: **1.** *Begründung, Rechtfertigung:* eine ausreichende, triftige, leere, fade, nichtige E.; sie ließ keine E. gelten; er wußte keine E. für sein Fernbleiben vorzubringen; nach einer E. suchen; etwas zu seiner E. anführen. **2.** *Mitteilung über das Fehlen:* eine E. schreiben. **3. a)** *Nachsicht, Verständnis:* ich bitte [vielmals] um E. wegen der/für die Störung; E. [,bitte]! /Höflichkeitsformel/. **b)** *Äußerung, mit der man sich entschuldigt:* eine E. murmeln.

entschwinden (geh.): **1.** *verschwinden:* das Schiff entschwand [am Horizont]; der Ballon entschwand in den/in die Wolken; ⟨einer Sache e.⟩ jmds. Blicken e.; übertr.: der Name ist meinem Gedächtnis entschwunden *(ich habe ihn vergessen).* **2.** *vergehen:* die Jugend entschwindet schnell; die Stunden entschwanden wie im Flug; entschwundenem Glück nachtrauern.

entsenden (geh.) ⟨jmdn. e.⟩: *gewöhnlich mit Raumangabe: dienstlich irgendwohin schicken:* jmdn. in ein Komitee e.; einen Delegierten zu einer Konferenz e.; wir haben Herrn ... als neutralen Beobachter nach Genf entsandt/entsendet.

entsetzen: 1. a) ⟨sich e.⟩ *in Schrecken, außer Fassung geraten:* alle entsetzten sich vor/bei diesem Anblick; ich habe mich sehr entsetzt. **b)** ⟨jmdn. e.⟩ *in Schrecken versetzen:* der Anblick entsetzte mich; ein entsetzter Blick; entsetzte Gesichter; ich bin ganz entsetzt über diese Nachricht. **2.** (veraltet) ⟨jmdn. e.; mit Gen.⟩ *absetzen:* er

wurde des Thrones, Amtes, Oberbefehls entsetzt.
3. (militär.) (jmdn., etwas e.) *aus der Umzingelung befreien:* eine Festung, eine Division e.
Entsetzen, das: *mit Grauen verbundener Schrekken:* lähmendes E. befiel sie; ein Schrei des Entsetzens; er bemerkte mit E., daß er seine Brieftasche verloren hatte; ich habe mit E. davon gehört; er war starr, bleich vor E.; zu aller E. (geh.).
entsetzlich: 1. *Entsetzen erregend:* ein entsetzliches Unglück, Verbrechen; der Anblick war e.
2. (ugs.) **a)** *unangenehm groß, sehr stark:* eine entsetzliche Kälte; er litt entsetzliche Schmerzen. **b)** (verstärkend bei Adjektiven und Verben) *sehr; überaus:* es war e. heiß; die Wunde blutete e.
entsinnen (geh.) (sich jmds., einer Sache/(seltener:) an jmdn., an etwas e.): *sich erinnern:* er entsann sich seines alten Lehrers; entsinnst du dich noch des kleinen Cafés/an das kleine Café?; ich entsann sich, daß er sie am Bahnhof gesehen hatte/sie am Bahnhof gesehen zu haben; ich entsinne mich noch genau, was damals passierte; (auch ohne Gen. oder Präp.-Obj.) ich kann mich nicht e.; wenn ich mich recht entsinne, ...
entspannen: 1. a) (sich, etwas e.) *lockern:* den Körper, die Muskeln e.; der Fechter entspannte sich. **b)** (etwas entspannt sich) *etwas glättet sich:* ihr Gesicht, ihre Stirn entspannte sich; seine Züge entspannten sich. **c)** (sich e.) *sich erholen:* sich im Urlaub, auf einem Spaziergang, bei leiser Musik e.; du solltest dich ein wenig e.; (auch ohne *sich*) ich konnte ruhen und e. **d)** (etwas e.) *von einer Spannung befreien:* einen Bogen e.; dieses Mittel entspannt das Wasser. **2. a)** (etwas e.) *beruhigen, ungefährlich machen:* die Verhandlungen haben die politische Lage entspannt; ich habe zu ihm ein entspanntes *(von Spannung freies)* Verhältnis. **b)** (etwas entspannt sich) *etwas beruhigt sich:* die Lage hat sich entspannt.
entspinnen (etwas entspinnt sich): *etwas entsteht allmählich, entwickelt sich:* im Gespräch, ein Wortwechsel entspann sich; zwischen den beiden entspann sich eine Freundschaft.
entsprechen /vgl. entsprechend/: **a)** (jmdm., einer Sache e.) *angemessen, gemäß sein; mit jmdm., etwas übereinstimmen:* das Buch entspricht nicht ihren Erwartungen; der neue Mitarbeiter entspricht den Anforderungen; dieser Beruf entsprach ihren Neigungen; was du sagst, entspricht nicht den Tatsachen, der Wahrheit; dieser Kunststoff entspricht in seinen Eigenschaften dem Holz. **b)** (einer Sache e.) *etwas erfüllen, verwirklichen:* einem Antrag, einer Bitte e.; ich kann Ihren Wünschen leider nicht e.
entsprechend: I. (Adj.) **a)** *passend, angemessen:* eine entsprechende Belohnung, Entschädigung; er fand es kalt und zog ein [warm] an; den Umständen, den Verhältnissen e. **b)** *zuständig:* bei der entsprechenden Behörde anfragen. **II.** (Präp. mit Dativ) *gemäß, zufolge, nach:* e. seinem Vorschlag/seinem Vorschlag e. handeln.
entspringen: 1. (etwas entspringt; mit Raumangabe) *etwas kommt als Quelle hervor:* die Donau entspringt im Schwarzwald; (einer Sache e.) Heilquellen entspringen dem erloschenen Vulkan. **2.** (geh.) (etwas entspringt einer Sache): *etwas hat in etwas seinen Ursprung:* alle diese Vorgänge entspringen in etwas seinen Ursa-

che; dieser Wunsch entsprang meiner Sorge um die Kinder; ihr Verhalten entspringt einer bloßen Laune; diese Gestalten sind seiner unerschöpflichen Phantasie entsprungen. **3.** (geh.) (einer Sache e.) *aus etwas fliehen:* dem Gefängnis e.; adj. Part.: ein entsprungener Sträfling.
entstehen: a) (etwas entsteht) *etwas tritt ins Dasein, nimmt seinen Anfang, wird geschaffen:* ein Buch entsteht; unter seinen Händen entstand eine schöne Vase; es entstand große Aufregung, großer Lärm; über diese Frage entstand ein Streit unter den Fachleuten; aus diesem Zwischenfall ist eine kriegerische Auseinandersetzung entstanden; es entstand großer Sachschaden. **b)** (etwas entsteht jmdm./für jmdn.) *etwas ergibt sich für jmdn.:* daraus entstehen Ihnen keine Unkosten.
entstellen: 1. (jmdn., etwas e.) *verunstalten, häßlich machen:* diese Narbe entstellt ihn, sein Gesicht; der Verletzte war bis zur Unkenntlichkeit entstellt; ein durch Narben, vom Schmerz, vor Wut entstelltes Gesicht; eine entstellende Hautkrankheit. **2.** (etwas e.) *im Sinn verdrehen, verfälschen:* durch diesen Druckfehler wird der Sinn des Satzes entstellt; die Tatsachen etwas e.; in entstellter Form wiedergeben.
enttäuschen (jmdn., etwas e.): *jmds. Hoffnungen, Erwartungen nicht erfüllen:* er wird dich bestimmt nicht e.; ihr Verhalten hat mich schwer, grausam, schmerzlich enttäuscht; ich will dich nicht e.; der Film, die Rede hat mich enttäuscht; unsere Erwartungen wurden enttäuscht; (auch ohne Akk.) die Nationalmannschaft enttäuschte; ein enttäuschendes Spiel; ich bin enttäuscht [über ihr/von ihrem Verhalten, von ihr]; ich bin angenehm enttäuscht (ugs.; *angenehm überrascht)*.
Enttäuschung, die: *Nichterfüllung einer Hoffnung oder Erwartung:* eine harte, herbe, bittere, große, schmerzliche, schwere E.; das war eine grenzenlose E.; dieser Schauspieler war für mich eine E.; mit jmdm., mit etwas eine E. erleben; jmdm. eine E. bereiten; er hat die E. bald verschmerzt; zu unserer E. regnete es.
entwaffnen (jmdn. e.): **1.** *jmdm. die Waffen abnehmen:* gefangene Soldaten e.; die Polizei entwaffnete den Einbrecher. **2.** *jmds. Antipathie durch überraschende Haltung überwinden:* sie entwaffnete ihn durch ihre geistreichen Bemerkungen; er ist von entwaffnender Unbekümmertheit; seine Naivität ist entwaffnend.
entweder (Konj.; nur in der Verbindung) entweder ... oder/betont nachdrücklich, daß von zwei oder mehreren Möglichkeiten nur jeweils eine in Frage kommt/: e. kommt mein Vater oder mein Bruder; e. du nimmst das zusammen, oder du wirst deine Stellung verlieren; e. strengst du/du strengst dich mehr an, oder du wirst nicht mehr aufgestellt; subst.: hier gibt es nur ein Entweder-Oder!
entweichen: 1. (etwas entweicht) *etwas strömt aus:* das Gasgemisch kann nicht e.; der Dampf entweicht aus dem Kessel, durch das Rohr, ins Freie; aus seinem Gesicht entwich alles Blut (geh.; *sein Gesicht wurde blaß).* **2.** *sich unbemerkt entfernen, fliehen:* aus dem Gefängnis e.; der Dieb konnte unbemerkt e.

entwenden (geh.) ⟨etwas e.⟩: *stehlen:* Geld [aus der Kasse] e.; ⟨jmdm. etwas e.⟩ sie entwendete ihm die Brieftasche.

entwerfen ⟨etwas e.⟩: **a)** *planend zeichnen, skizzieren:* ein neues Modell, ein Gemälde, Kleider Möbel e.; er entwarf Muster für Tapeten, Stoffe; bildl.: der Dichter entwirft in seinem Roman ein Sittenbild der Zeit. **b)** *in vorläufiger Form niederschreiben:* eine Rede, ein Schreiben, den Programmablauf e.

entwerten ⟨etwas e.⟩: **a)** *für eine nochmalige Verwertung ungültig machen:* eine Eintrittskarte, Fahrkarte e.; die Briefmarken sind entwertet *(gestempelt).* **b)** *den Wert von etwas mindern.* das Grundstück wird durch die neue Grenzziehung entwertet; das Geld ist entwertet.

entwickeln: 1. a) ⟨sich aus etwas e.⟩ *aus etwas hervorgehen, sich herausbilden:* aus der Raupe entwickelt sich der Schmetterling; das Werk hat sich aus bescheidenen Anfängen entwickelt; daraus entwickelte sich eine Diskussion; ⟨auch ohne Präp.-Obj.⟩ eine Diskussion, ein Kampf um Leben und Tod hat sich entwickelt. **b)** ⟨etwas entwickelt sich⟩ *etwas bildet sich:* Gase, Dämpfe entwickeln sich. **2.** ⟨sich e.; mit Artangabe⟩ *Fortschritte machen:* die Verhandlungen entwickeln sich zufriedenstellend; das Kind hat sich schnell, gut, erstaunlich, sehr zu seinem Vorteil entwickelt; du hast dich ganz schön entwickelt (ugs.; *herausgemacht;* das Mädchen ist körperlich voll entwickelt. **3. a)** ⟨jmdn., etwas zu etwas e.⟩ *zu etwas anderem, Neuem machen:* einen Betrieb zur Fabrik e.; er hat ihn zum bühnenreifen Schauspieler entwickelt. **b)** ⟨sich zu etwas e.⟩ *zu etwas anderem, Neuem werden:* sich zu einer Persönlichkeit e.; der junge Spieler entwickelt sich immer mehr zum Leistungsträger; Japan hat sich zu einer Industriemacht entwickelt. **4.** ⟨etwas e.⟩ *hervorbringen, entfalten:* eine fieberhafte Tätigkeit e.; Geschmack, Phantasie, Talent e.; sie entwickelte einen großen Haß auf den Vater; er muß seine Fähigkeiten richtig e.; einen kräftigen Appetit entwickelt die Junge!; das Feuer entwickelte große Hitze; der Wagen entwickelt eine hohe Geschwindigkeit. **5.** ⟨etwas e.⟩ *erfinden, konstruieren:* neue Technologien, ein neues Verfahren, ein Heilmittel e.; einen Flugzeugtyp e. **6.** ⟨etwas e.⟩ *auseinandersetzen, darlegen:* eine Theorie, seine Gedanken zu einem Thema e.; eine mathematische Formel e. *(ableiten)* ⟨jmdm. etwas e.⟩ jmdm. seine Pläne e. **7.** (Fot.) ⟨etwas e.⟩ *eine Aufnahme durch Chemikalien sichtbar werden lassen:* einen Film, eine Platte e.

Entwicklung, die: **1.** *das Sichentwickeln, Wachsen:* die körperliche, seelische, künstlerische E. eines Menschen; die E. des Umsatzes ist rückläufig; ganz sicher geht die E. dahin, ...; die politische E. beobachten, verfolgen, abwarten; die Dinge nahmen eine unerwartete, stürmische, verhängnisvolle, alarmierende E.; in die E. eingreifen; das Kind ist in seiner E. zurückgeblieben. **2.** *das Ausbilden, Konstruieren:* die E. eines Verfahrens; das neue Modell ist noch in der E.

entwischen (ugs.): *entkommen:* er ist [aus der Strafanstalt] entwischt; ⟨jmdm. e.⟩ das Huhn entwischte mir immer wieder; er ist uns durch die Hintertür entwischt.

Entwurf, der: **a)** *Skizze, vorläufige Aufzeichnung:* der E. eines Bildes/zu einem Bild; der E. zu einer, für eine Kongreßhalle; die Entwürfe sind noch nicht fertig; einen E. anfertigen, ausarbeiten, vorlegen, annehmen, ablehnen, gutheißen. **b)** *schriftliche Festlegung einer Sache in ihren wesentlichen Punkten:* der E. einer Verfassung, zu einem Roman; der Vertrag ist erst im E. fertig.

entwurzeln: 1. ⟨etwas e.⟩ *mit der Wurzel ausreißen:* der Sturm hat viele Bäume entwurzelt. **2.** ⟨etwas nimmt jmdm. den sozialen, seelischen Halt:⟩ die Flucht hat ihn entwurzelt; ein entwurzelter Mensch; entwurzelte Existenzen.

entziehen: 1. ⟨jmdm. etwas e.⟩ *wegziehen:* sie entzog mir ihre Hand. **2.** ⟨jmdm., einer Sache etwas e.⟩ **a)** *nicht länger zuteil werden lassen:* jmdm. seine Hilfe, Freundschaft, seinen Rat e.; einem Verein, Institut die staatliche Unterstützung e.; er hat seinem Anwalt das Vertrauen entzogen; dem Kranken wurde der Alkohol entzogen *(verboten).* **b)** *nicht länger überlassen; wegnehmen:* jmdm. die Fahrerlaubnis, das Sorgerecht, die Konzession e.; der Vorsitzende entzog dem Redner das Wort *(hinderte ihn weiterzusprechen).* **3.** ⟨sich jmdm., einer Sache e.⟩ **a)** *sich von jmdm., von etwas befreien, frei machen:* sie entzog sich seiner Umarmung, seinen Händen; übertr.: sie konnte sich seinem Charme nicht e. **b)** (geh.) *sich von etwas lösen, sich fernhalten:* du entziehst dich unserer Gesellschaft, der staatlichen Kontrolle, ihren Blicken. **c)** *nicht nachkommen, nicht erfüllen:* er entzog sich seinen Verpflichtungen, seiner Verantwortung. **d)** (geh.) *entgehen:* er entzog sich der Verhaftung durch die Flucht; der Angeklagte hat sich seinen irdischen Richtern entzogen (verhüll.; *er hat Selbstmord begangen).* **4.** ⟨etwas entzieht sich einer Sache⟩: *etwas ist nicht Gegenstand von etwas, ist einer Sache nicht unterworfen:* das entzieht sich der Berechnung, jeder Kontrolle *(kann nicht berechnet, kontrolliert werden);* das entzieht sich meiner Kenntnis *(das weiß ich nicht).* **5.** (ugs.) *eine Entziehungskur machen:* er hat entzogen, will e.

entziffern ⟨etwas e.⟩: **a)** *mühsam lesen:* einen Brief e.; seine Handschrift ist kaum zu e.; eine Inschrift e. **b)** *entschlüsseln:* einen Funkspruch, eine Geheimschrift e.; die Keilschrift wurde im 19. Jh. entziffert.

entzücken /vgl. entzückend/ ⟨jmdn. e.⟩: *begeistern, sehr erfreuen:* die Schönheit der Landschaft entzückte uns; die Sängerin entzückte das Publikum; wir waren von ihr, über ihren/von ihrem Vorschlag entzückt; (iron.:) er wird von deinem Angebot wenig entzückt sein.

Entzücken, das: *Begeisterung, Freude:* helles, großes E.; etwas mit E. hören, sehen; sie strahlte vor E.; er erfuhr von seinem E., daß ...

entzückend: *reizend, wunderschön:* ein entzükkendes Kleid; das Bild ist e.; sie sieht e. aus; sie hat ihre Rolle e. gespielt.

entzünden: 1. a) ⟨etwas e.⟩ *in Brand setzen:* einen Holzstoß e.; ein Feuer, eine Fackel, ein Streichholz, Kerzen e.; übertr. (geh.) *entbrennen lassen:* jmds. Herz, Mut, Haß e.; ihre Schönheit entzündete seine Leidenschaft. **b)** ⟨etwas entzündet sich⟩ *etwas gerät in Brand:* das Holz, das

Heu hat sich [von selbst] entzündet; übertr. (geh.): seine Phantasie entzündete sich an diesem Bild; an diesem Thema entzündete sich unser Streit. **2.** ⟨etwas entzündet sich⟩ *etwas rötet sich, schwillt an:* die Wunde hat sich, ist entzündet; entzündete Augen.

entzwei: *zerbrochen, auseinandergefallen:* der Teller, das Spielzeug ist e.

entzweigehen ⟨etwas geht entzwei⟩: *etwas zerbricht, fällt auseinander:* die Uhr, meine Brille ist entzweigegangen.

Epoche, die: *durch jmdn., etwas geprägter großer Zeitabschnitt:* eine längst vergangene E.; eine neue E. der Geschichte; die E. der Weltraumfahrt; eine E. beginnt, geht zu Ende; diese Erfindung leitete eine neue E. ein, stand am Anfang der neuen E. * **Epoche machen** *(einen neuen Zeitabschnitt einleiten, Aufsehen erregen):* dieses Werk wird E. machen.

er ⟨Personalpronomen; 3. Pers. Sing. Nom. Mask.⟩: er ist mein bester Freund; er frühstückt gerade; ein toller Pullover – wieviel hat er gekostet?; **subst.:** ein Er (ugs.; *ein männliches Wesen, ein Mann; ein männliches Tier).*

erachten (geh.) ⟨jmdn., etwas für/als etwas e.⟩: *für etwas halten, ansehen:* etwas für/als gut, schlecht, nötig, überflüssig e.; ich erachte ihn dieser Ehrung für würdig; etwas als/für seine Pflicht e.; er erachtete die Zeit für gekommen, um ...; ich erachte es als Zumutung/für eine Zumutung, wenn ...

Erachten ⟨in der Verbindung⟩ meinem Erachten nach/meines Erachtens: *meiner Meinung nach:* meinem E. nach/meines Erachtens ist dies nicht nötig. Nicht korrekt: meines Erachtens nach.

erbarmen: 1. (geh.) ⟨sich jmds./(veraltend) über jmdn. e.⟩ *jmdm. aus Mitleid helfen:* er hat sich meiner, des Kindes erbarmt; Herr, erbarme dich über uns! /Gebet/; ⟨auch ohne Gen. oder Präp.-Obj.⟩ die alte Frau mußte warten, bis sich ein Passant erbarmte und sie über die Straße führte; übertr. (scherzh.): *sich einer Sache annehmen:* will sich keiner [des letzten Brötchens] e.? **2.** ⟨jmdn. e.⟩ *jmds. Mitleid erregen:* die kranke Frau erbarmte ihn.

Erbarmen, das: *[tiefes] Mitleid:* E. mit jmdm. haben, fühlen; er kennt kein E.; [bei jmdm.] um E. flehen; jmdn. um E. anflehen. * (ugs.:) **zum Erbarmen** *(erbärmlich, sehr schlecht):* das ist zum E.; sie singt zum E.

erbärmlich: 1. *armselig, elend:* ein erbärmlicher Zustand; er lebt in erbärmlichen Verhältnissen. **2. a)** *schlecht, miserabel:* eine erbärmliche Leistung; seine Rede war e. **b)** *gemein, verabscheuenswert:* er ist ein erbärmlicher Lump; du erbärmlicher Kerl!; er ist e. feige; er hat sich e. benommen. **3. a)** *sehr groß, stark:* wir hatten erbärmlichen Hunger, erbärmliche Angst **b)** ⟨verstärkend⟩ e. frieren; die Wunde tat e. weh.

erbauen: 1. ⟨etwas e.⟩ *ein Gebäude errichten:* die Stadt hat ein neues Theater erbaut; die Kirche wurde im 15. Jahrhundert erbaut. **2.** (geh.) **a)** ⟨sich an etwas e.⟩ *sich durch etwas erfreuen, erheben lassen:* er erbaut sich gern an klassischer Musik. **b)** ⟨etwas erbaut jmdn.⟩ *etwas erhebt, erfreut jmdn.:* die Predigt hat mich sehr erbaut. * (ugs.:) **von etwas/über etwas wenig, nicht erbaut sein** *(we-*

nig, nicht begeistert sein): von einem Plan wenig e. sein; wir waren von dieser Entwicklung/über diese Entwicklung nicht erbaut.

¹Erbe, das (geh.): *im Todesfall hinterlassener Besitz:* das väterliche, mütterliche E.; das gesamte E. fiel an die Stadt; er erwartet ein großes E.; ein E. hinterlassen; das E. antreten, ausschlagen, auf sein E. verzichten; übertr.: das geistige E. *(die überkommenen Werke)* der Klassik pflegen, bewahren, fortentwickeln.

²Erbe, der: *jmd., der etwas erbt oder erben wird:* er ist der einzige, natürliche, gesetzliche, rechtmäßige, mutmaßliche E. eines großen Vermögens; die lachenden (ugs.; *sich freuenden)* Erben; der Kaufmann hatte keinen Erben, blieb ohne Erben; jmdn. zum Erben einsetzen.

erben ⟨etwas e.⟩: **1. a)** *jmds. Eigentum nach dessen Tod erhalten:* Geld, ein großes Vermögen e.; diesen Ring habe ich von meiner Mutter geerbt; ⟨auch ohne Akk.⟩ er hat geerbt *(ist Erbe geworden);* du hast wohl geerbt? (scherzhafte Frage, wenn jmd. viel Geld ausgibt). **b)** (ugs.) *übernehmen, geschenkt bekommen:* die Hose hat er von seinem Bruder geerbt; hier ist, hier gibt es nichts zu e. *(hier ist nichts zu holen).* **2.** *als Veranlagung von den Vorfahren mitbekommen:* den Eigensinn, die musikalische Begabung, die blonden Haare hat er von seinem Vater geerbt.

erbeuten ⟨etwas e.⟩: *als Beute gewinnen:* Waffen e.; der Dieb erbeutete wertvolle Pelze.

erbieten (geh.) ⟨sich e., etwas zu tun⟩: *sich anbieten, bereit erklären:* er erbot sich, mir bei der Organisation des Festes zu helfen.

erbitten: 1. (geh.) ⟨jmdn., etwas e.⟩ *um jmdn., um etwas bitten:* Hilfe, Rat, eine Gunst [für jmdn.] e.; ⟨sich (Dativ) jmdn., etwas e.⟩ sich Bedenkzeit e.; ich erbat mir von ihm einen Begleiter. **2.** (veraltend) ⟨sich e. lassen⟩: gewöhnlich mit Infinitiv mit *zu⟩ auf Bitten zu etwas bereit sein:* er ließ sich erbitten, uns zu fahren.

erbittern /vgl. erbittert/ ⟨jmdn. e.⟩: *mit Groll erfüllen, aufbringen:* diese Ungerechtigkeit erbittert mich; erbitterte Miene; die über den Elfmeter erbitterten Zuschauer stürmten das Spielfeld.

erbittert: *hartnäckig, leidenschaftlich:* ein erbitterter Kampf; sie leisteten erbitterten Widerstand; sie rangen e. um den Sieg.

erblich: a) *durch Erbfolge bestimmt:* erblicher Adel; dieser Titel ist nicht e. **b)** *durch Vererbung übertragbar:* eine erbliche Krankheit, Eigenschaft; sie ist [von der Mutter her] e. belastet *(hat eine negative Erbanlage);* (auch positiv:) er ist e. belastet, denn schon sein Großvater war Arzt.

erblicken (geh.): **1.** ⟨jmdn., etwas e.; gewöhnlich mit Raumangabe⟩: *mit den Augen wahrnehmen:* ein Haus in der Ferne, ein Flugzeug am Himmel e.; ich konnte ihn nirgends e. **2.** ⟨jmdn., etwas in jmdm., in etwas e.⟩ *zu erkennen glauben:* er erblickte in ihm seinen Retter; hierin erblickte ich unsere Aufgabe, einen Fortschritt.

erbosen: 1. ⟨etwas erbost jmdn.⟩ *etwas macht jmdn. wütend:* sein Verhalten hat mich sehr erbost; [über jmdn., über etwas] erbost sein; sie sah mich erbost an. **2.** (selten) ⟨sich e.⟩ *zornig, wütend werden):* sich über jmdn. e.

erbrechen: 1. (geh.) ⟨etwas e.⟩ *gewaltsam öffnen; aufbrechen:* die Tür, das Schloß e.; er erbrach das Siegel; der Brief war erbrochen worden. 2. **a)** ⟨[etwas] e.⟩ *den Mageninhalt wieder von sich geben:* das Baby hat seinen Brei wieder erbrochen; der Kranke hat mehrmals erbrochen. **b)** ⟨sich e.⟩ *sich übergeben:* sich in das Klosettbecken e.; ich mußte mich vor Übelkeit e. * (ugs.:) **bis zum Erbrechen** *(bis zum Überdruß).*

Erbschaft, die: *Erbe, Hinterlassenschaft:* ihm fiel eine reiche E. zu; sie hat eine große E. gemacht; er trat die E. an, schlug die E. aus.

Erdboden, der: *fester Boden, Fußboden:* es war, als hätte der E. sie verschluckt, verschlungen *(sie war plötzlich verschwunden);* auf dem E. liegen, sitzen; bei dieser Bemerkung wäre sie am liebsten in den E. versunken *(vor Scham) schnell verschwunden);* das Armband war wie vom E. verschluckt. * **vom Erdboden verschwinden** *(vernichtet, ausgerottet werden)* · **etwas dem Erdboden gleichmachen** *(völlig zerstören).*

Erde, die: 1. **a)** *Stoff, aus dem [fruchtbares] Land besteht:* gute, fruchtbare, harte, feste, sandige, feuchte, trockene, kühle, steinige, lehmige E.; ein Klumpen, Brocken E.; ihn deckt die kühle E. (geh.; *er ist tot);* E. zu E.! /Worte beim Begräbnis/; die E. lockern, umgraben, ausheben, aufwühlen, aufschütten; E. in einen Blumentopf füllen; in fremder E. (geh.; *im Ausland)* ruhen, begraben sein. **b)** (Chemie) /*bestimmte Metalloxyde/:* seltene, alkalische Erden. 2. *Fußboden; Grund, auf dem man steht:* die E. zittert, bebte; auf die, zur E. fallen; sie lagen, schliefen auf der bloßen, blanken E.; das Wasser quoll aus der E.; er stand plötzlich vor mir wie aus der E. gewachsen; ein Gang unter der E.; etwas von der E. aufheben; wir wohnen zu ebener E. *(parterre);* sie blickte betroffen zur E.; bildl.: er hätte vor Scham in die E. versinken mögen. 3. *Erdleitung einer elektrischen Anlage:* er benutzt die Wasserleitung als E. 4. *die irdische Welt; der von Menschen bewohnte Planet:* die E. dreht sich um die Sonne, umkreist die Sonne, ist überbevölkert; die E. ausbeuten, in eine Wüste verwandeln, unbewohnbar machen; Satelliten umkreisen die E.; auf der ganzen E. bekannt sein, vorkommen; Friede auf Erden! (bibl.); Raketen kreisen um die E. * (ugs.:) **auf der Erde bleiben** *(sich keinen Illusionen hingeben)* · **etwas aus der Erde stampfen** *(etwas auf schnellstem Weg beschaffen)* · (ugs.:) **jmdn. unter die Erde bringen: a)** *(jmds. vorzeitigen Tod verschulden).* **b)** *(beerdigen)* · **unter der Erde liegen** *(tot und begraben sein).*

erdenklich: *was sich erdenken läßt, was möglich ist:* er gab sich alle erdenkliche Mühe; er versuchte jedes erdenkliche Mittel; subst.: er tat alles Erdenkliche.

erdrücken: 1. ⟨jmdn. e.⟩ *zu Tode drücken:* der Bär erdrückte ihn; von den Erdmassen wurden fünf Arbeiter erdrückt; bildl.: das Bild wird von dem breiten Rahmen erdrückt. 2. ⟨etwas erdrückt jmdn.⟩ *etwas belastet jmdn. übermäßig:* die Sorgen erdrückten ihn [fast]; die Schulden drohten ihn zu e.; adj. Part.: eine erdrückende *(sehr große)* Übermacht; erdrückendes *(jeden Zweifel ausschließendes)* Beweismaterial; die Übermacht war erdrückend *(überwältigend).*

ereifern ⟨sich e.⟩: *sich leidenschaftlich erregen; heftig werden:* bei dem Gespräch, im Gespräch

hat er sich unnötig ereifert; er ereiferte sich über unwichtige Dinge, wegen einer Lappalie; was ereiferst du dich so!

ereignen ⟨etwas ereignet sich⟩: *etwas geschieht, spielt sich ab:* etwas Seltsames hat sich ereignet; gestern ereigneten sich in der Stadt zahlreiche Unfälle; es hat sich nichts [Besonderes] ereignet; wo hat sich der Zwischenfall ereignet?

Ereignis, das: *[besonderes, nicht alltägliches] Geschehnis:* ein trauriges, schmerzliches E.; ein bedeutendes, sonderbares, merkwürdiges, unvorhergesehenes, historisches, großes, ungewöhnliches E.; einschneidende Ereignisse; keine besonderen Ereignisse! /Meldung im Wachdienst/; das ist doch ein ganz alltägliches E.; das Gastspiel, Konzert war ein E. *(etwas ganz Besonderes)* für unsere Stadt; ein E. tritt ein, kündigt sich an; die Ereignisse überstürzen sich; der Gang der Ereignisse hat uns recht gegeben; R: große Ereignisse werfen ihre Schatten voraus. *(verhüll.:)* **ein freudiges Ereignis** *(die Geburt eines Kindes):* zum freudigen E. gratulieren.

¹erfahren: 1. ⟨etwas e.⟩ *von etwas Kenntnis erhalten:* etwas frühzeitig, zu spät, unterderhand e.; ich konnte nichts Näheres, Genaueres e.; das erfuhr ich erst von dir, aus deinem Brief, durch Zufall; wir erfahren aus zuverlässiger Quelle, daß ...; als er von meinem Unfall erfuhr, schrieb er mir sofort; aus seiner Umgebung war zu e., daß ...; es sollte keiner etwas davon e.; das darf niemand e.!; ⟨auch ohne Akk.⟩ wie wir das erfahren haben, ... 2. ⟨etwas e.⟩ *erleben, zu spüren bekommen:* er hat in seinem Leben viel Leid, viel Gutes, wenig Liebe, Mitgefühl, nichts als Undank, manche Demütigung erfahren; sie hat am eigenen Leib erfahren, was es bedeutet, ...; /häufig verblaßt/: das Buch soll eine Überarbeitung e. *(es soll überarbeitet werden);* eine Verbesserung, Änderung, Steigerung e.

²erfahren: *Erfahrung, Routine habend:* ein erfahrener Arzt; eine erfahrene Frau *(Frau, die schon verschiedentlich Liebschaften eingegangen ist);* er ist auf diesem Gebiet sehr e.

Erfahrung, die: 1. *praktisch erworbene Kenntnisse, Routine:* er hat viel, keine, zuwenig E. in diesen Dingen, auf diesem Gebiet; wir müssen uns seine große E. zunutze machen; ein Mann von, mit E. 2. *das Erleben; lehrreiches Erlebnis:* die E. hat gezeigt, daß ...; die Erfahrungen der letzten Wochen lehren uns, daß ...; R: E. ist die beste Lehrmeisterin · ich habe bittere, schlechte, schmerzliche, gute, nur die besten Erfahrungen mit ihm, mit diesem Gerät gemacht; sie tauschten Erfahrungen aus; wir haben jetzt genügend, hinreichend Erfahrungen gesammelt; ich habe da so meine Erfahrungen (bin durch sie gewarnt); aller E. nach; aus seinen Erfahrungen lernen; er spricht aus [persönlicher] E.; das weiß ich aus eigener E.; durch E. klug werden; ich bin reicher um eine E. *(dazugelernt haben).* * **etwas in Erfahrung bringen** *(durch Nachforschen erfahren):* er versuchte in E. zu bringen, wo sie wohnte.

erfassen: 1. **a)** (selten) ⟨jmdn., etwas e.⟩ *ergreifen und festhalten:* den Ertrinkenden am Arm e. **b)** ⟨jmdn., etwas e.⟩ *in seiner Bewegung mit sich reißen:* ein Zug hatte den Wagen erfaßt und ihn vollständig zertrümmert; die Straßenbahn erfaßte den Radfahrer und schleuderte ihn zur Seite; die Schwimmerin wurde von einem Strudel erfaßt; übertr.: die Scheinwerfer erfaßten ein Reh. **c)** ⟨etwas erfaßt jmdn.⟩ *eine Empfindung überkommt, packt jmdn.:* [die] Angst, Freude, Ekel, ein Schrecken, ein heftiges Verlangen erfaßte ihn. **2.** ⟨etwas e.⟩ *verstehen, begreifen:* etwas gefühlsmäßig, intuitiv, dem Sinne nach e.; sie hat den Zusammenhang, die Bedeutung des Geschehens noch nicht erfaßt; er hat die Situation, die Lage erfaßt *(hat den Überblick);* du hast's erfaßt (ugs.; *du hast es begriffen)*! **3.** ⟨jmdn., etwas e.⟩ **a)** *registrieren:* etwas statistisch e.; jmdn. steuerlich e.; die Liste erfaßt alle männlichen Personen über 65 Jahre; die Wehrpflichtigen wurden erfaßt. **b)** *einbeziehen, berücksichtigen:* die Versicherung erfaßt auch die Angestellten.

erfinden: 1. ⟨etwas e.⟩ *durch Forschen und Experimentieren neu hervorbringen:* eine Maschine, eine Vorrichtung e.; er hat ein neues Verfahren erfunden; wenn es den (die, das) nicht gäbe, müßte man ihn (sie, es) e. **2.** ⟨jmdn., etwas e.⟩ *sich ausdenken:* eine Ausrede, eine Geschichte, eine Story (ugs.) e.; was er sagt, ist von A bis Z (ugs.) erfunden; das hat sie [frei] erfunden *(das ist nicht wahr);* der Dichter hat diese Gestalt erfunden; die Handlung des Romans ist frei erfunden *(ist vom Autor erdacht, beruht nicht auf Fakten).*

erfinderisch: *reich an Einfällen; immer eine Lösung findend:* er ist ein erfinderischer Kopf, Geist; man muß e. sein.

Erfolg, der: *[positives] Ergebnis einer Bemühung:* ein großer, durchschlagender E.; der berufliche E.; das war ein schöner E. für sie; die Aufführung war, wurde ein beispielloser E.; wissenschaftlicher E. war ihm versagt; der E. blieb aus, ließ auf sich warten, stellte sich erst später ein, war geradezu programmiert; der E. (ugs., iron: *die Folge)* war, daß wir zu spät kamen; reichen, guten, schlechten, keinen E. haben; einen E. verbuchen; einen E., Erfolge bei etwas erzielen; einen glänzenden E., glänzende Erfolge feiern; sie konnte ihren E. nicht wiederholen *(nicht noch einmal erfolgreich sein);* er hat E. bei Frauen; den E. verdanke ich deiner Hilfe; er berauscht sich am E.; seine Handlungsweise wurde durch den E. gerechtfertigt; sie hat sich mit E. beschwert; seine Bemühungen waren ohne E., [nicht] von E. begleitet, gekrönt; zum E. verdammt sein; darin liegt der Schlüssel zum E.

erfolgen (Papierdt.) ⟨etwas erfolgt⟩: **1.** *etwas geschieht als Folge von etwas:* der Tod erfolgte wenige Stunden nach dem Unfall; auf mein Klingeln erfolgte zunächst gar nichts, dann hörte ich leise Schritte. **2.** *etwas geschieht, wird ausgeführt:* es ist noch keine Antwort, Zusage erfolgt; Ihr Eintritt kann sofort e. *(Sie können sofort eintreten);* die Preisverteilung erfolgt am Sonntag *(der Preis wird am Sonntag verliehen);* Lieferung erfolgt gegen Nachnahme; die Meldung muß umgehend e. *(vorgenommen werden).*

erforderlich: *für einen bestimmten Zweck notwendig:* die erforderlichen Mittel, Gelder bereitstellen; er hat nicht die für einen Lehrer erforderliche Geduld; für die Teilnahme ist die Einwilligung der Eltern e.; subst.: wir werden alles Erforderliche veranlassen.

erfordern ⟨etwas erfordert jmdn., etwas⟩: *etwas verlangt jmdn., etwas:* dieses Projekt erfordert viel Geld, Zeit; die Aufgabe erfordert Mut, Ausdauer; der Umstände erfordern [es], daß ...; diese Tour erfordert bergerfahrene Wanderer; Papierdt.: der Übelstand erfordert Abhilfe *(muß beseitigt werden).*

erforschen ⟨jmdn., etwas e.⟩: *wissenschaftlich genau untersuchen:* den Weltraum e.; das Verhalten von Tieren e.; den Menschen e.; die Antarktis wird jetzt planmäßig erforscht; die Hintergründe e.; sein Gewissen e. *(prüfen);* die Wahrheit über etwas e. *(zu ergründen suchen).*

erfreuen: 1. a) ⟨jmdn., etwas e.⟩ *Freude bereiten:* jmdn. mit einem/(seltener) durch ein Geschenk e.; eure Karte hat mich sehr erfreut; die Blumen erfreuten mich, meine Augen, mein Herz. **b)** ⟨sich an etwas e.⟩ *bei etwas Freude empfinden:* ich erfreue mich am Anblick der Kinder, der Landschaft, an den Blumen; adj. Part.: erfreut sagte er zu; darüber bist du sehr erfreut. **2.** (geh.) ⟨sich einer Sache e.⟩ *etwas genießen, im glücklichen Besitz von etwas sein:* er erfreut sich bester Gesundheit, großen Vertrauens, ungeteilter Aufmerksamkeit; sie erfreut sich großer Beliebtheit, eines gesegneten Appetits *(kann sehr viel essen).*

erfreulich: *freudig stimmend, angenehm:* eine erfreuliche Nachricht, Tatsache, Mitteilung; ein erfreulicher Anblick; das ist e. zu hören; das ist nicht gerade e.; subst.: wenig Erfreuliches.

erfrieren: 1. *durch Frost umkommen, absterben:* im Schnee e.; im Krieg sind viele Soldaten erfroren; der Baum ist bei der großen Kälte erfroren; adj. Part.: erfrorene Kartoffeln; einen erfrorenen Finger abnehmen; sie war halb, ganz erfroren (ugs.; *vor Kälte erstarrt);* ⟨etwas erfriert jmdm.⟩ dem Bergsteiger sind zwei Zehen erfroren. **2.** ⟨sich (Dativ) etwas e.⟩ *Frostschäden erleiden:* er hat sich im Krieg die Füße erfroren.

erfrischen: 1. ⟨etwas erfrischt jmdn., etwas⟩ *etwas belebt, bringt Erholung:* die Ruhepause, der Kaffee hat mich sehr erfrischt; der Regen erfrischt den Garten; ⟨auch ohne Akk.⟩ dieses Obst erfrischt besonders an heißen Tagen; adj. Part.: erfrischende Getränke, ein erfrischendes Bad; übertr.: er hat einen erfrischenden Humor; etwas mit erfrischender *(unverblümter)* Deutlichkeit sagen; ihre Offenheit war erfrischend. **2.** ⟨sich e.⟩ *sich frisch machen:* sich nach einem Spiel e.; sich mit kühlen Getränken, mit einem Bad e.

Erfrischung, die: **1.** *das Erfrischen:* eine E. nötig haben; der kühle Wind war eine willkommene E. für die Wanderer; zur E. **2.** *erfrischendes Getränk, erfrischende Speise:* es wurden Erfrischungen gereicht; eine [kleine] E. anbieten.

erfüllen: 1. a) ⟨etwas erfüllt etwas⟩ *etwas füllt etwas aus, breitet sich in etwas aus:* der Qualm erfüllte das ganze Zimmer; Jubel, feierliche Stille erfüllte den Saal; das Zimmer war von/mit Rauch erfüllt. **b)** ⟨etwas mit etwas e.⟩ *mit etwas ausfüllen:* die Kinder erfüllen das Haus mit Leben, mit Lärm. **2. a)** ⟨etwas erfüllt jmdn.⟩ *etwas beschäftigt jmdn. stark, nimmt jmdn. ganz in Anspruch:* Leidenschaft, Furcht, Stolz, Freude erfüllte ihn; der Beruf, die neue Aufgabe erfüllte ihn ganz; er ist ganz von dem Wunsch erfüllt,

Rennfahrer zu werden. **b**) (geh.) ⟨etwas erfüllt jmdn. mit etwas⟩ *etwas bereitet jmdm. etwas:* sein Verhalten erfüllt mich mit Sorge; deine Auszeichnung erfüllt mich mit Stolz und Freude; seine Worte erfüllten uns mit Trost. **3.** ⟨etwas e.⟩ *einer Bitte, einer Verpflichtung o. ä. nachkommen:* einen Vertrag, ein Versprechen, Gelübde, eine Pflicht e.; der Bewerber erfüllt die Bedingungen, Erwartungen nicht; das Gerät erfüllt seinen Zweck; R e c h t s w. : damit ist der Tatbestand des Betruges erfüllt; ⟨jmdm. etwas e.⟩ die Großeltern erfüllten dem Enkel jeden Wunsch; a d j. P a r t. : erfüllte Hoffnungen; er sah jeden seiner Wünsche erfüllt; (ein erfülltes (geh.; *ein in seinen Anlagen verwirklichtes*) Leben. **4.** ⟨etwas erfüllt sich⟩ *etwas wird Wirklichkeit:* mein Wunsch, meine Prophezeiung hat sich erfüllt.
Erfüllung, die: **1.** *das Erfülltsein:* in einer Aufgabe E. suchen, finden. **2.** *das Erfüllen:* die E. meines Wunsches ließ auf sich warten; das neue Gesetz bringt endlich die E. unserer Hoffnungen. * **etwas geht in Erfüllung** *(etwas wird Wirklichkeit):* mein Wunsch ist in E. gegangen.
ergänzen: 1. ⟨etwas e.⟩ **a**) *vervollständigen:* seine Vorräte, eine Summe, einen Satz Briefmarken e.; seine Rede um ein Vorwort e. **b**) *vervollständigend hinzufügen:* bitte ergänzen Sie die fehlenden Wörter!; das Fehlende muß ergänzt werden. **c**) *zusätzlich äußern:* darf ich hierzu noch etwas e.?; ich möchte noch ergänzen, daß ...; eine ergänzende Bemerkung machen. **2.** ⟨etwas ergänzt etwas⟩ *etwas kommt zu etwas vervollständigend hinzu:* Anmerkungen ergänzen den Text; modische Accessoires ergänzen ihre neue Frühjahrsgarderobe. **3.** ⟨sich e.⟩ **a**) *sich vervollständigen:* der Vorstand ergänzt sich durch Zuwahl. **b**) *sich in den Eigenschaften ausgleichen:* die Kollegen ergänzen sich/(geh.:) einander [aufs beste].
ergattern (ugs.) ⟨etwas e.⟩: *sich etwas mit Mühe oder List verschaffen:* er hat noch eine Eintrittskarte, einen Parkplatz ergattert.
ergeben: 1. a) ⟨etwas ergibt etwas⟩ *etwas hat etwas als Ertrag, als Folge:* die Untersuchung ergab keinen Beweis seiner Schuld, ergab, daß er unschuldig war; 60 durch 4 geteilt ergibt 15; die Sammlung ergab eine Summe von 3 000 Mark. **b**) ⟨etwas ergibt sich aus etwas⟩ *etwas entsteht als Ertrag, Folge:* das eine ergibt sich aus dem anderen; daraus ergaben sich viele Möglichkeiten; aus alledem ergibt sich, daß ...; ⟨auch ohne Präp.-Obj.⟩ es hat sich eben so ergeben *(es ist so gekommen);* wenn es sich gerade ergibt *(wenn es gerade paßt)* ... **2. a**) ⟨sich jmdm., einer Sache e.⟩ *hingeben:* sich dem Spiel, dem Alkohol, dem Suff (ugs.) ergeben; a d j. P a r t. : er ist mir bedingungslos ergeben; er verneigte sich ergeben (geh.; *devot*); Ihr [sehr] ergebener ... /veraltend: Höflichkeitsformel als Briefschluß/. **b**) ⟨sich in etwas e.⟩ *sich widerstandslos fügen:* sich in sein Schicksal, in Gottes Willen e. **c**) ⟨sich e.⟩ *kapitulieren:* die Festung hat sich [auf Gnade und Ungnade] ergeben; die eingeschlossene Division mußte sich e.; ⟨sich jmdm. e.⟩ der Verbrecher ergab sich nach heftigem Widerstand der Polizei.
Ergebnis, das: *Resultat, Ertrag:* ein mageres, zwangsläufiges, logisches, [un]günstiges, positives E.; das E. der Rechenaufgabe, der Wahl, des

Fußballspiels; das E. deiner Rechnung ist [nicht] richtig; die Untersuchung hatte, brachte kein [befriedigendes] E., führte zu keinem E.; wissenschaftliche Ergebnisse vorlegen; wir müssen endlich zu handgreiflichen Ergebnissen kommen; bei der Aussprache kamen, gelangten wir zu folgendem E.; im E. *(letztlich)* besteht kein Meinungsunterschied zwischen uns.
ergebnislos: *ohne Ergebnis bleibend:* eine ergebnislose Aussprache; die Verhandlungen waren, blieben e., wurden e. abgebrochen.
ergehen: 1. ⟨etwas ergeht⟩ *etwas geht heraus, wird verfügt:* es ist eine Anordnung ergangen, daß ...; es ergeht Haftbefehl gegen Clara T.; Einladungen ergehen an allen Schulen; das Gericht hat folgendes Urteil e. lassen; an den Professor ist ein Ruf an die Universität Berlin ergangen. **2.** ⟨es ergeht jmdm.; mit Artangabe⟩ *jmd. verlebt eine Zeit in bestimmter Weise:* es ist ihm [dort] schlecht, nicht besonders gut, nicht anders ergangen; wie ist es Ihnen ergangen?; s u b s t. : er nimmt großen Anteil an deinem Ergehen. **3.** (geh.) ⟨sich e.; mit Raumangabe⟩ *spazierengehen:* er erging sich im Park. **4.** ⟨sich in etwas e.⟩ *sich langatmig äußern:* er erging sich in Dankesworten, in Lobreden, in Schmähungen gegen seinen Nachbarn; sie erging sich in Hypothesen, Spekulationen, Vermutungen. * **etwas über sich ergehen lassen** *(etwas [geduldig] mit sich geschehen lassen):* er ließ alles ruhig, teilnahmslos über sich e.
ergiebig: *ertragreich:* ergiebige Lagerstätten, Regenfälle, Gewinne; ergiebige Quellen, Vorkommen an Kohle; der Kaffee ist e.; die Untersuchung war sehr e.; das Thema war nicht e.
ergießen ⟨etwas ergießt sich; mit Raumangabe⟩ *etwas strömt:* der Fluß ergießt sich in den See; die Milch ergoß sich über den Fußboden; b i l d l. : eine Flut von Schimpfworten ergoß sich über/auf ihn; sonntags ergießt sich die Menge der Touristen in den Park.
ergötzen (geh.): **a**) ⟨jmdn. e.⟩ *jmdm. Spaß, Vergnügen, Freude machen:* er ergötzte uns sehr mit seinem Bericht; der Torwart ergötzte oftmals seine Fans mit seinen weiten Ausflügen bis in die gegnerische Hälfte. **b**) ⟨sich an etwas e.⟩ *an etwas Vergnügen haben:* sich an kindlichen Spielen e.; er ergötzte sich an unserer Angst; s u b s t. : zum Ergötzen der Zuschauer verlor er die Perücke.
ergrauen ⟨etwas ergraut⟩ *grau werden:* mein Vater, sein Haar ist vorzeitig ergraut; leicht ergrautes Haar; ü b e r t. : *alt werden:* im Dienst ergrauter Beamter; er ist in Ehren ergraut.
ergreifen: 1. ⟨jmdn., etwas e.⟩ *nach jmdm., nach etwas greifen und ihn/es festhalten:* ein Seil, den Hammer, einen Bleistift e.; jmds. Hand e.; b i l d l. : die Flammen ergriffen das Haus; eine Woge ergriff ihn und riß ihn fort; ⟨jmdn. bei etwas e.⟩ ein Kind bei der Hand e.; er ergriff den Ertrinkenden beim Schopf; /häufig verblaßt/: einen Beruf e. *(sich einen Beruf wählen);* die Gelegenheit e. *(nutzen);* die Initiative e. *(aktiv werden, zu handeln beginnen);* die Macht/(geh.:) die Zügel der Regierung e. *(übernehmen);* Maßnahmen e. *(etwas in einer Sache unternehmen).* **2.** ⟨jmdn. e.⟩ *festnehmen:* einen Dieb e.; der Täter konnte sofort ergriffen werden. **3.** ⟨etwas ergreift jmdn.⟩ **a**) *etwas befällt jmdn.:* von einer Krankheit ergrif-

fen werden; die Revolution ergreift das ganze Volk. **b)** *etwas erfüllt jmds.* Bewußtsein: Angst, Schrecken, Unruhe, Begeisterung, Zorn, Reue, eine böse Ahnung, ein Gefühl der Freude ergriff sie; er wurde von Liebe zu ihr ergriffen. **4.** ⟨etwas ergreift jmdn.⟩ *etwas bewegt jmdn. im Innersten, geht jmdm. nahe:* die Nachricht, sein Schicksal hat mich tief ergriffen; adj. Part.: eine ergreifende Rede, Szene; die Zuhörer waren tief ergriffen, lauschten ergriffen.

erhaben: **1.** *durch seine Großartigkeit feierlich stimmend:* ein erhabener Anblick; ein erhabenes Gefühl; erhabene Gedanken; R: vom Erhabenen zum Lächerlichen ist nur ein Schritt. **2.** (Fachspr.) *aus einer Fläche hervortretend:* nur die erhabenen Stellen der Platte erscheinen beim Druck; Tapeten mit erhabenem Muster. **3.** ⟨über jmdn., etwas e. sein/sich e. fühlen⟩ *überlegen sein, sich überlegen fühlen:* über jeden Verdacht e. sein; darüber muß man e. sein; seine Arbeit ist über alles Lob, über jeden Zweifel e.; er fühlt sich über alles e.

erhalten: **1.** ⟨etwas e.⟩ **a)** *bekommen:* eine Prämie, Verpflegung, eine Nachricht, ein Paket e.; einen Orden e.; ich habe Ihren Brief erhalten; er erhielt das Buch als/zum Geschenk; sie erhält für einen Auftritt 2 000 Mark. **b)** *erteilt bekommen:* [keine] Antwort, einen Befehl, Auftrag e.; einen Tadel, eine Strafe e.; fünf Jahre Gefängnis e.; er hat den Lohn *(die Strafe)* für seine Untaten erhalten; sie erhielt keine Aufenthaltsgenehmigung, Beifall auf offener Szene; das Schiff erhielt einen neuen Namen; nach diesem Foul erhielt der Vorstopper die gelbe Karte *(wurde verwarnt);* der Aufsatz erhielt eine neue Fassung *(er wurde umgearbeitet);* bildl.: durch diesen Vorfall erhielt das Gerücht neue Nahrung. **c)** *eine Vorstellung gewinnen:* einen Eindruck, ein schiefes Bild von jmdm., von etwas e. **d)** *als Endprodukt gewinnen:* Teer erhält man aus Kohle; durch das Einsetzen dieses Wertes erhalten wir die gesuchte Lösung. **2.** ⟨jmdn., sich, etwas e.⟩ **a)** *in seinem Bestand, Zustand bewahren:* einen Patienten künstlich am Leben e.; ein Gebäude, die Altstadt, die Natur e.; Arbeitsplätze, den Frieden e. *(aufrechterhalten);* den natürlichen Lebensraum e.; der Instinkt der Tiere, die Art zu e.; konstitutionelle Monarchien haben sich noch erhalten; ⟨sich (Dativ) etwas e.⟩ erhalte dir deine Gesundheit, deine gute Laune!; ein gut erhaltenes Auto; die Möbel sind gut erhalten; er ist [noch recht] gut erhalten (scherzh.; *sieht für sein Alter [noch] gut aus);* er soll uns weiterhin erhalten bleiben *(weiterleben).* **b)** *versorgen, unterhalten:* er hat sechs Kinder zu e.; mit seinem Verdienst konnte er sich, seine Familie kaum e.; das Geschäft erhält ihn gerade eben. **3.** ⟨etwas e. + 2. Part.; an Stelle der eigentlichen Passivkonstruktion⟩ etwas zugesprochen e.

erhärten ⟨etwas e.⟩: *bekräftigen:* eine These, einen Verdacht e.; er konnte seine Behauptung, seine Vermutung durch gute Argumente e.

erheben /vgl. erhebend/: **1.** ⟨etwas e.⟩ *hochheben:* den Arm, den Zeigefinger e.; die Hand zum Schwur e.; die Augen, den Blick zu jmdm. e. (geh.; *zu jmdm. aufsehen);* er erhob die Waffe gegen mich *(bedrohte mich);* ich erhebe mein Glas und trinke auf den Jubilar; bildl. (geh.): die

Kunst erhebt uns *(sie stimmt uns andächtig);* adj. Part.: erhobenen Hauptes *(stolz)* entfernte er sich; in seinem Stück spürt man den erhobenen Zeigefinger *(die moralisierende Belehrung);* er sprach mit erhobener *(lauter)* Stimme. **2.** (geh.) ⟨sich e.⟩ **a)** *aufstehen:* sich nicht mehr e. können; er erhob sich vom Stuhl, vom Platz; die Versammlung erhob sich zu Ehren des Verstorbenen; sie erhob sich gegen Mittag [von ihrem Lager]. **b)** *hochfliegen, aufsteigen:* der Vogel, das Flugzeug erhebt sich in die Luft. **c)** *aufragen:* auf dem Platz erhebt sich ein Denkmal; das Gebirge erhebt sich bis zu 2 000 Metern. **3.** (geh.) ⟨sich e.⟩ *sich auflehnen, Widerstand leisten:* das Volk erhob sich gegen die Regierung; alle erhoben sich wie ein Mann. **4.** (geh.) ⟨sich über jmdn., über etwas e.⟩ **a)** *sich für besser halten:* du erhebst dich zu gern über die anderen. **b)** *über etwas hinauskommen:* sie erhebt sich, ihre Verse erheben sich nie über den Durchschnitt. **5.** ⟨etwas erhebt sich⟩ *etwas beginnt, kommt auf:* ein Wind hatte sich erhoben (geh.); ein Murren erhob sich unter der Menge (geh.); darüber hat sich ein Streit erhoben (geh.; *ist ausgebrochen);* es erhebt sich die Frage, was nun geschehen soll. **6.** ⟨etwas e.⟩ **a)** *als Zahlung verlangen:* Steuern, Gebühren, Beiträge e.; bei dieser, für diese Veranstaltung wird kein Eintritt erhoben. **b)** *zusammentragen, sammeln:* Daten e.; das vom Autor erhobene Wortmaterial. **7.** ⟨jmdn., sich, etwas e.; mit Präp.-Obj.⟩ *in einen höheren Rang einordnen:* jmdn. in den Adelsstand e. (geh.); jmdn. auf den Thron e. (geh.; *zum Herrscher, König machen);* eine Zahl ins Quadrat e. (Math; *quadrieren);* eine Gemeinde zur Stadt e.; Vereinbartes zum Beschluß e. **8.** /verblaßt/ ⟨etwas e.⟩ *vorbringen, geltend machen:* Klage, Anklage e.; Beweis e.; Einspruch gegen etwas e.; seine Stimme e. *(deutlich seine Meinung kundtun);* Anspruch auf sein Erbteil e.; sie erhoben ein großes Geschrei (ugs.; *protestierten laut).*

erhebend: *in feierliche Stimmung versetzend:* das war ein erhebender Augenblick, eine erhebende Feier; ein erhebendes Gefühl erfüllte mich; der Anblick war wenig e. *(unerfreulich).*

erheblich: *beträchtlich; ins Gewicht fallend:* erhebliche Verluste, Einschränkungen, Probleme; eine erhebliche Verteuerung; der Plan hat erhebliche Nachteile, Mängel; die Schäden sind e.; wir stellen uns jetzt ganz e. schlechter als im Vorjahr; er wurde e. verletzt; der Fahrer stand e. unter dem Einfluß von Alkohol/stand unter erheblichem Alkoholeinfluß.

Erhebung, die: **1.** *Anhöhe, Gipfel:* eine kleine, niedrige E.; der Brocken ist die höchste E. des Harzes. **2.** *das Erheben:* die E. von Steuern, Beiträgen; seine E. in den Adelsstand. **3.** *Aufstand:* die E. des Volkes gegen die Diktatur gelang [nicht]. **4.** *Nachforschung, Umfrage:* eine amtliche, statistische E.; die E. ist abgeschlossen; er hat Erhebungen über den Tabakkonsum gemacht, angestellt, durchgeführt.

erheitern ⟨jmdn., etwas e.⟩: **a)** *heiter, lustig stimmen:* seine Späße erheiterten das Publikum; dieser Gedanke erheitert mich *(macht mich lachen);* subst. Part.: sein Vorschlag hat etwas Erheiterndes *(er reizt zum Lachen).* **b)** (veraltend) *aufheitern:* der Wein erheitert unser Gemüt.

erhellen: 1. a) ⟨etwas e.⟩ *beleuchten:* das Zimmer wird von einer/durch eine Lampe erhellt; bildl.: ein Lächeln erhellte ihr Gesicht *(gab ihm einen heiteren Ausdruck).* b) ⟨sich e.⟩ *hell werden:* der Himmel erhellte sich; bildl.: seine Miene erhellte sich *(wurde freundlich).* 2. a) ⟨etwas e.⟩ *deutlich machen:* die Hintergründe e.; diese Äußerung erhellt die ganze Situation. b) (geh.) ⟨etwas erhellt aus etwas⟩ *etwas ergibt sich aus etwas, wird durch etwas klar:* daraus, aus dieser Tatsache erhellt, daß unsere Vermutung richtig war.

erhitzen: 1. a) ⟨etwas e.⟩ *heiß machen:* Wasser, eine Klebemasse e.; die Milch wird kurz auf 80° erhitzt. b) ⟨etwas erhitzt jmdn.⟩ *etwas erwärmt jmdn., läßt jmdn.* ins Schwitzen kommen: der scharfe Galopp hatte sie erhitzt; der Wein erhitzte ihn stark. 2. a) ⟨etwas erhitzt sich⟩ *etwas wird heiß:* das Öl, der Freilauf, die Bremse hat sich erhitzt. b) ⟨sich e.⟩ *in Hitze geraten, ins Schwitzen kommen:* er erhitzte sich beim Tanz; adj. Part.: ein erhitztes Gesicht; so erhitzt darfst du nicht ins Wasser. 3. a) ⟨etwas erhitzt jmdn., etwas⟩ *etwas erregt jmdn., etwas:* dieser Gedanke erhitzte ihn, seine Phantasie; die tollsten Gerüchte erhitzten die Gemüter. b) ⟨sich e.⟩ *in Erregung geraten:* wir erhitzten uns an dieser, über dieser/(selten:) über diese Streitfrage.

erhöhen: 1. a) ⟨etwas e.⟩ *höher machen:* eine Mauer, ein Hindernis e.; die Deiche sind [um] einen Meter erhöht worden. b) ⟨jmdn. e.; mit Umstandsangabe⟩ *auf eine höhere Stufe stellen:* er ist im Rang erhöht worden. 2. a) ⟨etwas e.⟩ *steigern, vermehren:* das Tempo e.; die Steuern, Zölle, den Beitragssatz, die Lohne e., die Produktion e.; die Mitgliederzahl e. können; den Anreiz zum Kauf e.; der Preis ist auf das Doppelte, um die Hälfte erhöht worden; adj. Part.: der Kranke hat erhöhten Puls, erhöhte Temperatur *(leichtes Fieber).* b) ⟨etwas erhöht sich⟩ *etwas steigt, wächst:* die Produktionskosten erhöhen sich; die Zahl der Toten hat sich auf 34 erhöht. 3. (Musik) ⟨etwas e.⟩ *um einen Halbton heraufsetzen:* eine Note e.; c wird zu cis erhöht.

erholen: a) ⟨sich e.⟩ *seine Kraft wiedererlangen:* sich gut e.; du mußt dich einmal richtig e.; er erholt sich im Urlaub, an der See; der Rasen hat sich nach dem Regen schnell wieder erholt; übertr. (Wirtsch.): die Kurse, die Preise erholen sich *(ziehen an);* der Aktienindex war auf 480 gefallen, erholten sich aber auf 510; er sieht noch nicht ganz erholt aus; sie ist noch nicht ganz erholt *(wiederhergestellt).* b) ⟨sich von etwas e.⟩ *eine Anstrengung o. ä. überwinden:* sich von einer Krankheit, von den Strapazen der Reise e.; ich kann mich von dem Schreck, von meinem Staunen noch gar nicht e.

Erholung, die: *das Erholen:* seine E. macht langsame Fortschritte; E. suchen, [keine] E. finden; er hat dringend E. nötig; jmdn. in E. (ugs.) schicken; ich war drei Wochen in/zur E. (ugs.); er ging zur E. in ein Bad, an die See, aufs Land; übertr.: die allgemeine konjunkturelle E.

erhören ⟨jmdn., etwas e.⟩: a) (geh.) *Erbetenes gewähren:* Gott hat ihn, sein Gebet erhört; seine Bitten wurden erhört. b) (veraltend) *einer Werbung nachgeben:* sie hat ihren Liebhaber erhört.

erinnerlich ⟨in der Verbindung⟩ etwas ist jmdm. erinnerlich (geh.): *jmd. kann sich an etwas erin-*

nern: seine Worte sind mir noch gut e.; es ist mir nicht e./mir ist nicht e., daß ...; ⟨auch ohne Dat.⟩ wie e., wurde damals ...; soweit e., ...

erinnern: 1. *jmdn., etwas im Gedächtnis behalten haben und wieder an ihn, daran denken:* a) ⟨sich an jmdn., an etwas e.⟩ ich kann mich noch gut an den Vorfall e.; ich erinnere mich dunkel an die alte Dame; daran kann ich mich beim besten Willen nicht mehr e.; ⟨auch ohne Präp.-Obj.⟩ wenn ich mich recht erinnere, war er vor 5 Jahren hier. b) (geh. veraltend) ⟨sich jmds., einer Sache e.⟩ ich erinnere mich seiner Worte; er erinnerte sich seines alten Lehrers. c) (landsch., bes. nordd.) ⟨jmdn., etwas e.⟩ ich erinnere ihn gut; erinnerst du vergangene Ostern? 2. ⟨jmdn. an jmdn., an etwas e.⟩ a) *die Erinnerung an jmdn., an etwas bei jmdm. wachrufen:* diese Dame erinnert mich an meine Tante; das erinnert mich an ein früheres Erlebnis, an meine Kindheit; ⟨auch ohne Akk.⟩ das alles erinnert an die Zeit, als ... b) *jmdn. veranlassen, an etwas zu denken, etwas nicht zu vergessen:* jmdn. an den Versprechen, an seine Pflicht, an eine Verabredung e.; ich erinnerte ihn daran, daß er für die Reise noch Geld umtauschen wollte; ⟨auch ohne Präp.-Obj.⟩ bitte erinnern Sie mich rechtzeitig! 3. (geh. veraltend) ⟨etwas e.⟩ *zu bedenken geben:* er hatte verschiedenes dagegen zu e.; ich möchte e., daß ...

Erinnerung, die: 1. a) *Fähigkeit, sich an etwas zu erinnern:* meine E. setzt hier aus, läßt mich [hier] im Stich. b) *Gedächtnis:* wenn mich die/meine E. nicht täuscht, war er damals schwer krank; dieses Ereignis ist meiner E. ganz entfallen; etwas aus seiner E. tilgen, streichen; etwas in guter E. behalten; jmdn (Dativ) etwas in die E. zurückrufen; er wollte sich mit diesem Gruß in E. bringen *(er wollte sie sich erinnern).* 2. *Eindruck, an den man sich erinnert:* liebe, flüchtige, traurige, schreckliche Erinnerungen werden wach; seine Erinnerungen reichen tief in die Vergangenheit zurück; er hat keine, nur eine schwache E. an seine Kindheit; Erinnerungen wecken, auffrischen, bewahren; seine Erinnerungen aufzeichnen; sie tauschten ihre Erinnerungen aus; meiner E. nach/nach meiner E. war das ganz anders; ich gab mich meinen Erinnerungen hin, hing meinen Erinnerungen nach; sie war ganz in E. versunken; ich zehre noch von der E. an diese Reise. 3. a) *Gedanken, Andenken:* er wollte jede E. an den Krieg auslöschen; in dankbarer E. gedenken wir des Mannes, der ...; er steht bei uns in guter, angenehmer E.; behalte mich in freundlicher E.; zur E. an die Schulzeit. b) (geh.) *Gedenkzeichen:* nimm das als freundliche E. an meinen Vater; seine Erinnerungen aufbewahren.

erkälten: a) ⟨sich e.⟩: *sich eine Erkältung zuziehen:* ich habe mich erkältet; sie ist sehr erkältet. b) ⟨sich (Dativ) etwas e.⟩ *durch Verkühlung krank machen:* sich den Magen, die Blase e.

Erkältung, die: *Erkrankung der Atemwege; Katarrh:* eine leichte, schwere E.; die E. hat sich auf den Magen gelegt, klingt ab; sich (Dativ) eine E. zuziehen, holen (ugs.); eine E. bekommen; sie leidet an einer heftigen E.

erkaufen (geh.) ⟨etwas e.⟩: *durch Opfer gewinnen:* der Sieg wurde mit viel Blut erkauft; er mußte diese Erfahrung teuer e.

erkennen: 1. ⟨jmdn., etwas e.⟩ *deutlich wahrnehmen:* eine Aufschrift e.; der Stern war gerade noch zu e.; kannst du e., ob dort jemand steht?; er erkannte die Gefahr noch rechtzeitig. **2.** ⟨jmdn., etwas e.⟩ **a)** *auf Grund bestimmter Merkmale identifizieren:* seinen Freund nicht [gleich] e.; es waren noch Reifenspuren zu e.; jmdn. am Gang, an der Stimme e.; er wurde als der Täter erkannt; er gab sich zu e. *(nannte seinen Namen);* er gab sich als Deutscher/(veraltet:) als Deutschen zu e.; der Arzt erkannte die Krankheit sofort. **b)** *richtig einschätzen; über jmdn., über etwas Klarheit gewinnen:* du bist erkannt *(durchschaut);* seinen Irrtum e. *(einsehen);* etwas als Fehler, als falsch e.; ich erkenne dies als meine Pflicht; wir erkannten, daß es zu spät war. **3.** (Papierdt.) ⟨auf etwas e.⟩ *ein Urteil fällen, entscheiden:* das Gericht erkannte auf Freispruch, auf 6 Monate Gefängnis; Sport: der Schiedsrichter erkannte auf Abseits.

erkenntlich ⟨in den Verbindungen⟩ **sich erkenntlich zeigen** *(seinen Dank durch eine Gabe oder Gefälligkeit ausdrücken):* mit ihrem Geschenk wollte sie sich für unsere Hilfe e. zeigen · **jmdm. erkenntlich sein** *(jmdm. dankbar sein).*

Erkenntnis, die: **1.** *durch geistige Verarbeitung von Eindrücken, Erfahrungen o. ä. gewonnene Einsicht:* eine gesicherte, historische E.; diese wichtige E. setzt sich langsam durch; ihm kam die E., daß ...; neue Erkenntnisse gewinnen; ich durfte mich dieser E. nicht verschließen; nach den neuesten Erkenntnissen ist dieser Virus harmlos; er kam, gelangte zur E., zu der traurigen E., daß ... **2.** *Fähigkeit des Erkennens:* an die Grenzen der E. stoßen; (bibl.:) vom Baum der E. essen.

erklären /vgl. erklärt/: **1.** ⟨etwas e.⟩ **a)** *deutlich machen, erläutern:* etwas genau, gründlich, kurz, wissenschaftlich, allgemeinverständlich e.; einen Wort, einen Text, einen Schriftsteller e.; das läßt sich nicht [an einem Beispiel] e.; ⟨auch ohne Akk.⟩ ein Lehrer muß e. können; ⟨jmdm. etwas e.⟩ jmdm. die Elektrizität e.; er erklärte uns, was wir nun tun müssen; adj. Part.: einige erklärende Worte sagen. **b)** *begründen, deuten:* er versuchte, ihr ungewöhnliches Verhalten psychologisch zu e.; ⟨jmdm., sich etwas e.⟩ ich erkläre mir die Sache so ...; ich kann mir sein Versagen nicht e.; er erklärte mir, warum er nicht kommen könne. **c)** ⟨etwas erklärt sich; mit Umstandsangabe⟩ *etwas findet seine Erklärung:* dieser Unfall erklärt sich leicht; das erklärt sich aus sich selbst; so erklärt es sich, daß daraus nichts wurde; der hohe Preis des Grundstücks erklärt sich aus *(ist begründet in)* der guten Lage. **2. a)** ⟨etwas e.⟩ *äußern; [offiziell] mitteilen:* etwas energisch, mit Bestimmtheit, mit aller Deutlichkeit e.; etwas an Eides Statt e.; er erklärte, nicht mehr teilnehmen zu wollen; der Minister erklärte, daß die Verhandlungen fortgesetzt würden; sein Einverständnis, seinen Rücktritt, seinen Austritt aus der Partei e.; ⟨jmdm. etwas e.⟩ er erklärte mir, daß er einverstanden sei; einem Mädchen seine Liebe e. (veraltend: *gestehen);* einem Lande den Krieg e. **b)** ⟨sich e.; mit Umstandsangabe⟩ *seine Haltung zum Ausdruck bringen:* erkläre dich deutlicher!; /häufig verblaßt/: sich bereit e. *(bereit sein);* sich einverstanden e. *(einverstanden sein);* sich für jmdn.,

gegen jmdn. e. *(für, gegen jmdn. sein);* ⟨auch ohne Umstandsangabe⟩ sie erwartete, daß ich mich endlich erklärte (veraltend; *ihr meine Liebe gestände).* **3. a)** ⟨jmdn., sich, etwas für etwas e.⟩ *[amtlich] als etwas bezeichnen:* ich muß das für eine Lüge e.; einen Vermißten für tot e. [lassen]; jmdn. für schuldig, bankrott e.; etwas für ungültig, null und nichtig e.; der Beamte erklärte sich für nicht zuständig. **b)** ⟨jmdn. zu jmdm. e.⟩ *jmdn. zu etwas bestimmen, machen, proklamieren:* jmdn. zum Sieger, zu seinem Nachfolger e.

erklärt: a) *sich offen bekennend; entschieden:* er ist ein erklärter Gegner der Aufrüstung. **b)** *offenkundig; ausgesprochen:* dieser Sänger ist der erklärte Liebling des Publikums; das erklärte Ziel der Bewegung war der Umsturz.

Erklärung, die: **1.** *das Erklären; Deutung, Begründung:* eine knappe, eingehende, unzureichende E.; für etwas eine E. haben, finden; ich weiß keine andere E. für diesen Vorfall; diese Antwort bedarf keiner weiteren E.; ich mußte mich mit dieser E. zufriedengeben. **2.** *offizielle Äußerung, Mitteilung:* eine bindende, feierliche, eidesstattliche E.; eine E. abgeben.

erkranken: *krank werden:* plötzlich, leicht, schwer e.; er erkrankte an einer Grippe, an Malaria; er vertritt einen erkrankten Kollegen.

erkunden ⟨etwas e.⟩: *auskundschaften, erforschen:* das Gelände, die feindlichen Stellungen e.; militärische Geheimnisse e.

erkundigen ⟨sich e.⟩: *fragen; um Auskunft bitten:* sich nach dem Weg, nach einem Zug e.; er erkundigte sich [teilnehmend, höflich] nach ihrem Befinden; die Firma hat sich über ihn erkundigt; erkundige dich bitte, wann das Schiff ankommt; er erkundigte sich, ob Post da sei.

Erkundigung, die: *Nachfrage, Nachforschung:* unsere Erkundigungen haben nichts ergeben; [bei jmdm. über jmdn., etwas] Erkundigungen einziehen (nachdrücklich; *sich erkundigen).*

erlahmen: a) *müde und schwach werden:* er erlahmte schnell; seine Kräfte erlahmten; ⟨etwas erlahmt jmdm.⟩ vom langen Tragen erlahmte mir der Arm. **b)** (geh.) ⟨etwas erlahmt⟩ *etwas läßt an Stärke, Intensität nach:* der Sturm erlahmte nach und nach; sein Eifer war bald erlahmt; das Interesse des Publikums erlahmte immer mehr.

erlangen ⟨etwas e.⟩: *gewinnen, erreichen; nach einiger Anstrengung bekommen:* die Freiheit, die absolute Mehrheit, einen begehrten Posten e.; dieses Verfahren hat [für die Medizin] große Bedeutung erlangt; wir konnten endlich Gewißheit über sein Schicksal e.

Erlaß, der: **1. a)** *behördliche Anordnung:* ein öffentlicher, amtlicher E.; ein E. des Ministers; einen E. herausgeben, befolgen. **b)** *das Anordnen, Verfügen:* er ist für den E. von Verordnungen zuständig. **2.** *Befreiung von einer Verpflichtung:* den E. einer Schuld, einer Strafe beantragen.

erlassen: 1. ⟨etwas e.⟩ *amtlich verkünden:* einen Befehl, ein Gesetz, eine Verordnung, eine Verfügung e.; einen Haftbefehl gegen jmdn. e. **2.** ⟨jmdm. etwas e.⟩ *jmdn. von etwas entbinden:* ihm wurde seine Strafe, Schuld, die Steuer erlassen; es sei mir erlassen (geh.), darauf einzugehen.

erlauben: 1. ⟨jmdm. etwas e.⟩ *die Zustimmung zu etwas geben:* ich erlaubte ihm zu gehen; dem

Kranken das Aufstehen e.; wir haben ihm erlaubt, die Reise mitzumachen; würden Sie mir eine Bemerkung e.?; ⟨auch ohne Dat.⟩ meine Eltern würden das niemals e.; erlauben Sie, daß ich rauche?; Rauchen [ist hier] nicht erlaubt!; ⟨auch ohne Dat. und ohne Akk.⟩ erlauben Sie mal! (ugs.; *wie kommen Sie eigentlich dazu?*). **2. a)** ⟨etwas erlaubt etwas⟩ *etwas läßt etwas zu:* der Stand der Arbeiten erlaubt keine Unterbrechung; ich werde kommen, wenn es meine Zeit, meine Gesundheit erlaubt. **b)** ⟨etwas erlaubt jmdm. etwas⟩ *etwas ermöglicht jmdm. etwas:* meine Mittel erlauben mir, ein Auto zu halten; meine Zeit erlaubt mir nicht, euch zu besuchen. **3.** ⟨sich (Dativ) etwas e.⟩ **a)** *sich die Freiheit nehmen, etwas zu tun:* er hat sich einen Scherz mit dir erlaubt; hierüber kann ich mir kein Urteil e.; darf ich mir eine Bemerkung, einen Vorschlag e.? **b)** *sich leisten:* er erlaubte sich eine Zigarette; diese teure Anschaffung kann ich mir nicht e.

Erlaubnis, die: *Zustimmung, Genehmigung:* jmdm. die E. zu etwas erteilen, verweigern; er ist ohne E. weggegangen; er hat den Wagen ohne die E. des Chefs, mit der E. des Chefs benutzt; um E. bitten; er bat um die E. zu rauchen; mit Ihrer E. /Höflichkeitsfloskel/.

erläutern ⟨etwas e.⟩: *näher erklären, durch Beispiele o. ä. verdeutlichen:* einen Text, einen Sachverhalt e.; ⟨jmdm. etwas e.⟩ er hat mir [im einzelnen] erläutert, wie alles ablaufen soll; adj. Part.: erläuternde Zusätze, Beispiele.

erleben: 1. a) ⟨etwas e.⟩ *durch etwas betroffen und beeindruckt werden:* etwas Schreckliches, sehr Schönes, eine Überraschung, Enttäuschung e.; ich habe schon viel[es] erlebt, viel Schweres erlebt; subst.: ein tiefes, schmerzliches Erleben. **b)** ⟨jmdn., etwas e.⟩ *kennenlernen und auf sich wirken lassen:* etwas bewußt, intensiv e.; ein Konzert, ein Fußballspiel e.; eine Landschaft, ein Abenteuer e.; ich habe diesen Schauspieler in vielen großen Rollen erlebt; so habe ich den Chef noch nie erlebt. **2.** ⟨etwas e.⟩ **a)** *durchleben, durchmachen, an sich erfahren:* er hat einen glänzenden Aufstieg, eine Niederlage erlebt; ein Land erlebte eine Zeit des Friedens; er hat es selbst am eigenen Leibe erlebt, was es heißt, arm zu sein; das Stück erlebte die 50. Aufführung; ich habe dort die tollsten Sachen erlebt; das Haus hat auch schon bessere Zeiten erlebt; hat man je so etwas erlebt! (ugs.) /erstaunter, entrüsteter Ausruf/; der kann [von mir] etwas e.! (ugs.) /Ausdruck der Drohung/. **b)** *miterleben:* ich habe sein Jubiläum noch erlebt; ihren 90. Geburtstag hat sie nicht mehr erlebt; das möchte ich nicht e.!

Erlebnis, das: *von jmdm. erlebtes Geschehen:* ein nachhaltiges, aufregendes, trauriges, nettes E.; das E. der ersten Liebe; dieses E. hat lange nachgewirkt; diese Reise war ein E. [für mich], ist zu einem großen E. geworden; ein schreckliches E. haben, vergessen; seine Erlebnisse erzählen; er hatte dort ein E. mit einem Mädchen.

erledigen /vgl. erledigt/: **1. a)** ⟨etwas e.⟩ *ausführen, zu Ende führen:* einen Auftrag, ein Geschäft, eine Arbeit e.; die Formalitäten für jmdn. e.; Ihre Bestellung wird sofort erledigt; ich habe noch einiges, viel, eine Menge zu e.; er hat die Sache in einigen Sätzen erledigt *(kurz abgehandelt, abge-*

tan); der Fall, die Sache ist [für mich] erledigt! (ugs.; *darüber ist nicht mehr zu sprechen*). **b)** ⟨etwas erledigt sich⟩ *etwas klärt sich, kommt zum Abschluß:* die Sache erledigt sich hiermit, hat sich von selbst erledigt. **2.** (ugs.) ⟨jmdn. e.⟩ *besiegen, vernichten:* er hat den Gegner erledigt.

erledigt (ugs.): *völlig erschöpft:* ich bin völlig e.; sie kam ganz e. heim.

erlegen: 1. (geh.) ⟨ein Tier e.⟩ *mit einer Schußwaffe töten:* zwei Hasen e.; das erlegte Wild wird aufgebrochen. **2.** (südd., österr., schweiz.) ⟨etwas e.⟩ *zahlen:* die Gebühr, das Eintrittsgeld e.

erleichtern: 1. (seltener) ⟨etwas e.⟩ *das Gewicht von etwas verringern:* das Gepäck e. **2. a)** ⟨etwas erleichtert etwas⟩ *etwas macht etwas einfacher, bequemer:* dieser Hinweis erleichtert das Verständnis; daß er mitmacht, erleichtert die Sache erheblich; ⟨etwas erleichtert jmdm. etwas⟩ ein Stipendium erleichterte ihm das Studium. **b)** ⟨jmdm., sich etwas e.⟩ *einfacher, bequemer machen:* ich wollte dir die Arbeit e.; du mußt versuchen, dir das Leben zu e. **3. a)** ⟨etwas erleichtert jmdn., etwas⟩ *etwas befreit jmdn., etwas von einer Belastung:* diese Nachricht erleichterte ihn, sein Gewissen sehr; es hat sie erleichtert, daß ihr Versehen ohne Folgen blieb; adj. Part.: erleichtertes Aufatmen. **b)** ⟨sich, etwas e.⟩ *von einer inneren Belastung befreien:* ich möchte mich, mein Gewissen e.; ⟨sich (Dativ) etwas e.⟩ ich will mir durch eine Aussprache, ein Geständnis das Herz, das Gewissen e. **4.** (ugs.) ⟨sich e.⟩ *seine Notdurft verrichten:* er ging hinaus, um sich zu e. **5.** (ugs.) ⟨jmdn. um etwas e.⟩ *jmdm. Geld o. ä. durch Betteln, Diebstahl, im Spiel o. ä. abnehmen:* sie erleichterten ihn um seine Brieftasche; der Betrüger hat mich um 100 Mark erleichtert; ⟨auch ohne Präp.-Obj.⟩ jmdn. beim Pokern e.

erleiden ⟨etwas e.⟩: **1.** (geh.) *Leiden ausgesetzt sein:* er mußte viel Böses, große Schmerzen e. **2.** *Schaden zugefügt bekommen:* eine Niederlage e.; den Tod e.; die Truppe erlitt schwere Verluste, erlitt eine Einbuße an Ansehen, Vermögen; erlittenes Unrecht; /häufig verblaßt/: die Verhandlungen erleiden eine Unterbrechung *(werden unterbrochen);* einen Rückfall e. *(wieder krank werden);* der Dampfer erlitt Schiffbruch *(wurde durch die See zerstört, strandete).*

erlernen ⟨etwas e.⟩: *sich etwas durch Lernen aneignen:* ein Handwerk, eine Fremdsprache e.

erlesen (geh.): *ausgesucht, auserlesen:* erlesene Kostbarkeiten, Genüsse; erlesene Delikatessen; wir trafen dort eine erlesene Gesellschaft; die Weine waren e.

erliegen (geh.): **1.** ⟨jmdm., einer Sache e.⟩: *unterliegen, besiegt werden:* der feindlichen Übermacht, den Verlockungen, Versuchungen des Lebens e. /oft verblaßt/: einer Täuschung e. *(sich täuschen [lassen]);* einem Einfluß e. *(sich beeinflussen lassen).* **2.** ⟨einer Sache e.⟩ *an etwas sterben:* er ist seinen Verletzungen erlegen. * *etwas kommt zum Erliegen (etwas verschwindet, bricht zusammen):* durch den Schneefall kam der ganze Verkehr zum Erliegen · **etwas zum Erliegen bringen** *(zum Stillstand bringen):* der Nebel brachte die Schiffahrt zum Erliegen.

erlöschen ⟨etwas erlischt⟩: **a)** *etwas hört auf zu brennen, zu leuchten:* die Kerze, das Feuer er-

lischt; die Lampe erlosch; der Vulkan ist erloschen; **bildl.** (geh.): langsam erlosch das Lächeln wieder in ihrem Gesicht. **b)** *etwas wird schwächer, läßt nach, klingt ab:* sein Haß, seine Liebe ist erloschen; mit erlöschender *(versagender)* Stimme sprechen. **c)** *etwas hört auf zu bestehen:* ein adliges Geschlecht, eine Familie erlischt *(stirbt aus);* die Firma ist erloschen; das Konto, das Mandat, die Mitgliedschaft ist erloschen; der Anspruch erlischt nach 30 Jahren.
erlösen: 1. ⟨jmdn. e.⟩ *befreien, retten:* jmdn. aus großer Not, aus einer gefahrvollen Lage e.; die verzauberte Prinzessin wurde am Ende erlöst; er wurde von seinem schweren Leiden erlöst (geh. verhüll.; *er ist gestorben*); ich komme gleich zurück und erlöse dich (ugs. scherzh.; *löse dich ab, befreie dich aus der unangenehmen Lage*); er sprach das erlösende *(klärende, befreiende)* Wort. **2.** (seltener) ⟨etwas e.⟩ *durch Verkauf einnehmen:* er hat für den Schmuck, beim/aus dem Verkauf seiner Möbel nur wenig erlöst.
Erlösung, die: *Befreiung aus Bedrängnis:* die E. aus seiner Not, von seiner Qual, von allen Schmerzen; der Tod war für den Kranken eine E.
ermächtigen ⟨jmdn. zu etwas e.⟩: *jmdm. ein bestimmtes Recht, eine Vollmacht erteilen:* er ist nicht zur Unterschrift, zum Abschluß eines Vertrages ermächtigt; die Regierung ermächtigte ihn, die Verhandlungen zu führen.
ermahnen ⟨jmdn. zu etwas e.⟩: *eindringlich an etwas erinnern:* jmdn. zur Pünktlichkeit, zur Vorsicht e.; ich ermahnte ihn, besonnen zu bleiben.
ermangeln (geh.) ⟨einer Sache e.⟩: *etwas nicht haben:* er ermangelte dieses Vorteils; der Vortrag ermangelte jeder Sachkenntnis.
Ermangelung (geh. in der Verbindung) in Ermangelung einer Sache (geh.): *mangels; weil etwas fehlt:* in E. eines Besseren, schönerer Exemplare müssen wir mit dem Vorhandenen vorliebnehmen.
ermäßigen: a) ⟨etwas e.⟩ *senken, herabsetzen:* Beiträge, Steuern e.; für Gruppen wird das Fahrgeld auf die Hälfte, um ein Drittel ermäßigt; ein Angebot zu stark ermäßigten Preisen. **b)** ⟨etwas ermäßigt sich⟩ *etwas wird geringer:* bei Sammelbestellung ermäßigt sich der Preis um 10 %.
ermessen (geh.) ⟨etwas e.⟩: *in seinem Ausmaß, in seiner Bedeutung erfassen und einschätzen:* das läßt sich leicht e., wenn ...; du kannst daran e., wie wertvoll mir diese Kritik ist; wer ermißt die Bedeutung dieser Stunde!
Ermessen, das: *Einschätzung, Beurteilung:* freies, richterliches E.; aus, nach eigenem Ermessen; nach meinem E.; nach dem E. des Gerichts. * **etwas in jmds. Ermessen stellen** *(etwas jmds. Entscheidung überlassen)* · **nach menschlichem Ermessen** *(soweit man es beurteilen kann; aller Wahrscheinlichkeit nach).*
ermitteln: a) ⟨jmdn., etwas e.⟩ *durch geschicktes Nachforschen feststellen:* den Täter e.; jmds. Aufenthaltsort, den Verbleib eines Gegenstandes e.; es läßt sich nicht e., ob und wann sie angekommen ist. **b)** *rechnend feststellen, errechnen:* einen Wert, den Durchschnitt e.; den ermittelten Wert einsetzen. **c)** (Rechtsw.) ⟨gegen jmdn. e.⟩ *die Untersuchung führen:* der Staatsanwalt ermittelt bereits gegen ihn; es wird gegen Unbekannt wegen Sachbeschädigung ermittelt.

ermöglichen: a) ⟨jmdm. etwas e.⟩ *jmdm. zu etwas verhelfen:* jmdm. eine Reise, einen Urlaub e.; sein Onkel ermöglichte ihm das Studium. **b)** ⟨etwas ermöglicht etwas⟩ *etwas macht etwas möglich:* die veränderte Situation ermöglichte die Aufnahme diplomatischer Beziehungen.
ermorden ⟨jmdn. e.⟩: *vorsätzlich töten:* jmdn. heimtückisch, brutal, aus Eifersucht e.; der Politiker ist von Fanatikern ermordet worden.
ermüden: 1. *müde, matt, schläfrig werden:* schnell e.; er kann stundenlang arbeiten, ohne zu e.; er war ermüdet von der langen/durch die lange Reise; ermüdet sank er aufs Bett; bei dieser Beleuchtung ermüden die Augen schneller; übertr.: das Material, der Stahl ermüdet (Technik; *verliert seine Spannung, seine Härte*). **2.** ⟨jmdn., etwas e.⟩ *müde, matt, schläfrig machen:* die Bahnfahrt, das viele Sprechen ermüdet mich; ⟨auch ohne Akk.⟩ langes Fahren ermüdet.
ermuntern: 1. ⟨jmdn. zu etwas e.⟩ *ermutigen; jmds. Lust zu etwas wecken:* jmdn. zur Arbeit, zu einem Entschluß e.; der Erfolg ermunterte ihn zu weiteren Taten; adj. Part.: er sprach einige ermunternde Worte; sie blickte ihn ermunternd an. **2.** (seltener) **a)** ⟨jmdn. e.⟩ *wach machen:* die frische Luft ermunterte ihn. **b)** ⟨sich e.⟩ *wach werden:* ich hatte Mühe, mich zu e.
ermutigen ⟨jmdn. e.⟩: *jmdm. Mut machen; jmdn. bestärken:* er versuchte die Kinder durch Lob zu e.; die Bevölkerung zum Widerstand e.; er ermutigte mich, die Arbeit fortzusetzen; adj. Part.: ermutigende Worte; was er sagte, klang nicht gerade ermutigend.
ernähren ⟨jmdn., sich e.⟩: **1.** *mit Nahrung versorgen:* ein Kind, ein Kalb mit der Flasche e.; der Kranke wurde künstlich ernährt; er ernährt sich hauptsächlich von Obst *(sein Hauptnahrungsmittel ist Obst);* er hat sich falsch ernährt; das Kind ist schlecht ernährt. **2.** *für jmds., für seinen Lebensunterhalt sorgen:* er hat eine große Familie zu e.; von diesem Gehalt kann er sich kaum e.
ernennen: a) ⟨jmdn. zu etwas e.⟩ *jmdm. ein Amt geben:* jmdn. zum Beamten, zum Botschafter e.; er hat ihn zu seinem Nachfolger ernannt. **b)** ⟨jmdn. e.⟩ *den Inhaber eines Amtes bestimmen:* einen Nachfolger e.; der Bundespräsident ernennt die Bundesminister.
erneuern ⟨etwas e.⟩: **1. a)** *gegen Neues auswechseln:* den Fußboden e.; die Reifen müssen erneuert werden. **b)** *wiederherstellen, renovieren:* ein Gemälde e.; das Gebäude mußte von Grund auf erneuert werden. **c)** ⟨sich e.⟩ *neue Kraft gewinnen, neu werden:* Körperzellen erneuern sich immer wieder; die Natur hat sich erneuert. **2. a)** *wieder beleben, wieder wirksam werden lassen:* eine Bekanntschaft, eine alte Freundschaft e. **b)** *verlängern, für weiterhin gültig erklären:* einen Paß, einen Vertrag, sein Versprechen e.
erneut: *von neuem [auftretend]; nochmals:* ein erneuter Versuch; mit erneuter Kraft; es kam zu erneuten Kämpfen/e. zu Kämpfen zwischen den Parteien; wir weisen e. auf diese Gefahr hin.
erniedrigen: 1. ⟨jmdn., sich e.⟩ *moralisch herabsetzen:* diese Arbeit erniedrigt ihn [zur Maschine]; dadurch würdest du dich selbst e. **2.** (Musik) ⟨etwas e.⟩ *um einen Halbton herabsetzen:* einen Ton e.; a wurde zu as erniedrigt.

ernst: 1. *von Ernst, Nachdenklichkeit erfüllt ohne Fröhlichkeit, nicht lachend:* ein ernstes Gesicht, eine ernste Miene machen; er ist ein ernster Mensch; ernste Dinge e. *behandeln;* ein ernstes Buch, Stück; sie wurde plötzlich e. *(sie hörte auf zu lachen).* **2.** *eindringlich, gewichtig:* eine ernste Ermahnung; ernste Bedenken haben; ich muß einmal ein ernstes Wort mit dir reden; ⟨etwas e. nehmen⟩ er nimmt seinen Beruf e. *(erfüllt ihn gewissenhaft).* **3.** *aufrichtig; wirklich so gemeint:* das ist seine ernste Absicht; ⟨jmdm. ist es e. mit etwas⟩ es ist ihm e. mit diesem Vorschlag; ⟨es e. meinen⟩ er meint es e.; ⟨jmdn., etwas e. nehmen⟩ diese Behauptung ist nicht e. zu nehmen; das Kind will e. genommen *(als eigene, selbständige Persönlichkeit angesehen)* werden. **4.** *bedrohlich, besorgniserregend, sehr gefahrvoll:* eine ernste Krankheit; ernste Verluste; die Lage ist sehr e.; sein Zustand ist e.; **subst.:** hoffentlich ist es nichts Ernstes.

Ernst, der: 1. *ernsthafte, von Nachdenklichkeit, Sachlichkeit zeugende Gesinnung oder Haltung:* ein feierlicher, ruhiger, strenger E.; der E. seiner Rede übertrug sich auf die Zuhörer; er ging mit großem E. an seine Aufgabe; er betreibt alles mit tierischem (ugs.: *sturem, humorlosem)* E. **2.** *aufrichtige Meinung, ernster Wille:* ist das dein E.? *(meinst du das wirklich so?);* das kann doch nicht dein E. sein!; es ist mir [völlig] E./völliger E. damit; er hat dies allen Ernstes, in/mit vollem E. behauptet; hast du das im E. gemeint? **3.** *[gewichtige] Wirklichkeit:* es wird E.; aus dem Spiel wurde [bitterer, blutiger] E.; den E. der Stunde fühlen; er hat den E. *(die Härte, Strenge)* des Lebens kennengelernt; jetzt beginnt der E. des Lebens. **4.** *Bedrohlichkeit, Gefährlichkeit:* jetzt erkannte er den E. der Lage. * **[mit etwas] Ernst machen** *(etwas verwirklichen, in die Tat umsetzen):* er hat mit seiner Drohung E. gemacht.

ernsthaft: 1. *nicht heiter, in ernster Weise; sachlich:* ein ernsthafter Mann, Charakter; er brauchte eine ernsthafte Tätigkeit; etwas e. meinen; e. mit jmdm. sprechen. **2.** *eindringlich, gewichtig:* eine ernsthafte Mahnung; ernsthafte Bedenken; die Arbeit zeigt ernsthafte Mängel. **3.** *wirklich so gemeint, aufrichtig, tatsächlich:* ein ernsthaftes Angebot; auch ernsthafte *(ernst zu nehmende)* Forscher sind davon überzeugt; das hat niemand e. geglaubt. **4.** *besorgniserregend, sehr gefährlich:* ernsthafte Verletzungen; eine ernsthafte Gefahr; sie ist e. krank, erkrankt.

ernstlich: 1. *gewichtig, eindringlich:* ernstliche Bedenken haben; jmdn. e. ermahnen, bitten; jmdm. e. böse sein. **2.** *wirklich so gemeint:* das ist mein ernstlicher Wille; ich meine e., daß ... **3.** *nicht ungefährlich, besorgniserregend:* eine ernstliche Gefährdung; er ist e. krank, erkrankt; sein Plan kann uns nicht e. gefährden.

Ernte, die: 1. *das Ernten:* die E. hat begonnen; bei der E. helfen; die Bauern sind bei/[mitten] in der E.; **bildl.** (geh.): der Tod hielt furchtbare, schreckliche, reiche E. **2.** *die reifen Feld- und Gartenfrüchte, die geerntet werden:* die E. einbringen, einfahren, abliefern, verkaufen; es gab dieses Jahr eine gute, reiche, schlechte E.; wir hatten nur mittlere Ernten an Getreide und Obst; das Unwetter vernichtete die ganze E. * (ugs.:) **jmdm.**

ist die ganze Ernte verhagelt *(jmd. ist durch Mißerfolg niedergeschlagen, mutlos geworden).*

ernten ⟨etwas e.⟩: *als Ertrag von Feld oder Garten einbringen:* Getreide, Obst, Kartoffeln e.; **bildl.:** die Früchte seiner Arbeit e.; er hat Anerkennung, Lob, Lorbeeren, großen Applaus geerntet; er hat nur Undank, Spott geerntet.

ernüchtern ⟨jmdn. e.⟩: **a)** *wieder nüchtern machen:* die frische Luft, der plötzliche Schreck ernüchterte ihn. **b)** *aus der Illusion in die enttäuschende Wirklichkeit zurückholen:* die kühle Begrüßung ernüchterte uns; **adj. Part.:** ein ernüchterndes Erlebnis; die Rede wirkte ernüchternd.

erobern: 1. ⟨etwas e.⟩ *durch eine militärische Aktion an sich bringen:* eine Festung, ein Land e. **2.** ⟨jmdn., etwas e.⟩ *für sich gewinnen:* eine Frau e.; die Macht, ein Mandat e.; die Industrie eroberte neue Märkte; ⟨jmdm., einer Sache, sich etwas e.⟩ das Produkt hat der Firma neue Märkte erobert; sich die Sympathien der Zuhörer, die Herzen im Sturm e.

Eroberung, die: 1. **a)** *das Erobern:* die E. einer Festung. **b)** *das Erlangen, Erringen:* die E. neuer Absatzmärkte. **2.** *das Eroberte:* das besiegte Land mußte alle Eroberungen herausgeben; (ugs. scherzh.:) dieses Mädchen ist seine neueste E. * **eine Eroberung/Eroberungen machen** *(jmdn., etwas für sich gewinnen)* · (scherzh.:) **auf Eroberungen ausgehen** *(Verehrer, Frauen für sich zu gewinnen suchen).*

eröffnen: 1. ⟨etwas e.⟩ *der Öffentlichkeit zugänglich machen:* ein Geschäft, eine Ausstellung, eine neue Verkehrslinie e. **2.** ⟨etwas e.⟩ **a)** (Med.) *durch Schneiden aufmachen, freilegen:* eine Körperhöhle e. **b)** (Papierdt.) *amtlich öffnen:* ein Testament e. **3.** ⟨etwas e.⟩ *mit etwas beginnen:* eine Sitzung, eine Diskussion e.; der Präsident eröffnete den Kongreß [um 10 Uhr]; der Ball wurde mit einem Walzer eröffnet; eine Schachpartie e. *(die ersten Züge einleiten)*; die Feindseligkeiten e.; das Feuer [auf eine Stellung] e. *(zu schießen beginnen)* · Kaufmannsspr.: den Konkurs e.; ein Konto [bei der Bank] e. *(einrichten).* **4.** (geh.) **a)** ⟨jmdm. etwas e.⟩ *mitteilen:* er eröffnete mir seine Absicht, seinen Plan; er eröffnete ihr, daß er auswandern wolle. **b)** ⟨sich jmdm. e.⟩ *jmdn. in eigener Sache ins Vertrauen ziehen:* er eröffnete sich seinem älteren Freunde. **5. a)** ⟨etwas eröffnet jmdm. etwas⟩ *etwas macht jmdm. etwas zugänglich:* das Angebot eröffnete ihm neue Möglichkeiten. **b)** ⟨etwas eröffnet sich jmdm.⟩ *etwas wird jmdm. zugänglich:* in dieser Stellung eröffnen sich ihm glänzende Aussichten, Aufstiegsmöglichkeiten; eine völlig neue Welt eröffnete sich ihm.

erörtern ⟨etwas e.⟩: *eingehend besprechen, diskutieren:* eine Frage, einen Fall mit jmdm. e.; sie erörterten umständlich alle Möglichkeiten; ein Problem wissenschaftlich e. *(abhandeln).*

Erörterung, die: *Diskussion; Untersuchung:* gründliche, fruchtlose Erörterungen über etwas anstellen; das bedarf keiner weiteren E.

erpicht ⟨in der Verbindung⟩ auf etwas erpicht sein (ugs.): *auf etwas versessen, begierig sein:* er ist aufs Geld e.; sie ist darauf e., viel zu lernen.

erproben ⟨jmdn., etwas e.⟩: *auf bestimmte Eigenschaften, auf die Eignung für etwas prüfen:* ein

Gerät, Verfahren, die Fertigkeit eines Materials e.; das Mittel muß noch klinisch, an Patienten erprobt werden; die eigenen Kräfte e.; a d j. P a r t.: ein erprobtes *(bewährtes)* Mittel; ein erprobter *(erfahrener)* Bergsteiger.

erquicken 〈geh.〉 〈jmdn., sich, etwas e.〉: *neu beleben, stärken, erfrischen:* das Getränk erquickte ihn; der Regen hat das Erde erquickt; sie erquickten sich durch ein kühles Bad; ein erquickender Schlaf.

erraten 〈jmdn., etwas e.〉: *richtig vermuten, herausfinden:* jmds. Wunsch, seine Gedanken, seine Absicht erraten; du errätst es nicht; das war leicht, [nicht] schwer zu e.; sie hat den Absender richtig aus der Handschrift erraten.

erregen: 1. a) 〈jmdn., etwas e.〉 *jmds. Gefühle in Bewegung bringen:* dieser Brief erregte ihn, sein Gemüt, seine Phantasie; es erregte ihn, daß sie nicht antwortete; ihr Anblick erregte ihn *(versetzte ihn in geschlechtliche Erregung);* a d j. P a r t.: ein erregendes Schauspiel; eine erregte Diskussion; man versuchte die erregten Gemüter, die erregte Menge zu beruhigen; sie war freudig, leidenschaftlich erregt. **b)** 〈sich e.〉 *in Erregung geraten; sich aufregen:* ich habe mich sehr darüber erregt. **2.** 〈etwas e.〉 *hervorrufen, bewirken:* etwas erregt Aufsehen, Staunen, Teilnahme, Mitleid, Bewunderung, Aufmerksamkeit, Mißfallen, Zorn, Neid, Haß, Verdruß, Zweifel; sein Betragen erregte Anstoß, öffentliches Ärgernis; seine Antwort erregte allgemeine Heiterkeit; er wollte keinen Verdacht e.

Erregung, die: **1. a)** *Aufregung:* der Arzt verbot mir jede E. **b)** *das Erregtsein:* eine heftige, starke, maßlose, furchtbare E.; er war, befand sich in einem Zustand höchster E.; sie geriet in E.; in größter E. trat er vor; sie zitterte, bebte, rot vor E. **2.** *das Erregen, Hervorrufen, Verursachen:* jegliche E. eines Verdachts vermeiden; R e c h t s w.: wegen E. öffentlichen Ärgernisses.

erreichen: 1. 〈jmdn., etwas e.〉: *mit ausgestrecktem Arm ergreifen:* er konnte das oberste Fach gerade noch, nicht mehr e. **2.** 〈jmdn., etwas e.〉 **a)** *zu jmdm., zu etwas hinkommen, gelangen:* das Ufer e.; ich erreichte den Zug nicht mehr; das Telegramm hat ihn noch rechtzeitig erreicht; der kleine Ort nur mit dem Auto zu e.; /oft verblaßt/: ein hohes Alter e. *(sehr alt werden);* das Klassenziel nicht e. *(nicht versetzt werden);* der Zug erreichte eine Geschwindigkeit von 200 km/h; der Sturm erreichte Windstärke 10. **b)** *mit jmdm., mit etwas in Verbindung treten:* wie kann ich Sie e.?; ich bin telefonisch unter dieser Nummer zu e.; ich habe die Firma, das Büro nicht erreicht. **3.** 〈etwas e.〉 *durchsetzen, zustande bringen:* er hat erreicht, was er wollte; bei ihm wirst du [damit] nichts e.

erretten 〈geh.〉 〈jmdn. e.〉: *retten:* jmdn. aus großer Not e.; ein Kind vor dem Untergang e.; er hat sie vor dem Ertrinken, das Land vom/vor dem Tode des Ertrinkens errettet.

errichten 〈etwas e.〉: **1.** *erbauen, aufrichten:* ein Gebäude, einen Turm, ein Denkmal e.; auf dem Marktplatz wurde eine Tribüne errichtet; M a t h.: auf einer Geraden die Senkrechte, das Lot e. **2.** *begründen, einrichten:* ein Weltreich e.; eine neue Gesellschaft, eine Stiftung e.

erringen 〈etwas e.〉: *im Kampf oder Wettstreit erlangen:* den Sieg e.; einen Preis e.; Erfolge, einen Vorteil e.; jmds. Freundschaft, Vertrauen e.; diese Partei hat bei den Wahlen die Mehrheit errungen; im 100-m-Lauf errang er den 1. Platz; unser Klub will die Meisterschaft e.

erröten: *im Gesicht rot werden:* vor Freude, Scham, Verlegenheit e.; über eine Bemerkung e.; sie errötete tief, bis in die Haarwurzeln; s u b s t.: jmdn. zum Erröten bringen.

Errungenschaft, die: *etwas, was durch große Anstrengung erreicht wurde:* eine E. der Forschung; die Errungenschaften des Sozialismus; die Fabrik ist mit den neuesten Errungenschaften der Technik ausgestattet; ü b e r t.: der Mantel ist meine neueste E. (ugs. scherzh.; *Anschaffung*).

Ersatz, der: **1. a)** *Person oder Sache, die eine andere Person oder Sache ersetzt, deren Funktion übernimmt:* ein vollwertiger, guter, ausreichender, schlechter, kümmerlicher E.; für den erkrankten Sänger mußte ein E. gefunden werden; wir brauchen E., müssen E. [be]schaffen, einen E. ausfindig machen; er hat keinen brauchbaren, passenden E. zur Hand; er bekam ein neues Exemplar als E. für das beschädigte; als E. für jmdn. einspringen. **b)** *Entschädigung:* für einen Schaden E. fordern, verlangen, leisten. **2.** (selten) *das Ersetzen:* der E. von Kohle durch Öl.

ersaufen: 1. (derb) *ertrinken:* im Wasser e.; wenn der Damm bricht, müssen wir alle e. **2.** *im Wasser versinken, von Wasser überschwemmt werden:* der Acker, die Wiese ersäuft.

erschallen 〈etwas erschallt〉: *etwas ertönt laut:* Gelächter, ein Lied erschallt; die Trompete erscholl/erschallte; der Ruf nach Freiheit ist erschollen/(seltener:) erschallt.

erscheinen: 1. (gewöhnlich mit Raumangabe) **a)** *sichtbar werden, in jmds. Blickfeld treten:* auf dem Bildschirm, auf der Leinwand e.; die Küste erschien am Horizont; an den Obstbäumen erscheinen schon die ersten Blüten. **b)** 〈jmdm. e.〉 *sich jmdm. im Traum, als Vision o. ä. zeigen:* sie glaubte, ein Engel sei ihr erschienen; im Traum erschien ihm der Geist seines Vaters. **c)** *auftreten, sich einfinden:* er wurde gebeten, im Büro, beim Chef zu e.; nach und nach erschienen alle im Garten; als Zeuge vor Gericht e.; er erschien in Begleitung seiner Frau; er ist heute nicht zum Dienst erschienen; s u b s t.: er dankte den Zuhörern für ihr zahlreiches Erscheinen. **2.** 〈etwas erscheint〉 *etwas wird herausgegeben, veröffentlicht:* eine Rede im Druck e. lassen; die Zeitschrift erscheint monatlich; sein neuer Roman ist soeben erschienen; s u b s t.: das Buch war gleich nach [seinem] Erscheinen vergriffen. **3.** 〈jmdm. e.; mit Artangabe〉 *sich jmdm. in bestimmter Weise darstellen:* seine Erklärung erscheint mir unverständlich, merkwürdig, sonderbar, seltsam; dies erscheint uns wünschenswert; alles erschien mir wie im Traum; 〈auch ohne Dat.〉 die Sache erscheint jetzt in anderem Licht *(stellt sich jetzt anders dar);* eine Besserung der Lage erscheint aussichtslos; er bemüht sich, ruhig zu e. *(ruhig zu wirken, einen ruhigen Eindruck zu machen).*

Erscheinung, die: **1.** *wahrnehmbarer Vorgang:* eine meteorologische E.; das ist eine typische E. unserer Zeit; es ist eine bekannte, eigentümliche

E., daß ...; eine E. beobachten, beschreiben, erklären; krankhafte Erscheinungen feststellen. 2. *in bestimmter Weise wirkende, erscheinende Gestalt:* er ist eine elegante, glänzende, stattliche E.; in seiner äußeren E., seiner äußeren E. nach ist er unansehnlich. 3. *Vision:* sie hat Erscheinungen; er starrte mich an wie eine E. * **in Erscheinung treten** *(erscheinen; sichtbar, erkennbar werden).*

erschießen ⟨jmdn., sich e.⟩: *mit einer Schußwaffe töten:* einen Spion e.; er wurde standrechtlich, auf der Flucht, von hinten erschossen; er hat sich [mit einer Pistole] erschossen *(Selbstmord begangen);* das verletzte Pferd mußte erschossen werden. * ⟨ugs.⟩ **erschossen sein** *(am Ende seiner Kräfte, völlig erschöpft sein).*

erschlagen: a) ⟨jmdn. e.⟩ *durch einen oder mehrere Schläge töten:* er hat ihn mit einem Hammer erschlagen; der Vermißte wurde erschlagen aufgefunden; übertr.: man erschlug ihn förmlich mit Beweismaterial *(erdrückte ihn damit, so daß er von seiner Meinung abrücken mußte);* adj. Part.: ich fühle mich wie erschlagen *(sehr matt, todmüde);* nach der langen Reise waren wir ganz erschlagen; er war geradezu erschlagen *(fassungslos),* als er das hörte. b) ⟨etwas erschlägt jmdn.⟩ *etwas tötet jmdn. durch Herabstürzen:* herabfallende Dachziegel erschlugen einen Passanten; vom Blitz erschlagen *(von einem Blitzschlag getroffen)* werden.

erschleichen: ⟨sich (Dativ) etwas e.⟩: *sich durch Täuschung, listige Machenschaften o. ä. verschaffen:* sich ein Amt, einen Vorteil, das Vertrauen des Vorgesetzten, eine Erbschaft e.

erschließen: 1. ⟨etwas e.⟩ a) *zugänglich machen:* ein Reisegebiet durch Verkehrsmittel e.; ein Gelände für die Bebauung e.; ausländische Märkte e. b) *nutzbar machen:* neue Einnahmequellen e.; Bodenschätze e. 2. ⟨geh.⟩ ⟨etwas erschließt sich⟩ *etwas öffnet sich:* die Knospe, Blüte erschließt sich. b) *etwas wird zugänglich, verständlich:* diese Dichtung erschließt sich sehr schwer; ⟨etwas erschließt sich jmdm.⟩ das Buch erschließt sich nur dem geduldigen Leser. c) ⟨sich, etwas jmdm. e.⟩ *sich, etwas jmdm. offenbaren, anvertrauen:* er hat sich mir ganz erschlossen; jmdm. sein Herz, ein Geheimnis e. 3. ⟨etwas e.⟩ *durch logische Schlüsse ermitteln:* einen Urtext aus der Überlieferung e.; die Bedeutung eines Wortes e.; das kann ich aus seinen Andeutungen leicht e.

erschöpfen: 1. ⟨etwas e.⟩ a) *völlig verbrauchen:* seine Kräfte, Mittel, Reserven e.; adj. Part.: meine Kasse, mein Lager ist erschöpft; alle Vorräte, Mittel, Möglichkeiten sind erschöpft; meine Geduld ist nahezu erschöpft. b) *in allen Einzelheiten behandeln, erörtern:* das Thema, die Problematik, der Stoff läßt sich nicht so rasch e.; adj. Part.: eine erschöpfende Antwort; ein Thema erschöpfend behandeln. 2. a) ⟨geh.⟩ ⟨etwas erschöpft sich in etwas⟩ *etwas geht nicht über etwas hinaus:* seine Ausführungen erschöpften sich in der Feststellung, daß ...; mein Auftrag erschöpft sich darin, die Briefe zu registrieren. b) ⟨etwas erschöpft sich⟩ *etwas läßt nach, hört auf:* die Spannung, das Interesse erschöpfte sich; meine Geduld erschöpft sich allmählich. 3. ⟨jmdn., sich e.⟩ *bis zur Kraftlosigkeit ermüden:* der Marsch er-

schöpfte ihn völlig; er erschöpfte sich in fruchtlosen Bemühungen; adj. Part.: in völlig erschöpftem Zustand; er war vor Hunger, von der Hitze, durch die Strapazen ganz erschöpft.

¹**erschrecken:** *einen Schrecken bekommen:* a) heftig, furchtbar, zu Tode e.; warum erschrickst du davor?; erschrick bitte nicht, wenn ...; ich erschrak über sein Aussehen, bei dieser Nachricht; ich war ehrlich erschrocken, als ich das hörte; erschrocken sprang sie auf. b) ⟨ugs.⟩ ⟨sich e.⟩ ich erschrak mich/erschreckte mich, als ich ihn sah.

²**erschrecken** ⟨jmdn. e.⟩: *in Angst, Schrecken versetzen:* jmdn. heftig, zutiefst, furchtbar e.; laß das, du erschreckst ihn nur!; die Explosion erschreckte die Bevölkerung; sein Aussehen hat mich erschreckt; adj. Part.: die Seuche nimmt erschreckende Ausmaße an; sie sieht erschreckend blaß aus; die Tauben flogen erschreckt auf.

erschüttern: 1. ⟨etwas e.⟩ a) *in zitternde, wankende Bewegung bringen:* das Erdbeben erschütterte die Stadt; die Luft wurde von einer Detonation erschüttert; bildl.: schwere Unruhen erschütterten den Staat. b) *in Frage stellen, schädigen:* einen Beweis e.; dieser Vorfall hat sein Ansehen erschüttert; meine Überzeugung, mein Glaube, Vertrauen ist erschüttert. 2. ⟨jmdn. e.⟩ *im Innersten ergreifen:* der Tod des Freundes erschütterte ihn tief; ihn kann so leicht nichts e. ⟨ugs.; *aus der Fassung bringen*⟩; adj. Part.: ein erschütterndes Resultat; ich bin zutiefst erschüttert von diesem Erlebnis; über etwas erschüttert sein.

Erschütterung, die: 1. a) *heftig rüttelnde Bewegung:* die E. des Erdbodens; durch die ständigen Erschütterungen haben sich Risse gebildet; bildl.: der Staat hat eine schwere E. durchgemacht. b) *das Infragestellen:* die E. meines Vertrauens, Glaubens. 2. *tiefe Ergriffenheit:* er konnte eine, allgemeine, tiefe E. kaum verbergen; sein Tod löste allgemeine, tiefe E. aus; stumm, weinend vor E.

erschweren: a) ⟨etwas erschwert etwas⟩ *etwas macht etwas schwierig:* Glatteis erschwert das Fahren; seine starre Haltung erschwert die Verhandlungen; ⟨etwas erschwert jmdm. etwas⟩ der Nebel erschwert uns die Orientierung; dein Verhalten erschwert es mir, dir zu helfen; adj. Part.: erschwerende Umstände; das kommt noch erschwerend hinzu *(das verschlimmert die Sache noch).* b) ⟨jmdm., sich etwas e.⟩ *Schwierigkeiten bei etwas bereiten:* jmdm. die Arbeit, den Überblick, das Zusammenleben e.; du erschwerst dir damit nur alles.

erschwinglich: *finanziell zu bewältigen:* kaum erschwingliche Preise; die Kosten für einen Urlaub sind dort noch e.

ersehen ⟨etwas aus etwas e.⟩: *erkennen, schließen:* aus deinem Brief ersehe ich, daß du ...; aus den Akten läßt sich nichts e.

ersetzen: 1. ⟨jmdn., etwas e.⟩ a) *für jmdn., für etwas Ersatz schaffen:* eine Glühbirne, den abgefahrenen Reifen e.; einen Spieler e.; Talent läßt sich nicht durch Fleiß e. b) *an die Stelle einer Person oder Sache treten:* den Verstorbenen wird niemand leicht e. können; ⟨jmdm. jmdn. e.⟩ sie ersetzt dem Kind die Mutter. 2. ⟨jmdm. etwas e.⟩ *erstatten, wiedergeben:* jmdm. seine Auslagen, einen Schaden, Verlust e.; ⟨auch ohne Dat.⟩ die [Fahrt]kosten werden ersetzt.

ersichtlich: *deutlich erkennbar:* ohne ersichtlichen Grund; die Vorteile sind klar e.; es machte ihm e. Mühe zu schreiben; aus dem Brief ist e., daß ...; es ist nicht e., ob er kommt.

ersinnen (geh.) ⟨etwas e.⟩: *erfinden, sich ausdenken:* eine Geschichte e.; eine Ausrede, Lüge e.; der Plan ist raffiniert ersonnen.

erspähen (geh.) ⟨jmdn., etwas e.⟩: *spähend erblicken:* Wild, den Feind e.; ü b e r t r.: er erspähte *(entdeckte)* eine günstige Gelegenheit.

ersparen: 1. ⟨etwas e.⟩ *durch Sparen zusammentragen, erwerben:* ein Vermögen, einen Notpfennig e.; ich habe mir etwas Geld erspart; a d j. P a r t.: erspartes Geld; s u b s t.: er lebt von seinem Ersparten. **2.** ⟨jmdm., sich etwas e.⟩ *Unangenehmes, eine Mühe fernhalten:* ich möchte ihm die Aufregung, den Ärger, Vorwürfe e.; du hättest dir diese Enttäuschung, diese Mühe e. können; ersparen Sie mir die Einzelheiten!; ihm ist nichts *(keine Mühe, kein Unglück)* erspart geblieben; es bleibt einem aber auch nichts erspart (ugs. iron.; *man muß auch das noch auf sich nehmen*).

Ersparnis, die: **1.** *das Ersparen; Einsparung:* der neue Entwurf bringt eine E. von mehreren tausend Mark. **2.** ⟨Plural⟩ *ersparte Summe:* er besitzt beträchtliche Ersparnisse; seine Ersparnisse angreifen, aufbrauchen, verlieren; er hat die alten Leute um alle ihre Ersparnisse gebracht.

erst: I. ⟨Adverb⟩ **1.** *als erstes, zunächst, zuerst:* e. kommst du an die Reihe, dann die anderen; sprich e. mit deinem Arzt; e. *(anfänglich)* ging alles gut, aber dann versagte er; /abgeschwächt:/ wenn du e. einmal so alt bist wie ich; wäre ich doch e. daheim!; der soll e. noch geboren werden, der das kann. **2. a)** *nicht eher, früher als:* er kam e. um 10 Uhr; er kam e., als alles vorbei war; sie ist eben e. eingetreten; e. jetzt/jetzt e. begriff er; der Bus fährt e. in zehn Minuten; e. mit vierzig Jahren war er selbständig; ich schreibe ihm e. nach dem Fest wieder; er kommt e. morgen; ich habe ihn e. gestern gesehen. **b)** *nicht mehr als:* er ist e. 10 Jahre alt; es ist e. 9 Uhr; ich habe e. 30 Seiten gelesen. **II.** ⟨Partikel⟩ **1.** /drückt eine Steigerung, Hervorhebung aus/: er ist schon frech, aber e. sein Bruder!; was wird er e. sagen, wenn er uns so sieht!; dann ging es e. richtig los; nun e. recht! *(nun gerade!).* **2.** /wirkt verstärkend bes. in Wunschsätzen/: hätten wir e. unsere eigene Wohnung!; wären wir doch e. *(nun schon)* zu Hause!

erstarren: 1. ⟨etwas erstarrt⟩ **a)** *etwas wird fest, hart:* die glühende Masse erstarrt sehr schnell; das Wasser erstarrt zu Eis; erstarrte Lava; b i l d l.: bei diesem grauenhaften Anblick erstarrte ihm das Blut in den Adern. **b)** (geh.) *etwas verliert jedes Leben:* ihre Unterhaltung erstarrte zu bloßen Höflichkeitsformeln; das gesellschaftliche Leben war in Konventionen erstarrt. **2.** *steif werden:* meine Finger sind ganz erstarrt [vor Kälte]; er war in dem Wind fast zu Eis erstarrt; erstarrte Glieder. **3.** *plötzlich eine starre Haltung annehmen:* er erstarrte vor Schreck; sie erstarrten in Ehrfurcht *(wurden von großer Ehrfurcht ergriffen);* sein Lächeln erstarrte.

erstatten ⟨etwas e.⟩: **1.** *zurückzahlen, ersetzen:* alle Auslagen, Unkosten werden erstattet; ⟨jmdm. etwas e.⟩ die Firma erstattete ihm das

Fahrgeld. **2.** /verblaßt/: Meldung e. (nachdrücklich; *etwas melden*); Anzeige gegen jmdn. e. (nachdrücklich; *jmdn. anzeigen*); ⟨jmdm. etwas e.⟩ der Minister erstattete dem Kanzler, dem Kabinett Bericht (nachdrücklich; *berichtete ihm*) über seine Verhandlungen.

erstaunen: 1. ⟨etwas erstaunt jmdn.⟩ *etwas erregt Bewunderung oder Befremden bei jmdm.:* ihr Verhalten hat mich sehr erstaunt; das erstaunt mich nicht weiter *(das wundert mich nicht).* **2.** ⟨gewöhnlich im 2. Part.⟩ *staunen, sich wundern:* sie erstaunte über diesen Bericht (selten); erstaunte Blicke; ich war darüber erstaunt; er sah mich erstaunt an; baß erstaunt sein (scherzh.; *sehr verwundert sein*); s u b s t.: jmdn. in Erstaunen versetzen; zu meinem [großen, größten] Erstaunen.

erstaunlich: 1. *Erstaunen, Bewunderung erregend:* eine erstaunliche Begebenheit, Leistung; es ist e., wie er das macht; s u b s t.: er hat Erstaunliches geleistet. **2. a)** *sehr groß:* das Flugzeug hat eine erstaunliche Geschwindigkeit. **b)** ⟨verstärkend vor Adjektiven und Verben⟩ *sehr:* er ist e. abgemagert; sie sieht e. jung aus.

erste ⟨Ordinalzahl⟩: **1. a)** *in einer Reihe oder Folge den Anfang bildend:* der e. von rechts; die ersten beiden (e i n e r Gruppe); die beiden ersten (von z w e i Gruppen); du bist nicht der e., der das sagt; das ist das e., was ich höre; als erstes *(zuerst)* möchte ich bemerken, daß ...; zum ersten, zum zweiten, zum dritten! /Ruf des Auktionators/; die ersten Blumen; das e. Grün; es hat immer das e. Wort; das Kind macht schon die ersten Schritte; er muß den ersten Schritt zur Versöhnung tun; sie spielt in der Gesellschaft die e. Rolle; er hat seine e. Liebe geheiratet; am ersten (1.) Juli reist er ab; die Meldung steht auf der ersten Seite; ich komme bei/bei der ersten *(nächsten)* Gelegenheit vorbei; im ersten Stock wohnen; im ersten Rang gewinnen; einen Prozeß in erster Instanz verlieren; zum ersten Male; s u b s t.: am Ersten [des Monats] trete ich meine Stellung an. **b)** *nach Rang und Qualität am besten:* er ist eine e. Kraft; das e. Haus, Hotel am Platze; die Strümpfe sind e. Wahl; erster Klasse fahren; zur ersten Garnitur gehören; s u b s t.: der Erste *(Beste)* der Klasse. ∗ **der, die, das erste beste** *(der, die, das zunächst sich Anbietende):* er ergriff die e. beste Gelegenheit · **fürs erste** *(zunächst, vorläufig).*

erstehen: 1. (geh.) *auferstehen, von neuem entstehen:* Verfallenes, Vergangenes ersteht zu neuem Leben; das zerstörte Schloß war in alter Pracht erstanden. **2.** (geh.) ⟨etwas ersteht aus etwas⟩ *etwas entsteht:* aus diesem Vorfall sind Schwierigkeiten erstanden; ⟨etwas ersteht jmdm. aus etwas⟩ daraus werden ihm nur Unannehmlichkeiten e. **3.** ⟨etwas e.⟩ *mit Glück, Mühe käuflich erwerben:* ein Buch billig im Antiquariat e.; er hat noch drei Eintrittskarten erstanden.

ersteigern ⟨etwas e.⟩: *bei einer Versteigerung erwerben:* ein Gemälde, einen Barockschrank e.

erstellen (Papierdt.) ⟨etwas e.⟩: **1.** *bauen, errichten:* das Gebäude, Wohnungen e.; das Stadion wurde aus Landesmitteln, mit Unterstützung des Bundes erstellt. **2.** *anfertigen:* ein Gutachten, einen Plan e.

erstens ⟨Adverb⟩: *als erstes, an erster Stelle:* e.

möchte ich sagen, daß ..., dann ...; e. habe ich kein Geld, zweitens keine Zeit, drittens ... **erstere:** *der, die, das Erstgenannte von zweien:* er hat zwei Töchter, Elke und Silke, e. *(jene)* verheiratete sich, letztere blieb ledig; du kannst baden oder spazierengehen, ich ziehe das e. vor. **ersticken:** 1. *durch Mangel an Luft sterben:* das Kind ist an einem Pfirsichkern erstickt; er erstickte in dem engen Behälter; sie wäre fast erstickt vor Lachen *(sie mußte übermäßig lachen);* subst.: die Luft ist hier zum Ersticken; bildl.: ich ersticke in der Arbeit; er sprach mit erstickter *(vor Angst, Kummer kaum hörbarer)* Stimme. 2. a) ⟨jmdn. e.⟩ *durch Entzug der Atemluft töten:* sie erstickte den Säugling mit einem Kissen; übertr.: das Unkraut erstickt die Saatpflanzen. b) ⟨etwas e.⟩ *löschen:* er erstickte die Flammen mit einer Decke; übertr.: der Aufruhr wurde im Blut erstickt *(blutig niedergeschlagen).* **erstklassig:** *ausgezeichnet, von bester Qualität:* eine erstklassige Arbeit; Unterkunft und Verpflegung waren e.; das Hemd ist e. gearbeitet. **erstrecken:** 1. a) ⟨etwas erstreckt sich; mit Raumangabe⟩ *etwas hat eine bestimmte Ausdehnung:* der Wald erstreckt sich bis zur Stadt. b) ⟨etwas erstreckt sich; mit Zeitangabe⟩ *etwas hat eine bestimmte Dauer:* seine Forschungen erstreckten sich über zehn Jahre. 2. ⟨etwas erstreckt sich auf jmdn., auf etwas⟩ *etwas betrifft, bezieht sich auf jmdn., auf etwas:* seine Kritik erstreckt sich auch hierauf; die Vorschriften erstrecken sich auch auf Ausländer. **erstunken** (in der Wendung) etwas ist erstunken und erlogen (ugs.): *etwas ist eine ganz bewußte Lüge.* **ersuchen** (geh.) ⟨jmdn. um etwas e.⟩: *höflich und nachdrücklich bitten:* jmdn. um eine Gefälligkeit, um eine Aussprache e.; ich ließ ihn dringend e. zu kommen; ich ersuche Sie, mir bald Bescheid zu geben; subst.: ein Ersuchen [um Hilfe]. **ertappen:** a) ⟨jmdn. e.⟩ *bei verbotenem Tun überraschen:* er ertappte den Schüler beim Abschreiben; der Dieb wurde [auf frischer Tat] ertappt; ein ertappter Sünder (scherzh.). b) ⟨sich bei etwas e.⟩ *plötzlich merken, daß man etwas Unrechtes, Seltsames o. ä. denkt, etwas möchte:* er ertappte sich bei dem Gedanken, bei dem Wunsch ... **erteilen** ⟨jmdm. etwas e.⟩: *zukommen lassen, zuteil werden lassen:* jmdm. einen Rat, Befehl, eine Auskunft e., einen Denkzettel e.; dem Schüler wurde ein Verweis erteilt; ⟨auch ohne Dat.⟩ er erteilt keinen Unterricht mehr *(er unterrichtet nicht mehr).* **ertönen:** a) ⟨etwas ertönt⟩ *etwas wird laut, erklingt:* Musik ertönt; seine Stimme ertönt; der Dampfer ließ seine Sirene e. b) (geh.) ⟨etwas ertönt von etwas⟩ *etwas wird von Klängen, von Lärm erfüllt:* das Haus ertönte von frohen Liedern, von Kindergeschrei. **Ertrag,** der: a) *bestimmte Menge [in der Landwirtschaft] erzeugter Produkte:* die Erträge aus dem Getreideanbau steigen, nehmen ab; der Acker bringt, liefert gute, reiche, magere Erträge; wir müssen die E. steigern, höhere Erträge erzielen. b) *Einnahme, Gewinn:* der E. eines Geschäfts, Unternehmens; seine Häuser werfen gute Erträge ab; er lebt vom E. seines Kapitals.

ertragen ⟨jmdn., etwas e.⟩: *jmdn., der stört, unangenehm, lästig ist, etwas Quälendes oder Lästiges aushalten:* jmdn., jmds. Launen nicht mehr e.; Beschwerden, Leiden e.; sie ertrug tapfer alle Schmerzen; den Gedanken, die Ungewißheit, die Schande nicht e. **erträglich:** a) *sich ertragen, aushalten lassend:* der Schmerz, die Hitze ist [noch] e.; jmdm. etwas erträglicher gestalten. b) *mittelmäßig:* ein erträgliches Auskommen; es ging ihm e. **ertränken** ⟨jmdn., sich e.⟩ *durch Untertauchen im Wasser töten:* junge Katzen im Teich e.; er hat sich [aus Liebeskummer] ertränkt. **ertrinken:** *im Wasser ums Leben kommen:* der Junge ertrank beim Baden; bei dem Hochwasser sind viele ertrunken; bildl.: die Landschaft ertrank im Regen; wir ertrinken in einer Flut von Briefen; subst.: Tod durch Ertrinken. **erübrigen:** 1. ⟨etwas e.⟩ *durch Sparsamkeit gewinnen; übrigbehalten:* Geld, Lebensmittel e.; einen größeren Betrag e.; können Sie etwas Zeit, eine Stunde für mich e.? *(haben Sie Zeit für mich?).* 2. ⟨etwas erübrigt sich⟩ *etwas ist überflüssig:* es erübrigt sich, näher darauf einzugehen; weitere Nachforschungen erübrigen sich. **erwachen** (geh.): a) *aufwachen, wach werden:* aus dem Schlaf, aus einem Traum, aus einer tiefen Ohnmacht e.; ich bin von dem Lärm erwacht; als er erwachte, war es heller Tag; bildl.: aus seinen Träumen, aus seiner Gleichgültigkeit e.; die Natur, der Tag erwacht [zu neuem Leben]. b) ⟨etwas erwacht⟩ *etwas regt sich in jmdm.:* ihr Gewissen, ihr Ehrgeiz, ihre Neugier ist erwacht; subst.: es wird ein böses Erwachen geben. **¹erwachsen:** a) ⟨etwas erwächst aus etwas⟩ *etwas entsteht, entwickelt sich:* aus dieser Erkenntnis erwuchs die Forderung nach Reformen; daraus konnte nichts Gutes erwachsen; zwischen ihnen war tiefes Mißtrauen erwachsen. b) ⟨etwas erwächst jmdm., einer Sache aus etwas⟩ *etwas ergibt sich für jmdn., für etwas:* daraus kann ihm Schaden, Nutzen e.; dem Staat erwachsen aus diesen Maßnahmen neue Ausgaben. **²erwachsen:** *dem Jugendalter entwachsen; volljährig:* er hat drei erwachsene Töchter; seine Kinder sind bald e.; er benimmt sich schon sehr e.; subst.: nur für Erwachsene! **erwägen** ⟨etwas e.⟩: *prüfend durchdenken:* einen Vorschlag ernsthaft, reiflich, gründlich e.; der Plan wurde sorgfältig erwogen; ich erwog lange, ob ich ihm schreiben sollte; es bleibt zu e., ob ...; er erwog *(spielte mit dem Gedanken)* zu kündigen. **Erwägung,** die: *prüfende Überlegung:* politische, nüchterne Erwägungen; Erwägungen über etwas anstellen; etwas aus gesundheitlichen Erwägungen nicht tun; in der E., daß ...; in der E. dessen, was er gesagt hat. * (nachdrücklich:) etwas in Erwägung ziehen *(etwas erwägen).* **erwähnen** ⟨jmdn., etwas e.⟩: *beiläufig nennen, kurz von etwas sprechen:* etwas mit keiner Silbe, mit keinem Wort, nur nebenbei e.; er hat dich in seinem Brief ausdrücklich, lobend erwähnt; davon hat er mir gegenüber nichts, kein Wort erwähnt; ich vergaß zu e., daß ...; der Ort wird im 9.Jh. erstmals erwähnt *(urkundlich genannt);* adj. Part.: die eben, schon, vorhin, erwähnten Männer; wie oben erwähnt, war er ...

Erwähnung, die: *das Erwähnen:* etwas findet, verdient [keine] E.; der Architekt erhielt bei dem Wettbewerb eine ehrende, ehrenvolle E.; jmds., einer Sache E. tun (Papierdt.; *jmdn., etwas erwähnen*); die Sache ist nicht der E. wert (geh.).

erwärmen: 1. a) ⟨etwas e.⟩ *wärmer machen:* Wasser auf 40 Grad e.; die Heizung erwärmt das Zimmer [nicht genug]; ⟨jmdm. etwas e.⟩ übertr.: der Anblick erwärmte mir das Herz *(mache mich froh).* **b)** ⟨etwas erwärmt sich⟩ *etwas wird warm:* die Luft, die Erde erwärmt sich allmählich. **2. a)** ⟨sich für jmdn., etwas e.⟩ *an jmdm., einer Sache Gefallen finden, jmdn., etwas sympathisch finden:* sich für einen Gedanken, eine Idee e.; ich kann mich für ihn, für diese Sache nicht e. **b)** ⟨jmdn., etwas für jmdn., für etwas e.⟩ *für jmdn., etwas gewinnen, einnehmen:* er wollte ihn, die Partei für seine Ideen e.; er ist dafür nicht zu e.

erwarten: 1. ⟨jmdn., etwas e.⟩ *dem Eintreffen einer Person oder Sache mit einer gewissen Spannung entgegensehen:* etwas ungeduldig, unruhig, sehnlich e.; Besuch, Gäste, einen Freund e.; Post e.; die Kinder können die Ferien kaum e. *(sind vor Vorfreude sehr ungeduldig);* wir erwarten jeden Tag seine Rückkehr; ich erwarte dich um 8 Uhr am Eingang; sie erwartet ein Kind [von ihm] *(sie ist schwanger).* **2. a)** ⟨etwas e.⟩ *für sehr wahrscheinlich halten, mit etwas rechnen:* von ihm ist nichts Besseres zu e.; es steht zu e. (geh.), daß er zurücktritt; das habe, hätte ich nicht erwartet; subst.: es ist wider Erwarten *(überraschenderweise)* gut abgelaufen; der Urlaub war über Erwarten schön *(schöner, als man erwarten durfte).* **b)** (geh.) ⟨sich (Dativ) etwas von jmdm., etwas e.⟩ *sich etwas von jmdm., etwas versprechen:* von diesem Nachwuchskünstler erwarten wir uns noch eine ganze Menge; ich erwarte mir viel, sehr wenig von diesem Unternehmen; ⟨auch ohne Dat.⟩ von ihm ist noch einiges zu e., er läßt noch einiges e. *(er berechtigt zu großen Hoffnungen).*

Erwartung, die: **1.** *gespanntes Warten auf jmdn. oder etwas:* er war voll[er] E.; er verbrachte den Tag in gespannter, froher, freudiger, ängstlicher, banger E.; er lebt in E. des Todes. **2.** *vorausschauende Vermutung, Hoffnung:* falsche, übertriebene, hochgespannte, allzuhoch gespannte Erwartungen haben; Erwartungen auf etwas setzen; sie hat unsere, die in sie gesetzten Erwartungen erfüllt, enttäuscht, nicht gerechtfertigt, übertroffen; ich sah [alle] meine Erwartungen erfüllt; das bestätigt, bestärkt meine Erwartungen, entspricht ganz meiner E.; der Minister gab der E. Ausdruck, sprach die E. aus, daß ...; er hat sich in seinen Erwartungen getäuscht; in der E. *(indem ich hoffe),* daß ...

erwecken: 1. (geh.) ⟨jmdn. e.⟩ *ins Leben zurückrufen, auferwecken:* jmdn. vom Tode, von den Toten e.; übertr.: alte Bräuche wieder zum Leben e. *(wieder aufleben lassen).* **2.** ⟨etwas e.⟩ *erregen, wachrufen:* Mitleid, Liebe, Sehnsucht, Furcht, Haß, Zweifel, Hoffnung e.; dieser Brief erweckte meinen Argwohn; sein Besuch erweckte wehmütige Erinnerungen in mir; das erweckt den Anschein, als ob er Bescheid wüßte.

erwehren (geh.) ⟨sich jmds., einer Sache e.⟩: *jmdn., etwas abwehren, fern-, zurückhalten:* er mußte sich der beiden Angreifer, des Ansturms

der Autogrammjäger e.; sie konnte sich der Tränen, eines Lächelns nicht e.; ich kann mich des Eindrucks, der Vorstellung nicht e., daß ...

erweichen ⟨jmdn., etwas e.⟩: *milde stimmen:* ich ließ mich durch seine Bitten [nicht] e.; könnte ich doch ihr Herz, ihren Sinn e.!

erweisen: 1. ⟨etwas e.⟩ *nachweisen:* etwas als falsch e.; der Prozeß hat ihre Unschuld erwiesen; es ist noch nicht erwiesen, ob er recht hat; er wurde wegen erwiesener Unschuld freigesprochen. **2.** ⟨sich als jmd., als etwas e.⟩ *sich zeigen, sich herausstellen:* du hast dich als ehrenhafter Mann erwiesen; die Nachricht erwies sich als wahr, als falsch, als Irrtum; es hat sich als Fehler erwiesen, daß ... (gelegentlich auch mit Artangabe ohne *als)* er erwies sich dankbar gegen mich. **3.** ⟨jmdm., sich etwas e.⟩ *zuteil werden lassen:* jmdm. Achtung e.; jmdm. einen Gefallen, eine Gunst, viel Gutes, eine Wohltat e.; damit hast du dir selbst einen schlechten Dienst erwiesen; für eine erwiesene Freundschaft danken.

erweitern: a) ⟨etwas e.⟩ *ausdehnen, vergrößern:* eine Durchfahrt, einen Flugplatz e.; die Sammlung wurde durch Leihgaben erweitert; man hat den Gebäudekomplex um einen weiteren Neubau erweitert; übertr.: seine Kenntnisse, seinen Horizont e.; Math.: einen Bruch e. *(Zähler und Nenner mit der gleichen Zahl multiplizieren);* adj. Part.: ein Wort im erweiterten Sinn gebrauchen. **b)** ⟨etwas erweitert sich⟩ *etwas wird weiter, größer:* der Tunnel erweitert sich zum Ausgang hin; die Pupillen, die Gefäße erweitern sich.

erwerben: 1. a) ⟨sich (Dativ) etwas e.⟩ *[durch Arbeit] gewinnen:* damit kannst du dir keine Reichtümer e.; durch seine Tat hat er sich großen Ruhm erworben; sich die Achtung, das Vertrauen seiner Mitmenschen e.; ⟨auch ohne Dat.⟩ einen akademischen Grad e.; er hat als Unternehmer ein beträchtliches Vermögen erworben. **b)** ⟨sich aneignen:* sich Kenntnisse, Fertigkeiten e.; ⟨auch ohne Dat.⟩ er hat sein Wissen durch ausgedehnte Lektüre erworben; adj. Part.: erworbene (Med.; *nicht angeborene)* Körperfehler, Reflexe. **2.** ⟨etwas e.⟩ *durch Verhandlung oder Kauf gewinnen:* ein Grundstück, Haus käuflich e.; ein Aufführungsrecht e.; das Museum hat drei wertvolle Gemälde erworben.

erwidern ⟨etwas e.⟩: **1.** *antworten:* er erwiderte kurz, scharf, liebenswürdig, nach einiger Überlegung, daß ...; „Er ist krank", erwiderte sie; darauf konnte ich nichts e.; ⟨jmdm. etwas e.⟩ sie erwiderte mir, ich könne jederzeit kommen. **2.** *auf etwas in gleicher oder entsprechender Weise reagieren:* einen Besuch, ein Kompliment, einen Blick e.; sie erwiderte unsere Grüße; seine Liebe wurde nicht erwidert; milit.: das Feuer e. *(zurückschießen).*

erwischen (ugs.): **1.** ⟨jmdn. e.⟩ *ertappen:* einen Dieb e.; jmdn. beim Stehlen e.; er wurde erwischt, als er die Tür aufbrach; laß dich nicht e.!; die Polizei hat die Täter erwischt *(gefaßt, ergriffen).* **2.** ⟨jmdn., etwas e.⟩ **a)** *gerade noch fassen:* einen Zipfel e.; ich erwischte ihn am Mantel. **b)** *gerade noch erreichen:* wir haben den Bus, den Zug gerade noch erwischt; ich habe den Chef heute nicht erwischt *(nicht sprechen können).* **c)** *glücklich, zufällig bekommen:* das beste

Stück, einen Sitzplatz, eine ruhige Arbeit e. **3.** (ugs.) 〈es erwischt jmdn.〉 *jmd. wird von etwas betroffen, in Mitleidenschaft gezogen:* ausgerechnet einen Tag vor der Abreise muß es mich e. *(muß ich krank werden);* den Fahrer des Pkw hat es schwer erwischt *(er ist schwer verletzt);* zwei Soldaten hat es erwischt *(wurden [tödlich] verwundet);* meinen Freund hat es schwer erwischt *(er hat sich sehr verletzt, ihm ist etwas Schlimmes zugestoßen;* scherzh.: *er hat sich heftig verliebt).*

erwünscht: *willkommen, angenehm:* das gab ihm die erwünschte Gelegenheit einzugreifen; du bist hier nicht e.; persönliche Vorstellung e.; Englischkenntnisse e., aber nicht Bedingung.

Erz, das: **1.** *metallhaltige Mineralien:* E. gewinnen, abbauen, aufbereiten, waschen, verhütten; nach E. schürfen. **2.** (selten) *Bronze:* eine Glocke aus E.; er stand da wie in/aus E. gegossen.

erzählen: a) 〈etwas e.〉 *schriftlich oder mündlich auf anschauliche Weise darstellen, mit eigenen Worten wiedergeben:* einen Witz, eine Geschichte, eine Anekdote e.; erzähl keine Märchen! *(lüg nicht so!);* 〈auch ohne Akk.〉 er kann gut, spannend e.; 〈jmdm. etwas e.〉 den Kindern ein Märchen e.; dem werde ich was e.! (ugs.; *meine Meinung sagen!).* **b)** 〈etwas e.〉 *berichten:* einen Traum, einen Hergang eines Unfalls e.; er erzählt, daß er eine Panne gehabt habe; er kann etwas e. *(er hat viel erlebt);* 〈auch ohne Akk.〉 aus seinem Leben, von einer Reise e.; er hat von ihm, über ihn erzählt; 〈jmdm. etwas e.〉 erzähle mir, wie alles gekommen ist; wer hat dir denn das erzählt?; ich habe mir e. lassen, daß ...; (ugs.:) du kannst mir viel e.!; das kannst du einem anderen, deiner Großmutter e. *(das glaube ich dir nicht).* **c)** 〈jmdm. etwas e.〉 *in vertraulicher Unterredung mitteilen:* sie erzählt alles ihrer Freundin; du darfst aber niemandem etwas davon e.!

Erzählung, die: **1.** *das Erzählen:* eine angefangene E. fortsetzen, vollenden; eine unterbrochene E. wiederaufnehmen; er verlor den Faden seiner E.; in seiner E. fortfahren, innehalten. **2.** *meist kürzeres Werk der erzählenden Dichtung:* eine lange, kurze, spannende E. schreiben; wir lesen die E. von den feindlichen Brüdern.

erzeugen 〈etwas e.〉: **1.** *produzieren, hervorbringen:* Waren, Maschinen e.; elektrischen Strom e.; der Boden erzeugt alles, was wir brauchen. **2.** *entstehen lassen, bewirken:* Langeweile, Spannung e.; Reibung erzeugt Wärme.

Erzeugnis, das: *Produkt, Ware:* landwirtschaftliche, industrielle Erzeugnisse; ein deutsches E.; seine Erzeugnisse auf dem Markt verkaufen; übertr.: literarische Erzeugnisse; diese Gestalt ist ein E. seiner Phantasie.

erziehen: a) 〈jmdn. e.〉 *jmds. Geist und Charakter bilden und seine Entwicklung fördern:* ein Kind e.; sie wurde in einem Internat erzogen; er ist gut, streng, sehr frei erzogen worden; ein gut, schlecht erzogenes Kind. **b)** 〈jmdn., zu jmdm., zu etwas e.〉 *durch Erziehung zu einem bestimmten Verhalten bringen, zu einer bestimmten Person formen:* jmdn. zur Sparsamkeit, zur Selbständigkeit e.; die Jugendlichen zu tüchtigen Menschen, zu selbständigen Persönlichkeiten erziehen. **c)** 〈ein Tier e.〉 *einem Tier bestimmte Verhaltensweisen beibringen:* einen Hund e.

Erziehung, die: **a)** *das Erziehen:* sittliche, geistige, körperliche E.; seinen Kindern eine gute E. geben, zuteil werden lassen, angedeihen lassen (geh.); er hat eine schlechte E. gehabt, genossen (geh.); er hat ihre E. vernachlässigt. **b)** *anerzogenes Benehmen:* ihm fehlt jegliche E.; vergiß deine gute E. nicht!

erzielen 〈etwas e.〉: *etwas Angestrebtes erreichen:* einen Gewinn, Erfolg, Überschuß e.; das Produkt konnte einen guten Preis e.; über dieses Problem wurde keine Einigung erzielt; er erzielt mit dem Fahrzeug hohe Geschwindigkeiten.

erzwingen 〈etwas e.〉: *durch Zwang erreichen, herbeiführen:* eine Entscheidung e.; den Rücktritt eines Ministers e.; das Geständnis ist erzwungen worden; Liebe läßt sich nicht e.; ein erzwungenes Geständnis.

es 〈Personalpronomen; 3. Person Singular Neutrum Nom. und Akk.〉: **1. a)** /vertritt ein neutrales Substantiv/: es *(das Kind)* schläft, wecke es nicht auf!; es *(das Buch)* ist spannend, ich lese es gern; /dient zur Wiederaufnahme eines herausgehobenen neutralen Substantivs/: euer Haus, war es nicht zerstört?; da ist es wieder, dein Mißtrauen. **b)** /bezieht sich auf eine oder mehrere vorangegangene nichtneutrale Substantive oder Adjektive (Partizipien), auf Verben oder einen ganzen Satzinhalt/: ich kannte seinen Bruder, es war ein bedeutender Architekt; mein Vater war Arzt, ich bin es auch; er ist arm, du bist es auch; ist das nicht reizend? ja, das ist es; sie kann schwimmen, ich kann es auch; er bat mich darum, ich tat es; in der Klasse ist gestohlen worden, aber keiner will es getan haben. **2.** /bildet formales Objekt/: er bekommt es mit mir zu tun; er hat es gut, schlecht, bequem; er meint es gut mit dir; er hat es weit gebracht; er nimmt es mit jedem auf; er hat es darauf abgesehen; ich bin es *(des Treibens)* müde, überdrüssig; ich bin es zufrieden. **3.** /bloßes formales Subjekt/: **a)** /bei Witterungsimpersonalien/: es regnet, es nieselt; es hagelt; es schneit; es donnert; es friert. **b)** /bei gelegentlichem unpersönlichem Gebrauch/: es grünt und blüht; es raschelt, knistert, klopft; es pocht an die Tür; es friert mich. **c)** /bei reflexiven Verben mit Artangabe oder passivischer Konstruktion/: es trinkt sich gut aus diesem Glas; hier wohnt es sich herrlich; es darf nicht geraucht werden; es wurde viel gelacht, gegessen und getrunken; es wird auch getanzt. **d)** /bei der Darstellung eines Zustandes oder Umstandes/: es ist Nacht; es war kalt, spät; es ist schon 12 Uhr. **4.** /bloßes Einleitewort, Vorläufer eines Satzgliedes/: es wird die Freiheit!; es war einmal ein König ... /Märchenanfang/; es ereignete sich ein Unglück; es meldete sich niemand; er liebt es zu nörgeln; es ist unmöglich, sicher, wahrscheinlich, daß es kommt; es freut mich, daß du gesund bist.

Esel, der: **1.** /ein Tier/: ein störrischer E.; er ist bepackt, beladen wie ein E.; R: wenn es dem E. zu wohl wird, geht er aufs Eis [und bricht sich ein Bein] /geht er aufs Eis tanzen *(jmd. wird übermütig und richtet Unheil an).* **2.** (ugs.) *dummer, törichter, tölpelhafter Mensch* /oft als Schimpfwort/: so ein E.!; du bist ein richtiger E.; du alter E.!; R: der E. nennt sich [selbst] zuerst.

essen: 1. *[feste] Nahrung zu sich nehmen:* gut e.

und trinken; ordentlich, tüchtig, hastig, schnell, gierig, langsam, ausgiebig, viel, wenig, unmäßig e.; e. wie ein Spatz, Scheunendrescher *(sehr wenig, viel e.);* wir essen gern kräftig *(kräftige, derbe Kost);* mit Messer und Gabel e.; wir werden um 12 Uhr e. *(die Mittagsmahlzeit einnehmen);* er ißt in der Kantine, im Restaurant; heute abend essen wir warm; der Braten ist gut, ich werde davon noch e.; er hat genug, [nicht] satt zu e.; R: selber e. macht fett; Essen und Trinken hält Leib und Seele zusammen. **2.** ⟨etwas e.⟩ *etwas als Nahrung zu sich nehmen, verzehren:* Fleisch, Gemüse, ein Butterbrot, einen Apfel e.; seine Suppe e.; ich habe eine große Portion, Berge von Kuchen (ugs.), viel, kaum etwas gegessen; er ißt keinen Fisch *(er lehnt Fisch als Nahrung ab);* ich mag nichts, kann nichts e.; was gibt es heute zu e.?; er ißt zuviel. **3.** ⟨jmdn., etwas e.; mit Artangabe⟩ *durch Essen in einen Zustand bringen:* seinen Teller leer e.; er ißt mich noch arm; jetzt kannst du dich einmal satt e.

Essen, das: **1.** *zur Mahlzeit zubereitete Speise:* ein warmes E.; ein bescheidenes, kärgliches, schlechtes, gutes, reichliches, kräftiges, gut bürgerliches E.; das E. wird kalt; das E. schmeckte uns nicht; [das] E. machen, kochen; das E. warm stellen, halten; sein E. hinunterschlingen; zwanzig E. *(Portionen Essen)* vorbereiten; mißmutig stocherte er im E. herum; sie fielen über das E. her. **2. a)** *Einnahme einer Mahlzeit:* mit dem E. pünktlich anfangen, auf die Kinder warten, schnell fertig sein; zum E. gehen; jmdn. zum E. einladen. **b)** *offizielle, festliche Mahlzeit:* im Anschluß an den Empfang findet ein E. statt; der Konsul gab ein E. für seine Gäste.

Essig, der: *würzende saure Flüssigkeit:* ein scharfer, milder E.; [einen Schuß] E. an den Salat tun; Fleisch in E. legen, einlegen; der Wein ist zu E. geworden *(sauer geworden).* *(ugs.:)* **es ist Essig mit etwas** *(etwas kommt nicht zustande).*

Etat, der: *Haushaltsplan:* unser E. für Neuanschaffungen ist erschöpft; den E. aufstellen, überschreiten; das ist im E. nicht vorgesehen; das Parlament stimmte über den E. ab.

etliche ⟨Indefinitpronomen und unbestimmtes Zahlwort⟩: **1.** (veraltend) ⟨Sing.⟩ *ein wenig, etwas:* ich habe noch etliches zu bemerken. **2.** (veraltend) ⟨Plural⟩ *einige, mehrere:* seitdem sind etliche Tage vergangen; dies sind die Taten etlicher guter/(selten:) guten Menschen. **3.** (nachdrücklich) ⟨Sing. und Plural⟩ *ziemlich viel, ziemlich viele:* es wird etlichen Ärger geben; das hat mich etliches gekostet; wir hatten noch etliche Kilometer zu gehen; er weiß etliches zu erzählen.

etwa: **I.** ⟨Adverb⟩ **1.** *ungefähr:* e. acht Tage; ich komme in [so] e. vierzehn Tagen; der Turm ist e. dreißig Meter hoch; so e./e. so könnte man das machen. **2.** *zum Beispiel:* wenn du dein Einkommen e. mit dem deines Freundes vergleichst; Lisa e. hätte anders reagiert; einige Städte, wie e. München, Köln, Hamburg. **II.** ⟨Gesprächspartikel; nicht betont⟩ **1.** */verstärkt den Ausdruck einer angenommenen Möglichkeit/* *möglicherweise, gar, vielleicht, womöglich:* hast du e. kein Geld mehr?; ist er e. krank?; falls e. davon gesprochen werden sollte, so bitte ich Sie ...; allen, die e. Bedenken haben sollten, sei dies gesagt;

wenn er e. glaubt, damit durchzukommen, so irrt er sich. **2.** */verstärkt eine mit „nicht" ausgedrückte Verneinung/:* er wollte das Rad nicht e. *(keineswegs, auf keinen Fall)* stehlen, sondern nur ausleihen; nicht e. *(es ist durchaus nicht so),* daß ich dich vergessen hätte, aber du mußt schon noch etwas warten; er soll nicht e. *(ja nicht, nur nicht)* denken, ich sähe das nicht! * **in etwa** *(ungefähr, in gewisser Hinsicht):* die Angaben der Zeugen stimmten in e. überein; das ist in e. das, was ich auch sagen wollte. – Hochsprachlich nicht korrekt ist der Gebrauch von „in etwa" vor Zahlen; also nicht: es sind noch in e. 40 km.

etwaig: *eventuell:* etwaige Mängel; wegen etwaiger größerer Fehler; bei etwaigem gemeinsamem/(selten:) gemeinsamen Handeln; etwaige Beschwerden sind schriftlich einzureichen.

etwas ⟨Indefinitpronomen⟩: **1.** /vgl. was/ **a)** /bezeichnet eine nicht näher bestimmte Sache, ein Ding, Wesen o. ä./: irgend e.; da klappert doch etwas; es lief e. *(ein Tier)* über den Weg; hat er e. gesagt?; ich will dir einmal e. sagen; sie hat e. (ugs.; *eine Antipathie)* gegen ihn; er hat ihr e. getan *(hat ihr ein Leid zugefügt);* der Gedanke hat e. für sich *(ist in gewisser Hinsicht beachtenswert, gut);* das bringt e. ein; ich weiß e., was ihr Freude macht; ich habe e. von ihm gehört, was/(seltener:) das ich nicht glauben kann; er findet an allem e. [zu tadeln]; das ist e. [ganz] anderes; er sah Seltsames, e. Schönes sehen; niemand weiß e. Genaues; nun zu e. anderem!; er ist so e. *(etwas Ähnliches)* wie ein Dichter; so etwas *(ausgerechnet das)* muß mir passieren! so e. Dummes! /Ausruf der Verärgerung/; nein so e.! /Ausruf des Erstaunens/. **b)** /bezeichnet eine nicht näher bestimmte Sache, die bedeutsam erscheint/: das ist doch wenigstens e. *(besser als nichts);* aus dem Jungen wird einmal e.; er wird es noch zu e. bringen; sein Wort gilt e. bei der Regierung; dieser Vorschlag hat e. für sich; das will schon e. heißen. **c)** /bezeichnet eine nicht näher bestimmten Teil von etwas/: nimm dir e. von dem Geld; kann ich auch e. haben?; übertr.: er hat e. von einem Gelehrten *(wirkt ein wenig wie ein Gelehrter).* **2.** *ein bißchen, ein wenig:* er nahm e. Salz; ich brauche noch e. Geld; er spricht e. Englisch; sie war e. ungeschickt; das kommt mir e. überraschend; das ist aber e. stark!; ich will noch e. *(eine Weile)* lesen; der zweite Treffer saß e. darüber.

Etwas, das: *nicht näher bestimmtes Wesen oder Ding:* ein kleines, piependes E.; er stieß an ein spitzes, hartes E. * **das gewisse Etwas** *(eine unbestimmbare, andere anziehende, besondere [erotische, künstlerische] Eigenart, Fähigkeit).*

Eule, die: */ein Vogel/:* im Gemäuer nisten Eulen; sie sieht aus wie eine alte E. * **Eulen nach Athen tragen** *(etwas Überflüssiges tun).*

ewig: **1. a)** *zeitlich unendlich, unvergänglich:* der ewige Gott; die ewigen Naturgesetze; die ewige Seligkeit, Verdammnis; das ewige Leben *(Leben in der Ewigkeit);* subst.: der Ewige *(Gott);* das Ewige *(das Unvergängliche, Göttliche).* **b)** *immer bestehend, den Wechsel überdauernd:* ewige Liebe, Treue; ewiger Schnee; ewiger Friede *(der auf immer gelten soll);* eine ewige *(nie abzulösende)* Rente; ewiges Schach *(Dauerschach);* der Blinde lebt in ewiger Nacht; zum ewigen Anden-

ken, Gedächtnis; auf e.; für immer und e. **2.**
(ugs.) **a)** *sich immer wiederholend; nicht endend,*
sehr lange: laß doch dein ewiges Jammern und
Klagen!; ich habe das ewige Einerlei satt; sie
lebte in ewiger Angst um ihre Kinder; er ist der
ewige Verlierer *(derjenige, der immer wieder ver-*
liert); wir haben uns seit ewigen Zeiten nicht
mehr gesehen; soll das e. so weitergehen?; das
dauert ja e.; das ist e. schade (ugs.; *sehr schade*);
e. und drei Tage (scherzh.; *sehr lange*).
Ewigkeit, die: **1.** *das jenseits der Zeit Liegende;*
ewige Dauer, Unvergänglichkeit, das Ewige, Un-
wandelbare: an die E. denken; die Ewigkeit Gottes; nach dem Tode erwartet uns die E.; von E. zu
E. (bibl.). **2. a)** *sehr lange Dauer:* heute baut man
nicht mehr für die E.; das soll in alle E. *(für im-*
mer) so bleiben; die Minuten dehnten sich zu
Ewigkeiten. **b)** (ugs.) *endlos scheinende Zeit:* das
dauert ja wieder eine [halbe] E.; er bleibt eine E.
aus; man hat sie seit einer E., seit Ewigkeiten
nicht gesehen. * (geh. verhüll.:) **in die Ewigkeit**
eingehen/abberufen werden *(sterben).*
Examen, das: *[Abschluß]prüfung:* ein leichtes,
schweres E.; ein mündliches, schriftliche E.; sein
E. machen, bestehen, ablegen, haben (ugs.); sich
auf das E. vorbereiten; er geht, steigt (ugs.) ins E.,
steht im E.; er ist durchs E. gefallen (ugs.), im E.
durchgefallen (ugs.), durchgerasselt (ugs.).
Exempel, das (geh. veraltend): *[Lehr]beispiel:*
ein E. für etwas geben; sich ein E. an jmdm., an
etwas nehmen. * **ein Exempel [an jmdm., mit et-**
was] statuieren *(durch drastisches Vorgehen in ei-*
nem Einzelfall ein abschreckendes Beispiel geben).
Exemplar, das: *Einzelstück, Einzelwesen:* von
dieser Tierart gibt es nur noch wenige Exemplare; das ist mein letztes E.; von dieser Briefmarke habe ich nur ein beschädigtes E.; der Gedichtband wurde in 3 000 Exemplaren gedruckt.
Exil, das: *Verbannung, Verbannungsort:* ins E.
gehen; aus dem E. zurückkehren; er lebte dort
seit Jahren im E.
Existenz, die: **1. a)** *Vorhandensein in der Wirk-*
lichkeit: die E. eines Staates; er wußte nichts von
der E. dieses Briefes. **b)** *Dasein, Leben:* eine armselige E.; die menschliche, geistige E.; seine
nackte E. retten. **2.** *materielle Lebensgrundlage:*
eine auskömmliche, keine sichere E. haben; sich
(Dativ) eine E. gründen, aufbauen; jmdm. eine
gesicherte E. bieten; er fühlte sich in seiner E. bedroht; der Krieg hat Tausende von Existenzen
vernichtet; er ringt um seine E. **3.** (abwertend in
Verbindung mit einem negativen Attribut)
Mensch: in diesem Viertel treiben sich allerlei
dunkle, zweifelhafte Existenzen herum; er ist
eine gescheiterte, verkrachte (ugs.) E.
existieren: 1. *vorhanden sein:* das alte Haus

existiert noch; diese Dinge existieren nur in deiner Phantasie; es existieren keine Aufzeichnungen mehr über diese Sitzung. **2.** *leben, sein Aus-*
kommen haben: sie hat das Nötigste, um e. zu
können; davon kann man kaum e.
Experiment, das: **a)** *wissenschaftlicher Versuch:*
Experimente an, mit Tieren; das E. ist geglückt,
gelungen, mißlungen; chemische Experimente
machen, anstellen; jmdn. einem E. unterziehen.
b) *gewagtes Unternehmen, unsichere Sache:* das
ist ein gefährliches E.; das politische E. der De-
mokratisierung; wir wollen keine Experimente
machen *(uns auf kein Risiko einlassen).*
explodieren: 1. (etwas explodiert) *etwas zer-*
birst, zerplatzt mit heftigem Knall: eine Mine, eine
Bombe explodiert; der Kessel ist explodiert;
übertr.: die Kosten sind explodiert *(schlagartig,*
rapide angestiegen). **2.** (ugs.) *einen heftigen Ge-*
fühlsausbruch haben: sie explodierte vor Zorn,
vor Wut, vor Lachen; als er das hörte, explodierte er *(wurde er zornig).*
Export, der: *Ausfuhr von Waren:* der E. überwiegt den Import; der E. an Kaffee ist gestiegen;
den E. [von Kraftfahrzeugen] verstärken, fördern, ankurbeln, drosseln; diese Waren
sind vorwiegend für den E. in die Schweiz, nach
Übersee bestimmt; die Exporte *(Exportlieferun-*
gen) nach Südafrika wurden eingestellt.
exportieren (etwas e.): *ausführen:* Maschinen
e.; (auch ohne Akk.) in alle Länder, vor allem
nach Indien e.; übertr.: die Inflation e. *(ins*
Ausland übertragen).
extra (Adverb): **1. a)** *gesondert, für sich:* etwas e.
einpacken; das Frühstück müssen Sie e. bezah-
len; (auch attributiv) (ugs.:) du bekommst ein e.
Zimmer. **b)** *über das Übliche hinaus; zusätzlich:* er
gab ihm noch ein Trinkgeld e.; (ugs.:) ich brauche jetzt einen e. starken Kaffee; (auch attributiv)
(ugs.:) eine e. Belohnung. **2.** *eigens:* ich habe e.
einen Kuchen für dich gebacken; er ist e. deinet-
wegen, er deswegen hierhergekommen; er hat
diesen Fehler e. (ugs.; *absichtlich)* gemacht.
extrem: a) *bis an die äußerste Grenze gehend:*
extreme Temperaturen; extreme *(krasse)* Beispiele, Gegensätze; der Wagen ist e. sparsam im
Verbrauch. **b)** *radikal:* er hat extreme Ansichten;
er steht e. rechts; deine Meinung ist mir zu e.
Extrem, das: *äußerster Standpunkt, äußerste*
Grenze: das entgegengesetzte E.; äußerste Extreme *(Gegensätze);* seine Stimmung kann sehr
schnell ins andere E. umschlagen; er fällt aus/
von einem E. *(einer Übertreibung)* ins andere.
Exzeß, der: *Ausschreitung, Ausschweifung:* ein
grober, wüster, hemmungsloser E.; alkoholische,
sexuelle Exzesse; es kam zu wilden Exzessen; er
arbeitet bis zum E. *(bis zur Maßlosigkeit).*

F

Fabel, die: **1.** *lehrhafte Tierdichtung:* eine hübsche, lehrreiche F.; die F. vom Fuchs und den
Trauben; wir lesen Lessings Fabeln. **2.** *Unwah-*
res, nur Ausgedachtes, erfundene Geschichte: er

hat dir eine F. erzählt. **3.** *Grundhandlung einer*
Dichtung: die F. des Stückes ist nicht neu; der
Roman hat eine recht dürftige F.
fabelhaft (ugs.): **1.** *großartig, wunderbar:* eine

fabelhafte Leistung; ein fabelhafter Kerl; sie mixt fabelhafte Drinks; der Sänger war einfach f.; das ist ja f.!; er arbeitet f. **2. a)** *unglaublich groß:* er besitzt ein fabelhaftes Vermögen. **b)** ⟨verstärkend vor Adjektiven⟩ *sehr, überaus:* sie ist f. reich, f. elegant angezogen.

Fabrik, die: **1.** *Industriebetrieb:* eine große, moderne, schmutzige F.; eine chemische F.; eine F. gründen, übernehmen, haben, besitzen; die Fabriken sind stillgelegt; er geht in die F. *(er ist Fabrikarbeiter);* eine F. *(ein Fabrikgebäude, eine Fabrikanlage)* bauen. **2.** *Fabrikbelegschaft:* die F. macht einen Betriebsausflug.

Fach, das: **1.** *abgeteilter, zur Aufbewahrung von etwas dienender Teil eines Behältnisses, Möbelstücks o. ä.:* die Fächer im Schrank sind mit Papier ausgelegt; die Handtasche hat drei Fächer; das Glas gehört in das rechte, obere F.; der Schlüssel, die Post liegt im F. (z. B. im Hotel). **2. a)** *Arbeits- oder Wissensgebiet:* das ist mein besonderes, spezielles F., schlägt in mein F.; er kennt, versteht, beherrscht sein F.; das schlägt nicht in mein F.; er unterrichtet in den Fächern Chemie und Biologie; er ist [ein Mann] vom F.; dieser Juwelier, dieser Sportler ist ein Meister seines Faches *(er ist sehr geschickt und erfahren).* **b)** *spezielles Gebiet eines Schauspielers, Opernsängers:* vom lyrischen ins dramatische F. wechseln.

fachlich: *ein Fachgebiet betreffend:* fachliches Wissen; ihm fehlen die fachlichen Grundlagen; etwas f. *(vom Fach her)* beurteilen.

Fachmann, der: *jmd., der in einem Fach Bescheid weiß, der sachverständig ist:* ein geschickter, bewährter F.; F. für etwas sein; geschulte Fachleute/⟨selten:⟩ Fachmänner; ein F. für Straßenbau; er ist F. auf diesem Gebiet; den F. fragen; etwas vom F. reparieren lassen.

Fackel, die: *[Holz]stab mit einer brennbaren Schicht am oberen Ende:* die F. brennt, lodert, flackert, geht aus, verlischt (geh.); eine F. anzünden, anstecken, tragen, weiterreichen; einen Raum mit Fackeln erleuchten; das Auto brannte wie eine F.; bildl.: die F. der Vernunft.

fackeln ⟨in der Verbindung⟩ nicht [lange] fackeln (ugs.): *nicht zögern, keine Umstände machen:* hier wird nicht lange gefackelt.

fad (bes. südd., österr.), **fade: a)** *ohne rechten Geschmack, schal:* ein fades Gericht; einen faden Geschmack im Munde haben; die Suppe ist, schmeckt f. **b)** (ugs.) *ohne jeden Reiz, langweilig, geistlos:* ein fader Mensch, fade Witze, fades Geschwätz; er redet immer nur fades Zeug; das Fest war ziemlich f.; dort war es mir zu f.

Faden, der: **1. a)** *langes, sehr dünnes Gebilde aus gesponnenen Fasern, aus Kunststoff o. ä.:* ein dünner, grober, kurzer, langer, gezwirnter, seidener F.; der F. reißt, verwickelt sich, verknotet sich; die Fäden laufen zusammen; einen F. spinnen, einfädeln, abschneiden, abreißen; den F., das Ende des Fadens verstehen, verwahren *(gegen Herausrutschen sichern);* der Arzt wird morgen die Fäden ziehen; etwas mit Nadel und F. annähen, mit einem F. umwickeln; einen Knoten in den F. machen; die Marionetten hängen an Fäden; bildl.: der F. des Gesprächs reißt ab. **b)** *etwas Fadenähnliches, Fadenförmiges:* er hat schon silberne Fäden im Haar *(einzelne graue Haare);*

die Fäden des Altweibersommers; ein dünner F. Blut rann aus seinem Mund; die Fäden von den Bohnen abziehen; der Leim, Sirup zieht Fäden *(fließt zäh vom Löffel).* **2.** (Seemannsspr.) / Maßeinheit bes. für die Wassertiefe/: der Anker liegt sechs Faden tief. * (ugs.:) **keinen trockenen Faden mehr am Leibe haben** *(völlig durchnäßt sein)* · **den Faden verlieren** *(beim Reden plötzlich den gedanklichen Zusammenhang verlieren)* · **etwas hängt an einem [dünnen/seidenen] Faden** *(etwas ist sehr gefährdet)* · **der rote Faden** *(der leitende Gedanke, das Grundmotiv):* das zieht sich als roter F. durch den Roman · (ugs.:) **keinen guten Faden miteinander spinnen** *(schlecht miteinander auskommen)* · (ugs.:) **keinen guten Faden an jmdm. lassen** *(jmdn. gründlich schlechtmachen)* · **alle Fäden in der Hand haben/halten** *(alles überschauen und lenken)* · **alle Fäden laufen in jmds. Hand zusammen** *(jmd. überschaut und lenkt alles).*

fadenscheinig: 1. *abgetragen, dünn:* ein fadenscheiniger Mantel; das Gewebe wird schon f., sieht ziemlich f. aus. **2.** *leicht durchschaubar, nicht überzeugend, dürftig:* ein fadenscheiniger Vorwand; seine Ausrede war, klang recht f.

fähig: 1. *tüchtig:* ein fähiger junger Mann; die Wirtschaft braucht fähige Köpfe. **2.** ⟨zu etwas/ (geh.:) einer Sache f. sein⟩: *zu etwas in der Lage, imstande sein:* sie ist zu keinem Gedanken/ (geh.:) keines Gedankens mehr f.; er ist zu großen Leistungen f.; diese Burschen sind zu allem f.; sie war nicht f., ein Wort zu sprechen.

fahl: *blaß, farblos:* fahles Licht; im fahlen Schein der Laterne; sein Gesicht war f. vor Entsetzen; der Mond glänzt, schimmert f.

fahnden ⟨nach jmdm., nach etwas f.⟩: *polizeilich suchen, um jmdn. zu verhaften, um etwas zu beschlagnahmen:* die Polizei fahndet nach dem Verbrecher, nach Rauschgift; übertr.: er fahndete nach dem verschollenen Manuskript.

Fahne, die: **1.** *an einer Stange befestigtes Tuch, das die Farben eines Landes, Vereins o. ä. zeigt:* eine seidene, gestickte, zerschlissene, verblichene F.; die schwarzrotgoldene F., die F. Schwarz-Rot-Gold; die rote F.; die weiße F. (milit.): *das Zeichen der Kapitulation);* die F. weht, flattert, knattert, bauscht sich im Wind; die Fahnen wehen auf halbmast; eine F. hissen, nieder-, einholen, einziehen, auf halbmast setzen; die F. schwenken, senken, einrollen; Fähnchen auf eine Landkarte stecken; die Stadt war mit Fahnen geschmückt; bildl.: die F. der Freiheit hochhalten *(für die Freiheit kämpfen, für sie eintreten).* **2.** (ugs.) *Alkoholdunst:* eine F. haben *(nach Alkohol riechen);* man roch seine F. **3.** (Druckerspr.) *Probeabzug:* Fahnen korrigieren. * **etwas auf seine Fahne schreiben** *(sich etwas zum Ziel setzen, etwas als Programm verkünden)* · **mit fliegenden Fahnen zu jmdm., zu etwas übergehen** *(seine Ansichten plötzlich und offen ändern und sich ohne Bedenken zu der anderen Seite schlagen)* · **mit fliegenden Fahnen untergehen** *(sehr schnell, ohne große Gegenwehr geschlagen, besiegt werden, zugrunde gehen)* · (abwertend:) **die/seine Fahne nach dem Wind drehen, hängen** *(sich schnell der jeweils herrschenden Meinung anschließen)* · (geh. veraltet:) **zu den Fahnen eilen** *(freiwillig Soldat werden).*

Fähre, die: *Schiff zum Übersetzen über ein Gewässer:* die F. legt [am Ufer] an, legt ab, fährt über den Strom; wir setzten mit der F. über.

fahren: 1. a) *(etwas fährt) ein Fahrzeug bewegt sich auf Rädern rollend, gleitend fort:* der Zug fährt; unser Auto fährt nicht; das Schiff fuhr langsam, mit Volldampf [aus dem Hafen]; die Lokomotive fährt elektrisch, mit Dampf; der Fahrstuhl ist heute morgen nicht gefahren; der Bus fährt ein Stück rückwärts, über eine Brücke, durch den Tunnel, von Berlin nach Potsdam; fährt die Straßenbahn über den Markt? *(berührt sie auf ihrer Fahrt den Markt?);* dieser D-Zug fährt nach München *(sein Bestimmungsbahnhof ist München);* wann fährt das nächste Boot? *(wann fährt es ab?);* der Triebwagen fährt *(verkehrt)* fahrplanmäßig, täglich, auf der Strecke Mannheim–Heidelberg. b) *(etwas fährt sich; mit Artangabe) etwas hat bestimmte Fahreigenschaften:* der neue Wagen fährt sich gut. 2. a) *sich mit einem Fahrzeug o. ä. fortbewegen:* gehen wir zu Fuß, oder fahren wir?; schnell, mit großer Geschwindigkeit, wie der Teufel (ugs.) f.; er ist 80 [km/h] gefahren; rechts, links, geradeaus f.; er fährt gut, sportlich, umsichtig *(ist ein guter, sportlicher, umsichtiger [Auto]fahrer);* ich bin heute gefahren *(ich habe am Steuer gesessen);* wir fahren um 8 Uhr *(brechen um 8 Uhr auf);* man fährt *(braucht)* 2 Stunden bis Frankfurt; er ist seit 20 Jahren unfallfrei gefahren; erster Klasse f.; per Anhalter (ugs.), per Autostop (ugs.) f.; mit dem Auto, mit dem Fahrrad, mit der Bahn f.; mit/in einem Freiballon f.; in einer Kutsche f.; die Kinder sind mit dem Kettenkarussell, auf dem Riesenrad gefahren; wir fahren mit dem Bus in die Schule; in die Garage, aus dem Hof f.; er ist gegen einen Baum gefahren *(ist mit seinem Fahrzeug dagegen geprallt);* zur Arbeit f.; auf der Autobahn, in einer Schlange, Kolonne f.; ⟨jmdm., einer Sache f.; mit Raumangabe⟩ er fuhr ihm [mit dem Vorderrad] über den Fuß; der Pkw fuhr dem Lkw in die Flanke. b) ⟨mit Raumangabe⟩ *reisen:* nach Berlin, nach England, in die Schweiz f.; in die Berge, an die See f.; ins Grüne, ins Blaue f.; wir fahren in/(seltener auch:) auf Urlaub, in die Ferien, zu den Großeltern. c) ⟨es fährt sich; mit Art- und Umstandsangabe⟩ *man kann sich mit einem Fahrzeug unter bestimmten Umständen in einer bestimmten Weise fortbewegen:* es fährt sich gut auf der Autobahn, mit einem solchen Wagen; bei/im Nebel fährt es sich schlecht. 3. ⟨etwas f.⟩ a) *sich mit einem Fahrzeug fortbewegen:* Auto, Eisenbahn f.; Rollschuh, Ski, Schlitten f.; wir wollen Kahn f.; sie ist gern Karussell gefahren. b) *ein Fahrzeug lenken:* einen Pkw, einen Traktor, ein schweres Motorrad f.; er hat damals einen Ferrari gefahren *(besessen);* er fuhr den Wagen in die Garage; ⟨auch ohne Akk.⟩ wer hat gefahren? *(wer hat den Wagen gesteuert?);* sie ließ mich f. lassen *(sie hat mir erlaubt, den Wagen zu fahren).* c) *einen Treibstoff benutzen:* ich fahre nur bleifreies Benzin, Super. 4. ⟨etwas f.⟩ a) *eine Strecke fahrend zurücklegen:* einen Umweg, 500 km, eine Ehrenrunde f.; er ist/(seltener:) hat die Runde in 5:42 Minuten gefahren; ich fahre diese Strecke täglich, in 40 Minuten; ich bin diese Straße schon oft gefahren. b) *fahrend ausführen, bewältigen:*

Kurven f.; Sport: ein Rennen f.; er hat einen Rekord, die beste Zeit gefahren; Militär: das Schnellboot fährt einen Angriff; Technik: eine Sonderschicht (in der Fabrik) f.; Filmw.: eine Aufnahme f. c) (ugs.) *[nach Plan] ablaufen lassen, organisieren:* ein Programm f.; die Anlage wird zentral, mit einem neuen System, mit verminderter Leistung gefahren; die Fernsehsendung wurde zu einer Zeit gefahren, wo alle schon schliefen; übertr.: er hat harte Attacken gegen ihn gefahren *(hat ihn hart angegriffen);* ⟨auch etwas fährt; mit Artangabe⟩ diese Anlage fährt *(arbeitet)* wirtschaftlicher. 5. ⟨etwas f.; mit Artangabe⟩ *durch Fahren in einen (meist schlechten) Zustand bringen:* ein Auto schrottreif, zu Bruch, in/zu Klump (landsch. ugs.), in Grund und Boden f. 6. ⟨jmdn., etwas f.⟩ *mit einem Fahrzeug befördern, transportieren:* Sand, Steine, Mist f.; jmdn. Kartoffeln in den Keller f.; er hat den Verletzten mit dem Auto ins Krankenhaus gefahren. 7. ⟨mit jmdm., mit etwas/bei etwas f.; mit Artangabe⟩ *zurechtkommen, Erfolg haben:* gut, schlecht, übel mit jmdm. f.; mit dieser Methode, bei diesem Geschäft ist er gut, nicht übel gefahren 8. ⟨mit Raumangabe⟩ *sich schnell bewegen:* erschrocken aus dem Bett, aus dem Schlaf f.; in die Kleider f.; in die Höhe f. *(aufspringen);* der Blitz ist in einen Baum gefahren; Jägerspr.: der Fuchs fährt zu Bau; ⟨jmdm. f.; mit Raumangabe⟩ der Hund ist ihm an die Kehle gefahren; übertr.: der Schreck fuhr mir in die, durch alle Glieder; blitzschnell fuhr es ihr durch den Kopf *(kam ihr der Gedanke),* sofort abzureisen; was ist denn in dich gefahren? *(was ist mit dir los?).* 9. ⟨mit etwas f.; mit Raumangabe⟩ *eine schnelle Bewegung machen:* mit dem Staubtuch über den Tisch f.; er fuhr mit der Hand in die Tasche; ⟨jmdm. f.; mit Raumangabe⟩ jmdm./sich mit der Hand durchs Haar, über die Stirn f.

fahrenlassen ⟨etwas f.⟩: 1. *schnell loslassen:* die Zügel f.; er ließ den Sack fahren und flüchtete. 2. *aufgeben, auf etwas verzichten:* er hat den Plan fahrenlassen/(seltener:) fahrengelassen.

fahrig: *unruhig, hastig:* eine fahrige Bewegung machen; er hat ein fahriges Wesen; ein fahriges *(nervöses)* Kind; seine Schriftzüge sind, wirken f.

Fahrkarte, die: ↑ Karte.

fahrlässig: *die nötige Vorsicht außer acht lassend:* fahrlässiges Verhalten; der Arbeiter war f.; er hat [grob] f. gehandelt; Rechtsw.: fahrlässige *(durch Fahrlässigkeit verursachte)* Tötung.

Fahrrad, das: ↑ Rad.

Fahrt, die: 1. ⟨ohne Plural⟩ a) *das Fahren:* der Zug hat freie F.; das Signal steht auf F.; Abspringen während der F. ist verboten; nach drei Stunden F. waren wir dort. b) *Fahrgeschwindigkeit:* der Zug verlangsamt, beschleunigt seine F., ist in voller F.; das Schiff nahm F. auf *(wurde schneller),* machte nur wenig F., kleine F. (Seemannsspr.; *fuhr langsam);* (Seemannsspr.:) volle, halbe F. voraus! /Befehl an den Maschinisten/. 2. *das Fahren zu bestimmtem Zweck oder Ziel; Reise:* eine glatte, flotte, tolle, wilde F.; die F. begann und endete am Schloß; eine F. unterbrechen; eine F. ins Gebirge unternehmen. 3. (veraltend) *mehrtägige Wanderung:* wir haben als Jungen herrliche Fahrten gemacht, sind oft auf F.

gegangen. * **eine Fahrt ins Blaue** *(Ausflugsfahrt, bei der das Ziel vorher nicht festgelegt wurde)* · (ugs.:) **in Fahrt kommen/geraten: a)** *in Schwung, gute Stimmung geraten.* **b)** *(wütend werden)* · (ugs.:) **in Fahrt sein: a)** *(in Schwung, guter Stimmung sein).* **b)** *(wütend sein).*

Fährte, die: *Trittspur bestimmter Wildtiere:* eine frische, warme F.; die F. eines Hirsches; der Hund nimmt die F. auf, folgt der F.; auf eine F. kommen, stoßen; den Hund auf die F. setzen; übertr.: jmdn. auf eine falsche F. locken, auf die richtige F. bringen; die Polizei ist auf der falschen F., verfolgt eine falsche F.

Fahrwasser, das: *Gewässerstrecke, wo Schiffe fahren können:* ein tiefes, breites, ruhiges F.; das F. freihalten, mit Bojen kennzeichnen; übertr.: die Unterhaltung geriet in politisches F. *(griff auf politisches Gebiet über).* * (ugs.:) **in seinem/im richtigen Fahrwasser sein** *(eifrig von etwas reden oder etwas tun, was einem besonders liegt)* · (ugs.:) **in jmds. Fahrwasser schwimmen/segeln** *(die Gedanken eines andern kritiklos übernehmen).*

fair: *anständig, den Regeln des Zusammenlebens und -wirkens entsprechend:* ein faires Benehmen, ein fairer Kampf; ein fairer Sportsmann; ich bin immer f. zu Ihnen, Ihnen gegenüber gewesen; das war nicht f. von ihm; er hat f. gehandelt.

Faktor, der: **1.** *mitbestimmender Umstand:* etwas ist ein entscheidender, maßgebender F.; die Faktoren der politischen Entwicklung; hier sind noch andere Faktoren im Spiel; diese Entwicklung wird von wirtschaftlichen Faktoren bestimmt. **2.** (Math.): *Zahl, die multipliziert wird:* ein konstanter F.; ein F. von 10^8; eine Summe in Faktoren zerlegen.

Fall, der: **I.** ⟨ohne Plural⟩ *Sturz, das Fallen, Hinfallen, Niedersinken:* ich hörte einen dumpfen F. *(das Geräusch eines Sturzes);* im F. riß er seinen Gegner mit; der Fallschirm öffnet sich im F.; übertr.: der F. *(Untergang)* Trojas. **II. 1. a)** *Umstand, mit dem man rechnen muß:* wenn dieser F. eintritt; wenn der F. eintritt, daß ...; nehmen wir den F. an, sie hätten von dem Plan gewußt; für den schlimmsten, äußersten F.; für diesen F. habe ich vorgesorgt; in diesem, in einem solchen Fall[e], in solchen Fällen gibt es nur eins. **b)** *sich in einer bestimmten Weise darstellende Angelegenheit, Sache; Vorkommnis:* ein ungewöhnlicher, eigenartiger, böser, trauriger, hoffnungsloser F.; ein typischer F. von Leichtsinn; R (ugs.): [das] ist ein typischer Fall von denkste *(hier liegt ein gewaltiger Irrtum vor)* · dieser F. ist sonnenklar, ist kompliziert, macht mir Sorge; einen F. aufgreifen, als Beispiel anführen, zur Sprache bringen; ich komme noch auf den F. zurück; das ist in jedem einzelnen F. anders. **2.** (Rechtsw.) *Straftat, Gegenstand der Untersuchung:* ein schwieriger, interessanter F.; der F. Jürgen H.; ein F. für den Staatsanwalt; dieser F. wird noch die Gerichte beschäftigen; einen F. untersuchen, aufklären; das Gericht hat den F. entschieden. **3.** (Med.) *Einzelfall einer Erkrankung:* ein leichter, schwerer, akuter F.; von Typhus; es traten mehrere Fälle von Pilzvergiftung auf; dieser F. verlief tödlich; übertr.: wir haben zwei schwere Fälle *(schwerkranke Patienten)* auf der Station. **4.** (Sprachw.) *Kasus, Beugefall:* nach „wegen" steht

der 2. Fall *(Genitiv);* das Substantiv in den 4. Fall *(Akkusativ)* setzen. * (Physik:) **der freie Fall** *(gesetzmäßig beschleunigter Fall eines Körpers)* · (geh.:) **zu Fall kommen: a)** *(hinfallen):* er ist im Dunkeln zu F. gekommen. **b)** *(gestürzt werden, scheitern):* durch, über einen Skandal zu F. kommen; (geh.:) **jmdn., etwas zu Fall bringen: a)** *(hinstürzen lassen; zu Boden stürzen, niederstürzen lassen):* ein Stein hat ihn zu F. gebracht. **b)** *(scheitern lassen; zunichte machen):* die Opposition hat ihn, das Gesetz zu F. gebracht · **etwas ist [nicht] der Fall** *(etwas verhält sich [nicht] so)* · **den Fall setzen** *(als gegeben annehmen)* · **für den Fall, daß ...;** **im Fall[e], daß ...;** **gesetzt den Fall, daß** *(falls, wenn)* ... · **auf jeden Fall; auf alle Fälle** *(unbedingt):* du mußt ihm auf jeden F., auf alle Fälle schreiben · **auf keinen Fall** *(unter keinen Umständen, absolut nicht):* ich möchte auf keinen F. gesehen werden · **in jedem Fall** *(ob so oder so)* · von **Fall zu Fall** *(in jedem Einzelfall, besonders):* diese Frage muß von F. zu F. entschieden werden · (ugs.:) **jmds. Fall sein** *(jmdm. zusagen, entsprechen, gefallen):* er, Bergsteigen ist nicht gerade mein F. · (ugs.:) **klarer Fall!** *(selbstverständlich!).*

Falle, die: **1.** *Fangvorrichtung:* die F. schlägt zu, schnappt zu; eine F. [für die Mäuse] aufstellen; Fallen stellen, legen; die F. spannen; ein Tier in, mit der F. fangen; der Fuchs ist in die F. gegangen; übertr.: dieses Angebot ist nur eine [plumpe] F.; jmdm. eine F. stellen; jmdn. in eine F. locken; er ist in eine F. geraten; er ist der Polizei in die F. gegangen; wir sitzen in der F. *(wissen in dieser Lage keinen Ausweg).* **2.** (ugs.) *Bett:* in die F. gehen; sich in die F. hauen.

fallen: 1. a) *sich infolge der Schwerkraft abwärts bewegen:* schnell, senkrecht, lautlos f.; zu Boden f.; die Blätter fallen [von den Bäumen]; es ist Regen, Reif, Tau gefallen; der Schnee fällt in dichten Flocken; Sternschnuppen fallen; der Vorhang fällt; das Kind fiel ins Wasser; er ist vom Rad, aus dem Bett gefallen; das Buch fiel unter, hinter den Schrank; er ließ sich 3 000 Meter f., ehe er den Fallschirm öffnete; er ließ sich ins Gras, in einen Sessel, aufs Bett f. *(ließ sich dort nieder);* sie ließ eine Masche f.; laß das Kind nicht f.!; ⟨etwas fällt jmdm., mit Raumangabe⟩ das Messer fiel mir aus der Hand, auf den Boden. **b)** *hinfallen, stürzen:* hart, weich, ungeschickt, unglücklich f.; vornüber, nach hinten f.; die alte Frau ist gefallen; subst.: er hat sich beim Fallen verletzt; er riß im Fallen das Tischtuch mit; gegen die Tischkante, über einen Stein, über die eigenen Füße, aufs Knie, auf die Nase f. **2. a)** *im Kampf sterben:* im Gefecht sind viele Soldaten gefallen; ihr Vater ist im Krieg gefallen; subst. Part.: ein Denkmal für die Gefallenen. **b)** (Jägerspr.) ⟨meist im 2. Part.⟩ *durch Krankheit eingehen:* ein gefallenes Reh; im Winter ist viel Wild gefallen. **3.** ⟨etwas fällt⟩ **a)** *etwas sinkt:* das Hochwasser fällt, ist um 1 m gefallen; der Nebel fällt; die Temperatur ist gefallen; das Barometer fällt *(es gibt schlechtes Wetter);* die Temperatur, das Thermometer fällt *(es wird kälter).* **b)** *etwas wird im Wert geringer:* die Waren fallen im Preis; die Preise, die Aktien, die Kurse, die Papiere (an der Börse) fallen; übertr.: sein Ansehen ist gefallen. **4.** ⟨etwas fällt; mit Art- oder Raumangabe⟩

a) *etwas hängt nach unten:* der Mantel fällt glatt, elegant; die Gardinen fallen locker; ⟨jmdm. fällt etwas; mit Raumangabe⟩ die Haare fielen ihm auf die Schulter, ins Gesicht. **b)** (geh.) *etwas neigt sich, fällt ab:* die Felsen fallen schroff ins Tal. **5. a)** ⟨etwas fällt, mit Raumangabe⟩ *etwas gelangt, dringt irgendwohin:* das Licht fällt von oben durch ein kleines Fenster; ein einziger Sonnenstrahl fiel in die Höhle. **b)** ⟨mit Raumangabe⟩ *sich [schnell] irgendwohin bewegen:* die Tür fällt ins Schloß *(schließt sich);* sie fiel vor ihm auf die Knie *(warf sich vor ihm nieder);* feindliche Truppen waren ins Land gefallen *(eingedrungen);* ⟨jmdm. f.; mit Raumangabe⟩ jmdm. zu Füßen f. *(sich werfen)* sie fiel der Freundin um den Hals *(umarmte sie);* er fiel dem durchgegangenen Pferd in die Zügel *(ergriff sie und hielt das Pferd auf);* dem Gegner in die Flanke, in den Rücken f. *(ihn dort angreifen).* **6.** ⟨etwas fällt auf etwas⟩ *etwas trifft auf etwas:* der Schatten fällt auf die Wand; mein Blick fiel auf den Ring; übertr.: der Verdacht ist auf ihn gefallen; die Wahl fiel auf eine Frau; das Los ist auf die Nr. 37 gefallen; der Heilige Abend fällt dieses Jahr auf einen Sonntag. **7.** ⟨in etwas f.⟩ *[plötzlich] in einen Zustand geraten:* in Trümmer f.; in Ohnmacht f.; in Schwermut, in Angst und Schrecken f.; in tiefen Schlaf f.; die Pferde fielen in Trab *(begannen zu traben);* er fiel unversehens in seinen Dialekt *(sprach im Dialekt weiter).* **8.** ⟨etwas fällt an jmdn., an etwas⟩ *etwas kommt in jmds. Besitz:* die Erbschaft fiel an seine Schwester; die Stadt ist 1919 an Italien gefallen. **9.** ⟨etwas fällt in/unter etwas⟩ *etwas gehört zu etwas, wird von etwas betroffen:* in, unter dieselbe Kategorie f.; unter eine Bestimmung, unter ein Gesetz f.; diese Waren fallen nicht unter die Zollverordnung; etwas fällt in das Kompetenz der Länder; in diese Zeit fallen die Hauptwerke des Dichters. **10.** ⟨etwas fällt⟩ *etwas wird ausgesprochen:* in der Versammlung sind scharfe Worte gefallen; sein Name fiel bei den Verhandlungen. **11.** ⟨etwas fällt⟩ *etwas wird [unvermittelt] ausgeführt o. ä.:* die Entscheidung, das Urteilsspruch wird morgen f.; das Tor *(der Torschuß)* fiel in der 31. Minute; bei der Demonstration fielen Schüsse *(wurden Schüsse abgefeuert).* **12.** ⟨etwas fällt⟩ *etwas wird beseitigt:* der Antrag ist gefallen (selten: *von der Versammlung abgelehnt worden);* diese Steuer fiel *(wurde aufgehoben);* das Tabu ist gefallen *(gilt nicht mehr).* **13.** (militär.) ⟨etwas fällt⟩ *etwas wird erobert:* die Festung ist gefallen.

fällen ⟨etwas f.⟩: **1.** *umschlagen, umhauen:* einen Baum, eine Tanne f.; wir haben Holz gefällt; er stürzte wie vom Blitz gefällt. **2.** (militär.) *zum Angriff senken:* das Bajonett f.; mit gefälltem Bajonett vorgehen. **3.** *als gültig aussprechen:* eine Entscheidung, ein Urteil f. **4.** (Chemie) *ausfällen, das Ausscheiden eines Stoffes aus einer Lösung bewirken:* ein Salz aus einer Lösung f.

fallenlassen: 1. ⟨etwas f.⟩ *aufgeben, auf etwas verzichten:* seine Absicht, seine Pläne f. **2.** ⟨jmdn. f.⟩ *sich von jmdm. lossagen, jmdn. nicht mehr unterstützen:* der Minister hat seinen Mitarbeiter fallenlassen/(seltener:) fallengelassen. **3.** ⟨etwas f.⟩ *[nebenbei] äußern:* ein Wort, eine Andeutung f.; er ließ anzügliche Bemerkungen fallen.

fällig: a) *an einem bestimmten Termin zu bezahlen:* der fällige Wechsel, die fälligen Zinsen; der Betrag ist am 1. April, bis zum 1. April f. **b)** *an einem bestimmten Zeitpunkt zu erwarten:* der Schnellzug ist in 4 Minuten f. *(soll in 4 Minuten eintreffen).* **c)** *an einem bestimmten Zeitpunkt zu erledigen; zur Erledigung anstehend; notwendig:* die jetzt fällige Reform des Schulwesens; die Einlösung des Wechsels ist morgen f.; bei uns sind neue Tapeten f.; der Kerl ist heute abend f. (ugs.; *ist an der Reihe, ist dran).*

falls ⟨Konj.⟩: *im Falle, für den Fall, daß; wenn:* f. du Lust hast, kannst du mitkommen; f. es regnen sollte, bleiben wir zu Hause; (ugs.; hochsprachl. nicht korrekt:) nimm den Schirm mit, f. es regnet *(damit du bei etwaigem Regen nicht naß wirst).*

falsch: 1. a) *unecht, [täuschend] nachgebildet:* falsche Zähne, Haare, Perlen; eine Jacke mit falschen *(nur vorgetäuschten)* Taschen. **b)** *gefälscht:* falsches Geld; falsche Banknoten; er reist unter falschem Namen; sein Paß ist f. **2. a)** *dem tatsächlichen Sachverhalt nicht entsprechend; nicht so, wie es sein sollte; fehlerhaft; verkehrt, nicht richtig:* ein falsches Wort, falscher Alarm; die falsche Richtung einschlagen; in den falschen Zug steigen; auf der falschen Fährte sein; deine Antwort ist f.; f. schreiben, sprechen, singen; etwas f. erklären, verstehen, auffassen; die Uhr geht f.; das Buch ist f. herum eingestellt; da sind Sie f. informiert; f. eingestellt sein *(am Telefon nicht mit dem Gesprächspartner verbunden sein, mit dem man sprechen wollte);* R: wie man's macht, ist's f., macht man's f. **b)** *nicht angemessen; unangebracht, unpassend:* mit falschem Pathos reden; nur keine falsche Scham, Bescheidenheit! **c)** *nicht der Wahrheit entsprechend, unwahr:* ein falscher Eid; falsche Angaben, Versprechungen machen; er hat f. geschworen. **3.** *nicht aufrichtig, tückisch:* ein falscher Freund, Prophet; er ist ein falscher Hund (ugs.; *hinterhältiger Mensch);* sie ist f. wie eine Schlange. * **an den Falschen/die Falsche kommen, geraten** *(bei jmdm. eine ganz unerwartete, abweisende Reaktion erleben, von ihm heftig abgewiesen werden).*

Falsch (geh.) ⟨nur in bestimmten Wendungen⟩: **ohne Falsch sein** *(ehrlich, aufrichtig sein)* · **an jmdm. ist kein Falsch** *(jmd. ist ein offener, aufrichtiger Mensch).*

fälschen ⟨etwas f.⟩: *betrügerisch ändern, nachbilden:* Banknoten, Wechsel f.; eine Urkunde f.; er hat die Unterschrift gefälscht; einen gefälschten Paß benutzen; die Papiere sind gefälscht.

fälschlich: *auf einem Fehler, Irrtum, Versehen beruhend; irrtümlich:* eine fälschliche Behauptung; etwas f. annehmen; jmdn. f. (auch: *wider besseres Wissen)* anklagen, verdächtigen.

Falte, die: **1.** *Knick, Eindrückung, Umbiegung in Stoff, Papier o. ä.:* eine scharfe, lose, tiefe, aufspringende F.; die Falten glätten, ausbügeln; das Kleid schlägt, wirft Falten; der Stoff fällt in weichen, fließenden Falten. **2.** *vertiefte Hautlinie, Runzel:* tiefe, harte Falten; auf seiner Stirn steht eine strenge, senkrechte F.; tausend F. durchziehen ihr Gesicht; sie hat schon viele Falten; die Stirn in Falten ziehen, legen.

falten: 1. a) ⟨etwas f.⟩ **a)** *in Falten legen, so zusammenlegen, daß eine Falte, ein Knick entsteht:*

ein Tuch, ein Kleid, einen Brief f. **b)** *in Falten ziehen, runzeln:* die Stirn f. **c)** *zusammenlegen und ineinander verschränken:* die Hände f. **2.** ⟨etwas faltet sich⟩ *etwas bildet Falten, legt sich in Falten:* viele Gebirge sind dadurch entstanden, daß sich die Erdrinde gefaltet hat.

faltig: a) *in viele Falten gelegt:* faltige Gewänder; der Vorhang ist f. gerafft; sein Anzug war schmutzig und ganz f. *(zerknittert).* **b)** *runzelig:* faltige Haut; seine Hände sind welk und f.

familiär: 1. *die Familie betreffend:* familiäre Sorgen, Schwierigkeiten; er hat seine Stellung aus familiären Gründen gekündigt. **2.** *vertraut, ungezwungen:* ein familiärer Ausdruck; die Atmosphäre im Büro war sehr f.

Familie, die: **1. a)** *Gemeinschaft von Eltern und Kindern:* eine große, kinderreiche, arme, nette F.; F. Meyer wohnt im Gartenhaus; eine F. gründen *(heiraten);* davon kann man keine F. ernähren; haben Sie F.?; der Untermieter gehört schon ganz zur F.; R: das bleibt in der F. *(das kommt nicht unter fremde Leute);* das kommt in den besten Familien vor *(das ist nicht so schlimm).* **b)** *alle Verwandten; Sippe:* eine alte, adlige F.; die liebe F. (iron.); seine F. stammt aus Bayern; aus guter F. sein; in eine F. einheiraten; das Gut ist schon lange in der F., in den Händen einer F.; der Kunstsinn liegt in der F. **2.** (Biol.) *systematische Einheit, die aus näher miteinander verwandten Gattungen besteht:* die F. der Rinder; der Roggen gehört zur F. der Gräser.

fanatisch: *sich leidenschaftlich [und rücksichtslos] für etwas einsetzend:* ein fanatischer Prediger; fanatische Begeisterung; sein Glaube ist f.; er kämpft geradezu f. für diese Reform.

Fang, der: **1. a)** ⟨ohne Plural⟩ *das Fangen:* der F. von Pelztieren; die Fischdampfer laufen zum F. aus. **b)** *beim Fangen gemachte Beute:* der Angler trägt seinen F. nach Hause, freut sich über den guten F.; übertr.: einen guten F. tun, machen *(überraschenden Erfolg haben).* **2.** (Jägerspr.) **a)** ⟨meist Plural⟩ *Füße der Greifvögel:* die Fänge des Habichts; übertr.: was er einmal in seinen Fängen hat *(in Besitz hat),* läßt er nicht mehr los. **b)** ⟨Plural⟩ *Fangzähne der Raubtiere:* der Fuchs packt die Maus mit den Fängen.

fangen, die: **1. a)** ⟨ein Tier f.⟩ *zu fassen kriegen, in seine Gewalt bekommen und der Freiheit berauben:* Schmetterlinge, Vögel f.; Karpfen mit der Angel, im Netz f.; er fing die Fliegen mit der Hand; die Katze hat eine Maus gefangen. **b)** ⟨jmdn. f.⟩ *festnehmen, fassen, gefangennehmen:* alle wollten den Flüchtigen f.; der Dieb wurde gefangen; adj. Part.: die gefangenen Soldaten; er war lange in England gefangen *(in Gefangenschaft);* er gab sich schließlich gefangen *(ließ sich gefangennehmen);* übertr. (ugs.): ich lasse mich nicht so leicht f. *(überlisten).* **c)** ⟨sich f.; mit Raumangabe⟩ *in eine Falle o. ä. geraten:* der Fuchs hat sich im Tellereisen gefangen; übertr.: sich in den eigenen Worten f.; der Wind fängt sich im Schornstein. **2.** ⟨etwas f.⟩ *auffangen:* der Torwart fängt den Ball. **3.** ⟨sich f.⟩ *wieder ins Gleichgewicht kommen:* er stolperte, konnte sich aber noch f.; übertr.: er hat sich wieder gefangen *(hat sein seelisches Gleichgewicht zurückgewonnen).*

Farbe, die: **1. a)** *sichtbare Tönung eines Gegenstandes:* eine helle, lichte, dunkle, düstere, grelle, schreiende, knallige (ugs.), schillernde, giftige, frische, lebhafte, kräftige, harte, weiche, satte, stumpfe, matte, sanfte, kalte, warme F.; die Farben sind gut aufeinander abgestimmt, passen zusammen; diese Farben beißen sich (ugs.); die F. des Kleides ist ein helles Rot; sie liebt, trägt modische, bunte Farben; sein Gesicht hat eine gesunde, blasse, welke F.; der Kranke hat die F. verloren *(ist blaß geworden),* bekommt wieder F.; drei Hefte in den Farben Blau, Rot und Grün; der Stoff spielt, schillert in allen Farben; ein in zarten Farben *(Farbtönen)* gehaltenes Bild; ein Hut von grüner, unbestimmter F.; übertr.: im 2. Akt bekam ihr Spiel mehr F. *(Ausdruckskraft).* **b)** *Buntheit:* das Fernsehen sendet schwarzweiß und in F. **2.** *Färbemittel, Farbstoff:* echte, dicke, flüssige, schnell trocknende, gut deckende F.; diese F. ist giftig; die F. hält, blättert [von der Wand] ab, verblaßt, geht aus; die Farben laufen ineinander; Farben anreiben, mischen, [dick, dünn] auftragen, verdünnen; der Stoff nimmt keine F. an; es riecht nach [frischer] F.; er malt mit kräftigen, weichen, harten Farben; übertr.: etwas in den schwärzesten, glänzendsten Farben schildern; etwas in leuchtenden, rosigen Farben ausmalen, darstellen. **3. a)** ⟨meist Plural⟩ *Symbol eines Landes, einer Vereinigung o. ä.:* die deutschen Farben sind Schwarz, Rot und Gold, Schwarz-Rot-Gold; er vertritt die Farben seines Landes, seines Vereins; Fähnchen in den französischen Farben. **b)** *Symbol eines Begriffes:* Rot ist die F. der Liebe. **4.** *Spielkartenklasse:* eine F. aus-, anspielen; F. bedienen, bekennen. * (ugs.:) **Farbe bekennen** *(seine wahre Ansicht offenbaren)* · **die Farbe wechseln: a)** *(erbleichen; blaß und wieder rot werden).* **b)** *(seine Überzeugung ändern, zu einer anderen Partei übergehen).*

färben: 1. a) ⟨etwas f.⟩ *mit einer Farbe versehen; farbig, bunt machen:* Wolle, Garn, Papier f.; Ostereier f.; ein Kleid schwarz f.; sie hat ihr Haar blond gefärbt; ⟨jmdm., sich etwas f.⟩ die Friseuse färbt ihr die Haare [rot]. **b)** (ugs.) ⟨etwas färbt⟩ *etwas färbt ab:* diese Bluse färbt [nicht]. **c)** ⟨etwas färbt etwas; mit Artangabe⟩ *etwas bewirkt, daß etwas anderes eine bestimmte Farbe annimmt:* Henna färbt die Haare rot; ⟨auch ohne Akk.⟩ dieses Pulver färbt blau. **d)** (geh.) ⟨etwas färbt sich⟩ *etwas bekommt eine bestimmte Farbe:* das Laub färbt sich schon; der Himmel färbte sich rötlich; ihre Wangen färbten sich *(sie wurde rot).* **2.** ⟨etwas f.⟩ *in bestimmter Weise verändern:* er liebt es, seine Vorträge humoristisch zu f.; er gab einen gefärbten *(nicht ganz der Wirklichkeit entsprechenden)* Bericht; er sieht alles durch eine gefärbte *(wirklichkeitsfremde)* Brille.

farbig: 1. a) *verschiedene Farben aufweisend; bunt:* farbige Postkarten, Tapeten; ein farbiger Druck, Stich; eine Zeichnung f. ausführen; übertr.: eine farbige *(lebhafte, anschauliche)* Schilderung. **b)** *eine bestimmte Farbe aufweisend:* farbiges Glas, farbige Stoffe. **2.** *keine weiße Hautfarbe habend:* die farbigen Völker, ein farbiger Amerikaner; die farbige Welt.

Färbung, die: *Art, wie etwas gefärbt ist; Tönung:* der Vogel hat eine schöne, auffallende F.; das

faul

Papier nahm eine graue F. an; übertr.: er gab seinem Vortrag eine bestimmte, eine ironische F.

Faser, die: *fadenähnliches Gebilde:* eine dünne, dicke, lange, brüchige, synthetische, elastische, haltbare F.; die F. bricht, dehnt sich; Fasern verspinnen; übertr.: er hängt mit allen Fasern, mit jeder F. seines Herzens an seinem Beruf.

Faß, das: *großer, meist bauchiger Behälter:* ein dickes, schweres, eisernes F.; ein F. aus Eichenholz; drei neue Fässer; /bei Maßangabe/: drei Fässer/Faß Bier; ein F. Wein, Heringe, Teer; das F. ist leer, ist voll, läuft über, ist undicht; er ist ein richtiges F. (ugs.; *sehr dick*); ein F. anstechen, anstecken, anzapfen; ein neues F. auflegen; er stiftet uns ein F., Fäßchen Bier; im F. gelagerter Wein; Bier [frisch] vom F.; der Wein schmeckt nach [dem] F.; R (ugs.): das schlägt dem F. den Boden aus; das bringt das F. zum Überlaufen.

* etwas ist *ein Faß ohne Boden (etwas ist eine Sache, in die man vergeblich immer wieder neue Mittel investiert)* · (ugs.:) **ein Faß aufmachen** *(eine ausgelassene Feier veranstalten).*

Fassade, die: *Vorderseite eines Gebäudes:* eine helle, unverputzte, vornehme, barocke F.; die F. ist verschmutzt, blättert ab; eine F. erneuern, reinigen, streichen, restaurieren; übertr. (oft abwertend): bei ihm ist alles nur F. *(äußerer Schein);* hinter die Fassaden *(das äußere Erscheinungsbild)* schauen, blicken, gucken.

fassen /vgl. gefaßt/: **1.**a) ⟨etwas f.⟩ *ergreifen und festhalten:* einen Hammer f.; das Messer am Griff, an der Spitze f.; er faßt das Seil mit beiden Händen; sie faßt seine Hand; er bekam den Ast zu f. *(erreichte ihn);* übertr.: die Strömung faßt das Boot *(nimmt es mit);* ⟨auch ohne Akk.⟩ der Schraubenschlüssel faßt nicht *(bewegt die Schraube nicht);* /häufig verblaßt/ einen Beschluß, Entschluß f. *(etwas beschließen, sich zu etwas entschließen);* einen Gedanken f. *(zustande bringen);* Vertrauen, Zutrauen zu jmdn., etwas f. *(gewinnen).* b) ⟨jmdn. f.; mit Raumangabe⟩ *ergreifen und festhalten:* jmdn. bei der Hand, am Arm f.; er faßte den Ertrinkenden an den Haaren; die Kinder hielten sich an den Händen gefaßt; übertr.: jmdn. bei seiner Ehre f. *(an jmds. Ehrgefühl appellieren);* jmdn. an/bei seiner schwachen Seite f. *(jmdn. da angreifen, wo er empfindlich ist).* **2.** ⟨mit Raumangabe⟩ *irgendwohin greifen:* in den Schnee, in Schmutz f.; nach einem Glas f.; an den heißen Ofen f.; ⟨jmdm. f.; mit Raumangabe⟩ das Kind faßte mir ins Gesicht; er faßte ihr unters Kinn. **3.** (geh.) ⟨etwas faßt jmdn.⟩ *etwas überkommt, befällt jmdn.:* ein Schauder faßte ihn; das Entsetzen hatte sie gefaßt. **4.** ⟨jmdn. f.⟩ *fangen:* der Polizei hat den Dieb gefaßt; der Habicht faßt seine Beute [mit den Fängen]; ⟨auch ohne Akk.⟩ faß! /Befehl an den Hund/. **5.** (Soldatenspr.) ⟨etwas f.⟩ *als Zuteilung empfangen:* Essen, Munition, Proviant f. **6.** ⟨etwas faßt jmdn., etwas⟩ *etwas kann jmdn., etwas aufnehmen:* der Tank faßt 50 Liter; der Saal faßt 1000 Zuschauer; konnte die Gäste kaum f. **7.** ⟨etwas f.⟩ *einfassen:* eine Perle, einen Edelstein [in Gold] f.; Glasbilder in Blei f.; eine Quelle f. *(die Stelle, an der die Quelle austritt, ausmauern);* ein schön gefaßter Brillant. **8.** ⟨etwas f.; meist eingeschränkt oder verneint⟩ *verstehen, begreifen:* ich

fasse den Sinn dieser Worte nicht; ich kann mein Glück kaum f.; ich kann es nicht f., daß alles vorbei sein soll; das ist ja nicht zu f.! **9.** ⟨etwas f.; mit Artangabe⟩ *formulieren, ausdrücken:* seine Gedanken in Worte, in Verse f.; der Satz, die Verfügung ist neu, anders, verständlicher gefaßt worden; einen Begriff weit, eng f. **10.** ⟨sich f.⟩ *seine Haltung wiedergewinnen:* er erschrak, aber er faßte sich schnell; fassen *(beruhigen)* Sie sich! **Fasson,** die: *Form, [Mach]art:* der Hut hat keine F. mehr, hat die F. verloren; übertr.: sie ist etwas aus der F. geraten (ugs.; *rundlich geworden*); R: hier/bei uns o. ä. kann jeder nach seiner [eigenen] F. *(auf seine Art)* selig werden.

Fassung, die: **1.** *Einfassung, Haltevorrichtung:* die kunstvolle F. eines Edelsteins; die Glühbirne aus der F. schrauben. **2.** *Gestaltung, Bearbeitung, Form:* die erste, ursprüngliche, endgültige F. eines Textes; der Dichter gab dem letzten Akt eine andere F. **3.** *Selbstbeherrschung, Besonnenheit:* er bewahrte, behielt [die] F.; sie gewann ihre F. zurück/wieder; er verlor seine F. [nicht]; er war durch nichts aus der F. zu bringen; sie rang nach/ (auch:) um F., war völlig außer F.; die Mannschaft trug die Niederlage mit F.

fassungslos: *völlig verwirrt, sprachlos:* ein fassungsloses Gesicht machen; sie war f. vor Schrecken; ich war einfach f. (ugs.); f. weinen, schluchzen; jmdn. f. anstarren.

fast ⟨Adverb⟩: *beinahe, nahezu:* f. tausend Personen waren anwesend; f. jeder kennt dieses Wort; f. wäre es gefallen.

fasten: *(eine Zeitlang) wenig oder nichts essen:* der Kranke mußte zwei Tage f.; subst.: durch langes Fasten war sein Körper geschwächt.

faszinieren ⟨jmdn. f.⟩: *bezaubern, [unwiderstehlich] fesseln:* diese Frau, dieser Gedanke fasziniert mich; ein faszinierendes Lächeln; er war von ihrer Stimme fasziniert.

fatal: a) *sehr unangenehm, peinlich:* ein fatales Gefühl; die Verwechslung hatte fatale Folgen; die Lage war f., sah f. aus. b) *verhängnisvoll:* er hat eine fatale Neigung zum Alkohol; ihm ist ein fataler Fehler unterlaufen; es wäre für die Agrarpolitik f., wenn ...; die Sache hat sich f. ausgewirkt.

fauchen: a) *gereizt, zischend den Atem ausstoßen* /bes. von Tieren/: die Katze, der Fuchs faucht [wütend]; übertr.: die Lokomotive faucht. b) ⟨etwas f.⟩ *in gereiztem Ton sagen:* sie fauchte: „Verschwinde!"

faul: **I. 1.** *durch Fäulnis verdorben, verfault:* faules Fleisch, Obst; faules Holz; ein fauler Zahn; das Wasser hat einen faulen Geschmack, Geruch; er wurde mit faulen Eiern beworfen; die Fische riechen f., schmecken, riechen f. **2.** (ugs.) *sehr zweifelhaft, bedenklich, nicht einwandfrei:* ein fauler Kompromiß; das ist eine ganz faule Sache; faule *(unglaubwürdige)* Ausreden; faule Witze machen; das ist also fauler Zauber *(Schwindel);* ein fauler *(ungedeckter)* Wechsel; ein fauler *(unsicherer)* Friede; hier ist etwas f. *(hier stimmt etwas nicht).* **II. 1.** *träge, nicht fleißig:* ein fauler Schüler; ein faules Leben führen; er hat heute seinen faulen Tag (ugs.; *er tut heute nichts*); sie ist stinkend f. (derb; *sehr faul*); er ist zu f. zum

Schreiben; f. dasitzen, im Bett liegen. **2.** (ugs. abwertend) *säumig, unwillig:* ein fauler Kunde, Schuldner. * **nicht faul** *(schnell reagierend, ohne zu zögern):* er, nicht f., tat das gleiche.

faulen ⟨etwas fault⟩: *etwas wird faul, verdirbt durch Fäulnis:* das Obst fault; die Kartoffeln sind vor Nässe gefault; faulendes Stroh.

faulenzen: *träge sein, nichts tun:* er faulenzt den ganzen Tag; in den Ferien will ich einmal richtig f. *(mich ausruhen).*

Faulheit, die: *Arbeitsunlust, Bequemlichkeit:* seine große, unbeschreibliche F.; (ugs.:) jmdm. die F. austreiben; etwas aus [reiner] F. nicht tun. * (ugs.:) **vor Faulheit stinken** *(sehr faul sein).*

faulig: *von Fäulnis befallen:* fauliges Obst; ein fauliger Geruch; das Wasser ist, schmeckt f.

Fäulnis, die: *das Faulwerden, Zersetzung:* die F. des Getreides, des Holzes ist fortgeschritten; in F. übergehen; Fleisch vor F. bewahren.

Faust, die: *geballte Hand:* eine große, derbe, knochige, harte F.; seine F. schlug zu, traf den Gegner; eine F. machen; die F. ballen, öffnen; Boxen: er hat schnelle Fäuste *(er schlägt schnell);* jmdm. die F. unter die Nase halten *(mit der Faust drohen);* aus der F. *(ohne Besteck)* essen; mit den Fäusten auf jmdn. losgehen; er ballte, schloß die Hand zur F. * **die Faust, die Fäuste in der Tasche ballen** *(heimlich drohen, seinen Zorn verbergen)* · **die Faust im Nacken spüren** *(sich unterdrückt fühlen; unter Zwang handeln müssen)* · **auf eigene Faust** *(selbständig, auf eigene Verantwortung):* auf eigene F. gehandelt · (ugs.:) **sich** ⟨Dativ⟩ **ins Fäustchen lachen** *(heimlich, schadenfroh lachen)* · **mit der Faust auf den Tisch schlagen/hauen** *(energisch auftreten, vorgehen)* · **mit eiserner Faust** *(mit Gewalt):* der Aufstand wurde mit eiserner F. unterdrückt.

faustdick: *dick wie eine Faust, sehr dick:* eine faustdicke Geschwulst; übertr. (ugs.): eine faustdicke Überraschung; faustdicke *(unglaubliche)* Lügen; das ist f. *(sehr plump)* aufgetragen.

Fazit, das: *Ergebnis, Schlußfolgerung:* das F. der Untersuchungen war jedesmal das gleiche; was ist das F. deiner/aus deinen Überlegungen? * **das Fazit ziehen** *(das Ergebnis zusammenfassen):* er zog das F. aus seinem Bericht.

Februar, der: *zweiter Monat des Jahres:* ein kalter, nasser, schneereicher F.; Anfang F., Ende F.; im Laufe des Monats F., des Februar[s]; er ist im F., am 3. F. geboren.

fechten: 1. *mit einer blanken Waffe kämpfen:* mit jmdm., gegen jmdn. f.; mit dem Säbel, mit dem Degen f.; auf Hieb, auf Stoß f.; er ficht ausgezeichnet; übertr.: mit harten Worten f. (geh.; *eine harte Diskussion führen).* **2.** (Sport) ⟨etwas f.⟩ *in einer Fechtart, einem Kampf tätig sein:* Damen fechten nur Florett; sie fochten fünf Gänge. **3.** (ugs. veraltend) *betteln:* an den Türen f.; er mußte f. gehen.

¹Feder, die: **1.** *Vogelfeder:* eine schwarze, grünliche, schillernde F.; zerzauste, bunte Federn; die F. fliegt davon; etwas ist leicht wie eine F.; der Hahn sträubt, spreizt die Federn; sie zieht, rupft dem Huhn eine F. aus; Federn schleißen *(von den Kielen befreien);* am Hut tragen; ein Kissen mit Federn stopfen, füllen; übertr. (ugs.): in die Federn kriechen *(schlafen gehen);* er kommt

morgens nicht aus den Federn *(aus dem Bett);* er liegt noch in den Federn *(im Bett).* **2.** *metallene Schreibfeder:* eine spitze, weiche, goldene F.; die F. kratzt, schreibt hart, kleckst; die F. eintauchen; mit der F. schreiben; übertr.: ein Mann der F. (geh.; *Schriftsteller);* sie schreibt eine gewandte F. *(in gewandtem Stil);* das Buch stammt aus berufener F., ist aus seiner F. geflossen; zur F. greifen *(über etwas, jmdn. schreiben).* * (ugs.:) **Federn lassen [müssen]** *(Schaden, Nachteile erleiden)* · **sich mit fremden Federn schmücken** *(Verdienste anderer als eigene ausgeben).*

²Feder, die: *elastisches Metallstück:* eine stählerne, starke, gespannte F.; die F. spannt sich, schnellt zurück, bricht; die F. aufziehen, ablaufen lassen.

Federlesen ⟨nur in bestimmten Wendungen⟩ **nicht viel Federlesen[s] [mit jmdm., mit etwas] machen** *(keine Umstände machen, nicht zaudern)* · **ohne viel Federlesen[s], ohne langes Federlesen** *(ohne Umstände)* · **zu viel Federlesens** *(zu große Umstände).*

federn: 1. *elastisch nachgeben und wieder zurückschnellen:* das Brett federte beim Absprung; der Waldboden federt unter seinen Schritten; der Tennisschläger federt nicht mehr; der Turner federt in den Knien; ein federnder Gang; mit federnden Schritten. **2.** ⟨etwas f.⟩ *mit Federung versehen:* einen Wagen f.; ⟨meist im 2. Part.⟩: das Bett ist gut, schlecht, zu hart gefedert.

Federstrich, der: *Strich mit der Schreib- oder Zeichenfeder:* er entwarf das Bild mit wenigen Federstrichen; übertr. (ugs.): ich habe heute noch keinen F. getan *(noch nichts gearbeitet).* * **mit einem/durch einen Federstrich** *(durch einen bloßen Verwaltungsakt; kurzerhand):* das kann man nicht mit einem/durch einen F. erledigen.

fegen: 1. (bes. nordd.) **a)** ⟨etwas f.⟩ *mit dem Besen säubern:* die Straße, Treppe, das Zimmer, den Fußboden f.; ⟨auch ohne Akk.⟩ ich muß noch f. **b)** ⟨etwas f.; mit Raumangabe⟩ *mit dem Besen entfernen, anderswohin bringen:* den Schmutz aus dem Zimmer f.; sie fegt die Blätter vom Bürgersteig, in die Ecke; er fegte die Schnipsel nur unter den Teppich; übertr.: der Wind fegt das Laub von den Bäumen. **2.** ⟨mit Raumangabe⟩ **a)** ⟨etwas f.⟩ *mit einer Bewegung von etwas entfernen:* er fegte mit der linken Hand die Hefte vom Tisch; übertr.: der Diktator wurde vom Regierungsthron gefegt; sie fegte ihre Gegnerin in 43 Minuten vom Platz (Sport; *siegte überlegen).* **b)** ⟨jmdn., etwas f.⟩ *sehr schnell irgendwohin treiben:* er fegte den Ball ins Aus; die Feinde wurden im Meer gefegt. **3.** ⟨mit Raumangabe⟩ *jagen:* der Wind fegt über die Straßen, durch das Land; der Porsche fegt [mit 200 km/h] über die Autobahn. **4.** (Jägerspr.) ⟨[etwas] f.⟩ *den Bast vom Geweih abscheuern:* der Hirsch fegt [das Geweih].

Fehde, die: *kämpferische Auseinandersetzung, Kampf (im Mittelalter):* endlose Fehden zwischen den Adelsgeschlechtern; übertr. (geh.): literarische, politische Fehden [mit jmdm.] austragen, ausfechten; mit jmdm. in F. liegen.

fehl ⟨in der Verbindung⟩ **fehl am Platz[e]/**(selten:) **am Ort sein:** *falsch eingesetzt, nicht angebracht sein:* seine Vorwürfe waren [hier] f. am Platz; dein Bruder ist bei uns f. am Ort.

fehlen: 1. a) *nicht [mehr] vorhanden sein:* hier fehlen zwei Bücher; in der Kasse fehlen 10 Mark; besondere Kennzeichen fehlen; sie will dem Kind den fehlenden Vater ersetzen; ich habe das fehlende Bild gefunden; ⟨etwas fehlt jmdm.⟩ mir fehlen zehn Mark *(sind zehn Mark abhanden gekommen)* · es fehlt an allen Ecken und Enden *(es ist überall zuwenig da); wo fehlt es? (was ist nicht in Ordnung?); (geh.)* es konnte nicht f. *(nicht ausbleiben),* daß er eingeladen wurde. **b)** *nicht anwesend sein:* unentschuldigt f.; der Schüler fehlt schon eine Woche, seit einer Woche; du hast in diesem Schuljahr die meiste Zeit gefehlt; er hat bei keiner Premiere, auf keinem Fest gefehlt. **c)** ⟨es fehlt an etwas, an jmdm.⟩ *es mangelt:* es fehlt an Geld; es fehlt an Lehrern; sie läßt es an nichts f. *(sie sorgt für alles);* er hat es an Sorgfalt, am rechten Ernst f. lassen *(er war nicht sorgfältig, nicht ernst genug);* an mir, (auch:) von meiner Seite soll es nicht f. *(ich tue das Meinige);* ⟨es fehlt jmdm., einer Sache an etwas⟩ es fehlt ihnen am Nötigsten. **d)** ⟨etwas fehlt jmdm.⟩ *jmd. hat, besitzt etwas [noch] nicht:* mir fehlt das Geld für die Reise; ihm fehlt einfach noch die Erfahrung, jeder Sinn für Humor. **e)** ⟨jmdm. f.⟩ *von jmdm. vermißt werden:* du hast mir die ganze Zeit gefehlt; deine Hilfe wird mir f.; mein Auto fehlt mir doch sehr. **f)** ⟨jmdm., einer Sache f.⟩ *erforderlich sein, nötig haben:* ihr fehlen noch drei Punkte zum Sieg; nur ein Kind hat ihnen an/zu ihrem Glück gefehlt; diesem Satz fehlt noch der letzte Schliff; ⟨auch ohne Dat.⟩ in diesem Chaos fehlt die ordnende Hand; noch drei Punkte fehlten zum Sieg; viel fehlte nicht/es fehlte nicht viel, und wir hätten Streit bekommen *(beinahe hätten wir ...);* das fehlte noch, daß du jetzt krank würdest *(es wäre schlimm, wenn ...);* der/die/das hat mir gerade noch gefehlt (ugs. iron.; *der/die/das kommt äußerst ungelegen).* **2.** ⟨jmdm. fehlt etwas⟩ *jmd. hat Kummer, ist krank:* was fehlt dir? *(worüber hast du zu klagen?);* mir fehlt nichts *(ich bin gesund).* **3.** (geh.) *unrecht handeln, sich vergehen:* vergib mir, wenn ich [gegen dich] gefehlt habe. **4.** (veraltet, noch Jägerspr.) ⟨etwas f.⟩ *nicht treffen:* er hat den Bock gefehlt. * **weit gefehlt!** *(Irrtum!; völlig falsch!).*

Fehler, der: **1.** *Unrichtigkeit, Irrtum:* ein grober, schwerer, leichter, [ganz] dummer, verhängnisvoller, kapitaler, vermeidbarer, folgenschwerer F.; grammatische, stilistische F.; F. in der Rechtschreibung; dir ist ein F. unterlaufen; in die Rechnung hat sich ein F. eingeschlichen; es war ein F. *(es war falsch),* so schnell nachzugeben; das war mein F. *(meine Schuld);* einen F. machen, entdecken, berichtigen, korrigieren, verbessern, übersehen; er hat 10 Fehler im Diktat; einen F. vertuschen, bemänteln, verschleiern; er beging den F., zu scharf zu bremsen; aus den Fehlern anderer lernen; die Arbeit ist frei von Fehlern, strotzt, wimmelt (ugs.) von Fehlern; Sport: der Schiedsrichter entschied, erkannte auf F. **2.** *Mangel, schlechte Eigenschaft:* ein körperlicher, charakterlicher F.; der F. *(Nachteil)* bei der Sache ist/liegt darin, daß ...; seine Fehler erkennen, einsehen, ablegen; wir alle haben [unsere] Fehler; du hast den F. an dir, zu schnell aufzubrausen; Porzellan mit kleinen Fehlern.

fehlerhaft: *nicht einwandfrei:* fehlerhaftes Material; eine fehlerhafte Stelle im Gewebe; seine Aussprache ist f.; f. sprechen.

fehlgehen ⟨meist verneint⟩ (geh.): **a)** *in die falsche Richtung gehen:* auf diesem Weg kannst du nicht f.; der Schuß ist fehlgegangen *(hat nicht getroffen).* **b)** *falsch handeln, sich irren:* ich gehe wohl nicht fehl, wenn ich Sie um Hilfe bitte?; ich glaube mit dieser Annahme nicht fehlzugehen.

Fehlgriff, der: *falsche Maßnahme:* mit diesem Mann hat die Firma einen F. getan; Fehlgriffe vermeiden.

fehlschlagen ⟨etwas schlägt fehl⟩: *etwas mißlingt:* der Versuch ist fehlgeschlagen; ihre Bemühungen schlugen fehl; ein fehlgeschlagenes Experiment.

Feier, die: **a)** *festliche Veranstaltung:* eine würdige, stille, erhebende, ernste, prunkvolle, gemütliche, kleine, nette F.; eine F. im Familienkreis, in kleinem Rahmen; Feiern zum Gedächtnis, zu Ehren eines großen Staatsmannes veranstalten; eine F. begehen (geh.), mitmachen; an einer F. teilnehmen; bei einer F. mitwirken; sie sollte bei der F. eine Rede halten. **b)** ⟨mit Gen.⟩ *feierliche Begehung:* die F. des heiligen Abendmahls; die F. seines 80. Geburtstages. * **zur Feier des Tages** *(um den Tag würdig zu begehen):* zur F. des Tages gab es Sekt, (scherzh.:) hat er sich rasiert.

Feierabend, der: **a)** *Zeit nach der Arbeit:* den F. genießen; jmdm. einen schönen F. wünschen; den F. verderben; eine Unterhaltung für den F. **b)** *Arbeits-, Dienstschluß:* um 16 Uhr ist F., haben wir F.; wir machen heute früher F.; der Wirt verkündete F. *(schloß das Lokal);* nach F. arbeitet er im Garten; übertr. (ugs.): für mich ist F. *(ich kann, mag nicht mehr weitermachen);* damit, mit etwas ist [bei mir] F. *(das, diese Sache ist [für mich] abgeschlossen, erledigt).*

feierlich: a) *festlich, würdevoll:* ein feierlicher Augenblick; feierliche Stille, eine feierliche Ansprache; etwas mit feierlicher Miene verkünden; die Trauung war sehr f.; ihr war f. zumute; seinen Geburtstag f. begehen; der Minister wurde f. vereidigt, verabschiedet; die Ausstellung wurde f. eröffnet; (ugs.:) das ist schon nicht mehr f. *(nicht mehr schön, erträglich).* **b)** *ernst, nachdrücklich:* eine feierliche Versicherung abgeben; etwas f. erklären, versprechen, geloben.

feiern: 1. a) ⟨etwas f.⟩ *festlich, würdig oder fröhlich begehen:* Weihnachten, eine Hochzeit, seinen Geburtstag, ein bestandenes Examen, Abschied, Wiedersehen, Feste f.; etwas mit Sekt f.; eine Orgie f.; der 31jährige Mittelstürmer feierte *(erlebte)* ein gelungenes Comeback in der Nationalmannschaft; das muß gefeiert werden! Rel.: das heilige Abendmahl, den Gottesdienst f. **b)** *in Gesellschaft fröhlich sein:* wir haben die ganze Nacht [tüchtig] gefeiert. **c)** ⟨jmdn. f.⟩ *ehren, umjubeln:* der Sänger wurde stürmisch gefeiert; sie feierten den Sportler als Helden; sie ist eine gefeierte Schönheit. **2.** *nicht arbeiten [können]:* die Arbeiter mußten [eine Woche lang] f.

feig[e]: a) *ängstlich, ohne Mut:* ein feiger Kerl; feige Ausreden; sei still!; sich f. verstecken, zurückziehen. **b)** *heimtückisch, gemein:* ein feiger Verräter; feiges Pack; ein feiger Mord; sie haben uns f. im Stich gelassen.

Feigheit, die: *Ängstlichkeit:* seine F. hat uns alles verdorben; etwas aus F. nicht tun; militär.: wegen F. vor dem Feind verurteilt werden.
Feigling, der: *feiger Mensch:* er ist ein jämmerlicher, erbärmlicher F.; jmdn. einen F. nennen.
Feile, die: */ein Werkzeug/:* eine grobe, feine F.; die F. ansetzen; ein Metallstück mit der F. glätten, bearbeiten; ü b e r t r. (geh.): die letzte F. an etwas legen *(etwas bis ins letzte verbessern).*
feilen: 1. ⟨etwas f.⟩ *mit einer Feile glätten:* etwas passend, glatt, rund f.; der Schlosser feilt den Schlüssel *(macht den Schlüsselbart mit der Feile passend);* ⟨jmdm., sich etwas f.⟩ ich muß mir die Fingernägel f. **2.** ⟨an etwas f.⟩ *etwas mit der Feile bearbeiten:* an einem Werkstück f.; ü b e r t r.: er hat lange an seinem Aufsatz gefeilt *(bessernd und glättend gearbeitet);* an seiner Technik f.
feilschen: *hartnäckig um einen niedrigeren Preis handeln:* er feilscht um jeden Groschen.
fein: 1. a) *zart, dünn, nicht grob:* feine Fäden; ein feines Gewebe; feine Wäsche; feine Linien; ein feines *(engmaschiges)* Sieb; ein feiner Kamm; ihr Haar ist sehr f.; f. *(zierlich)* gegliederte Hände; ü b e r t r.: mit feiner Ironie, feinem *(feinsinnigem)* Humor. **b)** *klein zerteilt:* feines Mehl, Pulver; ein feiner Regen, Nebel; feine Wurst *(aus fein gehacktem Fleisch);* der Sand ist sehr f.; etwas f. mahlen, [ver]reiben, sieben. **2. a)** *von guter, bester Beschaffenheit:* feine Weine, Speisen; die feine Küche; eine feine Seife; die feinste Marke; feines *(reines)* Gold, Silber; Äpfel von feinem Geschmack; ein feiner *(kluger, schöner)* Kopf; s u b s t.: ich habe dir etwas Feines *(Gutes, Schönes)* mitgebracht; etwas schmeckt, riecht f.; (ugs.:) das hat er f. gemacht; fein *(schön),* daß du gekommen bist! **b)** *genau, scharf:* ein feines Gehör, eine feine Nase haben; ein feines Gefühl, Gespür für etwas haben; ein Instrument f. einstellen, abstimmen. **c)** *schlau, listig:* ein feiner Plan; mit feiner List; das ist f. ausgedacht, eingefädelt; f./aufs feinste ausgeklügelt sein. **d)** (ugs.) *anständig:* ein feiner Junge, Kerl; eine feine englische Art; das war nicht f. von dir. **3.** *vornehm [aussehend]:* feines Benehmen; feine Sitten, Manieren; ein feiner *(anspruchsvoller)* Geschmack; ein feiner Mann, Herr; in der feinen Gesellschaft verkehren; (auch iron.:) feine Leute; sie war ihm nicht f. genug, zu f. **4.** (ugs.) /zum Ausdruck der Verstärkung, Bekräftigung/: etwas f. *(ganz)* säuberlich abschreiben; daß du mir f. *(ja)* brav bist!; sie blieb f. *(schön)* im Hintergrund.
feind ⟨in der Verbindung⟩ jmdm., einer Sache feind sein (geh.): *feindlich gesinnt, abgeneigt sein:* er ist allen Vergnügungen f.
Feind, der: **1. a)** *Gegner, Widersacher:* ein alter, erbitterter, gefährlicher F.; der böse F. (verhüll.: *der Teufel);* die äußeren und inneren Feinde des Staates; es waren Feinde *(sie haßten sich);* er ist mein persönlicher, schlimmster, ärgster F.; sie hat viele Feinde; sich (Dativ) jmdn. zum F. machen; bibl.: liebet eure Feinde!; übertr.: der Tiger hat keine natürlichen Feinde. **b)** *jmd., der etwas entschieden bekämpft:* ein F. der künstlichen Düngung; die Feinde des Fortschritts; er ist ein geschworener, erklärter F. von Gewalttätigkeiten. **2. a)** *feindlicher Soldat:* im Krieg waren die Amerikaner unsere Feinde; R: viel Feind',

viel Ehr'. **b)** *feindliche Truppen:* der F. rückt heran; den F. angreifen, zurückwerfen, in die Flucht schlagen; Tapferkeit, Feigheit vor dem F.; zum F. überlaufen; R (ugs. scherz.): ran an den F.! *(auf, nicht länger gezögert!).*
feindlich: a) *gegnerisch, zum Feind gehörend:* ein feindliches Land; ein feindlicher Sender, Angriff; feindliche Truppen, Stellungen; er steht im feindlichen Lager. **b)** *nicht freundlich gesinnt, feindselig:* die feindlichen Brüder; eine feindliche Haltung einnehmen.
Feindschaft, die: *feindliche Einstellung, Gesinnung:* eine alte, erbitterte, tödliche F.; eine F. auf Leben und Tod; dadurch habe ich mir seine F. zugezogen; mit jmdm. in [offener] F. leben.
feindselig: *feindlich gesinnt, voll Haß:* eine feindselige Haltung, Gesinnung; feindselige Blicke; f. schweigen; sie starrte ihn f. an; sich f. gegen jmdn. zeigen (geh.).
Feindseligkeit, die: **a)** *feindselige Gesinnung:* ihr Blick verriet offene F. **b)** ⟨Plural⟩ *kriegerische Handlungen:* zwischen ihnen brachen Feindseligkeiten aus; die Feindseligkeiten eröffnen, einstellen; bisher kam es nicht zu Feindseligkeiten.
feinfühlig: *fein empfindend, sensibel:* ein feinfühliges Genie; dieses Auto verlangt einen feinfühligen Umgang mit Gas und Kupplung; eine Komposition f. interpretieren; f. argumentieren, auf etwas eingehen.
Feld, das: **1. a)** *nicht bebaute Bodenfläche:* ein offenes, flaches, weites F.; durch F. und Wald; die Straße läuft über freies F. **b)** *landwirtschaftliche Nutzfläche, Acker[stück]:* ein schmales, breites, fruchtbares, steiniges, trockenes; das F. liegt brach, trägt Korn, Kartoffeln; das F. bestellen, düngen, pflügen, abernten; der Bauer geht aufs F., arbeitet auf dem F.; das Korn steht noch im F. (veraltend: *ist noch nicht eingefahren);* übertr.: ein wogendes F. *(Kornfeld);* die Felder *(die Feldfrüchte)* stehen gut. **2.** (Sport) *abgegrenzte Spielfläche:* das F. ist vom Regen aufgeweicht; einen Spieler des Feldes/vom F. verweisen; den Ball ins Feld werfen, schlagen; die Zuschauer stürmten aufs F. **3.** (veraltend) *Kriegsschauplatz, Schlachtfeld:* die Truppen rücken, ziehen ins F., stehen im F.; (geh.:) er ist auf dem Felde der Ehre gefallen. **4.** *Tätigkeitsbereich:* das F. der Wissenschaft: hier steht noch ein weites, dankbares F. offen; sein F. *(sein Spezialgebiet)* ist die Kunststofforschung; er beherrscht dieses F. *(er weiß Bescheid);* R: das ist ein weites F. *(darüber läßt sich viel sagen).* **5.** (Physik) *Kraftfeld:* ein elektromagnetisches F. entsteht, wird erzeugt, dehnt sich aus. **6.** *Abteilung einer Fläche:* die einzelnen Felder eines Formulars ausfüllen; eine Tür mit farbigen Feldern; die schwarzen, weißen Felder im Schachspiel; W a p p e n k u n d e: eine weiße Lilie im blauen F. **7.** (Sport) *geschlossene Teilnehmergruppe:* das F. startet, zieht sich auseinander, bleibt zurück, war auseinandergerissen; der finnische Läufer führt das F. an, überrundet das F., löst sich vom F., schließt zum F. auf. ∗ *das Feld behaupten (seine Stellung gegen die Konkurrenz halten)* · *das Feld beherrschen (maßgebend, allgemein anerkannt sein)* · *das Feld räumen (seinen Platz freigeben, weichen)* · *jmdm. das Feld streitig machen (jmdm. Konkurrenz ma-*

chen) · jmdn. aus dem Feld[e] schlagen (jmdn. ver-drängen) · jmdm. das Feld überlassen (sich vor jmdm. zurückziehen) · (geh.:) gegen jmdn./etwas, für jmdn./etwas zu Felde ziehen (gegen jmdn./etwas, für jmdn./etwas kämpfen) · (geh.:) etwas ins Feld führen (etwas als Argument benutzen).

Fell, das: *dichtbehaarte Tierhaut:* ein weiches, rauhes, sauberes, glänzendes, dichtes, struppiges, zottiges F.; einem Tier das F. streicheln, kraulen; dem Fuchs das F. abziehen; einem Pferd das F. striegeln; Felle trocknen, gerben. * (ugs.:) jmdm./ jmdn. juckt das Fell *(jmd. wird so übermütig, als wolle er Prügel haben)* · (ugs.:) **ein dickes Fell haben, bekommen/kriegen** *(dickfellig sein, werden; seelisch unempfindlich sein, werden)* · (ugs.:) **sich** (Dativ) **ein dickes Fell zulegen/anschaffen** *(sich seelisch unempfindlich machen)* · (ugs.:) **jmdm. das Fell gerben/versohlen** *(jmdn. verprügeln)* · (ugs.:) **jmdm. das Fell über die Ohren ziehen** *(jmdn. betrügen, ausbeuten, stark übervorteilen)* · (derb:) **das Fell versaufen** *(einen Leichenschmaus abhalten)* · (ugs.) **seine Felle davonschwimmen sehen** *(befürchten, daß etwas mißlingt, daß Hoffnungen zerrinnen)* · (ugs.) **jmdm. sind die/alle Felle davon-, weggeschwommen** *(jmds. Hoffnungen sind zerronnen).*

Fels (geh.), **Felsen,** der: a) ⟨meist: Fels⟩ *festes Gestein:* harter, verwitterter, brüchiger F.; der nackte F. tritt zutage; beim Graben auf F. stoßen; Stufen in den F. hauen. b) ⟨meist: Felsen⟩ *Felsblock; große Masse aus festem Gestein:* ein schroffer, steiler, mächtiger, überhängender, glatter, zackiger F.; der F. fällt steil ab; einen F. sprengen, be-, ersteigen; auf einen F. klettern; wie ein Fels [in der Brandung] *(unerschütterlich).*

felsenfest: *unerschütterlich:* das ist meine felsenfeste Überzeugung; f. mit etwas rechnen; f. von etwas überzeugt sein; er glaubt f. an den Sieg; er hat sich f. auf dich verlassen.

Fenster, das: **1. a)** *Lichtöffnung in der Wand:* ein großes, kleines, hohes, breites, rundes, vergittertes F.; erleuchtete F.; das F. zum Hof; das F. geht auf die Straße [hinaus]; ein F. in die Mauer brechen, zumauern; das Zimmer hat zwei F.; die Nachbarin lag stundenlang im F.; zum F. hinaussehen; aus dem F. schauen, sehen, fallen, springen. **b)** *verschließbares Glas in der Fensteröffnung, im Fensterflügel:* ein buntes, trübes, angelaufenes F.; das F. ist blind geworden, glänzt, klirrt, springt auf, schlägt zu; das F. öffnen, schließen, auf-, zumachen (ugs.); die F. einsetzen, aushängen, putzen; die F. des Wagens herunter-, hochkurbeln; übertr.: ein Briefumschlag mit F. *(mit durchsichtigem Adressenfeld);* der Staat hat endlich wieder ein F. zur Welt geöffnet *(Beziehungen mit der übrigen Welt angebahnt).* **2.** (ugs.) *Schaufenster:* das F. dekorieren; ein Buch aus dem F. nehmen, ins F. stellen, legen. * (ugs.) **weg vom Fenster sein** *(nicht mehr beachtet werden, abgeschrieben, nicht mehr gefragt sein)* · **aus dem/zum Fenster hinausreden: a)** *(vergeblich, erfolglos reden).* **b)** *(propagandistisch reden).*

Ferien, die ⟨Plural⟩: a) *zusammenhängende Zeit, in der Schulen u. ä. geschlossen sind:* die großen F. *(Sommerferien);* die F. beginnen, fangen an, dauern von Mitte Juli bis Anfang September, sind zu Ende; F. bekommen, haben; der Bundestag geht in die F.; dieses Jahr verreisen wir in den

F. nicht. **b)** *Urlaub:* F. machen; er braucht dringend F.; die F. an der See, im Gebirge verbringen; in die F. fahren; übertr.: ich brauche dringend einmal F. von der Familie. * **Ferien vom Ich** *(das Losgelöstsein vom Alltag).*

Ferkel, das: **1.** *junges Schwein:* ein rosiges F.; das F. quiekt. **2. a)** / *Schimpfwort für einen unsauberen Menschen/:* welches F. hat denn hier gegessen? **b)** / *Schimpfwort für einen unanständigen Menschen/:* das F. hat ihr unter den Rock gefaßt.

fern: I. ⟨Adj.⟩ **1.** *weit entfernt:* ferne Länder; in der ferneren *(nicht allzu fernen)* Umgebung; f. [von der Heimat] sein; das Gewitter ist noch f.; etwas von f. miterleben; ein Bild von f. betrachten; R: das sei f. von mir! *([Gott] behüte!);* übertr.: von f. *(mit nüchterner Überlegung)* betrachtet, sieht die Sache ganz anders aus. **2. a)** *lange vergangen:* eine Geschichte aus fernen Tagen; die Zeit ist noch nicht f., als das geschah. **b)** *[weit] in der Zukunft liegend:* man wird davon noch in fernen Tagen (geh.), in ferner Zukunft reden; ich hoffe, in nicht zu ferner Zeit zu kommen; der Tag ist nicht mehr f.; Kaufmannsspr.: Ihren ferneren *(weiteren)* Aufträgen sehen wir entgegen. **II.** ⟨Präp. mit Dativ⟩ (geh.) *weit entfernt von:* f. der Heimat, der Stadt.

fernbleiben ⟨jmdm., einer Sache/(seltener:) von jmdm., von einer Sache f.⟩ *nicht zu jmdm.-, etwas hingehen:* dem Unterricht, der Schule f.; er ist unserem Klassentreffen ferngeblieben; bleibe dem Kranken lieber fern!; subst.: er wurde abgemahnt wegen unentschuldigten Fernbleibens.

Ferne, die: **1. a)** (geh.) *entfernte Gegend:* die abenteuerliche F.; ein Gruß aus der F.; in die F. ziehen. **b)** *große Entfernung, Abstand:* etwas aus der F. betrachten, beobachten; eine Brille für die F.; etwas in weiter F. erblicken; in die F. sehen, blicken; sein Blick schweift in die F. *(weit hinaus).* **2.** *ferne Zukunft:* eine Lösung liegt noch in weiter F., rückte in weite F.

ferner: ⟨Adverb⟩ **1.** *in Zukunft:* er wird den politischen Kurs auch f. selbst festlegen. **2.** *außerdem:* wir brauchen Mäntel, f. Kleider und Schuhe; f. wissen wir, daß ...; übertr. (ugs.): das rangiert unter „f. liefen" *(ist von untergeordneter Bedeutung).*

fernhalten: a) ⟨jmdn., etwas f.⟩ *nicht herankommen lassen:* einen Kranken von den Kindern f.; wir haben die Sorgen von ihm ferngehalten; der Geruch soll Mücken f. **b)** ⟨sich f.⟩ *fernbleiben, keine Beziehung aufnehmen:* er hält sich fern von ihr, von solchem Treiben.

fernliegen a) ⟨etwas liegt fern; meist verneint⟩ *etwas ist abwegig, abseitig:* dieser Gedanke lag nicht fern. **b)** ⟨etwas liegt jmdm. fern⟩ *jmd. will, denkt etwas nicht:* es hat mir ferngelegen, ihn zu kränken; eine solche Idee liegt mir völlig fern.

fernsehen: *Fernsehsendungen ansehen:* er sieht gerade fern, hat lange ferngesehen.

Fernsehen, das: **a)** *technische Einrichtung, die Bild und Ton sendet:* habt ihr kein F.?; wir haben gestern die Eislaufmeisterschaft im F. gesehen, erlebt; das Länderspiel wird im F. übertragen, kommt im F. **b)** *Fernsehanstalt:* das private F.; das F. bringt heute ein Interview mit ...; er arbeitet beim F.; ein Herr vom F.; das Spiel wird vom F. direkt übertragen, aufgezeichnet.

Fernseher, der (ugs.): a) *Fernsehapparat:* ein tragbarer F.; im Wohnzimmer lief der F.; den F. einschalten, ausschalten, anmachen, ausmachen. **b)** *Fernsehteilnehmer:* er ist ein eifriger F.; Millionen von Fernsehern verfolgten das Tennismatch. **fernstehen** (geh.) ⟨jmdm., einer Sache f.⟩: *keine Beziehung zu jmdm., etwas haben:* er hat diesem Plan, dieser Partei lange Zeit ferngestanden; er steht mir sehr fern *(ist mir innerlich fremd).*
Ferse, die: a) *hinterer Teil des Fußes:* die F. tut mir weh; sich die Fersen wund laufen; jmdm./ (auch:) jmdn. auf die Fersen treten. **b)** *Teil des Strumpfes:* der Strumpf hat ein Loch in der Ferse; die Ferse hat ein Loch. * **jmdn. auf den Fersen sein, bleiben** *(jmdn. verfolgen)* · **sich an jmds. Fersen/sich jmdm. an die Fersen heften/hängen** *(jmdm. hartnäckig folgen)* · **jmdn. auf den Fersen haben** *(einen Verfolger nicht loswerden).*
Fersengeld ⟨in der Verbindung⟩ Fersengeld geben (ugs.): *davonlaufen:* die Schüler gaben F.
fertig: 1. *vollendet, völlig hergestellt:* ein fertiges Manuskript; fertige *(fertiggekochte)* Speisen; das Essen ist f.; etwas f. kaufen; (ugs.) er ist noch nicht f. *(noch nicht ausgereift, erwachsen).* **2.** *zu Ende:* wann bist du f.?; mit der Schule f. sein; mit dem Putzen rechtzeitig f. werden; ich bin mit dem Buch f., habe das Buch f. (ugs.; *ausgelesen);* mit der Flasche werden wir bald f. sein (ugs.; *sie getrunken haben);* du mußt erst f. essen. **3.** *bereit:* sie sind f. zur Abreise; bist du endlich f., daß wir gehen können?; er ist rasch mit seinen Antworten f. *(er antwortet für schnell);* Sport: auf die Plätze – f. – los! /Startkommando/. **4.** (ugs.) *erschöpft:* ein völlig fertiger Olympiasieger; nach dieser Reise waren wir seelisch und körperlich f.; er war f. mit den Nerven. * (ugs.:) **fertig sein: a)** *(aufs höchste erstaunt sein).* **b)** *(zahlungsunfähig sein)* · **mit jmdm. fertig sein** *(mit jmdm. nichts mehr zu tun haben wollen)* · **mit jmdm., etwas fertig werden** *(mit jmdm., etwas zurechtkommen; etwas bewältigen):* er muß zusehen, wie er damit f. wird; mit diesem Schicksalsschlag ist sie nie f. geworden; sie wird mit den Kindern nicht f. · (ugs.:) **mit jmdm. fertig werden** *(sich bei jmdm. durchsetzen):* mit dir werde ich allemal f.!
fertigbringen ⟨etwas f.⟩: **1.** *zustande bringen, zu etwas imstande sein:* er hat das Kunststück fertiggebracht, die verfeindeten Familien auszusöhnen; sie bringt es nicht fertig, ihm die Wahrheit zu sagen; (iron.:) so etwas bringst nur du fertig! **2.** *zu Ende, zum Abschluß bringen:* ich bringe die Arbeit heute nicht mehr fertig.
Fertigkeit, die: a) *Geschicklichkeit:* handwerkliche, künstlerische, technische Fertigkeiten; er hat [eine] große F., wenig F. im Zeichnen; sie spielt mit einiger F. Klavier. **b)** ⟨Plural⟩ *Kenntnisse, Fähigkeiten:* handwerkliche Fertigkeiten.
fertigmachen: 1. a) ⟨etwas f.⟩ *zu Ende bringen:* er muß die begonnene Arbeit f. **b)** ⟨jmdn., sich, etwas f.⟩: *bereitmachen:* die Kinder zum Spaziergang f.; sich fürs Theater f.; den Wagen f.; fertigmachen! /Kommando/. **2.** ⟨jmdn. f.⟩ (ugs.) **a)** *völlig besiegen, [körperlich] erledigen:* er hat seinen Gegner fertiggemacht. übertr.: der Gedanke machte mich richtig fertig *(zermürbte mich).* **b)** *scharf zurechtweisen:* der Chef hat ihn gehörig fertiggemacht.

fesch (ugs., bes. österr.): *hübsch, flott:* ein fescher junger Mann, ein fesches Mädel; das ist ein fesches *(modisches, schickes)* Kleid; das ist f.! *(schick)*; f. aussehen.
Fessel, die: *Band, Kette zum Fesseln:* eine starke F.; die F. drückt, schneidet ins Fleisch; die Fesseln sprengen, abstreifen, abwerfen; dem Gefangenen Fesseln anlegen, ihn in Fesseln legen; bildl.: die Fesseln der Liebe, der Ehe; etwas als [lästige] F. empfinden.
fesseln: 1. a) ⟨jmdn., etwas f.⟩ *so binden, daß kein Entkommen möglich ist:* einen Gefangenen f.; er wurde an Händen und Füßen gefesselt; seine Hände waren auf dem Rücken gefesselt; ⟨jmdm. etwas f.⟩ sie fesselten ihm die Hände. **b)** ⟨jmdn. an etwas f.⟩ *festbinden:* den Gefangenen an einen Pfahl f.; bildl.: die Lähmung fesselte ihn ans Bett; er war lange an den Rollstuhl gefesselt. **2.** ⟨jmdn., etwas f.⟩ *in Bann halten, jmds. volles Interesse auf sich lenken:* sie fesselte ihn durch ihre Reize; das Buch hat mich gefesselt; der Anblick fesselte meine Aufmerksamkeit; adj. Part.: ein fesselnd geschriebenes Buch.
fest: 1. *nicht flüssig, hart:* ein fester Treibstoff; der Kranke nimmt wieder feste Nahrung zu sich; der Pudding ist noch nicht f.; subst.: ich habe Appetit auf etwas Festes *(feste Nahrung);* übertr.: der Plan, Gedanke nimmt allmählich feste Formen, feste Gestalt an. **2.** *haltbar, stabil:* festes Holz, Gestein, Tuch, Gewebe; die feste Schale eines Krebses; Kaufmannsspr.: feste *(feststehende)* Preise; Weizen ist f. *(sein Börsenpreis ist unverändert hoch);* feste Schuhe; wieder auf festem Land, Boden sein; militär.: eine feste *(befestigte)* Stellung; das Material ist [sehr] f.; die Preise, Kurse sind f.; der Tisch stand nicht f. **3. a)** *straff, nicht locker:* ein fester Verband; ein fester Griff, Händedruck; er hat einen festen Schlaf, schläft f. *(er wacht nicht leicht auf);* die Schuhe f. binden; die Tür f. schließen, zuschlagen; sich f. an jmdn., etwas klammern; sie zog ihren Mantel fester um sich; seine Perücke saß nicht f. **b)** *Entschlossenheit zeigend, energisch:* ein fester Blick, Schritt; seine Stimme war f.; er antwortete f.; eine Angelegenheit f. in der Hand haben, f. in die Hand nehmen. **c)** ⟨auch: feste⟩ (ugs.) *tüchtig, ordentlich:* eine feste Tracht Prügel; wir haben f. gefeiert, gearbeitet; du mußt f. essen, zugreifen. **4.** *sicher, nicht zu erschüttern:* ein fester Charakter; die feste Hoffnung, Zuversicht, den festen Glauben haben, daß etwas geschieht; feste Grundsätze vertreten; es gibt hier keine festen *(endgültigen, definitiven)* Regeln; er hat die feste Absicht, den festen Willen, nicht nachzugeben; ich habe seine feste *(bindende)* Zusage, sein festes Versprechen; der festen Meinung sein; sich an feste *(feststehende)* Zeiten gewöhnen; f. an etwas glauben; von etwas f. überzeugt sein; sich etwas f. vornehmen; er hat mir f. versprochen zu kommen; wir halten f. zueinander; etwas f. *(bindend)* vereinbaren; sie ist f. in ihrer Heimat verwurzelt; subst.: ich habe für heute abend nichts Festes vor *(noch keine Pläne für heute abend).* **5.** *ständig, dauernd:* eine feste Stellung, einen festen Wohnsitz, Beruf, ein festes Einkommen haben; festes Gehalt beziehen; feste Kundschaft, ein fester Kunde *(Stammkunde);* sie hat schon einen festen

(ugs.) Freund; das Buch hat seinen festen Platz auf meinem Schreibtisch; er ist f. angestellt; Geldw.: festes *(auf bestimmte Zeit geliehenes)* Geld; die Haltung, Stimmung der Börse war f. **Fest,** das: **1.** *[größere] gesellschaftliche Veranstaltung:* ein großes, schönes, lautes, gelungenes, überwältigendes F.; das F. der goldenen Hochzeit; ein F. im kleinen Kreis; das F. beginnt, ist in vollem Gang, nähert sich seinem Höhepunkt, zieht sich hin, geht zu Ende; ein F. feiern, begehen (geh.), geben, veranstalten, besuchen; sie feierten rauschende, glanzvolle Feste; sich auf einem F. gut unterhalten; auf einem F. tanzen; zu einem F. gehen; R: man muß die Feste feiern, wie sie fallen *(jede Gelegenheit [zum Feiern] nutzen);* übertr. (ugs.): es ist mir ein F. *(eine große Freude, ein großes Vergnügen).* **2.** *kirchlicher Feiertag:* die hohen Feste des Jahres; bewegliche Feste (Ostern, Pfingsten u. a.), unbewegliche Feste (Weihnachten, Mariä Himmelfahrt u. a.); frohes F.!; wir bekommen zum F. Besuch.

feste (ugs.) ⟨Adverb⟩: *tüchtig, sehr:* sie haben ihn f. verprügelt; wir haben f. mitgemacht; immer f.! */anfeuernder Zuruf/.*

festfahren: *steckenbleiben, nicht weiterkommen:* **a)** (ugs.) der Lastwagen hat sich [im Sand] festgefahren; übertr.: die Verhandlungen haben sich festgefahren; eine festgefahrene Angelegenheit; du hast dich gründlich festgefahren (ugs.; *weißt nicht mehr aus noch ein).* **b)** das Auto ist festgefahren; er ist mit dem Auto festgefahren; übertr.: die Verhandlungen sind festgefahren.

festhalten: 1. a) ⟨jmdn., etwas f.⟩ *nicht loslassen:* einen Dieb f.; das Steuerruder f.; jmds. Arm, jmdn. am Arm f.; den Hund am Halsband f.; er hielt meine Hände fest; etwas mit den Händen, den Zähnen f.; übertr.: einen Brief f. *(nicht weitergeben);* man hat ihn widerrechtlich festgehalten *(gefangengehalten).* **b)** ⟨jmdn., etwas f.⟩ *mit Artangabe durch Bericht, in Ton, Bild fixieren, aufzeichnen:* ein Ereignis mit dem Zeichenstift, mit der Kamera, im Bild f.; eine Diskussion, einen Beschluß schriftlich, protokollarisch f.; ⟨auch ohne Artangabe⟩ halten wir fest *(notieren wir, konstatieren wir),* der Versuch ist mißglückt. **2.** ⟨sich f.⟩ *jmdn., etwas anfassen, um nicht zu fallen:* sie hielt sich am Geländer, an mir fest; ich habe mich mühsam festgehalten; du mußt dich [hier] f.; übertr.: jetzt halt dich fest (ugs.; *du wirst überrascht sein),* sie will ihn f. (ugs.; heiraten). **3.** ⟨an jmdm., an etwas f.⟩ *jmdn., etwas nicht aufgeben:* an seiner Überzeugung, seinen Grundsätzen, an überlieferten Formen f.; er hielt treu an seinem Freund fest.

festigen: a) ⟨jmdn., etwas f.⟩ *stärken, fester machen:* den Wohlstand eines Landes f.; diese Tat festigte sein Ansehen; die Arbeit hat ihn charakterlich gefestigt; adj. Part.: eine gefestigte *(in sich ruhende)* Persönlichkeit. **b)** ⟨sich f.⟩ *fester, stärker werden; sich stabilisieren:* die Beziehungen der beiden Länder haben sich gefestigt; seine Gesundheit festigte sich zusehends.

festlegen: 1. ⟨etwas f.⟩ *verbindlich beschließen; regeln:* etwas testamentarisch, schriftlich f.; es wurde festgelegt, daß ...; einen Reiseweg, die Tagesordnung, Bestimmungen, einen Termin f. **2.** (Bankwesen) *langfristig anlegen:* Geld, Kapital

[auf mehrere Jahre] f. **3.** ⟨jmdn., sich f.⟩ *verpflichten, an etwas binden:* sich auf ein Programm, eine Meinung f.; ich habe mich auf/(schweiz.:) über nichts f. lassen; ich möchte mich noch nicht f.; er hat sich durch seine Zusage festgelegt; legen Sie mich bitte nicht darauf fest *(verlangen Sie bitte keine bindende Auskunft darüber).*

festlich: *glanzvoll, einem Fest angemessen:* festliche Stunden; ein festliches Konzert; ein festlicher Empfang; festliche Kleidung; festlichen Schmuck anlegen; einen Geburtstag f. begehen; die Zimmer waren f. erleuchtet.

festliegen ⟨etwas liegt fest⟩: **1.** *etwas kommt nicht weiter:* das Schiff liegt [auf einer Sandbank, im Hafen] f. **2.** *etwas ist bestimmt, festgelegt:* der Termin liegt schon lange fest; das Kapital liegt fest (Geldw.; *ist langfristig angelegt).*

festmachen: 1. ⟨etwas f.⟩ *befestigen, fest anbringen, festbinden:* ein Poster mit Reißnägeln [an der Wand] f.; das Boot [am Ufer] f.; er machte den Hund an der Kette fest; übertr.: dies läßt sich vor allem an drei Punkten f. (ugs.; *zeigen, feststellen).* **2.** ⟨etwas f.⟩ *fest vereinbaren:* einen Termin f.; ich habe nichts mit ihm festgemacht; Kaufmannsspr.: ein Geschäft f. *(abschließen).* **3.** (Seemannsspr.) ⟨[an etwas] f.⟩ *anlegen:* wir machten, das Motorschiff macht [am Kai] fest.

festnageln: 1. ⟨etwas f.⟩ *mit Nägeln befestigen:* ein Brett, einen Deckel f. **2.** (ugs.) ⟨etwas f.⟩ *deutlich auf etwas hinweisen:* er nagelte die Widersprüche des Redners fest; wir müssen f., daß es sich hier um einen Irrtum gehandelt hat. **3.** (ugs.) ⟨jmdn. f.⟩ *festlegen:* jmdn. [auf seine Behauptung, auf sein Versprechen] f.; ich lasse mich nicht f.

festnehmen ⟨jmdn. f.⟩: *verhaften:* einen Dieb, Betrüger, Verdächtigen f.; die Polizei hat bei der Razzia zehn Personen festgenommen.

festsetzen: 1. ⟨etwas f.⟩ *bestimmen, vereinbaren:* Bedingungen, einen Termin f.; der Preis, Schaden, Streitwert wurde auf 300 DM festgesetzt; f. erschien am festgesetzten Tage. **2.** ⟨jmdn. f.⟩ *in Haft nehmen:* einige der Demonstranten wurden vorübergehend festgesetzt. **3. a)** ⟨etwas setzt sich fest⟩ *etwas sammelt sich an und bleibt haften:* der Staub setzt sich in den Falten fest; übertr.: dieser Gedanke hatte sich bei ihm festgesetzt. **b)** (ugs.) ⟨sich f.⟩ *sich an einem Ort niederlassen und bleiben:* er hat sich vor Jahren hier festgesetzt.

festsitzen: 1. a) ⟨etwas sitzt fest⟩ *etwas ist gut befestigt:* der Nagel, das Brett sitzt fest. **b)** *etwas haftet, klebt fest an etwas:* der Schmutz sitzt ziemlich fest; übertr.: dieser Gedanke sitzt bei ihm jetzt einfach fest. **2.** *nicht mehr weiterkommen, steckengeblieben sein:* kannst du mich abholen, ich sitze hier mit einem Motorschaden fest; [mit dem Boot] auf einer Sandbank f.; der Dampfer saß fest; übertr. (ugs.): ich sitze bei dieser Aufgabe fest *(finde keine Lösung).*

feststehen ⟨etwas steht fest⟩: **a)** *etwas ist sicher, gewiß:* diese Tatsache steht fest; es steht fest, daß er abgereist war; fest steht, daß ... **b)** *etwas ist festgelegt, geregelt:* der Termin steht noch nicht fest; eine feststehende Reihenfolge.

feststellen ⟨etwas f.⟩: **1.** *festmachen, arretieren:* den Hebel f. **2. a)** *in Erfahrung bringen; ermitteln:* jmds. Personalien, Geburtsort f.; einen Brandschaden f.; der Preis ließ sich nicht mehr f.; er versuchte festzustellen, woher der Brief gekommen war; ihre [Mit]schuld wurde festgestellt; es wurde einwandfrei festgestellt, daß ... **b)** *bemerken, erkennen:* ich mußte f., daß ...; er stellte plötzlich fest, daß sein Hut nicht mehr da war; es war leicht festzustellen, daß ...; ich konnte nicht f., ob er noch am Leben war. **3.** *mit Entschiedenheit sagen, aussprechen:* der Redner stellte fest, daß ...; ich muß hier eindeutig, mit aller Deutlichkeit f., daß ...

Festung, die: *stark befestigte militärische Anlage, die der Verteidigung diente:* eine starke, uneinnehmbare, strategisch wichtige F.; die F. ist gefallen *(erobert worden);* eine F. belagern, einschließen, einnehmen, halten, schleifen. **2.** *Haft, die auf einer Festung verbüßt wurde:* er hat 6 Monate F. erhalten, wurde zu 5 Jahren F. verurteilt.

fett: 1. a) *viel Fett enthaltend:* fette Kost ist schwer verdaulich; das Fleisch, die Suppe ist sehr f.; du ißt zu f. *(zuviel fette Speisen).* **b)** *durch starke Talgabsonderung gekennzeichnet:* eine Nachtcreme für die fette Haut; ihre Haare sind etwas zu f. **2.** *dick, gut genährt:* ein fettes Schwein, eine fette Gans; ein fetter Bauch; ein fetter (abwertend; *korpulenter, sehr beleibter)* Mann; eine fette *(ölige)* Stimme haben; er ist, wird dick und f.; übertr. (ugs.): davon wirst du nicht f. *(das bringt nicht viel ein).* **3.** *üppig, kräftig:* fetter Boden; eine fette Weide; fetter Klee; die Farben sind f. aufgetragen; übertr. (ugs.): ein fetter *(einträglicher)* Posten; eine fette *(reiche)* Erbschaft; ein fetter *(großer, nahrhafter)* Bissen; fette Beute machen; wir erlebten fette Jahre *(Jahre des materiellen Wohlstands).*

Fett, das: **1.** *Fettgewebe im Körper von Menschen und Tieren:* weißes, schwammiges F.; die Gans hat viel F.; F. ansetzen *(dick werden);* bildl. (ugs.): er wird noch im eigenen F. ersticken *(am Wohlleben zugrunde gehen);* laß ihn nur in seinem eigenen F. schmoren *(mit seinen selbstverschuldeten Schwierigkeiten allein fertig werden)!* **2.** *tierisches oder pflanzliches, auch synthetisch hergestelltes festes, halbfestes oder flüssiges Produkt, das der Nahrung dient oder auch als Schmiermittel verwendet wird:* tierische, pflanzliche, synthetische, technische Fette; frisches, ranziges F.; F. auslassen, abschöpfen, klären; etwas in schwimmendem F. *(in Fett schwimmend)* backen, mit F. bestreichen, übergießen; der Braten trieft von F.; ein Rad mit F. schmieren. ∗ (ugs.:) **das Fett abschöpfen** *(das Beste für sich nehmen)* · (ugs.:) **sein Fett [ab]bekommen/[ab]kriegen** *(mit Recht] ausgescholten, bestraft werden)* · (ugs.:) **sein Fett weghaben** *(die verdiente Strafe bekommen haben).*

fettig: *fetthaltig, mit Fett beschmutzt:* eine fettige Substanz, fettiges Wasser; fettige Hände, Haare; das Papier ist f., glänzt f.

Fettnäpfchen (meist in der Wendung) [bei jmdm.] ins Fettnäpfchen treten (ugs.): *jmds. Unwillen erregen, einen Fauxpas begehen:* du bist bei ihr ins F. getreten; er tritt aber auch in jedes F.

Fetzen, der: *abgerissenes Stück:* ein F. Papier, Stoff, Haut; der Mantel hing ihm in F. vom Leibe; das Kleid wird bald in F. gehen (ugs.; *gänzlich zerreißen);* er haut drauf, daß die F. fliegen (ugs.; *haut hart, rücksichtslos drauf);* wir ha-

ben gearbeitet, daß die F. [nur so] flogen (ugs.; *wir haben hart und sehr schnell gearbeitet).*

feucht: *ein wenig naß; Feuchtigkeit enthaltend:* ein feuchtes Tuch; feuchte Umschläge; feuchtes Wetter; feuchte *(viel Wasserdampf enthaltende)* Luft; eine feuchte Wohnung; er bekam vor Aufregung feuchte Hände; das Gras ist f. [von Tau]; ihre Augen wurden, schimmerten f.; den Boden f. *(mit einem feuchten Lappen)* aufwischen.

Feuer, das: **1. a)** *Form der Verbrennung mit Flammenbildung, bei der Licht und Hitze entstehen und die dem Menschen als Energiespender dient:* ein loderndes, prasselndes lustiges, helles F.; bengalisches F.; das olympische F.; das F. glimmt, glüht, flammt auf, flackert, qualmt, brennt; das F. knistert im Ofen, zischt, erlischt, geht aus, schwelt noch unter der Asche; kannst du F. machen?; das F. [im Herd, im Kamin] anmachen, entfachen (geh.), anzünden, anstecken, schüren, unterhalten, auslöschen, ausmachen, ausgießen; jmdm. F. geben (zum Anzünden einer Zigarette); haben Sie F. *(Streichhölzer o. ä.)?;* sich am F. wärmen; etwas ins F. werfen; den Topf aufs F. stellen, vom F. heben; etwas bei gelindem, starkem F., auf offenem F. kochen, über dem F. grillen, braten; die Wunde brennt wie F. *(schmerzt stark).* **b)** *Brand, Schadenfeuer:* ein schreckliches, heftiges, verheerendes F.; F.! /*Ruf beim Entdecken eines Brandes/;* es war ein großes F. in der Stadt; das F. lief (geh.), sprang (geh.) von Dach zu Dach, griff auf das Nachbardach über, griff um sich, erfaßte das Gebälk; in der Fabrik ist F. ausgebrochen; ein F. melden, austreten, ersticken, löschen; F. [an ein Haus] legen *([ein Haus] in Brand stecken);* das Haus wurde durch F. zerstört; im F. umkommen; gegen F. versichert sein; (geh.:) etwas mit F. und Schwert verheeren, ausrotten. **2. a)** *Glanz, Leuchten:* das F. eines Diamanten, eines Kristallglases; Augen voll F. **b)** *Begeisterung, Schwung:* das F. der Jugend, der Liebe, des Hasses; das F. der Begeisterung war erloschen; er geriet, kam [förmlich] in F., redete sich in F. *(war ganz begeistert);* dieses Pferd hat viel F. *(Temperament);* der Wein hat F. *(er regt schnell an, berauscht).* **3.** *das Schießen, Beschuß:* schweres, heftiges, anhaltendes, mörderisches F.; F.! /*Kommando zum Schießen/;* das F. setzt ein, verstummt; F. geben *(feuern, schießen);* das F. eröffnen, einstellen, leiten; die Truppe kam zum erstenmal ins F.; F. liegen, stehen, ausharren; der Angriff brach im feindlichen F. zusammen; ein Gehöft unter F. nehmen *(beschießen).* ∗ **Feuer fangen: a)** *(in Brand geraten).* **b)** *(sich schnell begeistern, verlieben)* · (ugs.:) **jmdm. Feuer unter dem Hintern/**(derb:) **Arsch machen** *(jmdn. antreiben)* · (ugs.) **mit Feuer spielen** *(leichtsinnig eine Gefahr herausfordern)* · **zwischen zwei Feuer geraten** *(von zwei Seiten bedrängt werden)* · **für jmdn. durchs Feuer gehen** *(für jmdn. zu allem bereit sein)* · (ugs.:) **Feuer und Flamme sein** *(sofort hellauf begeistert sein):.*

feuern: 1. [etwas] f.) *Feuer [im Ofen] machen und unterhalten, heizen:* womit feuert ihr den Kachelofen?; wir feuern mit Holz, mit Briketts, mit Öl. **2.** *schießen:* blind, scharf f.; nur ein Geschütz hatte gefeuert; der Polizist feuerte in die Luft. **3.** (ugs.) **a)** ⟨etwas f.; mit Raumangabe⟩ *mit Wucht ir-*

gendwohin befördern, schleudern: die Tasche in die Ecke f.; er hat das Buch an die Wand gefeuert; der Mittelstürmer feuerte *(schoß)* den Ball aus vollem Lauf aufs Tor. **b)** ⟨jmdn. f.⟩ *hinauswerfen, fristlos entlassen:* man hat ihn gefeuert.

Feuerwehr, die: *Organisation, Mannschaft, die Brände bekämpft, Hilfe in Notsituationen, Katastrophenfällen o. ä. leistet:* freiwillige, städtische Feuerwehren; die F. übt, rückt aus, war sofort zur Stelle; die F. alarmieren; er ist bei der F.; er fährt wie die F. (ugs.; *rasend schnell).*

Feuerwerk, das: *mit Raketen o. ä. hervorgebrachte Lichteffekte am Nachthimmel:* ein buntes, prächtiges F.; ein F. abbrennen, aufsteigen lassen; das Fest endete mit einem großen F.; **bildl.:** seine Rede war ein F. witziger Einfälle.

feurig: 1. (veraltend) *glühend; mit Glut, Flammen erfüllt:* ein feuriger Ofen, feurige Kohlen; ein feuriger *(feuerspeiender)* Drache. **2.** (geh.) *feuerrot:* feurige Blumen; der Himmel ist ganz f. **3.** *temperamentvoll, leidenschaftlich:* ein feuriges Pferd; ein feuriger Liebhaber, Südländer; feurige Liebe; sie warf ihm feurige Blicke zu; eine feurige *(zündende)* Rede; feuriger *(berauschender)* Wein; das Mädchen ist f.; er hat f. gesprochen.

Fiasko, das: *Mißerfolg, Reinfall, Fehlschlag:* ein klägliches, peinliches, schmähliches F. erleiden; er hat mit seinem Film ein F. erlebt; die Tagung endete mit einem glatten F.; wenn keine Hilfe kommt, gibt es ein F. *(eine Katastrophe).*

Fieber, das: **1.** *krankhaft hohe Körpertemperatur:* ein starkes, heftiges, quälendes F.; das F. bricht aus, steigt, fällt, geht zurück; er hat f., hohes F., 40° F.; ein F. *(eine fieberhafte Erkrankung)* warf ihn nieder; [das] F. messen; der Kranke wurde vom F. geschüttelt, sprach, phantasierte im F. **2.** *das Besessensein von etwas; seelische Erregung:* das F. des Ehrgeizes, der Spielwut.

fieberhaft: 1. *mit Fieber verbunden:* eine fieberhafte Erkrankung. **2.** *eilig und angestrengt; hektisch:* fieberhafte Aufregung, Unruhe; eine fieberhafte Tätigkeit; f. an etwas arbeiten.

fiebern: 1. *Fieber haben:* der Kranke fiebert seit Tagen; ein fieberndes Kind. **2. a)** *(vor Erwartung) sehr aufgeregt sein:* er fiebert, wenn er etwas vorhat; er fiebert vor Erregung, vor Spannung. **b)** ⟨nach etwas f.⟩ *etwas heftig verlangen:* er fiebert danach, dich kennenzulernen.

fiebrig: *mit Fieber verbunden, Fieber anzeigend:* eine fiebrige Krankheit; fiebrige Augen; ihr Gesicht war f. gerötet; das Kind ist f., sieht f. aus *(hat Fieber, sieht aus, als hätte es Fieber);* **übertr.:** eine fiebrige *(erregte)* Nervosität.

Figur, die: **1.** *Wuchs, Gestalt, äußere Erscheinung (eines Menschen):* sie hat eine gute, schöne, große, schlanke F.; er malte, fotografierte ihn in ganzer F.; ein Mann von untersetzter, kleiner F.; auf seine F. achten [müssen] *(sich beim Essen mäßigen [müssen], um nicht dicker zu werden).* **2. a)** *Person (in ihrer Wirkung auf die Umgebung):* jmd. ist eine wichtige F. in der Politik; eine lächerliche, etwas merkwürdige, undurchsichtige F. **b)** (ugs.) *Person, Typ:* dort sind wieder die Figuren von vorhin. **3.** *[künstlerisches] Bildwerk (von Menschen, Tieren oder abstrakten Körpern):* eine steinerne, hölzerne, bronzene F.; eine F. aus Ton, aus Porzellan; die F. einer Katze; eine die unge-

genständlichen, abstrakten Figuren des jungen Künstlers; Figuren schnitzen, modellieren, zeichnen. **4.** *Spielstein:* die F. zieht, hat gezogen; eine F. verlieren; ein Schachspiel mit kunstvollen Figuren. **5.** *literarische Gestalt:* die Figuren eines Romans, Dramas; die F. aus einem Märchen. **6.** *Gebilde aus Linien oder Flächen:* er malte Figuren aufs Papier; zu diesem Text vergleiche F. *(Abbildung)* 4; **Math.:** eine eingeschriebene, umschriebene, geometrische F. **7.** *in sich geschlossene [tänzerische] Bewegungsfolge:* die Figuren eines Tanzes; sie lief Figuren auf dem Eis. * **eine gute/schlechte/klägliche o. ä. Figur machen, abgeben** *(einen guten, schlechten, kläglichen o. ä. Eindruck machen).*

Film, der: **1.** *Streifen mit lichtempfindlicher Schicht für fotografische Aufnahmen:* ein feinkörniger F.; der Film ist über-, unterbelichtet; einen neuen F. [in die Kamera] einlegen; den F. belichten, herausnehmen, wechseln, entwickeln lassen; auf meinem F. sind noch drei Bilder *(ich kann damit noch drei Aufnahmen machen).* **2. a)** *[künstlerisch] gestaltete Folge bewegter Lichtbilder, die zur Vorführung im Kino oder im Fernsehen bestimmt ist:* ein historischer, abendfüllender F.; ein guter, schlechter, spannender, lehrreicher, unterhaltsamer F.; ein F. nach einer Novelle von Storm; der F. erhielt das Prädikat „wertvoll"; der F. läuft demnächst in den Kinos an, läuft schon in der dritten Woche; einen F. [ab]drehen, schneiden, kopieren, synchronisieren, aufführen, vorführen, zeigen; sich (Dativ) einen F. ansehen; (ugs.:) in einen F. gehen; diesen F. habe ich leider verpaßt; einen Roman für den F. bearbeiten; das Drehbuch zu einem F. schreiben; an, in einem F. mitwirken; das Buch zum F. *(zu dem derzeit laufenden Film);* **übertr.:** bei ihm ist der F. gerissen (ugs.; *plötzlich kann er sich an etwas nicht mehr erinnern).* **b)** *Filmwesen, -branche, -kunst:* das Theater hat ihn stets mehr interessiert als der F.; er ist beim F. (ugs.; *er ist Filmschauspieler);* sie will zum F. (ugs.); er arbeitet für den F. **3.** *sehr dünne, zusammenhängende Schicht:* ein öliger F.; der Lack bildet einen F. auf dem Metall.

filmen: 1. ⟨[jmdn., etwas] f.⟩ *[von jmdm., etwas] Filmaufnahmen machen:* ein Autorennen f.; die Kinder beim Spielen f.; er hat im Urlaub viel gefilmt; er filmt farbig, schwarzweiß, in Zeitlupe. **2. a)** *Dreharbeiten für einen Film machen; drehen:* das Team filmt in Afrika. **b)** *bei einem Film mitwirken:* der Schauspieler filmt häufig im Ausland. **3.** (ugs.) ⟨jmdn. f.⟩ *hereinlegen, lächerlich machen:* dich haben sie aber ganz schön gefilmt.

Filter, der (fachspr. meist: das): **1. a)** *Vorrichtung zum Absondern feinverteilter Stoffe:* ein[en] F. einsetzen, dazwischenschalten, auswechseln; die Luft passiert mehrere F., geht durch ein[en] F.; Kaffee mit dem F. aufgießen; in dieser Anlage dient Kies als F. *(als filterndes Material).* **b)** *Filtermundstück:* eine Zigarette mit F. **2.** (Optik, Fot.) *Vorrichtung, durch die bestimmte Anteile von Lichtstrahlen absorbiert, ausgefiltert werden:* einen F. aufsetzen; mit grünem F. fotografieren.

Fimmel, der (ugs.): *übertriebene, fast zur Sucht gewordene Vorliebe für etwas; Tick, Spleen:* sie hat den F., Bierdeckel zu sammeln; täglich die Fenster zu putzen; das Briefmarkensammeln wird allmählich zu einem richtigen F. bei ihm; sie hat ja einen F. mit ihrer Tochter! *(will hoch hinaus mit ihr);* der hat doch einen F. *(ist doch verrückt)!*

finanziell: *das Vermögen, die Geldmittel betreffend, geldlich:* die finanzielle Lage des Staates hat sich verschlechtert; er hat finanzielle Sorgen, Schwierigkeiten; er muß aus finanziellen Gründen verzichten; sich f. an etwas beteiligen; jmdm. f. unterstützen; das Unternehmen ist f. gesichert.

finden: 1. **a)** ⟨jmdn., etwas f.⟩ *entdecken, durch Suchen oder zufällig auf jmdn., auf etwas stoßen:* ein Geldstück, den verlorenen Schlüssel f.; wir haben unterwegs eine Menge Pilze gefunden; den Weg nach Hause f.; keinen Platz f.; ich kann das Buch nicht f.; er ist nicht, nirgends zu f.; wir haben den Fehler gefunden; er findet immer etwas, was er kritisieren kann, findet immer etwas zu kritisieren; so etwas findet man heute *(gibt es heute)* nicht mehr, findet man nicht alle Tage; man hat noch keine Spur von dem Mörder gefunden; man hat die Kinder schließlich in einer Höhle gefunden; ihre Blicke fanden sich/(geh.:) einander *(trafen sich);* bildl.: er fand den Weg zu den Herzen seiner Zuhörer. **b)** ⟨etwas f.⟩ *durch Überlegung auf etwas kommen:* die Lösung einer Aufgabe, eines Rätsels f.; einen Ausweg, Vorwand, eine Ausrede f.; sie fand keine Worte dafür, keine Antwort darauf; wie sollen wir die Wahrheit f.?; er findet immer die richtigen Worte *(weiß immer das Richtige zu sagen).* **c)** ⟨jmdn., etwas f.; mit Artangabe⟩ *in einer bestimmten Weise vorfinden:* er fand das Haus verschlossen; sie hatte ihre Mutter schlafend gefunden; übertr.: hier finde ich meinen Eindruck bestätigt. **2.** ⟨sich f.⟩ *[wieder] zum Vorschein kommen, entdeckt werden:* der Brief wird sich schon f.; es fand sich niemand, der geholfen hätte; es finden sich *(es gibt)* immer wieder Leute, die darauf hereinfallen; dieses Wort findet sich nur bei Homer *(kommt nur dort vor);* es fand sich *(stellte sich heraus),* daß ich recht hatte. **3.** ⟨mit Raumangabe⟩ *irgendwohin kommen, gelangen:* das Kind fand nicht mehr nach Hause; er findet morgens nicht aus dem Bett; (geh.) er fand schon früh zu unserem Verein *(schloß sich ihm an);* er hat endlich zu sich selbst gefunden *(ist zur Besinnung, Einsicht gekommen);* ⟨landsch. auch: sich f.; mit Raumangabe⟩ sie fand sich schnell zum Bahnhof. **4.** (geh.) ⟨sich f.; mit Raumangabe⟩ *sich fügen:* sich in eine Lage, Notwendigkeit f.; sie hatte sich in ihr Schicksal gefunden. **5.** ⟨jmdn., etwas f.⟩ *bekommen, erlangen; jmds., einer Sache teilhaftig werden:* er hat dort eine Wohnung und viele Freunde gefunden; einen Partner, eine Frau f.; er hat in ihm einen treuen Helfer gefunden; sein Recht f.; Hilfe, Zeit, Ruhe, sein Auskommen f.; er fand schnell wieder Arbeit; [ein] Obdach, [eine] Zuflucht f. *(unterkommen);* /häufig verblaßt/ die Bücher fanden reißenden Absatz *(wurden sehr gut verkauft);* an etwas Halt f.; Beruhigung, Trost bei, in etwas f.; nicht die Kraft, den Mut zu etwas f.; Anklang, Anerkennung, Zustimmung, Gnade, keine Gegenliebe f.; [keinen] Glauben f.; Beachtung, Berücksichtigung, Verwendung, Aufnahme f. *(beachtet, berücksichtigt, verwendet, aufgenommen werden).* **6.** ⟨jmdn., etwas f.; mit Artangabe⟩ *für etwas halten, der Meinung sein:* etwas ange-

messen, ratsam, skandalös, vernünftig, komisch, richtig f.; ich finde es kalt hier; ich finde das nicht schön von dir; er fand das ganz in [der] Ordnung; ich fand den Schauspieler schlecht; wie finden Sie dieses Bild? *(wie gefällt es Ihnen?);* ich finde, es ist gut gemalt; das kann ich nicht f. *(ich bin anderer Meinung);* ich weiß nicht, was sie an ihm findet *(was ihr an ihm gefällt);* ich habe gefunden, daß hier alles billiger ist; ich finde nichts dabei *(beurteile es nicht negativ),* daß sie das getan hat; (ugs.:) wie finde ich denn das? /Ausruf der Empörung, Verwunderung o. ä./. ∗ **das/es wird sich [alles] finden: a)** *(das wird sich herausstellen).* **b)** *(das wird in Ordnung kommen).*

findig: *klug und gewitzt; einfallsreich:* ein findiger Kopf; ein findiger Journalist, Geschäftsmann; er ist sehr f. in solchen Dingen.

Finger, der: *eines der fünf beweglichen Glieder der Hand:* zarte, lange, schlanke, dünne, dicke, klobige, steife, verkrüppelte, geschwollene F.; flinke, [un]geschickte F.; der kleine *(fünfte)* F.; der F. schmerzt, blutet; ihm fehlen zwei F. der rechten Hand, an der rechten Hand; die F. biegen, krümmen, spreizen, strecken; einen bösen, schlimmen *(entzündeten)* F. haben; sich (Dativ) einen F. verstauchen, einklemmen, quetschen; sie legt den F. *(Zeigefinger)* auf die Lippen, auf den Mund (um Schweigen zu gebieten); der Junge steckt die F. in den Mund, leckt sich (Dativ) die F. ab; etwas an den Fingern abzählen; mit den Fingern rechnen; die Konzertbesucher konnte man an den Fingern abzählen *(so wenige waren da);* einen Ring an den F. *(Ring-, Goldfinger)* stecken, am F. tragen, haben; jmdm./jmdn. auf die F. schlagen; du bekommst gleich etwas, eins *(einen Schlag)* auf die F.; ich habe mir/mich in den F. geschnitten; was er in die F. bekommt, ist bald entzwei; er hielt die Zigarette mit zitternden Fingern; mit dem F., mit Fingern auf jmdn. zeigen, weisen; er tippt mit zwei Fingern *(schreibt nur mit zwei Fingern auf der Schreibmaschine);* jmdm. mit dem F. drohen; er ist mit dem F. in die Maschine geraten; er hielt, drehte den Bleistift zwischen den Fingern; übertr.: ich habe mir die F. wund geschrieben mit Gesuchen *(habe unzählige Gesuche geschrieben [ohne etwas zu erreichen]);* R: wenn man ihm den kleinen F. gibt, [so] nimmt er die ganze Hand; etwas nicht aus den Fingern lassen *(ugs.: nicht hergeben);* das ist mir durch die F. geschlüpft (ugs.: *das habe ich übersehen);* das Geld zerrann ihm unter, zwischen den Fingern *(er verstand nicht hauszuhalten);* /als Maßangabe/: das Band ist einen F. lang, zwei Finger breit. ∗ (ugs.:) **jmdm./jmdn. jucken die Finger nach etwas** *(jmd. möchte etwas sehr gern haben)* · (ugs.:) **die Finger davonlassen/von etwas lassen** *(sich nicht mit etwas abgeben)* · (ugs.:) **den/seinen Finger darauf haben** *(etwas unter seiner Kontrolle haben)* · (ugs.:) **keinen Finger krumm machen** *(nichts tun).* (ugs.:) **lange/krumme Finger machen** *(stehlen)* · **den Finger auf die [brennende] Wunde legen** *(auf ein Übel deutlich hinweisen)* · (ugs.:) **die Finger in etwas haben/im Spiel haben** *(an etwas [in negativer Weise] heimlich beteiligt sein)* · (ugs.:) **sich (Dativ) nicht gern die Finger schmutzig machen** *(eine unangenehme oder üble Sache von einem anderen erledigen lassen)* ·

(ugs.:) **sich** (Dativ) **die Finger verbrennen** *(Schaden erleiden, eine Abfuhr bekommen):* bei der Sache hat er sich gehörig die F. verbrannt · (ugs.:) **sich** (Dativ) **die Finger/alle zehn Finger nach etwas lecken** *(auf etwas begierig sein)* · (ugs.:) **sich** (Dativ) **etwas an den [zehn, fünf] Fingern abzählen können** *(sich etwas leicht denken können, leicht voraussehen können):* daß wir verlieren würden, hättest du dir an den fünf Fingern abzählen können · (ugs.:) **eine[n], zehn an jedem Finger haben** *(sehr viele Verehrer, Freundinnen haben)* · (ugs.:) **jmdm. auf die Finger sehen/gucken** *(jmdn. kontrollieren)* · (ugs.:) **jmdm. auf die Finger klopfen** *(jmdn. [warnend] zurechtweisen)* · (ugs.:) **sich** (Dativ) **etwas aus den Fingern saugen** *(frei erfinden, sich ausdenken)* · **durch die Finger sehen** *(ein unkorrektes Verhalten absichtlich übersehen)* · (ugs.:) **sich** (Dativ) **in den Finger schneiden** *(sich [gründlich] täuschen)* · (ugs.:) **etwas im kleinen Finger haben** *(über etwas gründlich Bescheid wissen)* · **jmdm./jmdn. juckt/kribbelt es in den Fingern** *(jmd. hat das heftige Bedürfnis, etwas Bestimmtes zu tun)* · (ugs.:) **etwas mit dem kleinen Finger machen** *(etwas ohne Mühe, nebenbei machen)* · **etwas mit spitzen Fingern anfassen** *([aus Widerwillen] vorsichtig anfassen)* · **mit dem F./mit Fingern auf jmdn. zeigen** *(jmdn. wegen seines Verhaltens öffentlich anprangern, lächerlich machen)* · (ugs.:) **jmdn. um den [kleinen] Finger wickeln** *(jmdn. leicht lenken, beeinflussen können).*
Fingerbreit, der: *Breite eines Fingers:* er ist um zwei F. größer als ich; ü b e r t r.: er gab keinen F. *(überhaupt nicht)* nach, ist keinen F. gewichen.
Fingerspitze, die: *Ende des Fingers:* die Fingerspitzen ins Wasser tauchen; etwas mit den Fingerspitzen berühren, verreiben; ü b e r t r.: (ugs.:) mir kribbelt es ordentlich in den Fingerspitzen (vor Ungeduld); er ist musikalisch bis in die Fingerspitzen *(durch und durch)*; das muß man in den Fingerspitzen *(im Gefühl)* haben.
Fingerspitzengefühl, das: *Feingefühl im Umgang mit Menschen und Dingen:* für diese schwierige Aufgabe fehlt ihm das [nötige] F.; dazu gehört ein gewisses F.; dafür braucht man F.
Fingerzeig, der: *Wink, nützlicher Hinweis:* ein nützlicher F.; Fingerzeige für die Berufswahl; jmdm. einen F. geben; einen F. bekommen.
finster: 1. *[sehr] dunkel, lichtlos:* eine finstere Nacht, ein finsterer Keller; das Zimmer ist zu f. zum Arbeiten; draußen ist es, wird es wegen des Gewitters ganz f.; s u b s t.: im Finstern *(in der Dunkelheit ohne Licht)* tappen; ü b e r t r.: das finstere *(unaufgeklärte)* Mittelalter; das waren finstere *(schlimme, trostlose)* Zeiten; es sieht ziemlich f. (ugs.; *hoffnungslos)* aus. **2. a)** *dunkel aussehend, düster:* finstere Tannen, Wolken; finstere Gassen; das Schloß ist ein finsteres Gebäude. **b)** *unfreundlich, verdrossen:* ein finsteres Gesicht, finstere Mienen; f. blicken, aussehen; ü b e r t r.: ein finsterer *(unheimlicher, unerfreulicher)* Geselle; finstere *(böse)* Gedanken, Pläne. **3.** *zweifelhaft, anrüchig:* eine finstere Kneipe; finstere Existenzen; das ist eine finstere *(undurchschaubare)* Angelegenheit. ∗ **im finstern tappen** *(in einer aufzuklärenden Sache keinen Anhaltspunkt haben).*
Finsternis, die: *völlige Dunkelheit:* eine tiefe, unergründliche F.; die F. der Nacht, des Raums;

nur eine Kerze erhellte die F.; b i b l.: die Macht der F. *(des Bösen).* ∗ **eine ägyptische Finsternis** *(tiefste Dunkelheit).*
Firma, die: **a)** *kaufmännischer oder gewerblicher Betrieb:* eine alteingesessene, angesehene F.; eine Berliner F.; die F. beschäftigt 200 Arbeiter; eine F. gründen, leiten; in/bei einer F. arbeiten. **b)** *(Kaufmannsspr.) im Handelsregister eingetragener Name eines Betriebes:* die F. lautet „Meyer & Co.“; die F. ist erloschen, wurde gelöscht; er hat seine F. geändert; das Unternehmen arbeitet unter der F. ...
Fisch, der: **1.** *im Wasser lebendes Wirbeltier mit Flossen und Kiemen:* ein großer, dicker, exotischer F.; tote Fische; frische, geräucherte, marinierte Fische; der F. beißt an, schnappt nach dem Köder, zappelt im Netz, springt; R: [der] F. will schwimmen *(zum Fischgericht gehört ein Getränk)* · Fische angeln, fangen, füttern; einen F. braten, backen, kochen; Fische einlegen, einsalzen; freitags gibt's F.; gesund, munter sein, sich wohl fühlen wie ein F. im Wasser; er schwimmt wie ein F.; er ist stumm wie ein F.; b i l d l.: er ist ein [kalter] F. *(ein gefühlskalter Mensch).* **2.** (Astrol.)/*Tierkreiszeichen/:* ich bin [ein] F. (ugs.; *ich bin im Zeichen der Fische geboren).* ∗ (ugs.:) **das sind faule Fische** *(das sind dumme Ausreden, Lügen)* · (ugs.:) **[das sind] kleine Fische!** *(das sind Kleinigkeiten!)* · (ugs.:) **weder Fisch noch Fleisch sein** *(nicht einzuordnen, zu bestimmen sein; nichts richtig sein)* · (ugs. scherzh.:) **die Fische füttern** *(sich über die Reling erbrechen).*
fischen: **1. a)** ⟨[etwas] f.⟩ *Fische u. ä. zu fangen suchen, fangen:* Forellen f.; Perlen, Austern f.; wir haben zwei Stunden gefischt; er geht f. *(auf Fischfang);* mit Netzen, mit der Angel, mit der Reuse f.; in der Nordsee wird auf Kabeljau gefischt. **2.** (ugs.) ⟨jmdn., etwas aus etwas f.⟩ *[vorsichtig, mühsam] aus etwas herausholen, -kramen, -ziehen:* ich fischte [mir] ein Stück Zucker [aus der Dose]; ein Kind aus dem Wasser f.
fit: *in guter, körperlicher Verfassung, durchtrainiert, leistungsfähig* ⟨in Verbindung mit bestimmten Verben⟩: f. sein, bleiben; jmdn., sich f. machen; sich f. halten; sich f. fühlen; ü b e r t r.: (ugs.:) auf diesem Gebiet ist er f. *(kennt er sich gut aus);* in Mathematik ist er f. *(ist er sehr gut).*
Fitneß, die: *gute körperliche Verfassung, Leistungsfähigkeit:* durch sportliche Leistungen erworbene F.; du mußt dir durch Ausgleichssport deine F. erhalten; etwas für seine F. tun.
Fittich, der (geh.): *Flügel, Schwinge:* die Fittiche des Adlers. ∗ (ugs.:) **jmdn. unter seine Fittiche nehmen** *(sich um jmdn. kümmern).*
fix: 1. (ugs.) *behend, gewandt, flink:* er ist ein fixer Kerl; er ist, arbeitet sehr f.; nun mach mal ein bißchen f.!; ich will nur noch f. *(schnell)* essen. **2. a)** *auf eine bestimmte gleichbleibende Summe festgelegt, nicht veränderlich:* fixe Kosten; ein fixes Gehalt; die Preise sind f. festgelegt. **b)** (veraltend) *feststehend, konstant:* ein fixer Punkt. ∗ (ugs.:) **fix und fertig: a)** *(völlig fertig):* die Arbeit ist f. und fertig; er war f. und fertig angezogen, mit Packen. **b)** *(völlig erschöpft):* nach dieser Sitzung war ich f. und fertig; (ugs.:) **jmdn. fix und fertig machen** *(jmdn. ruinieren).*
fixieren: 1. ⟨etwas f.⟩ *[schriftlich] festlegen, festhalten:* einen Termin f.; die Beschlüsse wurden

protokollarisch fixiert; ein Recht vertraglich f. *(formulieren, verbindlich bestimmen).* **2.** ⟨etwas f.⟩ *festigen, haltbar machen:* eine Kohlezeichnung f. *(mit Fixativ behandeln);* einen entwickelten Film f. *(lichtunempfindlich machen).* **3.** ⟨etwas f.⟩ *an einer Stelle festmachen, befestigen, festhalten:* er versuchte vergeblich, den Zettel an der Wand, auf der rauhen Unterlage [mit einem Klebstreifen] zu f.; Med.: einen Knochenbruch f. *(mit einem Gipsverband o. ä. ruhigstellen);* Gewichtheben: er konnte das Gewicht nicht f. *(in vorgeschriebener Weise mit gestreckten Armen über dem Kopf halten).* **4.** (bes. Psych.) ⟨sich auf jmdn., etwas f.⟩ *sich emotional an jmdn., etwas binden:* die Kinder dürfen sich nicht zu sehr auf die Eltern f.; ⟨gewöhnlich im 2. Part in Verbindung mit *sein*⟩ er ist auf seine Mutter fixiert; die beiden sind völlig aufeinander fixiert; sie ist beim Kauf ihrer Kleider ganz auf diese Farbe fixiert. **5.** ⟨jmdn., etwas f.⟩ *scharf ansehen:* einen Punkt f.; er hat mich dauernd fixiert *(angestarrt).*

flach: 1. *eben:* ein flacher Boden; ein flaches Gelände; die flache *(geöffnete)* Hand; mit der flachen Klinge *(nicht mit der Schneide)* schlagen; flache *(nicht steil abfallende; waagerechte)* Dächer; sich f. hinlegen; f. *(ohne Kopfkeil)* schlafen. **2.** *niedrig:* ein flaches Gewässer; Schuhe mit flachen Absätzen; eine flache *(kaum gewölbte)* Brust, Stirn. **3.** *nicht tief:* ein flaches Gewässer; flache Teller; f. *(nicht tief)* atmen; übertr.: er ist ein flacher *(wenig denkender)* Kopf; eine flache *(oberflächliche)* Unterhaltung.

Fläche, die: **1.** *flach ausgedehnter Bereich:* eine F. von 1 000 Quadratmetern; eine spiegelglatte F. **2.** *[glatte] Oberfläche:* eine gekrümmte F.; der Würfel hat sechs Flächen.

Flachs, der: **1.** /eine Faserpflanze/: F. anbauen, raufen, brechen (Landw.), hecheln (Landw.), schwingen (Landw.). **2.** (ugs.) *Spaß, Neckerei:* das war nur F.; [jetzt mal] ganz ohne F. *(im Ernst);* bei dem blüht der F. *(er spaßt gern).*

flachsen (ugs.): *Unsinn reden, Spaß machen:* mit jmdm. f.; er hat nur geflachst.

flackern ⟨etwas flackert⟩: **1.** *etwas brennt unruhig:* die Kerze, das Feuer flackert; die Neonröhre fängt an zu f. **2.** *etwas bewegt sich unruhig:* seine Augen flackerten vor Zorn.

Flagge, die: *[an einer Leine befestigte] Fahne:* die deutsche, die olympische F.; die F. einer Reederei; die F. hängt auf halbmast; die F. aufziehen, [hin]aushängen, hissen, einholen, niederholen; Seemannsspr.: die F. setzen *(aufziehen);* dippen *(zum Gruß kurz niederholen),* streichen *(zum Zeichen der Ergebung einziehen);* das Schiff führt die britische F., fährt unter falscher, fremder, neutraler, britischer F., unter der F. von Panama; Sport: der Rennleiter winkt den Fahrer mit der F. *(Signalfahne)* ab. * **Flagge zeigen** *(deutlich seine Meinung sagen, seine Erwartung zu erkennen geben)* · ⟨geh.:⟩ **die Flagge streichen** *(sich geschlagen geben)* · **unter falscher Flagge segeln** *(etwas vortäuschen).*

flaggen: *die Fahne[n], Flagge[n] hissen, hinaushängen:* die öffentlichen Gebäude haben halbmast geflaggt; überall war geflaggt.

Flamme, die: **1.** *hochschlagender Teil des Feuers:* eine helle, leuchtende, rote, blaue F.; die F. züngelt, leckt hoch, rußt, loht (geh.), schießt empor, lodert zum Himmel; Flammen schlagen aus den Fenstern; die Flammen löschen, ersticken; die F. am Gasherd kleiner stellen; etwas auf kleiner F. kochen; die Kerze brennt mit ruhiger F.; bildl. (geh.): die F. der Begeisterung, des Zorns, Hasses; übertr.: ein Gasherd mit drei Flammen *(Brennstellen).* **2.** (ugs. veraltend) *Geliebte, Freundin:* sie war damals seine F.; eine F. haben. * **etwas steht in [hellen] Flammen** *(etwas brennt [lichterloh]):* der Dachstuhl stand in hellen Flammen · ⟨geh.:⟩ **etwas geht in [Rauch und] Flammen auf** *(etwas verbrennt völlig, wird vom Feuer zerstört):* die Scheune ging in Flammen auf.

flammend (geh.): **1.** *strahlend, leuchtend:* ein flammendes Rot; flammende Haare; sie sah ihn mit flammenden (geh.; *funkelnden)* Augen an. **2.** *leidenschaftlich, mitreißend:* eine flammende Rede halten; er erhob flammenden Protest.

Flanke, die: **1.** *weicher Seitenteil des Rumpfes:* das Pferd stand mit zitternden, fliegenden Flanken. **2. a)** (militär.) *Seite einer (marschierenden oder in Stellung gegangenen) Truppe:* die Flanken sind ungeschützt; den Feind in der Flanke angreifen, fassen, ihm in die Flanke fallen. **b)** (selten) *Seite (eines Berges oder Gebäudes):* die Flanken sind bewaldet; die F. des Schlosses. **3.** (Sport) *seitlicher Stützsprung:* mit einer F. abgehen. **4.** (Sport) *Ballvorlage vor das gegnerische Tor von der Seite her:* [mit dem Außenrist] schlagen, vor das Tor geben; eine F. aufnehmen, verpassen, verwandeln, einschießen.

flankieren ⟨jmdn., etwas f.⟩: *zu beiden Seiten von jmdm., von etwas stehen, gehen:* Bäume flankieren den Platz; der Sarg, der König wurde, war von Ehrenwachen flankiert; übertr.: flankierende *(unterstützende, zusätzliche)* Maßnahmen.

Flasche, die: **1.** *oft zylindrisches verschließbares [Glas]gefäß mit enger Öffnung und Halsansatz:* eine dicke, schlanke, bauchige, grüne F.; eine F. Bier; zwei Flaschen *(Stahlflaschen)* Sauerstoff; eine F. spanischer Wein/ ⟨geh.:⟩ spanischen Wein[e]s; mit drei Flaschen spanischen Wein/ ⟨geh.:⟩ spanischen Wein[e]s; die F. ist leer, voll, angebrochen, enthält Spiritus; eine F. füllen, verkorken, zustöpseln (ugs.), verschließen; eine F. entkorken, aufmachen, öffnen, leeren, austrinken; wir tranken eine F. Sekt zusammen; die F. ansetzen, an den Mund setzen, absetzen; dem Kind die F. *(Milchflasche)* geben; das Kind nimmt die F. nicht; Wein auf Flaschen ziehen, in Flaschen abfüllen; Milch in Flaschen verkaufen; Bier aus der F. trinken; ein Rehkitz mit der F. großziehen *(mit Milch aus einer Flasche großziehen);* [häufig, oft] zur F. greifen *(viel Alkohol trinken; Alkoholiker sein).* **2.** (ugs.) *unfähiger Mensch; Versager:* so eine F.!; er ist eine F. * ⟨ugs.:⟩ **einer Flasche den Hals brechen** *(eine Flasche Wein o. ä. öffnen, um sie auszutrinken).*

flatterhaft: *unbeständig, oberflächlich:* ein flatterhafter Mensch; er war mir zu f.

flattern: 1. *mit schnellen, unruhig wirkenden Flügelschlägen fliegen:* Schmetterlinge flatterten im Sonnenschein; ein Vogel ist gegen das Fenster geflattert; die Gans hat geflattert *(heftig mit den Flügeln geschlagen)* und gezischt; bildl.: die Blätter sind durch die Luft, auf die Erde, zu Boden geflattert; da ist mir ein Brief auf den Tisch geflattert (ugs.; *unvermutet, unerwartet, zufällig in die Hand gekommen).* 2. ⟨etwas flattert⟩ a) *etwas wird heftig vom Wind bewegt:* die Fahnen flattern im Wind. b) *etwas bewegt sich unruhig, zittert:* seine Hände flatterten nervös; das Herz, der Puls flattert *(schlägt unruhig).* c) (ugs.) *etwas vibriert unregelmäßig und heftig:* die Vorderräder, die Skier haben geflattert.

flau: a) *schwach, matt, kraftlos:* eine flaue Brise, die Stimmung in der Gesellschaft war f.; der Wind wird f. *(flaut ab);* Fot.: das Negativ ist f. *(kontrastarm, unterbelichtet).* b) *schwach vor Hunger, leicht übel:* ich habe ein flaues Gefühl im Magen; ich fühle mich f.; ⟨jmdm. ist, wird f.⟩ mir ist, wird ganz f. [zumute]. c) (Kaufmannsspr.) *lustlos, schlecht:* der Markt, die Börse ist f., eröffnete f.; Kaffee [steht] f.; die Geschäfte gehen f.; in meinem Portemonnaie sieht es f. (ugs.) aus.

Flaute, die: a) (Seemannsspr.) *Windstille:* es herrscht F.; die Boote gerieten in eine F.; wegen der F. konnten wir nicht segeln. b) (Kaufmannsspr.) *Ausbleiben der Nachfrage, lustlose Stimmung:* es herrschte eine allgemeine F.; übertr.: die Mannschaft überwand ihre F. *(Leistungsschwäche)* erst in der zweiten Halbzeit.

flechten ⟨etwas f.⟩: a) *Stränge aus biegsamem Material ineinanderschlingen:* die Haare [zu Zöpfen, in Zöpfe] f.; ⟨jmdm., sich etwas f.⟩ sich, dem Kind die Haare f.; ⟨jmdm., sich etwas in etwas f.⟩ sie flicht sich ein Band ins Haar; ⟨etwas zu etwas f.⟩ sie flocht die Blumen zu einem Kranz. b) *durch Ineinanderschlingen herstellen:* einen Zopf f.; Körbe, Rohrstühle, Matten f.

Fleck, Flecken, der: 1. *beschmutzte Stelle:* ein häßlicher, dunkler, nasser, fettiger F.; der F. will nicht herausgehen; Öl macht Flecke[n]; mach dir keinen F. auf dein Kleid; einen F. entfernen, herauswaschen; seine Weste ist voller Flecke[n]; übertr.: ein F. auf seiner Ehre. 2. *andersfarbige Stelle:* braune Flecke[n] auf der Haut; er hat von dem Sturz noch blaue Flecke[n] am Bein; das Pferd hat einen weißen F. auf der Stirn; bildl.: ein weißer F. *(ein unerforschtes Gebiet)* auf der Landkarte. 3. (ugs.) ⟨nur: Fleck⟩ *Punkt, Stelle:* der blinde, der gelbe F. im Auge; ein häßlicher, ein hübsches Fleckchen Erde; ich stehe schon eine halbe Stunde auf demselben F.; er rührte sich nicht vom F.; wir konnten den Wagen nicht vom F. bringen. 4. *Flicken:* einen F. auf den zerrissenen Ärmel, auf das Loch im Schuh setzen. * (ugs.:) **einen Fleck[en] auf der [weißen] Weste haben** *(Unredliches, Ungesetzliches getan haben)* · **nicht vom Fleck kommen** *(mit etwas nicht vorankommen):* wir sind mit der Arbeit nicht vom F. gekommen · (ugs.:) **am falschen Fleck** *(wenn es nicht angebracht ist)* · **vom Fleck weg** *(sofort):* er wollte sie vom F. weg heiraten.

Flegel, der: *ungezogener Bursche:* ein unverschämter F.; er nimmt sich wie ein F.

flehen (geh.): 1. ⟨um etwas f.⟩ *inständig und demütig bitten:* die Gefangenen flehten um Gnade, um ihr Leben; er flehte, man möge ihm helfen; adj. Part.: flehende Blicke; er hob flehend die Arme. 2. ⟨zu jmdm., zu etwas f.⟩ *inständig, voller Verzweiflung beten:* er flehte zu Gott, zum Himmel um baldige Genesung.

flehentlich (geh.): *inständig:* eine flehentliche Bitte; f. um Hilfe bitten; sie sah ihn f. an.

Fleisch, das: 1. *Muskelgewebe bei Mensch und Tier:* das rosige F. des Säuglings; in der Wunde sah man das rohe *(nicht mit Haut bedeckte, wunde)* F.; der Arzt schneidet das wilde F. *(das wuchernde Bindegewebe)* weg; darunter konnte man das nackte F. sehen; der Riemen schneidet ins F. *(in die Haut)* [ein]; auf der Bühne gab es viel F. (ugs. scherzh.; *spärlich bekleidete Mädchen)* zu sehen; übertr. (bibl.): das Wort ward F. *(Gott wurde Mensch);* der Geist ist willig, aber das F. *(der Körper mit seinen Begierden)* ist schwach. 2. a) *eßbare Teile des tierischen Körpers:* frisches, gehacktes, gepökeltes, rohes, geräuchertes F.; hartes, zähes, weiches, zartes, mürbes, fettes, mageres, schieres *(fett- und knochenfreies)*, leicht angegangenes, verdorbenes F.; ein schönes Stück F.; 2 kg F.; [das] F. schneiden, klopfen, zubereiten, braten, grillen, kochen, dünsten, schmoren; ein ißt, mag kein F. b) *weiche Teile von Früchten u.ä.:* das saftige F. des Pfirsichs; ein Pilz mit weißem, brüchigem F. * **sich** ⟨Dativ⟩ **ins eigene Fleisch schneiden** *(sich selbst schaden)* · **vom Fleisch fallen** *(abmagern)* · (geh.:) **sein eigen[es] Fleisch und Blut** *(sein[e] Kind[er])* · **etwas geht jmdm. in Fleisch und Blut über** *(etwas wird jmdm. zur selbstverständlichen Gewohnheit).*

fleischig: *dick, viel Fleisch, Gewebe habend:* fleischige Arme; fleischige Blätter, Früchte; seine Nase ist sehr f.

Fleiß, der: *Arbeitsamkeit, beharrliches Tätigsein:* unermüdlicher, eiserner F.; sein F. wurde belohnt, hat Früchte getragen (geh.); er wendet, bietet seinen ganzen F. auf, verwendet viel F., großen F. auf diese Arbeit; etwas durch F., mit zähem F. erreichen; R: ohne F. kein Preis! * (veraltend:) **mit Fleiß** *(absichtlich):* das habe ich mit F. unterlassen.

fleißig: a) *arbeitsam; unermüdlich tätig:* ein fleißiger Schüler; daran haben viele fleißige Hände gearbeitet; f. [wie eine Biene] sein; f. lernen. b) *von Fleiß zeugend:* eine fleißige Arbeit, ein fleißiger Aufsatz. c) (ugs.) *regelmäßig, häufig:* sie besucht f. das Theater; du mußt f. spazierengehen.

fletschen ⟨in der Verbindung⟩ **die Zähne fletschen:** *drohend die Zähne zeigen:* der Hund hat die Zähne gefletscht.

flicken ⟨etwas f.⟩: a) *ausbessern:* die Wäsche, eine zerrissene Hose f.; einen Fahrradreifen f.; einen Kessel f.; eine Leitung mit Draht f.; die Fischer flickten ihre Netze; er trägt geflickte Schuhe; das Dach [notdürftig] f. (ugs.; *reparieren).* b) *durch Ausbessern schließen:* ein Loch f.

Flicken, der: *kleineres Stück Stoff, Leder o.ä. zum Ausbessern von etwas:* einen F. aufsetzen, einsetzen, auf den Ärmel setzen.

Fliege, die: 1. */ein Insekt/:* eine dicke, schillernde, zudringliche, lästige F.; die Fliegen summen, brummen, schwirren um das Fleisch; eine F. fangen, verscheuchen, verjagen, totschlagen; er ist matt wie eine F. (ugs.; *völlig erschöpft);* die Menschen fielen um, starben wie die Fliegen (ugs.; *in großer Zahl);* mit der [künstlichen] F. *(der Nachbildung einer Fliege)* angeln. 2. *Querschleife am Kragen:* deine F. sitzt schief; er trägt eine weinrote F. 3. (ugs.) *kleines Bärtchen:* laß dir doch eine F. stehen, wachsen. * jmdn. stört, ärgert die Fliege an der Wand *(jmd. stört, ärgert jede Kleinigkeit)* · keiner Fliege etwas zuleide tun [können] *(gutmütig sein)* · (ugs.:) die, eine Fliege machen *(sich schnell davonmachen, eilig weggehen)* · (ugs.:) zwei Fliegen mit einer Klappe schlagen *(einen doppelten Zweck auf einmal erreichen).*

fliegen /vgl. fliegend/: **1.** *sich mit Flügeln durch die Luft bewegen:* der Vogel flog auf den Baum; die Schwalben sind hoch, tief geflogen; Bienen fliegen von Blüte zu Blüte. **2. a)** *(etwas fliegt) etwas bewegt sich durch die Luft, im freien Raum fort:* der Ballon, die Rakete fliegt sehr schnell; das Flugzeug flog über die Wolken; die Maschine fliegt über den Nordpol *(benutzt die Polarroute);* diese Maschine fliegt nach New York *(ihr planmäßiges Ziel ist New York);* der Hubschrauber fliegt *(verkehrt)* täglich auf der Strecke Wiesbaden–Frankfurt). **b)** *(etwas fliegt sich; mit Artangabe) etwas hat bestimmte Flugeigenschaften:* die Maschine fliegt sich gut, etwas schwerer. **3. a)** *sich mit einem Luftfahrzeug fortbewegen:* fährst du mit der Bahn, oder fliegst du?; wir fliegen *(das Flugzeug ist gestartet);* ich fliege *(mein Flugzeug startet)* um 14 Uhr; man fliegt *(braucht mit dem Flugzeug)* 2 Stunden bis Köln; mit der Lufthansa f.; er fliegt schon seit Jahren *(ist schon lange Flieger);* adj. Part.: er gehört zum fliegenden Personal *(Bordpersonal).* **b)** *(mit Raumangabe) mit einem Luft-, Raumfahrzeug reisen:* nach Berlin, zu einem Kongreß, in den Urlaub f.; die Amerikaner sind zum Mond geflogen. **c)** *(es fliegt sich; mit Artangabe und Umstandsangabe) das Fliegen wird von bestimmten Umständen beeinflußt:* bei Nebel fliegt es sich schlecht; es fliegt sich herrlich in dieser Maschine. **4. a)** *die Fähigkeit zum Steuern eines Luftfahrzeugs besitzen:* er fliegt schon seit Jahren; sie ist/hat früher viel geflogen. **b)** *(etwas f.) ein Luftfahrzeug steuern, führen:* der Pilot hat die Maschine heute zum erstenmal geflogen; er fliegt eine Cessna. **5.** *(etwas f.)* **a)** *fliegend zurücklegen:* die Polarroute f.; er ist 20000 km geflogen; der Pilot ist/(seltener:) hat 10000 Stunden geflogen. **b)** *fliegend ausführen, bewältigen:* eine Schleife, Platzrunde, einen Looping f.; er hat/ist eine Kurve geflogen; militär.: die Jäger haben einen Angriff, drei Einsätze geflogen. **6.** *(jmdn., etwas f.; mit Raumangabe) mit Luftfahrzeugen befördern, transportieren:* er hat Medikamente in das Katastrophengebiet geflogen; die Verwundeten wurden mit Hubschraubern zum Lazarett geflogen. **7.** *(etwas fliegt) etwas wird heftig [vom Wind] bewegt:* die Fahnen fliegen [im Wind]; ihre Haare flogen; bildl.: der Puls, Atem fliegt *(geht hastig);* sie flog *(zitterte)* am ganzen Körper. **8.** (ugs.) *(mit Raumangabe)* **a)** *sich schnell bewegen:* er flog *(eilte)* nach Hause; die Hand fliegt über das Papier *(schreibt eilig);* das Pferd ist nur so über die Hindernisse geflogen; bildl.: ein Lächeln flog *(huschte)* über sein Gesicht; adj. Part.: in fliegender Hast; fliegende Hitze *(Hitzeaufwallung im Körper);* (jmdm. f.; mit Raumangabe) sie flog ihm an den Hals; sie waren sich in die Arme geflogen. **b)** *[weg]geschleudert werden:* ein Stein flog ins Fenster; der Wagen ist aus der Kurve geflogen; der Brief fliegt sofort in den Papierkorb; (auch ohne Raumangabe) die Funken flogen *(sprühten)* nur so; (etwas fliegt jmdm.; mit Raumangabe) ein Schneeball flog ihm ins Gesicht; der Hut flog ihm vom Kopf. **c)** (ugs.) *fallen, hinfallen:* er ist in den Graben, über einen Stein geflogen; auf die Nase f. **9.** (ugs.) *entlassen werden, hinausgeworfen werden:* von der Schule, aus der Stellung f.; der Angestellte ist sofort geflogen. **10.** (ugs.) *(auf jmdn., auf etwas f.) stark angezogen werden, eine Schwäche haben:* er fliegt auf hübsche Mädchen.

fliegend: *ohne festen Standort, beweglich:* eine fliegende Ambulanz, eine fliegende Brücke; ein fliegender Händler.

fliehen /vgl. fliehend/: **1.** *sich [aus Furcht] eilig entfernen, irgendwohin begeben; davonlaufen:* die Truppen fliehen; der Verbrecher ist heimlich, bei Nacht und Nebel unbemerkt [ins Ausland, über die Grenze] geflohen; bei Kriegsende mußten wir f. *(die Heimat verlassen);* vor dem Lärm, vor einem Unwetter f.; sie floh entsetzt vor ihm, aus der Wohnung. (geh.): die Zeit flieht *(vergeht schnell).* **2.** (geh.) *(jmdn., etwas f.)* **a)** *meiden; vor jmdm., etwas ausweichen:* die Gesellschaft, den Lärm der Stadt f.; jmds. Gegenwart f.; übertr. (geh.): der Schlaf floh ihn.

fliehend: *schräg nach hinten geneigt:* eine fliehende Stirn, ein fliehendes Kinn.

fließen /vgl. fließend/: **1. a)** *(etwas fließt) etwas bewegt sich gleichmäßig fort, strömt* /von Flüssigkeiten/: das Wasser fließt [aus der Leitung]; hinter dem Haus, durch den Garten fließt ein Bach; der Fluß fließt langsam, träge, schnell, in Windungen durch das Tal; diese Quelle fließt nicht mehr *(ist versiegt);* Tränen flossen über ihre Wangen; das Blut floß aus der Wunde; der Sekt floß in Strömen (ugs.; *es wurde viel Sekt getrunken);* (etwas fließt jmdm.; mit Raumangabe) der Schweiß floß ihm von der Stirn, in den Kragen; übertr.: die Verse flossen ihm nur so aus der Feder; adj. Part.: ein Zimmer mit fließendem Wasser *(mit Anschluß an die Wasserleitung);* übertr.: der Verkehr fließt ungehindert, nur stockend; der elektrische Strom fließt durch die Leitung, fließt von plus nach minus; die Arbeit fließt (geh.; *geht gut voran);* die Gaben flossen reichlich (geh.; *es wurde viel gespendet);* die Nachrichten fließen spärlich, reichlich *(man kann wenig, viel erfahren).* **b)** *(etwas fließt; mit Raumangabe) etwas gelangt fließend irgendwohin:* die Isar fließt zur, in die Donau; die Elbe fließt *(mündet)* in die Nordsee; übertr.: die Gelder fließen ins Ausland; der Erlös floß in seine Tasche. **2.** *(etwas fließt; mit Umstandsangabe) etwas hängt nach unten, fällt in bestimmter Weise:* ihr Haar fließt weich; adj. Part.: ein Gewand aus fließender Seide.

fließend: 1. *ohne Stocken, geläufig:* ein fließender Vortrag; er antwortete in fließendem Russisch; er spricht f. Englisch; das Kind liest schon f., kann das Gedicht f. aufsagen. **2.** *ohne feste Abgrenzung:* fließende Übergänge; die Grenzen zwischen Gut und Böse sind f. **3.** *geschwungen verlaufend:* fließende Linien.

flimmern *(etwas flimmert) etwas glitzert, funkelt; etwas bewegt sich immer wieder aufleuchtend, unruhig:* die Sterne flimmern; das Wasser flimmert in der Sonne; die Luft, die Hitze flimmerte über der Autobahn; der abgenutzte Film flimmerte schon stark; ‹es flimmert jmdm.›; mit Raumangabe› mir flimmerte es vor den Augen; adj. Part.: flimmernde Hitze; übertr. (ugs.): die Sendung ist schon oft über die Bildschirme geflimmert *(im Fernsehen gesendet worden).*

flink: *schnell und geschickt:* ein flinkes Mädchen; kleine, flinke Pferde; sie hat noch flinke Beine; der Bursche ist f. [wie ein Wiesel]; sie verpackte das Buch mit flinken Fingern; sie ist f. bei der Hand *(immer zur Arbeit bereit);* er sprang f. über den Zaun.

Flinte, die: *Jagdgewehr mit glattem Lauf:* die F. schultern, umhängen, laden, anlegen, abschießen; er schoß auf alles, was ihm vor die F. kam; übertr. (ugs.): der soll mir nur vor die F. kommen *(mit dem werde ich abrechnen).* * (ugs.:) **die Flinte ins Korn werfen** *(sehr schnell aufgeben; den Mut verlieren).*

Flirt, der: *unverbindliche erotische Beziehung von meist kürzerer Dauer; Liebelei:* ein harmloser, netter F.; es war nur ein F.; ich habe mit ihr einen F. angefangen, einen kleinen F. gehabt.

flirten: *jmdn. [scherzend] seine Zuneigung zu erkennen geben, eine erotische Beziehung anzubahnen suchen:* sie flirtet gern [mit anderen Männern]; die beiden flirten miteinander.

flitzen (ugs.): *sich [blitz]schnell fortbewegen:* über die Straße f.; aus dem Bett f.; mit seinem Wagen über die Autobahn, um die Ecke f.

Flocke, die: *1. kleines, lockeres Gebilde:* Flocken von Baumwolle; kleine Flocken aus Eischnee; dicke, nasse Flocken *(Schneeflocken);* es schneit in dichten Flocken. *2.* ‹meist Plural› *zu einem kleineren flachen Plättchen verarbeitetes Getreidekorn o. ä.:* Flocken aus Hafer, Mais essen.

Floh, der: *1.* / *ein blutsaugendes Insekt* /: *der F.* hüpft, springt vom Laken; mich hat ein F. gebissen; Flöhe fangen, knacken (ugs.); der Hund hat Flöhe, wird ‹von Flöhen geplagt; R: lieber Flöhe/einen Sack [voll] Flöhe hüten [, als diese Arbeit tun]. *2.* (ugs.) ‹Plural› *Geld:* keine Flöhe mehr haben. * (ugs.:) **jmdm. einen Floh ins Ohr setzen** *(in jmdm. einen Gedanken, Wunsch wecken, der diesen dann nicht mehr ruhen läßt)* · (ugs.:) **die Flöhe husten hören** *(schon aus den kleinsten Veränderungen, Anzeichen etwas erkennen wollen).*

Flosse, die: *1.* / *der Fortbewegung und Steuerung dienendes Organ von Wassertieren* /: der Fisch spreizt die Flossen; übertr.: der Taucher legt die Flossen *(Schwimmflossen aus Gummi o. ä.)* an. *2.* (ugs.) *a) Hand:* wasch dir die Flossen! *b)* ‹meist Plural› *Fuß:* jmdm. auf die Flossen treten.

Flöte, die: / *ein Blasinstrument* /: die F./auf der F. blasen, spielen.

flötengehen (ugs.) ‹etwas geht flöten›: *etwas geht verloren, geht kaputt:* mein ganzes Geld geht dabei flöten; zwei Teller gingen flöten.

Flötentöne ‹in der Verbindung› jmdm. die Flötentöne beibringen (ugs.): *jmdn. in scharfem Ton zu verstehen geben, wie er sich zu benehmen hat:* dir werde ich schon die [nötigen] F. beibringen!

flott: to 1. (ugs.) *schnell, flink, fix:* eine flotte Verkäuferin, eine flotte Bedienung; in flottem Tempo fahren; flotte *(schwungvolle)* Musik; er macht flotte *(gute)* Geschäfte; f. arbeiten; wir sind heute f. vorangekommen. *2.* (ugs.) *schick,*

hübsch, attraktiv: ein flottes Mädchen; ein flotter Hut, eine flotte Krawatte; seine Freundin sieht ganz f. aus. *3.* (ugs.) *leichtlebig, lebenslustig, unbeschwert:* ein flottes Leben führen; er hat immer f. gelebt; f. *(großzügig)* mit dem Geld umgehen. *4.* (Seemannsspr.) *frei schwimmend:* das aufgelaufene Schiff wurde, ist wieder f.; übertr. (ugs.): sein Motorrad ist jetzt wieder f. *(fahrbereit);* er ist wieder f. *(hat wieder Geld).*

flottmachen (Seemannsspr.) ‹etwas f.›: *zum Schwimmen bringen:* das Schiff konnte endlich wieder flottgemacht werden; übertr. (ugs.): das Auto wieder f. *(fahrbereit machen).*

Fluch, der: *1. böses Wort, Kraftausdruck:* ein derber, kräftiger, kerniger, gräßlicher F.; einen gotteslästerlichen F. ausstoßen. *2. böse Verwünschung:* einen F. gegen jmdn. ausstoßen; F. über dich!; der F. erfüllte sich; *3. Strafe, Unheil, Verderben:* ein [fürchterlicher] F. liegt auf dem Haus, über dem Land; R: das ist der F. der bösen Tat.

fluchen: a) *Flüche ausstoßen:* laut, entsetzlich, unflätig, wie ein Fuhrmann (ugs.) f.; bei jeder Gelegenheit fluchte er. **b)** ‹auf/über jmdn., auf/ über etwas f.› *schimpfen:* er fluchte auf seinen Chef, über das schlechte Essen. **c)** (geh.) ‹jmdm. f.› *jmdn. verwünschen:* er fluchte seinen Verrätern, seinem Schicksal.

¹Flucht, die: *1. das Flüchten, eilige, heimliche Verlassen eines Ortes:* eine hastige, überstürzte, schwierige, heimliche F.; die F. [aus dem Lager] gelang, ist geglückt; er bereitete seine F. von langer Hand vor; er arbeitet an seiner F. (ugs. scherzh.; *ist im Begriff, sich [heimlich] zu entfernen);* er war auf der F. *(er floh)* vor seinen Verfolgern; er wurde auf der F. erschossen; sie konnte sich nur durch schnelle F. auf einen Stuhl, ins Freie retten; sie jagten in wilder, heilloser F. davon; sie wurden von ihm in die F. getrieben, gejagt; jmdm. zur F. verhelfen; übertr.: die F. *(das Ausweichen)* in die Krankheit, in die Anonymität, vor sich selbst; die F. nach vorne antreten *(in der Not zum Angriff übergehen).* *2.* (Jägerspr.) *Sprung des Schalenwildes:* das Reh, der Bock ging in hohen, wilden Fluchten ab. * **die Flucht ergreifen** *(davonlaufen)* · **jmdn. in die Flucht schlagen** *(jmdn. zur Flucht zwingen).*

²Flucht: *Reihung in gerader Linie:* die F. der Fenster, der Arkaden; die Häuser sind in einer F. gebaut; eine F. von Zimmern *(Zimmerflucht).*

flüchten: a) *[plötzlich und sehr eilig] fliehen, davonlaufen:* die Bevölkerung flüchtete vor den feindlichen Soldaten; er ist über die Grenze, ins Ausland, nach Österreich geflüchtet; die Katze flüchtet auf den Baum; das Kind ist ängstlich zur Mutter geflüchtet; der geflüchtete *(entflohene)* Verbrecher. **b)** ‹sich f.; mit Raumangabe› *sich in Sicherheit bringen:* die Kinder flüchteten sich ängstlich zur Mutter; er hat sich in die Einsamkeit geflüchtet *(zurückgezogen).*

flüchtig: *1. flüchtend, geflüchtet:* ein flüchtiger Verbrecher; er ist [seit gestern] f.; Jägerspr.: der Hirsch ist, wird f. *(läuft schnell, fluchtartig davon).* *2. a) schnell, kurz, im Vorübergehen erfolgend:* ein flüchtiger Blick, Besuch, Kuß; ihr Blick streifte ihn f. **b)** *ungenau, oberflächlich:* eine flüchtige Arbeit; ich habe nur einen flüchtigen Eindruck von ihr; er ist zu f.; er arbeitet sehr f.

(obenhin); ein Buch f. lesen; ich kenne ihn nur f. **3.** *[rasch] vorübergehend:* eine flüchtige Begegnung, Bekanntschaft. **4.** *rasch verdunstend:* ein flüchtiges Öl; Alkohol ist leicht f. * (ugs.:) **flüchtig gehen** *(die Flucht ergreifen, fliehen).*

Flug, der: **1.** *das Fliegen:* den F. der Vögel, eines Flugzeugs, eines Balles beobachten; den Vogel im F. treffen; bildl. (geh.): sie konnte dem hohen F. seiner Gedanken, seines Geistes nicht folgen. **2.** *das Fliegen zu bestimmtem Zweck oder Ziel; Flugreise:* ein schöner, ruhiger, glatter, stürmischer F.; ein F. über die Alpen, von Europa nach Amerika; der F. zum Mond; einen F. antreten, beenden; auf dem F. nach Paris sein; für den F. ... einen Platz buchen; er startet zu seinem ersten Flug. **3.** (Jägerspr.) *Gruppe zusammen fliegender Vögel der gleichen Art:* ein F. Tauben, Wildgänse. * **[wie] im Fluge** *(sehr schnell):* die Zeit verging [mir] im Fluge, wie im Fluge.

Flugblatt, das: *kurzgefaßte, in Mengen verteilte aktuelle Druckschrift:* Flugblätter drucken, verbreiten, verteilen, aus einem Flugzeug abwerfen; ein F. gegen die Regierung verfassen.

¹Flügel, der: **1. a)** *dem Fliegen dienendes paariges Organ bestimmter Tiere:* die F. des Adlers, der Libelle; der Vogel breitet die F. aus, spreizt, schüttelt die F.; einem Vogel die F. stutzen, beschneiden; der Hahn schlägt mit den Flügeln. **b)** *dem Vogelflügel ähnlicher Körperteil bei mythologischen Gestalten o. ä.:* ein Engel, eine Elfe mit silbernen Flügeln. **c)** *Tragfläche:* das Flugzeug rutscht über den linken F. ab. **2. a)** *[beweglicher] seitlicher Teil eines mehrgliedrigen, meist symmetrischen Ganzen:* der rechte, linke F. des Altars; ein F. des Fensters stand offen; die F. *(Hälften)* der Lunge. **b)** *von einem [sich drehenden] Mittelstück abstehendes Teil eines Gerätes:* die F. der Windmühle; eine Schiffsschraube mit drei Flügeln. **3. a)** *äußerer Teil einer aufgestellten Truppe o. ä.:* der linke F. der Armee; auf dem rechten F.; bildl.: der linke F. einer Partei; Sport: über die F. angreifen. **b)** *seitlicher Teil eines Gebäudes:* er wohnt im linken F. * (ugs.:) **die Flügel hängen lassen** *(mutlos sein)* · **jmdm. die Flügel stutzen/ beschneiden** *(jmds. Tatendrang einschränken* · (geh.:) **jmdm. Flügel verleihen** *(jmdn. sehr beflügeln).*

²Flügel, der: *Klavier mit waagerecht in Richtung der Tasten gespannten Saiten:* der F. ist geöffnet; am F. begleitet ein großer Pianist [den Sänger].

flügge: *gerade flugfähig geworden:* ein flügger Jungvogel; die kleinen Amseln sind noch nicht f.; übertr. (ugs.): die Kinder werden bald f.

Flugplatz, der: *Start- und Landeplatz für Flugzeuge:* ein militärischer, ziviler F.; einen F. anfliegen; von einem F. starten; auf einem F. landen; auf dem F. standen mehrere Maschinen.

Flugzeug, das: *Luftfahrzeug mit Tragflächen:* ein einsitziges, dreistrahliges F., ein F. mit Überschallgeschwindigkeit; das F. startet, hebt ab, steigt [auf], fliegt, kreist über der Stadt, setzt zur Landung an, setzt [hart] auf; Flugzeuge brummen in der Luft; das F. trudelt, stürzt ab, ist notgelandet; ein F. konstruieren, bauen, erproben, führen, steuern; ein F. abschießen, in Brand schießen, entführen; mit dem F. reisen, fliegen.

Fluidum, das (geh.): *besondere Wirkung, die von*

einer Person oder Sache ausgeht: ein eigenartiges, geheimnisvolles F.; diese Stadt hat ein unbestimmbares geistiges F.; von ihr geht, strahlt ein bezauberndes F. aus; er konnte sich dem F. des großen Schauspielers nicht entziehen.

¹Flur, der: *Vorraum, Hausgang:* ein langer, dunkler F.; breite, helle Flure; über, durch den F. gehen; der Schrank steht auf dem/im F.

²Flur, die: **a)** (geh.) *offenes, unbewaldetes Landstück:* blühende, anmutige Fluren; durch Feld und F. schweifen; bildl.: allein auf weiter F. *(ganz verlassen)* stehen, sein. **b)** (Verwaltung) *[Teil der] Gemarkung:* die F. bereinigen, abgrenzen; ein Acker in der Altenbacher F.

Fluß, der: **1.** *größerer natürlicher Wasserlauf:* ein großer, tiefer, reißender, breit dahinfließender, langer F.; der F. entspringt im Gebirge, fließt, strömt, teilt sich in mehrere Arme, mündet in einen See; der F. steigt, führt Hochwasser, sinkt, hat wenig Wasser, trocknet aus; einen F. überqueren, kanalisieren; den F. hinauf-, hinabfahren; am Ufer, an der Mündung des Flusses; das Haus liegt am F.; auf dem F. fahren; im F. baden; durch den F. schwimmen; die Brücke führt über den F.; mit der Fähre über den F. setzen. **2.** (Technik) *das Schmelzen, flüssiger Zustand:* die Bronze, das Blei ist in/im F. **3.** *stetiger Fortgang, fließende Bewegung:* der F. des Verkehrs; der F. der Rede, des Gesprächs unterbrochen; der Verkehr ist wieder, kommt langsam wieder in F. * **etwas ist im Fluß** *(etwas ist im Gang, in der Entwicklung):* die Verhandlungen sind noch im F. · **etwas kommt/gerät in Fluß** *(etwas kommt in Gang, geht weiter):* die Arbeiten kamen nur allmählich in F. · **etwas in Fluß bringen** *(in Gang, Bewegung bringen):* er brachte das Gespräch wieder in F.

flüssig: 1. *weder fest noch gasförmig; so beschaffen, daß es fließen kann:* flüssige Nahrung; flüssige Fette, Treibstoffe, Brennstoffe; flüssige *(verflüssigte)* Luft; Wachs f. machen; der Lack ist noch f., wird f. verarbeitet. **2.** *ohne Stocken, fließend:* in flüssigem Verkehr; ein flüssiger Produktionsablauf; ein flüssiger Stil; f. schreiben, sprechen. **3.** *verfügbar:* flüssiges Kapital; flüssige Mittel, Gelder; ich bin im Moment nicht f. (ugs.: *ich habe kein Geld zur Hand).*

Flüssigkeit, die: *flüssiger Stoff:* eine helle, farblose, blaue, übelriechende, leicht entzündbare F.; die F. verdunstet.

flüssigmachen (etwas f.): *verfügbar machen:* ein Kapital f.; er mußte Geld für den Ankauf f.

flüstern: a) *leise, tonlos sprechen:* sie flüsterten geheimnisvoll miteinander; nebenan wurde eifrig geflüstert; subst.: sein Flüstern konnte ich nicht verstehen; übertr. (geh.): die Bäume flüstern *(rauschen leise).* **b)** ⟨etwas f.⟩ *leise sagen:* er flüsterte, ich solle mitkommen; ⟨jmdm. etwas f.; mit Raumangabe⟩ er flüsterte ihr ihren Namen ins Ohr; übertr. (ugs.): das muß ihm einer geflüstert haben *(das muß ihm jmd. erzählt haben);* R (ugs.): das kann ich dir f.! *(darauf kannst du dich verlassen!).* * (ugs.:) **jmdm. etwas flüstern** *(jmdm. tüchtig die Meinung sagen).*

Flut, die: **1.** *auf die Ebbe folgendes Ansteigen des Meeresspiegels:* die F. kommt, steigt; wir müssen die F. abwarten; bei F., zur Zeit der F. baden; das Schiff lief mit der F. ein. **2.** *Wassermassen:* die aufgewühlten, schmutzigen Fluten [der Donau]; die Fluten wurden eingedämmt, gingen zurück; viele Tiere sind in den Fluten umgekommen; (oft scherzh.:) in die kühle F. tauchen, sich in die Fluten stürzen *(zum Baden, Schwimmen ins Wasser gehen).* * **eine Flut von etwas** *(eine unerwartet große Menge von etwas):* eine F. von Beschwerden, Protesten, Glückwünschen.

fluten: 1. (geh.) *(etwas flutet; mit Raumangabe) etwas strömt in großer Menge:* das Wasser flutet über die Dämme, ist in die Schleusenkammer geflutet; ü b e r t r.: der Verkehr flutet durch die Straßen; die abendliche Kühle flutete ins Zimmer; a d j. Part.: flutendes Licht. 2. (etwas f.) *unter Wasser setzen; vollaufen lassen:* ein Speicherbecken f.; das U-Boot flutet die Tanks.

Folge, die: 1. *Auswirkung eines bestimmten Handelns, Geschehens:* unangenehme, unvermeidliche, verheerende, verhängnisvolle Folgen; die Folgen zeigten sich sehr schnell, werden nicht ausbleiben; (natürliche, zwangsläufige) F. dieses Fehlgriffs war, daß ...; die Folgen seines Leichtsinns sind nicht abzusehen; etwas hat böse, schlimme Folgen, kann üble Folgen nach sich ziehen; er muß die Folgen bedenken, tragen; er starb an den Folgen eines Unfalls; für die Folgen aufkommen; etwas ohne Rücksicht auf die Folgen tun; das [Liebes]verhältnis blieb nicht ohne Folgen (verhüll.; *es ging ein Kind daraus hervor);* sein Ungehorsam kann Schlimmes zur F. haben *(kann zu etwas Schlimmem führen).* 2. a) *Reihe, Abfolge:* eine F. von Bildern, Tönen; die Züge fahren in dichter F.; die Bände erscheinen in rascher F.; in zwangloser F.; sie regierten in ununterbrochener F.; Schlager in bunter F.; neue F. *(Reihe einer Zeitschrift).* b) *Lieferung:* die nächste F. der Zeitschrift erscheint im Juni. * **in der Folge; für die Folge** *(künftig; später):* ich bitte, dies für die F./in der F. zu beachten · **einer Sache Folge leisten** *(nachkommen, folgen).*

folgen: 1. (jmdm., einer Sache f.) a) *nachgehen; hinter jmdm., etwas hergehen:* er ist ihm unauffällig, heimlich gefolgt; sie folgt uns auf dem Fuße, auf Schritt und Tritt; er folgte dem Vater ins Haus; nur wenige Personen folgten dem Sarg; wir folgten den Spuren im Schnee; jmdm. mit den Augen, mit den Blicken f. *(ihm hinterhersehen);* gefolgt von Polizisten, betrat er den Saal; ü b e r t r.: der Weg folgt dem Bach *(läuft an ihm entlang).* b) *[später] nachkommen:* die Familie folgte dem Vater ins Ausland; zwei Wochen später folgte sie ihrem Mann in den Tod (geh.; *starb sie auch, nahm sie sich auf seinen Tod hin das Leben).* c) *ähnlich oder in gleicher Weise wie jmd. handeln; etwas mitmachen; sich nach jmdm., nach etwas richten:* er ist mir nicht immer, nicht in allen Stücken gefolgt; ich kann ihm darin nicht f. *(nicht zustimmen);* die Frauen folgen der Mode; wir sind seinem Beispiel, Rat, Vorschlag, seinen Anordnungen, Befehlen gefolgt; er folgt seinem Herzen, seinem Gewissen, dem gesunden Menschenverstand, seiner inneren Stimme; wir können dem Kurs der Regierung nicht weiter f. d) *mit Verständnis zuhören:* einem Schauspiel, Konzert andächtig f.; das Kind folgt aufmerksam, mit Interesse dem Unterricht; wir sind dem Redner gespannt gefolgt; ich konnte seinen Gedankengän-

gen nicht f. *(konnte sie nicht verstehen);* (oft scherzh.:) kannst du mir [geistig] f.? *(verstehst du überhaupt, was ich meine?).* 2. (jmdm., einer Sache/auf jmdn., auf etwas f.) *zeitlich nach jmdm., nach etwas kommen:* dem Winter/auf den Winter folgte ein nasses Frühjahr; Ludwig der Fromme folgte Karl dem Großen/auf Karl den Großen; der Sohn ist dem Vater in der Regierung gefolgt; (auch ohne Dat. und ohne Präp.-Obj.) Weiteres folgt morgen; [die] Fortsetzung folgt [in der nächsten Nummer]; er schreibt wie folgt *(folgendermaßen);* a d j. oder s u b s t. Part.: folgendes wichtige Wort; der Anfangsbuchstabe folgenden wichtigen Wortes; mit folgendem wichtigem Wort; folgende wichtige /(auch:) wichtigen Wörter; wegen folgender wichtiger /(auch:) wichtigen Wörter; er sprach die folgenden Worte; ich muß ihnen folgendes, das Folgende berichten; ein Brief folgenden Inhalts; am folgenden *(darauffolgenden)* Abend; im folgenden, auf den folgenden Seiten werde ich darlegen, wie ... 3. (etwas folgt aus etwas) *etwas ergibt sich mit logischer Konsequenz aus etwas:* aus diesen Darlegungen folgt, daß ...; was folgt daraus? 4. (jmdm. f.) *folgsam sein, gehorchen:* das Kind folgt der Mutter; der Hund folgt mir aufs Wort; (auch ohne Dat.) das Kind will nicht f., folgt aufs Wort.

folgern (etwas aus etwas f.): *den Schluß ziehen:* daraus folgerte man, daß ...; daraus läßt sich f., daß ...; (auch ohne Präp.-Obj.) er hatte richtig, voreilig gefolgert, wir kämen.

Folgerung, die: *Gefolgertes, Schluß:* eine falsche, logische, einleuchtende, notwendige, praktische, weitgehende F.; eine F. aus etwas ableiten; die Folgerungen aus etwas ziehen; daraus ergibt sich die F. *(daraus folgt),* daß ...

folglich (Adverb): *also, infolgedessen:* ich war verreist, f. kann ich davon nichts wissen.

folgsam: *(von Kindern) artig, gehorsam:* ein folgsames Kind; er ist gar nicht immer f.

Folter, die: 1. *Folterung:* das Geständnis wurde mit der F. erpreßt; die F. anwenden; jmdn. der F. unterwerfen. 2. *körperlich und/oder seelische Qual:* diese Musik, die lange Ungewißheit war für uns eine wahre F. * **jmdn. auf die Folter spannen** *(in quälende Spannung versetzen).*

foltern (jmdn. f.): *mißhandeln [um eine Aussage zu erzwingen]:* Gefangenen f., zu Tode f.; ü b e r t r.: Schmerzen folterten *(quälten)* ihn.

forcieren (etwas f.): *mit Nachdruck betreiben, vorantreiben:* eine Entwicklung, die Produktion, die Anstrengungen, den Export f.; der englische Läufer forcierte *(steigerte, beschleunigte)* das Tempo; eine forcierte *(unnatürliche)* Herzlichkeit; ihre Höflichkeit wirkt forciert *(gezwungen).*

förderlich: *nützlich:* eine wenig förderliche Wirkung; dieses Vorkommnis war unserer Sache/für unsere Sache wenig f.; etwas erweist sich als f. für etwas, für jmdn.

fordern: 1. (etwas f.) *mit Nachdruck verlangen:* etwas energisch, unablässig, stürmisch f.; ich werde Rechenschaft, Genugtuung, Schadenersatz von ihm fordern; der Verteidiger forderte Freispruch für den Angeklagten; er fordert, daß der Verhaftete sofort freigelassen wird; er hat für das Bild einen hohen Preis gefordert; die Streikenden fordern höhere Löhne; Einlaß, sein

Recht f.; übertr.: der Straßenverkehr fordert jedes Jahr viele Opfer. **2. a)** ⟨jmdn. f.⟩ *[zum Duell]* auffordern: er hat ihn [zum Zweikampf] gefordert; jmdn. auf Pistolen f. **b)** (Sport) ⟨jmdn. f.⟩ *jmdn. körperlich, geistig viel abverlangen:* er, die Mannschaft wurde vom Gegner gefordert; der Reiter fordert sein Pferd zu wenig; Familie und Beruf fordern sie sehr; die guten Schüler werden in der Klasse nicht genug gefordert.
fördern: 1. ⟨jmdn., etwas f.⟩ *vorwärtsbringen, unterstützen:* er hat viele junge Künstler gefördert; jmds. Begabung f.; den Handel, das Gewerbe, den Absatz f. **2.** ⟨etwas f.⟩ *aus der Erde gewinnen:* Erz, Kohle f. **3.** (Technik) ⟨etwas fördert etwas aus, in etwas⟩ *etwas transportiert, befördert etwas an einen bestimmten Ort:* das Band fördert die Briketts aus dem, in den Waggon.
Forderung, die: **1. a)** *nachdrückliches Verlangen:* eine ungerechte, strenge, übertriebene, unverschämte F.; eine sittliche F.; das ist keine unbillige (geh.) F.; eine F. nach etwas wird laut; einer F. nachkommen; seine Forderungen sind unannehmbar; eine F. erheben, geltend machen; Forderungen [an jmdn.] stellen; eine F. erfüllen; er mußte seine Forderungen herabschrauben; ich kann von meiner F. nicht abgehen; bildl. (geh.): die F. *(das Gebot)* der Stunde, des Tages. **b)** (Kaufmannsspr.) *finanzieller Anspruch:* die ausstehende F. beträgt ...; eine F. an jmdn., (Rechtsw.:) gegen jmdn. haben; jmdm. eine F. abtreten; eine F. anerkennen, geltend machen, einziehen, eintreiben, einklagen, bei Gericht eintragen lassen. **2.** *Aufforderung zum Duell:* jmdm. eine F. auf Pistolen, Säbel überbringen, schikken; die F. annehmen, zurückweisen.
Förderung, die: **1.** *aktive Unterstützung:* eine planmäßige, großzügige, intensive, gezielte F.; die F. des Nachwuchses; F. erfahren (Papierdt.; *gefördert werden*); zur F. des Fremdenverkehrs beitragen. **2.** *das Gewinnen von Bodenschätzen:* die F. von Kohle steigern, drosseln; die tägliche F. *(geförderte Menge)* beträgt 1 000 Tonnen.
Form, die: **1. a)** *äußere Gestalt, Erscheinungsbild:* die F. dieser Vase erinnert an eine Frucht; der Gegenstand hat eine runde, eckige, plumpe, häßliche, zierliche, schöne, elegante F.; die Erde hat die F. einer Kugel; einem Ding F. [und Gestalt] geben; das Kleid läßt die Formen [des Körpers] hervortreten; etwas gerät, geht aus der F., wird wieder in [seine] F. gebracht; das Kleid wirkt vornehm in F. und Farbe; der Wasserdampf schlägt sich in F. von Regen *(als Regen)* nieder; etwas in fester, in flüssiger F. zu sich nehmen; ein Hut in der/von der Form einer Glocke; übertr.: der Plan hat schon feste, greifbare, konkrete Formen angenommen; der Streit nahm häßliche Formen an. **b)** *Art der [geistigen, künstlerischen] Gestaltung; Darstellungsweise:* die innre F. der Sprache; die F. dieses Gedichts ist die Ballade; die verschriebene F. der Eidesformel; etwas in leichtverständlicher, überzeugender F. vortragen; etwas in höflicher, scharfer F. zurückweisen; eine Darstellung in der F. eines Dialogs; das Gedicht ist nach F. und Inhalt vollendet. **c)** *Umgangsart, [festgelegte] Verhaltensweise:* die F. wahren, [nicht] verletzen, außer acht lassen; auf Formen achten, halten; der F. genügen; ich ma-

che den Besuch nur der F. halber, wegen *(anstandshalber);* er hat sich in aller F. *(so wie es erwartet wird, wie es die Umgangsformen erfordern)* entschuldigt; sich über gesellschaftliche Formen hinwegsetzen; ein Mann ohne Formen *(ohne gutes Benehmen).* **2.** (Sport) *Leistungsfähigkeit, Kondition:* der Sportler hält, verbessert, steigert seine F.; er ist heute in großer, guter, blendender F., hoch, groß in F., gänzlich außer F.; ich muß in F. bleiben, erst wieder in F. kommen; er spielte heute weit unter seiner [sonstigen] F.; übertr. (ugs.): der Minister war bei der Debatte glänzend in F. *(hat sich gut geschlagen);* ich bin heute nicht in F. *(es geht mir nicht gut);* er ist in seiner Verteidigungsrede zu großer F. aufgelaufen *(hat eindrucksvoll plädiert).* **3.** *Hohlform:* eine F. herstellen, füllen; flüssiges Metall in eine F. gießen; Kuchen in einer runden F. backen; Gebäck mit Formen ausstechen.
Formalität, die: **a)** *behördliche Vorschrift:* vor der Reise waren viele Formalitäten zu erledigen; er hat alle nötigen Formalitäten beachtet. **b)** *Äußerlichkeit, Formsache:* das ist nur eine F., ist eine reine F.; er hielt sich nicht mit Formalitäten auf; es ging alles ohne Formalitäten.
Format, das: **1.** *bestimmte, meist genormte Größe einer Sache:* kleinere, größere Formate *(Größen von etwas);* das F. des Buches; ein Bild von kleinem, mittlerem F.; ein Briefbogen im F. DIN A5. **2. a)** *Bedeutung, Rang einer Person:* dieser Mann hat [kein] F. *(ist [k]eine Persönlichkeit);* ein Staatsmann von wenig F.; es fehlt ihm an F., das F. für dieses Amt. **b)** *besonderes Niveau:* etwas hat F.; ein Theater von F.
Formel, die: **a)** *fester sprachlicher Ausdruck; festgelegte Formulierung für etwas:* eine herkömmliche, stereotype F.; die F. des Eides sprechen. **b)** *Folge von Buchstaben, Zahlen u. ä. zur Bezeichnung bestimmter Sachverhalte:* eine mathematische, chemische, physikalische F.; die F. für Wasser ist H_2O; eine F. aufstellen; mit Formeln rechnen. **c)** *[kurze] Formulierung:* die Partner fanden eine gemeinsame F.; ein Problem auf eine einfache, kurze, knappe F. bringen *(einfach, kurz, knapp ausdrücken);* etwas in eine F. fassen.
formell: a) *bestimmten gesellschaftlichen Formen, Regeln entsprechend:* ein formeller Besuch; er hat sich f. entschuldigt. **b)** *förmlich, unpersönlich:* formelle Höflichkeit; er ist immer sehr f.; er benimmt sich sehr f. mir gegenüber; es geht bei diesen Empfängen sehr f. zu. **c)** *dem Gesetz, der Vorschrift entsprechend:* eine formelle Einigung; er ist f. im Recht; Ansprüche f. anerkennen.
formen: a) ⟨etwas f.⟩ *einer Sache eine bestimmte Gestalt geben:* ein Modell [in/aus Ton] f.; aus dem Teig Brote f.; der Mund formt die Laute; etwas nach einem bestimmten Muster, mit der Hand f.; den Ton zu einer Vase f.; adj. Part.: formende Kräfte; ihre Hände, Fingernägel sind schön geformt. **b)** ⟨jmdn., etwas f.⟩ *innerlich bilden, prägen:* schwere Erlebnisse formten seinen Charakter, haben ihn [zu einer Persönlichkeit] geformt. **c)** ⟨etwas formt sich⟩ *mit Umstandsangabe) etwas gewinnt Gestalt:* der Ton formt sich unter seinen Händen.
förmlich: 1. a) *den Formen gemäß, formell:* eine förmliche Kündigung; die förmliche Übergabe

der Geschäfte; f. Einspruch erheben. **b)** *steif, unpersönlich:* ein förmliches Benehmen; er ist sehr f.; er verabschiedete sich sehr f. **2.** *regelrecht:* eine förmliche Angst ergriff ihn; er erschrak f., als er mich sah; er hat es mir f. *(geradezu)* aufgedrängt; man könnte f. *(buchstäblich)* verzweifeln.
Förmlichkeit, die: **a)** *vorgeschriebene, zur Äußerlichkeit erstarrte Form:* überlebte, übertriebene Förmlichkeiten; eine leere F. **b)** *steifes, förmliches Benehmen:* alle F. beiseite lassen; er ist von einer F., die jede Annäherung erschwert.
Formular, das: *Vordruck, Formblatt:* ein amtliches F.; ein F. ausfüllen, unterschreiben.
formulieren ⟨etwas f.⟩: *in sprachliche Form bringen, in Worte fassen:* einen Beschluß, den Wortlaut eines Antrages f.; eine Frage schriftlich f.; adj. Part.: ein prägnant formulierter Vorschlag; der Text ist schlecht formuliert.
forsch: *allzu energisch und selbstsicher:* ein forscher Bursche; sie hat ein forsches Wesen; f. reden, auftreten; seine Stimme klang betont f.
forschen: **a)** ⟨nach jmdm., nach etwas f.⟩ *intensiv suchen:* nach den Ursachen des Unglücks, nach dem Verbleib von Akten f.; wir haben vergeblich nach dem Verschollenen geforscht; adj. Part.: forschende Blicke; jmdn. forschend ansehen, mustern. **b)** *Forschung betreiben:* auf einem bestimmten Gebiet f.; er hat unermüdlich, jahrelang geforscht; in alten Papieren f.
fort ⟨Adverb⟩: **1.** *nicht [mehr] anwesend, nicht [mehr] vorhanden:* die Kinder sind schon f. *(weggegangen);* das Buch ist f. *(nicht zu finden);* wie lange waren sie f.?; wann seid ihr von zu Hause f.? (ugs.; *wann seid ihr aufgebrochen?*); schnell f.! *(verschwinde rasch!);* nichts wie f.! (ugs.; *laßt uns schnell verschwinden!);* (ugs.:) f. mit dir!; f. damit!; das Gewitter ist noch weit f. *(entfernt).* **2.** *weiter:* nur immer so f.! ∗ **und so fort** *(und so weiter)* · **in einem fort** *(ununterbrochen)* · (veraltend:) **fort und fort** *(immerzu).*
fortbewegen: 1. ⟨etwas f.⟩ *von der Stelle bringen:* er versuchte den schweren Stein fortzubewegen. **2.** ⟨sich f.⟩ *sich vorwärts bewegen:* der Kranke kann sich nur mit Stöcken, an Krücken f.; der Lichtschein bewegte sich langsam fort.
fortbringen ⟨jmdn., etwas f.⟩: *an einen (bestimmten) anderen Ort bringen:* den Besuch wieder f. *(nach Hause bringen);* die Post f.; hast du die Schuhe fortgebracht *(zum Schuster gebracht)?*
fortfahren: 1. a) *wegfahren:* er ist um 10 Uhr fortgefahren; wir fahren heute mit dem Auto fort *(machen eine Tour).* **b)** ⟨jmdn., etwas f.⟩ *abtransportieren, mit einem Fahrzeug wegbringen:* er hat den Müll, den Bauschutt fortgefahren. **2.** *(nach einer Unterbrechung) wieder beginnen, ein Tun fortsetzen:* mit/in seiner Arbeit f.; er hat/ist in der Erzählung fortgefahren; „Und dann kamen wir an", fuhr er fort; sie fuhr fort, ihn zu necken; fahre nur fort wie bisher *(mache so weiter)!*
fortführen: 1. ⟨etwas f.⟩ *von [einem] anderen Begonnenes fortsetzen:* der Sohn hat das Werk des Vaters, die Arbeit des Vorgängers, die Tradition des Hauses fortgeführt. **2.** ⟨jmdn., etwas f.⟩ *wegführen:* die Gefangenen f.; das Vieh mit sich f.
Fortgang, der: **1.** (geh.) *das Weggehen:* sein F. hinterließ eine schmerzliche Lücke; mit, nach seinem F. veränderte sich vieles. **2.** *Voranschrei-*

ten, weiterer Verlauf: der F. der Arbeiten wurde unterbrochen; ich wünsche Ihrer Arbeit einen guten F. ∗ (nachdrücklich:) **etwas nimmt seinen Fortgang** *(etwas wird fortgesetzt, geht weiter).*
fortgehen: 1. *weggehen:* schnell, heimlich, leise f.; er ist ohne Gruß fortgegangen; wir gehen bald wieder fort. **2.** ⟨etwas geht fort⟩ *etwas dauert an:* das kann nicht so f.; wie lange soll das noch f.?
fortgesetzt: *ständig wiederholt, immer wieder:* er wurde wegen fortgesetzten Betruges verurteilt; sie stört f. den Unterricht; etwas nimmt f. zu.
fortjagen: 1. ⟨jmdn. f.⟩ *vertreiben:* der Hausmeister jagt die Kinder fort; er hat die Katze von der Milch fortgejagt. **2.** (ugs.) ⟨jmdn. f.⟩ *mit Schimpf entlassen; jmdn. fristlos kündigen:* nach dem Vorkommnis hat man ihn fortgejagt.
fortkommen: 1. *sich wegbegeben:* machen Sie, daß Sie fortkommen; wir müssen sehen, daß wir hier fortkommen, sonst ... **2.** *vorwärts-, weiterkommen:* er kommt im Leben, mit seiner Arbeit, in seinem Beruf nicht [recht] fort; subst.: das erschwerte mein F. *(meine [berufliche] Entwicklung);* etwas ist wichtig für jmds. F.; er hat, findet hier sein gutes F. **3.** ⟨etwas kommt fort⟩ **a)** *etwas kommt abhanden, verschwindet:* wieviel Geld ist fortgekommen?; im Lager kommen ständig Sachen fort; ⟨etwas kommt jmdm. fort⟩ meine Uhr ist mir fortgekommen. **b)** *weggeschafft werden:* die überflüssigen Sachen kommen jetzt fort; es wird Zeit, daß das Zeug fortkommt.
fortlassen: 1. ⟨jmdn. f.⟩ *weggehen lassen:* ich lasse dich noch nicht so bald fort. **2.** ⟨etwas f.⟩ *auslassen:* den Namen bewußt, versehentlich f.
fortlaufen: 1. *weglaufen:* aus Angst, vor Wut lief er fort; die Kinder sind schnell fortgelaufen; er war aus der Schule fortgelaufen; ⟨jmdn. f.⟩ der Hund ist uns fortgelaufen; übertr. (ugs.): ihm ist die Frau fortgelaufen *(sie hat ihn verlassen).* **2.** *weitergehen, fortgesetzt werden:* die Straße läuft noch einige Kilometer fort; adj. Part.: eine fortlaufende Handlung; die Blätter sind fortlaufend numeriert.
fortmüssen: *weggehen:* ich muß jetzt fort; das Paket muß noch heute fort *(muß noch abgeschickt werden).*
fortnehmen: 1. ⟨jmdm. etwas f.⟩ *einem anderen wegnehmen:* er hat dem Kind das Spielzeug fortgenommen. **2. a)** ⟨etwas f.⟩ *von einem Ort entfernen:* nimm die Sachen vom Tisch fort. **b)** ⟨jmdn. f.⟩ *nicht länger an einem Ort bleiben lassen:* das Kind aus/von der Schule f.
fortpflanzen: 1. ⟨sich f.⟩ *Nachkommen hervorbringen:* sich durch Zeugung, durch Zellteilung f.; in der Gefangenschaft pflanzen sich diese Tiere nicht fort; sich durch Samen f. **2.** ⟨etwas pflanzt sich fort⟩ *etwas verbreitet sich:* das Licht pflanzt sich schnell fort; der Ruf pflanzt sich durch die Reihen fort.
fortreißen: a) ⟨jmdn., etwas f.⟩ *wegreißen:* das Hochwasser hat die Brücke fortgerissen; die Menge riß mich [mit sich] fort; übertr.: er ließ sich von seinen Gefühlen f. *(überwältigen).* **b)** ⟨jmdn. zu etwas f.⟩: *hinreißen:* seine Rede riß die Zuhörer zu heller Begeisterung fort.
fortschicken: a) ⟨jmdn. f.⟩ *zum Weggehen auffordern:* er hat den Bettler fortgeschickt. **b)** ⟨etwas f.⟩ *absenden:* einen Brief f.

fortschreiten: *Fortschritte machen, sich weiterentwickeln:* die Arbeit schreitet gut, langsam, schnell fort; er ist im Englischen schon weit fortgeschritten; adj. oder subst. Part.: ein fortschreitendes *(zunehmendes)* Waldsterben; Englisch für Fortgeschrittene.

Fortschritt, der: *Weiter-, Höherentwicklung:* rasche, befriedigende, erstaunliche, langsame Fortschritte; der F. der Technik, in der Technik; dies bedeutet einen großen F. gegenüber früheren Jahren; das ist schon ein F. *(ist wenigstens schon etwas)!;* auf vielen Gebieten Fortschritte erzielen; die Arbeit der Schüler macht Fortschritte *(kommt gut voran);* dem F. dienen; an den F. glauben; auf der Seite des Fortschritts stehen.

fortschrittlich: *für den Fortschritt eintretend, modern:* ein fortschrittlicher Mensch; die fortschrittlichen Kräfte; eine fortschrittliche Methode; seine Ideen sind sehr f.; er denkt f.

fortsetzen /vgl. fortgesetzt/: **1.** ⟨etwas f.⟩ *etwas Begonnenes wiederaufnehmen, weiterführen:* eine Reise, eine Fahrt, ein Gespräch, eine Arbeit f.; den Weg zu Fuß f. **2.** ⟨etwas setzt sich fort⟩ *etwas geht weiter, zieht sich hin:* der Wald setzt sich bis zur Grenze fort; das Gespräch hat sich bis in die Nacht fortgesetzt.

Fortsetzung, die: **1.** *das Fortsetzen:* sich für eine F. der Arbeiten aussprechen. **2.** *anschließender Teil, Weiterführung:* F. folgt; die F. des Romans wird in Folgen abgedruckt; das Kriminalspiel wird in drei Fortsetzungen gesendet; F. auf, von Seite 15; ein Roman in Fortsetzungen.

fortstehlen ⟨sich f.⟩: *heimlich weggehen:* er stahl sich leise [aus der Gesellschaft] fort.

fortwährend: *dauernd, ständig:* fortwährendes Reden; es gab f. Streit; es regnete f.

Foto, das: *Lichtbild:* ein altes, vergilbtes F.; [von jmdm.] ein F. machen, (ugs.:) schießen; man erkennt ihn kaum auf dem F.; auf dem F. gut getroffen sein; seiner Bewerbung ein F. beifügen; die Zeitungen brachten sein F.; Fotos in ein Album einkleben; von einem F. eine Vergrößerung machen lassen.

Fotografie, die: **1.** *Lichtbild:* eine vergilbte F.; die F. zeigt sie als junges Mädchen; eine F. rahmen lassen; sie machten einige Fotografien. **2.** *Verfahren zur Herstellung durch Licht erzeugter Bilder:* die Kunst der F.; die F. in diesem Film war sehr gut *(die Bilder hatten eine hohe Qualität).*

fotografieren: a) *Fotografien machen:* mit Teleobjektiv f.; im Urlaub fotografiert er gern; er kann sehr gut f. **b)** ⟨jmdn., etwas f.⟩ *mit dem Fotoapparat aufnehmen:* Kinder, eine Landschaft, ein Gebäude f.; sich f.; die Bilder waren übereinander fotografiert. **c)** ⟨sich f.; mit Artangabe⟩ *sich in einer bestimmten Weise zum Fotografieren eignen:* er fotografiert sich gut, schlecht.

Fracht, die: **a)** *Ladung, Frachtgut:* die F. löschen (Seemannsspr.), umschlagen [auf den Wagen] laden, ausladen; das Schiff führt volle, halbe F.; etwas in F. nehmen, geben; etwas per F. schicken. **b)** *Transportpreis für Güter:* die F. beträgt 65 DM; die F. bezahlen, stunden.

Frage, die: **1.** *Äußerung, die eine klärende Antwort hervorrufen soll:* eine kluge, dumme, neugierige, peinliche, müßige F.; eine rhetorische *(nur zum Schein gestellte)* F.; das ist eine F. an die Öffentlichkeit; eine bange F. stieg in mir auf; es erhob sich die bange F., ob ...; so eine F.! *(das ist doch selbstverständlich!);* das ist [noch sehr] die F. *(ist noch sehr fraglich);* das ist die große F. *(das muß sich erst zeigen);* das ist gar keine F. *(das ist ganz selbstverständlich);* (ugs.:) F., wie machen wir das?; jmdm. eine F. stellen; eine F. an jmdn. haben, richten, stellen; hat noch jmd. eine F. [zu diesem Thema]?; sich (Dativ) eine F. vorlegen; eine F. überhören, weitergeben, beantworten, bejahen, verneinen; er stellte Fragen über Fragen *(sehr viele Fragen);* würden Sie mir ein paar Fragen gestatten?; er wich meiner F. aus; auf eine F. [mit Ja oder Nein] antworten; das Gespräch verlief in F. und Antwort; sich mit einer F. an jmdn. wenden; jmdn. mit Fragen überschütten. **2.** *Thema, Sache, Problem:* eine schwierige, verzwickte (ugs.), wichtige, entscheidende, ungelöste, [noch] offene F.; eine politische, wirtschaftliche F.; das ist [nur] eine F. der Zeit, des Geldes, der guten Erziehung; das ist keine F. von Bedeutung; es bleibt die F., es erhebt sich die F., ob ...; diese F. beschäftigt mich schon lange; eine F. aufwerfen, anschneiden, diskutieren, klären, lösen, erledigen; einer F. nachgehen; wir kommen um diese F. nicht herum. * etwas steht außer **Frage** *(etwas ist ganz gewiß)* · **ohne F.** *(ohne Zweifel):* das war ohne F. eine große Leistung · etwas **in Frage stellen** *(etwas anzweifeln)* · **etwas stellt etwas in Frage** *(etwas gefährdet etwas, macht etwas ungewiß):* das schlechte Wetter stellt unseren Ausflug in F. · **[für jmdn., etwas] in Frage kommen** *(für jmdn., etwas geeignet sein):* er kommt für den Posten nicht in F. · (ugs.:) **etwas kommt nicht in Frage** *(etwas ist ausgeschlossen).*

fragen: 1. *Fragen stellen:* klug, überlegt, systematisch f.; frage doch nicht so dumm!; wo wohnen Sie, wenn ich f. darf?; da fragst du noch? *(das müßtest du doch selbst wissen);* frage lieber nicht (ugs.: *ich mag nicht davon sprechen);* er halt, ohne viel zu f.; R: f. kostet nichts; wer viel fragt, kriegt viel Antwort · fragende Blicke; jmdn. fragend ansehen (hochsprachlich nicht korrekt: *du frägst* und *er frägt* und *ich frug* usw.). **2.** ⟨etwas f.⟩ *eine Frage stellen:* unvermittelt, ärgerlich, verständnislos, beiläufig, geradeheraus, erstaunt f., ob ...; was hat er gefragt?; er fragte, wie es passiert sei; ⟨jmdn. etwas f.⟩ darf ich Sie etwas f.?; er fragte ihn noch einmal, ob er mitkommen wolle; das fragte ich dich! *(das müßtest du eigentlich wissen);* R: da fragst du mich zuviel *(das weiß ich auch nicht)!;* ⟨auch ohne Sachobjekt⟩ uns hat man nicht gefragt *(um unsere Meinung gefragt).* **3. a)** ⟨nach jmdm., nach etwas f.⟩ *Auskunft über jmdn., etwas verlangen:* nach dem Weg f.; er fragte, was es zu essen gebe; hat jmd. nach mir gefragt? *(wollte mich jmd. sprechen?);* haben nach dir gefragt *(sich nach dir erkundigt);* ⟨jmdn. nach jmdm., nach etwas f.⟩ er fragte ihn nach seinem Namen, nach dem Weg, nach seiner Meinung. **b)** (ugs.) ⟨wegen jmds., wegen einer Sache f.⟩ *Genaueres über jmdn., über etwas wissen wollen:* er fragte wegen der Miete; (ugs.) wegen jmds., wegen einer Sache f.⟩ sie hat mich wegen der alten Sachen, wegen der Hochzeit meiner Tochter gefragt. **c)** ⟨jmdn. um etwas f.⟩ *jmdn. um etwas bitten:* jmdn. um Rat f.; ⟨auch ohne Akk.⟩ er hat

nicht um Erlaubnis gefragt. **4.** ⟨nicht nach jmdm., nach etwas f.⟩ *sich nicht um jmdn., etwas kümmern:* der Vater fragt überhaupt nicht nach den Kindern; danach frage ich nicht *(das ist mir einerlei);* er fragt nicht den Teufel (ugs.), nicht den Kuckuck (ugs.) danach, ob ... **5.** ⟨sich etwas f.⟩ *sich etwas überlegen:* ich frage mich, ob ich das tun soll; das habe ich mich auch schon gefragt. **6.** (Kaufmannsspr.) ⟨gefragt sein, (seltener:) werden; gewöhnlich mit Umstandsangabe⟩ *begehrt sein, verlangt werden:* dieses Modell ist sehr gefragt, ist/wird heute kaum noch gefragt; übertr. (ugs.): Gefühle sind hier nicht gefragt; adj. Part.: ein sehr gefragter Artikel. * **es fragt sich** *(es ist zweifelhaft):* es fragt sich, ob ...
Fragezeichen, das: /ein Satzzeichen/: das F. steht nach einem direkten Fragesatz; ein F. setzen; übertr.: bei der Sache bleiben noch einige F. *(ist noch einiges unklar);* hinter seine Behauptung muß man ein [dickes, großes] F. setzen *(sie ist unglaubwürdig);* er sieht aus, sitzt, steht da wie ein F. (ugs.; *hat eine schlechte Körperhaltung).*
fraglich: 1. *unsicher, ungewiß:* seine Zustimmung erscheint mir f.; es ist noch sehr f., ob wir kommen können. **2.** *in Frage kommend; betreffend:* das fragliche Haus war schon vermietet; die fraglichen Personen; zur fraglichen Zeit.
fragwürdig: a) *bedenklich, zweifelhaft:* ein fragwürdiger Gewinn; das Angebot kam mir sehr f. vor; viele Traditionen sind heute f. geworden; etwas für f. halten. **b)** *verdächtig, anrüchig:* ein fragwürdiges Subjekt (ugs.); er verkehrt in fragwürdigen Lokalen.
frank ⟨in der Verbindung⟩ frank und frei: *geradeheraus, offen:* etwas f. und frei zugeben.
frankieren ⟨etwas f.⟩: *(eine Postsendung) mit Briefmarken versehen, freimachen:* einen Brief, ein Paket f.; die Karte ist nicht frankiert; etwas ist nicht ausreichend, ist mit 80 Pfennig frankiert.
französisch: *Frankreich, die Franzosen betreffend, ihnen zugehörend:* die französische Sprache; französische Weine; der französische Franc; die französische Schweiz; er spricht [gut] f. *(in französischer Sprache);* etwas [auf] f. sagen; subst.: sie spricht [ein gutes] Französisch; der Prospekt erscheint in Französisch; er unterrichtet Französisch *(als Unterrichtsfach).*
frappant: *verblüffend, überraschend:* eine frappante Ähnlichkeit; die Ergebnisse waren f.; sich f. ähneln.
Fratze, die: *häßliches, verzerrtes Gesicht:* eine scheußliche F.; [vor jmdm., vor dem Spiegel] eine F. schneiden *(höhnisch das Gesicht verziehen);* er verzog das Gesicht zu einer F.
Frau, die: **1.** *erwachsene, weibliche Person:* eine junge, hübsche, schöne, kluge, stattliche, eine reife, erfahrene, liebende F.; sie ist eine ganz unscheinbare, eine tolle, attraktive F.; ein kleines, verhutzeltes Frauchen; die F. im Beruf; du als F.; eine F. mit Vergangenheit; berufstätige Frauen; eine F. lieben, verehren, heiraten; er hat viele Frauen *(Geliebte)* gehabt; für die Gleichberechtigung der F. eintreten. **2.** *Ehefrau:* meine, deine F.; seine zukünftige, seine geschiedene F.; die F. meines Kollegen; sie ist F. und Mutter; eine F. fürs Leben; willst du meine F. werden?; [sich (Dativ)] eine F. suchen; [sich (Dativ)] eine F. neh-

men *(heiraten);* er fand keine passende F.; (veraltend:) um eine F. werben, anhalten; sie lebten wie Mann und F. zusammen; Herr Müller mit F., und F.; der Präsident und seine F. Elisabeth; (geh.:) jmdm. seine Tochter zur F. geben; er hat eine Engländerin zur F.; jmdn. zur F. nehmen; jmdn. zur F. haben. **3.** *Herrin:* die F. des Hauses; die junge F. (veraltet: *die Schwiegertochter im Hause);* wo ist Frauchen (ugs.; *die Herrin des Hundes)?.* **4.** /als Teil der Anrede/: F. Professor; F. Doktor; F. Minister[in]; liebe/sehr geehrte F. Müller; sehr geehrte/sehr verehrte gnädige F.!; (geh.:) Ihre F. Gemahlin, Mutter, Schwester. * (veraltet:) **die weise Frau** *(Hebamme).*
Fräulein, das: **1.** *unverheiratete weibliche Person:* im ersten Stock wohnt ein älteres F.; das bei uns beschäftigte F. Müller hat seine Stelle gekündigt; der Brief des/von F. Müller, F. Müllers. **2.** /als Teil der Anrede/: guten Tag, F. Müller!; sehr geehrtes/liebes F. Meier!; (geh.:) gnädiges F.; (geh.) Ihr F. Tochter. **3.** (ugs. veraltend) /Anrede für eine Kellnerin, Verkäuferin/: F., bitte zahlen!; F., was kostet dieses Kleid? * (ugs. veraltend:) **das Fräulein vom Amt** *(Vermittlerin im Fernsprechverkehr).*
fraulich: *in der Art einer reifen Frau:* sie ist ein fraulicher Typ; dieses Kleid ist, wirkt sehr f.
frech: a) *unverschämt, ungezogen:* ein frecher Kerl; sie gab freche Antworten; zuletzt wurde er auch noch f.; jmdn. f. *(dreist)* anlügen; ⟨zu jmdm. f. sein⟩ er ist immer so f. zu mir; ⟨jmdm. f. kommen⟩ sie kam mir auch noch f.! *(sie trat mir ungehörig entgegen);* übertr.: etwas mit frecher Stirn *(dreist)* behaupten. **b)** *keß, herausfordernd, respektlos:* eine freche Zeichnung; ein frecher Song; er ist f. wie Oskar (ugs.); ein frecher Bikini; sie ist f. frisiert.
Frechheit, die: **1.** *Frechsein; freches Benehmen:* seine F. muß bestraft werden; er treibt die F. zu weit; er besaß die F., zu behaupten, ...; das ist der Gipfel der F.; R: F. siegt! **2.** *freche Äußerung oder Handlung:* eine unglaubliche F.; er hat sich einige Frechheiten erlaubt, herausgenommen.
frei: 1.a) *unabhängig, nicht gebunden:* er fühlt sich als ein freier Mann; die freien Berufe; er ist freier Mitarbeiter an einer Zeitung; ein freier Schriftsteller; er arbeitet in der freien Wirtschaft; sich f. entfalten können; etwas zur freien Verfügung haben; das freie Spiel der Kräfte; dies ist sein freier Wille; die freie Wahl haben; eine freie Tankstelle; eine *(nicht wörtliche)* Übersetzung; hier herrscht ein freier *(natürlicher, nicht konventioneller)* Ton; sie hat sehr freie Ansichten; freie Liebe *(geschlechtliche Liebe ohne Eheschließung);* innerlich f. sein, werden; die jüngste Tochter ist noch f. *(hat noch keinen Mann);* die Werke des Dichters sind jetzt f. geworden *(können ohne Honorar nachgedruckt werden);* der Redner sprach f. *(ohne Manuskript);* f. in der Luft schweben; etwas f. *(ohne Scheu)* heraussagen; das ist f. erfunden *(beruht nicht auf Tatsachen);* sie benimmt sich etwas zu f.; ich kann hier f. schalten und walten; etwas ist f. (veraltend; *ich nehme Ihr Angebot an).* **b)** (Chemie, Physik) *nicht gebunden:* freier Sauerstoff; freie Neutronen; bei diesem Vorgang wird Stickstoff f. **2.a)** *nicht behindert, nicht beeinträchtigt:* der Zug hat

freie Fahrt; vom Turm hat man freie Aussicht; der Gefangene ist wieder f. *(in Freiheit);* S p o r t : der Rechtsaußen war, stand f. *(ungedeckt).* **b)** ⟨f. von etwas sein⟩: *etwas nicht haben:* er ist f. von Schuld, von Sorgen, von Verpflichtungen; der Kranke ist f. von Beschwerden; die Düngemittel sind f. von schädlichen Bestandteilen. **c)** ⟨sich von etwas f. machen⟩ *sich von etwas befreien, etwas überwinden:* du mußt dich von deinen Vorurteilen f. machen. **3. a)** *offen, unbedeckt; nicht umschlossen:* freies Feld; die Straße führt auf einen freien Platz; unter freiem Himmel; s u b s t . : im Freien sitzen, übernachten; ins Freie gehen; **b)** *unbekleidet, bloß:* er arbeitet mit freiem Oberkörper; sich f. machen *(den Oberkörper entblößen);* das Kleid läßt Arme und Schultern f. **4. a)** *unbesetzt:* ein freies Zimmer; ein freier Stuhl; ein freies Taxi; ist hier noch f.? *(kann ich mich auf diesen Platz setzen?);* es sind, wir haben noch zwei Betten f.; diese Stelle, dieser Posten wird bald f.; die erste Reihe muß f. bleiben; jmdm. einen Platz f. machen; Straße f.!; Bahn f.!; B o x e n : Ring f.! **b)** *verfügbar:* freie [Geld]mittel; freie Zeit; er hat keine freie Stunde mehr; morgen ist f. *(wird nicht gearbeitet);* (ugs.:) ich habe mir f. genommen; ⟨für jmdn. f. sein⟩ ich bin jetzt f. für dich; der Film ist f. *(zugelassen)* für Jugendliche ab 16 Jahren. **5.** *kostenlos:* er hat freie Verpflegung, freien Zugang; der Eintritt ist f.; jeder Reisende hat 30 kg Gepäck f.; K a u f m a n n s s p r . : Lieferung f. Haus, f. deutsche Grenze.
Freibrief ⟨nur in festen Wendungen⟩ **etwas ist [k]ein Freibrief für etwas** *(etwas gibt [k]eine Erlaubnis, etwas Unerlaubtes zu tun)* · **jmdm. einen Freibrief für etwas geben/ausstellen** *(jmdm. volle Freiheit geben, etwas zu tun)* · **etwas als Freibrief für etwas ansehen/betrachten** *(etwas für seinen Zweck ausnutzen).*
freigeben: 1. ⟨jmdn. f.⟩ *jmdm. die Freiheit [wieder]geben:* einen Gefangenen f.; seine Firma gibt ihn nicht frei *(hält ihn in seiner Stellung fest).* **2.** ⟨etwas f.⟩ *nicht mehr zurückhalten, zur Verfügung stellen:* eine Straße für den Verkehr f.; (Fußball:) der Schiedsrichter gibt den Ball frei *(läßt das Spiel nach Unterbrechung fortsetzen);* die Fische konnten nicht zum Verkauf freigegeben werden; die Tiere sind jetzt zum Abschuß freigegeben *(dürfen bejagt werden);* die Zensur hat den Film freigegeben; ü b e r t r . : das große Fenster gibt den Blick auf die Berge frei *(läßt die Berge sichtbar werden);* ⟨jmdm. etwas f.⟩ er gab mir den Weg frei *(ließ mich passieren).* **3.** ⟨jmdm. f.⟩ *kurzen Urlaub geben:* der Chef gibt ihr eine Stunde frei.
freigebig: *großzügig im Schenken:* ein freigebiger Mensch; ⟨mit etwas f. sein⟩ er war immer recht f. mit seinem Geld; ⟨gegen jmdn./gegenüber jmdn. f. sein⟩ er war f. gegen seine Freunde, gegenüber seinen Freunden, seinen Freunden gegenüber; ü b e r t r . : sie sind recht f. mit ihren Reizen.
freihalten: 1. ⟨jmdn. f.⟩ *für jmdn. die Zeche bezahlen:* er hat die ganze Gesellschaft freigehalten. **2.** ⟨etwas f.⟩ **a)** *nicht besetzen, nicht versperren:* die Straße, eine Ausfahrt f.; Einfahrt f.! **b)** *reservieren:* einen Tisch f.; er hält mir/für mich einen Platz frei. **3.** ⟨etwas f.⟩ *in einem von etwas freien*

Zustand halten: den Gehweg von Schnee f.; ü b e r t r . : sich von bestimmten Denkweisen f.
freihändig: 1. *ohne technische Hilfsmittel:* f. zeichnen, modellieren. **2.** *ohne sich aufzustützen:* [stehend] f. schießen; der Radfahrer fuhr f.; ü b e r t r . : diese Arbeit macht er stehend f. (ugs.; *ohne Mühe).* **3.** *ohne öffentliche Ausschreibung; unterderhand:* eine freihändige Vergabe der Aufträge; etwas f. verkaufen.
Freiheit, die: **1.** *Unabhängigkeit, Freisein von Zwängen:* die persönliche, politische, bürgerliche F.; die geistige, innere F.; die F. der Presse; die F. des Handelns, des Gewissens; die F. der Rede; R e c h t s w . : die F. *(allgemeine Zugänglichkeit)* der Meere; die F. von Forschung und Lehre; seine F. bewahren, erhalten, genießen, verlieren; er will seine F. *(Ungebundenheit)* nicht aufgeben; die F. erkämpfen; für die F. kämpfen, sterben; etwas in voller F. entscheiden; bei dem Patienten besteht eine vollkommene F. *(ein Freisein)* von Symptomen. **2.** *Möglichkeit, sich frei zu bewegen:* einem Gefangenen, einem Tier die F. schenken, [wieder]geben; der Täter hat seine F. verwirkt (geh.); wieder in F. sein; ein Tier in F. setzen; er muß sich erst an die F. gewöhnen; (geh.:) jmdn. seiner F. berauben, jmdm. die F. rauben. **3.** *Vorrecht; Eigenmächtigkeit:* dichterische F. *(dem Dichter erlaubte Abweichung);* er genießt als Künstler viele Freiheiten; er erlaubt sich [uns gegenüber, gegen uns] zu viele Freiheiten. * **sich** (Dativ) **die Freiheit nehmen, etwas zu tun** *(sich etwas herausnehmen).*
freilassen ⟨jmdn. f.⟩: *aus der Haft entlassen:* einen Gefangenen, einen Vogel f.; man hat ihn gegen eine Kaution freigelassen.
freilich ⟨Adverb⟩: **1.** *allerdings, jedoch* /einräumend, einschränkend/: das konnte sich f. nicht wissen; er erhielt den Paß f. nur mit Mühe. **2.** (bes. südd.) *aber gewiß* /bejahend/: „Hast du meinen Auftrag ausgeführt?" – „[Ja] f.!"
freimachen: 1. ⟨etwas f.⟩ *frankieren:* einen Brief, ein Paket f. **2. a)** ⟨sich f.⟩ *sich dienstfreie Zeit nehmen:* sie hat für zwei Stunden f.; kannst du dich heute f.? **b)** *nicht arbeiten:* wir machen heute frei.
freisprechen ⟨jmdn. f.⟩: **a)** *für nicht schuldig erklären:* der Angeklagte wurde [wegen erwiesener Unschuld, mangels Beweises] freigesprochen; ü b e r t r . : jmdn. von Eitelkeit f. **b)** (Handw.) *zum Gesellen erklären:* einen Lehrling f.
freistehen: 1. ⟨etwas steht jmdm. frei⟩ *etwas ist jmds. Entscheidung überlassen:* ob und wann du kommen willst, steht dir frei; es steht ihm frei, zu kommen oder zu bleiben. **2.** ⟨etwas steht frei⟩ *etwas ist leer, unbewohnt:* die Wohnung hat 3 Monate freigestanden.
freistellen: 1. ⟨jmdm. etwas f.⟩ *jmdm. die Entscheidung in etwas überlassen:* man stellte [es] mir frei, ob er mitkommen wollte oder nicht; es ist dir freigestellt, ob du mitfährst oder zu Hause bleibst. **2.** ⟨jmdn., etwas f.⟩ *für bestimmte Zwecke von seinen Pflichten befreien:* er wurde [vom Dienst] freigestellt, um trainieren zu können; man hat ihn, das ganze Team für ein Jahr, für dieses Projekt freigestellt. **3.** ⟨jmdn. f.⟩ *entlassen:* das Unternehmen will 2 000 Arbeiter f.
Freitag, der: *fünfter Tag der mit Montag beginnenden Woche:* heute ist F., der 9. Juni; den gan-

zen F. [über] hat es geregnet; am F., dem 9. Juni/ (auch:) den 9. Juni; er kommt nächsten/am nächsten F.; [am] F. vor acht Tagen; [am] F. morgen, nachmittag, abend; F. vormittags, nachts; die Nacht von Donnerstag auf/zum F.; von F. auf/ zum Samstag.

freiwillig: *aus eigenem Antrieb, ohne Zwang:* ein freiwilliger Helfer; die freiwillige Feuerwehr; freiwillige Spenden; dieser Dienst ist f.; er ist f. mitgekommen, hat sich f. gemeldet; f. in den Tod gehen, aus dem Leben scheiden (geh.).

Freizeit, die: 1. *arbeitsfreie Zeit:* viel, wenig F. haben; seine F. im Garten verbringen; er opfert seine ganze F. für den Verein; sie liest viel in ihrer F. 2. *[mehrtägige] Zusammenkunft von Gruppen mit bestimmten gemeinsamen Interessen:* eine kirchliche F.; eine F. für Konfirmanden; in diesem Jugendheim finden viele Freizeiten statt; eine F. veranstalten; an einer F. teilnehmen.

fremd: 1. *nicht dem eigenen Land oder Volk angehörend:* fremde Länder, Sitten; eine fremde Sprache; fremde Truppen. 2. *einem andern gehörend; einen andern betreffend:* fremdes Eigentum; ein fremdes Haus; er mischt sich gern in fremde Angelegenheiten; das ist nicht für fremde Ohren bestimmt; etwas ohne fremde Hilfe schaffen; unter fremdem Namen *(inkognito)* reisen. 3. a) *unbekannt, nicht vertraut:* eine fremde Stadt; fremde Menschen; das ist ein fremdes Gesicht *(ein Mensch, den ich nicht kenne);* ich bin hier f. *(ich weiß hier nicht Bescheid);* warum tust du so f.? *(warum bist du so zurückhaltend?);* ich fühle mich hier f.; ⟨jmdm. f. sein, werden, bleiben⟩ diese Sache ist, bleibt mir f.; wir waren uns f. geworden; Verstellung ist ihr f. *(sie kann sich nicht verstellen).* b) *ungewohnt:* das ist ein fremder Ton an ihm; in der neuen Frisur sieht sie ganz f. aus.

¹**Fremde,** der und die: a) *jmd., der von auswärts kommt:* im Sommer sind viele F. in der Stadt; sie nehmen im Sommer F. bei sich auf; unter den Gästen war eine F. b) *Unbekannte[r]:* Kinder sollen nicht mit einem Fremden gehen, sind Fremden gegenüber scheu; sie ist für mich eine F.

²**Fremde,** die (geh.): *Gebiet außerhalb der Heimat:* in der F. sein, leben; in die F. ziehen, gehen; aus der F. kommen, heimkehren.

fressen: 1. a) *(von Tieren) feste Nahrung zu sich nehmen:* der Hund frißt gierig; ⟨jmdm. f.; mit Raumangabe⟩ die Tauben fressen mir aus der Hand · (derb /von Personen/:) er frißt für drei; er frißt wie ein Scheunendrescher *(sehr viel).* b) ⟨etwas f.⟩ *(von Tieren) als Nahrung zu sich nehmen:* der Ochse frißt Heu; das Vieh hat nichts zu f.; gib dem Hund etwas zu f.!; (derb /von Personen/:) wer hat die Schokolade gefressen?; sie hatten nichts zu f. *(sie haben Hunger gelitten);* R: keine Angst, ich will dich nicht f. *(ich tue dir nichts zuleide)* · (ugs.:) sie hätte ihn vor Liebe f. mögen; ü b e r t r. (ugs.): Kilometer f. *(schnell über weite Strecken fahren).* c) ⟨jmdn., sich, etwas f.; mit Umstandsangabe⟩ *durch Fressen in einen Zustand bringen:* der Hund hat den Napf leer gefressen; (derb /von Personen/:) die Kinder fressen sich noch arm; hier kannst du dich satt, dick, rund und voll, krank f. d) ⟨etwas f.; gewöhnlich mit Raumangabe⟩ *durch Fressen erzeugen:* die Motten fressen Löcher in das Kleid. 2. a) (ugs.) ⟨etwas frißt; mit Umstandsangabe⟩: *etwas greift etwas an und zerstört es nach und nach:* der Rost frißt am Eisen; die Flammen fressen im Gebälk. b) (ugs.) ⟨etwas frißt etwas⟩ *etwas verbraucht, verschlingt jmdn., etwas:* die Maschine frißt viel Öl; dieser Motor frißt zuviel Benzin; seine Hobbys fressen viel Geld. 3. ⟨sich in/durch etwas f.⟩ *in, durch etwas hindurchdringen:* der Wurm frißt sich ins Holz; der Bohrer frißt sich durch den Stein. * (ugs.:) **jmdn., etwas gefressen haben** *(jmdn., etwas nicht leiden können)* · (ugs.:) **etwas gefressen haben** *(etwas endlich begriffen, gelernt haben)* · **etwas in sich fressen** *(sich über bedrückende Erlebnisse nicht aussprechen [können])* · (ugs..) **jmdn. zum Fressen gern haben** *(jmdn. sehr gern haben)* · (ugs.:) **zum Fressen sein, aussehen** *[von Kindern] besonders hübsch, niedlich sein, aussehen).*

Fressen, das: *Futter (für bestimmte Haustiere):* den Tieren ihr F. geben; hat der Hund schon sein F.?; (derb /von Personen/:) das war ein elendes F. * (ugs.:) **etwas ist ein [gefundenes] Fressen für jmdn.** *(etwas kommt jmdm. sehr gelegen, ist jmdm. sehr willkommen).*

Freude, die: 1. *das Frohsein; Gefühl der Hochstimmung, der inneren Heiterkeit:* eine große, riesige, stürmische, stille, rauschhafte F.; eine unerwartete, stille, heimliche, diebische *(heimliche)* F.; die F. des Wiedersehens; die F. an der Natur, über das Geschenk; F. erfaßt, überwältigt, erfüllt jmdn.; (geh.:) F. strahlt aus seinen Augen; in der Stadt herrschte große F. über den Sieg; es ist eine [rechte, wahre] F., ihm zuzuschauen; sie tanzte, daß es eine [wahre] F. war; das ist keine reine F. *(das tut, das sieht man nur ungern);* es wird mir eine F. sein, Sie zu begleiten *(ich werde Sie gerne begleiten);* R: geteilte F. ist doppelte F. · jmdm. [eine] F. bereiten, machen, spenden, schenken; jmdm. die/eine F. gönnen, rauben, vergällen, verderben; etwas trübt, stört jmds. F.; F. zeigen; an etwas viel, wenig, keine [große] F. haben; F. über etwas empfinden; er hatte seine helle F. daran; sie erlebte viel F. mit ihren Kindern; etwas aus F. an der Sache, aus Spaß an der F. (ugs. scherzh.) tun; mit kindlicher, naiver F. zuschauen; voll[er] F. stimmte er zu; sie weinte vor F., war vor F. außer sich; die Kinder sprangen vor F. [fast] an die Decke *(haben sich sehr gefreut);* zur F. der Eltern wurde das Kind bald gesund. 2. *etwas, was jmdn. erfreut:* die Freuden des Sommers, der Liebe; die kleinen Freuden des Alltags; er will die Freuden des Lebens genießen; sie lebten herrlich und in Freuden *(es ging ihnen sehr gut).* * (geh.:) **Freud und Leid** *(Glück und Unglück des Lebens):* sie teilten Freud und Leid · (geh.:) **mit Freuden** *(beglückt, erfreut):* etwas mit Freuden sehen, tun.

freudig: a) *voll Freude, froh:* ein freudiges Gefühl; voller freudiger Erwartung; mit freudiger Stimme; jmdn. f. begrüßen; f. erregt, überrascht sein. b) *Freude bereitend:* eine freudige Nachricht, Überraschung.

freuen: 1. a) ⟨sich f.⟩ *Freude empfinden:* sich ehrlich, aufrichtig, herzlich, mächtig (ugs.) f.; sich heimlich, diebisch *(verstohlen),* königlich *(sehr),* im stillen f.; sie kann sich f. wie ein Kind; er freut sich wie ein Schneekönig (ugs.; *sehr);* da hast du dich zu früh gefreut; ich freue mich sehr, daß es dir gutgeht; wir freuen uns, Ihnen helfen zu können; ⟨sich einer Sache f.⟩ ich freue mich deines Glückes (geh.); er freut sich seines Lebens *(genießt sein Leben);* ⟨sich über jmdn., über etwas f.⟩ sich über einen Erfolg, über ein Geschenk f.; ich freue mich darüber, daß du mitfährst; ⟨sich mit jmdm. f.⟩ wir freuen uns sehr mit Ihnen. **b)** ⟨sich an jmdm., an etwas f.⟩ *seine Freude an etwas haben:* sich an [den] Blumen, an seinen Kindern f.; ich freue mich an eurem Glück. **c)** ⟨sich auf jmdn., auf etwas f.⟩ *jmdn., etwas freudig erwarten:* wir freuen uns auf unser Kind, auf deinen Besuch, auf die Ferien. **d)** ⟨sich für jmdn. f.⟩ *jmdm. etwas herzlich gönnen:* ich freue mich für dich, daß du diese Stellung bekommen hast. **2.** ⟨etwas freut jmdn.⟩ *etwas macht jmdm. Freude:* das freut mich [aufrichtig]; das Geschenk freut mich sehr; es freut mich [für dich], daß du mitkommen kannst; es soll[te] mich f., Sie recht bald bei uns zu sehen; (ugs. iron.:) das freut einen denn ja auch!

Freund, der: **1. a)** *jmd. der einem anderen in gegenseitiger Zuneigung verbunden ist:* ein guter, vertrauter, intimer, treuer, bewährter F.; er ist mein väterlicher F.; falsche Freunde; ein alter F. unseres Hauses; unser junger F.; mein lieber, bester F.; mein F. Klaus; er ist mein ältester, einziger F.; sie sind unzertrennliche, dicke (ugs.) Freunde; englische Freunde von uns; du bist mir ein schöner F.! (ugs. iron.); mein F. ist er gewesen! (ugs.; *die Freundschaft ist vorbei*); Freunde werden; sie wurden, waren, blieben immer gut F. [miteinander] (veraltend); R: Freunde in der Not gehn hundert/tausend auf ein Lot *(in Notlagen sind die Freunde selten)* · er hat, besitzt, findet keinen F.; sich jmdn. zum F. machen; unter Freunden sein; /als Anrede/: wie geht's, alter F.? (ugs.); [mein] lieber F. [und Kupferstecher]! (scherzh. oder drohend); na, Freundchen? (ugs.; leicht drohend). **b)** *Gesinnungsgenosse, Parteifreund:* seine politischen Freunde. **c)** *Liebhaber:* sie hat einen neuen F.; sie hat noch keinen festen (ugs.) F. **2.** *jmd., der jmdn., etwas besonders schätzt oder fördert:* er ist ein F. guter Musik; ein F. der Tiere; ich bin kein F. großer Worte; er ist ein F. von guten Weinen. ∗ (verhüllend:) **Freund Hein** *(der Tod)* · **Freund und Feind** *(jedermann):* er war angesehen bei F. und Feind.

freundlich: **a)** *liebenswürdig, wohlwollend:* eine freundliche Miene; ein freundliches Gesicht; wir fanden freundliche Aufnahme; ein freundliches Wort an jmdn. richten; jmdm. einen freundlichen Empfang bereiten; besten Dank für Ihr freundliches Anerbieten; mit freundlicher Genehmigung des Verlages; mit freundlichen Grüßen Ihr ... /Briefschluß/; ⟨zu jmdm./(seltener auch:) gegen jmdn. f. sein⟩ sie war immer f. zu mir/(seltener:) gegen mich; würden Sie so f. sein, mir zu helfen?; bitte recht f.! /Aufforderung des Fotografen/; f. lächeln; f. ansehen; jmdm. f. gesinnt sein. **b)** *angenehm, heiter [stimmend]:* freundliches Wetter; eine freundliche Wohnung, Stadt, Gegend; die Farben des Kleides sind sehr f. *(hell und ansprechend);* die Wohnung ist f. und sauber; K a u f m a n n s s p r.: die Haltung, Stimmung an der Börse ist f. *(günstig).*

Freundschaft, die: *Verhältnis gegenseitiger Zu-*

neigung: eine treue, herzliche, innige, langjährige, dicke (ugs.) F.; eine F. fürs Leben; die F. zwischen Schülern, zwischen den Völkern; das ist echte, wahre F.; unsere F. ist in die Brüche gegangen, ist eingeschlafen (ugs.), vertiefte sich; uns verbindet eine tiefe F.; mit jmdm. F. schließen, die [alte] F. erneuern; jmdm. die F. aufkündigen (geh.); alte Freundschaften bewahren; seine F. unter Beweis stellen; etwas aus F. tun; er war uns in F. verbunden (geh.); in aller F.

freundschaftlich: *auf Freundschaft gegründet:* eine freundschaftliche Gesinnung; freundschaftliche Ermahnungen; die beiden Länder unterhalten freundschaftliche Beziehungen; mit jmdm. auf freundschaftlichem Fuß stehen; sie verkehren f. miteinander; jmdn. f. begrüßen; er unterhielt sich f. *(wie ein Freund)* mit mir.

Friede (geh.), **Frieden,** der: **1. a)** *Zustand des inner- oder zwischenstaatlichen Zusammenlebens von Staaten in Ruhe und Sicherheit:* ein langer, ungestörter, ewiger F.; der F. dauerte nur wenige Jahre; den Frieden wollen, vermitteln; [mit einem Land, einer Regierung] Frieden schließen; den Frieden brechen, erhalten, sichern; sie leben in Frieden und Freiheit; für den Frieden arbeiten, kämpfen; im tiefsten Frieden. **b)** *Friedensschluß:* ein gerechter, ehrenvoller, fauler F.; den Besiegten den Frieden diktieren; den Frieden *(Friedensvertrag)* unterzeichnen; über einen Frieden verhandeln. **2. a)** *Zustand der Eintracht, der Harmonie:* der häusliche, eheliche F.; der soziale Frieden; es ist wieder F. eingekehrt; es herrscht wieder F.; den Frieden der Natur lieben, stören; den F. wiederherstellen; Frieden stiften unter den Parteien; in Ruhe und Frieden, in Frieden und Freundschaft, in Frieden und Eintracht miteinander leben; den F. ernährt, Unfriede[n] verzehrt. **b)** *Ruhe:* man hat keinen Frieden vor ihm; er findet keinen inneren Frieden; ich traue dem Frieden *(der scheinbaren Ruhe)* nicht; laß mich in Frieden!; er *(der Verstorbene)* ruhe in Frieden!; um des lieben Friedens willen; zum ewigen Frieden eingehen (geh.; *sterben*). ∗ **seinen Frieden mit jmdm. machen** *(sich mit jmdm. aussöhnen)* · **seinen Frieden mit sich selber machen** *(sein inneres Gleichgewicht wiederfinden).*

Friedhof, der: *Begräbnisstätte:* ein alter F.; der F. liegt abseits des Dorfes; den F. besuchen; er liegt auf dem F. im Norden der Stadt *(ist dort beerdigt);* auf, über den F. gehen.

friedlich: **1.** *den Frieden liebend; nicht kriegerisch:* ein friedlicher Mensch, Charakter; ein friedliches Volk; friedliche Zeiten; eine friedliche *(nicht von Gewalttätigkeiten begleitete)* Demonstration; die friedliche Nutzung der Kernenergie *(Nutzung der Kernenergie für nichtmilitärische Zwecke);* eine friedliche Koexistenz *(Form des Zusammenlebens sozialistischer und kapitalistischer Staaten, die den Verzicht auf gewaltsame Auseinandersetzungen zum Prinzip hat);* der Konflikt wurde auf friedlichem Wege gelöst; sei f.! *(fange keinen Streit an!);* f. gesinnt sein; einen Streit f. beilegen. **2.** (geh.) *von Frieden erfüllt, ruhig:* ein friedliches Tal; ein friedlicher Anblick; f. schlafen; sie lebten f. nebeneinander.

frieren: 1. a) *Kälte empfinden:* das Kind friert; ich habe sehr, tüchtig, entsetzlich gefroren; sie friert sehr leicht *(ist kälteempfindlich)*, er hatte gefroren wie ein Schneider, wie ein junger Hund (ugs.; *hatte sehr gefroren*); an den Füßen, an den Händen f. **b)** ⟨jmdm. friert [es]⟩ *jmdm. ist kalt:* mich friert [es]; es fror ihn jämmerlich an den Händen; n i c h t korrekt ist der Gebrauch des Akkusativs nach *an* (an die Hände f., es friert ihn an die Hände). **c)** ⟨etwas friert jmdm./(ugs. landsch.:) jmdn.⟩ *jmd. empfindet Kälte an einem Körperteil:* die Füße frieren mir; ihm/(ugs. landsch.:) ihn fror die Nase. **2. a)** ⟨es friert⟩ *die Temperatur sinkt unter den Nullpunkt:* draußen friert es; heute nacht hat es gefroren. **b)** ⟨etwas friert⟩ *etwas wird durch Frost hart, wird zu Eis:* das Wasser friert; der Boden, die Piste ist knochenhart (ugs.) gefroren.

frisch: 1. a) *(von Lebensmitteln) nicht alt oder verdorben:* frisches Brot, Fleisch, Wasser; frische Eier; frische Butter; ü b e r t r.: frischen *(neuen)* Mut fassen; frische *(noch unverblaßte)* Eindrücke; die Erinnerung war noch ganz f.; das Erlebnis blieb ihm f. im Gedächtnis. **b)** *neu, ungebraucht, unverbraucht:* mit frischen Kräften; eine noch frische Wunde; du brauchst mehr frische Luft; frische *(saubere)* Wäsche, ein frisches Hemd anziehen; ein frisches *(neues)* Faß Bier anstechen; die Handtücher sind ganz f.; wollen Sie sich f. machen *(waschen)?;* das Bett f. beziehen; f. gebackenes Brot; Bier f. vom Faß; f. gefallener Schnee; er ist f. verheiratet, geschieden (ugs.); Vorsicht, f. gestrichen! **2.** *munter, gesund:* ein frisches Mädchen; eine frische Gesichtsfarbe, ein frisches Aussehen haben; er ist wieder f. und munter (ugs.; *wohlauf*); immer f. drauflos! (ugs.). **3.** *kühl:* ein frischer Wind, Morgen; du wirst dich in der frischen Luft bald erholen; es, das Wetter ist ziemlich f. heute.

Frische, die: *das Frischsein:* die herbe, köstliche F. *(erfrischende Kühle)* des Biers; er hat sich seine alte F. bewahrt; er feierte seinen 80. Geburtstag in voller körperlicher und geistiger F.

Friseur, der: *jmd., der berufsmäßig anderen das Haar schneidet, frisiert:* F. sein, werden; als F. arbeiten; sich (Dativ) beim, vom F. die Haare schneiden lassen; sie geht regelmäßig zum F., kommt gerade vom F.

frisieren: 1. ⟨jmdn., sich, etwas f.⟩ *jmdm., sich das Haar in bestimmter Weise ordnen; das Haar in eine bestimmte Form bringen:* ich muß mich noch f.; der Theaterfriseur hat die Künstlerin hervorragend frisiert; sie ist heute gut frisiert; du hast dein Haar sehr schön frisiert; ⟨jmdm., sich etwas f.⟩ du hast dir, ihr das Haar sehr eigenwillig, modisch frisiert. **2.** (ugs.) ⟨etwas f.⟩ **a)** *unzulässige Änderungen an etwas vornehmen:* einen Bericht, eine Bilanz f. **b)** *durch unzulässige Veränderungen am Motor eines Fahrzeugs dessen Leistung steigern:* den Motor eines Autos f.; ein frisierter Kleinwagen; ein frisiertes Mofa.

Frist, die: *festgesetzter Zeitraum:* die F. läuft am 1. Oktober ab, ist verstrichen, ist schon überschritten; eine F. bestimmen, einhalten; eine längere F. erbitten, bewilligen, gewähren; eine F. um 3 Tage verlängern; wir haben nur eine F. von einigen Wochen, noch einige Wochen F.; eine F.; etwas auf kurze F. (veraltend; *kurzfristig*) entleihen; etwas in kürzester F. leisten; nach dieser,

nach kürzester F.; [bis] zu dieser F. *([bis] zu diesem Zeitpunkt)* muß er fertig sein.

fristen: ⟨etwas f.⟩: *mit Mühe erhalten:* er fristet kümmerlich sein Leben, sein Dasein, seine Existenz.

fristlos: *mit sofortiger Geltung:* eine fristlose Kündigung; er wurde f. entlassen.

Frisur, die: *Haartracht:* eine praktische, sportliche, strenge, kunstvolle, modische F.; die F. legen, stecken; sie hat eine neue, problemlose F.; die F. sitzt nicht mehr *(hat keine gute Form mehr).*

froh: a) *von Freude erfüllt; heiter, glücklich:* ein froher Mensch; frohe Gesichter; froher Gesang; wir wünschen dir ein frohes Fest, frohe Weihnachten, frohe Ostern; ⟨über etwas f. sein⟩ ich bin f. über unser Wiedersehen; ich bin ja so f. (ugs.; *erleichtert*) darüber; sei f., daß du nicht dabei warst!; (ugs. landsch.:) ⟨um etwas f. sein⟩ er ist f. um *(dankbar für)* jedes freundliche Wort; ⟨mit etwas f. sein⟩ wir sind sehr f. mit dem neuen Fernsehapparat; sei f. **b)** *Freude bringend:* eine frohe Kunde, Nachricht; ein frohes Ereignis.

fröhlich: a) *unbeschwert froh; vergnügt, lustig:* ein fröhliches Kind; eine fröhliche Gesellschaft; fröhliche Lieder, Tänze, Feste; überall sah man fröhliche Gesichter; sie war immer f., lachte f.; die Kinder tanzten f. umher, klatschten f. in die Hände; ü b e r t r.: das Kleid hat fröhliche *(leuchtende, bunte)* Farben. **b)** (ugs.) *unbekümmert:* sie wirtschaften f. drauflos; er parkt immer f. im Halteverbot.

frohlocken (geh.): *seiner [Schaden]freude Ausdruck geben:* sie frohlockten über den großen Erfolg; er frohlockte heimlich, als er von unserem Mißerfolg erfuhr; du hast zu früh frohlockt; er frohlockte über die Niederlage des Gegners.

fromm: 1. *gläubig, religiös:* ein frommer Mensch; er ist ein frommer Christ; ein frommes Leben führen; ein frommes Lied, Gebet; etwas mit frommem *(scheinheiligem)* Augenaufschlag tun; f. sein, leben; er ist im Alter f. geworden; sie tut so f. *(tut, als ob sie fromm wäre).* **2.** *(bes. von Pferden) nicht falsch oder tückisch, gutwillig:* ein frommes Pferd; der Löwe ist f. wie ein Lamm.

frönen (geh.) ⟨einer Sache f.⟩: *sich einer Sache leidenschaftlich hingeben:* einem Laster, einer Leidenschaft f.; er hat dem Alkohol gefrönt.

Front, die: **1. a)** *Vorderseite:* die vordere, hintere, rückwärtige F. des Hauses; die F. des Hauses ist 10 Meter lang. **b)** (militär.) *vordere Linie einer angetretenen Truppe:* die F. abschreiten, vor die F. treten, vor der F. stehen; vor einem, gegen einen Vorgesetzten F. machen *(sich ihm der Ehrenbezeigung zuwenden).* **2.** (militär.) **a)** *vorderste Kampflinie:* die F. steht, kommt in Bewegung, versteift sich; die F. zurücknehmen, verkürzen, begradigen; auf breiter F., auf einer F. von 50 km angreifen; hinter der F., zwischen den Fronten liegen; ü b e r t r.: das ist ein Kampf an, nach zwei Fronten *(Seiten);* klare Fronten schaffen *(die gegensätzlichen Meinungen klären);* im Kampf um die Hochschulreform stand er in vorderster F. **b)** *Kampfgebiet:* an die F. gehen; er war im Krieg stets an der F. **3.** *geschlossene Gruppe, die gegen etwas Widerstand leistet oder sich kämpferisch für etwas einsetzt:* die F. der Kriegsgegner; eine geschlossene F. bilden; sich in die F. einreihen. **4.**

(Sport) *Spitze, Führung:* der Läufer ging in F.; eine Mannschaft in F. bringen; nach der ersten Halbzeit lagen die Gäste mit 3:0 in F. **5.** (Meteor.) *Grenzzone zwischen verschiedenen Luftmassen:* eine F. rückt näher; ein System von Fronten. **＊ Front gegen jmdn., gegen etwas machen** *(sich gegen jmdn., gegen etwas wenden).*

Frosch, der: *im und am Wasser lebendes Tier mit gedrungenem Körper und langen Sprungbeinen:* ein grüner, breitmäuliger F.; die Frösche quaken, laichen im Teich; einen F. fangen; R (ugs.): sei kein F.! *(zier dich nicht!; sei kein Spielverderber!).* ＊ (ugs.:) **einen F. in der Kehle/im Hals haben** *(heiser sein).*

Frost, der: **1.** *Temperatur, bei der Wasser gefriert:* ein leichter F.; die ersten Fröste *(Frosteinbrüche)* im Herbst; es herrscht strenger, anhaltender F.; der F. steckt noch im Boden; dieser Baum hat F. bekommen, verträgt keinen F.; bei klirrendem, eisigem F. draußen sein; sie zitterte vor F.; etwas vor F. geschützt aufbewahren. **2.** *[fieberhafte] Kälteempfindung:* der Kranke wurde von heftigem F. geschüttelt.

frösteln: a) *vor Kälte leicht zittern:* er fröstelte im Wind; vor Kälte, Müdigkeit, Angst f.; im Fieber f.; übertr.: der Gedanke läßt einen f. *(schaudern).* **b)** ⟨jmdn. fröstelt [es]⟩ *jmdn. wird kühl:* mich fröstelt [es]; übertr.: es fröstelt uns bei dem Anblick.

frostig: 1. *sehr kalt:* frostige Luft, frostiges Wetter. **2.** *abweisend, unfreundlich:* eine frostige Antwort, Atmosphäre; es herrschte ein frostiges Klima; der Empfang war f.; er wurde f. begrüßt.

Frucht, die: **1. a)** *Teil einer Pflanze, der den Samen enthält:* eine reife, wohlschmeckende, süße, saftige F.; die Früchte des Gartens; die Früchte reifen, fallen ab; der Baum setzt Früchte an, trägt keine Früchte mehr; wir essen eingemachte, kandierte Früchte; der Erfolg fiel ihm wie eine reife F. in den Schoß; bildl.: verbotene Früchte *(verlockende, aber verbotene Genüsse);* (geh.:) ihr Sohn war eine F. der Liebe *(ein uneheliches Kind);* seine Bemühungen haben reiche Früchte getragen; R: es sind die schlechtesten Früchte nicht, woran die Wespen nagen. **b)** *Getreide:* die F. steht gut. **2.** *ungeborenes Lebewesen:* die keimende F. im Mutterleib. **3.** (geh.) *Ertrag, Ergebnis:* das Buch ist die F. langjähriger Arbeit; das sind die Früchte deines Leichtsinns, deines Ungehorsams; er erntet die Früchte seiner Mühen.

fruchtbar: 1. a) *reiche Frucht bringend:* fruchtbare Erde; ein fruchtbarer Baum; ein fruchtbarer *(das Wachstum fördernder)* Regen; dieser Boden, dieses Land ist sehr f. **b)** *zahlreiche Nachkommen erzeugend, sich rasch fortpflanzend:* Mäuse, Kaninchen sind sehr f.; übertr.: ein fruchtbarer *(produktiver)* Schriftsteller. **2.** *ertragreich; Nutzen bringend:* eine fruchtbare Phantasie; es waren fruchtbare Gespräche; er machte seine Erfahrungen für die Allgemeinheit f.

früh /vgl. früher/: **I.** ⟨Adj.⟩ **a)** *in der Zeit noch nicht weit fortgeschritten, am Anfang liegend:* am frühen Morgen; in früher, frühester Kindheit; der frühe *(junge)* Nietzsche; das frühe Werk des Dichters; die frühen Jahre; die frühe Neuzeit *(die ersten Jahrhunderte der Neuzeit);* die frühesten *(ältesten)* Kulturen; es ist noch f. am Tage, noch

ganz f.; von frühester Jugend an. **b)** *frühzeitig; vorzeitig:* ein früher Winter; ein früher Tod; eine frühe *(früh reifende)* Apfelsorte; wir werden mit einem früheren Zug fahren; Ostern ist, fällt dieses Jahr f.; f. heiraten; f., früher aufstehen; sie steht am frühesten *(zuerst)* auf; das Theater fängt heute früher *(zeitiger)* an; er kam drei Stunden früher zurück; er ist zu f., noch f. genug gekommen; sie hat f. ihre Eltern verloren; er fing f. an zu rauchen; da hast du dich zu f. gefreut. **II.** ⟨Adverb⟩ *morgens, am Morgen:* heute f., [am] Dienstag f.; kommst du morgen f.?; sie waren von f. bis spät *(den ganzen Tag, unentwegt)* auf Trab; er arbeitet von f. bis in die späte Nacht. ＊ **früher oder später** *(einmal bestimmt):* früher oder später wird er das begreifen.

Frühe, die (geh.): *Frühzeit, Anfang:* in der ersten F. des Lebens, des Tages. ＊ (südd., österr., schweiz.:) **in der Früh[e]** *(am Morgen):* wir haben ihn in der F. getroffen · **in aller Frühe** *(früh am Morgen):* wir brechen in aller F. auf.

früher: I. ⟨Adj.⟩ **a)** *vergangen, zurückliegend:* in früheren Zeiten; die früheren Auflagen des Buches sind veraltet. **b)** *ehemalig:* der frühere Eigentümer; unsere früheren Feinde. **II.** ⟨Adverb⟩ *einst:* alles sieht noch aus wie f.; wir kennen uns von f. her; er war f. Buchhändler; die Kollegen von f.; er erzählte von f.

frühestens ⟨Adverb⟩: *nicht früher als:* er kommt f. am Dienstag zurück; die Brücke wird f. 1989 fertig; wir sehen uns f. in zwei Wochen wieder.

Frühling, der: *Jahreszeit zwischen Winter und Sommer:* ein zeitiger, später, warmer, milder F.; der F. kommt, naht (geh.), zieht ein (geh.); es ist, wird F.; übertr.: *Jugend-, Blütezeit:* im F. des Lebens (geh.) stehen; einen neuen F. entgegengehen; (iron.:) er erlebt seinen zweiten F. *(er hat sich im reifen Alter noch einmal verliebt).*

Frühstück, das: *Mahlzeit am Vormittag:* ein kräftiges, reichliches F.; erste, zweite F.; das F. machen, bereiten (geh.); der Minister gab ein F. für seine Gäste; er hat sein F. *(Frühstücksbrot)* vergessen; sie sitzen noch beim F.; um 9 Uhr machen wir F.; zum F. *(ugs.: Frühstückspause):* ich war, saß gerade beim F., als er kam; wir nehmen im Hotel Zimmer mit F.; sie ließ sich das F. ans Bett bringen; als F. gab es Speck und Eier; zum F. aßen sie Speck und Eier.

frühstücken: a) *das Frühstück einnehmen:* im Bett, auf dem Balkon f.; wir f. um acht [Uhr]; er hat ausgiebig gefrühstückt. **b)** ⟨etwas f.⟩ *zum Frühstück essen:* ein Schinkenbrot f.

Fuchs, der: **1. a)** */ein kleineres Raubtier/:* der F. schnürt (Jägerspr.; *trabt geradeaus*) übers Feld, keckert (Jägerspr.; *stößt wütende Laute aus*); einen F. schießen, erlegen; R: das/den Weg hat der F. mit dem Schwanz gemessen /Kommentar bei einer ungenauen Messung/; übertr.: er ist ein alter, schlauer F. (ugs.; *ein durchtriebener Mensch*). **b)** *Fuchspelz:* sie trägt einen schönen F. **2.** *rötlichbraunes Pferd:* einen F., auf einem F. reiten; im Stall stehen zwei Füchse. **3.** (Studentenspr.) *Verbindungsstudent im ersten und zweiten Semester:* er ist noch [krasser] F.; der Bund hat drei neue Füchse. ＊ (scherzh.:) **wo sich die Füchse/wo sich Hase und Fuchs gute Nacht sagen** *(an einem abgelegenen, einsamen Ort).*

fuchsen (ugs.) ⟨etwas fuchst jmdn.⟩: *etwas ärgert jmdn.*: seine Bemerkungen haben mich sehr gefuchst; es fuchste ihn, daß ich sein Geheimnis entdeckt hatte. **b)** ⟨sich f.⟩ *sich ärgern:* darüber habe ich mich sehr gefuchst.

Fuchtel, die (ugs.:) ⟨in bestimmten Wendungen⟩ **jmdn. unter der Fuchtel haben** *(jmdn. beherrschen)* · **unter der Fuchtel stehen** *(streng gehalten, beherrscht werden).*

Fug, der ⟨in der Verbindung⟩ mit Fug und Recht: *mit voller Berechtigung:* das kann ich mit F. und Recht behaupten.

¹**Fuge,** die: *schmaler Zwischenraum zwischen Bauteilen:* die Fugen zwischen den Steinen verschmieren. * **etwas geht/gerät aus den Fugen** *(etwas verliert den Zusammenhalt, bricht auseinander)* · **etwas kracht in allen Fugen** *(etwas droht auseinanderzubrechen).*

²**Fuge,** die: *streng aufgebautes mehrstimmiges Musikstück:* eine F. komponieren; eine F. von Bach [auf dem Klavier] spielen.

fügen: 1. a) ⟨etwas f.; mit Artangabe⟩ *in einer bestimmten Art zusammenfügen, -bauen:* die Mauer ist nur lose, aus Backsteinen gefügt; adj. Part.: ein fest gefügter Bau; übertr.: unsere Freundschaft ist fest gefügt. **b)** ⟨etwas f.; mit Raumangabe⟩ *etwas irgendwo an-, einfügen:* einen Stein auf den andern f.; das Brett wieder in die Tür f. **c)** ⟨etwas fügt sich; mit Raumangabe⟩ *etwas fügt sich irgendwo an, ein:* ein Teil fügt sich ans andere; das Brett fügt sich genau in die Lücke. **2.** (geh.) **a)** ⟨etwas f.⟩ *bewirken:* das Schicksal, der Zufall fügte es, daß wir uns begegneten; Gott wird alles zu deinem Besten f. **b)** ⟨es fügt sich⟩ *es trifft sich, es geschieht (zufällig):* es fügte sich, daß wir im gleichen Hotel wohnten; es fügt sich gut, daß ... **3.** (geh.) **a)** ⟨sich f.⟩ *sich anpassen, gehorchen:* nach anfänglichem Widerstand fügte er sich; ⟨sich jmdm., einer Sache f.⟩ du mußt dich ihm, seinen Anordnungen f. **b)** ⟨sich in etwas f.⟩ *sich schicken:* er fügte sich in die Umstände, ins Unabänderliche; sie hat sich in ihr Schicksal gefügt.

fügsam: *leicht zu leiten, gehorsam:* ein fügsames Kind; der Junge ist sehr f.

Fügung, die: **1.** (geh.) *schicksalhaftes Geschehen:* das war eine F. Gottes, des Schicksals; eine glückliche, wunderbare, seltsame F. bewahrte ihn vor dem Tode. **2.** (Sprachw.) *zusammengehörige Wortgruppe:* eine attributive, syntaktische F.

fühlbar: *merklich, spürbar:* ein fühlbarer Verlust, Mangel; in seinem Befinden trat eine fühlbare Besserung ein.

fühlen: 1. ⟨etwas f.⟩ **a)** *körperlich spüren:* einen Schmerz im Bein f.; die Wärme der Sonne auf der Haut f.; sie fühlte seine Hand auf ihrem Arm; er fühlte sein Herz schlagen. **b)** *seelisch empfinden:* Liebe zu jmdm. f.; Mitleid mit jmdm. f.; er fühlte die Kraft in sich (geh.), das Werk zu vollenden; ich fühle [es], ich bin auf dem richtigen Wege; sie ließ ihn ihre Verachtung f.; er hat sein Ende kommen f./gefühlt; die Menschen dort fühlen als Deutsche *(fühlen sich den Deutschen zugehörig);* er fühlt die Berufung zum Musiker in sich; adj. Part.: ein fühlendes *(mitempfindendes)* Herz. **2. a)** ⟨etwas f.⟩ *tastend prüfen, feststellen:* den Puls f.; man konnte die Beule am Kopf f.; ⟨jmdm. etwas f.⟩ der Arzt fühlte ihm den Puls.

b) ⟨nach etwas f.⟩ *tasten:* er fühlte nach dem Lichtschalter, nach seiner Brieftasche. **3.** ⟨sich f.; mit Artangabe⟩ **a)** *einen bestimmten inneren Zustand empfinden:* sich krank, [un]wohl, elend, [un]behaglich, [un]glücklich f.; sich beleidigt, verletzt, getroffen, beschämt f.; sich beengt, bedroht f.; wie fühlen Sie sich? *(wie geht es Ihnen?);* ich fühle mich hier fremd, geborgen; er fühlt sich [nicht] wohl in seiner Haut; sie fühlt sich Mutter werden (geh.; *sie spürt, daß sie schwanger ist);* ⟨ugs.; auch ohne Artangabe⟩ ich fühle mich heute nicht *(es geht mir nicht gut).* **b)** *sich in seinem Gefühl für etwas halten:* sich schuldig f.; sich zu etwas berufen f.; sich für etwas verantwortlich f.; sich betrogen f., sich bemüßigt, verpflichtet f., etwas zu tun; sich als Held/(veraltet:) als Helden f. **4.** ⟨etwas f.⟩ *stolz sein, von etwas durchdrungen sein:* er fühlt sich in seiner neuen Würde; das fühlt sich aber! *(der ist aber eingebildet!)*

Fühler, der: *Tastorgan bestimmter Tiere:* die Schnecke zieht die F. ein. * (ugs.:) **die/seine Fühler ausstrecken** *(vorsichtig die Lage erkunden, vorsichtig Verbindung aufnehmen).*

Fühlung, die: *Verbindung, Beziehung:* mit jmdm. F. suchen, [auf]nehmen, haben, halten; mit jmdm. in F. kommen, sein, bleiben; militär.: die Truppe hat die F. mit dem Feind verloren, ist ohne F. mit dem Feind.

führen /vgl. führend/: **1. a)** ⟨jmdn. f.⟩ *leiten:* einen Blinden [über die Straße] f.; die Mutter muß das Kind noch [an der Hand] f.; im Park müssen Hunde an der Leine geführt werden; ⟨auch ohne Akk.⟩ beim Tanzen führt der Herr *(er gibt Tempo und Bewegungsrichtung an);* ⟨jmdm. etwas f.⟩ der Lehrer führte dem Kind die Hand *(machte mit seiner Hand die Schreibbewegung).* **b)** ⟨jmdn. f.; meist mit Raumangabe⟩ *geleiten:* die Dame zu ihrem Platz f.; der Chef persönlich führte uns durch den Betrieb; die Besucher durch die Ausstellung, durch das Schloß f.; der Vater führte die Braut zum Altar; übertr.: der Lehrer wird diese Klasse zum Abitur/bis zum Abitur f. *(als Klassenlehrer unterrichten);* als Moderator durch das Programm f. *(das Programm moderieren).* **c)** ⟨jmdn., etwas f.; mit Raumangabe⟩ *(an einen bestimmten Ort) hinbringen:* jmdn. in ein teures Restaurant, durch sämtliche Nachtlokale f.; in der Dunkelheit führte er mich zu der Waffenversteck; übertr.: der Täter hat die Polizei, uns alle auf eine falsche Spur geführt. **d)** ⟨jmdn. f.; gewöhnlich mit Artangabe⟩ *jmdn. [pädagogisch] in bestimmter Weise behandeln, leiten:* Schüler mit fester Hand, streng, wie ein väterlicher Freund f.; er versteht es gut, junge Menschen zu f.; die Mädchen, die Jugendlichen lassen sich schwer f. **2.** ⟨sich f.; mit Artangabe⟩ *sich in bestimmter Weise verhalten:* der Gefangene hat sich gut geführt und wurde deshalb vorzeitig entlassen. **3. a)** ⟨jmdn., etwas f.⟩ *verantwortlich leiten:* ein Geschäft, einen Modesalon f.; die Delegation wird vom stellvertretenden Ministerpräsidenten geführt; er hat das Restaurant zehn Jahre lang geführt; adj. Part.: ein gut, schlecht geführtes Hotel; ein Regiment, eine Armee f. *(kommandieren);* ⟨jmdn. etwas f.⟩ sie führt ihren Sohn den Haushalt. **b)** ⟨jmdn., etwas f.; mit Raumangabe⟩ *[als verantwortlicher Leiter] in eine bestimmte Stellung,*

Situation bringen: die Wirtschaft aus der Krise, ein Unternehmen aus den roten Zahlen f.; der neue Trainer hat die Mannschaft zur Meisterschaft geführt; er führte das Land ins Chaos, das Volk in einen aussichtslosen Krieg, ins Elend; übertr. (geh.): eine Behauptung ad absurdum f. **4.** *an der Spitze, in Führung liegen:* die deutsche Mannschaft führt 3:2, mit 3:2 [Toren]; er führt nach Punkten, mit fünf Punkten [Vorsprung]; das Land, das Unternehmen führt, ist führend in der Reaktortechnik; die Firma konnte ihre führende Position auf dem Weltmarkt weiter ausbauen; unsere Produkte sind führend. **5.** ⟨etwas f.; mit Artangabe⟩ *in bestimmter Weise handhaben:* meisterlich, sehr geschickt, gekonnt den Bogen (beim Violin-, Cellospiel) f.; wie er den Pinsel führt *(wie er malt),* daran erkennt man den Meister; die Kamera (beim Filmen) ruhig, gleichmäßig f. **6.** ⟨etwas f.; mit Raumangabe⟩ *hinbewegen:* den Löffel zum Munde f.; das Glas an die Lippen f.; die Hand [zum Gruß] an die Mütze f.; ⟨jmdm. etwas f.; mit Raumangabe⟩ die Schwester führte dem Kranken die Tasse zum Mund. **7. a)** ⟨etwas f.; mit Raumangabe⟩ *in seinem Verlauf festlegen; anlegen:* die neue Autobahn um die Stadt f.; die Straßenbahn[linie] wird bis zum neuen Stadtteil geführt; eine Mauer wurde um den Garten geführt *(aufgeführt).* **b)** ⟨etwas führt; mit Raumangabe⟩ *etwas verläuft in einer bestimmten Richtung, nimmt eine bestimmte Richtung:* die Bahn, die Ölleitung führt durch die Wüste ans Meer; der Lift führt bis zum fünften Stock; die Autobahn führt [über Frankfurt] nach Hannover; eine Brücke führt über die Bucht; die Rallye führt kreuz und quer durch Europa; das Rennen führt *(erstreckt sich)* über 20 Runden; die Spur hatte in den Hafen geführt; übertr.: wohin wird, soll das alles f.? *(was soll daraus werden?);* das führt eines Tages noch dahin/dazu, daß ...; das würde zu weit f.; etwas führt zu weit *(etwas geht über das vertretbare Maß hinaus);* das führt so weit, daß ... *(das geschieht in so starkem Maße, daß ...).* **c)** ⟨etwas führt jmdn.; mit Raumangabe⟩ *etwas führt jmdn. an einen bestimmten Ort:* seine Reise führt ihn nach Afrika, durch fünf asiatische Länder; was führt Sie zu mir?; übertr.: die Tür führt auf den Hof, in den Garten; ein Hinweis führte die Polizei auf die Spur der Verbrecher. **8.** ⟨etwas f.⟩ *(als Fahrer ein Fahrzeug) steuern, fahren:* ein Flugzeug, einen Zug f.; er erhielt nicht die Berechtigung, einen Lkw zu f. **9. a)** ⟨etwas bei, mit sich f.⟩ *etwas bei sich haben, tragen:* er führte keine Wagenpapiere, kein Geld, eine geladene Pistole bei sich; Flugreisende dürfen nur 20 kg Gepäck mit sich f. **b)** ⟨etwas führt etwas⟩ *etwas führt etwas mit, transportiert etwas:* der Zug führt einen Speisewagen [am Ende]; zur Zeit führt der Fluß Hochwasser, viel Geröll; das Schiff hatte eine Ladung Erz geführt; die Leitung führt keinen Strom. **c)** ⟨etwas f.⟩ *als Kennzeichen haben:* der Wagen führt das amtliche Kennzeichen ..., die Nummer ...; er führt in seinem Wappen einen Löwen und eine Wolfsangel. **d)** ⟨etwas f.⟩ *etwas ständig als Ware anbieten:* wir führen alle Marken; diesen Artikel führen wir nicht; das Geschäft führt nur exklusive Modelle. **e)** ⟨etwas f.⟩ *als Auszeichnung tragen:* er führt den Doktortitel; den Titel Kam-

mersänger f. **10.** ⟨etwas führt zu etwas⟩ *etwas hat ein bestimmtes Ergebnis:* das führt sicher zum Erfolg, zu einer Lösung der Frage; alle Bemühungen führten zu nichts; das führt zu nichts Gutem; die Untersuchung hat zu dem Ergebnis geführt, daß ...; das wird noch zu einer Katastrophe f.; der Hinweis hat zur Ergreifung des Täters geführt. **11. a)** ⟨jmdn. f.; mit Raumangabe⟩ *jmdn. registriert haben:* jmdn. in einer Kartei, im Melderegister f.; eine Person dieses Namens wird bei uns nicht geführt. **b)** ⟨etwas f.⟩ *[anlegen und fortwährend] betreuen:* eine Liste, eine [Kunden]kartei, ein Konto f.; [jmdm.] die Bücher f. *(die Buchführung machen);* ich habe darüber Buch geführt *(alles vermerkt, aufgezeichnet).* **12.** /häufig verblaßt/ eine Unterhaltung f. *(sich unterhalten);* Verhandlungen sollen auf höchster Ebene geführt werden; Beschwerde f. *(sich beschweren);* über etwas Klage f. *(sich beklagen);* gegen jmdn. einen Prozeß f. *(prozessieren);* den Beweis f. *(beweisen);* das Protokoll f. *(den Verlauf einer Sitzung o. ä. schriftlich festhalten);* den Vorsitz, die Aufsicht f.; Regie f.; das Kommando f. *(kommandieren);* ein Doppelleben, einen liederlichen Lebenswandel f.; eine gute, glückliche Ehe f.; einen Kampf gegen einen Mißstand f.; das Ruder f. *(steuern).*

führend: *maßgebend, einflußreich:* führende Persönlichkeiten des politischen Lebens; er gehört, zählt zu den führenden Köpfen des Landes; führende Zeitungen; eine führende Rolle in der Gesellschaft spielen.

Führer, der: **1. a)** *führende, leitende Person:* ein erfahrener, mutiger F.; der F. einer Partei, einer Armee; er ist der geistige F. der Bewegung; jmdn. zum F. haben, bestimmen. **b)** *Person, die bei Besichtigungen Führungen macht:* wir haben uns einem F. angeschlossen. **2.** *Buch, das über etwas Auskünfte gibt:* ein ausführlicher, handlicher F. durch München, durch die Ausstellung; ein F. für die Schweiz; im F. nachlesen, nachschlagen; etwas ist nicht im F. verzeichnet.

Führung, die: **1. a)** *das Führen, Bestimmen:* eine gute, straffe, umsichtige F.; die F. eines Geschäftes, einer Expedition; es fehlt jede klare F.; die F. liegt in seinen Händen; ihm ist die F. völlig entglitten; ihm fehlt eine feste F.; die innere F. *(Erziehung zum mündigen Soldaten);* die F. haben, übernehmen, in die Hand nehmen, an sich reißen, behalten, niederlegen, abgeben, aus den Händen geben; die F. an einen anderen verlieren; die Gruppe arbeitet unter [der] F. eines erfahrenen Fachmannes. **b)** *leitende Personengruppe:* eine kollektive F.; die F. des Konzerns soll erweitert werden; einen Posten in der F. erhalten. **2.** *Besichtigung unter einem Führer:* eine interessante F. [durch den Dom]; die nächste F. ist um 15 Uhr, findet in zwei Stunden statt; eine F. mitmachen; Führungen veranstalten, machen; sich einer F. anschließen; an einer F. teilnehmen. **3.** *führende Position; Vorsprung:* jmdm. die F. streitig machen; eine klare F. [auf diesem Gebiet] haben; Sport: nach zehn Runden übernahm der Läufer aus Kenia die F.; seine F. halten, erfolgreich verteidigen, weiter ausbauen; er hat die F. bis zum Ende des Rennens nicht mehr abgegeben; bereits nach zwölf Minuten lag die Gastmannschaft mit 2:0 Toren in F.; in F. gehen. **4.** *Betragen:* wegen guter F. wurde er vorzeitig [aus dem Gefängnis] entlassen. **5.** *Handhabung:* die F. des Bogens (beim Violinspiel) verbessern. **6.** (Technik) *der die Bewegungsrichtung von etwas bestimmende Teil an Maschinen und Geräten:* die F. des Rades, eines Geschosses; die Schiene dient nur als F., zur F. *(zum Führen);* die Schubstange hat keine richtige F. *(wird nicht richtig geführt).* **7.** *das Steuern, Fahren (eines Fahrzeugs):* er hat die Berechtigung zur F. eines Kraftfahrzeuges. **8.** *das Tragen (eines Titels):* ab sofort ist ihm die F. dieses Titels untersagt. **9.** *[Anlage und] Betreuung von etwas:* die F. des Klassenhauses übernehmen; es wurden Unregelmäßigkeiten bei/in der F. der [Geschäfts]bücher festgestellt.

Fülle, die: **1.** *Körperfülle:* zur F. neigen; mit seiner ganzen F. ließ er sich in den Sessel fallen. **2.** *volle Kraft, Stärke:* die F. ihrer Stimme. **3.** *große Menge, Vielfalt:* eine F. von Modellen, Anregungen, Aufgaben; es gab Wein in großer F.; (geh.:) Wein die F. *(im Überfluß)* war vorhanden; alles war in verschwenderischer Fülle vorhanden; die F. der Gedanken machte/machten seinen Vortrag interessant; durch die F./wegen der F. des Stoffes ist der Vorhang sehr schwer.

füllen: 1. ⟨etwas f.⟩ *vollmachen:* eine Flasche, ein Faß, einen Sack [mit Sand] f.; fülle die Wanne nicht bis oben hin, bis zum Rand; alle Flaschen werden automatisch gefüllt und verschlossen; einen Ballon mit Gas f.; der Gänsebraten, die Gans wird mit Äpfeln gefüllt; der Zahnarzt hat den Zahn zunächst gefüllt *(mit einer Füllung versehen);* die Veranstalter konnten das Stadion nicht f.; der Saal war [bis auf den letzten Platz] gefüllt; der Stoff reicht, um mehrere Bände zu f.; adj. Part.: gefüllte Paprikaschoten; gefüllte Schokolade; er hat eine [gut] gefüllte Brieftasche *(viel Geld);* subst.: Material zum Füllen; übertr. (geh.): das füllt mein Herz mit Hoffnung · ⟨jmdm., sich etwas f.⟩ der Ober füllt ihm wieder das Glas; er hat sich den Bauch, den Wanst gefüllt (ugs.; *viel gegessen).* **2.** ⟨etwas in etwas f.⟩ *in etwas schütten, einfüllen:* die Kartoffeln in Säcke f.; er hat den Wein in Flaschen gefüllt. **3.** ⟨etwas füllt sich⟩ *etwas wird voll:* die Badewanne füllt sich langsam; das Theater, das Stadion hat sich doch noch gefüllt; ihre Augen füllten sich mit Tränen (geh.). **4.** ⟨etwas füllt etwas⟩ *etwas füllt etwas aus, nimmt [Platz] in Anspruch:* der Aufsatz füllt mindestens zehn Seiten; das ganze Material füllt fünf Bände; die Bücher füllen das ganze Regal.

Fund, der: **1.** *gefundener, entdeckter Gegenstand:* frühgeschichtliche Funde; ein F. aus der Frühzeit; einen F. bei der Polizei abliefern. **2.** *Entdeckung:* einen seltsamen, grausigen F. machen; er hat seinen F. der Polizei gemeldet.

Fundament, das **1.** *Grundmauern eines Gebäudes:* ein F. aus Bruchsteinen, aus Beton; das F. ist zu schwach; das F. mauern, gießen, verstärken; das F. für ein Haus legen. **2.** *Basis, Grundlage:* ein breites, sicheres, solides F. für etwas sein, darstellen, bilden; auf einem festen F. ruhen; etwas erschütterte die Fundamente des Staates.

fundieren (geh.) ⟨etwas f.⟩: *untermauern:* er hat seine These mit überzeugenden Argumenten fun-

diert; meist adj. Part.: er hat ein wohl, gut fundiertes Wissen; fundierte *(gute)* Kenntnisse besitzen, vorweisen können; ein nicht sehr gut fundiertes *(nicht finanzstarkes)* Unternehmen; seine Beweisführung war schlecht fundiert.

fünf ⟨Kardinalzahl⟩: *5:* es sind/wir sind f. Mann; wir sind zu fünft /(ugs.:) zu fünfen/ (geh.:) unser f.; es ist f. [Uhr]; er wird heute f. [Jahre alt]; subst.: er hat in Latein eine Fünf geschrieben; mit der Fünf *([Straßen]bahn, Omnibus der Linie 5)* fahren. ∗ (ugs.:) **fünf gerade sein lassen** *(etwas nicht so genau nehmen).*

fünfte ⟨Ordinalzahl⟩: *5.:* er ist der f.; jeder fünfte; der f. von vorne, von rechts; das f. Schuljahr; subst.: sie spielen die Fünfte *(5. Sinfonie)* von Beethoven; ↑achte.

fünfzig: ↑achtzig.

Fünfziger (in der Wendung) ein falscher Fünfziger/Fuffziger (ugs.): *unehrlicher, scheinheiliger Mensch.*

Funk, der: ↑Rundfunk.

Funke, der: ↑Funken.

funkeln ⟨etwas funkelt⟩: *etwas glitzert; blinkt:* die Sterne funkeln am Himmel; ihre Brillanten, Brillengläser funkelten; die funkelnden Lichter einer Großstadt; seine Augen funkelten [vor Zorn]; funkelnde Sterne; funkelnder Wein.

funken 1. a) ⟨etwas f.⟩: *etwas per Funk übermitteln:* SOS, seine Position f.; das Raumschiff hat die ersten Meßdaten zur Bodenstation gefunkt. **b)** *als Funker tätig sein:* die Schiffsbesatzung muß f. können; er funkt mit einem selbstgebastelten Apparat. **2.** (ugs.) ⟨etwas funkt⟩ *etwas funktioniert:* der Apparat, das Heizgerät funkt nicht [richtig]; der Laden funkt *(klappt).* **3.** (ugs.) *schießen:* die feindliche Artillerie funkte pausenlos. **4.** (ugs.) ⟨es funkt⟩ *es gibt Schläge:* wenn du nicht hörst, wird es gleich f. **5.** (selten) ⟨etwas funkt⟩ *etwas erzeugt Funken:* das Metall funkt beim Schleifen; der Stromabnehmer funkt. ∗ (ugs.:) **bei jmdm. hat es gefunkt: a)** *(jmd. hat etwas endlich begriffen).* **b)** *(jmd. hat sich verliebt).*

Funken, der: *sprühendes glühendes Teilchen:* ein elektrischer F.; die F. sprühen; ein überspringender F. entzündete das Benzin; mit etwas F. schlagen; etwas wird durch einen F. entzündet; übertr.: es genügt ein F., und der offene Aufstand bricht los; bei der Unternehmung fehlte der zündende F.; den F. [der Begeisterung] entfachen; ihre Augen sprühten F. *(blitzten vor Erregung).* ∗ **ein Funken [von]** ... *(ein wenig, ein Mindestmaß von):* wenigstens einen F. [von] Ehrgefühl, Anstand [im Leibe] haben; ein F./kein Fünkchen Hoffnung · ... **daß die Funken stieben/sprühen/fliegen** *(mit großer Intensität oder Vehemenz):* sie arbeiten, daß die F. stoben.

Funktion, die: **1.** *Amt, Stellung [in einem größeren Ganzen]:* eine wichtige, verantwortungsvolle, untergeordnete, leitende F.; seine vielen Funktionen erlaubten ihm nicht, noch dieses Amt anzunehmen; er hat die F. des Kassenprüfers; er erhielt eine neue F. in der Partei; jmdm. eine bestimmte F. übertragen; jmdn. seiner F. entbinden. **2.** *bestimmte Tätigkeit, Aufgabe:* die F. der Milz; die F. der Kunst; die F. von etwas stören, unterbrechen; eine F. erfüllen; ein Wort nach/in seiner F. im Satz bestimmen. **3.** (Math./

Physik) *gesetzmäßige Abhängigkeit:* eine lineare, algebraische, quadratische F.; eine F. mit zwei Variablen. * **in Funktion treten/sein** *(tätig werden/sein)* · **jmdn., etwas außer Funktion setzen** *(jmdn. handlungsunfähig, etwas arbeitsunfähig machen).*

funktionieren 1. ⟨etwas funktioniert⟩: *etwas arbeitet, läuft ordnungsgemäß:* die Maschine, der Staubsauger, der Anlasser funktioniert nicht; wie funktioniert das?; die Zusammenarbeit hat reibungslos funktioniert; das wird f. *(klappen); die* funktionierende Ehe; ein gut funktionierendes System. **2.** (ugs.) *sich bestimmten Normen entsprechend verhalten:* Kinder und Alte, die in dieser Gesellschaft nicht f. ...; nach diesem Krach funktionierte der Schauspieler wieder.

für I. ⟨Präp. mit Akk.⟩: **1. a)** ⟨zur Angabe des Ziels, des Zweckes, des Nutzens⟩ f. die Olympiade trainieren; f. höhere Löhne streiken; f. die Unabhängigkeit kämpfen; ein Plan f. die Steigerung der Produktion. **b)** *zugunsten einer Person, Sache:* er stimmte f. Kandidat X; f. Neuerungen sein; sie hat f. den KGB spioniert; s u b s t.: das Für und Wider erwägen. **2.** ⟨zur Angabe der Bestimmung, der Zuordnung, der Zugehörigkeit, der Hinwendung⟩ das Buch ist f. dich; eine Sendung f. Kinder; ein Gedeck f. zwei Personen; f. etwas keine Garantie übernehmen; ich wünsche Ihnen viel Erfolg f. Ihre Arbeit; f. diese Behauptung gibt es keine Beweise; er schreibt f. eine Zeitung; er kandidiert f. ein Amt; f. einen Schauspieler, f. Spanien schwärmen; f. so etwas habe ich nichts übrig; das ist nicht f. kleine Kinder; das ist f. mich *(was mich betrifft)* nicht dasselbe; f. uns ist damit die Angelegenheit erledigt; f. Polizei und Feuerwehr wurde Großalarm gegeben; es wäre f. Sie das beste, wenn ... **3.** (ugs.) *gegen:* ein gutes Mittel f. Kopfschmerzen; Mineralwasser ist gut f. den Durst. **4.** ⟨zur Angabe einer Meinung, Beurteilung, Bewertung o. ä.⟩ jmdn. f. ein großes Talent, f. intelligent halten; ich halte es f. richtig, nicht f. sinnvoll, zuzustimmen; diese Entwicklung hätte ich nicht f. möglich gehalten; etwas f. ungültig erklären; sie ließ den Vermißten f. tot erklären. **5.** ⟨zur Angabe eines Grundes⟩ *wegen:* sich f. sein Fehlen, f. seine gehässige Bemerkung entschuldigen; er ist f. seine [Un]zuverlässigkeit bekannt; er hat f. seinen Glauben gelitten; er ist f. seine großen Verdienste ausgezeichnet worden; f. diese Tat wurde er zu drei Jahren Gefängnis verurteilt. **6.** ⟨zur Angabe der Vertretung, des Ersatzes von jmdn., von etwas⟩ f. jmdn. *(an jmds. Stelle)* die Arbeit, den Dienst verrichten; ich bin f. ihn eingesprungen; ich freue mich f. dich; sie arbeitet f. zwei *(ist sehr tüchtig);* er spricht f. *(stellvertretend für)* die ganze Belegschaft; ich spreche nur f. mich *(das ist nur meine Meinung);* ich gebe ihnen f. das beschädigte Exemplar ein anderes; wie heißt das deutsche Wort f. Subordination? **7.** ⟨zur Angabe der Gegenleistung, des Gegenwertes⟩ etwas f. 20 DM, f. eine stattliche Summe kaufen; f. einen alten Wagen viel Geld bezahlen; was verlangt er f. diese Gefälligkeit?; wieviel Francs erhält man f. 100 Mark? **8.** ⟨zur Angabe eines Verhältnisses, eines Vergleichs⟩ f. sein hohes Alter ist er noch sehr rüstig; f. einen Ausländer spricht er vorzüglich

Deutsch; f. die Jahreszeit ist es zu kühl. **9.** ⟨zur Angabe einer Zeitspanne, eines Zeitpunkts⟩ f. einige Wochen verreisen; f. die Dauer von 20 Minuten; ich will nicht f. mein ganzes Leben unglücklich werden; das Treffen ist f. Freitag, den 20. Mai, festgelegt; Sie sind f. 11 Uhr vorgemerkt. **10.** ⟨bezeichnet in Verbindung mit zwei gleichen Substantiven das Nacheinander, die Vereinzelung⟩ Tag f. Tag *(jeden Tag)* fährt er diese Strecke; wir haben die beiden Texte Wort f. Wort verglichen; etwas Schritt f. Schritt *(etappenweise)* vorantreiben. **II.** ⟨in der Fügung⟩ was für [ein] ⟨zur Angabe der Art oder Qualität⟩: was f. ein Mann!; was f. welche möchtest du haben?; aus was f. Gründen auch immer. * **für sich** *(allein):* er lebt sehr f. sich.

Furche, die: **1.** *schmale Vertiefung im Boden:* er zog [mit dem Pflug] tiefe Furchen in den Boden; in den Furchen *(tiefen Wagenspuren)* ist das Regenwasser gefroren. **2. a)** *tiefe Faltenlinie in der [Gesichts]haut:* ein von Furchen durchzogenes Gesicht. **b)** *Vertiefungen in einer Oberfläche:* die Furchen einer Säule, des Gehirns.

Furcht, die: *Angst:* eine kindliche, [un]begründete, unerklärliche F.; die F. vor der Prüfung, vor dem Tode, vor dem Feind; plötzlich erfaßte, überfiel, ergriff, packte ihn eine große F.; eine übertriebene F. vor jmdm. haben; F. verbreiten; jmdm. F. einjagen; aus F. vor Strafe ist er davongelaufen; in ständiger F. leben; jmdn. in F. und Schrecken setzen; vor F. zittern, erblassen.

furchtbar: 1. *sehr schlimm, schrecklich:* ein furchtbares Unwetter, Unglück, Verbrechen; er leidet an einer furchtbaren Krankheit; ihn hat ein furchtbares Schicksal getroffen; die Schmerzen sind f.; der Anblick war f.; (geh., oft scherzh.:) er ist f. in seiner Wut; er ist ein furchtbarer *(ugs.; unangenehmer)* Mensch; das ist ja f. (ugs.; *das ist ärgerlich);* das war ihr [ganz] f. (ugs.; *war ihr äußerst unangenehm, peinlich).* **2.** (ugs.) **a)** *[unangenehm] stark, sehr groß:* eine furchtbare Hitze, Kälte; eine furchtbare Müdigkeit befiel mich. **b)** ⟨verstärkend bei Adjektiven und Verben⟩ *sehr, überaus:* alles ist f. teuer; das ist f. einfach; das ist f. nett von Ihnen; er hat sich f. blamiert; wir haben f. gelacht.

fürchten: 1. a) ⟨sich f.⟩ *Angst haben, Furcht empfinden:* sich vor der Prüfung, vor einer Auseinandersetzung, vor dem Sterben f.; ich habe mich in der Dunkelheit gefürchtet; du brauchst dich nicht zu f. **b)** ⟨jmdn., etwas f.⟩ *scheuen; vor jmdm., vor etwas Angst haben:* er hat noch keinen Gegner gefürchtet; den Tod f. (geh.); er fürchtet Kritik, jede laute Auseinandersetzung; a d j. Part.: er ist ein gefürchteter Richter; er ist allgemein gefürchtet; s u b s t.: jmdn. das Fürchten lehren; das Fürchten lernen; es war zum Fürchten. **c)** ⟨etwas f.⟩ *Unangenehmes ahnen, befürchten, die Befürchtung haben:* Unannehmlichkeiten, das Schlimmste f.; ich fürchte, es ist bereits zu spät; er fürchtete, daß seine Kleidung ihn verraten könnte; er fürchtete[,] seinen Arbeitsplatz zu verlieren; die ganze Auseinandersetzung verlief so, wie ich gefürchtet hatte; ich fürchte, Sie haben recht. **2.** ⟨für jmdn., für etwas/um jmdn., um etwas f.⟩ *sich Sorge machen:* ich fürchte für/um ihn, für/um seine Gesundheit; jetzt fürchtet er um sei-

nen Posten, für seine Karriere. **3.** (veraltend) 〈jmdn. f.〉 *vor jmdm. Ehrfurcht haben:* Gott f.
fürchterlich: 1. *sehr schlimm, schrecklich:* ein fürchterliches Unglück; eine fürchterliche Krankheit; die Schmerzen im Kreuz sind f.; (geh., oft scherzh.:) er ist f. in seinem Zorn; er ist ein fürchterlicher (ugs.; *unangenehmer*) Mensch; das ist ja f. (ugs.; *schlimm, ärgerlich*). **2.** (ugs.) **a)** *[unangenehm] groß, sehr stark:* eine fürchterliche Hitze. **b)** 〈verstärkend bei Adjektiven und Verben〉 *sehr, überaus:* es war f. kalt; sich f. betrinken; er hat sich f. blamiert
furchtsam: *ängstlich:* ein furchtsames Kind; furchtsame Blicke; sie ist sehr f.; f. näher kommen; du darfst dich nicht immer so f. zeigen.
Fürsorge, die: **1.** *besondere [soziale] Betreuung, tätige Bemühung um jmdn., der dessen bedarf:* ärztliche, väterliche, kirchliche, öffentliche F.; ihre F. galt den elternlosen Kindern. **2. a)** *öffentliche, organisierte Hilfstätigkeit zur Unterstützung Bedürftiger; Sozialamt:* die F. zahlt ihm eine Unterstützung; er fällt der öffentlichen F. zur Last. **b)** *Unterstützungsgeld:* er bekommt [monatlich 400 Mark] F.; von der F. leben.
Fürsprache, die: *das Sichverwenden einer einflußreichen Person bei jmdm. zugunsten eines anderen:* er genießt die F. eines Gönners; bei jmdm. F. für jmdn. einlegen; auf/durch F. seines Onkels bekam er diesen Posten.
Fürst, der: *Angehöriger des hohen Adels:* die deutschen Fürsten; ein regierender F.; er lebt wie ein F. *(aufwendig);* R: gehe nie zu deinem F. *(Chef),* wenn du nicht gerufen wirst.
fürstlich: 1. *den Fürstenadel betreffend:* die fürstliche Familie; das ehemals fürstliche Schloß. **2.** *großzügig, aufwendig:* fürstliche Geschenke; f. leben; jmdn. f. bewirten, belohnen.
Fuß, der: **1.** *unterster Teil des Beines (bei Menschen und bestimmten Tieren):* ein schmaler, schlanker, zierlicher, plumper F.; der F. eines Menschen, eines Tieres; der F. ist geschwollen; große Füße haben; laufen, so weit/so schnell die Füße tragen; ich habe [mir] den F. verstaucht, vertreten, verknackst (ugs.), gebrochen; den F. in die Tür stellen; ich habe kalte Füße bekommen; bei dem Regen kann man keinen F. vor die Tür setzen *(kann man nicht nach draußen gehen);* ich werde keinen F. mehr über seine Schwelle setzen *(sein Haus, seine Wohnung nicht mehr betreten);* den F. vom Gas nehmen *(langsamer fahren);* sich (Dativ) die Füße waschen; sie ging leichten Fußes die Treppe hinauf; ich kam noch trockenen Fußes nach Hause; Blasen an den Füßen haben; ich friere, es friert mich an den Füßen; jmdm. auf dem Fuß[e] *(unmittelbar)* folgen; mit voller Wucht trat er mir auf den F.; bei F.! /Kommando für den Hund/; sich (Dativ) einen Splitter in den F. treten; über seine eigenen Füße stolpern; einen F. vor den anderen setzen; von einem F. auf den anderen treten; gut, schlecht zu F. sein; zu F. kommen, gehen; jmdm. zu Füßen fallen (geh.); sich jmdm. zu Füßen werfen (geh.); zwei Hunde saßen ihm zu Füßen (geh.). **2. a)** *tragender Teil von Gegenständen:* ein dünner, massiver F.; der F. eines Stuhles, des Schrankes; der F. des Leuchters, des Glases ist abgebrochen; die Füße sind für eine Belastung zu schwach; die Füße

des Tisches absägen. **b)** *unterer Teil, Sockel:* der F. einer Säule, eines Turmes, eines Gebirges; das Haus liegt am F. des Berges; sie legten am F. des Denkmals Kränze nieder. **3.** /*ein altes Längenmaß*/: ein englischer, hessischer F.; das Grundstück ist 100 F. lang und 80 F. breit; ein Rohr von 50 F. Länge. **4.** (Metrik) *Versfuß:* der Hexameter hat sechs Füße. **5.** *Teil des Strumpfes:* den F. anstricken *(verlängern);* am F. ist ein Loch; der Strumpf hat ein Loch im F. * **stehenden Fußes** *(sofort)* · **[festen] Fuß fassen:** *a) [beim Klettern] Halt gewinnen).* **b)** *(heimisch werden; festen Boden unter die Füße bekommen)* · (ugs.:) **kalte Füße bekommen** *(ein Vorhaben aufgeben, weil man inzwischen Bedenken hat)* · (ugs..) **etwas hat Füße bekommen** *(etwas ist verschwunden, nicht mehr zu finden)* · (ugs.:) **sich** (Dativ) **die Füße nach etwas ablaufen/wund laufen** *(viele Gänge machen, um etwas zu finden, zu erreichen)* · (ugs.:) **sich** (Dativ) **die Füße vertreten** *(sich etwas Bewegung verschaffen)* · (ugs.:) **kalte Füße holen** *(mit etwas keinen Erfolg haben)* · **jmdm. den Fuß in/auf den Nacken setzen** *(jmdn. seine Macht fühlen lassen)* · (ugs.:) **die Füße unter jmds. Tisch strecken** *(von jmdm. finanziell abhängig sein; sich von jmdm. ernähren lassen)* · **auf eigenen Füßen stehen** *(wirtschaftlich unabhängig sein)* · **auf freiem Fuß sein** *(in Freiheit, nicht mehr in Haft sein)* · **jmdn. auf freien Fuß setzen** *(jmdn. freilassen)* · **auf großem Fuß leben: a)** *(aufwendig leben).* · **b)** (scherzh.:) *eine große Schuhgröße haben)* · **mit jmdm. auf freundschaftlichem o. ä. Fuß stehen** *(mit jmdm. ein freundschaftliches o. ä. Verhältnis haben)* · **etwas steht auf schwachen/schwankenden/tönernen/wackligen** (ugs.) **Füßen** *(etwas ist nicht sicher, hat keine feste Grundlage)* · **auf festen Füßen stehen** *(eine sichere Grundlage haben)* · (ugs.:) **immer [wieder] auf die Füße fallen** *(aus allen Schwierigkeiten immer wieder ohne Schaden hervorgehen)* · **etwas folgt auf dem Fuß[e]** *(etwas folgt, geschieht sofort nach etwas)* · **jmdm., etwas mit Füßen treten** *(jmdn., etwas mißachten, gröblich verletzen)* · (ugs.:) **mit dem linken Fuß zuerst aufgestanden sein** *(schlecht gelaunt sein)* · **mit einem Fuß im Grabe stehen** *(dem Tod sehr nahe sein, in einer gefährlichen Lage sein)* · (ugs.:) **jmdm. etwas vor die Füße werfen** *(wütend etwas zurückgeben, eine Arbeit nicht mehr weiterführen)* · (geh.:) **jmdm. zu Füßen liegen** *(jmdn. verehren)* · (geh.:) **jmdm. etwas zu Füßen legen** *(jmdm. etwas aus Verehrung überreichen, schenken)* · **gut, schlecht zu Fuß sein** *(eine längere Strecke gut, schlecht gehen können).*
Fußboden, der: ↑ Boden.
Fußbreit, der: *Breite, Ausdehnung etwa von der Größe eines Fußes:* keinen F. [seines Geländes] abtreten, abgeben; ü b e r t r.: keinen F. *(kein bißchen)* von etwas abweichen, abrücken.
fußen *(etwas fußt auf etwas): etwas beruht auf etwas, hat in etwas seine Grundlage:* das Gutachten fußt auf statistischen Erhebungen; vieles fußt nur auf Tradition; etwas fußt auf einem Vertrag.
Fuß[s]tapfe, die: *Fußspur:* im neuen Schnee sind tiefe Fuß[s]tapfen. * **in jmds. Fuß[s]tapfen treten** *(jmds. Vorbild folgen).*
futsch (ugs.): *verloren, dahin:* das ganze Geld, alles ist f.; R: f. ist f., und hin ist hin.

¹Futter, das: *Tiernahrung:* frisches, grünes, trockenes F.; F. schneiden, holen; F. in die Raufe schütten; die Pferde müssen noch ihr F. bekommen; F. für die Vögel streuen; nach F. suchen; übertr.: die Maschine braucht wieder F. (ugs.; *neue Arbeit).* * (ugs.:) **gut im Futter sein/stehen** *(gut genährt sein).*

²Futter, das: *Stoffauskleidung:* helles, einfarbiges F.; ausknöpfbares F.; F. zum Ausknöpfen; ein F. aus Seide; das F. in der Tasche ist zerrissen; das F. einsetzen; Briefumschläge mit F. *(mit Seidenpapier ausgekleidet).*

futtern (ugs.): **a)** ⟨gewöhnlich mit Artangabe⟩ *essen:* er futtert kräftig, tüchtig, wie ein Scheunendrescher. **b)** ⟨etwas f.⟩ *zu sich nehmen, verzehren:* Nüsse, sein Müsli f.

¹füttern: 1. a) ⟨ein Tier f.⟩ *einem Tier Futter geben:* die Pferde, die Kühe f.; die Schweine mit Kartoffeln f.; die Tiere im Zoo dürfen nicht gefüttert werden. **b)** ⟨etwas f.⟩ *etwas als Futter geben:* Klee, Hafer f. **2.** ⟨jmdn. f.⟩ **a)** *jmdm. die Nahrung in den Mund geben:* einen Säugling, einen Kranken f. **b)** *jmdm. von etwas im Übermaß zu essen geben:* jmdn. mit Kuchen f.; übertr.: er hat mich nur mit Versprechungen gefüttert (ugs.; *abgespeist).* **3.** ⟨etwas f.⟩ **a)** *einen Computer o. ä. mit bestimmten Daten versorgen:* eine Maschine, einen Computer falsch, mit einem Programm f. **b)** *einem Computer o. ä. als bestimmte Angabe eingeben:* neue Daten in einen Computer f. **c)** (ugs.) *durch Einlegen, Einwerfen von etwas bedienen:* einen Automaten mit Groschen f.

²füttern: ⟨etwas f.⟩ *mit einem Futter ausstatten:* den Mantel [mit Pelz] f.; adj. Part.: gefütterte Handschuhe; der Rock ist ganz mit, auf Taft gefüttert; die Briefumschläge sind gefüttert.

G

Gabe, die: **1. a)** (geh.) *Geschenk:* ein kühler Trunk ist eine G. Gottes; die Gaben *(Früchte)* der Felder. **b)** *Almosen:* eine milde, eine fromme G.; die Gaben verteilen; um eine G. bitten. **2.** *Begabung, Talent:* eine seltene G.; seine geistigen Gaben *(intellektuellen Fähigkeiten)* nicht nutzen; er besaß die G. der Rede; sie hatte die G., sich über alles hinwegzusetzen; (iron.:) er hat die G., in jedes Fettnäpfchen zu treten; ein junger Mann von großen Gaben, mit glänzenden Gaben. **3. a)** *das Verabreichen bes. eines Medikaments:* bei der G. dieser Medizin ist Vorsicht geboten! **b)** *verabreichte Menge von etwas; Dosis:* etwas nur in kleinen Gaben verabreichen.

Gabel, die: **a)** / *ein Eßgerät* / : eine kleine G.; eine G. mit zwei Zinken; mit Messer und G. essen; er spießte ein Stück Fleisch mit der G. auf. **b)** *Heu-, Mistgabel:* der Bauer lädt das Heu mit der G. auf. **c)** *Vorrichtung beim Telefon, auf der der Hörer liegt:* wütend warf er den Hörer auf die G.

gabeln ⟨sich g.⟩: *sich teilen, sich verzweigen:* der Weg gabelt sich [hinter der Brücke]; adj. Part.: ein gegabelter Ast.

gackern: *einen gackernden Laut von sich geben:* die Henne gackert; übertr.: die Mädchen lachten und gackerten.

gaffen: *neugierig, aufdringlich starren:* blöde, neugierig g.; alle gafften auf den Fremden; die Leute standen gaffend um die Unfallstelle.

gähnen: 1. *vor Müdigkeit, Langeweile o. ä. unwillkürlich den Mund weit öffnen und dabei tief atmen:* tief, laut, unverhohlen g.; mit aufgerissenem Mund g.; subst.: beim Gähnen die Hand vor den Mund halten; ein Gähnen unterdrücken; es war zum Gähnen langweilig. **2.** (geh.) ⟨etwas gähnt⟩ *mit Umstandsangabe) etwas bildet eine weite, tiefe Öffnung, klafft:* ein Abgrund, ein Loch gähnte vor ihnen; die große Grube gähnte schwarz.

Galgen, der: **1.** *Gerüst zum Hängen eines zum Tode Verurteilten:* auf dem Marktplatz wurde ein G. errichtet; er wurde zum G. verurteilt, kam an den G.; endete am Galgen *(wurde gehängt).* **2.** *galgenähnliche Vorrichtung, an der das Mikrophon hängt:* der G. muß näher zum Schauspieler gerückt werden. * (ugs.:) **reif für den Galgen sein** *(verdienen, hart bestraft zu werden).*

Galle, die: **a)** *Organ im Körper, in dem sich der aus der Leber ausgeschiedene Saft sammelt:* die G. ist gereizt, entzündet; sie mußte sich an der G. operieren lassen; er hat es an der G. **b)** *Gallensaft:* G. brechen. * **jmdm. läuft die Galle über; jmdm. steigt/kommt die Galle hoch; jmdm. schwillt die Galle** *(jmdn. packt die Wut).*

Galopp, der: *schnelle Gangart des Pferdes:* ein wilder, schwerfälliger, gestreckter, kurzer G.; er nahm die Hürde in fliegendem, vollem G.; G., im G. reiten; er setzte das Pferd in G. * (ugs.:) **im Galopp** *(schnell, flüchtig):* etwas im G. erledigen.

galoppieren: a) *im Galopp laufen, reiten:* das Pferd begann zu g.; die Reiter haben/sind zwanzig Minuten galoppiert. **b)** ⟨mit Raumangabe⟩ *sich galoppierend fortbewegen:* über die Felder g.; wir sind durch das Waldstück galoppiert.

gang ⟨in der Verbindung⟩ g. und gäbe sein: *allgemein üblich sein:* diese Methoden sind hier g. und gäbe.

Gang, der: **1.** *Art des Gehens:* ein aufrechter, gebückter, schneller, langsamer, jugendlicher, elastischer, schlaksiger, federnder G.; sein G. war schwer und schleppend; er beschleunigte seinen G.; wir erkannten ihn gleich an seinem G. **2.** *das Gehen einer Strecke zu einem bestimmten Zweck:* ein G. durch den Park, durch das Museum; sein erster G. war, führte ihn zu seiner Frau; ich muß noch mehrere Gänge *(Besorgungen)* in der Stadt machen; auf unserem G. nach Hause; einen schweren, bittern G. tun, gehen *(etwas sehr*

Unangenehmes erledigen); übertr.: jmdn. auf seinem letzten G. begleiten (geh.; *an jmds. Beerdigung teilnehmen).* **3.** *Bewegung, das Laufen einer Maschine:* der Motor hat einen ruhigen, gleichmäßigen G.; den G. der Maschine überwachen, regeln; die Maschine in G. bringen, halten, setzen. **4.** *Verlauf, Ablauf:* der G. der Dinge, der Geschichte hat das ganz klar bewiesen; der G. der Geschäfte, der Verhandlungen ist ziemlich unbefriedigend; wir dürfen in den G. der Untersuchung nicht eingreifen. **5.** (Sport) *Abschnitt eines Kampfes:* es sind noch drei Gänge auszutragen; er war nach dem zweiten G. kampfunfähig. **6.** *Gericht in der Speisefolge einer Mahlzeit:* das Festessen hatte mehrere Gänge; was gibt es als zweiten G.?; er gab ein Essen mit vier Gängen. **7. a)** *langer, an den Seiten abgeschlossener Weg:* ein langer, schmaler, gedeckter G.; durch einen unterirdischen G. gelangt man ins Freie. **b)** *Hausflur, Korridor:* ein langer, finsterer, schwach beleuchteter G.; der G. im 3. Stock; dieser G. führt in den Hof; auf den G. hinaustreten; auf/in den Gängen soll man keinen Lärm machen; die Tür schließt nach dem G. **8.** *Übersetzungsstufe bei Fahrzeugen:* das Fahrrad hat vier Gänge; den ersten G. einlegen, einschieben, herausnehmen (ugs.); vom ersten in den zweiten G. schalten; er, das Auto fuhr im dritten G. ∗ **ein Gang nach Kanossa** *(als erniedrigend empfundener Bittgang)* · (ugs.:) **einen Gang zulegen** *(sein Tempo bei etwas steigern)* · (ugs.:) **einen Gang zurückschalten** *(sein Tempo bei etwas mäßigen)* · **etwas in Gang bringen/setzen** *(bewirken, daß etwas allmählich beginnt):* der Minister brachte die Verhandlungen in G. · **etwas in Gang halten** *(verhindern, daß etwas zum Stillstand kommt):* die Aktion konnte nur mit Mühe in G. gehalten werden · **etwas kommt in Gang** *(etwas beginnt allmählich, nach längeren Vorbereitungen)* · **etwas ist im Gang[e]/in Gang:** a) *(etwas geschieht, geht vor sich, wird durchgeführt):* die Vorbereitungen sind noch in G.; das Fest ist bereits voll im Gang/in vollem Gange. b) *(etwas wird heimlich geplant, vorbereitet):* gegen den Minister scheint etwas im Gange zu sein · (nachdrücklich:) **etwas ist in Gang** *(etwas ist in Betrieb):* die Anlage ist die ganze Nacht in G. · **etwas geht seinen Gang** *(etwas verläuft in gewohnter Weise).*

Gängelband ⟨nur in bestimmten Wendungen⟩ **jmdn. am Gängelband führen/haben/halten** *(jmdm. dauernd vorschreiben, wie er sich zu verhalten hat)* · **am Gängelband gehen** *(in kleinlicher Weise dauernd bevormundet werden).*

gängeln ⟨jmdn. g.⟩: *jmdm. dauernd vorschreiben, wie er sich zu verhalten hat:* unser Vater gängelte mich und meinen Bruder sehr; der Wähler läßt sich von der Partei nicht g.

gängig: 1. *allgemein üblich, bekannt:* eine gängige Meinung; gängige Methoden, Münzen; er beherrscht nur die gängigsten *(am meisten gebrauchten)* Tricks; das ist sehr g. **2.** *oft gekauft; leicht zu verkaufen:* eine gängige Ware, Sorte; was sind die gängigsten Artikel?

Gans, die: **1.** *als Haustier gehaltener großer Vogel:* eine junge, fette G.; die G. schnattert, watschelt über den Hof; Gänse hüten; eine G. füttern, mästen, nudeln; die G. rupfen, ausnehmen,

mit Äpfeln füllen, braten. **2.** (ugs.) *unerfahrene, junge weibliche Person:* mit einer G. wie Ingrid will ich nichts zu tun haben; die dummen Gänse kichern die ganze Zeit; /auch als Schimpfwort:/ blöde G.!

Gänsefüßchen, die (ugs.) ⟨Plural⟩: *Anführungszeichen:* ein Wort in G. setzen.

Gänsehaut, die: *von Kälte, Schrecken o. ä. verursachte Beschaffenheit der Haut, die der einer gerupften Gans ähnlich sieht:* er hat vor Kälte, Furcht eine G.; eine G. bekommen, kriegen (ugs.). ∗ **jmdm. läuft eine Gänsehaut über den Rücken** *(jmdm. schaudert).* · (ugs.:) **etwas verursacht jmdm. eine Gänsehaut** *(etwas läßt jmdm. schaudern).*

Gänsemarsch ⟨in der Verbindung⟩ **im Gänsemarsch** (ugs.): *in einer Linie hintereinander:* sie zogen im G. über den Marktplatz.

ganz: 1. a) *gesamt, alle:* g. Deutschland; die ganze Welt; die ganze Zeit über; das ist nicht die ganze Wahrheit; das ist mein ganzes Vermögen; den ganzen Sommer über war schlechtes Wetter; er mußte seine ganze Kraft aufbieten; in g. Europa gibt es keine schönere Stadt; sie ist ihr ganzer Stolz; ein ganzer Kerl sein *(ein Mann sein, auf den man sich in jeder Hinsicht verlassen kann);* das ist schon das ganze Geheimnis *(mehr verbirgt sich nicht dahinter):* subst.: das Ganze im Auge haben; der Staat als Ganzes · in ganzen *(vollständigen)* Sätzen antworten; eine ganze *(vollständige)* Drehung; mit der ganzen *(vollen)* Wahrheit herausrücken; hochsprachlich nicht korrekt: die ganzen Leute *(alle Leute).* **b)** (ugs.) *nur /*in Verbindung mit Kardinalzahlen/: das Buch hat ganze fünf Mark gekostet; er hat die Arbeit mit ganzen zwei Mann geschafft. **c)** *ziemlich groß, ziemlich viel:* er hat eine ganze Menge Geld verspielt; es dauerte eine ganze Weile. **2.** (ugs.) *heil, nicht entzwei; unbeschädigt:* sie hat kein ganzes Paar Strümpfe mehr; die Schüssel ist g.; den Feier und alle Gläser g. geblieben; laß bloß die Decke g.!; Papa machte das Spielzeug wieder g. **3.** *völlig, vollkommen:* er hat den Kuchen g. aufgegessen; das Essen ist g. kalt; es ist g. still; das ist etwas g. anderes *(das ist nicht vergleichbar);* dieses Buch ist g. *(sehr)* schlecht; sein Name ist mir g. unbekannt; er ist g. der Vater (ugs.; *er ist dem Vater sehr ähnlich);* ich habe es g. vergessen; er ist g. der Mann *(er ist sehr gut geeignet)* für diese Aufgabe; er wie ich; er hat es g. allein geschafft. **4.** *einigermaßen:* das Essen hat g. gut geschmeckt; der neue Nachbar ist g. nett; der Film hat mir g. gut gefallen; das ist zwar g. schön, aber ... ∗ **im ganzen: a)** *(insgesamt):* er war im ganzen dreimal in Italien. **b)** *(alles zusammen, nicht einzeln):* er verkauft seine Bibliothek im ganzen · **im großen [und] ganzen** *(im allgemeinen, insgesamt)* · (ugs.:) **aufs Ganze gehen** *(eine Entscheidung herbeiführen wollen; alles wagen, um etwas zu erreichen)* · **ganz und gar** *(völlig).*

gänzlich: *völlig, ganz:* ein gänzlicher Mangel an Bereitschaft; das ist g. überflüssig; eine mir g. fremde Person; er hat es g. vergessen.

gar: I. ⟨Adj.⟩ **1.** *genügend gekocht, gebraten oder gebacken:* gares Fleisch; die Kartoffeln sind g.; das Gemüse ist erst halb g.; das Huhn langsam g. kochen. **2.** *(südd., österr. ugs.) zu Ende:* das Geld ist g.; die Vorräte sind bald g. **3.** (Landw.) *die besten Voraussetzungen für das Gedeihen der Pflanzen habend:* der Boden ist g. **II.** ⟨Adverb⟩ **1.** /verstärkend bei Verneinungen/ *überhaupt:* er hat g. nichts gesagt; das ist g. nicht wahr; g. keine Ahnung haben; davon kann g. keine Rede sein. **2.** (südd., österr., schweiz.) *sehr:* das schmeckt g. fein; das klingt so g. traurig. **III.** ⟨Gesprächspartikel⟩ **1.** /unbetont; wirkt verstärkend bei Vermutungen, [rhetorischen] Fragen/: er wird doch nicht g. krank sein?; habe ich das Buch g. falsch eingestellt? **2.** /betont; verstärkt ein steigerndes *zu* oder *so*/: ich hätte g. zu gern mitgemacht; sie stellten g. zu hohe Ansprüche; rede doch nicht g. so viel. **3.** /unbetont; wirkt verstärkend/ *erst:* ich wollte Sie nicht kränken oder g. beleidigen; der Schmutz im Hotel war schon schlimm, und g. das Ungeziefer!; eine Prognose für das Wochenende oder g. für die nächste Woche ist unmöglich.

Garantie, die: **1.** (Kaufmannsspr.) *vom Hersteller gegebene Gewähr, Defekte an einem Gegenstand kostenlos zu beheben:* auf dem Gerät ist noch G., auf das Gerät haben Sie noch G.; die Firma gibt, leistet für /(auch:) auf den Kühlschrank ein Jahr G.; die G. [für/auf das Gerät] ist abgelaufen; eine Uhr mit einem Jahr G.; die Reparatur fällt noch unter G., geht noch auf G. (ugs.). **2.** *Gewähr, Sicherheit:* rechtliche Garantien; eine G. der Zufahrtswege nach Berlin; Garantien gegen Freiheitsbeschränkungen; eine G. verlangen, bieten, übernehmen; ich gebe dir meine G. darauf *(ich versichere es dir);* das sage ich dir ohne G.; unter G. *(ganz sicher)!*

garantieren: a) ⟨jmdm. etwas g.⟩ *jmdm. etwas zusichern:* jmdm. freien Zugang g.; wir garantieren Ihnen ein sicheres Einkommen; das garantiere ich dir!; ich garantiere Ihnen, daß Sie keine Schwierigkeiten haben werden; ⟨auch ohne Dat.⟩ wir garantieren geregelte Freizeit; ich garantiere jetzt schon, daß das nicht klappt. b) ⟨etwas garantiert etwas⟩ *etwas gibt die Gewähr für etwas:* die Verfassung garantiert die Rechte der Bürger; das Auftreten des Schauspielers garantiert ein volles Haus; adj. Part. (ugs.): *sicher:* er hat es garantiert vergessen. c) ⟨für etwas g.⟩ *für etwas Garantie geben, bürgen:* der Händler garantiert für die Qualität der Ware; für den Erfolg kann ich nicht g.; ich garantiere dafür, daß ...

Garaus ⟨in der Wendung⟩ jmdm. den Garaus machen (meist ugs. scherzh.): *jmdn. umbringen:* er hat seinem Rivalen, der Fliege den G. gemacht; übertr.: wir werden dieser Propaganda den G. machen *(ihr ein Ende bereiten).*

Garbe, die: **1.** *Getreidebündel:* eine G. binden; die Garben zusammentragen, aufstellen; das Getreide in/zu Garben binden. **2.** *Serie von schnell abgefeuerten Geschossen in kegelförmiger Streuung:* eine G. abfeuern, abgeben; von der G. eines Maschinengewehrs zerfetzt werden.

Gardine, die: *leichter Vorhang an Fenstern:* weiße, gemusterte Gardinen; die G. auf-, zuziehen; Gardinen aufhängen, abnehmen, waschen, spannen; Gardinen für ein Fenster nähen. * (ugs.:) **hinter schwedischen Gardinen** *(im Gefängnis).*

Gardinenpredigt, die (ugs. scherzh.): *Strafpredigt:* der Lehrer hielt uns eine lange G.

gären: 1. ⟨etwas gärt⟩ *etwas verändert sich durch chemische Zersetzung:* der Most, das Bier gärt; der Teig gärte/gor; der Wein ist/hat gegoren/(seltener:) ist/hat gegärt; gegorener *(durch Gärung verdorbener)* Saft. **2. a)** ⟨etwas gärt in jmdm., etwas⟩ *etwas brodelt, verursacht in jmdm. Unruhe:* der Haß, die Wut gärt in ihm; der Aufruhr gärte/(selten:) gor im Volk. **b)** ⟨es gärt in/unter jmdm., etwas⟩ *es herrscht Unruhe, Unzufriedenheit in jmdm., in einem Bereich:* im Volk, in den Fabriken, in der Partei gärt es; es gärt in ihm; unter der Bevölkerung hat es schon lange gegärt.

Garn, das: *Faden aus Fasern:* feines, dünnes, einfaches G.; G. ab-, aufspulen, färben; Flachs zu G. spinnen. * (ugs.:) **[s]ein Garn spinnen** *(eine phantastische Geschichte erzählen):* der alte Kapitän spinnt wieder sein G. · **jmdm. ins Garn gehen** *(auf jmds. List hereinfallen).*

garnieren ⟨etwas g.⟩: *verzieren, schmücken:* eine Torte, den Braten g.; übertr.: er garnierte seine Rede mit lateinischen Zitaten.

garstig: a) (veraltend) *abscheulich, häßlich:* ein garstiger Geruch; das Wetter war diesen Sommer recht g.; in den Räumen roch es g. b) *frech, ungezogen:* ein garstiges Kind; du bist aber heute sehr g.; sich g. benehmen; ⟨zu jmdm. g. sein⟩ sei doch nicht so g. zu deiner Oma!; sich g. benehmen. c) *böse:* ein garstiger Zwerg; eine garstige Hexe.

Garten, der: *kleines Stück Land für den Anbau von Gemüse, Blumen o. ä.:* ein gepflegter, verwilderter, ländlicher, blühender, schattiger G.; ein botanischer G. *(öffentliche Anlage mit vielen verschiedenen, auch exotischen Pflanzen);* der zoologische G. *(Zoo);* ein englischer G. *(großflächige, der natürlichen Landschaft angeglichene Anlage);* hängende Gärten *(an Abhängen terrassenförmig angelegte Gärten im Altertum);* der Garten des Schlosses; einen G. anlegen; den G. umgraben, hegen, gießen; die Kinder spielen im G.; in den G. gehen; ein Haus mit G. * (ugs.:) **quer durch den Garten:** a) (scherzh.): *viele verschiedene Sorten Gemüse enthaltend [von Suppen].* **b)** (oft spöttisch): *in bunter Vielfalt).*

Gas, das: a) *unsichtbarer, luftförmiger Stoff:* ein brennbares, explosives, flüssiges, giftiges G.; brennende Gase; G. verdünnen, verflüssigen, ablassen; einen Ballon mit G. füllen. **b)** *Stadtgas:* G. strömt aus; das G. *(Gas am Gasherd)* anzünden, abstellen, abdrehen (ugs.); mit G. kochen, heizen; die Stadtwerke haben das G. gesperrt. c) *Treibstoff, Brennstoffgemisch beim Kraftfahrzeug:* ohne G. den Berg hinabfahren; G. geben *(das Gaspedal drücken und dadurch den Wagen beschleunigen);* G. wegnehmen; vom G. [weg]gehen; aufs G. (ugs.; *Gaspedal)* treten.

Gasse, die: **1.** *schmale Straße:* eine enge, winklige, steile, holprige G.; Kinder spielten auf der G.; er wohnt in einer abgelegenen G.; er kaufte zwei Flaschen Bier über die G. (österr.; *zum Mitnehmen);* übertr.: die Spieler bildeten eine G. *(ein Spalier)* für den Schiedsrichter; er bahnte sich eine G. *(einen Weg)* durch die Menge. **2.** *die Bewohner einer Gasse:* die ganze G. feiert heute.

Gast, der: a) *jmd., der eingeladen wurde:* ein seltener, häufiger, ungebetener, gerngesehener, willkommener, hoher, illustrer G.; geladene Gäste; Sie sind mein G./betrachten Sie sich als mein

G./ seien Sie bitte mein G. *(ich lade Sie ein und zahle Ihre Rechnung);* Gäste [zum Essen] einladen; die Gäste empfangen, begrüßen, bewirten, unterhalten; wir haben heute abend Gäste; der Hausherr kümmert sich um seine Gäste; wir haben unsere Tante zu G.; bei jmdm. zu G. sein; übertr.: die Not war ständiger G. bei ihnen; Einbrecher und andere ungebetene Gäste. **b)** *gastierender Künstler:* als G. auftreten; eine Aufführung mit prominenten Gästen. **c)** *Besucher eines Lokals o. ä.:* wir waren die letzten Gäste; der Wirt bediente, begrüßte den G.; die Gäste des Hotels; zahlende Gäste; er ist ein ständiger G. auf dem Rennplatz *(hält sich sehr oft dort auf);* übertr.: wir sind nur G. auf dieser Welt.

Gastfreundschaft, die: *Bereitschaft, Gäste aufzunehmen:* jmds. G. genießen, in Anspruch nehmen; jmdm. G. gewähren; ich danke für Ihre G.; er wurde mit großer G. aufgenommen.

Gatte, der: **1.** (geh.) *Ehemann:* ein zärtlicher, aufmerksamer G.; wie geht es Ihrem Gatten?; sie besuchte in Begleitung ihres Gatten das Konzert. **2.** (veraltend) ⟨Plural⟩ *Eheleute:* beide Gatten stammen aus München.

Gattin, die (geh.): *Ehefrau:* grüßen Sie bitte Ihre G.; empfehlen Sie mich Ihrer G.

Gattung, die: *Gruppe von Dingen oder Lebewesen mit gemeinsamen Merkmalen:* die drei literarischen Gattungen (Epik, Lyrik, Dramatik). Biol.: Zuckerahorn gehört zur G. Ahorn; diese G. von Tieren ist bereits ausgestorben.

Gaul, der: *schlechtes Pferd:* ein alter, magerer G.; der G. trottete langsam dahin; R: einem geschenkten G. schaut man nicht ins Maul *(ein Geschenk prüft man nicht kleinlich nach).*

Gaumen, der: *obere Wölbung der Mundhöhle:* der vordere, hintere G.; der harte, knöcherne *(vordere)* G.; der weiche *(hintere)* G.; sein G. ist ganz trocken; bildl.: mir klebt [vor Durst] die Zunge am G. *(macht Appetit);* das kitzelt den G. *(macht Appetit!);* übertr.: einen feinen G. haben *(ein Feinschmecker sein):* das schmeichelt, beleidigt den G.; das ist etwas für meinen [verwöhnten] G.! *(das schmeckt mir!).*

Gauner, der: **1.** *Betrüger, Schwindler:* dieser G. hat mich betrogen; die Polizei fängt nur die kleinen G. **2.** (ugs.) *schlauer, durchtriebener Mensch:* ein gerissener G.; du G.!

Gebäck, das: *kleines Backwerk:* süßes, knuspriges G.; zum Tee gab es G.; G. anbieten.

Gebälk, das: *Gesamtheit der Balken eines Bauwerks:* morsches, verkohltes G.; das G. ächzt, stürzt ein; nachts krachte es im G.; R: es knistert/ kracht im G. *(bedrohliche Spannungen treten auf).*

Gebärde, die: *Bewegung, die eine Empfindung o. ä. ausdrückt:* eine auffallende, feierliche, beschwichtigende, bedauernde, verzweifelte, hilflose G.; er machte eine drohende G.; er pflegt seine Reden mit Gebärden zu begleiten.

gebärden (sich, z.: mit Artangabe): *sich auffällig verhalten:* sich wütend, sonderbar, wild, unvernünftig, wie toll, wie ein Wahnsinniger g.

Gebaren, das: *auffälliges Benehmen:* ein weltmännisches, auffälliges, sonderbares G.; das geschäftliche, kaufmännische G. einer Firma; ein seltsames G. an den Tag legen.

gebären ⟨[jmdn.] g.⟩: *[ein Kind] zur Welt bringen:* Zwillinge g., die Frau gebärt/(veraltend:) gebiert ihr erstes Kind; ⟨jmdm. jmdn. g.⟩ sie gebar ihrem Gatten zwei Kinder (geh.) · ich wurde am 1. Mai 1988/am 1. Mai 1988 wurde ich in Berlin geboren; so jemand muß erst noch geboren werden (ugs.: *eine solche Person gibt es noch nicht*); unter Schmerzen, ohne Komplikationen g.; diese Frau hat noch nicht geboren; übertr. (geh.): *hervorbringen:* Haß gebiert neuen Haß; adj. Part.: **a)** /zur Angabe des Mädchennamens bei einer verheirateten Frau/: Frau Marie Berger[,] geb. Schröder; sie ist eine geborene Schröder. **b)** *von Natur aus begabt:* er ist der geborene/ein geborener Kaufmann. * *zu etwas geboren sein (alle Fähigkeiten haben für etwas):* er ist zum Schauspieler geboren.

Gebäude, das: *großer Bau:* ein großes, öffentliches, repräsentatives G.; das neue G. des Theaters wird nächstes Jahr fertig; ein G. für kulturelle Veranstaltungen; alle öffentlichen Gebäude hatten geflaggt; übertr.: ein G. von Lügen, Gedanken; ein theoretisches G. errichten.

geben: **1.** ⟨jmdm. etwas g.⟩ *schenken, spenden:* dem Bettler eine milde Gabe g.; der Vater gibt dem Sohn Geld fürs Eis; übertr.: der Baum gab uns Schatten (geh.); sie gab ihm ihre ganze Liebe; (auch ohne Dat.) die meisten Anwesenden gaben etwas; ⟨auch ohne Akk.⟩ sie gibt gern, leichten Herzens *(sie ist freigebig);* R: Geben ist seliger denn Nehmen. **2.** ⟨jmdm. etwas g.⟩ *überreichen, hingeben:* dem Portier den Schlüssel, dem Gast die Speisekarte g.; geben Sie mir bitte ein Pfund Trauben; sich eine Quittung g. lassen; einem Kranken das Essen, zu trinken g.; dem Boy ein Trinkgeld g.; er ließ sich im Reisebüro einen Prospekt g.; ⟨auch: jmdm. jmdn. g.⟩ geben Sie mir bitte Herrn Meier *(kann ich bitte Herrn Meier am Telefon sprechen?);* ⟨auch ohne Dat.⟩ ich habe die Papiere nicht aus der Hand gegeben; ich gäbe viel darum, wenn ich das wüßte *(ich wüßte es sehr gern);* die Karten g. *(zum Spiel austeilen);* ⟨auch ohne Dat. und ohne Akk.⟩ wer gibt?; ich habe gegeben *(die Karten zum Spiel ausgeteilt);* Sport: du gibst *(du hast den Aufschlag).* **3.** ⟨jmdn., etwas g.; mit Umstandsangabe⟩ *irgendwohin bringen, zu einem bestimmten Zweck übergeben:* den Koffer in die Gepäckaufbewahrung, den Mantel in die Reinigung, das Auto zur Reparatur, in die Werkstatt g.; den Jungen in die Lehre g.; das Kind in Pflege, in die Obhut der Eltern g.; das Manuskript, den Aufsatz in Druck, zum Druck geben. **4. a)** ⟨jmdm. etwas g.⟩ *geben, gewähren, zukommen lassen:* jmdm. ein Autogramm g.; dem Kind einen Namen g.; jmdm. eine Frist, Rechenschaft g.; er gab ihm die Chance, sich zu bewähren; seine Frau wollte jmdm. keinen Grund zu einem Streit g.; du sollst ihnen ein gutes Beispiel g.; dem Gläubigern Sicherheiten g.; den Kunden Kredit, Rabatt g.; er wollte seinen Kindern eine gute Erziehung g.; jmdm. Genugtuung g.; ⟨auch ohne Akk.⟩ jmdm. im Interview, kein Pardon g.; /häufig völlig verblaßt/ jmdm. ein Zeichen g. *(ihn auf etwas aufmerksam machen);* jmdm. keine Antwort g. *(nicht antworten);* ich habe ihr mein Wort, das Versprechen gegeben *(versprochen);* jmdm. einen Befehl *(ihm etwas befehlen);* jmdm. einen Rat g. *(raten);* jmdm. einen Kuß g. *(ihn küssen);* jmdm. einen Tritt g. *(ihn treten);* jmdm. einen Stoß g. *(ihn stoßen);* einem Tier den Gnadenstoß, Gnadenschuß g. *(es töten, um ihm länger leiden zu lassen);* dem Patienten eine Spritze g. *(eine Injektion verabreichen);* dem Kind die Brust g. *(es stillen),* die Flasche g. *(es mit der Flasche füttern);* Befehl g. *(befehlen)* zum Aufbruch; der Schiedsrichter gibt das Tor *(erkennt es an),* gibt Freistoß *(entscheidet auf Freistoß)* [für die Heimmannschaft]. **b)** ⟨jmdm., einer Sache etwas g.⟩ *verleihen:* jmdm. Mut, Hoffnung g.; die anerkennenden Worte gaben ihm neuen Schwung, Auftrieb; seinen Worten Nachdruck g.; der Autor gibt seinem Roman den letzten Schliff; er hat dem Gespräch eine andere Richtung gegeben; mir ist es nicht gegeben, die Dinge leichtzunehmen. **5.** ⟨etwas g.⟩ *hervorbringen:* der Ofen gibt Wärme, die Kuh gibt viel Milch; diese Birne gibt zu schwaches Licht. **6.** ⟨etwas g.⟩ *veranstalten:* ein Fest, eine Party, eine Gesellschaft g.; die Philharmoniker gaben ein Konzert in Moskau; der Minister gab ein Essen für den Gast. **7.** ⟨jmdn., etwas g.⟩ **a)** *darstellen, spielen:* der Schauspieler gibt in den neuen Inszenierung den Hamlet, hat die Rolle schon oft gegeben. **b)** *aufführen:* was wird heute im Theater gegeben? **8.** ⟨jmdn., etwas g.⟩ *ausmachen, ergeben:* zwei mal zwei gibt vier; zwei Hälften geben ein Ganzes; das gibt keinen Sinn; der Junge gibt einen guten *(wird ein guter)* Kaufmann; ein Wort gab das andere *(während eines Gesprächs entstand ein Streit);* was gibt das (ugs.; *was wird daraus)*?; was wird das g. *(was wird daraus werden)*? **9.** (ugs. landsch.) ⟨etwas g.; mit Raumangabe⟩ *stellen, legen, irgendwohin tun:* Zucker über die Mehlspeise g.; eine Decke auf den Tisch g.; die Wäsche in die Waschmaschine g. **10.** ⟨etwas von sich g.⟩ *äußern:* Unsinn, geistlose Bemerkungen, Gemeinplätze von sich g.; er konnte es nicht so recht von sich g. (ugs.; *er konnte sich nicht ausdrücken).* **11.** ⟨etwas von sich g.⟩ (ugs.) *erbrechen:* der Kranke mußte alles wieder von sich g. **12.** ⟨etwas auf etwas g.⟩ *auf etwas Wert legen, einer Sache Bedeutung beimessen:* er gibt viel, wenig auf gutes Essen, auf seine Kleidung; ich gebe nichts auf sein Urteil, auf diese Behauptung, auf seine Worte. **13.** ⟨sich g.; mit Artangabe⟩ *sich verhalten, benehmen:* sich gelassen, natürlich, unbefangen, witzig, freundlich, herzlich g.; er gibt sich, wie er ist; die Besatzer geben sich als Befreier. **14.** ⟨etwas gibt sich⟩ *etwas hört auf, läßt nach:* die Schmerzen werden sich g.; nach der Spritze hat sich das Fieber bald gegeben. **15.** ⟨etwas gibt sich⟩ *etwas findet sich:* ich werde dich besuchen, wenn sich eine Gelegenheit gibt; es wird sich alles wieder g.; das übrige wird sich g. **16.** ⟨es gibt jmdn., etwas⟩ *jmd., etwas ist vorhanden, existiert:* es gibt einen Gott; in diesem Fluß gibt es noch Fische; in diesem Viertel gibt es einige gute Restaurants; das gibt es nicht; so etwas hat es noch nie gegeben!; /als Ausruf des Erstaunens, der Entrüstung/ so eine Gemeinheit kann, darf es nicht g.!; so [et]was gibt es!; (ugs.:) was gibt es denn da *(was ist denn hier los)*?; was gibt es nicht alles gibt!; (ugs.:) so was gibt's ja gar nicht!; was gibt's Neues?; was gibt es da zu lachen?; es gibt viel zu tun; da gab es kein Entkommen *(da war kein Entkommen möglich);* adj. Part.: etwas als gegeben *(feststehend, bekannt)* voraussetzen, annehmen; zu gegebener *(passender)* Zeit, Stunde; unter den gegebenen Umständen *(den derzeit bestehenden Verhältnissen).* **17.** ⟨es gibt etwas⟩ *es wird ausgegeben, angeboten:* was gibt es heute [zu essen, zu Mittag]?; an diesem Schalter gibt es Sondermarken; was gibt es heute im Fernsehen?; wo gibt es das zu kaufen? **18.** ⟨es gibt etwas⟩ *es wird eintreten, geschehen:* heute gibt es noch Regen, ein Gewitter; es gibt Schnee; (ugs.:) heute wird's noch etwas g. *(es wird regnen, ein Gewitter geben);* wenn du so unvorsichtig bist, gibt es noch ein Unglück; (ugs.:) wenn du nicht ruhig bist, gibt's was *(wirst du bestraft, bekommst du Schläge).* *(ugs.:) **es** jmdm. **geben: a)** *(jmdm. gehörig die Meinung sagen).* **b)** *(jmdn. verprügeln).*

Gebet, das: *an Gott gerichtete Bitten, Dankesworte:* ein stilles, gemeinsames G.; ein kanonisches, liturgisches G.; das G. des Herrn *(geh.; das Vaterunser);* ein G. für die Toten, um Hilfe; das G. der Mutter wurde erhört; ein G. sprechen, herunterleiern (abwertend), verrichten; jmdn. in sein G. einschließen; ich falte meine Hände zum G. *** jmdn. **ins Gebet nehmen** *(jmdn. scharf, eindringlich zurechtweisen).*

Gebiet, das: **1.** *Teil einer Landschaft; Landstrich, Gegend:* ein fruchtbares G.; weite Gebiete des Landes waren überschwemmt; die Expedition hält sich zur Zeit in einem unerforschten G. auf; übertr. (Meteor.): ein G. *(eine Zone)* niederen Luftdrucks. **2.** *Territorium, Staatsgebiet:* ein exterritoriales G.; die durch den Krieg verlorenen Gebiete; das G. der Schweiz; ein G. unterwerfen, besetzen. **3.** *Bereich, Fach:* ein schwieriges, interessantes G.; ein G. beherrschen; er ist ein Fachmann auf diesem G.; auf kulturellem G. wird in dieser Stadt viel geboten; der Politiker hat auf dem G. der Sozialpolitik viel geleistet; sich für ein G. interessieren; er muß sich in das neue G. erst einarbeiten.

gebieten (geh.): **1.a)** ⟨etwas g.⟩ *befehlen:* Einhalt g.; der Lehrer gebietet Ruhe, Schweigen; er hält es für dringend geboten, die Sache schnell zu erledigen; er war eine Ehrfurcht gebietende Erscheinung; ⟨jmdm. etwas g.⟩ der König gebot ihm auszuwandern. **b)** ⟨etwas gebietet etwas⟩ *etwas erfordert dringend etwas, zwingt zu etwas:* die Klugheit gebietet besondere Vorsicht, besonders vorsichtig zu sein; es ist Vorsicht geboten *(erforderlich);* ⟨etwas gebietet jmdm. etwas⟩ die Situation gebietet es dir, etwas zu unternehmen. **2.** ⟨über etwas g.⟩ **a)** *herrschen:* der Herrscher gebot über ein großes Land; übertr.: über seine Leidenschaften g. **b)** *zur Verfügung haben:* das Institut gebietet über große Mittel.

gebieterisch (geh.): *herrisch befehlend:* mit gebieterischer Stimme; er rief ihn in, mit gebieterischem Ton zu sich; die Not fordert g. *(zwingend),* daß wir helfen.

gebildet: *große Bildung habend:* ein gebildeter Mensch, Kopf (ugs.); er ist einseitig, politisch g.

Gebirge, das: *zusammenhängende Gruppe von hohen Bergen:* ein hohes, schroffes, kahles, zerklüftetes, vulkanisches G.; der Kamm eines Gebirges; ein G. überfliegen; er fährt zur Erholung

ins G., verbringt den Sommer im G.; übertr.: ein G. *(eine riesige, sich auftürmende Masse)* von Schutt, von Akten.
geboren: ↑gebären.
geborgen ⟨bes. in der Fügung⟩ sich g. fühlen/ (geh.:) wissen: *sich sicher, beschützt fühlen:* sie fühlte sich bei ihren Eltern, zu Hause g.
Gebot, das: **1.** *Grundsatz, [moralisches] Gesetz:* ein göttliches, sittliches, moralisches G.; das G. der Menschlichkeit, der Nächstenliebe, der Höflichkeit; das höchste, oberste G. ist die Liebe; die Zehn Gebote; ein G. beachten, erfüllen. **2.** *von einer höheren Instanz ausgehende Anweisung; Befehl, Vorschrift:* ein G. ausgeben, erlassen; ein G. achten, mißachten, befolgen, übertreten; Verkehrsw.: Gebote und Verbote. **3.** *Erfordernis, Notwendigkeit:* ein künstlerisches, militärisches G.; das G. der Vernunft; das G. der Klugheit erfordert es, daß wir schweigen; seine Politik wird vom G. der Neutralität bestimmt; das G. der Stunde verlangt es, daß alle helfen. **4.** (Kaufmannsspr.) *Angebot bei Versteigerungen:* ein höheres G. machen. * (geh.:) **etwas steht jmdm. zu Gebote** *(etwas steht jmdm. zur Verfügung).*
Gebrauch, der: **1.** *Verwendung, Benutzung:* der zu häufige G. des Medikaments führt zu Gesundheitsschäden; dieser G. *(diese Verwendungsweise)* des Wortes ist neu; das Notizbuch ist für den persönlichen G. bestimmt; sparsam im G. *(Verbrauch)* sein; Flasche vor G. gut schütteln!; von etwas G. machen *(sich einer Sache bedienen, sie ausnutzen);* machen Sie von dieser Mitteilung bitte keinen G. *(erzählen Sie das Mitgeteilte nicht weiter);* dieses Wort ist ganz außer G. gekommen *(wird nicht mehr verwendet, ist veraltet);* das kommt immer mehr in G. *(wird immer üblicher);* etwas in G. nehmen *(etwas zu gebrauchen, verwenden beginnen);* das Gerät haben wir schon lange in/im G. *(wir verwenden es schon lange);* die neue Anlage ist bereits in/im G. *(wird bereits benutzt, verwendet).* **2.** ⟨Plural⟩ *Sitten, Bräuche:* im Dorf gibt es noch alte Gebräuche.
gebrauchen ⟨etwas g.⟩: **1.** *verwenden, benutzen:* Hammer und Zange g.; das alte Rad kann ich noch gut g.; der Stoff ist durchaus noch zu g., ist noch zu vielem zu g.; er gebrauchte derbe Worte, Ausdrücke; übertr. (ugs.): er ist zu nichts zu g. *(man kann mit ihm nichts anfangen);* adj. Part.: bereits benutzt, nicht mehr neu: ein gebrauchter Kinderwagen; das Handtuch ist schon gebraucht; er hat den Wagen gebraucht gekauft. **2.** (ugs.) *brauchen, benötigen:* ich könnte einen Mantel, einen Kognak g.
gebräuchlich: *allgemein üblich:* ein gebräuchliches Sprichwort; diese Verfahren ist sehr g.
gebrechen (geh.) ⟨es gebricht jmdm. an etwas⟩: *jmdm. fehlt etwas:* es gebricht uns an Geld, an Zeit.
Gebrechen, das (geh.): *dauernder [körperlicher] Schaden:* körperliche, geistige G.; die G. des Alters; mit einem G. behaftet sein.
gebrechlich: *körperlich schwach:* ein gebrechlicher Greis; er ist alt und g.
gebrochen: 1. *mutlos, niedergeschlagen:* sie ist völlig g.; sie stand ganz g. am Grab ihres Mannes. **2. a)** *holprig, nicht fließend und mit vielen Fehlern:* sie unterhielten sich in gebrochenem

Deutsch; er spricht nur g. Englisch; g. etwas flüstern. **b)** *durch Befangenheit, Unsicherheit o. ä. gekennzeichnet:* ein gebrochenes Verhältnis zu etwas haben. **3.** *nicht rein und daher weniger leuchtkräftig:* gebrochene Farben; ein Muster in gebrochenen Blautönen.
Gebühr, die: *für eine öffentliche Leistung zu bezahlender Betrag:* die G. für die Benutzung beträgt zehn Mark; eine G. von 20 DM / in Höhe von 20 DM festsetzen, erheben, zahlen, kassieren; diese Straße darf nur gegen G. befahren werden. * **nach Gebühr** *(angemessen):* seine Arbeit wird nach G. bezahlt · **über Gebühr** *(mehr als nötig, übertrieben):* der neue Roman wurde über G. gelobt.
gebührend: *seinem Verdienst, Rang entsprechend:* jmdm. den gebührenden Respekt erweisen; der Gast wurde mit der gebührenden Achtung begrüßt, behandelt.
gebunden: ↑binden.
Geburt, die: **1. a)** *das Gebären, Entbindung:* eine leichte, schwere, normale, schmerzlose G.; sie hat die G. gut überstanden; der Verlauf der G.; sich auf die G. vorbereiten · /auf Anzeigen:/ wir freuen uns über die G. unserer Tochter ..., eines gesunden Stammhalters; übertr.: die G. *(Entstehung)* der Tragödie; das war eine schwere G. (ugs.; *war ein schweres Stück Arbeit).* **b)** *das Geborenwerden, Zur-Welt-Kommen:* nach meiner G. zogen meine Eltern um; vor Christi G.; von G. an *(seit der Geburt).* **2.** *Herkunft:* eine hohe, adlige G.; nicht die G. ist maßgebend; er ist von G. *(der Herkunft nach)* Schweizer, adlig.
gebürtig: *geboren, seiner Geburt nach:* er ist gebürtiger Schweizer; er ist aus Rom, aus Ungarn g.
Geburtstag, der: **1.** *Jahrestag der Geburt:* G. haben; er feiert seinen 50. G.; wir werden seinen G. festlich begehen; jmds. G. vergessen; jmdm. zum G. gratulieren, schreiben, etwas schenken; an jmds. G. denken. **2.** *Geburtsdatum:* Sie müssen Ihren G. angeben.
Gedächtnis, das: **1.** *Erinnerungsvermögen:* ein gutes, schlechtes, schwaches, kurzes (ugs.) G. haben; sie hat ein hervorragendes G. für Zahlen; mein G. läßt nach, läßt mich oft im Stich; das G. schwindet bei ihm immer weiter; wenn mich mein G. nicht täuscht, war es so; (ugs.:) er hat ein G. wie ein Sieb *(hat ein sehr schlechtes Gedächtnis, ist sehr vergeßlich).* **2.** *Erinnerung:* sein G. reicht weit zurück; sein G. nicht mit etwas belasten; sein G. auffrischen; sein Name war meinem G. entfallen; etwas dem G. [fest] einprägen; aus dem G. *(ohne Vorlage)* zitieren; etwas aus dem G. verlieren, tilgen; etwas im G. behalten, bewahren; jmdm., sich etwas ins G. zurückrufen (G. nachhelfen *(ihm helfen, sich an etwas zu erinnern);* jmds. G. nachhelfen *(ihm helfen, sich an etwas zu erinnern);* (iron.:) ich muß deinem G. wohl etwas nachhelfen *(muß dich auf das hinweisen, was du angeblich vergessen hast).* **3.** *Andenken, Erinnerung:* dem Verstorbenen ein ehrenvolles, gutes G. bewahren; zum G. an den Dichter wurde eine Briefmarke herausgegeben.
Gedanke, der: **1.** *etwas, was gedacht wird; Überlegung:* gute, kluge, selbständige, vernünftige Gedanken; ein ganz absurder G.; der bloße G. daran *(schon das Darandenken)* macht mich wütend; der G. liegt mir fern, verfolgt mich, tröstet

mich; seine Gedanken schweifen immer wieder ab; meine Gedanken kreisen noch um das Erlebnis; ein G. ging, schoß mir durch den Kopf (ugs.), durchzuckte mich; diese Gedanken beschäftigten ihn, bedrückten ihn, quälten ihn; mir drängt sich der G. auf, daß das Telegramm fingiert ist; einen Gedanken fassen, aufgreifen, festhalten; Gedanken erraten; ich werde diesen Gedanken nicht mehr los; seine Gedanken sammeln, anspannen, zusammenhalten; ich kann doch nicht Gedanken lesen! (ugs.; *das kann ich doch nicht wissen!*); seine Gedanken beisammenhaben (ugs.; *konzentriert sein*); ich möchte diesen Gedanken nicht äußern; seinen Gedanken nachhängen; sich seinen Gedanken überlassen *(in Ruhe nachdenken);* Gedanken an jmdn., an etwas verschwenden; auf einen Gedanken verfallen; jmdn. auf andere Gedanken bringen *(ihn ablenken);* damit du nicht auf schlimme Gedanken kommst *(nichts Dummes tust, nichts anstellst);* in Gedanken vertieft, versunken sein; ganz in Gedanken verloren sein; ich war [ganz] in Gedanken *(war gedankenverloren, habe nicht aufgepaßt);* das habe ich in Gedanken *(ohne es zu wollen, zu wissen)* getan; mit seinen Gedanken woanders, nicht bei der Sache sein *(gedankenverloren, unaufmerksam sein);* ich habe mich von den Gedanken leiten lassen, daß die Zölle abzubauen sind/die Zölle abzubauen. **2.** ⟨Plural⟩ *Meinung, Ansicht:* er hat sich die Gedanken seines Lehrers zu eigen gemacht; seine Gedanken für sich behalten, verbergen; er hat seine eigenen Gedanken darüber; sie tauschten ihre Gedanken [über das Buch] aus. **3.** *Einfall; Plan, Absicht:* ein verwegener G.; das ist ein großartiger G.; da kam ihm ein rettender G.; mir schwebt ein G. vor; das bringt mich auf einen Gedanken; auf dumme Gedanken kommen (ugs.; *etwas Dummes, Unsinniges, genau das Falsche tun*); sie trug sich/spielte mit dem Gedanken auszuwandern; mit einem Gedanken umgehen *(einen Plan erwägen);* sie war von diesem Gedanken besessen, ergriffen. **4.** *Begriff, Idee:* der G. eines vereinten Europa; der G. der Freiheit. * **sich** (Dativ) **Gedanken [über jmdn., über etwas/wegen jmds., wegen einer Sache] machen** *(sich sorgen [um jmdn., um etwas]):* er machte sich Gedanken wegen seines Sohnes, weil er so lange nicht geschrieben hatte · **sich** (Dativ) **über etwas Gedanken machen** *(über etwas länger nachdenken):* ich muß mir darüber noch Gedanken machen, bevor ich mich entscheide · **kein Gedanke [daran]!** *(unmöglich!; keinesfalls!):* ich habe ihn nicht provoziert, kein G.!

gedankenlos: *unüberlegt, zerstreut:* eine gedankenlose Antwort; eine g. *(ohne darüber nachgedacht zu haben)* übernommene These; g. etwas sagen, tun; er reichte ihm g. die falsche Karte.

Gedeck, das: **1.** *Besteck und Teller:* ein G. für vier Personen; ein G. auflegen. **2.** *(in einem Restaurant angebotenes) Menü:* ein G. bestellen; ich nehme G. zwei, das zweite G.

Gedeih (in der Verbindung) **auf Gedeih und Verderb:** *bedingungslos:* er ist auf G. und Verderb mit ihm verbunden.

gedeihen: *gut wachsen, sich gut entwickeln:* die Kinder, Früchte, Tiere gedeihen gut; die Pflanze gedeiht nur bei viel Sonne; das Geburtstagskind

wachse, blühe und gedeihe!; sein neues Werk gedeiht *(macht Fortschritte);* die Verhandlungen sind schon sehr weit gediehen.

gedenken: 1. (geh.): ⟨jmds., einer Sache g.⟩ *an jmdn., an etwas denken:* seines alten Lehrers in Ehrfurcht, dankbar g.; er gedachte seines toten Vaters; ich gedenke gern jener schönen Tage; subst.: jmdn. in gutem Gedenken behalten; zum Gedenken an unseren Vater/unseren Vater zum Gedenken. **2.** ⟨mit Infinitiv mit *zu*⟩ *beabsichtigen:* was gedenkst du jetzt zu tun?; er gedachte, länger zu bleiben.

Gedicht, das: *sprachliches Kunstwerk in Versen. Reimen oder mit besonderem Rhythmus:* ein lyrisches, episches, dramatisches G.; Gedichte verfassen, schreiben, lesen, [auswendig] lernen, vortragen, aufsagen, interpretieren; der Dichter veröffentlichte einen Band Gedichte; eine Anthologie mit modernen Gedichten; R (ugs. scherzh.): [und] noch ein G. *(noch einmal das gleiche, noch etwas von derselben Sorte).* * (ugs.:) **etwas ist ein Gedicht** *(etwas ist herrlich, außergewöhnlich gut).*

gediegen: 1. a) *sorgfältig gearbeitet, solid, gut:* gediegener Schmuck; eine gediegene Einrichtung; eine gediegene Verarbeitung, Ausführung. **b)** *gründlich, ordentlich, solide:* ein gediegenes Wissen, gediegene Kenntnisse haben; er ist ein gediegener Charakter. **2.** *ohne Beimischungen, massiv, rein:* gediegenes Gold; Erz kommt hier g. vor. **3.** (ugs.) *komisch, lustig, merkwürdig:* sein Bruder ist eine gediegene Marke; du bist ja g.!

Gedränge, das: **a)** *das Drängen, Drängeln:* ein furchtbares, wüstes (ugs.) G.; im engen Flur herrschte, war ein lebensgefährliches G.; Sport: das dritte Tor fiel aus einem G. im Strafraum. **b)** *drängelnde Menschenmenge:* er bahnte sich einen Weg durch das G.; das Kind verlor im G. seine Mutter; der Verbrecher tauchte im G. der Straße unter, verschwand im G. * **ins Gedränge geraten/kommen** *(in [zeitliche] Schwierigkeiten kommen):* mit dem Termin ins G. kommen; die Firma ist wirtschaftlich ins G. geraten.

gedrückt: *niedergeschlagen:* eine gedrückte Atmosphäre; nach der Niederlage war die Stimmung der Mannschaft sehr g.

gedrungen: *nicht sehr groß, aber kräftig und breit:* eine gedrungene Gestalt; ein Mann von gedrungenem Wuchs, mit gedrungenem Körper; sie ist ziemlich g. [gebaut], wirkt g.

Geduld, die: *ruhiges, beherrschtes Ertragen, Abwarten von etwas; Ausdauer:* große, zähe, engelhafte, himmlische G.; mir fehlt dazu die G.; zu dieser Arbeit gehört große G.; keine G. [zu etwas] haben; nicht die G. verlieren; er hat meine G. auf eine harte Probe gestellt; G. lernen, üben (geh.); der Lehrer hat mit G. mit den schlechten Schüler; ich muß Ihre G. noch etwas in Anspruch nehmen; sich mit G. wappnen (geh.); er trug seine Krankheit mit unendlicher G.; ich muß Sie noch um G. bitten; R (scherzh.:) mit G. und Spucke fängt man eine Mucke *(mit G. kann man vieles erreichen).* * (geh.:) **sich in Geduld fassen** *(geduldig abwarten):* · (ugs.:) **jmdm. reißt die Geduld** *(jmd. wird ungeduldig und ärgerlich).*

gedulden (sich g.): *mit Geduld warten:* wollen Sie sich bitte einen Augenblick g.!; du mußt dich noch ein bißchen damit g.

geduldig: *Geduld, Ruhe habend:* ein geduldiger Zuhörer; sie hat ein geduldiges Wesen; der Kranke ist sehr g.; seine Frau ist g. wie ein Lamm; g. warten; er ließ sich g. alles gefallen; ließ g. alles über sich ergehen. **Geduldsfaden** ⟨in der Wendung⟩ jmdm. reißt der Geduldsfaden (ugs.): *jmd. wird ungeduldig und ärgerlich:* ich warte schon drei Stunden, jetzt reißt mir aber bald der G.

geehrt: ↑ehren.

geeignet: *bestimmten Anforderungen entsprechend, passend; fähig zu etwas:* ein geeignetes Mittel; der geeignete Moment; die Firma sucht geeignete Mitarbeiter; (für/zu etwas, zu jmdm. g. sein⟩ das Mittel ist für diesen, zu diesem Zweck g.; er ist für dieses Amt nicht g.; er ist dazu g., das Amt zu übernehmen; der Lärm ist wohl kaum geeignet, die Leute hier zu halten; er ist zum Lehrer g.

Gefahr, die: *drohender Schaden, drohendes Unheil:* eine drohende, große, tödliche, ungeheure G.; höchste, äußerste G.; die Gefahren des Meeres; G. droht, ist im Anzug (Papierdt.), zieht herauf, naht, ist im Verzug *(droht);* für den Staat besteht keine G., die G. der Isolierung; dieser Mann ist keine G. für uns; er ist eine öffentliche G. *(Gefahr für die öffentliche Sicherheit);* überall lauerten Gefahren; eine G. heraufbeschwören, herausfordern, abwenden, bannen; die G. geringschätzen, verachten, scheuen; das Reh witterte die G.; bei seiner Flucht große Gefahren über-, bestehen; in G. kommen, geraten, schweben; er hat sich unbesonnen in Gefahren begeben, gestürzt; einer G. trotzen; einer G. entrinnen, entkommen; der G. ins Auge sehen; sich (Dativ) einer G. aussetzen; die Stunde der G.; in G. sein; sich in G. befinden; der Kranke ist, befindet sich außer G. *(ist nicht mehr gefährdet);* er beginnt das Unternehmen, auch auf die G. hin *(auch wenn er damit rechnen muß),* daß es mißlingt; K a u f m a n n s s p r.: etwas auf Rechnung und G. *(Risiko)* des Empfängers liefern; diese Tür nur bei G. öffnen; der Aufstieg bis zur Schutzhütte ist mit G. verbunden, ist ohne G.; er tut es mit/unter G. seines Lebens, unter persönlicher G. *(unter Lebensgefahr);* R: wer sich in G. begibt, kommt darin um. * **Gefahr laufen** *(in der Gefahr sein, in die Gefahr geraten):* die Partei läuft G., die Wahl zu verlieren/daß sie die Wahl verliert · **auf eigene Gefahr** *(auf eigene Verantwortung):* Betreten der Baustelle auf eigene G.

gefährden ⟨jmd., sich, etwas g.⟩: *in Gefahr bringen:* das Leben von Menschen, den Frieden g.; der Vorfall gefährdet den Fortgang der Verhandlungen; durch deinen Leichtsinn hast du dich selbst gefährdet; adj. Part.: *bedroht:* gefährdete Jugendliche; seine Stellung in der Partei ist gefährdet.

gefährlich: a) *eine Gefahr bergend, bildend, mit sich bringend:* ein gefährlicher Verbrecher; eine gefährliche Krankheit; das ist eine ganz gefährliche Kurve; sich im gefährlichen Alter befinden *(in dem Alter sein, wo akute Gefahr für die Gesundheit besteht, der Tod plötzlich auftreten kann);* er ist ein Mann im gefährlichen Alter (scherzh.: im mittleren Alter und verstärkt zu Liebesabenteuern geneigt); der Weg ist g.; ⟨ für jmdn., für etwas g.

sein, werden⟩ die Strömung ist für die Schiffe, für die Schwimmer g.; ⟨jmdm. g. werden⟩ dieser Mann könnte mir g. werden (scherzh.; *in ihm könnte ich mich verlieben, von ihm könnte ich mich verführen lassen*); g. leben; das ist [alles] nicht so g. (ugs.; *ist [alles] nicht so schlimm, das macht nichts).* **b)** *riskant, heikel, gewagt:* ein gefährlicher Plan; auf dieses gefährliche Abenteuer lasse ich mich nicht ein; sie treibt ein gefährliches Spiel.

Gefährte, der (geh.): *Freund, Kamerad:* ein treuer G.; der G. seiner Jugend; er fand bald einen neuen Gefährten.

Gefälle, das: *Grad der Neigung:* das Gelände, die Straße hat ein starkes G., ein G. von 7 %; das G. des Wassers wird zur Stromgewinnung ausgenutzt; bildl.: ein starkes geistiges G.; das G. der Temperatur; das soziale G. in der Bevölkerung *(Unterschied in der sozialen Stellung).*

gefallen: 1. ⟨jmdm. g.⟩ *jmdm. zusagen, für jmdn. angenehm sein:* das Bild gefällt mir; das Mädchen hat ihm [gut] gefallen; wie hat es dir in Berlin gefallen?; die Sache gefällt mir nicht (ugs.; *scheint mir bedenklich);* er gefällt mir heute gar nicht (ugs.; *sein Aussehen und sein Gesundheitszustand machen mir Sorgen);* es gefällt ihm *(er macht sich einen Spaß daraus),* andere Leute zu ärgern; ⟨auch ohne Dat.⟩ der Wunsch zu g.; der Film hat allgemein gefallen. **2.** ⟨sich (Dativ) in etwas g.⟩ *etwas in auffallender Weise hervorkehren, sich in selbstgefälliger Weise mit etwas hervortun:* er gefiel sich in der Rolle des Snobs; er gefiel sich in seinem Leid; der Junge gefällt sich in Kraftausdrücken; ⟨auch: sich (Dativ) als etwas g.⟩ er gefällt sich als Snob, als Herzensbrecher. * **sich** (Dativ) **etwas gefallen lassen: a)** *(etwas Unangenehmes, Kränkendes hinnehmen):* das lasse ich mir nicht g., brauche ich mir nicht g. zu lassen; du läßt dir immer alles g. **b)** (ugs.; *etwas gut finden, akzeptieren):* das lasse ich mir g.

¹Gefallen, der: *Gefälligkeit:* jmdm. einen [großen, persönlichen] G. tun; er hat mir den G. erwiesen, den Brief zur Post mitzunehmen; jmdn. um einen G. bitten; würden Sie mir einen G. tun?; tu mir den G. und laß das! (ugs.; *hör bitte endlich auf!).* * **jmdm. etwas zu Gefallen tun** *(für jmdn. etwas aus Gefälligkeit tun).*

²Gefallen, das ⟨gewöhnlich in den Wendungen⟩ **Gefallen finden/haben an jmdm., an etwas** *(sich an jmdm., an etwas erfreuen)* · (geh.:) **nach Gefallen** *(beliebig):* Gesetze können nicht einfach nach G. geändert werden.

gefällig: 1. *hilfsbereit:* ein gefälliger Mensch; er ist sehr g.; ⟨jmdm. g. sein⟩ kann ich Ihnen g. sein *(eine Gefälligkeit erweisen)?* **2.** *Gefallen erweckend, ansprechend:* eine gefällige Kleidung, Form, Schrift; ein gefälliges Äußeres, Wesen, Benehmen; die Einrichtung ist recht g.; die Musik ist g. *(sie geht ein);* das Haus wirkt g.; wir gehen um 8 Uhr, wenn's g. ist; noch etwas g. ⟨ *(wird noch etwas gewünscht)?;* Zigarette g. *(möchten Sie eine Zigarette)?* * (ugs.:) **da/hier ist [et]was gefällig** *(da/hier geht's hoch her, ist viel los).*

Gefälligkeit, die: *kleiner Freundschaftsdienst:* jmdm. eine G. erweisen; eine G. in Anspruch nehmen; er tat es aus reiner G. *(aus einer Bereitschaft zu Gefälligkeiten heraus, ganz uneigennützig);* jmdn. um eine G. bitten, ersuchen.

gefälligst (ugs.) ⟨Adverb⟩: /*als Ausdruck des Unwillens bei Aufforderungen und Befehlen*/: mach g. die Tür zu!; warten Sie g.

Gefangene, der und die: **a)** *Kriegsgefangene[r]*: die Gefangenen arbeiten in einem Bergwerk, kehren nach Hause zurück; ein Gefangener ist entflohen; die Entlassung französischer Gefangener; Gefangene machen, austauschen, freilassen. **b)** *Häftling*: ein politischer Gefangener; ein Gefangener ist ausgebrochen, wurde aus dem Gefängnis entlassen; bildl.: er wurde zum Gefangenen seiner Wünsche.

gefangenhalten: 1. ⟨jmdn. g.⟩: *nicht freilassen*: er wurde von den Rebellen gefangengehalten. **2.** (geh.) ⟨jmdn., etwas g.⟩ *beeindrucken und anhaltend in Anspruch nehmen*: seine Erzählung hielt uns, unsere Aufmerksamkeit gefangen; sie, ihr Anblick hat uns alle gefangengehalten.

gefangennehmen: 1. ⟨jmdn. g.⟩ *im Krieg festnehmen*: einen Soldaten, den Spähtrupp g. **2.** ⟨jmdn., etwas g.⟩ *sehr beeindrucken, fesseln*: diese Musik, ihr Anblick nahm ihn ganz gefangen; das Problem nimmt seine Aufmerksamkeit gefangen.

Gefangenschaft, die: **a)** *Kriegsgefangenschaft*: in G. geraten; aus der G. entlassen werden; er war mehrere Jahre in G. **b)** *das Gefangensein* /meist von Tieren/: der Löwe konnte sich nicht an die G. gewöhnen; Papageien halten sich in G. meist sehr gut; jmdn. aus unfreiwilliger G. befreien.

Gefängnis, das: **a)** *Gebäude, Anstalt für Häftlinge*: die Häftlinge gehen im Hof des Gefängnisses spazieren; er ist aus dem G. ausgebrochen; in diesem G. verbüßen 200 Häftlinge ihre Strafen; ins G. kommen *(mit Gefängnis bestraft werden)*; jmdn. ins G. bringen *(veranlassen, daß jmd. mit Gefängnis bestraft wird)*; er landete wieder im G., wanderte wieder ins G. *(wurde mit Gefängnis bestraft)*; er ließ ihn ins G. werfen (geh.; *einsperren*); im G. sitzen *(eine Gefängnisstrafe verbüßen)*. **b)** *Gefängnisstrafe*: auf Diebstahl steht G.; er hat zwei Jahre G. bekommen, wurde mit G. bestraft; die politischen Gegner wurden mit G. bedroht; diese Tat wird mit G. bis zu zwei Jahren bestraft; er wurde zu zwei Jahren G. verurteilt.

Gefäß, das: **1.** *kleinerer aus festem Material bestehender Behälter*: ein tiefes, großes, irdenes, zerbrechliches G.; ein G. aus Porzellan; das G. ist voll, läuft über; etwas in ein G. füllen. **2.** *Blutgefäß*: die feinen Gefäße der Haut; die Gefäße haben sich verengt, sind verengt.

gefaßt: *trotz innerer Belastung ruhig, beherrscht*: einen gefaßten Eindruck machen; sie war ganz g., als sie die Nachricht vom Tod ihres Mannes erhielt; der Angeklagte hörte g. das Urteil. * **auf etwas gefaßt sein** *(auf etwas vorbereitet, eingestellt sein)* · **sich auf etwas gefaßt machen** *(mit etwas Unangenehmem rechnen)*: du kannst dich auf einen harten Kampf g. machen; /als Drohung/: der kann sich auf etwas g. machen!

Gefecht, das: *Auseinandersetzung von kurzer Dauer zwischen bewaffneten Gruppen*: ein schweres, blutiges, kurzes G.; die Demonstranten lieferten der Polizei harte Gefechte; bei dem schweren G. kamen mehrere Soldaten ums Leben; neue Truppen ins G. führen (geh.) * **jmdn. außer Gefecht setzen** *(bewirken, daß jmd. nicht mehr*

handeln kann) · (geh.:) **etwas ins Gefecht führen** *(etwas als Argument vorbringen)*: er konnte bei den Verhandlungen wichtige Gründe ins G. führen.

gefeit ⟨in der Verbindung⟩ gegen etwas gefeit sein: *vor etwas geschützt sein*: gegen Krankheit, gegen schlechte Einflüsse g. sein.

Gefilde, die (geh.): *Landschaft, Gegend*: anmutige, ländliche G.; die himmlischen G., die G. der Seligen *(Elysium)*.

geflissentlich: *mit absichtsvoll auf etwas anderes gerichteter Aufmerksamkeit; gewollt, absichtlich*: etwas g. übersehen; er geht seinem Rivalen g. aus dem Weg; ⟨seltener auch attributiv⟩ er verbarg seine Unsicherheit hinter geflissentlicher Geschäftigkeit.

Gefolge, das: *Begleitung einer hochgestellten Person*: das G. des Präsidenten; 30 Personen bildeten sein G.; im G. des Ministers waren mehrere hohe Beamte; in der nächsten Angehörigen bildeten das G. *(das Trauergefolge)*. * (Papierdt.:) **im Gefolge** *(als Folge, verursacht durch)*: Kriege haben oft politische Umwälzungen im G.

gefräßig: *unmäßig im Essen*: ein gefräßiger Mensch; gefräßige Insekten; sei nicht so g.!

gefrieren ⟨etwas gefriert⟩: *etwas wird fest und hart infolge Kälte*: das Wasser gefriert [zu Eis]; der Boden ist an der Oberfläche gefroren; bildl.: sein Lachen gefror plötzlich; ⟨etwas gefriert jmdm.⟩ ihm gefror vor Entsetzen das Blut in den Adern.

Gefüge, das: **1.** *Gesamtheit von Zusammengefügtem*: das G. der Balken; Technik: das G. *(Anordnung der Bestandteile)* eines Metalls. **2.** *innerer Aufbau, Struktur*: das wirtschaftliche, politische, soziale G. eines Staates; syntaktische G.

gefügig: *untertänig, widerstandslos gehorsam*: er war ein gefügiges Werkzeug der Partei; er war immer in allen Dingen g.; er ließ sich g. abführen; ⟨jmdn. sich, einer Sache g. machen⟩ er machte ihn sich, seinen Wünschen durch Drohungen g. *(brachte ihn dazu, sich ihm, seinen Wünschen willig unterzuordnen)*.

Gefühl, das: **1.** *Wahrnehmung [durch den Tastsinn], durch Nerven vermittelte Empfindungen*: ein G. für warm und kalt, für glatt und rauh; ich habe vor Kälte kein G. in den Fingern; dem G. nach ist es aus Stein. **2.** *seelische Regung, Empfindung*: ein tiefes, beglückendes, erhebendes, beängstigendes, religiöses G.; patriotische Gefühle; ein G. der Reue, der Scham, der Liebe, des Hasses; ganz G. sein (ugs.; *sehr empfindsam sein*); widerstrebende Gefühle bewegten ihn; ein G. der Furcht überkam, ergriff ihn; ein G. in jmdm. wecken; ein G. verraten, unterdrücken; er zeigte nie seine Gefühle, suchte seine Gefühle zu verbergen; er hegt zärtliche Gefühle für sie (geh.); seinen Gefühlen freien Lauf lassen *(sie ohne Hemmung zeigen)*; der Anblick beleidigte sein G.; sie folgte ihrem G.; im Aufruhr, im Widerstreit der Gefühle (geh.); etwas mit G. vortragen; sie ließ sich von ihren Gefühlen leiten; ein Film mit viel G. (ugs.; *ein sentimentaler Film*); sich von einem G. hinreißen lassen. **3. a)** *gefühlsmäßiger Eindruck; Ahnung*: ein dunkles, undeutliches, sicheres, ungutes G.; er hatte das G., wurde das G.

nicht los, daß etwas faul sei an der Sache. **b)** *Fähigkeit, etwas gefühlsmäßig, instinktiv zu erfassen,* *Gespür:* ein feines, sicheres G. für etwas haben; ein G. für Rhythmus, für Recht und Unrecht; sie verläßt sich ganz auf ihr G.; etwas nach G. *(nach grober Einschätzung)* tun. * **mit gemischten Gefühlen** *(nicht unbedingt mit Freude):* er sah der Reise mit gemischten Gefühlen entgegen · (ugs.:) **das höchste der Gefühle** *(das Äußerste, was möglich ist):* wenn du zwei freie Tage herausschinden kannst, so ist das das höchste der Gefühle · **etwas im Gefühl haben** *(etwas instinktiv wissen):* er hat s im G., wie schnell er bei Regen fahren darf.
gefühlvoll: a) (geh.) *empfindsam:* sie ist eine gefühlvolle Seele; sie ist sehr g. und sorgt sich um ihn. **b)** *mit [allzuviel] Gefühl, sentimental:* eine gefühlvolle Musik; ein Gedicht sehr g. vortragen.
gegebenenfalls ⟨Adverb⟩: *wenn der betreffende Fall eintritt:* ich nenne dir einen Arzt, an den du dich g. wenden kannst.
gegen: I. ⟨Präp. mit Akk.⟩ **1.** /räumlich; zur Angabe einer Richtung/ **a)** *in Richtung auf; auf* *jmdn., etwas zu; zu jmdm., etwas hin:* das Blatt g. das Licht halten; sie g. die Wand drehen; g. die Mauer lehnen; das Fenster liegt g. die Straße (veraltet; *nach der Straße*); er wandte sich g. Süden (veraltet; *südwärts, nach Süden*). **b)** *auf etwas Entgegenkommendes zu; wider:* sich g. etwas stemmen; der Läufer mußte g. den Wind anrennen; g. die Strömung rudern. **c)** *auf, an:* g. die Tür schlagen; g. die Wand stoßen; der Regen trommelt g. die Scheiben; er trat ihm mit dem Stiefel g. das Schienbein. **2.** /bezeichnet einen Gegensatz, ein Angehen g. etwas, ein Entgegenwirken, ein bestimmtes gegeneinander gerichtetes Agieren/: g. etwas protestieren; etwas g. die Mißstände tun; g. einen Feind, eine Übermacht kämpfen; g. jmdn. spielen, gewinnen; Schweden siegte g. Kanada mit 4:3 Toren; etwas ist g. die Mode, g. die Vernunft, g. die Natur; ein Mittel g. Husten; sich g. Feuer *(zum Schutz vor Schaden durch Feuer)* versichern lassen; du hast dich g. das Gesetz vergangen; das ist g. die Abmachungen; g. einen Antrag stimmen. **3.** (veraltend) /bezeichnet eine Beziehung zu jmdm./ *zu, gegenüber:* g. jmdn. ehrfürchtig, höflich, hart, streng, gerecht sein; er hat sich schlecht g. mich *(mir gegenüber)* benommen. **4.** /zeitlich; bezeichnet einen ungefähren Zeitpunkt/: ich komme g. Abend zu dir; es war [so] g. 11 Uhr, als wir ankamen. **5.** *im Vergleich zu:* was bin ich g. den berühmten Mann; g. ihn ist er sehr klein. **6.** *[im Austausch]* *für:* die Ware g. Barzahlung liefern; er verkauft, tut es nur g. Geld. **II.** ⟨Adverb⟩ *ungefähr* /bei Zahlenangaben/: es waren g. 100 Leute anwesend.
Gegend, die: **1.** *nicht näher abgegrenztes Gebiet:* eine freundliche, [gott]verlassene, einsame G.; eine rein katholische G.; das ist eine der schönsten Gegenden *(Landschaften)* Österreichs; die G. um den Marktplatz ist sehr hübsch; er wohnt in der G. *(Nähe)* des Schlosses; ein Haus in einer vornehmen G. *(einem vornehmen Stadtteil)* haben; durch die G. spazieren *(ohne bestimmtes Ziel spazieren);* ich fühle ein Stechen in der G. des Magens *(ungefähr dort, wo sich der Magen befindet);* er zeigte in die G. *(Richtung),* aus der das

Geräusch kam. **2.** *Gesamtheit der Einwohner der* *Umgebung, eines Stadtviertels o. ä.:* die ganze G. spricht, weiß von diesem Ereignis. *(ugs.:) **in der Gegend um** *(ungefähr, etwa bei):* der Preis liegt in der G. um 100 DM; es war in der G. um Ostern.
gegeneinander ⟨Adverb⟩: *einer gegen den andern, der eine gegen den andern:* g. kämpfen, spielen; zwei Freunde g. ausspielen; zwei Bereiche abgrenzen.
Gegenliebe ⟨nur in den Wendungen⟩ Gegenliebe finden; auf Gegenliebe stoßen: *Beifall, Zustimmung finden:* er fand mit seinem Vorschlag wenig, keine G.
Gegensatz, der: **1.** *das Entgegengesetzte; äußerste Verschiedenheit, Unterschied:* ein scharfer, unüberbrückbarer, diametraler G.; der G. der Meinungen, Interessen; zwischen den beiden Seiten besteht ein tiefer G., ein G. wie Feuer und Wasser; der G. von „kalt" ist „warm"; sie ist der genaue G. zu ihm *(sie sind völlig gegensätzliche Charaktere, Naturen)*; R: Gegensätze ziehen sich an *(Menschen mit gegensätzlichem Charakter finden sich oft sympathisch)* · er steht im G. zu seiner Partei *(hat eine andere Meinung als seine Partei);* seine Worte stehen in einem krassen, schroffen G. *(Widerspruch)* zu seinen Taten; im G. *(im Unterschied)* zu ihm ist sie sehr großzügig. **2.** ⟨Plural⟩ *Meinungsverschiedenheiten, Differenzen:* die Gegensätze verschärfen sich; Gegensätze überbrükken, abbauen, unterdrücken; er bemühte sich vergebens um einen Ausgleich der Gegensätze.
gegensätzlich: *ganz verschieden; entgegengesetzt:* gegensätzliche Meinungen; in der Partei sind ganz gegensätzliche ideologische Gruppen vereinigt; seine Leistung wurde sehr g. beurteilt.
gegenseitig: a) *wechselseitig:* in gegenseitiger Abhängigkeit stehen; sich g. helfen, beschuldigen. **b)** *beide Seiten betreffend:* gegenseitige Abmachungen, Vereinbarungen; sie haben in gegenseitigem Einverständnis gehandelt.
Gegenseitigkeit, die: *wechselseitiges Verhältnis:* der Vertrag ist auf G. begründet; unsere Feindschaft beruht auf G. *(jeder ist dem andern in gleicher Weise feindlich gesinnt).*
Gegenstand, der: **1.** *Ding, Körper:* ein fester, schwerer, leichter, runder G.; Gegenstände des täglichen Bedarfs; der G. ist eckig; einen G. suchen. **2. a)** *Thema:* der G. eines Gesprächs, einer Unterredung, Untersuchung; als Gegenstand seines Vortrags wählte er ein Problem aus der modernen Literatur; die Gewerkschaft machte die Löhne zum G. von Verhandlungen. **b)** *Objekt, Ziel:* der G. seiner Neigung, seines Hasses; er war G. begeisterter Kundgebungen; sie wurde zum G. allgemeiner Kritik.
gegenstandslos: 1. a) *sich erübrigend; überflüssig:* durch die Änderungen wurden die Einwände g. **b)** *jeder Grundlage entbehrend; grundlos:* gegenstandslose Verdächtigungen, Befürchtungen; nach seinem Rücktritt ist der Streit g. geworden. **2.** *nicht gegenständlich, abstrakt:* gegenstandslose Kunst; er malt vorwiegend g.
Gegenteil, das: *Person oder Sache, die genau den Gegensatz zu einer anderen darstellt:* das äußerste G.; das ist genau, ganz, gerade das G.; G. davon ist der Fall; er ist ganz das G. von ihr; sie ist genau das G. ihrer Mutter /von ihrer Mut-

ter; das G. behaupten, beweisen; dadurch erreichst du nur das G.; etwas wendet sich, verkehrt sich in sein G.; die Stimmung schlug ins G. um; ich bin nicht nervös, [ganz] im G.!

gegenteilig: *entgegengesetzt:* gegenteilige Behauptungen; er ist gegenteiliger Ansicht; das Mittel hatte gerade die gegenteilige Wirkung; das Gericht hat g. *(im entgegengesetzten Sinn)* entschieden.

gegenüber: I. ⟨Präp. mit Dativ⟩ **1.** /räumlich/ *auf der entgegengesetzten Seite:* die Schule steht g. der Kirche/(auch:) der Kirche.; er wohnt [im Haus] g. der Tankstelle; s u b s t. (ugs.): er hatte bei Tisch ein nettes Gegenüber *(ihm g. saß ein netter Mensch).* **2.** *zu, in bezug auf:* er ist dem Lehrer g. sehr höflich; mir g. wagt er das nicht zu sagen; er ist g. allen Reformen/allen Reformen g. sehr zurückhaltend. **3.** *im Vergleich zu:* dir g. ist er groß; g. letztem Jahr hatten wir viel Schnee. **II.** ⟨Adverb⟩ *auf der entgegengesetzten Seite:* Mainz liegt g. von Wiesbaden; seine Eltern wohnen schräg g.

gegenüberstehen: 1. ⟨jmdm., einer Sache g.⟩ *gegenüber von jmdm., etwas stehen, jmdm. zugewandt stehen:* jmdm. Auge in Auge, ganz nah g.; das Haus, das unserem gegenübersteht; die beiden Mannschaften standen sich an der Mitte des Spielfelds gegenüber; die beiden Boxer stehen sich zum erstenmal gegenüber *(treten zum erstenmal gegeneinander an);* hier stehen sich verschiedene Auffassungen gegenüber; im Parlament steht der konservativen Partei eine progressive gegenüber. **2.** ⟨jmdm., einer Sache g.; mit Artangabe⟩ *zu jmdm., etwas eine bestimmte Einstellung haben:* einem Plan, seinem Partner kritisch, skeptisch g.; die beiden stehen sich mit Mißtrauen gegenüber. **3.** ⟨einer Sache g.⟩ *mit etwas konfrontiert werden:* großen Schwierigkeiten g.

gegenüberstellen: 1. ⟨jmdm. jmdn. g.⟩ *konfrontieren:* der Angeklagte wurde dem Zeugen gegenübergestellt. **2.** ⟨jmdm., einer Sache jmdn., etwas g.⟩ *vergleichen:* Fassung A der Fassung B g.; ⟨auch ohne Dat.⟩ wenn man die beiden Dichter gegenüberstellt, dann ...

Gegenwart, die: **1. a)** *Zeit, in der jmd. gerade lebt:* die Kultur, Technik, Kunst der G.; die G. genießen; in der G. leben. **b)** (Grammatik) *Präsens:* das Verb steht in der G. **2.** *Anwesenheit:* seine G. ist nicht erwünscht, ist mir lästig; befreien (geh.) Sie mich von seiner G.!; er sagte ihm in meiner G. *(in meinem Beisein)* die Meinung.

gegenwärtig: 1. *jetzt, augenblicklich:* die gegenwärtige Lage; unsere Beziehungen sind g. sehr schlecht; er befindet sich g. im Ausland. **2.** (veraltend) *anwesend:* der Chef war bei der Sitzung nicht g.; ü b e r t r.: in dieser Stadt ist das Mittelalter g. *(lebendig, geistig vorhanden).* * (geh.:) **etwas gegenwärtig haben** *(sich an etwas genau erinnern können):* ich habe seine Worte nicht g. · **etwas ist/wird jmdm. gegenwärtig** *(jmd. kann sich an etwas erinnern)* · (geh.:) **sich** (Dativ) **etwas gegenwärtig halten** *(etwas bedenken):* zum Verständnis des Werkes mußt du dir g. halten, daß ...

Gegner, der: **a)** *jmd., der jmdn., etwas bekämpft, gegen jmdn., etwas eingestellt ist:* ein tapferer, gefährlicher, sachlicher, scharfer G.; das ist unser

stärkster G.; er ist ein grundsätzlicher G. der Todesstrafe; der G. gibt sich geschlagen; den G. angreifen, besiegen, in die Flucht schlagen; er wollte seine politischen Gegner mundtot machen, ausschalten; an ihm hatte er einen überlegenen G. gefunden; er ist als G. nicht ernst zu nehmen; als G. kommt er für mich nicht in Betracht; S p o r t: der G. *(die gegnerische Mannschaft)* war für uns viel zu stark; sein größter G. *(Konkurrent)* war ein Amerikaner. **b)** *feindliche Truppen, Feind:* der G. greift auf breiter Front an; zum G. überlaufen.

gegnerisch: *zum Gegner gehörend; vom Gegner ausgehend:* die gegnerische Partei, Mannschaft; der gegnerische Angriff wurde abgewehrt.

¹Gehalt, der: **1.** *gedanklicher, ideeller Inhalt:* der gedankliche, sittliche, dichterische G. eines Werkes; der G. einer Lehre, einer Dichtung. **2.** *Anteil eines Stoffes in einem anderen Stoff:* der G. dieses Erzes an Metall ist gering; diese Nahrungsmittel haben nur wenig G. *(wenig Nährstoffe);* ü b e r t r.: eine Nachricht auf ihren G. an Wahrheit prüfen.

²Gehalt, das: *Bezahlung der Beamten und Angestellten:* ein hohes, dickes (ugs.), festes, fixes, sicheres, anständiges G.; sein G. ist zu niedrig; die Gehälter werden erhöht, angehoben; das G. auszahlen, überweisen; er bezieht 8 000 DM/ein G. von 8 000 DM; wie hoch ist Ihr G.?; er kommt mit seinem G. nicht aus; er kann von seinem G. kaum leben.

gehalten ⟨in Verbindung mit *sein* und mit Infinitiv mit *zu*⟩ (geh.): *verpflichtet sein, etwas zu tun:* wir sind g., darüber Stillschweigen zu bewahren.

gehaltvoll: a) *nahrhaft, reich an Nährstoffen:* eine gehaltvolle Mahlzeit, Kost; das Essen war sehr g. **b)** *inhaltlich wertvoll, von großer Aussagekraft:* ein gehaltvoller Roman, Vortrag.

geharnischt: 1. *einen Harnisch tragend:* ein geharnischter Reiter. **2.** *scharf, energisch, erbost, aufgebracht:* ein geharnischter Protest, Brief; eine geharnischte Antwort; geharnischte Reden.

gehässig: *in bösartiger Weise feindlich gesinnt, mißgünstig, gemein:* ein gehässiger Mensch; eine gehässige Äußerung; das war g. von ihm; sei nicht so g.!; über jmdn. g. sprechen; ⟨zu jmdm. g. sein⟩ er war g. zu mir.

Gehege, das: *umzäunte Stelle, Waldgebiet für Tiere:* ein G. für die Affen; im Wald werden in einem G. Rehe gehalten. * **jmdm. ins Gehege kommen, geraten** *(jmdn. in seinen Plänen stören, in sein Handeln störend eingreifen).*

geheim: *nicht öffentlich bekanntgegeben, absichtlich verborgen gehalten:* eine geheime Botschaft, Kommandosache; eine geheime Wahl *(Wahl, bei der geheim bleibt, wie der einzelne Wähler gestimmt hat);* ein geheimer Auftrag, Nachrichtendienst; eine geheime Zusammenkunft; ein geheimer Gedanke, Kummer, Wunsch; ein geheimes Quelle erfahren; eine geheime *(geheimnisvolle, unerklärliche)* Kraft ging von ihm aus; diese Nachricht ist, bleibt g. * **im geheimen** *(von anderen nicht bemerkt):* das Fest wurde im geheimen vorbereitet.

geheimhalten ⟨etwas g.⟩: *vor anderen verborgen halten, nicht öffentlich bekanntgeben:* etwas ängstlich, sorgfältig, streng g.; den Ort, Termin, das Verhandlungsergebnis [vor jmdm.] g.

Geheimnis, das: 1. *etwas, was geheim bleiben soll:* ein strenges, großes, tiefes, sorgsam gehütetes, militärisches G.; dieses Vorhaben ist kein G. mehr *(ist allgemein bekannt);* das ist das ganze G. *(das ist alles, was hinter dieser Sache steckt, was dazu zu sagen ist);* sie haben keine Geheimnisse voreinander, miteinander; ein G. lüften; jmdm. ein G. anvertrauen, verraten; ein G. vor jmdm. wahren, bewahren, hüten; ein G. bei sich behalten, mit ins Grab nehmen, preisgeben, ausplaudern, ausposaunen (ugs.), entlarven; nach schwierigen Überredungskünsten ließ sie sich ihr G. entreißen; ein G. mit jmdm. teilen; kein G. aus einem Plan machen *(ganz offen darüber sprechen);* jmdm. in ein G. einweihen; hinter ein G. kommen; um jmds. G. wissen. 2. *etwas Unerforschtes, noch nicht Geklärtes:* das G. des Lebens; die Geheimnisse der Natur erforschen.
* **ein offenes/**(selten:) **öffentliches Geheimnis** *(etwas, was zwar allgemein bekannt ist, offiziell aber noch geheimgehalten wird):* es ist ein offenes G., daß der Kanzler zurücktreten will · (fam.:) **ein süßes Geheimnis haben** *(ein Baby erwarten).*

geheimnisvoll: *rätselhaft, unerklärlich, voller Geheimnisse:* eine geheimnisvolle Sache, Angelegenheit; geheimnisvolle Kräfte; eine geheimnisvolle *(auf ein Geheimnis schließen lassende)* Miene; auf geheimnisvolle Weise verschwinden; die Sache schien ihr sehr g.; sie sprach, tat sehr g. *(als ob sie ein Geheimnis hätte).*

Geheiß, das ⟨gewöhnlich in der Verbindung⟩ auf [jmds.] Geheiß: *auf [jmds.] Befehl, Aufforderung:* er tat es auf G. seines Vorgesetzten, auf sein G.

gehemmt: *voller Hemmungen:* einen gehemmten Eindruck machen; er war vor Fremden sehr g.

gehen: 1. a) *sich aufrecht auf Füßen fortbewegen:* langsam, schnell, aufrecht, gerade, stramm, gebückt, barfuß, auf Zehenspitzen, an/auf Krükken, auf Stelzen, an jmds. Arm, eingehakt, geradeaus, im Zickzack, rückwärts, aus dem Haus, über die Straße, durch den Wald, nach Norden g.; er geht zu Fuß zur Arbeit; auf und ab, hin und her g.; das Kind kann noch nicht g., lernt g. b) ⟨etwas g.⟩ *eine bestimmte Strecke zu Fuß zurücklegen:* einen Umweg, ein Stück mit jmdm., 5 km g.; er ist den Weg in einer Stunde gegangen. c) ⟨es geht sich; mit Art- und Umstandsangabe⟩ *man kann sich unter bestimmten Umständen in bestimmter Weise zu Fuß fortbewegen:* auf diesem Pflaster, mit solchen Schuhen geht es sich schlecht. 2. ⟨mit Raumangabe⟩ a) *sich zu einem bestimmten Zweck an einen Ort begeben:* in die Stadt, aufs Feld, aufs Rathaus, aufs Standesamt, zur/in die Kirche g. *(den Gottesdienst besuchen);* es ist Zeit, du mußt jetzt in die Schule g.; schwimmen, tanzen, einkaufen g.; an die Luft g. *(im Freien spazierengehen);* ins Theater, Kino g.; der Läufer ging als erster durchs Ziel. b) *regelmäßig besuchen:* noch zur, in die Schule g. *(noch Schüler sein);* in den Kindergarten g.; auf die Universität g. c) *an einer Institution in einem bestimmten Bereich tätig werden, einen Beruf ergreifen:* der Jurist geht zur Verwaltung, in den Staatsdienst; in die Industrie g.; ins Kloster g. *(Nonne, Mönch werden);* zum Theater, zum Film g. *([Film]schauspieler werden).* d) *mit etwas beginnen, anfangen*

/häufig verblaßt/: an die Arbeit g.; auf Reisen g.; in Urlaub, Pension g.; in Deckung g. *(Schutz suchen);* das Manuskript geht in Druck *(wird gedruckt);* die Geschütze waren in Stellung gegangen *(aufgefahren worden).* 3. a) ⟨als jmd. g.⟩ (landsch.) *als etwas arbeiten:* als Kellner g. b) ⟨als jmd. g.⟩ (ugs.) *sich verkleiden, verkleidet irgendwohin gehen:* als Cowboy, als Zigeunerin g. c) ⟨in etwas g.⟩ *eine bestimmte Kleidung tragen:* er geht in Zivil; die Frauen gingen alle in Schwarz, in Trauer. 4. a) *sich entfernen:* ich muß jetzt leider g.; die einen kommen, die andern g.; auf und davon g.; ich habe das Ende der Vorstellung nicht abgewartet und bin nach der Pause gegangen; er ist wortlos, grußlos gegangen; jmdn. lieber g. als kommen sehen *(auf jmds. Anwesenheit keinen Wert legen);* er ist von uns gegangen (verhüll.: gestorben). b) *die berufliche Stellung aufgeben:* er hat gekündigt und will nächsten Monat g.; der Minister mußte g. *(war zum Rücktritt gezwungen);* der Direktor wurde gegangen (ugs. scherzh.: entlassen). c) ⟨etwas geht; mit Zeitangabe⟩ *etwas fährt [fahrplanmäßig] ab:* der Zug geht um 12.22 Uhr; der nächste Bus geht erst in zwei Stunden. 5. (ugs.) ⟨mit jmdm. g.⟩ *mit jmdm. ein Freundschafts- oder Liebesverhältnis haben:* er geht mit meiner Schwester; die beiden sind früher miteinander gegangen. 6. (ugs.) ⟨an etwas g.⟩ *sich [unerlaubt] an etwas zu schaffen machen, sich von einer Sache etwas nehmen:* wer ist an meinen Schreibtisch gegangen; jemand muß an mein Geld, an die Kasse gegangen sein; ⟨jmdm. an etwas g.⟩ die Kinder gehen mir immer an den Kuchen. 7. a) ⟨etwas geht⟩ *etwas funktioniert, ist in Bewegung:* die Uhr geht gut, richtig, tadellos, genau, nach dem Radio (ugs.); die Maschine geht nicht; er hörte, wie die Tür ging *(geöffnet wurde);* die Klingel geht *(wird betätigt);* es geht *(weht)* ein kalter Wind; sein Mundwerk geht *(er redet)* ununterbrochen; die Affäre ging durch alle Zeitungen *(wurde in allen Zeitungen verbreitet);* es geht das Gerücht *(man erzählt sich gerüchteweise),* daß sie sich trennen wollen. b) ⟨etwas geht⟩ *etwas geht auf:* der Teig geht; der Kuchen ist nicht gegangen. c) ⟨etwas geht; mit Artangabe⟩ *etwas verläuft in einer bestimmten Weise:* es geht alles nach Wunsch, wie am Schnürchen (ugs.), wie geschmiert (ugs.), drunter und drüber (ugs.); es geht alles seinen gewohnten Gang; übertr.: wie geht *(lautet)* die erste Strophe des Liedes? d) ⟨etwas geht; mit Artangabe⟩ *in bestimmter Weise zu handhaben, durchzuführen sein:* etwas geht schwer, leicht, ganz einfach; ich weiß nicht, wie dieses Spiel, diese Rechenaufgabe geht. 8. ⟨etwas geht; mit Artangabe⟩ a) *etwas hat guten Umsatz, floriert:* der Laden geht gut, überhaupt nicht. b) *etwas wird abgesetzt, verkauft:* dieser Artikel geht sehr gut. 9. ⟨etwas geht⟩ a) *etwas ist möglich, läßt sich machen:* das geht leider nicht [anders]; irgendwie wird es schon g.; soll ich es einpacken, oder geht es so?; der Mantel muß diesen Winter noch g. (ugs.; *kann noch getragen werden).* b) (ugs.) *etwas ist einigermaßen akzeptabel:* die ersten Tage in Urlaub gingen noch, aber dann wurde es zu heiß; „Gefällt es dir?“ – „Es geht [so].“; das geht zu weit *(geht über das vertretbare Maß hinaus).* 10. ⟨etwas geht; mit Raumangabe⟩

a) *etwas paßt, läßt sich unterbringen:* der Schrank geht nicht in das kleine Zimmer, geht nicht durch die Tür; der dicke Mann geht nicht in den Sessel; in das Faß gehen 12 Eimer. **b)** ⟨etwas geht in etwas⟩ *etwas ist in etwas enthalten* /von Zahlen, Maßen/: wie oft geht 5 in 20?; von diesen Äpfeln gehen vier auf ein Pfund. **c)** ⟨etwas geht in etwas⟩ *etwas wird in etwas aufgeteilt:* die Erbschaft geht in fünf Teile. **11. a)** ⟨etwas geht; mit Raumangabe⟩ *etwas reicht bis zu einem bestimmten Punkt, hat eine bestimmte Ausdehnung:* der Rocksaum geht bis zu den Knien; die Mauer geht um den ganzen Platz; die Zahl seiner Bücher geht in die Hunderte; ⟨etwas geht jmdm.; mit Raumangabe⟩ sein kleiner Bruder geht ihm nur bis an die Schultern; das Wasser geht ihm bis zum Bauch; übertr.: seine Sparsamkeit geht bis zum Geiz; das geht über seine Kräfte, seinen Horizont; seine Familie geht ihm über alles *(ist ihm am meisten wert);* es geht [mir] nichts über *(nichts ist besser als)* ein gutes Glas Wein. **b)** ⟨etwas geht; mit Raumangabe⟩ *etwas ist gerichtet, führt irgendwohin:* das Fenster geht auf den Hof; alle Zimmer gehen nach der Straße; der Ball ging *(traf, rollte, flog)* ins Tor; übertr.: diese Bemerkung geht gegen dich; das geht gegen meine Prinzipien; das ging ihm ans Gemüt, zu Herzen *(traf, bewegte ihn).* **c)** ⟨etwas geht; mit Raumangabe⟩ *etwas hat eine bestimmte Richtung, verläuft in einer bestimmten Richtung:* der Weg geht geradeaus, dann links, durch den Wald; wohin soll die Reise g. *(führen).* **d)** ⟨auf etwas/gegen etwas g.⟩ *sich einem bestimmten Zustand, Zeitpunkt o. ä. nähern:* es geht schon auf, gegen Mitternacht; es ging auf 8 [Uhr]; er geht auf die 60 *(wird bald 60 Jahre alt).* **12.** ⟨es geht jmdm.; mit Artangabe⟩: *jmd. befindet sich in einer bestimmten Verfassung, Lage:* es geht mir [gesundheitlich] blendend, großartig, nicht besonders (ugs.); ihm ist es früher dreckig (derb) gegangen; wie geht es Ihnen?; es geht ihm finanziell jetzt wieder besser; es geht ihm ganz ordentlich in seiner neuen Stellung. **13. a)** ⟨es geht um jmdn., um etwas⟩ *es handelt sich um jmdn., um etwas:* es geht um deine Familie; es geht ums Ganze, um Leben und Tod; es geht darum, daß ...; worum geht es hier?; ⟨es geht jmdm. um jmdn., um etwas⟩ es geht ihm um etwas ganz anderes; mir geht es darum, ihn zu überzeugen. **b)** ⟨nach jmdm., nach etwas g.⟩ *sich nach jmdm., nach etwas richten; jmdn., etwas als Maßstab nehmen:* er geht zu sehr nach dem Äußeren; danach kann man nicht immer g.; immer soll alles nach ihm g.; wenn es nach mir ginge, dann ... **c)** ⟨etwas geht gegen jmdn., etwas⟩ *etwas ist gegen jmdn., etwas gerichtet:* diese Bemerkung geht gegen dich, gegen deine Aussage; das geht gegen meine Ehre, mein Gewissen *(läßt sich damit nicht vereinbaren).* **14.** (ugs.) ⟨etwas geht auf jmdn., auf etwas⟩ *etwas wird von jmdm. bezahlt:* die letzte Runde geht auf mich, auf meine Rechnung. **∗ wo jmd. geht und steht** *(immerzu; überall):* er trägt diesen Hut, wo er geht und steht · **in sich gehen** *(über sein Verhalten nachdenken und es zu ändern suchen)* · **etwas geht vor sich** *(findet [gerade] statt; geschieht):* was geht hier vor sich?

gehenlassen: 1. (ugs.) ⟨jmdn. g.⟩ *jmdn. in Ruhe lassen:* du sollst den kleinen Jungen, den Hund g.

2. ⟨sich g.⟩ *sich nicht beherrschen, nachlässig sein:* zu Hause läßt er sich einfach gehen; laß dich nicht so gehen!

geheuer ⟨in der Verbindung⟩ *nicht geheuer: unheimlich:* an der alten Ruine soll es nicht g. sein *(soll es spuken);* ihm war on dem dunklen Friedhof nicht ganz g.; wenn ich an das Wiedersehen dachte, war mir nicht ganz g. *(war mir nicht ganz wohl);* irgend etwas kam mir an dieser Sache nicht g. *(verdächtig)* vor.

Gehirn, das: **1.** *Organ im Kopf, Sitz des Bewußtseins:* das menschliche G.; er hat einen Tumor im G. **2.** *Verstand:* sein G. anstrengen, zermartern *(scharf nachdenken);* der Gedanke setzte sich in seinem G. fest.

gehoben: 1. *sozial auf einer höheren Stufe stehend:* ein gehobener Posten; er hat eine gehobene Position in einem Ministerium; ein Beamter des gehobenen Dienstes. **2.** *feierlich; sich über das Alltägliche erhebend:* gehobene Rede, Ausdrucksweise; bei der Feier herrschte eine gehobene *(festlich-frohe)* Stimmung; Kleider für den gehobenen *(anspruchsvollen)* Geschmack.

Gehör, das: **1.** *Fähigkeit, Töne wahrzunehmen, zu hören:* ein feines, gutes, scharfes G.; das absolute G. *(Fähigkeit, die Höhe eines Tones ohne Vergleich festzustellen);* sein G. läßt nach, hat gelitten, ist sehr schlecht; sie hat eine gute Stimme, aber kein [musikalisches] G.; das G. verlieren; nach dem G. *(ohne Noten)* singen, spielen. ∗ (geh.:) **um Gehör bitten** *(darum bitten, daß man angehört, beachtet wird):* darf ich die Anwesenden kurz um G. bitten? · (geh.) **sich** (Dativ) **Gehör verschaffen** *(dafür sorgen, daß man angehört wird)* · (geh.:) **zu Gehör bringen** *(vortragen).*

gehorchen: *jmds. Willen befolgen:* g. lernen; du sollst g.!; die Kinder haben nicht gehorcht; ⟨jmdm., einer Sache g.⟩ einem Befehl g. *(ihm nachkommen, ihn erfüllen);* er gehorcht ihm blind, aufs Wort *(sofort und bereitwillig);* übertr.: der Wagen gehorchte dem Fahrer nicht mehr; die Stimme wollte ihm nicht mehr g.

gehören: 1. ⟨etwas gehört jmdm.⟩: *etwas ist jmds. Besitz, Eigentum:* das Buch gehört mir; das Haus gehört meinem Vater; bildl.: dir will ich g. (geh.: *in Liebe verbunden sein);* dem Kind gehört ihre ganze Liebe; ihr Herz gehört einem andern *(sie liebt einen andern).* **2.** ⟨zu jmdm., zu etwas g.⟩: *Mitglied einer Gruppe, Teil eines Ganzen sein:* das Mädchen gehört schon ganz zu unserer Familie; ich gehöre auch zu seinen Anhängern; er hatte zu den besten Spielern seiner Mannschaft gehört; der Wein gehört zur Spitzenklasse; der Roman gehört zu den bedeutendsten Werken der Weltliteratur. **3.** ⟨mit Raumangabe⟩: *den richtigen Platz haben, passend sein:* das Fahrrad gehört nicht in die Wohnung; diese Frage gehört nicht hierher; die Kinder gehören um sieben Uhr ins Bett *(sollten um sieben Uhr im Bett sein).* **4.** ⟨etwas gehört zu etwas⟩: *etwas ist für etwas Voraussetzung, ist für etwas nötig:* es gehört viel Mut, eine Portion Frechheit dazu, sich so zu benehmen; dazu gehört nicht viel *(sind keine besonderen Fähigkeiten, Eigenschaften erforderlich).* **5.** ⟨etwas gehört sich⟩ *etwas entspricht den Regeln des Anstands, schickt sich:* das gehört sich so, gehört sich nicht! **6.** (ugs. landsch.) **a)** ⟨etwas gehört jmdm.) *etwas ist für jmdn. angebracht, gebührt* *jmdm.:* ihm gehört eine Ohrfeige. **b)** ⟨jmd. gehört; mit 2. Part.⟩ *etwas sollte mit jmdm. geschehen:* der gehört eingesperrt.

gehörig: 1. *gebührend:* der gehörige Respekt; alle wahrten den gehörigen Abstand. **2.** (ugs.) **a)** *ziemlich groß, ziemlich stark, beträchtlich:* eine gehörige Strafe; jmdm. einen gehörigen Schrecken einjagen. **b)** ⟨verstärkend bei Verben⟩ *sehr:* der Absatz ist g. gestiegen; wir haben ihm g. die Meinung gesagt; sie haben ihn g. verprügelt.

gehorsam: a) *sich dem Willen einer Autorität unterordnend:* ein gehorsamer Untertan; der Beamte war ein gehorsamer Diener des Staates; ⟨einer Sache g. sein⟩ er war ihren Anordnungen immer g. (geh.). **b)** *folgsam, brav:* ein gehorsames Kind; sie war immer brav und g.; ⟨jmdm. g. sein⟩ er war seinem Vater g. (geh.).

Gehorsam, der: *Unterordnung unter den Willen einer Autorität:* blinder, bedingungsloser G. [gegenüber Vorgesetzten]; wir haben uns G. verschafft; von Untergebenen den G. verlangen, fordern; den G. verweigern *(nicht mehr gehorchen);* Soldaten sind zu unbedingtem G. verpflichtet.

Geige, die: */ein Streichinstrument/:* eine alte, wertvolle G.; die G. hat einen guten Klang; G. spielen; er spielt die erste, zweite G. *(spielt auf der G. die erste, zweite Stimme);* auf der G. spielen, üben. * (ugs.:) **die erste Geige spielen** *(die führende Rolle spielen).*

geil: 1. *vom Geschlechtstrieb [allzusehr] beherrscht, sexuell erregt:* ein geiler Kerl, Bock; ein geiles Lachen; ⟨jmdn. g. machen⟩ er, sein Anblick machte sie g.; ⟨auf jmdn. g. sein⟩ er war g. auf sie. **2.** (ugs.) *in begeisternder Weise gut, schön o. ä.; großartig, aufregend, toll:* geile Musik; ein geiler Typ; die Möbel sind [echt] g.; das finde ich unheimlich g. **3.** (veraltet, aber noch Landw.) *üppig wuchernd:* geile Pflanzen, Schößlinge; diese Triebe sind g.; eine g. wuchernde Vegetation; der Boden ist g. *(zu fett).*

Geisel, die: *jmd., der gefangengenommen, festgehalten wird zu dem Zweck, daß für seine Freilassung bestimmte Forderungen erfüllt werden:* die Entführer haben drei Geiseln genommen; jmdn. als/zur G. nehmen; Geiseln stellen müssen.

Geißel, die (geh.): *Plage, Heimsuchung:* der Krieg, Krebs ist eine G. der Menschheit; niemand konnte ihn von dieser G. befreien.

geißeln (geh.) ⟨etwas g.⟩: *anprangern, scharf tadeln:* politische Mißstände g.

Geist, der: **1.** *Verstand, Vernunft:* der menschliche G.; ein hoher, edler, freier, reger, enger, starker, überlegener, kühner, umfassender, unruhiger, lebendiger, genialer G.; sein G. ist verwirrt, gestört; sein G. schwingt sich empor (geh.); seinen G. anstrengen, anspannen, sammeln (geh.); dieses Problem beschäftigt seinen G.; seinen G. sprühen lassen; er hat keinen, viel G. *(Denkvermögen, Scharfsinn);* die Errungenschaften des menschlichen Geistes; im Geiste *(in Gedanken)* ist er bei ihr; eine Unterhaltung voller G. *(Esprit, Scharfsinn)* und Witz; ein Mann ohne G.; eine Frau von G. *(mit hohem intellektuellem Niveau);* R: hier, da scheiden sich die Geister *(in diesem Punkt gehen die Meinungen auseinander);* der G. ist willig, aber das Fleisch ist schwach *(oft ist*

zwar ein guter Vorsatz da, aber die Ausführung scheitert an der menschlichen Schwäche). **2.** *geistige Haltung; Gesinnung:* ein brüderlicher, sportlicher G.; der G. der Freiheit; der G. der Zeit; der Roman atmet modernen G.; in dieser Klasse herrscht ein guter, schlechter, kameradschaftlicher G.; aus seinen Äußerungen erkennt man bald, wes Geistes Kind er ist *(wie er eingestellt ist);* wir handeln in seinem G. *(wie es sein Wille gewesen wäre).* **3. a)** *Mensch im Hinblick auf seine geistigen Eigenschaften:* ein genialer, schöpferischer, erfinderischer G.; er ist ein kleiner G. *(ist unbedeutend);* die führenden Geister der Zeit; R (scherzh.): große Geister stört das nicht *(das bringt mich nicht aus der Ruhe).* **b)** *durch ein bestimmtes Verhalten charakterisierter Mensch:* sie ist der gute G. des Hauses; das Kind ist wirklich ein unruhiger G. **4. a)** *überirdisches Wesen:* der Heilige G. (Rel.; *dritte Person der Dreieinigkeit*); der böse G. *(Teufel);* der G. der Finsternis (geh.; *Teufel);* vom bösen G. geplagt, besessen sein. **b)** *Gespenst:* gute, böse Geister; in dem verfallenen Schloß gehen Geister um; der G. des Toten erschien ihm; Geister beschwören, herbeirufen; er glaubt nicht an Geister; du siehst aus wie ein G. *(siehst blaß, schlecht aus).* * (ugs. scherzh.:) **ein dienstbarer Geist** *(Dienstbote)* · (geh.:) **der/seinen Geist aushauchen** *(sterben)* · **den/seinen Geist aufgeben: a)** (geh.; *sterben).* **b)** (ugs. scherzh.; *kaputtgehen, nicht mehr funktionieren):* der Motor hat seinen G. aufgegeben · (ugs.:) **jmdm. auf den Geist gehen** *(jmdm. äußerst lästig werden, ihn nervös machen)* · **im Geist[e]** *(in Gedanken, in der Vorstellung)* · (ugs.:) **von allen guten Geistern verlassen sein** *(völlig unvernünftig, konfus sein).*

Geistesgegenwart, die: *Übersicht und Entschlossenheit bei überraschenden Vorfällen:* die G. bewahren, nicht verlieren; er hatte, fand noch die G., sofort den Strom auszuschalten.

geistesgegenwärtig: *Geistesgegenwart habend:* eine geistesgegenwärtige Tat, Antwort; mein Freund ist sehr g.; g. trat er auf die Bremse.

¹geistig: *den Geist, Verstand betreffend:* geistige Arbeit, Anstrengung; geistige Nahrung; sich das geistige Rüstzeug für eine Tätigkeit erwerben; hohe geistige Eigenschaften, Fähigkeiten besitzen; trotz seines hohen Alters zeigt er noch große geistige Beweglichkeit, ist er noch im Vollbesitz der geistigen Kräfte; er feierte seinen Geburtstag in geistiger Frische, starb in geistiger Umnachtung; geistige Überlegenheit beweisen; er ist ein ausgesprochen geistiger Mensch *(ein Mensch mit scharfem Verstand, ausgeprägtem Denkvermögen);* (geh.:) das geistige Band zwischen zwei Völkern; die Diskutierenden verständigten sich nach kurzem geistigen Ringen; das ist geistiger Diebstahl *(das Ausgeben fremder Gedanken als eigene);* geistiges Eigentum *(urheberrechtlich geschützte wissenschaftliche oder künstlerische Werke, Gedanken);* g. träge, minderbemittelt, rege sein; g. arbeiten; das Kind ist g. zurückgeblieben; er war g. ziemlich geschwächt; er war g. weggetreten (ugs.; *war nicht bei der Sache).*

²geistig: *alkoholisch:* geistige Getränke.

geistlich: *die Religion, den kirchlichen Bereich betreffend:* geistliche Lieder, Schriften; das geistliche Gewand; ein geistlicher Orden; der geistliche Herr *(Pfarrer);* der geistliche Stand *(die Pfarrer, Priesterstand);* jmdm. g. *(mit den Mitteln der Kirche, der Religion)* beistehen; s u b s t. : Geistlicher *(Priester, Pfarrer)* sein, werden.

geistreich: *einfallsreich; voller Geist und Witz:* ein geistreicher Mensch; ein geistreiches Gespräch; etwas auf geistreiche Art tun; die Unterhaltung war nicht besonders g.; ein g. geschriebenes Buch; etwas g. bemerken; (iron.:) ein geistreiches *(ein verdutztes, einfältiges)* Gesicht machen; du siehst nicht gerade g. aus.!

Geiz, der: *übertriebene Sparsamkeit:* krankhafter G.; vor lauter G. gönnte er sich nichts.

geizen: ⟨mit etwas g.⟩ *übertrieben sparsam sein:* mit dem Geld g.; ü b e r t r. : mit jeder Minute, mit der Zeit g.; sie geizt nicht mit ihren Reizen *(zeigt sie freigebig);* man soll mit Lob nicht g.

Geizhals, der: *wegen seines Geizes als unangenehm empfundener Mensch:* ein alter G.; er ist ein furchtbarer G.

geizig: *übertrieben sparsam:* ein geiziger Mensch; die Alte ist sehr g.; er hält sein Geld g. zusammen.

gekonnt: *von Können, Geschick, Geschmack zeugend:* mit gekonnter Rhetorik; ein gekonnter Diener; sie war g. geschminkt; sein Spiel ist g.

gekünstelt: *nicht natürlich:* ein gekünsteltes Benehmen, Lächeln; ihr Benehmen ist, wirkt sehr g.; g. reden.

Gelächter, das: *lautes [anhaltendes] Lachen:* ein lautes, dröhnendes, homerisches (geh.; *laut schallendes*), wieherndes G.; das G. verstummte; das G. war im ganzen Haus zu hören; G. erregen, hervorrufen; sie brachen in schallendes G. aus; seine Worte gingen in G. unter; ü b e r t r. : (geh. veraltend): *Spott, Gespött:* jmdn. dem G. der Menge preisgeben; jmdn., sich zum G. machen.

geladen (ugs.): *wütend, gereizt:* rede nicht mit ihm, er ist sehr g.; g. antworten; ⟨auf jmdn. g. sein⟩ der Chef ist auf ihn besonders g.

Gelände, das: **a)** *Landschaft in ihrer natürlichen Beschaffenheit:* ein freies, dichtbesiedeltes, ebenes, hügeliges, offenes, sumpfiges G.; das G. ist mit Büschen bewachsen; das G. erkunden; auf freiem G. **b)** *größeres Grundstück:* das G. einer Fabrik, des Bahnhofs; ein G. absperren; auf dem G. der Gartenschau wird ein Park angelegt.

Geländer, das: *einem Zaun ähnliche Vorrichtung zum Festhalten oder zum Schutz vor Absturz:* ein schmiedeeisernes G.; ein G. aus Holz; sich am G. festhalten; sich übers G. beugen; die Kinder rutschten das G. hinunter.

gelangen: 1. ⟨mit Raumangabe⟩ *(ein Ziel) erreichen:* ans Ziel g.; durch diese Straße gelangt man zum Bahnhof; sie sind über die Mauer ins Freie gelangt; der Brief gelangte nicht in seine Hände; etwas gelangt in jmds. Besitz; jmd. gelangt in den Besitz von etwas; das Gerücht gelangte auch zu mir, gelangte ihm zu Ohren. **2. a)** ⟨mit etwas g.⟩ *etwas erreichen, bekommen* /verblaßt/: zu Ehre, Ansehen gelangen *(angesehen, berühmt werden);* zur Erkenntnis g. *(erkennen);* zu Macht g. *(mächtig werden);* zur Ruhe g. *(ruhig werden);* zur Vernunft g. *(vernünftig werden);* zur Blüte g. *(einen Höhepunkt erreichen);* das geistliche Lied gelangte im 17. Jahrhundert zur Blüte. **b)** /verblaßt in nominalen Fügungen mit passivischer Bedeu-

tung/ : zum Druck g. *(gedruckt werden);* zur Aufführung g. *(aufgeführt werden);* zur Ausführung g. *(ausgeführt werden);* zur Auszahlung g. *(ausgezahlt werden);* etwas gelangt zur Abstimmung *(über etwas wird abgestimmt);* zum Einsatz g. *(eingesetzt werden).*

gelassen: *ruhig, beherrscht, gefaßt:* ein gelassener Mensch; ein gelassenes Gesicht machen; mit gelassener Zuversicht; er war, blieb ganz g.; etwas g. erwarten; g. in die Zukunft sehen; er nahm die Kränkung, den Vorwurf g. hin.

Gelassenheit, die: *gelassene Haltung; Ruhe, Beherrschung:* kühle, höfliche, klare, überlegene, heitere, würdige, stolze G.; etwas mit großer, mit der nötigen G. tun, hinnehmen.

geläufig: 1. *allgemein bekannt:* eine geläufige Redensart; diese Bezeichnung ist g.; ⟨jmdm. g. sein⟩ der Ausdruck ist mir ganz g. **2.** (veraltend) *perfekt, fließend:* er antwortete in geläufigem Französisch; er spricht g. Französisch.

gelaunt ⟨in der Verbindung⟩ gelaunt sein ⟨mit Artangabe⟩: *in bestimmter Weise gestimmt, aufgelegt sein:* er ist gut, übel g.; wie ist er heute g.?; ⟨auch attributiv⟩ ein schlecht gelaunter Lehrer.

gelb: /eine Farbbezeichnung/: gelbe Gardinen; ein gelbes Kleid; der Dotter ist g.; die Blätter werden schon ganz g.; s u b s t. : ein schönes, kräftiges Gelb; seine Lieblingsfarbe ist Gelb.

Geld, das: **1.** *staatliches Zahlungsmittel in Form von Münzen oder Banknoten:* bares, falsches, hartes G.; kleines G. (ugs.; *Münzen*); großes G. (ugs.; *Banknoten*); für teures, billiges G. *(zu einem hohen, niedrigen Preis)* kaufen; er hat schweres, unheimliches (ugs.; *sehr viel*) G. verdient; schmutziges *(unredlich erworbenes)* G.; das G. rinnt ihm durch die Finger *(er kann das Geld nicht zusammenhalten);* das ist hinausgeworfenes G. (ugs.; *dieses Geld wurde verschwendet);* kein, viel G. haben; er hat G. auf der Bank; G. verdienen, machen (ugs.; *verdienen),* erwerben, herausschlagen, finden, einheimsen, scheffeln (ugs.), einstreichen (ugs.), zusammenraffen, sparen, anlegen, umtauschen, überweisen, [ein]wechseln, fälschen, unterschlagen; der Staat läßt G. prägen, schlagen (veraltend); G. aufbringen, aufnehmen *(borgen),* hereinbekommen, vom Konto abheben, auf der Post einzahlen, in etwas stecken *(investieren);* G. einkassieren, eintreiben; sein G. arbeiten lassen *(es gewinnbringend anlegen);* jmdm. G. vorschießen, vorstrecken, borgen, pumpen (ugs.); viel G. für etwas bezahlen müssen; das ist sein G. wert; das bedeutet bares G. *(bringt Gewinn);* vergiß nicht, G. einzustecken; G. verlieren, einbüßen, ausgeben, bezahlen, vergeuden, verschwenden; er hat das ganze G. vertrunken, verspielt; die Kaufkraft, der Wert des Geldes; er hat es auf ihr G. abgesehen; (ugs.:) er hängt, klebt sehr am G. *(er ist geizig);* es fehlt an G.; für G. macht er alles; viel für sein G. verlangen; was willst du mit dem G. anfangen?; er kann nicht mit G. umgehen; jmdn. um Geld bitten; er kommt um sein G.; um G. verlegen sein; schade ums G.! (ugs.; *das ist das G. nicht wert);* der Traum vom großen G.; er lebt von seinem G.; ich weiß nicht, wie er zu G. gekommen ist *(es erworben hat);* R: G. regiert die Welt; G. stinkt nicht; G. verdirbt den Charakter; G. allein macht nicht

glücklich; das ist nicht mit G. zu bezahlen *(das ist sehr wertvoll);* da kommt G. zu G. *(ein reicher Mann heiratet ein reiches Mädchen);* hier liegt das G. auf der Straße *(hier kann man leicht zu Geld kommen).* 2. *größere Geldsumme [für einen bestimmten Zweck]:* staatliche, öffentliche Gelder; die Gelder wurden für den Bau der Straße bewilligt, verwendet; er hat das ihm anvertraute G., die Gelder veruntreut, unterschlagen. * (ugs.:) **im/in Geld schwimmen** *(sehr viel Geld haben)* · (ugs.:) **etwas läuft ins Geld** *(etwas wird auf die Dauer zu teuer)* · (ugs.:) **nach Geld stinken** *(sehr reich sein)* · (ugs.:) **Geld [mit beiden Händen] auf die Straße werfen/zum Fenster hinauswerfen/zum Schornstein hinausjagen** *(verschwenderisch sein)* · (ugs.:) **mit dem Geld um sich werfen** *(verschwenderisch sein)* · (ugs.): **jmdm. das Geld aus der Tasche ziehen/lotsen** *(jmdn. dazu bringen, Geld auszugeben)* · **sein Geld unter die Leute bringen** *(das Geld rasch ausgeben)* · (ugs.:) **etwas zu Geld machen** *(etwas verkaufen, um Geld in die Hand zu bekommen)* · **Geld und Gut** *(der gesamte Besitz)* · (ugs.:) **nicht für Geld und gute Worte** *(um keinen Preis).*
gelegen: *zu einem günstigen Zeitpunkt:* zu gelegener Zeit; ⟨jmdm. g. sein, kommen⟩ sein Besuch ist mir jetzt nicht g.; das Angebot kommt mir sehr g.
Gelegenheit, die: 1. *günstiger Augenblick:* eine einmalige, seltene, gute, nie wiederkehrende, verpaßte G.; es bot sich ihm eine günstige G.; diese Reise bietet die G. zur Besichtigung der Höhlen; die G. benutzen, ausnutzen; er wollte die G. zu einem privaten Gespräch nutzen; eine G. abwarten, wahrnehmen, ergreifen, versäumen, verpassen, ungenutzt verstreichen lassen, vorübergehen lassen; bei dem Kongreß hatte er G., mit den berühmten Gelehrten zu sprechen; jmdm. G. geben, sich zu bewähren; es fehlt nicht an Gelegenheiten; er wartete nur auf eine günstige G., um ...; bei der, bei einer, bei der ersten besten G. will ich ihn fragen; ich werde dich bei G. *(gelegentlich)* besuchen; R: G. macht Diebe. 2. *Anlaß:* ein Kleid für alle, für besondere Gelegenheiten; er erzählt bei jeder G. von seiner Reise; bei der geringsten G. fängt er an zu schimpfen; bei G. (Papierdt.; *anläßlich)* seines Besuches; der Saal wird nur zu festlichen Gelegenheiten benutzt. 3. a) *besonders günstiges Angebot:* G.! Jetzt zugreifen! **b)** *als besonders günstiges Angebot geltende Ware:* dieser Sessel ist eine G. * **die Gelegenheit beim Schopfe packen/fassen** *(einen günstigen Augenblick entschlossen nutzen).*
gelegentlich: I. ⟨Adj.⟩ **1.** *bei passender Gelegenheit [geschehend]:* bei einem gelegentlichen Zusammentreffen; ich werde ihn g. fragen, ob ...; ich werde dich g. besuchen. **2.** *manchmal, hier und da [erfolgend]:* gelegentliche Niederschläge; er trinkt nur g. ein Glas Bier. **II.** (Papierdt.) ⟨Präp. mit Gen.⟩ *bei; aus Anlaß:* g. seines Besuchs; er kam g. einer Tagung mit ihm ins Gespräch.
gelehrt: a) *wissenschaftlich umfassend gebildet:* ein gelehrter Mann; seine Frau ist sehr g.; sie spricht, tut sehr g. **b)** *auf wissenschaftlicher Grundlage beruhend:* ein gelehrtes Buch, Gespräch; die Abhandlung ist sehr g. **c)** (ugs.) *wegen wissenschaftlicher Ausdrucksweise schwer verständlich:* er drückte sich sehr g. aus, sprach g.

Geleise: ↑ Gleis.
Geleit, das (geh.): **1.** *Begleitung von Personen zu deren Schutz oder Ehrung:* der Gast wurde mit großem G. zum Flugplatz gebracht; im G. des Präsidenten befanden sich auch motorisierte Polizisten. **2.** *Gruppe von Personen, Fahrzeugen, die jmdn. offiziell begleiten:* das G. bestand aus mehreren hohen Beamten. * (geh.:) **jmdm. das Geleit geben** *(jmdn. begleiten)* · (verhüll.:) **jmdm. das letzte Geleit geben** *(zu jmds. Beerdigung gehen)* · (Rechtsw.:) **freies/sicheres Geleit** *(Garantie der Bewegungsfreiheit und Unverletzlichkeit):* ihm wurde freies G. zugesichert, versprochen.
geleiten (geh.) ⟨jmdn. g.; mit Raumangabe⟩: *bes. zum Schutz oder zur Ehrung begleiten:* jmdn. bis an die Tür, an seinen Platz, zum Flugplatz g.; er geleitete den Blinden über die Straße; er geleitete das Mädchen nach Hause.
Gelenk, das: a) *bewegliche Verbindung zwischen Knochen:* ein schmales, feines G.; steife Gelenke; die Gelenke seiner Finger krachten; der Rheumatismus befällt die Gelenke; seine Hände knackten, krachten in den Gelenken. **b)** *bewegliche Verbindung zwischen Maschinenteilen:* das G. muß geölt werden.
gelernt: *vollständig für einen Beruf, bes. für ein Handwerk ausgebildet:* er ist [ein] gelernter Mechaniker, (Sport:) gelernter Linksaußen.
gelind[e]: 1. a) (geh.) *mild, nicht streng:* er ist mit einer gelinden Strafe davongekommen. **b)** (veraltend) *schwach, nicht stark:* ein gelinder Regen; etwas bei gelindem Feuer braten; ein gelinder Schmerz; die Speise ist g. gewürzt. 2. *(auch: gelinde) abschwächend, vorsichtig [ausgedrückt], schonend:* das ist ein gelinder Ausdruck dafür; das halte ich, g. gesagt, für einen Blödsinn; das Bild ist, um es g. zu sagen, nicht ganz gelungen. **3.** (ugs.) *heftig, nicht zu unterdrücken und nicht gering:* ein gelinder Schrecken lief ihm über den Rücken; es packte ihn eine gelinde Wut.
gelingen ⟨etwas gelingt⟩: *etwas glückt, kommt mit Erfolg zustande:* es gelingt nicht, das Schiff zu bergen; der Entwurf gelingt nicht; die Überraschung ist vollauf gelungen; ⟨etwas gelingt jmdm.⟩ es will mir nicht g., ihn zu überzeugen; der Kuchen ist mir gut, gar nicht gelungen; die Arbeit ist mir schlecht gelungen; subst.: wir trinken auf ein gutes Gelingen; adj. Part.: eine gelungene *(geglückte)* Überraschung; eine gelungene *(gute und erfolgreiche)* Aufführung; (ugs.:) das ist eine gelungene *(komische, originelle)* Idee; (ugs.:) das finde ich gelungen *(ulkig, originell).*
gellen ⟨etwas gellt⟩: a) *etwas ertönt hell und durchdringend:* ein Pfiff gellte laut und schrill; er hörte eine gellende Stimme; sie rief gellend um Hilfe; ⟨etwas gellt jmdm.; mit Raumangabe⟩ der Schrei, der Lärm gellte ihm in den Ohren. **b)** *etwas ist von durchdringenden und lauten, hellen Tönen erfüllt, erzittert davon:* sie schrie so, daß das ganze Haus gellte; ⟨etwas gellt jmdm.⟩ von dem Lärm gellten ihm die Ohren.
geloben (geh.): a) ⟨etwas g.⟩ *feierlich versprechen, schwören:* er gelobte Besserung; ⟨jmdm. etwas g.⟩ jmdm. Beistand g.; er gelobte ihm, immer bei ihm zu bleiben; die Seinen sich [gegenseitig]/(geh.:) einander die Treue. **b)** ⟨sich (Dativ) etwas g.⟩ *sich etwas fest vornehmen:* er gelobte sich,

nicht mehr zu trinken; ich habe mir im stillen gelobt, ein anderer Mensch zu werden.
gelöst: *frei von [einer vorausgegangenen] Belastung, innerlich entspannt:* eine gelöste Stimmung; seine Frau war, wirkte g.; g. lächeln.
gelten: 1. ⟨etwas gilt⟩ *etwas ist gültig:* die Banknote, Briefmarke, der Paß gilt nicht mehr; die Fahrkarte gilt 2 Monate; das soll für alle Zeiten, auf ewig g.; das Gesetz gilt für alle Bürger; was ich zu ihm gesagt habe, gilt auch für die ganze Klasse; das gilt nicht! *(das widerspricht den Spielregeln!);* adj. Part.: das geltende Recht. 2. ⟨etwas gilt etwas⟩ *etwas ist etwas wert:* die Münze gilt nicht viel; unser Geld gilt heute weniger als vor zehn Jahren; was gilt die Wette *(um welchen Betrag wollen wir wetten)?* 3. ⟨als jmd., als etwas/ für jmdn., für etwas g.⟩ *betrachtet, angesehen werden:* als/(seltener:) für klug, reich, dumm, eingebildet g.; er galt als der größte Dichter/(selten:) für den größten Dichter seiner Zeit; er gilt als Dummkopf, als guter Kamerad; es gilt als sicher, daß ...; die Mannschaft gilt als unbesiegbar. 4. ⟨etwas gilt jmdm., einer Sache⟩ *etwas ist für jmdn., für etwas bestimmt:* der Vorwurf hat ihm gegolten, nicht dir; gilt das mir?; die Bomben hatten der Brücke gegolten. b) (geh.) *etwas bezieht sich auf jmdn., auf etwas:* sein Interesse galt nur noch dieser Person, diesem Problem. 5. ⟨es gilt etwas⟩ a) *es kommt auf etwas an:* jetzt gilt es, standhaft zu sein; es gilt deinen Versuch. b) (geh.) *es geht um etwas:* es gilt mein Leben, meine Ehre, unsere Freiheit; bei dem Kampf galt es Leben oder Tod. * **jmdn., etwas gelten lassen** *(jmdn., etwas anerkennen):* diesen Einwand kann ich nicht g. lassen · **etwas geltend machen** *(etwas vorbringen und durchzusetzen suchen):* er machte seine Rechte, Ansprüche geltend; gegen diesen Einwand mache ich folgendes geltend · **etwas macht sich geltend** *(etwas wirkt sich aus, macht sich bemerkbar).*
Geltung, die: 1. *Gültigkeit:* die G. der Naturgesetze; die Bestimmung hat auch für solche Fälle G.; das Gesetz ist immer noch in G., bleibt in G. *(ist gültig, bleibt gültig).* 2. *Wirkung, Wirksamkeit:* die G. dieses Künstlers hat nachgelassen; er hat an G. verloren; sein Streben nach G. ist groß; ein Mann von G. * **jmdn., sich, etwas zur Geltung bringen** *(jmdn., sich, etwas vorteilhaft wirken lassen)* · **zur Geltung kommen** *(vorteilhaft wirken):* auf der großen Bühne kam er, kam seine Stimme erst richtig zur G. · **jmdm., sich, einer Sache Geltung verschaffen** *(dafür sorgen, daß jmd., man selbst, etwas respektiert, beachtet wird).*
Gelübde, das (geh.): *feierliches [vor Gott abgelegtes] Gelöbnis:* ein G. ablegen, leisten, tun, brechen; an dieses G. gebunden sein.
gelüsten (geh.) ⟨jmdn. gelüstet [es] nach etwas⟩: *jmd. hat ein heftiges Verlangen nach etwas:* mich gelüstet [es] nach einem Stück Torte, nach einer Revanche; ihn gelüstete/es gelüstete ihn, eine Bar zu besuchen.
Gemach, das (geh.): *Zimmer:* ein fürstliches G.; (scherzh.:) sich in seine Gemächer zurückziehen *(sich entfernen, nicht mehr zu sprechen sein).*
gemächlich: *bequem, gemütlich:* ein gemächlicher Spaziergang; ein gemächliches Tempo; ein gemächliches *(durch ruhige Behaglichkeit gekenn-*

zeichnetes) Leben; g. wandern; sich etwas g. anschauen; ein g. fließender Fluß.
gemäß: I. ⟨Präp. mit Dativ⟩ *entsprechend, zufolge:* der Vorschrift, der Vereinbarung g.; die Ausschüsse im Parlament werden g. der Stärke der Parteien besetzt; g. Artikel 21 des Grundgesetzes wurde die Partei verboten. II. ⟨Adj.⟩ ⟨jmdm., einer Sache gemäß sein⟩: *jmdm., einer Sache angemessen sein; sich für jmdn. eignen:* diese Arbeit ist seiner Bildung nicht g.; das unstete Leben war ihm nicht mehr g.; ⟨auch attributiv⟩ eine seinen Leistungen gemäße Arbeit.
gemein: 1. a) *übel, niederträchtig:* ein gemeiner Mensch, Kerl, Betrüger; eine gemeine Gesinnung; das ist eine gemeine Verleumdung, Lüge; er benahm sich ihr gegenüber sehr g.; ⟨zu jmdm. g. sein⟩ er war sehr g. zu mir. b) *frech, ordinär:* gemeine Redensarten, Witze, Schimpfwörter; er hatte ein gemeines *(abstoßendes)* Gesicht, eine gemeine Lache. 2. (ugs.) a) *in höchstem Maße unerfreulich, sehr ärgerlich:* ich habe nie soviel Glück wie du, das ist einfach g.! b) ⟨verstärkend bei Adjektiven und Verben⟩ *sehr:* es ist g. kalt; die Wunde brennt [ganz] g. 2. (veraltend) *allgemein, die Allgemeinheit angehend:* das gemeine Wohl; (Rechtsw.:) das gemeine Recht; die gemeinen Interessen des Volkes. 3. *ohne besondere Merkmale, einfach, gewöhnlich:* der gemeine Mann *(der Durchschnittsbürger);* der gemeine Soldat; (scherzh.:) sollen wir uns unter das gemeine Volk mischen? * **etwas mit jmdm., mit etwas gemein haben** *(eine gemeinsame Eigenschaft haben, in bestimmter Weise zusammengehören):* das hat mit Kunst nichts g.; das hat sie mit ihrer Mutter g. · (geh.:) **sich mit jmdm. gemein machen** *(mit jmdm. in nähere Beziehung treten):* sie machte sich mit dem Kerl g. · (geh.:) **jmdm., einer Sache ist etwas gemein** *(mehreren Personen, Sachen ist etwas gemeinsam).*
Gemeinde, die: 1. a) *unterste staatliche Verwaltungseinheit:* eine kleine, arme, große, reiche, dichtbesiedelte, ländliche G.; die G. hat 5 000 Einwohner, hat wenig Industrie; die Verwaltung, Einnahmen, Rechte, Einwohnerzahl der G.; wir leben in der gleichen G.; der Ort gehört zur G. Obernberg; übertr. (ugs.): er gilt, zur G. *(zum Gemeindeamt)* gehen. b) *Bewohner einer Gemeinde:* die G. wählt den Bürgermeister. 2. a) *unterste kirchliche o. ä. Verwaltungseinheit:* eine christliche, jüdische G.; die evangelische G. des Ortes hat, zählt 2 000 Seelen; der neue Pfarrer hat die G. übernommen. b) *Mitglieder einer kirchlichen o. ä. Gemeinde:* die ganze G. war in der Kirche versammelt. c) *Teilnehmer am Gottesdienst:* die G. sang ein Lied; der Pfarrer spricht zur G. 3. *Anhängerschaft:* der Dichter sprach vor einer aufmerksamen G.
Gemeinheit, die: a) *niederträchtige, gemeine Art, Gesinnung:* seine G. stößt mich ab; aus G. tun, sagen; das zeugt von seiner G. b) *gemeine Handlung, gemeine Worte:* eine bodenlose, abgründige G.; das war eine unglaubliche G.; eine G. begehen, verüben; ihm traut man keine G. zu. c) (ugs.) *etwas höchst Unerfreuliches, Ärgerliches:* jetzt ist der Zug gerade weg, so eine G.!
gemeinsam: 1. *mehreren Personen oder Sachen in gleicher Weise eigen, gehörend:* ein gemeinsa-

mes Leben; gemeinsame Anschauungen, Interessen; eine gemeinsame Politik; die gemeinsame Wohnung verlassen; sie trafen einen gemeinsamen Bekannten; das Haus gehört ihnen g.; das Getränk hat mit Kaffee nur die Farbe g.; ⟨etwas ist jmdm. g.⟩ den beiden Freunden ist vieles g. *(sie stimmen in vielem überein);* M a t h.: das kleinste gemeinsame Vielfache. **2.** *zusammen, miteinander [unternommen, zu bewältigen]:* gemeinsame Wanderungen, Aufgaben; g. ins Theater gehen; sie gingen g. in den Tod; wir wollen das g. besprechen.

Gemeinschaft, die: **1.** *das Zusammenleben, Verbundensein:* die eheliche G.; mit jmdm. in G. leben. **2.** *Personengruppe mit gemeinsamen Interessen, Idealen o. ä.:* eine politische, kirchliche G.; sie bildeten eine eingeschworene, verschworene, enge, unzertrennliche G.; eine G. verlassen; einer G. beitreten; er wurde aus der G. ausgeschlossen, ausgestoßen; jmdn. in eine G. eingliedern, aufnehmen. * **in Gemeinschaft mit** *(gemeinsam, zusammen mit):* der Maler veranstaltete die Ausstellung in G. mit zwei anderen Künstlern.

gemessen: a) *langsam und würdevoll:* er ging gemessenen Schrittes aus dem Haus; ein gemessenes *(würdevolles und zurückhaltendes)* Auftreten; sein Gang war sehr g.; sich g. bewegen. **b)** *beherrscht, zurückhaltend:* er behandelte ihn mit gemessener Freundlichkeit, Überlegenheit; seine Begrüßung war sehr g. **c)** *angemessen, geziemend:* er folgte in gemessenem Abstand.

Gemüse, das: *Pflanzen, deren verschiedene Teile als Nahrungsmittel verwendet werden:* frisches, rohes, gekochtes, gedünstetes G.; Kartoffeln und G.; als Beilage gibt es gemischtes G.; G. anbauen, ziehen, waschen, putzen, zubereiten; ü b e r t r. (ugs. scherzh.): junges G. *(junge Leute).*

gemustert: *mit einem Muster versehen:* gemusterte Stoffe; die Tapete ist nett g.

Gemüt, das: **a)** *Gesamtheit der geistig-seelischen Kräfte; seelisches Empfindungsvermögen:* ein gutes, kindliches, liebevolles, sonniges, heiteres, weiches, sanftes, tiefes, trauriges, harmloses, goldenes G.; er besitzt, hat kein G.; das eines Künstlers; sie hat sehr viel G. *(ist empfänglich für gefühlserregende Eindrücke, ist sehr herzlich);* etwas bewegt, erregt, beunruhigt das G.; ein Film fürs G. *(ein rührseliger Film);* das denkst du so in deinem kindlichen G.!; sie hat ein G. wie ein Veilchen, wie ein Schaukelpferd (ugs.; *sie ist ziemlich naiv und mutet anderen viel zu);* er hat ein G. wie ein Fleischerhund, wie eine Dampfwalze (ugs.; *er ist ziemlich roh und herzlos, hat kein Gefühl für etwas).* **b)** *Mensch als empfindendes Wesen:* er ist ein ängstliches, einfaches, romantisches G.; der Vorfall erregte die Gemüter; es gelang ihm, die Gemüter zu beruhigen, beschwichtigen. * (ugs.:) **sich** (Dativ) **etwas zu Gemüte führen: a)** *(etwas beherzigen):* er hat sich die Mahnung zu Gemüte geführt. **b)** *(etwas Gutes mit Genuß essen oder trinken):* jetzt werde ich mir erst mal einen Whisky zu Gemüte führen.

gemütlich: a) *bequem, behaglich:* eine gemütliche Wohnung, ein gemütliches Lokal; seine Bude ist recht g., ist g. eingerichtet; machen Sie sich's g.! **b)** *nett, zwanglos:* ein gemütliches Beisammensein; ein gemütlicher Abend; nun wird es

endlich g. hier; es war sehr g. bei ihm; wir unterhielten uns sehr g. **c)** *umgänglich, freundlich:* ein gemütlicher Beamter; der Chef war heute ganz g. **d)** *ruhig, gemächlich:* er fuhr in einem gemütlichen Tempo, ging g. spazieren.

Gemütlichkeit, die: *Bequemlichkeit, Ungezwungenheit, Gemächlichkeit, Ruhe:* die G. der Wohnung; G. herstellen; R: da hört [sich] doch die G. auf! (ugs.; *das ist unerhört!).* * **in aller Gemütlichkeit** *(ganz gemächlich, ruhig):* er trank noch in aller G. sein Bier aus.

genau: I. ⟨Adj.⟩ **a)** *einwandfrei stimmend, exakt:* eine genaue Waage, Angabe; haben Sie genaue [Uhr]zeit?; das ist g. das gleiche; sich g. an etwas erinnern; der Brief wiegt g. 20 Gramm; die Uhr geht g.; die Länge stimmte auf den Millimeter g.; die Schuhe passen g.; s u b s t.: er sagte, daß er nichts Genaues wisse. **b)** *sorgfältig, bis ins einzelne; gewissenhaft, gründlich:* er ist ein sehr genauer Mensch; er ist in allem sehr g.; er ist in Geldsachen sehr g. *(sparsam, gewissenhaft);* g. arbeiten; ich kenne ihn, seine Probleme ganz g. *(sehr gut, in allen Einzelheiten);* die Vorschriften genau[e]stens/auf das genau[e]ste einhalten. **II.** ⟨Adverb⟩ *gerade, eben /*bes. als Bestätigung dafür, daß jmd., etwas gerade richtig, passend, wie geschaffen für etwas ist/: er kam g. zur rechten Zeit; das reicht g. [noch] für zwei Personen; er ist g. der richtige Mann für diese Aufgabe /als Ausdruck einer Verstärkung/: g. das wollte ich sagen!; g. das Gegenteil ist der Fall; /ugs.; als Ausdruck bestätigender Zustimmung/: g.! *(stimmt!; so ist es!).* Als n i c h t korrekt gilt der adjektivische Gebrauch des Adverbs: es muß heißen: g. das Gegenteil (nicht: das genaue Gegenteil) ist der Fall. * **es mit etwas [nicht so] genau nehmen** *([nicht] sorgfältig sein mit etwas).*

genehmigen: 1. ⟨etwas g.⟩ *bewilligen, einer Sache zustimmen:* ein Gesuch g.; der Antrag ist genehmigt worden. **2.** (ugs.) ⟨sich (Dativ) etwas g.⟩ *sich den Genuß von etwas gönnen, verschaffen:* sollen wir uns noch ein Glas Wein, ein Paar Würstchen g.?; er genehmigt sich *(macht)* jeden Tag sein Mittagsschläfchen; (ugs. scherzh.:) sich einen g. *(ein Glas Bier, Schnaps o. ä. trinken).*

Genehmigung, die: *Bewilligung, Zustimmung:* eine schriftliche, polizeiliche, behördliche G. [zur Ausübung des Berufs]; er hat keine G. zur Einreise; die G. der Einreise ist Sache der Regierung; eine G. einholen, erhalten, vorlegen, sich (Dativ) verschaffen, jmdm. geben, erteilen, verweigern; etwas ohne G. tun.

geneigt: 1. ⟨zu etwas geneigt sein⟩: *die Neigung, die Absicht haben, bereit sein:* er ist geneigt, das Angebot anzunehmen; er ist immer zu Einwänden geneigt. **2.** ⟨jmdm. geneigt sein⟩: *jmdm. wohlgesinnt, zugetan sein:* seine Vorgesetzten waren ihm nicht geneigt.

genesen: 1. (geh.) *gesund werden:* er ist nach langer Krankheit, von einer langen Krankheit genesen; kaum genesen, begann er schon wieder zu arbeiten. **2.** (veraltet) ⟨jmds. g.⟩ *ein Kind zur Welt bringen:* sie ist eines gesunden Knaben genesen.

Genesung, die (geh.): *das Gesundwerden:* seine G. macht gute Fortschritte; wir wünschen baldige G.; G. suchen, finden; auf dem Weg der G. sein; auf G. hoffen.

genial: *hervorragende Begabung besitzend, erkennen lassend; großartig, vollendet:* ein genialer Dichter; eine geniale Erfindung; das war ein genialer Schachzug; das Werk ist g.!; er hat das Problem g. gelöst; er ist g. begabt, veranlagt.

Genick, das: *hinterer Teil des Halses (mit den Halswirbeln); Nacken:* ein steifes G. haben; er brach sich bei dem Sturz das G.; er schob den Hut ins G.; jmdn. am G. packen. * (ugs.:) **jmdm., einer Sache das Genick brechen** *(jmdn., etwas scheitern lassen, zugrunde richten):* mit ihren Intrigen hat sie ihm schließlich das G. gebrochen; sein Leichtsinn wird ihm noch das G. brechen · (ugs.:) **sich (Dativ) das Genick brechen** *(sich zugrunde richten, scheitern):* mit diesen Machenschaften hat er sich dann das G. gebrochen.

Genie, das: 1. *überragende schöpferische Geisteskraft:* das G. Wagners; sein G. wurde schon früh deutlich. 2. *sehr begabter, schöpferischer Mensch:* ein großes, politisches, vielseitiges G.; ein verkanntes G. (oft scherzh; *jmd., von dessen besonderer Begabung man nichts weiß oder der davon überzeugt ist, daß seine besondere Begabung nicht die entsprechende Anerkennung findet*); er ist nicht gerade ein G./ist kein G. auf diesem Gebiet (iron.; *er versteht davon nicht viel*).

genieren: 1. ⟨sich g.⟩ *etwas als peinlich, unangenehm empfinden und sich entsprechend gehemmt, unsicher fühlen:* er genierte sich ein wenig, sie anzusprechen; du brauchst dich vor mir nicht zu g.; nimm das, bitte brauchst dich nicht zu g. *(brauchst keine Hemmungen zu haben);* sie genierte sich für ihn, seinetwegen. 2. (veraltend) ⟨etwas geniert jmdn.⟩ *etwas stört jmdn., ist ihm hinderlich:* das geniert mich wenig!; ihre Anwesenheit genierte ihn beim Essen.

genießen (etwas g.): 1. a) *mit Genuß, Wohlbehagen, Vergnügen zu sich nehmen, auf sich wirken lassen:* sein Leben, seine Jugend, den Urlaub in vollen Zügen g.; die frische Luft, die Natur, die Stille g.; er hat die Flasche Wein so richtig genossen. b) *essen, trinken, zu sich nehmen:* ich habe diesen Morgen noch nichts genossen; die Wurst können wir nicht mehr g.; die Speisen sind nicht mehr zu g.; übertr.: der Chef ist heute nicht, nur mit Vorsicht zu g. *(zu ertragen)*. 2. *erhalten; [zu seinem Vorteil, Nutzen] erfahren:* Unterricht, eine gründliche Ausbildung, gute Erziehung g.; /häufig verblaßt/ Achtung, Vertrauen, Verehrung g.; er genießt ihren ganz besonderen Schutz.

genug ⟨Adverb⟩: *genügend, ausreichend:* ich habe g. Geld; sie hatte schon g. Sorgen/Sorgen g. mit ihren eigenen Kindern; wir sind g. Leute, um das zu schaffen; der Schrank ist groß g.; habt ihr g. zu essen?; das ist g. für mich; das ist g. und übergenug; nicht g. damit, daß er seine Aufgaben erledigte, er half auch noch anderen; unsere Nachbarn können nicht g. kriegen *(sind raffgierig);* wir haben für heute g. gearbeitet; sie konnte sich nicht g. darin tun, das Buch zu loben; (geh.:) sie wußte nicht g. des Lobes über ihn; g. der Worte, wir müssen jetzt etwas unternehmen; er ist dumm g., sich das bieten zu lassen; ich habe lange g. gewartet; er ist für diesen Posten nicht gewandt g.; dazu ist er jetzt alt g. *(hat er das entsprechende Alter);* das ist wenig g. *(ist sehr wenig);* ich habe g. von dieser Arbeit *(sie interessiert mich*

nicht mehr*);* jetzt habe ich aber g.! *(jetzt ist meine Geduld zu Ende).*

Genüge ⟨nur in bestimmten Wendungen⟩: (geh.:) **einer Sache Genüge tun/leisten** *(etwas einhalten, einer Sache entsprechen):* seinen Forderungen soll G. getan werden · (geh. veraltend:) **Genüge an etwas finden/haben** *(mit etwas zufrieden sein)* · (geh. veraltend:) **jmdm., einer Sache geschieht Genüge** *(jmds. Forderungen werden erfüllt, etwas wird in genügendem Maße beachtet):* ihm, seinem Recht wird G. geschehen · **zur Genüge** *(in ausreichendem Maß):* jmdn. nicht zur G. informieren; /oft mit abwertendem Unterton/ das kenne ich zur G.!

genügen: a) *genug sein, ausreichen:* das genügt fürs erste, vollkommen, kaum; dieser Wagen genügt für uns; drei Arbeiter genügen, um die Möbel zu verladen; zwei Meter Stoff genügen nicht für ein Kleid; adj. Part.: eine genügende Entlohnung; er hat genügend Geld; /als Schulnote/ (veraltet:) seine Leistungen wurden mit „genügend" beurteilt; ⟨etwas genügt jmdm.⟩ das genügt mir *(mehr verlange ich nicht);* seine Antwort hat mir genügt *(ich war damit zufrieden);* drei Kleider genügen mir *(damit komme ich aus)* für diese Zeit; es genügt mir schon zu wissen, daß ...; ich lasse es mir daran/damit g. b) ⟨einer Sache g.⟩ *entsprechen, gerecht werden:* seinen Wünschen, den gesellschaftlichen Pflichten g.; er genügt den Anforderungen dieses Postens nicht.

genügsam: *anspruchslos:* ein genügsamer Mensch; er ist sehr g.; g. sein im Essen und Trinken; g. leben.

genugtun (veraltend) (jmdm., einer Sache g.): *einer Forderung o. ä. entsprechen:* sie waren eifrig bemüht, ihm, seinen Wünschen genugzutun; keiner konnte ihm g. * **sich** (Dativ) **nicht genugtun können** *(mit etwas in seinem Überschwang o. ä. kein Ende finden):* er konnte sich nicht g., diese Gastfreundschaft zu loben.

Genugtuung, die: a) (geh.) *Entschädigung, Wiedergutmachung:* der Beleidigte forderte, verlangte, erhielt G.; sich (Dativ) G. verschaffen; jmdm. G. schulden, geben. b) *innere Befriedigung:* das ist mir eine G.; ich habe die G., daß ...; über etwas G. empfinden; ich habe diese Nachricht mit G. vernommen.

Genuß, der: 1. *Annehmlichkeit, Freude, Befriedigung, die jmd. beim Zusichnehmen, Aufsichwirkenlassen von etwas empfindet:* kulinarische Genüsse; ein ästhetischer G.; etwas ist ein großer G.; die Genüsse des Lebens; eine Quelle des Genusses; etwas mit G. essen, lesen. 2. *das Zusichnehmen von Getränken, Nahrung o. ä.:* übermäßiger G. von Alkohol ist schädlich; er ist nach dem G. verdorbenen Fleisches erkrankt; vom G. dieses Pilzes ist abzuraten. * **in den Genuß von etwas kommen** *(eine Vergünstigung oder auch etwas, was einem zusteht bekommen).*

Gepäck, das: *Koffer u. ä. als Reiseausrüstung:* leichtes G.; mein persönliches G. ist nicht schwer; das G. wurde kontrolliert; [nicht] viel G. haben; das G. zum Bahnhof bringen, tragen, schaffen; das G. aufgeben, versichern, im Gepäcknetz verstauen; er reist mit wenig G.; bildl.: im G. des Ministers befanden sich keine neuen Vorschläge.

gepfeffert (ugs.): **a)** *übertrieben, unverschämt hoch:* gepfefferte Preise, Mieten; die Reparaturkosten waren ganz schön g. **b)** *streng, hart, schonungslos:* eine gepfefferte Kritik; die Prüfungsfragen waren ganz schön g. **c)** *sehr anzüglich, derb:* gepfefferte Witze erzählen.

gepflegt: a) *gut erhalten; aufmerksam behandelt; kultiviert:* ein gepflegtes Äußeres; sie ist eine gepflegte Erscheinung; er hat eine gepflegte Aussprache; der Park ist sehr g.; sie sieht sehr g. aus. **b)** *von bestimmter Güte, qualitätvoll:* gepflegte Weine; ein gepflegtes Restaurant; ein Restaurant mit gepflegter Küche; man ißt dort sehr g. *(gut und in angenehmer Atmosphäre).*

Gepflogenheit, die (geh.): *oft bewußt gepflegte und kultivierte Handlung, Gewohnheit:* sonderbare, bürgerliche Gepflogenheiten; sich den Gepflogenheiten einer Gemeinschaft anpassen; das entspricht, widerspricht ihren Gepflogenheiten.

Gepräge, das: **1.** *Prägung:* die Münze hat, trägt ein deutliches G. **2.** (geh.) *kennzeichnendes Aussehen, Eigenart:* das äußere G. einer Stadt, einer Landschaft; große Staatsmänner geben, verleihen ihrer Zeit das G.

gerade: I. ⟨Adj.⟩ **1.** *in unveränderter, in natürlicher Richtung verlaufend, nicht krumm, nicht schief:* eine g. Linie; ein gerader Weg; ein gerader Baumstamm; das Lineal ist nicht mehr g.; das Bild hängt nicht g.; er ist g. *(aufrecht)* gewachsen; sei froh, daß du noch deine geraden *(gesunden)* Glieder hast; ü b e r t r.: er ist das g. Gegenteil von seinem Bruder; seinen geraden Weg gehen *(sich nicht beirren lassen);* er stammt in gerader Linie von ... ab. **2.** *aufrichtig, offen:* ein gerader Charakter; er ist ein gerader Mensch. **II.** ⟨Adverb⟩ **1.** /zeitlich/ **a)** *in diesem Augenblick:* er ist g. hier. **b)** *unmittelbar vorher:* er ist g. gegangen. **2. a)** *rasch, für kurze Zeit:* bring doch g. [mal] das Buch herüber. **b)** *zufällig:* du stehst g., mach doch bitte die Tür zu; ich habe g. kein Geld bei mir. **c)** *direkt, genau:* es ist g. umgekehrt; g. entgegengesetzt; so ist es g. richtig. **d)** *mit Mühe und Not, knapp:* das Geld reicht g. noch für drei Tage; er kam g. [noch] zur rechten Zeit. **e)** *erst recht:* jetzt tue ich es g. nicht; nun g.! **III.** ⟨Gesprächspartikel⟩ /nicht betont/ **1.** /weist mit Nachdruck auf etwas hin, dient als Ausdruck einer Verstärkung/: das macht mir g. Spaß; g. du wirst gesucht; g. *(genau)* das habe ich ja sagen wollen! **2.** /drückt Ärger, Verstimmung o. ä. aus/ *ausgerechnet:* g. jetzt wird er krank; warum muß g. ich das tun?; g. heute muß es regnen. **3.** /wandelt eine Verneinung, einen Tadel o. ä. meist mildernd, gelegentlich auch verstärkend ab/: er verdient nicht g. viel; da hast du nicht g. exakt gearbeitet; er ist nicht g. fleißig *(ist ziemlich faul).*

Gerade, die: **a)** (Math.) *gerade Linie, die nach beiden Richtungen nicht durch Endpunkte begrenzt ist:* zwei Geraden/(seltener:) Gerade; durch einen gegebenen Punkt eine G. ziehen. **b)** (Sport) *gerader Teil einer Rennstrecke:* die Läufer, Pferde biegen in die G. ein.

geradeaus ⟨Adverb⟩: *ohne die Richtung zu ändern:* g. gehen, fahren, blicken, sehen; er hatte die Augen g. gerichtet; immer g.

geradebiegen ⟨etwas g.⟩: *in gerade Form bringen:* einen Draht, Stab g.; ü b e r t r. (ugs.): wir

werden die Geschichte, die Sache schon g. *(in Ordnung bringen).*

geradestehen: 1. *aufgerichtet, nicht krumm stehen:* steh gerade!; er war so betrunken, daß er nicht mehr g. konnte. **2.** ⟨für etwas g.⟩ *für etwas die Verantwortung übernehmen:* für deine Entscheidung, dein Vorgehen mußt du beim Chef g.

geradezu ⟨Adverb⟩: *direkt, sogar, man kann fast sagen:* g. in/in g. infamer Weise; das muß man ja g. als Betrug bezeichnen; das ist g. fürchterlich.

Gerät, das: **1.** *Apparat, Vorrichtung:* ein modernes, einfaches, empfindliches G.; elektrische, landwirtschaftliche Geräte; das G. funktioniert nicht; ein G. erfinden, entwickeln, konstruieren, herstellen, kaufen, bedienen, reparieren; das G. *(Fernseh-, Rundfunkgerät)* leiser stellen; an den Geräten *(Turngeräten)* turnen. **2.** *Gesamtheit der Werkzeuge, Ausrüstung:* das G. des Schneiders; sein G. in Ordnung halten.

geraten: 1. a) *gut ausfallen, gelingen:* unter ihren Händen gerät alles; der Kuchen ist geraten; seine Kinder geraten *(entwickeln sich gut);* ⟨etwas gerät jmdm.⟩ alles, was er begann, geriet ihm. **b)** ⟨mit Artangabe⟩ *in bestimmter Weise ausfallen:* der Braten ist heute noch besser geraten; seine Kinder geraten *(entwickeln sich)* gut; (scherzh.:) er ist etwas kurz geraten; ⟨etwas gerät jmdm.; mit Artangabe⟩ heute ist ihr das Essen gut geraten; diese Arbeit ist mir nach Wunsch geraten. **2. a)** ⟨mit Raumangabe⟩ *ohne Absicht irgendwohin gelangen:* in einen Sumpf, in eine unbekannte Gegend g.; wohin bin ich geraten?; der Hund geriet unter das Auto *(wurde überfahren).* **b)** ⟨mit Umstandsangabe⟩ *in einen bestimmten Zustand gelangen, in eine bestimmte Lage kommen:* er ist in Not, in Schulden, in Schwierigkeiten, in eine gefährliche Situation, in schlechte Gesellschaft, in die Klemme (ugs.) g.; in Mißkredit, in Verruf g.; er geriet unter den schlechten Einfluß seines Freundes; die Zuschauer gerieten in einen Taumel der Begeisterung; /verblaßt in nominalen Fügungen mit passivischer Bedeutung/ in Wut g. *(wütend werden);* in Vergessenheit g. *(vergessen werden);* in Gefangenschaft g. *(gefangen werden);* in Rückstand/Verzug g. *(Rückstände haben);* (Papierdt.:) in Verlust g. *(verlorengehen);* in Brand g. *(zu brennen anfangen);* in Bewegung g. *(sich zu bewegen beginnen);* ins Stocken g. *(zu stocken anfangen);* ins Stottern g. *(zu stottern anfangen);* in Streit g. *(zu streiten anfangen).* **3.** ⟨nach jmdm.⟩ *jmdm. ähnlich werden:* der Junge gerät ganz nach dem Vater.

Geratewohl, das (in der Verbindung) aufs Geratewohl: *in der Hoffnung, daß es gelingt; auf gut Glück:* er versuchte es aufs G.

geräumig: *viel Raum, Platz bietend:* eine geräumige Wohnung, ein geräumiges Zimmer; das Haus, der Schrank ist sehr g.

Geräusch, das: *unbestimmter Schall, Lärm:* ein lautes, störendes, verdächtiges, zischendes, monotones, dumpfes G.; das G. weckte ihn auf; ein seltsames G. drang an sein Ohr, ins Zimmer; das G. des Motors; ein G. hören, registrieren, verursachen, machen; man konnte nicht feststellen, woher das G. kam; ü b e r t r. (abwertend): mit viel G. *(in aufsehenerregender Weise).*

gerecht: 1. *auf dem Recht beruhend, nach den*

bestehenden Gesetzen handelnd, urteilend: ein gerechter Richter; eine gerechte Strafe; ein gerechtes Urteil; ein gerechter Anspruch; seine Entscheidung war g.; das ist nicht g.; g. handeln, urteilen, bestrafen; ⟨gegen jmdn. g. sein⟩ sie war immer g. gegen mich. **2. a)** *dem Empfinden von Gerechtigkeit entsprechend; gerechtfertigt, begründet:* eine gerechte Sache, Forderung, ein gerechter Kampf; etwas g. verteilen. **b)** ⟨jmdm., einer Sache g. werden⟩ *jmdn., etwas angemessen beurteilen, gebührend würdigen:* die Kritik ist dem Regisseur nicht g. geworden. **c)** ⟨einer Sache g. werden⟩ *etwas bewältigen, erfüllen [können]:* er ist den Anforderungen nicht g. geworden.
Gerechtigkeit, die: **1.** *Gerechtsein, gerechtes Verhalten, Handeln; gerechte Einstellung:* soziale G.; die G. des Richters, eines Urteils; die G. nimmt ihren Lauf *(die Angelegenheit verläuft absolut gerecht);* jmdm. G. angedeihen (geh.), widerfahren (geh.), zuteil werden (geh.) lassen; jmdm. G. verschaffen; G. fordern, üben (geh.), walten lassen (geh.); um der G. willen. **2.** (geh.) *Justiz:* die strafende G.; der G. anheimfallen (geh.); den Verbrecher den Händen der G. übergeben. * **ausgleichende Gerechtigkeit** *(etwas, was eine ungerechte Entscheidung o. ä. wieder wettmacht).*
Gerede, das: *nichtssagendes Geschwätz, unnötiges, sinnloses Reden:* dummes, leeres G.; es gab ein G. darüber in der Stadt; was soll das alberne G. von der Unterdrückung des Mannes?; du hast dich dem G. der Leute ausgesetzt; das halte ich für böswilliges G. * **jmdn. ins Gerede bringen** *(dafür sorgen, daß Nachteiliges über jmdn. geredet wird)* · **ins Gerede kommen** *(Gegenstand des Klatsches, eines Gerüchtes werden).*
gereichen (geh.) ⟨etwas gereicht jmdm. zu etwas; in Verbindung mit bestimmten Substantiven⟩: *etwas verschafft jmdm. etwas, bringt ihm etwas Bestimmtes ein:* diese Tat gereicht ihm zur Ehre, zum Ruhm; es gereicht ihm zum Nutzen, Vorteil; das wird uns zum Schaden, Nachteil gereichen *(wird uns schaden).*
gereizt: *erregt, verärgert, überempfindlich:* eine gereizte Stimmung; in gereiztem Ton sprechen; er ist heute ziemlich g.; die Atmosphäre war sehr g.; g. antworten, etwas bemerken.
¹Gericht, das: **a)** *öffentliche Institution, die vom Staat mit der Rechtsprechung betraut ist:* ein unabhängiges G.; das zuständige G.; das G. sprach ihn frei; diese Affäre wird noch die Gerichte beschäftigen; das G. anrufen; der Dieb stellte sich freiwillig dem G.; der Vorsitzende des Gerichts; sich an ein G. wenden; jmdn. bei G. anzeigen; die Sache kommt vor G.; vor G. erscheinen, aussagen; vor Gericht stehen *(angeklagt sein),* sich vor einem ordentlichen G. verantworten; mit einem Streitfall vor G. gehen *(in einem Streitfall eine gerichtliche Entscheidung herbeiführen);* jmdn. vor G. bringen, ziehen. **b)** *Richterkollegium:* das G. zieht sich zur Beratung zurück; Hohes G. /Anredeformel/. **c)** *Gerichtsgebäude:* das G. brennt, wird von der Polizei bewacht; schräg gegenüber vom G. * (geh.:) **über jmdn. Gericht halten/zu Gericht sitzen** *(über jmdn. bei Gericht verhandeln)* · **mit jmdm. [streng/scharf/hart] ins Gericht gehen** *(jmdn. streng zurechtweisen, über*

jmdn. hart urteilen; jmdn. hart bestrafen):* der Redner ging mit ihnen hart, scharf ins G.
²Gericht, das: *als Mahlzeit zubereitete Speise:* ein köstliches G.; erlesene Gerichte; das G. ist einfach, billig; ein G. zubereiten, bestellen, auftragen, essen; ein G. aus Fleisch und Gemüse; ein G. Bohnen *(eine Mahlzeit mit Bohnen).*
gerichtlich: *das Gericht betreffend, vom Gericht [durch-, herbeigeführt]:* eine gerichtliche Verordnung, Bestimmung, Entscheidung; ein gerichtliches Einschreiten; für Vorfall wird noch ein gerichtliches Nachspiel haben; jmdn. g. belangen (Papierdt.), bestrafen; wir werden g. gegen sie vorgehen.
gering: **1.** *unbeträchtlich klein, niedrig, geringfügig, unbedeutend:* eine geringe Ausdehnung, Entfernung, Höhe; eine geringe Begabung; geringen Wert auf etwas legen; geringe Anforderungen an jmdn. stellen; ich befand mich in nicht geringer *(in ziemlich großer)* Verlegenheit; geringe Neigung zu etwas verspüren; dazu habe ich nicht die geringste *(überhaupt keine)* Lust; das soll meine geringste Sorge sein *(das bekümmert mich am wenigsten);* die Kosten für das Projekt sind nicht g.; die Chancen sind g.; der Abstand wurde immer geringer; g. gerechnet, hat er zwei Stunden zu gehen; subst.: die Geringste, was er tun müßte, wäre ...; man muß auch im Geringsten *(in den kleinsten Dingen)* genau sein. **2.** (geh. veraltend) *sozial niedrig:* von geringer Herkunft sein. **3.** (geh. veraltend) *schlecht, minderwertig:* eine geringe Qualität; von jmdm. g. denken. * **nicht das geringste** *(überhaupt nichts):* er wußte nicht das geringste davon · **nicht im geringsten** *(überhaupt nicht):* er kümmerte sich nicht im geringsten um sie · **kein Geringerer als ...** *(sogar ..., immerhin ...):* kein Geringerer als Einstein.
geringfügig: *nicht ins Gewicht fallend, unbedeutend:* eine geringfügige Verletzung; die Verluste waren g.; die Preise sind g. gestiegen.
geringschätzig: *verächtlich:* eine geringschätzige Bemerkung; ein geringschätziges Urteil über jmdn. fällen; jmdn. g. behandeln; er verzog g. den Mund, lächelte g.
gerinnen ⟨etwas gerinnt⟩: *etwas wird fest:* die Milch gerinnt beim Kochen; geronnenes Blut.
Gerippe, das: *Skelett:* das G. eines Menschen, Tieres; sie ist bis zum G. abgemagert; du siehst ja aus wie ein wandelndes G. (ugs.; *du siehst sehr schlecht aus);* übertr.: das G. *(Gerüst)* eines Schiffes, Flugzeugs, Blatts; das G. *(der inhaltliche Aufbau; Disposition)* eines Aufsatzes.
gerissen (ugs.) *in unangenehmer Weise schlau und durchtrieben, stets auf seinen Vorteil bedacht:* ein gerissener Betrüger, Geschäftsmann, Kriminalist; so ein gerissener Bursche!; sein Rechtsanwalt ist ziemlich g.; er wirkte sehr g.
gern, (seltener:) **gerne** (Adverb): **1.** *mit Vergnügen, bereitwillig und freudig:* g. verreisen, schlafen; ich möchte g. helfen; ich wäre g. allein geblieben *(hätte es vorgezogen, allein zu sein);* er wüßte gar zu g. *(wünschte sehr, es zu wissen);* er ist überall g. gesehen *(beliebt);* ich tu' es von Herzen, herzlich, für mein Leben, liebend *(sehr)* g.; sie hat, sieht es g., wenn ... *(sie mag es, wenn ...);* das kannst du g. tun *(ich habe nichts dagegen);* das glaube ich g.; *(ohne weiteres):* so et-

was habe ich g.! (ugs. iron.; *das gefällt, paßt mir besonders gut!*); sie hatten sich/(geh.:) einander [sehr] g. *(empfanden [große] Zuneigung, Sympathie für einander);* R (ugs.): der kann mich [mal] g. haben *(mit dem will ich nichts mehr zu tun haben, der soll mich in Ruhe lassen)* · es ist nicht g. (ugs.; *absichtlich)* geschehen; [es ist] g. geschehen! /Antwort auf einen Dank/; ich hätte g. *(geben Sie mir bitte)* ein Kilo Äpfel. **2.** *mit Vorliebe; im allgemeinen:* er geht g. früh schlafen; Kakteen wachsen g. auf trockenem Boden.

Geruch, der: **1.** *Art, wie etwas riecht:* ein scharfer, stechender, süßlicher, betäubender, durchdringender, scheußlicher G.; allerlei Gerüche drangen, quollen aus der Küche; ein G. nach Verbranntem, von schwelendem Holz durchzog das ganze Haus, verbreitete sich; ü b e r t r. (geh.): *Ruf:* sie stand in schlechtem, üblem, keinem guten G.; er kam in den G., ein Betrüger zu sein. **2.** *Geruchssinn:* der G. ist beim Hund sehr stark ausgebildet; der Hund hat einen feinen G.

Gerücht, das: *verbreitete, aber nicht erwiesene Nachricht:* ein böses, unsinniges, unerhörtes, ärgerliches G.; schwebende, sich widersprechende Gerüchte; ein G. entsteht, taucht auf, kommt auf, verbreitet sich, geht um, geht wie ein Lauffeuer durch die ganze Stadt, verstärkt sich, dringt [bis] zu jmdm., bewahrheitet sich, bestätigt sich, verschwindet, verstummt; das ist ja nur ein G.!; das halte ich für ein G. (ugs.; *das glaube ich nicht);* ein G. aufbringen, ausstreuen, in die Welt setzen; einem G. entgegentreten, [keinen] Glauben schenken; von ihr geht das G., daß sie ...; es geht das G., daß er krank ist.

geruhen (geh. veraltend) ⟨mit Infinitiv mit *zu):* g., etwas zu tun⟩: *sich gnädig herablassen zu etwas:* seine Majestät haben geruht, ihn zu empfangen; (scherzh. oder iron.:) willst du g., mir zu antworten?; wann geruht denn der Herr aufzustehen?

geruhsam: *ruhig, behaglich:* ein geruhsamer Abend; ein geruhsames Leben führen; unser Urlaub war g.; g. seine Mahlzeit einnehmen.

gesalzen: a) *übertrieben, unverschämt hoch:* eine gesalzene Rechnung; der Preis für die Reparatur war g. **b)** *grob; derb:* ein gesalzener Witz; sie gab ihm eine gesalzene *(kräftige)* Ohrfeige; jmdm. einen gesalzenen Brief schreiben.

gesamt: *vollständig, ganz:* die gesamte Familie, Belegschaft, Bevölkerung, Volkswirtschaft; sein gesamtes Vermögen, Eigentum.

Gesang, der: **1.** *das Singen:* schöner, mehrstimmiger, lauter G.; es waren schwermütige Gesänge; der G. der Vögel; der G. schwillt an, verklingt, verstummt; jmds. G. am Klavier, auf der Gitarre begleiten; G. *(die Kunst des Singens)* studieren; Unterricht in G. nehmen; sie zogen mit/ (veraltend:) unter G. durch die Straßen. **2.** *Lied:* geistliche, weltliche Gesänge; die Gesänge der amerikanischen Neger; der Chor probte einen G. **3.** *Abschnitt eines Epos:* der letzte G. der Ilias.

Gesäß, das: *Hinterteil, Sitzfläche:* ein Geschwür am G. haben; eine Spritze ins G. bekommen; sie ist etwas breit übers G.

Geschäft, das: **1. a)** *kaufmännisches Unternehmen, Laden:* ein modernes, gutes G.; ein teures G. *(ein G. mit teuren Waren);* die Geschäfte schließen um 19 Uhr; ein G. gründen, eröffnen, übernehmen, führen; sie steht von morgens bis abends im G. *(verkauft von morgens bis abends).* **b)** (ugs.) *Firma, in der man tätig ist; Büro:* bei uns im G. ...; ins G. gehen. **2.** *kaufmännische Unternehmung, Transaktion; Handel, abgeschlossener Verkauf:* ein solides, gewagtes, unsauberes, zweifelhaftes G.; das G. *(der Verkauf, Absatz)* blüht, belebt sich, ist rege; das war für uns kein G. *(kein finanzieller Erfolg);* er hat mit dem Grundstück ein glänzendes G. gemacht *(hat sehr viel daran verdient);* ein einträgliches, gutes *(gewinnbringendes)* G.; wie gehen die Geschäfte?; die Geschäfte stocken; er treibt dunkle Geschäfte; mit jmdm. Geschäfte machen, abschließen, tätigen; aus einem G. aussteigen (ugs.; *sich nicht mehr daran beteiligen);* er ist in Geschäften *(geschäftlich)* unterwegs; mit jmdm. im G. kommen *(jmdn. als Geschäftspartner haben, gewinnen);* sich von den Geschäften zurückziehen; R: G. ist G. *(wenn man Gewinne erzielen will, darf man keine Skrupel haben).* **3.** *Aufgabe; Angelegenheit, die zu erledigen ist:* dringende, wichtige Geschäfte; er hat viele Geschäfte zu erledigen; der Minister ist mit Geschäften überhäuft, überlastet; ü b e r t r. (verhüll.): ein großes, kleines G. *(Notdurft)* machen.

geschäftig: *unentwegt tätig:* ein geschäftiger Hoteldiener; geschäftiges Treiben; der Kellner war, gab sich sehr g.; g. hin und her laufen.

geschäftlich: 1. *das Geschäft betreffend, dienstlich:* geschäftliche Interessen; geschäftliche Dinge besprechen; er ist g. in München, muß g. oft nach Paris; jmdm. g. verpflichtet sein; er ist g. unterwegs, verhindert, hat g. zu tun; mit jmdm. g. verkehren, verhandeln; s u b s t .: das Geschäftliche erledigen wir später. **2.** *unpersönlich, formell:* er sprach in geschäftlichem Ton; plötzlich wurde er ganz g.

geschehen: 1. ⟨etwas geschieht⟩ *etwas ereignet sich, trägt sich zu, spielt sich ab, passiert:* es ist ein Wunder, ein Unglück geschehen; es geschah eines Tages, daß ...; so etwas geschieht überall, täglich; was ist geschehen?; das Verbrechen geschah aus Eifersucht *(wurde aus Eifersucht verübt, ausgeführt);* in dieser Sache muß etwas g. *(unternommen werden);* so geschehen (veraltet, aber noch iron.; *so hat es sich ereignet)* am 1. Mai 1700; das geschieht nur aus/zur Sicherheit; er ließ es g. *(duldete es),* daß sie abreiste; das geschah nur in deinem Interesse; es geschah nicht mit Absicht; „Vielen Dank!" – „Gern geschehen!" /Höflichkeitsfloskel/. **2. a)** ⟨etwas geschieht jmdm.⟩ *jmdm. widerfährt, passiert etwas:* ihm ist Unrecht geschehen; es geschieht dir nichts Böses; es kann dir dabei nichts g.; das geschieht ihm ganz recht *(hat er verdient);* er wußte nicht, wie ihm geschah; dem Kind ist bei dem Unfall nichts geschehen. **b)** ⟨etwas geschieht mit jmdm., mit etwas⟩ *an jmdm. vollzieht sich etwas; mit jmdm., einer Sache wird etwas gemacht:* was soll mit ihm g.?; ich ließ alles mit mir g. *(wehrte mich nicht);* was geschieht denn mit den alten Zeitungen? * **es ist um jmdn., um etwas geschehen** *(jmd., etwas ist verloren, dahin):* wenn du noch ein Wort sagst, ist es um dich geschehen; als er sie sah, war es um ihn geschehen *(war er rettungslos verliebt).*

Geschehen, das: *etwas was geschieht, vor sich geht:* ein dramatisches G.; das weltpolitische, sportliche G.; das G. ließ ihn kalt; ein G. mit Interesse verfolgen; wir haben nur geringen Einblick in das gegenwärtige G.

gescheit: *klug, intelligent; von Verstand zeugend:* ein gescheiter Kerl, Kopf; ein gescheiter Einfall; er ist sehr, schrecklich (ugs.), verdammt (ugs.) g.; sie ist zu g., um diese Gefahr zu übersehen; er kommt sich (Dativ) sehr g. vor, redet sehr g.; (ugs.:) es wäre gescheiter *(vernünftiger, besser),* nach Hause zu gehen; (ugs.:) du bist wohl nicht ganz, nicht recht g. *(nicht bei Verstand)!;* s u b s t. (ugs.): in dem Geschäft gibt es nichts Gescheites *(nicht das, was einem gefällt).*
Geschenk, das: *etwas, was jmdm. geschenkt wird:* ein schönes, wertvolles, kostbares, großzügiges, passendes, praktisches G.; das ist ein G. ihrer Mutter, von ihrer Mutter, für ihren Bruder; ein G. aussuchen, auswählen, kaufen, mitbringen, überreichen, empfangen, annehmen, erhalten; Geschenke verteilen; er machte mir ein Buch zum G.; mit diesem G. habt ihr mir eine große Freude gemacht; R: kleine Geschenke erhalten die Freundschaft. * **etwas ist ein Geschenk des Himmels** *(etwas erweist sich als unerwartete günstige Fügung, als rettender Umstand).*
Geschichte, die: **1. a)** *politische, kulturelle, gesellschaftliche Entwicklung, Werdegang eines bestimmten geographischen oder kulturellen Bereichs:* die englische, deutsche G.; die G. Deutschlands; die G. der Kunst, der Musik; die G. einer politischen Bewegung; er studiert G. *(Geschichtswissenschaft);* der Verlauf der G.; die Tat ging in die G. ein *(wurde historisch bedeutsam).* **b)** *wissenschaftliche Darstellung einer historischen Entwicklung:* eine G. des Dreißigjährigen Krieges; er schrieb eine kurzgefaßte G. der Schweiz, des deutschen Dramas. **2.** *Erzählung, Bericht:* eine schöne, unglaubliche, spannende, interessante, traurige, lustige G.; die G. von Robinson Crusoe; die G. langweilt ihn; hier ist die G. zu Ende; eine G. erfinden, schreiben, erzählen, vorlesen, nacherzählen. **3.** (ugs.) *Angelegenheit, Sache, Begebenheit:* das ist eine üble, böse, dumme, verwickelte, verzwickte G.; das sind alte Geschichten *(das ist wieder Neues);* das ist wieder die alte G. *(das ist hinlänglich bekannt);* warum mußte er die alten Geschichten wieder aufwärmen?; du machst, das sind ja schöne Geschichten? *(Affären, Dummheiten);* mach keine Geschichten! *(mach keine Dummheiten, zier dich nicht!);* mach keine langen Geschichten *(Umstände)!;* du brauchst mir die ganze G. *(das alles)* nicht einmal zu erzählen; wir haben von der ganzen G. nichts gewußt; die ganze G. *(alles zusammen)* kostet 5 Mark; er hat eine böse G. mit den Nieren *(ist nierenkrank).* * **Geschichte machen** *(historisch bedeutsam werden).*
geschichtlich: *die Geschichte betreffend:* der geschichtliche Hintergrund einer Dichtung; eine geschichtliche Darstellung; die geschichtliche Bedeutung eines Ereignisses; ein geschichtliches *(historisch wichtiges)* Ereignis; zu geschichtlicher *(nicht prähistorischer)* Zeit; diese Gestalten sind g. *(sind durch Quellen als existent erwiesen);* die Stadt war nie g. bedeutend.

¹Geschick, das (geh.): **a)** *Schicksal:* ein gütiges, glückliches, freundliches, launisches, trauriges, tragisches, unerbittliches G.; ihn traf ein schweres G.; sein G. ertragen, beklagen, selbst in die Hände nehmen, verfluchen; er ergibt sich in sein G. **b)** *politische, wirtschaftliche Situation, Entwicklung; Lebensumstände:* die Geschicke der Stadt; er lenkt die Geschicke des Unternehmens.
²Geschick, das: *Geschicklichkeit:* politisches, diplomatisches G.; er hat zwar guten Willen, aber wenig G.; sie hat G. zu/für Handarbeiten; er hat wenig G., mit Kindern umzugehen; (iron.:) er hat ein besonderes G., immer das Falsche zu tun.
geschickt: *gewandt; Geschicklichkeit habend:* ein geschickter Lehrling, Handwerker, Diplomat; er hat sehr geschickte Hände; der Minister wurde durch geschickte Fragen in die Enge getrieben; er ist sehr g. im Gitarrespielen; sich g. anstellen; er verteidigte sich sehr g.
Geschirr, das: **I.** *Gefäße für den Haushalt:* unzerbrechliches, feuerfestes, irdenes G.; G. aus Porzellan; G. für 12 Personen; das G. abräumen, abwaschen, spülen, abtrocknen, wegräumen, zerschlagen; sie klapperte beim Abwaschen mit dem G.; Berge von G.; ein G. (veraltet: *Gefäß)* zum Wasserschöpfen. **II.** *Riemenzeug für Zugtiere:* dem Pferd das G. anlegen; im G. gehen *(eingespannt sein).* * **sich ins Geschirr legen: a)** *(kräftig zu ziehen beginnen):* die Pferde legten sich ins G. **b)** *(angestrengt arbeiten).*
Geschlecht, das: **1.** *eine der beiden Gruppen von Lebewesen (bes. von Menschen und höheren Tieren), die je nach ihrer Funktion bei der Fortpflanzung entweder als männlich oder als weiblich zu bestimmen ist:* das männliche und weibliche G.; das andere G.; junge Leute beiderlei Geschlechts; ein Kind männlichen Geschlechts; die Unterschiede, Merkmale der Geschlechter. **2. a)** *Gattung, Art:* das menschliche G. **b)** *Generation:* die kommenden Geschlechter; das vererbt sich von G. zu G. **c)** *Familie, Stamm, Sippe:* ein altes, vornehmes G.; dieses G. ist ausgestorben; er entstammt einem adligen G.; er ist der Letzte seines Geschlechts. **3.** (Sprachw.) *Genus:* das natürliche, grammatische G.; männliches, sächliches G.; „Tafel" hat weibliches G., ist weiblichen Geschlechts. * (ugs. scherzh.:) **das starke Geschlecht** *(die Männer)* · (ugs. scherzh.:) **das schwache/zarte/schöne Geschlecht** *(die Frauen).*
geschlechtlich: *sexuell:* geschlechtliche Fortpflanzung, Liebe, Freiheit; geschlechtliche Ausschweifungen; mit jmdm. g. verkehren.
geschlossen: a) *einheitlich, ohne Ausnahme:* der geschlossene Abmarsch ist für 9 Uhr festgesetzt; das Parlament stimmte g. für die neue Verfassung; die Schüler blieben g. dem Unterricht fern. **b)** *in sich zusammenhängend und abgeschlossen, nicht offen:* eine geschlossene Ortschaft; geschlossene Gesellschaft *(nur einem bestimmten Kreis zugängliche Veranstaltung);* eine geschlossene Wolkendecke; das Feld, die Spitzengruppe der Läufer nähert sich g. dem Ziel; S p r a c h w.: ein geschlossener *(mit weniger geöffnetem Mund gesprochener)* Vokal; eine geschlossene *(mit einem Konsonanten endende)* Silbe. **c)** *abgerundet, in sich einheitlich:* eine geschlossene Arbeit; eine [in sich] geschlossene Persönlichkeit.

Geschmack, der: 1. a) *Art, wie etwas schmeckt:* ein schlechter, süßlicher, bitterer G.; die Suppe hat einen kräftigen, würzigen G.; einen ekelhaften G. im Mund haben, auf den Lippen spüren. b) *Fähigkeit zu schmecken; Geschmacksinn:* wegen eines Schnupfens keinen G. haben; der Wein ist für meinen G. zu süß; die Suppe ist ganz nach meinem G., sagt meinem G. zu. 2. a) *Werturteil über das, was jmd. schön findet, was jmdm., einer Gruppe, einer Epoche gefällt; ästhetischer Wertmaßstab:* wir haben den gleichen G.; das ist nicht mein/nach meinem G.; sie hat mit dem Geschenk seinen G. getroffen; der G. des Barocks, des 19. Jahrhunderts; nach neustem G.; R. über G. läßt sich [nicht] streiten; (ugs. scherzh.:) die Geschmäcker sind verschieden. b) *Fähigkeit zu ästhetischem Urteil:* ein feiner, verfeinerter, sicherer, ausgesuchter G.; seinen G. bilden; sie hat keinen guten G. in Kleiderfragen; sie hat die Wohnung mit viel G. eingerichtet. * **an etwas Geschmack finden** *(an etwas Gefallen finden)* · **auf den Geschmack kommen** *(das Angenehme an etwas langsam herausfinden und genießen wollen).*

geschmacklos: 1. *ohne [künstlerischen] Geschmack:* ein geschmackloses Bild; das Kleid ist g.; sich g. kleiden. 2. *unfein, taktlos:* eine geschmacklose Äußerung; der Witz war g.; er fand ihr Benehmen ziemlich g.; sich g. benehmen. 3. a) (veraltend) *schal:* eine geschmacklose Speise; das Essen war heute g.; etwas g. zubereiten. b) *ohne Geschmack:* die Arznei ist völlig g.

geschmackvoll: *mit [künstlerischem] Geschmack:* ein geschmackvolles Muster; die Ausstattung war äußerst g.; sich g. kleiden.

geschmeidig: 1. *schmiegsam:* geschmeidiges Leder; ihr Haar ist sehr g.; die Haut g. machen, halten. 2. *gelenkig, gewandt:* ein geschmeidiger Körper; der Turner ist sehr g.; g. wie eine Katze; sich g. bewegen; die Muskeln g. machen; übertr.: sich g. einer neuen Situation anpassen.

Geschöpf, das: a) *Lebewesen:* Geschöpfe Gottes, dieser Welt; alle Geschöpfe müssen sterben. b) *Person, Mensch:* ein dummes, faules, liederliches G.; du bist ein undankbares G.; sie ist ein süßes, reizendes G. *(Mädchen).* c) (geh.) *etwas künstlerisch, künstlich Geschaffenes:* die Geschöpfe seiner Phantasie.

¹Geschoß, das: *Granate, Kugel:* ferngelenkte Geschosse; die Geschosse der Artillerie; das G. explodiert, platzt, krepiert, schlägt ein, trifft ins Ziel; das G. drang ihm in den Leib, trat aus dem Oberarm wieder aus; ein G. aus dem Arm entfernen; übertr.: dieses G. *(diesen scharfen Schuß)* konnte der Torhüter nicht halten; mit diesem G. *(Rennwagen)* fuhr er einen neuen Rekord.

²Geschoß, das: *die in gleicher Höhe liegenden Räume eines Hauses:* das Haus hat sechs Geschosse; er wohnt im ersten, obersten G.

geschraubt: *gewählt und umständlich; gekünstelt:* ein geschraubter Stil; seine Sprechweise ist mir zu g.; sich g. ausdrücken.

Geschrei, das: *längeres Schreien:* ein lautes, jubelndes, klägliches G.; das G. der Kinder verstummte; es gab ein riesiges, es erhob (geh.) sich ein fürchterliches G.; mach doch kein solches G. *(so viel Aufhebens)* um diese Kleinigkeit!; in G. ausbrechen.

Geschütz, das: *schwere Schußwaffe:* ein großes, schweres G.; die Geschütze feuern; ein G. in Stellung bringen, bedienen, laden. * (ugs.:) **schweres/grobes Geschütz auffahren** *(jmdm. [übertrieben] scharf entgegentreten).*

Geschwätz, das: *nichtssagendes, überflüssiges Gerede:* dummes, sinnloses, hohles, leeres G.; das ist nur törichtes G.!; das G. kann ich nicht mehr mit anhören; auf dieses G. brauchst du nichts zu geben; R (ugs.): was kümmert, schert mich mein G. von gestern *(ich habe meine frühere Meinung nun eben geändert).*

geschweige ⟨Konj.⟩: *ganz zu schweigen von; schon gar nicht:* sie hat nicht einmal genug Geld zum Leben, g. [denn] für ein Auto; so etwas sagt man nicht, g. daß man es täte.

geschwind (landsch.): *schnell:* er ist sehr g. bei der Arbeit; komm g.!; g. wie der Wind; ich will nur g. einmal nachschauen.

Geschwindigkeit, die: *Schnelligkeit:* eine große, hohe, gleichbleibende G.; die G. beträgt 100 km/h; die G. steigern, erhöhen, drosseln, herabsetzen, messen; der Zug entwickelt eine enorme G.; das Schiff hat, erreicht eine G. von 28 Knoten; er fuhr mit überhöhter G., mit einer G. von 150 km/h; mit affenartiger (ugs.: *großer*) G.

Geschwister, die ⟨Plural⟩: *Kinder eines Elternpaares:* sie sind vier G.; ich habe zwei G. *(wir sind drei Kinder);* die G. sehen sich sehr ähnlich; Psych., Biol. ⟨das⟩: *Geschwisterteil:* das Kind wurde auf das neugeborene G. eifersüchtig.

geschwollen: *hochtrabend, schwülstig:* eine geschwollene Ausdrucksweise; sein Stil ist g.; er redet immer furchtbar g.

Geschwulst, die: *krankhafte Anschwellung, Wucherung:* eine bösartige, gutartige, innere G.; die Patientin hat eine G. an der Gebärmutter; es bildete sich eine G.; die G. operieren, entfernen.

geschwungen: *bogenförmig:* eine geschwungene Nase; geschwungene Augenbrauen, Lippen; die Linien sind weit, sanft g.

Geschwür, das: *eitrige Entzündung:* ein eitriges G.; das G. eitert, platzt auf, bricht auf, heilt ab; er hat mehrere Geschwüre im Nacken, am Rücken; es hat sich ein G. gebildet; ein G. [auf]schneiden, auf-, ausdrücken, öffnen.

Geselle, der: 1. *Handwerker, der die Gesellenprüfung abgelegt hat:* ein tüchtiger G.; er arbeitet als G.; einen Gesellen einstellen, entlassen. 2. *Bursche, Kerl:* er ist ein übermütiger, wilder, wüster, langweiliger G.

gesellen: 1. (sich zu jmdm./(veraltend:) jmdm. g.) *sich jmdm. anschließen:* auf dem Heimweg gesellte sich ein Bekannter zu mir; er gesellte sich öfter zu ihm, gesellte sich öfter. 2. ⟨etwas gesellt sich zu einer Sache⟩ *etwas kommt zu etwas noch dazu:* zu den beruflichen Mißerfolgen gesellten sich noch familiäre Schwierigkeiten.

gesellig: 1. *sich gern anderen anschließend:* er ist eine gesellige Natur; der Mensch ist ein geselliges Wesen; gesellige *(mit anderen Artgenossen zusammenlebende)* Vögel; er ist von Natur g.; leben. 2. *unterhaltsam:* ein geselliger Abend; g. beisammensein; g. beisammensitzen.

Gesellschaft, die: 1. *die unter bestimmten politischen, sozialen, wirtschaftlichen Verhältnissen zusammenlebenden Menschen:* die bürgerliche,

klassenlose, sozialistische G.; die G. verändern wollen; die Entwicklung, Struktur der G.; er ist ein nützliches Glied der menschlichen G.; die Stellung der Frau in der G. **2. a)** *Umgang, Begleitung:* das ist keine G. für mich; Bücher sind seine liebste G.; sie sucht seine G. *(möchte mit ihm beisammen sein);* ich mußte den ganzen Abend seine G. ertragen; jmds. G. fliehen (geh.), meiden; er ist in schlechte G. geraten. **b)** *geselliges Beisammensein:* eine geschlossene G. *(nur für einen bestimmten Kreis zugängliche Veranstaltung);* eine G. geben *(veranstalten);* eine G. besuchen; jmdn. zu einer G. einladen; sich auf einer G. kennenlernen. **c)** *Kreis von Menschen im geselligen Beisammensein:* eine nette, vornehme, steife, bunte, gemischte, langweilige G.; die G. langweilt mich; (ugs.:) ich will von der ganzen G. *(von allen diesen Leuten)* nichts mehr wissen. **3.** *Oberschicht:* die Damen der G.; die Spitzen, Stützen der G.; jmdn. in die [gute, vornehme] G. einführen; sich in der G. zeigen; zur G. gehören; durch diesen Skandal ist er in der G. unmöglich geworden. **4.** *Vereinigung zu bestimmten Zwecken:* eine gelehrte, wissenschaftliche, literarische G.; eine G. gründen, ins Leben rufen, fördern; einer G. beitreten; die ehrenwerte G. (verhüll.; *die Mafia*); Wirtsch.: das Unternehmen wird von einer G. betrieben; die G. ist in Konkurs gegangen; eine G. mit beschränkter Haftung *(GmbH).* ∗ **jmdm. Gesellschaft leisten** *(bei jmdm. sein und ihn unterhalten)* ∙ **sich in guter Gesellschaft befinden** *(etwas sagen, tun, was andere – als Vorbild geltende – Personen auch schon gesagt, getan haben)* ∙ **zur Gesellschaft** *(aus einer die Gesellschaft fördernden Haltung heraus oder um jmdn. einen Gefallen zu tun).*
gesellschaftlich: **1.** *die Gesellschaft betreffend:* gesellschaftliche Verhältnisse, Zustände; gesellschaftliche Kräfte, Bewegungen; der gesellschaftliche Fortschritt; das gesellschaftliche System; der gesellschaftliche Abstand; ihre gesellschaftliche Stellung. **2.** *die Umgangsformen betreffend; in der Gesellschaft üblich:* gesellschaftliche Verpflichtungen, Formen; gesellschaftlicher Zwang; er ist, macht sich g. unmöglich; seit dem Skandal ist er g. erledigt.
Gesetz, das: **1.** *rechtlich bindende Vorschrift:* ein neues, einschneidendes, umfassendes, strenges G.; die Gesetze über Ehescheidung, über Einfuhrbeschränkungen; das Gesetz stammt aus dem vorigen Jahrhundert; das G. zum Schutz der Jugend tritt am 1. Juli in Kraft, wird am 1. Juli wirksam; die Gesetze dienen dem Schutz der Demokratie; ein G. annullieren, anwenden, entwerfen, einbringen, beraten, geben, erlassen, bestätigen, annehmen, verabschieden, beschließen, verkünden, veröffentlichen; in Kraft setzen, in Kraft treten lassen; die Gesetze achten, befolgen, einhalten, machen, übertreten, brechen (geh.), verletzen, mißachten, umgehen; einem G. unterliegen, unterworfen sein; dem G. ein Schnippchen schlagen (ugs.); die Bestimmungen, der genaue Wortlaut des Gesetzes; kraft Gesetzes; wir stehen auf dem Boden des Gesetzes; nach dem Buchstaben des Gesetzes, im Sinne des Gesetzes richten, urteilen, entscheiden; im Namen des Gesetzes!; er hat sich nicht an das G. gehalten; sich

auf das G. gegen den unlauteren Wettbewerb berufen; er stellte sich außerhalb des Gesetzes; für, gegen das G. stimmen; gegen die Gesetze verstoßen; sich gegen das G. vergehen; das ist ganz gegen Recht und G.; im G. *(Gesetzbuch)* nachschlagen; eine Lücke im G. finden *(einen darin nicht berücksichtigten Fall ausnutzen);* mit dem G. in Konflikt kommen *(dagegen verstoßen);* mit dem G. in Einklang stehen; jmdn. nach einem bestimmten G. verurteilen, bestrafen; das G. über die Organisation der Pflichtschulen; unter ein G. fallen; vor dem G. sind alle gleich; übertr.: dieser Plan bedeutet eine Rückkehr zum G. des Dschungels *(zur Rücksichtslosigkeit).* **2.** *festes Prinzip, gesetzmäßige Ordnung, Folge:* das G. der Schwerkraft; das G. vom freien Fall, von der Erhaltung der Energie, von Angebot und Nachfrage; die Keplerschen Gesetze; es ist ein ewiges G., ein G. der Natur, daß alle Menschen sterben müssen; das G. der Serie *(Wahrscheinlichkeit, daß ein bisher immer gleiches Ergebnis auch diesmal wieder zutrifft).* **3.** *Richtlinie, Regel:* ein moralisches, strenges, ungeschriebenes G.; oberstes G. der Politik ist das Wohl des Bürgers; der kennt nur ein G., und das heißt Profit; das G. des Handelns *(Notwendigkeit zu handeln).*
gesetzlich: *laut Gesetz; rechtlich:* gesetzliche Bestimmungen; ein gesetzlicher Feiertag; die gesetzliche Krankenkasse; Banknoten sind gesetzliche Zahlungsmittel; der gesetzliche Erbe; die Eltern sind die gesetzlichen Vertreter des Kindes; ein g. vorgeschriebenes Dokument; diese Regelung ist nicht g.; zu einer Abgabe, Leistung g. verpflichtet sein; diese Marke ist g. geschützt.
gesetzt: *reif, ruhig:* ein gesetzter *(älterer)* Herr; er ist in gesetztem Alter *(nicht mehr ganz jung);* für seine Jugend ist, wirkt er sehr g.
Gesicht, das: **1.** *Vorderseite des Kopfes:* ein schönes, hübsches, zartes, frisches, niedliches, längliches, breites, rundes, volles, häßliches, blödes, rotes, blasses, markantes, durchgeistigtes G.; ihr G. strahlte; sein G. lief rot an; jetzt bekam ihr G. wieder Farbe; sein G. verzog sich, verkrampfte sich; das G. abwenden; er hatte sein G. dem Fenster zugekehrt; sie verbarg ihr G. an seiner Schulter; viele Falten durchzogen das G. der alten Frau; er bedeckte ihr G. mit Küssen (geh.); ich hatte mir sein G. eingeprägt *(es mir gemerkt);* jmdm. ins G. sehen, schauen, starren; er blickte mir freundlich ins G.; jmdm./(auch:) jmdn. ins G. schlagen; er lachte über das ganze G.; ein Lächeln ging über sein G.; sie hielt sich einen Spiegel vor das G.; die Hände vor das G. schlagen; übertr.: *Person, Mensch:* ein bekanntes G. *(ein Bekannter);* lauter fremde, unbekannte Gesichter; ein neues G. **2.** *Miene:* ein freundliches, mißmutiges, verlegenes, ängstliches, geheimnisvolles, betrübtes, verdrießliches G.; sein G. ist immer ernst; ihr G. verriet ihre Absichten; sein G. war vor Wut, Schmerz verzerrt; ein böses, beleidigtes G. machen, zeigen; mit langen Gesichtern *(enttäuscht)* zogen sie ab; mach kein so dummes G.! (ugs.); ein G. schneiden/ein [schiefes (ugs.), saures (ugs.)] G. ziehen *(seinem Mißfallen Ausdruck geben);* ein offizielles G. annehmen; ein anderes, neues G. aufsetzen, aufstecken; ein G. machen wie drei/sieben/acht/vierzehn Tage Re-

genwetter *(besonders verdrießlich dreinblicken);* etwas an jmds. G. erraten; jmdm. etwas vom G. ablesen. **3.** *charakteristisches Aussehen:* das G. der Stadt hat sich völlig geändert; das G. eines Landes, einer Epoche; jetzt hat die ganze Sache ein G. *(das richtige, erwartete Aussehen);* Arbeitslosigkeit hat viele Gesichter *(Formen);* der Graphiker gab der Zeitschrift ein modernes G. **4.** (geh. veraltend) *Sehvermögen:* sein G. wird schwächer; er hat das G. verloren *(ist erblindet).* **5.** *Vision:* Gesichte haben; sie sprach über ihre Gesichte. * **ein langes Gesicht/lange Gesichter machen** *(enttäuscht dreinblicken)* · **das Zweite Gesicht** *(Fähigkeit, Zukünftiges vorauszusehen)* · (ugs.:) **jmdm. schläft das Gesicht ein** *(jmd. ist erstaunt, empört)* · **jmdn., etwas aus dem Gesicht verlieren** *(nicht mehr wahrnehmen, sehen)* · **jmdm. wie aus dem Gesicht geschnitten sein** *(jmdm. sehr ähnlich sein)* · **etwas steht jmdm. im Gesicht geschrieben** *(etwas ist in jmds. Gesichtszügen deutlich erkennbar)* · **jmdm. zu Gesicht kommen** *(von jmdm. gesehen, bemerkt werden)* · **jmdm. etwas ins Gesicht sagen** *(jmdm. ohne Scheu, Schonung etwas sagen)* · **jmdm. ins Gesicht lachen** *(jmdm. herausfordernd, höhnisch lachend ansehen)* · **jmdm. ins Gesicht lügen** *(jmdn. frech anlügen)* · **jmdm. nicht ins Gesicht sehen/blicken können** *(vor jmdm. ein schlechtes Gewissen haben)* · (ugs.:) **jmdm. ins Gesicht springen** *(sehr wütend auf jmdn. sein)* · **sein wahres Gesicht zeigen** *(seine eigentliche Gesinnung, seinen wirklichen Charakter offen zeigen)* · **das, sein Gesicht wahren/retten** *(so tun, als ob alles in Ordnung sei; den Schein, sein Ansehen retten)* · **das Gesicht verlieren** *(sein Ansehen verlieren)* · **etwas steht jmdm. zu Gesicht** *(etwas paßt zu jmdm.)* · **etwas bekommt ein anderes Gesicht** *(etwas erscheint in einem anderen Licht)* · **jmdn., etwas zu Gesicht bekommen** *(jmdn., etwas sehen).*
Gesichtskreis, der: **1.** *überschaubarer Umkreis:* das Auto entfernte sich immer weiter, bis es aus meinem G. entschwand; übertr.: ich habe ihn ganz aus dem/aus meinem G. verloren *(ich sehe, treffe ihn nicht mehr, weiß nichts mehr von ihm);* in jmds. G. treten. **2.** (veraltet) *Horizont:* am G. sah man die Umrisse der Berge. **3.** *geistige Weite, geistiger Horizont:* ein enger, begrenzter G.; sein G. ist nicht sehr weit; seinen G. erweitern, verengen; er hat einen beschränkten G.; das liegt außerhalb meines Gesichtskreises *(entzieht sich meiner Kenntnis und Beurteilung).*
Gesichtspunkt, der: *Möglichkeit, eine Sache anzusehen und zu beurteilen:* politische, persönliche, private, praktische Gesichtspunkte; das ist ein wichtiger G.; das ist [natürlich auch] ein G.; einen G. darlegen, berücksichtigen, unterschätzen, außer acht lassen; die Verhandlungen ergaben ganz neue Gesichtspunkte; nach marktwirtschaftlichen Gesichtspunkten handeln; unter diesem G. [betrachtet,] ist die Sache vorteilhaft.
gesinnt ⟨in den Verbindungen⟩: **gesinnt sein** ⟨mit Artangabe⟩ *(eine bestimmte Gesinnung haben):* er ist sehr menschenfreundlich, fortschrittlich g.; ich bin anders g. als ihr; ⟨auch attributiv⟩ ein sozial, liberal gesinnter Politiker · **jmdm./**(selten:)**gegen jmdn. gesinnt sein** ⟨mit Artangabe⟩ *(gegenüber jmdm. in bestimmter Weise eingestellt sein):* jmdm. freundlich, feindlich, übel g. (nicht: ge-

sonnen) sein; er ist gegen sie nicht gerade gut g.; ⟨auch attributiv⟩ der ihm günstig gesinnte Chef.
Gesinnung, die: *charakterliche Haltung, Denkweise des Menschen:* eine gute, anständige, edle, ehrliche, freundliche, feindliche, niedrige, freiheitliche, fortschrittliche G.; seine politische G. ist mir nicht bekannt; seine demokratische G. steht außer Zweifel; er zeigte, verbarg seine wahre G., legte eine revolutionäre G. an den Tag; seine G. wechseln; an seiner G. festhalten.
gesonnen (in der Verbindung) gesonnen sein ⟨mit Infinitiv mit *zu*⟩: *die Absicht haben, etwas zu tun:* ich bin nicht g., meinen Plan aufzugeben.
gespannt: **1.** *neugierig, erwartungsvoll:* gespannte Aufmerksamkeit, Erwartung; ich bin g., ob es ihm gelingt; da bin ich aber g.!; (ugs. scherzh.:) g. sein wie ein Regenschirm/ein Flitzbogen; er blickte g. auf die Leinwand. **2.** *kritisch; leicht in Streit übergehend:* gespannte Beziehungen; zwischen ihnen herrschte ein gespanntes Verhältnis; die Situation, Lage war sehr g.
Gespenst, das: *Spukgestalt:* in dem Schloß geht ein G. um, spukt ein G.; du siehst aus wie ein G. *(sehr schlecht, bleich);* als G. erscheinen; sich als G. verkleiden; an Gespenster glauben; übertr.: das G. *(die drohende Gefahr)* eines Atomkrieges, der Arbeitslosigkeit. * **Gespenster sehen** *(unbegründet Angst haben).*
gespenstisch: *unheimlich, düster:* ein gespenstischer Ort, eine gespenstische Landschaft; ein gespenstisches Aussehen; seine Erscheinung war geradezu g.; g. aussehen.
Gespinst, das: *gesponnenes Garn:* ein feines, zartes, grobes, seidenes G.; das G. einer Raupe; ein G. aus Glasfäden; übertr.: ein G. von Heuchelei und Betrug.
Gespött, das: *Spott, Hohn:* sein G. mit jmdm. treiben; jmdm. dem G. der Leute, Menge preisgeben. * **jmdn. zum Gespött machen** *(veranlassen, daß jmd. von anderen verspottet wird)* · **zum Gespött [der Leute] werden** *(sich [vor anderen] lächerlich machen und [von ihnen] verspottet werden).*
Gespräch, das: **1.** *mündlicher Gedankenaustausch:* ein freundschaftliches, offenes, vertrauliches, fachliches, wissenschaftliches, politisches, religiöses, geistreiches, interessantes G.; ein G. über das Wetter; ein G. auf höchster Ebene; ein wollte sich richtiges G. aufkommen, in Gang kommen; das G. plätscherte dahin, verstummte, versiegte (geh.), schlief ein (geh.); es entwickelte sich bald ein angeregtes G.; die Gespräche drehten sich um Krieg und Frieden; ich wußte im voraus, wie das G. verlaufen würde; ein G. anbahnen, eröffnen, beginnen, anknüpfen, führen, abbrechen, beenden; ich hatte mit ihm ein G. unter vier Augen; sie brachten das G. auf die Abrüstung; sie nahmen das unterbrochene G. wieder auf, setzten das G. fort; er konnte ihrem G. nicht folgen; Gegenstand unseres Gesprächs war ...; an einem G. teilnehmen; wir danken für das G. /Schlußformel bei Interviews/; laß dich nicht auf/in ein G. mit ihm ein!; jmdn. ins G. verwickeln, ziehen, verstricken (geh.); wir kamen miteinander ins G.; sie waren gerade im G.; ein G. mit jmdm. führen. **2.** *Telefongespräch:* ein dienstliches, privates, dringendes G.; das G. dauerte zehn Minuten, wurde abgehört, kostet

nichts, wurde unterbrochen; ein G. anmelden, vermitteln; ein G. mit Zürich *(mit einem Teilnehmer in Zürich)* führen; legen Sie das G. auf mein Zimmer; er wartet auf ein G. aus, mit Berlin. **3.** (ugs.) *Gesprächsstoff:* die Affäre wurde G., zum G. der ganzen Stadt. * **[mit jmdm.]** im Gespräch bleiben *([mit jmdm.] in Kontakt bleiben)* · im Gespräch sein *(erwogen werden)*.

gesprächig: *zum Erzählen aufgelegt:* ein sehr gesprächiger Herr saß uns gegenüber; er ist heute nicht besonders g.; etwas macht jmdn. g.

Gesprächsstoff, der: *Themen des Gesprächs, der Unterhaltung:* ein interessanter G.; das Wetter ist ein unverbindlicher G.; der G. ging ihnen aus, war erschöpft; sie hatten genügend G.; etwas bildet, liefert einen G., gibt einen G. ab, sorgt für G.; es fehlte nicht an G.

gespreizt: *geziert, unnatürlich:* ein gespreizter Stil; seine Ausdrucksweise ist sehr g.; g. reden.

Gestalt, die: **1. a)** *äußere Erscheinung, Statur:* eine kräftige, gedrungene, untersetzte, schlanke, schmächtige, mittlere, kleine G.; die menschliche G.; ihre G. ist sehr zierlich; von der äußeren G. auf das Wesen eines Menschen schließen; ein Mann von hagerer G. **b)** *Person, dunkle Existenz:* zwielichtige, zweifelhafte Gestalten; auf dem Hof stand eine dunkle, armselige, heruntergekommene G. **2. a)** *Persönlichkeit:* eine bedeutende, hervorragende G.; die G. Napoleons; er gehört zu den führenden Gestalten seines Landes; Karl der Große wurde zu einer legendären G. **b)** *von einem Autor geschaffene Figur:* eine zentrale, wichtige G. des Romans; die Gestalten des Dramas sind lebensnah dargestellt, frei erfunden. **3.** *Form:* eine längliche, runde G.; das Gebäude hat die G. eines Fünfecks; etwas ist in der ursprünglichen G. erhalten; der Staat in seiner modernen G.; R e l .: das Abendmahl in beiderlei G. *(in Form von Brot und Wein);* der Teufel in G. einer Schlange; eine Lohnerhöhung in G. von kürzerer Arbeitszeit. * **etwas nimmt Gestalt an/ gewinnt Gestalt** *(etwas wird deutlich, wird Wirklichkeit)* · **einer Sache Gestalt geben/verleihen** *(etwas deutlich, wirklich werden lassen).*

gestalten: 1. a) *(etwas g.; gewöhnlich mit Artangabe) (einer Sache) eine bestimmte Form geben:* einen Stoff literarisch, künstlerisch g.; eine Wohnung bequem, gemütlich, komfortabel, behaglich, nach seinem Geschmack, seinen Wünschen g.; den Abend abwechslungsreich, nett, spannend g.; (etwas zu etwas g.) ein eigenes Erlebnis zu einer Filmvorlage g. **b)** *(etwas g.) organisieren:* das Schulfest wurde zum Großteil von den Schülern selbst gestaltet; S p o r t : wer soll nun bei uns das Spiel g. *(systematisch aufbauen und lenken)?* **c)** (etwas g.) *bestreiten:* eine Theatergruppe gestaltete das Nachmittagsprogramm. **d)** (etwas g.) *entwerfen, entwickeln, herstellen:* wer hat das Schaufenster, das Layout gestaltet?; diese Skulptur ist aus Marmor gestaltet. **2.** (etwas gestaltet sich; gewöhnlich mit Artangabe) *etwas nimmt eine bestimmte Form an:* der Abstieg gestaltete sich schwieriger als der Aufstieg; der Abend gestaltete sich ganz anders, als wir erwartet hatten; wie wird sich die Zukunft g.?; (etwas gestaltet sich zu etwas) seine Gastspielreise durch die UdSSR gestaltete sich zu einem schönen Erfolg.

Geständnis, das: *Bekenntnis einer Schuld:* ein freiwilliges, erzwungenes, durch Folter erpreßtes, umfassendes, aufrichtiges, offenes G.; das G. des Täters; ein volles G. ablegen; sein G. widerrufen; du, ich muß dir ein G. machen *(etwas sagen, was ich bisher verschwiegen habe);* jmdm. ein G. entlocken, entringen (geh.), abnötigen; sie haben mich zu diesem G. bewegt, gezwungen.

Gestank, der: *übler Geruch:* ein scheußlicher G.; ein G. von faulen Eiern breitete sich aus; der G. der Fabrik ist nicht zu ertragen; dort kann man es vor G. nicht aushalten.

gestatten: 1. ⟨jmdm. etwas g.⟩ *erlauben, bewilligen:* jmdm. den Aufenthalt in einem Raum g.; er gestattete mir, die Bibliothek zu benutzen; ⟨auch ohne Dat.⟩ /häufig als Höflichkeitsformel/: gestatten Sie eine Frage?; gestatten Sie, daß ich rauche?; das Rauchen ist hier nicht gestattet; ⟨auch ohne Dat. und ohne Akk.⟩ ich werde das Fenster öffnen, wenn du gestattest; gestatten Sie? *(darf ich an Ihnen vorbei?).* **2.** (geh.) ⟨sich (Dativ) etwas g.⟩ *sich etwas leisten, sich die Freiheit nehmen zu etwas:* sich ein Vergnügen, den Luxus, gewisse Freiheiten g.; sie gestattete sich eine Zigarette; /als Höflichkeitsformel/: wenn ich mir eine Bemerkung, Frage g. darf ...; ich gestatte mir, Sie einzuladen. **3. a)** ⟨etwas gestattet etwas⟩ *etwas läßt etwas zu:* ich komme, wenn es die Umstände gestatten. **b)** ⟨etwas gestattet jmdm. etwas⟩ *etwas ermöglicht jmdm. etwas:* mein Einkommen gestattet mir das nicht.

Geste, die: **1.** *Gebärde:* eine verächtliche, herablassende, wegwerfende, verlegene, feierliche, große, pathetische, beschwörende, sparsame, knappe G.; eine G. der Entschuldigung; seine Gesten waren übertrieben; eine abwehrende, hilflose G. machen; mit vielen Gesten sprechen, seine Worte begleiten; er bat mich mit einer einladenden G. ins Haus. **2.** *Handlung oder Mitteilung, die etwas indirekt ausdrücken soll:* eine freundliche, höfliche, noble G.; das Glückwunschtelegramm sollte eine G. der Versöhnung sein, war nur eine leere G.; das Angebot war nicht ernst gemeint, sondern war als G. gedacht.

gestehen ⟨etwas g.⟩: **a)** *zugeben, bekennen:* die Tat, das Verbrechen, den Mord g.; er hat alles gestanden; ⟨auch ohne Akk.⟩ der Verbrecher hat gestanden *(ein Geständnis abgelegt);* ⟨jmdm. etwas g.⟩ seinem Mithäftling hat er den Einbruch gestanden. **b)** *offen aussprechen:* ich gestehe, daß ich glücklich bin; ich muß zu meiner Schande g., daß ...; offen gestanden, das gefällt mir nicht; ⟨jmdm. etwas g.⟩ sie gestand ihm seine Liebe g.

gestern ⟨Adverb⟩: **1.** *einen Tag vor heute:* g. früh, morgen, mittag, abend, nacht; g. um dieselbe Zeit; wir waren g. zu Hause; g. vor acht Tagen; die Zeitung ist von g. **2.** *früher:* die Mode von g.; deine Ideen sind von g. *(altmodisch);* die ist doch von g. *(altmodisch).* subst.: das G. und das Heute; denke nicht mehr an das G. * (ugs.) **nicht von gestern sein** *(aufgeweckt, klug sein).*

gestiefelt ⟨bes. in der Verbindung⟩ gestiefelt und gespornt (ugs.): *bereit zum Aufbrechen.*

gestreift: *mit Streifen versehen:* ein gestreifter Stoff; gestreifte Tapeten; der Rock ist rot-weiß g.

gestrig: 1. *gestern gewesen, von gestern:* der gestrige Tag; die gestrige Zeitung; ich beziehe mich auf unser gestriges Gespräch. **2.** *altmodisch, rückständig:* gestrige Positionen; das ist g.; subst.: die ewig Gestrigen *(der modernen Entwicklung Hinterherhinkenden).*

Gesuch, das: *Antrag, Eingabe an eine Behörde:* ein G. auf/um Gewährung von Beihilfen; ein G. abfassen, aufsetzen, schreiben, schriftlich einreichen, prüfen, befürworten, zurückziehen, bewilligen, ablehnen, abschlägig bescheiden (Papierdt.); einem G. auf Erhöhung der Bezüge stattgeben, entsprechen; ein G. an die Behörde um die Baubewilligung.

gesucht: *geziert:* eine gesuchte Ausdrucksweise; sein Briefstil ist sehr g.; er drückt sich sehr g. aus.

gesund: 1. a) *in guter körperlicher und geistiger Verfassung; nicht krank:* gesunde Kinder; einen gesunden Jungen zur Welt bringen; gesunde Zähne, einen gesunden Magen haben; sie hat eine gesündere, /(seltener:) gesundere Natur als er; einen gesunden *(starken)* Appetit haben; sie ist wieder [ganz], noch nicht g.; sie sind alle g. und munter *(wohlauf);* es dauert noch einige Zeit, bis er wieder g. wird; die Arznei machte ihn wieder g.; einen Kranken g. pflegen; der Arzt hat ihn g. geschrieben *(hat ihm seine Arbeitsfähigkeit bescheinigt);* er wurde als g. [aus dem Krankenhaus] entlassen; der Wald, die Umwelt ist nicht mehr g. *(in guter Verfassung;* R (ugs.): aber sonst bist du g.? *(du bist wohl ein wenig verrückt!);* übertr.: ein wirtschaftlich gesundes Unternehmen; die Firma ist nicht g. *(ist wirtschaftlich nicht gesichert).* **b)** *von Gesundheit zeugend; frisch, blühend:* sein Gesicht hat eine gesunde Farbe; sie sieht g. aus. **2.** *die Gesundheit fördernd; zuträglich:* ein gesundes Klima; eine gesunde Lebensweise; gesunde Umwelt; Obst essen ist g.; die Seeluft ist sehr g. für ihn; sie lebt sehr g.; übertr.: das ist mal ganz g. für dich *(ist heilsam, wird dir eine Lehre sein).* **3.** *richtig, vernünftig, normal:* ein gesundes Urteil, Mißtrauen; einen gesunden Ehrgeiz haben; das sagt mir der gesunde Menschenverstand; (iron.:) das gesunde Volksempfinden; eine gesunde Entwicklung.

Gesundheit, die: *gute körperliche und geistige Verfassung; Wohlbefinden:* eine blühende, unverwüstliche, robuste, eiserne, schlechte, schwache, zerrüttete, angeschlagene G.; seine G. ist sehr angegriffen, läßt zu wünschen übrig; er ist die G. selbst *(ist sehr gesund);* das beeinträchtigt, erschüttert, schädigt, erhält, stärkt die G., schadet der G., ist der G. abträglich; er erfreute sich bis ins hohe Alter bester G.; er lebt nur seiner G.; auf jmds. G. trinken *(jmdm. zutrinken);* bei guter G. sein; etwas für seine G. tun; über seine G. klagen; sie von zarter G. *(etwas schwächlich);* er strotzt vor G.; G.! /Wunschformel beim Niesen/; übertr.: die G. der Seele, der Wirtschaft.

gesundheitlich: *die Gesundheit betreffend:* gesundheitliche Schäden, Störungen; aus gesundheitlichen Gründen; g. geht es ihm wieder besser; dieser Stoff ist g. unbedenklich.

gesundstoßen (ugs.) ⟨sich g.⟩ *wieder zahlungsfähig werden:* du willst dich wohl auf unsere Kosten g.?; an diesem Geschäft kann er sich g.; sich durch etwas, mit etwas g.

Getöse, das: *großer, anhaltender Lärm:* ein lau-

tes, mächtiges, fürchterliches, unerträgliches, ohrenbetäubendes G.; das G. (veraltend; *das Tosen)* des Sturmes verstummte plötzlich; seine Worte gingen im G. der Brandung (veraltend; *im Tosen)* unter; das Auto fuhr mit großem G. los.

getragen: *langsam und feierlich:* eine getragene Melodie; getragene Worte; mit getragener Stimme sprechen; den Marsch sehr g. spielen.

Getränk, das: *zum Trinken zubereitete Flüssigkeit:* ein erfrischendes, eisgekühltes G.; Getränke reichen, anbieten; hier gibt es kalte und warme, alkoholische und alkoholfreie Getränke; er bevorzugt starke *(hochprozentige)* Getränke.

getrauen ⟨sich etwas g.⟩: *wagen, sich trauen:* getraust du dich/(seltener:) dir, allein durch den dunklen Wald zu gehen?; diesen Schritt getraue ich mir nicht; ⟨auch ohne Akk.⟩ ich getraue mich nicht in dieses Vehikel.

Getreide, das: *Gesamtheit der Pflanzen, aus deren Körnern Mehl o. ä. gewonnen wird:* das G. steht dieses Jahr gut; G. anbauen, mähen, ernten, dreschen; G. *(die Körner)* lagern.

getreu: 1. (geh.) *treu, zuverlässig:* ein getreuer Freund, Diener; g. zu jmdm. stehen. **2.** *genau entsprechend:* ein getreues Abbild; eine getreue Wiedergabe von etwas; etwas g. berichten, schildern; g. seinem Versprechen, seinem Wahlspruch/seinem Versprechen g. handeln.

Getriebe, das: **1.** *Vorrichtung in Maschinen, die Bewegungen überträgt:* ein hydraulisches, automatisches G.; das G. dieses Autos ist synchronisiert; bildl.: das G. eines Staates. **2.** (geh.) *reges Treiben:* das lebhafte, bunte G. eines Marktes; sie lebten fern vom G. der Stadt.

getrost: *vertrauensvoll, ruhig:* wende dich g. an ihn, er wird dir helfen; man darf g. behaupten, daß ...; das kann man g. vergessen.

Getue, das (ugs.): *übertrieben, unecht wirkendes Verhalten; Gehabe:* ein albernes, widerliches, lächerliches G.; laß doch das G. mit dem Kind!; mach doch nicht so ein G. *(soviel Aufhebens)* um diese/wegen dieser Rechnung!; der macht aber ein [großes] G. *(spielt sich auf)!*

Getümmel, das: *wildes Durcheinander, lebhaftes Treiben einer Menge:* ein wildes, beängstigendes, unbeschreibliches G.; das G. eines Kampfes, eines Jahrmarkts; es entstand ein großes G. auf dem Fest; er traf ihn mitten im dicksten G. auf dem Bahnhofsvorplatz; sie stürzten sich ins G.

Gewächs, das: **1.** *Pflanze:* seltene, tropische Gewächse; der Wein, der Tabak ist eigenes G. *(eigenes Erzeugnis);* übertr. (ugs.): der Junge ist ein seltsames G. **2.** *Geschwulst:* sie hat ein G. im Unterleib; ein G. operieren.

gewählt: *gepflegt, gehoben, vornehm:* ein gewähltes Deutsch sprechen; seine Ausdrucksweise ist sehr g.; er drückt sich g. aus.

gewahr ⟨in der Verbindung⟩ jmdn., etwas/jmds., einer Sache gewahr werden (geh.): *jmdn., etwas erblicken, erkennen, bemerken:* er ging an ihr vorüber, ohne sie/ihrer zu werden; wir wurden unseren Irrtum/unseres Irrtums schnell g.; er wurde zu spät g., daß man ihn betrogen hatte.

Gewähr, die: *Sicherheit, Garantie:* für etwas G. bieten, leisten; können Sie mir die G. geben, daß das so stimmt?; dafür übernehme ich keine G.; die Angabe der Lottozahlen erfolgt ohne G.

gewahren (geh.) ⟨jmdn., etwas g.⟩ *erblicken,
wahrnehmen:* in der Ferne eine Gestalt g.
gewähren: 1. (geh.) ⟨jmdm. etwas g.⟩ **a)** *erfüllen:* jmdm. ein Anliegen, ein Gesuch, eine Bitte,
einen Wunsch g. **b)** *bewilligen, zubilligen:* einem
Kunden eine [Zahlungs]frist, einen Aufschub,
Vergünstigungen, Einblick in etwas g.; wir gewähren Ihnen auf diese Bescheinigung, auf diese
Preise Rabatt; einem Flüchtling Schutz, Obdach,
Asyl g.; der Star gewährte den Reportern gnädig
ein Interview; ⟨auch ohne Dat.⟩ wir gewähren
gleiche Bezahlung. **c)** *bieten:* dieser Vertrag gewährt Ihnen manche Vorteile; ⟨auch ohne Dat.⟩
diese Einrichtung gewährt modernen Komfort,
große Sicherheit. **2.** ⟨in der Verbindung⟩ jmdn.
gewähren lassen; *jmdn. nicht in seinem Tun hindern:* laß die Kinder ruhig g.
gewährleisten ⟨etwas g.⟩: *garantieren:* den reibungslosen Ablauf von etwas g.; die Sicherheit
der Mitwirkenden ist gewährleistet.
Gewahrsam ⟨in bestimmten Wendungen⟩:
(geh.:) etwas in **Gewahrsam nehmen/haben/
[be]halten** *(etwas verwahren, sicher aufbewahren)* ·
(geh.:) etwas in Gewahrsam geben/bringen *(etwas
zur Aufbewahrung, zur Obhut übergeben)* · (geh.:)
jmdn. in Gewahrsam nehmen/bringen/setzen
(jmdn. in Haft nehmen, verhaften) · (geh.:) in Gewahrsam sein; sich in Gewahrsam befinden *(verhaftet, in Haft sein).*
Gewalt, die: **1.** *Macht und Recht, über jmdn.,
über etwas zu bestimmen:* die staatliche, vollziehende, priesterliche, göttliche G.; die weltliche
und geistliche G.; die Trennung der Gewalten in
gesetzgebende, richterliche, ausführende G.; die
elterliche G. ausüben, vertreten; die G. an sich
reißen; die G. über Leben und Tod haben; jmdn.
in seiner G. haben; unter, in jmds. G. stehen *(völlig von jmdm. beherrscht, unterdrückt werden);*
übertr.: die G. *(Herrschaft)* über sein Fahrzeug
verlieren. **2.** *Zwang; unrechtmäßiges Vorgehen;
rücksichtslos angewandte physische Kraft:* in diesem Staat geht G. vor Recht; brutale, rohe G. gegen jmdn. anwenden; G. [ge]brauchen, üben
(geh.); G. leiden müssen; ich weiche nur der G.;
etwas mit G. zu erreichen suchen; jmdn. mit G.
an etwas hindern; man mußte ihn mit [sanfter] G.
hinausbefördern; die Tür ließ sich nur mit G. *(gewaltsam)* öffnen. **3.** (geh.) *elementare Kraft; Heftigkeit, Stärke:* die G. des Sturmes, der Flut; das
Schiff war den Gewalten des Unwetters ausgeliefert; übertr.: die G. der Leidenschaft, die G.
seiner Rede. * **höhere Gewalt** *(etwas Unvorhergesehenes, auf das man keinen Einfluß hat)* · **sich, etwas in der Gewalt haben** *(sich, etwas beherrschen
können)* · **einer Sache Gewalt antun** *(etwas verfälschen)* · (geh.) **jmdn. Gewalt antun** *(jmdn. vergewaltigen)* · **mit [aller] Gewalt** *(unter allen Umständen).*
gewaltig: 1. a) *sehr wuchtig, riesig:* gewaltige
Felsen, Bauten. **b)** *Machtfülle besitzend:* er ist der
gewaltigste Herrscher seines Geschlechts. **c)** *das
normale Maß weit übersteigend:* gewaltige Anstrengungen, Lasten, Mengen; es herrscht eine
gewaltige Kälte; (ugs.:) das ist ein [ganz] gewaltiger Irrtum; der Fortschritt der letzten Jahre ist g.
2. (ugs.) ⟨verstärkend bei Verben⟩ *sehr:* sich g. irren, täuschen; der Absatz ist g. gestiegen.

Gewand, das (geh.): *[festliches, langes] Kleidungsstück:* ein prächtiges, kostbares, seidenes,
wallendes, griechisches G.; das geistliche G.; ein
G. ab-, anlegen, tragen; liturgische Gewänder
(von den Geistlichen der christlichen Kirchen);
übertr.: das Buch erscheint in einem neuen G.
(in neuer Aufmachung); den Kindern im G. eines
Spieles *(in Form eines Spieles)* soziale Verhaltensweisen beibringen; im G. des Wohltäters *(vorge-
bend, ein Wohltäter zu sein).*
gewandt: *sicher und geschickt; wendig:* ein gewandter Tänzer; sie schreibt einen gewandten
Stil; er ist g. in seinem Auftreten.
gewärtig ⟨in der Verbindung⟩ einer Sache gewärtig sein (geh.): *auf etwas gefaßt sein, etwas erwarten:* er war ihres Widerspruchs, einer neuen
Überraschung g.; des Schlimmsten, des Äußersten, der Folgen g. sein; er war g., von ihm hinausgeworfen zu werden.
Gewässer, das: *größere Ansammlung meist stehenden Wassers:* ein ruhiges, stilles, klares, stehendes G.; die fließenden G. Europas; der Verschmutzung der G. entgegentreten.
Gewebe, das: **1.** *Stoff aus sich kreuzenden Fäden:* feines, dichtes, dünnes, flauschiges, leichtes,
empfindliches G.; das G. ist strapazierfähig, haltbar; neue, synthetische G. herstellen; bildl.
(geh.): er hat sich im G. seiner eigenen Lügen
verstrickt. **2.** *Verband gleichartiger Körperzellen:*
gesundes, krankes, totes G.; das G. der Muskeln,
der Knochen; die G. des Körpers; krankhaftes
G.; G. verpflanzen, untersuchen.
Gewehr, das: */eine Schußwaffe mit langem
Lauf/:* ein großkalibriges G.; das G. laden, anlegen, in Anschlag bringen, abfeuern, [ent]sichern,
schultern, abnehmen, zerlegen, reinigen; mit
dem G. auf jmdn. zielen; er stand mit vorgehalte-
nem G. vor ihnen; sie waren alle mit automatischen Gewehren bewaffnet; (militär.:) die Mannschaft stand G. bei Fuß *(in militärischer Haltung,
wobei das Gewehr mit dem Kolben nach unten neben den Fuß gestellt ist);* /militär. Kommandos/:
G. ab!; das G. über!; präsentiert das G.! * **Gewehr
bei Fuß stehen** *(bereit einzugreifen).*
Geweih, das: *Gehörn auf dem Kopf von Hirsch,
Rehbock o. ä.:* ein starkes, ausladendes, [un]ver-
zweigtes G.; das G. abwerfen, fegen (Jägerspr.).
Gewerbe, das: *[selbständige] berufliche Tätigkeit:* ein ehrliches, einträgliches, dunkles,
schmutziges, unsauberes G.; das G. der Bäckers;
Handel und G. stehen in Blüte, liegen darnieder;
ein G. lernen, ausüben, [be]treiben; er ist im gra-
phischen G. tätig. * (ugs. scherzh.:) **das horizontale Gewerbe** *(die Prostitution)* · (scherzh.:) **das älteste Gewerbe der Welt** *(die Prostitution)* · (veraltend) sich (Dativ) ein **Gewerbe machen** *(unter einem Vorwand eine Beschäftigung in der Nähe anderer suchen, um etwas zu erfahren).*
gewerblich: *das Gewerbe betreffend, dem Gewerbe dienend:* gewerbliche Interessen, Belange;
die, eine gewerbliche Nutzung; ein gewerblicher
Betrieb; Räume für gewerbliche Zwecke.
gewerbsmäßig: *als ein, wie eine Gewerbe [be-
trieben]; auf Erwerb ausgerichtet:* die gewerbsmäßige Herstellung; ein gewerbsmäßiger Einbrecher; gewerbsmäßige Bettelei; gewerbsmäßige
Unzucht *(Prostitution);* er betreibt g. Handel.

Gewerkschaft, die: *Interessenverband der Arbeitnehmer:* freie, christliche Gewerkschaften; die G. der Eisenbahner; die G. fordert höhere Löhne; eine G. gründen; einer G. beitreten, angehören; in eine G. eintreten.
Gewicht, das: **1.** *Schwere, Last eines Körpers:* ein geringes, großes, ansehnliches, enormes G.; das volle, eigene, zulässige G.; das spezifische G. *(Gewicht der Volumeneinheit eines Stoffes);* das angegebene G. von 5 kg stimmt; etwas hat das richtige G.; (ugs.:) der Koffer hat [aber] sein G.! *(ist ziemlich schwer);* das G. von etwas feststellen, kontrollieren; das G. verlagern; ich habe mein G. gehalten; er hat viel G. *(Korpergewicht)* verloren; ich muß auf mein G. achten; mit seinem ganzen G. auf etwas ruhen; etwas nach G. verkaufen; er stöhnte unter dem G. des schweren Sackes. **2.** *Körper von bestimmter Schwere [der zum Wiegen dient]:* große, kleine Gewichte; die Gewichte müssen geeicht sein; die Gewichte der Uhr hochziehen; S p o r t : ein G. stemmen, reißen, drükken, stoßen; ü b e r t . : die politischen Gewichte in Osteuropa. **3.** *Wichtigkeit, Bedeutung:* historisches, literarisches G. haben; in der Partei hat seine Stimme ziemliches G.; dieses Land bekommt immer mehr, hat kein politisches G.; einer Frage, Sache [kein] G. beimessen, beilegen, geben; sich mit dem ganzen G. seiner Persönlichkeit für etwas einsetzen; diese Frage hat an G. gewonnen; ein Umstand von G. ∗ **sein ganzes Gewicht in die Waagschale werfen** *(seinen ganzen Einfluß geltend machen)* · **auf etwas Gewicht legen** *(etwas für wichtig halten, auf etwas Wert legen):* er legt größtes G. auf gute Umgangsformen · **etwas fällt ins Gewicht** *(etwas ist ausschlaggebend, ist von großer Bedeutung).*
gewichtig: 1. (veraltend) *schwer und massig:* ein gewichtiger Koffer; das Werk bestand aus fünf gewichtigen Bänden; er ist eine gewichtige Person (scherzh.; *hat einen schweren, massigen Körper).* **2.** *wichtig, bedeutend:* gewichtige Angelegenheiten, Mitteilungen, Entscheidungen, Gründe; eine gewichtiger Unterschied, Bestandteil, Nachteil; eine gewichtige Persönlichkeit; diese Frage ist viel gewichtiger; er sagte dies sehr g. *(mit großem Nachdruck);* g. setzte er sich die Brille auf und begann seine Rede.
gewieft (ugs.): *schlau, gerissen, findig:* ein gewiefter Bursche, Geschäftsmann, Taktiker; er ist zu g. für dich; in solchen Dingen ist er sehr g.
gewiegt (ugs.): *schlau, erfahren:* ein gewiegter Rechtsanwalt, Kriminalist.
gewillt (nur in der Verbindung) gewillt sein ⟨mit Infinitiv mit *zu*⟩: *wollen, bereit sein:* er ist nicht g. nachzugeben.
Gewinn, der: **1.** *materieller Nutzen, Ertrag, Verdienst, Überschuß:* ein großer, beachtlicher, bescheidener, recht hübscher (ugs.) G.; ein G. von zehn Prozent; der G. lockt ihn; aus einem Geschäft G. schlagen, ziehen, erzielen; den G. einstecken (ugs.), einstreichen (ugs.); große Gewinne abschöpfen; ein Geschäft bringt G. [ein], wirft G. ab; G. und Verlust berechnen, überschlagen; er jagt nur dem G. nach; jmdn. am G. beteiligen; etwas mit G. verkaufen. **2.** *etwas, was bei einem Spiel o. ä. gewonnen wird: Preis, Treffer:* große, beträchtliche, nur kleine Gewinne einer

Tombola; jedes dritte Los ist ein G., bringt einen G.; Gewinne ausschütten, auszahlen; im Lotto einen G. haben, machen (ugs.); seinen G. abholen, mit einem G. herauskommen. **3.** *Nutzen, Vorteil, innere Bereicherung:* die Lösung dieses Problems wäre ein großer, unschätzbarer G. für die gesamte Bevölkerung; der neue Mann ist ein G. für die Mannschaft; einen G. von etwas haben; ein Buch mit viel G. lesen.
gewinnen: 1. a) ⟨etwas g.⟩ *als Sieger, Gewinner beenden:* einen Kampf, Krieg, eine Schlacht g.; ein Rennen klar, eindeutig, sicher, mit einer halben Runde Vorsprung g.; sie haben das Spiel [mit] 2:1 gewonnen; die Wahlen, den Prozeß, die Wette g. **b)** *Sieger, Gewinner sein:* in einem Kampf, bei einem Spiel g.; diese Mannschaft hat verdient, nach Punkten, überlegen, haushoch, nur knapp gewonnen; wir müssen g.!; wer hat gewonnen?; ich wünschte, er würde g. /er gewänne/er gewönne. **2. a)** ⟨etwas g.⟩ *beim Spiel o. ä. einen Gewinn bekommen:* bei diesem Preisausschreiben sind Autos, Häuser und schöne Reisen zu g.; er hat 10 000 DM in der Lotterie gewonnen; ⟨auch ohne Akk.⟩ sie hat im Lotto gewonnen; ich habe noch nie gewonnen. **b)** ⟨etwas gewinnt⟩ *etwas bringt einen Gewinn:* jedes vierte Los gewinnt. **3. a)** ⟨etwas g.⟩ *durch eigene Anstrengung [und günstige Umstände] erreichen, bekommen:* Zeit, einen Vorsprung, die Herrschaft über jmdn. g.; damit kann man keine Reichtümer, keinen Blumentopf (ugs.) g. *(damit erreicht man nichts);* Ansehen, Ehre, Einfluß, jmds. Liebe, Gunst, Zuneigung, Herz, Vertrauen g.; ⟨etwas gewinnt jmdm. etwas⟩ seine Hilfsbereitschaft hat ihm viele Sympathien gewonnen *(eingebracht);* R: wie gewonnen, so zerronnen; /häufig verblaßt/: Klarheit über etwas, Abstand von etwas, Geschmack an etwas, Lust, neuen Mut zu etwas g.; Achtung, Ehrfurcht vor jmdm. g.; allmählich gewann er immer mehr Einblick in die Verhältnisse; er gewann langsam den Eindruck, daß ...; die Sache gewinnt dadurch ein neues Aussehen, Gewicht, eine besondere Bedeutung; es gewinnt den Anschein, als ob er aussteigen wolle. **b)** (geh.) ⟨etwas g.⟩ *[mit Mühe] erreichen:* das freie Feld, das Weite g.; das Schiff gewann die hohe See, den Hafen; sie versuchten, das Ufer zu g. **c)** ⟨jmdn. g.⟩ *jmds. Mitarbeit, Unterstützung, Zuneigung erlangen; jmdn. für sich einnehmen:* die Firma konnte in letzter Zeit mehrere hervorragende Fachleute g.; jmdn. für einen Plan, für eine Partei, für sich g.; der Star konnte für zwei Konzerte gewonnen werden; in ihm hat er einen echten Freund gewonnen; jmdn. als Kunden, Mitglied g.; jmdn. zum Freund, Verbündeten g.; adj. Part.: *für sich einnehmend; angenehm, sympathisch:* ein gewinnendes Wesen; sie lächelte gewinnend. **4. a)** *sich zu seinem Vorteil verändern; sympathischer, wirkungsvoller, angenehmer werden:* sie hat in letzter Zeit sehr gewonnen; bei längerer Bekanntschaft gewinnt er sehr; das Bild hat durch den neuen Rahmen gewonnen. **b)** ⟨an etwas g.⟩ *an etwas zunehmen; etwas Bestimmtes dazubekommen:* er hat ziemlich an Ansehen, an Autorität, an Sicherheit gewonnen; das Problem gewinnt an Klarheit; das Flugzeug gewinnt immer mehr an Höhe. **5. a)** ⟨etwas g.⟩ *fördern:*

Kohle, Erz, Kupfer, Blei g. **b)** ⟨etwas aus etwas g.⟩ *aus einem Naturprodukt erzeugen, herstellen:* Zucker aus Rüben, Salz aus dem Meerwasser g.; der Saft wird aus reifen Früchten gewonnen.
Gewirr, das: **1.** *verwirrtes Knäuel:* ein dichtes G. von Drähten; das Garn war zu einem unauflösbaren G. verknäult. **2.** *wirres Durcheinander:* ein G. von Stimmen; in dem G. von Straßen konnte man sich nicht zurechtfinden.
gewiß: I. ⟨Adj.⟩ **1. a)** *nicht genauer bestimmbar; nicht näher bezeichnet:* gewisse Leute; ein gewisser Herr Müller; in gewissen Kreisen; ein gewisser Jemand; nur in gewisser, in einer gewissen Beziehung; für gewisse Fälle; zu gewissen Zeiten, in einem gewissen Alter. **b)** *von nicht sehr großem, aber doch erkennbarem Ausmaß:* eine gewisse Ähnlichkeit zwischen beiden ist vorhanden; aus einer gewissen Distanz; bis zu einem gewissen Grad; mit einer gewissen Hochachtung; ohne eine gewisse Selbständigkeit kann kein Mensch leben. **2. a)** *sicher; ohne Zweifel bestehend, eintretend:* sie hat die [ganz] gewisse Zuversicht, daß man ihr helfen wird; das ist so g., wie die Nacht dem Tage folgt (geh.); soviel ist g., daß er der Dieb ist; er hat es als [ganz] g. hingestellt; er hielt es für g., daß ...; ⟨etwas ist jmdm. g.⟩ eine Belohnung, Strafe ist ihm g. ⟨jmds., einer Sache g. sein⟩ *jmds., einer Sache sicher sein:* er war seines Erfolges, des Sieges, ihrer Hilfe, seiner Unschuld g. **II.** ⟨Adverb⟩ *sicherlich, bestimmt, ohne Zweifel:* du hast g. recht; du kannst mir g. [und wahrhaftig] glauben; g. hat sie es gehört; aber g. [doch]! *(es verhält sich tatsächlich so).*
Gewissen, das: *Bewußtsein von Gut und Böse:* das menschliche, ärztliche, politische, künstlerische G.; sein G. regt sich, quält ihn; ihm schlug das G. (geh.); R: ein gutes G. ist ein sanftes Ruhekissen · ein gutes, reines, ruhiges G. haben; ein schlechtes, böses G. haben; sein G. entlasten, erleichtern, beruhigen, beschwichtigen, betäuben, zum Schweigen bringen, wachrütteln, erforschen; etwas belastet jmds. G.; er hat kein G. *(er ist skrupellos);* seinem G., der Stimme seines Gewissens (geh.) folgen; gegen Recht und G., gegen sein G. handeln; etwas guten Gewissens, mit gutem G., nach bestem G., wider besseres [Wissen und] G. tun; das kann ich vor meinem G. nicht verantworten. * **etwas auf dem Gewissen haben** *(an etwas schuld sein, etwas Böses getan haben)* · **jmdn. auf dem Gewissen haben** *(an jmds. Untergang, Tod schuld sein)* · **sich** (Dativ) **kein Gewissen aus etwas machen** *(bei einer üblen Tat keine Gewissensbisse haben)* · **jmdm. ins Gewissen reden** *(jmdm. Vorhaltungen machen).*
gewissenhaft: *sorgfältig, gründlich, genau:* ein gewissenhafter Beamter, Arbeiter; eine gewissenhafte Untersuchung; dieser Schüler ist sehr g.; etwas g. prüfen; einen Auftrag g. ausführen.
Gewissensbisse ⟨Plural⟩: *quälendes Bewußtsein, unrecht gehandelt zu haben; Reue:* heftige G. haben, bekommen, spüren, fühlen; sich (Dativ) G. *(Vorwürfe)* wegen etwas machen; er wurde von Gewissensbissen gequält.
gewissermaßen ⟨Adverb⟩: *sozusagen, soviel wie:* er war g. gezwungen, so zu handeln; er vertritt bei ihm g. die Stelle der Eltern.

Gewißheit, die: *nicht zu bezweifelndes Wissen, Überzeugtsein von etwas:* die innere, unerschütterliche G.; die G., daß er nie mehr zurückkehren würde, war unerträglich; was gibt dir die G.?; völlige G. über etwas haben, bekommen, erlangen; du mußt dir darüber G. verschaffen; wenigstens eine G. hat diese politische Begegnung gebracht; ihr Zweifel wich allmählich einer furchtbaren G.; etwas mit G. *(Sicherheit)* annehmen, sagen; es wurde ihm allmählich zur G., er kam zu der G., daß man ihn betrog.
Gewitter, das: *mit Blitz und Donner verbundenes Unwetter:* ein aufziehendes, schweres, heftiges, nächtliches G.; ein G. droht, kommt [auf], zieht auf, kommt näher, ist im Anzug, braut sich, zieht sich [am Himmel] zusammen, bricht los, entlädt sich, geht nieder, tobt sich aus, zieht vorüber; der Streit wirkte wie ein reinigendes, befreiendes G.; wir bekommen [heute sicher] noch ein G.; vor einem G. flüchten; übertr.: *heftige Auseinandersetzung:* ein häusliches G.
gewitzt (ugs.): *schlau:* ein gewitzter Bursche, Geschäftsmann; die ist ganz schön g.
gewogen ⟨in der Verbindung⟩ jmdm. gewogen sein (geh.): *jmdm. zugetan sein:* sie war ihm g.
gewöhnen: a) ⟨jmdn., sich an jmdn., etwas g.⟩ *auf jmdn., etwas einstellen, mit etwas vertraut machen:* die Spieler an ein härteres Training, Schüler an neue Methoden g.; die Augen müssen sich an die Dunkelheit g.; der Hund hat sich an seinen Herrn gewöhnt; du mußt dich noch an manches, an diesen Gedanken g.; man gewöhnt sich an alles; ich gewöhne mich langsam daran, früh aufzustehen. **b)** ⟨an etwas gewöhnt sein⟩ *mit etwas vertraut sein:* an Arbeit, an ein Klima gewöhnt sein; an diesen Ton bin ich nicht gewöhnt.
Gewohnheit, die: *zur Selbstverständlichkeit gewordene Handlung, Eigenheit; Angewohnheit:* eine liebe, schlechte, üble G.; eine G. annehmen; seine Gewohnheiten ändern; er hat die G., nach dem Essen zu schlafen; etwas aus G., gegen seine G. tun; etwas wird jmdm. zur [festen] G.; er hat mit einer [alten] G. gebrochen (geh.).
gewöhnlich: 1. *alltäglich, normal:* an einem gewöhnlichen Werktag; im gewöhnlichen Leben; wie ein gewöhnlicher Krimineller wurde er abgeführt; er ist nur ein gewöhnlicher Sterblicher *(ein einfacher, durchschnittlicher Mensch).* **2.** *gewohnt, üblich:* sie waren bei ihrer gewöhnlichen Beschäftigung; [für] g. *(üblicherweise)* ist er pünktlich; er kommt wie g. *(wie sonst auch immer).* **3.** *gemein, ordinär:* er ist ein ziemlich gewöhnlicher Mensch; gewöhnliche Ausdrücke gebrauchen; er ist sehr g., sieht g. aus, benimmt sich g.
gewohnt: 1. *bekannt, vertraut:* die gewohnte Arbeit, Umgebung, Zeit; von Kindheit an gewohnte Erfahrungen; das gewohnte Verhalten; etwas in gewohnter Weise, mit der gewohnten Gründlichkeit erledigen. **2.** ⟨etwas g. sein⟩ *etwas als selbstverständlich empfinden, mit etwas vertraut sein:* er ist schwere Arbeit g.; er war es g., daß alle nett zu ihm waren, pünktlich zu kommen.
Gewölbe, das: **1.** *gewölbte Decke eines Raumes:* ein gotisches G.; das G. der Kapelle wird von acht Säulen getragen; bildl.: das blaue G. des Himmels. **2.** *Raum mit gewölbter Decke:* ein

dumpfes, finsteres, düsteres, feuchtes, verräuchertes G.; Schritte hallten durch das G.
Gewühl, das: *wirres Durcheinander einer Menge; Gedränge:* das bunte, lärmende G. des Marktes; wir haben ihn im G. aus den Augen verloren; sie stürzten sich ins G. der Tanzenden.
gewunden: *in Windungen verlaufend; verschlungen:* gewundene Gänge, Pfade; gewundene Säulen; übertr.: *gekünstelt, mühsam:* gewundene Sätze, Reden; sich g. ausdrücken.
Gewürz, das: *Zutat zum Würzen von Speisen:* ein scharfes, mildes, exotisches G.; die Soße mit Gewürzen abschmecken.
geziemen (veraltend) **a)** 〈etwas geziemt jmdm.〉 *gemäß sein; jmdm. gebühren:* ihm geziemt Bestrafung; es geziemt dir nicht, danach zu fragen. **b)** 〈etwas geziemt sich〉: *etwas schickt sich, gehört sich:* er weiß nicht, was sich geziemt; es geziemt sich, älteren Leuten Platz zu machen; adj. Part.: *gebührend, wie es sich gehört:* etwas in geziemender Weise, mit geziemenden Worten sagen; jmdn. geziemend von etwas unterrichten.
Gier, die: *heftige Begierde:* eine maßlose, hemmungslose, blinde, krankhafte G.; eine wilde G. stieg in ihm hoch; seine G. nicht bezwingen, unterdrücken können; er war von unersättlicher G. nach Geld, nach Macht besessen.
gierig: *von Gier erfüllt:* gierige Blicke, Augen; mit gierigen Händen nach etwas greifen; sie war [ganz] g. auf, nach Obst; etwas g. essen, trinken.
gießen: 1. a) 〈etwas g.; mit Raumangabe〉 *aus einem Gefäß fließen lassen:* Kaffee, Tee in eine Tasse g.; Wasser an, auf, über den Braten g.; Wein aus einem Krug in die Gläser g.; /mit der Nebenvorstellung des Unabsichtlichen/ er hat die Tinte über das Heft gegossen; 〈jmdm., sich etwas g.; mit Raumangabe〉 er hat ihr den Wein aufs Kleid gegossen. **b)** 〈es gießt sich; mit Artangabe und Umstandsangabe〉 *es läßt sich in bestimmter Weise gießen:* aus diesem Krug, mit dieser Kanne gießt es sich schlecht. **2.** 〈etwas g.〉 *mit Wasser begießen:* die Pflanzen, die Blumen, den Garten, die Beete g.; (auch ohne Akk.) wenn es nicht mehr regnet, muß ich heute abend noch g. **3.** 〈etwas g.〉 **a)** *in eine Form fließen lassen:* Silber, Kupfer, Eisen g. **b)** *durch Guß herstellen:* Kugeln, Lettern, Glocken g.; Kerzen g.; etwas in Wachs, in Bronze g.; er stand da wie aus Erz gegossen. **4.** (ugs.) 〈es gießt〉 *es regnet heftig:* es goß in Strömen, es aus Eimern, Kübeln, wie mit Kübeln; es regnet nicht, es gießt!
Gift, das: *Stoff, der eine schädliche, tödliche Wirkung hat:* ein gefährliches, sehr schnell wirkendes, tödliches, schleichendes Gift; chemische Gifte; Arsenik ist ein starkes G.; die Samen dieser Pflanze enthalten ein G.; G. mischen; G. nehmen (sich vergiften); jmdm. G. geben 〈jmdn. vergiften); durch G. umkommen, getötet werden; R (ugs.) darauf kannst du G. nehmen (das ist ganz sicher); übertr.: sie war, antwortete voller G. (Gehässigkeit). * (ugs.:) **etwas ist Gift für jmdn., für etwas** (etwas ist sehr schädlich für jmdn., etwas): der Alkohol ist G. für dich, für den Herz · (ugs.:) **sein Gift verspritzen** (sich boshaft äußern) · **Gift und Galle speien/spucken** (sehr wütend sein, ausgesprochen gehässig werden) · (ugs.:) **blondes Gift** (verführerische Blondine).

giften (ugs.): **1. a)** 〈etwas giftet jmdn.〉 *etwas ärgert jmdn. sehr:* daß er ständig bevorzugt wurde, giftete sie sehr; die Intoleranz dieser Leute giftete ihn. **b)** 〈sich g.〉 *sich sehr ärgern:* er hat sich mächtig gegiftet. **2.** 〈[etwas] g.〉 *seinem Ärger schimpfend, mit boshaften Worten Ausdruck geben:* er giftete entsetzlich am Telefon; der Politiker giftete gegen jede Art von Sozialismus; er sei, giftete sie, ein richtiger Mistkerl.
giftig: 1. *Gift enthaltend:* giftige Pflanzen, Spinnen, Schlangen; giftige Dämpfe, Gase, Chemikalien, Substanzen; verdorbene Wurst ist g.; dieser Pilz sieht g. aus. **2. a)** (ugs.) *boshaft, gehässig:* giftige Blicke, Bemerkungen; giftige Texte; eine giftige Satire; etwas mit giftigem Spott, Lächeln sagen; seine Antwort war sehr g.; er wird leicht g.; jmdn. g. ansehen: Sport (ugs.): ein giftiger (aggressiver) Verteidiger; mit giftigem und variantenreichem Spiel. **b)** *grell:* ein giftiges Grün.
Gipfel, der: **1. a)** *Bergspitze:* steile, bewaldete, von Schnee bedeckte G.; der G. ragt empor, liegt im Nebel; einen G. besteigen, bezwingen; den G. erreichen; auf dem G. rasten. **b)** (veraltend, noch landsch.) *Baumspitze:* der Sturm hat die G. mehrerer Bäume geknickt. **2.** *Höhepunkt:* der G. des Glücks, des Ruhms, der Macht; die Ausgelassenheit erreichte den G. um Mitternacht; der G. der Dummheit, Geschmacklosigkeit; er war auf dem G. der Macht angelangt; R (ugs.): das ist doch der G.! (das ist unerhört). **3.** (Politik) *Gipfeltreffen, -konferenz:* der deutsch-deutsche G. soll im Herbst stattfinden; auch die Japaner haben ihre Teilnahme am G. zugesagt.
gipfeln 〈etwas gipfelt in etwas〉: *etwas erreicht seinen Höhepunkt, endet in etwas:* seine Ausführungen gipfelten in einem begeisterten Ausruf, in der Forderung nach mehr Chancengleichheit, gipfelten darin, daß ...
Gitter, das: *zum Schutz o. ä. dienende, miteinander verbundene Stäbe; Zaun:* ein hohes, schmiedeeisernes, kunstvoll geschmiedetes G.; eines Käfigs, vor dem Heizungsschacht; am Kinderbett; ein G. am Fenster anbringen; das Gehege ist von einem G. umgeben. * (ugs.:) **hinter Gitter/Gittern** (ins/im Gefängnis).
Glacéhandschuh, der: *Handschuh aus Glacéleder:* die Dame trug weiße Glacéhandschuhe. * (ugs.:) **jmdn., etwas mit Glacéhandschuhen anfassen** (jmdn., etwas vorsichtig behandeln).
Glanz, der: *das Glänzendsein, das Leuchten:* ein heller, strahlender, matter, blendender, leuchtender, metallischer, seidiger G.; der feuchte, fiebrige G. ihrer Augen; der G. des Silbers, der Seide; der G. der Sterne, ihrer Haare; dieses Mittel gibt, verleiht (geh.) den Möbeln neuen G.; der Spiegel hat seinen G. verloren; etwas strahlt in neuem G.; sie war vom G. geblendet; übertr. (geh.): *Herrlichkeit, strahlende Kraft:* der G. ihrer Schönheit; sich im G. des Ruhmes sonnen; seine Stimme hat an G. verloren; ein Fest mit großem G. feiern; R: welcher G. in meiner Hütte! /scherzhaft-übertreibende Äußerung zur Begrüßung eines Gastes/. * (ugs.:) **mit Glanz** (sehr gut, hervorragend): ein Examen mit G. bestehen · (ugs.:) **mit Glanz und Gloria: a)** (hervorragend): ein Examen mit G. und Gloria bestehen. **b)** (iron; ganz und gar): mit G. und Gloria durchfallen.

glänzen: 1. ⟨etwas glänzt⟩ *etwas strahlt Glanz aus, leuchtet:* die Sterne glänzten hell am Himmel; der Boden glänzt; das Silber, die Wasserfläche glänzte in der Sonne; ihre Augen glänzten vor Freude; die Autobahn glänzt vor Nässe; ihre Haare sind glänzend schwarz; übertr.: er glänzt vor Freude *(er freut sich sehr);* die Kleine glänzte vor Sauberkeit *(war frisch gewaschen und blitzsauber).* **2.** ⟨mit Umstandsangabe⟩ *Bewunderung erregen; sich hervortun:* durch sein Wissen, durch sein Können, durch Geist, durch Schönheit g.; er glänzte in der Rolle des Hamlet; er glänzte besonders beim Weitsprung.

glänzend: *sehr gut, hervorragend:* glänzende Leistungen, Ideen, Zeugnisse; eine glänzende Laufbahn, Zukunft vor sich haben; er schreibt einen glänzenden Stil; er ist ein glänzender Redner, Reiter; in glänzender Verfassung, Laune, Form sein; er hat die Aufgabe g. gelöst; die beiden verstehen sich g.; es scheint ihr g. zu gehen.

Glas, das: **1.** *harter, zerbrechlicher, durchsichtiger Stoff:* dünnes, geschliffenes, gefärbtes, farbiges, trübes, milchiges, splitterfreies, kugelsicheres, feuerfestes G.; G. springt, beschlägt sich, [zer]bricht, zersplittert; G. blasen, schleifen, pressen, ätzen, polieren; eine Wand aus G.; ein Bild hinter, unter G. setzen [lassen]. **2. a)** *Trinkgefäß:* ein leeres, volles, farbiges, hohes, schlankes, geschliffenes G.; ein G. voll Wasser; drei gefüllte Gläser; /bei Maßangabe/: drei G./(seltener:) Gläser Bier; ein G. guter Wein/ (geh.:) guten Wein[e]s; der Genuß eines Wein[e]s/eines Glases Wein; bei einem G. gutem Wein/ (geh.:) guten Wein[e]s; mein G. ist leer; die Gläser klirrten, klangen; die Gläser füllen, leeren, spülen, polieren; jmdm. ein G. [Wein] einschenken; ein Gläschen Wein trinken; sein G. austrinken; er hob sein G. und trank ihm zu; den Erfolg mit einem G./Gläschen [Wein] begießen; übertr.: zum G. greifen *(Alkohol trinken).* **b)** *gläsernes Gefäß:* bunte Gläser sammeln; ein G. Marmelade aufmachen; sie hat mehrere Gläser [mit] Kirschen eingemacht; sie stellte die Blumen in ein G. **3. a)** *Brillenglas:* das linke G. ist stärker als das rechte; dunkle, dicke, fototrope, entspiegelte Gläser tragen. **b)** *Opern-, Fernglas:* durch das G. konnte er die Schiffe am Horizont erkennen; er suchte mit dem G. das Gelände ab. * (ugs. scherzh.:) **ein Glas/Gläschen über den Durst trinken; zu tief ins Glas gucken, schauen** *(zuviel Alkohol trinken).*

gläsern: 1. *aus Glas bestehend:* gläserne Figuren, Geräte; übertr.: der gläserne Abgeordnete *(Abgeordneter, der seine sämtlichen außerparlamentarischen Tätigkeiten bekanntgibt, seinen Verdienst u. ä. offenlegt);* der gläserne *(sämtliche persönliche Daten offenlegende)* Mensch. **2.** (geh.) *starr, ausdruckslos:* ein gläserner Blick.

Glashaus, das: *Gewächshaus:* diese Blumen werden in Glashäusern gezogen; R: wer [selbst] im G. sitzt, soll nicht mit Steinen werfen.

glasig: 1. *glasähnlich wirkend:* glasige Früchte; Speck und Zwiebeln anbraten, bis alles g. ist. **2.** *starr und trüb:* glasige Augen; mit glasigem Blick, seine Augen waren, starrten g.

glatt: 1. a) *ohne jede Unebenheit; ganz eben:* eine glatte Fläche; sich im glatten Wasser spiegeln;

glattes *(nicht lockiges)* Haar; ein glattes *(faltenloses)* Gesicht; dieses Material ist glatter/(seltener:) glätter als jenes; die Jacke ist g. rechts *(ohne Muster)* gestrickt; übertr.: ein glatter *(flüssiger, gewandter)* Stil. **b)** *rutschig, schlüpfrig:* auf dem glatten Rasen, auf glatten Steinen ausrutschen; auf glatter, regennasser Fahrbahn; es ist heute sehr g. draußen; Fische sind sehr g. **2.** *mühelos, ohne Komplikationen:* eine glatte Landung, Fahrt; das ist ein glatter Bruch; ein Geschäft g. abwickeln; wir konnten g. passieren; es ist alles g. vonstatten gegangen. **3.** (ugs.) **a)** *offensichtlich, offenkundig:* das ist eine glatte Lüge, glatter Betrug; das hätte ich g. vergessen; die Meldung ist g. erfunden; das ist g. gelogen. **b)** *eindeutig, klar:* ein glatter Sieg; er schrieb eine glatte Eins; der Antrag wurde g. abgelehnt; er hat die Latte g. übersprungen; die Rechnung ging g. auf; sie sagte es ihm g. *(ohne Umschweife)* ins Gesicht; das haut mich g. um (ugs.; *ich bin fassungslos).* **4.** *allzu gewandt, übermäßig höflich [und dabei heuchlerisch]:* ein glatter Geschäftsmann, Diplomat; hinter seiner glatten Art verbirgt sich viel Bosheit; g. wie ein Aal sein *(nicht zu fassen sein, sich aus jeder Situation herauswinden).*

Glätte, die: **1. a)** *Ebenheit:* die G. des Spiegels, der Wasserfläche. **b)** *das Glattsein:* sei vorsichtig, daß du bei dieser G. nicht ausrutschst! **2.** *allzu große Gewandtheit, Höflichkeit:* die G. seines Auftretens, seiner Reden verdeckt vieles.

Glatteis, das: *dünne, glatte Eisdecke auf Straßen und Wegen:* heute ist, gibt es G.; wir haben heute G.; bei G. muß man vorsichtig fahren; es ist mit G. zu rechnen; übertr.: er begab sich auf das G. der Politik; * **jmdn. aufs Glatteis führen** *(jmdn. irreführen, hereinlegen)* · **aufs Glatteis geraten** *(in eine schwierige, heikle Lage geraten).*

glätten: a) ⟨etwas g.⟩ *glattmachen:* einen zerknitterten Zettel, Geldschein g.; ein Brett [mit dem Hobel] g.; ⟨jmdm., sich etwas g.⟩ sie glättete ihm die Falten seines Hemdes. **b)** ⟨sich g.⟩ *glatt werden:* seine Stirn glättete sich wieder; nach dem Sturm beginnt sich das Meer zu g.; bildl.: die Wogen der Erregung haben sich geglättet.

glattweg (ugs.) ⟨Adverb⟩: *einfach, ohne weiteres:* der Antrag ist g. abgelehnt worden.

Glatze, die: *haarlose Stelle auf dem Kopf:* seine G. glänzt; eine G. bekommen, kriegen (ugs.); er hatte schon früh eine G.; ein Mann mit G.

Glaube, der (seltener auch:) **Glauben,** der: **1.** *innere Gewißheit:* ein fester, tiefer, echter, starker, strenger, fanatischer, blinder, irriger G.; sein G. wuchs (geh.), wurde stärker; R: der G. versetzt Berge · den Glauben an jmdn. haben, aufgeben, verlieren, verleugnen; jmdm. Glauben schenken; etwas zerstört, raubt jmdm. den Glauben; den Glauben, eine Erzählung fand überall Glauben *(wurde überall geglaubt);* der G. an das Gute im Menschen, an die Vernunft; guten, festen Glaubens sein *(überzeugt sein);* jmdn. bei seinem Glauben lassen; er ließ sie in dem Glauben, daß alles in Ordnung wäre; in seinem Glauben an die Gerechtigkeit schwankend werden; jmdn. im Glauben wiegen, daß ... *(fälschlicherweise der Meinung sein, daß ...);* etwas im guten/in gutem Glauben *(im Vertrauen auf die Richtigkeit)* unterzeichnen; von einem Glauben beseelt sein; zum Glauben an

sich selbst zurückfinden. **2.** *religiöse Überzeugung; Bekenntnis, Konfession:* der christliche, jüdische, heidnische, islamische G.; seinen Glauben [an Gott] bekennen, bewahren, verteidigen; in Fragen des Glaubens tolerant sein; an seinem Glauben festhalten; jmdn. für seinen Glauben gewinnen; für seinen Glauben einstehen, sterben müssen; jmdn. im Glauben stärken; sie starb im festen Glauben an ihren Erlöser; vom Glauben abfallen; jmdn. vom Glauben abbringen; jmdn. zu einem andern Glauben bekehren.
glauben: 1. a) ⟨etwas g.⟩ *der Meinung sein; annehmen:* ich glaubte, du seist verreist; er glaubte, daß er krank sei; hast du im Ernst geglaubt, er wollte dich betrügen?; er glaubte ihn zu kennen, ihn kommen zu hören; ⟨auch ohne Akk.⟩ „Wird sie kommen?" – „Ich glaube ja/schon."; R (ugs.): ich glaube gar! /Ausdruck der Überraschung, des Zweifels/. **b)** ⟨jmdn., sich, etwas g.; mit Umstandsangabe⟩ *wähnen, vermuten:* ich glaubte dich schon gesund, noch zu Hause, in Berlin; er glaubte sich schon verloren; ich glaubte mich allein, unbeobachtet, im Recht. **2. a)** ⟨etwas g.⟩ *für wahr, richtig halten:* etwas fest, unbeirrbar g.; das glaube ich nicht; das kannst du ruhig g.; er hat die Nachricht nicht g. wollen; er glaubt alles, was sie sagt; das kann ich von ihm nicht g. *(das traue ich ihm nicht zu);* du glaubst nicht, wie ich mich freue! *(ich freue mich sehr);* das glaubst du wohl/ja/doch selbst nicht!; (ugs.:) Schmuck hatte die, das glaubst du nicht! *(unvorstellbar!);* (ugs.:) das/es ist kaum, nicht zu g. *(das/es ist kaum vorstellbar, unvorstellbar);* es ist nun mal so, ob du 's glaubst oder nicht (ugs.); R (ugs.): wer 's glaubt, wird selig *(das glaube ich nicht)* · ⟨jmdm. etwas g.⟩ sie glaubt ihm alles; ich glaube dir kein Wort; man glaubt ihr die ehemalige Tänzerin *(man hält es für wahr, daß sie Tänzerin war).* **b)** ⟨jmdm., einer Sache g.⟩ *Vertrauen, Glauben schenken; für glaubwürdig halten:* ich glaube dir; niemand wollte ihm g.; seinen Worten kann man g. **c)** ⟨an jmdn., an sich, an etwas g.⟩ *Vertrauen haben; sich auf jmdn., auf etwas verlassen:* sie glaubte vorbehaltlos an ihn; an das Gute im Menschen g.; du mußt mehr an dich selbst g. *(mußt mehr Selbstvertrauen haben).* **3. a)** ⟨an jmdn., an etwas g.⟩ *eine bestimmte religiöse Überzeugung, abergläubische Vorstellung haben:* an Gott, an Christus, an die Auferstehung, an die Unsterblichkeit g.; sie glaubte an: an Wunder, Träume, Gespenster. **b)** *gläubig sein:* sie glaubt fest und unerschütterlich; e konnte nicht mehr g. * **jmdn. etwas glauben machen wollen** *(jmdm. etwas einzureden versuchen):* er wollte mich g. machen, er hätte das Geld gefunden · (ugs.:) **dran glauben müssen:** a) *(von etwas Unangenehmem betroffen sein):* heute muß sie dran g. und den Küchendienst machen. **b)** *(sterben müssen).*
glaubhaft: *einleuchtend, plausibel, überzeugend:* eine glaubhafte Entschuldigung, Erklärung; sein Bericht war, klang nicht g.; der Zeuge wirkt g.; etwas g. darstellen, nachweisen; ⟨[jmdm.] etwas g. machen⟩ er versucht, g. zu machen, daß er sich an nichts mehr erinnern kann; sie konnte den Beamten g. machen, daß ...
gläubig: 1. *religiös, fromm:* ein gläubiger Mensch, Christ; sie ist zutiefst g.; g. beten;

subst.: die Gläubigen erheben sich zum Gebet.
2. *vertrauensvoll, vertrauensselig:* er hat gläubige Anhänger um sich gesammelt; jmdn. mit gläubigem Blick ansehen; alles g. hinnehmen.
Gläubiger, der: *jmd., der zu einer Schuldforderung berechtigt ist:* seine Gläubiger hinhalten, befriedigen, abfinden; von den Gläubigern bedrängt werden.
glaubwürdig: *vertrauenswürdig, glaubhaft:* ein glaubwürdiger Zeuge; eine glaubwürdige Aussage, Erklärung; diese Quelle, Nachricht ist nicht g.; die Geschichte klang g.; etwas g. darstellen.
gleich: I. ⟨Adj.⟩ **1.** *nicht verschieden; in vielen, allen Merkmalen übereinstimmend:* die gleiche Anzahl, Größe, Farbe; das gleiche Gewicht; das gleiche Ziel verfolgen; dem gleichen Zweck dienen, etwas auf die gleiche Weise tun; sie sind im gleichen Jahr, am gleichen Tag geboren; zur gleichen Zeit eintreffen; sie wohnen im gleichen Haus; sie trugen alle gleiche Kleider; ein Dreieck mit drei gleichen Seiten; hier gilt gleiches Recht für alle; sie forderten gleichen Lohn für gleiche Arbeit; die beiden sind g. alt, g. groß; von einem Punkt g. weit entfernt sein; zweimal zwei [ist] g. *(macht, ergibt)* vier; die beiden Schränke sind ganz g.; **subst.:** er ist immer der gleiche *(er ist immer unverändert, er ist ausgeglichen);* ich wünsche dir das gleiche, ein Gleiches; alle wollen das gleiche; das gleiche gilt *(dieselben Worte, Anordnungen gelten)* für dich!; das kommt auf das gleiche/aufs gleiche hinaus *(das ist letzten Endes dasselbe)* · R: man soll nicht Gleiches mit Gleichem vergelten; g. und g. gesellt sich gern *(Menschen mit gleicher Gesinnung schließen sich gerne aneinander an);* **2.** ⟨etwas ist jmdm. g.⟩ *etwas ist jmdm. gleichgültig:* es ist mir völlig g., was die anderen dazu sagen; ob du heute oder morgen kommst, ist mir g. **II.** ⟨Adverb⟩ **1. a)** *sofort, bald:* ich komme g.; ich bin g. wieder da; wir fahren g. nach dem Mittagessen ab; es muß ja nicht g. sein *(es hat noch etwas Zeit);* er verstand nicht g., worum es ging; warum nicht g. so?; g. danach; bis g./ugs.; *Grußformel (die ausdrückt, daß man sich in ganz kurzer Zeit wiedersieht).* **b)** *unmittelbar daneben:* der Gemüsestand ist g. am Eingang; g. hinter dem Haus beginnt der Wald; g. daneben. **2.** ⟨meist in Verbindung mit einer Zahl⟩ *auf einmal:* ich habe mir g. zwei Paar Schuhe gekauft. **III.** ⟨Gesprächspartikel⟩ **a)** ⟨unbetont⟩ /drückt in Fragesätzen aus, daß der Sprecher nach etwas eigentlich Bekanntem fragt, an das er sich nur im Augenblick nicht erinnern kann/: noch, doch: was hat er g. gesagt?; wie heißt er g.? **b)** ⟨betont⟩ /drückt in Aussage- und Aufforderungssätzen Unmut oder Resignation aus/: dann laß es g. bleiben!; wenn er nicht mitspielt, können wir g. zu Hause bleiben; ich habe es ja g. gesagt. **IV.** (geh.) ⟨Präp. mit Dativ bei Vergleichen⟩ *wie, entsprechend:* g. einem roten Ball ging die Sonne unter; g. seinen Vorgesetzten von der Sache distanziert. * (geh.:) **etwas ins gleiche bringen** *(etwas in Ordnung bringen).*
gleichbleiben: a) *unverändert bleiben:* die Prüfungsbedingungen bleiben gleich; die Preise sind gleichgeblieben; **adj. Part.:** mit gleichbleibender Freundlichkeit; er war immer gleichbleibend ruhig. **b)** ⟨sich (Dativ) g.⟩ *sich nicht ändern:* trotz

des zunehmenden Alters bist du dir gleichgeblieben; es, das bleibt sich gleich *(es ist ganz gleichgültig),* ob es mit oder ohne Absicht geschah. **gleichen** 〈jmdm., einer Sache g.〉: *sehr ähnlich sein:* er gleicht seinem Bruder im Wesen sehr; die Zwillinge gleichen sich/(geh.:) einander wie ein Ei dem andern; die Absturzstelle glich einem Trümmerfeld; diese Dinge gleichen sich sehr. **gleichfalls** 〈Adverb〉: *ebenfalls, auch:* er blieb g. stehen; er wird g. teilnehmen; der Roman und das g. von J. S. verfaßte Drehbuch; danke, g.! *(ich wünsche Ihnen das gleiche).* **Gleichgewicht,** das: **1.** *ausbalancierter Zustand eines Körpers:* stabiles G.; das G. herstellen, halten, verlieren; er kam aus dem G. und stürzte; die beiden Körper sind im G., halten sich im G.; übertr.: *Ausgleich, Ausgewogenheit:* das politische, militärische, ökologische G.; das G. der Mächte, der Kräfte ist gestört; das G. des Schreckens. **2.** *innere Ausgeglichenheit:* das seelische, innere, geistige G.; sein G. verlieren, wiedergewinnen, bewahren; durch dieses Ereignis ist er ganz aus dem G. gekommen, geraten; ihn kann so leicht nichts aus dem G. bringen. **gleichgültig: 1.** *teilnahmslos, desinteressiert:* ein gleichgültiger Schüler; ein gleichgültiges Gesicht machen; etwas in gleichgültigem Ton fragen; sei nicht so g.!; er blieb dabei völlig g.; 〈g. gegen jmdn., etwas/gegenüber jmdm. einer Sache sein, bleiben, sich zeigen〉 er blieb ihr, der Sache gegenüber ziemlich g.; sie zeigte sich gegen ihn, gegen die Sache/der Sache gegenüber ziemlich g. **2. a)** *belanglos, unwesentlich:* sich über gleichgültige Dinge unterhalten. **b)** 〈jmdm. g. sein〉 *jmdm. unwichtig, einerlei sein, ihn nicht interessieren:* diese Mitteilung, dieser Mensch ist mir g.; es ist mir g., wie du das machst; 〈geh.〉 〈jmdm. nicht g. sein, bleiben〉 *jmdm. etwas bedeuten, ihm gefallen:* er war, blieb ihr nicht g. **gleichkommen** 〈jmdm., einer Sache g.〉: *entsprechen; gleichwertig sein:* das kam einer Beleidigung gleich; an Fleiß kam ihm keiner gleich; niemand kommt ihm gleich *(ist ihm ebenbürtig).* **gleichmäßig:** *ausgeglichen, regelmäßig, ebenmäßig:* gleichmäßige Atemzüge, Gesichtszüge, Schritte; diese Pflanzen brauchen gleichmäßige Wärme; er ist immer g. freundlich, ruhig; g. atmen; etwas g. verteilen. **Gleichmut,** der: *Gelassenheit, innere Ausgeglichenheit:* heiterer, stoischer, unerschütterlicher, gespielter G.; sein G. ist zu bewundern; G. bewahren, verlieren; etwas mit G. hinnehmen. **gleichmütig:** *gelassen, innerlich ausgeglichen:* eine gleichmütige Haltung; ein gleichmütiges Gesicht; mit gleichmütiger Stimme antworten; g. bleiben; g. nicken; er nahm die Nachricht g. auf. **Gleichnis,** das: *Erzählung, die etwas in einem Bild, mit einem Vergleich veranschaulicht:* das G. vom guten Hirten erzählen; ein G. gebrauchen; etwas durch ein G. zu erläutern versuchen; in einem G. ausdrücken; in Gleichnissen reden. **gleichsam** (geh.) 〈Adverb〉: *gewissermaßen, sozusagen,* war der Brief ist g. eine Anklage. **gleichstellen** 〈jmdn. g.〉: *in gleicher Weise behandeln; auf die gleiche Stufe stellen:* es wurde beschlossen, die Arbeiter gehaltlich einander gleichzustellen, alle Arbeiter gehaltlich gleichzu-

stellen; 〈jmdn. jmdm./mit jmdm. g.〉 den Arbeiter dem Angestellten/mit dem Angestellten g. **Gleichung,** die: *Gleichsetzung mathematischer Größen:* quadratische Gleichungen; eine G. dritten Grades, mit einer Unbekannten; die G. geht auf; eine G. aufstellen; übertr.: was er auch versuchte, die G. ging nicht auf *(seine Pläne schlugen fehl).* **gleichzeitig: 1.** *zur gleichen Zeit [stattfindend]:* eine gleichzeitige Überprüfung aller Teile; sie rannten g. los. **2.** (ugs.) *zugleich:* der Raum dient g. als Wohn- und Schlafzimmer. **Gleis,** (auch:) **Geleise,** das: *Schienen bei Eisen-, Straßenbahn:* die Gleise werden verlegt, erneuert; Überschreiten der Gleise verboten; der Zug fährt auf G. 6 ein, fährt von G. 6 ab; einen Zug auf ein anderes, falsches, totes *(unbenutztes)* G. stellen; der Wagen sprang aus dem G.; übertr.: das ist auf, in ein falsches G. geraten; es geht alles im alten G. weiter. ∗ **etwas auf ein totes Gleis schieben** *(etwas nicht benutzen, zurückstellen)* · **im Gleis sein** *(in Ordnung sein)* · **sich in ausgefahrenen Gleisen bewegen** *(einfallslos, unselbständig handeln)* · **etwas wieder ins [rechte] Gleis bringen** *(etwas wieder in Ordnung bringen)* · **wieder ins [rechte] Gleis kommen** *(wieder in den richtigen, geordneten Zustand gebracht werden)* · **aus dem Gleis bringen/werfen** *(aus der gewohnten Ordnung herausreißen)* · **aus dem Gleis kommen** *(aus der normalen, gewohnten Ordnung herausgerissen werden).* **gleiten: 1. a)** 〈mit Raumangabe〉 *sich leicht und gleichmäßig [auf einer glatten Fläche] fortbewegen:* der Schlitten gleitet geräuschlos über den Schnee; die Tänzer gleiten über das Parkett; das Boot war durch das Wasser geglitten; seine Hand glitt über ihr Haar *(streichelte ihr Haar);* übertr.: ihre Augen glitten *(schweiften)* über die Wellen. **b)** 〈mit Raumangabe〉 *sich rasch, geschmeidig und geräuschlos irgendwohin bewegen:* er glitt aus dem Sattel; er ließ sich ins Wasser g.; das Tuch glitt zu Boden; die Tür war unbemerkt ins Schloß geglitten *(hatte sich unbemerkt geschlossen);* die Decke war von ihren Füßen geglitten; 〈etwas gleitet jmdm.; mit Raumangabe〉 das Tuch glitt ihr aus der Hand, von der Schulter, auf den Boden; übertr.: das Geld gleitet ihm aus den Händen *(er kann es nicht zusammenhalten);* Wirtsch.: gleitende *(sich den Preisen anpassende)* Lohnskala. **c)** 〈etwas gleitet; mit Raumangabe〉 *etwas fliegt schwebend:* Möwen gleiten im Wind; das Segelflugzeug glitt zu Boden. **d)** 〈etwas gleitet; mit Artangabe〉 *etwas ist in bestimmter Weise gleitfähig:* die Maschinenteile gleiten besser, wenn sie geölt sind. **2.** (ugs.) *Arbeitsbeginn und -ende selbst wählen:* morgens können wir in der Firma zwischen 6.30 Uhr und 9 Uhr g.; gleitende Arbeitszeit haben. **Gletscher,** der: *Eisstrom im Gebirge:* der G. schmilzt, bewegt sich langsam, geht zurück; der G. kalbt *(Eismassen brechen von ihm ab).* **Glied,** das: **1. a)** *Körperglied:* schlanke, bewegliche, gelenkige, gerade, krumme, gesunde Glieder; ein künstliches G.; die Glieder der Finger, der Zehen; mir tun alle Glieder weh; alle Glieder von sich strecken; vor Schreck kein G. regen, rühren können; du wirst dir noch die Glieder brechen; sie zitterte an allen Gliedern; der Schreck fuhr ihm in, durch alle Glieder *(erfaßte ihn ganz stark)*, sitzt, steckt ihm noch in den Gliedern *(haftet ihm noch an)*; sie erwachte mit steifen Gliedern. **b)** *Penis:* das männliche G.; mit entblößtem, erigiertem G. **2.** *Kettenglied:* zwei Glieder des goldenen Armbandes haben sich gelöst; das zersprungene G. der Kette durch ein neues ersetzen; bildl.: das fehlende G. in der Kette von Beweisen; wir alle sind Glieder einer Kette. **3.** *einzelner Teil eines Ganzen:* die einzelnen Glieder eines Satzes, einer Gleichung; ein nützliches, vollwertiges G. der menschlichen Gesellschaft. **4.** *Reihe einer angetretenen Mannschaft:* nach dem ersten G. trat das zweite nach vorn; aus dem G. treten; ins G. [zurück]treten; er stand im dritten G. **5.** (geh. veraltet) *Generation:* seine Ahnen bis ins achte G. zurückverfolgen.

gliedern: a) ⟨etwas g.⟩: *einteilen; ordnen:* einen Aufsatz, einen Vortrag [klar, gut, schlecht] g.; das Buch ist in einzelne Kapitel gegliedert; der Katalog ist nach Sachgebieten gegliedert. **b)** ⟨etwas gliedert sich⟩ *etwas ist in verschiedene Teile eingeteilt:* die Lehre von der Politik gliedert sich in drei Gebiete; mein Referat gliedert sich wie folgt; eine straff hierarchisch gegliederte Organisation; eine reich gegliederte Küste (Geogr.; *eine Küste mit vielen Buchten).*

glimmen ⟨etwas glimmt⟩: *etwas glüht schwach:* das Feuer glimmt noch unter der Asche; die Zigaretten glimmten /(geh.:) glommen in der Dunkelheit; das Lagerfeuer hatte geglimmt/(geh.:) geglommen; bildl.: eine letzte Hoffnung glimmt noch in ihr.

glimpflich: 1. *ohne besonderen Schaden, ohne schlimme Folgen [abgehend]:* der glimpfliche Ausgang einer Sache; er ist noch g. davongekommen; das ging, lief gerade noch einmal g. ab. **2.** *mild, schonend, nachsichtig:* ein glimpfliches Urteil; eine glimpfliche Strafe; g. mit jmdm. umgehen; er behandelte ihn nicht gerade g.

glitzern ⟨etwas glitzert⟩: *etwas blitzt funkelnd, glänzend auf:* hell, bunt g.; der Schnee, das Eis glitzert in der Sonne; Pailletten glitzern auf ihrem Kleid; glitzernder Schmuck.

Glocke, die: **1. a)** *besonders geformter Gegenstand aus Metall, mit dem ein Klang erzeugt wird:* eine große, schwere, bronzene, volltönende G.; ein silbernes, helltönendes, bimmelndes Glöckchen; die Glocken läuten; die G. tönt, schweigt, hallt; die G. schwingt; die G. schlägt acht [Uhr], läutet Sturm; er läutet die Glocken; eine G. gießen; Sport: die G. zur letzten Runde *(das mit einer Glocke gegebene Signal, daß nur noch eine Runde zu laufen ist).* **b)** (veraltend) *Klingel:* er zog die G. *(klingelte).* **2.** *etwas, was einer Glocke in der Form ähnlich ist:* die Glocken *(Blüten)* der Narzissen; sie trug eine G. *(Hut)* aus weißem Filz; Käse unter die G. *(Käseglocke)* legen; übertr.: eine G. von Nebel und Dunst hing über der Stadt. * (ugs.:) etwas an die große Glocke hängen *(etwas überall herumerzählen)* · (ugs.:) wissen, was die Glocke geschlagen hat *(über etwas, was einem bevorsteht, bereits Bescheid wissen).*

Glockenschlag ⟨in der Fügung⟩ mit dem/auf den Glockenschlag: *sehr pünktlich:* er betritt jeden Morgen mit dem G. seinen Arbeitsraum.

Glosse, die: *spöttischer Kommentar:* eine treffende, witzige G.; eine G. schreiben; du brauchst nicht über alles deine Glossen zu machen.

glotzen (ugs.): *starren:* dumm, blöd, mit aufgerissenen Augen, verständnislos g.; was gibt's denn da zu g.?; was glotzt du so dämlich?; er glotzt den ganzen Tag in die Röhre *(sieht fern).*

Glück, das: **1.** *zufälliger, günstiger Umstand; gutes Geschick, günstige Fügung:* großes, unverdientes, blindes, launisches, wechselhaftes G.; unerhörtes G., nicht Tüchtigkeit hat ihm den Erfolg gebracht; das G. ist mit jmdm. (geh.), ist gegen jmdn. (geh.), hat sich von jmdm. abgewandt (geh.), ist jmdm. günstig (geh.), ist jmdm. gewogen (geh.), begünstigt jmdn. (geh.), lacht jmdm., winkt jmdm.; [es ist] ein G. *(es ist nur gut)*, daß dir das noch eingefallen ist; das ist dein G. *(es ist nur gut, günstig für dich),* daß du noch gekommen bist; G. auf! /Bergmannsgruß/; damit wirst du bei ihm kein G. haben *(keinen Erfolg haben, nichts erreichen);* er hat G. gehabt *(etwas ist ihm [überraschend] gelungen);* da hatten wir ja noch einmal G. *(das ist noch einmal gutgegangen);* sie hatte G. im Unglück; R: G. muß der Mensch haben · ich wünsche dir zu deinem Unternehmen viel G. *(alles Gute, viel Erfolg);* er vertraut seinem G.; er baut immer auf sein G.; er ist vom G. begünstigt. **2.** *Zustand froher Zufriedenheit, des Glücklichseins:* das echte, wahre, höchste, innere, häusliche G.; ein junges, dauerndes, kurzes, ungetrübtes G.; das G. des jungen Paares; großes G. erfüllte ihn (geh.), war ihnen beschieden (geh.); an diesem Tag endete ihr G.; das Kind ist ihr ganzes G.; das G. ist ihm nicht in den Schoß gefallen; tiefes G. empfinden; das G. erringen wollen; sein G. verscherzen; sein G. genießen; nichts trübte ihr G.; er hat unser G. zerstört; er konnte sein G. nicht fassen; das wird dir kein G. bringen; ein Gefühl des Glücks stieg in ihr auf; er wollte dem G. nachhelfen; den verlorenen G. nachtrauern; ich will deinem G. nicht im Wege stehen *(tu, was du für gut, richtig hältst);* in G. und Unglück zusammenhalten; man soll niemanden zu seinem G. zwingen; R: G. und Glas, wie leicht bricht das; jeder ist seines Glückes Schmied; (iron.:) der/die/das hat mir gerade noch zu meinem G. gefehlt *(kommt mir sehr ungelegen).* *das Glück des Tüchtigen *(das Glück, das jmdm., der tüchtig ist, zukommt)* · mehr Glück als Verstand haben *(durch Zufall großes Glück haben)* · sein Glück versuchen/probieren *(etwas mit der Hoffnung auf Erfolg tun, unternehmen):* er versuchte sein G. beim Spiel, als Schauspieler · sein Glück machen *(erfolgreich sein, es zu etwas bringen):* er hat sein G. in Amerika gemacht · bei jmdm. mit etwas Glück haben *(bei jmdm. mit etwas Erfolg haben, etwas erreichen):* mit diesen Plänen wirst du bei ihm kein G. haben · von Glück sagen/reden können *(etwas einem glücklichen Umstand verdanken):* du kannst von G. sagen, daß die Sache nicht schlimmer ausgegangen ist · (iron.:) noch nichts vom seinem Glück wissen *(noch nicht wissen, was einem bevorsteht)* · auf gut Glück *(ohne die Gewißheit eines Erfolges):* sie sind auf gut G. losgefahren · zum Glück; zu jmds. Glück *(glücklicherweise; zu jmds. Vorteil):* zum G., zu meinem G. sah er mich nicht.

glücken ⟨etwas glückt⟩: *etwas gelingt, geht nach Wunsch:* etwas glückt gut, schlecht, etwas will nicht g.; die Flucht, der Plan schien zu g.; dieses Unternehmen wird g.; ⟨etwas glückt jmdm.⟩ ihm glückt immer alles; die Torte ist dir gut geglückt; **Sport**: ein geglückter Versuch.

glücklich: I. ⟨Adj.⟩ 1. a) *erfolgreich, vom Glück begünstigt; ohne Störung [verlaufend]:* der glückliche Gewinner; eine glückliche Landung, Heimkehr; ich wünsche dir eine glückliche Reise; der Sieg war g. *(mit viel Glück errungen);* die Geschichte hatte einen glücklichen Ausgang, endete g.; es ging alles g. vonstatten. b) *günstig, vorteilhaft, erfreulich:* ein glücklicher Einfall, Gedanke, Zufall, Ausdruck; eine glückliche Synthese von Zukunft und Vergangenheit; er ist in der glücklichen Lage, sich das leisten zu können; die Auswahl der Bilder ist nicht sehr g.; die Zeit, der Ort, das Thema war nicht g. gewählt. 2. *von froher Zufriedenheit, von Glück erfüllt:* eine glückliche Familie, ein glückliches Land, eine glückliche Zeit, ein glückliches Leben; ein glückliches neues Jahr /Glückwunschformel zum Jahreswechsel/; g. verheiratet sein; ihre Zusage machte ihn g.; wunschlos, grenzenlos, unsagbar g. sein; ⟨über etwas g. sein⟩ das junge Paar ist sehr g. über die eigene Wohnung; er ist g. darüber, daß du es geschafft hast. II. ⟨Adverb⟩ (ugs.) *endlich, zu guter Letzt:* jetzt ist er g. abgereist; nun hat er sich g. auch das noch verscherzt.

Glückssache, (seltener auch:) **Glücksache** ⟨in der Verbindung⟩ etwas ist Glückssache: *etwas hängt von einem glücklichen Zufall ab:* in diesem Durcheinander etwas zu finden, ist [reine] G.; R: Denken ist G.

Glückwunsch, der: *Wunsch für Glück und Wohlergehen zu einem besonderen Ereignis; Gratulation:* jmdm. die herzlichsten Glückwünsche aussprechen, überbringen, übermitteln; nehmen Sie bitte meine besten Glückwünsche entgegen; viele Glückwünsche empfangen; herzlichen G. zum Geburtstag, zum bestandenen Examen!

glühen: 1. a) ⟨etwas glüht⟩ *etwas leuchtet rot vor Hitze:* die Herdplatte, der Ofen glüht; das Feuer glüht nur noch im Kamin; die Zigaretten glühen in der Dunkelheit; die Asche glüht noch; das Eisen im Feuer glüht; der Faden der Glühbirne glüht schwach; eine glühende Nadel; übertr.: die Berge glühen im Abendschein; ihre Wangen begannen zu g.; sein Kopf glühte vor Erregung, vor Begeisterung, vor Leidenschaft, vor Zorn; sie glühte [im Gesicht] vor Fieber; die Sonne glüht heute wieder; es herrschte glühende *(sehr große)* Hitze. b) ⟨etwas g.⟩ *etwas so lange erhitzen, bis es erglüht, rot leuchtet:* Eisen, einen Draht g. 2. (geh.) ⟨mit Umstandsangabe⟩ *leidenschaftliches Gefühl zeigen; erregt, begeistert sein:* er glühte in Liebe, Leidenschaft, vor Eifer, Ehrgeiz, Begeisterung, für sein Ziel, seine Idee; ⟨nach etwas g.⟩ er glühte danach *(trachtete leidenschaftlich danach),* sich zu rächen; adj. Part.: *leidenschaftlich:* glühende Liebe, Begeisterung, glühendes Verlangen, glühender Haß; ein glühender Verehrer, Anhänger einer Sache; jmdn. glühend bewundern.

Glut, die: *glühende Masse:* die rote G. einer Zigarette; es ist keine G. mehr im Ofen; die G. glimmt unter der Asche; die G. anfachen, löschen, austreten; in die G. blasen; Kartoffeln in der G. rösten; übertr.: die sengende G. *(Hitze)* des Sommers; die G. *(Röte)* ihrer Wangen. 2. (geh.) *tiefes Gefühl; Leidenschaft:* die G. der Liebe, des Hasses, der Begierde, der Begeisterung; die G. seiner Blicke.

Gnade, die: *verzeihende Güte, Gunst, Wohlwollen:* die göttliche G.; die G. Gottes; das ist kein Verdienst, sondern eine G. des Himmels; die G. des Königs finden (geh.), erlangen (geh.), verlieren (geh.), jmdm. eine G. erweisen (geh.), gewähren (geh.); der Gefangene bat, flehte (geh.) um G. *(Nachsicht, Milde);* er wollte nicht von der G. seines Vaters abhängen, leben. * **auf Gnade und/ oder Ungnade** *(bedingungslos, auf jede Bedingung hin)* · **aus Gnade [und Barmherzigkeit]** *(aus bloßem Mitleid)* · **in Gnaden** *(mit Wohlwollen):* jmdn. in Gnaden entlassen, wieder aufnehmen; (geh.:) **bei jmdm. in [hohen] Gnaden stehen** *(von jmdm. sehr geschätzt werden)* · **vor jmdm./vor jmds. Augen Gnade finden** *(jmdm. gefallen, von jmdm. anerkannt, akzeptiert werden; vor jmdm. bestehen können)* · **Gnade vor/für Recht ergehen lassen** *(sehr nachsichtig, milde sein, von einer Bestrafung absehen)* · (iron.:) **die Gnade haben** *(sich herablassen, so gnädig sein):* er hatte nicht die G., uns einzutreten zu lassen.

gnädig: *barmherzig, nachsichtig, wohlwollend, gütig:* ein gnädiger Richter; der gnädige Gott; eine gnädige Strafe; /in der höflichen Anrede/ [sehr geehrte] gnädige Frau; das Urteil war sehr g.; (iron.:) sei doch so g. und hilf mir!; (scherzh.:) machen Sie es so g. mit mir *(verfahren Sie nicht zu hart mit mir);* er nickte, dankte g. *(herablassend);* da bist du noch einmal g. *(glimpflich)* davongekommen.

Gold, das: *gelblich glänzendes Edelmetall:* 24 karätiges G.; olympisches G. *(Goldmedaille);* etwas glänzt, ist kostbar wie G.; ihr Haar war wie G.; G. graben, waschen; G. mit einem anderen Metall legieren; die Kette ist aus reinem, purem, massivem, gediegenem G.; die Währung ist durch G. gedeckt; einen Edelstein in G. fassen; etwas mit G. überziehen; übertr.: schwarzes G. *(Kohle),* flüssiges G. *(Erdöl);* das G. *(der goldene Glanz)* ihres Haares; R: es ist nicht alles G., was glänzt; Morgenstund' hat G. im Mund *(am frühen Morgen gelingt alles am besten).* * **etwas läßt sich nicht mit Gold bezahlen/aufwiegen** *(etwas ist unbezahlbar)* · **Gold in der Kehle haben** *(schön singen können).*

golden: 1. *aus Gold bestehend:* eine goldene Münze, Medaille, Kette, Uhr; ein goldener Ring, Löffel, Becher; übertr.: die goldene *(herrliche, erstrebenswerte)* Freiheit; die goldene *(herrliche, unbeschwerte)* Jugendzeit; goldene *(herrlichen, vielversprechenden)* Zeiten entgegengehen; goldene *(beherzigenswerte Lebensweisheit enthaltende)* Worte, Lehren, Weisheiten; er hat ein goldenes *(redliches, treues)* Gemüt, Herz, einen goldenen *(heiteren, echten)* Humor. 2. (geh.) *goldfarben:* die goldenen Ähren, der goldene Wein, die goldenen Sterne; ihre Haare schimmerten.

Goldgrube ⟨in der Verbindung⟩ etwas ist eine Goldgrube (ugs.): *etwas bringt viel Gewinn, ist sehr lukrativ:* dieser Laden ist eine [wahre] G.

goldig (ugs.): *reizend, entzückend:* ein goldiges

Kind, das Kleidchen ist ja g.!; daß du mir helfen willst, finde ich g. *(sehr nett, entgegenkommend).*
Goldwaage, die ⟨in der Wendung⟩ alles, jedes Wort auf die Goldwaage legen (ugs.): a) *etwas wörtlich, übergenau nehmen:* du darfst nicht alles, was er bei dem Streit gesagt hat, auf die G. legen. b) *in seinen Äußerungen sehr vorsichtig sein:* bei ihm muß man jedes Wort auf die G. legen.
gönnen: 1. ⟨jmdm. etwas g.⟩ *ohne Neid zugestehen:* ich gönne ihm seinen Erfolg, sein Glück von Herzen; ich gönne ihm nicht das kleine Vergnügen?; ich gönne es ihm, daß er das geschafft hat; diese Freude gönne ich ihm nicht *(ich möchte verhindern, daß er Grund zur Schadenfreude über mich hat);* (iron.:) diesen Reinfall, diese Blamage gönne ich ihm. **2.** ⟨jmdm., sich etwas g.⟩ *zukommen lassen; sich etwas leisten:* gönne ihm doch ein wenig Ruhe, Erholung; die beiden gönnen sich ab und zu etwas Gutes; er gönnt sich kaum eine Pause; er gönnt ihr kein gutes Wort *(hat kein freundliches Wort für sie);* sie gönnte ihm keinen Blick *(beachtete ihn nicht).*
Gosse, die: *Rinnstein:* die G. lief über, war verstopft. * (ugs.:) **in der Gosse landen/enden** *(verkommen)* · (ugs.:) **jmdn. aus der Gosse ziehen/auflesen** *(jmdn. aus übelsten Verhältnissen herausholen)* · **aus der Gosse kommen** *(aus den übelsten Verhältnissen kommen).*
Gott, der: *höchstes überirdisches Wesen:* der liebe, gnädige, allmächtige, dreieinige, gütige, gerechte G.; heidnische Götter; die griechischen, germanischen Götter; G. Vater, Sohn und Heiliger Geist; G., der Allmächtige; G. der Herr; der G. der Juden, der Christen; (ugs.:) ist barmherzig; ich schwöre, so wahr mir G. helfe /Eidesformel/; grüß [dich, euch, Sie] G.!, G. zum Gruß! /Grußformeln/; (ugs.:) G. im Himmel!, ach du lieber G.!, mein G.!, guter G.!, großer G.!, allmächtiger G.! /Ausrufe der Bestürzung, Verwunderung o. ä./; (ugs.:) um Gottes willen, du bist G. vor!, G. behüte! /Ausrufe des Erschreckens, der Abwehr/; (ugs.:) G. sei [Lob und] Dank!, G. sei gedankt/ gelobt /Ausrufe der Erleichterung/; (ugs.:) gnade dir G.! /Drohung/; (südd., österr.:) behüt’ dich G.!, (geh. veraltend:) G. befohlen! /Abschiedsgrüße/; (veraltend, noch scherzh.:) vergelt’s G.! /Dankesformel/; G. schütze dich! /Wunschformel/; (ugs.:) G. verdamm’ mich! /Fluch/ R: hilf dir selbst, so hilft dir G. · G. anbeten, anrufen, ehren, lieben, loben, preisen; G. leugnen, lästern (geh.); er dankte G. für die Errettung; das Reich Gottes; Gottes Sohn, Gottes Wort, Segen, Wille; alles steht, liegt in Gottes Hand; mit Gottes Hilfe; an G. glauben, zweifeln; auf G. vertrauen; bei G. schwören; zu G. beten, flehen (geh.); hier ruht in G. ... /Inschrift auf Grabsteinen/. * (ugs.:) **in Gottes Namen** *(meinetwegen):* komm in Gottes Namen mit! · (ugs.:) **leider Gottes** *(bedauerlicherweise):* dafür ist es leider Gottes zu spät · (ugs.:) **so Gott will** *(wenn nichts dazwischenkommt):* so G. will, sehen wir uns nächstes Jahr wieder · (ugs.:) **Gott sei’s geklagt!** *(leider)* · (ugs.:) **weiß Gott** *(wahrhaftig, wirklich, gewiß):* ich weiß Gott *(keiner weiß, es ist ungewiß):* sie hat es G. weiß wem [alles] erzählt · (ugs.:) **das wissen die Götter** *(das ist ganz unbestimmt, ungewiß):* · (ugs.:) **Gott sei Dank** *(glücklicherweise)* · (ugs.:) ...

daß Gott erbarm’ *(erbärmlich schlecht):* sie sangen, daß Gott erbarm’ · **ganz und gar** von Gott/ von allen **guten** Göttern verlassen sein /meist als Ausruf, des Unwillens, der Mißbilligung/ · (ugs.:) **Gott und die Welt** *(alles, alle Leute)* · **wie ein junger Gott** *(großartig, schön und kraftvoll):* er spielte, sah aus wie ein junger G. · (scherzh.:) **wie Gott jmdn. geschaffen hat** *(nackt, völlig unbekleidet)* · (ugs.:) **den lieben Gott einen guten/frommen Mann sein lassen** *(unbekümmert seine Zeit verbringen)* · (ugs.:) **dem lieben Gott den Tag stehlen** *(seine Zeit unnütz verbringen)* · **jmds. Gott sein** *(von jmdm. übermäßig, kritiklos geliebt werden):* er, das Geld ist ihr G.
göttlich: 1. *von Gott ausgehend, Gott zugehörend:* die göttliche Gnade, Weisheit, Allmacht, Gerechtigkeit, Ordnung; die göttliche Offenbarung; eine göttliche Eingebung, Erleuchtung; ein göttliches Gebot; göttliche Verehrung genießen; subst.: das Göttliche im Menschen. **2.** (ugs.) *herrlich, köstlich:* seine göttliche Stimme begeisterte das Publikum; ein göttlicher Anblick; der Gedanke ist ja g.
gottverlassen (ugs.): *abseits gelegen, sehr einsam, trostlos:* eine gottverlassene Gegend, ein gottverlassenes Dorf, Nest (ugs.), Land.
gottvoll (ugs.): *sehr komisch, lächerlich; amüsant:* ein gottvoller Anblick; der Abend war g.; du bist ja g.!; sich g. amüsieren.
Götze, der: *heidnische Gottheit; als Gottheit verehrte Figur:* heidnische Götzen; ein G. aus Gold; Götzen anbeten, verehren; übertr. (abwertend): Profit, Fernsehen und schnelle Autos sind **die** Götzen unserer Zeit; das Geld ist sein G.
Grab, das: *Grube, letzte Ruhestätte für einen Toten:* ein frisches, neues, altes, eingefallenes, gepflegtes, tiefes, leeres G.; das G. der Mutter, eines Freundes; das G. des Unbekannten Soldaten *(Gedenkstätte für gefallene Soldaten);* ein G. graben, ausheben, schaufeln, zuschütten, zuschaufeln, bepflanzen, schmücken, pflegen, verwildern lassen, schänden; die Gräber seiner Lieben besuchen; Blumen, einen Kranz auf jmds. G. legen; im Grab[e] ruhen, seine Ruhe finden; R (ugs.): jmd. würde sich im Grabe herumdrehen, wenn ... *(jmd. wäre, wenn er noch lebte, entsetzt, nicht einverstanden, wenn ...).* * (geh.:) **ein feuchtes/nasses Grab finden; sein Grab in den Wellen finden** *(ertrinken)* · (geh.:) **ein frühes G. finden** *(früh sterben)* · (geh.:) **etwas mit ins Grab nehmen** *(ein Geheimnis niemals preisgeben)* · (geh.:) **ins Grab sinken** *(sterben)* · (geh.:) **jmdn. ins Grab folgen** *(kurz nach jmdm. sterben)* · (geh.:) **jmdn. ins Grab bringen: a)** *(an jmds. Tod schuld sein).* **b)** *(jmdn. zur Verzweiflung bringen, völlig entnerven)* · **sich** (Dativ) **selbst sein Grab schaufeln/graben** *(selbst seinen Untergang herbeiführen)* · (geh.:) **jmdn. zu Grabe tragen** *(jmdn. beerdigen)* · (geh.:) **etwas zu Grabe tragen** *(etwas endgültig aufgeben)* · (geh.:) **bis ans/ins Grab; bis über das Grab hinaus** *(für immer, für alle Zeiten).*
graben: 1. a) *Erde ausheben, umgraben:* er gräbt schon den ganzen Tag im Garten; er grub so lange, bis er auf Fels stieß; er grub einen Meter tief. **b)** (etwas g.) *ausheben; grabend anlegen:* eine Grube, ein Loch, ein Grab g.; einen Brunnen, Stollen [in die Erde] g.; ⟨sich (Dativ) etwas g.⟩ der

Graben

Dachs gräbt sich einen Bau; bildl.: der Fluß hat sich ein neues Bett gegraben. **2. a)** ⟨nach etwas g.⟩ *aus der Erde zu gewinnen suchen:* nach Kohle, Erz, Gold g.; sie gruben vergeblich nach Wasser. **b)** ⟨etwas g.⟩ *aus der Erde gewinnen:* hier wird Torf gegraben. **3.** (geh.) ⟨etwas in etwas g.⟩ *etwas in etwas meißeln, ritzen:* eine Inschrift in einen Grabstein g.; er grub seinen Namen mit einem Messer in die Rinde; bildl.: das Alter, der Kummer hat tiefe Furchen in sein Gesicht gegraben. **4.** (geh.) **a)** ⟨etwas in etwas g.⟩ *etwas eindringen lassen:* er grub seine Zähne in den Apfel. **b)** ⟨etwas gräbt sich in etwas⟩ *etwas dringt in etwas ein:* ihre Fingernägel gruben sich in seinen Arm; die Schaufeln des Baggers gruben sich in das Erdreich; bildl.: das Erlebnis hatte sich tief in sein Gedächtnis gegraben *(eingegraben)*.
Graben, der: **1.** *sich in einer gewissen Länge erstreckende Vertiefung im Erdreich:* ein tiefer, breiter, versumpfter G.; einen G. ausheben, verbreitern, zuschütten; Gräben zur Bewässerung ziehen; er ist mit dem Auto in den G. *(Straßengraben)* gefahren; im G. liegen, landen (ugs.); über einen G. springen. **2.** (militär.) *Schützengraben:* den G. besetzen, aufrollen, verteidigen, räumen; sie lagen im vordersten G.
Grad, der: **1.** */Maßeinheit/:* einige, wenige, mehrere Grad[e] über Null; /bei genauer Maßangabe Plural nur: G./: 20 G. Celcius; 80 G. Fahrenheit; 5 G. Kälte; 35 G. im Schatten; draußen herrschen (nicht: herrscht) 25 G. Wärme; der 35. G. westlicher Länge; der Winkel hat genau 45 G.; er hat 39 G. Fieber; das Thermometer zeigt minus 5 G./5 G. minus/5 G. unter Null; etwas auf 90 G. erhitzen; das Thermometer steigt auf 30 G., steht auf 30 G.; Mainz liegt auf dem 50. G. nördlicher Breite; Wasser kocht bei 100 G.; sich um 180 G. drehen; ein Winkel von 90 G. **2. a)** *Rang:* einen akademischen G., den akademischen G. eines Doktors der Philosophie erwerben. **b)** *Maß, Stärke, Abstufung:* ein hoher, geringer G. von etwas; der G. der Feuchtigkeit, Helligkeit, Härte, Güte, Reife; den höchsten G. der/an Reinheit erreichen; einen hohen G. von Verschmutzung aufweisen; der G. der Konzentration; ein Vetter dritten Grades; Math.: eine Gleichung dritten Grades; bis zu einem gewissen Grad[e] übereinstimmen; in hohem, im höchsten Grad[e] *(außerordentlich)*; diese Farbe ist [um] einen G. *(Ton)* dunkler; (geh.:) ein Künstler von hohen Graden.
grade (ugs.): ↑ gerade.
gram (in der Verbindung) jmdm. **gram sein** (geh.): *auf jmdn. böse sein:* trotz allem, man ist ihr nicht g. sein.
Gram, der (geh.): *tiefe Betrübnis, nagender Kummer:* ein stiller, geheimer G.; der G. zehrt, frißt, nagt an jmdm.; sich seinem G. überlassen, hingeben; sie starb aus/vor G. über den Verlust ihres Kindes; er ist vom, von G. gebeugt, von G. erfüllt, er verzehrte sich vor G.
grämen (geh.): **a)** ⟨sich g.⟩ *sehr bekümmert, traurig sein:* sie grämte sich fast zu Tode, weil er sie verlassen hatte; sie grämte sich über seinen Tod; er grämte sich über den großen Verlust, wegen des großen Verlustes; sich um jmdn. g. **b)** ⟨etwas grämt jmdn.⟩ *etwas bereitet jmdm. großen Kum-*

mer: seine Worte grämten sie sehr; es grämte ihn, daß er das tun mußte.
Gramm, das: */Gewichtseinheit/:* von diesem Gift genügen wenige Gramm[e]; /bei genauer Maßangabe Plural nur: Gramm/: ein Kilogramm hat 1 000 G.; 100 G. Schinken; 100 G. Speck werden/(selten auch:) wird geschnitten; der Brief ist um 8 G. zu schwer; der Preis eines Gramms Heroin/eines G. Heroins; mit 20 G. gewürztem Tabak/(geh.:) gewürzten Tabaks.
Granate, die: *mit Sprengstoff gefülltes Geschoß:* die G. schlug ein, krepierte, heulte heran, riß ein Loch in die Wand; Granaten drehen; im Hagel der Granaten.
Granit, der: */sehr hartes Gestein/:* ein Denkmal aus G.; hart wie G. * (ugs.:) **bei jmdm. auf Granit beißen** *(bei jmdm. mit einem Anliegen, einer Forderung o. ä. keinen Erfolg haben).*
Gras, das: **a)** *grüne, in Halmen wachsende Pflanze:* seltene Gräser sammeln; den Namen dieses Grases kenne ich nicht. **b)** *aus Gräsern bestehende Pflanzendecke; Rasen:* hohes, üppiges, junges, saftiges, frisches, grünes, dürres, welkes G.; G. mähen, schneiden; die Kühe fressen G.; barfuß durchs hohe G. gehen; im G. liegen, sich ins G. legen; der Hang ist mit G. bewachsen; der Weg ist mit, von G. überwuchert; R (ugs.): wo der hintritt/hinhaut, hinfaßt, da wächst kein G. mehr *(er ist in seinem Tun sehr grob, in seiner Kritik sehr massiv, rigoros).* * (iron.:) **das Gras wachsen hören** *(an kleinsten oder eingebildeten Anzeichen etwas zu erkennen glauben)* · (ugs.:) **über etwas wächst Gras** *(eine unangenehme Sache wird mit der Zeit vergessen):* darüber müß erst G. wachsen · (ugs.:) **ins Gras beißen** *(sterben).*
grasen: *Gras fressen, weiden:* die Kühe grasen auf der Weide; friedlich grasende Tiere.
gräßlich: 1. *abscheulich, entsetzlich, schrecklich:* ein gräßliches Verbrechen; ein gräßlicher Unfall, Anblick; die Wunde sah g. aus; die Toten waren g. verstümmelt; sein Gesicht war g. entstellt. **2.** (ugs.) **a)** *sehr schlimm, unangenehm stark:* gräßliches Wetter; ein gräßlicher Zustand; ich hatte gräßliche Angst; du bringst mich in gräßliche Verlegenheit; ich habe einen gräßlichen Schnupfen; ein gräßlicher *(unausstehlicher)* Kerl; dieser Mensch ist g. *(unerträglich).* **b)** ⟨verstärkend bei Adjektiven und Verben⟩ *sehr, in höchstem Maße:* ich war g. müde, aufgeregt; hier sieht es ja g. unordentlich aus; wir haben uns dort g. gelangweilt.
Grat, der: *schmaler Gebirgsrücken:* ein schmaler G.; den G. eines Berges entlangwandern.
Gräte, die: **1.** *Knochen des Fisches:* lange, spitze Gräten entfernen; eine G. verschlucken; Ölsardinen ohne Haut und Gräten. **2.** (ugs. scherzh.) *Knochen:* sich (Dativ) die Gräten brechen.
gratis ⟨Adverb⟩: *kostenlos, umsonst:* der Eintritt ist g.; etwas g. liefern; das bekommst du g.
gratulieren ⟨jmdm. g.⟩: *seine Glückwünsche aussprechen:* jmdm. schriftlich, mündlich, telegrafisch g.; jmdm. herzlich zum Geburtstag, zur Verlobung, Vermählung (geh.) g.; jmdm. zum bestandenen Examen, zum Erfolg g.; zu solchen Kindern kann man Ihnen nur g. *(auf solche Kinder können Sie stolz sein);* ⟨auch ohne Dat.⟩ es kamen viele, um zu g.; (ugs.:) gratuliere, das ist dir gelungen!; (ugs.:) darf man g.? *(hast du*

die Prüfung bestanden?). * (ugs.:) **sich** (Dativ) **gratulieren können** *(über etwas froh sein können):* zu dieser Frau kannst du dir g.

grau: /*eine Farbbezeichnung*/: grauer Stoff; ein grauer Anzug; graue Mauern; sie hat graue Augen; er hat schon graue Haare, graue Schläfen; das Meer ist heute ganz g.; der Himmel ist g. in g. *(es ist sehr trübe);* ein Bild g. in g. *(in grauen Farbtönen)* malen; seine Haare g. färben; er ist g. geworden *(hat graue Haare bekommen);* er ist alt und g. geworden *(sehr gealtert);* er wurde ganz g. *(fahl)* im Gesicht; subst.: ein helles, dunkles G.; das erste [fahle] Grau des Morgens *(der Beginn der Morgendämmerung);* sie war ganz in Grau gekleidet. **2.** *trostlos, öde:* eine graue Zukunft erwartet sie; alles erschien ihm g. [und öde, leer]; subst.: dem Grau des Alltags entfliehen. **3.** *weit zurückliegend; unbestimmt:* die graue Vorzeit; im grauen Altertum; das liegt alles noch in grauer Zukunft; subst.: im Grau der Vorzeit entschwunden sein. **4.** *gesetzlich nicht einwandfrei, sich am Rande der Legalität bewegend:* grauer Devisenhandel; graue Händler; graue Zonen der Preisbindung. * **alles grau in grau sehen/malen** *(alles pessimistisch beurteilen, darstellen).*

¹grauen (geh.) ⟨etwas graut⟩: *etwas dämmert:* der Morgen, der Abend graut; ein neuer Tag graut *(bricht an);* es begann gerade zu g., als ...

²grauen: a) (geh.) ⟨jmdm./(seltener auch:) jmdn. graut [es]⟩: *jmdm. ist angst, jmd. empfindet Grauen:* mir/(seltener auch:) mich graut, wenn ich an morgen denke; bei diesem Gedanken graute ihm; vor diesem Menschen graut [es] mir; es graut mir heute schon vor der Prüfung. **b)** (seltener) ⟨sich g.⟩ *Angst haben, Grauen empfinden:* ich graue mich schon heute vor dieser Begegnung.

Grauen, das (geh.): *Furcht, Entsetzen:* ein heimliches, leises G.; ein G. ergreift, erfaßt, überläuft, überkommt jmdn.; etwas mit G. erkennen; das G. vor einer Gefahr, vor dem Krieg; ein Bild des Grauens.

grauenhaft: 1. *gräßlich, furchtbar:* ein grauenhafter Anblick; die Verwüstungen waren grauenhaft; die Leiche war g. verstümmelt. **2.** (ugs.) *sehr schlecht, schlimm:* das ist ja eine grauenhafte Unordnung!; er hat [einfach] g. gesungen.

grausam: 1. *roh, brutal, gefühllos:* ein grausamer Mensch, Herrscher, eine grausame Strafe; er ist auf grausame Weise umgekommen; es war eine grausame *(bittere)* Enttäuschung für ihn; g. gegen, zu jmdm. sein; sich g. rächen, jmdn. g. quälen; er lächelte g. **2.** (ugs.) **a)** *sehr schlimm, unangenehm stark:* eine grausame Kälte; ein grausamer Winter; ich habe grausamen Durst. **b)** ⟨verstärkend bei Adjektiven und Verben⟩ *in kaum erträglicher Weise, sehr:* es war g. heiß; ich bin g. müde; wir haben uns g. gelangweilt.

grausen: a) ⟨jmdm./(auch:) jmdn. graust [es]⟩: *jmdm. ist angst, jmd. empfindet Furcht, Entsetzen:* es grauste ihm/(auch:) ihn bei dem Anblick; vor diesem Menschen graust [es] mir; mir graust [es], wenn ich an die Prüfung denke; bei diesem Gedanken, davor hatte ihm/(auch:) ihn oft gegraust. **b)** (selten) ⟨sich g.⟩ *sich ekeln, grausen, Furcht empfinden:* sie graust sich vor Spinnen.

grausig: 1. *Grausen, Entsetzen hervorrufend:* ein grausiges Verbrechen; ein grausiger Anblick;

schon der Gedanke ist g.; die Leiche war g. verstümmelt. **2.** (ugs.) **a)** *sehr schlimm, unangenehm stark:* eine grausige Kälte; ich habe grausigen Hunger. **b)** ⟨verstärkend bei Adjektiven und Verben⟩ *in kaum erträglicher Weise, sehr:* der Vortrag war g. langweilig; ich habe mich g. erkältet.

gravierend (geh.): *einschneidend, schwerwiegend, belastend:* gravierende Umstände, Tatsachen; der Verlust war [ziemlich] g.; etwas als g. ansehen, werten.

graziös (geh.): *anmutig:* ein graziöses Mädchen; eine graziöse Haltung, graziöse Bewegungen; sie ist sehr g.; g. tanzen; sich g. verbeugen.

greifbar: 1. *leicht erreichbar und sich ohne Mühe ergreifen, nehmen lassend:* alles, was g. war, nahm sie mit; ich habe die Unterlagen g.; alles lag in greifbarer Nähe *(so nahe, daß man jederzeit danach greifen konnte);* die Berge schienen g. *(ganz)* nahe; übertr.: der Termin ist in greifbare Nähe gerückt *(steht unmittelbar bevor).* **2.** *konkret, deutlich sichtbar; offenkundig:* der Plan hat greifbare Gestalt, greifbare Formen angenommen; greifbare Ergebnisse fehlen noch; die Sache hat greifbare Vorteile. **3.** *verfügbar, sofort lieferbar:* dieser Artikel, die Ware ist im Augenblick nicht g.; das Geld ist erst im nächsten Jahr g.; (ugs.:) er wollte sie sprechen, aber sie war nicht g. *(nicht zu finden, nicht zu erreichen).*

greifen: 1. a) ⟨etwas g.⟩ *nehmen, ergreifen, packen:* einen Stein g.; etwas mit der Zange g.; er griff die Maus am Schwanz und hielt sie hoch; ⟨sich (Dativ) etwas g.⟩ sie griff sich ein Buch [vom Regal] und blätterte darin. **b)** ⟨mit Raumangabe⟩ *die Hand nach etwas ausstrecken, um es zu ergreifen, zu berühren; an eine bestimmte Stelle fassen:* an seine Mütze g.; er griff in die Tasche und zog ein Päckchen heraus; sie wollte sich festhalten, griff aber ins Leere *(fand keinen Halt);* als er erwachte, griff er suchend um sich; er setzte sich ans Klavier und griff in die Tasten *(begann zu spielen);* er griff nach dem Buch, nach seinem Hut; er griff nach der Flasche auf dem Tisch; das Kind greift nach der Hand der Mutter; nach diesem Buch wirst du gerne g. *(du wirst gerne darin lesen);* übertr.: nach der Macht, Krone g. *(die Macht, Königsherrschaft anstreben);* ⟨jmdm., sich g.; mit Raumangabe⟩ sie griff dem Kind unters Kinn; als ihm das einfiel, griff er sich an den Kopf, an die Stirn. **2.** (geh.) ⟨zu etwas g.⟩ *etwas in bestimmter Absicht, zu einem bestimmten Tun ergreifen:* er griff zu der Flasche und füllte die Gläser; zur Zigarette g. *(rauchen);* abends greift er gerne zu einem Buch *(liest er gerne);* es dauerte eine Weile, bevor er wieder zur Feder griff *(bevor er wieder zu schreiben begann);* übertr.: etwas anwenden, gebrauchen: zu einer List, zu unerlaubten Mitteln g. **3.** ⟨jmdn. g.⟩ *fangen, gefangennehmen:* einen Dieb g.; das Kaninchen ließ sich nicht so leicht g.; übertr.(ugs.): den werde ich mir mal g. *(gründlich vornehmen).* **4.** ⟨etwas g.⟩ *anschlagen, erklingen lassen:* einige Akkorde, Töne [auf dem Klavier, auf der Gitarre] g.; sie greift mit ihrer kleinen Hand keine Oktave g. **5.** ⟨etwas greift; mit Artangabe⟩ *etwas hat eine bestimmte, gewünschte Reibung, liegt fest auf, rastet in gewünschter Weise ein:* das Zahnrad greift nicht richtig; selbst auf glatter Straße greift dieser Reifen hervorragend; die Schraube greift nicht *(läßt sich nicht eindrehen);* übertr.: diese Methoden greifen nicht mehr *(wirken nicht mehr).* **5.** ⟨etwas greift um sich⟩ *etwas breitet sich aus:* das Feuer, die Seuche, das Gerücht griff rasch um sich. * ⟨Ballspiele:⟩ **hinter sich greifen müssen** *(als Torhüter ein Tor hinnehmen müssen, den Ball nicht halten können)* · **etwas ist zu hoch/zu niedrig gegriffen** *(etwas ist zu hoch, zu niedrig geschätzt)* · **etwas ist/liegt, scheint zum Greifen nah[e]** *(etwas ist ganz nahe, liegt in unmittelbarer Nähe).* **greis** (geh.): *sehr alt:* ein greiser Mann; sie sorgte für ihren greisen Vater; greises *(von Alter grau gewordenes, weißes)* Haar; er schüttelte sein greises Haupt (iron.).

Greis, der: *sehr alter, meist auch alt wirkender Mann:* ein ehrwürdiger, rüstiger, schwacher G.; er ist schon ein richtiger G.; er hat den Gang eines Greises.

grell: 1. *blendend hell:* grelles Licht; grelle *(schreiende)* Farben; das Rot ist mir zu g.; die Sonne scheint sehr g. **2.** *schrill, durchdringend laut:* grelle Pfiffe, Schreie, Töne; die Hupe ist zu g.; ihre Stimme klang sehr g., tönte g. an mein Ohr.

Grenze, die: **1.** *Trennungslinie zwischen zwei Ländern, Grundstücken o. ä.:* die politischen, geographischen, alten, neuen Grenzen eines Landes; die G. gegen/nach Norden; die deutsch-französische Grenze; die Grenzen Deutschlands; die G. zwischen Deutschland und Frankreich verläuft westlich der Stadt; die G. des Grundstücks verläuft unterhalb des Waldes; Gebirge und Flüsse sind, bilden natürliche Grenzen; eine G. festsetzen, ziehen, abstecken, befestigen, sichern, berichtigen, begradigen, verrücken, sperren, öffnen, anerkennen, respektieren; die G. erreichen, überschreiten, passieren; diesseits, jenseits der G.; wie ist der Verlauf der G.?; das Dorf liegt [dicht] an der G.; sie kamen an die G.; sie wohnen an der G. *(im Grenzgebiet);* (ugs.:) sie sind schon längst über die/über die G. *(haben sie überschritten)* (abwertend:) sie haben ihn über die G. abgeschoben *(haben ihn des Landes verwiesen);* über die grüne G. gehen *(die Grenze illegal überschreiten);* übertr.: *Trennungslinie zwischen zwei Bereichen:* die G. zwischen Gut und Böse, zwischen Kunst und Kitsch; die Grenzen sind oft fließend; das rührt schon an die Grenzen des Lächerlichen *(ist schon fast lächerlich).* **2.** *äußerster Abschluß, Rahmen, Schranke:* eine zeitliche G.; jmdm. ist eine G. gesetzt, gesteckt, gezogen; dieser Sache sind enge Grenzen gesteckt *(der Spielraum o. ä. dafür ist gering);* die G. des Erlaubten, des Erträglichen, des Möglichen überschreiten; meine Geduld hat auch ihre Grenzen; alles muß seine Grenzen haben; sein Ehrgeiz, seine Wut kannte keine Grenzen *(war maßlos);* er kennt seine Grenzen *(weiß, wie weit er gehen, was er leisten kann);* hier sind wir an der G. des Machbaren, der Erkenntnis angelangt; diese Bemerkung war hart an der G. [des Erlaubten]; die Entwicklung stößt an technische Grenzen; jmdn. in seine Grenzen verweisen; die Verluste halten sich in [engen] Grenzen *(sind nicht übermäßig groß);* sein Stolz war ohne Grenzen *(grenzenlos, sehr groß).*

grenzen ⟨etwas grenzt an etwas⟩: *etwas hat mit etwas eine gemeinsame Grenze, stößt an etwas:* Deutschland grenzt an Österreich; sein Grundstück grenzt an unseres, an die Autobahn; übertr.: *etwas kommt einer Sache fast gleich:* seine Rettung grenzt [schon] ans Wunderbare; das grenzt an Wahnsinn, an Unverschämtheit.

grenzenlos: 1. *unüberschaubar ausgedehnt, unendlich:* die grenzenlose Weite des Himmels, des Meeres; subst.: sich ins Grenzenlose verlieren. **2. a)** *sehr, über die Maßen groß:* grenzenloser Schmerz, Ehrgeiz, Haß; grenzenloses Vertrauen zu jmdm. haben; das Gefühl grenzenloser Leere, Angst; seine Leidenschaft war g. **b)** ⟨verstärkend bei Adjektiven und Verben⟩ *sehr, über die Maßen:* grenzenlos unglücklich sein; sie verachtete ihn g.

Greuel, der: *Abscheulichkeit, Grauenerregendes; Schrecken:* die ungeheuren, furchtbaren Greuel des Krieges; G. begehen, verüben; dem G. ein Ende bereiten. * **jmdm. ein G. sein** *(jmdm. äußerst zuwider sein):* diese Person, Arbeit ist mir ein G.

greulich: 1. *gräßlich, scheußlich, abscheulich:* greuliche Fratzen; ein greuliches Untier; ein greuliches Verbrechen. **2.** (ugs.) **a)** *überaus unangenehm, übel, schlecht:* ein greulicher Gestank; etwas riecht g., sieht g. aus. **b)** ⟨verstärkend bei Adjektiven und Verben⟩ *sehr, in besonders übler Weise:* es ist g. kalt; es hat g. geschmerzt.

Griff, der: **1.** *Teil eines Gegenstandes, der zum Tragen, Halten o. ä. dient:* ein handlicher, hölzerner G.; ein G. aus Metall; der G. des Koffers, des Schirmes, des Messers ist lose; der G. *(die Klinke)* einer Tür; der G. ist abgebrochen. **2.** *das Greifen, Zupacken; Handgriff, Handhabung:* ein sicherer, geübter, rascher, energischer, harter G.; ein falscher G., und alles ist verdorben; ein letzter G. noch, und wir sind fertig; bei ihm sitzt jeder G. *(er ist sehr geschickt, geübt);* einen G. in die Pralinenschachtel tun; der G. nach der Pistole; sich jmds. Griffen entwinden; unerlaubte, verbotene Griffe beim Ringen anwenden; der G. in die Seitentasche, in die Tasche, nach der Uhr, zum Telefon; er ließ den Gegner nicht aus dem G.; er hielt ihn mit eisernem G. fest; mit einem G. *(schnell und mühelos)* hatte er die Sache wieder in Ordnung gebracht; übertr.: der G. zur Flasche, zur Zigarette, zur Tablette. * (ugs.:) **mit jmdm., mit etwas einen guten/glücklichen Griff getan haben** *(mit jmdm., mit etwas eine gute Wahl getroffen haben)* · (ugs.:) **etwas im Griff haben** *(etwas gut beherrschen, unter Kontrolle haben)* · (ugs.:) **etwas in den Griff bekommen** *(lernen, mit etwas gut umzugehen)* · (ugs.:) **einen Griff in die Kasse tun** *(Geld aus der Kasse stehlen)* · (Soldatenspr.:) **Griffe kloppen** *(Gewehrgriffe üben)* · (ugs.:) **mit Griffen und Kniffen** *(mit List).*

Grille, die: **1.** */ein Insekt/:* die Grillen zirpten im Gras. **2.** (ugs.) *wunderlicher Gedanke; Laune, Schrulle:* er hat nichts als Grillen im Kopf; wer hat ihm denn diese *(seltsamen Ideen)* in den Kopf gesetzt?; ich werde ihm die Grillen schon aus-, vertreiben. * (ugs.:) **Grillen fangen** *(grübeln, verdrießlich sein).*

Grimasse, die: *verzerrtes Gesicht, Fratze:* eine scheußliche, fürchterliche, drollige G.; Grimassen [vor dem Spiegel] machen, schneiden, ziehen; sein Gesicht zu einer G. verziehen.

grimmig: 1. *wütend, zornig:* ein grimmiger Wärter; ein grimmiges Gesicht machen; grimmiger *(bissiger)* Humor; warum ist er heute so g. *(so schlecht gelaunt)?;* er blickte ihn g. an. **2. a)** *sehr groß, heftig, übermäßig:* ein grimmiger Schmerz; grimmige Kälte; grimmigen Hunger haben. **b)** ‹verstärkend bei Adjektiven› *sehr:* es war g. kalt.

grinsen: *breit lächeln:* boshaft, schadenfroh, höhnisch, hämisch, spöttisch, verächtlich, vieldeutig g.; er grinste übers ganze Gesicht; die Schüler grinsten heimlich über den Lehrer; subst.: ein schadenfrohes Grinsen.

Grippe, die /*eine Infektionskrankheit/:* eine schwere, leichte G.; die G. breitete sich aus, grassierte; sich (Dativ) eine G. zuziehen; an G. erkrankt sein; mit [einer] G. im Bett liegen.

Grips, der (ugs.): *Verstand:* viel, wenig, keinen G. [im Kopf] haben; genügend G. für etwas haben; streng mal deinen G. an!

grob: **1. a)** *nicht fein, derb:* grobes Leinen, Tuch; grobe Säcke; grober Draht; grobes Mehl, Brot; grober Sand; grobe *(nicht feingeschnittene, sondern eher plump, ungefüge wirkende)* Gesichtszüge; grobe *(schmutzige, schwere)* Arbeit verrichten; ein grobes *(weitmaschiges)* Sieb, Netz; dieses Gewebe ist gröber; den Kaffee g. mahlen; Gewürz g. zerkleinern, stoßen; g. gemahlenes Mehl; Seemannsspr.: grobe See *(Meer mit starkem Wellengang).* **b)** *nicht genau, nicht ins einzelne gehend; ungefähr:* einen groben Überblick über etwas geben; etwas in groben Umrissen, in groben Zügen wiedergeben; etwas nur g. unterscheiden; es waren[,] g. gerechnet[,] 500 Menschen anwesend; diese Zahl ist g. geschätzt. **2.** *groß; schlimm, arg:* ein grober Unfug, Fehler; eine grobe Lüge, Fälschung; er hat die Vorschriften g. mißachtet, das Gesetz g. verletzt. **3. a)** *sehr unhöflich, barsch und ohne Feingefühl:* ein grober Mensch, Flegel, Klotz (ugs.: *Mensch)*; ein grobes Benehmen, grobe Worte, Späße, Reden; er war sehr g. gegen ihn/zu ihm; er wurde sehr g.; jmdn. g. anfahren, behandeln; (ugs.:) jmdm. g. kommen *(in sehr unhöflicher, zurechtweisender Art etwas zu jmdm. sagen).* **b)** *nicht sanft, sondern heftig, derb:* ein grober Kerl; jmdn. g. anfassen; sei doch nicht so g.! * (ugs.:) **aus dem Gröbsten heraussein** *(das Schwierigste überwunden haben).*

gröblich (geh.): *schlimm, grob:* eine gröbliche Verletzung der Vorschriften; gröbliche Beleidigungen; sich g. vergehen; jmdn. g. beschimpfen.

grölen (ugs.) ‹[etwas] g.›: *laut und häßlich schreien, singen:* laut, aus vollem Hals g.; die Zuschauer grölten vor Begeisterung; die Betrunkenen grölten ein Lied nach dem andern; grölendes Lachen; eine grölende Menge.

Groll, der: *unterdrückter Ärger, Zorn, Unwille:* ein bitterer, böser, dumpfer, heimlicher G.; sein alter G. über diese Sache war verschwunden; bei den Arbeitern sammelte sich immer mehr G. an; seinen G. verbergen, in sich hineinfressen (ugs.); einen G. auf jmdn. haben, gegen jmdn. hegen; mit G. an etwas denken; etwas ohne G. sagen.

grollen (geh.): **1.** *zürnen, Groll hegen:* sie grollt schon seit Wochen; sie grollt mit ihm; ‹jmdm. g.› er wußte nicht, warum sie ihm grollte. **2.** *dumpf rollend tönen:* der Donner grollt; subst.: sie hörten das Grollen der Geschütze.

Gros, das: *Hauptmasse, Mehrheit:* das G. [der Bevölkerung] war dagegen.

Groschen, der (ugs.): *Zehnpfennigstück:* ich brauche zwei G. zum Telefonieren; das kostet mich, dafür gebe ich keinen G. *(nichts);* das war keinen G. wert *(war schlecht, miserabel);* er will sich nebenbei noch ein paar G. *(ein wenig Geld)* verdienen; R: das ist allerhand für 'n G. (ugs.; *das hätte ich nicht erwartet).* * (ugs. scherzh.:) **der Groschen fällt [bei jmdm.]** *(jmd. begreift etwas endlich)* · (ugs.:) **nicht bei Groschen sein** *(nicht recht bei Verstand sein).*

groß: **1. a)** *von beträchtlicher Größe, Ausdehnung, Menge, Zahl:* ein großes Zimmer, Haus, Grundstück, Land; eine Karte in großem Maßstab; Kleider in großen Größen; ein Haus mit großen Fenstern; er fährt ein großes Auto; eine große *(lange)* Leiter; eine große Stadt; große Bäume, Wälder; große *(ausgedehnte)* Waldgebiete; ein großer See; große Augen, große Hände, Füße; die große Zehe; er macht große Schritte; ein großes Format; er hat eine große Schrift; ein großer Buchstabe; der große Zeiger *(Minutenzeiger)* der Uhr; das große Licht (ugs.; *die Deckenbeleuchtung)* anmachen; etwas auf großer Flamme kochen; er hat ein ziemlich großes Vermögen; das große *(viel)* Geld verdienen; ich habe nur großes Geld *(Geld in Scheinen);* das große Einmaleins *(Zahlenreihe zwischen 10 und 20 bei der Multiplikation);* eine große Menge, Anzahl; große Summen; eine große Auswahl an Schuhen; der größere Teil *(mehr als die Hälfte)* von etwas; große Vorräte; etwas in einem größeren Kreis besprechen; eine große Familie, ein großer Haushalt; eine große Zuhörerschaft; die große Masse des Volkes; er kam mit großem Gefolge; Musik: eine große Terz, Sexte; er ist sehr g. für sein Alter; das Paket ist zu g.; die Schuhe sind mir zu g.; er ist in letzter Zeit sehr g. geworden *(gewachsen);* jmdn. g. *(mit großen Augen)* anschauen; ein Wort g. *(mit großem Anfangsbuchstaben oder in Großbuchstaben)* schreiben; etwas im großen *(en gros)* betreiben, kaufen; subst.: im Kleinen wie im Großen *(in allen Dingen, immer)* korrekt sein. **b)** *eine bestimmte Größe aufweisend:* ein 600 m² großes Grundstück; der größte der beiden Brüder; wie g. bist du?; du bist [einen Kopf] größer als er; er ist so g. wie du; das lange Kleid läßt sie größer erscheinen; die Bluse ist mir eine Nummer zu g.; wie g. schätzt du ihn? **c)** *von verhältnismäßig langer Dauer:* ein großer Zeitraum; nach einer größeren Verzögerung; eine größere Pause machen; die große Pause in der Schule, im Theater; die großen Ferien *(Sommerferien).* **2.** *erwachsen, älter:* ein großer Bruder, seine große Schwester; sie hat schon große Kinder; wenn du g. bist, darfst du das auch; in diesem Haus bin ich g. geworden *(aufgewachsen);* subst.: unser Großer (ugs.; *älterer, ältester Junge);* unser Größter (ugs.; *ältester Junge);* die Großen und die Kleinen *(die Erwachsenen und die Kinder).* **3.** *beträchtlich, stark, heftig:* in großer Eile sein; mit großem, größtem Vergnügen; jmdm. eine große Freude machen; es herrschte große Aufregung, große Jubel; großen Lärm verursachen; große Irrtümer, Dummheiten, Versehen; jmdm. einen großen Schreck einjagen;

sich große Mühe geben; großen Hunger, Durst, große Schmerzen haben; in der größten Kälte, im größten Regen; er ist ein großer Lügner, Feigling, Gauner, Stümper, Säufer (ugs.), Esel (ugs.); sie ist eine große Schönheit; er ist kein großer Esser *(pflegt nie viel zu essen);* sie war seine große Liebe; ihre Freude war g.; die Konkurrenz ist sehr g. **4. a)** *bedeutend, wichtig, bemerkenswert:* große Gedanken, Pläne, Taten, Fortschritte, Aufgaben, Fragen; große *(hochtrabende)* Worte gebrauchen; große *(großspurige)* Reden schwingen; einen großen Namen haben; ein großer Augenblick, Tag; die größte Chance in seinem Leben; das ist sein großes Verdienst; er genießt großes Ansehen; eine Nachricht in großer Aufmachung bringen; die großen *(weitverbreiteten, überregionalen)* Tageszeitungen; ein großes *(glanzvolles)* Fest; eine Veranstaltung in großem Rahmen; ein großes Haus *(einen aufwendigen Haushalt)* führen; in großer Aufmachung, Garderobe, Toilette *(in festlicher Kleidung)* erscheinen; die große *(vornehme)* Dame spielen; die große Welt *(vornehme, reiche Gesellschaft);* er ist ein großer Redner, Künstler, ein großes Talent, ein großer Geist, ein großer Sohn der Stadt; (ugs.:) sein Spiel ist große Klasse *(großartig, bewundernswert);* (ugs.:) er ist ein großes Tier *(ein Mann in hoher, einflußreicher Position);* der große Unbekannte *(jmd., den niemand kennt und der als Täter angeblich dringend verdächtig ist);* Politik: die große Anfrage *(schriftlich gestellte und mündlich beantwortete Anfrage mit der Möglichkeit einer anschließenden Beratung)* im Parlament; (ugs.:) im Improvisieren ist er [ganz] g. *(hat er große Fähigkeiten);* (ugs.:) das ist, finde ich ganz g. *(ausgezeichnet, großartig);* (ugs.:) etwas g. *(mit viel Aufwand als wichtig, bedeutsam)* ankündigen, herausbringen; (ugs.:) das Jubiläum wurde ganz g. *(mit viel Aufwand)* gefeiert; (ugs.:) der Artikel soll g. *(in aufwendiger Weise)* aufgemacht werden; (ugs.:) er ist mit dieser Nummer g. herausgekommen *(hat damit viel Erfolg);* (ugs.:) er steht jetzt ganz g. da *(ist sehr erfolgreich);* (ugs.:) heute gehen wir mal [ganz] g. aus *(lassen es uns dabei etwas kosten);* subst.: Karl der Große; [etwas] Großes leisten; er wollte etwas Großes werden; die Großen *(wichtigen, einflußreichen Persönlichkeiten)* des Landes. **b)** *wesentlich, hauptsächlich:* etwas in großen Zügen umreißen; die große Linie sehen, verfolgen; den großen Zusammenhang erkennen; das große Ganze im Auge haben. **c)** *großmütig, edel, selbstlos:* ein großes Herz haben; sie ist eine große Seele; sie hat ganz g. an ihnen gehandelt. **5.** (ugs.) ‹verstärkend in Verbindung mit Verben› *sehr, besonders:* niemand freute sich g.; es lohnt nicht g., damit anzufangen; wir haben nicht g. darauf geachtet; was ist da noch g. *(viel)* zu tun?; wo wird er denn g. *(schon)* sein! * **im gro-Ben [und] ganzen** *(im allgemeinen, insgesamt)* · **groß und klein** *(jedermann, alle)* · **groß und breit** *(sehr ausführlich).*
großartig: *hervorragend, vorzüglich:* eine großartige Idee, Leistung; ein großartiger Koch; der Wein ist, schmeckt g.; das hat er g. gemacht; (abwertend:) er ist immer so g. *(großspurig)* aufgetreten; subst.: er hat Großartiges vollbracht.
Größe, die: **1. a)** *das Großsein:* allein schon die

G. des Bauwerks beeindruckte die Besucher; die Blüten fielen durch ihre G. auf; Kürbisse von dieser, von einer solchen G. sind selten. **b)** *bestimmtes, meßbares [Aus]maß:* eine beachtliche, enorme, ungeheure G.; Math.; Physik: zwei unbekannte, gegebene, gleichartige Größen *(in Zahlen ausdrückbare Begriffe)* · die G. eines Kindes, eines Raumes, Gebäudes; die G. eines Kindes, seiner Füße; die G. *(Höhe)* eines Betrages; die G. *(der zahlen-, mengenmäßige Umfang)* einer Klasse, eines Volkes; die G. dieses Sterns ist noch unbekannt; die G. beträgt 600 m²; die G. von etwas bestimmen, messen; Tische unterschiedlicher G.; ein Mann mittlerer G.; Steine in verschiedenen, in allen Größen; etwas in natürlicher G. darstellen; er hatte die Bücher nach der G./der G. nach geordnet; Früchte von verschiedener G.; / Norm bei Kleidern, Schuhen o. ä. /: die großen, kleineren, gängigen Größen dieser Schuhe sind ausverkauft; sie trägt G. 38; der Anzug ist in allen Größen vorrätig; in dieser, Ihrer G. haben wir leider nichts mehr da. **2. a)** *großer innerer Wert; Bedeutsamkeit:* die seelische, innere, echte, wahre, erhabene (geh.) G. eines Menschen; die G. des Augenblicks, der Stunde war ihnen bewußt; die G. der Gedanken, des Empfindens; ihm fehlt der wirkliche G.; er hat, besitzt G.; er bewies, zeigte in dieser Situation G. **b)** *bedeutende, berühmte Persönlichkeit, Kapazität:* die geistigen Größen einer Epoche, der Wissenschaft; er ist eine G. auf seinem Gebiet.
Großmut, die: *vornehme Gesinnung; Toleranz:* G. gegen den Besiegten zeigen, üben (geh.).
großmütig: *großzügig, edel, tolerant:* eine großmütige Haltung, Handlung, Tat; er war sehr g. und erließ ihm die Schulden; jmdm. g. verzeihen; sich g. gegen jmdn./jmdm. gegenüber g. zeigen; g. ging er über diese Sache hinweg.
Großmutter, die: *Mutter des Vaters oder der Mutter:* meine G. väterlicherseits; sie ist G. geworden; ihre alte G.; eine sehr junge G.; R: das kannst du deiner G. erzählen (ugs.; *das glaube ich nicht).*
großspurig: *anmaßend, überheblich, protzig:* ein großspuriger Mensch; großspurige Reden; sein Auftreten war, wirkte sehr g.
größtenteils ‹Adverb›: *zum größten Teil, überwiegend:* es kamen viele Ausländer, g. [waren es] Spanier; er hat seine Aktien g. verkauft; diese Erfolge gehen g. auf ihn zurück.
Großvater, der: *Vater des Vaters oder der Mutter:* dein G. ist noch sehr rüstig; mein G. mütterlicherseits; er ist G. geworden.
großziehen ‹jmdn. g.›: *aufziehen:* sie hat vier Kinder großgezogen; ein Tier mit der Flasche g.
großzügig: 1. *nicht kleinlich, nicht engherzig; tolerant:* ein großzügiger Mensch; er hat die Sache in großzügiger Weise finanziell unterstützt; ein großzügiges Trinkgeld; er ist von Natur aus g.; sein Angebot war sehr g.; er war so g., *(spendabel),* uns zum Essen einzuladen; er war immer sehr g. gegen/zu uns, uns gegenüber; er hat sich sehr g. verhalten; g. über etwas hinwegsehen; er ging mit den Vorräten zu g. *(verschwenderisch)* um. **2.** *weiträumig, im großen Stil:* eine großzügige Anlage; der Plan für den Neubau ist recht g.; etwas g. planen, anlegen, einrichten.

Grübchen, das: *kleine Vertiefung in den Wangen, im Kinn:* wenn sie lachte, zeigten sich ihre G.; er hat ein G. im Kinn.

Grube, die: 1. *Vertiefung, größeres Loch in der Erde:* eine tiefe G. ausheben, graben; eine G. abdecken; in eine G. stürzen; R: wer andern eine G. gräbt, fällt selbst hinein. **2.** *Bergwerk, Stollen, Mine:* eine ergiebige, verfallene G.; eine G. stilllegen, schließen; in die G. einfahren; er arbeitet in der G. *(ist Bergarbeiter).* * (geh. veraltet:) **in die Grube/zur Grube fahren** *(sterben).*

grübeln: *angestrengt nachdenken, seinen oft quälenden, unnützen Gedanken nachhängen:* tagelang ergebnislos g.; er sitzt stundenlang da und grübelt; er hat lange über diesen/über diesem Fall gegrübelt; **subst.**: er geriet ins Grübeln.

grün: 1. */eine Farbbezeichnung/:* grünes Gras, Laub; grüne Wiesen, Wälder, Felder; grüner Salat; grünes Glas; eine grüne Flasche; grüne Ölfarbe; sie trägt ein grünes Kleid; dieses Jahr werden wir grüne Weihnachten *(Weihnachten ohne Schnee)* haben; ihre Augen sind g.; (ugs.:) die Ampel ist jetzt g., wir dürfen gehen; die Bäume werden wieder g.; etwas g. färben, anstreichen; **subst.**: ein helles, mattes, leuchtendes, dunkles, tiefes, sattes, giftiges Grün; das erste Grün sprießt; das frische Grün der Wiesen; Grün ist die Farbe der Hoffnung; die Farbe Grün mag sie nicht; ihre Lieblingsfarbe ist Grün; die Ampel zeigt Grün, steht auf Grün; bei Grün darf man die Straße überqueren; die Farbe spielt ins Grüne; in Grün ist das Kleid nicht mehr vorhanden; ins Grüne *(in die Natur)* fahren; wir essen viel Grünes (ugs.; *Gemüse)* Grünes (ugs.; *Suppenkräuter)* an die Suppe tun. 2. a) *unreif:* grüne Äpfel, Tomaten, grünes Obst; die Stachelbeeren sind noch g.; **übertr.**: *unerfahren, ohne innere Reife:* er ist eben noch ein grüner Junge; dazu ist er noch viel zu g. b) *frisch, roh:* grüne Bohnen, Erbsen; grünes Holz brennt schlecht; (ugs. landsch.:) grüner *(ungeräucherter)* Speck; grüne *(ungesalzene)* Heringe; (ugs. landsch.:) grüne Klöße *(Klöße aus rohen Kartoffeln).* 3. *eine alternative, bes. eine umweltfreundliche Haltung, Einstellung vertretend:* grüne Literatur; eine grüne Partei; er ist g., denkt und handelt g.; **subst.**: ein Grüner; er gehört zu den Grünen. * (ugs.:) **dasselbe in Grün** *(so gut wie dasselbe)* · (ugs.:) **jmdm. nicht grün sein** *(jmdm. nicht wohlgesinnt sein)* · (ugs.:) **jmdn. grün und gelb/grün und blau schlagen** *(jmdn. sehr verprügeln)* · (ugs.:) **jmdm. wird es grün und gelb/grün und blau vor den Augen** *(jmdm. wird übel).*

Grund, der: 1. a) *Boden, Erdboden als Untergrund:* sumpfiger, fester G.; ein Loch in den felsigen G. bohren. b) (veraltet, aber noch landsch.) *Erde, Erdboden:* lehmiger, steiniger, sandiger, trockener, feuchter, nasser, mooriger G.; die Pflanze braucht besseren G. c) (bes. österr.) *Grundstück, Grundbesitz:* er hat seinen gesamten G. verkauft; er sitzt, wirtschaftet auf eigenem G. 2. (geh. veraltend) *Erdvertiefung, kleines Tal, Senke:* ein waldiger, kühler, felsiger, lieblicher G.; die Gründe und Schluchten des Gebirges. 3. a) *Boden eines Gewässers:* der Schwimmer suchte G., fand keinen G., hatte endlich wieder G. [unter

den Füßen]; der See war so klar, daß man bis auf den G. blicken konnte; der Dampfer geriet, lief auf G. *(hat sich festgefahren);* auf dem tiefsten G. des Meeres; ein feindliches Schiff in den G. bohren (geh.; *versenken);* **übertr.** (geh.): *Innerstes:* im Grunde seines Herzens, seiner Seele verabscheute er diese Tat. b) *Boden eines Gefäßes:* auf dem G. des Bechers lag ein goldener Ring; er leerte das Glas bis auf den G. *(vollständig).* 4. *Untergrund, Hintergrund:* der G. des Stoffes war blau; helle Blumen auf dunklem G.; von dem dunklen G. hob sich das Muster kaum ab. 5. *Ursache, Motiv, Beweggrund:* ein guter, einleuchtender, gewichtiger, wahrer, hinreichender, vernünftiger, schwerwiegender G.; persönliche, berufliche, materielle, taktische, wirtschaftliche, politische Gründe sprachen dagegen; seine Gründe sind nicht stichhaltig, zwingend; die Gründe eines andern achten, billigen, einsehen; Gründe geltend machen, vorbringen, aufzeigen, nachweisen, aufspüren, suchen, erraten; ich habe [allen] G. anzunehmen/zu glauben, daß ...; den G., warum/weshalb etwas geschieht, nicht verstehen; die Gründe dafür, daß etwas geschieht, darlegen; dafür habe ich meine Gründe; das konnte seinen G. nur darin haben, daß ...; den G. für etwas angeben; sie suchten den G. für das Versagen der Bremsen; einen G. zum Feiern, keinen G. zum Klagen, Schimpfen haben; es besteht kein G. zur Beunruhigung, Besorgnis; es geschah aus tieferen Gründen, aus Gründen der Sicherheit; schon aus diesem G. ist es unmöglich; er hat es aus irgendeinem unerfindlichen Grunde, aus gutem G., aus sehr praktischen Gründen, nicht ohne G. getan; er mußte aus Gründen der Autorität so handeln; (ugs.:) er tat es aus einem andern G. *(einfach deshalb),* weil ...; seine Behauptungen mit guten Gründen verteidigen; er hat das Kind ohne G. geschlagen. * **einer Sache auf den Grund gehen** *(einen Sachverhalt zu klären suchen)* · **einer Sache auf den Grund kommen** *(die wahren Ursachen einer Sache herausfinden)* · **den Grund zu etwas legen** *(die Voraussetzung, Grundlage für etwas schaffen und damit beginnen)* · **auf Grund/**(auch:) **aufgrund** *(wegen, veranlaßt durch):* auf G. einer Aussage; auf G. von Versuchen schließen, daß ... · **im Grunde [genommen]** *(eigentlich)* · **Grund und Boden** *(Grundbesitz):* er sitzt auf eigenem G. und Boden · **in Grund und Boden** *(völlig, ganz und gar; sehr, zutiefst):* jmdn. in G. und Boden verdammen; sich in G. und Boden schämen · **jmdn. in Grund und Boden reden** *(so lange und heftig auf jmdn. einreden, daß er es aufgibt, Gegenargumente vorzubringen)* · **etwas in Grund und Boden wirtschaften** *(etwas wirtschaftlich völlig ruinieren)* · **von Grund auf/aus** *(ganz und gar, völlig, nicht nur teilweise).*

gründen: 1. *etwas neu schaffen, ins Leben rufen:* eine Familie, einen Verein, einen Orden, ein Unternehmen g.; ein Dorf, eine Siedlung g.; die Stadt wurde um 1500 gegründet. 2. a) *etwas auf etwas g. etwas als Grundlage für etwas benutzen; etwas auf etwas aufbauen:* er gründete seine Hoffnung auf ihre Aussage; die Ideen sind auf diese/(auch:) dieser Überzeugung gegründet. b) ⟨etwas gründet sich auf etwas⟩ *etwas stützt sich auf etwas, baut auf etwas auf:* der Verdacht gründet sich auf einige Briefe und Äußerungen; worauf gründen sich seine Ansprüche? c) ⟨etwas gründet auf/in etwas⟩ *etwas rührt von etwas her, hat seine Grundlage in etwas:* seine Philosophie gründet auf der Überzeugung, daß ...; ihre Standhaftigkeit gründete in ihrem tiefen Glauben.

Grundlage, die: *Basis, Fundament, Voraussetzung:* die geistigen, theoretischen, gesetzlichen Grundlagen; die G. der Wissenschaft; die Grundlagen für etwas schaffen, erwerben; die Behauptungen entbehrten jeder G.; etwas auf eine neue G. stellen; auf breiter G. arbeiten; übertr. (ugs.): du mußt etwas essen, damit du eine gute G. hast *(den Alkohol verträgst).*

grundlegend: *sehr wichtig; entscheidend, wesentlich:* ein grundlegender Unterschied; eine grundlegende Voraussetzung; er hat darüber eine grundlegende Arbeit geschrieben; die Verhältnisse haben sich inzwischen g. geändert.

gründlich: a) *sehr genau, sorgfältig, gewissenhaft:* gründliche Vorbereitungen; gründliche Arbeit leisten; er ist ein sehr gründlicher Mensch; gründliche *(umfassende, profunde)* Kenntnisse; sein Bericht war sehr g.; er ist sehr g. in allem, was er tut; sich g. vorbereiten. **b)** (ugs.) ⟨verstärkend bei Verben⟩ *sehr:* da hast du dich aber g. getäuscht; den nehme ich mir mal g. vor.

grundlos: 1. *keinen festen Untergrund besitzend; aufgeweicht:* sie fuhren durch grundlosen Morast; die Wege waren g. und schlammig. **2.** *unbegründet; ohne Grund:* ein grundloser Verdacht, Argwohn; grundlose Vorwürfe, Verdächtigungen; sein Mißtrauen, ihre Furcht ist g.; g. weinen.

Grundriß, der: **1.** *maßstabgerechte Zeichnung, Darstellung der Grundfläche:* der rechteckige G. eines Hauses; den G. einer Kirche entwerfen; einen G. zeichnen. **2.** *Leitfaden; kurzgefaßtes Lehrbuch:* ein kurzer, knapper G. der deutschen Grammatik; die deutsche Literatur im G.

Grundsatz, der: *feste Regel, nach der jmd. handelt, Prinzip, das einer Sache zugrunde liegt:* feste, gute, vernünftige, strenge, moderne, moralische Grundsätze; demokratische, rechtsstaatliche Grundsätze; es ist unser G., nur beste Waren zu liefern; keine Grundsätze haben; seine Grundsätze befolgen, preisgeben; das widerspricht meinen Grundsätzen; an seinen Grundsätzen festhalten; bei seinen Grundsätzen bleiben; nach seinen Grundsätzen handeln, verfahren; von seinen Grundsätzen nicht abgehen, abweichen; er ist ein Mann mit/von Grundsätzen.

grundsätzlich: a) *einen Grundsatz betreffend [und daher gewichtig]; auf einem Grundsatz beruhend; prinzipiell, ohne Ausnahme:* grundsätzliche Probleme erörtern; ein grundsätzlicher Unterschied; eine Frage von grundsätzlicher Bedeutung; Bedenken grundsätzlicher Art; sich zu einer Frage g. äußern; etwas g. feststellen, ablehnen; er raucht g. nicht. **b)** *im allgemeinen; im Grunde, im Prinzip mit dem Vorbehalt bestimmter Ausnahmen; eigentlich:* er erklärte seine grundsätzliche Bereitschaft mit der Einschränkung, daß ...; dagegen ist g. nichts zu sagen, wenn die anderen einverstanden sind; ich bin g. auch dafür, will aber nicht verschweigen, daß ...

Grundstein, der: *Stein, der symbolisch als erster Stein der Grundmauer eines Gebäudes gesetzt*

wird: in den G. wurden Urkunden eingemauert. * **den Grundstein zu etwas legen: a)** *(in einem feierlichen Akt mit dem Bau eines größeren Gebäudes beginnen):* gestern wurde der G. zu der neuen Kirche gelegt. **b)** *(mit etwas Neuem den Anfang machen, die Entwicklung von etwas einleiten):* mit dieser Entdeckung war der G. zu einer neuen Wissenschaft. · *etwas ist der Grundstein zu etwas (etwas bildet den Anfang von etwas).*

Grundstock, der: *Bestand, auf dem aufgebaut werden kann:* der G. für die Bibliothek ist bereits vorhanden; diese Summe war der G., bildete den G. für sein späteres Vermögen.

Grundstück, das: *abgegrenztes Stück Land, das jmds. Eigentum ist:* das größere G. liegt an einem Hang; ein G. kaufen, erben, verpachten; mit Grundstücken spekulieren.

grünen (geh.) ⟨etwas grünt⟩: *etwas wird grün, sprießt:* die Bäume grünen wieder; im Frühjahr grünt und blüht es überall; grünende Zweige.

grunzen: *grunzende Laute ausstoßen, von sich geben:* das Schwein grunzt; übertr. (ugs.): er grunzte zufrieden irgend etwas und verschwand.

Gruppe, die: *[als Einheit zusammengehörende] Anzahl, kleinere Menge:* eine G. Jugendlicher; eine G. meuternder Sträflinge/(seltener:) meuternde Sträflinge; eine G. von Touristen, Kindern/(auch:) eine G. Touristen, Kinder; eine G. von Bäumen stand am Haus; eine G. Soldaten lag/(auch:) lagen im nahen Wald; es bildeten sich überall kleine Gruppen; konservative, radikale Gruppen *(Interessengruppen);* an dem Werk hat eine ganze G. *(ein Team)* gearbeitet; der Lehrer bildete Gruppen zu je fünf Schülern; eine G. zum Fotografieren [zusammen]stellen; eine G. *(militärische Einheit)* führen, befehligen; er gehört einer G. *(einem Kreis, Zirkel)* literarisch Interessierter an; in Gruppen zusammenstehen, etwas in/zu Gruppen zusammenstellen, nach Gruppen ordnen; Sport: die Mannschaft wurde Sieger in ihrer G.

gruppieren: a) ⟨jmdn., etwas g.⟩ *gewöhnlich mit Umstandsangabe in eine bestimmte Ordnung bringen; anordnen, zusammenstellen:* etwas neu, nach bestimmten Gesichtspunkten, in einer bestimmten Anordnung, zu einem Kreis g.; sie gruppierte die Stühle um den Tisch. **b)** ⟨sich g.; mit Umstandsangabe⟩ *sich in bestimmter Weise formieren, aufstellen:* die Kinder mußten sich zu einem Kreis g.; sich um den Anführer g.

gruselig, (auch:) **gruslig:** *furchterregend, schaurig, unheimlich:* eine gruselige Geschichte; ein gruseliges Erlebnis; das hört sich ja g. an.

gruseln: a) ⟨jmdm./jmdn. gruselt [es]⟩ *jmd. empfindet Grauen:* in der Dunkelheit gruselte [es] ihr/sie; es hat mir/mich vor diesem Anblick gegruselt; subst.: sie spürte ein leichtes Gruseln. **b)** ⟨sich g.⟩ *sich fürchten, Grauen empfinden:* die Kinder gruselten sich im dunklen Wald, vor der Dunkelheit.

Gruß, der: **1.** *Worte, Gesten als Höflichkeitsbezeigung bei einer Begegnung, Begrüßung, Verabschiedung o. ä.:* ein freundlicher, ehrerbietiger, förmlicher, lässiger, stummer, kurzer, militärischer G.; sein G. war höflich, aber kühl; Grüße wechseln, tauschen; einen G. entbieten (geh.); jmds. G. erwidern; auf jmds. G. nicht danken; ohne G. weggehen; er reichte ihm die Hand zum G. *(zur Begrüßung).* **2.** *Worte, Zeichen der Verbundenheit, des Gedenkens o. ä., die jmdm. übermittelt werden:* jmdm. herzliche, freundliche, beste, liebe Grüße senden; jmdm. Grüße ausrichten, bestellen, [über]bringen, übermitteln; einen G. an jmdn. mitgeben, schreiben, unter einen Brief setzen; jmdm. Grüße an jmdn., für jmdn. auftragen; sagen Sie ihm herzliche Grüße von mir; /in Grußformeln am Briefschluß/: viele, herzliche, liebe Grüße Euer ...; freundliche Grüße Ihr ...; mit freundlichem G. [verbleibe ich] Ihr ...; mit den besten Grüßen auch an Ihre ...; als letzter/letztens G./Aufschrift auf Kranzschleifen/.

grüßen: **1. a)** ⟨jmdn.] g.⟩ *einen Gruß entbieten:* jmdn. freundlich, höflich, kühl, kurz, schweigend, mit einer Verbeugung g.; sie grüßten sich/ (geh.:) einander nur flüchtig; wir kennen uns kaum, aber wir grüßen uns; sie grüßen sich nicht mehr *(sie sind verfeindet);* es hat mich jemand gegrüßt, den ich nicht kenne; er grüßte nach allen Seiten; er hat zuerst, im Vorübergehen, von ferne gegrüßt. **b)** (ugs.) ⟨sich mit jmdm. g.⟩ *mit jmdm. bekannt sein:* ich grüße mich nicht mit meinen Nachbarn. **2.** ⟨[jmdn.] g.⟩ *einen Gruß übermitteln:* grüße deine Eltern herzlich, vielmals von mir!; grüß mir deinen Vater!; ich soll auch von meiner Mutter g.; dein Bruder läßt herzlich g.; bildl.: grüße die Heimat von mir!; (geh.:) die Berge grüßten [ihn] aus der Ferne *(waren aus der Ferne zu sehen);* (ugs.:) grüß dich! /Grußformel/.

Grütze, die: **1.** *grobgemahlene Getreidekörner:* Enten mit G. füttern. **2.** (ugs.) *Verstand:* er hat G. im Kopf; dazu braucht man nicht viel G. * (Kochk.:) rote Grütze /eine Süßspeise/.

gucken (ugs.): **a)** *sehen, schauen, blicken:* guck mal, was ich hier habe!; laß mich mal g.!; aus dem Fenster, durchs Schlüsselloch, durch ein Fernrohr g.; jmdm. über die Schulter g.; übertr.: das Taschentuch guckt aus der Tasche *(hängt heraus).* **b)** ⟨mit Artangabe⟩ *auf eine bestimmte Weise blicken, dreinschauen:* freundlich, finster g.; da guckte er mal ganz dumm, als er das hörte. **c)** ⟨etwas g.⟩ *ansehen, betrachten:* Bilder, Zeitschriften, einen Krimi g.

gültig: **1.** *geltend, in Kraft:* ein gültiger Ausweis, Reisepaß; eine gültige Fahrkarte; ein gültiges Gesetz; die Münze ist nicht mehr g.; der Fahrplan ist ab 1. Oktober g.; einen Vertrag als g. anerkennen; eine Unterschrift für g. erklären. **2.** *von bleibender Aussagekraft, bleibendem Wert:* eine gültige Maxime, Losung.

¹Gummi, das, auch: der: **1.** *vulkanisierter Kautschuk von hoher Elastizität:* Reifen aus G.; er trug Stiefel aus G. **2. a)** (ugs.) *Gummiband:* das G. in der Hose ist gerissen. **b)** (ugs.) *Gummiring:* die Rolle wurde durch ein G. zusammengehalten.

²Gummi, der: **1.** *Radiergummi:* etwas mit dem G. wegradieren. **2.** (ugs.) *Präservativ:* du mußt dir einen G. überziehen.

Gunst, die: *Wohlwollen, Geneigtheit:* jmds. G. erwerben, erlangen, genießen; jmdm. seine G. schenken; die G. des Publikums, der Wähler gewinnen, verlieren; jmdm. eine G. (geh.; *ein Zeichen des Wohlwollens, die Erfüllung einer Bitte)* gewähren; (geh.:) jmdn. seine G. schenken; (geh.:) einer G. teilhaftig sein/werden; in jmds.

G. stehen *(von jmdm. sehr geschätzt werden);* nach G. [und Gaben] *(nicht objektiv)* urteilen; (geh.:) um jmds. G. buhlen; (geh.:) sich um jmds. G. bemühen; übertr. (geh.): die G. des Schicksals, der Umstände; sie suchten die G. der Stunde zu nutzen *(den günstigen Augenblick auszunutzen).* *zu jmds.* **Gunsten** *(zu jmds. Vorteil):* sie hat vor Gericht zu seinen Gunsten ausgesagt.

günstig: *vorteilhaft, positiv, erfreulich:* eine günstige Gelegenheit, Wendung, Zeit; der Ort hat eine klimatisch günstige Lage; ein günstiges Urteil, Vorzeichen; günstige Bedingungen; einen günstigen Eindruck machen; etwas nimmt einen günstigen Verlauf; er kam in einem günstigen Augenblick; in einem günstigen/im günstigsten Licht erscheinen *(einen guten, den besten Eindruck machen);* etwas in günstigem Licht darstellen, schildern *(vorteilhaft erscheinen lassen);* im günstigsten Fall wird er mit einer Geldstrafe davonkommen; die Beleuchtung, das Licht ist nicht sehr g.; jetzt ist die Gelegenheit g.; hier kann man g. *(preiswert)* kaufen; über jmdn. g. urteilen; jmdn. g. zu stimmen suchen; etwas wirkt sich g. aus; es traf sich g.; die Nachricht wurde g. aufgenommen; bildl.: das Glück war ihnen g.

Gurgel, die: *Kehle:* jmdm. die G. zudrücken, abschnüren; einem Tier die G. durchschneiden; jmdm. an die G. fahren, springen; er wollte mir an die G.; jmdn. an, bei der G. packen. * (ugs.:) **jmdm. die G. zuschnüren, zudrücken** *(jmdn. zugrunde richten, wirtschaftlich ruinieren)* · (ugs.:) **etwas durch die Gurgel jagen** *(etwas vertrinken).*

gurgeln: **1.** *den Rachen spülen:* laut, geräuschvoll g.; täglich mit Salzwasser g. **2.** ⟨etwas gurgelt⟩ *etwas bringt einen gurgelnden Laut hervor:* in der Klamm gurgelte ein Bach.

Gurke, die: **1. a)** /eine Salat- und Gemüsepflanze/: Gurken anbauen, ziehen, legen. **b)** *Frucht der Gurkenpflanze:* saure, eingelegte Gurken; Gurken ernten, schälen. **2.** (ugs.) *[häßliche, große] Nase:* der hat eine rote, dicke G.!

Gurt, der: *starkes, breites Band zum Halten, Tragen o. ä.:* der G. eines Fallschirms; sich im Auto, Flugzeug mit einem G. anschnallen.

Gürtel, der: *festes Band o. ä., das um Taille oder Hüfte getragen wird:* ein schmaler, breiter, lederner, geflochtener G.; ein G. mit Schnalle; der G. wurde ihm zu eng; den G. weiter, enger schnallen, machen; das Kleid wird von einem G. zusammengehalten. **2.** *Streifen, Zone, Bereich:* ein G. von Gärten, von Befestigungsanlagen. * (ugs.:) **den Gürtel enger schnallen [müssen]** *(sich in seinen Bedürfnissen einschränken [müssen]).*

Guß, der: **1. a)** *das Gießen vom Metall o. ä. in eine Form:* der G. einer Glocke, eines Denkmals; der G. ist nicht gelungen. **b)** *gegossener Gegenstand:* ein fehlerhafter, gelungener G.; ein G. aus Eisen; der G. ist zersprungen. **2. a)** *geschüttete, gegossene Flüssigkeitsmenge:* ein kräftiger, kalter G. traf ihn von oben; der Arzt verordnete ihm kalte Güsse *(Kneippgüsse).* **b)** (ugs.) *kurzer starker Regen:* ein heftiger, kurzer G.; sie sind in einem G. gekommen; wir wurden von einem G. überrascht. **3.** *Glasur auf Kuchen, Torte o. ä.:* eine Torte mit einem G. versehen; ein G. aus Schokolade. * **[wie] aus einem Guß** *(in sich geschlossen):* eine Aufführung aus einem G.

gut /vgl. besser; vgl. beste/: **1. a)** *besonderen Ansprüchen, Zwecken entsprechend; einwandfrei in Ordnung; qualitätsvoll:* gute Qualität, Ware, Kost; ein guter Wein, Apfel, Stoff; ein gutes Messer, Gewehr, Werkzeug; ein guter Film; ein gutes Buch lesen; einen guten Witz erzählen; eine gute Leistung; gute Arbeit verrichten; das ist kein gutes Deutsch; der Anzug hat einen guten Sitz; diese Lampe gibt kein gutes Licht; einen guten Geschmack haben; ein gutes Gedächtnis, Gehör haben; bei guter Gesundheit sein; sie hat noch gute *(gesunde)* Augen, Ohren; er hat einen guten *(gut geformten, bedeutenden)* Kopf; das hat schon seinen guten Sinn, Grund *(ist begründet, gerechtfertigt);* dieser Vorschlag ist sehr g.; ihm ist nichts g. genug *(er hat an allem etwas auszusetzen);* /häufig in Formeln der Bekräftigung oder des Einverständnisses/ also g.; nun g.; damit g. *(genug damit);* schon g. *(es bedarf keiner weiteren Worte mehr);* g., ich bin einverstanden!; (iron.:) auch g.!; das ist ja alles g. und schön *(schon in Ordnung, richtig),* aber ...; etwas g. können, beherrschen; ihr macht eure Sache g.; g. gemacht!; er kann g. lesen, schreiben, singen; dazu eignet er sich besonders g.; er hört, sieht noch g.; er lernt g. *(leicht, ohne Schwierigkeiten);* das Holz brennt g.; der Anzug sitzt g.; etwas für g. befinden; laß es damit g. sein *(laß es damit sein Bewenden haben);* /als Zensur/: sein Aufsatz wurde mit „[sehr] gut" bewertet; s u b s t.: er ißt gern etwas Gutes; daraus kann nichts Gutes werden. **b)** *tüchtig, fähig:* ein guter Schüler, Arbeiter; ein guter Geschäftsmann; er ist ein guter Fahrer, Sportsmann; er ist in der Schule recht, sehr g. **c)** *wirksam, nützlich, brauchbar:* das ist ein gutes Mittel gegen Migräne; jmdm. gute Lehren geben; der Tee ist g. gegen/(ugs. auch:) für den Husten; wer weiß, wozu das g. ist; das tut nicht g. (fam.; *das ist keine brauchbare Lösung).* **d)** *geeignet, passend, günstig:* eine gute Gelegenheit nutzen; ihm fällt immer eine gute Ausrede ein; heute ist gutes Wetter zum Angeln; die Äpfel sind g. zum Kochen; der Augenblick war g. gewählt; es trifft sich g., daß du kommst; das hast du g. *(treffend)* gesagt; er hat es im Urlaub g. getroffen. **2.** *angenehm, erfreulich, positiv, vorteilhaft:* eine gute Nachricht, Mitteilung, Botschaft; sie hatten eine gute Reise, Fahrt; wir hatten gutes Wetter; er hat gute Aussichten, befördert zu werden; er lebt in guten Verhältnissen; guten Mutes sein; etwas zu einem guten Ende führen; er hat heute einen guten Tag *(Tag, an dem ihm alles gelingt);* er hat/führt dort ein gutes *(glückliches, sorgloses)* Leben; der Eindruck, den er machte, war nicht g.; 〈jmdm. ist, wird [es] nicht g.〉 mir ist [es] heute nicht g. *(ich fühle mich körperlich nicht wohl);* er ist g. gelaunt; hier ist, läßt es sich g. leben; er hat es g. zu Hause; es wird schon wieder g. werden; du bist g. dran (ugs.; *hast Glück);* das ging noch einmal g. aus; der Braten schmeckt, riecht g.; er sieht g. aus; diese Farbe kleidet dich, steht dir g.; das trifft sich g.; es geht noch einmal g. *(glimpflich, glücklich)* davongekommen; das Klima ist ihr g. bekommen; /ugs.; als Wunschformel/: mach's g.!; s u b s t.: etwas Gutes war doch an der Sache; was bringst du Gutes?; jmdm. alles Gute wünschen; ihm ahnte nichts Gutes; das kann zu

nichts Gutem führen; etwas wendet sich wieder zum Guten; etwas hat [auch] sein Gutes *(eine positive Seite);* (iron.:) was mir da zugemutet wurde, war doch zuviel des Guten *(war zuviel).* **3. a)** *reichlich, groß, viel:* eine gute Ernte, ein gutes *(ertragreiches)* Jahr; einen guten Appetit haben; er hat einen guten Zug (ugs.; *trinkt viel auf einmal);* einen guten *(tüchtigen)* Schluck tun; sein gutes Auskommen haben; gute Geschäfte machen; das kostet mich ein gutes Stück *(viel)* Geld. **b)** *reichlich bemessen; mindestens, wenn nicht mehr als:* er wartete eine gute Stunde auf ihn; ein guter Liter Wasser; wir haben ein gut[es] Stück des Weges zurückgelegt; ein gut[er] Teil der Schuld lag bei ihm; das hat noch gute Weile *(das eilt nicht);* bis dahin ist es noch g. drei Kilometer; der Sack wiegt g. einen Zentner; die Sache liegt g. zwanzig Jahre zurück. **4. a)** *anständig, fein, tadellos:* ein gutes Benehmen; gegen den guten Ton *(einwandfreies, feines Benehmen)* verstoßen; in der Klasse herrscht ein guter Geist; die Firma hat einen guten Ruf; ein Mädchen aus gutem Haus, aus guter Familie; auf eine gute Art, Manier mit etwas fertig werden; ihr Ruf ist nicht besonders g.; sich g. benehmen, aufführen. **b)** *sittlich gut, wertvoll; der Religion, Sitte gemäß:* ein guter Mensch, Christ; ein gutes (veraltend; *gutgeartetes)* Kind; sie hat ein gutes Herz; sie ist eine gute Seele (ugs.; *ein gutmütiger Mensch);* er ist ein guter Kerl (ugs.; *ist gutmütig, freundlich);* (iron.:) der gute Mann irrt, wenn er glaubt, ich ließe mir das gefallen; gute Taten, Werke vollbringen; ein gutes *(reines)* Gewissen haben; er arbeitet eifrig für die gute Sache; das Geld ist für einen guten Zweck gedacht; sie war immer sehr g. zu den Kindern/(selten:) gegen die Kinder; jetzt ist mir g. zu g. *(ich halte die Sache für schlecht und tue sie deshalb nicht);* du hast g. und richtig gehandelt; s u b s t.: Gutes mit Bösem vergelten; er hat viel Gutes getan; an das Gute glauben; jenseits von Gut und Böse sein *(von etwas auf Grund seines Alters, seiner Art o. ä. nicht mehr betroffen sein).* **5.** *vertraut:* ein guter Kamerad; sein bester Freund; gute Nachbarschaft halten; es waren gute Bekannte von ihm; er will den Hund nur in gute Hände *(in fürsorgliche Pflege)* geben; 〈jmdm. g. sein〉 sie waren sich wieder g. (fam.; *zugetan);* sei [doch bitte] so g. *(tu mir bitte den Gefallen)* und nimm das Paket mit; er meint es g. mit dir; er steht g. mit ihm, kommt g. mit ihm aus; er redete ihm g. zu; s u b s t.: jmdm. Gutes erweisen; sie hat mir schon oft geholfen, die Gute (fam.). **6.** (ugs.) *nicht für den Alltag; besonderen, feierlichen Anlässen vorbehalten:* der gute Anzug; die guten Sachen anziehen; dieses Kleid ist nur für g. (ugs.; *für besondere Gelegenheiten).* **7.** *leicht, mühelos:* das Instrument spielt sich g.; etwas läßt sich g. verkaufen; hinterher hat man, kannst du g. reden; du hast g. lachen *(bist nicht in meiner Lage);* es kann g. sein *(es ist leicht möglich),* daß er sich getäuscht hat; ich kann ihn nicht g. *(nicht so einfach)* darum bitten. **8.** *richtig, ordentlich:* halte dich g. fest; deck dich g. zu; etwas g. trocknen lassen. * (ugs.:) **gut und gern** *(mindestens)* · **im guten wie im bösen** *(mit Güte und mit Strenge).*

Gut, das: **1.** *Wert, Besitz:* rechtmäßiges, ererbtes, gestohlenes, herrenloses, fremdes G.; liegende,

unbewegliche Güter *(Immobilien, Liegenschaften);* bewegliche, fahrende *(veraltet)* Güter
(transportabler Besitz, wie Möbel o. ä.); die wahren, wirklichen, irdischen, weltlichen, zeitlichen,
äußeren, geistigen, inneren, ewigen, bleibenden
Güter; er hat all sein G. verschleudert; ihre Kinder sind für sie das höchste G.; R: unrecht G. ge-
deihet nicht; unrecht G. tut selten gut; nicht um
alle Güter der Welt *(auf keinen Fall).* **2.** *großer
landwirtschaftlicher Betrieb, Bauernhof:* ein großes, kleines G. pachten, bewirtschaften; er hat
das G. seines Vaters wieder in die Höhe gebracht; er lebte zurückgezogen auf seinen Gütern. **3.** *zum Verschicken bestimmte Ware; Frachtgut:* sperrige, leichte Güter; leicht verderbliches
gefährliches G.; Güter aufgeben, abfertigen, absenden, verladen, versenden, verschicken, verzol-
len, zu Schiff bringen, mit der Bahn befördern.
Gutachten, das: *fachmännisches Urteil:* ein me-
dizinisches, juristisches G.; ein negatives, positives, detailliertes G.; das ärztliche G. liegt noch
nicht vor; ein G. anfordern, einholen, abgeben.
gutartig: **a)** *nicht widerspenstig:* ein gutartiges
Kind; das Tier ist g. **b)** *ungefährlich:* eine gutartige Geschwulst; die Sache ist, verlief g.
Gutdünken ⟨in der Verbindung⟩ nach Gutdünken: *nach eigenem Ermessen, beliebig:* nach G.
vorgehen, handeln; das kannst du nach eigenem,
deinem eigenen G. entscheiden.
Güte, die: **1.** *Qualität, Beschaffenheit:* die bekannte, vielgepriesene G. einer Ware; die G. eines Stoffes prüfen; Waren von ausgezeichneter,
mittlerer G.; etwas ist von erster G. *(von allerbe-
ster Qualität);* übertr.: das war ein Reinfall erster G. (ugs.; *ein sehr großer Reinfall).* **2.** *Gütig-
sein, Freundlichkeit:* ihre große, unendliche G.
beschämte ihn; die G. Gottes ist ohne Grenzen;
er ist die G. selbst, die G. in Person (ugs.); seine
G. gegen uns/uns gegenüber war groß; sie sah
ihn voller G. an; haben Sie, hätten Sie die G.
(geh. *seien, wären Sie so freundlich),* mir zu helfen?; jmdn. durch G. überzeugen; sich in G.
(ohne Streit) einigen; mit G. kommt man hier, bei
dem Kind [nicht] weiter; (ugs.:) [ach] du
meine/du liebe Güte! */Ausrufe der Verwunderung,
des Erschreckens o. ä./.*
gutgläubig: *nichts Böses vermutend; voll Vertrauen:* eine gutgläubige alte Frau, ein gutgläubi-
ger Kunde, Geldgeber, Käufer; du bist viel zu g.;
sich g. auf etwas einlassen; subst.: viele Gutgläubige wurden hereingelegt.
guthaben ⟨etwas g.⟩: *zu fordern haben:* du hast
bei mir noch einiges, zehn Mark gut; in dem Geschäft habe ich noch für fünf Mark Waren gut.

Guthaben, das: *Gutschrift:* Ihr G. bei uns beträgt 100 DM; ein großes, beachtliches, kleines
G.; er hat noch ein G. auf der Bank, bei der Sparkasse, bei mir; der Kontoauszug weist ein G. von
450 DM auf.
gutheißen ⟨etwas g.⟩: *billigen, anerkennen:* einen Plan, ein Vorgehen g.; das kann ich nicht g.;
ich verstehe nicht, daß du das gutgeheißen hast;
die Sache wurde von uns nicht gutgeheißen.
gütig: *voller Güte; freundlich und hilfreich:* ein
gütiger Mensch; ein gütiges Herz haben; Sie sind
sehr g. zu mir; er zeigte sich sehr g. gegen (veraltend) uns/uns gegenüber; sie lächelte g.; /in ver-
alteten Höflichkeitsformeln/: mit Ihrer gütigen
Erlaubnis; erlauben Sie gütigst; übertr.: ein gütiges Geschick bewahrte ihn davor.
gütlich: *ohne Streit, im guten:* eine gütliche Einigung; auf dem Wege gütlicher Verständigung;
einen Streit g. beilegen, schlichten; ich habe mich
g. mit ihm geeinigt. *⁎ sich an etwas gütlich tun (von
etwas reichlich und mit Genuß essen, trinken).*
gutmachen ⟨etwas g.⟩: **1.** *wieder in Ordnung
bringen:* einen Fehler, ein Versehen, einen Schaden g.; das ist so schnell nicht gutzumachen; wie
soll, kann ich das g., was Sie für mich getan haben! *(wie kann ich mich dafür erkenntlich zeigen?);*
⟨etwas an jmdm. g.⟩ er hat viel an ihr gutzumachen *(er hat ihr großes Unrecht getan).* **2.** *Überschuß erzielen:* er hat bei dem Geschäft, dem
Tausch, dem Handel Geld gutgemacht. **3.** (Sport)
⟨etwas g.⟩ *wettmachen, ausgleichen:* der Läufer
konnte den Abstand, den Vorsprung nicht mehr
g.; er hat 3 Sekunden gutgemacht.
Gutschein, der: *Bon:* Gutscheine ausgeben,
einlösen; ein G. für Getränke, für ein Mittagessen im Wert von 50 DM, über 50 DM.
gutschreiben ⟨jmdm., einer Sache etwas g.⟩ *als
Guthaben eintragen:* wir haben Ihnen, Ihrem
Konto die Summe gutgeschrieben; ⟨etwas auf etwas g.⟩ wir werden den Betrag auf Ihr (seltener:)
auf Ihrem Konto g.
guttun: 1. ⟨etwas tut jmdm., einer Sache gut⟩ *etwas hat eine gute, angenehme Wirkung:* der Tee
wird dir, deinem Magen g.; die Worte des Pfar-
rers taten den Trauernden gut.; übertr.: ein
strengeres Regiment würde dem Kind einmal g.;
⟨auch ohne Dativ⟩ das hat gutgetan!; ein Schnaps
tut gut bei der Kälte. **2.** (ugs. landsch.) *sich ordentlich benehmen; sich einordnen:* es bleibt abzuwarten, ob er hier, in der neuen Umgebung gut-
tut; er tut nirgends gut.
gutwillig: *guten Willen zeigend, gehorsam:* ein
gutwilliges Kind; der Schüler ist zwar g., aber
nicht sehr begabt; er ist g. mitgekommen.

H

Haar, das: *einzelnes Haar; Gesamtheit der
Haare, Kopfhaar:* blondes, braunes, rotes,
schwarzes, dunkles, helles, graues, stumpfes
H.; kurzes, langes, dichtes, schütteres, spärliches,
volles H.; glattes, krauses, lockiges, strähniges,

welliges, fettiges, trockenes H.; sein H. ist
schlohweiß, wird grau; seine Haare wachsen
schnell, fallen [ihm] aus; sein H. lichtet sich
(geh.); die Haare brechen [ihr] ab; ihre Haare saßen gut, waren ungepflegt; das offene H. fiel ihr

[strähnig] in, über die Stirn; seine Haare hingen ihm [unordentlich] ins Gesicht; dem Hund sträubten sich die Haare; graues H./graue Haare haben, bekommen; das H./die Haare abschneiden, auskämmen, bleichen, bürsten, eindrehen, [blond] färben, [zu einem Zopf] flechten, fönen, frisieren, kämmen, legen, machen (ugs.), ondulieren, ordnen, richten, schneiden, stutzen (ugs.), tönen, toupieren, trocknen, waschen; sich (Dativ) das H./die Haare abschneiden lassen; ich lasse mir das H./die Haare wachsen; sie trägt das H. kurz, schulterlang, aufgesteckt, als Knoten; er strich sich (Dativ) das H./die Haare aus dem Gesicht; er warf mit einem Ruck die Haare nach hinten; ich ziehe, reiße mir ein graues H. aus; bildl. (ugs.): sich (Dativ) [vor Wut, Verzweiflung] die Haare [aus]raufen, ausreißen · jmdn. an den Haaren ziehen, zerren, reißen; sich [nachdenklich] mit den Fingern durch, über das H. fahren, streichen; ein Band, eine Blume im H. tragen; eine Puppe mit echtem, künstlichem H.; R: krauses H., krauser Sinn; lange Haare, kurzer Verstand. * (ugs.:) jmdm. stehen die Haare zu Berge; jmdm. sträuben sich die Haare *(jmd. ist erschrocken, entsetzt)* · (ugs.:) Haare lassen [müssen] *(Schaden, Nachteile erleiden)* · (ugs.:) Haare auf den Zähnen haben *(rechthaberisch, schroff sein)* · (ugs.:) ein Haar in der Suppe, in etwas finden *(etwas an einer Sache auszusetzen, zu kritisieren haben)* · niemandem ein/jmdm. kein Haar krümmen [können] *(niemandem etwas/jmdm. nichts zuleide tun [können])* · (ugs.:) jmdm. die Haare vom Kopf fressen *(auf jmds. Kosten leben)* · kein gutes Haar an jmdm., an etwas lassen *(jmdn., etwas schlechtmachen; alles, was jmd. tut, kritisieren)* · (ugs.:) sich (Dativ) über etwas/um etwas/wegen einer Sache keine grauen Haare wachsen lassen *(sich wegen etwas keine Sorgen machen)* · etwas hängt an einem Haar *(ist sehr unsicher)* · (ugs.:) etwas an, bei den Haaren herbeiziehen *(etwas anführen, was nicht oder nur entfernt zur Sache gehört)* · aufs Haar *(ganz genau)*: sie gleichen sich aufs H. · (ugs.:) sich in den Haaren liegen *(miteinander Streit haben)* · (ugs.:) sich in die Haare fahren/geraten/kriegen *(in Streit geraten)* · um ein Haar: a) *(beinahe, fast)*: um ein H. hätte er sich geschnitten. b) *(ganz wenig)*: dieses Brett ist nur um ein H. breiter als jenes · nicht [um] ein Haar/[um] kein Haar *(nicht, um nichts)*: er ist [um] kein H. besser als der andere.
Haaresbreite ⟨nur in bestimmten Wendungen⟩: um Haaresbreite *(äußerst knapp)*: er ist [nur] um H. dem Tod entgangen · nicht um Haaresbreite *(kein bißchen, nicht im geringsten)*: er wich nicht um H. von seiner Ansicht ab.
haarig: 1. *stark behaart:* haarige Beine, eine haarige Brust. 2. (ugs.) *unangenehm, böse:* eine ziemlich haarige Geschichte, Angelegenheit; dieser Fall ist recht h.; dabei ist es h. zugegangen.
Habe, die (geh.): *Besitz, Eigentum, Vermögen:* seine ganze H. verlieren; er kam um seine wenige, einzige H. * **Hab und Gut** *(alles, was jmd. besitzt).*
haben: I. 1. a) ⟨jmdn., etwas h.⟩ *besitzen, sein eigen nennen:* ein Auto, ein Haus, einen Hund h.; viel Geld h.; (ugs.:) die haben's ja *(die haben das nötige Geld dazu);* er hat nichts; einen Bruder,

eine Tochter, keine Eltern, Freunde h.; er hat eine nette Frau; er hat Familie *(Frau und Kind[er]);* /verblaßt/ das Recht, die Pflicht h.; er hat eine Idee. b) ⟨etwas hat jmdn., etwas⟩ *etwas besteht aus einer bestimmten Menge, Anzahl:* ein Kilo hat 1 000 Gramm; die Stadt hat [an die, über, um] 80 000 Einwohner; das Haus hat fünf Stockwerke, 30 Wohnungen, zwei Ausgänge. c) ⟨etwas h.⟩ *über etwas verfügen:* Zeit, Muße, Urlaub, Feierabend h.; gute Beziehungen h.; ihr habt Erfahrung auf diesem Gebiet. c) ⟨etwas h.⟩ *bekommen, jmdm. zuteil werden:* kann ich das Handtuch h.?; wie hätten Sie es/Sie 's [denn] gern? *(wie möchten Sie bedient, behandelt werden?);* R (ugs.): da hast du's! *(jetzt ist das, was ich befürchtet habe, eingetreten).* 2. ⟨etwas h.⟩ *(Schülerspr.) als Lehrfach haben:* wir haben gleich Deutsch, Englisch; heute haben wir hitzefrei *(ist hitzefrei),* keine Schule *(ist keine Schule).* 3. ⟨etwas h.⟩ a) *mit etwas versehen, ausgestattet sein:* blaue Augen h. *(blauäugig sein),* lange Beine, ein schwaches Gedächtnis, ein gutes Herz h.; Ausdauer, Energie, viel Geduld, Macht h.; ⟨man hat etwas⟩ *etwas ist Mode:* man hat wieder kürzere Röcke, Kachelöfen. b) *von etwas ergriffen, befallen sein:* Durst h. *(durstig sein);* Fieber h. *(fiebrig sein);* Husten, Scharlach h.; er hat es an der Galle, auf der Brust, im Hals *(er ist krank an der Galle usw.);* R (ugs.): dich hat's wohl! *(du bist wohl verrückt!).* 4. ⟨etwas h.⟩ *von etwas bedrückt, erfüllt werden:* Abscheu h. *(verabscheuen);* Angst, Sorgen, Zweifel h.; den Wunsch, die Hoffnung haben, daß ...; (ugs.:) er hat etwas *(ihn bekümmert etwas);* was hat er nur? *(was bedrückt ihn nur?).* 5. a) ⟨etwas h.⟩ *von etwas betroffen sein:* wir haben schönes Wetter; wir hatten eine tolle Stimmung; wir haben heute Montag. b) ⟨es h.; mit Umstandsangabe⟩ *bei jmdm., für jmdn. in einer bestimmten Weise sein:* er hat es schwer *(es ist für ihn schwer);* wir haben es schön zu Hause *(bei uns ist es schön zu Hause);* (ugs.:) sie hat es eilig *(ist in Eile);* ihr habt es warm hier *(es ist warm bei euch).* 6. ⟨jmdn., etwas h.⟩ *gefangen, gefunden o. ä. haben:* die Polizei hat den Ausbrecher; ich hab's!, jetzt hab' ich's (ugs.; *habe es geraten, gefunden o. ä.).* 7. (bes. südd., österr.) ⟨es hat⟩ *es gibt:* hier hat es viele alte Häuser; es hat heute 30 Grad im Schatten. 8. (ugs.) ⟨es hat sich mit etwas⟩ *mit etwas ist es vorbei; etwas ist alles:* mit dem Aufbleiben bis in die Puppen hat es sich erst mal; von dem gestrigen Treffen weiß ich, aber damit hat es sich erst mal; gib mir 50 Mark, und damit hat sich's *(damit ist die Sache erledigt);* hat sich was! (ugs.; *von wegen!).* 9. ⟨sich h.⟩ a) (ugs.) *sich zieren, sich anstellen:* wie die sich wieder hat!; hab dich nicht so! b) (ugs.) *sich streiten:* die haben sich wirklich gehabt! II. 1. ⟨mit Infinitiv mit *zu*⟩ a) *müssen:* er hat noch zu arbeiten; wir haben noch eine Stunde zu fahren; du hast zu gehorchen. b) *zu etwas berechtigt sein:* er hat hier nichts zu befehlen. 2. ⟨etwas liegen, stehen usw. h.; mit Raumangabe⟩ *irgendwo zur Verfügung haben:* er hat ein Faß Wein in seinem Keller liegen (nicht korrekt: zu liegen); seine Kleider im Schrank hängen h. III. ⟨mit einem 2. Part.⟩ *dient der Perfektumschreibung:* er hat den Mann gesehen; ich hatte mich geschämt; wir haben gut geschlafen; die Rose hat nur kurz ge-

blüht; ich habe früher viel getanzt. * *etwas ist zu haben (etwas ist zu kaufen, zu bekommen):* Eintrittskarten sind noch zu h. · (ugs.:) [noch, wieder] *zu haben sein (nicht verheiratet sein):* seine Tochter ist noch zu h. (ugs.; *ist noch ledig)* · *für etwas zu haben sein (bei etwas mitmachen, für etwas zu gewinnen sein)* · **etwas an sich haben** *(etwas als Eigenart haben)* · *etwas hat etwas auf sich*; *mit etwas hat es etwas auf sich (etwas bedeutet etwas):* was hat es damit auf sich? · **etwas hat etwas für sich** *(etwas hat gewisse Vorzüge)* · **etwas gegen jmdn., gegen etwas haben** *(jmdn., etwas nicht leiden können; jmdn. etwas ablehnen)* · **etwas hinter sich haben** *(etwas überstanden haben)* · **jmdn. hinter sich haben** *(von jmdm. unterstützt werden)* · (ugs.:) **etwas hat es in sich:** a) *(etwas ist schwer):* das Klavier hat es aber in sich. b) *(etwas hat seine Schwierigkeiten):* diese Rechenaufgabe hat es aber in sich. c) *(etwas hat starke Wirkung):* dieser Wein hat es in sich · (ugs.:) **etwas mit jmdm. haben** *(ein Verhältnis mit jmdm. haben)* · (ugs.:) **es mit etwas haben** *(sich dauernd mit etwas beschäftigen und es überbewerten):* er hat es mit dem Fotografieren · **etwas von etwas haben** *(Nutzen von etwas haben)* · **etwas vor sich haben** *(einer Sache entgegensehen)* · (ugs.:) **haste, was kannste; haste nicht gesehen** *(schnell):* er ist haste, was kannste davongelaufen.
Haben: ↑ Soll.
¹Hacke, die: / *ein Gerät zur Garten- oder Feldarbeit* /: eine spitze, stumpfe, breite H.; die H. ansetzen; den Boden mit der H. bearbeiten.
²Hacke, die; (seltener:) **Hacken,** der: a) (bes. nordd.) *Ferse:* wundgelaufene Hacken; an der rechten H./am rechten Hacken eine Blase haben; er tritt mir auf die Hacken. b) (bes. nordd. und Soldatenspr.) *Absatz am Schuh:* abgetretene, schiefe Hacken; die Hacken zusammenschlagen, zusammennehmen, zusammenklappen; sich auf der H. drehen. c) (bes. nordd.) *Fersenteil des Strumpfes:* ein Loch in der H./im Hacken haben. * (nordd.:) **die Hacken voll haben; einen im Hacken haben** *(betrunken sein)* · (ugs.:) **sich** (Dativ) **die Hacken nach etwas ablaufen/abrennen** *(viele Gänge machen, um etwas zu finden, zu erreichen)* · **sich an jmds. Hacken/sich jmdm. an die Hacken hängen/heften** *(jmdn. hartnäckig verfolgen)* · (ugs.:) **jmdm. [dicht] auf den Hacken sein/bleiben/ sitzen** *(jmdn. verfolgen, dicht hinter jmdm. sein, bleiben)* · **jmdm. nicht von den Hacken gehen** *(jmdn. verfolgen, bedrängen).*
hacken: 1. ⟨etwas h.⟩ a) *mit einer Axt, einem Beil spalten, zerkleinern:* Holz h.; er hackte einen Berg Brennholz, die Kisten in Stücke, die Bank zu Kleinholz; ⟨auch ohne Akk.⟩ gestern habe ich im Garten gehackt; übertr.: auf dem Klavier h. *(die Töne hart und laut anschlagen, ohne zusammenhängend zu spielen).* b) *zerkleinern:* Zwiebeln h.; gehackter Spinat; subst. Part.: Gehacktes *(gehacktes Fleisch).* c) *mit einer Hacke locker machen:* das Beet, den Boden, den Garten h. d) *hackend anlegen, machen:* eine Grube h.; er hatte mit dem Absatz ein Loch in das Eis gehackt. 2. ⟨jmdm./jmdn., sich in etwas h.⟩ *jmdn., sich mit der Axt, dem Beil an etwas verletzen:* ich habe mir/ mich ins Bein gehackt. 3. *mit dem Schnabel schlagen:* a) (selten) ⟨jmdn. h.⟩ ich wurde vom Papagei

gehackt. b) ⟨nach jmdm., nach etwas h.⟩ die Dohle hackte nach ihm, nach seiner Hand. c) ⟨jmdm./jmdn. in etwas h.⟩ die Henne hackt mir/ mich in die Hand.
Hacken: ↑ ²Hacke.
Hader, der (geh.): a) *Streit:* politischer, unsinniger H.; der ständige H. war zermürbend; der alte H. flammte wieder auf; mit jmdm. in H. liegen, leben. b) *Unzufriedenheit:* mit H. erfüllt sein.
hadern (geh.) ⟨mit jmdm., mit sich, mit etwas h.⟩: *unzufrieden sein:* er haderte mit sich, mit dem Schiedsrichter, mit seinem Schicksal; mit Gott h. *(Gott anklagen).*
Hafen, der: *Stelle oder Anlage, wo Schiffe anlegen können:* ein fremder, eisfreier H.; der heimatliche H.; künstliche Häfen; der Londoner H.; der H. in, von London; das Schiff läuft den H. an; einen H. ausbauen, stillegen; einen sicheren H. finden; aus einem H. auslaufen; in einen H. einlaufen; im H. liegen, ankern. * (scherzh.:) **den Hafen der Ehe ansteuern** *(heiraten wollen)* · (scherzh.:) **im Hafen der Ehe landen; in den Hafen der Ehe einlaufen** *(heiraten).*
Hafer, der: / eine Getreideart /: der H. steht schlecht, ist reif; H. anbauen, ernten, füttern, säen. * (ugs.:) **jmdn. sticht der Hafer** *(jmd. ist [zu] übermütig).*
Haft, die: *Freiheitsentzug, polizeilicher Gewahrsam:* eine langjährige, mehrmonatige, lebenslängliche H.; einen H. verbüßen, absitzen (ugs.); aus der H. entfliehen; jmdn. aus der H. entlassen; in H. sitzen, sich in H. befinden; jmdn. in H. [be]halten; er wurde zu drei Tagen H. verurteilt. * **jmdn. in Haft nehmen** *(inhaftieren).*
haftbar ⟨in den festen Verbindungen⟩ **jmdn. für etwas haftbar machen** *(verantwortlich machen):* er machte ihn h. für den Verlust · **für etwas haftbar sein** *(verantwortlich sein):* er ist h. für den Unfall.
¹haften ⟨etwas haftet; gewöhnlich mit Umstandsangabe⟩: *etwas sitzt fest, klebt:* das Etikett haftet noch nicht, endlich; ein Blumenduft haftet an ihren Kleidern; auf der nassen Straße haften die Reifen schlecht *(haben geringe Bodenhaftung);* übertr.: sein Blick haftete, seine Augen hafteten an ihrem Gesicht *(er starrte sie unverwandt an);* seine bäuerliche Herkunft wird immer an ihm h. *(hängt ihm an);* dieser Eindruck haftet im Gedächtnis *(ist dort eingeprägt).*
²haften: 1. ⟨für jmdn., für etwas h.⟩ *bürgen, verantwortlich sein:* die Eltern haften für ihre Kinder; die Versicherung hat für den Schaden nicht gehaftet; ⟨jmdm. für jmdn., h.⟩ er haftet mir dafür, daß sich keine Zwischenfälle ereignen. 2. (Rechtsw.; Wirtsch.) *als Gesellschafter mit seinem Vermögen eintreten müssen:* einzeln, gesamtschuldnerisch, [un]beschränkt, mit seinem Vermögen h.; ein persönlich haftender Gesellschafter; auf Schadenersatz h. *(im Hinblick auf Schadenersatz die Haftung tragen).*
Hagel, der: *Niederschlag aus Eiskörnern:* der H. prasselte, trommelte gegen die Scheiben, zerstörte die Saat; übertr.: *eine große Menge von etwas:* ein H. von Steinen, Drohungen.
hageln 1. ⟨es hagelt⟩ *es fällt Hagel:* es beginnt zu h.; gestern hat es während des Gewitters gehagelt; ⟨es hagelt etwas⟩ es hagelte Taubeneier (ugs.; *es fielen taubeneigroße Hagelkörner)* **2.** a)

⟨etwas hagelt; gewöhnlich mit Umstandsangabe⟩ *etwas fällt in dichten Mengen herab:* Bomben hagelten auf die Stellungen; Steine hagelten gegen die Angreifer; Proteste hageln von allen Seiten. **b)** ⟨es hagelt etwas⟩ *es gibt etwas, es bricht etwas herein:* es hagelte Hiebe, Schläge; es hagelte Vorwürfe, Kritik; beim letzten Diktat hagelte es Fünfer (ugs.); es hagelt Preise bei den Festspielen.

hager: *mager, knochig:* eine hagere Alte; hagere Arme, Finger; ein hageres Gesicht; von hagerer Gestalt sein; er war, wirkte sehr h.

¹**Hahn,** der: *männliches Huhn:* ein großer, stolzer H.; die Hähne krähen; er stolziert umher wie ein H., (ugs.:) wie der H. auf dem Mist. * (ugs.:) **Hahn im Korb sein** *([als einziger Mann in einem Kreis von Frauen] Hauptperson, Mittelpunkt sein)* · (ugs.:) **kein Hahn kräht nach jmdm., nach etwas** *(niemand kümmert sich um jmdn., um etwas)* · (veraltet:) **jmdm. den roten Hahn aufs Dach setzen** *(jmds. Haus in Brand stecken)* · **der gallische/welsche Hahn** */Sinnbild Frankreichs/*.

²**Hahn,** der: **1.** *Vorrichtung zum Absperren von Rohrleitungen:* ein undichter Hahn; der Hahn tropft; alle Hähne/(fachspr. auch:) Hahnen ab-, andrehen, öffnen, schließen. **2.** *Vorrichtung zum Auslösen des Schusses:* den H. spannen.

häkeln: a) *eine Häkelarbeit machen:* während der Rede des Ministers strickten und häkelten einige weibliche Abgeordnete; beim Fernsehen häkelt sie immer; sie häkelt an einem Babyjäckchen. **b)** ⟨etwas h.⟩ *mit der Häkelnadel anfertigen:* eine Spitze h.; sie häkelt ihr/für sie eine Decke. **c)** (ugs. landsch.) ⟨sich mit jmdm. h.⟩ *sich halb im Ernst, halb im Scherz mit jmdm. streiten:* er häkelt sich dauernd mit seiner Schwester.

Haken, der: **1.** *gebogenes Stück Metall (oder Holz) zum Aufhängen oder Festmachen von etwas:* ein eiserner H.; einen H. in die Wand [ein]schlagen; der Mantel hing an, auf einem H.; er hängte den Mantel an, auf einen H.; die H. (aus den Ösen) lösen; Häkchen an das Kleid, Korsett nähen. **2.** *hakenförmiges Zeichen:* einen H. auf u, hinter den Namen machen. **3.** (ugs.) *verborgene Schwierigkeit:* der einzige, große, dickste H. war ...; der H. an der Sache, beim Geschäft per Telefon ist der, daß ...; es gibt einen H.; die Sache hat einen H.; sie sah den H. nicht. **4.** (Boxen) *Schlag mit angewinkeltem Arm:* einen rechten H.; einen kurzen H. hochreißen, schlagen. * **einen Haken schlagen** *(beim Laufen plötzlich die Richtung ändern):* der Hase schlug einen H. · **etwas auf den Haken nehmen** *(etwas abschleppen):* der Frachter wurde von Schleppern auf den H. genommen · (ugs.:) **mit Haken und Ösen** *(mit allen erlaubten und mit unerlaubten Mitteln):* er ist ein guter Fußballer, aber er spielt mit H. und Ösen.

halb ⟨Adj. und Bruchzahl⟩: **a)** *die Hälfte von etwas umfassend, zur Hälfte:* ein halbes Brot; ein halb[es] Dutzend; die Ware zum halben Preis verkaufen; mit halber Kraft (Seemannsspr.) fahren; jmdn. auf halbe Ration setzen; Musik: halbe Noten, Töne; (ugs.:) die halbe Dorf, die halbe Stadt *(viele Menschen aus dem Dorf, aus der Stadt);* (ugs.:) die halbe Welt *(viele Menschen);* h. Europa, h. Berlin; auf halber Höhe des Berges; auf halbem Wege; alle halbe Stunde/alle halbe[n] Stunden; in einer halben Stunde; es ist, schlägt h.

[eins]; es ist acht Minuten bis, nach, vor h. [acht Uhr]; [um] voll und h. jeder Stunde; die Flasche ist h. leer; er ist nur h. so fleißig wie sein Freund; es macht nur h. soviel Mühe; die Wirkung wird nur h. [so groß] sein; den Apfel nur h. essen; sich h. umdrehen, erheben; die Zeit ist schon h. um, vorbei; /in dem Wortpaar/: halb ... halb, h. Kunst, h. Wissenschaft; h. lachend, h. weinend. **b)** *unvollständig, unvollkommen, nicht richtig* (häufig in Verbindung mit *nur* u. ä.): die halbe Wahrheit; keine halben Sachen machen; mit halber *(leiser)* Stimme, halber Kraft; das Fleisch ist nur h. gar; die Birnen sind erst h. reif; ich habe den Vortrag nur h. verstanden; ich habe nur h. zugehört; das ist h. so schlimm. **c)** *fast [ganz], so gut wie:* er ist ein halber Mediziner; wir waren noch halbe Kinder; das dauert schon eine halbe Ewigkeit *(sehr lange);* h. blind sind sie durch die Wohnung; etwas h. versprechen. * (ugs.:) **halb und halb** *(beinahe, fast ganz):* du gehörst schon h. und h. dazu · (ugs.:) **[mit jmdm.] halb und halb/halbe-halbe machen** *(Gewinn und Verlust [mit jmdm.] zur Hälfte teilen)* · **etwas ist nichts Halbes und nichts Ganzes** *(zu unzureichend [sein], als daß man etwas damit anfangen könnte).*

halber ⟨Präp. mit Gen.; immer nachgestellt⟩ *wegen, um ... willen:* der Ordnung, der Form, gewisser Umstände h.; er ist Geschäfte h. verreist.

halbieren 1. ⟨etwas h.⟩: *etwas in zwei gleiche Teile teilen:* einen Winkel h.; einen Kuchen, einen Apfel h. **2. a)** ⟨etwas h.⟩ *etwas um die Hälfte verringern:* die Öleinfuhr h.; Ziel ist es, die Zahl der Unfalltoten zu h. **b)** ⟨etwas halbiert sich⟩ *etwas verringert sich um die Hälfte:* das Wirtschaftswachstum hat sich halbiert; der Verkauf normaler Langspielplatten wird sich h.

halbpart ⟨Adverb; gewöhnlich in der festen Verbindung⟩ [mit jmdm.] halbpart machen (ugs.): *Gewinn und Verlust mit jmdm. zur Hälfte teilen.*

halbwegs ⟨Adverb⟩: **1.** (veraltend) *auf halbem Wege:* er kam mir h. entgegen. **2.** *einigermaßen:* ein h. vernünftiger Chef; ein h. anständiges Essen; das Zimmer sieht h. ordentlich aus.

Hälfte, die: **a)** *einer von zwei gleichen Teilen:* die eine, schlechtere, obere, hintere H.; eine H. des Brotes; Sport: die gegnerische H. [des Spielfeldes]; [mehr als] die H. aller Indianer lebt/(seltener:) leben in den Reservationen; Schüler zahlen die H.; in der ersten H. des vorigen Jahrhunderts; er bekam über die H.; je zur H. teilen; jmdn. nur zur H. *(nicht genau)* kennen. **b)** (ugs.) *einer von zwei verschiedenen Teilen eines Ganzen:* die kleinere, größere H. * (ugs. scherzh.:) **bessere Hälfte: a)** *(Ehefrau).* **b)** (seltener) *(Ehemann)* · (ugs. scherzh.:) **schönere Hälfte** *(Ehefrau).*

Halle, die: **1.** *größeres Gebäude mit hohem, weitem Raum:* die H. dröhnte vom Lärm der Maschinen; die H. bietet Platz für drei Flugzeuge; in [der] H. 3 des Messegeländes ...; Sport: er startet in diesem Winter viermal in der H. **2.** *größerer Raum in einem Gebäude; Hotelhalle:* die H. betreten; sich in der H. treffen; er wartet in der H.

hallen ⟨etwas hallt⟩: **a)** *etwas tönt weithin, schallt:* er hörte ihre Schritte h.; ein Schuß hallte durch die Nacht, über den Fluß. **b)** *etwas hallt wider:* die kahlen Räume hallten.

hallo ⟨Interj.⟩: **1.** */Ruf, mit dem man jmds. Auf-*

merksamkeit auf sich lenkt/: h., ist da jemand?; h., Sie haben etwas verloren; /beim Telefonieren/ ja h.; h., wer ist da? **2.** (ugs.) /Grußformel/: h.!; h., Martin, na wie geht's denn so!
Hallo, das: *Geschrei, Lärm, Aufregung:* das war es gab ein großes H.; jmdn. mit lautem H. begrüßen, empfangen; unter lautem H.
Halm, der: *Gras- und Getreidestengel:* geknickte Halme; die Halme beugten sich im Wind, richteten sich wieder auf; das Getreide auf dem H. *(vor der Ernte)* verkaufen; die Felder stehen hoch im H. *(das Getreide ist gut gewachsen und fast reif);* das Korn schießt in die Halme.
Hals, der: **1.** *Teil des Körpers zwischen Kopf und Rumpf:* ein dicker, faltiger, kurzer, sehniger, schlanker, weißer, ungewaschener H.; sie hat einen schönen H.; er machte einen langen H., verrenkte sich (Dativ) den H.; die Leute reckten die Hälse, um alles sehen zu können; er stürzte vom Pferd und brach sich (Dativ) den H.; bis an den H., bis zum H. im Wasser stehen; jmdm. um den H. fallen, die Arme um den H. legen; übertr.: *Halsförmiges:* auf dem H. der Sektflasche ...; seine Finger umspannten den H. des Cellos. **2.** *Kehle:* ein entzündeter, rauher, roter, schlimmer *(kranker),* trockener H.; jmdm. den H. zudrücken; das Getränk rann eiskalt seinen H. hinunter, durch seinen Hals; (ugs.:) jmdn. am H. packen und würgen; dem Hund hängt die Zunge aus dem H.; das Herz schlug ihm bis in den H., bis zum Hals [herauf]; (ugs.:) sich einen Whisky in den H. kippen; es kratzt [ihn] im H.; die Gräte blieb ihm im Halse stecken; er hat Schmerzen im H., (ugs.:) er hat es im Hals *(hat Halsschmerzen).* * (ugs.:) **Hals über Kopf** *(überstürzt, kopflos):* sie reisten H. über Kopf ab · (ugs.:) **einen [dicken] Hals haben** *(wütend sein)* · **seinen/den Hals riskieren** *(sein Leben wagen)* · (ugs.:) **sich (Dativ) nach jmdm., nach etwas den Hals verrenken** *(erwartungsvoll nach jmdm., nach etwas Ausschau halten)* · (ugs.:) **jmdm. den Hals abschneiden/brechen/umdrehen** *(jmdn. zugrunde richten, ruinieren)* · (ugs.:) **etwas kostet jmdn./jmdm. den Hals** *(etwas ist jmds. Verderben, ruiniert jmdn.)* · (ugs.:) **den Hals nicht vollkriegen/nicht voll genug kriegen [können]** *(nicht genug bekommen)* · (ugs.:) **einer Flasche den Hals brechen** *(eine Wein-, Schnapsflasche öffnen, um sie auszutrinken)* · (ugs. verstärkend:) **sich (Dativ) etwas an den Hals ärgern** *(sich übermäßig ärgern):* er wird sich wegen dieses Vorfalls noch die Pest, die Schwindsucht an den H. ärgern · (ugs.:) **jmdn., etwas am/ auf dem Hals haben** *(für jmdn., etwas verantwortlich sein, sehr viel Mühe mit jmdm., mit etwas haben)* · (ugs.:) **sich jmdn. an den Hals werfen** *(sich jmdm. aufdrängen)* · (ugs.:) **jmdm. jmdn. auf den Hals schicken/hetzen** *(jmdn., der unerwünscht ist, zu jmdm. schicken):* er wird ihnen die Polizei auf den H. schicken · (ugs.:) **sich (Dativ) jmdn., etwas auf den Hals laden** *(für jmdn., mit dem man viel Arbeit und Mühe hat, die Verantwortung übernehmen; sich etwas aufbürden)* · (ugs.:) **aus vollem Hals[e]** *(sehr laut)* · (ugs.:) **bis zum/über den Hals** *(völlig, total):* bis über den H. verschuldet sein · (ugs.:) **etwas in den falschen/unrechten/verkehrten H. bekommen** *(etwas falsch auffassen, mißverstehen [und darüber verärgert sein])* · (ugs.:) **etwas**

bleibt jmdm. im Hals stecken *(jmd. kann etwas nicht über die Lippen bringen):* die Lüge blieb ihm im H. stecken · (ugs.:) **es geht um den Hals** *(es geht ums Leben, um alles)* · **sich um den/um seinen Hals reden** *(durch unvorsichtige Äußerungen sein Leben riskieren)* · (ugs.:) **jmdm. mit etwas vom Hals bleiben** *(jmdn. mit etwas verschonen, nicht belästigen):* bleib mir mit diesen Geschichten vom H.! · (ugs.:) **sich (Dativ) jmdn., etwas vom Hals halten** *(sich mit jmdm., auf etwas nicht einlassen)* · (ugs.:) **sich (Dativ) jmdn., etwas vom Hals schaffen** *(jmdn., etwas loswerden)* · (ugs.:) **etwas hängt/wächst jmdm. zum Hals heraus** *(jmd. ist eine Sache leid).*
halt (südd., österr., schweiz.) ⟨Adverb⟩: *eben, nun einmal:* das ist h. so; da muß man h. warten.
Halt, der: **1.** *Stütze:* einen H., nach einem festen H. suchen; der Bergsteiger fand, gewann [mit den Füßen] an der Felswand keinen H.; er verlor den H.; das Bücherregal hat keinen H.; dieser Festiger gibt ihrem Haar H. und Fülle; übertr.: sie ist sein moralischer H.; inneren H. haben; einen H. brauchen; er hatte an ihr einen festen H. **2.** (geh.) *das Anhalten, Stillstand:* ein kurzer H., der letzte H. vor der Grenze; der Zug fährt ohne H. durch. * (geh.:) **jmdm., einer Sache Halt gebieten** *(energisch entgegentreten und nicht vorankommen lassen).*
halten /vgl. gehalten/: **1. a)** ⟨jmdn., etwas h.⟩ *ergriffen haben und nicht mehr loslassen:* eine Stange, das Seilende, die Tasse am Henkel h.; das Steuerrad nicht mehr h. können; würden Sie bitte für einen Moment das Kind h.? ein Kind an, bei der Hand h.; einen Karton unterm Arm h.; die Mutter hielt das Baby im Arm; der Schmied hielt das glühende Eisen mit der Zange; haltet den Dieb! *(laßt ihn nicht laufen!);* er hielt *(stützte)* die Leiter; ⟨jmdm., sich etwas h.⟩ sie hielt sich den Kopf, das Knie; er hielt seiner Mutter den Mantel *(half ihr in den Mantel).* **b)** ⟨etwas hält etwas⟩ *etwas gibt Halt, ist Stütze für etwas:* ein Band hält ihre Haare [nach hinten]; die Träger werden von zwei Schleifen gehalten; das Regal wird von zwei Haken gehalten *(ist mit zwei Haken befestigt);* die Schraube hat nicht viel zu h. *(wird kaum belastet).* **2.** ⟨jmdn., etwas h.; mit Umstandsangabe⟩ *jmdn., etwas in eine bestimmte Lage bringen:* den Arm ausgestreckt, den Kopf gesenkt h.; das Negativ gegen das Licht, das Kind über das Taufbecken, die Zeitung vor das Gesicht h.; ⟨jmdm., sich etwas h.⟩ mit Raumangabe⟩ jmdm. die Faust unter die Nase h.; er hielt sich die Pistole an die Schläfe. **3. a)** ⟨jmdn. h.⟩ *festhalten, zum Bleiben bewegen:* die Firma versuchte alles, um die Fachkräfte zu h.; was hält uns eigentlich noch [hier, in dieser Stadt, bei dieser Firma]?; er ließ sich nicht h.; kann er eine Frau wie sie h.?; was ist alles anstellte, um diesen Mann zu h.! **b)** ⟨etwas h.; gewöhnlich verneint⟩ *zurückhalten:* das Wasser, den Urin nicht, kaum h. können. **4. a)** ⟨sich, etwas h.⟩ *erfolgreich verteidigen:* die Soldaten hielten die Stellungen; wir werden uns h. können. **b)** ⟨jmdn., sich, etwas h.⟩ *behaupten; weiterhin behalten:* er hält den Weltrekord im Brustschwimmen *(hat ihn inne);* er konnte seine Stellung, sich im Betrieb nicht h.; sie konnte ihren Vorsprung bis ins Ziel h.; sie

wird ihre Boutique nicht länger h. können; er hat seinen Staatssekretär nicht h. können *(hat ihn fallenlassen)*. c) ⟨sich h.⟩ *sich mit Erfolg behaupten:* der Verein kann sich nicht auf Dauer in der Bundesliga h.; die Stadt wird sich nicht mehr lange h. können; das Geschäft hielt sich [wider Erwarten]; er hat sich in der Prüfung gut gehalten; er hat sich als Vorsitzender lange gehalten; der Läufer hat sich über Jahre hinweg in der Weltspitze gehalten; das Stück hielt sich lange auf dem Spielplan. **5.** ⟨sich an jmdn. h.⟩ *sich mit seinen Ansprüchen an jmdn. wenden:* in diesem Punkt halte ich mich an den Direktor; ich halte mich an ihn *(er haftet, bürgt mir dafür),* an meine Versicherung. **6. a)** ⟨etwas h.⟩ *bewahren, einhalten, beibehalten:* Abstand, Kurs [auf, nach etwas], die Richtung, Schritt, Takt, das Tempo h.; den Ton, die Melodie h.; eiserne Disziplin h.; Frieden, Freundschaft mit jmdm. h.; [Sonntags]ruhe h.; der Kranke muß Diät h. **b)** ⟨etwas h.⟩ *erfüllen, befolgen, ausführen:* sein Wort, einen Schwur, einen Vertrag h.; sie haben die Gebote nicht gehalten; ü b e r t r.: der Film hielt nicht, was er versprach. **c)** ⟨sich an etwas h.⟩ *sich nach etwas richten:* sich an ein Versprechen, einen Vertrag h.; sich an die Heimordnung, an die Absprache h.; ich halte mich an unsere Abmachungen. **d)** ⟨sich an jmdn., etwas h.⟩ *sich an etwas orientieren:* du solltest dich mehr an die Tatsachen h., an das h., was du gesehen hast; ich halte mich lieber an die Augenzeugen *(gehe lieber von deren Aussagen aus);* er hat sich bei der Verfilmung eng an die Vorlage gehalten. **e)** ⟨auf sich, auf etwas h.⟩ *auf sich, auf etwas besonders achten, auf etwas Wert legen:* [sehr] auf Anstand, Ehre, Sitte, Sauberkeit, Ordnung h.; auf seine Kleidung, sein Benehmen h. **7. a)** /verblaßt/ ⟨jmdn., sich, etwas h.; mit Umstandsangabe⟩ *in einem bestimmten Zustand lassen, einen bestimmten Zustand beibehalten, bewahren:* seine Kinder streng h.; sie hielten sich umschlungen; sich abseits h.; etwas versteckt h.; sich aufrecht, gut, schlecht h. *(eine aufrechte usw. Körperhaltung haben);* sie hat sich gut gehalten (ugs.; *ist trotz ihres Alters noch sehr jugendlich*); sich jung, fit h.; ein Land besetzt h.; er hielt die Tür verschlossen; Speisen frisch, kühl h.; jmdn. auf Distanz h.; das Flugzeug auf Kurs h.; die Temperatur auf 30° Celsius h.; jmdn. bei guter Laune h.; sein Andenken in Ehren h.; jmdn. in Bewegung, in Spannung h.; sich im Gleichgewicht h.; etwas hält sich in Grenzen *(ist nicht übermäßig groß);* etwas unter Verschluß h.; das Zimmer ist in Weiß und Gold gehalten *(gestaltet);* seine Ansprache war sehr allgemein gehalten. **b)** ⟨etwas hält sich⟩ *etwas bleibt in einem bestimmten Zustand:* die Pfirsiche, die Speisen halten sich *(verderben nicht so schnell);* die Rosen halten sich gut *(verwelken nicht so schnell);* das Wetter wird sich h. *(wird sich nicht verändern);* ⟨auch ohne *sich*⟩ das Wetter hielt. **c)** ⟨sich h.; mit Raumangabe⟩ *an einer bestimmten Stelle, in einer bestimmten Lage bleiben:* er hielt sich nur kurz auf dem wilden Pferd; ⟨meist in Verbindung mit *können*⟩ an der abschüssigen Stelle konnte sie sich nicht h. **d)** ⟨etwas hält⟩ *etwas bleibt ganz, fest:* der Anzug hält [lange]; die Farbe, der Leim hält; wird das Seil h.?; die Frisur hat nicht lange ge-

halten; das Eis hält *(trägt);* ü b e r t r.: ihre Ehe hielt nicht lange. **8.** ⟨mit Raumangabe⟩ *zielen:* auf eine Zielscheibe, auf einen Hasen h.; du mußt genau in die Mitte, mehr nach rechts h. **9. a)** ⟨sich h.; mit Raumangabe⟩ *eine bestimmte Richtung einschlagen:* sich [nach] links, nach Norden h.; wir müssen uns ostwärts h. **b)** (Seemannsspr.) ⟨mit Raumangabe⟩ *zusteuern:* [mit dem Schiff] nach Norden h.; der Dampfer hält auf die Küste zu. **c)** ⟨sich h.; mit Raumangabe⟩ *eine bestimmte Position einnehmen:* er hielt sich immer an ihrer Seite, hinter ihr; das Flugzeug hielt sich auf einer Höhe von 8 000 m. **10.** ⟨jmdn., etwas h.⟩ *[zu seiner Verfügung] haben, unterhalten:* Haustiere h.; er hält *(abonniert)* eine Zeitung; ⟨sich (Dativ) etwas h.⟩ ich halte mir Reitpferde, einen Hund; wir können uns kein zweites Auto h. *(leisten).* **11.** ⟨etwas h.⟩ *veranstalten, abhalten* /vielfach verblaßt/: eine Andacht h.; Hochzeit h. *(feiern);* über jmdn. Gericht h. (geh.; *zu Gericht sitzen*); eine Ansprache, eine Vorlesung, eine Predigt h.; er hielt Selbstgespräche; ein Mittagsschläfchen h.; der Hamster hielt seinen Winterschlaf; Wache h. *(auf Wache stehen, aufpassen);* Ausschau h. *(ausschauen).* **12. a)** ⟨jmdn., sich, etwas, für jmdn., für etwas h.⟩ *als etwas ansehen, betrachten:* jmdn. für tot h.; jmdn. für aufrichtig, gerissen, ehrlich, falsch, intelligent h.; etwas für gesichert, wahrscheinlich h.; ich halte es für das beste, wenn du jetzt verreist; sie hatte es nicht für ratsam, möglich gehalten; das halte ich für absoluten Schwachsinn (ugs.); sie hält sich für etwas Besonderes; er hält ihn für seinen Freund. **b)** ⟨jmdn., sich für jmdn. h.⟩ *verwechseln; fälschlicherweise glauben, jmd. zu sein:* der Hausherr hielt den Nachbarn für einen Einbrecher; auf die Entfernung konnte man sie für Steffi Graf h.; er hielt sich für Napoleon. **c)** ⟨etwas von jmdm., von sich, von etwas h.⟩ *eine bestimmte Meinung haben:* er hält nicht viel von ihm *(hat von ihm eine geringe Meinung);* von etwas viel, nichts, wenig, eine ganze Menge h.; was hältst du davon? (ugs.). **d)** ⟨es h.; mit Artgabe⟩ *verfahren, machen:* wir halten es so [mit unseren neuen Mitarbeitern], daß ...; wie hältst du es mit der Steuererklärung?; wie hältst du es mit der Religion *(was denkt sie über die Religion, was für ein Verhältnis hat sie zu ihr)?;* R: man kann es h., wie man will. **13. a)** ⟨es mit jmdm., mit etwas h.⟩ *auf jmds. Seite stehen, für etwas sein:* er hält es immer mit den Unterdrückten; ihr Mann hält es mit der Bequemlichkeit *(huldigt ihr).* **b)** ⟨es mit jmdm. h.⟩ *nach jmds. Vorbild handeln:* ich halte es da mit meiner Mutter, die immer sagte ... **14.** ⟨zu jmdm. h.⟩ *die Treue halten, hinter jmdm. stehen:* die meisten haben [treu] zu ihm gehalten; auch in den größten Bedrängnis hat er zu mir gehalten. **15.** *stoppen:* das Auto, die Straßenbahn hielt; wir hielten genau vor der Tür; der Schnellzug hält nicht auf diesem Bahnhof, nur fünf Minuten, auf freier Strecke; (ugs.:) halt, du darfst hier nicht hinein!; m i l i t.: das Ganze – halt!; halt – wer da? /Anruf der Wache/; ü b e r t r.: halt (ugs.; *einen Augenblick bitte*), wie war das noch?; s u b s t.: den Wagen zum Halten bringen. **16.** (Sport) ⟨etwas h.⟩ *einen Ball abwehren, abfangen:* einen Ball, einen Strafstoß h.; der Torhüter hat [großartig] gehalten. * **an sich halten**

(sich beherrschen): er mußte an sich h., um nicht loszulachen · **auf sich halten** *(auf sein Ansehen, seinen Ruf bedacht sein).*
haltlos: 1. *ohne inneren Halt, willenlos:* ein haltloser junger Mann; die Schauspielerin ist völlig h. **2.** *unbegründet, aus der Luft gegriffen:* haltlose Behauptungen; seine Beschuldigung ist völlig h.
Haltung, die: **1. a)** *Körperstellung:* eine krumme, stramme, gebückte, gerade, aufrechte, nachlässige H.; eine amtliche, dienstliche, drohende H. einnehmen; die H. durch gymnastische Übungen korrigieren; in unbequemer, verkrampfter H. dasitzen; dem Skispringer wurden wegen schlechter H. Punkte abgezogen; H. annehmen (militär.; *strammstehen).* **b)** *Verhalten, Auftreten:* eine abweisende, entschlossene, ruhige, mutige, selbstbewußte, vornehme H.; eine feste H. zeigen; jmdn. aus seiner reservierten H. locken; sie war beispielhaft, vorbildlich in ihrer H. **c)** *innere Grundeinstellung:* eine sittliche, religiöse, liberale, progressive, konservative H.; eine fortschrittliche, zögernde, ablehnende, klare, zwiespältige, undurchsichtige H. in, zu dieser Frage einnehmen; seine H. *(innere Fassung)* bewahren, verlieren, wiedergewinnen. **2.** (Landw.) *das Halten:* die H. von Zuchtvieh.
hämisch: *boshaft, schadenfroh:* ein hämisches Gesicht, Grinsen; ein hämischer Kommentar; hämische Bemerkungen; h. grinsen.
Hammer, der: **1.** /*ein Werkzeug*/: ein kleiner, schwerer H.; drei Hämmer lagen im Werkzeugkasten; mit einem stumpfen H. den Putz von der Wand klopfen, schlagen. **2.** (Sport) **a)** /*ein Sportgerät*/: er warf den H. über 80 m weit. **b)** (ugs.) *wuchtiger Schuß, Schußkraft:* dieser bullige Stürmer besitzt, hat einen unwahrscheinlichen H.; der Torhüter konnte den H. gerade noch zur Ecke abwehren. **3.** (ugs.) *grober Fehler:* da hast du dir aber einen H. geleistet; in diesem Satz ist ein ganz böser H. **4.** (ugs.) **a)** *Unverschämtheit, Ungeheuerlichkeit:* daß die Miete wieder erhöht wird, ist ein ganz großer, dicker H.; und dann kam der H.: Anklage wegen Fahrerflucht; dann ließ er seine Hämmer raus: Ich sei unmoralisch, geldgierig ... **b)** *großartige Sache, erfreuliche Überraschung:* wenn das neue Modell kein H. wird!; die Platte ist einfach ein H.; dann kam Papa mit dem H. raus, er würde mir das Auto bezahlen; das ist der H. *(einfach toll)!* * **zwischen Hammer und Amboß** *(zwischen zwei Fronten, Parteien):* er ist, gerät zwischen H. und Amboß · **etwas unter den Hammer bringen** *(etwas versteigern)* · **etwas kommt unter den Hammer** *(etwas wird versteigert).*
hämmern: 1. a) *mit dem Hammer schlagen, arbeiten:* er hörte ihn im Keller h. **b)** ⟨etwas h.⟩ *mit dem Hammer bearbeiten:* Blech, Zinn, Silber h. ⟨etwas h.⟩ *hämmernd herstellen:* einen Kupferteller h.; eine gehämmerte Schale. **2. a)** ⟨gewöhnlich mit Raumangabe⟩ *in kurzen Abständen heftig irgendwohin schlagen:* er hämmerte auf die Tasten, auf den Klingelknopf, auf die Schreibmaschine *(Schreibmaschinentasten);* mit den Fäusten gegen die Tür h.; der Specht hämmerte *(klopfte);* übertr.: Hagelkörner hämmerten an die Scheiben, auf das Dach; der Klöppel hämmert gegen die Glocke; Absätze, Schritte hämmern über das Parkett. **b)** (ugs.) ⟨etwas h.⟩ *rhythmisch abgehackt*

spielen: er hämmerte auf dem Klavier einen Marsch. **c)** ⟨etwas hämmert⟩ *etwas schlägt, klopft stark:* das Blut hämmert in den Schläfen; der Puls hämmert; ihr Herz hämmerte vor Aufregung; das Klavier hämmerte *(spielte laut und abgehackt)* ohne Pause; ⟨etwas hämmert jmdm.⟩ das Herz hämmerte ihm bis in den, bis zum Hals. **3.** (ugs.) ⟨jmdm. etwas in etwas h.⟩ *einprägen:* man muß ihm das immer wieder ins Bewußtsein, in seinen Kopf, Schädel h.
hamstern (ugs.) ⟨etwas h.⟩: **a)** *Vorräte sammeln:* Textilien, Lebensmittel h.; übertr.: die meisten Titel, Medaillen hamsterte die DDR-Läuferin; ⟨auch ohne Akk.⟩ weil alles teurer werden sollte, fingen die Leute an zu h. **b)** *(veraltend) in Notzeiten bei den Bauern soviel Nahrungsmittel wie möglich durch Tausch erwerben:* Eier, Kartoffeln h.; ⟨auch ohne Akk.⟩ ich habe noch nach dem Krieg lange gehamstert.
Hand, die: *unterster Teil des Armes (bei Menschen und Affen):* **1.** die rechte, linke H.; eine breite, zarte, kleine, schmale, klobige, feingliedrige, knöcherne, schlaffe, weiche, fleischige H.; kalte, warme, feuchte, schweißige Hände; die flache, hohle H.; seine Hände waren hart und schwielig; eine H. legte sich auf seine Schulter; schmutzige, ungewaschene Hände haben; sie hat bei der Arbeit eine sichere, ruhige H., sie arbeitet mit sicherer, ruhiger H. *(ihre Handbewegungen bei der Arbeit sind sicher, ruhig);* er hat noch eine H. frei; die H. *[zur Abstimmung],* die Hände [beschwörend] heben; Hände hoch [oder ich schieße]! /*Aufforderung, sich zu ergeben, keine Gegenwehr zu leisten*/: Hände weg [von den kostbaren Glas]! *(nimm die Hände weg!);* übertr.: Hände weg von meiner Frau *(nimm mir nicht meine Frau weg)!;* Hände weg [von den Subventionen *(rührt nicht daran!);* die Hände sinken lassen; die Hände [zum Gebet] falten; vor Verzweiflung die Hände ringen; die Hände nach jmdm. ausstrecken; jmdm. die H., die Hände entgegenstrecken; sich, jmdm. die H. geben, schütteln; jmdm. die H., jmds. H. drücken; jmdm. die H. zur Versöhnung bieten, reichen (geh.; *seine Bereitschaft zur Versöhnung kundtun);* ich gebe dir die H. darauf *(ich versichere, daß es stimmt, verspreche es fest);* jmdm. die H. küssen; küß die H.! /*in Wien üblicher Gruß Damen gegenüber*/: sich (Dativ) die Hände waschen, trocknen; sich (Dativ) vor Freude die Hände reiben; sich (Dativ) die H. vor den Mund halten; die Hände in den [Hosen]taschen haben, in die [Hosen]taschen stecken; er nahm, legte die Hände auf die Hosennaht, legte die Hand [zum Gruß] an die Mütze; es war so dunkel, daß man die H. nicht vor den Augen sehen konnte; es gibt nicht genug Hände *(Helfer),* um diese alles zu schaffen; er hat beim Schreiben eine leichte, schwere, [un]sichere, unbeholfene H.; er hatte die H. voll[er] Geldscheine; der Saum ist zwei H. breit; das Glas entfiel (geh.) seinen Händen; eine Ausgabe letzter H. *(letzte vom Autor selbst besorgte Ausgabe);* an den Händen schwitzen; jmdn. an die H. nehmen, an der H. führen; sich an der H., an den Händen halten; jmdm. etwas aus der H., aus den Händen nehmen, schlagen; die Zigeunerin kann aus der H. lesen; sie gab den Schmuck nicht aus der H.,

aus den Händen *(behielt ihn bei sich);* sie legte ihre Arbeit aus der H. *(legte sie vorübergehend beiseite);* die Tiere fressen jedem aus der H.; jmdn. bei der H. nehmen; sich bei der H., bei den Händen halten, fassen; er murmelte etwas hinter der vorgehaltenen H.; etwas in der H., in den Händen haben, tragen; den Kopf in die Hände stützen; sie klatschten vor Freude in die Hände; er hat schon lange kein Buch mehr in die H. genommen *(nicht mehr gelesen);* jmdm. etwas in die H. drücken *(beiläufig oder verstohlen geben);* er spuckte in die Hände und ergriff den Spaten; H. in H. *(angefaßt)* gehen; sich mit erhobenen Händen ergeben; etwas mit der H. herstellen; der Brief ist mit der H. geschrieben; sich mit Händen und Füßen *(gestikulierend)* verständlich machen; den Topf mit bloßen *(ungeschützten)* Händen anfassen; jmdm. mit der H. übers Haar streichen; den Handschuh von der H. streifen; die Mitteilung ging von H. zu H.; eine Studie von unbekannter H. *(von einem unbekannten Verfasser);* das Kleid ist von H. genäht; sie nahm ein Buch zur H.; Musik: eine Sonate für vier Hände/zu vier Händen; R: H. aufs Herz! */Aufforderung, seine Meinung ehrlich zu sagen/;* eine H. wäscht die andere; kalte Hände, warmes Herz. **2.** (Sport) *Handspiel:* das war H.; der Schiedsrichter pfiff H., entschied auf H.; H.! */Ruf, wenn ein Spieler den Ball mit der Hand berührt/.* *** rechter, linker Hand** *(rechts, links)* · **jmds. rechte Hand** *(jmds. vertrauter und wichtigster Mitarbeiter)* · **die öffentliche Hand** *(der Staat als Verwalter öffentlichen Vermögens und als Unternehmer)* · **die ordnende Hand** *(jmd., der Ordnung schafft)* · (selten:) **schlanker Hand** *(anstandslos, ohne Bedenken)* · **jmdm. sind die Hände/Hände und Füße gebunden** *(jmd. kann nicht nach seinem Willen handeln)* · (ugs.:) **jmdm. rutscht die Hand aus** *(jmd. schlägt einen anderen im Affekt)* · **freie Hand haben** *(nach eigenem Ermessen handeln können)* · **jmdm. freie Hand lassen** *(jmdn. selbständig arbeiten, wirken lassen)* · (ugs.:) **zwei linke Hände haben** *(bei der Arbeit ungeschickt sein)* · (ugs.) **eine grüne Hand haben** *(bei der Pflanzenpflege Erfolg haben)* · **eine lockere/lose Hand haben** *(dazu neigen, jmdm. schnell eine Ohrfeige zu geben)* · **eine milde/offene Hand haben** *(gern geben, freigebig sein)* · **eine glückliche Hand haben** *(geschickt sein, das richtige Gefühl für etwas haben):* er hatte bei, mit diesem Unternehmen keine glückliche H. · (ugs.:) **die/seine Hand aufhalten/hinhalten** *(finanzielle Zuwendungen haben wollen)* · (ugs.) **keine Hand rühren** *(jmdm. nicht helfen, nicht beispringen)* · **[selbst] mit Hand anlegen** *(mithelfen)* · **etwas hat Hand und Fuß** *(ist gut durchdacht)* · **beide/alle Hände voll zu tun haben** *(viel zu tun haben)* · **[die] letzte Hand an etwas legen** *(etwas vollenden, abschließen)* · (ugs.:) **die/seine Hand auf etwas halten** *(dafür sorgen, daß etwas nicht ausgegeben oder verbraucht wird)* · **die Hände in den Schoß legen** *(nichts tun)* · **Hand an sich, an jmdn. legen** *(sich, jmdn. töten)* · (geh.:) **seine/die Hand auf etwas legen** *(von etwas Besitz ergreifen)* · (geh.:) **seine/die [schützende, helfende] Hand über jmdn. halten** *(jmdn. schützen, jmdm. helfen)* · (ugs.:) **die Hände über dem Kopf zusammenschlagen** *(über etwas sehr verwundert, entsetzt sein)* · (geh.:) **seine/die**

[schützende, helfende] Hand von jmdm. abziehen, nehmen *(jmdn. nicht mehr schützen, jmdm. nicht mehr helfen)* · **bei etwas die/seine Hand [mit] im Spiel haben** *(an etwas heimlich beteiligt sein)* · **für jmdn., für etwas die/seine Hand ins Feuer legen** *(für jmdn., für etwas bürgen)* · (ugs. verstärkend:) **sich (Dativ) für jmdn., etwas die Hand abschlagen/abhacken lassen** *(für jmdn., für etwas bürgen)* · (geh.:) **[sich (Dativ)] seine Hände in Unschuld waschen** *(erklären, daß man unschuldig ist)* · **sich die Hand reichen können** *(sich gleichen, einer wie der andere sein)* · (geh.:) **jmdm. die Hand [zum Bunde] fürs Leben reichen** *(jmdn. heiraten)* · **an Hand/**(auch:)**anhand** *(mit Hilfe, nach):* an H. der Unterlagen, H. von Unterlagen · (ugs.:) **jmdn. an der Hand haben** *(jmdn. als Hilfe zur Verfügung haben)* · **jmdm. etwas an, in die Hand geben** *(zur Verfügung stellen)* · (ugs.:) **sich (Dativ) etwas an beiden Händen abzählen/abfingern können** *(sich etwas leicht denken, etwas leicht vorhersehen können)* · **jmdm. an die Hand gehen** *(jmdm. helfen)* · **an Händen und Füßen gebunden sein** *(machtlos sein)* · **an jmds. Händen klebt Blut** *(jmd. ist ein Mörder, für einen Mord verantwortlich)* · **etwas liegt klar auf der Hand** *(ist offenkundig)* · **jmdn. auf Händen tragen** *(jmdn. sehr verwöhnen)* · **aus erster Hand: a)** *(aus bester Quelle, authentisch):* diese Nachricht ist aus erster H. **b)** *(vom ersten Besitzer)* · **aus zweiter Hand: a)** *(von einem Mittelsmann).* **b)** *(vom zweiten Besitzer):* er hat das Auto aus zweiter H. gekauft · **aus, von privater Hand** *(von einer Privatperson)* · **etwas aus der Hand geben** *(von anderen erledigen lassen, auf etwas verzichten)* · **jmdm. etwas aus der Hand nehmen** *(jmdm. etwas entziehen, wegnehmen)* · (ugs.:) **jmdm. aus der Hand fressen** *(jmdm. zu Willen sein)* · (Skat:) **[aus der] Hand spielen** *(ohne den Skat aufzuheben spielen):* ich spiele Pik H.; er spielt einen Grand aus der H. · (ugs.:) **etwas bei der Hand haben** *(greifbar, zur Verfügung haben)* · (ugs.:) **[mit etwas] schnell/gleich bei der Hand sein** *(schnell zu etwas bereit sein)* · **durch jmds. Hand/Hände gehen** *(im Laufe der Zeit von jmdm. bearbeitet, behandelt, gebraucht werden)* · **etwas ist [bereits/schon] durch viele Hände gegangen** *(hat schon oft den Besitzer gewechselt)* · **hinter vorgehaltener Hand** *(im geheimen, inoffiziell)* · **in sicheren, guten Händen sein** *(in sicherer, guter Obhut sein)* · (ugs.:) **in festen Händen sein** *(ein festes Verhältnis haben, verheiratet sein)* · **in guten/schlechten Händen sein/liegen** *(gut, schlecht versorgt sein, betreut werden):* bei ihm ist der Fall in guten Händen · **etwas in der Hand/in [den] Händen haben** *(etwas haben, was man notfalls als Druckmittel einsetzen wird)* · **jmdn. [fest] in der Hand haben** *(jmdn. in seiner Gewalt haben, jmdn. lenken können, jmdn. völlig sicher sein)* · (ugs.:) **in die Hände spucken** *(ohne Zögern und mit Schwung an die Arbeit gehen)* · **jmdm., etwas in die Hand/Hände bekommen/kriegen** *(durch Zufall] einer Person oder Sache habhaft werden)* · **jmdm. in die Hände fallen** *(in jmds. Gewalt geraten)* · **etwas fällt jmdm. in die Hände** *(etwas wird zufällig von jmdm. gefunden, entdeckt)* · **jmds. Händen entkommen** *(jmds. Gewalt entkommen)* · **jmdm. in die Hand/Hände arbeiten** *(unbeabsichtigt einer Sache Vorschub leisten)* · **jmdm. etwas in die Hand/in die Hände spie-**

len *(jmdm. etwas wie zufällig zukommen lassen)* · jmdn., etwas in jmds. Hand geben *(jmdn., etwas einem anderen überantworten)* · etwas in seiner Hand haben *(etwas in seinem Besitz, unter seiner Leitung, zur Verfügung haben)* · etwas in Händen halten *(über etwas verfügen)* · etwas ist in jmds. Händen *(etwas ist in jmds. Besitz)* · in jmds. Hand sein *(in jmds. Gewalt sein)* · etwas geht in jmds. Hände über *(geht in jmds. Besitz über)* · etwas liegt/steht in jmds. Hand *(etwas liegt bei jmdm., in jmds. Ermessen, Verantwortung)* · etwas in die Hand nehmen *(die Leitung von etwas, die Verantwortung für etwas übernehmen)* · (geh.:) etwas in jmds. Hand/Hände legen *(jmdn. mit einer Aufgabe betrauen)* · b) jmdm. etwas in die Hand versprechen *(jmdm. etwas fest versprechen)* · Hand in Hand arbeiten *(zusammenarbeiten)* · etwas geht Hand in Hand mit etwas *(etwas geht mit etwas einher)* · mit fester/starker Hand *(streng)*: er regierte mit fester H. · mit leeren Händen: a) *(ohne eine Gabe mitzubringen)* · b) *(ohne etwas erreicht zu haben, ohne ein greifbares positives Ergebnis)* · mit vollen Händen *(verschwenderisch, reichlich, großzügig)* · (ugs.:) mit der linken Hand; mit leichter Hand *(ohne sich anstrengen zu müssen, nebenbei, ohne große Mühe)* · etwas ist mit Händen zu greifen *(etwas ist offenkundig)* · (ugs.:) sich mit Händen und Füßen gegen etwas wehren/sträuben *(sich sehr heftig gegen etwas wehren)* · (geh. veraltend:) um jmds. Hand anhalten/bitten *(einer Frau einen Heiratsantrag machen)* · (geh. veraltend) [jmdn.] um jmds. Hand bitten *(die Einwilligung der Eltern einholen, ihre Tochter zu heiraten)* · etwas unter den Händen haben *(etwas in Arbeit haben, mit etwas für längere Zeit beschäftigt sein)* · (ugs.:) etwas zerrinnt/schmilzt jmdm. unter den Händen *(etwas verringert sich, wird laufend weniger)* · (geh.:) von jmds. Hand *(durch jmds. Tat; von jmdm. ausgeführt)*: von jmds. H. sterben · etwas von langer Hand vorbereiten *(etwas, was gegen andere gerichtet ist, gründlich vorbereiten)* · etwas geht jmdm. [leicht, gut, flott] von der Hand *(etwas fällt jmdm. leicht)* · etwas [nicht] von der Hand weisen *(etwas [nicht] als unzutreffend, unzumutbar o. ä. zurückweisen)*: diese Möglichkeit ist nicht, läßt sich nicht von der H. weisen; ich kann das nicht von der H. weisen · von der Hand in den Mund leben *(die Einnahmen sofort für Lebensbedürfnisse wieder ausgeben)* · etwas geht von Hand zu Hand *(wechselt oft den Besitzer)* · zu Händen [von] jmdm./(selten:) zu jmds. Händen *(an jmdn. persönlich /in Verbindung mit der Anschrift auf Briefen u. ä./)*: zu Händen [von] Herrn ..., (selten:) des Herrn ... · zur linken, rechten Hand *(links, rechts)* · zur Hand sein *(verfügbar, greifbar sein)* · etwas zur Hand haben *(etwas verfügbar, bereit haben)* · jmdm. zur Hand gehen *(behilflich sein)* · zu treuen Händen *(zur guten, sorgsamen Behandlung, Verwahrung)*.

Händedruck, der: *Drücken der Hand bei der Begrüßung, Verabschiedung o. ä.*: ein kräftiger, weicher, dankbarer, warmer H.; einen H. wechseln; jmdn. mit H. begrüßen; er verabschiedete sich mit einem stummen H. *(mit einem Händedruck und schwieg dabei)*.

¹Handel, der: 1. *Warenkauf und -verkauf:* ein blühender, freier, weltweiter H.; der internationale, innerdeutsche, überseeische H.; der H. mit Waffen wurde untersagt; der H. zwischen den Völkern entwickelt sich gut; H., Industrie und Handwerk liegen danieder; einen schwunghaften H. mit etwas anfangen, betreiben; den H. mit dem Ausland unterbinden; wir treiben mit diesen Ländern keinen H.; der H. *(die Geschäftswelt)* hält eine Preiserhöhung für unumgänglich; das Medikament wurde aus dem H. gezogen *(wird nicht mehr verkauft)*; das Buch ist noch im H. *(kann gekauft werden)*; ein neues Produkt in den H. bringen *(zum Kauf anbieten)*; diese Geräte kommen nicht in den H. *(werden nicht zum Kauf angeboten)*; Kaufmannsspr.: H. in Textilien. 2. *Abmachung, Vertrag:* ein vorteilhafter, günstiger H. kam zustande; einen H. mit jmdm. eingehen, abschließen, rückgängig machen. * (geh.:) **Handel und Wandel** *(Wirtschaft und Verkehr).*

²Handel, der (geh.): *Streit:* die beiden haben einen H. ausgetragen; Händel suchen, stiften, anfangen; Händel mit jmdm. haben; wir lassen uns nicht mit ihnen in Händel ein; er hat ihn in Händel verwickelt.

handeln: 1. *mit etwas Handel treiben, etwas kaufen und verkaufen:* a) ⟨mit jmdm., mit etwas h.⟩ mit Pferden h.; er handelte mit Südfrüchten; er hat en gros mit Gebrauchtwagen gehandelt; Kaufmannsspr.: er handelt in Getreide. b) ⟨etwas h.; gewöhnlich im Passiv⟩ mit Umstandsangabe) dieses Papier wird nicht an der Börse gehandelt; Spargel wurde in der Stadt für sechs Mark das Pfund gehandelt; wir handeln heute den Dollar mit 1,62 DM. 2. ⟨mit jmdm. h.⟩ *mit jmdm. Handel treiben, Geschäfte abschließen:* mit ausländischen Firmen, vielen Ländern h.; die Einwanderer handelten mit den Eingeborenen; Deutschland handelt mit Übersee. 3. *feilschen, [über den Preis] verhandeln:* sie handelten zäh, den ganzen Vormittag über, um den Preis; wir lassen nicht mit uns h. 4. (gehandelt werden) · mit Umstandsangabe) *im Gespräch sein; eingeschätzt werden:* als Nachfolger, Favorit, Kandidat wird A. B. gehandelt; als nächstmöglicher Termin wird der September gehandelt; zwei deutsche Namen werden im internationalen Sport gut gehandelt. 5. a) *etwas tun, unternehmen; vorgehen:* mutig, fair, wie ein Ehrenmann, gemein, rücksichtslos, eigenmächtig, hinter jmds. Rücken, nach freiem Ermessen, auf Befehl von ..., aus innerer Überzeugung, aus Verantwortung, über jmds. Kopf hinweg, entschlossen, nach diesem Grundsatz, nach Vorschrift h.; weise, korrekt, den Vereinbarungen gemäß, schnell, unverzüglich, rasch, ohne zu zögern h.; ich habe im Affekt, in Notwehr, in seinem Sin[n]e gehandelt; es ist höchste Zeit zu h.; es muß gehandelt werden; nicht reden, sondern h.! b) (geh.) ⟨an jmdm./gegen jmdn. h.; mit Artangabe⟩ *sich in bestimmter Weise jmdm. gegenüber verhalten:* niederträchtig, undankbar an jmdm., gerecht gegen jmdn. h.; 6. (geh.) ⟨von jmdm., etwas/über jmdn., etwas h.⟩ *über jmdn., etwas ausführlich schreiben, sprechen:* über ein Thema, einen Gegenstand h.; er hatte von dieser Problematik in einem Essay gehandelt. b) ⟨etwas handelt von jmdm., etwas/über jmdn., etwas⟩ *etwas behandelt etwas, hat etwas*

zum Thema: das Buch, der Aufsatz handelte von der, über die Entdeckung Amerikas; der Film handelt von Lise Meitner. **7.** ⟨es handelt sich um jmdn., um etwas⟩ *es geht um jmdn., um etwas; es betrifft jmdn., etwas:* es handelt sich [hier, dabei] um eine wichtige Sache; es handelte sich nur noch um einige Meter; es konnte sich nur noch um Sekunden h.; worum/(ugs.:) um was handelt es sich?; um wen handelt es sich?; bei dem Fremden handelt es sich um den Bruder meiner Frau *(der Fremde ist der Bruder meiner Frau).*
handfest: **1. a)** *kräftig, derb:* ein paar handfeste Kerle; eine handfeste Schlägerei. **b)** *deftig, nahrhaft:* eine handfeste Mahlzeit; s u b s t.: etwas Handfestes essen. **b)** *von besonderem Gewicht; greifbar, exakt, genau:* handfeste Informationen, Beweise, Anhaltspunkte haben; handfeste Vorschläge, Gründe, Zahlen, Vorteile, Argumente; eine handfeste Überraschung; ein handfester Skandal; handfeste [wirtschaftliche] Interessen.
Handgelenk, das: *Gelenk der Hand:* ein kräftiges, schmales H.; sich (Dativ) das H. brechen, verstauchen. * (ugs.:) **ein lockeres/loses Handgelenk haben** *(leicht zum Schlagen geneigt sein)* · (ugs.:) **aus dem Handgelenk [heraus]: a)** *(unvermittelt, ohne Vorbereitung).* **b)** *(ohne Mühe, mit Leichtigkeit)* · (ugs.:) **etwas aus dem Handgelenk schütteln** *(etwas ohne Mühe, leicht und schnell machen).*
handgemein ⟨in der Verbindung⟩ handgemein werden: *sich schlagen:* nach dem Wortwechsel wurden sie [miteinander] h.
handgreiflich: a) *offenkundig:* eine handgreifliche Lüge; ein handgreiflicher Erfolg, Beweis; jmdm. etwas h. vor Augen führen *(so, daß es unmittelbar einleuchtet).* **b)** *tätlich:* eine handgreifliche Auseinandersetzung; h. [gegen jmdn.] werden; sich h. auseinandersetzen.
Handhabe, die: *Möglichkeit, Anlaß zum Handeln, zum Einschreiten:* keine [rechtliche, gesetzliche, juristische] H. haben, dagegen einzuschreiten; gegen jmdn. eine H. finden; er bot ihm, gab ihm, lieferte ihm die H. für Gegenmaßnahmen.
handhaben: a) ⟨etwas h.⟩ *richtig gebrauchen:* eine Waffe, ein Instrument h.; das Gerät ist leicht, einfach, sicher, schwer, problemlos zu h. **b)** ⟨etwas h.; gewöhnlich mit Artangabe⟩ *durchführen, anwenden:* eine Bestimmung streng, gedankenlos, großzügig, locker, lax h.; wir haben es bisher immer so gehandhabt *(gehalten),* daß ...
handlich: *bequem zu handhaben:* ein handlicher Staubsauger; ein handliches Format; das Gerät ist [in der Bedienung] h.
Handlung, die: **1.** *Tat, Aktion, Tun:* eine [un]überlegte, vorsätzliche, symbolische, strafbare, unbedachte H.; eine kultische, feierliche H. *(Zeremonie);* unzüchtige Handlungen an jmdm. vornehmen; unsittliche, kriegerische Handlungen begehen; für seine Handlungen einstehen müssen, bestraft werden; seine H. rechtfertigen; etwas mit einer H. bezwecken; ich lasse mich nicht zu unüberlegten Handlungen hinreißen. **2.** *Geschehen:* eine verwickelte, fesselnde, spannende H.; die des Romans, des Films ist frei erfunden; das Stück hat eine alltägliche H., hat wenig H.; ü b e r t r.: [der] Ort der H. *(Ort des Geschehens; Tatort)* war ein Steinbruch, ist Berlin.
Handschlag, der: *Handschütteln, Handgeben;*

jmdn., sich durch/mit/per H. begrüßen, verabschieden; jmdm. durch H. verpflichten; sie bekräftigten, besiegelten den Kauf, Vertrag durch H. * (ugs.:) **keinen Handschlag tun** *(nichts tun).*
Handschrift, die: **1. a)** *charakteristische Schriftzüge:* eine ausgeschriebene, flüssige, saubere, steile, [un]deutliche, unleserliche H. haben; in gut leserlicher H.; seine H. ist schwer zu entziffern; er schrieb mit seiner schönsten H. einen Beschwerdebrief. **b)** *charakteristische Merkmale:* jede Zeile des Buches trägt, verrät die eigenwillige H. der Dichterin, die persönliche H. des Künstlers. **2.** *handgeschriebenes Werk:* eine seltene H.; das Archiv besitzt wertvolle Handschriften des 11. Jahrhunderts. * (ugs.:) **eine gute/kräftige Handschrift schreiben** *(kräftig zuschlagen).*
Handschuh, der: /*ein Bekleidungsstück* /: gefütterte, lange Handschuhe; ein Paar Handschuhe; zu etwas Handschuhe aus Wildleder tragen; [sich (Dativ)] die Handschuhe anziehen, überstreifen, -ziehen; keine Handschuhe anhaben; [sich (Dativ)] die Handschuhe ausziehen, abstreifen; einen H. fallen lassen, aufheben; etwas mit Handschuhen anfassen. * jmdm. **den Handschuh hinwerfen/vor die Füße werfen/ins Gesicht schleudern, werfen** *(jmdn. herausfordern)* · **den Handschuh aufnehmen/aufheben** *(die Herausforderung annehmen).*
Handumdrehen ⟨in der Verbindung⟩ im Handumdrehen (ugs.): *mühelos, sehr schnell:* er war im H. damit fertig.
Handwerk, das: *manuell und mit Werkzeugen ausgeführte Berufstätigkeit:* ein ehrliches, freies, bodenständiges H.; das H. des Malers; ein H. erlernen, [be]treiben, ausüben; sein H. beherrschen, kennen, verstehen *(in seinem Beruf tüchtig sein);* R: H. hat goldenen Boden *(ein Handwerksberuf bietet die Gewähr für ein gesichertes Auskommen);* Klappern gehört zum H. *(wer in seinem Beruf Erfolg haben will, muß lautstark dafür werben)* · * (ugs.:) **jmdm. ins Handwerk pfuschen** *(sich in einem Bereich betätigen, für den ein anderer zuständig ist)* · **jmdm. das Handwerk legen** *(jmds. Treiben ein Ende setzen).*
hanebüchen (ugs.): *unerhört, haarsträubend:* eine hanebüchene Frechheit, Lüge; ein hanebüchener Vorschlag; eine hanebüchener Unsinn; das ist ja h.; er hat h. gelogen.
Hang, der: **1.** *abfallende Bergseite:* ein steiler, abgeholzter, bewaldeter H.; die grünen Hänge der Voralpen; den H. hinaufklettern, hinunterrutschen; das Haus liegt am H. **2.** *Neigung, Vorliebe:* ein krankhafter, gefährlicher, ausgeprägter H.; ein H. zum Nichtstun; einen gewissen H. zur Bequemlichkeit haben; ein Mensch mit einem starken H. zum Radikalismus.
¹hängen (veraltet, noch ugs. landsch.: hangen), hing, gehangen: **1. a)** ⟨mit Raumangabe⟩ *irgendwo befestigt sein:* das Bild hängt an der Wand, über der Couch; an den Bäumen hingen Lampions; die Hemden hängen auf der Leine; Fahnen hingen aus den Fenstern; die Zweige hängen über den Zaun; die Leitungen hingen auf die Schienen *(bis auf die Schienen hinunter);* b i l d l.: die Insassen des Autos hatten benommen in ihren Gurten gehangen; die Nachbarn hängen *(lehnen sich)* weit aus dem Fenstern; der Schüler hing

(saß ohne Haltung) in der Bank; sie hing an seinem Hals *(umarmte ihn);* der Rauch der Zigaretten hing noch im Zimmer *(schwebte noch im Zimmer);* an seinen Schuhen hing Schmutz; der Wagen hängt nach einer Seite *(hat auf einer Seite Übergewicht);* übertr.: ihre Augen, ihre Blicke hingen an ihm; ⟨auch ohne Raumangabe⟩ die Gardinen hängen *(sind angebracht)* · ⟨etwas hängt jmdm.; mit Raumangabe⟩ die Haare hingen *(fielen)* ihm ins Gesicht; der Anzug hing ihm am Leibe (ugs.; *paßte nicht, war zu weit*); ihm hängt der Magen [bis] in die Kniekehlen *(ugs. scherzh.; er hat großen Hunger).* **b)** ⟨etwas hängt; mit Artangabe⟩ *etwas ist in bestimmter Weise befestigt:* etwas hängt locker, schräg, schief; der Kronleuchter hängt zu tief. **c)** ⟨etwas hängt voll von etwas⟩ *etwas hat etwas in, an sich, das hängt:* der Schrank hing voller Kleider; das Dachgeschoß hing voll von duftenden Würsten; der Baum hing voller Früchte *(war mit Früchten beladen);* die Zweige hängen voller Blüten *(sind dicht mit Blüten besetzt).* **2. a)** ⟨etwas hängt an jmdm., an etwas⟩ *etwas ist von jmdm., von etwas abhängig:* der weitere Verlauf der Verhandlungen hängt an ihm, an seiner Geschicklichkeit; wo[ran] hängt (ugs.; *fehlt*) es denn?; alles, was drum und dran hängt (ugs.; *alles, was dazugehört).* **b)** ⟨an jmdm., an etwas h.⟩ *jmdn., etwas gern haben und sich nicht von jmdm., von etwas trennen wollen:* seine Schüler hängen an ihm; er hat sehr an seiner Heimatstadt, am Leben gehangen; daran hängt ihr Herz. **3.** (ugs.) ⟨bei jmdm. h.⟩ *Schulden haben:* er hängt beim Wirt. **4. a)** (ugs.) *nicht nachkommen:* er hängt in Mathematik. **b)** *nicht weitergehen, nicht weiterkommen:* die [Schach]partie, der Prozeß hängt noch; der Schauspieler hing *(stockte, weil er den Text vergessen hatte).* **c)** (ugs.) ⟨mit Raumangabe⟩ *lange irgendwo bleiben:* der Kerl hängt jeden Abend in der Kneipe, am Theke; wo hängt *(steckt)* sie jetzt bloß wieder?; übertr.: er hängt dauernd am Telefon *(telefoniert ständig).* * (ugs.:) **mit Hängen und Würgen** *(mit sehr großer Mühe).* **²hängen,** hängte, gehängt: **1. a)** ⟨etwas h.; mit Raumangabe⟩ *etwas irgendwo befestigen:* er hängt das Bild an die Wand, über die Couch; sie hängte die Wäsche zum Trocknen auf die Leine; er hatte die Fahne aus dem Fenster gehängt; ⟨jmdm., sich etwas h.; mit Raumangabe⟩ er hängte sich die Werkzeugtasche über die Schulter; er hängte ihr den Fastnachtsorden um den Hals · bildl.: die Nachbarn hängten die Köpfe *(lehnten sich)* weit aus den Fenstern. **b)** ⟨sich h.; mit Raumangabe⟩ *etwas ergreifen, festhalten und mit seinem Gewicht nach unten ziehen:* sich an einen Ast, eine Sprosse hängen; sie hängte sich an das Seil; bildl.: sie hängte sich an seinen Arm; die Leute hängten sich *(lehnten sich)* über die Brüstung; übertr.: (ugs.): sich ans Telefon, an die Strippe h. *(zur Erreichung eines Zieles [lange und häufig] telefonieren);* ⟨sich jmdm. h.; mit Raumangabe⟩ sie hängte sich ihm an den Hals. **c)** ⟨sich an jmdn., an etwas h.⟩ *verfolgen:* der Detektiv hängte sich an den Verbrecher, an seine Fersen; übertr.: ich mag nicht, daß du dich immer an mich hängst *(daß du dich mir immer anschließt).* **2. a)** ⟨etwas h.; mit Artangabe⟩ *etwas in*

bestimmter Weise befestigen: häng doch das Bild nicht so schief!; er hatte den Kronleuchter zu tief gehängt. **b)** ⟨etwas h.⟩ *schwer und schlaff nach unten bewegen, fallen lassen:* den Arm aus dem Wagenfenster h.; die Beine ins Wasser h. [lassen]; die Blumen hängen die Köpfe *(beginnen zu welken).* **3.** ⟨jmdn. h.⟩ *jmdn. durch Aufhängen töten:* sie wollten den Mörder h.; sie haben ihn an einen Ast gehängt; R (ugs.): ich will mich h. lassen, wenn ... /Beteuerungsformel/.

hängenbleiben (gewöhnlich mit Raumangabe): **1. a)** *irgendwo festhängen:* [mit dem Mantel] an einem Nagel h.; übertr.: die Angriffe blieben im Mittelfeld hängen (Sport; *kamen dort zum Stillstand);* die Läuferin blieb im Zwischenlauf hängen (Sport; *schied dort aus).* **b)** *sich [unnötig lange] aufhalten:* wir sind gestern noch bei unseren Nachbarn hängengeblieben; in einer Disko blieben wir hängen; übertr.: an, bei jeder Einzelheit blieb er hängen. **c)** (ugs.) *nicht versetzt werden:* sie ist in der Schule zweimal hängengeblieben; in der neunten Klasse blieb er hängen; ob dieses Jahr jemand hängenbleibt? **2. haften:** die Kletten bleiben in den Haaren hängen; übertr.: von dem Vortrag ist nicht viel hängengeblieben *(im Gedächtnis geblieben);* es bleibt wieder alles an mir hängen *(ich muß alles erledigen);* etwas bleibt immer hängen *(ein Verdacht kann nie ganz ausgeräumt werden).*

hängenlassen: 1. ⟨etwas h.⟩ *vergessen:* er hat den Mantel in der Garderobe h./(selten:) hängengelassen. **2.** (ugs.) ⟨jmdn. h.⟩ *im Stich lassen:* die Lieferanten haben ihn h./(selten:) hängengelassen; er wird dich nicht h. **3.** ⟨sich h.⟩ *sich gehenlassen:* laß dich doch nicht so hängen!; wer sich hängenläßt, hat keine Chance.

hänseln ⟨jmdn. h.⟩: *necken:* sie hänselten ihn dauernd wegen seiner krummen Beine.

hantieren a) ⟨mit Raumangabe⟩ *geschäftig arbeiten, tätig sein:* die Mutter hantierte am Tisch, in der Küche; sie hantierte geschäftig am Kassettenrecorder. **b)** ⟨mit etwas h.⟩ *etwas handhaben:* sie hantierte mit dem Faltplan von Paris, mit einem Schraubenschlüssel am Auto.

hapern (ugs.): **a)** ⟨es hapert an etwas⟩ *es fehlt, mangelt an etwas:* es hapert an Nachwuchskräften; an Geld haperte es. **b)** ⟨es hapert mit etwas/in etwas⟩ *es klappt nicht, geht nicht voran:* es hapert mit der Versorgung, im Nahverkehr; in Latein hapert es bei ihm *(ist er schwach).*

Happen, der (ugs.): *Bissen:* ein tüchtiger, riesiger H.; ein H. Schinken; er hat noch keinen H. *(nichts)* gegessen; wir wollen noch einen kleinen H. *(eine Kleinigkeit)* essen; sie war schon nach ein paar H. satt; übertr.: sich einen fetten, schönen (ugs.) H. *(einen großen Gewinn, ein gewinnbringendes Geschäft)* nicht entgehen lassen.

Harke, die (bes. norddt.): /*ein Gerät zur Garten- oder Feldarbeit*/: mit der H. arbeiten. * (ugs.:) **jmdm. zeigen, was eine Harke ist** *(jmdm. zeigen, wie man etwas richtig, besser macht).*

harmlos a) *ungefährlich:* eine harmlose Verletzung; die Krankheit nimmt einen harmlosen Verlauf, verläuft h.; ein harmloses *(unschädliches)* Medikament; die ganze Mannschaft war, spielte zu h. **b)** *friedlich, gutmütig:* ein harmloser Mensch; er macht einen ganz harmlosen Eindruck. **c)** *arglos, ohne böse Absicht, nicht ernst ge-meint:* eine harmlose Frage, Zerstreuung; ein harmloser Witz; es war doch nur ein harmloses Spiel; er tat ganz h.; er blickte sie h. *(treuherzig)* an; es fing ganz h. *(ohne daß man etwas Schlimmes vermutet hätte)* an.

Harmonie, die: **1.** *Übereinstimmung, Einklang:* die körperliche, innere, geistige, seelische H. zwischen zwei Menschen; die ewige, göttliche H. des Kosmos; die H. *(das Ebenmaß)* der Farben und Formen; diese Maßnahmen störten die soziale, politische H.; sie lebten in schönster H. *(Eintracht)* miteinander. **2.** (Musik) *wohltönender Zusammenklang, Wohlklang:* eine vielstimmige H.; die H. der Töne, des Dreiklangs.

harmonieren: a) ⟨etwas harmoniert mit etwas⟩ *etwas paßt gut zu etwas:* der Hut harmonierte [farblich gut, schlecht, nicht] mit dem Kostüm; die Farben des Bildes harmonierten nicht miteinander; ⟨auch ohne Präp.-Obj.⟩ Vorhänge und Tapete harmonieren wunderbar. **b)** ⟨mit jmdm. h.⟩ *sich gut mit jmdm. verstehen, gut miteinander auskommen:* er harmoniert gar nicht mit seinem Chef; die Eheleute harmonieren gut miteinander; ⟨auch ohne Präp.-Obj.⟩ die beiden haben noch nie harmoniert.

Harnisch, der: *Ritterrüstung:* den H. anlegen. * **in Harnisch sein** *(zornig, wütend sein)* · **jmdn. in Harnisch bringen** *(jmdn. so reizen, daß er zornig, wütend wird):* er, sein Geschwätz brachte sie jedesmal in H. · **in Harnisch geraten/kommen** *(zornig, wütend werden).*

harren (geh.): *auf jmdn., auf etwas warten:* **a)** ⟨jmds., einer Sache h.⟩ wir harrten seiner vergebens; übertr.: andere Aufgaben harrten meiner; diese Aufgabe harrt der Erledigung (Papierdt.; *ist noch nicht erledigt*). **b)** ⟨auf jmdn., auf etwas h.⟩ sie harrten auf Nachzügler.

hart: I. ⟨Adj.⟩ **1. a)** *fest, nicht weich; nicht oder kaum nachgebend:* ein harter Stein; hartes Holz, Brot; ein hartes Brett; ein harter Bleistift *(mit harter Mine);* auf der harten Erde liegen; hartes *(kalkreiches)* Wasser; harte *(hartgekochte)* Eier; h. wie ein Brett, wie Stein; die Kartoffeln waren h. *(nicht gar);* die Stiefel sind trocken und h. geworden; die Wege sind h. gefroren. **b)** *sicher, stabil:* eine harte Währung; harte Devisen. **c)** *abgehärtet, robust und widerstandsfähig:* harte Burschen, Cowboys; ein harter Mann; R: gelobt sei, was h. macht. **2.** *schwer [erträglich], mühevoll:* eine harte Arbeit; ein hartes Leben; ein harter Verlust; eine harte Jugend haben; er hat harte Jahre hinter sich; ein harter Schicksalsschlag; er hatte bei den Verhandlungen einen harten Stand; die Bedingungen sind h.; sie haben für das Geld h. gearbeitet; es kommt mich h. an *(es fällt mir sehr schwer),* dir das zu sagen; etwas ist h. für jmdn.) das Leben im Exil war h. für ihn. **3.** *streng; unerbittlich:* harte Gesetze; ein harter politischer Kurs; eine harte Lehre, Schule; ein harter *(schokkierender)* Film; eine harte Strafe; ein hartes Training; ein harter Mensch; mit harten Augen, hartem Blick, harten *(verkniffenen)* Mundwinkeln; ein hartes Herz haben; dein Urteil ist zu h.; jmdn. h. kontrollieren, anfassen, bestrafen; h. durchgreifen; ⟨zu jmdm., gegen jmdn./jmdm. gegenüber h. sein⟩ er war h. gegen die Kinder/den

Kindern gegenüber; sei nicht so h. zu ihr! **4.** *heftig, scharf; von großer Intensität:* ein harter Aufprall; es gab eine harte Auseinandersetzung; ein harter Winter; Sport: ein hartes *(mit großem Einsatz geführtes)* Spiel; Tennis: der Brite hatte den härteren Aufschlag; verzeihen Sie das harte Wort *(den starken Ausdruck);* das Bild zeigt harte Linien, eine harte Farbgebung *(ohne vermittelnde Farbtöne);* er hat eine harte *(scharf akzentuierte)* Aussprache; harte *(stimmlose)* Konsonanten; harte (ugs.; *hochprozentige)* Getränke, Sachen; harte Drogen *(starkes, abhängig machendes Rauschgift);* der Kampf war sehr h.; jmdn. h. anfahren; jmdn. h. am Arm packen; h. aneinander geraten *(heftigen Streit bekommen);* Sport: der Mittelstürmer wurde h. genommen *(wurde scharf, mit vollem körperlichem Einsatz angegriffen);* der Fahrer bremste h.; das Raumfahrzeug ist h. *(mit einem Aufprall)* auf dem Mond gelandet. **II.** ⟨Adverb⟩ *nahe, ganz dicht:* das Haus liegt h. an der Straße; er fuhr h. am Abgrund vorbei; h. an der Grenze des Erlaubten; Seemannsspr.: h. am Wind segeln. * **es geht hart auf hart** *(es geht ohne Rücksichtnahme ums Ganze).*

Härte, die: **1. a)** *Festigkeit:* die H. des Eisens, Gesteins, Stahls; das Material gibt es in verschiedenen Härten; die H. *(Kalkhaltigkeit)* des Wassers prüfen. **b)** *Stabilität, Sicherheit:* die H. der deutschen Mark. **c)** *das Abgehärtetsein, Robustheit und Widerstandsfähigkeit:* dem Spieler fehlt noch die nötige H. **2.** *Benachteiligung, Ungerechtigkeit:* soziale Härten mildern; bei den Entlassungen sollen Härten vermieden werden. **3.** *Strenge:* die H. des Gesetzes zu spüren bekommen; die H. wich aus seinem Gesicht; mit mitleidloser H. vorgehen. **4.** *Heftigkeit, Schärfe:* die H. des Kampfes, des Aufpralls; eine Debatte in aller H. austragen. * (ugs.:) **die Härte sein: a)** *(unerhört, gräßlich sein):* einen so zu betrügen ist ja doch die H.!; dieser Kerl ist die H.! **b)** *(großartig sein):* der Typ, das Konzert war die H.!

hartnäckig: *beharrlich, unnachgiebig, eigensinnig:* ein hartnäckiger Bursche; hartnäckigen Widerstand leisten; eine hartnäckige *(langwierige)* Erkältung; der Antragsteller ist sehr h.; er blieb h. bei seiner Weigerung; das Gerücht hielt sich h.; h. fragen, schweigen; er weigerte sich h.

Hase, der: / *ein Tier / :* der H. hoppelt, schlägt einen Haken; einen Hasen jagen, schießen, abziehen, braten, essen. * (ugs.:) **ein alter Hase sein** *(Erfahrung haben, sich auskennen)* · (ugs.:) **kein heuriger Hase sein** *(kein Neuling mehr sein)* · (ugs.:) **falscher Hase** *(Hackbraten)* · (ugs.:) **sehen/wissen, wie der Hase läuft** *(sehen, wissen, wie es weitergeht)* · (ugs.:) **da/hier liegt der Hase im Pfeffer** *(da liegt die Ursache der Schwierigkeit, da ist der entscheidende Punkt).*

Haß, der: *heftige Abneigung:* ein bitterer, ohnmächtiger, tödlicher, wilder H.; blinder, unversöhnlicher H. erfüllte ihn; kalter H. schlug ihm entgegen; der H. zwischen den Völkern; H. bei jmdm. schüren; unbändigen H. auf/gegen jmdn., etwas erregen, säen, schüren, empfinden, im Herzen tragen, nähren; (ugs.:) [einen] H. *(Wut, Zorn)* auf jmdn. haben, kriegen; seinen H. zügeln; sich jmds. H. zuziehen; er tötete ihn aus H.; jmdn. mit seinem H. verfolgen; von H. erfüllt sein.

hassen ⟨jmdn., etwas h.⟩ *Haß, Abscheu empfinden:* ich hasse den Krieg; Aufregungen, Skandale h. *(als sehr unangenehm empfinden):* ich hasse es *(mag es nicht),* wenn ...; die beiden Brüder hatten sich/(geh.:) einander glühend, erbittert, im stillen, wie die Pest (ugs.) gehaßt; ⟨auch ohne Akk.⟩ er kann leidenschaftlich h.

häßlich: 1. *im Aussehen nicht schön, abstoßend:* ein häßliches Mädchen, Gesicht, Bild; häßliche Farben, Vorstadtstraßen, Mietskasernen; er war erschreckend h.; er sieht wirklich h. aus; sie war h. wie die Nacht *(sehr häßlich)* 2. *übel, gemein:* häßliche Ausdrücke, Worte; häßliche Gedanken hegen; einen häßlichen Charakter haben; er zeigte sich von seiner häßlichsten Seite; ⟨zu jmdm. h. sein⟩ er war sehr h. zu ihr. 3. *unangenehm, unschön:* ein häßlicher Vorfall, eine häßliche Geschichte; ein häßlicher Husten quälte ihn; das Wetter war sehr h.

Hast, die: *überstürzte Eile:* in, mit atemloser, größter, fliegender H.; voller H. eilte er davon.

hasten ⟨gewöhnlich mit Raumangabe⟩: *überstürzt eilen:* durch die Straßen, ins Haus, zum Stadion h.; sie hastete ziellos hin und her.

hastig, *eilig, überstürzt:* hastige Atemzüge, Schritte; er hat eine hastige Sprechweise; seine Bewegungen waren sehr h.; h. essen, abreisen.

Haube, die: 1. *dem Kopf [locker] angepaßte Kopfbedeckung für Frauen:* eine schwarze H. tragen; die Hauben der Krankenschwestern, einer Volkstracht; eine Verkäuferin mit einem Häubchen; bildl.: die Berggipfel trugen, hatten eine weiße H. *(waren schneebedeckt).* 2. a) *Kühler-, Motorhaube:* er klappte die H. auf. b) *Trockenhaube:* sie saß über eine Stunde beim Friseur unter der H. * (ugs. scherzh.:) **jmdn. unter die Haube bringen** *(verheiraten)* · (ugs. scherzh.:) **unter die Haube kommen** *(geheiratet werden)* · (ugs. scherzh.:) **unter der Haube sein** *(geheiratet haben).*

Hauch, der: 1. a) (geh.) *sichtbarer oder fühlbarer Atem:* man sah den H. vor dem Mund; der letzte H. *(Atemzug)* eines Sterbenden. b) *leichter Luftzug:* ein kalter H. wehte uns an; der kühle H. des Abendwindes; es war heiß, kein H. war zu spüren. c) (geh.) *kaum wahrnehmbarer Geruch:* ein H. von Jasmin breitete sich aus. 2. *Anflug, Andeutung, ein wenig:* ein H. von Rouge auftragen; Rauhreif lag als zarter H. *(als schleierartige Schicht)* auf den Ästen; der H. eines Lächelns; auch der leiseste H. einer Verstimmung zwischen ihnen war geschwunden; ein H. *(das Flair)* des Orients; ein H. von Hollywood.

hauchen: 1. ⟨mit Raumangabe⟩ *Atem ausstoßen:* auf seine Brille, gegen die Scheibe h.; er hauchte in seine kalten Hände. 2. (geh.) ⟨etwas h.⟩ *leise flüstern:* das Jawort h.; ⟨jmdm. etwas h.; mit Raumangabe⟩ jmdm. etwas ins Ohr h.

hauen: 1. a) (ugs.) ⟨jmdn. h.⟩ *jmdn. prügeln, schlagen:* er haute den Jungen [mit dem Stock]; jmdn. windelweich h.; die Jungen hatten sich zuerst beschimpft und dann gehauen (nicht korrekt: gehaut); ⟨sich mit jmdm. h.⟩ mußt du dich ständig mit den andern h.! b) (ugs.) ⟨jmdm./(seltener auch:) jmdn. h.; mit Raumangabe⟩ *auf einen Körperteil schlagen:* er hat ihm/(seltener auch:) ihn auf den Mund gehauen; er haute ihm mit der Faust ins Gesicht; ⟨jmdm. etwas h.; mit Raum-

angabe⟩ jmdm. eine Bierflasche auf den Kopf h.; sie hauten/(selten auch:) hieben sich die Lappen um die Ohren. c) ⟨auf jmdn. h.⟩ *jmdn. mit einer Waffe schlagen:* auf den Angreifer h.; die Polizisten hieben/(ugs.:) hauten mit dem Schlagstock auf die Demonstranten. d) ⟨um sich h.⟩ *mit einer Waffe um sich schlagen:* er hieb/(ugs.:) haute [mit dem Degen wie wild] um sich. 2. (ugs.) ⟨mit Raumangabe⟩ *auf etwas, gegen etwas schlagen, stoßen:* er haute/(seltener auch:) hieb gegen die Tür; sie hatte auf die Tasten gehauen; mit dem Knie gegen das Rad, an die Wand h.; mit der Faust auf den Tisch h. 3. (ugs.) a) ⟨etwas h.; mit Raumangabe⟩ *unachtsam, ungeduldig irgendwohin werfen, schleudern:* die Tasche auf die Bank h.; er haute die Schuhe in die Ecke. b) ⟨sich h.; mit Raumangabe⟩ *sich unvermittelt, ungestüm o.ä. legen, fallen lassen:* er haute sich aufs Bett, in sein Auto. 4. a) ⟨etwas h.⟩ *mit einem Werkzeug, einem Gerät machen, irgendwo entstehen lassen:* ein Loch h.; sie hauten Stufen in den Fels; eine Statue in, aus Stein, Granit h.; ⟨jmdm. etwas h.; mit Raumangabe⟩ er hatte ihm ein Loch in den Kopf gehauen. b) ⟨etwas in etwas h.⟩ *etwas in etwas hineinschlagen:* er haute den Nagel in die Wand, den Pflock in die Erde. 5. ⟨etwas h.⟩ *mit einem Werkzeug, einem Gerät abschlagen, zerkleinern o.ä.:* Bäume, einen Wald h. *(fällen);* Holz h. *(hacken).*

Haufen, der: 1. *Menge von übereinanderliegenden aufgehäuften Dingen; Anhäufung:* ein großer H. Kartoffeln, Brennholz, Sand; ein H. trockenes Stroh; ein H. faulender Orangen/(seltener:) faulende Orangen lag/lagen auf dem Tisch; einen H. [Holz] aufschichten; er kehrte, legte, warf alles auf einen H.; es liegt alles auf einem H. *(zusammen);* das Heu in Haufen setzen; das Brennholz in/zu Haufen stapeln; der Hund machte einen großen H. (ugs.); sie saß da wie ein Häufchen Unglück (ugs.; *unglücklich).* 2. a) (ugs.) *viel:* das kostet einen H. Geld; einen H. Schulden, einen H. Arbeit haben; einen H. Elend sehen; einen H. netter Freunde/nette Freunde haben; er kennt einen H. Leute. b) *Schar, Menge:* ein H. Neugieriger/(seltener:) Neugierige stand/standen vor der geschlossenen Tür; ein H. randalierender Halbstarker/(seltener) randalierende Halbstarke; sie kamen in hellen *(sehr großen)* Haufen, alle auf einmal/auf einem H. *(zusammen);* wir sind ein netter, toller H. (ugs.; *eine Gruppe netter, toller Leute);* die Schulklasse war ein verschworener H. (ugs.; *eine verschworene Gemeinschaft);* in einen üblen H. (ugs.; *eine üble Gruppe, Bande)* hineingeraten; ein verlorener H. *(ein Trupp, der allmählich aufgerieben wird).* * (ugs.:) **etwas über den Haufen werfen** *(etwas umstoßen, vereiteln)* · (ugs.:) **jmdn., etwas über den Haufen rennen/fahren** *(jmdn., etwas unvorsichtig oder mutwillig umrennen, überfahren, umreiten)* · (ugs.:) **jmdn. über den Haufen schießen/knallen** *(jmdn. rücksichtslos niederschießen).*

häufen: 1. ⟨etwas h.⟩ *in größerer Menge sammeln, türmen:* Vorräte h.; er häufte Kartoffeln auf seinen Teller; adj. Part.: *[über]voll:* ein gehäufter Eßlöffel Mehl. 2. ⟨etwas häuft sich⟩ *etwas nimmt bedeutend zu, wird mehr:* die Geschenke, die Abfälle häufen sich; die Verbrechen, die Klagen über die Steuern haben sich gehäuft.

häufig: *oft [vorkommend]:* häufige Diebstähle, Unfälle; das ist ein sehr häufiger Fehler, ein h. mißverstandenes Beispiel; das Kind war h. krank; er kam immer häufiger; h. vorkommen, gekauft werden; er kam h. zu spät.

Haupt, das (geh.): **1.** *Kopf:* ein edles H.; das H. neigen, auf die Brust [herab]sinken lassen; sein H. aufstützen; sein H. schütteln; sein weises, graues, greises H. schütteln (ugs., oft scherzh.; *seiner Ablehnung, Verwunderung Ausdruck geben*); bedenklich sein H. wiegen; sein H. [in, vor Scham] verhüllen; baren (selten), bloßen, entblößten Hauptes / mit barem (selten), bloßem, entblößtem H. *(ohne Kopfbedeckung);* erhobenen, gesenkten Hauptes / mit erhobenem, gesenktem H. vor jmdm. stehen; übertr. (geh.): die Häupter *(Gipfel)* der Berge sind mit Schnee bedeckt. **2.** *Führer, wichtigste Person:* das H. einer Familie; er war das H. der Verschwörer. * (veraltend:) **ein bemoostes Haupt** *(Student, der schon lange studiert)* · (geh.:) **ein gekröntes Haupt** *(regierender Fürst)* · (geh.:) **an Haupt und Gliedern** *(ganz, völlig, in jeder Hinsicht):* der Staat ist krank an H. und Gliedern · (geh.:) **jmdn. aufs Haupt schlagen** *(völlig besiegen, vernichten)* · (geh.:) **zu Häupten** *(oben, in Höhe des Kopfes, am Kopfende).*

Haus, das: **1. a)** *Gebäude, das zum Wohnen dient; Wohnung, Heim, in dem jmd. ständig lebt:* ein großes, kleines, mehrstöckiges, schmales, verwinkeltes H.; armselige, einfache, verkommene, saubere Häuser; feste, baufällige, moderne Häuser; ein stilles, abgelegenes H.; sein väterliches H.; das H. seiner Eltern; die Häuser sind hier sehr hellhörig; viele Häuser waren eingestürzt; neben der Tankstelle stand früher ein H.; das H. ist auf ihn, in seine Hände übergegangen; ein H. bauen, einrichten, beziehen, bewohnen; ein H. [ver]mieten, [ver]kaufen; ein H. abbrechen, ein-, niederreißen, umbauen, verputzen, renovieren; ein eigenes H. haben, besitzen; das H. verlassen; jmdn. sein H. öffnen, verbieten; das [ganze] H. auf den Kopf stellen (ugs.; *so sehr nach etwas suchen, daß alles in Unordnung gerät*); die Fenster der umliegenden Häuser waren dunkel; H. an H. *(nebeneinander)* wohnen; jmdn. aus dem Haus[e] jagen; bei dieser Kälte gehe ich nicht aus dem Haus[e]; die Kinder sind längst aus dem H. *(wohnen nicht mehr bei ihren Eltern);* außer Haus[e] *(nicht im Hause, auswärts)* sein, essen; er führte seine Gäste durchs ganze H.; Kaufmannsspr.: Lieferung frei H. *(ohne zusätzliche Transportkosten);* er führte seine Gäste ins H.; im elterlichen Haus[e] wohnen; er ist nicht mehr Herr im eigenen Haus[e] *(hat zu Hause nichts mehr zu sagen);* nach Haus[e] gehen, fahren, kommen; jmdn. nach Haus[e] begleiten, bringen; ein Paket nach Haus[e] schicken; komm [du] nur nach Haus[e]! */Drohung/;* er bringt monatlich rund 3 000 DM nach Haus[e] *(verdient netto rund 3 000 DM);* ein Paket nach Haus[e] *(an seine Angehörigen)* schikken; nach einer dreijährigen Weltreise kehrte er nach Haus[e] *(zu seinen Angehörigen, in seine Heimat)* zurück; der Bettler ging von H. zu H.; viele Grüße von zu Haus[e]!; einige Zeit von zu Haus[e] /(ugs.:) von Hause fortbleiben; er hat das von zu Haus[e]/(ugs.:) von Hause mitgebracht; er

wohnt noch zu Haus[e] *(bei seinen Eltern);* für dich bin ich immer zu Haus[e] *(zu sprechen);* an diesem Abend blieb, war, saß er zu Haus[e]; er fühlt sich schon ganz [wie] zu Haus[e] *(fühlt sich wohl);* übertr.: der Landtag wurde nach Haus[e] geschickt *(wurde aufgelöst);* er ist in Luxemburg zu Haus[e] *(beheimatet);* in der Lausitz ist der Brauch des Ostereiritens zu Haus[e] *(wird dort ausgeübt);* man hatte ihn drei Jahre nicht gesehen, und plötzlich war er wieder zu Haus[e] *(in seinem Heimatort);* sie spielen am Sonntag zu Haus[e] *(in dem Heimatort des Vereins)* auf eigenem Platz. **b)** *alle Hausbewohner:* das H. war vollzählig versammelt; das ganze H. lief auf die Straße. **c)** *Familie:* aus einem anständigen, bürgerlichen, guten H. stammen; der Herr des Hauses *(der Familie);* von H. aus *(von seiner Familie her)* ist er sehr begütert; ich wünsche Ihnen und Ihrem Hause (geh.) alles Gute; er verkehrt in den ersten Häusern *(angesehensten Familien)* der Stadt; herzliche Grüße von H. zu H.! /Grußformel am Briefschluß/. **d)** *Haushalt, Hauswesen einer Familie:* die Alte besorgt ihm noch das H.; ein gastfreies H. haben; ein großes H. führen *(häufig Gäste haben und sie aufwendig bewirten).* **2.** *Dynastie, Herrschergeschlecht:* das H. Davids; ein Angehöriger des Hauses Habsburg; sie stammen vom kaiserlichen Hause ab. **3. a)** *einem bestimmten Zweck dienendes Gebäude:* das große, kleine H. [des Theaters] war ausverkauft; H. *(Hotel, Pension)* Seeblick; das Haus des Herrn *(Kirche);* das Orchester hat auf seiner Tournee volle Häuser; das erste H. *(Hotel)* am Platze; er besuchte ein öffentliches H. (verhüll.; *Bordell);* er hatte die Geschäftsfreunde seines Hauses *(seiner Firma)* eingeladen; der Chef ist zur Zeit nicht im Haus[e] *(im Gebäude der Firma);* vor leerem, ausverkauftem Haus[e] *(Theater)* spielen. **b)** *alle Besucher, Beschäftigten o. ä. in einem bestimmten Gebäude:* das H. *(das Theaterpublikum)* klatschte Beifall; das H. *(Parlament)* ist beschlußfähig; das Hohe H. *(Parlament).* **3.** (ugs. scherzh.) *Mensch:* er ist ein gelehrtes, fideles, flottes H.; wie geht es, altes H.? * **Haus und Hof** *(jmds. gesamter Besitz)* · **Haus und Herd** *(eigener Hausstand)* · (ugs.:) **jmdm. das Haus einlaufen/einrennen** *(jmdn. ständig wegen der gleichen Sache aufsuchen)* · **Häuser auf jmdn. bauen** *(jmdm. fest vertrauen)* · **das Haus hüten** *(zu Hause bleiben müssen)* · (ugs.:) **das/sein Haus bestellen** *(seine Angelegenheiten vor seinem Tod in Ordnung bringen)* · (ugs.:) **[jmdm.] ins Haus stehen** *(bevorstehen):* die Tante, Besuch steht [uns] ins H. · (ugs.:) **jmdm. ins Haus schneien/geschneit kommen** *(überraschend, unerwartet bei jmdm. auftauchen, jmdn. besuchen)* · **von Haus[e] aus: a)** *(seit jeher).* **b)** *(ursprünglich)* · **auf einem bestimmten Gebiet/in etwas zu Haus[e] sein** *(in etwas, mit etwas gut Bescheid wissen).*

Häuschen, das: *kleines Haus:* in einem eigenen, schönen H. wohnen. * (ugs.:) **ganz/rein aus dem Häuschen sein, geraten** *(außer sich, sehr aufgeregt sein, werden)* · (ugs.:) **jmdn. aus dem Häuschen bringen** *(jmdn. sehr aufregen).*

hausen: 1. ⟨mit Raumangabe⟩ *unter schlechten, ungewöhnlichen o. ä. Wohnbedingungen irgendwo leben, wohnen:* sie hausen schon lange in dieser halb verfallenen Wohnung; nach dem Erdbeben hausten die Bewohner in Höhlen, in Zelten. **2.** *Verwüstungen anrichten, wüten:* der Sturm, das Unwetter hauste schlimm; Soldaten hatten in den Dörfern schrecklich gehaust; wie die Wandalen h. *(wüten und vieles zerstören).*

Haushalt, der: **1.** *gemeinsame Wirtschaft einer Familie u. ä.:* ein H. mit vier Personen; der H. kostet viel Geld; einen gemeinsamen, mustergültigen H. führen; den H. besorgen, machen (ugs.), auflösen; die Stadtwerke versorgen die privaten Haushalte mit Gas und Strom; sie hatte schon in verschiedenen Haushalten geholfen; Anschaffungen für den H. machen; übertr.: der H. der Natur. **2.** *Einnahmen und Ausgaben eines Staates, einer Stadt, einer öffentlichen Einrichtung u. ä.:* der öffentliche, staatliche H.; die Haushalte des Bundes und der Länder sind ausgeglichen; den H. für das kommende Jahr aufstellen, beraten.

haushalten: *sparsam wirtschaften, haushälterisch mit etwas umgehen:* mit dem Wirtschaftsgeld, den Vorräten h.; er kann nicht h.!; er hielt mit seinen Kräften nicht haus *(schonte sich nicht);* du mußt mit dem Geld h. *(es einteilen).*

haushälterisch: *sparsam, wirtschaftlich:* eine haushälterische Frau; h. sein, mit etwas umgehen.

hausieren: *von Haus zu Haus gehen und Waren anbieten:* mit Waren h. [gehen]; subst.: Betteln und Hausieren verboten!; übertr.: *etwas in aufdringlicher Weise anpreisend erzählen:* mit dieser Geschichte, seinen Ideen überall h. gehen.

häuslich: 1. *das Hauswesen, die Familie betreffend:* häusliche Arbeiten; wie sind seine häuslichen Verhältnisse?; ein bißchen häusliches Glück; durch häusliche *(zu Hause stattfindende)* Pflege wurde er rasch wieder gesund. **2.** *am Haushalt interessiert, im Haushalt tüchtig:* ein häuslicher Mann, Familienvater; er ist nicht besonders h. *(ist oft außer Hause).* *(ugs.:)* **sich [bei jmdm., irgendwo] häuslich niederlassen/einrichten** *(Anstalten machen, bei jmdm., irgendwo für längere Zeit zu bleiben).*

Haut, die: **1. a)** *Körperhaut bei Mensch oder Tier:* eine feine, weiche, lederne, runzlige, trockene, zarte, [un]reine, fleckige, blasse H.; die faltige H. des Elefanten; die knusprige H. einer gebratenen Gans; seine H. ist sehr empfindlich; die H. prickelte ihm vor Erregung; ihre H. rötete sich, brannte, schälte sich, ging in Fetzen herunter (ugs.); die H. war von der Sonne verbrannt, ist zu wenig durchblutet, ist aufgesprungen; sich (Dativ) die H. auf-, abschürfen, ritzen, verbrennen; die H. in der Sonne bräunen, [gegen Sonnenbrand] einölen, einreiben; die H. des Aales abziehen; die Farbe, Pigmentierung der H.; die Jacke auf der bloßen H. tragen; durchnäßt bis auf der H.; ein Mittel in die H. einreiben, einmassieren. **b)** *Tierhaut, Fell (als haltbar gemachtes Rohmaterial für Leder):* im Bündel Häute; die H. wird abgezogen und gegerbt. **2.** *dünne [umhüllende] Schicht:* die Zwiebel hat sieben Häute; der Pfirsich war von einer festen H. umgeben; auf der Milch hatte sich eine dünne H. gebildet; von Pilzen, Mandeln die H. abziehen. **3.** *glatte äußere Schicht als Verkleidung, Umspannung o. ä.:* die H. des Freiballons glänzte in der Sonne; ein Flug-

zeug mit silbern glänzender H. **4.** (ugs.) *Person:* eine alte, ehrliche, gute H. * **nur/bloß noch Haut und Knochen sein; nur/bloß noch aus Haut und Knochen bestehen** *(völlig abgemagert sein)* · (ugs.:) **seine Haut zu Markte tragen: a)** *(für jmdn., für etwas einstehen und sich dadurch gefährden).* **b)** *(als Prostituierte, Callgirl, Stripteasetänzerin o. ä. auftreten)* · (ugs.:) **seine Haut so teuer wie möglich verkaufen** *(es einem Gegner so schwer wie möglich machen, sich mit allen Kräften wehren)* · (ugs.:) **sich seiner Haut wehren** *(sich energisch verteidigen)* · (ugs.:) **auf der faulen Haut liegen; sich auf die faule Haut legen** *(nichts tun, faulenzen)* · (ugs.:) **aus der Haut fahren** *(wütend werden)* · (ugs.:) **nicht aus seiner Haut [heraus]können** *(sich nicht ändern können)* · (ugs.:) **sich in seiner Haut [nicht] wohl fühlen** *(mit seiner Lage, den Gegebenheiten [un]zufrieden sein)* · (ugs.:) **jmdm. ist [nicht] wohl in seiner Haut** *(jmd. ist mit seiner Lage, den Gegebenheiten [un]zufrieden)* · (ugs.:) **nicht in jmds. Haut stecken mögen** *(nicht in jmds. Stelle, in jmds. Lage sein mögen)* · (ugs.:) **in keiner guten/gesunden Haut stecken** *(ständig krank sein)* · **mit heiler Haut [davonkommen]** *([etwas] unverletzt, ungestraft [überstehen])* · (ugs.:) **mit Haut und Haar[en]** *(ganz, völlig)* · (ugs.:) **etwas geht/dringt [jmdm.] unter die Haut** *(etwas berührt jmdn. sehr).*

Hebel, der: **1.** *um eine Achse, einen Punkt drehbare Vorrichtung zum Heben einer Last:* ein ein-, zweiarmiger H.; etwas mit einem H. anheben. **2.** *Griff zum Einschalten oder Steuern:* einen H. betätigen, [her]umlegen; er drückte auf den Hebel. * (ugs.:) **irgendwo den Hebel ansetzen [müssen]** *(in bestimmter Weise mit einer Sache beginnen)* · (ugs.:) **alle Hebel in Bewegung setzen** *(alle denkbaren Maßnahmen ergreifen)* · **am längeren Hebel sitzen** *(mächtiger, einflußreicher als der Gegner sein).*

heben /vgl. gehoben/: **1. a)** *(etwas h.) in die Höhe bewegen, bringen:* eine Last mühelos, mit Leichtigkeit, mit einer Hand h.; er hebt ohne große Mühe einen Zentner; heb mal den Koffer, wie schwer er ist; der Kran kann solche Lasten nicht h. *(nach oben befördern, ziehen);* die Fotografen hoben ihre Kameras; der Minister hob sein Glas in Richtung seiner Gäste und ließ sie hochleben; die Dünung hob das Schiff [in die Höhe]; einen [verborgenen, vergrabenen] Schatz h. *(ausgraben),* ein gesunkenes Schiff h. *(bergen);* er hob bedauernd, abwehrend, ratlos beide Arme; er hob die Hand zum Schwur; er hob *(reckte)* die Faust [gegen ihn] und drohte; er hob seinen [Zeige]finger [in die Höhe]; gleichmütig die Achseln, die Schultern h. *(hochziehen);* Gewichtheben: dieses Gewicht konnte auch er nicht mehr h. *(gestreckt über dem Kopf halten);* er hat einen neuen Rekord gehoben *(beim Gewichtheben aufgestellt);* (auch ohne Akk.) er hat früher auch gehoben *(war auch Gewichtheber);* übertr.: sie hob die Augen *(blickte hoch);* sie hob den Blick zu ihm *(blickte ihn an);* er hob seine Stimme *(sprach lauter).* **b)** *(jmdn., etwas h.; mit Raumangabe) hochnehmen und in eine andere Lage bringen:* jmdn. auf die Bahre, über das Fensterbrett h.; sie hoben den Sieger auf die Schultern; die Tür aus den Angeln, das Fernglas vor die Augen h.; Sport: er hob *(schoß)* den Ball in den Strafraum, über den Torwart. **c)** ⟨etwas hebt sich⟩ *etwas geht in die Höhe:* der Vorhang hob sich; die Schranke hebt sich langsam; das Schiff hob und senkte sich in der Dünung; ihre Brust hob und senkte sich vor Erregung. **d)** ⟨sich h.; mit Raumangabe⟩ *sich erheben, hochsteigen:* sie hob sich auf die Zehenspitzen; die Flugzeuge hoben sich in die Luft; Rauch hob sich in den grauen Himmel. **e)** ⟨etwas hebt sich; mit Raumangabe⟩ *etwas ragt hoch:* der Vordersteven des Schiffes hob sich aus dem Wasser; die Türme der Kathedrale hoben sich in die Nacht. **2. a)** ⟨etwas h.⟩ *verbessern, steigern:* den Geschmack, das Niveau, die Lebenshaltung h.; den Wohlstand eines Landes h.; diese Werbung hebt den Umsatz gewiß nicht; das hat sein Selbstbewußtsein sehr gehoben; etwas hebt den Mut, die Stimmung; der dunkle Hintergrund hebt die Farbwirkung des ganzen Bildes. **b)** ⟨etwas hebt sich⟩ *etwas bessert sich, steigert sich:* seine Stimmung hob sich zusehends; der Wohlstand hob sich in letzter Zeit sehr gehoben. **3.** (ugs. landsch.) ⟨etwas h.⟩ *einziehen, einsammeln:* Gelder, Beiträge, Steuern h. * (ugs.:) **einen heben** *(Alkohol zu sich nehmen).*

Hecht, der: **1.** /ein Raubfisch/: der H. steht an einer Stelle, räubert in einem See; einen H. fangen, angeln. **2.** (ugs.) *Kopfsprung:* er machte einen H. vom Einmeterbrett. **3.** (ugs.) *Bursche, Kerl:* ein toller H.; das ist ja noch ein ganz junger H. **4.** (ugs.) *verbrauchte Luft; dicker Tabaksqualm:* ist hier ein H.! * (ugs.:) **der Hecht im Karpfenteich sein** *(durch seine Anwesenheit irgendwo Unruhe schaffen).*

Hecke, die: *dicht in einer Reihe stehende Sträucher:* eine niedrige, hohe H.; die H. [be]schneiden; der Hof war von niedrigen Hecken umsäumt; die Grundstücke sind, werden durch eine H. getrennt.

Heer, das: **1. a)** *Gesamtheit der Truppen, Armee:* ein stehendes, motorisiertes H.; ein H. aufstellen, auflösen; sie zogen den feindlichen Heeren entgegen. **b)** *für den Landkrieg bestimmter Teil der Streitkräfte:* er ist beim H., nicht bei der Marine. **2.** *große Menge:* ein Heer von Beamten, an Polizisten; ein Heer emsiger(/seltener:) emsige Ameisen krabbelte/krabbelten über den Weg.

Hefe, die: **1.** /ein Gärungs-, Treibmittel/: H. treibt; dem Teig H. zusetzen; in Brauereien und Weinbrennereien werden verschiedene Hefen verwendet; mit H. backen. **2.** (selten) *unterste Schicht, Abschaum:* die H. des Volkes.

¹Heft, das: **1.** *Schreibheft:* ein dünnes, vollgeschriebenes H.; mein H. ist voll, ich brauche ein neues; die Hefte austeilen, einsammeln; etwas in ein H. eintragen. **2. a)** *einzelne Nummer einer Zeitschrift, Lieferung:* das Werk erscheint in einzelnen Heften; in H. 4 dieser Zeitschrift. **b)** *dünnes broschiertes Buch:* ein H. Gedichte; ein H. mit Kurzgeschichten.

²Heft, das (geh.): *Griff einer Stichwaffe u. ä.:* das H. des Messers, eines Werkzeugs; er stieß dem Stier den Degen bis zum H. in den Nacken. * (ugs.:) **das Heft ergreifen/in die Hand nehmen** *(die Leitung, die Macht übernehmen)* · (geh.:) **das Heft aus der Hand geben** *(die Leitung, die Macht abgeben)* · (geh.:) **das Heft in der Hand haben/behalten** *(Herr der Lage sein)* · (geh.:) **jmdm. das**

Heft aus der Hand nehmen/winden *(jmdm. die Leitung wegnehmen, die Macht entreißen).*

heften: **1.** ⟨etwas h.⟩ *mit Fäden u. ä. locker verbinden:* ein Buch, Akten [mit einem Faden] h.; die Blätter waren geheftet; einen Saum, eine Naht h. *(mit weiten Stichen [lose] zusammennähen).* **2.** ⟨etwas h.; mit Raumangabe⟩ *etwas mit Nadeln, Klammern o. ä. irgendwo anbringen, befestigen:* Zeichnungen an die Wand, einen Zettel ans Schwarze Brett h.; übertr.: den Sieg an seine Fahne h.; ⟨jmdm., sich etwas h.; mit Raumangabe⟩ jmdm. einen Orden an die Brust h. **3.** (geh.) **a)** ⟨etwas auf jmdn., etwas h.⟩ *starr, unverwandt auf jmdn., etwas gerichtet halten:* seine Augen, seinen Blick auf jmdn., auf den Boden h. **b)** ⟨etwas heftet sich auf jmdn., etwas⟩ *richtet sich starr auf jmdn., etwas:* sein Blick heftete sich auf sie, auf den Boden.

heftig: **a)** *stark, mit Schwung, mit Wucht, intensiv:* ein heftiger Sturm, Regen, Aufprall, Schlag; heftige Liebe, Leidenschaft; ein heftiger (erbitterter) Kampf; eine heftige *(leidenschaftlich geführte)* Auseinandersetzung; mit einer heftigen *(plötzlichen)* Bewegung wandte sie sich um; die Schmerzen sind h., wurden heftiger; h. atmen, weinen, schimpfen, sich erschrecken, sich verlieben, etwas begehren; er knallte die Tür h. ins Schloß. **b)** *leicht erregbar, aufbrausend; unbeherrscht:* sie hat eine heftige Art, ist ein heftiger Mensch; sie ist sehr, wurde gleich h.

hegen (geh.): **1.** (bes. Forstw.) ⟨jmdn., etwas h.⟩: *mit besonderen Maßnahmen schützen; behüten und pflegen:* einen Garten, neu angelegte Baumkulturen, den Wald h.; der Förster hegt das Wild; sie hegten ihn h. (geh.; *umgaben ihn mit Fürsorge*) wie ihren eigenen Sohn. **2.** (geh.) ⟨etwas h.⟩ *in sich tragen, empfinden, haben* /oft verblaßt/: Achtung, freundschaftliche Gefühle für jmdn. h.; eine starke Abneigung, ein tiefes Mißtrauen gegen jmdn. h.; eine Schwäche für etwas h.; er hegte den Wunsch nach Macht; keine Illusionen h.; einen Verdacht h.; er hegte nicht die Absicht *(beabsichtigt nicht)* zu kommen; sie hegten die schwache Hoffnung *(hofften leise),* daß er käme; schon lange hatten sie daran Zweifel gehegt *(gezweifelt).* * **jmdn., etwas hegen und pflegen** *(jmdn., etwas sorgsam pflegen, mit Fürsorge umgeben).*

Hehl, das (auch: der) ⟨gewöhnlich in der festen Verbindung⟩ kein[en]/nie ein[en] Hehl aus etwas machen: *etwas nicht verbergen, verheimlichen:* er machte aus seiner Abneigung kein[en] H.; machte keinen H. daraus, wie sehr er ihn ablehnte.

hehr (geh.): *erhaben:* ein hehrer Anblick, Augenblick; hehre Gestalten; hehre Ideale haben.

¹Heide, die: **1.** *weite, sandige, meist baumlose Landschaft:* die öde, unfruchtbare, blühende, grüne H.; durch die H. wandern. **2.** *Heidekraut:* blühende H.; H. einpflanzen. * (ugs.:) ... **daß die Heide wackelt** *(ganz gehörig, sehr heftig o. ä.):* einen draufmachen, daß die H. wackelt.

²Heide, der: *Nichtchrist:* die Heiden bekehren; den Heiden das Evangelium verkünden.

heikel: **1.** *bedenklich, peinlich, schwierig:* ein heikler Fall, Punkt; eine heikle Lage, Sache; das Problem ist zu h. **2.** (ugs. landsch.) *[beim Essen] wählerisch:* sei nicht so h.!

heil: **a)** *unverletzt:* heile Glieder haben; er hat

den Unfall h. überstanden; h. am Ziel ankommen; wenn wir hier nur h. herauskommen. **b)** *geheilt, wieder gesund:* das Knie ist wieder h.; die Wunde ist inzwischen h. **c)** *nicht entzwei oder zerstört, sondern ganz:* heile *(nicht zerrissene)* Hemden; die Vase war noch h. *(unzerbrochen);* die Stadt war im Krieg h. *(unzerstört)* geblieben; etwas wieder h. machen (fam.; *reparieren).*
Heil, das (geh.): *jmds. Wohlergehen, Glück:* bei jmdm. [mit etwas] sein H. versuchen; sein H. von jmdm. erwarten, in etwas sehen; für sein H. *(Wohl)* sorgen; Rel.: das ewige H.; das H. seiner Seele; /Gruß- oder Wunschformeln:/ H. euch!; H. den Siegern!; Ski H.!; Petri H.! *∗* **sein Heil in der Flucht suchen** *(fliehen, davonlaufen).*
heilen: 1. ⟨etwas heilt⟩ *etwas wird gesund:* die Wunde heilt; der Riß ist ohne Komplikationen, von selbst geheilt. **2. a)** ⟨etwas h.⟩ *durch Behandlung beseitigen:* eine Krankheit h.; er hatte die Entzündung durch/mit Penizillin geheilt; heilende Maßnahmen; übertr.: der Schaden wird geheilt (ugs.; *wieder in Ordnung gebracht).* **b)** ⟨jmdn. h.⟩ *gesund machen:* einen Kranken h.; er wurde in kurzer Zeit von seiner Krankheit mit einem neuen Medikament, durch eine Kur, durch Diät geheilt; er ist als geheilt [aus der Klinik] entlassen worden; bildl.: sie war von ihrer Angst, von ihren fixen Ideen geheilt *(befreit).*
heilig: 1. (Rel.) *göttlich vollkommen, Heil spendend, gesegnet:* das heilige Abendmahl, die heilige Kirche, die heiligen Sakramente; ein heiliger *(eine besondere Weihe besitzender)* Hain; sie führte ein heiliges (veraltend; *frommes)* Leben; der heilige *(der von der katholischen Kirche heiliggesprochene)* Augustinus; subst.: der, die Heilige; Augustinus ist ein Heiliger; die Heiligen anrufen, bitten; um aller Heiligen willen. **2.** (gch.) *ernst, Ehrfurcht einflößend, unantastbar:* heiliger Eifer, Zorn; das ist mein heiliger Ernst, seine heilige Pflicht; eine heilige Scheu vor etwas haben; eine heilige Pforte; mein Wort ist mir h.; er schwor bei allem, was ihm h. war; ihre Gefühle waren ihm h. *(wurden von ihm respektiert);* ihnen ist nichts h. *(sie haben vor nichts Achtung).* *∗* **ein sonderbarer Heiliger** *(Sonderling).*
heiligen ⟨etwas h.⟩: **a)** *als heilig, als unantastbar achten; verehren:* den Feiertag h.; das ist ein geheiligtes Recht, eine geheiligte Tradition; iron.: er betrat die geheiligten Räume des Direktors. **b)** *weihen:* eine Kirche h.; geheiligte Stätten.
heillos: *ungeheuer, sehr schlimm:* ein heilloses Durcheinander; eine heillose Unordnung, Verwirrung; er bekam einen heillosen Schrecken; sie sind h. zerstritten, verschuldet.
heilsam: a) (veraltend) *heilend, heilkräftig:* eine heilsame Medizin. **b)** *nutzbringend, förderlich:* heilsame Worte, ein heilsamer Schock; die Erfahrung war für ihn h.
Heim, das: **1.** (geh.) *Wohnung, jmds. Zuhause:* ein behagliches, stilles, trautes, eigenes H.; das H. schmücken; jmdm. ein gemütliches H. einrichten; er ist in neues H. einziehen. **2. a)** *Erholungs-, Pflegeheim u. ä. als öffentliche Einrichtung:* aus einem H. entlassen werden; in ein H. kommen, eingewiesen werden; in einem H. wohnen, leben; er ist in drei Heimen gewesen. **b)** *Heimgebäude:* ein neues H. bauen, errichten.

Heimat, die: **a)** *Ort, Land, wo jmd. herkommt oder sich zu Hause fühlt:* München ist seine, unsere H.; die Pfalz ist seine zweite H. *(er fühlt sich jetzt in der Pfalz zu Hause, obwohl er nicht dort geboren ist);* die alte H. wiedersehen; die H. verlieren, aufgeben müssen, verlassen; die H. lieben, schützen, gegen jmdn. verteidigen, im Stich lassen; er hat keine H. mehr; er hat in Deutschland eine neue H. gefunden; in die H. zurückkehren; sie folgte ihm in seine H.; übertr.: die geistige H. des Dichters ...; die ewige H. (geh.; *das Jenseits).* **b)** *Ursprungs-, Herkunftsland eines Tieres, einer Pflanze, einer Sache:* die H. dieses Baumes ist Amerika; die H. des Jazz.
heimatlich: *zur Heimat gehörend, sie betreffend:* die heimatliche Sprache; heimatlicher Boden; die heimatlichen Sitten, Berge; alles mutet mich [hier] h. *(vertraut)* an.
heimgehen: a) *nach Hause gehen:* wir müssen endlich h.; übertr.: (geh. verhüll.): *sterben:* er ist im Alter von 87 Jahren heimgegangen. **b)** ⟨es geht heim⟩ *man begibt sich auf den Heimweg:* so, jetzt geht es heim; einsteigen, es geht heim!
heimisch: a) *aus der Heimat stammend, inländisch, einheimisch:* heimische Tiere, Pflanzen; die heimische Bevölkerung, Industrie, Wirtschaft, Regierung; diese Tiere sind in Asien, im Gebirge h. **b)** *vertraut, wie zu Hause:* hier kann ich mich h. fühlen, mich h. machen; er war in dieser Stadt schnell h. geworden; übertr.: er ist in dieser Wissenschaft h. *(bewandert).*
heimlich: *geheim, verborgen, unbemerkt:* eine heimliche Absprache, Vorbereitung, Zusammenkunft; ein heimliches Stelldichein; heimliche Wege, Schätze, Sünden, Mängel; eine heimliche Liebe; heimliche Tränen; etwas auf heimliche Weise tun; er verfolgte die Entwicklung mit heimlichem Mißtrauen; h. kommen, verschwinden; jmdm. h. etwas zuflüstern; er traf sich h. mit ihr; er hatte sich h. Notizen gemacht. *∗* (ugs.:) **heimlich, still und leise** *(ganz unauffällig, lautlos und unbemerkt).*
heimsuchen ⟨jmdn., etwas h.⟩: *über jmdn., über etwas (als Unheil) kommen; überfallen, befallen:* die Feinde suchten das Land heim; er wurde von einer Krankheit, von Vorahnungen heimgesucht; ein Unwetter, Erdbeben hat die Gegend heimgesucht; übertr. (ugs. scherzh.): heute hat uns die Verwandtschaft heimgesucht *(besucht).*
Heimweh, das: *übergroße, schmerzhafte Sehnsucht nach der Heimat oder einem dort wohnenden Menschen:* ein heftiges, schreckliches H. befiel, ergriff ihn; H. nach jmdm., etwas haben, bekommen, empfinden, verspüren; an/unter H. leiden; sie kehrt aus H. wieder zurück; er ist, wurde vor H. krank.
heimzahlen ⟨jmdm. etwas h.⟩: *etwas Böses bei günstiger Gelegenheit entsprechend vergelten:* diese Gemeinheit zahle ich ihm heim; das wird er dir tüchtig, in/mit gleicher Münze, doppelt h.
Heirat, die: *Eheschließung:* eine reiche, politische, späte H.; eine H. gutheißen, stiften, vermitteln, hintertreiben; seine H. mit ihr, die Zwischen ihm und dem Callgirl.
heiraten: a) *die Ehe eingehen, sich vermählen:* er will h.; sie hatten früh, jung, vor einem Jahr geheiratet; er hat gut, in eine reiche Familie, zum

zweiten Mal, nicht geheiratet; sie hatte h. müssen (ugs.; verhüll.; *geheiratet, weil sie ein Kind erwartete*). **b)** ⟨jmdn. h.⟩ *mit jmdm. eine Ehe schließen:* er heiratete die Tochter seines Nachbarn; sie hat ihn gegen den Willen ihrer Eltern, aus Dankbarkeit, wegen des Geldes geheiratet; die beiden haben sich/(geh.:) einander später doch noch geheiratet. **c)** ⟨mit Raumangabe⟩ *jmdn. heiraten und an seinen Wohnort ziehen:* aufs Land, in die Stadt h.; sie hat nach Amerika geheiratet.

heiser: *rauh und oft fast tonlos /von der Stimme/:* eine heisere Stimme; man hörte nur ein heiseres Krächzen; er war vom Schreien ganz h.; ihre Stimme war, klang ganz h. vor Erregung; er hatte sich h. geredet; übertr.: sich h. reden *(reden und reden, um jmdm. etwas zu erklären).*

heiß: 1. *sehr warm:* heiße Luft; ein heißer Wind wehte; eine heiße *(hohe Durchschnittstemperaturen aufweisende)* Zone, Gegend; heiße Quellen; ein Paar heiße Würstchen; heiße Asphaltstraßen; ein heißer Tag, Sommer; ein heißes Bad nehmen; heiße Hände, einen heißen Kopf haben; es, der Tag war drückend, erstickend, glühend, hochsommerlich h.; das Wasser war kochend, siedend h.; die Suppe war noch zu h.; das Bügeleisen wird nicht h.; ⟨jmdm. ist, wird [es] h.⟩ ihm ist, wird h. *(er fängt an zu schwitzen);* die Kind ist ganz h. (ugs.; *sie fiebert);* R: nichts wird so h. gegessen, wie es gekocht wird; dich haben sie wohl [als Kind] zu h. gebadet (ugs.; *du bist wohl nicht recht bei Verstand)!* **2.** *leidenschaftlich, heftig, erregend:* ein heißer Kampf; eine heiße Debatte; ein heißes (geh.; *inbrünstiges)* Gebet; in heißer Liebe entbrannt sein; es ist sein heißer Wunsch ...; mit heißer Inbrunst, heißem Bemühen; heiße Tränen weinen (geh.; *heftig weinen);* heißen *(besten)* Dank!; heiße Musik, heiße Rhythmen; etwas h. ersehnen, wünschen; das Kind liebt seinen Teddy h. und innig *(sehr, von Herzen);* bei diesem Wettspiel, bei der Auseinandersetzung ging es h. *(turbulent und erregend)* her, zu; der Sieg war h. umkämpft. **3.** (ugs.) *heikel, gefährlich:* ein heißes Thema; eine heiße Geschichte; radikale Gruppen versprachen einen heißen Sommer; diese Grenze ist immer noch h. **4.** (ugs.) *sehr erfolgversprechend:* das ist eine ganz heiße Sache; er hat ihm einen heißen Tip gegeben; er ist ein heißer *(hoher)* Favorit in diesem Lauf; sie ist eine der heißesten *(aussichtsreichsten)* Anwärterinnen auf den Sieg. **5.** (ugs.) *schnell und spritzig:* ein heißer [Renn]wagen. **6.** (ugs.) *in begeisternder Weise schön, großartig, gut; stark auf jmdn. wirkend:* ein heißer Film; ein heißes Buch; sie trug einen ganz heißen Rennanzug; er hat wieder eine heiße LP herausgebracht; der Junge ist h., aus dem wird mal ein ganz Großer; das finde ich h. **7.** (ugs.) *brünstig, paarungsbereit:* eine heiße Hündin; unsere Katze ist h. ∗ **nicht heiß und nicht kalt /weder heiß noch kalt sein** *(unbefriedigend).*

heißen: 1. a) ⟨mit Artangabe⟩ *den Namen haben, genannt werden:* wie heißt du [mit Nachnamen]?; ich heiße Peter; in Wirklichkeit hieß er Moritz; bis zur Heirat, früher hatte sie anders geheißen (nicht korrekt: gehießen); er heißt nach seinem Großvater *(trägt den gleichen Vornamen wie sein Großvater);* das stimmt, so wahr ich ... heiße

(ugs.; *das stimmt wirklich);* wenn das stimmt, heiße ich Meier, Hans, Emil o. ä., will ich Meier, Hans, Emil o. ä. h. (ugs.; *das stimmt sicher nicht);* wie heißt denn das Dorf, die Straße, das Land? **b)** ⟨etwas heißt; mit Artangabe⟩ *etwas lautet:* der Titel des Buches heißt „Verloren"; sein Motto heißt Geduld. **c)** ⟨es heißt⟩ *es ist zu lesen, steht geschrieben, wird behauptet:* es heißt, Armut sei keine Schande; in diesem Buch heißt es, daß die Menschen frei seien; bei Hegel heißt es, daß ...; es heißt, sie sei ins Ausland gegangen. **d)** ⟨etwas heißt etwas⟩ *etwas bedeutet etwas:* das will viel, wenig, schon etwas h.; das hieße doch, den Plan aufgeben/aufzugeben; das heißt für uns [so viel wie] warten; das heißt für uns einen ersten Schritt zum Frieden; was heißt das schon wieder?; das heißt, [daß] er kommt; was heißt „immer"?; das soll nun etwas h.! (ugs. abwertend; *soll Eindruck machen);* jetzt heißt es *(ist es nötig),* bereit zu sein; da heißt es aufgepaßt!/aufpassen! *(da gilt es aufzupassen);* ich komme morgen zu dir, das heißt, wenn ich nicht selbst Besuch habe /als Erläuterung oder Einschränkung von etwas vorher Gesagtem/. **e)** ⟨mit Gleichsetzungsnominativ⟩ *bedeuten, sein:* das Ende heißt immer völliger Ruin; Umzug heißt meist großer Streß und viel Arbeit; dieser Vorschlag heißt nichts anderes als Kapitulation. **2.** (geh.) ⟨jmdn., etwas h.⟩ *nennen, bezeichnen als:* **a)** ⟨mit Gleichsetzungsakkusativ⟩ *jmdn., seinen Freund einen Dummkopf, einen Lügner h.; das heiße ich Schicksal, einen festen Schlaf; das heißt er pünktlich sein. **b)** ⟨mit Artangabe⟩ sie hießen sich religiös, die anderen jedoch unfromm. **3.** (geh.) ⟨jmdn. etwas h.⟩ *jmdn. zu etwas auffordern:* er hieß die Leute warten; er hat mich kommen h./(seltener:) geheißen; wer hat dich geheißen, das zu tun?; ich hatte es ihm geheißen.

heißlaufen: *etwas wird durch Reibung heiß:* **a)** ⟨etwas läuft heiß⟩ die Achse läuft heiß; der Motor ist heißgelaufen. **b)** ⟨etwas läuft sich heiß⟩ die Achse lief sich heiß, hat sich heißgelaufen.

heiter: a) *fröhlich und unbeschwert, lustig, vergnügt:* ein heiteres Gemüt, Wesen, Gesicht; in heiterer Laune, Stimmung sein; es war eine heitere Geschichte, ein heiterer Anblick, ein heiteres Spiel; die Sendung war sehr h.; er nimmt das Leben h.; R (iron.): das ist ja h., kann ja h. werden *(da erwartet uns ja einiges).* **b)** *sonnig:* heiteres Wetter, ein heiterer Tag, Himmel; es war den ganzen Tag h., h. bis wolkig.

Heiterkeit, die: *Fröhlichkeit, Vergnügtheit, das Heitersein; fröhliche, aufgelockerte Stimmung:* eine gelöste, kindliche, unbekümmerte, unbändige H.; die H. des Gemütes; der Witz erregte, erntete (geh.) große H.; er traf eine allgemeinen lärmenden H.; sein Bericht trug zur allgemeinen H. bei.

heizen: a) *Wärme erzeugen; die Heizung o. ä. in Betrieb nehmen:* mit Öl, mit Koks, elektrisch h.; ab 15. September wird bei uns geheizt; in der Küche ist nicht geheizt. **b)** ⟨etwas h.⟩ *erwärmen, warm machen:* die Wohnung, das Wohnzimmer h.; der Saal war schlecht geheizt. **c)** *mit Heizmaterial beschicken, anheizen:* den Ofen [mit Holz] h. **d)** ⟨etwas h.⟩ *als Brennstoff verwenden:* wir heizen überwiegend Holz. **e)** ⟨etwas heizt; mit Artangabe⟩ *etwas spendet in bestimmter Weise Wärme:*

der Ofen heizt gut, schlecht. **f)** ⟨etwas heizt sich; mit Artangabe⟩ *sich in bestimmter Weise erwärmen lassen:* das Haus heizt sich schlecht, nicht besonders gut.

Held, der: **1.** *tapferer, mutiger, unerschrockener Mensch:* ein kleiner, namenloser, großer, tapferer H.; (in pathetischer Redeweise:) die gefallenen Helden *(Soldaten);* die Helden des Altertums, der germanischen Sage; er hat den Verlust wie ein H. getragen; die Helden werden geehrt; sie wurden als Helden gefeiert; er spielt sich gern als H./(veraltend:) Helden auf; er war kein H.; spiel doch nicht immer den Helden (nicht korrekt: Held)! *(tu doch nicht so, als könnte dich nichts verletzen, schrecken);* (iron.:) du bist mir ein schöner, netter, rechter H.!; na, ihr beiden Helden!; R: die Helden sind müde [geworden] */scherzh.* *Bemerkung zu jmdm., der den Elan verloren hat, resigniert o. ä./.* **2.** *männliche Hauptperson eines literarischen Werkes:* ein tragischer, naiver H.; das Stück hat einen negativen Helden *(eine Hauptperson ohne die üblichen positiven Eigenschaften);* die Figur des Helden; Theater: der jugendliche H. /ein Rollenfach/. * **der Held des Tages sein** *(im Mittelpunkt des Interesses stehen)* · (ugs.:) **kein Held in etwas sein** *(etwas wenig gut können).*

helfen: 1. ⟨jmdm. h.⟩ **a)** *bei etwas behilflich, eine Hilfe sein; jmdn., etwas unterstützen:* kann ich dir h.?; den Armen h. *(sie unterstützen, ihre Not lindern);* sich gegenseitig h.; jeder muß sich selbst h.; ihm ist nicht zu h. *(bei ihm ist alle Hilfe zwecklos);* ihm ist nicht mehr zu h. *(jmd. ist auf Grund seiner schweren Krankheit o. ä. nicht mehr zu retten);* ich wußte mir nicht [mehr] zu h. *(sah keinen Ausweg mehr);* jmdm. bereitwillig, mit Rat und Tat, ein wenig h.; jmdm. finanziell h. *(ihn finanziell unterstützen);* jmdm. im Haushalt, auf dem Feld, in der Not h.; ⟨jmdm. bei etwas h.⟩ er half dem Kind beim Lernen; er hat sich bei dieser Arbeit h. lassen; sie hat ihm waschen h./geholfen; sie hat ihm beim Waschen geholfen; er half ihr den Koffer tragen/half ihr, den Koffer zu tragen; sie tat, als hülfe/(selten:) hälfe sie ihm rudern; ⟨jmdm. h.; mit Raumangabe⟩ jmdm. aufs Fahrrad *(beim Aufsteigen),* aus dem Auto *(beim Aussteigen),* in den Mantel *(beim Anziehen)* h.; jmdm. aus der Not, der Patsche (ugs.), der Verlegenheit h. *(h., aus der Not usw. herauszukommen);* er half ihm auf die Fährte, Spur *(half, die Fährte zu finden)* · (ugs.:) ich werde, will dir h.!/dir werde, will ich h.! *(wehe, du tust das noch einmal!);* ich werde h., die Tapeten zu bemalen! *(du sollst doch die Tapeten nicht bemalen!);* ich kann mir nicht h., [aber] ... *(ich kann nicht anders [als in dieser Weise zu denken, urteilen]);* (gelegentlich auch ohne Dativ) er half, wo er nur konnte; R: hilf dir selbst, dann hilft dir Gott! **b)** *heilen, gesund machen:* dieser Arzt hat mir geholfen. **2. a)** ⟨etwas hilft⟩ *etwas nützt:* das Leugnen, das Weinen half nicht[s]; da hilft kein Sträuben, kein Jammern und kein Klagen; Drohungen hätten nicht geholfen; es hilft nichts, wir müssen noch heute fort; ⟨etwas hilft jmdm.⟩ die Zeit wird dir h., den Verlust zu überwinden; was hilft das mir?; es half uns ein wenig, daß sie Russisch sprechen konnte; das hilft ihm alles nichts; damit ist uns wenig geholfen; was hilft es dir, wenn ich dir das verrate?

b) ⟨etwas hilft⟩ *etwas ist heilsam, heilt:* nur eine Kur, Operation kann h.; das Mittel hilft sehr gut, rasch bei/gegen Schnupfen; ⟨etwas hilft jmdm.⟩ das Präparat hat mir nicht geholfen.

hell: 1. *von lichter Farbe; von großer Helligkeit, von Licht erfüllt; klar, nicht trüb:* helle Farben; ein helles Rot, Blau; helles Licht; ein heller Schein; eine helle Glühbirne; helle Tapeten, Haare; sie hat eine sehr helle Haut; helles Bier; subst.: ein kleines Helles *(kleines Glas helles Bier)* · ein helles Kleid; ein helles Zimmer, Treppenhaus; helle Räume; ein heller Sommertag; die Tat geschah am hellen Tag *(mitten am Tag);* er schlief bis in den hellen Morgen *(sehr lange);* die Räume sind sehr h. *(haben gutes Licht);* der Himmel ist h. *(klar);* der Mond scheint h.; ein auffallend h. leuchtender Stern; das ganze Haus war h. erleuchtet; die Wand ist h. getönt; draußen wird es h. *(der Morgen dämmert);* im Sommer bleibt es lange h. *(sind die Tage lang).* **2.** *von hohem Ton, Klang; hoch klingend, klar, nicht dumpf:* eine helle Stimme; ein heller Ton, Vokal; ein helles Geläut; ihre Stimme ist, klingt h.; sie lacht sehr h. **3.** */vgl.* helle/ *klug, aufgeweckt:* er ist ein heller Kopf, hat einen hellen Verstand; Geistesgestörte haben oft helle *(geistig klare)* Augenblicke; sie ist ziemlich, sehr h. **4.** (ugs.) **a)** *sehr groß:* ein heller Wahnsinn; das Kind weinte helle Tränen *(weinte sehr);* sie hatten ihre helle Freude an dem Kind; sie gerieten in helle Wut, Aufregung, Begeisterung; die Menschen kamen in hellen Scharen, Haufen. **b)** *(verstärkend bei Adjektiven und Verben)* *sehr:* sie waren von dem Vorschlag h. begeistert, entzückt; über diesen Unsinn mußte ich h. lachen.

helle (ugs.) *schlau:* der Junge ist h.

Hemd, das: **a)** *Oberhemd:* ein leinenes, seidenes, weißes, gestreiftes, bügelfreies, kurzärmeliges, tailliertes, frisches, sauberes, schmutziges H.; ein H. anziehen, überstreifen, tragen, aufknöpfen, ausziehen, wechseln; er trug sein H. über die Hose, stopfte es in die Hose; Hemden waschen, bügeln, ausbessern; er ging im H. *(hemdsärmelig)* zur Versammlung; (ugs. abwertend:) er wechselte seine Gesinnung wie das, wie sein H.; R: das H. ist mir näher als der Rock. **b)** *Unterhemd:* H. aus Baumwolle; ein H. mit Arm; im H. *(nur mit einem Hemd bekleidet);* naß bis aufs H. *(durchnäßt)* sein; R (ugs.): mach dir nicht ins H.! *(stell dich nicht so an);* das zieht einem [ja] das H. aus *(das ist unmöglich).* * (ugs.:) **ein halbes Hemd** *(sehr schmaler Mann)* · (ugs.:) **sich das letzte/sein letztes Hemd vom Leibe reißen; das letzte/sein letztes Hemd hergeben** *(alles Letzte opfern)* · (ugs.:) **kein [ganzes] Hemd [mehr] am/auf dem Leibe haben** *(völlig heruntergekommen sein)* · (ugs.:) **jmdm. das Hemd über den Kopf ziehen; jmdn. bis aufs Hemd ausziehen** *(restlos ausplündern)* · (ugs.:) **alles bis aufs Hemd verlieren** *(nur das Nötigste retten können).*

hemmen /vgl. gehemmt/ ⟨jmdn., etwas h.⟩: *verlangsamen, aufhalten, [be]hindern:* seinen Lauf, Schritt h. (geh.); den Fortgang, Fortschritt h.; jmdn. in seiner Entwicklung, in seiner Arbeit h.; einen hemmenden Einfluß auf jmdn., etwas ausüben; er fühlt sich in seiner Tätigkeit gehemmt.

Hemmung, die: **1.** *innere Scheu, zaghafte Zu-*

rückhaltung, innerer Widerstand: schwere, innere, seelische, moralische Hemmungen; seine Hemmungen überwinden, verlieren, abschütteln; ihm gegenüber hat, kennt er [keine] Hemmungen; sie leidet unter Hemmungen, ist voller Hemmungen; er ist frei von Hemmungen, ohne jede H. **2.** *Behinderung:* die H. des Wachstums, Fortschritts. **3.** */Teil des Uhrwerks/:* die H. ist [ab]gebrochen.

Henker, der: *Scharfrichter:* jmdn. dem H. ausliefern, überliefern, überantworten; /Flüche/: beim, zum H.!; hol's der H.!; weiß der H.! ∗ (ugs.:) **sich den Henker um etwas scheren; den Henker nach etwas fragen** *(sich nicht im geringsten um etwas kümmern)* · (ugs.:) **sich zum Henker scheren/zum Henker gehen** *(verschwinden).*

her ⟨Adverb⟩: **1.** (ugs.) *hierher, in Richtung auf den Sprecher* /räumlich/: h. zu mir!; er soll sofort h.!; Bier, Geld h.!; h. damit! **2.** (ugs. landsch.) *zurückliegend, vergangen* /zeitlich/: die ganze Zeit h. *(während der letzten Tage)* habe ich ihn nicht gesehen. ∗ **von ... her: a)** /räumlich/: er grüßte vom Nebentisch h. **b)** /zeitlich/: von früher, von meiner frühesten Jugend h.: von alters h. *(seit langem).* **c)** /kausal/: von der Form h. finde ich das Auto schön.

herab (geh.) ⟨Adverb; meist zusammengesetzt mit Verben⟩: *herunter, abwärts:* von den Bergen h. bis ins Tal war das Land mit Schnee bedeckt.

herablassen /vgl. herablassend/: **1.** ⟨jmdn., sich, etwas h.⟩ *nach unten [gleiten] lassen:* das Gitter, die Jalousien, den Vorhang h.; einen Korb an einem Seil h.; der Gefangene hat sich mit einem Strick an der Mauer herabgelassen. **2.** (iron.) ⟨sich zu etwas h.⟩ *sich schließlich zu etwas bereit finden:* werden Sie sich endlich h., meine Frage zu beantworten?

herablassend: *gönnerhaft und arrogant:* eine herablassende Art, Bemerkung; der Chef ist sehr h. zu seinen Mitarbeitern/gegen seine Mitarbeiter; h. grüßen; er behandelt ihn h.

herabsetzen: 1. ⟨etwas h.⟩ *verringern, vermindern, niedriger machen:* den Preis, die Kosten h.; die Waren wurden [im Preis] stark herabgesetzt; Waren zu herabgesetzten Preisen; mit herabgesetzter Geschwindigkeit. **2.** ⟨jmdn., etwas h.⟩ *verächtlich machen; schmälern:* jmds. Verdienste, Leistung, Fähigkeiten h.; er versuchte, seinen Gegner in den Augen der anderen herabzusetzen.

heran ⟨Adverb; meist zusammengesetzt mit Verben⟩: *an die Seite:* rechts h.!

herankommen: 1. a) *herbeikommen, sich nähern:* er kam langsam heran; die Tiere kamen dicht, bis auf wenige Meter an das Gitter heran; übertr.: endlich kamen die Ferien heran. **b)** ⟨an etwas h.⟩ *heranreichen:* ich komme an das oberste Regal nicht heran; leicht, gut, schwer an ein Kabel h.; übertr.: an ihre Leistungen kommst du nicht heran; an diese Punktzahl kann sie noch h. **2. a)** ⟨an etwas h.⟩ *sich Zugang zu etwas verschaffen:* wie bist du an dieses Buch herangekommen?; er kommt an sein Geld nicht heran *(es liegt auf einem Konto fest).* **b)** ⟨an jmdn. h.⟩ *zu jmdm. Zugang haben, finden:* der Minister ist ein vielbeschäftigter Mann, man kommt schwer an ihn heran; an die Täter kommt man nicht heran *(man kann sie nicht zur Rechenschaft ziehen);* an ihn ist nicht heranzukommen *(er ist unzugänglich).* ∗ et-

was an sich herankommen lassen *(sich in einer Sache abwartend verhalten)* · **nichts an sich herankommen lassen** *(sich abschirmen gegen Dinge, die einen aus dem Gleichgewicht bringen könnten).*

heranmachen (ugs.): **1.** ⟨sich an etwas h.⟩ *tatkräftig mit etwas beginnen:* er machte sich an die Lösung der Aufgabe, an die Arbeit heran. **2.** ⟨sich an jmdn. h.⟩ *jmdn. in bestimmter Absicht nähern:* sich an ein Mädchen h.

herauf ⟨Adverb; meist zusammengesetzt mit Verben⟩: *nach oben, aufwärts:* h. mit euch!; h. geht die Fahrt langsamer als hinunter.

heraufbeschwören ⟨etwas h.⟩: **1.** *in die Erinnerung zurückrufen:* die Vergangenheit h.; mit bewegten Worten das Erlebnis der Flucht h. **2.** *[leichtfertig] bewirken, verursachen:* eine Gefahr, einen Streit, Unheil h.; die Tat hat einen ernsten Konflikt heraufbeschworen.

heraufsetzen ⟨etwas h.⟩: *erhöhen, anheben:* die Preise h.; das Mindestalter für Bewerber h.

heraufziehen: 1. ⟨jmdn., etwas h.⟩ *nach oben ziehen; hochziehen:* den Eimer aus dem Brunnen h.; er zog sie zu sich auf den Thron herauf. **2.** (geh.) ⟨etwas zieht herauf⟩ *etwas naht sich, kommt heran:* ein Gewitter, Unwetter, (geh.:) die Nacht zieht herauf; übertr.: Konflikte ziehen herauf; Unheil, eine Gefahr, Krise zieht herauf.

heraus ⟨Adverb; meist zusammengesetzt mit Verben⟩: *von drinnen nach draußen:* aus dem Haus h. rief jemand um Hilfe; h. aus dem Bett, den Federn! (ugs.: *aufstehen!*); h. mit dem Geld! (ugs.: *gib/geben Sie das Geld her!*).

herausbekommen: 1. ⟨etwas h.⟩ *herauslösen, entfernen:* einen Nagel aus der Wand h.; der Korken war schwer herauszubekommen; sie versuchte vergeblich, den Flecken aus dem Kleid herauszubekommen. **2.** ⟨etwas h.⟩ **a)** *die Lösung finden, lösen:* eine Rechenaufgabe, ein Rätsel h.; er hat die Lösung nicht h. **b)** *in Erfahrung bringen:* ein Geheimnis [aus jmdm.] h.; Einzelheiten über den Hergang h.; es war nichts, kein Wort aus ihr herauszubekommen; die Polizei konnte nicht h., wo ... **3.** ⟨etwas h.⟩ *zurückbekommen:* du hast beim Bezahlen zuwenig [Geld] h.

herausbringen: 1. ⟨jmdn., etwas h.⟩ *aus einem Raum nach draußen bringen:* sie ließen sich das Frühstück auf die Terrasse h. **2.** ⟨etwas h.⟩ *herausbekommen, entfernen:* er brachte den Nagel nicht aus der Wand heraus; der Fleck ist schwer [aus dem Tischtuch] herauszubringen. **3.** ⟨etwas h.⟩ *auf den Markt, in die Öffentlichkeit bringen:* ein neues Modell, eine neue Briefmarke h.; das Theater hat ein neues Stück herausgebracht *(inszeniert);* der Verlag brachte die 2. Auflage des Buches heraus. **4.** (ugs.) ⟨etwas h.⟩ **a)** *lösen:* er hat die Aufgabe, das Rätsel nicht herausgebracht. **b)** *herausbekommen, in Erfahrung bringen:* er versuchte die Wahrheit aus ihm herauszubringen; man konnte nichts [über seinen Aufenthalt] h. **5.** (ugs.) ⟨etwas h.⟩ *sprechen, hervorbringen:* sie konnte vor Aufregung kein Wort, keinen Ton h. ∗ (ugs.:) **jmdn., etwas [ganz] groß herausbringen** *(mit großem Aufwand an Werbung an der Öffentlichkeit bekannt machen).*

herausfahren: 1. a) ⟨etwas h.⟩ *fahrend herausbewegen:* sie hat den Wagen [aus der Garage] herausgefahren. **b)** *sich fahrend herausbewegen:* der

Bauer, der Traktor ist eben aus dem Hof herausgefahren; der Zug fährt aus dem Bahnhof heraus. **c)** ⟨gewöhnlich im 2. Part. in Verbindung mit *kommen*⟩ *zu einem außerhalb gelegenen Ort fahren:* er kam noch oft zu seinen Eltern herausgefahren. **2.** (Sport) ⟨etwas h.⟩ *durch schnelles, geschicktes Fahren erzielen:* sie haben eine gute Zeit, einen Sieg, einen Vorsprung herausgefahren. **3.** (ugs.) ⟨etwas fährt jmdm. heraus⟩ *jmd. sagt etwas Unüberlegtes:* das vorschnelle Wort, Urteil war ihm [so] herausgefahren.

herausfinden: 1. a) ⟨jmdn., etwas h.⟩ *in einer Menge ausfindig machen:* die gesuchten Gegenstände schnell [aus dem großen Haufen] h. **b)** ⟨etwas h.⟩ *durch Nachforschungen entdecken:* sie haben den Fehler, die Ursachen des Unglücks herausgefunden; ich werde h., wo er sich aufhält, ob er noch lebt, was er ist. **2.** ⟨sich h.⟩ *den Weg aus etwas finden:* er fand sich nicht aus dem Labyrinth des Parkes heraus; ⟨auch ohne *sich*⟩ schließlich fand ich aus dem Hochhaus heraus.

herausfordern: a) ⟨jmdn. h.⟩ *auffordern, sich zum Kampf zu stellen:* er forderte seinen Rivalen [zum Duell] heraus. **b)** ⟨jmdn., etwas h.⟩ *provozieren, heraufbeschwören:* eine Gefahr leichtfertig, tollkühn h.; Protest, Kritik h.; er hat das Schicksal herausgefordert; seine Thesen forderten alle zum Widerspruch heraus; adj. Part.: ein herausforderndes Benehmen; herausfordernde Blicke; sie sah ihn herausfordernd an.

herausgeben: 1. ⟨etwas h.⟩ *nach draußen geben; reichen:* er gab den Koffer durchs Fenster heraus. **2.** ⟨jmdn., etwas h.⟩ *aushändigen, zurückgeben:* etwas ungern, widerwillig h.; die gestohlenen Sachen, die Beute, das Geld, den Schlüssel h.; geben Sie die Geisel heraus! **3.** ⟨etwas h.⟩ *herausbringen, veröffentlichen; verlegen:* Gedenkmünzen h.; eine Zeitung, einen Gedichtband h.; seine Aufsätze wurden in Buchform, von einem bekannten Verlag herausgegeben. **4.** ⟨jmdm. etwas h.⟩ *beim Bezahlen Wechselgeld zurückgeben:* jmdm. zuwenig, 2 DM zuviel h.; ⟨auch ohne Akk.⟩ ich kann Ihnen leider nicht h.; ⟨auch ohne Dat.⟩ sie gab zuviel heraus; ⟨auch ohne Dat. und ohne Akk.⟩ können sie h.?; er hat falsch herausgegeben; sie konnte auf 100 DM nicht h.

herausgehen: 1. *einen Raum verlassen:* man sah ihn aus dem Haus h. **2.** (ugs.) ⟨etwas geht h.⟩ *etwas läßt sich entfernen:* der Fleck, die Tinte geht nicht mehr [aus der Decke] heraus. **3.** ⟨aus sich h.⟩ *seine Hemmungen überwinden:* er geht zu wenig aus sich heraus; du mußt mehr aus dir h.

heraushaben (ugs.): **1.** ⟨jmdn., etwas h.⟩ *aus etwas entfernt haben:* endlich habe ich den Korken [aus der Flasche] heraus; er wollte den Mieter aus der Wohnung h. **2.** ⟨etwas h.⟩ *etwas begriffen, verstanden haben:* etwas schnell, gut h.; den Trick, den richtigen Dreh h. *(wissen, wie man etwas machen muß);* hast du heraus, wie man das Schloß aufbringt? **3.** ⟨etwas h.⟩ *herausbekommen haben:* das Rätsel, die Aufgabe h.; sie hatten bald heraus, wer der Betrüger war.

¹heraushängen, hing heraus, herausgehangen; ⟨etwas hängt heraus⟩ *etwas hängt nach außen:* Fahnen hängen [aus den Fenstern] heraus; der Hund lief mit heraushängender Zunge; ⟨etwas hängt jmdm. h.⟩ ihm hängt das Hemd [aus der

Hose] heraus; übertr. (ugs.): mit heraushängender Zunge *(erschöpft)* stieg er in den Zug. **²heraushängen,** hängteheraus, herausgehängt: **1.** ⟨etwas h.⟩ *nach draußen hängen:* Wäsche h.; sie hängten weiße Tücher *(als Zeichen der Kapitulation)* heraus. **2.** (ugs.) ⟨jmdn. h.⟩ *heraus-, hervorkehren:* den Vorgesetzten, den Fachmann h.

herausholen: 1. ⟨jmdn., etwas h.⟩ *aus etwas holen, herausnehmen:* die Papiere, den Ausweis h.; sie haben ihn aus dem Gefängnis herausgeholt *(befreit).* **2.** ⟨etwas h.⟩ *abfordern; erzielen:* soviel wie möglich, mehr, das Beste h.; die Sportler holten einen beachtlichen Erfolg, einen großen Vorsprung, 19:13 Punkte heraus; er hat viel Geld aus dem Geschäft, bei den Verhandlungen herausgeholt; er holte das Letzte *(die höchste Leistung)* aus dem Motor heraus. **3.** (ugs.) ⟨etwas aus jmdm. h.⟩ *von jmdm. in Erfahrung bringen:* die Polizei konnte aus dem Tatverdächtigen nicht viel h.; schließlich hatte sie doch aus ihm herausgeholt, was er ihr schenken würde.

herauskehren ⟨jmdn., etwas h.⟩ *betonen, zur Schau stellen:* den Boß, den starken Mann, den Überlegenen, die Chefin h.; Ernst und Strenge h.

herauskommen: 1. a) *einen Raum verlassen, aus einem Raum kommen:* langsam, unvermutet h.; er kam aus der Tür heraus. **b)** *einen Bereich o. ä. verlassen [können]:* sie ist nie aus der Stadt herausgekommen; du kommst viel zu wenig heraus *(du unternimmst zu selten etwas);* ob er je aus dem Gefängnis h. *(entlassen werden)* wird? **c)** ⟨etwas kommt heraus⟩ *etwas dringt durch etwas hindurch ins Freie:* aus dem Ofen kam Qualm heraus; die ersten Knospen sind herausgekommen. **d)** (ugs.) ⟨aus etwas h.⟩ *überwinden:* aus den Sorgen, der Aufregung, dem Schlamassel (ugs.) nicht h.; wir müssen sehen, daß wir aus dieser peinlichen Situation heil h.; übertr.: sie kamen aus dem Staunen nicht heraus *(staunten sehr).* **2.** (ugs.) ⟨etwas kommt heraus⟩ *etwas wird bekannt:* das Geheimnis kam schnell, niemals heraus. **3. a)** ⟨etwas kommt heraus⟩ *etwas wird veröffentlicht:* ein Gesetz, ein neuer Fahrplan kommt heraus; sein Roman kommt demnächst als Taschenbuch heraus; das Stück soll in der nächsten Saison in London h. *(Premiere haben);* wann wird der Film h.? **b)** ⟨mit etwas h.⟩ *etwas auf den Markt bringen:* der Verlag kommt mit einem neuen Taschenlexikon heraus; die Firma kommt mit einem neuen Modell heraus. **4.** ⟨etwas kommt bei etwas heraus⟩ *etwas hat ein bestimmtes Ergebnis:* bei der Addition kommt eine hohe Summe heraus; übertr. (ugs.): bei der Sache, bei den Versuchen, bei dem Handel kam nur wenig, nichts heraus. **5.** *gezogen werden, gewinnen:* unser Los ist herausgekommen; ich bin im 1. Rang herausgekommen. **6.** ⟨mit etwas h.⟩ *aussprechen, äußern:* mit einem Wunsch, einem Anliegen h. **7.** ⟨etwas kommt heraus⟩ *etwas wird klar erkennbar:* die Farben kommen [auf diesem Foto] nicht gut heraus; die Unterschiede kamen [deutlich] heraus. **8.** *seine Fähigkeiten verlieren:* wenn man nicht jeden Tag übt, kommt man allmählich ganz heraus; beim Tanzen komme ich leicht heraus *(komme ich leicht aus dem Takt).* *(ugs.):* **es kommt auf eins, auf dasselbe, auf das/aufs gleiche heraus** *(es bleibt sich gleich)* · (ugs.:) **[ganz] groß herauskommen**

([sehr] großen Erfolg haben): er kam mit dieser Platte ganz groß heraus.
herauskriegen (ugs.): ↑ herausbekommen.
herauslocken: 1. 〈jmdn., etwas h.〉 *aus etwas hervorlocken:* den Fuchs aus seinem Bau h.; jmdn. aus seiner Reserve h. *(jmdn. dazu bringen, seine Zurückhaltung aufzugeben).* **2.** (ugs.) 〈jmdm./aus jmdm. etwas h.〉 *ablisten; entlocken:* jmdm. Geld h.; er brachte es fertig, das Geheimnis aus ihm herauszulocken.
herausmachen (ugs.): **1.** 〈etwas h.〉 *entfernen:* Flecken aus dem Kleid h.; du mußt die Kerne aus den Kirschen h. **2.** 〈sich h.〉 *sich entwickeln; sich erholen:* das Kind hat sich gut, prächtig herausgemacht; er hat sich nach der Krankheit wieder gut herausgemacht.
herausnehmen: 1. 〈etwas h.〉 *aus einem Behälter nehmen:* den Anzug [aus dem Koffer], h.; übertr.: aus aktuellem Anlaß wurde die Sendung herausgenommen *(aus dem Programm genommen);* er hat das Kind aus der Schule herausgenommen *(nicht länger in die Schule gehen lassen);* der Trainer nahm den enttäuschenden Spieler nach der 1. Halbzeit heraus *(aus dem Spiel).* 〈jmdm. etwas h.〉 man hat ihm die Mandeln, den Blinddarm herausgenommen *(operativ entfernt).* **2.** 〈sich (Dativ) etwas h.〉 *sich etwas anmaßen:* sich zuviel, allerhand h.; er nahm sich Freiheiten heraus, die ihm nicht zustanden.
herausplatzen (ugs.): **a)** *plötzlich loslachen:* bei dem komischen Anblick platzte sie heraus. **b)** 〈mit etwas h.〉 *unvermittelt äußern:* mit einer Frage, einer Bemerkung h.
herausreißen: 1. 〈etwas h.〉 *aus etwas reißen, durchreißen, entfernen:* eine Seite [aus dem Heft] h.; Pflanzen aus der Erde h.; übertr.: 〈jmdn. aus etwas h.〉 jmdn. aus seiner Arbeit h.; man hat das Kind aus seiner gewohnten Umgebung herausgerissen; er versuchte ihn aus seiner Lethargie, Traurigkeit herauszureißen *(davon wegzuführen).* **3.** (ugs.) **a)** 〈jmdn., etwas h.〉 *aus einer bedrängten Lage helfen:* er hat ihn noch einmal h. können. **b)** 〈etwas reißt jmdn., etwas heraus〉 *etwas wiegt etwas wieder auf, verändert jmds. Lage zum Positiven hin:* die Eins im Diktat reißt mich wieder heraus; das hat alles herausgerissen.
herausrücken (ugs.): **1. a)** 〈etwas h.〉 *etwas aus etwas rücken:* rück doch den Stuhl aus der Ecke heraus. **b)** *aus etwas rücken:* rück doch noch ein wenig zu mir heraus. **2.** (ugs.) **a)** 〈etwas h.〉 *hergeben:* ungern etwas h.; er rückte nichts, keinen Pfennig heraus. **b)** 〈mit etwas h.〉 *aussprechen, eingestehen:* mit seinen Wünschen, mit einem Anliegen h.; er wollte nicht mit der Wahrheit h.; rück endlich heraus damit, wo du gestern abend warst!
herausschauen: 1. (bes. südd., österr.) **a)** *nach draußen schauen:* sie schaute zum Fenster heraus. **b)** 〈etwas schaut heraus〉 *etwas guckt hervor:* dein Unterrock schaut heraus. **2.** (ugs.) 〈etwas schaut bei etwas heraus〉 *etwas ist lohnend:* bei dem Geschäft schaut nichts heraus.
herausschlagen: 1. 〈etwas h.〉 *durch Schlagen entfernen:* eine Wand h.; der Wirt schlägt den Spund aus dem Bierfaß heraus. **2.** (ugs.) 〈etwas h.〉 *erzielen, erreichen:* viel, wenig, nichts h.; eine Menge Geld, Subventionen h.; er hat aus seiner Stellung große Vorteile herausgeschlagen. **3.** 〈et-

was schlägt heraus〉 *etwas schlägt nach außen:* Flammen schlugen aus dem Dach heraus.
heraussein (ugs.): **1.** 〈etwas ist heraus〉 **a)** *etwas ist entfernt:* der Blinddarm, der Splitter ist heraus. **b)** *etwas ist hervorgekommen:* die ersten Blüten sind heraus; sie war 6 Monate alt, als der erste Zahn heraus war. **2.** 〈aus etwas h.〉 *hinter sich gelassen haben:* endlich waren sie aus der Stadt, aus dem Trubel heraus; übertr.: *überwunden haben; überstanden haben:* er ist jetzt aus allen Zweifeln, aus dem Dilemma heraus; aus diesem Alter bin ich langsam heraus. **3.** 〈etwas ist heraus〉 **a)** *etwas ist veröffentlicht:* der Termin, der neue Spielplan, der letzte Band der Ausgabe ist noch nicht heraus. **b)** *etwas ist sicher, bekannt:* es ist noch nicht heraus, wer den Posten übernimmt.
* **fein heraussein** *(in einer glücklichen Lage sein).*
herausspringen: 1. a) *nach draußen springen:* aus dem fahrenden Zug, aus dem Fenster h. **b)** 〈etwas springt heraus〉 *etwas löst sich aus etwas:* aus der Glasscheibe ist ein Stück herausgesprungen; die Sicherung ist herausgesprungen. **2.** (ugs.) 〈etwas springt bei etwas heraus〉 *etwas ergibt sich aus etwas:* bei der Sache springt nichts, eine Menge, viel Geld [für ihn] heraus.
herausstellen: 1. 〈jmdn., etwas h.〉 *nach draußen stellen:* die Balkonmöbel, den Abfalleimer h.; einen Spieler h. *(vom Platz stellen, nicht mehr mitspielen lassen).* **2.** 〈jmdn., etwas h.〉 *hervorheben; in den Mittelpunkt rücken:* etwas klar, scharf h.; Grundsätze, Ergebnisse h.; er stellte in seiner Rede die Bedeutung des Vorhabens heraus; die Kritik stellte diesen Künstler besonders heraus. **3.** 〈etwas stellt sich heraus〉 *etwas zeigt sich, etwas erweist sich als etwas:* etwas stellt sich schnell, erst später heraus; bei der Untersuchung stellte sich eine Unschuld heraus; die Behauptung stellte sich als ein Irrtum/(veraltet:) als einen Irrtum heraus; seine Angaben haben sich als falsch herausgestellt; es stellte sich heraus, daß er gelogen hatte; es wird sich h., ob du recht hast.
herausstrecken 〈etwas h.〉: *nach draußen strecken:* den Arm [zum Fenster] h.; die Maus streckt den Kopf aus dem Loch heraus; 〈jmdm. etwas h.〉 sie streckte ihm die Zunge heraus *(zeigte ihre Zunge, um damit ihre Verachtung auszudrücken).*
herb: 1. *leicht bitter, nicht süß:* herber Wein, ein herber Duft; dieses Parfüm ist etwas h.; h. riechen, schmecken. **2.** *schmerzlich, bitter, unfreundlich:* eine herbe Enttäuschung, herbe Kritik, herbe Worte, ein herber Verlust; h. enttäuscht werden. **3.** *streng; nicht lieblich:* ein herber Zug im Gesicht; sie hat ein herbes Wesen; eine herbe Schönheit; diese Frau wirkt sehr h.
herbei 〈Adverb: meist zusammengesetzt mit Verben〉: *von dort nach hier, hierher:* h. mit euch!; alles, alle Mann h.!
herbeiführen 〈etwas h.〉: *bewirken:* den Untergang, das Ende, den Tod, die Niederlage h.; sein Eingreifen führte eine Wende herbei; er bemühte sich, eine Aussprache zwischen den Parteien, eine endgültige Entscheidung herbeizuführen.
herbeilassen (geh., häufig iron.) 〈sich h.〉: *sich etwas herablassen:* sich zum Mithelfen h.; willst du dich nicht h., mir das zu erklären?
herbeireden 〈etwas h.〉: *so lange über etwas reden, bis es tatsächlich auftritt o. ä.:* die Krise

wurde herbeigeredet; das Glück kann man nicht h.; Arbeitsplätze lassen sich nicht h.

Herbst, der: **1.** *Jahreszeit zwischen Sommer und Winter:* ein früher, kalter, nasser, schöner, sonniger, nebliger, goldener (geh.) H.; der H. beginnt; es wird H.; im, zum H. eingeschult werden; vor H. nächsten Jahres, vor dem H. ist nicht an die Fertigstellung zu denken; im vergangenen H./vergangenen H. waren sie in Meran; übertr. (geh.): *Spätzeit, Zeit des Alterns:* im H. des Lebens stehen; der H. des Mittelalters. **2.** (landsch.) *Weinlese:* der H. hat begonnen, ist eingebracht.

Herd, der: **1.** *Vorrichtung, auf der gekocht wird:* ein emaillierter, elektrischer H.; ein H. mit 4 Flammen, [Koch]platten, Brennstellen; R: eigener H. ist Goldes wert · den H. putzen, heizen, anzünden, anstellen, anmachen (ugs.); sie zündete, machte (ugs.) Feuer im H. an; das Essen steht auf dem H. *(wird gerade gekocht);* das Essen auf dem H. haben (ugs.); sie steht den ganzen Morgen am H. (ugs.; *ist den ganzen Morgen mit Kochen beschäftigt);* den Topf vom H. nehmen. **2.** *Ausgangspunkt, Ausgangsstelle:* ein entzündlicher H.; der H. der Krankheit; sie suchten den H. des Feuers, des Brandes einzudämmen; der H. *(das Zentrum)* des Erdbebens; übertr.: der H. des Aufruhrs, der Unruhen. * **am häuslichen, heimischen Herd** *(daheim).*

Herde, die: *Schar von Säugetieren gleicher Art:* eine große H. Rinder, Elefanten; die H. ist versprengt; die Menschen liefen durcheinander wie eine H. Schafe; eine H. hüten. * (abwertend:) **mit der Herde laufen; der Herde folgen** *(sich in seinem Tun und Denken der Masse anschließen).*

herein ⟨Adverb; meist zusammengesetzt mit Verben⟩: *von draußen nach drinnen:* h. mit euch! *(kommt herein!);* h. /Aufforderung einzutreten/.

hereinbrechen: 1. ⟨etwas bricht herein⟩ *etwas dringt mit großer Gewalt herein:* Wassermassen, die Fluten brachen herein; übertr.: eine Katastrophe brach [über das Land, die Familie] herein. **2.** (geh.) ⟨etwas bricht herein⟩ *etwas bricht an:* der Abend, die Nacht, der Winter bricht herein.

hereinfallen: 1. ⟨etwas fällt herein⟩ *etwas dringt herein:* durch ein kleines Fenster fällt Licht [in den Raum] herein. **2. a)** (ugs.) *enttäuscht, betrogen werden:* beim Kauf arg, sehr, fürchtbar h.; mit dem neuen Angestellten sind sie hereingefallen. **b)** ⟨auf jmdn., auf etwas.⟩ *sich täuschen lassen:* auf jeden Schwindel, auf einen Trick, Scherz h.; er ist auf einen Betrüger hereingefallen.

hereinlegen (ugs.) ⟨jmdn. h.⟩: *anführen, übervorteilen:* er versuchte sie hereinzulegen; er hatte ihn mit seinen Zusicherungen hereingelegt.

hereinschneien: 1. ⟨es schneit herein⟩ *es schneit in einen Raum:* es hat [durch das offene Fenster] hereingeschneit. **2.** (ugs.) *unerwartet kommen:* er kam überraschend, mitten in der Nacht bei uns hereingeschneit.

herfallen: a) ⟨über jmdn., über etwas h.⟩ *angreifen, sich auf jmdn., über etwas stürzen:* unvermutet, brutal über jmdn. h.; sie waren über das friedliche Nachbarland hergefallen; sie fielen wie Tiere übereinander her; die Reporter fielen mit Fragen über ihn her *(bestürmten ihn mit Fragen);* übertr.: die Zeitungen sind über den Politiker hergefallen *(haben ihn heftig kritisiert).* **b)** ⟨über

etwas h.⟩ *gierig zu essen beginnen:* über das Essen, das Futter h.

Hergang, der: *Ablauf eines Vorgangs:* der H. des Geschehens, Unglücks; den H. schildern; der Zeuge bemühte sich, den H. zu rekonstruieren; er konnte sich an den H. genau erinnern.

hergeben: 1. ⟨jmdn., etwas h.⟩ *[weg]geben, herausgeben:* etwas ungern, freiwillig h.; sein Geld, seine Ersparnisse für etwas h.; gib sofort die Pistole her!; ⟨auch ohne Akk.⟩ gib her! · sie wollte ihr Kind nicht h. *(wollte es bei sich behalten);* die Mutter hat zwei Söhne im Krieg hergegeben (verhüll.; *verloren);* sie gibt alles, ihr Letztes her *(ist sehr freigiebig);* ⟨jmdm. etwas h.⟩ gib mir bitte mal die Zeitung her! *(reich mir die Zeitung!).* **2.** ⟨sich, etwas für etwas/zu etwas h.⟩ *zur Verfügung stellen:* für diese fragwürdige Sache will er sich, seinen Namen nicht h.; dazu hast du dich hergegeben? **3.** (ugs.) ⟨etwas gibt etwas her⟩ *etwas ist ergiebig:* dieses Thema gibt viel, nichts her.

hergehen: 1. ⟨mit Raumangabe⟩ *einhergehen:* neben jmdm., hintereinander h.; die Angehörigen gingen hinter dem Sarg her. **2.** (ugs.) ⟨es geht her; mit Artangabe und meist auch mit Raumangabe⟩ *es geht in bestimmter Weise zu:* es ging da laut, lustig, toll, hoch *(ausgelassen)* her; auf der Party ging es lustig her; bei der Sitzung, bei der Diskussion ging es heiß *(heftig)* her; bald wird es bei uns ruhiger h. * (ugs.:) **hergehen und etwas tun** *(ohne lange zu überlegen, ohne Umstände etwas tun):* erst tut sie ganz lieb, und dann geht sie her und droht mir, mich anzuzeigen.

hergelaufen: *von zweifelhafter Herkunft:* irgendein hergelaufener Habenichts, Bursche.

herhaben (ugs.) ⟨jmdn., etwas h.⟩: *bekommen haben:* wo hat er das Geld, die Nachricht her'?; wo hast du diese Begabung her?

herhalten: 1. ⟨etwas h.⟩ *herreichen:* halte bitte deine Tasse, deinen Teller her! **2.** (ugs.) **a)** ⟨als jmd., etwas h.⟩ *dienen:* als Zielscheibe des Ärgers h. müssen; als Beispiel dafür h., daß ...; als Sündenbock h. müssen; etwas muß als Vorwand h. **b)** ⟨für jmdn., etwas h.⟩ *an Stelle eines anderen oder von etwas anderem für etwas einstehen:* er mußte für die anderen h.; ⟨auch ohne Präp.-Obj.⟩ er mußte wieder h.

herholen ⟨jmdn., etwas h.⟩: *herbeiholen:* den Arzt, ein Taxi h. * **weit hergeholt** *(nicht zur Sache gehörend, nicht schlüssig):* diese Argumente sind weit hergeholt.

¹Hering, der: **1.** /ein Fisch/: grüne, gesalzene, gepökelte, geräucherte, marinierte Heringe; Heringe laichen; (ugs. scherzh.:) sie saßen, standen in der Straßenbahn wie die Heringe *(dicht gedrängt);* er ist dünn wie ein H.; Heringe fangen, einlegen, räuchern, wässern, entgräten. **2.** (ugs.) *dünner, schmaler Mann:* er ist nur so ein H.

²Hering, der: *Zeltpflock:* ein hölzerner H.; Heringe [aus Metall] in die Erde [ein]schlagen.

herkommen: 1. *an einen bestimmten Ort kommen:* schnell, gern, einige Tage h.; komm einmal her! **2.** (ugs.) ⟨in Fragesätzen⟩ *hergenommen werden:* wo soll das Geld, wo sollen die Mittel für diese Pläne h.? **3.** (ugs.) ⟨meist in Fragesätzen⟩ *entstammen:* wo kommen Sie her *(wo sind Sie geboren, aufgewachsen)?;* wo kommen die Tomaten her?; der Maler kommt vom Kubismus her.

herkömmlich: *üblich:* herkömmliche Formen, Methoden, Arbeitsweisen; das Stück hat keine Handlung im herkömmlichen Sinn; nach herkömmlichen Vorstellungen; die Krankheit wurde mit den herkömmlichen Mitteln behandelt.

Herkunft, die: **1.** *Abstammung:* seine H. ist zweifelhaft; er kann seine H. nicht verleugnen; Menschen bäuerlicher H.; er ist seiner H. nach/ nach seiner H. Franzose; ein Mann von einfacher H. **2.** *Ursprung:* die H. allen Lebens; die H. des Wortes ist unklar; Waren englischer H.

herleiten: 1. ⟨etwas aus etwas, von etwas h.⟩ *ableiten; begründen:* Ansprüche, Rechte aus seiner Stellung h.; ⟨auch ohne Präp.-Obj.⟩ eine Formel h. **2. a)** ⟨etwas aus etwas, von etwas, jmdm. h.⟩ *in der Abstammung auf jmdn., etwas zurückführen:* ein Wort aus dem Arabischen h.; er leitet seinen Namen von den Hugenotten her. **b)** ⟨sich aus etwas, von etwas h.⟩ *aus etwas kommen, stammen:* dieses Wort leitet sich vom Griechischen her; er leitet sich aus altem Adel her.

hermachen (ugs.): **1. a)** ⟨sich über etwas h.⟩ *etwas energisch in Angriff nehmen; sofort etwas beginnen:* sich über die Arbeit h.; er machte sich sofort über das Buch her; die Kinder machten sich über das Eis her *(begannen, gierig davon zu essen)*. **b)** ⟨sich über jmdn. h.⟩ *sich auf jmdn. stürzen:* Jugendliche machten sich über eine alte Frau her; er machte sich über den Redner her *(griff ihn an).* **2. a)** ⟨etwas h.⟩ *eine bestimmte Wirkung haben:* das Geschenk macht etwas, viel her; sie macht zuwenig her mit dieser Frisur. **b)** ⟨etwas von jmdm., von sich, von etwas h.⟩ *Wesens machen:* von dem Buch viel h.; von diesem Mann wird zuviel hergemacht; er macht gar nichts von sich her *(ist sehr bescheiden).*

Herr, der: **1. a)** /*höflicher Ausdruck für Mann/:* ein junger, älterer, freundlicher H.; (landsch.:) der geistliche H. *(Pfarrer);* ein H. mit Brille; die Herren forderten die Damen zum Tanz auf; ein H. möchte Sie sprechen; hier gibt es alles für den Herrn!; die Geschäftsleitung besteht aus 4 Herren; Sport: bei den Herren siegte der Australier; /in der Anrede oder Anschrift [in Verbindung mit dem Namen oder dem Titel des Angesprochenen]/: sehr geehrter, verehrter, lieber H. Schmidt; meine [sehr verehrten] Damen und Herren!; guten Tag, H. Schmidt!; guten Tag, die Herren!; der H. Doktor ist da; H. Ober, bitte noch ein Bier!; was wünschen Sie, mein H.?; was wünscht der H.?; /in höflicher Ausdrucksweise vor Verwandtschaftsbezeichnungen/: grüßen Sie bitte Ihren Herrn Vater, Bruder, Sohn, Gemahl. **b)** *gebildeter, gepflegter Mann:* ein feiner, vornehmer H.; ein H. mit Smoking; ein H. in den besten Jahren; jeder Zoll ein H.; (iron.:) ein feiner, sauberer H. *(Mann mit fragwürdigen Eigenschaften).* **2.** *Gebieter, Herrscher:* ein gütiger, gnädiger, gerechter, strenger H.; der junge H. *(Sohn des Hausherrn);* Gott, der H. *(der Hauses;* der H. der Welt *(Gott);* H. und Hund gehen spazieren; R (ugs.): wie der H., so's Gescherr · er ist H. über einen großen Besitz (geh.; *mit großen Besitz);* der H. über Leben und Tod *(Gott);* er duldet keinen Herrn über sich *(ordnet sich niemandem unter);* er kehrt gerne den Herrn heraus; R:

niemand kann zwei Herren dienen · der Eroberer machte sich zum Herrn über das Land; (ugs.:) komm zum Herrchen! /*Zuruf des Besitzers an seinen Hund/.* **3.** *Gott:* den Herrn anrufen; dem Herrn danken; hilf uns, H.!; (scherzh.:) er ist ein großer Jäger vor dem Herrn *(ein begeisterter Jäger).* *Alter Herr:* **a)** (ugs.; *Vater).* **b)** (Studentenspr.; *ehemaliges aktives Mitglied einer Verbindung)* · **aus aller Herren Länder/**(veraltend:) **Ländern** *(von überall her)* · (ugs. scherzh.:) **die Herren der Schöpfung** *(Männer)* · **sein eigener Herr sein** *(selbständig sein)* · **über jmdn., über etwas Herr werden** *(mit jmdm., mit etwas fertig werden):* die Mutter wird nicht mehr H. über das Kind · **einer Sache** (Genitiv) **Herr werden, sein** *(etwas bewältigen, in seiner Gewalt haben)* · **nicht mehr Herr seiner Sinne sein** *(nicht wissen, was man tut; die Selbstbeherrschung verlieren)* · **Herr der Lage/der Situation sein/bleiben** *(in einer kritischen Situation nicht die Kontrolle verlieren)* · **über sich, über jmdn., über etwas Herr sein** *(jmdn., sich, etwas in der Gewalt haben):* plötzlich war er nicht mehr H. über das Auto.

herrisch: *tyrannisch:* ein herrisches Wesen, Auftreten; eine herrische Person; sie hat eine herrische Art, ist sehr h.; er forderte h. Ruhe.

herrlich: *besonders schön, gut:* ein herrlicher Tag, Abend; eine herrliche Aussicht; herrliche Stoffe, Kleider; das Wetter war h.; der Wein, der Kuchen schmeckt h.; sie lebten h. und in Freuden *(es ging ihnen sehr gut).*

Herrlichkeit, die: *Schönheit, Pracht:* die H. der Natur, der Welt; die Herrlichkeiten der antiken Kunst bewundern; (iron.:) die H. wird nicht lange dauern; es ist schon vorbei mit der weißen H. *(die weiße Pracht, der Schnee schmilzt schon);* ist das die ganze H.? *(ist das alles?).*

Herrschaft, die: **1.** *Macht, [Staats]gewalt:* eine absolute, unumschränkte, autoritäre, demokratische H.; die H. des Staates, der Parteien, eines Systems; die H. innehaben, ausüben, an sich reißen, antreten; der Diktator bemächtigte sich der H. über das Land; zur H. gelangen; unter der H. dieser Kaiser blühte das Land auf; sie waren unter spanische H. gekommen, geraten; H. [noch mal]! /ugs.; *Ausruf des Unwillens/;* übertr.: *Gewalt, Kontrolle:* die H. über sich, über seinen Körper verlieren; der Fahrer hatte vergeblich versucht, die H. über das Steuer zu behalten. **2.** ⟨Plural⟩ *Damen und Herren, Leute:* ältere, vornehme, anwesende Herrschaften; Herrschaften, so geht es nicht weiter!; die Herrschaften werden gebeten, ihre Plätze einzunehmen. **3. a)** (veraltend) *Landgut:* diese H. besteht aus großen Ländereien. **b)** *der Dienstherr und seine Angehörigen:* der Diener erklärte auf Befragen, daß die H. nicht zu Hause sei.

herrschen: 1. ⟨mit Umstandsangabe⟩ *Herrscher sein:* allein, unumschränkt, seit Generationen h.; ein König herrscht in diesem Land, über dieses Volk; der Diktator herrscht durch Terror; die herrschende Partei; übertr.: hier herrscht das Geld. **2.** ⟨etwas herrscht; mit Umstandsangabe⟩ *etwas waltet, besteht:* überall herrschte Freude, Trauer, große Aufregung; hier herrscht reges Leben; seit Tagen herrscht in diesem Gebiet Nebel; draußen herrschen 30° Wärme; ⟨es herrscht etwas) es herrscht Schweigen, Totenstille; es herrscht die Meinung, keiner werde das Ziel erreichen; es herrschte eine furchtbare Kälte in diesem Winter; die herrschende Meinung.

Herrscher, der: *Monarch:* ein milder, grausamer, gerechter, großer, unumschränkter H.; der H. des Landes; H. sein über ein Land; als H. über ein Volk gebieten; er spielt sich gerne als H. auf *(ist herrschsüchtig)*; zum H. gekrönt werden; er machte sich zum H. über das Land.

herrühren ⟨etwas rührt von jmdm., etwas h.⟩: *etwas hat in etwas seinen Ursprung, seine Ursache:* die Narben rühren von einem Unfall her; das rührt von seinem Leichtsinn, von ihm her.

herstellen: 1. (ugs.) ⟨sich, jmdn., etwas h.; gewöhnlich mit Raumangabe⟩ *an einen bestimmten Ort stellen:* stell dich, den Koffer [näher zu mir] her! **2.** ⟨etwas h.⟩ *produzieren, erzeugen:* etwas maschinell, synthetisch, von Hand, in Serie h.; diese Waren sind in Deutschland hergestellt; aus Kunststoff hergestellte Gefäße. **3.** ⟨etwas h.⟩ *zustande bringen, vermitteln:* eine telefonische Verbindung [mit jmdm.] h.; er versuchte Kontakt zum Ausland herzustellen; endlich waren Ruhe und Ordnung hergestellt *(geschaffen).*

herum ⟨Adverb⟩ **1.** *in kreis- oder bogenförmiger Bewegung, Richtung:* sie setzten sich im Kreis h. hin; das Buch steht verkehrt h. **2.** ⟨in Verbindung mit *um*⟩: **a)** *rings um jmdn., um etwas:* um den Platz h. stehen hohe Bäume; die Gegend um X h. ist dicht besiedelt; [gleich] um die Ecke h. *(ganz in der Nähe)*; alle um den Kranken h. kannten seinen Zustand; übertr.: sie registriert nicht, was um sie h. geschieht. **b)** (ugs.) *ungefähr:* es kostet so um 100 DM h.; um das Jahr 1000 h.; um Ostern h.; er ist um 60 h. *(etwa 60 Jahre alt).*

herumdrehen: 1. ⟨jmdn., sich, etwas h.⟩ *auf die andere Seite drehen:* sich schnell, langsam, ängstlich h.; die Matratze, die Tischdecke h.; er drehte sich [auf die andere Seite] herum; er drehte den Schlüssel [im Schloß] herum. **2.** (ugs.) ⟨an etwas h.⟩ *an etwas drehen:* er dreht dauernd am Radio, an den Knöpfen herum. **3.** (ugs.) ⟨jmdn. h.⟩ *bewirken, daß sich jemand grundlegend ändert:* den Chef herumzudrehen wird schwierig werden.

herumdrücken (ugs.): **1.** ⟨etwas h.; mit Raumangabe⟩ *sich herumtreiben:* sich in Lokalen, auf der Straße, in einer Ecke h. **2.** ⟨sich um etwas h.⟩ *ausweichen, zu umgehen suchen:* er wollte sich um die Arbeit, um eine Aussprache, eine klare Aussage, eine Stellungnahme, eine Entscheidung h.

herumfuchteln (ugs.) ⟨mit etwas h.⟩: *mit den Händen, Armen heftige Bewegungen machen:* er fuchtelte mit dem Stock [in der Luft] herum.

herumführen: 1. (ugs.) ⟨jmdn. h.⟩ *umherführen:* er führte den Besuch [in der Stadt, in der Wohnung] herum. **2. a)** ⟨jmdn. um etwas h.⟩ *um etwas herumgeleiten:* sie wurden um das Gebäude herumgeführt bis zum hinteren Eingang. **b)** ⟨etwas um etwas h.⟩ *um etwas errichten:* sie führten eine Mauer um das Grundstück herum. **c)** ⟨etwas führt um etwas herum⟩ *etwas verläuft um etwas herum:* die Straße führt um die Stadt herum.

herumgehen: 1. (ugs.) ⟨gewöhnlich mit Umstandsangabe⟩ *umhergehen:* im Haus, im Garten, im Zimmer h.; im dichten Nebel sind wir im Kreis herumgegangen; übertr.: das Foto, der

Pokal ging [im Kreis der Versammelten] herum *(wurde herumgereicht);* die Neuigkeit ging im ganzen Dorf herum *(wurde verbreitet).* **2.** ⟨um jmdn., um etwas h.⟩ *im Kreis, im Bogen um jmdn., um etwas gehen:* ums Haus h.; der Kellner ging um den Tisch herum, um die Gläser der Gäste zu füllen; ⟨auch ohne Präp.-Obj.⟩ sie ging herum und gab jedem die Hand. **3.** ⟨etwas geht herum⟩ *etwas vergeht:* schnell, wie im Fluge (geh.) h.; die schöne Zeit, der Urlaub ging allzu rasch herum.

herumkommen: 1. a) ⟨um etwas h.⟩ *sich um etwas herumbewegen:* der Fahrer, das Auto kam mit großer Geschwindigkeit um die Kurve herum. **b)** (ugs.) ⟨gewöhnlich mit Umstandsangabe⟩ *an einem Hindernis vorbeikommen:* gut, schlecht, leicht h.; sie kamen mit den Möbeln nicht [um die Ecke] herum. **2.** (ugs.) ⟨um etwas h.⟩ *vermeiden können, entgehen können:* um eine Entscheidung, um eine Operation h.; wir kommen um die Tatsache nicht herum, daß ... **3.** (ugs.) ⟨mit Umstandsangabe⟩ *viel reisen:* viel, weit h.; als Berichterstatter ist er in der Welt herumgekommen. **4.** ⟨mit etwas h.⟩ *etwas schaffen, bewältigen können:* mit der Arbeit, den Festvorbereitungen [einfach nicht] h.

herumreißen ⟨jmdn., etwas h.⟩: *mit einem Ruck in eine andere Richtung bringen:* das Steuer, den Wagen, das Pferd h.; übertr.: er war ein Kämpfertyp, er konnte ein Spiel noch h. konnte *(dem Spiel eine positive Wendung geben konnte).*

herumreiten: 1. (ugs.) ⟨gewöhnlich mit Umstandsangabe⟩ *umherreiten:* auf der Weide h.; sie sind [den ganzen Tag im Gelände] herumgeritten. **2.** ⟨um jmdn., um etwas h.⟩ *im Kreis, im Bogen um jmdn., etwas reiten:* um den Wald h.; er ist um das Hindernis herumgeritten *(ist ihm ausgewichen).* **3.** (ugs.) **a)** ⟨auf jmdm. h.⟩ *jmdn. unablässig kritisieren:* der Chef reitet dauernd auf diesem Angestellten herum. **b)** ⟨auf etwas h.⟩ *von etwas nicht ablassen:* er reitet immer wieder auf der gleichen Frage, auf der alten Geschichte herum.

herumschlagen: 1. ⟨etwas um jmdn., um etwas h.⟩ *um etwas wickeln:* Packpapier um den Korb h. **2. a)** (ugs.) ⟨sich mit jmdm. h.⟩ *sich fortwährend mit jmdm. schlagen:* im Schulhof schlugen sich ein paar Jungen miteinander herum. **b)** (ugs.) ⟨sich mit jmdm., mit etwas h.⟩ *sich fortwährend abmühen:* sich mit der neuen Technik, mit Zweifeln h.; wir mußten uns mit dem Pförtner h.

herumtreiben (ugs.) ⟨sich h.⟩: *untätig umherstreifen; ein ungeregeltes Leben führen:* sich beschäftigungslos h.; sie treibt sich auf der Straße, in Lokalen, mit Männern herum; wo hast du dich nur [den ganzen Tag] herumgetrieben?

herumwerfen: 1. (ugs.) ⟨etwas h.⟩ *umherwerfen:* die Kinder warfen ihr Spielzeug [im Zimmer] herum. **2.** ⟨sich, etwas h.⟩ *mit einem Ruck in eine andere Richtung drehen:* ruckartig den Kopf h.; einen Hebel, das Steuer [des Bootes] h.; er warf sich schlaflos [im Bett] herum *(drehte sich schlaflos von einer Seite auf die andere).*

herunter ⟨Adverb; meist zusammengesetzt mit Verben⟩: *von oben nach unten:* h. mit euch!

herunterhauen (ugs.) ⟨etwas h.⟩: *schnell, aber schlecht ausführen:* eine Arbeit h.; der Brief ist hingehauen. * (ugs.:) **jmdm. eine/ein paar herunterhauen** *(jmdn. ohrfeigen).*

herunterkommen

herunterkommen: 1. ⟨[etwas] h.⟩ *nach unten kommen:* schnell, eilig, heil h.; sie kam humpelnd die Treppe herunter; komm sofort [vom Baum, von der Leiter] herunter! **2.** *in einen zunehmend schlechten Zustand kommen:* gesundheitlich, geschäftlich, sittlich h.; er ist [durch seine Krankheit] sehr heruntergekommen; die Firma kam unter seiner Leitung herunter; adj. Part.: *verkommen, verwahrlost:* ein heruntergekommenes Subjekt; er sieht sehr heruntergekommen aus. **3.** (ugs.) ⟨von etwas h.⟩ *von etwas wegkommen:* von einer schlechten Leistung h.; du mußt von der 5 in Latein h.

herunterleiern ⟨etwas h.⟩: **1.** (ugs.) *herunterdrehen:* den Rolladen h. **2.** (ugs.) *schlecht, eintönig hersagen, vorlesen:* ein Gebet, einen Text h.; du darfst das Gedicht nicht so h.

heruntermachen (ugs.): **a)** ⟨jmdn. h.⟩ *jmdn. in erniedrigender Weise zurechtweisen:* ich lasse mich von Ihnen nicht h.!; der Meister hat den Neuling vor versammelter Mannschaft heruntergemacht. **b)** ⟨jmdn., etwas h.⟩ *schlechtmachen:* der Kritiker machte den Schauspieler, Autor, den Film [in der Zeitung] herunter.

herunterrutschen: a) ⟨etwas rutscht herunter⟩ *etwas rutscht nach unten:* die Strümpfe rutschen herunter; die Decke ist vom Tisch heruntergerutscht; ⟨etwas rutscht jmdm. herunter⟩ dem Kind ist die Hose heruntergerutscht. **b)** ⟨etwas h.⟩ *eine Strecke rutschend zurücklegen:* das Treppengeländer, den Abhang h.

heruntersein (ugs.) ⟨mit Artangabe⟩: *in sehr schlechter körperlicher Verfassung sein:* zimlich, völlig [mit den Nerven] h.; nach der Krankheit war sie körperlich sehr herunter.

heruntersetzen: 1. ⟨etwas h.⟩ *herabsetzen; verringern:* die Waren im Preis h.; beim Schlußverkauf werden die Preise [stark] heruntergesetzt. **2.** ⟨jmdn., etwas h.⟩ *verächtlich machen; schmälern:* vor den Gästen setzte er sie herunter; jmds. Fähigkeiten, Leistungen h.

herunterwirtschaften (ugs.) ⟨etwas h.⟩ : *durch Mißwirtschaft in einen schlechten Zustand bringen:* einen Hof in kurzer Zeit h.; er hat den Betrieb, die Firma, die Fabrik, seine Abteilung schnell heruntergewirtschaftet.

hervorbringen (geh.) ⟨jmdn., etwas h.⟩: *entstehen lassen, erzeugen:* Früchte, Blüten h.; übertr.: bestimmte Laute, einen Ton auf einem Instrument h.; er konnte vor Aufregung kein Wort h. *(nicht sprechen);* diese Zeit, das Land hat große Geister hervorgebracht.

hervorgehen: a) ⟨aus etwas h.⟩ *einer Sache entstammen:* aus dieser Ehe gingen 5 Kinder hervor; der Komponist ist aus einer berühmten Musikerfamilie hervorgegangen. **b)** ⟨aus etwas h.; mit Artangabe⟩ *sich am Ende von etwas in einer bestimmten Lage, Beschaffenheit befinden:* siegreich, gestärkt, ohne Schaden aus etwas h.; die Partei ist als Sieger aus dem Wahlkampf hervorgegangen. **c)** ⟨etwas geht aus etwas hervor⟩ *etwas läßt sich aus etwas entnehmen:* aus dem Brief geht hervor, daß ...; wie aus dem Zusammenhang hervorgeht, steht es für ihn sehr schlecht.

hervorheben ⟨jmdn., etwas h.⟩: *besonders betonen, herausheben:* jmdn., etwas besonders, ausdrücklich, lobend h.; sein Mut verdient hervorge-

hoben zu werden; mit Nachdruck sollte hervorgehoben werden, daß ...; einzelne Wörter durch Fettdruck h. *(besonders sichtbar machen).*

hervorlocken ⟨jmdn., etwas h.⟩: *aus etwas herauslocken:* den Feind aus seiner Stellung h.; er versuchte, den Hund mit einem Stück Wurst [unter dem Tisch] hervorzulocken.

hervorragend: *ausgezeichnet, überdurchschnittlich gut:* eine hervorragende Qualität; er ist ein hervorragender Schauspieler; der Wein war h.; der Apparat arbeitet, funktioniert h.; subst.: er hat Hervorragendes geleistet.

hervorrufen ⟨etwas h.⟩: *verursachen, bewirken:* Verwunderung, Erstaunen, Unbehagen, Unwillen h.; seine Worte riefen Heiterkeit bei den Zuhörern hervor; diese Krankheit wird durch ein Virus hervorgerufen *(ausgelöst).*

hervortreten: 1. *heraustreten:* hinter dem Vorhang h.; eine seltsame Gestalt trat aus dem Dunkel hervor; übertr. (geh.): die Sonne trat aus den Wolken hervor. **2.** ⟨etwas tritt hervor⟩ *etwas wird sichtbar, hebt sich heraus:* durch die Anstrengung traten die Adern an seinen Schläfen hervor; übertr.: die Ähnlichkeit der Geschwister tritt immer stärker hervor. **3. a)** ⟨mit etwas h.⟩ *mit etwas an die Öffentlichkeit treten:* der junge Autor ist jetzt mit einem Roman hervorgetreten. **b)** ⟨als jmd. h.⟩ *sich mit etwas hervortun:* diese Tänzerin ist auch als Sängerin hervorgetreten.

hervortun (sich h.): *sich auszeichnen:* er hat sich als Mathematiker besonders hervorgetan; er nutzte die Gelegenheit, sich vor den anderen hervorzutun *(seine Fähigkeiten zu zeigen).*

Herz, das: **1.** *Organ, das den Kreislauf des Blutes bewirkt:* ein gesundes, kräftiges, gutes, schwaches H.; das H. schlägt [regelmäßig], klopft, pocht, hämmert, flattert; sein H. hat versagt, arbeitet nicht mehr; sein H. ist angegriffen, ist nicht in Ordnung; ihm stockte das H. vor Schreck (geh.; *er erschrak heftig);* vor Angst schlug ihm das H. bis zum Hals [hinauf]; das H. wollte ihm zerspringen vor Freude (geh.; *er war freudig erregt);* das H. hörte auf zu schlagen; das H. untersuchen, abhorchen; ein H. verpflanzen, transplantieren, spenden; Operationen am offenen Herzen; er hat es am Herz[en] (ugs.; *ist herzkrank);* er hat [es] mit dem Herz[en] zu tun (ugs.; *ist herzkrank);* die Kugel traf ihn mitten ins H.; ein Kind unter dem Herzen tragen (geh.; *ein Kind erwarten);* jmdn. ans, an sein H. drücken *(an sich drücken, umarmen);* übertr.: er hat schon viele Herzen gebrochen *(oft Erfolg bei Frauen gehabt und sie dann verlassen);* Kochk.: [gedünstetes] H. in Burgundersoße. **2.** *gedachtes Zentrum der Empfindungen, des Gefühls; Gemüt:* ein gutes, gütiges, treues, fröhliches, warmes *(gütiges),* empfindsames, goldenes *(treues),* edles (geh.; *großmütiges),* stolzes, weiches *(mitleidiges),* kaltes *(gefühlloses),* hartes *(mitleidloses)* H.; ein H. aus Stein *(ohne Mitempfinden);* etwas bewegt, ergreift, rührt das Herzen der Menschen (geh.); diese Frau hat kein H. *(ist herzlos, gefühllos);* etwas bedrückt jmdm. das H. (geh.); reinen/(veraltend:) reines Herzens (geh.) etwas sagen können; traurigen Herzens (geh.) nahm er Abschied; im Grunde seines Herzens *(im Innersten)* dachte er anders; er steht ihrem Herzen sehr nahe *(sie emp-*

findet sehr viel für ihn); seine Worte kamen von Herzen *(waren ehrlich gemeint);* R: man kann einem Menschen nicht ins H. sehen. **3. a)** *Mittelpunkt, Zentrum, innerster Bereich:* die Hauptstadt ist das H. des Landes; im Herzen Europas/von Europa. **b)** *innerster Teil:* die Herzen des Salates haben die zartesten Blätter. **4.** */als Koseform in der Anrede/:* [mein] Herzchen! **5.** */Gegenstände in Herzform/:* ein H. aus Marzipan, aus Schokolade, aus Lebkuchen; sie trug ein silbernes H. am Kettchen. **6.** */eine Spielkartenfarbe/:* H. ist Trumpf; wir spielen H. * **das Herz auf dem rechten Fleck haben** *(eine vernünftige, richtige Einstellung haben)* · **das Herz in die Hand/in beide Hände nehmen** *(seinen ganzen Mut zusammennehmen [um einer unangenehmen Sache zu begegnen])* · **etwas auf dem Herzen haben** *(ein Anliegen haben)* · **seinem Herzen einen Stoß geben** *(sich zu etwas überwinden):* gib doch deinem Herzen einen Stoß, und laß die Kinder aufbleiben · **sich (Dativ) etwas [sehr] zu Herzen nehmen** *(etwas beherzigen; etwas sehr schwernehmen)* · **sich (Dativ) ein Herz fassen** *(seinen ganzen Mut zusammennehmen)* · (ugs.:) **jmdm. rutscht/fällt das Herz in die Hose[n]** *(jmd. bekommt große Angst)* · (geh.:) **etwas bricht jmdm. das Herz** *(etwas bekümmert jmdn. so sehr, daß er daran stirbt)* · **jmdm. dreht sich das Herz im Leib[e] herum** *(jmd. ist über etwas sehr bekümmert)* · **jmdn. am Herzen liegen** *(für jmdn. von großer Wichtigkeit sein)* · **es nicht übers Herz bringen** *(zu etwas nicht fähig sein):* er brachte es nicht übers H., den Kindern das Spielzeug wegzunehmen · **ein Herz haben für jmdn., etwas** *(Hilfsbereitschaft, Interesse zeigen):* dieser Mann hatte ein H. für die Armen · **das Herz auf der Zunge haben** *(alles aussprechen, was einen bewegt)* · (ugs.:) **seinem Herzen Luft machen** *(sich bei jmdm. aussprechen über etwas, was einen ärgert)* · **jmdm. sein Herz ausschütten** *(sich jmdm. anvertrauen, ihm seine Sorgen schildern)* · (geh.:) **sich etwas vom Herzen reden** *(über etwas, was einen beschwert, mit einem anderen sprechen):* er mußte sich einmal seinen Kummer vom Herzen reden · (geh.:) **jmdm. blutet das Herz** *(jmdm. tut etwas sehr leid):* ihm blutete das H., wenn er sah, wie sie mit den Büchern umgingen · (geh.:) **nicht das Herz haben, etwas zu tun** *(es nicht über sich bringen, etwas zu tun)* · (geh.:) **jmdn. ins Herz treffen** *(jmdn. mit etwas zutiefst verletzen)* · (geh.:) **sich in die Herzen [der Menschen] stehlen** *(die Sympathie vieler gewinnen)* · **etwas ist jmdm. aus dem Herzen gesprochen** *(jmd. ist der gleichen Ansicht über etwas)* · **aus seinem Herzen keine Mördergrube machen** *(offen von etwas sprechen)* · (ugs.:) **jmdn., etwas auf Herz und Nieren prüfen** *(jmdn., etwas gründlich prüfen)* · (geh.:) **etwas läßt jmds. Herz höher schlagen** *(etwas versetzt jmdn. in freudige Erregung)* · **jmdm. lacht, hüpft das Herz im Leib[e]** *(jmd. ist sehr erfreut über etwas)* · **jmdm., etwas ans Herz legen** *(jmdm. eine Person oder Sache besonders anempfehlen)* · (geh.:) **sein Herz [für etwas] entdecken** *(unvermutet eine Leidenschaft, Begeisterung [für etwas] in sich entdecken)* · (geh.:) **jmds. Herz gehört einer Sache** *(jmd. ist einer Sache ganz hingegeben):* sein ganzes H. gehört der Musik · (geh.:) **sein Herz an jmdn. verlieren** *(sich in jmdn. verlieben)* · **jmdn. ins/in sein**

Herz geschlossen haben *(jmdn. sehr gern haben)* · **ein Herz und eine Seele sein** *(unzertrennlich sein)* · **jmdm. ans Herz gewachsen sein** *(jmdm. sehr lieb geworden sein)* · (geh.:) **sein Herz an jmdn., an etwas hängen** *(jmdm., einer Sache seine ganze Liebe zuwenden)* · **jmds. Herz hängt an etwas** *(jmd. möchte etwas sehr gerne haben oder behalten)* · (geh.:) **jmdm. sein Herz schenken** *(jmdn. sehr lieben)* · (geh.:) **das Herz schwermachen** *(jmdn. sehr traurig machen)* · (geh.:) **jmdm. ist, wird das Herz schwer** *(jmd. ist, wird sehr traurig)* · (geh.:) **die/alle Herzen im Sturm erobern** *(schnell die Sympathien aller gewinnen)* · (ugs.:) **alles, was das Herz begehrt** *(alles, was man sich wünscht)* · **leichten Herzens** *(leicht; ohne daß es jmdm. schwerfällt)* · schweren/(geh.:) **blutenden Herzens** *(ungern)* · (geh.:) **mit halbem Herzen** *(mit wenig Interesse)* · (geh.:) **von [ganzem] Herzen:** a) *(sehr herzlich):* ich wünsche Ihnen von [ganzem] Herzen alles Gute! b) *(aus voller Überzeugung):* dazu kann ich von ganzem Herzen ja sagen · (geh.:) **aus tiefstem Herzen** *(aufrichtig, sehr):* er verabscheute die Tat aus tiefstem Herzen · **von Herzen gern** *(sehr gern).*

Herzenslust ⟨in der Verbindung⟩ **nach Herzenslust:** *so, wie jmd. mag:* sich nach H. austoben; nach H. essen und trinken.

herzhaft: **1.** *kräftig, ordentlich:* ein herzhafter Händedruck; ein herzhaftes Lachen; er nahm einen herzhaften Schluck aus der Flasche; h. zugreifen. **2.** *würzig schmeckend:* ein herzhaftes Essen; das Gericht war, schmeckte sehr h.

herziehen: **1. a)** (ugs.) ⟨jmdn., etwas h.⟩ *heranziehen:* den Tisch, einen Stuhl [zu sich] h.; ⟨jmdm., sich etwas h.⟩ er zog sich, dem Kind einen Sessel her. **b)** ⟨jmdn., etwas hinter sich (Dativ) h.⟩ *durch Ziehen mitführen:* einen Handwagen, einen Schlitten hinter sich h.; das Flugzeug zieht einen weißen Kondensstreifen hinter sich her. **2.** ⟨mit Raumangabe⟩ *mit jmdm., mit etwas gehen, laufen:* eine Musikkapelle zog vor dem Fackelzug her; Kinder zogen hinter, neben dem Zirkuswagen her. **3.** (ugs.) *an einen Ort [um]ziehen:* sie sind vor zwei Jahren, kürzlich hergezogen. **4.** (ugs.) ⟨über jmdn., über etwas h.⟩ *schlecht von jmdn., von etwas sprechen:* sie sind über ihren Chef, über die Nachbarn hergezogen.

herzig: *niedlich, reizend:* sie hat zwei herzige Kinder; das kleine Mädchen ist h., sieht h. aus.

Herzklopfen, das: *spürbares Klopfen des Herzens [als Zeichen von Angst]:* starkes, heftiges, rasendes H.; das Laufen verursachte ihr H.; sie hatte, bekam H. [vor Angst, Aufregung]; mit H. *(aufgeregt)* warteten sie auf die Entscheidung.

herzlich: **1.** *freundlich; von Herzen kommend:* herzliche Worte, Wünsche; ein herzlicher Empfang; eine herzliche Freundschaft, Zuneigung; ein herzliches Einvernehmen; /in bestimmten Gruß- und Wunschformeln/: herzliche Grüße!; herzlichen Glückwunsch!; herzlichen Dank!; herzliches Beileid!; die Geschwister haben ein herzliches Verhältnis zueinander; eine herzliche *(dringende)* Bitte an jmdn. richten; (geh.:) jmdm. in herzlicher Liebe zugetan sein; sie ist sehr h. *(hat eine warmherzige Art);* jmdn. h. begrüßen, beglückwünschen; sich h. bedanken; jmdn. h. (geh.) lieben, liebhaben. **2.** ⟨verstärkend bei Adjektiven und Verben⟩ *sehr:* der Vortrag war h. langweilig, schlecht; es gab h. wenig zu essen; h. gern!; er lachte h., als er die Geschichte hörte; ich bitte Sie h., etwas leiser zu sein.

Herzschlag, der: **1.** *das Schlagen des Herzens:* ein normaler, regelmäßiger, schwacher H.; sein H. ist beschleunigt; sein H. setzte aus, stockte einige Sekunden; einen H. lang (geh.; *für einen kurzen Moment)* glaubte er, ...; übertr. (geh.): der H. *(das pulsierende Leben)* einer Großstadt. **2.** *plötzlicher Herzstillstand:* einen H. bekommen, erleiden (geh.); er ist einem H. erlegen (geh.); sie ist an einem H. gestorben; Tod durch H.

Hetze, die: **1.** (ugs.) *Hast:* das war eine große, schreckliche, furchtbare H.; die H. des Alltags hat sie krank gemacht; in fürchterlicher H. mußten sie ihre Koffer packen. **2.** *Verleumdung:* eine wilde, böse, massive H.; eine planvolle H. gegen etwas beginnen, betreiben.

hetzen: 1. a) ⟨jmdn. h.⟩ *vor sich hertreiben, jagen:* Wild mit Hunden h.; ein Tier zu Tode h.; die Polizei hetzte den Verbrecher [durch die Straßen]; man hetzte sie mit Hunden vom Hof; er ist ein gehetzter *(gejagter, rastloser)* Mensch. **b)** ⟨ein Tier auf jmdn. h.⟩ *losgehen lassen:* sie hetzten ihre Hunde auf die Fremden; übertr.: die Polizei auf jmdn. h. **2.** (ugs.) **a)** *sich sehr eilen:* es war nicht nötig, daß er so gehetzt ist; sie mußten sehr h., um noch rechtzeitig zum Bahnhof zu kommen. **b)** ⟨sich h.⟩ *sich abhetzen:* sie hetzt sich den ganzen Tag, ohne sich einmal auszuruhen. **3.** (ugs.) ⟨mit Raumangabe⟩ *sich in großer Hast an einen bestimmten Ort begeben:* zum Bahnhof, durch München, über den Zebrastreifen h.; er ist von einem Termin zum anderen gehetzt. **4.** *Haß, Hetze betreiben:* er hetzte ständig; gegen seine Kollegen, gegen die gleitende Arbeitszeit h.; in den Zeitungen wurde zum Krieg gehetzt.

Heu, das: *als Tierfutter verwendetes getrocknetes Gras:* nasses, duftendes H.; H. wenden, ernten, einfahren, machen (ugs.); sie [ver]füttern H.; im H. schlafen, übernachten; die Bauern geben ins H. (ugs.; *zum Heumachen);* er ist mit ihr ins H. gegangen (ugs.; *in einen Heuschober, auf den Heuboden zum Austausch von Zärtlichkeiten).*

heucheln: a) ⟨etwas h.⟩ *vortäuschen:* Mitgefühl, Ergebenheit, Liebe, Interesse h.; sie heuchelte Erstaunen über die Vorgänge; sie sprach mit geheuchelter Liebenswürdigkeit. **b)** *sich verstellen:* du heuchelst doch, wenn du ihm recht gibst.

heulen: a) *klagende Laute ausstoßen:* laut, in langgezogenen Tönen h.; die Wölfe, die Hunde heulten; übertr.: der Wind heult [ums Haus]; die Sirenen, die Motoren heulten. **b)** (ugs.) *[laut, klagend] weinen:* laut, erbärmlich h.; warum sollen Jungen nicht h. dürfen?; sie heulte über, um ihren toten Hamster; sie heulte wie ein Schloßhund *(sehr heftig);* warum heulst du?; deswegen brauchst du doch nicht zu h.; vor Wut, vor Freude, vor Rührung h. * (ugs.:) *etwas ist zum Heulen (etwas ist sehr deprimierend).*

heute ⟨Adverb⟩: **1.** *an diesem Tag:* h. ist Montag, der 10. Januar; h. gehen wir ins Theater; das geschieht nicht h. und nicht morgen *(das dauert noch eine Weile);* h. früh, morgen, mittag, abend, nacht; h. vor acht Tagen, in einer Woche; h. mußte ich warten; dies ist die Zeitung von h.; ab

h. ist das Geschäft durchgehend geöffnet; für h. ist es genug; von h. an, seit h. läuft ein neuer Film. **2.** *in der gegenwärtigen Zeit:* h. ist vieles anders als früher; h. gibt es mehr Möglichkeiten der Heilung; die Jugend von h.; eine Frau von h. subst.: das Heute *(die Gegenwart).* * (ugs.:) **heute oder morgen** *(in allernächster Zeit)* · (ugs.:) **von heute auf morgen** *(sehr schnell; innerhalb kurzer Zeit)* · (ugs.:) **lieber heute als morgen** *(am liebsten sofort).*

heutig: 1. *von diesem Tag:* die heutige Zeitung; das heutige Programm; am heutigen Abend; bis zum heutigen Tag *(bis zu diesem Tag, bis jetzt)* hat sich nichts geändert. **2.** *gegenwärtig:* die heutige Zeit, Jugend; die heutige Generation; der heutige Stand der Forschung; in der heutigen Lage.

Hexe, die: **1.** *Märchengestalt:* eine böse, alte H.; sie wurden von einer H. verzaubert. **2.** *früher als mit dem Teufel im Bunde stehend betrachtete weibliche Person, der Zauberkräfte zugeschrieben wurden:* noch im 18. Jh. wurden Frauen als Hexen verbrannt; die Dorfbewohner hielten sie für eine H. **3. a)** *böse, zänkische Frau:* die alte H. soll uns in Ruhe lassen; /oft als Schimpfwort/: du böse H.! **b)** *raffinierte junge Frau:* eine gefährliche kleine H.; sie ist eine blonde H.

hexen: a) *zaubern:* er kann h.; ich kann doch nicht h.! (ugs.; *so schnell geht es doch nicht);* bei ihr geht alles wie gehext (ugs.; *sehr schnell).* **b)** ⟨etwas h.⟩ *durch Zaubern herbeiführen:* Regen h.

Hieb, der: **1.** *Schlag:* ein kräftiger H.; ein H. sitzt, geht fehl; einen H. auffangen, parieren, abwehren; einen H. bekommen; beim ersten H.; Fechten: auf H. fechten; übertr.: *spitze, boshafte Bemerkung:* er versetzte dem politischen Gegner einen H.; er teilt gern Hiebe aus. **2.** (ugs.) ⟨Plural⟩ *Prügel:* Hiebe bekommen, beziehen; gleich gibt es, setzt es Hiebe.

hier ⟨Adverb⟩: **1. a)** *an diesem Ort, an dieser Stelle:* h. in Europa; der Laden ist h. gegenüber; von h. aus sind es noch 3 km, 5 Minuten; er hält sich bald h., bald dort auf; h. bin ich aufgewachsen; h. ruht in Gott ... /Inschrift auf Grabsteinen/; h. oben, unten, vorn, hinten, drin[nen], draußen; du h.? (ugs.; *du bist auch anwesend?);* h. steht geschrieben ...; h. im Haus, h. auf Erden; ich bin nicht von h. (ugs.; *wohne nicht hier, bin nicht hier geboren);* /als Antwort beim Namenaufrufen!/: „Schulze!" – „H.!" *(anwesend!).* **b)** (nachgestellt) /bezieht sich auf jmdn., etwas in unmittelbarer Nähe oder den bzw. worauf der Sprecher ausdrücklich hinweist/: unser Freund h.; dieser Mantel h. gefällt mir am besten; wer hat das h. angerichtet? **c)** /zur Verdeutlichung einer Geste, mit der der Sprecher etwas überreicht/: hier, nimm!; h. hast du das Geld. **d)** *in dem vorliegenden Zusammenhang, Fall, Punkt:* auf diese Frage wollen wir h. nicht weiter eingehen; h. muß die Kritik einsetzen; h. geht es um Leben und Tod. **2.** *in diesem Augenblick:* h. beginnende Epoche. * **hier und da/dort: a)** *(an manchen Orten, Stellen):* h. und dort findet man noch vereinzelte blühende Rosen an den Sträuchern. **b)** *(manchmal, hin und wieder):* wir begegnen h. und da · **von hier an** *(von diesem Zeitpunkt an)* · **hier und heute** *(sofort).*

hiesig: *hier vorhanden, von hier stammend:* die

hiesige Bevölkerung; die hiesigen Zeitungen haben über den Fall berichtet. **Hilfe,** die: **1.** *das Helfen:* gegenseitige, rasche, schnelle, wirksame, fremde, ärztliche, nachbarliche, finanzielle H.; diese Merksätze sind kleine Hilfen *(dienen als Stütze)* für das Gedächtnis; die Töchter sind uns eine große H. *(helfen uns viel)* im Haushalt; H. brauchen, fordern, herbeirufen; er suchte H. bei der Polizei; jmdm. H. leisten, bringen; jmdm. Hilfen *(Hilfestellung)* geben beim Turnen; wir geben nur H. zur Selbsthilfe; er hat uns seine H. angeboten; H. in Notfällen; H. für die notleidenden Völker; mit unserer H. hat er es geschafft; jmdn. um H. bitten; die Frau rief, schrie um H.; er wendete/wandte sich um H. an seine Freunde; auf jmds. H. angewiesen sein, hoffen; niemand kam, eilte dem Angegriffenen zu H.; jmdn. zu H. rufen; [zu] H.! */Ruf, mit dem man zu verstehen gibt, daß Hilfe benötigt wird/.* **2.** *Hilfskraft:* eine tüchtige, fleißige, langjährige H.; eine H. einstellen; sie bekommt endlich eine H. für den Haushalt. **3.a)** *Hilfsmittel:* mechanische Hilfen. **b)** *finanzielle Unterstützung:* Hilfen bereitstellen; auf staatliche H. angewiesen sein. * **mit Hilfe** *(unter Zuhilfenahme):* er öffnete die Tür mit H. eines Dietrichs/mit H. von einem Dietrich · **jmdn., etwas zu Hilfe nehmen** *(sich jmds., einer Sache als Hilfe bedienen)* · **Erste Hilfe** *(erste Hilfsmaßnahmen bei Unfällen).*

hilflos: a) *auf Hilfe angewiesen:* ein hilfloses Baby; die Abwehrspieler machten einen völlig hilflosen Eindruck; der Verletzte war völlig h.; er ist h. wie ein kleines Kind; er lag h. auf der Erde; h. mußte er zusehen, wie Diebe seine Wohnung ausräumten. **b)** *verlegen, unbeholfen:* ein hilfloser Gesichtsausdruck; seine hilflose Geste; er ist, wirkt, lächelt h.; er sah sich h. im Kreise um.

Himmel, der: **1.a)** *Himmelsgewölbe, Firmament:* ein heller, klarer, blauer, fahler (geh.), grauer, strahlender, wolkenloser, bewölkter H.; der gestirnte (geh.) nächtliche H.; der H. ist bedeckt, trübe, verhangen (geh.); der H. hat sich bezogen, verdunkelt, aufgehellt; der H. klart auf; bildl.: der H. hat seine Schleusen geöffnet *(es regnet sehr stark);* der H. grollt (geh.; *es donnert);* der H. lacht (geh.; *die Sonne scheint);* den abendlichen H. betrachten; das Blau des Himmels; die Sonne steht hoch am H.; Sterne werden am H. sichtbar; den Blick gen H. (geh.) richten; etwas ragt in den H. *(ist sehr hoch);* unter freiem H. *(im Freien);* ein Flugzeug vom H. holen *(abschießen);* die Sonne brennt vom H. herab; zwischen H. und Erde *(in der Luft)* schweben; übertr. (geh.): sie leben unter einem milden, rauhen H. *(in einem milden, rauhen Klima);* unter südlichem H. *(in südlichen Breiten).* **b)** *Ort, an dem Gott und die im Glauben Verstorbenen als anwesend gedacht werden:* in den H. kommen; im H. sein; der Vater im H. *(Gott).* **2.** *Gott, Schicksal:* der H. behüte, bewahre uns!; gerechter/gütiger/[ach] du lieber H.! */ugs.; Ausrufe der Bestürzung, des Bedauerns/;* weiß der H.! */ugs.; Ausruf der Bestätigung, der Bekräftigung/;* das weiß der [liebe] H., mag der [liebe] H. wissen (ugs.; *da bin ich ratlos; das ist mir unbekannt);* H. noch mal! */ugs.; Ausruf des Ärgers, der Ungeduld/;* H., Arsch und Zwirn! / Wolkenbruch /derb; *Ausruf der Verärgerung/;*

dem H. sei Dank!; (geh.:) etwas als Zeichen des Himmels betrachten; um [des] Himmels willen */1. Ausruf des Erschreckens, der Abwehr. 2. Ausdruck einer inständigen Bitte/.* * (geh.:) **den Himmel offen sehen** *(sehr glücklich sein)* · **jmdm./für jmdn. hängt der Himmel voller Geigen** *(jmd. ist glücklich)* · (ugs.:) **[wie] im sieb[en]ten Himmel sein, sich [wie] im sieb[en]ten Himmel fühlen** *(von höchstem Glücksgefühl erfüllt sein)* · (ugs.:) **den Himmel auf Erden haben** *(es sehr gut haben):* sie hat bei ihrem Mann den H. auf Erden · **jmdm. den Himmel auf Erden versprechen** *(das angenehmste Leben versprechen)* · **etwas fällt nicht [einfach] vom Himmel** *(etwas hat seine Vorbedingungen)* · (ugs.:) **jmdn., etwas in den Himmel heben** *(übermäßig loben)* · (ugs.:) **Himmel und Hölle in Bewegung setzen** *(alles versuchen, um etwas zu ermöglichen)* · **aus heiterem Himmel** *(ohne daß man es ahnen konnte)* · **etwas schreit/stinkt zum Himmel** *(etwas ist skandalös)* · (ugs.:) **aus allen Himmeln fallen/stürzen/gerissen werden** *(tief enttäuscht werden).*

himmelschreiend: *empörend:* ein himmelschreiendes Unrecht; die Mißstände, die hygienischen Verhältnisse waren h.

himmlisch: *sehr schön:* himmlisches Wetter; eine himmlische Stimme; es war ein himmlischer Tag; das Kleid ist h.; sie sah h. aus.

hin ⟨Adverb⟩: *häufig zusammengesetzt mit Verben):* **1.** */drückt die Richtung auf einen Zielpunkt aus/* **a)** */räumlich/:* das Wohnzimmer liegt zur Straße h.; du kannst mit dem Bus bis h. (ugs.; *bis zum Zielpunkt)* fahren; h. sein (ugs.; *auf dem Hinweg)* sind wir gefahren; nach vorne h. sich bewegen; bis zur Wand h. sind es 10 Meter. **b)** */zeitlich/:* zum Herbst, zum Winter h.; gegen Mittag h. **2.** */drückt eine Erstreckung aus/* **a)** */räumlich/:* die Wandernden bewegten sich an der Mauer, am Ufer h. *(entlang);* der Efeu breitet sich über die ganze Wand h., nach vorne h. aus. **b)** */zeitlich/:* über, durch viele Jahre h. lebte er hier. **c)** *(mit der Ziel-, Zweckrichtung auf etwas):* auf die Zukunft h. planen; auf Wachstum h. angelegt sein. * **hin und wieder** *(von Zeit zu Zeit; manchmal)* · **hin und zurück** *(zu einem Ziel hin und wieder an den Ausgangspunkt zurück):* eine Fahrkarte h. und zurück lösen · (ugs.:) **... hin, ... her** *(auch wenn ...; obwohl ...):* die Arbeit muß fertig werden, Regen h., Regen her · **hin und her: a)** *(auf und ab, ohne bestimmtes Ziel):* er ist h. und her gegangen, gelaufen. **b)** *(auf alle Möglichkeiten hin):* sie haben h. und her überlegt, wie die Sache zu schaffen sei · **das Hin und Her** *(vielfältiger Wechsel):* nach langem H. und Her entschlossen sie sich zum Kauf · **vor sich hin** *(ohne die Umwelt zu beachten; in sich hinein):* sie sprach, murmelte, weinte, sang vor sich h. · **nach außen hin** *(äußerlich):* nach außen h. wirkte er ganz ruhig · **auf ... hin: a)** *(durch; auf Grund):* auf einen bloßen Verdacht h. wurde er verhaftet. **b)** *(im Hinblick auf):* etwas auf Krankheitserreger h. untersuchen.

hinab (geh.) ⟨Adverb; meist zusammengesetzt mit Verben): *hinunter, abwärts:* den Fluß h. bis zu seiner Mündung; alle bis h. zum 16. Jahr.

hinarbeiten *(auf etwas h.): Anstrengungen unternehmen, um etwas zu erreichen:* auf ein Ziel, auf den Erfolg h.

hinauf ⟨Adverb; meist zusammengesetzt mit Verben⟩: *nach oben, aufwärts:* den Fluß h. bis zur Quelle; vom Rekruten bis h. zum Offizier.

hinaus ⟨Adverb; meist zusammengesetzt mit Verben⟩: *von drinnen nach draußen:* h. mit euch in die frische Luft! * **auf** ... **hinaus** *(für eine bestimmte Dauer)* · **über** ... **hinaus** *(einen Zeitraum überschreitend):* über Mittag h.

hinauslaufen: 1. *aus einem Raum nach draußen laufen:* es klingelte, und Birgit lief hinaus; schnell, unvermittelt, ärgerlich h.; die Kinder sind zur Tür, auf die Straße, in den Garten hinausgelaufen. **2.** ⟨etwas läuft auf etwas hinaus⟩ *etwas hat das Ziel; etwas kommt zu dem Ende:* ihre Verhandlungen liefen auf einen Verkauf hinaus; es wird darauf h., daß ... ∗ ⟨ugs.:⟩ **es läuft auf eins/auf dasselbe/auf das gleiche/aufs gleiche hinaus** *(es bleibt sich gleich).*

hinausschieben: 1. ⟨jmdn., sich, etwas h.⟩ *aus einem Raum nach draußen schieben:* den Kinderwagen [aus dem Zimmer] h.; er schob sich unbemerkt zur Tür hinaus *(ging unbemerkt hinaus).* **2.** ⟨etwas h.⟩ *aufschieben, hinauszögern:* etwas lange, immer wieder, bewußt h.; eine Arbeit, Reise, den Termin, die Entscheidung auf unbestimmte Zeit, um einen Monat, bis in den Herbst h.

hinauswerfen: 1. ⟨etwas h.⟩ *etwas aus einem Raum nach draußen werfen:* das Papier, die Abfälle zum Fenster, aus dem Zug h.; übertr. ⟨ugs.:⟩ sie beschlossen, die alten Möbel hinauszuwerfen *(nicht länger in der Wohnung zu behalten).* **2.** ⟨ugs.⟩ ⟨jmdn. h.⟩ **a)** *zum Verlassen eines Raumes o. ä. zwingen:* der Wirt warf den Betrunkenen hinaus; der Hausbesitzer wollte die Familie aus der Wohnung h. **b)** *entlassen:* man hat ihn [aus der Firma] hinausgeworfen.

hinauswollen: 1. ⟨ugs.⟩ *einen Raum o. ä. verlassen wollen; ins Freie gehen wollen:* aus dem Haus, aus dem Zimmer h.; ein wenig an die frische Luft h. **2.** ⟨auf etwas h.⟩ *etwas Bestimmtes beabsichtigen, erstreben:* er wollte auf einen Kompromiß hinaus; ich weiß nicht, worauf er damit hinauswollte. ∗ ⟨ugs.:⟩ **hoch hinauswollen** *(hochfliegende Pläne haben).*

hinausziehen: 1. ⟨jmdn., etwas h.⟩ *aus einem Raum nach draußen ziehen:* das Flugzeug [auf die Startbahn] h.; jmdn. am Arm, mit sich (Dativ) h.; übertr.: das Fernweh zog ihn hinaus. **2.** ⟨geh.⟩ *in die Ferne ziehen, wandern, reisen:* in den Ferien werden wir h.; die Pfadfinder zogen in die Wälder hinaus; er ist in die Welt hinausgezogen. **3.** *an einen außerhalb liegenden Ort umziehen:* sie sind [aufs Land] hinausgezogen. **4. a)** ⟨etwas h.⟩ *hinauszögern:* etwas bewußt, lange, absichtlich h.; er hat die Entscheidung so lange hinausgezogen, bis es zu spät war. **b)** ⟨etwas zieht sich hinaus⟩ *etwas verzögert sich; etwas dauert lange:* die Fertigstellung der Wohnung zog sich wochenlang hinaus; der Abflug hat sich hinausgezogen.

hinauszögern: a) ⟨etwas h.⟩: *mit etwas warten, etwas aufschieben:* eine Entscheidung lange, von einem Tag zum anderen h.; tagelang zögerte er seine Abreise hinaus. **b)** ⟨etwas zögert sich hinaus⟩ *etwas verschiebt sich:* das Ende des Prozesses zögerte sich hinaus.

Hinblick ⟨in der Fügung⟩ im/(seltener:) in Hin-

blick auf: **a)** *mit Rücksicht auf, angesichts:* im H. auf seine Verdienste hat man ihm das Amt des Vorsitzenden angetragen. **b)** *hinsichtlich, in bezug auf:* im H. auf die kommende Saison.

hinbringen: 1. ⟨jmdn., etwas h.⟩ *an einen bestimmten Ort bringen:* er brachte die Unterlagen unverzüglich [zu ihm] hin; du brauchst nicht zum Bahnhof zu laufen, wir bringen dich [mit dem Auto] hin. **2.** ⟨ugs.⟩ ⟨etwas h.⟩ **a)** *zum Abschluß bringen:* er bringt die Arbeit einfach nicht hin. **b)** *zu etwas imstande sein:* ob er es h. wird, pünktlich zu sein? **3.** ⟨geh.⟩ ⟨etwas h.⟩ *mit Artangabe⟩ verbringen:* seine Zeit, viele Jahre mit Arbeit h.; er brachte viele Jahre in mit/Krankheit hin; er wußte nicht, wie er seine freie Zeit h. sollte.

hinderlich: 1. *störend, behindernd:* ein hinderlicher Verband; die nasse Kleidung ist beim Schwimmen sehr h. **2.** ⟨jmdm., einer Sache/für jmdn., eine Sache h. sein, werden⟩ *das kann dir, für dich h. werden;* dieser Vorfall war seiner Karriere/für seine Karriere h.

hindern: 1. a) ⟨jmdn., etwas h.⟩ *behindern, aufhalten:* der Verband hinderte sie sehr; er hinderte sie bei der Hausarbeit; das hindert den Verkehr; ⟨auch ohne Akk.⟩ der lange Rock hindert beim Laufen. **b)** ⟨jmdn. an etwas h.⟩ *jmdm. etwas unmöglich machen; jmdn. von etwas abbringen:* der Nebel hinderte ihn, schneller zu fahren; der Lärm hinderte sie am Einschlafen; man versuchte, ihn an seinem Vorhaben zu h.; niemand wird mich daran h., das zu tun. **2.** ⟨veraltend⟩ ⟨etwas h.⟩ *verhindern:* die Niederlage zu h. suchen; das Beispiel hindert nicht, daß ...

Hindernis, das: **1.** *Hemmnis, Schwierigkeit:* ein großes, unüberwindliches H.; der Nebel war, bildete ein ernstliches H.; Hindernisse treten auf, stellen sich uns entgegen; Hindernisse überwinden, aus dem Weg räumen; er stieß bei seinem Vorhaben auf viele Hindernisse; seine Konfession stellt für diese Leute ein H. dar; das war eine Reise mit Hindernissen. **2.** *Hürde, Barriere:* ein hohes, schwieriges H.; ein H. aufbauen, errichten, beseitigen, wegräumen; das Pferd nahm das H. ohne Schwierigkeiten. ∗ **jmdm.** **Hindernisse in den Weg legen** *(jmdm. Schwierigkeiten machen).*

hindeuten: 1. ⟨auf jmdn., auf etwas h.⟩ *hinweisen, deuten:* [mit dem Finger, Zeigestock] auf einen Punkt h. **2.** ⟨etwas deutet auf etwas hin⟩ *etwas läßt auf etwas schließen:* alle Anzeichen deuten auf eine Infektion hin; seine Reaktion deutete darauf hin, daß er verärgert war.

hinein ⟨Adverb; meist zusammengesetzt mit Verben⟩: *nach drinnen:* h. mit euch!; übertr.: in die Stille h. ertönte ein Ruf. ∗ **bis in** ... **hinein** *(... sich erstreckend):* er arbeitet bis in die Nacht h.

hineinfressen ⟨etwas in sich h.⟩: **1.** ⟨derb⟩ *große Mengen von etwas essen:* riesige Portionen in sich h. **2.** ⟨ugs.⟩ *mit etwas fertig werden, ohne sich darüber auszusprechen:* er frißt allen Kummer, Ärger in sich hinein.

hineinknien ⟨ugs.⟩ ⟨sich in etwas h.⟩: *sich mit großem Eifer, mit Energie mit etwas befassen:* sich in die Arbeit, ins Studium h.; ⟨auch ohne Präp.-Obj.⟩ wenn du dich hineinkniest, hast du es bald.

hineinstecken: 1. ⟨etwas h.⟩ *in etwas stecken:* den Stecker in die Steckdose, den Schlüssel ins Schloß h.; sie steckte für einen Augenblick den

Kopf zur Tür hinein. **2.** (ugs.) ⟨etwas in etwas h.⟩ *investieren, auf etwas verwenden:* sein ganzes Vermögen in das Geschäft h.; er hat viel Arbeit in das Projekt hineingesteckt; ⟨auch ohne Präp.-Obj.⟩ was er hineingesteckt hatte, bekam er nicht mehr heraus.

hineinversetzen ⟨sich in jmdn., in etwas h.⟩: *sich hineindenken:* sich schwer, leicht in jmdn., in die Lage des Angeklagten h.

hineinziehen ⟨jmdn., etwas in etwas h.⟩: **1.** *durch Ziehen hineinbringen:* einen Handwagen in den Schuppen h.; er zog seinen Freund mit sich (Dativ) ins Haus hinein; ⟨auch ohne Präp.-Obj.⟩ wen hat er da hineingezogen? **2.** *an einen bestimmten Ort ziehen:* vom Land in die Stadt h.; er wollte nicht in diese Wohnung h.; ⟨auch ohne Präp.-Obj.⟩ niemand will h. **3.** *in etwas verwikkeln:* jmdn. in einen Skandal, in einen Streit h.

hinfällig: 1. *gebrechlich, schwach:* ein hinfälliger Greis; er ist sehr h. geworden. **2.** *ungültig; haltlos:* die Pläne sind inzwischen h. geworden.

Hingabe, die: *das Sichhingeben; Opferbereitschaft:* eine schrankenlose, selbstlose, liebevolle, zärtliche, leidenschaftliche, schwärmerische H.; die H. des Arztes an die Kranken, an seine Arbeit ist bewundernswert; zu keiner H. fähig sein; er übt mit H. *(großem Eifer)* fünf Stunden am Tag.

hingeben (geh.): **1.** ⟨etwas h.⟩ *opfern, hergeben:* alles, sein Vermögen, den letzten Pfennig h.; viele gaben für eine Idee ihr Leben hin; adj. Part.: *opferbereit:* sie pflegte die Kranken mit hingebender Liebe. **2.** ⟨sich einer Sache h.⟩ **a)** *mit Eifer einer Sache widmen:* sich ganz, völlig einer Sache h.; sich seinen Studien, seiner Arbeit h.; er hat sich mit Leidenschaft dem Sammeln alter Stiche hingegeben. **b)** *einer Sache verfallen; sich überlassen:* sich ganz dem Trunk, dem Genuß h.; sich einem Irrtum, einer Illusion, dem Kummer, der Verzweiflung h.; er gab sich der Hoffnung hin, daß ...; ich gebe mich in dieser Sache keiner Täuschung hin. **3.** ⟨sich jmdm. h.⟩ *mit jmdm. intime Beziehungen haben / von der Frau/:* sie hat sich ihm hingegeben.

hingehen: 1. *an einen bestimmten Ort, zu jmdm. gehen:* ungern zu jmdm. h.; wo gehst du hin?; wo geht es denn heute hin? **2.** (geh.) ⟨etwas geht hin⟩ *etwas vergeht, etwas geht vorüber:* die Zeit, der Sommer geht hin; R (ugs.): das geht in einem hin *(das läßt sich gleich mit erledigen);* ⟨etwas geht über etwas hin⟩ Jahre gingen über die Ereignisse hin. **3.** (geh.) ⟨etwas geht über etwas hin⟩ *etwas gleitet über etwas:* sein Blick ging über die weite Landschaft hin. **4.** ⟨etwas geht hin⟩ *etwas wird [noch] hingenommen, ist [gerade noch] tragbar:* seine Leistungen gehen gerade noch hin, mögen h.; das mag h., kann man h. lassen; ⟨jmdm. etwas h. lassen⟩ du darfst ihm nicht alles h. lassen.

hinhalten: 1. ⟨etwas h.⟩ *entgegenstrecken:* das Glas, die Hand h.; ⟨jmdm. etwas h.⟩ er hielt ihm die Zigaretten hin. **2.** ⟨jmdn. h.⟩ **a)** *auf einen späteren Zeitpunkt vertrösten:* jmdn. lange, immer wieder h.; man hat die Gläubiger mit leeren Versprechungen hingehalten. **b)** *aufhalten:* sie konnten den Gegner h., bis sie Verstärkung bekamen; hinhaltender Widerstand (*militär.; Widerstand, durch den Zeit gewonnen werden soll).*

hinhauen (ugs.): **1.** *auf etwas hauen:* er hat mit

dem Hammer hingehauen, aber nicht getroffen. **2.** *hinfallen:* lang, der Länge nach h.; er ist ausgerutscht und furchtbar hingehauen. **3.** ⟨sich h.⟩ *sich schlafen legen:* sie waren so müde, daß sie sich gleich hingehauen haben. **4.** ⟨etwas haut hin⟩ *etwas geht gut, gelingt:* das wird h.; die Sache haut schon hin; bei mir hat es mit der Ehe nicht hingehauen. **5.** ⟨etwas h.⟩ *entmutigt aufgeben:* er hat die Arbeit hingehauen. **6.** ⟨etwas h.⟩ *nachlässig machen:* eine Arbeit schnell h.

hinken: a) *in der Hüfte einknickend oder ein Bein nachziehend gehen:* leicht, stark, ein wenig, rechts h.; seit seinem Unfall hinkt er; auf, mit dem rechten Bein h.; übertr.: *nicht ganz zutreffen:* dieser Vergleich hinkt. **b)** ⟨mit Raumangabe⟩ *sich hinkend fortbewegen, irgendwohin bewegen:* vom Spielfeld, nach Hause, über die Straße h.; er ist zum Arzt gehinkt.

hinkommen: 1. *an einen bestimmten Ort kommen:* kommst du mit hin?; dort bin ich nie hingekommen; ⟨in Fragesätzen⟩ wo ist das Buch nur hingekommen? *(wohin ist es verschwunden?);* R (ugs.): wo kämen wir denn hin, wenn ...? *(was würde geschehen, wenn ...?).* **2.** (ugs.) ⟨mit etwas h.⟩ *mit etwas auskommen:* mit dem Geld, mit den Vorräten h.; ⟨auch ohne Präp.-Obj.⟩ der Stoff war knapp, aber wir sind gerade hingekommen. **3.** (ugs.) ⟨etwas kommt hin⟩ *etwas ist ausreichend, richtig, geht gut aus:* die Sache wird schon [irgendwie] hinkommen; das kommt ungefähr hin.

hinlänglich: *genügend, ausreichend:* eine hinlängliche Menge; einen Raum von hinlängliche Größe; jmdn. h. informieren; die Sache ist h. *(zur Genüge)* bekannt.

hinlegen: 1. a) ⟨jmdn., etwas h.⟩ *an einen bestimmten Platz legen:* etwas schnell, vorsichtig h.; leg sofort das Messer hin!; sie legten den Verletzten hin; ⟨jmdm./für jmdn. etwas h.⟩ ich habe dir/ für dich frische Wäsche hingelegt; jmdm. einen Zettel h. *(eine Nachricht hinterlassen).* **b)** ⟨sich h.⟩ *sich an einen bestimmten Platz legen:* die Geiseln, Gefangenen mußten sich h.; der Arzt kam, und sie legte sich hin; h.! /militär. Kommando/. **2.** (ugs.) ⟨sich h.⟩ *hinfallen:* er rutschte und legte sich der Länge nach hin. **3.** (ugs.) ⟨etwas h.⟩ *bezahlen:* viel Geld, eine große Summe h.; wieviel hast du dafür hinlegen h. müssen? **4. a)** ⟨sich h.⟩ *sich zum Ausruhen ausstrecken; sich schlafen legen:* sich einen Augenblick, noch ein bißchen h.; er hat sich [zum Mittagsschlaf] hingelegt. **b)** ⟨jmdn. h.⟩ *jmdn. zur Ruhe legen:* die Mutter hat das Baby gerade hingelegt. **5.** (ugs.) ⟨etwas h.⟩ *zeigen, darbieten:* einen Tanz, eine tolle sportliche Leistung h.

hinnehmen ⟨etwas h.⟩: *akzeptieren, sich gefallenlassen, sich mit etwas abfinden:* etwas ruhig, [still]schweigend, wortlos, geduldig, gelassen, gleichmütig, widerspruchslos, dumpf h.; eine Niederlage, sein Schicksal h.; die Mannschaft hat drei Gegentore h. müssen; die Partei mußte bei der Wahl große Verluste h.; etwas als unabänderlich, als Tatsache h.; er nahm die Nachricht mit Gleichmut hin; er wollte die Beleidigungen, Kränkungen nicht h.; er nahm alles von ihm hin.

hinreißen ⟨jmdn. zu etwas h.⟩ *begeistern, bezaubern und dadurch zu etwas bringen:* der Sänger, die Musik riß die Zuschauer zu Beifallsstürmen hin; mit seinem Spiel reißt er das Publikum zu stehenden Ovationen hin; ⟨sich zu etwas h. lassen⟩ sie ließ sich zu einer unüberlegten Handlung h. *(sie ließ sich verleiten);* adj. Part.: eine hinreißende Frau; ein hinreißend schönes Bild; sie lauschten hingerissen.

hinrichten ⟨jmdn. h.⟩: *das Todesurteil an jmdm. vollstrecken:* einen Verbrecher [durch den Strang, auf dem elektrischen Stuhl] h.

hinschlagen (ugs.): *hinfallen:* bei Glatteis lang, der Länge nach, längelang h.; R: da schlag einer lang hin! */Ausdruck der Verblüffung/.*

hinsein (ugs.): **1. a)** ⟨etwas ist hin⟩ *etwas ist entzwei:* etwas ist völlig, ganz, total (ugs.) hin; der Motor, das Radio ist hin; übertr.: die Firma ist hin *(zugrunde gerichtet).* **b)** ⟨etwas ist hin⟩ *etwas ist verloren, ist weg:* das ganze Geld war hin; die Überraschung, das Vertrauen, der gute Ruf ist hin; R: [was] hin [ist], ist hin. **c)** *völlig erschöpft sein:* nach dieser Tour war ich völlig hin. **2.** *von jmdm., von etwas begeistert sein:* sie waren [von dem herrlichen Anblick] ganz hin.

Hinsicht ⟨gewöhnlich in den Fügungen⟩ **in ... Hinsicht** *(in ... Beziehung):* in jeder, mancher, gewisser, verschiedener H.; in vieler H. hatte er recht; in wirtschaftlicher, in finanzieller H. · **in Hinsicht auf** *(hinsichtlich).*

hinsichtlich ⟨Präp. mit Gen.⟩: *bezüglich:* h. des Preises, der Bedingungen einigte man sich.

hinstellen: 1. a) ⟨jmdn., etwas h.⟩ *an eine bestimmte Stelle stellen:* etwas vorsichtig h.; Blumen h.; den Koffer h. *(abstellen);* sie stellte die Schüssel vor ihn hin; ⟨jmdm./für jmdn. etwas h.⟩ die Mutter stellte den Kindern/für die Kinder das Essen hin; übertr.: er tut seine Pflicht, wo man ihn auch hinstellt. **b)** ⟨sich h.⟩ *sich an eine bestimmte Stelle stellen:* sich h. und warten; stell dich gerade hin!; der Polizist stellte sich vor ihn/ (seltener:) ihm hin. **2.** ⟨jmdn., sich, etwas jmdn., als etwas h.⟩ *bezeichnen:* eine Aussage als falsch, als erlogen h.; seinen Gegner als [großen] Dummkopf h.; ⟨jmdm. jmdn. als jmdn., als etwas h.⟩ man stellte ihm den Bruder immer als Vorbild hin; er stellt sich immer als guter Christ/(veraltend:) als guten Christen hin.

hinten ⟨Adverb⟩ *an einer zurückliegenden Stelle; an der, von der Rückseite:* die Öffnung ist h.; er sitzt h. in der letzten Reihe; du mußt dich h. anstellen *(am Ende der Schlange);* bitte h. einsteigen!; die Tücher liegen h. im Schrank; das Schlafzimmer liegt nach h. (ugs.); der Wind kommt von h. [her]; jmdn. von h. überfallen. * (ugs.:) **hinten und vorn[e]** *(in jeder Weise, Beziehung; bei jeder Gelegenheit):* etwas reicht h. und vorne nicht; er läßt sich h. und vorne bedienen · (ugs.:) **weder hinten noch vorn[e]** *(in keiner Weise, Beziehung)* · (ugs.:) **nicht mehr wissen, wo hinten und vorne ist** *(völlig verwirrt sein).*

hintenherum ⟨Adverb⟩: *hinten um etwas herum:* h. durch den Garten gehen; er ist h. *(durch den hinteren Eingang)* ins Haus gekommen; übertr. (ugs.): sie hat besonders h. *(im Gesäßbereich)* zugenommen; etwas h. *(auf Umwegen)* erfahren; etwas h. *(illegal)* kaufen, bekommen.

hinter /vgl. hinterm; vgl. hinters/ ⟨Präp. mit Dativ und Akk.⟩ **1.** (mit Dativ) **a)** /zur Angabe der Lage/ *auf der Rückseite von:* h. dem Haus, h. der

Tür; er versteckte sich h. einem (veraltet: einen) Baum; er trat h. dem Vorhang hervor; der Wirt steht h. der Theke; er sitzt den ganzen Tag h. *(an)* dem Schreibtisch; er saß im Konzert h. mir; etwas bis auf zwei Stellen h. *(nach)* dem Komma ausrechnen; etwas h. Glas aufbewahren; er schloß die Tür h. sich; sie gingen einer h. dem anderen; der Läufer ließ seine Konkurrenten bald h. sich *(lief ihnen davon).* **b)** /zur Angabe der Rangordnung, Reihenfolge/: h. jmdm. zurückstehen; h. der Entwicklung, den Anforderungen zurückbleiben; jmdn. [weit] h. sich lassen *(ihn übertreffen).* **2.** ⟨mit Akk.⟩ **a)** /zur Angabe der Richtung/ *auf die Rückseite von:* h. den Vorhang treten; h. das Haus gehen; er stellte sich h. einen Pfeiler; der Ball ist h. die Hecke gefallen; die Soldaten zogen sich h. den Fluß zurück; die Sonne sank (geh.) h. den Horizont **b)** /zur Angabe der Rangordnung, Reihenfolge/: er ist in seinen Leistungen h. seine Vorgänger zurückgefallen. * (ugs.:) **etwas hinter sich bringen** *(etwas bewältigen)* · (ugs.:) **hinter jmdm. hersein: a)** *(nach jmdm. fahnden).* **b)** *(um jmdn. werben)* · (ugs.:) **hinter etwas hersein** *(etwas unbedingt haben, erreichen wollen):* er ist immer h. Antiquitäten her · **hinter ... her** *(hinter jmdm., hinter etwas):* h. jmdm. her zum Ufer gehen; h. dem anderen Auto her abbiegen.

Hinterbein, das: *hinteres Bein bei Tieren:* der Elefant richtete sich auf den Hinterbeinen auf. * (ugs.:) **sich auf die Hinterbeine setzen/stellen: a)** *(sich weigern, sich widersetzen)* · **b)** *(sich anstrengen):* wenn du es schaffen willst, mußt du dich auf die Hinterbeine setzen.

hinterbringen: ⟨jmdm. etwas h.⟩ *heimlich zutragen, berichten:* wer hat dir diese Geschichte hinterbracht?; man hinterbrachte ihm sofort, was über ihn beschlossen worden war.

hintere: *sich hinten befindend:* die hinteren Zimmer, Reihen, Bänke; auf der hinteren Seite des Hauses; er kam durch den hinteren Eingang; er hat nur einen hinteren Platz belegt.

hintereinander ⟨Adverb⟩ meist zusammengesetzt mit Verben: **1.** /räumlich/ *einer hinter dem anderen:* sich h. aufstellen; h. hinaufklettern; h. hergehen. **2.** /zeitlich/ *aufeinanderfolgend:* an drei Tagen h.; zweimal h. gewinnen; acht Stunden h. arbeiten; die Vorträge finden h. statt; Arbeiten h. *(ohne Unterbrechung)* erledigen.

hintergehen ⟨jmdn. h.⟩: *täuschen, betrügen:* er hintergeht seinen Partner auf übelste Weise; er hat seine Frau mit einer anderen hintergangen.

Hintergrund, der: **1.** *hinterer Bereich eines realen oder dargestellten Raumes:* ein heller, dunkler H.; der H. des Saales lag im Dunkel; der H. der Bühne; bei dieser Fotografie ist der H. unscharf; das Gebirge bildete einen prächtigen H. der Stadt; eine Stimme aus dem H.; im H. sieht man, erkennt man eine Burg; sich vom H. abheben; übertr.: die Handlung des Theaterstücks hat einen geschichtlichen H. *(beruht auf geschichtlichen Fakten);* spielt auf, vor dem H. der Französischen Revolution; im H. steht der Gedanke, ... **2.** *Ursache, Zusammenhang:* die Sache hat politische Hintergründe; die Hintergründe einer Tat aufdecken, erforschen. * **in den Hintergrund treten/rücken/geraten** *(nicht mehr beachtet werden; an Bedeutung verlieren)* · **sich im Hintergrund hal-**

ten *(sich zurückhalten, nicht hervortreten)* · jmdn., etwas in den Hintergrund drängen *(zurückdrängen, seines Einflusses berauben)* · im Hintergrund bleiben *(nicht hervortreten)* · (ugs.:) etwas im Hintergrund haben *(über Reserven verfügen).*

hintergründig: *schwer zu durchschauen:* ein hintergründiges Lächeln; ein hintergründiger Humor; h. fragen, antworten; er lächelte h.

Hinterhalt, der: a) *Versteck, von dem aus man jmdm. auflauert:* im H. lauern, liegen; man versuchte vergebens, sie aus dem H. herauszulocken; jmdn. aus dem H. überfallen, erschießen; übertr. (Sport): ein Schuß aus dem H. b) *Falle:* jmdn. in einen H. locken; sie gerieten in einen H. des Feindes. * (ugs.) etwas im Hinterhalt haben *(etwas in Reserve haben).*

hinterhältig: *heimtückisch:* eine hinterhältige Person; er hat eine hinterhältige Art; einen hinterhältigen Angriff führen.

hinterher ⟨Adverb; meist zusammengesetzt mit Verben⟩: *danach:* jmdn. h. recht geben; sich h. beschweren; er erinnerte sich h. an nichts mehr.

hinterlassen: 1. a) ⟨jmdn., etwas h.⟩ *nach dem Tode zurücklassen:* [eine] Frau und vier Kinder h.; der Verstorbene hat ein Vermögen, viele Schulden hinterlassen; die hinterlassenen Schriften des Dichters. b) ⟨jmdm. etwas h.⟩ *vermachen:* er hat seinen Erben keine Reichtümer hinterlassen; hat er ihr etwas hinterlassen? 2. ⟨etwas h.⟩ *beim Weggehen zurücklassen:* eine Nachricht, einen Zettel h.; du hinterläßt immer große Unordnung; ⟨jmdm./für jmdn. etwas h.⟩ er hat ihm hinterlassen, daß er vereist sei; sie hat eine Nachricht für ihn hinterlassen. 3. ⟨etwas h.⟩ *zurücklassen, hervorrufen:* Spuren h.; die Flüssigkeit hat in dem Stoff Flecke hinterlassen; er hat [bei allen] einen guten Eindruck hinterlassen.

hinterlegen ⟨etwas h.⟩: *zur Aufbewahrung geben:* Geld, Wertsachen h.; den Ring als Pfand h.; er hat sein Testament bei einem Notar hinterlegt; die Schlüssel beim Hausmeister h.

hinterlistig: *heimtückisch:* eine hinterlistige Person; etwas auf eine hinterlistige Weise erreichen; seine Frage war, klang h.

hinterm: *hinter dem:* h. Haus; er sitzt den ganzen Tag h. *(am)* Schreibtisch, h. *(am)* Steuer.

Hintern, der (ugs.): *Gesäß:* sie hat einen dicken H.; jmdm. den [blanken] H. verhauen, versohlen; er ist auf den H. gefallen; setz dich auf deinen H.! *(setz dich hin!)*; jmdm. in den H. treten; kniff die/der Bedienung in den H. * (ugs.:) sich auf den Hintern setzen: a) *(hinfallen).* b) *(fleißig lernen).* c) *(sehr überrascht sein)* · (ugs.:) sich mit etwas den Hintern wischen können *(etwas besitzen, was sich als wertlos herausgestellt hat)* · (ugs.:) jmdm./jmdn. in den Hintern treten *(jmdn. grob, rücksichtslos behandeln)* · (ugs.:) jmdm. in den Hintern kriechen *(jmdm. in würdeloser Art schmeicheln).*

hinters: *hinter das:* er ist h. Haus gegangen; sich h. Lenkrad setzen.

Hintertreffen ⟨nur in den Wendungen⟩ ins Hintertreffen kommen/geraten *(überflügelt werden)* · im Hintertreffen sein/sich im Hintertreffen befinden *(im Nachteil sein).*

hintertreiben ⟨etwas h.⟩: *zu vereiteln suchen:* Pläne, Vorhaben, eine Einigung der Partner h.

Hintertür, die: *Tür an der Rückseite:* er ist durch die H. ins Haus gekommen, hereingekommen; ein Gebäude durch die H. verlassen; der Dieb ist durch die H. entkommen; man ließ ihn durch die H. hinaus; übertr.: durch die H. wieder hereinkommen *(sich nicht abweisen lassen)*; die Hintertüren *(versteckten Möglichkeiten)* der Buchführung. * (ugs.:) sich (Dativ) eine Hintertür/ein Hintertürchen offenhalten/offenlassen *(sich eine Möglichkeit zum Rückzug aus einer Angelegenheit offenlassen)* · durch die/durch eine Hintertür *(auf versteckten, nicht ganz einwandfreien Wegen).*

hinterziehen ⟨etwas h.⟩: *unterschlagen:* er wurde bestraft, weil er Steuern hinterzogen hatte.

hinüber ⟨Adverb; meist zusammengesetzt mit Verben⟩: *nach drüben:* es gab keinen Weg h.

hinübersein (ugs.): 1. ⟨etwas ist h.⟩ *etwas ist entzwei, unbrauchbar:* gänzlich, völlig h.; die Reifen waren nach 30 000 km hinüber; durch das Hochwasser waren sämtliche Möbel hinüber; übertr.: der Betrieb ist endgültig hinüber *(zugrunde gerichtet).* 2. *tot sein:* er hat die Tiere so lange hungern lassen, bis sie hinüber waren.

hinunterschlucken ⟨etwas h.⟩: 1. *schlucken:* etwas hastig, unzerkaut, mit Flüssigkeit h.; ein Bonbon h. 2. (ugs.) a) *eine Gefühlsäußerung unterdrücken:* Tränen, seinen Ärger, seinen Zorn, seine Wut h. b) *hinnehmen:* Beleidigungen h.; alles wortlos, ohne Widerrede h.

hinunterstürzen: 1. ⟨[etwas] h.⟩ *nach unten laufen, stürzen:* die Treppe, die Stufen h.; 10 m tief, vom Baugerüst, aus dem 10. Stock, zum Ausgang, in die Eingangshalle h. 2. ⟨sich h.⟩ *gewöhnlich mit Raumangabe⟩ sich nach unten stürzen:* sie wollte sich [aus Verzweiflung] aus dem Fenster h.; er hat sich von einem Turm hinuntergestürzt. 3. ⟨jmdn., etwas h.⟩ *nach unten stoßen:* das Autowrack in das Meeresbucht h.; er wurde von unbekannten Mördern [von den Klippen] hinuntergestürzt. 4. (ugs.) ⟨etwas h.⟩ *sehr hastig zu sich nehmen:* den Wein, mehrere Gläser nacheinander h.

hinunterwürgen ⟨etwas h.⟩: *mit Mühe schlucken:* er würgte das Essen hinunter; übertr.: *unterdrücken:* seine Wut, die Tränen h.

hinwegfegen: 1. ⟨etwas fegt über jmdn., über etwas hinweg⟩ *etwas bewegt sich mit großer Geschwindigkeit über jmdn., über etwas hinweg:* der Brecher fegten über das Schiff hinweg; das Flugzeug ist über sie, über ihre Köpfe hinweggefegt. 2. (geh.) ⟨jmdn., etwas h.⟩ *mit Heftigkeit entfernen:* die Revolution fegte die Monarchie hinweg.

hinweggehen: 1. (geh.) ⟨etwas geht über jmdn., über etwas hinweg⟩ *etwas geht darüber hin:* ein Sturm, ein Unwetter ist über das Land hinweggegangen; übertr.: zwei Weltkriege sind über Europa hinweggegangen. 2. ⟨über jmdn., über etwas h.⟩ *sich hinwegsetzen über; übergehen:* lächelnd, schweigend, taktvoll über etwas h.; er ging über die Bemerkung hinweg.

hinwegsetzen: 1. ⟨über etwas h.⟩ *über etwas hinwegspringen:* über einen Graben, ein Hindernis h. 2. ⟨sich über etwas h.⟩ *bewußt nicht beachten, ignorieren:* sich bedenkenlos über eine Vorschrift, eine Anordnung, über alle Bedenken, Konventionen h.; man kann sich nicht über die Tatsache h., daß ...

Hinweis, der: *Rat, Tip, Wink:* ein wertvoller, aufschlußreicher, verläßlicher H.; das war ein deutlicher, unmißverständlicher H.; jmdm. einen H. zur Benutzung/für die Benutzung geben; einen H. bekommen; darf ich mir den H. erlauben, daß ...; einem H. folgen; unter H. auf ... *(indem man auf ... hinweist).*

hinweisen ⟨auf jmdn., auf etwas h.⟩: **1.** *hindeuten, hinzeigen:* das Schild weist auf den nahegelegenen Parkplatz hin; er wies mit der Hand auf das Gebäude, auf eine Gruppe von Menschen hin. **2.** *aufmerksam machen:* beiläufig, nachdrücklich, höflich auf etwas h.; auf einen Übelstand, auf Mißstände h.; ⟨jmdn. auf jmdn., auf etwas h.⟩ der Redner wies die Besucher auf die Gefahren hin; ich weise Sie darauf hin, daß ...

hinwerfen: 1. ⟨etwas h.⟩ **a)** *an einen bestimmten Platz werfen:* seine Sachen achtlos h.; übertr.: einen Blick h. *(auf eine bestimmte Stelle werfen);* ⟨jmdm. etwas h.⟩ dem Hund einen Knochen h.; er warf dem Bettler ein Geldstück h. **b)** (ugs.) *unabsichtlich zu Boden fallen lassen:* das Hausmädchen warf das ganze Tablett hin; wirf das wertvolle Glas nur nicht hin! **c)** (ugs.) *unvermittelt aufgeben:* seine Arbeit, den Job, den ganzen Kram h.; sie warf alles hin und verließ die Stadt; sein Leben h. (geh.; *Selbstmord begehen).* **2.** ⟨sich h.⟩ *sich zu Boden werfen:* sich schnell, lang (ugs.) h.; als die Schießerei begann, warfen sie sich hin. **3.** ⟨etwas h.⟩ *flüchtig entwerfen, konzipieren:* etwas schnell, mit wenigen Strichen h.; einen Plan, ein paar Zeilen h. **4.** ⟨etwas h.⟩ *sagen, bemerken:* ein Wort, eine Frage [beiläufig] h.

Hinz ⟨in der Fügung⟩ Hinz und Kunz (ugs.): *jedermann:* H. und Kunz war eingeladen; bald wußte es H. und Kunz.

hinziehen: 1. *an einen bestimmten Ort ziehen:* ich werde in nächster Zeit dort h. **2. a)** ⟨jmdn., etwas zu sich (Dativ) h.⟩ *heranziehen, zu sich ziehen:* die Mutter zog das Kind zu sich hin; übertr.: das Heimweh zieht ihn zu den Bergen hin; es zog ihn immer wieder zu ihr hin; sich stark zu jmdm., etwas hingezogen fühlen. **b)** (geh.) ⟨etwas zieht hin; mit Raumangabe⟩ *etwas bewegt sich über etwas hin:* Wolken, Vögel, Flugzeuge zogen am Himmel hin. **3.** ⟨etwas zieht sich hin⟩ **a)** *etwas dauert lange:* die Verhandlungen zogen sich lange, über mehrere Stunden hin; die Sitzung hatte sich hingezogen; die Abreise zog sich hin *(verzögerte sich).* **b)** (geh.) *etwas erstreckt sich weit:* die Felder ziehen sich endlos hin; der Wald zog sich bis vor die Stadt hin.

hinzukommen: a) *dazukommen:* neu h.; es ist noch ein Mitarbeiter [zu der Gruppe] hinzugekommen; übertr.: erschwerend kommt hinzu, ...; hinzu kommt, daß ...

hinzusetzen ⟨etwas h.⟩: *hinzufügen, ergänzen:* nach einer Weile setzte er hinzu, daß man nicht auf ihn warten solle.

hinzuziehen ⟨jmdn. h.⟩: *zu Rate ziehen:* einen Fachmann, Sachverständigen h.; einen Spezialisten zur der Besprechung, in dieser Angelegenheit h.; als der Zustand des Kranken sich verschlechterte, wurde ein Facharzt hinzugezogen.

Hirn, das: **1.** *Gehirn:* das menschliche, tierische H.; Kochk.: frisches, gebackenes H. **2.** (ugs.) *Verstand:* sein H. anstrengen; sein H. zermartern;

er zermarterte sich das H. *(dachte angestrengt nach),* aber der Name wollte ihm nicht einfallen; welchem H., wessen H. ist das entsprungen? *(wer hat sich das nur ausgedacht?).*

Hirsch, der: /ein Tier/: ein kapitaler H.; der H. schreit, röhrt, orgelt (Jägerspr.); ein Rudel Hirsche äst auf der Wiese.

Hirt, (veraltend:) **Hirte,** der: *jmd., der eine Herde hütet:* der H. hütet, weidet die Schafe; bildl.: der Pfarrer ist der H. der Gemeinde.

hissen ⟨etwas h.⟩: *am Mast o. ä. hochziehen:* eine Flagge, das Segel h.; aus Anlaß der Feierlichkeiten wurden Fahnen gehißt.

Hitze, die: *sehr große Wärme:* eine große, unerträgliche, sengende (geh.), brütende, drückende, tropische, feuchte H.; es herrscht eine glühende H.; die H. machte sie müde; große H. entströmte dem Ofen; er kann H. [nicht] gut vertragen: bei/in dieser H. kann man nicht arbeiten; etwas bei mittlerer H. *(mäßiger Kochtemperatur)* kochen; sie standen in der H.; er leidet sehr unter der H.; während, nach der großen H. *(Hitzeperiode, -welle).* * (Med.:) **fliegende Hitze** *(Hitzeaufwallung im Körper)* · in der Hitze des Gefechts *(in der Eile, im Eifer, in der Aufregung)* · [leicht] in Hitze geraten *(sich [leicht] aufregen, in Zorn geraten)* · sich in Hitze reden *(sich sehr ereifern).*

hitzig: 1. a) *heftig, leicht erregbar:* ein hitziger Mensch; er ist ein hitziger Kopf; er hat ein hitziges Temperament; h. sein; er wird leicht h. **b)** *leidenschaftlich, erregt:* eine hitzige Debatte; die Diskussion war h.; er antwortete, verteidigte h. seinen Standpunkt. **2.** *brünstig, läufig:* eine hitzige Hündin; die Katze ist gerade h.

Hobby, das: *Steckenpferd:* ein künstlerisches, ungewöhnliches, kostspieliges H.; seine Hobbys sind ...; ein H. haben; etwas als H. betreiben.

hobeln: 1. ⟨[etwas] h.⟩ *mit dem Hobel arbeiten, etwas glätten, bearbeiten:* der Schreiner hobelt und sägt; Balken, Dielen, Bretter h.; er hobelte [an einem Balken]. **2.** ⟨etwas h.⟩ *mit einem Hobel kleinschneiden:* Gurken h.; gehobeltes Kraut.

hoch: I. 1. a) *von beträchtlicher Höhe, besonders weit nach oben [ausgedehnt reichend]:* ein sehr hoher Turm, Baum, Berg; hohes Gras; ein sehr hoher Raum; ein hohes Gebäude; die höheren Gipfel lagen schon unter einer Schneedecke; er hat eine hohe Stirn; sie trägt hohe Absätze; das Kind muß hohe Schuhe *(Schuhe, die bis über die Knöchel reichen)* tragen; ein Mann von hohem Wuchs, von hoher Gestalt; *ein großer Mann);* die Mauer ist h.; h. springen; die Arme h. über die Mauer heben; der Adler, das Flugzeug fliegt h. *(in beträchtlicher Höhe)* [oben in den Wolken]; die Sonne steht h. *(ganz oben)* am Himmel; h. *(in großer Höhe)* über den Dächern der Stadt; ein h. aufgeschossener *(schnell gewachsener großer)* Junge · nach Hamburg h. (ugs.; *nach Norden /auf der Landkarte nach oben/);* übertr.: ein hohes Niveau; ein hoher Lebensstandard; R: wer h. steigt, fällt tief. **b)** *eine bestimmte Höhe aufweisend, in bestimmter Höhe:* ein 1800 Meter hoher Berg; die Mauer ist zwei Meter h.; das neue Gebäude ist wesentlich höher als das alte; dieser Baum ist um einige Meter höher als der andere; der Schnee liegt einen Meter h.; der Ballon schwebt einige hundert Meter h. über der Erde;

er wohnt eine Treppe h. *(in der ersten Etage),* eine Etage höher; der Ort liegt 1800 Meter h. **2. a)** *zahlenmäßig oder mengenmäßig groß:* ein hoher Geldbetrag; eine hohe Summe; hohe Mieten; höhere Löhne fordern; ein zu hohes Gewicht; ein hoher Alkoholgehalt; er fuhr mit hoher Geschwindigkeit; hohe Temperaturen; hohes *(heftiges)* Fieber; ein hoher Blutdruck; er hat ein hohes Alter erreicht; er ist ein hoher Achtziger (ugs.; *ist weit über 80 Jahre alt*); die Unkosten, die Preise, die Gewinne sind sehr h., sind höher als im letzten Jahr; er ist h. *(auf eine hohe Summe)* versichert; die Kosten lagen höher als erwartet; er hat h. *(mit hohem Einsatz)* gespielt und h. *(mit großer Punktzahl)* verloren. **b)** *zeitlich fortgeschritten, auf dem Höhepunkt stehend:* im hohen Mittelalter; es ist hoher Sommer; es ist hohe, höchste Zeit *(es ist schon sehr spät);* bis h. *(weit)* ins 18. Jh. hinein. **3.** *in einer Rangordnung, Hierarchie o. ä. oben stehend:* ein hoher Gast; hoher Besuch; ein hoher Offizier; ein höherer Beamter; der norwegische Läufer ist hoher Favorit; ein Angehöriger des hohen Adels; ein Mensch von hoher Bildung; eine hohe Ehre, Auszeichnung; ein hohes Amt; ein hoher Feiertag; eine Sache von höchster Bedeutung; er hat eine hohe *(sehr gute)* Meinung von dir; etwas auf höchster Ebene beraten; er wollte sich an höchster Stelle *(bei der obersten zuständigen Stelle)* beschweren. **4. a)** *sehr groß; äußerst:* hohe Ansprüche; ein hohes Maß an Verantwortungsbewußtsein; er steht in hohem Ansehen; die Sache verlief zur höchsten Zufriedenheit aller; sie waren in höchster Gefahr; die Anforderungen waren sehr h.; diese Strafe ist zu h. **b)** ⟨verstärkend bei Adjektiven und Verben⟩ *sehr:* jmdn. h. verehren; h. erfreut, h. willkommen sein; er war höchst, aufs höchste erstaunt; jmdm. etwas h. anrechnen; es ist höchst wahrscheinlich, daß ...; er ist h. begabt. **5.** *hell klingend:* eine hohe Stimme, Stimmlage; ein hoher Sopran; hohe und tiefe Töne; das hohe C; ein Lied zu h. anstimmen. **6.** (Math.) /*Bezeichnung der mathematischen Potenz*/: zwei h. drei (2^3). **II.** ⟨Adverb⟩ *nach oben, aufwärts, in die Höhe:* h., steh auf!; h. mit euch! * (ugs.:) **etwas ist zu hoch für jmdn.**; (ugs.:) **etwas ist jmdm. zu hoch** *(jmd. begreift etwas nicht).*
Hoch, das: **1.** *Hochruf:* auf den Jubilar wurde ein dreifaches H. ausgebracht. **2.** *Gebiet mit hohem Luftdruck:* ein ausgedehntes, kräftiges H.; ein flaches H. lagert über dem Nordsee, liegt über Frankreich; ein neues H. bildet sich aus; das H. wandert nach Osten ab.
Hochachtung, die: *besondere Achtung:* größte H. vor jmdm. haben; als Ausdruck seiner H. widmete er das Werk seinem Lehrer; jmdm. mit H. begegnen; /Grußformel am Briefende:/ ... und verbleiben mit vorzüglicher H. ...
hochachtungsvoll /in Grußformeln am Briefende/: *voller Hochachtung:* ... und verbleibe h. ...
hocharbeiten ⟨sich h.⟩: *durch Zielstrebigkeit eine höhere Position erlangen:* sich Dienstgrad um Dienstgrad h.; er hat sich in kurzer Zeit [vom Buchhalter zum Prokuristen] hochgearbeitet.
Hochdruck ⟨bes. in den Wendungen⟩ **mit/unter Hochdruck** *(äußerst intensiv und mit großer Eile):* mit/unter H. arbeiten; die Angelegenheit wurde mit H. betrieben · **es herrscht Hochdruck** *(es wird*

unter größter Kräfteanspannung gearbeitet):* im Betrieb herrscht zur Zeit H.
hochfahren /vgl. hochfahrend/: **1. a)** *nach oben fahren, hinauffahren:* mit dem Lift in den 10. Stock h. **b)** ⟨jmdn., etwas h.⟩ *mit einem Fahrzeug an einen höhergelegenen Ort befördern:* er hat uns, unser Gepäck zur Skihütte hochgefahren. **2.** *überrascht, wütend auffahren; sich in Schrecken versetzt rasch erheben:* erschrocken, verärgert h.; sie fuhr aus dem Schlaf hoch, als es klingelte.
hochfahrend (geh.): *hochmütig:* ein hochfahrendes Wesen; er ist, benimmt sich sehr h.
hochgehen: 1. a) ⟨etwas geht hoch⟩ *etwas bewegt sich in die Höhe:* die Schranke, der Vorhang geht hoch; übertr.: die Preise sind wieder hochgegangen *(gestiegen).* **b)** (ugs. landsch.) ⟨[etwas] h.⟩ *hinaufgehen:* die Treppe, den Berg h.; geh rasch hoch, und hole deine Sachen. **c)** *explodieren:* die Minen, mehrere Panzer gingen hoch; die Attentäter ließen das Botschaftsgebäude h. *(sprengten es).* **2.** (ugs.) *wütend werden, in Zorn geraten:* du mußt nicht immer gleich h. **3.** (ugs.) *von der Polizei gefaßt, aufgedeckt werden:* sie wären beinahe hochgegangen; eine Verschwörergruppe h. lassen.
hochhalten: 1. ⟨jmdn., etwas h.⟩ *in die Höhe halten:* die Arme h.; der Vater hielt das Kind hoch, damit es im Gedränge etwas sehen konnte. **2.** ⟨etwas h.⟩ *aus Achtung bewahren, in Ehren halten:* die Wahrheit h.; eine alte Tradition h.
hochleben ⟨jmdn. hochleben lassen⟩: *einen Hochruf auf jmdn. ausbringen:* sie ließen den Jubilar h.; ⟨auch ohne *lassen* in der Formel⟩ jmd. lebe hoch! /Hochruf, den man auf jmdn. ausbringt/: der Sieger lebe hoch!
Hochmut, der: *ungerechtfertigter Stolz, Überheblichkeit:* er sollte seinen geistigen H. ablegen, voll H. auf jmdn. herabsehen; von H. erfüllt sein; R: H. kommt vor dem Fall.
hochmütig: *durch Hochmut gekennzeichnet:* ein hochmütiges Gesicht, Wesen; eine hochmütige Miene aufsetzen; sie ist, wirkt sehr h.
hochnehmen: 1. a) ⟨etwas h.⟩ *in die Höhe halten:* die Schleppe h. **b)** ⟨jmdn., etwas h.⟩ *vom Boden aufnehmen, auf den Arm nehmen:* den Korb h.; sie nahm das weinende Kind hoch. **2.** (ugs.) ⟨jmdn. h.⟩ **a)** *sich über jmdn. lustig machen:* du lass' mich doch nicht dauernd h.; der Junge wurde von seinen Kameraden hochgenommen. **b)** ⟨jmdn. für etwas zuviel Geld abnehmen:* in der Bar hat man uns ganz schön hochgenommen. **3.** (ugs.) ⟨jmdn. h.⟩ *fassen und verhaften:* die Polizei fand Hinweise genug, um ihn, die Bande hochzunehmen.
hochspielen ⟨etwas h.⟩: *stärker als gerechtfertigt ins Licht der Öffentlichkeit rücken:* eine politische Frage h.; die Affäre ist in den Zeitungen, von der Presse hochgespielt worden; der Film wurde von der Kritik hochgespielt *(ihm wurde eine unangemessene Bedeutung verliehen).*
höchst: ↑ hoch.
höchstens ⟨Adverb⟩: **a)** *nicht mehr als; bestenfalls:* h. wartete h. zehn Minuten; bei der Versammlung waren h. 200 Personen anwesend; diese Behauptung trifft h. in drei h. drei Fällen zu. **b)** *außer; es sei denn:* er geht nicht aus, h. gelegentlich ins Kino.
Hochzeit, die: *mit der Eheschließung verbun-*

dene *Feier:* eine große H.; die H. ist, findet im Mai statt; die H. wurde auf den 26. Januar festgesetzt; die H. ausrichten; H. feiern, machen, halten; jmdn. zur H. einladen. * **grüne Hochzeit** *(Tag der Heirat)* · **silberne Hochzeit** *(25. Jahrestag der Heirat)* · **goldene Hochzeit** *(50. Jahrestag der Heirat)* · **diamantene Hochzeit** *(60. Jahrestag der Heirat)* · **eiserne Hochzeit** *(65. Jahrestag der Heirat)* · (ugs.:) **nicht auf zwei Hochzeiten tanzen können** *(nicht an zwei Veranstaltungen, Unternehmungen zugleich teilnehmen können).*

hocken ⟨mit Raumangabe⟩: **1. a)** *in der Kniebeuge sitzen:* die Kinder hocken auf dem Boden; sie haben /(südd., österr., schweiz.:) sind im Sandkasten gehockt. **b)** ⟨sich h.⟩ *sich in Hockstellung irgendwohin setzen:* ich hockte mich auf die Treppe, ins Gras; sie hockten sich ums Feuer. **c)** (ugs.) *irgendwo [in nachlässiger Haltung, auf einer niedrigen Sitzgelegenheit, zusammengeduckt o. ä.] sitzen:* sie hockte in einer Ecke des Zimmers; die Hühner hocken auf der Stange. **2.** (ugs.) *längere Zeit an einem Ort [untätig] sitzen, sich aufhalten:* er hockt den ganzen Tag zu Hause, am/hinter dem Schreibtisch, im Wirtshaus; immer zu Hause h. *(seine Freizeit verbringen).* **3.** (Turnen) *mit angewinkelten Beinen über ein Gerät, von einem Gerät springen:* über das Pferd, vom Barren h.

Hof, der: **1.** *zu einem Gebäude gehörender [von Mauern umgebener] Platz:* ein großer, enger, dunkler, lichtloser H.; die Kinder spielen auf dem/im H.; das Fenster, Zimmer geht auf den H.; er stellte sein Rad im H. ab; die Zimmer liegen alle nach dem H. [hinaus]. **2.** *Bauernhof, kleines Gut:* ein stattlicher H.; es liegen dort nur ein paar verstreute Höfe; einen H. erben, bewirtschaften, verpachten; man vertrieb ihn von seinem H.; in einen H. einheiraten. **3. a)** *Fürstenhof:* der kaiserliche, königliche H.; die europäischen Höfe; der H. Ludwigs XIV.; am H. leben, verkehren; bei Hof[e] Zutritt haben, eingeführt werden. **b)** *Hofstaat:* der ganze H. war um den König versammelt. **4.** *Gestirne umgebender Nebelkreis:* der Mond hat heute einen H. * (veraltend:) **jmdm. den Hof machen** *(sich um die Gunst einer Frau bewerben).*

hoffen: *zuversichtlich darauf warten, daß etwas, was man wünscht, eintreten wird oder der Wirklichkeit entspricht:* **a)** etwas läßt jmdn. wieder h.; die Schiffbrüchigen hatten kaum noch zu h. gewagt. **b)** ⟨etwas h.⟩ das Beste h.; das will ich nicht h.; ich hoffe, daß du gesund bist; wir hoffen, Ihnen hiermit gedient zu haben, und verbleiben ...; ich hoffe und stimmt; ich hoffe nicht, daß das dein Ernst ist *(das darf wohl nicht dein Ernst sein);* das hatten wir nicht zu h. gewagt; wir wollen h. *(wir wünschen sehr),* daß sich die Lage bald bessert; da ist/da gibt es nichts mehr zu h. *(es ist hoffnungslos);* sie hatten nichts mehr zu h. *(es stand schlecht um sie).* **c)** ⟨auf jmdn., auf etwas h.⟩ auf baldige Genesung, auf gutes Wetter, auf ein Wunder h.; sie hofften auf Freunde *(auf die Hilfe der Freunde).*

hoffentlich ⟨Adverb⟩: *ich hoffe, daß ...; wie ich hoffe:* h. mutet er sich nicht zuviel zu; du bist doch h. gesund; h. hast du recht.

Hoffnung, die: *das Hoffen, zuversichtliche Er-*

wartung: eine zaghafte, vage, leichte, leise, törichte H.; seine Hoffnungen wurden enttäuscht; worauf gründet sich deine H.?; seine H. schwindet, hat sich erfüllt; es besteht keine H. mehr; er, das ist meine einzige H. *(durch ihn, dadurch allein erhoffe ich mir eine Änderung meiner Lage);* er ist unsere olympische H. *(jmd., in den wir für die Olympiade große Erwartungen setzen);* es gab keine H. auf Besserung; die [sichere] H. haben, daß ...; seine H. auf jmdn., etwas setzen; die H. verlieren, aufgeben; alle H. fahrenlassen; er schöpfte neue H.; eine H. begraben, zu Grabe tragen *(etwas nicht mehr hoffen);* jmdm. seine H. nehmen, rauben; jmdm. H., Hoffnungen machen *(bei jmdm. eine bestimmte Erwartung wecken);* mach dir keine H., Hoffnungen! *(rechne nicht damit, daß dein Wunsch in Erfüllung geht!);* ich gebe mich nicht der Hoffnung hin, daß ...; sie klammerte sich an diese H.; in der H., ein interessantes Stück zu sehen, ging er ins Theater; sie wiegten sich in der H., das Spiel zu gewinnen; ohne H. auf Rettung; ohne H., voller H. sein; sie hatte sich von der H. auf eine reiche Heirat blenden lassen; seine Leistungen berechtigten zu den schönsten, größten Hoffnungen *(man kann für die Zukunft noch viel von ihm erwarten).* * (geh.) veraltend) **guter Hoffnung/in [der] Hoffnung sein** *(schwanger sein).*

höflich: *anderen den Umgangsformen gemäß mit Aufmerksamkeit und Freundlichkeit begegnen:* ein höflicher junger Mann; in höflichem Ton mit jmdm. reden; ein höflicher Brief; h. grüßen; sich h. entschuldigen; h. um etwas bitten; (zu jmdm./ jmdm. gegenüber / veraltend:) gegen jmdn. h. sein) sie war sehr h. zu mir /mir gegenüber/ (veraltend:) gegen mich.

Höflichkeit, die: **1.** *höfliches Benehmen:* die übertriebene H. des Verkäufers störte sie; jmdm. eine H. erweisen; er stimmt nur aus H. zu; er behandelte ihn mit äußerster, ausgesuchter, eisiger H. **2.** *höfliche Redensart, Bemerkung, Äußerung:* jmdm. eine H. sagen; wir wechselten einige Höflichkeiten, tauschten einige H. von Höflichkeiten aus.

Höhe, die: **1. a)** *Ausdehnung in vertikaler Richtung, von unten bis oben:* die H. des Tisches, der Vase; die H. des Baumes beträgt 40 Meter; der Berg hat eine H. von über 1 000 Metern; die lichte H. des Tunnels beträgt 4,5 Meter; Länge, Breite und H. von etwas bestimmen; er richtete sich in seiner ganzen H. *(Größe)* auf; in die H. *(nach oben)* steigen, klettern; den Arm in die H. heben *(hochheben);* in die H. fahren *(aufspringen);* das Kind, die Saat ist in die H. geschossen *(ist rasch gewachsen).* **b)** *bestimmte Entfernung über dem Erdboden:* die H. eines Gestirnes messen; das Flugzeug konnte seine H. nicht halten; das Flugzeug gewann rasch an H.; aus dieser H. konnten sie den Ort kaum erkennen; die Baumgrenze liegt etwa bei 2 000 m H.; die Maurer arbeiteten in schwindelnder H.; in großen Höhen ist die Luft dünner. **übertr.:** er hat die Höhen *(Höhepunkte)* und Tiefen des Lebens kennengelernt; auf der H. *(dem Gipfelpunkt)* seines Erfolgs; er steht auf der H. *(im Zenit)* des Lebens; die Zwischenhändler schraubten, trieben die Preise in die H. *(hoch);* der Sohn hoffte, den Betrieb wieder in die H. zu bringen *(dem Betrieb zu neuem*

Aufschwung zu verhelfen). **2. a)** *in Zahlen ausdrückbare Größe, meßbare Stärke o. ä. von etwas:* die H. der Temperatur, der Geschwindigkeit, des Gehalts, der Preise, des Beitrages; die H. eines Tones *(Schwingungszahl in der Sekunde);* er erhielt einen Preis in H. von 2 000 DM. **b)** *hoher Grad, beträchtliches Niveau:* die H. einer Leistung; eine bestimmte H. erreichen; der Nutzen entspricht nicht der H. des Aufwands. **3.** (Math.) *senkrechter Abstand eines Punktes von der Grundfläche oder -linie:* die H. des Dreiecks; die H. des Zylinders berechnen. **4.** ⟨in Verbindung mit der Präp. *auf*⟩ *geographische Breite:* sie fuhren auf gleicher H.; wir sind auf gleicher H. wie die Insel, auf der H. der Insel. **5.** *Hügel, Anhöhe:* auf eine H. steigen; die Höhen des Weserberglandes. * (ugs.:) **auf der Höhe sein:** *(gesund, leistungsfähig sein):* er ist geistig nicht mehr auf der H. · **auf der Höhe [der Zeit] sein/bleiben** *(über den neuesten Stand von etwas unterrichtet sein und sich auf dem laufenden halten):* durch seine ausgedehnte Lektüre ist er, bleibt er fachlich immer auf der H. · (ugs.:) **in die Höhe gehen** *(wütend werden):* bei dem geringsten Vorfall geht er gleich in die H. · (ugs.:) **das ist ja/doch die Höhe!** *(das ist doch unerhört, ist ja unglaublich!).*
Höhepunkt, der: *bedeutendster, schönster Teil einer Entwicklung, eines Ablaufs:* ein musikalischer H.; der H. des Tages, Abends, Festes, Lebens; den H. überschreiten; das Spiel erreichte seinen H., näherte sich dem H.; die Krise treibt ihrem H. zu; er steht auf dem H. seiner Macht.
höher: ↑ hoch.
hohl: 1. *innen leer, ausgehöhlt, ohne Inhalt:* ein hohler Zahn; eine hohle *(taube)* Nuß; der Baum ist innen h. **2.** *eine konkave Vertiefung aufweisend; eine konkave Öffnung bildend:* ein hohler Rücken; ein hohles Kreuz; hohle *(eingefallene)* Wangen; aus der hohlen Hand trinken; durch die hohlen *(wie ein Sprachrohr gehaltenen)* Hände rufen. **3.** *tief und dumpf klingend, hallend:* eine hohle Stimme; der Klang war h.; beim Klopfen klingt die Wand h.; der Kranke hustet h. **4.** *geistlos, ohne Substanz:* hohle Reden, Phrasen; ein hohler Schwätzer; diese Menschen sind innerlich völlig h.
Höhle, die: **a)** *Hohlraum, größerer hohler Raum, bes. in der Erde, im Gestein:* eine dunkle, tiefe, enge H.; der Berg hat unterirdische Höhlen; die Jungen bauten gemeinsam eine H.; in einer H. übernachten; der Eingang zur H. wurde verschüttet. **b)** *Behausung bestimmter Tiere in der Erde:* der Dachs schläft in seiner H.; übertr.: *schlechte Wohnung:* sie hausten in elenden Höhlen. * (ugs.:) **sich in die Höhle des Löwen begeben/wagen, in die Höhle des Löwen gehen** *(sich mutig an einen gefürchteten Menschen wenden).*
Hohn, der: *mit [lautem] Spott verbundene Verachtung:* beißender, bitterer, eisiger H.; das ist doch der rein[st]e H.! *(das ist doch absurd!);* er erntete nur H. und Spott; sie empfand es wie H.; er überschüttete seinen Gegner mit Spott und H.; sie behandelten ihn voll H.
höhnisch: *mit beißendem Spott, spöttisch, voll Verachtung:* eine höhnische Miene, Bemerkung; sein Blick war h.; er lachte h.
hold: 1. (geh. veraltend) *von zarter Schönheit,*

lieblich: ihr holdes Angesicht; sie war h. und schön; sie lächelte h. **2.** (geh.) ⟨jmdm., einer Sache h. sein⟩ *(geneigt sein):* das Glück war ihnen nicht h.
holen: 1. ⟨jmdn., etwas h.⟩ *an einen Ort gehen und von dort herbringen:* Kartoffeln, Kohlen [aus dem Keller] h.; das Brot vom Bäcker h. *(beim Bäcker einkaufen);* das Auto aus der Garage h. *(fahren);* morgen wird der Sperrmüll geholt *(abgeholt);* er holte ihm/für ihn einen Stuhl; die Polizei, die Feuerwehr, einen Handwerker h. *(herbeirufen);* den Arzt zu dem Kranken h.; jmdn. zu Hilfe h.; jmdn. nachts aus dem Bett h. *(aufsuchen [und ihn auffordern mitzukommen]);* das Kind mußte mit der Zange *(Geburtszange)* geholt werden. **2.** ⟨sich (Dativ) bei/von jmdm. etwas h.⟩ *jmdn. um eine bestimmte Hilfe bitten und sie von ihm erhalten:* sich bei jmdm. Rat, Hilfe, Beistand h.; er hat sich von ihm die Erlaubnis geholt, früher nach Hause zu gehen; ⟨auch ohne Präp.-Obj.⟩ sich Anregungen h.; ich hole mir meine Ideen überall. **3.** (ugs.) ⟨etwas h.⟩ *gewinnen:* auf, bei einem Wettbewerb einen Titel h.; sie holte zwei Medaillen für ihr Land; ⟨sich (Dativ) etwas h.⟩ sich den ersten Preis im Eiskunstlauf h. **4.** (ugs.) ⟨sich (Dativ) etwas h.⟩ *sich etwas zuziehen:* sich eine Erkältung, eine Grippe h.; bei diesem Wetter kann man sich ja den Tod h. *(kann man sich auf den Tod erkälten).* * (ugs.:) **bei jmdm./da ist nicht viel zu holen** *(jmd. besitzt nicht viel).*
Hölle, die: *Ort der Verdammnis:* die Flammen, Qualen der H.; in die H. kommen, zur H. fahren *(verdammt werden);* zur H. mit diesen Verrätern, mit diesem Verfahren! */ Verwünschung/;* übertr.: *Zustand großer Qualen:* die H. des Krieges; er war die reine H. mit ihm; die grüne H. *(der tropische Urwald [des Amazonas]).* * **die Hölle auf Erden** *(etwas Unerträgliches, Grauenvolles)* · (ugs.:) **jmdm. die Hölle heiß machen** *(jmdm. heftig zusetzen)* · (ugs.:) **die Hölle ist los** ⟨mit Raumangabe⟩ *(irgendwo ist großer Aufruhr, Lärm):* in den überschwemmten Gebieten war die H. los; im Stadion ist die H. los · (geh.:) **jmdn. zur Hölle wünschen** *(jmdn. verwünschen).*
höllisch: 1. a) *zur Hölle gehörend:* das höllische Feuer; höllische Geister. **b)** *schrecklich, quälend:* der höllische Krieg; sein höllischer Zynismus. **2.** (ugs.) **a)** *groß, stark:* höllische Schmerzen, Qualen; ein höllischer Spaß; höllischen Respekt, höllische Angst vor jmdm. haben. **b)** ⟨verstärkend bei Adjektiven und Verben⟩ *sehr:* er ist h. gerissen, schlau; h. aufpassen; das tut h. weh.
holp[e]rig: 1. *uneben und dadurch schlecht befahrbar:* ein holp[e]riger Weg; das Pflaster war sehr h. **2.** *ungleichmäßig, stockend:* eine holp[e]rige Ansprache; die Verse sind h.; lesen.
holpern: a) *infolge unregelmäßiger Bewegung auf unebenem Untergrund schüttern, wackeln:* der Wagen hat sehr geholpert. **b)** ⟨mit Raumangabe⟩: *auf unebenem Untergrund fahren:* der Karren ist über die Straße, über das Pflaster geholpert.
Holz, das: **1.** *feste, harte Substanz des Stammes und der Äste von Bäumen und Sträuchern:* nasses, trockenes, morsches, gesundes, helles, dunkles H.; harte, weiche Hölzer *(Holzsorten);* ein Stück, Stapel, Festmeter H.; eine Fuhre H.; er saß da

wie ein Stück Holz (ugs.; *steif und stumm*); das H. ist schön gemasert; das H. knistert im Kamin; H. fällen, schlagen, hacken, spalten, zu Brettern schneiden, sägen, stapeln; Möbel aus massivem H.; etwas aus H. schnitzen; die Wände mit H. verkleiden; sie heizen mit H.; der Baum steht noch gut im H. *(ist gesund),* ist zu sehr ins H. geschossen *(hat immer neue Zweige hervorgebracht, hat aber nicht geblüht);* übertr.: er ist aus dem H., aus dem man Minister macht *(hat die Eigenschaften, die ihn dafür geeignet erscheinen lassen).* **2.** a) *nicht näher bezeichneter hölzerner Gegenstand:* lange, runde Hölzer in die Erde rammen; der Stürmer traf zweimal H. *(den Pfosten, Querbalken des Tores);* er traf den Ball mit dem H. *(dem Rahmen des Schlägers).* b) (Kegeln) *Kegel:* zwei H. stehen noch; er hat viel H. geschoben; gut H.! /Keglergruß/. c) (Musik) *Gesamtheit der Holzblasinstrumente:* das H. muß etwas mehr hervortreten. * *aus anderem/feinerem/hartem/ härterem Holz geschnitzt sein (ein anderes/feineres/hartes/härteres Wesen haben)* · *nicht aus Holz sein (auf sinnliche Reize wie andere auch reagieren)* · (ugs.:) *viel Holz (eine große Menge bes. von Geld):* 100 DM für dieses Buch ist viel H.
hölzern: **1.** *aus Holz bestehend:* ein hölzerner Stiel, Griff. **2.** *linkisch, ungewandt:* ein hölzernes Benehmen; der junge Mann war recht h.
holzig: *mit harten [Holz]fasern durchsetzt:* ein holziger Stengel; der Spargel, der Kohlrabi ist h.
Holzweg (nur in der Wendung) *auf dem Holzweg sein (im Irrtum sein):* wenn du glaubst, daß dies gelingt, dann bist du auf dem H.
Honig, der: *von Bienen verarbeiteter Blütensaft:* flüssiger, fester H.; H. schleudern; die Bienen sammeln fleißig H. * (ugs.:) *jmdm. Honig um den Bart/ums Maul/um den Mund schmieren (jmdm. schmeicheln).*
Hopfen, der: /*eine Nutzpflanze/:* H. anbauen, pflücken. * (ugs.:) *bei jmdm. ist Hopfen und Malz verloren (bei jmdm. ist alle Mühe umsonst).*
hopsen: *kleine, unregelmäßige Sprünge machen:* der Ball hopst; die Kinder hopsten vor Freude durch das Zimmer.
horchen: a) *sich bemühen, etwas zu hören:* angespannt, neugierig an der Wand, an der Tür h.; wir horchten, ob sich die Schritte näherten. b) ⟨auf etwas h.⟩ *etwas aufmerksam lauschend verfolgen:* er horchte auf die Schläge der Turmuhr.
hören: **1.** a) (gewöhnlich mit Artangabe) *fähig sein, mit dem Gehör wahrzunehmen:* gut, schlecht, schwer h.; nicht h. können; er hört nur auf einem Ohr. b) ⟨jmdn., sich, etwas h.⟩ *mit dem Gehör wahrnehmen:* einen Lärm, einen Knall h.; die Glocken läuten h.; den Kuckuck h.; ich hörte ihn schon von weitem; vor Lärm kann man sich selbst, sein eigenes Wort nicht h.; er hört sich gerne reden; ich habe ihn kommen h./gehört; er hatte sie um Hilfe rufen h./gehört; ich hörte, wie sie weinte; ich habe eben sprechen gehört; ich habe sagen h. *(zufällig gehört),* daß ...; hör mal!, hören Sie mal! /formelhafter Ausdruck, mit dem man jmdn. energisch um etwas bittet oder seinen Protest ausdrückt/; hört, hört! (/Zwischenruf in Versammlungen/ *soso!, seht mal an!*); R: man höre und staune *(das Folgende ist kaum zu glauben).* c) ⟨auf etwas h.⟩ *etwas aufmerksam lau-*

schend verfolgen: er hörte auf das Klingeln des Weckers, auf die sich nähernden Schritte. **2.** a) ⟨etwas h.⟩ *anhören, in sich aufnehmen:* eine Oper, Ansprache, Vorlesung h.; die Beichte h. *(abnehmen/vom Priester/);* Radio h. *(eine Sendung im Rundfunk eingeschaltet haben und verfolgen);* ich höre mit meinem Radio ganz Europa *(kann alle europäischen Sender empfangen);* wir haben den Solisten *(das Spiel, den Vortrag des Solisten)* schon oft gehört. b) ⟨jmdn. h.⟩ *jmdn. sich zu etwas äußern lassen:* man muß beide Parteien h.; er wollte noch [vor der Abstimmung] gehört werden. **3.** a) ⟨auf jmdn., auf etwas h.⟩ *sich nach jmds. Worten richten:* auf jmds. Rat h.; sie hörten nicht auf ihn/ auf das, was er sagte. b) (ugs.) *gehorchen:* der Junge will absolut nicht h.; wirst du bald h.!; R: wer nicht h. will, muß fühlen. **4.** a) ⟨etwas h.⟩ *im Gespräch mit anderen [zufällig] etwas erfahren:* etwas Neues h.; diese Nachricht habe ich von ihm gehört; er wollte es nicht gehört haben *(gab vor, nichts davon zu wissen);* er wollte davon nichts mehr h.; ich habe seit langem nichts mehr von ihr gehört; man hat nicht viel Gutes über sie gehört; nach allem, was ich [über ihn] gehört habe, ...; wie ich höre, ist er verreist. b) ⟨von etwas h.⟩ *im Gespräch mit anderen [zufällig] von etwas Kenntnis erhalten:* er hatte von der Katastrophe schon gehört; man hatte wieder von heimlichen Verhaftungen gehört. **5.** ⟨etwas an etwas h.⟩ *mit dem Gehör feststellen, erkennen:* am Schritt hörte er, daß es sein Freund war; an ihrer Stimme konnte man h., daß sie etwas bedrückte. * (ugs.:) *jmdm. vergeht Hören und Sehen (jmd. weiß nicht mehr, was mit ihm geschieht)* · er raste über die Autobahn, daß uns Hören und Sehen verging · *etwas läßt sich hören (etwas ist ein guter Vorschlag, ist akzeptabel)* · [etwas, nichts] *von sich hören lassen (jmdm. [keine] Nachricht von sich geben):* ich lasse mal wieder von mir h. · [noch] *von jmdm. hören:* a) *(von jmdm. Nachricht erhalten):* Sie hören in den nächsten Tagen von uns. b) *(die Folgen seines Handelns noch von jmdm. zu spüren bekommen):* Sie werden noch von mir h.! · (ugs.:) *etwas von jmdm. zu hören kriegen (von jmdm. ausgescholten werden):* er hat ganz schön was vom Chef zu h. gekriegt.
Hörer, der: **1.** a) *Zuhörer beim Rundfunk:* verehrte H.!; die Meinung der H. erfahren. b) *Teilnehmer einer Vorlesung:* er ließ sich an der Universität H. einschreiben. c) (seltener) *Zuhörer:* bei interessanten Diskussionen ist er ein aufmerksamer H. **2.** *Teil des Telefons, der die Hör- und Sprechmuschel enthält:* den H. abnehmen, auflegen, einhängen, hinknallen (ugs.).
Horizont, der: **1.** *Linie in der Ferne, an der sich Himmel und Erde scheinbar berühren:* den H. mit dem Fernrohr absuchen; ein Schiff erscheint am H., taucht am H. auf; die Sonne steht am H., verschwindet am H., hinter dem H.; bildl.: am politischen H. ziehen Wolken herauf *(die politische Lage droht sich zu verschlechtern).* **2.** *jmds. geistiger Bereich, Gesichtskreis:* einen beschränkten, kleinen, engen, weiten H. haben; durch Lektüre seinen H. erweitern; das geht über seinen H. *(übersteigt sein Auffassungsvermögen).*
Horn, das: **1.** *[gebogener] spitzer, harter Auswuchs am Kopf bestimmter Tiere:* spitze, gerade,

gebogene, gedrehte Hörner; der Stier senkte die Hörner, nahm den Torero auf die Hörner, verletzte ihn mit den Hörnern; übertr. (ugs.): das H. *(die Beule)* an der Stirn entstellte ihn. **2.** *harte [von Tieren an den Hörnern und Hufen gebildete] Substanz:* ein Kamm, ein Schirmgriff aus H.; ein Brillengestell aus H. **3. a)** */Blasinstrument/:* [das] H. blasen; die Hörner im Orchester waren etwas zu laut. **b)** *akustisches Signalgerät an Kraftfahrzeugen:* ein elektrisches H.; das H. ertönen lassen. * (ugs.:) **jmdn. auf die Hörner nehmen** *(jmdn. hart angreifen)* · (ugs.:) **sich** (Dativ) **die Hörner ablaufen/abstoßen** *(durch Erfahrungen besonnener werden, bes. sein Ungestüm in der Liebe ablegen)* · (ugs.:) **jmdm. Hörner aufsetzen** *(den Ehemann betrügen)* · (ugs.:) **ins gleiche Horn blasen/ stoßen/tuten** *(mit jmdm. der gleichen Meinung sein und ihn darin unterstützen):* er sprach sich gegen den Plan aus, und seine Freunde bliesen natürlich ins gleiche H.

Horoskop, das: *astrologische Zukunfts-, Schicksalsdeutung:* ein H. lesen; jmdm. das H. stellen *(jmds. Schicksal vorhersagen);* er glaubt nicht an Horoskope.

Hort, der: **1.** *Kindertagesstätte:* die Kinder gehen in den H., werden abends vom H. abgeholt. **2.** (geh.) *Stätte, wo etwas Bestimmtes gedeiht, besonders gepflegt wird:* ein H. der Freiheit, der Humanität; ein H. *(eine Zufluchtsstätte)* der Bedrängten und Verfolgten.

horten (etwas h.): *als Vorrat sammeln; anhäufen:* Geld, Devisen h.; in Notzeiten werden Rohstoffe, Lebensmittel gehortet.

Hose, die: */ein Kleidungsstück/:* eine helle, schwarze, wollene, kurze, lange, enge, ausgebeulte, abgetragene H.; eine H. aus Popeline; eine H. mit Umschlägen; die H. war ihm zu weit, rutschte, saß gut, paßte nicht; eine H. schneidern; die H. anziehen, ausziehen, hochkrempeln, bügeln; die H. durchsitzen; sich (Dativ) eine neue H., ein Paar neue Hosen kaufen; (ugs. scherzh.:) in die Hosen steigen; das Kind hat in die H. gemacht; (Skat:) Hosen runter! (Skat; Karten aufdecken! /beim Null ouvert/) * (ugs.:) **die Hosen anhaben** *(als Frau im Hause zu bestimmen haben)* · (ugs.:) **die Hosen runterlassen** *(sich in einer unangenehmen, schwierigen Situation ganz offenbaren)* · (ugs.:) **etwas ist tote Hose** *(etwas ist ein absoluter Mißerfolg, ist total uninteressant)* · (ugs.:) **sich auf die Hosen setzen** *(fleißig lernen):* es wird Zeit, daß du dich mal gehörig auf die Hosen setzt · (ugs.:) **jmdm. die Hosen strammziehen** *(jmdn. verprügeln):* der Vater zog ihm die Hosen stramm · (ugs.:) **sich** (Dativ) **[vor Angst] in die Hosen machen; die Hosen [gestrichen] voll haben** *(große Angst haben)* · (ugs.:) **etwas geht in die Hosen** *(etwas mißglückt).*

Hotel, das: *größeres Gasthaus mit einem gewissen Komfort:* ein großes, kleines, erstklassiges, teures, billiges H.; das erste *(beste)* H. am Platz; im H. übernachten; in welchem H. sind Sie abgestiegen, wohnen Sie?; H. Adler; H. zur Post.

hüben: *auf dieser Seite:* ich bin hier h.; von h. nach dort, nach drüben. * **hüben und/wie drüben** *(auf beiden Seiten).*

hübsch: **1.** *angenehm und gefällig im Äußeren:* ein hübsches Mädchen, Kind, Kleid; sie hat hübsche Augen; eine hübsche Wohnung; ein hübsches Städtchen; eine hübsche Melodie, Stimme; ein hübsches Erlebnis; sie war recht h.; den geblümten Stoff finde ich am hübschesten; es wäre doch h. *(nett),* wenn wir gemeinsam verreisen könnten; sie singt sehr h.; das Zimmer war sehr h. eingerichtet; sie will sich noch h. machen *(sich zurechtmachen);* subst. (ugs.): na, ihr beiden Hübschen?; (ugs. iron:) das ist ja eine hübsche *(unerfreuliche)* Geschichte; das kann ja h. werden *(das kann sich noch unangenehm auswirken).* **2.** (ugs.) **a)** *beachtlich groß, beträchtlich:* eine hübsche Summe; der Ort liegt ein hübsches Stück von hier entfernt. **b)** *(verstärkend bei Adjektiven und Verben) sehr, ziemlich:* der Koffer ist h. schwer; sie hat sich ganz h. erkältet; er war ganz h. betrunken. **3.** (ugs.) *wie es erwartet wird, wie es sein soll:* immer h. der Reihe nach!; nur immer h. langsam!; sei h. still!; das wollen wir h. bleibenlassen.

Hucke, die (ugs. landsch.) 〈in bestimmten Wendungen〉 **jmdm. die Hucke voll hauen** *(jmdn. verprügeln)* · (ugs.:) **die Hucke voll lachen** *(längere Zeit über etwas sehr lachen)* · **jmdm. die Hucke voll lügen** *(jmdn. sehr belügen)* · **sich** (Dativ) **die Hucke voll saufen** *(sich sehr betrinken)* · **die Hucke voll kriegen** *(kräftig verhauen werden).*

Hüfte, die: *seitlicher Teil des Körpers zwischen Oberschenkel und Taille:* schmale, breite Hüften; die Hände in die Hüften stützen; der Verbrecher feuerte aus der H.; sie wiegt sich beim Tanzen in den Hüften; er hatte den Arm um ihre H. gelegt.

Hügel, der: **1.** *kleiner Berg:* ein kleiner, kahler grüne, bewaldete, sanfte H.; sie gingen den H. hinauf; das Haus liegt auf einem H.; übertr.: ein H. von Sand, Kohle. **2.** *Grabhügel:* auf dem Friedhof waren einige H. verfallen.

Huhn, das: **1.** *bes. wegen seiner Eier als Haustier gehaltener größerer Vogel:* ein weißes, braunes H.; ein junges, fettes, gebackenes, gebratenes, gekochtes H.; das H. gackert, scharrt im Sand, legt ein Ei, brütet, gluckt; die Hühner sitzen auf der Stange; [sich (Dativ)] Hühner halten; ein H. schlachten, ausnehmen, rupfen; sie aßen H. *(Hühnerfleisch)* mit Reis; nach dem Regen sah sie aus wie ein gerupftes H. (ugs.); sie rannte plötzlich davon wie ein aufgescheuchtes, kopfloses H. (ugs.; *sehr aufgeregt, nervös);* R: ein blindes H. findet auch einmal ein Korn *(auch dem Unfähigsten gelingt einmal etwas);* da lachen ja die Hühner *(das ist ganz unsinnig, lächerlich).* **2.** (ugs.) *Mensch:* sie ist ein komisches, närrisches, fideles H.; er ist ein dummes, verdrehtes, verrücktes, versoffenes H.; er ist zur Zeit ein lahmes, krankes H. *(ist zur Zeit krank).* * (ugs.:) **mit jmdm. ein Hühnchen zu rupfen haben** *(jmdn. wegen etwas zur Rechenschaft ziehen müssen, mit jmdm. noch etwas zu bereinigen haben)* · (ugs.; meist scherzh.:) **mit den Hühnern schlafen gehen/zu Bett gehen, aufstehen** *(sehr früh zu Bett gehen, aufstehen).*

Hühnerauge, das: *harte, schmerzhafte Hornhautverdickung an den Zehen:* ein H. entfernen lassen, schneiden; ein Pflaster auf das H. legen. * (ugs.:) **jmdm. auf die Hühneraugen treten:** **a)** *(jmdn. durch sein Verhalten an einer empfindlichen Stelle treffen).* **b)** *(jmdn. nachdrücklich an etwas erinnern, was er noch zu tun, zu zahlen hat o. ä.).*

huldigen: 1. ⟨jmdm. h.⟩ **a)** (geh. veraltend) *seine Verehrung zum Ausdruck bringen:* das Publikum huldigte dem greisen Künstler mit langen Ovationen. **b)** (veraltet) *sich jmds. Herrschaft durch einen Treueid unterwerfen:* dem König, Fürsten h. **2.** (geh.) ⟨einer Sache h.⟩ **a)** *etwas für richtig halten und es entsprechend vertreten:* einer Ansicht, Anschauung h.; einer Sitte, Tradition h. **b)** *sich einer Sache allzu sehr hingeben:* dem Kartenspiel h.; er huldigte dem Alkohol *(trank ihn allzugern).*

Hülle, die: *etwas, was einen Gegenstand oder Körper ganz umschließt:* eine durchsichtige, schützende, wärmende H. über etwas breiten; die H. aufschneiden, abziehen; die äußere H. entfernen, abstreifen; die H. des Denkmals wegnehmen; die Hüllen fallen lassen *(sich entkleiden);* den Regenschirm, die Brille aus der H. *(dem Futteral)* ziehen; er steckte den Ausweis in die H.; eine H. aus Leder, aus Plastik; eine H. für ein Buch. ✻ (geh. verhüll.:) **die sterbliche Hülle** *(jmds. Leichnam)* · **in Hülle und Fülle** *(im Überfluß):* Schmuck in H. und Fülle; Arbeit gibt es hier in H. und Fülle.

hüllen: a) ⟨jmdn., sich, etwas in etwas h.⟩ *einwickeln, einhüllen:* Blumen in Papier h.; sie hüllte das Kind in eine Decke; diese Soldaten hüllten sich in ihre Mäntel; übertr.: die Berge waren in Nebel, der Weg war in [tiefes] Dunkel gehüllt; der Hergang des Unglücks blieb in Dunkel gehüllt *(klärte sich nie auf).* **b)** ⟨etwas um jmdn., um etwas h.⟩ *als Hülle um jmdn., etwas legen:* er hüllte einen Schal um sie, um ihre Schultern; ⟨jmdm., sich etwas um etwas h.⟩ er hüllte ihr, sich eine Decke um die Füße.

Hummel, die: */ein Insekt/:* eine große, dicke H.; die H. brummt, summt, fliegt von Blume zu Blume, bestäubt die Blüten; übertr.: sie war schon immer eine wilde H. (scherzh.; *ein lebhaftes, temperamentvolles Mädchen)* ✻ (ugs.:) **Hummeln im Hintern haben** *(nicht ruhig sitzen können, voller Unrast sein).*

Humor, der: *heitere und gelassene Lebensart, Frohsinn:* köstlicher, goldener, gütiger, ausgelassener, trockener, derber, gesunder, schwarzer *(makabrer)* H.; der rheinische, Kölner H.; er hat, besitzt einen unverwüstlichen H.; keinen H. haben *(sehr leicht verärgert reagieren);* man soll nicht den H. verlieren; er hat keinerlei Sinn für H. *(er ist humorlos);* etwas mit H. aufnehmen, tragen; sie ist ohne jeden H.; R: du hast, er hat usw. [ja vielleicht] H.! *(was soll denn das?; so geht das nicht!);* H. ist, wenn man trotzdem lacht.

humorvoll: *Humor habend, erkennen lassend:* ein humorvoller Vorgesetzter, Lehrer; humorvolle Erzählungen; er ist sehr h.; er verstand schwierige Fragen h. zu behandeln.

humpeln: a) *hinken:* was ist denn mit dir, du humpelst ja; nach dem Unfall hat/ist er noch einige Zeit gehumpelt. **b)** ⟨mit Raumangabe⟩ *sich hinkend fortbewegen, irgendwohin bewegen:* vom Spielfeld h.; er ist nach dem Sturz mühsam nach Hause gehumpelt; eine alte Frau humpelte über die Straße.

Hund, der: **1.** */ein Haustier/:* ein junger, großer, rassereiner, kluger, treuer, herrenloser, streunender, tollwütiger H.; Vorsicht, bissiger H.!; ein H. mit einem struppigen Fell, mit Hängeohren; der

H. bellt, schlägt an, kläfft, gibt Laut, winselt, heult, jault, liegt an der Kette, wedelt mit dem Schwanz; der H. hat den Fremden angesprungen, gebissen; sich (Dativ) einen H. halten; den H. spazierenführen, an der Leine führen, anleinen, loslassen; Hunde züchten, dressieren, abrichten; die Polizei hetzte die Hunde auf den Verbrecher; R: da liegt der H. begraben (ugs.; *das ist der entscheidende, schwierige Punkt, an dem etwas scheitert);* da wird der H. in der Pfanne verrückt! (ugs.; *das ist ja nicht zu fassen!);* von dem nimmt kein H. ein Stück Brot [mehr] (ugs.; *er wird von allen verachtet);* den letzten beißen die Hunde *(der letzte hat alle Nachteile);* Hunde, die [viel] bellen, beißen nicht *(jmdn., der leicht aufbraust, braucht man im Grunde nicht zu fürchten);* viele Hunde sind des Hasen Tod *(gegen eine Übermacht kann der einzelne nichts ausrichten);* kommt man über den H., kommt man auch über den Schwanz *(hat man das meiste oder Schwierigste geschafft, dann werden die Kräfte oder Möglichkeiten auch noch für den Rest ausreichen).* **2.** (ugs.) *Mensch, Mann:* er ist ein feiger, fauler, dummer, blöder, falscher, gemeiner H.; einem armen H. helfen; ich war damals noch ein junger H.; /oft als Schimpfwort:/ du H.! ✻ (ugs.:) **auf dem Hund sein** *(in Not sein)* · (ugs.:) **auf den Hund kommen** *(in schlechte Verhältnisse geraten, herunterkommen)* · (ugs.:) **etwas bringt jmdn. auf den Hund** *(etwas ruiniert jmdn.)* · (ugs.:) **vor die Hunde gehen** *(zugrunde gehen)* · (ugs.:) **mit allen Hunden gehetzt sein** *(sehr raffiniert sein)* · (ugs.:) **es kann einen Hund jammern** *(es ist mitleiderregend)* · (ugs.:) **mit etwas keinen Hund hinter dem Ofen hervorlocken [können]** *(mit etwas niemandes Interesse wecken [können])* · (ugs.:) **etwas ist ein dicker Hund** *(etwas ist eine Ungeheuerlichkeit, eine Frechheit).*

hundert: a) ⟨Kardinalzahl⟩ *100:* ein Saal mit h. Tischen; von eins bis h. zählen; auf dem Platz waren einige h., die h. (ugs.) Menschen versammelt; ich wette h. zu eins *(weiß genau),* daß er zustimmt; er fuhr mit h. Sachen (ugs.; *mit hoher Geschwindigkeit).* **b)** (ugs.) *sehr viele, unzählige:* er hat sich schon in h. Berufen versucht; sie wußte h. Neuigkeiten zu erzählen. ✻ **auf hundert sein/kommen** *(sehr erbost sein/werden, in Wut sein/geraten)* · (ugs.:) **jmdn. auf hundert bringen** *(jmdn. in Wut, Zorn versetzen).*

Hundert, das: **a)** *Menge, Einheit von hundert Stück, Dingen, Lebewesen:* ein halbes H.; mehrere H. Pioniere; wir haben einige H. *(Packungen von je 100 Stück)* Büroklammern geliefert; das H. vollmachen; vier von H. *(vier Prozent).* **b)** ⟨Plural⟩ *Anzahl von mehrmals hundert:* viele Hundert[e] fanden keinen Einlaß; Hunderte von Menschen demonstrierten; der Protest weniger Hunderte; der Protest Hunderter; die Summe geht in die Hunderte (ugs.; *betragen mehrere hundert Mark);* das weiß unter Hunderten nicht einer; sie lagerten zu Hunderten auf der Wiese.

hundertmal ⟨Adverb⟩: **a)** *100mal:* diese Strecke ist er schon oft h. gefahren. **b)** (ugs.) *sehr oft, unzählige Male:* das habe ich dir doch schon h. gesagt; muß man denn h. *(immer wieder)* dasselbe sagen?; und wenn er es h. *(noch so sehr)* behauptet, ich habe das Buch nicht ausgeliehen.

hundertste ⟨Ordinalzahl⟩: *100.:* er war der h. Besucher der Ausstellung; die Oper wird heute zum hundertsten Male aufgeführt. * **vom Hundertsten ins Tausendste kommen** *(mehr und mehr vom eigentlichen Thema abkommen).*

Hüne, der: *sehr großer, breitschultriger Mann:* er ist ein H. [an Gestalt], ein H. von Mensch.

Hunger, der: **1.** *Verlangen zu essen:* großer, schrecklicher H.; der H. quälte ihn; H. leiden; H. bekommen, fühlen (geh.); er hatte H. wie ein Bär, wie ein Wolf; seinen H. mit trockenem Brot stillen; plötzlich verspürte er großen H. *(Appetit)* auf ein Schnitzel; vor /(auch:) an H., (geh.:) Hungers sterben *(verhungern);* die Kinder sterben schon vor H. (ugs.; *haben sehr starken Hunger);* (ugs.:) ihm knurrte vor H. der Magen; (ugs.:) wir fallen bald um vor H.; R: H. ist der beste Koch *(wenn man Hunger hat, schmeckt auch das weniger gute Essen);* der H. treibt's rein, hinein (ugs.; *weil man Hunger hat, ißt man eben auch etwas, was man eigentlich gar nicht mag).* **2.** *Mangel an Nahrungsmitteln, Hungersnot:* in den Nachkriegsjahren herrschte großer H.; die Bevölkerung hatte unter H. und Kälte zu leiden. **3.** (geh.) *Verlangen, Bedürfnis:* H. nach Gerechtigkeit, nach Ruhm; H. nach frischer Luft.

hungern: **1. a)** *Hunger leiden:* die Bevölkerung hungerte im Krieg; sie hat die Kinder h. lassen; sie brauchten nicht zu h.; sie hungert *(fastet),* um abzunehmen. **b)** ⟨sich h.; mit Umstandsangabe⟩ *durch Hungern in einen bestimmten Zustand bringen:* sich durchs Leben h.; sich schlank, wieder gesund h.; du hungerst dich noch zu Tode. **2.** (geh.) ⟨jmdn. hungert [es]⟩ *jmd. hat Hunger:* es hungert mich/mich hungert seit langem; der Kranke gab zu verstehen, daß ihn hungere. **3.** (geh.) ⟨nach etwas h.⟩ *nach etwas verlangen:* nach Macht, nach Ruhm h.; ⟨jmdn. hungert [es] nach etwas⟩ es hungerte sie/sie hungerte nach Verständnis, nach Liebe.

Hungertuch (in der Wendung:) am Hungertuch nagen (ugs.): *Not leiden.*

hungrig: **1.** *Hunger empfindend:* ein hungriges Kind; er war h. wie ein Bär *(war sehr hungrig);* sie waren h. wie die Wölfe *(hatten großen Hunger);* sie setzten sich h. zu Tisch; Seeluft macht h.; ⟨h. nach etwas sein⟩ sie war h. nach Fisch *(verspürte Lust, Fisch zu essen).* **2.** (geh.) *begierig, verlangend:* hungrige Augen haben; ein hungriges Gesicht machen; ⟨h. nach etwas sein⟩ sie war h. *(sehnte sich)* nach Mitgefühl.

Hupe, die: *Vorrichtung an Fahrzeugen, mit der akustische Signale gegeben werden können:* die H. betätigen; auf die H. drücken.

hupen: *mit der Hupe ein Signal ertönen lassen:* der Fahrer, das Auto hupte mehrmals.

hüpfen: **a)** *einen Sprung, kleine Sprünge machen:* der Hase, der Vogel, der Frosch hüpft; auf der Stelle, auf einem Bein h.; die Kinder hüpfen auf dem Hof; bildl.: der Kahn hüpfte auf den Wellen; R (ugs.): das ist gehüpft/gehupft wie gesprungen *(das ist völlig gleich, ist einerlei).* **b)** ⟨mit Raumangabe⟩ *sich mit einem Sprung oder in kleineren Sprüngen fortbewegen, irgendwohin bewegen:* durch den Garten, über den Platz, zur Tür h.; sie hüpften den Weg entlang; der Hase hüpfte ins Feld; er hüpfte mit einem Sprung ins Bett.

Hürde, die: **1.** (Sport) *Hindernis, über das ein Läufer oder ein Pferd springen muß:* eine H. überspringen, nehmen, reißen; er blieb an der letzten H. hängen; er siegte über 200 Meter Hürden *(im Hürdenlauf über 200 Meter).* **2.** (Landw.) **a)** *tragbare Einzäunung, bes. für Schafe:* die Hürden zusammenstellen. **b)** *von Hürden eingeschlossener Weideplatz:* Schafe in die H. treiben. * **eine Hürde nehmen** *(eine Schwierigkeit überwinden).*

Hure, die (veraltend): *Prostituierte:* sie ist zur H. geworden; er lebte unter Huren.

hurtig (veraltend): *schnell, flink:* in hurtigen Sprüngen lief er über die Wiese; h. laufen, arbeiten; er zog sich h. um; h., h.! /etwas h.! /*Aufforderung, sich zu beeilen/.*

huschen ⟨mit Raumangabe⟩: *sich lautlos und flink fortbewegen, irgendwohin, über etwas hin bewegen:* aus dem Zimmer h.; die Maus huschte bei dem Geräusch in ihr Versteck; sie huschten schnell über die Straße; bildl.: ein Lächeln huschte über ihr Gesicht.

hüsteln: *mehrmals kurz und schwach husten:* er hüstelte ärgerlich, verlegen; subst.: mit einem Hüsteln versuchte sie, ihn unauffällig auf seinen Fehler aufmerksam zu machen.

husten: **1.** *Luft gewöhnlich infolge einer Reizung heftig, stoßweise [und laut] ausstoßen:* laut, stark, die ganze Nacht h.; er war erkältet und mußte ständig h.; er hustet schon seit einigen Tagen *(hat schon seit einigen Tagen den Husten);* subst.: im Saal war ein halb unterdrücktes Husten zu hören; ⟨jmdm. h.; mit Raumangabe⟩ er hustete ihm ins Gesicht. **2.** ⟨etwas h.⟩ *beim Husten auswerfen:* Blut h. **3.** (ugs.) ⟨auf etwas h.⟩ *auf etwas gerne verzichten:* auf ein Angebot h.; auf ihre Geschenke huste ich. * (ugs.:) **jmdm. [et]was/eins husten** *(keineswegs geneigt sein, jmds. Wunsch zu entsprechen, jmds. Aufforderung nachzukommen).*

Husten, der: */[Erkältungs]krankheit, bei der man oft und stark husten muß/:* starker, chronischer, trockener, quälender H.; H. haben; ein krampfhafter H. würgte ihn; der H. klingt allmählich ab; er hat ständig unter H. zu leiden.

¹**Hut,** der: */eine Kopfbedeckung/:* ein heller, schwarzer, weicher, großer, flotter, modischer, eleganter, neuer H.; ein H. mit breiter Krempe; der H. steht ihr [nicht], kleidet sie; den H. aufsetzen, abnehmen, (zum Grüßen) lüften, auf dem Kopf behalten, aufbehalten (ugs.), vor jmdm. ziehen; sich (Dativ) den H. aufstülpen, ins Gesicht, in die Stirn drücken; den H. aufs linke Ohr setzen; einen H. aufprobieren, tragen; zur Begrüßung schwenkten sie ihre Hüte; an den H. tippen; er war schon in H. und Mantel *(war bereit zum Ausgehen);* er winkte mit dem H.; R: sage gleich einem der H. hoch! (ugs.; *das macht einen wütend, rasend!);* H. ab! (ugs.; *alle Achtung, allen Respekt!);* mit dem Hute in der Hand kommt man durch das ganze Land. * (ugs.:) **jmdn., etwas unter einen Hut bringen** *(jmdn., etwas in Übereinstimmung bringen):* es ist schwierig, alle Parteien, Interessen unter einen H. zu bringen · **seinen Hut nehmen müssen** *(aus dem Amt scheiden, zurücktreten müssen):* nach der Affäre mußte der Botschafter seinen H. nehmen · **vor jmdm., vor etwas den Hut ziehen** *(vor jmdm., vor etwas alle Achtung haben)* · (ugs.:) **sich** (Dativ) **etwas an den Hut stek-**

ken können *(etwas behalten können, weil es für einen andern völlig wertlos ist):* seine Geschenke kann er sich an den H. stecken! · (ugs.:) **mit jmdm., etwas nichts am Hut haben** *(mit jmdm., etwas nichts zu tun haben wollen, nichts im Sinn haben)* · (ugs.:) **jmdm. eins auf den Hut geben** *(jmdm. eine Rüge erteilen)* · (ugs.:) **eins auf den Hut kriegen** *(getadelt werden)* · (ugs.:) **etwas ist ein alter Hut** *(etwas ist längst nichts Neues mehr).*

²**Hut,** die ⟨in bestimmten Wendungen⟩ **in guter, sicherer Hut sein/stehen/sich befinden** *(in Sicherheit sein):* bei ihnen waren die Kinder in guter H. · **in/unter jmds. Hut sein/stehen** *(unter jmds. Schutz stehen):* sie standen unter der H. der Eltern · **jmdn. in seine Hut nehmen** *(jmdn. beschützen)* · **auf der Hut sein** *(vorsichtig sein, sich in acht nehmen):* bei, vor ihm muß man auf der H. sein. **hüten: 1. a)** ⟨jmdn., etwas h.⟩ *auf jmdn., etwas aufpassen:* etwas gewissenhaft, sorgsam, wie seinen Augapfel h.; die Kinder h.; sie hatte die

Briefe ihr Leben lang gehütet *(aufgehoben).* **b)** ⟨ein Tier h.⟩ *ein auf der Weide befindliches Tier beaufsichtigen:* das Vieh, die Kühe, Schafe, Ziegen h. **2.** ⟨sich vor jmdm., vor etwas h.⟩ *sich in acht nehmen, sich vorsehen:* sich vor seinen Feinden h.; hüte dich vor ihm!; er muß sich vor jeder Art von Aufregung h.; ⟨auch ohne Präp.-Obj.⟩ ich werde mich h., das zu tun; hüte dich, daß du nicht übervorteilt wirst; „Kommst du mit?" - „Ich werde mich h.!" *(auf keinen Fall).*

Hutschnur ⟨in der Wendung⟩ etwas geht jmdm. über die Hutschnur (ugs.): *etwas geht jmdm. zu weit:* daß er mich jetzt auch noch anpumpen wollte, das ging mir denn doch über die H.!

Hütte, die: *kleines, einfach eingerichtetes Haus:* eine kleine, armselige H.; die Hütten der Eingeborenen; eine H. aus Wellblech; eine H. bauen; in einer H. Schutz suchen; in einer H. im Gebirge übernachten; R: hier laßt uns Hütten bauen! *(hier wollen wir bleiben!).*

I

i ⟨Interj.⟩: /*Ausruf der Ablehnung, Zurückweisung, des Ekels*/: i, ist das glitschig; i, schmeckt das komisch!; /als verstärkte verneinende Antwort/ i bewahre!; i wo! (ugs.; *daran ist doch gar nicht zu denken, nicht im geringsten).*

ich ⟨Personalpronomen; 1. Person Singular Nom.⟩: i. für meinen Teil, an deiner Stelle hätte mich anders entschieden; Menschen wie du und i. *(wie jedermann);* i., der sich immer um Ausgleich bemüht/der i. mich immer um Ausgleich bemühe; i. oder du hast (nicht: habe) das getan; i. und du [,wir] haben uns (nicht: sich) schon gefreut; *subst.: die eigene Person, das Selbst:* sein zweites, anderes, das liebe Ich; das eigene Ich zurückstellen.

ideal: *den höchsten Vorstellungen entsprechend; vollkommen:* ein idealer Urlaubsort; der ideale Partner; der ideale Darsteller für diese Rolle; als Ehemann ist er nicht gerade i.; die Voraussetzungen, Bedingungen waren i.; das Haus liegt geradezu i. *(liegt äußerst günstig, schön);* ⟨für jmdn., für etwas i. sein⟩ die Hose ist i. für dich, für deine Figur; ⟨etwas ist i. zu etwas⟩ die Hose ist i. zum Wandern.

Ideal, das: **1.** *Inbegriff von etwas Vollkommenem; Traumbild:* ein unerreichbares I.; ein I. an Schönheit; sie ist das I. einer Gattin; in ihm hat er sein I. gesehen. **2.** *höchstes erstrebtes Ziel; Idee, die man verwirklichen will:* ein hohes I.; bürgerliche Ideale; das I. der Freiheit; Ideale verblassen mit der Zeit; sein I. war ein eigenes Haus; seine Ideale verraten; keine Ideale mehr haben; einem I. nachstreben; für ein I. eintreten; die Jugend war voller Ideale, ist ohne Ideale.

Idee, die: **1. a)** *Gedanke, Vorstellung:* eine neue, glänzende, revolutionäre I.; eine I. aufgreifen, verfechten, vertreten, entwickeln, weiterführen, verwirklichen, in die Tat umsetzen; sich an eine

I. klammern; auf jmds. Ideen nicht eingehen; sich in eine I. verrennen; von einer I. nicht loskommen; er zeigte sich von ihrer I. begeistert. **b)** *Einfall:* eine gute, nette, glänzende, geniale, originelle I.; das ist eine [gute] I.!; das ist keine schlechte I. *(das könnte man wirklich tun);* R (veraltend): das ist eine I. von Schiller *(ein guter Vorschlag)* · er hat ausgefallene Ideen; ich habe eine I. *(weiß, was wir tun könnten);* er hat mich erst auf diese I. gebracht; wie kam sie denn auf die I., plötzlich zu verreisen?; uns kam plötzlich die I. zu einem Fest; ein Film nach einer I. von X. **2.** *Gedanke, der jmdn. in seinem Denken und Handeln bestimmt:* marxistische Idee; die I. der Freiheit; für eine I. eintreten, kämpfen, sich opfern; er bekannte sich zur europäischen I. ∗ **eine fixe Idee** *(eine unrealistische Vorstellung, die jmdn. beherrscht):* er hat die fixe I., das ließe sich in wenigen Tagen schaffen · **eine Idee** *(ein wenig):* die Hose ist I. zu lang; es fehlt noch eine I. Salz · (ugs.:) **keine Idee von etwas haben** *(von etwas überhaupt nichts wissen):* ich habe keine I. von dem Plan.

Igel, der: **1.** *kleines, Stacheln tragendes Säugetier:* ein stachliger I.; sich zusammenrollen wie ein I. **2.** (ugs.) *widerborstiger Mensch:* er ist ein richtiger I.

ignorieren ⟨jmdn., etwas i.⟩: *nicht beachten, absichtlich nicht zur Kenntnis nehmen:* eine Frage, jmds. Anwesenheit i.; er hat ihn, seine Aufforderung völlig ignoriert; sie versuchte zu i., daß er sich um sie bemühte.

ihr ⟨Personalpronomen⟩: **1.** ⟨2. Person Plural Nom.⟩: i. folgt den anderen; warum habt i. nicht geschrieben?; i. Armen, i. Schönen; Ihr Lieben! Wann besucht Ihr uns einmal? ⟨in Brief⟩ **2.** ⟨3. Person Singular ⟨⟩uauuthum Dativ⟩ ich sage es i.

Illusion, die: *Einbildung, falsche Hoffnung:* verlorene Illusionen; es ist eine I., wenn du glaubst, ...; Illusionen haben; mit seinen Äußerungen erweckt er die I., daß ...; sich (Dat.) keine Illusionen [über etwas] machen; jmdm. seine Illusionen lassen, nehmen, rauben, zerstören, zunichte machen; sich einer I. hingeben; jmdn. aus allen Illusionen reißen; sich in der I. wiegen, daß ...; ein Mensch ohne Illusionen; um eine I. ärmer sein *(sich keine falschen Vorstellungen mehr machen);* das hat ihn gründlich von seinen Illusionen geheilt.

im: *in dem:* im Bett liegen; im Zimmer sitzen; im Frühling; ein halbes Pfund Wurst im Stück *(nicht aufgeschnitten);* im allgemeinen, im großen und ganzen; ich bin im Bilde; das Haus ist noch im Bau; er kommt im Mai; sie steht noch im Beruf.

imitieren ⟨jmdn., etwas i.⟩: *nachmachen:* einen Schauspieler, die Lehrer i.; jmds. Gang, Sprache i.; adj. Part.: imitiertes Leder.

immer: I. ⟨Adverb⟩: **1. a)** *stets, ständig:* er spart i. und hat doch nichts; sie ist i. in Eile; das Wetter war i. schön; i. und i. geschieht es wieder; ich wollte schon immer einmal nach Paris; er ist i. nicht *(nie)* zu Hause; er ist i. zu Hause *(ist zeitweilig, manchmal außer Haus);* er bleibt i. und ewig (ugs.; *für alle Zeit)* arm; mach alles wie i. *(wie gewohnt)*!; lebe wohl auf i. (geh.; *für alle Zeit);* er war für i. ruiniert. **b)** *nach und nach* /drückt aus, daß etwas mit der Zeit ständig zunimmt/: er wird i. größer, reicher, unverschämter; er steigt i. höher; sein Leiden wird i. schlimmer. **2. a)** *jedesmal:* i. wenn er kam, freuten wir uns; sie mußten i. wieder von vorn anfangen; wenn etwas los ist, ist er i. dabei; die beiden streiten sich i. wieder; er ist i. der Dumme (ugs.; *hat jedesmal durch andere den Schaden);* i. ich muß es ausbaden! **b)** (ugs.) *jeweils:* die Patienten lagen i. zu viert in einem Zimmer; es sind i. sechs Stück in einem Karton; er nahm i. zwei [Treppen]stufen auf einmal. **3.** /verallgemeinernd in Verbindung mit Interrogativpronomen und häufig mit *auch*/: ich werde ihn zur Rede stellen, wo i. *(überall, wo)* ich ihn treffe; was auch i. *(alles, was)* du tust ... **II.** ⟨Partikel⟩. **1. a)** /betont; als Verstärkung von *noch*/: sie ist noch i. nicht da, kommt noch i. nicht/i. noch nicht; frech darfst du zu ihm nicht sein, er ist i. noch *(schließlich)* dein Vater. **b)** /als Verstärkung von *nur* in Imperativsätzen/: laß ihn nur i. kommen! **2.** *nur* **a)** /unbetont; als Verstärkung eines Grades/: nimm davon, soviel du i. kannst; er lief, so schnell er i. konnte. **b)** (ugs.) /zu Beginn einer kurzen Aufforderung/: i. langsam!; i. der Nase nach *(geradeaus)*!; i. her damit!

immerfort ⟨Adverb⟩ *immerzu:* du sollst nicht i. nörgeln und quengeln!; er starrte sie i. an.

immerhin ⟨Adverb⟩: **a)** *wenigstens, auf jeden Fall, zumindest:* kann mir mit deinem, daß du Erfolg hast, versuch es i.!; seine Leistungen sind zwar nicht ausreichend, i. bemüht er sich aber; wenn die Behandlung auch nicht sehr schmerzhaft ist, so ist sie i. unangenehm. **b)** *schließlich:* er ist i. dein Vater.

immerzu ⟨Adverb⟩: *ständig, immer wieder:* er ist i. krank; du sollst mich nicht i. unterbrechen; i. diese Nörgelei!

impfen ⟨jmdn. i.⟩: *Impfstoff zuführen:* die Kinder mit einem Serum gegen Wundstarrkrampf i.;

sie hatten das Kind nicht i. lassen; übertr. (ugs.): den muß ich noch i. *(ihm etwas einschärfen);* er ist geimpft *(ist indoktriniert).*

imponieren ⟨jmdn. i.⟩: *großen Eindruck machen; Bewunderung bei jmdm. hervorrufen:* jmdm. durch sein Wissen, seine Kenntnisse i.; seine Haltung hat mir imponiert; ⟨auch ohne Dat.⟩ der Sportler imponierte durch seine Leistungen; an ihm imponierte vor allem sein Mut; ein imponierender Mann, Lebenswille; es war imponierend, wie er sich für die Sache einsetzte.

Import, der **1.** *Einfuhr von Waren aus dem Ausland:* der I. ist höher als der Export, übersteigt den Export. **2.** ⟨meist Plural⟩ *eingeführte Waren:* die Importe werden durch Zölle verteuert.

importieren ⟨etwas i.⟩: *aus dem Ausland einführen:* Südfrüchte [aus Spanien] i.; Kapital in ein Land, nach Deutschland i.; einen Film i.; importierte Waren; bildl.: die Schlagersängerin war aus Skandinavien importiert.

Impuls, der **1. a)** *Anstoß, Anregung:* entscheidende, kräftige, fruchtbare, künstlerische Impulse gingen von dieser Bewegung aus; einem Gespräch neue Impulse geben; durch ihn erhielt, empfing die Forschung wichtige Impulse; von ihm erhoffte man sich neue Impulse für die Europapolitik. **b)** *Antrieb, innere Regung:* einem I. nachgeben, folgen; einen I. zu etwas haben. **2.** (Physik) *Strom- oder Spannungsstoß von kurzer Dauer:* einen elektromagnetischen I. auslösen.

imstande ⟨in bestimmten Verbindungen⟩ **zu etwas imstande sein** *(fähig, in der Lage sein):* zu einer großen Leistung ist er mit ihmer i.; das Kind ist durchaus i., seine Schularbeiten allein zu machen; **zu allem imstande sein** *(sich nicht scheuen, etwas Unheilvolles zu tun)* · **imstande sein und etwas tun** *(so töricht sein, etwas zu tun):* er ist i. und plaudert alles aus · **sich imstande fühlen, etwas zu tun** *(sich in der Lage fühlen, etwas zu tun, zu leisten):* ich fühle mich zu dieser Kraftanstrengung nicht i.

in /vgl. im und ins/ ⟨Präp. mit Dat. und Akk.⟩: **1.** /räumlich/ **a)** ⟨mit Dat.; zur Angabe der Lage, des Bereichs, einer Stelle, an der jmd. oder etwas vorhanden, zu finden ist; vorkommt⟩ in Berlin, in der Stadt leben; die Kinder waren in der Schule *(hatten Unterricht);* diese Verse stehen in der Ilias. **b)** ⟨mit Akk.; zur Angabe der Richtung⟩ sich in einen Sessel setzen; in das Zimmer, in das Haus gehen; in die Schweiz fahren; die Punkte sind noch in die Zeichnung einzutragen; die Kinder gehen schon in die Schule *(sind schon Schüler);* er trat in die Partei ein. — Manche Verben (z. B. eintragen, aufnehmen, einkehren) können in Verbindung mit „in" sowohl mit dem Akkusativ als auch mit dem Dativ verbunden werden. **c)** ⟨mit Dat. oder Akk.; zur Angabe eines Bezuges⟩ in allem Bescheid wissen; in [der] Mathematik ist er sehr gut; er handelt in (Kaufmannsspr.; *mit)* Konserven; in diesem Punkt stimme ich Ihnen zu; er ist sehr tüchtig in seinem Beruf; er ist von Beruf Helfer in Steuersachen; ich konnte mich nur schwer in ihn, in seine Lage hineinversetzen. **2.** /zeitlich/ **a)** ⟨mit Dat.; zur Angabe eines Zeitpunktes oder Zeitraumes⟩ in dieser Zeit; in der Frühe; in der Jugend; in *(während)* der nächsten Woche werde ich Sie besuchen; in *(nach Ablauf)* einer Woche wird er die Arbeit wiederaufnehmen; sein Geburtstag ist heute in vierzehn Tagen. **b)** ⟨mit Akk.; [mit vorangehendem *bis*]⟩ /zur Angabe einer zeitlichen Erstreckung/: die Bauarbeiten werden sich bis in den Herbst hinziehen; seine Erinnerungen reichen [bis] in die frühe Kindheit zurück. **3.** ⟨mit Dat.; zur Angabe der Art und Weise⟩ in deutsch; in dieser Größe, in allen Farben; in derselben Art; in großer Zahl; in Mengen, in Scharen; etwas in Holz schnitzen; in Pantoffeln, in Hemdsärmeln *(ohne Jackett)* umherlaufen; sich in Nöten befinden; zu dem Fest kam sie in Weiß *(in weißer Kleidung);* in Wirklichkeit, in Wahrheit verhält sich die Sache anders. **4.** ⟨mit Dat. oder Akk.; stellt eine Beziehung zu einem Objekt her⟩ sich in jmdm. täuschen; sich in jmdn. verlieben; er willigte sofort in unseren Vorschlag ein.

inbegriffen: *eingeschlossen, bei der Berechnung berücksichtigt:* die Nebenkosten sind i.; [die] Bedienung [ist] i.

indem ⟨Konj.⟩: **1.** /modal/ *dadurch, daß:* man ehrte den Schriftsteller, i. man ihn in die Akademie der Künste wählte. **2.** /temporal/ *während:* i. er sprach, öffnete sich die Tür; i. sie ihm die Hand reichte, bat sie ihn, Platz zu nehmen.

indessen: **I.** ⟨Adverb⟩ **1.** /adversativ/ *jedoch, aber:* man machte ihm mehrere Angebote, er lehnte i. alles ab; seine Ausführungen stießen auf großes Interesse, i. forderten sie an mehreren Stellen zum Widerspruch heraus. **2.** *unterdessen, inzwischen:* es hatte i. begonnen zu regnen; du kannst i. anfangen. **II.** ⟨Konj.⟩ /temporal/ *während:* i. er las, unterhielten sich die anderen.

indirekt: *nicht unmittelbar; über einen Umweg:* ein indirekter Vorwurf; indirekter Einfluß; indirekte Steuern; indirekte Beleuchtung *(bei der man die Lichtquelle selbst nicht sieht);* Sport: indirekter Freistoß; Sprachw.: indirekte *(nicht wörtliche)* Rede · jmdn. i. auf etwas aufmerksam machen; er hat ihn i. dazu gezwungen.

Industrie, die: *[Gesamtheit der] Unternehmen, in denen Produkte industriell und hergestellt werden:* die metallverarbeitende, chemische I.; eine I. aufbauen, ansiedeln; hier gibt es kaum I.; die Stadt hat keine bedeutende I.; er arbeitet in der I., ist in der I. tätig, wird später einmal in die I. gehen *(in der Industrie tätig sein);* die verschiedenen Industrien des Landes.

ineinander ⟨Adverb⟩: **a)** *einer in den anderen, in sich gegenseitig:* die Fäden sind i. verwoben. **b)** *einer im anderen, in sich gegenseitig:* sie gingen ganz i. auf *(waren ganz einer für den anderen da).*

Inflation, die: *Geldentwertung:* eine schleichende, steigende, latente, galoppierende I.; die I. bekämpfen, dämpfen; durch die I., in der I. *(Inflationszeit)* verloren sie ihr ganzes Vermögen; übertr.: eine I. von, an Literaturpreisen.

infolge I. ⟨Präp. mit Gen.⟩ /zur Angabe eines Geschehens als Ursache für etwas/: i. der Überschwemmung gab es zahlreiche Obdachlose; i. dichten Schneetreibens konnte die Maschine nicht starten. **II.** ⟨Adverb⟩ in Verbindung mit *von*) *auf Grund von; durch:* i. von Massenerkrankungen; i. von Witterungseinflüssen.

Information, die: **1. a)** ⟨ohne Plural⟩ *das Informieren, Unterrichtung:* eine einseitige, umfassende, sachliche I.; der Bericht sorgt für eine gründliche I. des Lesers; zu Ihrer I. teilen wir Ihnen mit, daß ... **b)** *Auskunft, Nachricht:* eine vertrauliche I.; falsche, verläßliche Informationen; eine I. bestätigen; Informationen erhalten, sammeln, einholen, liefern, austauschen, weitergeben, auswerten; nach seinen Informationen ist alles gut abgelaufen. **2.** *Auskunftsstelle:* in, bei der I. fragen; sie arbeitet in der I.

informieren: **a)** ⟨jmdn. i.⟩ *unterrichten, in Kenntnis setzen:* jmdn. umfassend, ausreichend, in aller Kürze über die neuesten Ereignisse, über die politische Lage i.; soweit ich informiert bin, haben sich keine Änderungen ergeben; nach Ansicht informierter Kreise ist ein Treffen der Außenminister geplant; ⟨auch ohne Akk.⟩ der Pressesprecher informierte über die Vorgänge der letzten Tage. **b)** ⟨sich i.⟩ *sich über die Preise i.;* der Präsident informierte sich an Ort und Stelle.

Inhalt, der: **1. a)** *etwas, was in einem Gefäß, in einer Umhüllung enthalten ist:* der I. einer Flasche, eines Pakets; den I. der Tasche ausschütten; sie hat die Schachtel mitsamt dem I. weggeworfen. **b)** (bes. Math.) *Größe einer umschlossenen Fläche, eines umschlossenen Raumes:* der I. des Glases beträgt *(das Glas faßt)* 0,5 Liter; die Schüler berechnen den I. eines Würfels. **2.** *das, was in etwas ausgedrückt oder dargestellt wird:* der I. eines Dramas, Briefes, Gesprächs; I. und Form eines Gedichtes; den I. einer Rede wiedergeben; der Film hat einen Mord zum I.; übertr.: seinem Leben einen I. *(einen Sinn)* geben.

Initiative, die: **1.** *Antrieb zum Handeln; Entschlußkraft:* politische I.; die private I. in der Wirtschaft; [keine] I. haben, besitzen, entwickeln; I. entfalten; jmdm. die I. überlassen; die I. ergreifen *(aktiv werden);* seiner I. war es zu verdanken, daß ...; es fehlt an I.; auf seine I. hat man sich zu einigen Änderungen entschlossen; sie handelten aus eigener I. **2.** *Bürgerinitiative:* eine I. gründen; in einer I. mitarbeiten.

inklusive: **I.** ⟨Präp. mit Gen.⟩ *einschließlich, inbegriffen:* i. aller Gebühren; i. des Portos; ⟨ein stark dekliniertes Substantiv im Singular bleibt ungebeugt, wenn es ohne Artikel oder Attribut steht⟩ i. Porto; ⟨im Plural mit Dativ, wenn der Gen. nicht erkennbar ist⟩ i. Getränken; i. Gläsern. **II.** ⟨Adverb⟩ *das Letztgenannte eingeschlossen:* die Messe ist bis zum 20. März i. geöffnet.

inkognito: *unter fremdem Namen; unerkannt:* er blieb, reiste i.; subst.: das Inkognito *(den Decknamen)* wahren, lüften.

innehaben (etwas i.): *bekleiden, verwalten:* eine Stellung, einen Posten, einen Rang, ein Amt i.; er hatte einen Lehrstuhl für Psychologie inne.

innehalten: 1. (geh.) *mit einer Tätigkeit für kurze Zeit aufhören, etwas unterbrechen:* in einer Bewegung, in der Arbeit, im Lesen i.; an dieser Stelle hielt der Vortragende einen Augenblick inne. **2.** (veraltend) ⟨etwas i.⟩ *einhalten:* die Trauerzeit i.

innen ⟨Adverb⟩: **a)** *auf der Innenseite:* der Becher ist i. vergoldet; der Apfel war i. faul; i. (Sport: *auf der Innenbahn*) laufen; etwas i. und außen erneuern; das Fenster geht nach i. auf; sie wollten die Kirche auch von i. besichtigen; von i.

nach außen; Farbe für i. und außen. **b)** *im Inne-*
ren: i. drin sein; i. war das Haus in schlechtem
Zustand; übertr.: der Wunsch nach einer Veränderung der Lage muß von i. heraus kommen.

innere: a) *sich innen befindend:* die inneren Bezirke der Stadt; die inneren Organe; er ist Facharzt für innere Krankheiten *(Internist);* die inneren *(innenpolitischen)* Angelegenheiten eines
Landes; subst.: in das Innere des Landes vordringen; eine Frucht mit rotem Innerem/(seltener:) Innern. **b)** *innen, im geistig-seelischen Be-*
reich vorhanden und wirkend: innere Spannungen; der innerste Kern einer Sache; das innere
(geistige) Auge; die innere Uhr *(das Zeitgefühl);*
einen inneren Ekel empfinden; die innere Freiheit besitzen, sich anders zu entscheiden; auf die
innere Stimme hören; seiner innersten Überzeugung nach handeln; subst.: sein ganzes Inneres; in seinem Inneren wissen, daß ...; jmdm. sein
Innerstes offenbaren.

innerhalb: I. ⟨Präp. mit Gen.⟩ **a)** *im Bereich, in:*
i. des Hauses, der Landesgrenzen; ⟨aber mit Dat.⟩
i. Karls neuem Haus; übertr.: i. der Familie. **b)**
während: i. der Arbeitszeit. **c)** *im Verlauf von, bin-*
nen: i. dreier Monate den Wechsel einlösen; i. eines Jahres muß der Bauplatz bebaut werden;
⟨mit Dat., wenn der Gen. formal nicht zu erkennen ist⟩ i. fünf Monaten. **II.** ⟨Adverb⟩ *im Verlauf*
von, binnen: i. von zwei Jahren.

innerlich: a) *im Inneren:* ein Medikament zur
innerlichen Anwendung *(zum Einnehmen).* **b)** *im*
geistig-seelischen Bereich [auftretend]: innerliche
Hemmungen; er war i. unbeteiligt, gefestigt; er
mußte i. *(im stillen)* lachen. **c)** *nicht oberflächlich*
veranlagt: ein innerlicher Mensch.

innewohnen (geh.) ⟨etwas wohnt einer Sache
inne⟩: *etwas ist in etwas enthalten:* seinen Äußerungen wohnt wenig Glaubwürdigkeit inne; die
den Heilpflanzen innewohnenden Kräfte.

innig: a) *herzlich; tiefempfunden:* eine innige
Liebe; meine innigsten Glückwünsche; sie liebten sich i. **b)** *sehr eng:* eine innige Verbindung
eingehen; das Fernsehen ist i. mit dem Alltagsle-
ben der Menschen verknüpft.

Innung, die: *Vereinigung von Handwerkern:* die
I. der Fleischer, Schuhmacher. * (ugs.:) **die ganze
Innung blamieren** *(einen Kreis von Menschen, dem*
man zugehört, durch sein Verhalten blamieren).

in petto ⟨in der Wendung⟩ etwas in petto haben
(ugs.): *etwas in Bereitschaft haben, vorhaben, aber*
damit noch auf den geeigneten Augenblick warten:
man weiß nicht, was er i. p. hat.

ins: *in das:* ein Buch i. Regal stellen; i. Theater
gehen; bis i. nächste Jahr hinein.

insbesondere ⟨Adverb⟩: *vor allem, besonders:*
diese Maßnahme des Staates kam i. den Bauern
zugute; das gilt i. dann, wenn ...

Insel, die: *von Wasser umgebenes Land:* eine
einsame I.; die I. Helgoland; die Friesischen Inseln; die Inseln sind der Küste vorgelagert; die
Schiffbrüchigen konnten sich auf eine I. retten;
sie leben dort wie auf einer I. *(ganz für sich);*
bildl.: eine I. des Friedens, der Ruhe.

insgesamt ⟨Adverb⟩: *im ganzen gesehen, zu-*
sammengenommen: er war i. 10 Tage krank; die
Kosten dafür betrugen i. über 5 000 DM.

insofern **I.** ⟨Adverb⟩ *in dieser Hinsicht:* i. hat er

recht; ⟨als Korrelat zu *als* in Vergleichssätzen⟩
eine spätere Urlaubszeit ist i. günstiger, als dann
die Schulferien zu Ende gegangen sind. **II.**
⟨Konj.⟩ **a)** /in Verbindung mit *als/:* er hatte
Glück, i. als er schon ein Quartier bestellt hatte.
b) *falls, soweit:* das Publikum, i. es nicht vorher
den Saal verlassen hatte, applaudierte stark.

insoweit: I. ⟨Adverb⟩ *in dieser Hinsicht:* i. hat er
recht; ⟨als Korrelat zu *als* in Vergleichssätzen⟩:
diese Fragen sollen nur i. berührt werden, als sie
im Zusammenhang mit dem Thema stehen. **II.**
⟨Konj.⟩ **a)** /in Verbindung mit *als/:* er kann unabhängig entscheiden, i. als er im Rahmen der allgemeinen Bestimmungen bleibt. **b)** *falls, in dem*
Maße wie: i. es möglich ist, wird man ihm helfen.

inspirieren (geh.) ⟨jmdn. zu etwas i.⟩: *anregen,*
[künstlerisch] beflügeln: eine historische Gestalt,
ein Ereignis inspirierte ihn zu seinem Roman;
⟨auch ohne Präp.-Obj.⟩ diese Begegnung hat den
Autor offensichtlich inspiriert; sich von etwas,
von jmdm. i. lassen.

instand ⟨in den Verbindungen⟩ **etwas instand**
halten *(in gebrauchsfähigem Zustand halten):* ein
Haus i. halten · **etwas instand setzen/**(schweiz.:)
stellen *(gebrauchsfähig machen, reparieren):* eine
Maschine i. setzen · **etwas setzt jmdn. instand, et-**
was Bestimmtes zu tun *(etwas gibt jmdm. die Mög-*
lichkeit zu etwas): die Erbschaft hat ihn instand
gesetzt, ein Haus zu bauen.

inständig: *eindringlich, flehentlich:* eine inständige Bitte; sie hofften i. auf eine Änderung ihrer
Lage; i. um etwas bitten, nach etwas verlangen.

Instanz, die: **a)** *zuständige Behörde, Stelle:* eine
übergeordnete I.; staatliche, politische Instanzen; sich an eine höhere I. wenden; die Sache
muß erst durch alle Instanzen gehen; bildl.:
das Gewissen als oberste I. für sich ansehen. **b)**
(Rechtsw.) *verhandelndes Gericht:* die unteren Instanzen; die dritte I. hat wie die erste entschieden; in der zweiten I. hat er gewonnen.

Instinkt, der: **a)** *natürlicher Antrieb zu bestimm-*
ten Verhaltensweisen: triebhafte, dumpfe, wieder-
erwachte Instinkte; der mütterliche I.; wir rufen die niederen Instinkte *(schlechten Triebe)* im
Menschen wach; das Tier läßt sich von seinem I.
leiten. **b)** *richtiges, untrügliches Gefühl:* der politische I. eines Volkes; sein I. sagte ihm, er solle zustimmen; er hatte den richtigen I. dafür; mit sicherem I. vermied er die Begegnung.

instinktiv: *dem Instinkt, dem richtigen Gefühl*
folgend: die instinktive Flucht eines Tieres; ihre
Abneigung war rein i.; i. richtig handeln.

Instrument, das: **1.** *Gerät für wissenschaftliche*
oder technische Arbeiten: medizinische, optische
Instrumente; ein I. ablesen; übertr.: die Armee
als ein I. *(Werkzeug)* des Staates. **2.** *Musikinstru-*
ment: ein wertvolles I. besitzen; ein I. stimmen;
er spielt, beherrscht mehrere Instrumente

intelligent: 1. *mit Intelligenz begabt, klug, von*
Intelligenz zeugend: ein intelligenter Mensch;
eine intelligente Frage, Lösung; der Schüler ist
sehr i.; eine andere Mannschaft spielte i. und
schnell. **2.** *(von technischen Geräten)* bestimmte
steuernde Fähigkeiten besitzend: eine intelligente
Steuerung; intelligente Geräte, Systeme.

interessant: 1. *Interesse erregend:* ein interessanter Vortrag; ein interessanter Mensch; das

Buch war sehr i.; i. erzählen; sie will sich i. machen *(will die Aufmerksamkeit auf sich lenken)*. **2.** *vorteilhaft:* ein interessantes Angebot; interessante Konditionen; ⟨etwas ist für jmdn. i.⟩ der Preis ist für uns nicht i. **Interesse,** das: **1.** *geistige Anteilnahme:* sein besonderes I. gilt der Malerei; sein I. hatte nachgelassen, sich erschöpft (geh.), war erloschen, war erwacht; das I. der Öffentlichkeit erregen, auf etwas lenken; jmdm., einer Sache I. entgegenbringen; er hat den Artikel mit großem I. gelesen; sie hatten diese Entwicklung mit besonderem I. *(mit besonderer Aufmerksamkeit)* verfolgt; er hat [geringes, kein, lebhaftes, offenkundiges] I. an dieser Sache *(ist daran interessiert)*; er nimmt I. daran *(ist daran interessiert)*; er zeigte starkes I. für unsere Arbeit *(interessierte sich dafür)*; sich aus I. etwas ansehen; diese Veranstaltung ist für uns nicht von I. *(interessiert uns nicht)*; er stand im Brennpunkt des öffentlichen Interesses. **2.** *Neigung, Vorliebe:* persönliche, geistige Interessen; sie hatten viele gemeinsame, sehr gegensätzliche Interessen. **3.** *Bestrebung, Absicht; Belange:* private, geschäftliche Interessen; die Interessen der Gemeinschaft; ihre Interessen laufen zum Teil parallel; jmds. Interessen vertreten, wahrnehmen; es gelang nicht, die gegensätzlichen Interessen zusammenzuführen, auszugleichen; dies läuft unseren Interessen zuwider (geh.); das liegt in deinem eigenen I. *(ist dein Nutzen)*; er hat gegen seine eigenen Interessen gehandelt, gegen die Interessen der Firma verstoßen. **4.** *Kaufinteresse:* an diesem Artikel besteht kein, wenig I.; haben Sie I., den Wagen zu kaufen? **interessieren:** **1.** ⟨sich für jmdn., für etwas i.⟩ **a)** *Interesse zeigen, Anteilnahme bekunden:* sie interessiert sich für moderne Malerei, für Pferderennen; niemand interessierte sich für ihn *(kümmerte sich um ihn);* adj. Part.: er ist ein interessierter *(geistig aufgeschlossener)* Mensch; sie ist politisch interessiert. **b)** *sich nach etwas erkundigen; etwas beabsichtigen, anstreben:* sie interessierten sich für die Teilnahme am Wettbewerb, für das Grundstück; das Fernsehen interessiert sich bereits für die junge Schauspielerin *(will sie engagieren)*. **2. a)** ⟨jmdn. i.⟩ *jmds. Interesse wekken:* der Fremde interessierte ihn; der Fall begann mich zu i.; das hat mich nicht interessiert; vielleicht interessiert es Sie zu erfahren *(möchten Sie gerne wissen)*, wie die Geschichte ausgegangen ist. **b)** ⟨jmdn. für etwas/an etwas i.⟩ *zu gewinnen suchen:* jmdn. für ein Projekt, an einem Projekt i.; er versuchte, ihn an der Finanzierung zu i. **3.** ⟨an jmdm., an etwas interessiert sein⟩ *Interesse an jmdm., einer Sache haben:* an einem Problem, an dem Mädchen interessiert sein; das Geschäft ist daran interessiert *(es möchte)*, möglichst viel zu verkaufen.
international: *mehrere Staaten umfassend:* ein internationales Abkommen; ein internationaler Kongreß *(ein Kongreß mit Teilnehmern aus mehreren Staaten);* sich auf internationalem Parkett bewegen; das Publikum war i. *(kam aus verschiedenen Ländern);* er ist i. bekannt.
intim: **1.** *vertraut, eng:* ein intimer Freund; ein intimer Kreis; eine intime Freundschaft; ein intimes Verhältnis; wir sind sehr i. miteinander *(eng*

befreundet). **2.** *ganz persönlich, verborgen, geheim:* intime Vertraulichkeiten; auch seine Freunde waren nicht in seine intimen Angelegenheiten eingeweiht; jmds. intimste Gedanken, Wünsche, Sehnsüchte. **3.** *sexuell:* er hat intime Beziehungen zu ihr unterhalten; sie ist i. mit ihm zusammen gewesen; ⟨mit jmdm. i. sein, werden⟩ wann waren Sie zum erstenmal mit ihm i. *(hatten Sie sexuelle Beziehungen)*? **4.** *den Bereich der Geschlechtsorgane betreffend:* intime Körperpflege, Hygiene. **5.** *gemütlich:* ein intimes Theater, Lokal; intime Beleuchtung. **6.** *genau:* eine intime Kenntnis; er ist ein intimer Kenner der Szene.
intus ⟨nur in bestimmten Verbindungen⟩ (ugs.:) **etwas intus haben: a)** *(etwas zu sich genommen haben, im Magen haben)*. **b)** *(etwas begriffen haben)* · (ugs.:) **einen intus haben** *(angetrunken sein)*.
Inventar, das: **a)** *Gesamtheit der Einrichtungsgegenstände, Vermögenswerte und Schulden:* das I. eines Hauses, Betriebes; (scherzh.:) er gehört zum I. *(er gehört schon lange dem Betrieb an);* Landw.: lebendes und totes I. *(Vieh und Mobiliar o. ä.)*. **b)** *Verzeichnis des Besitzstandes:* ein I. aufstellen, erstellen; etwas in das I. aufnehmen.
Inventur, die (Kaufmannsspr.): *Bestandsaufnahme von Vermögen und Schulden eines Betriebes:* I. machen; am 3. Januar ist das Geschäft wegen I. geschlossen.
inwendig: *im Inneren; auf der Innenseite:* die Äpfel waren i. faul; der Mantel ist i. mit Pelz gefüttert; übertr.: der inwendige *(innere)* Mensch.
inzwischen ⟨Adverb⟩: **a)** *unterdessen:* i. ist das Haus fertig geworden; es geht ihm i. besser. **b)** *währenddessen:* ich muß noch arbeiten, du kannst i. einkaufen gehen. **c)** *bis dahin:* die Expedition findet erst in zwei Jahren statt, i. bereiten sie sich aber schon darauf vor.
I-Punkt, der: *Punkt auf dem i:* einen I. setzen; übertr.: den I. auf etwas setzen *(einer Sache den letzten Schliff geben);* *bis auf den I-Punkt *(bis ins letzte, ganz genau):* etwas bis ins letzte i. planen.
irdisch (geh.): *zum Dasein auf der Erde gehörend:* die irdischen Güter, Freuden; das irdische Leben; das irdische Glück; i. gesinnt *(in seinem Denken auf die Welt bezogen)* sein; subst.: dieser Glanz hatte nichts Irdisches an sich.
irgend ⟨Adverb⟩: **1.** ⟨vor jmd., etwas, so ein oder so etwas⟩ */*zur Verstärkung der Unbestimmtheit/:* i. jmd. hatte im Abteil seinen Schirm vergessen; etwas war nicht in Ordnung; es ist wieder i. so ein (ugs.) Vertreter vor der Tür; es war i. so ein seltsames Geräusch. **2.** /zur Verstärkung in Gliedsätzen, die meist durch *wenn, wo, wie, was, wer* eingeleitet werden/ *unter irgendwelchen Umständen;* *irgendwie:* bitte komm, wenn es dir i. möglich ist; er unterstützte sie, solange er i. dazu in der Lage war.
Ironie, die: *versteckter Spott:* eine feine, leise I.; die I. aus jmds. Worten heraushören; etwas mit I. sagen, hinzufügen; ich meine das ohne jede I.; seine Antwort war voll beißender I.; übertr.: die I. des Lebens; eine I. des Schicksals.
ironisch: *versteckt spottend; voller Ironie:* ein ironischer Mensch; eine ironische Bemerkung; sie ist immer sehr i.; sie lächelte i.

irre: 1. ⟨auch: irr⟩ **a)** *verstört, wie wahnsinnig:* ein irrer Blick; irre Reden führen; er war [ganz, wie] i. vor Angst, vor Freude; sie lächelte i. vor sich hin; das Auto fuhr mit irrer (ugs.; *unvernünftig hoher)* Geschwindigkeit; ü b e r t r .: durch das Gespräch war ich irre *(unsicher in meiner Auffassung)* geworden; s u b s t .: das ist doch ein [armer] Irrer *(bedauernswerter Mensch);* sie arbeitet wie eine Irre *(sehr schnell, sehr viel).* **b)** (selten) *geistesgestört:* man hielt ihn für i. **2.** ⟨an jmdm., an einer Sache i.⟩ *das Vertrauen in jmdn., etwas verlieren:* sie sind an ihm, an ihren Glauben i. geworden. **3.** (ugs.): **a)** *ausgefallen und dabei beeindruckend:* ein irres Auto; ein irrer Typ; ein ı r rer Einfall; das ist ja i.! **b)** *sehr groß, stark:* eine i. Hitze; der Lärm war i. **c)** ⟨verstärkend vor Adjektiven und Verben⟩ *sehr:* es war irre heiß; der Film war i. spannend.

Irre, die ⟨in bestimmten Verbindungen⟩ **in die Irre gehen: a)** *(sich verlaufen):* in dem unbekannten Gelände sind sie in die I. gegangen. **b)** *(sich irren):* Sie gehen mit Ihrer Annahme völlig in die I. · **jmdn. in die Irre führen/locken: a)** *(auf einen falschen Weg führen, locken):* er hat ihn in die I. geführt, gelockt. **b)** *(irreführen):* man darf sich durch seine Reden nicht in die I. führen lassen.

irreführen ⟨jmdn. i.⟩: *zu einer falschen Annahme verleiten:* jmdn. durch falsche Angaben i.; eine irreführende *(mißverständliche)* Auskunft.

irregehen (geh.): **1.** *sich verirren:* auf diesem Weg kannst du irre i. **2.** *sich irren:* er ist mit seinem Verdacht irregegangen.

irreleiten (geh.) ⟨jmdn. i.⟩: **1.** *auf einen falschen Weg führen, falsch leiten:* der Dieb wollte die Polizei i.; irregeleitete Post. **2.** *zu einer falschen Annahme, Verhaltensweise verleiten:* jmdn. durch falsche Angaben i.; ein irregeleitetes Kind.

irremachen ⟨jmdn. i.⟩: *von seinem Vorhaben oder Standpunkt abbringen:* er wird mich nicht i.; laß dich nicht i.!; diese Erlebnisse hatten ihn in seinem Glauben irregemacht.

irren: 1. *eine falsche Meinung haben:* **a)** ⟨sich i.⟩ ich habe mich gründlich geirrt; ich kann mich [auch] i. *(ich weiß es nicht genau);* wenn ich mich nicht irre, so habe ich Sie schon hier gesehen; in diesem Punkt irrt er sich. **b)** jeder kann mal i.; er

ist der neue Chef, wenn ich nicht irre; R: Irren ist menschlich. **c)** ⟨sich in jmdm., in etwas i.⟩ *für jmdn., für etwas anderes halten:* sich im Datum, in der Hausnummer i.; sich in der Person i.; ich habe mich anscheinend in dir geirrt *(getäuscht).* **d)** ⟨sich um etwas i.⟩ *sich verrechnen:* der Verkäufer hat sich um 50 Pfennig geirrt. **2.** ⟨mit Raumangabe⟩ *rastlos umherziehen:* durch die Straßen i.; sie irrten von einem Ort zum andern; bildl.: seine Augen irrten suchend durch den Saal *(schweiften suchend im Saal umher).*

irrig: *falsch, nicht zutreffend:* eine irrige Ansicht, Auffassung; seine Auslegung war i.; es ist i. anzunehmen, daß sich etwas ändern wird.

irritieren ⟨jmdn. l.⟩. *verwirren, unsicher machen, stören:* der Spiegel, das Licht irritierte mich; er irritierte ihn mit seiner Frage; sie wurde durch die ständigen Unterbrechungen irritiert; sich durch, von etwas nicht i. lassen.

Irrsinn, der: **1.** *Wahnsinn:* er glaubt sich dem I. nahe. **2.** *Unsinn, Unvernunft:* es wäre I., sich deswegen mit ihm zu überwerfen; so ein I.!

irrsinnig: 1. *wahnsinnig, verrückt, ganz und gar ohne Verstand:* du bist wohl i. [geworden]?; es ist doch i., so zu handeln; dieser Plan erscheint mir ganz i. **2.** (ugs.) **a)** *sehr groß, stark:* ein irrsinniger Krach; ein irrsinniges Tempo; er hat irrsinnigen Hunger. **b)** ⟨verstärkend bei Adjektiven und Verben⟩ *sehr, außerordentlich:* es war i. komisch; im Saal waren i. viel Menschen; sehr.

Irrtum, der: *falsche Meinung, Selbsttäuschung; Versehen:* ein großer, kleiner, verhängnisvoller, folgenschwerer, schwerer I.; diese Annahme, Vermutung war ein I., hat sich als ein I. herausgestellt; ihm ist ein I. unterlaufen; einen I. begehen; da ist jeder I. ausgeschlossen; jmdm. einen I. nachweisen; seinen I. zugeben, einsehen; einem I. unterliegen; seine Behauptung beruhte auf einem I.; hier handelt es sich um einen I.; es war schwer, ihn von seinem I. zu überzeugen. **∗ im Irrtum sein; sich im Irrtum befinden** *(sich in bezug auf etwas Bestimmtes irren).*

irrtümlich: *auf einem Irrtum beruhend:* eine irrtümliche Entscheidung; er hat die Rechnung i. *(versehentlich)* zweimal bezahlt; jmdn. i. für einen anderen halten.

J

ja ⟨Partikel⟩: **1. a)** /Äußerung der Zustimmung auf eine Frage/: „Kommst du?" – „Ja!" s u b s t .: ein zögerndes, aufrichtiges, eindeutiges Ja. **b)** /in Ausrufen/: ja natürlich, gewiß, freilich!; o ja!; aber ja doch! **2.** /Äußerung des Zweifels oder vorsichtige Bekräftigung der eigenen Aussage/: es wird schon klappen, ja?; du bleibst noch ein paar Tage, ja? **3. a)** *doch:* du kennst ihn ja; ich habe es ja gewußt; er kommt ja immer zu spät; es ist ja nicht weit bis dorthin; es kann ja nicht immer so bleiben. **b)** *wirklich, tatsächlich:* es schneit ja; du siehst ja ganz bleich aus. **c)** *zwar:* ich will

es dir ja geben, aber ungern. **4.** *auf jeden Fall:* das soll er ja lassen; sieh es dir ja an!; tu es ja nicht *(auf keinen Fall)!* **5.** /gibt eine Steigerung an/: ich schätze ihn, ja ich verehre ihn. **6.** /zur Anreihung eines Satzes/: ja, das waren glückliche Stunden; ja, das wird kaum möglich sein. **7.** /an Stelle der Nennung des eigenen Namens beim Abnehmen des Telefonhörers/: ja? **8.** /drückt einen Zweifel aus als Reaktion auf jmds. Äußerung/: ja? *(ist das wirklich so?).* **∗ ja [zu etwas] sagen** *[einer Sache] zustimmen* · (ugs.:) **zu allem ja und amen sagen** *(mit allem einverstanden sein).*

Jacke, die: /ein Kleidungsstück/: eine taillierte J.; eine J. aus Wildleder; die J. anziehen, überziehen, ausziehen, anbehalten, über die Schulter nehmen; der Junge ist aus der J. herausgewachsen; sie trug ein Kleid mit passender J.; R (ugs.): das ist J. wie Hose *(das ist einerlei).* ∗ (ugs.:) **jmdm. die Jacke voll hauen** *(jmdn. verprügeln)* · (ugs.:) **die Jacke voll kriegen** *(verprügelt werden)* · **jmdm. die Jacke voll lügen** *(jmdn. sehr belügen).*
Jackett, das: *zum Herrenanzug gehörende Jacke:* Hose und J.; er hat das J. ausgezogen; er trägt ein J., saß da ohne J., im J.
Jagd, die: **1.** *das Jagen von Wild:* die J. auf Hasen, Hirsche; Jägerspr.: die hohe J. *(Jagd auf Hochwild);* die niedere J. *(Jagd auf Niederwild);* die J. beginnt, geht auf (Jägerspr.); eine J. abhalten, veranstalten; die J. anblasen, abblasen; J. frei! (Jägerspr.; *das Jagen kann beginnen);* sie machten J. auf Rebhühner *(jagten Rebhühner);* sie wollten auf die J. *(zum Jagen)* gehen; auf der J. sein; sie kamen von der J. **2.** *Jagdrevier:* eine J. pachten; er besitzt eine J. **3.** *Verfolgung:* eine wilde J. auf die Diebe begann, entspann sich; es wurde J. auf ihn gemacht *(er wurde verfolgt).* **4.** *gieriges Streben:* die J. nach dem Glück, nach Geld und Ämtern beherrscht viele Menschen.
Jagdgründe (in der Wendung) in die ewigen Jagdgründe eingehen (ugs. scherzh.): *sterben:* nun ist er auch in die ewigen J. eingegangen.
jagen: 1. a) (ein Tier j.) *Wild verfolgen, um es zu fangen oder zu töten:* Hasen j.; er jagte einen großen Elefanten; ⟨auf ein Tier/nach einem Tier j.⟩ (Jägerspr.): nach Hasen, auf Hasen j. **b)** *auf die Jagd gehen:* er jagt zur Zeit in Afrika; er geht j. **2.** ⟨jmdn., etwas j.⟩ *verfolgen, hetzen:* einen Flüchtling, Verbrecher j.; die Polizei jagte das Fluchtauto; der Geheimdienst jagte ihn; bildl.: der Wind jagt die Wolken; übertr.: die politischen Ereignisse jagten ihn ruhelos durch Europa; die Ereignisse jagten sich/(geh.:) einander *(folgten schnell aufeinander).* **3.** (ugs.) ⟨jmdn., etwas j.; mit Raumangabe⟩ *vertreiben:* die Eindringlinge aus dem Land j.; jmdn. aus dem Haus j.; jmdn. aus dem Bett j. *(zum Aufstehen veranlassen):* die Hühner aus dem Garten, in den Stall j.; die spielenden Kinder von der Straße j.; übertr.: man hat ihn aus dem Dienst gejagt. **4.** (ugs.) ⟨jmdm., sich etwas in etwas/durch etwas j.⟩ *bes. einen spitzen Gegenstand in etwas hinein-, durch etwas hindurchstoßen:* jmdm. ein Messer in den Leib j.; sie jagte sich bei der Arbeit eine Nadel in die Hand; der Arzt jagte ihm eine Spritze in den Arm; er hatte sich eine Kugel in, durch den Kopf gejagt *(sich einen Kopfschuß beigebracht).* **5.** ⟨mit Raumangabe⟩ *sich schnell und mit Heftigkeit fortbewegen:* er ist auf dem Rad zum Bahnhof gejagt; die Autos jagen über die Autobahn; ⟨auch ohne Raumangabe⟩ die Wolken jagen; sein Herz, sein Puls jagt *(ist sehr schnell);* adj. Part.: *äußerst schnell:* in jagender Eile; mit jagenden Pulsen. **6.** ⟨nach etwas j.⟩: *gierig streben:* nach Abenteuern, nach dem Glück, nach Genuß, nach Titeln j.; er jagte sein Leben lang nach Ruhm. ∗ (ugs.:) **jmdn. mit etwas jagen können** *(bei jmdm. mit etwas Widerwillen hervorrufen):* mit Froschschenkeln kannst du mich j.
jäh (geh.): **a)** *plötzlich [und heftig]:* ein jäher Schreck, Tod; die Feier fand ein jähes Ende; ein jäher Schmerz durchzuckte ihn; j. überfiel ihn die Furcht. **b)** *steil [abstürzend]:* ein jäher Abgrund, Felsen; eine jähe Tiefe; die Steilküste fiel an dieser Stelle j. ab.
Jahr, das: **1.** *Zeitraum von 12 Monaten:* ein trockenes, dürres J.; ein ganzes, volles, halbes, dreiviertel J.; ein paar Jährchen (scherzh. oder iron.); das neue, alte J.; ein soziales J. *(Jahr, in dem junge Leute im sozialen Dienst arbeiten);* dieses, das laufende, vergangene, vorige, kommende J.; das J. 1987; ein schönes, schweres, erlebnisreiches J.; das J. 1 nach der Zeitwende; es ist ein J. her; die Jahre gingen dahin (geh.), vergingen wie im Flug (geh.); jmdm. ein gutes, gesundes, frohes neues J. wünschen; ⟨Akk. als Zeitangabe⟩ sie kommen jedes zweite J. hierher; all die Jahre [hindurch] hatte sie auf die Rückkehr des Sohnes gewartet; er hat [lange, mehrere, viele] Jahre im Ausland gelebt; Jahre früher; Jahre später; das ganze J. über; J. für J., J. um J. *(alljährlich)* · das geschah Anfang der dreißiger Jahre; im Laufe des, dieses (nicht: diesen) Jahres; sie wurde zur Sportlerin des Jahres gewählt; der Herstellung ist auf Jahre hinaus gesichert; er hat sich auf/für drei Jahre verpflichtet; binnen J. und Tag *(innerhalb eines Jahres);* im Jahre 1000 vor, nach Christus, Christi Geburt; im Jahres des Heils 1794 (veraltend); nach Jahren sind wir uns zufällig wieder begegnet; pro J. *(in jedem Jahr);* seit mehreren Jahren; die Sache ist um Jahre zurückgeworfen; vor Jahren; heute vor einem J.; von J. zu J. wird es besser; übers J. (geh. veraltend; *in einem Jahr);* während der ersten Jahre hatte er es schwer auf der Schule; (bes. südd.:) zwischen den Jahren *(in der Zeit zwischen Weihnachten und Neujahr).* **2.** *Lebensjahr:* ein verlorenes Jahr; die sorglosen Jahre der Jugend; die frühen Jahre; die Jahre schwinden dahin; er ist 8 Jahre [alt]; er wirkt jünger als seine Jahre *(wirkt jünger, als er ist);* ich fühle meine Jahre *(mein Alter);* der Beamte hat seine Jahre voll *(hat die zur Pensionierung benötigten Dienstjahre abgeleistet);* er ist hoch an Jahren gestorben *(war sehr alt, als er starb);* ein Mann in den besten Jahren; in jungen, jüngeren, späteren, reiferen Jahren; die Jugend wird mit den Jahren *(mit zunehmendem Alter)* vernünftiger; Kinder über 8 Jahre; Jugendlichen unter 18 Jahren ist der Zutritt untersagt; ein Kind von 8 Jahren; Jugendlichen bis zu 18 Jahren ist der Zutritt verboten. ∗ **in die Jahre kommen** *(älter werden, ins gesetzte Alter kommen)* · (geh.:) **bei Jahren sein** *(nicht mehr [ganz] jung sein)* · **sieben fette Jahre** *(Jahre des Wohllebens)* · **sieben magere Jahre** *(Jahre der Entbehrung oder Not)* · **nach/vor Jahr und Tag** *(nach/vor langer Zeit)* · **seit Jahr und Tag** *(schon immer)* · **etwas auf Jahr und Tag wissen** *(etwas ganz genau, in den Einzelheiten wissen).*
Jahrgang, der: **a)** *die im gleichen Jahr geborenen Menschen:* der J. 1968 verläßt jetzt die Schule, drängt ins Berufsleben; es wurden auch die jüngsten Jahrgänge (zum Militär) eingezogen; die reiferen Jahrgänge (verhüll.; *die Älteren);* welcher J. sind Sie *(welchem Jahrgang gehören Sie an)?;* er ist dein J. *(ist so alt wie du);* er gehört einem weißen J. an *(einem Jahrgang, der nicht zur Bundes-*

wehr eingezogen wurde). **b)** *aus einem bestimmten Jahr stammender Wein:* er hat einen guten J. im Keller liegen; sie tranken einen Beaujolais, J. 1982 *(aus dem Jahr 1982); ein Wein ohne J. (ohne Angabe des Jahres).* **c)** *in einem Jahr erschienene Nummern einer Zeitschrift, herausgebrachter Typ eines bestimmten Erzeugnisses:* ein J. unserer Zeitung; die Zeitschrift ist jetzt im 20. J.; der Aufsatz steht in der AFP, J. 1987, Heft 2; ein Modell J. 1980.

Jahrhundert, das: *Zeitraum von hundert Jahren:* das ausgehende neunzehnte J.; das 3. J. nach Christus; das J. der Entdeckungen, der Aufklärung; im Laufe der Jahrhunderte; dieser Irrtum wurde J. auf J., durch die Jahrhunderte, von J. zu J., von einem J. zum anderen fortgeschleppt; ein neues J. beginnt; Ende des 19. Jahrhunderts; dieses Werk stammt aus dem 17. J.

jährlich: *[in jedem Jahr [erfolgend, fällig]:* der jährliche Ertrag; ein jährliches Einkommen von über 40 000 DM; zur Zeit wächst die Produktion um j. etwa 10%; die Zeitschrift erscheint 4mal j.

Jahrmarkt, der: *Markt mit Karussells und Buden:* im Mai ist in unserer Stadt J.; auf den J. gehen; etwas auf dem J. kaufen; bildl.: der J. *(Tummelplatz)* der Eitelkeiten.

Jakob ⟨in den Wendungen⟩ (ugs.:) **etwas ist nicht der wahre Jakob** *(etwas ist nicht das Richtige):* Kranksein im Urlaub ist auch nicht der wahre J. · (ugs.:) **der billige Jakob** *(Händler, bei dem die Waren besonders billig sind).*

Jalousie, die: *Vorrichtung am Fenster als Schutz gegen Sonnenlicht:* die Jalousien herab-, herunterlassen, hochziehen; er konnte durch die Jalousien die Straße beobachten.

Jammer, der: **a)** *Wehklage:* der J. [um die verlorene Habe] war groß; sie versank in lautlosem J. **b)** *beklagenswerter Zustand:* der J. der Kreatur; es ist ein wahrer J., diese Armut mit ansehen zu müssen; es ist ein J. (ugs.; *es ist sehr bedauerlich, schade*), daß ...; es ist immer der alte, der gleiche J. [mit ihm] (ugs.; *ist immer der gleiche bedauerliche Zustand, Umstand*); es wäre ein J. (ugs.; *sehr schade*), wenn ...

jämmerlich: a) *klagend, großen Jammer ausdrückend:* ein jämmerliches Geschrei; sein Weinen war, klang j. **b)** *elend, beklagenswert:* ein jämmerliches Leben führen; sein Dasein war j.; sie sind j. umgekommen. **c)** *ärmlich, dürftig und schlecht:* jämmerliche Verhältnisse; die Kinder waren j. angezogen. **d)** *erbärmlich, sehr schlecht:* ein jämmerliches Machwerk; was für ein jämmerlicher Kerl!; die Bezahlung der Hilfskräfte war j.; die Schauspieler spielten j.; er sieht j. aus. **e)** ⟨verstärkend bei Adjektiven und Verben⟩ *sehr:* es war j. kalt; ihn fror j.; er hat sich j. blamiert.

jammern: 1. a) *weinend, klagend seinen Schmerzen, seinem Kummer Ausdruck geben:* das kranke Kind jammerte in seinem Bettchen; sie jammerte den ganzen Tag; hat ihr Geld verloren hatte; hör endlich auf zu j.! **b)** ⟨nach jmdm., nach etwas j.⟩ *jammernd verlangen:* die Verwundeten jammerten nach Wasser. **c)** ⟨über jmdn., über etwas/um jmdn., um etwas j.⟩ *bejammern, beklagen:* sie jammerte laut über/um den Tod ihrer beiden Kinder. **2.** (geh. veraltend) ⟨jmd., etwas jammert jmdn.⟩ *jmd., etwas erregt jmds. Mitleid,*

tut jmdm. leid: die alte Frau, ihr Zustand jammerte ihn; es jammerte ihn nicht einmal, daß ...

Januar, der: *erster Monat des Jahres:* ein kalter, aber sonniger J.; Anfang J.; im Laufe des Monats J., des Januar[s]; er ist im J., am 3. J. geboren.

japsen (ugs.): *mit geöffnetem Mund nach Atem ringen:* nach Luft j.; er konnte kaum noch j.

jauchzen: *in laute Freudenrufe ausbrechen:* vor Freude j.; das Publikum jauchzte vor Begeisterung; das Baby jauchzte, als die Mutter es auf den Arm nahm.

jaulen: *(von Hunden) laut, klagend heulen:* der verprügelte Hund jaulte.

Jawort, das: *Einwilligung der Braut in die Heirat:* sie gab ihm ihr J.; er erhielt ihr J.

¹je: I. ⟨Adverb⟩: **1.** /gibt eine unbestimmte Zeit an/: **a)** *überhaupt einmal:* wer hätte das je gedacht!; wer weiß, ob ihm das je gelingen wird; er ist der merkwürdigste Mensch, der mir je begegnet ist. **b)** *irgendwann:* sie war schöner als je zuvor. **c)** *jede einzelne Person oder Sache für sich genommen:* die Regale sind je einen Meter breit. **2.** /vor Zahlwörtern/ *jeweils:* sie erhielten je zwei Stück; je ein Exemplar des Buches wurde an die Bibliotheken verschickt. **3.** /in Verbindung mit *nach/ jeweils durch etwas bedingt:* je nach den Umständen, Verhältnissen; ja nach Lust und Laune stellte er sich an die Staffelei und malte; je nach Geschmack, Gewicht, Größe. **II.** ⟨Präp. mit Akk.⟩ *pro:* die Zahl der Einwohner in diesem Land beträgt rund 200 je Quadratkilometer; der Beitrag beträgt 20 DM je angefangenen Monat; ⟨ein Substantiv bleibt oft ungebeugt, wenn es ohne Begleitwort folgt⟩ der ermäßigte Reisekosten betrugen nur 70 DM je Student. **III.** ⟨Konj.⟩ **1.** /in Verbindung mit *desto, um so, je* (veraltend): setzt zwei Komparative zueinander in Beziehung/: je eher, desto besser; je länger, je lieber; je billiger, je besser (veraltend); je älter er wird, um so bescheidener wird er. **2.** /in Verbindung mit *nachdem/ einem bestimmten Umstand entsprechend:* je nachdem die Reise billiger oder teurer ist, fahre ich oder fahre ich nicht; er kann im Lager oder im Vertrieb arbeiten, je nachdem wie geschickt er ist; je nachdem, ob, wie es uns dort gefällt, werden wir unseren Urlaub verlängern. * (geh. veraltend:) **je und je** *(dann und wann);* **seit/von je** *(solange man denken kann).*

²je: 1. /in Verbindung mit *ach, o* als Ausruf des Bedauerns, Erschreckens/; ach je, wie schade!; o je, was wird er dazu sagen! **2.** ⟨Adverb⟩ /leitet in Verbindung mit *nun* einen Satz ein, der eine einschränkende Äußerung enthält/ (veraltend) *nun ja:* je nun, wenn ich das früher gewußt hätte, hätte ich mich vielleicht anders entschieden.

jedenfalls ⟨Adverb⟩ /im Anschluß an etwas zuvor Gesagtes/: **a)** *auf jeden Fall:* es ist j. besser, wenn er nicht soviel trinkt; es bleibt j. bei dem vereinbarten Termin. **b)** *wenigstens, zumindest:* er möchte mitmachen, j. hat er sich so geäußert; ich j. *(was mich betrifft)* werde das nicht tun.

jeder, jede, jedes ⟨Indefinitpronomen und unbestimmtes Zahlwort⟩: /bezeichnet alle einzelnen von einer Gesamtheit/: jeder beliebige; jeder einzelne, jeder dritte; jeder Schüler; jeder von uns muß helfen; jeder, (geh.) ein jeder, der sich hierfür entscheidet, sollte es sich vorher genau überlegen; jede der Frauen; hier kennt jeder jeden; man muß jede Gelegenheit nutzen; am Anfang jedes/[eines] jeden Jahres; er geht jeden Sonntag zur Kirche; jeder Junge und jedes Mädchen bekommt/(seltener:) bekommen einen Luftballon; die Straßenbahn fährt jede (ugs.); *alle*) zehn Minuten; der Zug muß jeden Augenblick *(sogleich)* kommen; jedem der Kinder schenkte er etwas; er erinnert sich noch jedes einzelnen, eines jeden von euch; ohne jeden *(irgendeinen denkbaren)* Grund; er war bar jedes/jeden Mitgefühls; auf jeden Fall; auf jede Art und Weise; in jeder Hinsicht; zu jeder Stunde *(immer).*

jedermann ⟨Indefinitpronomen und unbestimmtes Zahlwort⟩: *jeder [ohne Ausnahme]:* das weiß doch j., ist für j. einsichtig; das ist nicht jedermanns Geschmack.

jederzeit ⟨Adverb⟩: *immer, zu jeder Zeit:* er ist j. bereit, dir zu helfen; du bist j. gern gesehen bei uns; man muß j. damit rechnen.

jedoch ⟨Konj. oder Adverb⟩ /gibt einen Gegensatz an/: *aber, doch:* die Sonne schien, es war j. kalt/. es war kalt/(selten:) j. war es kalt; ich rief mehrmals bei ihm an, er war j. nicht zu erreichen.

jeher (in der Verbindung) seit/von jeher: *solange man denken kann:* ich habe ihn von j. nicht ausstehen können; es war alles so geblieben, wie man es seit j. kannte.

jemals ⟨Adverb⟩: *überhaupt einmal, irgendwann:* es ist nicht sicher, ob er j. kommt; er bestritt, ihn j. gesehen zu haben; dieser Wunsch wird sich kaum j. erfüllen; wer ihn j. gesehen hat, wird ...

jemand ⟨Indefinitpronomen⟩: /bezeichnet eine beliebige oder bestimmte nicht näher beschriebene Person/: [irgend] j. hat es mir erzählt; es wollte Sie j. sprechen; war schon j. da?; ist da j.?; das war j. Fremdes; haben Sie j./(seltener:) jemanden getroffen?; du meinst wohl j./(selten:) jemanden anders; mit j./(selten:) jemandem Fremdem; j./jemandem eine Gefälligkeit erweisen; er wollte nicht länger jemandes Feind sein; subst.: das hat ein gewisser Jemand (scherzh.; *ein nicht Unbekannter)* gemacht.

jener, jene, jenes ⟨Demonstrativpronomen⟩ /weist auf eine vom Sprecher entferntere Person oder Sache hin, bezeichnet eine vorher bereits erwähnte oder als bekannt vorausgesetzte Person oder Sache, einen zurückliegenden Zeitpunkt/: **a)** ⟨attributiv⟩ jener Mann dort; ich möchte nicht dieses, sondern jenes Bild; in jenen Tagen; jene berühmte Rede; zu jenem Zeitpunkt; ich erinnere mich jenes (n i c h t : jenen) Tages; mit jenem alten (n i c h t : altem) Hut; es waren jene (verstärkend; *die)* Dinge, die sie so sehr liebte. **b)** ⟨alleinstehend⟩ dieser war ein Tatmensch, jener ein Träumer; all jenem stand er hilflos gegenüber.

jenseits: 1. ⟨Präp. mit Gen.⟩ *auf der anderen Seite:* j. des Flusses. **2.** ⟨Adverb⟩ *auf der anderen Seite:* j. vom Rhein; sie überquerten den Fluß, um j. zu wandern.

Jenseits, das: *Bereich des Lebens nach dem Tode:* an ein Leben im J. glauben; auf ein besseres J. hoffen. * (ugs.:) **jmdn. ins Jenseits befördern** *(jmdn. töten, ohne Skrupel umbringen).*

jetzt: I. ⟨Adverb⟩ /bezeichnet einen Zeitpunkt, einen Zeitraum in der Gegenwart/ *in diesem Augenblick, in dieser Zeit, heute, nun:* ich gehe j.; ich

habe j. keine Zeit; j. ist es zu spät; ich habe bis j. gearbeitet; j. endlich ist er fertig; j. gleich; j. gerade ist er gekommen; er ist j. erst/schon/noch hier; j. reicht es aber; was [soll ich] j. [tun]?; j. oder nie; von j. auf nachher (ugs.; *von einem Augenblick zum andern)*; es gibt j. *(heutzutage)* mehr Möglichkeiten als vor ein paar Jahren; die Kinder gehen j. *(mittlerweile, inzwischen)* in die Schule. **II.** (ugs.) ⟨Partikel⟩ /drückt in Fragesätzen eine leichte Verärgerung, eine Verwunderung o. ä. aus/: was machst du denn j. schon wieder?; wo habe ich das j. *(wohl)* wieder hingelegt?; von wem mag j. *(wohl)* dieser Brief sein?

jeweils ⟨Adverb⟩: *immer, jedesmal:* er kommt j. am ersten Wochentag; er muß j. die Hälfte abgeben; j. fünf Kinder treten zur Untersuchung vor.

Joch, das: **1.** *Geschirr zum Anspannen von Zugtieren:* die Rinder ins J. spannen. **2.** (geh.) *Last, die jmdm. auferlegt ist:* ein schweres J.; das J. der Fremdherrschaft; jmdm. ein J. auferlegen; ein Land mit Waffengewalt unter das J. zwingen; sie wollten sich nicht unter dieses J. beugen *(sich nicht unterwerfen)*; das Volk versuchte sich von dem fremden J. zu befreien.

johlen: *wild schreien und lärmen:* die Menge grölte und johlte; johlende Kinder; die Rotte zog singend und johlend durch die Straßen.

Jota (in der Verbindung) [nicht] ein/um ein Jota (geh.): *[nicht] das geringste; [nicht] im geringsten:* er gibt nicht ein J. von seinem Anspruch auf.

jovial: *betont wohlwollend; leutselig:* er ist ein jovialer Chef; er war, grüßte sehr j.

Jubel, der: *das Jubeln:* lauter J. brach los; die Kinder brachen über die Geschenke in J. aus; sie begrüßten den Vater mit großem J.; R (ugs.): herrschte J., Trubel, Heiterkeit *(Stimmung).*

Jubeljahr (in der Wendung) alle Jubeljahre [einmal] (ugs.): *äußerst selten:* das kommt höchstens alle Jubeljahre einmal vor.

jubeln: *seine Freude laut und lebhaft äußern:* laut, vor Freude [über etwas] j.; die Sieger jubelten *(zeigten unverholene Freude)*; du hast zu früh gejubelt; er wurde jubelnd begrüßt.

Jubiläum, das: *[festlich begangener] Jahrestag eines Ereignisses:* die Firma feierte ihr hundertjähriges J./(besser:) das J. ihres hundertjährigen Bestehens; er hat, begeht heute sein fünfundzwanzigjähriges J./(besser:) das J. der fünfundzwanzigjährigen Zugehörigkeit; bei, zu seinem J., aus Anlaß seines Jubiläums erhielt er eine hohe Geldprämie.

jucken: 1. a) ⟨etwas juckt⟩ *etwas ist von einem Juckreiz befallen:* mein Rücken juckt; die nachwachsende Haut juckte fürchterlich; ⟨etwas juckt jmdm./jmdn.⟩ die Finger jucken mir/mich; ihm/ihn juckt der Rücken; ⟨es juckt jmdn.⟩ es juckt mich [hier]; ⟨es juckt jmdm./jmdn.; mit Raumangabe⟩ es juckt mir/mich auf dem Rücken. **b)** ⟨etwas juckt⟩ *etwas verursacht einen Juckreiz:* die Wolle, der Verband juckt; das Zeug juckt aber; ⟨etwas juckt jmdn.⟩ der Pullover juckt ihn; ⟨etwas juckt jmdm./jmdn.; mit Raumangabe⟩ der Verband juckt ihm/ihn auf der Haut. **2.** (ugs.) **a)** ⟨etwas juckt jmdn.⟩ *etwas reizt jmdn.:* ihn juckt nur das Geld; was juckt mich das *(das kümmert mich nicht).* **b)** ⟨es juckt jmdn., etwas zu tun⟩ *es gelüstet jmdn., etwas zu tun:* es juckte ihn, von dem

Vorfall zu erzählen. **3.** (ugs.) ⟨jmdn., sich j.⟩ **a)** *sich kratzen:* du mußt mich [hier auf dem Rücken] einmal j.; der Hund juckt sich. **b)** ⟨jmdn., sich j.; mit Artangabe⟩ *durch Kratzen die Haut in einem bestimmten Zustand versetzen:* das Kind hat sich blutig, wund gejuckt.

Jugend: 1. *Zeit des Jungseins:* die frühe J.; eine sorglose J.; ihn entschuldigt seine J.; seine J. genießen; er verlebte seine J. auf dem Lande; in ihrem Gespräch ließen sie die gemeinsame J. wieder aufleben; ihn entschuldigt seine J. *(sein Jungsein);* sie hat sich ihre J. *(ihre Jugendlichkeit, jugendliche Frische)* bewahrt; in meiner J.; seit frühester J.; sie ist schon über ihre erste J. hinaus *(sie hat ihre J. schon hinter sich);* er ist von J. an *(von seinen Jugendjahren an)* daran gewöhnt; sie wollten etwas von ihrer J. haben. **2.** *die Jugendlichen; junge Leute:* die studentische, europäische, moderne J.; die reifere J. (auch scherzh. für: *die älteren Jahrgänge);* sie suchten durch ihre Parolen die J. zu gewinnen; Unbekümmertheit ist ein Vorrecht der J.; die J. von heute denkt sehr selbständig; eine große Menge männlicher J. *(Jugendlicher);* er spielt bei diesem Verein in der J. (Sport; *in der Jugendmannschaft).*

jugendlich: 1. *jung; für Jugendliche typisch:* die jugendlichen Zuschauer, Käufer; in jugendlichem Alter; jugendliche Kraft, Begeisterung, Unsicherheit; mit jugendlichem Übermut stürzte er sich in das Abenteuer. **2.** *jung wirkend:* eine jugendliche Erscheinung; ein jugendliches Aussehen; ein sehr jugendliches *(für junge Menschen gedachtes, junges Aussehen vermittelndes)* Kleid; er war, sah noch sehr j. aus.

Jugendliche, der: *junger Mensch zwischen dem 14. und ungefähr 20. Lebensjahr:* ein Jugendlicher war auch in die Schlägerei verwickelt; für J. [unter 18 Jahren] kein Zutritt; die Verbrechen Jugendlicher haben in der letzten Zeit zugenommen; dieser Film ist ab 16 Jahre freigegeben; Jugendlichen bis zu 18 Jahren ist der Zutritt verboten; die Veranstaltungen, Konzerte werden vorwiegend von Jugendlichen *(jungen Leuten)* besucht.

Juli, der: *siebter Monat des Jahres:* ein heißer, verregneter J.; die Ferien beginnen im J.; im Laufe des Monats J., des Juli[s] wird er uns besuchen.

jung: 1. a) *ein jugendliches Alter habend:* ein junges Mädchen; eine junge Frau; ein junger Mann; junge Leute; sie ist schon eine junge Dame; ein Gedicht des jungen Goethe; die junge Generation; der schönste Moment in seinem jungen *(noch nicht viele Jahre zählenden)* Leben; der jüngere Bruder; der junge Meier *(der Sohn des alten Meier);* er ist das jüngste von vier Kindern; er ist schon in jungen Jahren *(sehr früh)* selbständig geworden; er ist sehr j. *(als er noch sehr jung war)* gestorben; (ugs. scherzh.:) sie ist siebzehn Jahre j. *(alt);* sie hat j. geheiratet; subst.: die Jungen und die Alten; sie ist nicht mehr die Jüngste *(ist schon älter);* mein Jüngster *(jüngster Sohn);* R: so j. kommen wir nicht mehr zusammen */ermunternde Aufforderung, noch zu verweilen, noch etwas zu trinken/;* j. gewohnt, alt getan; j. gefreit hat nie gereut. **b)** *jugendlich frisch:* er ist auch im Alter noch j. geblieben; ich fühle mich noch j.; er

sieht noch sehr j. aus, sieht jünger aus, als er ist; Sport erhält j. R: man ist so j., wie man sich fühlt. **2.** *erst seit kurzem bestehend, neu, frisch:* ein junges Unternehmen; eine junge Ehe; der junge Tag (geh.; *der Morgen);* junges Laub; junges Gemüse; ein Ereignis der jüngsten *(noch nicht lange zurückliegenden)* Vergangenheit; die jüngsten *(letzten)* Ereignisse; sein jüngstes *(letztes)* Werk; sie sind j. *(erst seit kurzem)* verheiratet. * **von j. auf** *(seit früher Jugend, von Kindheit an):* von j. auf mußte er viel helfen.

¹Junge, der: **1. a)** *Kind männlichen Geschlechts:* ein großer, kleiner, guter, artiger, hübscher, lieber, verwöhnter, verzogener, schmutziger, wilder, kräftiger, dummer J.; armer J.; viele Jungen/ (ugs.:) Jungens/(ugs.:) Jungs; was haben die Jungen angestellt?; in der Klasse sind 12 Jungen und 8 Mädchen; wir haben drei Jungen *(Söhne);* seine Frau hat einen Jungen bekommen. **b)** *junger Mann:* er war ein netter J.; unsere Jungen *(unsere Mannschaft)* schlugen sich tapfer; /in vertraulicher Anrede/ (ugs.:) na, [alter, mein] J., wie geht es dir?; (ugs.:) J., J.! */Ausruf des Staunens o. ä./.* **2.** (Kartenspiel; ugs.) *Bube:* alle vier Jungen ausspielen. * (ugs.:) **die blauen Jungs** *(die Matrosen)* · (ugs.:) **ein schwerer Junge** *(ein Verbrecher)* · (ugs.:) **jmdn. wie einen dummen Jungen behandeln** *(jmdn. nicht ernst nehmen und ihn entsprechend behandeln).*

²Junge, das: *junges [gerade geborenes] Tier:* die Jungen füttern; unsere Katze hat drei J. bekommen; er verschenkte eines Jungen.

Jünger, der: *Anhänger, Schüler:* die zwölf J. *(Apostel);* ein J. Nietzsches; (geh.:) ein J. der Wissenschaft; er ist ein echter J. seines Meisters.

Jungfer (in der Verbindung) **eine alte Jungfer** (ugs., oft abwertend): *eine unverheiratet gebliebene weibliche Person:* früher hätte man sie eine alte J. genannt.

Jungfrau, die: **1.** *Mädchen, das [noch] keine geschlechtlichen Beziehungen gehabt hat:* sie war noch J.; kath. Rel.: die J. Maria *(die Mutter Jesu).* **2.** (Astrol.) */ein Tierkreiszeichen/:* ich bin [eine] J. (Astrol.); /ein im Zeichen der Jungfrau Geborener).* * (ugs.:) **zu etwas kommen wie die Jungfrau zum Kind** *(ohne eigenes Zutun zu etwas kommen).*

Junggeselle, der: *Mann, der [noch] nicht geheiratet hat:* ein echter, eingefleischter, begehrter J.; er hat sich geschworen, J. zu bleiben.

Jüngling, der (geh.): *junger Mann:* ein schüchterner, unreifer, feuriger J.; er ist auch kein J. mehr *(auch nicht mehr so jung und unerfahren);* was erlaubt sich denn dieser J.? (abwertend; *dieser unreife, nicht ernst zu nehmende junge Mann).*

Juni, der: *sechster Monat des Jahres:* ein warmer, verregneter J.; der J. war dieses Jahr noch kühl; im Laufe des Monats J., des Juni[s].

Juwel, das: **1.** ⟨auch: der⟩ *Schmuckstück, wertvoller Edelstein:* ein kostbares, seltenes J.; funkelnde Juwelen; sie trägt viele Juwelen. **2.** *Kostbarkeit:* das Neckartal ist ein landschaftliches J.; die Kirche ist ein J. gotischer Baukunst; seine Sekretärin ist ein J. *(ist sehr tüchtig);* er ist ein J. von einem Koch *(ist ein hervorragender Koch).*

Jux, der (ugs.): *Spaß, Scherz:* das war nur ein J.; ich mache [mir] gern einen J.; etwas als J. betrachten; er hat es nur aus J. *(zum Spaß)* gesagt.

K

Kabel, das: 1. *isolierte elektrische Leitung:* ein dreiadriges K.; das rote K. mit dem Minuspol verbinden; der Monteur hat das K. verlegt und angeschlossen. 2. *kräftiges Drahtseil:* die Förderkörbe hängen an starken Kabeln. 3. (veraltend) *[Übersee]telegramm:* ein K. schicken, erhalten.
Kabinett, das: 1. a) (veraltend) *kleiner Raum, Privatgemach:* er hatte den Vormittag in seinem K. verbracht. b) *kleinerer Museumsraum:* ein K. mit Kupferstichen; die Zeichnungen hingen im K. 2. *Regierungsgremium der Minister eines Staates:* ein konservatives, liberales K.; ein K. bilden, vereidigen, stürzen, umbilden; der Regierungschef stellte sein neues K., die Mitglieder seines Kabinetts vor; eine Vorlage im K. beraten; der Vorschlag wurde vom K. gebilligt.
Kachel, die: *keramische Platte:* bemalte, glasierte Kacheln; eine K. ist von der Wand gefallen; ein Ofen mit braunen Kacheln.
kacheln (etwas k.): *mit Kacheln aus-, verkleiden:* wir lassen das Bad, die Wände k.; die Küche ist [weiß] gekachelt.
Kadaver, der: 1. *[verwesende] Tierleiche:* ein angeschwemmter, aufgetriebener K.; einen K. verscharren; der K. eines Hundes. 2. (ugs.) *[verbrauchter, abgemergelter] Körper:* man muß seinem [alten] K. täglich neue Strapazen zumuten.
Kadi, der (ugs. scherzh.): *Richter, richterliche Instanz:* er wollte gleich zum K. laufen *(prozessieren);* die Polizei schleppte, zitierte den Kraftfahrer vor den K.; sei vorsichtig, sonst kommst du noch vor den K. *(vor Gericht).*
Käfer, der: */ein Insekt/:* ein brauner, golden glänzender K. krabbelt über den Weg; K. brummen, surren, fliegen durch die Luft; er sammelt K.; übertr.: sie ist ein netter, reizender K. *(ein nettes, reizendes Mädchen).*
Kaff, das (ugs.): *langweilige Kleinstadt, armseliges Dorf:* ein kleines, winziges, elendes, ödes, trostloses K.; wir haben drei Jahre in diesem K. gelebt; wo ist in diesem K. etwas los?
Kaffee, der: 1. *Kaffeepflanze, -strauch:* K. anbauen, [an]pflanzen. 2. a) *bohnenförmige Samen des Kaffeestrauchs:* [un]gerösteter, brasilianischer K.; K. ernten, exportieren, rösten, brennen, mahlen. b) *geröstete, [gemahlene] Kaffeebohnen:* ein halbes Pfund K. kaufen; ich nehme einen Teelöffel K. mehr pro Tasse. 3. *Getränk aus gemahlenen Kaffeebohnen:* heißer, schwarzer, starker, dünner, koffeinfreier K.; K. mit Milch und Zucker; K. verkehrt (ugs.; *Milchkaffee mit mehr Milch als Kaffee);* der K. setzt sich, muß noch ziehen; Herr Ober, bitte zwei K. *(Tassen Kaffee);* K. kochen, machen, bereiten, aufbrühen, aufgießen, filtern, trinken, anbieten; eine Tasse K.; eine Tasse duftender K./(geh.) duftenden Kaffees; es gibt K. und Kuchen; ich muß erst einmal einen Schluck K. trinken; ich mache uns [einen] K. 4. *Frühstück oder Nachmittagsmahlzeit:* K. trinken;

nach dem K. gehen wir spazieren; er ist ohne K. *(ohne gefrühstückt zu haben)* aus dem Haus gegangen; wir waren zum K. bei ihr eingeladen. * (ugs.:) **kalter Kaffee** *(Erfrischungsgetränk aus Cola und Limonade)* · (ugs.:) **etwas ist kalter Kaffee** *(etwas ist längst bekannt, uninteressant).*
Käfig, der: *umgitterter Raum, Behälter für gefangengehaltene Tiere:* ein runder K.; den K. saubermachen; er hält viele Vögel im K.; aus seinem K. *(aus der Unfreiheit, dem Gebundensein)* ausbrechen. * **goldener Käfig** *(Gebundensein, Unfreiheit bei großem Reichtum).*
kahl: a) *ohne normalerweise vorhandenen, sonst üblichen Bewuchs:* ein kahler Kopf, Schädel; der Pelz hat kahle Stellen; kahle *(unbelaubte)* Zweige, Äste; kahle *(unbewaldete)* Berge, Felsen; die Bäume sind, werden k.; der Garten war winterlich k. b) *ohne normalerweise vorhandene oder erwartete Ausstattung, Möblierung o. ä.:* ein kahles Zimmer, kahle *(schmucklose)* Wände.
Kahn, der: 1. *kleines, flaches Boot:* der K. schwankt, schaukelt; K. fahren; er stakte den K. über den See; wir sind mit dem K. zum Fischen gerudert. 2. *breites, flaches Schiff ohne eigenen Antrieb zur Beförderung von Lasten:* ein schwerfälliger K.; der K. wurde mit Kohle beladen; der Schlepper zog zwei schwerbeladene Kähne flußaufwärts. 3. (ugs., oft abwertend) *Schiff:* mit diesem K. werden wir noch alle absaufen. 4. (Soldatenspr.) *Arrest, Gefängnis:* der Rekrut hat drei Tage K. bekommen; er sitzt im K. 5. (ugs. scherzh.) *Bett:* in den K. gehen, steigen.
Kaiser, der: */Herrscher[titel]/:* der K. von Österreich; der K. hat abgedankt; er wurde zum K. gekrönt; am Hofe K. Karls des Großen, des Kaisers Karl des Großen; die K. Friedrich I. und Friedrich II.; R: er ist dort, wo [auch] der K. zu Fuß hingeht *(auf der Toilette);* wo nichts ist, hat [selbst] der K. sein Recht verloren. * **sich um des Kaisers Bart streiten** *(sich um Nichtiges streiten).*
Kakao, der: 1. *Samen des Kakaobaums:* K. ernten, rösten, mahlen. 2. *aus Kakaobohnen hergestelltes Pulver:* entölter K.; ein halbes Pfund K.; sie rührte den K. in die kochende Milch. 3. *aus Kakaopulver hergestelltes Getränk:* süßer, heißer K.; K. kochen, trinken; eine Tasse K. * (ugs.:) **jmdn., etwas durch den Kakao ziehen** *(jmdn., etwas verulkern, lächerlich machen).*
Kalb, das: 1. *junges Rind:* ein kleines, neugeborenes K.; ein K. schlachten. 2. (ugs.) *dummer, unbeholfener Mensch* /oft als Schimpfwort/: mit einem solchen K. ist nichts anzufangen; du [blödes] K.! * (geh.:) **das Goldene Kalb anbeten; um das Goldene Kalb tanzen** *(geldgierig sein).*
Kalender, der: 1. *Datumsverzeichnis:* ein neuer, ewiger, immerwährender, im literarischer K.; ein K. für den Blumenfreund; ein K. aus dem Jahre 1920, von 1920; ein K. für [das Jahr] 1990; der Hundertjährige K. *(für einen Zeitraum von*

hundert Jahren geltendes kalendarisches Verzeichnis mit alten Bauernregeln und Wettervorhersagen); der K. hat leere Seiten für Eintragungen; den K. *(das Kalenderblatt)* abreißen; etwas im K. notieren, vermerken, nachschlagen. **2.** *Zeitrechnung mit Hilfe bestimmter astronomischer Zeiteinheiten:* der altrömische, chinesische, Julianische, Gregorianische K. * **sich** (Dativ) **etwas/einen Tag im Kalender [rot] anstreichen** *(sich etwas besonders merken, als Seltenheit vermerken).*

Kalk, der: *weißer, mineralischer Stoff:* gebrannter, [un]gelöschter K.; im Teekessel hat sich K. abgesetzt; das Wasser enthält [viel] K.; K. brennen, löschen; er hat Mangel an K. *(Kalzium);* den Boden mit K. *(Kalkdünger)* bestreuen; die Wände mit K. *(Kalkmörtel)* bewerfen. * (ugs.:) **bei jmdm. rieselt [schon] der K.** *(jmd. macht den Eindruck, verkalkt zu sein, senil zu werden).*

kalkulieren ⟨etwas⟩ k.): **1.** *[die Kosten] veranschlagen; berechnen:* knapp, scharf, vorsichtig, großzügig k.; die Fertigungszeiten, die Produktmengen k.; wir haben die Endpreise so niedrig wie möglich kalkuliert; das Projekt ist auf zwanzig Millionen Mark kalkuliert worden. **2. a)** *gewöhnlich mit Artangabe) eine Situation in bestimmter Weise abschätzen; vorausberechnen, erwägen:* rasch k.; in dieser Sache hat er falsch kalkuliert; ich habe dieses Risiko kalkuliert *(in die Erwägung einbezogen).* **b)** (ugs.) *vermuten:* ich kalkuliere, er hat jetzt ausgespielt.

kalt: 1. *von niedriger Temperatur:* ein kalter Wind, Luftzug; mit kaltem Wasser duschen; kalte Umschläge machen; in der kalten Jahreszeit *(im Winter);* kalte *(überwiegend nicht mit Hitzeeinwirkung zubereitete)* Speisen; kalter *(nach der Zubereitung wieder erkalteter)* Braten; kalte *(gekühlte)* Getränke; kalter Schweiß *(Angstschweiß);* kalte Füße und kalte Nasenspitze haben; der Ofen ist noch k.; das Wetter ist, bleibt k.; heute ist es sehr, eisig k.; der Fußboden ist immer k.; die Wohnung, das Zimmer ist k. *(nicht oder schlecht geheizt);* die kalte Miete, die Miete beträgt k. *(ohne Heizungskosten)* fünfhundert Mark; ich schlafe meist k. *(im ungeheizten Zimmer);* der Motor ist noch k. *(hat noch nicht seine Betriebstemperatur);* der Sekt mußte k. gestellt *(gekühlt)* werden; k. *(mit kaltem Wasser)* duschen; etwas k. *(ohne Wärmeeinwirkung)* löten; er raucht die Pfeife k. *(hält sie unangezündet im Mund);* das Essen wird, ist schon k. *(kühlt ab, ist nicht mehr warm genug);* wir essen heute abend k. *(kalte Speisen);* ⟨jmdm. ist, wird [es] k.⟩ langsam wurde [es] mir k. *(began ich zu frieren);* übertr.: kaltes *(weißliches, fahles, den Eindruck von Kälte vermittelndes)* Licht; kalte *(unbehagliche, einen Stich ins Bläuliche aufweisende)* Farben; eine kalte *(unbehaglich wirkende)* Pracht; die Räume wirken k. *(ungemütlich)* · subst.: im Kalten *(in einem ungeheizten Raum)* sitzen. **2. a)** *kühl, nüchtern:* ein kalter Verstand; dies erklärte er ganz k. und unbeteiligt. **b)** *kein Mitgefühl zeigend, unfreundlich, abweisend:* ein kalter Empfang; sie hatte kalte Augen und eine kalte Stimme; er begrüßte uns mit kalter Miene; er ist k. wie eine Hundeschnauze (ugs.: *ist gefühllos, ohne jedes Mitempfinden);* sie blickten k. und argwöhnisch. **3.** *ein eisiges Gefühl, Schauder erregend:* kaltes

Grausen, kalte Furcht; ihn packte kalte Wut; es überläuft, durchrieselt mich k.

kaltblütig: 1. a) *beherrscht, unerschrocken:* ein kaltblütiger Mensch; k. sein; der Gefahr k. ins Auge sehen. **b)** *skrupellos:* ein kaltblütiger Verbrecher; jmdn. k. ermorden. **2.** (Biol.) *wechselwarm:* Eidechsen sind k., kaltblütige Tiere.

Kälte, die: **1.** *Mangel an Wärme, niedrige Temperatur, Frost:* eine eisige, grimmige, starke, beißende, schneidende K.; die K. ist mörderisch (ugs.); ist das eine K. heute!; es herrscht strenge, sibirische K.; die Kälte dringt selbst durch die Kleidung; wir haben 15 Grad K.; diese Maschine erzeugt K.; die Fliesen strömen K. aus; bei der K. kann man nicht arbeiten, sich mit warmer Kleidung gegen die K. schützen; vor K. zittern; übertr.: die K. *(Unbehaglichkeit, ungemütliche Atmosphäre)* eines Raumes. **2.** *Unverbindlichkeit, Unfreundlichkeit:* er empfing mich mit eisiger K.

kaltlassen ⟨etwas läßt jmdn. kalt⟩ (ugs.): *etwas läßt jmdn. innerlich völlig unberührt:* ihre Tränen ließen ihn völlig kalt.

kaltmachen (ugs.) ⟨jmdn. k.⟩: *kaltblütig töten:* der Bandenchef wollte ihn k. lassen.

kaltschnäuzig (ugs.): *ungerührt, ohne jede innere Teilnahme:* ein kaltschnäuziges Auftreten, Benehmen; der Bursche ist ganz schön k.; er fertigte ihn k. ab.

kaltstellen (ugs.) ⟨jmdn. k.⟩: *seines Einflusses berauben, entmachten:* der Minister, einer der Direktoren wurde kaltgestellt.

Kamel, das: **1.** */ein Wüstentier/:* ein einhöckriges, zweihöckriges K.; das K. beladen; wir ritten auf Kamelen. **2.** (ugs.) *dummer, einfältiger Mensch /oft als Schimpfwort/:* dieses K. nehme ich nicht mehr mit; ich, du k.!; so ein altes K.!

Kamerad, der: *Gefährte:* ein guter, treuer, erprobter K.; einen Kameraden/(nicht korrekt: Kamerad) im Stich lassen; sie sind alte Kameraden; seine Frau war ihm ein guter K. *(Lebensgefährte);* (ugs.:) paß auf, daß uns der K. *(dieser Mensch)* nicht noch verpfeift.

Kameradschaft, die: *vertrauensvolles Verhältnis von Kameraden zueinander:* eine gute, herzliche K.; K. schließen, halten; aus K. handeln; es herrscht eine Atmosphäre der K.

kameradschaftlich: *wie ein Kamerad; aus Kameradschaft:* ein kameradschaftliches Verhältnis; die norwegischen Sportler sind sehr k. [zu den andern Läufern]; ihre Beziehung war k. *(nicht erotisch);* er klopfte ihm k. auf die Schulter.

Kamin, der: **1.** (bes. südd. und schweiz.): *Schornstein:* der K. raucht; den K. kehren; aus den Kaminen auf den Dächern quoll Rauch. **2.** *offene, in die Wand eines Wohnraums eingebaute Feuerstätte mit Rauchfang:* wir saßen am K., um den K.; K. brennt ein Feuer. **3.** (Bergsteigen) *Zwischenraum, Schacht zwischen Felsen:* ein schwieriger K.; er hat den K. durchklettert.

Kamm, der: **1.** *mit Zinken versehenes handliches Gerät zum Kämmen der Haare:* K. und Bürste; ein enger, feiner K. *(ein Kamm mit eng beieinanderstehenden Zinken);* der K. ist aus Horn, Zelluloid; sich einen K. ins Haar stecken; auf dem K. blasen; einige Zähne aus dem K. ausbrechen; mit dem K. einen Scheitel ziehen; R (ugs. scherzh.): bei denen liegt der K. auf/neben/bei der Butter *(sie sind sehr unordentlich).* **2.** *roter, gezackter Auswuchs auf dem Kopf von Hühnervögeln:* der Hahn hatte einen krausen, fleischigen, roten K.; dem Truthahn schwillt der K. **3.** *Nakkenstück bei Schlachtvieh:* der K. des Schweines, Rindes; ich habe ein Pfund K. gekauft. **4. a)** *oberster Teil einer langgestreckten Erhebung:* der K. des Berges, des Gebirges; wir gingen die Kämme der Dünen entlang. **b)** *oberster Teil einer Welle:* der Schaum auf den Kämmen der Wogen, Wellen. * **jmdm. schwillt der Kamm: a)** *(jmd. wird übermütig, ist eingebildet).* **b)** *(jmd. gerät in Zorn)* · **alles über einen Kamm scheren** *(alles gleich behandeln und dabei wichtige Unterschiede nicht beachten).*

kämmen: a) ⟨jmdn., sich, etwas k.⟩ *frisieren, die Haare mit dem Kamm glätten:* er kämmt sich; die Mutter kämmt das Kind, ihr Haar; sie kämmte ihr Haar aus der Stirn, nach hinten; ⟨jmdm., sich etwas k.⟩ ich hatte mir gerade die Haare gekämmt; er ließ sich das Haar in die Stirn k. **b)** ⟨jmdm., sich etwas aus etwas k.⟩ *kämmend entfernen:* ich muß mir erst einmal den Mörtelstaub aus dem Haar k. **c)** ⟨jmdm., sich etwas k.⟩ *durch Kämmen hervorbringen:* warum kämmst du dir, dem Kind nicht einen Pony?

Kammer, die: **1.** *kleinerer Nebenraum:* etwas in der K. abstellen; eine Wohnung aus Stube, K. und Küche; er schläft in der K.; die Rekruten wurden auf der K. (militär.; *im Bekleidungsraum)* eingekleidet. **2. a)** *abgeteilter Hohlraum in bestimmten Organen, Pflanzenteilen o. ä.:* die rechte K. des Herzens; die Samenkapsel ist in Kammern unterteilt. **b)** *Hohlraum in technischen Geräten, in Motoren, Öfen o. ä.:* die K. des Brennofens. **2.** *gesetzgebende, Recht sprechende, berufsständische o. ä. Körperschaft:* die erste, zweite K., die beiden Kammern des Parlaments; er wurde in die K. für Strafsachen des Oberlandesgerichts berufen; Ärzte, Rechtsanwälte sind meist in Kammern organisiert; die Sache wurde vor der K. verhandelt. * (oft scherzh.:) **im stillen Kämmerlein** *(ohne den Einblick, das Zutun anderer).*

Kampf, der: **1. a)** *[handgreifliche] Auseinandersetzung mit einem [persönlichen] Gegner:* ein harter, zäher, erbitterter, ungleicher K.; ein ideologischer K.; ein K. aller gegen alle, Mann gegen Mann; der K. mit einem, gegen einen wohlgerüsteten Gegner; der K. zwischen den Geschlechtern; der K. *(Streit, die Fehde)* zwischen den beiden Gelehrten ist noch nicht ausgefochten; ein K. mit den [bloßen] Fäusten; ein K. auf Leben und Tod; der K. beginnt, entspinnt sich, ruht; einen K. wagen, beginnen, führen, ausfechten; bestehen, abbrechen, fortsetzen, aufgeben, beendigen, für sich entscheiden; den K. aufnehmen, annehmen, eröffnen, verloren geben; sich dem K. stellen, sich auf einen K. einlassen; aus diesem K. geht keiner als Sieger hervor; es kommt zum K.; jmdn. im K. besiegen, überwinden; er hat mich zum K. herausgefordert; übertr.: der K. mit dem Unwetter, gegen die Unbilden der Witterung; er hat seinen K. gegen den Schlaf, mit dem Schlaf verloren *(seine Bemühungen, wach zu bleiben, waren umsonst).* **b)** *kriegerische Auseinandersetzung, Gefecht:* ein blutiger, sinnloser K.; ein K. mit feindlichen Streitkräften, gegen einen

überlegenen Gegner; der K. tobt um die Stadt; beim K. um den Brückenkopf wurde er verwundet; in den K. ziehen; er ist im K. gefallen. **c)** *sportlicher Wettkampf:* ein fairer, spannender K.; er hat in diesem Jahr mehrere Kämpfe bestritten; die beiden Boxer, Mannschaften lieferten sich heiße Kämpfe. **2.** *innerer Zwiespalt:* seelische, innere Kämpfe durchstehen, ausfechten; nach langem K. mit sich selbst hat er sich entschieden. **3. a)** ⟨in Verbindung mit der Präp. *für*⟩ *Einsatz aller Kräfte, um etwas zu verwirklichen, zu verteidigen:* der K. für das Vaterland; wir dürfen im K. für eine bessere Zukunft nicht nachlassen. **b)** ⟨in Verbindung mit der Präp. *gegen*⟩ *Anstrengungen, Maßnahmen zur Verhinderung oder Beseitigung einer Sache:* der K. gegen den Hunger; die Verbraucher wurden zum K. gegen den Preisauftrieb aufgerufen. **c)** ⟨in Verbindung mit der Präp. *um*⟩ *Einsatz aller Mittel, um etwas zu erlangen:* der K. um den Sieg, um höhere Löhne; der K. ums Dasein. * **jmdm., einer Sache den Kampf ansagen** *(deutlich machen, daß gegen jmdn., etwas Maßnahmen ergriffen werden).*

kämpfen: 1. a) *gegen einen Gegner vorgehen, sich [handgreiflich] mit jmdm. auseinandersetzen:* verbissen, wie ein Löwe k.; gegen einen politischen Widersacher, mit einem politischen Gegner k.; die Konzerne kämpfen miteinander *(stehen in harter Konkurrenz);* er hatte gegen ihn, mit ihm bis zur Erschöpfung gekämpft; sie kämpften miteinander auf Leben und Tod, um eine Frau; kämpfende Rehböcke; übertr.: der Schwimmer kämpfte mit den Wellen, gegen die Strömung; wir haben mit vielen/gegen viele Schwierigkeiten zu k.; er kämpfte mit dem/gegen den Schlaf *(versuchte wach zu bleiben);* sie kämpfte mit den Tränen *(versuchte sie zu unterdrücken).* **b)** ⟨etwas k.⟩ *bestehen:* er kämpfte einen heroischen, verzweifelten, aussichtslosen Kampf. **c)** *gegen einen Feind im Krieg vorgehen, sich militärisch mit jmdm. auseinandersetzen:* die Soldaten kämpften erbittert, bis zum letzten Mann, Schulter an Schulter, auf verlorenem Posten, um jeden Fußbreit Boden, für das Vaterland; an der vordersten Front, auf der anderen Seite k.; die Division kämpfte gegen eine erdrückende Übermacht; die kämpfende Truppe. **d)** *sich im sportlichen Wettkampf messen, den Sieg zu erringen suchen:* die Mannschaft kämpfte fair, zäh, verbissen, bis zum Umfallen, um den Einzug ins Finale; gegen den Tabellenführer k. **2.** *sich zu einem Entschluß durchringen:* ich kämpfe noch [mit mir], ob ich daran teilnehme. **3. a)** ⟨für etwas k.⟩ *sich für etwas einsetzen, etwas mit allen Kräften zu erreichen suchen:* für die Freiheit, Gleichberechtigung, für seinen Glauben k.; wir kämpfen für ein geeintes Europa. **b)** ⟨gegen etwas k.⟩ *gegen etwas angehen, etwas mit allen Kräften zu beseitigen, zu verhindern suchen:* gegen den Krieg, gegen die Unterdrückung k.; die Mannschaft kämpft gegen den Abstieg. **c)** ⟨um etwas k.⟩ *mit allen Mitteln zu erreichen suchen, um etwas ringen:* um mehr Selbständigkeit, Anerkennung k.; die Mutter kämpfte um ihr Kind; der Arzt hat vergeblich um das Leben des Patienten gekämpft. **4.** ⟨sich k.; mit Raumangabe⟩ *eine Strecke unter widrigen Umständen, unter großer Mühe zurücklegen:* sie kämpften sich [mühsam] durch Dornen und Gestrüpp; er stürzte in das brennende Haus und kämpfte sich bis zur ersten Etage; übertr.: sie hat sich im Laufe der Jahre nach oben gekämpft *(hat sich wirtschaftlich, sozial hochgearbeitet).*

kampieren ⟨mit Raumangabe⟩: *sein Lager aufschlagen, behelfsmäßig, notdürftig wohnen:* unter freiem Himmel, auf freiem Feld k.; in einer Hütte, in Notunterkünften k.; er mußte auf dem alten Sofa k. (ugs.; *übernachten, schlafen).*

Kanal, der: **1.** *[künstlicher] Wasserlauf, Wasserstraße:* viele Kanäle durchziehen das Land; er hat den K. *(Ärmelkanal)* durchschwommen; einen K. graben, bauen; der Hafen ist durch einen K. mit dem Meer verbunden. **2.** *Abwasserleitung:* der K. ist verstopft, läuft über. **3.** *Nachrichtenweg:* geheime, dunkle, diplomatische Kanäle; es galt, diese Information in die richtigen Kanäle zu leiten. **4.** (Rundf., Fernsehen) *Frequenzbereich eines Senders:* einen K. wählen; eine Sendung auf einem K. sehen; das dritte Programm kann auf K. sieben empfangen werden. * (ugs.:) **den Kanal voll haben: a)** *(einer Sache überdrüssig sein).* **b)** *(betrunken sein)* · (ugs.:) **sich** (Dativ) **den Kanal vollaufen lassen** *(sich betrinken).*

Kandare, die: *Gebißstück am Pferdezaum:* einem Pferd die K. anlegen; die K. scharf anziehen; er ritt das Pferd auf K. * **jmdn. an die Kandare nehmen;** [bei] jmdm. **die Kandare anziehen** *(jmds. Freiheit einschränken).*

kandidieren: *sich zur Wahl stellen, sich bewerben:* für das Parlament, für das Amt des Präsidenten, für unsere Partei, gegen einen Mitbewerber k.; er ist nicht bereit, erneut zu k.

Kanne, die: */ein Gefäß/:* eine K. Kaffee; drei Kannen Milch, mit Milch; ein Kännchen Milch, Sahne; die K. ausgießen, [nach]füllen; die Kannen *(Blechkannen)* scheuern, reinigen; wir haben das Bier in der K. geholt. * (ugs.:) **in die Kanne steigen** *(gehörig dem Alkohol zusprechen).*

Kanone, die: **1.** *Artilleriegeschütz:* die Kanonen donnern; Kanonen gießen; Kanonen auffahren; eine K. laden, richten, abfeuern. **2.** (ugs.) *Könner; sportliche Größe:* er ist eine [große] K. auf diesem Gebiet, als Rennfahrer. **3.** (ugs. scherzh.) *Revolver:* laß die K. fallen!; gebt die Kanonen her! * **mit Kanonen auf/nach Spatzen schießen** *(gegen Kleinigkeiten mit zu großem Aufwand vorgehen)* · (ugs.:) **unter aller Kanone** *(sehr schlecht, unter aller Kritik):* sie spielten unter aller K.

Kante, die: **1.** *Schnittlinie zweier aneinanderstoßender Flächen:* eine scharfe, spitze, stumpfe, abgerundete K.; ich habe mich an der K. des Tisches gestoßen. **2.** *Rand, Begrenzung einer Fläche:* eine schmale, breite K.; die Tischdecke hatte eine K. aus Spitzen; er saß auf der K. des Stuhls, des Bettes. (ugs.:) **etwas auf die hohe Kante legen** *(Geld sparen)* · (ugs.:) **etwas auf der hohen Kante haben** *(Geld gespart haben).*

Kanthaken ⟨in der Wendung⟩ jmdn. **beim/am Kanthaken nehmen/kriegen** (ugs.): *jmdn. zur Rede stellen, zurechtweisen:* der kriegt immer mich beim/am K.

kantig: *[scharfe] Kanten aufweisend:* kantige Quader, Felsbrocken, übertr.: ein kantiges *(scharfgeschnittenes)* Gesicht, Kinn.

Kantonist ⟨in der Verbindung⟩ ein unsicherer Kantonist (ugs.): *ein nicht verläßlicher, unzuverlässiger Mensch:* unser Verbindungsmann ist ein, gilt als unsicherer K.

Kanzel, die: **1.** *von einer Brüstung umgebene erhöhte Stelle in der Kirche, von der der Geistliche seine Predigt hält:* eine geschnitzte K.; auf die K. steigen; von der K. herab predigen; etwas von der K. herab verkünden. **2.** *Raum für den Piloten im Flugzeug:* die Besatzungen kletterten in die Kanzeln. **3.** *Hochsitz:* auf die K. klettern; auf der K. sitzen; das Wild von der K. aus beobachten.

Kanzler, der: *Premierminister, Regierungschef:* den K. ernennen; der K. bestimmte die Richtlinien der Politik; welche Partei stellt den K.?

¹Kapelle, die: *kleine Kirche, kleiner, abgeteilter Altarraum bes. für Andachten:* die K. mit Blumen schmücken; sie betete in der K.

²Kapelle, die: *kleines Unterhaltungsorchester:* es spielen zwei Kapellen zum Tanz; die K. spielte einen Walzer; er spielte in dieser K. [Trompete].

kapern: 1. (etwas k.) *auf See erbeuten:* ein Schiff k. **2.** (ugs.) ⟨jmdn. k.⟩ *für sich gewinnen, mit Beschlag belegen:* er will dich nur für seinen Plan k.; ⟨sich (Dativ) jmdn. k.⟩ den werden wir uns k.; sie hat sich einen Millionär gekapert *(ihn dazu gebracht, sie zu heiraten).*

Kapital, das: **1.** *Vermögen, Geld, das Gewinn abwirft:* stehendes, fixes, festes, flüssiges, eingefrorenes, umlaufendes, variables K.; ein bescheidenes, sicheres K.; das K. fließt ins Ausland ab; das K. verzinst sich gut; sein K. [gut, gewinnbringend] anlegen; das K. in ein Geschäft stecken, aus dem Betrieb ziehen, angreifen; wir müssen K. aufnehmen; die Gesellschaft erhöht ihr K. *(Grund-, Anlagekapital);* er ist an mehreren Kapitalien/Kapitalen beteiligt; vom K. leben, zehren; übertr.: geistiges K. *(geistiges Leistungsvermögen, Wissen, Kenntnisse);* sein ganzes K. waren seine beiden starken Hände. **2.** *Gesamtheit von Kapitalisten, Leuten der Wirtschaft o. ä.:* diese Leute gehören zum K. * **aus etwas Kapital schlagen** *(etwas zu seinem Vorteil ausnutzen).*

kapitalistisch: *auf dem Kapitalismus beruhend:* ein kapitalistischer Staat; ein kapitalistisches Wirtschaftssystem; die kapitalistische Gesellschaftsordnung; dieser Staat ist k., wird k. regiert; k. denken.

Kapitel, das: *Abschnitt eines Textes:* das erste, zweite K.; ein langes, kurzes K.; ich habe erst ein K. des Romans gelesen; im dritten K. befaßt sich der Autor mit der Frage ...; übertr.: *Abschnitt:* ein trauriges, trübes K. der deutschen Geschichte; ein dunkles K. seines Lebens; das ist ein wunderliches K. *(Angelegenheit, Fall);* das ist ein anderes K. *(gehört in einen anderen Zusammenhang).* * **ein Kapitel für sich sein** *(eine Person oder Sache; eine etwas schwierige, eine langwierige Angelegenheit sein, über die sich viel sagen ließe).*

kapitulieren: 1. *sich ergeben:* die Truppen kapitulieren; der Stützpunkt hat kampflos kapituliert. **2.** *resignierend aufgeben:* vor einer Aufgabe, vor den Schwierigkeiten k.; ich habe an dieser Stelle einfach kapituliert.

Kappe, die: **1.** *[schirmlose] Mütze:* eine K. aus Wolle, Samt, Filz; eine sportliche K.; die K. [schief] aufsetzen, in die Stirn ziehen; übertr.: der Berg trug eine weiße K. *(ist schneebedeckt).*

2. a) *runder, verstärkter Teil des Schuhs:* die K. drückt; der Schuh ist an der K. etwas eng. **b)** *abnehmbarer Verschluß von Flaschen, Schachteln o. ä.:* die K. abschrauben, aufklappen, wieder aufsetzen. **c)** *schützende o. ä. Abdeckung an Maschinen[teilen]:* die K. vom Rad abnehmen. * (ugs.:) **etwas auf seine [eigene] Kappe nehmen** *(die Verantwortung für etwas übernehmen)* · (ugs.:) **etwas geht/kommt auf jmds. Kappe** *(jmd. muß für etwas geradestehen, Verantwortung übernehmen).*

kaputt (ugs.): **1.** *defekt, entzwei:* kaputtes (nicht: kaputtenes) Geschirr; kaputte (nicht: kaputtene) Schuhe; (scherzh.:) ein kaputtes *(gebrochenes)* Bein; das kaputte *(völlig zerstörte)* Berlin; die Uhr, die Tasse ist k.; übertr.: ein kaputter Typ *(jmd., der seinen Halt verloren hat);* unsere Ehe ist k. *(völlig zerrüttet);* die Firma ist k. *(bankrott);* /Ausdruck des Erstaunt-, Überraschtseins/ was ist denn jetzt k.? *(was ist los, was ist denn jetzt passiert?).* **2.** *erschöpft:* er machte einen ziemlich kaputten Eindruck; ich bin, fühle mich ganz k.; meine Augen sind total k.

kaputtgehen (ugs.): *defekt werden, entzweigehen:* die Jacke geht an den Ärmeln kaputt; das Glas ist kaputtgegangen; viele Pflanzen sind durch den Frost kaputtgegangen *(eingegangen);* übertr.: die Ehe ist kaputtgegangen.

kaputtmachen (ugs.): **1.** ⟨etwas k.⟩ *zerbrechen, zerstören, unbrauchbar machen:* das Spielzeug, die Lampe k.; übertr.: jmds. Ehe k. **2. a)** ⟨jmdn. k.⟩ *körperlich, wirtschaftlich zugrunde richten:* die Sorgen haben ihn kaputtgemacht; das macht die kleinen Kaufleute kaputt. **b)** ⟨sich k.⟩ *sich selbst, seine Gesundheit ruinieren:* jahrelang hat er sich für die Firma kaputtgemacht.

karg (geh.): **1.** *nicht üppig oder reichlich; dürftig:* ein karger Lohn; karge Reste; karge Mahlzeiten; k. bemessen sein; der Beifall war mehr als k.; k. antworten, lächeln. **2.** *schmucklos, ohne jeden äußeren Aufwand:* ein karger Raum; das Hotelzimmer war recht k. ausgestattet. **3.** *nicht fruchtbar:* kargen Boden; das Land wird nach Norden zu noch karger/(auch:) kärger.

kärglich (geh.): *ärmlich, armselig, kümmerlich:* eine kärgliche Mahlzeit; ein kärglicher Rest; in kärglichen Verhältnissen leben; das Hotelzimmer war k. eingerichtet; der Lohn war wirklich k.

kariert: 1. *gewürfelt, mit Karos gemustert:* ein karierter Stoff; er trägt ein kariertes Hemd; das Papier ist k. *(durch Linien in gleichmäßige Quadrate oder Rechtecke aufgeteilt).* **2.** (ugs.) *ungereimt, dumm:* rede doch nicht so k.!

Karikatur, die: *satirisch verzerrende, übertriebene Zeichnung:* eine politische K.; eine freche K. des Ministers; er zeichnet Karikaturen; er wirkte wie eine K.; er ist zu einer K. *(einem Spott-, Zerrbild)* geworden; diese Gestalt entzieht sich der K. *(läßt sich nicht karikieren).*

Karo, das: **1.** *Viereck, Vierecksmuster:* ein Stoff, ein Schulheft mit Karos; ein Anzug in K. *(mit Karomuster).* **2.** /eine Spielkartenfarbe/: K. ansagen, spielen; er spielte K. aus.

Karre, die (bes. nordd. und westmd.) und **Karren,** der (bes. südd. und österr.): **1.** *[hölzerner] ein- oder zweirädriger Wagen mit Handgriffen:* die K./den Karren schieben, ziehen; etwas auf die K./den Karren laden: wir holten drei Karren

[voll] Sand. **2.** ⟨meist Karren⟩ *hölzerner Wagen für Zugtiere:* den K. beladen; das Pferd zieht den K.; er spannte das Pferd vor den K. **3.** (ugs., oft abwertend) *[altes, schlechtes] Fahrzeug:* die K. *(das Auto)* springt nicht an; wir haben die alte Karre/ den alten Karren verkauft. * (ugs.:) **die Karre/der Karren ist total verfahren** *(die Situation ist, scheint ausweglos)* · **die Karre/den Karren in den Dreck fahren** *(eine Sache gründlich verderben)* · (ugs.:) **die Karre/den Karren [für jmdn.] aus dem Dreck ziehen** *(eine verfahrene Angelegenheit bereinigen)* · **die Karre/den Karren [einfach] laufen lassen** *(sich um eine Sache nicht [weiter] kümmern)* · (ugs.:) **jmdm. an die Karre/an den Karren fahren** *(massive Kritik an jmdm. üben, grob gegen ihn vorgehen)* · **jmdn. vor seinen Karren spannen** *(jmdn. für seine eigenen Interessen einsetzen)* · **sich nicht vor jmds. Karren spannen lassen** *(sich nicht für Ziele und Zwecke eines anderen mißbrauchen lassen).*

Karriere, die: *beruflicher Aufstieg, Erfolg:* eine steile, blendende, politische K.; seine K. verfolgen, ruinieren, beenden; diese Affäre schadete seiner K.; er steht am Anfang einer großen K. * **Karriere machen** *(beruflich aufsteigen).*

Karte, die: **1. a)** *Blatt aus dünnem Karton für Eintragungen o. ä.:* eine K. DIN A 6; eine K. aus der Kartei ziehen; die K. stechen *(die Lohn-, Steckkarte von der Kontrolluhr abstempeln lassen).* **b)** *Postkarte, Ansichtskarte:* eine K. schicken, eine kurze (ugs.) K. schreiben; er schickte eine K. aus dem Urlaub. **2. a)** *Eintrittskarte:* eine teure, billige Karte; eine K. zu 10 DM; Karten für das Theater vorbestellen, an der Abendkasse abholen. **b)** *Fahrtausweis:* eine K. 2. Klasse nach Berlin; eine K. am Schalter lösen; die Karten vorzeigen, kontrollieren, entwerten; mit dieser K., auf diese K. kann man nicht 1. Klasse fahren. **c)** *Lebensmittelkarte:* etwas auf Karten kaufen. **3.** *Spielkarte:* eine K. ausspielen; er hat gute, schlechte Karten [auf der Hand]; die Karten mischen, austeilen, geben, auflegen, anlegen, aufdecken; wir haben Karten gespielt *(ein Kartenspiel gemacht);* R: diese K. sticht nicht [mehr] *(dieses Argument überzeugt nicht [mehr]).* **4.** *gedruckte Mitteilung, Anzeige:* sie schickten zu ihrer Verlobung, ihrer Hochzeit Karten; wir müssen ihnen eine K. *(Gratulations-, Beileidskarte)* senden; er hinterließ seine K. *(Visitenkarte).* **5.** *Landkarte:* eine politische, eine physische/physikalische K. von Europa; die K. lesen, studieren; einen Ort auf der K. suchen; nach der K. sind es noch fünf Kilometer. **6.** *Speisekarte:* eine reichhaltige K.; der Kellner bringt die K.; nach der K. speisen, essen. * (Fußball:) **die gelbe Karte** *(Karte von gelber Farbe als optisches Zeichen für eine Verwarnung)* · (Fußball:) **die rote Karte** *(Karte von roter Farbe als optisches Zeichen für einen Platzverweis)* · **die/seine Karten aufdecken, [offen] auf den Tisch legen/offenlegen** *(seine wahren Absichten, Pläne enthüllen)* · **alle Karten in der Hand haben** *(über alle Machtmittel verfügen)* · **jmdm. die Karten legen** (ugs.:) **schlagen** *(jmdm. aus den Spielkarten wahrsagen)* · **alles auf eine Karte setzen** *(alles riskieren)* · **jmdm. in die Karten sehen/ schauen/**(ugs.:) **gucken** *(heimlich in jmds. Pläne Einblick nehmen)* · **sich** (Dativ) **nicht in die Karten**

sehen/schauen/ (ugs.:) **gucken lassen** *(seine Absichten geheimzuhalten wissen)* · **mit gezinkten Karten spielen** *(mit unlauteren Mitteln arbeiten)* · **mit offenen/verdeckten Karten spielen** *(etwas offen und ohne Hintergedanken/mit heimlichen Nebenabsichten tun).*

Kartoffel, die: 1. /eine *Ackerpflanze*/: frühe, späte Kartoffeln *(Pflanzensorten);* Kartoffeln anbauen, anpflanzen, hacken, häufeln; R (ugs.): rein in die Kartoffeln, raus aus den/aus die Kartoffeln *(mal lautet die Anordnung so, dann genau umgekehrt).* 2. *Kartoffelknolle:* alte, neue, feste, mehlige, glasige Kartoffeln; die Kartoffeln sind gar, weich, noch hart; Kartoffeln stecken, legen, ernten, einkellern, schälen, kochen, reiben, braten; Rindfleisch mit Kartoffeln. 3. (ugs. scherzh.) *knollige Nase:* der hat aber eine K. im Gesicht! 4. (ugs. scherzh.) *[Taschen]uhr:* meine K. geht wieder nach. 5. (ugs. scherzh.) *großes Loch:* du hast schon wieder eine K. im Strumpf.

Karton, der: 1. *dünne Pappe:* ein Bogen weißer K./(geh.:) weißen Kartons; K. schneiden; wir haben das Bild auf K. aufgezogen. 2. *Behälter aus Pappe:* ein bunter K.; einen K. auspacken; die Strümpfe sind in Kartons verpackt; mit drei Kartons badischem Wein/(geh.:) badischen Weins. R (ugs.): es knallt im K. *(es gibt eine gehörige Zurechtweisung).* * (ugs.:) **bei jmdm. rappelt's im Karton** *(jmd. ist nicht recht bei Verstand).*

Käse, der: 1. *aus Milch hergestelltes Nahrungsmittel:* frischer, scharfer, weicher, vollfetter K.; weißer K. *(Quark);* der K. ist [noch nicht] durch (ugs.), gut durchgezogen; K. machen; ein Butterbrot mit K.; etwas mit K. überbacken; R: K. schließt den Magen *(Käse bildet den richtigen Abschluß einer Mahlzeit).* 2. (ugs.) *Unsinn:* das ist doch alles K.; er redet doch nur K. [daher]; so ein K.!

Kaserne, die: *Truppenunterkunft:* die K. bewachen; in die K. einrücken.

Kasse, die: 1.a) *Geldkassette, Laden-, Registrierkasse:* die K. öffnen, verschließen; der Ausverkauf brachte geteilte Kassen; Waren bitte an der K. zahlen!; die Filialleiterin sitzt an der K.; er legte den Geldschein in die K. b) *jmdm. zur Verfügung stehendes Geld; Bargeldbestand:* bei der Abrechnung hat die K. nicht gestimmt *(hat ein Betrag gefehlt);* die K. führen, prüfen; gemeinsame K. führen, machen *(Ausgaben gemeinschaftlich bestreiten);* auf getrennte K. verreisen; R: Hauptsache, die K. stimmt. c) (Kaufmannsspr.) *Barzahlung:* wir liefern gegen K., bitten um K.; zahlbar rein netto K. *(in bar ohne Abzug).* 2.a) *Ein- oder Auszahlungsschalter:* die K. ist schon geschlossen; Geld an der K. einzahlen, abholen. b) *kleiner Raum, Schalter, an dem Eintrittskarten verkauft werden:* die reservierten Karten können an der K. abgeholt werden. 3. (ugs.) a) *Sparkasse, Bank:* seine Ersparnisse zur K. bringen; Geld auf der K. haben; die K. hat mir einen Kredit bewilligt. b) *Krankenkasse:* die K. zahlt nur wenig; die K. hat alle Kosten übernommen; ich bin [nicht] in der K. * (Kaufmannsspr.:) **Kasse machen: a)** *(abrechnen).* **b)** *(viel Geld verdienen, erwirtschaften o. ä.)* · (ugs.:) **gut/schlecht/ knapp bei Kasse sein** *(reichlich/wenig Geld haben)* · (ugs. verhüllend:) **in die Kasse greifen** *(Geld aus der Kasse stehlen)* · (ugs.:) **jmdn. zur Kasse bitten** *(jmdm. Geld abfordern).*

kassieren: 1.a) *(etwas k.) einen zur Zahlung fälligen Betrag einziehen:* Geld, den Monatsbeitrag, die Miete, das Zeitungsgeld k.; er hat zwei DM kassiert; ⟨auch ohne Akkusativ⟩ der Gasmann kommt morgen k.; der Kellner hat schon kassiert. **b)** (ugs.) ⟨jmdn. k.⟩ *jmdm. einen fälligen Betrag abverlangen:* die Vereinsmitglieder k.; der Kellner muß noch zwei Gäste k. 2.a) (ugs.) ⟨etwas k.⟩ *gewinnen, einstreichen:* hohe Gewinne, Prämien k.; er kassierte für seine Schrift ein ansehnliches Honorar. **b)** (ugs.) ⟨etwas k.⟩ *erringen, für sich buchen:* Lob, Anerkennung k. **c)** (ugs.) ⟨etwas k.⟩ *einstecken müssen, hinnehmen müssen:* Strafpunkte, ein Tor k.; bei einer Prügelei ein blaues Auge k.; unsere Mannschaft hat eine Niederlage kassiert. 3. (ugs.) a) ⟨etwas k.⟩ *wegnehmen, sich aneignen, beschlagnahmen:* der Konzern versucht, die kleineren Betriebe zu k.; die Polizei kassierte seinen Führerschein. **b)** ⟨jmdn. k.⟩ *gefangennehmen:* der letzte der Bankräuber wurde gestern kassiert. 4.a) (Rechtsw.) ⟨etwas k.⟩ *für nichtig erklären:* ein Urteil k.; eine höhere Instanz hat diese Entscheidung kassiert. **b)** ⟨etwas k.⟩ *streichen, widerrufen:* Forderungen k.; weitere Stellen wurden wegen des Geldmangels kassiert.

Kastanie, die: 1. *Kastanienbaum:* eine hohe, alte K.; die Kastanien blühen; eine Allee von Kastanien. 2.a) *Marone, eßbare Frucht der Edelkastanie:* heiße Kastanien; Kastanien rösten. b) *ungenießbare, braune Frucht der Roßkastanie:* im Herbst sammeln die Kinder Kastanien; das Wild mit Kastanien füttern; * (ugs.:) **für jmdn. die Kastanien aus dem Feuer holen** *(eine unangenehme Aufgabe für jmdn. übernehmen).*

Kasten, der: 1.a) *[rechteckiger] Behälter:* ein hölzerner K.; ein K. aus Blech für die Asche; der K. steht offen, ist verschlossen; das Kästchen war mit Samt ausgeschlagen; einen K. *(Schubkasten, Schublade)* aufziehen; Münzen in Kästen/(selten:) K. aufbewahren; sie nahm die Geige aus dem K. *(Geigenkasten).* b) (ugs.) *Briefkasten:* der K. wird morgen früh geleert; einen Brief in den K. werfen. c) *Aushänge-, Schaukasten:* Bekanntmachungen im K. aushängen. d) *Flaschenbehälter:* ein K. Bier; ein K. mit Bier; Kästen mit Bier und Limonade; ein K. bayrisches Bier/(geh.:) bayrischen Biers; mit zwanzig Kästen bayrischem Bier/(geh.:) bayrischen Biers; die Flaschen werden in Kästen geliefert. 2. (südd., österr., schweiz.) *Schrank:* in der Ecke stand ein alter, geschnitzter K.; ein Schlafzimmer mit zwei Kästen. 3. (ugs., meist abwertend) a) *[altes oder plumpes] Fahrzeug:* wir werden den alten K. *(das alte Auto)* verkaufen; der Kapitän fährt schon zwanzig Jahre auf diesem K. *(Schiff).* b) *großes, [unschönes] Gebäude:* die Mietskasernen sind scheußliche Kästen. c) (ugs., meist abwertend) *kastenförmiges Gerät:* der K. *(Radio)* plärrt unentwegt; mach den K. *(das Radio-, Fernsehgerät)* aus!; er klimpert dauernd auf dem K. *(Klavier)* herum; endlich hatte ich alle Motive im K. *(mit Hilfe der Kamera aufgenommen).* 3. (Soldatenspr.) *Arrest, Haft:* der Schütze kriegte vier Tage K. 4. (Sport ugs.) *Tor:* im K. stehen *(als Torwart spielen);* in der letzten Minute knallte er ihm

den Ball in den K. **5.** (Sport) /*ein Turngerät*/: wir machten Übungen, turnten am K. * (ugs.:) **etwas auf dem Kasten haben** *(fähig sein, viel können).*
katastrophal: *verheerend, entsetzlich, verhängnisvoll:* eine katastrophale Wirkung, Niederlage; katastrophale Zustände; die Folgen der Krise waren k.; der Streik hat sich k. ausgewirkt.
Katastrophe, die: *schweres Unglück; Verhängnis; Zusammenbruch:* eine wirtschaftliche, politische K.; eine schreckliche K. brach herein; eine K. verursachen, heraufbeschwören, herbeiführen, verhindern; ein Volk in eine K. stürzen.
Kategorie, die: *Gruppe, in die jmd. oder etwas eingeordnet wird:* jmdn. in eine K. einreihen, in/unter eine K. einordnen; das gehört [nicht] in diese K./zu dieser K., fällt unter eine andere K.; er gehört nicht zu dieser K. von Menschen.
kategorisch: *mit Nachdruck und bestimmt, ohne Widerspruch zu dulden:* eine kategorische Feststellung; kategorische Behauptungen; er hat meinem Vorschlag ein kategorisches Nein entgegengesetzt; etwas k. fordern, erklären, ablehnen.
Kater, der: **1.** *männliche Katze:* ein schwarzer K.; er streicht wie ein verliebter K. um sie herum. **2.** (ugs.) *schlechte Verfassung, Stimmung nach reichlichem Alkoholgenuß:* einen K. haben; ich wachte, stand mit einem fürchterlichen K. auf.
Katze, die: /*ein Haustier*/: eine graue, getigerte, wildernde, herumstreunende, zugelaufene K.; die K. putzt sich, leckt sich, schnurrt, spielt, kratzt, faucht, miaut, macht einen Buckel; die K. hat eine Maus gefangen; sie spielt mit ihm wie die K. mit der Maus; Я: das hat die K. gefressen (ugs.; *das ist spurlos verschwunden*); da beißt sich die K. in den Schwanz (ugs.; *Ursache und Wirkung bedingen sich hier wechselseitig, so kommen wir nicht weiter*); die K. läßt das Mausen nicht; wenn die K. aus dem Haus ist, tanzen die Mäuse [auf dem Tisch]. * (ugs.:) **um etwas herumgehen wie die Katze um den heißen Brei** *(über etwas reden, ohne auf den Kern der Sache zu kommen; sich nicht trauen, etwas zu tun)* · (ugs.:) **die Katze im Sack kaufen** *(etwas ungeprüft übernehmen, kaufen)* · (ugs.:) **die Katze aus dem Sack lassen** *(seine Absicht, ein Geheimnis, einen bisher bewußt verschwiegenen Plan [plötzlich] preisgeben)* · **der Katze die Schelle umhängen** *(eine gefährliche, schwierige Aufgabe als einziger übernehmen)* · (ugs.:) **Katz und Maus mit jmdm. spielen** *(jmdn. hinhalten, allzulange auf eine [letztlich doch negative] Entscheidung warten lassen)* · (ugs.:) **etwas ist für die Katz** *(etwas ist vergeblich, nutzlos).*
Katzenjammer, der (ugs.): *niedergeschlagene Stimmung, Ernüchterung nach einem Rausch, nach Ausschweifungen:* am nächsten Morgen kam der große K.; einen K. haben; er ist mit einem K. aufgewacht; übertr.: der K. der Partei nach der verlorenen Wahl.
Katzensprung (ugs.) ⟨in bestimmten Verwendungen:⟩ *eine nur kleine Entfernung:* das war nur ein K.; bis zu ihm, [bis] nach Frankfurt ist es ein K.; sie wohnen einen K. von hier.
kauen: 1. a) ⟨etwas k.⟩ *Speisen o.ä. mit den Zähnen zerkleinern:* gut, gründlich, langsam k.; mit vollen, mit beiden Backen (ugs.) k.; das Brot, das Fleisch k.; er kaut Tabak; er kaut Kaugummi; der Weinprüfer kaut den Wein *(prüft sei-*

nen Geschmack unter Kaubewegungen); Я: gut gekaut ist halb verdaut. **b)** ⟨an etwas, auf etwas k.⟩ *etwas mühsam mit den Zähnen zu zerkleinern suchen:* an einem/auf einem zähen Stück Fleisch k. **2.** ⟨an etwas, auf etwas k.⟩ *an etwas nagen, knabbern:* an dem, auf dem Bleistift, an einem Grashalm k.; nervös an den, auf den Lippen k.; kau nicht immer an den Nägeln!; übertr.: *sich mit etwas abplagen:* an einem Problem k.
kauern: 1. ⟨mit Raumangabe⟩ *zusammengekrümmt hocken:* am Boden, in einem Gebüsch k.; der Bettler kauerte am Weg. **2.** ⟨sich k.; mit Raumangabe⟩ *sich niederhocken, ducken:* die Kinder kauern sich hinter den Busch; der Hase kauert sich in die Ackerfurche; bildl.: die Häuser kauern sich in die Talmulde.
Kauf, der: **1.** *das Erwerben einer Sache gegen Bezahlung:* ein guter, günstiger, vorteilhafter K.; der K. eines Autos; ein K. auf Raten; einen K. abschließen, rückgängig machen, tätigen; jmdn. zum Kauf anreizen, ermuntern; das Grundstück steht zum K. [aus]; er hat uns das Bild zum K. angeboten. **2.** *Kaufobjekt:* das Kleid war ein günstiger K. * **etwas in Kauf nehmen** *(sich mit etwas im Hinblick auf andere Vorteile abfinden):* materielle Einbußen, Risiken in K. nehmen.
kaufen: 1. a) (etwas k.) *für Geld erwerben:* etwas billig, teuer, fast umsonst, günstig k.; einen Kühlschrank auf Raten, auf Abzahlung, auf Stottern (ugs.) k.; diesen Anzug hat er von der Stange (als Konfektionsware) gekauft; das habe ich für billiges, teures Geld gekauft; dieses Fabrikat wird viel gekauft; wir kaufen uns ein Zelt; ich kaufe dir/für dich einen Mantel; Я (ugs.): dafür kaufe ich mir nichts, kann ich mir nichts k. *(damit kann ich nicht viel anfangen, das nützt mir nichts).* **b)** ⟨mit Raumangabe⟩ *einkaufen:* wir k. nur im Fachgeschäft; ich kaufe immer bei ihm, im Laden um die Ecke. **2.** (ugs.) ⟨jmdn. k.⟩ *bestechen, durch Bestechung gewinnen:* Stimmen, einen Beamten k. **3.** (ugs.) ⟨sich (Dativ) jmdn. k.⟩ *vornehmen, zur Rede stellen:* den werde ich mir mal kaufen.
Käufer, der: *jmd., der etwas kauft, Kunde:* ein kritischer, schnell entschlossener K.; ein K. auftreten; ihr gutes Objekt haben wir einen K. gesucht, hat sich noch kein K. gefunden; einen K. an der Hand haben; das Auto hat einen/seinen K. gefunden *(ist verkauft worden).*
käuflich: a) *gegen Geld erhältlich:* dieses Bild ist [nicht] k.; etwas k. erwerben; übertr.: käufliche Liebe (Prostitution); käufliche Mädchen (Prostituierte) standen an der Ecke. **b)** *bestechlich:* ein Teil der Beamten erwies sich als k.
Kaufmann, der: **a)** *[selbständig] Handeltreibender:* ein guter, versierter K.; er ist gelernter K.; er lernt K. *(macht eine kaufmännische Lehre);* schon seine Vorfahren waren Kaufleute. **b)** (ugs. landsch.) *Krämer, Lebensmitteleinzelhändler:* wir kaufen beim K. an der Ecke.
kaufmännisch: *den Beruf des Kaufmanns, das Kaufen und Verkaufen betreffend, zum Kaufmann[sgewerbe] gehörend:* ein kaufmännischer Lehrling, Angestellter; sie lernen kaufmännisches Rechnen, kaufmännische Buchführung; der kaufmännische Leiter eines Betriebes; kaufmännisches Geschick; er ist k. veranlagt, begabt.
kaum ⟨Adverb⟩: **1. a)** *fast gar nicht:* ich habe k.

geschlafen; ich kenne ihn k.; es war k. jemand *(fast niemand)* da; die Mauer ist k. *(nicht einmal ganz)* drei Meter hoch; er ist k. älter als ich; das spielt k. eine Rolle. **b)** *nur mit Mühe, schwer:* das ist k. zu glauben; er konnte es k. erwarten; ich werde k. fertig. **c)** *vermutlich nicht:* sie wird k. zustimmen; das dürfte k. möglich sein; er wird k. noch kommen; ohne ihn hätten wir den Weg [wohl] k. gefunden; „Glaubst du, er stimmt zu?" – „[Wohl] k." **2.** *gerade, soeben:* er war k. aus der Tür, als der Anruf kam; k. war er dort, wollte er wieder umkehren. **3.** (veraltend) ⟨in Verbindung mit *daß*⟩ **a)** *gerade, als:* der Regen war, k. daß er angefangen hatte, schon vorüber. **b)** *gerade so, daß noch:* an allem herrschte Mangel, k. daß wir genug zu essen hatten.

Kaution, die: *als Sicherheit hinterlegter Geldbetrag:* [eine] K. stellen, leisten, hinterlegen; wir mußten zwei Monatsmieten K. zahlen; er hat die K. verfallen lassen; er kam gegen K. frei.

Kauz, der: **1.** */eine Eulenart/:* ein Käuzchen schreit; der nächtliche Ruf eines Kauzes. **2.** *Sonderling:* ein schrulliger, seltsamer, wunderlicher, komischer, origineller K.

Kavalier, der: **1.** *taktvoller, höflicher, bes. Frauen gegenüber hilfsbereiter und zuvorkommender Mann:* ein galanter, vollendeter K.; den K. spielen; ein K. der Straße, am Steuer *(ein rücksichtsvoller, hilfsbereiter Autofahrer)*; R: der K. genießt und schweigt. **2.** *(ugs. veraltend) Freund, Liebhaber:* sie hat einen flotten K.; ihr K. wartet vor der Tür. ∗ **ein Kavalier der alten Schule** *(ein Mann, der sich durch ausgesuchte Höflichkeit auszeichnet).*

keck: *unbekümmert, respektlos, ein bißchen frech:* ein kecker Bursche; er war ziemlich k., gab dem Chef eine kecke Antwort; sie hatte den Hut k. *(verwegen)* aufs Ohr gesetzt.

Kegel, der: **1.** */ein geometrischer Körper/:* ein spitzer, stumpfer, gerader, schiefer K.; der Rauminhalt eines Kegels. **2.** *[hölzerne] Figur im Kegelspiel:* K. spielen; die K. aufstellen, abräumen (ugs.), umwerfen; wie viele K. sind gefallen?

kegeln: *Kegel spielen:* er geht jeden Freitag k.

Kehle, die: **a)** *Vorderteil des Halses:* einem Tier die K. durchschneiden; der Hund wäre ihm bei der kleinsten Bewegung k. gefahren, gesprungen. **b)** *Schlund:* eine trockene, ausgedörrte K.; meine K. schmerzt; er schrie sich (Dativ) die K. heiser; er hat eine rauhe K. *(ist heiser);* der Bissen geriet mir in die falsche K. *(in die Luftröhre).* ∗ **aus voller Kehle** *(lauthals):* sie sangen, lachten aus voller K. · **etwas schnürt jmdm. die Kehle zu/zusammen** *(verursacht ein Gefühl starker Beklemmung)* · **sich** (Dativ) **die Kehle aus dem Hals schreien** *(anhaltend laut schreien [müssen])* · **es geht jmdm. an die Kehle** *(jmdm. droht Gefahr)* · **etwas in die falsche Kehle bekommen** *(etwas falsch verstehen und böse werden)* · **etwas bleibt jmdm. in der Kehle stecken** *(jmd. kann vor Schreck, Überraschung nicht weitersprechen):* das Wort, der Satz blieb ihm in der K. stecken · (ugs.:) **sich** (Dativ) **die Kehle anfeuchten/ölen/schmieren** *(Alkohol trinken)* · (ugs.:) **eine trockene Kehle haben** *([immer] durstig nach Alkohol sein)* · (ugs.:) **etwas durch die Kehle jagen** *(vertrinken):* er hat sein ganzes Vermögen durch die K. gejagt.

¹kehren (bes. südd.): **a)** ⟨etwas k.⟩ *mit dem Besen*

säubern: das Zimmer, den Boden, die Straße k.; ⟨auch ohne Akk.⟩ in dieser Woche muß ich k. *(Treppen-, Flurreinigung besorgen).* **b)** ⟨etwas k.; mit Raumangabe⟩ *mit dem Besen entfernen, an eine andere Stelle schaffen:* die Blätter in eine Ecke, die Schnipsel unter die Matte k.; den Schnee vom Bürgersteig k.

²kehren: a) ⟨sich, etwas k.; mit Raumangabe⟩ *irgendwohin drehen, wenden:* er hatte sich, sein Gesicht zur Sonne gekehrt; die Taschen nach außen k.; bei der Suche das Unterste zuoberst k. *(alles auf den Kopf stellen, durcheinanderbringen).* **b)** (geh.) ⟨etwas kehrt sich gegen jmdn., gegen etwas⟩ *etwas richtet sich gegen jmdn., etwas:* dieses Verhalten kehrte sich schließlich gegen ihn selbst; sein Zorn kehrte sich gegen uns. ∗ **sich an etwas nicht kehren** *(sich nicht um etwas bekümmern):* er kehrte sich nicht an das Gerede der Leute · (geh.:) **in sich gekehrt** *(versunken, nach innen gewandt):* er saß ganz in sich gekehrt da.

Kehrseite, die: **a)** *ungünstige Seite, nachteiliger Aspekt:* etwas ist die K. von etwas; etwas hat eine K.; Absatzschwierigkeiten sind die K. der Expansion; R: das ist die K. der Medaille *(das Nachteilige an einer an sich vorteilhaften Sache).* **b)** (scherzh.) *Rücken, Gesäß:* er ist auf seine K. gefallen; jmdm. die K. zudrehen, zuwenden.

kehrtmachen: *sich umdrehen, umkehren:* ich mußte auf halbem Wege k., weil ich etwas vergessen hatte; er machte kehrt *(drehte sich um und ging davon)*, als er seinen Gegner kommen sah.

keifen: *laut und grob mit schriller, stark überschlagender Stimme schimpfen:* unentwegt, vor Wut k.; die Marktfrau keifte mit den Kunden.

Keil, der: **1.** *Werkzeug zum Spalten von Holz o. ä.:* einen Spalt mit einem K. erweitern; die Holzfäller trieben Keile in den Baumstamm; etwas mit Hilfe eines Keils spalten. **2.** *keilförmiger Hemmschuh:* einen K. vor, hinter, unter das Rad legen; wir haben den Wagen durch Keile/mit Keilen gegen Wegrollen gesichert. **3.** *keilförmiges Gebilde:* sie hat einen K. *(keilförmiges Stück Stoff)* im Rücken des Mantels eingesetzt.

keilen (ugs.) **1.** ⟨sich k.⟩: *sich prügeln:* sie keilten sich [um die Bonbons]. **2.** ⟨jmdn. k.; meist mit Präp.-Obj.⟩ *anwerben, zu gewinnen suchen:* er hat sich als Mitglied k. lassen; jmdn. für, zu etwas k.

Keim, der: **1. a)** *sprießender Pflanzentrieb:* junge, zarte, grüne Keime; die Kartoffeln bilden schon Keime aus; übertr.: etwas ist im K. *(in seinen Anfängen)* schon vorhanden. **b)** (Biol.) *Embryo:* der werdende K. wird durch die Plazenta ernährt. **2.** (Biol.) *Krankheitserreger:* resistente, virulente Keime; übertr.: die Untergangs in sich tragen. ∗ **etwas im Keim[e] ersticken** *(etwas schon im Entstehen unterdrücken).*

keimen ⟨etwas keimt⟩: *etwas beginnt zu sprießen:* die Weizenkörner, Bohnen, Kartoffeln keimen; zur Malzherstellung läßt man die Gerste k.; das keimende Leben; übertr. (geh.): Liebe, die Hoffnung auf Frieden keimt in den Herzen der Menschen, keimende Leidenschaften.

kein ⟨Indefinitpronomen⟩ **1. a)** *nicht [irgend]ein:* das ist k. Vergnügen; k. Mensch *(use; niemand)* kümmert sich darum; k. Abgeordneter war da; k. Junge und k. Mädchen war/(selten:) waren da; k. Ort ist so schön wie dieser; kein Lebenszeichen von sich geben; das waren keine guten Aussichten. **b)** *nichts an, von:* keine Zeit; keine Angst; k. Geld; er hatte keine Lust; er kann k. Englisch. **c)** /kehrt das zugehörige Adjektiv ins Gegenteil/: keine schlechte Idee; k. großer Unterschied; er ist k. dummer Mensch. **d)** (ugs.) /vor Zahlwörtern/ *nicht ganz, noch nicht einmal:* das Auto ist noch keine 2 Jahre alt; es dauerte keine fünf Minuten. **2.** *niemand, nichts:* keiner will die Arbeit tun; ich kenne keinen; keine kann das so gut wie sie; keines von beiden trifft zu; Geld habe ich kein[e]s (ugs.: *nicht*).

keinerlei ⟨unbestimmtes Zahlwort⟩: *keine Art von:* k. Anstalten machen; das zeigte k. Wirkung; man geht damit k. Verpflichtungen ein.

keinesfalls ⟨Adverb⟩: *überhaupt nicht:* ein Visum ist k. erforderlich; das habe ich k. gesagt.

keineswegs ⟨Adverb⟩: *durchaus nicht:* diese Ansicht ist k. richtig; ich habe das k. vergessen.

Keks, der, (auch:) das: **1.** *trockenes, haltbares Kleingebäck:* mit Schokolade überzogene Kekse; einen K. knabbern. **2.** (ugs.) *Kopf:* sich den K. stoßen. * (ugs.:) **einen weichen K. haben** *(nicht recht bei Verstand sein)* · (ugs.:) **jmdm. auf den K. gehen** *(jmdm. lästig werden, ihn nervös machen).*

Kelch, der: **1. a)** *glockenförmiges Trinkglas mit Stiel:* der Champagner perlte in den geschliffenen Kelchen; bildl. (geh.): der bittere K. des Leidens. **b)** (Rel.) *Abendmahlsgefäß:* der Priester hebt den K. **2.** *grüne Blatthülle, die die Blüte umschließt:* die Blumen öffnen ihre Kelche. * (geh.:) **der Kelch ist an jmdm. vorübergegangen** *(jmdm. ist Schweres erspart geblieben).*

Keller, der: *teilweise oder ganz unter der Erde befindliches Geschoß eines Hauses:* ein feuchter, dumpfer, muffiger, geräumiger, tiefer, dunkler K.; den K. als Hobbyraum ausbauen; jede Mietpartei hat einen K. *(einen abgetrennten Raum im Keller für Vorräte):* Kartoffeln, Kohlen aus dem K. holen; in den K. gehen, hinabsteigen. **2.** (ugs.) ⟨in Verbindung mit bestimmten Präpositionen⟩ *schlechte Position:* die Mannschaft ist, sitzt im, sackt, rutscht in den K.; wieder aus dem K. herauskommen; die Preise sind in den K. gefallen *(erheblich zurückgegangen).*

Kellner, der: *Angestellter, der in einem Restaurant o. ä. die Gäste bedient:* ein [un]höflicher, aufmerksamer, freundlicher K.; nach dem K. rufen; als K. arbeiten.

kennen: **1. a)** ⟨jmdn., sich, etwas k.⟩ *über jmdn., über etwas Bescheid wissen, mit jmdm., etwas vertraut sein, sich auskennen:* etwas gut, oberflächlich, flüchtig, nur vom Hörensagen, genau k.; etwas k. wie seine Hosentasche/Westentasche (ugs.; *einen Ort ganz genau kennen*); etwas in- und auswendig (ugs.; *gut, bis zum Überdruß*) k.; das Leben, seine Heimat k.; ich kenne mich selbst gut genug; wenn er das so gut kennt wie ich; ich kenne ihn, seine Schwächen und Vorzüge genau; da kennst du mich aber schlecht (ugs.; *schätzt du mich falsch ein*); von diesem Schriftsteller kenne ich nichts *(habe ich nichts gelesen)*; ℞ (ugs.): das kennen wir [schon]! *(diese Ausrede, Verhaltensweise o. ä. ist uns nicht unbekannt!).* **b)** ⟨jmdn. k.; mit Artangabe⟩ *jmdm. in bestimmter Weise vertraut, bekannt sein:* so kenne ich ihn gar nicht; von dieser Seite habe ich ihn

bisher nicht gekannt; wie ich ihn kenne, tut er das nicht; ich kenne ihn als einen sehr zuverlässigen Menschen. **2. a)** ⟨etwas k.⟩ *[zu nennen] wissen:* jmds. Namen, Alter k.; ich kenne den Grund für sein Verhalten; kennst du ein gutes Restaurant?; ich kenne ein gutes Mittel gegen Schnupfen. **b)** ⟨jmdn. k.⟩ *wissen, wer jmd. ist:* ihn kennt jedes Kind; ich kenne ihn nicht, nur dem Namen nach; wir kennen uns nur vom Sehen; hier kennt jeder jeden. **3.** ⟨jmdn. k.⟩ *mit jmdm. bekannt sein:* wir k. uns/(geh.:) einander schon; ich kannte ihn von früher; er kennt mich persönlich; die beiden kannten sich schon lange; woher kennen wir uns?; wir kennen uns schon; die beiden kennen sich nicht mehr *(sind verfeindet).* **4.** ⟨etwas k.; meist verneint⟩ *gelten lassen:* kein Maß, kein Ziel, keine Unterschiede k.; sie kennen kein Mitleid, kein Erbarmen, keine Gnade; sie kannte nur ihre Arbeit. **5.** ⟨etwas k.⟩ *wissen, daß es etwas gibt; von etwas Kenntnis haben:* in diesem Land kennt man keinen Winter; das kennt man nur aus Filmen; solche einfachen Geräte kennen die Kinder heute gar nicht mehr. **6.** ⟨jmdn., etwas an etwas k.⟩ *[wieder]erkennen:* ich kenne ihn am Gang, an der Stimme. * **sich nicht mehr kennen** *(außer sich sein):* sie kannte sich nicht mehr vor Empörung.

kennenlernen ⟨jmdn., etwas k.⟩: *mit jmdm., mit etwas bekannt, vertraut werden:* jmdn. näher k.; die Welt, das Leben, die Gegend k.; wir haben uns neulich, bei einer Einladung, bei gemeinsamen Freunden, an der See, im Urlaub kennengelernt *(ihre Bekanntschaft gemacht);* es freut mich, Sie kennenzulernen!; jmdn. kennen- und liebenlernen; wir haben sie eine zuverlässige, treue Freundin kennengelernt *(sie hat sich für uns als solche erwiesen);* ich wollte seine Ansicht k. *(erfahren);* ich lernte ihn von einer ganz neuen Seite kennen; /als Drohung/: du wirst mich noch k.! (ugs.; *du wirst noch merken, wozu ich imstande bin!);* übertr.: jmds. Großzügigkeit, niedrige Gesinnung k. *(zu spüren bekommen).*

Kenntnis, die: **a)** *das Wissen um etwas, das Kennen einer Sache:* die eingehende, richtige, [un]genaue K. der Materie; seine K. von Berlin ist erstaunlich; aus eigener K. der Umstände; ohne K. der Zusammenhänge; in K. der Umstände handeln; nach mehr K. verhält sich die Sache anders. **b)** *[fachliches] Wissen, Erfahrung, [auf einem bestimmtem Gebiet]:* besondere, lückenhafte, ausreichende Kenntnisse haben; Kenntnisse sammeln, gewinnen, vermitteln; ist hat gute Kenntnisse auf dem Gebiet der Physik/in Physik erworben; sich (Dativ) technische Kenntnisse aneignen; seine Kenntnisse [in etwas] auffrischen, erweitern, vertiefen; es fehlt ihm noch an Kenntnissen; über ausgebreitete Kenntnisse verfügen. * (nachdrücklich:) **Kenntnis von etwas nehmen** *(Notiz von etwas nehmen)* · **etwas zur Kenntnis nehmen** *(eine Information über etwas entgegennehmen; etwas ansehen, ohne sich darauf zu äußern)* · (nachdrücklich:) **jmdn. von etwas in Kenntnis setzen** *(jmdn. von etwas unterrichten)* · (nachdrücklich:) **etwas zur Kenntnis bringen** *(etwas [allgemein] bekanntgeben):* dies wird öffentlich, dienstlich zur K. gebracht · **etwas entzieht sich jmds. Kenntnis** *(jmd. weiß über etwas nichts, ist nicht darüber unterrichtet).*

Kennzeichen, das: 1. *Merkmal:* ein auffälliges, sicheres, besonderes K.; ein K. des Genies ist, daß ...; die Krankheit hat untrügliche K.; [ohne] besondere K. /im Paß in bezug auf eine Person/. 2. *an Fahrzeugen angebrachte Kennzahl, Nationalitätsbezeichnung o. ä.:* das polizeiliche K. eines Fahrzeugs; ein Wagen mit ausländischem K.

kennzeichnen: 1. ⟨etwas k.⟩ *mit [einem] Kennzeichen versehen:* Gefahrenstellen k.; die einzelnen Teile sind in der Reihenfolge ihres Zusammenbaus gekennzeichnet; einen Weg mit/durch Schilder k.; Waren k.; etwas durch eine Aufschrift [als gefährlich, giftig] k. 2. ⟨etwas kennzeichnet jmdn., etwas⟩ *etwas charakterisiert jmdn., etwas, ist für etwas bezeichnend:* diese Ideen kennzeichnen das neunzehnte Jahrhundert; seine Tat kennzeichnet ihn als mutigen Menschen; ⟨etwas kennzeichnet sich [durch etwas]⟩ diese Rücksichtslosigkeit kennzeichnet sich selbst *(spricht für sich selbst);* sein Denken kennzeichnet sich durch logische Schärfe; adj. Part.: kennzeichnende Eigenschaften, Merkmale; dieser Zug ist kennzeichnend für ihn.

kentern ⟨etwas kentert⟩: *auf dem Wasser umschlagen, umkippen:* das Boot kentert; der Frachter ist im Sturm gekentert.

Kerbe, die: *Einschnitt [im Holz]:* eine K. in den Stock schneiden, machen; der Türrahmen war mit Kerben verziert. * (ugs.:) **in dieselbe/die gleiche Kerbe hauen/schlagen** *(etwas in der gleichen negativen Weise beurteilen wie ein anderer).*

Kerbholz ⟨in der Wendung⟩ etwas auf dem Kerbholz haben (ugs.): *Unrechtes, eine Straftat begangen haben:* er hat viel, manches auf dem K.

Kerker, der: *(früher übliches) Gefängnis, Verlies:* jmdn. in den K. stecken, werfen; er mußte lange im K. schmachten (geh.).

Kerl, der: a) (ugs.) *männliche Person:* ein großer, kräftiger, junger, tüchtiger K.; er erwies sich als ganzer K. *(stand seinen Mann);* jeder sah, was für ein K. *(tüchtiger Mensch)* in ihm steckte; er ist ein K. wie ein Baum; wenn du ein K. wärst *(Mut o. ä. hättest),* dann ...; (ugs.:) sie ist mit ihrem K. *(Liebhaber)* durchgebrannt; /als Schimpfwort:/ so ein blöder K.! b) (fam.) *durch bestimmte [meist positive] Eigenschaften charakterisierter Mensch:* ein guter, anständiger, aufrichtiger, netter, feiner, kluger, patenter (ugs.), toller K.; sie ist ein lieber K.; der arme K. *(Mensch)* tut mir wirklich leid (ugs.); übertr.: die jungen Hunde sind niedliche Kerlchen. c) (ugs.) *übles männliches Subjekt:* ein widerlicher, gemeiner, grober, roher, brutaler K.; daß sie sich mit so einem *(einem so unsympathischen Typ)* liiert hat!; was will der K.?; ich kann den K. nicht leiden; schmeißt die Kerle/ (bes. nordd.) Kerls hinaus!

Kern, der: 1. a) *Samen einer Frucht:* die Kerne des Apfels, der Apfelsine, der Gurke; die Kerne ausspucken. b) *das Innere des hartschaligen Fruchtkerns:* der K. der Nuß; die Mandeln haben süße, bittere Kerne; bildl.: in ihr steckt ein guter K. *(Charakter).* 2. a) *das Innere, Zentrum:* der K. der Stadt; der K. der Zelle teilt sich zuerst; in den K. einer Sache vorstoßen. b) *Wesen einer Sache:* das ist der K. des Problems, der Frage; zum K. eines Anliegens, seiner Ausführungen kommen; diese Behauptung hat, birgt einen wahren

K.; mit dieser Feststellung hat er den K. der Sache getroffen; der Vorschlag ist im, in seinem K. brauchbar. * **der harte Kern** *(Gruppe von Personen, die sich mit einer Sache am entschiedensten identifiziert; innerster Kreis von etwas).*

kernig 1. *(von einer Frucht) viele Kerne enthaltend:* kernige Mandarinen. 2. *urwüchsig, kraftvoll:* ein kerniger Mann; er hat eine kernige Natur. 3. *hart, fest:* kerniges Leder, Holz. 4. *deftig, derb:* ein kerniger Ausspruch, Fluch.

Kerze, die: 1. *Wachs-, Stearinlicht:* eine dicke K.; elektrische Kerzen *(Glühlampen in Kerzenform);* Kerzen aus Bienenwachs; die K. brennt, flackert, tropft, verzehrt sich (geh.); ist niedergebrannt; die Kerzen brennen herunter; Kerzen gießen, ziehen; die Kerzen anzünden, anstecken, auslöschen; den Heiligen, für den Altar eine K. stiften; ihr Leben verlosch still wie eine K.; bildl.: die weißen Kerzen *(Blütenstände)* der Kastanien. 2. *Zündkerze:* die Kerzen auswechseln, erneuern. 3. /eine Turnübung/: die K. machen. 4. (bes. Fußball) *steil in die Höhe geschossener Ball:* eine K. schießen, produzieren.

keß: *flott, unbekümmert und ein bißchen frech:* ein kesses Mädchen; kesse Antworten geben; eine kesse Frisur; sie ist etwas zu k.; k. auftreten.

Kessel, der: 1. a) *großes Kochgefäß:* ein eiserner, emaillierter K.; ein K. voll Wasser, mit Wasser; ein K. aus Aluminium; der K. *(der Inhalt des Kessels)* kocht, brodelt; den K. aufsetzen, auf den Herd stellen; in der Kantine wird die Suppe in großen Kesseln gekocht. b) *großer, zur Aufnahme von Flüssigkeiten bestimmter Metallbehälter:* das Bier wird in kupfernen Kesseln gebraut. c) *Anlage zur Dampf-, Heißwassererzeugung:* der K. einer Dampflok, der Zentralheizung; die K. stehen unter Dampf; den K. anheizen. 2. *von Bergen ringsum umgebenes Tal:* die Stadt liegt im K.; im Sommer ist es in diesem K. oft unerträglich schwül. 3. a) (Jägerspr.) *von Jägern und Treibern gebildeter Kreis bei der Treibjagd:* einige Hasen sind dem K. entkommen. b) *Gebiet, in dem feindliche Kräfte eingeschlossen sind:* einen K. bilden, den K. schließen; die Armee wurde im K. aufgerieben.

Kesseltreiben, das: 1. *Treibjagd auf Hasen:* ein K. veranstalten. 2. *systematische Hetz-, Verleumdungskampagne:* ein erbittertes K. begann, wurde in Gang gesetzt; reaktionäre Kreise veranstalten ein regelrechtes K. gegen ihn.

Kette, die: 1. a) *aus beweglichen, ineinanderhängenden [metallenen] Gliedern bestehendes Gebilde:* stählerne Ketten; die K. klirrt, rasselt; um den Baumstamm wurde eine K. gelegt; die K. *(Sicherungskette)* vorlegen, vor die Tür legen; den Hofhund an die K. legen, von der K. losmachen; die Ketten des Panzers; den Anker an der K. hochziehen; die Gefangenen wurden in Ketten gelegt; die Sträflinge waren mit Ketten aneinandergeschmiedet; bildl. (geh.): die Ketten abwerfen, zerbrechen, zerreißen, sprengen, abstreifen, abschütteln *(sich befreien, die Freiheit erringen).* b) (Technik) *Antriebskette:* die K. des Fahrrads; die K. ölen; die Nockenwelle wird von einer K. angetrieben. c) *Schmuckkette:* eine kostbare, zweireihige, silberne, goldene K.; eine K. aus Perlen; sie trug eine K. um den Hals; der

Rektor hatte die K. *(Amtskette)* angelegt. **2.** *ununterbrochene Reihe, Aufeinanderfolge:* eine lange, endlose K. von Fahrzeugen; die Menschen, die Helfer bildeten eine K. *(stellten sich nebeneinander auf und faßten sich an den Händen);* die K. der Berge; ü b e r t r.: die K. der Geschlechter, Generationen; die K. der Beweismittel. **3.** (Weberei) *die Längsfäden in einem Gewebe:* K. und Schuß; die Fäden der K.; sie zog die K. am Webstuhl auf. **4.** (Jägerspr.) *Schar von Hühnervögeln:* eine K. Rebhühner flog auf. * **jmdn. an die Kette legen** *(jmdn. in seiner Freiheit einschränken):* du kannst die Kinder nicht an die K. legen.

ketten ⟨jmdn., sich an jmdn., sich, etwas k.⟩: *[allzu]fest binden:* es ist ihr gelungen, ihn völlig an sich zu k.; ich will mich nicht ganz und gar an ihn, dieses Unternehmen k.

keuchen: **a)** *schwer, mühsam, geräuschvoll atmen:* schwer, vor Anstrengung, atemlos k.; er keuchte unter der Last; keuchend blieb er endlich stehen; mit keuchendem Atem. **b)** ⟨mit Raumangabe⟩ *schwer atmend sich fortbewegen:* sie keuchten über den Berg, die Treppe hinauf.

Keule, die: **1. a)** *Schlagwaffe mit einem verdickten Ende:* die Eingeborenen schlugen die Forscher mit Keulen tot. **b)** *hölzernes, flaschenförmiges Sportgerät:* Keulen schwingen; Übungen mit der K. machen. **2.** *[Hinter]bein bei Geflügel, Wild und kleineren Schlachttieren:* eine gebratene K.; ein Stück aus der K. * **chemische Keule** *(von der Polizei bes. gegen Demonstranten eingesetztes Gerät, mit dem Tränengas o. ä. versprüht wird).*

keusch: *sexuell enthaltsam, unberührt:* ein keusches Leben; ein keusches Mädchen; sie ist k. wie eine Nonne; k. leben; ü b e r t r. (geh.): das keusche Weiß des ersten Schnees.

kichern: *leise, in hohen Tönen lachen:* die jungen Mädchen fingen an zu k.; verlegen, boshaft, verstohlen k.; R: daß ich nicht kichere! /Ausdruck höhnischen Zweifels/.

¹Kiefer, der: *Schädelknochen, der die Zähne trägt, untere Gesichtspartie:* ein kräftiger, zahnloser, vorspringender K.

²Kiefer, die: /ein Nadelbaum/: eine hohe, verkrüppelte K.; einige Kiefern wurden gefällt.

Kieker (in der Wendung) jmdn. auf dem Kieker haben (ugs.): **a)** *(jmdn. mißtrauisch [längere Zeit] beobachten).* **b)** *(jmdn. dauernd kritisieren und für alles verantwortlich machen).* **c)** *(großes Interesse an jmdm. haben).*

¹Kiel, der: *unterer Teil des Schiffsrumpfes:* wir sind, das Schiff ist mit dem K. auf Grund geraten. * (Schiffsbau:) **etwas auf Kiel legen** *(mit dem Bau eines Schiffes beginnen):* dort wird ein Frachter auf K. gelegt.

²Kiel, der: **a)** *Schaft der Vogelfeder:* die Federn der Jungvögel haben noch weiche Kiele. **b)** (veraltet) *Gänsefeder zum Schreiben:* einen K. zuschneiden; der K. kratzte über das Papier.

Kielwasser, das (Seemannsspr.): *Fahrspur hinter einem Schiff:* das K. strudelt, schäumt; unser Boot fuhr im K. des Dampfers. * **in jmds. Kielwasser segeln/schwimmen, sich in jmds. Kielwasser halten** *(jmdm. in seinem Verhalten folgen).*

Kilo, das (ugs.): /Kurzw. für Kilogramm/: ein K. Zucker; sie wiegt 60 K.

Kilogramm, das: /eine Gewichtseinheit/: die

Keule wiegt 3,5 K.; ein K. Kartoffeln wird/(selten:) werden für das Rezept gebraucht.

Kilometer, der: **1.** /ein Längenmaß/: nach Frankfurt sind es 50 K.; ich mußte drei K. laufen; der Wagen erreicht eine Höchstgeschwindigkeit von 190 Kilometern pro Stunde; ein Stau von 10 Kilometern, von 10 K. Länge; die Fracht kostet pro K. 50 Pfennig. **2.** (ugs.:) *Stundenkilometer* /ein Geschwindigkeitsmaß/: im Stadtgebiet sind nur 50 K. erlaubt. **3.** *Strom-, Streckenkilometer:* der Unfall ereignete sich bei K. 568.

Kind, das: **1.** *noch nicht erwachsener Mensch im Lebensabschnitt der Kindheit:* ein kleines, begabtes, frühreifes, lebhaftes, verzogenes, verwöhntes, ungezogenes K.; ein elfjähriges K.; ein K. von drei Jahren; Kinder bis zu zwölf Jahren, bis 12 Jahre; halbwüchsige Kinder; die Kinder spielen, toben, tollen umher; er war schon als K. sehr krankheitsanfällig; damals, als wir noch Kinder waren; sie ist kein K. mehr *(schon erwachsen);* du behandelst sie wie ein K. *(bevormundest sie);* sie ist noch ein großes K. *(wirkt noch unerwachsen);* als sie heiratete, war sie noch ein halbes K. *(noch sehr jung);* das weiß, kann [doch] jedes K. *(das weiß jeder, das ist sehr einfach);* das K. im Manne *(der Spieltrieb im erwachsenen Mann);* jmdn. von K. an/von K. auf *(seit seiner Kindheit)* kennen; R: das ist nichts für kleine Kinder *(geht dich nichts an);* wie sag' ich's meinem Kinde *(wie bringe ich jmdm. etwas unangenehmes o. ä. schonend bei);* Kinder und Narren sagen die Wahrheit; [ein] gebranntes K. scheut das Feuer; aus Kindern werden Leute. **2.** *Nachkomme, Sohn, Tochter:* das erste, zweite K.; ein leibliches, [un]eheliches, adoptiertes K.; er ist das einzige, [un]achter Leute (geh.) K.; ein K. kostet viel Geld *(die Eltern müssen für das Aufziehen eines Kindes viel Geld aufwenden);* ihre Kinder sind schon groß, verheiratet; die Kinder sind längst aus dem Haus *(stehen schon auf eigenen Füßen);* (ugs.:) sie hat ein K. von ihm; Kind[er] und Kindeskinder werden noch von diesem Ereignis erzählen; das K. wächst auf, heran; wir haben zwei Kinder; Kinder erziehen; (ugs.:) sie haben sich ein K. angeschafft *(ein Kind bekommen);* sie meinen, sie könnten sich kein K. mehr leisten *(sie hätten nicht die finanziellen Voraussetzungen);* sie wollte ihm aufzeihen wie ein eigenes K.; ü b e r t r.: er ist ein K. *(ein Produkt)* seiner Zeit, des 19. Jahrhunderts; Ihr seid Kinder Gottes; sie ist ein [echtes] Berliner K. *(stammt aus Berlin);* du bist gleich ein K. des Todes! /scherzh. Drohung/; R: kleine Kinder, kleine Sorgen – große Kinder, große Sorgen. **3.** *kleines [neugeborenes] menschliches Lebewesen:* ein neugeborenes, totgeborenes K.; ein K. wird geboren, kommt zur Welt, kommt an (geh.), ist unterwegs; ein K. zeugen, erwarten, haben wollen, gebären, bekommen, kriegen (ugs.), zur Welt bringen (geh.), in die Welt setzen (ugs.), austragen, abtreiben; das K. nähren, stillen, entwöhnen, wickeln, trockenlegen, füttern; einer Frau ein K. machen, andrehen (ugs.; *sie schwängern*); das K. im Mutterleib untersuchen; er ist der Vater meines Kindes; mit einem K. gehen *(schwanger sein);* einem K. das Leben schenken (geh.); sie wurde von einem gesunden K. entbunden; R: das K. muß doch einen Namen haben *(etwas bedarf einer Mo-*

tivierung, wird als Vorwand genannt); wir werden das K. schon [richtig] schaukeln (ugs.; wir werden es schon schaffen, die Sache in Ordnung bringen). **4.** /vertrauliche Anrede [gegenüber jüngeren weiblichen Personen]/: mein [liebes] K.!; Kinder, laßt uns weitergehen! **5.** /Ausruf der Entrüstung/: Kinder, Kinder!; also Kinder!; aber Kinder! * (ugs.:) **etwas ist ein totgeborenes Kind** *(etwas hat keine Aussicht auf Erfolg, ist aussichtslos)* · (geh. verhüll.:) **ein Kind der Liebe sein** *(ein nichteheliches Kind sein)* · **kein Kind von Traurigkeit sein** *(sehr lebenslustig sein)* · **etwas ist jmds. liebstes Kind** *(etwas ist jmds. besondere Vorliebe);* · **das Kind mit dem Bade ausschütten** *(das Gute mit dem Schlechten verwerfen)* · (ugs.:) **jmdm. ein Kind in den Bauch reden** *(jmdm. etwas einreden)* · **etwas/ das Kind beim rechten Namen nennen** *(etwas ohne Beschönigung aussprechen)* · **jmdn. an Kindes Statt annehmen** *(jmdn. adoptieren)* · (scherzh.:) **mit Kind und Kegel** *(mit der ganzen Familie)* · (ugs.:) **bei jmdm. lieb Kind sein** *(in jmds. Gunst stehen)* · (ugs.:) **sich bei jmdm. lieb Kind machen** *(sich bei jmdm. einschmeicheln).*

Kinderspiel 〈in den Verbindungen〉 **etwas ist [für jmdn.] ein Kinderspiel** (ugs.): *etwas ist sehr leicht:* das ist für dich [doch nur] ein K. · **etwas ist kein Kinderspiel** (ugs.): *etwas ist sehr schwierig.*

Kinderstube, die: *im Elternhaus erworbene Umgangsformen:* er hat eine gute, schlechte, keine K.; das ist ein Zeichen schlechter K.; sein Benehmen verrät keine gute K., zeugt von guter K.; seine [gute] K. nicht verleugnen können.

Kindesbeine 〈in der Fügung〉 von Kindesbeinen an: *von frühester Jugend an:* wie kennen uns, wir sind Freunde von Kindesbeinen an.

Kindheit, die: *Lebenszeit eines Menschen, in der er noch Kind ist:* eine frohe, sorglose, unbeschwerte, traurige, entbehrungsreiche K.; seine K. war sehr glücklich; er hatte eine schwere K.; sie hat ihre K. auf dem Lande verbracht; in frühester K.; von K. an; seit meiner K. bin ich an Sparen gewöhnt; in, während meiner K. ...

kindisch: *für einen Erwachsenen in unpassender Weise albern, unreif:* ein kindisches Benehmen, Verhalten, Spiel; ein kindisches Vergnügen an etwas haben; sei nicht so k.!; sich k. benehmen.

kindlich: *in der Art eines Kindes; einem Kind gemäß:* ein kindliches Gesicht; sie hat ein kindliches *(naives)* Wesen, Gemüt; mit kindlicher Neugier, Naivität; in kindlichem Alter *(als Kind);* eine kindliche Handschrift haben; sie sieht noch etwas, recht k. aus; sich k. über etwas freuen.

Kinn, das: *unterster Teil des menschlichen Gesichtes:* ein rundes, breites, fliehendes, spitzes, glattes, bärtiges, energisches K.; das K. vorschieben; er hat kein K. *(eine wenig ausgeprägte Kinnpartie);* das K. auf, in die Hand stützen; er rieb sich [nachdenklich] das K.; der Boxer traf seinen Gegner genau am K.; die Geige an K. setzen; er schlug ihm gegen das K.

Kino, das: **1.** *Filmtheater:* ein kleines, modernes, klimatisiertes K.; das K. war heute leer, gut besetzt; das K. füllt sich allmählich, leert sich; morgen wechselt das K. das Programm; was wird zur Zeit im K. gespielt, gegeben?; der neue Film von X kommt jetzt in die Kinos *(läuft an).* **2.** *Kinovorstellung:* das K. ist ausverkauft, beginnt um 20.30

Uhr, dauert lange; das K. ist aus (ugs.), ist erst um 22 Uhr zu Ende; wir waren gestern im K.; ins K. gehen; nach dem K. treffen wir uns.

¹Kippe, die (ugs.): *Zigarettenstummel:* die brennende K. wegwerfen, auf dem Boden austreten; Kippen aufheben, sammeln, in der Pfeife rauchen; der Aschenbecher ist voller Kippen.

²Kippe, die: **1.** (Turnen) *Auf-, Stemmschwung:* eine K. am Reck, Barren machen. **2.** (ugs.) *Müllkippe:* etwas auf die K. fahren, bringen; eine K. schließen. * (ugs.:) **auf der Kippe stehen** *(gefährdet sein)* · (ugs.:) **Kippe machen: a)** *(halbpart machen).* **b)** *(gemeinsame Sache machen).*

kippen: **1. a)** 〈gewöhnlich mit Raumangabe〉 *sich neigen [und umfallen, herunterfallen]:* Vorsicht, der Schrank kippt; der Wagen kippt auf die/zur Seite; er ist vom Stuhl gekippt; der Reiter kippte beinahe vom Pferd. **b)** 〈etwas k.〉 *schräg stellen:* ein Fenster k.; die Kiste k.; wenn wir den Schrank k., bekommen wir ihn durch die Tür. **2.** 〈etwas k.〉 mit Raumangabe〉 *durch Schräghalten des Behälters irgendwo hin-, hinein- oder aus etwas herausschütten:* Müll in die Grube k.; der Lastwagen kippte Sand auf die Straße, die Steine vom Lastwagen gekippt. **3.** (ugs.) 〈etwas k.〉 **a)** *bes. ein scharfes alkoholisches Getränk schnell, in einem Zug trinken:* einen Schnaps, Doppelten k. **b)** *(ein Glas eines alkoholischen Getränks) auf einen Zug leeren:* er hat ein Glas nach dem anderen gekippt. **4.** (ugs.) 〈etwas k.〉 *nicht zu Ende rauchen:* noch einmal an Zügen kippte er die Zigarette. **5.** (ugs.) **a)** 〈etwas k.〉 *zurückziehen, zurücknehmen:* eine Sendung [aus dem Programm] k.; ein Auftrag, der Plan wurde gekippt. **b)** 〈jmdn. k.〉 *absetzen, entlassen:* der Parteivorstand, der Ressortchef wurde gekippt. * (ugs.:) **einen kippen** *(ein alkoholisches Getränk zu sich nehmen).*

Kirche, die: **1.** *Gebäude für den Gottesdienst; Gotteshaus:* eine alte, moderne, berühmte, romanische, gotische, katholische, evangelische K.; diese K. ist dem heiligen Paulus geweiht, ist eine Sehenswürdigkeit; eine K. bauen, [ein]weihen, besichtigen. **2.** *Gottesdienst:* die K. beginnt um 10 Uhr, ist zu Ende, ist aus (ugs.); morgen ist keine K.; heute war die K. voll *(sehr gut besucht);* aus der K. kommen; jeden Sonntag in die K. gehen; er ist in der K. gewesen. **3.** *christliche Glaubensgemeinschaft:* die katholische, evangelische K.; der orthodoxen K. angehören; aus der K. austreten; (geh.:) in den Schoß der K. zurückkehren; wieder in die K. eintreten; Trennung von K. und Staat. * **die Kirche im Dorf lassen** *(etwas in vernünftigen Rahmen belassen)* · **mit der Kirche ums Dorf laufen/fahren; die Kirche ums Dorf tragen** *(einen unnötigen Umweg machen).*

Kirchenlicht 〈in der Wendung〉 **kein [großes] Kirchenlicht sein** (ugs.): *nicht sehr klug sein.*

kirchlich: a) *die Kirche betreffend, zur Kirche gehörend, von ihr ausgehend:* kirchliche Ämter, Bauwerke, Besitzungen, Schriften; kirchliche *(christliche)* Feiertage; von kirchlicher Seite unterstützt werden. **b)** *nach den Formen, Vorschriften der Kirche vorgenommen:* kirchliche Trauung; sich k. trauen lassen; nicht k. beerdigt werden.

kirre 〈in der Verbindung〉 **jmdn. kirre machen, kriegen** (ugs.): *jmdn. nachgiebig, gefügig machen.*

Kirsche, die: **a)** *Frucht des Kirschbaumes:* helle,

schwarze, rote, süße Kirschen; die Kirschen sind reif, sauer; Kirschen ernten, pflücken, einmachen, entsteinen. **b)** *Kirschbaum:* die Kirschen blühen * **mit jmdm. ist nicht gut Kirschen essen** *(mit jmdm. ist nicht gut auszukommen).*

Kissen, das: *mit weichem Material gefüllte Hülle als Polster:* mit Federn, Schaumgummi gefüllte K.; ein K. aus Samt *(mit einem Bezug aus Samt);* das K. ist zu hart; die K. aufschütteln; sich (Dativ) ein K. unterschieben; dem Kranken ein K. unter den Kopf legen; auf einem K. sitzen; in die K. zurücksinken.

Kiste, die: **1.** *rechteckiger Behälter [aus Holz]:* eine leere, stabile, schwere K.; eine K. Wein, badischer Wein/(geh.:) badischen Weins; mit zwei Kisten badischem Wein/(geh.:) badischen Weins; eine K. voll Äpfel; ein Kistchen Zigarren; dort stehen Kisten und Kasten *(viele Kisten)* mit alten Sachen; die K. zunageln, öffnen; etwas in eine K. packen; Bücher in eine/in einer K. verpacken. **2.** (ugs.) *Fahrzeug:* eine alte K.; die K. *(das Auto)* fährt noch 120 km/h; die K. *(das Boot)* ist beinahe gekentert; der Pilot stieg erschöpft aus seiner K. *(seinem Flugzeug).* **3.** (ugs.) *Sache, Angelegenheit:* das ist eine alte K. *(altbekannte Sache);* eine faule K. *(bedenkliche Sache);* eine völlig verfahrene K.; wir werden die K. schon schmeißen *(die Sache schon in Ordnung bringen).* **4.** (ugs.) *Fernsehapparat:* die K. anschalten, einschalten; er sitzt stundenlang vor der K. **5.** (ugs.) *[Fußball]tor:* den Ball in die K. knallen.

Kitsch, der: *künstlerisch wertlose, als geschmacklos beurteilte Sache:* literarischer, musikalischer, religiöser K.; der Film ist reiner, ein fürchterlicher K.; etwas als K. empfinden; die Unterscheidung zwischen K. und Kunst.

Kitt, der: **1.** *an der Luft erhärtende weiche Masse zum Ausfugen, Dichten o.ä.:* der K. wird hart, bröckelt vom Fensterrahmen ab; Ritzen mit K. ausfüllen; bildl.: Geld ist kein K. *(kein Bindemittel)* für eine Ehe. **2.** (ugs. abwertend) *Kram:* was kostet der ganze K.?

Kittchen, das (ugs.): *Gefängnis:* im K. sein, sitzen; jmdn. ins K. bringen, stecken; ins K. kommen, wandern.

kitten: **a)** ⟨etwas k.⟩ *[mit Kitt] zusammenkleben, dichten:* eine Vase, eine Tasse k.; eine gekittete Schale; ich muß das Fenster, die Scheibe neu k.; übertr.: wir versuchten vergeblich, ihre Ehe, Freundschaft zu k. **b)** ⟨etwas k.⟩ *[mit Kitt] ausfüllen:* einen Riß, einen Bruch [sauber] k. **c)** ⟨etwas an etwas k.⟩ *[mit Kitt] ankleben:* den Griff, das abgebrochene Stück an die Kanne k.

Kittel, der: **1.** *mantelartiges Kleidungsstück für die Arbeit:* ein blauer, gestärkter K.; einen K. anziehen, übers Kleid ziehen, überziehen; den K. ausziehen; der Arzt trägt einen weißen K. **2.** *weite, hemdartige Bluse:* ein bestickter K.

kitz[e]lig: **1.** *gegen Kitzeln empfindlich:* eine kitz[e]lige Stelle unter der Achsel; er ist [an den Fußsohlen] sehr k. **2.** (ugs.) *schwierig, heikel:* eine kitz[e]lige Situation, Frage; dieser Fall ist ziemlich k.; die Sache wurde für ihn sehr k.

kitzeln: **a)** ⟨etwas kitzelt⟩ *etwas verursacht einen Kitzelreiz:* die Wolle kitzelt; die Kohlensäure kitzelt im Nase; das kitzelt ja fürchterlich. **b)** ⟨jmdn., etwas k.⟩ *so berühren, daß ein Kitzelreiz*

hervorgerufen wird: jmdn. an den Zehen k.; das Haar kitzelt mich [am Hals]; sie kitzelte ihn mit einem Strohhalm. **c)** ⟨etwas kitzelt jmdn., etwas⟩ *etwas reizt, stachelt jmdn., etwas an:* solche Äußerungen kitzelten seine Eitelkeit; es kitzelte mich, ihm die Meinung zu sagen; der Duft der Speisen kitzelte ihren Gaumen *(regte ihren Appetit an).*

klaffen ⟨etwas klafft; mit Raumangabe⟩: *etwas liegt [weit] offen, bildet eine weite Öffnung:* Risse, Spalten klaffen in den Wänden; vor uns klaffte ein Abgrund *(tat sich ein Abgrund auf);* eine klaffende Wunde; bildl.: zwischen unseren Auffassungen klaffte ein tiefer Widerspruch.

kläffen: *in schrillen Tönen bellen:* der Dackel kläffte wütend; kläffende Hunde; übertr. (ugs.): seine Frau kläffte *(schimpfte)* fürchterlich, als er betrunken nach Hause kam.

Klage, die: **1.** (geh.) *das Klagen, Jammern:* eine verzweifelte K.; die stille, stumme K. der Mutter über den Tod ihres Kindes; unsere K. um den Verstorbenen; bittere Klagen ausstoßen; in laute Klagen ausbrechen; sich in endlosen Klagen ergehen. **2.** *Beschwerde:* in letzter Zeit kamen mehrere Klagen über die schlechte Bedienung, wegen dauernder Störungen; es wurden keine neuen Klagen laut; man hört laufend Klagen über schlechte Qualität; laut über etwas K. führen; Klagen vorbringen; Anlaß, Grund zur K. geben; keinen Anlaß, Grund zur K. haben; daß mir keine Klagen kommen! /wohlwollende Ermahnung/. **3.** (Rechtsw.) *das Geltendmachen eines Anspruchs durch ein gerichtliches Verfahren:* eine gerichtliche, verfassungsrechtliche K.; eine K. auf Zahlung der Schulden; die K. ist zulässig; die K. *(das Verfahren)* läuft [noch]; eine K. [über]prüfen, entscheiden, abweisen, zurückweisen; er hat die K. zurückgezogen, zurückgenommen; eine K. *(Klageschrift)* abfassen, einreichen, beantworten; eine K. *(ein Verfahren)* [gegen jmdn., wegen einer bestimmten Sache] anstrengen, einbringen, führen; [gegen jmdn.] K. erheben *(ein Verfahren einleiten);* das Gericht hat der K. stattgegeben.

Klagelied (in der Wendung) **ein Klagelied [über jmdn., etwas] anstimmen,** singen: *seine Unzufriedenheit mit jmdm., etwas zum Ausdruck bringen.*

klagen: **1.** **a)** *jammern:* sie weinte und klagte; sie klagt immer, hat immer etwas zu k. *(sie hat immer etwas, womit sie unzufrieden ist);* mit klagender Stimme; subst.: sein ständiges Klagen regte uns auf. **b)** ⟨um jmdn., etwas k.⟩ *um jmdn., um etwas jammern; beklagen:* er klagt um den Tod seines Freundes, um seine verlorene Heimat. **c)** ⟨über jmdn., etwas k.⟩ *sich beklagen, sich beschweren:* über die unwürdige Behandlung, den unverschämten Hausverwalter k.; sie hatte mir darüber geklagt, daß ...; er klagt über Schmerzen im Magen *(er sagt, er habe ...);* ⟨ohne Präp.-Obj.⟩ ich kann nicht k.! *(es geht mir gut!);* /als Antwort auf jmds. Frage nach dem Ergehen/. **d)** (ugs.) ⟨jmdm. etwas k.⟩ *bei jmdm. über etwas Klage führen:* er hat mir sein Leid geklagt; sie klagte mir, wie schlecht es ihr gehe, daß es ihr so schlecht gehe. **2.** *einen Prozeß anstrengen, führen:* er will [gegen ihn] k., wenn der Vertrag nicht erfüllt wird; auf Schadenersatz, Pfändung k.; die klagende Partei, Seite.

Kläger, der: *jmdn., der gegen jmdn. klagt:* K.

sein; er tritt als K. auf; den K. vor Gericht vertreten; mit dem K. einen Vergleich schließen; R: wo kein K. ist, ist auch kein Richter.

kläglich: a) *klagend, jammervoll:* ein klägliches Geschrei; die Katze miaute k.; das Kind weinte k. b) *beklagenswert, elend, jämmerlich:* das Haus befand sich in einem kläglichen Zustand; eine klägliche Rolle spielen; er nahm ein klägliches Ende. c) *gering, geringwertig, dürftig:* ein kläglicher Rest; ein klägliches Ergebnis; das war eine klägliche Leistung; was bei der Sache herauskam, war [ziemlich] k. b) *in beschämender Weise:* er hat k. versagt; sein Plan ist k. gescheitert.

Klamauk, der (ugs. abwertend): *Lärm, Krach:* ein fürchterlicher K.; die Schüler machen in der Klasse K.; mach nicht so viel K.! *(so viel Aufhebens);* die Sache ging ohne K. *(ohne Aufheben)* über die Bühne; um den Film wird viel K. *(Reklamewirbel)* gemacht; in dem Stück ist viel/ist vieles K. *(billige, turbulente Komik).*

klamm: 1. *steif vor Kälte:* klamme Finger haben; ich bin k., meine Finger sind [ganz] k. vor Kälte. 2. *feuchtkalt:* klamme Wäsche; die Betten waren k., fühlten sich k. an. * (ugs.:) **klamm sein** *(in Geldnot sein).*

Klammer, die: 1. *Gegenstand, mit dem etwas zusammengehalten oder an etwas befestigt wird:* die Klammern *(Wundklammern)* von der Wunde abnehmen, entfernen; die Balken werden durch eiserne Klammern *(Bauklammern)* zusammengehalten; die Wäsche auf der Leine mit Klammern *(Wäscheklammern)* festmachen; die Schriftstücke waren mit Klammern *(Büroklammern)* zusammengeheftet. 2. *Schriftzeichenpaar, das Anfang und Ende eines eingeschobenen Textes kennzeichnet:* runde, eckige, spitze, geschwungene, geschweifte Klammern; etwas in Klammer[n] setzen; Erklärungen stehen in Klammern; Math.: zuerst die K. auflösen, ausrechnen *(zuerst ausrechnen, was in der Klammer steht)* · K. auf ... K. zu /Angabe beim Diktat/.

klammern: 1. ⟨etwas k.⟩ *etwas mit Hilfe von Klammern schließen:* der Arzt hat die Wunde geklammert. 2. ⟨etwas an etwas k.⟩ *etwas mit einer Klammer an etwas festmachen:* einen Zettel, eine Notiz an das Buch k. 3. ⟨sich an jmdn., an etwas k.⟩ *sich ängstlich, krampfhaft an jmdn., etwas festhalten:* sich an das Geländer, an ein Boot k.; übertr.: sich an eine Hoffnung k.; er klammert sich an seinen Freund *(sucht bei ihm Halt).*

Klamotte, die (ugs.): 1. a) ⟨Plural⟩ *Kleider, Kleidung:* alte, schäbige Klamotten; sie trägt, kauft nur teure Klamotten. b) ⟨meist Plural⟩ *Sachen:* pack deine Klamotten und verschwinde! 2. *derber Schwank:* das Stück ist eine K. * (ugs.:) **nicht aus den Klamotten kommen** *(vor Arbeit o. ä. nicht ins Bett kommen).*

Klang, der: 1. *das [Er]klingen:* der K. der Glocken, der K. einer Orgel, der K. von Trompeten war zu hören; unter den Klängen der Nationalhymne schritt der Gast die Ehrenformation ab. 2. *Art des Klingens; Art, wie der Ton empfunden wird:* ein heller, tiefer, schriller, metallischer, harter, lieblicher K.; der weiche, warme K. ihrer Stimme; Glocken haben einen reinen, harmonischen K.; das Orchester hat einen vollen K.; das Radio hat einen dunklen K.; jmdn. am K. der

Stimme erkennen; übertr.: sein Name hat einen/keinen guten K. *(Ruf);* seine Worte hatten einen bitteren K. *(Unterton).* 3. ⟨Plural⟩ *Musik:* aus dem Saal drangen altbekannte moderne Klänge; nach den Klängen eines Walzers tanzen.

Klappe, die: 1. *bewegliche Vorrichtung zum Schließen einer Öffnung:* die K. am Briefkasten klappert; die Manteltaschen haben Klappen; die Klappen an der Klarinette; die K. am Ofen fiel, schlug zu; die K. ist, steht offen; die K. öffnen, schließen, herunterlassen; Filmw.: die K. fällt /Zeichen für den Beginn der Filmaufnahmen/; R (ugs.): K. zu, Affe tot *(die Sache ist abgeschlossen, abgetan).* 2. (ugs.) *Bett:* in die K. gehen; sich früh in die K. legen, hauen. * (ugs. abwertend:) **eine große Klappe haben; die Klappe aufreißen** *(großsprecherisch sein, angeben)* · (ugs.:) **die/seine Klappe halten** *(still sein, nichts [mehr] sagen)* · (ugs.:) **bei jmdm. fällt die Klappe** *(jmd. will mit etwas oder jmdm. nichts mehr zu tun haben).*

klappen: 1. a) ⟨etwas k.; mit Raumangabe⟩ *etwas an einer Seite Befestigtes in eine bestimmte Richtung bewegen:* den Deckel nach oben, nach unten k.; die Sitze im Auto lassen sich nach hinten k. b) ⟨etwas klappt; mit Raumangabe⟩ *etwas an einer Seite Befestigtes bewegt sich in eine bestimmte Richtung:* der Fensterladen klappt nach außen. 2. a) *ein schlagendes Geräusch verursachen:* seine Stiefel klappen auf dem Steinboden; man hört die Fensterläden, die Türen k.; die Kinder klappen mit den Türen. b) ⟨etwas klappt; mit Raumangabe⟩ *etwas schlägt gegen etwas:* die Fensterläden klappen an die Wand, gegen die Mauer. 3. (ugs.) ⟨etwas klappt⟩ *etwas gelingt wie geplant:* alles hat [großartig] geklappt; etwas klappt wie am Schnürchen *(etwas läuft genau nach Plan ab);* wir hoffen, daß es mit dem Termin klappt; das Zusammenspiel klappt noch nicht, will noch nicht k. *(ist noch nicht gut);* der Laden klappt (ugs.: *alles [ver]läuft planmäßig);* subst.: endlich kam die Sache zum K.

klappern: 1. a) *ein klapperndes Geräusch von sich geben:* bei diesem Wind klappern die Türen, die Fensterläden; Holzschuhe klappern auf dem Fußboden; die Mühle klappert; die Störche klappern; etwas klappert am Auto; die Sekretärin klappert (ugs.: *schreibt)* auf der Schreibmaschine; ⟨etwas klappert jmdm.⟩ ihm klappern die Zähne vor Kälte. b) ⟨mit etwas k.⟩ *mit etwas ein klapperndes Geräusch hervorrufen, bewirken:* mit der Sammelbüchse k.; sie klappert in der Küche mit dem Geschirr, mit den Deckeln; er klappert vor Angst, vor Kälte mit den Zähnen. 2. ⟨mit Raumangabe⟩ *sich mit einem klappernden Geräusch irgendwo, irgendwohin bewegen:* er, der Wagen klapperte durch die holprigen Straßen, über das holprige Pflaster.

klapprig: a) *alt, [durch langen Gebrauch] nicht [mehr] sehr stabil oder gebrauchstüchtig:* ein klappriges Regal, Auto; der Bus sieht ziemlich k. aus. b) (ugs.) *kraftlos und [alters]schwach:* ein klappriger Gaul; er ist recht k. [geworden].

Klaps, der: *leichter Schlag auf den Körper:* ein leichter, kräftiger, freundschaftlicher, aufmunternder K.; jmdm. einen K. geben; sich früh bekam einen K. auf den Popo. * (ugs.:) **einen Klaps haben** *(nicht ganz normal, verrückt sein).*

klar: **1. a)** *vollkommen durchsichtig, ohne Trübung:* klares Wasser; ein klarer Gebirgsbach; der See ist k. und sauber; die Nacht, die Luft, der Himmel ist k. *(frei von Wolken, von Nebel);* etwas ist k. wie Kristall; das Wetter scheint k. zu werden, zu bleiben; der Mond scheint heute nacht ganz k. *(ist nicht verdeckt);* üb e r t r .: keinen klaren Kopf mehr haben *(zuviel Alkohol getrunken haben);* die Dinge mit klarem Blick betrachten; der Kranke ist nur zeitweise bei klarem *(vollem)* Bewußtsein; R (ugs.): das ist [doch] k. wie Kloßbrühe/wie dicke Tinte (ugs.; *das ist ganz eindeutig).* **b)** *rein:* sie hat eine klare Stimme; klare Farben. **2. a)** *deutlich, fest umrissen, eindeutig, unmißverständlich:* eine klare Frage, Antwort, Auskunft; (ugs.:) das ist ein klarer Fall *(das versteht sich von selbst);* klare Entscheidungen treffen; er schreibt einen klaren Stil; ein klares *(bestimmtes)* Ziel vor Augen haben; sich ein klares Bild von etwas machen; klare Vorstellungen von etwas haben; für klare *(geordnete)* Verhältnisse sorgen; S p o r t : einen klaren *(beträchtlichen)* Vorsprung haben; mit einem klaren Ergebnis *(mit größerem Punkte-, Torvorsprung)* gewinnen; ist alles k.? *(wurde alles verstanden?);* (ugs.:) das ist [doch ganz] k. *(darüber brauchen wir nicht zu reden);* (ugs.:) ist das k.?!; (ugs.:) alles k.!; k. (ugs.; *das ist sicher),* so konnte es nicht weitergehen; (ugs.:) k. doch!; (ugs.:) na k.! *(selbstverständlich);* ihm ist nicht k. *(er hat nicht begriffen),* worauf es ankommt; etwas ist k. erkennbar; eine Tendenz zeichnet sich [ganz] k. ab; eine Entwicklung k. voraussehen; etwas k. und deutlich *(unmißverständlich)* sagen; S p o r t : jmdn. k. besiegen; er war ihm k. überlegen. **b)** *klug, vernünftig:* er hat einen klaren Verstand *(er ist klug);* ich kann heute keine klaren Gedanken fassen *(nicht scharf denken).* **3.** *bereit:* das Schiff, Flugzeug ist k. zum Einsatz, zur Abfahrt; alle Boote sind k.; ist alles k. zum Start?; S e e m a n n s s p r .: k. Schiff [zum Gefecht]! ∗ **sich über etwas klar/im klaren sein** *(wissen, welche Folgen eine Entscheidung oder Tätigkeit haben wird).*

klären: **1. a)** ⟨etwas k.⟩ *säubern, reinigen:* Abwässer k.; das Gewitter klärt die Luft. **b)** ⟨etwas klärt sich⟩ *etwas wird klar:* das Wasser, die Flüssigkeit klärt sich. **2. a)** ⟨etwas k.⟩ *Unklarheiten, Mißverständnisse, Zweifel beseitigen:* eine Frage, einen Sachverhalt, Tatbestand k.; die Schuldfrage, Unfallursache muß noch geklärt werden; ein einwandfrei geklärter Fall. **b)** ⟨etwas klärt sich⟩ *etwas wird klar, kommt zur [Auf]lösung:* die strittigen Fragen haben sich geklärt; schließlich hat sich alles noch geklärt. **3.** (Sport) *eine Gefahr vor dem Tor beseitigen:* der Libero konnte mit letztem Einsatz, auf der Linie, zur Ecke k.

Klarheit, die: **1.** *das Ungetrübtsein, Freisein von Schwebstoffen:* die K. des Wassers, des Sees, des Weines, Safts; die K. der Luft, der Nacht *(des Nachthimmels).* **2.** *Deutlichkeit, Eindeutigkeit, Verständlichkeit:* die K. seiner Rede, seiner Formulierungen beeindruckte; darüber besteht K. *(gibt es kein Mißverständnis);* völlige K. *(vollständige Aufklärung)* suchen, verlangen; wir müssen hier K. *(klare Verhältnisse)* schaffen, für K. sorgen; sich über etwas k. verschaffen.

klarmachen: **1.** ⟨jmdm., sich etwas k.⟩ *jmdm.,* sich etwas deutlich, verständlich machen: ich habe ihm meinen Standpunkt klargemacht; wie soll ich Ihnen das k.?; ich mache Ihnen das am besten an einem Beispiel klar; ich muß mir die Lage erst noch [richtig] k.; man kann sich nicht oft genug k., daß ... **2.** (Seemannsspr.) ⟨etwas k.⟩ *einsatzbereit machen:* das Deck, die Schiffe k.

klarsehen: *[das Wesentliche] erkennen:* jetzt sehe ich in dieser Sache endlich klar.

klarstellen ⟨etwas k.⟩: *klären, richtigstellen:* eine Sache, einen Sachverhalt k.; etwas ein für allemal k.; wir müssen von vornherein k., daß ...

Klärung, die: **1.** *das Reinigen:* die K. der Abwässer. **2.** *Klarstellung, Aufklärung:* eine K. des Problems; eine sofortige, schnelle K. wünschen; die Aussprache ergab, brachte noch keine K., hat zur K. der Situation beigetragen.

klasse (ugs.): *hervorragend:* er hat k. Film; er hat k. gespielt, sieht k. aus; das finde ich k./(auch:) Klasse; sie ist, das ist k./(auch:) Klasse.

Klasse, die: **1. a)** *Gruppe von Schülern:* eine gute, große, ruhige, wilde, gemischte *(aus Jungen und Mädchen bestehende)* K.; die K. hat 30 Schüler, besteht aus 30 Schülern; die K. macht einen Ausflug; die Schule hat zur Zeit 20 Klassen; eine K. übernehmen, [zum Abitur] führen, [in Deutsch] unterrichten. **b)** *Schuljahr:* er ist zwei Klassen über, unter mir; er besucht die vierte K., geht in die vierte K.; eine K. überspringen, wiederholen; in den höheren, oberen Klassen Fächer abwählen können. **c)** *Klassenzimmer:* die K. erhält neue Möbel; der Lehrer betritt die K.; in der K. stehen 20 Bänke. **2. a)** *Gesellschaftsschicht:* die unterdrückte, herrschende, besitzende, bürgerliche, kapitalistische K.; die oberen Klassen *(Schichten)* der Gesellschaft; die K. der Arbeiter, der Werktätigen; die K. der Besitzlosen angehören. **b)** *Größenordnung, Leistungsgruppe:* ein Wagen der mittleren, gehobenen K. *(ein größerer Pkw mit leistungsstarkem Motor);* er ist Meister aller Führerschein K. 3; S p o r t : er ist Meister aller Klassen; im Springen der K. Sa gewinnen; er startet in der offenen K. **c)** *Preis-, Qualitätsgruppe:* er fährt erste[r], zweite[r] K.; ein Abteil erster K.; der Patient liegt dritter K. [im Krankenhaus]; ein Hotel, eine Reise zweiter K., der zweiten K., der K. 2 buchen; in 5 Klassen werden Gewinne ausgezahlt. **d)** *Rang:* er ist Legationsrat erster K.; er erhielt den Verdienstorden erster K. **e)** (Fachspr.) *Abteilung:* ein Leiter der K. für Medizin. **f)** (Biol.) *Gruppe von Lebewesen oder Dingen mit gemeinsamen Merkmalen:* die K. der Edelhölzer, Wirbeltiere; in Klassen einteilen; der Wal gehört zur K. der Säugetiere. **3.** *Güte, Qualität:* ein Künstler erster K.; seine wahre K. zeigen; das Hotel war allerbeste K.; der Spieler ist eine K. für sich, ist ganz große K.; das Länderspiel, die Nationalmannschaft, dieser Tennisspieler war einfach K./(auch:) klasse (ugs.; *war ausgezeichnet).*

klassisch: **1. a)** *die Antike betreffend:* das klassische Altertum; die klassischen Sprachen; klassische Philologie *(Griechisch und Latein)* studieren; ein klassisches Profil *(Profil, das dem der antiken griechischen Kunstwerke entspricht).* **b)** *die Klassik betreffend, im Sinne der Klassik:* klassische Dichter; klassisches Ballett; klassische Rollen spielen; klassische Musik spielen; ein Drama in klassischem Stil; übertr.: das klassische Zeitalter *(der Höhepunkt in der Entwicklung)* des Pferdesports. **2.** *zeitlos, vorbildlich, mustergültig:* ein klassisches Beispiel; ein klassischer Fall von Bestechung; eine Frau von klassischer Schönheit; das ist geradezu k. *(typisch);* die k. gewordenen Lieder der Beatles; ein k. geschnittenes Kostüm. **3.** *traditionell, herkömmlich:* klassische Frauenberufe; die klassische Rollenverteilung.

Klatsch, der (ugs.) *[gehässiges] Gerede:* das ist alles nur K.!; K. herumtragen, verbreiten; sich nicht um den K. kümmern; Anlaß zum K. geben.

klatschen: 1. a) ⟨es klatscht⟩ *es gibt ein klatschendes Geräusch:* es hat mächtig geklatscht, als er ins Wasser fiel; er gab ihm eine Ohrfeige, daß es nur so klatschte. **b)** ⟨etwas klatscht; mit Raumangabe⟩ *etwas trifft klatschend auf, schlägt klatschend gegen etwas:* der Regen klatscht gegen das Fenster, an die Scheibe, auf das Dach; die nassen Segel klatschten gegen die Masten. **c)** (ugs.) ⟨etwas k.; mit Raumangabe⟩ *etwas werfen, so daß es knallt:* den Mörtel an die Wand k.; Ketchup auf den Teller k.; in seiner Wut hätte er das Buch am liebsten an die Wand geklatscht. **2. a)** *Beifall spenden, applaudieren:* zurückklatschen, lange, stürmisch, im Takt k.; einige Abgeordnete der Opposition klatschten; ⟨auch mit Akk.⟩ das Publikum klatschte viel Beifall; ⟨jmdm. etwas k.⟩ dem Solisten Beifall k. **b)** ⟨etwas k.⟩ *durch Klatschen angeben:* den Takt, Rhythmus k. **c)** ⟨mit Raumangabe⟩ *klatschend irgendwohin schlagen:* in die Hände k.; ⟨jmdm., sich k.; mit Raumangabe⟩ er klatschte sich, ihr vor Freude auf die Schenkel. **3.** (ugs.) **a)** *über jmdn. reden:* mit der Nachbarin k.; sie haben über die neuen Mieter geklatscht. **b)** (ugs. landsch.) ⟨jmdm. etwas k.⟩ *verraten:* er hat dem Lehrer sofort alles geklatscht; ⟨auch ohne Akk. und Dat.⟩ sie lief sofort zum Vater, um zu k. ∗ (ugs.:) **jmdm. eine klatschen** *(jmdm. eine Ohrfeige geben).*

Klaue, die: **1. a)** *Zehe, Kralle eines Tieres:* die Klauen des Adlers, des Löwen; das Tier hat scharfe Klauen. **b)** (ugs. abwertend) *Hand:* nimm deine Klauen da weg!; wasch erst deine schmutzigen Klauen!; übertr.: jmdn. aus den Klauen der Gangster befreien. **2.** (ugs. abwertend) *Handschrift:* er hat eine unleserliche, fürchterliche K.

klauen (ugs.) ⟨[etwas] k.⟩: *stehlen:* ein Fahrrad, Geld k.; die klauen wie die Raben/Elstern; mit 10 fing er an, in Supermärkten zu k.; übertr.: die Melodie ist geklaut; ⟨jmdm. etwas k.⟩ jemand hat mir das Heft geklaut.

Klausel, die: *einschränkender Zusatz in einem Vertrag:* eine geheime K. enthalten; eine K. anwenden, in einen Vertrag einbauen, einfügen.

Klavier, das: */ein Musikinstrument mit Tasten/:* ein schön klingendes, altes K.; ein mechanisches, elektrisches, das K. ist [völlig] verstimmt; Klaviere stimmen; K. spielen, spielen lernen, üben; am K. sitzen; am K.: Alfred Brendel; den Sänger am/auf dem K. begleiten; auf dem K. improvisieren; etwas auf dem K. spielen, vortragen.

kleben: 1. a) ⟨etwas k.; gewöhnlich mit Raumangabe⟩ *etwas mit Klebstoff befestigen:* Plakate, Tapeten an die Wand k.; eine Briefmarke auf den Umschlag k.; Fotos in ein Album k. **b)** ⟨etwas k.⟩

mit Klebstoff reparieren: einen gerissenen Film, eine Zeichnung k.; einen Riß k. *(mit Klebstoff schließen).* **2. a)** ⟨etwas klebt⟩ *etwas hat eine bestimmte Klebkraft:* dieser Leim, das Material klebt gut, schlecht, wie Pech; die Tapete, das Plakat klebt noch nicht; das Pflaster klebt sehr fest an/auf der Haut. **b)** ⟨etwas klebt; mit Raumangabe⟩ *etwas haftet:* am Fenster klebt ein nasses Blatt; Dreck klebte an den Schuhsohlen; etwas an den Fingern k. haben; übertr.: an den Hängen kleben die primitiven Hütten der Eingeborenen; die Unterschrift klebt in der rechten unteren Ecke; am Vordermann k. *(ganz nah auffahren).;* Sport: am Gegner, auf der Linie k. *(sich nicht wegbewegen)* · ⟨etwas klebt jmdm.; mit Raumangabe⟩ bei der Hitze kleben einem die Kleider am Körper; übertr.: mir klebt die Zunge am Gaumen (ugs.; *ich habe großen Durst).* **c)** (ugs.) ⟨mit Raumangabe⟩ *sich nicht trennen können von etwas:* im Wirtshaus k.; um 1 Uhr nachts klebten sie noch auf ihren Stühlen; übertr.: an seinem Posten k.; am Geld k. **d)** (ugs.) ⟨etwas klebt⟩ *etwas ist klebrig:* die Bonbons kleben; meine Hände, Hosen kleben [vor Dreck]; übertr.: [am ganzen Körper] k. *(schwitzen).* ∗ (ugs.:) **jmdm. eine kleben** *(jmdm. eine Ohrfeige geben).*

klebenbleiben: 1. *an etwas Klebrigem haften, hängenbleiben:* die Fliege ist am, auf dem Leim klebengeblieben; ich bin mit dem einen Absatz [im weich gewordenen Teer] klebengeblieben. **2.** (ugs.) ⟨gewöhnlich mit Raumangabe⟩ **a)** *sich gezwungenermaßen aufhalten:* hinter einem langsameren Auto k.; wegen eines Maschinenschadens im Hafen k. **b)** *sich nicht lösen können:* an den Stühlen, bei den Verwandten, in der Disko k.; übertr.: an den Einzelheiten k. **3.** (ugs.) *nicht versetzt werden:* in der 7. Klasse k.

klebrig: *so beschaffen, daß es klebt oder daß etwas daran klebt:* klebrige Finger haben; das Papier, das Bonbon ist k.; sein Haar fühlt sich k. *(fettig)* an; übertr.: *aufdringlich:* ein klebriger Typ; in seiner klebrigen Art.

kleckern (ugs.): **a)** *durch Verschütten von etwas Flüssigem Flecken machen:* beim Essen, beim Malen k.; kleckere nicht so! **b)** ⟨etwas k.; mit Raumangabe⟩ *verschütten, tropfen lassen:* Farbe über das Tischtuch k.; das Kind hat Suppe auf den Boden gekleckert. **c)** ⟨etwas kleckert; mit Raumangabe⟩ *etwas fällt tropfenweise auf etwas:* hier ist etwas Farbe, Soße auf die Decke gekleckert. **d)** (ugs.) ⟨etwas kleckert⟩ *etwas geschieht, verläuft langsam, tropfenweise:* die Arbeit, der Beifall kleckerte nur; „Wie gehen die Geschäfte?" - „Es kleckert [so]"; übertr.: bei diesem Vorhaben darf man nicht k., sondern muß klotzen *(man muß von vornherein große finanzielle Mittel zur Verfügung stellen).*

Klecks, der: **1.** *Fleck:* auf dem Tischtuch ist ein großer K. machen, entfernen. **2.** (ugs.) *kleine Menge:* ein K. Marmelade, Senf.

Klee, der: */eine Grünpflanze/:* weißer, roter K.; die Kühe mit K. füttern. ∗ (ugs.:) **jmdn., etwas über den grünen Klee loben** *(übermäßig loben).*

Kleeblatt, das: *Blatt der Kleepflanze:* ein vierblättriges K. suchen, finden; übertr. (ugs.:) die drei Freunde bilden ein unzertrennliches K.

Kleid, das: **1.** *Oberbekleidungsstück für Frauen:*

ein neues, abgetragenes, buntes, ausgeschnittenes, schulterfreies, ärmelloses, [hoch]geschlossenes, kurzes, langes, enganliegendes, zweiteiliges, leichtes, sommerliches, dünnes, seidenes, warmes, festliches K.; ein K. aus Seide, aus Wolle, in Blau, mit V-Ausschnitt, zum Durchknöpfen; das K. wirkt sportlich, trägt sich gut; dieses K. steht dir am besten; ein K. zuschneiden, anfertigen, [selbst] nähen, kaufen, anprobieren, kürzer machen, ändern, reinigen, lange tragen, anhaben, ausziehen, ablegen (geh.); ich lasse mir ein K. machen, anfertigen, arbeiten; das K. auf den Bügel hängen; bildl.: die Stadt hat zum Jubiläum ein festliches K. angelegt; die Landschaft trägt ein weißes K. *(liegt unter Schnee).* **2.** ⟨Plural⟩ *Kleidung:* seine Kleider lüften, ablegen; schnell in die Kleider fahren, schlüpfen; jmdm. die Kleider vom Leib reißen; R: Kleider machen Leute *(schöne Kleidung fördert das Ansehen der Person).* * nicht aus den Kleidern kommen *(vor Arbeit o. ä. nicht ins Bett kommen).*

kleiden: 1. ⟨etwas kleidet jmdn.; mit Artangabe⟩ *etwas steht jmdn. in bestimmter Weise, paßt zu jmdn.:* der neue Hut kleidete sie gut, ausgezeichnet, vorteilhaft; ⟨auch ohne Artangabe⟩ diese Farbe kleidet mich. **2.** ⟨jmdn., sich k.; mit Artangabe⟩ *jmdn., sich in bestimmter Weise anziehen:* sie kleidet das Kind hübsch, zweckmäßig; er kleidet sich modern, sportlich, nach der neuesten Mode; sie versteht sich richtig zu k.; sie kleidet sich meist in Schwarz; korrekt gekleidet sein; in feine Gewänder gekleidet sein. **3.** ⟨etwas in etwas k.⟩ *etwas in eine bestimmte Form bringen:* seine Gefühle, Gedanken in schöne Worte k.

kleidsam: *gut kleidend:* eine kleidsame Bluse, Frisur; der Mantel ist sehr k.

Kleidung, die: *Gesamtheit der Kleidungsstücke:* gedeckte *(dunkle, unauffällige)* K.; leichte, warme, zweckmäßige K. tragen; sich neue K. für den Winter kaufen; für K. viel Geld ausgeben.

klein: 1. *von geringer Ausdehnung, geringem Umfang:* ein kleines Zimmer, Haus, Land; ein kleiner Laden; der Raum hat kleine Fenster; er fährt einen kleinen Wagen; der kleine Finger; der kleine Zeiger der Uhr; er hat kleine Hände; er machte kleine Schritte; eine Politik der kleinen Schritte *(der Teilerfolge);* er hat eine sehr kleine Frau; ein kleines Format; er hat eine kleine Schrift; das kleine Einmaleins *(Zahlenreihe von 1 bis 10 bei der Multiplikation);* den kleineren Teil von etwas nehmen; etwas nur in kleinen Mengen abgeben; etwas auf kleiner Flamme kochen; ich bin [einen Kopf] kleiner als er; für sein Alter ist er noch [recht] k.; der Koffer ist für diese Reise zu k.; die Schuhe sind klein [geworden]; R: k., aber oho! (ugs.; *k., aber beachtlich, leistungsfähig, energisch, selbstbewußt)* k., aber fein *(nicht groß, aber sehr gut)* · du mußt dich k. machen, um hineinzukommen; ein Wort k. schreiben. **2.** *von geringer Menge, Anzahl:* ein kleines Gehalt haben; das ist nur eine kleine Summe; kein kleines Geld *(Kleingeld)* haben; eine kleine Familie; ein kleiner Haushalt; etwas in kleinem Kreis besprechen; eine kleine Zahl treuer Anhänger; eine kleine Auswahl. **3.** *von kurzer Dauer:* eine kleine Weile, einen kleinen Augenblick warten müssen; eine kleine Pause machen. **4.** *von geringem Aus-*

maß, Grad; *nicht stark, schlimm:* eine kleine Erkältung; kleine Tricks; eine kleine Feier veranstalten; die kleinsten Hinweise beachten; das kleinere von zwei Übeln wählen; jmdm. einen kleinen Schreck einjagen; mir ist ein kleines Mißgeschick passiert; jmdm. eine kleine Freude machen *(jmdm. mit einer Kleinigkeit erfreuen);* das ist meine kleinste Sorge *(macht mir am wenigsten Sorge);* der Unterschied ist sehr k.; *(fam.:)* wie wär's mit einem kleinen Spielchen?; ein klein[es] bißchen *(ein wenig);* ein k. wenig *(etwas).* subst.: im Kleinen wie im Großen *(in allen Dingen)* korrekt sein; bis ins kleinste *(bis ins Detail)* genau; es wäre ihm ein Kleines (geh.; *eine geringe Mühe)* · um ein kleines *(beinahe)* wäre es mißlungen. **5.** *jung, nicht erwachsen:* meine kleine Schwester; er benimmt sich wie ein kleiner Junge; er gibt sich gern mit kleinen Mädchen ab; die Kinder sind alle noch k.; subst.: unsere Kleine (ugs.; *Tochter);* das ist unser Kleinster (ugs.; *jüngster Sohn);* sie hat etwas Kleines (ugs.; *ein Kind)* bekommen; die Kleine (ugs.; *das kleine Kind, das junge Mädchen)* lachte herzlich; die Kleinen und die Großen *(die Kinder und die Erwachsenen).* **6. a)** *unbedeutend, bescheiden, wenig geachtet:* ein kleiner Angestellter; er ist noch ein kleiner Student; ein kleiner *(kleinbürgerlich denkender)* Geist; die Ansichten des kleinen Mannes *(des einfachen, nicht vermögenden Bürgers);* er ist ein Kind kleiner *(nicht vermögender)* Eltern, Leute; in kleinen *(beschränkten)* Verhältnissen leben; R: die Kleinen hängt man, die Großen läßt man laufen *(die Hauptschuldigen, nur Mitläufer, unbedeutende Täter werden bestraft).* **b)** (ugs.) *kleinlaut; bereit nachzugeben, sich zu beugen:* [ganz] k. [und häßlich] werden; als man ihm seinen Fehler nachwies, wurde er so k. [mit Hut]. * von klein auf *(von Kindheit an).*

Kleingeld, das: *Geld in Münzen zum Bezahlen kleiner Beträge oder zum Herausgeben:* ich habe kein K. [bei mir]; [sich] etwas K. einstecken; bitte K. bereithalten!; iron.: diese Leute verfügen über das entsprechende K.; für ein eigenes Haus fehlt mir noch das nötige K.

Kleinigkeit, die: *kleine, unbedeutende Sache:* ich muß noch einige Kleinigkeiten kaufen, besorgen; jmdm. eine K. schenken *(ein kleines Geschenk machen);* ich muß noch eine K. (ugs.; *ein bißchen)* essen; sich eine K. (ugs.; *etwas Geld)* nebenher verdienen; den Schrank um eine K. (ugs.; *um ein Stückchen)* zur Seite schieben; das ist für ihn keine K. *(eine leicht zu lösende Aufgabe);* sich an Kleinigkeiten *(an unwichtigen Dingen)* stoßen; sich nicht mit Kleinigkeiten *(unwichtigen Einzelheiten)* abgeben; sich um jede K. *(Einzelheit)* selbst kümmern müssen.

kleinkriegen (ugs.): **a)** ⟨jmdn. k.⟩ *jmdn. gefügig machen:* ich werde ihn schon noch k.; sie ist so schnell nicht kleinzukriegen; ich lasse mich nicht k. **b)** ⟨etwas k.⟩ *etwas zerkleinern, unbrauchbar machen:* ich kriege den Holzklotz nicht klein; er hat das ganze Vermögen schon kleingekriegt *(aufgebraucht, durchgebracht);* der Apparat ist nicht kleinzukriegen *(ist sehr stabil).*

kleinlaut: *nicht mehr so großsprecherisch wie vorher:* kleinlaute Antworten; k. werden; die Fragen des Staatsanwalts machten ihn k.

kleinlich: *engstirnig, pedantisch, ohne jede Großzügigkeit:* er ist ein kleinlicher Besserwisser;
kleinliche Bestimmungen; sei doch nicht so k.; in
Geldsachen k. sein; ich habe mich nie k. gezeigt.
kleinmachen ⟨etwas k.⟩: *zerkleinern:* Holz, den
alten Schrank k.; übertr. (ugs.): er hat das
ganze Geld, Vermögen kleingemacht *(durchgebracht);* kannst du 100 DM k.? *(wechseln?);*
⟨jmdm. etwas k.⟩ können Sie mir 100 DM k.?
Klemme, die: 1. *Spange, Klammer:* etwas an
mehreren Klammern festmachen; die Haare mit
einer K. feststecken; ich habe die einzelnen Blätter mit einer K. zusammengeheftet. 2. (ugs.) ⟨in
Verbindung mit bestimmten Präpositionen⟩
unangenehme Situation, [geldliche] Notlage:
jmdm. aus der K. helfen; sich geschickt aus der
K. ziehen; in die K. geraten, kommen; er ist, sitzt,
steckt, befindet sich in einer augenblicklichen K.
klemmen: 1. ⟨etwas k.; mit Raumangabe⟩ *etwas
dazwischen-, festdrücken:* ein Polster in die Tür
k.; den Fuß zwischen die Tür k.; einen Zettel unter den Scheibenwischer k.; er hat die Bücher unter dem Arm geklemmt; ⟨sich (Dativ) etwas k.;
mit Raumangabe⟩ er klemmte sich den Schirm
unter den Arm. 2. *durch Quetschen verletzen:* **a)**
⟨sich k.⟩ ich habe mich [an der Tür] geklemmt. **b)**
⟨sich (Dativ) etwas k.⟩ ich habe mir den Daumen
[in der Schublade] geklemmt. 3. ⟨etwas klemmt⟩
etwas läßt sich nicht, kaum bewegen: die Tür, die
Schublade, der Reißverschluß klemmt. 4. (ugs.)
⟨etwas k.⟩: *stehlen:* eine Armbanduhr, Geld k.;
⟨jmdm. etwas k.⟩ er hat ihm die Brieftasche geklemmt. ∗ (ugs.:) **sich hinter etwas klemmen** *(sich
sehr anstrengen)* · (ugs.:) **sich hinter jmdn. klemmen** *(bei jmdm. Hilfe zu erhalten suchen).*
Klette, die: *runde, mit Widerhaken besetzte
Frucht der Klette:* die Kinder bewarfen sich mit
Kletten; sie hängen an ihm wie die Kletten *(mögen ihn sehr gern);* die beiden halten, hängen zusammen wie die Kletten *(sind unzertrennlich);*
übertr. (abwertend): sie sind eine richtige K.
(hängt in lästiger Weise an jmdm.).
klettern: a) *sich an etwas klammernd hocharbeiten, vorwärtsbewegen:* er kann gut, wie ein Affe
k.; an den Stangen, über den Zaun, auf das Dach,
vom Baum k.; wir sind heute drei Stunden geklettert; wir sind auf den höchsten Berg geklettert; übertr.: *steigen:* das Thermometer ist [um
10 Grad, auf 25 Grad] geklettert; die Preise sind
geklettert. **b)** (ugs.) ⟨mit Raumangabe⟩ *mühsam in
etwas hinein- oder aus etwas herausgelangen:* in
das, aus dem Auto k.; an Deck k.
Klima, das: *für ein Gebiet bestimmendes, typisches Wetter:* ein mildes, warmes, rauhes, feuchtes, tropisches K.; das K. in den Tropen; das K.
bekommt mir nicht, macht mir sehr zu schaffen;
ein K. nicht vertragen; sich an das K. gewöhnen
müssen; übertr.: *Atmosphäre, Stimmung:* das
geistige, politische, wirtschaftliche K. hat sich geändert, verschlechtert, ver-, gebessert; ein günstiges K. für Verhandlungen; ein K. des Vertrauens
schaffen; das K. zwischen den Supermächten.
klimpern (ugs.): 1. **a)** ⟨etwas klimpert⟩ *etwas gibt
ein klingendes Geräusch von sich:* die Münzen
klimperten im Klingelbeutel. **b)** ⟨mit etwas k.⟩ *mit
etwas ein klingendes Geräusch erzeugen:* mit dem
Geld in der Tasche k.; er hat mit den Schlüsseln

geklimpert. 2. (ugs.) **a)** *wahllos Töne hervorbringen:* auf dem Klavier k. **b)** ⟨etwas k.⟩ *etwas
schlecht spielen:* er klimperte die Melodie auf
dem Klavier.
Klinge, die: *schneidender Metallteil eines Werk-
zeuges:* eine scharfe, stumpfe, verrostete, blanke
K.; die K. des Messers, Degens, Schwertes; die
K. schleifen, schärfen; die K. *(Rasierklinge)*
wechseln; eine neue K. *(Rasierklinge)* einlegen.
∗ **eine scharfe Klinge führen** *(in Diskussionen ein
harter, schwerer Gegner sein)* · **die Klingen kreuzen: a)** *(fechten).* **b)** *(ein Streitgespräch führen)* ·
(ugs.:) **jmdn. über die Klinge springen lassen: a)**
(militär.; jmdn. töten). **b)** *(unnachsichtig gegen
jmdn. verfahren).* **c)** (Sport; *jmdn. foulen).*
Klingel, die: *Vorrichtung zum Läuten.* eine
helle, laute, elektrische K.; die K. betätigen, abstellen; auf die K. *(den Klingelknopf)* drücken.
klingeln: 1. *die Klingel betätigen:* kurz, laut,
leise, stürmisch k.; der Radfahrer klingelte; die
Kinder klingeln an allen Haustüren; bitte dreimal k.; beim Hausmeister k. 2. **a)** ⟨etwas klingelt⟩
etwas läßt Klingeln ertönen: der Wecker, das Telefon hat geklingelt; übertr.: jetzt klingeln die
Kassen *(werden gute Geschäfte gemacht).* **b)** ⟨es
klingelt⟩ *ein Klingelzeichen ertönt:* es hat geklingelt; es klingelte zur Frühstückspause. 3. ⟨jmdm./
nach jmdn. k.⟩ *jmdn. durch Läuten herbeirufen:*
dem Zimmerkellner k.; nach der Schwester k.;
⟨jmdn. aus etwas k.⟩ jmdn. aus dem Bett, aus dem
Schlaf k. *(durch Klingeln aufwecken).* ∗ (ugs.:) **bei
jmdm. klingelt es** *(jmd. begreift, merkt etwas).*
klingen: 1. ⟨etwas klingt⟩ *etwas gibt einen Klang
von sich, [er]tönt:* die vielen Glöckchen am Schlitten klingen; die Glocken klingen hell, sehr dunkel, dumpf; sie ließen die Gläser k. *(sie stießen
häufig an);* Stimmen klingen durch das ganze
Haus *(sind im ganzen Haus zu hören);* übertr.
subst.: sie verstand es, in ihm eine Saite zum
Klingen zu bringen *(ein Gefühl, eine Empfindung
zu wecken).* 2. ⟨etwas klingt; mit Artangabe⟩ *etwas
erscheint, hört sich in bestimmter Weise an:* das
klingt tröstlich, grausam, ganz einfach, unglaublich; seine Worte klangen wie ein Vorwurf, wie
ein Scherz; seine Stimme klingt heiser, belegt,
kühl; das Klavier klingt verstimmt; seine Rede
hatte herausfordernd geklungen; das klingt nach
Shaw *(könnte von Shaw sein).*
klipp ⟨in der Verbindung⟩ klipp und klar: *völlig
klar:* die Sache ist k. und klar; etwas k. und klar
(etwas mit aller Deutlichkeit) sagen.
Klippe, die: *Felsen im oder am Meer:* die K. fällt
steil ab, ragt weit ins Meer hinaus; das Schiff lief
auf eine K. [auf], zerschellte an den Klippen;
übertr.: *größere Schwierigkeit:* er konnte bei
den Verhandlungen die [gefährlichen] Klippen
geschickt umgehen, umschiffen, überwinden; an
dieser K. ist das Unternehmen gescheitert.
klirren: a) ⟨etwas klirrt⟩ *etwas gibt ein klirrendes
Geräusch von sich:* die Eiswürfel, Waffen, Sporen
klirrten; von der Explosion hatten die Fensterscheiben geklirrt; er schlug so fest auf den Tisch,
daß die Gläser klirrten; adj. Part.: klirrender
Frost, klirrende Kälte *(sehr strenger Frost, Kälte).*
b) ⟨mit etwas k.⟩ *ein klirrendes Geräusch
erzeugen:* sie klirrte mit ihren Armreifen.
klobig: *grob, unförmig:* eine klobige Gestalt;

klobige Hände, eine klobige Nase, klobige Finger haben; diese Schuhe sind mir zu k.

klönen (nordd.): *plaudern:* die Mädchen k. oft; wir haben noch bis Mitternacht geklönt.

klopfen: 1. a) ⟨mit Raumangabe⟩ *mehrmals leicht gegen etwas schlagen:* an die Wand, an das Barometer k.; mit dem Stock auf den Boden, gegen die Tür, an die Decke k.; er klopfte an das Glas, um sich Gehör zu verschaffen; ⟨auch ohne Raumangabe⟩ der Specht klopft *(schlägt mit dem Schnabel gegen den Baumstamm);* ⟨jmdn./jmdm. k.; mit Raumangabe⟩ er klopfte seinem/(seltener:) seinen Freund auf die Schulter. **b)** *anklopfen:* leise, kräftig, vorsichtig k.; hast du schon geklopft?; bitte k.; klopfe am/an das Fenster, wenn die Tür verschlossen ist; **übertr.** (geh.): der Winter klopft an die Tür *(kündigt sich an).* **c)** ⟨es klopft⟩ jmd. *klopft an die Tür:* es hat geklopft, sieh nach, wer da ist. **2. a)** ⟨etwas k.⟩ *etwas durch Schlagen reinigen:* ich habe den Teppich, die Matratzen geklopft. **b)** ⟨etwas von etwas, aus etwas k.⟩ *durch Schlagen entfernen:* den Staub von der Hose k.; er klopfte die Asche aus der Pfeife; ⟨jmdm., sich etwas von etwas, aus etwas k.⟩ er klopfte ihm den Schnee vom Mantel. **c)** ⟨etwas k.⟩ *durch Schlagen weich machen:* das Fleisch, die Schnitzel k. **d)** ⟨etwas k.⟩ *durch Schlagen zerkleinern:* Steine k. **3.** ⟨etwas in etwas k.⟩ *in etwas schlagen:* einen Nagel in die Wand k. **4.** ⟨etwas klopft⟩ *etwas gibt ein gleichmäßig schlagendes Geräusch von sich:* mein Herz klopft; der Motor klopft *(gibt unsaubere Geräusche von sich);* mit *[vor Aufregung]* klopfendem Herzen in die Prüfung gehen; subst.: das Klopfen des Pulses. **5.** ⟨etwas k.⟩ *etwas durch Schlagen deutlich machen:* den Takt k.; sie klopften Beifall.

Kloß, der (bes. nordd., westmd.): **a)** *aus Teig geformte Kugel:* rohe, grüne *(aus rohen Kartoffeln hergestellte)* Klöße; Klöße aus Grieß, aus Fleisch; Klöße kochen; Sauerbraten mit Klößen; er sprach, als ob er einen K. im Hals hätte *(er sprach mit würgender Stimme).* **b)** (veraltend) *Klumpen:* ein K. Erde, Lehm; aus nassem Sand einen K. formen. * (ugs.:) **einen Kloß im Hals haben** *(ein würgendes Gefühl verspüren).*

Kloster, das: **1. a)** *Wohn- und Arbeitsstätte von Mönchen oder Nonnen:* ein altes, säkularisiertes, neu besiedeltes, berühmtes K.; das K. hat eine berühmte Bibliothek, stammt aus dem 9. Jahrhundert, wurde um 1150 gegründet; die Klöster schließen, bestehen lassen. **2.** *Gemeinschaft der Mönche oder Nonnen:* ins K. gehen, eintreten; jmdn. ins K. aufnehmen, stecken.

Klotz, der: **1.** *eckiges Stück aus Holz, Stein o. ä.:* ein schwerer K.; einen K. spalten; Klötze unter etwas schieben; R: auf einen groben K. gehört ein grober Keil *(Grobheit muß mit Grobheit beantwortet werden);* etwas in Klötze, zu Klötzen schneiden; das Kind spielt mit Klötzen *(Bauklötzen);* er steht da wie ein K. *(steif, hölzern);* er liegt da, schläft wie ein K. *(ohne sich zu rühren);* bildl. (ugs.): ein K. *(großes, unförmiges Gebäude)* aus Glas und Beton. **2.** (ugs.) *grober, unbeholfener Mann:* dieser ungehobelte K. kommt mir nicht mehr ins Haus! * (ugs.:) **jmdm. ein Klotz am Bein sein** *(für jmdn. ein Hemmnis, eine Last sein)* · (ugs.:) **sich** (Dativ) **einen Klotz ans Bein binden**

(sich mit etwas eine Last aufbürden) · (ugs.:) **einen Klotz am Bein haben** *(eine Last haben).*

¹Kluft, die: **1.** (veraltend) *tiefer Riß, Spalt:* Klüfte überspringen; in eine tiefe K. fallen, stürzen. **2.** *scharfer Gegensatz:* die wirtschaftlich-soziale K. zwischen Ost und West; zwischen den Parteien, Weltanschauungen besteht eine tiefe, fast unüberbrückbare K.; eine K. zwischen den beiden tat sich auf; die K. zwischen Regierung und Volk überwinden, überbrücken.

²Kluft, die (ugs.): *kennzeichnende [Arbeits]kleidung:* die K. des Flugpersonals; die Schüler des Internats erhalten neue Kluften; sich in seine gute K. werfen *(seinen guten Anzug anziehen).*

klug: a) *mit Verstand, mit scharfem Denkvermögen begabt; schlau:* ein kluger Schüler; er ist ein kluger Mann, ein kluger Kopf; eine kluge Antwort; das Kind hat kluge *(Klugheit verratende)* Augen; er ist sehr, ungewöhnlich k.; subst.: sie ist von allen die Klügste. **b)** *vernünftig, sinnvoll:* ein kluger Rat; eine kluge Politik treiben; kluge Reden halten; das war eine kluge Entscheidung; wenn du k. bist, warte ab; (ugs.:) der ist wohl nicht recht k. *(gescheit);* sein Verhalten war nicht k.; es ist das klügste *(am klügsten)* zu schweigen; er hätte k. daran getan, sofort zu gehen; diese Methode halte ich nicht für k.; R: hinterher ist man immer klüger; durch Schaden wird man k.; subst.: der Klügere gibt nach. * (ugs.:) **aus etwas nicht klug werden** *(etwas nicht verstehen);* (ugs.:) **aus jmdm. nicht klug werden** *(jmdn. nicht richtig einschätzen können).*

Klugheit, die: **a)** *scharfes Denkvermögen, Intelligenz:* das zeugt von großer K.; sie zeichnet sich durch ungewöhnliche K. aus. **b)** *kluges Verhalten, Umsicht:* die K. des Staatsmannes; ein K. gab er zunächst dazu keine Erklärung ab. **c)** *(meist iron.)* ⟨Plural⟩ *kluge Bemerkungen:* deine Klugheiten kannst du dir sparen.

klugreden (ugs.): *etwas besser wissen:* er kann nur k., von der Sache aber versteht er nichts.

klumpen ⟨etwas klumpt⟩: *etwas bildet Klumpen:* das Mehl klumpt beim Anrühren.

Klumpen, der: *zusammenklebende Masse:* ein K. Gold, Lehm; K. bilden; sich zu K. ballen.

knabbern: a) ⟨etwas k.⟩ *etwas Hartes essen:* Kekse, Salzstangen, Nüsse k.; etwas zu k. haben beim Fernsehen, zum Wein. **b)** ⟨an etwas k.⟩ *an etwas nagen:* die Hasen knabbern an den Rüben; an den Fingernägeln k. * **an etwas zu knabbern haben: a)** *(sich mit etwas schwertun).* **b)** *(unter den Folgen von etwas lange leiden müssen)* · (ugs.:) **nichts mehr zu knabbern haben** *(ruiniert sein).*

Knabe, der: **1.** (geh.) *Junge:* ein aufgeweckter K.; einen Knaben gebären; sie hat einem Knaben das Leben geschenkt. **2.** (ugs., oft scherzh.) *Bursche, Kerl, [älterer] Mann:* ein lustiger K.; [na,] wie geht's, alter K.? /vertrauliche Anrede/; der K. ist mir zu arrogant.

knacken: 1. a) ⟨etwas knackt⟩ *ein knackendes Geräusch von sich geben:* der Boden, die Treppe, das Bett knackt; das frische Holz knackt im Feuer; der Boden knackt unter seinen Schritten; die Knochen, die Gelenke knacken; es knackt im Radio, in der [Telefon]leitung. **b)** ⟨mit etwas k.⟩ *mit etwas ein knackendes Geräusch erzeugen:* mit den Zähnen k.; er knackte ungeduldig mit den

Fingern. **2.** ⟨etwas k.⟩ **a)** *aufknacken:* Nüsse, Kerne k. **b)** (ugs.) *zerdrücken:* Läuse, Wanzen k. **c)** (ugs.:) *gewaltsam aufbrechen:* einen Tresor k.; das Schloß, Autos, Automaten k.; übertr.: ein Rätsel, eine Organisation, einen Geheimcode k. * (ugs.:) **an etwas zu knacken haben: a)** *(sich mit etwas schwertun).* **b)** *(unter den Folgen von etwas noch lange leiden müssen).*

Knacks, der: **1.** *knackender Laut:* es gab, machte einen K., als das heiße Wasser in das Glas gegossen wurde; beim Sprung hörte ich deutlich den K. im Fußgelenk. **2.** (ugs.) **a)** *Sprung:* die Tasse hat einen K. **b)** *Schädigung, Schaden:* er hat einen gesundheitlichen, seelischen, psychischen K.; sich einen K. holen; die Ehe hat einen K. bekommen, gekriegt *(ist nicht mehr in Ordnung);* das hat ihrer Freundschaft einen K. gegeben.

Knall, der: *kurzes, scharfes, sehr lautes Geräusch:* ein heller, heftiger, scharfer, harter, dumpfer K.; der K. eines Schusses, einer Explosion; mit lautem K. die Tür zuwerfen; übertr. (ugs.): es gab einen großen K. *(Skandal).* *(ugs.:)* **Knall und/auf Fall** *(plötzlich, auf der Stelle):* er wurde k. und/auf Fall entlassen · (ugs.:) **einen Knall haben** *(verrückt sein).*

Knalleffekt, der (ugs.): *etwas völlig Überraschendes; Pointe:* der K. bei der Sache ist, daß ...; dann kam der K. der Geschichte; das ist ja der K.; das Fest endete mit einem K.

knallen: 1. a) ⟨etwas knallt⟩ *etwas gibt einen Knall von sich:* die Peitsche knallt; wir hörten Schüsse k.; die Sektkorken knallten pausenlos; irgendwo hat es geknallt *(hat es einen Unfall gegeben);* übertr. (ugs.): in der Familie hat es mal wieder geknallt *(hat es Krach gegeben).* **b)** ⟨mit etwas k.⟩ *mit etwas einen Knall erzeugen:* mit der Peitsche, mit den Absätzen k. **2.** (ugs.) *schießen:* **a)** ⟨mit Raumangabe⟩ in die Luft k.; er hat wild um sich geknallt; Sport: der Mittelstürmer knallte aufs Tor. **b)** ⟨etwas k.; mit Raumangabe⟩ aus Wut hat er mehrere Kugeln durch die Scheibe geknallt; Sport: der Stürmer knallte den Ball ins Netz; ⟨jmdm. etwas k.; mit Raumangabe⟩ er knallte der Geisel zwei Kugeln in den Bauch. **3.** (ugs.) **a)** ⟨mit Raumangabe⟩ *gegen etwas prallen:* er knallte gegen die Windschutzscheibe, mit dem Kopf auf das Pflaster geknallt; der Wagen knallte gegen die Leitplanke. **b)** ⟨etwas k.; mit Raumangabe⟩ *etwas mit Wucht werfen:* er knallte das Paket, das Geld auf den Tisch; den Hörer auf die Gabel k.; die Bücher in die Ecke k.; ⟨jmdm. etwas k.; mit Raumangabe⟩ sie knallte ihm den Koffer vor die Füße. **4.** (ugs.) ⟨sich k.; mit Raumangabe⟩ *sich mit Wucht irgendwohin fallen lassen:* sich aufs Bett, ins Bett, in den Sessel k.; sich vor die Glotze k. **5.** (ugs.) *brennend, heiß scheinen:* die Sonne knallt heute fürchterlich; ⟨jmdm. k.; mit Raumangabe⟩ die Sonne hat ihm auf den Kopf geknallt. **6.** (ugs.) ⟨es knallt⟩ *es gibt Schläge:* nimm dich in acht, sonst knallt's. * (ugs.:) **jmdm. eine knallen** *(jmdm. eine Ohrfeige geben).*

knallig (ugs.): *grell, auffallend:* eine knallige Farbe; ein knalliges Rot; knallige Musik; der Stoff wirkt ziemlich k.

knapp: 1. *eng, fest anliegend:* ein knapper Pullover; eine k. sitzende Hose; die Schuhe sind [mir]

zu k. **2. a)** *klein, gering, bescheiden:* ein knappes Taschengeld; die Portionen sind k.; die Lebensmittel, die Vorräte sind k. geworden; im Urlaub wollen wir wandern, und das nicht zu k. *(ausgiebig);* meine Zeit ist k. *(ich habe wenig Zeit).* **b)** ⟨mit etwas k. sein⟩ mit der Zeit, mit Geld k. sein *(wenig Zeit, Geld haben).* **3.** *etwas weniger, nicht ganz:* ein knappes Pfund Butter; ich fahre eine knappe Stunde; der Junge ist jetzt k. ein Jahr alt; k. 20 Leute sind gekommen; k. ein halbes Jahr wohne ich hier. **4.** *schwach, nicht überzeugend:* ein knapper Sieg; er wurde mit knapper Mehrheit gewählt. **5.** *sehr kurz, nur das Wesentliche erfassend:* eine knappe Information; etwas in knappen Sätzen berichten; der Bericht ist recht k.; das Referat soll nicht zu k. ausfallen. **6.** *sehr nahe, dicht:* das Flugzeug fliegt k. unter der Schallgrenze; er schoß k. am Tor vorbei; das Kleid endet k. über dem Knie; er entging nur k. dem Tode.

knarren ⟨etwas knarrt⟩: *etwas gibt ein knarrendes Geräusch von sich:* die Tür, die Treppe, das Bett knarrt; er hat eine knarrende Stimme.

Knast, der (ugs.): **a)** *Haftstrafe:* er bekam fünf Monate k.; jmdm. ein Jahr K. aufbrummen. **b)** *Gefängnis:* aus dem K. [raus]kommen; jmdn. in den K. schicken; im K. sein, sitzen. * (ugs.:) **Knast schieben** *(eine Gefängnisstrafe verbüßen).*

knattern: 1. ⟨etwas knattert⟩ *etwas gibt ein knatterndes Geräusch von sich:* Motorräder, Maschinengewehre knattern; die Fahnen knattern im Wind. **2.** ⟨mit Raumangabe⟩ *sich mit knatterndem Geräusch fortbewegen:* sie knatterten [mit ihren Motorrädern] durch die Stadt.

Knäuel, der oder das: *zu einer Kugel aufgewickelter Faden:* ein unentwirrbarer/unentwirrbares K.; ein K. Wolle; ein[en] K. [auf]wickeln, entwirren; übertr.: die Menschen standen in Knäueln vor den Eingängen.

Knauf, der: *Griff in Form einer Kugel oder eines Knopfes:* ein hölzerner, metallener K.; ein Spazierstock mit geschnitztem K.; der K. an der Haustür ist abgebrochen.

knauserig (ugs.): *übertrieben sparsam, geizig:* ein knauseriger Verwalter; sei nicht so k.!

knausern (ugs.): *sehr sparsam sein:* im Urlaub knausert er nie; mit dem Geld, Material k.

knautschen (ugs.): **a)** ⟨etwas k.⟩ *zusammendrücken, knüllen:* das Papier, das Kopfkissen, die Zeitung k. **b)** ⟨etwas knautscht⟩ *etwas bildet Falten:* das Kleid, der Stoff knautscht [leicht].

knebeln ⟨jmdn. k.⟩: *jmdm. einen Knebel in den Mund stecken und ihn am Sprechen und Schreien hindern:* die Bankräuber fesselten und knebelten die Angestellten; übertr.: die Regierung versucht die Presse zu k. *(zum Schweigen zu bringen).*

Knecht, der: **1.** (veraltet) *Gehilfe eines Bauern:* auf dem Gut arbeiten drei Knechte; er arbeitet als K. **2.** *Diener:* Herr und K.; ein K. der Herrschenden sein; jmdn. zum K. machen! **knechten** (geh.) ⟨jmdn., etwas k.⟩: *unterdrücken:* sich nicht k. lassen; die Bevölkerung, ein Land k.; das geknechtete Volk erhob sich.

Knechtschaft, die (geh.): *Unfreiheit, Unterwerfung:* jmdn. aus der K. befreien; ein Volk in die K. führen; in völliger K. leben.

kneifen: 1. a) ⟨jmdn. k.⟩ *Haut, Fleisch so zusammendrücken, daß es schmerzt:* hör endlich auf,

mich dauernd zu k.!; ⟨jmdm./(seltener:) jmdn. k.; mit Raumangabe⟩ er kniff ihr/sie in den Arm. **b)** ⟨etwas kneift⟩ *etwas verursacht einen kneifenden Schmerz:* das Gummiband, die Hose kneift. **2.** ⟨etwas k.; mit Raumangabe⟩ *irgendwo einklemmen:* der Hund kniff den Schwanz zwischen die Beine und lief davon. **3.** (selten) ⟨etwas k.⟩ *zusammenpressen:* die Augen, die Lippen k. **4.** (ugs.) *sich jmdm. nicht stellen; sich vor etwas drücken:* er kneift vor dem Chef, vor der Aussprache; im entscheidenden Moment hat er wieder gekniffen.
Kneipe, die: (ugs.) *einfache Gaststätte:* eine dunkle, altmodische, gemütliche, verrufene K.; die K. an der Ecke, im Einkaufscenter; in die K. gehen; er sitzt dauernd in der K.; in einer K. hängenbleiben.
kneten ⟨etwas k.⟩: **a)** *eine weiche Masse drückend bearbeiten:* Teig k.; der Masseur knetet *(walkt)* die Muskeln. **b)** *etwas aus einer weichen Masse formen:* eine Figur [aus Lehm] k.
Knick, der: **a)** *Stelle, wo etwas scharf abgebogen ist:* das Rohr hat einen K.; die Straße macht einen K. **b)** *scharfer Falz, Bruch:* ein K. im Papier; der Rock bekam beim Sitzen Knicke. * (ugs.:) **einen Knick im Auge/in der Linse/in der Optik haben: a)** *(schielen).* **b)** *(nicht richtig sehen können).*
knicken: **1. a)** ⟨etwas k.⟩ *etwas scharf biegen:* einen Draht, ein Streichholz k.; der Sturm hat Bäume geknickt. **b)** ⟨etwas k.⟩ *falten, falzen:* den Bogen zweimal k.; bitte nicht k.! **c)** ⟨etwas knickt⟩ *etwas biegt sich scharf um:* die Balken knickten wie Strohhalme. **2.** ⟨jmdn., etwas k.⟩ *niederdrücken:* ihre Reaktion hat ihn, seinen Stolz sehr geknickt; einen geknickten Eindruck machen.
knick[e]rig (ugs.): *sehr sparsam, geizig:* ein knick[e]riger Geschäftspartner; er ist sehr k.
Knicks, der: *kurzes Kniebeugen zur Begrüßung älterer oder höhergestellter Personen:* sie machte einen artigen, tiefen K. [vor dem Pfarrer]
Knie, das: **1.** *Gelenk zwischen Ober- und Unterschenkel:* ein rundes, spitzes, geschwollenes K.; das K. wurde steif; ihm zitterten die Knie vor Angst; das K. vor dem Altar beugen; die Knie durchdrücken; sich das K. aufschlagen; auf das K./auf die K. fallen; sie fiel, warf sich vor ihm auf die K.; die Kinder rutschten auf den Knien; du kannst ihm auf [den] Knien danken, daß er den Fehler bemerkt hat; in die K. sinken, gehen; mit wankenden, schlotternden Knien; sich eine Decke über die K. legen; sie standen bis an die K. im Wasser; das Kleid reicht bis zum K.; übertr.: der Fluß macht, bildet ein K. *(knieförmige Biegung).* **2.** *gebogenes Stück:* das K. am Ofenrohr; ein K. einsetzen. * **weiche Knie haben** *(Angst haben)* · (geh.:) **jmdn. auf/in die Knie zwingen** *(jmdn. besiegen, unterwerfen)* · (ugs.:) **in die Knie gehen** *(sich einer Übermacht beugen)* · (ugs.:) **jmdn. übers Knie legen** *(jmdm. eine Tracht Prügel geben)* · (ugs.:) **in den Knien weich werden** *(große Angst bekommen)* · (ugs.:) **etwas übers Knie brechen** *(etwas übereilt entscheiden).*
knien: **1. a)** *auf den Knien liegen:* während des Gottesdienstes, vor dem Altar, im Beichtstuhl, auf dem Teppich k.; sie kniete am Bett ihres todkranken Mannes. **b)** ⟨sich k.⟩ *sich auf die Knie niederlassen:* sie kniete sich, um zu beten; er kniete sich neben mich. **2.** ⟨sich in etwas k.⟩ *sich intensiv*

mit etwas beschäftigen: ich werde mich in die Arbeit, in diesen Vorgang, in den Fall k.
Kniff, der: **1.** *Falte, Knick:* einen K. in das Papier machen; in dem Rock sind mehrere Kniffe. **2.** (ugs.) *Trick, Kunstgriff:* ein raffinierter K.; Kniffe für den Heimwerker; unerlaubte Kniffe anwenden; er kennt alle Kniffe; den K. [noch nicht] heraushaben; hinter einen K. kommen.
knifflig: *schwierig, kompliziert:* eine knifflige Frage, Situation; die Aufgabe ist mir zu k.
knipsen (ugs.): **1.** ⟨jmdn., etwas k.⟩ *fotografieren:* ich habe im Urlaub sehr viel geknipst; er hat uns am Strand, aus dem fahrenden Zug geknipst; ein Bild k.; mit diesem Film kann ich noch drei Fotos k. *(aufnehmen, machen).* **2.** ⟨etwas k.⟩ *etwas entwerten:* eine Fahrkarte k. **3.** *einen knipsenden Laut verursachen, erzeugen:* er knipste dauernd mit den Fingernägeln. **4.** ⟨etwas k.; mit Raumangabe⟩ *etwas mit dem Finger wegschießen:* der Junge knipste Krümel vom Tisch.
knirschen: a) ⟨etwas knirscht⟩ *etwas gibt ein knirschendes Geräusch von sich:* der Schnee, der Sand knirscht [unter unseren Schritten]; die Stiefel knirschen auf dem Kiesweg; mit knirschenden Zähnen *(wütend)* kam er auf mich zu. **b)** ⟨mit etwas k.⟩ *mit etwas ein knirschendes Geräusch erzeugen:* im Schlaf mit den Zähnen k.; ⟨auch ohne Präp.-Obj.⟩ knirschend vor Zorn *(sehr zornig)* verließ er den Raum.
knistern: a) ⟨etwas knistert⟩ *etwas gibt ein knisterndes Geräusch von sich:* das Feuer, das Holz [im Feuer], das Papier knistert; übertr.: es herrschte eine knisternde *(gespannte, prickelnde)* Atmosphäre, Spannung; es knistert vor Spannung *(herrscht eine gewisse Unruhe).* **b)** ⟨mit etwas k.⟩ *mit etwas ein knisterndes Geräusch erzeugen:* mit Papier k.
knobeln: 1. *würfeln, durch Würfeln entscheiden:* wir haben geknobelt, wer zahlen muß; mit den Kollegen um einen Kasten Bier k.; sie sitzen da und knobeln. **2.** (ugs.) *nach der Lösung einer schwierigen Aufgabe suchen:* wir haben lange geknobelt, wie man die Sache vereinfachen kann; an dieser Aufgabe habe ich lange geknobelt.
Knöchel, der: *vorspringender Knochen am Fuß- oder Fingergelenk:* der K. ist gebrochen; ich habe mir den K. verstaucht; ich habe zarte, feine, feste, kräftige K.; das Kleid geht, reicht [ihr] bis zum K.; bis an die K. im Schlamm versinken.
Knochen, der: **1.** *einzelner Bestandteil des Skeletts:* zierliche, weiche, harte, kräftige, feste K.; der K. ist gebrochen, ist gut zusammengewachsen; sich einen K. [an]brechen; der Hund nagt an einem K.; die Wunde geht bis auf den K.; aus den K. eine gute Suppe kochen; ein Pfund Fleisch mit/ohne K.; ⟨Plural⟩ *Glieder:* mir tun sämtliche K. weh; seine müden K. ausruhen; die K. brechen; seine K. hinhalten [müssen] *(unter körperlichem Einsatz für jmdn., etwas einstehen [müssen]);* seine K. bewegen; reißen Sie die K. zusammen! *(stehen Sie stramm!);* mir sitzt, steckt noch eine Grippe in den K. *(haftet mir noch an);* die Drohung fuhr ihm mächtig in die K. *(löste große Angst aus);* der Schreck, die Angst sitzt mir noch in den K. *(wirkt noch in mir nach).* **3.** (ugs. abwertend) *männliche Person:* er ist ein fauler, zäher K.; /auch als Schimpfwort/: du elender

K.! * (ugs.:) **bis auf die Knochen** *(völlig, durch und durch):* wir waren naß bis auf die K.; er hat sich bis auf die K. blamiert.

knochig: *kräftige, deutlich hervortretende Knochen habend:* ein knochiges Gesicht; knochige Hände haben; er ist ein k. gebauter Typ.

Knopf, der: **1.** *kleines Verschluß- oder Zierstück an Kleidungsstücken:* ein runder, flacher, blanker K.; Knöpfe aus Perlmutter; der K. ist ab (ugs.), auf (ugs.), zu (ugs.); ein K. ist abgerissen; mir ist der K. [am Mantel] abgegangen (ugs.), abgesprungen; einen K. verlieren, annähen; den K. auf-, zumachen, öffnen, schließen. **2.** *Vorrichtung zum Ein- und Ausschalten von Geräten oder Anlagen:* der K. der Klingel, am Radio, für das Licht; den K./auf den K. drücken; ein Druck auf den K. genügt. **3.** *Knauf, kugeliges Ende:* der K. am Spazierstock; der K. einer Turmspitze. **4. a)** (ugs.) *[kleiner, alter] Mensch:* er ist ein komischer, ulkiger, altmodischer K. **b)** (ugs.) *niedliches, kleines Kind:* die kleinen Knöpfe haben sich versteckt. * (ugs.:) **[sich (Dativ)] etwas an den Knöpfen abzählen** *(eine Entscheidung von etwas Zufälligem abhängig machen).*

Knopfloch, das: *Loch zum Durchstecken eines Knopfes:* das K. ist ausgerissen; Knopflöcher nähen, umstechen; er trägt ein Trauerband im K.; sich (Dativ) eine Blume ins K. stecken; ü b e r t r.: ihm guckt die Neugier aus allen Knopflöchern; er schwitzt aus sämtlichen Knopflöchern *(er schwitzt sehr).* * (ugs.:) **aus sämtlichen/allen Knopflöchern platzen** *(zu dick geworden sein).*

knorrig: *krumm gewachsen, mit vielen verwachsenen Ästen:* knorrige Eichen; die Bretter sind ganz k. *(bestehen aus Holz mit vielen Ästen);* k. ragen die Äste in den Himmel; ü b e r t r.: er hat ein knorriges *(rauhes, grobes)* Wesen.

Knospe, die: *noch nicht aufgegangene Blüte:* feste, dicke, schwellende Knospen; die Knospen öffnen sich, sprießen [hervor], entfalten sich, springen auf, brechen auf, blühen auf, gehen auf, platzen auf (ugs.); der Baum setzt Knospen an, treibt Knospen; ü b e r t r.: die zarte K. *(der Anfang)* ihrer Liebe; er betrachtete ihre Knospen *(ihre kleinen, noch nicht voll entwickelten Brüste).*

knoten *(etwas k.):* *zu einem Knoten schlingen:* die Krawatte k.; das Ende der Schnur k.; das Seil ist [fest] geknotet; ⟨jmdm., sich etwas k.⟩ ich knote mir eine Schleife ins Haar.

Knoten, der: **1.** *feste Schlinge:* ein fester K.; der K. hält, zieht sich zusammen, lockert sich, geht auf; der K. der Krawatte sitzt schief; einen K. machen, schlingen (selten), lösen, aufbekommen (ugs.), aufkriegen (ugs.); in die Schnur einen K. machen; [sich (Dativ)] einen K. in das, ins Taschentuch machen (um etwas nicht zu vergessen); sie trägt einen K. *(sie hat das Haar knotenförmig zusammengesteckt);* sie trägt das Haar/die Haare in einem K.; sie hat das Haar zu einem K. aufgesteckt; sie spürte einen K. *(harte, verdickte Stelle)* in ihrer Brust; b i l d l.: die Sache hat einen K. (ugs.; *bei der Sache stimmt etwas nicht).* **2.** *Verdickung:* der K. am Weinstock, an Grashalmen; die Gicht verursacht K. an den Fingern. **3.** (Seemannsspr.) */Geschwindigkeitsmaß bei Schiffen/:* das Schiff läuft, macht 20 K., fährt mit 25 K. * **den [gordischen] Knoten durchhauen** *(eine schwierige*

Aufgabe verblüffend einfach lösen) · (ugs.:) **bei jmdm. ist der Knoten endlich gerissen/geplatzt** *(jmd. hat endlich etwas verstanden).*

Knüller, der (ugs.): *Sache sensationeller Art:* dieser Film, dieser Wagen ist, wird ein [toller, echter, absoluter] K.; und jetzt kommt der K.!

knüpfen: 1. ⟨etwas k.⟩ *etwas durch Verschlingen von Fäden herstellen:* Netze, Teppiche k.; einen Knoten k. (selten; *machen);* ü b e r t r.: die Freundschaftsbande enger k. **2. a)** ⟨etwas an etwas k.⟩ *etwas mit etwas [gedanklich] verbinden:* an etwas Hoffnungen, Erwartungen k.; ich knüpfe daran die Bedingung, daß ... **b)** ⟨etwas knüpft sich an etwas⟩ *etwas verbindet sich mit etwas:* an meine Jugend knüpfen sich viele schöne Erinnerungen.

Knüppel, der: *kurzer, dicker Stock:* ein K. aus Hartgummi; die Polizei trieb die Demonstranten mit Knüppeln auseinander; da möchte man am liebsten mit dem K. dreinschlagen (ugs.; *mit Gewalt Ordnung schaffen);* F l i e g e r s p r.: *Steuerknüppel:* der Pilot umklammerte den K. * (ugs.:) **jmdm. Knüppel zwischen die Beine werfen** *(jmdm. Schwierigkeiten machen).*

knurren: 1. *einen knurrenden Laut von sich geben:* der Hund knurrt; mein Magen knurrt [vor Hunger]; ⟨etwas knurrt jmdm.⟩ ihm knurrt der Magen. **2.** (ugs.) **a)** *murren:* er knurrte über der Arbeit; knurrend zog er sich zurück. **b)** ⟨etwas k.⟩ *etwas murrend, brummend sagen:* er hat immer etwas zu k.; „Meinetwegen!" knurrte er.

knusprig: 1. *frisch gebacken mit leicht platzender Kruste:* knuspriges Gebäck; die Brötchen sind k.; die Gans ist schön k. gebraten. **2.** (ugs.) *jung, frisch:* ein knuspriges Mädchen; als wir noch jung und k. waren *(früher).*

Knute, die: *Riemenpeitsche:* jmdn. mit der K. schlagen; ü b e r t r.: *Gewaltherrschaft:* die K. zu spüren bekommen; unter jmds. K. stehen, leben.

k. o.: 1. (Boxen) *nach einem Niederschlag kampfunfähig und besiegt:* k. o. sein; stehend k. o. sein *(kampfunfähig sein, ohne am Boden zu liegen);* in der 5. Runde ging der Herausforderer k. o.; er schlug den Gegner bereits in der 2. Runde k. o.; ü b e r t r.: (ugs.:) die Uhrenindustrie lag k. o. am Boden; der Linksaußen schoß den Gegner k. o. **2.** (ugs.) *erschöpft:* wir waren total, völlig k. o.; sich k. o. fühlen; k. o. heimkehren.

Koch, der: *jmd., der berufsmäßig kocht:* ein berühmter, ausgezeichneter K.; er lernt K., will K. werden; R: viele Köche verderben den Brei *(eine Sache, bei der mehrere mitreden, wird nicht gut).*

kochen: 1. ⟨etwas k.⟩ **a)** *durch Kochen, mit kochendem Wasser zubereiten:* Kaffee, Tee k.; ich muß bis zwölf Uhr das Essen, das Gemüse gekocht haben. **b)** *sieden und dadurch gar, weich machen:* Fleisch, ein Ei, Kartoffeln, Erbsen k.; den Inhalt des Beutels auf kleiner Flamme fünf Minuten k.; Teer k. *(durch Erhitzen flüssig und verwendbar machen).* **c)** *durch starkes Erhitzen von Schmutz befreien:* diese Baumwollsachen kann man k.; die Handtücher müssen gekocht werden. **2.** *Speisen zubereiten:* Gaby steht in der Küche und kocht; sie kocht gerne, gut, pikant, für zwei Tage, für die ganze Familie. **3.** ⟨etwas kocht⟩ *etwas hat den Siedepunkt erreicht; etwas ist in Siedetemperatur:* das Wasser, die Milch, die Suppe kocht [noch nicht]; der Reis muß 20 Minuten k.

(in kochendem Wasser liegen); Klöße in kochendes Wasser legen; ü b e r t r.: Ärger, Haß kochte in ihm *(hielt ihn in Erregung);* es kocht in/(seltener:) bei jmdm. (ugs.; *jmd. ist furchtbar wütend);* er kocht vor Wut, Eifersucht (ugs.; *er ist rasend vor Wut, Eifersucht);* s u b s t.: er hat mit seiner Entscheidung die Volksseele zum Kochen gebracht *(große Empörung beim Volke ausgelöst).*

Köder, der: *Lockspeise zum Fangen von Tieren:* einen K. [für Ratten] auslegen, auswerfen; die Fische wollen nicht auf den K. anbeißen; ü b e r t r. (ugs.): *Lockmittel:* dieses Angebot ist nur ein K.; man hat das Mädchen nur als K. benutzt.

ködern ‹ein Tier k.›: a) *ein Tier mit einem Köder anlocken:* er ködert die Fische mit Regenwürmern; ü b e r t r. (ugs.): *mit Versprechungen zu gewinnen suchen:* er versucht uns [mit einem guten Vertrag] zu k.; sich für eine Idee k. lassen.

Koffer, der: *tragbarer Behälter für die Reise:* ein leichter, schwerer, großer, stabiler, handlicher K.; ein K. aus Leder; ein K. mit doppeltem Boden; die K. [aus]packen, zum Bahnhof, zur Bahn bringen; K. tragen, schleppen, aufgeben. * (ugs.:) **die Koffer packen** *(verschwinden)* · (ugs.:) **aus dem Koffer leben** *(viel unterwegs sein).*

Kohl, der: 1. (bes. nordd.) a) */eine Gemüsepflanze/:* K. [an]bauen, pflanzen. b) *eine Speise aus Kohl:* K. kochen; heute gibt es K.; er ißt gerne K.; R (ugs.): das macht den K. auch nicht fett *(das nützt auch nichts).* 2. (ugs.) *Unsinn:* das ist doch alles K.; er redet K. * (ugs.:) **alten Kohl aufwärmen** *(eine alte Geschichte vorbringen).*

Kohldampf ‹in der Wendung› **Kohldampf schieben/haben** (ugs.): *Hunger haben.*

Kohle, die: 1. *steinartiger, schwarzer Brennstoff:* die Kohlen glühen noch; K. abbauen, fördern, auf Halde legen; Kohle[n] [an]fahren, liefern, einkellern, aus dem Keller holen; S e e m a n n s s p r.: Kohle[n] bunkern, trimmen; Teer aus K. herstellen, gewinnen; b i l d l.: weiße K. *(Wasserkraft).* 2. (ugs.) *Geld:* wenn ich K. hätte; K. machen, ranschaffen; die Kohlen verdienen; wo bleibt die K.?; dazu reichen die Kohlen nicht; eine Menge K. hat das gekostet; [Hauptsache,] die Kohlen stimmen (ugs.; *die Bezahlung ist gut);* tolle Sache für wenig K.; Zigaretten nur gegen K. * (geh.:) **feurige Kohlen auf jmds. Haupt sammeln** *(jmdn. durch eine gute Tat beschämen)* · **[wie] auf [glühenden] Kohlen sitzen** *(in einer bestimmten Situation voller Unruhe sein).*

¹**kohlen** ‹etwas kohlt›: *etwas schwelt:* das Holz, der Docht der Kerze kohlt.

²**kohlen** (ugs.): *etwas sagen, was nicht stimmt, Unsinn reden:* der hat ganz schön gekohlt.

kokett: *spielerisch-selbstgefällig:* ein kokettes Mädchen; ein koketter Gang; sie hat ein kokettes Lächeln; sie ist, benimmt sich sehr k.

kokettieren: 1. *flirten:* sie kokettiert gern; im Urlaub kokettierte sie mit einem anderen. 2. ‹mit etwas k.› *mit etwas liebäugeln:* er kokettiert mit einem Auto, mit dem Gedanken, ein Haus zu kaufen. 3. ‹mit etwas k.› *sich mit etwas interessant machen:* er kokettiert mit seinem Alter.

¹**Koks,** der: 1. *beim Entgasen der Kohle entstehender Brennstoff:* den glühenden K. löschen; bei der Gaserzeugung K. gewinnen; K./mit K. heizen. 2. (ugs.) *Geld:* der hat viel K.

²**Koks,** der (ugs.): */Kurzform für Kokain/:* er handelte heimlich mit K.

Kolben, der: a) *beweglicher zylindrischer Maschinenteil:* der K. einer Pumpe; im Motor hat sich der K. festgefressen (ugs.). b) *Pflanzenkolben:* der K. des Schilfrohrs; die gelben Kolben des Maises. c) *Gewehrkolben:* der Soldat schlug die Tür mit dem K. ein. d) (Chemie) *zylindrisches Glas:* sie erhitzte die Flüssigkeit im K. auf dem Bunsenbrenner. e) (ugs.) *dicke Nase:* er hat einen mächtigen, leuchtendroten K. im Gesicht.

Kollege, der: *jmd., der mit anderen zusammen im gleichen Beruf, im gleichen Betrieb tätig ist:* ein junger, netter, angenehmer, beliebter, tüchtiger, [un]sympathischer K.; die engsten Kollegen meines Mannes; die Kollegen in der Schule, von der Gewerkschaft; er ist ein alter, früherer K. von mir; sie sind Kollegen; K. kommt gleich; K./(seltener:) Kollegen Meiers Geburtstagsparty; haben Sie K./(seltener:) Kollegen Meier gesehen?; das ist unter Kollegen nicht üblich; Herr K.! /mündliche Anrede/; Liebe Kollegen! /Anrede/.

kollegial: *sich wie ein Kollege verhaltend; freundschaftlich:* ein kollegiales Verhalten zeigen; jmdm. in kollegialer Weise helfen; das war nicht sehr k. von dir.

Koller, der (gewöhnlich in den Verbindungen) **einen Koller bekommen, kriegen** (ugs.; *wütend werden)* · **einen Koller haben** (ugs.; *wütend sein).*

kollidieren: 1. ‹mit jmdm., mit etwas k.› *zusammenstoßen:* vor der Küste ist im Nebel ein Tanker mit einem Frachtschiff kollidiert; Simpson war bereits am Anfang des Rennens mit Petersen kollidiert; ‹auch ohne Präp.-Obj.› auf der Autobahn kollidierten mehrere Fahrzeuge. 2. ‹mit etwas k.› *im Widerspruch stehen, in Konflikt geraten:* die Interessen des eigenen Landes kollidieren mit denen anderer Staaten; idealistische Ziele kollidieren oft mit den Realitäten des Lebens; die beiden Veranstaltungen kollidieren miteinander *(überschneiden sich);* ‹auch ohne Präp.-Obj.› diese Forderungen kollidieren.

Kollision, die: 1. *Zusammenstoß von Fahrzeugen:* die K. einer Jacht mit einem Frachtschiff; die K. zwischen einem Lkw und einem Bus; im dichten Nebel gab es mehrere Kollisionen; eine schwere K. haben; der Pilot hat eine K. gerade noch vermeiden können; bei der K. kenterte das Schiff; es kam zur K. 2. *Konflikt, Widerstreit:* die K. der Standpunkte, der Interessen, der Kompetenzen; sie geriet in K. mit ihrem Nachbarn; es kam zu einer K. zwischen ihnen.

Kolonne, die: a) *geschlossene Gruppe:* eine lange, motorisierte K. von Polizisten; eine K. von zwanzig Lastwagen; die K. löst sich auf; eine K. bilden; in Kolonnen marschieren; eine Kolonne[n] fahren; K. fahren *(im Schrittempo hintereinanderfahren);* sich in die K. einordnen. b) (ugs.) *große Menge, lange Reihe:* endlose Kolonnen von Zahlen. c) *Gruppe von Arbeitern:* eine K. von Bau-, Gleisarbeitern; in einer K. arbeiten. * **die fünfte Kolonne** *(ein Spionage- und Sabotagetrupp).*

Koloß, der: 1. *mächtiges, schweres Gebilde:* das Denkmal ist ein häßlicher K.; der Fahrer des Panzers bremste, der K. kam zum Stehen; das Reich war im K. auf tönernen Füßen *(konnte jeden Augenblick zusammenbrechen).* 2. (ugs.)

große, schwergewichtige Person: ihr Mann war ein K.; der K. schleuderte den Hammer 83 m weit. **kolossal:** 1. *riesig, wuchtig:* ein kolossales Schloß; eine kolossale Plastik; die Kirche hat eine kolossale Kuppel. 2. (ugs.) *sehr groß:* kolossales Glück haben; ich bekam einen kolossalen Schrecken; wir hatten alle kolossalen Hunger. 3. (ugs.) ⟨verstärkend vor Adjektiven und Verben⟩ *sehr:* ich habe mich k. gefreut; die Partei hat k. an Macht gewonnen. **Kombination,** die: 1. *zweckbestimmte [gedankliche] Verbindung, Vermutung:* eine geistreiche, scharfsinnige, verfehlte K.; die Kombinationen erwiesen sich als falsch; Kombinationen anstellen; die Presse war auf Kombinationen angewiesen. 2. a) *Zusammenstellung, Kopplung:* eine K. verschiedener Eigenschaften; eine K. von Abitur und Lehre; die K. von Buchstaben, Farben; die Gruppe erweist sich als gute K. aus Theoretikern und Praktikern. b) *Zusammenstellung von Zahlen und Buchstaben als Schlüssel für Spezialschlösser:* ich kenne die K. 3. *in der Farbe aufeinander abgestimmte und zusammen zu tragende Kleidungsstücke:* eine schwarzweiße K.; eine K. aus Kleid und Jacke; er trug keinen Anzug, sondern eine K. *(Hose und darauf abgestimmten Sakko).* 4. (Sport) **a)** *Zusammenwirken, -spiel:* viele Kombinationen klappten (ugs.) nicht; die Kombinationen sind viel zu durchsichtig, zu breit angelegt; flüssige, gefällige Kombinationen; nach einer herrlichen K. zwischen den Stürmern fiel das erste Tor. **b)** *aus zwei oder mehreren Disziplinen bestehender Wettkampf:* er ist Weltmeister in der nordischen K.; in der K. führt der deutsche Meister. **kombinieren:** 1. ⟨etwas⟩ *etwas zusammenstellen, -fügen; koppeln:* Zahlen k.; verschiedene Farben [zu einem Muster] k.; zwei Entwürfe, Systeme [miteinander] k. 2. *aus etwas Schlüsse ziehen; schlußfolgern:* richtig, falsch, voreilig k.; er muß noch k. lernen. 3. (Sport) ⟨mit Artangabe⟩ *planmäßig zusammenwirken, -spielen:* die Stürmer kombinierten schnell, hervorragend, zu eng. **Komfort,** der: *Bequemlichkeit bietende Einrichtung:* bescheidener, hoher, neuester, modernster K.; das Hotel bietet allen K.; auf höchsten K. Wert legen; mit allem K. **Komik,** die: *von einer Situation oder Handlung ausgehende erheiternde Wirkung:* unfreiwillige K.; Sinn für K. haben; sein Auftreten entbehrte nicht einer gewissen K. (geh.), war von unwiderstehlicher K. **komisch:** 1. *belustigend, erheiternd:* eine komische Erzählung, Geschichte, Rolle; die Sache hat auch eine komische Seite; die komische Oper /eine Operngattung/; er macht eine komische Figur; sein Aussehen war sehr k., wirkte k.; jmdn., etwas sehr, irrsinnig (ugs.) k. finden; ich finde das gar nicht k., alles andere als k. *(ich finde das nicht zum Lachen).* 2. *merkwürdig, eigenartig, sonderbar:* er ist ein komischer Mensch, Kauz (ugs.); ein komisches Gefühl haben; er hat, vertritt [etwas] komische Ansichten; sei doch nicht so k.!; das kommt mir k. vor; ich finde die ganze Sache k.; k., eben war er noch da *(ich verstehe nicht, wohin er verschwunden ist).* 3. (ugs.) ⟨jmdm. ist, wird [es] k.⟩ *jmdn. ist, wird übel:* nach dem Essen wurde [es] ihm ganz k.

kommandieren: 1. a) ⟨jmdn., etwas k.⟩ *befehligen:* eine Kompanie k.; er kommandiert die sechste Flotte. b) ⟨jmdn. k.; mit Raumangabe⟩ *abkommandieren:* jmdn. an die Front, zu einer anderen Abteilung, in eine andere Gruppe, zu einem Lehrgang k. c) ⟨etwas k.⟩ *anordnen:* den Rückzug k.; die Polizei kommandierte: „Straßen räumen". 2. (ugs.) ⟨[jmdn.] k.⟩ *im Befehlston Anweisungen geben:* er kommandiert gern [seine Mitarbeiter]; ich lasse mich [von dir] nicht k. **Kommando,** das: **a)** *kurzer Befehl:* ein kurzes, scharfes, militärisches K.; das K. ertönt; das K. geben; er brüllte das K. über den Hof; alles hört auf mein K.!; K. zurück! */Ausruf, mit dem man eine Äußerung zurücknimmt/;* etwas auf K. tun; wie auf K. *(gleichzeitig)* drehten sich beide um. **b)** *Befehlsgewalt:* das K. [über eine Einheit] haben, übernehmen, abgeben, führen, an jmdn. übergeben; die Division steht unter dem K. von ... **c)** *kleinere Truppeneinheit für Sonderaufgaben:* in der Nacht zerstörte ein K. die Radaranlage; einem K. angehören; zu einem K. gehören. **kommen:** 1. a) *ankommen, eintreffen:* wir sind vor einer Stunde gekommen; er wird [schon] noch k.; er kommt immer pünktlich, rechtzeitig; einen Augenblick bitte, ich komme gleich!; R: komme ich heute nicht, komme ich morgen · sie kamen als letzte, gleichzeitig, zusammen, unangemeldet, mit ihren Frauen; er kam in Begleitung eines Herrn, mit dem Wagen; zu Fuß k.; ⟨in Verbindung mit einem Verb der Bewegung im 2. Part.⟩ gesprungen, gelaufen k.; die Bahn muß jeden Augenblick k.; der nächste Bus kommt in einer halben Stunde; ⟨mit Raumangabe⟩ das Auto, er kam von rechts, von der Seite; der Wind kommt von Norden, aus einer anderen Richtung; der Zug kommt aus Italien; er kommt vom Spaziergang; übertr.: er macht alles [so], wie es gerade kommt *(anfällt, eintrifft);* zur Zeit kommen laufend Beschwerden, neue Vorschläge; die Antwort kam spontan, wie aus der Pistole geschossen; seine Reue kam zu spät; subst.: hier herrscht ein ständiges Kommen und Gehen; diese Mode ist im Kommen; ⟨jmdn., etwas k.; in Verbindung mit lassen⟩ *veranlassen, daß jmd. kommt oder etwas gebracht wird:* einen Arzt, die Handwerker k. lassen; er hat sich [ein] Taxi k. lassen; ⟨jmdm. k.; mit Artangabe⟩ er, das kommt mir [un]gelegen, unpassend. **b)** *erscheinen, teilnehmen:* ich weiß nicht, ob ich komme, ob ich k. kann; wir werden vielleicht, bestimmt, auf jeden Fall k.; er ist bisher immer regelmäßig zum Training gekommen; ich werde zu Ihrem Vortrag, zu Ihrem Geburtstag k. **c)** ⟨zu jmdm. k.⟩ *jmdn. besuchen:* wann kommen Sie einmal [zum Essen] zu uns?; ich komme gerne einmal zu Ihnen; ein Vertreter will morgen zu mir k.; ⟨auch ohne Präp.-Obj.⟩ kommen Sie doch mal, wir würden uns freuen! **d)** (ugs.) ⟨jmdm. k.; mit Artangabe⟩ *in bestimmter Weise jmdm. entgegentreten, sich aufführen:* jmdm. dumm, frech, grob k.; so lasse ich mir nicht k.; so können Sie mir nicht k.! **e)** (ugs.) ⟨jmdm. mit etwas k.⟩ *sich [in belästigender Weise] an jmdn. wenden:* komme mir nicht schon wieder damit!; komme mir immer mit derselben Geschichte. **f)** ⟨auf jmdn./auf etwas k.⟩ *entfallen:* auf einen Arbeitslosen kommen fünf offene Stellen; bereits auf jeden vierten Einwohner kommt ein Auto. **2.** *an der Reihe sein, folgen:* wer kommt zuerst, als nächster?; jetzt komme ich; Sie kommen vor mir, nach mir; nach den Nachrichten kommt der Wetterbericht; das Schlimmste kommt [erst] noch. **3. a)** ⟨etwas kommt⟩ *etwas naht/kommt langsam heran, steht bevor, tritt ein:* die Flut kommt; heute kommt noch ein Gewitter; der Winter kommt jetzt mit Riesenschritten; den [richtigen] Zeitpunkt für gekommen halten; ⟨mit Artangabe⟩ es kam ganz anders; man weiß nie, wie alles kommt *(sich entwikkelt);* es mag k., wie es will; das mußte ja k. *(das war vorauszusehen);* das habe ich schon lange k. sehen *(erwartet);* so weit kommt es noch! (ugs.); adj. Part.: am kommenden *(nächsten)* Montag; er gilt als der kommende *(sich im Aufstieg befindende)* Mann in der Partei; diese Aufgabe bleibt kommenden *(künftigen)* Generationen, Geschlechtern vorbehalten. **b)** ⟨etwas kommt über jmdn.⟩ *etwas befällt, erfaßt jmdn.:* [die] Angst, [das] Entsetzen, [der] Ekel kam über ihn; plötzlich kam eine völlige Mutlosigkeit über sie. **c)** ⟨es kommt zu etwas⟩ *es ereignet sich etwas [nach längerer Entwicklung]:* es kommt bald zum Streit, zum offenen Bruch [zwischen den beiden]; wenn jetzt nichts geschieht, kommt es bald zum Krieg; es kam zum Prozeß; wir wissen noch nicht, wie es zu dem Unfall gekommen ist. **4. a)** ⟨etwas kommt⟩ *etwas kommt heraus, hervor:* bei dem warmen Wetter kommen die ersten Blüten; die Kirschen, die Tulpen kommen erst später; bei dem Kind kommen die ersten Zähne. **b)** ⟨etwas kommt jmdm.⟩ *etwas zeigt sich bei jmdm.:* vor Freude kamen ihm die Tränen; ihm kamen nachträglich Bedenken; mir kam plötzlich der Gedanke, die Sache selbst zu machen. **5.** ⟨etwas kommt; mit Umstandsangabe⟩ *herrühren, herstammen:* woher kommt das viele Geld?; aus welcher Quelle kommt diese Information?; woher kommt es, daß ... ?; das kommt davon (ugs.; *das ist die Folge)!* **6. a)** ⟨mit Raumangabe⟩ *gelangen:* [sicher] ans Ufer, ans Ziel k.; in einigen Minuten kommen wir nach München; wie komme ich [von hier] zum Flugplatz?; mit der Straßenbahn kommt man am schnellsten in die Innenstadt; wir kommen selten ins Theater *(haben selten die Zeit oder die Möglichkeit dazu);* ich komme kaum noch aus dem Haus, vor die Tür *(ich habe keine Zeit mehr zum Ausgehen);* übertr.: zu einer Einigung k. *(sich einig werden);* wir kommen zum Abschluß der Beratungen; ich kann morgen an ein neues Kapitel; es kommt noch dahin/soweit, daß ... **b)** ⟨mit Raumangabe⟩ *einen bestimmten Ort passieren:* der Festzug wird durch diese Straße k.; wir kamen auf unsrer Reise durch wunderschöne Gegenden; auf dieser Route kommen wir nicht über München. **c)** ⟨mit Raumangabe⟩ *irgendwo aufgenommen, untergebracht, eingestellt werden:* in die Schule, ins/aufs Gymnasium k.; (ugs.:) er kommt in die Lehre *(beginnt eine Lehre als Auszubildender);* er kam ins Krankenhaus, in ein Heim, ins Gefängnis; vor Gericht k. *(angeklagt werden);* er kommt bald zum Bund (ugs.), zur Bundeswehr; nächsten Monat kommt er zur/in die Hauptverwaltung nach München *(wird er zur Hauptverwaltung versetzt);* Rel.: in den

Himmel k. · der Schrank kommt zwischen Tür und Fenster *(wird zwischen Tür und Fenster aufgestellt).* **d)** ⟨unter etwas k.⟩ *überfahren werden:* unter ein Auto k.; er ist unter die Straßenbahn gekommen und war sofort tot. **e)** ⟨mit Raumangabe⟩ *in einen bestimmten Zustand, in eine bestimmte Situation geraten* /verblaßt/: in eine schwierige Lage k.; er kam in höchste Gefahr, in Not, in Verlegenheit; in Wut k. *(wütend werden);* in Fahrt, in Stimmung, in Schwung k.; zum Stillstand, zum Stehen, ins Stocken kommen. **f)** ⟨mit Raumangabe und Infinitiv mit zu⟩ *in eine bestimmte Lage geraten:* unter den Schrank, unter das Fahrzeug zu liegen k.; ich kam zwischen die beiden Minister zu sitzen. **7.** ⟨zu etwas k.⟩ *etwas gewinnen, erlangen:* zu Geld, Erfolg, zu großen Ehren k.; wenn du so weitermachst, kommst du im Leben zu nichts; ich weiß nicht, wie ich zu dieser Ehre komme; wie komme ich dazu? (ugs.; *warum soll gerade ich das tun?);* ich bin zu der Erkenntnis gekommen, daß es so besser ist. **8.** ⟨um etwas k.⟩ *etwas verlieren, nicht mehr haben, um etwas gebracht worden sein:* er ist um seine Ersparnisse, um sein ganzes Geld gekommen; durch die lange Besprechung bin ich um die Mittagspause gekommen; um seinen Schlaf k. **9.** ⟨mit Raumangabe⟩ *auf etwas stoßen, etwas entdecken:* hinter jmds. Pläne, hinter ein Geheimnis k.; wie kommst du darauf *(auf diesen Gedanken)?;* er kam plötzlich auf den Gedanken, eine Reise zu machen; ich komme nicht mehr auf seinen Namen *(ich erinnere mich nicht mehr daran);* wie kamen wir auf dieses Thema?; später k. wir noch auf diesen Punkt zu sprechen; das Gespräch kam zufällig auf diese Frage. **10.** (ugs.) ⟨etwas kommt; mit Umstandsangabe⟩ *etwas kostet:* wie hoch kommt die Reparatur?; das Projekt kommt auf etwa 10 000 DM; die Sache ist schließlich sehr teuer, zu teuer gekommen; wenn es hoch kommt *(im Höchstfall),* kostet alles etwa 1 000 DM; (etwas kommt jmdn.; mit Umstandsangabe⟩ die Sache kam mich schließlich auf 2 000 DM. **11.** /verblaßt in nominalen Fügungen mit passivischer Bedeutung/: zur Anwendung k. *(angewendet werden);* zur Verteilung k. *(verteilt werden);* zum Einsatz k. *(eingesetzt werden).* *auf jmdn. nichts kommen lassen (jmdn. in Schutz nehmen).*

Kommentar, der: **1.** *Erläuterung, Stellungnahme:* ein kurzer, ausführlicher, kritischer K.; nach den Nachrichten folgt der K.; kein K.!/*Formel, mit der die Antwort auf eine Frage verweigert wird/;* K. überflüssig!; das bedarf keines Kommentars; sie enthielt sich jedes/jeden Kommentars; er lehnte jeden K. ab, gab keinen K. zum Wahlergebnis; mußt du zu allem deinen K. abgeben *(deine Meinung ungefragt kundtun)?* **2.** Zusatz bzw. Zusatzwerk mit Erläuterungen zu einem Gesetzeswerk, einer Dichtung u. ä.: den K. zum Strafgesetzbuch herausgeben; im K. nachschlagen.

kommentieren ⟨etwas k.⟩: *eine Erklärung, Stellungnahme zu etwas abgeben:* die Regierungserklärung wurde lebhaft, ausführlich, recht unterschiedlich kommentiert; das neue Steuergesetz k. *(mit Erläuterungen versehen);* adj. Part.: eine kommentierte Ausgabe von Goethes Faust.

Kommission, die: *Ausschuß [von beauftragten*

Personen]: eine ständige, gemischte K.; eine K. aus Vertretern aller Parteien; die K. tritt zusammen, nimmt ihre Arbeit auf, tagt; eine K. bilden, einsetzen, mit der Untersuchung des Falles beauftragen; einer K. angehören; die Pläne werden zur Zeit innerhalb der K. beraten. * *(Kaufmannsspr.:)* **etwas in Kommission nehmen/geben/ haben** *(etwas in Auftrag nehmen/geben/haben).*

kommunistisch: *auf dem Kommunismus beruhend:* die kommunistische Weltanschauung, Revolution; die kommunistischen Parteien Europas; dieses Land ist k., wird k. regiert.

Komödie, die: **1. a)** *Lustspiel;* die griechische K.; eine K. schreiben; eine K. von ... aufführen; ü b e r t r.: die Sitzung war eine einzige K. **b)** *kleines Theater, in dem besonders Komödien aufgeführt werden:* in die K. gehen. **2.** (ugs.) *unechtes, theatralisches Gebaren, Verstellung:* das ist doch alles nur K.!; ich habe die K. gleich durchschaut. * **Komödie spielen** *(etwas vortäuschen).*

kompetent: a) *sachverständig:* ein kompetentes Urteil; kompetente Leute fragen; jmdn. k. beraten; ⟨in etwas, auf etwas k. sein⟩ in diesen Fragen, auf diesem Gebiet ist sie sehr k. **b)** *zuständig:* an kompetenter Stelle fragen; ⟨für etwas k. sein⟩ für solche Fälle sind die Gerichte k.

Kompetenz, die: *Zuständigkeit[sbereich], Befugnis:* die alleinige K.; seine Kompetenzen reichen dazu nicht aus; er hat keine K.; seine Kompetenzen (Befugnisse) überschreiten; es fehlt ihm die fachliche K. *(der Sachverstand);* jmds. K. *(Sachverstand)* bestreiten; das übersteigt meine K., liegt außerhalb meiner K.; das fällt in die K. von XY; in jmds. Kompetenzen eingreifen.

komplett: 1. *vollständig, vollzählig:* eine komplette Ausrüstung; eine k. eingerichtete Wohnung; meine Sammlung ist jetzt k.; jetzt sind wir k. (ugs.; *jetzt sind wir alle zusammen);* der Wagen kostet k. *(mit allem Zubehör)* 30 000 DM; das Werk gibt es nur k. *(als Ganzes).* **2.** (ugs.) *völlig:* das ist kompletter Unsinn; er ist ein kompletter Idiot; du bist k. verrückt.

Komplex, der: **1.** *[zusammenhängender] Bereich:* ein K. von Fragen; dieser ganze K. *(die ganze Gebäudegruppe)* wird saniert; aus einem Bereich einen K. herausgreifen. **2.** (Psych.) *seelisch bedrückende, negative Vorstellung in bezug auf die eigene Person:* er ist, steckt voller Komplexe; einen K., Komplexe haben, verdrängen, abreagieren; an Komplexen leiden; das wird bei ihm zum K.

Kompliment, das: *schmeichelhafte Äußerung gegenüber einer Person:* ein großes K.; [mein] K.! /*Ausdruck der Bewunderung oder Anerkennung für etwas/;* er machte der Dame des Hauses Komplimente [für/über ihre gute Küche]; für Komplimente empfänglich sein. * **nach Komplimenten fischen** *(darauf aussein, Komplimente zu erhalten).*

komplizieren: a) ⟨etwas k.⟩ *[unnötig] erschweren:* das kompliziert den Fall außerordentlich; wir wollen die Sache nicht unnötig k. **b)** ⟨etwas kompliziert sich⟩ *etwas verwickelt sich:* dieser Fall kompliziert sich immer mehr.

kompliziert: 1. *schwer, schwierig; verwickelt:* eine komplizierte Aufgabe, Frage; M e d .: ein komplizierter Armbruch · eine sehr komplizierte *(schwer zu durchschauende)* Apparatur; der Fall

ist [äußerst] k., wird immer komplizierter; der Apparat ist k. zu bedienen. **2.** *schwer zu behandelnd:* ein komplizierter Mensch, Charakter; sie hat ein sehr kompliziertes Wesen.

Komplott, das (ugs. auch: der): *Verschwörung, Anschlag:* ein K. [gegen jmdn.] schmieden/vorbereiten; das K. der Regierungsgegner, von zwei Gruppen wurde rechtzeitig aufgedeckt, enthüllt; in ein K. gegen jmdn. verwickelt sein.

Kompromiß, der: *Übereinkunft durch gegenseitige Zugeständnisse:* ein annehmbarer, guter, fauler (ugs.), nicht akzeptabler, unguter K.; ein K. bahnt sich an, zeichnet sich ab; er geht auf keinen K. ein; mit jmdm. einen K. eingehen, schließen, aushandeln; einen K. finden; [keine] Kompromisse *(Zugeständnisse)* machen; einem K. zustimmen; sich auf einen K. einigen; zu [k]einem K. bereit sein; es kam zu einem K. *(Interessenausgleich)* zwischen den Parteien.

kondolieren ⟨jmdm. k.⟩: *sein Beileid aussprechen:* er hat ihr zum Tode ihres Vaters kondoliert; ⟨auch ohne Dat.⟩ ich habe versäumt zu k.

Konferenz, die: *beratende Versammlung; Tagung:* eine wichtige, internationale K. über Wirtschaftsfragen; eine K. anberaumen, abhalten, abbrechen, vertagen, einberufen, eröffnen; er ist Vorsitzender der K.; an einer K. teilnehmen; auf, bei der K. wurde beschlossen, ...; der Direktor ist zur Zeit in einer K. *(Sitzung).*

Konfession, die: *Glaubensgemeinschaft:* die christlichen Konfessionen; er gehört keiner K. an; er ist evangelischer, katholischer K.

Konflikt, der: **a)** *Streit, Auseinandersetzung:* ein bewaffneter, militärischer, ideologischer K.; ein K. entsteht, entwickelt sich, bricht offen aus; der K. kann sich leicht zu einem Krieg ausweiten; einen K. heraufbeschwören, auslösen, schlichten, beilegen; in einen K. eingreifen; in der Parteiführung kam es zum offenen K. über die Wahlrechtsfrage; einem K. ausweichen; die friedliche Lösung von Konflikten. **b)** *innerer Widerstreit, Zwiespalt:* ein seelischer K.; schwere innere Konflikte durchmachen; das bringt mich in einen ernsthaften K. mit meinem Gewissen; einen K. mit sich austragen. * **mit etwas in Konflikt kommen/geraten** *(gegen etwas verstoßen).*

konform: *übereinstimmend:* ein konformes Verhalten; ihre Ansichten sind k. * **konform gehen/ sein** *(übereinstimmen):* in dieser Frage gehe ich mit ihnen k.; unsere Ansichten gehen nicht, sind nicht k.

konfus: *verworren; durcheinander:* er redet konfuses Zeug; seine Pläne sind ziemlich k.; er ist heute ganz k.; k. antworten; ⟨jmdn. k. machen⟩ dieser hektische Betrieb macht mich völlig k.

König, der: **1.** /*Herrscher[titel]/:* die preußischen Könige; der K. von Schweden; er wurde zum K. gekrönt; das Erbe K. Ludwigs des Heiligen; des Königs Ludwig des Heiligen; bi l d l .: der K. der Wüste (geh.; *der Löwe);* der K. der Lüfte (geh.; *der Adler);* er ist der K. *(der Beste);* er ist der ungekrönte K. *(die dominierende Person)* der Unterwelt, unter den Leichtathleten; bei uns ist der Kunde K. *(die bestimmende Person);* K. Kunde; K. Fußball regiert an jedem Wochenende. **2. a)** /*Figur beim Schach/:* den K. matt setzen. **b)** /*Spielkarte/:* den K. ausspielen.

Königin, die: 1. /*Herrscherin, Herrschertitel*/: die K. von England; die K. *(das fruchtbare Weibchen)* eines Bienenvolkes; b i l d l. : sie war die K. *(der glanzvolle Mittelpunkt)* des Festes; die K. der Instrumente *(die Orgel).* 2. /*Figur beim Schach*/: die K. schlagen.

königlich: 1. *dem König gehörend, zum König gehörend, von ihm ausgehend:* die königliche Familie; das königliche Schloß; ein königlicher *(vom König ausgehender)* Erlaß; Königliche Hoheit /*Anrede eines Kronprinzen*/; in königlicher Haltung *(hoheitsvoll);* er ist von königlichem Geblüt; ü b e r t r. : königliche *(großzügige)* Geschenke; das königliche Spiel *(Schach).* 2. (ugs.) *außerordentlich:* es war ein königliches Vergnügen; er freute sich k.; wir haben uns k. amüsiert.

Konjunktur, die: *wirtschaftliche Gesamtlage, Entwicklungstendenz:* eine [un]günstige, steigende, überhitzte, rückläufige K.; die K. beleben, fördern, ankurbeln (ugs.), anheizen (ugs.), dämpfen, bremsen; die K. *(Hochkonjunktur)* ausnutzen; ü b e r t r. : Themen dieser Art haben im Augenblick K. *(sind sehr im Schwange).*

konkret: 1. *gegenständlich, wirklich vorhanden:* konkrete Dinge; die konkrete Wirklichkeit; konkrete Gefahren. 2. *präzise, greifbar, genau:* ein konkretes Beispiel; konkrete Hinweise, Forderungen; konkrete Pläne, Vorwürfe, Anhaltspunkte; konkrete Angaben machen; etwas nimmt konkrete Formen an; ohne konkrete Ergebnisse zu Ende gehen; sich konkreter ausdrücken; ich frage Sie ganz k., ...; was heißt, bedeutet das k.?; schließlich wurde er k. *(äußerte er sich ohne Umschweife).*

Konkurrenz, die: 1. *Wettbewerb:* eine scharfe, erbarmungslose K.; auf diesem Gebiet ist die K. groß, herrscht eine ungeheure K.; wir machen ihm, uns selbst damit K.; mit jmdm. in K. treten, stehen, liegen. 2. *einzelner Konkurrent oder Gesamtheit der Konkurrenten:* die K. ist, verkauft billiger; die K. fürchten, ausschalten (ugs.), aus dem Feld schlagen (geh.); wir haben hier viel, keine K.; ich kaufe bei der K.; zur K. gehen, abwandern. 3. (Sport) *Wettkampf:* er hat schon mehrere Konkurrenzen gewonnen; außer K. starten *(teilnehmen, ohne gewertet zu werden).*

konkurrieren ⟨mit jmdm., mit einer Sache k.⟩: *in Wettbewerb stehen:* die beiden konkurrieren schon lange miteinander; ⟨auch ohne Präp.-Obj.⟩ auf dem Markt konkurrieren viele Produkte dieser Art; um den Vorsitz k.; mit diesen Preisen können wir nicht k. *(in Wettbewerb treten).*

Konkurs, der (Kaufmannsspr.): *Zahlungsunfähigkeit und Verfahren zur Befriedigung der Gläubiger eines Unternehmens:* der Firma droht der K.; den K. *(das Konkursverfahren)* anmelden, beantragen, durchführen, abwickeln; über jmdn., jmds. Vermögen den K. *(das Konkursverfahren)* eröffnen; der K. konnte abgewendet werden, wurde [mangels Masse] abgewiesen; die Firma hat K. gemacht, ist in K. gegangen, geraten *(ist zahlungsunfähig geworden),* steht vor dem K.

können: I. ⟨Vollverb⟩ a) ⟨etwas k.⟩ *etwas beherrschen:* er kann viel, alles, gar nichts; er kann was (ugs.; *er ist tüchtig);* was kann er eigentlich?; der Schüler kann das Gedicht immer noch nicht [auswendig]; er kann [gut] Russisch; das kann er besser als du; diese Übungen habe ich früher alle gekonnt; a d j. P a r t. : seine Arbeiten sind, wirken gekonnt; s u b s t. : sein Können beeindruckte uns alle. b) ⟨mit Artangabe⟩ *in bestimmter Weise zu etwas fähig, in der Lage sein:* ich kann nicht anders; wenn es sein muß, kann ich auch anders; er lief, was er konnte, so schnell, wie er konnte. c) *Kraft haben:* kannst du noch?; nach der zehnten Runde konnte der Läufer nicht mehr und gab auf. d) (ugs.) *dürfen, die Möglichkeit, Erlaubnis haben:* der Patient kann wieder nach Hause. II. ⟨Modalverb; mit Infinitiv⟩ a) *imstande sein, vermögen:* er kann [gut] reden, turnen, Auto fahren; wer kann mir das erklären?; ich habe nicht kommen k.; sie konnte vor Schmerzen nicht schlafen; ich konnte das nicht mehr aushalten, [mit] ansehen; nichts mit jmdm., mit etwas anfangen k.; sich nicht beherrschen k.; etwas nicht erwarten k.; das Flugzeug kann bis zu 300 Passagiere aufnehmen; ich kann kein Wasser eindringen k. b) *dürfen:* das kannst du [meinetwegen] tun; so etwas kannst du doch nicht machen; kann ich mir das einmal ansehen?; (ugs.:) wir können uns gratulieren, daß alles so gut verlaufen ist; du kannst mich gern haben (ugs.; *laß mich damit in Ruhe).* c) *möglicherweise sein:* das Paket kann verlorengegangen sein; du kannst das Geld auch verloren haben; der Arzt kann jeden Augenblick kommen; die Verhältnisse können sich schnell ändern; mir, uns kann keiner! (ugs.; *mir, uns kann niemand etwas vormachen, vorhalten);* (ugs.:) die können uns gar nichts! * **für etwas nichts können** *(an etwas keine Schuld haben).*

konsequent: a) *folgerichtig:* konsequentes Handeln; er, seine Entscheidung ist nicht k.; k. bleiben *(sich nicht beirren lassen).* b) *zielstrebig, entschlossen:* die konsequente Weiterführung einer Untersuchung; sein Ziel k. verfolgen; seinen Standpunkt k. vertreten; Sport: der Stürmer wurde k. *(scharf, genau)* gedeckt.

Konsequenz, die: a) *Folgerichtigkeit, Schlüssigkeit:* seiner Argumentation fehlt die letzte K.; etwas entwickelt sich mit logischer K. b) *Zielstrebigkeit, Beharrlichkeit:* ein Ziel mit äußerster, eiserner, unbeirrbarer, bewundernswerter, aller K. verfolgen; sich mit letzter K. für etwas einsetzen. c) *Folge, Auswirkung:* die Wahlniederlage ist die natürliche K. einer/aus/von einer verfehlten Parteipolitik; als letzte K. bleibt ...; aus diesem Ereignis ergeben sich wichtige militärische, politische Konsequenzen; die Konsequenzen sind noch nicht abzusehen; die praktischen Konsequenzen einer Sache bedenken; das hat unangenehme Konsequenzen für ihn; alle Konsequenzen tragen müssen, auf sich nehmen; den Kampf bis zur letzten K. führen; jmdm. mit Konsequenzen drohen. * **aus etwas die Konsequenzen ziehen** *(aus etwas die Folgerungen ziehen)* · **die Konsequenzen ziehen** *(gemachte Fehler einsehen und seinen Posten zur Verfügung stellen):* der Minister zog die Konsequenzen [und trat zurück].

konservativ: *am Hergebrachten, Traditionellen festhaltend; wenig fortschrittlich:* die konservativen Kräfte; eine konservative Haltung, Gesinnung, Partei; eine konservative Bauweise; seine Ansichten sind k.; er ist k. eingestellt; ⟨in etwas k. sein⟩ in diesen Fragen bin ich k.

Konserve, die: **a)** ⟨meist Plural⟩ *durch Konservieren haltbar gemachtes Nahrungsmittel:* Konserven in Gläsern, in Dosen; Konserven schnell verbrauchen, kühl lagern; er lebt hauptsächlich von Konserven. **b)** *bes. Dose, die ein haltbar gemachtes Lebensmittel enthält:* eine K. herstellen, öffnen. **c)** (Rundfunk, Fernsehen) *auf einen Bild- oder Tonträger gespeicherte Sendung:* das sind alles Konserven *(Aufzeichnungen);* Musik aus der K.; eine Sendung aus der K.

konservieren ⟨etwas k.⟩: **1.** *(bes. Lebensmittel) mit bestimmten Methoden haltbar machen:* Lebensmittel, Blutplasma k.; Fisch durch Einfrieren k.; Obst in Dosen k. **2.** *durch bestimmte Maßnahmen vor dem Verfall bewahren:* ein Gemälde, ein Bauwerk, ein historisches Denkmal k.

konstant *gleichbleibend, unverändert:* Math.: eine konstante *(feste)* Größe; für eine konstante, eine k. gleichbleibende Temperatur sorgen; der Druck ist, bleibt k.; er hat sich k. *(hartnäckig)* geweigert zu unterschreiben.

Konstellation, die: **1.** (Astron.) *Stellung der Gestirne zueinander:* die K. der Gestirne beobachten. **2.** *Zusammentreffen bestimmter Umstände; Lage:* eine günstige K.; es ergab sich eine neue politische K.; die K. hat sich verschoben; etwas erscheint, tritt auf in einer neuen K.

konstruieren ⟨etwas k.⟩: **a)** *entwerfen, bauen:* eine Brücke, ein Flugzeug, Auto k.; Geom.: ein Dreieck k.; Sprachw.: der Satz ist richtig konstruiert *(entsprechend den grammatischen Regeln gebaut).* **b)** *künstlich schaffen:* einen Gegensatz k.; aus den Indizien versucht man den Hergang zu k.; adj. Part.: das Beispiel ist, wirkt konstruiert *(gekünstelt, unrealistisch).*

Konstruktion, die: **1. a)** *Entwurf, Entwicklung [und Herstellung]:* die K. des Triebwerks war sehr schwierig; ein Flugzeug modernster K. *(Bauart);* der Unfall ist auf einen Fehler in der K. zurückzuführen; Geom.: die K. eines Dreiecks; Sprachw.: die K. des Satzes ist richtig. **b)** *konstruierter Gegenstand, bes. Bau:* eine einfache, komplizierte K.; eine K. aus Stahl und Glas; die mächtige, stählerne K. des Eiffelturmes. **2.** *gedankliches, begriffliches Gefüge:* juristische, philosophische Konstruktionen; etwas ist eine phantasievolle, kühne K. *(ein phantasievolles, kühnes Gedankengebäude).*

konsultieren (geh.) ⟨jmdn. k.⟩: *zu Rate ziehen, befragen:* einen Anwalt, einen Arzt, einen Experten k.; in dieser Frage muß das Land seine Bündnispartner k. *(ihre Meinung dazu anhören);* übertr.: dazu muß ich ein Wörterbuch k.

Kontakt, der: **1.** *persönliche Beziehung, Verbindung:* persönlicher, gesellschaftlicher, menschlicher, brieflicher, geschäftlicher, privater, enger K.; es fehlte der K. zwischen Spielern und Publikum; er hatte Kontakte zum Geheimdienst; [mit jmdm.] K. aufnehmen, gewinnen, halten, bekommen; [mit jmdm.] Kontakte knüpfen, anknüpfen, erste Kontakte herstellen; der Politiker sucht, verliert den K. mit den Wählern; wir sind, stehen, bleiben in ständigem K. [miteinander]; ich habe keinen K. mehr mit ihm. **2.** *Berührung:* die Drähte haben keinen K.; der Stoff darf nicht mit der Haut in K. kommen; die Kontakte *(die Metallteile an der Berührungsstelle)* sind verschmutzt.

Konto, das: *Bankkonto:* ein laufendes K. *(Bankkonto für laufende Ein- und Auszahlungen);* bei einer Bank ein K. eröffnen, einrichten, unterhalten, haben, besitzen; das K. aufheben, löschen, auflösen; wir haben Ihr K. belastet; ich habe mein K. ausgeglichen, überzogen, sperren lassen; wir haben den Betrag Ihrem K. gutgeschrieben; einen Betrag von einem auf das andere K. überweisen; das Geld auf ein K. einzahlen; ich habe nichts mehr auf dem K.; jede Firma führt Konten für die Lieferanten und Kunden. * **etwas geht/kommt auf jmds. Konto** *(jmd. ist für etwas verantwortlich):* der Wahlsieg geht auf sein K.

Kontrast, der: **1.** *[starker] Gegensatz:* ein starker, scharfer, deutlicher, schwacher K.; der K. zwischen Arm und Reich; sein Lebensstil steht in/im K. zu seinem Einkommen. **2.** (Fot., Film, Fernsehen) *Helligkeitsunterschied:* der K. ist zu groß, zu hart; den K. nachstellen, regulieren.

Kontrolle, die: **1.** *Nachprüfung, Überwachung, Aufsicht:* eine flüchtige, scharfe, strenge K.; die K. der Sicherheitseinrichtungen; eine genaue K. anordnen, vornehmen; die Kontrollen wurden erheblich verschärft; die K. über den ganzen Luftverkehr ausüben; Kontrollen durchführen; damit wirst du nicht durch die K. kommen; jmdn., etwas einer genauen K. unterziehen; die Maschinen unterliegen einer ständigen K. durch die Gewerbeaufsicht; er steht unter ärztlicher K.; etwas unter K. halten *(ständig kontrollieren, überwachen);* jmdn. unter K. stellen *(einer ständigen Überwachung aussetzen);* der Motor läuft zur K. **2.** *Gewalt, Herrschaft:* der Fahrer hat die K. über den Lkw verloren; er hat sich immer unter K. *(verliert nie die Selbstbeherrschung);* er verlor niemals die K. über sich *(die Selbstbeherrschung);* das Spiel ist [völlig] der K. des Schiedsrichters entglitten; einen Brand, einen Aufstand unter K. haben, halten; der Brand ist unter K.

kontrollieren: 1. ⟨jmdn., etwas k.⟩ *nachprüfen, untersuchen; überwachen, beaufsichtigen:* den Paß, die Ausweise, das Gepäck, die Reisenden [auf, nach Waffen] k.; der Lehrer kontrolliert die Schüler bei der Arbeit; jmdn. heimlich k.; ich lasse mich von [von dir] k.; ich lasse regelmäßig den Reifendruck, den Ölstand k.; jmds. Blutdruck k.; k., ob etwas noch einwandfrei funktioniert; adj. Part.: die kontrollierte Abrüstung. **2.** ⟨etwas k.⟩ *beherrschen, entscheidend beeinflussen:* die Presse k.; der Konzern kontrolliert fast den gesamten europäischen Markt; Sport: diese Mannschaft kontrolliert das Spiel vom ersten Augenblick an. **3.** ⟨etwas k.⟩ *in Verbindung mit* können *die Herrschaft über etwas haben:* der Fahrer konnte den Wagen nicht mehr k.

Kontroverse, die: *heftige Auseinandersetzung:* eine kleine, heftige, private K.; diese Äußerung löste eine K. aus.; mit jmdm. eine K. haben; es kam zwischen ihnen zu einer K. um, über verschiedene Dinge.

konventionell: 1. *herkömmlich, nicht modern:* konventionelle Kleidung; konventionelle Methoden, Mittel; ein konventionelles Kraftwerk *(Kohlekraftwerk);* ein konventioneller Krieg *(ohne Atomwaffen);* konventionelle *(nicht atomare)* Waffen; die Bauweise ist ganz k.; die Streitkräfte von k. *(nicht mit Atomwaffen)*

ausgerüstet; sich k. kleiden. **2.** *förmlich:* konventionelle Höflichkeit; sich k. benehmen, plaudern. **Konversation,** die (geh.): *Gespräch, Unterhaltung:* eine lebhafte, geistreiche K.; es entspann sich eine gepflegte K.; K. machen *(mit jmdm. plaudern, eine unverbindliche Unterhaltung führen);* sie treiben K. in Französisch *(lernen Französisch durch Konversation).*
Konzentration, die: **1.** *Ansammlung, Zusammenballung:* eine starke K. militärischer Verbände, von Truppen; durch K. Zeit und Geld sparen. **2.** *geistige Anspannung, höchste Aufmerksamkeit:* Autofahren verlangt ständige K.; mangelnde K. ist gefährlich; seine K. läßt nach; ich habe keine K., finde nicht genügend K.; er arbeitet mit äußerster, ungeheurer K. **3.** (Chemie) *Gehalt einer Lösung an gelöstem Stoff:* eine geringe, hohe, starke K.; die K. der Säure feststellen; etwas nur in schwacher K. verwenden.
konzentrieren: 1. ⟨jmdn., etwas k.⟩ *zusammenziehen, -ballen:* Truppen [an der Grenze] k.; alle wichtigen Antriebsteile sind um den Motorblock konzentriert [worden]. **2. a)** ⟨sich k.⟩ *seine ganze Aufmerksamkeit, seine seelischen Kräfte nach innen richten, Störendes, Ablenkendes nicht beachten:* er konzentriert sich zu wenig; du mußt dich mehr k.; ich kann mich heute nicht richtig k. **b)** ⟨sich, etwas auf jmdn., etwas k.⟩ *seine Aufmerksamkeit, seine Gedanken ganz auf etwas hinlenken:* er konzentriert sich ganz auf die Prüfung; seine Beobachtungen, Bemühungen auf jmdn., auf etwas k.; adj. Part.: *angespannt, ganz aufmerksam:* ganz konzentriert arbeiten. **b)** ⟨etwas konzentriert sich auf jmdn., auf etwas k.⟩ *etwas ist auf jmdn., auf etwas gerichtet:* die Ermittlungen der Polizei haben sich jetzt auf zwei verdächtige Personen konzentriert. **c)** ⟨etwas auf jmdn., auf etwas k.⟩ *etwas auf jmdn./auf etwas richten:* Strahlen auf einen Punkt k.; er hat seine ganze Kraft auf die Erreichung dieses Ziels konzentriert. **3.** (Chemie) *anreichern:* eine Säure k.; der Saft ist konzentriert; konzentrierte Salzsäure.
Konzept, das: **1.** *stichwortartiger Entwurf, Rohfassung:* ein K. einer Rede, eines Aufsatzes; ein K. ausarbeiten; sich (Dativ) ein K. machen *(sich für etwas Bestimmtes stichwortartige Notizen machen);* er las vom K. ab. **2.** *Plan, Programm:* es fehlt ein klares K.; die Partei hat ein vernünftiges außenpolitisches, wirtschaftliches K.; Sport: der Gegner hatte das bessere K. • *jmdn. aus dem Konzept bringen (jmdn. verwirren)* • *aus dem Konzept kommen (unsicher werden, den Faden verlieren)* • *jmdm. das Konzept verderben (jmds. Plan durchkreuzen)* • *etwas paßt jmdm. nicht ins Konzept (etwas kommt jmdm. ungelegen).*
Konzert, das: **1.** *musikalische Aufführung:* ein festliches, öffentliches, geistliches K.; ein K. für wohltätige Zwecke; das K. findet in der Philharmonie statt, beginnt um 20 Uhr; ein K. geben; ins K. gehen; bildl.: im K. *(Zusammenspiel)* der Großmächte spielt das Land keine Rolle. **2.** *Komposition für [Solo und] Orchester:* die Brandenburgischen Konzerte von J. S. Bach; ein K. für Klavier und Orchester.
Konzession, die: **1.** (Kaufmannsspr.) *Genehmigung zur Ausübung eines Gewerbes:* jmdm. die K. erteilen, verweigern, entziehen; die K. für etwas

haben; um die K. nachsuchen; sich um die K. bemühen. **2.** ⟨meist Plural⟩ *Zugeständnis:* [jmdm.] Konzessionen machen; er ist zu keinen Konzessionen bereit; manches ist als K. an den Zeitgeschmack zu betrachten.
koordinieren ⟨etwas k.⟩: *aufeinander abstimmen:* Pläne, Projekte k.; die Programme müssen besser [miteinander] koordiniert werden.
Kopf, der: **1.** *vom Schädel gebildeter Körperteil:* ein dicker, runder, großer, kahler K.; der K. eines Kindes; mir dröhnt der K. von dem Lärm; jmdm. raucht der K. (ugs.; *jmd. hat sehr anstrengend geistig gearbeitet);* ihm schwirrt der K. von den vielen Eindrücken (ugs.; *er ist ganz verwirrt);* jmdm. brummt (ugs.) der K. *(jmd. hat Kopfschmerzen);* sein K. sank ihm auf die Brust; den K. bewegen, drehen, wenden, abwenden, heben, [grüßend, zum Gruß] neigen, senken, einziehen, [in die Höhe] recken, vorstrecken, zurückwerfen; er stützt den K. gedankenvoll in die Hände; sie bekamen rote Köpfe vor Eifer; den K. aus dem Fenster, durch die Tür stecken; den K., mit dem K. schütteln; er kratzte sich (Dativ) verlegen den K.; sich (Dativ) die *(die Haare)* waschen; K. hoch! *(nur nicht den Mut verlieren!);* R: Köpfchen muß man haben! (ugs.; *man muß gewitzt sein, muß Ideen haben);* das kann nicht den K. kosten! *(das ist nicht so schlimm);* das hält man/hältst du im Kopf nicht aus! (ugs.; *das ist doch völlig verrückt)* · er ist einen [ganzen] K. größer als ich; ein Stein traf sie am K.; sich verlegen am K. kratzen; die Zuschauer standen K. an K. *(dicht gedrängt);* einen Hut auf den K. setzen; das Bild steht auf dem K. *(ist verkehrt herum abgedruckt o. ä.);* auf den K. *(für die Festnahme)* des flüchtigen Verbrechers wurde eine hohe Belohnung ausgesetzt; ich mache das nicht, und wenn du dich auf den K. stellst /ugs.; drückt aus, daß jemand etwas auf keinen Fall tun will/; mit dem K. nicken, wackeln; sich (Dativ) die Bettdecke über den K. ziehen; ich konnte über alle Köpfe hinwegsehen; er überragt uns alle um einen [ganzen] K. *(ist einen Kopf größer);* einen Verband um den K. tragen; dem Kranken ein Kissen unter den K. legen; der Wind riß ihm den Hut vom K.; sie steckten die Köpfe zusammen *(sie tuschelten);* sich (Dativ) die Köpfe heiß reden *(lebhaft bis zur Ermüdung reden, diskutieren);* den K. oben behalten *(den Mut nicht verlieren).* **2. a)** *Person von bestimmter Intelligenz:* er ist ein aufgeweckter, heller (ugs.), kluger, gescheiter, findiger, eigenwilliger K.; er ist der K. *(die führende Person)* des Unternehmens, der K. *(der Anführer)* der Rebellen; er gehört zu den führenden, einflußreichsten Köpfen, zu den besten Köpfen des Landes. **b)** *Verstand, Wille, Vorstellung:* er hat seinen K. (ugs.; *er ist eigensinnig);* er hat einen eigensinnigen, dicken K. *(er ist dickköpfig);* seinen K. anstrengen; keinen klaren K. mehr haben *(nicht mehr klar denken können);* du mußt nicht immer deinen K. durchsetzen; etwas noch im K. haben (ugs.; *noch genau wissen);* vieles, Dinge im K. haben *(an vieles denken müssen);* etwas im K. behalten *(sich etwas merken);* R: was man nicht im K. hat, das muß man in den Beinen haben *(wenn man etwas vergißt, muß man einen Weg zweimal machen)* · ein anderer Gedanke hat in seinem K. keinen Platz

mehr; ich weiß nicht, was in ihren Köpfen vorgeht *(was sie denken);* diese Idee spukt schon lange in den Köpfen verschiedener Leute (ugs.; *wird von verschiedenen Leuten vorgetragen);* es muß nicht immer nach deinem K. gehen. **3.** *Einzelperson innerhalb einer größeren Menge:* die Menge war einige tausend Köpfe stark; auf den K. jedes Mitglieds *(pro Mitglied)* entfällt ein Gewinn von 50 Mark; eine Familie mit fünf Köpfen; das Einkommen pro K. der Bevölkerung. **4. a)** *Teil eines Gegenstandes, einer Pflanze in runder Form:* ein K. Kohl, Salat; der K. eines Nagels, eines Knochens; die Köpfe des Mohns; die Blumen ließen bald die Köpfe hängen *(wurden schnell welk);* Stecknadeln mit bunten Köpfen. **b)** *oberer Rand von etwas, dem eine bestimmte Bedeutung zukommt:* der K. eines Briefbogens, einer Zeitung; er sitzt am K. des Tisches. * **nicht wissen, wo einem der Kopf steht** *(sehr viel Arbeit haben)* · **einen klaren Kopf bewahren** *(die Übersicht behalten)* · **seinen Kopf aufsetzen** *(widerspenstig werden)* · **den Kopf voll haben** *(an vieles zu denken haben)* · (ugs.:) **den Kopf hängen lassen** *(mutlos sein)* · **den Kopf verlieren** *(kopflos werden)* · (ugs.:) **den Kopf unter dem Arm tragen** *(sich sehr elend, krank fühlen)* · (ugs.:) **jmdm. den Kopf verdrehen** *(jmdn. verliebt machen)* · (ugs.:) **jmdm. den Kopf waschen** *(jmdn. scharf zurechtweisen)* · (ugs.:) **seinen Kopf riskieren; Kopf und Kragen riskieren/wagen/aufs Spiel setzen/verlieren** *(das Leben, die Existenz aufs Spiel setzen, verlieren)* · (ugs.:) **den Kopf hinhalten [müssen]** *(für etwas geradestehen [müssen])* · **sich** (Dativ) **den Kopf zerbrechen** *(in einer schwierigen Frage nach einer Lösung suchen):* darüber habe ich mir den K., haben wir uns schon lange den K./die Köpfe zerbrochen · (ugs.:) **sich** (Dativ) **den Kopf einrennen** *(nicht zum Ziel kommen)* · **jmds. Kopf fordern** *(jmds. Entlassung fordern)* · **den Kopf in den Sand stecken** *(der Realität ausweichen)* · (ugs.:) **jmdm. den Kopf zurechtsetzen/zurechtrücken** *(jmdn. zur Vernunft bringen)* · (ugs.:) **jmdm. nicht gleich den Kopf abreißen** *(jmdn. nicht gleich verurteilen wegen einer bestimmten Handlung)* · (ugs.:) **jmdm. [um] einen Kopf kürzer machen** *(jmdn. köpfen)* · (ugs.:) **sich die Köpfe einschlagen** *(sich heftig verprügeln)* · **sich an den Kopf fassen/greifen** *(etwas nicht begreifen)* · (ugs.:) **etwas auf den Kopf stellen: a)** *(umkrempeln; das Unterste zuoberst kehren):* die Kinder haben das ganze Haus auf den K. gestellt. **b)** *(verdrehen):* er stellte alle Tatsachen auf den K. · (ugs.:) **jmdm. auf dem Kopf herumtanzen/herumtrampeln** *(mit jmdm. machen, was man will; sich von jmdm. nichts sagen lassen)* · (ugs.:) **sich** (Dativ) **nicht auf den Kopf spucken lassen** *(sich nichts gefallen lassen)* · (scherzh.:) **jmdm. auf den Kopf spucken können** *(größer sein als der andere)* · (ugs.:) **nicht auf den Kopf gefallen sein** *(nicht dumm sein)* · **jmdm. etwas auf den Kopf zusagen** *(jmdm. etwas direkt, unverblümt sagen)* · **aus dem Kopf** *(auswendig; ohne Vorlage):* etwas aus dem K. wissen, aufschreiben · (ugs.:) **etwas geht/will jmdm. nicht aus dem Kopf** *(etwas beschäftigt jmdn. nachhaltig)* · (ugs.:) **sich** (Dativ) **etwas aus dem Kopf schlagen** *(ein Vorhaben aufgeben)* · **sich** (Dativ) **etwas durch den Kopf gehen lassen** *(sich etwas überlegen)* · (ugs.:) **etwas schießt**

jmdm. plötzlich durch den Kopf *(etwas fällt jmdm. plötzlich ein)* · (ugs.:) **etwas geht jmdm. im Kopf herum** *(etwas beschäftigt jmdn. sehr)* · **sich** (Dativ) **etwas in den Kopf setzen** *(etwas unbedingt tun wollen)* · **etwas steigt jmdm. in den Kopf/zu Kopf: a)** *(etwas macht jmdn. betrunken).* **b)** *(etwas macht jmdn. eingebildet)* · **im Kopf rechnen** *(rechnen, ohne aufschreiben zu müssen)* · (ugs.:) **etwas geht/will mir nicht in den Kopf, geht mir nicht in den Kopf hinein** *(etwas ist mir unbegreiflich)* · (ugs.:) **nicht richtig sein im Kopf** *(nicht ganz normal sein)* · (ugs.:) **mit dem Kopf durch die Wand wollen** *(etwas erzwingen wollen)* · **etwas über jmds. Kopf [hinweg] entscheiden** *(etwas entscheiden, ohne den Betroffenen, den Beteiligten zu fragen)* · (ugs.:) **jmdm. über den Kopf wachsen: a)** *(sich so entwickeln, daß jmd. Bestimmtes einem nicht mehr gewachsen ist):* der Sohn ist seinen Eltern schon längst über den K. gewachsen. **b)** *(von jmdm. nicht mehr bewältigt werden):* die Arbeit wächst ihm über den K. · (ugs.:) **bis über den Kopf in etwas stecken** *(von etwas übermäßig beansprucht sein)* · (ugs.:) **es geht um Kopf und Kragen** *(es geht um das Leben, um die Existenz)* · **von Kopf bis Fuß** *(ganz [und gar]):* sie haben sich von K. bis Fuß neu eingekleidet · **jmdn. vor den Kopf stoßen** *(jmdn. kränken, verletzen)* · (ugs.:) **wie vor den Kopf geschlagen sein** *(vor Überraschung wie gelähmt sein).*

köpfen: **1.** (jmdn. k.) *durch Abschlagen des Kopfs hinrichten:* den Mörder k. **2.** (Fußball) ⟨[etwas] k.⟩ *den Ball mit dem Kopf weiterleiten:* wuchtig k.; er köpfte [den Ball] über die Latte, ins Tor.

kopflos: *ohne Überlegung, verwirrt:* ein kopfloser Mensch; die Leute waren völlig k.; er rannte k. hin und her.

kopfscheu (in den Wendungen) **jmdn. kopfscheu machen** *(jmdn. unsicher, ängstlich machen):* du hast ihn mit deiner Kritik ganz k. gemacht. · **kopfscheu werden** *(verwirrt, unsicher werden).*

Kopfschmerz, der ⟨meist Plural⟩: *Schmerz im Kopf:* der K. ist weg, geht nicht weg; heftige, rasende, stechende Kopfschmerzen haben, bekommen, kriegen; eine Tablette gegen Kopfschmerzen nehmen. * (ugs.:) **sich** (Dativ) **über etwas/wegen etwas [keine] Kopfschmerzen machen** *(sich über etwas [keinen] Kummer machen)* · (ugs.:) **jmdm. Kopfschmerzen machen/bereiten** *(jmdm. Sorgen machen).*

Kopfschütteln, das: *Kopfbewegung als Ausdruck der Verwunderung:* sein Verhalten erregte, verursachte allgemeines K., löste K. aus.

kopfstehen: **1.** (selten) *auf dem Kopf stehen:* die Turner stehen in einer Reihe kopf. **2.** (ugs.) *bestürzt sein:* als diese Entscheidung bekanntgegeben wurde, standen wir alle kopf.

kopfüber ⟨Adverb⟩: *mit dem Kopf voraus:* er fiel k. ins Wasser, vom Pferd, die Treppe hinunter; übertr.: er stürzte sich k. *(voller Tatendrang)* ins Abenteuer.

Kopfzerbrechen, das (ugs.): *angestrengtes Nachdenken:* die Lösung dieses Problems verursacht, erfordert, verlangt einiges, viel, beträchtliches K. * **sich** (Dativ) **über etwas [kein] Kopfzerbrechen machen** *([keinen] Kummer machen)* · **jmdm. Kopfzerbrechen machen/bereiten** *(jmdm. Sorgen machen).*

Kopie, die: 1. *Abschrift; Ablichtung:* eine amtlich beglaubigte K.; die K. eines Vertrages; eine K. anfertigen; von dem Film wurden mehrere Kopien *(Abzüge)* hergestellt, abgezogen. 2. *originalgetreue Nachbildung:* eine ausgezeichnete, schlechte, raffinierte K. von etwas; Kopien alter Instrumente; das Gemälde ist nur eine K.; übertr.: er ist nur eine billige K. des Chefs.
kopieren: a) ⟨etwas k.⟩ *von etwas eine Kopie anfertigen:* ein Kunstwerk k.; einen Film k. *(von einem Film Abzüge herstellen);* er kopiert in seinem ersten Werk Kafka *(benutzt Kafkas Werke als Vorlage).* b) ⟨jmdn. k.⟩ *jmdn. nachahmen:* die Schüler kopieren den Lehrer.
koppeln: 1. ⟨Tiere k.⟩ *zusammenbinden:* die Hunde, Pferde werden gekoppelt. 2. ⟨etwas k.⟩ *verbinden:* die Astronauten koppeln die Raumschiffe; Elektrotechnik: die Stromkreise werden gekoppelt; ⟨etwas mit etwas k.⟩ ich kann das Tonband mit dem Radio k.; übertr.: den Kauf mit bestimmten Bedingungen k. 3. (Sprachw.) ⟨etwas k.⟩ *durch Bindestriche verbinden:* bei Aneinanderreihungen werden die einzelnen Wörter [durch Bindestriche] gekoppelt.
Korb, der: 1. *[geflochtener] Behälter:* ein geflochtener K.; Körbe aus Draht; ein K. für Eier, mit Eiern; ein ganzer K. Äpfel/voll, voller Äpfel /bei Maßangabe/ das Fischereischiff löschte 9 000 K. Fisch; einen K. *(Einkaufskorb)* benutzen; die Wäsche in den K., das Baby in das Körbchen legen; R (fam.): husch, husch ins Körbchen *(schnell ins Bett).* 2. *korbähnliches Gebilde beim Korbballspiel:* er warf den Ball am K. vorbei, in den K.; die Mannschaft erzielte zwölf Körbe *(Korbwürfe).* 3. *ablehnende Antwort auf ein Angebot:* einen K. bekommen; sich einen K. holen; sie teilt heute nur Körbe aus; die F. D. P. gab der CDU in den Verhandlungen einen K.
Korken, der: *Flaschenverschluß:* der K. sitzt fest, ist steckengeblieben; die Korken (von Sektflaschen) knallen lassen; den K. herausbekommen, [heraus]ziehen; eine Flasche mit einem K. verschließen; der Wein schmeckt nach [dem] K.
¹Korn, das: 1. *Samenkorn:* die Körner des Weizens, vom Mais; die Vögel picken die Körner auf; die Tauben mit Körnern füttern. 2. *Brotgetreide:* das K. ist reif, steht hoch; K. anbauen, mähen, einfahren, dreschen, mahlen. 3. *kleines Teilchen, Stückchen:* einige Körner Salz, Zucker fielen auf den Boden; im Objektiv sind ein paar Körnchen [Staub]. 4. (Geol.) *Struktur:* Marmor von grobem, feinem K.; das K. des Materials feststellen. 5. *Teil der Visiereinrichtung:* das K. ist durch einen Ring geschützt; Kimme und K. nehmen *(visieren);* ein Wild aufs K. nehmen *(anvisieren).* * (ugs.:) **jmdn. aufs Korn nehmen** *(jmdn. scharf beobachten; mit jmdm. etwas vorhaben):* der Chef hat ihn aufs K. genommen · (ugs.:) **etwas aufs Korn nehmen** *(etwas scharf kritisieren).*
²Korn, der (ugs.): *Kornschnaps:* er bestellte zwei K. und ein Bier.
Körper, der: 1. *Leib, Gestalt eines Menschen oder Tieres:* ein gesunder, kräftiger, starker, durchtrainierter, lebloser, athletischer K.; der menschliche, weibliche K.; sie hat einen knochigen K.; seinen K. stählen, abhärten, pflegen, massieren lassen; sein K. wurde vom Fieber ge-

schüttelt; das Kleid liegt eng am K. an; er zittert, friert am ganzen K.; die Einheit von K. und Geist. 2. a) *Stoff:* ein fester, flüssiger, gasförmiger K.; ein K. mit noch unbekannten Eigenschaften. b) *geometrische Figur:* ein geometrischer, unregelmäßiger K.; den Rauminhalt, die Fläche eines Körpers berechnen. 3. a) *Gegenstand:* ruhende, bewegte K. b) *Teil eines Gegenstandes:* der K. der Geige; eine Säule mit schlankem K.
körperlich: *den Körper betreffend:* körperliche Anstrengungen, Schmerzen, Gebrechen; die körperliche Ertüchtigung, Entwicklung, Schönheit, die körperliche (geschlechtliche) Liebe; schwere körperliche Arbeiten verrichten; alle Spieler sind in guter körperlicher Verfassung; k. *(unter Aufwendung von Muskelkraft)* hart arbeiten; jmdm. k. *(kräftemäßig)* unterlegen sein; sich k. gut entwickeln; diese Tätigkeit ist k. sehr anstrengend.
korrekt: 1. *richtig, fehlerfrei, einwandfrei:* eine korrekte Auskunft; korrektes Deutsch; die Formulierung ist k.; ein Wort k. aussprechen. 2. *bestimmten Vorschriften, Grundsätzen entsprechend:* korrektes Benehmen; ein korrekter Beamter; k. gekleidet sein; sich k. verhalten.
Korrespondenz, die: *[geschäftlicher] Briefwechsel:* rege, langwierige, geschäftliche, private K.; eine ausgedehnte K. [mit jmdm.] haben, führen; seine K. erledigen; ich stehe mit ihm in K.
korrespondieren: 1. ⟨mit jmdm. k.⟩ *mit jmdm. in Briefwechsel stehen:* er korrespondiert mit Fachleuten in der ganzen Welt; wir korrespondierten schon lange miteinander; ⟨auch ohne Präp.-Obj.⟩ die Anwälte korrespondieren seit zwei Jahren in dieser Angelegenheit; wir korrespondieren in französischer Sprache; adj. Part.: er ist korrespondierendes *(auswärtiges und nicht an allen Sitzungen teilnehmendes)* Mitglied. 2. ⟨etwas korrespondiert einer Sache, mit einer Sache⟩ *etwas entspricht einer Sache, stimmt mit ihr überein:* der Tendenz zur Konzentration korrespondiert die Schwächung der kleineren Handwerksbetriebe; eine gute Gruselgeschichte korrespondiert stets mit ganz realen Ängsten; ⟨auch ohne Dat. oder Präp.-Obj.⟩ in diesem Punkt korrespondieren unsere Ansichten.
korrigieren: a) ⟨jmdn., sich, etwas k.⟩ *verbessern, berichtigen:* ein Ergebnis, einen Eindruck k.; die Körperhaltung k.; er hat seine Meinung korrigiert; ich muß mich k., die Sache ist etwas anders; den Kurs eines Raumschiffes k. b) ⟨etwas k.⟩ *durchlesen und Fehler berichtigen:* einen Text, Druckfehler k.; der Lehrer hat die Hefte, die Aufsätze noch nicht korrigiert.
koscher: 1. *den jüdischen Speisegesetzen gemäß:* koscheres Fleisch; koschere Speisen, Gerichte; ein koscheres Restaurant; ihre Küche war streng k.; sie kocht [streng] k. 2. (ugs.) *(meist verneint)* *einwandfrei, in Ordnung:* die Sache, der Kerl ist [mir] nicht ganz k.; das war nicht ganz k.; bei diesem Beschluß ging es nicht ganz k. zu.
kostbar: *von hohem Wert:* kostbare Teppiche, Möbel; sie trägt kostbaren Schmuck; das Diadem ist sehr k.; übertr.: willst du dein kostbares Leben aufs Spiel setzen?; die Zeit, die Gesundheit, jeder Augenblick ist k.
¹kosten: *den Geschmack feststellen, versuchen:*

a) ⟨etwas k.⟩ die Suppe, den neuen Wein, etwas davon k.; jmdm. etwas zu k., zum Kosten geben; übertr. (geh.): *genießen:* alle Freuden des Lebens k. · ⟨auch ohne Akk.⟩ die Köchin kostete noch einmal. **b)** ⟨von etwas k.⟩ von der Suppe k.; vom Salat habe ich noch nicht gekostet.

²kosten: 1. ⟨etwas kostet etwas⟩ *etwas hat einen bestimmten Preis:* der Anzug kostet 200 DM, viel Geld, nicht viel; was kostet ein Pfund, dieses Paar, dieser Teppich?; wieviel kostet ¼ Pfund davon?; das kostet nicht die Welt (ugs.; *das ist nicht so teuer),* ⟨auch ohne Akk.⟩ das kostet natürlich *(das hat seinen Preis)* · übertr.: *etwas macht etwas notwendig, erfordert etwas:* diese Arbeit kostet viel Mühe, Schweiß, Nerven; das wird noch einen schweren Kampf k.; der Krieg hat viele Menschenleben gekostet. **2.** ⟨etwas kostet jmdn. etwas⟩ *etwas verlangt von jmdm. einen bestimmten Preis:* das Haus kostet mich 100 000 DM, ein Vermögen, viel Geld *(habe ich dafür zu bezahlen, aufzuwenden);* das hat mich nicht viel gekostet; übertr.: *etwas verlangt von jmdm. etwas:* der Umzug kostet mich zwei Urlaubstage; das hat mich nur ein Lächeln, nur einen Anruf gekostet; es hat mich Überwindung gekostet, ihn zu begrüßen; ⟨in einigen Fällen auch: etwas kostet jmdm. etwas⟩ ihm das Leben, den Kopf k.; sein Zögern hat ihn/(seltener:) ihm den Sieg gekostet; das kann dich/(seltener:) dir die Stellung k. · ⟨ugs.:⟩ **koste es/es koste, was es wolle** *(um jeden Preis)* · ⟨ugs.:⟩ **sich** (Akk. oder Dativ) **eine Sache etwas kosten lassen** *(für eine Sache großzügig Geld ausgeben).*

Kosten, die ⟨Plural⟩: *finanzielle Ausgaben:* hohe, große, erhebliche, außerordentliche, geringe, wenig K.; die K. der Reise; die K. des Verfahrens trägt die Staatskasse; die K. für eine Kur sind mir zu hoch, belaufen sich auf ...; ich habe auf der Reise keine K. (selten für: *Unkosten)* gehabt; das erhöht, steigert die K.; das verursacht K.; die entstehenden K. veranschlagen, berechnen, ersetzen, erstatten, vergüten; ich bestreite die laufenden K. von meinem Gehalt; die K. aufbringen, tragen, übernehmen; die Einnahmen decken nicht einmal die K.; die Getränke gehen auf meine K. *(Rechnung);* etwas auf eigene K. machen lassen; für alle K. selbst aufkommen müssen; etwas ist mit großen K. verbunden. * **auf seine Kosten kommen** *(zufriedengestellt werden)* · **auf jmds. Kosten/auf Kosten von jmdm., von einer Sache: a)** *(von, mit jmds. Geld):* er lebt auf K. seiner Eltern. **b)** *(zum Nachteil, Schaden von jmdm., von etwas):* er macht seine Witze immer auf K. anderer; das geht auf K. der Qualität.

köstlich: 1. *prächtig, herrlich:* eine köstliche *(wohlschmeckende)* Speise, Frucht; k. frische Sahne; die Luft ist einfach k.; das Getränk schmeckt k.; wir haben uns k. amüsiert. **2.** *entzückend:* eine köstliche Geschichte; ein köstlicher Einfall; die Aufführung war einfach k.

Kostüm, das: **1.** *Damenkleidungsstück aus Rock und Jacke:* ein elegantes, französisches K.; das K. ist, wirkt sportlich, trägt sich gut. **2.** *Verkleidung:* auf dem Fest trug er ein schönes K.; das K. eines Bajazzos; sich (Dativ) ein K. leihen; die nächste Theaterprobe ist in Kostümen. **3.** *historische Kleidung:* mittelalterliche Kostüme.

kotzen (derb): *sich erbrechen:* während der Fahrt mußte er k.; er kotzte wie ein Reiher; subst.: da kann man das große Kotzen kriegen. * **zum Kotzen** *(unerträglich, widerlich):* das, er ist zum K.; ich finde sie, fühle mich zum K.

krabbeln: 1. ⟨mit Raumangabe⟩ *sich kriechend fortbewegen:* ein Käfer krabbelte an der Wand, unter dem Teppich; die Kinder sind schon ins Bett gekrabbelt; ⟨auch ohne Raumangabe⟩ das Baby krabbelt schon. **2.** (ugs.) **a)** ⟨etwas krabbelt⟩ *etwas verursacht einen Kitzelreiz:* der neue Pullover krabbelt; das Zeug krabbelt auf der Haut. **b)** ⟨jmdn. k.⟩ *kitzeln:* hör auf, mich zu k.; er krabbelte sie an den Zehen, im Nacken.

Krach, der: 1. *Lärm:* hier ist, herrscht ein unerträglicher K.; die Maschine macht einen fürchterlichen K.; unter großem K. stürzte das Haus zusammen; vor lauter K., vom vielen K. nicht schlafen können. **2.** (ugs.) *Streit:* in der Familie gibt es oft K.; mit jmdm. K. haben, bekommen, anfangen, kriegen (ugs.); willst du K. mit mir?; zwischen ihnen kam es wegen einer Frau zum K. **3.** (Wirtsch.) *Preissturz, Bankrott:* an der Börse gab es einen großen K. * ⟨ugs.:⟩ **Krach schlagen** *(laut schimpfen, sich laut beschweren).*

krachen: 1. ⟨etwas kracht⟩ **a)** *etwas gibt ein krachendes Geräusch von sich, verursacht es:* das Bett kracht; die Dielen krachten unter unseren Schritten; ein gewaltiger Donnerschlag krachte; man hörte Schüsse k.; bei jeder Bewegung kracht es im Gelenk; eben hat es gekracht *(kam es zu einem Fahrzeugzusammenstoß);* er radelte, daß es nur so krachte (ugs.; *mit großer Energie);* übertr. (ugs.): wenn du noch lange meckerst, kracht's *(setzt es Schläge);* subst.: ein fürchterliches Krachen. **b)** *etwas bricht krachend entzwei:* das Eis, das Brett ist gekracht; ⟨etwas kracht jmdm.⟩ jetzt ist mir die Hose, die Naht gekracht (ugs.; *geplatzt).* **2.** ⟨mit Raumangabe⟩ *mit Krach gegen etwas prallen:* der Wagen krachte gegen den Leitplanke, an die Mauer; er krachte mit dem Kopf auf das Pflaster. **3.** (ugs.) ⟨sich k.⟩ *miteinander Streit haben:* wir haben uns gekracht.

krächzen: a) *krächzende Laute von sich geben:* die Raben, die Krähen krächzen; er war erkältet und konnte nur noch k.; der Lautsprecher krächzte. **b)** ⟨etwas k.⟩ *krächzend hervorbringen:* ein paar unverständliche Worte k.

kraft ⟨Präp. mit Genitiv⟩: *auf Grund:* k. [des] Gesetzes; k. [meines] Amtes; meine Stellung, k. deren es mir erlaubt ist ...

Kraft, die: **1.** *körperliche Stärke, Leistungsfähigkeit, Energie, Willensstärke:* körperliche, jugendliche, herkulische Kräfte; ihm fehlt, versagt die K.; seine Kräfte erlahmen, schwinden; die Kräfte lassen bei ihm nach, verlassen ihn; in ihm steckt eine ungeheure K.; seine K. erproben; er hat seine K., seine Kräfte überschätzt; bei dieser Arbeit kannst du deine überschüssigen Kräfte abreagieren, loswerden (ugs.); keine K. in den Knochen haben (ugs.; *schwach sein);* im Urlaub neue Kräfte sammeln; seine ganze K. für etwas aufbieten, verwenden, einsetzen; alle Kräfte anspannen, zusammennehmen, mobilisieren; ich hatte nicht mehr die K. aufzustehen; der Erfolg gab ihm neue Kräfte; dieser Posten übersteigt seine Kräfte, nimmt seine ganze K. in Anspruch;

das verlieh ihr ungeahnte Kräfte, verzehrte, verbrauchte ihre Kräfte; am Ende seiner K., im Vollbesitz seiner körperlichen und geistigen Kräfte sein; unter Aufbietung aller Kräfte; der viele Ärger zehrt an ihren Kräften; an K. zunehmen; sich aus/(seltener:) mit eigener Kraft befreien; aus eigener K. schafft er das nicht mehr; bei Kräften sein, bleiben; sich bei Kräften halten; alles tun, was in seiner K., in seinen Kräften steht *(sein möglichstes tun);* mit letzter K. schleppte er sich in seine Wohnung; die Turbine läuft mit halber K. *(Leistung);* das Schiff fährt mit halber K. (Seemannsspr.; *Geschwindigkeit*); mit seinen Kräften haushalten; mit neuer K., mit neuen Kräften an die Arbeit gehen; mit vereinten Kräften *(in gemeinsamer Anstrengung)* etwas erreichen; jmdm. nach [besten] Kräften *(soweit es möglich ist)* helfen; das geht über meine K./über meine Kräfte; über ungeheure K./Kräfte verfügen; er strotzt vor/(auch:) von K.; übertr.: die militärische, wirtschaftliche K. eines Landes; elektrische, magnetische Kräfte; die K. des Geistes; er ist die treibende K. in der Firma; die Sonne hat noch viel K. *(Strahl-, Erwärmungskraft);* das Spiel der Kräfte; mit elementarer K. zum Ausbruch kommen; über geheimnisvolle, übernatürliche, schöpferische Kräfte verfügen. **2. a)** *Arbeitskraft, Mitarbeiter:* eine neue, erste, zuverlässige K.; sie ist eine tüchtige K.; ich suche eine weitere K. für die Buchhaltung; wir stellen mehrere weibliche Kräfte ein; mit allen verfügbaren Kräften etwas erledigen. **b)** ⟨Plural⟩ *Einfluß ausübende Personen mit bestimmter Geisteshaltung:* die fortschrittlichen, liberalen, konservativen, reaktionären Kräfte in der Partei; hier sind Kräfte am Werk, die ...; die Regierung will alle revolutionären Kräfte im Staat, in der Armee neutralisieren, ausschalten. * **außer Kraft setzen** *(ungültig, unwirksam werden lassen)* · **etwas ist/tritt außer Kraft** *(etwas hat keine Wirkung, Gültigkeit mehr)* · **etwas ist/tritt/bleibt in Kraft** *(etwas wird in Kraft gesetzt, ist in Kraft befindlich (etwas ist/wird/bleibt gültig, wirksam).*

kräftig: 1. *über Körperkraft verfügend, von körperlicher Kraft zeugend:* ein kräftiger Stammhalter, Bursche, Mann; er hat kräftige Arme; eine kräftige Konstitution, Natur haben; nach einem kräftigen Schlag sprang die Tür auf; das Kind ist k.; übertr.: kräftige *(gut entwickelte)* Stauden; die Pflanzen sind schon recht k. *(widerstandsfähig).* **2.** *überaus stark, heftig, ausgeprägt:* ein kräftiger Geruch; ein kräftiges Hoch; kräftigen Hunger haben; kräftige *(leuchtende)* Farben; k. zuschlagen; er schüttelte allen k. die Hand; es hat heute k. geschneit; die Preise sind k. gestiegen; dem Alkohol k. zusprechen *(viel Alkohol trinken);* jmdm. k. *(hart und deutlich)* seine Meinung sagen. **3.** *reich an Nährstoffen; gehaltvoll:* eine kräftige Suppe; kräftiges Brot; eine kräftige Mahlzeit zu sich nehmen; subst.: etwas Kräftiges essen. **4.** *derb, grob:* ein kräftiger Fluch.

Kragen, der: *den Hals umschließender Teil eines Kleidungsstückes:* ein hoher, enger, steifer, abstehender, weißer K.; der K. ist [mir] zu eng; der K. des Mantels ist mit Pelz besetzt; die Kragen/(südd.:) Krägen lassen sich abnehmen, ausknöpfen; den K. stärken, offen tragen, hochstellen; R:

das wird dich/(seltener:) dir nicht [gleich] den K. kosten *(das wird nicht [gleich] so schlimm werden).* * (ugs.:) **jmdm. platzt der Kragen** *(jmd. wird wütend)* · (ugs.:) **jmdm. den Kragen umdrehen** *(jmdn. töten)* · **etwas kostet jmdn./jmdm. den Kragen** *(etwas kostet jmdn. das Leben, die Existenz)* · **jmdn. am/beim Kragen nehmen/packen** *(zur Rede stellen):* der Chef packte ihn gleich am K. · (ugs.:) **jmdm. an den Kragen wollen** *(jmdn. zur Verantwortung ziehen wollen)* · (ugs.:) **es geht jmdm. an den Kragen** *(jmd. wird zur Verantwortung gezogen, von seinem Schicksal ereilt).*

Krähe, die: /*ein Vogel*/: eine K. krächzt, schreit, streicht über das Feld; R: eine K. hackt der anderen kein Auge aus *(Berufs-, Standesgenossen halten zusammen).*

krähen: *einen Krählaut von sich geben:* der Hahn hat schon gekräht; wir saßen zusammen, bis die Hähne krähten *(bis Tagesanbruch);* übertr.: das Kind kräht vor Vergnügen.

Kralle, die: **1.** *gekrümmter Nagel bestimmter Tiere:* stumpfe, spitze, scharfe, starke Krallen; die Krallen des Adlers; das Tier zeigt die, seine Krallen, zieht die Krallen ein; die Katze hielt eine Maus in den Krallen; übertr. (geh.): jmdn. aus den Krallen des Todes retten. **2.** *Vorrichtung zum Blockieren von Autorädern:* die K. soll Falschparker daran hindern, ungeschoren davonzukommen. **3.** (ugs. abwertend) *Hand:* nimm deine Kralle da weg! * (ugs.:) **jmdm. die Krallen zeigen** *(jmdm. zeigen, daß man sich nichts gefallen läßt)* · (ugs.:) **etwas in die Krallen bekommen/kriegen** *(etwas in die Gewalt bekommen/kriegen)* · (ugs.:) **etwas nicht aus den Krallen lassen** *(nicht mehr hergeben).*

Kram, der (ugs. abwertend): **a)** *[wertlose] Gegenstände, Stücke; Sachen, Zeug:* das ist alles alter, unnützer K.; was liegt denn hier für K. herum?; räume den K. endlich weg!; übertr.: den ganzen K. hinschmeißen (ugs.; *keine Lust mehr haben, etwas weiterzuführen);* er hat mir den K. vor die Füße geworfen *(führt meinen Auftrag nicht aus, macht eine Arbeit nicht weiter).* **b)** *Sache, Angelegenheit:* mach doch deinen K. allein!; ich lasse mir nicht in meinen K. hineinreden; ich möchte mit dem K. nichts zu tun haben; kümmere dich um deinen eigenen K.! * (ugs.:) **etwas paßt jmdm. in den Kram** *(etwas kommt jmdm. gelegen)* · **nicht viel/keinen Kram machen** *(keine Umstände machen).*

kramen (ugs.): **a)** ⟨nach etwas k.⟩ *nach etwas wühlend suchen:* nach Kleingeld k.; ich habe nach alten Fotografien [im Archiv] gekramt. **b)** ⟨mit Raumangabe⟩ *irgendwo suchend wühlen:* ich habe im Keller, auf dem Boden, in den Akten, in meiner Tasche gekramt. **c)** ⟨etwas aus etwas k.⟩ *mühsam hervorholen:* den Schlüssel aus der Tasche k.

Krampf, der: **a)** *schmerzhaftes Sichzusammenziehen der Muskeln:* ein heftiger, furchtbarer K.; der K. löste sich allmählich; einen K. bekommen, kriegen (ugs.; im Bein haben); jmd. wird von Krämpfen befallen, gepackt, geschüttelt; er wand sich in Krämpfen. **b)** (ugs.) *verkrampftes, sinnloses Tun, Verhalten:* das ist doch alles K.; alle seine Bemühungen wurden zum K.

krampfhaft: 1. *krampfartig:* in krampfhafte

Zuckungen verfallen; sie brach in ein krampfhaftes Lachen aus. **2.** *verbissen:* auf krampfhafter Suche nach Abwechslung; k. versuchen, ...; sich k. um etwas bemühen; ich habe k. *(angestrengt)* nachgedacht; er hielt sich k. *(mit äußerster Anstrengung)* fest; er hielt k. an alten Formen fest.

krank: *eine Krankheit habend, nicht gesund:* ein kranker Mann; kranke Tiere, Pflanzen, Bäume; einen kranken Zahn, ein krankes Herz haben; Jägerspr.: krankes *(angeschossenes)* Wild; das Kind ist [seit einem Monat] k.; auf den Tod *(lebensgefährlich)* k. sein, er wurde schwer k.; er sieht k. aus; er fühlt sich k.; er spielt k. (ugs.); sich k. melden; sich k. ärgern; k. zu/im Bett liegen; k. darniederliegen (veraltet; noch scherzh.); jmdn. k. schreiben *(jmds. Arbeitsunfähigkeit bescheinigen);* ⟨an etwas k. sein⟩ er ist k. an Leib und Seele; sie ist an der Leber k. *(erkrankt);* ⟨jmdn. k. machen⟩ die vielen Sorgen machen ihn ganz k. *(unterhöhlen seine Gesundheit);* der Lärm macht mich ganz k. *(ist mir unerträglich);* ⟨vor etwas k. sein⟩ vor Heimweh, vor Liebe k. *(bedrückt, leidend)* sein; (veraltend:) ⟨nach jmdm. k. sein⟩ er war k. *(sehnte sich)* nach ihr; übertr.: ein krankes Staatswesen, Unternehmen.

Kranke, der und die: *jmd., der krank ist:* der K. braucht [völlige] Ruhe, hat viel leiden müssen; K. pflegen, betreuen, heilen; eine Anstalt für unheilbar, unheilbare K.

kränkeln: *schwach und dauernd leicht krank sein:* er kränkelt seit einiger Zeit; sie fängt zu k. an; übertr.: der kränkelnde Dollar.

kranken ⟨etwas krankt an etwas⟩: *etwas leidet unter einem Mangel, Nachteil:* die Firma krankt an der schlechten Organisation; das Projekt krankt daran, daß es zu teuer ist.

kränken: **a)** ⟨jmdn., etwas k.⟩ *seelisch verletzen, beleidigen:* diese Äußerung hat ihn [sehr] gekränkt; er fühlt sich, war [in seiner Eitelkeit] schwer, tief gekränkt; ich wollte ihn damit nicht k.; jmds. Ehre k.; das ist für mich sehr kränkend; er zog sich gekränkt zurück; sein gekränkter Stolz läßt diesen Schritt nicht zu. **b)** (geh. veraltend) ⟨sich über jmdn., über etwas k.⟩ *sich grämen:* kränke dich nicht über ihn, eins Gerede.

Krankenhaus, das: *Einrichtung zur Heilung von Kranken:* ein modernes, allgemeines, städtisches, katholisches K.; das K. ist voll belegt, ist überbelegt, hat 400 Betten; ein K. leiten; er ist Chefarzt eines Krankenhauses; er ist Chirurg an/in einem K.; er wurde aus dem K. entlassen, im K. operiert; jmdn. ins K. einliefern, bringen; er liegt seit drei Wochen im K.; sie arbeitet in einem K.

Krankenschwester, die: ↑ Schwester.

krankfeiern (ugs.): *wegen [angeblicher] Krankheit fehlen:* er hat elf Tage [lang] krankgefeiert.

krankhaft: a) *auf Erkrankung beruhend:* ein krankhafter Zustand, Trieb; krankhafte Veränderungen an der Wirbelsäule; k. verändertes Gewebe. **b)** *übersteigert; krankhafte Züge aufweisend:* krankhafte Eifersucht; er leidet an krankhaftem Ehrgeiz; seine Neugier ist schon k.; das ist bei ihr schon k.; er ist k. eitel.

Krankheit, die: *Störung des normalen Körperfunktionen, Leiden:* eine leichte, schwere, langwierige, bösartige, schleichende, akute, chronische, ansteckende K.; psychische Krankheiten;

die K. klingt ab, ist im Abklingen; einer K. vorbeugen; an einer K. leiden, sterben; gegen diese K. gibt es noch kein geeignetes Mittel; jmdn. von einer K. heilen; von einer K. genesen, sich von einer K. erholen; sich vor ansteckenden Krankheiten schützen; übertr.: das ist eine K. *(eine negative Erscheinung)* unserer Zeit.

kränklich: *anfällig; nicht recht gesund:* ein kränkliches Aussehen haben; er ist alt und k.; das Kind wirkt k.

Kranz, der: **1.** *in der Form eines großen Ringes geflochtene Blumen, Zweige o.ä.:* ein großer K. mit Schleife, aus Tannenzweigen; einen K. binden, winden, flechten; er legte am Denkmal einen K. für die Opfer des Krieges nieder; dem Sieger den K. *(den Siegerkranz)* umhängen; der Braut trägt K. *(den Brautkranz)* und Schleier; das Grab ist mit Kränzen geschmückt; bildl.: ein K. von Anekdoten; die Stadt ist von einem K. Seen umgeben. **2.** *kranzförmiger Kuchen:* ein Stück K.; einen K. backen.

kraß: *sehr auffällig, extrem:* ein krasser Fehler, Gegensatz; ein krasser Fall von Korruption; ein krasser Egoist; als krasser Außenseiter gewinnen; die Unterschiede sind sehr k.; k. *(sehr deutlich)* auszudrücken.

kratzen: 1. a) ⟨jmdn., sich k.⟩ *mit den Nägeln, Krallen ritzen:* sich versehentlich k.; die Katze hat mich am Arm gekratzt. **b)** *die Nägel, Krallen gebrauchen:* Vorsicht, die Katze kratzt; das Mädchen kratzte und biß. **2. a)** ⟨jmdn., sich k.⟩ *wegen eines Juckreizes leicht auf der Haut herumreiben:* kratz mich bitte mal [am Rücken]!; er kratzte sich hinter dem Ohr. **b)** ⟨jmdn., sich k.; mit Artangabe⟩ *durch Reiben in einen bestimmten Zustand versetzen:* das Kind hat sich wund gekratzt. **3. a)** ⟨jmdm., sich etwas k.⟩ *durch Reiben einen Juckreiz befriedigen:* jmdm. den Rücken k.; ich kratzte mir verlegen den Schädel. **b)** ⟨jmdm., sich etwas k.; mit Artangabe⟩ *etwas durch Reiben in einen bestimmten Zustand versetzen:* sie hat ihm das Gesicht blutig gekratzt; er hat sich die Haut rot gekratzt. **4. a)** ⟨etwas kratzt⟩ *etwas scheuert und juckt:* der neue Pullover kratzt fürchterlich [auf der Haut]; der Wein kratzt im Hals; ⟨etwas kratzt jmdn.⟩ die Wolle kratzt mich [an den Armen]; der Rauch kratzte ihn im Hals; subst.: ein leichtes Kratzen im Hals. **b)** (ugs.) ⟨etwas kratzt jmdn.⟩ *etwas stört, beunruhigt jmdn.:* das braucht dich nicht zu k.; die Sache kann mich gar nicht k.; diese Kritik hat ihn fürchterlich gekratzt. **5. a)** ⟨etwas kratzt⟩ *etwas reibt, scheuert mit der scharfen Seite auf etwas:* die Feder kratzt; die Nadel kratzte auf der Grammophonplatte. **b)** ⟨mit Raumangabe⟩ *ein kratzendes Geräusch hervorbringen:* der Hund kratzte an der Tür; er kratzte auf seiner Geige. **6. a)** ⟨etwas in etwas k.⟩ *einritzen:* seinen Namen, ein Zeichen in die Wand k. **b)** ⟨etwas in etwas k.⟩ *kratzend irgendwo erzeugen:* mit dem Fuß ein Zeichen in den Sand k.; kleine Löcher in den Verputz k. **c)** ⟨etwas auf etwas k.⟩ *kratzend irgendwohin bringen:* Butter aufs Brot k. **d)** ⟨etwas aus etwas/von etwas k.⟩ *kratzend entfernen:* die Asche aus dem Ofen k.; den letzten Rest Honig aus dem Glas k.; er kratzte mit dem Schaber das Eis von der Scheibe. **7.** ⟨an etwas k.⟩ *etwas antasten, angreifen:* an jmds. Stellung, Image,

Selbstbewußtsein k. **8.** (ugs.) ⟨[etwas] k.⟩ *stehlen:* er hat die Sachen im Umkleideraum gekratzt; sie zogen durch die Kaufhäuser, um zu k.

¹kraulen ⟨jmdn., etwas k.⟩: *mit den Fingern zärtlich kratzen:* die Katze k.; nachdenklich seinen Bart k.; kraule mich bitte!; er hat den Hund am Hals, zwischen den Ohren, unter dem Kinn gekrault; ⟨jmdm. etwas k.⟩ das Kind krault dem Großvater den Bart, dem Dackel das Fell.

²kraulen: 1. a) *im Kraulstil schwimmen:* er kann gut k.; er hat gekrault; ich habe/(auch:) bin zwei Stunden gekrault. **b)** ⟨mit Raumangabe⟩ *kraulend irgendwohin gelangen:* er ist über den See, durch die Bucht gekrault. **2.** ⟨etwas k.⟩ **a)** *etwas kraulend zurücklegen:* ein paar Bahnen k.; er hat/(auch:) ist die 400 Meter in 4,21 Minuten gekrault. **b)** (Sport) *etwas kraulend erreichen:* er hat/ist einen neuen Rekord gekrault.

kraus: a) *faltig, wellig, gekringelt:* krauses Haar; er zog die Stirn in krause Falten; die Nase k. ziehen. **b)** *verworren:* eine krause Schrift, krause Gedanken haben; er führte krause Reden; sein Vortrag war ziemlich k.

kräuseln: a) ⟨etwas kräuselt sich⟩ *etwas legt sich in kleine Falten, etwas ringelt sich:* mein Haar kräuselt sich bei Feuchtigkeit; das Wasser des Sees kräuselt sich leicht. **b)** ⟨etwas k.⟩ *in kleine Falten legen:* den Stoff k.; der Wind kräuselte die Wasseroberfläche; hochmütig, spöttisch kräuselte sie die Lippen; die Nase k.

krausen ⟨etwas k.⟩ *kräuseln:* die Nase k.; adj. Part.: sich mit krauster Stirn etwas anhören; ein Kleid mit leicht krausem Rock.

Kraut, das: **1.** *das Grüne, die Blätter bestimmter Pflanzen:* das K. entfernen, abschneiden, verbrennen, als Futter verwerten. **2.** *Heil-, Würzpflanze:* heilende, heilsame Kräuter; er kennt jedes K.; Kräuter sammeln, trocknen; ein Tee aus verschiedenen Kräutern. **3.** (bes. südd., österr.) *Kohl:* K. anbauen; gern K. essen; Würstchen mit K. (Sauerkraut). **4.** (ugs. abwertend) *Tabak:* er raucht ein fürchterliches K.; das K. stinkt entsetzlich. * **etwas schießt ins Kraut: a)** *(etwas wächst üppig wuchernd).* **b)** *(etwas breitet sich übermäßig aus)* · (ugs.:) **gegen jmdn./gegen etwas ist kein Kraut gewachsen** *(gegen jmdn./gegen etwas kommt man nicht an, gibt es kein Mittel)* · (ugs.:) **wie Kraut und Rüben [durcheinander]** *(völlig durcheinander).*

Krawall, der: **a)** *Aufruhr:* nach der Kundgebung entstand ein großer K.; die Krawalle dauern noch an; bei der Demonstration kam es zu blutigen Krawallen. **b)** *Lärm:* bis der Lehrer kam, machte die Klasse großen K.

Krawatte, die: ↑ Schlips.

Kreatur, die: **1.** *Lebewesen, Geschöpf:* eine arme, geplagte, hilflose K.; alle K. sehnt sich nach Regen. **2.** *verachtenswerter Mensch:* er ist eine elende, armselige K.; solche Kreaturen findet man überall.

Krebs, der: **1.** */ein Krustentier/:* Krebse fangen, kochen, essen. **2.** *gefährliche Geschwulst:* der K. wuchert; er hat K.; der K. wurde bei ihm früh erkannt; an K. erkrankt sein, sterben. **3.** (Astrol.) */Tierkreiszeichen/:* ich bin [ein] K. (ugs.; *ich bin im Zeichen des Krebses geboren).*

Kredit, der: **1.** *Darlehen:* ein zinsloser, [un]ver-

zinslicher, [un]kündbarer, privater, öffentlicher K.; langfristige Kredite an Entwicklungsländer; ein K. [in Höhe] von 10 000 DM; einen K. eröffnen, sichern, in Anspruch nehmen, kündigen, sperren; er hat bei seiner Bank einen K. aufgenommen; jmdm. einen K. zu einem günstigen Zinssatz geben, gewähren, einräumen; etwas auf K. kaufen. **2.** *[finanzielle] Vertrauenswürdigkeit:* [bei jmdm.] K. haben, genießen; er hat seinen moralischen, politischen K. verspielt, verloren; das bringt ihn um allen K.

Kreide, die: *Schreib-, Zeichenstift aus Kalkstein o. ä.:* weiße, rote, grüne K.; ein Stück K.; die K. ist naß, ist abgebrochen; er hat etwas mit K. an die Tafel geschrieben. * **Kreide fressen** *(sich zahm, milde geben)* · (ugs.:) **bei jmdm. in der Kreide stehen/sein/sitzen** *(bei jmdm. Schulden haben):* er steht bei uns tief, mit 100 DM in der K. · (ugs.:) **bei jmdm. in die Kreide geraten/kommen** *(bei jmdm. Schulden machen).*

kreieren ⟨etwas k.⟩: *etwas Neues entwerfen, entwickeln:* einen neuen Stil, eine neue Mode k.; der Minirock wurde in England kreiert.

Kreis, der: **1. a)** *runde, in sich geschlossene Linie:* einen K. malen, zeichnen; mit dem Zirkel einen K. schlagen, beschreiben; den Umfang eines Kreises berechnen; die beiden Kreise schneiden sich; bild1.: Kinder bilden einen K., stehen in einem K. um den Lehrer, formieren sich zu einem K.; im K. sitzen; sich im K. drehen, bewegen; das Flugzeug zog Kreise über der Stadt; ein ganzer K. *(eine ganze Reihe)* von Einzelfragen; R: der K. *(die Beweiskette)* schließt sich. **b)** *Kreisfläche:* einen K. blau ausmalen; der Ausschnitt eines Kreises, den Inhalt des Kreises berechnen. **2.** *Gruppe von Personen gleicher Interessen, gleichen Ranges o. ä.:* ein geselliger, exklusiver K.; kirchliche, militärische, einflußreiche Kreise; aus gutunterrichteten Kreisen war zu erfahren, daß ...; in politischen Kreisen gilt er als Experte; im familiären, vertrauten K.; so etwas kommt in den besten Kreisen *(in der vornehmsten Gesellschaft)* vor; er ist in weiten Kreisen der Bevölkerung sehr beliebt; im K. der Familie, der Seinen; eine Feier in kleinem, im engsten K.; er verkehrt in den besten/ersten Kreisen *(in der vornehmen Gesellschaft)* dieser Stadt; er hat Verbindungen zu Kreisen der Unterwelt. **3.** *Verwaltungsbezirk:* die Gemeinden des Kreises gründen einen Zweckverband; der Ort gehört zum K. ... * (geh.:) **jmds. Kreise stören** *(jmdn. in seinem persönlichen Bereich, in seinem Wirken stören)* · **etwas zieht Kreise** *(etwas betrifft immer mehr Personen oder Gruppen)* · **sich im Kreis bewegen/drehen** *(immer wieder auf dasselbe zurückkommen)* · **jmdm. dreht sich alles im Kreis** *(jmdm. ist schwindlig).*

kreischen: *schrille, grelle Töne von sich geben:* die Mädchen kreischten [vor Vergnügen, in höchsten Tönen]; man hörte einen Papagei, eine Möwe k.; die Tür kreischt in den Angeln; adj. Part.: mit kreischenden Bremsen anhalten.

Kreisel, der: **1.** *rotierender Körper (als Spielzeug):* den K. schlagen; den K. tanzen lassen; der Junge spielt [mit dem] K. **2.** *Kreisverkehr:* einen K. durchfahren; den K. verlassen.

kreisen ⟨mit Raumangabe⟩: *sich auf einer Kreisbahn bewegen:* die Erde kreist um die Sonne; das

Raumschiff kreiste zwei Tage [lang] um den Mond; das Flugzeug hat/ist 30 Minuten über der Stadt gekreist; die Geier kreisen in der Luft; das Blut kreist *(fließt im Kreislauf)* in den Adern; b i l d l . : die Flasche [in der Runde] k. *lassen (herumreichen);* das Gespräch, die Diskussion, sein Denken kreiste nur um diese eine Frage.

Kreislauf, der: a) *Blutzirkulation:* sein K. ist [nicht] in Ordnung, ist zusammengebrochen; der K. hat bei ihm versagt; er hat einen schwachen K.; den K. anregen, ankurbeln (ugs.); das belastet nur den K.; ein Mittel für den K. **b)** *zum Ausgangspunkt zurückkehrende Bewegung:* der natürliche, ökologische K.; der ewige K. des Lebens; der K. des Wassers.

Krem, die /vgl. Creme/: *[schaumige] Süßspeise:* eine süße K.; K. rühren, aufkochen, zubereiten.

Krempel, der (ugs. abwertend): *[unnützes] Zeug, [wertlose] Dinge, Sachen:* er bewahrt viel K. auf; den alten K. wegwerfen; was kostet der ganze K.?; pack den K. in einen Koffer; b i l d l . : jmdm. den K. vor die Füße werfen *(nicht mehr weitermachen).*

krepieren: 1. ⟨etwas krepiert⟩ *etwas birst, explodiert:* die Granaten krepierten vor dem Graben; er wurde von einem krepierenden Geschoß getötet. **2.** (derb) *verenden, elend sterben:* im Krieg k.; ihm sind zwei Pferde krepiert; sie ist an einer Überdosis Heroin krepiert.

Krethi ⟨in der Fügung⟩ Krethi und Plethi (ugs.): *jedermann; alle möglichen Leute:* man traf K. und Plethi auf diesem Fest.

kreuz ⟨in der Fügung⟩ kreuz und quer: *planlos, hin und her:* er fuhr mit dem Auto k. und quer durch die Gegend.

Kreuz, das: **1. a)** *Zeichen aus zwei sich [rechtwinklig] kreuzenden Linien:* ein K. zeichnen; an einer Stelle ein K. machen; auf dem Wahlzettel sein K. machen; etwas mit einem K. kennzeichnen. **b)** *Kreuz als [christliches] Symbol:* das lateinische, griechische, russische K.; an der Wand hing ein goldenes K.; auf dem Altar steht ein großes K. mit Korpus; im Zeichen des Kreuzes *(im Zeichen, im Geiste Christi):* ein, das K. machen, schlagen *(sich bekreuzigen).* **c)** *kreuzförmiges Gerüst:* jmdn. ans K. hängen, nageln, schlagen; er hat den Tod am K. erlitten, ist am K. gestorben; den Gekreuzigten vom K. nehmen. **d)** *auferlegtes Leiden, Bürde:* sein K. auf sich nehmen (geh.; *sein Leid tragen);* Gott hat ihm ein schweres K. auferlegt (geh.); sein K. [geduldig] tragen (geh.); es ist ein K. mit ihm (ugs.; *es ist zum Jammern mit ihm);* mit jmdm./mit etwas sein K. haben *(seine Mühe, seine Not haben).* **e)** */eine Spielkartenfarbe/:* K. ist Trumpf; K. sticht; er spielt K. aus. **f)** *Kreuzung von Autobahnen:* ich fahre bis zum Frankfurter K.; die Zu- und Abfahrt wird zu einem K. ausgebaut. **g)** (Musik) *Erhöhungszeichen:* vor der Note ein K.; E-Dur hat vier Kreuze; ein K. auflösen. **2.** *unterer Teil des Rückens:* ein hohles K.; mein K. ist steif; mir tut das K. weh; sich das K. verrenken; jmdn. aufs K. legen (ugs.; *auf den Rücken werfen);* ich habe Schmerzen im K.; es im K. haben (ugs.; *Kreuzschmerzen haben).* * (ugs.:) **ein Kreuz/drei Kreuze hinter jmdm./hinter etwas machen; drei Kreuze machen, wenn ...** *(sehr froh sein, mit jmdm., mit et-*

was nichts mehr zu tun zu haben) · (ugs.:) **fast/beinahe aufs Kreuz fallen** *(sehr erstaunt, entsetzt sein)* · (ugs.:) **jmdn. aufs Kreuz legen** *(jmdn. übervorteilen)* · (ugs.:) **jmdn. etwas aus dem Kreuz leiern** *(von jmdm. etwas nur mit viel Mühe erhalten)* · **über[s] Kreuz: a)** *(im rechten Winkel):* die Servietten über[s] K. falten. **b)** *(im, in Streit):* er ist mit ihr über K.; die beiden gerieten übers K. · (ugs.:) **zu Kreuze kriechen** *(unter demütigenden Umständen nachgeben müssen).*

kreuzen: 1. ⟨etwas k.⟩ *schräg übereinanderlegen:* die Arme k.; er saß mit gekreuzten Beinen gemütlich im Sessel. **2. a)** ⟨etwas k.⟩ *überqueren:* einen Fluß, die Straße, den Platz k.; ich habe als erster die Ziellinie gekreuzt. **b)** ⟨etwas kreuzt sich, etwas⟩ *etwas schneidet sich, etwas (in seinem Verlauf):* die Straße kreuzt nach 100 Metern die Bahn; die Linien kreuzen sich; ü b e r t r . : ihre Blicke kreuzten sich; die Briefe müssen sich gekreuzt haben *(müssen gleichzeitig in entgegengesetzter Richtung unterwegs gewesen sein);* unsere Wege haben sich mehrmals gekreuzt *(wir sind uns mehrmals in unserem Leben begegnet).* **3.** ⟨etwas kreuzt sich mit etwas⟩ *etwas läuft einer Sache zuwider:* seine Ansicht kreuzt sich mit der seiner Frau; ⟨auch ohne Präp.-Obj.⟩ unsere Interessen, Pläne kreuzen sich. **4.** (Biol.) ⟨jmdn., etwas k.⟩ *paaren:* verschiedene Tulpenarten k.; man hat den Esel mit einem Pferd gekreuzt. **5.** ⟨mit Raumangabe⟩ *hin und her fahren:* das Schiff kreuzt in der Karibik, vor der Küste; das Flugzeug hat/ist einige Male über den Atlantik gekreuzt.

Kreuzfeuer ⟨in den Wendungen⟩ **ins Kreuzfeuer geraten; im Kreuzfeuer stehen:** *von allen Seiten angegriffen werden:* er geriet ins K. der Kritik, der Presse; er stand im K. der Journalisten.

Kreuzung, die: **1.** *Schnittpunkt mehrerer Straßen:* eine enge, gefährliche, große K.; die K. ist unübersichtlich; die K. überqueren, räumen; an der nächsten K. müssen wir rechts abbiegen; bei Rückstau nicht in die K. einfahren; bei Rot über die K. fahren. **2. a)** *das Paaren verschiedener Gattungen, Rassen:* die K. der beiden Pflanzensorten. **b)** *Ergebnis des Kreuzens:* das Maultier ist eine K. zwischen Esel und Pferd.

kribb[e]lig (ugs.): *unruhig, nervös:* ein kribbeliger Junge; ich bin schon ganz k.; vom Warten wurde er ganz k.; ⟨jmdn. k. machen⟩ du machst mich ganz k.; diese Fragerei machte sie k.

kribbeln: 1. (ugs.) ⟨etwas kribbelt⟩ **a)** *etwas ist von einem leichten Juckreiz befallen:* im Rücken kribbelt; meine Zehen kribbeln; ⟨etwas kribbelt jmdm./jmdn.⟩ mein rechtes Bein kribbelt mir/ mich; ⟨es kribbelt jmdm./jmdn.; mit Raumangabe⟩ es kribbelt mir in der Nase, auf der Haut; ihn kribbelte es in den Fingern *(er war ganz ungeduldig).* **b)** *etwas verursacht einen leichten Juckreiz:* die Strümpfe kribbeln. **2.** ⟨in der Verbindung mit krabbeln⟩ *sich auf vielen Beinchen schnell fortbewegen:* es kribbelt und krabbelt wie in einem Ameisenhaufen.

kriechen: 1. a) *(von bestimmten Tieren) sich, unmittelbar über den Boden gleitend, meist langsam fortbewegen:* Würmer, Schnecken, Raupen kriechen; eine Kreuzotter kroch über den Weg; b i l d l . : Nebel kroch durchs Tal; ü b e r t r . : nicht mehr k. *(gehen)* können. **b)** ⟨gewöhnlich mit Um-

standsangabe⟩ *sich mit an den Boden gedrücktem Körper fortbewegen:* die Soldaten müssen auf dem Bauch k.; das Kind kriecht auf allen vieren. **c)** ⟨mit Raumangabe⟩ *sich verkriechen:* der Hund kroch hinter den Ofen, in die Ecke, unter den Tisch; wir sind gestern schon früh ins Bett gekrochen *(gegangen);* unter die Bettdecke k. *(schlüpfen);* ich wäre am liebsten in ein Mauseloch gekrochen *(hätte mich aus Scham o. ä. dort verborgen, wo mich niemand findet).* **2.** *sich langsam fortbewegen:* der Zug kriecht; wir krochen über die Autobahn; der Verkehr kommt nur kriechend voran; übertr.: die Zeit kriecht. **3.** (ugs.) ⟨vor jmdm. k.⟩ *sich unterwürfig gegenüber jmdm. benehmen:* er kriecht vor seinem Chef.
Krieg, der: *militärische Auseinandersetzung:* ein langer, schwerer, blutiger, schrecklicher, verlustreicher, konventioneller, atomarer K.; ein schmutziger *(nicht offiziell erklärter, vorwiegend von Guerillas und besonders grausam geführter)* K.; der totale, heilige *(religiös motivierte)* K.; der kalte K. *(ohne Waffengewalt, bes. auf psychologischer Ebene ausgetragener Konflikt zwischen Staaten, die verschiedenen ideologischen Machtblöcken angehören);* der K. zu Wasser, zu Lande und in der Luft; der K. ist verloren, ist zu Ende, ist aus (ugs.); der K. hat das Land verwüstet; der K. zwischen den benachbarten Staaten dauert schon zwei Jahre [lang], seit zwei Jahren; K. führen; [jmdm.] den K. erklären; das Attentat hat den K. ausgelöst; einen K. anfangen, beginnen, verhindern, vermeiden, abwenden; den K. beenden; die Aufständischen haben den K. in das Nachbarland hineingetragen; einen K. gewinnen, überstehen, überleben; die Gefahr eines neuen Krieges heraufbeschwören; am K. teilnehmen, verdienen; nicht mehr aus dem K. heimkehren *(im K. gefallen sein);* aus dem K. zurückkommen; sich aus dem K. heraushalten; für den K. rüsten *(die Rüstung für den Krieg vorantreiben);* die Länder stehen, leben [miteinander] im K.; viele Soldaten sind im K. gefallen, umgekommen; ein Land im den K. stürzen, hineinziehen, hineinreißen; in K. und Frieden; in den K. ziehen; im K. bleiben (ugs. *umkommen;)* zum K. hetzen, treiben; es wird bald zum K. kommen; zum K. rüsten *(sich auf den K. vorbereiten);* übertr.: der häusliche, eheliche K.; die beiden leben, liegen ständig in K. miteinander.
kriegen (ugs.): **1.** ⟨etwas k.⟩ *in den Besitz von etwas kommen, etwas erhalten:* Briefe, Post, Geld, ein Paket k.; von jmdm. eine Nachricht, eine Auskunft, einen Hinweis k.; wir kriegen unser Gehalt am Monatsende; du kriegst etwas Schönes zum Geburtstag; ich habe in dem Geschäft nichts mehr gekriegt; Prozente, einen Rabatt k.; ich habe zwei Spritzen [in den Arm] gekriegt; ⟨häufig verblaßt⟩ Besuch, Gäste k.; keine [telefonische] Verbindung mit jmdm. k.; mit jmdm. Streit k.; [von den vielen Sorgen] graue Haare k.; einen roten Kopf k.; Lust k.; eine Ohrfeige, Dresche (ugs.) k.; etwas in die Hände, in die Finger k. *(aus Versehen erhalten);* von etwas Kenntnis k. *(etwas erfahren);* etwas zu Gesicht k. *(sehen, auf etwas stoßen);* festen Boden unter die Füße k. **2. a)** ⟨jmdn., etwas k.⟩ *durch eigene Bemühung zu etwas kommen:* er hat endlich eine Frau gekriegt;

keine Arbeit, Stellung, keinen Platz, keine Karten mehr k. **b)** ⟨etwas k.⟩ *erlangen, gewinnen:* einen Einblick in etwas, einen Eindruck von etwas k.; er hat seinen Willen gekriegt. **3. a)** ⟨etwas k.⟩ *von etwas befallen werden:* eine Krankheit, einen Schnupfen, Grippe k.; einen Anfall, einen [elektrischen] Schlag k.; Durst, Angst, Heimweh k. **b)** ⟨jmdn., etwas k.⟩ *hervorbringen:* der Baum hat Blüten gekriegt; sie hat eine Tochter gekriegt *(zur Welt gebracht);* sie kriegt ein Kind *(ist schwanger).* **c)** ⟨etwas k.⟩ *mit etwas rechnen können oder müssen:* Schwierigkeiten, Unannehmlichkeiten k.; anderes Wetter, Regen, Schnee k. **4.** ⟨jmdn., etwas k.; mit Umstandsangabe⟩ *jmdn., etwas in einen bestimmten Zustand versetzen; jmdn. dazu bringen, etwas zu tun:* die Gefangenen frei k.; das Fleisch weich, die Kinder satt k.; bei dem Wetter kriege ich ihn nicht aus dem Haus; sie hat ihn dazu gekriegt mitzuspielen. **5.** ⟨etwas k. + 2. Part.;⟩ *an Stelle der eigentlichen Passivkonstruktion*⟩ etwas geschenkt, geschickt, gesagt k. **6.** ⟨etwas k. + Inf. mit zu⟩ **a)** *die Möglichkeit haben, etwas zu tun:* etwas zu kaufen, zu sehen k.; wo kriegt man hier etwas zu essen? **b)** *etwas ertragen müssen:* der wird von mir was zu hören k. *(dem werde ich die Meinung sagen)!* **7. a)** ⟨etwas k.⟩ *erreichen:* den Zug, Bus [nicht mehr] k. **b)** ⟨jmdn. k.⟩ *erwischen:* wir werden die beiden Burschen schon k.; laß dich nicht k.! **8.** ⟨jmdn., sich k.⟩ *heiraten:* hat er sie gekriegt?; zum Schluß haben sie sich doch noch gekriegt. ∗ (ugs.) **es nicht über sich kriegen** *(nicht dazu fähig sein, etwas zu tun).*
kriegerisch: a) *kampfeslustig:* kriegerische Stämme; einen kriegerischen Anblick bieten; sie sahen ziemlich k. aus. **b)** *militärisch:* kriegerische Auseinandersetzungen, Verwicklungen.
Kriegsbeil ⟨in den Wendungen⟩ **das Kriegsbeil ausgraben/begraben** (oft scherzh.; *einen Streit beginnen, beenden).*
Kriegsfuß ⟨in den Wendungen⟩ **mit jmdm. auf dem Kriegsfuß stehen/leben** *(mit jmdm. länger Streit haben)* · **mit etwas auf dem Kriegsfuß stehen** (scherzh.; *etwas schlecht, nicht beherrschen):* er steht mit der Rechtschreibung auf dem K.
Krippe, die: **1.** *Futtertrog:* die K. mit Futter füllen; das Wild geht an die K., sammelt sich an der K.; das Jesuskind lag in einer K.; übertr.: ein träglicher Posten: er sitzt an der K. **2.** *Betreuungsstätte für Kleinkinder:* die Stadt richtet eine K. ein; es gibt, bringt ihr Kind tagsüber in eine K.
Krise, die: **a)** *gefährliche Situation:* eine gefährliche, ideologische, politische, geistige, seelische K.; die K. in der Partei dauert an; eine K. überwinden, aus der K. herauskommen; in eine persönliche K. geraten; die Wirtschaft steckt in einer K.; er hat das Unternehmen in eine Krise gestürzt. **b)** (Med.) *kritischer Wendepunkt bei einem Krankheitsverlauf:* die K. tritt erst noch ein; er hat die K. überwunden, gut überstanden.
¹Kristall, der: *fester, regelmäßig geformter Körper:* natürlicher K.; Kochsalz bildet würfelförmige Kristalle; an der Gefäßwand schlagen sich Kristalle nieder; der Aufbau eines Kristalls.
²Kristall, das: **a)** *geschliffenes Kristallglas:* handgeschliffenes K.; eine Vase, Gläser aus K. **b)** *Gefäße, Behälter o. ä. aus Kristall:* sie hat wertvolles K. in der Vitrine stehen.

Kritik, die: **1. a)** *fachliche Beurteilung, Besprechung:* eine gerechte, objektive, sachliche, konstruktive, positive, wohlwollende, harte, scharfe K.; die K. in der Zeitung ist zutreffend, vernichtend; eine K. des Konzerts/über das Konzert schreiben; der Künstler erhielt, bekam überall gute Kritiken; etwas einer K. unterziehen; der Film kam in, bei der K. noch gut weg (ugs.; *wurde noch gut kritisiert*). **b)** *Gruppe der Kritiker:* die K. ist einhellig der Meinung, daß ...; die K. nahm die Verfilmung unterschiedlich auf; Anerkennung bei K. und Publikum. **2.** *Bemängelung, Tadel:* seine K. stört mich nicht; keine K. vertragen können; sie wiederholte ihre K. am Trainer; an jmdm., an etwas K. üben; dieser Mann stößt beim Volk auf heftige K.; sich jeder K. enthalten; gibt es etwa Anlaß zu K.? * (ugs.:) **unter aller/jeder Kritik** *(sehr schlecht).*
kritisch: 1. a) *[fachlich] streng beurteilend; scharf prüfend:* er ist ein kritischer Leser, Kunde; Phil.: kritische *(nach den Methoden der Textkritik geschaffene)* Ausgabe · sich mit etwas k. auseinandersetzen. **b)** *eine negative Beurteilung enthaltend:* ein kritischer Bericht, Beitrag, Kommentar; kritische Bemerkungen; jmdn. mit kritischen Blicken, Augen ansehen; jmdn., etwas k. betrachten; einer Sache k. gegenüberstehen; er war kritisch gegenüber der Presse eingestellt sein. **2. a)** *entscheidend, einen Wendepunkt bedeutend:* jetzt kommt der kritische Augenblick; die Verhandlungen haben einen kritischen Punkt erreicht; der Prozeß nimmt eine kritische Wendung; die kritischen Jahre *(die Wechseljahre);* in das kritische Alter kommen; Kernphysik: der Reaktor wird k. *(erreicht den Zustand, in dem eine Kettenreaktion ermöglicht und aufrechterhalten werden kann).* **b)** *gefährlich:* der Fahrer geriet in eine kritische Situation; die Angelegenheit wird für ihn jetzt k.; der Zustand des Patienten ist sehr k.
kritisieren (etwas k.): *fachlich besprechen, beurteilen:* eine Aufführung, ein Konzert k.; er hat das Buch gut, positiv, abfällig kritisiert; (selten auch ohne Akk.) er hat kritisiert immer sehr scharf. **2.** (jmdn., etwas k.) *bemängeln, tadeln:* jmdn. heftig, öffentlich, vor allen Leuten k.; ich kritisiere, daß ...; er hat immer, an allem etwas zu k.; die Entscheidung wurde im In- und Ausland, auf der Tagung, in den Medien scharf kritisiert.
kritteln (ugs.): *mäkeln, kleinlich kritisieren:* er hat an allem, über alles zu k.
kritzeln: a) ⟨gewöhnlich mit Raumangabe⟩ *wahllos Striche und Schnörkel zeichnen:* das Kind kritzelt [mit einem Farbstift] auf ein, auf einem Stück Papier. **b)** ⟨etwas k.; mit Raumangabe⟩ *etwas flüchtig, klein und schlecht leserlich irgendwo hinschreiben, undeutlich hinzeichnen:* eine Telefonnummer in sein Notizbuch, auf einen Zettel k.; er kritzelte einige Bemerkungen an den Rand.
Krokodilsträne, die (ugs.): *Rührung, Mitgefühl heuchelnde Träne:* deine Krokodilstränen kannst du dir sparen!; dicke Krokodilstränen weinen; Krokodilstränen vergießen.
Krone, die: **1. a)** *auf dem Kopf getragener Schmuck als Zeichen der Herrscherwürde:* eine schwere, mit Edelsteinen besetzte, achtzackige K.; die dreifache K. des Papstes; die K. der deutschen Kaiser; sich (Dativ) die K. aufsetzen, aufs

Haupt setzen; der Kaiser legte die K. nieder *(dankte ab).* **b)** *Herrscherhaus:* die englische K.; er vertritt die K.; Macht und Rechte der K.; im Dienst der K. stehen. **2.** *oberster Teil, Spitze:* die K. des Baumes ist abgebrochen; sich (Dativ) eine K. *(Zahnkrone)* aus Gold machen lassen; die Wellen hatten alle eine weiße K. aus Schaum. **3.** *das Höchste:* der Mensch ist die K. der Schöpfung; die K. des Glücks; diese Tat war die K. der Dummheit. **4.** /*Währungseinheit* /: er zahlte drei Kronen dafür; was macht der Betrag in schwedischen Kronen? * (ugs.:) **einen in der Krone haben** *(betrunken sein)* · (ugs.:) **jmdm. ist etwas in die Krone gefahren** *(jmd. ist verstimmt)* · (ugs.:) **etwas setzt einer Sache die Krone auf** *(etwas ist die Höhe, ist nicht mehr zu überbieten).*
krönen: 1. ⟨jmdn. k.⟩ *jmdm. die Krone aufsetzen und die mit ihr verbundene Macht übertragen:* er hat sich selbst gekrönt; jmdn. zum König, zum Kaiser k.; alle gekrönten Häupter nahmen an der Hochzeit teil; übertr.: man krönte den Sieger mit einem großen Kranz. **2.** ⟨etwas k.⟩ **a)** *den oberen Abschluß von etwas bilden:* eine gewaltige Kuppel krönt den Dom; eine Burg krönt den Gipfel des Berges. **b)** *eindrucksvoll abschließen:* diese Arbeit krönt das Lebenswerk des Künstlers; er krönte seine sportliche Laufbahn mit dem Olympiasieg; etwas ist von Erfolg gekrönt *(wird erfolgreich abgeschlossen);* das vierte Tor bildete den krönenden Abschluß.
Krönung, die: **1.** *das Krönen:* die feierliche K. zum deutschen Kaiser fand im Lateran statt; die K. vornehmen, vollziehen. **2.** *glanzvoller Höhepunkt, Abschluß:* als K. seiner Karriere wurde er zum Werksleiter bestimmt; der Olympiasieg ist, bildet die K. seiner sportlichen Laufbahn.
Kröte, die: **1.** /*ein Tier*/: eine häßliche, giftige K.; sich vor Kröten ekeln; ein Brunnen mit wasserspeienden Kröten *(Figuren in Form von Kröten).* **2.** (ugs.) **a)** *freches, kleines Mädchen:* so eine freche K.; ist eine richtige kleine K. **b)** *dumme, widerwärtige, bösartige Person:* das würde ich mir von dieser unverschämten K. nicht bieten lassen; /auch als Schimpfwort:/ du widerliche K.!; du giftige, alte K.! **3.** (ugs.) ⟨Plural⟩ *Geld:* sich ein paar Kröten verdienen; die letzten Kröten für etwas ausgeben. * **eine Kröte schlucken** *(etwas Unangenehmes hinnehmen).*
Krücke, die: **1.** *Stütze für Gehbehinderte:* er braucht, hat zwei Krücken; er geht an/(selten:) auf Krücken; sie kann sich nur noch mit Krücken fortbewegen. **2.** *Griff (am Stock o. ä.):* sie traf ihn mit der K. des Schirms am Kopf. **3.** (ugs. abwertend) **a)** *Versager:* die Mannschaft besteht doch aus lahmen Krücken; der Schiedsrichter war eine richtige K. **b)** *etwas, was nur schlecht funktioniert:* mit der K. [von Radio] bekommt er nur zwei Sender; hoffentlich springt die alte K. an.
Krug, der: *Gefäß für Flüssigkeiten:* ein irdener, steinerner K.; ein K. aus Ton; ein K. [mit] Wasser; ein K. voll Wein; R: der K. geht so lange zum Brunnen, bis er bricht *(eine fragwürdige Angelegenheit nimmt eines Tages ein böses Ende);* den K. füllen; der Wein wird in Krügen serviert.
krumm: 1. *gebogen, verbogen:* eine krumme Linie; sie hat krumme Beine; ein k. gewachsener Baum, Ast; sein Rückgrat, ihre Nase ist ganz k.;

die Nägel, die Schienen sind k. und schief; mit zunehmendem Alter wird er immer krummer/ (ugs. landsch.:) krümmer; vom vielen Arbeiten k. und lahm sein, werden; sitze nicht so k. da!; jmdn. k. und lahm schlagen *(jmdn. zusammenschlagen).* **2.** (ugs.) *unzulässig, fragwürdig:* krumme Wege gehen; er macht keine krummen Geschäfte; ein krummes Ding, krumme Dinger drehen; etwas auf die krumme Tour machen. * **sich krumm und schief lachen** *(heftig lachen).*
krümmen: 1. ⟨etwas k.⟩ *biegen, krumm machen:* die Finger k.; ⟨etwas krümmt jmdn. etwas)* die Jahre hatten ihm den Rücken gekrümmt *(krumm werden lassen);* adj. Part.: eine gekrümmte Haltung annehmen. **2.** ⟨sich k.⟩ **a)** ⟨mit Umstandsangabe⟩ *sich winden:* sich vor Schmerzen k.; krümmte sich wie ein Wurm, wie ein Aal. **b)** *krummlinig verlaufen:* der Weg krümmt sich; die Straße krümmt sich zwischen den Häusern; adj. Part. (Geom.): eine gekrümmte Linie, Fläche.
krummnehmen (ugs.) ⟨[jmdm.] etwas k.⟩: *übelnehmen:* nimm [mir] das bitte nicht krumm!
Krüppel, der: *mißgestalteter Mensch:* er ist nur noch ein K.; ein seelischer K. *(eine im seelischen Bereich anormale Person);* ein K. fürs Leben *(das ganze Leben lang);* jmdn. zum K. schlagen, schießen, machen; /auch als Schimpfwort:/ du K.!
Kruste, die: *hart gewordene [Außen]schicht, Oberfläche:* die harte, schwarze K. des Brotes abschneiden; der Braten hat eine schöne, gleichmäßige K.; Weinbrandbohnen mit K. *(harter Zuckerschicht);* eine K. von Blut und Dreck.
Kübel, der: *Bottich:* ein K. Wasser; ein K. mit Abfällen; den K. [aus]leeren; Essen in Kübeln transportieren; bildl. (ugs.): einen K. von Bosheit, Schmutz, Verleumdung über jmdn./(selten:) jmdn. ausgießen *(über jmdn. schlecht reden).* * (ugs.:) **es gießt [wie] mit/[wie] aus/in Kübeln** *(es regnet sehr stark).*
Küche, die: **1.** *Raum zum Kochen:* eine kleine, helle, freundliche, geräumige K.; die K. ist modern eingerichtet; er hilft seiner Frau in der K.; Wohnung mit drei Zimmern, K. und Bad; er hat alles aufgetischt, was K. und Keller zu bieten haben *(er hat die Gäste reich bewirtet);* in der K. essen; den ganzen Tag in der K. stehen (ugs.; *in der Küche arbeiten).* **2.** *Kücheneinrichtung:* eine K. mit allen technischen Neuerungen; eine K. kaufen, anschaffen. **3.** *Art der Speise, des Zubereitens:* bürgerliche, französische, Wiener K.; es gibt warme und kalte K. bis 22 Uhr; das Hotel ist wegen seiner guten K. bekannt.
Kuchen, der: *größeres Gebäck:* ein frischer, alter, trockener K.; ein K. mit Schokoladenüberzug; der K. ist nicht durchgebacken; einen K. anrühren, backen, anschneiden; ein Stück K. essen; jmdn. zu Kaffee und K. einladen; übertr.: im Sandkasten K. backen.
Kuckuck, der: **1.** /ein Vogel/: der K. ruft; hol dich der K./der K. soll dich holen!/ugs.; *Ausruf der Verwünschung/;* zum K. [noch mal]! /ugs.; *Ausruf der Verärgerung, der Ungeduld/.* **2.** (ugs.) *Siegel des Gerichtsvollziehers:* bei ihm klebt der K. an/auf allen Möbeln. * (ugs.:) **der Kuckuck ist los** ⟨mit Raumangabe⟩ *(es geht drunter und drüber)* · (ugs.:) **etwas ist zum Kuckuck** *(etwas ist verloren)* · (ugs.:) **[das] weiß der Kuckuck: a)** *(es ist*

unbekannt). **b)** *(wahrhaftig; überraschenderweise ist es so).*
Kuckucksei ⟨in der Wendung⟩ jmdm. ein Kuckucksei ins Nest legen: *jmdn. etwas zuschieben, was sich dann als unangenehm, schlecht erweist.*
Kugel, die: **1.** *völlig runder Körper:* eine schwere, durchsichtige K.; eine K. aus Holz, Glas; die K. rollt; die K. hat einen Durchmesser von 20 cm; die Erde ist eine K.; die leuchtende K. des Mondes; den Baum mit bunten Kugeln *(Weihnachtskugeln)* schmücken; K e g e l n : die K. werfen, schieben; S p o r t : er stieß die K. über 22 m. **2.** (ugs.) *[kugelförmiges] Geschoß:* die K. verfehlte ihr Ziel, traf ins Schwarze; die Kugeln pfiffen uns um die Ohren; die K. streifte ihn am Arm, drang ihm in die Brust; sich (Dativ) eine K. in/durch den Kopf, zwischen die Augen schießen, jagen (ugs.); der Arzt holte ihm die K. heraus; Kugeln gießen; ein von Kugeln durchbohrter Körper; er wurde von einer K. tödlich getroffen. **3.** (ugs.) *Fuß-, Handball:* die [braune] K. zappelte im Netz. * (ugs.:) **eine ruhige Kugel schieben** *(sich bei der Arbeit nicht sehr anstrengen; keine anstrengende Arbeit haben).*
kugeln: a) ⟨mit Raumangabe⟩ *rollen:* er stürzte und kugelte über die Bretter; Tränen kugelten über ihr Gesicht; der Ball kugelt unter die Bank; ein Stein kugelte vom Förderband; ⟨jmdm. in.⟩ mit Raumangabe⟩ der Hase überschlug sich und kugelte ihm vor die Füße. **b)** ⟨sich k.; mit Raumangabe⟩ *sich rollend, wälzend bewegen:* die Kinder kugelten sich im Schnee; übertr. (ugs.:) sich k. vor Lachen *(sehr lachen);* subst.: der Film war zum Kugeln *(sehr lustig).*
Kuh, die: **1.** *weibliches Rind:* eine braune, schwarzbunte, gescheckte K.; die K. kalbt, gibt keine Milch, muht, käut wieder; die Kühe füttern, melken, auf die Weide treiben; R (ugs.): man wird so alt wie 'ne Kuh und lernt immer noch dazu. **2.** (ugs. abwertend) *weibliche Person:* da sagt doch diese K. zu mir ...; /auch als Schimpfwort:/ blöde K.!; du dumme K.! * (ugs.:) **melkende Kuh** *(einträgliche Quelle)* · (ugs.:) **heilige Kuh** *(etwas Unantastbares)* · (ugs.:) **die Kuh vom Eis holen** *(Schwierigkeiten bewältigen).*
Kuhhandel, der (ugs. abwertend): *Feilschen, kleinliches Aushandeln:* ein K. zwischen den beiden Firmen; K. um die Ministerposten treiben; sich auf keinen K. einlassen.
Kuhhaut ⟨in der Wendung⟩ etwas geht auf keine Kuhhaut (ugs.): *etwas ist unerhört.*
kühl: 1. *mäßig warm:* ein kühler Tag, Abend, Wind; kühles Wetter; kühle Meeresluft; ein kühles Bad nehmen; ein kühles Bier trinken; das Zimmer ist k.; heute nacht wird es k.; der Wein dürfte etwas kühler *(noch mehr gekühlt)* sein; für die Jahreszeit ist es k.; Lebensmittel k. lagern; ⟨jmdm. ist, wird [es] k.⟩ mir ist k. *(ich friere etwas);* ihr wurde es k. *(sie begann, leicht zu frieren).* **2.** *nicht herzlich, zurückhaltend, frostig:* ein kühler Empfang; sie ist eine kühle Blondine; die Gespräche fanden in kühler Atmosphäre statt; mit einem kühlen Blick betrachtete er uns; seine Begrüßung war recht k.; er blieb k.; er hat die Nachricht ziemlich k. aufgenommen. **3.** *nüchtern, frei von Gefühlen:* er ist ein kühler Rechner, Geschäftsmann; kühle Überlegungen anstellen.

Kühle, die: 1. *kühler Zustand:* die K. der Nacht, des Raumes. 2. *Zurückhaltung, Frostigkeit:* er wurde mit großer K. empfangen.
kühlen: a) ⟨etwas k.⟩ *etwas kühl machen:* die Milch k.; gut gekühlte Getränke; einen Motor mit Wasser k.; er kühlte seine Hände unter dem Wasserhahn.: seinen Zorn k.; ⟨jmdm., sich etwas k.⟩ ich kühlte mir das fiebrige Gesicht mit einem nassen Lappen. **b)** ⟨etwas kühlt⟩ *etwas verbreitet, strahlt Kühle aus:* die Lederpolster kühlen; der Umschlag kühlte angenehm.
kühn: a) *mutig; Mut zeigend:* kühne Taucher; eine kühne Tat; mit einem kühnen Sprung rettete er sich; jeder von ihnen ist sehr k. **b)** *Kühnheit erkennen lassend:* ein kühner Gedanke; eine kühne Konstruktion; in k. *(gewagt)* geschwungenen Linien führt die Brücke über das Tal; eine k. *(eindrucksvoll)* gebogene Nase; meine kühnsten Träume *(höchsten Erwartungen)* wurden übertroffen; dein Plan erscheint mir ziemlich k. **c)** *dreist, unverfroren:* kühne Behauptungen; sie war so k., nach seinem Gehalt zu fragen.
Kühnheit, die: **a)** *Mut:* eine Tat von unglaublicher, beispielloser K. **b)** *gewagte, eindrucksvolle Art:* die K. seiner Gedanken, seines Entwurfs; das Werk beeindruckt durch die K. des Ausdrucks/im Ausdruck. **c)** (selten) *Unverfrorenheit:* die K. dieser Behauptungen ist unerhört.
Kulisse, die: 1. (Theater) *hinterer Teil der Bühnendekoration:* Kulissen malen; die Kulissen auf-, abbauen, auf die Bühne schieben, in der Pause wechseln; aus der rechten K. *(aus einem Gang zwischen den Kulissen der rechten Bühnenseite)* kommen; übertr.: das ist doch alles nur K. *(Vortäuschung);* hinter den Kulissen *(im Hintergrund)* agieren. 2. *äußerer Rahmen:* die vollbesetzten Stadionränge, die 80 000 Zuschauer bildeten eine großartige K. für das Spiel; die 5 000 Fans gaben nur eine magere K. ab.
kullern (ugs.): 1. ⟨mit Raumangabe⟩ *rollen:* die Münze kullerte unter den Tisch; die Äpfel kullerten über die Dielen; ⟨jmdm. k.; mit Raumangabe⟩ Tränen kullerten in ihr das Gesicht. 2. ⟨etwas k.; gewöhnlich mit Raumangabe⟩ *in rollende Bewegung versetzen:* Steine ins Tal k.
Kult, der: 1. *religiöse Verehrungsform:* ein heidnischer, frühchristlicher K.; der K. der orthodoxen Kirche, des Dionysos; jmdn. in einen K. einweihen. 2. *übertriebene Verehrung; besondere Form des Umgangs mit einer Sache:* mit dem Sportler wird ein wahrer, regelrechter K. getrieben; aus dem Jungsein einen K. machen.
kultivieren ⟨etwas k.⟩: 1. a) *urbar machen:* Land, den Boden, ein Moor k. **b)** *anpflanzen:* man versucht, in diesem Gebiet Reis zu k. 2. *besonders pflegen:* eine Freundschaft, sein Aussehen k.; er kultiviert ganz bewußt sein Image, sein Anderssein; adj. Part.: ein kultivierter *(gepflegter, vornehmer)* Herr; eine kultivierte Sprache haben; seine Stimme ist sehr kultiviert *(ausgebildet und gepflegt);* kultiviert speisen.
Kultur, die: 1. *Gesamtheit der geistigen, gestaltenden Leistungen von Menschen[gruppen]:* die antike, abendländische K.; primitive Kulturen; die Kulturen Afrikas; die K. der Griechen; ein Land mit alter K.; ein Volk von hoher K. 2. a) *Ausbildung, Pflege:* seine Stimme hat viel K. **b)**

Bildung, verfeinerte Lebensformen: die politische, alternative K.; er hat K.; er hat Sinn für K.; ein Mensch mit/ohne K.; von der K. unbeleckt sein (ugs.). 3. (Landw.) a) *Bodenbearbeitung:* die K. des Bodens verbessern; ein Stück Land in K. nehmen. **b)** *Anbau:* das Klima läßt die K. bestimmter Getreidesorten nicht zu. **c)** *das Gepflanzte:* die Kulturen stehen gut; das Unwetter richtete bei/in den Kulturen Schäden an. 4. (Biol.) *Zucht:* Kulturen von Bakterien anlegen.
Kummer, der: *seelischer Schmerz, Gram:* ein nagender, quälender K.; ein geheimer K. bedrückt sie, zehrt an ihr; K. haben; sie empfindet großen K. über den Wegzug ihrer Eltern; sich K. betäuben, in/im Alkohol ertränken (ugs.); jmdm. K. machen, bereiten, verursachen; die Frau wurde aus K. über/um ihren Sohn ganz krank; vor K. fast vergehen, sterben; übertr.: das macht mir keinen/wenig K. *(das regt mich nicht auf);* sich über etwas keinen K. machen *(sich über etwas keine großen Gedanken machen);* (ugs.:) K. *(Enttäuschungen)* gewöhnt sein; R (ugs.): ich bin [an] K. gewöhnt *(selbst so eine negative Überraschung erschüttert mich nicht mehr);* zu meinem großen K. *(Bedauern)* kann ich nicht mitfahren.
kümmerlich: 1. *ärmlich, armselig:* ein kümmerliches Dasein; in kümmerlichen Verhältnissen leben; sein Leben k. fristen. 2. *gering, dürftig, unzulänglich:* kümmerliche Reste; ein kümmerlicher Lohn; sie lebt von einer kümmerlichen Rente; die Portionen sind k.; das Ergebnis, die Ausbeute war k. 3. *klein und schwächlich:* ein kümmerlicher Brustkorb; er war ein kümmerliches Männchen.
kümmern: 1. ⟨sich um jmdn./um etwas k.⟩ **a)** *sich einer Person/einer Sache annehmen:* sich um die Kinder, die Gäste, das Gepäck, den Haushalt k.; kümmere [du] dich darum, alles klappt; ich muß mich hier um alles [selbst], um jeden Dreck (ugs.) k. **b)** *jmdm., einer Sache Aufmerksamkeit schenken; sich mit jmdm., etwas befassen:* um Politik hat sie sich noch nie gekümmert; wer wird sich um dieses Geschwätz k.?; kümmere dich um deine eigenen Angelegenheiten!; Sport: seine Aufgabe wird sein, sich um den Libero zu k. *(ihn zu decken).* 2. ⟨etwas kümmert jmdn.⟩ *etwas betrifft jmdn., geht jmdn. etwas an:* das soll mich wenig k.; die Zustände brauchen dich nicht zu k.; was kümmert mich die Politik.
¹Kunde, der: *Käufer, Auftraggeber:* ein alter, langjähriger, guter K.; er ist einer meiner besten Kunden; die Kunden bleiben weg, wandern ab, springen ab (ugs.); neue Kunden werben, gewinnen; er hat der Konkurrenz viele Kunden weggezogen; den Kunden zufriedenstellen; er bedient jeden Kunden zuvorkommend; einen Kunden besuchen, beliefern, beraten; Dienst am Kunden; ich gehöre, zähle zu seinen ältesten Kunden. 2. (ugs.) *Bursche, Kerl:* ein feiger, übler K.
²Kunde, die: *Botschaft, Nachricht:* gute, sichere, traurige K.; er erhielt, bekam, vernahm die K. von der günstigen Auslosung über Telefon; ich habe frohe K. für euch, bringe euch frohe K.
kundgeben (geh.) ⟨etwas k.⟩: *mitteilen:* seine Meinung, seine Ansichten k.; ⟨jmdm. etwas k.⟩ er hat uns seinen Plänen noch nicht kundgegeben.
Kundgebung, die: *öffentliche Massenveranstaltung:* eine öffentliche, große, eindrucksvolle K.

für die Freiheit, gegen den Krieg; die Kundgebungen des 1. Mai, am 1. Mai; die K. findet auf
dem Marktplatz statt; eine K. veranstalten, abhalten, verbieten, stören; an einer K. teilnehmen;
auf einer K. sprechen; zu einer K. aufrufen.
kündigen: 1. a) ⟨etwas k.⟩ *etwas zu einem bestimmten Termin für nicht mehr bestehend erklären:* Gelder bei der Bank, eine Hypothek, das Arbeitsverhältnis, einen [Miet]vertrag k.; die Gewerkschaften haben die Tarife gekündigt;
⟨jmdm. etwas k.⟩ der Hausbesitzer hat mir zum
30. Juni die Wohnung *(den Mietvertrag dafür)* gekündigt; übertr.: jmdm. die Freundschaft k.
(aufsagen). **b)** ⟨jmdm. k.⟩ *jmds. Mietverhältnis für
beendet erklären:* der Hausbesitzer hat mir gekündigt; die Wirtin will ihr k. **2. a)** ⟨jmdm. k.⟩
jmds. Arbeitsverhältnis für beendet erklären /vom
Arbeitgeber aus gesehen/: die Firma kündigte
ihm [zum Quartalsende]; ihr kann, darf nicht gekündigt werden; (ugs.): ⟨jmdn. k.⟩ man wollte sie
k.; sie wurde gekündigt). **b)** *sein Arbeitsverhältnis
für beendet erklären* /vom Arbeitnehmer aus ge-
sehen/: ich habe gestern [mündlich, schriftlich]
gekündigt; bevor es soweit kommt, kündige ich;
sie hat zum/(veraltend:) für den Ersten gekündigt.
Kündigung, die: *das Kündigen eines vertraglichen Verhältnisses:* die fristgerechte, fristlose,
ordnungsgemäße K.; die K. war übereilt, überstürzt; die K. aussprechen, zurücknehmen, anfechten; jmdm. die K. *(das Kündigungsschreiben)*
zustellen, überreichen; er hat die K. der Firma
nicht angenommen; das Gericht erklärte die K.
für ungesetzlich; von der K. Abstand nehmen.
Kundschaft, die: *Gesamtheit der Kunden:* eine
feste, zahlreiche K.; die K. bleibt weg, geht zur
Konkurrenz; er hat seine K. verärgert.
künftig: I. ⟨Adj.⟩ *kommend, in der Zukunft liegend, später:* künftige Generationen; mein künftiger Wohnort, Arbeitsplatz; ihr künftiger Mann;
er will sein künftiges Leben besser gestalten. **II.**
⟨Adverb⟩ *von nun an, zukünftig:* k. sollen solche
Fälle nicht mehr vorkommen; ich möchte Sie bitten, k. besser darauf zu achten.
Kunst, die: **1.** *Bereich künstlerischen Wirkens;
künstlerisches Schaffen; Gesamtheit aller künstlerischen Schöpfungen:* die antike, moderne, zeitgenössische, abstrakte K.; die bildende K. *(Malerei,
Bildhauerei);* darstellende K. *(Theater;* auch: *bildende Kunst);* angewandte K.; die K. des Mittelalters; die K. Picassos; K. und Wissenschaft; die
K. fördern; K. *(Kunstwerke)* sammeln; sich der
K. widmen; er befaßt, beschäftigt sich viel mit
K.; von [der] K. allein kann man nicht leben;
nichts von K. verstehen; das ist keine K. mehr,
hat nichts mehr mit K. zu tun. **2.** *besonderes Können, Geschick:* die ärztliche K./die K. des Arztes
reichte hier nicht mehr aus; das ist alles nur unnütze, brotlose K. *(die Arbeit bringt nichts ein);*
die K. des Reitens; Selbstbeherrschung ist eine
schwere K.; das ist keine K. (ugs.; *das ist nicht
schwer);* was macht die K.? (ugs.; *wie geht's?);*
Politik ist die K. des Möglichen; alle Künste der
Verführung spielen lassen, anwenden; die K. zu
lesen, zu schreiben; die ganze K. besteht darin,
daß ...; an dieser Aufgabe kannst du alle deine
Künste erproben, zeigen, beweisen; der Magier

zeigte seine ganze K.; die Zirkuslöwen führten
ihre Künste *(Kunststücke)* vor. * **die Schwarze
Kunst: a)** *(die Magie).* **b)** *(der Buchdruck)* · **die
Sieben Freien Künste** *(die antiken und mittelalterlichen Grundwissenschaften)* · **alle seine Künste
spielen lassen** *(alle möglichen psychologischen
Tricks anwenden)* · **mit seiner Kunst am Ende sein**
(nicht mehr weiterwissen).
Kunstgriff, der: *Kniff, Trick:* das war ein genialer, unerlaubter K.; er wandte verschiedene
Kunstgriffe an; jmdm. einen K. zeigen.
Künstler, der: **1.** *jmd., der künstlerisch tätig ist:*
ein großer, echter, wahrer, begabter, [un]bekann-
ter, eigenwilliger, genialer K.; er ist freier, frei-
schaffender, bildender, darstellender, ausübender K.; das Theater verpflichtete junge, namhafte
Künstler; er sah die Welt mit den Augen eines
Künstlers. **2.** *jmd., der auf einem Gebiet besonders
geschickt ist, Könner:* er ist ein [wahrer] K. der
Improvisation, im Organisieren, im Sparen.
künstlerisch: *im Sinne der Kunst; die Kunst betreffend:* künstlerische Kraft, Freiheit, Gestaltung, Darstellung, Form, Ausbildung, Laune;
künstlerisches Schaffen; ein künstlerische Beruf; er bewies künstlerischen Geschmack; eine k.
vollendete, eine vollendete künstlerische Leistung; die künstlerische Ausstattung eines Buches; er hat eine künstlerische Ader *(ist künstlerisch veranlagt);* ein k. empfindender Mensch;
das Gemälde ist k. nicht sehr wertvoll.
künstlich: a) *nicht natürlich:* ein künstliches
Auge, Gebiß; künstliche Blumen, Haare; ein
künstlicher See; künstliche Befruchtung; künstliche Intelligenz *(Fähigkeit bestimmter Computer-
programme, menschliche Intelligenz nachzuahmen);* bei künstlicher Beleuchtung, bei künstlichem Licht arbeiten müssen; der Patient wird k.
ernährt; sich k. (ugs.; *ohne Grund, übertrieben)*
aufregen. **b)** *gekünstelt, unnatürlich:* mit künstlicher Heiterkeit; ihr Lächeln war k., wirkte k.
Kunststück, das: *mit großer Geschicklichkeit
vorgetragene Übung, Dargebotenes:* ein akrobati-
sches K.; die Zirkusleute zeigten tolle Kunststücke; jmdm. K. beibringen; das ist kein K.
(ugs.; *das ist nicht schwer);* K. (ugs. iron.; *keine
große Leistung),* vorwärtszukommen, wenn man
einflußreiche Freunde hat; übertr.: er brachte
das K. fertig, den Betrieb zu sanieren.
Kupfer, das: **1.** /ein Metall/: reines K.; K. ist ein
guter Stromleiter; K. setzt Patina an, wird grün;
K. fördern, abbauen; ein Kessel aus K.; in K. gestochen; das Dach wird mit K. verkleidet. **2.** *Gegenstände aus Kupfer:* das K. putzen, polieren.
Kur, die: *Heilbehandlung in einem Heim:* eine
vierwöchige, anstrengende K.; die K. war erfolgreich; jmdm. eine K. verordnen; der Kasse hat
die K. genehmigt; eine K. [gegen etwas] beantragen, machen; eine K. abbrechen müssen; sich einer K. unterziehen; der Chef ist in K.; sie fährt,
geht jedes Jahr zur, in K. nach ... * (ugs.:) **jmdn. in
die Kur nehmen** *(jmdn. bearbeiten).*
kurieren ⟨jmdn., sich, etwas k.⟩: † heilen.
kurios: *seltsam, merkwürdig:* ein kurioser Einfall, Gedanke; er ist ein kurioser Bursche; der
Fall ist wirklich k.; die Sache kommt mir k. vor.
Kurs, der: **1.** *Richtung, Route:* den K. ändern,
wechseln, beibehalten; einen neuen, falschen K.

einschlagen, fliegen, fahren; die Mondsonde hält präzise den K. ein; das Schiff nimmt, hält K. nach Westen, auf Land; das Schiff, das Flugzeug geht auf K., ist vom K. abgekommen, abgewichen; übertr.: außenpolitisch einen anderen, einen unabhängigen K. einschlagen; der Minister verfolgt einen harten K. **2.** *Lehrgang:* ein dreimonatiger K.; ein K. in Englisch, für Anfänger; die Kurse der Volkshochschule beginnen im Oktober; alle Kurse sind bereits belegt; einen K. abhalten, leiten, besuchen, mitmachen; ich nehme an einem K. teil, melde mich für den zweiten K., zu dem zweiten K. an; er ist in einem K. speziell dafür ausgebildet worden. **3.** *Börsenkurs:* amtlicher, mittlerer K.; ein hoher, stabiler K.; der K. des Dollars; die Kurse steigen, fallen, bleiben fest, geben nach, bröckeln ab, ziehen an, erholen sich, bessern sich. **4.** (Sport) *Rennstrecke:* ein gerader, kurvenreicher K.; der K. ist gefährlich; ohne Fehler über den K. kommen. ∗ **hoch im Kurs stehen** *(sehr angesehen sein)* · **etwas außer Kurs setzen** *(etwas für ungültig erklären).*

kursieren *(etwas kursiert): etwas ist in Umlauf:* seit einiger Zeit kursieren falsche Banknoten; die Zeitschrift in der Firma, bei der Belegschaft k. lassen; übertr.: in der Stadt kursieren die wildesten Gerüchte über die beiden.

Kurve, die: **1.** (Geom.) *gebogene Linie:* eine K. zeichnen; der Plan zeigt die K. der/für die Stahlproduktion; die K. klettert steil nach oben, fällt. **2.** *Biegung eines Verkehrsweges:* eine scharfe, enge, unübersichtliche, erhöhte K.; die Straße hat einige gefährliche Kurven/verläuft in mehreren Kurven; eine K. schneiden, voll ausfahren, sicher durchfahren, nehmen; er kam als erster aus der K. heraus; aus der K. getragen werden, fliegen (ugs.); der Zug fährt langsam in die K.; sich in die K. legen (beim Rad-, Motorradfahren). **3.** ⟨Plural⟩ (ugs.) *ausgeprägte Formen beim weiblichen Körper:* aufregende Kurven haben. ∗ (ugs.:) **die Kurve kratzen** *(sich davonmachen)* · (ugs.:) **die K. herausdrehen** *(den richtigen Weg zur Lösung wissen)* · (ugs.:) **die Kurve kriegen** *(etwas schließlich doch noch schaffen, erreichen).*

kurz: 1. a) *von geringer Länge, Ausdehnung, Entfernung:* ein kurzer Mantel; kurze Ärmel; ein kurzer Rock; kurzes Gras; eine kurze Schnur; ein kurzer Zug *(Zug mit wenigen Wagen);* eine kurze *(aus wenigen Ziffern bestehende)* [Telefon]nummer; eine kurze Straße; wir müssen noch ein kurzes Stück laufen; etwas ist nur auf kurze Entfernung zu erkennen; das Pferd am kurzen Zügel führen; er läuft nur kurze Strecken (Sport; *Strecken bis 400 m);* das ist die kürzeste Verbindung zum Flughafen; das Seil ist [viel] zu k.; ich muß einige Kleider kürzer machen; sie trägt ihr Haar k. [geschnitten]; k. vor dem Ziel stürzte er; k. hinter dem Ort zweigt eine Straße ab. **b)** *knapp, nicht ausführlich:* ein kurzer Brief; etwas in kurzen Worten sagen; das Protokoll ist sehr k. abgefaßt; das wurde nur k. angedeutet, k. beschrieben; um es k. zu machen *(in wenigen Worten),* ich kann nicht mitkommen. **2.** *von geringer Dauer; von geringer zeitlicher Ausdehnung:* ein kurzer Besuch, Urlaub, Vortrag; eine kurze Pause, Frist; ein Kredit mit kurzer Laufzeit; eine kurze/eine k. gesprochene Silbe; er hat ein kur-

zes Gedächtnis (ugs.; *vergißt etwas schnell*); die Zeit ist für diese Arbeit zu k.; die Tage werden jetzt wieder kürzer; sein Leben war k. *(er ist früh gestorben);* die Freude währte nur k.; k. unterbrechen, verschnaufen (ugs.), aufblicken; ich komme morgen k. vorbei; k. *(schnell)* entschlossen reiste er ab; es ist k. vor Mitternacht; er kam k. vor/nach mir nach Hause; er kam k. vor Toresschluß *(gerade noch rechtzeitig).* **3.** *knapp und unfreundlich:* kurze Antworten geben; sie war heute k. zu mir; er hat jeden k. abgefertigt; k. angebunden (ugs.; *unfreundlich und abweisend)* sein. ∗ **sich kurz fassen** *(möglichst wenig Zeit zum Reden beanspruchen)* · **zu kurz kommen** *(benachteiligt werden)* · (ugs.:) **den kürzeren ziehen** *(benachteiligt werden; unterliegen)* · (ugs.:) **etwas kurz und klein schlagen** *(etwas zerschlagen)* · **binnen kurzem** *(innerhalb kurzer Zeit)* · **über kurz oder lang** *(nach einer gewissen Zeit)* · **vor/seit kurzem** *(vor/ seit nicht langer Zeit)* · **kurz und bündig** *(knapp und bestimmt)* · **kurz und gut** *(mit anderen Worten; zusammenfassend kann man sagen)* · **kurz und schmerzlos** *(ohne viele Umstände).*

Kürze, die: **1.** *geringe räumliche Ausdehnung:* die K. der Transportwege; bei der K. der Strecke können keine hohen Geschwindigkeiten erzielt werden. **2.** *kurze Dauer:* die K. der Zeit erlaubt keine langen Diskussionen. **3.** *Knappheit:* die K. des Ausdrucks/im Ausdruck ist der Stil des Autors; R: in der K. liegt die Würze *(eine knappe Darstellung ist oft treffender als eine ausführliche).* ∗ **in Kürze** *(bald):* der Film läuft in K. an.

kürzen ⟨etwas k.⟩: **1.** *kürzer machen:* den Rock, das Kleid, einen Ärmel [um einige Zentimeter] k.; den Draht etwas k.; ⟨jmdm., sich etwas k.⟩ er mußte den Rekruten die Haare etwas k.; übertr.: den Vortrag k.; eine gekürzte Fassung der Rede; der Abdruck ist stark gekürzt. **2.** *verringern:* die Ausgaben, Zuschüsse k.; einige Posten wurden gekürzt werden; ⟨jmdm. etwas k.⟩ ihr wurde das Gehalt gekürzt; Math.: man kann den Bruch noch weiter k. *(vereinfachen).*

kurzerhand ⟨Adverb⟩: *rasch und ohne langes Überlegen:* eine Bitte, ein Gesuch k. ablehnen, entscheiden; er ist k. in Urlaub gefahren.

kürzertreten: *sich einschränken; sich zurückhalten:* seit einem schweren Krankheit muß ich k., der Staat muß bei den Ausgaben k.; nach dem Mißerfolg trat er etwas kürzer.

kurzhalten (ugs.) ⟨jmdn. k.⟩: *jmdm. wenig Geld geben und ihn damit gängeln:* die Eltern haben den Sohn [bis zum Abitur] kurzgehalten.

kürzlich ⟨Adverb⟩: *vor nicht langer Zeit:* wir haben k. davon gesprochen; erst k. war ich bei ihm, habe ich ihn gesehen; nicht korrekt: die kürzliche Absprache; unser kürzlicher Streit.

kurzsichtig: 1. *nur auf kurze Entfernung gut sehend:* er hat kurzsichtige Augen; er ist [schon von Kindheit an] stark, hochgradig k.; sie blinzelte ihn k. *(aus kurzsichtigen Augen)* an. **2.** *nicht weitblickend, nicht vorausschauend:* eine kurzsichtige Politik treiben; hier war k. gedacht, gehandelt; er sah k.

kurztreten: ↑ kürzertreten.

Kurzweil, die (veraltend): *Zeitvertreib:* allerlei K. treiben; etwas nur zur/aus K. machen, tun.

kuschen: *ruhig sein und gehorchen:* **a)** der Förster befahl seinem Hund zu k.; kusch!; übertr.

(ugs.): wenn er brüllt, kuscht die ganze Familie; vor seinem Chef kuscht er immer. **b)** ⟨sich k.⟩ der Hund kuschte sich nicht; kusch dich!; **übertr.** (ugs.): er hat sich immer vor ihr gekuscht.

Kuß, der: *liebkosende Berührung mit den Lippen:* der erste, ein heimlicher, zarter, herzlicher, inniger, langer, heftiger, flüchtiger, heißer (ugs.) K.; ein K. zur Versöhnung; er gab ihr einen K. [auf den Mund]; die Mutter drückte dem Kind einen K. auf die Stirn; jmdm. einen K. rauben (geh.), stehlen (geh.); mit jmdm. Küsse tauschen (geh.); er bedeckte ihr Gesicht mit Küssen.

küssen: *einen Kuß geben; liebkosend mit den Lippen berühren:* **a)** ⟨jmdn., etwas k.⟩ jmdn. leidenschaftlich, stürmisch, zärtlich, flüchtig k.; er küßte ihren Mund; sie küßte das Kind mehrmals auf die Stirn; sie küßten sich/(geh.:) einander [lange und innig]; jmdn. zum Abschied, in aller Öffentlichkeit k.; dafür könnte ich sie k.; der Priester küßte das Kreuz; ⟨jmdm. etwas k.⟩ er küßte ihr die Hand. **b)** ⟨mit Umstandsangabe⟩ gut, gerne k.; sie hat noch nie geküßt.

Kußhand, die: *Andeutung eines Kusses:* jmdm. eine K. zuwerfen. * (ugs.:) **etwas, jmdn. mit Kußhand nehmen** *(sehr gern nehmen):* er nahm das Geld mit K.; Fachleute nehmen sie mit K.

Küste, die: **a)** *Meeresufer:* eine felsige, flache, steile, steil abfallende K.; die atlantische K. Frankreichs; die K. ist stark zerklüftet; sich der K. nähern; an der K. entlangfahren; auf die K. zusteuern; vor der K. kreuzen. **b)** *Küstengebiet:* die K. hat ein mildes Klima; er lebt an der K.

L

labil: a) *leicht das seelische Gleichgewicht verlierend:* ein [psychisch] labiler Junge; er hat einen labilen Charakter; sie ist sehr l. **b)** *anfällig, nicht widerstandsfähig:* er hat eine labile Gesundheit; sein Kreislauf ist l. **c)** *leicht veränderbar:* eine labile politische Situation; ein labiles Gleichgewicht; das Wirtschaftssystem erwies sich als l.

laborieren (ugs.) ⟨an etwas l.⟩: **1.** *sich mit einem Leiden herumplagen:* er laboriert noch an seiner alten Knöchelverletzung, an einer Lungenentzündung. **2.** *sich mit etwas abmühen:* er laboriert seit drei Jahren an seiner Doktorarbeit.

¹Lache, die: *Pfütze:* nach dem Gewitter waren, standen auf dem Weg große Lachen; eine L. von Bier, Öl, Blut.

²Lache, die (ugs.): *Art des Lachens:* eine unangenehme, komische, alberne L.; sie hat eine schrille, dreckige L.; eine gellende L. anschlagen.

lächeln: 1. *leicht und lautlos lachen:* freundlich, zufrieden, boshaft, verlegen, spöttisch, mitleidig, nachsichtig l.; unter Tränen l.; bei dieser Äußerung des Redners lächelte er verschmitzt. **2.** ⟨über jmdn., über etwas l.⟩ *sich amüsieren:* jeder lächelt über ihn, über seine schrulligen Eigenheiten. **3.** ⟨etwas lächelt jmdm.⟩ *etwas ist jmdm. günstig:* das Glück, der Erfolg lächelte ihm.

Lächeln, das: *leichtes, stilles Lachen:* ein gewinnendes, strahlendes, verführerisches, süffisantes L.; ein L. ging über ihr Gesicht (geh.), erhellte ihr Gesicht; sie hatte nur ein müdes L. für ihn übrig *(er interessierte sie nicht im geringsten).*

lachen: 1. a) *ein Lachen zeigen, in Lachen ausbrechen:* gezwungen, herzlich, laut, hellauf, schrill, unbändig, unbekümmert, fröhlich, triumphierend, hämisch, spöttisch, verächtlich, frech, schadenfroh, verstohlen, schallend, wiehernd, vor Freude l.; wenn ich ihn frage, lacht er nur; er kann über jeden blöden Witz l.; du hast, kannst gut/leicht l. *(du bist nicht in meiner Lage);* er lacht über das ganze Gesicht, aus vollem Halse, lauthals; wir mußten so l., daß uns die Tränen kamen; er lachte leise vor sich hin; jmdn. l. machen *(zum Lachen reizen);* da gibt's [gar] nichts zu l.;

du wirst l., aber ... *(auch wenn du es nicht für möglich hältst, ...);* es, das wäre doch gelacht, wenn ... (ugs.; *es gibt gar keinen Zweifel, daß ...);* daß ich nicht lache *(das ist ja lächerlich);* R: wer zuletzt lacht, lacht am besten *(wichtig ist der letztliche Erfolg und die damit verbundene Überlegenheit);* **bildl.:** die Sonne, der Himmel lacht *(strahlt);* ⟨etwas lacht jmdm.⟩ ihm lacht das Glück *(er ist vom Glück begünstigt).* **b)** ⟨etwas l.⟩ *lachend hervorbringen:* sie lachte ihr helles Lachen; wir mußten Tränen l. *(so heftig lachen, daß uns die Tränen kamen).* **2.** ⟨über jmdn./über etwas l.⟩ *sich lustig machen:* alle Kollegen lachen über ihn; darüber kann man nur noch l. *(das kann man doch nicht ernst nehmen);* darüber kann ich gar nicht l. *(dafür habe ich kein Verständnis, das ist ärgerlich).* * **nichts zu lachen haben** *(es nicht leicht haben, hart angefaßt werden)* · **etwas ist zum Lachen** *(etwas ist lächerlich, nicht ernst zu nehmen);* **jmdm. ist nicht zum Lachen** *(jmd. ist in ernster Stimmung).*

Lachen, das: *durch strahlende Miene und Ausstoßen von Lauten ausgedrückte Freude, Heiterkeit:* ein breites, herzliches, freundliches, befreiendes, verlegenes, künstliches, sardonisches *(krampfhaftes)* L.; sein dreckiges (ugs.) L. ärgerte uns; jmdm. ist das L. vergangen *(jmd. ist nach einer unangenehmen Überraschung gedrückt);* ein L. überkam (geh.) ihn, schüttelte ihn; ich konnte das L. nicht mehr unterdrücken, konnte mir das L. nicht verbeißen (ugs.; *ich mußte lachen);* er hat das L. verlernt *(er ist ernst, traurig geworden);* das Weinen ist ihm näher als das L.; dir wird das L. [schon] noch vergehen (ugs.; *du wirst noch zur Rechenschaft gezogen);* wir kamen aus dem L. nicht [mehr] heraus (ugs.; *wir hatten sehr viel zu lachen);* in heftiges L. ausbrechen; sich vor L. nicht mehr halten können/den Bauch halten (ugs.; *sehr lachen);* ich konnte nicht mehr vor L. (ugs.; *ich mußte heftig lachen);* sich vor L. biegen, kugeln, schütteln, ausschütten (ugs.; *heftig lachen müssen);* alle schrien vor L., starben, platzten [beinahe] vor L. (ugs.; *mußten sehr heftig lachen);* jmdn. zum L. reizen, bringen.

Lage

Lacher (in der Wendung) die Lacher auf seiner Seite haben: *durch witzig-geistreiche Bemerkungen andere für sich gewinnen.*
lächerlich: 1. *komisch wirkend [und zum Lachen reizend]; nicht ernst zu nehmen:* ein lächerliches Auftreten; er gibt eine lächerliche Figur ab (ugs.; *man kann über ihn nur lachen*); die Aufmachung ist, wirkt [geradezu] l.; das ist ja l. *(albern; zum Lachen);* so etwas zu behaupten, ist doch l. *(töricht);* in diesem Kleid komme ich mir [ganz] l. vor; ⟨jmdn., etwas l. machen⟩ der Chef hat ihn, seine Arbeit vor den Kollegen l. gemacht *(dem Gespött preisgegeben);* damit machst du dich nur l. *(blamierst du dich).* subst.: etwas ins Lächerliche ziehen *(etwas lächerlich machen).* **2.** *geringfügig, unbedeutend:* ein lächerlicher Anlaß; eine lächerliche Kleinigkeit; lächerliche 10 DM; der Preis ist geradezu l. **3.** (ugs.) ⟨verstärkend⟩ *sehr:* ein l. niedriges Einkommen; er verdient l. wenig; Gemüse ist zur Zeit l. billig.
Lächerlichkeit, die: **1.** *das Lächerlichsein:* die L. seiner Situation wurde ihm erst jetzt bewußt; R: L. tötet. **2.** *Kleinigkeit, Geringfügigkeit:* solche Lächerlichkeiten kümmern mich nicht; dieser Betrag ist für ihn eine L.; das Schlafzimmer kostet die L. von 4900 DM. * **jmdn. der Lächerlichkeit preisgeben** *(jmdn. zum Gegenstand des allgemeinen Spottes machen).*
lachhaft (in der Wendung) etwas ist lachhaft: *etwas ist, erscheint lächerlich, unsinnig:* diese Behauptung ist einfach l.
Lack, der: *[farbiger] Überzug auf Flächen:* ein farbloser, glänzender L.; der L. trocknet sofort; der L. auf dem Auto ist sehr dünn, ist stumpf, blättert ab, platzt ab; L. mit einem Pinsel auftragen; der L. wird [in die Karosserie] eingebrannt; etwas mit L. [be]streichen, überziehen; R (ugs.): der [erste] L. ist ab *(jmd. hat seine Jugendfrische, etwas hat seinen Reiz verloren);* und fertig ist der L. *(und damit ist die Sache schon erledigt).*
lackieren: 1. ⟨etwas l.⟩ *etwas mit Lack überziehen:* ein Brett, Möbel l.; das Auto ist frisch, neu, rot lackiert; die Nägel l. *(mit Nagellack bestreichen);* ⟨jmdm., sich etwas l.⟩ ich lackiere mir gerade die Fingernägel. **2.** (ugs.) ⟨jmdn. l.⟩ *jmdn. hereinlegen:* sie haben ihn schön lackiert; subst.: in dem Fall bin ich der Lackierte.
¹laden /vgl. geladen/: **1. a)** ⟨etwas lädt etwas⟩ *etwas nimmt etwas zum Transport auf:* der Zug hat Kohlen, Maschinen geladen; das nächste Schiff lädt Autos für Amerika; der Lkw hat [fast eine Tonne] zu viel geladen. **b)** (selten) ⟨etwas l.⟩ *mit etwas beladen:* der Lkw noch am Abend, morgen früh l.; subst.: zum Laden brauchen wir eine Stunde. **c)** ⟨jmdn., etwas l.; mit Raumangabe⟩ *von einem Ort an einen anderen tun:* den Teer in Kesselwagen l.; man lud den Verletzten auf eine Bahre; die Kisten aus dem Waggon, das Heu vom Wagen l.; übertr.: du hast eine große Verantwortung, schwere Schuld auf dich geladen *(dir aufgebürdet)* · ⟨jmdm. etwas auf etwas l.⟩ er hat mir einen Sack Kartoffeln auf die Schultern geladen. **2.** ⟨etwas l.⟩ **a)** *mit Munition versehen:* die Gewehre, die Geschütze l.; die Pistole war scharf geladen; ⟨auch ohne Akk.⟩ er hat scharf geladen. **b)** (Physik) *mit elektrischer Energie versehen:* einen Akku[mulator], eine Batterie l.; die

Anode ist positiv, die Kathode ist negativ geladen; übertr.: er ist geradezu mit Energie geladen *(er ist voller Tatendrang);* die Verhandlungsatmosphäre war mit Nervosität geladen. * (ugs.:) **[schwer, ganz schön, schief] geladen haben** *([stark] betrunken sein).*
²laden: 1. (geh.) ⟨jmdn. l.⟩ *einladen:* sie lädt/(veraltet, noch landsch.:) ladet uns zu sich, zum Tee; wir haben heute Gäste geladen; ein Vortrag vor geladenen Gästen. **2.** (Rechtsw.) ⟨jmdn. l.; gewöhnlich mit Umstandsangabe⟩ *vorladen:* jmdn. vor Gericht, zur Verhandlung l.; jmdn. als Zeugen l.; mehrere Zeugen waren geladen.
Laden, der: **1. a)** *Verkaufsraum, Geschäft:* ein kleiner, moderner, teurer, gut sortierter L.; ein L. mit/zur/(selten:) für Selbstbedienung; ein L. für Haushaltswaren; der L. geht gut, schlecht, ist eine Goldgrube (ugs.; *wirft großen Gewinn ab);* der L. öffnet um 8 Uhr, macht um 8 Uhr auf (ugs.), wird um 8 Uhr geöffnet, aufgemacht (ugs.); die Läden schließen heute um 18 Uhr, machen um 18 Uhr zu (ugs.); einen L. eröffnen, aufmachen (ugs.); meine Frau arbeitet, steht (ugs.; *arbeitet)* den ganzen Tag im L. **b)** (ugs.) *Betrieb, Unternehmen o. ä.:* das Lokal hier ist ein ganz mieser L.; der L. läuft, klappt nicht; wenn Oldies gespielt werden, ist der L. jedesmal brechend voll; der Seniorchef hält den L. zusammen; wenn der Service nicht besser wird, kann er seinen L. bald zumachen (ugs.); mit Jeans kommt man nicht in diesen L. rein. **c)** (ugs.) *Sache, Angelegenheit:* wenn der L. nicht klappt, kann ich jederzeit zurück; ich will den ganzen L. auf; wie ich den L. *(die Verhältnisse, Umstände)* kenne, ...; am liebsten würde ich den ganzen L. hinschmeißen (ugs.), hinwerfen *(die Arbeit sofort aufgeben);* sie schmeißt den ganzen L. *(sorgt für den Fortgang, das Gedeihen einer Sache);* das ist vielleicht ein müder L. *(ein lahmer, langweiliger Betrieb, eine langweilige Gesellschaft).* **2.** *Fenster-, Rolladen:* die Läden aus Holz, Metall; der L. kann ausgestellt werden *(kann schräg gestellt werden);* die Läden öffnen, schließen, herunterlassen.
¹Ladung, die: **1.** *Transportgut:* eine schwere, gefährliche, wertvolle L.; eine L. Holz; die L. eines Lkw, eines Schiffes; die L. ist in Bewegung geraten, ist verrutscht, hat sich verlagert; der L. löschen (beim Schiff). **2.** *bestimmte Sprengstoffmenge:* eine geballte *(aus gebündelten Handgranaten bestehende)* L.; eine L. Dynamit; übertr.: eine geballte L. [von] Energie. **3.** *größere Menge:* eine L. Wasser, Dreck, Schnee, Sand abbekommen.
²Ladung, die: (Rechtsw.) *Vorladung:* an den Mitangeklagten erging die L. schon vor Wochen; eine gerichtliche L. erhalten; die L. eines Zeugen verlangen; er ist der L. nicht gefolgt.
Lage, die: **1.** *geographischer Ort in bezug auf die weitere Umgebung:* eine ausgezeichnete, verkehrsgünstige L.; die geographische L. des Landes; die Villa hat eine schöne, sonnige, ruhige L. [am Hang]; der Weinberg hat eine gute L.; gute Lagen (Winzerspr.; *Weine einer guten Lage)* werden besser bezahlt; Meteor.: in höheren Lagen ist mit Frost zu rechnen. **2.** *Art des Liegens:* eine schiefe L.; der Kranke hat keine bequeme L.; die Feuerwehr befreite den Verunglückten aus seiner

mißlichen Lage; etwas in die richtige L. bringen.
3. *gegenwärtige Situation, Umstände:* eine mißliche, verzweifelte, aussichtslose L.; die wirtschaftliche L. ist ernst, kritisch, gespannt, prekär, ist besser geworden, hat sich verschlechtert, zugespitzt; wie ist die politische L.?; die L. der Dinge erfordert es, daß ...; er hat die L. sofort erfaßt; sein Eingreifen schuf eine völlig neue L.; wir müssen erst die rechtliche L. klarstellen; in eine gefährliche L. geraten; jmdn., sich [selbst] in eine peinliche L. bringen; ich bin in der glücklichen L., dir diesen Gefallen tun zu können *(ich kann dir diesen Gefallen tun); er ist, befindet sich in keiner beneidenswerten L.; wir sind in gleicher, in der gleichen L. wie ihr; ich bin nicht in der L., die Rechnung sofort zu bezahlen (ich kann die Rechnung nicht sofort bezahlen); der Kranke war nicht in der L. aufzustehen *(konnte nicht aufstehen); ich werde wohl nie in die L. kommen, mir so etwas leisten zu können; versetze dich [einmal] in meine L.; stelle dir [einmal] meine L. vor; nach L. der Dinge *(nach den Gegebenheiten)* war nichts anderes zu erwarten; S p o r t : die Stürmer schossen aus allen Lagen *(bei jeder sich bietenden Torgelegenheit).* **4.** *Schicht:* einige Lagen Papier; abwechselnd eine L. Sand und eine L. Isolierstoff. **5.** *Tonhöhe:* die obere, mittlere, untere L. der menschlichen Stimme; die erste, zweite L. auf den Saiteninstrumenten; eine Stimme in einer tiefen L. **6.** (ugs.) *Runde:* eine L. Bier ausgeben, bestellen, spendieren (ugs.), schmeißen (ugs.); wer muß die nächste L. zahlen? * (ugs.:) **die Lage peilen** *(auskundschaften, wie die Dinge liegen).*
Lager, das: **1. a)** *[behelfsmäßige] Unterkunft für eine größere Anzahl von Menschen:* das L. besteht aus zwölf Baracken; die Truppen schlugen vor der Stadt ihr L. auf; ein L. einrichten, räumen, auflösen, abbrechen; er wurde zu drei Jahren L. *(Straflager)* verurteilt; er ist aus dem L. *(Gefangenenlager)* ausgebrochen; das Leben im L. ist hart; die Obdachlosen werden in L. eingewiesen, in einem L. untergebracht; die Flüchtlinge leben schon monatelang in Lagern; ins L. *(Ferienlager)* fahren, gehen, ziehen. **b)** (veraltend) *Schlafstätte:* ein einfaches, bequemes, hartes L.; sich ein L. aus Stroh, auf einer Luftmatratze bereiten; ich habe noch kein L. für die Nacht [gefunden]; die Krankheit warf ihn wochenlang aufs L. *(fesselte ihn wochenlang an das Bett).* **2.** *Gruppe von Personen, Staaten o. ä. mit gleicher [politischer] Anschauung:* das östliche, sozialistische L.; er ist ins andere, feindliche, westliche L. übergewechselt; das Land wird sich keinem der beiden L. anschließen; die Partei ist in zwei L. gespalten. **3.** *Vorratsraum für Waren:* ein großes, reichhaltiges L.; das L. ist leer, ist im Freien; die L./(Kaufmannsspr. auch:) Läger räumen, abbauen, aufstocken, auffüllen; sich ein L. an/von Vorräten anlegen; er beaufsichtigt das L./hat das L. unter sich *(leitet das Lager);* Lieferung ab, frei L.; das Ersatzteil haben wir nicht/ständig auf/(Kaufmannsspr. auch:) am L.; Waren auf L. nehmen, legen; im L. nachsehen, ob etwas vorhanden ist. **4.** (Technik) *stützender Maschinenteil:* die L. sind heißgelaufen; das L. ölen; am Motor wurden alle L. [aus]gewechselt. **5.** (Geol.) *Rohstoffquelle:* ein

reiches, ergiebiges L. von Eisenerz; ein L. abbauen. * (ugs.:) **etwas auf Lager haben** *(etwas parat haben).*
lagern: **1. a)** (veraltend) ⟨sich l.; mit Raumangabe⟩ *sich [zum Ausruhen] niederlegen:* sich im Gras /(seltener:) in das Gras, unter einem Baum/ (seltener:) unter einen Baum l.; die Kinder lagerten sich [im Kreis] um das Lagerfeuer. **b)** ⟨mit Raumangabe⟩ *das Lager aufschlagen:* die Truppen lagerten am Fluß, vor der Stadt. **2.** ⟨jmdn., etwas l.; mit Umstandsangabe⟩ *zum Zweck des [Aus]ruhens entsprechend legen:* den Verletzten flach l.; du mußt das Bein hoch l.; T e c h n i k : *etwas in eine bestimmte Lage bringen:* etwas auf Stützen, drehbar l. **3. a)** ⟨etwas lagert; mit Umstandsangabe⟩ *etwas liegt auf Lager:* die Butter, das Fleisch lagert in Kühlhäusern; der Wein hat zehn Jahre gelagert *(gelegen, um ganz reif zu werden);* Medikamente müssen kühl und trocken l.; ü b e r t r.: dicker Nebel, eine brütende Hitze lagert über der Gegend; der Fall ist anders gelagert *(liegt anders).* **b)** ⟨etwas l.; gewöhnlich mit Umstandsangabe⟩ *auf Lager legen:* Holz, Waren trocken l.; was kostet es, wenn Sie die Möbel l.?
lahm: **a)** *wie gelähmt; nicht richtig zu bewegen:* ein lahmes Bein, Kreuz; der eine Flügel des Vogels ist l.; er ist auf dem linken Bein, von Geburt an in der Hüfte l.; man wird vom langen Sitzen ganz l. *(steif);* l. gehen *(hinken);* ü b e r t r.: eine lahme *(unzureichende)* Ausrede, Entschuldigung. **b)** (ugs.) *langsam, temperamentlos:* er ist ein lahmer Kerl, eine ganz lahme Ente; dieser Wagen ist mir zu l.; lahme *(langweilige)* Witze; sei nicht so l.!; du hast heute aber l. *(ohne Schwung)* gespielt; die Unterhaltung war ziemlich l. *(öde).*
lahmen: *lahm sein, gehen:* das Pferd lahmt [an/ auf der rechten Hinterhand]; ü b e r t r.: der wirtschaftliche Aufschwung lahmt.
lähmen ⟨etwas lähmt jmdn., etwas⟩: *etwas macht jmdn., etwas unbeweglich:* das Gift lähmt die Muskeln, den Atem *(bewirkt Atemstillstand);* er ist [seit zwei Jahren] an beiden Beinen gelähmt; nach dem Schlaganfall war seine linke Seite gelähmt; ü b e r t r.: der Bürgerkrieg lähmte das wirtschaftliche Leben des Landes; vor Angst wie gelähmt sein; lähmendes Entsetzen erfaßte uns.
lahmlegen ⟨etwas l.⟩: *zum Erliegen bringen:* der Nebel legte den ganzen Verkehr lahm; der Streik hatte den Betrieb, die Produktion lahmgelegt.
Laie, der: *Nichtfachmann:* auf diesem Gebiet bin ich völliger, blutiger L.; medizinischer L. sein; R: da staunt der L., und der Fachmann wundert sich *(das hält man nicht für möglich).*
lakonisch: *kurz und treffend:* eine lakonische Antwort, Auskunft geben; er antwortete in lakonischer Kürze; „Abgelehnt!“ sagte er l.
lallen: *stammeln, undeutlich reden:* **a)** das Baby lallt; er war so betrunken, daß er nur noch lallte. **b)** ⟨etwas l.⟩ er lallte unverständliche Worte.
Lampe, die: **1.** *Beleuchtungskörper:* eine schwenkbare L.; die L. brennt, blendet, ging aus; die L. ein-, ausschalten, an-, ausknipsen, an-, ausmachen; ein Schein der L.; mit einer L. *(Taschenlampe)* leuchten; unter der L. sitzen. **2.** (bes. Technik) *Glühbirne:* die L. ist durchgebrannt; die L. auswechseln. * (ugs.:) **einen auf die Lampe gießen** *(reichlich Alkohol trinken).*

lancieren: a) ⟨jmdn., etwas l.⟩ *an die Öffentlichkeit bringen, fördern, bekannt machen:* ein einflußreicher Geschäftsmann lanciert den jungen Künstler; ein Produkt als Markenartikel l.; eine Nachricht l. **b)** ⟨jmdn., etwas l.; gewöhnlich mit Raumangabe⟩ *in eine höhere Position, irgendwohin bringen:* er hat seinen Neffen in den Vorstand lanciert; der Diplomat ist lanciert worden; der Fernsehrat lancierte die bewährte Unterhaltungssendung ins Hauptprogramm.

Land, das: **1.** *Ackerland, [nutzbares] Geländе[stück]:* [un]fruchtbares, steiniges, gutes, ergiebiges, ertragreiches, sumpfiges L.; das L. liegt brach; ein Stück L., fünfzig Hektar L. kaufen; das L. bebauen, bestellen, bewässern, urbar machen; der Bauer besitzt viel L.; dem Meer L. abgewinnen; ein Haus mit einem größeren Stück unbebautem L./(geh.:) unbebauten Landes erwerben. **2.** *Festland:* L. in Sicht! /Seemannsruf/; die Halligen melden „L. unter!" *(ist überflutet);* wir haben endlich wieder festes L. unter den Füßen; einige Schiffbrüchige erreichten schwimmend das L.; an L. gehen; die Schiffsbesatzung kommt nicht an L.; er setzte den Fuß als erster an L.; etwas wird an L. geschwemmt, gespült; das Tier lebt im Wasser und auf dem L. **3.** *Gebiet, Landschaft:* ein flaches, ebenes, hügeliges, gebirgiges, blühendes, dünnbesiedeltes L.; das weite, offene L.; das L. ist zum Meer hin offen/öffnet sich zum Meer hin; aus, in deutschen Landen; durch die Lande ziehen, reisen. **4.** *ländliches Gebiet außerhalb der Großstädte:* auf dem Land[e] wohnen, leben, seine Ferien verbringen; aufs L. ziehen; die Sache wurde in Stadt und L. (geh.; *überall*) bekannt; sie ist, stammt vom Land[e]; vom L. in die Stadt ziehen; über L. (veraltend; *durch die Dörfer*) fahren. **5. a)** *Staat:* ein europäisches, demokratisches, sozialistisches, neutrales, fremdes, unerschlossenes, reiches, unterentwickeltes L.; R: andere Länder, andere Sitten · die Länder Afrikas, der dritten Welt; die Länder der EG; Länder mit hochentwickelter Industrie; das L. ist, wurde unabhängig, erhielt die Unabhängigkeit; ein L. besetzen, überfallen, okkupieren, völkerrechtlich anerkennen; ich will L. und Leute kennenlernen; er wurde des Landes verwiesen; einem L. den Krieg erklären; außer Landes gehen; in ein L. eindringen, einfallen, einmarschieren, reisen. **b)** *Bundesland:* das L. Hessen; Bund, Länder und Gemeinden; das L. gibt, gewährt einen Zuschuß; Kultur und Bildung ist Sache, fällt in die Kompetenz der Länder. * **das Land, wo Milch und Honig fließt** *(Ort, wo alles im Überfluß vorhanden ist)* · **Land ist in Sicht** *(Möglichkeiten zur Überwindung einer großen Schwierigkeit zeichnen sich ab und wecken Hoffnungen)* · **[wieder] Land sehen** *(einen Ausweg, eine Möglichkeit zur Überwindung von Schwierigkeiten sehen)* · (ugs.:) **jmdn., etwas an Land ziehen** *(jmdn., etwas für sich gewinnen)* · **auf dem flachen/platten Land** *(weit außerhalb der Stadt, der städtischen Zivilisation)* · (ugs.:) **wieder im Land[e] sein** *(wieder zurückgekehrt sein)* · (geh.:) **etwas geht/zieht ins Land** *(etwas vergeht, verstreicht).*

landen: 1. ⟨gewöhnlich mit Umstandsangabe⟩ *am Ufer, an Land ankommen:* das Schiff ist pünktlich gelandet; sie landeten mit einem Boot

an der Küste, auf der Insel. **2. a)** *auf die Erde niedergehen, aufsetzen:* die Maschine ist soeben gelandet; das Flugzeug ist sicher, glatt gelandet; wir konnten wegen Nebels nicht in Stuttgart l.; das Raumschiff ist auf dem Mond weich gelandet *(ist nicht zerschellt);* subst.: die Passagiere müssen sich beim L. anschnallen. **b)** ⟨etwas l.⟩ *etwas aufsetzen:* der Pilot konnte die Maschine, den Jumbo sicher l. **3.** *(besonders nach einem Flug) ankommen:* wir sind wohlbehalten, glücklich, pünktlich in Frankfurt gelandet. **4.** ⟨jmdn., etwas l.⟩ *an Land bringen; aus der Luft absetzen:* Truppen [an der Küste] l.; die Alliierten haben hinter den feindlichen Linien Fallschirmjäger gelandet. **5.** (ugs.) ⟨mit Raumangabe⟩ *irgendwohin kommen, geraten:* in einer Ecke l.; der Fahrer, der Wagen geriet ins Schleudern und landete in/auf einem Acker; im Krankenhaus, im Gefängnis, ganz vorne *(auf den ersten Plätzen)* l.; er ist jetzt bei uns gelandet; alle anonymen Briefe landen sofort im Papierkorb *(werden sofort in den Papierkorb geworfen);* nach drei Niederlagen landete der Verein auf Platz 11; der Ball landete im Netz. **6. a)** (Boxen) ⟨etwas l; mit Raumangabe⟩ *anbringen:* er landete einen schweren Haken am Kinn seines Gegners. **b)** (ugs.) ⟨etwas l.⟩ *zustande bringen, erringen:* einen eindrucksvollen Sieg, einen Hit l.; im Lotto landete er einen Volltreffer *(hat er alles richtig getippt);* damit hat er einen Coup gelandet *(ein Unternehmen erfolgreich durchgeführt).* * (ugs.:) **bei jmdm. nicht landen [können]** *(von jmdm. abgewiesen werden).*

Landkarte, die: ↑Karte.

landläufig: *allgemein verbreitet:* das ist die landläufige Ansicht, Vorstellung im landläufigen *(üblichen)* Sinne; nach l. verbreiteter Meinung ist es so; was versteht man denn nun l. darunter?

ländlich: *bäuerlich, nicht großstädtisch:* eine ländliche Gegend; sich in ländlicher Stille erholen; dort geht es noch recht l. zu.

Landschaft, die: **a)** *Gegend [von bestimmtem Gepräge]:* eine herrliche, bezaubernde, malerische, öde, düstere, schwermütige, karge, gebirgige, steppenartige L.; die andalusische L.; die L. der Karpaten; eine L. von einzigartigem Reiz; die L. hat ihre Bewohner geprägt; die Menschen dieser L./in dieser L. sind sehr verschlossen; der moderne Bau paßt gut in die L., verschandelt die L.; übertr.: dieses Manöver paßt nicht in die politische L. *(ist fehl am Platze).* **b)** *Gemälde, das eine Landschaft darstellt:* eine romantische, stimmungsvolle L.; eine L. von C. D. Friedrich.

Landung, die: **1.** *Ankunft, Aufsetzen eines Flugzeuges o. ä.:* eine harte, weiche L.; die L. der Maschine verzögert sich; die L. ging glatt vonstatten; bei der L. ansetzen; das Flugzeug wurde zur L. gezwungen. **2.** *Absetzen von Truppen, Material:* die L. der Truppen erfolgte bei Nacht.

¹lang: 1. a) *von größerer Ausdehnung in einer Richtung:* ein langer Mantel, Rock; eine lange [Unter]hose; ein Kleid mit langem Ärmel; auf dem Ball sah man nur lange Kleider *(Abendkleider);* sie hat lange Beine, Haare; ein langer Zug, Weg, Fußmarsch; lange Transportwege; eine lange *(aus vielen Ziffern bestehende)* [Telefon]nummer; eine lange Straße; der Schlauch ist l. genug; die Strecke ist länger, als ich dachte; ich muß einige Kleider länger machen; sie trägt das Haar l. b) *von bestimmter Länge:* das Seil ist fünf Meter l.; die Aschenbahn ist 400 Meter l.; der Teppich ist [um] einen halben Meter zu l.; er ist [fast] so l. wie breit (ugs.; *sehr dick).* c) *ausgedehnt, ausführlich:* ein langer Brief, Artikel; der Aufsatz ist viel zu l. [geworden, geraten (ugs.)] **d)** *hochgewachsen:* er ist ein langer Bursche, Lulatsch (ugs.), Laban (ugs.). **2.** a) *von größerer Dauer, von größerer zeitlicher Ausdehnung:* ein langer Vortrag, Urlaub; eine lange Ruhepause; eine längere Anlaufzeit benötigen; lange/längere Zeit habe ich nichts von ihm gehört; das ist eine lange Zeit; seit längerer Zeit kommt er nicht mehr; eine lange/l. gesprochene Silbe; nach langer, schwerer Krankheit starb unser lieber Großvater; endlich fiel der l. *(seit langem)* erwartete Regen; l. anhaltender Beifall; das wird heute wieder eine lange Nacht *(wir werden heute wieder [fast] die ganze Nacht hindurch arbeiten, feiern o. ä.);* an langen Winterabenden; nach langem Überlegen; die Sitzung war heute l.; jetzt werden die Tage wieder länger; je länger, je lieber; ich kann das nicht länger mit ansehen. b) *von bestimmter Dauer:* ich mußte zwei Stunden l. warten; den ganzen Winter l. trainieren; einen Augenblick l. *(kurze Zeit)* war er ohne Besinnung; das werde ich mein Leben l. nicht *(nie)* vergessen. * *lang und breit/des langen [und breiten] (sehr ausführlich)* · **seit langem** *(seit langer Zeit).*

²**lang:** ↑entlang.

langatmig: *weitschweifig [und ermüdend]:* langatmige Reden; seine Predigt war sehr l.; etwas l. erzählen, erklären.

lange ⟨Adverb⟩: **a)** *zeitlich besonders ausgedehnt, entfernt:* die Sitzung hat heute l. gedauert; wie l. dauert es noch?/wie l. noch? (ugs.); er ließ mich l. warten; bleibe nicht so l. fort; es ist schon l., noch nicht l. her; auf meinen Anruf kann er l. warten *(ich bin nicht geneigt, ihn anzurufen);* ich habe heute l. geschlafen; er hat dreimal so l. dazu gebraucht wie ich; es kann nicht mehr l. dauern; was fragst du noch l.? *(noch viel).* **b)** ⟨in Verbindung mit *nicht*⟩ *bei weitem:* das ist [noch] l. nicht alles, nicht das Schlimmste.

Länge, die: **1.** *Ausdehnung in einer Richtung:* L., Breite und Höhe eines Zimmers; ein Seil von 10 Meter/(auch:) Metern L.; etwas der L. nach *(entsprechend der Längsachse)* legen, falten, durchsägen; die Straße ist in einer L./auf einer L. von einem Kilometer nur einseitig befahrbar; wir liefern die Stücke in/mit verschiedenen Längen; der deutsche Achter gewann mit einer halben L. *(Bootslänge)* [Vorsprung]; mit einigen Längen *(mit beträchtlichem)* Abstand kamen die anderen Pferde ins Ziel; er wurde mit einer [ganzen] L./um eine [ganze] L. geschlagen; jmd./etwas wächst in die L. *(wird sehr groß);* er ist in seiner ganzen L., der L. nach hingefallen. **2.** *geographische Lage:* die geographische L. bestimmen; die Stadt liegt [auf, unter] 15 Grad östlicher L. **3.** *Dauer:* die L. des Films, der Sendung; einen Vortrag von einer Stunde L. **4.** ⟨Plural⟩ *langatmiger Abschnitt:* der Roman hat viele Längen. * (ugs.:) **auf die Länge** *(auf die Dauer)* · **etwas zieht sich in die Länge** *(dauert länger als erwartet)* · **etwas in die Länge ziehen** *(etwas verzögern).*

langen (ugs.): **1.** ⟨mit Raumangabe⟩ **a)** *mit der Hand erreichen; greifen können:* bis zur Decke, weit über den Zaun l. können; er langt bis zum obersten Regalfach. **b)** *irgendwohin greifen, fassen:* in den Korb l.; er langte in die Tasche und holte ein Taschentuch heraus; er hat in die Kasse gelangt *(Geld gestohlen);* er langte nach der Flasche; ⟨jmdm., sich l.⟩; mit Raumangabe⟩ sie langte ihm an den Kopf; er hat ihr unter den Rock gelangt. **2.** ⟨etwas l.⟩ *[in die Hand] nehmen, packen, ergreifen:* ich langte mir ein sauberes Glas [aus dem Schrank] l.; ⟨jmdm., sich etwas l.⟩ ich langte ihm das Buch aus dem Regal. **3.** a) *genügen, ausreichen:* die Vorräte langen [noch] bis zum Monatsende; der Stoff langt nicht [für ein Kleid]; ⟨jmdm. l.⟩ das langt mir, vielen Dank! **b)** ⟨mit etwas l.⟩ *auskommen:* mit dem Brot langen wir bis morgen. **4.** ⟨etwas langt; mit Raumangabe⟩ *etwas erstreckt sich bis zu einem bestimmten Punkt:* das Kleid langt gerade bis zum Knie; ⟨etwas langt jmdm.; mit Raumangabe⟩ der Mantel langt mir/ihm fast bis zum Knöchel. * (ugs.:) **jmdm. langt es** *(jmds. Geduld ist zu Ende)* · (ugs.:) **jmdm. eine langen** *(jmdm. eine Ohrfeige geben).*

länger: ↑¹lang.

Lang[e]weile, die: *Gefühl der Eintönigkeit:* eine entsetzliche, tödliche L.; ihn plagt die L.; er verspürt L.; ich kann die L. kaum ertragen; er tut das aus reiner L./aus Langerweile; vor L./vor Langerweile gähnen, fast einschlafen, sterben.

länglich: *schmal und von gewisser Länge:* ein länglicher Kasten, Tisch; er hat ein längliches Gesicht; das Gebäude, das Zimmer ist [mehr] l.

Langmut, die (geh.): *große Geduld:* seine L. ist bewundernswert, ist jetzt zu Ende; gegenüber jmdm. L. üben; etwas mit großer L. ertragen.

längs: I. ⟨Präp. mit Genitiv/(seltener:) mit Dativ⟩ *entlang:* l. des Flusses; die Wälder l. der Straße; l. den Gärten des Palastes. **II.** ⟨Adverb⟩ *der Längsachse nach:* den Schrank l. stellen; den Baumstamm l. durchsägen.

langsam: a) *mit geringer Geschwindigkeit:* ein langsamer Walzer; ein langsames Tempo; ein langsamer Vorgang; eine langsame Fahrt; er ging mit langsamen Schritten; etwas macht langsame Fortschritte/macht l. Fortschritte; etwas l. angehen lassen; der Zug fährt l.; das geht [mir] alles viel zu l.; die Zeit verging l.; immer schön l.! (ugs.; *immer mit der Ruhe!).* **b)** *umständlich, schwerfällig:* ein langsamer Schüler, Mitarbeiter; er ist seiner ganzen Veranlagung nach etwas l.; sie ist l. [in/bei der Arbeit]. **c)** *allmählich:* l. wurde ihm klar, worum es ging; es wird l. Zeit.

längst ⟨Adverb⟩: **a)** *schon lange:* der Brief ist l. abgeschickt; das ist l. bekannt; das hättest du mir l. sagen können. **b)** ⟨in Verbindung mit *nicht*⟩ *bei weitem:* l. nicht alles; im Lokal ist l. nicht so gemütlich wie im Garten.

Langweile, die: ↑Langeweile.

langweilen: a) ⟨jmdn. l.⟩ *jmdm. Langeweile bereiten:* der Redner, die Aufführung, der Film hat uns alle gelangweilt; er langweilte mich mit seinen dummen Geschichten; ich will Sie nicht mehr mit Einzelheiten l. *(ich will sie Ihnen ersparen);* wir standen gelangweilt herum. **b)** ⟨sich l.⟩ *Langeweile haben:* ich habe mich [bei der Geburtstagsfeier] sehr, furchtbar, zu Tode gelangweilt.

langweilig: *Langeweile verursachend; eintönig:* ein langweiliger Vortrag, Abend; ein langweiliger *(temperamentloser)* Mensch; die Feier war furchtbar l.; hier war es zum Sterben *(sehr)* l.; ⟨jmdn. ist, wird [es] l.⟩ mir ist, wird [es] l. hier.

langwierig: *lange dauernd [und schwierig verlaufend]:* eine langwierige Krankheit; langwierige Verhandlungen; der Prozeß war l.

Lanze, die: *Stoßwaffe eines Ritters:* jmdn. mit der L. durchbohren. * **für jmdn. eine Lanze brechen/einlegen** *(für jmdn. eintreten).*

Lappalie, die: *Belanglosigkeit:* Anlaß des Streites war eine L.; ich gebe mich nicht mit Lappalien ab; sich wegen einer L. streiten.

Lappen, der: *Stück Stoff; Fetzen:* ein alter, öliger, schmutziger, feuchter L.; ein altes Hemd als Lappen verwenden, zu Lappen zerschneiden; den L. auswringen; etwas mit einem L. säubern, abreiben, blank polieren; übertr. (ugs.): Geldschein: er blätterte einige Lappen auf den Tisch. * (ugs.:) **jmdm. durch die Lappen gehen** *(jmdm. entkommen, entgehen).*

läppisch: 1. *kindisch, albern:* ein läppisches Spiel; er hat nur läppische Einfälle; sei nicht so l.; diese Erklärung ist einfach l.; du hast dich [ziemlich] l. benommen. **2.** *lächerlich gering:* der Spieler machte nur läppische drei Punkte; ich habe nur läppische 3 000 DM bekommen.

Lapsus, der (geh.): *Ungeschicklichkeit, Fehler, Versehen:* ein kleiner, peinlicher L.; ausgerechnet ihm passierte der L. mit der falschen Anrede; einen L. begehen.

Lärm, der: *starkes, unangenehmes Geräusch; Radau:* ein entsetzlicher, ohrenbetäubender, unbeschreiblicher L. brach los; der L. ist unerträglich, nicht zu ertragen; hier herrscht ein solcher L., daß man sein eigenes Wort nicht mehr versteht; der L. legt sich, wächst, wird stärker, schwillt an, dringt durch die Wände; die Kinder machten einen heillosen L.; ihr sollt nicht solchen L. machen; den L. bekämpfen; bei diesem L. kann ich nicht mehr schlafen; ich werde durch diesen/von diesem L. noch krank; seine Stimme ging im L. der Motoren unter; übertr.: um den Filmstar, um diese Angelegenheit wird viel zu viel L. *(Aufhebens, Rummel)* gemacht; R: viel L. um nichts *(diese unbedeutende Sache wurde viel zu sehr und völlig unbegründet aufgebauscht).* * **Lärm schlagen** *(Aufmerksamkeit erregen; laut protestieren).*

lärmen: a) *Lärm machen:* die Schüler lärmen auf dem Schulhof; eine lärmende Menge zog durch die Straße. **b)** *(etwas lärmt) etwas ertönt laut und unangenehm:* Musik lärmte stundenlang; das Radio lärmte in/aus den Häusern.

Larve, die: **1.** (veraltend) *Maske:* eine L. aufsetzen, tragen, ablegen; sein Gesicht hinter einer L. verstecken. **2.** */frühes Entwicklungsstadium der Insekten/:* die L. eines Käfers; die L. ist aus dem Ei [aus]geschlüpft.

lasch (ugs.): **1.** *ohne Energie, Antrieb, schlaff:* lasche Bewegungen; er hat einen laschen Gang; sei nicht immer so l.; übertr.: er hat recht lasche *(keine klaren und festen)* Anschauungen; das Popkonzert, der Typ war ziemlich l. *(langweilig, uninteressant).* **2.** (ugs. landsch.): *fade; nicht stark gewürzt:* eine lasche Suppe; das Essen ist ein bißchen l., schmeckt l.

lassen: 1. a) ⟨etwas l.⟩ *unterlassen:* laß das!; laß die Spielerei, diese Bemerkungen!; er kann das Trinken, das Spielen l.; tu, was du nicht l. kannst *(du mußt selbst wissen, was du tust);* zuletzt wußte er nicht mehr, was er tun und l. sollte; zuerst wollte ich ihn anzeigen, aber dann habe ich es doch gelassen *(habe ich es doch nicht getan).* **b)** ⟨von etwas l.⟩ *von etwas ablassen:* nicht vom Spielen, vom Alkohol l.; auch im Alter kann er vom Sport nicht ganz l. **c)** (veraltend) ⟨von jmdm., von etwas l.⟩ *jmdn., etwas aufgeben, sich von jmdm., einer Sache trennen:* die Eltern wollen, daß ihr Sohn endlich von dem Mädchen läßt. **2.** ⟨jmdn., etwas l.; mit Raumangabe⟩ *zurücklassen:* ich lasse meine Tasche, mein Auto zu Hause; das Gepäck habe ich am Bahnhof gelassen *(aufbewahrt);* ich lasse das Kind nicht allein in der Wohnung; die Tiere nachts auf der Weide lassen; lassen Sie [mir/für mich] bitte noch etwas Kaffee in der Kanne *(lassen Sie davon etwas übrig);* wo hast du denn den Schlüssel, das Geld gelassen?; übertr. (ugs.): ich habe in dem Geschäft heute viel Geld gelassen *(viel Geld ausgegeben, habe viel gekauft).* **3.** ⟨jmdn. etwas l.⟩ *überlassen; zur Verfügung stellen; zugestehen:* ich kann dir das Buch bis morgen l.; ich lasse Ihnen meinen Ausweis als/zum Pfand; der Vater hat dem Sohn den Wagen für den Urlaub gelassen; billiger kann ich Ihnen das Gerät nicht l. *(abtreten, verkaufen);* es wurde ihnen nichts gelassen *(alles wurde ihnen gestohlen);* ich lasse dir die Freiheit, selbst zu entscheiden *(du kannst selbst entscheiden);* sie ließ ihm seinen Spaß *(hat ihm ihn nicht verdorben);* das muß man ihm l. *(das muß man bei ihm ohne Vorbehalt anerkennen),* kleinlich war er nie. **4.** ⟨jmdn., etwas l.; mit Raumangabe⟩ *veranlassen oder zulassen, daß jmd., etwas irgendwohin gelangt; hinein-, herauslassen:* keinen Fremden in die Wohnung l.; die Tiere aus dem Stall, auf die Weide l.; es wird niemand vorzeitig in den Saal gelassen; Wasser in die Wanne, frische Luft ins Zimmer l.; ich habe das Wasser aus der Wanne gelassen; ⟨jmdn. etwas l.; mit Raumangabe⟩ er hat mir die Luft aus den Reifen gelassen. **5.** ⟨jmdn., etwas l.; mit Umstandsangabe⟩ *jmdn., etwas in einem bestimmten Zustand halten, veranlassen, daß jmd., etwas unverändert an einer bestimmten Stelle bleibt:* die Kleider gleich im Koffer l.; das Kind in der Schule l. *(es nicht herausnehmen);* jmdn. in Ruhe, in Frieden, bei/in seinem Glauben, ungeschoren, zufrieden, unbehelligt, ohne Aufsicht l.; etwas so l., wie es ist; etwas in der Schwebe, unangetastet l.; wir wollen es dabei l.; wir haben alles beim alten gelassen; einen Brief ungeschrieben l.; man läßt das alles ganz bewußt im dunkeln; sie lassen uns im ungewissen. **6.** ⟨jmdn., sich, etwas l.; mit Infinitiv⟩ *veranlassen; zulassen:* jmdn. rufen, grüßen, kommen, warten l.; einen neuen Anzug, den Wagen waschen l.; er hat das Wasser [in die Wanne] laufen l./(selten:) gelassen; laß dich [durch ihn, dadurch] nicht verführen; sie haben das arme Tier einfach verhungern l.; ich lasse mich nicht beleidigen; er hat ihn heimgehen l. müssen; laß mich bitte ausreden; den Jungen etwas Vernünftiges lernen l.; [sich (Dativ)] die Speisekarte bringen l.; [sich (Dativ)] etwas in der

Wohnung, im Auto einbauen l.; ich habe [mir] einen Kostenvoranschlag machen l.; das Licht brennen l.; ihr Benehmen läßt mich annehmen, daß ...; ich lasse mich davon nicht abhalten; ⟨auch ohne Akk.⟩ ich lasse bitten *(der Besucher soll bitte hereinkommen);* ⟨jmdm., sich etwas l.; mit Infinitiv⟩ ich lasse mir das nicht gefallen, wegnehmen; sich nicht helfen l.; jmdm. etwas ausrichten, mitteilen, bringen l.; ich habe mir sagen l. *(habe erfahren),* wie es passiert ist; sie hat mir eine Nachricht zukommen l.; er läßt sich nichts/nicht das geringste anmerken. **7.** ⟨sich l.; mit Infinitiv; gewöhnlich mit Umstandsangabe⟩ *die Möglichkeit zu etwas bieten:* das Material läßt sich gut bearbeiten; die Tür hat sich nicht mehr öffnen l.; der Wein läßt sich trinken *(ist recht gut);* das läßt sich *(kann man)* nicht beweisen; das läßt sich hören *(ist akzeptabel);* das läßt sich denken *(ist verständlich);* ich glaube, das läßt sich [irgendwie] machen, arrangieren *(ist möglich);* das läßt sich nicht [mehr] umgehen; hier läßt es sich leben *(hier kann man gut leben);* es läßt sich nicht leugnen, daß ... **8.** ⟨als Imperativ mit Infinitiv⟩ /drückt eine aufmunternde, freundliche Aufforderung aus/: komm, laß uns jetzt gehen! * ⟨ugs.:⟩ **einen lassen** *(eine Blähung abgehen lassen)* · (verhüll.:) **alles unter sich lassen** *(Darm, Blase unkontrolliert entleeren).*

lässig: 1. *leger, ungezwungen:* eine lässige Haltung; lässige Eleganz; eine lässige Art haben; mit lässiger Handbewegung schob er das Geschenk beiseite; seine Spielweise ist sehr l.; l. rauchen; l. im Sessel sitzen, an der Wand lehnen. **2.** ⟨ugs.⟩ *leicht:* das schaffen wir ganz l. bis heute abend; er läuft die Strecke l. in 11 Sekunden.

Last, die: **1.** *etwas von größerem Gewicht, das getragen, transportiert o.ä. wird:* eine leichte, schwere, drückende, wertvolle L.; du bist eine süße L. ⟨ugs. scherzh.:⟩ *ich trage dich gern);* eine L. abwerfen, [auf]laden, bewegen, heben, schleppen, tragen; ich habe ihm die L. abgenommen; die Brücke trägt eine enorme L.; die Lasten mit einem Kran befördern; ein Aufzug für schwere Lasten; übertr.: unter der L. *(der erdrückenden Vielzahl)* der Beweise gestand er. **2.** *Bürde, Belastung:* die L. des Amtes, des Alters; das ganze Leben war für ihn Mühe und L.; ihn drückt die L. der Verantwortung; mit dieser Aufgabe hat er sich eine schwere L. auferlegt, aufgebürdet; eine große L. auf sich nehmen; jetzt ist ihr eine L. vom Herzen genommen; ich bin mir selbst zur L. *(komme mir nur selbst nicht zurecht).* **3.** ⟨Plural⟩ *finanzielle Verpflichtungen:* soziale, steuerliche Lasten; die Lasten für die Verteidigung; auf dem Grundstück liegen erhebliche Lasten *(rechtliche Verbindlichkeiten).* *jmdm. zur Last fallen/werden *(jmdm. Mühe und Kosten bereiten und dadurch lästig sein)* · **jmdm. etwas zur Last legen** *(jmdm. die Schuld an etwas geben, ihn für etwas verantwortlich machen)* · **etwas geht zu jmds., zu einer Sache Lasten: a)** *(etwas wird jmdm., einer Sache als zu zahlender Betrag angerechnet).* **b)** *(etwas ist von Nachteil, Schaden für jmdn.; etwas):* das geht wieder zu Lasten einer Minderheit.

lasten: 1. ⟨etwas lastet auf jmdm., auf etwas⟩ *etwas liegt als Last auf jmdm., auf etwas:* der schwere Sack lastete auf seinem Rücken;

übertr.: der Verdacht hat auf ihm gelastet; adj. Part.: eine lastende *(drückende)* Hitze, Schwüle. **2.** ⟨etwas lastet auf etwas⟩ *etwas belastet etwas finanziell, wirtschaftlich stark:* auf dem Haus lastet eine Hypothek.

Laster, das: *zur Gewohnheit gewordene Ausschweifung:* ein gefährliches L.; Trunksucht ist ein verhängnisvolles L.; viele L. haben; sich einem L. hingeben; einem L. frönen (geh.), verfallen sein; das Spielen wurde ihm zum L. * ⟨ugs.:⟩ *langes Laster (sehr großer, dünner Mensch).*

lästern: ⟨über jmdn., über etwas l.⟩ *abfällig sprechen, spotten:* wir haben über ihn, über seine Heirat gelästert.

lästig: *sehr unangenehm, beschwerlich:* ein lästiger Mensch, Besucher, Vertreter; eine lästige Aufgabe, Pflicht; ⟨jmdm. l. sein, werden, fallen⟩ das Kind war ihr l.; bei der Wärme ist mir der Mantel l.; die Arbeit fiel ihm l.

Latein, das: *die lateinische Sprache:* L. lernen, sprechen; Unterricht in L. * **mit seinem Latein am Ende sein** *(nicht mehr weiterwissen).*

Laterne, die: *[Stand]leuchte im Freien:* eine stark leuchtende, schwache L.; vor dem Haus hing, stand eine schmiedeeiserne L.; die Laternen brennen die ganze Nacht; eine L. anstecken, anzünden, auslöschen; die Kinder hatten alle Laternen *(Lampions)* aus Papier; unter einer L. *(Straßenlaterne)* stehen, parken. * ⟨ugs.:⟩ **jmdn., etwas mit der Laterne suchen können** *(jmdn., etwas von der Art selten finden, antreffen)* · (Sport ugs.:) **die rote Laterne** *(letzter Platz in der Tabelle).*

Latschen, der (ugs.) (meist Plural): **a)** *einfacher Hausschuh:* er läuft den ganzen Tag in L. herum. **b)** *ausgetretener Schuh:* ausgetretene L. * ⟨ugs.:⟩ **aus den Latschen kippen: a)** *(ohnmächtig werden).* **b)** *(die Fassung verlieren).*

Latte, die: **1. a)** *langes und im Verhältnis meist sehr schmales und flaches Stück Holz:* verfaulte Latten [des Zaunes, am Zaun] ersetzen; ein Verschlag aus Latten. **b)** (Sport) *Querlatte beim [Stab]hochsprung:* die L. blieb liegen, ist heruntergefallen; er übersprang, riß die L., nahm die L. [mit einem Bein] weg. **c)** (Sport) *Querbalken beim Tor:* er traf [nur] die L., schoß an, gegen, über die L. **2.** (ugs.) *Menge, große Anzahl, viel:* eine L. Schulden, eine ganze, lange L. Vorstrafen. * ⟨ugs.:⟩ **lange Latte** *(sehr großer, dünner Mensch)* · ⟨ugs.:⟩ **jmdn. auf der Latte haben** *(jmdn. nicht leiden können).*

lau: 1. *weder warm noch kalt:* ein lauer *(milder)* Abend, Wind; die Nacht ist l.; die Suppe, der Kaffee ist l. *(nicht heiß genug);* das Wasser darf nur l. sein; etwas l. trinken; übertr.: das Geschäft, die Nachfrage, das Interesse ist l. *(mäßig, schwach).* **2.** *unentschieden, unentschlossen:* eine laue Haltung; sich l. verhalten.

Laub, das: *Gesamtheit der Blätter von Bäumen und Sträuchern:* frisches, dichtes, grünes, herbstliches, trockenes, moderndes L.; L. raschelt, verfärbt sich, fällt von den Bäumen; das L. zusammenkehren; die Bäume bekommen wieder L.; die Bäume sind noch ohne L.

Laube, die: *[offenes] Gartenhaus:* in fast jedem Schrebergarten steht eine L.; eine L. bauen; in der L. sitzen; ⟨R (ugs.):⟩ [und] fertig ist die L.! *(damit ist es schon geschafft!).*

Lauer ⟨in den Wendungen⟩ (ugs.:) **auf der Lauer liegen/**(auch:) **sitzen/**(auch:) **stehen/**⟨auch:⟩ **sein** *(einen bestimmten Augenblick abpassen, um etwas zu tun)* · (ugs.:) **sich auf die Lauer legen** *(auf einen bestimmten Augenblick gespannt warten).*
lauern ⟨auf jmdn., auf etwas l.⟩: *gespannt, begierig o. ä. auf jmdn., auf etwas warten:* auf eine gute Gelegenheit, den Briefträger l.; die Katze lauert auf die Maus; er lauert darauf, daß ich einen Fehler mache; ⟨auch ohne Präp.-Obj.⟩; mit Raumangabe⟩ der Libero lauert am Strafraum; übertr.: überall lauern Gefahren; adj. Part.: einen lauernden *(hinterhältigen)* Blick haben.
Lauf, der: **1. a)** *das Laufen:* sein L. wurde immer schneller; er kam in eiligem L. daher; plötzlich im L. an-, innehalten; er war von dem L. völlig erschöpft. **b)** *Wettlauf im Sport:* zweiter L. der Vorrunde; er gewann den L. in Rekordzeit; an einem L. teilnehmen. **2.** *gesetzmäßige Entwicklung, Ablauf, Fortgang:* das ist der L. der Geschichte, der Dinge, der Welt; das Verfahren, den Prozeß in seinem L. nicht beeinflussen; im Lauf[e] *(während, innerhalb)* eines Tages, des Lebens. **3.** *Weg, Verlauf:* der L. des Flusses; dem L. des Baches folgen; am oberen, unteren L. des Rheins. **4.** *das Arbeiten, Inbetriebsein:* den L. der Maschinen prüfen; der Motor hat einen rauhen, unruhigen L. **5.** *Rohr von Schußwaffen:* ein verrosteter Lauf; der L. des Gewehrs ist gezogen; den L. der Pistole reinigen. **6.** (Musik) *schnelle Tonfolge:* ein Stück mit schnellen, schwierigen Läufen spielen. **7.** *Bein bestimmter Wildarten oder des Hundes:* die Läufe des Hasen. * **einer Sache freien Lauf lassen** *(eine Regung, ein Gefühl nicht zurückhalten)* · **etwas nimmt seinen Lauf** *(etwas ist im Gange und nicht mehr aufzuhalten):* das Verhängnis nahm seinen L. · **im Lauf[e] der Zeit** *(nach und nach, allmählich).*
laufen: 1. *sich schnell auf den Beinen fortbewegen, rennen:* er mußte l., um den Bus noch zu bekommen; wie der Wind, wie ein Wiesel, was die Beine hergeben (ugs.; *sehr schnell)* l.; sie lief, was sie konnte (ugs.; *so schnell sie konnte)*; er kam eilig gelaufen; sie waren in panischer Angst ins Freie gelaufen; schnell aus dem Haus, über das Feld, um die Ecke, zur Tür l.; so lauf doch! *(beeile dich!)*; die Pferde liefen im Galopp; mit jmdm. um die Wette l.; viele Ameisen liefen *(krabbelten)* über den Weg. **2. a)** *sich auf den Beinen fortbewegen:* das Kind kann noch nicht l.; der Kleine läuft schon [tüchtig]; er läuft noch sehr unsicher, an Stöcken; er lief *(ging)* unruhig auf und ab, hin und her. **b)** *zu Fuß gehen:* ich werde heute nicht fahren, sondern l.; nach Hause l.; wir sind im Urlaub viel, jeden Tag fünf Stunden gelaufen; [schnell einmal] zum Bäcker, zur Post l. *(gehen);* wir sind in zehn Minuten von hier zum Bahnhof gelaufen; von der Haltestelle aus sind es noch fünf Minuten zu l.; bis wir zu Hause sind, ist das noch eine halbe Stunde l. **c)** ⟨mit Raumangabe⟩ *im Laufen an, gegen etwas stoßen, geraten:* in der Dunkelheit lief er gegen den Zaun; sie lief in ein Auto; ⟨jmdm. l.; mit Raumangabe⟩ er ist mir ins Auto, vor die Räder gelaufen. **d)** (ugs.) ⟨mit Raumangabe und gewöhnlich mit Umstandsangabe⟩ *zu häufig, oft aus Gewohnheit irgendwohin gehen:* sie läuft dauernd ins

Café; er läuft wegen jeder Kleinigkeit zum Arzt; er ist zu jedem Fußballspiel gelaufen *(hat es besucht).* **3. a)** ⟨mit Umstandsangabe⟩ *sich als Läufer unter bestimmten Umständen betätigen, an den Start gehen:* sie läuft für Italien, vor vollen Tribünen; die besten Pferde sind gestern schon gelaufen; er hat/ist phantastisch gelaufen. **b)** ⟨etwas l.⟩ *eine Strecke gehend, als Läufer zurücklegen:* zehn Kilometer, einen Umweg, eine Ehrenrunde l.; bin diese Strecke täglich gelaufen; der Sprinter ist/hat die 100 m in 10,0 Sekunden gelaufen. **c)** *eine bestimmte Zeit im Wettlauf erreichen:* er hat/ist einen neuen Rekord, die beste Zeit gelaufen; er hat/ist 10,0 Sekunden gelaufen. **d)** *sich auf etwas fortbewegen:* Ski l.; ich bin/(seltener:) habe früher Rollschuhe gelaufen. **4. a)** ⟨sich l.; mit Artangabe⟩ *sich durch Laufen in einen bestimmten Zustand bringen:* ich habe mich müde, hungrig gelaufen. **b)** ⟨sich (Dativ) etwas l.; mit Umstandsangabe⟩ *durch Laufen etwas in einen bestimmten Zustand versetzen:* sich die Füße wund l.; sich Blasen [an die Füße], ein Loch in die Schuhsohle l. **5.** ⟨es läuft sich; mit Art- und Umstandsangabe⟩ *man kann sich unter bestimmten Umständen in bestimmter Weise zu Fuß fortbewegen:* bei Glatteis, auf diesem Weg im Hochgebirge läuft es sich schlecht. **6. a)** ⟨etwas läuft⟩ *etwas fließt, strömt:* das Wasser läuft *(fließt aus der Leitung);* der Käse beginnt zu l. (ugs.; *wird weich und flüssig);* das Regenwasser lief durch die Decke, über den Hof in den Gully; ⟨etwas läuft jmdm.; mit Raumangabe⟩ ihr liefen die Tränen über das Gesicht; der Schweiß ist ihm von der Stirn gelaufen. **b)** ⟨etwas läuft⟩ *etwas läßt etwas ausfließen, austreten:* der Wasserhahn läuft *(ist undicht, tropft);* das Faß, der Kessel läuft noch immer *(ist noch immer undicht, leck);* ⟨jmdm. läuft etwas⟩ ihr lief *(tropfte ständig)* die Nase. **7. a)** ⟨etwas läuft; mit Zeitangabe⟩ *etwas ist gültig:* der Vertrag läuft zwei Jahre [lang], über zwei Jahre; das Abkommen läuft nur noch bis zum Jahresende. **b)** ⟨etwas läuft; mit Umstandsangabe⟩ *etwas wird geführt, ist eingetragen:* das Auto läuft auf den Namen ...; das Projekt läuft unter dem Decknamen ...; die Rechnung läuft auf die Firma ... **8.** ⟨etwas läuft⟩ *etwas ist im Gange, geht vonstatten, nimmt einen bestimmten Verlauf:* der Antrag, die Bewerbung läuft *(ist eingereicht);* der Prozeß läuft noch; gegen ihn läuft ein Verfahren; ich muß erst sehen, wie die Sache läuft; das Geschäft läuft wie geplant, nach Wunsch, lief nicht so, wie man erwartet hatte; der Vortrag läuft mit der Vorlesung parallel; er läßt alles einfach l. (ugs.; *kümmert sich um nichts);* der Laden läuft auch ohne ihn (ugs.; *geht auch ohne ihn sehr gut);* ich möchte wissen, was hier läuft (ugs.; *vor sich geht);* er weiß, wie es läuft (ugs.; *wie man es macht).* **9.** ⟨etwas läuft⟩ *etwas funktioniert, arbeitet, ist in Betrieb:* die Kamera, das Tonband, der Fernsehapparat läuft *(ist eingeschaltet);* das Radio läuft manchmal stundenlang; der Motor läuft ruhig, rauh, laut, nicht einwandfrei, nicht sauber (ugs.), auf vollen Touren, mit halber Kraft; die Uhr läuft wieder; der Zähler läuft zu schnell. **10.** ⟨etwas läuft; mit Raumangabe⟩ *etwas bewegt sich:* der Kran läuft auf Schienen; das Seil läuft über Rollen; der Faden läuft *(rollt)* von der Spule; von den Fließbändern liefen zwei Millionen Fahrzeuge *(sie wurden auf den Fließbändern produziert, hergestellt)*; übertr.: die Finger des Pianisten liefen über die Tasten; ein Gemurmel lief durch die Reihen; ein Zittern lief *(ging, breitete sich aus)* durch ihren Körper; ⟨etwas läuft jmdm.; mit Raumangabe⟩ ein Schauder lief ihm über die Haut. **11.** ⟨etwas läuft; mit Umstandsangabe⟩ *etwas wird gespielt, gezeigt, vorgeführt:* der Film läuft in allen Kinos, seit Freitag, schon in der dritten Woche; läuft der Hauptfilm schon?; das Stück lief mehrere Jahre am Broadway; die Sendung, das Interview lief im dritten Programm; etwas ist über den Bildschirm gelaufen (ugs.; *etwas wurde im Fernsehen gezeigt*). **12.** ⟨etwas läuft; mit Raumangabe⟩ *etwas fährt irgendwohin:* die Schiffe laufen auf neuem Kurs; der Frachter läuft aus dem Hafen; im Nebel sind mehrere Schiffe auf Grund gelaufen *(haben sich festgefahren).* **13.** ⟨etwas läuft; mit Umstandsangabe⟩ *etwas verläuft, erstreckt sich:* die Anschlüsse laufen hier irgendwo durch die Wand; die Bahn[strecke] läuft rechts des Rheins, auf der rechten Rheinseite; die Linien, Straßen laufen parallel. * (ugs.:) **etwas ist gelaufen** *(etwas ist vorbei, abgeschlossen, nicht mehr zu ändern):* die Sache ist gelaufen.

laufend: a) *ständig, dauernd; regelmäßig wiederkehrend:* die laufenden Geschäfte, Arbeiten; der laufende Meter *(ein Meter vom großen Stück)* kostet ...; die laufenden *(regelmäßig anfallenden)* Kosten; es rufen l. neue Bewerber an; man hat ihn l. unterrichtet. **b)** *gegenwärtig:* das laufende Jahr; am Achten des laufenden Monats; die laufende Nummer der Zeitschrift. * **auf dem laufenden sein/bleiben** *(immer über das Neueste informiert sein)* · **jmdn. auf dem laufenden halten** *(jmdn. ständig informieren)* · **mit etwas auf dem laufenden sein** *(nicht im Rückstand sein).*

Läufer, der: 1. a) *jmd., der an einem Laufwettbewerb teilnimmt, das Laufen als sportliche Disziplin betreibt:* er gehört zu den schnellsten Läufern der Welt. **b)** *(Fußball)* *Spieler, der die Verbindung zwischen Sturm und Verteidigung herzustellen hat:* er spielt [als] rechter L. **2.** */Figur beim Schach/:* den L. schlagen. **3.** *langer, schmaler Teppich:* ein dikker, roter L.; den L. [im Flur] ausrollen.

Laufpaß ⟨in der Wendung⟩ jmdm. den Laufpaß geben (ugs.): *die Beziehung zu jmdm. abbrechen.*

Laune, die: a) *vorübergehende Gemütsstimmung:* frohe, schlechte L.; jmdm. [mit etwas] die L. verderben; übler, bester L. sein; jmdn. bei [guter] L. halten; diese Nachricht hat ihn in gute L. versetzt; jmdn. aus jmdm. auslassen; bei der aber heute eine L. (ugs.; *schlechte Laune).* **b)** ⟨Plural⟩ *wechselnde Stimmungen:* sie hat [keine] Launen; seine Launen an anderen auslassen; jmds. Launen mit Geduld ertragen; die Familie hat unter seinen Launen sehr zu leiden; übertr.: die Launen *(Unwägbarkeiten)* des Schicksals.

launig: *witzig, humorvoll:* ein launiger Einfall; er hielt eine launige Rede; etwas ist, mit launigen Worten sagen; l. schreiben.

launisch: *seinen häufig wechselnden Launen nachgebend, oft von schlechter Laune beherrscht:* ein launischer Mensch; er ist [sehr] l.; er ist als l. bekannt; übertr.: der April ist sehr l.

Laus, die: */ein Insekt/:* Läuse haben, knacken

(ugs.). * (ugs.:) **jmdn. ist eine Laus über die Leber gelaufen/gekrochen** *(jmd. ist verärgert)* · (ugs.:) **jmdn., sich eine Laus in den Pelz/ins Fell setzen** *(jmdm., sich durch etwas Ärger bereiten).*

lauschen: 1. *heimlich mithören:* an der Wand l.; ich merkte, daß er an/hinter der Tür lauschte. **2. a)** ⟨jmdm., einer Sache l.⟩ *aufmerksam zuhören:* das Publikum lauschte andächtig dem Redner, der Musik; ⟨auch ohne Dat.⟩ er erzählte von seinen Erlebnissen, und die Kinder lauschten gespannt. **b)** ⟨auf etwas l.⟩ *genau auf etwas hören, achten:* auf jmds. Schritte l.; auf die Musik l.

lausen: ⟨jmdn., sich l.⟩ *bei jmdm., bei sich Läuse suchen:* die Hunde müssen gelaust werden; der Hund laust sich; die Affen lausen ihre Jungen.

lausig (ugs.): **1.** *unangenehm, schlecht:* das ist eine lausige Arbeit; es kommen lausige *(schlechte)* Zeiten; ein paar lausige *(schäbige)* Pfennige. **2. a)** *sehr groß:* eine lausige Kälte. **b)** ⟨verstärkend vor Adjektiven und Verben⟩ *sehr:* das tut l. weh; etwas kostet ... viel Geld.

¹laut: a) *weithin hörbar:* eine laute Stimme; lautes Weinen; laute Schritte; lauter Jubel, Beifall; das Radio ist l. eingestellt; der Motor ist, läuft l.; etwas ist l. und deutlich sagen; l. lesen, singen; bitte lauter [sprechen]!; er wird immer gleich l. *(steigert vor Erregung seine Stimme);* so etwas darf man nicht l. *(offen, öffentlich)* sagen; übertr.: laute *(grelle)* Farben. **b)** *geräuschvoll; voller Lärm:* eine laute Straße; eine laute *(hellhörige)* Wohnung; laute *(häufig Lärm verursachende)* Nachbarn; die Gegend ist mir zu l.; die Kinder sind l. *(machen Lärm);* seid bitte nicht so l.! * (geh.:) **etwas wird laut** *(etwas wird bekannt).*

²laut (Papierdt.) ⟨Präp. mit Gen., auch mit Dativ:⟩ *nach jmds. Angaben; dem Wortlaut von etwas entsprechend:* l. Gesetz, Befehl; l. amtlicher Mitteilung; l. Radio Athen; l. unseres Schreibens/ (auch:) unserem Schreiben; l. ärztlichen Gutachtens/(auch:) ärztlichen Gutachten; l. dem Bericht *(weniger gut: des Berichts)* des Ministers; l. Erlassen des Ministeriums.

Laut, der: 1. *Geräusch, Ton:* seltsame, geheimnisvolle Laute; piepsende Laute; Laute der Wut; kein L. war zu hören; der Vogel gab keinen L. von sich. **2.** *menschlicher Sprachlaut, kleinste Einheit eines gesprochenen Sprache:* ein kurzer, ein lang, offen gesprochener, fremder *(einer anderen Sprache angehörender)* L.; unverständliche, unartikulierte, wirre Laute hervorbringen, ausstoßen; einen L. bilden, [in bestimmter Weise] aussprechen. * **Laut geben: a)** *(Jägerspr.)* *etwas durch Bellen melden).* **b)** (ugs.; *sich äußern, Bescheid geben):* wenn du Bedarf hast, kannst du ja L. geben.

lauten: 1. (geh.) ⟨etwas lautet; mit Artangabe⟩ *etwas hört sich in bestimmter Weise an:* das Gutachten lautet verlockend. **2. a)** ⟨etwas lautet; mit Artangabe⟩ *etwas hat einen bestimmten Wortlaut:* der Satz, der Text lautet folgendermaßen, lautet dahin, daß ...; „Kopf hoch", so lautet jetzt die Devise; wie lautet das sechste Gebot? **b)** ⟨etwas lautet auf etwas⟩ *etwas hat einen bestimmten Inhalt:* die Anklage lautet auf Mord; das Urteil lautet auf ...; die Papiere lauten auf meinen Namen *(sind auf meinen Namen ausgestellt).*

läuten: 1. a) ⟨etwas läutet⟩ *etwas ertönt:* alle Glocken in der Stadt läuten von den Türmen, zur

Feier, zu Mittag; jeden Tag läutet es um 12 Uhr. **b)** ⟨etwas l.⟩ *etwas durch Läuten anzeigen:* die Glocke läutete 11 Uhr, läutet Mittag. **c)** ⟨etwas l.⟩ *etwas ertönen lassen:* der Küster läutet die Glocke[n]; die Glocken werden jetzt elektrisch geläutet. **2.** (bes. südd., österr.) **a)** ⟨etwas läutet⟩ *etwas klingelt:* der Wecker hat geläutet; ich lasse das Telefon mehrmals l. **b)** ⟨es läutet⟩ *ein Klingelzeichen ertönt:* es hat geläutet; es läutet zur Arbeit, zur Frühstückspause. **c)** *klingeln:* kurz, leise, stürmisch l.; an der Tür l.; bitte dreimal l.! **d)** ⟨jmdm./nach jmdm. l.⟩ *jmdn. durch Klingeln herbeirufen:* der Krankenschwester, nach der Bedienung l. ∗ **von etwas läuten hören** (nur in Vergangenheitsformen; *gerüchtweise von etwas hören*): wir haben davon l. hören/gehört, daß ...

lauter: I. ⟨Adj.⟩ (geh.): **1.** *rein, unvermischt:* Schmuck aus lauterem Gold; übertr.: er sprach, sagte die lautere Wahrheit. **2.** *aufrichtig:* ein lauterer Charakter; ein Mensch von lauterer Gesinnung; seine Absichten sind bestimmt l. **II.** ⟨Adverb⟩ (ugs.): *rein, nichts als:* das sind l. Lügen; er tut das aus l. Langweile; l. dummes Zeug reden; es war l. Sand; er hüpfte vor l. Freude.

läutern (geh.): **a)** ⟨etwas läutert jmdn., etwas⟩ *etwas macht jmdn. innerlich reifer, befreit ihn von Schwächen, Fehlern:* die Krankheit hat ihn, sein Wesen geläutert; seit dem Unglück ist er geläutert. **b)** ⟨sich l.⟩ *innerlich reifer werden; Schwächen, Fehler ablegen:* er hat sich noch nicht geläutert.

lavieren: a) *mit Geschick Schwierigkeiten überwinden, zu Werke gehen:* sie mußte geschickt l.; er laviert [geschickt] zwischen Ost und West, zwischen den Machtblöcken. **b)** ⟨sich l.; mit Raumangabe⟩ *sich geschickt durch etwas hindurchwinden:* er lavierte sich aus der schwierigen Lage.

Lawine, die: *abstürzende Schneemasse:* eine L. geht nieder, donnert zu Tal; die L. verschüttete die Straße, einige Häuser, riß mehrere Personen mit sich [in die Tiefe], begrub alles unter sich; an diesem Hang gehen immer wieder Lawinen ab; eine L. auslösen; von einer L. erfaßt, verschüttet werden; übertr.: *große Menge, Fülle:* eine L. von Angeboten, Briefen ist bei uns eingegangen.

lax: *nachlässig, ohne feste Grundsätze:* eine laxe Auffassung, Moral; seine Haltung ist [sehr] l.; etwas l. *(nicht streng)* handhaben.

leben: 1. (gewöhnlich mit Zeitangabe) *am Leben, lebendig sein; existieren:* seine Eltern leben noch; der Verunglückte lebte nicht mehr, als der Arzt kam; das Kind hat bei der Geburt gelebt; er hat nicht lange gelebt *(ist früh gestorben);* sie wollte nicht mehr länger l.; nicht mehr lange zu l. haben *(todkrank sein);* jmdn. l. lassen *(nicht töten);* nicht l. und nicht sterben können *(sich sehr krank fühlen);* lebst du für [überhaupt] noch? /ugs. scherzh.; *Frage an jmdn., der sehr lange nichts von sich hören ließ/;* das stimmt, so wahr ich lebe /ugs.; *Beteuerungsformel/;* er lebte im 15. Jahrhundert, von 1864 bis 1923, fast 80 Jahre; wie viele Menschen leben auf der Erde?; er weiß zu l. *(weiß das Leben zu genießen);* R: l. und l. lassen; adj. Part.: die noch lebenden Nachkommen; der Täter soll gefaßt werden, lebend oder tot; lebende *(echte)* Blumen; das lebende Inventar (Rechtsspr.; *der Viehbestand eines Hofes);* eine lebende *(heute noch gesprochene)* Sprache;

übertr.: das Bild, die Statue lebt [förmlich, gleichsam] *(ist sehr ausdrucksvoll);* die Hoffnung lebt in ihr. **2.** ⟨mit Umstandsangabe⟩ *seinen ständigen Wohnsitz haben, wohnen:* in der Stadt, auf dem Lande l.; er lebt [seit zwei Jahren, schon zwei Jahre lang] in München; illegal, unter einem falschen Namen l.; übertr.: er lebt in der Vergangenheit, in einer Traumwelt. **3. a)** ⟨mit Artangabe⟩ *sich in bestimmter Weise, von etwas ernähren:* diät, fleischlos, fast nur von Gemüse l.; er lebt sehr gesund. **b)** ⟨von etwas l.⟩ *seinen Lebensunterhalt bestreiten:* von den Zinsen, von seiner Hände Arbeit l.; von diesem Gehalt, von der Rente allein kann ich nicht l.; von seinen Eltern l.; von der Liebe, von Einbildungen kann man nicht l.; von Luft und Liebe l. (ugs.; *sich keine Gedanken darüber machen, wovon man lebt);* R: das ist zum Leben zu wenig, zum Sterben zu viel. **4. a)** ⟨mit Artangabe⟩ *in bestimmter Weise sein Leben verbringen:* einsam, zurückgezogen, ohne Sorgen, gut, armselig, einfach, sparsam, üppig, flott (ugs.), enthaltsam, christlich l.; aus dem Koffer l. *(immer unterwegs sein)* in glücklicher Ehe l.; mit einer Frau l.; sie lebt von ihrem Mann getrennt; in kleinen, in geordneten Verhältnissen, im Wohlstand, im Überfluß, wie Gott in Frankreich, wie ein Fürst l.; (ugs.:) l. wie die Made im Speck; damit kann ich l. *(das ist für mich [noch] akzeptabel);* damit mußt du l. *(damit mußt du dich abfinden);* herrlich und in Freuden l.; über seine Verhältnisse l.; sie leben wie Hund und Katze *(leben in ständigem Streit);* viele Tiere leben in Herden. **b)** ⟨etwas l.⟩ *verbringen:* ein glückliches, eintöniges, trauriges Leben l.; er lebt sein eigenes Leben. **c)** ⟨in etwas l.⟩ *sich befinden:* mit jmdm. in Frieden, im Streit l.; übertr.: er lebt in dem Glauben, in dem Wahn, man wolle ihm schaden. **d)** ⟨es lebt sich; mit Art- und Umstandsangabe⟩ *man kann unter bestimmten Umständen in bestimmter Weise sein Leben verbringen:* hier lebt es sich wunderbar; bei solchen Menschen, in diesem Klima läßt es sich gut l. **5.** ⟨jmdm., einer Sache/ für jmdn., für etwas l.⟩ *sich widmen, sich ganz hingeben:* sie lebt nur für ihre Kinder, für ihre Familie; er lebt für die Wissenschaft, für seinen Beruf, der Musik l. ∗ **wie er/sie leibt und lebt** *(in seiner, ihrer ganz typischen Art, wie man ihn, sie kennt)* · **jmd., etwas lebe!** /Wunschformel/: es lebe die Freiheit!; lang lebe der König! · (ugs.:) **es von den Lebenden nehmen** *(einen hohen, überhöhten Preis verlangen).*

Leben, das: **1. a)** *das Lebendigsein, Existieren, Dasein:* organisches, irdisches L.; das keimende, werdende L.; L. und Tod; das L. der Menschen, Tiere, Pflanzen; eines Volkes, Staates; das L. ist vergänglich (geh.); sein L. hängt [nur] an einem seidenen Faden; in ihm ist kein L. mehr; die L. genießen; sein L. verlieren, wegwerfen *(nicht sinnvoll gestalten);* das L./Leib und L. für jmdn., für etwas wagen, einsetzen, hingeben (geh.), opfern (geh.); jmdm. das L./jmds. L. retten; viele mußten im Krieg ihr L. lassen *(sind im Krieg umgekommen);* nur ihm verdanke ich das/mein L.; das L. künstlich verlängern; das L. aufs Spiel setzen; jmdm. das L. schwermachen; viele konnten nur das nackte L. *(nur sich und keine Habe)* retten; die Entstehung, Erhaltung, Bedrohung, Zerstörung des [menschlichen] Lebens; der Sinn, der Wert, die Freuden des Lebens; den Ernst des Lebens kennenlernen; du kannst dich des Lebens freuen; (geh.:) des Lebens überdrüssig, müde sein; die Tage seines Lebens sind gezählt *(er lebt nicht mehr lange);* sich seines Lebens nicht mehr sicher fühlen; am L. hängen *(nicht sterben wollen);* am L. sein, bleiben; ein Kampf auf L. und Tod; für jmds. L. fürchten; der Arzt hat den Bewußtlosen wieder ins L. zurückgerufen; mit dem L. davonkommen; etwas mit dem L. bezahlen [müssen]; mit dem L. spielen *(ein gefährliches Risiko eingehen);* er ist mit seinem L. für seine Überzeugung eingetreten; er hat mit dem L. abgeschlossen; er rannte vor den Verfolgern um sein L.; um sein L. bangen, fürchten, kämpfen; der Wille zum L.; er schwebt zwischen L. und Tod; übertr.: das Gemälde hat L. *(viel lebendige Ausstrahlung).* b) *Lebensform, Lebensweise:* ein einfaches, geselliges, geordnetes, geregeltes, gesichertes, sorgenfreies, glückliches, bewegtes, arbeitsreiches L.; das L. als Artist ist hart; das L. in der Stadt, auf dem Land[e]; ein L. in Wohlstand, in Frieden und Freiheit; das L. eines Einsiedlers; ein L. wie im Paradies führen; sein L. ändern; ein neues L. anfangen, beginnen; ich konnte das L. hier nicht länger ertragen; sich (Dativ) ein schönes L. machen *(sich vergnügen, es sich gutgehen lassen);* er macht sich (Dativ) das L. angenehm, bequem, etwas zu leicht; unser L. heute wird von der Technik bestimmt, geprägt. c) *Lebenszeit, Lebensdauer:* ein kurzes, langes L.; das L. vergeht schnell; sein L. genießen; er hat sein L. verpfuscht; sein Leben wegwerfen, verwirken (geh.; *nicht sinnvoll gestalten);* das ganze L. hindurch/ durchs ganze L.; sein L. lang arbeiten; L. *(Lebensgang)* und Werk des Dichters; seinem L. ein Ziel geben; auf ein erfolgreiches, erfülltes (geh.) L. zurückblicken; er hatte es im L. immer sehr schwer gehabt; ich habe das zum ersten Mal in meinem L. gesehen. **2. a)** *Lebensalltag, Lebenswirklichkeit:* das tägliche L.; das L. geht trotz des Unglücks weiter; ihn hat das L. geprägt; das L. verlangt Opfer; diese Geschichte hat das L. geschrieben; das L. meistern; man muß das L. nehmen, wie es ist; dem L. die guten Seiten abgewinnen; am L. verzweifeln, zerbrechen; etwas ist aus dem L. gegriffen; für das L. lernen; er ist im L. zu kurz gekommen; sich im L. bewähren; etwas ist nach dem L. geschrieben. **b)** *Gesamtheit der Vorgänge und Regungen innerhalb eines Bereiches:* das gesellschaftliche, künstlerische, wirtschaftliche L. einer Stadt; im L. des Sports, im öffentlichen L. stehen. **3.** *pulsierende Betriebsamkeit, Treiben:* das L. auf den Straßen; auf dem Markt herrscht reges L.; er hat L. ins Haus, in die Bude (ugs.) gebracht; es ist kein Hauch, Funke, keine Spur von L. *(Unternehmungslust)* mehr in ihm. * (Rel.:) **das ewige Leben** *(das Dasein in der Ewigkeit)* · **das süße Leben** *(Leben in Luxus und ohne Arbeit)* · (ugs.:) **nie im Leben/im Leben nicht** *(niemals, unter keinen Umständen)* · **etwas ist jmds. Leben/ist für jmdn. das Leben** *(etwas ist jmds. ganzer Lebensinhalt)* · **sich** (Dativ) **das Leben nehmen** *(sich selbst töten)* · (geh.:) **jmdm. das Leben schenken** *(ein Kind gebären)* · **seines Lebens nicht mehr froh werden** *(immer wieder neue Sor-*

gen, Probleme haben und nicht zur Ruhe kommen)* · (geh.:) **[freiwillig] aus dem Leben scheiden** *(sich selbst töten)* · (ugs.:) **für sein Leben gern** *(sehr gern)* · **sich durchs Leben schlagen** *(sich mühsam im Daseinskampf behaupten)* · **etwas ins Leben rufen** *(etwas gründen)* · **ins Leben treten** *(sich konstituieren)* · (geh.:) **seinem Leben ein Ende machen/setzen** *(sich selbst töten)* · **jmdm. das Leben sauer/zur Hölle machen** *(jmdm. immer wieder Schwierigkeiten, Unannehmlichkeiten bereiten)* · **sein Leben teuer verkaufen** *(alles tun, um in einem Kampf zu überleben)* · **mit dem Leben davonkommen** *(aus einer großen Gefahr gerettet werden)* · (geh.:) **jmdm. nach dem Leben trachten** *(jmdn. umbringen wollen)* · **ums Leben kommen** *(umkommen, getötet werden)* · (geh.:) **jmdn. vom Leben zum Tode befördern** *(jmdn. töten).*
lebendig: **1.** *mit Leben erfüllt, nicht tot:* lebendige Junge zur Welt bringen; ein lebendiges Wesen; schafft ihn herbei, l. oder tot!; davon wird der Tote nicht mehr l. (ugs.); wir kamen uns hier wie l. begraben vor; sich mehr tot als l. fühlen; übertr.: eine lebendige *(fortwirkende)* Tradition · ein lebendiges *(anschauliches)* Beispiel für etwas geben; der lebendige *(bestimmende)* Glaube, Geist; etwas wird [wieder] l. *(etwas taucht wieder aus der Vergessenheit auf);* etwas bleibt l. *(etwas bleibt deutlich in Erinnerung);* einen alten Brauch, die Erinnerung an etwas l. erhalten *(fortwirken lassen).* **2.** *lebhaft, munter, voll Leben:* eine lebendige Stadt; er hat eine lebendige Phantasie; das Kind ist sehr l. * (ugs.:) **es von den Lebendigen/vom Lebendigen nehmen** *(einen hohen, überhöhten Preis verlangen).*
Lebensart, die: **1.** *gewandtes, ansprechendes Benehmen:* er hat keine L.; jmdm. L. beibringen; ein Mann von feiner L. **2.** *die Art zu leben:* die heutige L.; er hat [nicht] die richtige L.
Lebensgefahr, die: *tödliche Gefahr:* bei jmdm. besteht akute L.; Achtung, L.!; außer L. sein; in L. sein, schweben; jmdn. unter L. retten.
Lebenslage, die: *Situation im Leben:* jede L. meistern; er war, zeigte sich jeder L. gewachsen; in jeder L./in allen Lebenslagen zurechtkommen.
Lebenslauf, der: *[schriftliche] Darstellung des [beruflichen] Lebensweges:* ein ausführlicher, tabellarischer L.; einen kurzen L. schreiben; den Bewerbungsunterlagen einen L. beifügen.
Lebenslicht, das (in der Wendung) jmdm. das Lebenslicht ausblasen/auspusten; *jmdn. töten.*
lebensmüde: *ohne Willen zum Leben:* l. sein; du bist wohl l.? (scherzh.; *willst du dich töten?).*
Lebensstandard, der: *Höhe der Aufwendungen für das tägliche Leben:* einen hohen L. haben; der L. steigt, sinkt; ein Land mit niedrigem L.
Lebensunterhalt, der: *Mittel zum täglichen Leben:* er verdiente seinen L. als Zeitungsträger, mit Bücherschreiben; seinen L. aus/von den Mieteinnahmen bestreiten; die Eltern sorgen für seinen L.; nur das Nötigste für den/zum L. haben; etwas zum L. der Familie beitragen.
Lebenszeichen, das: *Anzeichen dafür, daß jmd. noch lebt:* der Greis gab nur schwache L., kein L. [mehr] von sich; übertr.: wir haben noch [immer] kein L. *(keine Nachricht)* von ihm.
Lebenszeit (gewöhnlich nur in der Verbindung) auf Lebenszeit *(für das ganze weitere Leben):* Beam-

ter auf L.; eine Rente auf L.; auf L. angestellt sein; der Sportler wurde auf L. gesperrt.

Leber, die: *für den Stoffwechsel wichtiges Körperorgan:* die L. ist geschwollen, entzündet; er hat es mit der L. [zu tun] (ugs.; *er ist leberkrank*); die Funktion der L. ist gestört; K o c h k .: gebratene, gebackene L.; ü b e r t r .: etwas frißt jmdm. an der L. (ugs.; *schadet seiner Gesundheit*). * (ugs.:) **frisch/frei von der Leber weg reden/sprechen** *(ohne Scheu, ganz offen sprechen, seine Meinung sagen)* · (ugs.:) **sich** (Dativ) **etwas von der Leber reden** *(über etwas Belastendes offen reden und sich dadurch davon befreien).*

Leberwurst, die: *Wurst aus Leber.* grobe, feine, hausgemachte L.; ein Brot mit L. * (ugs.:) **die gekränkte/beleidigte Leberwurst spielen** *(aus nichtigem Anlaß beleidigt sein, schmollen).*

lebhaft: 1. *lebendig, temperamentvoll:* ein lebhafter Mensch, Geist; lebhafte Bewegungen; er hat ein sehr lebhaftes Wesen; eine lebhafte *(angeregte)* Diskussion führen; lebhafter *(starker)* Beifall; die Kinder sind l.; sich l. unterhalten; etwas l. *(sehr)* bedauern; nun aber ein bißchen l.! (ugs.; *vorwärts!*); ü b e r t r .: sie hat eine lebhafte Phantasie; jmd. hat etwas in lebhafter *(deutlicher)* Erinnerung; das kann ich mir l. *(ganz genau)* vorstellen. **2.** *rege:* hier herrscht ein lebhaftes Treiben; eine lebhafte *(verkehrsreiche)* Straße; eine lebhafte diplomatische Tätigkeit entfalten; lebhaftes Interesse an jmdm., an etwas zeigen; der Handel, die Nachfrage ist l. **3.** *kräftig, etwas auffällig:* lebhaftes Grün, Rot; die Krawatte ist mir zu l.; das Stoffmuster wirkt recht l.

leblos: *ohne Anzeichen von Leben, [wie] tot:* ein lebloser Körper; er lag [wie] l. da.

Lebtag (in den Verbindungen) (ugs.:) **[all] mein/ dein usw. Lebtag** *(das ganze Leben lang)* · (ugs.:) **mein/dein usw. Lebtag nicht** *(nie, niemals).*

Lebzeiten [Plural] (in der Verbindung) **bei/zu Lebzeiten:** *während des Lebens:* zu/bei meinen L.; schon zu/bei L. der Eltern.

lechzen (geh.) 〈nach etwas l.〉: *auf etwas begierig sein:* nach Wasser l.; er lechzte nach Rache; ü b e r t r .: die Erde, die Natur lechzt nach Regen.

leck: *eine undichte Stelle aufweisend:* ein leckes Faß; der Tank ist l.

Leck, das: *undichte Stelle (besonders bei Schiffen):* ein L. im Bug; das Schiff hat ein großes L. [bekommen]; der Tanker hat in den Frachter ein L. geschlagen; das L. provisorisch abdichten.

¹lecken: a) 〈jmdn., sich, etwas/an jmdm., an sich, an etwas l.〉 *mit der Zunge über jmdn., über etwas fahren:* die Katze leckt sich, ihre Jungen; das Kind leckte Eis, am Eis; der Hund leckte an mir, an meiner Hand; 〈jmdm., sich etwas l.〉 der Hund leckte mir die Hand; der Kater leckt sich das Fell; wie geleckt (ugs.; *sehr sauber*) aussehen. **b)** 〈etwas von etwas l.〉 *durch Lecken etwas entfernen:* die Katze leckt den Schmutz vom Fell; 〈sich (Dativ) etwas von etwas l.〉 das Kind leckte sich das Blut von der Wunde.

²lecken 〈etwas leckt〉: *etwas ist undicht:* der Tank, das Schiff leckt; der Kühler hat geleckt.

lecker: *besonders wohlschmeckend, appetitlich:* ein leckerer Bissen; ein leckeres Gericht; das schmeckt l.; die Torte sieht l. aus.

Leder, das: **1.** *gegerbte Tierhaut:* weiches, glattes, genarbtes, echtes L.; das Fleisch war zäh wie L. *(sehr zäh);* L. verarbeiten, färben, pflegen; Kleidung, Jacken aus L.; diese Tasche haben wir auch in L.; ein Buch in L. *(in einen Ledereinband)* binden; sich in L. kleiden; das Fenster mit einem L. *(Ledertuch)* abreiben. **2.** (ugs.) *Fußball:* das L. nach vorn treiben, schlagen; der Torwart konnte das L. nicht festhalten. * **was das Leder hält** *(heftig):* schimpfen, fluchen, was das L. hält · (ugs. veraltend:) **jmdm. das Leder gerben** *(jmdn. verprügeln)* · **jmdm. ans Leder wollen** *(jmdn. angreifen):* es geht jmdm. ans Leder *(jmd. wird attackiert)* · **vom Leder ziehen** *(heftig gegen etwas polemisieren, über etwas schimpfen).*

ledern: 1. *aus Leder:* lederne Handschuhe; eine lederne *(wie gegerbt aussehende)* Haut haben; das Fleisch ist l. *(sehr zäh).* **2.** (ugs.:) *langweilig:* ein lederner Mensch; sein Vortrag war recht l.

ledig: *nicht verheiratet:* ein lediger junger Mann; eine ledige Mutter; ein lediger (ugs.; *alleinerziehender*) Vater; ledige Eltern; die Tochter ist noch l.; l. bleiben *(nicht heiraten).* *(geh.:) **einer Sache ledig sein** *(von einer Sache frei sein):* endlich war er der Bürde l. · (geh.:) **jmdn. einer Sache ledig sprechen** *(von etwas lossprechen).*

lediglich 〈Adverb〉: *nur:* ich berichte l. Tatsachen; er verlangte l. sein Recht.

leer: 1. a) *ohne Inhalt; nichts enthaltend:* ein leeres Glas, Faß; eine leere Kiste, Tasche; ein leerer *(hungriger)* Magen; der Flug durch den leeren Raum *(durch den Kosmos);* das Zimmer, die Kanne, der Tank ist l.; die Gegend ist wüst und l. *(unbewohnt);* zwei Seiten sind noch l. *(unbeschrieben, unbedruckt);* einen Laden l. *(ohne Einrichtung)* mieten; die Wohnung steht schon lange l. *(ist unbewohnt, nicht vermietet);* viele Plätze, Stühle, Bänke blieben l. *(unbesetzt);* etwas l. machen, trinken; den Teller l. essen; die Maschine, der Motor läuft l. *(gibt keine Leistung ab);* ü b e r t r .: leeres *(sinnloses)* Gerede; leere *(nichtssagende)* Worte, Phrasen, Begriffe; sein Leben war l. *(ohne Sinn, Inhalt).* **b)** 〈etwas ist l. an etwas〉 *etwas ist ganz ohne etwas Bestimmtes:* sein Leben war l. an Freude (geh.; *war freudlos).* **2.** *kaum gefüllt, schwach besetzt:* leere Straßen; das Kino, die Bahn war l.; vor leerem Haus, vor leeren Rängen, Bänken *(vor einem kleinen Publikum)* sprechen, spielen. * **leer ausgehen** *(von etwas nichts abbekommen):* er ist bei der Verlosung l. ausgegangen · **ins Leere** *(in den leeren Raum; ins Ungewisse):* ins L. greifen, fallen.

Leere, die: *das Leersein:* die L. des Zimmers, der Straßen; im Saal, im Stadion herrschte eine gähnende L. *(es war kaum jmd. gekommen);* ü b e r t r .: im Gefühl der L.; eine innere, geistige L.; die L. seines Daseins, in seinem Leben.

leeren: a) 〈etwas l.〉 *etwas leer machen:* ein Faß, den Mülleimer, den Briefkasten l.; das Glas auf jmdn./auf jmds. Wohl l. *(austrinken);* er hat den Krug mit einem Zug, auf einmal geleert; wir haben gestern einige Flaschen Wein geleert (ugs.; *ausgetrunken);* bildl. (geh.:) er hat den Kelch bis auf den Grund, bis zur Neige geleert *(das Leid voll auskosten müssen).* **b)** 〈etwas leert sich〉 *etwas wird leer:* langsam leerte sich der Saal, das Stadion; in Hamburg wird sich der Zug l.

Leerlauf, der: *Getriebestufe, bei der ein Motor*

läuft, ohne Arbeit zu leisten: die Maschine ist auf L. geschaltet; im L. den Berg hinunterfahren; in den L. gehen (ugs.; *den Gang herausnehmen*); übertr.: in diesem Berieb gibt es viel L. *(unnötige, nutzlose Arbeitsgänge).*

legal: *gesetzlich zulässig, rechtmäßig:* ein legaler Vorgang; etwas auf legalem Weg, mit legalen Mitteln, l. erreichen; das Vorgehen ist l.

legen: 1. ⟨jmdn., etwas l.⟩ *in eine waagerechte Lage bringen:* den Kranken ganz flach l.; Weinflaschen sollen gelegt werden; Wäsche l. *(nach dem Waschen von der Leine nehmen und zusammenlegen);* Sport: er hat seinen Gegenspieler gelegt (ugs.; *zu Fall gebracht);* er legte seinen Gegner mit einem Wurfgriff *(brachte ihn beim Ringen auf die Matte).* **2.** ⟨jmdn., etwas l.; mit Raumangabe⟩ *jmdn., etwas irgendwohin tun:* etwas in das Regal, in ein Fach, in die Schublade l.; ein Tuch auf den Tisch, die Wäsche in den Schrank l.; Kohlen auf Halden l. *(lagern);* etwas in Wasser, in den Kühlschrank l.; Bretter über eine Grube l.; den Hammer, den Bleistift aus der Hand l.; er hat ein Pflaster auf die Wunde gelegt; die Füße auf den Tisch l.; das Kind an die Brust l. *(es stillen);* sie legt ihren Kopf an seine Schultern; ⟨jmdm., sich etwas l.; mit Raumangabe⟩ sich ein paar Kisten Wein in den Keller l.; er legte ihr den Mantel um die Schultern; dem Verletzten ein Kissen unter den Kopf l. **3. a)** ⟨sich l.; mit Raumangabe⟩ *sich irgendwohin [zum Ausruhen] niederlegen:* sich aufs, ins Bett l. *(schlafen gehen);* sich an den Strand, auf die Terrasse, in die Sonne, auf den Bauch l.; er hat sich für eine halbe Stunde auf die Couch gelegt; der Hund legt sich unter den Tisch. **b)** ⟨etwas legt sich; mit Raumangabe⟩ *etwas geht nieder und verharrt irgendwo:* der Nebel legt sich auf, über die ganze Stadt; ⟨etwas legt sich jmdm.; mit Raumangabe⟩ der Qualm, die kalte Luft legt sich mir auf die Bronchien; übertr.: das legt sich mir so schwer auf die Brust *(das bedrückt mich).* **c)** ⟨sich l.; mit Raumangabe⟩ *sich neigen:* das Schiff legt sich auf die Seite; der Motorradfahrer legt sich mächtig in die Kurve. **4.** ⟨etwas legt sich⟩ *etwas vermindert sich in seiner Intensität, verschwindet:* der Wind legt sich [allmählich]; die Begeisterung, der Zorn hatte sich schnell gelegt. **5.** ⟨sich auf etwas l.⟩ *sich auf etwas konzentrieren:* sich auf ein bestimmtes Fachgebiet l.; er legt sich aufs Bitten *(versucht, durch inständiges Bitten etwas zu erreichen).* **6.** ⟨etwas l.⟩: **a)** *verlegen:* Schienen, Gleise, Rohre, eine Leitung, ein Kabel, Dielen, Platten, Fliesen l.; der Teppich[boden] wird von Wand zu Wand gelegt; ⟨jmdm., sich etwas l.⟩ ich lasse mir das Haar l.; ⟨auch ohne Dat. und Akk.⟩ bitte waschen und l. /beim Friseur/. **b)** (ugs. landsch.) *in die Erde bringen:* Kartoffeln, Erbsen, Bohnen l. **7.** *Eier hervorbringen:* **a)** ⟨etwas l.⟩ die Henne hat jeden Tag ein Ei gelegt; ⟨mit Umstandsangabe⟩ die Hühner legen gut, legen zur Zeit nicht. **8.** /häufig verblaßt/: den Hund an die Kette l. *(festbinden);* Feuer l. *(etwas in Brand stecken).*

Legion, die: **1.** /*eine Truppeneinheit bes. in der Antike/:* die römischen Legionen. **2.** (geh.) *große Zahl:* eine L. von Autofahrern; Legionen arbeitsloser Akademiker. ∗ (geh.:) **Legion sein** *(in großer Zahl vorhanden, dasein).*

legitim: **a)** *rechtmäßig begründet; zulässig:* ein legitimer Anspruch; eine legitime *(begründete)* Kritik, Frage; es ist l., so zu fragen; er hat ein legitimes *(berechtigtes)* Interesse daran; etwas mit legitimen Mitteln erreichen; das Verfahren ist l.; etwas nicht für l. halten. **b)** *ehelich:* legitime Nachkommen; das Kind ist nicht l.

Lehm, der: *bes. aus Sand und Ton bestehende Erde:* L. klebt an den Schuhen; Ziegel aus L. brennen; im L. steckenbleiben.

lehnen: 1. ⟨mit Raumangabe⟩ *schräg gegen etwas gestützt stehen:* das Fahrrad, die Leiter lehnt an der Wand. **2. a)** ⟨sich, etwas l.; mit Raumangabe⟩ *an etwas anlegen:* er lehnt sich an/gegen die Säule; die Leiter an/gegen die Wand l. **b)** ⟨sich über etwas l.⟩ *sich über etwas beugen:* er lehnt sich weit über das Geländer, über die Brüstung; nicht aus dem Fenster lehnen!

Lehre, die: **1. a)** *Gedanken-, Glaubenssystem; Weltanschauung:* die christliche L.; eine neue, falsche, irrige L.; die L. der Kirche, Buddhas, Kants; eine L. ablehnen, angreifen, verteidigen; einer L. anhängen; für eine L. eintreten; er wendet sich gegen die herrschende L. **b)** *Lehrmeinung, System von Lehrsätzen:* die Newtonsche L.; die L. vom Schall; eine L. aufstellen, beweisen. **2.** *Erfahrung, die jmdm. bestimmte Lebensregeln vermittelt:* eine harte, bittere, notwendige L.; das soll dir eine L. *(Warnung)* sein; aus etwas eine L. *(Folgerung für künftiges Verhalten)* ziehen; eine L. annehmen, befolgen; jmdm. eine heilsame L. *(Mahnung)* erteilen; sie hat mir eine gute L./gute Lehren *(Ermahnungen)* mit auf den Weg gegeben; dieses Ereignis war eine L. für mich *(ich habe daraus gelernt).* **3.** *Ausbildungszeit von Auszubildenden:* eine dreijährige L.; die L. dauert zwei Jahre; er hat eine gute L. durchgemacht; er macht eine L. bei einem Optiker; bei/zu einem Handwerker, Künstler in die L. gehen, kommen; er will seinen Sohn zu mir in die L. geben, schicken; nach der L. zu einer anderen Firma gehen; übertr.: bei ihm kannst du noch in die L. gehen *(du kannst von ihm lernen);* er hat seine Zöglinge hart in die L. genommen *(hat sie sehr streng erzogen).* **4.** *das Lehren (an der Hochschule):* Forschung und L.

lehren /vgl. gelehrt/: **1. a)** ⟨mit Umstandsangabe⟩ *Unterricht geben, dozieren, Vorlesungen halten:* bis zur Emeritierung lehrte er in Heidelberg; er lehrt an einer Fachhochschule. **b)** ⟨etwas l.⟩ *in etwas Unterricht geben:* er lehrt Deutsch, Mathematik. **c)** ⟨jmdn./(selten noch:) jmdm. etwas l.⟩ *in etwas Bestimmtem unterweisen; jmdm. etwas Bestimmtes beibringen:* jmdn. lesen, tanzen l.; jmdn./(selten noch:) jmdm. das Lesen, Tanzen l.; er hat uns das Fürchten l. wollen; dich werde ich noch Gehorsam, gehorchen l.; sie lehrte die Kinder/(selten:) den Kindern malen; er lehrte ihn ein Pferd satteln/er lehrte ihn, ein Pferd zu satteln; er lehrte ihn, ein/(veraltet:) einen Freund des Volkes zu sein; er hat uns gelehrt, immer kritisch zu sein; mir ist das/ich bin das in der Schule nicht gelehrt worden; lehre du mich Kinder erziehen! *(von Kindererziehung verstehe ich mehr als du).* **2.** ⟨etwas lehrt etwas⟩ *etwas läßt etwas deutlich werden:* die Geschichte lehrt, daß nichts endgültigen Bestand hat; das wird die Zukunft leh-

ren; (etwas lehrt jmdn./(selten:) jmdm. etwas) die Praxis hat sie, (selten:) hat ihnen gelehrt *(gezeigt)*, daß ...
Lehrer, der: **a)** *jmd., der Unterricht erteilt:* ein guter, erfahrener, strenger L.; er ist L. für Französisch, an einem Gymnasium; er will L. werden; die Klasse bekam einen neuen L.; wir hatten ihn als L. in Biologie; jmdn. als/zum L. ausbilden. **b)** *[berühmter] Lehrmeister:* Heisenberg war sein L.; er hatte mehrere berühmte L.
Lehrgeld (in den Wendungen) **Lehrgeld geben/ Lehrgeld zahlen [müssen]** *(durch Mißerfolg Erfahrungen machen)* · (ugs.) **sich** (Dativ) **das L.** zurückgeben lassen [können] *(wenig gelernt haben):* laß dir dein L. zurückgeben.
lehrreich: *wirkungsvoll Belehrung vermittelnd:* ein lehrreicher Vortrag, Film; das Experiment war sehr l.; für mich war es l. zu erfahren, daß ...
Lehrstuhl, der: *planmäßige Stelle eines Hochschullehrers:* ein L. für vergleichende Sprachwissenschaft; der L. ist frei, vakant; neue Lehrstühle schaffen, errichten, einrichten; einen L. an der Universität Wien innehaben, neu besetzen, übernehmen; die Zahl der Lehrstühle erhöhen; er erhielt einen Ruf auf den L. für Geschichte.
Leib, der: **1.** (oft geh.) *Körper, Rumpf:* ein schöner, stattlicher, kräftiger, kranker L.; am ganzen L. zittern, schwitzen, frieren; er sparte sich das Geld am eigenen Leibe ab *(er gönnte sich nichts);* bei lebendigem L./(geh.:) lebendigen Leibes verbrennen; sie konnten nur retten, was sie auf dem L. hatten/auf dem L. trugen *(nichts, außer den Kleidern, die sie trugen);* es besteht Gefahr für L. und Leben *(Lebensgefahr).* **2.** *Bauch, Unterleib:* ein dicker, aufgetriebener, voller L.; er hat sich (Dativ) den L. vollgeschlagen (ugs.; *sehr viel gegessen);* noch nichts [Ordentliches] im L. haben/in den L. bekommen haben *(noch nichts gegessen haben);* er ging ohne einen Bissen im L. zur Arbeit. * (geh. veraltet:) **gesegneten Leibes sein** *(schwanger sein)* · (ugs.:) **sich** (Dativ) **alles an den Leib hängen** *(alles Geld für Kleidung und Aufmachung ausgeben)* · **etwas am eigenen Leib erfahren, zu spüren bekommen** *(etwas selbst schmerzlich erfahren)* · **etwas ist jmdm. [wie] auf den Leib geschrieben, geschneidert** *(etwas ist genau passend für jmdn.)* · **mit Leib und Seele** *(mit Begeisterung):* er ist mit L. und Seele Lehrer, bei der Sache · **sich** (Dativ) **jmdn., etwas vom Leibe halten** *(jmdn., etwas von sich fernhalten)* · **jmdm. vom Leibe bleiben/gehen** *(jmdn. in Ruhe lassen, nicht behelligen)* · (ugs.:) **jmdm. auf den Leib rücken** *(jmdn. mit etwas bedrängen)* · **einer Sache zu Leibe gehen/rücken** *(eine schwierige oder unangenehme Sache energisch angehen).*
Leibeskräfte (Plural; in der Verbindung) **aus/ nach Leibeskräften:** *mit voller Kraft:* er schrie aus, bemühte sich nach Leibeskräften.
leibhaftig: *in eigener Gestalt; wirklich und wahrhaftig:* er ist ein leibhaftiger Teufel, Satan; ein leibhaftiger *(echter)* Prinz; er ist es l.; ich sehe ihn l. vor mir; plötzlich stand er l. vor uns; subst.: er hielt ihn für den Leibhaftigen *(den Teufel).*
leiblich: 1. *körperlich:* leibliche Schönheit; für jmds. leibliches Wohl sorgen. **2.** *unmittelbar verwandt:* sein leiblicher Sohn, Bruder; er hat keine leiblichen Erben; der leibliche Vater.

Leiche, die: *toter menschlicher Körper:* eine verstümmelte, verweste L.; die L. eines Ertrunkenen; eine L. obduzieren, aufbahren; er konnte nur noch als L. geborgen werden; er gleicht einer wandelnden L./sieht aus wie eine L. *(sieht sehr bleich aus);* nur über meine L.! (ugs.; *das lasse ich auf keinen Fall zu!).* * (ugs.:) **eine Leiche im Keller haben** *(etwas zu verbergen haben)* · **über Leichen gehen** *(skrupellos vorgehen).*
Leichnam, der (geh.): *Leiche:* einen L. aufbahren; er ist ein wandelnder, lebendiger L. *(sieht sehr bleich und elend aus).*
leicht: 1. a) *von geringem Gewicht, nicht schwer:* ein leichter Koffer; ein leichtes Paket; ein leichtes Gewicht; die Eimer aus Kunststoff sind leichter; sie ist l. wie eine Feder; dieses Material wiegt l.; (scherzh.:) er ist 70 Kilo l. *(wiegt 70 Kilo);* R: gewogen und zu l. befunden */Ausdruck der Kritik an jmds. Fähigkeiten oder der Qualität einer Sache/;* übertr.: leichtes *(nicht derbes)* Schuhwerk; ein leichter *(locker gewebter, dünner)* Stoff; ein leichtes *(dünnes, luftiges, nicht auftragendes)* Kleid; leichte *(sommerliche, nicht warme)* Kleidung; leichte *(mit kleinem Kaliber schießende)* Waffen; das Haus ist zu l. *(nicht massiv genug)* gebaut; die Mädchen waren alle l. bekleidet *(hatten wenig und dünne Kleidungsstücke an);* die Soldaten waren nur l. bewaffnet *(hatten keine schweren Waffen bei sich).* **b)** *nicht schwerfällig, beweglich, geschickt:* eine leichte Hand, einen leichten Gang haben; der Schüler hat eine leichte *(rasche)* Auffassungsgabe; sie tanzt sehr l. **2.** *schwach, geringfügig, mäßig; ein wenig:* ein leichter Wind, Regen, Seegang; eine leichte Brise, Dünung; nachts herrscht noch leichter Frost; ein leichtes [Erd]beben; eine leichte Schwäche, Ermüdung, Verstimmung, Enttäuschung; leichtes Fieber, Unwohlsein; einen leichten Ekel vor etwas haben; einen l. in leichter Anfall; eine leichte Gehirnerschütterung; er hat einen leichten Schlaf *(schläft nicht tief);* etwas mit einem leichten Unterton von Kritik sagen; einen leichten Tadel anbringen; leichte *(gewisse)* Zweifel an etwas haben; der Schaden, die Verletzung ist l. *(nicht schwerwiegend);* er ist l. krank, erkältet, betrunken; etwas ist l. gewürzt, gesalzen; der Stoff hat sich l. verfärbt; l. schleudern, schwanken; heute nacht hat es l. geschneit. **3.** *bekömmlich, nicht schwer verdaulich:* leichte Kost, Speisen; er raucht nur leichte Zigarren; der Wein ist l.; das Essen ist l. [verdaulich]; subst.: er ißt gern etwas Leichtes *(Leichtverdauliches)* · übertr.: *nicht anspruchsvoll, unterhaltend:* leichte Unterhaltung, Musik, Lektüre; subst.: er liest gern etwas Leichtes. **4.** *mühelos, ohne Schwierigkeiten, einfach:* eine leichte Arbeit; das ist keine leichte Aufgabe; er hat einen leichten *(nicht anstrengenden)* Posten, Dienst; sie hatte kein leichtes Leben; es wird kein leichter Kampf, kein leichtes Spiel; einen leichten Tod haben; (ugs.:) die Frage, Antwort ist l.; das Examen, die Prüfung war gar nicht so l.; die Frage ist l. zu beantworten; sein Geld l. verdienen; er lernt l. *(mühelos);* R: das ist l. gesagt, aber schwer getan · etwas läßt sich l. handhaben; der Vortrag ist l. verständlich; du hast/kannst l. reden, lachen *(du bist nicht in meiner Lage);* das Problem läßt sich l.

lösen; du kannst dir l. ausrechnen, was das bedeutet; er hat es im Leben nicht l. gehabt; nichts ist leichter als das; stbst.: es wäre nur ein leichtes, das zu tun *(ich könnte es ohne Schwierigkeiten)*. **5.** *schnell, unversehens:* etwas l. vergessen; er wird l. böse, ist l. beleidigt; die Markierung kann man l. übersehen; das passiert mir nicht so l. *(so bald)* wieder; das kann l. danebengehen, ins Auge gehen, schiefgehen; es ist l. (ugs.; *durchaus)* möglich, daß ... **6.** (ugs.) *moralisch freizügig:* ein leichtes Mädchen. * (ugs.:) **jmdn. um etwas leichter machen** *(jmdm. ärgerlicherweise eine bestimmte Geldsumme abverlangen, abnehmen):* er hat mich um 20 DM leichter gemacht.
leichtfallen ⟨etwas fällt jmdm. leicht⟩: *etwas macht jmdm. keine Schwierigkeiten:* es fällt ihm leicht, sich umzustellen; ⟨auch ohne Dat.⟩ hier fällt die Entscheidung wirklich nicht leicht.
leichtfertig: a) *unüberlegt:* ein leichtfertiges Verhalten; leichtfertige Worte, Äußerungen; er ist ein leichtfertiger *(unüberlegt handelnder)* Mensch; das ist sehr l.; l. sein Leben aufs Spiel setzen. **b)** (veraltend) *moralisch freizügig:* ein leichtfertiges Leben führen; sie ist etwas l.
leichtmachen: 1. ⟨sich (Dativ) etwas l.⟩ *sich mit, bei etwas wenig Mühe machen:* er hat sich die Arbeit leichtgemacht; sich eine Entscheidung nicht l.; ⟨es sich (Dativ) l.⟩ du hast es dir leichtgemacht. **2.** ⟨jmdm. etwas l.⟩ *jmdm. etwas erleichtern:* jmdm. die Eingewöhnung l.; ⟨es jmdm. l.⟩ es jmdm. l., sich einzugewöhnen; man hatte es ihm leichtgemacht fortzugehen (iron.; *ihn so behandelt, daß er gern fortgegangen ist).*
Leichtsinn, der: *Unüberlegtheit; unvorsichtige, sorglose Haltung:* ein beispielloser, unverantwortlicher, sträflicher L.; sein L. wurde ihm zum Verhängnis; etwas aus L. tun; das sagst du in deinem jugendlichen L. (ugs.; *in deiner Unerfahrenheit).*
leichtsinnig: *sorglos, unbedacht:* ein leichtsinniger Mensch; ein leichtsinniges Überholmanöver; l. handeln; sie ist viel zu l.; sein Geld l. ausgeben; er hat sein Leben l. aufs Spiel gesetzt.
Leid, das: **1.** *Kummer, tiefer Schmerz:* ein bitteres, schweres L.; R: geteiltes L. ist halbes L. · sie teilten Freud und L. miteinander; viel L. erfahren, ertragen müssen; alles L. geduldig ertragen. **2.** *Unrecht, Böses:* es soll dir kein L./(veraltet:) Leids geschehen. * (geh.:) **sich** (Dativ) **ein Leid/** (veraltet:) **ein Leids antun** *(Selbstmord begehen)* · **jmdm. sein Leid klagen** *(jmdm. von seinem Kummer, seinen Sorgen erzählen)* · (geh.:) **um jmdn. Leid tragen** *(um jmdn. trauern)* · **etwas tut/** (veraltet:) **ist jmdm. leid** *(jmd. bedauert, bereut etwas):* es tut mir leid, daß ich nicht kommen kann; das wird dir noch einmal l. tun; so l. es mir tut, aber ... /als Ausdruck der Zurückweisung/: [es] tut mir l., aber so geht es nun nicht /als Ausdruck scharfer Zurechtweisung/ · **jmdm. leid tun** *(von jmdm. bedauert werden):* die Mutter tut mir wirklich leid · **jmdm., etwas leid sein** *(jmds., einer Sache überdrüssig sein)* · (ugs.:) **jmdn., etwas leid haben,** *(jmds., einer Sache, überdrüssig sein).*
leiden: 1. a) ⟨meist mit Umstandsangabe⟩ *Schmerzen aushalten:* lange, viel, schwer l.; bei dieser Krankheit mußte er furchtbar l.; man sieht ihr an, daß sie leidet; R: lerne l., ohne zu klagen!;

adj. Part.: einen leidenden Gesichtsausdruck haben; er ist schon seit langer Zeit leidend; leidend aussehen. **b)** ⟨an etwas l.⟩ *an etwas erkrankt sein:* an Rheuma, an Schwermut l. **c)** ⟨unter jmdm., unter etwas l.⟩ *Kummer, Unangenehmes zu ertragen haben, Schweres durchmachen:* unter Schlaflosigkeit l.; unter den Auswirkungen des Krieges hat die Bevölkerung am meisten zu l.; unter der Hitze, Kälte l.; unter jmds. Launen l.; sie leidet unter diesem Tyrannen. **d)** (geh.) ⟨etwas l.⟩ *aushalten:* Durst, Hunger, Not, Unrecht l.; wir litten großen Mangel an Lebensmitteln. **2. a)** ⟨jmdn. l.; in Verbindung mit *können, mögen* und Umstandsangabe⟩ *sympathisch finden:* jmdn. gut, nicht gut l. können, mögen; er hat mich noch nie l. können, mögen; ⟨auch ohne Umstandsangabe⟩ ich kann sie, mag sie l. *(ich mag sie gern).* **b)** ⟨etwas nicht l.; in Verbindung mit *können* oder *mögen*⟩ *etwas nicht ausstehen können:* ich kann, mag dieses Gerede, Benehmen [auf den Tod] nicht l.; ich kann es nicht l., wenn ... (ugs.; *es ärgert mich, ich hasse es, wenn ...).* **3.** (geh.) ⟨etwas nicht l.⟩ *etwas nicht zulassen, nicht dulden:* ich leide das, so etwas nicht; diese Arbeit hat keinen Aufschub gelitten. **4.** ⟨etwas leidet durch/unter etwas⟩ *etwas nimmt durch etwas Schaden:* die Möbel können durch die/unter der Feuchtigkeit l.; durch diese Affäre hat sein Ansehen erheblich gelitten.
Leiden, das: **a)** *lang dauernde [schwere] Krankheit:* ein körperliches, organisches, chronisches L.; ein altes L. macht ihm wieder zu schaffen; an einem unheilbaren L. sterben; nach langem, schwerem L. starb ...; übertr.: es ist immer [noch] das alte L. (ugs.; *immer [noch] die gleiche leidige Sache).* **b)** ⟨meist Plural⟩ *Elend, Qualen:* die L. eines Volkes; die Freuden und L. des Lebens; er sieht aus wie das L. Christi (ugs.; *sieht elend aus).*
Leidenschaft, die: *heftiges Verlangen; starke Gefühlserregung:* eine wilde, unglückliche, verhängnisvolle, blinde, gefährliche, entfesselte L.; die L. des Spielens; das Glücksspiel ist seine [große] L. *(Passion);* seine L. riß ihn fort (geh.); eine glühende, heftige L. *(Zuneigung)* zu jmdm. empfinden; seine L. zügeln, bändigen; Leidenschaften erregen, entflammen, anstacheln, schüren; seine L. für etwas entdecken; seiner L. nachgeben, frönen; sich seiner L. hingeben; der L. des Glücksspiels verfallen sein; etwas aus L. tun; ein Sammler aus L.; etwas mit viel L. *(Hingabe)* betreiben; von stürmischer L. erfaßt werden; frei von Leidenschaften, von jeder L. sein; von der L. zum Theater besessen sein.
leidenschaftlich: 1. *voller Leidenschaft:* eine leidenschaftliche Frau; ein leidenschaftlicher Haß, Protest, Aufruf; eine leidenschaftliche Zuneigung, Liebe [zu jmdm.], ein leidenschaftliches Verlangen; ein leidenschaftlicher Kämpfer für die Freiheit; er ist immer sehr l.; sich für etwas l. einsetzen; etwas l. fordern, bekämpfen; jmdn. l. lieben, küssen. **2.** *begeistert, passioniert:* ein leidenschaftlicher Autofahrer, Jäger, Sammler. **3.** ⟨verstärkend in Verbindung mit *gern*⟩ *sehr:* l. gern Tennis spielen; er ißt l. gern Torte.
leider ⟨Adverb⟩: *bedauerlicherweise:* ich kann l. nicht kommen; das ist l. nicht möglich; l.! /Ausruf des Bedauerns/; l. nicht; l. nein; l. ja.

leidig: *unangenehm, lästig;* eine leidige Sache, Angelegenheit; ein leidiger Zufall; wenn nur das leidige Geld *(das Geldproblem)* nicht wäre!
leidlich: *erträglich, annehmbar:* wir hatten leidliches Wetter; leidliche Kenntnisse in Englisch haben; er spielt l. [gut] *(einigermaßen [gut])* Klavier; mir geht es [so] l. (ugs.; *einigermaßen gut).*
Leidtragende ⟨meist in der Verbindung⟩ der Leidtragende sein: *jmd. sein, der die negativen Folgen von etwas zu tragen hat.*
Leidwesen ⟨in den Verbindungen⟩ zu jmds. Leidwesen *(zu jmds. großem Bedauern):* zu meinem L. konnte ich nicht teilnehmen · zu jmds. Leidwesen von *(zum Ärger, Mißfallen von):* zum L. von vielen Anwohnern/vieler Anwohner hatte sich in der Straße eine Diskothek etabliert.
Leier, die: *antikes Musikinstrument:* die L. spielen, schlagen; auf der L. spielen; Apoll mit der L. * (ugs.:) **die alte/gleiche/dieselbe Leier** *(die alte, immer wieder vorgebrachte Sache, Angelegenheit):* jetzt kommt er wieder mit der alten L.
leiern: 1. (selten) ⟨etwas l.; mit Raumangabe⟩ *etwas mit einer Winde aus etwas herausbefördern:* den Eimer aus dem Brunnen l. 2. ⟨[etwas] l.⟩ *gleichförmig, monoton vortragen; herunterleiern:* Gebete, Verse l.; er hat beim Vortrag des Gedichts zu sehr, entsetzlich geleiert.
leihen: 1. ⟨jmdm. etwas l.⟩ *jmdm. etwas unter dem Versprechen der Rückgabe geben:* er hat mir Geld, das Buch [bis Ende der Woche] geliehen; ü b e r t r. (geh.): jmdm. seinen Beistand l. *(helfen),* sein Vertrauen l. *(vertrauen);* leihen Sie mir bitte Ihre Aufmerksamkeit, Ihr Ohr! *(hören Sie mir bitte zu!)* 2. ⟨[sich (Dativ)] etwas l.⟩ *mit dem Versprechen der Rückgabe von jmdm. nehmen:* sich 20 DM, eine Briefmarke [bei, von jmdm.] l.; den Wagen habe ich geliehen.
Leim, der: *ein Klebstoff:* ein dünner, fester, zähflüssiger L.; L. anrühren; etwas mit L. festkleben. * (ugs.:) **etwas geht aus dem Leim** *(etwas geht entzwei)* · (ugs.:) **jmdm. auf den Leim gehen, kriechen** *(auf jmdn., jmds. Trick hereinfallen)* · (ugs.:) **jmdn. auf den Leim führen/locken** *(jmdn. überlisten).*
leimen: 1. ⟨etwas l.⟩ *etwas mit Leim zusammenfügen:* einen Tisch, zerbrochenes Spielzeug [wieder] l.; der Stuhl ist schlecht geleimt. 2. (ugs.) ⟨jmdn. l.⟩ *jmdn. hereinlegen:* er hat ihn gehörig geleimt; s u b s t.: jetzt ist er der Geleimte.
Leine, die: *kräftige, längere Schnur:* die L. *(Wäscheleine)* ziehen, spannen; Wäsche auf die L. hängen, von der L. nehmen; den Hund an der L. haben, führen, an die L. nehmen; S e e - m a n n s s p r.: die Leinen *(Taue)* losmachen, loswerfen. * (ugs.:) **jmdn. an der Leine haben/halten; an die Leine legen** *(jmdn. gängeln, ihm wenig Freiheit lassen)* · (ugs.:) **Leine ziehen** *(verschwinden, sich davonmachen)* · (ugs.:) **jmdm. [die] lange Leine lassen** *(jmdm. ein gewisses Maß an Freiheit, Handlungsspielraum lassen).*
Leinwand, die: 1. /eine Stoffart/: feine, grobe L.; eine *(ein Stück Leinwand zum Malen)* spannen, leimen, grundieren; auf L. malen; etwas auf die L. bannen, auf der L. festhalten *(als Maler zum Sujet eines Bildes in Öl auf Leinwand machen).* 2. Projektionswand für [Kino]filme und für Dias: die L. flimmert; es flimmert auf der L.; wie gebannt auf die L. sehen; ü b e r t r.: er erscheint

oft auf der L. *(spielt oft in Filmen mit);* etwas von der L. kennen *(von Filmen kennen).*
leise: 1. *nur schwach hörbar; nicht laut:* eine leise Stimme; ein leises Lachen, Flüstern, Rauschen; leise Schritte, Tritte; auf leisen Sohlen *(ohne Geräusche)* hereinkommen; der Motor ist, läuft l.; das Radio leiser stellen; l. sprechen, klopfen; wir haben ganz l. Nachbarn *(Nachbarn, die keinen Lärm machen);* ihr müßt ein wenig leiser sein *(dürft nicht so viel Lärm machen).* 2. a) (meist geh.) *kaum merklich:* ein leiser Duft, Wind, Wellenschlag; wir spürten nicht den leisesten Hauch; einen leisen Schlaf haben *(bei jedem Geräusch aufwachen);* es regnete l.; etwas l. berühren; sie streichelte ihm l. das Haar. b) *schwach, nur als Andeutung vorhanden:* eine leise Ahnung, Andeutung, Anspielung, Hoffnung; ich habe das leise Gefühl, daß ...; ein leiser Verdacht; ein leises Staunen; nicht den leisesten *(nicht den geringsten)* Zweifel [an etwas] haben; einen leisen Ekel, Widerwillen verspüren; er hat nicht die leiseste *(nicht die geringste)* Ahnung davon.
leisten: 1. ⟨etwas l.⟩ a) *etwas schaffen, vollbringen:* er leistet etwas, viel, wenig, Außerordentliches, Erstaunliches, fast Übermenschliches; gute politische Arbeit l. *(verrichten);* auf diesem Gebiet hat er noch nichts geleistet; zehn Überstunden l. *(machen);* das ist nicht zu l. *(das läßt sich nicht machen).* b) *nutzbare Kraft erbringen:* der Motor leistet 80 PS, zu wenig; die Maschine leistet diese Arbeit nicht *(ist für diese Arbeit, Belastung zu schwach).* c) /verblaßt/: Beistand, Hilfe l. *(helfen);* Abbitte l. *(jmdn. um Verzeihung bitten);* Gehorsam, Folge l. *(gehorchen, einer Sache nachkommen);* Widerstand l. *(sich widersetzen);* [jmdm.] Ersatz l. *([jmdm.] etwas ersetzen);* Gewähr, Garantie l. *(garantieren);* einen Eid, Meineid, den Offenbarungseid l. *(schwören);* Verzicht l. *(verzichten);* eine Anzahlung l. *(einen Betrag anzahlen);* eine Unterschrift l. *(unterschreiben);* [an jmdn.] eine Zahlung l. *(zahlen).* 2. ⟨sich (Dativ) etwas l.⟩ a) *sich etwas gönnen, etwas finanziell ermöglichen können:* sich einen neuen Anzug, eine große Reise l.; von dem Gehalt kann ich mir kein Auto l. b) *sich etwas herausnehmen:* sich eine Frechheit, eine böse Entgleisung l.; was er sich schon alles geleistet hat!
Leisten, der: a) *bei der Schuhherstellung gebrauchtes Modell in Form eines Fußes:* Schuhe über einen L. arbeiten, schlagen; L. verschiedener Größe. b) *Schuhspanner:* L. in die Schuhe schieben; Schuhe auf L. spannen. * (ugs.:) **alles über einen Leisten schlagen** *(alles gleich behandeln und wichtige Unterschiede nicht beachten).*
Leistung, die: 1. a) *Leistungsfähigkeit:* die L. muß noch verbessert werden; das beeinträchtigt die L. der kleinen Betriebe. b) (Technik) *nutzbare Arbeitskraft:* der Motor hat, bringt eine L. von 150 PS; die L. der Maschine drosseln, steigern, erhöhen, voll ausnutzen. 2. *das Geleistete; getane, hervorgebrachte körperliche, geistige Arbeit:* eine gute, ausgezeichnete, erstaunliche, unbefriedigende, schwache, schlechte L.; das ist keine besondere L.; was du da geschafft hast, ist wirklich eine L. (ugs.; *ist anerkennens-, bewundernswert)* (ugs.; auch iron.:) das ist eine reife L.!; eine große sportliche, technische L.; die schulischen

Leistungen; die Leistungen der Ärzte werden unterschiedlich honoriert; die Leistungen sind besser geworden; nur die L. entscheidet; ich möchte seine Leistungen nicht schmälern, aber ...; dadurch werden die Leistungen gesteigert, erhöht; die Mannschaft zeigte, bot eine glänzende L.; Leistungen erbringen; hier mußt du L. bringen (ugs.; mußt du etwas leisten); **3.** ⟨meist Plural⟩ *finanzielle Aufwendungen für jmdn.:* die sozialen Leistungen einer Firma, der Krankenkasse; zu einer L. verpflichtet sein.

leiten: 1. ⟨jmdn., etwas l.⟩ *verantwortlich führen:* eine Arbeitsgruppe, eine Schule, einen Betrieb, ein Unternehmen l.; eine Sitzung, eine Diskussion l.; Sport: ein [Fußball]spiel (als Schiedsrichter) l.; ⟨auch ohne Akk.⟩ der Schiedsrichter hat gut geleitet; der Botschafter leitet die Verhandlungen; adj. Part.: leitender Angestellter, Ingenieur; er hat eine leitende Stellung, Funktion. **2.** a) ⟨jmdn. l.; mit Raumangabe⟩ *jmdn. irgendwohin führen, gelangen lassen:* jmdn. durch das Haus l.; übertr.: mein Instinkt, ein Gefühl leitete mich an die richtige Stelle; verschiedene Umstände leiteten uns zu diesem Entschluß; ⟨selten auch ohne Akk.⟩ dieser Hinweis leitete auf die richtige Spur ...; adj. Part.: der leitende Gedanke war ...; es fehlt die leitende Hand. **b)** ⟨sich von etwas l. lassen⟩ *nach einem bestimmten Gedanken handeln:* sich nur von wirtschaftlichen Gesichtspunkten l. lassen; ich habe mich von der Vorstellung l. lassen, daß ... **3.** ⟨etwas l.; mit Raumangabe⟩ *in eine bestimmte Bahn bringen, irgendwohin lenken:* Erdöl, Gas durch Rohre l.; der Bach wird in ein anderes Bett geleitet; ein Gesuch an die zuständige Stelle l. **4.** (Technik) ⟨etwas leitet etwas⟩ *etwas läßt etwas hindurchgehen, führt etwas weiter:* Metalle leiten Strom, Wärme; ⟨auch ohne Akk.⟩ Kupfer leitet gut.

¹Leiter, der: **1.** *leitende Person:* er ist der kaufmännische, technische, künstlerische L.; er ist L. eines Unternehmens, einer Expedition, Schule, Abteilung; einen neuen L. einstellen, berufen; jmdn. zum L. von etwas machen, befördern, ernennen. **2.** (Technik) *Stoff, der Energie leitet:* ein guter, schlechter L.; etwas wirkt als L.

²Leiter, der: **1.** *Gerät mit Sprossen zum Hinauf- und Hinuntersteigen:* eine hohe, ausziehbare L.; eine L. aus Metall; die L. ist, steht nicht sicher; die L. anstellen, an die Wand lehnen; die L. hinauf-, hinuntersteigen; auf der L. stehen; auf die L. steigen; die Bewohner wurden über eine L. gerettet; von der L. fallen; bildl.: er ist auf der L. des Erfolges eine Stufe höher gestiegen.

Leitung, die: **1.** a) *das Führen:* eine strenge, straffe L.; die L. der Firma übernehmen; jmdm. die L. von etwas übertragen, anvertrauen; er wurde mit der L. der Expedition betraut. **b)** *leitende Person oder Führungsgruppe:* die technische, kaufmännische L.; das Geschäft wird unter neuer L. weitergeführt, steht unter neuer L.; das Orchester spielt unter L. von ... **2.** (Technik) **a)** *Rohrleitung:* eine L. für Wasser, Gas, Fernheizung legen; die L. ist undicht, gebrochen, geplatzt; die L. verläuft unterirdisch; die L. wird bis an die Küste geführt; er trinkt Wasser aus der L. *(Leitungswasser).* **b)** *Stromleitung:* die L. steht unter Hochspannung; die L. unter Putz legen; L.

nicht berühren! **c)** *Telefonleitung:* die L. ist besetzt, frei, überlastet, unterbrochen, gestört, tot (ugs.; *gibt kein Zeichen);* eine L. anzapfen, an-, abklemmen, durchschneiden, [aus der Wand, aus dem Anschluß] herausreißen; eine direkte L. nach Rom einrichten, schalten; es knackt in der L.; jmdn. an der L. (ugs.; *am Telefon)* haben; es ist jmd. in der L. (ugs.; *jmd. hört mit);* gehen Sie aus der L. * (ugs.:) **eine lange Leitung haben:** *(schwer begreifen)* · (ugs.:) **auf der Leitung stehen/sitzen** *(begriffsstutzig sein).*

Lektion, die: **1.** a) *Abschnitt eines Lehrbuches:* die dritte, vorletzte L. [in Französisch]; eine L. behandeln, durchnehmen, wiederholen; das Buch umfaßt, hat dreißig Lektionen. **b)** *Unterrichtspensum:* seine L. lernen; er kann seine L. [gut]. **2.** (veraltend) *Unterrichtsstunde:* wir hatten heute die vierte L. [in Physik]; eine L. [über ein Thema] vorbereiten. **3.** *Zurechtweisung, einprägsame Lehre:* eine schmerzliche, bittere, heilsame L.; jmdm. eine L. geben, erteilen.

Lektüre, die: **a)** *Lesestoff:* gute, unterhaltende, langweilige, englische L.; das ist keine passende L. für dich; sich für den Urlaub mit L. versorgen; jmdm. etwas als L. empfehlen; in seine L. vertieft sein. **b)** *das Lesen:* jmdm. eine genaue, aufmerksame, kursorische L. von etwas empfehlen; bei der L. des Buches fiel mir auf, daß ...; jmdm. etwas zur L. empfehlen.

lenken: 1. a) ⟨etwas l.⟩ *steuern, führen:* ein Fahrzeug, ein Gespann, einen Wagen, ein Fahrrad l.; ⟨auch ohne Akk.⟩ sehr sicher l.; laß mich mal l.!; übertr.: einen Staat, die Wirtschaft l.; die Presse ist gelenkt. **b)** ⟨etwas l.; mit Raumangabe⟩ *etwas lenkend an eine bestimmte Stelle, in eine bestimmte Richtung bewegen:* den Wagen durch das Tor, in die, aus der Toreinfahrt, nach rechts l.; seine Schritte heimwärts l.; übertr.: das Gespräch auf ein anderes Thema, in eine andere Richtung l.; seinen Blick auf jmdn. l.; den Verdacht auf jmdn. l.; seine Aufmerksamkeit, jmds. Gedanken auf etwas l. **2.** ⟨jmdn. l.⟩ *leiten, führen:* man muß das Kind l.; er läßt sich schwer l.; es fehlt ihm/bei ihm die lenkende Hand.

Lenz, der: **1.** (geh.) *Frühling:* der L. hält [seinen] Einzug; übertr.: er ist, steht noch im L. des Lebens. **2.** (scherzh.) ⟨Plural⟩ *Lebensjahre:* sie zählt erst zwanzig Lenze. * (ugs.:) **einen sonnigen, schönen, ruhigen, faulen o. ä. Lenz haben, schieben** *(ein angenehmes, bequemes Leben, eine leichte, bequeme Arbeit haben)* · (ugs.:) **sich** (Dativ) **einen schönen Lenz machen** *(sich sein Leben sehr bequem einrichten).*

lernen /vgl. gelernt/: **1.** a) *sich Wissen, Kenntnisse aneignen:* gut, schlecht, gerne, leicht, schnell, schwer l.; er sitzt bis in die Nacht hinein und lernt; man kann nie genug l. **b)** ⟨etwas l.⟩ *sich etwas aneignen, einprägen, Fertigkeiten in etwas erwerben:* eine Sprache, Französisch, ein Gedicht, Vokabeln l.; etwas auswendig l.; lesen, schreiben, schwimmen, tanzen, kochen, Stenographie und Schreibmaschine l.; Auto fahren/Autofahren l.; Klavier, ein Instrument spielen l.; ich muß noch l., Englisch zu sprechen; er hat die Maschine [zu] bedienen gelernt; du hast noch warten gelernt; hast nicht warten gelernt; wir haben gelernt, selbständig zu sein; von/bei ihm kannst du noch etwas l.; wo habt ihr das gelernt?; er lernt's nie/wird es nie lernen/(ugs.; *er versteht es nicht, er ist ungeschickt*); da kann man das Fürchten l.! *(das ist eine schlimme Sache!).* **2.** (ugs.) ⟨etwas l.⟩ *ein Handwerk, einen Beruf erlernen:* einen Beruf l.; er hat Bäcker gelernt; ⟨auch ohne Akk.⟩ er muß drei Jahre l. *(die Ausbildungszeit beträgt drei Jahre);* er lernt noch *(ist noch in Ausbildung)* · das will gelernt sein *(man muß es viel geübt haben, wenn man es beherrschen will);* R: gelernt ist gelernt. **3.** ⟨aus etwas l.⟩ *aus etwas Lehren ziehen:* aus der Geschichte, aus der Erfahrung l.; er ist nicht in der Lage, aus seinen Fehlern zu l. **4.** ⟨etwas lernt sich; mit Artangabe⟩ *etwas läßt sich in bestimmter Weise lernend bewältigen:* der Text, die Rolle lernt sich leicht. – Die Verwendung von *lernen* an Stelle von *lehren* (ich habe ihn schreiben gelernt) ist nicht korrekt.

Lesart, die: **a)** *Formulierung, Wortlaut:* eine andere, abweichende L.; die Lesarten miteinander vergleichen. **b)** *Darstellung, Auslegung eines Vorgangs:* eine falsche, andere L.; nach offizieller L.

¹lesen: 1. *etwas Geschriebenes, einen Text o. ä. mit den Augen und dem Verstand erfassen:* **a)** laut, leise, schnell, langsam, deutlich, stockend l.; er liest gerne; jeden Abend im Bett l.; in einem Buch l.; die Kinder können schon l., lernen l. **b)** ⟨etwas l.⟩ einen Satz, die Zeitung, einen Roman, einen Bericht l.; Noten, eine Partitur l.; wir lesen das Drama mit verteilten Rollen; eine Nachricht in der Zeitung l.; ich habe in dem Protokoll gelesen, daß er/wer den Unfall verschuldet hat; etwas flüchtig, aufmerksam, mit Interesse l.; lies doch mal am Aushang, ob der Betriebsausflug stattfindet; wo hast du das gelesen?; seine Handschrift ist schlecht zu l. *(entziffern);* etwas nicht mehr l. *(entziffern)* können; am liebsten liest er Goethe, moderne Autoren; ein gern gelesener Roman, Schriftsteller; der Text ist so zu l. *(zu verstehen, zu interpretieren),* daß ...; hier ist zu l. *(steht geschrieben),* daß ...; Politik: ein Gesetz l. *(vor dem Parlament beraten);* Druckerspr.: Korrekturen, Fahnen l. *(neu gesetzten Text auf seine Richtigkeit durchlesen);* kath. Rel.: eine Messe l. *(zelebrieren);* übertr.: Gedanken l. *(erraten)* können. **c)** ⟨etwas l.; mit Präp.-Obj.⟩ man konnte viel, nichts, etwas darüber l.; ich habe davon gelesen. **2.** ⟨[etwas] aus etwas l.⟩ *vorlesen:* aus eigenen Werken l.; der Dichter las einige Abschnitte aus einer unveröffentlichten Novelle. **3.** ⟨etwas in/aus etwas l.⟩ *einer Sache etwas entnehmen; ablesen, erkennen:* aus jmds. Zeilen einen Vorwurf, gewisse Zweifel l.; in seiner Miene konnte man die Verbitterung l.; aus seinem Blick, Gesicht war deutlich zu l., was er dachte. **4.** ⟨etwas liest sich; mit Artangabe⟩ *etwas läßt sich in bestimmter Weise lesen:* das Buch liest sich leicht, flüssig, schwer; der Bericht las sich wie ein Roman. **5.** ⟨[etwas] l.⟩ *eine Vorlesung halten:* zweimal in der Woche l.; er liest neueste Geschichte, moderne Lyrik; ⟨über etwas l.⟩ über moderne Lyrik l.

²lesen ⟨etwas l.⟩: **a)** *sammeln:* Ähren, Beeren, Trauben l. **b)** *verlesen, Schlechtes aussondern:* Erbsen, Linsen, Mandeln, Rosinen l.; Salat l. *(die äußeren, schlechten Blätter entfernen).*

Lesung, die: **1. a)** *das Vorlesen vor einem Publikum:* der Dichter hält eine L., kommt zu einer L.;

eine L. veranstalten. **b)** *im Gottesdienst vorgelesener Bibeltext aus der Bibel:* eine L. aus der Heiligen Schrift. **2.** (Politik) *parlamentarische Beratung:* das Gesetz wurde in dritter L. angenommen, verabschiedet.

Lethargie, die: *geistige Trägheit; Interesselosigkeit:* aus seiner L. erwachen; jmdn. aus seiner L. reißen, aufrütteln; in eine gefährliche L. [ver]fallen, versinken.

letzte: 1. *das Ende einer [Reihen]folge bildend:* das l. Haus [in der Straße]; der l. Buchstabe des Alphabets; das ist das l. Glas, das ich trinke; am letzten Tag des Monats; des Jahres; ich sage [dir] das zum letzten Mal[e]; die l. Möglichkeit; das ist mein letztes *(äußerstes)* Angebot; zum letzten *(äußersten, schlimmsten)* Mittel greifen; mit letzter Kraftanstrengung *(unter Aufbietung aller Kräfte);* subst.: er ist der l. *(der Reihe nach);* er kam als letzter ins Ziel; er ist, wäre der l., dem ich es sagen würde *(ihm würde ich es am allerwenigsten sagen);* ich bin der l., der dich daran hindert *(ich hindere dich keinesfalls daran);* dies ist das l., was ich tun würde *(das würde ich am allerwenigsten tun);* er ist Letzter/der Letzte *(dem Rang nach)* in der Hierarchie; das Erste und das Letzte *(Anfang und Ende);* der Letzte *(letzte Tag)* des Monats; das ist doch das Letzte! (ugs.; *das ist unerhört);* er ist der Letzte seines Geschlechts; ein Letztes habe ich noch zu sagen; bis zum Letzten *(Äußersten)* gehen; R: die Letzten werden die Ersten sein · übertr.: das rührt an die letzten *(tiefsten)* Geheimnisse; im letzten Moment *(ganz knapp vor dem Eintreten von etwas);* das kann man nicht mit letzter *(absoluter)* Sicherheit sagen. **2.** *vergangen; unmittelbar vor dem jetzigen Ereignis, Zeitpunkt:* den letzten Urlaub verbrachten wir am Mittelmeer; [am] letzten Sonntag; in der letzten Nacht, im letzten Jahr; in letzter Zeit/in der letzten Zeit kam so etwas weniger vor; in der letzten Sitzung, beim letzten Mal[e], letztes Mal haben wir darüber gesprochen. **3.** *restlich:* die letzten Pfennige, Groschen für etwas ausgeben; etwas bis auf den letzten Heller (ugs.; *vollständig)* bezahlen; das sind die letzten Exemplare. **4.** (ugs.) *übel, mies:* das sind die letzten Typen; das ist das l. Auto. * **am,** zum letzten *(zuletzt)* · **bis aufs letzte** *(völlig, total)* · **bis ins letzte** *(genau)* · **bis zum letzten** *(sehr)* · **fürs letzte** *(zuletzt)* · **sein Letztes** **[für jmdn., für etwas] geben** *(all seine Kräfte und Mittel einsetzen).*

letztens ⟨Adverb⟩: **1.** *vor kurzem, kürzlich:* l. habe ich dort etwas gekauft; wir haben l. schon darüber gesprochen. **2.** *zuletzt, schließlich; an letzter Stelle:* viertens und l. bin ich zu diesem Zeitpunkt wahrscheinlich verreist.

letztlich ⟨Adverb⟩: *schließlich:* l. hängt alles von dir ab; das läuft l. auf das gleiche hinaus.

Leuchte, die: *Lampe:* moderne Leuchten; übertr.: er ist kein große L. *(war nicht besonders intelligent);* er ist eine große L. der Wissenschaft, eine L. in Mathematik.

leuchten: 1. a) *Licht irgendwohin fallen lassen, werfen:* mit einer Taschenlampe l.; in den Keller, unter den Schrank, in alle Winkel des Hauses l.; (jmdm. l.; mit Raumangabe) er leuchtete ihm direkt ins Gesicht. **b)** (jmdm. l.) *den Weg erhellen:* würdest du mir bitte mal l.? **2.** ⟨etwas leuchtet⟩ *et-*

was strahlt, glänzt, funkelt: die Kerze, die Lampe leuchtet; die untergehende Sonne leuchtet am Horizont; die Sterne, einige Lichter leuchteten in der Nacht; ihre Augen leuchten vor Freude; mit leuchtenden Augen zusehen; leuchtende *(helle und kräftige)* Farben; über tr.: ein leuchtendes *(nachahmenswertes)* Beispiel, Vorbild; ein leuchtendes *(klares)* Ziel vor Augen haben; aus ihren Augen leuchtete *(strahlte)* das Glück.

leugnen ⟨etwas l.⟩: *abstreiten:* seine Schuld, eine Tat l.; er leugnet nicht, den Mann gesehen zu haben/daß er den Mann gesehen hat; seine Intelligenz hat niemand geleugnet *(bestritten);* ich kann nicht l. *(ich gebe gerne zu),* daß es mir gut geht; es war nicht zu l. *(es stand eindeutig fest),* daß das Geld fehlte; ⟨auch ohne Akk.⟩ *seine Schuld abstreiten:* er leugnet weiterhin hartnäckig; subst.: alles Leugnen half ihm nichts.

Leumund, der: *Ruf:* einen guten, üblen L. haben; sein L. ist schlecht; Bewerber mit einwandfreiem L.; jmdm. einen guten L. bescheinigen; jmdn. in schlechten L. *(in Verruf)* bringen.

Leute, die ⟨Plural⟩: **1.** *Menschen:* junge, alte, reiche, arme, vornehme, ehrliche, ordentliche, interessante, kluge, tüchtige, nette, brave L.; kleine, einfache *(sozial niedrigstehende)* L.; bessere (veraltend; *sozial bessergestellte)* L.; L. vom Bau, von Rang und Namen; hört mal her, L.! (ugs.); L., das wird ja noch was geben (ugs.); was werden die L. [dazu] sagen?; viele L. meinen, ...; sie ist bestrebt, L. kennenzulernen (ugs.); R: wir sind geschiedene L. (ugs.; *wir haben nichts mehr miteinander zu tun*); hier ist es nicht, geht es nicht zu wie bei armen Leuten (ugs.; *wir haben alles*) · ich will Land und L. kennenlernen; etwas auf anderer L. Kosten tun; etwas ist in aller L. Munde; er versteht, weiß mit Leuten umzugehen; du mußt dich öfter unter den Leuten *(in der Öffentlichkeit)* zeigen; vor allen Leuten *(vor aller Öffentlichkeit);* der L. wegen *(der Umgebung wegen, die über alles ein kritisches Urteil abgibt);* **2.** *Untergebene; Personal:* gute, tüchtige, nicht die richtigen L. haben; keine L. *(Arbeitskräfte)* bekommen; die L. richtig einsetzen; er behandelt seine L. gut; der Offizier hat ein gutes Verhältnis zu seinen Leuten. **3.** (ugs.) *Verwandte:* die jungen L. *(das junge Ehepaar)* haben eine eigene Wohnung; ich fahre zu meinen Leuten; er ist von seinen Leuten *(von der Gruppe, der er angehörte)* im Stich gelassen worden. ∗ (ugs.:) **unter die Leute gehen, kommen** *(sich unter Menschen begeben, sich nicht abkapseln)* · **etwas unter die Leute bringen** *(dafür sorgen, daß etwas bekannt wird).*

leutselig: *wohlwollend freundlich im Umgang mit Untergebenen oder einfacheren Menschen; nicht hochmütig:* ein leutseliger Vorgesetzter; er ist, gibt sich gern l.; l. mit jmdm. sprechen; der Direktor klopfte ihm l. auf die Schulter.

Leviten (nur in der Wendung) jmdm. die Leviten lesen (ugs.): *jmdn. heftig tadeln, zurechtweisen.*

licht: 1. (geh.) *voller Licht, Helligkeit:* der lichte Morgen; lichte Wohnungen, Räume, Straßen; es wird l. **2.** *hell und freundlich wirkend:* ein lichtes Blau; lichte Farben. **3.** (geh.) *dünn bewachsen, nicht dicht [stehend]:* eine lichte Stelle im Wald; lichter Baumbestand; lichte *(weite)* Maschen; die Häuser stehen l.; sein Haar wird immer lichter *(er*

hat Haarausfall). **4.** *von der einen zur anderen Begrenzungsfläche gemessen:* die lichte Höhe einer Brücke; das Rohr hat eine lichte Weite von 8 cm.

Licht, das: **1.** *von einer Lichtquelle ausgehende Helligkeit:* starkes, schwaches, helles, strahlendes, gedämpftes, warmes, weiches, mildes, kaltes, fahles, bleiches, weißes, farbiges, elektrisches, natürliches L.; das L. des Tages, der Sonne, einer Kerze, einer [Glüh]lampe; das grelle L. blendet, stört, fällt durch ein kleines Fenster, schräg in den Flur; nur künstliches L. erhellt den Raum; R: wo [viel] L. ist, ist auch [viel] Schatten · L. machen *(die Beleuchtung einschalten);* etwas ans, ins L., gegen das L. halten; ich habe gegen das L. fotografiert; jmdm. das L. [weg]nehmen, im L. stehen; etwas bei L. *(bei Tageslicht)* betrachten; das Gemälde hängt nicht im richtigen L., hat nicht das richtige L.; im vollen L. stehen, erscheinen, sich zeigen; ins L. treten; der Raum war von gleißendem L. erhellt; über tr.: das L. der Erkenntnis, der Vernunft, der Wahrheit. **2. a)** *Lichtquelle, Lampe:* die tausend Lichter einer Großstadt; das L. ist an, brennt, geht aus, ist aus; es brannten alle Lichter im Haus; die Lichter spiegeln sich auf dem See; das L. andrehen, anknipsen, anmachen, anschalten, ausdrehen, ausknipsen, ausschalten; sie haben erst jetzt L. (veraltend; *elektrische Leitungen)* legen lassen; die Rechnung für Gas und L. (ugs. veraltend; *elektrischen Strom);* über tr.: dort, in dieser Region gehen die Lichter aus *(wird die Lage schwierig).* **b)** *Kerze:* das L. flackert, brennt ruhig, verlischt; die Lichter/(veraltet:) Lichte anzünden, auslöschen, ausblasen, auspusten; die Lichter [des Christbaumes] aufstecken. **3.** (Malerei) *Glanzlicht:* der Maler setzte [dem Bild, im Bild] einige Lichter auf; an der einen oder anderen Stelle fehlt noch ein L. **4.** (Jägerspr.) (meist Plural) *Auge des Wildes:* helle, funkelnde Lichter; die Lichter des Rehs, des Hirsches. ∗ **grünes Licht geben** *(die Erlaubnis geben, etwas zu beginnen, in Angriff zu nehmen)* · (ugs.:) **kein großes Licht sein** *(nicht sehr intelligent, klug sein)* · (geh.:) **das Licht der Welt erblicken** *(geboren werden)* · (ugs.:) **jmdm. geht ein Licht auf** *(jmd. versteht, durchschaut plötzlich etwas)* · (ugs.:) **sein Licht leuchten lassen** *(sein Können, Wissen zeigen)* · **Licht in etwas bringen** *(eine Angelegenheit aufklären)* · **das Licht scheuen** *(etwas zu verbergen haben)* · **sein Licht [nicht] unter den Scheffel stellen** *(seine Leistungen, Verdienste [nicht] aus Bescheidenheit verbergen)* · **etwas wirft ein bestimmtes Licht auf jmdn., auf etwas** *(etwas hat für jmdn., für etwas bestimmte Auswirkungen)* · (ugs.:) **jmdm. ein Licht aufstecken** *(jmdn. über einen bestimmten Sachverhalt [tadelnd, vorwurfsvoll] aufklären)* · **etwas ans Licht bringen/ziehen/zerren** *(etwas an die Öffentlichkeit bringen)* · **etwas kommt ans Licht** *(etwas wird bekannt, offenbar)* · (ugs.:) **bei Licht besehen** *(genauer betrachtet):* bei L. besehen, ist die Sache nicht so schlimm · **jmdn. hinters Licht führen** *(jmdn. täuschen)* · (ugs.:) **sich (Dativ) selbst im Licht stehen** *(sich selbst schaden)* · **jmdn., sich, etwas ins rechte Licht rücken/setzen/stellen** *(jmdn., sich selbst, eine Sache möglichst vorteilhaft erscheinen lassen)* · **etwas in rosigem L., im rosigsten Licht sehen/darstellen** *(etwas sehr positiv beurteilen)* · **et-**

was in einem milderen Licht sehen *(etwas nicht mehr für so schlimm halten)* · in einem guten, günstigen, schlechten o. ä. Licht erscheinen/sich zeigen/stehen *(einen guten, günstigen, schlechten o. ä. Eindruck machen).*

Lichtblick, der: *erfreulicher Ausblick:* das ist ein [kleiner] der einzige L.; dies gehört zu den wenigen Lichtblicken in seinem Leben.

¹**lichten: 1. a)** ⟨etwas l.⟩ *etwas ausdünnen, durchsichtiger machen:* das Unterholz l. **b)** ⟨etwas lichtet sich⟩ *etwas wird durchsichtiger, weniger dicht:* der Wald lichtet sich; nur langsam lichtete sich der Nebel; sein Haar lichtet sich immer mehr *(er hat Haarausfall);* die Reihen lichten sich *(es werden immer weniger)* **2.** ⟨etwas lichtet sich⟩ *etwas wird heller:* das Dunkel, der Himmel lichtete sich; **ü.bertr.:** die Polizei hofft, daß sich das Dunkel bald l. wird *(der Fall aufgeklärt wird).*
²**lichten** (Seemannsspr.) ⟨etwas l.⟩: *hochziehen:* die Anker l.

Lid, das: *Augenlid:* das obere, untere L.; entzündete, gerötete Lider; die Lider wurden ihm schwer *(er wurde müde, schlief bald ein);* mir fallen vor Müdigkeit fast die Lider zu; seine Lider zuckten; er senkte, schloß die Lider.

lieb /vgl. lieber/: **1. a)** *liebevoll, herzlich, freundlich:* ein liebes Wort; jmdm. viele liebe Grüße senden; das ist zu l. von dir; würden Sie so l. sein und auf mein Gepäck achten/mir beim Aussteigen helfen?; jmdn. l. anschauen; **subst.:** jmdm. etwas Liebes tun. **b)** *liebenswert:* er ist ein lieber Mensch; sie hat ein liebes Gesicht, ein liebes Wesen; seine Frau ist sehr l. **c)** *artig:* ein liebes Kind; sei schön l.!; willst du jetzt l. sein? **2.** *angenehm, willkommen:* Sie sind uns stets ein lieber Gast, ein lieber Besuch; je länger, je lieber; am liebsten würde ich hierbleiben; ⟨etwas ist jmdm. l.⟩ es wäre mir [sehr] l., lieber, wenn ...; sein Besuch war mir sehr l. **3.** *geliebt, geschätzt:* die liebe Mutter; unsere lieben Eltern; meine liebe Frau; der liebe Gott; er ist mir l. und wert, l. und teuer; wenn dir dein Leben l. ist, dann verschwinde!; /in vertraulichen Anreden/: lieber Hans, liebste Mutter; /iron. oder verblaßt/: die lieben Verwandten; das liebe Geld; ich habe das so nötig wie das liebe Brot *(habe es sehr nötig);* die Sonne scheint wieder; um des lieben Friedens willen; das weiß der liebe Himmel *(ich weiß es nicht)* · **subst.:** seine Lieben *(Angehörigen)*/ /vertrauliche Anreden/: mein Lieber; Liebster!; meine Liebe!; Liebste!

liebäugeln ⟨mit etwas l.⟩: *sich innerlich, in Gedanken mit etwas, was man gerne haben, gerne tun möchte, beschäftigen:* mit einem roten Sportwagen; er hat schon lange damit, mit dem Gedanken geliebäugelt, die Stellung zu wechseln.

Liebe, die: **1. a)** *starkes [inniges] Gefühl der Zuneigung:* starke, blinde, leidenschaftliche, feurige, freie, eheliche, körperliche, innige [un]glückliche, glühende, heiße, heimliche, verborgene, kindliche, reine, treue, platonische *(nur geistige),* mütterliche, geschwisterliche, christliche, göttliche L.; die wahre, große L.; käufliche L. *(Prostitution);* L. auf den ersten Blick; Gottes L. *(mitfühlende Liebe, Barmherzigkeit)* und Güte; die L. der Eltern; die erste L.; die L. zum Kind, zu Frau und Familie, zu Gott; die L. ist [in-

jmdm.] erwacht, hat ihn ergriffen; die L. ist erkaltet (geh.), erloschen (geh.), erstorben (geh.), vergangen, ihre L. ist noch lebendig; R: alte L. rostet nicht; die L. [des Mannes] geht durch den Magen; L. macht blind; wo die L. hinfällt /*Ausspruch spöttischer Verwunderung*/ · L. erwecken, empfinden, fühlen; jmds. L. erwidern, zurückweisen; seine L. vor jmdm. verheimlichen; L. [für jmdn.] im Herzen hegen (geh.), tragen (geh.), nähren (geh.); jmdm. seine L. beweisen, gestehen, erklären; jmdm. L. schwören; L. machen (ugs.; *koitieren);* ein Kind der L. *(ein uneheliches Kind);* etwas mit [viel] L. tun; jmdm. mit L. umgeben (geh.); in L. erglühen (geh.), entbrennen (geh.); bei jmdm. um L. werben. **b)** *gefühlsbetonte Beziehung zu einer Sache, großes Interesse an etwas:* die L. zur Kunst, zur Heimat, zum Beruf; seine ganze L. gilt, gehört der Eisenbahn; L. etwas zeigen, hegen; aus L. zur Sache. **2.** (ugs.) *Gefälligkeit, freundschaftlicher Dienst:* jmdm. eine L. erweisen; tu mir die L. an und gehe zu ihm; R: eine L. ist der anderen wert. **3.** (ugs.) *geliebte Person:* seine erste L.; sie ist eine alte L. *(frühere Geliebte)* von mir; zu seiner ersten L. zurückkehren. * **bei aller Liebe** *(bei allem Verständnis dafür):* so geht es nicht, bei aller L.; also bei aller L., aber das geht zu weit · **mit Liebe** *(mit großer Sorgfalt, Hingabe):* mit L. kochen.

lieben: 1. a) ⟨jmdn., etwas l.⟩ *innige Zuneigung zu jmdm., zu etwas empfinden:* jmdn. feurig, glühend, heimlich, innig, zärtlich, leidenschaftlich, heiß, abgöttisch, hemmungslos, eifersüchtig, [un]glücklich, wahnsinnig, von ganzem Herzen l.; ein Mädchen, eine Frau, einen Mann, die Menschen, seine Eltern, Kinder, seinen Nächsten, die Heimat, sein Volk, Gott, die Freiheit, sein Leben l.; R: was sich liebt, das neckt sich · sie lieben sich/(geh.:) einander; die beiden lieben sich nicht/haben sich noch nie geliebt (iron.; *können sich nicht leiden);* ⟨auch ohne Akk.⟩ er ist unfähig zu l. *(hat nicht die Fähigkeit, Liebe zu empfinden)* adj. Part.: eine liebende, geliebte Frau; dein dich liebender Mann; geliebter Freund! /veraltet; *freundschaftliche Anrede/.* **b)** ⟨jmdn.⟩ *mit jmdm. Geschlechtsverkehr haben:* er liebte sie, sie liebten sich/(geh.:) einander gleich in der ersten Nacht. **2.** ⟨etwas l.⟩ *etwas gern haben, tun; eine Vorliebe für etwas haben:* klassische Musik, die Natur, Tiere l.; sie hat schon immer schnelle Wagen, einen gewissen Luxus geliebt; einen guten Wein l.; seine Bequemlichkeit [über alles] l.; diese Pflanzen lieben einen sandigen Boden; er liebt [es] zu scherzen; das tut er liebend (ugs.; *sehr)* gern; er liebt es nicht *(sieht es nicht gern, duldet es nicht),* unterbrochen zu werden.

liebenswürdig: *freundlich, herzlich und zuvorkommend:* ein liebenswürdiger Mensch; er hat ein liebenswürdiges Wesen; ich danke Ihnen für Ihre liebenswürdige Einladung; jmdm. einige liebenswürdige Worte sagen; er war sehr l. zu mir; das ist sehr l. von Ihnen /höfliche Dankesformel/; seien Sie bitte so l. ...; wollen Sie bitte so l. sein und ... /höfliche Aufforderung/.

Liebenswürdigkeit, die: **1.** *betonte Höflichkeit, Freundlichkeit:* seine L. war auffallend; würden Sie die L. haben/hätten Sie die L., mir den Teller zu reichen?; sie war von betonter, ausnehmender L. [zu mir]; er konnte von überwältigender, entwaffnender L. sein. **2.** (iron.) *Grobheit, Unverschämtheit, unverschämte Äußerung, Handlung:* jmdm. einige Liebenswürdigkeiten sagen, an den Kopf werfen (ugs.); haben Sie noch mehr [solche] Liebenswürdigkeiten für mich?

lieber ⟨Adverb⟩: **a)** *vorzugsweise:* er trinkt l. Bier; ich würde l. mit dem Auto fahren; l. heute als morgen. **b)** *besser; klugerweise:* ich hätte l. warten, wegbleiben sollen; je eher, je l.; mach es l. gleich; gehe l. nach Hause!

Liebesmühe ⟨in der Wendung⟩ etwas ist vergebliche/verlorene Liebesmühe: *etwas ist umsonst, vergeblich.*

liebevoll: a) *zärtlich besorgt; von Liebe erfüllt:* liebevolle Behandlung, Pflege; einen Kranken, ein Kind l. betreuen; jmdn. l. ansehen, umarmen. **b)** *mit viel Mühe und Sorgfalt:* man hat die Altstadt in liebevoller Arbeit wieder aufgebaut; ein Geschenk l. verpacken.

liebhaben ⟨jmdn. l.⟩: *jmdn. gern haben, lieben:* ich habe ihn liebgehabt; man kann, muß die Kleinen einfach l.

Liebhaber, der: **1. a)** *Verehrer, Geliebter:* ein zärtlicher, leidenschaftlicher, feuriger, verschmähter L.; er ist ihr L.; sich (Dativ) einen L. anschaffen; sie hat einen L. **b)** *Sexualpartner:* er ist ein guter, schlechter, erfahrener L.; als L. taugt er nichts. **2.** (Theater) */ein Rollenfach/:* den jugendlichen L./die Rolle des Liebhabers spielen; er wechselte vom L. ins Charakterfach. **3.** *besonderer Interessent, Freund:* ein L. alter Bücher, von schönen Teppichen; das ist ein Wagen für L.

liebkosen (veraltend) ⟨jmdn. l.⟩: *jmdn. zärtlich streicheln:* die Mutter hat ihr Kind liebkost/ (auch:) geliebkost; der Reiter streichelte liebkosend sein Pferd.

lieblich: a) *anmutig, voller Liebreiz, entzückend:* ein liebliches Kind, Mädchen; sie hat ein liebliches Gesicht; eine liebliche Landschaft; es bot sich ein lieblicher Anblick; von lieblicher Gestalt sein; sie war l. anzusehen. **b)** *angenehm:* der liebliche Duft der Blumen, des Bratens; man hörte liebliche Klänge; eine l. klingende Melodie; der Wein ist, schmeckt l. *(ist von milder Süße);* (iron.:) das ist ja l. *(eine schöne Überraschung).*

Liebling, der: **a)** *jmd., der von jmdm. besonders geliebt wird:* der Sohn ist der L. der Mutter, ist Mutters L.; /als vertraute Anrede/: L., kannst du mir mal helfen?; da bist du ja, L. **b)** *jmd., der jmds. Sympathie, Gunst genießt:* er ist der L. des Chefs, Lehrers; der Spieler wurde zum L. des Publikums; übertr.: ein L. des Glücks, der Götter.

Lied, das: *vertontes Gedicht:* ein ernstes, heiteres, schwermütiges, volkstümliches, frivoles, geistliches, weltliches, religiöses L.; Lieder ohne Worte; das L. *(der Gesang)* der Nachtigall; das L. hat mehrere Strophen, wird mehrstimmig gesungen; ein L. anstimmen, singen, schmettern, ausdrucksvoll vortragen, auf der Gitarre spielen; ein Programm mit slawischen Liedern und Tänzen. ∗ (ugs.:) *etwas ist das alte/gleiche/dasselbe L. (bei, mit jmdm., etwas ist es immer dasselbe, hat sich nichts geändert)* · *von etwas ein Lied singen können/zu singen wissen (über etwas aus eigener unangenehmer Erfahrung berichten können).*

liederlich: 1. *unordentlich, nachlässig, nicht*

sorgfältig: eine liederliche Kleidung, Frisur; jmd. macht einen liederlichen Eindruck; er war schon immer ein wenig l.; die Arbeit ist l. [gemacht]. **2.** *leichtfertig [und verkommen]:* ein liederlicher Mensch; in eine liederliche Gesellschaft geraten; einen liederlichen Lebenswandel führen.

liefern: 1. *eine bestellte Ware bringen, zustellen:* **a)** ⟨etwas l.⟩ Möbel, Zubehör l.; wir liefern die Waren ins Haus, frei Keller, per Bahn, pünktlich, in vierzehn Tagen; die Firma liefert diese Ausführung nur ins Ausland; ⟨jmdm./an jmdn. etwas l.⟩ wir liefern unseren Kunden/an unsere Kunden nur erstklassige Ware. **b)** ⟨mit Umstandsangabe⟩ sofort, schnell, langsam, stockend l.; direkt ab Fabrik l.; das Werk kann zur Zeit, zum vereinbarten Termin nicht l.; die Firma liefert *(verkauft)* auch an Privatkunden. **2.** ⟨etwas l.⟩ *hergeben, bieten, hervorbringen:* das Land liefert Rohstoffe; der Boden liefert begehrte Minerale; die Bienen liefern den Honig; die Maschine liefert 1 000 Exemplare pro Stunde; ⟨jmdm. etwas l.⟩ die vielen Flüsse und Seen liefern dem Land die notwendige Energie. **3.** ⟨etwas l.⟩ *etwas beibringen, vorlegen:* den Nachweis, einen Beweis [für etwas] l.; /oft verblaßt/: die Ereignisse liefern reichlich Gesprächsstoff; die Vergangenheit liefert genug Beispiele dafür. **4.** ⟨jmdm. etwas l.⟩ *mit jmdm. etwas austragen, durchführen:* er lieferte seinem Gegner einen harten Kampf, eine gute Partie; sie lieferten sich ein Duell.

Lieferung, die: **1.** *das Liefern:* pünktliche, termingerechte L.; die L. erfolgt in vier Wochen, verzögert sich um eine Woche; L. sofort; die L. verschieben, quittieren; L. nur gegen Barzahlung; bei L. bar bezahlen; zahlbar innerhalb acht Tagen nach L. **2.** *zu liefernde, gelieferte Ware:* eine lang erwartete L.; eine L. steht noch aus; die L. entsprach nicht der Bestellung; die L. ist eingetroffen; die L. kontrollieren, beanstanden, zurückschicken. **3.** *Teil einer nicht auf einmal erscheinenden größeren Publikation:* die erste L. ist erschienen; man kann die Lieferungen einzeln kaufen; etwas erscheint in Lieferungen.

liegen /vgl. gelegen/: **1. a)** ⟨gewöhnlich mit Umstandsangabe⟩ *in [fast] waagerechter Lage sein, auf einer Unterlage ruhen:* die Weinflaschen müssen l.; flach, ausgestreckt, zusammengerollt, krumm, ganz ruhig, auf dem Rücken l.; auf dem Sofa, auf dem/am Boden, in der Sonne, im Schatten, am Strand, im Sand l.; gerne hart, weich l.; der Kranke muß l. *(darf nicht aufstehen);* sie lag [nackt] im Bett; wach l. *(nicht schlafen [können]);* auf den Knien l. *(knien);* um diese Zeit habe/ (südd., österr., schweiz.:) bin ich schon im Bett gelegen *(war ich noch nicht mehr auf);* mein Vater liegt schon seit drei Wochen [mit einer Lungenentzündung] im, zu Bett *(ist krank und kann nicht aufstehen);* drei Personen lagen tot, [schwer] verletzt auf der Straße; er kam unter das Auto zu l. *(wurde überfahren);* der Kopf des Kranken muß hoch, tief l.; er lag an ihrer Brust; der Skispringer lag fast waagerecht in der Luft; in liegender Stellung schießen; ⟨jmdm. l.⟩ ⟨mit Raumangabe⟩ nach dem Sieg lagen sich die Spieler in den Armen. **b)** ⟨mit Raumangabe⟩ *begraben sein:* in der Familiengruft, auf einem Soldatenfriedhof, in fremder Erde (geh.) l.; hier liegen seine Eltern. **c)** ⟨etwas liegt; mit Raumangabe⟩ *etwas ist irgendwo gelegt, angelegt, verlegt:* die Reifen liegen um das Faß; ein Riegel lag vor der Tür. **d)** ⟨etwas liegt; mit Artangabe⟩ *etwas ist in bestimmter Weise gelegt, hat eine bestimmte Lage:* der Teppich liegt schief; die Haare liegen gut, in Locken. **e)** ⟨etwas liegt; mit Art- und Raumangabe⟩ *etwas hat auf seiner Unterlage, in seiner Umgebung eine bestimmte Lage:* der Griff liegt gut, bequem in der Hand; der Wagen liegt hervorragend auf der Straße. **f)** ⟨etwas liegt voll von etwas⟩ *etwas ist mit etwas bedeckt:* der Tisch liegt voller Bücher; der Boden lag voller reifer Früchte/voll von reifen Früchten. **2.** ⟨etwas liegt; mit Raumangabe⟩ *etwas ist, befindet sich an einer bestimmten Stelle, einem Ort:* im Schrank, im Keller, im Tresor l.; auf dem Boden liegen teure Teppiche; die Bücher lagen auf dem Tisch; die Leiter liegt [schräg] *(lehnt)* am Baum; auf den Bergen liegt noch Schnee; Nebel liegt auf/über den Feldern, im Tal; eine brütende Hitze lag über der Stadt; ein herber Duft hat/ (südd., österr., schweiz.:) ist über der Landschaft gelegen; das Geld liegt auf der Bank *(wird dort auf einem Konto als Guthaben geführt);* der Punkt liegt auf der Diagonalen; das Gebäude lag plötzlich im Scheinwerferlicht; das Originalschreiben liegt bei der Firma; die Leitung liegt unter der Erde; der Eingang liegt auf der Rückseite; in der Stadt liegen zwei Garnisonen; auf der Reede, in der Werft, am Kai l.; Millionen Tonnen Kohle liegen auf Halde; ich habe 50 Flaschen Wein [im Keller] l. *(habe sie vorrätig, verfüge über sie);* das Schriftstück liegt bei den Akten; ⟨jmdm. liegt etwas; mit Raumangabe⟩ das Essen liegt mir schwer im Magen *(ist für mich schwer verdaulich);* übertr.: ein spöttisches Lächeln lag um ihren Mund; dazwischen liegen drei Tage; etwas liegt noch in weiter Ferne, in der Zukunft, im ungewissen; die Betonung liegt auf der zweiten Silbe; so etwas liegt nicht in meiner Absicht; in seinen Worten lag ein Vorwurf; darin hat/(südd., österr., schweiz.:) ist eine große Gefahr gelegen; die Wahrheit liegt in der Mitte. **3.** ⟨mit Umstandsangabe⟩ *eine bestimmte [geographische] Lage haben:* verkehrsgünstig, zentral, ruhig, malerisch, mitten im Wald l.; München liegt an der Isar, ist an der Isar gelegen; der Ort liegt, wir liegen fast 1 000 m hoch; die Insel liegt 3° westlicher Länge; wir ließen das Schloß rechts l. *(fuhren so daran vorbei, daß es rechter Hand lag);* das Zimmer liegt nach vorn, zur Straße, nach Süden; adj. Part.: ein idyllisch liegendes Schloß; ein einsam gelegener Bauernhof; Rechtsspr.: liegende Güter *(Liegenschaften)* haben. **4.** ⟨jmdm. l.⟩ *jmdm., jmds. Art entsprechen:* diese Arbeit, Rolle, Aufgabe liegt ihm [ausgezeichnet]; er hat mir noch nie gelegen; solche Geschäfte, Methoden liegen mir nicht; es liegt mir nicht, mich dauernd anzupreisen. **5.** ⟨mit Raumangabe⟩ *rangieren; eine Stufe, einen Platz einnehmen:* an erster Stelle, auf dem fünften Tabellenplatz, in Führung, im Rückstand, weit an der Spitze l.; die Preise liegen unter den Selbstkosten, weit über dem Durchschnitt; gut im Rennen l. *(eine günstige Position haben);* so wie die Dinge liegen *(unter den gegebenen Verhältnissen).* **6. a)** ⟨etwas liegt an/bei jmdm., an/in etwas⟩ *etwas ist durch jmdn., etwas*

verursacht, hängt von jmdm. ab, ist auf etwas zurückzuführen: das liegt an der schlechten Verarbeitung; an mir soll es nicht l. *(ich will kein Hindernis sein);* es liegt ganz allein an/bei dir, ob du teilnimmst; die Verantwortung liegt bei dir *(fällt dir zu);* die Schuld liegt bei dir; ich weiß nicht, woran es liegt; die Unfallursache dürfte an/in einem technischen Fehler l.; daß das so ist, liegt in der Natur der Sache *(ist in der Sache selbst zu suchen).* **b)** ⟨etwas liegt in etwas⟩ *etwas ist in etwas enthalten, eingeschlossen, begründet:* der Fehler liegt im Getriebe; darin liegt eine große Gefahr, tiefe Weisheit; es liegt im Bereich des Möglichen; es liegt in seinem Ermessen, Belieben, seiner Macht; das liegt nicht in meinem Interesse *(ich habe kein Interesse daran).* **7.** ⟨etwas liegt; mit Artangabe⟩ *etwas verhält sich in bestimmter Weise:* die Verhältnisse liegen [etwas] anders; ich weiß noch nicht genau, wie die Dinge wirklich liegen; das Übel liegt tiefer. **8.** ⟨jmdm. liegt an jmdm., an etwas⟩ *jmd. legt Wert auf jmdn., etwas, ist an jmdm., an etwas interessiert:* mir liegt an einer Erneuerung des Vertrages, an seiner Mitarbeit; ihr liegt nichts an ihm *(sie will nichts von ihm wissen);* es liegt mir vor allem daran/ist mir vor allem daran gelegen, jedes Risiko zu vermeiden; (auch mit Akk.) ihm liegt viel, nichts, etwas an der Erledigung der Angelegenheit. **9.** ⟨mit Umstandsangabe⟩ *sich befinden* /häufig verblaßt/: unter Feuer, Beschuß l. ⟨ständig beschossen werden⟩; im Hinterhalt l. *(lauern);* dauernd im Fenster l. *(aufgestützt aus dem offenen Fenster schauen);* mit jmdm. im Wettbewerb, in scharfer Konkurrenz l.; in Ketten l. *(gefesselt sein);* der Hund liegt an der Kette *(ist angebunden);* in Trümmern l. *(zerstört sein);* im Sterben liegen *(bald sterben);* völlig am Boden l. *(total geschlagen, am Ende sein);* in Scheidung l. *(die Ehescheidung anstreben);* vor Anker l.

liegenbleiben: 1. *nicht aufstehen:* ich bleibe noch eine halbe Stunde [im Bett] liegen; der Spieler ist verletzt liegengeblieben. **2.** ⟨etwas bleibt liegen⟩ **a)** *etwas bleibt irgendwo:* der Schnee ist lange liegengeblieben. **b)** *etwas verbleibt, wird belassen, nicht weggenommen, nicht weggeräumt:* die Bücher blieben auf dem Schreibtisch liegen; der Wein bleibt im Keller liegen; das Fallobst ist liegengeblieben *(wurde nicht aufgelesen).* **c)** *etwas wird vergessen:* in der Bahn bleiben sehr viele Dinge liegen; ist hier ein Schirm liegengeblieben?; der Brief ist liegengeblieben *(nicht abgesendet worden).* **3.** (ugs.) *wegen einer Panne nicht weiterkönnen:* ich bin, der Wagen ist [mit einem Motorschaden, wegen einer defekten Ölleitung] auf der Autobahn liegengeblieben. **4.** (ugs.) ⟨etwas bleibt liegen⟩ **a)** *etwas wird nicht fortgeführt:* die Arbeit ist wegen meiner Krankheit liegengeblieben. **b)** *etwas wird nicht abgesetzt, verkauft:* von dieser Ware ist bei uns viel liegengeblieben; viele Exemplare sind liegengeblieben.

liegenlassen: 1. ⟨etwas l.⟩ *etwas vergessen:* er hat den Schirm [im Zug] liegenlassen/(seltener:) liegengelassen. **2.** ⟨jmdn., etwas l.⟩ *jmdn., etwas an einer Stelle belassen und sich entfernen:* er hat den Verletzten einfach liegenlassen/(auch:) liegengelassen und ist davongefahren; die Sachen auf dem Boden l.; der Einbrecher hat alles liegen- und stehenlassen und ist geflüchtet. **3.** ⟨etwas l.⟩ *etwas beiseite legen und [zeitweilig] nicht fortführen:* ich habe die Arbeit einige Tage liegenlassen/(seltener:) liegengelassen.

lila: /*eine Farbbezeichnung*/: eine l. (hochsprachlich n i c h t korrekt: lilane) Blume; das Kleid ist l.; etwas l. färben.

lindern ⟨etwas l.⟩: *etwas mildern, erträglich machen:* das Elend l.; die Tabletten haben die Schmerzen nicht gelindert; die ärgste Not konnte gelindert werden.

Linderung, die: *Milderung, Verminderung:* die Tabletten schafften etwas L., bewirkten eine L. der Schmerzen, haben keine L. gebracht; jmdm. L. verschaffen; das Geld soll zur L. der Not im Katastrophengebiet verwendet werden.

Lineal, das: /*ein Zeichengerät*/: das L. anlegen; etwas mit dem L. unterstreichen, ziehen; (scherzh.:) er geht, als hätte er ein L. verschluckt *(er geht aufrecht und steif).*

Linie, die: **1. a)** *längerer Strich:* eine gerade, krumme, gebogene, gestrichelte, gepunktete L.; parallele Linien; die Linien sind nur schwach zu erkennen; eine L. [mit dem Lineal] ziehen, zeichnen, nachziehen; Schreibpapier mit Linien; ü b e r t r.: die Linien *(kleinen Furchen)* der Hand deuten. **b)** *Markierungsstreifen auf Straßen:* die durchgehende L.; an, bei der unterbrochenen L. darf überholt werden. **c)** (Sport) *Markierungs-, Begrenzungslinie eines Spielfeldes:* die blaue, rote L. (Eishockey; *Drittel-, Mittellinie);* der Ball hat die L. überschritten *(ist im Aus);* an der L. *(Außenlinie)* entlangstürmen; auf der L. *(Torlinie)* abwehren, klären, retten; keiner brachte den Ball über die L. *(ins Tor);* den Ball über die L. [ins Aus] schlagen. **d)** *Umriß[linie], Kontur:* die L. der Hausdächer am Horizont; die L. eines Profils; etwas tritt in scharfen Linien hervor; (ugs.: oft scherzh.:) auf die [schlanke] L. achten. **2.** *Reihe, Flucht, Front:* die Schüler bildeten eine L., stellten sich in einer L. auf; die feindliche L. durchbrechen; an der vordersten, in vorderster L. *(Front)* kämpfen; hinter den Linien *(Front)* Sabotage treiben; in L. *(nebeneinander, Schulter an Schulter)* antreten; die Häuser stehen in einer L. *(Fluchtlinie);* in vorderster L. *(im Vordergrund, mit an der Spitze)* stehen. **3.** *Verkehrsstrecke, Verkehrsverbindung, -mittel:* die L. 8 fährt nach Neustadt, zum Flugplatz, bis zum Bahnhof, über den Marktplatz, nur werktags; diese L. ist am stärksten befahren, beflogen; die L. 10 endet am Bahnhof; eine L. einstellen, aufgeben, stillegen; eine neue L. einrichten; er fährt die L. Schloß – Stadion, auf der L. 8 *(ist als Fahrer, Schaffner dort eingesetzt);* auf den innerdeutschen Linien werden die modernsten Flugzeuge eingesetzt. **4.** *[geistige] Richtung, Ebene:* die geistige, politische L. [einer Gruppe]; eine gemäßigte, radikale, liberale L. vertreten, verfolgen; eine gemeinsame L. suchen; eine eigene L. suchen, einhalten; er versuchte L. *(ein gewisses Konzept)* in die Sache zu bringen; sich auf eine einheitliche L. festlegen; etwas läßt keine klare L. *(kein klares Konzept)* erkennen; dem Parteiprogramm fehlt die klare L.; etwas bewegt sich auf der gleichen L. *(Ebene);* von der L. abweichen. **5.** *Verwandtschaftszweig:* die männliche, weibliche L.; die ältere, jüngere

L. eines Geschlechts; diese L. ist ausgestorben; er gehört einer anderen L. an; in gerader, direkter L. von jmdm. abstammen; in auf-, absteigender L. ∗ **auf der ganzen Linie** *(völlig):* er hat bei dieser Aufgabe auf der ganzen L. versagt · **in erster Linie** *(zuerst, an erster, wichtigster Stelle)* · **in zweiter Linie** *(nach etwas anderem, an weniger wichtiger Stelle).*

linke: **1. a)** *auf der linken Seite befindlich:* die l. Hand; das l. Bein, Auge, Ohr; am linken *(in Flußrichtung linken)* Ufer; auf der linken Straßenseite gehen; subst.: er streckt ihm die Linke *(linke Hand)* entgegen; er saß zur Linken *(an der linken Seite)* des Gastgebers; B o x e n: der Boxer traf seinen Gegner mit seiner blitzschnellen Linken *(Schlag mit der linken Hand).* **b)** *innen oder unten befindlich, nicht sichtbar:* die l. Seite eines Kleides, Stoffes, einer Tischdecke; l. *(in bestimmter Weise gestrickte)* Maschen. **2.** *politisch progressiv:* l. Ansichten, Zeitungen; der l. Flügel der Partei; subst.: die gemäßigte, äußerste Linke.

linkisch: *ungeschickt, unbeholfen:* ein linkischer Mensch; er ist etwas l.; sich l. benehmen.

links: **I.** ⟨Adverb⟩ **1.** *auf der linken Seite:* l. vom Eingang, vom Fenster; l. stehen, gehen, fahren, überholen; bei der Fahrt einen Ort l. liegen lassen; an der nächsten Ecke l. *(nach links)* einbiegen, abbiegen; l. und rechts verwechseln; /in militärischen Kommandos/: l. um!, l. schwenkt, marsch!; l., zwei, drei, vier!; die Augen l.! · du mußt dich mehr l. halten *(links bleiben);* sie strickt zwei rechts, zwei l. *(zwei Rechtsmaschen, zwei Linksmaschen im Wechsel);* sich nach l. drehen; von rechts nach l. verlaufen; ein Auto kommt von l. **2.** *mit der Innen- oder Unterseite nach außen:* ein Hemd l. tragen; du hast die Decke l. aufgelegt; ein Kleidungsstück [nach] l. drehen, wenden; den Stoff [von] l. bügeln. **3.** (ugs.) *mit der linken Hand:* l. schreiben, essen, arbeiten; er ist l. *(Linkshänder).* **4.** *sozialistisch, fortschrittlich:* l. stehen, denken; er ist ganz, weit l. orientiert; er ist l. (ugs.; *links eingestellt).* **II.** (seltener) ⟨Präp. mit Gen.⟩ *auf der linken Seite von etwas:* l. des Rheins, des Wegs. ∗ **jmdn. links liegenlassen** *(jmdn. bewußt nicht beachten)* · (ugs.:) **mit links** *(mit Leichtigkeit, ohne jede Schwierigkeit):* so etwas macht er mit l.

Lippe, die: *oberer oder unterer Rand des menschlichen Mundes:* schmale, dünne, dicke, wulstige, volle, aufgeworfene, aufgeplatzte, feuchte, trockene, blutleere, blasse, [kirsch]rote Lippen; vor Kälte hatte er blaue Lippen; meine Lippen sind aufgesprungen, rauh, geschwollen; ihre Lippen bebten (geh.), zuckten; die Lippen zusammenkneifen, zusammenpressen, nachziehen. [sich (Dativ)] die Lippen anfeuchten, schminken; sie kräuselte, schürzte (geh.) verächtlich, spitze die Lippen; das Glas an die Lippen setzen; er küßte sie auf die Lippen; ich mußte mir auf die Lippen beißen, um nicht zu lachen; einen Laut mit den Lippen bilden; der Taubstumme liest viel von den Lippen ab; ü b e r t r.: an jmds. Lippen hängen *(jmdm. aufmerksam zuhören);* das Wort erstarb ihm auf den Lippen *(er hörte plötzlich auf zu sprechen);* kein Wort soll über meine Lippen kommen *(ich werde nichts sagen);* etwas nicht über die Lippen bringen *(etwas nicht zu sagen wa-*

gen); etwas fließt, geht jmdm. leicht von den Lippen (jmd. sagt, erzählt etwas ohne große Bedenken). * (ugs.:) *eine* [dicke/große] Lippe˙ riskieren *(vorlaut sein; herausfordernd reden).*

List, die: *Trick; raffinierte Täuschung:* eine teuflische L.; eine L. ersinnen, anwenden, durchschauen; auf eine L. hereinfallen; zu einer L. greifen; mit L. *(listig)* vorgehen. * (ugs.:) mit List und Tücke *(mit viel Geschick und Schläue).*

Liste, die: 1. *Verzeichnis:* eine lange, ausführliche L.; eine L. der Teilnehmer, der Preise, der Modelle; die L. ist unvollständig; diese L. enthält alle Reklamationen; eine L. aufstellen, führen, ergänzen, vervollständigen; jmdn., etwas auf die L. setzen; jmdn., etwas in eine/(seltener:) in einer L. eintragen; etwas in der L. ankreuzen, abhaken; jmdn., etwas in eine L. aufnehmen, in einer L. führen; der Name wurde in/aus der L. gestrichen; übertr.: diese L. *(Aufzählung [meist unliebsamer Dinge, Sachverhalte])* ließe sich noch beliebig fortsetzen. 2. *Wahlliste:* wählt L. 2!; die Partei stellt ihre L. auf, zusammen. * die schwarze Liste *(Aufstellung verdächtiger Personen):* jmd. kommt auf die schwarze L.

listig: *schlau, durchtrieben:* ein listiger Plan; er ist ein listiger Bursche (ugs.); listige Augen haben; er ist l. wie ein Fuchs; l. wie eine Schlange sein; l. vorgehen.

Litanei, die: 1. (kath. Rel.) *längeres Wechselgebet zwischen Priester und Gläubigen:* eine L. beten, singen. 2. *langatmige, monotone Aufzählung von etwas:* eine ganze L. von Beschwerden; eine [endlose] L. *(Kette von Wünschen, Klagen, Ermahnungen o. ä.)* herbeten, herunterbeten, vortragen, vorbringen; es ist immer wieder die alte, gleiche, dieselbe L. *(die alte Suche, Angelegenheit).*

Liter, der, (auch:) das: 1. */Maß für Flüssigkeiten/:* zwei L. Milch reichen gut aus; Beutelinhalt in zwei L. kochendes Wasser gießen; mit drei Litern spanischen Rotwein/(geh.) spanischen Rotweins; Technik: der Kessel hat einen Rauminhalt von 1 000 Litern; der Motor hat einen Hubraum von 6,3 Litern.

Literatur, die: a) *Gesamtheit des künstlerischen Schrifttums:* schöne, unterhaltende, klassische, moderne, zeitgenössische, dramatische, deutsche L.; die L. des Expressionismus, der Franzosen; die Literaturen der einzelnen Nationen; jmd., etwas ist in die L. eingegangen *(wurde Gestalt, Thema der Literatur).* b) *[fachliches] Schrifttum über ein Thema, ein Gebiet:* die einschlägige, wissenschaftliche, medizinische L.; die L. über dieses Problem, zu diesem Thema ist umfangreich; die L. kennen, lesen, zusammenstellen, zitieren, in einer Fußnote angeben; etwas nur aus der L. kennen; Musik: die L. *(in Form von Notentexten vorliegenden Werke)* für Violine.

live: a) (Rundf., Fernsehen) *als, in einer Direktsendung:* die Show wird l. gesendet; etwas l. vor einem Millionenpublikum ankündigen. b) *in realer Anwesenheit:* einen Künstler l. auf der Bühne erleben; l. *(nicht im Playbackverfahren)* singen.

Lizenz, die: *rechtlich erteilte Genehmigung:* eine staatliche, zeitlich befristete L.; eine L. der Firma ...; die L. *(der Lizenzvertrag)* läuft ab; eine L. erwerben; er hat eine L. *(Sport; durch einen Verband erteilte Erlaubnis)* als Trainer, Berufsboxer;

jmdm. die L. zum Betreiben eines Gewerbes, die L. für ein Lokal erteilen, ausstellen, entziehen; etwas in L. herstellen, ohne L. tun.

Lob, das: *Anerkennung; positive Beurteilung:* ein volles, hohes, überschwengliches, rückhaltloses, ehrliches L.; das L. des Lehrers ermunterte ihn; jmdm. uneingeschränktes L. erteilen, spenden (geh.), zollen (geh.); ein L. erhalten, bekommen, kriegen (ugs.); er verdient [ein] L. für seinen Fleiß; immer wieder sang sie sein L. (ugs.; *lobte sie ihn überschwenglich);* des Lobes voll sein (geh.) über jmdn.; er hat mit L. nicht gegeizt.

loben ⟨jmdn., etwas l.⟩: *etwas würdigen, sich anerkennend über jmdn., über etwas äußern:* der Lehrer lobte den Schüler [für seine gute Arbeit, wegen seines Fleißes]; jmdn. öffentlich, überschwenglich, uneingeschränkt, zurückhaltend l.; das ist sehr zu l. *(ist sehr gut);* er lobte sich für seine Vorsicht *(fand sie gut und richtig);* das lob' ich mir *(das gefällt mir);* da lobe ich mir doch eine kräftige Fleischbrühe *(die würde mir besser schmecken);* etwas lobend erwähnen.

Loblied ⟨in der Wendung⟩ ein Loblied auf jmdn., auf etwas anstimmen/singen: *jmdn., etwas vor anderen sehr loben.*

Loch, das: 1. *Öffnung; schadhafte Stelle; Vertiefung:* ein großes, rundes L.; da ist ein L. in der Decke; die Löcher sind tief; ein L. graben, [in die Wand] bohren, [ins Eis] schlagen, stopfen, zuschütten, zuschmieren, ausfüllen; ein L. im Strumpf, im Zahn haben; mit der Zigarette ein L. in den Teppich brennen; sich (Dativ) ein L. in die Hose reißen; durch ein L. im Zaun gucken, kriechen; die Maus verkroch sich in ihr L.; übertr.: (ugs.): dieser Kauf hat ein [großes, böses] L. in den [Geld]beutel gerissen, gefressen *(hat viel Geld gekostet);* ein L. stopfen *(ein Defizit, Schulden beseitigen).* 2. (ugs.) a) *kleiner, dunkler Raum; kleine, dunkle Wohnung:* das Zimmer ist ein elendes, furchtbares, dunkles L.; die Wohnungen sind die reinsten Löcher *(sehr klein).* b) *Gefängnis:* ins L. kommen; jmdn. ins L. stecken. * (ugs.:) jmdm. ein Loch/Löcher in den Bauch reden *(pausenlos auf jmdn. einreden)* · (ugs.:) jmdm. Loch/Löcher in den Bauch fragen *(jmdm. mit seinen Fragen lästig werden)* · (ugs.:) ein Loch in die Luft gucken *(geistesabwesend sein, träumen)* · (ugs.:) ein Loch/Löcher in die Wand stieren *(starr, geistesabwesend irgendwohin schauen)* · (ugs.:) ein Loch in die Luft schießen *(beim Schießen nicht treffen)* · (ugs.:) auf/(auch:) aus dem letzten Loch pfeifen *(mit seiner Kraft am Ende sein).*

lochen ⟨etwas l.⟩: *mit einem Loch, Löchern versehen:* Belege, Rechnungen für die Ablage l.

Locke, die: *geringelte Haarsträhne:* blonde, natürliche Locken; die Locken fielen ihr ins Gesicht; Locken haben, tragen; sich (Dativ) Locken legen; das Haar in Locken legen.

locken: a) ⟨jmdn. l.⟩ *anlocken:* den Hund mit einer Wurst l.; die Henne lockt die Küken; mit Werbung Käufer l.; solche Angebote können mich nicht l.; es lockte *(reizte)* ihn, an der Fahrt teilzunehmen. b) ⟨jmdn. l.; mit Raumangabe⟩ *durch Rufe, Zeichen, Versprechungen o. ä. bewegen, an eine bestimmte Stelle zu kommen oder zu gehen:* den Fuchs aus dem Bau, den Hamster in den Käfig l.; jmdn. zu einer anderen Firma l.;

jmdn. auf eine falsche Fährte, in einen Hinterhalt
l.; er will mich in eine Falle l. *(mich hereinlegen);*
übertr.: auch dieser Vorschlag konnte ihn nicht
aus der Reserve l.; die Sonne hatte uns ins Freie
gelockt; adj. Part.: die lockende Ferne.
locker: a) *wackelnd, nicht festsitzend, nicht
[mehr] fest mit etwas verbunden:* ein lockerer, l.
sitzender Zahn; die Schraube, der Nagel ist, sitzt
l., ist l. geworden; ich muß den Knoten erst l. machen. b) *nicht festgefügt, durchlässig:* lockerer Boden; lockeres Erdreich; lockeres Gewebe; das
Haar ist, liegt l.; l. stricken, häkeln. c) *nicht straff
[gespannt], nicht starr:* eine lockere Haltung; l.
(nicht verkrampft) hinter dem Steuer sitzen; das
Seil l. lassen; er hält die Zügel l.; übertr.: eine
lockere *(nicht feste, nicht enge)* Beziehung; ein
lockeres *(vorlautes, respektloses)* Mundwerk haben; einen lockeren *(leichtfertigen, moralisch
nicht gefestigten)* Lebenswandel führen; Vorschriften l. *(nicht sehr streng)* handhaben; das
macht, schafft er l. (ugs.; *ohne Mühe, lässig).*
lockerlassen (ugs.): *nicht nach-, aufgeben:* wir
dürfen jetzt nicht l.; er läßt [mit seiner Forde-
rung] nicht locker.
lockermachen (ugs.): a) ⟨etwas l.⟩ *hergeben,
herausrücken:* er will dafür ein paar Tausender l.
b) ⟨bei jmdm. etwas l.⟩ *jmdn. dazu bewegen, Geld
herzugeben, zu bewilligen:* ich versuche, bei ihm
50 Mark lockerzumachen.
lockern: a) ⟨etwas l.⟩ *etwas locker machen; auflockern:* eine Schraube, Stange, ein Seil, den Gürtel l.; die Erde mit einem Gerät etwas l.; du mußt
die Muskeln l. *(entspannen);* übertr.: die [schar-
fen] Vorschriften, Bestimmungen, Gesetze l. *(liberaler fassen).* b) ⟨etwas lockert sich⟩ *etwas wird
locker, weniger fest:* die Bremsen haben sich gelockert; der Zahn, die Schraube lockert sich; ein
Schutzblech hat sich gelockert; übertr.: die Sitten haben sich gelockert *(sind freier geworden);*
unsere Beziehungen haben sich etwas gelockert
(sind nicht mehr so eng).
lockig: *Locken habend, gelockt:* ein lockiges
Kind; lockige Haare haben; sein Haar ist lockig.
Lockvogel, der: *jmd., der jmdn. anlocken, zu etwas verlocken soll:* die Bardame war ein L., entpuppte sich als L.; jmdn. als L. benutzen; die
Kripo setzte sie als L. auf ihn an.
lodern ⟨etwas lodert⟩: *etwas brennt in heftiger
Bewegung:* das Feuer lodert im Kamin, hat hell
gelodert; die Flammen haben/sind aus dem
Dachstuhl, zum Himmel gelodert *(geschlagen);*
übertr.: Haß loderte aus seinen Augen.
Löffel, der: **1.** */ein Eßgerät/:* silberne, ver-
chromte L.; ein L. für die Bratensoße; hier fehlt
noch ein L.; die Suppe ist so dick, daß [fast] der
L. darin steckenbleibt; L. spülen, putzen, polieren; den L. zum Mund führen, ablecken; man
nehme zwei L. [voll] Zucker; dreimal täglich 50
Tropfen auf einen L.; Zucker; etwas mit dem L.
essen. **2.** (Jägerspr.) *Ohr des Hasen:* der Hase
stellte, spitzte die L. * (ugs.:) **die Löffel spitzen/
aufsperren** *(aufpassen, aufmerksam zuhören)* ·
(ugs.:) **den Löffel wegwerfen/wegschmeißen/abge-
ben** *(sterben)* · (ugs.:) **jmdm. eins/ein paar hinter
die Löffel geben** *(jmdn. ohrfeigen)* · (ugs.:) **eins/
ein paar hinter die Löffel bekommen, kriegen** *(geohrfeigt werden)* · (ugs.:) **sich** (Dativ) **etwas hinter**

die Löffel schreiben *(sich etwas gut merken)* ·
(ugs.:) **mit einem goldenen/silbernen Löffel im
Mund geboren sein** *(sehr reich geboren sein)* ·
(ugs.:) **jmdn. über den Löffel balbieren/barbieren**
(jmdn. in plumper Form betrügen).
löffeln ⟨etwas l.⟩: *etwas mit dem Löffel essen:* er
löffelte still und mißmutig seine Suppe. * (ugs.:)
jmdm. eine löffeln *(jmdn. ohrfeigen).*
logisch: **1.** *der Logik entsprechend; folgerichtig:*
ein logischer Schluß; eine logische Folgerung
aus etwas ziehen; das steht in keinem logischen
Zusammenhang; diese Überlegung ist nicht l.;
etwas l. durchdenken, begründen. **2.** (ugs.) *selbstverständlich, klar:* das ist doch l.; daß so etwas
nicht in Frage kommt, ist wohl l.
Lohn, der: **1.** *Arbeitsentgelt für Arbeiter:* ein hoher, niedriger, kärglicher (geh.), tariflicher L.;
der wöchentliche L. beträgt ...; Löhne und Preise
steigen; die Löhne auszahlen, drücken (ugs.),
kürzen, senken; die Löhne werden rückwirkend,
ab l. Januar um 5% erhöht; eine Erhöhung der
Löhne verlangen; für einen bestimmten L. arbeiten; ein Streik für höhere Löhne. **2.** *Belohnung:*
ein [un]verdienter, gerechter, [über]reichlicher L.;
das ist ein schlechter L. für seine Mühen; er wird
schon seinen L. (iron.; *seine Strafe)* bekommen.
* (veraltend:) **[bei jmdm.] in Lohn und Brot stehen**
(bei jmdm. angestellt sein, feste Arbeit haben) ·
(veraltend:) **jmdn. um Lohn und Brot bringen**
(jmdm. seine Arbeit, seine Erwerbsquelle nehmen).
lohnen: **1.** *etwas ist etwas wert, bringt Nutzen:* a)
⟨etwas lohnt⟩ die Arbeit, Mühe, der Einsatz
lohnt; es lohnt nicht, darüber zu sprechen; eine
lohnende Arbeit, Aufgabe; das ist ein lohnendes
Ziel. b) ⟨etwas lohnt sich⟩ der Fleiß, der ganze
Aufwand hat sich doch gelohnt; ich glaube, daß
sich das lohnt. **2.** ⟨etwas lohnt etwas⟩ *etwas rechtfertigt etwas:* der mögliche Erfolg lohnt die weite
Reise; das lohnt die Mühe/(geh. veraltend:) der
Mühe nicht. **3.** ⟨jmdm. etwas l.⟩ *jmdm. etwas danken:* er wird dir deine Hilfe l.; er hat dir deine
Hilfe, deine treue Mitarbeit schlecht, übel, nicht,
nur mit Undank gelohnt.
Lorbeer, der: **1.** */ein immergrüner Baum/:* der L.
wächst vorwiegend am Mittelmeer. **2.** a) *Lorbeerblatt [als Gewürz]:* etwas ist mit L. gewürzt. b)
Lorbeerkranz: einen L. in der Hand halten; den
Kopf der Figur schmückt ein L. * **blutiger Lorbeer** *(kriegerischer, unter allzu großen Opfern er-
rungener Ruhm)* · **Lorbeeren pflücken/ernten**
(Lob ernten, Erfolg haben) · (ugs.:) **[sich] auf seinen Lorbeeren ausruhen** *(sich nach Erfolgen nicht
mehr anstrengen)* · **mit etwas keine Lorbeeren
pflücken/ernten** *(mit etwas keinen Eindruck machen, keinen Ruhm gewinnen).*
los */vgl. lose/:* **I.** ⟨Adj.⟩ *[ab]getrennt:* der Knopf
ist l. *(abgerissen);* der Hund ist von der Leine l. **II.**
⟨Adverb⟩ a) *vorwärts!; schnell fort! / deutliche Aufforderung zu sofortigem Tun!:* nichts wie l.!; nun
aber l.!; [l.,] l., mach schon, beeile dich! b) ⟨in
Verbindung mit *von⟩ weg:* l. von Rom; das Volk
will l. von der Zentralregierung. * (ugs.:) **etwas ist
los** *(irgendwo ist eine besondere Lage eingetreten,
geschieht etwas):* was ist [hier] l.?; dort drüben
muß etwas l. *(passiert)* sein; in dem Lokal, bei
ihm zu Hause ist immer etwas l. *(ist immer viel Betrieb);* hier ist nie etwas l. *(hier ist es langweilig).*

wo ist denn hier etwas l.? *(wo kann man sich denn hier amüsieren?)*; was ist denn mit dir l.? *(was hast du denn, was fehlt dir denn?)* · (ugs.:) **mit jmdm., mit etwas ist nichts/nicht viel los** *(etwas taugt nichts/nicht viel; jmd. ist nicht/nicht recht zu etwas brauchbar, ist in schlechter körperlicher oder seelischer Verfassung)* · (ugs.:) **jmdn., etwas los sein: a)** *(von jmdm., etwas befreit sein):* den Frager, den Husten l. sein. **b)** *(jmdn., etwas verloren, etwas vertan haben):* dein Geld bist du l. · **los und ledig** *(frei und unbehindert).*

Los, das: **1. a)** *gekennzeichneter Zettel o. ä. und die damit gefällte Zufallsentscheidung:* das L. muß entscheiden; die Lose mischen; ein L. ziehen; etwas durch das L. entscheiden, gewinnen. **b)** *Lotterieanteil[schein]:* ein halbes, ganzes L. [der Klassenlotterie]; jedes zweite L. gewinnt; alle Lose waren Nieten; mein L. ist jetzt gezogen worden; ein L. kaufen, erwerben; auf das L. entfiel ein Gewinn von 50 000 DM; der Haupttreffer fiel auf das L. Nr. ... **2.** (geh.) *Schicksal:* ein bitteres, hartes, schweres, beneidenswertes L.; kein leichtes L. haben; jmdm. war ein glückliches L. beschieden; sein hartes L. geduldig [er]tragen; das L. der Gefangenen, Flüchtlinge erleichtern. * **das Große Los** *(der Hauptgewinn)* · **mit jmdm., mit etwas das Große Los ziehen/gezogen haben** *(mit jmdm., mit etwas großes Glück haben, eine gute Entscheidung getroffen haben).*

losbrechen ⟨etwas l.⟩ **1. a)** *(etwas l.)* etwas abbrechen: einzelne Stücke, Eisschollen l. **b)** ⟨etwas bricht los⟩ *etwas löst sich plötzlich, bricht ab:* die Äste sind im Sturm losgebrochen. **2.** ⟨etwas bricht los⟩ *etwas setzt plötzlich ein:* ein Gewitter, ein Sturm ist losgebrochen; ein unglaublicher Jubel, ein Tumult, ein Gelächter brach los.

¹**löschen** ⟨etwas l.⟩: **1. a)** *nicht weiterbrennen lassen, ersticken:* die Kerzen, die Glut l. **b)** (geh.) *ausmachen:* das Licht, die Scheinwerfer l. **c)** *bekämpfen und zum Erlöschen bringen:* ein Feuer l.; der Brand konnte schnell gelöscht werden; Kalk l. *(nach dem Brennen mit Wasser übergießen);* (auch ohne Akk.); mit Schaum, mit Wasser l. **2.** *beseitigen, tilgen:* eine Eintragung in das/im [Straf]register l.; die Firma wurde im Handelsregister gelöscht; eine Hypothek, eine Schuld, ein Konto, einen Posten [im Buch] l.; einen Text [auf der Tafel], eine Aufnahme [auf dem Tonband] l.; das Tonband, den Film l. *(von einer Aufnahme frei machen);* die Schmach ist gelöscht. **3.** *durch Absaugen trocknen:* die Tinte [mit Löschpapier] l.

²**löschen** ⟨etwas l.⟩: **a)** *etwas ausladen:* eine Fracht l.; wie wird Erdöl gelöscht; das Schiff kann seine Ladung in kürzester Zeit l. **b)** *etwas entladen:* ein Schiff l.

lose /vgl. l./: **1.** *nicht [mehr] fest verbunden; locker:* ein loser Nagel, Bolzen; l. Blätter; l. aufgesteckte Haare; ein l. [zusammen]gebundenes Bündel; hier sind alle Schrauben l.; der Knopf am Mantel ist, hängt l. *(droht abzufallen);* die Jacke, das Kleid, der Pullover wird l. *(nicht eng anliegend)* getragen; etwas l. zusammenbinden, heften; das Ende hängt l. herunter; ein l. fallender Stoff; übertr.: in losen *(aufgelockerten)* Gruppen beieinanderstehen; l. Zusammenschlüsse, Beziehungen, Bekanntschaften; die einzelnen Szenen hängen nur l. zusammen. **2.**

nicht fest verpackt: l. Ware; Zigarren l. *(einzeln)* verkaufen; das Geld l. *(nicht im Geldbeutel)* in der Tasche tragen. **3.** *leichtfertig; keck, dreist:* er ist ein loser Mensch, Vogel (ugs.); einen losen Mund, ein loses Mundwerk, Maul (ugs.), eine lose Zunge haben; lose Reden führen.

losen: *durch das Los entscheiden:* um die beiden Eintrittskarten l.; wir wollen l., wer anfängt.

lösen /vgl. gelöst/: **1.** ⟨etwas l.⟩ *losmachen, etwas lockern [und abtrennen]:* einen Stein [aus der Mauer], eine Briefmarke [mit Wasserdampf] vom Kuvert l.; das Fleisch vom Knochen l.; den Gürtel, die Fesseln, einen Knoten l. *(aufmachen);* er löste seine Hand aus ihrer *(machte sie frei);* den Haarknoten, die Haare l.; er hat zu früh die Bremse[n] gelöst *(gelockert und damit die Bremswirkung aufgehoben);* dieses Mittel löst *(entfernt)* jeden Schmutz; übertr.: Alkohol löst die Zunge *(macht gesprächig);* das Mittel löst den Husten. **2. a)** ⟨etwas löst sich⟩ *etwas wird lose, lockert sich [und geht ab]:* der Bolzen löst sich aus der Halterung; der Lack, die Tapete löst sich allmählich; eine Lawine hat sich gelöst; übertr.: der Krampf, die Erstarrung löste sich [nur langsam]. **b)** ⟨sich aus etwas/von jmdm., von etwas l.⟩ *sich frei machen, befreien, trennen:* sich aus einer Verpflichtung, von Verbindlichkeiten l.; er löste sich aus ihren Armen, aus ihrer Umarmung; der Läufer löste sich aus dem, vom Feld *(setzte sich davon ab)* und ging in Führung; sich aus dem Elternhaus, von der Partei, von seinen Freunden l.; sich nur schwer von Vorurteilen, von der Tradition l. [können]. **3. a)** ⟨etwas l.⟩ *auflösen, klären:* ein [Kreuzwort]rätsel, eine Aufgabe, ein Problem, eine Gleichung l.; diese Schwierigkeit hat er schnell, glänzend, brillant, auf verblüffend einfache Weise gelöst; so einfach läßt sich diese Sache nicht l.; der Widerspruch konnte nicht gelöst werden. **b)** ⟨etwas löst sich⟩ *etwas löst sich auf, klärt sich:* die Angelegenheit, das Rätsel, das Problem hat sich von selbst gelöst. **4. a)** (geh.) ⟨etwas l.⟩ *etwas auslösen:* einen Schuß l. **b)** ⟨etwas löst sich⟩ *etwas löst sich, wird versehentlich ausgelöst:* ein Schuß löste sich [unbeabsichtigt]. **5.** ⟨etwas l.⟩ *auflösen, annullieren:* einen Vertrag, eine Verbindung l.; er hat die Verlobung [wieder] gelöst; die Ehe in gegenseitigem Einvernehmen l. **6.** ⟨etwas l.⟩ *einen Berechtigungsschein kaufen:* eine Fahrkarte, eine Eintrittskarte l.; ich habe den Zuschlag erst im Zug gelöst; [bereits] gelöste Karten zurückgeben. **7. a)** ⟨etwas in etwas l.⟩ *auflösen:* etwas in Säure l.; täglich eine Tablette, in Wasser gelöst, einnehmen; in Wasser gelöste Mineralien. **b)** ⟨etwas löst sich in etwas⟩ *etwas löst sich auf, zergeht:* dieses Mittel löst sich nicht in Wasser; in scharfer Säure löst sich auch der Kunststoff.

losfahren (ugs.): **1. a)** *abfahren, starten:* wir fahren morgen früh los; er stieg in sein Auto und fuhr los. **b)** ⟨auf jmdn., etwas l.⟩ *auf jmdn., etwas zufahren:* er ist direkt auf mich, auf die Straßensperre losgefahren. **2.** ⟨auf jmdn. l.⟩ *auf jmdn. losgehen:* wütend auf einen Gegner l.; zornig auf einander l.; plötzlich fuhr ein Hund auf mich los.

losgehen (ugs.): **1.** *sich in Bewegung setzen, aufbrechen:* wir müssen jetzt l., wenn wir nicht zu spät kommen wollen; übertr.: geh [mir] los *(laß mich in Ruhe)* mit deinen Sonderwünschen! **2.**

(ugs.) ⟨etwas geht los⟩ *etwas beginnt:* das Spiel geht pünktlich, um 20 Uhr los; wann ist das Kino, die Vorstellung losgegangen?; hoffentlich geht es jetzt bald los; jetzt geht es erst richtig los!; mit einem lauten Tusch ging es los; auf, es geht los/los geht's; plötzlich ging ein furchtbares Geschrei, Pfeifkonzert los; R: auf „los!" geht's los (scherzh.); ich glaube, es geht los (ugs.; *das kann doch nicht wahr sein, das ist doch nicht dein Ernst*). **3. a)** ⟨auf etwas l.⟩ *auf etwas zugehen:* auf ein Ziel l. **b)** ⟨auf jmdn. l.⟩ *auf jmdn. in feindlicher Absicht losstürzen:* mit dem Messer auf jmdn. l.; die Spieler gingen aufeinander los. **4.** ⟨etwas geht los⟩ **a)** *bei etwas wird etwas ausgelöst:* ein Gewehr, ein Revolver geht los. **b)** *etwas löst sich:* ein Schuß ging los. **c)** *etwas explodiert:* eine Handgranate geht los; plötzlich ist die Bombe, die Mine losgegangen. **5.** ⟨etwas geht los⟩ *etwas geht ab, löst sich:* der Knopf ist losgegangen.

loshaben ⟨in der Verbindung⟩ etwas, nichts, viel, wenig o. ä. loshaben (ugs.): *[auf einem bestimmten Gebiet] etwas, nichts, viel, wenig o. ä. können und leisten:* auf dem Klavier, in Mathematik hat er ganz schön was los.

loskommen (ugs.): **1.** *weg-, fortkommen:* wir sind [von zu Hause] nicht rechtzeitig losgekommen; das Flugzeug kam nicht vom Boden los; alle Fahrer sind beim Start gut losgekommen. **2.** ⟨von jmdm., von etwas l.⟩ *sich lösen, trennen:* er kommt von dem Mädchen nicht mehr los; von seinen Schulden, einer Verpflichtung, einer Idee, vom Alkohol einfach nicht l.

loslassen: 1. a) ⟨jmdn., etwas l.⟩ *nicht mehr festhalten:* sie hat das Kind losgelassen; jmds. Hand, die Tür, das Steuer l.; laß mich los; übertr.: einen Menschen nicht mehr l. *(an sich zu binden suchen);* diese Frage läßt ihn nicht mehr los *(beschäftigt ihn stark, fesselt ihn).* **b)** ⟨ein Tier l.⟩ *frei laufen lassen:* den Hund [von der Kette] l. **2.** (ugs.) ⟨jmdn. auf jmdn., auf etwas l.⟩ *jmdn. [nach seiner Ausbildung] sich irgendwo frei und unkontrolliert betätigen lassen:* jmdn. als Arzt auf die Menschen, auf die Menschheit l.; diesen Kerl haben sie auf unsere Schule losgelassen. **3.** (ugs.) ⟨etwas l.⟩ *von sich geben:* eine Rede l. *(halten);* ein paar Witze l. *(zum besten geben);* einen geharnischten Brief an jmdn. l. *(schreiben, abschicken).*

loslegen (ugs.): *stürmisch, ungestüm anfangen:* [nun] legen Sie [mal] los!; er legte mächtig [mit der Arbeit] los; wenn er loslegt *(zu reden beginnt),* hört er [so schnell] nicht mehr auf; na, leg schon los *(erzähl schon)!;* Mensch, hat er losgelegt! *(seinem Ärger Luft gemacht).*

losreißen: a) ⟨etwas l.⟩ *ab-, herausreißen, gewaltsam aus der Verankerung o. ä. reißen:* der Sturm hat einige Dachziegel losgerissen; ein Brett, ein Stück Tapete, Plakate l. **b)** ⟨sich l.⟩ *sich gewaltsam lösen:* das Pferd, das Kind, das Boot hat sich losgerissen; der Hund hat sich von der Leine losgerissen; übertr.: ich konnte mich von diesem Anblick nicht mehr l.

lossagen (geh.) ⟨sich von jmdm., von etwas l.⟩: *sich mit Entschiedenheit von jmdm., von etwas trennen:* sich von seinen Eltern, von der Partei l.; er hat sich von seiner Vergangenheit losgesagt.

losschießen: 1. (ugs.) **a)** *sich schnell in Bewegung setzen:* die Boote schießen los; beim Start-

schuß schoß er los und übernahm sofort die Führung. **b)** ⟨auf jmdn., auf etwas l.⟩ *auf jmdn., auf etwas zustürzen:* als er mich sah, schoß er auf mich los; das Tier schoß blitzschnell auf die Beute los. **2.** (ugs.) *zu sprechen beginnen:* schieß endlich [mit deinem Bericht] los! **3.** (seltener) *zu schießen anfangen:* plötzlich hat er wie wild losgeschossen.

losschlagen (ugs.:) **1.** ⟨etwas l.⟩ *durch Schlagen lösen, entfernen:* den Putz [von der Wand] l. **2.** ⟨auf jmdn. l.⟩ *auf jmdn. einschlagen:* er schlug auf mich los; sie schlugen mit Knüppeln aufeinander los. **3.** *[überraschend] angreifen:* der Feind wird bald l., hat überraschend losgeschlagen. **4.** *verkaufen:* etwas [billig], für einen Spottpreis l.

lossteuern ⟨auf jmdn., auf etwas l.⟩: *sich direkt auf jmdn., auf etwas zubewegen:* das Schiff ist auf den nächsten Hafen losgesteuert; auf einen Bekannten l.; übertr.: aufs Examen l.

¹Losung, die: **1.** *Leitwort, Parole:* politische, militärische Losungen; die L. des Tages; unsere L. ist, lautet ...; etwas als L. ausgeben. **2.** (militär.) *Kennwort:* die L. nennen, ausgeben, fordern; jmdn. an der L. erkennen; die Wachablösung nach der L. fragen.

²Losung, die: (Jägerspr.): *Kot des Hundes und des Wildes:* der Jäger fand L. von Wild.

Lösung, die: **1. a)** *das Lösen, Bewältigen einer [schwierigen] Aufgabe:* die L. ist schwierig, sehr kompliziert; mit der L. einer Aufgabe beschäftigt sein; über der L. eines Problems sitzen; sich um die L. eines Konfliktes bemühen; etwas zu seiner L. beitragen. **b)** *Auflösung, Ergebnis:* eine einfache, überraschende, elegante, saubere (ugs.) L.; das ist des Rätsels L.; diese L. ist ausgezeichnet, falsch, nicht die beste; eine L. suchen, finden; es gibt verschiedene Lösungen; die richtige L. auf einer Postkarte einschicken; auf keine bessere L. kommen; nach einer anderen L. suchen. **2.** *das Aufheben; Beseitigung:* die L. einer Verlobung, eines Arbeitsverhältnisses; von der L. einer Beziehung abraten. **3.** (Chemie) **a)** *Verteilung, Auflösung eines Stoffes in einer Flüssigkeit:* die L. von Mineralien in Wasser. **b)** *Flüssigkeit, in der ein anderer Stoff gelöst ist:* eine wäßrige, hochprozentige, gesättigte L.; eine chemische L. herstellen.

loswerden (ugs.): **1. a)** ⟨jmdn., etwas l.⟩ *sich von jmdn., etwas befreien:* einen Vertreter nur, nur mit Mühe, endlich l.; so schnell werden Sie mich nicht los; den Gedanken, Eindruck, die Vorstellung nicht l., daß ... **b)** *etwas endlich aussprechen, jmdm. gegenüber äußern können:* das wollte ich schon lange einmal l.; bei dieser Gelegenheit ist er einige Bosheitigkeiten losgeworden. **2.** ⟨etwas l.⟩ *etwas verkaufen, absetzen:* ich werde diese Ware kaum los; diese Artikel sind wir rasend losgeworden. **3.** ⟨etwas l.⟩ *abgenommen bekommen:* Geld beim Kartenspiel l.; seinen Koffer, seinen Meistertitel l.; im Geschäft bin ich viel Geld losgeworden.

losziehen (ugs.): **1.** *weggehen; sich auf den Weg machen:* zu einem Vergnügen l.; wir sind noch am Abend losgezogen. **2.** ⟨gegen/über jmdn. l.⟩ *über jmdn., etwas herziehen, schimpfen:* er zog mächtig gegen seine Verwandtschaft, gegen seine Nachbarn los; er zog unbarmherzig über ihn, über die dortigen Verhältnisse los.

Lot, das: **1. a)** *Richt-, Senkblei:* das L. auswerfen, hinunterlassen; die Wassertiefe mit dem L. messen; die Wand genau nach dem L. errichten. **b)** *durch das Senkblei angezeigte Senktiefe:* die Mauer war, stand nicht [ganz] im L. **2.** (Geom.) *Senkrechte:* das L. [auf eine Gerade] fällen; das L. errichten. * *etwas ist* [nicht] *im* Lot *(etwas ist [nicht] in Ordnung)* · **etwas** [wieder] **ins** [rechte] **Lot bringen** *(etwas bereinigen, wieder in Ordnung bringen)* · [wieder] **ins Lot kommen** *([wieder] gesund werden, in Ordnung kommen).*

löten ⟨etwas l.⟩: **a)** *etwas mit Hilfe von geschmolzenem Metall verbinden, schließen:* die Bruchstelle muß gelötet werden; ⟨auch: etwas an etwas l.⟩ den Henkel an die Kanne l. **b)** *durch Löten reparieren:* einen Topf, ein Rohr l.

lotsen: a) ⟨jmdn., etwas l.; gewöhnlich mit Raumangabe⟩ *durch ein unübersichtliches, schwieriges Gebiet leiten:* ein Schiff in den Hafen, durch den Kanal l.; das Flugzeug an seinen Standplatz l.; er hat mich sicher durch die Innenstadt, zum Hotel gelotst; Schulkinder über die Straße l. *(führen);* übertr.: jmdn. durch die Prüfung l. **b)** (ugs.) ⟨jmdn. l.; mit Raumangabe⟩ *jmdn. dazu bewegen, irgendwohin mitzugehen:* er lotste mich noch in seine Wohnung, in eine Bar.

Lotterie, die: *Glücksspiel mit Lossystem:* [in der] L. spielen; er hat 3 000 Mark in der L. gewonnen. * (ugs.:) **etwas ist die reinste Lotterie** *(etwas ist reiner Zufall).*

Löwe, der: **1.** /*ein Raubtier*/: ein dressierter L.; der L. schlägt, reißt ein Tier; einen Löwen jagen, erlegen; einen Löwen im Wappen führen; Jagd auf Löwen machen; von einem Löwen angefallen werden. **2.** (Astrol.) /*ein Tierkreiszeichen*/; ich bin [ein] L. (ugs.; *im Zeichen des Löwen geboren).*

Lücke, die: *Stelle, wo etwas fehlt; Zwischenraum:* eine große, schmale L.; hier klafft noch eine L.; eine L. im Gebiß haben; die L. im Zaun beseitigen; noch eine L. für weitere Bücher lassen; in dieser Straße wurden jetzt die letzten Lücken *(Baulücken)* geschlossen; eine L. im Etat stopfen (ugs.; *einen finanziell noch offenen Posten abdecken);* der Stürmer entdeckte eine L. in der gegnerischen Abwehr; übertr.: sein Wissen hat einige Lücken; er hat große Lücken in Latein; sein Tod hinterläßt eine schmerzliche L. [im Verein]; der Krieg hat viele Lücken gerissen; dieses Buch füllt eine L., schließt eine wirkliche L.; eine L. im Gesetz *(ein gesetzlich nicht vorgesehener Fall).*

Lückenbüßer, der: *jmd., der für jmdn. einspringen muß:* er ist immer nur [der] L.; als L. für etwas dienen, fungieren; den L. spielen müssen.

Luder, das: (ugs.) **a)** *gerissene* [weibliche] *Person:* sie ein ganz gemeines L.; jetzt hat das L. mich schon wieder hereingelegt; (auch von bestimmten Tieren:) das L. bockt schon wieder, schlägt aus; /oft als Schimpfwort:/ so ein unverschämtes, freches, falsches L.! **b)** *bemitleidenswerte Person:* ein armes L.; [so] ein dummes L., vertraut sein ganzes Geld diesem Ganoven an.

Luft, die: **1.** /*ein gasförmiges Element; Atmosphäre*/: gute, reine, frische, saubere, rauhe, sauerstoffarme, schlechte, stickige, warme, verbrauchte L.; flüssige, verflüssigte L.; die L. ist feucht ganz trocken, gut temperiert; hier ist die L. sehr belastet; hier ist eine L. zum Schneiden

(ugs.; *ist die Luft sehr verbraucht*); mit zunehmender Höhe wird die L. dünner; es weht ein frisches, angenehmes Lüftchen *(Wind);* die L. erwärmt sich nur langsam; der Wohnung fehlt Licht und L.; das Gewitter hat die L. gereinigt; sich L. zufächeln; die L. verschmutzen; die Abgase verpesten die L.; Vorschriften für die Reinhaltung der L.; frische L. ins Zimmer [herein]lassen; die verbrauchte L. absaugen; der Reifen, Schlauch hat zu wenig L., hält die L. nicht mehr; die L. (ugs.; *den Luftdruck*) prüfen, kontrollieren, nachsehen [lassen]; die L. aus den Reifen, aus dem Ballon lassen; von der L. allein *(ohne Nahrung)* kann man nicht leben; übertr.: *Platz, Raum:* jetzt gibt es L.; sich (Dativ) etwas L. *(Spielraum, Bewegungsfreiheit)* verschaffen; etwas schafft wieder etwas L. *(gibt etwas mehr Möglichkeiten);* zwischen Wand und Schrank etwas L. *(Zwischenraum)* lassen; in die L. *(ins Leere)* greifen. **2.** *Atem*[*luft*]: plötzlich blieb ihm [vor Schreck] die L. weg; die L. anhalten; der zu enge Kragen schnürte ihm die L. ab; keine L. mehr bekommen, kriegen; tief L. holen; L. schöpfen; wir wollen ein wenig L. schnappen gehen (ugs.; *spazierengehen);* nach L. ringen, schnappen (ugs.; *mühsam atmen);* R: halt die L. an! (ugs.; *sei still!; hör auf!);* da bleibt einem die L. weg! *(das ist ja ungeheuerlich!).* **3. a)** *freier Raum außerhalb von Häusern:* viel an die L. *(ins Freie)* gehen; sich viel in der frischen L. *(im Freien)* aufhalten. **b)** *freier Raum über dem Erdboden, Lufthülle:* Truppen aus der L. versorgen *(den Nachschub mit Fallschirmen vom Flugzeug abwerfen);* bei der Explosion flogen Autos durch die L.; etwas in die L. *(in die Höhe)* werfen; vor Freude in die L. springen; in die L. schauen, gucken (ugs.); frei sein wie der Vogel in der L. *(sich nicht eingeengt fühlen);* das Flugzeug erhebt sich, steigt in die L./in die Lüfte; zur Warnung in die L. schießen. * (ugs.:) **die Luft ist rein/sauber** *(es besteht keine Gefahr, niemand lauert)* · (ugs.:) **es ist/herrscht dicke Luft** *(es herrscht eine gespannte Atmosphäre, eine gereizte Stimmung)* · (ugs.:) **Luft für jmdn. sein** *(für jmdn. nicht existieren, von jmdm. demonstrativ nicht beachtet werden)* · (ugs.:) **jmdn. wie Luft behandeln** *(jmdn. demonstrativ nicht beachten)* · (ugs.:) **aus etwas ist die Luft raus** *(etwas hat seine Aktualität, seine Bedeutung verloren)* · **mit jmdm. die gleiche Luft atmen** *(in derselben Umgebung sein)* · (ugs.:) **jmdm. die Luft abdrehen/abdrücken** *(jmdn. wirtschaftlich ruinieren)* · **frische Luft in etwas bringen** *(einer Sache neue Impulse geben, Schwung in etwas bringen)* · (ugs.:) **sich** ⟨Dativ⟩ **Luft machen, einer Sache Luft machen** *(aufgestauten Ärger o. ä. aussprechen u. sich dadurch Erleichterung verschaffen)* · (ugs. scherzh.:) **gesiebte Luft atmen** *(im Gefängnis sein)* · (ugs.:) **jmdn. an die** [**frische**] **Luft setzen/befördern** *(jmdn. hinauswerfen)* · (ugs.:) **etwas ist aus der Luft gegriffen** *(etwas ist frei erfunden)* · (ugs.:) **in die Luft gucken** *(das Nachsehen haben)* · **in die Luft fliegen/gehen** *(explodieren)* · **etwas in die Luft jagen** (ugs.)/**sprengen** *(durch Sprengen zerstören)* · (ugs.:) **jmdn. in der Luft zerreißen: a)** *(jmdn. vernichtend kritisieren).* **b)** (als Drohung:) in Verbindung mit *können*): ich könnte ihn in der L. zerreißen · **etwas liegt in der Luft** *(etwas steht* *bevor)* · **in der Luft hängen** *(keine feste Grundlage haben, ohne Rückhalt sein)* · (ugs.:) **|schnell/ leicht|** **in die Luft gehen** *(|schnell| böse, wütend werden)* · **etwas hat sich in Luft aufgelöst** *(etwas ist spurlos verschwunden* · (ugs.:) **von Luft und Liebe leben** *(sehr genügsam sein)* · (ugs.:) **nicht von der Luft/von Luft und Liebe leben können** *(nicht ohne materielle Grundlage existieren können).*

lüften ⟨etwas l.⟩: **1. a)** *durch Öffnen der Fenster frische Luft in einen Raum hereinlassen:* die Wohnung, das Zimmer l.; ⟨auch ohne Akk.⟩ wir müssen hier einmal gut l. **b)** *Textilien, bes. Kleidung (zum Auslüften) der Luft aussetzen:* die nach Rauch riechenden Kleidungsstücke l.; das Bettzeug l. **2.** *etwas leicht anheben, wegschieben:* den Vorhang, den Hut [zum Gruß] l.; sie hat ihren Schleier gelüftet; den Deckel l., um in den Topf zu sehen; bildl.: die Maske, den Schleier l. *(auch zu erkennen geben);* übertr.: das Dunkel, jmds. Inkognito, ein Geheimnis l. *(enträtseln).*

luftig: **1.** *(bes. von Räumen) hell, mit genügend Luftzufuhr:* luftige Räume; ein luftiges Plätzchen im Freien; in luftiger *(großer)* Höhe. **2.** *(von Textilien, Kleidung) leicht und luftdurchlässig:* ein luftiges Gewebe; luftige Kleidung; l. gekleidet sein. **3.** (ugs.) *leichtsinnig, unzuverlässig:* ein luftiger Bursche. **4.** (ugs.) *nicht ernst zu nehmen:* eine luftige Erklärung; seine Pläne sind nur zu l.

Lug ⟨in der Verbindung⟩ Lug und Trug: *List, Täuschung:* es ist alles nur L. und Trug; jmd. ist, steckt voll[er] L. und Trug.

Lüge, die: *bewußt falsche Aussage:* eine freche, raffinierte, gemeine, faustdicke (ugs.), handgreifliche (ugs.), *offenkundige)*, plumpe L.; eine fromme *(in guter Absicht ausgesprochene)* L.; eine barmherzige L. *(eine Lüge, die jmd. ausspricht, um einen anderen zu schonen);* das ist eine ausgemachte, glatte L.; bei ihr ist jedes [zweite] Wort eine L.; lauter, nichts als Lügen; R: Lügen haben kurze Beine *(mit Lügen kommt man nicht weit);* jmdn. einer L. überführen; jmdn. der L. zeihen (geh.), bezichtigen, beschuldigen, verdächtigen; sich in Lügen verstricken; um eine L. nicht verlegen sein. * **etwas straft jmdn., etwas Lügen** *(etwas widerlegt jmdn., etwas):* das Ergebnis der Untersuchung straft alle Gerüchte Lügen.

lügen: a) *bewußt die Unwahrheit sagen:* du lügst; [schon] wenn er den Mund auftut, lügt er *(er lügt immer);* er lügt wie gedruckt (ugs.: *er lügt hemmungslos);* ich müßte l. *(es wäre nicht wahr),* wenn ich behaupten wollte, daß ...; R: wer lügt, der stiehlt; wer einmal lügt, dem glaubt man nicht, und wenn er auch die Wahrheit spricht. **b)** ⟨etwas l.⟩ *etwas Falsches bewußt für wahr ausgeben:* er hat das alles gelogen; das ist gelogen.

Lümmel, der (ugs.): *ungezogener, frecher Bursche:* du bist ein L.; sich wie ein L. benehmen.

Lump, der (ugs.): *Mensch von niedriger Gesinnung:* er war ein großer, gemeiner, abgefeimter L.; die Lumpen haben mir das Geld gestohlen; /oft als Schimpfwort:/ du L.!

lumpen (ugs.): *unsolide leben, dabei viel Alkohol trinken:* er hat in letzter Zeit viel gelumpt. * (ugs.:) **sich nicht lumpen lassen** *(freigebig sein).*

Lumpen, der: **a)** *[abgerissenes] Stück Tuch, Stoffetzen:* ein alter, schmutziger, öliger L.; L. sammeln. **b)** (ugs.) ⟨Plural⟩ *alte, zerschlissene [und*

schmutzige] Kleidung, Kleider: in L. gehen, herumlaufen.

lumpig (ugs.): **a)** *niederträchtig, gemein:* eine lumpige Gesinnung; das war l. [von ihm]; sich [jmdm. gegenüber, gegen jmdn.] l. benehmen. **b)** *kümmerlich, unbedeutend:* ein lumpiges Gehalt; ein paar lumpige Mark; jmdn. l. bezahlen.

Lunge, die: *für die Atmung wichtiges Organ:* eine kräftige, starke, gute, gesunde, schwache L.; die L. ist angegriffen; die L. röntgen; schone deine L.! *(scherzh.; rede nicht soviel!);* er raucht auf L./über die L./(selten:) durch die L. *(inhaliert den Rauch).* * (Med.:) **eiserne Lunge** *(Apparat zur künstlichen Beatmung)* · **grüne Lunge** *(Grünanlage; der Grüngürtel einer Stadt)* · (ugs.:) **eine gute Lunge haben** *(kräftig schreien können)* · (ugs.:) **sich** (Dativ) **die Lunge aus dem Hals schreien** *(sehr laut schreien)* · (ugs.:) **aus voller Lunge singen/ schreien** *(sehr laut singen, schreien).*

Lunte, die: *früher gebräuchliche Zündschnur:* eine rauchende, glimmende L.; die L. anzünden, an etwas legen. * (ugs.:) **Lunte riechen** *(eine Gefahr frühzeitig bemerken, Verdacht schöpfen)* · **die Lunte ans Pulverfaß legen** *(einen schwelenden Konflikt zu einem offenen Streit werden lassen).*

Lupe, die: *Vergrößerungsglas:* eine scharfe, stark vergrößernde L.; etwas mit mir, unter der L. lesen können; eine Briefmarke durch die L., mit der L. betrachten. * (ugs.:) **jmdn., etwas [scharf] unter die Lupe nehmen** *(jmdn., etwas genau kontrollieren, beobachten, kritisch prüfen)* · (ugs.:) **jmdn., etwas mit der Lupe suchen können** *(jmdn., etwas selten finden, antreffen).*

Lust, die: **1.** *Freude, Vergnügen:* eine wahre L., ihm zuzusehen; es ist eine L. zu leben; da kann einem die ganze L. vergehen; die L. an etwas verlieren; L. an einer Sache haben, finden; seine schlechte Laune hat mir die ganze L. an der Fahrt genommen. **2. a)** *inneres Bedürfnis, etwas Bestimmtes zu tun, haben zu wollen:* wer L. hat, kann mitmachen; hast der Affäre hatten sie nicht übel, die ganze Sache aufzugeben *(hätten sie sie aus Ärger, Enttäuschung o. ä. am liebsten aufgegeben);* sie versuchten, ihm L. zu der Unternehmung zu machen; keine [rechte, besondere], nicht die geringste L. haben/verspüren, etwas zu tun; die Kinder hatten keine L. zum Spielen; hast du L. auf ein Glas Wein?; ich habe große/die größte L., dorthin zu fahren; das kannst du machen, [ganz] wie du L. hast. **b)** *[triebhaftes] Verlangen, Begierde:* weltliche, sündige Lüste, die L., die Lüste des Fleisches; eine wilde L. überkam ihn; sie erfaßte plötzlich; seine L. befriedigen, zügeln; er ist ein Sklave seiner Lüste. * (geh. veraltend:) **Lust und Leid** *(alles, was das Leben bringt)* · (geh.:) **mit Lust und Liebe** *(gern, mit Hingabe):* sie ist mit L. und Liebe bei der Arbeit · **nach Lust und Laune** *(ganz wie es beliebt).*

lüstern: *von einem auf Besitz oder [sexuellen] Genuß gerichteten Verlangen erfüllt:* lüsterne Blicke, Augen; ein lüsterner Kerl; lüsterne Gedanken haben; lüsterne Späße machen; ⟨auf/nach etwas l. sein⟩ er war ganz l. auf Erdbeeren, nach Schokolade; er ist ganz l. *(begierig)* darauf, das zu tun.

lustig: a) *fröhlich, vergnügt:* lustige Leute; eine lustige Gesellschaft; lustige Geschichten, Streiche; die lustige Person /eine Theaterrolle/; ein

lustiger Bursche; ein lustiger Abend; du bist
heute so l.; es war [auf der Party] sehr l., ging
ganz l. zu; es war l. *(unterhaltsam),* den Affen zuzusehen; *(iron.:)* das kann ja l. *(unangenehm)*
werden; su b s t .: mir ist etwas Lustiges passiert.
b) *munter:* nun aber l. an die Arbeit; nur immer l.
[zu]; sie unterhielten sich l. *(unbekümmert)* weiter; ü b e r t r .: die Fahne flattert l. im Wind; das
Feuer brannte l. * (ugs.:) **solange/wie/wozu jmd.
lustig ist** *(solange, wie, wozu jmd. Lust hat, es ihm
Spaß macht)* · **sich über jmdn., etwas lustig machen** *(sich über jmdn., etwas mokieren).*

luxuriös: *großen Luxus aufweisend; aufwendig:*
eine luxuriöse Wohnung, Einrichtung; ein luxuriöses Hotel; ein luxuriöses Leben führen; sein
Lebensstil ist sehr l.; der Wagen ist l. ausgestattet.
Luxus, der: *übertriebener, kostspieliger Aufwand;
Verschwendung:* ein unerhörter, unwahrscheinli-
cher L.; das ist der einzige L., den ich mir leiste;
sie leistet sich den L. *(sie erlaubt es sich),* dieses
fragwürdige Verhalten nicht mitzumachen; diesen L. kann ich mir nicht erlauben; das ist doch
reiner L.!; sie treiben großen L. mit ihrer Garderobe *(kleiden sich sehr teuer);* im L. leben.

M

Mache, die (ugs.): *Machart; Technik [eines literarischen Produkts]:* das Drama zeigt eine geschickte M. * (ugs.:) **etwas ist Mache** *(etwas ist
vorgetäuscht):* diese Versprechungen sind reine
M. · (ugs.:) **etwas in der Mache haben/in die Mache nehmen** *(an etwas arbeiten/zu arbeiten beginnen)* · (ugs.:) **jmdn. in der Mache haben/in die
Mache nehmen: a)** *(jmdn. zu etwas zu bewegen suchen).* **b)** *(jmdn. verprügeln).*
machen: 1. a) ⟨etwas m.⟩ *herstellen; [an]fertigen:*
Klöße, Wurst, Wein m.; Essen m. *(bereiten);* Kaffee, Tee m. *(kochen, aufbrühen);* sich einen Anzug
m. lassen; jmdm./für jmdn. eine Tasse Kaffee m.;
sein Testament m. *(verfassen);* einen Strich m.
(ziehen); einen Punkt m. *(setzen);* Feuer m. *(anzünden);* Licht m. *(anschalten).* **b)** ⟨etwas m.⟩ *hervorbringen; schaffen; verursachen; bewirken; hervorrufen:* ein Geräusch m.; Seeluft macht Appetit; ⟨jmdn., sich etwas m.⟩ du wirst dir dadurch
viele Freunde, Feinde m.; das macht mir schlaflose Nächte · /verblaßt/: Musik m. *(musizieren);*
Geschrei m. *(schreien);* Lärm m. *(lärmen);* Geld
m. (ugs.; *Geld verdienen);* Beute m. *(etwas erbeuten);* Gefangene m. *(Soldaten gefangennehmen);*
Platz m. *(Platz schaffen; aus dem Weg gehen);*
Luft m. *(Platz schaffen);* Heu m. *(durch Abmähen
einer Wiese Heu gewinnen);* einen guten Eindruck
auf jmdn. m. *(jmdn. positiv beeindrucken);* etwas
macht Spaß *(bereitet Vergnügen);* Schulden m.
(sich verschulden); keine Umstände m. *(schnell
entschlossen handeln);* ⟨jmdm., sich etwas m.⟩
jmdm. Konkurrenz m. *(eine Konkurrenz für jmdn.
darstellen);* sich [k]einen Begriff/[k]eine Vorstellung von etwas m. können *(sich etwas [nicht] vorstellen können);* sich [allerlei, zuviel, müßige] Gedanken m. *(viel, zuviel, unnötigerweise] über etwas nachdenken);* sich Illusionen [über etwas] m.
(Illusionen in bezug auf etwas haben); sich Sorgen
m. *(sich sorgen);* jmdm. Sorge[n], Kummer, Lust,
Mühe, Schmerz, Verdruß, Vergnügen m. *(bereiten);* jmdm. Hoffnungen m. *(jmdn. hoffen lassen);*
jmdm. Mut m. *(jmdn. ermutigen).* **c)** ⟨etwas m.;
auch mit Umstandsangabe⟩ *ausführen:* eine Arbeit, Schularbeiten m.; er hat das Abitur, den
Führerschein, die Abschlußprüfung gemacht; er
hat alles ganz allein gemacht; etwas falsch, richtig, ordentlich, sauber, perfekt m.; er will seine

Sache in Zukunft besser m.; der Turner machte
eine Übung am Reck; R: wie man's macht, macht
man's falsch; /verblaßt/: den Anfang m. *(anfangen);* einen Sprung m. *(springen);* die ersten
Schritte m. *(gehen lernen);* große, lange Schritte
m. *(ausschreiten);* einen Spaziergang m. *(spazierengehen);* eine Reise m. *(verreisen);* Konversation m. (geh.; *sich in Gesellschaft unterhalten);*
den Haushalt m. *(die im Haushalt anfallende Arbeit erledigen);* ein Spiel m. *(spielen);* eine Beobachtung m. *(etwas beobachten);* eine Bemerkung
m. *(etwas bemerken);* Einwände m. *(etwas einwenden);* Erfahrungen m. *(etwas erfahren);* einen
Versuch m. *(etwas versuchen);* Experimente m.
(experimentieren); eine Entdeckung m. *(etwas entdecken);* eine Erfindung m. *(etwas erfinden);* einen Entwurf m. *(etwas entwerfen);* einen Plan,
Pläne m. *(etwas planen);* Fortschritte m. *(fortschreiten, vorankommen);* eine, die Probe [aufs
Exempel] m. *(etwas prüfen);* einen Einschnitt m.
(etwas einschneiden, unterbrechen); einen Knicks
m. *(knicksen);* mit jmdm. einen Vertrag m. *(mit
jmdm. einen Vertrag schließen);* ein Gesetz m. *(ein
Gesetz ausarbeiten, beschließen);* eine Eingabe m.
*(sich mit einem Anliegen o. ä. schriftlich an die zu-
ständige Stelle wenden);* Dummheiten, Geschichten (ugs.), Zicken (ugs.), Sperenzchen/Speren-
zien (ugs.), Kinkerlitzchen (ugs.), Unsinn, Streiche m. *(sich töricht benehmen);* einen Fehler,
Schnitzer (ugs.) m. *(etwas nicht richtig tun, sich bei
etwas irren);* Spaß, Ulk, einen Witz m. *(etwas
nicht ernst meinen);* Ausflüchte m. *(sich herausreden);* Winkelzüge m. *(nicht offen vorgehen);* eine
Ausnahme m. *(die Regel durchbrechen);* [k]einen
Unterschied m. *(jmdn., etwas [nicht] besonders behandeln);* Schluß m. *(etwas beenden);* Hochzeit
m. *(heiraten);* ein Fest, eine Party m. *(veranstalten);* Propaganda, Reklame m. *(für etwas werben);* Pause m. *(pausieren);* Feierabend m. *(für
den jeweiligen Tag zu arbeiten aufhören);* Schicht
m. *(während einer Dienstschicht arbeiten);* ein Geschäft m. *(abschließen);* Karriere m. *(beruflich
schnell vorwärtskommen);* m. (ugs.:) einen Rückzieher m. *(von seinen Forderungen abgehen);* einen Umweg m. *(sich einer Kur unterziehen);* einen Umweg m. *(sich auf einem Umweg irgendwohin begeben);* etwas macht einen Bogen *(verläuft in einer*

Biegung); einen Abstecher m.; einen Seitensprung, Seitensprünge m. *(den Ehepartner betrügen);* Kartenspiel: einen Stich m. *(stechen);* ⟨jmdm., sich etwas m.⟩ jmdm. etwas melden); jmdm. eine Mitteilung m. *(jmdm. etwas mitteilen);* sich eine Notiz, Notizen m. *(sich etwas notieren);* jmdm. ein Geschenk m. *(jmdm. etwas schenken);* jmdm. ein Kompliment, Komplimente m. *(jmdm. bewundern; jmdm. seine Anerkennung aussprechen);* jmdm. [große] Versprechungen m. *(viel versprechen);* jmdm. einen Vorschlag m. *(etwas vorschlagen);* jmdm. einen Vorwurf, Vorwürfe m. *(etwas vorwerfen);* jmdm. [große] Aussichten m. *(eröffnen);* jmdm. Konzessionen, Zugeständnisse m. *(etwas zugestehen);* jmdm. ein Zeichen m. *(jmdm. durch ein Zeichen etwas andeuten).* **d)** ⟨etwas m.⟩ *einen Körperteil o. ä. in einen bestimmten Zustand versetzen:* einen Buckel, ein verdrießliches, dummes, freundliches Gesicht m.; einen langen Hals m. *(den Hals [neugierig] recken).* **2. a)** ⟨jmdn., sich etwas m.; mit Artangabe) [beabsichtigt] in einen bestimmten Zustand o. ä. bringen:* eine Hose enger m.; etwas nur noch schlimmer m.; etwas verständlich, begreiflich, deutlich, unbrauchbar m.; jmdn. lächerlich, mürbe, nervös, unglücklich, glücklich, unsicher, stutzig, zugänglich m.; die Chemikalie macht den Stoff widerstandsfähiger; sich beliebt, unbeliebt, verhaßt m.; ⟨jmdm., sich etwas m.; mit Artangabe) jmdm. etwas zugänglich m.; machen Sie es sich bitte bequem! · /verblaßt/: jmdn. wahnsinnig m. *(ugs.; jmdn. aus der Fassung bringen);* etwas macht jmdn. noch ganz krank *(zermürbt jmdn. völlig);* jmdn. auf etwas aufmerksam m. *(auf etwas hinweisen);* jmdn. verantwortlich m. *(zur Verantwortung ziehen);* jmdn. unschädlich m. *(jmds. schädlichen Einfluß unterbinden);* sich wichtig m. *(sich aufspielen);* sich nützlich m. *(helfen);* sich verständlich m. *(ausdrücken, was man sagen will);* sich rar m. *(sich selten sehen lassen);* sich um etwas verdient m. *(sich [Dativ] auf einem bestimmten Gebiet Verdienste erwerben);* etwas unmöglich m. *(etwas verhindern);* das Unmögliche möglich m. *(etwas unerreichbar Erscheinendes verwirklichen);* eine Flasche, einen Teller leer m. *(leeren);* etwas schriftlich m. *(schriftlich niederlegen);* Plätze, Stühle frei m. *(räumen).* **b)** ⟨etwas m.⟩ *in einen guten Zustand, in Ordnung bringen:* das Bett, die Betten, das Zimmer m.; ⟨jmdm., sich etwas m.⟩ jmdm. die Haare m.; ich muß mir die Zähne m. lassen; er hat mir das Auto sofort gemacht *(repariert).* **3.** (ugs.) ⟨mit Umstandsangabe⟩ *seine Notdurft verrichten:* klein, groß m.; der Kranke machte ins Bett; ⟨jmdm., sich m.; mit Raumangabe⟩ er machte sich in die Hosen; der Vogel hat ihm auf den Hut gemacht. **4.** ⟨etwas m.⟩ *tun, anstellen:* jmdn. m. lassen, was er will; etwas kurz m. *(schnell erledigen);* ich weiß nicht, was ich m. soll; was machst du *(womit beschäftigst du dich)* jetzt?; er kann m., was er will, er kommt nicht vorwärts; bei ihnen dürfen die Kinder alles m.; da ist nichts mehr zu m.; was willst du mit der Schere m.?; was macht ihr mit dem ungezogenen Kind m.?; ⟨auch ohne Akk.⟩ laß mich nur m.! *(überlaß die Angelegenheit nur mir!);* /verblaßt/: was macht deine Mutter? *(wie geht es deiner Mutter?);* was macht deine Arbeit? *(wie kommst du*

mit deiner Arbeit voran?); /Abschiedsgruß/: mach's gut! *(laß es dir gutgehen!);* /Bekräftigung/: gemacht! *(einverstanden!).* **5.** ⟨etwas macht etwas⟩ *etwas ergibt etwas:* acht mal zwei macht sechzehn; hundert Pfennige machen eine Mark; das macht *(beträgt, kostet)* [zusammen] 6,80 DM. **6.** (ugs.) ⟨jmdn. m.⟩ *a) eine bestimmte Funktion übernehmen:* den Vermittler, Schiedsrichter m.; er hat immer den Handlanger gemacht. **b)** *herausbringen; jmdm. eine Karriere ermöglichen:* einen Künstler m.; dieser Regisseur hat den Schauspieler gemacht. **7.** ⟨jmdn., etwas aus jmdm., aus sich m.; etwas aus etwas m.⟩ *werden, entstehen lassen:* einen tüchtigen Menschen aus jmdm. m.; es steckt nicht viel in ihm, aber er weiß etwas aus sich zu m. *(weiß seine bescheidenen Gaben geschickt zu nutzen);* er ist nicht das, was die Leute aus ihm m. *(von ihm halten);* die Schale ist aus Holz gemacht *(besteht aus Holz);* daraus ließ sich nicht viel m. *(das ließ sich nicht verwerten);* der Regisseur hat viel aus dem schwachen Stück gemacht *(herausgeholt).* **8.** ⟨jmdn., etwas zu jmdm., zu etwas m.⟩ *zu jmdm., zu etwas werden lassen:* jmdn. zum Märtyrer, Gefangenen, Sklaven m.; ein Land zur Wüste m. *(es verwüsten);* ⟨sich (Dativ) etwas zu etwas m.⟩ sich etwas zur Aufgabe m.; du mußt dir Pünktlichkeit zur Regel, zur Pflicht m. **9.** ⟨jmdn. m.; mit Infinitiv⟩ *jmdn. zu einem bestimmten Tun veranlassen:* das machte die Leute aufhorchen; er wollte uns glauben m., daß er krank sei; das macht mich lachen. **10.** ⟨sich an etwas m.⟩ *mit einer Tätigkeit beginnen:* sich an die Arbeit, ans Kochen m.; es wird Zeit, daß ich mich ans Werk mache *(daß ich mit meiner Arbeit beginne).* **11.** (ugs.) *sich beeilen:* mach, daß du fertig wirst!; na, mach schon!; ich mache ja schon. **12.** (ugs.) **a)** ⟨in etwas m.⟩ *auf einem bestimmten Gebiet, in einer bestimmten Branche tätig sein:* er macht in Lederwaren *(verkauft Lederwaren);* übertr.: er macht zur Zeit in Großzügigkeit *(gibt sich zur Zeit sehr großzügig).* **b)** ⟨auf etwas m.⟩ *eine bestimmte Eigenschaft zur Schau tragen:* er macht auf großzügig, lässig, bescheiden. **13. a)** ⟨etwas macht sich; mit Artangabe⟩ *etwas paßt in einer bestimmten Weise:* der Hut macht sich gut zu ihrem Kleid; die Pflanze macht sich sehr schön auf dem Bücherbord. **b)** ⟨sich m.⟩ *sich gut entwickeln:* der Lehrling macht sich; du hast dich in letzter Zeit sehr gut gemacht; die Sache macht sich. **14.** (ugs. landsch.) ⟨mit Raumangabe⟩ *irgendwohin gehen, fahren:* nach Berlin, nach Köln m.; wir wollen noch in die Stadt m. ∗ (ugs.:) **[das] macht nichts** *(das ist nicht schlimm!)* · (ugs.:) **[es] nicht mehr lange machen** *(bald sterben müssen)* · (ugs.:) **es unter etwas nicht machen** *(eine Mindestforderung haben):* unter 20 Mark pro Stunde macht er es nicht · (ugs.:) **sich (Dativ) wenig, nichts o. ä. aus jmdm., einer Sache machen** *(jmdn., etwas wenig schätzen)* · (ugs.:) **zu, für etwas [nicht] gemacht sein** *(für etwas [nicht] geeignet, [nicht] dafür taugen).*
Machenschaft, die: *hinterhältige Unternehmung, durch die man ein Ziel, einen persönlichen Vorteil zu erreichen sucht:* unsaubere, betrügerische, üble Machenschaften waren gegen ihn im Gange; man durchschaute lange Zeit die Machenschaften dieses Politikers nicht.

Macht, die: 1. *Kraft, Einfluß:* eine geringe, große M.; seine ganze M. aufbieten; sie wollen alles tun, was in ihrer M. steht *(was sie irgend können);* es steht nicht in meiner M., das zu ändern; er war mit aller M. *(mit allem ihm zur Verfügung stehenden Einfluß)* bemüht, das Vorhaben zu verhindern; mit M. *(machtvoll)* vorwärtsdrangen; der Frühling kommt jetzt mit M. *(er ist nicht mehr aufzuhalten);* er übte eine unwiderstehliche M. auf/über sie aus. 2. *Herrschaft; Befehlsgewalt:* die weltliche, geistliche, politische M.; seine M. ist gebrochen; die M. ergreifen, übernehmen, in Händen haben; seine M. gebrauchen, mißbrauchen, ausspielen; bestimmte politische Gruppen haben die M. über die Volksmassen errungen; sich die M. über Leben und Tod anmaßen; seine M. behaupten; jmdn. seine M. fühlen lassen; an die M. *(zur Herrschaft)* gelangen; an der M. sein, bleiben *(die Herrschaft haben, behalten);* jmdn. an die M. bringen; die Generäle haben dem Diktator zur M. verholfen; übertr.: die M. des Geldes; R: [das ist] die M. der Gewohnheit. 3. *einflußreicher, mächtiger Staat:* eine fremde, feindliche, kriegführende M.; die verbündeten Mächte; R: M. geht vor Recht. 4. *etwas, was über besondere Kräfte, Mittel, über besonderen Einfluß verfügt:* geheimnisvolle Mächte; die himmlischen Mächte; die Mächte der Finsternis; dunkle Mächte sind am Werk; das Wirken einer höheren M.; keine M. der Erde, der Welt (geh.: *niemand)* konnte ihn dazu bewegen, das zu tun; er steht mit bösen Mächten im Bunde; sich von guten Mächten getragen wissen.

mächtig: 1. *Macht, Gewalt habend; einflußreich:* ein mächtiger Staat; ein mächtiges Reich; die Unternehmer waren sehr m.; der Herrscher wurde den Fürsten zu m.; subst.: die Mächtigen der Welt. 2. **a)** *großen Umfang habend; sehr stark:* eine mächtige Eiche; die Seekuh ist ein mächtiges Tier; mächtige Felsblöcke; eine mächtige *(kraftvolle, weittragende, sehr laute)* Stimme; eine mächtige Mähne, Gestalt. **b)** (ugs.) *sehr groß, beträchtlich:* er hat mächtigen Hunger; er hatte einen mächtigen Bammel *(große Angst);* er hatte mächtigen Dusel *(sehr viel Glück).* **c)** (ugs.) ⟨verstärkend bei Adjektiven und Verben⟩ *sehr:* er war m. groß; es gab m. viel zu tun; ich habe mich m. gefreut. * (geh.:) **einer Sache mächtig sein** *(etwas beherrschen):* er war des Englischen nicht m. · (geh.:) **einer Sache, seiner mächtig sein** *(etwas, sich [selbst] in der Gewalt haben).*

Machtwort, das: *Entscheidung, gegen die es keinen Widerspruch gibt, die jmd. auf Grund seiner Machtposition trifft:* der Streit wurde schließlich durch ein M. des Präsidenten beendet; der Vater hat ein M. gesprochen *(mit seiner Autorität eine unwiderrufliche Entscheidung getroffen);* du mußt mal ein M. sprechen *(dem Streit ein Ende setzen).*

Mädchen, das: 1. *Kind weiblichen Geschlechts:* ein niedliches [kleines] M.; das M. ist in der letzten Zeit sehr gewachsen; in dieser Grundschule werden Jungen und M., M. und Buben gemeinsam unterrichtet; bei uns ist ein M. angekommen; wir haben ein M. bekommen; er ist Vater von drei M.; wir waren 3 M. *(drei weibliche Kinder in der Familie);* 2. *junge unverheiratete weibliche Person:* ein schönes, frühreifes, unberührtes

junges M.; ein leichtes, käufliches M. *(eine Prostituierte);* sie ist ein spätes M. (veraltet; *eine nicht mehr junge unverheiratete Frau);* sie ist ein hübsches M. geworden; als M. war sie sehr schlank; ein M. kennenlernen, heiraten, sitzenlassen. 3. (veraltend) *Freundin:* kein M. haben; er hat sich mit seinem M. getroffen, sich von seinem M. getrennt. 4. (veraltet) *Hausangestellte:* ein M. haben, einstellen; dem M., nach dem M. läuten; sie haben dem M. gekündigt. * (ugs.:) **Mädchen für alles** *(Hilfskraft für alle anfallenden Arbeiten):* er, sie ist hier M. für alles.

Made, die: *wurmähnliche Insektenlarve:* in den Himbeeren sind Maden; der Käse ist voller Maden, der Schinken ist von Maden befallen, zerfressen, wimmelt von Maden. * (ugs.:) **leben wie die Made im Speck** *(im Überfluß leben).*

madig: *von Maden befallen:* madiges Obst, Fleisch, madige Pilze; der Käse ist m. * (ugs.:) **jmdn. madig machen** *(jmdn. herabsetzen, schlechtmachen)* · (ugs.:) **jmdm. etwas madig machen** *(jmdm. etwas verleiden).*

Magen, der: *Organ, das die zugeführte Nahrung aufnimmt:* er hat einen guten, schlechten, schwachen, empfindlichen M.; mein M. streikt *(ist überfüllt);* mein M. knurrt (ugs.; *ich habe Hunger);* mir knurrt der M.; Med.: jmdm. den M. auspumpen, ausheben; er hat sich (Dativ) den M. verdorben; sich (Dativ) den M. vollschlagen; jmdn. am M. operieren; eine Medizin auf nüchternen M. einnehmen; die Aufregung ist ihm auf den M. geschlagen *(hat sich negativ auf den Magen ausgewirkt);* etwas, nichts im M. haben *(etwas, nichts gegessen haben);* mir ist ganz flau (ugs.) im M.; die Erbsen liegen mir wie Blei (ugs.) im M., liegen mir noch im M. *(sind noch nicht verdaut);* mit knurrendem M. *(hungrig)* ins, zu Bett gehen; mit vollem, mit leerem M. etwas Bestimmtes tun; R: lieber den M. verrenken, als dem Wirt etwas schenken; und das auch nüchternen M.! (ugs.; *das auch noch!).* * (ugs.:) **jmdm. dreht sich der Magen um** *(jmd. findet etwas so widerlich, daß ihm schlecht werden könnte)* · (ugs.:) **jmdm. [schwer] im Magen liegen** *(jmdm. etwas zu schaffen machen)* · (ugs.:) **jmdm. hängt der Magen in den Kniekehlen** *(jmd. hat großen Hunger).*

mager: 1. **a)** *dünn und knochig:* ein magerer Mensch; magere Arme; er ist zu m.; das Kind sieht erschreckend m. aus. **b)** *fettarm:* mageres Fleisch; er darf nur magere Kost essen; dieser Schinken ist magerer als der andere. 2. (geh.) *wenig fruchtbar:* magere Felder; der Boden ist m. 3. *dürftig, gering:* eine magere Ernte, Ausbeute; ein magerer Gewinn; magere Zeiten, Jahre *(Zeiten, Jahre ohne Wohlstand);* das Ergebnis war allzu m.; der Gewinn betrug nur magere 2 Prozent.

magisch: a) *die Magie betreffend, auf Magie beruhend:* magisches Denken; magische Praktiken; ein magisches Quadrat *(quadratisches Zahlenschema mit bestimmten Gesetzmäßigkeiten);* sie glaubten an, besaßen magische Kräfte. **b)** *wie ein Zauber wirkend:* eine magische Wirkung ging von ihm aus; übertr.: eine, die magische Grenze, Schwelle, Zahl *(die Grenze, Schwelle oder Zahl, die man als Äußerstes ansah, die man nicht überschreiten wollte)* erreichen, überschreiten.

Mahl, das (geh.): *Essen, Mahlzeit:* ein einfaches,

frugales, ländliches, reichliches, üppiges, opulentes, lukullisches M.; ein M. zubereiten, einnehmen, verzehren; man servierte ihnen ein festliches M.; sich zum M. *(zum Einnehmen des Essens)* zusammenfinden, [nieder]setzen.

mahlen ⟨etwas m.⟩: *in einer Mühle zerkleinern:* Getreide, Kaffee, Salpeter, Pfeffer m.; Korn zu Mehl m.; Mehl m. *(durch Mahlen herstellen):* sie kauft gemahlenen Kaffee, Pfeffer; ⟨auch ohne Akk.⟩ der Müller, die Mühle mahlt; b i l d l.: die Räder mahlen im Sand *(greifen nicht);* er kaute mit mahlenden Kiefern *(sehr langsam).*

Mahlzeit, die: *regelmäßig eingenommenes Essen:* eine reichliche, deftige, schwere, leichte M.; eine warme M. *(ein warmes Essen);* eine M. einnehmen, beenden, mit jmdm. teilen; gesegnete M. wünschen; bei ihnen gab es drei Mahlzeiten am Tag *(es wurde dreimal am Tag Essen eingenommen);* er hält sich nicht an die Mahlzeiten *(ißt unregelmäßig);* die Arznei ist vor/nach den Mahlzeiten einzunehmen; Mahlzeit! */Gruß unter Arbeitskollegen in der Mittagszeit/;* prost Mahlzeit! *(das ist ja eine schöne Bescherung!).*

Mähne, die **1.** *dichtes, langes Haar am Kopf und Hals bestimmter Tiere:* die M. des Löwen; das Pferd hat eine lange M.; mit fliegender M. **2.** (ugs.) *(beim Menschen) Haarschopf mit langem, wallendem [ungepflegt wirkendem] Haar:* er hat eine lange, lockige, blonde M.

mahnen: **a)** ⟨jmdn. m.⟩ *an eine Verpflichtung erinnern:* einen Schuldner mehrmals, schriftlich m. *(zur Zahlung auffordern);* jmdn. wegen eines Versäumnisses m.; a d j. P a r t.: er sprach mahnend auf die Kinder ein *(ermahnte die Kinder);* ⟨auch ohne Akk.⟩ ü b e r t r.: dieser Vorfall mahnt *(erinnert [mich] warnend)* an ähnliche Ausschreitungen; a d j. P a r t.: eine mahnende Stimme [in seinem Innern]. **b)** ⟨jmdn. zu etwas m.⟩ *auffordern:* jmdn. zur Eile, Vorsicht, Ruhe, Geduld, Selbstbeherrschung, zum Aufbruch m.; sie mahnten ihn eindringlicher, etwas zu tun/daß er etwas tue; ⟨auch ohne Akk.⟩ ü b e r t r.: die hereinbrechende Dämmerung mahnte *(veranlaßte uns)* zur Eile.

Mai, der: *fünfter Monat des Jahres:* ein kühler, verregneter, sonniger M.; Anfang, Ende M.; im Laufe des Monats M., des Mai[es]; er hat am ersten M. Geburtstag; am Ersten M. *(Feiertag der Arbeitnehmer)* gab es zahlreiche Kundgebungen der Gewerkschaften; R: M. kühl und naß füllt dem Bauer Scheuer und Faß. * (veraltend:) wie einst im Mai *(wie einst in glücklichen Tagen).*

mäkeln *beständig etwas zu kritisieren haben:* er hat immer etwas zu m.; er mäkelt dauernd am, beim Essen.

mal ⟨Adverb⟩ **1.** *multipliziert mit:* vier m. zwei ist acht; der Raum ist vier m. sechs Meter groß; der Betrag errechnet sich aus Einzelpreis m. Stückzahl. **2.** (ugs.) *einmal:* wann besuchst du uns wieder m.?; laß m. wieder von dir hören!; komm m. her!; sag m.!; hör m.!; alle m. herhören!; es ist nun m. so!; das wird m. so, m. so (ugs.; *unterschiedlich)* gehandhabt; er sagt es m. so, m. anders.

¹Mal, das: **1.** *kennzeichnender Fleck, Verfärbung der Haut:* ein blaues M.; sie hatte ein M. am Hals; von dem Sturz hatte er Male/(selten:) Mäler an der Stirn; b i l d l. (geh.): er trug das M. eines Mörders auf seiner Stirn. **2.** *als Markierung*

aufgestellter Gegenstand: der Schlagballspieler hat das M. berührt. **3.** (geh. veraltend): *Denkmal, Mahnmal:* zum Gedächtnis an die Opfer der Katastrophe wurde ein M. errichtet.

²Mal, das: *Zeitpunkt eines [sich wiederholenden] Geschehens:* das, dieses eine M. nur; ein anderes M.; [k]ein einziges M.; ein oder mehrere Male; nächstes M./das nächste M. wäre es einfacher gewesen; es ist das erste M., daß ich diese Stadt besuche; es war das erste und [zugleich] das letzte M. *(etwas wird nicht wiederholt);* das vorige/voriges M.; laß dir das ein für alle Male gesagt sein; er hat es etliche, einige, mehrere, unzählige, [so] viele, ein paar Male *(ein paarmal),* ein paar Dutzend Male *(ein paar dutzendmal)* versucht; das habe ich schon manches [liebe]/(veraltend:) manch liebes M. gedacht; beim ersten, zweiten M. gab es einen gewaltigen Krach; ein und das andere/das eine oder andere M. *(manchmal; hin und wieder);* ein M. über das andere, um das/ums andere; unter drei Malen gewinnt er zweimal; ich habe dir das jetzt zum zehnten, x-ten, soundsovielten, letzten Mal[e] gesagt; das geschah zu wiederholten Malen. * **Mal für Mal** *(jedesmal):* es wird M. für Mal wiederholt · mit einem Mal[e] *(plötzlich):* mit einem M. war er wie ausgewechselt · von **Mal zu Mal** *(jedesmal in fortschreitendem Maße):* der Läufer wird von M. zu M. schneller · (schweiz.:) **aufs Mal** *(auf einmal):* du kannst nur ein Buch aufs M. ausleihen.

malen: **1. a)** ⟨etwas m.⟩ *mit Pinsel und Farbe herstellen:* ein Bild, Stilleben, Porträt m.; sie haben die Kinder von einem Künstler m. lassen; b i l d l.: er malte die Buchstaben *(schrieb sehr langsam, übertrieben sorgfältig).* **b)** ⟨jmdn., etwas m.⟩ *mit Pinsel und Farbe künstlerisch darstellen:* jmdn. in Lebensgröße m.; er malt vor allem Landschaften; ü b e r t r.: der Herbst malt *(färbt)* die Wälder bunt; er malt die Zukunft allzu rosig, allzu schwarz *(sieht die Zukunft allzu optimistisch, pessimistisch).* **2.** *mit Pinsel und Farbe künstlerisch tätig sein:* in Öl, mit Wasserfarben m.; er malt nach einer Vorlage, nach der Natur; mein Freund malt *(ist Maler).* **3.** (ugs. landsch.) ⟨etwas m.⟩ *durch Streichen mit Farbe versehen:* die Fenster, Türen m.; der Hausbesitzer hat die Fassade m. lassen. **4.** ⟨etwas m.⟩ *(mit Raumangabe) etwas drückt sich in jmds. Gesicht aus:* auf seinem Gesicht malte sich das Entsetzen. **5.** (ugs.) ⟨sich (Dativ) etwas m.⟩ *die Lippen mit Lippenstift schminken:* sich die Lippen m.

malerisch: 1. *die Malerei betreffend; für die Malerei typisch:* ein malerisches Talent: das Bild ist m. gesehen. **2.** *hübsch, reizvoll, pittoresk:* ein malerischer Winkel; der Anblick war sehr m.; der Ort liegt m. an einem Berghang.

Malheur, das (ugs.): **1.** *kleines [peinliches] Mißgeschick:* ihm ist ein [kleines] M. passiert; das ist doch kein M. *(nicht so schlimm).* **2.** Pech: sie hatten viel, großes M. mit ihrer Waschmaschine.

man ⟨Indefinitpronomen⟩: **1.** *der, die Betreffende stellvertretend für jedermann:* von dort oben hat m. eine herrliche Aussicht; m. kann nie wissen, wozu es gut ist; /in Koch-, Backrezepten/: m. nehme ... **2.** *irgend jemand od. eine bestimmte Gruppe von Personen:* /oft an Stelle einer passivischen Konstruktion/: m. vermutet *(es wird allge-*

*mein vermutet), daß ...; m. hat die Kirche wiederaufgebaut *(die Kirche wurde wiederaufgebaut); wie sagt m. dazu *(wie heißt das)* auf italienisch? **3. a)** *die Leute, die Öffentlichkeit:* m. ist heute in diesem Punkt viel toleranter; m. trägt das heute *(das ist jetzt Mode).* **b)** *jemand, der sich an bestimmte gesellschaftliche Normen, Gepflogenheiten hält:* so etwas tut m. nicht. **4.** *ich, wir:* m. versteht ja sein eigenes Wort nicht!; ehe m. sich's versah; wenn m. sich die Sache richtig überlegt. **5.** *du, ihr, Sie; er, sie* /zum Ausdruck der Distanz, weil man die direkte Anrede scheut/: m. ist wohl eingeschnappt, wie?

manch ⟨Indefinitpronomen und unbestimmtes Zahlwort⟩: **a)** ⟨Singular: mancher, manche, manches; unflektiert: manch⟩ *der, die, das eine oder andere:* mancher Beamte/m. ein Beamter; manches schöne/m. schönes Kleid; die Ansicht manches/m. eines Gelehrten; auf Grund manchen/ (seltener:) manches Mißverständnisses; in manchem schwierigen/m. schwierigem Fall; so manche Stadt; so mancher mußte das erleben; m. einer/mancher macht dabei üble Erfahrungen; gar manches ist realisiert worden, was unmöglich schien; ich habe mich schon so manches Mal *(öfter)* gewundert; in mancher Beziehung hast du recht. **b)** ⟨Plural: manche⟩ *etliche, einige:* manche schöne/schönen Sachen; manche ältere/älteren Leute; die Ansichten mancher berühmter/mancher berühmten Professoren; manche der, von den, unter den Verletzten; manche [Menschen] sind anderer Meinung; an manchen Stellen ist das Gewebe schon brüchig.

mancherlei ⟨unbestimmtes Gattungszahlwort⟩: *verschiedene unterschiedliche Dinge, Arten o. ä. umfassend:* m. Käse; m. bedeutende Ereignisse; m. Ursachen; auf m. *(manches, vieles)* verzichten müssen; sie diskutierten über m.

manchmal ⟨Adverb⟩: *öfter, aber nicht regelmäßig; ab und zu:* ich treffe ihn m. auf meinem Weg ins Büro; m. will es mir scheinen, als ob ...

Mandel, die: **1.** /eine Frucht/: bittere, süße, gebrannte *(geröstete)* Mandeln; sie hackte, rieb Mandeln. **2.** /Organ am Gaumen und im Rachen/: geschwollene, entzündete, vereiterte, dicke Mandeln; die Mandeln waren leicht gerötet; er ließ sich (Dativ) die Mandeln herausnehmen.

¹Mangel, der: **1.** *[teilweises] Fehlen von etwas, was man braucht:* es herrscht, besteht M. an Arbeitskräften; M. an Takt, Vertrauen, an Nahrung, Vorbereitung; M. *(nicht das genügende Maß)* an Selbstvertrauen haben; einen M. ausgleichen, stark empfinden; sie brauchten keinen M. *(keine Not)* zu leiden; er wurde aus M., wegen Mangels an Beweisen freigesprochen. **2.** *Unzulänglichkeit, Fehler:* an der Maschine traten später größere Mängel auf; die Mängel beseitigen, beheben; die Arbeit hat, zeigt einige Mängel; der Entwurf ist noch mit einigen Mängeln behaftet; ich bin bereit, über die Mängel hinwegzusehen.

²Mangel, die: /ein Gerät zum Glätten von Wäsche/: sie benutzte eine M. in ihrem Haushalt. * (ugs.:) **jmdn. durch die Mangel drehen/in die Mangel nehmen/in der Mangel haben** *(jmdn. hart herannehmen, ihm sehr zusetzen).*

mangelhaft: *nicht den Anforderungen entsprechend, schlecht:* eine mangelhafte Leistung, Beleuchtung; die Qualität, Verpackung ist m.; die Reparatur ist m. ausgeführt; /als Zensur/: die Arbeit wurde mit „mangelhaft" benotet.

mangeln (geh.): **a)** ⟨es mangelt an jmdm., an etwas⟩ *jmd., etwas ist nicht oder nur in unzureichendem Maß vorhanden:* es mangelt an allem, an Geld, an Nahrungsmitteln, an Arbeitskräften; er läßt es an Einsicht, an gutem Willen, an Arbeitseifer m. *(zeigt keine Einsicht, keinen guten Willen, keinen Arbeitseifer);* ⟨es mangelt jmdm. an jmdm., an etwas⟩ es mangelt ihm an Hilfskräften; es mangelt ihm noch an Erfahrung, Mut, Sicherheit, Zeit, am rechten Willen; adj. Part.: ein Zeichen mangelnder Lebensenergie; seine mangelnde Menschenkenntnis. **b)** ⟨etwas mangelt jmdm., einer Sache⟩ *etwas Wichtiges ist bei jmdm., etwas nicht vorhanden:* dir mangelt der rechte Ernst; dieser Arbeit mangelt jede Sorgfalt.

mangels (Papierdt.) ⟨Präp. mit Gen.⟩: *aus Mangel an:* m. der notwendigen Geldmittel; m. eines eigenen Büros; m. eindeutiger Beweise; ⟨ein alleinstehendes stark dekliniertes Substantiv bleibt ungebeugt⟩ m. Geld; m. Beweis; ⟨im Plural mit Dativ, wenn der Gen. nicht erkennbar ist⟩ er wurde m. Beweisen freigesprochen.

Manie, die: *krankhafte Sucht, Besessenheit:* das ist eine M. von ihm, ist bei ihm schon zur M. geworden, hat sich zur M. entwickelt.

Manier, die: **1.** *Art, Stil:* die leichte, grobe, gesuchte, betonte M. eines Künstlers; er gewann auch seinen dritten Kampf in überzeugender M.; er hat es auf eine bravouröse M., in bewährter M. gemeistert. **2.** ⟨meist Plural⟩ *Art [sich zu benehmen]; Umgangsformen:* gute, feine, schlechte Manieren; das ist aber keine M. (ugs.; *das gehört sich nicht)!;* er hat keine Manieren; dem muß man erst noch Manieren beibringen.

manipulieren: 1. ⟨jmdn., etwas m.⟩: *durch bewußte Beeinflussung in eine bestimmte Richtung lenken:* Sprache m.; die Meinung des Volkes wird durch die Presse manipuliert; die Menschen werden heutzutage oft manipuliert; adj. Part.: manipulierende Werbung; manipulierte Bedürfnisse. **2.** ⟨an etwas m.⟩ *an etwas hantieren, bestimmte Handgriffe ausführen:* an dem Schloß ist manipuliert worden.

Mann, der: **1.** *erwachsene Person männlichen Geschlechts:* ein junger, alter, betagter, kranker, [vom Schicksal] geschlagener, gutaussehender, kluger, gelehrter, berühmter, großer, höflicher M.; er ist ein ganzer M.; er hat sich als M. bewährt; sei ein M.! *(zeige dich als mutiger Mann!);* er ist ein M. der raschen Entschlüsse, in den besten Jahren, von vornehmer Gesinnung; dafür benötigen wir einen kräftigen M.; R: ein M., ein Wort *(darauf, auf seine Aussage ist Verlaß);* selbst ist der M. *(man muß sich selbst helfen);* ein alter M. ist doch kein D-Zug (ugs.; *so schnell geht es bei mir nicht)* · /verblaßt/: der gemeine M. *(die einfachen Leute);* der dritte M. *(Mitspieler)* beim Skat; ein freier M. *(jmd., der selbst über sich bestimmen kann);* ein M. der Tat *(zu der gegebener Zeit etwas unternimmt);* ein M. des Todes *(jmd., der dem Tode nahe ist);* ein M. der Feder *(ein Literat);* ein M. der Wissenschaft *(ein Wissenschaftler);* ein M. des Volkes, aus dem Volk *(jmd., der mit dem Volk eng verbunden ist und dessen*

Vertrauen hat); ein M. von Geist, Charakter, Format, hohem Einfluß *(jmd., der Geist, Charakter, Format, hohen Einfluß hat);* er ist für uns der geeignete, richtige M.; Seemannsspr.: M. über Bord! */Notruf, wenn jmd. vom Schiff ins Wasser gefallen ist/*; alle M. an Deck! */Aufforderung, sich an Deck zu begeben/* · morgen fahren wir alle M. [hoch] (ugs.; *alle zusammen)* nach München; Sport: der Verteidiger konnte seinen M. *(Gegenspieler)* nicht halten; M. decken *(seinen unmittelbaren Gegenspieler decken)* · sie standen dicht gedrängt, M. an M. *(einer am anderen);* sie traten alle freiwillig vor, M. für M. *(einer nach dem andern);* es war ein Kampf M. gegen M. *(zwischen einzelnen);* die Kosten betragen 5 Mark pro M. *(für jeden);* (ugs.:) [mein lieber] M.! */Ausruf des Erstaunens/*; (ugs.:) M. Gottes! */ärgerliche, warnende o. ä. Anrede/.* **2.** *Ehemann:* ihr [verstorbener, geschiedener, erster, zweiter] M.; als/wie M. und Frau *(wie Eheleute)* leben; sie hat einen M. *(ist verheiratet);* einen M. finden *(einen Mann kennenlernen und heiraten);* sie stellt uns ihren M. vor; grüßen Sie bitte Ihren M.!; sie lebte von ihrem M. getrennt; sie hat ihn auch ohne Vermögen zum M. genommen *(geheiratet).* * (ugs.:) **der kleine Mann** *(jmd., der finanziell nicht besonders gut gestellt ist)* · (ugs.:) **der böse/schwarze Mann** */Schreckgestalt für Kinder/* · (Bergmannsspr.:) **alter/toter Mann** *(abgebaute Teile einer Grube)* · (ugs.:) **den toten Mann machen** *(sich ohne Bewegung auf dem Rücken im Wasser treiben lassen)* · **der Mann des Tages** *(Mann, der gegenwärtig das öffentliche Interesse auf sich zieht)* · **der Mann auf der/von der Straße** *(den Durchschnitt der Bevölkerung repräsentierende Bürger)* · **der Mann im Mond** *(aus den Mondflecken gedeutete Sagengestalt)* · **ein Mann von Welt** *(ein Mann, der gewandt im Auftreten ist)* · **wie ein Mann** *(geschlossen, spontan, einmütig):* sie protestierten dagegen wie ein M. · (ugs.:) **ein gemachter Mann sein** *(wirtschaftlich in gesicherten Verhältnissen leben)* · (ugs.:) **ein toter Mann sein** *(erledigt sein, keine Zukunftsaussichten haben)* · **der Mann/Manns genug sein, etwas zu tun** *(etwas allein, ohne fremde Hilfe tun können)* · (ugs.:) **den starken Mann markieren/mimen** *(sich, als ob man sich besonders stark fühlte)* · (ugs.:) **den wilden Mann spielen/machen** *(unbeherrscht [ohne Berechtigung] wütend sein; toben)* · **seinen Mann stellen/stehen** *(sich bewähren, tüchtig sein):* sie mußte schon früh im Leben ihren M. stehen · **seinen Mann gefunden haben** *(einen ebenbürtigen Gegner gefunden haben)* · **etwas ernährt seinen Mann** *(etwas bringt jmdm. genügend Geld ein)* · (ugs.:) **der erste Mann an der Spritze sein** *(zu sagen, zu bestimmen haben)* · (ugs.:) **etwas an den Mann bringen: a)** *(seine Ware verkaufen).* **b)** *(im Gespräch etwas anbringen):* er wollte die neuesten Witze unbedingt an den M. bringen · (ugs.:) **an den Mann bringen** *(ein Mädchen, eine Frau verheiraten):* sie hat ihre Tochter endlich an den Mann gebracht · (ugs.:) **mit Mann und Maus untergehen** *(untergehen, ohne daß einer gerettet wird):* das Schiff ging, sie gingen mit M. und Maus unter · **von Mann zu Mann** *(unter Männern, vertraulich und sachlich):* ein Gespräch von M. zu M.
Männchen, das: **1.** *kleiner Mann:* ein altes, ver-

hutzeltes M. **2.** *männliches Tier:* die Männchen haben im Gegensatz zu den Weibchen ein buntes Gefieder. * **ein Tier macht [ein] Männchen** *(ein Tier hält sich aufrecht auf den Hinterpfoten).*
mannhaft (veraltend): *in männlicher Haltung, tapfer, mutig:* ein mannhafter Entschluß; mannhaften Widerstand leisten; sein Verhalten war sehr m.; er tritt m. dafür ein.
männlich: 1. *dem zeugenden, befruchtenden Geschlecht angehörend:* eine männliche Person; ein männlicher Erbe, Nachkomme; männliche *(für Männer gedachte)* Namen, Berufe; eine männliche Stimme *(Männerstimme);* das männliche Glied *(Penis);* ein männlicher *(einen Mann darstellender)* Akt; männliche Wesen *(Männer)* sind hier nicht erwünscht; das männliche Tier *(das Männchen);* Bot.: männliche *(Staubgefäße tragende)* Pflanzen, Blüten; Sprachw.: dieses Substantiv hat männliches Geschlecht *(ist ein Maskulinum);* das Wort ist im Französischen m.; Metrik: ein männlicher *(stumpfer)* Reim. **2.** *dem Mann entsprechend, für ihn charakteristisch:* männliche Kleidung; ein männliches Gesicht, Wesen, Benehmen; männliche Haltung, Kraft, Eitelkeit; das galt früher als besonders m.
Mannschaft, die: **a)** *Gruppe von Sportlern, die gemeinsam einen Wettkampf bestreiten:* die siegreiche M.; die Mannschaften laufen [ins Stadion] ein; ihre M. stieg in die Oberliga auf; eine M. aufstellen, ändern; übertr. (ugs.): Unternehmen mit junger M. *(jungem Arbeitsteam);* der neue Regierungschef und seine M. *(sein Kabinett).* **b)** *Besatzung eines Schiffes o. ä.:* die M. aus dem Deck antreten lassen; das Schiff ging mit der ganzen M. unter. **c)** *alle Soldaten einer militärischen Einheit ohne Offiziere:* Mannschaften und Offiziere wurden in die Gefangenschaft getrennt; er hielt eine Rede vor versammelter M.
Manöver, das: **1.** *größere militärische Übung im Gelände:* in diesem Tal finden Manöver statt; ein M. abhalten; die Truppen nehmen an einem M. teil, gehen, ziehen ins M. **2.** *geschicktes Handeln, Ausnutzen von Personen oder Situationen für eigene Zwecke:* ein raffiniertes, plumpes, betrügerisches, durchsichtiges M.; durch geschickte M. erreichte er sein Ziel. **3.** *Richtungsänderung eines Fahrzeugs:* das Schiff konnte seine M. nicht mehr ausführen; er überholte den Lastwagen mit einem gefährlichen M.
manövrieren: 1. a) ⟨etwas m.⟩ mit Raumangabe⟩ *ein Fahrzeug geschickt irgendwohin lenken:* ein Auto in eine Parklücke, in die Garage, durch die enge Gasse m. **b)** ⟨jmdn., etwas m.; mit Raumangabe⟩ *geschickt irgendwohin bringen:* jmdn. ins Bett m.; eine Kiste unter das Bett m.; übertr.: jmdn. in eine einflußreiche Position, auf den Chefsessel m.; ein Unternehmen in den Konkurs m. **2.** *durch geschicktes Handeln zu erreichen suchen:* taktisch klug, politisch, gewieft m.
Manschette, die: **1.** *[steifer] Ärmelaufschlag:* steife, frisch gestärkte, abgestoßene Manschetten; sie bügelte die Manschetten. **2.** *nach außen abstehende zierende Umhüllung aus Kreppapier o. ä.:* die M. eines Biedermeiersträußchens, für die Geburtstagstorte; eine M. um den Blumentopf legen. * (ugs.:) **vor jmdm., vor etwas Manschetten haben** *(vor jmdm., vor etwas Angst haben).*

Mantel, der: **1.** *längeres, über der eigentlichen Kleidung getragenes Kleidungsstück [als Witterungsschutz]:* ein dicker, warmer, leichter, schwerer, gefütterter, grauer, dunkler, wollener M.; der M. paßt nicht, kleidet mich [nicht]; einen M. kaufen, machen lassen; den M. anziehen, umhängen, ausziehen, ablegen, an der Garderobe abgeben; jmdm. den M. [zum Anziehen] halten; er trug den M. offen; er half mir aus dem, in den M. *(war mir beim Ausziehen, Anziehen behilflich);* er war schon in M. und Hut; er ging mit offenem *(nicht zugeknöpftem)* M.; übertr.: wir wollen darüber den M, des Schweigens breiten, decken (geh.; *wollen nachsichtig sein und darüber schweigen).* **2.** *als Schutz dienende Umkleidung:* der M. einer Glocke, eines Ofens, eines Kabels, eines Geschosses; der M. des Fahrradreifens, Autoreifens muß erneuert werden. *＊* **etwas mit dem Mantel der [christlichen] Nächstenliebe bedecken/zudecken** *(jmds. Fehler großzügig übersehen)* · **den Mantel/ das Mäntelchen nach dem Wind hängen/kehren/ drehen** *(sich zum eigenen Vorteil stets der herrschenden Meinung anpassen)* · **einer Sache ein Mäntelchen umhängen** *(etwas bemänteln).*
Mappe, die: **1.** *zusammenklappbare Hülle zum Aufbewahren von Akten, Kunstblättern o. ä.:* die Fotos lagen gesammelt in einer M.; sie legte ihre Zeugnisse in eine M. **2.** *flachere Tasche bes. für Hefte, Akten o. ä.:* eine schwere M.; seine M. öffnen, schließen; seine M. unter den Arm.
Märchen, das: *übernatürliche Kräfte, Wunder und Zauberei als Handlungselemente einbeziehende Geschichte, Erzählung:* französische, russische M.; Grimms M.; es klingt wie ein M., ist aber wahr; die Großmutter erzählte den Kindern ein M., liest ihnen M. vor; sie las eines der M. aus 1001 Nacht; so etwas gibt es doch nur im M.; übertr.: *Lügengeschichte:* erzähle mir nur keine M.; und das M. soll ich dir auch noch glauben?
märchenhaft: 1. *in seiner Art wie in Märchen, an ein Märchen erinnernd:* eine märchenhafte Erzählung; diese Oper enthält märchenhafte Elemente; das Bühnenbild war, wirkte etwas zu m. **2. a)** *zauberhaft schön:* der Anblick einer märchenhaften Landschaft; ein märchenhaftes Feuerwerk; der Flug über die Alpen war einfach m. **b)** (ugs.) *ungewöhnlich, großartig, unglaublich:* die märchenhafte Entwicklung des Verkehrs; seine Aussichten waren m.; sie tanzt m.
¹Mark, die: *Einheit der deutschen Währung:* Deutsche Mark; zehn M. sind/(ugs.:) ist zuviel; die M. aufwerten, abwerten; hundert Pfennige sind eine M.; der Eintritt kostet sieben M. fünfzig; ich habe meine, die letzte M. ausgegeben; dafür gebe ich keine müde (ugs.; *nicht eine einzige*) Mark aus; kannst du [mir] zwanzig M. *(einen Zwanzigmarkschein)* wechseln?; er dreht jede M. [dreimal] um, bevor er sie ausgibt (ugs.; *er ist sehr sparsam*); auf eine M. [mehr oder weniger] soll es mir nicht ankommen; er muß mit jeder M. rechnen *(hat wenig Geld).*
²Mark, das: *Knochenmark:* das M. aus den Knochen lösen. *＊* (ugs.:) **kein Mark in den Knochen haben** *(nicht sehr kräftig sein; keine Energie haben)* · (ugs.:) **etwas geht, dringt jmdm. durch Mark und Bein** /(ugs.: scherzh.:) **Pfennig** *(etwas wird von jmdm. als besonders unangenehm, laut empfun-*

den): dieses Geräusch, der Schreck ging mir durch M. und Bein · **bis ins Mark** *(zutiefst, bis ins Innerste):* bis ins M. erschüttert sein; das hat sie bis ins M. getroffen · (ugs.:) **jmdm. das Mark aus den Knochen saugen** *(jmdn. ausbeuten).*
markant: *stark ausgeprägt:* ein markantes Gesicht, Kinn, Profil; eine markante Erscheinung, Persönlichkeit; er hat eine markante Schrift; das ist ein markantes Beispiel für die Entwicklung; sein Stil ist, wirkt sehr m.
Marke, die: **1. a)** *Schein, kleiner Gegenstand aus Metall, der als Ausweis dient oder zu etwas berechtigt:* jmdm. eine M. aushändigen; der Hund trägt eine M. am Hals; der Kriminalbeamte zeigte ihm seine M. *(Dienstmarke);* sie klebte die Marken *(Beitragsmarken, Rabattmarken)* in ein Heft; damals konnte man nur auf Marken *(Bezugsmarken)* kaufen, essen; die Garderobe war gegen eine M. ausgegeben. **b)** *Briefmarke:* zehn Marken zu/à 80 [Pfennig], bitte!; eine M. zum Freimachen des Briefes; er klebte die M. auf den Brief. **2.** *unter einem bestimmten Namen hergestellte Warensorte:* eine [im Handel] führende M.; dieser Wein ist eine gute, feine M.; diese M. führen wir nicht; er raucht nur eine besondere M.; das ist nicht meine M.; übertr. (ugs.): *eigenartiger Mensch:* das ist [vielleicht] eine [komische] M.! **3.** *von einem Ausgangspunkt gemessener Punkt:* an der Brückenmauer waren die Marken über die verschiedenen Hochwasserstände abzulesen; der Sportler verbesserte, überbot die alte M. um wenige Zentimeter.
markieren: 1. a) *(etwas m.) kennzeichnen:* einen Weg m.; die Fahrrinne durch Bojen m.; Zugvögel [durch Ringe] m.; eine Stelle mit einem Strich m.; er markierte das Spielfeld mit Fähnchen. **b)** *(etwas markiert etwas) etwas zeigt etwas an, macht etwas kenntlich:* Bojen markieren die Fahrrinne. **2. a)** (Sport) *(jmdn. m.) genau decken:* der Verteidiger markiert den Linksaußen messerscharf (ugs.). **b)** *(etwas m.) erzielen:* die Tore 3 und 4 markierte der Libero. **3. a)** (ugs.) *(jmdn., etwas m.) vortäuschen, spielen:* einen Zusammenbruch m.; der Taschendieb markiert den harmlosen Gast; er markiert den Dummen *(stellt sich dumm);* ⟨auch ohne Akk.⟩ er ist nicht krank, er markiert nur. **b)** *(etwas m.) einen Part o. ä. nur andeuten, nicht mit vollem Einsatz spielen, singen:* eine Verbeugung, die Rolle nur m.; ⟨auch ohne Akk.⟩ der Sänger markierte nur in der Probe.
Markstein, der: *Wendepunkt:* dieses Ereignis war ein M. in der Geschichte.
Markt, der: **1.** *Marktplatz:* am M. wohnen; die Menge strömte auf dem M. zusammen. **2.** *regelmäßig stattfindender Handel mit Waren auf einem dafür vorgesehenen Platz:* mittwochs und sonnabends ist M., wird hier M. abgehalten; den M. besuchen; seine Waren auf den M. fahren; Vieh auf den M. treiben; jeden Sonnabend geht sie auf den/zum M.; ich ging noch über den M. *(über den Platz, auf dem gerade Markt abgehalten wurde);* ich habe dir etwas vom M. mitgebracht; die Bauern fahren am M. in die Stadt. **3. a)** *Angebot und Nachfrage in bezug auf Waren, Kauf und Verkauf; Warenverkehr:* der innere M. muß gestärkt, belebt werden; der M. ist erschöpft, liegt danieder; der M. ist übersättigt (Kaufmannsspr.; *das Ange-*

bot ist größer als die Nachfrage); den M. drücken (Kaufmannsspr.; *viel und billig verkaufen*); diese Ware ist nicht, fehlt auf dem M., ist nicht am M. *(wird nicht angeboten, nicht gehandelt);* die Baumwolle wurde in großen Mengen auf den M. gebracht, geworfen *(in den Handel gebracht);* dieser Artikel ist ganz vom M. verschwunden *(aus dem Handel gekommen).* **b)** *Absatzgebiet:* für diese Waren ist Amerika der beste M.; Japan eroberte sich für seine Waren immer neue Märkte. * **schwarzer Markt** *(illegaler Handel mit verbotenen oder rationierten Waren)* · **grauer Markt** *(stillschweigend geduldeter, aber eigentlich verbotener Handel mit bestimmten Waren).*

Marotte, die: *eigenartige Gewohnheit; Schrulle:* es ist eine M. von ihm, nie ohne Schirm auszugehen; jmdm. eine M. abzugewöhnen, auszutreiben versuchen; er legte diese M. nie ab.

marsch 〈Interj.〉: **a)** */militärisches Kommando loszumarschieren/:* m., m.!; im Gleichschritt m.!; rechts, links schwenkt m.; kehrt m.! **b)** *los! /Aufforderung wegzugehen/:* m., fort!; m., ins Bett!

Marsch, der: **1.** *Fortbewegung [einer Truppe] zu Fuß über eine längere Strecke:* das war ein weiter M.; einen langen M. hinter sich haben; ein M. von zwei Stunden, über zehn Kilometer; einen M. machen *(marschieren);* die Einheiten waren auf dem M. an die Front; jmdn. in M. setzen *(jmdn. veranlassen loszumarschieren, loszugehen);* ich setze mich gleich in M. *(gehe gleich los);* sie waren von dem anstrengenden M. ermüdet. **2.** *Musikstück im Rhythmus des Marschierens:* ein M. ertönt; einen M. komponieren; die Kapelle spielte flotte Märsche. * 〈ugs.:〉 **jmdm. den Marsch blasen** *(jmdn. heftig zurechtweisen).*

marschieren: 1. *in geschlossener Reihe und gleichem Schritt gehen:* im Gleichschritt m.; die Soldaten marschierten über die Brücke, aus der Stadt, gegen Osten zu, nach Osten; sie waren wochenlang marschiert; über t.: *wandern, zu Fuß gehen:* er ist heute schon drei Stunden marschiert; die beiden marschierten in die Kneipe 〈ugs.〉. **2. a)** 〈ugs.〉 〈*etwas marschiert*〉 *etwas geht [unaufhaltsam] voran, auf ein Ziel zu:* der Fortschritt marschiert *(die Sache marschiert (läuft in der vorgesehenen Weise ab).* **b)** (Sport) *unbeirrbar vorwärtsgehen, den Sieg anstreben:* von der zweiten Runde an marschierte der Weltmeister.

Marter, die (geh.): *Peinigung, Qual:* Marter[n] leiden, ertragen; jmdm. körperliche, seelische M. bereiten, zufügen; sie starben unter Martern.

martern (geh.): **a)** 〈jmdn. m.〉 *foltern, physisch quälen:* einen Menschen grausam, zu Tode m. **b)** 〈jmdn., sich m.〉 *jmdm., sich seelische Qual bereiten:* jmdn. mit Vorwürfen m.; Zweifel, schreckliche Träume marterten ihn; ich habe mich mit diesen Vorstellungen lange gemartert.

Märtyrer, der: *jmd., der für seinen [christlichen] Glauben, seine Überzeugung leidet [und stirbt]:* die christlichen Märtyrer; als M. sterben; ein M. einer Idee werden *(sich für eine Idee opfern);* sie haben ihn zum M. gemacht, werden lassen.

Martyrium, das: *schweres Leiden [und Tod] um des [christlichen] Glaubens, der Überzeugung willen:* das M. Christi, der Heiligen; sie nahmen das M. auf sich; über t.: sie hatte bei diesem Mann ein M. *(Furchtbares)* erleiden, erdulden, durch-

machen müssen; ich habe ein wahres M. hinter mir; die Ehe war ein einziges M.

März, der: *dritter Monat des Jahres:* ein sonniger, aber kalter M.; Anfang M. lag noch Schnee; im Laufe des Monats M., des M.

Masche, die: **1.** *Schlinge in einer Strick- oder Häkelarbeit, in einem Netz oder Drahtgeflecht:* rechte, linke Maschen; die Maschen eines Drahtgeflechts; an ihrem Strumpf läuft eine M.; Maschen aufschlagen, aufnehmen, abnehmen, abketten; feste Maschen häkeln; eine M. [beim Stricken] fallen lassen, aufheben; der Fisch war durch die Maschen des Netzes geschlüpft; b i l d l.: der Schwindler schlüpfte durch die Maschen *(Lücken)* des Gesetzes. **2.** (ugs.) *Kunstgriff, schlaue Vorgehensweise; Trick:* das ist eine tolle M., die M.!; das ist seine M.; er hat inzwischen schon wieder eine neue M.; die neueste M. war ...; die Gauner versuchten es mit einer neuen M.

Maschine, die: **1.** *mechanische Vorrichtung, Apparat, der selbständig unter Einsparung menschlicher Arbeitskraft eine Arbeit leistet:* eine neue, moderne, einfache, komplizierte M.; landwirtschaftliche Maschinen; die M. läuft, ist in Betrieb, arbeitet, arbeitet still; er arbeitet wie eine M. *(rein mechanisch und schafft dabei viel);* die M. *(der Motor)* seines Wagens hat 90 PS; eine M. in Betrieb setzen, anwerfen, an-, abstellen, bedienen, ein-, ausschalten, montieren, reparieren; das Zeitalter der M.; er arbeitet an einer M. *(er bedient sie);* der Mensch wird zur M. degradiert *(wird nicht mehr als denkendes Wesen gewürdigt);* über t. (ugs.): das ist aber eine M. *(eine dicke Frau)!* **2. a)** *Flugzeug:* eine M. der Lufthansa; die M. startet, landet um 12 Uhr; die M. wurde bei der Bauchlandung leicht beschädigt; die M. nach Paris hat Verspätung; er bestieg, nahm, benutzte die planmäßige M. nach Rom. **b)** *Motorrad:* eine schnelle M.; eine M. mit Beiwagen; er fährt eine schwere M. **3. a)** *Schreibmaschine:* auf der M. klappern; auf der M. hauen (ugs.; *maschineschreiben);* einen Brief auf, mit der M. schreiben; einen Bogen in die M. spannen; der Chef diktierte ihr mehrere Briefe in die M. **b)** *Nähmaschine:* eine Naht mit der M. nähen.

Maske, die: **1. a)** *künstliche Hohlgesichtsform aus Pappe, Holz o. ä.:* eine komische, grinsende M.; eine M. tragen, umbinden; die M. ablegen, abnehmen; er sammelt afrikanische Masken; sein Gesicht erstarrte förmlich zur M. *(wurde maskenhaft starr);* über t.: sein Desinteresse war nur M.; er verbarg sich hinter der M. der Gleichgültigkeit; hier zeigt sich das Laster ohne M. *(unverhüllt);* er betrog ihn unter der M. der Freundschaft *(während er Freundschaft vortäuschte).* **b)** *Aufmachung des Schauspielers:* M. machen; seine M. ist ausgezeichnet echt; er war schon in M. *(geschminkt).* **2.** *maskierte Person:* diese Rokokomaske war eine der schönsten Masken des Festes. * **die Maske fallen lassen/von sich werfen** *(sein wahres Gesicht zeigen; seine Verstellung aufgeben)* · **jmdm. die Maske vom Gesicht reißen** *(jmdn. entlarven).*

maskieren: 1. 〈jmdn., sich m.〉 **a)** *hinter einer Maske o. ä. verstecken, das Gesicht unkenntlich machen:* die Gangster maskierten sich mit

Strumpfmasken; drei maskierte Gestalten. **b)** *mit einem Maskenkostüm verkleiden:* sie maskierte die Kinder als Zwerge, sich als Nixe. **2.** ⟨etwas m.⟩ *hinter etwas verbergen:* er verstand es, seine eigentlichen Gedanken, Pläne, Ziele zu m. **Maß,** das: **1. a)** *Einheit, mit der die Größe oder Menge von etwas gemessen wird:* deutsche Maße und Gewichte; das M. für die Bestimmung der Länge ist der Meter; nach englischem M. ist das ... **b)** *genormter Gegenstand zum Messen von Größe oder Menge:* Maße eichen lassen; das M. [an etwas] anlegen; mit einem M. nachmessen; R: das M. ist voll *(nun ist es aber genug; meine Geduld ist zu Ende);* übertr.: das M. ihrer Leiden war voll. **2.** *durch Messen ermittelte Zahl, Größe:* die Maße des Zimmers; der Schneider, hat mein M./meine Maße; sie hat ideale Maße *(eine gute, ideale Figur);* der Verkäufer hat bei ihm M. genommen *(hat seine Körpermaße festgestellt);* ein Anzug nach M. *(Maßanzug).* **3.** *Ausmaß:* er brachte ihr ein hohes M. von Vertrauen entgegen; er führte die Kritik auf das rechte M. zurück; in vollem Maße; in demselben, in gleichem Maße *(ebenso)* wie früher; in besonderem, gewissem Maße; in zunehmendem Maße *(immer mehr, immer stärker);* in höherem, stärkerem Maße *(mehr, stärker)* als jemals; in höchstem Maße; er genoß mein Vertrauen in reichem Maße; seine Geschenke gingen über das übliche M. weit hinaus. * **ein gerütteltes Maß [an/von etwas]** *(sehr viel Unangenehmes):* sie hat ein gerütteltes M. an Sorgen, von Arbeit · **etwas macht das Maß voll** *(etwas geht über die Grenze des Erlaubten hinaus)* · **weder Maß noch Ziel kennen** *(maßlos sein)* · ⟨ugs.:⟩ **jmdn. Maß nehmen** *(jmdn. hart herannehmen, zurechtweisen, verprügeln)* · **mit zweierlei Maß messen** *(unterschiedliche Maßstäbe anlegen und dadurch ungerecht sein)* · **mit Maßen** *(maßvoll)* · **ohne Maß und Ziel** *(maßlos und ohne rechten Sinn)* · ⟨geh.:⟩ **über die/über alle Maßen** *(außerordentlich).*
Masse, die: **1.** *ungeformter, breiiger Stoff:* eine zähe, weiche, harte, klebrige M.; eine M. zum Gießen, Formen; das Erdinnere ist teilweise eine glühende, flüssige M. **2.** *große Menge:* eine M. fauler/⟨auch:⟩ faule/von faulen Äpfeln lag/⟨auch:⟩ lagen unter dem Baum; die M. *(der Großteil)* der Befragten war dagegen; eine M. ⟨ugs.; *sehr viel⟩* Geld; ich habe eine M. ⟨ugs.; *sehr viele⟩* Bekannte getroffen; er hat daran eine ganze M. ⟨ugs.; *sehr viel Geld⟩* verdient; die M. muß es bringen *(nur die große Menge des Verkauften kann die Unkosten decken);* wahre Massen *(Menschenmengen)* strömten zum Sportplatz; der Täter verschwand in der M., verstand es, in der M. unterzutauchen; sie spielen in Massen *(in großer Zahl).* **3.** *großer Teil der Bevölkerung, in der es keine Individualität mehr gibt:* die breite M. [des Volkes]; die Massen sind in Bewegung geraten; die M. jubelte dem Diktator zu; er hat die Massen hinter sich; die Illustrierten sind auf den Geschmack der Masse[n] abgestimmt; er wollte nicht in der grauen M. untergehen *(wollte seine Individualität bewahren).* **4.** (Wirtsch., Rechtsw.) *Konkurs-, Erbmasse:* das Verfahren wurde mangels M. eingestellt. * ⟨ugs.:⟩ **etwas ist nicht die Masse** *(etwas ist nicht gerade sehr viel).*

maßgebend: *das Handeln oder Urteilen anderer bestimmend:* eine maßgebende Ansicht, Meinung; maßgebende Persönlichkeiten; sein Urteil ist für mich nicht m. *(bedeutet mir nichts).*
maßgeblich: *von entscheidender Bedeutung; in hohem Maße:* eine maßgebliche Meinung; maßgebliche Vertreter der Regierung; er ist an diesem Unternehmen m. beteiligt.
maßhalten: *ein vernünftiges Maß einhalten:* im Essen, Sport m.; im Trinken hält er nicht maß.
massieren ⟨jmdn., etwas m.⟩: *durch Massage behandeln:* jmds. Arme, Beine, Kopfhaut m.; einen Sportler vor dem Wettkampf m.; sich m. lassen; der Arzt massierte das Herz des Patienten; ⟨jmdm. etwas m.⟩ jmdm. den Rücken m.
massig: **1.** *groß und schwer, wuchtig:* eine massige Gestalt; ein massiger Baum; seine Erscheinung war, wirkte m. *(sehr dick).* **2.** (ugs.) *sehr viel:* hier gibt es m. Arbeit; er hat m. Geld.
mäßig: a) *das richtige Maß einhaltend; nicht zu stark:* eine mäßige Lebensweise; eine mäßige Wärme; mäßige Preise; ein mäßiges Tempo; m./einen mäßigen Gebrauch von etwas machen; er war sehr m. in seinen Forderungen; der Verbrauch war durchaus m.; m. leben *(in allem maßhalten);* er trinkt und raucht m. **b)** *wenig befriedigend, mittelmäßig, schwach:* ein mäßiges Einkommen; eine mäßige Begabung; seine Leistungen sind nur m.; das Essen war ziemlich m.; mir geht es [gesundheitlich] m.; m. groß sein.
mäßigen (geh.): **a)** ⟨etwas m.⟩ *ins rechte Maß bringen:* den Schritt, die Geschwindigkeit m.; mäßige deinen Zorn, deine Ansprüche, Worte; er kann sein Temperament nicht m.; adj. Part.: eine gemäßigte Politik. **b)** ⟨sich m.⟩ *sich bezähmen, zurückhalten, beherrschen:* mäßige dich im Essen und Trinken!; man muß lernen, sich zu m. **c)** ⟨etwas mäßigt sich⟩ *etwas schwächt sich ab:* die Hitze hat sich etwas gemäßigt.
massiv: 1. a) *keinen anderen Stoff enthaltend:* massives Gold; der Schrank ist m. Eiche *(ist ganz aus Eichenholz).* **b)** *keine Zwischen- oder Hohlräume enthaltend; fest, stabil:* eine massive Statue; das Haus wirkt durchaus m., ist m. gebaut; der Ring mit dem großen Stein ist mir zu m. *(wuchtig).* **2.** *grob, allzu deutlich:* eine massive Beleidigung, Drohung, Forderung; sie haben m./massiven Druck auf ihn ausgeübt; seine Kritik war ziemlich m.; der Mann wurde sehr m. *(ausfallend);* er hat ihn m. *(heftig)* angegriffen.
maßlos: a) *unmäßig:* maßlose Ansprüche, Forderungen; ein maßloser Zorn, Ärger; maßlose Beschimpfungen; er geriet in maßlose Wut; seine Gier war m.; er ist m. in seinen Reden. **b)** ⟨verstärkend bei Adjektiven und Verben⟩ *äußerst, sehr:* er ist m. eifersüchtig, ehrgeizig; er übertreibt m.
Maßnahme, die: *Handlung, Anordnung, die etwas bewirken soll:* eine vorläufige, provisorische, vorausschauende, vorsorgliche M.; diese M. hat sich bewährt, erwies sich als richtig; [die geeigneten] Maßnahmen gegen die Inflation, zur Verhütung von Unfällen ergreifen, treffen.
maßregeln ⟨jmdn. m.⟩: *tadeln, zurechtweisen; durch bestimmte Maßnahmen strafen:* man hat ihn [wegen seiner Versäumnisse] gemaßregelt; ich lasse mich nicht dauernd von ihm m.

Maßstab, der: 1. *Verhältnis zwischen der nach-gebildeten und der natürlichen Größe:* welchen M. hat diese Karte?; etwas in natürlichem, vergrö-ßertem, kleinerem M. zeichnen; die Karte ist im M. 1 : 250 000 gezeichnet. **2.** *vorbildhafte Norm, nach der jmds. Handeln, Leistung beurteilt wird:* die Maßstäbe seines Handelns; hier ist ein stren-gerer M. erforderlich *(hier muß man strenger ur-teilen);* den M. für jmdn., etwas abgeben; er ist für mich kein M. *(nach ihm richte ich mich nicht);* das ist kein M. *(kein Kriterium);* an seine Leistun-gen muß man einen hohen M. anlegen; ich will mir deine Arbeiten zum M. nehmen.

maßvoll: *das rechte Maß einhaltend; zurückhal-tend:* ein maßvolles Benehmen, Auftreten; maß-volle Lohnpolitik; seine Forderungen waren durchaus m.; er urteilte äußerst m.

¹Mast, der: 1. *Holzstamm oder Stahlrohr zur Be-festigung von Segeln oder Ladebäumen:* in dem schweren Sturm brach, splitterte der M.; die Ma-sten der Schiffe ragten hoch empor; den M. des Segelbootes aufrichten, umlegen, kappen. **2.** *senkrecht stehende Stange, pfeilerähnlicher Träger zum Befestigen von Stromleitungen, Fahnen o. ä.:* der M. eines Zirkuszeltes; Masten mit Schein-werfern; Masten aufstellen; der Sturm hat die Masten geknickt; die Antenne ist an einem M. befestigt; die Fahne weht am M., geht am M. hoch, wird am M. hochgezogen.

²Mast, die: *das Mästen:* die M. von Schweinen, Gänsen, Enten; sie verwenden Körner zur M.

mästen ⟨ein Tier m.⟩: *durch Füttern fett, dick ma-chen:* Hähne, Schweine m.; die Gänse mit Kör-nern m.; gemästetes Vieh; übertr. (ugs.): sie mästet ihre Kinder *(gibt ihnen zu viel zu essen).*

Material, das: 1. *Rohstoff, Werkstoff:* gutes, brauchbares, schlechtes, strapazierfähiges, hoch-wertiges M.; ein M. auf seine Haltbarkeit prüfen; der Sänger hat gutes M. *(eine gute Stimme).* **2.** *Hilfsmittel, Gegenstände, die für die Ausrüstung, Herstellung o. ä. von etwas benötigt werden:* Mate-rialien für die Arbeit im Büro; das M. für den Bau anliefern. **3.** *Unterlagen, Belege, Nachweise o. ä.:* statistisches M.; M. [für eine wissenschaft-liche Arbeit] auswerten, sichten, ordnen, zusam-mentragen, zusammenstellen; jmdm. das M. für literarische Arbeiten liefern, zustellen; die Ver-teidigung konnte entlastendes M. beibringen.

Materie, die: 1. *Substanz oder Stoff unabhängig vom Aggregatzustand, stoffliche Substanz:* organi-sche, anorganische, belebte, lebende, tote, licht-durchlässige M.; Anhäufungen strahlender M. **2.** (Philos.) **a)** *Urstoff im Gegensatz zur Form:* es kommt hier nicht auf die Form, sondern auf die M. an. **b)** *Stoffliches, Körperhaftes im Gegensatz zu Leben, Seele, Geist:* tote *(unbeseelte)* M.; die Philosophie stellt Geist und M. einander gegen-über; die Herrschaft des Geistes über die M. **3.** *Stoff eines Themas, Gegenstand einer Untersu-chung:* eine interessante, trockene, schwierige M.; der Vortragende beherrsche die M.; sich mit einer M. beschäftigen, vertraut machen.

materiell: 1. *stofflich, gegenständlich:* die mate-rielle Grundlage alles Geistigen; er versuchte, sich diese überirdische Erscheinung m. zu erklä-ren. **2.** *finanziell, wirtschaftlich:* materielle Be-dürfnisse, Gesichtspunkte; materielle Grundla-

gen für einen Plan; der materielle Wert *(der reine Marktwert)* des Bildes ist gering; ideeller und materieller Nutzen; er ist m. abgesichert; jmdn. m. unterstützen; m. steht er sich gut. **3.** *unemp-fänglich für geistige Werte:* ein materieller Mensch; sie sind ziemlich m. [eingestellt].

mathematisch: *zur Mathematik gehörend, auf ihren Gesetzen beruhend:* mathematische Theo-rien, Aufgaben; mathematische Gesetze, For-meln, Gleichungen; mathematisches Denken; ein mathematisches Verfahren; etwas m. dar-stellen, berechnen; übertr.: etwas trifft mit mathe-matischer Genauigkeit *(sehr genau, präzise)* ein.

matt: 1. a) *müde und schwach, erschöpft:* die matten Glieder ausstrecken; eine matte Fliege; er war, fühlte sich ganz m. nach der Krankheit; sie waren m. von der Anstrengung, vor Hunger und Durst. **b)** *schwach, von nur geringer Stärke:* ein mattes Lächeln; er sprach mit matter Stimme; sie winkte nur m.; sein Puls ging sehr m. **2.** *nur schwach leuchtend oder glänzend:* mattes Licht; ein mattes Blau; mattes Gold; eine matte Politur; matte *(glanzlose)* Augen; ein mattes *(undurchsich-tiges)* Glas; die Farben waren, wirkten sehr m. *(gedämpft);* ein Schlafzimmer in Birke, hochglän-zend oder m. **3.** *nicht überzeugend oder befriedi-gend:* eine matte Entschuldigung; der Schluß der Rede war, klang sehr m.; die Angriffe der Mann-schaft waren sehr m.; Kaufmannsspr.: die Börse schloß m. *(flau).* * jmdn. matt setzen: **a)** (Schachspiel) *(jmdn. besiegen).* **b)** *(jmdm. die Möglichkeit zum Handeln nehmen)* · (Schach-spiel:) matt sein *(besiegt sein):* er war in drei Zü-gen m. · (Schachspiel:) **[Schach und] m.**! / *von Laien gemachte Bemerkung, die dem Gegner si-gnalisiert, daß er verloren hat/.*

Matthäi ⟨in der Wendung⟩ bei jmdm. ist Matt-häi am letzten (ugs.): *jmd. ist finanziell am Ende.*

Mauer, die: 1. *Wand aus Steinen, Beton o. ä.:* eine hohe, dicke, massive M.; die M. ist einge-stürzt; er steht, sie standen wie eine M. *(uner-schütterlich fest);* eine M. errichten, einreißen; in den Mauern unserer (geh.) *in unserer)* Stadt; übertr.: ihn umgab eine M. des Schweigens; er stand vor einer M. aus Haß und Verachtung. **2.** (Pferdesport) *Hindernis aus aufeinandergelegten Holzkästen:* das Pferd hat die M. gerissen, an/vor der M. verweigert. **3.** (Fußball, Handball) *Reihe von Spielern zur Sicherung des Tors bei Freistößen, Freiwürfen:* die M. hat ein Loch, steht nicht gut; er schoß durch, über die M.

mauern: 1. ⟨[etwas] m.⟩ *aus [Bau]steinen [und Mörtel] errichten, bauen:* bei starkem Frost kann man nicht m.; einige Wände des Hauses mußten neu gemauert werden. **2.** a) (Fußball) *übertrieben defensiv spielen, sich auf die Verteidigung be-schränken:* die Mannschaft hat fast nur noch ge-mauert. **b)** (Kartenspiel) *trotz guter Karten kein Spiel wagen:* er hat wieder gemauert.

Maul, das: 1. *der Nahrungsaufnahme dienende Öffnung an der Vorderseite des Kopfes bei Tieren:* das M. der Kuh, des Fischs; das M. aufreißen, aufsperren; dem Hund ins M. sehen; das Pferd hat Schaum vor dem M. **2.** (derb) *Mund:* er hat ein breites M.; mach endlich das/dein M. auf *(rede endlich)!;* er kann auch das M. nicht voll ge-nug kriegen *(kann nicht beim Essen maßhalten);*

du kriegst gleich ein paar aufs M., auf dein drek- kiges M.; ü b e r t r.: er hat zehn hungrige Mäuler zu stopfen *(zehn Personen zu ernähren)*. *(derb:) **ein großes Maul haben** *(übertreiben, großspreche- risch reden)* · (derb:) **ein böses/gottloses/ungewa- schenes Maul** *(ein schändliches Mundwerk)* · (derb:) **das Maul halten** *(schweigen; ein Geheimnis nicht verraten)* · (derb:) **das Maul aufsperren** *(sehr erstaunt sein)* · (derb:) **das Maul aufmachen/auf- tun** *(etwas sagen, reden, sprechen)* · (derb:) **das Maul aufreißen/voll nehmen** *(prahlen, aufschnei- den, großtun)* · (derb:) **das/sein Maul nicht auf- kriegen** *(nicht reden, sich zu etwas nicht äußern können)* · (ugs.:) **das Mäulchen schon nach etwas spitzen** *(etwas gern [zu essen] haben wollen)* · (derb:) **jmdm. das Maul verbieten** *(jmdm. untersa- gen, seine Meinung zu äußern)* · (derb:) **jmdm. das Maul stopfen** *(jmdn. zum Schweigen bringen)* · (derb:) **sich** (Dativ) **das Maul verbrennen** *(sich durch unbedachtes Reden schaden)* · (derb:) **sich** (Dativ) **über jmdn. das Maul zerreißen** *(schlecht, gehässig über einen Abwesenden reden).*
Maulaffe ⟨in der Wendung⟩ Maulaffen feilhal- ten: *[mit offenem Mund] gaffen, müßig zu- schauen:* dastehen und Maulaffen feilhalten.
maulen (ugs.): *sich aus Ärger über etwas un- freundlich, mürrisch äußern:* er mault oft.
Maus, die: 1. */ein Nagetier/:* eine M. nagt, knab- bert am Käse, raschelt im Laub, piept, geht in die Falle; flink wie eine M., still wie ein Mäuschen sein; Mäuse fangen; ℝ (ugs.): da beißt die M. kei- nen Faden ab *(daran ist nicht zu rütteln);* (ugs.:) da möchte ich/man Mäuschen sein *(das möchte man doch am liebsten heimlich mit anhören).* 2. (ugs.) *Liebste; liebes Mädchen* /bes. als Kose- name/: süße kleine M.; mein Mäuschen! 3. (ugs.) *Daumenballen:* ich habe mich in die M. geschnit- ten. 4. (ugs.) ⟨Plural⟩ *Geld:* keine Mäuse haben; kannst du mir mal hundert Mäuse *(Mark)* leihen? * (ugs.:) **weiße Maus** *(Verkehrspolizist)* · (ugs. ab- wertend:) **graue Maus** *(unscheinbare, durch- schnittliche Person)* · (ugs.:) **weiße Mäuse sehen** *(Wahnvorstellungen haben).*
mausen (fam.) *(etwas m.): etwas nicht allzu Wertvolles entwenden, stehlen:* der Junge hat wie- der Äpfel gemaust.
mausern: 1. *die Federn wechseln* **a)** ⟨sich m.⟩: die Vögel mausern sich im Sommer. **b)** die Hühner mausern. 2. (ugs.) ⟨sich m.⟩ *sich entscheidend zu seinem Vorteil verändern:* sie hat sich sehr, zur Dame, ganz schön gemausert.
mausig ⟨in der Wendung⟩ sich mausig machen (ugs.): *sich frech und vorlaut zu etwas äußern, in den Vordergrund drängen:* mach dich hier nur nicht m.
mechanisch: 1. **a)** *von einer Maschine, einem Mechanismus bewirkt, angetrieben; automatisch:* ein mechanischer Webstuhl; dieser Artikel wurde m. *(maschinell)* hergestellt. **b)** *durch Bewe- gungen, Bewegungshemmungen von Körpern be- wirkt oder wirkend:* mechanische Beanspru- chung; mechanische *(mit Hilfe von Werkzeugen erfolgende)* Oberflächenbearbeitung; mechani- sche Reize. 2. *gewohnheitsmäßig, gedankenlos:* eine mechanische Bewegung, Arbeit; der mecha- nische Ablauf von etwas; m. antworten, etwas tun; sie sagte das Gedicht ganz m. auf.

meckern: 1. *meckernde Laute von sich geben:* die Ziege meckert; er lachte [seltsam] meckernd. 2. (ugs.) *nörgeln:* er hat immer etwas zu m.; hör auf zu m.!; sie meckern über alles; s u b s t.: er be- kam die gelbe Karte wegen Meckerns (Sport; *weil er dem Schiedsrichter widersprach).*
Medaille, die: *Plakette zum Andenken an etwas oder als Auszeichnung für eine Leistung:* eine gol- dene, silberne, bronzene M.; eine M. prägen, gie- ßen; bei dem Wettbewerb, im Reiten erhielt sie eine M., bekam sie eine M. verliehen; ihr Land gewann die meisten Medaillen; für diese Lei- stung wurde er mit einer M. ausgezeichnet.
Meer, das: *das Festland umgebende zusammen- hängende Wassermassen auf der Erdoberfläche:* das weite, stürmische, aufgewühlte, stille M.; die Meere befahren; am M. leben, Urlaub machen; ans M. fahren; die Sonne steigt aus/über dem M. auf; über das M. fliegen; auf das offene M. hin- ausfahren; im M. baden, schwimmen; die Sonne versinkt ins/im M., sinkt ins M. *(geht am Meeres- horizont unter);* der Ort liegt 350 Meter über dem M. *(Meeresspiegel);* ü b e r t r. (geh.): *sehr große Menge von etwas:* ein M. der Sterne; ein M. von Licht, Tönen; alles versank in einem M. von Blut und Tränen.
Mehl, das: *durch Mahlen von Getreidekörnern entstandenes pulvriges Nahrungsmittel zum Bak- ken von Brot o. ä.:* feines, grobes M.; das M. klumpt, ist stickig, muffig (ugs.); eine Schwitze aus M.; etwas in M. wälzen.
mehr: I. ⟨Indefinitpronomen und unbestimmtes Zahlwort⟩ **1.** */drückt aus, daß etwas über einen Bestimmtes hinausgeht/:* immer m. Touristen strömen ins Land; auf ein paar Gäste m. oder we- niger kommt es nicht an; das ist ein Grund m. aufzuhören; drei oder m. Personen; Blumen, Früchte und ähnliches m.; alte Uhren, Lampen, Gläser und was der Antiquitäten [noch] m. sind (veraltend; *und was es sonst noch an Antiquitäten gibt);* m. als die Hälfte; m. als genug; noch m. verlangen; was willst du [noch] m.?; man soll nicht m. versprechen, als man halten kann; das nächste Mal, demnächst m. *(erzähle ich ausführ- lich);* das schmeckt nach m. (ugs.; *davon möchte man mehr essen);* er hat sich um m. als das Dop- pelte verrechnet; ich gehe diesmal mit m. Hoff- nung hin; er hat m. Geld, als du denkst; die Be- weise haben den Verdacht m. als gerechtfertigt; das ist m. als schlimm; das Ergebnis der Konfe- renz war m. als mager *(war äußerst mager);* ℝ: je m. er hat, je m. er will. **2.** /drückt aus, daß jmd. wichtiger, bedeutender, besser ist als ein ande- rer/: er ist auch nicht m. als wir; du hältst dich wohl für m. als andere? **II.** ⟨Adverb⟩ **1.** *in höhe- rem, stärkerem Maße:* sie raucht m. als er; er liebte sie darum nur noch m.; nach der schweren Krankheit solltest du dich m. schonen; die Stra- ßen sind m. befahren als sonst; ich friere m. als du; du mußt m. achtgeben; m. tot als lebendig kam er an; er übt jetzt eine ihm m. zusagende Tä- tigkeit aus; er ist m. Gelehrter als Künstler; der Baum steht m. links, m. rechts, m. nach der Mitte zu; er ist m. geschätzt als sein Vorgänger; sie ist m. zuwider als Schmeichelei. **2.** ⟨in Verbindung mit einer Ne- gation⟩ **a)** *sonst, außerdem* /drückt aus, daß ein

Geschehen, ein Zustand, eine Reihenfolge nicht fortgesetzt wird/: niemand, keiner m.; kein Wort m. *(hör[t] auf zu reden)!;* es bleibt nichts m. übrig; sie wußte sich nicht m. zu helfen; du bist kein Kind m. *(bist groß, reif genug);* er ist nicht m. derselbe wie vor seinem Unfall; ich kann nicht m. (ugs.; *ich bin am Ende meiner Kräfte*); es dauert nicht m. lange *(es ist bald vorbei, ist ist bald soweit).* **b)** /drückt aus, daß ein erwartetes Ereignis, Geschehen o. ä. nicht eintritt, ein angestrebtes Ziel nicht erreicht wird/: jetzt kommt er nicht m.; den Zug werden wir [wohl] kaum, nicht m. erreichen. * **mehr und mehr** *(immer mehr, in zunehmendem Maße)* · **mehr oder minder/weniger** *(im großen ganzen):* m. oder weniger waren wir einig · **nicht mehr und nicht weniger** *(nichts anderes als das, was gesagt wurde, das aber ganz bestimmt).*

mehren (geh.): **a)** ⟨etwas m.⟩ *größer machen, vermehren:* den Besitz m.; diese Erfolge mehrten seinen Ruhm. **b)** ⟨etwas mehrt sich⟩ *etwas häuft sich, wird zahlreicher:* in letzter Zeit mehren sich die Anfragen, die Beschwerden.

mehrere ⟨Indefinitpronomen und unbestimmtes Zahlwort⟩: **a)** *eine unbestimmte größere Anzahl, Menge; einige, ein paar:* m. [unbekannte] Personen; m. Male; er war m. Wochen verreist; m. hundert Bücher; eine Gleichung mit mehreren Unbekannten lösen; m. seiner Freunde sagten ab; das Eingreifen mehrerer tatkräftiger Menschen; die Einwände mehrerer Abgeordneter/ (auch:) Abgeordneten; es war nicht nur einer, es waren m.; sie kamen zu mehreren; m. kamen zu spät, beschwerten sich. **b)** *nicht nur ein oder eine; verschiedene:* dieses Wort hat m. Bedeutungen; der Text läßt m. Deutungen zu.

Mehrheit, die: **a)** *der größere Teil einer bestimmten Anzahl, Menge:* die überwiegende M. des Volkes hat sich dafür entschieden; bei der M. der Fälle handelt es sich um leichte Erkrankungen. **b)** *Stimmenmehrheit bei Wahlen, Abstimmungen o. ä.:* eine große, knappe, geringe M.; für das Gesetz hat sich eine M. gefunden; die M. der Abgeordneten stimmte zu; die [parlamentarische] M. haben, besitzen, verlieren; er konnte die M. der Stimmen auf sich vereinigen; er berief sich auf die M.; er wurde mit überwältigender M. gewählt; absolute M. (Politik; *Mehrheit, die mehr als 50% der stimmberechtigten Stimmen umfaßt*) · einfache/relative M. (Politik; *Mehrheit, die weniger als 50% der stimmberechtigten Stimmen umfaßt*) · qualifizierte M. (Politik; *absolute Mehrheit, Zweidrittel- oder Dreiviertelmehrheit*). * **die schweigende Mehrheit** *(die große Anzahl derer, die ihre Meinung zu etwas nicht kundtun, etwas schweigend hinnimmt).*

mehrmals ⟨Adverb⟩: *mehrere Male, wiederholt, mehrfach:* er hat schon m. angerufen.

meiden ⟨jmdn., etwas m.⟩: *aus dem Wege gehen; sich fernhalten:* einen Menschen, seine Gesellschaft, sein Haus m.; sie haben sich/(geh.:) einander lange gemieden; auf ihrer Fahrt mieden sie die überfüllten Autobahnen; er muß dieses Land m.; er meidet den Alkohol *(trinkt keinen Alkohol);* er muß alle fetten Speisen m.; übertr.: (geh.:) das Glück meidet mich.

mein ⟨Possessivpronomen⟩: **a)** *mir gehörend; zu mir gehörend, mir zukommend:* m. Haus, m.

Auto; das hat er von meinem Geld gekauft; hast du meinen Brief *(den Brief, den ich dir geschrieben habe)* bekommen?; einer meiner Söhne/von meinen Söhnen; meines Vaters Auto/das Auto meines Vaters (nicht korrekt: meinem Vater sein Auto); das ist nicht meine Aufgabe; meiner Ansicht nach, meines Erachtens ist das falsch; m. Englisch *(das Englisch, das ich beherrsche)* ist nicht besonders gut; sie geht in meine Klasse *(in die Klasse, die auch ich besuche);* /in der Anrede/: meine Damen und Herren; mein liebes Kind; mein lieber Freund · das ist und bleibt m.; ist das deine Brille oder meine?; das ist nicht dein Buch, sondern meins/(geh.:) meines; R: was m. ist, ist auch dein; klein, aber m.; **subst.:** sein Stuhl stand neben dem meinen; das Meine *(mein Eigentum);* ich werde das Meine *(meinen Anteil)* dazu beitragen; die Meinen *(meine Angehörigen).* **b)** *bei mir zur Gewohnheit, Regel geworden; von mir gewöhnlich benutzt:* meine Straßenbahn muß gleich kommen; ich habe heute meinen Spaziergang noch nicht gemacht; ich muß noch meine Tabletten nehmen *(die Tabletten, die ich zur Zeit nehmen muß).* *(verhüll.:) **mein und dein verwechseln/nicht unterscheiden können** *(sich leicht am Eigentum anderer vergreifen).*

meinen: **1. a)** ⟨etwas m.⟩ *glauben, annehmen; der Meinung sein, seine Meinung äußern:* ich meinte, er hätte recht; meinst du, dieser Strafe entgehen zu können?; er meinte: „... das reicht nicht"/„... das reicht nicht", meinte er; man sollte m., daß ihm das einleuchten müßte; er meinte, man könne so nicht verfahren; meinen Sie, das hätte keiner gemerkt?; meinst du das im Ernst?; das habe ich nicht gemeint *(zum Ausdruck bringen wollen);* was hat er damit wohl gemeint *(sagen wollen)?;* was meinst du dazu?; das meine ich auch; sie meinte, sie müßte [vor Scham] im Erdboden versinken; man könnte m. *(den Schluß ziehen),* es wäre alles wieder den alten, es wäre alles umsonst gewesen; man sollte m., du hättest dafür mehr Verständnis *(eigentlich müßtest du dafür mehr Verständnis haben);* er meint, wunder was er könne (ugs.); /Bekräftigungsformel/: das will ich m.! (ugs.; *natürlich ist das so!*) · (auch ohne Akk.) ich meine ja nur [so] (ugs.; *es war ja nur ein Vorschlag);* /als erstaunte, verwunderte o. ä. Rückfrage auf jmds. Äußerung/: meinen Sie [wirklich]?; meinst du? **b)** (selten) ⟨jmdn., sich m.; mit Umstandsangabe⟩ *wähnen, vermuten:* ich meinte dich schon gesund, genesen; er meinte sich im Recht. **2.** ⟨jmdn., sich, etwas m.⟩ *im Sinn haben:* du warst [mit dieser Bemerkung] nicht gemeint; meinen Sie mich?; ich meine das große Haus, nicht das kleine; was meinst du damit?; ich meine etwas ganz anderes; er meinte wohl schon das Richtige. **3. a)** ⟨etwas m.⟩ *mit Artangabe⟩ mit einer bestimmten Absicht, Einstellung sagen oder tun:* so habe ich es, so war es nicht gemeint; seine Worte waren gut, ehrlich gemeint; ein gutgemeinter Rat; ich habe es doch nicht böse gemeint. **b)** ⟨es mit jmdm. m.; mit Artangabe⟩ *sich jmdm. gegenüber in bestimmter Weise verhalten:* es gut, redlich mit jmdm. m.; er meint es nicht ehrlich mit ihr; übertr. (ugs.): die Sonne meint es heute gut mit uns *(scheint sehr kräftig).*

meinetwegen ⟨Adverb⟩: **1.** *um meinetwillen:* sie taten dies alles m.; bemühe dich m. nicht. **2.** (ugs.) *von mir aus:* m. kannst du gehen; m.! *(ich habe nichts dagegen!).* **3.** *zum Beispiel, angenommen:* nehmen wir eine Zahl, m. vier, und ...; zunächst absolvierst du ein Studium, m. Veterinärmedizin.

Meinung, die: **a)** *Ansicht, Überzeugung:* eine vernünftige, irrige, weitverbreitete M.; die allgemeine, öffentliche, veröffentlichte M.; die M. der Leute, der Allgemeinheit; das ist meine ganz private M.; was ist Ihre M.?; meine unmaßgebliche *(subjektive, nicht allgemeinverbindliche)* M. ist, daß ...; hier gehen die Meinungen auseinander; er hat keine eigene M.; seine M. vertreten, äußern, ändern, aufgeben; ich teile deine M., lasse deine M. gelten; er duldete keine andere M.; er hat sich (Dativ) ihre M. zu eigen gemacht; ich habe mir eine M. darüber gebildet; sie tauschten ihre Meinungen aus; ich habe dazu keine M. *(möchte mich dazu nicht äußern);* ich bin darüber anderer M. als du; ich bin der gleichen M. wie du; er ist der M. *(er glaubt),* daß ...; wir sind einer M. *(stimmen in unserer Ansicht überein);* über etwas anderer, geteilter M. sein; der M. eines anderen beistimmen, beipflichten; an seiner M. festhalten; auf einer M. bestehen, beharren; mit seiner M. nicht zurückhalten; niemand hat sie nach ihrer M. gefragt; nach meiner M./meiner M. nach hat er unrecht; von der früheren M. abkommen; nicht von seiner M. lassen; /als Bekräftigungsformel/: ganz meine M.! *(so denke ich auch darüber).* **b)** *Urteil, Achtung:* er hat eine, keine hohe M. von ihr; sie hat eine gute, schlechte M. von der Sache; sie bekam langsam eine bessere M. von ihm. ∗ **jmdm. die Meinung sagen/**(ugs.:) **geigen** *(jmdm. gegenüber unmißverständlich seinem Mißfallen, Unwillen Ausdruck geben).*

Meise, die: /*ein Singvogel*/: auf dem Fensterbrett sitzt eine M. ∗ (ugs.:) **eine Meise haben** *(nicht recht bei Verstand sein):* du hast wohl 'ne M.?

meist ⟨Adverb⟩: *fast regelmäßig, in der Mehrzahl der Fälle, für gewöhnlich:* er geht m. diesen Weg; m. kommt er zu spät; die Gäste sind m. junge Leute; es war m. schönes Wetter.

meiste ⟨Indefinitpronomen und unbestimmtes Zahlwort⟩: *die größte Anzahl, Menge von etwas; der größte Teil einer Menge oder Anzahl:* die meisten Leute, Gäste gingen nach Hause; er hat das m. Geld; die m. Zeit des Jahres ist er auf Reisen; die m. Angst hatte er; das m. *(fast alles)* war verdorben; die meisten seiner Bilder hat er verkauft; das m. [davon] habe ich vergessen; die meisten verließen spontan den Saal; er hat das m./am meisten geboten; er hat die m./am meisten Zeit; er kann am meisten *(mehr als alle anderen);* darüber habe ich mich am meisten *(ganz besonders, vor allem)* gefreut; /vor einem Adj. zur Umschreibung des Superlativs/: das am meisten verkaufte *(das meistverkaufte)* Buch der Saison.

meistens ⟨Adverb⟩: *meist:* er macht seine Reisen m. im Sommer.

Meister, der: **1.** *Handwerksmeister:* M. sein, werden; der M. bildet die Lehrlinge aus, lernt sie an; den/seinen M. machen (ugs.: *die Meisterprüfung in einem Handwerk ablegen);* er ist ein guten M., geht bei einem guten M. in die Lehre;

/als vertrauliche Anrede an einen Unbekannten/ (ugs.): na, M., was haben Sie auf dem Herzen? **2.** *hervorragender Könner auf einem bestimmten Gebiet:* die alten, klassischen M. der Malerei; ein berühmter, moderner M.; er ist ein wahrer M. in seinem Fach; er ist ein M. der Sprache, auf dem Gebiet der Fotografie; er ist ein M. im Verdrehen der Worte (iron.); die Madonna stammt von einem unbekannten M. des 14. Jahrhunderts; R: früh übt sich, was ein M. werden will; es ist noch kein M. vom Himmel gefallen. **3.** (geh.) /*ehrende Bezeichnung für einen bewunderten, als Vorbild angesehenen Lehrer*/: sie lauschten den Worten des Meisters. **4.** (Sport) *Sieger in einer Meisterschaft:* der amerikanische M. im Weitsprung; diese Mannschaft wird dieses Jahr deutscher M. ∗ **in jmdm. seinen Meister finden** *(auf jmdn. treffen, der einem überlegen ist).*

meistern (geh.) ⟨etwas m.⟩: *beherrschen, bewältigen, überwinden:* Probleme, eine Arbeit, Aufgabe m.; sein Fach m.; ein Werkzeug, Instrument m. *(meisterhaft beherrschen, damit umgehen);* er hat seine Erregung, seine Angst gemeistert *(bezwungen, im Zaume gehalten);* er hat sein Leben nicht gemeistert *(ist gescheitert).*

Meisterschaft, die: **1.** *großes Können, vollendete Beherrschung von etwas:* seine M. auf diesem Gebiet ist unbestritten, zeigte sich bei dieser Gelegenheit; er spielte mit gewohnter, unerreichter M.; er hat es in dieser Kunst zu wahrer M. gebracht. **2.** (Sport) **a)** *sportlicher Kampf um den Meistertitel:* die deutschen Meisterschaften im Eiskunstlauf finden im Januar statt, wurden im Januar ausgetragen; an einer M. teilnehmen. **b)** *durch sportlichen Kampf erworbener Meistertitel:* die deutsche M. erringen; die M. im Zehnkampf gewinnen, verteidigen, verlieren; sie kämpften um die M. im Schwergewicht.

melancholisch: *traurig, schwermütig, trübsinnig:* ein melancholischer Mensch; ein melancholischer Blick; melancholische Augen; ein melancholisches Lied, Gedicht; ein melancholischer *(düsterer, trauriger)* Anblick; er war, wurde ganz m.; sie waren m. gestimmt.

melden: 1. ⟨etwas m.⟩ *als Nachricht bekanntgeben, mitteilen:* der Korrespondent, die Zeitung, der Rundfunk meldete neue Unruhen; wie die Presseagentur meldet, ...; wie bereits im Fernsehen vom Rundfunk gemeldet, ...; der Wetterbericht hat starke Schneefälle gemeldet. **2.** ⟨jmdn., sich, etwas m.⟩ *anmelden, [dienstlich] anzeigen:* jmds., seine Anwesenheit, Teilnahme, Mitarbeit o. ä. anzeigen: jmdn., sich polizeilich m.; er ist hier, bei der Behörde nicht gemeldet *(nicht registriert);* einen Vorfall, einen Unfall m.; er hat ihn bei der Polizei gemeldet; er wird sich freiwillig [zum Wehrdienst] m.; du solltest dich krank m. *(deinen Arbeitgeber von deiner Krankheit in Kenntnis setzen und zu Hause bleiben);* er ist als vermißt gemeldet *(gilt offiziell als vermißt);* auf die Anzeige hin haben viele Bewerber gemeldet; er meldete sich zum Dienst, zur Prüfung; zu dem Rennen haben sich viele Teilnehmer, wurden bedeutende Namen gemeldet; ich habe einige Male geläutet, aber es hat sich niemand gemeldet *(es hat niemand darauf reagiert);* sich telefonisch m. *(von sich hören lassen, Nachricht* geben); melde dich mal wieder! *(laß mal wieder etwas von dir hören);* er ließ sich von der Sekretärin beim Chef m.; der Schüler meldet sich häufig *(nimmt rege am Unterricht teil);* wenn du etwas brauchst, mußt du dich m. *(mußt du es mich wissen lassen);* er wird sich schon m. (fam.; *wird es schon sagen, wird sich schon bemerkbar machen),* wenn er Hunger hat; ⟨jmdm. etwas m.⟩ sie meldete den Schüler dem Direktor; einen Verkehrsunfall der Polizei m.; er hat uns ihre Ankunft nicht gemeldet. **3.** (ugs.) ⟨etwas meldet sich⟩ *etwas macht sich bemerkbar:* mein Magen, der Hunger meldet sich; der Winter meldet sich *(kündigt sich an).* * (ugs.:) **nichts/nicht viel zu melden haben** *(nichts zu sagen haben; eine untergeordnete Rolle spielen).*

Meldung, die: **1.** *Nachricht:* eine aktuelle, wichtige, sensationelle, unbestätigte, amtliche M.; die letzten Meldungen des Tages; diese M. ging durch die Presse; die Meldungen überstürzten sich; eine M. jagte die andere; die letzten Meldungen über die Verhandlungen sind, lauten günstiger; eine M. vom Sport; eine M. verbreiten, veröffentlichen, [im Radio, Fernsehen] durchgeben, bestätigen, wiederholen, unterdrücken; Meldungen hören, lesen, erhalten; den letzten Meldungen nach/nach den letzten Meldungen hat sich die Lage gebessert; unbestätigten Meldungen zufolge ... **2.** *dienstliche Mitteilung, Anzeige:* eine M. überbringen; M. machen, erstatten *(etwas in dienstlicher Form melden);* welche Stelle hat die M. entgegengenommen? **3.** *Anmeldung, Bereiterklärung:* zu den Wettkämpfen sind viele Meldungen bekannter Sportler eingegangen; seine M. abgeben, zurückziehen; alle Meldungen wurden angenommen; er hat seine freiwillige M. bereut.

melken: a) ⟨[ein Tier] m.⟩ *einem milchgebenden Tier die Milch entnehmen:* eine Ziege, ein Schaf, die Kühe m.; die Bäuerin melkt gerade, welkt/ (seltener:) molk, hat gemolken/(seltener:) gemelkt; mit der Hand, Melkmaschine, elektrisch m.; übertr. (ugs.): den haben sie tüchtig gemolken *(ausgenutzt, ihm Geld abgelockt).* **b)** ⟨etwas m.⟩ *durch Melken gewinnen:* zwanzig Liter Milch m.; sie melkten die Milch in einen Eimer, in Bottiche; er trank frisch gemolkene Milch.

Melodie, die: *singbare, in sich geschlossene Tonfolge:* eine einfache, hübsche, heitere, leise, zarte, leichte, einschmeichelnde, sich wiederholende, alte, neue M.; die M. eines Liedes, Schlagers; es erklingen bekannte, beliebte Melodien *(Musikstücke, Gesangsstücke)* aus Oper und Operette; diese M. gefällt mir, geht mir nicht aus dem Kopf, verfolgt mich; die M. zu einem Text suchen, finden, komponieren; eine M. vor sich hin singen, spielen, pfeifen; sie summte eine M. vor sich hin; übertr. (geh.): die eintönige M. des Regens.

Menge, die: **1. a)** *bestimmte Anzahl, bestimmtes Quantum:* davon ist nur noch eine gewisse, begrenzte, verschwindende M. vorhanden; die doppelte M. an Nitrat; eine geringe M. dieses Giftes/ von diesem Gift ist schon tödlich; eine kleine M. Zucker, Mehl, Milch verwenden; die Angabe der M. ist erforderlich; das Mittel darf nur in kleinen Mengen angewendet, zugesetzt werden. **b)** *große*

Anzahl, großes Quantum; Masse: eine M. fauler/ (auch:) faule Äpfel/von faulen Äpfeln; eine M. Äpfel lag/(auch:) lagen unter dem Baum; eine M. Menschen, Männer, Frauen, Kinder, junger Leute wartete/warteten auf der Straße; eine M. (ugs.; *viele Leute*) haben sich beworben; die M. muß es bringen *(der große Umsatz muß den Gewinn bringen);* er hat eine [ganze] M. Geld; er hat Geld die M. (ugs.; *viel Geld*); ich habe dort eine M. Leute kennengelernt, bin dort mit einer M. Leute zusammengetroffen; von ihm kannst du eine M. *(viel)* lernen; er bildet sich eine [ganze] M. *(sehr viel)* darauf ein; es gab Kuchen in M.; es waren Käufer in [großen] Mengen da. **2.** *Menschenmenge:* auf den Straßen drängte sich eine unübersehbare, jubelnde, wütende M.; die wütende, johlende M. drängte vorwärts; die M. wälzte sich heran, ergießt sich in die Straßen, weicht zurück; die M. feierte ihn; die große M. *(die meisten, der größte Teil)* ist dafür; ein Gefühl der Erleichterung ging durch die M.; in der M. untertauchen; ich konnte in der M. kaum vorwärts kommen; wir waren ganz von der M. eingeschlossen. **3.** (Math.) *Zusammenfassung von bestimmten unterschiedenen Objekten, Elementen zu einem Ganzen:* x ist Element der M. M; a ist in der M. M als Element enthalten. * (ugs.:) **jede Menge** *(sehr viel, soviel man will)* · (ugs.:) **in rauhen Mengen** *(in großer Menge, Zahl).*

mengen: 1. a) ⟨etwas m.⟩ *mischen, vermengen:* den Teig m.; Mehl und Wasser zu einem Teig m.; Wein mit Wasser m.; Rosinen in, unter den Teig m.; die Zutaten in einer Schüssel m. *(verrühren).* **b)** ⟨etwas mengt sich mit etwas⟩ *etwas mischt sich mit etwas:* der Geruch des Kuchens mengte sich mit dem des Kaffees; ⟨auch ohne Präp.-Obj.⟩ in dem Laden mengten sich verschiedene Gerüche. **2.** (ugs.) **a)** ⟨sich unter jmdn. m.⟩ *sich unter jmdn. mischen:* Flüchtlinge mengten sich unter die Soldaten. **b)** ⟨sich in etwas m.⟩ *sich einmischen:* menge dich nicht in seine, in fremde Angelegenheiten; du solltest dich nicht in Dinge m., die dich nichts angehen.

¹**Mensch,** der: *menschliches Lebewesen; Person:* der denkende, gestaltende, schöpferische M.; ein normaler, durchschnittlicher, alltäglicher, sonderbarer, unberechenbarer, nervöser, alberner, kindischer, einfacher, anspruchsloser, zurückhaltender, empfindlicher, ruhiger, besonnener, ernster, charakterfester, schwerfälliger, gleichgültiger, unbeholfener, einflußreicher, kluger, genialer, künstlerischer [musisch] begabter, strebsamer, lebhafter, fröhlicher, glücklicher, ausgeglichener, gütiger, gutmütiger, lieber, selbstloser, anständiger, liebenswerter, höflicher, taktvoller, rücksichtsloser, egoistischer M.; große, kleine, dicke, untersetzte, dünne, schlanke, magere, gesunde, sportliche, kranke, alte Menschen; der gläserne M. *(Mensch, der seine Vermögensverhältnisse, seine beruflichen und gesellschaftlichen Verpflichtungen offen darlegt);* ein M. aus/von Fleisch und Blut *(ein wirklicher, lebendiger, nicht der Phantasie entstammender Mensch);* er ist ein ganz verkommener M.; sie ist ein M. mit Initiative, ohne feste Grundsätze; er ist ein M. von leichter Auffassungsgabe; wir wurden behandelt wie Menschen zweiter Klasse *(wie*

sozial niedrigstehende Menschen); ich bin auch nur ein M.! (ugs.; *ich mache auch Fehler; man kann nichts Unmögliches von mir verlangen*); dieser M. ist mir unsympathisch, macht einen guten Eindruck; der M. ist ein vernunftbegabtes Wesen; jeder M. hat Fehler; M. und Tier *(Menschen und Tiere)* litten unter der Hitze; es ist kaum zu glauben, was ein M. aushalten kann; von Zeit zu Zeit braucht der M. Entspannung · */als ugs. Ausruf, der eine emotional gefärbte Äußerung einleitet/*: M., war das eine Hitze!; M., das ist ja großartig! */ugs. Ausruf des Erstaunens/*: M. Meier!; R: der M. ist ein Gewohnheitstier *(kann sich von seinen Gewohnheiten nur schwer lösen);* kein M. muß müssen *(niemand kann zu etwas gezwungen werden);* der M. lebt nicht von Brot allein; der M. denkt, Gott lenkt · einen Menschen lieben, verehren, schätzen, verachten, betrügen, verraten, hintergehen, bekämpfen, fürchten, töten, pflegen, heilen; R: man muß die Menschen nehmen, wie sie sind · einem Menschen helfen, glauben, mißtrauen; diesem Menschen ist nicht zu helfen; die Ausbeutung des Menschen durch den Menschen; auf diesen Menschen kann man sich nicht verlassen; wie konntest du nur für einen solchen Menschen bürgen; er sucht, pflegt, meidet den Umgang mit anderen Menschen; sie geht nicht gern unter Menschen *(unter die Leute)*. R: des Menschen Wille sei sein Himmelreich. * **kein Mensch** *(niemand)* · (ugs.:) **wieder Mensch sein** *(sich wieder in einem menschenwürdigen Zustand befinden)* · (ugs.:) **wie der erste Mensch** *(unbeholfen, ungeschickt)* · (ugs.:) **kein Mensch mehr sein** *(völlig erschöpft, am Ende sein)* · **nur noch ein halber Mensch sein** *(nicht mehr im Vollbesitz seiner Kräfte und Fähigkeiten sein)* · **ein neuer Mensch werden** *(sich wandeln, zu seinem Vorteil verändern)* · **von Mensch zu Mensch** *(vertraulich, privat).*

²**Mensch,** das (abwertend): *weibliche Person, Frau:* wer weiß, wo sich dieses M. wieder herumtreibt; */oft als Schimpfwort/:* so ein blödes M.!

Menschengedenken (in der Verbindung) **seit Menschengedenken:** *soweit man sich zurückerinnern kann; seit eh und je:* ein solches Hochwasser hat es hier seit M. nicht gegeben.

menschenmöglich: *in der Macht eines Menschen liegend:* was m. war, wurde getan; das hätte ich nicht für m. gehalten; der Arzt hat das/alles menschenmögliche versucht.

Menschenseele ⟨in der Verbindung⟩ **keine Menschenseele** *(niemand, nicht ein einziger Mensch:* unterwegs begegnete uns keine M.

Menschheit, die: *Gesamtheit der Menschen, Menschengeschlecht:* die ganze M.; die Geschichte der M.; Krieg ist eine Geißel der M.; dies geschah zum Wohl der M., um der M. zu helfen; das ist ein Verbrechen an der M.

menschlich: 1. *den Menschen betreffend:* der menschliche Körper, Geist; die menschliche Natur; ein menschliches Wesen *(ein Mensch);* eine menschliche Stimme; menschliche Not; das menschliche Leben; die menschliche Gesellschaft; menschliche Schwächen; er suchte menschliche Geborgenheit, Wärme; die menschliche Vollkommenheit anzweifeln; nach göttlichem und menschlichem Recht; der Unfall ist

auf menschliches Versagen zurückzuführen; hier kommt jede menschliche Hilfe zu spät; das ist nur m., ist m. verständlich; sie sind sich (Dativ) m. *(persönlich, privat)* nähergekommen; übertr. (ugs.): jetzt sieht es hier doch wieder einigermaßen m. *(ordentlich)* aus. **2.** *human, tolerant:* ein menschlicher Vorgesetzter, Chef; das ist ein menschlicher Zug an ihm; er schien keiner menschlichen Regung fähig; menschliche Erleichterungen im Reiseverkehr mit der DDR; diese Handlungsweise war nicht sehr m.; hier ist er nicht m. verfahren, hat er nicht m. gehandelt.

Menschlichkeit, die: *menschliche, humane Gesinnung:* M. zeigen; jmdm. aus reiner, bloßer M. helfen; ein Verbrechen gegen die M.

merken: 1. ⟨etwas m.⟩ *wahrnehmen, bemerken:* jmds. Absicht, einen Betrug m.; er merkt alles, nichts; man merkte es sofort an seiner Verlegenheit; ich habe es auf den ersten Blick, habe nichts davon gemerkt; er merkte nicht, daß man ihn betrogen hat; ich merke schon, du willst nicht; er läßt es niemanden m.; sie ließ ihn nicht das geringste m., ließ ihm m., wie sehr er sie gekränkt hatte; merkst du was? (ugs.; *erkennst du die Absicht?*); du merkst aber auch alles (ugs. iron.; *endlich hast du begriffen*). **2.** ⟨sich (Dativ) jmdn., etwas m.⟩ *im Gedächtnis behalten:* sich eine Anschrift, eine Regel m.; ich habe mir den Straßennamen nicht gemerkt; es ist leicht, sich diese Zahl zu m./(ugs. auch:) diese Zahl ist leicht zu m.; den Namen des Schauspielers/diesen Schauspieler wird man sich m. müssen *(er wird noch von sich reden machen);* ich werde mir das für die Zukunft m.; ich werd' mir's merken (ugs.; *bei entsprechender Gelegenheit werde ich es dir heimzahlen*); merk dir das! (ugs.; *laß dir das gesagt sein!*). * (ugs.:) **sich** (Dativ) **nichts merken lassen** *(sich nichts anmerken lassen).*

merklich: *spürbar, sichtlich:* ein [kaum] merklicher Unterschied, Fortschritt; es ist m. kühler geworden; sein Zustand hat sich m. gebessert.

Merkmal, das: *kennzeichnende Eigenschaft; Kennzeichen:* ein charakteristisches, typisches, hervorstechendes M.; besondere Merkmale aufweisen, besitzen; er hat keine besonderen Merkmale, ist ohne besondere Merkmale; an diesem M. hat sie ihn erkannt.

merkwürdig: *eigenartig, seltsam, ungewohnt:* ein merkwürdiger Mensch; eine merkwürdige Geschichte, Sache, Erscheinung; eine merkwürdige Unruhe erfaßte sie; sein Verhalten, das ist, finde ich sehr m.; er verhielt sich recht m.; es ist m. still hier; m., wie sich alles verändert hat!; subst.: ich habe etwas Merkwürdiges erlebt.

Messe, die: **1. a)** *katholischer Gottesdienst:* die heutige M.; eine stille, feierliche M.; die Gemeinde begann; die M. halten, zelebrieren; eine M. für einen Verstorbenen lesen; die M. besuchen, hören; an der M. teilnehmen; zur M. gehen. **b)** *Vertonung des liturgischen Textes der Messe:* eine M. von Mozart einstudieren, singen, aufführen. **2. a)** *Industrieausstellung:* eine internationale M.; eine M. für Antiquitäten; die M. findet jedes Jahr statt; die M. war gut besucht; wir fahren wieder zur M.; ein neues Modell auf der M. herausbringen. **b)** (ugs. landsch.) *Jahrmarkt:* auf die M. gehen; kaufst du mir auf der M. einen Luftballon?

messen /vgl. gemessen/: **1. a)** ⟨etwas m.⟩ *mit einem Maß ermitteln:* die Größe, Länge, Breite, Höhe von etwas m.; jmds. Brustumfang m.; die Meerestiefe m.; mit einem Thermometer die Temperatur, Wärme [des Wassers] m.; die Geschwindigkeit, die Zeit mit der Stoppuhr m.; die Spannung, den Luftdruck m.; der Arzt maß den Blutdruck des Patienten, maß Fieber bei dem Patienten; ⟨jmdm. etwas m.⟩ der Arzt maß dem Patienten Fieber, den Blutdruck · er maß die Entfernung mit den Augen (geh.; *schätzte sie*). **b)** ⟨jmdn., sich, etwas m.⟩ *in seinen Maßen, seiner Größe bestimmen:* etwas genau, gründlich, exakt, nur ungefähr, grob m.; ein Brett mit dem Bandmaß, Zollstock m.; Flüssigkeiten mißt man nach Litern; er hat sich, die Kinder [mit dem Metermaß] gemessen; übertr.: alle müssen mit gleichem Maß gemessen werden *(müssen in gleicher Weise beurteilt, behandelt werden)*. **2.** ⟨etwas m.⟩ *eine bestimmte Größe, ein bestimmtes Maß haben:* er mißt 1,85 m; er mißt 5 cm mehr als du; das Grundstück mißt 600 m²; das Zimmer mißt 2,50 m in der Höhe. **3. a)** (geh.) ⟨sich mit jmdm. m.⟩ *in einem Wettstreit o. ä. seine Fähigkeiten, Kräfte mit denen eines anderen vergleichen:* er wagte nicht, sich [in einem Kampf] mit seinem Herausforderer zu m.; übertr.: an Wissen kann ich mich nicht mit ihr m. *(kann ich ihr nicht gleichkommen)*. **b)** ⟨jmdn., etwas an jmdm., an etwas m.⟩ *den gleichen Maßstab anlegen; mit jmdm., etwas vergleichen:* du darfst ihn nicht an seinem älteren Bruder m., darfst seine Fähigkeiten nicht an denen seines Bruders m.; gemessen an seinen früheren Leistungen, war dies eine Enttäuschung. **4.** (geh.) ⟨jmdn. m.; mit Umstandsangabe⟩ *jmdn. abschätzend ansehen, betrachten:* er maß den Fremden, den Kontrahenten prüfend von oben bis unten; sie maßen sich/einander mit wütenden Blicken.

Messer, das: *aus Klinge und Griff bestehendes Gerät:* ein scharfes, spitzes, stumpfes, langes, breites, rostiges, blankes M.; ein M. blitzte im Scheinwerferlicht; das M. schärfen, wetzen; das M. ziehen; er stieß, rannte, jagte (ugs.) ihm das M. in die Brust; der Griff, das Heft, die Schneide, Klinge, der Rücken eines Messers; mit M. und Gabel essen; sich mit dem M. *(Rasiermesser)* rasieren; mit dem M. etwas abschneiden, zerkleinern; er spielte mit dem M. * (ugs.:) **jmdm. geht das Messer in der Tasche auf** *(jmd. wird sehr zornig)* · **jmdm. das Messer an die Kehle setzen** *(jmdn. unter Druck setzen, zu etwas zwingen)* · **jmdn. ans Messer liefern** *(jmdn. durch Verrat zur Fall bringen)* · **jmdm. das Messer in die Hand geben** *(seinem Gegner selbst die Argumente liefern)* · **etwas steht auf des Messers Schneide** *(etwas kann sich so oder so entscheiden)* · (ugs.:) **jmdn. ins [offene] Messer laufen** *(durch eigene Schuld ins Hintertreffen geraten)* · (ugs.:) **jmdn. ins [offene] Messer laufen lassen** *(jmdn. übervorteilen)* · (ugs.:) **bis aufs Messer** *(mit allen Mitteln; bis zum äußersten):* ein Kampf bis aufs M. · (ugs.:) **unters Messer müssen** *(operiert werden müssen)*.

Messung, die: *das Messen:* eine genaue M. ergab, daß man sich verrechnet hatte; Messungen vornehmen, durchführen.

Metall, das: /*ein chemischer Grundstoff*/: ein weiches, hartes M.; Gold und Silber sind edle Metalle; das flüssige M. in Formen gießen; M. aus dem Erz herausschmelzen; M. bearbeiten, drehen, walzen, schweißen, härten, veredeln.

metallen: **1.** *aus Metall hergestellt:* metallene Geräte. **2.** *hart klingend:* ein metallener Klang.

metallisch: **1.** *aus Metall bestehend:* ein metallischer Leiter für elektrischen Strom; ein metallischer Überzug. **2. a)** *metallartig:* ein metallischer Glanz; die Flügel der Libelle glänzten, schimmerten m. **b)** *hart klingend:* ein metallischer Klang; seine Stimme klingt m.

Meter, der (auch: das): /*ein Längenmaß*/: ein M. hat hundert Zentimeter; drei M. Stoff reichen/(seltener:) reicht für dieses Kleid aus; alle paar M. *(in kurzen Abständen)* steht ein Polizist; der Schnee liegt einen M. hoch; die Mauer ist zehn M. lang und zwei M. hoch; der See ist hier fünf M. tief; sie rückten M. für M./M. um M. vor; in hundert M. Höhe; einen Zaun von zwei M. Höhe; in einer Entfernung von etwa zwanzig Metern/(auch:) M. * (ugs.:) **laufende Meter** *(endlos aneinandergereiht)*.

Methode, die: *Arbeits-, Verfahrensweise; Vorgehen, System:* eine zuverlässige, sichere, praktische, komplizierte, umständliche M.; eine wissenschaftliche, physikalische, mathematische M.; eine M. zur Bestimmung der spezifischen Wärme; diese M. ist sehr einfach, hat sich bewährt, durchgesetzt; eine neue M. anwenden, einführen; er hat M. *(Planmäßigkeit, sinnvolle Ordnung)* in dieses Unternehmen gebracht; er hat so seine M. *(sein eigenes Verfahren)*; etwas mit den Methoden der Wirtschaftssoziologie untersuchen; er arbeitet nach einer anderen M. * **etwas hat Methode** *(hinter etwas steckt eine Absicht)*.

Metier, das: *Beruf, Fach:* das M. des Kritikers; der Außendienst ist sein M.; das ist nicht mein M. *(davon verstehe ich nichts)*; sich aus diesem M. zurückgezogen; ich bin neu in dem M.

Meute, die: **1.** *Hundemeute:* die M. wurde zur Jagd losgekoppelt, losgelassen. **2.** *Schar, Horde:* die M. der Verfolger wurde immer größer; eine M. von Fotografen; er lud die ganze M. (ugs.; *Gruppe*) zu sich ein.

Meuterei, die: *Aufstand gegen Vorgesetzte:* auf dem Schiff brach eine M. aus; in der Armee, unter den Soldaten entstand eine M.; die M. wurde mit allen Mitteln niedergeschlagen, unterdrückt; der Obermaat rief zur M. auf.

meutern: **1.** *den Gehorsam verweigern; sich auflehnen:* die Schiffsmannschaft, die Besatzung meuterte; die Truppe meutert gegen die Offiziere; die meuternden Gefangenen. **2.** (ugs.) *schimpfen, murren, aufbegehren:* du brauchst nicht bei jeder Gelegenheit gleich zu m.; im Moment meutert sie gegen alles.

Miene, die: *Gesichtsausdruck:* eine freundliche, ernste, heitere M.; offene, verschlossene Mienen; seine M. verfinsterte sich (geh.), klärte sich auf (geh.), hellte sich auf, verriet Unwillen; eine finstere M. aufsetzen; er zog, machte eine saure *(verdrossene, unfreundliche)* M.; er verzog keine M. *(ließ sich keine Gefühlsregung anmerken)*; er hörte mit düster, eisiger M. zu. * **Miene machen,**

etwas zu tun *(sich anschicken, etwas zu tun)* · **gute Miene zum bösen Spiel machen** *(etwas wohl oder übel hinnehmen, geschehen lassen).*

mies (ugs.): **1.** *schlecht, übel:* er hat heute miese Laune; das ist ein mieser Laden, ein mieser Typ, Kerl; ein mieses Essen, Wetter; ein mieses Ergebnis; miese Zeiten; die Bezahlung ist m.; die Sache sieht m. aus. **2.** 〈jmdm. ist, wird [es] m.〉 *jmdm. ist, wird unwohl:* mir ist heute richtig m. **¹Miete,** die: *Mietpreis:* eine hohe, niedrige M.; kalte/warme M. (ugs.; *Miete ohne/einschließlich Heizungskosten*); die M. ist fällig; die Mieten sind gestiegen; unsere M. beträgt 750 DM [monatlich]; die M. vorauszahlen, überweisen, schuldig bleiben; eine überhöhte M. für ein Zimmer, eine Wohnung zahlen müssen; er hat im Theater einen Platz in M. (selten; *abonniert*); sie wohnen schon seit zehn Jahren bei ihm in/zur M. *(haben schon seit zehn Jahren bei ihm eine Mietwohnung).* * (ugs.:) **etwas ist die halbe Miete** *(mit etwas hat man sein Ziel schon fast erreicht).* **²Miete,** die (Landw.): **a)** *Grube zur Aufbewahrung von Feldfrüchten:* eine M. [auf dem Feld] anlegen; die M. öffnen, aufmachen; Rüben in die M. legen. **b)** *aufgeschichteter Haufen von Heu, Stroh, Getreide oder Holz:* Felder voller Mieten. **mieten** 〈jmdn., etwas m.〉: *gegen Bezahlung die Berechtigung erwerben, etwas, jmds. Dienste zu nutzen:* eine Wohnung, einen Laden, eine Garage, ein Auto, ein Boot m.; einen Führer m.; 〈jmdm., sich jmdn., etwas m.〉 er mietete sich für drei Monate ein kleines Haus am Meer. **Milch,** die. **1. a)** *von Kühen stammende weißliche, fetthaltige Flüssigkeit, die sehr nahrhaft ist:* frische, gekochte, kondensierte, saure, dicke M.; M. von der Kuh, Ziege; die M. ist geronnen; du mußt aufpassen, daß die M. nicht anbrennt, überkocht; die M. anwärmen, erhitzen, [ab]kochen, sauer werden lassen, entrahmen; er trinkt gern M.; seine Kühe geben sehr viel M.; den Teig mit M. anrühren. **b)** *Muttermilch:* sie konnte das Kind nicht stillen, weil sie zuwenig M. hatte; die M. ist noch nicht eingeschossen *(in der Brust der Wöchnerin);* die überschüssige M. abpumpen. **2.** *milchiger Pflanzensaft:* die M. des Löwenzahns; sie tranken die M. der Kokosnuß. * **wie Milch und Blut** *(frisch und jung).* **Milchmädchenrechnung,** die (ugs.): *Erwartung, die auf Trugschlüssen, Illusionen aufgebaut ist:* eine simple M.; das ist eine M.; man präsentiert uns hier Milchmädchenrechnungen. **mild[e]: 1. a)** *sanft, lau, lind; nicht rauh:* mildes Klima, Wetter; milde Luft; milde Winde; mildes Licht; ein milder Winter; der Abend war sehr m.; die Sonne schien recht m. **b)** *nicht scharf, nicht streng:* eine milde Seife; ein mildes Waschmittel; ein milder Kognak; der Käse hat einen milden Geschmack, ist, schmeckt sehr m. **2.** *gütig, nachsichtig, verständnisvoll; nicht streng:* milde Worte; jmdn. mit milden Blicken ansehen; ein milder Richter, Erzieher; eine milde Gabe *(Almosen);* die Strafe ist sehr m. ausgefallen; das Gericht hat m. geurteilt; sie lächelte m.; ich konnte ihn nicht milder stimmen; m. gesagt, gesprochen, ausgedrückt, war sein Verhalten eine Taktlosigkeit. **Milde,** die: **1.** (geh.) **a)** *das Fehlen der Rauheit; Lindheit, Sanftheit:* die M. des Klimas, der Luft

tat ihr wohl. **b)** *das Fehlen der Schärfe, der Strenge:* in der Werbung wird die M. dieses Kognaks besonders hervorgehoben. **2.** *Güte, Nachsicht:* große, väterliche, unverdiente M.; die M. des Lehrers, des Richters; deine M. gegen ihn war nicht angebracht; M. walten lassen. **mildern: a)** 〈etwas m.〉 *milder, geringer machen:* eine Strafe, ein Urteil m.; die Stärke des Aromas m.; ihre Worte milderten seinen Zorn; das Mittel milderte *(linderte)* den Schmerz nur kurze Zeit. **b)** 〈etwas mildert sich〉 *etwas wird milder, geringer:* sein Zorn, Schmerz milderte sich; die Gegensätze zwischen ihnen haben sich gemildert. **Milieu,** das: **1.** *Umweltbedingungen, Umwelt, Lebenskreis:* das soziale, gesellschaftliche, häusliche M., in dem man lebt; sie kommt, stammt aus einem kleinbürgerlichen M.; er ist in einem ärmlichen M. aufgewachsen. **2.** *Stadtteil, Bereich der Prostituierten, Zuhälter, Ganoven:* der Tip kam aus dem M.; die Machtkämpfe im M.; er kennt, verkehrt schon jahrelang im M.; Beziehungen zum M. in Marseille anknüpfen. **¹Militär,** das: *Streitkräfte:* die französische M.; gegen die Demonstranten wurde [das] M. eingesetzt; das M. behielt die Oberhand; er ist beim M.; er ist vom M. entlassen worden; er muß zum M. *(muß Soldat werden).* **²Militär,** der: *[hoher] Offizier:* die bundesdeutschen, amerikanischen Militärs; am Putsch beteiligten sich führende, hohe Militärs. **militärisch:** *das Militär betreffend; soldatisch, kriegerisch:* militärische Einrichtungen, Operationen, Geheimnisse, Erfolge; einen militärischen Befehl ausführen; jmdm. militärische Ehren erweisen; sein Gang, seine Haltung, Gesinnung ist [ausgesprochen] m.; er grüßte m. **Million,** die: **a)** *Menge, Einheit von tausend mal tausend Stück, Dingen, Lebewesen:* eine halbe M.; eine dreiviertel M.; 0,8 Millionen Mark; eine M. Menschen war/waren auf der Flucht; eine M. neuerbaute Häuser/neuerbauter Häuser; ein Defizit von 2,1 Millionen [Mark]. **b)** 〈Plural〉 *unbestimmte, nach Millionen bemessene Anzahl, Summe:* Millionen wurden obdachlos; Millionen hungernder Kinder/von hungernden Kindern; die Firmenverluste gehen in die Millionen. **minder:** *weniger gut; geringer:* eine mindere Qualität, Sorte; mindere Waren; Stoffe von minderer Güte; das sind Fragen minderen Ranges, von minderer Bedeutung. * **nicht minder** *(ebenso; nicht weniger):* diese letzte Kurve war nicht m. gefährlich [als die vorhergehenden]. **Minderheit,** die: *zahlenmäßig unterlegene Gruppe:* eine religiöse, nationale M.; die M. im Parlament; er vertritt in dem Gremium die M.; sie waren, blieben bei der Abstimmung in der M. *(waren, blieben zahlenmäßig unterlegen).* **mindern** (geh.): **a)** 〈etwas m.〉 *kleiner, geringer machen; vermindern:* den Wert einer Leistung m.; Erträge, das Tempo, Risiko m.; er versuchte, die Not der Betroffenen zu m.; der Zwischenfall minderte die allgemeine Freude. **b)** 〈etwas mindert sich〉 *etwas verringert, verkleinert sich:* langsam minderte sich seine Heftigkeit. **minderwertig:** *schlecht; von geringer Qualität:* minderwertige Waren, Produkte; minderwertiges Fleisch; das Material ist m.

Minderzahl ⟨in der Verbindung⟩ in der Minderzahl sein: *zahlenmäßig unterlegen sein:* die Weißen sind dort in der M.

mindeste: *geringste, wenigste, kleinste:* nicht die m. Ahnung haben; er hat nicht die mindesten Aussichten, Sieger zu werden; sie tat es ohne den mindesten Zweifel, ohne die m. Angst; das ist das m. *(das wenigste),* was man von ihm verlangen kann. * **nicht das mindeste** *(gar nichts):* er versteht nicht das m. vom Kochen · **nicht im mindesten** *(gar nicht, nicht im geringsten)* · **zum mindesten** *(wenigstens, zumindest):* er hätte sich zum mindesten entschuldigen müssen.

mindestens ⟨Adverb⟩: a) *wenigstens, zumindest:* du hättest dich m. entschuldigen müssen; dieses Problem ist m. so wichtig wie das erste. b) *auf keinen Fall weniger als:* er verdient m. 7 000 Mark im Monat; den Film habe ich m. zweimal gesehen; ich will m. acht Tage bleiben.

Mine, die: 1. *unterirdischer Gang, Stollen; Erzlager:* die M. ist nicht mehr ergiebig; eine M. erschließen, stillegen; die Gefangenen mußten in den Minen arbeiten. 2. *Sprengkörper:* eine M. explodiert, geht hoch (ugs.); Minen legen, suchen, räumen, entschärfen; eine M. werfen; auf eine M. treten, fahren; das Schiff lief auf eine M.; das Gelände wurde nach versteckten Minen abgesucht. 3. *Bleistift-, Kugelschreibermine:* eine schwarze, rote M.; die M. des Bleistifts bricht dauernd; die M. meines Kugelschreibers ist leer; eine neue M. in den Kugelschreiber einlegen, einsetzen. * (ugs.:) **eine Mine legen** *(eine Intrige spinnen)* · (ugs.:) **alle Minen springen lassen** *(alle verfügbaren Mittel anwenden).*

minimal: *sehr klein, sehr gering, winzig:* ein minimaler Vorteil, Vorsprung, Erfolg; ein minimaler Unterschied; minimale Forderungen; die Beteiligung war m.; ihre Rente ist m.

Minimum, das: *Mindestmaß, -wert, -menge:* das ist das absolute M.; ein M. an Sicherheit, Vertrauen erwarten; diese Sache erfordert nur ein M. an Kraft, Einsatz, Material; wir konnten die Ausgaben auf ein M. reduzieren; das liegt ja noch unter dem M.

Minister, der: *Mitglied der Regierung, das ein bestimmtes Ressort verwaltet:* ein ehemaliger M.; der M. des Inneren *(Innenminister),* des Äußern *(Außenminister);* der M. für Verkehr; er ist M. ohne besonderen Geschäftsbereich; der M. ist zurückgetreten; einen M. ernennen, vereidigen, angreifen, stürzen; der Referent M. Meyers/des Ministers Meyer; er wurde zum M. ernannt.

minus: I. ⟨Konj.⟩ *weniger:* sieben m. vier ist, macht, gibt drei. **II.** (Kaufmannsspr.) ⟨Präp. mit Gen.⟩ *abzüglich:* der Betrag m. der üblichen Abzüge. **III.** ⟨Adverb⟩ a) *unter dem Nullpunkt:* die Temperatur beträgt m. 5 Grad, ist auf m. 5 Grad gesunken. b) (Physik) *negativ:* der Strom fließt von plus nach m.

Minute, die: 1. *Zeitraum von 60 Sekunden:* eine halbe, knappe, ganze, volle M.; M. um M. verging, verstrich; es blieben ihm nur noch fünf, wenige, ein paar Minuten; es ist jetzt elf Uhr [und] zwanzig Minuten; du sollst mich nicht alle fünf Minuten *(fortwährend)* stören; er mußte zehn Minuten warten; ich kam drei Minuten zu spät; tausend Umdrehungen in der M.; ich hatte mich um

zehn Minuten verspätet; ein Weg von 20 Minuten. 2. *Augenblick, kurze Zeitspanne:* die Minuten der Ungewißheit wurden ihr zur Qual; jede freie M. nutzen; hast du eine M., einige Minuten Zeit für mich?; er wartet immer bis zur letzten M./bis auf die letzte M.; in der nächsten M. war er bereits verschwunden; in den entscheidenden Minuten war er nicht da; er kommt immer in letzter M. 3. (Math.) /*eine Winkeleinheit*/: ein Winkel von 45 Grad, 21 Minuten, 10 Sekunden. * **auf die Minute** *(pünktlich):* er kam auf die M.

mir: 1. /Dativ Sing. des Personalpronomens *ich*/: gib m. bitte das Messer; m. ist schlecht; das gefällt m.; R: wie du m., so ich dir. 2. /Dativ Sing. des Reflexivpronomens der 1. Person/: ich bilde m. nichts darauf ein; ich habe m. gerade vorgestellt, ... * **mir nichts, dir nichts** *(einfach so; von einem Augenblick auf den andern).*

mischen: 1. a) ⟨etwas m.⟩ *verschiedene Substanzen zusammenbringen und so durcheinanderrühren, -schütteln, daß eine einheitliche Substanz entsteht:* Wein und Wasser m.; Wein mit Wasser m.; Farben m. b) ⟨etwas in etwas, unter etwas m.⟩ *eine kleinere Menge einer Substanz zu einer anderen hinzufügen und mit ihr vermischen:* Gift ins Essen m.; Zucker in/unter den Brei m. c) ⟨etwas m.⟩ *durch Mischen zubereiten:* Gift m.; einen Cocktail [aus den verschiedensten Zutaten] m.; mischst du mir/für mich bitte einen Drink? 2. ⟨etwas m.⟩ *Spielkarten in eine absichtlich ungeordnete Reihenfolge bringen:* hast du die Karten schon gemischt?; ⟨auch ohne Akk.⟩ wer mischt? 3. a) ⟨etwas mischt sich mit etwas⟩ *etwas vermischt, vermengt sich mit etwas:* Öl mischt sich nicht mit Wasser; ⟨auch ohne Präp.-Obj.⟩ Öl und Wasser mischen sich nicht; b) ⟨etwas mischt sich in etwas⟩ *etwas kommt zu etwas hinzu und vermischt sich damit:* in meine Freude mischt sich Angst; in den Chor mischten sich Männerstimmen. 4. a) ⟨sich in etwas m.⟩ *sich einmischen:* er mischt sich in alles, in fremde Angelegenheiten; ich wollte mich nicht in euer Gespräch m. b) ⟨sich unter jmdn. m.⟩ *sich in eine Menge begeben:* er mischte sich unter das Volk, unter die Zuschauer.

Mischung, die: 1. *das Mischen, Vermengen:* durch die M. der beiden Farben entstand ein dunkles Grün. 2. *Gemisch, Gemenge:* eine M. 2:3; eine bunte M. von Toffees; eine neue M. aus/von verschiedenen Kaffeesorten, Tabaken; übertr.: eine seltsame M. aus Jovialität und Arroganz.

miserabel: *sehr schlecht, erbärmlich; völlig unzulänglich:* ein miserabler Film; ein miserables Ergebnis; miserables Wetter; eine miserable Handschrift; ein miserables Deutsch, ein miserabler Stil; das ist ein ganz miserabler Kerl; seine Leistungen sind m.; sie fühlt sich m. benommen; es geht ihm m.; sie fühlt sich m.

mißachten ⟨etwas m.⟩: *nicht beachten, nicht befolgen:* die Gesetze, jmds. Rat, Wunsch, Verbot m.; er hat meine Warnung mißachtet; Sicherheitsvorkehrungen wurden mißachtet; der Fahrer mißachtete das Rotlicht.

Mißbehagen, das: *unangenehmes Gefühl; Unbehagen:* ein heftiges M. empfinden; ein tiefes M. erfüllte ihn; seine Worte bereiteten ihm offensichtliches M.

mißbilligen ⟨etwas m.⟩: *ablehnen; nicht einverstanden sein:* eine Ansicht, jmds. Entschluß, Absicht m.; sein Verhalten ist entschieden zu m.; die Regierung hat die Ausschreitungen mißbilligt; er schüttelte mißbilligend den Kopf.

Mißbrauch, der: *unerlaubter, nicht richtiger Gebrauch:* ein M. hat sich eingeschlichen, eingebürgert, eingenistet; er treibt M. mit seiner Stellung, Macht; Mißbräuche aufdecken, abschaffen, beseitigen, ausrotten; er tat es unter M. seines Amtes; vor dem M. von Medikamenten warnen.

mißbrauchen: 1. a) ⟨etwas m.⟩ *nicht richtigen, unerlaubten Gebrauch von etwas machen:* ein Recht, seine Macht, sein Amt m.; er hat ihre Güte, ihr Vertrauen mißbraucht; die Wiese wurde als Parkplatz mißbraucht. b) ⟨jmdn. für etwas/zu etwas m.⟩ *jmdn. in eigennützigem Interesse zu etwas verleiten:* er hat ihn für seine Zwecke mißbraucht; du hast dich von ihm zu einer sehr fragwürdigen Sache m. lassen. 2. (geh.) ⟨jmdn. m.⟩ *vergewaltigen:* ein Mädchen, ein Kind m.

missen (geh.) ⟨jmdn., etwas m.⟩; in Verbindung mit einem Modalverb): *entbehren; ohne jmdn., ohne etwas nicht auskommen:* sie mußten damals alle Annehmlichkeiten m.; diesen Mitarbeiter können wir leicht, nur schwer m.; ich möchte diese Erfahrungen, Erlebnisse nicht m.

Mißerfolg, der: *mißlungene Unternehmung, Fehlschlag:* die Veranstaltung war ein M.; einen M. haben, erleiden, hinnehmen [müssen], verschulden; eine Reihe von Mißerfolgen.

mißfallen (geh.) ⟨jmdm. m.⟩: *nicht gefallen:* der Film, der Roman mißfiel ihr; dein Benehmen mißfällt mir sehr.

Mißfallen, das: *das Nichteinverstandensein; Ablehnung, Unzufriedenheit:* seine Unbeherrschtheit erregte allgemeines M.; er äußerte ohne Scheu sein M. über ihr Verhalten; mit seinem M. nicht zurückhalten (ugs.; *es offen äußern*).

Mißgeschick, das: *Unglück, unglücklicher Vorfall, Pech:* jmdm. passiert, widerfährt ein M.; ihr M. [mit der zerbrochenen Vase] ärgerte sie selbst am meisten; er dachte über sein M. nach.

mißglücken ⟨etwas mißglückt⟩: *etwas glückt nicht, mißrät:* der erste Versuch mißglückte; ein mißglücktes Unternehmen; ⟨etwas mißglückt jmdm.⟩ der Kuchen ist mir leider mißglückt.

Mißgriff, der: *Fehlgriff, Fehler:* die Wahl dieses Mannes war ein M., stellte sich als M. heraus; einen M. tun, machen.

mißhandeln ⟨jmdn. m.⟩: *in roher Weise züchtigen, behandeln:* ein Kind, ein Tier, Gefangene m.; übertr. (scherzh.): sie mißhandelte das Klavier (*spielte sehr schlecht darauf*).

Mission, die: 1. *Auftrag, Aufgabe:* eine schwierige, heikle, dringende, gefährliche, delikate, diplomatische, politische M.; seine M. ist erfüllt, gescheitert, beendet; eine M. übernehmen, erfüllen; er ist in geheimer M. nach Paris abgereist; er wurde mit einer besonderen M. betraut. 2. a) *diplomatische Vertretung:* die ausländischen, diplomatischen Missionen in der Hauptstadt. b) *mit einem bestimmten Auftrag ins Ausland entsandte Gruppe von Personen:* eine M. entsenden; er leitet die deutsche M. bei den Olympischen Spielen. 3. *Verbreitung des christlichen Glaubens:* die äußere M. (Mission unter Nichtchristen), die innere M.

(Mission unter Christen); M. treiben; in der M. tätig sein, arbeiten.

Mißklang, der: *Dissonanz:* ein M. aus dem Orchester; das Klavierspiel brach plötzlich mit einem M. ab; übertr.: *Unstimmigkeit:* das Fest endete mit einem M.

Mißkredit ⟨in bestimmten Wendungen⟩ **jmdn., etwas in Mißkredit bringen** *(jmdn., etwas in Verruf bringen)* · **in Mißkredit geraten/kommen** *(in Verruf kommen, an Ansehen verlieren)*.

mißlingen ⟨etwas mißlingt⟩: *etwas gelingt nicht, glückt nicht:* ein Versuch, Vorhaben, Unternehmen mißlingt; der Aufsatz ist mißlungen; eine mißlungene Aufführung; ⟨etwas mißlingt jmdm.⟩ der Pullover ist mir mißlungen.

mißmutig: *schlechtgelaunt; verdrossen:* ein mißmutiger Theaterkritiker; einen mißmutigen Blick; ein mißmutiges Gesicht machen; er war ziemlich m., sah sie m. an, ging m. nach Hause.

mißraten ⟨etwas mißrät⟩ *etwas gerät nicht, mißglückt:* die Zeichnung, das Bild ist mißraten; ⟨etwas mißrät jmdm.⟩ der Braten ist mir diesmal mißraten; adj. Part.: ein mißratenes *(schlecht erzogenes, schwieriges)* Kind.

Mißstand, der: *Übelstand; schlimmer Zustand:* ein unerträglicher, übler, schlimmer M.; soziale Mißstände; verschiedene Mißstände in der Verwaltung haben sich herausgestellt, wurden sichtbar, offenkundig; Mißstände aufdecken, anprangern, abschaffen, abstellen, beseitigen; er wies mit Nachdruck auf diesen M. hin.

Mißstimmung, die: *Verstimmung; Störung des guten Einvernehmens:* eine allgemeine, tiefgehende, leichte, leise M.; die M. zwischen Paris und Washington; es kam keine M. auf; die M. in der Regierung wurde immer stärker, verschwand; die Nachricht verbreitete, erzeugte, erregte M. unter den Gästen.

Mißton, der: *unharmonischer Ton:* die Saite zerriß mit einem schrillen M.; übertr.: *Unstimmigkeit, Mißstimmung:* er brachte einen peinlichen M. in die Unterhaltung.

mißtrauen ⟨jmdm., einer Sache m.⟩: *nicht trauen, Argwohn hegen:* er mißtraut jedem, den er nicht kennt; sie mißtraute seinen Worten, Versprechungen; er hat diesem Frieden, dieser Ruhe mißtraut; sich selbst, seinem Gedächtnis m.

Mißtrauen, das: *Argwohn, Skepsis:* ein großes, tiefes M.; sein M. war unbegründet; ein gesundes M. erfüllte ihn; M. erwachte in ihm; sein M. wuchs, nahm zu, wurde immer größer, schwand; M. gegen jmdn. haben, hegen (geh.); etwas verursacht, weckt, erregt jmds. M., ruft jmds. M. hervor; M. säen; es gelang ihr, sein M. zu zerstreuen; sie sah ihn mit unverhohlenem M. an.

mißtrauisch: *argwöhnisch, voller Mißtrauen:* ein mißtrauischer Kunde; mißtrauische Blicke; er ist sehr m.; langsam wurde er m.; er sah ihn m. nach; (gegen jmdn., etwas/gegenüber jmdm./einer Sache m. sein) er war sehr m. gegen die/gegenüber den Kollegen.

Mißverhältnis, das: *nicht richtiges, nicht passendes Verhältnis:* es besteht ein großes, krasses, ausgesprochenes, schreiendes M.; das M. in der Größe, zwischen den Partnern ist auffällig; sein Gewicht steht im M. zu seiner Größe.

Mißverständnis, das: *unbeabsichtigtes falsches*

Auslegen, Verstehen; ein folgenschweres, fatales M.; das muß doch ein M. sein; da liegt sicher ein M. vor; hier ist ein M. entstanden, eingetreten; ein M. aufklären, beseitigen; keine Mißverständnisse aufkommen lassen; er versuchte, das M. zwischen den beiden auszuräumen; einem M. vorbeugen, entgegentreten, begegnen (geh.); die ganze Sache beruht auf einem M.

mißverstehen ⟨jmdn., etwas m.⟩: *falsch verstehen, unabsichtlich falsch auslegen:* du hast mich, meine Frage mißverstanden; mißverstehen Sie mich bitte nicht!; die Bemerkung war nicht mißzuverstehen; er fühlte sich mißverstanden; er lehnte in nicht mißzuverstehender Weise *(klar und deutlich)* ab.

Mist, der: 1. *[mit Stroh o. ä. vermischter] Kot von Tieren:* eine Fuhre M.; der M. dampfte; M. laden, fahren, streuen; der Hahn stand auf dem M. *(Misthaufen).* 2. (ugs. abwertend) a) *wertlose Gegenstände, Sachen:* ich will den ganzen M. wegwerfen; mit solchem alten M. kann man nichts mehr anfangen; was hast du nur für einen M. gekauft. b) *Unsinn, dummes Zeug:* er redet den ganzen Tag nur M.; der Chef hat M. verzapft *(Unsinn geredet);* M. bauen, machen *[[einen] Fehler machen];* was für ein M. wieder in der Zeitung steht! c) *dumme Angelegenheit, Sache:* was soll der M.?; mach deinen M. doch alleine!; ich will mit dem ganzen M. nichts zu schaffen haben; */Flüche/* so ein M.!; [verdammter, verfluchter] M.!; M., verdammter, verfluchter! *∗* (ugs.:) *etwas ist nicht auf jmds. Mist gewachsen (etwas stammt nicht von jmdm., ist nicht von jmdm. selbst erarbeitet).*

mit: I. (Präp. mit Dat.) 1. a) *gemeinsam, zusammen mit:* ich gehe m. dir einkaufen; er tanzte m. ihr; m. [ihm] und ohne ihn; er wurde m. ihm zur gleichen Zeit fertig; sie wohnt m. ihrem Freund zusammen; er unterhielt sich angeregt m. ihm; er kämpfte m. ihm *(gegen ihn).* b) *versehen mit, in Verbindung mit:* Spaghetti m. Tomatensoße; ein Topf m. Deckel; ein Haus m. Garten; der Vierer m. [Steuermann]; Familien m. [Kindern] und ohne Kinder; ein Glas m. Honig *(das Honig enthält).* c) *mit Beteiligung von:* Verkehrsunfälle m. Kindern; ein Stiftungsfest m. Damen. d) *einschließlich, samt:* Pfand; Zimmer m. Frühstück; das Essen kostet m. Bedienung 18 DM; m. mir waren es fünf. 2. */gibt den Begleitumstand an/:* sie kleidet sich m. Geschmack; (iron.:) m. der Sensibilität einer Dampfwalze; sie ißt wieder m. Appetit; das hat er m. Absicht getan; ich höre das m. Vergnügen, Bedauern, Interesse; er sagte das m. Berechnung, m. Recht; m. etwas Glück wirst du es schon schaffen; m. sechs Jahren *(im Alter von sechs Jahren)* kam er in die Schule. 3. *betreffend:* m. seinem Plan, m. seiner Arbeit kommt er nicht voran; er zögerte etwas m. seiner Antwort, m. seiner Zustimmung; m. seiner Reise hat es nicht geklappt (ugs.); was ist los m. dir? (ugs.); wie steht es m. ihm, m. seiner Arbeit? 4. *in bezug auf etwas, auf jmdn.* /oft als Teil eines präpositionalen Attributs/: ein Mann m. Brille; du m. deinem kranken Fuß, m. deinen Ausreden (ugs.; *du hast doch immer Ausreden!).* 5. *mittels, mit Hilfe von:* m. Scheck bezahlen; sie fährt m. dem Bus zum Büro; er öffnete die Tür, das Schloß m. einem Schlüssel; sie schreibt lieber m. Bleistift; er

kommt erst m. dem nächsten Zug; den Fleck kannst du m. Wasser entfernen; m. anderen Worten ... *(anders ausgedrückt ...).* 6. *in Richtung von etwas:* m. der Strömung rudern; wir fliegen m. dem Wind. 7. *gleichzeitig mit:* m. Einbruch der Nacht; m. Beginn, m. Ende der Saison hört sie auf; das Tor fiel m. dem Schlußpfiff. 8. *wegen:* sie liegt m. Fieber im Bett; er ist m. Motorschaden ausgeschieden. 9. *in der Person von:* m. ihm verläßt ein wichtiger Mitarbeiter die Firma; m. ihr an der Spitze der Gewerkschaft erhofft man sich mehr Erfolg. II. ⟨Adverb⟩ 1. *auch, außerdem, noch:* das ist dabei m. zu berücksichtigen; die Kosten sind m. berechnet; du könntest ruhig einmal m. anfassen (ugs.); da war Verrat m. im Spiel. 2. (ugs.) ⟨in Verbindung mit einem Superlativ⟩ er ist m. der beste *(einer der besten)* Schüler seiner Klasse; es ist m. das schönste *(eines der schönsten)* Gebäude der Stadt.

mitbringen: a) ⟨etwas m.⟩ *beim Kommen [als Geschenk] bringen:* ein Brot vom Bäcker m.; bringen Sie das nächste Mal Ihren Ausweis mit!; die Arbeitskleidung ist mitzubringen; sie brachte den Kindern/für die Kinder Geschenke mit; hast du mir/für mich auch etwas mitgebracht [von der Reise]?; bildl. (scherzh.): ihr habt aber schlechtes Wetter mitgebracht; bringt großen Hunger, gute Laune mit!; übertr.: er bringt für diese Stellung gar nichts mit *(ist dafür nicht befähigt).* **b)** ⟨jmdn. m.⟩ *als Gast zu jmdm. bringen:* bringst du heute jemanden zum Essen mit?; er brachte ein paar Freunde mit auf die Party.

miteinander ⟨Adverb⟩: **a)** *einer mit dem andern:* wir kommen gut m. aus; sie sind m. verheiratet; wir stehen m. in Verbindung. **b)** *gemeinsam, zusammen:* wir gehen m. nach Hause; alle m.

mitfahren: *gemeinsam mit jmdm. fahren, reisen:* wollen Sie [mit mir, in meinem Auto] m.?

mitfühlen ⟨etwas m.⟩: *jmds. Gefühle verstehen; Mitleid, Verständnis haben:* er fühlte ihren Kummer, ihr Unglück mit, konnte ihren Schmerz m.; ⟨auch ohne Akk.⟩ ich kann m. Ihnen m.; adj. Part.: *teilnahmsvoll:* mitfühlende Worte sprechen; er war, zeigte sich sehr mitfühlend.

mitgeben ⟨jmdm. jmdn., etwas m.⟩ *mit auf den Weg geben:* den Kindern Geld, etwas zu essen m.; ich gebe euch jmdn. mit, den den Weg kennt; bildl.: jmdm. eine Warnung auf den Weg m.; übertr.: seinen Kindern eine gute Erziehung m. *(zuteil werden lassen).*

Mitgefühl, das: *Anteilnahme, Mitleid:* tiefes, echtes, lebhaftes M.; sein M. trieb ihn, den Armen zu helfen; M. für jmdn. haben, zeigen; sein Zustand erweckte das M. der andern; darf ich Ihnen mein aufrichtiges M. ausdrücken, bezeigen, aussprechen? */Beileidsbezeigungen/;* seinem M. Ausdruck geben; er ist ohne jedes M.

mitgehen: 1. *gemeinsam mit jmdm. gehen:* darf ich m.?; in den Zoo, auf den Weihnachtsmarkt, zum Bahnhof würde er auch gern m.; wenn du willst, kannst du m.; R: mitgegangen, [mitgefangen,] mitgehangen. 2. (ugs.) *begeistert, hingerissen sein:* wenn er auftritt, geht das Publikum immer mit; die Zuhörer gingen begeistert mit; die Klasse geht beim Unterricht nicht mit. *∗* (ugs.:) *etwas mitgehen lassen/heißen (etwas entwenden).*

Mitglied, das: *Angehöriger einer [organisierten]*

Gruppe, Gemeinschaft: ein treues, langjähriges, ehemaliges, aktives, passives, zahlendes M.; die Mitglieder eines Klubs, einer Partei; ein M. der Familie, des Königshauses; ein nützliches M. der Gesellschaft; M. in einem Verein sein, werden; ordentliches M. einer Vereinigung sein; er ist M. des Bundestages, des Landtages; sich als M. [an]melden, einschreiben lassen; Mitglieder werben; er ist unser jüngstes M.

mithalten: a) *mitmachen, sich den Anforderungen gewachsen zeigen:* bei dem Gelage hielt er tüchtig, tapfer mit; bei diesem Tempo kann ich nicht m.; in puncto Technik kann der Wagen nicht m.; er konnte auch im internationalen Spitzensport gut m.; unser Dorf hält mit jedem anderen mit; wirtschaftlich nicht [mit den Großkonzernen] m. können; er trank, weil er m. mußte; eine halbe Stunde lang konnte die Mannschaft m. b) ⟨etwas m.⟩ *durchhalten:* das Tempo m.

mithören ⟨etwas m.⟩: *[heimlich] gleichzeitig hören:* die Polizei hört das Gespräch mit; wir haben das Konzert am Radio mitgehört; ⟨auch ohne Akk.⟩ ich hörte nur zufällig mit.

mitkommen: **1.** *mitgehen, jmdn. begleiten:* kommst du mit ins Kino, vor die Tür, zu der/ (auch:) auf die Party?; ich habe noch so viel Arbeit, daß ich nicht m. kann. **2.** (ugs.) *verstehen; folgen können:* beim Diktat nicht m.; da komme ich beim besten Willen nicht mit; unsere Tochter kommt in der Schule gut mit *(ist den Anforderungen der Schule gut gewachsen);* R: da komme ich nicht mehr mit! *(das ist mir unverständlich).*

mitkönnen (ugs.): **1.** *mitgehen können:* ich kann nicht mit ins Kino. **2.** *mithalten können:* das ist mir zu hoch, da kann ich nicht mit.

Mitleid: das: *Mitgefühl, innere Anteilnahme:* großes, tiefes, echtes M. sprach aus seinen Worten; er war voller M.; er hatte, fühlte M. mit ihm; er kannte, empfand kein M.; sie erregte das M. ihrer Nachbarn; er tat es aus reinem M.

mitleidig: *voller Mitleid; teilnahmsvoll:* er ist eine mitleidige Seele; er tat es aus mitleidigem Herzen; m. half er dem Alten; er lächelte m. (iron.; *verächtlich*), als er die Konkurrenten sah.

mitmachen: **1. a)** ⟨etwas m.⟩ *an etwas teilnehmen:* einen Kurs m.; jede Mode m.; ich habe den Ausflug nicht mitgemacht. **b)** (ugs.) *gemeinsam mit anderen etwas tun:* machst du mit?; er hat bei allen Spielen mitgemacht; ich habe nur mitgemacht, um Schlimmeres zu verhüten; da mache ich nicht mehr mit *(das kann ich nicht mehr vertreten);* die Gewerkschaften machen mit *(geben nicht ihre Zustimmung);* ü b e r t r.: das Wetter macht mit *(ist so, wie gewünscht);* mein Herz macht nicht mehr mit *(funktioniert nicht mehr richtig).* **2.** ⟨etwas m.⟩ *durchmachen, erleiden:* Furchtbares, Schreckliches m.; sie haben im Krieg viel mitgemacht; sie hat mit ihrem Mann viel mitgemacht; R (ugs.): [ich kann dir sagen,] da machst du [vielleicht] was mit!

mitnehmen: **1.** ⟨jmdn., etwas m.⟩ *mit sich nehmen:* du mußt den Regenschirm m.; kannst du den Brief zur Post m.?; auf diese Wanderung nehmen wir die Kinder nicht mit; ich habe das Opernglas ins Theater mitgenommen; das Frachtschiff nimmt auch Passagiere mit; ü b e r t r. (ugs.): der Lkw hat die ganze Hausecke

mitgenommen *(weggerissen).* **2. a)** (ugs.) ⟨etwas m.⟩ *[nebenher, zusätzlich] kaufen:* ich nehme noch drei Pfund Äpfel mit; die Radieschen sind sehr billig, da nehme ich gleich zwei Bund mit. **b)** (ugs.) ⟨etwas m.⟩ *stehlen, entwenden:* er hat aus verschiedenen Gaststätten Gläser, Bestecke mitgenommen. **3. a)** (ugs.) ⟨etwas m.⟩ *rasch genießen, besichtigen:* er nimmt alles mit, was ihm geboten wird; auf der Rückreise können wir noch München m. **b)** ⟨etwas aus etwas m.⟩ *aus etwas lernen, einen Gewinn ziehen:* aus unserem Gespräch habe ich die Überzeugung mitgenommen, daß ...; aus der Predigt, dem Vortrag konnte ich etwas m. **4.** ⟨etwas nimmt jmdn. mit⟩ *etwas ermüdet jmdn., strengt jmdn. an:* diese Aufregung, das Erlebnis nahm sie furchtbar mit; er sah sehr mitgenommen *(erschöpft)* aus; er war von dem Lauf sehr mitgenommen.

mitreden: *seine Meinung zu etwas äußern; an einer Entscheidung beteiligt sein:* mußt du denn überall m.?; die Arbeiter wollen im Betrieb m.; da, hier, bei dieser Sache kannst du überhaupt nicht m. *(davon verstehst du nichts);* ü b e r t r.: wir hoffen, vorne m. zu können *(beim Kampf um die ersten Plätze erfolgreich zu sein).*

mitreißen: **1.** ⟨jmdn., etwas m.⟩ *mit sich reißen:* er wurde von der Strömung mitgerissen; ü b e r t r.: er seinem enormen Siegeswillen riß er die anderen Spieler mit *(steckte sie an).* **2.** ⟨jmdn. m.⟩ *begeistern, hinreißen:* der Schauspieler riß alle mit; sein Spiel, sein Charme hatte alle Zuhörer mitgerissen; eine mitreißende Show.

mitspielen: **1. a)** *am Spiel anderer beteiligen:* darf ich bei euch m.?; der Große ließ den Kleinen nicht m.; ü b e r t r. (ugs.): das Wetter hat nicht mitgespielt *(es war schlechtes Wetter);* seine Eltern haben nicht mitgespielt, als er allein verreisen wollte *(haben es ihm nicht erlaubt);* die Gewerkschaften werden bei diesen Plänen der Regierung nicht m. *(werden sie nicht unterstützen).* **b)** *(als Mitwirkender) bei etwas dabeisein:* in welchem Film hat sie mitgespielt?; er hat bei Hamlet mitgespielt; er kann wegen seiner Verletzung nicht m. **2.** ⟨etwas spielt bei etwas m.⟩ *etwas ist bei etwas mit von Bedeutung, ist unter anderem Ursache für etwas:* bei diesem Plan, dieser Entscheidung spielten die verschiedensten Erwägungen mit. **3.** ⟨jmdm. m.; mit Artangabe⟩ *in übler Weise behandeln; Schaden zufügen:* er hat der Frau übel mitgespielt; ihm wurde [vom Schicksal] schlimm, arg, hart mitgespielt.

mitsprechen: **1.** ⟨etwas m.⟩ *etwas mit anderen gemeinsam sprechen:* die Eidesformel m.; alle sprachen das Gebet mit. **2.** *seine Meinung zu etwas äußern; mitreden:* er will überall m.; da kannst du gar nicht m. *(davon verstehst du nichts).*

mittag ⟨Adverb⟩: *am Mittag:* gestern, heute, morgen m.; er kommt erst am Montag m. zurück.

¹Mittag, der: **1.** *Mittagszeit:* ein sonniger, heißer, glühender M.; es geht auf M. zu; gegen M.; vor M. ist er nicht zu sprechen; über M./den M. über ist er im Büro; er schlief bis zum M.; ⟨Akk. als Zeitangabe⟩ einen, diesen, manchen M.; er geht jeden M., mehrere Mittage in der Woche in ein Restaurant essen; ⟨Gen. als Zeitangabe⟩ des Mittags *(geh.; mittags);* eines [schönen] Mittags *(an einem nicht näher bestimmten Mit-*

tag). **2.** (ugs.) *Mittagspause:* sie haben später M. als wir; Herr X macht jetzt M. **3.** (geh. veraltet) *Süden:* gegen M.; die Sonne steht im M. *zu Mittag essen (das Mittagessen einnehmen).*

²Mittag, das (ugs.): *Mittagessen:* wollen wir zusammen M. essen?; was gibt es zu M.?

Mittagessen, das: *mittags eingenommene Mahlzeit:* ein einfaches, üppiges, ausgedehntes M.; das M. ist fertig, steht auf dem Tisch; das M. kochen, machen; beim M. *(bei der Einnahme des Mittagessens)* sitzen; mit dem M. auf jmdn. warten; vor, nach dem M.; jmdn. zum M. einladen.

mittags ⟨Adverb⟩: *zur Mittagszeit, am Mittag:* m. [um] 12 Uhr/[um] 12 Uhr m.; Montag m.; montags m.; von morgens bis m.

Mitte, die: **a)** *mittlerer Teil, mittleres Stadium von etwas, Zentrum:* die genaue, ungefähre M.; das ist ziemlich, fast die M. des Weges; die M. des Kreises; M. Mai, M. des Monats; er ist jetzt M. Fünfzig/der Fünfziger *(etwa 55 Jahre alt);* sie wohnt dritter Stock M. *(in der mittleren Wohnung des 3. Stocks);* er hat das Buch nur bis zur M. gelesen; in der M. des Raumes stand ein Tisch; der Ort liegt etwa in der M. zwischen den beiden Großstädten; in der M. des Jahres; er ging in der M. *(zwischen den anderen);* wir nahmen ihn in die M. *(zwischen uns);* von der M. der Decke herab hing eine Lampe; R (ugs.): ab durch die M.! *(schnell weg!);* übertr.: eine Politik der M. *(des Ausgleichs);* er tendiert zur M. *(zu einer politischen Anschauung zwischen rechts und links).* **b)** ⟨in Verbindung mit bestimmten Präpositionen⟩ *Kreis, Gruppe von Menschen:* einer aus ihrer M. ist gewählt worden; wir freuen uns, Sie in unserer M. zu begrüßen, zu sehen; der Tod hat ihn aus unserer M. gerissen (verhüll.; *er ist gestorben).* * **die goldene Mitte** *(der angemessene, zwischen den Extremen liegende Standpunkt o. ä.).*

mitteilen: **1.** ⟨jmdm. etwas m.⟩ *Kenntnis von etwas geben, informieren:* jmdm. etwas freiflich, telefonisch, schriftlich, mündlich, vertraulich, im Vertrauen, in aller Form, schonend m.; seiner Freundin ein Geheimnis, eine Neuigkeit m.; teile mir gleich mit, wo du wohnst; wir müssen Ihnen leider m., daß ...; ⟨auch ohne Dat.⟩ der Termin wird noch rechtzeitig mitgeteilt. **2.** (geh.) ⟨sich jmdm. m.⟩ *sich jmdm. anvertrauen:* du hättest dich ihr gleich m. sollen; schließlich hat er sich seinen Eltern mitgeteilt; ⟨auch ohne Dat.⟩ er kann sich nicht, nur schlecht m. *(ist kontaktarm).* **3.** (geh.) ⟨etwas teilt sich jmdm., einer Sache mit⟩ *etwas geht auf jmdn., auf etwas über:* die Wärme des Körpers hat sich dem Bett mitgeteilt; die Stimmung hatte sich den Besuchern mitgeteilt.

Mitteilung, die: *informierende Äußerung:* eine kurze, geheime, vertrauliche, überraschende, traurige, freudige, angenehme, schriftliche, mündliche M. [über, von etwas]; diese M. überraschte ihn; eine amtliche M. [an die Presse] herausgeben, hinausgehen lassen; ich möchte Ihnen M. machen, daß ...; eine M. bekommen, empfangen, erhalten; er hat diese wichtige M. nicht weitergegeben; nach M. der Behörden.

Mittel, das: **1.** *etwas, was das Erreichen eines Zieles ermöglicht:* ein gutes, richtiges, sicheres, unfehlbares, wirksames, schlechtes, gewaltsames M.; das äußerste, letzte M.; drastische, erlaubte

M.; dieses M. ist untauglich; dies ist das beste M., ihn daran zu hindern; ihm ist jedes M. recht *(er geht rücksichtslos vor);* ein M., alle M. versuchen; sprachliche M. einsetzen; ein wirksames M. anwenden; er ließ kein M. unversucht; er ist in der Wahl seiner M. nicht wählerisch; etwas mit friedlichen Mitteln zu erreichen suchen; das war ein Versuch mit unlauteren Mitteln; er bekämpfte ihn mit allen Mitteln; er versuchte es mit allerlei Mittelchen (ugs.; *nicht einwandfreien Methoden, Tricks);* über geeignete M. nachdenken; er griff schließlich zum äußersten M. **2.** *Heilmittel, Medikament:* ein wirksames, unschädliches, schmerzstillendes M.; beruhigende, stärkende M.; ein M. für/gegen den Husten, gegen Kopfschmerzen, zum Einschlafen; sich (Dativ) ein M. verschreiben lassen; Sie müssen das M. dreimal täglich einnehmen. **3.** ⟨Plural⟩ *Geldmittel:* bedeutende, finanzielle, öffentliche, geringe, beschränkte, verfügbare, flüssige *(verfügbare)* M.; dafür sind große M. erforderlich, vorgesehen; dafür fehlen uns die M.; seine M. erlauben ihm das; er hat seine M. alle aufgebraucht; sie war nicht ganz ohne M.; sie standen ohne M. da; er verfügt über einige, über die nötigen M. **4.** (Math.) *Mittelwert:* das arithmetische, geometrische M.; das M. aus zwei Messungen; das M. errechnen; die Temperatur betrug im M. *(im Durchschnitt)* + 12° C. * **Mittel zum Zweck sein** *(Person oder Sache sein, deren man sich für seine Zwecke bedient)* · **Mittel und Wege suchen, finden** *(Möglichkeiten zur Lösung von etwas suchen, finden)* · ⟨seltond:⟩ **sich [für jmdn.] ins Mittel legen** *(sich [für jmdn.] einsetzen; vermitteln).*

mittelmäßig: *durchschnittlich, mäßig:* mittelmäßige Leistungen; eine mittelmäßige Qualität, Begabung; sein Zeugnis ist m.; nur m. malen können.

Mittelpunkt, der: **1.** *Punkt in der Mitte eines Kreises, einer Kugel:* der M. der Erde; den M. eines Kreises bestimmen; die Linien laufen im M. zusammen. **2.** *im Zentrum des Interesses stehende Person oder Sache:* die Stadt ist der geistige, künstlerische M. des Landes; der Jubilar war der M., bildete den M., stand im M. des Festes; sie will überall M. sein; diese Frage steht augenblicklich im M. des Interesses; er stellte dieses Problem in den M. *(machte es zum Hauptgegenstand)* seines Vortrages.

mittels (Papierdt.) ⟨Präp. mit Gen.⟩: *mit, mit Hilfe von, durch:* m. elektrischer Energie; m. [eines] Drahtes/(häufig auch:) m. Draht; ⟨mit Dativ, wenn der Gen. formal nicht zu erkennen ist oder wenn ein weiteres starkes Substantiv im Gen. Singular hinzutritt⟩ m. Drähten; m. Vaters neuem Rasierapparat.

Mittelweg, der: *zwischen zwei Extremen vorhandene Möglichkeit:* der sichere, gefahrlose M.; ein vernünftiger M.; einen M. suchen, finden, gehen. * **der goldene Mittelweg** *(Kompromißlösung).*

mitten ⟨Adverb⟩: *in der Mitte:* die Schüssel brach m. entzwei; am Tage; m. auf dem Tisch; m. auf der Straße; er wurde m. aus der Versammlung geholt; der Berufsverkehr fließt m. durch die Stadt; m. im Zimmer; m. im See liegt eine Insel; er wachte m. in der Nacht auf; es war m. in der Woche, im Winter; die Kugel traf ihn m.

(genau) ins Herz; er stand m. unter seinen Freunden *(im Kreis seiner Freunde);* übertr.: er war gerade m. in der Arbeit *(war sehr beschäftigt).*

Mitternacht, die: *Zeitpunkt um 12 Uhr nachts:* es ist, schlägt M.; er hat bis M. gearbeitet; gegen, nach, um, vor M.

mittlere: 1. *in der Mitte von mehreren befindlich:* die drei mittleren Finger; er wohnt im mittleren Haus; der m. (ugs.; *zweitälteste*) der drei Brüder. **2.** *einen Mittelwert darstellend, durchschnittlich:* eine m. Geschwindigkeit, Temperatur, Größe; er ist in mittlerem Alter/(geh.:) mittleren Alters; ein mittlerer *(mittelgroßer)* Betrieb; ein Wagen der mittleren Preisklasse; ein mittleres *(mittelgroßes)* Einkommen; die m. *(zwischen einfachem und gehobenem Dienst liegende)* Beamtenlaufbahn; ein mittlerer *(der mittleren Laufbahn angehörender)* Beamter.

mittlerweile ⟨Adverb⟩: *in der Zwischenzeit, unterdessen:* viele Länder haben m. den Vertrag unterzeichnet; m. hatte er auch er begriffen, daß ...

Mittwoch, der: *dritter Tag der mit Montag beginnenden Woche:* wir beginnen M., den 13. April; am M., dem 13. April, wird.../(auch:) den 13. April wird...; er kommt nächsten/am nächsten M.; bis M. sind wir fertig.

mitunter ⟨Adverb⟩: *manchmal, bisweilen:* m. war er amüsant; sie fühlte sich m. alt und krank.

mitwirken: *mit anderen zusammen zu etwas beitragen; mitmachen, mitspielen:* an, bei der Aufklärung eines Verbrechens, bei der Ausführung eines Planes m.; er wirkte bei dem Konzert als Sänger mit; wer wirkte alles mit?

Mitwirkung, die: *das Mitwirken:* die M. an, bei einem Projekt aufkündigen; wir haben uns seine M. gesichert; wir rechnen auf Ihre M.; ich verzichte auf seine M.; unter M. namhafter Künstler, von Frau X.

mitzählen: 1. ⟨jmdn., etwas m.⟩ *berücksichtigen, auch zählen:* die Abwesenden auch m.; es waren fünfzig Teile, die beschädigten nicht mitgezählt. **2.** (ugs.) *von Bedeutung sein; mitgerechnet, berücksichtigt werden:* kleine Spenden zählen auch mit; in solchen Fragen zählt er gar nicht mit.

mixen ⟨etwas m.⟩: **a)** *vermischen:* in ihren Songs mixt die Gruppe gekonnt Pop, Funk und Rock; das Normalbenzin wird mit Super gemixt. **b)** *durch Mischen herstellen:* einen Cocktail m.; sie mixt mir/für mich gerade einen Drink.

Möbel, das: *Einrichtungsgegenstand, Möbelstück:* neue, moderne, alte, wertvolle, kostbare, geschnitzte, praktische M.; M. aus Eiche, Birke; dieser Sessel, Schrank ist ein häßliches M.; M. kaufen, aussuchen; sich (Dativ) neue M. anschaffen; die M. umstellen, ausräumen, rücken.

mobil: 1. *beweglich, nicht an einen Standort gebunden:* mobile Startrampen, Radarstationen, Hochleistungsrechner; die Wände sind m.; Kaufmannsspr.: mobiles *(nicht festliegendes, nicht gebundenes)* Vermögen, Kapital. **2.** *kampfbereit, gerüstet:* mobile Verbände; die Truppen sind m. **3.** (ugs.) *rüstig, beweglich:* eine noch recht mobile alte Dame; unsere mobile *(durch Flexibilität gekennzeichnete)* Gesellschaft; er ist wieder m. *(wohlauf).* ∗ **mobil machen** *(die Streitkräfte u. den Staat auf das Eintreten in einen Krieg vorbereiten):* die Regierung machte m., ließ m. ma-

chen · **etwas mobil machen** *(mobilisieren):* alle Kräfte für den Wiederaufbau m. machen · (ugs.:) **jmdn. mobil machen** *(jmdn. munter machen, aufscheuchen):* der Kaffee hat uns m. gemacht.

möblieren ⟨etwas m.⟩: *mit Möbeln ausstatten; einrichten:* eine Wohnung geschmackvoll, modern, neu m.; adj. Part.: *eingerichtet:* ein möbliertes Zimmer mieten; ein möblierter (ugs. veraltend; *in einem möblierten Zimmer wohnender)* Herr; sie vermietet [ihre Zimmer] nur möbliert; sie wohnen möbliert.

Mode, die: **1.** *Zeitgeschmack, Brauch, Gepflogenheit:* es ist jetzt [große] M., in dem neuen Center einzukaufen; das ist, wäre ja eine ganz neue M.! (ugs.; *so etwas dulde ich nicht);* wir wollen doch keine neuen Moden einführen (ugs.; *es soll bleiben, wie es war);* dieser Autor ist aus der M. [gekommen], ist sehr in M. [gekommen]. **2.** *Kleidermode:* eine neue, schöne, tragbare, verrückte (ugs.) M.; diese M. ist nicht sehr kleidsam, wird sich nicht lange halten; die M. schreibt das vor, verlangt das; eine neue M. aufbringen; jede Mode mitmachen; der M. gehorchen, folgen; mit der M. gehen; sich nach der neuesten M. kleiden.

Modell, das: **1. a)** *kleine plastische Ausführung eines geplanten Objekts:* das M. eines Denkmals, einer Siedlung; das M. für das geplante Sportzentrum wurde vom Stadtrat gebilligt; ein M. entwerfen, schaffen, einreichen, vorlegen; der Künstler hat das M. *(die Urform)* der Plastik in Gips gegossen. **b)** *Muster, vorbildliche Form:* das M. eines neuen Hochschulgesetzes; das ist eines von mehreren denkbaren Modellen für diese Reform. **2.** *Typ, Ausführungsart eines Fabrikats:* das neueste M. einer Automobilfirma; dieses Fernsehgerät ist ein uraltes M.; die Firma stellt ihre neuen Modelle vor. **3.** *Modellkleid:* ein Pariser M.; dieses Kleid ist ein M.; die neuesten Modelle aus der Herbstkollektion vorführen, zeigen; sie trug ein M. eines bekannten Modeschöpfers. **4. a)** *jmd., der als Vorbild für das Werk eines Künstlers dient:* sie war sein liebstes M.; sie war das M., diente ihm als M. für seine Plastiken. **b)** *Fotomodell:* sie ist M., arbeitet als M. ∗ **[jmdm.] Modell sitzen/stehen** *(Modell eines Künstlers sein).*

¹modern ⟨etwas modert⟩ *etwas fault, vermodert:* das Holz modert im Keller; modernde Kadaver.

²modern: a) *der Mode entsprechend:* eine moderne Frisur; diese Möbel sind nicht mehr m.; sie haben sich ganz m. eingerichtet. **b)** *zeitgemäß, heutig; aufgeschlossen, fortschrittlich:* die moderne Zeit, Ernährung, Gesellschaft; moderne Diktaturen, moderne Technologien; ein moderner Lebensstil; eine moderne Ehe; moderne Ansichten haben; der moderne Mensch, Christ; sie ist eine moderne Frau; die moderne Musik, Malerei; ihre Arbeitsmethoden sind m.; m. eingestellt sein, denken, handeln; subst.: die Moderne *(moderne Richtung)* in der Literatur.

modisch: *betont modern:* eine modische Frisur; modische Farben; Endvierziger, m. und sportlich, sucht ...; sie folgens alle diesem modischen Trend; sie zieht sich immer sehr m. an.

Modus, der: **1.** *Art und Weise, Form:* einen vernünftigen, brauchbaren M. für die gemeinsame Arbeit finden; einen M. zur Verständigung suchen; den M. der Verteilung festlegen; sich auf einen bestimmten M. einigen; der Wettkampf wird nach einem festgesetzten M. ausgetragen, durchgeführt. **2.** (Sprachw.) *Aussageweise des Verbs:* der M. des Konjunktivs; die Modi des Verbs; in welchem M. steht dieses Verb? *** Modus vivendi** *(Übereinkunft, Verständigung, die ein erträgliches Zusammenleben ermöglicht).*

mögen: I. ⟨Vollverb⟩ **1.** ⟨jmdn., etwas m.⟩ *sympathisch finden, gut leiden können, gern haben:* diesen Lehrer mochten sie alle; sie mag den Alten gern; ihre Arroganz hatte er nie gemocht; die beiden mögen sich/(geh.:) einander *(lieben sich).* **2.** ⟨jmdn., etwas m.⟩ *nach seinem Geschmack finden; eine Vorliebe für jmdn., für etwas haben:* mögen Sie Jazz?; ich mag seine Bilder, diesen Maler nicht; sie mag es, frühmorgens spazierenzugehen; er mag gern Süßigkeiten *(ißt sie gern).* **3. a)** ⟨gewöhnlich mit Umstandsangabe⟩ *den Wunsch haben:* ich mag nach Hause; er hat nicht in die Schule gemocht; ich mag einfach nicht mehr *(mir reicht es, ich habe genug);* ⟨häufig im 2. Konjunktiv als höfliche Ausdrucksweise an Stelle von wollen⟩ ich möchte ins Kino; möchtest du zu ihm? **b)** ⟨etwas m.⟩ *etwas verlangen, erstreben:* magst du einen Kaffee, ein Stück Kuchen?; ich mag noch ein Glas Wein; ⟨häufig im 2. Konjunktiv als höfliche Ausdrucksweise an Stelle von wollen⟩ sie möchte zu Weihnachten ein Fahrrad; das möchte ich nicht; sie möchte nicht, daß er es erfährt. **II.** ⟨Modalverb; mit Infinitiv⟩ **a)** *können:* es mag sein, daß er es nicht richtig verstanden hat; was mag das bedeuten?; wie mag das geschehen sein?; wer mag das sein?; er mag etwa vierzig Jahre alt sein *(er ist schätzungsweise vierzig Jahre alt);* es mochten wohl dreißig Leute sein *(es waren schätzungsweise dreißig Leute);* /mit dem Nebensinn der Einräumung/: mag kommen, was da will, ich bleibe; sie mag tun, was sie will, es ist ihm nicht recht. **b)** *dürfen:* wenn ihm das Bild so gut gefällt, mag er es sich (Dativ) nehmen; mag er nur reden *(von mir aus darf, kann er reden),* ich mache mir nichts daraus. **c)** *sollen:* er mag ruhig kommen, ich fürchte ihn nicht; wozu mag das gut sein?; dieser Hinweis mag genügen; sag ihm, er möge/möchte zu mir kommen, ⟨häufig im 1. Konjunktiv als Ausdruck eines Wunsches⟩ möge er glücklich werden!; möge dir das neue Lebensjahr viel Glück und Erfolg bringen! **d)** *wollen:* ich mag nicht länger warten; er mochte nicht nach Hause gehen; er hat den Speck nicht essen m. (nicht korrekt: gemocht); ⟨häufig im 2. Konjunktiv als höfliche Ausdrucksweise an Stelle von wollen⟩ sie möchte gern ein neues Kleid haben; sie möchte wissen, wer das war; man möchte meinen *(ist geneigt anzunehmen),* daß ... **e)** (im 2. Konjunktiv) /dient zur Kennzeichnung eines irrealen Wunsches/: möchte er es doch endlich einsehen!; möchte es doch wieder Sommer sein!

möglich /vgl. möglichst/: **a)** *denkbar, erreichbar, ausführbar:* man muß alle möglichen Fälle erwägen; er hatte alle möglichen *(vielerlei, mancherlei)* Bedenken; er schoß 198 von 200 möglichen Ringen; es wurden alle nur möglichen Maßnahmen getroffen; ein mögliches Ende der Beziehungen; ein solcher Fall wäre durchaus m.; das ist leicht m.; morgen wäre es leichter, besser, eher m.

(nicht korrekt: morgen wäre es möglicher); [das ist doch] nicht m.! *(das kann doch nicht sein);* komm sofort, wenn du es m. machen kannst/ wenn es sich m. machen läßt *(wenn du es einrichten kannst);* wo m. *(wenn es möglich ist),* wird sein Wunsch erfüllt; das Unmögliche m. machen *(Unmögliches zu vollbringen);* ich komme so bald wie/(seltener:) als m. *(sobald ich es ermöglichen kann);* so gut, viel, weit, lange, spät wie/(seltener:) als m.; er hat schon alles mögliche *(vielerlei, mancherlei)* versucht; sie hat das mögliche *(alles, was in ihren Kräften stand)* getan; subst.: im Rahmen des Möglichen; alles Mögliche *(alle Möglichkeiten)* bedenken. **b)** ⟨jmdm. ist etwas m.⟩ *jmd. ist zu etwas in der Lage:* wäre Ihnen das m.?; kommen Sie doch, wenn es Ihnen m. ist; wäre es dir m., mir etwas aus der Stadt mitzubringen?; es ist mir nicht m., hier eine Ausnahme zu machen.

Möglichkeit, die: **a)** *das Möglichsein; möglicher Weg, mögliche Methode:* das ist die einzige, letzte M.; es besteht die M. *(es kann sein),* daß ...; diese M. besteht immer noch; daraus ergeben sich neue Möglichkeiten, den Plan auszuführen; ich sehe keine andere M. der Unterstützung/, ihn zu unterstützen; eine M. realisieren; es läßt sich keine bessere M. finden; alle Möglichkeiten erwägen, versuchen; jede M. offenlassen; ich zweifle nicht an dieser M.; er soll den Arm nach M. *(möglichst)* nicht bewegen; /ugs. Ausrufe der Überraschung/: ist es die M.!; ist denn das die M.! **b)** *sich bietende Gelegenheit, Chance:* ungenutzte, verpaßte, vertane Möglichkeiten; die M. der Entfaltung; eine preiswerte M. zu reisen; jede M. [aus]nutzen, ergreifen; er gab ihm die M., seinen Fehler gutzumachen; in diesem Beruf hat er mehr Möglichkeiten; sie hat von der sich bietenden M. keinen Gebrauch gemacht; sie habe jetzt die M. auszuwandern; diese Entwicklung eröffnet neue, ungeahnte Möglichkeiten der Gentechnologie; Sport: er vergab die besten Möglichkeiten *(Gelegenheiten, Tore zu schießen).* **c)** *etwas, was möglicherweise eintritt; möglicher Fall:* ich habe auch diese M. bedacht, einkalkuliert; man muß mit allen Möglichkeiten, mit der M. des Mißerfolgs rechnen. **d)** ⟨Plural⟩ *Fähigkeiten, Mittel:* die wirtschaftlichen Möglichkeiten eines Landes; seine [künstlerischen] Möglichkeiten nutzen, voll ausschöpfen; die Wohnung übersteigt meine [finanziellen] Möglichkeiten; er blieb weit unter seinen Möglichkeiten.

möglichst ⟨Adverb⟩: **a)** (in Verbindung mit Adjektiven) *so ... wie möglich:* er soll m. schnell kommen; m. genau arbeiten; fassen Sie sich bitte m. kurz; er will m. viel Geld verdienen. **b)** *nach Möglichkeit:* ruf mich m. noch heute an!; er sucht eine Wohnung m. mit Balkon; halte dich m. zurück!; formuliere m. so, daß ...; m. ungeschoren davonkommen; m. ohne Blutvergießen; der Vortrag sollte m. von einem Professor sein.

Mohikaner (in der Verbindung) der Letzte der/ der letzte Mohikaner (ugs. scherzh.): *derjenige, der von vielen übriggeblieben ist.*

mollig: **1.** *rundlich:* ein molliges Mädchen; mollige Hüften; sie ist ganz schön m.; seine Frau ist in letzter Zeit recht m. geworden. **2.** *behaglich, warm:* ein molliges Stübchen, Bett; eine mollige Decke, Wärme; hier ist es m. [warm].

¹Moment, der: a) *Zeitraum von sehr kurzer Dauer, Augenblick:* ein kleiner, kurzer M.; er zögerte einen M.; hast du einen M. Zeit?; es dauert nur noch einen M.; einen M. bitte!; M. [mal]! (ugs.; *halte mal inne!*); für einen M. sah er sie in der Menge. b) *Zeitpunkt:* jetzt ist der richtige, geeignete, große, entscheidende M. gekommen; den rechten M. für etwas wählen, verpassen; im gegebenen, nächsten M.; er hat es im unpassendsten M. gesagt; von diesem M. an ...; vor diesem M. hatte er sich gefürchtet. * **im Moment** *(jetzt, momentan)* · **jeden Moment** *(schon im nächsten Augenblick, sofort)* · **einen lichten Moment haben:** a) *(vorübergehend bei klarem Verstand sein).* b) (scherzh.; *einen guten Einfall haben).*
²Moment, das: *Gesichtspunkt, Merkmal, Faktor:* ein wichtiges, entscheidendes, psychologisches M.; ein M. ständiger Unruhe; die Angst war das auslösende M. für diese Tat; ein bedeutsames M. übersehen, nicht berücksichtigen; die Untersuchung brachte keine neuen Momente.
Monat, der: *zwölfter Teil eines Jahres:* ein ganzer M.; dieser, der nächste M.; der schönste M. des Jahres; Monate und Jahre vergingen; das Kind ist acht Monate alt; er hat mehrere Monate im Ausland verbracht; /Akk. als Zeitangabe/ zwei Monate lang; letzten, vorigen M.; alle drei Monate, jeden dritten M. besuchte er sie; sie wartete viele Monate; am Anfang, gegen Ende des Monats; Ihr Schreiben vom 4. dieses Monats; die Vorstellung ist auf Monate hinaus ausverkauft; er ist für drei Monate verreist; M. für M.; die Frau ist im vierten M. (ugs.; *ist im vierten Monat schwanger*); in den nächsten Monaten; nach zwei Monaten; heute vor einem M. traf sie ein; er wurde zu sechs Monaten [Gefängnis] verurteilt.
monatlich: *jeden Monat [wiederkehrend, fällig]:* eine monatliche Unterstützung, Zahlung; ein monatliches Gehalt; die Beiträge werden m. erhoben; die Zeitschrift erscheint [einmal] m.
Mond, der: 1. a) *die Erde umkreisender Himmelskörper:* zunehmender, abnehmender, wechselnder M.; der M. ist aufgegangen, ist voll, nimmt zu, scheint, steht am Himmel, verdunkelt sich; der M. hat einen Hof; die Rakete umkreist den M.; das Licht, der Schein, der Schimmer (geh.) des Mondes; die Scheibe des Mondes (geh.), die Sichel des Mondes (geh.); die der Erde abgewandte Seite des Mondes; das erste, letzte Drittel des Mondes; die Oberfläche, die Krater des Mondes; eine Rakete auf den M. schießen; das Raumschiff ist sicher auf dem M. gelandet, setzt auf dem M. auf, startet zum M. b) (Astron.) *einen Planeten umkreisender Himmelskörper:* der Mars hat zwei Monde. 2. (geh. veraltet) *Monat:* viele Monde vergingen. * (ugs.:) **den Mond anbellen** *(heftig schimpfen, ohne damit etwas zu erreichen)* · (ugs.:) **auf/hinter dem Mond leben** *(nicht wissen, was in der Welt vorgeht)* · (ugs.:) **hinter dem Mond [zu Hause/daheim] sein** *(rückständig sein)* · (ugs.:) **in den Mond gucken** *(das Nachsehen haben)* · (ugs.:) **etwas in den Mond schreiben** *(etwas als verloren betrachten).*
Mondschein, der: *Licht, Schein des Mondes:* ein Spaziergang bei, im M.; R (ugs.): der kann/du kannst mir im M. begegnen *(ich will von ihm/dir in Ruhe gelassen werden).*

Montag, der: *erster Tag der Woche:* wir eröffnen M., den 5. Mai; am M., dem 21. März, ist.../ den 21. März ist...; er kommt [am] nächsten M.; er will bis M. fertig sein. * (ugs.:) **blauer Montag** *(Montag, an dem jmd. der Arbeit fernbleibt).*
montieren: a) 〈etwas m.〉 *aus Einzelteilen zusammenbauen, aufbauen:* eine Maschine, ein Gerüst, eine technische Anlage m. b) 〈etwas m.; mit Raumangabe〉 *an einer bestimmten Stelle anbringen, installieren:* eine Lampe an die/an der Decke m.; er hat die Antenne auf das/auf dem Dach montiert; unter die/unter der Motorhaube des Wagens waren Sprengsätze montiert.
Moor, das: *sumpfiges Gebiet:* ein weites, schilfreiches, gefährliches, tückisches, einsames, trügerisches M.; das M. urbar machen, trockenlegen, abbrennen; im M. steckenbleiben, versinken.
Moos, das: 1. *Moospflanze:* grünes, weiches, feuchtes M.; die Steine haben M. angesetzt; im M. liegen; die Steine sind ganz mit M. überzogen; der Waldboden ist mit/von M. bedeckt. 2. (ugs.) *Geld:* er hat ziemlich viel M.; hast du noch M.? * (ugs.:) **Moos ansetzen** *(alt werden).*
Moral, die: 1. *sittliches Verhalten; Sittlichkeit:* die natürliche, christliche, bürgerliche M.; eine hohe, brüchige M.; eine doppelte *(zweierlei Maßstäbe anlegende)* M.; hier herrscht eine strenge M.; die M. sinkt, steigt, hat sich gelockert; die M. heben, verbessern; gegen die geltende, herrschende M. verstoßen. 2. *Disziplin, Zucht:* eine intakte M.; die M. der Truppe; die M. in deiner Mannschaft ist gut, schlecht, ungebrochen, angeknackst (ugs.). 3. *Nutzanwendung, Lehre:* die M. der Geschichte, einer Fabel, eines Märchens; die M. aus einer Geschichte ziehen; die M. von der Geschichte ... * [jmdm.] **Moral predigen** *(in aufdringlicher Weise jmdn. zu moralischem Verhalten auffordern).*
moralisch: a) *die Moral betreffend:* die moralische Verpflichtung; der moralische Zerfall; moralische Bedenken, Einwände; moralischen Druck, Zwang ausüben; jmdn. m. aufrichten, unterstützen; er ist ein m. hochstehender Mensch; sein Verhalten war m. einwandfrei; er fühlte sich dazu m. verpflichtet. b) *sittlich gut; sittenstreng:* ein moralisches Leben; ein moralischer Mensch; sie ist, handelt in allem immer sehr m.; die alte Dame war m. entrüstet; er wollte mir auch noch m. kommen (ugs.; *mir Moral predigen).* c) *diszipliniert:* die moralische Einstellung der Mannschaft. d) *lehrreich:* eine moralische Erzählung. * (ugs.:) **einen/den Moralischen haben, kriegen** *(Gewissensbisse haben, bekommen).*
Morast, der: *sumpfiger Boden; Schlamm:* tiefer M.; das Auto blieb im M. stecken; übertr.: ein M. aus Neid und Mißgunst.
Mord, der: *Tötung eines oder mehrerer Menschen aus niedrigen Beweggründen:* ein heimtückischer, grausamer, gemeiner, raffiniert ausgeklügelter, feiger, brutaler, kaltblütiger M.; ein politischer M.; es war vorsätzlicher M. M. aus Eifersucht; M. auf offener Straße; versuchter M.; der perfekte *(keine Spuren hinterlassende)* M.; mehrfacher M. *(Mord an mehreren Personen);* ein M. war geschehen; der M. an diesem Mann wurde nie aufgeklärt; einen M. planen, verüben; jmdn. zu einem M., zum M. anstiften; Anklage

auf M., wegen Mordes erheben; er wurde wegen Mordes gesucht, verurteilt; ü b e r t r.: das ist ja [glatter, reiner, der reinste], M.! (ugs.; *das ist gefährlich, anstrengend*); es gibt gleich M. und Totschlag (ugs.; *heftigen Streit*).

morden: a) *einen Mord begehen:* kaltblütig m.; im Krieg haben sie geplündert und gemordet; sie mordete aus Rache. b) ⟨jmdn. m.⟩ *ermorden, umbringen:* unschuldige Kinder m.; Millionen waren im Krieg sinnlos gemordet worden.

Mörder, der: *jmd., der einen Mord begangen hat:* der gedungene, mutmaßliche M.; der M. sein; den M. verfolgen, ergreifen, überführen; der M. wurde zu lebenslänglicher Freiheitsstrafe verurteilt; er ist zum M. geworden.

mörderisch: 1. *tötend, mordend:* ein mörderischer Anschlag; eine mörderische Schlacht; mörderische Waffen. 2. (ugs.) a) *sehr heftig, stark:* eine mörderische Hitze; er fuhr in einem mörderischen Tempo; das Gedränge war einfach m. b) ⟨verstärkend bei Adjektiven und Verben⟩ *sehr:* es war m. heiß, kalt; der Verletzte hat m. geschrien.

Mores (in der Wendung) jmdn. Mores lehren (ugs.): *jmdm. die Meinung sagen, jmdn. energisch zurechtweisen:* dich werde/will ich M. lehren!

morgen ⟨Adverb⟩: 1. *am folgenden, kommenden Tag:* m. ist Sonntag; m. verreisen wir; m. früh, mittag, nachmittag, abend; m. in einer Woche, in vierzehn Tagen; m. um diese, um dieselbe, um die gleiche Zeit treffen wir uns wieder; m. am Tage, gleich m. werden wir es machen; er hat ihn auf m. vertröstet; bis m. muß das erledigt werden; das sind eure Aufgaben für m. 2. *in der [nächsten] Zukunft:* m. wird man ganz andere Methoden anwenden; der Tourist von m.; das ist die Mode, der Stil von m.; s u b s t.: das Morgen *(die [nächste] Zukunft).* 3. *am Morgen:* gestern, heute m.; er wird erst am Montag m. ankommen.

¹Morgen, der: 1. *Tagesanfang, Vormittag:* ein schöner, klarer, heller, frischer, heiterer, sonniger, strahlender, warmer, kühler, kalter, winterlicher, nebliger, trüber, unfreundlicher M.; der M. danach, die 1. Januar[s]; ein M. im August; es wird schon M.; der M. bricht an (geh.), dämmert (geh.), graut (geh.), naht (geh.), zieht herauf (geh.), leuchtet (geh.), kündigt sich im Osten an (geh.); den M. erwarten, herbeisehnen, verschlafen; er verbrachte den ganzen M. im Bett; guten M.! /Grußformel/; jmdm. einen guten M. wünschen; ⟨Akk. als Zeitangabe⟩ einen, diesen, manchen M.; den folgenden, nächsten M. erwachte er sehr früh; er ging jeden M. spazieren · ⟨Gen. als Zeitangabe⟩ des Morgens [früh] (geh.; *[früh]morgens*); eines [schönen] Morgens *(an einem nicht näher bestimmten Morgen)* · die Nacht weicht dem M. (geh.); früh, zeitig, spät am M.; am frühen, späten M.; am anderen, nächsten, folgenden M.; an einem schönen M.; bis gegen M.; bis in den [hellen, hellichten] M.; M. für M. *(jeden Morgen);* gegen M. wachte er auf; vom M. bis zum Abend; während des ganzen Morgens trällerte sie; ü b e r t r. (geh.): *Anfang, Frühzeit:* der M. der Freiheit; am M. des Lebens. 2. (geh. veraltet) *Osten:* gegen, gen M. ∗ (meist scherzh.:) **wie der junge Morgen** *(jugendfrisch, strahlend).*

²Morgen, der (veraltend): /ein Feldmaß/: ein paar M. Land; er hat 10 M. Land gekauft.

morgendlich: *am Morgen vorhanden, sich abspielend:* der morgendliche Berufsverkehr; der morgendliche Weg ins, zum Büro; die morgendliche Stille, Hektik; alles war m. frisch.

Morgenluft, die: *frische Luft des Morgens:* die kühle, frische M. ∗ (ugs.:) **Morgenluft wittern** *(die Möglichkeit zu einem Vorteil sehen).*

morgens ⟨Adverb⟩: *am Morgen, am Vormittag:* m. [um] 8 Uhr/[um] 8 Uhr m.; m. um 6; Montag m.; montags m.; das Lokal hat/ist m. geschlossen; von m. bis mittags.

morgig: *vom folgenden, kommenden Tag:* die morgige Zeitung; das morgige Programm; das entscheidet sich am morgigen Tag *(morgen).*

Morpheus ⟨in der Verbindung⟩ in Morpheus' Armen (geh.): *in ruhigem und zufriedenem Schlaf.*

morsch: *faul, brüchig:* morsches Holz; eine morsche Brücke; die Balken sind schon ganz m.; (ugs., auch scherzh.:) meine Knochen sind schon m.; ü b e r t r.: eine morsche Gesellschaft.

Motiv, das: 1. *Beweggrund, Ursache:* ein politisches, religiöses M.; das M. dieser Tat war Eifersucht; es gibt kein vernünftiges, überzeugendes, zwingendes M. für diese Tat; das M. eines Verbrechens suchen, finden; ich kenne seine wahren Motive nicht; etwas aus eigennützigen Motiven [heraus] tun; ohne erkennbares M. handeln. 2. *charakteristisches [Teil]thema, Inhaltselement:* ein literarisches, künstlerisches, musikalisches M.; das M. der bösen Fee im Märchen; dieses M. taucht in seinen Bildern immer wieder auf; das M. kehrt in der Oper mehrmals wieder. 3. *zur künstlerischen Gestaltung anregender Gegenstand:* der Maler bevorzugt ländliche Motive; ein geeignetes M. zum Fotografieren.

motivieren: a) ⟨etwas m.⟩: *begründen:* eine Handlung politisch, religiös, weltanschaulich, mit unwiderlegbaren Argumenten m.; wie will er sein Verhalten, sein Vorgehen, diese Tat m.? b) ⟨jmdn. m.⟩ *zu etwas anregen, veranlassen:* Frauen zu politischem Engagement m.; den Wähler m., an die Urne zu gehen; sie hätte ihn mehr für die Schule m. müssen; stark motiviert sein.

Motor, der: *Antriebsmaschine:* ein schwacher, starker, schwerer, hochgezüchteter, gebrauchter, überholter M.; der M. eines Schiffs, eines Autos, einer Waschmaschine; ein M. mit Dreiwegekatalysator; der M. ist noch kalt, ist schon warm, kocht, setzt aus, bleibt stehen, blockiert, streikt (ugs.), ist abgesoffen (ugs.), springt [gut] an, läuft ruhig, läuft auf vollen Touren, arbeitet einwandfrei, funktioniert gut, brummt, dröhnt, singt, klopft, heult, heult auf, tuckert (ugs.); der M. dieses Wagens leistet 40 PS, hat einen Hubraum von 1485 ccm, macht 5 200 Umdrehungen in der Minute, verbraucht viel Benzin; einen M. anlassen, anstellen, anschalten, einschalten, starten, abstellen, ausschalten, frisieren, tunen; den M. eines Wagens warmlaufen lassen, hochjagen, schonen, strapazieren, abwürgen, auseinandernehmen, waschen, überholen, reparieren; einen M. auswechseln; neue Motoren/(auch:) Motore einbauen; ü b e r t r.: *treibende Kraft:* er ist der eigentliche M. des Unternehmens; Investitionen sind der M. für mehr Beschäftigung.

Motte, die: /ein Insekt/: die Motten haben die Kleidungsstücke zerfressen; eine M. jagen; die

Stadt zieht Verbrecher an wie das Licht die Motten; ein Mittel gegen Motten. * (ugs.:) **die Motten haben** *(an Lungentuberkulose leiden).*

Motto, das: *Leitgedanke, Wahlspruch:* dieser Spruch ist sein M.; ein M. haben; sich (Dativ) etwas als M. wählen; jedes Kapitel trug ein M.; er lebt, handelt, arbeitet nach diesem M.; der Abend stand unter dem M.: „Gesunde Ernährung".

Mücke, die: */ein Insekt/:* die Mücken spielen, schwärmen, tanzen, surren, umschwirren das Licht; eine M. hat mich gestochen; er versuchte, die M. zu fangen; sie wurden von Mücken geplagt. * (ugs.:) **eine Mücke machen** *(sich davonmachen, verschwinden)* · **aus einer Mücke einen Elefanten machen** *(etwas unnötig aufbauschen).*

Mucken ⟨meist in bestimmten Wendungen⟩ (ugs.:) **[seine] Mucken haben** *(eigensinnig, launisch sein; seine Launen haben)* · (ugs.:) **etwas hat seine Mucken** *(etwas funktioniert nicht recht, macht Schwierigkeiten)* · (ugs.:) **jmdm. die Mucken austreiben** *(jmdn. dazu bringen, seinen Eigensinn, Trotz, Widerstand aufzugeben).*

mucksen, (auch:) mucken (ugs.:) **1.** *sich rühren, einen Laut von sich geben:* **a)** sie hat beim Zahnarzt nicht gemuckst. **b)** ⟨sich m.⟩ daß ihr euch nicht muckst! **2.** *murren, aufbegehren:* die Schüler mucksten. **b)** ⟨sich m.⟩ keiner wagte es mehr, sich zu m.

müde: 1. a) *schlafbedürftig, schläfrig:* die müden Augen fielen ihm zu; er war so m., daß er sofort einschlief; ich bin rechtschaffen (geh.; *sehr*), zum Umfallen (ugs.; *sehr*) m.; er sank m. ins Bett. **b)** *ermattet, abgespannt, geschwächt:* ein müder Arbeiter, Wanderer; seine müden Glieder ausruhen; sich m. arbeiten; das viele Sprechen hat ihn m. gemacht; sie kamen m. von ihrem Ausflug zurück; er hat das Pferd m. geritten; ⟨von etwas m. sein⟩ sie waren m. von der Arbeit; seine Füße waren m. vom vielen Laufen; übertr.: mit müder *(matter und leiser)* Stimme sprechen; er wehrte mit einer müden *(schwachen, resignierenden)* Geste ab. **2.** ⟨jmds., einer Sache/(seltener:) jmdn., etwas m. sein, werden⟩ *jmds., einer Sache überdrüssig sein:* er würde ihrer bald m. werden; sie war der ganzen Empfänge m. * **nicht müde werden, etwas zu tun** *(nicht aufhören, etwas zu tun).*

Müdigkeit, die: *das Müdesein, Schlafbedürfnis:* eine große, tiefe, bleierne M. kam über ihn (geh.), legte sich auf seine Augen (geh.); M. verspüren; die M. überwinden; R (ugs.): [nur] keine M. vorschützen! *(keine Ausflüchte!);* gegen die M. ankämpfen; von der M. übermannt werden; vor M. umsinken, einschlafen.

muffig (ugs.): **1.** *faulig, modrig; dumpf riechend:* hier ist eine muffige Luft; die muffigen Kleider müssen gelüftet werden; das Mehl ist m.; im Keller riecht es sehr m.; übertr.: *kleinbürgerlich, engherzig:* muffige Anschauungen. **2.** *mürrisch, verdrießlich:* ein muffiger Kellner; ein muffiges Gesicht; warum ist er heute so m.?.

Mühe, die: *Anstrengung, Strapaze, Arbeit:* große, schwere, vergebliche, verlorene *(vergebliche)* M.; das ist eine kleine, leichte M.; die täglichen Mühen, die Mühen des Lebens; die M. hat sich gelohnt; mit einer Arbeit wenig, keine, viel, seine liebe M. haben; sie hat viel M. mit den Kindern; er hatte alle M. *(er mußte alles mögliche tun),* die Kinder zu beruhigen; er hatte M. *(es kostete ihn einige Anstrengung),* die Sache wieder in Ordnung zu bringen; das würde mir viel M. machen; etwas verursacht M.; er scheute keine M., ließ sich keine M. verdrießen (geh.), die Angelegenheit zu regeln; er machte, nahm sich (Dativ) die M., alles noch einmal zu prüfen; er hat viel M. [und Zeit] darauf verwendet; ich will ihm die M. ersparen; es lohnt die M./(geh.:) der M. nicht; diese M. hättest du dir sparen können; spar dir die M.! *(es ist zwecklos);* machen Sie sich (Dativ) bitte keine M. *(keine Umstände)!;* er hat es mit M., ohne M. geschafft; er hat sein Ziel nach vielen Mühen erreicht; nach des Tages Last und Mühen (geh.). * **sich** (Dativ) **Mühe geben** *(sich bemühen, anstrengen):* gib dir keine M., du schaffst es doch nicht; sie haben sich mit der Vorbereitung viel M. gegeben · **etwas ist der/** (auch:) **die Mühe wert** *(etwas lohnt sich)* · **mit Müh und Not** *(mit großen Schwierigkeiten; gerade noch):* wir fanden mit Müh und Not noch einen Platz.

mühen (geh.) ⟨sich m.⟩: *sich anstrengen, bemühen, plagen:* sich umsonst, mit Erfolg m.; sie mühte sich sehr, es ihnen recht zu machen; er mußte sich mit dieser Arbeit ernstlich m.; er mühte *(bemühte)* sich vergeblich um sie.

Mühle, die: **1. a)** *Anlage zum Zermahlen von Getreide:* eine alte, verfallene, idyllisch gelegene M.; die M. ist noch in Betrieb, geht, klappert; die M. dreht sich *(ihre Flügel drehen sich);* bildl. (ugs.:) der Antrag ist in die M. der Verwaltung geraten; er will raus aus der M. **b)** *Gerät zum Zermahlen von Kaffee, Pfeffer o. ä.:* die M. drehen; sie mahlt die Gewürze, den Kaffee mit der M. **2.** (ugs.) *Fahrzeug:* willst du mit der alten M. noch verreisen?; sie fährt eine tolle M. **3.** */ein Brettspiel/:* spielen M. * (ugs.:) **jmdn. durch die Mühle drehen** *(jmdn. hart zusetzen).*

mühsam: *beschwerlich, anstrengend:* eine mühsame Arbeit; ein mühsames Amt; ein mühsamer Weg; der Sieg war m.; das ist mir zu m.; etwas nur m. erreichen; sich m. fortbewegen; sie kamen in dem hohen Schnee nur m. vorwärts.

mühselig: *mühsam, lästig; viel Geduld, Sorgfalt erfordernd:* eine mühselige Kleinarbeit; die Versuchsanordnung ist sehr m.; es war ihm zu m., sich wieder anzuziehen; sich m. erheben.

Mulde, die: *leichte Bodenvertiefung, Senke:* das Haus liegt in einer M.

Müll, der: *Abfall:* radioaktiver M.; der M. von drei Wochen türmt sich in den Straßen; der M. fault, stinkt; M. verbrennen, abtransportieren; der Hund wühlte im M.; das kommt alles in den M., zum M.; etwas in den M. werfen.

mulmig (ugs.): *unbehaglich, bedenklich, gefährlich:* das ist eine [ganz] mulmige Sache, Situation; ein mulmiges Gefühl haben; als es m. wurde, verließ er eilig das Lokal; ⟨jmdm. ist, wird m.⟩ ihm wurde m. [zumute], als er das hörte; ihr ist m. im Magen; es wurde mir ein wenig m. vor der Prüfung.

Mumm, der (ugs.): **a)** *Kraft:* mehr M. durch Vitamine; Fleisch gibt M.; der kann das Faß nicht anheben, weil er keinen, zu wenig, nicht viel M. [in den Knochen] hat. **b)** *Energie, Tatkraft:* er hat keinen M., sie zu fragen; hab mehr M.!; wenn du M. hättest, würdest du ihn rausschmeißen.

Mund, der: *Lippen, Mundöffnung:* ein großer, weicher, voller, sinnlicher, breiter, zahnloser, eingefallener, rosiger (geh.), roter, lächelnder M.; ein harter, spöttischer, bitterer (geh.) M.; ihr M. verzog sich zu einem spöttischen Lächeln; der M. des Kranken zuckte, öffnete sich; vor Staunen blieb ihm der M. offenstehen; den M. öffnen, aufmachen, schließen, spitzen, verziehen, zusammenkneifen; den M. abwischen, [aus]spülen; sie hielt ihm den M. zu; die Säure zog ihm den M. zusammen; er hat sich mit der heißen Suppe den [ganzen] M. verbrannt; stopf dir doch den M. nicht so voll! (ugs.; *iß nicht so gierig!*); R (scherzh.): du hast wohl deinen M. zu Hause gelassen? *(warum bist du so schweigsam?)* · er küßte sie auf den M.; sie legte den Finger auf den M.; aus dem M. riechen *(Mundgeruch haben);* das höre ich aus deinem M. *(von dir)* zum ersten Mal; er hörte mit offenem M. zu; man spricht nicht mit vollem M.; sie hat einen herben Zug um den M.; der Verunglückte wurde von M. zu M. beatmet; der Kranke hatte Schaum um den M.; er führte dem Kranken den Löffel zum M.; übertr. (geh.): der metallene M. der Glocken. * (ugs.:) **jmds. Mund steht nicht still** *(jmd. redet unaufhörlich)* · (ugs.:) **den Mund nicht aufbekommen/aufkriegen** *(wortkarg sein, schweigen)* · (ugs.:) **Mund und Nase/Augen aufreißen/ aufsperren** *(sehr überrascht sein)* · (ugs.:) **den Mund aufreißen/voll nehmen** *(prahlen, großtun)* · (ugs.:) **einen großen Mund haben** *(ein Prahler sein; prahlen, vorlaut sein)* · **den Mund aufmachen/auftun** *(etwas sagen, reden)* · (ugs.:) **den, seinen Mund halten** *(schweigen; ein Geheimnis nicht verraten)* · (ugs.:) **sich** (Dativ) **den Mund fusselig/fransig reden** *(vergeblich reden, um jmdn. von etwas zu überzeugen)* · (ugs.:) **sich** (Dativ) **den Mund verbrennen** *(sich durch unbedachtes Reden schaden)* · **jmdm. den Mund öffnen** *(jmdn. zum Reden bringen)* · **jmdm. den Mund verbieten** *(jmdn. untersagen, seine Meinung zu äußern)* · (ugs.:) **jmdm. den Mund stopfen** *(jmdn. zum Schweigen bringen)* · (ugs.:) **jmdm. den Mund wäßrig machen** *(jmds. Verlangen erregen)* · **sich** (Dativ) **den Mund vom/(selten:) am Mund[e] absparen** *(unter Entbehrungen sparen)* · (ugs.:) **nicht auf den Mund gefallen sein** *(schlagfertig sein, gut reden können)* · **in aller Munde sein** *(sehr bekannt, populär sein)* · (ugs.:) **etwas in den Mund nehmen** *(etwas aussprechen):* ein solches Wort würde sie nie in den M. nehmen · **jmdm. etwas in den Mund legen** *(jmdn. auf eine bestimmte Antwort hinlenken)* · (ugs.:) **mit dem Mund vorneweg sein** *(vorlaut sein)* · (ugs.:) **jmdm. nach dem Mund reden** *(jmdm. zu Gefallen reden)* · (ugs.:) **jmdm. über den Mund fahren** *(jmdm. das Wort abschneiden, jmdm. scharf antworten)* · **etwas geht von Mund zu Mund** *(etwas wird durch Weitererzählen verbreitet):* die Geschichte ging von M. zu M.

munden (geh.) ⟨etwas mundet jmdm.⟩: *etwas schmeckt jmdm. gut:* der Wein mundet ihm nicht [recht]; sie haben sich den Kuchen m. lassen; ⟨auch ohne Dat.⟩ das mundet aber [gut]!

münden: a) ⟨etwas mündet in etwas⟩ *etwas strömt, fließt in etwas hinein:* der Fluß mündet ins Meer, in den Rhein; übertr.: alle diese Pro-

bleme scheinen in dieselbe große Frage zu m. **b)** ⟨etwas mündet; mit Raumangabe⟩ *etwas endet an einer bestimmten Stelle, läuft an einer bestimmten Stelle aus:* die Straßen mündeten alle auf diesen/ (auch:) diesem Platz; der Gang mündete in eine/ (auch:) einer großen Halle.

mündig: a) *volljährig:* noch nicht m. sein; in diesem Land wird man mit 18 Jahren m.; er wurde [vorzeitig] für m. erklärt. **b)** *als Erwachsener zu eigenem Urteil, selbständiger Entscheidung befähigt:* der mündige Bürger, Mitarbeiter.

mündlich: *gesprächsweise, nicht schriftlich:* ein mündlicher Gedankenaustausch; mündliche Vereinbarungen, Verfahren; eine mündliche Prüfung; die Zusicherungen waren nur m.; etwas m. vereinbaren, verhandeln, überliefern; jmdm. etwas m. mitteilen; alles andere m.!

mundtot (in der Verbindung) **jmdn. mundtot machen:** *jmdm. jede Möglichkeit nehmen, seine Meinung kundzutun:* die unbequemen Kritiker des Systems wurden m. gemacht.

Mündung, die: **1.** *Flußmündung:* die M. des Rheins; an der M. ist der Fluß am breitesten. **2.** *Gewehr-, Kanonenmündung:* die Mündungen der Gewehre richteten sich auf ihn.

Mundwerk (meist in bestimmten Wendungen) (ugs.:) **jmds. Mundwerk steht nicht still** *(jmd. redet ununterbrochen)* · (ugs.:) **ein flinkes/großes/freches/böses/loses o. ä. Mundwerk haben** *(sehr schnell, großsprecherisch, frech o. ä. reden).*

munkeln (ugs.): *im geheimen reden, erzählen:* **a)** in der ganzen Stadt wird über sie gemunkelt; man munkelt schon lange von dieser Sache. **b)** ⟨etwas m.⟩ man munkelt so allerlei; es wird gemunkelt, daß er völlig pleite sei.

munter: 1. a) *lebhaft, fröhlich, frisch, lebendig:* ein munteres Kind; ihre munteren Augen; ein munteres Lied pfeifen; sie waren alle in munterer Laune; die Kinder waren vergnügt und m., tollten m. umher; der Kranke ist wieder [gesund und] m. *(wohlauf).* **b)** *unbekümmert, ungehemmt:* trotz der Razzien wurde auf dem Schwarzmarkt m. weitergehandelt; sie plauderte m. alles aus; übertr.: der Wasserkessel kochte m. vor sich hin. **2.** *wach:* er war in aller Frühe schon m.; langsam wurden sie wieder m.; der Kaffee hält uns m., macht uns wieder m.

Münze, die: **1.** *aus Metall hergestelltes Geldstück:* eine kupferne, goldene, echte, falsche, unechte, alte, verfallene, vollwertige, minderwertige, abgegriffene M.; ausländische, fremde Münzen; eine M. aus Gold; diese M. ist sehr wertvoll; eine M. verliert einen M am Wert, wird ungültig; eine M. in den Automaten einwerfen; eine M. werfen *(hochwerfen, um eine Entscheidung zwischen zwei Möglichkeiten herbeizuführen);* Münzen prägen, schlagen, fälschen; neue Münzen in Umlauf setzen; Münzen einziehen, außer Kurs setzen, aus dem Verkehr ziehen; er sammelt Münzen; eine Sammlung von Münzen. **2.** *Geldprägestelle:* das Geld wird in der M. geprägt. * **klingende Münze** *(bares Geld):* eine Idee in klingende M. umsetzen · **etwas für bare Münze nehmen** *(etwas ernsthaft glauben)* · **jmdm. etwas in/mit gleicher Münze heimzahlen** *(jmdm. etwas auf die gleiche üble Weise vergelten).*

münzen ⟨in der Wendung⟩ etwas ist auf jmdn.,

auf etwas gemünzt: *jmd., etwas ist mit etwas gemeint, etwas spielt auf jmdn., etwas an:* seine Bemerkung war auf dich, dein Verhalten gemünzt.
mürbe: 1. a) *zart, weich, locker:* mürbes Gebäck, Obst; der Kuchen, Braten ist sehr m.; das Fleisch m. klopfen. **b)** *leicht zerfallend, morsch, brüchig:* mürbes Holz; die Segel, Taue sind m. **2.** (ugs.) *widerstandslos:* völlig m. sein; jmdn. m. machen.
murmeln: 1. ⟨etwas m.⟩ *leise und undeutlich vor sich hin sprechen:* er murmelte ein paar unverständliche Worte [vor sich hin]; was murmelst du da [in deinen Bart]?; subst.: ein leises Murmeln. **2.** (geh.) *ein murmelndes Geräusch von sich geben, verursachen:* sie hörten den Bach m.
murren: *aufbegehren; seine Unzufriedenheit äußern:* ständig m.; er murrte gegen die Befehle des Vorgesetzten, über das schlechte Essen; subst.: er ertrug alles ohne Murren.
mürrisch: *verdrießlich, schlecht gelaunt:* eine mürrische Verkäuferin; ein mürrisches Gesicht machen; warum ist der Alte immer so m.?; m. grüßen, dasitzen.
Mus, das: *aus gekochtem Obst o. ä. hergestellter Brei:* M. kochen, rühren, essen; übertr.: wir wurden in der Straßenbahn fast zu M. zerquetscht. * (ugs.:) *jmdn., etwas zu Mus machen/ schlagen (zusammenschlagen).*
Muse, die: *eine der neun griechischen Göttinnen der Künste:* die M. der Musik, der Tanzkunst; in dem Tempel waren alle neun Musen dargestellt. * **die leichte Muse** *(die heitere, unterhaltende Kunst)* · (scherzh.:) **die zehnte Muse** *(das Kabarett)* · (scherzh.:) **jmdn. hat die Muse geküßt** *(jmd. hat die Inspiration zu einem dichterischen Werk).*
Musik, die: **1. a)** *Tonkunst:* die klassische, moderne M.; geistliche, weltliche, atonale, elektronische M.; die M. des Barocks; M. von Bach; M. lieben, studieren; sie hat in M. *(im Schulfach Musik)* eine Eins; er interessiert sich für, versteht etwas, nichts von M., hat nichts übrig für M. **b)** *Musikstück, musikalische Weisen:* aus dem Radio ertönte laute, beschwingte, leise, gedämpfte M.; die M. brach ab, setzte wieder ein, drang bis auf die Straße; er hörte gern leichte, schräge (ugs.), gute, klassische M.; er schreibt, komponiert die M. zu diesem Film; jmds. M. aufführen, dirigieren; diese Kapelle macht gute M. *(spielt gut);* sie machen zu Hause viel M. *(musizieren gemeinsam);* R: mit M. geht alles besser · der Eisläufer läuft nach einer M. von Tschaikowsky; einen Text in M. setzen *(vertonen).* **2.** (ugs.) *Musikkapelle:* die M. marschiert an der Spitze des Zuges; die M. kommt, spielt zum Tanz auf, spielt einen Tusch; die M. bestellen; er bestellte Bier für die M. * (ugs.:) *etwas ist Musik/klingt wie Musik in jmds. Ohren (etwas ist für jmdn. sehr erfreulich, angenehm)* · *Musik im Blut haben (angeborene Musikalität besitzen)* · (ugs.:) **hinter/in etw. ist/ sitzt/steckt Musik** *(etwas hat Schwung).*
musikalisch: 1. *die Musik betreffend, zu ihr gehörend:* eine musikalische Darbietung, Einlage; seine Interessen liegen mehr auf musikalischem Gebiet; eine musikalische Begabung, Ausbildung; eine musikalische Ader (ugs.; *Begabung)* haben; die musikalische Umrahmung einer Feier; er ist m. begabt. **2.** *musikbegabt:* ein musikalischer Mensch; er spielte mit musikalischem

Ausdruck; er ist [sehr, nicht] m.; er singt, spielt sehr m. **3.** *klangvoll:* das Italienische ist eine musikalische Sprache; eine musikalische Prosa.
Muskel, der: *Bewegungsorgan:* kräftige, trainierte, starke, gut ausgebildete Muskeln; die Muskeln der Arme spannten sich, traten hervor; durch dieses Training werden alle Muskeln beansprucht; jeden M. [an]spannen; die Muskeln entspannen, massieren; die Läuferin hat sich (Dativ) einen M. gezerrt; ein M. ist gerissen; seine Muskeln haben sich zurückgebildet; er hat Muskeln *(er ist kräftig, stark).* *(ugs.:) **seine/die Muskeln spielen lassen** *(erkennen lassen, daß man etwas nicht hinnehmen will; mit etwas drohen).*
Muße, die: *Ruhe, Zeit:* dazu fehlt mir die M.; [Zeit und] M. zu etwas finden, haben; etwas in [aller] M. tun; er betrachtete die Bilder mit M.
müssen I. ⟨Modalverb; mit Infinitiv⟩ **a)** *gezwungen sein; nicht anders können:* ich habe es tun m. (nicht korrekt: gemußt); er muß jeden Morgen um 6 Uhr aufstehen; ich muß jetzt gehen; es war eine große Leistung, das muß man sagen; sie muß heiraten *(heiratet, weil sie ein Kind erwartet).* **b)** *sollen:* das mußt du nicht tun, sagen; das müßtet ihr eigentlich wissen. **c)** /*drückt aus, daß etwas nötig ist, getan werden muß/*: ich muß ihn unbedingt wieder einmal besuchen; du mußt seine Einladung annehmen; muß das ausgerechnet heute sein?; der Brief muß noch heute abgeschickt werden. **d)** /*drückt eine logische Notwendigkeit, eine Wahrscheinlichkeit aus/*: so muß es gewesen sein; das mußte ja so kommen; er muß jeden Augenblick kommen; sie muß es vergessen haben, sonst wäre sie schon hier; es müßte jetzt eigentlich läuten. **e)** /*dient dem Ausdruck einer Feststellung, für die man sich nicht verbürgt/*: das Konzert muß schön gewesen sein; sie muß sehr reich sein; zwischen den beiden muß eine heftige Auseinandersetzung stattgefunden haben. **f)** ⟨im 2. Konjunktiv⟩ /*drückt aus, daß etwas erstrebenswert, wünschenswert ist/*: so müßte es immer bleiben; man müßte noch einmal von vorn anfangen können; viel Geld müßte man haben! **II.** ⟨Vollverb⟩ *etwas Bestimmtes zu tun gezwungen, veranlaßt sein:* sie müssen aus der Wohnung; er mußte in die Stadt, zum Arzt; zur Toilette, aufs WC m.; mal m. (ugs.: *aufs WC gehen müssen)* ⟨auch mit Akk.⟩ er wollte es nicht, aber schließlich hat er es doch gemußt; der Brief muß zur Post *(muß zur Post gebracht werden).*
müßig (geh.): **1.** *untätig, beschäftigungslos:* ein müßiges Leben führen; sie ist nie m.; m. herumstehen. **2.** *unnütz, überflüssig:* müßige Reden, Klagen; sich müßige Gedanken machen; das ist eine ganz müßige Frage; es ist m., sich länger darüber zu streiten.
Muster, das: **1.** *Vorlage, Modell:* etwas dient als M. für etwas; ein M. nacharbeiten, kopieren; ein M. stricken; ein Kleid nach einem M. gearbeitet; übertr.: *Vorbild:* er ist ein M. an Fleiß, ein M. von einem treusorgenden Familienvater; sie ist das M. einer guten Hausfrau; an ihm kannst du dir ein M. nehmen. **2.** *Zeichnung, Verzierung, Dessin:* ein großes, ausgefallenes M.; das M. einer Tapete; neue M. entwerfen, zeichnen; ein M. stricken, sticken. **3.** *Warenprobe, Probestück:* ein unverkäufliches M.; die neuesten M. anfordern,

vorlegen; der Vertrag zeigte einige M. der neuen Ware; Kaufmannsspr.: M. ohne Wert *(Warenprobe als Postsendung).*

mustergültig: *vorbildlich, nachahmenswert:* ein mustergültiger Haushalt; die Disziplin ist m.; der Betrieb ist m. geführt, organisiert.

musterhaft: *mustergültig, ausgezeichnet:* ein musterhafter Schüler; eine musterhafte Haltung; sein Einsatz war m.; er hat sich m. benommen.

mustern (jmdn., etwas m.): **1.** *prüfend betrachten:* jmdn. kühl, spöttisch, dreist, von oben bis unten, von Kopf bis Fuß m.; sie musterte die Vorübergehenden mit neugierigem Blick; einen Raum, eine Ware eingehend m.; die Truppen m. (militär.; *besichtigen, inspizieren).* **2.** (militär.) *auf Wehrdiensttauglichkeit untersuchen:* er, dieser Jahrgang wird nächstes Jahr gemustert.

Mut, der: *Furchtlosigkeit angesichts einer gefahrvollen o. ä. Situation:* ein großer, fester M.; mit dem M. der Verzweiflung handeln; der M. zum Leben fehlt ihm; M. zur Häßlichkeit; sein M. wuchs, stieg, sank, schwand; dazu fehlt ihm der M.; der M. verließ ihn; nur M.! *(ermunternder Zuspruch)*/; M. bekommen, haben, fassen, beweisen, zeigen; jmds. M. erproben; all seinen M. zusammennehmen; für etwas M. aufbringen; etwas macht, gibt jmdm. [neuen] M., stärkt jmds. M. wieder; das nahm ihm allen M.; jmdm. M. machen, zusprechen *(jmdn. ermutigen);* sie machten sich gegenseitig M.; den M. verlieren, sinken lassen *(verzagen).* * (geh.:) **guten, frohen, frischen o. ä. Mutes sein** *(zuversichtlich sein).*

Mütchen (in der Wendung) sein Mütchen an jmdm. kühlen (ugs.): *seinen Ärger, Zorn an jmdm. auslassen.*

mutig: *Mut habend, unerschrocken; von jmds. Mut zeugend:* ein mutiger Mensch; eine mutige Tat; ein mutiges Wort, Vorgehen; sie ist sehr m., hat m. gehandelt; er trat m. für die Sache der Freiheit ein; der Herausforderer griff m. an.

mutmaßlich: *vermutlich, wahrscheinlich:* die mutmaßliche Entwicklung; der mutmaßliche *(in Verdacht stehende)* Täter wurde gefaßt; die Lage wird sich m. noch verschlechtern.

Mutter, die: *Frau, die ein oder mehrere Kinder geboren hat:* die leibliche, eigene M.; unsere liebe, gute M.; eine besorgte, schlechte M.; ledige Mütter; eine alleinstehende, alleinerziehende M.; eine werdende M. *(eine Schwangere);* seine M. ist gestorben; sie ist M. [von fünf Kin-

dern]; sie wird M., fühlt sich M. (geh.; *ist schwanger);* sie war zu den Kindern wie eine M.; das Mädchen ist ganz die M. (ugs.; *sieht seiner M. sehr ähnlich);* dem Kind die M. ersetzen; seinem Kind wieder eine M. geben; grüßen Sie Ihre [Frau] M.!; der M. nachschlagen; der Geburtstag der M./Mutters Geburtstag; er hängt sehr an seiner M.; er hat es dort wie bei seiner M., (ugs.:) wie bei Muttern; sie artet nach der M. * **die Mutter der Kompanie: a)** (Soldatenspr.; *der Hauptfeldwebel).* **b)** (ugs.; *jmd., der als Angehöriger einer Gruppe die anderen bemuttert)* · (ugs.:) **bei Mutter Grün schlafen** *(im Freien übernachten).*

mütterlich: **1.** *der Mutter zugehörend, von der Mutter kommend:* das mütterliche Geschäft, Erbe; die mütterliche Linie, Seite; er ist dem mütterlichen Teil zugetan. **2.** *in der Art einer Mutter; liebevoll und fürsorglich:* eine mütterliche Frau, Freundin; sie, ihre Art ist sehr m.; sie nahm sich seiner m. an.

Muttermilch, die: *Milch der Mutter:* das Kind bekommt M., wird mit M. ernährt. * **etwas mit der Muttermilch eingesaugt haben** *(etwas von früherster Jugend an gelernt haben).*

mutterseelenallein (ugs.): *ganz, völlig allein:* er stand m. da; sie war m. auf dieser Welt.

Mutwille, der: *Übermut; boshafte Absicht:* das war reiner M.; sein M. ist bestraft worden; er hat die Fenster aus bloßem Mutwillen eingeworfen.

mutwillig: *aus Übermut, boshafter Absicht; vorsätzlich:* eine mutwillige Beschädigung, Zerstörung fremden Eigentums; er hat seine Spielsachen m. kaputtgemacht (ugs.).

Mütze, die: */eine Kopfbedeckung/:* eine gestrickte, wollene M.; eine M. mit Schirm; die M. aufsetzen, aufziehen (landsch.), abnehmen, vom Kopf nehmen, vor jmdm. ziehen, auf dem Kopf behalten, aufbehalten (ugs.); die M. ins Gesicht ziehen, aufs linke Ohr setzen; eine M. aufprobieren, tragen; bildl.: die Pfähle hatten weiße Mützen *(Schneekappen).* * (ugs.:) **etwas, eins auf die Mütze bekommen/kriegen** *(getadelt werden)* · (ugs.:) **eine Mütze voll Schlaf nehmen** *(eine Weile schlafen)* · (ugs.:) **etwas ist jmdm. nicht nach der Mütze** *(etwas paßt jmdm. nicht).*

mysteriös: *rätselhaft, geheimnisvoll:* ein mysteriöser Vorfall, Zwischenfall, Anruf, Brief; er ist unter mysteriösen Umständen verschwunden; der Mordfall ist, bleibt sehr m.; die Sache wird immer mysteriöser, begann, endete äußerst m.

N

na ⟨Interj. und Gesprächspartikel⟩ (ugs.): na!; na, na, na! /*Ausdruck des Ärgers*/: na ja!; na und? /*provokante Gegenfrage als Ausdruck des Ärgers über die Behauptung eines anderen*/: na, wird's bald?; na, warum denn nicht!; na gut!; na schön! /*Ausdrücke der Zustimmung*/: na, so was! /*Ausdruck des Erstaunens*/: na, wer kommt denn da?; na, ich danke! /*Ausdruck der Ablehnung*/: na, dann/denn nicht!; na also!, na bitte! /*Ausdrücke*

der Genugtuung/: na, und ob! /*Ausdruck der Bekräftigung*/: na endlich! /*Ausdruck der Ungeduld*/: na, wie geht's denn?; na warte! /*Drohung*/: na, siehst du!; na, da haben wir's ja!; na, du?; na, Kleiner!? /*in vertraulicher Anrede*/.

nach: **I.** ⟨Präp. mit Dativ⟩ **1.** /räumlich; *zur Angabe der Richtung*/: n. oben, unten, hinten, vorn; n. außen, n. innen; n. links; von oben n. unten; von links n. rechts; n. drüben; n. der Seite; n.

Norden; von Osten n. Westen; n. Hause gehen, kommen; n. Amerika fliegen; der Zug fährt von Hamburg n. München; er griff n. seinem Hut; das Zimmer geht n. der Straße; das Wasser spritzt n. allen Seiten; übertr.: n. dem Arzt schicken; n. Reichtum streben; sich n. Ruhe sehnen; n. den Verunglückten suchen; er hat sich n. allen Seiten hin abgesichert; n. außen hin *(äußerlich)* wirkte er ruhig. **2.** */zur Angabe der Reihenfolge oder Rangfolge/:* einer n. dem anderen ging aus dem Saal; er betrat n. der Dame das Lokal; bitte n. Ihnen! */höfliche Aufforderung, vorauszugehen/;* er ist n. Ihnen an der Reihe, dran (ugs.); n. ihm kommt lange nichts mehr. **3.** *zeitlich später; [unmittelbar] im Anschluß an; nach Ablauf von:* nach dem Essen; n. Tisch *(nach dem Essen);* 50 Jahre n. Christus *(nach Christi Geburt);* n. der Kirche (ugs.; *nach dem Gottesdienst);* n. diesem Zeitpunkt; n. 1945; n. dem Krieg; einen Tag n. seiner Rückkehr; n. drei Wochen *(drei Wochen später);* n. Ablauf von ...; n. [wenigen] Stunden; n. Weihnachten; n. langer, kurzer Zeit; er starb n. langem, schwerem Leiden; n. einer Weile; n. vieler Mühe; n. allem, was geschehen ist, ... **4.** *gemäß, entsprechend:* jmdm. n. Leistung bezahlen; etwas n. Gewicht verkaufen; etwas n. Maß arbeiten; **Koch k.**: Hering n. Art des Hauses, n. flämischer Art · die Bücher n. Verfassern ordnen; etwas läuft n. bestimmten Regeln ab; n. dem geltenden Recht wird er bestraft; n. Belieben; [ganz] n. Wunsch; n. Bedarf; n. Artikel 1 des Grundgesetzes; n. Maßgabe seines Vermögens *(entsprechend seinem Vermögen);* n. Kräften *(soweit es möglich ist)*; n. Vermögen *(so gut es geht);* n. Lage der Dinge *(so, wie die Sache steht);* n. Vorschrift; n. altem Brauch; er ist Italiener n. Herkunft (geh.); er ist immer n. der Mode gekleidet; n. dieser Theorie; n. Kant *(gemäß Kants Philosophie);* n. meinem Dafürhalten; n. meiner Erinnerung; die Sache war nicht n. seinem Sinn; n. meiner Meinung, Ansicht/meiner Meinung, Ansicht n.; aller Voraussicht, aller Wahrscheinlichkeit n.; allem/dem Anschein n. *(anscheinend);* der Größe n. antreten; der Sage n.; seinem Wesen n. ist er eher ruhig als lebhaft; seiner Sprache n. *(nach seiner Sprache zu urteilen)* ist er ein Schwabe; dem Sinn n. hat er folgendes gesagt ...; ich kenne ihn nur dem Namen n. *(nicht ihn persönlich);* eine Geschichte n. dem Leben *(nach einer wirklichen Begebenheit);* er spielt n. Noten, n. dem Gehör; er malt n. der Natur; sie schreibt n. Diktat. **5. a)** */in Verbindung mit Fragepronomen/:* n. wem hat er gefragt?; (ugs.:) n. was *(wonach)* suchst du denn? **b)** */in relativer Verbindung/:* das Mädchen, n. dem er gefragt hat; (ugs.:) er hat erreicht, n. was *(wonach)* er verlangte. **II.** ⟨Adverb⟩ */in einer Aufforderung/:* mir n.! *(folge, folgt, folgen Sie mir!).* *∗nach und nach (allmählich):* n. und n. füllte sich der Saal · **nach wie vor** *(noch immer):* er arbeitet n. wie vor in diesem Betrieb.

nachäffen ⟨jmdn., etwas n.⟩: *nachahmen, nachmachen:* die Kinder äffen den Lehrer nach; jmds. Sprechweise n.

nachahmen ⟨jmdn., etwas n.⟩: *jmdn., etwas imitieren:* etwas ist schwer, leicht nachzuahmen; einen Künstler, die Natur n.; einen Vogelruf, jmds. Sprechweise n.; er versuchte, die Handschrift sei-

nes Bruders nachzuahmen *(zu kopieren);* die Schüler ahmten den Lehrer nach.

Nachahmung, die: **a)** *das Nachahmen:* die N. eines Vogelrufs; man verstand die Kunst als bloße N. der Natur; sein Betragen soll euch nicht zur N. dienen (geh.; *sollt ihr nicht nachmachen);* etwas regt jmdn. zur N. an; [jmdm.] etwas zur N. empfehlen (geh.); N. verboten! **b)** *Nachbildung, Kopie:* eine geglückte, vollendete N.

nacharbeiten: 1. ⟨etwas n.⟩ *nachbilden:* ein Muster, ein Modell n. **2.** ⟨etwas n.⟩ *überarbeiten:* die Stücke müssen [mit der Hand] nachgearbeitet werden. **3.** ⟨etwas n.⟩ *nachholen:* versäumte Arbeitszeit, zwei Stunden, einen halben Tag n. **4.** ⟨jmdm., einer Sache n.⟩ *sich nach jmdm., etwas als Vorbild richten:* der Lehrling arbeitet dem Meister, einer bestimmten Vorlage nach.

Nachbar, der: **a)** *jmd., der umittelbar neben einem wohnt, sitzt:* ein freundlicher, hilfsbereiter N.; guten Tag, Herr N.! (veraltend); die lieben (iron.) Nachbarn; er ist mein N. [am Tisch]; wir sind Nachbarn geworden; wir haben neue, nette Nachbarn bekommen; sie haben sehr laute Nachbarn; das Grundstück des Nachbarn/(selten:) Nachbars; in Nachbars Garten (veraltend; *im Garten des Nachbarn);* bei Nachbars (ugs.; *bei den Nachbarn);* mit den Nachbarn befreundet sein, verkehren, sprechen. **b)** *angrenzendes Land, Nachbarland:* unsere westlichen, östlichen Nachbarn; der N. Frankreich.

nachbarlich: a) *dem Nachbarn gehörend:* das nachbarliche Haus, Grundstück, Anwesen; der nachbarliche Garten, Hof. **b)** *den Nachbarn betreffend:* das nachbarliche Verhältnis; sie pflegen gute nachbarliche Beziehungen.

Nachbarschaft, die: **a)** *die räumliche Nähe zu jmdm., zu etwas; Umgebung:* bei der Wohnungssuche die N. von Fabriken zu vermeiden suchen; sie spielen mit den Kindern aus der N.; er wohnt in der N.; sie ist in unsere N. gezogen; in unserer nächsten, in unmittelbarer N. explodierte eine Bombe; übertr. (geh.): dieses Verhalten gehört in die N. von Hochstapelei. **b)** *nachbarliches Verhältnis:* sie halten [eine] gute N.; auf [eine] gute N.! /Wunschformel/; sie waren um gute N. bemüht. **c)** *Gesamtheit der Nachbarn:* die N. kauft bei ihm ein; die ganze N. spricht davon.

nachdem ⟨Konj.⟩: **1.** ⟨temporal⟩ **a)** *als:* n. er gegessen hatte, legte er sich eine Weile hin; n. er legte sich, n. er gegessen hatte, eine Weile hin; n. er eine Stunde in der Kälte gestanden hatte, begann sie zu frieren. **b)** *nach dem Zeitpunkt, als ...:* gleich, unmittelbar, n. sie angerufen hatten, waren sie aufgebrochen; ein Jahr n. er entlassen worden war, hatte er noch keine Arbeit. **2.** (ugs. landsch.) ⟨kausal mit gleichzeitig temporalem Sinn⟩ *weil, da:* n. sich die Sache verzögert hat, haben viele das Interesse daran verloren.

nachdenken: *sich in Gedanken intensiv mit jmdm., mit etwas beschäftigen:* **a)** ⟨über jmdn., über etwas n.⟩ lange, intensiv, angestrengt, gründlich, ernsthaft über etwas n.; er dachte über eine Frage, den Tod, die Menschen nach; n. über etwas *(in der Öffentlichkeit erörtern);* es wird derzeit darüber nachgedacht, wie ...; ⟨auch ohne Präp.-Obj.⟩ denk mal [scharf] nach, es wird dir schon wieder einfallen; er dachte einen Augenblick nach; er sagte, ohne nachzudenken, daß er es nicht wisse; je länger er nachdachte, um so schwieriger erschien ihm die Frage; subst.: er war in tiefes Nachdenken versunken; trotz angestrengten Nachdenkens fand er keine Lösung für das Problem. **b)** (geh. veraltend) (jmdm., einer Sache n.) er dachte diesen Fragen lange nach.

nachdenklich: **a)** *nachdenkend, überlegend; in Gedanken versunken:* er ist ein nachdenklicher Mensch; eine nachdenkliche Miene machen; er blickte n. vor sich hin; n. schweigen; als er die Sache erfuhr, wurde er n. *(stutzte er und begann darüber nachzudenken);* die Sache machte, stimmte sie n. *(veranlaßte sie, sich Gedanken darüber zu machen).* **b)** (veraltend) *zum Nachdenken anregend:* eine nachdenkliche Geschichte.

¹Nachdruck, der: **a)** *das Nachdrucken, das nochmalige Drucken eines Textes:* N. [auch auszugsweise] verboten!; N. nur mit Genehmigung des Verlages gestattet. **b)** *nachgedrucktes Werk, Neudruck:* der N. ist schon wieder vergriffen; es gibt mehrere Nachdrucke von diesem Buch.

²Nachdruck, der: *besonderes Gewicht, besondere Betonung:* seinem Wunsch, einer Forderung besonderen N. verleihen (geh.); N. auf etwas legen; etwas mit [allem] N. *(mit großer Eindringlichkeit)* sagen, fordern, hervorheben, betonen; mit N. *(nachdrücklich, eindringlich)* auf etwas hinweisen; er hat sich mit N. dagegen gewandt, dafür eingesetzt.

nachdrücklich: *entschieden, mit Nachdruck:* eine nachdrückliche Forderung, Ermahnung; etwas n. fordern, verlangen; jmdn. n. auffordern, etwas zu tun; er bestand n. auf seinen Wünschen; jmdn. n. vor etwas warnen, auf etwas hinweisen.

nacheifern (jmdm., einer Sache n.): *einem Vorbild nachstreben:* die kleineren Geschwister suchten dem großen Bruder nachzueifern.

nacheinander (Adverb): **a)** *in kurzen räumlichen Abständen; einer hinter dem anderen:* sie betraten n. den Saal, kamen n. aus der Tür. **b)** *in kurzen zeitlichen Abständen:* die Flugzeuge starteten kurz n.; die Mannschaft hat dreimal n. *(dreimal in Aufeinanderfolge)* verloren. **c)** *einer nach dem anderen, wechselseitig:* sie versprachen, n. zu schauen *(aufeinander zu achten).*

nachempfinden: **a)** (etwas n.) *sich so in jmdn. hineinversetzen, daß man die gleiche empfindet wie er:* jmds. Schmerz, Freude n.; (jmdm. etwas n.) er konnte ihm sein Entsetzen gut n. **b)** (etwas n.) *nachgestalten:* ein Gedicht, ein Kunstwerk n.; (jmdm., einer Sache etwas n.) diese Dichtung ist Goethe nachempfunden; der klassischen Antike nachempfundene Plastiken.

Nachfolge, die: *Nachfolgerschaft:* die weibliche, männliche N. auf dem Thron; wer tritt seine N. als Leiter an?; die Frage der N. in der Parteiführung beraten, regeln; übertr. (geh.): etwas findet keine N., bleibt ohne N. *(wird nicht durch andere fortgeführt).*

Nachfolger, der: *jmd., der einem anderen in einer bestimmten Position nachfolgt:* jmds. N. [im Amt, auf dem Thron] sein, werden; er hat, findet keinen N.; einen N. wählen, einsetzen; einen N. einarbeiten, in sein Amt einführen; jmdn. zu seinem N. machen, ernennen, berufen.

nachforschen: **a)** *etwas zu ermitteln suchen:* lange, vergebens, überall n.; sie forschten nach, wo sich der Beschuldigte aufgehalten hatte. **b)** (geh.) (einer Sache n.) *nachgehen, Nachforschungen anstellen:* den Gründen, Ursachen n.; sie forschten neugierig seiner Herkunft nach.

Nachforschung, die: *das Nachforschen, Ermittlung:* die [polizeilichen] Nachforschungen waren, blieben, verliefen ergebnislos; sie stellten Nachforschungen an, um die Ursachen seines Verschwindens herauszufinden; seine, die Nachforschungen über jmdn., etwas einstellen; man hielt vergebliche Nachforschungen.

Nachfrage, die (Kaufmannsspr.): *das Fragen, Verlangen der Käufer nach einer bestimmten Ware:* große, starke, lebhafte, geringe N.; die N. nach diesem Artikel ist groß, gering, läßt nach, nimmt zu, steigt, sinkt, geht zurück; es besteht zur Zeit wenig N. danach; je größer die N., desto teurer die Ware; die N. übersteigt das Angebot; die Preise richten sich nach Angebot und N.; (scherzh. oder iron.:) danke der [gütigen] N./für die [gütige] N.! / *Dankesformel; auf die Frage nach dem Befinden/.*

nachfühlen (etwas n.; gewöhnlich in Verbindung mit *können*): *nachempfinden; verstehen:* jmds. Schmerz, Freude n. [können]; das kann ich n.!; (jmdm. etwas n.; gewöhnlich in Verbindung mit *können*) ich kann dir deinen Zorn gut n.

nachgeben: 1. (jmdm. etwas n.) *zusätzlich geben, nachreichen:* er ließ sich vom Ober noch Gemüse n.; würden Sie mir bitte noch etwas n.? **2.** (etwas gibt nach) *etwas weicht vor einem Druck zurück, hält nicht stand:* der Boden, das Erdreich gab [bei jedem Tritt] nach; die Leiter gab nach *(blieb nicht fest stehen);* das Band gibt nach *(hat die Spannung verloren);* Bankw., Wirtsch.: die Kurse, die Preise geben nach *(fallen, sinken);* (etwas gibt einer Sache nach) die Staumauer hat dem Wasserdruck nachgegeben. **3.** **a)** *seinen Widerstand gegen etwas aufgeben, sich einem fremden Willen beugen:* er gibt nie nach; kannst du nicht ein einziges Mal n.!; die Mutter gibt zuviel nach *(ist zu nachgiebig, zu wenig streng);* nach langem Hin und Her gab er schließlich nach *(erklärte er sich einverstanden);* (jmdm., einer Sache n.) er gab dem Drängen, den Bitten der anderen nach. **b)** (einer Sache n.) *sich einer Sache überlassen, einer Sache erliegen:* der Müdigkeit, einer Schwäche, einer Verlockung, seinem Zorn, seiner Laune n. **4.** (jmdm. etwas in etwas/an etwas n.; meist verneint) *nachstehen:* er gibt seinen Kameraden im Schwimmen nichts nach; an Fleiß, an Eifer gibt er keinem etwas nach.

nachgehen: 1. (jmdm., einer Sache n.) *folgen:* der Fährte, der Spur eines Tieres n.; sie gingen dem Wimmern nach und fanden das Kind; er war dem Mädchen nachgegangen; übertr.: *verfolgen:* die Polizei ging den Hinweisen nach. **2.** (einer Sache n.) **a)** *ausüben, betreiben:* seiner Arbeit, seinem Tagewerk (geh.), seinen Studien, seinen Geschäften n.; seinem Hobby, seinen Interessen n.; er geht nur seinem Vergnügen nach *(sucht nichts als das Vergnügen).* **b)** *etwas zu ergründen, aufzuklären suchen:* einer Frage, einem Problem, Gedanken n.; dieser Sache muß man genauer n. **3.** (etwas geht jmdm. nach) *etwas be-*

schäftigt jmdn. im Geiste: seine Worte, die Erlebnisse des Tages gingen ihr noch lange nach. **4.** ‹etwas geht nach› *etwas bleibt zurück:* die Uhr geht [eine Viertelstunde] nach.
nachgelassen: *hinterlassen:* nachgelassene Werke, Schriften, Arbeiten.
Nachgeschmack, der: *von einer Speise im Mund zurückbleibender Geschmack:* ein bitterer N.; der Fisch hatte einen tranigen N., einen N. von Tran; übertr.: die Sache hatte bei vielen einen unangenehmen N. hinterlassen.
nachgiebig: **a)** *weich, nachgebend:* nachgiebiger Boden; nachgiebiges Material; die Polster der Sitze sind zu n. **b)** *sich fremdem Willen leicht fügend, anpassend:* eine allzu nachgiebige Mutter; die Eltern sind zu n. den Kindern gegenüber; nichts vermochte ihn n. zu stimmen.
nachhaltig: *tiefergreifend, lange nachwirkend:* eine nachhaltige Besserung; die Behandlungsmethode hatte eine nachhaltige Wirkung; die Aufführung hat einen nachhaltigen *(tiefen)* Eindruck hinterlassen; etwas wirkt sich n. aus; die Sache hat ihn. n. beeinflußt, geschädigt.
nachhängen ‹einer Sache n.›: *sich einer Sache in Gedanken überlassen:* seinen Gedanken, Erinnerungen, Träumen n.
nachhelfen ‹jmdm., einer Sache n.› *jmdm. helfen; etwas unterstützen, vorantreiben:* dem Fortgang der Arbeiten n.; übertr.: er hatte dem Glück [ein wenig] n. wollen *(hatte es [mit unerlaubten Mitteln] herbeizwingen wollen);* man mußte seinem Gedächtnis etwas n. *(ihm etwas ins Gedächtnis rufen, woran er sich nicht gerne erinnert);* ‹auch ohne Dat.› du mußt ein bißchen n., damit es schneller geht; bei ihm muß man immer [kräftig] n. *(man muß ihn antreiben).*
nachher ‹Adverb›: **a)** *später; in näherer, nicht genau bestimmter Zukunft:* wir haben n. eine Freistunde; n. gehen wir spazieren; das kann ich n. noch machen; bis n.! /ugs.; *Gruß bei der Verabschiedung, der ein baldiges Wiederzusammentreffen folgen wird/.* **b)** *hinterher, danach:* n. weiß man alles besser als vorher; ob die Entscheidung richtig war, wirst du erst n. feststellen können. **c)** (ugs. landsch.) *womöglich, am Ende:* das darfst du nicht tun, n. wirst du noch angezeigt.
nachholen: **1.** ‹jmdn., etwas n.› *nachträglich an einen bestimmten Ort holen:* seine Familie, die Möbel [an den neuen Arbeitsort] n. **2.** ‹etwas n.› *Versäumtes wettmachen, nachträglich machen:* etwas schnell, in kurzer Zeit n.; er muß viel n.; das Abitur, eine Prüfung n.; übertr.: er hat viel Schlaf nachzuholen; er wollte seine Jugend *(versäumte Jugenderlebnisse)* n.
nachjagen: **1.** ‹jmdm., einer Sache n.› *schnell verfolgen:* der Hund jagt dem Hasen nach; die Polizei ist [mit Autos] den Verbrechern nachgejagt; die Kinder jagten dem Ball nach *(liefen schnell hinter ihm her);* übertr.: einer Illusion, einem Phantom, dem Geld n.; er ist sein Leben lang dem Erfolg nachgejagt. **2.** (ugs.) ‹jmdm., einer Sache etwas n.› *eilig hinterherschicken:* man hat ihm, dem Brief ein Telegramm nachgejagt.
nachkommen: **1. a)** *später kommen, folgen:* ihr könnt schon vorgehen, wir werden [gleich, bald, später] n.; es sind noch zwei Kinder nachgekommen *(nach bereits vorhandenen Kindern geboren*

worden); übertr.: man weiß nicht, was bei dieser Sache noch nachkommt *(welche Komplikationen es möglicherweise noch gibt).* **b)** ‹jmdm., einer Sache n.› *folgen; hinter jmdm. herkommen:* sie sahen, daß die Leute ihnen nachkamen; ich glaube, es ist uns niemand nachgekommen; adj. Part.: mehrere nachkommende Fahrzeuge wurden in Auffahrunfälle verwickelt. **2.** ‹mit etwas n.› *Schritt halten, folgen können:* sie kommen mit der Arbeit, Produktion nicht mehr nach; ‹auch ohne Präp.-Obj.› bei diesem Tempo kamen sie nicht mehr nach; die Kinder kamen beim Diktat nicht nach. **3.** ‹einer Sache n.› *Folge leisten, entsprechen:* einer Aufforderung, Bitte n.; wir werden ihrem Wunsch [selbstverständlich, pünktlich, gewissenhaft] n.; du mußt deinen Verpflichtungen n. *(sie erfüllen).*
Nachlaß, der: **1.** *Hinterlassenschaft eines Verstorbenen:* der künstlerische, literarische N. *(die nachgelassenen Werke eines Schriftstellers);* den N. ordnen, verwalten, eröffnen (Rechtsspr.); er betreut den N. des Dichters; Schriften aus dem N. eines Gelehrten herausgeben; in seinem N. fanden sich wichtige Dokumente. **2.** (Kaufmannsspr.) *Preisnachlaß, Ermäßigung:* einen N. [auf die Preise] gewähren, bekommen, fordern.
nachlassen: **1. a)** ‹etwas läßt nach› *etwas wird geringer, schwächer:* der Regen, der Sturm, die Hitze hat nachgelassen; der Schmerz, das Fieber läßt [an Heftigkeit] nach; sein Gedächtnis, sein Gehör hat sehr nachgelassen *(ist schlechter geworden);* meine Augen lassen nach *(die Sehkraft wird schwächer);* die Spannkraft läßt mit höherem Alter nach; die Wirkung des Medikaments läßt nach; die Spannung, der Druck läßt nach; seine Leistungen haben nachgelassen *(sind zurückgegangen);* das Geschäft läßt nach (ugs.; *wird schlechter, bringt weniger Gewinn);* das Interesse der Käufer läßt nach; subst.: er beklagt das Nachlassen seiner Kräfte. **b)** (ugs.) *(in seinen Leistungen) schlechter werden:* er hat in letzter Zeit [in seinen Leistungen] sehr nachgelassen; du läßt nach! **2.** (Kaufmannsspr.) ‹etwas n.› *[teilweise] erlassen:* er hat keinen Pfennig, die Hälfte des Preises/die Hälfte vom Preis nachgelassen. **3.** ‹etwas n.› *lockern:* das Seil, die Zügel n. **4.** (ugs. landsch.) ‹etwas n.› *mit etwas aufhören:* laß das nach, du verstehst doch nichts davon!
nachlässig: **a)** *unordentlich, nicht sorgfältig:* eine nachlässige Arbeit; nachlässiges Personal; der Schüler ist, arbeitet sehr n. **b)** *unachtsam, sorglos:* er geht sehr n. mit seinen Sachen um. **c)** *salopp, ungepflegt:* sein Stil, sein Deutsch ist sehr n.; er geht immer etwas n. gekleidet.
nachlaufen ‹jmdm., einer Sache n.›: *eilig folgen, hinterherlaufen:* die Kinder liefen der Mutter in den Garten nach; die Kinder sind dem Zirkuswagen bis vor die Stadt nachgelaufen *(haben ihn begleitet);* übertr.: er läuft einer Illusion nach; diese Kleider laufen sich nach (ugs.; *sind häufig zu sehen auf der Straße);* in der Stadt laufen ihm einer Mädchen nach *(drängen sich ihm auf);* er läuft den Kunden nach *(bemüht sich um sie);* er muß seinem Geld n. *(muß es eintreiben).*
nachmachen (ugs.): **1.** ‹etwas n.› *nachholen:* eine Prüfung, Arbeit n. **2.** ‹jmdm., etwas n.› *nachahmen, kopieren:* die Schüler machten den Leh-

rer nach; er kann Tierstimmen n.; Kinder machen alles nach *(gucken sich alles ab);* übertr.: Banknoten n. *(fälschen);* Stilmöbel n.; nachgemachte *(künstliche)* Blumen; ⟨jmdm. etwas n.⟩ das hast du mir nachgemacht *(hast du von mir abgesehen);* das soll ihm mal einer n.! *(darin soll es ihm ein anderer erst einmal gleichtun).*

nachmittag ⟨Adverb⟩: *am Nachmittag:* gestern, heute, morgen n.; er kommt [am] Montag n.; von morgen n. an ist das Büro geschlossen.

Nachmittag, der: *die Zeit von Mittag bis zum Beginn des Abends:* ein schöner, reizender N.; es war schon später N.; ein N. im Dezember; sie hat heute ihren freien N.; er verbringt seine Nachmittage im Café; sie hatten für den N. Gäste eingeladen; ⟨Akk. als Zeitangabe⟩ jeden N.; den ganzen N. [über, hindurch]; sie saß viele Nachmittage im Park; ⟨Gen. als Zeitangabe⟩ eines [schönen] Nachmittags *(an einem Nachmittag)* · er kommt [früh, zeitig, spät] am N.; am [frühen, zeitigen, späten] N.; bis zum N. bleiben; seit diesem N.; vom N. an; vor N. kann er nicht kommen; während, im Laufe des Nachmittags.

nachmittags ⟨Adverb⟩: *am Nachmittag:* n. um 16 Uhr/um 16 Uhr n.; Montag n.; montags n.; das Amt hat/ist n. geschlossen; n. zwischen 13 und 15 Uhr; bis n.; von n. an; von morgens bis n.

Nachnahme, die: *Postsendung, die eine Ware enthält, deren Gegenwert der Empfänger bei der Zustellung bezahlen muß:* eine N. einlösen; der Briefträger hat eine N. für dich; eine Sendung als, per, mit, unter N. schicken.

nachprüfen ⟨etwas n.⟩: *auf seine Richtigkeit hin prüfen, kontrollieren:* das Gewicht, die Richtigkeit n.; Aussagen auf ihren Wahrheitsgehalt hin n.; ob die Sache stimmt, läßt sich schwer n.

Nachrede, die: *verleumderische Äußerung:* böse N., schlechte N. über jmdn. verbreiten; R e c h t s w.: üble N.; in üble N. kommen *(verleumdet werden);* jmdn. in üble N. bringen *(jmdn. verleumden);* er wurde wegen übler N. verklagt.

Nachricht, die: **1. a)** *Botschaft, Kunde, Mitteilung:* eine gute, wichtige, zuverlässige, verspätete, eilige, [un]angenehme, aufregende N.; die N. von seinem Tode traf alle sehr; das sind schlechte, traurige, schlimme Nachrichten!; seine letzte N. kam aus dem Ausland; [eine] N. bringen; eine N. überbringen, empfangen (geh.); er hat uns [heute] N. gegeben *(mitgeteilt),* daß er erst in einer Woche zurückkommt; er hat noch keine N. gegeben *(sich noch nicht gemeldet);* eine N. hinterlassen, zurücklassen; wir haben N. bekommen, erhalten; auf N. warten; wir waren lange Zeit ohne N.; wir haben seit Wochen keine N. von ihm. **b)** *Meldung, Information:* eine [un]sichere, unverbürgte, aktuelle N.; die neueste N. ist ...; örtliche, politische, vermischte Nachrichten; Nachrichten aus aller Welt; eine N. vom Sport; eine N. geht ein, trifft ein, ist überholt; eine N. abdrucken, aufbauschen; Nachrichten einholen, dementieren, bekanntgeben, weiterleiten; eine N. in der Presse veröffentlichen, unterdrücken; eine N. durch das Fernsehen verbreiten; die Nachrichten sperren *(Information unterbinden);* sich Nachrichten über etwas beschaffen. **2.** ⟨Plural⟩ *Nachrichtensendung:* die Nachrichten haben über die Ereignisse gebracht, haben

ausführlich darüber berichtet; [die] Nachrichten einstellen, hören, sehen; Nachrichten senden; der Sender strahlt Nachrichten aus; das wurde in den letzten Nachrichten gesagt.

Nachruf, der: *Worte der Würdigung für einen Verstorbenen:* ein ehrender N.; heute ist/steht ein N. [auf den Verstorbenen] in der Zeitung; jmdm. einen N. widmen (geh.); die Zeitung brachte einen N.; einen N. in die Zeitung setzen; jmds. Verdienste in einem N. würdigen.

nachsagen: **1.** ⟨selten⟩ ⟨etwas n.⟩ *nachsprechen:* einen Satz n. **2.** ⟨jmdm. etwas n.⟩ *etwas über jmdm. sagen, von jmdm. behaupten:* man sagt ihm Geiz, Übles, große Fähigkeiten nach; man sagt ihm nach, er habe im Gefängnis gesessen; man kann ihm nichts n. *(man hat keine Handhabe, ihn zu verdächtigen);* das darfst du dir nicht n. lassen *(nicht zulassen, daß man so von dir spricht).*

nachschlagen: **1. a)** ⟨etwas n.⟩ *(in einem Buch) aufsuchen, nachlesen:* eine Textstelle n.; du mußt alle Vokabeln [im Wörterbuch] n.; ⟨auch ohne Akk.⟩ ich muß erst [im Lexikon] n. **b)** ⟨selten⟩ ⟨etwas n.⟩ *ein Buch auf etwas Bestimmtes hin durchsehen:* er hat das Lexikon nachgeschlagen, aber er hat nichts gefunden. **2.** ⟨jmdm. n.⟩ *nach jmdm. geartet sein:* der Sohn ist seiner Mutter nachgeschlagen.

Nachschrift, die: **1.** *nach einem Vortrag o. ä. angefertigte Niederschrift:* die N. einer Rede, eines Vortrages; eine N. anfertigen. **2.** *einem Schreiben angefügter Zusatz:* eine N. machen; er hat seinem Brief eine längere N. angefügt.

nachsehen: **1.** ⟨jmdm., einer Sache n.⟩ *mit den Blicken folgen:* jmdm. traurig, betrübt n.; den abreisenden Gästen, den Schiffen n. **2.** *nach jmdm., nach etwas sehen, nachforschen:* sieh einmal nach, wo die Bücher sind!; ich wollte n., ob jemand an der Tür ist. **3.** ⟨etwas n.⟩ *nachlesen, nachschlagen:* ein Wort, eine Vokabel [im Wörterbuch] n.; sieh mal im Fahrplan nach, wann der Zug fährt. **4.** ⟨etwas n.⟩ *auf Fehler, Mängel hin durch-, ansehen:* Klassenarbeiten, Aufsätze n.; seinen Wagen n. lassen; ⟨jmdm. etwas n.⟩ den Kindern die Schularbeiten n. **5.** ⟨jmdm. etwas n.⟩ *etwas hingehen lassen, nicht rügen:* jmdm. alles, zuviel, nichts n.; sie sieht ihm alle Unarten nach.

Nachsehen, das ⟨in den Wendungen⟩ **das Nachsehen haben** *(der Betrogene sein)* · **jmdm. bleibt das Nachsehen** *(jmd. ist der Benachteiligte).*

nachsenden ⟨etwas n.⟩: *nachschicken:* die Post n.; bitte n.! /Aufschrift auf Postsendungen, die dem Adressaten nachgesandt werden sollen/; ⟨jmdm. etwas n.⟩ bitte senden Sie mir die Sachen an meinen Urlaubsort nach.

nachsetzen ⟨jmdm., einer Sache n.⟩: *jmdm. nacheilen; jmdn. verfolgen:* die Polizei setzte dem flüchtenden Dieb nach.

Nachsicht, die: *Geduld, Verständnis:* N. üben *(nachsichtig sein);* er kannte keine N. *(war unnachsichtig, hart);* mit jmdm. N. haben; wir behandelten ihn mit N.; man betrachtete diesen Fehltritt mit N.; ich bitte [dafür] um N.!

nachsichtig: *Nachsicht übend, geduldig:* eine nachsichtige Beurteilung; nachsichtige Eltern; er war immer n. gegen ihn, ihm gegenüber, mit dir; jmdn. n. behandeln; er lächelte n.

Nachspiel, das: **1.** *als Abschluß vorgetragenes*

Musikstück: ein N. auf der Orgel spielen. **2.** *Folgen:* es gab ein unangenehmes, gerichtliches N.; die Sache wird noch ein N. haben *(wird noch einmal aufgegriffen und einem Urteil ausgesetzt werden);* die Vorgänge blieben nicht ohne N.

nachspüren ⟨jmdm., einer Sache n.⟩: *auf die Spur zu kommen suchen:* einem Geheimnis, einem Verbechen n.; er spürte dem Unbekannten, jmds. Vergangenheit, Verhältnissen nach.

nächst (veraltend) ⟨Präp. mit Dativ⟩: **a)** /räumlich/ *unmittelbar neben; bei:* n. den Häusern beginnt das freie Feld. **b)** *neben, außer:* n. dem Vater war ihr der Bruder der vertrauteste Mensch.

nächste: 1. *am nächsten gelegen; räumlich als erstes folgend:* die n. Stadt ist 50 km entfernt; der n. (ugs.; *kürzeste)* Weg führt durch die Wiesen; an der nächsten Tankstelle tanken wir; er ging ins n. Geschäft (ugs.; *in das erste, das er fand),* um sich etwas zum Essen zu kaufen. **2.** *nächststehend, sehr vertraut:* die nächsten Verwandten, Angehörigen, Freunde. **3.** *zeitlich [unmittelbar] folgend; kommend:* die n. Generation; die nächsten [drei] Tage; nächsten Montag/am nächsten Montag; bei nächster/bei der nächsten Gelegenheit *(sobald sich Gelegenheit bietet);* nächstes Jahr, im nächsten Jahr; fürs n. *(für die nächste Zeit)* haben wir keinen Bedarf; im nächsten Augenblick *(sofort danach);* er setzte sich in den nächsten Zug (ugs.; *in den Zug, der als nächster abfuhr).* **4.** *in der Reihenfolge kommend; folgend:* die n. Strophe; das n. Kapitel; das n. Mal/nächstes Mal; der n. [Patient], bitte!; das n., was sie kaufen wollen, ist ein Auto; wer kommt als nächster [an die Reihe]?; er hat sich erst ein Auto gekauft, als nächstes eine Kamera; bis nächstes Mal!/bis zum nächsten Mal! /Formel bei der Verabschiedung/. * **der, die, das nächste beste** *(der, die, das erste sich Anbietende).*

nachstehen: 1. ⟨jmdm. n.⟩ *hinter jmdm. zurückstehen:* er mußte seinem Bruder immer n. **2.** ⟨jmdm. an etwas/in etwas n.; gewöhnlich verneint⟩ *nicht gleichkommen:* jmdm. an Intelligenz, Schlagfertigkeit nicht n.; er steht den anderen in nichts nach *(ist ihnen ebenbürtig).*

nachstehend: *(in einem Text) weiter unten stehend; folgend:* die nachstehenden Bemerkungen, Erläuterungen; n. finden Sie einige Anmerkungen zum Text; nachstehendes *(folgendes)* ist zu beachten; im nachstehenden finden Sie ...; subst.: das Nachstehende *(weiter unten Geschriebene)* muß geprüft werden.

nachstellen: 1. ⟨etwas n.⟩ *neu einstellen:* die Bremsen, die Kupplung, Ventile n. **2.** ⟨etwas n.⟩ *zurückstellen:* er hat die Uhr nachgestellt. **3.** (geh.) ⟨einem Tier n.⟩ *verfolgen:* dem Wild n.; die Katze stellt den Vögeln nach; übertr.: er stellt den Mädchen nach (ugs.; *wirbt um sie).* **3.** ⟨etwas n.⟩ *nach einem Vorbild darstellen:* eine Szene, den Ablauf einer Handlung n.; für das Fernsehen nachgestellte Szenen.

nachsuchen (Papierdt.) ⟨um etwas n.⟩ *förmlich bei einer amtlichen Stelle um etwas bitten:* um Unterstützung n.; um eine Genehmigung n.; der Minister suchte um seine Entlassung nach.

nacht ⟨Adverb⟩: *in der Nacht:* gestern, heute n.; Montag n.; bis heute n. wird er zurück sein.

Nacht, die: *Zeitspanne zwischen dem Einbruch* der Dunkelheit und der Morgendämmerung: eine dunkle, finstere, klare, sternklare, kalte N.; eine unruhige, durchwachte, durchzechte, durchtanzte N.; die vorige, vergangene, kommende N.; die Heilige N. *(die Nacht zum ersten Weihnachtstag);* eine N. im Juni; draußen war schwarze N. *(es war sehr dunkel);* die Nächte sind schon kühl; es wird N. *(die Nacht bricht an);* die N. kommt, sinkt hernieder (geh.), zieht herauf (geh.), bricht an (geh.); die N. durchfeiern; der Patient hatte eine schlechte N.; jmd., etwas bereitet jmdm. eine schlaflose N. *(regt jmdn. so sehr auf, daß er nicht schlafen kann);* die N. im Freien verbringen; im Schutz, bei Einbruch der N.; gute N.! /Grußformel/; [jmdm.] gute N. sagen; jmdm. eine gute N. wünschen; ⟨Akk. als Zeitangabe⟩ eine, diese, manche, jede N.; viele Nächte; die halbe N.; zwei Nächte lang; sie kamen die ganze N. nicht zur Ruhe; ⟨Gen. als Zeitangabe⟩ des Nachts (geh.; *nachts);* eines Nachts (geh.; *in einer nicht näher bestimmten Nacht)* war die Katze plötzlich verschwunden; gute N., Marie!; [na], dann gute N.! /Ausrufe der Enttäuschung, der Resignation/; R: bei N. sind alle Katzen grau · er kam spät in der N. nach Hause; bis in die späte N./bis spät in die N. [hinein]; sie fuhren durch die N.; für eine N. ein Quartier bestellen; N. für N.; in der nächsten, vergangenen N.; in der N. von Montag auf Dienstag; in der N. auf/zum Montag; er wachte mitten in der N. auf; sie fuhren in die N. hinaus; über N. bleiben; er nimmt nicht vor der N. *(nicht vor Anbruch der Dunkelheit)* zurück; während der N.; zur N. (geh.; *für die Nacht).* (geh.): die Nacht des Todes, des Wahnsinns. * **die, eine Nacht der langen Messer:** *(grausames Morden, Gemetzel)* · **die Nacht zum Tage machen** *(sich nicht schlafen legen, durchfeiern, -arbeiten)* · (ugs.): **sich** (Dativ) **die Nacht um die Ohren schlagen** *(sich aus irgendeinem Grund nicht schlafen legen)* · **bei Nacht und Nebel** *(heimlich [bei Nacht])* · **über Nacht** *(ganz plötzlich, unerwartet)* · (ugs. landsch.): **zu Nacht essen** *(die Abendmahlzeit einnehmen).*

Nachteil, der: *Beeinträchtigung, die für jmdn. durch etwas Bestimmtes verursacht wird:* ein geringer, großer N.; finanzielle, materielle Nachteile; es ist ein N., daß ...; jmdm. entstehen, erwachsen Nachteile aus etwas; etwas erweist sich als N.; die Sache hat den [einen] N., daß ...; einen N. durch/von etwas haben; einen N. in Kauf nehmen; Vor- und Nachteile gegeneinander abwägen; dieser Vertrag brachte ihm nur Nachteile; er ist, befindet sich [den andern gegenüber] im N. *(ist benachteiligt);* jmdm. im N. sein; etwas gereicht (geh.) zu jmds. N., jmdm. zum N.; abträglich jmdm. zum N. aus.

nachteilig: *abträglich, ungünstig:* etwas hat nachteilige Folgen; die Sache wirkte sich n. [für ihn] aus; subst.: es ist nichts Nachteiliges über ihn bekannt.

Nachtigall, die: /ein Singvogel/: die N. singt, flötet, schlägt; sie singt wie eine N.; R (ugs.): N. ick hör' dir trapsen *(man merkt deutlich, worauf die Sache hinausläuft).* * (geh.): **die Nachtigall singen lehren wollen** *(einen Fachmann belehren wollen).*

nächtigen (geh.) ⟨mit Raumangabe⟩: *schlafen,*

übernachten: in einem Gasthof, in einer Scheune, unter freiem Himmel, auf einer Parkbank n.

nächtlich: a) (meist geh.) *der Nacht (der Nachtzeit, -stimmung) gemäß; wie in der Nacht:* die nächtliche Stille, Ruhe; den nächtlichen Frieden stören; die nächtlichen Straßen; am nächtlichen Himmel. **b)** *in der Nacht stattfindend:* er beklagte sich über die nächtliche Ruhestörung.

nachtragen: 1. ⟨jmdm. etwas n.⟩ *hinterhertragen:* jmdm. den Koffer, das Gepäck n. **2.** ⟨etwas n.⟩ **a)** *nachträglich eintragen:* Zahlen, Daten n.; einen Posten in der Rechnung n.; einen Namen in die Liste n.; er wollte in seinem, in seinen Aufsatz noch einiges n. **b)** *nachträglich sagen, hinzufügen:* er meldete sich zu Wort, weil er noch etwas n. wollte; ich habe noch etwas nachzutragen. **3.** ⟨jmdm. etwas n.⟩ *lange übelnehmen:* jmdm. sein Verhalten, eine Äußerung lange n.; (auch ohne Dat.) er trägt nicht nach *(ist nicht nachtragend);* a d j. P a r t.: er ist sehr nachtragend.

nachts ⟨Adverb⟩: *in der Nacht:* n. um 3 [Uhr]/um 3 Uhr n.; er kam n. spät/spät n. nach Hause; Montag n.; montags n.; n. fahren, arbeiten, nicht schlafen können; das Lokal ist bis 1 Uhr n. geöffnet; n. zwischen 2 und 3 Uhr.

nachweinen ⟨jmdm., einer Sache n.⟩: *nachtrauern, den Verlust bedauern:* er weint seiner alten Stellung nicht nach.

Nachweis, der: *Beweis:* der unwiderlegbare, unwiderlegliche N.; der N. seiner Unschuld ist nicht geglückt, gelungen; N. für etwas erbringen, führen, liefern *(etwas nachweisen).*

nachweisen: 1. ⟨etwas n.⟩ *das Vorhandensein von etwas eindeutig feststellen, beweisen:* etwas schlüssig, streng wissenschaftlich, unwiderleglich n.; etwas läßt sich leicht, schwer, überhaupt nicht n.; er konnte seine Unschuld nicht n.; die Richtigkeit einer Behauptung n.; im Körper wurden den Spuren des Giftes nachgewiesen; er mußte seine Herkunft n. *(einen Nachweis darüber erbringen);* ⟨jmdm. etwas n.⟩ jmdm. einen Fehler, Irrtum, eine Mitschuld n.; man konnte ihm nichts n. *(ihn keiner Schuld überführen).* **2.** ⟨jmdm. etwas n.⟩ *vermitteln:* jmdm. eine Arbeit, ein Quartier n.

Nachwuchs, der: **1.** *Nachkommen, Kind[er]:* ein zahlreicher N.; der N. der Familie stellte sich vor; sie erwarten, bekommen N. *(ein Baby);* bei ihnen hat sich N. eingestellt *(sie haben ein Baby bekommen).* **2.** *nachwachsende, junge [Arbeits]kräfte:* der akademische N.; in diesem Beruf fehlt der N., fehlt es an N.; sie sorgen sich um N. **3.** *das Nachwachsen:* bei Anwendung dieses Mittels ist kein N. *(der Haare)* zu befürchten.

nachziehen: 1. a) ⟨jmdm., einer Sache n.⟩ *hinterherlaufen, folgen:* Möwen zogen den Schiffen nach; die Kinder sind der Kapelle nachgezogen. **b)** ⟨jmdm. n.⟩ *einem anderen folgend, an den gleichen Ort übersiedeln:* sie zog ihrer Tochter nach Berlin nach. **2.** ⟨etwas n.⟩ *schleppend bewegen:* seit dem Unfall zieht er ein Bein nach. **3.** ⟨etwas n.⟩ *nachzeichnend durch Farbe hervorheben, betonen:* die Linien, Umrisse [mit Tusche] n.; die Lippen n.; ⟨jmdm., sich etwas n.⟩ sie hat sich die Augenbrauen nachgezogen. **4.** ⟨etwas n.⟩ *nachträglich nochmals fest anziehen:* die Schrauben müssen nachgezogen werden. **5.** (ugs.) ⟨mit etwas n.⟩ *mit etwas einem Vorbild folgen:* die Industrie zog mit

Preiserhöhungen nach; die Gewerkschaften haben mit ihren Forderungen nachgezogen; ⟨auch ohne Präp.-Obj.⟩ andere werden bald n.

Nacken, der: *Genick:* ein kurzer, speckiger (ugs.), feister, gedrungener N.; den N. beugen; den N. ausrasieren *(die Haare im Nacken entfernen);* er hat einen steifen N. *(kann den Kopf nicht bewegen);* dem Ochsen das Joch auf den N. legen; er schob den Hut in den N.; den Kopf in den N. legen, werfen *(zurückbeugen);* die Locken fielen ihm bis in den N. * **den Nacken steifhalten** *(sich nicht unterkriegen lassen)* · **jmdm. den Nacken steifen** *(jmdm. moralische Unterstützung gewähren)* · **jmdm. im Nacken sitzen** *(jmdn. bedrängen)* · (geh.:) **jmdm. den Nacken beugen** *(jmdn. demütigen, gefügig machen)* · **jmdn. im Nacken haben** *(von jmdm. verfolgt, bedrängt werden).*

nackt, (ugs. auch:) **nackend:** *unbekleidet, unbedeckt:* nackte Arme, Beine, Füße; er arbeitet mit nacktem Oberkörper; die Kinder waren n./(ugs.:) nackend; die jungen Vögel, Mäuse sind noch n. *(ohne Gefieder, ohne Fell);* n./(ugs.:) nakkend baden; sich n./(ugs.:) nackend ausziehen; sie lagen [fast völlig] n./(ugs.:) nackend in der Sonne; ü b e r t r.: er hat ein nacktes *(bartloses)* Kinn, einen nackten *(haarlosen)* Schädel; der nackte *(unbewachsene)* Fels; auf dem nackten *(bloßen)* [Fuß]boden, der nackten *(bloßen)* Erde schlafen; nackte *(kahle)* Bäume, Äste; die nackten *(schmucklosen)* Wände; etwas mit nacktem Auge *(ohne Lupe o. ä.)* erkennen; das ist die nackte *(unverfälschte)* Wahrheit; die nackten *(unverfälschten)* Tatsachen; sie konnten nur das nackte Leben retten *(nichts als das Leben);* in diesem Land herrscht die nackte *(große)* Not; die nackte *(große)* Angst überfiel sie; s u b s t.: die Darstellung des Nackten in der Kunst.

Nadel, die: **1.** *dünner, spitzer Gegenstand meist aus Metall von unterschiedlicher Form und Funktion:* eine spitze, feine, dünne, dicke N.; eine N. *(Nähnadel)* mit kleinem Öhr; eine N. zum Stopfen, zum Sticken; die [kalte, trockne] Nadel des Radierers; die N. ist abgebrochen; die N. *(den Faden in die Nadel)* einfädeln; sich an einer N. stechen, verletzen; den Faden in die N. *(Nähnadel)* einfädeln; sie kann nicht mit N. und Faden umgehen *(ist ungeschickt im Nähen);* etwas mit einer N. *(mit Nadeln (Stecknadeln)* heften, feststecken, an etwas befestigen; er hat sich mit einer N. gestochen; sie häkelt mit einer feinen N. *(Häkelnadel);* die Nadeln *(Stricknadeln)* klappern; für diese Arbeit braucht man dickere, stärkere Nadeln *(Stricknadeln);* eine Masche ist von der N. *(Stricknadel)* gefallen; Maschen auf die N. nehmen, auf der N. haben. **2.** *Anstecknadel:* eine goldene N.; eine N. anstecken; er trägt eine N. am Revers. **3.** *Zeiger eines Meßinstruments:* die N. des Kompasses zeigt nach Norden; die N. des Tachos pendelt zwischen 90 und 100 km/h; die N. steht still, denkt aus, zittert. **4.** *Haarnadel:* die Haare mit Nadeln aufstecken. **5.** *Tannennadel:* die Tanne verliert die Nadeln, wirft die Nadeln ab, hat kaum noch Nadeln; der Boden ist mit Nadeln bedeckt. * (ugs.:) **an der Nadel hängen; auf/an der Nadel sein** *(drogenabhängig, bes. heroinsüchtig sein)* · (ugs.:) **etwas ist mit heißer Nadel genäht** *(etwas ist unsorgfältig gemacht).*

Nadelstich, der: *beim Nähen ausgeführter Stich:* den Saum mit ein paar Nadelstichen heften. * **jmdm. Nadelstiche versetzen** *(jmdm. wiederholt versteckte Bosheiten sagen).*

Nagel, der: **1.** *Metall- oder Holzstift, mit dessen Hilfe etwas befestigt wird:* ein langer, kurzer, dicker, dünner, rostiger, krummer N.; ein N. aus Eisen, aus Holz; der N. hält, sitzt fest; ein N. steht heraus, ragt heraus, sieht, guckt (ugs.) aus dem Brett hervor; einen N. in die Wand schlagen, krumm einschlagen; einen N. aus dem Holz herausziehen; Nägel schmieden; ein Bild an einem N. aufhängen; er ist in einen N. getreten; eine Kiste mit langen Nägeln zunageln; Schuhe mit Nägeln. **2.** *Fingernagel, Zehennagel:* lange, kurze, gepflegte, lackierte, abgebrochene, eingewachsene, abgebissene, abgekaute (ugs.) Nägel; ein N. bricht ab, wächst nach, löst sich, ist vereitert, hat sich entzündet; [sich] (Dativ) die Nägel schneiden, lackieren; die Nägel abbeißen; das Kind kaut an den Nägeln. * (ugs.:) **ein Nagel zu jmds. Sarg sein** *(jmdm. viel Kummer bereiten)* · (ugs.:) **den Nagel auf den Kopf treffen** *(den Kernpunkt einer Sache treffen, erfassen)* · (ugs.:) **Nägel mit Köpfen machen** *(etwas richtig anfangen, sich nicht mit Halbheiten begnügen)* · (ugs.:) **etwas an den Nagel hängen** *(etwas, aufgeben, nicht länger ausüben):* er hat seinen Beruf an den N. gehängt · (ugs.:) **etwas brennt jmdm. auf/unter den Nägeln** *(etwas ist sehr dringlich):* die Angelegenheit brannte ihm auf den Nägeln · (ugs.:) **sich** (Dativ) **etwas unter den Nagel reißen** *(sich etwas aneignen, [unrechtmäßig] an sich nehmen).*

nageln: **1. a)** *Nägel einschlagen:* er nagelt in der Werkstatt; man hört ihn n. **b)** ‹etwas n.; mit Raumangabe› *mit Nägeln irgendwo befestigen:* ein Brett an die Wand, den Deckel auf die Kiste n. **c)** (Med.) ‹etwas n.› *mit einem Silbernagel zusammenfügen:* der Knochen, der Bruch mußte genagelt werden. **2.** ‹etwas n.› *mit Nägeln beschlagen:* Schuhe n.; er trägt genagelte Stiefel. **3.** (Fachspr.) *(von einem Motor) ein klopfendes Geräusch hervorbringen:* der Motor nagelt.

nagen: **1. a)** *mit den Zähnen nagend abbeißen, fressen:* Mäuse, Hamster nagen gern; bildl. (geh.): der Hunger nagt in den Eingeweiden. **b)** ‹an etwas n.› *etwas benagen:* der Hund nagt an einem Knochen; er nagte an einem Stück Brot; nagt vor Verlegenheit an seiner Unterlippe; bildl.: die Brandung nagt an der Küste. **c)** ‹etwas von etwas n.› *abnagen:* er nagte das Fleisch von den Knochen; die Tiere haben vor Hunger die Rinde von den Bäumen genagt. **2.** ‹etwas nagt an jmdm., an etwas› *etwas quält jmdn. beständig, zerstört etwas nach und nach:* Kummer, Zweifel, Sorge, das Heimweh nagt an ihm; die seelische Belastung nagt an seiner Gesundheit; Gram nagt an ihrem Herzen (geh.). * (ugs.:) **nichts zu nagen und zu beißen haben** *(nichts zu essen haben).*

nah[e] /vgl. nächste/: **1.** *nicht weit entfernt:* die nahe Stadt; der nahe Wald; er kennt nur die nähere Umgebung des Ortes; ein n. gelegener Ort; sie blieb ihm n. *(hielt sich in seiner Nähe auf);* von dort aus ist es näher zum Zentrum; dieser Weg ist näher (ugs.; *kürzer);* das Hotel steht n. am Strand; geh nicht zu n. an das Gitter heran! **2.** *bald erfolgend, eintretend:* die nahe Abreise, der

nahe Abschied, Tod; in naher Zukunft ist keine Besserung zu erwarten; das Ende der Ferien ist n.; der Herbst ist schon n.; Rettung, Hilfe war n.; er ist n. an achtzig (ugs.; *fast achtzig Jahre alt);* etwas steht in. bevor. **3.** *eng, vertraut:* nahe verwandt; die nähere Verwandtschaft; nähere Bekannte; selbst seine nähere Umgebung wußte nichts davon; sie stehen in naher Verbindung miteinander; sie haben nähere Beziehungen zueinander; n. mit jmdm. verwandt, befreundet sein; jmdm. näher kennen, kennenlernen. **4.** *eingehend, genau:* nähere Erkundigungen einholen; er ist nicht näher auf die Sache eingegangen; subst.; alles Nähere *(Genauere)* werden Sie noch erfahren. * **nahe daran sein, etwas zu tun** *(sehr versucht sein, etwas Bestimmtes zu tun)* · **einer Sache nahe sein** *(fast von etwas überwältigt werden):* dem Untergang, den Tränen, einer Ohnmacht, der Verzweiflung n. sein; dem Wahnsinn n., war er davongestürzt · **aus/von nah und fern** *(von überallher)* · **von nahem: a)** *(aus der Nähe):* von nahem sieht er leicht heruntergekommen aus. **b)** *(bei kritischerer Betrachtung):* von nahem sieht die Sache ganz anders aus.

nahe (geh.) ‹Präp. mit Dativ›: *in der Nähe von:* n. der Stadt, dem Fluß; ein Ort n. der Grenze; ein Platz n. dem Eingang; er wohnt n. Mannheim.

Nähe, die: *geringe räumliche, seltener zeitliche Entfernung:* die N. der lauten Autostraße stört ihn; jmds. N. *(Nahesein)* suchen (geh.); er fühlte die N. (geh.; *das Herannahen)* des Todes; etwas aus der N. betrachten; sie braucht eine Brille für die N.; sie wohnen in der N. der Stadt, in unmittelbarer, nächster N. des Sees; es war in der N. *(es war niemand da, der es gemerkt hätte);* sich in jmds. Nähe aufhalten; er möchte seine Kinder immer in der N. haben; komm mir nicht in die N.! (ugs.; *halte dich fern von mir!);* er wollte das Buch in greifbarer N. *(so nahe, daß er es schnell greifen konnte)* liegen haben; übertr.: aus der N. betrachtet *(genau besehen, bei kritischer Betrachtung),* ist die Sache ganz anders; der Urlaub ist in die N./in greifbare N. gerückt *(herangerückt);* seine Theorien weisen eine N. auf zu ...

nahegehen ‹etwas geht jmdm. nahe›: *etwas berührt jmdn. sehr schmerzlich:* ihr Unglück, sein Tod ging allen sehr nahe.

nahelegen: 1. ‹jmdm. etwas n.› *empfehlen; jmdn. indirekt zu etwas Bestimmtem auffordern:* man hat ihm nahegelegt zurückzutreten. **2.** ‹etwas legt etwas nahe› *etwas veranlaßt zu etwas:* die Vorgänge legen den Verdacht, die Vermutung, den Schluß, Gedanken nahe, daß ...

naheliegen ‹etwas liegt nahe›: *etwas ist leicht einzusehen, stellt sich im Geiste ein:* die Vermutung liegt nahe; adj. Part.: es ist naheliegend, zu diesem Schluß zu kommen; aus naheliegenden Gründen konnte er nichts sagen.

nahen (geh.) ‹auch [sich] n.› *sich nähern, herankommen:* eine Gestalt naht sich; Schritte nahten [sich]; ‹sich jmdm., einer Sache n.› er nahte sich dem Mann mit einer Bitte; etwas naht/etwas rückt *[zeitlich] in unmittelbare Nähe:* der Winter, der Morgen naht; sie sahen die Katastrophe, die Gefahr n.; der Tag des Abschieds nahte; ein nahendes *(herannahendes)* Unwetter vertrieb sie.

nähen: 1. *eine Näharbeit machen:* sauber, ordentlich, exakt n.; sie näht gut, gerne; sie hat heute den ganzen Tag [mit der Maschine, mit der Hand] genäht; das Mädchen soll n. lernen; R: doppelt genäht hält besser. **2. a)** ⟨etwas n.⟩ *durch Nähen herstellen:* ein Kleid, eine Naht n.; sie hat den Saum [mit großen Stichen] genäht; du kannst das nicht mit weißem Garn n.; sie hat sich/für sich eine Bluse [aus einem teuren Stoff] genäht. **b)** ⟨etwas an etwas, auf etwas n.⟩ *durch Nähen an etwas befestigen:* die Knöpfe an das Kleid n.; sie nähte eine Borte auf die Schürze. **3.** ⟨etwas n.⟩ *verletztes, durchtrenntes Gewebe chirurgisch wieder zusammenfügen:* eine Wunde n.; ⟨ugs. auch:⟩ jmdn. n.⟩ er mußte genäht werden.

näher: ↑nahe.

näherbringen ⟨jmdm. etwas n.⟩: *jmdn. mit etwas vertraut machen:* er bemühte sich, den Schülern den schwierigen Stoff näherzubringen.

näherkommen ⟨jmdm. n.⟩: *mit jmdm. nach und nach vertrauter werden:* jmdm. persönlich, innerlich, menschlich n.; sie sind sich/⟨geh.:⟩ einander in letzter Zeit nähergekommen.

nähern: 1. a) ⟨sich n.⟩ *näher kommen, herankommen:* sich rasch, langsam, vorsichtig n.; die Tiere näherten sich bis auf wenige Meter; Schritte näherten sich; das Unwetter nähert sich mit großer Geschwindigkeit. **b)** ⟨sich jmdm., einer Sache n.⟩ *sich auf jmdn., eine Sache zubewegen:* wir wagten nicht, uns dem Käfig zu n.; sie näherten sich dem Ziel ihrer Reise; sich jmdm. unsittlich n.; übertr.: der Sommer nähert sich dem Ende; er nähert sich den Achtzig *(wird bald achtzig Jahre alt).* **2.** ⟨sich jmdm. n.⟩ *jmds. Bekanntschaft zu machen suchen:* er versucht sich dem Mädchen zu n.

nähertreten ⟨einer Sache n.⟩: *einer Sache sein Interesse zuwenden:* einem Plan, Vorschlag n.

nahestehen: a) ⟨jmdm. n.⟩ *befreundet, vertraut sein:* jmdm. freundschaftlich, innerlich n.; er hat ihm sehr nahegestanden; die beiden standen sich/⟨geh.:⟩ einander nicht besonders nahe; ein war ein mir sehr nahestehender Mensch. **b)** ⟨jmdm., einer Sache n.⟩ *mit jmdm., mit etwas sympathisieren:* er steht dieser Gruppe nahe; einer Partei nahestehende Zeitungen.

nahezu ⟨Adverb⟩: *fast, so gut wie:* die Sitzung dauerte n. 5 Stunden; n. keiner blieb verschont; es war n. unmöglich, den Redner zu verstehen.

nähren: 1. ⟨jmdn., sich n.⟩ *ernähren:* sich gut, schlecht n.; die Bewohner nähren sich in der Hauptsache von Reis; sie nährt das Kind mit Brei; die Mutter nährt ihr Kind selbst *(stillt es);* die ganze Familie ist gut genährt *(wohlgenährt).* übertr.: er nährt sich *(erwirbt seinen Lebensunterhalt)* von, mit seiner Hände Arbeit; dieses Land nähre seine Bewohner nur kärglich *(bietet nur kärgliche Lebensbedingungen).* **2.** ⟨etwas nährt⟩ *etwas ist nahrhaft:* diese Kost nährt nicht übermäßig. **3.** (geh.) ⟨etwas n.⟩ *hegen, aufkommen lassen:* den Verdacht, jmds. Groll, Haß n.; er nährte lange Zeit den Wunsch, eines Tages ein Haus zu bauen.

nahrhaft: *nährstoffreich:* nahrhafte Kost, Speisen; Kohlehydrate sind sehr n.

Nahrung, die: *alles zur Ernährung Dienende:* kalorienarme, vitaminreiche, fettreiche, feste, flüssige, tierische, pflanzliche N.; die menschli-

che N.; die N. zubereiten; der Kranke nimmt nicht genügend N. zu sich; die N. verweigern *(nicht essen wollen);* die Tiere finden in dem verschneiten Wald keine N. mehr; den Flüchtlingen fehlt es an N. und Kleidung; etwas dient jmdm. als, zur N.; jmdn. mit N. versorgen; übertr.: etwas ist jmds. geistige N. * **durch etwas/mit etwas einer Sache [neue] Nahrung geben** *(etwas bestärken):* er gibt mit seinem Verhalten ihrem Mißtrauen immer neue N. · **etwas findet/bekommt durch jmdn., durch etwas [neue] Nahrung** *(etwas wird verstärkt, gefördert durch jmdn., etwas).*

Naht, die: a) *durch Zusammennähen entstandene Verbindungsstelle:* eine einfache, doppelte, gerade, schiefe N.; die N. ist geplatzt, aufgegangen; eine N. nähen, auftrennen, bügeln, steppen. **b)** *durch Zusammenschweißen entstandene Verbindungsstelle:* die N. an dem Behälter ist leck, aufgeplatzt; die Nähte werden geschweißt. * (ugs.:) **aus den/aus allen Nähten platzen:** a) *(zu dick werden, unmäßig zunehmen).* b) *(zu eng werden; räumlich in große Bedrängnis geraten):* das Büro platzt, wir platzen hier aus allen Nähten.

naiv: a) *kindlich, natürlich, ungekünstelt:* eine naive Freude; naiver Stolz; ein naives Glück; n. handelt mit naiver Unbekümmertheit; Kunst: ein naiver Maler, naive Malerei. **b)** *einfältig, arglos, töricht:* ein naiver Mensch; eine naive Frage, Antwort; einen naiven Eindruck machen; bist du so n., das zu glauben?; es ist n. [von dir] anzunehmen, ...; deine Frage ist reichlich n.; er wirkt sehr n.; das klingt ein wenig n. * **den Naiven/die Naive spielen** *(so tun, als ob man von einer bestimmten Sache nichts wüßte).*

Name, (selten auch:) **Namen,** der: **1.** *Bezeichnung eines Lebewesens oder Dinges, durch die seine Zugehörigkeit zu einer Art oder Gattung ausgedrückt wird; Gattungsname:* welchen Namen haben diese Pflanzen, Tiere, Bäume; er kennt die Namen vieler Blumen; diese Geräte laufen unter dem Namen ... **2.** *kennzeichnende Benennung eines Einzelwesens oder Dings, durch die es sich von anderen unterscheidet; Eigenname:* ein alter, bekannter, berühmter, klangvoller *(berühmter),* seltener, häufiger N.; das ist ein schöner, ausgefallener, mehrsilbiger, leicht zu behaltender N.; der richtige, falsche, angenommene N.; die Namen der Anwesenden, der Toten; mein Name ist Maier *(ich heiße Maier);* wie ist Ihr [werter] Name, bitte?; der Name tut nichts zur Sache *(ist hier nicht wichtig);* der N. dieses Unternehmens bürgt für Qualität; wie war doch gleich Ihr Name? (ugs.); sein N. fiel im Zusammenhang mit diesen Vorgängen; sein N. wurde nicht genannt; Rel.: den Namen Gottes anrufen, loben, preisen; jmds. Namen feststellen, ermitteln, nennen; einen Namen nennen, ändern, verschweigen; sie haben dem Kind einen ausgefallenen Namen gegeben, ausgesucht; er trägt den Namen seines Vaters; sie suchen nach einem Namen für ihr Kind; sie haben noch keinen Namen für ihr Kind; R: Name ist Schall und Rauch; mein Name ist Hase[, ich weiß von nichts] (scherzh.; *ich weiß von der Sache nichts, will nichts von ihr wissen)* · die Fremde wollte nicht ihren Namen sagen; sie trägt seinen Namen; seinen Namen unter etwas setzen; er kann nicht einmal seinen

Namen schreiben; jmds. Namen rufen; einen anderen Namen annehmen; damit hat er seinem Namen keine Ehre gemacht *(hat er sich blamiert);* seinen Namen beflecken (geh.), besudeln (geh.); er wollte seinen [guten] Namen nicht für diese Sache hergeben *(wollte nicht mitmachen);* für etwas nur den Namen hergeben *(nur formal, nicht aktiv daran beteiligt sein);* als Künstler hat er sich einen anderen Namen beigelegt, zugelegt; der Hund hört auf den Namen *(heißt)* Ajax; das Konto lautet *(läuft)* auf den Namen seiner Frau; die Kinder werden nicht bei/mit ihren eigentlichen Namen gerufen; du mußt mit dem [vollen] Namen unterschreiben; mit seinem Namen zeichnen *(unterschreiben);* mit seinem Namen für etwas bürgen; ein Mann mit Namen *(namens)* Maier; nach jmds. Namen fragen; er ist mir nur dem Namen nach bekannt *(ich kenne ihn nicht persönlich);* er reist unter falschem Namen. ∗ sich (Dativ) einen Namen machen *(berühmt werden),* · in jmds., in einer Sache Namen, im Namen von *(im Auftrag):* im Namen des Volkes, des Gesetzes; im Namen meiner Familie.

namens: I. ⟨Adverb⟩ *mit Namen:* ein Mann n. Maier. **II.** ⟨Präp. mit Gen.⟩ (Papierdt.) *im Namen, im Auftrag:* n. der Regierung, der Familie Glückwünsche aussprechen.

namentlich: I. ⟨Adjektiv⟩ *mit Namensnennung:* eine namentliche Abstimmung; die Anwesenden n. aufrufen; der Spender will nicht n. genannt werden; die Mitarbeiter sind n. aufgeführt. **II.** ⟨Adverb⟩ *besonders:* alle litten unter der Kälte, n. die Sportler aus Afrika; die Straße ist sehr glatt, n. [dann,] wenn es geregnet hat.

namhaft: a) *bekannt, berühmt:* ein namhafter Künstler, Gelehrter; ein Konzert mit namhaften Solisten. **b)** *groß, nennenswert, ansehnlich:* ein namhafter Betrag; er spendete eine namhafte Summe; es besteht kein namhafter Unterschied zwischen beiden. ∗ (Papierdt.:) **jmdn., etw. namhaft machen** *(jmdn., etwas [be]nennen, ausfindig machen):* der Urheber, Täter wurde n. gemacht.

nämlich: I. ⟨Adjektiv⟩ (geh.) *der-, die-, dasselbe:* die nämlichen Leute; an dem nämlichen Tage; er ist noch immer der nämliche. **II.** ⟨Adverb⟩ **1.** *und zwar; genauer gesagt:* es gibt vier Jahreszeiten, n. Frühling, Sommer, Herbst, Winter; die Zeitung erscheint einmal wöchentlich, n. freitags; bei sich zu Hause, in Berlin n. *(das heißt in Berlin),* ...; die Unfälle passieren alle in der gleichen Situation, n. [dann,] wenn plötzlich Nebel auftritt. **2.** *denn:* er wußte nichts von der Sache, er war n. verreist;/oft verblaßt zur Gesprächspartikel:/ es ist n. so, daß man nur mit Ausweis Zutritt hat.

Narbe, die: *sichtbare Spur einer verheilten Wunde:* eine große, kleine, tiefe, [kaum] sichtbare, frische, häßliche, rote N.; die N. schmerzt, brennt, spannt; eine N. bildet sich; es ist keine auffällige N. zurückgeblieben; er hat eine N. über der Nase; die Wunde hat eine unschöne N. hinterlassen; sein Arm ist mit Narben bedeckt.

Narr, der: *törichter Mensch:* er ist ein N.; /auch als Schimpfwort/: der alte N.!; du bist ein N. *(töricht);* ich müßte ein vollkommener N. sein, wenn ... R: ein N. kann in einer Stunde mehr fragen, als zehn Weise in einem Jahr beantworten können; jedem Narren gefällt seine Kappe.

∗ (ugs.:) **einen Narren an jmdm., an etwas gefressen haben** *(jmdn., etwas sehr gern mögen)* · **jmdn. zum Narren haben/halten** *(zum besten haben).*

narren (geh.) ⟨jmdn. n.⟩: *anführen, irreführen, täuschen:* eine Fata Morgana, ein Spuk narrte sie; subst.: er war der Genarrte.

närrisch: 1. *verrückt, skurril; lächerlich:* ein närrischer Einfall, ein närrischer Mensch, Kauz, Kerl (ugs.); ein närrischer Aufzug *(lächerlich wirkende Erscheinung);* bist du n. (ugs.; *nicht recht bei Verstand),* so etwas zu machen?; sie sind ganz n. (ugs.; *glücklich)* mit ihrem Kind; sie waren ganz n. (ugs.; *außer sich)* vor Freude. **2.** *faschingsmäßig:* das närrische Treiben; die närrische Zeit *(Zeit des Faschings).* ∗ **auf jmdn., etwas/** (seltener:) **nach jmdn., etwas närrisch sein** *(jmdn., etwas sehr gern mögen, haben wollen).*

naschen: a) *aus Naschsucht essen:* die Kinder naschen gern, den ganzen Tag; wer hat von dem Pudding, an dem Kuchen genascht? **b)** ⟨etwas n.⟩ *aus Naschsucht verzehren:* Süßigkeiten n.

Nase, die: *Geruchsorgan:* eine große, dicke, knollige (ugs.; *dicke),* lange, spitze, gerade, gebogene, edle, höckrige, scharfe, rote, fleischige N.; ein kleines Näschen; jmdm. läuft die N. (ugs.; *jmd. hat Schnupfen);* jmdm. blutet die N.; die N. ist verstopft; die Kinder drücken sich die Nasen platt an der Schaufensterscheibe; bei dem Gestank hielt sie sich (Dativ) die N. zu; sich die N. reiben (ugs.); die N. putzen, schneuzen (ugs. landsch.); das Kind ist auf die N. gefallen *(ist hingefallen);* er setzte seine Brille auf die N. (ugs.); durch die N. atmen; in der N. bohren; der scharfe Geruch stieg ihnen in die N.; eine gute, feine N. *(einen ausgeprägten Geruchssinn)* haben; sie streckte die N. aus dem Fenster *(guckte zum Fenster hinaus);* jmdm. die Tür vor der N. zuschlagen *(unmittelbar vor jmdm. zuschlagen), jmdn. schroff an der Tür abweisen);* der Zug, die Bahn, der Bus fuhr ihm vor der N. *(unmittelbar vor dem Erreichen)* weg. ∗ (ugs.:) **jmdm. paßt/gefällt jmds. Nase nicht** *(jmd. mag jmdn. nicht leiden)* · (ugs.:) **eine gute/feine Nase [für etwas] haben** *(einen besonderen Spürsinn haben; etwas richtig einschätzen)* · (ugs.:) [von etwas, von jmdm.] **die Nase voll haben** *(jmds., einer Sache überdrüssig sein)* · (ugs.:) **seine Nase in etwas, in alles stecken** *(sich um etwas kümmern, was einen nichts angeht; sehr neugierig sein)* · (ugs.:) **nicht weiter sehen als seine Nase** *(sehr engstirnig sein)* · **die Nase hoch tragen** *(eingebildet sein)* · **die Nase rümpfen** *(verächtlich auf jmdn., etwas herabsehen)* · (ugs.:) **sich** (Dativ) **eine begießen** *(kräftig Alkohol trinken)* · (ugs.:) **sich** (Dativ) **eine goldene Nase verdienen; sich** (Dativ) **die Nase vergolden** *(sehr viel Geld bei etwas verdienen)* · **die/seine Nase in ein Buch stecken** *(eifrig in einem Buch lesen; lernen)* · (ugs.:) **jmdm. eine Nase drehen** *(jmdn. auslachen)* · (ugs.:) **jmdm. eine lange Nase machen** *(jmdn. verspotten)* · (scherzh.:) **etwas beleidigt die/jmds. Nase** *(etwas riecht schlecht)* · (ugs.:) **immer der Nase nach** *(geradeaus)* · (ugs.:) **jmdm. etwas an der Nase ansehen** *(etwas aus jmds. Miene ablesen)* · (ugs.:) **sich an die eigene Nase fassen** *(sich um die Fehler kümmern, die man selber macht)* · (ugs.:) **jmdn. an der Nase herumführen** *(jmdn. irreführen, täuschen)* · (ugs.:) **jmdm. etwas auf die Nase bin-**

den *(jmdm., der es nicht zu wissen brauchte, etwas erzählen)* · (ugs.:) **auf der Nase liegen** *(krank sein)* · (ugs.:) **auf die Nase fallen** *(scheitern)* · (ugs.:) **jmdm. auf der Nase herumtanzen** *(mit jmdm. machen, was man will)* · (ugs.:) **jmdm. eins auf die Nase geben** *(jmdn. zurechtweisen)* · (ugs.:) **etw. steckt jmdm. in der Nase** *(etwas gefällt jmdm. so sehr, daß er es haben möchte)* · (ugs.:) **jmdn. mit der Nase auf etwas stoßen** *(jmdn. deutlich auf etwas hinweisen)* · (ugs.:) **immer mit der Nase vorn sein** *(vorwitzig sein)* · (ugs.:) **die Nase vorn haben** *(am besten abschneiden; gut dastehen bei etwas)* · (ugs.:) **[nicht] nach jmds. Nase sein** *(jmdm. [nicht] gefallen)* · (ugs.:) **pro Nase** *(pro Person)* · (ugs.:) **jmdm. etwas unter die Nase reiben** *(jmdm. etwas Unangenehmes deutlich sagen, vorhalten)* · (ugs.:) **jmdm. etwas unter die Nase halten** *(jmdm. etwas so vors Gesicht halten, daß er es sehen muß)* · (ugs.:) **jmdm. jmdn. vor die Nase setzen** *(überordnen, als Vorgesetzten geben)* · (ugs.:) **jmdm. jmdn., etwas vor der Nase wegschnappen** *(jmdn., etwas für sich nehmen, ehe ein anderer, der daran interessiert war, sich entschlossen hat)* · (ugs.:) **etwas vor der Nase haben** *(etwas in unmittelbarer Nähe haben).* **Nasenstüber** ⟨in den Wendungen⟩ **jmdm. einen Nasenstüber geben/versetzen** *(jmdn. zurechtweisen)* · **einen Nasenstüber bekommen** *(zurechtgewiesen werden).*

naß: a) *von Feuchtigkeit durchtränkt, bedeckt:* nasse Kleider, Schuhe, Strümpfe; nasse Haare; nasses Gras; sie hatten nasse Füße; die Tafel mit einem nassen Schwamm abwischen; sich mit [von Tränen] nassen Augen verabschieden; er war völlig, durch und durch (ugs.; *völlig*), triefend, bis auf die Haut n.; es sind vom Regen tüchtig n. geworden; seine Stirn war n. von Schweiß; er war noch nasser als die anderen; die Straße war n. vom Regen; die Farbe ist noch n. *(ist noch nicht getrocknet);* der Schnee ist n. *(halb getaut);* ich habe mich n. gemacht; du hast mich n. gespritzt; das Kind hat sich das Höschen, die Windeln n. gemacht; subst.: du darfst nicht im Nassen *(in der Nässe)* herumlaufen. b) *regenreich, verregnet:* ein nasser Sommer; nasses Wetter; das Frühjahr war in diesem Jahr sehr n. * (ugs.:) **jmdm. naß machen** *(jmdn. fertigmachen).*
Nation, die: *Staat, Volk:* die deutsche, französische N.; die europäischen, afrikanischen Nationen; eine starke, mächtige, friedliebende, junge N.; die ganze N. trauerte um den großen Mann; er war der Liebling, der Buhmann der N. (ugs.).
national: a) *die Nation, den Staat betreffend:* die nationale Selbständigkeit, Unabhängigkeit; die nationalen Interessen wahren; ein nationaler Gedenktag, Feiertag; etwas auf nationaler Ebene *(innerstaatlich)* regeln. b) *patriotisch:* eine nationale Partei; n. denken, fühlen, handeln; n. gesinnt sein.
Natur, die: 1. *die den Menschen umgebende Welt, soweit sie ohne sein Zutun entstanden ist:* die unbelebte, unberührte, unverfälschte, unerforschte, wilde, blühende, erwachende N.; die N. erforschen, beobachten, beschreiben; sie genießen in ihrem Urlaub die N.; sie suchen die einsame N.; die Kräfte, Geheimnisse, Wunder der N.; das Studium der N. betreiben; diese Tiere, Pflanzen gedeihen nur in freier N. *(wildlebend);* sie wan-

derten hinaus in die freie N., (geh. veraltend) Gottes freie N.; er zeichnet nach der N. *(nach einem realen Vorbild);* Kaufmannsspr.: Möbel in Birke N. *(in farblich nicht verändertem Birkenholz);* bildl. (geh.): die N. hat sie stiefmütterlich behandelt *(sie ist nicht sehr hübsch, hat ein Gebrechen);* R: zurück zur N. *(zu einer natürlichen Lebensform).* 2. a) *angeborene Eigenart, Beschaffenheit; Anlage, Wesen:* die menschliche N. ist unberechenbar; die männliche, weibliche, tierische N.; die göttliche N. Christi; in dieser Situation zeigt sich seine wahre N. *(seine wirkliche Einstellung, Denkungsart);* R: die N. verlangt ihr Recht *(der Körper verlangt sein Recht auf Befriedigung eines bestimmten Bedürfnisses)* · er hat eine gesunde, kräftige, eiserne (ugs.; *gesunde*) N.; sie hat eine gute N. (ugs.; *ist nicht empfindlich);* sie hat eine glückliche N. *(ein glückliches Naturell);* er kann seine N. nicht verleugnen *(bleibt sich immer selbst treu);* dieses Verhalten ist seiner innersten N. zuwider, entspricht nicht seiner N.; er ist seiner N. nach ein Choleriker; er handelt gegen seine N. *(gegen sein innerstes Wesen);* von N. [aus] ist er gutmütig; er ist bescheiden von N. *(seinem Wesen nach).* b) *Mensch:* er ist eine fröhliche, gesellige, ängstliche, ernste, kämpferische, schöpferische N.; die beiden sind gänzlich verschiedene Naturen. 3. *Art:* Fragen grundsätzlicher, allgemeiner N.; die Verletzung war nur leichter N.; die Sache ist ernster N. * **etwas geht jmdm. gegen/wider die Natur** *(etwas widerstrebt jmdm.)* · **etwas liegt in der Natur der Sache** *(etwas erklärt sich aus dem Wesen, aus der Beschaffenheit einer Sache)* · **etwas wird jmdm. zur zweiten Natur** *(jmd. hat sich etwas völlig zu eigen gemacht)* · **etwas ist Natur** *(etwas ist echt, nicht künstlich).*
natürlich: I. ⟨Adj.⟩ a) *von der Natur hervorgebracht; in der Natur vorkommend; nicht künstlich hervorgebracht:* eine natürliche Begabung; eine natürliche Auslese, Zuchtwahl; die natürliche Haarfarbe; das sind natürliche Blumen, keine künstlichen; natürliches Licht *(Tageslicht);* eine natürliche Düngung; ein natürlicher Verschleiß; der natürliche Lebensraum dieser Tiere; ein natürlicher *(nicht künstlich angelegter)* See; ein natürliches Bedürfnis befriedigen; das ist nur die natürliche Folge des Tuns; der See bildet die natürliche Grenze des Landes; das ist der natürliche Verlauf der Krankheit; das Standbild zeigt den Reiter in natürlicher Größe. b) *ungekünstelt, unverbildet, ungezwungen:* er ist ein sehr natürlicher Mensch; ein natürliches Mädchen; sie hat ein sehr natürliches Wesen, eine natürliche Art; eine natürliche *(einfache)* Lebensweise; sie hat eine natürliche Anmut, einen natürlichen Charme; das Bild, das Foto ist sehr n.; sie ist, wirkt, spricht sehr n. c) *selbstverständlich:* das ist doch die natürlichste Sache von der Welt; das ist ein ganz natürlicher *(verständlicher, naheliegender)* Wunsch; die natürliche *(zu erwartende)* Folge war, ...; es ist nur [zu] n., daß er so handelt; nichts ist natürlicher als das; es wäre das natürlichste/am natürlichsten, wenn ...; subst.: das ist das Natürlichste, was man sich denken kann. II. ⟨Adverb⟩ a) *selbstverständlich:* n. werde ich kommen; „Hilfst du uns?" – „N.!"; (iron.:) er kam n. wieder zu spät *(man weiß, kennt das ja!).*

b) /drückt eine Einschränkung aus/ *zwar:* wir freuen uns n., aber ...

Nebel, der: *Trübung der Luft durch zahllose kleinste Wassertropfen:* feuchter, kalter, nasser, leichter, dichter, dicker (ugs.), undurchdringlicher, herbstlicher N.; ziehende N.; N. mit Sichtweiten unter 50 Metern; N. fällt, senkt sich herab (geh.); der N. zerreißt, weicht, steigt [auf], hebt sich, verdichtet sich, wird dichter; N. hängt (geh.), schwebt (geh.) über dem Tal; N. lagert (geh.) über dem See; N. hüllt die Berge ein (geh.); plötzlich kam N. auf; N. liegt über dem Land; der N. verursachte mehrere Unfälle; N. behindert den Verkehr; die Sonne zerteilt den N.; [es herrscht] stellenweise N.; sie haben sich im N. verirrt; Licht schimmert durch den N.; Schwaden von N.; das Tal war von N. erfüllt (geh.); die Schiffahrt ruht wegen N./wegen des dichten Nebels. * (ugs.:) **etwas fällt aus wegen Nebe[l]s** *(etwas findet überraschend nicht statt).*

nebelhaft: *verschwommen, undeutlich:* die Sache liegt noch in nebelhafter Ferne; die Geschichte ist etwas n. *(unklar).*

neben ⟨Präp. mit Dativ und Akk.⟩: **1. a)** ⟨mit Dativ zur Angabe der Lage⟩ *seitlich von:* der Schrank steht n. der Tür; sie wohnen n. uns; sie saß im Konzert n. ihm; /koppelt gleiche Substantive/: auf dem Platz stand Auto n. Auto *(die Autos standen dicht nebeneinander).* **b)** ⟨mit Akk. zur Angabe der Richtung⟩ *seitlich daneben, an die Seite von:* er stellte sich n. ihn; sie setzt sich n. das Kind; /koppelt gleiche Substantive/: hier hat man Haus n. Haus gestellt *(man baute die Häuser dicht nebeneinander).* **2.** ⟨mit Dativ⟩ *außer:* n. diesen Dingen habe ich noch einige Geschenke zu besorgen; er betreibt n. seinem Beruf noch eine kleine Landwirtschaft; n. dem Präsidenten waren noch andere hohe Gäste anwesend. **3.** ⟨mit Dativ⟩ *verglichen mit:* n. diesem Sänger verblassen alle anderen; n. ihm kann er nicht bestehen.

nebenan ⟨Adverb⟩: *benachbart, unmittelbar daneben:* die Wohnung n. steht leer; im Haus n. wohnt eine französische Familie; sie spielen mit den Kindern von n. (ugs.; *der Nachbarn*).

nebenbei ⟨Adverb⟩: **1.** *nebenher, außerdem:* er arbeitet noch n. als Übersetzer; diese Arbeit macht er n. **2.** *beiläufig:* eine Bemerkung so n. fallenlassen; er hat das nur n. gesagt, erwähnt, festgestellt; [ganz] n. [bemerkt] wäre es gar nicht möglich, so zu verfahren; ich mache bei der Sache nicht mit, aber dies nur n. *(n. bemerkt).*

nebeneinander ⟨Adverb; meist zusammengesetzt mit Verben⟩: **a)** *einer neben dem anderen, zusammen:* etwas n. aufstellen, hinlegen; übertr.: hier leben Menschen aller Hautfarben friedlich n.; subst.: das Nebeneinander von Altem und Neuem. **b)** *gleichzeitig:* er hat eine Weile zwei Berufe n. ausgeübt; in der Ausstellung sieht man Modernes und Antikes n.

neblig: *von Nebel erfüllt:* ein nebliger Tag; nebliges Wetter; draußen ist es sehr n.

necken: *durch leicht böse gemeinte kleine Sticheleien ärgern, zum Scherz reizen:* **a)** ⟨jmdn. n.⟩ du darfst ihn nicht immerzu n.; die beiden necken sich/(ugs.:) einander gern; man neckt ihn mit seiner neuen Freundin, wegen seiner Frisur. **b)** ⟨sich mit jmdm.⟩ er neckt sich immer mit ihr.

negativ: 1. *verneinend, ablehnend:* ein negativer Bescheid; eine negative Einstellung zu einer Sache haben; die Antwort, die Kritik war n.; er steht n. zu der neuen Regierung; sich n. zu etwas äußern; etwas n. beantworten, bescheiden. **2.** *ungünstig, schlecht:* eine negative Entwicklung; negative Aussichte, Folgen, Auswirkungen; ein negatives Zeichen, Anzeichen; die negativen Seiten der Angelegenheit; das Ergebnis der Verhandlungen war n.; man beurteilt die Lage sehr n.; sich n. auswirken; jmdn., eine Sache n. beeinflussen; subst.: etwas, nichts Negatives über jmdn. sagen. **3. a)** (Math.) *kleiner als null:* eine negative Zahl; das Ergebnis der Gleichung ist n. **b)** (Physik) *(in bezug auf eine elektrische Ladung) nicht positiv:* der negative Pol; eine negative Ladung; n. geladen sein. **4.** (Med.) *einen Krankheitsverdacht nicht bestätigend:* ein negativer Befund; die Untersuchung verlief n.

nehmen: 1. a) ⟨jmdn., etwas n.⟩ *(in bestimmter Absicht) mit der Hand ergreifen, fassen:* er nahm den Hammer [in die Hand/zur Hand] und schlug den Nagel ein; er nahm seinen Mantel und ging; nimm das Buch, und stell es wieder an seinen Platz!; er nahm *(ergriff)* die dargebotene Hand. **b)** ⟨jmdn., etwas n.⟩ *in seinen Besitz nehmen:* sie hat zwei Stücke Kuchen genommen; du hast zuviel genommen; er nimmt, was er kriegen kann; sie hat das Kleid nicht genommen *(gekauft);* die Diebe haben nur das Bargeld genommen (verhüll.; *gestohlen);* einen Mann, eine Frau n. *(heiraten);* jmdn. zur Frau/zum Mann nehmen *(jmdn. heiraten);* kein [Trink]geld, keine Geschenke n. *(annehmen);* nehmen Sie meinen herzlichen Dank (geh.; *nehmen Sie ihn entgegen);* ⟨sich (Dativ) jmdn., etwas n.⟩ du darfst dir noch ein Stück Schokolade n.; er hat sich eine Frau genommen *(hat geheiratet).* **c)** ⟨jmdn. n.⟩ *engagieren:* eine [Putz]hilfe, einen [Rechts]anwalt n.; man hat den Bewerber nicht genommen (ugs.; *hat ihn nicht eingestellt);* ⟨sich (Dativ) jmdn. n.⟩ er hat sich einen Anwalt, Vertreter genommen. **d)** ⟨etwas n.⟩ *verwenden:* sie nimmt nur Butter zum Kochen; zum Nähen weißen Zwirn nehmen; man nehme fünf Eier, ein Pfund Mehl, ... **e)** ⟨jmdn., etwas n.; mit Raumangabe⟩ *an eine bestimmte Stelle bringen:* Fracht an Bord n.; das Kind auf den Arm, Schoß n.; eine Last auf den Rücken n.; er nahm sie in den Arm *(umarmte sie);* das Kind nimmt alles in den Mund; man nahm seine Tasche unter den Arm; übertr.: die beiden Söhne nahmen die Mutter in die Mitte *(gingen rechts und links von ihr).* **f)** ⟨jmdn., etwas aus/von etwas n.⟩ *herausnehmen, fortnehmen, entfernen:* Geschirr aus dem Schrank, Geld aus dem Portemonnaie n.; die Mutter nahm das Baby aus dem Wagen; die Gläser vom Tisch, den Hut vom Kopf n.; R: woher n. und nicht stehlen?; übertr.: sie haben das Kind aus der Schule genommen *(lassen es nicht länger die Schule besuchen).* **g)** ⟨jmdm. jmdn., etwas n.⟩ *wegnehmen:* der Tod hat ihm die Frau genommen; der Neubau hat uns die ganze Aussicht genommen; übertr.: jmdm. den Glauben, die Hoffnung, die Illusion n.; du hast mir alle Sorge genommen *(mich davon befreit);* jmdm. den Spaß, die Freude, die Lust [an etwas] n. *(verderben);* das nimmt der Sache den ganzen Reiz. **2.** ⟨etwas n.⟩ *benutzen:* die Stra-ßenbahn, den Omnibus, das Flugzeug, das Schiff, den Wagen n.; er nahm den nächsten Zug, um schnell zu Hause zu sein; wir nehmen ein Taxi. **3.** ⟨etwas n.⟩ **a)** *(als Gegenwert) verlangen, fordern:* der Händler nimmt heute 5 DM für die Äpfel; er hat für die Fahrt 10 DM genommen; was nehmen Sie für die Stunde? **b)** *in Anspruch nehmen, sich geben lassen:* Unterricht, [Nach-hilfe]stunden in Latein n.; er hat Urlaub, einen freien Tag genommen; ⟨sich (Dativ) etwas n.⟩ ich werde mir einen Tag Urlaub nehmen. **4.** ⟨etwas n.⟩ *einnehmen, dem Körper zuführen:* Ta-bletten, eine Medizin, [eine] Arznei, Drogen, Be-ruhigungsmittel n.; sie nimmt die Pille (ugs.; *Anti-babypille*); er hat Gift genommen *(mit Hilfe von Gift Selbstmord begangen).* **5.** ⟨[etwas] n.⟩ *(eine Mahlzeit) einnehmen, zu sich nehmen:* er nimmt das Frühstück um 10 Uhr; die Gläubigen haben das Abendmahl genommen *(das Altarsa-krament empfangen).* **6.** ⟨etwas zu sich n.⟩ *essen:* nur eine Kleinigkeit, nichts Gekochtes zu sich n.; der Kranke hat noch nichts zu sich genommen. **7.** ⟨jmdn. zu sich n.⟩ *bei sich aufnehmen:* die alte Mutter, ein Waisenkind zu sich n. **8. a)** ⟨etwas für etwas n.⟩ *als etwas ansehen, betrachten:* etwas für ein gutes Zeichen, günstiges Omen n.; wir wollen den guten Willen für die Tat n.; er hat den Scherz für Ernst genommen. **b)** ⟨jmdn., sich, etwas n.; mit Artangabe⟩ *in bestimmter Weise auffassen, be-trachten:* etwas [sehr] ernst, zu leicht, zu schwer n.; du nimmst alles, dich selbst zu wichtig; jmdn. nicht für voll n.; man kann ihn, sein Gerede nicht ernst n.; das darfst du nicht wörtlich n.; er nimmt es nicht so genau *(ist nicht sehr exakt);* nehmen wir den Fall, ...; jedes für sich genommen *(einzeln betrachtet),* ...; R: wie man's nimmt (ugs.; *man kann die Sache verschieden auffassen);* du mußt diesen Menschen n., wie er ist *(darfst ihm seine Eigenheiten nicht verübeln);* er nimmt alles, wie es kommt *(nimmt die Dinge mit Gelassenheit).* **9.** ⟨et-was an sich n.⟩ *verwahren, aufbewahren:* würden Sie bitte die Unterlagen an sich n.?; er hat die lie-gengebliebenen Sachen, Schlüssel an sich ge-nommen. **10.** ⟨etwas auf sich n.⟩ *übernehmen, sich aufbürden:* ich nehme die Verantwortung auf mich; er hat es auf sich genommen, den Plan aus-zuführen. **11.** ⟨etwas n.⟩ *(ein Hindernis o. ä.) über-winden, bezwingen:* ein Hindernis, eine Hürde n.; das Auto nahm den Berg, die Steigung im dritten Gang; die Stellungen des Feindes wurden [im Sturm] genommen *(erobert).* **12.** /verblaßt oder in festen Wendungen/: einen Verlauf n. *(verlaufen);* etwas in Arbeit n. *(beginnen, an etwas zu arbei-ten);* einen Aufschwung n. *(sich aufwärts entwik-keln);* auf jmdn., etwas Einfluß n. *(jmdn., etwas entscheidend beeinflussen);* eine Entwicklung n. *(sich in bestimmter Weise entwickeln).* * **es sich (Dativ) nicht nehmen lassen, etwas zu tun** *(darauf bestehen, etwas zu tun)* · (ugs.:) **jmdn. zu nehmen wissen** *(jmdn. richtig zu behandeln verstehen)* · **et-was auf sich nehmen** *(etwas übernehmen).*

Neid, der: *Mißgunst:* heftiger N.; der blasse, pure *(sehr großer)* N. sprach aus seinen Worten; R: (ugs.:) nur kein N.!; das ist der N. der Besitz-losen; das muß der N. ihm/ihr lassen! *(diese Gabe, Fähigkeit o. ä. muß man, wenn auch wider-*

willig, anerkennen) · der N. frißt, nagt an ihm; N. empfinden (geh.); sein Reichtum erregt, erweckt viel N.; etwas mit N. betrachten; alle sahen ihn voll N. an; sie waren von N. erfüllt (geh.); sie platzte fast vor N. (ugs.). * **vor Neid erblassen** *(sehr neidisch werden)* · **blaß/gelb/grün vor Neid werden** *(heftigen Neid empfinden).*
neiden (geh.) ⟨jmdm. etwas n.⟩: *mißgönnen:* jmdm. seinen Erfolg, Gewinn, sein Glück n.
neidisch: *mißgünstig, von Neid erfüllt:* neidi-sche Nachbarn, Geschwister; sie folgten ihm mit neidischen Blicken; neidische Blicke auf jmdn., etwas werfen; er ist n. auf meinen Erfolg; die Kinder sind immer n. aufeinander; da kann man schon n. werden; etwas n. betrachten.
Neige, die (geh.): *Rest einer Flüssigkeit in einem Gefäß:* die N. im Glas stehenlassen; die N. aus-trinken, weggießen; er hat sein Glas bis zur N. *(völlig)* ausgetrunken, geleert. * (geh.:) **etwas geht auf die/zur Neige** *(geht zu Ende):* die Vorräte ge-hen langsam zur N.; der Tag, das Jahr geht zur N.; (geh.:) **bis zur Neige** *(bis zum Ende; vollstän-dig):* etwas bis zur [bitteren] N. durchstehen, aus-kosten müssen.
neigen /vgl. geneigt/: **1.** (geh.) ⟨sich, etwas n.⟩ *[herab]beugen; senken:* den Kopf zum Gruß, als Zeichen der Demut n.; sich nach vorn, nach links n.; den Körper zur Seite n.; der Zeiger der Waage neigt sich nach unten; die Mutter neigt sich über das Kind; er neigte *(verneigte)* sich ehrfurchtsvoll vor dem Toten; die Bäume neigen ihre Zweige bis zur Erde; die Zweige neigten sich zur Erde; ü. (geh.): der Tag, das Jahr hat sich geneigt *(seinem Ende zugeneigt).* **2.** ⟨etwas n.⟩ *schräg hal-ten:* das Glas, die Flasche n. **3.** ⟨etwas neigt sich⟩ *etwas fällt schräg ab:* das Gelände neigt sich hier nach Norden; eine geneigte Fläche. **4.** ⟨zu etwas n.⟩ **a)** *für etwas anfällig sein, einen Hang zu etwas haben:* er neigt zu Erkältungen, zur/zu Korpu-lenz; ein zum/zu Jähzorn neigender Mann. **b)** *zu etwas tendieren:* zu der Ansicht, der Auffassung n.; man neigt heute allgemein dazu, ...
Neigung, die: **1.** *das Neigen:* er verabschiedete sich mit einer N. des Kopfes. **2.** *das Geneigtsein, das schräge Abfallen eines Geländes o. ä.:* die N. des Geländes, des Hanges, der Straße, des Tur-mes beträgt 18 Grad. **3.** (geh.) **a)** *Hang, Disposi-niertsein:* eine N. zum Trunk, zur Korpulenz; er hatte eine N. zum ständigen Kritisieren; nie-mand vermochte seine N. zu teilen *(war gleicher Meinung);* er hatte, verspürte, zeigte wenig N. *(Lust),* diesem Plan zuzustimmen; **Börse:** die Papiere haben N. zu steigen *(tendieren zum Stei-gen);* **Chemie:** dieser Stoff hat große N., sich mit Chlor zu verbinden. **b)** *Anlage, Vorliebe:* künstlerische, musikalische Neigungen; N. zur Schauspielerei unterstützen; er hat etwas ab-seitige Neigungen; seinen Neigungen leben. **4.** (geh.) *Zuneigung, Sympathie:* jmds. N. erwacht; er gewann ihre N.; sie erwiderte seine N. nicht; er faßte sehr schnell N. zu ihr.
nein (Partikel): **1. a)** */Äußerung der Ablehnung auf eine Frage/:* "Kommst du?" – "N.!"; n., danke!; subst.: sein Nein klang etwas zaghaft; ein eindeutiges Nein; er antwortete mit einem klaren, deutlichen Nein; viele Wähler haben mit Nein gestimmt. **b)** /in Ausrufen/: n.!; n., n.!; aber

n.!; ach n.!; o n.!; n., so etwas!; n. doch!; n., niemals!; n. und abermals n.!; n., so ein Glück! 2. /Bitte oder Äußerung des leisen Zweifels an der voraufgegangenen verneinten Aussage/ *nicht wahr?*: du gehst doch jetzt noch nicht, n.? 3. /gibt eine Steigerung an/ *mehr noch, sogar:* das ist eine schwierige, n. unlösbare Aufgabe; er schätzte ihn, n. er verehrte ihn. 4. /zur Anreihung eines Satzes/: n., das kann ich nicht glauben; n., das ist ja unmöglich. * **nicht nein sagen können** *(zu gutmütig sein)* · **nein [zu etwas] sagen** *(etwas ablehnen)*.

nennen: 1. a) ⟨jmdn., etwas n.; mit Gleichsetzungsakkusativ⟩ *den Namen geben, bezeichnen, rufen:* wie wollt ihr das Kind n.?; er heißt Joseph, aber man nennt ihn Joschka; damals nannte man ihn einen Helden; diesen König nannte man „den Großen"; das nenne ich *(das ist)* wirklich eine Überraschung; das nenne ich arbeiten; man nannte ihn Johannes nach seinem Großvater; er ist das, was man einen Angeber nennt *(er ist ein Angeber).* **b)** ⟨sich n.; mit Gleichsetzungsnominativ⟩ *sich bezeichnen als:* sich freier Schriftsteller n.; er nennt sich Christ; er nennt sich dein Freund; dieses Lokal nennt sich großartig Bar; ⟨auch mit Gleichsetzungsakkusativ⟩ er nennt sich einen Christen. **c)** ⟨jmdn. bei etwas/mit etwas n.⟩ *rufen, ansprechen:* jmdn. mit dem Namen, bei seinem Vornamen n. **2.** ⟨jmdn., etwas n.⟩ *anführen, angeben:* er, sein Name wurde [nicht] genannt; können Sie Beispiele n.?; die Teilnehmer wurden namentlich genannt; besonders genannt sei ...; er ist an erster Stelle im Zusammenhang mit dem Attentat zu n.; die genannten Personen sollen sich melden; ⟨jmdm. jmdn., etwas n.⟩ nennen Sie mir bitte Ihren Namen!; können Sie mir den Preis der Waren n.?; jmdm. den Grund für etwas n.; können Sie mir ein gutes Hotel, einen guten Arzt n.? **3.** ⟨jmdn., sich, etwas n.; mit Artangabe⟩ *bezeichnen:* etwas gut, vorbildlich n.; man kann sie nicht hübsch n.; das nenne ich tollkühn, gekonnt, den Bock von Gärtner gemacht; das nennst du schön?; wenn Sie das so n. wollen.

Nenner, der (Math.): *die unter dem Bruchstrich stehende Zahl:* Zähler und N.; der N. eines Bruchs; den gemeinsamen N. suchen; Brüche auf einen, den gleichen, denselben N. bringen; übertr.: der gemeinsame N. *(eine gemeinsame Grundlage)* ist ... * **etwas auf einen [gemeinsamen] Nenner bringen** *(etwas in Übereinstimmung bringen):* seine Interessen auf einen N. bringen.

Nerv, der: **1.** *Nervenfaser:* motorische, vegetative Nerven; der N. liegt frei; den N. [im Zahn] töten, ziehen, freilegen; übertr.: das Buch trifft den N. der Zeit. **2.** ⟨Plural⟩ *nervliche Konstitution:* starke, gute, eiserne (ugs.), schwache Nerven; Nerven aus Stahl, wie Drahtseile/Stricke haben *(eine starke nervliche Konstitution haben);* für diese, zu dieser Arbeit hast du nicht die Nerven *(du bist dafür nervlich nicht geeignet);* seine Nerven sind völlig zerrüttet, haben versagt, gingen ihm durch; meine Nerven halten das nicht aus; seine Nerven waren zum Zerreißen gespannt *(er war in einem Zustand äußerster Anspannung);* er kennt keine Nerven (ugs.; *hat eine sehr robuste nervliche Konstitution);* er hat die besseren Nerven; das kostet Nerven; die Nerven behalten

(nicht nervös werden); sie hat die Nerven *(die Beherrschung)* verloren; er zeigte Nerven *(wurde nervös);* der Film geht an die Nerven; der Lärm zerrt an den Nerven; völlig mit den Nerven fertig sein (ugs.), heruntersein (ugs.), am Ende sein (ugs.); du hast [vielleicht] Nerven! *(du kommst auf seltsame Ideen).* * (ugs.:) **den Nerv haben, etwas zu tun** *(den Mut, die Frechheit haben, etwas zu tun)* · (ugs.:) **jmdm. den [letzten] Nerv töten** *(jmdn. durch sein Verhalten belästigen)* · (ugs.:) **jmdm. auf die Nerven fallen/gehen** *(jmdm. lästig werden).*

nervös: 1. *vom Nervensystem ausgehend:* ein nervöser Reflex; nervöse Zuckungen; die Krankheit, der Schmerz ist [rein] n. bedingt; etwas wird n. *(durch bestimmte Nerven)* gesteuert. **2.** *reizbar, erregt, unruhig:* nervöse Unruhe, Spannung, Hast, Gereiztheit; er wird immer nervöser; das Warten macht ihn ganz n.; er wirkt sehr n.; er rauchte n., trommelte n. auf dem Tisch.

Nessel, die: *Brennessel:* sich an einer N. verbrennen. * (ugs.:) **sich [mit etwas] in die Nesseln setzen** *(Unannehmlichkeiten zuziehen).*

Nest, das: **1.** *Brutstätte der Vögel, Bau bestimmter Tiere:* ein kunstvoll gebautes, kleines, leeres N.; ein N. aus Zweigen; das N. der Amsel; ein N. voll Eier, voll kleiner Mäuse; die Kinder haben ein N. gefunden, entdeckt, ausgenommen, ausgehoben; die Vögel bauen, verlassen ihre Nester; der Vogel, das Huhn sitzt auf dem N.; ein Vögelchen ist aus dem N. gefallen; vier Eier lagen im N.; übertr.: *Schlupfwinkel:* ein N. von Hehlern ausheben; als die Polizei kam, das N. leer. **2.** (fam.) *Bett:* heraus mit euch aus dem N.!; alle liegen noch im N.; ins N. gehen. **3.** (ugs.) *kleine Ortschaft:* ein kleines, ödes, langweiliges, gottverlassenes (ugs.) N.; ein stamme aus einem N. im Odenwald; in diesem N. gibt es nicht mal ein Café. * **das eigene/sein eigenes Nest beschmutzen** *(schlecht über die eigene Familie o. ä. sprechen)* · (ugs.:) **sich ins warme/ins gemachte Nest setzen** *(in gute Verhältnisse einheiraten).*

nett: a) *freundlich, liebenswürdig:* ein netter Mensch; das sind sehr nette Leute; er, sie ist ein netter Kerl (ugs.; *ist sehr nett);* ein netter Kreis; mein Freund ist sehr n.; die Leute waren sehr n. zu ihm; das ist aber nett (ugs.), furchtbar (ugs.) n. von dir; das war aber gar nicht n.; seien Sie bitte so n. und reichen Sie mir das Buch; n., daß du anrufst; subst.: er wollte mir etwas Nettes sagen. **b)** *hübsch, ansprechend, gefällig:* ein nettes Städtchen, Lokal; ein netter Abend; das Kleid ist sehr n.; es war wieder sehr n. bei euch; sie sieht n. aus mit dieser Frisur; in diesem Restaurant sitzt man sehr n.; wir haben n. geplaudert, uns n. unterhalten; das machst du ganz n. (ugs.; *gut);* die Sache hat ihn ein nettes *(nicht geringes)* Sümmchen gekostet. subst.: ich habe etwas Nettes erlebt · **c)** (ugs. iron.) *unangenehm; wenig erfreulich:* das ist ja nette Aussichten, Zustände; das ist ja eine nette Bescherung, Sache, Geschichte; das kann ja n. werden!

Netz, das: **1. a)** *zum Festhalten, Haltgeben o. ä. dienendes Gebilde aus Maschen:* ein enges, weitmaschiges, grobes, dichtes N.; ein N. voll Fische; die Netze reißen; ein N. knüpfen, flicken, ausbessern; Netze *(Fischernetze)* auswerfen, ausbringen, stellen, spannen; das N. zum Trocknen ausbreiten, aufhängen; die Maschen des Netzes; Fische zappelten im N.; er fängt Schmetterlinge mit dem N.; sie trägt ein N. *(Haarnetz)* überm Haar; sie packte alle Sachen ins N. *(Einkaufsnetz);* Sport: den Ball ins N. *(Tor)* schießen; der Ball zappelte im N. (ugs.; *Tornetz*); die Artistin arbeitet ohne N. *(ohne ein unter ihr ausgespanntes Netz als Schutzvorrichtung);* übertr.: das N. der sozialen Sicherungen, das soziale N.; er versuchte das N. ihrer Lügen zu zerreißen; er hat überall seine Netze ausgeworfen *(knüpft vielerlei Verbindungen zugleich).* **b)** (Sport) *netzartiges Band, das zwei Spielfelder voneinander trennt:* der Ball hat das N. berührt; am N. sein; ans N. gehen; er hat den Ball ins/übers N. geschlagen. **2.** *Spinnengewebe:* das N. der Spinne; die Spinne sitzt, hockt, lauert in ihrem N. **3.** *netzartiges System, verzweigte [technische] Anlagen:* ein weitverzweigtes, dichtes, weltumspannendes, unentwirrbares N.; ein Telefon, einen Sender an das N. *(Fernmeldenetz)* anschließen; das Atomkraftwerk wird bald ans N. *(Stromnetz)* gehen; ein N. von Adern, Schienen, Drähten; ein N. von Kanälen durchzieht das Land; übertr.: ein N. therapeutischer Beratungsstellen, von Kontrollmaßnahmen; ein N. von Vorschriften und Verfügungen. * **sich im eignen Netz/in den eignen Netzen verstricken** *(sich durch seine üblen Machenschaften selbst in eine ausweglose Lage bringen)* · **jmdm. ins Netz gehen** *(von jmdm. gestellt, gefaßt werden).*

neu: **a)** *vor kurzer Zeit entstanden, hergestellt; noch nicht gebraucht:* ein neues Haus; neue Kleider, Schuhe; ein ganz neues Auto; das Geldstück ist ganz n.; auf dem neuesten Stand sein: der Mantel sieht noch [wie] n. aus; etwas auf n. herrichten (ugs.; *so herrichten, daß es wieder wie neu aussieht*); subst.: öfter mal was Neues; Altes und Neues; das Neueste vom Neuen. **b)** *bisher nicht vorhanden, nicht bekannt, neuartig:* eine völlig neue Methode, Erfindung; neue Erkenntnisse; die neuen Medien; die neue Armut; eine neue Ära; ein neues Zeitalter ist angebrochen; ich bin ein neuer Mensch geworden *(habe mich geändert);* er kleidet sich nach der neu[e]sten Mode; ein neues Modell; neue Wege gehen *(neue Methoden anwenden);* das ist ein neuer Gesichtspunkt; ein neuer Rekord; einer Sache einen neuen Sinn, eine neue Wendung geben; das ist ein neues Mittel; neue Tänze lernen; das ist eine neue Seite seines Wesens; er fühlt sich wohl in der neuen Umgebung; das neueste ist, daß ...; kennst du schon den neu[e]sten Witz?; subst.: das ist das Neu[e]ste auf dem Markt; das Neue an der Sache ist, ...; was gibt es Neues?; allem Neuen ablehnend gegenüberstehen; er hat auf seiner Reise viel Neues gesehen, erfahren. **c)** *Vorhergegangenes ablösend; anders:* er hat eine neue Stellung; sie haben einen neuen Lehrer, Kollegen; die Waren haben neue Preise; sie hat jetzt einen neuen Freund; neuen Mut schöpfen; ein neuer Tag beginnt; sie hat eine neue Frisur; eine neue Flasche Wein auf den Tisch stellen; eine neue Seite, Zeile beginnen; ein glückliches neues Jahr wünschen; zu Anfang der neuen *(gerade beginnenden)* Woche; etwas n. *(noch einmal)* bearbeiten, ordnen, anfertigen; das Haus wurde n.

verputzt *(mit einem neuen Putz versehen);* er ist n. zu der Gruppe hinzugekommen; R: auf ein neues! *(noch einmal von vorn);* subst. (ugs.): das ist der Neue *(der neue Mitarbeiter, Schüler, Kollege o. ä.).* **d)** *noch nicht lange zurückliegend; aktuell:* die neu[e]sten Nachrichten, Meldungen; die neueren *(nicht klassischen)* Sprachen; in neuerer, neu[e]ster Zeit; etwas ist neueren Datums; er ist n. hier (ugs.; *kennt sich noch nicht aus*); das Paar ist n. vermählt. **e)** *von diesem Jahr; frisch:* neue Kartoffeln; neue Heringe; neuen Wein trinken. **f)** ⟨etwas ist jmdm. n.⟩ *etwas war jmdm. bisher nicht bekannt:* daß jetzt doch verhandelt werden soll, ist mir n. * **seit neuestem** *(neuerdings)* · **aufs neue** *(erneut)* · **von neuem** *(nochmals).*

neuerdings ⟨Adverb⟩: *seit kurzer Zeit:* er fährt n. mit dem Bus; sie kleidet sich n. sehr gut.

neugeboren: *gerade geboren:* ein neugeborenes Kind; nach dem Bad fühlten sie sich wie n. *(sehr erfrischt);* subst.: das Neugeborene.

Neugier, Neugierde, die: *Verlangen, etwas [Neues] zu erfahren, zu wissen:* kindliche, brennende (geh.), unverhohlene *(nicht verborgene),* lebhafte, maßlose N.; wissenschaftliche, sexuelle N. *(Wißbegierde);* die N. *(Wißbegierde)* des Forschers; die N. auf den Inhalt des Briefes; die N. zu erfahren, ob ...; ihn plagt, packt die N.; seine N. befriedigen, stillen, zügeln, zähmen, verbergen; keine N. zeigen; etwas reizt, weckt, erregt [jmds.] N.; jmds. N. anstacheln; er kam aus reiner (ugs.), purer (ugs.; *bloßer*) N.; vor N. platzen (ugs.; *sehr neugierig sein).*

neugierig: *von Neugier erfüllt; Neugier ausdrückend:* ein neugieriger Blick; neugierige Fragen stellen; sie waren von neugierigen Menschen umringt; er ist sehr, schrecklich (ugs.), furchtbar (ugs.) n.; sei nicht so n.!; ich bin n. *(möchte wissen),* wie das ausgehen wird; jmdn. n. betrachten; n. fragen; seine Worte machten uns n., ließen uns n. werden *(weckten unsere Neugier);* ⟨auf jmdn., etwas n. sein⟩ wir waren n. auf den neuen Kollegen; ich bin n. auf deine neue Wohnung; subst.: der Unfall lockte viele Neugierige an.

Neuheit, die: **1.** *das Neusein:* die N. einer Theorie anzweifeln; das ist der Reiz der N. *(der Reiz, der von etwas Neuem ausgeht).* **2.** *etwas Neues, ein neues Produkt:* eine technische, modische N.; Neuheiten auf dem Buchmarkt, im EDV-Bereich; Neuheiten zeigen, vorführen.

Neuigkeit, die: *neue Nachricht; Begebenheit, die gerade erst bekannt wird:* eine interessante, aufregende, unerhörte N.; Neuigkeiten über, von jmdm., etwas; sie brachte viele Neuigkeiten aus der Stadt mit; woher hast du diese N.?; eine N. wissen, berichten, mitteilen, erzählen.

neulich ⟨Adverb⟩: *vor kurzer Zeit:* er hat mir n. erzählt, daß ...; n., als ich ihn sah, sagte er ...; n. morgens; n. bei der Konferenz; er hat den Schrecken von n. noch nicht überwunden.

neun ⟨Kardinalzahl⟩: *9:* es waren n. Personen; wir waren zu neunt/(ugs.:) zu neunen/(geh.:) unser n.; es ist n. [Uhr]; um [Punkt] n.; es schlägt n.; viertel vor/nach n.; halb n.; er kommt gegen n.; er wird n. [Jahre alt]; n. zu vier gewinnen; alle neun[e]!/Kegeln; *Ausruf, wenn alle Kegel auf einen Wurf fallen/;* subst.: eine Neun *(Spielkarte)* ausspielen; die Neun (ugs.; *[Straßen]-*

bahn der Linie 9); ach, du grüne Neune!/ ugs.; *Ausruf des Erstaunens, der Mißbilligung/.*
neunte: ↑achte.
neunzig: ↑achtzig.
neutral: 1. a) *keiner der kriegführenden Parteien, keinem Staatenbündnis angehörend:* ein neutraler Staat; die neutrale Schweiz; ein neutrale *(entmilitarisierte)* Zone; das Land war, blieb n.; s u b s t. : die Neutralen *(die neutralen Länder).* **b)** *unparteiisch:* ein neutraler Beobachter; eine neutrale Haltung; sich an einem neutralen Ort treffen; das Spiel findet auf neutralem Platz statt; die neutrale *(keinem der Gegner zugeordnete)* Ecke des Boxringes; sein Bericht, Urteil ist n.; ideologisch, politisch n.; sie verhielt sich absolut, völlig n. **2.** *nicht auffällig und zu allem passend:* eine neutrale Farbe; ein neutraler Briefumschlag; ein im Geschmack neutrales Salatöl; die Farbe muß n. sein. **3. a)** (Chemie) *weder basisch noch sauer reagierend:* eine neutrale Lösung; etwas verhält sich chemisch n. **b)** (Physik) *weder positiv noch negativ reagierend:* neutrale Elementarteilchen; das Atom ist [elektrisch] n.
nicht I. ⟨Adverb⟩: /*drückt eine Verneinung aus*/: ich n.!; ich kann n. kommen; kennst du mich n. mehr?; er wird n. so bald/so schnell wiederkommen; das ist etwas noch n. Dagewesenes; n. einer *(keiner)* hat geholfen; /in Ausrufen/: n.!, n. doch!; n. mit mir!; nur n.!; n. zu glauben!; n. zu sagen!; was es n. alles gibt!; was du n. sagst!; warum n.! (ugs.; *man kann's ja mal probieren!);* n. möglich! *(das kann doch nicht sein!);* /in Aufforderungen/: bitte n. füttern, n. berühren, n. werfen!; /verstärkt/: [ganz und] gar n.; durchaus n.; n. im mindesten, im geringsten; n. nur, n. allein /in Wortpaaren/: n. nur/(auch:) bloß ..., sondern auch; n. ... noch (geh.; *weder ... noch);* /als doppelte Verneinung/: sie ist n. ungeschickt *(ist recht geschickt);* das ist n. übel *(ganz gut);* sie ist n. dumm *(klüger als erwartet).* **II.** ⟨Partikel⟩: /*dient zur Bekräftigung und Bestätigung/:* willst du n. mitkommen?; ist es n. schön hier?; das ist doch dein Bruder, n. [wahr]?! * (ugs.:) **nicht [so] ohne sein** *(nicht so harmlos, sondern bedeutender, stärker o. ä. sein, als man annehmen könnte).*
nichtig: 1. a) (geh.) *wertlos:* nichtige Dinge; nichtiger Tand; alles erschien ihm n. **b)** *belanglos:* ein nichtiger Grund, Einwand, Streit; aus nichtigem Anlaß; die Sorgen, Wünsche der Menschen sind n. **2.** (Rechtsw.) *ungültig:* viele Ratenkredite sind n.; einen Vertrag für n. erklären.
nichts ⟨Indefinitpronomen⟩: **a)** *nicht das mindeste, geringste:* n., gar n., so gut wie n. zu trinken haben; n. sagen, hören können; daraus wird n.!; aus dem Vorhaben ist n. geworden; er macht sich n. aus Alkohol; er stellt n. vor (ugs.; *ist unscheinbar);* er hatte n. von diesem Vortrag (ugs.; *der Vortrag bot ihm wenig Interessantes);* [das] macht n. *([das] ist nicht schlimm);* der Hund tut dir n.; n. zu machen! *(das kann nicht mehr geändert werden);* n. zu danken/ *Erwiderung auf einen Dank/*; n. für ungut! /*Entschuldigungsformel/*; n. da! (ugs.; *das kommt nicht in Frage);* er hat mit dieser Sache n. zu tun; die Sache ist n. weniger als einfach *(sehr schwierig)* gewesen; n. gegen deine Pläne, aber ... (ugs.). **b)** *keine Sache:* n. ist so leicht, als alles zu kritisieren; es ist n. unangeneh-

mer als ...; sonst, weiter n.?; wenn es weiter n. ist ... *(wenn das alles ist ...);* es gibt n., was ...; er wollte alles oder n. haben; es soll dir an n. fehlen; auf n. Appetit haben; sie war durch n. zu überzeugen; jmdn. für n. achten (geh.; *geringschätzen);* er ist für n. zu begeistern; er unterscheidet sich in n. von seinem Vorgänger; er ist mit n. zufrieden; das Geschenk sieht nach n. aus (ugs.; *fällt nicht genug ins Auge);* er ist um n. besser als andere; ich weiß von n. *(weiß nichts von der Sache);* er redet von n. anderem als von seinen Plänen; vor lauter Arbeit zu n. anderem kommen (ugs.); die Flecken gingen weg wie n. (ugs.; *schnell und mühelos);* das führt zu n. (ugs.; *hat keinen Sinn);* er hatte sonst n., weiter n. bei sich; sie haben mit ihm n. als *(nur)* Ärger; (ugs.:) n. wie *(nur)* weg, hin, raus, heim!; n. von alledem trifft zu; er hat n. dergleichen gesagt; R: aus n. wird n.; von n. kommt n. **c)** *nicht etwas:* n. Genaueres, Näheres wissen; das ist nichts Besonderes; s u b s t. : sie haben das aus dem Nichts geschaffen. * (ugs.:) **nichts für jmdn. sein** *(nicht zu jmdm. passen; nicht für jmdn. taugen)* · **sich in nichts auflösen: a)** *(spurlos verschwinden).* **b)** *(nicht verwirklicht werden, fallengelassen werden)* · (ugs.:) **auf etwas nichts geben** *(einer Sache keine Bedeutung beimessen)* · (ugs.:) **für nichts und wieder nichts** *(völlig umsonst, vergeblich)* · **vor dem/vor einem Nichts stehen** *(alles verloren haben).*
nicken: 1. a) *den Kopf [mehrmals] kurz senken und heben:* beifällig zustimmend, verständig, freundlich, nachdenklich, bedeutungsvoll n.; er nickte stumm mit dem Kopf; als Antwort nickte sie nur. **b)** (geh.) ⟨etwas n.⟩ *durch Nicken ausdrücken:* Zustimmung n.; ⟨jmdm. etw. n.⟩ er nickte ihm Beifall. **2.** (fam.) *schlafen:* ein wenig n.
nie ⟨Adverb⟩: *zu keiner Zeit, niemals:* n. mehr!; n. wieder Krieg!; einmal und n. wieder; jetzt oder n.!; fast n.; das war noch n. da!; [das habe ich noch] n. gehört!; das schaffst du n.; eine n. wiederkehrende Gelegenheit; das Interesse war n. größer als heute, ist so groß wie [noch] n. [zuvor]. * (ugs.:) **nie und nimmer** *(auf gar keinen Fall).*
nieder: I. ⟨Adjektiv⟩ **1.** (landsch.) *niedrig:* ein niederer Schemel; niederes Gebüsch; bei niederen *(geringen)* Temperaturen; die Mauer ist sehr n., ist ihm zu n. **2.** *gesellschaftlich tiefer stehend; von geringem Rang:* der niedere Adel; die niedere Geistlichkeit; niedere Beamte; er war von niederer Herkunft; ü b e r t r. (geh.): niedere *(geringgeachtete)* Arbeiten verrichten müssen. **3.** (Biol.) *auf einer niedrigen Entwicklungsstufe stehend:* niedere Tiere, Pflanzen. **4.** (selten) *primitiv; sittlich tiefstehend:* niedere Triebe; die niedersten Instinkte wecken. **II.** ⟨Adverb⟩ *meist in Verbindung mit Verben⟩ hinunter, abwärts, zu Boden:* n. [mit ihm]!; die Waffen n./n. mit den Waffen!
niederbrennen: 1. a) *durch Brand völlig zerstört werden:* das Haus, der Hof brannte [bis auf die Grundmauern] nieder. **b)** *herunterbrennen:* die Kerze, das Feuer ist niedergebrannt. **2.** ⟨etwas n.⟩ *in Brand stecken und völlig verbrennen lassen:* ein Dorf n.; ⟨jmdm. etwas n.⟩ jmdm. das Haus n.
niederdrücken: 1. ⟨jmdn., etwas n.⟩ *nach unten, zu Boden drücken:* jmdn. auf den Stuhl n.; die Türklinke n.; der Regen hat das Getreide nie-

dergedrückt; der Wind drückte die Flammen nieder. **2.** (geh.) ⟨etwas drückt jmdn. nieder⟩ *etwas deprimiert jmdn.*: die Nachricht, der Mißerfolg drückte ihn nieder; eine niedergedrückte Stimmung; er ist seit Tagen sehr niedergedrückt.
Niedergang, der (geh.): *Verfall, Untergang:* ein unaufhaltsamer N.; der N. des römischen Reiches, der Kultur, der Moral, der Sitten.
niedergehen: 1. *landen:* der Ballon ging, er ging mit dem Ballon über einem Waldstück nieder; die Raumkapsel ging sicher auf dem Wasser nieder; die Maschine ging fast ohne Treibstoff in Denver nieder. **2.** ⟨etwas geht nieder⟩ **a)** *etwas fällt mit Heftigkeit nieder:* eine Lawine ging nieder; ein heftiger Regen, ein Wolkenbruch ging [auf die Stadt, über dem Land] nieder; übertr.: ein furchtbarer Bombenhagel war über die/über der Stadt niedergegangen. **b)** (selten) *etwas senkt sich herab, fällt:* der Vorhang ging nieder.
niedergeschlagen: *sehr traurig, deprimiert:* er macht einen niedergeschlagenen Eindruck; er war, wirkte sehr n.
Niedergeschlagenheit, die: *das Niedergeschlagensein:* große, tiefe N. befällt jmdn.
Niederlage, die **1.** *das Besiegtwerden in einem Kampf:* eine schwere, demütigende, schmähliche, militärische N.; die N. war vernichtend; die N. (die verlorene Schlacht) von Waterloo; eine N. erleiden, erleben, einstecken [müssen], hinnehmen [müssen]; jmdm. eine N. beibringen, zufügen, bereiten; die Mannschaft bezog eine knappe N., war am Rande einer N., hat sich von ihrer N. erholt; übertr.: der Politiker erlebte eine persönliche N., wollte sich keine N. nicht eingestehen. **2.** *[Zwischen]lager:* Waren aus der N. holen, in die N. schaffen. **3.** (veraltend) *Niederlassung:* die Firma hat hier eine N.
niederlassen: 1. (veraltend) ⟨jmdn., etwas n.⟩ *herunterlassen:* die Fahne, eine Last n.; er wurde an einem Seil niedergelassen. **2. a)** ⟨sich n.⟩ *setzen:* kommt herein und laßt euch nieder; sich am Tisch, auf dem/den Boden, in einem/in einen Sessel n.; die Tauben hatten sich auf der Dachrinne niedergelassen; die Gläubigen ließen sich auf die Knie nieder *(knieten nieder)*. **b)** ⟨sich n.⟩ *mit Raumangabe⟩ sich irgendwo ansiedeln, seßhaft werden:* die Firma hat sich in Köln niedergelassen. **c)** ⟨sich n.⟩ *eine eigene Praxis, Kanzlei o. ä. eröffnen:* er hat sich [als Arzt, als Anwalt in Berlin] niedergelassen. * (ugs.:) **sich häuslich niederlassen** (gewöhnlich mit Raumangabe) *(längere Zeit bleiben).*
niederlegen: 1. ⟨etwas n.⟩ *aus der Hand, auf den Boden legen; hinlegen:* das Werkzeug, den Hammer, eine Last n.; legt eure Schulranzen auf dem/den Boden nieder; am Mahnmal wurden Kränze niedergelegt; übertr.: die Soldaten legten die Waffen nieder *(kämpften nicht weiter).* **2.** ⟨etwas n.⟩ *abbrechen:* Mauern, ein Gebäude n. **3.** ⟨etwas n.⟩ *aufgeben; von etwas zurücktreten:* sein Amt, sein Mandat n.; sie haben die Arbeit niedergelegt *(sind in den Streik getreten)* **4.** ⟨jmdn., sich n.⟩ *zur Ruhe legen, hinlegen:* das Kind n.; sich zur Ruhe, zum Schlafen n.; sie hat sich ein wenig [auf das/dem Bett] niedergelegt. **5.** ⟨etwas n.⟩ *schriftlich festhalten:* etwas [hand]schriftlich n.; Gedanken, Ergebnisse in einem Aufsatz n.

niederprasseln ⟨etwas prasselt nieder⟩: *etwas fällt mit Heftigkeit nieder:* Regen, Hagel prasselt [auf die Felder] nieder; übertr.: Fragen, Vorwürfe, Schimpfwörter prasselten auf ihn nieder.
niederreißen ⟨etwas n.⟩: *einreißen, abreißen:* ein Haus, eine Mauer, einen Zaun, ein Hindernis n.; ganze Straßenzüge wurden niedergerissen; übertr.: Standessschranken n.
Niederschlag, der: **1.** *aus der Atmosphäre auf die Erde niederfallende Feuchtigkeit o. ä.:* leichter, starker, geringer, häufiger, radioaktiver N.; N. in Form von Schnee; N. fällt; Niederschläge ansagen. **2.** *Bodensatz:* ein N. setzt sich auf dem Boden der Flasche ab. **3.** *Ausdruck:* seine Worte waren der N. seiner Verärgerung; die veränderten Verhältnisse fanden in neuen Gesetzen ihren N. **4.** (Boxen) *den Boxer zu Boden zwingender Schlag:* sich von einem N. nicht mehr erholen.
niederschlagen /vgl. niedergeschlagen/: **1.** ⟨jmdn. n.⟩ *[durch einen Schlag] zu Boden strecken:* einen Angreifer n.; er hat seinen Gegner mit einem Fausthieb niedergeschlagen; übertr.: der Regen hat das Getreide niedergeschlagen *(zu Boden gedrückt).* **2.** ⟨etwas n.⟩ **a)** *niederwerfen, gewaltsam unterdrücken:* einen Aufstand, eine Revolte blutig n.; einen Streik, eine Verschwörung n. **b)** (Rechtsw.) *einstellen:* ein Verfahren, einen Prozeß n. **3.** ⟨etwas n.⟩ *senken:* die Augen, die Blicke n. **4.** ⟨etwas schlägt sich nieder⟩ *etwas setzt sich ab:* der Nebel schlägt sich als Tau nieder; die Feuchtigkeit, der Dampf hat sich an den Wänden, auf den Scheiben niedergeschlagen. **5.** ⟨etwas schlägt sich in etwas nieder⟩ *etwas findet in etwas seinen Ausdruck:* die maßlose Enttäuschung schlägt sich in seinen Worten nieder; seine Erfahrungen haben sich in seinen Büchern niedergeschlagen. **6.** (Chemie) ⟨etwas n.⟩ *ausfällen, ausscheiden:* einen Stoff aus einer Lösung n.
niederschmettern: 1. ⟨jmdn. n.⟩ *heftig, brutal niederschlagen:* jmdn. mit einem Faustschlag n. **2.** ⟨etwas schmettert jmdn. nieder⟩ *etwas erschüttert jmdn. heftig, macht jmdn. mutlos:* die traurige Nachricht hatte sie niedergeschmettert; adj. Part.: *entmutigend:* ein niederschmetterndes Ergebnis, Urteil; etwas ist niederschmetternd.
niederstrecken (geh.): **1.** ⟨jmdn. n.⟩ *durch einen Schlag oder Schuß zu Fall bringen:* er wurde von einem Polizisten durch mehrere Schüsse niedergestreckt. **2.** ⟨sich n.⟩ *sich ausstrecken:* er streckte sich müde auf das/dem Bett nieder.
Niedertracht, die (geh.): *niedrige, gemeine Gesinnung; Bosheit:* was für eine N.!; solche N. hatte ihm niemand zugetraut; er ist zu solcher N. nicht fähig; eine N. *(boshafte Tat)* gegen jmdn. begehen, verüben.
niederträchtig: 1. *niedrig, böse, gemein:* eine niederträchtige Gesinnung, Tat, Verleumdung, Gemeinheit, Geschichte; ein niederträchtiger Kerl (ugs.); das ist n. von dir; jmdn. n. behandeln; solches n. sei etwas Niederträchtiges! **2.** (ugs.) **a)** *[unangenehm] groß, sehr stark:* eine niederträchtige Kälte; die Schmerzen waren n. **b)** *(verstärkend bei Adjektiven und Verben) sehr:* es war n. kalt; wir haben n. gefroren.
niederwerfen: 1. a) ⟨etwas n.⟩ *unterdrücken; niederschlagen:* einen Aufstand, eine Revolte, einen Angriff n. **b)** ⟨jmdn. n.⟩ *besiegen:* den Feind

n. **2.** ⟨sich n.⟩ *sich auf den Boden, auf die Knie werfen:* er warf sich [vor ihr] nieder. **3.** (geh.) ⟨etwas wirft jmdn. nieder⟩ **a)** *etwas macht jmdn. bettlägerig:* eine schwere Krankheit hat ihn [aufs Krankenlager] niedergeworfen. **b)** *etwas erschüttert jmdn. sehr:* die Nachricht warf sie nieder.

niedlich: *klein und zierlich, hübsch:* ein niedliches Mädchen; niedliche kleine Hunde, Kätzchen; ein niedliches Kleidchen; das Baby ist sehr n.; das Kind sieht sehr n. aus.

niedrig: 1. *von, in geringer Höhe:* ein niedriger Raum, Tisch; niedriges *(an Höhe unter dem Durchschnitt liegendes)* Gras; die Zimmer haben niedrige Decken, Türen; er hat eine niedrige Stirn; Schuhe mit niedrigen Absätzen; Sträucher von niedrigem Wuchs; dieser Hügel ist am niedrigsten; das Bild hängt zu n.; das Flugzeug flog sehr n.; der Kranke liegt mit dem Kopf zu n.; dieser Ort liegt niedriger *(tiefer)* als die anderen. **2.** *zahlen- oder mengenmäßig gering:* niedrige Preise; ein niedriger Betrag, Zinssatz; ein niedriger Einsatz beim Spiel; eine niedrige *(kleine)* Zahl; niedrige Löhne, Mieten; mit niedriger Geschwindigkeit fahren; niedrige Temperaturen; der Kurs der Wertpapiere ist n.; die Unkosten liegen niedriger, als befürchtet wurde. **3.** *von geringem gesellschaftlichem, entwicklungsmäßigem Rang:* ein Mensch von niedriger Herkunft, Geburt; er ist von niedrigem Stand; übertr. (geh.): niedrige *(geringgeachtete)* Arbeiten verrichten müssen. **4.** *sittlich tiefstehend, gemein:* aus niedrigen Beweggründen handeln; die niedrigsten Instinkte wurden geweckt; n. handeln.

niemals ⟨Adverb⟩: *zu keiner Zeit, nie:* das mache ich n. wieder, n. mehr; so etwas hatte er noch n. gesehen, gehört; das hätte ich n. geglaubt; n.!/ugs.: *Ausruf der Ablehnung!*.

niemand ⟨Indefinitpronomen⟩: *keiner, kein Mensch:* n. will es gewesen sein; das macht ihm n. nach; das weiß n. besser als du; er war n. da, der ihm Auskunft geben konnte; n. außer ihm war zu Hause; n. außer ich selbst; ich habe sonst n./n. sonst/(ugs.:) weiter n. gesehen; n. ander[e]s als du; er wollte n. anders/niemanden anders/n. anderen um sich haben; er wollte n./niemanden sehen; er war niemandes Feind; er hat niemandem etwas gesagt; du sollst mit n. Fremdem/Fremdes sprechen; er hat mit niemandem reden wollen; er hat mit n. anders/anderem gesprochen; er hat sich über niemanden geäußert; er hat sich von niemandem verabschiedet; subst.: ein Niemand sein *(völlig unbedeutend sein)*.

Niere, die: *harnbildendes Organ:* die rechte, linke N.; seine Nieren schmerzen, sind entzündet, geschrumpft, haben versagt, die Nieren blockieren, arbeiten nicht mehr; jmdm. eine N. entfernen; die Funktion der Nieren prüfen; er hat es an den Nieren (ugs.; *ist nierenkrank)*; er hat es mit den Nieren zu tun (ugs.; *ist nierenkrank*); Kochk.: saure Nieren; übertr.: künstliche N. *(Dialysegerät).* * (ugs.:) **etwas geht jmdm. an die Nieren** *(etwas nimmt jmdn. mit).*

nieseln ⟨es nieselt⟩: *es regnet leicht:* es nieselt heute den ganzen Tag.

niesen: a) *durch einen Schleimhautreiz verursacht, Luft krampfartig durch die Nase ausstoßen:* er niest laut, heftig, kräftig; er hat mehrmals n.

müssen, geniest; subst.: beim Niesen zuckte er zusammen. **b)** ⟨jmdm. n.⟩ *mit Raumangabe⟩ in eine bestimmte Richtung niesen:* er nieste dem Kind ins Gesicht.

¹**Niete,** die: *Bolzen zum Verbinden von Metallteilen:* Nieten in Eisenplatten schlagen, hämmern, einziehen; Blechteile mit Nieten verbinden.

²**Niete,** die: **1.** *Los, das nicht gewinnt:* das Los war eine N.; er hatte eine N. [gezogen]. **2.** (ugs.) *jmd., der zu nichts taugt; Versager:* er ist eine N. [im Sport]. N. kann man nichts anfangen.

nieten ⟨etwas n.⟩: *mit Nieten verbinden, befestigen:* Bleche, Eisenplatten n.

niet- und nagelfest ⟨in der Verbindung⟩ [alles,] *was nicht niet- und nagelfest ist* (ugs.): *alles, was man mitnehmen, wegtragen kann:* die Diebe nahmen mit, was nicht niet- und nagelfest war.

Nimbus, der (geh.): **1.** *Heiligenschein, Gloriole:* die Nimbusse der Heiligenfiguren waren aus Blattgold. **2.** *besonderes Ansehen, Ruf:* sein N. als großer Autor verblaßte; etwas gibt, verleiht jmdm. einen N.; sie hat ihren N. verloren; er hat den N., umgibt sich mit dem N. der Weisheit.

nimmer ⟨Adverb⟩: **1.** (veraltend) *niemals:* er wird n. zurückkehren. **2.** (südd., österr.) *nicht mehr, nicht länger:* er will's n. machen.

Nimmerwiedersehen ⟨in der Verbindung⟩ auf Nimmerwiedersehen (ugs.): *für immer:* eine Reihe meiner Bücher ist auf N. verschwunden.

nippen: *nur wenig, in kleinen Schlucken trinken:* sie nippt meist nur [am Wein, am Glas].

nirgends ⟨Adverb⟩: *an keinem Ort, an keiner Stelle, nirgendwo:* er war n. zu finden; er fühlt sich so wohl wie dort; er hält es n. lange aus; n. sonst gibt es so eine Auswahl; er geht n. hin.

Niveau, das: **1.** *Höhenstufe, Stand:* Straße und Bahnlinie haben das gleiche N.; das N. des Flusses heben, senken; das Grundstück liegt 10 m über, unter dem N. der Straße; übertr.: die Preise haben das höchste N. des Vorjahres erreicht. **2.** *Bildungsstand, Rang; Qualitätsstufe:* ein gutes, überdurchschnittliches, geringes N.; das geistige N. eines Menschen; das künstlerische N. einer Veranstaltung; das N. einer Zeitung; etwas hat [ein gewisses] N.; er hat wenig, kein N.; das N. halten, heben, senken; etwas entspricht nicht dem N. der Hörer, Leser; die Debatte zeugte von dem hohen N. der Teilnehmer; etwas bewegt sich auf einem niedrigen N.; ein Mann mit N.; eine Leistung von internationalem, beachtlichem N.; das war unter seinem N.

nobel: 1. (geh.) *großmütig, edeldenkend; anständig:* ein nobler Mensch, Charakter; eine noble Gesinnung, [Denkungs]art, Geste; er hat n. gehandelt, sich n. gezeigt. **2.** (ugs.) *großzügig, freigebig:* ein nobles Trinkgeld, Geschenk; er zeigt sich immer sehr n.; sie waren n. bewirtet worden. **3.** (oft spöttisch) *elegant:* ein nobles Hotel, Feuerzeug; ein nobler Pelz.

noch I. ⟨Adverb⟩: **1. a)** *bis zu diesem Zeitpunkt, bis jetzt:* er ist n. nicht zurück; das wußte ich [bis jetzt] n. nicht; er ist n. immer, n. immer krank; es regnet kaum n.; du bist n. jung; bist du n. da, wenn ich zurückkomme?; weißt du n., wie das war?; das hat es n. nie gegeben; das war n. nie da! (ugs.); du hast n. Zeit/n. hast du Zeit; n. ist es nicht zu spät. **b)** *zu einem zu erwartenden Zeit-*

punkt; irgendwann: er wird schon n. kommen; ich werde es dir n. mitteilen; du wirst es n. einmal bereuen. **c)** *nicht später als, nicht mehr als:* n. vor kurzer Zeit; n. am gleichen Tag; n. vor [dem] Abend]; n. heute soll er zurückkommen; ich habe [nur] n. 2 DM; es dauert n. 5 Minuten; übertr.: er erreichte den Zug gerade n. *(kurz vor der Abfahrt).* **d)** *bevor anderes geschieht:* ich muß n. duschen; ich mache das n. fertig. **e)** */drückt aus, daß ein Geschehen, ein Zustand später nicht mehr möglich gewesen wäre, nicht mehr möglich ist/:* er hat seinen Urgroßvater n. gekannt; daß ich das n. erleben darf! **f)** *womöglich sogar:* du kommst n. zu spät!; er wird dich [womöglich] n. überrunden. **2.** *außerdem; zusätzlich:* das ist n. größer, schöner, besser; er will n. mehr haben; das ist n. einmal *(doppelt)* so groß; wer war denn n. da?; n. eins wollte ich sagen; wünschen Sie n. etwas?; n. ein Bier, bitte!; er hat n. viel Arbeit; was gibt es n.?; ich möchte n. etwas sagen; bitte, n. einmal *(wiederholen)!;* der Junge ist n. gewachsen; auch das n.! /ugs.; *Ausruf der Verzweiflung/*; n. ein Wort! */in drohendem Ton hervorgebrachte Aufforderung, nicht weiterzusprechen/.* **3.** ‹in Verbindung mit *so*›/ *verstärkt das folgende Wort und zeigt ein konzessives Verhältnis an/:* er lacht über jeden n. so albernen Witz; du kannst n. so [sehr] bitten, es wird dir nichts nützen. **II.** ‹Konj.› */in Wortpaaren, die eine Verneinung ausdrücken/:* weder ... n.; sie hatten weder Zeit n. Geld für diese Sache · nicht ... n. (geh.): nicht Weg n. Steg war in der Dunkelheit zu erkennen; nicht er n. seine Frau, n. seine Kinder. **III.** ‹Partikel› **1.** */drückt eine Verstärkung aus/:* das ist n. Qualität!; auf ihn kann man sich [eben] n. verlassen. **2.** */drückt eine gewisse Erregung aus/:* das wirst du n. bereuen!; der wird sich n. wundern! **3.** */drückt Empörung, Erstaunen aus/:* man wird doch n. fragen dürfen!; da lachst du n.? **4.** *doch:* wie hieß er n. gleich?; wie war das n.? • **noch und noch/** (ugs.:) **nöcher** *(in großer Menge; in hohem Maß).*
nochmals ‹Adverb›: *noch einmal:* etwas n. überdenken; ich sage dir n., daß ...
Nord, der: **1. a)** *Norden:* N. und Süd; der Wind kommt aus, von N., dreht nach N.; Menschen aus N. und Süd; von N. nach Süd. **b)** */Bezeichnung des nördlichen Teils oder zur Kennzeichnung der nördlichen Lage, Richtung/:* Wiesbaden (N.); Fabriktor N. **2.** (bes. Seemannsspr.) *Nordwind:* es bläst ein scharfer, eisiger N.
Norden, der: **1.** *durch den Nordpunkt bestimmte Himmelsrichtung:* im N. erheben sich hohe Berge; der Kompaß zeigt nach N.; das Zimmer geht, liegt, blickt (geh.) nach N. *(nach der Nordseite);* die Straße verläuft von N. nach Süden. **2. a)** *im Norden liegendes Gebiet:* der äußerste, hohe N.; der N. des Landes; er wohnt im N. der Stadt. **b)** *nördliche Länder:* der kalte, neblige N.; die Flora des Nordens; eine Fahrt in den N.
nördlich: I. ‹Adj.› **1. a)** *in nördlicher Himmelsrichtung befindlich:* die nördliche Halbkugel; der nördliche Himmel; 50 Grad nördlicher Breite. **b)** *im Norden liegend:* der nördliche Teil des Landes; die nördlichen Gebiete; die Stadt liegt weiter n. **c)** *im skandinavischen Raum befindlich:* die nördlichen Länder, Völker; an nördlichen Gestaden (geh.). **2.** *von Norden kommend; nach Norden*

gerichtet: ein nördlicher Wind; der Gebirgszug verläuft in nördlicher Richtung; sie steuern nördlichen Kurs. **II.** ‹Präp. mit Gen.› *im Norden:* n. der Alpen; n. der Stadt; (selten:) n. Kölns. **III.** ‹Adverb› *im Norden:* n. von Köln; n. von diesem Gebirgszug breitet sich ebenes Land aus.
nörgeln: *beständig an allem Kritik üben; mäkeln:* er nörgelte an ihr, an allem, über alles.
normal: 1. a) *der Norm entsprechend:* ein normales Gewicht, Maß; eine normale Weite, Größe; eine normale Funktion; ein normaler Geisteszustand; eine normale Herztätigkeit; Puls, Herzschlag, Atmung des Patienten sind n.; n. funktionieren. **b)** *üblich, gewöhnlich:* kein normaler, jeder normale Mensch; normale Verhältnisse; auf normalem Wege; bei, unter normalen Umständen; seine Reaktion war nicht n.; das ist bei ihr ganz n.; die Autobahn ist wieder n. befahrbar. **2.** *geistig gesund:* ein nicht ganz normales Kind; der Junge ist [geistig] nicht [ganz] n.; der Patient wirkt zeitweise völlig n.; du bist wohl nicht n.! (ugs.; *bist wohl nicht ganz richtig im Kopf*); bist du noch n.? (ugs.; *noch zurechnungsfähig?*).
not (in der Verbindung) etwas ist/tut not (geh.): *etwas ist nötig, ist erforderlich:* Eile, Hilfe tut n.; das, was n. gewesen wäre, wurde versäumt.
Not, die: *Notlage, Bedrängnis, Gefahr:* große, schwere, bittere, drückende N.; innere, seelische, leibliche N.; Nöte des Alters, des Alltags; die N. in den Entwicklungsländern; es herrscht große N.; die N. drängt ihn, treibt ihn zu dieser Handlungsweise; N. leiden, kennen, fühlen, kennenlernen, erfahren; jmds. N. lindern, mildern, erleichtern, beheben; die N. bekämpfen; er klagte uns seine N.; in Zeiten der N.; damit hat es keine Not *(das eilt nicht);* jmdm. in der Stunde der N. beistehen; er hat aus tiefster N. so gehandelt; du hast mich aus großer N. gerettet; gegen die N. kämpfen; in N. sein, geraten, kommen, leben; in höchster N. wandte er sich an die Öffentlichkeit; jmdm. in der, seiner N. helfen; R: N. macht erfinderisch; N. lehrt beten; N. kennt kein Gebot; wenn die N. am größten, ist Gottes Hilf’ am nächsten; in der N. frißt der Teufel Fliegen. * **wenn/wo Not am Mann ist** *(wenn/wo etwas dringend getan werden muß)* · (ugs.:) **seine [liebe] Not mit jmdm. haben,** *mit etwas haben (große Mühe, Schwierigkeiten haben)* · **der Not gehorchend** *(gezwungenermaßen)* · **aus der Not eine Tugend machen** *(einer unangenehmen Sache das Beste abgewinnen)* · **in [höchsten/tausend] Nöten sein** *(in großer Bedrängnis sein)* · **mit knapper/**(seltener:) **genauer Not** *(gerade noch)* · **ohne Not: a)** *(ohne Schwierigkeiten).* **b)** *(ohne zwingenden Grund)* · **zur Not** *(wenn es nicht anders geht).*
Notdurft, die ‹in der Wendung› die/seine Notdurft verrichten (geh.): *Darm [und Blase] entleeren:* er stand auf, um seine N. zu verrichten.
notdürftig: *mangelhaft, nicht ausreichend:* ein notdürftiger Schutz; eine notdürftige Behausung; etwas n. ausbessern, flicken, reparieren; sie waren nur n. untergebracht, bekleidet; von diesem Lohn kann die Familie nur n. leben.
Note, die: **1. a)** *Tonzeichen:* eine ganze, halbe, punktierte N.; Noten lesen, lernen, stechen (Fachspr.); beim Spielen mehrere Noten überspringen; ein Gedicht in Noten setzen (veral-

tend; *vertonen).* **b)** ⟨Plural⟩ *Notenblatt; Notentext:* die Noten an das Orchester verteilen; die Noten studieren; sie singt, spielt nach, ohne Noten. **2.** *Zensur, Beurteilung:* eine gute, schlechte N.; seine N. in Latein ist schlecht; er hat mäßige Noten bekommen; dieser Lehrer gibt schlechte Noten, hat die N. des Schülers gedrückt; er hat die N. „gut"/die N. „Zwei" bekommen; seine Noten verbessern; mündliche und schriftliche Noten *(Noten für die mündliche und die schriftliche Leistung);* S p o r t : die Kampfrichter zogen hohe Noten; ü b e r t r. : schlechte Noten für die deutschen Autofahrer. **3.** *Banknote.* falsche, gefälschte Noten; Noten drucken, fälschen, aus dem Verkehr ziehen, außer Kurs setzen; die Bundesbank gibt neue Noten heraus. **4.** *schriftliche Mitteilung im diplomatischen Verkehr:* eine diplomatische N.; die N. enthielt bestimmte Forderungen; Noten austauschen, wechseln; eine N. überreichen. **5.** *Eigenart, Gepräge:* eine festliche, sportliche, männliche N.; er hat seine eigene, persönliche, individuelle N.; der Zusammenkunft eine besondere N. geben. * (ugs.:) **[wie] nach Noten** *(mit einer gewissen Perfektion).*

Notfall, der: *plötzlich eintretende Notsituation:* bei Notfällen Erste Hilfe leisten; wir haben für Notfälle vorgesorgt; Vorräte für den N.; Hilfe in Notfällen; im N. *(notfalls)* kannst du bei uns übernachten; nur im äußersten N. *(wenn es keine andere Möglichkeit gibt)* ist er bereit einzuspringen; es handelt sich offenbar um einen N.

notieren: 1. ⟨jmdn., etwas n.⟩ *aufschreiben, um es nicht zu vergessen; vormerken:* etwas genau, sorgfältig, in Stichworten n.; den Namen, jmds. Adresse in seinem/seinen Kalender n.; der Polizist hat die Autonummer, den Fahrer notiert; ich werde Sie für die Teilnahme n.; ⟨jmdm., sich jmdn. etwas n.⟩ ich habe mir deine Telefonnummer notiert. **2.** (Börsenw.) **a)** ⟨etwas notiert etwas⟩ *die Börse setzt den Kurs fest:* die Börse notiert die Kurse; diese Aktien wurden heute schwächer, mit 140 notiert. **b)** ⟨etwas notiert; mit Artangabe⟩ *etwas hat einen bestimmten Kurs:* diese Aktien notieren zur Zeit hoch, tief; das Papier, die Anleihe notiert mit 60 Prozent unter pari; der Dollar notiert zum Vortageskurs.

nötig: 1. *erforderlich, notwendig:* die nötigen Mittel; nötige Vorbereitungen, Maßnahmen, Schritte; dafür fehlt mir das nötige Geld; den nötigen Rückhalt vermissen; nicht die nötige Ruhe haben; es fehlt ihm am nötigen Ernst, an der nötigen Reife; mit der nötigen Vorsicht, dem nötigen Respekt vorgehen; nicht mehr als unbedingt n.; dieses Kind hat es am nötigsten von allen (ugs.; *bedarf der Hilfe, der Zuwendung o. ä. am dringendsten)* n.; etwas ist unbedingt, dringend, bitter *(sehr)* n.; deine Aufregung war gar nicht n. *(du hättest dich gar nicht aufzuregen brauchen);* es ist nicht n., daß ...; das ist, wäre doch nicht n. gewesen/ *Höflichkeitsfloskel bei der Annahme eines Geschenks/;* ⟨etwas ist zu etwas n.⟩ dazu ist viel Ausdauer n.; alles, was zum Leben n. ist; wenn es n. ist, werde ich den Arzt rufen; es wäre nicht n. gewesen, daß ...; ich muß mal ganz n. [auf die Toilette] (ugs.); etwas n. brauchen; etwas [nicht] für n. befinden, etwas für n. halten, erachten (geh.), erklären; er hat es nicht für n. gefunden *(sah kei-*

nen Grund), sich zu entschuldigen; wenn n. *(nötigenfalls),* komme ich sofort; s u b s t . : alles Nötige veranlassen; bei ihnen fehlt es am Nötigsten; sich auf das Nötigste beschränken. **2.** ⟨etwas, jmdn. n. haben⟩ *brauchen:* Beistand, Hilfe, Erholung dringend n. haben; habe ich das n.?; sie hat es nicht n. zu arbeiten; gerade du hast es/du hast es gerade n. *(es steht dir gar nicht an),* dich zu beklagen!; er hat es manchmal n. *(es ist manchmal notwendig),* daß man ihm die Meinung sagt.

nötigen: **a)** ⟨jmdn. zu etwas n.⟩ *jmdn. überreden, [heftig] drängen, auffordern, etwas zu tun:* jmdn. zum Essen n.; sie haben uns zum Bleiben genötigt; man nötigte ihn, Platz zu nehmen; sein Gesundheitszustand nötigte *(zwang)* ihn, seine Ämter aufzugeben; er war genötigt, seinen Besitz zu verkaufen; ich sehe mich genötigt, Sie zu größerer Vorsicht zu ermahnen; ⟨auch ohne Präp.- Obj.⟩ laß dich nicht immer n.! **b)** ⟨jmdn. n.; mit Raumangabe⟩ *nachdrücklich an einen bestimmten Platz bitten:* jmdn. auf einen Stuhl, ins Zimmer n.

Nötigung, die: *Zwang:* etwas als N. empfinden; R e c h t s w . : N. zur Unzucht; er wurde wegen [schwerer] N. *(gewaltsamer Einwirkung auf jmds. freien Willen)* verurteilt, bestraft.

Notiz, die: **1.** *kurze schriftliche Aufzeichnung, Vermerk:* wichtige, kurze, flüchtige, handschriftliche Notizen; eine N. am Rand des Schriftstücks; er hat bei dem Vortrag eifrig Notizen gemacht; sich (Dativ) einige, ein paar Notizen [darüber] machen; das Blatt war mit Notizen bedeckt. **2.** *kurze Zeitungsmeldung:* eine kurze, kleine N. in der Presse, in der Zeitung; die Zeitung brachte über den Fall nur eine knappe N. * **Notiz von jmdm., von etwas nehmen** *(jmdm., einer Sache Aufmerksamkeit schenken).*

Notlage, die: *schwierige [finanzielle] Lage:* eine wirtschaftliche, finanzielle N.; jmds. augenblickliche N. ausnutzen; jmdn., sich aus einer N. befreien, retten; sie kamen aus dieser N. nicht heraus; sie sind, befinden sich in einer N.; sie gerieten in eine N.; etwas bringt jmdn. in eine N.

notlanden: a) *eine Notlandung vornehmen:* die Maschine, das Flugzeug mußte n.; der Pilot ist auf einem Acker notgelandet. **b)** ⟨etwas n.⟩ *durch Notlandung zur Erde bringen:* der Pilot hat das Flugzeug notgelandet.

Notwehr, die (Rechtsw.): *Abwehr eines rechtswidrigen Angriffs:* er hat aus, in N. gehandelt; der Polizist hat den Verbrecher in N. getötet.

notwendig: 1. *nötig, erforderlich:* die notwendigen Mittel; notwendige Anschaffungen; notwendige Maßnahmen; die notwendigen Unterlagen beschaffen; die notwendigen Schritte unternehmen; er bringt nicht die notwendigen Voraussetzungen mit; etwas ist sehr, dringend, unumgänglich n.; etwas ist politisch, finanziell n.; Reformen werden immer notwendiger; es ist nicht n., daß ...; etwas macht etwas n.; jmdn., etwas n. *(dringend)* brauchen; eine Änderung hat sich als n. erwiesen; etwas als n. ansehen; etwas für n. halten, erklären; s u b s t . : alles/das Notwendige veranlassen; es fehlt ihnen am Notwendigsten; sich auf das/aufs Notwendigste beschränken. **2.** *zwangsläufig:* das ist die notwendige Folge dieses Leichtsinns; das mußte n. mißlingen.

Notwendigkeit, die: *Erfordernis:* eine bittere

(große), innere N.; die N. der Zusammenarbeit; die N. von Reformen; es besteht nicht die geringste N.; dazu besteht keine N. für dich; die N. von etwas erkennen, einsehen.

November, der: *elfter Monat des Jahres:* ein nebliger, kalter N.; er kommt Anfang, Ende N.; er ist seit N. hier; er hat im N. Geburtstag.

Nu ⟨in der Verbindung⟩ im Nu/in einem Nu (ugs.): *sehr schnell:* ich bin im Nu wieder da; die Sache war im Nu erledigt.

nüchtern: 1. a) *ohne schon etwas gegessen und getrunken zu haben:* auf nüchternen *(leeren)* Magen trinken, rauchen, ein Medikament einnehmen; [noch] n. sein; das Mittel ist morgens n. zu nehmen. b) *nicht durch Alkoholgenuß beeinträchtigt:* der Fahrer war ganz, völlig, nicht mehr n.; er ist nur selten n. *(ist fast immer betrunken);* er muß erst wieder n. werden. 2. a) *schmucklos, karg:* ein nüchterner Stil; nüchterne Fassaden; die Wohnung ist sehr n. [eingerichtet]; der Raum wirkt ein wenig n. b) *sachlich; trocken, phantasielos:* ein nüchterner Verstandesmensch, Rechner; eine nüchterne Einschätzung der Lage; ein nüchterner Bericht; nüchterne Zahlen, Tatsachen; seine Art ist [mir] zu n.; etwas n. beurteilen, betrachten.

Nudel, die: 1. /*eine Mehlspeise*/: Nudeln [mit Tomatensoße] kochen. 2. (ugs.) *Mensch:* eine lustige, komische ulkige N.

null: I. ⟨Kardinalzahl⟩: *0:* n. *(keinen)* Fehler, Punkte; es herrscht eine Temperatur von n. Grad; es ist n. Uhr *(12 Uhr nachts);* drei weniger drei ist [gleich] n.; Werte von n. bis 10; n. Komma neun *(0,9);* das Spiel steht zwei zu n. *(2:0);* subst.: die Ziffer, der Wert Null; eine Null malen, schreiben; eine Null an die Zahl anhängen; das Thermometer steht auf Null; eine Zahl mit drei Nullen; Temperaturen über/unter Null. II. (ugs.) ⟨Adjektiv⟩: *kein:* n. Ahnung, Erfahrung, Chancen haben; er zeigte n. Reaktion. ∗ **etwas ist gleich Null,** tendiert gegen Null *(etwas ist äußerst gering)* · (nachdrücklich:) **null und nichtig** *(ungültig):* etwas für n. und nichtig erklären · (ugs.:) **in Null Komma nichts** *(sehr rasch).*

Nullpunkt, der: *Gefrierpunkt:* die Temperatur ist auf den N. abgesunken, ist über den N. angestiegen; der absolute N. *(die tiefste denkbare Temperatur);* übertr.: die Stimmung hatte den N. *(Tiefpunkt)* erreicht.

Nummer, die: 1. a) *Zahl, mit der etwas gekennzeichnet wird; Kennzahl:* eine hohe, niedrige, laufende N.; eine Münchner N. *(Autonummer);* die angegebene N. stimmt nicht; die N. des Hauses *(Hausnummer);* des [Hotel]zimmers *(Zimmernummer);* das Haus N. 24; das Los hat die N. 50 231; unter welcher N. *(Telefonnummer)* sind Sie zu erreichen? b) *Zeitschriften-, Zeitungsnummer:* eine einzelne N.; alle Nummern eines Jahrgangs; der Artikel stand in einer älteren, in der letzten N. c) *Programmnummer:* eine glanzvolle, sensationelle N.; die beste N. ist eine Pferdedressur; eine N. proben, einstudieren. d) (ugs.) *Musikstück:* die N. stammt aus einem Film; auf der LP sind einige tolle Nummern. 2. *Größe:* eine kleine N.; haben Sie die Schuhe eine N. größer? 3. (ugs.) *Person:* er ist eine komische, ulkige, verrückte N.; sie ist eine große N. im Verkauf; er ist eine N. für sich *(ein seltsamer Mensch).* 4.

(ugs.) *Koitus:* eine N. machen, schieben (derb); nach, vor der N. ∗ **Nummer eins** *(auf einem Gebiet führende Person, Sache):* die N. eins [in] der Weltrangliste, in Europa; Chinas N. eins; unsere Firma ist die N. eins · (ugs.:) **Nummer Null** *(Toilette)* · **[nur] eine Nummer sein** *(nicht beachtet werden)* · (ugs.:) **eine, seine Nummer abziehen** *(sich in Szene setzen, sich produzieren)* · (ugs.) **[bei jmdm.] eine große/dicke/gute Nummer haben** *(sehr geschätzt, angesehen sein)* · (ugs.:) **eine Nummer/ einige, ein paar Nummern zu groß [für jmdn.] sein** *(über jmds. Verhältnisse, Möglichkeiten gehen)* · (ugs.:) **auf Nummer Sicher sein/sitzen** *(im Gefängnis sitzen)* · (ugs.:) **auf Nummer Sicher gehen** *(nichts unternehmen, ohne sich abzusichern).*

nun: I. ⟨Adverb⟩ a) *jetzt:* n. ist es zu spät; n. endlich konnte es schlafen; n. reicht's aber! /ugs.; *Ausruf des Unmuts*/; n. komm doch endlich! von n. an soll es besser werden; n., wo/(geh.:) da es ihm wieder besser geht ... b) *unter diesen Umständen:* ich werde n. nicht länger warten; n. gerade! /*Ausruf des Widerspruchs*/; was n.?; was sagst du n.? (ugs.; *da staunst du!*); da steht er n. und weiß nicht weiter. c) *inzwischen, mittlerweile:* er hat sich n. anders besonnen; die Lage hat sich n. stabilisiert. d) *heute:* vor Jahren Wüste, n. blühendes Land. II. ⟨Gesprächspartikel⟩ a) *aber, jedoch:* inzwischen hat sich n. herausgestellt ... b) *etwa, vielleicht:* hat sich n. das gelohnt?; hältst du das n. für richtig? c) *eben:* er wollte es n. einmal nicht haben; er ist n. mal nicht anders. d) *denn:* was war n. eigentlich mit dir los?; muß das n. ausgerechnet jetzt sein? e) *doch:* die Frage war n. wirklich berechtigt. f) *also:* n. ja, so ist es halt; n. gut!; n. denn!; n., meinetwegen! /*Ausdruck des Einverständnisses*/; n., wie geht's?; je n. (geh.; *nun also*), wenn das gewußt hätte! III. (geh. veraltend) ⟨Konj.⟩ *da, weil:* n. die schöne Zeit zu Ende geht, bleibt nur zu wünschen, daß ... ∗ (verstärkend:) **nun und nimmer[mehr]** *(niemals):* das erlaubt er n. und nimmermehr.

nur: I. ⟨Adverb⟩: 1. a) *bloß, lediglich, nicht anders als:* n. ein Teil vom Ganzen; das ist n. Einbildung; ich habe n. wenig Zeit; er spielt n. noch selten Klavier; n. ungern; das wäre n. zu wünschen; da kann man n. staunen; er bleibt n. bis morgen; b) *nicht mehr als:* ich habe n. 20 Mark bei mir; das kostet n. 99 Mark; es gibt n. zwei Möglichkeiten; n. ein Meter Vorsprung; sie ist n. mäßig begabt; n. einer unter, von vielen; es sind n. mehr *(nur noch)* drei Tage Zeit. 2. *ausschließlich, allein, nichts als:* er will n. dort leben; n. [dann,] wenn ...; n. noch heute; n. dies wollte er haben; n. der Fachmann kann das entscheiden; n. so läßt sich das erklären; es regnete, hagelte n. so (ugs.; *sehr*); er stürzte, daß es n. so krachte (ugs.; *er stürzte ganz furchtbar);* der Chef hat ihn angepfiffen, daß es n. so rauschte (ugs.; *hat ihn heftig zurechtgewiesen);* das habe ich doch n. so gesagt *(nicht so ernst gemeint);* n. aus Mitleid; n. für Mitglieder; n. gegen bar; n. nach Vereinbarung; /in dem Wortpaar/: nicht n. ..., sondern auch: sie ist nicht n. hübsch, sondern auch begabt. 3. ⟨in konjunktionaler Verwendung⟩ *allerdings:* ich würde dich gerne besuchen, n. weiß ich nicht, wann ich kommen kann; die Wohnung ist sehr schön, n. müßte sie billiger sein. II. ⟨Gesprächspartikel⟩ *irgend, überhaupt, immer:* alles, was n. möglich ist; die Kinder bckommen alles, was sie n. wollen; n. Mut!; n. ruhig Blut!; laß ihn n. machen!; was hat er n.?; du weißt das n. zu gut!; /in Verbindung mit *noch* vor Komparativen/: er wurde n. noch frecher, wütender, unverschämter.

Nuß, die: **1.** /*eine Frucht*/: eine leere, hohle, taube, harte, ölige N.; vergoldete Nüsse an den Weihnachtsbaum hängen; Nüsse ernten, [ab]schlagen, von der Schale befreien; eine N. knacken, aufmachen; das Eichhörnchen knabbert an einer N.; Eis mit Nüssen; ü b e r t r. : etwas ist eine taube N. *(stellt sich als völlig wertlos heraus).* **2.** (ugs.) /als Schimpfwort nur in Verbindung mit bestimmten negativen Adjektiven/ *Mensch:* du taube, doofe N.! * (ugs.:) **etwas ist eine harte Nuß [für jmdn.]** *(etwas ist ein schwieriges Problem, eine unangenehme Aufgabe)* · (ugs.:) **jmdm. manche, eine harte Nuß zu knacken geben** *(jmdm. ein schwieriges Problem aufgeben)* · (ugs.:) **manche, eine harte Nuß zu knacken haben, bekommen** *(eine schwierige Aufgabe zu lösen haben).*

nütze ⟨in der Wendung⟩ [zu] etwas nütze sein: *[zu] etwas taugen, brauchbar sein:* er hat das Gefühl, [zu] nichts mehr n. zu sein; dieses Material ist noch zu etwas n.

nutzen (bes. nordd.), **nützen** (bes. südd.): **1.** ⟨etwas nützt⟩ *etwas hilft, ist von Nutzen:* das Mittel nützt [gar nichts, etwas, viel, wenig, kaum, nicht im geringsten]; was nützen alle Ermahnungen, wenn du nicht darauf hörst; alle Bemühungen haben nichts genützt; es nutzt alles nichts (ugs.; *wir können nicht länger ausweichen*); wir müssen jetzt aufbrechen; das Medikament nützt bei/gegen Kopfschmerzen; es schadet mehr, als daß es nützt; wozu soll das alles n.?; ⟨jmdm., einer Sache n.⟩ wem soll das n.?; das nützt niemandem; es nützt ihm nichts mehr; seine Sprachkenntnisse nutzten ihm sehr; kann ich Ihnen n. *(nützlich sein)*?; das nutzt dem Fortgang der Arbeit. **2.** ⟨etwas n.⟩ **a)** *Nutzen aus etwas ziehen, ausbeuten:* den Boden, die Bodenschätze, den Erzreichtum des Landes n.; die Wasserkraft der Flüsse zur Stromerzeugung n. **b)** *ausnutzen, in bestimmter Weise gebrauchen:* etwas weidlich, sparsam, klug, geschickt, häufig n.; seinen Einfluß, einen Vorteil, alle Möglichkeiten n.; den günstigen Augenblick, die Zeit, die Gunst der Stunde n.; etwas für seine Zwecke n.; eiskalt nutzte er seine Chance; er nutzt jede freie Minute, jede Gelegenheit zum Training/zu trainieren.

Nutzen, der: *Vorteil, Gewinn, Profit:* ein großer, bedeutender, allgemeiner N.; der N. [von] dieser Einrichtung ist gering; der N. bei dieser Sache ist unbedeutend; das hat wenig praktischen N.; N. bringen, stiften (geh.), tragen, abwerfen; welchen N. versprichst du dir davon?; er sucht überall seinen N.; N. von etwas haben; N. aus etwas ziehen; er hat das Buch mit N. gelesen; es wäre von N., wenn ...; seine Sprachkenntnisse waren ihm von N.; eine Stiftung zum N. aller.

nützlich: *Nutzen bringend, brauchbar:* nützliche Tiere, Dinge; eine nützliche Erfindung; ein nützliches Glied der Gesellschaft; der Hinweis war sehr n. *(von Nutzen);* der Kompaß hat sich unterwegs als sehr n. erwiesen; ⟨jmdm. n. sein⟩ du warst mir bei dieser Arbeit sehr n. *(hast mir sehr geholfen);* ⟨sich n. machen⟩ kann ich mich n. machen *(kann ich helfen)?;* s u b s t . : das Angenehme mit dem Nützlichen verbinden.

nutzlos: *vergeblich, ohne Nutzen:* nutzlose Anstrengungen, Versuche; ein nutzloses Unterfangen; es ist völlig n., das zu probieren; die Bemühungen waren ganz n.; du solltest deine Gesundheit nicht n. aufs Spiel setzen.

O

o ⟨Interj.⟩: o weh!; o Gott!; o welche Freude!; o wäre er doch hier!; o ja!; o nicht doch!; o nein!; o je!

Oase, die: *fruchtbare Stelle mit Wasser und Pflanzen in der Wüste:* sie übernachteten in einer O.; ü b e r t r.: *[stiller] Ort der Erholung:* eine O. der Ruhe; dieser Park ist eine [wahre, grüne] O. in der verkehrsreichen Stadt.

ob: **I.** ⟨Konj.⟩ **1.** ⟨zur Einleitung eines indirekten Fragesatzes⟩ /als Ausdruck der Ungewißheit über einen bestimmten Tatbestand/: sie fragte, ob er schon da sei; er ist neugierig, ob es geklappt hat; es wäre interessant[,] zu erfahren, ob er über das Geld verfügt; sie wollte nachsehen, ob die Tür geschlossen war; [ich bin im Zweifel,] ob ich gehe, ob ich lieber bleibe? **2.** ⟨in Verbindung mit *als* zur Einleitung einer irrealen vergleichenden Aussage⟩: er blickte ihn an, als ob er ihn erst jetzt sähe; sie verhielten sich so, als ob nichts passiert sei; sie tat so, als ob (ugs.; *sie täuschte etwas vor).* **3.** (veraltend) ⟨in Verbindung mit *auch* zur Einlei-

tung eines Konzessivsatzes⟩ *selbst wenn:* er will es so, ob es ihm auch schadet. **4. a)** ⟨in Verbindung mit *oder*⟩ *sei es [daß]:* sie mußten sich fügen, ob es ihnen paßte oder nicht; ob in diesem Land oder in einem andern. **b)** ⟨in Verbindung mit *ob*⟩ *sei es, handele es sich um:* ob arm, ob reich; ob morgens, ob abends, er hatte immer gute Laune. **5.** ⟨in Verbindung mit *und* /als Ausdruck einer selbstverständlichen Bejahung/: „Kennst du dieses Buch?" —„Und ob [ich das kenne]!" **II.** ⟨Präp.⟩ (geh. veraltend) ⟨mit Gen., (selten auch:) Dativ⟩ *wegen, über:* jmdn. ob seines Leichtsinns tadeln, ob seiner Hilfsbereitschaft schätzen.

Obacht ⟨in der Wendung⟩ auf jmdn., auf etwas Obacht geben/(seltener:) haben: *achten, aufpassen:* auf die Kinder, auf den Verkehr O. geben; ⟨auch ohne Präp.-Obj.⟩ hab O.!

Obdach, das (veraltend): *Unterkunft:* kein O. haben; sie hatten hier ein O. gesucht und gefunden; niemand wollte ihnen O. geben, gewähren.

obdachlos: *keine Wohnung [mehr] habend:* ob-

dachlose Kinder; durch die Überschwemmungen sind viele Menschen o. geworden; die Flüchtlinge zogen o. von Ort zu Ort.
oben 〈Adverb〉: **a)** *an einer höher gelegenen Stelle, in der Höhe, über jmdm., etwas:* o. links, o. rechts; o. auf der Leiter; dort o. auf dem Dach; hoch o. auf dem Berg; er sitzt o. am Tisch *(am oberen Ende des Tisches);* die glänzende Seite des Papiers muß o. *(auf der Oberseite)* sein; nach o. *(ins obere Stockwerk)* gehen; der Taucher kommt nicht mehr nach o.; von o. *(aus der Höhe; aus dem oberen Stockwerk)* kommen; bildl.: er hat mich von o. bis unten *(sehr gründlich)* gemustert; ich war von o. bis unten *(ganz und gar)* mit Öl verschmiert; übertr.: siehe o.! *(weiter vorn im Text);* wie o. *(vorher im Text)* schon erwähnt. **b)** (ugs.) *an einer hohen, übergeordneten Stelle in einer Rangordnung:* die da o. haben doch keine Ahnung; er scheint o. sehr beliebt zu sein; er wollte nach o.; endlich o. sein; der Befehl kommt von o. **c)** (ugs.) *im Norden, an der Küste:* o. ist das Klima viel rauher; wir haben auch ein paar Jahre da o. gelebt. * (ugs.:) **nicht [mehr] wissen, wo oben und wo unten ist** *(durch Überforderung ganz verwirrt sein)* · (ugs.:) **etwas steht jmdm. bis hier/da oben** *(jmd. ist einer Sache überdrüssig)* · **sich oben halten** *(alle Schwierigkeiten überwinden):* die Firma hat sich trotz der Schwierigkeiten o. gehalten · **von oben herab** *(verächtlich):* er hat ihn von o. herab angesehen, behandelt · (ugs.:) **oben ohne** *(mit unbedecktem Busen).*
obenan 〈Adverb〉: *an der Spitze, an erster Stelle:* er saß an der Tafel o.; sein Name steht in der Liste o.; übertr.: unter den Sehenswürdigkeiten Münchens steht das Deutsche Museum ganz o.
obenauf 〈Adverb〉: *über allem anderen, zuoberst, als oberstes:* die Jacke liegt o.; o. ins Paket legte sie den Brief; übertr.: der Patient ist wieder o. *(gesund und munter);* er ist immer o. *(sich seiner Stärke bewußt).*
obendrein 〈Adverb〉: *überdies, noch dazu:* er verlangte Schadenersatz, o. wollte er Schmerzensgeld; er hat mich o. ausgelacht.
obenhin 〈Adverb〉: *flüchtig, oberflächlich:* etwas o. tun, ansehen, sagen; er antwortete nur o. *(ohne auf die Frage, Sache einzugehen);* sie hatte die Frage ganz o. *(beiläufig)* gestellt.
Ober, der: *Kellner:* ein höflicher, vielbeschäftigter, mürrischer O.; der O. nahm ihre Bestellung auf; [Herr] O., ein Bier bitte!; der O. bringt die Speisekarte, das Essen, räumt den Tisch ab; den O., nach dem O. rufen.
obere: a) *sich oben befindend:* die oberen Wolkenschichten; drücken Sie bitte den oberen Knopf!; die Städte an der oberen Elbe; im oberen Stockwerk. **b)** *dem Rang nach über anderen stehend:* die oberen Schulklassen.
Oberfläche, die: *Gesamtheit der Flächen, die einen Körper von außen begrenzen:* eine rauhe, harte, glatte, blanke, polierte O.; die O. einer Kugel, der Erde; er ist nicht wieder an die O. *(obere Begrenzungsfläche des Wassers)* gekommen; Abfälle schwimmen auf der O.; übertr.: das Gespräch plätscherte an der O. dahin *(ging nicht in die Tiefe);* unter der O. brodelt es.
oberflächlich: 1. a) *am Äußeren haftend; nicht tiefgehend:* eine oberflächliche Person; ober-

flächliche Witze; die Gemeinsamkeiten sind nur o. **b)** *flüchtig, nicht gründlich:* eine oberflächliche Betrachtung, Darstellung; oberflächliche Sicherheitsvorkehrungen; für diese Arbeit ist er zu o.; etwas o. behandeln; ein Buch o. lesen; ich kenne ihn nur o. **2.** *sich an der Oberfläche befindend:* ein oberflächlicher Bluterguß; die Wunde ist nur o.; er hat sich o. verletzt.
oberhalb: I. 〈Präp. mit Gen.〉 *über; höher als etwas gelegen:* er band den Arm o. des Ellbogens ab; die Burg liegt o. des Dorfes; sie besaßen ein Haus o. der Elbe, o. Heidelbergs; die Frostgrenze liegt o. 1 800 Meter. **II.** 〈Adverb in Verbindung mit *von*〉 *über etwas, höher als etwas gelegen:* das Schloß liegt o. von Heidelberg.
Oberhand 〈in bestimmten Wendungen〉 **die Oberhand gewinnen/bekommen/erhalten** *(sich als der Stärkere erweise; sich gegen jmdn., etwas durchsetzen):* sie bekam die O. über ihn; schließlich gewann die Lebensfreude wieder die O. · **die Oberhand haben** *(der Stärkere sein)* · **die Oberhand behalten** *(der Stärkere bleiben):* die Mannschaft behielt die O. [über den Gegner].
Oberhaupt, das: *führende, leitende Person:* das O. des Staates, der Familie; der Papst ist das O. der katholischen Kirche.
oberste: a) *ganz oben, sich an der äußersten Spitze befindend:* auf der obersten Stufe stehen. **b)** *höchste (dem Rang, der Bedeutung nach):* das ist das oberste Gesetz; Wahrheit ist oberstes (wichtigstes) Gebot; er verkehrt in den obersten Kreisen. * (ugs.:) **das Oberste zuunterst kehren** *(alles durchwühlen, durcheinanderbringen).*
Oberwasser 〈in den Wendungen〉 (ugs.:) **Oberwasser bekommen** *(in eine günstige Lage kommen):* beim Spiel bekam er bald wieder O. · (ugs.:) **Oberwasser haben** *(im Vorteil sein, [wieder] obenauf sein).*
obgleich 〈Konj.〉: ↑ obwohl.
Obhut, die (geh.): *schützende Aufsicht, Fürsorge:* sich jmds. O. anvertrauen; sich in jmds. O. befinden; bei ihm sind die Kinder in guter O.; sie gaben ihr Kind in die O. der Großeltern/bei den Großeltern an); sie nahmen die Waise in ihre O. *(betreuten sie);* sie steht unter der O. ihres Vormunds.
Objekt, das: **1.** *Gegenstand, mit dem etwas geschieht oder geschehen soll:* ein geeignetes, lohnendes O. der Forschung; etwas am lebenden O. demonstrieren; übertr.: die Hochschulreform ist das O. seiner Studie; sie ist das O. seiner Begierde. **2.** (bes. Kaufmannsspr.) *Gegenstand eines Geschäfts, bes. ein Grundstück, Haus:* ein günstiges, größeres, interessantes O.; um welches O. handelt es sich? **3.** (Sprachw.) *Satzergänzung:* das O. in einem Satz bestimmen.
objektiv: 1. *sachlich, nicht von Gefühlen und Vorurteilen bestimmt:* ein objektives Urteil; objektive Argumente; eine objektive Untersuchung, Prüfung eines Falles fordern; der Schiedsrichter ist sehr o.; man muß versuchen, die Dinge o. zu sehen. **2.** *tatsächlich:* objektive Bedingungen, Gegebenheiten, Tatsachen; das bedeutet o. eine große Einbuße für ihn.
obliegen: a) (geh.) 〈etwas obliegt jmdm.〉 *etwas fällt jmdm. als Aufgabe zu:* die Beweislast liegt der Anklagebehörde ob/obliegt der Anklage-

hörde; es obliegt ihm, die Eröffnungsrede zu halten; ihr obliegt die Aufgabe, für die Verpflegung zu sorgen. **b)** (veraltet) ⟨einer Sache o.⟩ *sich widmen; ausüben:* er liegt seinem Beruf mit Hingabe ob/obliegt seinem Beruf mit Hingabe.

Obolus, der: *kleiner Beitrag, Spende:* seinen O. entrichten, beisteuern; er reichte dem Museumsdiener seinen O.

obschon (geh.) ⟨Konj.⟩: ↑ obwohl.

obskur: *nicht vertrauenswürdig, unbekannt, zweifelhaft:* ein obskurer Wunderheiler; eine obskure Kneipe; eine obskure Zeitschrift; die Sache war reichlich o., kam mir o. vor.

Obst, das: *eßbare [saftige] Früchte von Bäumen und Sträuchern:* frisches, saftiges, [un]reifes, eingemachtes, rohes, gedörrtes O.; O. ist gesund; O. pflücken, ernten, auflesen, einkochen, einmachen; eine Schale mit O.; O. und Gemüse.

obszön: *unanständig, schamlos:* obszöne Witze, Lieder, Filme; er ist o.; diese Bilder wirkten o.

obwohl ⟨Konj.⟩: *obgleich, wenn auch; ungeachtet der Tatsache, daß ...:* o. es regnete, ging er spazieren; er hat das Paket nicht mitgenommen, o. ich ihn ausdrücklich darum gebeten hatte; sie trat, o. schwer erkältet, auf.

Ochse, der: **a)** *kastriertes männliches Rind:* ein abgemagerter, fetter O.; Ochsen vor den Pflug spannen; einen Ochsen am Spieß braten; sie pflügen noch mit Ochsen. **b)** (ugs. abwertend) *dumme männliche Person:* so ein O.!; da mußte ich doch einen [schöner, rechter] O. sein!; /auch als Schimpfwort/: du O.!

ochsen (ugs.): **a)** *angestrengt lernen:* hart, schwer o.; er ochste für das Examen. **b)** ⟨etwas o.⟩ *sich etwas geistig aneignen, etwas lernen:* den ganzen Nachmittag o. und Mathematik geochst.

öd[e]: **a)** *menschenleer, verlassen, einsam:* eine öde Gegend; im Herbst ist der Strand ö.; Markt und Straßen lagen ö. da. **b)** *unfruchtbar, wild und unbebaut:* ödes Land; sie fuhren durch öde Gebiete. **c)** *langweilig:* das öde Einerlei des Alltags; ihr Leben war, verlief ziemlich ö.

Öde, die: **a)** *Einsamkeit, Verlassenheit der Landschaft:* die winterliche Ö.; eine von unendlicher, trostloser Ö. erfüllte Landschaft. **b)** *Leere, Langeweile:* eine seltsame Ö. im Kopf; die Ö. seines Lebens; eine allgemeine geistige Ö.

oder ⟨Konj.⟩: **1. a)** /gibt an, daß von zwei oder mehreren Möglichkeiten nur eine in Frage kommt/: das eine o. das andere; heute o. morgen; alles o. nichts; [entweder] du o. ich; entweder er o. ihr seid daran schuld; er o. ihr, irgend jemand hat sich getäuscht. **b)** *auch ... genannt:* die Anemonen o. [auch] Buschwindröschen gehören zu den Hahnenfußgewächsen. **2. a)** (ugs.) /nachgestellt/ *nicht wahr?:* du bist doch der gleichen Ansicht, o.? b) /zur Einleitung von Fragen, die einen möglichen Einwand gegen die vorangegangene Aussage bilden/: er hat es getan, o. glaubst du es etwa nicht?; ich werde es verschenken. Oder was meinst du? **3.** *andernfalls, sonst:* etwas muß geschehen, o. die Katastrophe wird unvermeidlich. **4.** /gibt eine Variante an/: sie hieß Mina o. so ähnlich; trinkst du den Tee mit Zukker o. ohne?; ein Betrag von 100 DM o. so.

Ofen, der: **a)** *Vorrichtung zum Heizen eines Raumes:* der O. ist warm, noch kalt, heizt [sich] gut,

brennt schlecht, raucht, rußt, hat keinen Zug; R (ugs.): jetzt ist der O. aus! *(jetzt ist Schluß, das ist vorbei);* den O. anstecken, anzünden, ausgehen lassen, heizen; am O. sitzen; Feuer im O. anmachen; bildl.: hinterm O. hocken *(ein Stubenhocker sein).* **b)** (ugs. landsch.) *Backofen:* den Kuchen aus dem O. nehmen. * **heißer Ofen** / *schweres Motorrad; schnelles Auto):* er fährt einen heißen O.

offen: **1. a)** *frei zugänglich, nicht ge- oder verschlossen:* ein offenes Fenster; mit offenem Mund atmen; ein offenes *(aufgeschlagenes)* Buch; eine offene Anstalt *(Heil- oder Strafanstalt, deren Insassen sich in bestimmtem Rahmen frei bewegen dürfen);* die Tür steht einen Spalt o.; die Halle ist an den Seiten o.; der Brief ist noch o.; die Bluse war am Hals o.; die Schranken waren o. *(hochgelassen);* an der Bluse ist ein Knopf o. *(nicht zugeknöpft);* dieser Laden hat auch am Sonntag o. (ugs.; *ist auch am Sonntag geöffnet);* sie trägt ihr Haar o. *(nicht zusammengebunden);* übertr.: eine offene Gesellschaft *(Gesellschaft, in der die Grenzen zwischen den Klassen für den einzelnen kein Hindernis darstellen);* er hat ein offenes Haus *(ist sehr gastfrei);* meine Tür ist immer für dich o.; Sport: ein offenes *(frei zugängliches)* Turnier; die Teilnahme am Wettbewerb ist für alle Mannschaften o.; Sprachw.: eine offene *(auf Vokal auslautende)* Silbe; ein offener *(mit größerer Mundöffnung gesprochener)* Vokal · er hatte das Buch o. vor sich liegen. **b)** *frei, nicht begrenzt:* das offene Meer; auf offener See; Fleisch am offenen Feuer braten; der Zug hielt auf offener Strecke; der Garten ist nach dem Feld zu o. *(ohne Zaun);* die Bergkette lag o. vor seinen Augen da. **c)** *nicht bedeckt:* ein offener Wagen *(Wagen ohne Verdeck);* am offenen Grab stehen; sie trägt offene Schuhe; offene Beine *(ohne heilende Schicht);* eine offene Wunde. **2.** *nicht abgepackt:* Obst o. verkaufen; offener Wein *(Wein vom Faß).* **3. a)** *frei, nicht besetzt, noch zu vergeben:* offene Stellen; diese Stelle ist noch o.; ich lasse diese Zeile o. *(fülle sie nicht aus).* b) *unerledigt; noch nicht entschieden:* eine offene Frage; eine offene [Schach]partie *(mit ungewissem Ausgang);* das Spiel war völlig o. *(konnte von jeder Mannschaft gewonnen werden);* die Antwort ist noch o. *(steht noch aus);* das weitere Vorgehen ist noch völlig o.; Kaufmannsspr.: eine offene *(noch nicht bezahlte)* Rechnung. **4. a)** *frei sichtbar, unverhüllt; unverhohlen:* offener Protest; eine offene Kampfansage; zum offenen Widerstand aufrufen; zwischen beiden Ländern ist es zum offenen Bruch gekommen; etwas liegt o. auf der Hand; seine Abneigung o. zeigen. **b)** *nichts verbergend, ehrlich, aufrichtig:* ein offener Mensch; ein offener Blick; ein offenes Wort, Bekenntnis; eine offene Aussprache; offene Kritik; sie ist o. und ehrlich; o. antworten; o. über etwas reden; etwas o. sagen, bekennen; o. gestanden, ich habe es auch geglaubt; etwas o. zugeben; ⟨zu jmdm. o. sein⟩ er war ganz o. zu mir. **c)** *aufgeschlossen, empfänglich:* mit offenen Sinnen durch die Welt gehen; nach allen Seiten hin o. sein *(an keine Weltanschauung o. ä. gebunden sein);* ⟨gegenüber jmdm., einer Sache, für etwas o. sein⟩ er ist für alle Eindrücke o., ist Neuem gegenüber o.

d) *nicht geheim:* eine offene Abstimmung; jmdn. in offenem Kampf besiegen; o. abstimmen. **5.** (Sport) *die Deckung vernachlässigend:* eine offene Spielweise; die Abwehr spielte zu o. **offenbar: I.** ⟨Adjektiv⟩ *deutlich erkennbar:* ein offenbares Bedürfnis; eine offenbare Lüge; seine Absicht ist o. *(deutlich)* geworden; dadurch wird o., wie ...; dieses Dokument macht o., daß ... **II.** ⟨Adverb⟩ *anscheinend:* o. ist etwas dazwischengekommen; ich habe mich o. geirrt. **offenbaren: 1.** ⟨jmdm. etwas o.⟩ *bisher Verborgenes oder Unbekanntes mitteilen; enthüllen, bekennen:* jmdm. ein Geheimnis, seine Schuld o.; dieser Forscher hat der Welt neue Erkenntnisse offenbart; ⟨auch ohne Dat.⟩ er hoffte, bei dieser Gelegenheit seinen Herzenswunsch o. zu können. **2. a)** ⟨sich o.⟩ *sich zeigen, sich äußern:* er offenbarte sich als treuer/(seltener:) treuen Freund; seine politische Überzeugung offenbarte sich deutlich in seiner Haltung zu gewissen Fragen; ⟨sich jmdm. o.⟩: im Traum offenbarte sich ihm ein neues Leben. **b)** ⟨etwas o.⟩ *zeigen, zu erkennen geben:* in dieser Situation offenbarte sie ihr wahres Wesen; die Mannschaft offenbarte große Abwehrschwächen. **3.** ⟨sich jmdm. o.⟩ *sich jmdm. anvertrauen:* er hat sich seinem Freund offenbart; ⟨auch ohne Dat.⟩ endlich offenbarte sich und teilte ihr Geheimnis mit.

offenbleiben ⟨etwas bleibt offen⟩: **a)** *etwas bleibt geöffnet:* das Fenster muß o. **b)** *etwas bleibt ungelöst, ungeklärt:* die Entscheidung, Frage ist offengeblieben; offen blieb, wer gelogen hatte. **offenhalten: 1.** ⟨etwas o.⟩ *geöffnet halten:* er hielt den Mund, beide Augen weit o.; ⟨jmdm. etwas o.⟩ er hielt ihr die Wagentür offen; ü b e r t r.: sich einen Ausweg, den Rückzug o. *(die Möglichkeit eines Auswegs, zum Rückzug haben).* **2.** ⟨etwas o.⟩ *für den Publikumsverkehr geöffnet halten:* das Geschäft bis 20 Uhr o. **3.** ⟨sich (Dativ) etwas o.⟩ *sich vorbehalten:* er hielt sich offen, anders zu entscheiden; sich eine Möglichkeit o. **offenherzig:** *unverhohlen innerste Gedanken oder persönliche Dinge mitteilend:* eine offenherzige Natur; ein offenherziges Gespräch, Geständnis; ein offenherziges (scherzh.; *tiefes)* Dekolleté; er war recht o.; sie antwortete mir o. **offenkundig:** *deutlich erkennbar:* eine offenkundige Lüge; offenkundige Beweise; es war o., daß er betrogen hat; er hätte ganz o. noch gerettet werden können; er hat es o. gemacht, werden lassen (veraltend; *hat es bekanntgemacht).* **offenlassen** ⟨etwas o.⟩: **1.** *geöffnet lassen, nicht schließen:* das Fenster, die Tür o. **2. a)** *nicht besetzen:* eine frei gewordene Arbeitsstelle o. **b)** *nicht ausfüllen:* eine Spalte im dem Formular o.; drei Zeilen o. **3.** *unentschieden lassen:* eine Frage o.; sie hat offengelassen, ob sie kommt oder nicht. **offensichtlich: I.** ⟨Adjektiv⟩ *deutlich erkennbar; eindeutig:* ein offensichtlicher Irrtum; eine offensichtliche Notlüge; es war o., daß ... **II.** ⟨Adverb⟩ *anscheinend:* er hat es o. vergessen; o. glaubt sie, etwas Gutes getan zu haben. **Offensive,** die: *militärischer Angriff:* eine O. [gegen die feindlichen Linien] planen, einleiten, eröffnen, beginnen; die O. abfangen, auffangen, abwehren; der Feind ging in die O., ging zur O. über *(griff an);* S p o r t: die O. bevorzugen.

offenstehen: 1. ⟨etwas steht offen⟩ **a)** *etwas ist geöffnet:* das Fenster, die Tür steht offen; sein Hemd steht am Hals offen; ⟨jmdm. steht etwas offen⟩ vor Staunen stand ihm der Mund offen; ü b e r t r.: mit diesem Examen stehen ihm alle Türen, Möglichkeiten, Wege offen. **b)** *etwas ist nicht besetzt, ist leer:* in diesem Handwerkszweig stehen noch viele Lehrstellen offen; offenstehende Stellen. **c)** *etwas ist nicht bezahlt:* auf dem Konto stehen noch zwei Rechnungen offen. **2.** ⟨etwas steht jmdm. offen⟩ *etwas ist zur Nutzung für jmdn. da:* der Zutritt zu der Veranstaltung, die Bibliothek steht allen Bürgern offen. **3.** ⟨etwas steht jmdm. offen⟩ *etwas ist jmdm. freigestellt:* ob du das machen willst oder nicht, steht dir offen. **öffentlich: a)** *allen zugänglich, für die Öffentlichkeit bestimmt:* eine öffentliche Sitzung, Verhandlung, Versteigerung; die Veranstaltung, Prüfung war ö.; ö. *(in der Öffentlichkeit)* auftreten, verhandeln, reden; etwas ö. bekanntgeben; ⟨etwas ö. machen⟩ er machte den Skandal ö. *(brachte ihn an die Öffentlichkeit).* **b)** *der Öffentlichkeit, dem Staat gehörend [und allen Bürgern zur Verfügung gestellt]:* ein öffentlicher Platz; ein öffentlicher Fernsprecher; öffentliche Anlagen, Einrichtungen; öffentliche Verkehrsmittel; die öffentliche Gebäude hatten geflaggt; öffentliche Gelder; den Wohnungsbau mit öffentlichen Mitteln fördern; die ö. Bediensteten *(Angehörige des öffentlichen Dienstes).* **c)** *die Allgemeinheit betreffend:* das öffentliche Recht; das öffentliche Wohl; die öffentliche Meinung beeinflussen; gegen die öffentliche Ordnung verstoßen. **Öffentlichkeit,** die: *Gesamtheit von Menschen als ein Bereich, in dem etwas allgemein bekannt und allen zugänglich ist:* die breite Ö. erfährt, weiß nichts von diesen Dingen; die Ö. ist aufgebracht; etwas der Ö. zugänglich machen; die Ö. für etwas interessieren, von etwas informieren, zu etwas aufrufen; die Ö. täuschen, irreführen, ausschließen; wir brauchen die Ö. nicht zu scheuen; das Verfahren fand unter Ausschluß der Ö. statt; sich mit etwas an die Ö. wenden; der Autor ist mit Hörspielen an die Ö. getreten *(hatte sie veröffentlicht);* es darf nichts von diesen Vorgängen an die, in die Ö. dringen; der Vorfall wird längst in der Ö. diskutiert; man hat ihr Privatleben in die Ö. gezogen, gebracht; sie wollten ihre Probleme nicht in, vor aller Ö. *(vor allen Leuten)* besprechen. **offiziell: a)** *amtlich [verbürgt]:* eine offizielle Mitteilung, Nachricht, Verlautbarung; eine offizielle Delegation; er reist in offizieller Mission; von offizieller Seite wurde bekannt, daß ...; das Wahlergebnis ist noch nicht o.; o. heißt es, ... **b)** *feierlich, förmlich:* eine offizielle Feier; der Empfang war sehr o.; jmdn. o. einladen; sie haben ihre Verlobung o. bekanntgegeben. **öffnen: a)** ⟨etwas ö.⟩ *aufmachen:* die Augen, den Mund, die Lippen, die Hand o.; ⟨jmdm. etwas ö.⟩ man hat ihm den Mund mit Gewalt geöffnet · die Tür, die Schleuse, das Fenster, die Verlade mit einem Schlüssel o.; das Schloß, den Schrank mit einem Nachschlüssel ö. **b)** ⟨etwas ö.⟩ *zugänglich machen:* der Laden wird um 8 Uhr geöffnet; das Museum ist von 9 bis 12 Uhr geöffnet; ⟨jmdm. etwas ö.⟩ er öffnete die Tür; ü b e r t r. (geh.):

jmdm. sein Herz ö.; ⟨auch ohne Akk.⟩ *die Tür öffnen, Einlaß gewähren:* ein Kind öffnete und ließ uns ein; ⟨jmdm. ö.⟩ der Hausherr hat uns geöffnet. **c)** ⟨etwas ö.⟩ *durch Entfernen des Verschlusses aufmachen:* eine Flasche, Dose, Büchse ö.; die Kiste [mit dem Brecheisen] ö. **d)** ⟨etwas öffnet sich⟩ *etwas tut sich auf, geht auf, wird zugänglich:* die Augen, die Lippen des Kranken öffneten sich ein wenig; nachdem sich das schwere Tor geöffnet hatte, konnten wir eintreten. **e)** ⟨etwas öffnet sich⟩ *etwas entfaltet sich, faltet sich auseinander:* die Blüte öffnete sich; der Fallschirm hatte sich nicht geöffnet. **f)** (geh.) ⟨sich jmdm., einer Sache ö.⟩ *(sich einem Menschen, einer Sache innerlich zuwenden, aufschließen:* sich einer Idee ö.; sich jmdm. ö. *(anvertrauen).* **g)** ⟨etwas öffnet sich jmdm., einer Sache⟩ *etwas tut sich auf:* neue Märkte öffneten sich der Industrie.

Öffnung, die: **1.** *das Öffnen:* die Ö. des Zugangs zu den Universitäten durch das Abitur; übertr.: die Ö. einer Partei nach links *(das Sichöffnen einer Partei gegenüber linksgerichteten Parteien).* **2.** *offene Stelle an einem Gegenstand; Lücke, Loch:* eine große, enge, schmale, weite, runde Ö.; die Öffnungen versperren, zumauern; aus einer Ö. in der Wand strömte Wasser.

oft ⟨Adverb⟩: **a)** *viele Male:* ich habe ihn o. gesehen, habe ihm [nur] zu o. geglaubt; er hat ihn schon so o. gewarnt; wie o. bist du dort gewesen?; ich habe es dir o. genug gesagt; ich habe das o. und o. *(sehr oft)* gesehen; er war öfter im Theater als ich; je öfter man diesen Text liest, desto unverständlicher wird er. **b)** *in vielen Fällen; meist:* die Schmerzen vergehen o. von allein; das läßt sich o. gar nicht entscheiden. **c)** *in kurzen Zeitabständen:* die Linie 3 fährt, verkehrt o.

öfter ⟨Adverb⟩: *verhältnismäßig oft; häufig:* er geht ö. allein spazieren; sie ist schon ö. bei uns gewesen; der Gesangverein veranstaltet ö. Konzerte. * **des öfteren** *(zu wiederholten Malen).*

ohne: **I.** ⟨Präp. mit Akk.⟩ /gibt an, daß jmd., etwas nicht mit jmdm., etwas versehen ist/: mit und o. ihn; ℜ (ugs.): o. mich! *(ich damit nichts zu tun haben, mache dabei nicht mit!)* · er geht ohne o. Hut; o. Rezept; den Kaffee o. Zucker und o. Milch trinken; Bier o. Alkohol; er stimmte o. Zögern zu; o. einen Pfennig Geld; er ist o. Furcht, o. Schuld; ein Kleid o. Ärmel; o. Verpackung, o. Pfand *(Verpackung, Pfand nicht mitgerechnet);* etwas o. Absicht, o. Erlaubnis tun; ist o. jedes Schamgefühl; alle o. Ausnahme; das ist o. jeden Zweifel richtig; er wollte das nicht o. seine Frau entscheiden; sei nur o. Sorge!; ⟨mit Unterdrückung des folgenden Substantivs⟩ er raucht am liebsten Zigaretten o. (ugs.; *ohne Filter);* er schläft am liebsten o. (ugs.; *ohne Nachthemd o. ä.);* ich trinke den Kaffee o. was (ugs.; *ohne Zucker und Milch).* **II.** ⟨Konj. in Verbindung mit *daß* oder mit *zu* + Infinitiv/gibt an, daß etwas bei etwas unterlassen wird/: er kam, o. daß er eingeladen war; er nahm das Geld, o. zu fragen; er ging, o. ein Wort zu sagen; ⟨mit Unterdrückung des Infinitivs mit *zu*⟩ am Strand gehen sie am liebsten o. was (ugs.; *ohne etwas anzuhaben).*

ohnehin ⟨Adverb⟩: *sowieso:* die o. aufgebrachte Menge geriet in Aufruhr; sieh dich vor, du bist o. schon erkältet.

Ohnmacht, die: **1.** *Schwächeanfall mit Bewußtlosigkeit:* eine leichte, schwere O. überkam sie; er war, fühlte sich einer O. nahe; der Mann lag in tiefer O.; in O. fallen, (geh.:) sinken *(ohnmächtig werden);* er erwachte aus der, aus einer tiefen O. **2.** *Machtlosigkeit:* die politische, wirtschaftliche O. eines Landes; ein Gefühl menschlicher O. übermannte, lähmte ihn; seine O. eingestehen. * (ugs. scherzh.) **aus einer Ohnmacht in die andere fallen** *(sehr entsetzt sein über etwas).*

ohnmächtig: **1.** *durch einen Schwächeanfall vorübergehend ohne Bewußtsein:* eine ohnmächtige Frau; sie wurde plötzlich o.; der alte Mann war o, umgefallen. **2.** *machtlos:* ohnmächtige Wut; o. mußten sie zusehen, wie ...; ⟨gegenüber einer Sache o. sein⟩ sie waren o. gegenüber den Maßnahmen der Regierung.

Ohr, das: *Hörorgan:* kleine, große, abstehende Ohren; mein linkes O. läuft (ugs.; *sondert Sekret ab);* seine Ohren waren von der Kälte ganz rot; die Ohren brausen, sausen mir, gellen mir noch vom Lärm; gute, schlechte Ohren haben; der Hase stellt die Ohren auf; das Pferd legt die Ohren an; er hat Ohren wie ein Luchs *(hört ungewöhnlich gut);* sich (Dativ) die Ohren zuhalten, verstopfen; er neigte das O. zu dem Sprechenden (geh.); er legte das O. an die Wand, um zu lauschen; ein seltsames Geräusch traf sein O.; auf dem linken, rechten O., auf beiden Ohren taub sein, schwer hören; den Hut schief aufs O. setzen; das klingt für heutige/für unsere Ohren *(für moderne Menschen)* seltsam; ein Kind am O., an den, bei den Ohren ziehen; er kratzte sich [aus Verlegenheit] hinterm O.; er steckte den Bleistift hinters O.; er sagte, flüsterte, wisperte mir etwas ins O.; der Schrei gellte ihm in den Ohren; diese Bemerkungen mögen ihm wenig angenehm in den Ohren geklungen haben *(mögen wenig angenehm für ihn gewesen sein);* der Wind pfiff uns um die Ohren; er haute ihm das Buch [links und rechts] um die Ohren; schreib dir das hinter die Ohren! /ugs.; *barsche Aufforderung, sich etwas gut zu merken/;* mach [doch] die Ohren auf! /ugs.; *barsche Aufforderung an jmdn., besser zuzuhören/;* mir klingen die Ohren! (ugs. scherzh.; *ich glaube, es wird gerade über mich gesprochen);* wo hast du denn deine Ohren? (ugs.; *Ermahnung, richtig zuzuhören).* * (ugs.:) **ein feines Ohr für etwas haben** *(ein feines Empfinden für etwas haben):* er hat ein feines O. dafür, ob jemand so denkt, wie er redet · **ein offenes Ohr für jmdn., etwas haben** *(jmds. Bitten, Wünschen zugänglich sein)* · (ugs.:) **jmdm. ein Ohr abschwätzen** *(lange auf jmdn. einreden)* · (ugs.:) **lange Ohren machen** *(neugierig lauschen)* · (ugs.:) **die Ohren auf Durchzug stellen** *(etwas, was jmd. sagt, nicht beachten, gar nicht zuhören)* · (ugs.:) **jmdm. die Ohren langziehen** *(jmdn. scharf zurechtweisen)* · (ugs.:) **mit den Ohren schlackern** *(vor Überraschung sprachlos sein)* · (ugs.:) **von einem Ohr zum andern strahlen** *(sich sehr freuen)* · **bei jmdm. ein geneigtes/offenes/williges Ohr finden** *(jmdn., der bereit ist, sich mit einem vorgebrachten Anliegen zu befassen)* · (geh.:) **um ein geneigtes Ohr bitten** *(um Gehör bitten)* · [vor etwas] **seine Ohren verschließen** *(jmds. Bitten gegenüber unzugänglich sein)* · (ugs.:) **auf diesem/dem Ohr nicht,**

schlecht hören *(von einer Sache nichts wissen wollen)* · **tauben Ohren predigen** *(mit seinen Ermahnungen nichts erreichen)* · **mit halbem Ohr zuhören/hinhören** *(ohne rechte Aufmerksamkeit zuhören)* · (ugs.:) **ganz Ohr sein** *(gespannt zuhören)* · (ugs.:) **die Ohren spitzen** *(aufmerksam lauschen, horchen)* · (ugs.:) **die Ohren steifhalten** *(nicht den Mut verlieren)* · (ugs.:) **die Ohren hängen lassen** *(niedergeschlagen sein)* · (geh.:) **jmdm. sein Ohr leihen** *(jmdm. zuhören)* · **etwas im Ohr haben** *(sich an etwas erinnern):* ihre Worte hatte er noch im O. · **seinen Ohren nicht trauen** *(völlig überrascht sein)* · (ugs.:) **sich aufs Ohr legen** *(sich schlafen legen)* · (ugs.:) **auf den Ohren sitzen** *(auf das, was jmd. sagt, nicht achten; nicht zuhören)* · (ugs.:) **jmdm. eins/ein paar hinter die Ohren geben** *(jmdn. ohrfeigen)* · (ugs.:) **eins/ein paar hinter die Ohren bekommen** *(geohrfeigt werden)* · (ugs.:) **noch nicht trocken hinter den Ohren sein** *(noch unreif sein)* · (ugs.:) **es faustdick hinter den Ohren haben** *(schlau, gerissen, auch schalkhaft und schlagfertig sein)* · (ugs.:) **jmdm. [mit etwas] in den Ohren liegen** *(jmdm. durch ständiges Bitten zusetzen)* · (ugs.:) **jmdm. die Ohren voll jammern** *(jmdm. durch ständiges Klagen lästig sein)* · (ugs.:) **bis über die/beide Ohren verliebt sein** *(sehr verliebt sein)* · (ugs.:) **bis über die/beide Ohren in Schulden stecken** *(völlig verschuldet sein)* · (ugs.:) **jmdn. übers Ohr hauen** *(jmdn. übervorteilen, betrügen)* · (ugs.:) **viel um die Ohren haben** *(sehr viel zu tun haben)* · **etwas kommt jmdm. zu Ohren** *(jmd. hört etwas [Negatives, Überraschendes])* · (ugs.:) **etwas geht bei jmdm.** *(man zum einen Ohr herein, zum andern wieder hinaus* *([bes. von Ermahnungen o. ä.] etwas wird sogleich wieder vergessen)* · **etwas geht ins Ohr** *(etwas klingt gefällig und prägt sich leicht ein):* diese Musik geht ins O. · **etwas ist nichts für zarte Ohren** *(etwas ist nicht zum Erzählen vor empfindlichen Zuhörern geeignet)* · **etwas ist nichts für fremde Ohren** *(Fremde, Außenstehende sollten keine Kenntnis davon bekommen)* · **etwas bleibt jmdm. im Ohr** *(jmd. vergißt etwas nicht).*

ohrenbetäubend: *unerträglich laut:* ein ohrenbetäubendes Geschrei, Geheul; der Lärm in der Maschinenhalle war o.; er schrie o.

Ohrfeige, die: *Schlag mit der flachen Hand auf die Backe:* eine schallende, saftige (ugs.; *heftige*) O.; jmdm. eine O. geben, verpassen, verabreichen; es gab, setzte (ugs.) Ohrfeigen; er bekam für seine freche Antwort eine O.; · übertr.: eine O. war eine moralische O. für ihn.

ohrfeigen ⟨jmdn. o.⟩: *jmdm. eine Ohrfeige geben:* sie hat ihn vor allen geohrfeigt; die beiden Streithähne ohrfeigten sich/(geh.:) einander; für diese Dummheit hätte er sich [selbst] o. mögen.

ökonomisch: a) *die Wirtschaft betreffend:* ökonomische Probleme, Interessen, Prinzipien; eine ökonomische Krise; die Entwicklungsländer müssen ö. gestärkt werden. **b)** *wirtschaftlich, rationell, sparsam:* ökonomische Gesichtspunkte, Faktoren waren in diesem Fall entscheidend; das ist nicht ö.; sie haben ihre Mittel sehr ö. verwendet; eine ö. arbeitende Maschine.

Oktober, der: *zehnter Monat des Jahres:* ein regnerischer, sonniger, goldener *(sonniger)* O.; Anfang/Ende O.; im Laufe des Monats O., des Oktober[s]; im O. färbt sich das Laub bunt.

Öl, das: **a)** *Erdöl, Mineralöl:* Öl fördern, raffinieren; aus dem Tank ist Öl ausgelaufen; Öl wechseln, nachfüllen; nach Öl bohren; Öl als Schmiermittel verwenden; mit Öl heilen. **b)** *Speiseöl:* pflanzliche Öle; kaltgeschlagenes Öl; die Samen enthalten Öl; Öl zum Kochen, Braten, Backen verwenden; Öl pressen, schlagen; etwas in Öl braten; Salat mit Essig und Öl anmachen; der Wein ist dickflüssig wie Öl; R (ugs.): das geht mir runter wie Öl *(das höre ich sehr gern).* **c)** *Ölfarbe:* ein Gemälde, Öl auf Leinwand; ein Gemälde in Öl; in Öl malen. **d)** *Sonnenöl:* sich gegen Sonnenbrand mit Öl einreiben. * **Öl ins Feuer gießen** *(einen Streit, eine Leidenschaft zusätzlich anfachen; jmds. Erregung noch verstärken):* mit seinen Bemerkungen hat er nur Öl ins Feuer gegossen · **Öl auf die Wogen gießen** *(jmdn., etwas beruhigen, beschäftigen; vermittelnd eingreifen).*

ölen ⟨etwas ö.⟩: *mit Öl einreiben, schmieren:* eine Maschine, ein Schloß, ein Uhrwerk ö.; den Fußboden ö.; Vorsicht, frisch geölt! * (ugs.:) **etwas geht wie geölt** *(etwas verläuft glatt, reibungslos).*

Omen, das: *Vorzeichen:* das ist ein gutes, schlechtes, böses O. für unseren Plan; etwas als ein glückliches O. ansehen, betrachten; nimm den Namen als gutes O.!

Omnibus, der: *Kraftwagen mit vielen Sitzen zur Beförderung von Personen:* ein überfüllter O.; der O. hält hier nicht; den O. verpassen, versäumen; auf den O. warten; eine Haltestelle für Omnibusse; wir fahren, reisen mit dem O.

Onkel, der: **a)** *Bruder oder Schwager der Mutter oder des Vaters:* mein O. hat mir das Studium ermöglicht; O. Karl hat es mir gesagt; einige Onkel und Tanten waren eingeladen; seinen O. besuchen. **b)** (Kinderspr.) */Bezeichnung für einen [bekannten] männlichen Erwachsenen/:* ein alter, freundlicher O.; ein sogenannter guter O. *(männliche Person, die sich an Kindern vergeht);* du darfst nicht mit einem fremden O. gehen; sag dem O. guten Tag! **c)** (ugs.) */meist abwertende Bezeichnung für eine männliche Person/:* was will dieser komische O.?; ein O. vom Fernsehen.

Oper, die: **1. a)** *musikalisches Bühnenwerk:* eine komische, dramatische O.; eine O. von Verdi; morgen wird die O. gegeben, aufgeführt; gespielt; eine O. komponieren, inszenieren, dirigieren, hören; das Vorspiel zum dritten Akt der O. „La Traviata"; sie sangen Arien aus verschiedenen Opern. **b)** *Opernvorstellung:* die O. endet um 23 Uhr; nach der O. gingen sie noch in ein Restaurant. **2. a)** *Opernhaus:* die O. wurde nach dem Krieg wieder aufgebaut, restauriert; die O. ist heute geschlossen; sie stand vor der O.; ich warte vor der O. **b)** *Unternehmen, das Opern aufführt:* eine städtische, private O.; wir haben in Berlin eine ausgezeichnete O.; sie will an die, zur O. gehen *(als Sängerin an der O. tätig sein).*

Operation, die: **1.** *größerer chirurgischer Eingriff:* eine schwere, leichte, komplizierte O.; eine O. am offenen Herzen; eine kosmetische O.; die O. ist gelungen; eine O. ausführen, durchführen, an jmdm. vornehmen; eine O. überstehen; er mußte sich einer O. unterziehen; R: die O. ist gelungen, Patient tot *(trotz perfekter Ausführung ist die Sache schiefgegangen).* **2. a)** *militärisches Unternehmen:* militärische, taktische Operationen; die O. ist gelun-

gen, fehlgeschlagen; eine O. leiten. **b)** *Handlung,*
Unternehmung: bei ihren Operationen wurden
die Gewerkschaften unterstützt. **3.** *Rechenvor-*
gang: er ist imstande, Operationen mit mehrstel-
ligen Zahlen im Kopf zu vollziehen.
operieren: 1. ⟨jmdn., etwas o.⟩ *bei jmdn.*, *an et-*
was einen ärztlichen Eingriff vornehmen: einen
Kranken o.; der Krebs muß sofort operiert werden; er ist gestern am Magen operiert worden; er
läßt sich von einem Spezialisten o.; ⟨auch ohne
Akk.⟩ der Arzt hatte schon den ganzen Tag operiert. **2.** ⟨mit Umstandsangabe⟩ *militärische Ope-*
rationen durchführen: die Truppen operieren zur
Zeit mit einer Stärke von 80 000 Mann; die
Kriegsflotte operierte wiederholt im Mittelmeer;
ü b e r t. (Fußball): als Libero, an der Außenlinie
o. **3. a)** ⟨mit Umstandsangabe⟩ *agieren, vorgehen:*
bei etwas geschickt mit allen möglichen Tricks
o.; sie haben gemeinsam gegen ihn operiert. **b)**
⟨mit etwas o.⟩ *mit etwas umgehen, arbeiten:* mit
Fremdwörtern o.; sie operieren dabei mit falschen Größen.
Opfer, das: **1.** *Gabe, Geschenk an eine Gottheit:*
ein O., ein Tier als O. [am Altar] darbringen
(geh.); den Göttern O. bringen; sie glaubten, die
Götter durch O. zu versöhnen. **2.** *durch persönli-*
chen Verzicht mögliche Hingabe von etwas zugun-
sten eines anderen: für die Verwirklichung des
Plans sind weitere O. nötig; alle O. waren vergeblich; jmds. O. dankbar annehmen; jmdm., sich
große O. auferlegen; diese Arbeit verlangt persönliche O.; er hätte ihnen nicht das kleinste O.
gebracht; ich habe schwere O. [an Zeit und Geld]
auf mich nehmen müssen; die Eltern scheuen
keine O. für ihre Kinder; sie haben ihre Kinder
unter großen persönlichen Opfern studieren lassen; etwas ist ein großes O. für jmdn. **3.** *jmd., der*
durch etwas ums Leben kommt oder Schaden erlei-
det: die O. eines Lawinenunglücks, Verkehrsun-
falls; (ugs. scherzh.:) Sie sind also das arme O.
(Sie hat man sich also für diese unangenehme Sa-
che ausgesucht); die Überschwemmung hat viele
O. gefordert; unter den Opfern des Massakers ist
auch ein Deutscher; ü b e r t.: das Gut wurde ein
O. der Flammen; er wurde das O. einer Täuschung, einer Intrige, seines eigenen Leichtsinns,
der Verhältnisse. * **[jmdm.]** etwas **zum Opfer brin-**
gen *(jmdm. etwas opfern)* · **einer Sache zum Opfer**
fallen: a) *(durch etwas umkommen):* · sie war einem Verbrechen zum O. gefallen. **b)** *(durch etwas*
zerstört, vernichtet werden): der Bau ist der Spitz-
hacke zum O. gefallen.
opfern: 1. ⟨jmdn., etwas o.⟩ *einer Gottheit als Op-*
fer darbringen: ein Lamm, einen Menschen o.;
⟨jmdm. etwas o.⟩ dem Gott wurde am Altar ein
Widder geopfert; ⟨auch ohne Akk.⟩ sie opferten
ihren Göttern. **2.** ⟨jmdn., etwas o.⟩ *zugunsten eines*
anderen, einer Sache hingeben: Geld, seine Zeit,
seine Gesundheit, sein Leben für etwas o.; im
Krieg wurden Tausende sinnlos geopfert; er hat
den Zielen/für die Ziele der Partei seine persönlichen Interessen geopfert; jmdm./für jmdn. viel
Zeit o.; das Projekt wurde [aus finanziellen Er-
wägungen] geopfert. **3.** ⟨sich für jmdn., für etwas/
(geh.:) jmdn., einer Sache o.⟩ **a)** *sein Leben für et-*
was hingeben, ganz einsetzen: sich für andere, für
seine Familie o.; diese Männer opferten sich für

ihre Zeit; er hat sich völlig seinem Beruf geopfert. **b)** (ugs. scherzh.) *an Stelle eines anderen*
etwas Unangenehmes auf sich nehmen: ich habe
mich geopfert und den Brief für ihn geschrieben.
Opposition, die: **1.** *sich gegen jmdn., etwas er-*
hebender Widerstand: eine aktive, offene O.; es
hat sich eine starke O. gebildet; in verschiedenen
Kreisen der Bevölkerung regte sich O.; O. machen (ugs.), [be]treiben *(opponieren)* [gegen
jmdn., etw.]; etwas aus bloßer O. tun; sich gegen
eine starke O. durchsetzen müssen; der Plan
stieß auf heftige O.; in der O. verharren; nach
den Wahlen ging die Regierungspartei in die O.
(wurde sie zur Gegenpartei); [zu jmdm., einer Sa-
che] in O. stehen, treten. **2.** *die Gesamtheit der*
nicht an der Regierung beteiligten Parteien im Par-
lament: die politische, parlamentarische O.; eine
außerparlamentarische O.; ein Redner der O.;
aus den Reihen der O.; eine Zusammenarbeit mit
der O. **3.** (Astron.) *Gegenstellung:* Jupiter und
Mars stehen in O.; Venus steht in O. zur Sonne.
Optimist, der: *lebensbejahender Mensch, der al-*
les von der guten Seite sieht: ein unverbesserlicher
O.; O. bleiben; du bist vielleicht ein O. (ugs.; *du*
unterschätzt die Realitäten, die Schwierigkeiten)!
optimistisch: *lebensbejahend, zuversichtlich:*
ein optimistischer Grundzug bestimmt sein Wesen; seine Antwort war sehr o.; ich bin in dieser
Angelegenheit durchaus o.; es war nicht o. im
Hinblick auf den Erfolg; etwas o. beurteilen.
optisch: 1. *die Optik, die Technik des Sehens be-*
treffend: optische Instrumente; neue optische
Entwicklungen; o. vergrößernde Geräte. **2.** *die*
Wirkung auf den Betrachter betreffend: der optische Eindruck; optische Signale; die optische
Gestaltung eines Raumes; durch die helle Tapete
wirkt der Raum o. größer.
orange: /*eine Farbbezeichnung*/: ein o. (hochsprachlich n i c h t korrekt: orange[n]s) Tuch; der
Zettel ist o.; die Türen waren o. gestrichen.
Orchester, das: *größeres Ensemble von Instru-*
mentalisten: ein kleines, großes, philharmoni-
sches O.; das O. besteht aus 96 Musikern, spielt
in voller Besetzung, probt, bricht ab; es spielt das
O. des SDR unter Leitung von ...; ein O. dirigieren, verstärken; das Mitglieder eines Orchesters;
im O. spielen; mit einem O. auf Tournee gehen.
Orden, der: **1.** *[religiöse] Gemeinschaft mit be-*
stimmten Regeln: der Deutsche O.; einen O. stiften, gründen, auflösen, verbieten; einem O. angehören, beitreten; Mitglied eines Ordens sein,
werden; aus einem O. austreten; er ist aus dem
O. ausgeschlossen, ausgestoßen worden; in einen
O. eintreten, aufgenommen werden. **2.** *Auszeich-*
nung für Verdienste: einen O. stiften, erhalten, bekommen, tragen, anlegen, ablegen; jmdm. einen
O. verleihen, anheften, an die Brust heften, umlegen; seine Brust war mit O. geschmückt; er
wurde mit einem O. ausgezeichnet.
ordentlich: 1. a) *auf Ordnung haltend; ord-*
nungsliebend: er ist ein ordentlicher Mensch; in
seiner Arbeit ist er sehr o. **b)** *geordnet, wie es sich*
gehört: ein ordentliches Zimmer; ein ordentlicher Haushalt; er war o. gekleidet; die Bücher o.
ins Regal stellen; auf dem Schreibtisch sah es
sehr o. aus. **2.** *anständig, rechtschaffen:* eine ordentliche Familie; ein ordentliches Leben füh-

ren; die Leute sind o. **3.** *nach einer bestimmten Ordnung eingesetzt:* ein ordentliches Gericht; ein ordentlicher Arbeitsvertrag; ein ordentliches Mitglied des Vereins; er war ordentlicher Professor. **4.** (ugs.) **a)** *richtig; wie man sich etwas wünscht, vorstellt:* ohne Musik ist das kein ordentliches Fest; der Park hat einen ordentlichen Rasen; das Wasser muß vorher o. gekocht haben; ich war o. *(regelrecht, sehr)* gerührt, erschrocken, froh. **b)** *gehörig, tüchtig:* er nahm einen ordentlichen Schluck; mir ist o. warm dabei geworden; greif nur o. zu!; an der Sache hat er o. verdient. **c)** *[ganz] gut:* ein ordentliches Mittel; sein Aufsatz war recht o.; etwas o. ausführen. **ordinär: 1.** *in seinem Benehmen sehr unfein, die Grenzen des Schicklichen mißachtend:* eine ordinäre Person, Redensart; ein sehr ordinäres Benehmen, Verhalten; er war, benahm sich ziemlich o.; o. lachen. **2.** *alltäglich, gewöhnlich; einfach:* ein Schrank aus ordinärem Fichtenholz; eine ordinäre Plastiktüte als Reisegepäck. **ordnen: a)** ⟨etwas o.⟩ *in eine bestimmte Ordnung, Reihenfolge bringen:* eine Bücherei, Papiere o.; etwas nach der Größe, die Stichwörter nach dem Alphabet, die Belege chronologisch o.; ⟨etwas in etwas o.⟩ etwas in Mappen o.; das Geschirr in die Spülmaschine o. *(in einer gewissen Ordnung hineinstellen);* ⟨etwas zu etwas o.⟩ Blumen zu einem Strauß o. *(in bestimmter Weise zusammenfügen);* **bildl.:** seine Gedanken o.; er wollte seine Angelegenheiten selbst o. *(regeln);* adj. Part.: hier fehlt eine ordnende Hand; er lebt in geordneten *(klar überschaubaren)* Verhältnissen. **b)** *etwas, was in Unordnung geraten ist, wieder in einen ordentlichen Zustand bringen:* nach dem Mittagsschlaf ihre Haare, Kleider o. o ⟨sich o.⟩ *sich in einer bestimmten Ordnung, Reihenfolge aufstellen, sich formieren:* sich zum Festzug o.; der Demonstrationszug ordnet sich; **übertr.:** alles hatte sich sinnvoll geordnet *(zusammengefügt).* **Ordnung,** die: **1. a)** *[durch Ordnen hergestellter] ordentlicher, übersichtlicher Zustand, in dem sich etwas befindet:* eine musterhafte, peinliche O.; (iron.:) hier herrscht ja eine schöne O.! *(ein furchtbares Durcheinander);* O. halten, machen; du mußt einmal O. schaffen in deinen Unterlagen; sie kann keine O. halten (ugs.; *bei ihr gerät alles immer wieder in Unordnung);* sie hält ihre Sachen gut in O.; das ist in O. *(ist richtig);* die ist ganz in O. (ugs.; *sie ist nett, mit ihr kann man gut auskommen);* es ist alles in schönster, bester O. *(ist so, wie es sein soll);* da ist etwas nicht in O. *(stimmt etwas nicht);* in O. *([ein]verstanden),* ich komme mit; auf O. halten, sehen, achten; er ist peinlich auf O. bedacht; sie hat ihre Kinder zur O. erzogen, angehalten; R: O. ist das halbe Leben. **b)** *geordnetes, geregeltes Leben:* ich will Ihre häusliche O. nicht stören; im Heim hat er wenigstens seine O. *(es wird für ihn gesorgt);* ein Kind braucht seine O. *(einen geregelten Tagesablauf);* durch die unvorhergesehenen Ereignisse kam er völlig aus seiner O., wurde er völlig aus seiner O. herausgerissen; irgendeiner muß doch für O. sorgen *(dafür sorgen, daß alles seinen geregelten Gang geht);* die Menschen hier leben in einer festen O. **c)** *Zucht, Disziplin:* hier herrscht eine strenge O.; R: O. muß sein! **d)** *Regeln, die das Zu-*

sammenleben ordnen: du hältst dich nicht an die O.; das ist, verstößt gegen die O.; ich frage nur der [guten] O. halber/wegen *(um den Gepflogenheiten zu genügen).* **2.** *Anordnung, Gruppierung:* man kann die Stücke in beliebiger O. neu zusammenstellen; das kehrt in regelmäßiger O. *(Reihenfolge)* wieder. **3.** *durch Gesetze und Verordnungen geregelte Form des Zusammenlebens im Gemeinwesen:* die öffentliche, sittliche O.; die Polizei hält Ruhe und O. aufrecht, stellt Ruhe und O. wieder her; die verfassungsmäßige O. schützen; die öffentliche O. stören. **4. a)** (Biol.) *Stufe in der Pflanzen- und Tiersystematik:* die O. der Raubtiere; Tiere und Pflanzen werden in Klassen und Ordnungen eingeteilt. **b)** *Klasse in einem System:* eine Straße erster, zweiter O.; er will kein Bürger zweiter O. *(minderen Ranges)* sein. * **etwas in Ordnung bringen: a)** *(notwendige Arbeiten an etwas ausführen [und es wieder benutzbar machen]):* er bringt mir den Garten in O.; er hat das Fahrrad wieder in O. gebracht. **b)** *(eine unangenehme Angelegenheit regeln, bereinigen):* ich werde die Angelegenheit in O. bringen · (ugs.:) **wieder, nicht in Ordnung sein:** *sich [nicht] wohl fühlen* · **etwas kommt [wieder] in Ordnung** *(etwas wird wieder in einen geordneten Zustand gebracht, geregelt):* die Sache kommt bestimmt in O. · (ugs.:) **etwas geht in Ordnung** *(etwas wird so, wie abgemacht, erledigt):* die Sache, Ihre Bestellung geht in O. · **etwas ganz in [der] Ordnung finden** *(etwas für gut, angebracht, richtig halten):* ich fand das ganz in O., daß sie sich entschuldigte · **jmdn. zur Ordnung rufen** *(jmdn. offiziell zur Disziplin ermahnen):* der Bundestagspräsident rief den Abgeordneten mehrmals zur O. · (ugs.:) **erster Ordnung** *(von besonders schlimmer Art; furchtbar):* das war ein Reinfall erster O. **Organ,** das: **1.** *Körperteil, der innerhalb des Ganzen eine bestimmte Aufgabe erfüllt:* ein krankes O.; die lebenswichtigen, inneren Organe; seine Organe waren gesund; wichtige Organe sind nicht verletzt worden; ein O. verpflanzen, transplantieren, einpflanzen; ein O. spenden *(zur Verfügung stellen für den Fall des eigenen Todes).* **2.** *menschliche Stimme:* er hat ein durchdringendes, zu lautes, schwaches, angenehmes O. **3.** *Zeitung, Zeitschrift einer politischen oder gesellschaftlichen Vereinigung:* dieses Blatt ist das O. des Vereins, der Partei; das amtliche O. der Regierung. **4.** *Institution oder Behörde, die bestimmte Aufgaben ausführt:* die Organe der Justiz, der staatlichen Verwaltung; ein beratendes, rechtsprechendes O.; **übertr.:** er ist ein ausführendes O. *(jmd., der Aufträge anderer auszuführen hat).* * **ein/kein Organ für etwas haben** *(einen/keinen Sinn, [kein] Verständnis für etwas Bestimmtes haben)* · **jmdm. fehlt das/jedes Organ für etwas** *(jmd. hat keinen Sinn, kein Verständnis für etwas Bestimmtes).* **Organisation,** die: **1. a)** *das Organisieren:* eine gute, reibungslose O.; des Gastspiels liegt in den Händen von ...; das ist eine Frage der O.; mit der O. hat es nicht geklappt (ugs.); es hängt alles von der richtigen O. ab. **b)** *Aufbau, Gliederung:* die staatliche O.; die innere O. der Kirche; die O. der Gemeinden, der Polizei; eine Straffung der äußeren O. des Schulwesens. **2.** *Gruppe, Verband mit bestimmten politischen oder gesell-*

schaftlichen Zielen: eine politische, internationale, illegale O.; eine O. gründen, leiten; einer O. angehören; sich in einer O. zusammenschließen. **organisch: 1.** *ein Organ betreffend:* ein organischer Fehler; sein Leiden war o.; er ist o. gesund, krank. **2. a)** *der belebten Natur angehörend:* organische Stoffe. **b)** *die Verbindungen des Kohlenstoffs betreffend:* die organische Chemie; organische Verbindungen, Säuren. **3.** *naturgemäß, seiner inneren Ordnung entsprechend:* der organische Zusammenhang; die Gliederung, der Aufbau war nicht o.; etwas fügt sich o. in seine Umgebung ein *(paßt sich an);* etwas entwickelt sich o.; das Ganze ist o. gewachsen. **organisieren: 1.** ⟨etwas o.⟩ *planen, vorbereiten [und durchführen]:* ein Fest, einen Basar, eine Ausstellung o.; er hatte für sie die Flucht organisiert; der Betriebsausflug war schlecht organisiert; organisierte Reisen *(Gesellschaftsreisen)*. **2.** (ugs.) ⟨etwas o.⟩ *[nicht ganz rechtmäßig] beschaffen:* Zigaretten, Nahrungsmittel o.; ich habe mir/ für mich ein paar Sachen organisiert. **3. a)** ⟨jmdn., etwas o.⟩ *in einer Organisation zusammenfassen, zusammenschließen:* diese Partei suchte auch die Bevölkerung auf dem Lande zu o.; die Geheimpolizei neu, straffer o.; sie waren bereits gewerkschaftlich organisiert; adj. Part.: organisierte Arbeiter, Verbände, Gruppen; das organisierte Verbrechen. **b)** ⟨sich o.⟩ *sich in einer Organisation zusammenschließen:* sich gewerkschaftlich, in Gewerkschaften o.
Orgel, *die* /*ein Musikinstrument*/: eine mechanische, elektrische O.; die O. setzt ein, ertönt, braust, dröhnt; eine O. bauen, aufstellen; er spielt gut O.; er begleitet die Choräle auf der O.
Orgie, die: *zügelloses, ausschweifendes Fest:* eine wilde, wüste, zügellose O.; Orgien feiern, veranstalten. * *etwas feiert* [*wahre*] *Orgien (etwas verliert jedes Maß, tobt sich aus):* ihr Haß gegen die Kirche feierte wahre Orgien.
orientieren: 1. ⟨sich o.⟩ *eine Richtung suchen, sich zurechtfinden:* sich nach Einbruch der Dunkelheit nicht mehr o. können; sich nach den/an der Karte, nach den/an den Sternen o.; er konnte sich im Nebel an Hand der Karten nur schwer o.; übertr.: sich beruflich neu o. *(eine neue Aufgabe suchen)*. **2. a)** ⟨jmdn. über etwas o.⟩ *informieren, unterrichten:* jmdn. über eine Unterredung o.; man hatte ihn noch nicht darüber orientiert, was inzwischen passiert war; er war bereits über den Inhalt des Schreibens orientiert; er ist über die Lage schlecht, falsch orientiert; ⟨auch ohne Akk.⟩ die Kritiker orientieren über neue Tendenzen in der Literatur. **b)** ⟨sich über etwas o.⟩ *sich informieren, Erkundigungen einziehen:* sich über einen Vorfall, den Stand der Verhandlungen o. **3.** ⟨sich an jmd., etwas o.⟩ *sich nach jmdm., etwas richten:* sich an bestimmten Leitbildern, an den Wünschen der Kunden o.; er hat sich an seinem Vater als seinem großen Vorbild orientiert; adj. Part.: sie waren keineswegs einseitig orientiert; politisch orientierte Gruppen in der Bevölkerung. **4. a)** ⟨jmdn., etwas auf etwas o.⟩ *hinlenken:* jmds. Tätigkeit auf bestimmte Aufgaben o.; einige Betriebe orientieren ihre Mitarbeiter darauf, ihren Urlaub zu keiner ausgesprochenen Urlaubszeit zu nehmen; ⟨auch ohne Akk.⟩ auf die

Bedeutung von etwas hinweisen: sie orientierten besonders auf Probleme der Qualifizierung. **b)** ⟨sich auf etwas o.⟩ *etwas zu verwirklichen trachten:* der Betrieb wird sich nicht sofort auf industriemäßige Produktion o.; sich konsequent auf die neuen Ansprüche o.
original: 1. *echt, nicht nachgemacht:* o. Schweizer Käse; die originale *(ursprüngliche)* Größe des Baus; einen Film am originalen Schauplatz drehen; dieser Stoff ist o. englisch; die Ware ist noch o. verpackt. **2.** (veraltend) *direkt, unmittelbar:* die Feier wird im Fernsehen o. *(live)* übertragen.
Original, das: **1.** *ursprüngliches, echtes Stück; Urbild, Urtext:* das O. befindet sich im Louvre, ist verschollen; eine Abschrift des Originals anfertigen; einen Text im O. lesen; die Vase ist ein O. aus dem 18. Jahrhundert. **2.** (ugs.) *durch skurrile Eigenheiten auffallender Mensch:* ein Berliner O.; er ist ein richtiges O.
originell: 1. *geistig selbständig, schöpferisch:* ein origineller Kopf; eine wenig originelle Argumentation; seine These war o.; er interpretierte das Werk sehr o. **2.** *durch Originalität und Witz auffallend:* ein origineller Einfall, Gedanke; das war nicht gerade o.
Orkan, der: *äußerst starker Sturm:* ein O. bricht los, erhebt sich, tobt; ein furchtbarer O. hat das Land verwüstet; der Sturm schwoll zum O. an; bildl.: ein O. des Beifalls, der Begeisterung, der Entrüstung tobte durch den Saal.
Ort, der: **1.** *Platz, Stelle:* ein windgeschützter, passender, geeigneter O.; ein O. des Friedens, der Ruhe; O. und Zeit stehen noch nicht fest; (geh.:) O. und Stunde für etwas bestimmen; es ist hier nicht der O. *(nicht angebracht),* etwas dazu zu sagen; an sicherem O.; an öffentlichen Orten *(auf Straßen, Plätzen);* ein stilles, gewisses Örtchen (veraltend; *Toilette*); bin ich hier am rechten O.?; die Zange liegt nicht an ihrem O.; ihr müßt alles wieder an seinen O. legen, stellen; der Verbrecher ist an den O. der Tat zurückgekehrt; die Einheit von O. und Zeit ist in diesem Drama streng gewahrt. **2. a)** *geschlossene Siedlung; Dorf, Stadt:* ein größerer, kleiner, berühmter O.; ein O. in den Bergen oder am See; unser Lager befindet sich am O.; auf ihrer Wanderung kamen sie durch mehrere Orte; wir wohnten mitten im O.; er hat sich in einem aufstrebenden O. niedergelassen; so etwas ist im ganzen O. nicht zu haben; sie zogen von O. zu O. **b)** *Gesamtheit der Bewohner eines Ortes:* der ganze O. lacht darüber. * (Math.:) **der geometrische Ort** *(Bezeichnung für alle Punkte mit der gleichen geometrischen Eigenschaft):* den geometrischen O. bestimmen · (Astron.:) **der astronomische Ort** *(durch zwei Koordinaten an der Himmelskugel bestimmte Lage eines Gestirns)* · **an Ort und Stelle** *(an der dafür vorgesehenen Stelle)* · **am angegebenen**/(veraltet:) **angezogenen Ort** (Abkürzung: a. a. O.; *in dem bereits genannten Buch):* am angegebenen O., Seite 124 · **an einem dritten Ort** *(an einem neutralen Platz):* sie trafen sich an einem dritten O. · **höheren Ort**[**e**]**s** *(bei einer höheren Dienststelle):* über den Antrag wird bereits höheren Orts verhandelt · **etwas ist fehl am Ort** *(ist unangebracht)* · **vor Ort** *(unmittelbar am Ort des Geschehens):* der Minister hat sich vor O. informiert.

örtlich: 1. *auf eine bestimmte Stelle beschränkt:* eine örtliche Betäubung; die Betäubung war nur ö.; der Patient wurde ö. betäubt. 2. *auf einen bestimmten Ort beschränkt, lokal:* örtliche Besonderheiten; ö. begrenzte Schäden; er kennt die örtlichen Verhältnisse kaum; das ist ö. *(in den einzelnen Orten)* verschieden.

Öse, die: *Schlinge, kleiner Ring aus Metall zum Einhaken:* den Faden nicht in die Ö. bekommen; das Kleid wird mit Haken und Ösen geschlossen.

Ost, der: 1. a) *Osten:* der Wind kommt aus O., dreht auf, nach O.; der Konflikt zwischen O. und West *(zwischen westlichen kapitalistischen und den östlichen sozialistischen Staaten).* b) / *Bezeichnung des östlichen Stadtteils oder zur Kennzeichnung der östlichen Lage von etwas/:* Fabriktor O.; Wien (O.). 2. *(geh.) Ostwind:* es wehte ein eisiger O.

Osten, der: 1. *Himmelsrichtung, in der die Sonne aufgeht:* im O. geht die Sonne auf; das Zimmer geht nach O.; der Wind kommt von O. 2. a) *im Osten eines Landes, einer Stadt liegendes Gebiet:* der O. des Landes ist sehr fruchtbar; im O. Frankfurts; die Flüchtlinge hatten im O. *(in dem ehemaligen östlichen Teil des Landes)* ihren Besitz verloren; sie kommen, stammen aus dem O. *(aus einem östlichen Teil des früheren Deutschen Reichs).* b) *im Osten liegender kommunistischer Machtbereich; Ostblock:* der O. will den Westen wirtschaftlich einholen; im O. leben.

Ostern, das und (als Plural:) die: *Fest der Auferstehung Christi:* weiße O. *(O. mit Schnee);* O. fällt

diesmal spät, ist dieses Jahr früh; frohe O.!; diese O. werden wohl verregnen (bes. südd., österr., schweiz.); wir hatten ein schönes O./schöne O. *(Oster[feier]tage);* R: wenn O. und Pfingsten auf einen Tag fallen *(niemals);* vorige, letzte O. waren sie in Paris; nächstes Jahr O./nächstes Jahr an (bes. südd., österr., schweiz.), zu (bes. nordd.) O./(selten:) nächste O. werden wir auch verreisen; bis O. sind es noch vier Wochen; er kam kurz nach O.; vor O. ließen sie ihre Wohnung neu tapezieren; sie haben sich zu O. verlobt.

östlich: I. ⟨Adj.⟩ 1. a) *in östlicher Himmelsrichtung befindlich:* 15 Grad östlicher Länge. b) *im Osten liegend:* der östliche Teil des Landes; die Stadt liegt weiter ö. c) *zum kommunistischen Machtbereich gehörend:* die östlichen Machthaber; dieses Land ist ö. orientiert. 2. *von Osten kommend, nach Osten gerichtet:* ein östlicher Wind; in östlicher Richtung. II. ⟨Präp. mit Gen.⟩ *im Osten:* die Grenze verläuft ö. des Flusses. III. ⟨Adverb⟩ *im Osten:* der Ort liegt ö. von Hamburg.

Ovation, die: *Huldigung durch Beifall:* stehende Ovationen *(Ovationen, bei denen sich das Publikum von den Plätzen erhebt);* die Ovationen nahmen kein Ende; jmdn. mit Ovationen begrüßen, feiern; sie brachten dem Künstler Ovationen dar; jmdm. eine herzliche O. entgegenbringen.

Ozean, der: *Weltmeer:* den O. durchqueren, überfliegen; er hat alle Ozeane befahren; diesseits, jenseits des Ozeans; nonstop über den O. fliegen.

P

paar ⟨Indefinitpronomen; in Verbindung mit *ein, die, diese, alle, meine, deine* usw.⟩ *einige, wenige:* ein p. Leute; ein p. Male; du kriegst gleich ein p. [Ohrfeigen]!; ich hole mir ein p. Bücher; deine p. Sachen; die[se] p. Mark!; warte noch die p. Minuten!; alle p. Minuten; ich bedanke mich mit ein p. Zeilen; nach ein p. Jahren.

Paar, das: 1. *zwei zusammengehörende Personen; Mann und Frau:* ein verliebtes junges P.; die beiden sind, bilden ein ungleiches P.; das ist ein unzertrennliches P.; die Kür der Paare *(der Paarläufer);* die beiden werden wohl ein P. *(werden wohl heiraten);* auf der Bank saß ein Pärchen (veraltend; *Liebespaar).* 2. *zwei zusammengehörende Dinge (auch Tiere):* ein P. Ohrringe; ein neues P. Schuhe/ein P. neue Schuhe; ein P. seidene/(selten:) seidener Strümpfe; bitte ein P. Würstchen!; ein P. Schuhe kostet/kosten 40 DM; ich habe mir ein P. Hosen gekauft; sich in/zu Paaren aufstellen; mit einem P. Schuhe[n] kommst du nicht aus; mit einem P. wollenen Strümpfen/(selten:) wollener Strümpfe. * (veraltend:) **jmdn. zu Paaren treiben** *(in die Flucht schlagen).*

paaren: 1. a) ⟨Tiere p.⟩ *zur Begattung zusammenbringen; kreuzen:* der Züchter paart bestimmte Arten von Tieren. b) ⟨sich p.⟩ *sich begatten/*von Tieren/: die meisten Tiere paaren sich im Frühjahr. 2. a) ⟨etwas mit etwas p.⟩ *zusammenstellen,*

verbinden, vereinen: sie paarte Höflichkeit mit einer gewissen Reserviertheit; er zeigte Zurückhaltung, mit Hochmut gepaart/gepaart mit Hochmut; man hat zwei ungleiche Mannschaften miteinander gepaart. b) ⟨etwas paart sich mit etwas⟩ *etwas verbindet sich, vereint sich mit etwas:* eine Begabung, die sich der Erfahrung paart.

Pacht, die: a) *befristete Überlassung zur Nutzung gegen regelmäßiges Entgelt:* die P. [für das Geschäft] läuft ab; die P. kündigen, verlängern, erneuern lassen; etwas in P. geben, nehmen, haben. b) *Betrag, den man für etwas Gepachtetes regelmäßig zahlt:* eine hohe, niedrige P.; die P. zahlen, erhöhen, senken; die P. wird jährlich bezahlt.

pachten ⟨etwas p.⟩: *in Pacht nehmen:* ein Gut, eine Jagd, Land p.; übertr.: er meint, er hätte die Klugheit [alleine] gepachtet (ugs.; *nur er wäre besonders klug);* ihr habt das nicht alleine gepachtet (ugs.; *es ist auch für andere da).*

¹**Pack,** der: *Bündel, Packen:* ein P. Zeitungen, Briefe, Bücher, Wäsche.

²**Pack,** das: *Gesindel, Pöbel:* freches, rohes P.; so ein P.!; mit solchem P. darfst du dich nicht abgeben; R. P. schlägt sich, P. verträgt sich.

Päckchen, das: a) *kleines Postpaket:* ein P. packen, machen, zur Post bringen, aufgeben, an seinen Freund schicken; etwas als P. schicken. b) *etwas mit Papier Umhülltes [und Verschnürtes]:* jmd.

hat für Sie ein P. abgegeben; R (ugs.): jeder hat sein P. zu tragen *(jeder hat seine Sorgen).* c) *kleine Packung, die eine kleinere Menge von etwas enthält:* ein P. Backpulver, Zigaretten, Tee.

packen: 1. ⟨etwas p.; gewöhnlich mit Raumangabe⟩ a) *etwas in einem Behälter o. ä.* unterbringen: Bücher in die Mappe, Kleider in den Koffer, etwas auf den Schrank, unters Bett p.; er hat alle Waren in das Regal gepackt; seine Sachen p. *(zusammenpacken);* übertr.: er versucht zuviel in die kurze Zeit zu p. *(in der kurzen Zeit zu erledigen).* b) *einen Behälter, bes. einen Koffer, mit bestimmten Sachen füllen.* die Koffer, den Rucksack, die Reise-, die Schultasche p.; ein Paket, ein Päckchen p.; eine Kiste p.; übertr.: sich aufs Sofa, das kranke Kind ins Bett p.; ⟨auch ohne Akk.⟩ ich muß noch p.; hast du schon gepackt? **2. a)** ⟨jmdn., etwas p.⟩ *mit festem Griff fassen, ergreifen:* jmdn. plötzlich, brutal p. und hinauswerfen; er packte den Kerl an der Kehle; sie packte seine Hand; übertr.: ein Fieber hatte ihn gepackt. b) ⟨etwas packt jmdn.⟩ *etwas erfüllt jmdn., ergreift Besitz von jmdm.:* mich packte das Entsetzen; Angst, ein Schauder, Wut hatte sie gepackt. c) ⟨etwas packt jmdn.⟩ *etwas ergreift jmdn., bewegt jmdn. innerlich:* das Theaterstück hat mich gepackt; plötzlich spürte ich, wie es ihn packte; den hat es ganz schön gepackt (ugs.; *der hat sich sehr verliebt*); adj. Part.: ein packender *(fesselnder)* Vortrag; eine packende *(mitreißende, fesselnde)* Erzählung. **3.** (ugs.) *weggehen, sich davonmachen:* los, pack dich!; die haben sich gerade gepackt. **4.** (ugs.) ⟨etwas p.⟩ *etwas schaffen, bewältigen:* das Abitur, die Klasse, den Aufstieg p.; das mußt du doch p.!; Sport: den Gegner p. *(besiegen).*

Packung, die: **1. a)** *eine bestimmte Ware umgebende Hülle, Verpackung:* eine angebrochene P.; die P. war leer; eine P. aufreißen, vorsichtig öffnen, aufmachen (ugs.); eine neue P. anbrechen; er nahm eine Zigarette aus der P. b) *Schachtel o. ä. mit einer bestimmten abgepackten Ware:* eine P. Pralinen; er raucht täglich eine P. *(den Inhalt einer Packung)* Zigaretten. **2.** *feuchter Umschlag:* eine kalte, warme P.; Packungen machen. **3.** (Sport ugs.) *hohe Niederlage:* die Mannschaft hat eine anständige P. bekommen.

paddeln: *sich in einem kleinen Boot mit dem Paddel fortbewegen:* sie sind die Mosel stromabwärts, auf dem Fluß, über den See gepaddelt; wir haben/(auch:) sind gestern lange gepaddelt.

paffen (ugs.) ⟨etwas p.⟩: **a)** *rauchen [und den Rauch dabei stoßweise ausblasen]:* eine Zigarette nach der anderen p.; er paffte eine dicke Zigarre ⟨auch ohne Akk.⟩ er pafft den ganzen Tag; ⟨auch: an etwas p.⟩ er pafft an seiner Zigarre. **b)** *den Rauch ausstoßen, ohne zu inhalieren; den Rauch rasch einziehen und kräftig wieder ausstoßen:* er paffte mächtige Rauchwolken aus seiner Pfeife; ⟨auch ohne Akk.⟩ er raucht nicht, er pafft nur.

Paket, das: **1. a)** *etwas, was [zum Versenden mit der Post, zum Versand] verpackt ist:* ein kleines, großes, schweres P.; das P. enthält Bücher und Spielzeug für die Kinder; ein P. packen, verschnüren, aufgeben, schicken, auf die Post bringen, [von der Post] abholen, zustellen, auspacken, öffnen; ich habe meinen Eltern ein P. geschickt;

was war in dem P. (ugs.)? **b)** *Packung mit einer bestimmten abgepackten Ware:* ein P. Knäckebrot, Pralinen. **c)** *Packen, Bündel:* Manuskripte zu einem P. zusammenschnüren. **2.** *gesammelte Vorschläge, Entwürfe o. ä. zu einem bestimmten Thema:* ein P. von Forderungen, Maßnahmen.

Pakt, der: *Vertrag, Bündnis:* ein militärischer P. zwischen beiden Staaten; einen P. mit jmdm. schließen; einer der beiden Partner hat den P. gebrochen, nicht gehalten; einem P. beitreten, angehören.

Palme, die: **1.** */ein tropischer Baum/:* Palmen gedeihen in unserem Klima nicht; von einem Urlaub unter Palmen *(im Süden)* träumen. **2.** (geh.) *Preis für einen errungenen Sieg:* ihm gebührt die P.; jmdm. die P. zuerkennen; zwei starke Mannschaften kämpften um die P. *(um den Sieg).* * (ugs.:) **jmdn. auf die Palme bringen** *(jmdn. aufbringen, wütend machen):* mit solchen Fragen konnte man ihn auf die P. bringen · (ugs.:) **auf der Palme sein** *(wütend, empört sein)* · (ugs.:) **von der Palme herunterkommen** *(sich wieder beruhigen):* nun komm schon herunter von der P.!

Panik, die: *[in einer Menschenmenge] durch plötzliche Gefahr hervorgerufene Angst mit völlig unüberlegten Reaktionen:* eine P. brach unter den Passagieren aus; eine P. vermeiden, verhüten, auslösen; in P. geraten; auf etwas mit P. reagieren; sie wurden von P. ergriffen.

panisch: *wild, von Panik bestimmt:* panische Angst; panisches Entsetzen; p. reagieren.

Panne, die: **a)** *technischer Schaden:* eine P. legte die Stromversorgung lahm; eine P. am Motorrad beheben, reparieren; der Wagen hatte, sie hatten unterwegs, mit dem Wagen eine P.; mit einer P. auf der Autobahn liegenbleiben. **b)** (ugs.) *Mißgeschick, Fehler:* eine unverzeihliche P.; diplomatische Pannen; bei der Organisation gab es viele Pannen, traten Pannen ein; in seinem Vortrag passierte ihm eine P.; eine P. erleben.

Pantoffel, der: *leichter, flacher Hausschuh ohne Fersenteil:* warme, bequeme Pantoffeln; wo sind meine Pantoffeln?; Pantoffeln tragen; die Pantoffeln anziehen, ausziehen; er geht in Pantoffeln. * (ugs.:) **den Pantoffel schwingen** *(als Frau die eigentliche Herrschaft im Haus ausüben)* · (ugs.:) **unter dem Pantoffel stehen** *(von seiner Frau beherrscht werden)* · (ugs.:) **unter den Pantoffel kommen/geraten** *(von seiner Frau mehr und mehr beherrscht werden).*

Panzer, der: **1.** *Rüstung:* der P. des Ritters; einen P. tragen; den P. anlegen, umschnallen, ablegen; mit einem Hieb durchschlug er den P. seines Gegners; übertr.: sie konnte den P., der ihn umgab, nicht durchdringen. **2.** *harte Schutzhülle bestimmter Tiere:* der P. des Krebses, der Schildkröte; ein P. aus Chitin schützt den Käfer. **3.** *Panzerung:* der P. eines Fahrzeugs, Schiffes, Kernreaktors. **4.** *gepanzertes Kampffahrzeug mit Kettenrädern:* leichte, schwere P.; P. rollen vor, stoßen vor; die P. walzen alles nieder; einen P. abschießen, knacken (Soldatenspr.); von einem P. überrollt werden; er kam zu den Panzern (militär.; *zur Panzertruppe).*

Papier, das: **1.** *zu einer dünnen, glatten Schicht gepreßtes Material aus Fasern, das vorwiegend zum Beschreiben oder Verpacken dient:* weißes, buntes, weiches, steifes, feines, grobes, rauhes, glattes, handgeschöpftes, satiniertes (fachspr.; *glänzendes, geglättetes), holzfreies, bedrucktes, [un]beschriebenes, sauberes, vergilbtes, schmutziges P.; ein Blatt, Bogen P.; eine Rolle P.; unterschiedliche Papiere *(Papiersorten);* das Dokument war von diesem Augenblick an nur noch ein Fetzen P. *(war wertlos);* ein Stück P. abreißen; das Buch ist auf schlechtem P. gedruckt; ein Lampenschirm aus P.; etwas in P. einwickeln, einschlagen; R: P. ist geduldig *(geschrieben werden kann alles mögliche, es muß aber nicht wahr sein).* **2.** *Schriftstück:* ein wichtiges, politisches, amtliches P.; im Ministerium ist ein P. [zur Steuerfrage] erarbeitet worden; ein Berg von Papieren hatte sich auf seinem Schreibtisch angehäuft; das P. *(Schriftstück, Dokument politischen Inhalts)* war von beiden Staatschefs unterzeichnet, ist vorzeitig veröffentlicht worden; ein P. abheften; seine Papiere *(Briefe, Dokumente, Manuskripte)* ordnen; er hatte alle Papiere *(Unterlagen)* vernichtet; er kramt gern in seinen Papieren. **3.** (Geldw.) *Wertpapier:* ein mündelsicheres, festverzinsliches, gutes, schlechtes, wertloses P.; die Papiere sind gestiegen, gefallen; Papiere [an]kaufen, verkaufen, abstoßen; sein Geld in Papieren anlegen. **4.** ⟨Plural⟩ *Personaldokumente, Unterlagen:* gefälschte Papiere; seine Papiere waren nicht in Ordnung; er hatte seine Papiere verloren, keine Papiere bei sich; der Beamte verlangte die Papiere; darf ich mal Ihre Papiere sehen?; er bekam seine Papiere (ugs.; *wurde entlassen);* ich kann mir meine Papiere holen (ugs.; *ich bin entlassen).* * **etwas zu Papier bringen** *(etwas aufschreiben, schriftlich niederlegen)* · **etwas aufs Papier werfen** *(etwas entwerfen, skizzieren):* die ersten Takte seiner Komposition hatte er schon aufs P. geworfen · **etwas steht/existiert nur auf dem Papier** *(etwas besteht nur der Form nach, ist aber praktisch nicht verwirklicht).*

Papierkorb, der: *Behälter für Papierabfälle:* der P. ist voll, läuft schon über, quillt über; den P. [ent]leeren; etwas in den P. werfen; Werbesendungen wandern meistens in den P. *(werden meistens weggeworfen).*

Pappe, die: *dem Papier ähnliches, steifes Material:* feste, dicke, dünne, steife P.; P. schneiden; ein Bild auf P. aufkleben; der Deckel des Buches war aus P.; die Fenster waren mit P. vernagelt. * (ugs.:) **nicht von Pappe sein** *(stark, kräftig und nicht zu unterschätzen sein):* die gegnerische Mannschaft war auch nicht von P.

Pappenheimer ⟨in der Wendung⟩ **seine Pappenheimer kennen** (ugs.): *bestimmte Menschen mit ihren Schwächen kennen und wissen, was man von ihnen zu erwarten hat:* der Lehrer kennt seine P. ganz genau; ich kenne doch meine P.

Papst, der: *Oberhaupt der katholischen Kirche:* die Kardinäle wählen den P.; das Dogma von der Unfehlbarkeit des Papstes; die Ansprache P. Johannes Pauls II. *(des Zweiten)*/des Papstes Johannes Paul II. *(des Zweiten);* er wurde zum P. gekrönt; R: in Rom gewesen sein und nicht den P. gesehen haben *(die Hauptsache versäumt haben).* * **päpstlicher sein als der Papst** *(strenger, genauer sein als nötig).*

Parade, die: **1.** *Aufmarsch militärischer Einheiten:* am 1. Mai findet in Moskau eine große P.

statt, wird eine große P. abgehalten; der Präsident nahm die P. ab. **2.** (Sport, bes. Fechten, Fußball) *Aktion zur Abwehr:* eine glänzende P.; eine P. durchführen, ausführen, schlagen; mit einer tollkühnen P. wehrte der Torhüter den Ball zur Ecke ab. * **jmdm. in die Parade fahren** *(jmdm. energisch entgegentreten):* in der Diskussion ist er ihm gehörig in die P. gefahren.

Paragraph, der: **1.** *mit dem Paragraphenzeichen gekennzeichneter und numerierter Abschnitt in einem größeren Schriftstück, bes. in einem Gesetz:* ein umstrittener, verstaubter, unmenschlicher P.; einen Paragraphen [in der Hausordnung] ändern, beseitigen, abschaffen; er kennt diesen Paragraphen nicht; gegen einen Paragraphen verstoßen; der Wortlaut des Paragraphen ist mir nicht bekannt; ⟨vor Zahlen und ohne Artikel auch ungebeugt⟩ P. 1 der Straßenverkehrsordnung kennen; gegen P. 4/gegen den Paragraphen 4 verstoßen; nach P. 8; unter P. 117/unter dem Paragraphen 117 BGB ist zu lesen ... **2.** *Paragraphenzeichen:* jeder Abschnitt ist mit einem Paragraphen und der entsprechenden Ziffer gekennzeichnet.

parallel: a) *zu einer anderen Stelle in gleichem Abstand neben etwas anderem verlaufend:* parallele Geraden, Kurven, Straßen; ein paralleles Gleis; die Linien sind, verlaufen p.; der Weg läuft p. mit dem Rhein, verläuft p. zum Rhein. **b)** *gleichzeitig; zeitlich neben etwas anderem:* parallele Entwicklungen, Interessen; zwei parallele Handlungen in einem Roman; p. zu ihrer Ausbildung als Tänzerin nahm sie Schauspielunterricht.

Parallele, die: **1.** *in gleichem Abstand zu einer anderen verlaufende Gerade:* zu einer Geraden die P. ziehen; der Verlauf der P.; die Parallelen, zwei Parallelen/(auch:) Parallele schneiden sich im Unendlichen; der Schnittpunkt zweier Parallelen liegt im Unendlichen. **2.** *Entsprechung, vergleichbares Ereignis:* eine geschichtliche, biologische P.; es drängte sich ihnen die P. zur Gegenwart auf; das ist eine verblüffende P. zu meiner Beobachtung; zwischen beiden Ereignissen lassen sich Parallelen ziehen; der Fall ist ohne P. in der Geschichte.

parat ⟨Adverb⟩: *zur Verfügung, bereit:* etwas p. halten, legen; eine Antwort, ein Beispiel p. haben; ich habe diesen Vorgang nicht mehr p. *(nicht mehr im Gedächtnis).*

Pardon, der, (auch:) das (veraltend): *Verzeihung, Gnade:* jmdm. P. geben, gewähren; die Soldaten kannten keinen/(auch:) kein P. *(schonten niemand);* auf P. hoffen; er bat vergeblich um P.; /häufig als Formel der Entschuldigung/: P., würden Sie mich bitte vorbeigehen lassen?

parieren: I. 1. (Sport) ⟨etwas p.⟩ *abwehren:* einen Hieb, Stoß p.; der Torwart hat den Schuß glänzend pariert; übertr.: *sich gegen etwas zur Wehr setzen:* er war in der Lage, jede Frage, jeden Angriff aus dem Publikum zu p. **2.** ⟨ein Tier p.⟩ *im Tempo zügeln, zum Stehen bringen:* der Reiter parierte das Pferd vor dem Graben. **II.** (ugs.) *gehorchen:* blind, aufs Wort p.; die Kinder haben zu p.; ⟨jmdm., einer Sache p.⟩ sie parierten ihm, seinen Weisungen nicht mehr.

Park, der: *[angelegte] größere Grünfläche mit Bäumen und Sträuchern:* ein großer, alter P.; sie gingen im P. spazieren.

parken ⟨gewöhnlich mit Umstandsangabe⟩: **a)** ⟨[etwas] p.⟩ *[ein Fahrzeug] vorübergehend abstellen:* schlecht, falsch, am Straßenrand, vor dem Haus p.; hier kann ich eine Stunde lang p.; wo kann ich meinen Wagen p.?; subst.: Parken verboten! **b)** ⟨etwas parkt⟩ *ein Fahrzeug ist vorübergehend abgestellt:* der Wagen parkt immer vor der Haustür; adj. Part.: parkende Autos.

Parkett, das: **1.** *Fußboden aus kleinen, in bestimmter Ordnung verlegten Brettern:* ein glattes, spiegelndes P.; das P. abziehen, versiegeln, bohnern; sich (Dativ) P. legen lassen; er ist auf dem P. ausgerutscht; übertr.: er konnte sich auf dem internationalen P. *(im internationalen politischen und gesellschaftlichen Bereich)* sicher bewegen. **2.** *zu ebener Erde liegender Teil eines Zuschauerraumes:* P. nehmen, sitzen; Plätze im P.; übertr.: das P. *(Publikum im P.)* applaudierte.

Parole, die: **1.** *Kennwort, Losungswort:* eine geheime P.; eine P. ausgeben; kennst du die P.? **2.** *Schlagwort, Wahlspruch:* kommunistische Parolen; „in allen Lebenslagen Haltung", das war, so lautete seine P.; aufwieglerische Parolen *(Meldungen, Behauptungen)* verbreiten; etwas als P. zum 1. Mai ausgeben, zur P. machen; der Parteitag stand unter einer neuen P.

Paroli ⟨in der Wendung⟩ jmdm., einer Sache Paroli bieten: *jmdm., einer Sache gewachsen sein und wirksam Widerstand leisten.*

Partei, die: **1.** *Vereinigung von Personen zur Verwirklichung gleicher politischer Ziele:* die politischen Parteien; eine bürgerliche, konservative, fortschrittliche P.; eine P. gründen, führen, auflösen, verbieten; eine bestimmte P. wählen; du hast die falsche P. gewählt; die P. wechseln; einer P. angehören, beitreten, seine Stimme geben; sich einer P. anschließen; Kandidat einer P. sein; aus einer P. austreten; er wurde aus der P. ausgeschlossen; in eine P. eintreten; der Abgeordnete ist zu einer anderen P. übergetreten. **2. a)** *einer der beiden Gegner im Rechtsstreit; einer von zwei Vertragspartnern:* streitende Parteien; die P. des Klägers, des Beklagten *(der Kläger, der Beklagte);* die Parteien zu einem Vergleich bringen; es mit keiner P., mit beiden Parteien halten. **b)** *Gruppe [von Gleichgesinnten]:* im Verlauf der Diskussion bildeten sich zwei Parteien; von jmds. P. sein *(auf jmds. Seite stehen);* er wollte sich zu keiner P. schlagen *(wollte auf niemandes Seite treten).* **3.** *einer von mehreren Mietern in einem Haus:* in unserem Haus wohnen zehn Parteien. * **Partei sein** *(voreingenommen, parteiisch sein):* du bist in dieser Sache P. · jmds. Partei/für jmdn. Partei ergreifen/nehmen *(jmds. Standpunkt verteidigen)* · **über den Parteien stehen** *(unparteiisch sein).*

parteiisch *nicht neutral, nicht objektiv:* eine parteiische Einstellung, Haltung; der Schiedsrichter war, zeigte sich p.; er hat sehr p. geurteilt.

parteilich: 1. *eine Partei betreffend:* parteiliche Interessen; die parteilichen Grundsätze werden davon nicht berührt. **2.** (selten) *parteiisch:* ein parteiliches Urteil.

Partie, die: **1.** *Teil, Abschnitt, Ausschnitt aus einem größeren Ganzen:* die untere P. des Gesichtes; die schönsten Partien des Parks; die Erzählung zerfällt in drei gleich lange Partien. **2.** *Durchgang, Runde bei bestimmten Spielen:* eine P.

gewinnen, verlieren; eine gute, schlechte P. liefern *(gut, schlecht spielen);* sie spielten eine P. Schach, Billard, Bridge. **3.** *Rolle in einem gesungenen [Bühnen]werk:* die P. der Tosca übernehmen, singen; für diese P. ist er nicht geeignet. **4.** (Kaufmannsspr.) *Posten:* eine P. Hemden (ugs.:) * **mit der Partie sein** *(bei etwas mitmachen)* · **eine gute Partie sein** *(viel Geld mit in die Ehe bringen)* · **eine gute Partie machen** *(einen vermögenden Eheparter bekommen).*

Paß, der: **1.** *amtlicher Ausweis zur Legitimation einer Person:* ein französischer, deutscher P.; der P. ist seit einem halben Jahr abgelaufen, ist ungültig, gefälscht, war auf den Namen Meier ausgestellt; einen P. beantragen, ausgestellt bekommen; den P. vorzeigen, kontrollieren; sie mußte ihren P. verlängern lassen. **2.** *Gebirgspaß:* der P. liegt 2300 m hoch; die Pässe der Alpen sind verschneit, gesperrt, nur mit Schneeketten zu passieren; einen P. überqueren. **3.** (Ballspiele, bes. Fußball) *gezieltes Weiterleiten eines Balles an einen Spieler der eigenen Mannschaft:* ein langer, kurzer, genauer, weiter, wunderbarer P.; ein Paß in den freien Raum, über zwei Linien; sein P. kam nicht an, erreichte den Gegner, wurde vom Gegner abgefangen; seine Pässe sind gefürchtet; einen P. spielen, geben, schlagen, annehmen.

passen: 1. a) ⟨etwas paßt⟩ *etwas ist für den Träger in Größe und Schnitt richtig:* das Kleid, der Hut, der Mantel paßt gut; die Stiefel passen nicht; ⟨etwas paßt jmdm.⟩ die Sachen paßten ihm wie angegossen. **b)** ⟨zu jmdm., zu etwas p.⟩ *für jmdn., etwas geeignet sein; auf jmdn., etwas abgestimmt sein, so daß beide miteinander harmonieren:* der elegante Hut paßt gut zu ihrem Nachmittagskleid; das paßt [gerade] zu ihm (ugs.; *das ist seine Art, es war nichts anderes von ihm zu erwarten);* er paßt nicht zu uns, zu unserem/(auch:) in unseren Kreis; die beiden Eheleute passen nicht, gut zusammen, zueinander; adj. Part.: er trägt zum Anzug die passende Krawatte; er findet immer die passenden Worte; bei passender Gelegenheit; das halte ich nicht für passend *(angebracht);* haben Sie's passend (ugs.; *können Sie mir den Betrag abgezählt geben)?* **c)** ⟨etwas paßt; gewöhnlich mit Raumangabe⟩ *etwas läßt sich irgendwo anbringen, einfügen, unterbringen:* der Deckel paßt nicht auf den Topf; der Schlüssel paßt nicht [in dieses Schloß]; der Koffer hatte nicht unter die Couch gepaßt. **d)** ⟨etwas p.; mit Raumangabe⟩ *passend machen, einfügen:* die Bolzen in die Bohrlöcher p. **2. a)** ⟨jmdm. p.⟩ *jmdm. recht, angenehm sein:* der neue Mann paßt dem Chef nicht; dein Benehmen paßt mir nicht; würde ihnen mein Besuch morgen abend p.?; um 15 Uhr paßt es mir gut; R: das könnte dir, ihm usw. so p. (ugs.; *das hättest du, hätte er usw. wohl gerne).* **b)** (ugs.) ⟨sich p.⟩ *sich gehören:* so ein Benehmen paßt sich nicht **3.** (Kartenspiel) *ein Spiel auslassen [müssen], beim Skat nicht [mehr] reizen:* bei vierundzwanzig paßte er; ich passe; er hat schon zweimal gepaßt; übertr.: *eine Frage nicht beantworten können:* da muß ich p., das weiß ich nicht; in der Prüfung hat er mehrmals gepaßt. **4.** (Ballspiele, bes. Fußball) *den Ball einem Spieler der eigenen Mannschaft gezielt zuspielen:* der Verteidiger paßte [zum Stürmer].

passieren: 1. ⟨etwas passiert⟩ *etwas meist Unangenehmes, Ungewolltes geschieht:* ein Unglück, etwas Furchtbares ist passiert; was ist hier passiert?; er tut [so], als ob nichts passiert sei; das ist seit zwei Jahren nicht mehr passiert *(vorgekommen);* wenn du nicht aufpaßt, passiert noch etwas; in der Sache muß endlich etwas p. (ugs.; *geschehen, unternommen werden);* ⟨etwas passiert jmdm.⟩ mir ist eine Panne passiert; seid vorsichtig, daß euch nichts passiert *(zustößt);* wenn mir etwas passiert (verhüll.; *wenn ich unerwartet zu Tode kommen sollte),* benachrichtigt meine Frau; so etwas ist mir noch nie passiert *(begegnet);* ihm kann nichts p. *(er hat sich gesichert).* **2. a)** ⟨etwas p.⟩ *vorüberfahren, überschreiten, überqueren:* eine Stadt, einen Fluß, Tunnel, eine Brücke p.; der Zug hatte gerade die Grenze passiert; ⟨auch ohne Akk.⟩ *durch eine Grenze gelassen werden:* diese Ware passiert zollfrei; der Beamte ließ ihn p. *(ungehindert über die Grenze);* ü b e r t r.: der Film hat die Zensur passiert; der Torwart mußte den Ball p. lassen (Ballspiele, bes. Fußball; *konnte ihn nicht halten).* **b)** ⟨jmdn., etwas p.⟩ *an jmdm., etwas vorbeigehen:* die Pförtnerloge, die Wachtposten p. **3.** ⟨etwas p.⟩ *durch ein Sieb rühren:* die Erbsensuppe p.; die Kartoffeln wurden passiert. **4.** (Tennis) ⟨jmdn. p.⟩ *den Ball so am Gegner vorbeischlagen, daß er für ihn unerreichbar ist:* er konnte den ans Netz vorrückenden Gegner p.
passiv: 1. a) *untätig, abwartend, ohne Beteiligung oder Interesse:* sie ist eine passive Natur; er war, verhielt sich in dieser Angelegenheit völlig p. **b)** *in einer Sache selbst nicht tätig, sie geschehen lassend:* er wollte bei dieser Veranstaltung nur passiver Teilnehmer sein; passiver Raucher *(Nichtraucher, der den Tabakrauch anwesender Raucher einatmet);* passives Wahlrecht *(das Recht, gewählt zu werden);* passiver Widerstand *(Widerstand durch Nichtbefolgung ohne Anwendung von Gewalt);* passiver Wortschatz *(Wortschatz, den jmd. kennt, den er aber nicht selbst verwendet);* passive Handelsbilanz *(Übergewicht der Einfuhr über die Ausfuhr);* er blieb politisch immer p.; daran war er nur p. beteiligt. **2.** *als Mitglied einer Organisation o. ä. nicht aktiv an deren Veranstaltungen, Unternehmungen o. ä. teilnehmend:* ein passives *(nur den Beitrag zahlendes)* Mitglied; an den Sportveranstaltungen nimmt er nur p. *(als Zuschauer)* teil.
Pate, der: *Taufzeuge, der sich mit um die religiöse Erziehung des Kindes kümmern soll:* jmds. P. sein; sie haben bei ihm P. gestanden *(sind seine Paten);* jmdn. zum Paten nehmen; er hatte einen Freund seines Vaters zum Paten. *∗ (ugs.:)* **bei etwas Pate gestanden haben** *(bei etwas [durch sein Werk, Wirken] von Einfluß gewesen sein):* bei diesem Drama hat offenbar Büchner P. gestanden.
patent (ugs.): *tüchtig; geschickt; großartig:* ein patentes Mädchen; ein patenter Bursche, Kerl (ugs.); das ist eine patente Idee, Methode; etwas ist ganz p.; er hat die Aufgabe p. gelöst.
Patent, das: **1. a)** *[Urkunde über das] Recht, eine Erfindung allein zu verwerten:* das P. ist erloschen; ein P. verfallen lassen, anmelden, erteilen, verletzen; auf eine Maschine ein P. haben, bekommen; er meldete seine Erfindung zum P. an. **b)** *durch das Patentrecht geschützte Erfindung:* ein

neues P. entwickeln. **2.** *Ernennungsurkunde:* er hat sein P. als Kapitän, für Küstenschiffahrt erhalten; das P. als Steuermann erwerben.
Pathos, das (geh.): *leidenschaftlicher Gefühlsausdruck:* ein falsches, unechtes, übersteigertes, hohles P.; Schillersches P.; er sprach die Verse voller P., mit übertriebenem P.
Patient, der: *Kranker in ärztlicher Behandlung:* ein schwieriger, geduldiger P.; der P. ist bettlägerig, darf aufstehen; ich bin P. von/bei Dr. ...; der P. wurde als geheilt entlassen; einen Patienten behandeln, operieren; dem Patienten geht es besser; wie geht es denn eurem kleinen Patienten (fam.; *dem kranken Kind)?*
Patsche, die (ugs.) ⟨in Verbindung mit bestimmten Präpositionen⟩: *unangenehme, schwierige Lage; Bedrängnis, Notlage:* jmdm. aus der P. helfen; jmdm. aus der P. ziehen; in der P. sein, sitzen, stecken; in eine P. kommen, geraten.
patzig (ugs.): *in ungezogener Weise unhöflich und kurz angebunden:* eine patzige Antwort; ein patziger junger Bursche; sie war sehr p. zu der alten Dame; antworte, komm mir nicht so p.!
Pauke, die: */ein Musikinstrument/:* die P. schlagen. *∗ (ugs.:)* **mit Pauken und Trompeten durchfallen** *(bei einem Examen o. ä. ganz und gar versagen)* · (ugs.:) **auf die Pauke hauen: a)** *(ausgelassen feiern)* · **b)** *(sehr großsprecherisch sein).*
pauken (ugs.): **a)** *intensiv lernen:* er paukt fürs Examen. **b)** ⟨etwas p.⟩ *sich etwas intensiv geistig aneignen, einlernen:* ich muß noch Vokabeln, Mathematik, Französisch, den Prüfungsstoff p.
Pause, die: **1.** *Unterbrechung einer Tätigkeit, die der Regeneration o. ä. dienen soll:* eine kurze, lange P.; eine schöpferische P.; nach der zweiten Unterrichtsstunde ist [die] große P.; im Gespräch trat plötzlich eine P. ein; es folgt jetzt eine P. von zehn Minuten; eine P. einlegen, einschieben; [eine kurze] P. machen; er hielt eine bedeutungsvolle P. *(hielt bedeutungsvoll inne);* während der P. gingen wir im Foyer spazieren; es klingelt zur P. **2.** *nicht durch Töne ausgefüllter Taktteil in einem Musikwerk:* hier hat die zweite Geige eine P. von drei Takten/drei Takte P.
Pech, das: **1.** */dunkler teerartiger Stoff/:* etwas mit P. bestreichen, abdichten; dunkel machen wie P. **2.** (ugs.) *unglückliche Fügung, Mißgeschick:* es war ein furchtbares P., daß er jetzt krank wurde; so ein P.!; das war wirklich P.!; P. [gehabt]! */Feststellung; mit der jmd. ohne große Anteilnahme das Mißgeschick eines anderen kommentiert/;* P. *(nichts zu machen)* für dich; dein P. *(du bist selbst daran schuld),* wenn du nicht aufpaßt; er hat im Examen, beim Spiel P. gehabt *(ist durchgefallen, hat verloren);* damit habe ich P. gehabt *(es war das Falsche);* sie hat im Leben immer P. *(Unglück)* gehabt; er hat vom P. verfolgt.
Pechsträhne, die (ugs.): *Folge von unglücklichen Zufällen, Mißgeschicken:* die P. reißt nicht ab; wir haben eine P.
pedantisch: *kleinlich, übertrieben genau und umständlich:* ein pedantischer Beamter; er ist sehr p.; p. rechnete er alles noch einmal nach.
peilen: 1. ⟨etwas p.⟩ *mit einem bestimmten Gerät die Richtung, die Wassertiefe feststellen:* den Standort, die Umgebung p.; mit Ultraschallwellen ist es gelungen, Eisberge unter Wasser zu p.;

⟨auch ohne Akk.⟩ der Kutter peilt. **2.** (ugs.) ⟨mit Raumangabe⟩ *seinen Blick irgendwohin richten:* neugierig durch den Türspalt, um die Ecke p.

Pein, die (geh.): *quälender Schmerz, großes Unbehagen:* seelische, körperliche P.; schwere P.; P. leiden; seine Schuld bereitete, verursachte ihm P.; du machst ihr das Leben zur wahren P.

peinigen (geh.) ⟨jmdn., etwas p.⟩: *quälen, quälenden Schmerz verursachen:* jmdn. bis aufs Blut, zu Tode p.; der Hunger, Durst peinigte sie; jmdn. mit seinen Fragen p. *(ihm damit heftig zusetzen);* sie war von Schmerzen gepeinigt; ihn peinigt die Vorstellung, schuld an ihrem Tod zu sein.

peinlich: 1. *unangenehm, in Verlegenheit bringend:* eine peinliche Frage; ein peinliches Gefühl; ein peinlicher Augenblick; peinliche *(beschämende)* Vorkommnisse; man unterzog ihn einem peinlichen *(sehr strengen)* Verhör; p. überrascht sein; die Situation war p.; ihr Benehmen berührt, wirkt p.; von etwas p. berührt sein; ⟨etwas ist jmdm. p.⟩ das ist mir p.; es ist mir furchtbar p., Ihnen zu gestehen, daß ...; **subst.:** das Peinliche daran war, daß ... **2. a)** *äußerst genau, sorgfältig:* bei ihm herrscht eine peinliche Ordnung, peinlichste Sauberkeit; p. auf etwas achten; etwas p. befolgen; gewisse Fragen wurden p. vermieden. **b)** ⟨verstärkend vor Adjektiven⟩ *sehr, überaus:* er ist in allem p. genau; es war alles p. sauber.

Peitsche, die: *aus einem Stiel und einem Riemen o. ä. bestehender Gegenstand zum Schlagen:* eine lange P.; die P. schwingen; dem Pferd die P. geben *(es mit der P. antreiben);* mit der P. knallen; er hat den Hund mit der P. geschlagen; **bildl.:** sie arbeiten nur, wenn sie die P. im Rücken fühlen *(nur unter Zwang).*

peitschen: 1. ⟨jmdn., ein Tier p.⟩ mit der Peitsche schlagen: die Pferde p.; **übertr.:** die Stürme peitschen das Meer. **2. a)** ⟨etwas peitscht; mit Raumangabe⟩ *etwas trifft klatschend auf etwas auf, schlägt heftig auf etwas:* der Regen, der Wind peitscht ans Fenster, gegen die Scheiben; ⟨etwas peitscht jmdm.; mit Raumangabe⟩ der Regen peitschte ihm ins Gesicht. **b)** ⟨etwas peitscht⟩ *etwas wird wie ein Peitschenknall hörbar:* Schüsse peitschten [durch die Nacht].

pekuniär: *das Geld betreffend, finanziell:* pekuniäre Verluste, Opfer, Schwierigkeiten; p. geht es ihnen jetzt etwas besser.

Pelle, die (bes. nordd.): *dünne Schale, Haut:* die P. von der Wurst abziehen; dem Hering die P. abziehen; sie kochte die Kartoffeln mit der, in der P. * (ugs.:) **jmdm. auf die Pelle rücken** *(jmdn. mit etwas bedrängen)* · (ugs.:) **jmdm. auf der Pelle sitzen; jmdm. nicht von der Pelle gehen** *(jmdm. mit seiner dauernden Anwesenheit lästig werden).*

pellen (bes. nordd.) ⟨etwas p.⟩: *die Pelle abziehen:* Kartoffeln p.

Pelz, der: **a)** *[für die Kleidung verwendetes] Fell bestimmter Tiere:* ein leichter, schwerer, echter, zottiger, dichter, dicker P.; der P. des Bären; eine Mütze aus P.; etwas mit P. besetzen; der Mantel war mit P. gefüttert. **b)** *Kleidungsstück aus Pelz; Pelzmantel, -jacke:* einen P. einmotten, ändern lassen; sie trug einen weiten, eleganten P.; sie hüllte sich in ihren P. * (ugs.:) **jmdm. auf den Pelz rücken** *(jmdn. mit etwas bedrängen)* · (ugs.:)

jmdm. eins auf den Pelz brennen *(auf jmdn. schießen, jmdn. mit der Kugel treffen).*

Pendel, das: *herabhängender, hin- und herschwingender länglicher Körper:* das P. schwingt gleichmäßig, steht still; das P. der Uhr anstoßen; **bildl.:** nach der Zeit des Wohlstands schlug das P. nach der entgegengesetzten Seite aus.

pendeln: 1. *hin- und herschwingen:* die Lampe pendelte ein wenig; er ließ den Kopf p. **2.** *zur Arbeit, zur Schule zwischen zwei Orten hin- und herfahren:* seit mehreren Jahren p.; er ist fast täglich zwischen Bonn und Bochum gependelt.

penetrant: a) *durchdringend:* ein penetranter Geruch, Geschmack; der Duft des Parfüms war allzu p.; das Essen schmeckt p. nach altem Fett. **b)** *unangenehm stark ausgeprägt, aufdringlich:* ein penetranter Mensch; seine Rechthaberei war sehr p.

pennen (ugs.): *schlafen:* bis mittags, tief und fest, in einer Scheune p.; er pennt sogar während des Unterrichts; da hast du mal wieder gepennt *(nicht aufgepaßt).*

Pension, die: **1. a)** *Ruhestand der Beamten:* er geht, ist bereits in P.; man hat ihn in P. geschickt. **b)** *Ruhegehalt der Beamten:* eine hohe, niedrige, kleine, gute P.; [eine] P. beziehen, bekommen; die P. kürzen, aufheben, entziehen; er lebt jetzt von seiner P. **2. a)** *kleiner Betrieb oft privaten Charakters zur Beherbergung von Gästen:* eine saubere, nette, ruhige, einfache P.; in einer P. wohnen; sich in einer P. anmelden; sie haben ihre Gäste in einer P. untergebracht. **b)** (seltener) *Unterbringung mit Verpflegung in einem Ferienhotel o. ä.:* was zahlst du für die P.?; nehmt ihr volle oder nur halbe P.?

pensionieren ⟨jmdn. p.⟩: *jmdn. in den Ruhestand versetzen:* mit 65 Jahren wird man pensioniert; er hat sich vorzeitig p. lassen; pensionierte Beamte.

Pensum, das: *in einem bestimmten Zeitraum zu erledigende Arbeit:* ein hohes, niedriges P.; sein P. erledigen, schaffen.

per ⟨Präp. mit Akk.⟩: **1. a)** *mittels, mit/in bezug auf die Art der Beförderung/:* p. Bahn, Post, Schiff, Auto, Flugzeug; einen Brief p. Eilboten schicken. **b)** *durch /in bezug auf das Mittel, wodurch etwas erreicht wird/:* sich p. Abkommen verpflichten; p. Adresse *(über die Anschrift von /bei Postsendungen/);* mit jmdm. p. du sein *(jmdn. duzen).* **2.** (Kaufmannsspr.) **a)** *für, zu:* p. sofort; die Ware ist p. ersten Januar zu liefern. **b)** *je, pro:* die Gebühren betragen 2,50 DM p. eingeschriebenen Brief. * (ugs.:) **per pedes** *(zu Fuß).*

perfekt: 1. *vollendet, vollkommen [ausgebildet]:* eine perfekte Köchin, Hausfrau; er ist ein perfekter Ehemann; diese Maschine ist technisch p.; sie ist p. in Stenographie und Schreibmaschine; er spricht p. Englisch. **2.** *abgemacht, abgeschlossen, gültig:* ein perfekter Vertrag; das Abkommen ist p. [geworden]; mit diesem Tor war die Niederlage p. *(besiegelt);* ich habe den Kauf p. gemacht.

Periode, die: **1.** *durch bedeutsame Ereignisse oder Persönlichkeiten bestimmter Zeitabschnitt:* eine historische, geologische P.; die P. nach 1945; eine P. sozialer Umwälzungen; etwas leitet eine neue P. ein. **2.** *Menstruation:* die monatliche P.; die P. ist ausgeblieben, eine Woche zu früh

gekommen; die P. haben. **3.** (Sprachw.) *Satzge-füge, Satzgebilde:* er baut zu lange Perioden.
periodisch: *regelmäßig, in bestimmten Zeitab-ständen [auftretend]:* die periodische Wiederkehr der Jahreszeiten; eine p. erscheinende Zeit-schrift; p. auftretende Krankheiten.
Perle, die: **1.** *als Schmuck bes. in Ketten verwen-dete kleine Kugel aus Perlmutter, Glas, Holz o. ä.:* [un]echte, kostbare, imitierte, matte, glänzende, bunte Perlen; Perlen suchen, fischen, züchten; Perlen herstellen, fassen, auf eine Schnur reihen, aufreihen; Perlen aus Glas, Elfenbein, Holz an-fertigen; eine Kette aus Perlen; sie tauchten nach Perlen; sie hat Zähne wie Perlen; R: Perlen be-deuten Tränen; übertr.: *besonders schönes Exemplar von etwas:* die Kirche ist eine P. der mittelalterlichen Baukunst. **2.** *perlenähnliche Ge-bilde; Bläschen:* die Perlen im Sekt; der Schweiß stand ihm in Perlen auf der Stirn; sie mußte noch ihre Perlen *(Arznei in Form von Perlen)* einneh-men. **3.** (ugs. scherzh.) *tüchtige Hausgehilfin:* sie ist eine P.; unsere P. haben wir schon sehr lange.
∗ **jmdm. fällt keine Perle aus der Krone** *(jmd. ver-gibt sich nichts)* · **Perlen vor die Säue werfen** *(et-was Wertvolles jmdm. geben, anbieten, der es nicht zu schätzen, zu würdigen weiß).*
perlen: **1.** ⟨etwas perlt; mit Raumangabe⟩ a) *et-was fließt, rollt in Perlen herab:* das Naß perlt von den Felswänden; Tränen sind über ihre Wangen geperlt; ⟨jmdm. perlt etwas; mit Raumangabe⟩ der Schweiß perlt ihm von der Stirn; bildl.: die Töne p. lassen; ihr Lachen perlte hell. **b)** *etwas bildet sich, erscheint in Form von Perlen:* der Tau perlt auf der Blüte; auf seiner Stirn perlten Schweißtropfen; ⟨jmdm. perlt etwas; mit Raum-angabe⟩ der Schweiß hat/ist ihm auf der Stirn ge-perlt. **2.** ⟨etwas perlt⟩ *etwas bildet perlenförmige Tröpfchen, Bläschen, ist davon bedeckt:* die Wiese perlt vom/von Tau; der Sekt perlt.
Person, die: **1.** *Mensch [als individuelles geistiges Wesen]:* eine tüchtige, hochgestellte, wichtige, kluge, unbekannte, bestimmte P.; juristische P. (Rechtsw.; *Anstalt, Körperschaft, die rechtlich wie eine Person mit Rechten und Pflichten behandelt wird);* natürliche P. (Rechtsw.; *Mensch als Träger von Rechten und Pflichten*); er ist eine dynami-sche P. *(Persönlichkeit);* jede P. *(jeder)* zahlt eine Mark; im ganzen Haus war keine P. *(niemand)* zu finden; die P. des Kanzlers *(der Kanzler);* deine P. soll *(du sollst)* nicht in die Affäre hineingezo-gen werden; seine, die eigene P. *(sich selbst)* in den Vordergrund stellen; man muß die P. vom Amt, von der Sache unterscheiden, trennen; die Familie besteht aus fünf Personen; ein Haus für sechs Personen; du hast dich in der P. geirrt; beide Ämter sind in einer P. vereinigt; der Ein-tritt kostet pro P. eine Mark; eine Gesellschaft von 20 Personen; der Angeklagte wurde zur P. vernommen *(mußte Angaben über sich machen);* übertr.: *der drei göttlichen Personen* (Rel.; *Gott Vater, Sohn und Heiliger Geist).* **2.** *Mensch hin-sichtlich seiner körperlichen Eigenschaften, seiner äußeren Erscheinung:* eine männliche, weibliche P.; eine große, starke, robuste, stattliche P.; er ist klein von P.; ich kenne ihn von P. *(vom Ausse-hen).* **3.** *Figur in einem Drama, Film o. ä.:* die Per-sonen der Handlung: ...; die Personen in einem

Roman; er trat nur als stumme P. *(Statist)* auf. **4.** *Frau, junges Mädchen:* eine hübsche, reizende, häßliche, alberne, gescheite P.; er heiratete eine junge, reiche P. **5.** (Sprachw.) *eine der drei For-men des Verbs oder Pronomens:* die erste P. *(Spre-chender);* das Verb steht in der zweiten P. Plural.
∗ **jmd. in [eigener] Person** *(jmd. selbst)* · **etwas in Person sein** *(die Verkörperung von etwas sein):* er ist die Güte, Ehrlichkeit in P.
persönlich: **1.** *jmds. eigene Person, eigene Ver-haltensweisen, Angelegenheiten betreffend:* eine persönliche Ansicht, Meinung; ein persönlicher Angriff; eine persönliche Beleidigung; ein ganz persönlicher Feind; wenn ich mir eine persönli-che Bemerkung erlauben darf ...; das sind meine persönlichen Angelegenheiten, ist mein persönli-cher Vorteil; seine persönliche Freiheit wahren; sie schreibt einen ganz persönlichen Stil; das ver-leiht der Sache einen ganz persönlichen *(charak-teristischen)* Stil; persönliches Eigentum; persön-liche Gründe anführen; ein persönliches Wort für jmdn. haben; einen persönlichen *(warmherzi-gen)* Ton anschlagen; etwas in persönliche *(ei-gene)* Verantwortung übernehmen; er ist persön-liche Bestzeit gelaufen; das habe ich nicht p. ge-meint *(war nicht gegen deine Person gerichtet);* nimm das nicht p. *(bezieh das nicht auf deine ei-gene Person);* das Gespräch war sehr p. *(vertrau-lich);* Sprachw.: persönliches Fürwort *(Perso-nalpronomen).* **2.** *durch keinen anderen vertreten, in eigener Person, selbst:* persönliche Anwesen-heit; persönliches Erscheinen erwünscht; der Chef p.; p.! *(nur für den Empfänger selbst be-stimmt* /Vermerk auf Briefen/); sich p. vorstel-len; sich p. um etwas kümmern; er kam p.; jmdn. p. kennen. ∗ **persönlich werden** *(jmdn. angreifen und dabei unsachlich, ausfällig werden).*
Persönlichkeit, die: **1.** *Gesamtheit der besonde-ren Eigenschaften, die einem Menschen sein indivi-duelles Gepräge geben:* die menschliche P.; eine eigenwillige künstlerische P.; die P. respektieren; die eigene P. entwickeln; wir fördern die freie Entfaltung der P. **2.** *[in sich gefestigter, reifer] Mensch besonderer Prägung:* eine einflußreiche, wichtige, hochgestellte, dynamische, zwielichtige P.; er ist eine P.; Persönlichkeiten des öffentli-chen Lebens *(Personen, die im gesellschaftlichen Leben Ansehen genießen).*
Perspektive, die: **1.** *Darstellung räumlicher Verhältnisse in der Bildebene mit scheinbarer Ver-kürzung der Entfernung:* beim Zeichnen muß man auf die P. achten; die P. des Bildes, der Bühne. **2. a)** *Standpunkt, von dem aus etwas gese-hen wird; Sicht, Blickwinkel:* eine neue P. tut sich auf; interessante Perspektiven eröffnen sich; et-was aus soziologischer P. betrachten; bei/in die-ser P. erscheint der Fall eher als Ausnahme; über Perspektiven *(Aspekte)* des Zusammenlebens sprechen. **b)** *Zukunftsaussicht:* die Ausführungen des Ministers eröffnen neue Perspektiven für die Wirtschaft; für etwas keine P. sehen.
Pessimist, der: *jmd., der immer die schlechten Seiten des Lebens sieht und das Schlimmste an-nimmt:* er ist ein großer, hoffnungsloser P.
pessimistisch: *immer nur Schlechtes, Mißer-folg erwartend, von Pessimismus erfüllt, zeugend:* ein pessimistischer Mensch; ein pessimistischer

Grundzug lag in seinem Wesen; eine pessimisti-
sche Übertreibung; er ist von Natur aus p.; etwas
p. beurteilen; darüber äußerte er sich sehr p.
Pest, die: /eine Seuche/: die P. brach aus, verbreitete sich, ging um, wütete, entvölkerte ganze
Landstriche; er hatte die P., starb an der P.; der
P. zum Opfer fallen; von der P. hingerafft werden. * (ugs.:) jmdn. die Pest an den Hals wünschen
(jmdm. alles Schlechte wünschen).
Pfad, der: *schmaler Weg:* ein schmaler, steiler,
ebener, überwachsener P.; der P. läuft quer
durch den Garten, führt durch die Wiesen,
schlängelt sich durchs Tal; sie kamen auf einen
einsamen P.; übertr.: die verschlungenen
Pfade des Lebens. * **ein dorniger Pfad** *(mit vielen
Schwierigkeiten verbundenes Verfolgen eines
Ziels)* · (geh.:) **auf dem Pfad der Tugend wandeln**
(tugendhaft sein) · **auf ausgetretenen Pfaden wandeln** *(keine eigenen Ideen haben)* · **die ausgetretenen Pfade verlassen** *(vom üblichen Schema abweichen)* · (geh.) **vom rechten Pfad abkommen/vom
Pfad der Tugend abweichen** *(etwas Unrechtes tun).*
Pfahl, der: *langer Gegenstand aus Holz, Metall
o. ä. zum Einrammen in die Erde:* ein morscher
P.; die Pfähle des Steges sind bemoost; einen P.
zuspitzen, einschlagen, eintreiben, einrammen;
in sumpfigem Gelände ruhen die Häuser auf
Pfählen. * **ein Pfahl im Fleische** *(etwas Peinigen-
des, was jmdn. nicht zur Ruhe kommen läßt).*
Pfand, das: *Gegenstand, Geldbetrag, der als Sicherheit für eine Schuld, Forderung dient:* ein P.
geben, einlösen, herausgeben; für eine Flasche P.
bezahlen; ist auf den Flaschen P. *(muß dafür Fla-
schenpfand bezahlt werden)?;* etwas als/zum P.
geben, nehmen; etwas als P. zurücklassen, behalten; etwas gegen P. leihen; übertr. (geh.): er gab
ihr den kostbaren Ring als ein P. *(ein Zeichen, einen Beweis)* seiner Liebe.
pfänden: a) (jmdn. p.) *jmds. Eigentum als Sicherheit für eine Forderung gerichtlich beschlagnahmen:* einen säumigen Zahler p. [lassen]. b)
(etwas p.) *als Sicherheit für eine geldliche Forderung gerichtlich beschlagnahmen:* der Gerichts-
vollzieher hat die Möbel, das Auto gepfändet.
Pfanne, die: *zum Braten verwendeter flacher Behälter mit Stiel:* eine schwere, große, flache P.;
Fisch in der P. braten, backen; Fett in die P. tun;
sie schlug ein paar Eier in die P. * (ugs.:) **etwas
auf der Pfanne haben** *(etwas in Bereitschaft haben)* · (ugs.:) **jmdn. in die Pfanne hauen** *(jmdn.
hart kritisieren, [durch seine Kritik] vernichten).*
Pfeffer, der: 1. *Pfefferstrauch:* P. anbauen,
[an]pflanzen. 2. *als Gewürz verwendete Samenkörner des Pfefferstrauches:* schwarzer, weißer, gemahlener, gestoßener, ganzer P.; der P. brennt
auf der Zunge; P. ans Essen tun. * (ugs.:) **hinge-
hen/bleiben, wo der Pfeffer wächst** *(verschwinden,
fernbleiben* /in Verwünschungen:/ der soll doch
gerade bleiben, hingehen, wo der P. wächst! ·
Pfeffer und Salz *(schwarz-, braun- oder grauwei-
ßes Stoffmuster):* ein Anzug in P. und Salz.
pfeffern /vgl. gepfeffert/: 1. (etwas p.) *mit Pfeffer würzen:* das Steak war zu stark gepfeffert; übertr.: er hat seine Rede mit allerlei
Kraftausdrücken gepfeffert. 2. (ugs.) (etwas p.;
mit Raumangabe) *[aus Zorn] mit Wucht irgendwohin werfen:* die Bücher in die Ecke p.

Pfeife, die: 1. a) *kleines, mit einem Mundstück
versehenes Instrument, mit dem durch Blasen ein
heller, schriller Ton erzeugt wird:* die P. des
Schiedsrichters, des Zugführers ertönt; die Jungen schnitzten sich (Dativ) Pfeifen aus Weidenzweigen. b) *Orgelpfeife:* einige Pfeifen waren verstimmt, müssen repariert werden; diese Gruppe
von Pfeifen gehört zu einem anderen Register. 2.
Tabakspfeife: eine lange, kurze, P.; die P. ist kalt
geworden, ausgegangen; die P. stopfen, anzünden, in Brand stecken, anrauchen, ausklopfen,
reinigen; er raucht nur noch P.; er zog an seiner
P. * (ugs.:) **nach jmds. Pfeife tanzen** *(willenlos alles
tun [müssen], was jmd. von einem verlangt).*
pfeifen: 1. a) *mit dem Mund einen hellen, schrillen Ton hervorbringen:* laut, schrill, leise, auf den
Fingern, durch die Zähne, vor sich hin p.; am
Schluß des Stückes, der Aufführung, des Konzerts wurde heftig gepfiffen *(gab man seinem
Mißfallen durch Pfiffe Ausdruck);* (jmdm. p.:) der
Jäger pfeift seinem Hund *(veranlaßt seinen Hund,
auf seine Befehle zu achten);* fröhlich pfeifend
ging er nach Hause. b) *mit einer Pfeife ein Signal,
ein Zeichen geben:* der Zugführer pfeift, und der
Zug fährt ab; der Schiedsrichter hat gepfiffen,
pfiff falsch *(traf eine falsche Entscheidung).* c)
(ein Tier, etwas pfeift) *ein Tier, etwas bringt ein
pfeifendes Geräusch, einen Pfeifton hervor:* Drosseln, Murmeltiere pfeifen; sein Atem, der Wind
pfeift; der Kessel, die Lokomotive hat gepfiffen;
pfeifende Geräusche; (etwas pfeift jmdm.; mit
Raumangabe) die Kugeln pfiffen ihm um die Ohren. 2. (etwas p.) *durch Pfeifton hervorbringen:* ein
Lied, eine Melodie, ein Signal p. 3. (Sport) (etwas
p.) a) *mit der Signalpfeife leiten:* ein norwegischer
Schiedsrichter wird das Spiel p. b) *durch einen
Pfiff auf der Signalpfeife eine Entscheidung anzeigen:* einen Elfmeter p.; der Schiedsrichter hat
das Foul nicht gepfiffen. 4. (ugs.) (auf jmdn., auf
etwas p.) *an einer Person oder Sache überhaupt
nicht interessiert sein, ohne weiteres auf sie verzichten können:* auf sie und ihr Geld pfeife ich. * (ugs.
veraltend:) **sich** (Dativ) **eins pfeifen:** a) *(vor sich
hin pfeifen).* b) *(den Unbeteiligten spielen)* · (ugs.:)
jmdm. [et]was pfeifen *(keineswegs geneigt sein,
jmds. Wunsch o. ä. zu erfüllen).*
Pfeil, der: 1. *als Geschoß verwendeter Stab mit
Spitze:* ein stumpfer, spitzer, scharfer, gefieder-
ter, vergifteter P.; der P. schnellt von der Sehne,
fliegt, schwirrt durch die Luft, sitzt, trifft, erreicht
das Ziel, bohrt sich in die Brust; einen P. schnitzen, spitzen, aus dem Köcher ziehen; den P. auflegen, abschießen; mit P. und Bogen; übertr.:
Pfeile des Spottes (geh.: *beißender Spott*); giftige,
vergiftete Pfeile abschießen *(gehässige, boshafte
Bemerkungen machen).* 2. *Zeichen, das eine Richtung angibt:* der P. zeigt nach Norden; der kleine
P. verweist den Leser auf ein anderes Stichwort;
sie gingen in Richtung des roten Pfeils weiter.
* **alle [seine] Pfeile verschossen haben** *(keine Ge-
gengründe oder -mittel mehr haben).*
Pfeiler, der: *Stütze mit meist eckigem Querschnitt zum Tragen von Teilen eines größeren Bauwerks:* ein starker, dicker, hoher, steinerner P.;
der eiserne P. einer Brücke; ein P. aus Beton; die
P. tragen die Decke; das Gewölbe wurde durch
P. gestützt.

Pfennig, der: *kleinste Einheit der deutschen Währung in Form einer Münze:* hundert Pfennige sind, machen eine Mark; ein Brötchen kostet dreißig P./(seltener:) Pfennige; das kostet nur ein paar Pfennige; 80 P. reichen (nicht: reicht) nicht für einen Liter Milch; keinen P. *(kein Geld)* bei sich haben; er hat keinen P. Trinkgeld bekommen; auf den P. genau herausgeben; damals war ich auf jeden P. angewiesen; hast du ein paar einzelne Pfennige?; zwei Briefmarken zu 50 P.; er war ohne einen P. *(alles Geld);* Sprichw.: wer den P. nicht ehrt, ist des Talers nicht wert. * (ugs.:) **auf den Pfennig sehen; jeden Pfennig [dreimal] umdrehen** *(sehr sparsam sein; geizig sein)* · **mit dem Pfennig rechnen müssen** *(wenig Geld ausgeben können; sparen müssen)* · **für jmdn., etwas keinen Pfennig geben** *(jmdn., etwas aufgeben; der Meinung sein, daß jmd. nicht mehr lange lebt, etwas keine Zukunft hat)* · **keinen Pfennig wert sein** *(nichts wert sein)* · (ugs.:) **nicht für fünf Pfennig** *(kein bißchen; nicht im geringsten).*

Pferd, das: **1.** */ein Reit- und Zugtier/:* ein leichtes, schweres, junges, altes, edles, rassiges, feuriges, wildes, gezähmtes, bockiges, braunes, geschecktes, schnelles P.; das P. geht, zieht, trabt, galoppiert, rennt, tänzelt, bäumt sich [auf], wiehert, schnauft, schlägt aus, stürzt, scheut, geht durch; die Pferde wurden unruhig, dampften, zogen an; Pferde halten, züchten; die Pferde füttern, tränken, putzen, striegeln, beschlagen; ein P. zureiten, [zuschanden] reiten, [auf]zäumen, anschirren, ein-, an-, ausspannen, satteln, besteigen, lenken, [am Zügel] führen; der Reiter nimmt das P. vor dem Hindernis neu auf, versammelt das P. (Reitsport); dem P. in die Zügel fallen; jmdn. aufs P. heben, setzen; aufs P. steigen; bei einem Rennen auf ein P. setzen; einen Wagen mit Pferden bespannen; vom P. steigen, stürzen, absitzen; hoch zu Pferd[e] sitzen; R (ugs.): man hat schon Pferde kotzen sehen *(nichts ist unmöglich);* ich denke, mich tritt ein P. *(das überrascht mich sehr);* immer sachte mit den jungen Pferden! *(nicht so heftig, nicht so voreilig!);* das hält ja kein P. aus *(das ist unerträglich).* **2.** */ein Turngerät/:* über das P. springen; sie turnen am P. **3.** */Figur beim Schach/:* diesen Zug hat er ein P. verloren. * (ugs.:) **das Pferd beim/am Schwanz aufzäumen** *(eine Sache verkehrt anfangen)* · (ugs.:) **mit jmdm. Pferde stehlen können** *(mit jmdm. zusammen alles wagen können)* · (ugs.) **die Pferde scheu machen** *(jmdn. irritieren; für Aufregung sorgen)* · (ugs.:) **aufs falsche/richtige Pferd setzen** *(die Lage falsch, richtig einschätzen und entsprechend handeln)* · (ugs.:) **keine zehn Pferde bringen jmdn. irgendwohin/dazu, etwas zu tun** *(jmd. tut etwas unter keinen Umständen, geht unter keinen Umständen irgendwohin)* · (ugs.:) **jmdm. gehen die Pferde durch** *(jmd. verliert die Selbstbeherrschung)* · (ugs.:) **das beste Pferd im Stall** *(der tüchtigste Mitarbeiter).*

Pferdefuß, (in den Wendungen) (ugs.:) **etwas hat einen Pferdefuß** *(etwas hat einen Nachteil, eine unangenehme Seite)* · (ugs.:) **bei etwas schaut der Pferdefuß heraus/hervor, kommt der Pferdefuß zum Vorschein** *(bei etwas zeigt sich die wahre, schlechte Absicht).*

Pfiff, der: **1.** *durch Pfeifen entstehender [kurzer]*

schriller Ton: ein leiser, gellender, lauter, wilder, schriller, langgezogener P.; der P. einer Lokomotive; nach dem Foul ertönte der P. des Schiedsrichters; auf den P. des Schiedsrichters warten; einen P. ausstoßen, hören; die Worte des Redners gingen größtenteils in Pfiffen unter. **2.** (ugs.) *besonderer Reiz einer Sache:* der Einrichtung fehlt noch der letzte P.; das ist ein Hut mit P.

Pfifferling, der: */ein Pilz/:* in den Wald gehen, um Pfifferlinge zu suchen. * (ugs.:) **keinen/nicht einen Pfifferling** *(kein bißchen, überhaupt nicht[s]):* das ist keinen P. wert; er kümmert sich nicht einen P. darum, wie es seinem Bruder geht.

pfiffig: *schlau, findig:* ein pfiffiger Junge, Bursche, Kerl, Bauer; er machte ein pfiffiges Gesicht; eine pfiffige Idee; er ist p.; wenn du dich p. anstellst, wird dir die Überraschung gelingen.

Pfingsten, das und (als Plural:) die: *Fest der Ausgießung des Heiligen Geistes:* frohe P.!; diese P. werden wohl verregnen (bes. südd., österr., schweiz.); wir hatten ein schönes P./schöne P. *(Pfingst[feier]tage);* P. ist dieses Jahr zeitig, fällt diesmal früh; schöne P.!; nächste P./nächstes Jahr P./nächstes Jahr an (bes. südd., österr., schweiz.), zu (bes. nordd.) P. wollen wir verreisen; bis P. sind es noch vier Wochen; er besuchte uns kurz nach, vor P.; sie haben zu P. geheiratet.

Pflanze, die: **1.** *Organismus, der gewöhnlich aus Wurzeln, Stiel oder Stamm und Blättern besteht:* eine kräftige, empfindliche, immergrüne, genügsame P.; fleischfressende, abgestorbene Pflanzen; die P. wächst wild, wird [im Garten, im Zimmer] gezogen, treibt [Blüten], wuchert, blüht, trägt Früchte, welkt, geht ein, stirbt ab; eine P. bestimmen; die Wiederkäuer ernähren sich von Pflanzen; bildl.: sein Glaube war erst eine zarte P. **2.** (ugs.) *ungeratene, eigenartige Person:* das ist eine richtige P.; sie ist eine Berliner P. *(schlagfertige, waschechte Berlinerin).*

pflanzen: 1. (etwas p.) *zum Anwachsen mit den Wurzeln in die Erde setzen:* einen Baum, Sträucher, Blumen, Kohl, Salat p.; auf diesem Beet/auf dieses Beet wollen wir Astern p. **2. a)** (ugs.) (sich p.; mit Raumangabe) *sich breit irgendwohin setzen:* sie pflanzte sich sofort in den Sessel, auf die Couch. **b)** (etwas auf etwas p.) *irgendwo aufstellen, aufrichten:* sie pflanzten die Trikolore auf das Verwaltungsgebäude.

Pflaster, das: **1.** *fester Straßenbelag aus Steinen:* gutes, schlechtes, holpriges P.; P. legen; das P. erneuern; wegen Tiefbauarbeiten mußte das P. aufgerissen werden; ein Wagen rumpelte über das P.; übertr.: diese Stadt ist ein heißes/gefährliches, teures P. (ugs.: *ist ein Ort, an dem zu leben es gefährlich, teuer ist);* London war nicht mehr das richtige P. für ihn (ugs.; *war nicht mehr der geeignete Ort, um dort zu leben).* **2.** *Heftpflaster:* das P. hält gut, hat sich gelöst; ein P. auflegen; der Arzt klebte ihm ein P. auf die entzündete Stelle; sie erneuerte das P. · übertr.: er verlangte eine hübsche Summe als P. [auf ihre Wunde] *(als Entschädigung);* man gab ihm ein Geschenk als P. *(als Trost).* * (ugs.:) **Pflaster treten** *(in der Stadt herumgehen).*

pflastern (etwas p.): *mit Pflastersteinen belegen:* die Straße wird gepflastert; ein Platz, ein Hof [mit Kopfsteinpflaster] p.

Pflaume, die: 1. a) *Frucht des Pflaumenbaums:* eine blaue, gelbe, reife, weiche P.; frische, madige, gekochte, gedörrte, getrocknete Pflaumen; sie schüttelten Pflaumen. b) *Pflaumenbaum:* die Pflaumen blühen bald, tragen in diesem Jahr nicht viel. 2. (ugs.) *untauglicher schwacher Mensch, der alles mit sich machen läßt:* so eine P.!; du bist vielleicht eine P.

Pflege, die: a) *Betreuung, sorgende Obhut:* eine gute, aufopfernde, liebevolle P.; sie übernahm die P. ihres kranken Vaters; das Kind braucht [eine] ganz besondere P., bedarf der ständigen [mütterlichen] P.; bei jmdm. in P. sein, sie haben den Jungen in P. gegeben, genommen. b) *Behandlung zur Erhaltung eines guten Zustandes:* die P. des Körpers, der Haut, der Hände, des Haares, der Gesundheit; die P. von Grünanlagen, der Pferde; diese Blumen erfordern nicht viel P. c) *Förderung, Erhaltung von etwas, Beschäftigung mit etwas aus innerer Neigung, Verantwortung:* die P. der Kulturgüter, der Musik, der Sprache; er war sehr bemüht um die P. guter [nachbarlicher, politischer] Beziehungen.

pflegen: 1. a) ⟨jmdn. p.⟩ *betreuen:* ein Kind, einen Kranken aufopfernd p.; sie pflegte ihre alte Mutter bis zum Tode; jmdn. gesund p. *(so lange pflegen, bis er wieder gesund ist).* b) ⟨sich, etwas p.⟩ *zur Erhaltung eines guten Zustands behandeln:* seinen Körper, die Haut, das Haar, die Nägel p.; den Rasen p.; du mußt dich mehr p. *(mußt mehr für deine Gesundheit, dein Äußeres tun);* adj. Part.: *von sorgfältiger Pflege zeugend:* ein gepflegtes Äußeres; eine gepflegte Sprache; der Garten ist sehr gepflegt. 2. ⟨etwas p.⟩ a) *sich um die Förderung, Aufrechterhaltung von etwas bemühen:* Freundschaften, Geselligkeit, Musik p.; die Künste und Wissenschaften p.; sie pflegten/(veraltet:) pflogen kaum Umgang mit andern Menschen. b) ⟨geh. veraltend⟩ ⟨einer Sache p.⟩ *sich einem Tun, einer Beschäftigung hingeben:* er pflegte/(veraltet:) pflog der Ruhe, der Selbstbetrachtung. 3. ⟨mit Infinitiv mit *zu*⟩ *die Gewohnheit haben, etwas zu tun:* er pflegt zum Essen Wein zu trinken; sie pflegte um zehn Uhr nach Hause zu gehen; wie man zu sagen pflegt.

Pflicht, die: *etwas, was man tun muß; Aufgabe, die man erfüllen muß:* eine sittliche, moralische, schwere, ernste, selbstverständliche, angenehme P.; staatsbürgerliche, gesellschaftliche, berufliche, amtliche Pflichten; die alltäglichen kleinen Pflichten; eine P. der Dankbarkeit; die P. der Eltern; die P. ruft; es ist deine P. zu arbeiten; die P. fordert, verlangt, daß ...; Pflichten haben, auf sich nehmen, übernehmen; jmdm. eine P., etwas als P. auferlegen; seine P. kennen, erfüllen, tun, versäumen, vergessen, vernachlässigen; etwas als seine P. empfinden, ansehen, betrachten, anerkennen; sie wollen nur Rechte, aber keine Pflichten haben; wir haben die traurige P., Ihnen mitzuteilen *(müssen Ihnen zu unserem Bedauern, aus traurigem Anlaß mitteilen),* daß ...; der P. genügen, gehorchen *(tun, was seine P. ist);* seiner P. nachkommen, zuwiderhandeln; du entziehst dich deinen Pflichten; die Erfüllung der ehelichen Pflichten; jmdn. seiner P. entheben (geh.); jmdn. an seine P. erinnern; etwas nur aus P. *(nicht gern oder freiwillig)* tun; es für seine P. hal-

ten, jmdn. zu warnen; es mit den Pflichten nicht so genau nehmen; sich über seine P. hinwegsetzen; jmdn. von seiner P. lossprechen; er machte es sich zur P., jeden Tag zu trainieren. * **es ist jmds. Pflicht und Schuldigkeit,** etwas zu tun *(es ist jmds. selbstverständliche Pflicht, etwas Bestimmtes zu tun)* · (geh.:) **jmdn. in [die] Pflicht nehmen** *(dafür sorgen, daß jmd. eine bestimmte Pflicht, Verantwortung übernimmt).*

Pflock, der: *zugespitztes dickes Stück Holz, das eingeschlagen wird, um daran etwas zu befestigen:* einen P. zuspitzen, einschlagen; Vieh auf der Weide an Pflöcken festbinden, an Pflöcke binden; sie befestigten das Zelt an, mit Pflöcken. * (ugs.:) **einige/ein paar Pflöcke zurückstecken** *(geringere Forderungen, Ansprüche stellen).*

pflücken ⟨etwas p.⟩: *Früchte vom Baum, Strauch abnehmen, Blumen mit dem Stiel abbrechen:* Äpfel, Erdbeeren, Blumen, Baumwolle, Tee p.; sie pflückte einen großen Strauß Heidekraut.

Pflug, der: *Ackergerät, mit dem die Erde umgegraben wird:* den P. schärfen, führen; das Pferd, der Traktor zieht den P.; hinter dem P. gehen.

pflügen: a) ⟨etwas p.⟩ *einen Acker mit dem Pflug bearbeiten:* mit Ochsen, Pferden, dem Traktor p.; den Acker, das Feld p.; der Acker war frisch gepflügt; übertr.: der Bug des Schiffes pflügte das Wasser. b) *durch Pflügen herstellen:* gerade Furchen, einen großes Muster p.

Pforte, die: *kleiner Eingang; Tür zum Garten, Hof, Vorplatz eines Hauses:* eine kleine, enge P.; die P. quietschte; die P. aufstoßen, öffnen, schließen; sich an der P. *(am bewachten Eingang)* des Klosters, des Krankenhauses melden; sie gingen durch die hintere P.; bildl.: die Pforten der Hölle. * (geh.:) **seine Pforten schließen** *(den Betrieb einstellen):* das Theater mußte im letzten Jahr seine Pforten schließen.

Pfosten, der: *runde oder eckige Stütze [aus Holz]:* der P. des Bettes, der Tür; er spannte den Draht von P. zu P.; Sport: *Torpfosten:* nur den P. treffen; der Ball prallte an den P., vom P. ins Aus; der P. rettete für den bereits eingeschlagenen Torhüter *(der Ball prallte vom P. ins Aus).*

Pfote, die: 1. *in Zehen gespaltener Tierfuß:* die linke, rechte, vordere P. des Hundes; der Hund gibt die P./gibt Pfötchen; die Katze leckt sich (Dativ) die Pfoten; die Katze fällt immer auf die Pfoten. 2. (ugs.) a) *Hand:* nimm deine Pfoten da weg!; er soll sich erst die Pfoten waschen, ehe er hereinkommt. b) *schlechte Handschrift:* der schreibt vielleicht eine P.! * (ugs.:) **sich** (Dativ) **die Pfoten verbrennen** *(Schaden erleiden, eine Abfuhr bekommen)* · (ugs.:) **jmdm. auf die Pfoten klopfen** *(jmdn. [warnend] zurechtweisen).*

pfui ⟨Interj.⟩: */Ausdruck des Abscheus, Mißfallens, der Entrüstung/:* p. Teufel!; p. Spinne!; p. sagen, rufen; p., wie das stinkt!; p., ist das gemein!; p., schäme dich!; subst.: man hörte ein lautes Pfui aus der Menge.

Pfund, das: */Gewichtseinheit/:* ein halbes, ganzes, volles P.; ein P. Butter; ein P. mageres Fleisch/(geh.:) mageren Fleisches; der Preis eines Pfundes Fleisch/(auch:) eines P. Fleisches; er hat einige überflüssige Pfunde verloren; /bei genauer Maßangabe nur: *Pfund/* zwei P. Zucker; er wiegt 120 P.; ein P. Bohnen wird/(seltener:) werden gekocht; zwei P. Kalbsleber werden gebraten; fünf P. sind (nicht: ist) zuviel für ein Päckchen. * (geh.:) **mit seinem Pfunde wuchern** *(seine Begabung klug anwenden).*

pfuschen (ugs.): *schlechte Arbeit leisten, schnell und oberflächlich, liederlich arbeiten:* bei der Reparatur hat er gepfuscht.

Phantasie, die: a) *Einbildungskraft, Erfindungsgabe:* eine starke, krankhafte, wilde, fruchtbare, produktive, ausschweifende, schöpferische P.; die jugendliche, kindliche, dichterische P.; an dieser Geschichte entzündete sich seine P.; [keine, viel, wenig] P. haben; du hast aber eine blühende P. *(übertreibst aber maßlos);* Musik erregt, beflügelt die P.; diese Bilder regen die P. des Kindes an; seiner P. freien Lauf lassen; ein Gebilde der P.; das ist nur in deiner P. so; du mit deiner schmutzigen P.! b) *nicht der Wirklichkeit entsprechende Vorstellung; Einbildung:* eine krankhafte, finstere P. haben.

phantasieren: 1. *in Fieberträumen wirr reden:* die Kranke phantasierte die ganze Nacht. **2.** ⟨von etwas p.⟩ *von etwas, womit sich die Phantasie beschäftigt, von sich in Gedanken ausmalen:* der Junge phantasierte immer von einem Auto; er phantasiert schon wieder vom Weltuntergang; ⟨auch ohne Präp.-Obj.⟩ phantasierst du bloß, oder sagst du die Wahrheit? **3.** ⟨mit Umstandsangabe⟩ *auf einem Musikinstrument ohne Noten und nach eigenen Gedanken spielen:* er phantasierte auf dem Klavier; sie phantasiert über ein Thema von Bach.

phantastisch: 1. (ugs.) a) *begeisternd, großartig:* ein phantastischer Mensch, Plan; sie hat eine phantastische Figur; das Buch, der Film, der Gedanke ist p.; sie sieht p. aus, tanzt, kocht p.; er hat sich p. erholt. b) *unglaublich, ungeheuerlich:* das Flugzeug erreichte eine phantastische Geschwindigkeit; die Preise sind p. [gestiegen]. **2.** *unwirklich; unheimliche, seltsame Züge aufweisend:* phantastische Vorstellungen; er erzählt phantastische Geschichten; das klingt reichlich p.

Phase, die: *Abschnitt einer Entwicklung; Stadium:* eine neue, kritische, spannende P.; eine dramatische P. beginnt; Phasen des Aufschwungs und der Krisen; die einzelnen Phasen eines Bewegungsvorganges; die Verhandlungen sind in eine, in die entscheidende P. getreten.

Photographie, photographieren: ↑ Fotografie, fotografieren.

Phrase, die: *abgegriffene, nichtssagende Redensart:* eine leere, alberne, dumme, abgenutzte, billige, hohle, beliebte P.; seine Rede bestand nur aus Phrasen; du darfst dich nicht mit Phrasen abspeisen lassen. * (ugs.:) **Phrasen dreschen** *(wohltönende, aber nichtssagende Reden führen).*

Pickel, der: *durch Entzündung hervorgerufene Erhebung auf der Haut:* einen P. ausdrücken; das Gesicht war durch P. entstellt, mit Pickeln übersät; er hatte das Gesicht voller P.

picken: 1. a) ⟨etwas p.⟩ *mit dem Schnabel in kurzen schnellen Stößen aufnehmen:* die Hühner, Tauben picken Körner, Brotkrümel. b) *mit spitzem Schnabel leicht hacken, zustoßen:* der Vogel pickt, wenn man ihm zu nahe kommt; die Spatzen picken an/gegen die Fensterscheiben; an dem Ei hat ein größerer Vogel gepickt; der Sit-

tich hat nach ihr, nach ihren Fingern gepickt. c) ⟨jmdn. p.⟩ *mit spitzem Schnabel leicht verletzen:* der Hahn wollte mich p.; ⟨jmdm./(seltener:) jmdn. p.; mit Raumangabe⟩ der Vogel hat mir/ (seltener:) mich in den Finger gepickt. **2.** (ugs.) ⟨etw. p.; mit Raumangabe⟩ *mit den Fingerspitzen, mit einem spitzen Gegenstand aufnehmen, herausnehmen:* die Gurken, die Olive aus dem Glas p.

piepen: *helle feine Töne ausstoßen:* die jungen Vögel piepen im Nest. * (ugs.:) **bei jmdm. piept es** *(jmd. ist nicht recht bei Verstand)* · (ugs.:) **zum Piepen sein** *(sehr komisch, zum Lachen sein).*

¹Pik, das: /eine Spielkartenfarbe/: P. ist Trumpf; P. ansagen, ausspielen; sie spielen P.

²Pik ⟨nur in der Wendung⟩ **einen Pik auf jmdn. haben** (ugs.): *jmdn. aus bestimmten Gründen nicht leiden können, einen heimlichen Groll gegen ihn hegen:* sie hat einen richtigen P. auf ihn.

pikant: 1. *scharf, würzig:* eine pikante Soße; der Käse war, schmeckte sehr p. **2.** *leicht frivol, zweideutig:* ein pikantes Abenteuer; pikante Geschichten, Witze; diese Anekdote war reichlich p. **3.** (veraltend) *reizvoll:* ein pikantes Gesicht.

Pike, die ⟨in der Wendung⟩ *von der Pike auf dienen/lernen/etwas erlernen: einen Beruf o. ä. von Grund auf erlernen:* er hat das Hotelfach von der P. auf gelernt.

piken, (auch:) **piksen** (ugs.): a) ⟨jmdn., sich p.⟩ *leicht stechen:* er hat ihn mit einer Nadel [in den Arm] gepikt; ich habe mich [mit dem Messer] gepikt; sie hat sich an den Rosen gepikt. b) ⟨etwas pikt⟩ *etwas ist spitz, rauh o. ä. und sticht, kratzt leicht:* die Wolle, der Pullover pikt zu sehr.

pikiert: *gereizt und leicht beleidigt:* ein pikiertes Gesicht machen; sie war darüber leicht p.; sich p. abwenden; p. entgegnete er, er habe keine Zeit.

Pille, die: a) *Medikament in Kugelform:* Pillen drehen *(durch eine Rollbewegung herstellen);* Pillen verordnen, verschreiben, nehmen, schlucken; jmdm. Pillen gegen eine, für eine bestimmte Krankheit geben; sie nimmt häufig Pillen zum Schlafen; R (ugs.:) da hilft ihm o. ä. helfen keine Pillen [und keine Medizin] *(da, bei ihm o. ä. ist alle Mühe vergebens).* b) (ugs.) *Antibabypille:* viele Frauen nehmen regelmäßig die P.; für, gegen die P. sein. * (ugs.:) **die [bittere] Pille schlucken** *(mit etwas Unangenehmem fertig werden):* sie mußten die bittere P. schlucken, daß die Preise stark erhöht worden waren · (ugs.:) **jmdm. eine [bittere] Pille zu schlucken geben** *(jmdm. etw. Unangenehmes sagen, zufügen)* · (ugs.:) **etwas ist eine bittere Pille [für jmdn.]** *(etwas ist für jmdn. sehr unangenehm, schwer hinzunehmen):* die Kündigung war eine bittere P. für ihn · (ugs.:) **jmdm. eine bittere Pille versüßen** *(jmdm. etwas Unangenehmes erleichtern, erträglicher machen).*

Pilz, der: */eine Pflanze/:* ein eßbarer, schmackhafter, schädlicher, giftiger P.; krankheitserregende Pilze; Pilze suchen, sammeln, putzen, zubereiten, schmoren, trocknen; einen P. bestimmen; sie gehen in die Pilze (ugs.; *Pilze sammeln).* * **etwas schießt wie Pilze aus der Erde/aus dem [Erd]boden** *(etwas entsteht rasch in großer Zahl):* neue Häuser schossen wie Pilze aus der Erde.

Pinsel, der: **1.** *bes. zum Auftragen von Farbe dienendes Gerät, das aus einem [Holz]stab mit eingesetzten Borsten oder Haaren besteht:* ein grober,

dicker, feiner, spitzer P.; den P. eintauchen, auswaschen, reinigen; mit dem P. einen Strich ziehen; sie entfernte den Staub mit einem P.; übertr.: das Bild ist mit leichtem, kühnem P. *(Pinselstrich)* gemalt. **2.** (ugs.) *einfältiger Mensch, Dummkopf:* so ein langweiliger alberner P.!; wie sich dieser P. wieder anstellt! ∗ (ugs.:) **auf den P. treten/drücken** *(Gas geben).*
pinseln: 1. (ugs.) **a)** *mit dem Pinsel malen:* die Kinder pinselten eifrig in ihren Malbüchern. **b)** ⟨etwas p.; mit Raumangabe⟩ *mit dem Pinsel auftragen, hinschreiben:* die Nummern waren übersichtlich auf die Säcke gepinselt. **2.** ⟨etwas p.⟩ **a)** (ugs.) *anmalen, anstreichen:* er hatte den Lampenfuß blau gepinselt. **b)** *mit einem flüssigen Medikament bestreichen:* der Arzt pinselte die entzündeten Mandeln [mit Jod].
Pionier, der: **1.** (militär.) *Angehöriger der Pioniertruppe:* die Pioniere bauten eine Brücke, eine Straße, einen Flugplatz, einen Stützpunkt. **2.** *Wegbereiter:* er war ein P. der elektronischen Datenverarbeitung, der Raumfahrt; er zählte zu den Pionieren auf dem Gebiet der Herzchirurgie.
Pistole, die: /*eine Schußwaffe*/: die P. geht los, schießt schlecht; die P. laden, entsichern, abdrücken, reinigen, auf jmdn. richten; (veraltet:) jmdn. auf Pistolen *(zum Pistolenduell)* fordern; mit der P. auf jmdn. zielen, schießen; jmdn. mit vorgehaltener P. bedrohen. ∗ (ugs.:) **jmdm. die Pistole auf die Brust setzen** *(jmdn. zu einer Entscheidung zwingen)* · (ugs.:) **wie aus der Pistole geschossen** *(prompt, ohne jedes Zögern).*
plädieren: a) (Rechtsw.) ⟨auf/für etwas p.⟩ *im Plädoyer fordern:* der Verteidiger plädierte auf/ für Freispruch; der Staatsanwalt plädierte auf/ für „schuldig". **b)** ⟨für etwas p.⟩ *eintreten, stimmen für:* er plädierte für die Annahme des Gesetzes, für die Beibehaltung des jetzigen Zustandes.
Plage, die: *etwas, was jmdn. belästigt, quält:* eine schreckliche, schlimme, unerträgliche P.; die vielen Mücken sind eine P.; sie hat ihre P. mit den Kindern; jede P. auf sich nehmen, ertragen; der Fluglärm wird zur P., wächst zur P. aus; dies alles macht ihm das Leben zur P.
plagen: 1. ⟨jmdn. p.⟩ *quälen, jmdm. zusetzen:* die Kinder plagen die Mutter den ganzen Tag mit ihren Wünschen; mich plagt die Hitze, der Durst, der Hunger, der Husten *(ich leide darunter);* ihn plagte der Zweifel; dich plagt wohl die Neugier *(du bist wohl neugierig)?*; sie wird von Neid geplagt *(ist neidisch).* **2.** ⟨sich p.⟩ *sich abmühen:* die Mutter plagt sich von früh bis spät; sie hat sich ihr Leben lang für andere geplagt; er muß sich für das bißchen Geld recht p.; ich plage mich schon lange mit meiner Erkältung.
Plakat, das: *öffentlicher Anschlag [zu Werbezwecken]:* ein großes, buntes, künstlerisch wertvolles, aufreizendes P.; das P. preist die neueste Zigarettenmarke an, lädt zu einer Sportveranstaltung ein; Plakate entwerfen, drucken, ankleben.
Plan, der: **1.** *Überlegung zur Verwirklichung eines Ziels; Vorhaben:* ein kühner, undurchführbarer, weitgreifender, wohldurchdachter, kluger, raffinierter, boshafter, heimtückischer P.; ein P. nimmt feste Formen an, taugt nichts, wird genehmigt, gutgeheißen, für gut befunden, gelingt, scheitert, schlägt fehl; einen P. ersinnen, ausheck-

ken (ugs.), aufstellen, entwickeln, entwerfen, prüfen, diskutieren, ausführen, durchführen, verwirklichen, fallenlassen, aufgeben, verwerfen, verraten, durchkreuzen, hintertreiben, stören, vereiteln; Pläne machen, schmieden, wälzen (ugs.); seine eigenen Pläne verfolgen; ich ließ mir seinen P. durch den Kopf gehen; er hatte sich (Dativ) immer solche hochfliegenden Pläne; sie hatten den P., eine Weltreise zu machen; ich habe noch keine festen Pläne; eine Reise; einem P. zustimmen; voller Pläne stecken; sich für die Erfüllung eines Planes *(eines Betriebs-, Volkswirtschaftsplanes)* einsetzen; das paßte nicht in seinen P.; ich trage mich mit neuen Plänen; wir fragten sie nach ihren weiteren Plänen; es läuft alles nach P. *(wie es geplant war);* man hatte inzwischen von diesem P. Abstand genommen. **2.** *Entwurf:* der P. des jungen Architekten wurde preisgekrönt, ausgeführt; einen P., die Pläne für ein Theater entwerfen, zeichnen, ausarbeiten, einreichen; beim Wiederaufbau des Schlosses hat man sich genau an die alten Pläne gehalten. **3.** *Übersichtskarte:* ein P. im Maßstab 1 : 5 000; haben Sie einen P. von Berlin?; die Straße war nicht in dem/in den P. eingezeichnet. ∗ **etwas steht auf dem Plan** *(etwas ist geplant)* · **auf den Plan treten** *(erscheinen):* mit ihm trat ein gefährlicher Gegner auf den P. · **etwas ruft jmdn. auf den Plan** *(etwas fordert jmdn. heraus):* diese Bemerkung rief die Kontrahenten zur Entgegnung auf den P.
planen ⟨etwas p.⟩: *genaue Pläne für ein Vorhaben machen:* eine Reise, neue Unternehmungen, einen Anschlag p.; jeder seiner Schritte war sorgfältig geplant; ein Projekt, den Bau eines Kraftwerks p.; die Stadt plant, Industrie anzusiedeln; hast du schon etwas für heute abend geplant *(dir schon etwas für heute abend vorgenommen)?;* ⟨auch ohne Akk.⟩ er plant immer lange im voraus.
planschen: *sich im Wasser stark spritzend rasch bewegen:* die Kinder planschten im Schwimmbecken, in der Badewanne, vorn am Ufer.
plappern (ugs.): **a)** *viel und schnell in naiver Weise reden:* den ganzen Weg plapperte die Kleine ohne Pause. **b)** ⟨etwas p.⟩ *plappernd von sich geben, äußern:* plappere nicht soviel Unsinn.
plastisch: 1. a) *die Plastik betreffend, bildhauerisch:* in dieser Halle sind die plastischen Arbeiten Barlachs ausgestellt. **b)** *räumlich, körperhaft, nicht flächenhaft wirkend, dreidimensional:* ein plastischer Film; die Architekturmalereien wirken p. **2.** *anschaulich; bildhaft einprägsam:* eine plastische Darstellung; die Sprache des Autors ist sehr p.; ich sehe das alles p. vor mir. **3.** *modellierbar, formbar:* plastisches Material; diese Kunststoffe sind nicht p. **4.** (Med.) *die operative Formung betreffend:* die plastische Chirurgie.
plätschern: a) *ein plätscherndes Geräusch verursachen, von sich geben:* der Bach, der Springbrunnen plätschert; **subst.:** er hörte nachts das P. des Regens. **b)** *sich plätschernd im Wasser bewegen:* die Kinder haben in dem See geplätschert. **c)** ⟨mit Raumangabe⟩ *sich plätschernd fließend irgendwohin bewegen, fortbewegen:* das Wasser plätschert aus der Quelle; der Bach plätschert durch die Wiese, über die Steine.

platt: 1. *flach, breitgedrückt:* eine platte Stirn, Nase; platte Füße; sich (Dativ) die Nase an der Scheibe p. *(breit)* drücken; er legte sich p. auf den Boden; sie ist p. wie ein Brett (ugs.; *hat kaum Busen*); der Reifen ist p. *(hat keine Luft mehr); subst.:* wir hatten einen Platten *(eine Reifenpanne).* 2. *geistlos, trivial:* eine platte Konversation; eine platte Erfindung, Lüge; ein plattes Gesicht. * (ugs.:) **platt sein** *(völlig überrascht, verblüfft sein):* als er diese Nachricht hörte, war er p. **Platte,** die: 1. *dünnerer, flacher Gegenstand aus hartem Material:* eine quadratische, ovale, dünne, dicke P.; die gläserne P. eines Tisches; Platten aus Metall, Holz, Stein, Keramik; eine P. gießen, schmieden, polieren, bearbeiten; an der Stelle wurde eine P. *(Gedenktafel)* angebracht; auf der P. *(Grabplatte)* stand der Name des Dichters; etwas mit Platten verkleiden; den Topf von der P. *(Koch-, Herdplatte)* nehmen. 2. *Schallplatte:* eine P. mit Walzern; die P. ist zerkratzt, ist abgelaufen; eine P. auflegen, hören, umdrehen, laufen lassen, spielen; das Konzert wurde auf P. aufgenommen *(von dem Konzert wurde eine Schallplattenaufnahme gemacht);* der Dichter hat Auszüge aus seinem Roman auf P. gesprochen. 3. (veraltend) *fotografische Platte:* die P. ist über-, unterbelichtet, verdorben; eine P. einlegen, belichten, entwickeln; wir haben das Geschehen auf die P. gebannt *(es aufgenommen).* 4. a) *größerer Teller, auf dem Speisen gereicht werden:* eine P. mit Käse, Rauchfleisch; sie belegte die P. mit Kuchen. b) *auf einem größeren Teller angerichtete verschiedene Speisen:* eine hübsch garnierte P.; sie half ihr beim Anrichten der Platten. 5. (ugs.) *Glatze:* er bekam frühzeitig eine P. * **gemischte/ kalte Platte** *(kaltes Gericht mit Aufschnitt und Salaten)* · (ugs.:) **ständig dieselbe/die gleiche/die alte Platte laufen lassen** *(immer dasselbe erzählen)* · (ugs.:) **eine neue/andere Platte auflegen** *(von etwas anderem sprechen)* · (ugs.:) **die Platte putzen** *(sich [unbemerkt] entfernen).* **Platz,** der: 1. *freie, noch nicht belegte Stelle; Möglichkeit der Unterbringung:* im Wagen ist noch P.; für etwas P. schaffen; jmdm., für jmdn. P. machen *(jmdn. sitzen oder vorbeigehen lassen);* der Wagen bietet vier Personen bequem P.; ich habe keinen P. mehr für neue Bücher; ich finde schon P.; laß P. frei, offen für spätere Zusätze!; dieser Schrank nimmt zuviel P. ein, nimmt mir den ganzen P. weg; P. da! */unhöfliche Aufforderung, beiseite zu gehen/;* übertr.: für die Fahrt, in diesem Kurs, in dem Kindergarten sind noch Plätze frei *(gibt es noch Möglichkeiten für eine Teilnahme, Unterbringung).* 2. *Stelle, Ort, Standort:* ein windgeschützter P.; ein nettes, lauschiges Plätzchen; der P. ist sehr beengt; in solcher Lage ist sein P. bei der Familie *(muß er bei seiner Familie sein, um helfen zu können);* die wichtigsten Plätze für den Überseehandel sind Hamburg und Bremen; das Radio wird auch noch seinen P. finden; bei uns haben die Möbel ihren festen P.; die Bücher stehen nicht an ihrem P.; das beste Hotel am Platz[e] *(in diesem Ort);* er weicht nicht von seinem P.; S p o r t: auf die Plätze, fertig, los! */Startbefehl beim Laufen/.* 3. *Sitzplatz:* ein guter, schlechter, numerierter P.; vierte Reihe, P. zwölf; ist hier noch ein P. frei?; einen P. belegen, ein-

nehmen *(sich setzen),* für jmdn. freihalten; Plätze für eine Vorstellung bestellen, reservieren lassen, bezahlen; die Plätze wechseln, tauschen, räumen; seinen P. suchen, nicht finden können; sich (Dativ) einen P. sichern; jmdm. einen P. anweisen, zuweisen; jmdm. seinen P. anbieten; auf seinen P. gehen; die Anwesenden erhoben sich von ihren Plätzen; er sprach vom P. aus; P.! */Befehl an einen Hund, sich hinzulegen/.* 4. *Stellung, Position, Rang:* seinen P. ausfüllen, behaupten, verlieren; den ersten P. einnehmen; er war der rechte Mann am rechten P. *(er war der richtige Mann für diese Stellung);* er war nicht am richtigen P. *(er war nicht richtig eingesetzt);* er hat ihn von seinem P. verdrängt; S p o r t : er belegte den zweiten P. *(wurde Zweiter im sportlichen Wettkampf),* einen P. im Mittelfeld; sie erkämpfte sich, verteidigte, behauptete den ersten P. 5. a) *größere, ebene freie Fläche:* ein quadratischer, runder, länglicher, verkehrsreicher P.; vor dem Schloß ist ein großer P.; alle Straßen und Plätze werden bewacht; der P. war noch unbelebt, füllte sich allmählich; die Stadt hat sehenswerte Plätze; alle Straßen münden auf diesen/(auch:) diesem P.; auf diesem P. wurden politische Versammlungen abgehalten; er kam gerade über den P. b) *Sportplatz, Spielfeld:* der P. ist nicht bespielbar, ist gesperrt; unser Tennisclub hat zwölf Plätze; sie spielten heute auf einem nassen, aufgeweichten P.; der Schiedsrichter stellte den Spieler wegen eines Fouls vom P. *(ließ ihn wegen eines Fouls nicht mehr mitspielen).* * **Platz nehmen** *(sich setzen)* · **Platz behalten** *(sitzen bleiben, nicht aufstehen)* · **jmdm. Platz machen** *(jmdm. seine Stellung überlassen):* die alten Dirigenten sollten lieber jüngeren P. machen · **[nicht/fehl] am Platz sein** *(nicht angebracht sein)* · (veraltend:) **etwas greift Platz** *(etwas breitet sich aus):* Nachlässigkeit, Mutlosigkeit griff unter ihnen P. · **etwas hat in etwas keinen Platz** *(etwas paßt nicht in etwas hinein):* diese Erklärung hat in seinem System keinen P. · (Sport:) **jmdn. auf die Plätze verweisen** *(jmdn. in einem Wettkampf besiegen)* · **ein Platz an der Sonne** *(Glück und Erfolg im Leben):* alle streben nach einem P. an der Sonne. **platzen:** 1. ⟨etwas platzt⟩ *etwas wird durch Druck von innen [mit einem Knall] auseinandergerissen:* die Granate, die Bombe, der Dampfkessel, das Rohr, der Schlauch, die Seifenblase, der Luftballon, der Autoreifen ist geplatzt; ⟨etwas platzt jmdn.⟩ bei dem Lärm kann einem das Trommelfell p.; die Hose, eine Naht ist mir geplatzt *(aufgeplatzt).* 2. (ugs.) ⟨etwas platzt⟩ *etwas nimmt ein plötzliches Ende, entwickelt sich nicht wie geplant, scheitert:* unser Urlaub wäre beinahe geplatzt; der Künstler ließ die Vorstellung p.; ein Verlobung ist geplatzt; der Betrug platzte *(wurde aufgedeckt);* das Unternehmen ist geplatzt; einen Wechsel p. lassen *(bei Fälligkeit nicht einlösen).* 3. (ugs.) ⟨vor etwas p.⟩ *von etwas ganz erfüllt, ergriffen sein:* vor Wut, Neid, Stolz, Neugier p. *(sehr wütend, neidisch, stolz, neugierig sein).* **plaudern: a)** ⟨mit jmdm. p.⟩ *sich mit jmdm. gemütlich und zwanglos unterhalten:* mit dem Nachbarn, mit seinem Freund p.; ⟨auch ohne Präp.-Obj.⟩ nachher plaudern wir noch ein wenig [bei einem Glas Wein, über unsere Reise, von alten

Zeiten]. **b)** *in unterhaltendem Ton erzählen, spre-chen:* sie wußte lebhaft, unbefangen, lustig zu p.; er plauderte über verschiedene Themen.
plazieren 1. a) ⟨jmdn., etwas p.; mit Art- oder Raumangabe⟩ *an einen bestimmten Platz bringen; einen bestimmten Platz zuweisen:* er plazierte den Besucher in einen Sessel; an allen Ausgängen wurden Posten plaziert; das Inserat war schlecht plaziert. **b)** ⟨sich p.; mit Raumangabe⟩ *irgendwo Platz nehmen:* wir hatten uns am unteren Tisch-ende, in eine ruhige Ecke plaziert. **2.** (Sport) ⟨et-was p.; mit Art- oder Raumangabe⟩ *gezielt schie-ßen, schlagen, werfen:* die Bälle gut, genau, her-vorragend p.; er plazierte den Elfmeter in die linke obere Torecke; a d j. Part.: ein plazierter Schuß, Wurf; er schießt unglaublich plaziert. **3.** (Sport) ⟨sich p.⟩ *einen vorderen Platz erringen, be-legen:* er konnte sich nicht p.; er hat sich in jedem Rennen [hervorragend] plaziert; die Mannschaft plazierte sich immer unter den ersten fünf.
pleite ⟨nur in den Verbindungen⟩ (ugs.:) **pleite sein** *(zahlungsunfähig sein, kein Geld mehr ha-ben):* er war wieder völlig p. · (ugs.:) **pleite gehen** *(zahlungsunfähig werden, bankrott gehen):* das Geschäft geht sicher bald p.
Pleite, die (ugs.): **1.** *Bankrott; Konkurs:* nach der P. machte er mit dem Geld seiner Frau ein neues Geschäft auf; das Unternehmen steht kurz vor der P. **2.** *Fehlschlag, Reinfall:* das ist eine schöne P.!; das gibt eine große, völlige P. * (ugs.:) **Pleite machen** *(zahlungsunfähig werden; Bankrott machen):* er hat mit seiner Firma P. gemacht.
plötzlich: *unerwartet, überraschend:* ein plötzli-cher Kälteeinbruch; ein plötzlicher Einfall; es kam für sie alles etwas p. *(zu schnell, unvermit-telt);* p. fing es an zu regnen; er starb ganz p.; (ugs.:) los, ein bißchen p. *(vorwärts, schneller)!*
plump: a) *dick, unförmig:* ein plumper Mensch; er hat einen plumpen Körper; plumpe Hände; eine plumpe Form; seine Finger, Beine sind dick und p. **b)** *unbeholfen, ungeschickt, schwerfällig:* ein plumper Gang; plumpe Bewegungen; der Sprung war sehr p.; der Käfer fiel p. auf den Rük-ken; sich p. ausdrücken. **c)** *aufdringlich, taktlos:* plumpe Vertraulichkeiten; seine Schmeicheleien sind sehr p.; sich jmdm. p. nähern. **d)** *ungeschickt, leicht durchschaubar:* ein plumper Trick, Betrug; eine plumpe Falle, Lüge, Ausrede, Fälschung, Anspielung; mit so plumpen Mitteln wirst du nichts erreichen; der Schwindel war viel zu p.
plumpsen (ugs.): **a)** ⟨etwas plumpst⟩ *etwas er-zeugt ein dumpfes, klatschendes Geräusch, macht plumps:* der Stein plumpste ordentlich, als er ins Wasser fiel; als er hinfiel, hat es richtig ge-plumpst. **b)** ⟨mit Raumangabe⟩: *[mit einem Plumps] fallen:* die Tasche plumpste auf den Bo-den; ich bin ins Wasser geplumpst.
Plunder, der: *Kram:* alter, wertloser P.; sie hebt allen P. auf.
plündern ⟨jmdn., etwas p.⟩: *überfallen und aus-rauben:* ein Geschäft, Häuser, Kirchen p.; die Soldaten hatten die Stadt geplündert; ü b e r t r.: den Weihnachts-, Christbaum p. *(die aufgehäng-ten Süßigkeiten abnehmen und essen);* wir haben die Speisekammer geplündert (scherzh.); *alles Eß-bare zusammengesucht und verzehrt);* dafür habe ich mein Sparkonto geplündert (scherzh.; *alles*

Geld vom Sparkonto abgehoben); ⟨auch ohne Akk.⟩ die Truppen haben nicht geplündert.
plus: I. ⟨Konj.⟩ *und:* drei p. vier gleich sieben; drei p. vier ist, macht, gibt sieben; Abweichungen von maximal p./minus 5 % (ugs.; *von maximal 5 % nach oben oder nach unten).* **II.** (Kaufmannsspr.) ⟨Präp. mit Gen.⟩ *zuzüglich:* das Kapital p. der er-sparten Zinsen; er verdient monatlich 4 000 DM p. Spesen. **III.** ⟨Adverb⟩ **a)** *über dem Nullpunkt:* die Temperatur beträgt p. 5 Grad/5 Grad p., ist auf p. 5 Grad gestiegen. **b)** (Physik) *positiv:* der Strom fließt von p. nach minus.
Plus, das: **1.** (Kaufmannsspr.) *Mehrbetrag, Überschuß, Gewinn:* ein P. in der Kasse haben; er hat in diesem Jahr ein P. von 2 000 DM gemacht; im P. sein *(eine positive Bilanz o. ä. haben).* **2.** *Vor-teil, Vorzug, Übergewicht:* ein großes P.; der Platz-vorteil ist für unsere Mannschaft ein leichtes P.; dies muß als P. für ihn gebucht werden.
Pöbel, der: *undisziplinierte, ungebildete Volks-masse:* der gemeine, entfesselte, blutgierige P.; der P. zog johlend durch die Straßen, erstürmte das Gefängnis; jmdn. der Wut des Pöbels auslie-fern, preisgeben (geh.).
pochen (geh.): **1. a)** *klopfen:* an die Tür, gegen die Wand p. **b)** *anklopfen:* leise, kräftig p.; er hatte schon einige Male gepocht. **c)** ⟨es pocht⟩ *jmd. klopft an die Tür:* es hatte gepocht. **d)** ⟨etwas pocht⟩ *etwas schlägt, klopft:* mein Herz pochte vor Angst; ⟨etwas pocht jmdm.; mit Raum-angabe⟩ ihm pochte das Blut in den Schläfen. **2.** ⟨auf etwas p.⟩ *sich auf etwas energisch berufen, auf etwas bestehen:* auf sein Geld, sein Recht p.
poetisch: a) *die Dichtkunst betreffend:* ein poe-tisches Prinzip; poetische Metaphern; jmds. poe-tische Kraft; er hat eine poetische Ader (scherzh.; *hat die Veranlagung zum Dichter).* **b)** *dichterisch, stimmungsvoll:* eine poetische Spra-che; ein poetischer Film; seine Ausdrucksweise ist mir zu p.; p. erzählen; sich p. ausdrücken.
Pointe, die: *geistreicher, überraschender Höhe-punkt, [Schluß]effekt:* eine überraschende, geist-reiche, amüsante, gute P.; wo bleibt, worin liegt denn die P.?; der Witz hat keine richtige P.; eine P. richtig bringen; die P. verderben, vorwegneh-men, verbauen (ugs.), vermasseln (ugs.), verges-sen, nicht verstehen.
Pol, der: **1.** *Nord-, Südpol:* die geographischen Pole; die beiden Pole der Erde, der Planeten; den P. überqueren; der Flug nach Japan führt über den P. **2.** *Magnetpol:* der positive, negative P.; gleiche Pole stoßen sich ab, ungleiche ziehen sich an; übertr.: Lebensfreude und Tod sind die beiden Pole *(sich gegenüberstehenden, in Wechsel-wirkung stehenden Größen)* des Barocks. **3.** (Elek-trotechnik) *Anschlußpunkt bei Stromquellen:* die Pole einer Batterie; einen Draht am positiven P. anschließen. **4.** (Math.) *Punkt mit besonderer Be-deutung;* Pol einer Kugel. * **der ruhende Pol** *(jmd., von dem Ruhe ausgeht, der die Übersicht be-hält):* sie ist der ruhende P. in der Familie.
polar: 1. *den Pol betreffend, arktisch:* die polare Fauna; eine polare Kälte; Luftmassen polaren Ursprungs (Meteor.). **2.** *gegensätzlich; nicht ver-einbar bei oft wesensmäßiger Zusammengehörig-keit:* polare Denksysteme; polare Gegensätze; ihre Ansichten sind p. entgegengesetzt.

Polemik, die: *scharfe, meist in der Presse ausge-*
tragene Auseinandersetzung um Meinungen o.ä.:
endlose, scharfe Polemiken; eine P. austragen,
führen; seine P. [gegen jmdn., etwas] einstellen;
P. schreiben *(polemisieren).*

polemisieren: *Polemik betreiben:* scharf, heftig
p.; in der Presse gegen die geplanten Änderungen, gegen den Minister p.

polieren ⟨etwas p.⟩: *blank, glänzend reiben:* etwas fein, auf Hochglanz p.; einen Tisch, Metall,
das Auto p.; ⟨jmdm., sich etwas p.⟩ ich poliere
mir die Schuhe; übertr. (ugs.): diesen Aufsatz
mußt du noch etwas p. *(stilistisch überarbeiten);*
adj. Part.: polierte Möbel, Steine.

Politik, die: **1.** *Maßnahmen von Regierungen,*
Parlamenten, Parteien, Organisationen o.ä. zur
Führung eines Staates, zur Gestaltung des öffentli-
chen Lebens o.ä.: die innere, äußere, auswärtige,
internationale P.; eine kluge, geschickte, erfolgreiche, verfehlte, gescheiterte, gefährliche, falsche P.; eine demokratische, friedliche P.; die
deutsche, amerikanische P.; die P. des Kremls;
eine P. der Stärke, der Entspannung, des Ausgleichs, des europäischen Gleichgewichts; R: P.
ist ein schmutziges Geschäft; [die] P. verdirbt den
Charakter · eine P. auf weite Sicht; aktive P. betreiben; eine neue P. einschlagen, verfolgen, unterstützen; sich aus der P. zurückziehen; sich für
P. interessieren, in die P. eines anderen Staates
einmischen; in der P. eintreten; in der P. tätig
sein; von P. nichts wissen wollen. **2.** *Methode, et-*
was durchzusetzen; berechnendes Verhalten: es ist
seine P., nach allen Seiten gute Beziehungen zu
unterhalten; was er tut, ist doch alles nur P.; er
treibt eine hinterlistige P. der Bestechung.

politisch: *die Politik betreffend:* politische Bücher, Nachrichten; politische Prozesse, Verbrechen, Parteien, Größen; die politische Gesinnung, Überzeugung, Schulung, Erziehung; politische Geographie, Geschichte; die politische
Lage; nach Ansicht der politischen Beobachter;
im politischen Leben stehen *(aktiv in der Politik*
tätig sein); die politischen Hintergründe, Grundlagen; ein politischer Häftling, Gefangener *(eine*
aus politischen Gründen gefangengehaltene Per-
son); er spielt eine p. überragende Rolle; die politischen Wissenschaften; folgenschwere politische Fehler; p. tätig, erfahren, geschult, interessiert, zuverlässig sein; seine Rede war rein p. *(ver-*
folgte nur politische Zwecke); diese Entscheidung
war nicht sehr p. *(war politisch unklug);* p. handeln; sich p. betätigen; jmdn. p. unterstützen,
kaltstellen (ugs.); subst. (ugs.): er ist ein Politischer *(politischer Häftling).*

Polizei, die: *Institution, die für öffentliche Si-*
cherheit sorgt, Angehörige dieser Institution: die
holländische P.; eine gute, umsichtige, schlechte
P.; die geheime, politische P.; die P. regelt den
Verkehr, schreitet ein, greift ein, geht gegen die
Demonstranten [mit Schlagstöcken] vor, setzt
Wasserwerfer ein, feuert in die Menge; die P.
hebt eine Gangsterring aus, beschlagnahmt die
Waffen, fahndet nach dem Verbrecher, nimmt
ihn fest, verhaftet, verhört ihn; die P. untersucht
die Brandstelle, trifft an der Unfallstelle ein; die
P. rufen, verständigen, holen; die P. gegen jmdn.
einsetzen; jmdm. die P. auf den Hals hetzen

(ugs.), schicken (ugs.); sich der P. stellen; Beamte
der Polizeien aller Bundesländer; ein Trupp berittener P.; sich bei der P. melden; bei der P.
(Polizist) sein; Ärger mit der P. haben; sich von
der P. abführen lassen; zur P. *(zu einer Dienst-*
stelle der Polizei) gehen; R: die P., dein Freund
und Helfer.

polizeilich: *die Polizei betreffend, von ihr durch-*
geführt: polizeiliche Vorschriften, Ermittlungen;
polizeiliches Vorgehen, Einschreiten; das polizeiliche Kennzeichen eines Fahrzeugs; ein polizeiliches Führungszeugnis; unter polizeilicher
Überwachung, Bewachung, Bedeckung, Aufsicht, Kontrolle stehen; die polizeiliche Melde-
pflicht; ein p. überführter Täter; etwas ist p. verboten; die Straße ist p. gesperrt; sich p. *(bei der*
Polizei) melden.

Polizist, der: *Angehöriger der Polizei:* ein berittener P.; die Polizisten regeln den Verkehr,
schreiten gegen die Demonstranten ein, prügeln
mit Gummiknüppeln, Schlagstöcken; einen Polizisten nach dem Weg fragen.

Polster, das: *mit festem Bezug versehene*
elastische Auflage auf Sitz- und Liegemöbeln o.ä.:
ein weiches, hartes, tiefes P.; die P. der Stühle
sind beschädigt; die P. neu beziehen; sich in die
P. zurücklehnen, zurückfallen lassen; bildl.
(ugs.): sie hat ein paar Pölsterchen *(Fettpölster-*
chen) zuviel; übertr.: er besitzt ein ausreichen-
des finanzielles P. *(finanzielle Reserven).*

polstern ⟨etwas p.⟩: *mit Polstern versehen:* einen
Sessel gut, weich p.; etwas mit Seegras, Roßhaar,
Schaumgummi p.; die Sitze des Wagens, die Tür
zum Zimmer des Direktors ist gepolstert; gepolsterte *(mit Watte o.ä. vergrößerte)* Schultern;
bildl. (ugs.): sie ist gut gepolstert *(ziemlich dick);*
übertr.: für ein solches Geschäft muß man gut
gepolstert sein *(viel Geld [als Reserve] haben).*

poltern: 1. a) *dumpf lärmen:* draußen polterte
es; die Familie über uns poltert den ganzen Tag;
ein polternder Lärm; die Tür fiel polternd zu. **b)**
⟨mit Raumangabe⟩ *sich geräuschvoll fortbewegen,*
irgendwohin bewegen: seine Schritte polterten
durch die Räume; er kam ins Zimmer gepoltert;
die Steine poltern vom Wagen, auf den Boden;
der Karren polterte über das Pflaster. **2. a)** ⟨etwas
p.⟩ *laut scheltend sagen, äußern:* „Hinaus!" polterte er. **b)** *laut scheltend sprechen, seine Meinung*
äußern: der Großvater poltert gern; eine polternde Polemik. **3.** (ugs.) *Polterabend feiern:*
heute abend wird bei uns gepoltert.

pompös: *überaus aufwendig, prächtig:* eine
pompöse Villa; ein pompöser Rahmen; sich mit
einem pompösen Titel schmücken; die Ausstattung des Films ist sehr p.; p. wohnen.

Pontius (in der Wendung) von Pontius zu Pila-
tus laufen: *wegen eines Anliegens von einer Stelle*
zur anderen gehen, geschickt werden.

populär: 1. *bei vielen beliebt, weithin bekannt:*
ein populärer Politiker, Sportler, Künstler; ein
populärer Schlager; der Minister ist im Volk
nicht p.; die Fernsehserie machte den Schauspieler sehr p.; er wurde gleich durch seinen ersten
Film p. **2.** *volkstümlich, gemeinverständlich:* eine
populäre Darstellung, Schreibweise; das Buch ist
nicht p. genug; sich p. ausdrücken; p. reden,
schreiben. **3.** *von der Masse des Volkes gewünscht:*

dem Volk willkommen: populäre Maßnahmen; der Plan der Regierung ist nicht p.; der Minister hat nicht p. gehandelt.
Popularität, die: *Beliebtheit:* große, geringe, ungeheure P.; seine P. steigt; große, keine, wenig P. genießen, gewinnen; seine P. als Politiker verlieren, einbüßen, verscherzen; der Künstler erfreute sich großer P.; nach P. streben.
Portemonnaie, das: *Geldbörse:* ein ledernes P.; das P. einstecken, herausziehen, öffnen, verlieren; er hat kein Geld im P. * (ugs.:) **ein dickes Portemonnaie haben** *(über viel Geld verfügen).*
Portion, die: *abgemessene, jmdm. zugeteilte Menge [von Speisen]:* eine kleine, große, ausreichende P.; eine P. Kartoffeln, Schlagsahne, Eis; für das Kind genügt eine halbe P.; die Portionen in der Kantine sind sehr klein; er ißt zwei Portionen, die doppelte P.; eine P. *(in einem Kännchen servierte Menge von zwei Tassen)* Kaffee; kann ich noch eine P. Butter bekommen?; das Essen in Portionen ausgeben; übertr. (ugs.): *eine gehörige, große Menge:* dazu gehört eine [große, ziemliche] P. Geduld, Humor, Glück, Mut, Frechheit. * (ugs.:) **eine halbe Portion** *(unscheinbarer, kleiner, schmächtiger Mensch).*
Porto, das: *Postgebühr:* das P. für den Brief beträgt eine Mark; wie hoch ist das P. für einen Eilbrief?; die Karte kostete 0,60 DM P.; [das] P. zahlt [der] Empfänger; das P. nachzahlen, entrichten, einkassieren; die Kosten einschließlich Verpakkung und P. betragen ...
Porzellan, das: **a)** *keramisches Erzeugnis:* P. brennen, bemalen; Geschirr, eine Schale aus P.; sie ist wie aus/von P. *(sie ist sehr zart).* **b)** *Porzellangeschirr:* gutes, feines, dünnes, echt Meißner, chinesisches, altes, wertvolles, kostbares P.; P. zerbrechen, zerschlagen; P. sammeln. * (ugs.:) **Porzellan zerschlagen** *(durch plumpes, ungeschicktes Reden oder Handeln Unheil anrichten).*
Pose, die: *auf eine bestimmte Wirkung abzielende Stellung, Körperhaltung:* eine theatralische, erhabene, elegante, verlogene P.; die P. des Schauspielers; bei ihm ist alles P.; die P. Napoleons, eines Diktators einnehmen; sie stand in einer anmutigen P. vor dem Publikum; er gefällt sich in der P. des strahlenden Siegers.
Position, die: **1. a)** *Stellung, Posten; bestimmte Stelle innerhalb eines Systems, Betriebs o. ä.:* eine hohe, bevorzugte, gehobene, gute, günstige, einträgliche, gesicherte, schlechte, niedrige P.; eine führende, verantwortliche P.; die gesellschaftliche, berufliche, politische P.; die P. des Ministers ist gefährdet, in Frage gestellt, geschwächt; eine starke P. gegenüber jmdm. haben; die wichtigsten Positionen in diesem Land sind mit Konservativen besetzt; jmds. soziale P.; seine P. im Betrieb hat sich verschlechtert; sich (Dativ) eine P. schaffen, erarbeiten; jmdm. eine zentrale P. einräumen; seine P. halten, festigen, wahren; jmds. P. erschüttern; die P. räumen, verlieren, aufgeben müssen; ein Mann in gesicherter P.; in eine P. kommen, gelangen. **b)** *Situation, Lage, in der sich jmd. befindet:* er ist, befindet sich ihm gegenüber in einer guten, starken, schwachen, kläglichen P.; **c)** *Standpunkt, grundsätzliche Auffassung:* die gegenwärtige politische P. eines Staates; eine bestimmte P. einnehmen; er bezieht die

P. von 1960 *(geht vom Stand des Jahres 1960 aus).* **2. a)** *Standort, Lage:* die P. eines Schiffes, Flugzeuges; eine vorgesehene P. erreichen; die P. ermitteln, bestimmen, durchgeben. **b)** *bestimmte räumliche Lage, Stellung:* eine strategisch wichtige P.; die verschiedenen Positionen beim Koitus; einen Hebel in eine andere P. bringen; in/auf P. gehen *(die festgelegte, die richtige kampfbereite Stellung einnehmen).* **c)** (Sport): *Platz, Rang [während des Wettkampfes]:* seine P. behaupten, verteidigen; er sicherte sich eine gute P. für den Endspurt; 100 Meter vor dem Ziel liegt er an, in zweiter P.; er kämpfte in aussichtsloser P. weiter. **3.** (Geldw., Kaufmannsspr.) *Einzelposten:* die Positionen des Zolltarifs; die einzelnen Positionen des Haushaltsplanes wurden durchgesprochen, überprüft, gekürzt; einige Positionen streichen.
positiv: 1. *zustimmend, bejahend:* ein positiver Bescheid; positive Reaktionen; eine positive Haltung, Einstellung gegenüber etwas; die Antwort, das Gutachten, die Kritik war p.; jmdm., einer Sache p. gegenüberstehen; sich p. zu etwas stellen; er steht p. zur neuen Regierung. **2.** *vorteilhaft, gut:* die Wirtschaft zeigt eine positive Entwicklung; ein positiver *(brauchbarer)* Vorschlag; die Aussichten, Chancen sind p.; sich p. auswirken; das Ergebnis kann als p. gewertet werden. **3.** *ein Ergebnis bringend; Erfolg habend:* die Verhandlungen wurden zu einem positiven Abschluß geführt; Med.: ein positiver *(auf eine Krankheit deutender)* Befund; die Untersuchung verlief p. *(eine Krankheit wurde festgestellt).* **4.** *wirklich, konkret, tatsächlich:* positive Kenntnisse, Ergebnisse; positives Recht (Rechtsw.; *gesetztes Recht im Unterschied zum Naturrecht);* das ist p. (ugs.; *das ist ganz sicher);* ich weiß es p. (ugs.; *ganz genau).* **5. a)** (Math.) *größer als Null:* eine positive Zahl. **b)** (Physik) *nicht negativ:* positive Ladung, Elektrizität; der positive Pol, Anschluß.
Positur, die (gewöhnlich in der Wendung) sich in Positur werfen/stellen/setzen: *eine besondere, würdevolle Haltung einnehmen:* er warf sich vor der Kamera in P.; der Richter setzte sich in P.
Possen, die ⟨Plural⟩ (veraltend): *Unsinn, Streiche:* P. treiben; laß die P.! * (ugs.:) **Possen reißen** *(Streiche machen).*
Post, die: **1.** *öffentliche Institution zur Beförderung von Briefen usw.:* er arbeitet bei der P., ist bei der P. angestellt; eine Zeitung durch die P. beziehen; etwas mit der/durch die/per P. befördern, schicken; ein Mann von der P. **2.** *Postsendung:* die erste, letzte, eingegangene P.; ist P. für mich da?; heute kommt keine P. mehr, kommt die P. aber spät; die P. geht heute noch ab; die P. aufgeben, befördern, austragen, zustellen, abholen, in Empfang nehmen; er bekommt immer viel P.; ich warte noch auf die P. *(auf die Zustellung der Postsendung);* mit gleicher P. *(zugleich aufgegeben, aber als getrennte Sendung)* schicke ich dir das Buch zurück; R (ugs.:) ab [geht] die P. *(auf geht's, es geht sofort los).* **3.** *Postamt:* die P. ist offen, geschlossen, wird um 8 Uhr geöffnet; auf die, zur P. gehen; etwas auf die P. tragen, auf der P. aufgeben; etwas bei der P. einzahlen, von der P. holen, zur P. bringen. **4.** (veraltet) *Nachricht:* ich bringe gute, traurige P.

Posten, der: 1. *berufliche Stellung; Amt, Funktion:* ein guter, gutbezahlter, einträglicher P.; ein P. in der Partei, Gewerkschaft; einen P. ausschreiben, zu vergeben haben; einen P. suchen, finden, bekommen, ergattern (ugs.), aufgeben, verlieren; er hat bei der Firma den P. eines Buchhalters (hochsprachlich n i c h t korrekt: den P. *als* Buchhalter); einem P. nicht gewachsen sein; sich auf einem P. bewähren; sich um einen ausgeschriebenen P. bewerben; von einem P. zurücktreten. 2. (Kaufmannsspr.) a) *einzelner Betrag einer Rechnung:* einzelne P. stehen noch aus; die verschiedenen P. prüfen, zusammenrechnen, addieren. b) *bestimmte Warenmenge:* einen größeren P. Strümpfe bestellen; wir haben noch einen ganzen P. auf Lager, abzugeben. 3. a) *militärische Wache:* ein einfacher, vorgeschobener P.; seinen P. aufgeben, verlassen; P. beziehen; auf P. stehen, ziehen; auf seinem P. aushalten, bleiben. b) *Soldat, der Wache hat:* der P. am Tor; P. aufstellen, ausstellen; die P. ablösen, wechseln, abziehen, einziehen, verdoppeln, verstärken. * **Posten stehen/**(ugs.:) **schieben** *(als Wache Dienst tun)* · **auf verlorenem Posten stehen/kämpfen** *(in aussichtsloser Lage sein)* · (ugs.:) **auf dem Posten sein: a)** *(körperlich in guter Verfassung sein):* na, bist du wieder auf dem P.? **b)** *(wachsam, gewieft sein).*

postieren: a) ⟨jmdn., sich p.; mit Raumangabe⟩: *[als Posten] aufstellen:* eine Wache am Eingang/an den Eingang p.; die Reporter postierten sich vor der Tribüne; an den Kreuzungen sind Polizisten postiert. b) (seltener) ⟨etwas p.; mit Raumangabe⟩ *an eine bestimmte Stelle stellen, dort aufbauen, errichten:* er postierte den Leuchter auf dem/auf den runden Tisch.

Pracht, die: *glanzvolle Ausstattung:* eine große, überirdische, kalte, falsche P.; die vergangene P. wirkt heute nicht mehr; die P. des Saales ist überwältigend; eine ungeheure P. entfaltete sich; der König entfaltete an seinem Hof eine unvergleichliche P.; sie zeigte sich in voller P.; ein Schloß von einmaliger P. · (ugs.:) **daß es eine Pracht ist** *(daß man nur staunen, es bewundern kann):* er wedelt den Berg hinunter, daß es eine P. ist · (ugs.:) **etwas ist eine wahre Pracht** *(etwas ist großartig, herrlich):* es ist eine wahre P., wie er diese Arbeit geschafft hat; seine Rosenzucht ist eine wahre P.

prächtig: 1. *prunkvoll, herrlich:* prächtige Kleider; eine prächtige Wagenauffahrt; sie sah prächtige Erscheinung; die Ausstattung war p. anzusehen; p. ausgestattete, erleuchtete Räume. 2. *großartig, hervorragend:* ein prächtiger Mensch; prächtiges Wetter; Berlin ist eine prächtige Stadt; seine Leistung war p.; die beiden verstehen sich p.; du hast dich p. gehalten.

prägen: 1. ⟨etwas p.⟩ *Schrift, Muster o. ä. reliefartig in etwas pressen; etwas zu etwas pressen, pressend mit etwas versehen, herstellen:* Münzen p.; Silber, Kupfer [zu Münzen] p.; er ließ das Staatswappen auf/in die Münzen p.; schlecht, klar, scharf geprägte Münzen; geprägtes Leder; übertr.: diese Bild hat sich ihm tief ins Gedächtnis geprägt (geh.; *blieb ihm unvergeßlich, machte tiefen Eindruck auf ihn).* 2. ⟨jmdn., etwas p.⟩: *formen, das typische Aussehen, Gepräge verleihen:* die Landschaft prägt den Menschen; die

Kirche wurde von der Kultur des Römischen Reiches geprägt. 3. ⟨etwas p.⟩ *erstmals formulieren, anwenden; schöpfen:* ein Schlagwort, Begriffe, neue Wörter p.; das Wort „Kommunismus" wurde um 1830 in Paris geprägt.

prägnant: *kurz und gehaltvoll, genau und treffend:* eine prägnante Antwort; etwas mit prägnanter Kürze sagen; seine Formulierungen sind p.; sich p. ausdrücken.

Prägung, die: 1. *geprägtes Bild:* eine saubere, deutliche, künstlerische P.; die P. auf der Münze ist zu flach. 2. *Eigenart, Art:* seine P. durch das Milieu, von der Französischen Revolution erhalten; Demokratie, Sozialismus italienischer P.; eine Persönlichkeit von eigener, starker P.

prahlen: *eigene Vorteile oder Vorzüge übermäßig betonen:* gerne p.; hör bloß auf zu p.!; mit seinem Auto, mit seinen Erfolgen p.

praktisch: I. ⟨Adjektiv⟩ 1. *auf die Praxis bezogen:* praktische Erfahrungen, Ergebnisse; die praktische Durchführung; das hat keinen praktischen Nutzen; im praktischen Leben; ein praktisches Jahr *(einjähriges Praktikum);* praktischer Unterricht; eine Erfindung p. erproben; p. arbeiten, tätig sein. 2. *zweckmäßig, gut zu handhaben:* eine praktische Kinderhose; der Eierkocher ist wirklich sehr p. 3. *geschickt; für die Praxis begabt:* ein praktischer Mensch; er hat einen praktischen Verstand; ihr Mann ist in allen Dingen sehr p.; p. denken; er ist p. veranlagt. 4. *tatsächlich, wirklich, greifbar:* praktische Schwierigkeiten, Erfolge. II. (ugs.) ⟨Adverb⟩ *in der Tat, so gut wie:* sie macht p. alles; der Apparat ist p. neu.

prall: 1. *straff, dick, fest:* pralle Schenkel, Muskeln, Arme, Brüste; pralle Tomaten, Kirschen; ein praller Sack, Luftballon; das pralle Leben; das Fernsehen bietet ein pralles Angebot attraktiver Sendungen; die Brieftasche war p. gefüllt; der Raum war p. gefüllt mit Menschen; der Pullover, die Bluse saß p. 2. *direkt, ungehindert auffallend, scheinend:* das pralle Licht; in, an der prallen Sonne verblassen die Farben.

Prämie, die: 1. *Belohnung, Sondervergütung:* eine staatliche P.; eine P. für besondere Leistungen; Prämien bei Bausparverträgen; eine P. für jedes erlegte Tier, auf das Fell aussetzen; eine staatliche P. gewähren, verlangen, erhalten, bekommen; die Mannschaft forderte, kassierte für den Sieg höhere Prämien. 2. *ausgeloster Geldbetrag:* folgende Prämien werden ausgeschüttet; zusätzliche Prämien im Lotto aus-, verlosen. 3. *Versicherungsgebühr:* die P. für die Kfz-Versicherung ist [am 1. des Monats] fällig, wurde erhöht; die P. festsetzen; eine P. von 5 000 DM.

prämiieren, (auch:) **prämieren** ⟨jmdn., etwas p.⟩: *mit einem Preis auszeichnen:* einen Künstler, Film p.; sein Entwurf wurde mit 1 000 DM prämiiert.

Pranger, der: *Pfahl o. ä. auf einem öffentlichen Platz, an den früher Verbrecher angebunden wurden:* der Dieb wurde an den P. gestellt. * **jmdn., etwas an den Pranger stellen** *(öffentlich anprangern)* · **am Pranger stehen; an den Pranger kommen** *(öffentlich angeprangert werden).*

präparieren: 1. ⟨etwas p.⟩ a) *haltbar machen:* einen Vogel, eine Pflanze, einen Leichnam p. b) (Biol., Med.) *zu Lehrzwecken zerlegen:* Muskeln

p. **2. a)** (veraltend) ⟨etwas p.⟩ *(Lehrstoff) vorbereiten:* ich muß noch Latein, ein Kapitel Geschichte p. **b)** ⟨sich p.⟩ *sich vorbereiten:* sich gut, schlecht, nicht genügend, gewissenhaft p.; du hast dich für morgen, für die Schule, auf den Unterricht noch nicht präpariert. **3.** ⟨etwas p.⟩ *bearbeiten:* das Auto für den Winter p.; eine Steinfläche mit Säure p.; das Spielfeld, die Skipiste p.
Präsent, das (geh.): *Geschenk:* ein wertvolles P.; ein P. seiner Hausbank; ein P. für dich, für deine Hilfe; jmdm. ein P. machen, überreichen.
präsentieren: 1. ⟨etwas p.⟩ **a)** *darbieten, überreichen:* eine Flasche Champagner; ⟨jmdm. etwas p.⟩ sie präsentierte mir ein Glas Wein; übertr.: wir präsentieren die neuesten Hits; Abrüstungsvorschläge p.; der Minister soll der Öffentlichkeit Fakten p. **b)** *vorlegen:* einen Wechsel p.; ⟨jmdm. etwas p.⟩ ich werde ihm eine gesalzene Rechnung p.; übertr.: die Rechnung wird ihm schon noch präsentiert werden *(dafür wird er büßen müssen).* **2. a)** ⟨jmdn., sich p.; mit Umstandsangabe⟩ *jmdn., sich zeigen; jmdm.:* auf der Messe präsentieren sich Aussteller aus ganz Europa; er präsentierte sich in seiner vollen Größe, in einer neuen Rolle, mit einer neuen Partnerin; sie präsentierte sich bestens informiert, als talentierte Entertainerin; er präsentierte sie als seine Ehefrau; ⟨jmdm. jmdn., sich p.; mit Umstandsangabe⟩ er präsentierte sich uns als ein gewiefter Taktiker; sie präsentieren sich ihren Fans vollkommen neu, mit einer neuen Bühnenshow; er präsentierte sie uns als seine neue Freundin. **b)** ⟨jmdn., sich, etwas jmdm. p.⟩ *bekannt machen:* endlich präsentierte er sie seinen Eltern; sie fuhr nach München, um sich dem Personalchef der Firma zu p.; der Öffentlichkeit wurde ein neues Produkt präsentiert; ⟨auch ohne Dat.⟩ die Firma präsentiert ein neues Modell. **3.** (milität.) **a)** *Ehrenbezeigung erweisen:* der Posten, die Ehrenkompanie präsentierte. **b)** ⟨etwas p.⟩ *zum Erweisen der Ehrenbezeigung vor sich halten:* präsentiert das Gewehr! /milität. Kommando/.
Präsentierteller, der ⟨in der Verbindung⟩ auf dem Präsentierteller sitzen (ugs.): *auf einem Platz sitzen, an dem man von allen gesehen wird.*
prasseln: 1. ⟨etwas prasselt⟩ *etwas verursacht ein prasselndes Geräusch:* die Holzscheite prasselten; im Ofen prasselte ein munteres Feuer. **2.** ⟨etwas prasselt; mit Raumangabe⟩ *etwas prallt prasselnd gegen, an etwas:* der Regen prasselt auf das Dach; der Hagel prasselte gegen, an die Fenster; bildl.: Fragen, Vorwürfe prasselten auf den Redner; prasselnder Beifall.
Praxis, die: **1. a)** *gewerbliches Unternehmen bes. des Arztes, Anwalts:* eine große, gutgehende P.; seine P. geht schlecht; eine P. aufmachen, ausüben, übernehmen, aufgeben, verkaufen. **b)** *Arbeitsräume bes. des Arztes, Anwalts:* die P. säubern, renovieren; er hat die P. bereits verlassen; zum Arzt in die P. kommen. **2. a)** *berufliche Tätigkeit:* er hat mehrere Jahre P. in seinem Beruf; in langjähriger P. Erfahrungen sammeln; das lernt man erst durch die P. **b)** *tätige Auseinandersetzung mit der Wirklichkeit:* die übliche P.; die P. sieht anders aus; das wird die P. zeigen, lehren, ergeben; er ist ein Mann der P. *(ein praktisch ver*

anlagter, erfahrener Mann); in der P. sieht das anders aus; das stimmt mit der P. überein; der Gegensatz zwischen Theorie und P.
präzis[e]: *genau:* eine präzise Antwort, Auskunft; er hat ganz präzise Vorstellungen, Wünsche; die Angabe war nicht p. genug; p. arbeiten.
predigen: 1. a) *eine Predigt halten:* gut, pakkend, eindringlich, schlecht, langweilig p.; der Pfarrer predigt vor einer großen Gemeinde, über eine Bibelstelle, gegen die Heuchelei; wer predigt heute? **b)** ⟨etwas p.⟩ *verkündigen:* das Evangelium, das Wort Gottes p. **2.** (ugs.) ⟨etwas p.⟩ *zu etwas mahnen:* Buße, Moral, Mut und Entschlossenheit p.; ⟨jmdm. etwas p.⟩ dem Volk Vernunft p.; wie oft habe ich euch das schon gepredigt!; sie predigte ihm, sachlich zu bleiben, sich warm genug anzuziehen.
Predigt, die: *größere religiöse Ansprache:* eine erbauliche, gehaltvolle, packende, zu Herzen gehende, langweilige, fade, trockene P.; eine P. über die Toleranz; eine P. ausarbeiten, memorieren, auswendig lernen, halten, hören; in die, zur P. gehen; übertr. (ugs.): seine ewigen Predigten *(Mahnreden)* gehen mir auf die Nerven.
Preis, der: **1.** *Geldwert [einer Ware]:* hohe, niedrige, stabile, feste, ortsübliche, günstige, stark reduzierte, überhöhte, saftige (ugs.), gepfefferte (ugs.), horrende, unverschämte, unerhörte, zivile *(niedrige)* Preise; der landwirtschaftlichen Preise; der P. einer Ware/für eine Ware; der P. der Ware ist angemessen; das ist ein stolzer P. *(ist recht teuer);* die Preise steigen, ziehen an, schlagen auf, klettern, schnellen in die Höhe, schwanken, sinken, stürzen, fallen, purzeln (ugs.), geben nach, erholen sich, haben sich eingependelt; der P. für dieses Modell beträgt 100 DM; einen zu hohen P. nennen, fordern, verlangen, nehmen; einen hohen P. haben; die Preise auszeichnen *(die Artikel mit Preisschildern versehen),* verderben *(aus dem Gleichgewicht bringen),* einfrieren *(auf dem augenblicklichen Stand belassen);* er hat bei dem Geschäft einen schönen P. erzielt; er kann nicht den vollen P. bezahlen; ich zahle dafür jeden P.; die Preise erhöhen, hochtreiben, in die Höhe treiben, halten, ändern, drücken, senken, herabsetzen, niedrig halten, unterbieten; den P. vorschreiben, gestalten, bestimmen, festsetzen; er hat dem Freund einen guten P. gemacht *(von ihm weniger verlangt);* er konnte den P. auf 10 000 DM herabdrücken, herunterhandeln; sie achtet, sieht beim Einkaufen nie auf den P.; etwas sinkt, steigt im P., geht im P. zurück; der Händler geht mit dem P. herunter; über einen P. verhandeln; übertr.: um den P. seines eigenen Lebens hat ihn gerettet; Freiheit hat ihren P. *(verlangt Opfer)* · etwas um jeden P., unter dem P. verkaufen, losschlagen (ugs.); Rabatt, Prozente, eine Ermäßigung vom P. abziehen; zu jedem, zu höchsten Preisen kaufen; er hat das Auto zu einem günstigen P. erstanden; R: wie der P., so die Ware. **2.** *Siegespreis:* ein wertvoller P.; der erste, zweite P.; als P. sind in dem Rennen 10 000 DM ausgesetzt; einen P. im Weitwerfen bekommen; einen P. stiften, ausschreiben, vergeben; jmdn. den P. zuerkennen, zusprechen, geben; die Preise überreichen; der Architekt, der Entwurf hat einen P. errungen (geh.), gemacht (ugs.), da-

vongetragen (ugs.); der Dichter erhielt den P. der Stadt Bremen für sein jüngstes Stück; jmdn., etwas mit einem P. auszeichnen; sich um einen P. bewerben; das Rennen um den Großen P. von Frankreich. **3.** (geh.) *Lob:* P. und Dank!; Gott dem Herrn Lob und P. singen. * (ugs.:) **um keinen Preis** *(auf keinen Fall)* · (ugs.:) **um jeden Preis** *(unbedingt)* · **hoch/gut im Preis stehen** *(beim Verkauf hohen Gewinn bringen).*

preisen (geh.) **a)** ⟨jmdn., etwas p.⟩ *rühmen, loben:* Gott p.; die Nachkommen werden uns dafür, darum p.; ⟨jmdm. jmdn., etwas p.⟩ nicht alles, was dir als richtig gepriesen wird, ist gut. **b)** ⟨jmdn., sich, etwas als jmd./(seltener:) jmdn., als etwas p.⟩ *rühmen:* er pries sich als guter/(seltener:) guten Lehrer; er pries ihn als einen Experten; die Kritik pries das Buch als besten Roman seit langem. * **jmdn., sich glücklich preisen** *(jmdn., sich glücklich nennen).*

preisgeben: 1. ⟨jmdn., sich, etwas jmdm., einer Sache p.⟩ *vor jmdm., vor etwas nicht mehr schützen; ausliefern:* die Bevölkerung dem Elend p.; er wurde dem Gelächter der Menge, der Lächerlichkeit preisgegeben; die Bauten waren der Zerstörung preisgegeben; sich der Kälte p.; ⟨auch ohne Dat.⟩ er gab seine Gefährten ohne Skrupel preis. **2.** ⟨etwas p.⟩ **a)** *aufgeben, auf etwas verzichten:* seine Ideale, Grundsätze, seine Selbständigkeit p.; keinen Fußbreit Boden kampflos p.; was er einmal hat, gibt er nicht mehr freiwillig preis; er hat die Ziele der Revolution preisgegeben. **b)** *verraten:* ein Geheimnis, einen Plan, seine wahre Funktion p.; ⟨jmdm. etwas p.⟩ er gab der Polizei die Namen seiner Komplizen preis.

prekär: *schwierig, heikel:* eine prekäre Situation, Finanzlage; die wirtschaftlichen Verhältnisse sind recht p., werden immer prekärer [für uns].

prellen: 1. ⟨sich, etwas p.⟩ *heftig stoßen, verletzen:* sich an der Schulter p.; bei dem Unfall wurde sein Arm geprellt; ⟨sich (Dativ) etw. p.⟩ ich habe mir den Fuß geprellt. **2.** (ugs.) **a)** ⟨jmdn. p.⟩ *übervorteilen:* Käufer, Kunden p.; er hat seine Freunde tüchtig geprellt. **b)** ⟨jmdn. um etwas p.⟩ *um etwas bringen:* jmdn. um den Lohn, Erfolg p.; das Volk um sein Recht p.

Presse, die: **1. a)** *Gesamtheit der Zeitungen und Zeitschriften:* die einheimische, inländische, ausländische P.; die unabhängige, parteigebundene, linke P.; die P. berichtete ausführlich über den Vorfall, brachte den Vorfall sehr groß; die französische P. meldet, daß ...; die P. beeinflussen wollen, unterdrücken; etwas der P. mitteilen, übergeben; die Freiheit der P. verteidigen; im Spiegel der P.; sein Name wurde in der P. oft genannt; er ist von der P. *(er ist Journalist).* **b)** *Beurteilung in der Presse, Presseecho:* eine gute, schlechte P.; die Aufführung hatte eine freundliche P. **2.** *Maschine oder Gerät, das etwas durch Pressen herstellt:* eine hydraulische P.; eine P. für Karosserien; die Zeitung hatte gerade die P. (veraltend) verlassen, kommt frisch aus der P. (veraltend); etwas durch die P. laufen lassen; Beeren, Trauben in der, mit der P. zu Saft verarbeiten. **3.** (ugs. abwertend) *Privatschule:* er ist durchgefallen und geht jetzt in eine P.

pressen: 1. ⟨etwas p.⟩ **a)** *[mit hohem Druck] zusammendrücken:* Pflanzen, eine Blume [in einem Buch] p.; Papier p.; **adj. Part.**: ein gepreßtes *(verkrampftes, mühsam hervorgebrachtes)* Stöhnen; ... fragte er gepreßt, mit gepreßter Stimme. **b)** *durch [Zusammen]drücken herstellen, gewinnen:* Wein, Most p.; Schallplatten, Plastikartikel p.; in dieser Halle werden die Karosserien gepreßt. **c)** *ausdrücken:* Früchte, Obst p. **d)** ⟨etwas aus etwas p.⟩ *herauspressen:* den Saft aus der Zitrone p. **2.** ⟨jmdn., sich, etwas p.; mit Raumangabe⟩ *irgendwohin drücken:* Gemüse durch ein Sieb p.; die Hände vor das Gesicht, den Mund auf ihre Lippen p.; die Kleider in den Koffer p.; ich preßte mich an die Hauswand, um nicht gesehen zu werden; er preßte sie beim Tanzen eng an sich; **übertr.**: er versucht, alles in sein System zu p. **3. a)** (veraltet) ⟨jmdn. p.⟩ *unterdrücken:* das Volk p. **b)** ⟨jmdn. zu etwas p.⟩ *zwingen:* die Zivilisten werden zum Kriegsdienst gepreßt.

prickeln: a) ⟨etwas prickelt⟩ *etwas juckt, kitzelt:* seine Hände prickelten; er bürstete sich, bis seine Haut prickelte; ⟨etwas prickelt jmdn.⟩ die Hand prickelte ihm; ⟨es prickelt jmdm.⟩; mit Raumangabe: es prickelte ihm in den Fingerspitzen; unter unserer Haut prickelte es erwartungsvoll; **adj. Part.**: ein prickelndes Gefühl; der prickelnde *(erregende)* Reiz der Neuheit; **subst.**: etwas Prickelndes für den Gaumen. **b)** ⟨etwas prickelt⟩ *etwas verursacht ein prickelndes Gefühl:* die Kohlensäure prickelt [in der Nase]; ⟨etwas prickelt jmdm., mit Raumangabe⟩ der Sekt prickelte ihm auf der Zunge.

prima (ugs.): *ausgezeichnet, wunderbar:* ein p. Essen; er ist ein p. Kerl, Kamerad; das ist eine p. Ware, Qualität; der Wein ist p.; unser Lehrer ist wirklich p.; das schmeckt p.; mir geht es p.!

primär: *vorrangig, hauptsächlich:* die primäre Ursache; die p. genutzte Energieform; diese Frage ist nicht p.; es kommt p. darauf an, ...

primitiv: 1. *nicht zivilisiert:* primitive Völker, Lebewesen; die Kultur der Ureinwohner ist noch sehr p.; **Biol.**: primitive *(in der Entwicklung weniger fortgeschrittene)* Vögel, Arten. **2.** *notdürftig, einfach:* eine primitive Hütte, Bude; primitive Verhältnisse, Mittel; ein ganz primitives Gerät; seine Wohnung ist ziemlich p.; p. essen, wohnen. **3.** *ungebildet, roh, nicht verfeinert:* ein primitiver Kerl; eine primitive Ausdrucksweise; er ist unwahrscheinlich p.

Prinzip, das: *Grundsatz, Grundlage:* ein vernünftiges, starres, politisches, staatliches, demokratisches P.; überlebte, veraltete Prinzipien/(selten:) Prinzipe; Politik: die föderalistische, zentralistische P.; das P. der Gewaltenteilung, der Nichteinmischung · es ist mein P., nie ohne Frühstück aus dem Haus zu gehen; ein P. aufstellen, befolgen, durchbrechen, umstoßen, verwirklichen, zu Tode reiten (ugs.), überspitzen; einem P. treu bleiben; an einem P. festhalten; auf einem P. beharren, herumreiten (ugs.); die Maschine beruht auf einem einfachen P.; etwas aus P. tun *(nur wegen des Prinzips, nicht aus sachlichen Gründen); im P. (grundsätzlich)* bin ich dafür; nach einem P. handeln; ein Mann mit, von Prinzipien *(ein Mann, der seine Grundsätze nicht aufgibt);* er geht von seinem P. nicht ab; ein Streit um Prinzipien; das habe ich mir zum P. gemacht.

prinzipiell: *grundsätzlich:* eine prinzipielle

Frage, Entscheidung; ich bin p. dafür, dagegen; etwas p. klären, ablehnen.
Prise, die: *kleine Menge einer pulverigen oder feinkörnigen Substanz:* er nahm eine P. Tabak aus der Dose; mit einer P. Salz abschmecken.
privat: a) *persönlich, ureigen:* meine private Meinung; dies sind meine privaten Angelegenheiten; die Gründe sind rein p. **b)** *vertraulich:* um ein privates Gespräch bitten; die Äußerung war nur p.; das sage ich dir ganz p. **c)** *familiär:* er liebt die private Atmosphäre; wir verkehren auch p. *(außerhalb des Arbeitsplatzes)* miteinander; ich bin p. hier *(nicht dienstlich);* jmdn. p. *(in einem Privatquartier)* unterbringen. **d)** *nicht öffentlich:* die private Wirtschaft; eine private Schule; etwas dient privaten Interessen; der Eingang ist p.; das Projekt p. finanzieren; subst.: etwas [von Privat] an Privat *(an eine Privatperson)* verkaufen.
pro: I. ⟨Präp. mit Akk.⟩ *für, je:* der Preis beträgt 20 DM p. Stück; Eintritt p. Person 2 DM; das kostet p. Kopf /Nase/ Mann *(für jeden)* 10 DM; die Kosten p. männlichen Angestellten betragen ...; 100 m p. Stunde. **II.** ⟨Adverb⟩ *dafür, zugunsten einer Person oder Sache:* bist du p. oder kontra?; ich stimme p. [Wahlvorschlag]; Aktionen p. Edgar; subst.: das Pro und das Kontra.
Probe, die: **1.** *Übung, Vorbereitung einer Aufführung:* eine lange, anstrengende P.; die Proben für die Uraufführung haben bereits begonnen; eine P. ansetzen, abhalten, leiten, unterbrechen, absagen, verlassen; einer P. beiwohnen; er erschien zu spät zur P. **2.** *Muster [zur genaueren Prüfung]:* eine P. Kaffee, Tee, Wein liegt bei; eine P. seiner Handschrift; er untersuchte eine P. der Flüssigkeit; übertr.: eine P. seines Könnens, seiner Tapferkeit, von seinen Fähigkeiten geben, ablegen, zeigen. **3.** *Prüfung, Kontrolle:* eine P. vornehmen, bestehen, überstehen; bei einer Rechnung die P. machen *(die errechneten Werte einsetzen);* etwas einer P. unterziehen; in, bei einer P. [gut, schlecht] bestehen. * **jmdn. auf die Probe stellen** *(jmds. Charakterfestigkeit prüfen)* · **etwas auf die Probe/auf eine harte Probe stellen** *(etwas übermäßig beanspruchen):* sie stellte seine Geduld oft auf die P. · **auf Probe** *(versuchsweise):* jmdn. auf P. einstellen · **die Probe aufs Exempel machen** *(etwas an einem praktischen Fall nachprüfen).*
proben: a) ⟨etwas p.⟩ *für eine Aufführung [ein]lernen:* eine Szene, Aufführung, Symphonie p.; den ersten Akt müssen wir noch einmal p. **b)** *für eine Aufführung üben:* das Ensemble probt schon sechs Wochen; der Regisseur probt intensiv, täglich mit den Schauspielern.
probieren: 1. ⟨etwas p.⟩ *kosten:* den Wein, die Speisen p.; ich muß p., ob die Soße genug gewürzt ist. **2.** ⟨etwas p.⟩ *versuchen:* ich werde p., ob der Motor anspringt; habt ihr schon probiert, ob es geht?; übertr.: er hat es bei ihr probiert *(hat versucht, mit ihr anzubändeln);* wir wollen es noch einmal miteinander p. *(versuchen, miteinander auszukommen);* R: Probieren geht über Studieren. **3.** ⟨etwas p.⟩ *prüfen; auf Eignung testen:* neue Schuhe p.; ich habe das Medikament, das Mittel bereits probiert. **4.** (ugs.) *für eine Aufführung üben:* **a)** das Ensemble probiert schon fleißig. **b)** ⟨etwas p.⟩ eine Szene, Nummer p.
Problem, das: **a)** *zu lösende Aufgabe; schwierige*

Frage: ein ernstes, großes, schwieriges, vielerörtertes, ungelöstes P.; ein soziales, menschliches P.; kein P.! (ugs.; *das läßt sich leicht durch-, aus führen);* die technischen Probleme der Raumfahrt; ein P. taucht auf, stellt sich ein; der Straßenverkehr ist ein ernstes P. für die Stadtverwaltung, stellt ein ernstes P. dar; das ist dein P.!; ein P. anschneiden, angehen, anpacken, aufrollen, aufwerfen, behandeln, erläutern, lösen; Probleme wälzen *(sich mit Problemen beschäftigen);* an ein P. herangehen; sich mit einem P. auseinandersetzen, beschäftigen, befassen; vor einem P. stehen; etwas wird zum P. **b)** *Schwierigkeit:* das ist kein P. für mich; das größte P. liegt darin, daß ...; das P. bei der Sache ist ...; damit habe ich keine Probleme; sie hat Probleme mit ihrem Freund; mit seinen Problemen allein fertig werden; das stellt mich vor unerwartete Probleme.
problematisch: a) *schwierig:* ein problematischer Mensch; eine problematische Natur; diese Frage ist sehr p.; jetzt wird es p. **b)** *zweifelhaft, fragwürdig, unsicher:* eine problematische Vereinbarung; eine solche Verkehrsführung ist p.
Produkt, das: ↑ Erzeugnis.
Produktion, die: **a)** *Herstellung:* die industrielle, landwirtschaftliche P.; die laufende, tägliche P. von Autos; die P. läuft, kommt ins Stocken, bricht zusammen; die P. planen, erhöhen, steigern, ankurbeln, stoppen, umstellen; der Film geht, ist in P. *(wird produziert)* der Arbeiter steht, arbeitet in der P. *(Herstellungsabteilung).* **b)** *das Produzierte, Erzeugnisse:* eine P. des italienischen Fernsehens; die P. des letzten Jahres.
produzieren: 1. ⟨etwas p.⟩ **a)** *herstellen:* Waren, Stahl, Lebensmittel p.; die Industrie produziert mehr, als sie absetzen kann; ⟨auch ohne Akk.⟩ schnell, billig, rationell, für die Halde, nach dem Bedarf p. **b)** ⟨jmdn., etwas p.⟩ *für die Herstellung, Finanzierung sorgen:* wir wollten den Film, die Serie gemeinsam p.; er produzierte die Platte im eigenen Studio; wer produziert eigentlich den Sänger *(wer ist der Produzent seiner Platten)?* **2.** (ugs.) ⟨etwas p.⟩ *machen, hervorbringen:* eine Verbeugung, Entschuldigung p.; großen Lärm, Unsinn p.; er neue Stürmer soll Tore p. **3.** (ugs.) ⟨sich p.⟩ *sich auffällig verhalten, zeigen:* sich auf der Bühne, als Clown, vor anderen p.; wenn Besuch da ist, produziert sich unsere Kleine immer.
Profil, das: **1.** *Seitenansicht [des Gesichts]:* ein scharfes, scharfgeschnittenes, schönes, charaktervolles, klassisches, griechisches P.; das P. eines Menschen; jmdn. im P. malen, fotografieren. **2.** *ausgeprägte Eigenart:* das P. eines Politikers, einer Partei; er besaß P., hatte sein persönliches P.; er ist jemand, dem dem Unternehmen ein neues P. geben kann; der Mann hat [kein] P.; ein Mann mit P.; an P. gewinnen, verlieren. **3.** *Riffelung, Kerbung bei Reifen, Sohlen:* ein breites, hohes, starkes P.; das P. an den Reifen ist ganz abgefahren; die Profile der Schuhe hinterließen deutliche Spuren im Schnee; deine Reifen haben nur noch ein schwaches, dünnes P., haben kein P. mehr. **4. a)** (Technik) *Umriß, Querschnitt:* das P. des Hochofens, des Eisenträgers, einer Straße. **b)** (Geogr.) *senkrechter Schnitt durch die Erdoberfläche:* ein geologisches P.; ein P. durch die Alpen.

Profit, der: *Gewinn, Nutzen:* ein hoher, kleiner, geschäftlicher P.; der ganze P. ging wieder verloren; P. machen (ugs.), haben, ziehen, herausschlagen (ugs.); er ist nur auf P. bedacht, auf P. aus; mit P. arbeiten.

profitieren: ⟨von, bei/(seltener:) an etwas p.⟩ *aus etwas Nutzen ziehen, von etwas einen Vorteil haben:* die Industrie profitiert derzeit vom billigen Öl; er profitierte von der Uneinigkeit seiner Gegner; bei, an diesem Geschäft hat er viel, wenig, nichts profitiert; übertr.: du hast viel von deinem älteren Bruder profitiert *(gelernt).*

Prognose, die: *Voraussage:* eine günstige, optimistische, düstere, gewagte, vorsichtige, richtige, falsche P.; eine P. für die Zukunft; die P. über das Rennen erfüllte sich; eine P. stellen, wagen.

Programm, das: 1. a) *Folge von Darbietungen; vorgesehener Ablauf einer Veranstaltung; das Dargebotene, Darbietungen:* ein gutes, schlechtes, buntes, abwechslungsreiches, erlesenes (geh.), sorgfältig ausgewähltes P.; das P. einer Tagung, der Olympischen Spiele; das P. des Abends, für den kommenden Monat; das P. wechselt oft; das P. zusammenstellen, aufstellen, veröffentlichen, abändern, einhalten; das Kabarett bringt ein neues P.; etwas auf das P. setzen; auf dem P. stehen Werke von Mozart; eine Sendung aus dem P. nehmen; etwas neu ins P. aufnehmen, vom P. absetzen; Rundf., Fernsehen: das erste, zweite P.; die Weltmeisterschaft wird nur im dritten P. übertragen; ein P. ausstrahlen, empfangen können; durch das P. führt [als Conférencier] N. N. ...; übertr.: wie sieht dein P. *(Tagesablauf)* für heute aus?; eine volles P. haben; das P. unserer Reise; was steht jetzt auf dem P. *(was müssen wir jetzt machen)?* b) *Ablauf von Arbeitsgängen einer Maschine:* das P. der neuen Waschmaschine; während das P. noch lief, ging sie einkaufen. 2. *Programmheft, -zettel:* ein informatives P.; das P. kostet zwei DM; ein P. kaufen; die Darsteller werden im P. genannt, vorgestellt. 3. *Grundsätze, Plan:* ein politisches, wirtschaftliches, weltanschauliches P.; das kulturelle P. der Stadtverwaltung; das P. einer Partei; ein P. zur Bekämpfung des Hungers in Afrika; ein P. entwickeln, verfechten, vertreten, erfüllen. 4. (Datenverarb.) *Anweisung für einen Computer:* ein P. schreiben; dem Computer ein P. eingeben, vorgeben. 5. *Sortiment:* das neue P. unserer Polstermöbel; sehen Sie sich unser neues P. Autoradios an. * nach Programm *(wunsch-, programmgemäß).*

Projekt, das: *Vorhaben, Plan:* ein großes, interessantes, kühnes, phantastisches, teures P.; ein P. zur Erschließung der Sonnenenergie; diese Brücke ist ein gigantisches P.; ein P. vorbereiten, reifen lassen, durch-, ausführen, realisieren, aufgeben, verwerfen (geh.), fallenlassen.

Prokura, die (Kaufmannsspr.): *Handlungsvollmacht:* jmdm. P. erteilen, geben; er besitzt, hat P.; er hat die volle P.; seine P. verlieren; er ist Abteilungsleiter mit P.

prompt: I. ⟨Adjektiv⟩ *unverzüglich, rasch:* eine prompte Auskunft, Bedienung, Arbeit; seine Antwort war, kam p.; p. helfen; etwas p. erledigen; p. antworten. II. ⟨Adverb⟩ *wie erwartet, natürlich:* er fiel p. darauf herein; was er befürchtet hatte, traf p. ein.

Propaganda, die: *intensive [politische] Werbung:* eine geschickte, wirkungsvolle P.; die feindliche P.; für etwas P. machen *(werben);* P. treiben, entfalten (geh.).

propagieren ⟨etwas p.⟩: *für etwas um Sympathie, um Unterstützung werben:* einen Standpunkt, eine Meinung p.; den Fortschritt p.; ein neues Leitbild wurde propagiert.

pros[i]t (ugs.): / *Zuruf beim Trinken und zu Neujahr/:* p. Neujahr!; p. allerseits!; (ugs. iron.:) na denn/dann p., wenn das herauskommt! *(dann steht uns etwas bevor):* subst.: ein P. dem Gastgeber, der Gemütlichkeit, auf den edlen Spender.

Protest, der: 1. *heftiger Widerspruch, Einspruch:* ein scharfer, geharnischter, heftiger, energischer, zorniger, empörter, flammender P. (geh.), leidenschaftlicher, formeller P.; ein stummer P. *(P. durch Schweigen);* die Proteste der Anwohner; ein verzweifelter P. gegen die ungerechte Behandlung; es hagelte Proteste; P. erheben, einlegen, einreichen, anmelden; ungeachtet der Proteste zahlreicher Wissenschaftler, allen Protesten zum Trotz trat die Bestimmung in Kraft; aus P. *(um sein Mißfallen auszudrücken)* der Sitzung fernbleiben; aus P. *(aus Widerspruchsgeist heraus)* ißt sie oft gar nichts; etwas gegen jmds. P. durchsetzen; er verließ unter P. das Lokal. 2. (Geldw.) *Annahmeverweigerung von Schecks o. ä.:* einen Wechsel zu P. gehen lassen.

protestieren: a) ⟨gegen jmdn., gegen etwas p.⟩ *sich auflehnen:* gegen die unwürdige Behandlung, die niedrigen Renten p.; ich protestiere dagegen, daß ... b) *Protest erheben:* entschieden, heftig p.; er protestierte vor aller Öffentlichkeit; er wegen der Verzögerung protestiert.

Protokoll, das: 1. *Niederschrift, schriftliche Zusammenfassung:* ein polizeiliches P.; ein P. der Zeugenaussagen; ein genaues, sorgfältiges P. über die Verhandlungen; ein P. anfertigen, aufsetzen, aufnehmen, vorlesen, genehmigen, unterschreiben; etwas im P. aufnehmen, im P. festhalten. 2. *diplomatisches Zeremoniell:* der Chef des Protokolls; das P. des Staatsbesuchs festlegen, ändern, mit der ausländischen Botschaft absprechen; er ist erster Mann im P. der Bundesrepublik. * [das] Protokoll führen *(den Ablauf von etwas schriftlich festhalten)* · etwas zu Protokoll geben/(selten:) bringen *(aussagen, damit es im Protokoll festgehalten wird)* · etwas zu Protokoll nehmen *(im Protokoll festhalten).*

protzen (ugs.) ⟨mit etwas p.⟩: *prahlen:* er protzt mit seinem vielen Geld, mit seinen Erfolgen.

Provinz, die: 1. *Verwaltungsgebiet:* eine reiche, fruchtbare, überseeische P.; die spanischen, niederländischen Provinzen; die P. Bozen; das alte Preußen war in Provinzen eingeteilt. 2. a) *Hinterland:* aus der P. kommen; in der P. leben, wohnen. b) *kulturell rückständige Gegend:* die Stadt, die Gegend ist finsterste, hinterste (ugs.) P.

provisorisch: *behelfsmäßig, vorläufig:* eine provisorische Einrichtung, Unterkunft; eine provisorische Regierung, Maßnahme, Lösung; das ist alles nur p.; etwas p. reparieren, regeln.

provozieren: a) ⟨jmdn. p.⟩ *herausfordern, reizen:* den Lehrer, Redner p.; die Demonstranten wollten die Polizei p.; er ließ sich zu beleidigenden Äußerungen p.; ⟨auch ohne Akk.⟩ der Autor

wollte [mit seinem Stück] p. b) ⟨etwas p.⟩ *[durch eine Provokation] hervorrufen:* einen Skandal, Krach, Angriff p.; eine Diskussion, neue Kosten p.; damit hat er nur das Gegenteil provoziert.
Prozent, das: *der hundertste Teil:* 53 P. [der Abgeordneten] haben zugestimmt; die Partei erhielt 42 P. der Stimmen; der Schnaps enthält 60 P. Alkohol; der Händler gibt, gewährt 10 P. Rabatt; für ein Darlehen 8 P. [Zinsen] zahlen müssen; in diesem Geschäft bekomme ich auf alle Waren 10 P. *(10 P. Rabatt),* bekomme ich Prozente *(Rabatt);* etwas in Prozenten ausdrücken.
prozentual: *nach Prozenten gerechnet:* prozentuale Beteiligung; er ist am Gewinn, an diesem Unternehmen p. beteiligt.
Prozeß, der: **1.** *Gerichtsverfahren:* ein politischer, aufsehenerregender P.; der P. Meyer gegen Schulze; der P. um die Ermordung des Studenten P. S.; der P. wurde zu seinen Gunsten entschieden, ging für ihn glücklich aus; gegen jmdn. einen P. anstrengen, einleiten, führen, gewinnen, verlieren; einen P. anhängig machen, an den Hals kriegen (ugs.), wieder aufrollen; mit jmdm. einen P. haben; mit jmdm. im P. liegen; in einem P. unterliegen; er will es deswegen zum P. kommen lassen; mit jmdm. in einen P. verwickelt werden, sein. **2.** *Entwicklung, Vorgang:* ein geschichtlicher, chemischer P.; ein langwieriger, rückläufiger P.; der Untergang des Römischen Reiches vollzog sich als langsamer, unabänderlicher P.; ein P. der Auflösung, Zersetzung; einen P. beschleunigen. * **jmdm. den Prozeß machen** *(jmdn. in einem P. zur Verantwortung ziehen)* · (ugs.:) **mit jmdm., mit etwas kurzen Prozeß machen** *(energisch, ohne Rücksicht auf Einwände mit jmdm., etwas verfahren).*
prozessieren ⟨gegen jmdn./mit jmdm. p.⟩: *einen Prozeß führen:* er prozessierte jahrelang gegen seinen früheren Geschäftspartner; er prozessiert mit der Stadt um eine Baugenehmigung, wegen des Geländes.
prüde: *übertrieben schamhaft:* ein prüder Mensch; p. sein; etwas p. verschweigen.
prüfen: 1. ⟨jmdn., etwas p.⟩ *untersuchen:* die Qualität eines Materials, die Sicherheit der Seilbahn, die Anwesenheit der Schüler, die Einnahmen und Ausgaben p.; den Reisepaß, eine Urkunde, einen Antrag p.; ein Angebot p. *(im Hinblick auf seine Brauchbarkeit untersuchen);* die Wassertemperatur [mit dem Finger] p.; Kaufmannsspr.: die Bücher p. · etwas auf seine Reinheit, Beschaffenheit, Tragfähigkeit, Richtigkeit p.; den Schmuck auf seine Echtheit p.; der Pilot wurde auf seine Reaktionsfähigkeit geprüft; es muß geprüft werden/zu p. ist, ob ...; adj. Part.: sie sah ihn prüfend, mit prüfenden Blicken an. **2. a)** ⟨jmdn. p.⟩ *jmds. Wissen, Fähigkeit feststellen:* einen Schüler, Lehrling p.; einen Studenten in Anatomie p.; ⟨auch ohne Akk.⟩ streng, milde, scharf p.; beim Abitur wird schriftlich und mündlich geprüft; adj. Part.: eine staatlich geprüfte Krankengymnastin. **b)** ⟨etwas p.⟩ *in einem bestimmten Sachgebiet Prüfungen durchführen:* Englisch p. **3.** (geh.) ⟨sich p.⟩ *sich selbst zu erkennen suchen:* du mußt dich ernstlich p., ob du dafür geeignet bist. **4.** ⟨jmdn. p.; mit Artangabe⟩ *Belastungen aussetzen, mitnehmen:*

das Schicksal hat ihn hart geprüft; er ist in seinem Leben schwer geprüft worden. **5.** (Sport) ⟨jmdn. p.⟩ *jmdn. derart fordern, daß er sein ganzes Können zeigen muß:* er prüfte den Torwart mit einem tückischen Aufsetzer; die Verteidigung wurde in, bei diesem Spiel kaum geprüft.
Prüfung, die: **1.** *Untersuchung, Erprobung:* eine genaue, gründliche, sorgfältige, sachliche P.; die P. von Lebensmitteln; eine P. auf Haltbarkeit; eine P. der Angaben vornehmen; ich muß mir eine eingehende P. des Falles vorbehalten; es bedarf noch einer gewissenhaften P.; die Argumente halten einer P. nicht stand; wir müssen den Fall einer genauen P. unterziehen, unterwerfen; bei genauerer P.; nach nochmaliger P. **2.** *Examen:* eine schwere, leichte, schriftliche, mündliche P.; die P. in Biologie; eine P. ansetzen, anberaumen, machen (ugs.), abnehmen, abhalten, ablegen, bestehen; wenn ich diese P. hinter mir habe, ...; ich werde mich der P. unterziehen; sich auf, für eine P. vorbereiten; für eine P. lernen; bei, in der P. durchfallen, nicht durchkommen, durchrasseln (ugs.), durchfliegen (ugs.), durchsausen (ugs.); durch die P. fallen (ugs.); in die P. steigen (ugs.), sich zu einer P. anmelden; zur P. antreten. **3.** (geh.) *Schicksalsschlag, Heimsuchung:* eine schwere, harte, furchtbare P.; diese P. blieb mir nicht erspart; eine P. überstehen.
Prügel, der: **1.** *Stock, Knüppel:* ein starker, dicker P.; nur mit einem P. bewaffnet sein. **2.** ⟨Plural⟩ *Schläge:* P. verdienen, beziehen, bekommen, austeilen; für etwas P. einstecken.
Prügelknabe, der (ugs.:) *Sündenbock:* die Prügelknaben der Nation; er ist immer der P.; den Prügelknaben für jmdn. abgeben; für etwas zum Prügelknaben gemacht werden.
prügeln: 1. a) ⟨jmdn. p.⟩ *schlagen:* einen Hund p.; jmdn. zu Tode, mit einem Stock windelweich (ugs.) p.; die Schüler prügeln sich/(geh.:) einander auf dem Schulweg. **b)** ⟨sich mit jmdm. p.⟩ sie prügelte sich mit ihrer Nachbarin; er prügelte sich mit seinem Freund um das Mädchen; ⟨auch ohne Präp.-Obj.⟩ sie hatten sich um die besten Plätze geprügelt. **2.** ⟨jmdn. p.; mit Raumangabe⟩ *jmdn. prügelnd wegtreiben:* sie prügelten ihn aus dem Lokal, über den Hof.
Prunk, der: *glanzvoller Aufwand:* großer, leerer P.; eine Festes; P. entfalten; eine Revue mit unvorstellbarem P. ausstatten.
psychisch: *seelisch:* psychische Krankheiten, Störungen, Hemmungen; ein psychischer Vorgang; eine psychische Belastung; er steht, arbeitet unter psychischem Druck; p. normal; er ist p. krank; seine Schlaflosigkeit ist p. [bedingt]; das Erlebnis hat sich p. ausgewirkt.
publik ⟨in den Verbindungen⟩ **etwas ist/wird publik** *(etwas ist/wird allgemein bekannt):* die Sache ist längst p.; die Pläne des Ministers sind vorzeitig p. geworden · **etwas publik machen** *(etwas öffentlich bekanntmachen).*
Publikum, das: **1.** *Zuhörer, Zuschauer:* ein aufgeschlossenes, dankbares, interessiertes, zufriedenes, kritisches P.; das P. verfolgte die Aufführung mit großem Interesse, applaudierte lange; der Schriftsteller eroberte sich, verlor sein P. *(seine Leserschaft),* hat ein festes, treues P.; sol-

che Bücher finden immer ihr P. *(ihre Leser),* haben ein breites P. *(einen großen Leserkreis);* einem breiteren P. bekannt sein; der Dichter las vor einem sachverständigen P.; es gab Pfiffe aus dem P.; der Autor saß mitten im P., wurde vom P. gefeiert; vor versammeltem P. **2.** *Gesamtheit der Gäste:* das P. eines Lokals, eines Kurortes; das P. ist dort sehr gemischt.

Pudel, der: /*Hund einer bestimmten Rasse*/: ein kleiner, weißer P; R: das ist des Pudels Kern *(das ist die eigentliche Ursache).*

Puder, der: *feines Pulver:* getönter, transparenter, medizinischer P.; P. auftragen, auflegen, auf/ über eine Wunde streuen; mit P. Hautunreinheiten überdecken.

pudern ⟨jmdn., sich, etwas p.⟩: *mit Puder bestäuben:* das Baby, die Wunde, die Füße p.; sie hat sich stark gepudert; ⟨jmdm., sich etwas p.⟩ sie puderte sich das Gesicht, die Nase.

¹Puff, der (ugs.): *Stoß:* ein leichter P.; jmdm. einen P. [in die Rippen] geben; Schläge und Püffe/ (seltener:) Puffe bekommen; übertr.: er kann schon einige Püffe vertragen, aushalten.

²Puff, der (ugs.): *Bordell:* in den P. gehen.

Puls, der: **a)** *Druckschwankung der Schlagadern:* ein schwacher, schneller, fliegender, beschleunigter, jagender, leichter, [un]regelmäßiger P.; der P. geht, schlägt, hämmert, hüpft (ugs.), klopft, jagt, pocht, stockt, wird schwächer, setzt aus. **b)** *Anzahl der Pulsschläge pro Minute:* den P. messen, zählen; ich fühlte ihr den P. **c)** *Stelle am Handgelenk, wo man den Puls fühlt:* an den, nach dem P. greifen.

pulsieren, (auch:) **pulsen** ⟨etwas pulsiert⟩: **a)** *lebhaft fließen, strömen:* das Blut pulsiert in seinen Adern. **b)** *lebendig, in ständiger Bewegung sein:* in den Straßen pulsiert der Verkehr; das Leben in der Großstadt pulst Tag und Nacht; er sehnte sich nach dem pulsierenden Großstadt.

Pulver, das: **1. a)** *fein gemahlener Stoff:* ein feines, weißes, trockenes P.; ein P. ausstreuen; etwas zu P. verreiben, mahlen. **b)** *pulverförmiges Medikament:* ein schmerzstillendes P.; ein P. gegen Kopfschmerzen; das P. wirkt sehr schnell; ein P. bereiten, mischen, in ein Getränk schütten, in Wasser auflösen. **c)** *Schießpulver:* schwarzes, kleinkörniges, grobkörniges P.; das P. entzündet sich, blitzt auf, ist feucht geworden; das P. trocken halten; R (ugs.): er hat das P. nicht erfunden *(er ist nicht besonders klug).* **2.** (ugs.) *Geld:* er hat nicht genug P. ∗ (ugs.:) **sein Pulver verschossen haben** *(alle Argumente, Beweise zu früh vorgebracht haben)* · (ugs.:) **sein Pulver trocken halten** *(auf der Hut sein; immer gerüstet sein).*

Pulverfaß, das ⟨in bestimmten Wendungen⟩ **auf einem/dem Pulverfaß sitzen** *(in großer Gefahr sein)* · **einem Pulverfaß gleichen** *(in einer so kritischen Spannung sein, daß jederzeit ein Krieg ausbrechen kann):* der Nahe Osten gleicht einem P.

Pump, der (ugs.) ⟨in bestimmten Wendungen⟩ **einen Pump aufnehmen** *(Geld leihen)* · **auf Pump** *(mit geborgtem Geld):* etwas auf P. kaufen; auf P. leben.

Pumpe, die: *Maschine zum Befördern von Flüssigkeiten o. ä.:* eine starke, elektrische P.; die P. saugt die Lauge aus der Waschmaschine; übertr. (ugs.): *Herz:* die P. will nicht mehr.

pumpen: 1. ⟨etwas p.; mit Raumangabe⟩ *mit einer Pumpe wegbefördern:* Luft in den Fahrradschlauch p.; Wasser aus dem Keller, aus dem Schiff p.; übertr.: das Herz pumpt das Blut in die Adern; er hat Millionen in das Unternehmen gepumpt · ⟨auch ohne Akk. und ohne Raumangabe⟩ die Maschine pumpt zu langsam. **2.** (ugs.) **a)** ⟨jmdm. etwas p.⟩ *jmdm. etwas leihen, borgen:* jmdm. Geld, ein Buch p.; kannst du mir 10 DM p.? **b)** ⟨sich (Dativ) etwas p.⟩ *sich etwas ausborgen:* ich habe mir den Schirm gepumpt; sich bei, von jmdm. Geld p.

Punkt, der: **1. a)** *kleiner Fleck:* ein runder P.; das Kleid hat schwarze Punkte; der Adler schwebte als kaum erkennbarer P. hoch in der Luft; übertr.: der springende P. *(das Wichtigste)* bei der Sache. **b)** *punktförmiges Zeichen:* am Ende eines Satzes steht ein P.; einen P. setzen, machen; du hast den P. auf dem i vergessen; R (ugs.): nun mach aber [endlich] einen P. *(jetzt ist es aber genug)!;* Musik: die Note hat einen P. *(nach der Note steht als Verlängerungszeichen ein Punkt).* **2.** *Ort, Stelle:* der höchste P. Deutschlands; ein zentral gelegener, strategisch wichtiger P.; das Fernglas auf einen bestimmten P. richten; von diesem P. kann man alles gut überblicken; der Schiedsrichter zeigte auf den ominösen P. *(Elfmeterpunkt);* Math.: zwei Geraden schneiden sich in einem P.; übertr.: hier ist der P. erreicht, wo meine Geduld zu Ende ist; an, auf einem P. sein, wo man nicht mehr weiterkann; in diesem P. ist er sehr empfindlich; über einen bestimmten P. nicht hinauskommen; einen schwacher/wunder/ neuralgischer P. *(ein P., wo es zu Schwierigkeiten kommen kann);* der tote P. *(Stelle, an der es nicht weitergeht; Zustand starker Ermüdung);* in seiner Vergangenheit gab es einige dunkle Punkte *(moralisch nicht ganz einwandfreie Vorkommnisse);* wir hatten keinen schwachen P. *(Spieler)* in unserer Mannschaft. **3. a)** *Gegenstand, Thema [von Verhandlungen o. ä.]:* ein wichtiger, vordringlicher, heikler, strittiger, fraglicher, kritischer P.; verschiedene Punkte seines Vortrags erregten starke Bedenken; einen P. berühren, erörtern, besprechen; diesen P. können wir abhaken *(er ist erledigt);* einige Punkte wurden aus Zeitmangel zurückgestellt; in wesentlichen Punkten stimmten wir überein; über einen P. verhandeln; sich über einen P. besprechen, einigen; eine Tagesordnung mit zwanzig Punkten. **b)** *Abschnitt [eines Textes o. ä.]:* sie gingen die einzelnen Punkte des Vertrags durch; ich ließ mir den Vertrag P. für P. *(in allen Einzelheiten)* erklären; der Entwurf mußte in einigen Punkten geändert werden. **4. a)** *Bewertungseinheit bei Wettkämpfen:* 8 000 Punkte erreichen, erzielen; sie erhielt fünf Punkte für ihren Sprung 9,80 Punkte; er holte 120 Punkte für die Mannschaft; sie sammelte, machte fleißig Punkte in ihrer Spezialdisziplin; 2 Punkte Vorsprung, Rückstand haben; mit 6 000 Punkten führen, an der Spitze liegen; sie siegte, wurde Meisterin mit 920 Punkten; nach Punkten führen, vorn liegen, siegen; Boxen: den Gegner nach Punkten besiegen, schlagen; Fußball (ugs.): die Bayern entführten beide Punkte aus Köln *(siegten dort),* ließen beide Punkte in Hamburg *(wurden dort geschlagen);* sich die Punkte teilen, einen P. zu

Hause abgeben, auswärts noch retten können *(unentschieden spielen);* übertr.: der Politiker konnte [beim Wähler] Punkte sammeln *(an Ansehen gewinnen).* **b)** *Bewertungseinheit bei Prüfungen:* um zu bestehen, braucht man 72 Punkte; die Jagd nach Punkten bei den Schülern; das gibt drei Punkte *(Strafpunkte)* in Flensburg (in der Verkehrssünderkartei); die Aktie wurde um 2 Punkte *(2 DM pro Stück)* niedriger gehandelt; die Mehrwertsteuer wird um einen P. *(ein Prozent)* erhöht. **5.** *Zeitpunkt, Augenblick:* jetzt ist der P. gekommen, wo ich mich entscheiden muß; der Zug kam auf den P. genau an; ⟨in der Verbindung⟩ Punkt + Uhrzeitangabe: *genau um:* das Spiel beginnt P. 15 Uhr; ich werde P./(schweiz., österr.:) punkt 15 Uhr dasein.＊*etwas ist der Punkt auf dem i (etwas ist die Zutat, die eine Sache abrundet).* (ugs.:) **ohne Punkt und Komma reden** *(in einem fort, ohne Ende reden)* · **auf den Punkt kommen** *(auf das Wesentliche zu sprechen kommen)* · **etwas auf den Punkt bringen** *(etwas präzise zum Ausdruck bringen).*
pünktlich: *den Zeitpunkt genau einhaltend:* die pünktliche Lieferung der Ware; sie ist stets p.; p. ins Büro gehen; die Raten p. zahlen; die Termine p. einhalten; er kam p. auf die Minute; der Vortrag beginnt p. um 20 Uhr.
Pünktlichkeit, die: *das Pünktlichsein:* große, militärische P.; viel Wert auf P. legen; jmdn. zur P. erziehen; R: P. ist die Höflichkeit der Könige.
Puppe, die: **1. a)** *Nachbildung eines Kindes als Spielzeug:* eine große, schöne P.; sie hat die P. zum Geburtstag bekommen; noch mit Puppen spielen. **b)** *Marionette:* P. tanzt, springt; die Puppen führen *(bewegen);* übertr.: er ist nur eine willenlose P. *(ist nur ein willenloses Werkzeug)* in der Hand der Parteibonzen. **2.** (ugs.) *Mädchen:* eine blonde, hübsche, kesse (ugs.), tolle (ugs.), süße (ugs.) P.; bringst du deine P. mit? **3.** *letztes Entwicklungsstadium der Insekten:* die Raupe verwandelt sich in eine P.＊(ugs.:) **bis in die Puppen** *(sehr lange)* · (ugs.:) **die Puppen tanzen lassen: a)** *(ausgelassen sein).* **b)** *(seinen Einfluß rücksichtslos ausüben).*
pur: a) *rein, nicht vermischt:* pures Gold; purer Wein; den Whisky p. trinken; übertr.: erleben Sie Natur, Technik p.; **b)** *bloß, nichts anderes als; völlig:* das ist purer Zufall, Wahnsinn; etwas aus purer Höflichkeit, aus purem Neid tun.
purzeln ⟨mit Raumangabe⟩: *[sich überschlagend] [hin]fallen:* die Kinder purzelten in den Schnee, aus der Tür; die Äpfel waren auf den Boden gepurzelt; übertr.: die Preise purzeln *(fallen);* Rekorde purzeln *(werden gebrochen);* die Tore purzelten nur so *(es gab viele Tore).*
Puste, die (ugs.): *Atem:* ihm ging die P. aus, ver-

ging die P.; er verlor die P.; ich habe keine P. mehr; ich bin von dem schnellen Lauf ganz aus der P., außer P. ＊ **jmdm. geht die Puste aus** *(jmd. hält [finanziell] nicht durch, muß aufgeben).*
pusten (ugs.): **1. a)** ⟨mit Raumangabe⟩ *irgendwohin blasen:* ins Feuer, in die Suppe, auf die Wunde p.; in die Trompete p.; ⟨ohne Raumangabe⟩ bei einer Verkehrskontrolle mußte er p. *(ugs.; zum Nachweis etwaigen Alkoholgenusses in ein Röhrchen blasen);* ⟨jmdm. p.:⟩ **b)** ⟨etwas p.; mit Raumangabe⟩ *durch Blasen irgendwohin bewegen oder wegbringen:* den Staub vom Tisch p.; ⟨jmdm. etwas p.; mit Raumangabe⟩ jmdm. den Rauch ins Gesicht p. **2.** (ugs.) *schwer atmen:* beim Treppensteigen muß er p.
Putsch, der: *Absetzung einer Regierung durch Waffengewalt:* ein mißglückter, schlecht vorbereiteter P.; der P. gegen die Militärregierung ist mißlungen, zusammengebrochen; einen P. anzetteln, unternehmen, zerschlagen, blutig ersticken; sich an einem P. beteiligen; der Diktator ist durch einen P. an die Macht gekommen.
putschen: *einen Putsch unternehmen:* die Armee hat geputscht.
Putz, der: **1.** *Mauerbewurf aus Mörtel:* der P. blättert ab, fällt ab, bröckelt ab, hält nicht; den P. erneuern; die Mauer mit P. bewerfen. **2.** (veraltet) *Aufputz, modische Aufmachung:* sie erschien in vollem P., gibt das ganze Geld für P. aus. **3.** (ugs.) *Streit:* jeden Abend gab es zu Hause P. anfangen. ＊ **Putz machen: a)** (ugs.; *Streit anfangen).* **b)** *(viel Aufhebens machen)* · (ugs.:) **auf den Putz hauen: a)** *(prahlen).* **b)** *(ausgelassen sein; Stimmung machen [und viel Geld ausgeben]).*
putzen: 1. a) ⟨etwas p.⟩ *reinigen:* die Fenster, Spiegel, das Besteck, Silber p.; das Fahrrad blank p.; das Gemüse, den Salat p. *(ungenießbare Stellen entfernen);* du hast deine Schuhe noch nicht geputzt; ein Pferd p. *(ihm durch Striegeln das Fell säubern);* ⟨jmdm., sich etwas p.⟩ dem Kind die Nase p. *(Nasenschleim entfernen);* du mußt dir die Zähne p. *(mit Zahnbürste und -pasta reinigen).* **b)** ⟨sich putzen⟩ *(von einem Tier) sich säubern:* der Vogel putzt sich *(zupft sein Gefieder sauber);* die Katze putzt sich *(leckt sich sauber).* ⟨etwas p.⟩ (bes. westmd., südd., schweiz.) ⟨etwas p.⟩ *saubermachen:* die Küche, den Laden p.; ⟨auch ohne Akk.⟩ ich muß heute noch p.; sie geht p. *(arbeitet als Putzfrau).* **2.** (veraltet) **a)** ⟨jmdn., sich p.⟩ *schmücken, schön kleiden:* die Mutter konnte ihre Tochter nicht genug p.; die Mädchen putzt sich schön. **b)** ⟨etwas putzt etwas⟩ *etwas ziert, schmückt etwas:* die Schleifchen putzen das Kleid sehr. **3.** (Sport ugs.) ⟨jmdn. p.⟩ *besiegen:* sie konnten die russische Mannschaft p.

Q

Quadrat, das: **1.** *Rechteck mit vier gleich langen Seiten:* ein großes Q. zeichnen; die Fläche eines Quadrats berechnen. **2.** *zweite Potenz einer Zahl:* eine Zahl ins Q. erheben; etwas wächst, nimmt

ab im Q. der Entfernung; zwei zum Q. ist vier. **3.** *Block, Karree:* er wohnt im selben Q.; ein paar Schritte ums Q. machen. ＊ (ugs.:) **im Quadrat** *(in gesteigerter Form):* das war Pech im Q.

Qual, die: *Schmerz, Leid:* große, höllische, heftige Qualen; körperliche, seelische Qualen; die Qualen des Gewissens, des Zweifels; Qualen leiden, ertragen, empfinden, ausstehen, durchstehen; jmdm. eine Q. bereiten, zufügen; jmds. Qualen mildern, erleichtern, lindern; unter Qualen sterben; jmdn. von seiner Q. befreien, erlösen; der Hunger, die Hitze wurde zur Q. * **die Qual der Wahl** *(die Schwierigkeit, sich für eines von mehreren Dingen zu entscheiden).*

quälen: 1. a) ⟨jmdn. q.⟩ *jmdm. körperlichen oder seelischen Schmerz zufügen:* ein Tier unnötig, grausam q.; sie quälten ihr Opfer unmenschlich, bis aufs Blut, zu Tode; der Gedanke, die Vorstellung, Frage quälte ihn; adj. Part.: quälende Ungewißheit; gequält lächeln. **b)** ⟨jmdn. mit etwas q.⟩ *lästig fallen, zusetzen:* jmdn. mit Vorwürfen q.; quäl mich doch nicht mit dieser alten Geschichte! **2.** ⟨sich q.⟩ *sich abmühen:* der Kranke quälte sich bei jeder Bewegung; er quält sich immerzu mit diesem Problem. **3.** ⟨sich q.; mit Raumangabe⟩ *sich mühsam irgendwohin, aus etwas heraus bewegen:* das Auto quälte sich über den Berg; er quälte sich durch den Schnee, aus dem Bett, ans Ziel; sich in die engen Jeans q.

Qualifikation, die: **1. a)** *Befähigung:* seine Q. als Abteilungsleiter steht außer Frage; ihm fehlt die nötige Q. für diese Stelle; er verfügt nicht über die gewünschte Q. **b)** *Voraussetzung für eine bestimmte berufliche Tätigkeit:* einzige erforderliche Q. ist das Abitur. **2.** (Sport) **a)** *Berechtigung, an einem Wettbewerb teilzunehmen:* die Q. für die Olympischen Spiele schaffen, erreichen. **b)** *Ausscheidungswettkampf:* die Q. gewinnen; an der Q. teilnehmen; in der Q. scheitern.

qualifizieren: 1. a) (Sport) ⟨sich q.⟩ *die für die Teilnahme an etwas geforderte Leistung erbringen:* vier Mannschaften haben sich [für das Turnier] qualifiziert. **b)** ⟨sich q.; mit Umstandsangabe⟩ *sich weiterbilden, den Befähigungsnachweis erbringen:* er hat sich für den Posten, zum Facharbeiter, als Jurist, wissenschaftlich qualifiziert. **2.** ⟨etwas qualifiziert jmdn. als jmdn., für etwas, zu jmdm., zu einer Sache⟩ *etwas erweist, daß jmd. eine bestimmte Eignung hat:* seine Erfahrung qualifiziert ihn für diesen, zu diesem Posten; seine Ausbildung qualifiziert ihn als, zum Gutachter; adj. Part.: *befähigt:* ein qualifizierter Mitarbeiter; qualifizierter Nachwuchs; eine qualifizierte *(sehr gute)* Arbeit; er ist dafür besonders qualifiziert. **3.** ⟨jmdn., etwas als etwas q.⟩ *beurteilen, einstufen:* der Staatsanwalt qualifizierte die Tat als Mord.

Qualität, die: **a)** *Güteklasse, Beschaffenheit:* gute, schlechte, geringe, mittlere, mindere, hervorragende, erstklassige Q.; Q., nicht Quantität; die Q. des Stoffes; diese Ware ist erste, zweite Q.; wenn Sie Q. *(Waren von guter Q.)* kaufen wollen, ...; auf Q. achten, sehen; ein Stoff von bester Q.; der Name der Firma bürgt für Q. **b)** *[gute] Anlage, Vorzug:* künstlerische, menschliche, spielerische Qualitäten; er hat besondere Qualitäten.

qualmen: 1. a) ⟨etwas qualmt⟩ *etwas raucht:* der Ofen, der Schornstein, Kamin qualmt. **b)** ⟨es qualmt; mit Raumangabe⟩ *es entwickelt sich irgendwo Qualm:* in der Küche qualmt es. **2.** (ugs., oft abwertend) **a)** ⟨etwas q.⟩ *etwas rauchen:* eine

Zigarette, Pfeife q. **b)** *[stark] rauchen:* er qualmt den ganzen Tag; sie qualmt wie ein Schlot.

Quantität, die: *Menge, Anzahl:* eine größere Q. [von] einer Ware nehmen, kaufen; es kommt weniger auf die Q. an, als auf Qualität.

Quarantäne, die: *räumliche Absonderung als Schutz vor Ansteckung:* [die] Q. über das Schiff verhängen; die Q. aufheben; jmdn. der Q. unterwerfen; in Q. kommen; das Schiff liegt in Q.; Q. in Q. legen, nehmen; unter Q. stehen; die Bewohner des Hauses wurden unter Q. gestellt.

Quark, der: **1.** /*ein weißer, weicher Käse*/: 40%iger, fettarmer Q.; Q. zubereiten, anrühren, essen; ein Nachtisch aus Q. **2.** (ugs.) *Unsinn; Unbedeutendes:* so ein Q.!; der Film war absoluter Q.; red nicht solchen Q.!; seine Nase in jeden Q. stecken. * (ugs.:) **einen Quark** *(gar nichts).*

Quartier, das: *Unterkunft:* ein schönes, billiges, einfaches, schlechtes, primitives Q.; hast du schon ein Q.?; ein Q. für eine Nacht suchen, finden, sich (Dativ) besorgen; sein Q. wechseln; ein neues Q. beziehen; bei jmdm. Q. nehmen (geh.), sein Q. aufschlagen *(sich einquartieren);* Q. machen *(eine Unterkunft [für Truppen] besorgen);* die Soldaten in die Quartiere einweisen.

quasi ⟨Adverb⟩: *gleichsam, sozusagen:* er hat es mir q. versprochen; sie ist q. der Boß.

Quatsch, der (ugs.) **a)** *Unsinn:* was soll der Q.?; Q. reden, erzählen, verzapfen (ugs.); mach nicht solchen Q.!; das ist ja Q. [mit Soße]; ach Q.!; Schluß mit dem Q.! **b)** *Alberei, Spaß:* Q. machen; das habe ich doch nur aus Q. gesagt.

quatschen: 1. (ugs.) **a)** *unnützes, überflüssiges Zeug reden:* quatscht nicht so dumm!; ihr sollt während des Unterrichts nicht q. **b)** ⟨etwas q.⟩ *von sich geben, erzählen:* dummes Zeug, Unsinn q. **2.** (ugs.) ⟨etwas q.⟩ *tratschen:* daß die Leute quatschen, ist nicht zu verhindern; es wird viel gequatscht. **3.** (ugs.) *verraten:* wer hat da wieder gequatscht? **4.** (ugs.) *sich unterhalten:* wir müssen mal [über alles] q.; sie quatschten den ganzen Abend miteinander. **5.** (ugs. landsch.) ⟨etwas quatscht⟩ *etwas gibt ein bestimmtes Geräusch von sich:* der Boden quatschte unter seinen Füßen.

Quecksilber, das: /*ein Metall*/: das Q. im Thermometer ist gefroren, steigt, fällt; übertr.: sie ist das reine Q. (ugs.; *sie ist sehr lebendig);* er hat Q. im Leib, im Hintern (ugs.; *ist sehr unruhig).*

Quelle, die, (geh. auch:) **Quell,** der: **1.** *Stelle, an der das Wasser aus der Erde dringt:* eine klare, reine, kühle, heiße, warme, schwefelhaltige, unversiegbare Q.; die Q. des Rheins; die Q. bricht hervor, fließt, sickert, tröpfelt, rinnt, sprudelt, versickert, trocknet ein, vertrocknet, versiegt, wird verschüttet; wir erfrischten uns an einer Q. **2. a)** *Ausgangspunkt, Ursprung:* die Q. des Lebens, allen Leidens, allen Glücks; die Q. wachsender Unzufriedenheit; eine Q. von Neid und Mißgunst sein; er ist eine stete Q. der Heiterkeit; die Ölvorkommen sind die Q. des Wohlstands in diesem Land; ich kenne, habe eine gute Q. *(günstige Einkaufsmöglichkeit);* neue Quellen für die Energieversorgung erschließen. **b)** *wissenschaftlich ausgewerteter [überlieferter] Text:* frühe, historische, literarische Quellen; Quellen heranziehen, benutzen, zitieren, studieren, erforschen. **c)** *Person oder Stelle, von der eine Information, das Wis-*

sen über etwas ausgeht: eine zuverlässige, verläßliche Q.; seine Quellen befragen; eine Q. anbohren (ugs.; *ausfindig machen*), auftun (ugs.); Nachrichten aus amtlicher, sicherer Q.; etwas aus erster Q. wissen, erfahren; über geheime Quellen verfügen. * **an der Quelle sitzen** *(sehr gute Verbindungen haben).*

¹quellen: 1. ⟨etwas quillt; mit Raumangabe⟩ *etwas dringt hervor:* schwarzer Rauch quillt aus dem Schornstein; Blut quoll aus seiner Wunde; übertr.: die Massen quellen ins Freie; Musik quoll aus den Boxen · ⟨jmdm. quillt etwas; mit Raumangabe⟩ die Tränen quellen ihr über die Lider; vor Zorn quollen ihm fast die Augen aus dem Kopf *(traten stark hervor).* · **2.** ⟨etwas quillt⟩ *etwas schwillt, wird größer:* Erbsen, Reis, Bohnen quellen im Wasser; die Tür klemmt, weil das Holz gequollen ist.

²quellen ⟨etwas q.⟩: *im Wasser weichen lassen:* Erbsen, Bohnen q.

quengeln (ugs.): *weinerlich reden, betteln; nörgeln:* das Kind quengelt den ganzen Tag.

quer ⟨Adverb⟩: *der Breite nach; rechtwinklig, schräg die Längsrichtung kreuzend:* er ging q. über die Straße; das Auto stand q. auf der, zur Fahrbahn; er schlenderte q. durch die Stadt; übertr.: die Abstimmungsfronten verlaufen in dieser Frage q. *(mitten)* durch die Parteien.

Quere, die ⟨in der Wendung⟩ jmdm. in die Quere kommen/(seltener:) geraten, laufen: **a)** (ugs.; *jmdn. zufällig treffen):* er ist mir in die Q. gekommen, gelaufen. **b)** *(jmdm. in den Weg kommen):* er hütete sich, mir in die Q. zu geraten. **c)** *(jmds. Arbeit, Plan stören):* wenn mir nichts in die Q. kommt, bin ich morgen damit fertig.

quetschen: 1. a) ⟨jmdn., etwas q.; mit Raumangabe⟩ *irgendwohin drücken:* jmdn. an, gegen die Mauer q.; die Nase gegen die Scheibe q. **b)** ⟨jmdn., sich, etwas q.; mit Raumangabe⟩ *unter Anwendung von Kraft gerade noch unterbringen:* etwas in den Koffer q.; das Kind an den vollbesetzten Tisch q.; sie hatte sich in die volle Bahn gequetscht. **c)** ⟨sich q.; mit Raumangabe⟩ *sich*

drängend, schiebend wegbewegen: sich aus dem vollen Saal, durch die Sperre q. **2.** *sich durch Quetschen verletzen:* **a)** ⟨sich q.⟩ ich habe mich gequetscht. **b)** ⟨jmdm., sich etwas q.⟩ ihm wurden beide Beine gequetscht; ich habe mir den Fuß gequetscht; jmdm. die Hand zur Begrüßung q. (ugs.; *drücken*); adj. Part.: mit gequetschter *(gepreßter)* Stimme.

quieken: *einen hellen, schrillen Ton von sich geben:* die Schweine, Ferkel quieken; übertr.: die Mädchen quieken vor Aufregung. * (ugs.:) **zum Quieken sein** *(zum Lachen sein).*

quietschen: a) *einen hohen, unangenehmen Ton von sich geben:* die Tür, das Schloß quietschte; die Bremsen quietschten, und der Wagen stand. **b)** (ugs.) *quieken, schreien:* die Kinder quietschten vor Vergnügen. * (ugs.:) **zum Quietschen sein** *(zum Lachen sein).*

quitt (ugs.) ⟨in bestimmten Wendungen⟩ [mit jmdm.] **quitt sein: a)** *(gegenüber jmdm. keine Schulden mehr haben).* **b)** *(mit jmdm. nichts mehr zu tun haben wollen, fertig sein):* ich bin mit ihm q.; so, jetzt sind wir q. * **mit jmdm. quitt werden** *(mit jmdm. ins reine kommen)* · **jmdn., etwas/**(veraltend:) **jmds., einer Sache quitt sein/werden** *(jmdn., etwas los sein, loswerden):* ich bin froh, daß ich diesen Mann, diese Sache endlich q. bin.

quittieren: 1. ⟨etwas q.⟩ *bestätigen:* den Empfang der Sendung, des Geldes q.; eine Rechnung *(die Bezahlung der Rechnung)* q.; ⟨auch ohne Akk.⟩ würden Sie bitte q.?; er quittierte auf der Rückseite [der Rechnung], über 300 DM; ⟨jmdm. etwas q.⟩ quittieren Sie mir bitte diesen Betrag. **2.** (veraltend) ⟨etwas q.⟩ *aufgeben:* den Dienst q. **3.** ⟨etwas q.; mit Artangabe⟩ *beantworten; auf etwas reagieren:* er quittierte die Vorwürfe grinsend, mit einem Achselzucken; das Publikum quittierte beifällig seine Leistung.

Quittung, die: **1.** *Empfangsbescheinigung:* jmdm. eine Q. über 100 DM ausstellen, schreiben, geben; Umtausch nur gegen Q. **2.** *Antwort, Strafe:* das ist die Q. für euer Benehmen, für euren Leichtsinn; er hat seine Q. bekommen.

R

Rabatt, der: *Preisnachlaß:* ein kleiner, attraktiver, hoher, niedriger R.; auf, für alle Waren 10% R., einen R. [von 10%] erhalten, bekommen, gewähren; etwas mit 10% R. verkaufen.

Rabe, der: /*ein schwarzer Vogel*/: der R. krächzt; * **ein weißer Rabe** *(eine große Seltenheit).*

rabiat: *roh und rücksichtslos:* ein ganz rabiater Kerl; ein rabiates Vorgehen, Verhalten; r. sein/werden; er hat ihn r. hinausgeschmissen.

Rache, die: *Vergeltung eines erlittenen Unrechts:* eine grausame, blutige R.; seine R. war furchtbar; das war die R. für seine Gemeinheit; R. fordern, schwören, planen, üben; seine R. *(Rachsucht)* stillen (geh.), kühlen (geh.), befriedigen (geh.); die Stunde der R. ist gekommen; auf R.

sinnen; nach R. verlangen, dürsten (geh.), schreien (geh.); R: die R. des kleinen Mannes (ugs. scherzh.); R. ist süß/(ugs. scherzh.:) ist Blutwurst. * **an jmdm. Rache nehmen** *(sich an jmdm. rächen).*

Rachen, der: **a)** *hinter der Mundhöhle gelegene Erweiterung des Schlundes:* der R. ist entzündet, ist gerötet, schmerzt; eine Entzündung des Rachens; dem Kranken den R. pinseln. **b)** *Maul, Schlund:* der R. des Löwen; das Krokodil riß den R. auf; bildl. (geh.): der R. *(die unendliche Tiefe)* der Hölle. * **jmdm. etwas in den Rachen werfen** *(jmdm. etwas geben, überlassen, um ihn zufriedenzustellen)* · **jmdm. etwas aus dem Rachen reißen** *(etwas vor jmdm. noch retten; etwas entwinden, entreißen)* · (ugs.:) **jmdm. den Rachen stopfen**

(jmdn. zum Schweigen bringen, befriedigen) ·
(ugs.:) **den Rachen nicht voll [genug] kriegen können** *(immer unzufrieden sein).*
rächen: **a)** (jmdn., sich r.) *jmdn., sich für ein erlittenes Unrecht Genugtuung verschaffen:* sie wollten ihren getöteten Anführer r.; sich bitter, fürchterlich, auf grausame Art r.; ich werde mich an ihm r.; er wird sich für diese Beleidigung r.; sie rächten sich an den Feinden für die Grausamkeiten im Krieg. **b)** (etwas r.) *durch Rache vergelten:* eine Beleidigung, Kränkung, ein Verbrechen r.; er hat den Tod des Freundes an den Mördern gerächt/(veraltet:) gerochen. **c)** (etwas rächt sich) *etwas zieht unangenehme Folgen nach sich:* sein Leichtsinn rächte sich; diese Verantwortungslosigkeit wird sich r.; im Alter wird es sich r., daß du dich jetzt so wenig bewegst; (etwas rächt sich an jmdm.) das wird sich an unseren Kindern r. *(sie werden die Folgen davon tragen müssen).*
Rad, das: **1.** *kreisförmiger, sich drehender Teil einer Maschine, eines Fahrzeugs:* ein R. läuft, schleift, dreht sich [zu schnell], steht still, surrt; die Räder quietschen, eiern (ugs.); das vordere, hintere R. ist gebrochen; die Räder des Autos rollten, gingen über ihn hinweg; bei Glatteis greifen die Räder nicht richtig; ein R. austauschen, wechseln; ein R. auswuchten, am Auto montieren; etwas läuft auf Rädern; er war in die Räder der Maschine, unter die Räder des Wagens gekommen; er liegt unter den Rädern; übertr.: das R. der Zeit, der Geschichte läßt sich nicht zurückdrehen. **2.** *Fahrrad:* ein stabiles, altmodisches, klappriges R.; sein R. hat 12 Gänge; das R. schieben, an die Mauer [an]lehnen, besteigen, laufen lassen, abschließen; er hat ein neues R. bekommen; sich aufs R. schwingen (ugs.); er setzte sich aufs R. und fuhr davon. ∗ **ein Rad schlagen: a)** *([als Turnübung] einen Überschlag seitwärts ausführen).* **b)** *(die Schwanzfedern aufstellen):* der Pfau schlägt ein R. · (ugs.:) **unter die Räder kommen/geraten** *(völlig herunterkommen)* · (ugs.:) **das fünfte Rad am Wagen sein** *(in einer Gruppe nur geduldet, nur Anhängsel sein).*
radebrechen ⟨[etwas] r.⟩: *eine fremde Sprache nur mangelhaft sprechen:* „... dann ich gehen", radebrechte er; er radebrecht Deutsch, ein paar englische Worte; er versuchte in Russisch zu r.
radeln (ugs.): *mit dem Rad fahren:* wir wollen nach Holland r.; sie waren 50 km geradelt.
radfahren: **1.** *mit dem Fahrrad fahren:* als Ausgleichssport fährt er Rad; ich bin lange nicht mehr radgefahren; die Kinder lernen r. **2.** (ugs.) *Untergebene unterdrücken und dabei nach oben unterwürfig sein:* was der tut, nennt man „r."
radieren: **1.** (Kunst) ⟨etwas r.⟩ *auf eine Kupferplatte einritzen:* ein Bild r. **2. a)** *mit einem Radiergummi o. ä. zu tilgen versuchen:* an dieser Stelle, in dem Schriftstück ist radiert worden. **b)** ⟨etwas r.⟩ *ausradieren:* diese Farbe läßt sich nicht r.
radikal: a) *von Grund aus erfolgend; hart, rücksichtslos:* eine radikale Änderung; er ist in allem sehr r.; etwas r. ändern, abschaffen, beseitigen, vereinfachen. **b)** *extrem, übersteigert:* eine radikale Einstellung, Politik, Partei; radikale Elemente, Studenten; das Programm der Partei ist zu r.; r. denken, gesinnt sein.
Radio, das: **a)** *Rundfunksender:* R. Luxemburg

sendet, bringt Musik; R. hören *(Rundfunksendungen hören);* das Fußballspiel wird im R. übertragen; die Meldung kam im R., durch das R., wurde über R. und Fernsehen verbreitet; ich habe im R. eine interessante Sendung gehört; er hört die Nachrichten von R. Bremen. **b)** (südd., österr., schweiz. auch: der) *Rundfunkapparat:* ein altes R.; sein R. spielt, dudelt (ugs.) den ganzen Tag; das R. einschalten, anstellen, andrehen, abdrehen, abstellen, abschalten, ausschalten; das R. auf Zimmerlautstärke stellen, leiser stellen; aus dem R. tönte laute Musik.
raffen: **1.** ⟨etwas r.⟩ *in Falten legen, zusammenhalten:* das lange Kleid r.; sie raffte ihre Röcke, die Schleppe, bevor sie die Treppe hinunterging; adj. Part.: geraffte Vorhänge, Gardinen. **2. a)** ⟨etwas r.⟩ *geizig anhäufen:* Geld r. **b)** ⟨etwas r.; mit Raumangabe⟩ *gierig, schnell an sich nehmen [und irgendwohin tun]:* sie raffte ihre Kleider aus dem Schrank, in den Koffer, vom Boden; der Dieb raffte die kostbarsten Stücke an sich. **3.** (ugs.) ⟨etwas r.⟩ *etwas verstehen:* hast du's endlich gerafft?; das rafft er nie!
raffiniert: a) *durchtrieben:* ein raffinierter Betrüger; diese Frau ist überaus r. **b)** *schlau ausgedacht:* ein raffinierter Plan, Schachzug; ein raffiniertes Täuschungsmanöver; seine Taktik ist sehr r.; etwas r. einfädeln. **c)** *von besonderem Raffinement; erlesen:* raffinierte Farben, Muster; etwas hat eine raffinierte Form.
Rage (ugs.) ⟨nur in den Wendungen⟩ **jmdn. in Rage bringen** *(wütend machen)* · **in Rage kommen/geraten** *(wütend werden)* · **in der Rage** *(in der Aufregung, Eile):* in der R. hat er vergessen.
ragen ⟨mit Raumangabe⟩: *sich hoch erheben; höher, länger sein als etwas:* die Türme ragen stolz in den, zum Himmel; ringsum ragten gefährliche Klippen aus dem Wasser; vor uns ragten majestätisch die Berggipfel.
Rahm, der (bes. südd., österr., schweiz.): *Sahne:* süßer, saurer, dicker R.; den R. [von der Milch] abschöpfen; etwas mit R. zubereiten. ∗ (ugs.:) **den Rahm abschöpfen** *(für sich selbst das Beste von etwas nehmen, den größten Vorteil zu etwas herausholen).*
rahmen ⟨etwas r.⟩: *mit einem Rahmen versehen:* ein Bild, einen Spiegel, eine Fotografie r. lassen; die Dias sind gerahmt.
Rahmen, der: **a)** *Umrahmung eines Bildes, o. ä.:* ein schmaler, breiter, goldener R.; der R. paßt nicht zum Bild, erdrückt das Gemälde, erhöht die Wirkung; ein Bild aus dem R. nehmen; ein Gemälde aus dem R. schneiden; übertr.: der historische Saal gab der Veranstaltung einen stilvollen, den passenden, einen feierlichen, würdigen R.; ein zeitlichen R. für etwas abstecken; die Veranstaltung fand in kleinem, größerem R. statt. **b)** *Fensterrahmen, Türrahmen:* die R. der Fenster, der Türen streichen. **c)** *Maschinen-, Fahrzeuggestell:* dieses Fahrrad hat einen starken R. ∗ **im Rahmen: a)** *(im Zusammenhang):* im R. einer Entwicklung. **b)** *(während, innerhalb):* der Preis wurde im R. einer Feierstunde überreicht. **c)** *(im Bereich):* sich im R. der geltenden Gesetze bewegen · **im Rahmen bleiben** *(das übliche Maß nicht überschreiten)* · **aus dem Rahmen fallen; nicht in**

den Rahmen passen *(vom Üblichen abweichen, au-ßergewöhnlich sein)* · **den Rahmen sprengen** *(über das übliche Maß weit hinausgehen)*.

Rakete, die: a) *durch Rückstoß fortbewegter [mit einem Sprengkopf versehener] Flugkörper:* eine drei-, mehrstufige, interkontinentale R.; die R. zündet, hebt ab, steigt, erreicht eine bestimmte Höhe, ist in die vorausberechnete Bahn eingetreten; die R. explodiert, verglüht beim Eintritt in die Erdatmosphäre; eine R. starten, an die Startrampe fahren; eine R. um die Erde, zum Mond, in den Weltraum schießen, schicken (ugs.); eine R. steuern; der Zerstörer ist mit den modernsten Raketen ausgerüstet. b) *Feuerwerkskörper:* eine R. abbrennen, abschießen; eine R. steigt in den Himmel, schießt, zischt empor (geh.); der Wagen ist eine R. (ugs.; *fährt unheimlich schnell)*.

rammen: 1. ⟨etwas r.; mit Raumangabe⟩ *mit Wucht in etwas hineintreiben:* einen Pfahl, Stamm in die Erde r.; sie haben die Eisenröhre in den Boden gerammt. 2. a) ⟨jmdn., etwas r.⟩ *jmdn., einem Fahrzeug in die Flanke fahren, mit Wucht gegen etwas fahren:* ein Schiff r.; der Omnibus hat die Straßenbahn gerammt; der Fahrer des Wagens wurde beim Überholen von hinten gerammt. b) ⟨mit Raumangabe⟩ *mit Wucht stoßen:* die Stämme rammten gegen den Brückenpfeiler.

Rampe, die: 1. *flach ansteigende Auffahrt, die zwei unterschiedlich hoch liegende Ebenen verbindet:* eine R. vor der Brücke, am Gehweg; die R. hinauffahren. 2. *Verladerampe:* das Vieh wurde an, auf der R. verladen. 3. *Startrampe:* feste fahrbare Rampen; eine R. für Mittelstreckenraketen. 4. *vorderer Bühnenrand:* an, vor die R. treten; der Schauspieler verbeugte sich an der R. * (ugs.:) **etwas kommt/geht [nicht] über die Rampe** *(etwas wird [nicht] verstanden)*.

Rampenlicht, das (Theater): *vordere Lampenreihe des Bühnenbodens:* das R. einschalten. * **im Rampenlicht [der Öffentlichkeit] stehen/sein** *(in der Öffentlichkeit wirken und daher von ihr beachtet werden)* · **das Rampenlicht scheuen** *(nicht gern öffentlich auftreten)*.

Rand, der: 1. *äußere oder obere Begrenzung von etwas:* wir lagerten uns am R. des Waldes, des Weges, eines Baches; sie gingen bis an den R. des Kraters; er wohnt am R. der Stadt; der R. des Brunnens; aus dem R. des Glases ist ein Stück herausgebrochen; die Tasse nicht bis zum R. füllen; das Wasser schwappte über den R. des Gefäßes; bildl.: er steht immer etwas am Rande *(beiseite);* das brachte ihn an den R. des Abgrunds, des Wahnsinns, am R. der Verzweiflung; an den R. des Untergangs geraten; er steht am Rande des Ruins, am Rande des Grabes *(ist todkrank)*. 2. *nicht beschriebener äußerer Streifen:* der obere, untere, linke, rechte, innere, äußere R. des Blattes; ein schmaler, breiter R.; der R. des Heftes, der Buchseite, der Karte; du mußt einen breiten R., fünf Zentimeter, 20 Anschläge R. lassen; den R. frei lassen, nicht beschreiben; die wichtigsten Stellen am R. anstreichen; etwas an den R. schreiben, auf dem R. notieren; ein Briefbogen, Umschlag mit schwarzem R. 3. *sichtbare, zurückgebliebene Stelle:* ein schwarzer R.; die Badewanne hat einen R. *(Schmutzrand);* er hatte rote, dunkle Ränder um die Augen; die Wasser-

tropfen hatten Ränder auf dem Kleid hinterlassen; das Mittel entfernt Schmutzflecke ganz ohne R. * (ugs.:) **außer Rand und Band geraten/sein:** a) *([von Kindern] übermütig und ausgelassen werden/sein)*. b) *(sich aus einem bestimmten Grund nicht zu fassen wissen):* sie waren vor Freude, Wut ganz außer R. und Band · (ugs.:) **den/seinen Rand halten** *(schweigen, still sein):* halt endlich den/deinen R.! · (ugs.:) **mit etwas zu Rande kommen** *(etwas schaffen, meistern, bewerkstelligen)* · (ugs.:) **mit jmdm. zu Rande kommen** · *(mit jmdm. zurechtkommen)* · **am Rande** *(beiläufig, nebenbei)* · **etwas liegt am Rande** *(etwas ist nicht sehr wichtig)* · **das versteht sich am Rande** *(das ist selbstverständlich)*.

randalieren: *lärmen, Radau machen [und dabei gewalttätig werden]:* die Kerle begannen [auf der Straße, im Lokal] zu r.; die Menge zog randalierend durch die Straßen.

Rang, der: 1. *berufliche, gesellschaftliche Stellung, Position; Rangstufe:* ein hoher, niedriger R.; den ersten, zweiten, höchsten R. einnehmen; einen R. innehaben, bekleiden (geh.); jmdm. einen R. verleihen, zuerkennen; seinen R. behaupten, verlieren; den gleichen R. wie ein anderer haben; er hat den R., ist, steht im R. eines Generals; er wurde in den R. des Intendanten erhoben. 2. *große Bedeutung, hohes Ansehen:* ein Mann ohne R. und Namen; ein Gelehrter, Sänger von [europäischem] R.; vertreten war alles, was R. und Namen hat *(die gesamte Prominenz);* der künstlerische R. dieses Mannes, seines Werks ist nicht mehr hoch anzusetzen. 3. *höher gelegener Teil des Zuschauerraums im Theater o.ä.:* das Theater hat drei Ränge; sie spielten vor leeren, überfüllten Rängen; wir nehmen einen Platz auf dem, im zweiten R. 4. *Gewinnklasse im Lotto, Toto:* auf die einzelnen Ränge entfallen folgende Gewinne ...; im ersten R. gab es keine Gewinner, hat niemand gewonnen, gibt es 500 000 DM. * **ersten Ranges** *(von größter Bedeutung):* ein Politikum ersten Ranges · **jmdm. den Rang ablaufen** *(jmdn. übertreffen)* · **jmdm. den Rang streitig machen** *(mit jmdm. in Wettbewerb treten)*.

rangieren: 1. a) ⟨etwas r.⟩ *auf ein anderes Gleis schieben:* den Zug, die Wagen r.; der Lokführer rangierte die letzten Waggons auf das Abstellgleis. b) *Wagen auf ein anderes Gleis schieben:* der Lokführer rangiert; die Schranken blieben längere Zeit geschlossen, weil man ein Güterzug rangierte. 2. (ugs.) ⟨mit Raumangabe⟩ *einen bestimmten Rang innehaben:* die Mannschaft rangiert an zweiter Stelle, auf dem zweiten Tabellenplatz; er rangiert im Dienstalter hinter mir; eine Stufe höher, im Mittelfeld, an der Spitze r.

rank (gewöhnlich in der Verbindung) r. und schlank sein: *schlank und hochgewachsen:* sie ist r. und schlank.

Ränke, die ⟨Plural⟩ (geh. veraltend): *Intrigen:* R. schmieden *(ausdenken, ersinnen);* auf R. sinnen; voller R. stecken.

ranken: a) ⟨etwas rankt sich; mit Raumangabe⟩: *etwas windet sich empor:* Efeu rankt sich um den Stamm; an der Hauswand rankt sich wilder Wein in die Höhe; übertr. (geh.): um das Schloß ranken sich viele Sagen; adj. Part.: rankende Pflanzen, Gewächse.

Ranzen, der: *auf dem Rücken getragene Schultasche eines jüngeren Schülers:* den R. packen; du mußt das Heft noch in den R. stecken; er hat alles in seinem R. verpackt. * (ugs.:) **sich** (Dativ) **den Ranzen vollschlagen** *(übermäßig viel essen)* · (ugs.:) **jmdm. den Ranzen voll hauen** *(jmdn. verprügeln).*

ranzig: *verdorben /von Fett/:* ranziges Fett, Öl; die Butter ist r., schmeckt leicht r.

rar: *selten [und gesucht]:* rare Waren, Artikel; ein rares Exemplar; diese Briefmarken sind sehr r.; gute Filme sind r. geworden * (ugs.:) **sich rar machen** *(sich nur selten sehen lassen).*

rasant (ugs.): **a)** *sehr schnell:* eine rasante Entwicklung; ein rasantes Tempo; ein rasanter Aufstieg, Fortschritt; er fährt einen rasanten Sportwagen; seine Karriere war r.; die Unfallziffern gehen r. in die Höhe. **b)** *attraktiv:* sie ist eine rasante Frau; rasante Neuheiten; eine rasante Mode; seine neue Freundin ist einfach r.

rasch: *schnell:* ein rasches Tempo; ein rascher Entschluß; er hat rasche Fortschritte gemacht; sie hat eine rasche Auffassungsgabe; die Kinder kamen in rascher Folge; er ging mit raschen Schritten auf die Tür zu; er geht, läuft sehr r.; er kam r. herbei; *diese Lebensmittel verderben r.;* er handelt zu r. *(zu wenig überlegt);* sie kamen r. voran; [mach] r.! *(beeil dich!);* die Zeit verging viel zu r.; er soll so r. wie möglich kommen.

rascheln: *ein raschelndes Geräusch hervorbringen, von sich geben:* Mäuse rascheln im Laub; die Blätter haben im Wind geraschelt; er hörte es, etwas r.; er raschelte mit dem Papier, mit der Zeitung; raschelnde Seide.

rasen: 1. (ugs.) **a)** *sehr schnell fahren oder laufen:* wild, unsinnig r.; er raste, um noch den Zug zu erreichen; er raste von einer Veranstaltung zur anderen; er rast wie ein Verrückter; er raste mit seinem Auto durch die Stadt, über die Autobahn; übertr.: ein Sturm rast über das Land; die Zeit rast; sein Herz, sein Puls raste; adj. Part.: *sehr [schnell, groß]:* in rasender Eile; das Feuer breitete sich mit rasender Geschwindigkeit aus; alles ging r. schnell. **b)** ‹mit Raumangabe› *mit großer Geschwindigkeit auf etwas prallen:* an einen Baum r.; er ist gegen den Pfeiler, in die Absperrung gerast. **2.** *außer sich sein; wüten, toben:* das Publikum raste [vor Begeisterung]; er raste vor Schmerzen, Zorn, Wut, Eifersucht; im Fieber r.; seine Worte machten sie rasend; übertr.: ein Sturm, Unwetter raste in dieser Nacht; adj. Part.: *sehr [groß]:* rasende Schmerzen; er ist rasend eifersüchtig.

Rasen, der: *angelegte Grasfläche:* grüner, geschnittener, kurzer R.; der R. ist sehr gepflegt; R. säen, anlegen; R. *(Rasenstücke)* abheben, ausstechen; den R. sprengen, schneiden, mähen, niedertreten, zertrampeln (ugs.), kurz halten; bitte den R. nicht betreten!; sie setzte sich auf den R.; auf dem R. sitzen, liegen; über den R. laufen; übertr. (Sport): die Mannschaften begegneten sich zum ersten Mal auf dem R. *(Spielfeld).* * (geh.:) **jmdn. deckt der kühle/grüne Rasen** *(jmd. ist tot).*

rasieren: 1. ‹jmdn., sich r.› *mit einem Rasiermesser oder -apparat die Barthaare entfernen:* sich naß, trocken r.; sich täglich, sorgfältig, schlecht

r.; du mußt dich noch r.; er läßt sich [vom, beim Friseur] r.; er rasiert sich noch mit einem Messer; er ist immer gut, sauber, tadellos rasiert. **2. a)** ‹etwas r.› *von Haaren befreien:* den Nacken r.; ‹jmdm., sich etwas r.› man hat den Gefangenen den Kopf rasiert; sie rasiert sich die Beine. **b)** ‹etwas r.› *abrasieren:* den Bart r.; ‹jmdm., sich etwas r.› man hat ihm die Haare an Armen und Beinen rasiert. **c)** ‹jmdm., sich etwas r.› *durch Rasieren hervorbringen:* er hat sich eine Glatze rasiert. **3.** (ugs.) ‹jmdn. r.› *übertölpeln, betrügen:* er hat uns bei diesem Handel ganz schön rasiert.

raspeln ‹etwas r.›: *mit einer Raspel zerkleinern:* Möhren, Äpfel r.; geraspelte Schokolade.

Rasse, die: **a)** *Gruppe von Menschen, die ihrer Herkunft, ihren körperlich-geistigen Merkmalen nach zusammengehören:* die weiße, gelbe R.; die menschliche R. *(die Menschen);* einer anderen, fremden R. angehören; übertr.: die Menschen dort sind eine seltsame R. (ugs., *ein eigenartiger Menschenschlag);* **b)** *Tier-, Pflanzenrasse:* eine reine, gute, seltene R.; ein Tier von edler R.; übertr. (ugs.): eine Frau von R. · neue Rassen züchten; Rassen kreuzen. * (ugs.:) **Rasse haben/ sein** *(bestimmte markante Merkmale haben).*

rasseln: 1. a) ‹etwas rasselt› *etwas gibt ein rasselndes Geräusch von sich:* [Anker]ketten rasseln; bildl.: der Kranke atmete rasselnd. **b)** ‹etwas r.› *mit etwas ein rasselndes Geräusch hervorrufen:* der Portier rasselte mit dem Schlüsselbund. **c)** ‹mit Raumangabe› *sich rasselnd fortbewegen:* er, ein Wagen rasselt über das Pflaster. **2.** (ugs.) ‹durch etwas r.› *eine Prüfung nicht bestehen:* er ist durch die Prüfung, durch das Examen gerasselt.

rassig: *mit ausgeprägten, klassischen Zügen, attraktiv:* eine rassige Erscheinung; sie ist eine rassige Frau, Schönheit; übertr.: ein rassiger Wagen; dieses Parfüm hat eine rassige Note.

Rast, die: *Ruhepause:* eine kurze, ausgedehnte, verdiente R.; sie machten ein paar Minuten R.; er gönnt sich, seinen Helfern keinen Augenblick R.; eine kurze Zeit der R.; bei, während der R. schlief er ein wenig. * **ohne Rast und Ruh** *(ohne sich Ruhe zu gönnen, ruhelos).*

rasten: *Rast halten, sich ausruhen:* eine Weile, ein wenig, eine halbe Stunde r.; R: wer rastet, der rostet · sie rasteten auf ihrer Fahrt in einem Hotel, im Grünen, am Waldrand; nach der Arbeit r.

Rat, der: **1.** *Empfehlung, Ratschlag:* ein guter, unerbetener, weiser, wohlmeinender, ehrlicher R.; das war ein schlechter R.; R: hier, da ist guter R. teuer; kommt Zeit, kommt R. · mein R. ist [der], ...; jmdm. einen R. geben; R. suchen *(jmdn. um einen Rat bitten);* einen R. befolgen; R. *(einen Ausweg, Hilfe)* wissen, schaffen; ich wußte mir keinen R. [mehr]; einen R. einholen, erbitten, erteilen, annehmen, beherzigen; er verschmähte (geh.) jeden R.; ich holte mir R./(veraltend:) Rats bei ihm; sie folgte, gehorchte seinem R.; des Rates bedürfen; sie hörte nicht auf der R. ihres Vaters; sie handelte gegen R. der Eltern; jmdn. um R. angehen, bitten; er fragte [mich] um R. **2.** *Ratsversammlung, beratende Körperschaft:* der engere, weitere R.; der R. der Stadt, Gemeinde; der R. tagt, beschließt etwas, berät über etwas; der R. wird einberufen, angerufen, gewählt; in den R. gehen, aus dem R. kommen; beim, vom R.

wurde beschlossen, daß ...; im R. sitzen. 3. *Mitglied einer beratenden Körperschaft:* er ist R. geworden; er wurde als R. abgewählt; R: wenn die Räte vom Rathaus kommen, sind sie klüger als zuvor · er wurde zum R. gewählt, berufen. ∗ (geh.:) jmdm., etwas zu Rate ziehen *(jmdn., etwas befragen):* du mußt einen Fachmann, ein Wörterbuch zu Rate ziehen · (geh.:) mit sich zu Rate gehen *(etwas gründlich überlegen)* · mit Rat und Tat *(tatkräftig):* er stand ihr mit R. und Tat bei · (geh.:) Rat halten *(sich beraten).*

Rate, die: 1. *Teilbetrag einer zu zahlenden Summe:* die erste, zweite, letzte R.; kleine, bequeme (ugs.), feste Raten: die nächste R. ist fällig; die Raten pünktlich [be]zahlen, abführen, einhalten; auf Raten kaufen; etwas in Raten bezahlen; er ist mit einer R. im Rückstand, in Verzug. 2. *Prozentsatz von etwas:* eine steigende, sinkende, konstante R.; die R. der Geburten.

raten: 1. a) ⟨jmdm. r.⟩ *jmdn. beraten; jmdm. einen Rat geben:* jmdm. gut, schlecht, richtig r.; das kann ich dir nur schwer, nicht r.; ihm ist nicht zu r. [und zu helfen]; er läßt sich nicht r.; laß dir r.!; er wußte sich nicht mehr zu r.; R: wem nicht zu r. ist, dem ist auch nicht zu helfen; r. ist leichter als helfen. b) ⟨jmdm. etwas r.⟩ *jmdm. einen bestimmten Rat geben:* was rätst du mir?; jmdm. dich zusammen, das rat' ich dir!/das laß dir geraten sein! /drohende Mahnungen/; er riet ihm, sofort zum Arzt zu gehen; der Arzt hat ihm geraten, viel zu schwimmen; ⟨auch ohne Dativ⟩ das möchte ich auch geraten haben /drohende Mahnung/. c) ⟨jmdm. zu jmdm., zu etwas r.⟩ *durch seinen Rat zu etwas bewegen:* wozu rätst du mir?; er riet ihm zur Vorsicht; man hat ihm zu diesem Arzt geraten. 2. ⟨jmdn., etwas r.⟩ *erraten:* die richtigen Bilder, Wörter, Zahlen r.; er hat das Rätsel geraten *(gelöst);* rate mal (ugs.), wer das gesagt hat!; das rät niemand ⟨auch ohne Akk.⟩ da ich es nicht weiß, muß ich r.; R (ugs.): dreimal darfst du r. (auch iron.; *das könntest du selbst wissen).*

rationell: *sparsam, wirtschaftlich, zweckmäßig:* eine rationelle Methode; ein rationeller Umgang mit etwas; der rationelle Einsatz von Rohstoffen; die Produktion rationeller machen; r. arbeiten, wirtschaften, verfahren; etwas r. ausnutzen.

ratlos: *keinen Rat wissend; hilflos:* ein ratloses Gesicht machen; sie war völlig r.; sie sah ihn r. an; er stand den Vorgängen r. gegenüber.

ratsam: *empfehlenswert, zweckmäßig:* ein nicht ratsames Verhalten; es ist r., einen Regenmantel mitzunehmen; etwas erscheint jmdm. r.; er hielt es für r., schnell zu handeln.

Ratschlag, der: *Rat, Empfehlung:* ein guter, vernünftiger, weiser R.; jmdm. Ratschläge geben, erteilen; sie wollte keine Ratschläge annehmen; sie hörte nicht auf den R. ihres Vaters.

Rätsel, das: 1. *Rateaufgabe:* ein schwieriges, leichtes, einfaches R.; R. raten, lösen; die Kinder gaben einander ein R. auf; die [Auf]lösung des Rätsels mit Spannung erwarten; übertr.: und was ist des Rätsels Lösung? 2. *Geheimnis:* ein großes, dunkles, ewiges, ungelöstes R.; das R. des Todes; das R. um sein Verschwinden löste sich, klärte sich auf; er spricht, redet in Rätseln *(man versteht nicht, was er meint);* die Sache, der Vorgang steckt voller R. *(ungelöster Fragen);* ∗ jmd., etwas

ist/bleibt jmdm. ein Rätsel *(jmd., etwas ist für jmdn. unbegreiflich)* · jmdm. Rätsel aufgeben *(für jmdn. unbegreiflich sein)* · vor einem R. stehen *(etwas nicht begreifen können).*

rätselhaft: *unerklärlich; geheimnisvoll:* rätselhafte Vorgänge; ein rätselhaftes Lächeln; die Bücher sind auf rätselhafte Weise, unter rätselhaften Umständen abhanden gekommen; die Geschichte ist mir, erscheint mir r.

rätseln: *eine Lösung, Erklärung für etwas Bestimmtes suchen:* er rätselte lange, wie ihr Verhalten zu erklären sei; man rätselt über den Hergang; man hat lange daran gerätselt.

Ratte, die: 1. /ein Nagetier/: eine fette R.; Ratten nagen, pfeifen, huschen durch den Keller; eine R. fangen, totschlagen; die Ratten wurden bekämpft, vertilgt, vergiftet; R: die Ratten verlassen das sinkende Schiff · das Holz war von Ratten zernagt, angeknabbert. 2. (ugs.) /Schimpfwort für einen widerlichen Menschen/: er ist eine widerliche R.; diese R. hat uns verraten.

rattern: a) ⟨etwas rattert⟩ *etwas bringt ein ratterndes Geräusch hervor:* Maschinen rattern; der Motor rattert; ein Maschinengewehr, ein Preßlufthammer hatte kurz gerattert. b) ⟨mit Raumangabe⟩ *sich ratternd fortbewegen:* eine Bahn rattert durch die Straße; er rattert mit seinem alten Auto ins Grüne; die Wagen sind über das Pflaster, durch die Straßen gerattert.

Raub, der: 1. *das Rauben:* ein schwerer R.; einen R. begehen, verüben; die Bande lebt vom R.; er wurde wegen Raubes angeklagt, verurteilt. 2. *Beute:* den R. untereinander teilen; die Polizei hat den Banditen ihren R. wieder abgejagt (ugs.); diese Tiere gehen nachts auf R. aus *(jagen nachts ihre Beute).* ∗ (geh.:) etwas wird ein Raub der Flammen *(etwas wird durch Feuer zerstört).*

Raubbau, der: *extreme wirtschaftliche Nutzung, die den Bestand von etwas gefährdet:* ein unverantwortlicher R.; R. am Wald; R. treiben; der Waldbestand wurde durch R. fast völlig vernichtet; übertr.: das ist R. an deinen Kräften; er treibt R. mit seiner Gesundheit.

rauben: 1. ⟨jmdm., etwas r.⟩ *gewaltsam wegnehmen; entführen:* Geld, Schmuck [aus der Kassette] r.; das Kind des Fabrikanten wurde geraubt; der Wolf hat ein Schaf geraubt *(als Beute gefangen, getötet);* ⟨jmdm. jmdn., etwas r.⟩ bei dem Einbruch wurde ihm alle Wertsachen geraubt; übertr.: er hat dem Mädchen einen Kuß geraubt (scherzh.); ⟨auch ohne Akk.⟩ die umherziehenden Horden raubten *(begingen Raubüberfälle)* und plünderten. 2. (geh.) ⟨jmdm. etwas r.⟩ *jmdn. um etwas bringen:* jmdm. die Freiheit, die Ehre, die Hoffnung, die Ruhe r.; die Sorgen haben ihm den Schlaf, den Appetit geraubt; hohen Bäume rauben uns die Aussicht.

Räuber, der: 1. a) *jmd., der einen Raub begeht oder begangen hat; Bandit:* maskierte und bewaffnete R. haben die Bank überfallen; die R. entkamen unerkannt. b) *in früherer Zeit vorkommender Straßenräuber, Wegelagerer:* R. machen die Gegend unsicher; der R. wurde gefangen; er ist [einer Horde von] Räubern in die Hände gefallen. 2. *Tier, das andere Tiere erbeutet und sich von ihnen ernährt:* der Hecht, die Forelle ist ein großer R. ∗ (ugs.:) unter die Räuber gefallen sein: a) *(ungepflegt, abgerissen aussehen).* **b)** *(von anderen unerwartet ausgenutzt werden).*

Rauch, der: *Qualm, der bei der Verbrennung entsteht:* dichter, dicker, schwarzer, blauer, beißender, scharfer R.; der R. der Zigarette, der Pfeife; R. von Zigarren; R. steigt auf, steigt senkrecht in die Höhe, quillt hervor, zieht ab, breitet sich aus; aus dem Schornstein kommt dünner R.; R. wälzt sich in dichten Schwaden heran; über dem Feuer entwickelt sich R.; der R. beißt mir/mich in die Augen; der R. beißt in die/den Augen; R: kein R. ohne Flamme *(alles hat seine Ursache)* · das Zimmer war voller R.; den R. *(Zigaretten-, Zigarrenrauch)* einatmen, einziehen, inhalieren, ausstoßen, durch die Nase blasen; alles roch, schmeckte nach R.; mehrere Menschen sind im R. erstickt; Wurst und Fleisch, Fische in den R. *(Rauchfang)* hängen. * *etwas geht in Rauch und Flammen auf (etwas verbrennt völlig, wird durch Feuer zerstört)* · **etwas geht, löst sich in Rauch auf** *(etwas wird zunichte, verflüchtigt sich):* alle ihre Pläne haben sich in R. aufgelöst.

rauchen: 1. a) *(etwas raucht) etwas läßt Rauch austreten:* der Vulkan, der Schutthaufen raucht; der Schornstein, der Ofen raucht; bildl.: er arbeitet, daß/bis ihm der Kopf raucht *(sehr angestrengt);* der Kopf raucht mir. **b)** *(es raucht; mit Raumangabe) es entwickelt sich Rauch an einer bestimmten Stelle:* es raucht in der Küche; (ugs.:) gleich raucht's! /als Drohung/. **2. a)** *Raucher sein:* viel, wenig, stark, kalt r.; er raucht über die Lunge/(ugs.:) auf Lunge/(selten:) durch die Lunge, auf nüchternen Magen; sie raucht wie ein Schlot (ugs.; *sehr viel);* rauchst du?; er raucht nicht und trinkt nicht; sie hat sich vorgenommen, nicht mehr zu r.; subst.: Rauchen verboten!; du mußt das Rauchen aufgeben. **b)** *(etwas r.) etwas Bestimmtes rauchen:* einen guten, billigen Tabak r.; sie rauchen Haschisch, Opium; Zigarren r.; er raucht Pfeife, nur eine bestimmte Marke; er raucht eine Zigarette nach der anderen.

räuchern ⟨etwas r.⟩: *in den Rauch hängen und dadurch haltbar machen:* Wurst, Schinken, Fische r.; geräucherter Speck.

raufen: 1. ⟨etwas r.⟩ *aus etwas herausziehen, ausraufen:* Flachs r. *(durch Herausziehen aus der Erde ernten);* Pflanzen, Unkraut [aus den Beeten] r.; die Pferde raufen das Heu aus der Krippe; ⟨sich (Dativ) etwas r.⟩ bildl.: sie raufte sich die Haare [vor Entsetzen]. **2.** (bes. südd., österr.) *sich balgen:* **a)** ⟨mit jmdm. r.⟩ er hat mit seinem Freund gerauft; miteinander r.; ⟨auch ohne Präp.-Obj.⟩ die Jungen raufen schon wieder; hört endlich auf zu r.! **b)** ⟨sich mit jmdm. r.⟩ er hat sich mit einem Mitschüler [um den Ball] gerauft; ⟨auch ohne Präp.-Obj.⟩ habt ihr noch gerauft?

rauh: 1. *uneben, nicht glatt:* eine rauhe Oberfläche, Wand; rauhes Papier, ein rauhes Gewebe; rauher Putz; eine rauhe *(aufgesprungene)* Haut; durch die Kälte sind die Hände r. *(rissig)* geworden; der Stein fühlt sich r. an. **2.** *leicht heiser:* einen rauhen Hals haben; seine Stimme klingt etwas r. **3. a)** *scharf, nicht mild:* rauher Wind; rauhe Luft; rauhes Wetter; das Klima, der Winter ist hier sehr r. **b)** *unwirtlich:* eine rauhe Gegend; ein rauhes Gebirge. **4.** *barsch, schroff; grob:* ein rauhes Wesen, rauhe Männer, Gesellen; dort

herrscht ein rauher Ton; in diesem Kreis herrschen rauhe *(rüde)* Sitten; seine Art ist r., aber herzlich; man hat ihn zu r. angefaßt.

Raum, der: **1.** *Zimmer:* ein großer, kleiner, riesiger, hoher, niedriger, leerer, möblierter, kahler, heller, freundlicher, gemütlicher R.; ein R. mit guter Akustik; ein R. zum Arbeiten; dieser R. ist nicht heizbar; das Haus hat 10 Räume, hat 2 000 m³ umbauten R. (Bauw.); einen R. betreten, verlassen, einrichten, möblieren; er hat einen R. im Keller gemietet, mit Möbeln ausgestattet; die Fenster des Raumes gehen zur Straße; sie gingen durch die Räume; der Tisch steht mitten im R.; er trat in einen großen R.; sie hausten in überfüllten, verräucherten Räumen. **2.** *Weltraum:* der unermeßliche, weite, kosmische, leere R.; die unendlichen Räume; Philos.: R. und Zeit; mit Raketen in den R. vordringen, vorstoßen; übertr.: sie operieren im luftleeren R. *(ihre Handlungen haben keinen Bezug zur Realität).* **3.** *Gebiet, Bereich:* der süddeutsche, westeuropäische R.; der R. Köln; im R. Köln; aus dem R. Köln; übertr.: der politische, geistige R.; der R. der Kirche. **4.** *Platz:* es ist kein R. mehr da für die Bücher; viel, wenig R. beanspruchen, brauchen, benötigen, einnehmen; R. finden, schaffen; sie haben nur beschränkten R.; du mußt am Rand des Blattes genügend R. lassen für Anmerkungen; etwas auf kleinstem R. unterbringen; viele Familien leben hier auf engem/engstem R. *(in großer Enge)* zusammen; R: R. ist in der kleinsten Hütte; übertr.: die Vorschriften lassen zu wenig R. *(Spielraum)* für eine freie Entfaltung; für solche Überlegungen ist, bleibt hier kein R.; diese Frage nahm bei dem Gespräch einen breiten R. ein. **5.** (Ballspiele) *Spielfeld:* der freie R. *(der ungedeckte Teil des Spielfelds);* [den] R. dekken *(abschirmen, so daß der Gegner kein Spiel entfalten kann).* * (geh.:) **einer Sache Raum geben** *(etwas sich entfalten, entwickeln lassen)* · **etwas steht im Raum** *(etwas ist als Problem o.ä. aufgeworfen und verlangt nach einer Lösung):* dieses Problem, diese Frage steht noch im R. · **etwas im Raum stehenlassen** *(als Frage, Problem o.ä. unaufgelöst, unerledigt lassen).*

räumen: 1. ⟨etwas r.⟩ *(aus einem zwingenden Grund) verlassen:* vor der drohenden Gefahr mußten sie ihre Häuser r.; er mußte seinen Platz r.; Verkehrsw.: bitte die Kreuzung r. *(nicht auf der Kreuzung stehenbleiben).* **b)** ⟨etwas r.⟩ *dafür sorgen, daß ein Gebäude, ein Bereich o.ä. verlassen wird:* die Polizei räumte den Saal, die vom Einsturz bedrohten Häuser; Polizei hat die Straße von Demonstranten geräumt. **c)** ⟨etwas r.; mit Raumangabe⟩ *von einem bestimmten Platz weg-, an einen bestimmten Platz hinschaffen:* etwas vom Tisch, auf die Seite, beiseite, zur Seite, aus dem Weg, wieder an seinen Platz r.; sie haben die Möbel in ein anderes Zimmer geräumt. **d)** ⟨etw. r.⟩ *beseitigen, entfernen:* der Schnee, der Schutt muß geräumt werden. **e)** ⟨etwas r.⟩ *leer machen, von etwas befreien:* die Firma hat ihr Lager geräumt; der Gehweg muß [vom Schnee] geräumt werden; die Unfallstelle ist geräumt.

Raupe, die: *Larve eines Schmetterlings:* eine haarige R.; die Raupen fressen die Blätter, verpuppen sich, spinnen sich ein.

Rausch, der: 1. *Umnebelung der Sinne durch Alkohol oder durch bestimmte Drogen:* ein leichter, schwerer, ordentlicher (ugs.), gehöriger (ugs.) R.; einen R. haben; sich einen R. antrinken, kaufen (ugs.), holen (ugs.); er lag auf einer Bank und schlief seinen R. aus; er ist aus seinem R. aufgewacht; in seinem R. wußte er nicht, was er sagte; er hatte die Tat im R. *(im Zustand der Trunkenheit)* begangen. 2. *ekstatischer Zustand, Sinnestaumel:* ein wilder, blinder R.; ein R. der Begeisterung, Leidenschaft, Liebe; der R. des Erfolges, Sieges; der R. der Geschwindigkeit hatte ihn gepackt; im ersten R. war er wie geblendet.

rauschen: 1. ⟨etwas rauscht⟩ *etwas verursacht ein rauschendes Geräusch:* das Wasser, das Meer, der Wald, der Wasserfall rauscht; die Bäume, die Blätter rauschen im Wind; der Wind rauscht in den Zweigen; es rauscht in der Leitung; die Seidengewänder rauschten; adj. Part.: rauschender Beifall; ein rauschendes Finale; rauschende *(prunkvolle)* Feste feiern; subst.: Rauschen des Regens. 2. ⟨etwas rauscht; mit Raumangabe⟩ *etwas bewegt sich mit rauschendem Geräusch fort:* das Boot rauscht durch das Wasser; ein Gießbach rauscht zu Tal. 3. (ugs.) ⟨mit Raumangabe⟩ *rasch und mit auffälligem Gehabe gehen:* sie rauschte majestätisch durch den Saal, aus dem Raum.

räuspern ⟨sich r.⟩: *leicht husten:* sich laut, kräftig, verlegen r.; er räusperte sich einige Male, bevor er zu sprechen begann; bildl. (ugs.): er hat sich nicht geräuspert *(hat sich nicht bemerkbar gemacht);* subst.: man hörte ein Räuspern.

reagieren ⟨gewöhnlich mit Artangabe⟩: *auf etwas ansprechen, eine Reaktion zeigen:* schnell, falsch, vernünftig, gelassen, richtig, prompt (ugs.), heftig, allergisch (ugs.; *empfindlich)* r.; er reagierte mit Spott; die Instrumente haben sofort reagiert; Chemie: die Lauge reagiert basisch *(zeigt eine basische Reaktion);* er reagierte sauer auf die Bemerkung (ugs.; *war ärgerlich darüber);* sie reagierten nicht auf den Brief; jeder Körper reagiert anders auf das Medikament.

Reaktion, die: 1. *das Reagieren, Gegenwirkung, Antworthandlung:* eine spontane, besonnene, rasche, [blitz]schnelle R.; heftige, seelische Reaktionen; seine erste R. war Verblüffung; die R. der Zuhörer auf das Wahlprogramm war positiv; eine R. auslösen, beobachten; er zeigte keinerlei R. 2. (Chemie) *Ablauf einer chemischen Stoffumsetzung:* eine chemische R. setzt ein, findet statt, läuft ab, vollzieht sich. 3. *fortschrittsfeindliche Kräfte in der Politik:* die R. übt ihren Einfluß aus; die R. wird heftig bekämpft; die Vertreter der R.

real: a) *stofflich, gegenständlich, in der Wirklichkeit vorhanden:* reale Werte; die reale Welt; die realen Gegebenheiten; der r. existierende Sozialismus. b) *realitätsbezogen:* reale Interessen; er hat ein reales Verhältnis zur Macht; seine Vorstellungen sind r.; er denkt r.

realisieren ⟨etwas r.⟩: 1. *verwirklichen:* Pläne, Ideen, ein Programm r.; dieses Vorhaben war technisch noch nicht zu r.; ein Stück szenisch r. *(in Szene setzen);* Sport: einen Sieg r. 2. (Wirtsch.) *in Geld umsetzen, zu Geld machen:* Gewinne r. 3. *klar erkennen, begreifen:* sie realisierten erst, daß ihr Verhalten sehr ungerecht war.

realistisch: a) *wirklichkeitsnah:* eine realistische Darstellung; der Film ist ganz r.; r. malen, schreiben. b) *nüchtern, ohne Illusion:* eine realistische Betrachtungsweise, Einstellung, Politik; er ist ein realistischer, r. denkender Mensch; bei realistischer Betrachtung, Einschätzung der Lage; r. denken; er sieht, beurteilt die Dinge r.

rebellieren: *sich auflehnen, empören:* die Arbeiter, die Bauern rebellieren; die Gefangenen rebellierten gegen die menschenunwürdigen Zustände; rebellierende Studenten; übertr.: nach dem schweren Essen rebellierte sein Magen.

Rechen, der (bes. südd.): ↑Harke.

Rechenschaft ⟨gewöhnlich in bestimmten Verwendungen⟩ jmdm. Rechenschaft schulden/schuldig sein *(verpflichtet sein, jmdm. gegenüber seine Handlungen zu begründen)* · [jmdm., sich über etwas] Rechenschaft geben/ablegen *([jmdm., sich selbst gegenüber] sein Handeln rechtfertigen)* · jmdn. [für etwas] zur Rechenschaft ziehen *(jmdn. [für etwas] verantwortlich machen)* · Rechenschaft verlangen/fordern *(verlangen, daß jmd. sein Handeln rechtfertigt).*

rechnen: 1. a) *eine Rechnung ausführen:* schnell, richtig, schriftlich, im Kopf r.; er rechnet mit dem Rechenschieber, mit der Maschine, mit dem Taschenrechner; sie rechnen mit Zahlen, mit Buchstaben, bis hundert; der Lehrer rechnet mit den Kindern; die Schüler können, lernen r.; subst.: er hatte eine Eins in Rechnen. b) ⟨etwas r.⟩ *eine Rechenaufgabe lösen:* eine Aufgabe, eine Gleichung mit zwei Unbekannten r. 2. (ugs.) *Geld sparsam umgehen, sparsam sein:* sie rechnen sehr; er braucht nicht zu r.; sie müssen r., um mit ihrem Geld auszukommen; sie rechnen mit jedem Pfennig. 3. ⟨etwas r.⟩ a) *berechnen:* Zinsen, Porto, Provision r.; er rechnet 20 DM für die Stunde; ⟨mit Präp.-Obj.⟩ den Betrag in Mark r.; die Entfernung nach Lichtjahren r. b) *veranschlagen, brauchen:* für die Fahrt muß er 3 Stunden r.; man rechnet bei diesem Gericht 200 g Fleisch pro Person; gut, hoch, knapp, rund gerechnet, braucht man dafür 1 000 DM. 4. a) ⟨mit jmdm., etwas r.⟩ *erwarten:* mit jmdm., mit jmds. Besuch r.; er rechnet mit einem Erfolg, mit einem Sieg; die Meteorologen rechnen mit einem strengen Winter; du mußt mit allem, mit dem Schlimmsten r.; damit hatte niemand gerechnet. b) ⟨auf jmdn., etwas r.⟩ *sich auf jmdn., auf etwas verlassen:* auf ihn, auf seine Hilfe kannst du nicht r.; er rechnete auf einen Sieg *(war von einem Sieg überzeugt).* 5. a) ⟨jmdn., sich, etwas zu jmdm., (seltener:) unter jmdn., etwas r.⟩ *zählen, dazurechnen:* er rechnet ihn zu seinen Freunden; jmdn. unter die Fachleute r. b) ⟨zu jmdm., zu etwas r.⟩ *zu jmdm., zu etwas gehören:* die Affen rechnen zu den Primaten; er rechnet zu den bekanntesten Dirigenten seiner Zeit. 6. ⟨etwas rechnet sich⟩ *etwas lohnt sich:* die Mühe rechnet sich [nicht].

Rechnung, die: 1. *Rechenaufgabe:* eine schwierige, schwere R.; die R. ist richtig, falsch, ist nicht aufgegangen. 2. *schriftliche Kostenforderung:* eine hohe, gepfefferte (ugs.), gesalzene (ugs.), unverschämte, unbezahlte R.; Kaufmannsspr.: laufende R.; die R. beträgt 50 DM; die R. liegt bei; eine R. schreiben, schicken, bezahlen, gleichen (geh.), vorlegen; eine R. anfordern; sich

(Dativ) die R. geben lassen; um die R. bitten; etwas auf die R. setzen *(auf der Rechnung aufführen)*; das geht auf meine R. *(wird von mir bezahlt)*; man hat ihm eine hohe R. aufgemacht (ugs.), präsentiert *(zur Zahlung vorgelegt)*; er hat seine Arbeit nicht in R. gestellt *(nichts dafür gefordert)*; etwas auf R. *(gegen Rechnung, nicht gegen bar)* bestellen, liefern, senden; die Lieferung erfolgt auf R. und Gefahr des Empfängers; schreiben Sie den Betrag auf die, auf meine R.; Waren für fremde R., für, auf R. eines Dritten *(eines anderen)* kaufen; er arbeitet für eigene R. *(in eigener Verantwortung)*. * (ugs.:) **die Rechnung ohne den Wirt machen** *(ohne Erfolg handeln, weil man sich des Einverständnisses der letztlich maßgeblichen Person nicht versichert hat)* · (ugs.:) **jmdm. die Rechnung präsentieren** *(jmdn. für etwas zur Verantwortung ziehen)* · **die Rechnung geht [nicht] auf** *(etwas führt [nicht] zu dem gewünschten Ergebnis)* · **jmdm., einer Sache Rechnung tragen** *(jmdn., etwas gebührend berücksichtigen)* · **etwas in Rechnung stellen/ziehen** *(etwas berücksichtigen, einkalkulieren)* · (geh.:) **über etwas Rechnung legen** *(über etwas Rechenschaft geben)* · **auf eigene Rechnung [und Gefahr]** *(auf eigenes Risiko)* · (ugs.:) **auf seine Rechnung kommen** *(zufriedengestellt werden)* · (ugs.:) **jmdm. eine Rechnung aufmachen** *(jmdm. Gegenforderungen stellen)* · **nach jmds. Rechnung** *(nach jmds. Ermessen)*.

recht: 1. a) *richtig, geeignet, passend:* der rechte Weg; das ist nicht der rechte Ort, der rechte Zeitpunkt für dieses Gespräch; du kommst gerade im rechten Augenblick, zur rechten Zeit; er ist der rechte Mann für diese Aufgabe; er hat die rechten Worte gefunden; du bist auf der rechten Spur *(hast das Richtige erkannt)*; so ist es r.!; ist schon r.!; r. so! */Äußerungen der Zustimmung/*; du kommst mir gerade r.! */Äußerung des Unmuts/*; ganz r.! */Äußerung der Zustimmung/*; du kommst gerade r., um mit uns essen zu können. b) *richtig, angemessen; nicht falsch:* es ist nicht r. von dir, so zu sprechen; ihm kann man nichts r. machen *(er ist immer unzufrieden)*; es, das ist mir r. *(ich habe nichts dagegen)*; [es] soll mir r. sein (ugs.: *ich bin damit einverstanden)!*; verstehen Sie mich r. ... *(fassen Sie das Gesagte nicht falsch auf)*; wenn ich r. unterrichtet bin ...; wenn man es r. besieht ...; bin ich hier r. *(auf dem richtigen Weg)*?; ich verstehe seine Einstellung nicht r.; ich denke, wir hören nicht r. (ugs.; *das kann doch wohl nicht stimmen)!*; die Wunde will nicht r. heilen; man wird nicht r. klug aus diesem Menschen; du bist nicht r. gescheit *(nicht bei Verstand)*; R: tue r. und scheue niemand! · subst.: er hat mit seinem Geschenk das Rechte getroffen *(ausgewählt)*; er tut immer das Rechte; er weiß, kann nichts Rechtes; sie ist nicht die Rechte *(die richtige Frau)* für ihn; aus dem Jungen wird nichts Rechtes; er hat nichts Rechtes gelernt; (iron.:) du bist mir der Rechte!; da bist du an den Rechten gekommen, geraten (iron.; *da hast du dich an den Falschen gewandt)*. c) *wirklich, echt:* sie hatten keine rechte Lust, etwas zu unternehmen; er hat kein rechtes Vertrauen zu den Leuten; (geh. veraltend:) es ist ein rechter Jammer; sie gibt sich rechte Mühe. 2. ⟨leicht verstärkend bei Adjektiven und Verben⟩ *ziemlich, ganz:* r. schönes Wetter; ein r. gutes Er-

gebnis; er war r. zufrieden; die Sache war r. schwierig; sei r. herzlich gegrüßt. * **recht und schlecht** *(mit großer Mühe)* · **nach dem Rechten sehen** *(sich überzeugen, ob alles in Ordnung ist)* · (ugs.:) **alles, was recht ist** ...: a) *(bei allem Verständnis, aber ...)*. b) *(das muß man zugeben)* · **das/es geschieht jmdm. recht** *(daran ist jmd. selbst schuld)* · **recht daran tun** *(mit etwas richtig handeln)*: er hat r. daran getan, den Antrag zurückzuziehen · **jmdm. nichts recht machen [können]** *(nie etwas zu jmds. Zufriedenheit machen [können])* · **etwas ist [nur] recht und billig** *(etwas ist in Ordnung, ist gerecht)* · (ugs.:) **jetzt, nun erst recht** *(um so mehr; jetzt gerade)* · **jmdm. recht sein** *(jmdm. angenehm sein, zusagen)* · **etwas ist Rechtens** *(etwas ist rechtmäßig)*.

Recht, das: 1. a) *sittliche Norm, Rechtsordnung, Gesamtheit der Gesetze:* das menschliche, göttliche, ewige R.; ein ungeschriebenes, gesetztes, positives R.; das bürgerliche, öffentliche, römische, deutsche, internationale, kanonische R.; hier gilt gleiches R. für alle; R: R. muß R. bleiben · das R. vertreten, unparteiisch handhaben; das R. beugen, brechen, verletzen, verdrehen (ugs.), mißachten, mit Füßen treten (geh.; *mißachten)*; er hat das R. auf seiner Seite; auf dem Boden des Rechts stehen (geh.; *das geltende Recht nicht verletzen)*; nach dem geltenden R. ist er schuld; er hat gegen das R., wider R. und Gesetz verstoßen. b) *Rechtswissenschaft:* das R., die Rechte studieren; er ist Doktor der Rechte, beider Rechte. 2. *Anspruch, Berechtigung, Befugnis:* ein verbrieftes, angestammtes, unveräußerliches R.; verfassungsmäßig garantierte Rechte; das elterliche R.; R: gleiche Rechte, gleiche Pflichten · das R. des Vaters, der Eltern; es ist sein [gutes] R., das zu verlangen; das R. des Stärkeren; das R. eines Volkes auf Selbstbestimmung; jeder hat ein R. auf Arbeit; ältere, frühere Rechte besitzen, haben; du hast nicht das R., so zu sprechen; fremde Rechte verletzen; der Körper verlangt, fordert sein R. auf Schlaf; jmdm. das, ein R. geben, zusprechen, verweigern, versagen (geh.), absprechen, entziehen, übertragen; jmdm. ein R. einräumen; jmdm. R. streitig machen, etwas zu tun; sich (Dativ) das R., sich (Dativ) alle Rechte vorbehalten; seine Rechte geltend machen; jmds. Rechte antasten, anfechten; sich (Dativ) ein R. anmaßen; sich (Dativ) das R. nehmen; ein R. verwirken; sein R. bekommen, behaupten, erzwingen; er besteht auf seinem R., macht von seinem R. Gebrauch, pocht auf sein R.; man hat die Sache für R. erkannt, erklärt; er ist in die Rechte seines verstorbenen Bruders getreten; mit welchem R. tut er das?; der Anwalt hat ihm zu seinem R. verholfen; er wird schon zu seinem R. kommen; /verblaßt in Kleinschreibung/: recht bekommen, erhalten, kriegen (ugs.), behalten; jmdm. recht geben. * **Recht sprechen** *(ein richterliches Urteil fällen)* · **im Recht sein** *(recht haben in einem Streitfall)* · **mit/zu Recht** *(mit Berechtigung)*: er hat sich mit [vollem] R., zu R. darüber beschwert; sein Anspruch besteht zu R. · **von Rechts wegen** *(eigentlich)*.

rechte: 1. *auf der rechten Seite befindlich:* die r. Hand; das r. Bein, Auge, Ohr; die r. Seite *(Oberseite)* des Stoffes, der Tischdecke; etwas auf die r.

Seite drehen; am rechten Ufer; auf der rechten Straßenseite gehen; s u b s t .: er streckte ihm die Rechte *(r. Hand)* entgegen; er saß zur Rechten *(an der rechten Seite)* des Gastgebers; B o x e n : der Boxer traf seinen Gegner mit einer blitzschnellen Rechten; mit blitzschneller Rechten/ (seltener:) Rechter *(Schlag mit der rechten Hand).* **2.** *politisch konservativ:* r. Abgeordnete, Zeitungen; der r. Flügel der Partei[en]; s u b s t .: ein Rechter sein; die Rechten im Parlament. **rechten** (geh.) ⟨mit jmdm. r.⟩: *streiten:* sie rechten immerzu miteinander; er rechtet mit seiner Frau um jeden Pfennig; ⟨auch ohne Präp. – Obj.⟩ mußt du immer r.?; darüber lohnt es nicht zu r. **rechtfertigen: a)** ⟨jmdn., sich, etwas r.⟩ *gegen einen Vorwurf verteidigen:* jmdn., jmds. Verhalten nachträglich r.; du brauchst dich nicht zu r.; er mußte vor dem Untersuchungsausschuß wegen bestimmter Handlungen r.; deine Ausfälle, Rüpeleien sind durch nichts zu r., lassen sich durch nichts r. *(entschuldigen).* **b)** ⟨etwas r.⟩ *als berechtigt erscheinen lassen:* der neue Mitarbeiter, sein Erfolg rechtfertigt das in ihn gesetzte Vertrauen; unser Mißtrauen war nicht gerechtfertigt *(berechtigt);* nichts rechtfertigt diese Tat. **c)** ⟨etwas rechtfertigt sich aus etwas⟩ *etwas erscheint als begründet durch etwas:* sein Verhalten rechtfertigt sich aus dem Umstand, daß ... **Rechtfertigung,** die: *nachträgliche Begründung; Verteidigung:* die R. der Ausgaben, eines Verhaltens; zu jmdm. R. verlangen, fordern; er hatte nichts zu seiner R. vorzubringen; zu meiner R. möchte ich sagen, ... **rechthaberisch:** *starr auf einer Meinung beharrend:* ein rechthaberischer Mensch; er hat eine rechthaberische Art, ein rechthaberisches Wesen; du bist zu r.; r. auf seiner Meinung beharren. **rechtlich: a)** *dem geltenden Recht gemäß, gesetzlich:* eine rechtliche Entscheidung; die rechtliche Gleichstellung der Frau; eine rechtliche Grundlage für etwas schaffen; vom rechtlichen Standpunkt aus betrachtet, ...; dieses Vorgehen ist r. nicht zulässig. **b)** (veraltend) *redlich, rechtschaffen:* er ist ein rechtlicher Mensch. **rechtmäßig:** *zu Recht bestehend, legal:* eine rechtmäßige Forderung; einen rechtmäßigen Anspruch haben; er ist der rechtmäßige Besitzer, Thronfolger, Erbe; das Vorgehen war nicht r.; er hat die Sache als r. hingestellt. **rechts: I.** ⟨Adverb⟩ **1.** *auf der rechten Seite:* r. vom Eingang, vom Fenster; r. stehen, gehen, fahren; bei der Fahrt einen Ort r. liegen lassen; in die nächste Straße r. einbiegen; er wohnt im dritten Stock r.; r. und links verwechseln; nach r. und links schauen; das Haus liegt weiter r.; r. vor links/*Vorfahrtsregel*/; in militärischen Kommandos/: r. um!; r. schwenkt, marsch!; Augen r.! · du mußt dich mehr r. halten *(rechts bleiben);* er hat ihn r. und links heruntergehauen (ugs.); sie strickte eins r., eins links *(eine Rechtsmasche und eine Linksmasche im Wechsel);* sich nach r. drehen; sich von r. nach links wenden; ein Auto kommt von r. **2.** *mit der Außen- oder Oberseite nach außen:* du mußt das Hemd r. tragen; die Decke r. auflegen; ein Kleidungsstück wieder [nach] r. drehen; den Stoff kann man [von] r. bügeln. **3.** (ugs.) *mit der rechten Hand:* er ist

Linkshänder, aber er schreibt r. **4.** *national, konservativ, reaktionär:* r. stehen; er ist ganz r. orientiert. **II.** ⟨Präp. mit Gen.⟩ (seltener) *auf der rechten Seite von etwas:* r. des Rheins, der Straße. * **weder rechts noch links schauen** *(unbeirrbar seinen Weg gehen)* · (ugs.:) **nicht [mehr] wissen, wo/was rechts und links ist** *(sich nicht [mehr] zurechtfinden, völlig verwirrt sein).* **rechtschaffen: 1.** *ehrlich, redlich:* ein rechtschaffener Mann, Mensch; er ist, handelt r.; s u b s t .: Rechtschaffenes lernen. **2. a)** (geh.) *groß:* von der Arbeit hat er einen rechtschaffenen Hunger, Durst mitgebracht. **b)** (geh.) *(verstärkend bei Adjektiven und Verben) sehr:* er war r. müde; er hat sich r. geplagt, abgemüht. **Rechtsweg,** der (Rechtsw.) ⟨gewöhnlich in bestimmten Verbindungen⟩ **den Rechtsweg gehen/ beschreiten/einschlagen** *(in einer Sache das Gericht in Anspruch nehmen)* · **etwas auf dem Rechtsweg entscheiden** *(etwas gerichtlich entscheiden)* · **der Rechtsweg ist ausgeschlossen** *(eine gerichtliche Entscheidung ist ausgeschlossen)* · **unter Ausschluß des Rechtsweges** *(ohne daß eine gerichtliche Entscheidung in Frage käme).* **rechtzeitig:** *früh genug, zum richtigen Zeitpunkt:* eine rechtzeitige Anmeldung, Vorbereitung, Hilfe; er war r. da; etwas r. sagen; die Krankheit ist nicht r. erkannt worden; sie müssen r. gehen, aufbrechen, kommen. **recken: 1. a)** ⟨sich, etwas r.⟩ *strecken und dehnen:* den Hals, die Glieder r.; nach dem Aufstehen reckten und streckten sich die Kinder. **b)** ⟨etwas r.; mit Raumangabe⟩ *irgendwohin strecken:* den Kopf aus dem Fenster, den Arm in die Höhe r.; die Faust gegen jmdn. r. (geh.; *jmdm. mit der Faust drohen);* b i l d l . (geh.): der Baum reckt seine Zweige in den Himmel. **2.** (ugs. landsch.) ⟨etwas r.⟩ *[glatt]ziehen:* Wäsche vor dem Bügeln r. **Rede,** die: **1.** *Ansprache:* eine kurze, lange, langweilige, improvisierte, frei gehaltene, wohldurchdachte, schöne, erbauliche, temperamentvolle, mitreißende, zündende, feierliche, salbungsvolle, bedeutende, bemerkenswerte, flammende (geh.), öffentliche R.; die R. des Bürgermeisters, des Vorsitzenden; eine R. an das Volk; seine R. war zu weitschweifig; fand großen Beifall; eine R. halten, schwingen (ugs.; *halten),* ausarbeiten, [an]hören, ablesen, schließen, unterbrechen; zum Ende seiner R. kommen; mit seiner R. beginnen. **2. a)** ⟨Plural⟩ *Äußerungen, Worte:* hochtrabende, vorlaute, freche, unbotmäßige (geh.), gehässige, großspurige, üble, verfängliche, wunderliche, lockere, lose Reden; er hat wieder mal große (ugs.) Reden geführt; das Essen war von fröhlichen Reden begleitet (geh.); er gibt nichts auf die Reden *(das Gerede)* der Leute. **b)** *das Reden, Gespräch:* die R. kommt auf jmdn., etwas, [das ist] meine R. (ugs.; *das sage ich doch immer)!;* davon war gar nicht die R. *(darüber ist gar nicht gesprochen worden);* es geht die R., daß ... *(man sagt ...);* von ihm geht die R. ... *(von ihm wird behauptet ...);* er brachte die R. *(lenkte das Gespräch)* auf ein heikles Thema; er schnitt dem Sprecher die R. ab *(hinderte ihn am Weitersprechen);* vergiß deine R. nicht *(vergiß nicht, was du sagen wolltest);* (geh.:) dieser Mann hat, besitzt die Gabe der R.; (geh.:) er beherrscht die Kunst der R.; R:

der langen R. kurzer Sinn *(kurz gesagt)*; dunkel ist der R. Sinn · der Dialog besteht aus R. und Gegenrede; er blieb bei seiner R. (geh.; *änderte seine Meinung nicht)*; er spricht in freier, in gehobener R.; S p r a c h w.: die direkte *(wörtliche)* R.; die indirekte, abhängige *(nicht wörtliche)* R.; die erlebte R. *(Form der Prosadarstellung)*; er schreibt in gebundener R. *(in Versen)*, in ungebundener R. *(in Prosa)*. * (ugs.:) **große Reden schwingen** *(prahlerisch reden)* · **jmdn. zur R. stellen** *(jmdn. auf etwas ansprechen und Auskunft von ihm verlangen)* · **jmdm. Rede [und Antwort] stehen** *(jmdm. alle Fragen beantwortend sich rechtfertigen)* · **jmdm. in die Rede fallen** *(jmdn. unterbrechen)* · **etwas verschlägt jmdm. die Rede** *(etwas macht jmdn. sprachlos)* · **etwas ist nicht der Rede wert** *(etwas ist ohne Bedeutung)* · (ugs.:) **von etwas kann keine Rede sein** *(etwas trifft absolut nicht zu)*.

reden: 1. a) *sich in Worten äußern; sprechen:* viel, wenig, laut, leise, [un]deutlich, ununterbrochen, ständig, in einem fort (ugs.), wirr, leichtfertig r.; laß doch die Leute r. *(negativ über jmdn., etwas sprechen, klatschen)*; er redet mit den Händen *(gestikuliert viel beim Sprechen)*; du kannst ohne Scheu r.; vor sich hin r.; laß ihn doch zu Ende r. *(ausreden)!*; laß ihn doch r.! *(laß ihn doch sagen, was er will!)*; er konnte vor Schreck nicht r.; du hast gut, leicht r. (ugs.; *du bist nicht in meiner Lage)*; es wird [viel] geredet *(negativ über jmdn., über etwas gesprochen, geklatscht)*; er redet, wie ihm der Schnabel gewachsen ist (ugs.; *freiheraus, ungeniert)*; sie redet wie ein Buch/wie ein Wasserfall (ugs.; *sehr viel, unaufhörlich)*; s u b s t .: das viele Reden strengt an; jmdn. zum Reden bringen; R: Reden ist Silber, Schweigen ist Gold. b) (gewöhnlich mit Umstandsangabe) *eine Rede halten:* wer wird heute abend r.?; der Redner hat frei *(ohne Konzept)*, gut, flüssig, langweilig, lange, kurz geredet; er redet mit Pathos; der Minister redete in einer Parteiversammlung, im Fernsehen, über den Rundfunk, vor Studenten, zum Volk. c) (sich r.; mit Artangabe) *sich durch Sprechen in einen bestimmten Zustand bringen:* sich heiser, zornig, in Wut, Begeisterung r. 2. a) (mit jmdm. r.) *ein Gespräch führen, diskutieren:* ich muß einmal mit ihm r.; er hat offen mit ihm über die Sache geredet; mit diesem Menschen kann man nicht r. *(er ist unverträglich, eigensinnig)*; sie reden nicht mehr miteinander *(sie sind böse miteinander)*; er redet oft mit sich selbst *(er führt Selbstgespräche)*; so, in diesem Ton lasse ich nicht mit mir r. *(diesen Ton verbitte ich mir)*. b) (über jmdn., etwas/von jmdm., etwas r.) *sich unterhalten; über jmdn., von jmdm. oder etwas sprechen:* man redet über dich; über diesen Vorschlag läßt sich r. *(ist ganz gut)*; die ganze Stadt redet von dem bevorstehenden Jubiläum; niemand redet mehr von den Ereignissen; reden wir nicht mehr darüber/davon! *(die Sache soll abgetan sein)*; sie haben gerade von dir geredet. 3. (etwas r.) *etwas hervorbringen, sagen:* einige Worte, kein Wort, keinen Ton, keine Silbe r.; er redet oft Unsinn, Quatsch (ugs.), Blech (ugs.; *Unsinn*), Kohl (ugs.; *Unsinn*), dummes Zeug (ugs.); er redet große Worte; er hat Gutes, Böses, Schlechtes über dich geredet. * **von sich** (Dativ) **reden machen** *(Aufmerksamkeit erregen)* · (ugs.:) **mit sich** (Da-

tiv) **reden lassen** *(bereit sein, über etwas zu diskutieren; zu Zugeständnissen bereit sein)*.

Redensart, die: *häufig gebrauchte [nichtssagende] Phrase:* eine dumme, alberne, abgedroschene, nichtssagende R.; das waren bloße Redensarten; er hat mich mit Redensarten *(leeren Versprechungen)* abgespeist; eine Sammlung von Sprichwörtern und Redensarten.

redlich: 1. *rechtschaffen, ehrlich:* er ist ein redlicher Mann, Mensch; redliches Bemühen; eine redliche Gesinnung; er ist redlich r.; r. denken, handeln; er meint es r. [mit ihm]; er hat sich r. durchs Leben geschlagen; er hat sich die Sache r. verdient. 2. a) *sehr groß:* er hat sich redliche Mühe gegeben. b) (verstärkend bei Adjektiven und Verben) *sehr:* sich r. bemühen, plagen; nach der schweren Arbeit war r. müde.

Redner, der: *jmd., der eine Rede hält:* ein guter, überzeugender, gewandter, großer, gewaltiger, berühmter R.; er ist kein R. (ugs.: *er hat nicht die Gabe zu reden)*; den R. unterbrechen, zur Ordnung rufen, [nicht] ausreden lassen.

reell: a) *ehrlich, zuverlässig:* ein reeller Kaufmann; reelle Geschäfte; dort gibt es noch reelle (ugs.; *ordentliche)* Portionen; er ist nicht r.; in diesem Laden werden Sie r. bedient! b) *wirklich, echt:* eine reelle Chance; M a t h .: reelle Zahlen *(rationale und irrationale Zahlen)*.

Referenz, die: *Empfehlung:* beste Referenzen [aufzuweisen] haben; Referenzen verlangen, über jmdn. einholen; er verfügt über gute Referenzen; jmdn. als R. *(Person, auf die man sich als Bürgen berufen kann)* angeben, nennen.

referieren: a) (über etwas r.) *[zusammenfassend] berichten:* über ein Thema, Buch r.; er hat auf der Tagung über neue Untersuchungen referiert; (auch mit Präp.-Obj.) wer referiert heute *(wer hält das Referat)*? b) (seltener) (etwas r.) *darstellen:* er hat die Ergebnisse referiert.

reflektieren: 1. (etwas r.) *zurückwerfen:* der Spiegel, das Glas reflektiert das Licht; der See reflektierte die Sonnenstrahlen. 2. (geh.) a) (über etwas r.) *über etwas nachdenken:* er hat lange über dieses Problem reflektiert. b) (etwas r.) *bedenken, durchdenken:* wir müssen unsere Lage genau, kritisch r. 3. (ugs.) (auf etwas r.) *nach etwas streben, es haben wollen:* auf jmds. Geld r.; er reflektiert schon lange auf dieses Amt.

Reform, die: *Neuordnung, Umgestaltung von Bestehendem:* radikale, einschneidende, soziale Reformen; eine R. der Partei; eine R. an Haupt und Gliedern (geh.); die R. der Universitäten verlangen, fordern, einleiten, durchführen; etwas bedarf (geh.) der Reformen.

reformieren (etwas r.): *durch Reformen verändern:* die Kirche, Partei, Gesetzgebung r.; vieles in den Universitäten muß reformiert werden.

rege: a) *geschäftig, betriebsam:* ein reger Betrieb, Verkehr; eine r. Teilnahme; es herrscht ein reges Treiben auf den Straßen; der Handel war in dieser Zeit sehr r. b) *lebhaft, beweglich:* eine r. Einbildungskraft, Phantasie; sein Geist ist sehr r.; der Jubilar ist körperlich und geistig noch sehr r.; der Wunsch wurde r. in ihm (geh.).

Regel, die: 1. *Richtlinie, Norm, Vorschrift:* allgemeine, einfache, schwierige, spezielle, ungeschriebene, grammatische, mathematische Regeln; die Regeln der Rechtschreibung, der Grammatik, des Spiels; die Regeln eines Ordens; die Regeln des Umgangs, der Höflichkeit, der Staatskunst; R: keine R. ohne Ausnahme · eine R., Regeln aufstellen, beachten, befolgen, übertreten, verletzen, außer acht lassen; eine R. lernen, anwenden, kennen; sich an eine R. halten; das ist, bildet bei ihm die R. *(ist bei ihm das übliche, ist Gewohnheit);* das ist gegen die R.; gegen Regeln verstoßen; er hat sich das frühe Aufstehen zur R. *(Gewohnheit)* gemacht; er duldet keine Abweichung von der R. **2.** *Menstruation:* die monatliche R. kommt, bleibt aus, setzt ein; die R. haben, bekommen. *** (geh.:) **in der/in aller Regel** *(normalerweise):* in der R. kommt er um fünf Uhr nach Hause · **nach allen Regeln der Kunst: a)** *(in jeder Hinsicht, Beziehung, wie es sich gehört):* er hat die Gans nach allen Regeln der Kunst tranchiert. **b)** (ugs.; *ganz gehörig, gründlich).*

regelmäßig: a) *gleichmäßig:* regelmäßige [Gesichts]züge; ein regelmäßiges Gesicht; eine regelmäßige Lebensweise; die Schrift war klein und r. **b)** *einer bestimmten Ordnung entsprechend, in einer bestimmten zeitlichen Aufeinanderfolge [wiederkehrend]:* regelmäßiger Unterricht, Dienst; ist ein regelmäßiger Gast hier; er braucht sein regelmäßiges Essen; regelmäßige (Sprachw.; *nach festen Regeln flektierte)* Verben; r. wiederkehren, teilnehmen; er treibt r. Sport; der Puls ist, geht wieder r. *(gleichmäßig);* er kommt r. (ugs.; *immer wieder)* zu spät.

regeln: a) ⟨etwas r.⟩: *ordnen, in Ordnung bringen, gestalten, abwickeln:* eine Frage, Angelegenheit [für jmdn.] r.; etwas streng, vernünftig r.; seine Finanzen, den Nachlaß r.; der Polizist, eine Ampel regelt den Verkehr an der Kreuzung; diese Automatik regelt *(reguliert)* die Temperatur; die Nachfolge ist durch Gesetz geregelt; er wird die Sache mit dem Vorgesetzten r.; adj. Part.: ein geregeltes Leben; geregelte Verhältnisse; er geht keiner geregelten Tätigkeit nach. **b)** ⟨etwas regelt sich⟩ *etwas kommt in Ordnung, erledigt sich, läuft geordnet ab:* das Zusammenwirken regelt sich exakt, genau nach Plan; die Sache hat sich [von selbst] geregelt.

regelrecht: a) (seltener) *ordnungsgemäß, vorschriftsmäßig:* ein regelrechtes Vorgehen, Verfahren. **b)** (ugs.) *richtiggehend, in vollem Maße:* eine regelrechte Schlägerei; das war ein regelrechter Reinfall; er war r. betrunken.

regen (geh.): **a)** ⟨etwas r.⟩: *mit etwas eine leichte Bewegung machen:* vor Kälte konnte er kaum die Finger r.; die Bäume regten leise ihre Blätter im Wind *(die Blätter wurden vom Wind leicht bewegt);* übertr.: fleißig die Hände r. *(fleißig arbeiten);* er regte keinen Finger *(blieb untätig).* **b)** ⟨sich r.⟩ *sich leicht, ein wenig bewegen:* nach dem Sturz konnte er sich nicht mehr [rühren und] r.; der Kranke, der Schlafende regte sich nicht; es regte sich kein Blatt an den Bäumen; kein Lüftchen regte sich an dem heißen Tag; übertr.: Widerspruch regte sich *(machte sich bemerkbar)* unter den Zuhörern; sein Gewissen, eine Hoffnung regte sich *(wurde wach);* er hat sich nicht geregt *(nicht bemerkbar gemacht, nichts unternommen).* * (geh.:) **sich nicht regen können** *(keine Handlungsfreiheit haben; eingeengt sein).*

Regen, der: *Niederschlag in Form von Wassertropfen:* ein warmer, lauer, kalter, leichter, starker, heftiger, dünner, feiner, sanfter (geh.), tropischer, kurzer, anhaltender R.; saurer R. *(Regen, der schädliche schweflige Säure enthält);* der R. beginnt, hört auf, hält an, läßt nach, rinnt über das Dach, klatscht/schlägt gegen die Scheiben, trommelt auf das Dach, prasselt auf das Pflaster, rauscht, rieselt, strömt, trieft aus seinem Haar; fielen 20 mm R.; es wird bald R. geben; das Blätterdach hat den R. abgehalten; der Boden hat den R. aufgesaugt; bei strömendem R.; wir sind in den R. gekommen; der Schnee ist in R. übergegangen; es sieht nach R. aus; das ausgedörrte Land lechzt (geh.) nach R.; vom R. überrascht werden; R: auf R. folgt Sonnenschein; bildl.: ein R. von Blumen, Konfetti. * (ugs.:) **aus dem/ vom Regen in die Traufe kommen** *(aus einer unangenehmen oder schwierigen Lage in eine noch schwierigere hineinkommen)* · (ugs.:) **jmdn. im Regen stehen lassen** *(jmdn. im Stich, mit seinen Problemen allein lassen)* · (ugs.:) **ein warmer Regen** *(sehr erfreuliche, erwünschte, oft unerwartet erfolgende Geldzuwendung).*

Regenwetter, das: *regnerisches Wetter:* seit Tagen R. haben; du mußt dort mit R. rechnen.

Regie, die: **a)** (Theater, Film, Fernsehen, Rundf.) *Spielleitung, künstlerische Leitung:* eine überlegte, geschickte, subtile (geh.) R.; er hat bei dem Film R. geführt, die R. übernommen; wer hat die R.?; er filmte unter der R. von ...; übertr.: der erfahrene Spieler führte R. (Sport; *bestimmte das Spiel).* **b)** *Leitung, Verwaltung:* er hat die R. in dem Betrieb übernommen; sie haben das Geschäft jetzt in eigener R. *(führen es selbst, allein);* das hat er in eigener R. *(selbständig, ohne fremde Hilfe)* gemacht; das Projekt wird in/unter staatlicher R. durchgeführt.

regieren: 1. a) *herrschen:* gut, streng, lang, mild, weise, gerecht, demokratisch, diktatorisch, despotisch, lange Zeit, viele Jahre glücklich r.; der Kaiser, König, Herrscher regierte von ... bis ...; er regierte durch Terror, mit Gewalt; über ein großes Reich r.; übertr.: Frieden, Not, Elend regiert in diesem Land. **b)** ⟨jmdn., etwas r.⟩ *beherrschen, über jmdn., etwas die Regierungsgewalt innehaben:* ein Land, Volk, einen Staat r.; der Diktator wollte die Welt r.; ein kommunistisch, demokratisch regiertes Land. **2.** (selten) ⟨etwas r.⟩ *in der Gewalt haben:* er konnte das Fahrzeug, das Steuer nicht mehr r. **3.** (Sprachw.) ⟨etwas regiert etwas⟩ *etwas fordert einen bestimmten Fall:* dieses Verb regiert den Akkusativ.

Regierung, die: **1.** *Herrschaft:* die R. dieses Herrschers brachte das Land in große Not; eine segensreiche R. ausüben; die R. antreten, übernehmen; einen Mann, eine Partei an die R. bringen; unter, während seiner R. herrschte Frieden. **2.** *Gesamtheit der Personen, die ein Land regieren:* eine starke, schwache, legale, demokratische, sozialistische R.; die amtierende R. des Landes; die R. *(das Kabinett)* Adenauer; die R. ist zurückgetreten; eine neue R. bilden; eine R. berufen, einsetzen, ernennen, stürzen, absetzen; der R. angehören; in die R. eintreten.

Regiment, das: **1.** *Truppenteil:* ein R. steht, liegt in einer Stadt; ein R. kommandieren, führen; der

Kommandeur des Regiments; einem berühmten R. angehören; bei einem R. stehen (veraltend), dienen (veraltend). **2.** *Herrschaft:* ein strenges, mildes, humanes R.; das kirchliche, weltliche R.; das strenge R. des Vaters; das R. antreten, an sich reißen; das Volk litt unter dem harten R. des Fürsten. * **das Regiment führen** *(bestimmen, herrschen)* · **ein strenges, hartes** o. ä. **Regiment führen** *(sehr streng, hart o. ä. sein).*

Region, die: *durch bestimmte Merkmale geprägter Bereich:* die R. des ewigen Schnees; die Tierwelt der alpinen R. (geh.; *Sphäre*). * (geh.:) [immer] **in höheren Regionen schweben** *(in einer Traumwelt leben, die Wirklichkeit vergessen).*

Register, das: **1. a)** *alphabetisch geordnetes Verzeichnis in Büchern:* ein vollständiges, ausführliches R. anfertigen, zusammenstellen; dieses Buch enthält ein R. **b)** *amtliches Verzeichnis rechtlicher Vorgänge:* das R. des Standesamtes; eine Eintragung im R. löschen; etwas ins R. eintragen. **2.** *Orgelregister:* ein R. bedienen, ziehen. * **andere Register ziehen** *(einen nachdrücklicheren Ton anschlagen)* · **alle Register ziehen** *(alles aufbieten, alle Kräfte einsetzen).*

registrieren ⟨jmdn., etwas r.⟩: **a)** *in ein Register, in eine Kartei eintragen; verzeichnen, vermerken:* Namen, Personalien, Personen, Fahrzeuge r.; es wurden während des Feiertags viele Unfälle registriert; die Instrumente registrieren alle Temperaturschwankungen *(zeichnen sie automatisch auf);* ⟨auch ohne Akk.⟩ die Kasse registriert automatisch. **b)** *wahrnehmen, feststellen:* Tatsachen, alle Vorgänge aufmerksam r.; sein Erscheinen wurde von allen registriert; etwas mit Befriedigung r.; daß ihr zu seinem Geburtstag nicht geschrieben habt, hat er sehr wohl registriert.

regnen ⟨es regnet⟩: *es fällt Regen:* es regnet stark, heftig, leise, unaufhörlich, ununterbrochen, aufs Dach, in Strömen, wie aus/mit Eimern (ugs.); hier regnet es oft, häufig; es fängt an, hört auf zu r.; es hat die ganze Nacht geregnet; ⟨es regnet etwas⟩ es regnete große Tropfen *(der Regen fiel in großen Tropfen);* übertr.: aus allen Fenstern hat es, sind Blumen geregnet *(sind Blumen in großer Menge herabgefallen);* es regnete *(es gab viele)* Proteste, Vorwürfe.

regnerisch: *zu Regen neigend, leicht regnend:* ein regnerischer Tag; regnerisches Wetter; gestern war es sehr r.

regulär: *üblich, vorschriftsmäßig:* den regulären Preis bezahlen; die reguläre (Sport; *offiziell vorgesehene*) Spielzeit ist abgelaufen; die reguläre *(planmäßige)* Linienmaschine; etwas r. erwerben, kaufen; der Spieler wurde r. (Sport; *den Spielregeln entsprechend*) vom Ball getrennt.

regulieren: a) ⟨etwas r.⟩ *regeln, in eine bestimmte Ordnung bringen:* die Temperatur, die Lautstärke, den Wasserstand r.; die Ampel reguliert den Verkehr; der Flußlauf ist reguliert worden *(in eine bestimmte Bahn gebracht worden);* die Uhr muß reguliert *(wieder richtig eingestellt)* werden. **b)** ⟨etwas reguliert sich⟩ *etwas regelt sich, hat einen geordneten Ablauf:* das System reguliert sich selbst; ein sich selbst regulierender Markt.

Regung, die (geh.): **1.** *leichte Bewegung:* eine R. der Luft; er lag ohne jede R. da. **2.** *Gefühlsregung:* eine verborgene, schwache R.; eine R. des

Mitleids fühlen; einer R. des Herzens folgen; keiner R. fähig sein; aus einer edlen R. heraus.

reiben /vgl. gerieben/: **1. a)** ⟨etwas r.⟩ *kräftig über etwas hinfahren, scheuern:* den Tisch, den Fußboden, den Topf kräftig mit einem Scheuertuch r. [bis er sauber ist]; den Stoff, die Wolle darf man nicht r.; die Messer, die Bestecke müssen mit dem Scheuermittel gerieben werden; ⟨auch ohne Akk.⟩ du mußt kräftig r.!; er rieb vergeblich an der verschmutzten Stelle, sie wurde nicht heller; sie rieb mit einem Tuch über die Schuhe. **b)** ⟨etwas r.; mit Artangabe⟩ *durch Reiben in einen bestimmten Zustand versetzen:* die Bestecke blank r.; die Schuhe sauber, glänzend r. **c)** ⟨etwas auf/in etwas r.⟩ *etwas durch Reiben irgendwohin bringen:* Massageöl auf/in die Haut r. **d)** ⟨etwas von/aus etwas r.⟩ *etwas durch Reiben von etwas entfernen:* einen Fleck aus dem Kleid r.; den Schmutz von der Tischplatte r.; ⟨sich (Dativ) etwas aus etwas r.⟩ er hatte sich den Schlaf aus den Augen gerieben *(hatte sich die Augen gerieben, um munter zu werden).* **2. a)** ⟨sich r.⟩ *sich scheuern:* das Pferd reibt sich [an der Wand]. **b)** ⟨jmdm., sich etwas r.⟩ *mit einer streichenden Bewegung über etwas hinfahren:* sich die Nase, die Hände r.; er rieb sich die Augen vor Müdigkeit; sie rieb dem Kranken den Rücken mit einem Tuch. **3. a)** ⟨etwas reibt⟩ *etwas scheuert in unangenehmer Weise:* der Kragen reibt; die Schuhe reiben an den Fersen; ⟨etwas reibt jmdn.⟩ das Halsband reibt den Hund; der Kragen reibt mich am Hals. **b)** ⟨etwas reibt jmdm. etwas; mit Artangabe⟩ *etwas verletzt jmdn. etwas in bestimmter Weise durch Reiben:* die Fesseln haben ihm die Handgelenke wund, blutig gerieben. **4. a)** ⟨sich r.⟩ *sich durch Reiben verletzen:* ich habe mich an dem Reibeisen gerieben. **b)** ⟨sich (Dativ) etwas r.; mit Artangabe⟩ *sich etwas durch Reiben in bestimmter Weise verletzen:* sie hat sich die Hände wund gerieben. **5.** ⟨etwas r.⟩ *durch Reiben zerkleinern:* Kartoffeln, Käse, Nüsse r.; Kuchen mit geriebenen Mandeln bestreuen. **6.** ⟨sich an jmdm., an etwas r.⟩ *mit jmdm., etwas Schwierigkeiten haben:* sich an seinen Kollegen, an einem Problem r.

reich: 1. *vermögend, wohlhabend, begütert:* ein reicher Mann; reiche Leute, eine reiche Witwe; ein Sohn aus reichem Haus *(reicher Eltern);* ein reiches Land; eine reiche *(große)* Erbschaft machen; er ist sehr, unermeßlich, schwer (ugs.) r.; er ist über Nacht r. geworden; diese Geschäfte haben ihn r. gemacht; er hat r. *(eine reiche Frau)* geheiratet. **2. a)** *luxuriös, kostbar:* die reiche Ausstattung eines Hauses; reicher Schmuck; der Altar war r. geschmückt. **b)** *ergiebig; reichhaltig, üppig:* eine reiche Ernte, Ausbeute; reiche Erzvorkommen, Bodenschätze; ein reiches Mahl; sie reichlich *(fülliges)* Haar; jmdn. r. beschenken, belohnen; das Buch ist r. bebildert. **c)** *groß, umfassend, vielfältig:* eine reiche Fülle, Auswahl; reiche Kenntnisse, Erfahrungen; ein reiches Betätigungsfeld; ein reiches *(erfülltes)* Leben; in reichem *(hohem)* Maße. **d)** ⟨r. an etwas sein⟩ *etwas in großer Menge, Fülle haben, enthalten:* die Früchte sind r. an Vitaminen; der Wald ist r. an Wild; ⟨auch attributiv⟩ eine an literarischen Werken reiche Epoche.

Reich, das: *großer, mächtiger Staat; großes Herrschaftsgebiet:* ein großes, mächtiges R.; das R. Karls des Großen; das Deutsche R.; das Britische R.; das Heilige Römische R. Deutscher Nation; das Dritte R. *(das Deutsche Reich während der nationalsozialistischen Herrschaft);* Kaiser und R.; ein R. errichten; bildl.: das himmlische R., das R. Gottes; übertr.: *Bereich, Gebiet:* das R. der Künste; der Träume; das R. der Frau; das R. der Schatten (geh.; *Totenreich*); das R. der Finsternis (geh.; *des Bösen).* * (geh.) **etwas gehört ins Reich der Fabel** *(etwas ist unwahr, erfunden):* die Behauptung gehört ja wohl ins R. der Fabel. **reichen: 1.** ⟨jmdm. etwas r.⟩ **a)** *zum Nehmen hinhalten, geben:* er reichte ihm das Buch; er reichte ihr Feuer; kannst du mir das Salz r.?; sie reichten sich/(geh.) einander die Hand [zur Begrüßung, zur Versöhnung]; der Geistliche reichte den Gläubigen das Abendmahl. **b)** (geh.) *anbieten:* sie reichte den Gästen Erfrischungen, Getränke; ⟨auch ohne Dat.⟩ die Getränke wurden an der Bar gereicht. **2. a)** *genügen, ausreichen:* das Geld reicht nicht bis zum Monatsende; der Stoff reicht [für ein Kleid, zu einem Kostüm]; das muß für uns beide r.; danke, es reicht *(ich habe genug);* solange der Vorrat reicht *(noch etwas davon da ist);* drei Männer reichen für den Möbeltransport; das Seil reicht *(ist lang genug).* **b)** (ugs.) ⟨mit etwas r.⟩ *auskommen:* mit dem Brot reichen wir noch bis morgen. **3.** ⟨mit Raumangabe⟩ *sich bis zu einem bestimmten Punkt erstrecken, ihn erreichen, berühren:* er reicht mit dem Kopf bis zur Decke; die Zweige des Baumes reichen [bis] in den Garten des Nachbarn; die Felder reichen [von hier] bis zum Waldrand; kannst du [bis] an die Dachrinne r. *(kannst du sie mit ausgestrecktem Arm erreichen, berühren)?;* so weit der Himmel reicht ⟨etwas reicht jmdm.:⟩ mit Raumangabe⟩ das Wasser reichte uns bis an die Hüften, bis zu den Knien; übertr.: die Entwicklung reicht vom Mittelalter bis heute, bis ins 19. Jh. * (ugs.:) **jmdm. reicht es** *(jmds. Geduld ist zu Ende)*. **reichlich: a)** *in großer Menge, in reichem Maße [vorhanden]:* ein reichliches Geschenke; eine reichliche Kost; ein reichliches Trinkgeld; reichlicher Niederschlag; eine reichliche *(gute)* Stunde war vergangen; es ist noch r. *(sehr viel, genügend)* Platz; vor r. *(gut)* einem Jahr; r. *(etwas mehr als)* hundert Mark; die Portionen sind r.; jmdn. r. beschenken, belohnen; das ist r. gewogen, gerechnet; Fleisch ist noch r. vorhanden. **b)** (ugs.) ⟨verstärkend bei Adjektiven⟩ *sehr, ziemlich:* r. spät; eine r. langwierige Arbeit; das Kleid ist r. kurz. **Reichtum,** der: **1.** *großer Besitz an Geld, an wertvollen Dingen:* der persönliche, große unermeßliche R. eines Menschen; die Reichtümer eines Landes; die Reichtümer der Erde *(Bodenschätze);* R. bildet sich, mehrt sich, vergeht, zerfließt in nichts; sein R. ermöglicht ihm ein bequemes Leben; R. erwerben, besitzen; Reichtümer sammeln, aufhäufen, vergeuden; (ugs.:) damit kann man keine Reichtümer erwerben *(daran ist nichts zu verdienen);* zu R. kommen; übertr.: der innere, seelische R. eines Menschen. **2.** *Fülle, Reichhaltigkeit:* der R. der Gedanken, Einfälle; der R. *(die Pracht)* der Ausstattung; der R. an Formen und Farben war überraschend.

reif: 1. a) *voll entwickelt; im Wachstum vollendet:* reifes Obst; reife Kirschen, Äpfel, Samenkapseln; die Früchte sind noch nicht r.; das Getreide wird r.; übertr.: reifer *(durch Lagerung im Geschmack voll entfalteter)* Camembert; ein reifer *(abgelagerter)* Kognak; das Geschwür ist r. *(für einen Eingriff weit genug entwickelt).* **b)** (ugs.) ⟨r. für etwas sein⟩ *in einem solchen Zustand sein, daß nur noch etwas Bestimmtes in Frage kommt:* r. für den Urlaub, fürs Irrenhaus sein; die Häuser waren alle r. für den Abbruch; Junge, du bist bald r. für eine Ohrfeige! *(es ist bald eine Ohrfeige fällig);* ⟨auch ohne Präp.-Obj.⟩ Junge, du bist bald r.! **2. a)** *erfahren, innerlich gefestigt:* eine reife Frau; im reiferen Alter, in den reiferen Jahren *(in einem Alter, in dem man bereits Erfahrung gesammelt hat);* Jugendliche sind noch nicht r. nach dem Schulabschluß; ⟨r. für etwas, zu einer Sache sein⟩ er ist für diese Aufgabe, zu diesem Amt noch nicht r. [genug]. **b)** *ausgewogen, durchdacht, genügend vorbereitet:* eine reife Arbeit, ein reifes Urteil; reife Gedanken; (iron.:) eine reife Leistung; ⟨etwas ist r. für etwas, zu einer Sache⟩ die Arbeit ist r. für die/zur Veröffentlichung; für die Verwirklichung dieser Idee ist die Zeit noch nicht r. **¹Reif,** der: *gefrorener Tau:* starker R. liegt auf den Wiesen; es hat R. gefallen (geh.); die Zweige sind mit R. bedeckt, von R. überzogen. **²Reif,** der (geh.): *ringförmiges Schmuckstück:* ein goldener, mit Edelsteinen besetzter, kostbarer R.; ein schmaler R. umspannte ihr Handgelenk. **Reife,** die: **1.** *das Reifen:* die R. des Obstes; während der R.; Obst im Zustand der R. ernten; die Erdbeeren kommen dadurch besser zur R.; die Äpfel ganz zur R. bringen *(reifen lassen).* **2.** *Vollendung der körperlichen, seelischen Entwicklung; reife Haltung:* jmds. menschliche, politische R.; die körperliche, geistige, innere, seelische, sittliche R.; die R. des Geistes; die R. *(Ausgewogenheit)* der Gedanken; er besitzt noch nicht die nötige R.; das Zeugnis der R. *(Abiturzeugnis)* erlangen. * **mittlere Reife** *(Abschluß der Realschule oder der 10. Klasse eines Gymnasiums).* **¹reifen: 1. a)** ⟨etwas reift⟩ *etwas wird reif:* das Obst, die Ernte ist gereift; die Tomaten reifen schlecht, an der, ohne Sonne. **b)** (geh.) ⟨etwas reift etwas⟩ *macht etwas reif:* die Sonne hat Obst und Wein gereift. **2. a)** *sich entwickeln: an Erfahrung gewinnen und innerlich gefestigter werden:* zum Manne r.; diese Erfahrungen haben ihn schneller r. lassen; ein gereifter Mann; das Kind ist früh gereift. **b)** (geh.) ⟨etwas reift jmdn.⟩ *etwas macht jmdn. reifer, erfahrener, innerlich gestigter:* diese Erfahrungen haben ihn gereift. **c)** ⟨etwas reift⟩ *etwas gewinnt Gestalt:* eine Idee, ein Plan reift; Entscheidungen müssen r.; langsam reifte in ihm der Gedanke auszuwandern; seine Ahnung war zur Gewißheit gereift *(geworden).* **²reifen** ⟨es reift⟩: *es entsteht Reif:* es hat gereift. **Reifen,** der: **1.** *größerer ringförmiger Gegenstand:* ein hölzerner, eiserner R.; ein R. aus Stahl; R. um Fässer legen; der Tiger sprang durch einen brennenden R. **2.** *Auto-, Fahrradreifen:* schlauchlose, quietschende, platte R.; der linke, vordere R. ist geplatzt, hat ein Loch; abgefahrene R.; einen R. wechseln, aufziehen, auf-, abmontieren, aufpumpen, flicken, erneuern.

reiflich: *gründlich, eingehend:* sich nach reiflicher Überlegung, Erwägung zu etwas entschließen; sich etwas r. überlegen.

Reigen, der (veraltet): *Rundtanz:* einen R. tanzen, aufführen; das Brautpaar eröffnete den R., führte den R. an; übertr.: ein bunter R. *(eine bunte Folge)* von Melodien. * (geh.:) **den Reigen eröffnen** *(mit etwas den Anfang machen):* er eröffnete den R. der Ansprachen · (geh.:) **den Reigen [be]schließen** *(bei etwas der letzte sein).*

Reihe, die: **1.** *Anzahl von Personen oder Dingen, die in gerader Linie neben- oder hintereinander geordnet sind:* eine lange, kurze, enggeschlossene, lückenlose, fortlaufende R.; die erste, letzte R. *(Stuhlreihe im Theater o. ä.);* fünfte R./R. fünf; Math.: arithmetische, geometrische, steigende, fallende, [un]endliche Reihen · eine lange R. hoher Bäume/(seltener:) hohe Bäume/von hohen Bäumen; die Reihen der Theatersitze; eine R. von acht Mann; die Reihen lichteten sich *(immer mehr Anwesende gingen);* eine R. bilden; am Anfang, am Ende, am Schluß der R.; sich streng an die R. *(Reihenfolge)* halten; durch die Reihen gehen; Gläser in eine R. stellen; Salat in einer R. säen; in einer R. stehen; in drei Reihen antreten; sie marschierten in Reihen zu dreien; in Reihen, in geschlossener R. marschieren; in langer R. vor dem Laden stehen; übertr.: die Reihen der älteren Generation lichten sich *(schon viele aus der älteren Generation sind gestorben).* **2.** *Anzahl, Menge:* eine ganze, lange R. schöner Tage/(seltener:) schöne Tage/von schönen Tagen; eine R. von Jahren war/waren vergangen; eine [ganze] R. Mitarbeiter hatte/hatten gekündigt; sie stellten eine R. [von] Fragen; die Kritik kam aus den Reihen *(Kreisen)* der Opposition, aus den eigenen Reihen; das Land trat erst vor wenigen Jahrzehnten in die R. *(in den Kreis)* der Kulturstaaten ein; sein Taschenbuch ist in dieser R. *(Buchreihe)* erschienen. * in **Reih und Glied** *(in einer bestimmten strengen Ordnung)* · **der Reihe nach**/(seltener:) **nach der Reihe** *(einer nach dem andern):* die nächsten der R. nach vortreten! · **an der Reihe sein; an die Reihe kommen: a)** *(als nächster abgefertigt, behandelt werden).* **b)** *(etwas Unangenehmes zu erwarten haben, davon betroffen sein)* · **die Reihe ist an jmdm.** *(jmd. ist der nächste, der abgefertigt o. ä. wird, der handeln muß)* · **außer der Reihe** *(außerhalb der Reihenfolge, zwischendurch)* · **in einer Reihe mit jmdm. stehen** *(jmdm. im Rang gleichkommen)* · **sich in eine Reihe mit jmdm. stellen** *(sich im Rang mit jmdm. gleichstellen, sich jmdm. für ebenbürtig halten)* · (ugs.:) **aus der Reihe tanzen** *(sich nicht einordnen; eigene Wege gehen)* · (ugs.:) **aus der Reihe kommen** *(verwirrt werden, in Unordnung geraten* · (ugs.:) **nicht in der Reihe sein** *(gesundheitlich nicht auf der Höhe sein)* · (ugs.:) **jmdn., etwas in die Reihe bringen** *(in Ordnung bringen; wieder gesund machen)* · (ugs.:) **wieder in die Reihe kommen** *(wieder in Ordnung kommen; wieder gesund werden)* · (ugs.:) **bunte Reihe machen** *(so gruppieren, daß jeweils ein Mann und eine Frau nebeneinandersitzen).*

¹reihen: 1. ⟨etwas auf etwas r.⟩ *aufreihen:* Perlen auf eine Schnur r. **2.** ⟨etwas reiht sich an etwas⟩ *etwas folgt auf etwas, schließt sich an etwas an:* ein Fest reihte sich ans andre.

²reihen: ⟨etwas r.⟩ *mit großen Stichen heften:* den Stoff, das Futter, einen Rock r.; sie hat den Saum nur gereiht/(auch:) geriehen.

Reim, der: *gleich klingender Ausgang zweier Verse:* ein stumpfer oder männlicher, ein klingender oder weiblicher R.; ein gleitender oder reicher R.; ein [un]reiner R.; einsilbige, zweisilbige Reime; Reime bilden, schmieden (scherzh.); einen R. auf ein bestimmtes Wort suchen, finden; ein Wort steht im R.; einen Text in Reime *(gereimte Verse)* bringen; jedes Bild war mit einfachen Reimen *(gereimten Versen)* versehen. * (ugs.:) **sich (Dativ) einen/seinen Reim auf etwas machen** *(sich seine eigenen Gedanken über etwas machen; etwas verstehen, begreifen)* · (ugs.:) **sich (Dativ) keinen Reim auf etwas machen können** *(etwas nicht verstehen).*

reimen: 1. a) ⟨etwas r.⟩ *in Reimform bringen:* ein Wort auf ein anderes r.; er reimte „grüßen" mit „sprießen"; gereimte Fabeln, Erzählungen; die Verse sind gut, schlecht, ungenau gereimt. **b)** *Reime, Verse machen:* er kann gut r. **2.** ⟨etwas reimt sich⟩ *etwas bildet einen Reim, klingt gleich:* die beiden Wörter reimen sich; „klein" reimt sich auf „fein"; übertr.: (ugs.): das reimt sich nicht *(das stimmt nicht miteinander überein).*

rein: I. ⟨Adj.⟩ **1. a)** *unvermischt, ohne fremde Bestandteile:* reiner Wein, Alkohol; reine Seide, Wolle; reines Schmalz, Weizenmehl; reines Gold, Silber, Kupfer; ein reiner Marmor; reine *(unvermischt, leuchtende)* Farben; reine Höhenluft atmen; der Ring ist r. golden; das Wasser war [ganz] r. und klar; einen Stoff chemisch r. herstellen. **b)** *unverfälscht, echt:* reiner Adel; eine reine Arbeitergegend; die reine Lehre der Kirche; die reine Wahrheit; ein reines *(fehlerfreies)* Deutsch sprechen; reine *(klare)* Gesichtszüge; reine *(theoretische)* und angewandte Mathematik; seine Aussprache war nicht ganz r. *(akzentfrei;* der Chor singt, klingt nicht r. *(nicht einwandfrei).* **c)** *völlig, richtig, ausgesprochen, nichts anderes als:* das war reiner Zufall, reines Glück; es war ein reines, das reinste Wunder; es war der reine Hohn; etwas aus reiner Gutmütigkeit tun; das ist reine *(von der Praxis, der Erfahrung losgelöste)* Theorie; ihre Empörung war eine reine *(nichts als eine)* Komödie; das ist ja die reinste (ugs.: *wie bei einer)* Völkerwanderung. **2.** *makellos, sauber:* reine Wäsche; ein reines *(unbeschriebenes)* Blatt Papier; ein reines Hemd; einen reinen Teint, eine reine Haut haben; die Laken waren r. wie frischgefallener Schnee; die Kleider r. machen; die Wohnung r. halten. **3.** *frei von Schuld, unschuldig:* ein reines Gewissen, Herz haben; reine Gedanken; reine Liebe; R: dem Reinen ist alles r. II. ⟨Adverb⟩ **a)** *ausschließlich, nur:* eine r. private Angelegenheit; etwas r. sachlich beurteilen; aus r. menschlichen Gründen; das kann ich mir r. *(schon allein)* zeitlich nicht leisten. **b)** (ugs.) *ausgerechnet, ganz, gänzlich:* das ist r. aus der Luft gegriffen, r. erfunden; es ist r. zum Verrücktwerden; das habe ich r. vergessen; er wußte aber auch r. *(überhaupt)* gar nichts. * **etwas ins reine schreiben** *(von etwas eine Reinschrift machen)* · **etwas ins reine bringen** *(etwas klären, in Ordnung bringen)* · **etwas kommt ins reine** *(etwas wird geklärt, in Ordnung gebracht)* · **mit etwas ins**

reine kommen *(sich über etwas klar werden)* · **mit etwas im reinen sein** *(sich über etwas im klaren sein)* · **mit jmdm. ins reine kommen** (mit jmdm. einig werden) · **mit jmdm. im reinen sein** *(mit jmdm. einig sein)* · **mit sich ins reine kommen** *(Klarheit über etwas, was einen selbst betrifft, gewinnen).*

Reinfall, der (ugs.): *unangenehme Überraschung; überraschend schlechter Ausgang eines Unternehmens:* die Tagung war ein glatter, ein böser R.; geschäftlich gesehen war das ein R.; mit dem Gebrauchtwagen haben wir einen tüchtigen R. erlebt.

reinigen: 1. ⟨jmdn., sich, etwas r.⟩ *säubern, von Schmutz o. ä. befreien:* die Straße, das Zimmer, die Schuhe gründlich r.; ein Kleid chemisch r. lassen; er reinigte sich von Kopf bis Fuß; die Wunde muß zuerst gereinigt werden; der Tee soll das Blut r.; ⟨jmdm., sich etwas r.⟩ du mußt dir die Hände r.; **bildl.**: ein reinigendes Gewitter *(eine Auseinandersetzung, die Unstimmigkeiten beseitigt).* **2.** (selten) ⟨sich von etwas r.⟩ *sich von etwas befreien:* sich von einem Verdacht r.

reinlich: 1. a) *Sauberkeit liebend:* ein reinlicher Mensch; Katzen sind reinliche Tiere; sie ist sehr r. **b)** *sehr sauber:* ein reinliches Zimmer; ihre Kleidung ist immer sehr r.; sie waren r. gekleidet. **2.** *sehr genau, gründlich:* eine reinliche Scheidung der Begriffe; die Bestandteile müssen r. getrennt werden.

reinwaschen ⟨jmdn., sich r.⟩: *von etwas, was einem zur Last gelegt wird, befreien:* sich von einem Verdacht, von einer Schuld r.; auch die Aussagen seiner Kollegen konnten ihn nicht r.

¹Reis, der: **a)** */Nutzpflanze/:* R. anbauen, pflanzen, ernten. **b)** */Früchte dieser Nutzpflanze/:* geschälter, polierter R.; der R. ist trocken, körnig, noch nicht gar r. R. kochen.

²Reis, das: **a)** *Pfropfreis:* ein junges R. auf einen Wildling pfropfen. **b)** *dünner Zweig:* ein Bündel Reiser; Reiser sammeln.

Reise, die: *längere Fahrt zu einem entfernteren Ort:* eine lange, weite, angenehme, beschwerliche R.; eine R. ans Meer, ins Ausland, nach Rom, um die Welt, zu Verwandten; eine R. im, mit dem Auto, zu Schiff; eine R. zur See (geh.); eine Reise zur Erholung; wohin geht die R.?; eine R. vorhaben, planen, vorbereiten, machen, unternehmen, antreten; die R. unterbrechen, beenden; jmdm. eine glückliche, gute R. wünschen; jmdn. auf die R. schicken; was hast du auf der R. alles gesehen?; von einer R. zurückkehren; Vorbereitungen zur R. treffen; R: wenn einer eine R. tut, so kann er was erzählen; **übertr.** (ugs.): eine R. in die Vergangenheit; wir wissen nicht, wohin die R. geht *(wie sich die Dinge entwickeln werden).* * **auf Reisen gehen** *(verreisen)* · **sich auf die Reise machen** *(eine Reise antreten)* · **auf Reisen sein** *(unterwegs, verreist sein)* · (verhüllend:) **seine letzte Reise antreten** *(sterben)* · (Sport ugs.:) **jmdn. auf die Reise schicken: a)** *(auf die Bahn schicken, starten lassen).* **b)** *(einem Mitspieler eine weite Vorlage geben).*

reisen: *eine Reise machen:* schnell, bequem, allein, in Gesellschaft, unter fremdem Namen, inkognito r.; dienstlich, geschäftlich, zum Vergnügen, zu einem Kongreß r.; mit dem/(veraltet:) zu Schiff r.; erster Klasse/in der ersten Klasse r.; an

die See, aufs Land, in die Schweiz r.; sie sind gestern zu ihren Kindern gereist; sie reisten von Berlin über Köln nach Paris; er ist in seinem Leben viel gereist; er reist *(ist Handelsvertreter)* für seine Firma im norddeutschen Raum; er reist in Unterwäsche *(ist Vertreter dafür).*

Reisende, der und die: **1.** *Fahrgast:* ein müder Reisender, zwei verspätete R.; die Reisenden werden gebeten, ihre Plätze einzunehmen; alle Reisenden/(selten:) R. stiegen aus; R: R. soll man nicht aufhalten. **2.** *Vertreter[in]:* er ist Reisender für eine große Firma, in Elektroartikeln *(in der Elektrobranche):* biete versiertem Reisenden gute Verdienstmöglichkeiten.

Reißaus in der Verbindung) Reißaus nehmen (ugs.): *schnell davonlaufen:* als er den großen Hund sah, nahm er [schnell] R.

reißen/vgl. gerissen/: **1. a)** ⟨etwas r.⟩ *durch gewaltsames Ziehen auseinandertrennen:* Stoff nach dem Faden r.; das Packpapier läßt sich nicht r.; vor Wut riß ich den Brief mittendurch. **b)** ⟨etwas in etwas r.⟩ *in einzelne Teile zerreißen:* etwas in Stücke, Fetzen r.; sie riß den Stoff in einzelne, schmale Bahnen; **übertr.** (ugs.): ich könnte mich in Stücke r. [vor Wut] *(ich bin sehr ärgerlich).* **2.** ⟨etwas in etwas r.⟩ *etwas durch Reißen o. ä. in etwas hervorrufen:* die Bombe hat einen Trichter in den Boden gerissen; wer hat das Loch in den Stoff gerissen?; ⟨jmdm., sich etwas in etwas r.⟩ der Hund hat ihm ein Loch in die Hose gerissen; **übertr.** (ugs.): diese Reparatur wird ein gehöriges Loch in meinen Geldbeutel r. *(wird sehr teuer werden);* Sport: Löcher in die gegnerische Abwehr r. **3. a)** ⟨sich r.⟩ *sich verletzen, sich ritzen:* ich habe mich [am Stacheldraht] gerissen; du hast dich ja blutig gerissen! **b)** ⟨sich (Dativ) etwas r.⟩ *sich als Verletzung beibringen:* sich eine Wunde [am Bein] r.; ich habe mir [an dem Nagel] eine klaffende Wunde gerissen. **c)** ⟨sich (Dativ) etwas r.⟩ *sich etwas verletzen:* sich die Finger r.; beim Brombeerpflücken habe ich mir die Arme [blutig] gerissen. **4.** ⟨etwas reißt⟩ *etwas zerreißt:* paß auf, daß der Faden, die Schnur, das Seil nicht reißt; das Papier reißt leicht; der Film ist gerissen; die Zimmerdecke ist gerissen *(hat einen Riß, Risse bekommen);* ⟨etwas reißt jmdm.⟩ dann ist ihm die Schnur gerissen; **übertr.**: jetzt reißt mir aber bald der Geduldsfaden, die Geduld *(jetzt ist meine Geduld aber bald zu Ende).* **5. a)** ⟨jmdn., etwas r.⟩ *mit Raumangabe) von einem bestimmten Stelle wegreißen:* einen Zweig vom Baum, Pflanzen aus dem Boden r.; er riß das Kind aus den Armen der Mutter; ⟨jmdm., sich jmdn., etwas r.; mit Raumangabe⟩ er riß der Mutter das Kind aus den Armen; er hat mir den Brief aus den Händen gerissen; der Wind riß ihm den Hut vom Kopf; sie riß sich die Kleider vom Leib *(zog sich ganz schnell aus);* **übertr.**: ihre Worte rissen ihn aus seinen Gedanken; der Wecker riß so unsanft aus dem Schlaf; aus dem Zusammenhang gerissen, ist der Satz nicht verständlich. **b)** ⟨sich r.; mit Raumangabe⟩ *sich von einer bestimmten Stelle losreißen; sich aus etwas befreien:* sie riß sich aus seinen Armen; der Hund hat sich von der Kette gerissen. **c)** (Sport) ⟨[etwas] r.⟩ *beim Sprung die Latte herunterreißen:* er hat [die Latte] bei zwei Metern gerissen. **6.** ⟨jmdn., etwas r.; mit Raumangabe⟩

mit Gewalt an eine bestimmte Stelle ziehen, zerren: sie rissen ihn ins Auto, zu Boden, in die Höhe; der Strudel hat das Boot in die Tiefe gerissen; adj. Part.: (an reißender *(wilder)* Strom. **7.** (an etwas/(seltener:) etwas r.) *mit Gewalt ziehen, zerren:* der Hund riß [heftig, wütend] an der Leine; zum Öffnen des Fallschirms an der Leine/die Leine r.; übertr.: das Warten reißt an den Nerven. **8.** (etwas an sich r.) *sich einer Sache bemächtigen:* die Herrschaft, Macht, Führung an sich r.; übertr.: er will immer das Gespräch an sich r. *(möchte immer selbst reden).* **9.** (ugs.) (sich um jmdn., um etwas r.) *haben, besitzen wollen:* sie rissen sich alle um die Eintrittskarten; die Agenturen reißen sich um diesen Sänger; um diese Aufgabe reiße ich mich bestimmt nicht; adj. Part.: reißenden Absatz finden; diese Ware werden wir reißend los. **10.** (ein Tier r.) *jagen und durch Bisse töten:* der Wolf hat ein Schaf gerissen; adj. Part.: reißende *(wilde)* Tiere. **11.** (Sport) (etwas r.) *in bestimmter Weise stemmen:* er reißt 280 kg.; (auch ohne Akk.) er stößt, stemmt und reißt.

reiten: 1. a) *sich auf einem Reittier, bes. auf einem Pferd, sitzend fortbewegen:* langsam, schnell, scharf, [im] Galopp, Trab, Schritt r.; er reitet ohne Sattel; er kann, lernt r.; er ist/(seltener:) hat früher viel, gerne geritten; auf einem Pferd, Esel, Kamel r.; sie sind auf die Jagd, durch die Wälder, nach Hause, übers Feld geritten; bildl.: die Hexe reitet auf einem Besen; er ließ das Kind auf seinen Knien r. **b)** (etwas r.) *reitend zurücklegen:* wir reiten heute einen anderen Weg; ich bin heute zwanzig Kilometer geritten. **c)** (etwas r.) *reitend absolvieren:* [die] Hohe Schule, ein Turnier r.; er hat/ist schon mehrere Rennen geritten. **d)** (es reitet sich; mit Artangabe und Umstandsangabe) *man kann in bestimmter Weise reiten:* bei diesem Wetter reitet es sich gut. **2. a)** (ein Tier r.) *ein bestimmtes Reittier haben, benutzen:* er reitet einen Schimmel; er reitet auf einem jungen Pferd geritten. **b)** (ein Tier r.; mit Raumangabe) *ein Tier reitend an einen bestimmten Ort bringen:* er hat das Pferd auf die Weide, zur Tränke geritten. **3. a)** (ein Tier, sich r.; mit Artangabe) *durch Reiten in einen bestimmten Zustand bringen:* er hat sein Pferd, sich müde geritten; er hat den schönen Rappen zuschanden (geh.) geritten. **b)** (sich (Dativ) etwas r.; mit Artangabe) *so reiten, daß ein Körperteil in einen bestimmten Zustand gerät:* er hat sich das Gesäß wund geritten. **c)** (sich (Dativ) etwas r.) *sich durch Reiten etwas zuziehen:* er hat sich Schwielen geritten.

Reiter, der: *jmd., der reitet:* ein tollkühner, verwegener R.; der R. ist gestürzt. * **spanische Reiter** *(Absperrung aus Stacheldraht).*

Reiz, der: **1.** *äußere oder innere Einwirkung auf einen Organismus:* ein starker, schwacher, leichter, mechanischer, chemischer R.; das Licht übt einen R. auf das Auge aus; auf einen R. ansprechen, reagieren. **2.** *angenehme Wirkung; Zauber, Verlockung:* ein großer, unwiderstehlicher R. ging von dem Gemälde aus; die weiblichen Reize; der R. des Fremdartigen, des Verbotenen, der Neuheit; einen R. ausüben; etwas erhöht den R., hat keinen R. für jmdn., hat seinen R. für jmdn. verloren; sie zeigte ihre Reize; ich kann der Sache keinen R. abgewinnen.

reizen /vgl. reizend, gereizt/: **1.** (jmdn. r.) *ärgern, herausfordern:* jmdn. sehr, schwer (ugs.), aufs äußerste, bis aufs Blut, zur Weißglut r.; die Kinder reizten den Hund; jmdn. zum Zorn, zum Widerspruch r. **2.** (etwas reizt etwas) *etwas wirkt auf einen Organismus ein, greift ihn an:* das grelle Licht, der Rauch hat seine Augen gereizt; das scharfe Gewürz reizt die Schleimhäute; (auch ohne Akk.) der aufgewirbelte Staub reizt zum Niesen. **3.** (jmdn., etwas r.) *hervorrufen; verlocken, bezaubern:* seine Worte reizten ihre Neugier; etwas reizt den Gaumen, den Magen; ihn reizt die Gefahr, das Abenteuer; es reizte mich, ihn zu ärgern; das reizt mich nicht; sie reizt die Männer, das Verlangen der Männer. **4.** (Skat) (etwas) r.) *durch das Nennen höherer Zahlen das Spiel in die Hand bekommen:* [bis] 46, einen Grand r.; was, wie hoch hat er gereizt?

reizend: *Wohlgefallen erweckend; nett, entzückend:* ein reizendes Mädchen, Kind, Gesicht, Kleid; es ist r., daß du mir helfen willst; es war wieder r. bei euch; das ist r. von dir; das Haus ist r. gelegen; (ugs. iron.:) das kann ja r. *(unangenehm)* werden!

rekeln (sich r.): *gewöhnlich mit Raumangabe*: *sich mit Behagen dehnen und strecken:* sich rekelte sich im Sessel, in der Sonne.

Reklame, die: *Werbung:* eine geschmackvolle, marktschreierische, kostspielige R.; für ein Gerät R. machen; er macht überall für seinen Arzt R. (ugs.; *empfiehlt ihn jedem*); er macht mit seinem Auto, mit seiner Freundin überall R. (ugs.; *gibt an, renommiert damit, mit ihr*).

reklamieren: 1. (etwas r.) *beanstanden; sich über etwas beschweren:* eine verlorengegangene Sendung r.; er hat die schlechte Ausführung der Arbeit reklamiert; (auch ohne Akk.) ich habe wegen der Sendung, auch bei der Post reklamiert; die Spieler reklamierten (Sport; *protestierten*) gegen die Entscheidung des Schiedsrichters. **2. a)** (etwas r.) *fordern:* mehr Rechtsstaatlichkeit, Demokratie r.; Sport: die Spieler reklamierten Abseits *(forderten vom Schiedsrichter, Abseits zu erkennen).* **b)** (jmdn., etwas für sich r.) *auf jmdn., etwas Anspruch erheben:* die Erfindung, den Erfolg der Verhandlung für sich r.; Napoleon hatte das Land für sich reklamiert. **c)** (jmdn., etwas als jmdn., etwas r.) *in Anspruch nehmen:* jmdn. als seinen Freund, politischen Ziehvater r.; den Erfolg wollte sie nicht als eigenen Triumph r.

Rekord, der: *höchste bisher erreichte [sportliche] Leistung:* ein beachtlicher, ungewöhnlicher R.; einen R. [in einer sportlichen Disziplin] aufstellen, erringen, erzielen, halten, innehaben, brechen, schlagen, verbessern, verfehlen; den olympischen R. um zwei Zehntel unterbieten; einen R. egalisieren, einstellen *(die gleiche Höchstleistung wie ein anderer erzielen);* R. fahren, laufen, springen, schwimmen; übertr.: der Schlußverkauf bricht in diesem Jahr alle Rekorde; die Hitzewelle erreichte einen neuen R. mit 56 °C.

relativ: a) *einem bestimmten Verhältnis entsprechend; nicht absolut gültig:* der relative Wert des Geldes; das ist ein relativer Begriff; es ist alles r. **b)** (vor Adjektiven und Adverbien) *ziemlich, vergleichsweise:* ein r. warmer Winter; sie geht r. oft ins Kino.

Religion, die: *Glaubensrichtung, Gottesverehrung, Glaube:* die christliche, buddhistische R.; die heidnischen Religionen; sie durften ihre R. nicht ausüben; eine R. begründen; einer R. *(Glaubensgemeinschaft)* angehören; er ist ein Mensch ohne R.; sich zu einer R. bekennen; die Klasse hat gerade R. *(Religionsunterricht);* übertr.: den Fortschritt zu seiner R. machen.

religiös: *die Religion betreffend:* religiöse Handlungen, Vorschriften; religiöse Gesinnung; religiöse Zweifel haben; religiöse Schwärmer; sie ist sehr r. *(gläubig);* sie war r. erzogen worden.

rempeln (bes. Sport) 〈jmdn.〉 r.〉: *an-, wegstoßen:* der Spieler hat [seinen Gegner] gerempelt.

Rendezvous, das (veraltend): *Treffen, Verabredung:* ein R. verabreden, einhalten, verpassen; ein R. im Park; er hat ein R. mit ihr; **Raumfahrt:** das R. *(Ankopplungsmanöver)* gelang.

rennen: 1. a) *schnell laufen:* mit großen Sätzen r.; auf die Straße, um die Ecke r.; um die Wette r.; er rannte, so schnell er konnte, zur Polizei; er ist wie ein Wiesel über den Platz gerannt. b) (ugs.) 〈mit Raumangabe〉 *sich zum Mißfallen anderer zu einem bestimmten Zweck irgendwohin begeben:* dauernd ins Kino r.; sie rennt wegen jeder Kleinigkeit zum Arzt. 2. 〈etwas r.〉 a) *rennend zurücklegen:* wenigstens 200 m solltest du r. können; er ist die ganze Strecke gerannt. b) *[im Wettrennen] erreichen:* einen neuen Meilenrekord r. 3. 〈an, gegen jmdn., gegen etwas r.〉 *an jmdn., an etwas prallen, stoßen:* er war so in Gedanken versunken, daß er gegen einen Laternenpfahl rannte; er ist mit dem Kopf an, gegen die Wand gerannt. 4. 〈sich (Dativ) etwas r.; mit Raumangabe〉 *sich durch Anstoßen eine Verletzung zuziehen:* er hat sich ein Loch in den Kopf gerannt. 5. 〈jmdm., sich etwas r.; mit Raumangabe〉 *jmdm. eine Stichwaffe in den Körper stoßen:* er rannte ihm das Messer in die Brust, zwischen die Rippen.

Rennen, das: *Wettkampf im Laufen, Reiten, Fahren:* ein schnelles, spannendes, totes *(unentschiedenes)* R.; ein R. mit Hindernissen; morgen findet ein R. statt; ein R. veranstalten, abhalten; er ist ein großes R. gelaufen, geritten, gefahren; ein R. gewinnen, verlieren; an einem R. teilnehmen; als Sieger aus dem R. hervorgehen; für ein R. melden; ins R. gehen; weiter im R. *(Wettkampf)* bleiben; gut im R. *(Wettkampf)* liegen; übertr.: er liegt mit seiner Bewerbung gut im R.; R 〈ugs.〉: das R. ist gelaufen *(die Sache ist erledigt)*. * (ugs.:) **das Rennen machen** *(gewinnen; andern den Rang ablaufen).*

renovieren 〈etwas r.〉: *erneuern, instand setzen:* ein Haus, eine Fassade, eine Kirche r.

Rente, die: *regelmäßig eingehender Geldbetrag aus der Rentenversicherung oder aus Vermögen:* eine hohe, niedrige, lebenslängliche R.; dynamische, dynamisierte *(den Veränderungen der Bruttolöhne angepaßte)* Renten; [eine] R. beantragen, bekommen, beziehen; jmdm. eine R. aussetzen, zahlen; ihre R. wurde erhöht, angehoben; von einer kläglichen R. leben müssen. * (ugs.:) **auf/in Rente gehen** *(aus dem Arbeitsleben ausscheiden)* · (ugs.:) **auf/in Rente sein** *(Rentner sein)*.

rentieren 〈etwas rentiert sich〉: *etwas bringt Gewinn, lohnt sich:* die hohen Ausgaben rentieren sich nicht; das Geschäft hat sich rentiert.

Reparatur, die: *Instandsetzung, Ausbesserung:* eine große, teure R.; eine R. ausführen, an etwas vornehmen; etwas in R. geben; etwas ist in R.

reparieren 〈etwas r.〉: *instand setzen, ausbessern:* den Motor r.; er hat das Türschloß nur notdürftig repariert; ich muß die Uhr r. lassen.

repräsentieren: 1. *in der Öffentlichkeit auftreten:* sie versteht zu r.; er muß in seinem neuen Amt viel r. 2. a) 〈jmdn., etwas r.〉 *jmdn., etwas vertreten:* er repräsentiert eine der führenden Firmen; diese Regierung repräsentiert nicht das Volk. b) 〈etwas repräsentiert etwas〉 *etwas ist etwas wert, stellt etwas dar:* die Ausstellung repräsentiert das Gesamtwerk des Künstlers; der Ring repräsentiert einen Wert von 9 000 DM.

Reserve, die: 1. *Vorrat, Rücklage:* Reserven an Lebensmitteln, Benzin; seine Reserven angreifen [müssen], verbrauchen; etwas als R. zurücklegen; übertr.: er hat keine [körperlichen] Reserven mehr *(er ist [körperlich] nicht mehr widerstandsfähig)*. 2. *Ersatztruppe, Ersatzmannschaft:* die [letzten] Reserven einsetzen, in den Kampf werfen; er ist Leutnant der R.; er spielt bei, in der R. 3. *Zurückhaltung:* sie versteht zur r.; er muß R. auferlegen; jmdn. aus seiner R. herauszulocken. * **stille Reserven:** a) (Wirtsch.): *in der Bilanz nicht erscheinende Geldrücklagen)*. b) 〈ugs.; *etwas, was man für Notfälle zurückgelegt hat*〉 · **jmdn., etwas in Reserve haben/halten** *(jmdn., etwas für den Bedarfsfall zur Verfügung halten)*.

reservieren 〈etwas r.〉: *zurücklegen; belegen, freihalten:* der Tisch ist für uns reserviert; ein Zimmer im Hotel r. lassen; der Platz ist reserviert; sie hat mir/für mich die Ware reserviert.

reserviert: *zurückhaltend:* sie hat eine sehr reservierte Art; jmdm. gegenüber äußerst r. sein; sich r. verhalten.

Resignation, die: *das Resignieren:* müde, dumpfe R.; R. erfaßte, ergriff, erfüllte ihn; in R. [ver]sinken.

resignieren: *aufgeben; sich entmutigt abfinden:* es gibt keinen Grund zu r.; vor Schwierigkeiten r.

Resolution, die: *Entschließung, Beschluß:* eine R. aufsetzen, [ab]fassen, veröffentlichen, überreichen, einbringen, verabschieden.

Respekt, der: *Achtung, Ehrerbietung:* vor jmdm. [großen] R. haben, bekommen; jmdm. R. zollen (geh.), den [nötigen] R. verweigern; den, allen R. vor jmdm. verlieren; er wird sich schon den nötigen R. verschaffen; am nötigen R. fehlen lassen; bei allem R. vor seiner Leistung muß man doch ...; mit R. von jmdm. sprechen; R., R.! *(sehr beachtlich, anerkennenswert!)*.

respektieren 〈jmdn., etwas r.〉: *achten, schätzen, anerkennen:* jmdn., die Gesetze, jmds. Meinung, Motive, Entscheidungen r.

Ressort, das: *Amts-, Geschäftsbereich:* das R. eines Ministers; ein bestimmtes R. verwalten; er leitet das R. „Materialprüfung'' im Verteidigungsministerium; etwas gehört in, zu jmds. R.

Rest, der: *etwas, was übrigbleibt:* ein kleiner, unansehnlicher, unbedeutender, trauriger (ugs.) R.; der letzte R.; von dem Käse ist noch ein R. da; ein R. Farbe; es sind nur noch schäbige (ugs.) Reste vorhanden, übrig; der R. des Tages *(die letzten Stunden des Tages);* zuerst die Reste *(Speisereste)* essen; die Reste *(Überreste)* versunkener

Kulturen; die Decke ist aus Resten *(Stoffresten)* genäht; den R. des Weges *(die letzte Wegstrecke)* müssen wir laufen; den R. *(Restbetrag)* stunde ich dir; gegen den R. der Welt *(gegen alle anderen);* die Division geht ohne R. *(ohne daß eine Zahl übrigbleibt)* auf; ℞ (ugs.): das ist der [letzte] R. vom Schützenfest; der R. ist Schweigen; (scherzh.:) der R. ist für die Gottlosen. * (ugs:) **jmdm., einer Sache den Rest geben** *(jmdn. ganz zugrunde richten, etwas ganz zerstören)* · (ugs.:) **sich (Dativ) den Rest holen** *(ernstlich krank werden).*

restlich: *übrigbleibend, noch vorhanden:* die restliche Summe wird er auf das Konto überweisen; die restlichen Arbeiten erledige ich später.

restlos: *völlig, ohne Rest:* etwas r. verbrauchen, verkaufen; die Angelegenheit wurde r. aufgeklärt; er war r. (ugs.; *sehr)* glücklich, begeistert.

Resultat, das: **a)** *Ergebnis einer Rechnung, Auszählung, Messung:* das R. der Rechnung stimmte; die endgültigen, vorläufigen Resultate der Wahlen. **b)** *Erfolg:* unerwartete, überzeugende Resultate; die neuesten Resultate der Forschung; glänzende Resultate erreichen, erzielen, vorweisen können; etwas erbringt kein [befriedigendes] R.; der Versuch blieb ohne R.

retten: a) ⟨jmdn., sich, etwas r.⟩ *aus einer Gefahr befreien, vor Schaden bewahren; in Sicherheit bringen:* einen Ertrinkenden, die Verunglückten r.; wertvolle Gemälde wurden gerettet; er konnte sich aus eigener Kraft, im letzten Augenblick noch r.; jmdn. aus dem Feuer, aus der Gefahr, vor einer drohenden Gefahr, vor dem Absturz r. [können]; sie rettete sich durch einen Sprung aus dem Fenster, mit dem Fallschirm; Kunstschätze über die Kriegswirren r. *(hinüberretten);* der Arzt konnte sie nicht mehr r. *(konnte nicht verhindern, daß sie starb);* ℞: rette sich, wer kann /scherzh.: *Warnung vor etwas Unangenehmem /;* bist du noch zu r. (ugs.; *bist du vollkommen verrückt)?* · ⟨jmdm. etwas r.⟩ er hat mir das Leben gerettet; übertr.: den Frieden, jmdn. vor dem Bankrott r. *(bewahren);* seinen Kopf, seine Haut r. *(sich aus einer bedrohlichen Lage befreien);* jmds., seine Ehre r.; ein Krimi kommt im Fernsehen – der Abend ist gerettet (ugs. scherzh.; *ich freue mich auf den Krimi heute abend im Fernsehen);* adj. Part.: ein rettender *(Hilfe, die Lösung bringender)* Gedanke. **b)** ⟨sich r.; mit Raumangabe⟩ *sich an einen bestimmten Ort flüchten:* sich [vor dem Regen] unter ein schützendes Dach r.; er rettete sich ins Freie, über die Grenze; übertr.: sich in Ironie r. *(flüchten);* sich ins Ziel r. (Sport: *gerade noch vor anderen das Ziel erreichen).* **c)** (Sport) ⟨gewöhnlich mit Umstandsangabe⟩ *ein gegnerisches Tor verhindern:* der Verteidiger konnte gerade noch, in letzter Sekunde, auf der Linie r.; der Torwart rettete mit einer Parade. * **sich vor etwas, vor jmdm. nicht mehr zu retten wissen/nicht mehr retten können** *(mit etwas überhäuft werden; von jmdm. bedrängt werden).*

Rettung, die: *Befreiung aus Gefahr; Hilfe:)* R. aus Lebensgefahr; jede R. kam zu spät; jmdm. R. bringen; an jmds. R. denken; auf R. hoffen; eine Aktion zur R. der bedrohten Tierwelt. * (ugs.:) **jmds. [letzte] Rettung sein** *(jmdm. aus einer bedrohlichen Lage helfen).*

Reue, die: *Zerknirschung; tiefes Bedauern:*

echte, tiefe, lebhafte, bittere (geh.) R.; deine R. kommt zu spät; R. fühlen, verspüren; er empfand R. über seine Tat; keine Spur von R. zeigen.

revanchieren ⟨sich r.⟩: **a)** *sich rächen:* für seine Bosheiten werde ich mich später r.; übertr. (Sport): sie revanchierten sich durch ein 2:0, mit einem 2:0 [für die Niederlage]. **b)** *sich erkenntlich zeigen:* sie haben mit etwas r.; wir haben uns für ihre Einladung noch nicht revanchiert.

revidieren ⟨etwas r.⟩: **a)** *kontrollieren, überprüfen:* das Gepäck, die Pässe r.; die Kasse r. **b)** *ändern, korrigieren:* seine Prognose nach unten r.; die Experten revidierten den Schätzwert des Gemäldes von 1 Million auf rund 800 000 Mark; die bisherige Politik muß revidiert werden; er hat seine Meinung, Einstellung, sein Urteil revidiert.

Revision, die: **a)** *Überprüfung:* eine R. des Gepäcks fand statt; die R. der Kasse vornehmen. **b)** *Änderung:* die R. eines Gesetzes, der Wirtschaftspolitik; das zwingt mich zur R. meiner Haltung, Meinung. **c)** (Rechtsw.) *Forderung, ein Urteil zu überprüfen:* gegen ein Urteil R. beantragen, einlegen; die R. begründen, zulassen, verwerfen, zurückweisen; in die R. gehen *(R. einlegen).*

Revolte, die: *Aufstand, Aufruhr:* eine offene R.; eine R. der Studenten, gegen die Gefängnisleitung, in der Armee, unter den Gefangenen; eine R. bricht aus, wird unterdrückt, niedergeschlagen, niedergeworfen; er hat die R. angeführt.

Revolution, die: **1.** *gewaltsamer Umsturz der bestehenden Ordnung:* eine blutige, proletarische R.; die R. bricht aus, siegt, scheitert, wird niedergeschlagen; eine R. ausrufen; die Ziele einer R.; eine R. von *(im Umwälzungsprozeß)* den die Machthaber selbst vornehmen); übertr.: die industrielle, technische, sexuelle R. **2.** *Neuerung:* eine R. in der Kindererziehung.

Rezept, das: **1.** *Arzneiverordnung:* ein R. ausschreiben; der Arzt hat mir ein R. geschrieben; das gibt es nur auf R.; übertr.: ein R. gegen Langeweile; dafür gibt es noch kein R. **2.** *Back-, Kochanweisung:* ein gutes, altes R.; ein R. aus einem alten Kochbuch; ein R. ausprobieren; übertr.: ein taktisches R.; nach bewährtem R.

Rhythmus, der: *bestimmte Gesetzmäßigkeit des Ablaufs von Tönen, Bewegungen o. ä.:* ein schneller, bewegter R.; afrikanische, zündende Rhythmen; der R. einer Komposition, eines Gedichtes; übertr.: der R. der Großstadt; der R. der Jahreszeiten, von Tag und Nacht; im R. der Zeit; Sport: einen bestimmten R. laufen.

richten: 1. a) ⟨etwas r.; mit Raumangabe⟩ *in eine bestimmte Richtung bringen, lenken:* den Scheinwerfer auf jmdn. r.; die Geschütze gegen den Feind r.; die Waffe gegen sich selbst r. *(sich zu erschießen versuchen);* die Segel nach dem Wind r.; das Schiff, den Kurs eines Schiffes nach Norden r.; seine Augen, den Blick in die Ferne r.; übertr.: sein Augenmerk auf jmdn., auf etwas r.; all sein Tun, seine Pläne, Wünsche auf ein bestimmtes Ziel r. **b)** ⟨etwas an jmdn., an etwas r.⟩ *vorbringen, äußern; adressieren:* Bitten, Aufforderungen, Mahnungen, eine Rede an jmdn. r.; er richtete sein Gesuch an die zuständige Behörde; die Frage war an dich gerichtet. **2. a)** ⟨sich r.; mit Raumangabe⟩ *sich in eine bestimmte Richtung wenden:* die Scheinwerfer richteten sich plötzlich alle auf einen Punkt; ihre Augen richteten sich in die Ferne; der Kranke konnte sich nur mühsam in die Höhe r.; übertr.: sein ganzes Streben richtete sich auf ein einziges Ziel. **b)** ⟨sich gegen jmdn., gegen etwas r.⟩ *sich gegen jmdn., etwas wenden:* seine Kritik richtet sich gegen die Politik der Regierung; in, mit seinem Buch richtet sie sich gegen soziale Mißstände; gegen wen richtet sich Ihr Verdacht? **3. a)** ⟨sich nach jmdm., nach etwas r.⟩ *sich entsprechend verhalten, sich anpassen:* sich nach jmds. Vorbild, nach jmds. Wünschen r.; ich richte mich [mit meinen Plänen] ganz nach dir. **b)** ⟨etwas richtet sich nach etwas⟩ *etwas hängt von etwas ab:* das richtet sich nach dem Wetter, Preis, nach der Leistung. **4.** ⟨etwas r.⟩ *richtig einstellen:* eine Antenne, einen Knochenbruch r.; hast du die Uhr gerichtet *(repariert)*?; ⟨jmdm. etwas r.⟩ sich lassen die Zähne r. *(geraderichten)* lassen. **5.** (bes. südd., österr., schweiz.) **a)** ⟨etwas r.⟩ *vorbereiten:* den Tisch, die Betten [für die Gäste] r.; ich habe [für] euch das Frühstück gerichtet; er hat alles für die Reise gerichtet. **b)** ⟨sich, jmdm. etwas r.⟩ *zurechtmachen:* sich, jmdm. die Haare, den Schlips r. **6.** (geh.) *urteilen; ein Urteil abgeben:* streng, gerecht, unparteiisch, gnädig r.; nach dem Recht r.; wir haben in dieser Angelegenheit, über diesen Menschen nicht zu r. **7.** (geh. veraltend) ⟨jmdn., sich r.⟩ *hinrichten, mit dem Tod bestrafen:* der Mörder wurde gerichtet; er hat sich selbst gerichtet.

Richter, der: *Jurist, der das Richteramt ausübt:* ein gerechter, gnädiger, milder, weiser R.; R. am Landgericht; der R. hat ihn freigesprochen; einen R. als befangen ablehnen; jmdn. vor den R. *(vor Gericht)* bringen, schleppen (ugs.); vor dem R. stehen; jmdn. zum R. bestellen; übertr.: sich zum R. über jmdn., über etwas aufwerfen *(sich ein Urteil über jmdn., etwas anmaßen).*

richtig: I. ⟨Adjektiv⟩ **1.** *stimmend, zutreffend; wahr, nicht falsch:* der richtige Weg, die richtige Fährte; eine richtige Antwort, Lösung, Auskunft, Erkenntnis; er ist auf der richtigen Seite; seine Rechnung war r. *(fehlerlos);* das ist unzweifelhaft r.; [sehr] r.! */bestätigende Floskel/*; zwischen ihnen ist etwas nicht r. *(nicht in Ordnung);* ich finde das nicht r., halte das nicht für r.; sehe ich das r. *(habe ich recht)?*; etwas r. beurteilen, verstehen; ein Wort r. schreiben, übersetzen; etwas r. machen, wissen; du hast die Tür nicht r. zugemacht; etwas r. messen, wiegen; die Uhr geht r.; das ist genau das richtige *(das ist richtig)* für mich; subst.: er hat das Richtige getroffen; sie hat sechs Richtige im Lotto (ugs.: *sechs Zahlen richtig getippt).* **2.** *geeignet, passend, günstig:* den richtigen Zeitpunkt wählen, verpassen; der richtige Mann am richtigen Platz; etwas am richtigen Ende anfassen *(in geeigneter Weise, geschickt anpacken);* etwas ins richtige Licht rücken; ich halte es für r., für das richtigste, wenn wir jetzt gehen; der Ort für dieses Gespräch ist nicht r. gewählt; subst.: er hat nichts Richtiges gelernt; für diese Arbeit ist er der Richtige *(der geeignete Mann);* mir ist nur gerade die Richtigen /ugs. iron.; *Ausdruck der Kritik/.* **3. a)** *wirklich, tatsächlich, echt:* das ist nicht sein richtiger Name; es war lange kein richtiger Sommer mehr; er ist noch ein richtiges Kind; er ist ein richtiger Junge,

Feigling; sie ist nicht die richtige *(leibliche)* Mutter der Kinder. **b)** (ugs.) ⟨verstärkend bei Adjektiven und Verben⟩ *sehr heftig; völlig, ganz und gar:* es war r. gemütlich, nett bei euch; es ist r. kalt geworden; schlaf dich erst mal r. aus! **II.** ⟨Adverb⟩ *in der Tat, wahrhaftig, tatsächlich:* sie sagte, er komme sicher bald, und r., da trat er in die Tür; ja r., jetzt erinnere ich mich. ∗(ugs.:) **nicht ganz r. sein** *(nicht ganz bei Verstand sein).*

Richtigkeit, die: *das Richtigsein:* die R. des Ausdrucks, der Sprache; die R. der Maße prüfen; die R. einer Abschrift bescheinigen, bestätigen; es muß alles seine R. haben *(ordnungsgemäß ablaufen);* mit dieser Anordnung hat es seine R. *(sie ist richtig);* an der R. von etwas zweifeln; etwas auf seine R. prüfen.

richtigstellen ⟨etwas r.⟩: *berichtigen:* einen Irrtum, eine falsche Behauptung r.

Richtlinie, die: *Anweisung, Vorschrift:* allgemeine Richtlinien; die Richtlinien der Wirtschaftspolitik festlegen; Richtlinien erlassen, empfangen, beachten, einhalten; jmdm. Richtlinien für sein Verhalten geben; er hat sich nicht an die Richtlinien gehalten.

Richtschnur, die: *Grundsatz, Leitsatz:* dieser Ausspruch war die R. seines Handelns, diente ihm als R.; etwas zur R. seines Lebens machen.

Richtung, die: **1.** *Ausrichtung, das Gerichtetsein auf ein bestimmtes Ziel:* die R. einer Straße, Bahn, eines Flusses; das ist die falsche R.; eine R. einschlagen; die R. ändern, wechseln; eine andere R. nehmen; der Pfeil zeigt die R. an; jmdm. die R. zeigen; aus allen Richtungen herbeieilen; in eine andere, in die entgegengesetzte R. gehen; sie flogen in nördliche/nördlicher R. *(nach Norden);* sie bewegten sich in R. [auf] Berlin, in R. Osten, des Dorfes; Kanäle durchziehen das Land nach allen Richtungen; übertr.: wenigstens stimmt die R. wieder *(der eingeschlagene Weg ist erfolgversprechend);* seine Gedanken bekamen eine andere R.; einem Gespräch eine bestimmte R. geben *(es auf ein bestimmtes Thema bringen);* der erste Versuch, der in dieser R. *(auf dieses Ziel hin)* unternommen wird; ein Schritt in die richtige R.; sich nach keiner R. hin *(in keiner Weise, überhaupt nicht)* binden, festlegen. **2.** *geistige Strömung, Bewegung:* eine politische, künstlerische, musikalische R.; die vielfältigen Richtungen in der Kunst; eine bestimmte R. vertreten; die Hauptvertreter einer R.

riechen: 1. a) ⟨etwas r.⟩ *durch den Geruchssinn wahrnehmen:* ein bestimmtes Parfüm gern r.; er hat das Gas zuerst gerochen; ich kann Knoblauch nicht r. *(kann den Geruch nicht ausstehen);* übertr.: er roch, daß etwas nicht stimmte. **b)** ⟨an etwas r.⟩ *den Geruch von etwas feststellen wollen:* an einer Rose, einem Pulver r. **2. a)** *einen [unangenehmen] Geruch verbreiten:* Käse, Fisch riecht; er riecht aus dem Mund; deine Blumen riechen nicht. **b)** ⟨mit Artangabe⟩ *einen bestimmten Geruch haben:* etwas riecht gut, schlecht, unangenehm, übel, streng, scharf, stark, [wie] angebrannt; hier riecht es nach Gas; sie roch nach einem billigen Parfüm; übertr.: irgend etwas riecht verdächtig; es riecht nach Freispruch. ∗(ugs.:) **jmdn. nicht riechen können** *(jmdn. unausstehlich finden)* · (ugs.:) **etwas nicht**

riechen können *(etwas nicht ahnen, im voraus nicht wissen können)* · **mal dran riechen dürfen** *(etwas nur für kurze Zeit behalten, ansehen können)*. **Riecher** ⟨in der Wendung⟩ einen guten, den richtigen R. [für jmdn., etwas] haben (ugs.): *ein sicheres Gefühl haben; etwas richtig einschätzen.* **Riegel,** der: 1. *Verschlußvorrichtung:* ein hölzerner, eiserner R.; der R. knarrt, klirrt; den R. an der Tür vor-, zu-, auf-, zurückschieben; den R. vorlegen; übertr. (Sport): einen R. *(eine verstärkte Verteidigung)* um den Strafraum aufziehen. 2. *unterteiltes, stangenartiges Stück:* einen R. Schokolade essen. * **einer Sache, jmdm. einen Riegel vorschieben** *(etwas unterbinden).* **¹Riemen,** der: *Lederstreifen (bes. als Gürtel):* ein breiter, schmaler, langer R.; der R. ist gerissen, vom Rad gesprungen; einen R. um etwas schnallen; etwas mit R. festschnallen. * (ugs.:) **den Riemen enger schnallen** *(sich in seinen Bedürfnissen einschränken)* · (ugs.:) **sich am Riemen reißen** *(sich zusammennehmen, sich sehr anstrengen).* **²Riemen,** der: *Ruder:* die R. einlegen, einziehen; sie legten sich in die R. *(ruderten tüchtig).* * (ugs.:) **sich in die Riemen legen** *(mit Energie etwas in Angriff nehmen und durchführen).* **Riese,** der: 1. *Märchen- oder Sagengestalt von übernatürlicher Größe:* in diesem Märchen muß der Prinz mit einem Riesen kämpfen; übertr.: er ist ein R. *(ist sehr groß);* er ist ein R. an Geist, Gelehrsamkeit *(ist sehr klug, gelehrt);* die Riesen *(die höchsten Berge)* der Alpen. 2. (ugs.) *Tausendmarkschein:* das kostet fünf Riesen. **rieseln** *(etwas rieselt;* gewöhnlich mit Raumangabe): *etwas rinnt, fließt, fällt leicht und stetig:* das Wasser rieselt über die Steine; der Kalk rieselte von den Wänden; er ließ den Sand durch die Finger r.; der Regen, Schnee rieselt [schon seit Stunden]; übertr.: Angst, ein Schauder rieselte ihm durch alle Glieder, über den Rücken. **riesig:** 1. a) *sehr groß, umfangreich:* ein riesiges Bauwerk; eine riesige Gestalt, Menschenmenge; der Turm war, wirkte r. b) *gewaltig:* eine riesige Anstrengung; riesigen Durst haben; das hat riesigen Spaß gemacht. 2. (ugs.) a) *hervorragend, großartig:* eine riesige Stimmung; der Film war r.; das finde ich r. von dir. b) ⟨verstärkend bei Adjektiven und Verben⟩ *sehr, überaus:* es war r. interessant; ich habe mich r. gefreut. **rigoros:** *unerbittlich, streng:* rigorose Maßnahmen, Kontrollen, Strafen; er, sein Vorgehen war sehr r.; r. durchgreifen. **Rind,** das / *ein Haustier/:* die Rinder brüllen, grasen; Rinder züchten; Aufzucht von Rindern. **Rinde,** die: *Baumrinde, Borke:* rauhe, rissige, glatte R.; die R. vom Stamm ablösen, abschälen; übertr.: *Kruste:* die R. des Brotes, Käses. **Ring,** der: 1. *Fingerring:* ein goldener, silberner, massiver, kostbarer, brillantenbesetzter R.; ein R. aus Platin, mit einem großen Stein; der R. blitzte an ihrem Finger; einen R. [am Finger] tragen; sich (Dativ) einen R. anstecken; einen R. vom Finger ziehen, abstreifen; R: der R. schließt sich *(die Sache findet ihren Abschluß).* 2. *ringförmiges Gebilde:* beim Spiel einen R. bilden; einen R. um jmdn. schließen; der Raucher blies Ringe in die Luft; die Ringe *(Jahresringe)* des Baumstamms; der ins Wasser geworfene Stein läßt an der Ober-

fläche Ringe entstehen; sie hat dunkle, schwarze Ringe *(Schatten)* um, unter den Augen; er schoß zehn Ringe *(in den zehnten Ring)* auf der Schießscheibe; Sport: /*ein Turngerät/*: an den Ringen turnen; übertr.: ein R. *(eine Bande)* von Waffenschiebern; die Händler haben sich zu einem R. *(Kartell)* zusammengeschlossen. 3. *Boxring:* den R. betreten; den R. als Sieger verlassen; in den R. treten, klettern, steigen; R. frei zur dritten Runde! * (geh.:) **die Ringe tauschen/wechseln** *(heiraten).* **ringen:** 1. a) *nach bestimmten Regeln kämpfen (als sportliche Disziplin):* taktisch klug, mit einem/ gegen einen starken Gegner r.; er ringt *(ist Ringer).* b) ⟨mit jmdm. r.⟩ *unter Anwendung bestimmter Körpergriffe mit jmdm. kämpfen:* die beiden Männer rangen bis zur Erschöpfung miteinander; ⟨auch ohne Präp.-Obj.⟩ sie rangen immer noch; übertr. (geh.): mit dem Tode r. *(war todkrank);* der Schwimmer rang mit den Wellen *(konnte sich wegen der starken Wellen kaum im Wasser behaupten).* c) ⟨mit sich, mit etwas r.⟩ *sich innerlich heftig auseinandersetzen:* mit einem Problem r.; ich habe mit mir gerungen, ob ich das tun soll; übertr. (geh.): er rang mit den Tränen *(konnte sie kaum unterdrücken).* 2. (geh.) ⟨nach, um etwas r.⟩ *sich angestrengt um etwas bemühen; heftig etwas anstreben:* hart, zäh um Anerkennung, Erfolg, Freiheit r.; übertr.: nach Atem r.; er hat Worten/um Worte, nach/um Fassung gerungen. 3. a) ⟨etwas r.⟩ *[zusammenpressend] winden:* sie rang verzweifelt die, ihre Hände; ⟨jmdm. etwas r.; mit Raumangabe⟩ er rang ihm die Pistole aus der Hand. b) (geh.) ⟨etwas ringt sich; mit Raumangabe⟩ *etwas entringt sich:* ein Seufzer rang sich aus seiner Brust. **rings** ⟨Adverb⟩: *auf allen Seiten, rundherum:* r. an den Wänden stehen Regale; der Ort ist r. von Bergen umgeben; sich r. im Kreis umsehen; r. um den Park lief eine Mauer. **ringsumher** ⟨Adverb⟩: *im Kreis herum:* er blickte r.; r. war es dunkel. **Rinne,** die: *Rille; Rohr, durch das Wasser abfließt:* tiefe Rinnen im Erdreich; die R. am Dach; der Regen hat tiefe Rinnen in den Boden gegraben; das Wasser fließt durch eine R. ab. **rinnen** ⟨etwas rinnt; (gewöhnlich mit Raumangabe⟩ *etwas fließt langsam und stetig:* der Regen rinnt in die Tonne, über die Scheiben, vom Dach; Blut rann in einem dünnen Faden aus der Wunde; Tränen rannen über ihre Wangen; sie ließ das Wasser durch die Finger r.; der Regen rinnt (geh.) *(es regnet)* unaufhörlich; ⟨etwas rinnt jmdm.; mit Raumangabe⟩ der Schweiß rann ihm von der Stirn; bildl.: das Geld rinnt ihm [nur so] durch die Finger *(er gibt [zu] viel Geld aus).* 2. *etwas ist undicht:* der Topf, das Faß rinnt. **Rippe,** die: 1. *bogenförmiger Knochen des Brustkorbs:* sich (Dativ) eine R. brechen, quetschen; man kann bei ihm alle Rippen zählen/er hat nichts auf den Rippen (ugs.; *er ist sehr mager);* er hat ein Messer in, zwischen die Rippen gestoßen, gejagt (ugs.); er stieß ihm/ihn in die Rippen *(gab ihm einen Stoß in die Seite).* 2. *rippenähnliches Gebilde:* Cord mit breiten Rippen; ein Heizkörper mit acht Rippen; eine R. *(ein Riegel)* Schokolade. 3. *hervortretende Blattader:* die Rip-

pen des Blattes; beim Salat die Rippen herausschneiden. **3.** (Bauw.) *Rippenbogen:* die Rippen des Gewölbes. * (ugs.:) **sich** (Dativ) **etwas nicht aus den Rippen schneiden/schlagen können** *(nicht wissen, wo man etwas hernehmen soll).*
Risiko, das: *Wagnis:* ein großes R.; das R. ist gering; die Sache ist kein R.; ein R. eingehen; das R. tragen; das R. bei der Sache fürchten; die Risiken/die Risikos der Behandlung bedenken; das geht auf eigenes R.
riskant: *gewagt, gefährlich:* ein riskantes Unternehmen; der Plan ist, erscheint mir sehr r.
riskieren ⟨etwas r.⟩ **a)** *aufs Spiel setzen:* viel, wenig, nichts, alles, das Äußerste, seine Stellung, seinen Kopf r.; bei der Sache hast du unnötig dein Leben riskiert. **b)** *wagen:* ein Wort r.; man muß auch einmal etwas r.; sie riskierte ein zaghaftes Lächeln. **c)** *die Gefahr von etwas heraufbeschwören:* einen Krach, Strafzettel, eine Niederlage r.; ich riskiere, ausgelacht zu werden.
Riß, der: **1.** *durch Reißen o. ä. entstandene klaffende Stelle:* ein großer, kleiner, tiefer R.; ein R. im Stoff, im Gestein, in der Haut; in der Decke, im Boden waren, zeigten sich Risse; der R. hat sich vertieft; die Glasur hat Risse bekommen; einen R. flicken, leimen, verkitten, verschmieren; bildl.: ihre Freundschaft hatte einen R. bekommen; die Risse in dem Bündnis wurden mühsam geleimt, gekittet; ein R. zwischen den Generationen. **2.** (Technik, Geom.) *Zeichnung nach den wichtigsten Linien, nach dem Umriß:* einen R. zeichnen, machen (ugs.).
rissig: *Risse aufweisend:* rissige Rinde, Borke; rissiger Putz; rissiger Boden; ihre Hände sind r. *(aufgesprungen);* das Leder wird r. *(brüchig).*
Ritt, der: *das Reiten:* ein langer, kurzer, weiter, scharfer R.; in einem wilden R. jagten sie über die Felder. * **ein Ritt über den Bodensee** *(Unternehmung, über deren Gefährlichkeit sich der Betreffende nicht im klaren ist)* · (ugs.:) **auf einen/in einem Ritt** *(auf einmal, ohne zu unterbrechen).*
ritterlich: 1. *den Ritterstand betreffend:* das ritterliche Leben. **2.** *anständig, fair:* sich im ritterlichen Kampf messen. **3.** *(veraltend) zuvorkommend, höflich:* ein ritterliches Verhalten; er ist immer sehr r.; r. bot er der Dame den Arm.
Ritze, die: *schmale Spalte:* eine schmale, tiefe R.; Ritzen in den Türen, im Fußboden; Ritzen entstehen; die Ritzen verstopfen, verschmieren; der Wind pfeift durch die Ritzen; in, zwischen den Ritzen hatte sich Schmutz angesammelt.
ritzen: 1. a) ⟨etwas r.⟩ *mit Einkerbungen versehen:* Glas [mit einem Diamanten] r.; R (ugs.): [das, die Sache, alles] ist geritzt *(ist abgemacht, wird erledigt).* **b)** ⟨etwas r.; mit Raumangabe⟩ *einschneiden, eingraben:* ein Zeichen in das Holz r.; er hat seinen Namen in die Rinde, in die Bank geritzt. **2. a)** ⟨jmdn., sich, etwas r.⟩ *eine rißartige Verletzung beibringen:* sich [an einem Dorn, Nagel] r.; er hat ihn mit einer Nadel [an der Hand] geritzt; die Dornen ritzten meine Haut. **b)** ⟨sich, jmdm. etwas r.⟩ *etwas leicht verletzen:* die Dornen ritzten ihm die Haut an den Beinen.
robust: *kräftig; widerstandsfähig:* ein robustes Kind; sie ist eine robuste Natur; eine robuste Gesundheit; seelisch r.; übertr.: das Material, der Motor ist sehr r.

röcheln: *schwer, hörbar atmen:* der Kranke, der Sterbende röchelte; er atmete röchelnd.
Rock, der: **1.** *Damenrock:* ein kurzer, langer, enger, kniefreier, knöchellanger, glockiger, gerader, ausgestellter, plissierter, karierter, schwarzer R.; ein R. aus Mohair; der R. paßt [nicht], sitzt gut, ist zu knapp (ugs.), muß kürzer gemacht werden; der R. flattert ihr um die Beine; sie trägt meist R. und Bluse; den R. an-, ausziehen; den R. schürzen (geh.; *heben, raffen*); ein Kleid mit weitem R. *(Unterteil des Kleides).* **2.** (veraltend) *Jacke, Jakkett für Männer:* ein dunkler, abgelegter, schäbiger, R.; der grüne R. des Jägers; der feldgraue R. des Soldaten; den R. anziehen, ausziehen, ablegen. * (ugs.:) **hinter jedem Rock hersein/herlaufen** *(allen Frauen nachlaufen).*
Rockzipfel ⟨in den Wendungen⟩ (ugs.:) **sich an jmds. Rockzipfel, sich jmdm. an den Rockzipfel hängen; an jmds. Rockzipfel/jmdm. am Rockzipfel hängen** *(unselbständig sein; sich immer in jmds. Nähe aufhalten).*
rodeln: a) *Schlitten fahren:* die Kinder haben/ sind den ganzen Tag gerodelt. **b)** ⟨mit Raumangabe⟩ *sich rodelnd irgendwohin bewegen:* sie rodelten ins Tal.
roden ⟨etwas r.⟩: *urbar machen:* Wald, Land r.; große Gebiete wurden gerodet.
roh: 1. *ungekocht, noch nicht zubereitet:* rohes Obst, Fleisch; roher Schinken; in rohem Zustand; rohe Klöße *(Klöße aus rohen Kartoffeln);* das Fleisch ist noch [ganz] r. *(noch nicht gar);* Leber r. essen. **2.** *unbearbeitet; unfertig:* rohes Material, roher Stein; rohes Holz; rohe Felle; rohe Diamanten; ein r. *(grob)* gezimmerter Tisch; die Bretter, Balken sind noch r.; übertr.: nach roher *(ungefährer)* Schätzung; die Arbeit ist in rohen *(in großen Zügen)* fertig. **3.** (veraltend) *wund, nicht [mehr] von Haut bedeckt:* an der Schürfwunde war das rohe Fleisch zu sehen. **4.** *unkultiviert, grob, brutal:* rohe Sitten, Kräfte; ein roher Mensch; er hat das Schloß mit roher Gewalt aufgebrochen; faß das Kind nicht so r. an!
Rohr, das: **1. a)** *Schilf:* um den See wächst R.; Wasservögel nisten im R.; Matten aus R. flechten; das Dach des Häuschens ist mit R. bedeckt. **b)** *Peddigrohr:* Stühle, Körbe aus R. **2.** *zylindrischer Hohlkörper:* ein dickes, langes, enges, dickwandiges R.; ein R. ist geplatzt; das R. des Ofens glüht; die Rohre der Geschütze; ein R. ist verstopft; Rohre legen, verlegen; Abgase, Rauch durch Rohre ableiten; die Schlachtschiffe schossen, feuerten aus allen Rohren. * (ugs.:) **volles Rohr** *(mit voller Wucht, mit vollem Einsatz).*
Röhre, die: **1.** *zylindrisches Gefäß, Rohr:* eine dünne, gläserne R.; Röhren aus Eisen, Ton; ein Röhrchen mit Tabletten. **2. a)** *Radio-, Fernsehröhre:* eine R. ist durchgebrannt, kaputt (ugs.); diese R. hat eine lange Lebensdauer; eine R. auswechseln, ersetzen, prüfen. **b)** (ugs. abwertend) *Bildschirm, Fernsehgerät:* er sitzt den ganzen Abend vor der R., guckt, starrt in die R. **3.** *Backröhre:* das Essen in die R. stellen; etwas in der R. braten. * (ugs.:) **in die Röhre sehen/gucken** *(leer ausgehen; das Nachsehen haben).*
¹Rolle, die: **1. a)** *etwas, was in Form einer Walze auf-, zusammengerollt ist:* eine R. Garn, [Toiletten]papier; eine R. verzinkter Draht/verzinkten

Drahtes; eine R. Geldstücke, Drops; eine R. [auf]wickeln; etwas von einer R. abwickeln. **b)** *Rad, Kugel oder Walze, worauf etwas rollt oder gleitet:* der Sessel hat Rollen aus Nickel; ein Tisch auf Rollen; eine Kiste, schwere Lasten auf Rollen transportieren, bewegen; das Seil des Flaschenzugs läuft über Rollen. **2.** /*eine Turnübung*/: eine R. vorwärts machen; eine R. am Barren ausführen. * (ugs.:) **von der Rolle sein** *(konfus, durcheinander, aus der Fassung sein)* · (ugs.:) **jmdn. von der Rolle bringen** *(jmdn. aus der Fassung bringen).*
²Rolle, die: **1. a)** *von dem Schauspieler zu verkörpernde Gestalt:* eine kleine, tragende, schwierige, dankbare R.; diese R. liegt ihm; eine R. übernehmen, besetzen; Rollen verteilen, tauschen; er spielt die R. des Schurken; die R. ist ihr auf den Leib geschrieben; er spielt die R. gut, überzeugend; er trat in diesem Stück in einer großen R. auf; übertr.: wir begnügten uns mit der R. des Zuschauers. **b)** *Rollentext:* seine R. lernen, studieren; er spielte die R. des Richters in dem Hörspiel; sie lasen den Text mit verteilten Rollen; übertr.: wir machten ein Interview mit verteilten Rollen. **2.** *Stellung, Verhalten innerhalb der Gesellschaft:* anerzogene Rollen; die R. der Frau in Vergangenheit und Gegenwart; die führende R. der Partei, in diesem Skandal; seine R. als Vermittler; die Rollen [ver]tauschen. * **aus der Rolle fallen** *(die Beherrschung verlieren; sich ungehörig benehmen)* · **eine Rolle spielen mögen/wollen** *(großes Geltungsbedürfnis haben)* · **etwas spielt [bei jmdm., etwas/für jmdn., etwas] eine Rolle** *(etwas ist [für jmdn., etwas] wichtig)* · **jmd. spielt bei etwas eine Rolle** *(jmd. hat an einer Sache teil):* er hat bei den Vorgängen eine [zweideutige] R. gespielt · **seine Rolle ausgespielt haben** *(seine Stellung, sein Ansehen verlieren).*
rollen: **1.** ⟨etwas rollt⟩ **a)** *etwas bewegt sich [fort], indem es sich um sich selber dreht:* die Kugel, der Ball, der Würfel, das Rad rollt; übertr.: die Sache rollt *(geht vorwärts);* bald werden Köpfe r. *(Leute zur Rechenschaft gezogen).* **b)** ⟨mit Raumangabe⟩ *etwas bewegt sich rollend an einen bestimmten Ort:* der Ball rollte auf die Straße, unter den Tisch, ins Aus; Tränen rollten *(liefen)* über ihr Gesicht; in seinen Adern rollt (geh.; *fließt)* feuriges, blaues Blut; ein Brecher rollte über das Deck *(ging über das Deck hinweg);* ⟨jmdm. rollt etwas; mit Raumangabe⟩ das Geldstück ist ihm unter den Schrank gerollt. **c)** ⟨mit Raumangabe⟩ *eine Drehbewegung machen:* das Kind rollte auf den Rücken; im Schlaf war er auf die andere Seite gerollt. **2.** ⟨etwas rollt⟩ **a)** *etwas bewegt sich auf Rädern:* der Wagen, der Zug rollt. **b)** ⟨mit Raumangabe⟩ *etwas fährt [langsam] fort:* das Flugzeug rollt auf die Startbahn; langsam rollt der Zug aus der Bahnhofshalle; Panzer sind durch die Straßen gerollt. **3.** ⟨jmdn., sich, etwas r.; gewöhnlich mit Raumangabe⟩ *rollend befördern:* das Faß [in den Keller, über eine Rampe] r.; sie mußten einen Felsblock zur Seite r.; sich in eine Decke r. *(einrollen);* den Kranken auf die Veranda r.; der Hund rollte sich auf den Bauch, am Boden, ins Gras. **4. a)** ⟨etwas r.⟩ *zusammenrollen:* einen Teppich, Papier r.; er hat Mantel und Zeltbahn gerollt. **b)** ⟨etwas rollt sich⟩ *etwas rollt sich zusammen, biegt sich:* das Papier, der Tep-

pich hat sich an den Rändern gerollt. **5.** *im Kreise bewegen:* **a)** ⟨etwas r.⟩ den Kopf r.; sie rollte [wütend] die Augen. **b)** ⟨mit etwas r.⟩ sie rollte mit den Augen. **6.** ⟨etwas r.⟩ *ausrollen:* den Teig zu einer Wurst r.; Nudeln r. **7.** (Seemannsspr.) ⟨etwas rollt⟩ *etwas schlingert:* das Schiff rollt in der schweren See. **8.** ⟨etwas rollt⟩ *etwas bringt ein rollendes Geräusch hervor:* der Donner, das Echo hat gerollt; subst.: man hörte das Rollen der Geschütze. * (ugs.:) **ins Rollen kommen** *(in Gang kommen, beginnen)* · (ugs.:) **etwas ins Rollen bringen** *(etwas in Gang bringen, auslösen).*
Roman, der: *größeres literarisches Prosawerk:* ein historischer, spannender, langweiliger R.; der moderne R. *(die Gattung der modernen erzählerischen Prosa);* der R. *(die Romandichtung)* der Klassik; der R. spielt in Italien; der R. beschreibt das Leben der Indianer; einen R. schreiben, verfassen, veröffentlichen, verfilmen, lesen; er könnte einen R. schreiben über seine Erlebnisse *(er hat viel erlebt);* sein Leben gleicht einem R.; er arbeitet an einem R.; übertr. (ugs.): erzähl mir keine Romane! *(bleib bei der Wahrheit!);* er hat einen ganzen R. erzählt *(viel geschwatzt).*
romantisch: **1.** *der Romantik angehörend, zugehörend:* die romantische Malerei, Poesie, Musik; die romantischen Dichter; die romantische Schule *(Dichterschule).* **2. a)** *schwärmerisch veranlagt, von Gefühlen bestimmt:* ein romantischer Mensch; eine romantische Natur; romantische *(unrealistische)* Vorstellungen haben; romantische *(gefühlvolle)* Songs; die Geschichte ist sehr r.; der junge Mann wirkt ein wenig r. **b)** *stimmungsvoll; malerisch:* eine romantische Gegend, Landschaft, Burgruine; das Tal mit seinen Bächen war ganz r.; der Ort ist sehr r. gelegen.
rosa: *blaßrot:* ein r. Kleid; ein r. (hochsprachlich nicht korrekt: rosanes) Tuch; subst.: helles Rosa.
Rose, die: /*eine Blume*/: eine rote R.; ein Strauß Rosen; die R. ist aufgeblüht; Rosen schneiden; R: keine R. ohne Dornen. * (geh.:) **nicht auf Rosen gebettet sein** *(kein leichtes Leben haben).*
rosig: **1.** *mit rötlichem Schimmer:* ein rosiges Gesicht; eine rosige Haut; das Baby sieht ganz r. aus. **2.** (ugs.) *positiv, angenehm:* er schilderte die Zustände in rosigem, rosigstem Licht, in den rosigsten Farben; er ist heute nicht in rosiger *(ist in schlechter)* Laune; unsere Lage ist nicht r.; die Sache sieht nicht r. aus.
Rosine, die: *getrocknete Weinbeere:* im Kuchen sind Rosinen. * (ugs.:) **[große] Rosinen im Kopf haben** *(hochfliegende Pläne haben)* · (ugs.:) **sich** (Dativ) **die [besten, größten, dicksten] Rosinen herauspicken/herausklauben/aus dem Kuchen picken** *(aus etwas das Beste für sich herausholen).*
Roß, das: **1.** (geh.) *Pferd:* ein edles, feuriges R.; sie schwangen sich auf ihre Rosse. **2.** (ugs.) *dummer, tölpelhafter Mensch* /oft als Schimpfwort/: du R.! * **hoch zu Roß** *(reitend; zu Pferde)* · (ugs.:) **auf dem, [s]einem hohen Roß sitzen** *(hochmütig, überheblich sein)* · (ugs.:) **sich aufs hohe Roß setzen** *(eine hochmütige, überhebliche Haltung annehmen)* · (ugs.:) **von seinem hohen Roß herunterkommen, -steigen** *(seine hochmütige, überhebliche Haltung aufgeben)* · **Roß und Reiter nennen** *(offen sagen, wovon, von wem die Rede ist).*

¹Rost, der: *gitterartige Vorrichtung:* der R. im Ofen ist durchgebrannt; Asche fällt durch den R.; Würste auf dem R. *(Bratrost)* braten.

²Rost, der: *durch Feuchtigkeitseinwirkung hervorgerufener Belag auf Eisen:* R. setzt sich an, bildet sich, zerfrißt das Eisen; der R. muß entfernt werden; etwas vom R. befreien.

rosten ⟨etwas rostet⟩: *etwas setzt Rost an:* das Auto fängt an zu r.; das Werkzeug ist/(auch:) hat gerostet; übertr.: sie macht den Kurs, um nicht zu r. *(ihre Fertigkeiten nicht zu verlieren).*

rösten ⟨etwas r.⟩: *durch Hitzeeinwirkung bräunen:* Kastanien, Kaffee r.; sie röstet Weißbrot im Toaster; übertr. (ugs.): [sich] in der Sonne r.

rostig: *von Rost bedeckt:* rostige Messer, Nägel; die Gartengeräte sind r. geworden; übertr.: eine rostige *(tiefe, rauhe)* Stimme.

rot: 1. /*eine Farbbezeichnung*/: rote Farbe, Tinte; roter Mohn; rote Rosen; rote Johannisbeeren; rotes Gold *(Rotgold);* rote Backen; rote Lippen; eine rote *(auf Rot stehende)* Ampel; sie hat noch rötere/(seltener:) rotere Haare als ihre Schwester; er bekam vor Aufregung einen roten Kopf *(wurde rot im Gesicht);* sie hatte rote Augen vom Weinen; eine rote Nase; rote Blutkörperchen; nach dem Sonnenbad war sie r. wie ein Krebs; er war r. vor Wut; vor Verlegenheit wurde er r. bis über die Ohren (ugs.); vor Zorn ist der Chef r. angelaufen (ugs.; *bekam er einen roten Kopf*); der Abendhimmel leuchtet r.; ein Kleid r. färben; einen Fehler r. anstreichen; sich die Augen r. weinen *(heftig weinen);* R: heute r., morgen tot; subst.: ein schönes, helles, kräftiges Rot; die Farbe Rot; ihre Lieblingsfarbe ist Rot; bei Rot *(roter Ampel)* über die Straße gehen; ein Glas von dem Roten (ugs.; *Rotwein*); der Raum ist ganz in Rot gehalten. 2. (ugs.) *sozialistisch:* rote Literatur; er ist ziemlich r., ist r. angehaucht; R (ugs.): lieber r. als tot; subst.: er ist ein Roter. * (ugs.:) **rot werden** *(einen roten Kopf bekommen).*

Röte, die: *rote Färbung:* eine blasse, tiefe, fiebrige, brennende R.; die R. der Wangen (geh.); eine R. flog über sein Gesicht, stieg ihm ins Gesicht; eine sanfte R. *(ein rötlicher Schimmer)* färbte den Abendhimmel.

röten (geh.): **a)** ⟨etwas rötet etwas⟩: *etwas färbt etwas rot, etwas läßt etwas rot werden:* die Sonne, die Kälte rötete sein Gesicht; der scharfe Wind hat seine Haut, seine Backen gerötet; das Feuer des Brandes rötete den Himmel; adj. Part.: *rot entzündet:* gerötete Augen; sein Hals war gerötet. **b)** ⟨etwas rötet sich⟩: *etwas wird rot, nimmt eine rote Färbung an:* sein Gesicht rötete sich in der kalten Luft; das Wasser rötete sich vom Blut.

Route, die: *festgelegte Wegstrecke:* die kürzeste R. fliegen, einschlagen, wählen, nehmen; sie haben ihre R. geändert, eingehalten; auf der nördlichen R.; übertr.: für die Verhandlungen eine R. abstecken.

Routine, die: *durch Übung, Erfahrung gewonnene Fertigkeit:* jmdm. fehlt noch die [nötige] R.; große R. in etwas haben; über genügend, langjährige R. verfügen, diese Tests gehören zur R.; das ist für uns zur R. geworden.

routiniert: *über große Routine verfügend:* ein routinierter Sprecher; sehr r. sein; der Schauspieler hat die Rolle zu r. gespielt.

Rübe, die: 1. /*eine Futterpflanze*/: Rüben pflanzen, [an]bauen, ziehen, hacken, ernten, ausmachen (ugs.), [ver]füttern. 2. (ugs.) *Kopf:* zieh mal deine R. ein!; jmdm. die R. abhacken *(jmdn. enthaupten);* bei der Schlägerei hat er eins auf die R. bekommen. * (ugs.:) **freche Rübe** *(frecher Mensch)* · (südd.:) **gelbe Rübe** *(Mohrrübe)* · **rote Rübe** *(Rübe mit einer runden, roten Wurzel).*

ruchbar ⟨in der Verbindung⟩ etwas wird ruchbar (geh.): *etwas wird bekannt:* als seine Taten r. wurden, flüchtete er ins Ausland.

Ruck, der: *kurze, heftige Bewegung:* ein heftiger, starker, kräftiger R.; ein R. am Zügel; plötzlich gab es einen R.; der Zug setzte sich mit einem leichten R. in Bewegung; er stand mit einem R. auf; ohne den geringsten R. anfahren; übertr.: es gab ihr einen inneren R. *(traf sie innerlich);* wir fuhren in einem R. durch (ugs.; *ohne anzuhalten*); die Wahlen ergaben einen R. *(eine Verschiebung)* nach links, rechts. * (ugs.:) **sich** (Dativ) **einen Ruck geben** *(sich zu etwas überwinden).*

rücken: 1. **a)** ⟨etwas r.⟩ *ruckweise an einen anderen Platz schieben:* einen Schrank, einen Tisch r.; sie rückten die Möbel an die Wand, zur Seite, nach rechts; sie rückte die Lampe in ihre Nähe; die schwere Kiste ließ sich nicht [von der Stelle] r.; übertr.: die Verwirklichung der Pläne ist in weite Ferne gerückt. **b)** ⟨etwas r.⟩ *mit Raumangabe⟩ an eine bestimmte Stelle bringen:* eine Schachfigur zwei Felder nach vorn r.; die Mütze in die Stirn r. 2. **a)** ⟨an etwas r.⟩ *etwas durch Rücken [hin und her] bewegen:* er hat an dem Zeiger der Uhr gerückt; verlegen rückte er an seiner Krawatte. **b)** ⟨mit etwas r.⟩ *sich mit etwas [hin und her] bewegen:* die Kinder rückten mit den Stühlen. **c)** ⟨mit Raumangabe⟩ *sich [mit einem Ruck] in eine bestimmte Richtung bewegen:* können Sie ein wenig nach vorn, zur Seite r.?; sie rückte in die Ecke, näher an den Tisch; der Zeiger der Uhr rückte auf 12. 3. ⟨mit Raumangabe⟩ *irgendwohin ziehen, sich begeben:* die Truppen, die Soldaten rückten ins Feld, an die Front; übertr.: in den Bereich des Möglichen, in den Mittelpunkt r.; Weihnachten rückt näher *(kommt heran);* er ist an die Stelle des pensionierten Kollegen gerückt *(hat seine Stellung eingenommen).*

Rücken, der: *(beim Menschen) hintere Seite des Rumpfes, (bei Tieren) Oberseite des Rumpfes:* ein breiter, krummer, gebeugter R.; der R. tut ihm weh, schmerzt ihm/ihn (geh.); dem Kranken den R. einreiben; er stand so, daß er den anderen den R. zudrehte; demonstrativ kehrte er den Kollegen den R. *(wendete er sich ab);* die Katze krümmte ihren R.; R. an/gegen R. stehen; er ist auf den verlängerten R. (scherzh.; *das Gesäß)* gefallen; auf den R. fallen; auf dem R. liegen; hinter jmds. R. Schutz suchen; er sitzt lieber mit dem R. gegen die/an der/zur Wand; die Sonne im R. haben; zum erstenmal auf dem R. eines Pferdes sitzen; ein Schauder lief ihm über den R., lief über seinen R.; man band den Gefangenen die Hände auf den R.; den Rucksack vom R. nehmen; übertr.: der R. *(die Rückenpartie)* der Jacke war zu schmal; der R. ihrer Nase *(Nasenrücken)* ist sehr schmal; der R. des Messers *(Messerrücken);* über den R. ihrer Hand *(Handrücken);* floß Blut; der R. des Buches *(Buchrücken)* hat eine Goldprägung. * (ugs.:) **einen breiten Rücken haben** *(viel Kritik vertragen)* · **mit dem Rücken zur Wand** *(in einer äußerst schwieriger Situation; in einer Lage, in der man sich energisch wehren muß)* · (ugs.:) **[fast/beinahe] auf den Rücken fallen** *(sehr verwundert, entsetzt sein)* · (ugs.:) **jmdn., etwas im Rücken haben** *(durch jmdn., etwas abgesichert sein)* · (ugs.:) **jmdm. den Rücken stärken/ steifen** *(jmdm. Mut machen, ihn moralisch unterstützen)* · **jmdm., einer Sache den Rücken wenden/ kehren** *(sich von jmdm., von etwas abwenden, abkehren)* · **den Rücken wenden/kehren** *(weggehen, sich abwenden):* kaum hatte sie den R. gewandt, da war es passiert · **es läuft jmdm. [heiß und] kalt über den Rücken/den Rücken herunter** *(jmd. ist voll Angst, ist entsetzt)* · **sich den Rücken freihalten** *(sich sichern)* · **jmdm. den Rücken freihalten/decken** *(jmdn. in einer bestimmten Sache absichern)* · **den Rücken frei haben** *(ungehindert handeln können)* · (geh.:) **den Rücken vor jmdm. beugen** *(jmdm. gegenüber unterwürfig sein)* · **jmdm. den Rücken beugen/brechen** *(jmdn. unterwürfig machen)* · **hinter jmds. Rücken** *(heimlich, ohne jmds. Wissen)* · (ugs.:) **einen krummen Rücken machen** *(unterwürfig sein)* · **jmdm. in den Rücken fallen** *(sich illoyal gegen jmdn. verhalten).*

Rückfall, der: *erneutes Auftreten [einer Krankheit]; Wiederholung:* ein schlimmer, schwerer R.; er hat [nach der Lungenentzündung] einen R. bekommen, erlitten; man muß einen R. befürchten; ein R. *(Zurückfallen)* in alte Gewohnheiten; Rechtsw.: Diebstahl im R.

rückfällig: 1. *etwas scheinbar Überwundenes erneut praktizierend:* ein rückfälliger, r. gewordener Fixer; er hat ein Jahr nicht geraucht, ist aber wieder r. 2. *die gleiche Straftat noch einmal, wiederholt begehend:* ein rückfälliger Verbrecher; der Betrüger ist nach kurzer Zeit r. geworden.

Rückgang, der: *das Zurückgehen; Verringerung:* ein empfindlicher, merklicher, spürbarer R.; ein R. der Geburtenziffer; es gab Rückgänge an Besuchern; die Firmen hatten in ihrem Umsatz Rückgänge zu verzeichnen.

rückgängig (in der Verbindung) **etwas rückgängig machen:** *für ungültig erklären:* eine Bestellung, eine Zusage, ein Geschäft r. machen; die Verlobung wurde r. gemacht.

Rückgrat, das: *Wirbelsäule:* er hat ein verbogenes R.; bei dem Sturz hat er sich das R. verletzt; eine Verkrümmung des Rückgrats; übertr.: der Bergbau ist das R. dieses Landes *(die Grundlage seiner wirtschaftlichen Existenz);* er hatte, zeigte, besaß, bewies [kein] R. *(innere Festigkeit);* er ist ein Mensch mit, ohne R. * (ugs.:) **jmdm. das Rückgrat stärken** *(jmdn. moralisch unterstützen, ihm beistehen)* · (ugs.:) **jmdm., einer Sache das Rückgrat brechen** *(jmdn., etwas zu Fall bringen, vernichten).*

Rückhalt, der: *Unterstützung:* ein finanzieller, moralischer, innerer R.; einen R. finden, brauchen, bieten; den R. verlieren; unser Torwart gab uns den nötigen R.; er hat in seiner Familie einen starken R. * **ohne Rückhalt** *(ganz offen, ohne Vorbehalt):* er bekannte ohne R., daß er Angst habe.

Rückkehr, die: *Heimkehr:* eine glückliche, späte, unerwartete R.; die R. in die Heimat, nach München; man wartet auf die R. des Schiffes;

nach, vor, bei seiner R.; jmdn. zur R. bewegen; übertr.: die R. zu alten Gewohnheiten; sie hatten mit seiner R. in die Politik nicht gerechnet.

Rückschlag, der: 1. *Rückstoß:* der R. des Gewehrs, der Pistole. 2. *negative Entwicklung:* schwere, wiederholte Rückschläge; einen geschäftlichen, erleiden; es gab immer wieder Rückschläge bei, in seiner Arbeit.

Rücksicht, die: 1. *Berücksichtigung der Gefühle, Interessen o. ä. eines anderen:* keine R. kennen; sie übten keinerlei R. gegenüber den Kranken; er hatte es nicht an R. fehlen lassen; mit R. auf sie, auf ihre schwierige Lage; er geht ohne R. auf andere vor. 2. ⟨Plural⟩ *Interessen, Gründe:* gesellschaftliche, geschäftliche, finanzielle Rücksichten bewogen ihn, so zu handeln. * **[auf jmdn., auf etwas] Rücksicht nehmen** *(rücksichtsvoll sein, schonen):* nimm doch R. auf ihn, auf seine Gesundheit! · (ugs.:) **ohne Rücksicht auf Verluste** *(rücksichtslos; um jeden Preis).*

rücksichtslos: *ohne jede Rücksicht:* ein rücksichtsloser Autofahrer; ein rücksichtsloser *(schonungsloser)* Kampf; sei nicht so r.!; sein Verhalten war sehr r.; er konnte sehr r. gegen sie/ihr gegenüber sein; etwas r. durchsetzen.

Rücksprache (nur in bestimmten Wendungen) **mit jmdm. Rücksprache nehmen/halten** *(etwas mit jmdm. besprechen)* · **nach Rücksprache mit ...** *(nach einer Besprechung mit ...).*

Rückstand, der: 1. *zurückbleibender Rest, Bodensatz:* ein chemischer R.; Rückstände bei der Verbrennung; ein Gefäß von Rückständen säubern; Rückstände von Pflanzenschutzmitteln feststellen. 2. *Schulden:* ein R. in der Miete; Rückstände eintreiben, bezahlen. 3. a) *Verzug:* den R. in der Produktion aufholen; er ist mit seinen Raten in R. geraten, gekommen; er ist, befindet sich mit seiner Arbeit im R. b) (Sport) *Abstand:* der R. auf die Spitzengruppe betrug 2 Minuten; sie wurde mit 38 Sekunden R. zweite; zur Halbzeit lagen sie 0 : 2 in R.; übertr.: den R. in der Industrialisierung aufholen.

rückständig: *nicht fortschrittlich:* ein rückständiger Betrieb; er ist allzu r. in seinen Ansichten; du denkst zu r.

Rücktritt, der: *Abdankung, Verzicht auf ein Amt:* der R. der Regierung; der R. vom Amt des Bundeskanzlers; seinen R. anbieten; er hat seinen R. eingereicht, erklärt *(ist zurückgetreten);* sie erzwangen den R. des Parteivorsitzenden; das veranlaßte, zwang ihn zum R.

rückwärtig: *auf, an der Rückseite liegend:* rückwärtige Räume, Zimmer; den rückwärtigen Eingang benutzen; auf den rückwärtigen Verkehr achten; übertr.: rückwärtige *(im Hinterland liegende)* Stellungen beziehen.

rückwärts ⟨Adverb⟩: 1. a) *nach hinten:* ein Blick r.; eine Rolle, einen Salto r. machen. b) *mit der Rückseite, dem Rücken voran:* den [Wagen] r. einparken; ich fahre im Bus nicht gern r.; r. die Leiter hinuntersteigen; er ging r. durch die Tür, aus dem Zimmer. 2. a) *von hinten nach vorn:* ein Band, einen Film r. laufen lassen; ein Wort r. lesen. b) *in die Vergangenheit zurück:* eine r. gerichtete, rückwärtsgewandte Sicht.

Rückweg, der: *Heimweg, Weg zurück an den Ausgangspunkt:* ein langer, beschwerlicher R.;

gegen 5 Uhr traten sie den R. an; sie versuchten dem Feind den R. zu verlegen, abzuschneiden; (ugs.:) wir müssen uns auf den R. machen; sie kommen auf dem R. vorbei. * (geh.:) **jmdm. den Rückweg verlegen, abschneiden** *(jmdm. die Möglichkeit nehmen, von etwas zurückzutreten).* **Rückzieher** ⟨in der Wendung⟩ einen Rückzieher machen (ugs.): *zurückstecken.*

Rückzug, der: *das Sichzurückziehen, Zurückweichen vor dem Gegner:* ein eiliger, überstürzter, geordneter R.; den R. antreten, decken, sichern; der Feind ist in vollem, im vollen R.; auf dem R. sein; übertr.: ein R. ins Privatleben.

rüde: *grob, ungesittet:* ein rüdes Benehmen; rüde Worte; ein rüder Kerl; sein Ton war sehr r.

Rudel, das: *Gruppe bestimmter Tiere:* ein R. Wildschweine, Hirsche; ein R. Wölfe/von Wölfen; diese Tiere treten meist im R./in Rudeln auf; übertr. (ugs.): *Schar:* ein R. [von] Kinder[n] tummelte sich auf dem Spielplatz.

Ruder, das: **1.** *Teil des Ruderbootes, mit dessen Hilfe es fortbewegt wird:* eingelegte R.; ein R. war gebrochen; die R. auslegen, einziehen, streichen *(gegen die Fahrtrichtung stemmen, um zu bremsen);* die Sportler legten sich in die R. *(ruderten kräftig).* **2.** *Steuer eines Schiffes:* das R. führen; er hat das R. *(die Steuerung des Schiffes)* übernommen; das R. herumwerfen; er steht, sitzt am R. *(steuert das Schiff);* Seemannsspr.: das Schiff läuft aus den Rudern *(gehorcht dem Steuer nicht mehr);* bildl.: er hält das R. fest in der Hand; der Kanzler ist sich gezwungen, das R. herumzuwerfen *(den politischen Kurs zu ändern).* * (ugs.:) **ans Ruder kommen/gelangen** *(an die Macht kommen)* · (ugs.:) **am Ruder sein/bleiben** *(die Macht innehaben, behalten)* · **aus dem Ruder laufen** *(außer Kontrolle geraten, eine unerwünschte Entwicklung nehmen)* · (ugs.:) **sich in die Ruder legen: a)** *(kräftig rudern).* **b)** *(eine Arbeit kräftig anpacken).*

rudern: 1. a) *sich in einem Ruderboot fortbewegen, den Rudersport betreiben:* er rudert [gerne]; er hat, ist in seiner Freizeit viel gerudert; zu vieren/zu viert r.; er versuchte vergebens, gegen die Strömung zu r.; um die Wette r.; er ist stromabwärts, über den Fluß gerudert. **b)** ⟨etwas r.⟩ *rudernd fortbewegen:* wer wird das Boot, den Kahn r.? **c)** ⟨jmdn., etwas r.; mit Raumangabe⟩ *rudernd irgendwohin bringen, befördern:* jmdn. über den See, ans andere Ufer r. **d)** ⟨etwas r.⟩ *rudernd zurücklegen:* eine große Strecke, 3 Meilen r. **e)** ⟨etwas r.⟩ *[bei einem Wettkampf] erreichen:* sie haben eine neue Bestzeit, einen Rekord gerudert. **2.** ⟨mit etwas r.⟩ *Ruderbewegungen ausführen:* die Ente rudert mit ihren Füßen; er rudert *(schlenkert)* beim Gehen mit den Armen.

Ruf, der: **1.** *das Rufen; Schall der Stimme:* ein lauter, anfeuernder R.; der R. des Wächters; der R. des Kuckucks, Käuzchens; ein R. ertönt, erschallt; die Rufe wurden leiser, verstummten; gellende Rufe durchbrachen die Stille, waren zu hören; Rufe vernehmen, hören, überhören, nicht verstehen; auf seinen R. hin erschien eine Person am Fenster; sie brachen in den R. *(Ausruf)* aus: „Er lebe hoch!"; übertr.: der R. des Jagdhorns; der R. der Glocke [zum Kirchgang]. **2. a)** *Aufforderung, Aufruf:* der R. zu den Waffen; er folgte

dem R. des Fürsten; übertr.: dem R. des Herzens, Gewissens, der Natur folgen, gehorchen. **b)** *Forderung:* der R. nach Freiheit, Gleichheit. **3.** *Leumund; Renommee:* der R. dieses Hotels ist ausgezeichnet; ein großer R. ging dem Künstler voraus; sein R. als bedeutender Forscher; einen schlechten, zweifelhaften R. haben, einen besonderen R. genießen; sich einen großen R. erwerben; [mit, durch etwas] seinen R. aufs Spiel setzen, gefährden; dieses Geschäft erfreut sich eines besonderen Rufs; das schadet seinem R., ist seinem R. abträglich; in einen üblen R. kommen; in keinem guten R. stehen; er steht in dem R. eines Denunzianten. **3.** *Berufung in ein Amt:* der Professor bekam, erhielt einen R. an die Universität Berlin/nach Berlin; an jmdn. ergeht ein R. [als ordentlicher Professor]; er hat den R. nach Wien, in die USA angenommen. **4.** *Telefonnummer:* Taxizentrale R. 3 37 00.

rufen: 1. a) *einen Ruf, seine Stimme ertönen lassen:* laut, mit kräftiger Stimme r.; ein Vogel, der Kuckuck ruft; eine Stimme rief von ferne; übertr.: die Pflicht, die Arbeit ruft *(wartet auf Erledigung).* **b)** ⟨sich r.; mit Artangabe⟩ *durch Rufen etwas bewirken:* er hat sich heiser gerufen. **2. a)** ⟨nach jmdm., nach etwas r.⟩ *rufend nach jmdm., nach etwas verlangen:* das Kind ruft nach der Mutter; der Gast rief nach der Bedienung; er rief nach einem Glas Wasser; ⟨auch: um etwas r.⟩ um Hilfe r. **b)** ⟨zu etwas r.⟩ *zu etwas auffordern:* die Glocke ruft zum Gebet; die Mutter rief zum Essen; zum Aufstand, Widerstand, Streik r. **3.** ⟨jmdn., etwas r.⟩ *herbeirufen:* den Arzt, die Polizei, ein Taxi r.; die Mutter ruft die Kinder zum Essen, ins Zimmer; zu sich; sie rief [sich (Dativ)] die Nachbarn zu Hilfe; der Arzt wurde zu einem Patienten gerufen; er wurde an ihr Krankenbett gerufen; übertr.: dringende Geschäfte riefen ihn nach Hause *(verlangten, daß er nach Hause begab);* Gott hat sie zu sich gerufen (geh. verhüll.; *sie ist gestorben);* er versuchte, ihm, sich die Vorgänge ins Gedächtnis zu r. **4.** ⟨etwas r.⟩ *ausrufen; mit lauter Stimme sagen:* einen Namen r.; Hilfe, hurra, bravo r.; aus dem Zimmer rief es: „Herein!". **5. a)** ⟨jmdn. r.⟩ *mit Gleichsetzungsakkusativ mit einem bestimmten Namen nennen:* sie riefen ihn „Säbelbein"; er wurde „Kalle" gerufen. **b)** (geh.) ⟨jmdn. bei, mit etwas r.⟩ *jmdn. mit seinem Namen anreden;* er rief ihn bei, mit seinem Namen. **6.** ⟨jmdn., etwas r.⟩ *telefonisch oder über Funk mit jmdm. die Verbindung aufnehmen:* rufen Sie mich unter der Nummer 37 71 06; rufen Sie 20 11; Funk: Charley ruft Zeppelin – bitte kommen! * (ugs.:) **jmdm. wie gerufen kommen** *(zufällig im rechten Augenblick erscheinen, geschehen).*

Rüffel, der (ugs.): *scharfe Zurechtweisung:* einen R. bekommen, einstecken; er teilt oft R. aus.

Rüge, die: *Tadel, Verweis:* eine [scharfe, ernste, strenge] R. erhalten, bekommen, aussprechen; der Lehrer hat wegen seines vorlauten Benehmens, für seine Frechheit eine R. erteilt.

rügen ⟨jmdn., etwas r.⟩: *scharf tadeln:* jmdn., etwas scharf r.; ein Verhalten r.; man rügte ihn wegen seinen, für seine Voreiligkeit; seine Unpünktlichkeit wurde gerügt; Mängel r. *(beanstanden).*

Ruhe, die: **1.** *Stille, Schweigen:* eine wohltuende

R.; nächtliche, sonntägliche R.; in dem Haus herrschte vollkommene, absolute R.; die R. des Friedhofs; R., bitte!; endlich war R. eingetreten; es herrscht wieder R.; R (ugs. scherzh.): R. auf den billigen Plätzen/im Karton! */Ruf, mit dem man Anwesende, die nicht still sind, zum Schweigen auffordert/* · ihr müßt jetzt R. halten (ugs.; *ihr müßt euch ruhig verhalten*); der Lehrer verstand es nicht, sich (Dativ) R. *(Disziplin)* zu verschaffen; um R. bitten; übertr.: es herrschte R. vor dem Sturm *(gespannte Atmosphäre vor einem explosiven Ereignis).* **2. a)** *das [Aus]ruhen, Entspannung; Schlaf:* notwendige, kurze R.; R. suchen; der Arzt hat ihm unbedingte R. verordnet; er gönnt sich keine R.; er braucht R. nach der anstrengenden Arbeit; der R. bedürfen (geh.); der R. pflegen (geh.); nach der Anstrengung hatte er ein großes Bedürfnis nach R., sehnte er sich nach R.; sich zur R. legen, begeben (geh.; *sich schlafen legen*); angenehme R.! /Wunschformel/. **b)** *Ruhelage, Stillstand:* der Körper, das Pendel befindet sich in R. **3.** *Gelassenheit, [innerer] Frieden; Ungestörtsein:* eine unerschütterliche, eiserne, innere, heitere, stoische R.; es herrschen R. und Ordnung im Land; die R. bewahren, verlieren; R. ausstrahlen; er möchte seine R. haben; jmds. R. stören; endlich hatte er R. vor dem Lärm *(wurde er nicht mehr von ihm, davon gestört);* endlich hatte er R. gefunden; die Frage ließ ihm keine R. *(beunruhigte ihn sehr);* die Kinder ließen der Mutter keinen Augenblick R. *(störten sie fortwährend);* laß mir meine R.!, laß mich [damit] in R.!; er möchte in R. und Frieden leben; sich zur R. zwingen; der Gedanke an das Mädchen raubte ihm (geh.) seine R.; er läßt sich durch nichts aus der R. bringen; sie kam nicht zur R.; du kannst die Arbeit in R. fertig machen; etwas in aller R. *(ohne sich zu erregen)* sagen; das muß ich jetzt in aller R. *(ohne mich zur Eile drängen zu lassen)* durchlesen; R: R. ist die erste Bürgerpflicht; immer mit der R. (ugs.; *nicht so hastig, nichts überstürzen)!* * **Ruhe geben: a)** *(ruhig, still sein).* **b)** *(nicht mehr betteln, mit einem Anliegen kommen)* · (geh. verhüll.:) **jmdn. zur letzten Ruhe betten/bringen/tragen** *(jmdn. zu Grabe tragen)* · (geh. verhüll.:) **die ewige Ruhe finden; in die ewige/zur ewigen Ruhe eingehen** *(sterben)* · (ugs.:) **die Ruhe weghaben** *(durch nichts zu erschüttern sein)* · **die Ruhe selbst sein** *(in einer schwierigen Situation völlig ruhig und beherrscht sein)* · **sich zur Ruhe setzen** *(in den Ruhestand treten).*
ruhen: **1. a)** *ausruhen; schlafen:* nach der Arbeit ein wenig, eine Stunde, auf dem Sofa, im Lehnsessel r.; (geh.:) ich wünsche, wohl/gut zu r.!; du mußt r., um wieder Kräfte zu sammeln; übertr. (geh.:): im Grabe r. *(gestorben sein);* viele Soldaten ruhen in fremder Erde *(sind in einem fremden Land begraben);* auf diesem Friedhof ruhen viele Opfer des Krieges; hier ruht [in Gott] ... /Grabinschrift/; ruhe sanft/in Frieden! /Grabinschrift/. **b)** ⟨es ruht sich·; mit Artangabe und Umstandsangabe⟩ *man kann in bestimmter Weise ruhen:* auf diesem Sofa, nach der Arbeit ruht es sich gut. **c)** *zum Stillstand gekommen sein, nicht in Funktion, Tätigkeit, Betrieb sein:* der Betrieb, die Produktion ruht; am Wochenende ruht die Arbeit *(wird nicht gearbeitet);* der Acker ruht *(wird zur Zeit*

nicht bebaut); an Feiertagen ruht der Verkehr in der Stadt fast völlig *(gibt es kaum Verkehr);* die Waffen ruhen (geh.; *es wird nicht gekämpft);* das Arbeitsverhältnis ruht *(ist vorübergehend nicht wirksam);* ihre Hände ruhen nie; er ruht nicht, bis er sein Ziel erreicht hat; diese Angelegenheit läßt uns nicht r.; der ruhende Verkehr (Fachspr.; *die abgestellten, geparkten Fahrzeuge).* **2.** ⟨etwas ruht; mit Raumangabe⟩ **a)** *etwas liegt auf etwas, etwas stützt sich auf etwas:* das Gewölbe ruht auf mächtigen Pfeilern; ihre Hände ruhten in ihrem Schoß; übertr.: die ganze Last der Verantwortung ruht auf seinen Schultern (geh.); ein in sich ruhender Mensch. **b)** *etwas liegt in etwas, ist in etwas aufbewahrt:* der Schmuck ruht in einer Schatulle; die Akten ruhen im Tresor. **3.** ⟨etwas ruht auf jmdm., auf etwas⟩ **a)** *etwas ist auf jmdn., auf etwas geheftet, gerichtet:* sein Blick ruhte auf dem Bild; ihr Auge ruhte wohlgefällig auf ihren Kindern. **b)** (geh.) *etwas liegt, lastet auf jmdm., etwas:* ein Fluch, Segen ruht auf diesem Haus; auf ihm ruht der Verdacht, das Geld entwendet zu haben. * **nicht ruhen und rasten** *(keine Ruhe geben).*
Ruhestand, der: *Zeit nach dem Ausscheiden aus dem Arbeitsleben:* der vorgezogene R.; in den [wohlverdienten, einstweiligen] R. treten; jmdn. in den R. verabschieden; man hat ihn in den R. versetzt; im R. sein, leben; er ist Rektor im R.
ruhig: **I.** ⟨Adj.⟩: **a)** *still; frei von Lärm und Unruhe:* eine ruhige Wohnung, Gegend; ruhige Mieter, Nachbarn haben; dieses Haus, Hotel ist, liegt sehr r.; wollt ihr endlich r. sein!; ihr sollt r. sitzen bleiben; ihr müßt euch etwas ruhiger verhalten; übertr.: ruhige *(gedämpfte)* Farben. **b)** *geruhsam, ohne Störung:* ruhige Tage, Wochen verbringen; ruhige Zeiten; sie führen, haben ein ruhiges Leben; sie hatte keine ruhige Minute, nachdem die Kinder fort waren; in der Hauptstadt ist es wieder r.; er hat hier einen ruhigen Posten (ugs.; *eine wenig anstrengende Arbeit);* die Sitzung verlief r.; r. arbeiten können. **c)** *gelassen, ohne Aufregung:* ein ruhiger Mensch, Beamter (ugs.; *ein gleichmütiger Mensch);* ein ruhiges Wort miteinander sprechen; jmdn. mit ruhigem Blick anschauen; er sprach mit ruhiger Stimme; er braucht bei seiner Arbeit eine ruhige *(sichere)* Hand; das kann man mit ruhigem Gewissen/ (geh.:) ruhigen Gewissens sagen; sei r. (*unbesorgt),* es wird dir nichts geschehen; er gab sich Mühe, r. zu bleiben *(die Fassung zu bewahren);* sein Atem wird ruhiger *(normalisiert sich);* sie sahen r. *(ohne Teilnahme oder Protest)* zu, wie der Junge geprügelt wurde; einer Gefahr r. ins Auge blicken; sieh r. *(So sie ist r.;* das Geschäft ist zur Zeit r. **II.** ⟨Adverb⟩ (ugs.) *meinetwegen, ohne Bedenken, durchaus:* soll er mich doch r. überholen!; du kannst ihm das r. sagen, geben; man kann r. darüber sprechen.
Ruhm, der: *hohes Ansehen:* großer, unvergänglicher, unsterblicher, künstlerischer, verdienter, vergänglicher R.; der zweifelhafte R. dieses Mannes; der R. Cäsars als Feldherr/als eines großen Feldherrn; sein R. mehrte sich, stieg; R. erwerben, erlangen, davontragen, genießen, ernten, einheimsen (ugs.); diese Tat hat ihm R. eingebracht, eingetragen; der Künstler hat seinen R.

überlebt; (gch.:) in etwas R. suchen; diese Erfindung begründete seinen R.; er sonnt sich in seinem R.; zu R. und Ehren gelangen, kommen; er ist auf dem Gipfel seines Ruhmes angelangt; man war voll des Ruhmes über ihn *(rühmte ihn über die Maßen).* * (ugs. iron.:) **sich nicht [gerade] mit Ruhm bekleckert haben** *(nur eine schwache Leistung gezeigt haben).*

rühmen: 1. a) ⟨jmdn., etwas r.⟩ *überschwenglich loben, preisen:* er rühmte das Essen; man rühmt seine Großmut, Intelligenz, ihre Schönheit; er rühmt an diesem Ort das Klima; er wurde wegen seiner Tapferkeit gerühmt; jmdn. rühmend erwähnen; etwas rühmend hervorheben. **b)** ⟨jmdn., sich, etwas als jmdn./jmd., etwas r.⟩ *preisen:* er rühmte ihn als einen guten Arzt; er rühmte sich als ehrlicher Mensch/(veraltend:) als ehrlichen Menschen; man rühmte den Entwurf als gelungen, als zeitgemäßen Lösungsversuch. **2.** ⟨sich einer Sache r.⟩ *etwas Bestimmtes von sich behaupten, für sich in Anspruch nehmen:* sich einer Tat r.; er kann, darf sich r., der erste gewesen zu sein.

rühmlich: *rühmenswert:* eine rühmliche Tat, Ausnahme; er hat kein rühmliches Ende genommen; dieses Verhalten ist nicht sehr r. für ihn.

rühren: 1. a) ⟨etwas r.⟩ *umrühren:* den Brei, die Soße r.; der Teig muß eine gewisse Zeit gerührt werden; ⟨auch ohne Akk.⟩ du mußt r., damit die Milch nicht anbrennt; mit dem Löffel im Tee, in der Tasse r. **b)** ⟨etwas r.; mit Raumangabe⟩ *unter Rühren hinzufügen:* ein Ei an/unter den Grieß r.; Mehl in die Soße r. **2.** ⟨sich, etwas r.⟩ *bewegen:* die Glieder, Arme, Beine r.; vor Kälte konnte er die Finger kaum r.; in dem engen Rock konnte sie sich kaum r.; damit man ihn nicht bemerkte, rührte er sich nicht; sich nicht vom Fleck, von der Stelle, vom Platz r.; rührt euch! /militär. Kommando/; kein Lüftchen rührte sich *(es war völlig windstill);* der Verunglückte rührte sich nicht mehr *(war bewegungslos, tot);* er klopfte, aber drinnen rührte sich nichts *(niemand kam, um zu öffnen);* übertr.: *sich anstrengen:* du mußt dich mehr r., wenn du vorankommen willst. **3.** (geh.) ⟨an etwas r.⟩ *berühren, anfassen:* nicht an die zerbrechlichen Gegenstände r.; übertr.: an einen Kummer, eine schmerzliche Erinnerung r. *(jmdn. im Gespräch wieder darauf bringen);* seine Fragen rühren an (berühren) schwierige Probleme; wir wollen nicht mehr an die/(seltener:) der Sache r. *(wollen sie auf sich beruhen lassen).* **4.** (geh.) ⟨etwas rührt; in Verbindung mit *daher*⟩ *seine Ursache, seinen Grund in etwas haben:* daher rührt seine Trauer; viele Mißverständnisse rühren daher, daß ... **5.** ⟨jmdn., etwas r.⟩ *innerlich berühren; Rührung bewirken:* seine Rede, der Gesang der Kinder rührte die Zuhörer [zu Tränen]; er rührte die [Herzen der] Menschen; es rührte ihn nicht *(ließ ihn völlig gleichgültig),* daß man über ihn schimpfte; er war über den freundlichen Empfang [sehr, zu Tränen] gerührt; adj. Part.: *ergreifend:* eine rührende Geschichte, Szene; ein rührendes Bild; ein rührender Anblick; er sorgt rührend für seine Eltern. **6.** (geh. veraltend) ⟨etwas r.⟩ *ein bestimmtes Instrument spielen:* die Leier, Harfe, Trommel r.; übertr.: die [Werbe]trommel für jmdn., etwas r. *(für jmdn., etwas Reklame machen).* * (ugs. scherzh.:) **ein**

menschliches Rühren fühlen *(den Drang fühlen, seine Notdurft zu verrichten)* · (ugs.:) **sich nicht rühren können** *(finanziell eingeengt sein).*

rührig: *eifrig, geschäftig:* ein rühriger Geschäftsmann; die Partei entfaltete vor den Wahlen eine rührige Tätigkeit; er ist sehr r.

rührselig: *allzu gefühlvoll, sentimental:* eine rührselige Geschichte; ein rührseliges Theaterstück; die Stimmung war r.

Rührung, die: *Ergriffenheit:* R. überwältigte, überkam ihn; auf den Gesichtern der Zuhörer spiegelte sich R.; R. empfinden, hervorrufen, erwecken; plötzlich wurde sie von R. übermannt; etwas mit R. betrachten; sie weinte vor R.

Ruin, der: **a)** *Niedergang, Verfall:* ein wirtschaftlicher, finanzieller R.; der R. des Geschäftes war nicht aufzuhalten; das Land, die Firma geht dem R. entgegen. **b)** *Verderben:* dieser Fehlschlag war sein R.; der Alkohol ist sein R.; du bist noch mein R. (ugs.: *du richtest mich zugrunde)!*

Ruine, die: *Überreste eines Bauwerks:* von dem Schloß steht nur noch eine malerische R.; die R. einer alten Burg; die Ruinen *(Trümmer)* des Krieges; übertr. (ugs.:) eine menschliche R. *(ein körperlich völlig verfallener Mensch).*

ruinieren ⟨jmdn., sich, etwas r.⟩: *sehr schaden, zugrunde richten:* jmdn., sich wirtschaftlich, finanziell, gesundheitlich r.; sein Auto, seine Nerven r.; der Streß ruinierte seine Gesundheit; du wirst dich mit dem vielen Rauchen r.; ⟨jmdm., sich etwas r.⟩ bei dem Regen hat sie sich ihre Schuhe völlig ruiniert (ugs.; *verdorben);* adj.: ruinierter Mann; er ist r.

rum: ↑ herum.

Rummel, der (ugs.): **1.** *hektischer, lauter Betrieb:* in den Geschäften, am Strand, auf dem Markt herrschte ein fürchterlicher R.; der R. der Feiertage; der R. um diese Person; er hatte den R. gründlich satt; er wollte den R. nicht mehr mitmachen. **2.** (bes. nordd.) *Jahrmarkt:* auf den R. gehen; die Kinder waren heute auf dem R.

rumoren (ugs.): *poltern:* die Pferde rumorten im Stall; es rumort auf dem Speicher; es rumorte *(hantierte geräuschvoll)* in der Küche; es rumorte in seinem Magen; übertr.: diese Frage rumort in den Köpfen *(ruft Unruhe hervor);* in der Partei rumort es *(herrscht Unruhe).*

rumpeln (ugs.): **a)** *ein rumpelndes Geräusch hervorbringen:* auf dem Boden hat etwas gerumpelt; es rumpelt in seinem Magen; die Straßenbahn rumpelt und quietscht; er rumpelte mit den Koffern. **b)** ⟨mit Raumangabe⟩ *sich rumpelnd fortbewegen:* der Wagen rumpelte über das Pflaster; wir sind durch die Stadt gerumpelt.

Rumpf, der: *Leib ohne der Glieder:* der R. einer Statue; den R. beugen, drehen, strecken; der Kopf sitzt auf dem R.; den Kopf vom R. [ab]trennen; übertr.: *Körper eines Schiffes oder Flugzeugs:* der R. des Flugzeugs, Schiffes.

rund: I. ⟨Adj.⟩ **1.** *kreisförmig, kugelförmig:* ein runder Tisch, Teller, Kuchen; ein rundes Fenster, Beet; sie machte runde Augen *(guckte verwundert, staunend);* die Erde ist r. **2.** *rundlich, füllig:* runde Arme, Schultern, Knie; das Kind hat runde Bäckchen; sie ist dick und r. geworden. **3. a)** (ugs.) *voll, ganz:* der Bau hat eine runde Million gekostet; er hat für

die Arbeit runde drei Jahre gebraucht; ein rundes Dutzend. **b)** *(von Zahlen) einfach zu handhaben, bes. aus ganzen Zehnern, Hundertern usw. beste- hend:* eine runde Zahl, Summe; ein runder Ge- burtstag *(Geburtstag, an dem man z. B. 40, 50, 60 Jahre alt wird).* **4.** *vollkommen, ausgewogen:* ein runder Ton, Klang; der Wein hat einen runden Geschmack; eine runde Leistung; ein runder Ab- schluß, Erfolg; eine runde *(gelungene, geglückte)* Sache. **II.** (ugs.) ⟨Adverb⟩ *ungefähr:* er hat r. 100 DM ausgegeben; in r. einem Jahr wird er fertig sein. * **rund um etwas** *(ringsum, im Kreise):* ein Flug r. um die Welt; das Rennen r. um Köln · **rund um jmdn., etwas** *(über das Thema):* eine Sen- dung r. um das Kind.
Runde, die: **1. a)** *Gesellschaft, Kreis von Men-- schen:* eine große, heitere R.; eine R. von Skat- spielern; sie saßen in fröhlicher R.; er wurde in ihre R. aufgenommen; niemand in der R. kannte den Fremden. **b)** (geh.) *Umkreis:* sie standen auf dem Turm und schauten in die R.; er kannte alle Dörfer in der R. **2.** *Rundgang:* er machte eine R. durch die Stadt, den Garten, die Cafés; der Po- sten, der Wächter macht, beginnt, geht seine R.; das Flugzeug zieht eine R. über der Stadt. **3. a)** *Durchgang auf einem Rundkurs:* eine R. laufen, fahren; wer fuhr die schnellste R.?; die Läufer zogen ihre Runden; die Fahrer drehen (ugs.; *fah- ren)* R. um R. ; wer geht als erster in die letzte R.?; übertr.: noch eine R. tanzen. **b)** *zeitliche Einheit beim Boxen:* die letzte R. ging an den far- bigen Boxer; er hat in der dritten R. verloren, aufgegeben, gesiegt; in der zweiten R. wurde er schon ausgezählt; der Kampf ging über 10 Run- den; der Boxer quälte sich mühsam über die Runden. **c)** *Durchgang [in einem Wettbewerb]:* eine R. Golf, Skat spielen; die Mannschaft ist in der dritten R. der Meisterschaft ausgeschieden, hat die zweite R. erreicht, zieht in die nächste R. ein. **4.** *Lage für die ganze Runde der Anwesenden:* eine R. [Bier, Schnaps] [aus]geben, spendieren (ugs.), werfen (ugs.), schmeißen (ugs.). * (ugs.:) **etwas macht die Runde: a)** *(etwas spricht sich herum).* **b)** *(etwas wird herumgereicht)* · (ugs.:) **über die Runden kommen** *(Schwierigkeiten über- winden, mit dem Geld gerade auskommen)* · (ugs.:) **etwas über die Runden bringen** *(etwas zu- stande, zu einem guten Ende bringen).*
runden (geh.) ⟨etwas rundet sich zu etwas⟩: *et- was vollendet sich:* die Eindrücke runden sich zu einem geschlossenen Bild; ⟨auch ohne Präp.- Obj.⟩ das Jahr rundet sich *(geht zu Ende).*
Rundfunk, der: *Institution, die Nachrichten, Musik u. a. durch Funk überträgt; Radio:* der Hes- sische R.; der R. überträgt ein Konzert; der R. sendet Nachrichten; eine Meldung im R. hören; die Bundestagsdebatte wird vom R. übertragen; die Schreckensmeldung wurde durch den R. ver- breitet; er wandte sich über den R. an die Bevöl- kerung; er ist (ugs.) beim R., ist beim R. ange- stellt; er arbeitet beim, für den R.
rundheraus ⟨Adverb⟩: *ohne Umschweife, direkt:* etwas r. sagen, erklären, fordern, verbieten; er hat das Ansinnen r. abgelehnt.
rundlich: *füllig; von annähernd runder Form:* eine kleine, rundliche Frau; ein rundliches Aus- sehen; er ist ein wenig r. [geworden].

rundweg ⟨Adverb⟩: *entschieden:* etwas r. ableh- nen, abschlagen; er hat die Frage r. verneint.
runter: ↑ herunter.
Runzel, die: *Falte in der Haut:* ein Gesicht vol- ler Runzeln, Runzeln auf der Stirn, Haut haben.
runzeln: a) ⟨etwas r.⟩ *in Falten ziehen:* nach- denklich runzelte er die Stirn, Brauen; mit gerun- zelter Stirn dreinblicken. **b)** ⟨etwas runzelt sich⟩ *etwas bekommt Runzeln:* die Haut runzelt sich.
runz[e]lig: *mit Falten, Runzeln bedeckt:* ein runz[e]liges Gesicht; runzlige Haut; der Apfel ist schon ganz r. geworden.
rupfen: a) ⟨ein Tier r.⟩ *die Federn ausrupfen:* Gänse, Enten r.; sie sieht aus wie ein gerupftes Huhn; übertr. (ugs.): man hat ihn tüchtig ge- rupft *(ihm viel Geld abgenommen).* **b)** ⟨etwas r.⟩ *[in Büscheln] ausreißen:* Gras, Unkraut r.
ruppig: *grob, unhöflich:* ein ruppiger Beamter; ein ruppiger Ton; er hat eine ruppige Art; ein ruppiges Spiel; er ist sehr r.; r. antworten.
Ruß, der: *Kohlenstoff, der sich bei der Verbren- nung niederschlägt:* R. setzt sich ab; den R. aus dem Ofen[rohr] entfernen; der Kamin ist, sitzt voll R.; sein Gesicht war von, mit R. verschmiert.
Rüssel, der: **1.** *röhrenförmiges Organ verschiede- ner Tiere:* ein langer R.; der R. des Elefanten; In- sekten haben r.; mit dem R. die Erde aufwühlen. **2.** (derb) *Nase:* nimm deinen R. weg!
rußen ⟨etwas rußt⟩: *etwas bildet Ruß:* der Ofen, die Kerze rußt.
rüsten: 1. *sich bewaffnen, seine militärische Stärke vermehren:* eilig, mit Macht, um die Wette r.; die Staaten rüsten zum Krieg, für einen neuen Krieg; sie geben Milliarden aus, um gegeneinan- der zu r.; der Feind war schlecht, stark, hoch ge- rüstet; bis an die Zähne gerüstet sein. **2.** *vorberei- ten, bereitmachen:* **a)** ⟨sich r.⟩ sich zum Aufbruch, zum Gehen, zur Abreise, für einen Besuch r.; die Stadt rüstet sich zum Heimatfest. **b)** man rüstet bereits zum Abmarsch; wir sind nicht dafür gerü- stet. **c)** (geh. veraltend) ⟨etwas r.⟩ die Hausfrau rü- stete ein Mahl, ein Nachtlager für die Gäste.
rüstig: *körperlich noch leistungsfähig, frisch:* eine rüstige alte Dame; er ist ein rüstiger Sechzi- ger (ugs.); er ist [für sein Alter] noch sehr r.; er schritt r. (geh. veraltend; *kraftvoll)* aus.
Rüstung, die: **1.** *das Rüsten, militärische Vorbe- reitung:* die militärische R.; eine kostspielige, konventionelle, nukleare R.; die R. einstellen, große Summen für R. beschränken, kontrollie- ren; die Begrenzung der strategischen R.; große Summen für die R. ausgeben, in die R. stecken (ugs.). **2.** *Schutzkleidung des Ritters im Mittelalter:* eine R. tragen; die R. anlegen; in voller R.
Rute, die: **1.** *Gerte, Stock:* jmdn. mit einer R. schlagen, züchtigen. **2.** *Wünschelrute:* die R. hat ausgeschlagen; er geht mit der R. *(ist Wünschelru- tengänger).* * **mit eiserner Rute [regieren]** *(hart, rücksichtslos [regieren]).*
rutschen: a) ⟨mit Raumangabe⟩ *gleiten, sich gleitend fortbewegen:* vom Stuhl, aus dem Sattel, über die nasse Straße r.; es ist dauernd auf sei- nem Platz hin und her gerutscht; die Kinder rut- schen durchs Zimmer. **b)** *ausrutschen:* er ist [auf der vereisten Fahrbahn mit dem Wagen] ge- rutscht. **c)** (ugs.) *rücken:* kannst du ein wenig r.?; rutsch mal! **d)** ⟨etwas rutscht⟩ *etwas sitzt nicht fest,*

verrutscht, rutscht herunter: die Brille, der Rock rutscht; ⟨etwas rutscht jmdm.⟩ ihm rutschte die Hose; das trockene Brot rutscht nicht (ugs.; *es läßt sich schwer hinunterschlucken*); der Schnee rutscht vom Dach; die Tasse ist ihr aus der Hand gerutscht; das Hemd ist aus der Hose gerutscht; der Teppich rutscht *(verschiebt sich);* ⟨etwas rutscht jmdm.⟩ mit Raumangabe⟩ die Mütze rutschte ihm vom Kopf, in die Stirn. **e)** (ugs.) *fahren:* er ist über Ostern nach Berlin gerutscht.

rütteln: a) ⟨jmdn., etwas r.⟩ *heftig schütteln:* jmdn., etwas heftig r.; er rüttelte ihn am Arm, an der Schulter; man mußte ihn aus dem Schlaf r. **b)** ⟨etwas rüttelt⟩ *etwas bewegt sich heftig hin und her:* der Wagen hat auf dem Pflaster sehr gerüttelt. **c)** ⟨an etwas r.⟩ *etwas heftig hin und her bewegen:* an der Tür r.; der Sturm rüttelt an den Fensterläden; bildl.: ein Außenseiter rüttelt am Thron des Weltmeisters; übertr.: an dem Vertrag darf nicht gerüttelt werden *(er darf nicht angetastet werden);* daran ist nicht, gibt es nichts zu r. *(das ist unabänderlich).*

S

Saal, der: **1.** *großer Raum für Versammlungen, Feste o. ä.:* ein großer, festlich geschmückter S.; der S. war überfüllt, bis auf den letzten Platz gefüllt; einen S. [für eine Veranstaltung] mieten; den S. betreten, verlassen; durch den S. gehen. **2.** *die in einem Saal versammelten Menschen:* der S. tobte vor Begeisterung.

Saat, die: **a)** *das Säen; Aussaat:* frühe, späte S.; mit der S. beginnen; es ist Zeit zur S. **b)** *Saatgut:* die S. geht auf; die S. in die Erde bringen; bildl.: die S. des Bösen, der Gewalt war aufgegangen. **c)** *junges Getreide:* die [junge] S. steht gut; die S. ist ausgewintert, ist erfroren.

Säbel, der: *Hiebwaffe mit gekrümmter Klinge:* der blanke S.; den S. [blank]ziehen, zücken, schwingen; mit dem S. kämpfen. * **mit dem Säbel rasseln** *(mit Gewaltanwendung, Krieg drohen).*

Sabotage, die: *planmäßige Störung:* S. planen, begehen, treiben; man vermutete S.; man überführte den S. [an der Industrieanlage]; etwas vor/gegen S. schützen.

sabotieren ⟨etwas s.⟩: *Sabotage treiben; vereiteln, hintertreiben:* die Produktion s.; einen Plan, die weiteren Untersuchungen s.; einige Mitarbeiter sabotierten die Anordnungen des Leiters.

Sache, die: **1.** *(nicht näher bezeichnete, als bekannt vorausgesetzte) Angelegenheit; Geschehen:* eine wichtige, schlimme, mißliche, lästige, peinliche, langwierige, gefährliche, ernste, dumme *(unangenehme)* S.; das ist die leichteste, einfachste S. von der Welt; das ist eine andere S., eine S. für sich; das war eine abgekartete (ugs.; *vorher verabredete)* S.; das ist eine tolle (ugs.; *großartige),* eine runde *(gelungene, geglückte)* S.; sagen, wissen, jmdm. zeigen, was S. ist (ugs.; *worum es geht);* S. ist, daß ... (ugs.; *Tatsache ist, daß ...);* das ist eine S. des Taktes, des Vertrauens; das ist seine S. *(das geht nur ihn an, das muß er entscheiden);* das ist nicht jedermanns S. *(das liegt nicht jedem);* das ist so eine S.!; mit der Freiwilligkeit ist das so eine S. *(eine unsichere Angelegenheit);* die S. ist die *(es handelt sich darum),* daß ...; die S. ist so, verhält sich so ...; wie sieht die S. aus?; das ist keine große S. *(keine schwierige o. ä. Angelegenheit);* was sind denn das wieder für Sachen (ugs.; *was soll denn das wieder heißen)*!; das sind doch keine Sachen (ugs.; *das tut man doch nicht)*!; das sind ja schöne *(schlimme),* nette *(schlimme)* Sachen, die man da hört!; die S. steht gut, schlecht, geht schief (ugs.; *mißlingt);* die S. hat geklappt (ugs.; *es ist alles gut verlaufen);* die S. macht sich [noch] (ugs.; *geht [noch] gut),* steigt (ugs.; *kommt zustande);* die S. schwebt noch, ist noch in der Schwebe, (ugs.) ist gelaufen; jede S. hat zwei Seiten; eine S. verfolgen, verfechten, vertreten, verteidigen, entscheiden, verloren geben, wieder fallenlassen; eine S. erledigen, schmeißen (ugs.; *durchführen),* deichseln (ugs.; *in Ordnung bringen);* eine [schwierige] S. ausbaden (ugs.; *eine Nacht zum Überlegen vergehen lassen);* eine S. in bestimmter Weise beurteilen; er sieht die S. ganz anders an; es gibt Sachen, die sich nicht so leicht entscheiden lassen; Sachen gibt's [, die gibt's gar nicht]! / *Ausruf der Verwunderung oder der Entrüstung* /; er sieht die S. der Freiheit in Gefahr; er versteht seine S. *(er kann etwas auf seinem Gebiet);* er hat krumme Sachen gemacht (ugs.; *Dinge, die nicht rechtmäßig sind);* er macht seine S. gut *(er erledigt ordentlich, was ihm aufgetragen wurde);* du machst Sachen!; mach [keine] Sachen! / *Ausrufe des Erstaunens* / · er machte ihr S. zu seiner eigenen *(er setzt sich für ihre S. sehr ein);* sich in den Dienst einer großen, guten S. stellen; einer S. überdrüssig sein, werden; sich einer S. annehmen; den Hergang einer S. erzählen; einer S. auf den Grund gehen; ich traue der S. nicht; an dieser S. ist etwas Wahres; bei solchen Sachen muß man sehr vorsichtig sein; für eine gute S. spenden; für die gerechte S. kämpfen; in eine unangenehme S. verwickelt sein; misch dich nicht in Sachen, die dich nichts angehen!; in diese S. möchte ich nichts unternehmen; er sagte noch ein Wort in eigener S. *(zu einer Angelegenheit, die ihn selbst betraf);* in Sachen des Geschmacks *(in bezug auf den Geschmack)* läßt sich nicht streiten; Rechtsw.: die Akten in Sachen *(in dem Rechtsstreit)* Meyer [gegen Müller]; in Sachen Umweltschutz *(was den Umweltschutz angeht)* hat sich noch zuwenig getan; mit dieser S. habe ich nichts zu tun; um eine S. herumreden; um diese S. braucht du dich nicht zu kümmern; es steht gut um die S.; die Person von der S. trennen; etwas von einer S. wissen; sich (Dativ) ein Bild von der S. machen; er versteht etwas von der S. *(er hat auf diesem Gebiet gute Kenntnisse);* zu dieser S. äußere ich mich nicht; das gehört nicht zur S. *(zum Thema);* [kommen wir] zur S. *(kommen wir zum eigentlichen Thema)!;* zur S., Schätzchen! (ugs.; *Aufforderung, sich unverzüglich einer bestimmten Tätigkeit zuzuwenden)* · R e c h t s w. : er wurde vom Richter zur S. *(zu dem Rechtsfall)* vernommen · er tut das aus Liebe zur S. **2. a)** *(nicht näher bezeichneter) Gegenstand:* wertvolle, schöne, neue, teure Sachen; er hatte seine besten Sachen *(Kleider)* an; du mußt die nassen Sachen ausziehen; du mußt deine Sachen besser in acht nehmen; du mußt diese Sachen *(Briefe, Päckchen o. ä.)* zur Post bringen; sie hat die alten Sachen verkauft. **b)** *(nicht näher bezeichnete) Speisen oder Getränke:* es gab feine, gute, erlesene Sachen zu essen; harte, scharfe Sachen *(hochprozentige Alkoholika).* * **[mit jmdm.]** gemeinsame Sache machen *(sich mit jmdm. [zu einer üblen Tat] verbinden)* · **[sich ⟨Dativ⟩]** seiner Sache sicher/gewiß sein *(von der Richtigkeit seiner Meinung, Handlungsweise überzeugt sein)* · **nicht [ganz] bei der Sache sein** *(zerstreut sein)* · **etwas tut nichts zur Sache** *(etwas ist nebensächlich)* · *(Sport:)* **hart zur Sache gehen** *(foulen)* · (ugs.:) **mit ... Sachen** *(mit einer Geschwindigkeit von ... Stundenkilometern).* **sachlich: 1.** *auf die jeweilige Sache bezogen, der Sache nach:* ein sachlicher Unterschied, Irrtum; sachliche Gründe, Gesichtspunkte; etwas ist s. richtig, falsch; rein s. ist dagegen nichts einzuwenden. **2.** *nicht von Gefühlen und Vorurteilen bestimmt; objektiv:* eine sachliche Bemerkung, Kritik; ein sachliches Urteil; eine sachliche Atmosphäre; etwas in sachlichem Ton sagen; er ist nicht s.; etwas s. bemerken, feststellen; es fällt ihm schwer, s. zu bleiben, seine Meinung s. vorzubringen. **3.** *durch Einfachheit, Nüchternheit, Schmucklosigkeit gekennzeichnet:* ein sachlicher Stil; eine betont sachliche Mode; die Einrichtung der Wohnung ist allzu s. und nüchtern. **Sachlichkeit,** die: **1.** *unvoreingenommene Haltung; Objektivität:* große S.; jmds. S. schätzen; seine Äußerungen zeichneten sich durch S. aus. **2.** *Nüchternheit, Schmucklosigkeit:* die S. der Mode, der Einrichtung. **sacht[e]:** *behutsam, vorsichtig, sanft:* sich mit sachten Schritten nähern; etwas mit sachter Hand berühren; etwas s. anfassen, berühren, streicheln; du mußt [ganz] s. gehen; ü b e r t. : ein s. *(allmählich)* ansteigendes Gelände; er hat sich ganz s. (ugs.; *unbemerkt)* weggeschlichen. **sachte** ⟨Adverb⟩ (ugs.): **a)** *nicht so hastig, überstürzt:* s., s.!; mal, man s., so geht es nicht! **b)** *allmählich, nach und nach:* wir müssen ihm das s. beibringen. **Sachverhalt,** der: *Tatbestand; Stand der Dinge:* den wahren, eigentlichen S. kennen, erfahren, aufklären; jmdm. den S. mitteilen, darlegen. **Sack,** der: **1.** *Behältnis aus grobem Stoff, festem Papier o. ä.:* ein voller, leerer, schwerer, leichter, großer S.; ein S. Kartoffeln, Kaffee, Getreide, Reis; drei gefüllte Säcke; /bei Maßangabe/: drei Säcke/S. Mehl; ein S. kanadischer Weizen/ (geh.:) kanadischen Weizens; der Preis eines Sackes Weizen/eines S. Weizens; mit einem S. brasilianischem Kaffee/(geh.:) brasilianischen Kaffees; der S. ist voll, ist geplatzt, hat ein Loch; einen S. zubinden, ausschütten; Säcke flicken; et-

was in einen S. stecken, stopfen, schütten; das Kleid hängt an dir wie ein S. (ugs.); hier ist es dunkel wie in einem S. (ugs.; *sehr dunkel);* b i l d l. (ugs.): er kam mit einem [ganzen] S. voll *(mit sehr vielen)* Neuigkeiten; lieber einen S. [voll] Flöhe hüten, als diese Arbeit tun; ihr habt wohl Säcke an den Türen [hängen]? (ugs.; *Aufforderung, die Tür zu schließen);* R: man schlägt den S. und meint den Esel. **2.** (ugs.) */Schimpfwort für eine männliche Person/:* so ein blöder S.!; weiterarbeiten, ihr faulen Säcke! * **den Sack zubinden** *(eine Sache abschließen)* · (ugs.:) **jmdn. im Sack haben** *(jmdn. gefügig gemacht haben)* · (ugs.:) **jmdm. auf den Sack fallen/gehen** *(jmdm. lästig werden)* · (ugs.:) **mit Sack und Pack** *(mit allem, was man besitzt)* · (veraltend:) **in Sack und Asche gehen** *(Buße tun)* · (ugs.:) **jmdn. in den Sack stecken: a)** *(jmdm. überlegen sein).* **b)** *(jmdn. betrügen)* · (ugs.:) **etwas im Sack haben** *(etwas sicher haben)* · (ugs.:) **in den Sack hauen: a)** *(mit etwas aufhören; nicht mehr mitmachen).* **b)** *(sich davonmachen).* **Säckel** (in bestimmten Wendungen) (ugs.:) **[tief] in den Säckel greifen müssen** *(viel bezahlen müssen)* · (ugs.:) **sich (Dativ) den Säckel füllen** *(sich bereichern).* **Sackgasse,** die: *Straße, die nur eine Zufahrt hat:* wir waren in eine S. gefahren und mußten wenden; ü b e r t r. : *schwierige Lage, ausweglose Situation:* in eine S. geraten; sich in eine S. verrennen; in einer S. stecken. **säen** ⟨etwas s.⟩: *Samen in die Erde bringen, ausstreuen:* Korn, Getreide s.; Salat, Radieschen s.; ⟨auch ohne Akk.⟩ jetzt muß gesät werden; ü b e r t r. (geh.): *zu etwas den Keim legen:* Haß, Mißtrauen, Unfrieden, Zwietracht s. * **wie gesät** *(in großer Menge):* Nüsse lagen umher wie gesät. **Saft,** der: **1. a)** *in Pflanzengewebe enthaltene Flüssigkeit:* der S. steigt in die Bäume; den S. von Birken abzapfen; die Wiesen stehen in vollem S. **b)** *in Früchten enthaltene Flüssigkeit:* Äpfel, Birnen, Trauben haben viel S.; den S. aus der Apfelsine auspressen; dem Teig den S. einer halben Zitrone beifügen; die Früchte ziehen S. **c)** *Fruchtsaft, Gemüsesaft:* S. von Karotten, Tomaten ist gesund; S. mit Wasser verdünnen; er trank ein Glas S.; der S. der Reben (geh.; *Wein).* **d)** *Fleischsaft:* beim Braten des Fleisches ist zuviel S. ausgetreten; Fleisch im eigenen S. dünsten, schmoren. **2.** (ugs.) *elektrischer Strom o. ä.:* die Batterie, die Leitung hat keinen S. * **ohne Saft und Kraft** *(fad, ohne rechten Gehalt)* · (ugs.:) **im eigenen Saft schmoren** *([in bezug auf ein Anliegen] nicht die gewünschte, nötige Beachtung finden)* · (ugs.:) **jmdn. im eigenen Saft schmoren lassen** *(jmdm. nicht beistehen).* **saftig: 1.** *viel Saft enthaltend:* saftige Früchte; ein saftiges Steak. **2.** *frisch und grün:* das saftige Gras, Grün der Wiesen. **3.** (ugs.) *unangenehm:* eine saftige *(kräftige)* Ohrfeige; saftige *(hohe)* Bußgelder, Strafen; eine saftige *(hohe)* Rechnung. **4.** (ugs.) *derb:* der Witz war ganz schön s. **Sage,** die: *Erzählung, die an historische Ereignisse anknüpft:* antike Sagen; die S. der Völker; die S. erzählt, berichtet, daß ...; Sagen überliefern, erzählen, sammeln, aufzeichnen; ein Band [mit] Sagen. * **es geht die Sage ...** *(man erzählt sich ...):* es geht die S., er habe geerbt.

Säge, die: /ein Werkzeug/: eine scharfe, stumpfe S.; die S. schärfen, schränken.

sagen: 1. a) ⟨etwas s.⟩ sprechen, äußern: etwas freundlich, bescheiden, herablassend, vorwurfsvoll, mürrisch, brüsk, geradeheraus, laut, leise, vor sich hin, im Flüsterton, aus Bosheit s.; etwas offen, in aller Offenheit s.; sie hat das nur im Scherz gesagt; ein paar Worte, nichts, kein Wort s.; ja, nein s.; da sage ich nicht nein (ugs.; *das Anerbieten o. ä. schlage ich nicht aus*)!; was hast du eben gesagt?; was sagst du denn dazu *(wie ist deine Meinung)*?; so etwas sagt man nicht; er sagt, was er denkt, wie es ist; er sagt, er habe ihn nicht gesehen/daß er ihn nicht gesehen habe; er sagte: „Ich kann morgen nicht kommen"/„Ich kann morgen nicht kommen", sagte er/„Ich kann", sagte er, „morgen nicht kommen"; sie sagte zu dem Herrn: „Ich muß jetzt gehen"; hat er etwas zu dir gesagt?; /häufig verblaßt oder formelhaft/ guten Morgen, guten Tag, gute Nacht, auf Wiedersehen, Lebewohl s.; die Wahrheit, seine Meinung s.; sag mal, kennst du ihn?; wer kann s. *(wissen),* was geschehen wird?; das kann ich nicht s. *(ich weiß es nicht);* das mußte einmal gesagt werden; ich muß s., so etwas hätte ich nie für möglich gehalten; was soll man dazu s. *(wie soll man das beurteilen)*?; was werden die Leute dazu s. *(wie wird es in der Öffentlichkeit beurteilt werden)*?; was sagst du nun *(bist du nicht erstaunt)*?; was sagst du dazu *(was hältst du davon)*?; es ist nicht zu s. *(zu beschreiben),* wie er sich gefreut hat; dagegen ist nichts zu s. (ugs.; *das ist in Ordnung, ist nicht kritikwürdig);* wir kommen, sagen wir, um 10 Uhr; sie waren alle sehr erfreut, was sage ich *(ja sogar vielmehr),* begeistert [waren sie]; was ich noch s. wollte *(übrigens):* ...; du kannst s., was du willst, aber ...; darüber ist, wäre viel zu s.; davon hat er nichts gesagt *(erwähnt);* er weiß auf alles etwas zu s. *(zu erwidern);* der Brief, die Urkunde, die Schrift sagt darüber nichts; ⟨auch ohne Akk.⟩ ich müßte lügen, wenn ich anders sagte; ..., wenn ich so s. darf *(wenn der Ausdruck gestattet ist);* sie hat so etwas – wie soll ich s. *(mich ausdrücken)*?; wie ich schon sagte; wie er [oben] gesagt; ich habe nur so gesagt *(das war nicht so ernst gemeint);* beiläufig, nebenbei, im Vertrauen, unter uns gesagt *(bemerkt),* ich halte ihn für einen Windhund · damit ist viel, wenig, nichts gesagt *(das bedeutet viel, wenig, nichts);* das ist bald, leicht, rasch gesagt *(erzählt);* das ist wohl nicht zuviel gesagt *(nicht übertrieben);* R: gesagt, getan *(der Mitteilung über ein Vorhaben folgt sofort die Umsetzung in die Tat);* das ist leichter gesagt als getan *(so einfach ist die Sache nicht);* das sagt sich so leicht/so einfach (ugs.; *das ist viel schwieriger, als es zunächst erscheint*); subst.: das Gesagte bleibt unter uns; ich nehme von dem Gesagten nichts, kein Wort zurück. b) ⟨jmdm. etwas s.⟩ *mitteilen; jmdm. etwas wissen lassen:* jmdm. etwas beiläufig s.; was ich dir jetzt sage, mußt du für dich behalten; ich konnte ihm nur s., daß der Chef da ist; ich habe ihm s. *(ausrichten)* lassen, er solle erst morgen kommen; sag es mir, wenn du etwas brauchst; /häufig verblaßt oder formelhaft/ jmdm. Schmeicheleien, Bissigkeiten, Bosheiten s.; jmdm. Dank s. (geh.; *sich bei jmdm. bedan-*

ken); jmdm. die, seine Meinung s. *(ihn ausschimpfen);* du hast mir nicht die Wahrheit gesagt *(hast mich belogen);* sie haben sich, (geh.) einander nichts [mehr] zu s.; es fiel mir nicht leicht, das kann ich dir s. *(versichern);* wem sagst du das! *(das weiß ich selbst sehr gut);* ich will dir was s., ...; was habe ich dir gesagt (ugs.; *das habe ich doch schon immer gewußt),* das mußte doch so kommen; wenn ich es dir doch sage (ugs.; *nun glaub es doch endlich*)!; ich habe mir s. lassen *(man hat mir erzählt),* daß ...; laß dir das gesagt sein /ugs.; *strenge Aufforderung, sich an etwas zu halten/;* bildl.: der Spiegel sagt ihr, daß sie schön ist; was will uns das Gleichnis s.?; mein Gefühl sagt mir, daß das richtig war. c) ⟨sich etwas s.⟩ *sich etwas denken, eine Überzeugung gewinnen:* das mußtest du dir doch s., daß so etwas nicht geht; ich sage mir, es wird schon gutgehen. d) ⟨etwas s.⟩ *behaupten, mit Bestimmtheit aussprechen:* der Junge sagt aber, du wärst dort gewesen; ich habe nichts gesagt, was ich nicht beweisen kann; /verblaßt oder formelhaft/ wer sagt's denn?! /ugs.; *Ausdruck der Befriedigung darüber, daß ein anderer der gleichen Meinung ist/;* sag das noch einmal! /ugs.; *Ausdruck des Erstaunens oder der Entrüstung/;* ich sage ja! /ugs.; *Ausdruck der Resignation oder des Unwillens/;* sag bloß!; sag nur! /ugs.; *Ausrufe des Erstaunens/;* sagen Sie das nicht!; wie du nur so etwas s. kannst!; das will ich nicht s. *(das glaube ich nicht);* ich will mal s., ... *(ich gehe davon aus);* ich würde s., ... *(meine Meinung ist ...);* das sagen Sie, ich bin anderer Meinung; Sie können s., was Sie wollen, Sie werden mich nicht überzeugen; sie ist hübsch, ich möchte fast s., schön; mir gegenüber war er immer sehr freundlich, das kann ich nicht anders s.; das kann man wohl s.; ich kann nicht s., daß mir das gefallen hätte; was Sie nicht s.! /ugs.; *Ausdruck der Verwunderung/;* da soll noch einer s., daß er nicht geizig ist!; ich will nichts gesagt haben; dagegen ist nichts zu s.; was wollen Sie damit s.?; ich kann dasselbe von mir s. **2.** ⟨etwas sagt etwas⟩ *etwas hat einen bestimmten Sinn, ist bedeutungsvoll, wichtig:* ihr Blick sagte viel; sein Gesicht sagte alles; das sagt [gar] nichts, hat nichts zu s.; ⟨etwas sagt jmdm.⟩ etwas: der Name sagt mir nichts *(ich verbinde nichts damit);* haben uns die Werke dieses Künstlers heute noch etwas zu s.? **3.** ⟨etwas zu etwas, zu jmdm. s.⟩ *zur Benennung von jmdm., einer Sache ein bestimmtes Wort gebrauchen:* in Österreich sagt man Marillen zu den Aprikosen, wie/was sagt man dazu in der Schweiz, in/auf englisch?; Hans, du zu jmdm. s.; ⟨auch ohne Präp.-Obj.⟩ sagen Sie Samstag oder Sonnabend? *** das Sagen haben** (ugs.; *eine Stellung innehaben, aufgrund derer man etwas anordnen, entscheiden kann)* · (ugs.:) **sage und schreibe** *(tatsächlich; man sollte es nicht glauben)* · (ugs.:) **etwas zu sagen haben** *(Befehlsgewalt, großen Einfluß haben)* · (ugs.:) **jmdm. nichts zu sagen haben** *(nicht berechtigt sein, jmdm. Befehle zu erteilen)* · (ugs.:) **sich** (Dativ) **nichts sagen lassen** *(eigensinnig sein)* · **sich** (Dativ) **von jmdm. nichts sagen lassen** *(sich von jmdm. nichts vorschreiben, nicht raten lassen)* · (ugs.:) **sich** (Dativ) **das nicht zweimal sagen lassen** *(von einem Angebot sofort Gebrauch machen).*

sägen ⟨etwas s.⟩: **a)** *mit der Säge zerschneiden:* Holz s.; einen Ast in mehrere Teile s.; ⟨auch ohne Akk.⟩ er sägt *(arbeitet mit der Säge)* draußen auf dem Hof; bildl. (ugs.): er hat die ganze Nacht gesägt *(geschnarcht).* **b)** *durch Sägen herstellen:* Bretter, Balken, ein Loch in die Tür s.

sagenhaft: 1. *dem Bereich der Sage angehörend:* ein sagenhafter König von Kreta; die Darstellung ist eher s. als historisch. **2.** (ugs.) **a)** *unglaublich, ungeheuer; sehr groß:* ein sagenhafter Reichtum; eine sagenhafte Unordnung; das ist ja s.! **b)** ⟨verstärkend vor Adjektiven und Verben⟩ *sehr:* das Kleid war s. teuer; er gibt s. an.

Sahne, die: **a)** *von der Milch abgeschöpfter, sehr fetthaltiger Bestandteil:* süße, saure S.; S. abschöpfen, schlagen; Kaffee mit Zucker und S. **b)** *Schlagsahne:* ein Stück Torte, Erdbeeren mit S.; eine Portion S. * (ugs.:) **[aller]erste/absolute Sahne sein** *(hervorragend, ausgezeichnet sein).*

Saison, die: *für bestimmte Bereiche besonders wichtiger Abschnitt des Jahres:* eine gute, schlechte S.; die S. geht zu Ende, läuft aus, ist in vollem Gang, endet; diese Stiefel waren die Renner der S. (ugs.; *wurden viel verkauft*); jetzt beginnt die S. für Spargel, Wintersportreisen; mit diesem Konzert, Theaterstück wurde die S. eröffnet; außerhalb der S., nach der S. ist es hier sehr still; in der S., während der S. sind die Preise höher. * (ugs.:) **etwas hat Saison** *(etwas ist sehr gefragt):* diese Waren haben das ganze Jahr S.

Saite, die: *Instrumentensaite:* die Saiten der Geige, Harfe, des Klaviers; die Saiten tönen, erklingen; eine S. [auf der Geige] ist geplatzt, gerissen, zerrissen; Saiten aufziehen, spannen, stimmen; die Saiten streichen, zum Erklingen bringen; die Saiten im Klavier werden angeschlagen, die Saiten im Cembalo werden angerissen; bildl. (geh.): eine S. in jmds. Herz anschlagen. * (ugs.:) **andere/strengere Saiten aufziehen** *(härtere Maßnahmen ergreifen; strenger vorgehen).*

Sakrament, das (Rel.): *Gnadenmittel:* das S. der Taufe; einen Kranken mit dem S. der Krankensalbung versehen; ein S. empfangen, austeilen, spenden; S. [noch mal]! */derber Ausruf der Ungeduld, der Entrüstung/.*

Salat, der: **1.** */eine Gartenpflanze/:* der S. ist geschossen; S. pflanzen, anbauen, ernten, waschen; sie kaufte zwei Köpfe S. auf dem Markt. **2.** */ein kaltes Gericht/:* grüner, gemischter, italienischer S.; es gab verschiedene Salate; den S. [mit Essig und Öl] anmachen, abschmecken; da haben wir den S.! /ugs.; *Ausruf des Verärgertseins über etwas Mißglücktes/.*

Salbe, die: *Heilmittel in Form einer schmierfähigen Masse:* S. dünn auftragen, verreiben; eine S. auf die Wunde streichen; das Knie mit einer S. einreiben.

salben: 1. a) ⟨jmdn., etwas s.⟩: *mit Salböl benetzen:* der König, der Kaiser wurde bei der Krönung, der Priester wurde bei der Weihe gesalbt. **b)** ⟨jmdn. zu jmdm. s.⟩ *durch eine Salbung in sein Amt einsetzen:* er wurde zum König gesalbt. **2.** (selten) ⟨jmdm., sich etwas s.⟩ *mit Salbe bestreichen:* jmdm., sich die Hände, den Körper s.

Saldo, der (Bankw.): *Differenzbetrag zwischen Soll und Haben eines Kontos:* ein S. zu unseren Gunsten, Lasten; ein S. in Höhe von 500 DM;

der S. beträgt 500 DM; einen S. feststellen, aufstellen, ziehen, bestätigen, anerkennen, gutschreiben, auf neue Rechnung vortragen; per saldo *(auf Grund des Saldos).* * (ugs.:) **per saldo** *(im Endeffekt):* das ist per saldo dasselbe.

salopp: *nachlässig, ungezwungen, lässig:* saloppe Kleidung, Haltung; eine saloppe Ausdrucksweise, Schreibweise; sein Auftreten, sein Stil ist sehr s.; sich s. kleiden.

Salto, der: *Sprung mit Überschlag:* einen doppelten, dreifachen S. machen; ein S. vorwärts, rückwärts, aus dem Stand, vom Reck; einen S. springen; mit einem S. ins Wasser springen.

Salz, das: **1.** */eine chemische Verbindung/:* neutrales, saures S.; die Salze der Schwefelsäure. **2. a)** *Kochsalz:* feines, grobes S.; eine Prise, Messerspitze S.; S. abbauen, gewinnen, sieden *(durch Eindampfen von Sole gewinnen);* S. an die Speisen, in die Suppe tun (ugs.); du hast das S. vergessen; Fleisch in S. legen *(einsalzen);* etwas mit S. abschmecken, bestreuen, würzen; R: S. und Brot macht Wangen rot; das ist das S. in der Suppe *(der Pfiff an etwas);* bildl.: das S. der Ironie, Weisheit. **b)** *Streusalz:* die Straße, den Gehweg mit S. streuen. * (geh.:) **attisches Salz** *(geistreicher Witz)* · **nicht das Salz zum Brot/zur Suppe haben** *(Mangel, Not leiden)* · **jmdm. nicht das Salz in der Suppe gönnen** *(sehr mißgünstig sein)* · **Salz in die Wunde streuen** *(jmdn. eine unangenehme o. ä. Sache durch bestimmte Bemerkungen noch schmerzlicher empfinden lassen).*

salzen /vgl. gesalzen/ ⟨etwas s.⟩: **a)** *mit Salz würzen:* die Speisen, das Essen s.; die Suppe ist stark, zu wenig, kaum gesalzen; gesalzenes/(selten auch:) gesalztes Fleisch; gesalzene Butter. **b)** *mit Streusalz bestreuen:* bei Glatteis die Straßen, die Gehwege s.

salzig: *nach Salz schmeckend; viel Salz enthaltend:* salziges Wasser; salzige Tränen; ein salziger Geschmack; das Fleisch ist, schmeckt s.

Salzsäule ⟨in der Wendung⟩ **zur Salzsäule erstarren:** *vor Schreck o. ä. plötzlich völlig starr, unbeweglich dastehen.*

Samen, ⟨geh.⟩ **Same,** der: *Samenkorn, Samenkörner:* runde, schwarze, geflügelte S.; der S. keimt, geht auf, wächst, treibt; S. gewinnen, beizen, säen; bildl. (geh.): der S. des Neides.

sammeln: 1. ⟨etwas s.⟩ *zusammentragen, -lesen:* Beeren, Pilze, Holz, Ähren s.; das Eichhörnchen sammelt Vorräte für den Winter; die Bienen sammeln den Nektar von den Blüten; ⟨auch ohne Akk.⟩ sie sammelten eifrig, emsig; übertr.: Material, Stoff für eine Abhandlung s.; Gedichte, Novellen, Aufsätze s. *(zum Zweck der Veröffentlichung zusammentragen);* Belege, Zitate für etwas s. *(zum Nachweis für etwas zusammentragen);* Unterschriften, Stimmen s. *(sich von anderen geben lassen, einholen);* Punkte s.; adj. Part.: die gesammelten Werke *(das Gesamtwerk)* eines Dichters; die Aufsätze sind gesammelt *(in einer Sammlung)* erschienen. **2. a)** ⟨etwas s.⟩ *eine Sammlung von bestimmten [wertvollen] Dingen anlegen:* Briefmarken, Münzen, Bücher, Gemälde, Altertümer s.; ⟨auch ohne Akk.⟩ er sammelt schon seit drei Jahren. **b)** ⟨an etwas s.; mit Umstandsangabe⟩ *Mühe, Zeit darauf verwenden, eine Sammlung zu vervollständigen:* er sammelt mit Leidenschaft, schon lange, seit zehn Jahren an seinen Briefmarken. **3. a)** ⟨etwas s.⟩ *etwas für einen guten Zweck von andern erbitten, sich geben lassen:* Geld, Kleider, Almosen, Spenden [für die Armen] s. **b)** *eine Sammlung durchführen:* die Kinder sammeln für das Rote Kreuz; heute wird auf den Straßen gesammelt. **4.** ⟨etwas s.⟩ *etwas, an dessen Besitz man sich erfreut, anhäufen:* er hat viele Reichtümer, Schätze gesammelt; übertr.: neue Kräfte, Kenntnisse, Erfahrungen s. **5. a)** ⟨jmdn., etwas s.⟩ *versammeln, vereinigen:* ein Heer, Truppen s.; er sammelte seine Anhänger um sich; eine Mehrheit hinter sich s. *(für seine iele gewinnen).* **b)** ⟨sich s.⟩ *zusammenkommen; sich versammeln:* die Teilnehmer sammelten sich auf dem Platz; nachdem die Demonstranten sich gesammelt hatten, zogen sie vor die Botschaft; sie sammelten sich um ihren Anführer; subst.: zum Sammeln blasen. **c)** ⟨etwas sammelt sich⟩ *etwas strömt, kommt zusammen, vereinigt sich:* es hat sich genügend Regenwasser gesammelt; die Lichtstrahlen sammeln sich im Brennpunkt der Linse. **6.** ⟨sich, etwas s.⟩ *sich konzentrieren:* bei dem Lärm fiel es ihm schwer, sich, seine Gedanken zu s.; er war, wirkte sehr gesammelt.

Sammlung, die: **1. a)** *das Sammeln, Zusammentragen:* die S. von Stoff, Material für eine Arbeit; die S. von Zitaten, Belegen, Aufsätzen anregen, veranlassen. **b)** *in einem oder mehreren Bänden gesammelte Schriften:* eine vollständige, lükkenhafte S. der Aufsätze, Essays eines Schriftstellers; eine S. von Gedichten, Novellen, Erzählungen, Briefen. **2. a)** *Gesamtheit von gesammelten Gegenständen:* eine reiche, kostbare, wertvolle S.; eine private, öffentliche, staatliche S.; die S. ist sehr lückenhaft, unvollständig; eine S. von Gemälden besitzen, verkaufen, versteigern, schätzen; er hat eine S. von Münzen angelegt; übertr. (ugs.): der Junge hat in seinen Hosentaschen eine ganze S. *(eine Menge)* von Steinen, Kleinkram. **b)** *Aufbewahrungsort für gesammelte Gegenstände, Museum:* die städtische S. zeigt antike Möbel; die S. ist heute geschlossen; die S. besuchen. **3.** *Geldsammlung, Spendenaktion:* die S. [er]brachte, ergab einen Betrag von 100 000 DM; eine S. für das Rote Kreuz, zu wohltätigen Zwecken veranstalten, durchführen; bei der S. ist nicht viel zusammengekommen. **4.** (geh.) *Vereinigung von Personen mit gemeinsamen Interessen, Zielen:* eine S. reaktionärer Kräfte. **5.** *das Gesammeltsein; geistige Konzentration:* dazu fehlt mir heute die nötige, innere S.

Samstag, der (bes. südd. und westmd.): ↑ Sonnabend.

samt ⟨Präp. mit Dativ⟩: *einschließlich; mit:* das Schloß s. Schlüssel; die Kinder s. ihrer Mutter; das Haus s. allem Inventar. * **samt und sonders** *(alle ohne Ausnahme):* sie wurden s. und sonders verhaftet.

sämtlich ⟨Indefinitpronomen und unbestimmtes Zahlwort⟩: **1.** ⟨Singular: sämtlicher, sämtliche, sämtliches⟩ *ganz, gesamt, all:* sämtliches Schöne; sämtliches vorhandene Eigentum; der Verlust sämtlicher vorhandenen Energie; mit sämtlichem gesammelten Material. **2.** ⟨Plural: sämtliche; unflektiert: sämtlich⟩ *jeder [von diesen], alle:* sämtliche Gefangenen/(seltener auch:)

Gefangene; sämtliche anwesenden/(seltener auch:) anwesende Bürger; angesichts sämtlicher vorhandener/(seltener auch:) vorhandenen Bücher; sie waren s. *(vollzählig)* erschienen.

Sand, der: *aus feinen Gesteinskörnern bestehende Masse:* feiner, grober, weißer, nasser S.; der S. der Dünen, der Wüste; der S. (am Strand) war sehr heiß; S. schütten, aufwirbeln, sieben, (bei Glatteis) streuen; das Schiff sit auf S. *(eine Sandbank)* geraten; die Kinder spielen im S.; der Fluß versickert sich, verläuft im S.; etwas mit S. *(Scheuersand)* putzen, scheuern, reinigen; Angebote dieser Art gibt es wie S. am Meer *(in großer Zahl);* * (ugs.:) **jmdm. Sand in die Augen streuen** *(jmdm. etwas vormachen, jmdn. täuschen)* · **etwas verläuft im Sand[e]** *(etwas bleibt erfolglos)* · (geh.:) **auf Sand gebaut haben** *(sich auf etwas Unsicheres verlassen)* · (ugs.:) **Sand im Getriebe** *(etwas Behinderndes, das einen Ablauf stört)* · (ugs.:) **etwas in den Sand setzen: a)** *(etwas verderben, falsch, schlecht machen).* **b)** *(durch eine Fehlspekulation o. ä. Geld verschleudern).*

sanft: a) *zart, mild, weich; angenehm:* sanfte Klänge, Töne, Farben; ein sanftes Licht; ein sanfter Wind, Hauch, Regen; ein sanftes Lüftchen; das sanfte Rauschen der Bäume; sanfte Augen, ein sanfter Blick; ein sanfter *(ruhiger)* Schlaf; ihre Stimme war, klang s.; s. [und selig] *(ruhig, friedlich)* schlafen; er ist s. entschlafen (geh.: *friedlich gestorben*); ruhe s.! /Grabinschrift/. **b)** *sacht, behutsam, vorsichtig:* eine sanfte Berührung, Bewegung; ein sanfter Händedruck; etwas mit sanfter Hand, mit sanften Händen berühren; jmdn. mit sanfter Gewalt zu etwas veranlassen; sanfte Ermahnungen, Vorwürfe; seine Worte waren nicht gerade s.; einen sanften Zwang, Druck ausüben; jmdn. s. streicheln, behandeln; übertr.: eine sanfte Geburt *(ohne zu heftige medizinische Eingriffe vonstatten gehend);* sanfte *(die Umwelt schonende)* Technologien. **c)** *freundlich, ruhig, friedfertig:* ein sanftes Mädchen; ihr sanftes Wesen; er war s. wie ein Lamm/ eine Taube (ugs.: *sehr friedfertig, verträglich*). **d)** (geh.) *nicht steil; wenig ansteigend:* ein sanfter Hügel, Anstieg; der Pfad führte in sanften Windungen bergan; s. ansteigen.

Sang (in den Wendungen) **mit Sang und Klang: a)** *(veraltend; mit Gesang und Musik).* **b)** (ugs.) *ganz und gar, eindeutig:* er ist mit S. und Klang durchgefallen · (ugs.:) **ohne Sang und Klang** *(ohne viel Aufhebens).*

Sänger, der: **1.** *jmd., der singt; jmd., der im Gesang ausgebildet ist:* ein guter, berühmter S.; der Sänger eines Chores; ich bin kein [guter] S. *(ich kann nicht [gut] singen);* jmdn. zum S. ausbilden; R: da/darüber schweigt des Sängers Höflichkeit *(darüber wird aus Takt nicht gesprochen);* bildl.: die gefiederten Sänger, die Sänger des Waldes *(Vögel).* **2.** (geh.) *jmd., der etwas verherrlicht, als Dichter besingt:* er war ein S. der Freiheit, der Liebe.

sanglos (in der Verbindung) sang- und klanglos (ugs.): *ohne Aufhebens:* er ist sang- und klanglos verschwunden.

Sanktion, die: **1.** *Billigung, Bestätigung:* die Kirche hat der Gewalt ihre S. verweigert; das Gesetz bedarf der S. des Parlaments, durch das Parlament; Ausnahmegenehmigungen S. erteilen. **2.** ⟨meist Plural⟩ **a)** *Maßnahme zur Bestrafung eines Staates:* strenge, militärische Sanktionen fordern; Sanktionen über ein Land verhängen; wirtschaftliche Sanktionen gegen einen Staat beschließen, anwenden. **b)** *Maßnahmen auf ein bestimmtes Verhalten einer Person oder Gruppe:* die gegen Streikende gerichteten Sanktionen der Unternehmensleitung; mit Sanktionen rechnen müssen, reagieren; Psych.: positive *(belohnende),* negative *(bestrafende)* Sanktionen.

Sarg, der: *Behältnis aus Holz, in dem ein Toter beerdigt wird:* ein einfacher, hölzerner, prunkvoller S.; ein S. aus Eichenholz; der S. war mit Blumen geschmückt, wurde in die Erde gesenkt; viele Menschen folgten seinem S. (geh.; *nahmen an seinem Begräbnis teil);* den Toten in den S. legen; die Trauernden gingen hinter dem S. her.

satt: 1. *nicht hungrig:* ein satter Säugling; die satten Gäste lehnten sich zufrieden zurück; bist du s. [geworden]?; davon werde ich nicht s.; sie waren noch s. vom Frühstück; diese Speise macht schnell s.; sich s. essen; das Baby hat sich s. getrunken; die Kinder sind heute kaum s. zu kriegen (ugs.; *sie wollen immer noch mehr essen);* die Familie hatte nicht s. zu essen *(hatte nicht genug zu essen, zum Leben);* übertr.: er konnte sich daran nicht s. sehen, hören *(konnte nicht genug davon sehen, hören).* **2.** *selbstzufrieden im Wohlstand lebend:* die satten Wohlstandsbürger; ein sattes *(selbstgefälliges)* Lächeln. **3.** *(von Farben) kräftig, leuchtend, tief:* satte Farben, Farbtöne; ein sattes Grün, Rot. **4.** (ugs.) *ansehnlich, reichlich:* eine satte Mehrheit; ein satter Überschuß; satte Gewinne; sie haben ein sattes Plus erwirtschaftet; eine satte Million; satte 52 Prozent der Stimmen. **5.** (ugs.) ⟨nachgestellt bei Substantiven⟩ *genug, in großer Menge:* es gab, sie hatten Champagner, Kaviar s. * (ugs.:) **jmdn. satt haben** *(jmds. überdrüssig sein, ihn nicht mehr leiden können)* · (ugs.:) **etwas satt haben/sein** *(etwas leid sein, nicht mehr länger dulden)* · (ugs.): **etwas satt bekommen/kriegen** *(einer Sache überdrüssig werden)* · (ugs.:) **nicht satt werden, etwas Bestimmtes zu tun** *(nicht aufhören, etwas zu tun; etwas immer wieder tun)* · (ugs.:) **satt sein** *(betrunken sein).*

Sattel, der: **a)** *Reitsattel:* ein lederner S.; den S. auflegen, an-, fest-, abschnallen, abnehmen; das Pferd warf ihn aus dem S.; jmdn. aus dem S., in den S. heben; jmdn. in den S. helfen; sich in den, aus dem S. schwingen; der Reiter hing im S.; sich im S. halten; er sitzt jeden Tag eine Stunde im S. *(reitet eine Stunde);* mit, ohne S. reiten; vom S. fallen. **b)** *Fahrzeugsattel:* ein harter, gut gefederter S.; der S. des Fahrrads, Motorrads; der S. ist für mich zu niedrig; den S. höher stellen; sich auf den S. setzen, schwingen; auf dem S. sitzen. * **in allen Sätteln gerecht sein** *(alles gut können, wofür man eingesetzt wird)* · **jmdm. in den Sattel helfen; jmdn. in den Sattel heben** *(jmdn. in eine einflußreiche Position hineinbringen)* · **fest im Sattel sitzen** *(seine Position unangefochten behaupten)* · **sich im Sattel halten** *(seine Position behaupten)* · **jmdn. aus dem Sattel heben** *(jmdn. aus einer einflußreichen Position drängen).*

sattelfest: *auf einem Gebiet sicher, gut beschlagen:* eine sattelfeste Stenotypistin; er war in der

Interpunktion nicht ganz s.; sich nicht s. fühlen; sich s. machen.

satteln ⟨ein Tier s.⟩: *einem Reit- oder Lasttier den Sattel auflegen:* ein Pferd s.; er ließ die Pferde s. * **für etwas gesattelt sein** *(gut vorbereitet sein).*

sättigen: 1. a) ⟨etwas sättigt⟩ *etwas macht satt:* die Suppe sättigt sehr, ist sehr sättigend. **b)** ⟨jmdn. s.⟩ *jmds. Hunger stillen:* die Mahlzeit hat uns alle gesättigt; übertr.: die Neugier, seinen Wissensdrang s. *(befriedigen).* **2.** ⟨sich s.⟩ *seinen Hunger stillen:* sich an, mit Brot s.; habt ihr euch gesättigt? **3.** (Chemie) ⟨etwas s.⟩ *einer Lösung so viel von einer Substanz zusetzen, wie sie aufnehmen kann:* eine Säure s.; die Lösung ist gesättigt; übertr.: die Luft war von Feuchtigkeit gesättigt; der Markt ist [mit Waren] gesättigt.

sattsam (geh.) ⟨Adverb⟩: *zur Genüge, bis zum Überdruß:* seine Thesen sind s. bekannt; die s. bekannten Mißstände.

Satz, der: **1.** *[aus mehreren Wörtern bestehende] sprachliche Sinneinheit:* ein einfacher, zusammengesetzter, kurzer, langer, unvollständiger, elliptischer, abhängiger, selbständiger, eingeschobener S.; einen S. bilden, zerlegen; einen S. niederschreiben, noch einmal überlesen; Sätze analysieren, aneinanderreihen; er hatte sich alle Sätze vorher zurechtgelegt; das Kind kann noch keine vollständigen Sätze sprechen; er brachte keinen vernünftigen S. heraus; etwas S. für S. lesen; wiederholen Sie bitte den letzten S.; einen Rede mitten in S. abbrechen; ihr sollt in ganzen Sätzen reden, antworten!; er stammelte in abgerissenen Sätzen; das läßt sich nicht in einem S. sagen, beantworten *(es bedarf einer längeren Ausführung).* **2.** *Behauptung, These, Lehrsatz:* der S. des Pythagoras; dieser S. ist unbewiesen; einen S. aufstellen, annehmen, begründen, beweisen; einem S. widersprechen. **3.** (Druckerspr.) **a)** *das Setzen eines Textes:* das Buch ist, befindet sich im S. *(wird gesetzt);* das Werk geht in [den], zum S.; mit dem S. beginnen. **b)** *abgesetzter Text:* der S. ist unsauber; den S. korrigieren; ein Abzug des Satzes; es sind Fehler im S. **4.** (Musik) **a)** *in sich abgeschlossener Teil eines Musikstücks:* der erste S. eines Klavierkonzertes; eine Symphonie in vier Sätzen. **b)** *Stimmführung eines Musikstücks:* ein strenger, reiner, polyphoner, langsamer, schneller S.; sie sangen den Choral in einem vierstimmigen S. **5.** (Sport) *Spielabschnitt:* er gewann den ersten S., mußte aber den zweiten abgeben; der Australier gewann in drei Sätzen. **6.** *bestimmte Anzahl zusammengehörender Dinge:* ein S. Töpfe, Bohrer, Gewichte, Bälle, Kegel; ein S. neuer/neue Reifen; /bei Maßangabe/: drei Sätze/(auch:) drei S. Schüsseln; einige Sätze seiner Briefmarkensammlung sind nicht komplett. **7.** (Jägerspr.) *Wurf (von Hasen):* ein S. Hasen. **8.** *gesetztes Maß, übliche Norm:* der übliche, vereinbarte S.; einen bestimmten S. an Reisespesen haben, nicht überschreiten dürfen; über, unter dem S. liegen. **9.** *Bodensatz:* der S. des Kaffees; der Wein hat [viel] S.; sie spülte den S. aus der Tasse. **10.** *[großer] Sprung:* er machte, tat einen S. zur Seite; in/mit drei Sätzen hatte er ihn eingeholt, war er an der Tür; mit einem S. aus dem Bett; ein Hindernis mit einem S. nehmen.

Satzung, die: *festgesetzte Vorschrift; Statut:* die Satzungen des Vereins; eine neue S. aufstellen; etwas ist in der S. festgelegt.

sauber: **1. a)** *nicht schmutzig:* saubere Wäsche, Kleider; ein sauberes Hemd, Taschentuch; ein sauberes Glas, Besteck; das darfst du nur mit sauberen Händen, Fingern anfassen; das Zimmer, die Stadt ist sehr s.; das Kind ist schon s. *(es geht aufs Töpfchen);* ein Glas s. ausspülen; sie hat die Scheiben nicht s. geputzt; übertr.: *nicht durch Umweltverschmutzung belastet oder belastend:* saubere Luft; sauberes Wasser; saubere Industrien. **b)** *ordentlich, sorgfältig·* eine saubere Schrift, Arbeit; s. gekleidet sein; s. schreiben, arbeiten; eine Arbeit s. ausführen; sie lief eine saubere Kür; sie führt ihre Hefte sehr s. **2.** *anständig, einwandfrei:* ein sauberer Mensch, Charakter; eine saubere Haltung; eine saubere Lösung des Problems; ich fürchte, die Sache ist nicht [ganz] s.; (ugs. iron.:) eine saubere Gesellschaft; ein sauberes Pärchen; (ugs. scherzh.) bleib s.! /Abschiedsformel/. **3.** (ugs.) *beachtlich:* ein sauberes Sümmchen; s., s.! /Ausruf der Anerkennung/.

sauberhalten ⟨etwas s.⟩: *in sauberem Zustand halten:* das große Haus ist nicht leicht sauberzuhalten, läßt sich gut s.

Sauberkeit, die: **1. a)** *das Saubersein, Reinlichkeit:* die S. läßt zu wünschen übrig; bei ihr herrscht Ordnung und S.; auf S. achten; es blinkt alles vor S. **b)** *Ordentlichkeit, Sorgfältigkeit:* er lobte die S. ihrer Schrift, Arbeit. **2.** *Anständigkeit:* die S. seines Charakters, des Denkens; die S. der Geschäftsführung.

säuberlich: *sorgfältig; gewissenhaft:* eine säuberliche Schrift; etwas s. abschreiben, verpakken; sie legte die Kleider fein s. aufeinander.

saubermachen ⟨etwas s.⟩: *reinigen; von Schmutz befreien:* sie hat die Wohnung, das Zimmer, den Boden saubergemacht; ⟨sich (Dativ) etwas s.⟩ du mußt dir zuerst die Schuhe s.; ⟨auch ohne Akk.⟩ wir müssen noch s.; sie macht bei einem Arzt, in einer Arztpraxis s. (ugs.; *arbeitet dort als Putzfrau).*

säubern (geh.) ⟨jmdn., sich, etwas s.⟩: *reinigen, von Schmutz befreien:* sich s.; das Zimmer, den Tisch, das Geschirr s.; die Schuhe mit der Bürste von anhaftendem Schmutz s.; die Wunde muß sorgfältig gesäubert werden; ⟨sich (Dativ) etwas s.⟩ er hat sich die Fingernägel gesäubert; übertr.: nach dem Umsturz hatte man gesäubert *(unerwünschte Personen aus ihren Ämtern vertrieben);* das Bahnhofsviertel von Dealern s.; Bücher von anstößigen Stellen s.

sauer: **1. a)** *viel Säure enthaltend, nach Säure schmeckend; nicht süß:* saure Äpfel, Trauben, Bonbons; saurer Wein; saure *(in Essig eingelegte, mit Essig zubereitete)* Gurken, Bohnen, Nieren, Heringe; Essig ist s.; das Brot ist mir zu s.; ein Gericht s. zubereiten, kochen; etwas s. einlegen; jmdm. stößt es s. auf; Chemie: saurer *(schädliche schweflige Säure enthaltender)* Regen; saure *(feuchte)* Wiesen; saurer Boden; saure Salze; s. *(nicht basisch)* reagieren; R: s. macht lustig; gib ihm Saures! (ugs.; *zeig es ihm!).* **b)** *durch Gärung in seiner Konsistenz verändert bzw. verdorben:* saure Milch, Sahne; das Bier ist s.; die Suppe ist über Nacht s. geworden, riecht s. **2. a)** (ugs.) *ver-*

drießlich, ärgerlich: ein saures Gesicht, eine saure Miene machen; er war, wurde s., als er das hörte; er ist sehr s. auf dich, über dein Verhalten; er reagierte ziemlich s. **b)** *mühsam, beschwerlich, unangenehm:* eine saure Arbeit, Pflicht; er hat sich das Geld s. verdient; die Arbeit ist ihm sehr s. geworden, kam ihm s. an *(ist ihm schwergefallen).* ∗ sich (Dativ) etwas sauer werden lassen *(sich mit etwas abmühen, sich große Mühe geben).*

säuerlich: *ein wenig sauer:* ein säuerlicher Apfel, eine säuerliche Soße; etwas hat einen säuerlichen Geschmack; die Bonbons schmecken s.; übertr.: sie machte ein säuerliches *(verdrießliches)* Gesicht, eine säuerliche Miene; er lächelte s. *(gezwungen, mißvergnügt).*

saufen: **a)** ⟨[etwas] s.⟩ *(von Tieren) [etwas als] Flüssigkeit zu sich nehmen:* das Pferd säuft [einen Eimer] Wasser; die Katze säuft ihre Milch aus dem Napf; die Kühe müssen noch s.; dem Vieh zu s. geben; (derb/von Personen/:) wenn er gesoffen hat, ist er unerträglich; sie saufen Cola, Kaffee literweise; er säuft Bier, Schnaps; er säuft aus der Flasche; er säuft wie ein Loch, wie ein Bürstenbinder; übertr.: der Motor säuft [15 Liter auf 100 km]. **b)** *(derb) trunksüchtig sein:* ihr Mann säuft; die saufen beide; er hat früher gesoffen; subst.: er hat sich das Saufen abgewöhnt. **c)** (derb) ⟨jmdn., sich, etwas s.⟩ *mit Artangabe) durch übermäßigen Alkoholgenuß in einen bestimmten Zustand bringen:* sich krank, dumm s.; er hat sich zu Tode gesoffen; du säufst mich noch arm; er hat das Glas in einem Zug leer gesoffen. ∗ einen saufen *(ein alkoholisches Getränk zu sich nehmen):* wollen wir einen s. gehen?

saugen: **1. a)** ⟨etwas aus etwas s.⟩ *durch einen Sog aus etwas heraus und in sich hineinziehen:* Blut aus einer Wunde s.; die Bienen saugen Nektar aus den Blüten; das Baby sog/saugte gierig die Milch aus der Flasche; die Wurzeln saugen die Feuchtigkeit aus dem Boden; ⟨auch ohne Akk.⟩ das Baby begann sofort zu s. **b)** ⟨etwas saugt sich; mit Artangabe⟩ *etwas saugt sich voll:* der Schwamm hat sich voll Wasser gesogen/gesaugt. **c)** ⟨an etwas s.⟩ *lutschen, saugend ziehen:* das Baby saugt an der Brust der Mutter, an seinem Daumen; er sog/saugte bedächtig an seiner Pfeife. **2. a)** ⟨etwas s.⟩ *mit dem Staubsauger reinigen:* das Zimmer, den Teppich s. **b)** ⟨etwas s.; mit Raumangabe⟩ *mit dem Staubsauger entfernen:* Flusen vom Teppich s. **c)** ⟨mit Artangabe⟩ *(vom Staubsauger) in bestimmter Weise funktionieren:* der Staubsauger saugt gut.

säugen ⟨das Jungtier s.⟩: *Muttermilch saugen lassen:* die Kuh hat das Kalb gesäugt; (veraltend /von Menschen/:) die Mutter säugte ihr Kind.

Säule, die: *Rundpfeiler:* eine schlanke, hohe S.; eine ionische, dorische, korinthische S.; Säulen aus Marmor; Säulen tragen, stützen das Dach; er stand da wie eine S. *(fest und unbeweglich);* das Dach ruht auf, wird von Säulen getragen, gestützt; bildl.: er ist eine S. *(Stütze)* der Wissenschaft; die Säulen der modernen Gesellschaft.

Saum, der: *durch Umschlagen befestigter Stoff, Rand (an Wäsche, Kleidungsstücken):* ein breiter, schmaler S.; ein falscher S. *(als Saum angesetzter Stoffstreifen);* der S. des Kleides, des Rockes ist heruntergetreten, ist aufgegangen; den S. stekken, bügeln, heften, nähen; übertr. (geh.): am S. *(Rand) des Waldes;* ein schmaler, leuchtender S. *(Streifen)* am Horizont.

¹säumen ⟨etwas s.⟩: **1.** *mit einem Saum versehen:* sie hat das Kleid, den Rock, das Taschentuch gesäumt. **2.** (geh.) *(in einer Reihe stehend) die Begrenzung von etwas bilden:* Bäume säumen den Weg; viele Zuschauer säumten die Straße.

²säumen (geh. veraltend): *zögern, zaudern:* er darf nicht länger s., kam, ohne zu s.; subst.: sie machten sich ohne Säumen auf den Weg.

säumig (geh.): *unpünktlich, nachlässig (bes. in bezug auf einen einzuhaltenden Termin):* ein säumiger Schuldner, Zahler; er ist s. mit der Rückzahlung, Ablieferung.

Säure, die: **1.** */eine chemische Verbindung/:* eine schwache, starke, ätzende S.; S. ätzt, greift das Metall an, zerfrißt, zerstört das Gewebe; er hat zuviel S. *(Magensäure)* im Magen. **2.** *saurer Geschmack:* die S. des Essigs; der Wein hat zuviel S.

Saus ⟨in der Wendung⟩ in Saus und Braus leben (ugs.): *ein verschwenderisches Leben führen.*

säuseln 1. ⟨etwas säuselt⟩: *etwas rauscht leise, weht leicht:* der Wind, es säuselt in den Zweigen; die Blätter, Bäume säuseln [im Wind]. **2.** (abwertend) ⟨etwas s.⟩ *leise und süßlich reden:* ich weiß nicht mehr, was sie alles gesäuselt hat.

sausen: 1. a) ⟨etwas saust⟩ *etwas bringt ein sausendes Geräusch hervor:* der Sturm saust in den Bäumen; in seinen Ohren, in der Muschel sauste es; ⟨etwas saust jmdm.;⟩ mit Raumangabe⟩ das Blut hat ihm in den Ohren gesaust; es sauste ihm im Kopf; subst.: man hörte das Sausen des Windes. **b)** ⟨etwas saust jmdm.⟩ *jmd. empfindet einen unangenehmen Druck im Kopf o. ä.:* jmdm. sausen die Ohren; vor Anstrengung sauste ihm der Kopf. **2.** (ugs.) **a)** ⟨etwas saust⟩ *bewegt sich schnell mit sausendem Geräusch:* die Schwungräder sausten; der Propeller begann zu s. **b)** ⟨mit Raumangabe⟩ *sich schnell fortbewegen, irgendwohin bewegen:* der Wagen sauste durch die Stadt, über die Autobahn; der Pfeil sauste durch die Luft; er sauste zum Bahnhof; er ist in den Graben gesaust *(gefahren);* es ging in sausender Fahrt den Berg hinunter; übertr.: er ist durchs Examen gesaust *(ist durchgefallen).*

schaben: a) ⟨etwas aus/von etwas s.⟩ *durch wiederholtes Darüberfahren mit einem Messer o.ä. von etwas entfernen:* er schabte den Lack von dem Brett; sie schabte das Fleisch vom Knochen, den Rest aus der Schüssel. **b)** ⟨etwas s.⟩ *durch Schaben von der äußeren Schicht befreien:* Rüben, Karotten s. **c)** (ugs.) ⟨jmdm., sich etwas s.⟩ *rasieren:* er schabte sich das Kinn. **d)** ⟨etwas schabt; mit Raumangabe⟩ *etwas bewegt sich scheuernd an etwas vorbei:* das Rad schabt am Kotflügel.

Schabernack, der: *Streich, Neckerei:* [mit jmdm. seinen] S. treiben; jmdm. einen S. spielen; sich (Dativ) einen S. ausdenken; etwas aus S. *(Spaß)* tun; es war der reine S., was sie da taten.

schäbig 1. *armselig, ärmlich, abgenutzt:* ein schäbiger Hut, Mantel, Rock; er wohnte in einem kleinen, schäbigen Zimmer; seine Kleider waren schon ziemlich s.; er war s. gekleidet. **2. a)** *kleinlich, geizig:* ein schäbiger Mensch, Geizhals (ugs.). **b)** *sehr gering:* ein schäbiger Rest; eine schäbige Summe; ein schäbiges Trinkgeld; schä-

bige zwanzig Mark; die Bezahlung war sehr s.; sie wurden s. bezahlt. **c)** *gemein, erbärmlich, niederträchtig:* er ist ein ganz schäbiger Kerl; eine schäbige Handlungsweise; das war sehr s. von ihm; er hat sie sehr s. behandelt.

Schablone, die: *Vorlage, Muster:* eine S. verwenden; sich an die S. halten; mit, nach einer S. arbeiten; übertr.: er denkt nur in Schablonen *(Schemen, erstarrten Formen);* jmdn., etwas in eine S. pressen; etwas ist zur S. geworden.

Schach, das: **a)** *Schachspiel:* er spielt gerne S.; mit jmdm. eine Partie S. spielen. **b)** *den König unmittelbar bedrohende Stellung beim Schachspiel:* S. bieten; im S. geben (selten); ein S. decken; aus dem S. ziehen; im S. stehen; S. [dem König]! */Warnung an den Gegner/.* *(geh.:) jmdm.* **Schach bieten** *(jmdn. in seine Schranken weisen)* · (ugs.:) **jmdn. in Schach halten** *(jmdn. [mit der Waffe] daran hindern, Schlimmes anzurichten):* einen Einbrecher mit einer Pistole in S. halten.

schachmatt: 1. (Schach) *besiegt:* s.!; der Gegner war s. **2.** (ugs.) *müde, erschöpft:* sich s. fühlen; nach dieser Anstrengung waren wir alle ganz s. *jmdn.* **schachmatt setzen: a)** (Schach) *(jmdn. im Schachspiel besiegen).* **b)** (ugs.) *(jmdn. ausschalten, ihm jede Möglichkeit zum Handeln nehmen).*

Schacht, der: **1.** *hoher, schmaler Hohlraum:* dies ist der S. für den Fahrstuhl; einen S. [für einen Brunnen] ausheben, ausmauern. **2.** (Bergmannsspr.) *abwärtsführender Grubenbau:* ein stillgelegter S.; einen S. [bis auf 900 m] niederbringen, befahren, ausbauen, [ab]teufen; den S. von 700 m Teufe; in den S. einfahren.

Schachtel, die: **1.** *dünnwandiger Behälter mit Deckel:* eine aus Pappe; eine volle, angebrochene S.; eine S. Streichhölzer, Zigaretten, Kekse, Pralinen *(in einer Schachtel abgepackte, in ihr befindliche Menge der jeweiligen Ware);* eine S. öffnen, anbrechen, anreißen (ugs.); etwas in eine S. tun, ⟨aufbewahren; **2.** (ugs.) *ältere Frau* /oft als Schimpfwort/: alte S.!

Schachzug, der: *geschicktes Vorgehen:* das war ein kluger, diplomatischer, genialer, raffinierter S.; etwas durch einen geschickten S. erreichen.

schade (in bestimmten Wendungen) **es, das ist schade** *(es, das ist sehr bedauerlich):* [es ist] s., daß du nicht kommen kannst; nur s., daß ...; s. nur, daß ...; wie s., ...; o wie s.!; zu s., daß ... · **es ist schade um jmdn., um etwas** *(es ist ein Jammer um jmdn., etwas):* um das schöne Kleid ist, wäre es sehr s.; s. darum; um ihn ist es nicht s. *(er hat es nicht besser verdient)!* · **etwas ist für/zu etwas zu schade** *(etwas ist für einen bestimmten Zweck zu wertvoll):* für diese Arbeit ist der Anzug zu s. · **sich** (Dativ) **für/zu etwas zu schade sein** *(sich für etwas nicht hergeben wollen).*

Schädel, der: **a)** *knöcherner Teil des Kopfes:* der S. eines Menschen, Affen; der Stein hatte ihm den S. zertrümmert, gespalten. **b)** (ugs.) *Kopf:* ein dicker, runder, kahlgeschorener, kahler S.; jmdm. brummt (ugs.), dröhnt der S.; jmdm. den S. einschlagen; jmdm. eins auf/über den S. geben, hauen *(ihm auf den Kopf schlagen).* *(ugs.:)* **einen dicken/harten Schädel haben** *(sehr eigensinnig sein)* · (ugs.:) **sich den Schädel einrennen** *(mit seinem Eigensinn übel ankommen).*

schaden ⟨jmdm., sich, einer Sache s.⟩: *schädlich,*

nachteilig sein: dieses Verhalten schadet ihm, seinem Ansehen, der Sache; das viele Lesen schadet deinen Augen; Rauchen schadet der Gesundheit; ein Glas Wein schadet nicht; du hast dir damit selbst am meisten geschadet *(Schaden zugefügt);* etwas schadet mehr als es nützt; das schadet ihm nicht; das schadet ihm nichts (ugs.; *geschieht ihm ganz recht);* es kann nicht s. *(ist sicher gut, besser),* ihn zu benachrichtigen; das schadet nichts (ugs.; *ist nicht schlimm);* das hat noch keinem geschadet [, wenn ...]; was schadet es schon [, wenn ...]; (iron.:) es würde dir nichts s., wenn du dich mehr einsetzen würdest.

Schaden, der: **1. a)** *Verlust, Wertminderung:* ein kleiner, unbedeutender, geringer, großer S.; es entstanden unübersehbare Schäden; es erwuchs ihm ein größerer S.; der S. beträgt, beläuft sich auf 1 000 DM; S. anrichten, verursachen, stiften; jmdm., einer Sache S. zufügen; einen S. aufdecken, verhüten, verhindern; S. erleiden, davontragen; einen S. [ab]schätzen, ersetzen, tragen, wiedergutmachen; für den S. aufkommen, Ersatz leisten, bürgen, haften. **b)** *Beschädigung, teilweise Zerstörung; Defekt:* das Haus weist einige Schäden auf; einen S. am Auto haben; einen S. ausbessern, reparieren, beheben; der Hagel hat gewaltige Schäden angerichtet. **2.** *Nachteil:* es ist dein eigener S.; es soll dein S. nicht sein *(ich werde dich dafür belohnen);* das ist kein S. für ihn *(das ist ihm nützlich);* davon hat er weder S. noch Nutzen, mehr S. als Nutzen; er mußte mit S. verkaufen; es ist nicht zu deinem S., gereicht dir nicht zum S. *(schadet dir nicht);* du kommst dabei nicht zu S. *(wirst dabei nicht benachteiligt);* R: wer den S. hat, braucht für den Spott nicht zu sorgen; durch S. wird man klug; ab/fort/weg mit S. *(Schluß, weg damit, selbst um den Preis eines Verlustes)!* **3.** *körperliche Beeinträchtigung; Verletzung:* er hat bei dem Unfall einen S. am Bein davongetragen, erlitten, sich (Dativ) einen S. zugezogen; er hat von Geburt an einen S. an den Augen. * (geh.:) an etwas Schaden nehmen *(in etwas beeinträchtigt werden)* · **zu Schaden kommen** *(sich bei etwas verletzen).*

Schadenersatz, (Rechtsw. auch:) **Schadensersatz,** der: *Wiedergutmachung, Ausgleich für erlittenen Schaden:* S. für etwas verlangen, fordern, leisten, ablehnen, verweigern; er klagte, verklagte die Firma auf S. wegen des Unfalls; sie haben Anspruch auf S.; zum S. [in unbekannter Höhe, von mehreren Millionen Mark] verpflichtet sein; jmdn. auf S. in Anspruch nehmen.

Schadenfreude, die: *boshafte Freude über das Mißgeschick eines anderen:* S. [über etwas] empfinden; er lachte voller S.; er beobachtete die Vorgänge nicht ohne, mit einer gewissen S.; R: S. ist die reinste/schönste Freude.

schadenfroh: *voller Schadenfreude:* mit schadenfrohen Blicken; sei nicht so s.!; er lachte s.

schadhaft: *beschädigt, defekt:* schadhafte Stellen ausbessern, flicken; schadhafte Stücke auswechseln; das Dach ist s., wird überall s.

schädigen (jmdn., etwas s.): *Schaden zufügen:* diese Handlungsweise hat ihn, seinen Ruf, sein Ansehen empfindlich, schwer geschädigt; das schädigt deine Gesundheit, Augen; durch sein Verhalten schädigt er die Interessen anderer;

adj. Part.: die geschädigten Personen bekommen ein Schmerzensgeld; schädigende Einflüsse.

schädlich: *Schaden verursachend:* schädliche Stoffe, Zusätze; das hat keine schädlichen Folgen für dich; einen schädlichen Einfluß ausüben; das ist dir, deiner Gesundheit, für deine Gesundheit s.; etwas wirkt sich s. aus.

schadlos: *ohne Schaden:* s. davonkommen; etwas s. überstehen. * **sich an jmdm., etwas/für etwas schadlos halten** *(sich für etwas auf Kosten anderer entschädigen):* für seine Einbußen wollte er sich an mir s. halten; sie hielten sich an der Schokolade s. (scherzh.; *sie aßen tüchtig davon).*

Schaf, das: **1.** *ein Haustier:* ein zottiges S.; geduldig, sanft wie ein S.; die Schafe blöken, grasen, lammen; Schafe halten, züchten, hüten, weiden, scheren. **2.** (ugs.) dummer Mensch */oft als Schimpfwort/:* du bist [doch] ein S.! * **das schwarze Schaf sein** *(der Außenseiter bes. einer Familie sein)* · **die Schafe von den Böcken scheiden/trennen** *(die Guten von den Bösen trennen)* · (ugs.:) **sein Schäfchen scheren/ins trockene bringen** *(sich wirtschaftlich sichern).*

¹schaffen, schuf, hat geschaffen: **1.** (geh.) (jmdn., etwas s.) *hervorbringen, [schöpferisch] gestalten:* der Künstler hat ein neues Bild, eine Plastik geschaffen; Gott schuf den Menschen; der schaffende Mensch, Geist; subst.: Freude am Schaffen haben; das gesamte Schaffen *(Werk)* eines Künstlers. **2.** (etwas s.) *herstellen, bewirken, zuwege bringen:* gute Voraussetzungen, Bedingungen für etwas s.; Ersatz, einen Ausgleich [für etwas], Erleichterungen s.; es müssen dringend neue Arbeitsplätze geschaffen werden; zu diesem Zweck mußten neue Stellen, Einrichtungen geschaffen werden; wir müssen Platz s., um alles unterzubringen; (sich (Dativ) etwas s.) wir müssen uns mehr Raum s.; er hat sich Vorräte, ein ansehnliches Vermögen geschaffen · /verblaßt:/ Ruhe, Ordnung, Klarheit s.; er weiß Rat, Abhilfe zu s. * **für jmdn., für etwas/zu jmdn., zu etwas wie geschaffen sein** *(für jmdn., etwas besonders geeignet sein).*

²schaffen, schaffte, geschafft: **1.** (etwas s.) *herstellen, bewirken, zuwege bringen:* dieser Umstand schaffte erst die Voraussetzung für das Gelingen; sie schafften Ersatz, einen Ausgleich [für etwas], Erleichterungen; (sich (Dativ) etwas s.) wir haben uns mehr Raum geschafft; er schaffte sich viele Vorräte, ein großes Vermögen · /verblaßt:/ er schaffte sofort Ruhe, Klarheit, Ordnung, Abhilfe. **2. a)** (etwas s.) *bewältigen, mit etwas fertig werden:* er kann seine Arbeit allein nicht mehr s.; er hat heute viel geschafft; schaffst du das noch bis heute abend?; wenn wir uns beeilen, schaffen wir es vielleicht noch; das schafft er nie! das hätten wir geschafft!; wir haben den Weg zu Fuß in zwei Stunden geschafft; er hat die Prüfung, das Examen nicht geschafft *(ist durchgefallen);* auf Anhieb, beim dritten Versuch schaffte er *(erreichte)* er die Rekordhöhe, den Sprung in eine höhere Klasse; wir haben es geschafft *(unser Ziel erreicht).* **b)** (ugs.) (jmdn. s.) *fertigmachen, fertig:* diese Arbeit hat mich geschafft; die Kinder hatten sie an diesem Tag völlig geschafft; von dieser Arbeit war er total geschafft *(völlig erschöpft);* der schafft jeden mit seiner Fragerei. **3.** ⟨jmdn., etwas s.; mit Raumangabe⟩ *an einen bestimmten Ort bringen:* die alten Sachen müssen auf den Müll, in den Keller geschafft werden; wer schafft die Pakete zur Post?; etwas aus dem Weg, zur Seite s.; sie schafften die Verwundeten ins Lazarett; die Kinder ins Bett s. **4.** (bes. südd.) **a)** *arbeiten, (beruflich) tätig sein:* fleißig, unermüdlich, von morgens bis abends s.; sie geht s.; er hat im Garten, auf dem Feld geschafft; er schafft bei der Post, auf dem Bau, in einem Kaufhaus; er schafft im Akkord, hat als Monteur, bei der Firma X geschafft; s u b s t.: der Tod riß ihn aus seinem unermüdlichen Schaffen. **b)** ⟨sich s.; mit Artangabe⟩ *sich durch Arbeiten in einen bestimmten Zustand bringen:* sie hat sich warm, müde geschafft. **c)** ⟨sich (Dativ) etwas s.; mit Artangabe⟩ *so arbeiten, daß ein Körperteil in einen bestimmten Zustand gerät:* ich habe mir die Hände wund geschafft. **d)** ⟨es schafft sich; mit Art- und Umstandsangabe⟩ *man kann in bestimmter Weise arbeiten:* es schafft sich gut mit dem Spaten, in dem Betrieb. * **jmdm. zu schaffen machen** *(jmdm. Mühe, Sorgen bereiten)* · **sich** (Dativ) **zu schaffen machen** *(hantieren):* was machst du dir an meinem Schreibtisch zu s.?; sich im Nebenzimmer zu s. machen · **mit jmdm., mit einer Sache etwas zu schaffen haben** *(mit jmdm., etwas in einer bestimmten Beziehung stehen).*

schäkern: *Spaß treiben, scherzen:* er schäkerte gern [mit der Kellnerin].

schal: *abgestanden, fade:* schales Bier; das Getränk war, schmeckt s.; ü b e r t r.: *geistlos, langweilig:* ein schaler Witz, Spaß; das Leben kam ihm s. und leer vor.

Schal, der: *langes, schmales Halstuch:* ein wollener, seidener, warmer S.; einen S. [aus Wolle] tragen; ich wickelte mir einen S. um den Hals.

Schale, die: **1. a)** *feste äußere Hülle (bes. von Samen oder Früchten):* eine harte, dicke, glatte, dünne S.; die Schalen der Bananen, Orangen, Äpfel, Nüsse; die S. abziehen, entfernen; Kartoffeln mit der, in der S. kochen; die Äpfel mit der S. essen; die S. von etwas mitessen; ü b e r t r.: er hat eine rauhe S. *(ist ein [nach außen hin] abweisender, schroffer Mensch);* R: in einer rauhen S. steckt oft ein guter Kern. **b)** *Eierschale:* die Eier haben weiße, braune Schalen; die S. ist gesprungen, geplatzt. **c)** *panzerartiges Gehäuse bestimmter Weichtiere:* die Schalen des Krebses, der Muschel. **2.** *flaches, offenes Gefäß:* eine kostbare, silberne S.; die beiden Schalen einer Waage; eine S. aus Ton, Glas; eine S. für Zucker, Milch; auf dem Tisch stand eine S. mit Obst. **3.** (österr.) *flache Tasse:* eine S. Kaffee; den Tee in Schalen servieren. * (ugs.:) **sich in Schale werfen/schmeißen** *(sich besonders fein anziehen)* · (ugs.:) **in Schale sein** *(besonders fein, tadellos angezogen sein).*

schälen: 1. a) ⟨etwas s.⟩ *von seiner Schale, von der Haut o. ä. befreien:* Kartoffeln, eine Banane, Orange, einen Apfel s.; Baumstämme s. *(entrinden);* geschälte Nüsse, Erbsen; geschälter Reis. **b)** ⟨etwas von etwas s.⟩ *von etwas loslösen, abschälen:* die Rinde von den gefällten Bäumen s.; ich schälte sorgfältig die Schale von den Kartoffeln. **c)** ⟨etwas aus etwas s.⟩ *aus etwas herauslösen:* den Knochen aus dem Fleisch, faule Stellen aus den

Äpfeln s.; ü b e r t r. (scherzh.): sich aus den Kleidern, aus dem Mantel s. *(die Kleider, den Mantel ablegen).* **d)** ⟨etwas schält sich; mit Artangabe⟩ *etwas läßt sich in bestimmter Weise schälen:* die Mandarinen schälen sich gut, lassen sich leicht s. **2. a)** ⟨etwas schält sich⟩ *die obere Hautschicht löst sich ab:* nach dem Sonnenbrand schälte sich die Haut auf seinem Rücken. **b)** ⟨sich s.⟩ *die obere Hautschicht verlieren:* ihr Gesicht schälte sich; er schält sich an den Beinen, auf der Nase.

Schalk, der: *Spaßvogel:* er ist ein großer S. * **jmdm. sieht/schaut/guckt der Schalk aus den Augen, jmdm. sitzt der Schalk im Nacken; jmd. hat den Schalk im Nacken** *(jmd. ist ein Spaßvogel, ist zu Späßen aufgelegt).*

Schall, der: **a)** *alles Hörbare:* der S. pflanzt sich fort, breitet sich aus; die Luft, das Wasser trägt den S. [weit]; etwas dämpft, reflektiert den S.; das Flugzeug ist schneller als der S.; die Lehre vom S. *(von der Akustik).* **b)** *lauter Klang, Ton; Laut:* ein heller, dumpfer S.; der S. der Trompeten, der Hörner; der S. seiner Stimme drang an ihr Ohr; der S. seiner Schritte verhallte, verklang; den S. der Glocken hören; etwas fällt mit lautem S. zu Boden. * **etwas ist leerer Schall** *(etwas ist nichtssagend, bedeutungslos)* · **etwas ist Schall und Rauch** *(etwas ist ohne Bedeutung, ist nichtig).*

schallen ⟨etwas schallt⟩: **a)** *etwas tönt laut und weithin hörbar:* etwas schallte laut, hell; Stimmen, Rufe schallten; die Glocken schallten vom Turm; lautes Gelächter schallte/(seltener:) scholl aus dem Nebenraum; er schlug die Tür ins Schloß, daß es schallte; ⟨etwas schallt jmdm.:⟩ ⟨mit Raumangabe⟩ das Geschrei der Kinder schallte ihm [noch] in den Ohren; eine schallende *(kräftige)* Ohrfeige; er lachte schallend. **b)** *etwas ist von einem Schall erfüllt:* sie schrien, daß das ganze Haus schallte.

schalten: 1. ⟨etwas s.; mit Umstandsangabe⟩ *ein Gerät, eine technische Anlage durch Betätigen eines Schalters o. ä. in bestimmter Weise einstellen:* die Heizung auf „warm", den Backofen auf 200 Grad s.; ein Kraftwerk ans, nach Netz s.; ⟨auch ohne Akk.⟩ an diesem Hebel muß man s.; wir schalten jetzt nach Berlin, zum SDR. **2. a)** *(beim Autofahren) den Gang wechseln:* hart, ohne Gefühl s.; [vom 2.] in den 3. Gang s. **b)** ⟨etwas schaltet sich; mit Artangabe⟩ *etwas läßt sich in bestimmter Weise schalten:* der Wagen schaltet sich leicht, schwer. **3.** (ugs.) ⟨gewöhnlich mit Artangabe⟩ *begreifen, reagieren:* schnell, langsam, richtig, rechtzeitig s.; bis er geschaltet hatte, war alles vorbei. **4.** ⟨mit Artangabe⟩ *in bestimmter Weise verfahren:* willkürlich s.; er kann mit dem Geld frei, nach Gutdünken s. * **schalten und walten** *(nach eigenem Belieben verfahren).*

Schalter, der: **1.** *Vorrichtung zum Ein-, Ausschalten o. ä.:* einen S. betätigen, andrehen, anknipsen, andrücken, umlegen (ugs.), andrehen, ausmachen (ugs.); am S. drehen; das Gerät hat einen S. zum Kippen. **2.** *Platz zur Kundenabfertigung:* der S. für die Paketabfertigung ist [vorübergehend] nicht besetzt; die Schalter öffnen, schließen; Fahrkarten am S. kaufen; am, vor dem S. warteten viele Leute.

Scham, die: **1.** *Schamgefühl; das Sichschämen:* brennende, tiefe S.; falsche *(ungerechtfertigte)* S.;

nur keine falsche S.! (ugs.; *zier dich nicht, hier ist Bescheidenheit nicht am Platz!*); ihn überkam, überfiel eine leise S.; S. empfinden, besitzen, zeigen; er hat keine S. [im Leib]; seine S. überwinden, ablegen, verlieren, abtun (geh.); ein Gefühl der S. stieg in ihm auf; etwas aus S. verschweigen; etwas ohne S. sagen, tun; vor S. rot werden, vergehen, in die Erde versinken. **2.** (geh.) *äußere Geschlechtsteile:* [sich] die S. bedecken, verhüllen.

schämen ⟨sich s.⟩: *Scham empfinden:* sich sehr, zutiefst, zu Tode *(sehr),* in Grund und Boden *(sehr)* s.; sich vor jmdm., vor sich selbst s.; schäm dich, so zu lügen!; (ugs.:) du solltest dich was s.!; [pfui,] schäm dich! (ugs.; *das ist sehr häßlich, ungezogen von dir);* schämst du dich denn gar nicht?; ich schäme mich für dich!; ⟨sich wegen jmds., wegen einer Sache/für etwas/(geh.:) jmds., einer Sache s.⟩ er schämt sich wegen seines Versagens/für sein Versagen/seines Versagens.

Schamgefühl, das: *Scham; Fähigkeit, Scham zu empfinden:* kein S. haben, besitzen, kennen; jmds. S. verletzen; ganz ohne S. sein.

schamhaft: *voll Scham; verschämt:* ein schamhaftes Bekenntnis; s. lächeln; ein Gefühl s. verbergen; etwas s. gestehen, zugeben; sie hat den Vorfall s. verschwiegen *(ihn vertuscht).*

schamlos: a) *unverschämt, dreist, skrupellos:* ein schamloser Betrug; eine schamlose Frechheit; seine Forderungen sind geradezu s.; sich s. bereichern; s. lügen; jmdn. hintergehen, ausnutzen. **b)** *unanständig, unsittlich:* schamlose Worte, Gebärden; sie ist eine schamlose Person; sein Verhalten war s.; sich s. benehmen.

Schande, die: *etwas, dessen man sich schämen muß; Unehre:* das ist doch keine S. *(ist doch nicht schlimm);* es ist eine [wahre] S. *(ist unerhört),* daß ...; es ist eine [Sünde und] S. *(ist empörend),* wie ihr die Sachen vergeudet; es ist, wäre keine S. *(nicht schlimm),* wenn ...; die Aufführung war so schlecht, daß es eine S. (ugs.; *daß es unerhört)* war; er hat seiner Familie S. gemacht, bereitet; ich will dir diese S. ersparen, nicht antun; mach mir keine S.! (ugs.; *blamier mich nicht!);* ach, du S.! /ugs.; *Ausruf der Verwunderung oder Entrüstung/;* (geh.:) sie waren mit S. beladen; in S. geraten; mit der S. leben; jmdn. vor S. bewahren; zu meiner S. muß ich gestehen *(es ist mir unangenehm, gestehen zu müssen),* daß ich den Termin vergessen habe.

schänden: a) ⟨etwas s.⟩ *etwas, was Achtung, Respekt verdient, mutwillig beschädigen oder zerstören:* eine Kirche, ein Grab, Denkmal s. **b)** (geh. veraltend) ⟨etwas s.⟩ *Schande bereiten:* damit hat er das Ansehen, den Namen der Familie geschändet. **c)** (veraltet) ⟨jmdn. s.⟩ *sexuell mißbrauchen:* ein Mädchen, eine Frau, Knaben s.

schändlich: 1. *niederträchtig, gemein, unehrenhaft:* schändliche Taten, Absichten, Lügen; ein schändlicher Betrug, Verrat; es ist s., wie er sie behandelt; wir wurden s. betrogen, belogen. **2.** (ugs.) **a)** *sehr schlecht:* es ist schändliches Wetter; das Haus ist in einem schändlichen Zustand; sie mußten für einen schändlichen Lohn arbeiten. **b)** ⟨verstärkend bei Adjektiven und Verben⟩ *sehr:* das Kleid war s. teuer.

Schandtat, die: *niederträchtige Handlung:* eine S. begehen. * (ugs.:) **zu jeder Schandtat, zu allen**

Schandtaten bereit sein *(bereit sein, jeden Spaß, Ulk o. ä. mitzumachen).*

Schanze, die: **1.** *frühere Verteidigungsanlage in Gestalt eines aufgeworfenen Erdwalls:* die S. stürmen. **2.** *Sprungschanze:* diese S. läßt keine großen Weiten zu; jetzt verläßt der letzte Springer die S., geht der letzte Springer über die S.; er kam gut von der S. ab.

Schar, die: *größere Anzahl von Menschen oder Tieren:* eine S. Reiter; eine S. Hühner, Scharen *(große Gruppen)* von Menschen strömten herbei; eine S. Jugendlicher/(seltener:) Jugendliche folgte, folgten dem Festzug; S. auf S., S. um S. zogen die Festteilnehmer vorbei; die Leute kamen in [großen, hellen] Scharen *(in großer Zahl).*

scharen: a) ⟨sich um jmdn., um etwas s.⟩ *sich um jmdn., etwas versammeln:* die Schüler scharten sich um den Lehrer, um die Tafel. **b)** (geh.) ⟨jmdn. um sich s.⟩ *um sich versammeln, als Anhänger gewinnen:* er verstand es, die Jugend um sich zu s.

scharf: 1. a) *gut geschliffen, gut schneidend:* ein scharfes Messer, Beil, eine scharfe Schere; ein Messer mit scharfer Schneide; die Klinge ist nicht s. genug; das Messer s. machen (ugs.; *schärfen);* R: allzu s. macht schartig. **b)** *spitz, nicht abgerundet:* scharfe Ecken, Kanten; der Hund hat scharfe Zähne; das Gebiß des Tieres ist sehr s. übertr.: eine scharfe (spitz zulaufende) Kurve, Biegung. **2. a)** *stark gewürzt:* scharfer Senf, Essig, Meerrettich; eine scharfe Soße, Suppe; etwas hat einen scharfen Geschmack; das Gulasch ist ziemlich, ist mir zu s.; das Essen war zu s. *(stark)* gewürzt; etwas schmeckt zu s. *(stark).* **b)** *ätzend, beißend; stechend:* eine scharfe Lauge; ein scharfer Geruch; das Reinigungsmittel riecht sehr s. **c)** (ugs.) *hochprozentig:* scharfe Getränke, Schnäpse; subst.: etwas Scharfes trinken. **d)** *schneidend, rauh:* ein scharfer Wind; scharfer Frost; die Luft ist s. **3. a)** *heftig, hitzig, schnell, mit großem Einsatz:* ein scharfer Kampf; schärfsten Widerstand leisten; ein scharfer Ritt, Gang; in scharfem Trab reiten; s. reiten, fahren; er mußte s. bremsen. **b)** *streng, hart, heftig, schonungslos:* eine scharfe Kritik, Antwort, Zurechtweisung, Auseinandersetzung; ein scharfes Urteil; ein scharfer Verweis, Tadel; scharfe Reden führen; schärfsten Protest einlegen, erheben; zu den schärfsten Mitteln, Maßregeln greifen; er verurteilte diese Tat s., schärfstens, in schärfster Form; er war, wurde sehr s. gegen ihn; er tadelte ihn sehr s., aufs schärfste; jmdn. s. kritisieren; jmdn. s. bewachen; s. durchgreifen, vorgehen; jmdm. s. widersprechen; einer Auffassung s. entgegentreten; die Konkurrenz zwingt dazu, sehr s. *(genau)* zu kalkulieren; subst. (ugs.): das ist ein ganz Scharfer *(jmd., der überaus streng ist).* **4. a)** *fein ausgebildet, stark:* scharfe Augen, ein scharfes Gehör haben; dafür ist das Fernglas nicht s. genug. **b)** *ausgeprägt; klar, genau:* einen scharfen Verstand haben; einen scharfen Blick, ein scharfes Auge für etwas haben *(etwas scharfsinnig erkennen);* das hat er mit scharfem Blick *(schnell und genau)* durchschaut; das müssen wir einmal schärfer ins Auge fassen *(genauer betrachten, beobachten);* da muß ich erst einmal s. nachdenken *(genau überlegen);* s. unterscheiden; einen Gedanken s. *(deutlich)* umreißen; eine Frage, ein

Problem s. beleuchten *(klar darstellen)*. **5.** a) *sehr deutlich, klar:* scharfe Umrisse, Linien, Ränder; die Fotografie, die Aufnahme ist nicht sehr s.; die Kamera s. einstellen; der Turm hob sich s. vom Horizont ab. **b)** *stark hervortretend [und streng]; markant:* sie hatte scharfe Gesichtszüge, eine scharfe Nase; sein Gesicht war sehr s. geschnitten. **6.** *durchdringend, grell:* scharfe Töne; eine scharfe Stimme; plötzlich ertönte ein scharfes Zischen; das scharfe S (bes. österr.; *Eszett*). **7.** *bissig, auf den Mann dressiert:* ein scharfer [Wach]hund; sei vorsichtig, der Köter (ugs.) ist s.! **8.** *mit richtiger, echter Munition:* scharfe *(explosive)* Munition; scharfe Schüsse, Patronen; das Gewehr ist s. geladen; Achtung, hier wird s. geschossen! **9.** (ugs.) **a)** *sinnlich, geil:* er ist ein scharfer Junge; seine Freundin ist sehr s. **b)** (auf jmdn., auf etwas s. sein) *jmdn., etwas heftig begehren:* er ist s. auf die neue Mitschülerin, auf Autos; sie war ganz s. darauf, der Freundin die Neuigkeit mitzuteilen. **10.** (ugs.) *sehr schön, großartig:* das ist eine scharfe Geschichte; ein scharfes Auto; scharfe Klamotten.

Schärfe, die: **1.** *das Scharfsein; Schneidefähigkeit:* die S. eines Werkzeugs, des Messers, der Klinge prüfen. **2.** a) *das Gewürztsein; scharfer Geschmack:* die S. einer Speise, des Essigs. **b)** *Ätzkraft:* die S. der Säure. **3.** *Heftigkeit, Strenge, Härte:* die S. einer Kritik, eines Urteils; die S. seiner Worte, seines Tones verletzte sie; ihn trifft die ganze S. des Gesetzes; er vermied in der Diskussion jede S., enthielt sich jeder S.; seine Artikel haben an S. verloren; in aller S. *(sehr heftig)* protestieren. **4.** *Genauigkeit, Stärke:* die S. seines Gehörs, der Augen, des Gedächtnisses hat nachgelassen; die S. *(durchdringende Klarheit)* seines Verstandes imponierte ihr. **5.** *Klarheit, Deutlichkeit:* die S. der Umrisse; die S. des Fotos läßt zu wünschen übrig. **6.** *das Durchdringende; Grellheit:* die S. eines Tones; ihre Stimme hat in der Höhe an S. verloren.

schärfen: **1.** ⟨etwas s.⟩ *scharf machen, schleifen:* ein Messer, eine Axt, Sense, Klinge s. **2.** a) ⟨etwas s.⟩ *verfeinern, ausbilden:* etwas schärft die Sinne, den Verstand, die Kräfte des Geistes; das Sprachgefühl s.; seinen Blick für etwas s.; ⟨jmdm. etwas s.⟩ er versuchte, seinen Schülern den Geist zu s.; adj. Part.: ein geschärftes Auge haben. **b)** ⟨etwas schärft sich⟩ *etwas verfeinert sich, bildet sich aus:* sein Blick, sein Sinn für Schönheit hat sich allmählich geschärft.

scharfmachen (ugs.) ⟨jmdn. gegen jmdn. s.⟩: *aufhetzen:* er hat alle gegen ihn scharfgemacht.

Scharfsinn, der: *Fähigkeit, klar und logisch zu denken:* ich bewundere deinen S.; es fehlt ihm an S.; er hat die Aufgabe mit großem S. gelöst.

scharfsinnig: *mit Scharfsinn begabt; auf Scharfsinn beruhend:* ein scharfsinniger Denker; eine scharfsinnige Folgerung; die Deutung des Textes ist sehr s.; er hat das Problem s. gelöst.

scharren: **1.** a) *geräuschvoll kratzen, schaben:* das Pferd scharrte mit den Hufen; der Hund scharrt an der Tür; die Hühner haben auf dem Mist, im Boden [nach Würmern] gescharrt; die Studenten scharrten [mit den Füßen] während der Vorlesung *(drückten durch Scharren ein Mißfallen aus)*. **b)** ⟨etwas s.⟩ *scharrend bearbeiten:* die

Pferde scharrten den Boden vor Ungeduld. **2.** a) ⟨etwas s.⟩ *durch Scharren herstellen:* sie scharrten ein Loch [in die Erde]. **b)** ⟨jmdn., etwas s.; mit Raumangabe⟩ *durch Scharren an einen bestimmten Ort bringen:* er scharrte das Laub zur Seite, auf einen Haufen; sie haben den Toten einfach in die Erde gescharrt.

Scharte, die: *schadhafte Stelle an einer Schneide:* das Messer, die Klinge, der Hobel, die Sense hat Scharten bekommen. * (ugs.:) **eine Scharte [wieder] auswetzen** *(einen Fehler wiedergutmachen)*.

Schatten, der: **a)** *dunkle Fläche, die hinter einem von einer Lichtquelle getroffenen Körper entsteht:* die Schatten der Häuser, der Bäume, der Berge; abends werden die Schatten länger; Licht und S. sind auf dem Bild gut verteilt; er folgte ihr wie ein S. *(er folgte ihr überallhin)*; etwas wirft einen S.; mach mir keinen S. *(geh mir aus dem Licht)*!; bildl.: (geh.:) die Nacht breitet ihre Schatten übers Land; ein S. flog über ihr Gesicht *(einen Augenblick lang blickte sie ernst, traurig drein)*; ein S. war auf ihre Freude gefallen *(etwas hatte ihre Freude getrübt)*; ein S. *(Makel)* liegt auf seiner Vergangenheit; es liegt auch nicht der S. *(nicht die geringste Spur)* eines Beweises, Verdachts vor; (geh.:) der S. des Todes lag auf ihm *(sein Tod kündigte sich an)*; übertr.: das Röntgenbild zeigte einen S. *(eine dunkle Stelle)* auf der Lunge; sie hatte [dunkle, blaue] S. *(Ringe)* unter den Augen. **b)** *nicht unmittelbar von der Sonne oder einer anderen Lichtquelle getroffener Bereich, in dem nur gedämpfte Helligkeit [und zugleich Kühle] herrscht:* etwas spendet, gibt S.; bei der Hitze den S. [auf]suchen; sich in den S. begeben; eine dunkle Gestalt löste sich aus dem S. *(Dunkel)*; im S. *(Dunkel)* des Waldes; im S. sitzen; 25 Grad im S. *(25 °C Lufttemperatur)*; aus der Sonne in den S. gehen; er legte sich, stellte seinen Stuhl in den S. * **[nur noch] der/ein Schatten seiner selbst sein:** a) *(stark abgemagert, sehr schwächlich sein)*. b) *(in seiner Leistung sehr nachgelassen haben)* · **sich vor seinem eigenen Schatten fürchten** *(sehr ängstlich sein)* · **in jmds. Schatten stehen** *(wegen eines anderen nicht die verdiente Beachtung finden)* · **jmdn., etwas in den Schatten stellen** *(jmdn., etwas weit übertreffen)* · **nicht über seinen Schatten springen können** *(nicht gegen sein eigenes Wesen handeln können)* · **aus jmds. Schatten heraustreten** *(nicht länger von einem anderen in den Hintergrund gedrängt sein)* · (ugs.:) **einen Schatten haben** *(geistig nicht ganz normal sein)* · (geh.:) **einem Schatten nachjagen** *(ein unrealistisches Ziel verfolgen)*.

Schattendasein (in der Wendung) **[nur noch] ein Schattendasein führen:** a) *[von Personen] kümmerlich dahinvegetieren)*. b) *[von Sachen] wenig Beachtung finden; sich nicht entwickeln können)*: diese Partei führte lange Zeit nur ein S.

Schattenseite, die: **1.** *schattige Seite:* das Zimmer liegt auf der S. des Hauses; bildl.: sie haben immer auf der S. gelebt, der der S. [des Lebens] gestanden (geh.; *waren nicht vom Glück begünstigt)*. **2.** *Nachteil, Kehrseite:* das sind die Schattenseiten dieses Planes, Vorhabens; die Sache hat ihre Schattenseiten, hat mehr Licht- als Schattenseiten *(hat mehr Vor- als Nachteile)*.

Schattierung, die: 1. *Darstellung des Schattens:* bei dieser Zeichnung sind die Schattierungen etwas zu dunkel, zu kräftig. 2. *Nuance, Abstufung:* alle Schattierungen vom hellsten bis zum dunkelsten Rot; Farben aller/in allen Schattierungen; der Stoff, die Tapete ist uns eine S. zu dunkel; übertr.: Vertreter, Politiker aller Schattierungen *(Richtungen)* waren anwesend.

schattig: *im Schatten liegend:* diese Pflanzen wachsen nur an schattigen Stellen; sich für das Picknick ein schattiges Plätzchen suchen; hier ist es s. und kühl.

Schatz, der: 1. a) *Anhäufung von Kostbarkeiten:* ein kostbarer S.; einen S. vergraben, ausgraben, heben *(ausgraben);* nach einem S., nach Schätzen graben; er gäbe es nicht für alle Schätze der Welt *(um keinen Preis)* her; übertr.: ein Land voll verborgener Schätze *(wertvoller Dinge, Kulturgüter o. ä.);* ein reicher S. *(eine große Fülle)* an/von Erfahrungen; das Museum besitzt reiche Schätze an moderner Malerei. b) ⟨Plural⟩ *kostbarer Besitz:* er hat viele Schätze gesammelt, angehäuft, erworben; die Kinder zeigten uns ihre Schätze *(die Dinge, an denen sie besonders hingen).* 2. (veraltet, aber noch als Kosenamen für einen geliebten Menschen, auch für ein Kind) *Geliebte[r]:* du bist mein S., mein Schätzchen; auf Wiedersehen, S.!; du bist [wirklich] ein S. (ugs.; *das war sehr nett von dir)!;* sei ein S. (ugs.; *tu mir den Gefallen)* und ...

schätzen: 1. a) ⟨etwas s.⟩ *taxieren:* Grundstücke, ein Vermögen, einen Nachlaß, etwas nach seinem Wert s.; man schätzte den Schaden auf tausend Mark. b) ⟨etwas s.⟩ *nach dem äußeren Eindruck ungefähr bestimmen:* die Entfernung, die Größe, den Wert einer Sache s.; jmds. Alter s.; ⟨jmdn. s.⟩ mit Artangabe⟩ jmdn. jünger, älter s.; jmdn. auf dreißig Jahre s. c) (ugs.) ⟨etwas s.⟩ *vermuten, annehmen:* wann, schätzen Sie, sind Sie fertig?; ich schätze, er kommt morgen/daß er morgen kommt. 2. a) ⟨jmdn. s.⟩ *eine hohe Meinung von jmdm. haben:* jmdn. [sehr, nicht sonderlich, nicht besonders] s.; die beiden schätzen sich/ (geh.) einander; er ist sehr geschätzt *(man achtet ihn sehr)* als Gutachter; ein geschätzter Mitarbeiter. b) ⟨etwas s.⟩ *hoch einschätzen, gern mögen:* Offenheit, Zuverlässigkeit s.; ich schätze seinen Rat, weiß seine Hilfsbereitschaft zu s.; ich schätze es gar nicht *(mag es nicht gern),* wenn ...; jmdn. wegen seiner Vertrauenswürdigkeit s.; ich schätze an ihm seine Großzügigkeit; an dem Wein schätze ich besonders sein Bukett. * **glücklich schätzen** *(sehr froh über etwas sein):* ich schätze mich glücklich, solche Freunde zu haben.

Schau, die: 1. a) *Ausstellung:* etwas auf einer S. zeigen, vorführen. b) *unterhaltende Darbietung; Show:* die S. läuft noch bis Ende des Monats; der Star stellte in seiner neuen S. prominente Gäste vor; das ist ja eine/die S.!/ugs.; *Ausruf der Bewunderung!.* 2. a) (geh.) *Vision:* eine mystische, religiöse S.; die S. der Farben in einem Rausch. b) *Blickwinkel, Aspekt:* er sieht das Problem aus einer anderen, aus seiner S. [heraus]. * **etwas zur Schau stellen** *(ausstellen, öffentlich zeigen)* · **etwas zur Schau tragen** *(nach außen hin zeigen):* eine freundliche Miene, Zuversicht zur S. tragen · (ugs.:) **eine Schau abziehen** *(sich in Szene setzen)* ·

(ugs.:) **jmdm. die Schau stehlen** *(jmdn. übertrumpfen, ausstechen)* · (ugs.:) **eine Schau machen** *(angeben, sich aufspielen).*

Schauder, der: a) *Gefühl des Grauens, des Abscheus, der Ehrfurcht o. ä.:* ein plötzlicher, ehrfürchtiger S.; ein S. der Angst, des Entsetzens; ein S. überfiel, ergriff ihn. b) *plötzliches, heftiges Frösteln:* beim Betreten des kalten Hauses befiel, überfiel ihn ein heftiger S., lief ihm ein S. über den Rücken.

schauderhaft: a) *abscheulich, widerwärtig:* schauderhaftes Wetter; eine schauderhafte Kälte, Hitze; er hat eine schauderhafte Schrift; er spricht ein schauderhaftes Französisch; der Anblick war s.; er sah s. aus. b) (ugs.) ⟨verstärkend bei Adjektiven und Verben⟩ *sehr:* s. frieren; wir mußten s. lange warten.

schaudern: a) *heftig frösteln:* sie schauderte, als sie in die Nacht hinaustrat; er schauderte vor Kälte; der kalte Raum ließ sie, machte sie s. b) ⟨jmdn./jmdm. schaudert⟩ *jmd. empfindet Furcht, Entsetzen o. ä.:* ihn/ihm schauderte bei dieser Vorstellung; ihn schauderte vor Angst; mir schaudert vor ihm; ⟨es schaudert jmdn.⟩ es schauderte sie, wenn sie daran zurückdachte; subst.: er dachte mit Schaudern an das Vorgänge.

schauen: 1. (bes. südd., österr., schweiz.) a) ⟨mit Artangabe⟩ *in einer bestimmten Weise dreinschauen:* finster, beschämt, traurig, verwundert s.; er hatte ausgesprochen böse geschaut. b) ⟨mit Raumangabe⟩ *seinen Blick irgendwohin richten:* vorwärts, gegen eine Wand, nach allen Seiten, zur Seite, um sich, nach oben, aus dem Fenster s.; sie schaute verwirrt zu Boden; er hatte immer wieder nervös auf die Uhr geschaut; bildl.: die Sonne schaute (schien) durch die Wolken; die Fenster des Zimmers schauen auf eine Straße; der Zorn schaut aus seinen Augen; aus der Tasche schaute ein schmutziges Taschentuch; besorgt in die Zukunft s. *(mit Sorgen an sie denken);* ⟨jmdm.; mit Raumangabe⟩ jmdm. in die Augen, ins Gesicht s.; dem Nachbarn in die Karten s. 2. (südd., österr.) ⟨etwas s.⟩ *ansehen, betrachten:* Bilder s.; sie haben den ganzen Abend Fernsehen geschaut *(ferngesehen);* schau mal, was ich gefunden habe!; ⟨auch ohne Akk.⟩ schau, schau! /Ausruf der [gespielten] Verwunderung/. 3. (südd., österr., schweiz.) ⟨auf etwas s.⟩ *auf etwas Bestimmtes achten, Wert darauf legen:* auf Ordnung, Pünktlichkeit, Sauberkeit s. 4. (südd., österr., schweiz.) *zusehen, sich bemühen, etwas Bestimmtes zu erreichen:* schau, daß du bald zurückkommst, fertig wirst. 5. (geh.) ⟨etwas s.⟩ *im Geist erfassen, erschauen:* die Herrlichkeit Gottes s. 6. (südd., österr., schweiz.) ⟨nach jmdm., nach etwas s.⟩ *sich um jmdn., etwas kümmern:* sie schaute nach dem Kranken; die Nachbarin schaut während unserer Abwesenheit nach den Blumen.

Schauer, der: 1. *Gefühl der Ehrfurcht; Gruseln:* ein ehrfürchtiger, frommer S. erfüllte ihn; ein kalter S. lief ihm den Rücken hinunter, lief, rieselte ihm über den Rücken *(er fröstelte plötzlich sehr heftig).* 2. *Regenschauer:* ein kurzer, heftiger S.; der Wetterbericht hat gewittrige S. angesagt.

schauerlich: 1. *grausig; furchterregend; unheimlich:* ein schauerliches Verbrechen; eine schauerliche Geschichte; der Anblick war s.;

seine Schritte hallten s. wider. **2.** (ugs.) **a)** *fürchterlich:* er hat einen schauerlichen Geschmack; sie haben s. gespielt. **b)** ⟨verstärkend vor Adjektiven und Verben⟩ *sehr:* es war s. kalt; wir haben s. gefroren.

schauern: a) *einen Schauer verspüren; frösteln:* sie schauerte vor Entsetzen, Schrecken, vor Kälte, bei diesem Anblick. **b)** ⟨jmdn./jmdm. schauert [es]⟩ *jmd. verspürt einen Schauer, fröstelt:* mich/mir schauert schon bei dem Gedanken; es schauerte ihn/ihm, wenn s daran dachte.

Schaufel, die: *Gerät zum Schaufeln:* zwei Schaufeln [voll] Kohlen, Sand; er warf eine S. Erde auf die Asche; die S. in die Hand nehmen; etwas auf die S. nehmen; etwas mit S. und Besen beseitigen; ü b e r t r.: *schaufelförmiges Gebilde, schaufelförmiger Teil von etwas:* die Schaufeln eines Wasserrades, einer Turbine, des Baggers; die Schaufeln (Jägerspr.) eines Elches.

schaufeln: a) *mit einer Schaufel arbeiten, hantieren:* nicht gern s.; die Kinder schaufelten im Sand. **b)** ⟨etwas s.; mit Raumangabe⟩ *durch Schaufeln irgendwohin befördern:* Getreide in Säcke s.; er schaufelte die Kohlen in den Keller, den Sand aus der Grube; ⟨ohne Raumangabe⟩ Schnee s. *(wegräumen);* bildl. (ugs.): er schaufelte sich die Bissen in den Mund. **c)** ⟨etwas s.⟩ *durch Schaufeln herstellen, anlegen:* ein Grab, eine Grube s.

Schaukel, die: *an zwei Seilen o. ä. aufgehängtes Brett oder aufgehängter Sitz zum Hin-und-her-Schwingen:* die S. schwang hin und her; eine S. aufstellen; die S. anstoßen, in Bewegung setzen; ein Kind auf, in die S. setzen.

schaukeln: 1. a) *auf der Schaukel schwingen:* die Kinder schaukelten auf dem Hof; auf der Schiffsschaukel, auf der Wippe s.; schaukele nicht so wild!; laßt mich auch einmal s.! **b)** ⟨gewöhnlich mit Umstandsangabe⟩ *in schaukelnder, wippender Bewegung sein:* das Boot, der Kahn hat heftig geschaukelt, schaukelt am Kai, auf den Wellen; der Korb schaukelte am Seil; auf dem, mit dem Schaukelpferd s.; im, mit dem Schaukelstuhl s.; du sollst nicht mit dem Stuhl s.; ü b e r t r.: Lampions schaukelten im Wind; ein Betrunkener schaukelte *(schwankte)* über die Straße. **2.** ⟨jmdn., sich, etwas s.⟩ *in schaukelnde Bewegung versetzen:* die Wiege s.; ein Kind in der Wiege, auf den Knien s.; er schaukelte sich in der Hängematte. **3.** (ugs. scherzh.) ⟨jmdn. s.; mit Raumangabe⟩ *leicht schaukelnd fortbewegen:* der Wagen schaukelte die Ausflügler ins Grüne. **4.** (ugs.) ⟨etwas s.⟩ *durch geschicktes Lavieren bewerkstelligen:* er wird die Sache schon s.

Schaum, der: *aus Luftbläschen bestehende Masse:* weißer, flockiger, sahniger S.; der S. der Seife, der Wellen, des Bieres; am Wasserfall bildet sich, entsteht S.; der S. ist zergangen; S. *(schaumiger Speichel, Geifer)* trat ihm auf die Lippen, vor den Mund; dem Pferd flog der S. vom Maul; er trank den S. vom Bier ab; den S. abschöpfen; das Feuer wurde mit S. gelöscht; einen Teppich aus S. auf die Landebahn aufsprühen; Eiweiß zu S. schlagen; ü b e r t r. (geh.): alles ist nur S. *(ist unbeständig, vergänglich).* ∗ (ugs.:) **Schaum schlagen** *(prahlen, angeben).*

schäumen: a) ⟨etwas schäumt⟩ *etwas bildet, ent-* wickelt Schaum: die Seife schäumt gut; das Bier schäumte [im Glas]; die Brandung hat geschäumt; ü b e r t r.: als er das hörte, schäumte er *(war er außer sich)* [vor Wut, Zorn]. **b)** ⟨etwas schäumt; mit Raumangabe⟩ *etwas fließt schäumend irgendwohin:* der Sekt schäumte in die Gläser; der Sturzbach ist über die Ufer geschäumt.

Schauplatz, der: *Ort, an dem sich etwas Bestimmtes abspielt:* der S. der Handlung in einem Theaterstück; der S. des Kriegsgeschehens; dieses Haus war der S. eines Verbrechens; den S. wechseln; auf dem S. erscheinen; ü b e r t r. (geh.): er ist seit vom S. [der Welt] zurückgezogen *(er hat sich ins Privatleben zurückgezogen).* ∗**vom Schauplatz abtreten: a)** (geh. verhüll.; *sterben).* **b)** *(sich ins Privatleben zurückziehen).*

schaurig: 1. *gruselig, unheimlich:* ein schauriger Ort; eine schaurige Geschichte; das Geheul der Wölfe war s., klang s. durch die Nacht. **2.** (ugs.) *sehr schlecht:* eine schaurige Handschrift; sie hat heute s. gesungen.

Schauspiel, das: **1.** *Theaterstück:* ein historisches S.; ein S. von Goethe; ein S. in drei Akten; ein S. schreiben, aufführen, inszenieren; sich (Dativ) ein S. ansehen; ein S. besuchen; in ein S. gehen. **2.** *Anblick, Ereignis, Vorgang:* ein überwältigendes, grandioses S. bot sich ihren Augen; es war ein klägliches, trauriges S.; dieses S. wollte er sich (Dativ) nicht entgehen lassen; wir wollen doch den Leuten kein S. geben *(unsere Auseinandersetzung nicht vor anderen austragen).* ∗ (ugs.:) **ein Schauspiel für [die] Götter sein** *(sehr komisch, grotesk wirken).*

Schauspieler, der: *Darsteller:* ein großer, begabter, guter, schlechter S.; er ist S., will S. werden; der S. wurde stürmisch gefeiert; ü b e r t r.: du bist ein guter S. *(kannst dich gut verstellen).*

Scheck, der: *Zahlungsanweisung an eine Bank:* ein ungedeckter S.; einen S. über 200 DM; die Schecks waren nicht gedeckt; einen S. [aus]schreiben, einlösen, sperren lassen; einen S. auf jmdn., auf eine Firma ausstellen; der S., die Unterschrift auf dem S. war gefälscht; er hat mit einem S. bezahlt.

scheel: *mißgünstig, mißtrauisch [blickend]:* scheele Augen machen; jmdn. mit scheelen Augen, Blicken betrachten; sein Blick war s.; jmdn. s. *(geringschätzig)* ansehen.

scheffeln ⟨etwas s.⟩: *in großen Mengen in seinen Besitz bringen:* Geld, Reichtümer s.; sie hat bei den Wettkämpfen die Medaillen nur so gescheffelt (ugs.; *hat viele gewonnen).* er hat reichlich Kaviar auf den Teller gescheffelt *(gehäuft).*

Scheibe, die: **1. a)** *flacher, kreisrunder Gegenstand:* eine metallene S.; der Diskus hat die Form einer S.; bildl. (geh.): die [goldene] S. des Mondes. **b)** *Schießscheibe:* die S. treffen, verfehlen; auf die/nach der S. schießen. **2.** *(von einem Nahrungsmittel) abgeschnittenes flaches Stück:* eine dicke, dünne S. Brot; einige Scheiben Wurst, Käse; einen Apfel in Scheiben schneiden; Scheiben vom Schinken herunterschneiden. **3.** *Glasscheibe:* blanke, schmutzige, blinde Scheiben; die Scheiben blitzten, blinkten, glänzten [vor Sauberkeit]; die S. ist zerbrochen, hat einen Sprung; die Scheiben sind beschlagen, vereist; die Scheiben klirrten, zersprangen bei der Explosion; eine neue S. einsetzen, einziehen, einkitten; sie putzte, rieb die Scheiben blank; eine S. einschlagen, einwerfen. **4.** (ugs.) *Schallplatte:* eine heiße S. auflegen; eine neue S. aufnehmen. * (ugs.:) **sich** (Dativ) **von jmdm., von etwas eine Scheibe abschneiden [können]** *(sich an jmdm., an etwas ein Beispiel nehmen [können]).*

Scheide, die: **1.** *Hülle für die Klinge einer Hieb- oder Stichwaffe:* den Säbel, Dolch aus der S. ziehen, in die S. stecken. **2.** *Vagina:* eine Entzündung der S. **3.** (veraltend) *Grenze, Trennungslinie:* die S. zweier Gemarkungen; übertr. (geh.): er stand an der S. zwischen Leben und Tod.

scheiden: 1. a) ⟨etwas von etwas s.⟩ *trennen, absondern:* die faulen Äpfel von den guten s.; eine Wand scheidet den Wohnbereich vom Schlafbereich. **b)** ⟨jmdn., etwas s.; mit Artangabe⟩ *einteilen:* man schied sie nach ihrer Vorbildung, in verschiedene Gruppen. **c)** ⟨etwas scheidet jmdn.⟩ *etwas trennt, unterscheidet jmdn.:* ihre unterschiedliche Erziehung scheidet die beiden [voneinander]; wir sind durch unsere gegensätzlichen Ansichten geschieden. **d)** ⟨etwas scheidet sich⟩ *etwas trennt sich, geht auseinander:* bei dieser Frage schieden sich die Meinungen; hier scheiden sich unsere Wege. **2. a)** ⟨etwas s.⟩ *gesetzlich für ungültig erklären:* die Ehe wurde geschieden. **b)** ⟨jmdn. s.⟩ *jmds. Ehe gesetzlich für ungültig erklären:* sie wollen sich s. lassen; sie will sich nicht von ihrem Mann s. lassen; sie wurden, sind geschieden; eine geschiedene Frau. **3.** (geh.) *Abschied nehmen; weggehen, auseinandergehen:* wir müssen jetzt s.; sie schieden grußlos, als Freunde, in Unfrieden [voneinander]; er scheidet ungern [von hier]; wir sehen ihn mit Bedauern s.; es muß geschieden sein; aus dem Dienst, aus dem Amt s. *(seinen Dienst, sein Amt aufgeben);* R: Scheiden bringt Leiden; bildl. (geh.): der scheidende *(zu Ende gehende)* Tag; im Licht der scheidenden *(untergehenden)* Sonne.

Scheidung, die: **1.** *das Scheiden, Trennen:* die S. der Bewerber in verschiedene Gruppen; eine begriffliche S. vornehmen. **2.** *Ehescheidung:* die S. [der Ehe] verlangen, beantragen, einreichen; die S. verweigern, ablehnen; seine S. betreiben; der Richter sprach die S. aus; die beiden denken an, reden von S.; sie bestand auf S.; in S. leben, liegen; in die S. einwilligen; mit S. drohen.

Schein, der: **1.** *Lichtschein:* der freundliche, warme, matte, schwache S. der Lampe; der grelle S. der Sonne; der milde, silberne S. des Mondes, der Sterne; der S. der Straßenlaterne fiel ins Zimmer; die Scheinwerfer gaben, warfen einen hellen S., sandten einen hellen S. aus; sie saßen beim, im S. einer Kerze. **2.** *äußerer Eindruck, Anschein:* das ist alles leerer, bloßer, schöner S.; R: der S. trügt · der S. ist, spricht gegen ihn; den äußeren S. retten, wahren, aufrechterhalten; er erweckte, gab sich den S. eines Ehrenmannes; er ließ sich durch den S. täuschen, blenden; nur dem Schein[e] nach; etwas nur zum S. *(nicht wirklich)* annehmen; zwischen S. und Wirklichkeit, zwischen S. und Sein unterscheiden. **3.** *Bescheinigung, Urkunde:* der S. ist verfallen; einen S. ausstellen, ausfüllen, unterschreiben, abzeichnen; er mußte den S. vorzeigen; mit diesem S. konnte er die Grenze passieren. **4.** *Geldschein, Banknote:*

ein ganz neuer, zerknitterter S.; es sind falsche Scheine im Umlauf; er hatte nur große Scheine *(Scheine von hohem Wert)* in der Tasche; einen S. wechseln lassen; jmdm. einen S. in die Hand drücken; geben Sie mir den Betrag bitte in kleinen Scheinen! **5.** (Studentenspr.) *Seminarschein:* einen S. machen; für die Prüfung mehrere Scheine benötigen.

scheinbar: *nur dem Scheine nach [bestehend], in Wirklichkeit nicht vorhanden:* scheinbare Gründe, Einwände; sein scheinbarer Ruhe, Gelassenheit, Aufmerksamkeit, mit scheinbarem Interesse zuhören; das ist nur ein scheinbarer Widerspruch; seine Ruhe war nur s.; die Zeit stand s, still.

scheinen: 1. a) ⟨etwas scheint⟩ *etwas gibt Licht, Helligkeit von sich:* der Mond scheint; heute scheint die Sonne *(es ist sonniges Wetter);* die Sterne haben die ganze Nacht geschienen. **b)** ⟨etwas scheint; mit Artangabe⟩ *etwas strahlt, sendet ein bestimmtes Licht aus:* die Sonne schien hell, warm, heiß vom Himmel herab; die Lampe, Laterne schien trübe, matt. **c)** ⟨etwas scheint; mit Raumangabe⟩ *etwas läßt Licht, Helligkeit irgendwohin fallen:* die Sonne scheint auf den Balkon, durchs Fenster, ins Zimmer; ⟨etwas scheint jmdm.; mit Raumangabe⟩ die Sonne schien ihm ins Gesicht. **2.** ⟨mit Infinitiv mit zu⟩ *den Anschein erwecken, den Eindruck machen:* er scheint reich, glücklich, traurig, krank, gesund zu sein; er scheint der richtige Mann dafür zu sein; das schien die beste Lösung zu sein; er schien sie zu kennen; ⟨auch ohne Infinitiv mit zu⟩ ein Krieg schien unvermeidlich; sie sind reicher, als es scheint; es scheint, daß er sich geirrt hat; er hat scheint's (ugs; *so scheint es)* nichts dafür übrig · ⟨jmdm. s.; mit Infinitiv mit zu⟩ das scheint mir unumgänglich zu sein; er schien mir betrunken zu sein; es schien ihm nicht der Mühe wert [zu sein]; ⟨auch ohne Infinitiv mit zu⟩ wie mir scheint, hat er das erfunden; das ist alles unwahr, scheint mir.

scheinheilig: *hinterhältig, unaufrichtig:* ein scheinheiliger Bursche; sie machte ein scheinheiliges Gesicht *(tat, als ob sie nichts wüßte);* ihr Wesen, sie ist mir zu s.; sei, tu nicht so s.!; er antwortete ganz s., tat so, als wäre alles in Ordnung.

Scheinwerfer, der: *Lampe, die einen weitreichenden Lichtstrahl aussendet:* die S. eines Leuchtturmes, eines Autos; die S. suchten den Himmel ab; die S. auf-, abblenden, ausschalten; vom Licht des Scheinwerfers getroffen, geblendet werden; in den Kegel des Scheinwerfers kommen, geraten; mit, von Scheinwerfern angestrahlt werden.

Scheit, das: *Holzscheit:* verkohlte Scheite; ein paar Scheite/(südd., österr., schweiz. auch:) Scheiter Holz aufs Feuer legen; Scheite aufstapeln, aufschichten; Holz in Scheite hacken.

Scheitel, der: **1. a)** *Haarscheitel:* ein gerader, genau gezogener S.; der S. ist schief; den S. ziehen; einen S. haben, tragen; er hat, trägt den S. rechts, links, in der Mitte. **b)** (ugs. veraltend) *Haupthaar:* sein S. war ergraut. **2.** *höchster Punkt:* der S. einer Wölbung, Kurve, eines Bogens; die Sonne stand im S. ihrer Bahn (geh. veraltend). * **vom Scheitel bis zur Sohle** *(ganz und gar):* er ist ein Gentleman vom S. bis zur Sohle.

scheitern: 1. a) *keinen Erfolg haben, nicht an sein Ziel kommen:* er ist mit seinem Plan gescheitert; er scheiterte an der Hartnäckigkeit seiner Gegner; er ist [im Leben] gescheitert; er ist eine gescheiterte Existenz; Sport: die deutsche Mannschaft scheiterte an Italien [mit] 3:4. b) ⟨etwas scheitert⟩ *etwas mißlingt, schlägt fehl:* alle seine Hoffnungen, Pläne, Bemühungen, Unternehmungen, die Verhandlungen sind gescheitert; auch der letzte Versöhnungsversuch scheiterte; der Verkauf scheiterte an seinem Einspruch; subst.: das Unternehmen war von vornherein zum Scheitern verurteilt. 2. (veraltend) ⟨etwas scheitert⟩ *etwas zerschellt:* das Schiff ist im Sturm, an den Felsen, auf dem Riff gescheitert.

Schelle, die: (bes. westmd.) a) *kleine Glocke:* eine Narrenkappe mit Schellen; die S. [an der Haustür] ziehen; an der S. ziehen. b) *Türklingel:* die Kinder drückten auf die S. und rannten weg.

schelmisch: *neckisch, schalkhaft:* ein schelmischer Blick, ein schelmisches Lächeln, eine schelmische Antwort; sie lachte s., sah ihn s. an.

Schelte, die (bes nordd.): *Vorwürfe, Tadel:* es gibt S.; er hat S. bekommen, fürchtete sich vor S.

schelten: 1. (geh.) a) *sich schimpfend, mit lauten, heftigen Worten äußern:* er schilt auf ihn, mit ihm; er hat gescholten, weil ihm niemand geholfen hat; er schalt über sie, über ihre Unpünktlichkeit. b) ⟨jmdn., etwas s.⟩ *mit lauten, heftigen Worten tadeln:* er hat mich gescholten, weil ich zu spät kam; sie schalt sein Betragen, schalt ihn wegen seines Betragens. 2. (geh.) ⟨jmdn., sich, etwas s.⟩ *herabsetzend heißen; beschimpfen als:* a) ⟨mit Gleichsetzungsakkusativ⟩: er schalt ihn, sich einen Dummkopf, Narren. b) ⟨mit Artangabe⟩ er hat ihn [unehrlich, sich, sein Verhalten unüberlegt] gescholten.

Schema, das: a) *Ordnung, Plan, Vorlage:* das S. einer elektrischen Schaltung; verschiedene Schemas/Schemata/(auch:) Schemen aufstellen; an ein S. gebunden sein; sich bei seiner Arbeit an ein S. halten, nach einem S. richten; nach einem S. vorgehen; sich in ein S. fügen; etwas paßt in kein S., läßt sich in kein S. pressen. b) *Entwurf, Skizze, Zeichnung:* ein S. von etwas entwerfen. * (ugs.): **nach Schema F** *(gedankenlos, routinemäßig, ohne die Besonderheiten des Einzelfalles zu berücksichtigen):* das geht hier alles nach S. F.

schematisch: 1. *einem Schema entsprechend:* eine schematische Darstellung, Zeichnung; etwas s. wiedergeben. 2. *mechanisch, ohne eigenes Denken:* eine schematische Arbeit, Tätigkeit; etwas s. tun; er führte die Anweisung rein s. aus.

Schenkel, der: 1. *Oberschenkel:* stramme, kräftige, muskulöse S.; der Betreuer massierte den Spielern die Schenkel.; er schlug sich lachend auf die Schenkel; Reiten: den Pferd die Schenkel geben *(es durch Schenkeldruck antreiben)*. 2. *eine der beiden Geraden, die einen Winkel bilden:* die beiden Schenkel des Winkels. 3. *einer der beiden gleichgeformten Teile bei bestimmten Geräten:* die Schenkel der Schere, Zange; den S. eines Zirkels auf das Papier aufsetzen.

schenken: 1. ⟨jmdm. etwas s.⟩ *zum Geschenk machen:* jmdm. Blumen, Schokolade, Geld s.; jmdm. etwas als Andenken s.; was schenkst du ihm zum Geburtstag, zu Weihnachten?; den Rest

schenke ich dir *(darfst du behalten);* ich lasse mir nichts s.; ü b e r t r. (geh.): sie schenkte ihm einen Sohn, 5 Kinder · ⟨auch ohne Dativ⟩ sie schenkt immer das gleiche; wir wollen zu seiner Hochzeit etwas s.; die Kette hat sie [von uns für ihre Hilfe] geschenkt bekommen; sie möchte nichts geschenkt haben; das Kleid würde ich nicht einmal geschenkt haben wollen, nehmen *(es gefällt mir überhaupt nicht);* das ist geschenkt [noch] zu teuer *(taugt überhaupt nichts);* das ist ja [halb] geschenkt! *(ist sehr preiswert);* R (ugs.): geschenkt ist geschenkt; sie trägt meistens geschenkte Sachen; ⟨ohne Dativ und ohne Akk.⟩ sie schenkt gerne; /häufig verblaßt/: jmdm. seine Gunst, Freundschaft, Liebe, Teilnahme s.; jmdm. Glauben, Vertrauen s.; einer Nachricht, einem Gerücht keinen Glauben s.; du mußt ihm mehr Aufmerksamkeit, Beachtung s.; schenke mir keinen Augenblick Gehör; sie schenkte mir keinen Blick. 2. ⟨jmdm., sich etwas s.⟩ *erlassen, ersparen:* die Strafe hat man ihm geschenkt; den Weg dorthin, die letzten Kapitel des Buches schenkte er sich; den Besuch des Museums kannst du dir s., hättest du dir s. können *(er lohnt sich nicht);* ihr ist [im Leben] nichts geschenkt worden *(sie hat es nicht leicht gehabt);* den Kindern wird in der Schule nichts geschenkt *(sie müssen sich anstrengen).* 3. ⟨etwas in etwas s.⟩ *einschenken:* er schenkte Bier in die Gläser; sie schenkte den Kaffee, Tee in Tassen.

Schenkung, die (Rechtsw.): *Übertragung von Eigentum auf einen anderen:* eine S. [an jmdn.] machen, annehmen, ausschlagen, anfechten.

Scherbe, die: *Bruchstück von einem zerbrochenen Gefäß:* die Scherben der Kanne liegen am Boden; R: Scherben bringen Glück · bei dem Streit hat es Scherben gegeben; die Scherben zusammenkehren, auflesen, kitten; die Scherben einer Ausgrabung ordnen, zusammensetzen; sich an einer S. schneiden, verletzen; die Vase ist in Scherben gegangen *(zerbrochen);* eine Schüssel in Scherben schlagen *(zerbrechen);* bildl. (geh.): sie saßen vor den Scherben ihres Glücks.

Schere, die: 1. */ein Schneidwerkzeug/:* eine scharfe, spitze, stumpfe S.; die S. schleifen; etwas mit der S. schneiden, ab-, aus-, beschneiden. 2. */ein Greifwerkzeug bestimmter Tiere/:* die Scheren eines Hummers, Skorpions. 3. a) */eine Turnübung/:* er ging mit einer S. vom Barren ab. b) */ein Griff beim Ringen o. ä./:* er nahm den Gegner in die S. 4. *Diskrepanz zwischen zwei Faktoren, die sich in ungünstiger Weise auseinanderentwickeln:* die S. zwischen Arm und Reich, zwischen Arbeitenden und Arbeitslosen wird immer größer, klafft immer mehr auseinander.

¹scheren, schor, geschoren: 1. a) ⟨ein Tier, jmdn., etwas s.⟩ *von Haaren befreien:* Schafe, einen Pudel s.; man hat seinen Kopf, Schädel geschoren; ⟨jmdm., sich etwas s.⟩ er hat sich den Kopf geschoren. b) ⟨etwas s.⟩ *abschneiden:* die Haare, den Bart [kurz] s.; (ugs.) sich die Haare s. lassen; er schor die Wolle [von den Schafen]; ⟨jmdm., sich etwas s.⟩ er hat sich die Haare geschoren (scherzh.: *geschnitten)?* c) ⟨jmdm., sich etwas s.⟩ *durch Schneiden hervorbringen:* er hat ihm, sich eine Glatze geschoren. 2. ⟨etwas s.⟩ *beschneiden, kürzen:* eine Hecke, den Rasen s.

²**scheren,** scherte, geschert: **1. a)** ⟨sich um jmdn., um etwas s.; gewöhnlich verneint⟩ *sich um jmdn., um etwas kümmern:* er scherte sich nicht um ihn, um sein Wohlergehen; er hat sich nicht den Teufel (ugs.; *überhaupt nicht*) darum geschert. **b)** (veraltend) ⟨etwas schert jmdn.; gewöhnlich verneint⟩ *etwas stört jmdn., geht jmdn. an:* das hat ihn wenig, nicht im geringsten geschert; was schert mich sein Lebenswandel? **2.** ⟨sich s.; mit Raumangabe⟩ *sich irgendwohin begeben:* er soll sich an die Arbeit, ins Bett s.; er soll sich zum Teufel s. (ugs.; *soll verschwinden*); scher dich (ugs.; *verschwinde*)!

Schererei, die (meist Plural): *Schwierigkeit, Unannehmlichkeit:* das gibt nur unnötige Scherereien; ich habe mit euch nichts als Scherereien; wir werden [mit ihm, wegen der Sache] unnötige Schererein bekommen; das machte ihm allerhand Scherereien.

Scherflein ⟨in der Wendung⟩ sein Scherflein [zu etwas] beitragen/beisteuern/geben (geh.): *seinen kleinen [finanziellen] Beitrag zu etwas leisten.*

Scherz, der: *nicht ernstgemeinte, auf Belustigung abzielende Äußerung, Handlung:* ein alberner, derber, gewagter, plumper, harmloser, netter S.; es war doch nur [ein] S.; das ist doch ein schlechter S.! *(etwas Ungeheuerliches, was man gar nicht glauben mag);* ist das S. oder Ernst?; dieser S. ging zu weit; einen S. machen; seinen S., seine Scherze über jmdn., etwas machen *(sich über jmdn., etwas lustig machen);* du darfst seine Scherze nicht ernst nehmen; er läßt sich schon einen S. gefallen; solche Scherze mag ich nicht, verbitte ich mir; er hat sich einen S. mit dir erlaubt; er treibt gern seinen S., seine Scherze mit anderen *(neckt, verspottet sie gerne);* auf einen S. eingehen; etwas aus, im, zum S. sagen *(nicht ernst meinen);* es war im S. gesagt, aber im Ernst gemeint; etwas regt zu Scherzen an; er ist heute nicht zu Scherzen aufgelegt; mach keinen S./keine Scherze! /ugs.; *Ausruf des Erstaunens*/; jetzt aber mal S. beiseite, wie war es wirklich?; ohne S.! (ugs.; *das ist mein Ernst, ich meine es wirklich so);* ... und all solche, lauter solche/und ähnliche Scherze (ugs.; *und dergleichen unsinnige, ärgerliche o. ä. Dinge mehr*).

scherzen: *einen Scherz, Scherze machen:* sie scherzten und lachten den ganzen Abend; er scherzte mit den Kindern; ich scherze nicht *(ich meine es ernst);* darüber scherzt man nicht!; damit ist nicht zu s.!; Sie scherzen wohl! *(das kann nicht ihr Ernst sein!);* subst.: er war nicht zum Scherzen aufgelegt.

scheu: *ängstlich, furchtsam; nicht zutraulich:* ein scheues Kind; scheues Wild; ein scheuer Blick; sie hat ein scheues *(zurückhaltendes, schüchternes)* Wesen; sie ist s. wie ein Reh; er schaute sich s. um; die Tiere wurden s.; der Lärm hatte die Pferde s. gemacht *(vor Panik versetzt).*

Scheu, die: *ängstliche, scheue Zurückhaltung; Hemmung, Zaghaftigkeit:* eine ehrfurchtsvolle S.; seine S. ablegen, überwinden, unterdrücken; sie hat alle S. vor diesem Menschen verloren; sie hatte, empfand keine S., dies zu tun; er schwieg aus S.; er tat es mit aller gewissen S., ohne jede S.

scheuen: 1. a) ⟨etwas s.⟩ *fürchten; vor etwas zurückschrecken:* er scheute die Entscheidung, die

Aussprache, die Öffentlichkeit; eine Gefahr, einen weiten Weg nicht s.; er hatte keine Arbeit, Mühe, keine Opfer, Kosten gescheut, um ihnen zu helfen; etwas s. wie der Teufel das Weihwasser (ugs.; *etwas sehr scheuen*). **b)** ⟨sich vor etwas s.⟩ *Hemmung, Angst, Bedenken haben; zurückschrecken:* er scheute sich vor der Wahrheit; er scheute sich [davor], ihn anzusprechen. **2.** *(bes. von Pferden)* wild werden, mit Panik reagieren: die Pferde haben [vor dem Rennwagen] gescheut; scheuende Pferde.

scheuern: 1. a) ⟨etwas s.⟩ *durch heftiges Reiben reinigen, saubermachen:* den Fußboden, die Dielen [mit Sand und Seife] s.; sie scheuerte die Töpfe mit einer Bürste; ⟨auch ohne Akk.⟩ du mußt kräftig, tüchtig, fest s. · ⟨sich (Dativ) etwas s.⟩ er scheuerte sich die Hände mit Sand. **b)** ⟨etwas s.; mit Artangabe⟩ *durch Scheuern in einen bestimmten Zustand bringen:* die Fliesen blank, weiß s. **c)** ⟨etwas von etwas s.⟩ *etwas durch Scheuern entfernen:* den Schmutz von den Dielen s.; sie hat die Farbe von der Wand gescheuert. **2.** *etwas reibt in unangenehmer, lästiger Weise:* **a)** ⟨etwas scheuert⟩ der Kragen scheuert; die Schuhe scheuern an den Fersen; ⟨etwas scheuert jmdn., etwas⟩ der Riemen scheuert mich [an der Schulter], meine Haut; ⟨etwas scheuert etwas; mit Artangabe⟩ die Stiefel haben meine Füße wund, rot gescheuert. **b)** ⟨etwas scheuert jmdm. etwas⟩ das Armband hat ihr die Haut gescheuert; ⟨etwas scheuert jmdm. etwas; mit Artangabe⟩ die Stiefel haben mir die Füße wund, rot gescheuert. **3. a)** ⟨sich s.⟩ *sich heftig reiben:* das Schwein scheuert sich [an der Wand]; er hat sich am Knie [wund] gescheuert. **b)** ⟨sich (Dativ) etwas s.⟩ *sich etwas reiben:* das Tier scheuert sich den Rücken an einem Baum; ⟨sich (Dativ) etwas s.; mit Artangabe⟩ ich habe mir das Knie wund gescheuert. * (ugs.:) **jmdm. eine scheuern** *(jmdm. eine Ohrfeige geben).*

scheußlich: a) *abscheulich, widerlich, abstoßend:* ein scheußlicher Anblick; ein scheußliches Wetter, Verbrechen; dieses Gebäude ist s.; die Suppe schmeckt s. **b)** (ugs.) ⟨verstärkend bei Adjektiven und Verben⟩ *sehr:* es war s. kalt; er hat sich s. erkältet.

Schicht, die: **1.** *flächenhafte Ausdehnung eines Stoffes; Lage:* eine dünne S. Sand, Staub, Marmelade; die unteren, oberen, höheren Schichten der Luft; Schichten von Nebel, Wolken; eine S. Kohle wechselte mit einer S. Erz. **2.** *Gesellschaftsschicht:* die führende, herrschende, begüterte, obere S.; einer bestimmten sozialen S. angehören; in allen Schichten der Gesellschaft, des Staates. **3. a)** *Arbeitsabschnitt, nach dem die Belegschaft jeweils wechselt:* die erste S. dauert von 8 bis 2 Uhr; S. arbeiten; S. machen (ugs.; *als Schichtarbeiter Feierabend machen);* eine S. fahren (Bergmannsspr.; *zu einer Schicht in die Grube fahren);* S. verkürzen, wechseln; in drei Schichten arbeiten; er ging zur S. **b)** *in einer Schicht arbeitende Gruppe:* die zweite S. ist eben eingefahren.

schichten ⟨etwas s.⟩: *in Schichten aufeinanderlegen:* Holz, Ziegel s.; Wäsche in den Schrank s.; sie schichteten die Bretter zu einem Stapel.

schick: *modisch und mit Pfiff:* ein schicker Mantel, eine schicke Tasche, ein schickes Kleid; ein

schickes *(schick gekleidetes)* Mädchen; der Anzug ist sehr s.; s. aussehen, angezogen sein; eine schicke *(dem Zeitgeschmack entsprechende)* Wohnung; wir finden das s. *(toll); heute abend gehen wir s. aus (in ein elegantes, teures Lokal o. ä.).* **schicken: 1. a)** ⟨jmdm./an jmdn., an etwas etwas s.⟩ *zuschicken, übersenden, zukommen lassen:* jmdm. Blumen, einen Brief, einen Gruß, ein Paket s.; man schickte dem Institut eine Probe; er hat das Telegramm an uns, an unsere Adresse geschickt; ⟨auch ohne Dat. oder Präp.-Obj.⟩ dein Bruder hat heute Blumen, ein paar Zeilen, endlich ein Lebenszeichen geschickt. **b)** ⟨etwas s.; mit Raumangabe⟩ *an einen bestimmten Ort senden:* er hat das Paket nach Berlin geschickt; die Waren werden ins Haus geschickt. **2. a)** ⟨jmdn. s.⟩ *entsenden:* eine Abordnung, seinen Vertreter, einen Boten s.; wer hat dich denn geschickt?; ⟨jmdm. jmdn. s.⟩ ich schicke Ihnen ein Mädchen, das Ihnen helfen kann. **b)** ⟨jmdn. s.; mit Raumangabe⟩ *jmdn. veranlassen, sich an einen bestimmten Ort zu begeben:* er schickte seinen Sohn in die Stadt, zum Arzt, zum Bäcker, nach Hause; sie hat die Kinder ins/zu Bett geschickt; ⟨häufig verblaßt/: sie schickt ihre Söhne aufs Gymnasium; er wurde in die Verbannung, in den Krieg, in den Tod geschickt; übertr.: jmdn. auf die Bretter, zu Boden s. *(jmdn. niederschlagen);* sie schickte die Gegnerin mit 6:0, 6:1 vom Platz *(besiegte sie);* einen Mitspieler s. (Fußball; *ihm den Ball in den freien Raum vorlegen).* **c)** ⟨jmdn. s.; mit Infinitiv⟩ *jmdn. etwas austragen; jmdn. etwas tun heißen:* er hat ihn einkaufen, schlafen geschickt; ⟨jmdn. zu etwas s.⟩ ich habe ihn zum Einkaufen, zum Fußballspielen geschickt; sie wurde geschickt, [um] mir zu helfen/damit sie mir hilft. **d)** ⟨nach jmdm. s.⟩ *jmdn. rufen, holen lassen:* nach dem Arzt, der Hebamme s.; man hatte schon nach einem Priester geschickt. **3. a)** ⟨sich in etwas s.⟩ *sich in etwas fügen:* es fiel ihm schwer, sich in die neuen Verhältnisse, in diese Umstände, in diese Ordnung zu s.; er schickte sich schließlich in das Unvermeidliche. **b)** ⟨etwas schickt sich; meist verneint⟩ *etwas gehört sich, ziemt sich:* das Tragen solcher Kleidung schickt sich dort nicht; ein solches Benehmen schickt sich nicht; es schickt sich nicht, daß du das tust; bei Tisch, in Gesellschaft, für dich schickt sich das nicht. **schicklich,** ⟨geh.⟩: *anständig, angemessen, angebracht:* ein schickliches Benehmen; eine schickliche Antwort; es ist nicht s., jemanden so anzustarren.
Schicksal, das: **1.** *Vorsehung, Fügung, Schicksalsmacht:* das blinde, grausame, unerbittliche S.; die Wege des Schicksals; das S. hat ihn bevorzugt, hat es gut mit ihm gemeint, hat ihn dazu bestimmt; das S. herausfordern; etwas dem S. überlassen, anheimstellen (geh.); dem S. entgegentreten; er wollte dem S. aus dem Wege gehen; etwas vom S. erwarten; vom S. heimgesucht, ereilt werden (geh.), geschlagen sein. **2.** *Geschick, Los:* ein schweres, trauriges, schlimmes, merkwürdiges, sonderbares S.; das S. eines Volkes; das S. nahm seinen Lauf; [das ist] S.! (ugs.; *das muß man hinnehmen*); sein S. war besiegelt, hatte sich erfüllt (geh.), entschieden; ein schweres S. durchmachen, durchkämpfen, ertragen; sein S. hinneh-

men, annehmen, tragen; jmds. S. beklagen; etwas berührt ein fremdes S., entscheidet jmds. S.; man erfährt, erlebt manchmal die seltsamsten Schicksale; trotz aller Unbilden des Schicksals; er folgte seinem S. *(nahm es auf sich);* er wird seinem S. nicht entgehen; an jmds. S. schuld haben; sich gegen das S. aufbäumen; sich in sein S. ergeben; in jmds. S. eingreifen; sich mit seinem S. aussöhnen, abfinden; mit seinem S. hadern (geh.); über jmds. S. beschließen; er hat sich über sein S. erhoben; übertr.: was wird das S. dieser Unternehmungen sein? * **Schicksal spielen** *(etwas zu lenken, in die Wege zu leiten suchen)* · **jmdn. seinem Schicksal überlassen** *(sich nicht weiter um jmdn. kümmern).*
schieben: 1. a) ⟨jmdn., etwas s.⟩ *durch Drücken fortbewegen, befördern:* einen Karren, den Kinderwagen s.; er mußte das Fahrrad, das Auto s.; schiebst du den Einkaufswagen?; er ließ sich von uns s.; ⟨auch ohne Akk.⟩ du mußt fester, kräftiger s. **b)** ⟨jmdn., sich, etwas s.; mit Raumangabe⟩ *schiebend vorwärts, irgendwohin bewegen:* etwas nach oben, nach hinten, in die Mitte, zur Seite s.; das Brot in den Backofen, die schwere Kiste über den Flur s.; den Stuhl an den Tisch s.; er schob den Hut in den Nacken, die Hände in die Taschen; sie hat den Riegel vor die Tür geschoben; er schob den Ball ins Tor (Fußball; *befördert ihn sanft ins Tor);* wir schoben uns ins Zimmer; er schob sich durch die Menge; eine dunkle Wolke schob sich vor die Sonne; übertr.: er schob alles von sich (ugs.; *wälzte alles ab);* sie schiebt (ugs.; *verschiebt)* alles von einem Tag auf den anderen; der Läufer schob sich *(setzte sich)* an die Spitze des Feldes; er muß immer geschoben werden (ugs.; *tut nichts von sich aus);* er wurde über die Grenze geschoben (ugs.; *wurde des Landes verwiesen).* **c)** ⟨etwas auf jmdn., etwas s.⟩ *für etwas Unangenehmes jmdn., etwas verantwortlich machen:* er schiebt die Schuld, seine Fehler gern auf andere; sie schoben die Verzögerung auf das schlechte Wetter. **2.** (ugs.) **a)** *unsaubere Geschäfte, Schwarzmarktgeschäfte machen:* er hat in der Nachkriegszeit [viel] geschoben; er schiebt mit Zigaretten, mit Kaffee. **b)** ⟨etwas s.⟩ *betrügerisch mit etwas umgehen:* Waren, Gelder s.; er hat Wechsel, Devisen geschoben.
Schieber, der: **1.** *verschiebbarer Verschluß:* den S. öffnen; du mußt den S. am Ofen zumachen. **2.** *Bettpfanne:* der Kranke verlangte nach dem S. **3.** (ugs.) *jmd., der unerlaubte, unsaubere Geschäfte macht:* ein kleiner *(unbedeutender)* S.; er war einer der größten S. [in] der Nachkriegszeit.
Schiebung, die: **a)** *unerlaubtes, unsauberes Geschäft:* Schiebungen machen; er hat seinen Reichtum durch Schiebungen erworben. **b)** *ungerechtfertigte Bevorzugung, Begünstigung:* er ist durch S. in dieses Amt gekommen.
schief: 1. *von der richtigen Lage, Stellung abweichend; nicht gerade; schräg, krumm:* eine schiefe Mauer, Ebene; einen schiefen Mund, eine schiefe Schulter haben; schiefe *(einseitig abgetretene)* Absätze; der Turm ist s.; der Tisch steht s.; das Bild hängt s.; er hält den Kopf s.; der Baum ist s. gewachsen; er hat den Hut s. aufgesetzt; übertr.: er machte, zog ein schiefes *(mißmutiges, verdrossenes)* Gesicht; er warf ihm einen

schiefen *(scheelen)* Blick zu; er hat mich [ganz] s. *(scheel)* angesehen. **2.** *teilweise falsch, nicht ganz zutreffend, nur halb richtig:* ein schiefes Urteil; das war ein schiefer Vergleich; deine Darstellung gibt ein [ganz] schiefes Bild von der Sache; etwas s. beurteilen, sehen.

schiefgehen (ugs.) ⟨etwas geht schief⟩: *etwas gelingt nicht, mißglückt:* die Sache wäre beinahe, fast schiefgegangen; es kann nichts s. [bei der Sache]; mit der Schauspielerei ist es schiefgegangen; nur Mut, es wird schon s. (iron.; *gelingen*).

schielen: 1. *eine fehlerhafte Augenstellung haben:* stark, leicht s.; das Kind schielt; er schielt auf einem, auf dem linken Auge. **2.** (ugs.) **a)** ⟨mit Raumangabe⟩ *heimlich, verstohlen irgendwohin schauen:* der Schüler schielte auf das Heft seines Nachbarn; er schielte nach links und nach rechts, zu seiner Frau; er schielte über die Zeitung hinweg zu ihr; übertr.: wir brauchen nicht nach den Amerikanern, auf den japanischen Markt zu s. **b)** ⟨nach etwas s.⟩ *etwas haben wollen, erstreben:* nach einem Posten, nach mehr Geld s.; das Kind schielte nach der Schokolade.

Schiene, die: **1. a)** *Fahrschiene für bestimmte Fahrzeuge:* die Schienen waren gelockert, verbogen, aufgerissen; Schienen [für die Straßenbahn] legen; diese Fahrzeuge sind an Schienen gebunden, fahren, rollen auf Schienen; der letzte Wagen ist aus den Schienen gesprungen *(ist entgleist);* das Miteinander von S. und Straße *(Schienen- und Straßenverkehr);* übertr.: auf der offiziellen S. läuft nichts mehr (ugs.); das Ansprechen von Minderheiten über die S. Fernsehen. **b)** *Gleitschiene:* dieser Teil der Anlage gleitet auf, in der S. hin und her; die Vorhangrollen laufen in einer S. **2.** *Stützschiene:* eine S. anlegen; der gebrochene Arm wurde in Schienen gelegt.

schienen ⟨etwas s.⟩: *mit einer Schiene stützen:* das gebrochene Bein mußte geschient werden.

¹**schier** (bes. nordd.): *rein, pur, unvermischt:* schieres Gold; schiere Butter; schieres Fleisch *(Fleisch ohne Fett und Knochen);* übertr.: das hat er aus schierer Bosheit, Dummheit getan.

²**schier** (Adverb): *beinahe, fast:* er hat mich s. zur Verzweiflung gebracht; das ist s. unmöglich.

schießen: 1. a) *eine Schußwaffe bedienen, abfeuern:* gut, schlecht, sicher, genau, zu hoch, zu tief, zu weit, zu kurz, in die Luft s.; scharf *(mit richtiger Munition)* s.; mit Schrot, mit Pfeil und Bogen, mit einem Revolver s.; wild um sich, aufs Geratewohl s.; auf jmdn., auf einen Hasen, nach jmdn., auf die Scheibe, auf/nach Tontauben s.; aufs/ins Blatt s. (Jägerspr.; *Wild durch Schulterschuß töten).* **b)** ⟨etwas schießt; mit Artangabe⟩ *etwas hat eine bestimmte Schießeigenschaft:* das Gewehr, die Flinte schießt gut. **c)** ⟨jmdn., sich/ jmdn., sich s.; mit Raumangabe⟩ *durch einen Schuß verletzen:* er hat ihm/ihn durch die Wade, er hat sich ins Bein geschossen. **d)** ⟨etwas s.; mit Raumangabe⟩ *durch Abfeuern irgendwohin bringen:* er schoß die Kugel in die Luft, den Pfeil aufs Dach; er hatte die Harpune in den Rücken des Wals geschossen; einen Satelliten auf seine Umlaufbahn, eine Rakete ins All s.; ⟨jmdm., sich etwas s.; mit Raumangabe⟩ er schoß ihm die Kugel durch, in die Brust, ins Herz; er hat sich eine Kugel durch, in den Kopf, in die Schläfe geschos-

sen; übertr.: sie schoß wütende Blicke auf ihn. **e)** ⟨etwas in etwas s.⟩ *durch Schießen verursachen, hervorrufen:* er hat mehrere Löcher in die Scheibe geschossen; er hat ein Loch in die Luft geschossen *(hat nicht getroffen).* **f)** ⟨etwas s.⟩ *durch einen Schuß, durch Schüsse erzielen:* er hat [auf der Schießscheibe] eine Zwölf geschossen; er hat 150 Ringe geschossen; er wollte an der Schießbude eine Rose s. **g)** ⟨ein Tier s.⟩ *durch Schießen töten, erlegen:* einen Bock s.; den Hasen mit Schrot s.; die Jagdgäste haben viel Wild geschossen. **h)** ⟨jmdn., etwas s.; mit Umstandsangabe⟩ *mit Schüssen treffen und dadurch etwas bewirken:* jmdn. zum Krüppel s.; ein Dorf in Grund und Boden s.; einen Vogel vom Baum s.; eine Festung sturmreif s. **2.** (Sport) **a)** *den Ball mit dem Fuß anstoßen, so daß er in eine bestimmte Richtung fliegt:* knallhart, genau s.; er schoß mit dem linken Fuß, aufs Tor, hoch über, neben das Tor, an die Latte; er schoß sofort. **b)** ⟨etwas s.; mit Raumangabe⟩ *schießend irgendwohin befördern:* das Leder, den Ball ins Netz, an den Pfosten, über die Torlinie s.; den Puck ins Tor s. **c)** ⟨etwas s.⟩ *schießend erzielen:* ein Tor, den Ausgleich s.; das 1:0 s. **d)** ⟨jmdn., sich s.; mit Raumangabe⟩ *durch Schießen für jmdn., sich etwas erreichen:* seine Mannschaft in die Endrunde, ins Finale, zu den Olympischen Spielen, in Führung s.; er hat sich auf Platz 2, an die Spitze der Torjägerliste geschossen. **3.** ⟨etwas s.⟩ *fotografieren:* schnell ein paar Bilder, Fotos, Aufnahmen [von dem Ereignis fürs Familienalbum, zur Erinnerung] s. **4. a)** ⟨mit Raumangabe⟩ *sich sehr schnell bewegen:* die Schwalben schießen durch die Luft; das Motorboot ist [pfeilschnell] durch das Wasser geschossen; Flammen schossen aus dem Dachstuhl; er schoß um die Ecke, kam um die Ecke geschossen; bei diesen Worten schoß er [von seinem Stuhl, Platz] in die Höhe *(sprang er auf);* das Blut schoß aus der Wunde *(quoll daraus stark hervor);* ⟨etwas schießt jmdm.; mit Raumangabe⟩ das Blut schoß ihm aus Mund und Nase; die Tränen schossen ihr in die Augen *(kamen ihr schnell);* vor Entrüstung, Zorn schoß ihm das Blut ins Gesicht; übertr.: ein Gedanke schoß ihm durch den Kopf, in den Sinn. **b)** *sehr schnell wachsen:* die Saat schießt aus der Erde; der Junge ist im letzten Jahr mächtig [in die Höhe] geschossen; das Unkraut schießt; der Salat ist geschossen *(hat einen Samenstand gebildet);* übertr.: überall schießen neue Häuser aus dem Boden. * (ugs.:) **jmdm. eine schießen** *(jmdm. eine Ohrfeige geben)* · **zum Schießen sein** *(sehr komisch, zum Lachen sein).*

Schiff, das: **1.** *größeres Wasserfahrzeug:* ein stolzes, schnelles, modernes, altes, abgetakeltes S.; das S. läuft vom Stapel, liegt im Hafen, kreuzt vor dem Hafen, sticht in See, läuft einen Hafen an, geht vor Anker, liegt, reitet vor Anker (Seemannsspr.), legt [am Kai] an; das S. schaukelt, schlingert, stampft (Seemannsspr.), trimmt (Seemannsspr.; *liegt vorn oder hinten höher);* das S. treibt steuerlos auf dem Wasser, ist leck, läuft [auf ein Riff] auf; das S. wird gerammt, bricht auseinander, neigt, legt sich auf die Seite, sackt ab, geht unter, sinkt; das S. zeigt die Flagge (Seemannsspr.), läuft unter liberianischer Flagge; das

S. geriet in einen Sturm; Seemannsspr..: S. [backbord, steuerbord] voraus! /Warnruf der Bordwache/; ein S. besteigen, befrachten, entern, kapern, chartern, versenken, abwracken, heben; ein S. bauen, auf Kiel legen/auflegen (Schiffsbau; zu bauen beginnen), vom Stapel lassen; ein S. trimmen (Seemannsspr.; in die richtige Schwimmlage bringen); die Taufe, der Stapellauf eines Schiffes; an, von Bord eines Schiffes gehen; übertr.: das S. des Staates; das Schifflein des Lebens. 2. Kirchenschiff: die Kirche hat drei Schiffe, ist in drei Schiffe geteilt. * klar Schiff machen: a) (Seemannsspr.; das Schiff saubermachen). b) (ugs.; eine Angelegenheit bereinigen, etwas in Ordnung bringen).

Schiffbruch, der (veraltet): schwerer Schiffsunfall: der Dampfer hat S. erlitten. * [mit etwas] Schiffbruch erleiden (Mißerfolg haben, scheitern): das Unternehmen hat S. erlitten.

Schikane, die: böswillig bereitete Schwierigkeit: das Verbot ist die reinste S.; das ist doch alles S.!; jmdm. Schikanen machen, bereiten; jmds. Schikanen ausgesetzt sein. * (ugs.:) mit allen Schikanen (mit allem Komfort).

schikanieren (jmdn. s.): jmdn. in böswilliger Weise Schwierigkeiten bereiten: jmdn. mit etwas s.; er schikaniert seine Untergebenen; er wollte sich nicht länger von ihr s. lassen.

¹Schild, der: Schutzwaffe: runde, spitze Schilde; die Schilde heben; sich mit dem S. dekken. * jmdn. auf den Schild heben/erheben (jmdn. zum Anführer machen, erklären, zum Leitbild erklären) · (ugs.:) etwas [gegen jmdn., gegen etwas] im Schilde führen (heimlich etwas planen, was sich gegen jmdn., etwas richtet).

²Schild, das: Hinweis-, Aushängeschild; Erkennungszeichen: die vielen Schilder am Straßenrand; er bekam ein kleines S. mit seinem Namen; ein S. an der Tür anbringen, befestigen; ein S. (Etikett) auf eine Flasche kleben; ein S. aushängen, entfernen; ein S. beschriften; auf dem S. stand der Preis, sein Name.

schildern a) (etwas s.): ausführlich darstellen, berichten: etwas anschaulich, lebhaft, weitschweifig, in bunten Farben s.; einen Vorgang, seine Erlebnisse mit bewegten Worten s.; er schilderte, wie er empfangen worden war; (jmdm. etwas s.) er schilderte uns seine Eindrücke. b) (jmdn. als jmdn., als etwas s.) beschreiben: sie schilderte ihn als liebevollen Vater, als großzügig; (jmdn. jmdn. als jmdn., als etwas s.) er schilderte sie uns als schlank und attraktiv.

schillern (etwas schillert): etwas glänzt in verschiedener Stärke, in wechselnden Farben: auf Wasser schwimmendes Öl schillert [in allen Farben]; bunt schillernde Seifenblasen. übertr.: diese Sache schillert etwas (ist nicht ganz eindeutig, durchsichtig); ein schillerndes Wesen; ein schillernder (verschwommener) Begriff.

¹Schimmel, der: Schimmelpilz: auf der Marmelade ist S., hat sich S. gebildet; das Brot war mit S. bedeckt, mit/von S. überzogen.

²Schimmel, der: weißes Pferd: einen S., auf einem S. reiten; die Kutsche wurde von Schimmeln gezogen.

schimm[e]lig: mit Schimmel bedeckt: schimmeliges Brot; der Käse ist schon ganz s.

schimmeln (etwas schimmelt): etwas wird schimmelig: das Brot fängt schon an zu s., hat/ist geschimmelt; die Akten haben jahrzehntelang in einem feuchten Keller geschimmelt (haben schimmelnd dort gelegen); übertr.: laß dein Geld nicht auf dem Konto s.

Schimmer, der: 1. matter Schein, Glanz: ein schwacher, matter, rötlicher, heller S.; der S. des Goldes, der Perlen, der Sterne; sie saßen beim friedlichen S. der Lampe, der Kerzen. 2. Hauch, leise Spur: der S. eines Lächelns; ein ferner S. der Erinnerung; doch noch einen S. (ein klein wenig) von Hoffnung, Anstand haben. * (ugs.:) keinen [blassen]/nicht den geringsten/leisesten Schimmer von etwas haben (keine Ahnung von etwas haben).

schimmern: 1. (etwas schimmert) etwas leuchtet, glänzt matt: die Sterne schimmern [am Himmel]; das Licht schimmerte durch die Bäume; schimmernde Seide, Perlen. 2. (etwas schimmert durch etwas) etwas schimmert hindurch: der alte Preis schimmert noch durch das neue Preisschild; die Schrift schimmert durch das Papier.

Schimpf, der (geh.): Schande, Schmach, Demütigung: jmdm. einen S. antun, zufügen; einen S. erleiden, erdulden, ertragen; er wollte diesen S. nicht auf sich sitzen lassen. * mit Schimpf und Schande (unter schimpflichen Umständen).

schimpfen: 1. a) seinem Ärger mit heftigen Worten Ausdruck geben: laut, kräftig, heftig, tüchtig, mächtig (ugs.), fortgesetzt, ständig, immerzu, in einem fort s.; wie ein Rohrspatz (sehr) s.; er fluchte und schimpfte; er hat sehr auf dich geschimpft; er schimpfte gegen die Regierung, über seinen Vorgesetzten, die herrschenden Verhältnisse; subst.: mit [deinem] Schimpfen erreichst du gar nichts. b) (mit jmdm. s.) schelten, ausschimpfen: die Mutter schimpft mit dem Kind; er schimpfte mit ihm, weil er zu spät kam. 2. a) (geh.) (jmdn., sich, etwas s.) mit Gleichsetzungsakkusativ herabsetzend heißen, beschimpfen als: er schimpfte ihn einen Taugenichts; er schimpfte sich [selbst] einen Narren. b) (ugs.) (sich s.; mit Gleichsetzungsnominativ oder Artangabe) sich nennen, vorgeben, etwas zu sein: er schimpft sich Kaufmann, freier Mitarbeiter; die Partei schimpft sich christlich, sozial.

Schimpfwort, das: Wort, Ausdruck, mit dem man jmdn. beschimpft: ein derbes, grobes, ordinäres S.; er gebraucht gerne Schimpfwörter; eine Flut von Schimpfwörtern.

schinden: 1. (jmdn. s.) quälen, peinigen, grausam behandeln: er schindet seine Untergebenen, das Vieh; der Aufseher schindete/(selten:) schund grausam die Gefangenen. 2. (ugs.) (sich s.) sich plagen, abmühen: sie hat sich ihr Leben lang geschunden [und geplagt]; er hat sich bei dieser Arbeit, damit sehr s. müssen. 3. (ugs.) (etwas s.) gewinnen, herausschlagen: er wollte Zeit s.; er versuchte ein paar Mark zu s.; [bei jmdm.] Eindruck, Mitleid, Applaus s.; er hat das Fahrgeld, Eintrittsgeld geschunden (nicht bezahlt).

Schindluder (in der Wendung) mit jmdm., mit etwas Schindluder treiben (ugs.): jmdn., etwas übel behandeln: er treibt S. mit seinen Kräften.

Schinken, der: 1. Keule, bes. vom Schwein: roher, gekochter, geräucherter, frischer, saftiger, fetter, magerer S.; die Schinken hängen noch im

Rauchfang, in der Räucherkammer; eine Scheibe S.; Rührei mit S.; Brötchen mit S. belegen. **2.** (ugs.) *Oberschenkel, Gesäß:* dicke Schinken; du kriegst gleich was auf den S. **3.** (ugs. scherzh. oder abwertend) **a)** *großes, dickes Buch:* ein teurer S.; solche Schinken lese ich nicht. **b)** *großes Gemälde:* ein S. von Rubens; über dem Sofa hing ein gräßlicher S. **c)** *langer, aufwendiger Film; umfangreiches Theaterstück:* diesen S. werde ich mir nicht ansehen.

Schippe, die (nordd., westmd.) *Schaufel:* er warf eine S. [voll] Sand auf die Asche; mit der S. Sand schaufeln; die Kinder spielen mit Eimer und S. * (ugs.:) **jmdn., etwas auf die Schippe nehmen** *(jmdn. necken, foppen; etwas verulken).*

schippen (nordd., westmd.) ⟨etwas s.⟩: *schaufeln:* Sand s.; Schnee s. *(wegräumen);* er schippte den Sand in den Eimer.

Schirm, der: **1. a)** *Regenschirm:* ein neuer, altmodischer S.; einen S. mitnehmen; den S. öffnen, aufmachen, ausspannen, zuklappen, zumachen, schließen; sie hat ihren S. vergessen, verloren, stehenlassen; ich muß den S. neu beziehen lassen. **b)** *Sonnenschirm:* er stellte den S. auf der Terrasse auf; sie saßen unter bunten Schirmen. **2.** *Lampenschirm:* die Lampe hat einen S. aus Glas, aus Seide. **3.** *Fallschirm:* der S. hat sich nicht geöffnet. **4.** *schildähnlicher Gegenstand zum Schutz gegen Licht, Hitze:* einen S. vor den Ofen stellen; einen grünen S. *(Augenschirm)* tragen. **5.** *Mützenschirm:* er zog den S. seiner Mütze tief in die Stirn. **6.** *Gesamtheit von abschirmenden Einrichtungen und Maßnahmen:* ein atomarer S.

Schlacht, die: *heftiger Kampf zwischen größeren militärischen Einheiten:* eine große, heiße, mörderische, blutige, entscheidende, unentschiedene, verlorene S.; die S. bei, an den Thermopylen, die S. auf dem Lechfeld; die S. im Teutoburger Wald; die S. um, von Verdun; die S. wütete, tobte heftig; eine S. schlagen, gewinnen, verlieren; jmdm. eine S. liefern; im Getümmel, Gewühl der S.; in die S. ziehen, gehen; Truppen in die S. führen; er ist in der S. gefallen; es sieht aus wie nach einer S. (ugs.; *es herrscht ein großes Durcheinander);* übertr.: der Politiker hat diese S. verloren *(ist unterlegen);* die beiden Mannschaften lieferten sich eine erbitterte S.

schlachten: 1. ⟨ein Tier s.⟩: *zur Herstellung von Nahrung fachgerecht töten:* ein Schwein s.; er schlachtete ein Huhn; ⟨auch ohne Akk.⟩ der Metzger schlachtete wöchentlich. **2.** (ugs.) ⟨etwas s.⟩ *anbrechen [und aufbrauchen, verzehren]:* eine Flasche Whisky, eine Tafel Schokolade s.

Schlacke, die: **1.** *Verbrennungsrückstände:* die S. aus dem Hochofen entfernen; mancher Koks läßt wenig S. zurück; die Öfen, Kessel wurden von [der] S. gereinigt. **2.** *Stoffwechselrückstände:* den Körper von Schlacken reinigen.

Schlaf, der: *Zustand der Ruhe, in dem die körperlichen Funktionen herabgesetzt sind:* ein bleierner, schwerer, tiefer, unruhiger, fester, traumloser S.; der S. überfällt, überkommt, übermannt, überwältigt jmdn.; der S. kam über ihn; den S. herbeisehnen, verscheuchen; den versäumten S. nachholen; keinen S. finden *(nicht einschlafen können);* ein Schläfchen (fam.) machen, halten; sich (Dativ) den S. aus den Augen reiben *(sich die* Augen reiben, um munter zu werden);* er hat einen guten, gesunden S.; sie hat einen leichten S. *(wacht leicht auf);* er braucht nur sechs Stunden S.; aus dem S. erwachen, [empor]fahren; jmdn. aus dem S. reißen, rütteln; in tiefem S., im tiefsten S. liegen; im S. überrascht werden; er spricht im S. *(während er schläft);* ein Kind in den S. singen, wiegen; in S. sinken; um seinen S. kommen; das hat mich um den S. gebracht. * (ugs.:) **den Schlaf des Gerechten schlafen** *(tief und fest schlafen)* · (ugs.:) **etwas im Schlaf beherrschen/können** *(etwas mühelos, ganz sicher beherrschen/können):* Auto fahren kann ich im S. · (ugs.:) **nicht im Schlaf** *(überhaupt nicht).*

Schläfe, die: *zwischen Auge und Ohr liegende Partie des Kopfes:* ihm hämmerten, pochten die Schläfen; jmdm. eine Pistole an die S. halten; an den Schläfen ergraut sein; sie hatte einen Druck in den Schläfen; ein Herr mit grauen Schläfen *(grauem Haar an den Schläfen).*

schlafen: 1. a) *sich im Zustand des Schlafes befinden:* fest, tief, leise [un]ruhig, traumlos, mit offenem Mund s.; im Stehen s.; s. wie ein Dachs, wie ein Murmeltier, wie ein Sack, wie ein Stein (ugs.; *tief schlafen);* R: wer schläft, sündigt nicht · im Bett liegen und s.; s. *(zu Bett)* gehen; sich s. legen; die Kinder s. *(ins Bett)* schicken; er hatte die letzte Nacht nur drei Stunden geschlafen; schlaf schön!; [haben Sie] gut geschlafen?; (ugs.:) sie gehen mit den Hühnern *(sehr früh)* s.; sie stellte sich schlafend; darüber will ich noch s. *(eine Nacht vergehen lassen, bevor ich mich entscheide);* bildl.: der See, die Natur, die Stadt schläft *(ist ganz ruhig);* übertr.: der Erfolg seines Gegners hat ihn nicht s. *(ruhen)* lassen. **b)** ⟨es schläft sich; mit Artangabe und Umstandsangabe⟩ *man kann in bestimmter Weise schlafen:* es schläft sich gut auf dem Sofa, mit dem neuen Deckbett; bei dem Lärm schläft es sich schlecht. **c)** ⟨sich s.; mit Artangabe⟩ *sich durch Schlafen in einen bestimmten Zustand bringen:* sie hat sich gesund geschlafen. **2.** ⟨mit Umstandsangabe⟩ *übernachten:* bei Freunden, im Hotel, im Freien, auf der Erde, auf der Couch s.; allein, zu zweit s.; bei offenem Fenster s. **3.** ⟨mit jmdm. s.⟩ *geschlechtlich verkehren:* sie hat mit ihm geschlafen. **4.** (ugs.) *unaufmerksam sein, nicht aufpassen:* habt ihr wieder geschlafen, als ich euch die Formel erklärte?; die Konkurrenz schläft nicht.

schlaff: a) *nicht gespannt, nicht straff; lose hängend:* ein schlaffes Seil; die Segel hingen s. herunter. **b)** *kraftlos, schlapp:* mit schlaffen Knien; ein schlaffer Händedruck. **c)** (ugs.) *energielos:* ein schlaffer Typ; sei mal nicht so s., und hilf mir! **d)** (ugs.) *langweilig:* eine schlaffe Musik, Party; das Konzert war ziemlich s.

Schlafittchen ⟨nur in der Wendung⟩ jmdn. beim/am Schlafittchen packen/kriegen (ugs.): *jmdn. fassen und für eine geringe Verfehlung zur Rechenschaft ziehen.*

schläfrig: a) *schlafbedürftig; einen müden Eindruck machend:* ein schläfriges Kind; schläfrige Augen; sie war, wurde s. von der Spritze; das Wetter machte ihn s. **b)** *langsam und träge; langweilig:* schläfrige Bewegungen; ein schläfriger *(langweiliger, eintöniger)* Tag; die Stimme des Redners war, klang s. *(einschläfernd).*

schlaftrunken: *vom Schlaf noch ganz benommen:* sie macht noch einen schlaftrunkenen Eindruck; er war noch ganz s.; er sah mich s. an.
Schlag, der: 1. *hartes Auftreffen mit der Hand oder einem Gegenstand; Hieb:* ein starker, schwacher, kräftiger, leichter, schmerzender, tödlicher S.; ein S. auf den Kopf, ins Gesicht, vor die Brust; ein S. mit der Hand, mit dem Gewehrkolben; Schläge austeilen *(schlagen);* jmdm. einen S. versetzen; einen S. abwehren; ihr bekommt gleich Schläge *(eine Tracht Prügel)!;* einem S. ausweichen; mit einem einzigen S. streckte er den Gegner zu Boden. b) *durch einen Schlag hervorgerufenes Geräusch:* ein S. an der Haustür; im Keller tat es einen S. 2. a) *den Körper treffender Stromstoß:* er hat an der Steckdose einen S. bekommen. b) *Blitzschlag:* ein zündender S.; ein kalter S. *(irgendwo einschlagender, aber nicht zündender Blitz).* 3. *Schlaganfall:* der S. hat ihn getroffen. 4. *in regelmäßigen Stößen erfolgende Bewegung:* die Schläge des Herzens; der S. der Wellen; die Schläge des Ruders, Pendels; er fühlte die ungleichmäßigen Schläge seines Pulses. 5. *Unheil, Unglück; niederdrückendes, unglückseliges Ereignis:* ein harter, schwerer S.; das wird ein S. für ihn sein; ein neuer S. traf ihn; ein S. gegen die Drogenmafia; einen S. einstecken, hinnehmen müssen; jmdm. einen S. verpassen, versetzen; die Schläge des Schicksals ertragen. 6. *durch Schlagen hervorgerufener Ton:* der S. der Turmuhr, der Trommel, der Pauke; der S. *(Gesang)* der Nachtigall, der Finken; er kam S. *(genau um)* acht. 7. (ugs.) *Portion Essen:* ein S. Grütze, Suppe; er verlangte noch einen S. 8. *Wesensart:* ein Beamter alten Schlags; ein Mensch seines Schlages; sie waren beide vom gleichen S. * (ugs.:) **mit einem Schlag**[e] *(plötzlich, auf einmal):* mit einem S. wurde der junge Autor berühmt · (ugs.:) **Schlag auf Schlag** *(in rascher Folge, rasch nacheinander):* die schlechten Nachrichten kamen S. auf S. · (ugs.:) **keinen Schlag tun** *(nichts tun, arbeiten)* · (ugs.:) **etwas auf einen Schlag tun** *(zwei Dinge gleichzeitig erledigen)* · **zum entscheidenden Schlag ausholen** *(sich anschicken, jmdm. eine Niederlage beizubringen)* · **einen vernichtenden Schlag führen** *(jmdm. eine vernichtende Niederlage beibringen)* · (ugs.:) [**einen**] **Schlag bei jmdm. haben** *(jmds. Sympathie, Wohlwollen haben)* · **etwas ist ein Schlag ins Gesicht** *(etwas ist eine schwere Kränkung, Brüskierung)* · (ugs.:) **etwas ist ein Schlag ins Kontor** *(etwas ist eine unangenehme Überraschung)* · **etwas ist ein Schlag ins Wasser** *(etwas ist ergebnislos)* · **etwas ist ein Schlag unter die Gürtellinie** *(etwas ist unfair, gemein)* · (ugs.:) **jmdn. rührt/trifft der Schlag** *(jmd. ist überrascht, entsetzt)* · (ugs.:) **wie vom Schlag gerührt/getroffen sein** *(fassungslos sein).*
schlagartig: *plötzlich und schnell:* eine schlagartige Veränderung der Lage; s. wurde ihm alles klar, wurde es ihm bewußt.
schlagen /vgl. schlagend/: 1. a) 〈jmdn. s.〉 *jmdm. Schläge versetzen; prügeln:* ein Kind, ein Tier s.; jmdn. mit der Hand, mit dem Stock s.; (die beiden haben sich heftig geschlagen; Ⓡ (ugs., meist scherzh.): eh' ich mich s. lasse */Antwort auf eine Aufforderung/.* b) 〈sich mit jmdm. s.〉 *sich prügeln:* er hat sich mit jemandem geschlagen. c) 〈jmdn.,

sich, etwas s.; mit Umstandsangabe〉 *jmdn. durch Schläge in einen bestimmten Zustand bringen:* jmdn. blutig, bewußtlos, zu Boden, k. o., windelweich, krumm und lahm, grün und blau, zum Krüppel s.; er hat alles in Stücke, in Scherben, kurz und klein geschlagen. 2. *eine Schlagbewegung ausführen; einen Schlag irgendwohin setzen:* a) 〈mit Raumangabe〉 nach jmdm. s.; gegen die Tür s.; mit dem Hammer dreimal auf den Grundstein s.; er schlug wild um sich; wütend mit der Faust auf den Tisch s.; 〈sich (Dativ) s.; mit Raumangabe〉 er schlug sich an die Stirn, vor die Brust. b) 〈jmdm./(seltener:) jmdn. s.; mit Raumangabe〉 jmdm./(seltener:) jmdn. auf die Hand, auf die Finger, ins Gesicht s.; er schlug ihm/(seltener:) ihn wohlwollend auf die Schulter. c) 〈etwas s.; mit Raumangabe〉 die Hände vors Gesicht s.; 〈jmdm. etwas s.; mit Raumangabe〉 jmdm. den Schirm auf den Kopf s.; der Vater schlug dem Sohn das Heft um die Ohren. 3. 〈mit Raumangabe〉 *gegen etwas prallen; treffen:* er schlug gegen die Wand, mit dem Kopf auf den Boden; die Wellen schlagen ans Ufer, gegen das Schiff; der Regen schlägt heftig gegen das Fenster; die Segel schlugen gegen die Masten; 〈auch ohne Raumangabe〉 er hörte [im Haus] eine Tür s. *(geräuschvoll ins Schloß fallen);* 〈etwas schlägt jmdm.; mit Raumangabe〉 jmdm. den Schlag ihm an den Arm; übertr.: diese Nachricht ist mir auf den Magen, aufs Gemüt geschlagen. 4. 〈etwas s.; mit Raumangabe〉 *durch Schläge verursachen:* Löcher ins Eis, einen Durchbruch durch die Wand s.; 〈jmdm. etwas s.〉 er hat ihm ein Loch in den Kopf geschlagen. 5. a) (Sport) 〈etwas s.〉 *durch einen Schlag zustande bringen:* einen Freistoß, genaue Pässe, Flanken s.; aggressive Returns s.; trickreich [über das Netz] geschlagene Stoppbälle. b) 〈etwas s.; mit Raumangabe〉 *durch einen Schlag etwas irgendwohin befördern:* einen Nagel in die Wand, durch das Brett s.; Pfähle, Pflöcke in den Boden s.; Sport: den Ball ins Aus s. · Eier in die Pfanne, in die Suppe s. *(aufschlagen und einlaufen lassen);* die Kartoffeln wurden durch ein Sieb geschlagen; Schuhe auf/über den Leisten s. *(spannen);* die Decke zur Seite s.; der Adler schlug die Fänge in sein Opfer *(packte sein Opfer mit den Krallen).* b) 〈jmdm. etwas aus etwas, von etwas s.〉 *mit einem Schlag entfernen:* jmdm. das Buch aus der Hand s.; er hat ihm den Hut vom Kopf geschlagen. 6. 〈jmdn., etwas an etwas s.〉 *anbringen, befestigen:* Plakate an die Wände s.; Christus wurde ans Kreuz geschlagen. 7. 〈etwas über etwas s.〉 *etwas über etwas legen, decken:* eine Decke über etwas s.; ein Bein über das andere s. 8. 〈etwas schlägt; mit Raumangabe〉 *etwas dringt, bewegt sich irgendwohin, von irgendwoher:* Flammen schlagen aus dem Haus, gegen den/zum Himmel; der Blitz ist/(auch:) hat in den Baum geschlagen. 9. 〈etwas s.〉 *fällen:* Bäume, Holz s.; ein frisch geschlagener Weihnachtsbaum. 10. a) 〈etwas schlägt; mit Raumangabe〉 *etwas bewegt sich heftig hin und her:* der Fensterladen schlägt im Wind, schlägt dauernd hin und her. b) 〈mit etwas s.〉 *mit etwas heftige Bewegungen ausführen:* der Vogel schlägt mit den Flügeln; er schlug im Wasser heftig mit den Beinen. 11. 〈etwas s.〉 a) *bilden:* einen Kreis [mit dem Zirkel] s.; er schlug einen Bogen *(ging in einem Bogen)* um das Haus; sie schlug das Kreuz *(bekreuzigte sich);* am Rükken schlägt die Jacke Falten *(entstehen Falten).* **b)** *mit bestimmten Bewegungen etwas angeben:* den Takt, Rhythmus s. [mit den Fingern auf dem Tisch]. **12.** ⟨etwas s.⟩ **a)** *ein Instrument in bestimmter Weise spielen:* die Trommel, Pauke, Laute s. **b)** *bestimmte Töne auf einem Instrument hervorbringen:* einen Wirbel [auf der Trommel] s. **13. a)** ⟨etwas um etwas s.⟩ *etwas als Hülle um etwas legen:* ein Tuch um die Schultern s.; Packpapier um etwas s. **b)** ⟨etwas in etwas s.⟩ *etwas in etwas einwikkeln:* etwas in Zeitungspapier, in ein feuchtes Tuch s. **14. a)** ⟨etwas schlägt⟩ *etwas erklingt:* die Uhr schlägt [falsch, richtig, genau]; übertr.: die Stunde der Wahrheit, der Rache hat geschlagen. **b)** ⟨etwas schlägt etwas⟩ *etwas zeigt durch einen Ton etwas an:* es/die Uhr schlägt neun Uhr, Mitternacht; adj. Part.: ich habe eine geschlagene (ugs.; *volle)* Stunde gewartet. **15.** *auf besondere Weise singen* /von Vögeln/: Finken, Nachtigallen schlagen. **16.** ⟨etwas schlägt⟩ *etwas arbeitet mit dumpfen Stößen:* der Puls schlägt schwach, schnell, unregelmäßig; sein Herz hat aufgehört zu s.; ⟨jmdm. schlägt etwas⟩ mir schlug vor Aufregung das Herz bis zum Hals; übertr.: ihm schlug das Gewissen. **17. a)** ⟨jmdn. s.⟩ *jmdn. besiegen:* den Gegner, den Feind [im Kampf] s.; jmdn. mit seinen eigenen Waffen s. *(ihn mit denselben Mitteln, die er anwendet, besiegen);* unsere Mannschaft hat die Schotten mit 3 : 0 Toren, (ugs.:) 3 : 0 geschlagen; sie schlug die Titelverteidigerin um einige Längen; mit seinen Preisen hat er die Konkurrenz geschlagen. **b)** ⟨sich s.; mit Artangabe⟩ *sich in bestimmter Weise behaupten:* er, die Mannschaft hat sich tapfer, gut, wacker geschlagen; in, bei der Diskussion hat sie sich hervorragend geschlagen. **c)** ⟨sich mit jmdm. s.⟩ *sich duellieren:* er hat sich mit seinem Rivalen geschlagen. **d)** (ugs.) ⟨sich um etwas s.⟩ *um etwas kämpfen:* die Leute haben sich um die Eintrittskarten, um die besten Plätze geschlagen; sie schlugen sich darum, wer zuerst fahren durfte. **18.** ⟨etwas s.⟩ *schwer treffen, strafen:* Gott hat ihn geschlagen; ein vom Schicksal geschlagener Mann; sie ist eine geschlagene *(gebrochene, ruinierte)* Frau. **19. a)** ⟨etwas s.⟩ *durch einen Zug aus dem Spiel bringen:* ich habe seinen Turm mit der Dame geschlagen. **b)** (Schach) ⟨mit Artangabe⟩ *einen bestimmten Spielweg haben:* die Bauern ziehen gerade, schlagen aber schräg. **20.** ⟨etwas s.⟩ *etwas bis zum Steifwerden rühren:* Sahne, Eiweiß [zu Schnee] s. **21.** (veraltend) ⟨etwas s.⟩ *etwas prägen:* Münzen s. **22.** ⟨nach jmdm. s.⟩ *ähnlich sein:* er schlägt ganz nach dem Vater, nach seiner Mutter. **23. a)** ⟨etwas zu etwas s.⟩ *hinzufügen:* das Erbteil wurde zu ihrem Besitz geschlagen; dieses Gebiet wurde zu Bayern geschlagen; die Zinsen werden zum Kapital geschlagen. **b)** ⟨etwas auf etwas s.⟩ *etwas übertragen:* alle Unkosten, Steuern auf den Verkaufspreis, auf die Ware s. **24.** ⟨etwas schlägt in etwas⟩ *etwas fällt in ein bestimmtes Gebiet, Fach:* diese Frage schlägt in einen ganz anderen Bereich; das schlägt nicht in mein Fach. * **sich geschlagen geben**/(geh.:) **bekennen** *(eingestehen, daß man der Bezwungene, der Verlierer ist)* · (ugs.) **mit jmdm., mit etwas geschlagen sein** *(unter jmdm., et-*

was zu leiden haben): sie ist mit einer schlimmen Krankheit geschlagen; mit dir ist man wirklich geschlagen (auch scherzh.; *bestraft)!*
schlagend: *stichhaltig, überzeugend:* ein schlagender Vergleich; das ist ein schlagender Beweis; etwas s. widerlegen.
Schlager, der: **a)** *leicht eingängiges, meist anspruchsloses Lied, Musikstück:* ein sentimentaler, seichter S.; einen S. singen, spielen, komponieren. **b)** *etwas Zugkräftiges, was großen Erfolg hat, sich gut verkauft:* diese Uhren sind ein S.; das Theaterstück war der S. der Saison.
Schlägerei, die: *heftige, brutale tätliche Auseinandersetzung:* eine S. anfangen; es kam zu einer wilden, wüsten (ugs.) S.
schlagfertig: *immer zu einer treffenden, witzigen Antwort fähig:* ein schlagfertiger Redner; eine schlagfertige Antwort; er ist sehr s.; sie versteht es, s. zu antworten.
Schlaglicht (in der Wendung) etwas wirft ein Schlaglicht auf jmdn., auf etwas: *etwas ist bezeichnend für jmdn., etwas:* diese Äußerung wirft ein S. auf ihn, auf seine Denkweise.
Schlagseite (in der Wendung) [eine] Schlagseite haben: **a)** (Seemannsspr.; *sich durch Wassereinbruch auf die Seite legen):* das Schiff hat S. **b)** (ugs.; *betrunken sein und schwanken).*
Schlagwort, das: **a)** *prägnanter, formelhafter Ausspruch für eine Idee, ein Programm:* das S. „Zurück zur Natur"; das S. von den neuen Sachlichkeit. **b)** *abgegriffene Redensart, Gemeinplatz:* mit Schlagworten um sich werfen.
Schlagzeile, die: *auffällige Überschrift eines Zeitungsartikels:* auffällige, reißerische Schlagzeilen; sie hat schon öfter Schlagzeilen geliefert, für Schlagzeilen gesorgt *(soviel Aufsehen erregt, daß viele Zeitungen groß darüber berichteten).* *Schlagzeilen machen *(über die Presse in der Öffentlichkeit besonderes Aufsehen erregen).*
Schlamm, der: *schmutzige, dickflüssige Mischung aus Erde und Wasser:* den S. aufwühlen; die Füße aus dem S. ziehen; bis an, bis über die Knöchel im S. waten; im S. versinken, steckenbleiben; sie reinigten sich, ihre Schuhe vom S.
Schlamperei, die: (ugs.): *Unordnung, Nachlässigkeit:* eine S. der Behörden, bei/in der Verwaltung, mit wichtigen Akten; eine S. aufdecken; jetzt ist aber Schluß mit der S.!
schlampig (ugs.): *auffallend unordentlich; überaus nachlässig:* eine schlampige Nachbarin; einen schlampigen Eindruck machen; ihr Haushalt ist sehr s.; s. herumlaufen; s. gekleidet sein; der Mechaniker hatte s. gearbeitet.
Schlange, die: **1.** /ein Tier/: eine giftige, harmlose S.; die S. zischt, gleitet über den Boden, züngelt, ringelt sich zusammen. **2.** *weibliche Person, die als hinterlistig, heimtückisch gilt:* sie ist eine richtige S.; diese S. hat ihn betrogen; /auch als Schimpfwort/: du S.! **3.** *lange Reihe von Wartenden:* eine S. wartender Leute/von wartenden Leuten; es bildete sich schnell eine S.; vor den Läden standen lange Schlangen; sich ans Ende der S. stellen; sie reihten sich in die S. ein; eine kilometerlange S. *(Autoschlange)* hatte sich vor der Steigung gebildet. * (geh.:) **eine Schlange am Busen nähren** *(einem hinterlistigen Menschen Gutes erweisen)* · **Schlange stehen** *(anstehen).*

schlängeln: 1. a) ⟨sich s.; mit Raumangabe⟩ *sich in Windungen bewegen:* die Ringelnatter schlängelt sich durchs Gebüsch, über den Sand; übertr.: sie schlängelten sich durch die Menge nach vorn. **b)** ⟨etwas schlängelt sich; mit Raumangabe⟩ *etwas verläuft in einer Schlangenlinie:* der Fluß schlängelt sich durch das Tal, durch die Wiesen; der Zug schlängelte sich bergauf. **2.** (ugs.) ⟨sich aus etwas s.⟩ *sich mit Geschick aus etwas befreien:* er schlängelte sich aus der Affäre.

schlank: *hoch und schmal gewachsen oder geformt:* eine schlanke Gestalt, Figur; ein schlanker junger Mann; ein Mädchen von schlankem Wuchs; Obst ist gut für die schlanke Linie *(Figur);* ein schlanker Hals; schlanke Hände, Beine; schlanke Pappeln, Säulen; ein schlanker Rock; sie ist s. wie eine Tanne, wie ein Reh *(sehr schlank);* das Kleid macht dich s. *(läßt dich schlank erscheinen);* man muß sich in der überfüllten Straßenbahn s. machen; übertr.: der Minister will die Post schlanker machen.

schlankweg (ugs.) ⟨Adverb⟩: *ohne Zögern:* etwas s. ablehnen, behaupten, auslassen; dazu war ich s. *(einfach)* nicht imstande.

schlapp: a) *kraftlos, schwach, matt:* einen schlappen Eindruck machen; ich bin, fühle mich s.; übertr.: *nachgiebig, energielos:* ein schlapper Kerl; eine schlappe Haltung annehmen. **b)** *locker, schlaff:* ein schlappes Seil; die nasse Fahne hing s. am Mast.

Schlappe, die (ugs.): *Niederlage:* S. für die Regierung!; nach der S. in Wien, vom Sonntag; eine S. erleiden, einstecken müssen; dem Gegner eine S. beibringen, zufügen; bei der Wahl eine schwere S. hinnehmen müssen.

schlappmachen (ugs.): *am Ende seiner Kräfte sein und nicht durchhalten:* viele Sportler machten bei der, wegen der großen Hitze schlapp; vor Hunger s.; du darfst jetzt nicht s.!

schlau: 1. *intelligent und geschickt; klug, gewitzt:* ein schlaues Mädchen; ein schlauer Bursche, Betrüger; ein schlauer Kopf *(Mensch);* er ist ein schlauer Fuchs (ugs.; *Mensch),* ein schlauer Hund (derb; *Mensch);* eine schlaue Idee; was steht denn in dem schlauen Buch (ugs. scherzh.; *Nachschlagewerk)?;* (auch iron.:) das war sehr s. *(dumm, ungeschickt)!;* sich bei etwas sehr s. vorkommen; das hat er s. angefangen, angestellt, angepackt. **2.** (ugs.) *angenehm, behaglich:* sich (Dativ) ein schlaues Leben machen; ich fühle mich ganz s. hier, dabei. * (ugs.:) **aus etwas nicht schlau werden** *(etwas nicht verstehen)* · (ugs.:) **aus jmdm. nicht schlau werden** *(jmdn. nicht richtig einschätzen, nicht durchschauen können).*

Schlauch, der: **1. a)** *biegsame Röhre [aus Gummi]:* der S. am Gasherd ist undicht; einen S. aufrollen, an eine Leitung anschließen; er sprengte mit dem S. den Rasen; übertr.: das Kleid ist ein richtiger S. *(ugs.; ist sehr eng).* **b)** *Fahrrad-, Autoschlauch:* der S. hat ein Loch, ist kaputt; einen S. aufpumpen, reparieren, kleben, flicken. **2.** (ugs.) *langer, schmaler Raum:* der dunkle S. des Korridors; das Zimmer ist ein S. * (ugs.:) **etwas ist ein Schlauch** *(etwas ist eine große, langanhaltende Anstrengung)* · (ugs.:) **auf dem Schlauch stehen** *(die Zusammenhänge von etwas nicht verstehen, erkennen).*

schlauchen (ugs.) ⟨etwas schlaucht jmdn.⟩: *etwas beansprucht jmdn. sehr stark:* die Arbeit, das Training hat uns ganz schön geschlaucht; ⟨auch ohne Akk.⟩ eine Woche Nachtschicht schlaucht!

schlecht: 1. *in Qualität und Art nicht gut, minderwertig, mangelhaft:* schlechte Ware; eine schlechte Leistung, Ernte; schlechte *(verbrauchte)* Luft; schlechtes *(regnerisches)* Wetter; schlechtes Deutsch; das ist ein schlechter *(kein wirklicher)* Trost; die Straßen sind in schlechtem Zustand; eine schlechte *(keine regelmäßige)* Verdauung haben; schlechte *(nicht die nötigen)* Umgangsformen besitzen; das Fleisch ist s. geworden *(ist verdorben);* das ist nicht s. *(ist gut brauchbar);* s. sehen, hören; s. vorbereitet sein; die Sitze sind s. gepolstert; du bist s. *(nicht richtig)* unterrichtet; das Geschäft geht s. *(es wird wenig verkauft);* er sieht s. *(elend, abgespannt)* aus; das Gehalt war nicht s. *(recht gut);* er staunte nicht s. *(sehr),* als wir kamen; wir benötigen zehn Flaschen Wein, s. *(knapp)* gerechnet; ⟨in etwas s. sein⟩ er ist s. in Englisch *(seine Leistungen im Fach Englisch sind mangelhaft).* **2.** *ungünstig, nicht glücklich, schlimm:* eine schlechte Nachricht; schlechte Zeiten; keine schlechte *(eine gute, glückliche)* Idee!; das ist ein schlechtes Zeichen; ein schlechter Eindruck; eine schlechte Stimmung, Laune; jmdm. einen schlechten Dienst erweisen; er war s. beraten; er hat sie, das geliehene Buch s. behandelt; eine schlechte Sache steht s.; s. abgeschnitten haben; es sieht s. für sie aus; es steht s. um den Patienten; er hat es bei seinen Pflegeeltern sehr s.; es geht ihm s. *(er ist nicht gesund, hat finanzielle Schwierigkeiten);* du darfst nicht s. über ihn reden, von ihm denken; das Essen ist ihm s. bekommen, das wird ihm s. bekommen *(sich übel für ihn auswirken);* wir sind s. dabei weggekommen *(haben weniger als erhofft erhalten);* heute paßt es [mir], geht es s. *(ist es ungünstig, finde ich keine Zeit).* **3.** *unangenehm:* eine schlechte Angewohnheit, Eigenart; ein schlechter Geruch; das Essen schmeckt s. **4.** *böse; charakterlich, moralisch nicht gut:* ein schlechter Mensch, Charakter; einen schlechten Ruf haben; in schlechtem Ruf stehen; er hat s. an ihm gehandelt; er hat s. nicht Schlechtes im Sinn. S. ⟨jmdm. ist, wird [es] s.⟩ *jmdm. ist, wird [es] körperlich unwohl, übel:* mir ist ganz s.; ihm ist es nach dem Essen s. geworden; bei diesem Geschwätz kann einem ja s. werden. **6.** *schwerlich, kaum:* etwas s. absagen, ablehnen, ausschlagen können; damit ist er nur s. zurechtgekommen. * **schlecht und recht** *(so gut es geht):* er hat sich s. und recht amüsiert · **mehr schlecht als recht** *(nicht besonders gut):* er spielt mehr s. als recht Klavier.

schlechterdings ⟨Adverb⟩: *ganz und gar, durchaus:* das war s. unmöglich; dazu war er s. nicht imstande; es war s. *(geradezu)* alles erlaubt.

schlechthin ⟨Adverb⟩: **1.** ⟨einem Substantiv nachgestellt⟩ *in reinster Ausprägung, an sich:* das war Tennis s.; er war der Praktiker s.; Shakespeare gilt als der Dramatiker s. **2. a)** *geradezu, ganz einfach:* sie sagte s. die Wahrheit. **b)** ⟨vor einem Adjektiv⟩ *absolut, geradezu:* das ist s. unmöglich, unentbehrlich.

schlechtmachen ⟨jmdn., etwas s.⟩: *herabsetzen; Nachteiliges über jmdn., über etwas sagen:* sie

hat mich bei ihm schlechtgemacht; er macht überall unsere Produkte schlecht.
schlecken: a) (bes. südd.) (etwas/an etwas s.) *lecken:* die Katze schleckt die Milch; die Kinder schleckten Eis, am Eis; (auch ohne Akk. oder Präp.-Obj.) laß mich auch mal s.! **b)** (bes. nordd.) (etwas s.) *naschen:* Bonbons, Süßigkeiten s.; (auch ohne Akk.) die Kinder schlecken gern.
schleichen: 1. *sich leise und langsam fortbewegen:* die Katze schleicht; er schlich auf Zehenspitzen, um keinen zu wecken; der Fuchs schleicht nach Beute; übertr.: die Zeit schleicht *(vergeht nur langsam);* adj. Part.: *verborgen; sich fast unbemerkt entwickelnd:* eine schleichende Inflation; ein schleichendes Fieber. **2.** *sich schleichend irgendwohin bewegen:* **a)** (mit Raumangabe) der Dieb ist ums Haus, die Katze durch den Flur geschlichen. **b)** (sich s.; mit Raumangabe) er schlich sich aus dem Zimmer, ins Haus; (auch ohne Raumangabe) schleich dich! (bes. südd., österr.; *verschwinde!*); übertr.: sich aus der Verantwortung s. **3.** (mit Raumangabe) *sich mit schleppenden Schritten fortbewegen:* sie schlichen müde nach Hause; er kam über den Hof geschlichen.
Schleier, der: *Kopf oder Gesicht verhüllendes, durchsichtiges Gewebe:* den S. anstecken, ablegen, lüften, hochnehmen, vor dem Gesicht zurückschlagen; die Braut trug einen S.; ich sehe alles wie durch einen S.; *(kann nicht klar sehen);* ein Hut mit S.; übertr.: der S. der Nacht; der dunkle S. der Zukunft. * (geh.:) **den Schleier nehmen** *(Nonne werden)* · **den Schleier des Vergessens/der Vergessenheit über etwas breiten** *(etwas Unangenehmes, was man verziehen hat, vergessen sein lassen)* · **den Schleier [des Geheimnisses] lüften** *(ein Geheimnis enthüllen).*
schleierhaft (in der Verbindung) jmdm. ist/bleibt etwas s. (ugs.): *jmdm. ist, bleibt etwas rätselhaft, unerklärlich:* der Sinn seiner Worte blieb mir s.; wie er das fertiggebracht hat, ist mir s.
Schleife, die: **1. a)** *geschlungene Verknüpfung der Enden einer Schnur, eines Bandes:* eine S. binden, machen, lösen, aufziehen; die S. an seinem Schuh ist aufgegangen. **b)** *zu einer bestimmten Form geschlungenes Band:* eine S. im Haar tragen; statt einer Krawatte trug er eine S.; er bestellte einen Kranz mit S. **2.** *kreisförmig gekrümmte Kurve:* die große S. der Saar bei Mettlach; die Straße, der Fluß macht eine S.; das Flugzeug zieht Schleifen über der Stadt.
¹schleifen: 1. (etwas s.) **a)** *schärfen:* ein Messer, Beil, eine Schere, Sense s.; ein scharf geschliffener Dolch. **b)** *die Oberfläche von Glas o. ä. in bestimmter Form bearbeiten:* Edelsteine, Kristall s.; Brillengläser s.; adj. Part.: eine rund geschliffene Glasscheibe; übertr.: ausgefeilt, formvollendet: geschliffene Dialoge, Sätze, Umgangsformen. **2.** (ugs.) (jmdn. s.) *hart ausbilden, aus Schikane drillen:* die Rekruten wurden so geschliffen, daß einige zusammenbrachen.
²schleifen: 1. (jmdn., etwas s.; meist mit Raumangabe) *über den Boden hinweg ziehen:* Holzstämme an den Fluß, Kisten aus, in den Keller, über den Boden s.; jmdn. an/bei den Haaren zum Henker s.; das Auto schleifte den Überfahrenen noch 50 m weit; übertr. (ugs.): *überreden, ir-*

gendwohin mitzukommen: er schleifte ihn ins Kino, von Lokal zu Lokal, zum Chef. **2.** (etwas schleift; meist mit Raumangabe) *etwas berührt durch seine Bewegung den Boden o. ä.:* ihre Mäntel schleiften auf dem/am Boden, durch den Staub; das Schutzblech schleift am Reifen; die Kupplung s. lassen *(nicht vollständig loslassen);* übertr. (ugs.): die Dinge s. lassen *(vernachlässigen).* **3.** (etwas s.) *niederreißen, dem Erdboden gleichmachen:* die Stadtmauer, Festung s.; das Kernkraftwerk wird geschliffen.
Schleim, der: *Produkt der Schleimdrüsen:* S. im Mund, Hals; S. absondern; er hustete blutigen S.
schleimig: 1. *aus Schleim zusammengesetzt; schleimartig:* schleimiger Auswurf; die Schnecke zog eine schleimige Spur über das Blatt. **2.** *unterwürfig, kriecherisch, schmierig:* ein schleimiger Kerl; schleimiges Gerede.
schlemmen: a) *gut und ausgiebig essen [und trinken]:* im Restaurant sitzen und s.; auf dem Fest wurde geschlemmt. **b)** (etwas s.) *genießerisch verzehren:* sie schlemmten Austern.
schlendern (meist mit Raumangabe): *sich gemächlich fortbewegen:* langsam, vergnügt durch die Straßen, über den Platz, auf und ab, in den Laden, zum Supermarkt s.; wenn wir so schlendern *(gemächlich gehen),* kommen wir zu spät.
Schlendrian, der (ugs.): *nachlässige, träge Art, Arbeitsweise:* dem S. ein Ende bereiten; am alten S. festhalten; aus seinem S. nicht herauskommen.
schlenkern: 1. *etwas nachlässig hin und her schwingen:* **a)** (mit etwas s.) sie schlenkerten mit den Armen, mit den Beinen; schlenkere nicht so mit dem Eimer! **b)** (etwas s.) die Arme, die Beine s.; sie schlenkerte ihre Handtasche hin und her; er schlenkerte eine Zeitung in der Hand. **2.** (etwas schlenkert) *etwas bewegt sich schwingend hin und her:* der Wagen begann in der Kurve zu s.; (etwas schlenkert jmdm.; mit Raumangabe) der lange Rock schlenkerte ihr um die Beine.
Schleppe, die: *am Boden nachschleifender Teil eines festlichen Kleides:* eine lange, rauschende S.; die S. heben, über den Arm nehmen, hochraffen; die S. der Braut.
schleppen: 1. a) (etwas s.) *mit großer Anstrengung tragen:* schwere Säcke s.; Kisten in den Keller, auf den Boden s.; er schleppte seinen Koffer zum Bahnhof. **b)** (etwas s.) *hinter sich herziehen:* Netze (beim Fischen) s.; ein Dampfer schleppt die Lastkähne stromaufwärts; ein Auto in die Werkstatt s.; ein Segelflugzeug auf eine bestimmte Höhe s. **c)** (sich s.; mit Artangabe) *sich durch Schleppen in einen bestimmten Zustand bringen:* sich müde s.; ich habe mich [mit dem Kühlschrank] halb zu Tode geschleppt. **2. a)** (sich s.; mit Raumangabe) *sich mit großer Anstrengung irgendwohin bewegen:* sie schleppte sich in die Küche; der Kranke schleppte sich mühsam zum Bett; übertr.: mühsam schleppt sich der Lkw über die Steigung; adj. Part.: *schwerfällig:* ein schleppender Gang; übertr.: eine schleppende Redeweise, Unterhaltung; ein schleppender Gesang; Kaufmannsspr.: der Absatz ist schleppend. **b)** (ugs.) (jmdn. s.; mit Raumangabe) *wider seinen Willen irgendwohin bringen, mitnehmen:* die Diebe wurden vor den Richter geschleppt; er schleppte seine Gäste ins Kino, von einer Se-

henswürdigkeit zur anderen, zu der Party. **c)** ⟨etwas schleppt sich; mit Raumangabe⟩ *etwas zieht sich hin:* der Prozeß schleppt sich nun schon ins dritte Jahr, über fünf Jahre. **3.** ⟨etwas schleppt⟩ *etwas hängt auf den Boden herab:* der Mantel, das Kleid schleppt [auf dem Boden].
Schlepptau ⟨in den Wendungen⟩ **ins Schlepptau nehmen: a)** ⟨jmdn., etwas ins Schlepptau nehmen⟩ *(jmdn., etwas schleppen, ziehen):* das Schiff wurde von einem größeren Dampfer ins S. genommen. **b)** (ugs.) ⟨jmdn. ins Schlepptau nehmen⟩ *(sich jmds. annehmen, ihm weiterhelfen)* · **jmdn., etwas im Schlepptau haben: a)** *(jmdn., etwas schleppen).* **b)** *(von jmdm., etwas begleitet, verfolgt werden)* · **in jmds. Schlepptau, im Schlepptau [einer Sache]: a)** *(von jmdm., etwas geschleppt werdend).* **b)** *(in jmds. Gefolge, Begleitung).*
schleudern: 1. ⟨etwas s.⟩ **a)** *mit Schwung werfen:* er hat den Diskus 60 m weit geschleudert; einen Speer s. (geh.); bildl.: Jupiter schleudert Blitze. **b)** ⟨mit Raumangabe⟩ *werfend irgendwohin befördern:* eine Flasche über Bord s.; er schleuderte das Buch in die Ecke, auf den/zu Boden; der Sturm hat das Dach in den Garten geschleudert. **2. a)** ⟨etwas schleudert⟩ *etwas rutscht mit heftigem Schwung aus der Spur:* der Wagen fing an zu s.; subst.: der Wagen geriet, kam [auf dem nassen Asphalt] ins S. **b)** ⟨etwas schleudert; mit Raumangabe⟩ *etwas bewegt sich schleudernd irgendwohin:* das Auto ist nach rechts, auf einen geparkten Lkw, in den Graben geschleudert. **c)** ⟨jmdn., etwas s.; mit Raumangabe⟩ *mit heftigem Schwung irgendwohin, aus etwas heraus befördern:* der Wagen wurde aus der Kurve, gegen die Leitplanke geschleudert; er wurde aus dem Pkw geschleudert; übertr.: sie schleuderte ihm ein paar Schimpfwörter an den Kopf, ins Gesicht. **3. a)** ⟨etwas s.⟩ *in einer Schleuder o. ä. bearbeiten:* Honig s. *(mit Hilfe der Zentrifuge herausschleudern);* [die] Wäsche [in, mit der Maschine] s. *(mit Hilfe einer Wäscheschleuder das Wasser aus der Wäsche herausschleudern);* etwas in einer Zentrifuge s. **b)** ⟨etwas schleudert⟩ *etwas befindet sich im Schleudergang:* die Waschmaschine schleudert gerade. * (ugs.:) **ins Schleudern geraten/kommen** *(die Kontrolle verlieren, unsicher werden)* · (ugs.:) **jmdn. ins Schleudern bringen** *(bewirken, daß jmd. ins Schleudern kommt).*
schleunig: *sehr schnell, so schnell wie möglich:* mit schleunigen Schritten; um schleunigste Erledigung bitten; schleunige Hilfe tut not; er muß s. zurückkehren.
schleunigst ⟨Adverb⟩: *sofort, so schnell wie möglich:* bringen Sie mir s. die Rechnung!; er hielt es für besser, s. zu verschwinden.
Schleuse, die: *Anlage zum Schleusen von Schiffen:* die Schleusen eines Flusses, Kanals; die Schleusen öffnen, schließen, sperren; das Schiff fährt durch eine S., in die S. [ein]; bildl.: die Schleusen seiner Beredsamkeit öffnen; der Himmel öffnet seine Schleusen *(es regnet heftig);* übertr.: der Astronaut kann die Kapsel nur durch eine S. verlassen.
schleusen: 1. ⟨etwas s.⟩ *durch eine Schleuse bringen:* ein Schiff s. **2.** ⟨jmdn., etwas s.; mit Raumangabe⟩ **a)** *irgendwohin bringen, geleiten:* Flüchtlinge durch ein Lager, über die Grenze s.;

eine Wagenkolonne durch den Verkehr, zum Bahnhof s. **b)** *einschleusen:* einen Agenten in das Ministerium s.; Werksgeheimnisse ins Ausland, nach Japan s.
Schliche, die ⟨Plural⟩ (ugs.): *listiges Vorgehen:* er kennt alle S.; wer hatte ihn auf ihre S. aufmerksam gemacht? * (ugs.:) **jmdn. auf die/hinter jmds. Schliche kommen** *(jmds. Methoden, Absichten erkennen, durchschauen).*
schlicht: I. ⟨Adjektiv⟩ **1.** *einfach:* ein schlichtes Kleid, Ornament; eine schlichte Form, Feier, Wohnungseinrichtung; schlichte Eleganz, Melodien; in schlichten *(bescheidenen)* Verhältnissen leben. **2.** *nicht sehr gebildet:* ein schlichtes Gemüt; schlichte Leute. **3.** *bloß, rein:* eine schlichte Tatsache; der schlichte Wunsch, Selbsterhaltungstrieb; ein schlichtes Gebot der Humanität. **II.** ⟨Adverb⟩ *einfach:* das ist s. gelogen, falsch; das scheint s. unvorstellbar; das haben wir s. verschlafen. * (nachdrücklich:) **schlicht und einfach** *(einfach):* ich habe es s. und einfach abgestritten · (nachdrücklich:) **schlicht und ergreifend** *(einfach):* ich habe es s. und ergreifend vergessen.
schlichten ⟨etwas s.⟩: *einen Streit durch Vermittlung beenden:* einen Streit s.; die Sache ist vor dem Friedensrichter geschlichtet worden.
schließen /vgl. geschlossen/. **1.** ⟨etwas s.⟩ *bewirken, daß etwas nicht mehr offen ist; zumachen:* eine Tür, die Fenster, Ventile, einen Schrank, Koffer, Kasten, Deckel, die Augen, den Mund, die Hand zur Faust s.; eine Flasche [mit einem Korken] s.; sie half ihr, das Kleid zu s. **2. a)** ⟨etwas s.⟩ *nicht mehr geöffnet halten; den Betrieb von etwas einstellen:* im Geschäft vorläufig s.; der Fleischer schließt seinen Laden mittwochs schon um 13 Uhr; die Messe hat ihre Pforten geschlossen *(ist zu Ende);* die Schulen wurden wegen Ansteckungsgefahr geschlossen; die Post, den Schalter ist geschlossen; heute geschlossen! /Schild an Geschäften, auf Ämtern o. ä./; einen Durchgang s. *(unpassierbar machen);* die Grenze s. **b)** ⟨etwas schließt⟩ *etwas ist nicht mehr geöffnet:* die Schulen schließen für sechs Wochen; die Geschäfte schließen um 18 Uhr; der Bäcker *(die Bäckerei)* hat über Mittag geschlossen; die Fabrik mußte s. *(den Betrieb einstellen);* ⟨etwas schließt; mit Artangabe⟩ die Börse schloß freundlich (Wirtsch.): *bei Börsenschluß standen die Kurse günstig).* **3. a)** ⟨etwas schließt sich⟩ *etwas geht zu:* die Blüten haben sich bereits geschlossen; die Tür hatte sich inzwischen wieder geschlossen; die Fangarme schlossen sich um das Opfer; die Wunde hat sich noch nicht geschlossen *(ist noch nicht zugewachsen).* **b)** ⟨etwas schließt; mit Artangabe⟩ *etwas geht in einer bestimmten Weise zu:* die Tür schließt gut, schlecht, schwer, automatisch, von selbst; der Deckel schließt nicht richtig. **c)** *einen Schlüssel im Schloß herumdrehen:* du mußt zweimal s. **4. a)** ⟨jmdn., etwas in etwas s.⟩ *einschließen:* Geld in einen Kasten s.; der Gefangene wurde in eine Zelle geschlossen; übertr.: jmdn. in die Arme s. *(umarmen).* **b)** ⟨etwas an etwas s.⟩ *anschließen, befestigen:* er schloß sein Fahrrad an das Geländer, den Hund an die Kette. **5.** ⟨etwas s.⟩ **a)** *ausfüllen, zumachen:* eine Lücke im Zaun s.; übertr.: ein Loch im Staatshaushalt s. **b)** *durch das Schließen einer Lücke o. ä. fertigstellen, nutz-*

bar machen: einen Damm s.; einen Stromkreis s. **6.** ⟨etwas s.⟩ *abschließen, eingehen:* mit jmdm. einen Vertrag, Bund, Vergleich, Kompromiß, ein Bündnis, Frieden s.; eine Ehe s. *(eingehen);* wir schlossen Freundschaft mit ihm. **7.** ⟨etwas s.⟩ *beenden:* eine Sitzung, Versammlung, Debatte, einen Brief s.; ich schließe nun die Rednerliste *(nehme keine neuen Wortmeldungen mehr an);* er schloß seine Rede mit folgenden Worten: ...; ⟨auch ohne Akk.⟩ er schloß *(beendete seinen Vortrag)* mit einem Zitat; hiermit schließe ich für heute. **8. a)** ⟨etwas aus etwas s.⟩ *herleiten:* das läßt sich [nicht] ohne weiteres aus seinen Worten, aus seinem Verhalten, aus den Anzeichen s.; daraus kann man s., daß ... **b)** ⟨von jmdm., etwas auf jmdn., etwas s.⟩ *Schlußfolgerungen ziehen:* vom Besonderen auf das Allgemeine s.; von den hiesigen Verhältnissen auf die Zustände in Frankreich s.; vom Stil auf den Autor, auf die Entstehungszeit des Werkes s. *(den Autor, die Entstehungszeit herleiten);* du schließt von dir auf andere. **9.** ⟨etwas schließt mit etwas⟩ *etwas endet mit etwas:* der Prozeß schloß mit einem Freispruch; der Brief schloß mit einem Gruß an die Familie. **10.** ⟨etwas schließt sich an etwas⟩ *etwas folgt auf etwas:* daran schloß sich ein Unterhaltungsprogramm; an den Vortrag schloß sich eine Diskussion. ∗ **etwas schließt etwas in sich** *(etwas enthält noch etwas anderes).*

schließlich ⟨Adverb⟩: **1.** *am Ende, zum Schluß; letzten Endes:* s. gab er nach; s. waren auch die letzten Gäste gegangen. **2.** *immerhin:* er ist s. mein Freund; man kann ihn s. nicht einfach sitzenlassen. ∗ ⟨nachdrücklich:⟩ **schließlich und endlich** *(schließlich).*

Schliff, der: **1.** *das Geschliffensein in bestimmter Art:* der S. von Edelsteinen; das Glas hat einen feinen, schönen S. **2.** *gute Umgangsformen:* ihm fehlt jeder S.; jmdm. S. beibringen; er hat keinen S. **3.** *letzte Vollendung; endgültige Form:* dadurch kriegt die Sache erst [ihren] S.; er muß seinem Aufsatz noch den S. geben.

schlimm: 1. *sich nachteilig auswirkend; übel, ungünstig:* ein schlimmer Fehler; eine schlimme Nachricht, Situation, Erfahrung, schlimme Zustände, Zeiten; das nimmt noch einmal ein schlimmes Ende; sie haben ihm einen schlimmen Streich gespielt; es war nicht so s., wie ich fürchtete; das hätte schlimmer kommen können; ist nicht s.! *(das macht nichts!);* [das ist] desto, um so schlimmer; das schlimmste war, daß ...; es sieht s. *(bedrohlich)* aus; der Streit ging s. aus; es steht s. mit ihm, um ihn; ⟨etwas ist s. für jmdn.⟩ die Sache war sehr s. für uns; subst.: es gibt Schlimmeres als diesen Kummer; das Schlimmste *(Äußerste)* fürchten; sich auf das Schlimmste gefaßt machen; das Schlimmste haben wir hinter uns; wenn es zum Schlimmsten kommt, ... **2.** *charakterlich, moralisch schlecht:* er ist ein schlimmer Bursche; er hat schlimme Gedanken; subst. (ugs.): du bist [mir] ja ein ganz Schlimmer! **3.** *krank, entzündet:* eine schlimme Hand, einen schlimmen Finger haben. **4.** ⟨verstärkend bei Adjektiven und Verben⟩ *sehr:* heute ist es s. kalt; sie hat s. gehustet.

Schlinge, die: **a)** *leicht aufzuziehende, ineinander geschlungene Schnur:* eine S. aus Draht; die S. ist aufgegangen; eine S. machen, zuziehen, lockern, aufziehen; er trug den Arm in der S. *(in einem zu einer Schlinge geknoteten Tragetuch).* **b)** /ein Fanggerät/: Schlingen legen; ein Hase hatte sich in der S. gefangen; es ist verboten, Tiere in der S. zu fangen. ∗ **jmdm. die Schlinge um den Hals legen** *(jmdn. in seine Gewalt bringen)* · **sich in der eigenen Schlinge fangen** *(der eigenen List zum Opfer fallen)* · [bei jmdm.] **die Schlinge zuziehen** *(den letzten Schritt tun, um jmdn. zu fassen).*

¹schlingen: 1. a) ⟨etwas um jmdn., um etwas s.⟩ *um jmdn., etwas legen, binden:* einen Schal, ein Tuch um den Hals, die Schultern s.; eine Schnur um ein Päckchen s.; sie schlang die Arme um ihn, seinen Hals; ⟨sich (Dativ) etwas um etwas s.⟩ er schlang sich den Zügel ums Handgelenk. **b)** ⟨etwas in/durch etwas s.⟩ *in/durch etwas winden:* Papierschlangen ins Haar s.; ⟨jmdm., sich etwas in etwas s.⟩ sie schlang sich Bänder ins Haar. **c)** ⟨etwas zu etwas s.⟩ *zu etwas binden, verknüpfen:* das Haar zu einem Knoten s. **d)** ⟨etwas s.⟩ *durch Verknüpfen herstellen:* einen Knoten s. **2.** ⟨etwas schlingt sich um etwas⟩ *etwas legt, windet sich um etwas:* dichter Efeu schlingt sich um den Baum; ihre Arme schlangen sich um seinen Hals.

²schlingen ⟨etwas s.⟩: *gierig und hastig essen:* schling nicht so!; er schlang seine Suppe.

schlingern: a) ⟨etwas schlingert⟩ *etwas schaukelt durch den Seegang um die Längsachse:* das Schiff schlingerte [auf der stürmischen, hochgehenden See]; übertr.: die Eisenbahnwagen haben geschlingert. **b)** ⟨etwas schlingert; mit Raumangabe⟩ *etwas bewegt sich schlingernd fort:* die Boote schlingerten durch die rauhe See, über den Kanal. ∗ ⟨ugs.:⟩ **ins Schlingern geraten/kommen** *(die Kontrolle über etwas verlieren).*

Schlips, der ⟨ugs.⟩: *Krawatte:* ein gepunkteter S.; einen S. tragen, binden, umbinden; den S. festziehen, abnehmen; er faßte ihn an den S. ∗ ⟨ugs.:⟩ **jmdm. auf den Schlips treten** *(jmdm. zu nahe treten):* damit hast/bist du ihm tüchtig auf den S. getreten · ⟨ugs.:⟩ **sich** ⟨Dativ⟩ **auf den Schlips getreten fühlen** *(gekränkt, verletzt sein).*

Schlitten, der: **1.** /ein Fahrzeug mit Kufen/: ein mit Pferden bespannter S.; S. fahren; sich auf den S. setzen; auf/mit dem S. den Hang hinunter r.; übertr. (ugs.): *Auto:* er fährt einen tollen, alten S. **2.** (Technik) /verschiebbarer Teil an Maschinen/: der S. der Schreibmaschine; ein Werkstück in den S. der Maschine einspannen. ∗ ⟨ugs.:⟩ **mit jmdm. Schlitten fahren** *(jmdn. hart und rücksichtslos behandeln).*

schlittern: 1. a) *auf den Schuhen über das Eis gleiten, rutschen:* die Kinder hatten den ganzen Nachmittag geschlittert; übertr.: das Auto schlitterte [auf der regennassen Straße]. **b)** ⟨mit Raumangabe⟩ *sich schlitternd fortbewegen:* sie sind über den zugefrorenen Teich, in die Pfütze geschlittert. **2.** ⟨in etwas s.⟩ *unversehens in eine bestimmte Situation geraten:* er ist in ein Abenteuer, in eine Krise geschlittert; das Unternehmen schlitterte in ein Defizit, in eine Pleite.

Schlittschuh, der: *unter dem Schuh befestigte Stahlkufe, mit der man auf dem Eis läuft:* [jmdm., sich] die Schlittschuhe anschnallen, abschnallen; die Kinder laufen S.

Schlitz, der: **a)** *längliche, schmale Öffnung;*

Spalt: der S. des Briefkastens; eine Münze in den S. des Automaten stecken; seine Augen wurden zu schmalen Schlitzen. **b)** *Einschnitt in einem Kleidungsstück; Hosenschlitz:* sein S. ist auf (ugs.), steht offen; er knöpfte seinen S. zu; das Kleid hat einen seitlichen S.

¹Schloß, das: *Vorrichtung zum Verschließen:* das S. der Tür, des Koffers; das S. an einem Kasten, Schrank; das S. schließt nicht, ist verrostet, schnappt ein; ein neues S. einsetzen, anbringen; das S. ölen, öffnen, aufbrechen, reparieren; der richtige Schlüssel für ein S.; der Schlüssel steckte im S.; die Tür fiel ins S. *(schlug zu).* * **hinter Schloß und Riegel** *(im Gefängnis; ins Gefängnis).*

²Schloß, das: *Wohngebäude von Fürsten, Adligen:* ein altes, verfallenes S.; das Heidelberger S.; S. Charlottenburg; das S. von Mannheim; die Schlösser der Loire; ein S. restaurieren, abreißen, wieder aufbauen; sie besichtigten das S. * **ein Schloß auf dem/im Mond** *(etwas Unrealistisches).*

Schlot, der: *Schornstein:* rauchende Schlote; die Schlote rauchen, qualmen *(die Fabriken arbeiten)* wieder.

schlottern: 1. *heftig zittern:* sie schlotterte am ganzen Leib; schlotternd vor Angst, Kälte traten sie näher; ⟨etwas schlottert jmdm.⟩ die Glieder, die Knie schlotterten ihm vor Angst, Kälte, Fieber. **2.** ⟨etwas schlottert⟩ mit Raumangabe) *etwas hängt lose und weit um den Körper:* die Kleider schlottern um seinen Leib; ⟨etwas schlottert jmdm.; mit Raumangabe⟩ der Mantel schlotterte ihm um den magerenen Körper, am Leib.

Schlucht, die: *sehr tiefes, enges Tal:* unten in der S. fließt ein Bach; er stürzte sich in die S.; übertr.: die düsteren Schluchten der Großstadt.

schluchzen: ⟨krampfhaft weinen:⟩ laut, herzzerreißend s.; schluchzend berichtete sie von dem Unfall; subst.: sie brach in heftiges Schluchzen aus; ihre Worte wurden immer wieder von Schluchzen unterbrochen; übertr.: die schluchzenden Geigen der Zigeuner.

Schluck, der: *mit einem Mal geschluckte Flüssigkeitsmenge:* ein großer, tüchtiger, kräftiger S.; ein S. aus der Flasche; einen S. nehmen, tun; gib mir einen S. Wasser, Kaffee!; gib mir einen S. zu trinken!; etwas S. für/um S., bis auf den letzten S. austrinken; er trank in, mit kleinen Schlucken. * (ugs.:) **einen [kräftiger, tüchtiger] Schluck aus der Pulle** *(eine beachtliche Menge).*

schlucken: 1. a) ⟨etwas s.⟩ *vom Mund in den Magen bringen:* eine Tablette s.; er hat beim Schwimmen Wasser geschluckt. **b)** *Schluckbewegungen machen:* vor Halsschmerzen konnte er kaum s.; übertr.: als sie das hörte, schluckte sie *(verschlug es ihr die Sprache).* **2. a)** (ugs.) ⟨[etwas] s.⟩ *Alkohol trinken:* die Fußballfans haben ordentlich geschluckt; er schluckte, ohne blau zu werden; Weinbrand, zwei Flaschen täglich s. **b)** ⟨etwas s.⟩ *einatmen:* Staub s. **3.** (ugs.) **a)** ⟨etwas schluckt etwas⟩ *etwas verbraucht, verschlingt etwas:* kleinere Autos schlucken weniger Sprit als größere; der Wagen schluckt sechs Liter Benzin; die Anschaffungen haben viel Geld geschluckt *(gekostet).* **b)** ⟨etwas schluckt etwas⟩ *etwas nimmt etwas in sich auf:* der trockene Erdboden schluckt das Wasser; der Teppich schluckt *(dämpft)* den Schall; die Stoßdämpfer schlucken

(dämpfen) die Schläge; dunkle Farben schlucken Licht *(reflektieren es nicht).* **4.** (ugs.) ⟨etwas s.⟩ *seinem Besitz, seiner Sphäre einverleiben:* ein Gebiet s.; unsere Firma wurde vom dem Großkonzern geschluckt. **5.** (ugs.) **a)** ⟨etwas s.⟩ *hinnehmen:* eine Preiserhöhung, Benachteiligung, einen Tadel s.; wir müssen seine Bedingungen s.; sie hat die Ausrede, Geschichte tatsächlich geschluckt *(geglaubt).* **b)** ⟨an etwas s.⟩ *Mühe haben, mit etwas fertig zu werden:* an deiner Kränkung hatte ich lange zu s./(seltener:) habe ich lange geschluckt.

schludern (ugs.): *unordentlich arbeiten:* er hat [bei der Arbeit] geschludert; mit dem Material s. *(es vergeuden).*

Schlummer, der: ↑ Schlaf.

schlummern: *leicht [und friedlich] schlafen:* das Kind schlummerte sanft; übertr.: in ihm schlummern besondere Fähigkeiten *(liegen ungenutzt verborgen);* schlummernde Talente.

schlüpfen: 1. a) ⟨sich schnell und geschmeidig [durch eine enge Öffnung] bewegen:⟩ unter die Decke s.; er schlüpfte aus dem Zimmer, hinter den Vorhang, durch die Tür, wieder in sein Versteck; bildl.: der Schwindler schlüpfte durch die Maschen des Gesetzes. **b)** ⟨ein Tier schlüpft⟩ *ein Tier schlüpft aus:* die Küken sind geschlüpft; ein Schmetterling schlüpft aus der Larve. **2. a)** ⟨in etwas s.⟩ *etwas schnell überziehen:* in einen Mantel, in die Kleider, Hausschuhe s.; er schlüpfte zur Anprobe in den Anzug; übertr.: in die Rolle eines anderen s. **b)** ⟨aus etwas s.⟩ *etwas schnell ausziehen:* er schlüpfte aus den Schuhen.

schlüpfrig: a) *feucht und glatt:* ein schlüpfriger Boden; die Schlange hat eine schlüpfrige Haut; s. wie ein Aal; paß auf, der Weg ist hier s.! **b)** *anstößig, zweideutig:* schlüpfrige Reden, Witze; die Schilderung ist manchmal etwas s.

schlurfen: a) *gehen, indem man die Füße über den Boden schleifen läßt:* schlurf doch nicht so!; man hörte die alte Frau s.; schlurfend ging er hinaus; schlurfende Schritte. **b)** ⟨mit Raumangabe⟩ *sich schlurfend fortbewegen:* er schlurfte in Pantoffeln zur Tür, durch das Zimmer; die alte Frau schlurfte nach Hause.

schlürfen: **1.** ⟨etwas s.⟩ *geräuschvoll [und mit Genuß] in kleinen Schlucken trinken:* die Suppe, den Kaffee s. **b)** *schlürfende Laute von sich geben:* er schlürft immer beim Essen; schlürf nicht so! **2.** ⟨etwas s.⟩ *etwas langsam und mit Genuß in kleinen Schlucken trinken:* seinen Wein, ein Glas Likör s.; übertr.: sie schlürften in vollen Zügen die Landluft.

Schluß, der: **1.** *Ende, Abschluß:* ein plötzlicher, unerwarteter, überraschender S.; der S. des Buches ist unverständlich; S. für heute!; und damit S.!; nun ist aber S.! */Aufforderung, mit etwas aufzuhören, als Ausdruck des Ungehaltenseins/;* er hat kürzlich mit dem Rauchen S. gemacht; am/ zum S. des Jahres; die Kurswagen nach Rom am S. des Zuges; er war am S. seiner Rede angelangt; gegen, nach, vor, [bis] zum S. der Vorstellung; sie blieben bis zum S. *(bis zuletzt);* damit komme ich zum S. meines Vortrages; zum/am S. der Debatte sprach er nochmals. **2.** *Folgerung; Ergebnis einer Überlegung:* ein logischer, richtiger S.; das ist ein, kein zwingender S.; der S. ist allzu kühn; einen falschen, voreiligen S. aus etwas ziehen; das läßt weitreichende Schlüsse zu; er kam zu dem S., daß ... ∗ **Schluß machen: a)** *(aufhören; Feierabend machen).* **b)** (ugs.; *sich das Leben nehmen)* · **[mit jmdm.] Schluß machen** *(eine Beziehung lösen).*

Schlüssel, der: **1.** *Gegenstand zum Schließen und Öffnen eines Schlosses:* ein passender, verrosteter S.; der S. für den Koffer; der S. dreht sich, steckt noch [im Schloß]; einen S. anfertigen, zufeilen; den S. umdrehen, abziehen, steckenlassen, einstecken; jmdm. einen S. aushändigen; er übergibt dem Bauherrn die Schlüssel des fertigen Gebäudes; dem Sieger die Schlüssel der Stadt übergeben; der Bart des Schlüssels ist abgebrochen. **2.** *Mittel zum Verständnis, zum Erschließen des Zugangs:* der S. zum Erfolg; dieser Brief war der S. für ihr Verhalten; hierin liegt der S. zur Lösung des Problems. **3.** *Chiffrenschlüssel:* ohne S. ist dieses Telegramm nicht zu lesen; ein Geheimschreiben mit/nach einem S. entziffern. **4.** *Verteilerschlüssel:* der S. für einen Umlauf; die Beträge werden nach einem bestimmten S. errechnet, verteilt.

schlüssig: *überzeugend, zwingend:* schlüssige Folgerungen; der Beweis war [in sich] s.; etwas s. beweisen, belegen, beurteilen, beantworten. ∗ **sich** (Dativ) **schlüssig sein** *(sich entschieden haben):* ich bin mir noch immer nicht s., ob ich es tun soll · **sich** (Dativ) **schlüssig werden** *(sich entscheiden):* er kann sich nicht [darüber] s. werden.

Schlußpunkt ⟨in der Wendung⟩ einen Schlußpunkt unter/hinter etwas setzen: *etwas Unangenehmes endgültig abschließen:* sie wollten einen S. unter das Vergangene, Gewesene setzen.

Schlußstrich ⟨in der Wendung⟩ einen Schlußstrich unter etwas ziehen: *etwas Unangenehmes endgültig abschließen:* man sollte einen S. unter die Sache ziehen.

Schmach, die ⟨geh.⟩: *Erniedrigung, Schande:* dieser Friede ist eine S. für jeden Patrioten; es ist eine S. und Schande, wie sie behandelt werden; [eine] S. erleiden, ertragen, erdulden; jmdm. eine S. antun, zufügen; etwas als S. empfinden.

schmachten ⟨geh.⟩: **a)** *Qualen leiden:* er schmachtet schon lange hinter Kerkermauern; sie schmachten vor Hunger, Durst, Hitze. **b)** ⟨nach jmdm., nach etwas s.⟩ *sich heftig sehnen:* nach der Geliebten, nach Hilfe, einem Tropfen Wasser, einem Trunk s.; übertr.: das Land schmachtet nach Regen; adj. Part.: ein schmachtender *(hingebungsvoller)* Blick.

schmächtig: *klein, schmal und schwächlich:* ein schmächtiger Junge; von schmächtiger Gestalt sein; klein und s. sein; sie ist für ihr Alter zu s.

schmackhaft: *gut schmeckend:* schmackhafte Speisen; das Essen war s. [zubereitet]. ∗ ⟨ugs.⟩ **jmdm. etwas schmackhaft machen** *(jmdm. etwas als annehmbar oder erstrebenswert darstellen).*

schmähen ⟨geh.⟩ ⟨jmdn. s.⟩: *mit verächtlichen Reden beleidigen:* seinen Gegner s.; er wurde als Ketzer geschmäht.

schmählich: *Schmach zufügend; schändlich:* eine schmähliche Niederlage; ein schmählicher Verrat; eine schmähliche Rolle spielen; sein Ende war s.; jmdn. s. im Stich lassen.

schmal: 1. *nicht besonders breit, von geringer Breite:* ein schmaler Weg, Steg; eine schmale Brücke, Tür; ein schmales Fenster, Gesicht; sie hat schmale Hände, Füße, Hüften; sie durchschwammen den See an der schmalsten/(seltener:) schmälsten Stelle; er hat einen schmalen *(dünnen)* Band Gedichte veröffentlicht; dieses Zimmer ist noch schmaler/schmäler; seine Lippen wurden ganz s. *(er preßte sie zusammen);* ein s. geschnittener *(enger)* Rock; du bist s. *(sehr dünn)* geworden; er sieht s. *(blaß und elend)* aus. **2.** ⟨geh.⟩ *gering, karg:* ein schmales Einkommen; schmale Kost; die Rente war nur s.

schmälern ⟨etwas s.⟩: *verringern, verkleinern:* jmds. Erfolg, Verdienste, Rechte s.; den Wert von etwas s.; Bäume schmälern den Ertrag der Weideflächen; ⟨jmdm. etwas s.⟩ niemandem soll das Vergnügen geschmälert werden; ⟨jmdn. in etwas s.⟩ jmdn. in seinen Rechten, Verdiensten s.

Schmalhans ⟨in der Wendung⟩ bei jmdm./irgendwo ist Schmalhans Küchenmeister ⟨ugs.⟩: *jmd. muß sehr am Essen sparen.*

¹Schmalz, das: *ausgelassenes tierisches Fett:* S. auslassen, auskochen; Pfannkuchen werden in S. gebacken; sie brät mit S.; übertr.: S. in den Knochen haben ⟨ugs.; *viel Kraft besitzen).*

²Schmalz, der ⟨ugs.⟩: **1.** *übermäßige Sentimentalität:* ein Schlager mit viel S.; er singt immer mit S. **2.** *überaus sentimentales Lied o. ä.:* diesen S. kann man nicht mehr hören.

schmalzig ⟨ugs.⟩: *allzu gefühlvoll; sentimental:* eine schmalzige Stimme; das Lied war s.; sie sang viel zu s.

Schmarren, der: **1.** ⟨südd., österr.⟩ */eine Mehlspeise/:* einen S. zubereiten, essen. **2.** ⟨ugs.⟩ *wertloses geistiges Produkt; etwas Unsinniges, Unsinn:* das Theater-, Musikstück war ein vollendeter S.; einen solchen S. würde ich mir nicht ansehen; red nicht einen solchen S. ∗ ⟨ugs.:⟩ **einen Schmarren** *(überhaupt nichts):* das geht dich einen S. an.

schmatzen: *schmatzende Laute von sich geben:* beim Essen s.; du sollst nicht s.!; übertr.: der feuchte Boden schmatzte unter ihren Füßen.

schmausen: **a)** *mit großem Genuß essen [und trinken]:* wir mußten zusehen, wie sie schmausten. **b)** ⟨etwas s.⟩ *mit Genuß verzehren:* die Familie schmauste ihre Weihnachtsgans.

schmecken: 1. ⟨etwas s.⟩ *den Geschmack von etwas feststellen:* wenn ich den Schnupfen habe, schmecke ich nichts; man schmeckt das Gewürz in der Suppe deutlich; sie schmeckten das Salz des Meeres auf den Lippen; schmeck *(probiere)* mal, ob das Fleisch genügend gesalzen ist!; ⟨auch ohne Akk.⟩ er schmeckte vorsichtig mit der Zunge. **2. a)** ⟨etwas schmeckt; mit Artangabe⟩ *etwas ruft einen bestimmten Geschmack hervor:* eine Speise schmeckt süß, bitter, sauer, gut, schlecht, angebrannt; der Wein schmeckt nach [dem] Faß, dem Korken; die Suppe schmeckt heute nach gar nichts *(ist schlecht gewürzt);* das schmeckt noch mehr ⟨ugs.; *schmeckt so gut, daß man mehr davon essen möchte);* das schmeckt rauf wie runter ⟨ugs.; *schmeckt sehr schlecht, übel);* ⟨auch ohne Artangabe⟩ die Suppe schmeckt *(mundet);* übertr.: die Sache schmeckt nach Betrug ⟨ugs.; *es steckt sicherlich ein Betrug dahinter).* **b)** ⟨etwas schmeckt jmdm.⟩ *etwas mundet jmdm.:* schmeckt euch die Suppe?; schmeckt es euch?; das Essen schmeckte ihm [gut]; es schmeckt mir ausgezeichnet; er ließ es sich (Dativ) s.; dem Kind will der Brei nicht s.; R: wenn es am besten schmeckt, soll man aufhören; übertr. (ugs.): die Arbeit schmeckt *(gefällt)* ihm nicht.

Schmeichelei, die: *Äußerung, mit der man jmdm. schmeichelt:* jmdm. Schmeicheleien sagen, zuflüstern; auf Schmeicheleien hereinfallen.

schmeichelhaft: *das Ansehen, Selbstbewußtsein hebend:* ein schmeichelhaftes Lob, Angebot; diese Äußerung klang nicht gerade s.; ⟨etwas ist s. für jmdn.⟩ dieses Ergebnis war nicht gerade s. für ihn; *(tadelnd);* übertr.: dieses Bild von ihm ist sehr s. *(zu vorteilhaft).*

schmeicheln: 1. ⟨jmdm., einer Sache s.⟩ **a)** *jmds. Vorzüge in übertriebener Weise hervorheben, zur Geltung bringen:* allen Leuten s.; du mußt seiner Eitelkeit s. *(durch Schmeicheln entgegenkommen);* solche Ansichten schmeicheln der Menge; er schmeichelte ihr, sie sei eine große Künstlerin; ich schmeichle mir *(bilde mir ein, bin überzeugt),* das gut gemacht zu haben; *(auch ohne Dat.)* sie versteht zu s., wenn sie etwas haben will; adj. Part.: sie bat ihn schmeichelnd; ich fühlte mich, war sehr geschmeichelt *(geehrt).* **b)** *schöner machen, darstellen, als jmd., etwas ist:* der Maler hat ihr auf dem Bild geschmeichelt; das Foto schmeichelt ihr; der Hut schmeichelt ihr, ihrem Gesicht *(paßt sehr gut zu ihr, zu ihrem Gesicht);* (auch ohne Dat.) Samt schmeichelt *(ist vorteilhaft);* adj. Part.: das Bild ist entschieden geschmeichelt *(zu vorteilhaft).* **c) (geh.)** ⟨sich in etwas s.⟩ *sich jmds. Wohlwollen erschleichen:* er hat sich in ihr Herz geschmeichelt. 2. ⟨etwas schmeichelt sich in etwas⟩ *etwas dringt sanft in jmds. Sinne ein:* die Klänge schmeicheln sich ins Ohr.

schmeißen (ugs.): 1. **a)** ⟨jmdn., sich, etwas s.⟩ *mit Raumangabe) werfen:* jmdn. ins Wasser, über Bord s.; ein Glas an die Wand s.; er hat sich auf das Bett, in den Sessel geschmissen; ⟨jmdm. etwas s.; mit Raumangabe⟩ er schmiß ihm einen Aschenbecher an den Kopf, Steine in den Garten; übertr.: jmdn. aus dem Zimmer, aus der Schule s. **b)** ⟨mit etwas s.⟩ *werfen:* er hat mit Steinen [nach mir] geschmissen; sie schmissen mit Schneebällen nach den Passanten; übertr.: mit Geld, Geschenken um sich s. *(viel ausgeben, verschenken).* **c)** ⟨sich in etwas s.⟩ *sich besonders festlich, sorgsam kleiden:* zur Feier des Tages hat sie sich in ein Abendkleid, hat er sich in den Smoking geschmissen. 2. ⟨etwas s.⟩ *ausgeben, spendieren:* eine Lage, Runde Bier s.; er hat für sie eine tolle Party geschmissen *(gegeben).* 3. ⟨etwas s.⟩ *etwas sicher bewältigen, durchführen:* sie hat den großen Haushalt ganz allein geschmissen; wir werden die Sache, den Laden schon s. 4. ⟨etwas s.⟩ **a)** *aufgeben, abbrechen, hinwerfen:* seine Lehre, Ausbildung, seinen Job s.; er hat das Studium geschmissen. **b)** *verderben, mißlingen lassen:* seine Rolle s.; er hat die ganze Aufführung, Vorstellung geschmissen.

Schmelz, der: 1. *Glasur, Emaille:* Metall mit S. überziehen. 2. *oberste Zahnschicht:* der S. der Zähne schimmert weiß, ist beschädigt. 3. *weicher Glanz; Lieblichkeit:* der S. der Stimme, der Farben; der S. der Jugend.

schmelzen /vgl. schmelzend/: 1. ⟨etwas

schmilzt⟩ *etwas wird unter Einfluß von Wärme flüssig:* das Blei schmilzt; das Eis, der Schnee ist [an/in der Sonne] geschmolzen; geschmolzenes Wachs; bildl.: unsere Zweifel waren geschmolzen *(geschwunden);* sein Trotz schmolz allmählich *(er gab allmählich nach).* 2. ⟨etwas s.⟩ *durch Wärme flüssig machen:* Erz, Eisen s.; die Sonne schmolz den Schnee; geschmolzenes Blei.

schmelzend: *weich, warm:* eine schmelzende Stimme; der Gesang der Nachtigall ist, klingt s.

Schmerz, der: *sehr unangenehme, quälende körperliche oder seelische Empfindung:* ein rasender, stechender, brennender, furchtbarer, schrecklicher, bohrender, wilder, lästiger, heftiger, flüchtiger, dumpfer S.; körperliche, seelische Schmerzen; der S. der Enttäuschung; die Schmerzen sind ganz plötzlich ausgebrochen, kamen immer wieder; die Schmerzen peinigten, überwältigten, überfielen sie; seine Schmerzen vergingen, klangen ab, ließen nach, wurden schwächer; plötzlich durchzuckte ihn ein höllischer S.; laß nach! /Ausruf der Verwunderung, des Unwillens/; Schmerzen haben, spüren, fühlen, [er]leiden, [er]dulden, ertragen, auf sich nehmen, verbergen, lindern; er empfand tiefen S. über ihre Unaufrichtigkeit; jmdm., sich gegenseitig Schmerzen bereiten; er hat sich (Dativ) die Schmerzen verbissen; R (ugs.): hast du sonst noch Schmerzen *(noch andere schwer erfüllbare Wünsche)?* · ich gab mich meinem S. *(Kummer)* hin; sein Tod erfüllte uns mit S., er erkannte mit Schmerzen/voller S. *(mit Bedauern),* daß ...; jmdn. mit Schmerzen *(sehnlichst)* erwarten; der Künstler arbeitete zuletzt ständig unter Schmerzen; ein von S. verzerrtes Gesicht; er war fast wahnsinnig vor S.

schmerzen: 1. **a)** ⟨etwas schmerzt⟩ *etwas tut weh:* der Zahn, die Wunde schmerzt. **b)** ⟨etwas schmerzt jmdn./jmdm.⟩ *etwas verursacht jmdm. körperlichen Schmerz:* mir/mich schmerzt die Schulter; die Füße haben mir/mich geschmerzt; der Kopf schmerzte ihm/ihn von den vielen Eindrücken. 2. ⟨etwas schmerzt jmdn.⟩ *etwas erfüllt jmdn. mit Kummer:* sein schroffes Verhalten, der Verlust, dieser Gedanke schmerzte sie sehr; es schmerzt mich, daß er mir nicht vertraut *(auch ohne Akk.)* eine Niederlage schmerzt natürlich.

schmerzhaft: 1. *körperlichen Schmerz verursachend:* eine schmerzhafte Wunde, Krankheit; die Operation war sehr s. 2. *seelischen Schmerz verursachend, auslösend:* ein schmerzhaftes Erlebnis; die Trennung war sehr s. für beide; das Erleben trat immer wieder s. in ihr Bewußtsein.

schmerzlich: a) *seelischen Schmerz, Leid, Kummer verursachend:* ein schmerzlicher Verzicht, Verlust; eine schmerzliche Erfahrung, Wahrheit, Gewißheit; ein schmerzliches *(sehnsüchtiges)* Verlangen; ⟨etwas ist jmdm. s.⟩ es ist mir s. (geh.; *es tut mir sehr leid),* dir das sagen zu müssen. **b)** ⟨verstärkend bei Adjektiven und Verben⟩ *sehr:* das hat mich s. getroffen; er wurde s. vermißt.

schmerzlos: *keinen körperlichen Schmerz verursachend:* eine schmerzlose Behandlung, Geburt; die Operation war, verlief fast s.

Schmetterling, der: /ein Insekt/: ein bunter, gelber S.; Schmetterlinge flattern, gaukeln (geh.) über die Blumen; sie sammeln Schmetterlinge.

schmücken

schmettern: 1. ⟨jmdn., etwas s.; mit Raumangabe⟩ *mit Wucht irgendwohin schleudern, schlagen:* ein Glas an die Wand s.; der Fahrer wurde gegen den Pfeiler geschmettert; ein Stein schmetterte ihn zu Boden; er schmetterte die Tür ins Schloß *(schlug sie mit Wucht zu);* ⟨jmdm. etwas s.; mit Raumangabe⟩ er schmetterte ihm die Flasche an den Kopf. **b)** (Tischtennis, Tennis) ⟨[etwas] s.⟩ *den Ball mit großer Wucht schlagen:* er versuchte jeden Ball zu s.; er hat mit der Vorhand geschmettert; ein geschmetterter Ball. **c)** ⟨mit Raumangabe⟩ *wuchtig aufprallen, gegen etwas schlagen, fallen:* er ist mit dem Kopf gegen die Wand geschmettert. **2. a)** ⟨etwas schmettert⟩ *etwas schallt laut:* die Trompeten schmetterten; schmetternde Fanfaren. **b)** *laut singen:* die Vögel schmetterten; ein schmetternder Tenor. **c)** ⟨etwas s.⟩ *laut erklingen lassen:* ein Lied s.

schmieden ⟨etwas s.⟩: **a)** *aus glühendem Metall mit einem Hammer formen:* ein Hufeisen, eine Klinge s. **b)** *in glühendem Zustand mit einem Hammer bearbeiten:* er schmiedete das Eisen zu einer Klinge. übertr.: Pläne schmieden *(Pläne entwerfen);* (geh.:) Ränke s. *(etwas ersinnen, um jmdm. zu schaden);* (scherzh.:) Verse s. *(schlecht dichten).*

schmiegen ⟨sich s.; mit Raumangabe⟩: *sich dicht an jmdn., an etwas legen:* das Kind schmiegt sich an die Mutter, in ihre Arme; das Kleid schmiegt sich an den Körper; sie saß, in die Sofaecke geschmiegt, und las; bildl.: das Haus schmiegt sich an den Hang.

Schmiere, die (ugs.): **1. a)** *Fett zum Schmieren:* mit S. den Wagen, die Achse einfetten. **b)** *klebrige, schmutzige Masse:* das ausgelaufene Öl bildet auf der Straße eine schmierige S.; was für eine S. hast du denn am Ärmel? **2.** (ugs.) *provinzielles, primitives Theater; Wanderbühne:* er begann seine Laufbahn an einer S. * (ugs.:) **[bei etwas] Schmiere stehen** *(bei etwas Unerlaubtem aufpassen und warnen, wenn jmd. kommt).*

schmieren: 1. a) ⟨etwas s.⟩ *mit Fett oder Öl leicht gleitend machen:* eine Achse, einen Wagen s. **b)** ⟨etwas schmiert; mit Artangabe⟩ *etwas bewirkt durch seine fettige, ölige Beschaffenheit, daß etwas gut gleitet:* dieses Öl schmiert besonders gut, nicht mehr so gut, wenn der Motor warm wird. **2. a)** ⟨etwas s.; mit Raumangabe⟩ *auf etwas streichen, streichend verteilen:* Butter auf das Brot, Salbe auf die Wunde, Lehm in die Fugen s.; ⟨jmdm., sich etwas s.; mit Raumangabe⟩ er schmierte sich Pomade ins Haar. **b)** ⟨etwas s.⟩ *bestreichen:* Butterbrote, Brötchen s.; sie schmierten den Kindern, für die Kinder Brote mit Leberwurst. **3.** (ugs.) **a)** ⟨etwas s.⟩ *unsauber schreiben, malen; verunzierend bemalen, beschreiben:* du hast deine Schularbeiten wieder entsetzlich geschmiert; etwas ins Heft s.; sie haben Parolen an die Wände geschmiert; ⟨auch ohne Akk.⟩ der Schüler schmiert fürchterlich. **b)** ⟨etwas schmiert⟩ *etwas macht Flecken, macht alles unsauber:* der Kugelschreiber, das Kohlepapier schmiert. **4.** (ugs.) ⟨jmdn. s.⟩ *bestechen:* man hat den Gefängniswärter [mit Geld] geschmiert. * (ugs.:) **wie geschmiert** *(reibungslos, ohne Schwierigkeiten):* es ging, lief alles wie geschmiert · (ugs.:) **jmdm. eine schmieren** *(jmdm. eine Ohrfeige geben).*

schmierig: 1. *voller Schmiere; klebrig, schmutzig:* eine schmierige Lehmschicht; eine schmierige Schürze; meine Hände sind s.; seine Jacke sieht immer s. aus; der Regen hat die Fahrbahn s. gemacht; übertr.: er hat schmierige *(unsaubere, zweifelhafte)* Geschäfte gemacht. **2.** (ugs. abwertend) **a)** *unangenehm freundlich sich anbiedernd:* ein schmieriger Kerl; er lächelte s. **b)** *unangenehm zweideutig, unanständig:* schmierige Witze, Andeutungen, Bemerkungen machen.

Schminke, die: *kosmetisches Mittel zum Färben, Pflegen, Verschönern bes. der Haut, der Lippen, Augenbrauen o. ä.:* die S. verläuft; S. auftragen, auflegen, abwaschen, entfernen.

schminken ⟨jmdn., sich, etwas s.⟩: *Schminke auftragen:* einen Schauspieler vor dem Auftritt s.; sie hatte sich für die Rolle geschminkt; sie schminkte nur die Lippen; ⟨jmdm., sich etwas s.⟩ sie schminkte sich das Gesicht; der Maskenbildner schminkte ihre Augen; übertr.: ein geschminkter *(beschönigender)* Bericht.

schmissig (ugs.): *schwungvoll, flott:* schmissige Musik; die Zeichnung war s.; die Band spielte s.

Schmöker, der (ugs.): *dickeres, meist wenig anspruchsvolles Buch:* ein alter, dicker, spannender S.; er liest schon wieder so einen S.

schmökern (ugs.): **a)** *sich in unterhaltsame Lektüre vertiefen:* wahllos s.; er schmökerte in alten Zeitschriften. **b)** ⟨etwas s.⟩ *lesen:* sie schmökert gern Kriminalromane.

schmollen: *aus Unwillen über jmdn. gekränkt schweigen:* sie schmollt schon den ganzen Tag; mit jmdm. s.; adj. Part.: schmollende Zurückhaltung; sie verzog schmollend den Mund.

schmoren: a) ⟨etwas s.⟩ *anbraten und mit wenig Wasser gar kochen:* sie schmorte Fleisch, einen Braten. **b)** ⟨etwas schmort⟩ *etwas wird nach dem Anbraten mit wenig Wasser gar gekocht:* das Fleisch schmort im Topf; eine Ente, Gans, der Braten schmorte im Herd; übertr.: (ugs.:) sie haben in der Sonne geschmort; jmdn. s. lassen (ugs.: *jmdn. absichtlich im ungewissen lassen, ihm nicht aus seiner Verlegenheit helfen);* er ließ den Antrag s. *(ließ ihn liegen, bearbeitete ihn nicht).*

Schmu, der ⟨in der Wendung⟩ Schmu machen (ugs.): *bei etwas betrügen, nicht ganz ehrlich sein:* im Spiel, mit dem Trinkgeld S. machen.

schmuck (geh.): *von sehr ansprechendem, angenehmem Äußeren, hübsch:* ein schmuckes Mädchen, Paar, Schiff, eine schmucke Tracht; das Haus war s., wirkte durch den neuen Anstrich noch schmucker.

Schmuck, der: **1.** *am Körper getragene schmückende Gegenstände:* silberner, goldener, kostbarer, wertvoller, alter, ererbter, modischer S.; S. besitzen, tragen, anlegen; den S. ablegen, verwahren, versichern [lassen]; alten S. umarbeiten lassen; sich mit S. behängen (ugs.). **2.** *schmückende Ausstattung, Verzierung:* der figurale, ornamentale S. eines Portals; die Stadt zeigte sich im S. der Fahnen; die prächtige Balkonbepflanzung trug zum S. des Hauses bei.

schmücken ⟨jmdn., sich, etwas s.⟩ *festlich herrichten, ausstatten; verschönern:* ein Haus, Straßen mit Girlanden, den Weihnachtsbaum mit Lametta s.; die Braut s.; die kleinen Mädchen schmückten sich mit Blumenkränzen; die

Tafel war reich, festlich geschmückt. **b)** ⟨etwas schmückt jmdn., etwas⟩ *etwas dient als Schmuck für jmdn., für etwas; etwas verschönert jmdn., etwas:* ein großer Diamant schmückte ihren Hals; Blumen schmückten die Tafel; ⟨auch ohne Akk.⟩ solche Accessoires schmücken ungemein; **adj.** **Part.**: ein schmückendes Beiwort; auf schmükkendes Beiwerk verzichten.

Schmuggel, der: *illegale Ein- oder Ausfuhr von zollpflichtigen Waren:* S. treiben; den S. bekämpfen; beim S. ertappt werden; sie lebten vom S.

schmuggeln: a) ⟨etwas s.⟩ *mit etwas Schmuggel treiben:* Diamanten, Kaffee s.; sie schmuggelten Waffen; ⟨auch ohne Akk.⟩ hier an der Grenze schmuggeln alle. **b)** ⟨jmdn., sich, etwas s.; mit Raumangabe⟩ *heimlich, unerlaubt irgendwohin schaffen, bringen:* etwas ins Lager s.; er mußte versuchen, sich, ihn aus dem Haus zu s., bevor man Verdacht schöpfte; ⟨jmdm. etwas s.; mit Raumangabe⟩ jmdm. etwas in die Tasche s.

schmunzeln: *belustigt, verständnisvoll, befriedigt vor sich hin, in sich hinein lächeln:* freundlich, selbstgefällig s.; er schmunzelte, mußte s. über meine Bemerkung; ein schmunzelndes Gesicht machen; **subst.**: ein Schmunzeln unterdrücken.

Schmutz, der: *verunreinigender Stoff; Dreck:* klebriger, trockener, stinkender S.; der S. der Straße; den S. zusammenkehren, auffegen, aufwischen, abwaschen, von den Schuhen abkratzen, von den Fensterscheiben wischen; die Handwerker haben großen S. in der Wohnung hinterlassen; diese Arbeit macht keinen S.; in den S. fallen; er war über und über mit S. bedeckt; du mußt dich vom S. reinigen; vor S. starren. ∗ **jmdn. mit Schmutz bewerfen** *(jmdn. verleumden)* · **jmdn., etwas durch den Schmutz ziehen/in den Schmutz ziehen, treten** *(jmdn., etwas verleumden, herabsetzen)* · (ugs.:) **etwas geht jmdn. einen feuchten Schmutz an** *(etwas geht jmdn. überhaupt nichts an)* · **Schmutz und Schund** *(minderwertige geistige Produkte, bes. Literatur).*

schmutzen ⟨etwas schmutzt⟩: *etwas nimmt Schmutz an:* das weiße Kleid, der helle Stoff schmutzt leicht, schnell.

schmutzig: 1. *mit Schmutz behaftet, unsauber:* schmutzige Hände, Füße, Kleider; schmutzige Wäsche; schmutzige *(Schmutz verursachende)* Arbeit; ein schmutziges Gesicht; ein schmutziges *(ungepflegtes)* Lokal; der frisch gewaschene Pullover war schon wieder s.; sich nicht gern s. machen *(sich nicht gern an praktischen Arbeiten beteiligen);* du hast dich, deinen Anzug s. gemacht; über tr.: schmutzige *(unklare, nicht reine)* Farben. **2.** *unanständig, anrüchig:* schmutzige Worte, Reden; ein schmutziger Witz; du hast eine schmutzige Phantasie *(du denkst immer gleich an etwas Unanständiges, Zweideutiges);* ein schmutziges Lachen; schmutzige *(unredliche)* Geschäfte; ein schmutziger *(ungerechtfertigter, unmoralischer)* Krieg; seine Gesinnung war s.

Schnabel, der: **1.** *der Nahrungsaufnahme dienender, länglicher, spitzer, mit einer Hornschicht überzogener Fortsatz am Kopf von Vögeln:* ein langer, spitzer, krummer, harter, starker, dicker, breiter S.; den S. [weit] aufsperren, aufreißen; den S. wetzen; mit dem S. nach etwas hacken, ein Loch in die Rinde picken; der Storch klappert

mit dem S. **2.** (ugs.) *Mund:* sperr, mach mal deinen S. auf! **3.** (bes. südd., österr., schweiz.) *Ausguß an einer Kanne:* an der Kanne ist der S. abgebrochen. ∗ (ugs.:) **den Schnabel halten** *(still sein; ein Geheimnis nicht verraten):* halt den S.! · (ugs.:) **den Schnabel aufmachen/aufsperren** *(etwas sagen, zu etwas nicht länger schweigen)* · (ugs.:) **sich** (Dativ) **den Schnabel verbrennen** *(etwas Unvorsichtiges sagen und sich damit schaden)* · (ugs.:) **seinen Schnabel an anderen Leuten wetzen** *(boshaft über andere sprechen).*

Schnalle, die: **1.** *Vorrichtung zum Schließen von Gürteln, Taschen u. a.:* eine ovale, runde, silberne S.; die S. am Schuh drückt; eine S. öffnen, schließen, auf-, zumachen; die Schuhe wurden seitlich mit einer S. geschlossen. **2.** (ugs.) **a)** *Prostituierte:* er verhandelte mit Schnallen. **b)** *weibliche Person, die jmdn. nicht gefällt, über die er sich geärgert hat* /oft als Schimpfwort/: was hat er denn da für eine S. mitgebracht; blöde S.!

schnallen: 1. ⟨jmdn., sich s.; mit Raum- oder Artangabe⟩ *mit einer Schnalle befestigen, eine bestimmte Weite geben:* eine Decke seitlich auf den Koffer s.; einen Gürtel enger, weiter, ins dritte Loch s.; der Patient wurde auf den Operationstisch geschnallt; ⟨jmdm., sich etwas s.; mit Raumangabe⟩ ich habe mir den Rucksack auf den Rücken geschnallt. **2.** (ugs.) ⟨etwas s.⟩ *begreifen, merken:* etwas nicht s.; er hat es gleich geschnallt.

schnalzen: *ein schnalzendes Geräusch hervorbringen:* mit den Fingern, mit der Peitsche s.; er schnalzte vor Vergnügen mit der Zunge.

schnappen: 1. ⟨etwas schnappt; mit Raumangabe⟩ *etwas führt eine schnelle [unerwartete] Bewegung aus:* die Tür schnappte ins Schloß; der Dekkel ist von der Büchse geschnappt; das Brett schnappt in die Höhe. **2. a)** ⟨etwas s.⟩ *mit dem Maul, Schnabel, den Zähnen in rascher Bewegung fassen:* der Hund hat die Wurst geschnappt; über tr.: er ging zum Fenster, um frische Luft zu s. *(zu atmen).* **b)** ⟨nach jmdm., nach etwas s.⟩ *mit dem Maul zu fassen suchen:* der Hund schnappt nach der Wurst; die Gans hat nach meinem Finger, nach mir geschnappt; über tr. (ugs.): er hat nach Luft geschnappt *(nach Atem gerungen).* **3.** (ugs.) **a)** ⟨sich (Dativ) etwas s.⟩ *schnell ergreifen:* ich schnappte mir Mantel und Hut; er schnappte die Mappe und rannte weg; schnappt euch jeden Zettel und rechnet mit! **b)** ⟨jmdn. s.⟩ *ergreifen, festnehmen:* der Dieb wurde geschnappt.

schnarchen: *im Schlaf geräuschvoll ein- und ausatmen:* leicht, laut, pfeifend s.

schnattern: *schnatternde Laute von sich geben:* Enten, Gänse schnattern; über tr.: er schnatterte *(zitterte)* vor Kälte; sie stehen wieder im Flur und s. (ugs.; schwatzen).

schnauben: 1. *heftig und geräuschvoll durch die Nase atmen:* laut und vernehmbar s.; die Pferde stampften und schnaubten [durch die Nüstern]; er schnaubte/(veraltend:) schnob durch die Nase; über tr.: vor Wut, Zorn, Entrüstung s. *(außer sich sein).* **2.** (ugs. landsch.) *sich schneuzen:* **a)** er schnaubte laut in sein Taschentuch. **b)** ⟨sich s.⟩ sie schnaubte sich umständlich. **c)** ⟨sich (Dativ) etwas s.⟩ sie schnaubte sich die Nase.

schnaufen: a) *schwer und geräuschvoll atmen:*

kurzatmig, unruhig s.; beim Treppensteigen schnauft er stark; er war so gerannt, daß er laut s. mußte. **b)** (ugs. landsch.) *atmen:* bei der Luft hier kann man ja kaum s. **Schnauze,** die: **1.** *vorspringendes, mit der Nase verbundenes Maul bestimmter Tiere:* eine lange, spitze S.; die S. des Hundes ist kalt, feucht. **2.** (derb) *Mund:* mach mal deine S. auf!; eins, einen Schlag auf die S. kriegen; eine freche, lose S. *(ein freches, loses Mundwerk)* haben. **3.** *vorderster Teil eines Autos, Flugzeugs:* die S. seines Wagens wurde eingedrückt. * (derb:) **die Schnauze halten** *(still sein; ein Geheimnis nicht verraten):* der kann die S. nicht halten · (derb:) **die Schnauze aufmachen** *(etwas sagen)* · (ugs.:) **eine große Schnauze haben** *(großsprecherisch sein, prahlen)* · (derb:) **jmdm. in die Schnauze schlagen; jmdm. die Schnauze polieren/lackieren** *(jmdm. ins Gesicht schlagen)* · (ugs.:) **die Schnauze voll haben** *(einer Sache überdrüssig sein)* · (ugs.:) **[frei] nach Schnauze** *(nach Gutdünken, ohne Vorbereitung).* **Schnecke,** die: **1.** */ein Kriechtier/:* eine S. kriecht über den Weg, am Boden; die Schnecken von den Salatblättern abnehmen; er ist langsam wie eine S. **2.** *Teil des inneren Ohres:* er wurde an der S. operiert. **3.** *Teil am Ende des Halses eines Streichinstruments:* die Geigenwirbel sitzen unterhalb der S. **4.** */ein Hefegebäck/:* Schnecken backen; sie kaufte drei Schnecken. **5.** *über dem Ohr schneckenförmig angesteckter Zopf:* sie trägt Schnecken. **6.** (ugs.) *unsympathische weibliche Person* /oft als Schimpfwort/: was will denn diese S. hier? * (ugs.:) **jmdn. zur Schnecke machen** *(jmdn. heruntermachen, ausschimpfen)*. **Schneckentempo,** das (ugs.): *sehr langsames Tempo:* im S. arbeiten; der Verkehr war so stark, daß wir nur im S. vorwärts kamen. **Schnee,** der: **1.** *flockenförmiger Niederschlag aus Eiskristallen:* frisch gefallener, dichter, weicher, nasser, festgetretener, verharschter, pappiger, schmutziger, stumpfer *(die Skifahrt bremsender),* schneller *(schneller Skifahrt förderlicher)* S.; der ewige *(immer bleibende)* S. des Hochgebirges; weiß wie S.; gestern fielen/(selten auch:) fiel zehn Zentimeter S.; der S. fällt in großen, dicken Flocken; S. bedeckt das Land; es lag hoher S.; der S. knirschte unter ihren Sohlen; S. fegen, [weg]räumen; unsere Vorräte schmolzen wie S. an der Sonne *(schwanden rasch dahin);* den S. vom Mantel abklopfen; durch den S. stapfen; die Kinder spielten im S.; R (ugs. scherzh.): und wenn der ganze S. verbrennt [die Asche bleibt uns doch] *(wir lassen uns durch nichts entmutigen).* **2.** *steif geschlagenes Eiweiß:* Eiweiß zu S. schlagen. * (ugs.:) **Schnee von gestern, vom vergangenen Jahr** *(etwas, was niemanden mehr interessiert).* **Schneid,** der, (südd., österr. auch:) die (ugs.): *mit einem forschen Elan verbundener Mut:* [keinen] S. haben; sie brachten nicht den S. auf, sich zu uns zu bekennen. * (ugs.:) **jmdm. den Schneid abkaufen** *(jmdm. den Mut zu etwas nehmen).* **Schneide,** die: *die scharfe Seite eines Gegenstandes zum Schneiden:* eine scharfe, stumpfe, schartige S.; eine S. *(Klinge)* aus Stahl; die S. eines Messers, einer Sense; die S. schärfen. **schneiden: 1. a)** *(etwas s.)* *mit dem Messer o. ä.*

zerteilen, zerkleinern, aufschneiden: Papier, Glas s.; Käse, Brot, Zwiebeln, eine Torte in Stücke, Schinken [in Würfel], den Braten, Wurst [in Scheiben] s.; Stämme werden zu Brettern geschnitten; ⟨etwas s.; mit Raumangabe⟩ Kräuter an die Suppe, Wurst in den Grünkohl s. **b)** *(etwas s.) mit dem Messer o. ä. abtrennen, abschneiden:* eine Probe vom Stoff, Zweige von Bäumen, Blumen, Rosen s.; Getreide, Gras mit der Sichel s.; die Mutter schnitt den Kindern/für die Kinder das Brot; er hat die Scheiben sehr dünn, dick geschnitten; ich schneide mir eine Scheibe vom Brot; einen Artikel aus der Zeitung s.; im Wald wird Holz geschnitten *(werden Bäume gefällt).* **c)** ⟨mit Artangabe⟩ *in bestimmter Weise mit der Schere arbeiten, umgehen:* der Friseur schneidet gut, schlecht, kann nicht s. **2.** ⟨etwas s.⟩ **a)** *beschneiden, kürzen, stutzen:* Obstbäume, Sträucher, Hecken s.; die Fingernägel s.; ⟨jmdm., sich etwas s.⟩ die Nägel s.; ich habe mir das Haar [kurz] s. lassen. **b)** *durch Schnitte zurechtmachen:* einen Film, ein Tonband s.; ⟨auch ohne Akk.⟩ weich, hart *(mit weichen, harten Übergängen)* s. **c)** *aufnehmen, mitschneiden:* eine Sendung [auf Tonband] s. **3. a)** ⟨jmdn., sich s.⟩ *jmdm., sich eine Schnittwunde beibringen:* der Friseur hat mich [versehentlich] geschnitten; ich habe mich am Glas, beim Rasieren, mit der Klinge geschnitten; ⟨jmdm./(seltener:) jmdn., sich s.; mit Raumangabe⟩ ich schnitt mir/mich in den Finger; er hat mir/mich mit der Schere versehentlich in die Haut geschnitten. **b)** ⟨in etwas s.⟩ *versehentlich einen Schnitt in etwas machen:* mit der Schere in den Stoff s. **c)** ⟨jmdn., etwas s.⟩ *operieren:* einen vereiterten Finger, ein Geschwür s.; er mußte geschnitten werden. **4.** ⟨etwas s.⟩ **a)** *schnitzen, durch Herausschneiden, Bearbeiten mit einem Schneidewerkzeug herstellen:* einen Stempel s.; ein Gewinde s.; Figuren, Linien in Holz, Stahl, Stein s.; er schnitt seinen Namen in die Rinde; er hat versehentlich ein Loch ins Tischtuch geschnitten; Pfeifen aus Weiden s.; Bretter, Bohlen aus den Stämmen s.; Scherenschnitte aus Papier s. **b)** *mit dem Gesicht hervorbringen, machen; formen:* eine Fratze, Grimasse, spöttische Miene, Gesichter s. **c)** ⟨geschnitten sein; mit Artangabe⟩ *in einer bestimmter Form gebildet, zugeschnitten sein:* ihr Gesicht ist schön geschnitten; mandelförmig geschnittene Augen; ein weit geschnittener Mantel; das Kleid ist elegant geschnitten *(hat einen eleganten Schnitt);* die Wohnung ist gut geschnitten *(hat eine gute Raumaufteilung).* **5.** ⟨etwas s.⟩ *einem Ball einen Drall geben:* beim Billard, [Tisch]tennis den Ball s.; ⟨auch ohne Akk.⟩ er schneidet stark, dauernd. **6. a)** ⟨etwas s.⟩ *abkürzen, nicht ausfahren:* der Fahrer, der Wagen hatte die Kurve geschnitten. **b)** ⟨jmdn., etwas s.⟩ *von der Seite her vor ein anderes Fahrzeug fahren und es dabei behindern:* ein Lkw hat mich, meinen Wagen geschnitten. **7.** ⟨jmdn. s.⟩ *bewußt nicht beachten:* weil wir neulich Streit hatten, schneidet er mich. **8. a)** ⟨etwas schneidet; mit Artangabe⟩ *hat bestimmte Schneideigenschaften:* die Schere schneidet gut, scharf, schlecht, nicht; das Messer schneidet wie Gift (ugs.; *ist sehr scharf).* **b)** ⟨etwas schneidet jmdm.; mit Raumangabe⟩ *etwas dringt in jmdn. ein und verletzt ihn mit einem Schnitt:* das

Messer schnitt ihm in die Hand; übertr.: der Wind schnitt ihm ins Gesicht; adj. Part.: eine schneidende Kälte; heute ist es schneidend kalt; schneidender Hohn, Spott; er sprach in einem schneidenden *(äußerst scharfen)* Ton zu seinen Untergebenen. **c)** ⟨etwas schneidet; mit Raumangabe⟩ *etwas dringt scharf irgendwo, in etwas ein:* das Gummiband schneidet an der Hüfte, in die Haut. **9.** ⟨etwas schneidet etwas⟩ *etwas kreuzt, trifft auf etwas:* 100 m weiter schneidet der Weg die Bahnlinie; die zwei Geraden schneiden sich in diesem Punkt. **10.** (ugs.) ⟨sich s.⟩ *sich irren, täuschen:* da schneidest du dich aber gewaltig, wenn du das glaubst.

Schneider, der: **1.** *jmd., der im Anfertigen von Oberbekleidung ausgebildet ist:* einen Anzug, Mantel, ein Kostüm beim, vom S. machen, anfertigen lassen. **2. a)** *(Skat) Punktzahl 30:* aus dem S. kommen *(mehr als 30 Punkte erreichen);* S./im S. sein *(weniger als 30 Punkte erreicht haben).* **b)** (Tischtennis) *Punktzahl 11 (in einem Satz):* S. sein *(weniger als 11 Punkte erreicht haben);* du wirst nicht aus dem S. kommen *(wirst nicht mehr als 11 Punkte erreichen).* * (ugs.:) **aus dem Schneider sein** *(Schwierigkeiten überwunden haben).*

schneidern ⟨etwas s.⟩: *ein Kleidungsstück anfertigen:* einen Anzug, ein Kostüm s.; dieses Kleid, diese Bluse habe ich [mir/für mich] selbst geschneidert; ⟨auch ohne Akk.⟩ sie schneidert *(ist als Schneiderin tätig)* schon lange für Freunde.

schneidig: *forsch, flott, zackig:* ein schneidiger Offizier, Bursche; ein schneidiges Auftreten; der Marsch war s. *(flott, schwungvoll).*

schneien ⟨es schneit⟩: *es fällt Schnee:* es hat [heute nacht] geschneit; es schneit ununterbrochen, in dichten Flocken; hier schneit es selten; es fängt an, hört auf zu s.; ⟨es schneit etwas⟩ schneit große Flocken *(der Schnee fällt in großen Flocken);* übertr.: die Blüten schneiten von den Bäumen; es schneit Blütenblätter; auf dem Bildschirm schneit es (ugs.; *das Bild flimmert).*

schnell: *mit großer Geschwindigkeit; nur wenig Zeit in Anspruch nehmend; geschwind, rasch:* eine schnelle Drehung, Bewegung; ein schnelles Tempo; ein schnelles Pferd, Auto; eine schnelle *(eine hohe Fahrgeschwindigkeit ermöglichende)* Straße; eine schnelle Bedienung; es war in schneller Entschluß; schnelles *(ohne großen Zeitaufwand zu erwerbendes)* Geld; mit schnellem Blick etwas erfassen; schnelle Schritte näherten sich der Tür; er war schneller als alle andern; s. kommen, eingreifen, sprechen, urteilen; er rannte s. wie der Blitz, wie der Wind, wie ein Pfeil davon; er lief, so s. er konnte; zum Bahnhof; sich s. einleben, zurechtfinden; kannst du s. mal herkommen?; ich muß noch s. *(kurz)* etwas nachsehen; der Puls geht s.; die Zeit vergeht s.; (ugs.:) mach s. *(beeile dich)!;* s. entschlossen griff er zu; du mußt dich s. *(in kurzer Zeit)* entscheiden; so s. macht ihm das keiner nach *(es ist nicht einfach, ihm das nachzumachen);* wie heißt er noch s.? (ugs.; *im Augenblick fällt mir sein Name nicht ein);* so s. wie/(seltener:) als möglich; möglichst s.; ich kam schneller an, als ich dachte; das geht mir zu s. *(ich komme nicht mit);* du bist zu s. *(nicht sorgfältig genug).* *(ugs.:)* **auf die Schnelle** *(schnell [und flüchtig]; kurzfristig).*

schnellen: 1. ⟨mit Raumangabe⟩ *sich schnell und heftig bewegen:* er ist von seinem Sitz geschnellt; die Fische schnellten aus dem Wasser, in die Luft; er schnellte in die Höhe *(erhob sich blitzschnell);* übertr.: die Preise schnellten in die Höhe; die Temperatur schnellte von 20 auf 27°. **2.** ⟨jmdn., sich, etwas s.; mit Raumangabe⟩ *schnell [von einem Punkt fort]bewegen:* die Feder schnellt den Bolzen nach vorn; er hat sich auf dem Sprungbrett in die Höhe geschnellt.

schnellstens ⟨Adverb⟩: *so schnell wie möglich, unverzüglich:* etwas s. erledigen.

schneuzen: *die Nase putzen:* **a)** geräuschvoll, kräftig, heftig s.; du mußt einmal ordentlich s. **b)** ⟨sich s.⟩ er schneuzte sich umständlich; sie schneuzte sich in ihr Taschentuch. **c)** ⟨etwas s.⟩ er schneuzte seine Nase; ⟨sich (Dativ) etwas s.⟩ er schneuzte sich die Nase mit den Fingern.

Schnippchen ⟨in der Wendung⟩ jmdm. ein Schnippchen schlagen (ugs.): *mit Geschick jmds. Absichten durchkreuzen, jmds. Verfolgung entgehen:* er hat der Polizei ein S. geschlagen.

schnippisch: *kurz angebunden und respektlosungezogen:* ein schnippisches Mädchen; sie hat ein schnippisches Wesen; eine schnippische Antwort; ⟨zu jmdn. s. sein⟩ sie war sehr s. zu ihr; s. antworten.

Schnitt, der: **1. a)** *das Schneiden:* einen S. [ins Holz, Fleisch, in den Stoff] machen; den S. *(das Beschneiden)* der Obstbäume vornehmen; ein Geschwür mit einem S. öffnen. **b)** *Einschnitt; Schnittfläche; Schnittwunde:* ein tiefer S.; ein glatter, sauberer S. ging tief ins Fleisch, ist gut verheilt. **2.** *das Mähen:* der erste, zweite S. des Grases; der zu späte S. des Getreides; das Korn ist reif für den S. **3. a)** *Form, in die etwas mit einem Schneidewerkzeug gebracht wurde:* der tadellose S. des Anzugs gefällt mir; sie, ihr Haar hat einen kurzen, modischen S.; übertr.: eine Wohnung mit gutem S. *(mit guter Raumaufteilung).* **b)** *Schnittmuster:* einen S. ausrädeln; ein Kleid mit, nach einem S., ohne S. nähen. **c)** *Form, in der etwas gebildet ist:* der S. des Gesichtes, der Augen; er hat eine Nase von feinem, griechischem S. **4.** *glattgeschnittener Rand:* der S. eines Buches; der S. *(Schliff)* eines Edelsteins. **5.** *Bearbeitung eines Filmes oder einer Tonbandaufzeichnung:* harte *(übergangslose)* Schnitte; sie besorgte den S. des Films, Hörspiels. **6.** *[zeichnerische] Darstellung von etwas in einem Schnittebene:* ein waagerechter, senkrechter S. durch ein Gebäude, ein Organ, eine Pflanze; einen S. durch ein Werkstück anfertigen; etwas im S. darstellen. **7.** (ugs.) *Durchschnitt:* er raucht im S. 20 Zigaretten am Tag; er fuhr die 44 Runden mit einem S. von 150 km/h. * (Math.:) **der Goldene Schnitt** */bestimmtes Teilungsverhältnis einer Strecke/* · (ugs.:) **einen/seinen Schnitt machen** *(einen Gewinn erzielen).*

Schnitte, die: *Scheibe Brot:* belegte Schnitten; er aß eine S. mit Wurst.

schnittig: *sportlich elegant [gebaut]:* ein schnittiges Boot, Auto; der Wagen ist s. [gebaut].

Schnitzel, das: **1.** *gebratene [panierte] Scheibe Fleisch vom Kalb oder Schwein:* ein Wiener S.; ein S. klopfen, panieren, braten. **2.** *kleines Stück Papier, das in den Abfall kommt:* ein S. vom Boden aufheben; er zerriß den Brief in lauter S.

schnitzen ⟨etwas s.⟩: *durch Schneiden aus Holz formen:* eine Figur [aus, in Holz], ein Ornament in eine Tür s.; geschnitzte Möbel; ⟨auch ohne Akk.⟩ er schnitzt gern; an einer Madonna s.

Schnitzer, der ⟨ugs.⟩: **a)** *ärgerlicher Fehler:* einen S. machen; ohne den S. wäre die Lateinarbeit sehr gut gewesen. **b)** *Fauxpas:* mit seiner Bemerkung hat er sich einen groben S. geleistet.

schnöde ⟨geh.⟩: **a)** *voller Verachtung; aus Geringschätzigkeit gemein:* eine schnöde Antwort; die Zurechtweisung war sehr s.; jmdn. s. behandeln, im Stich lassen; jmds. Vertrauen s. mißbrauchen. **b)** *erbärmlich, schändlich:* der schnöde Mammon; ein schnöder Gewinn; schnöde Habgier, Selbstsucht, Angst; für/um schnödes Geld.

schnüffeln: **1.** *die Luft hörbar in die Nase ziehen, um etwas riechen zu können:* der Hund schnüffelt an der Tasche. **2.** ⟨ugs.⟩ *spionieren:* in fremden Briefen, Zimmern s.; du hast wohl wieder geschnüffelt?; er schnüffelt *(spielt den Spitzel)* für die Steuerfahndung. **3.** ⟨ugs.⟩ *sich durch Inhalieren bestimmter Stoffe berauschen:* er schnüffelt; ⟨auch mit Akk.⟩ er schnüffelt Benzol.

Schnupfen, der: *Entzündung der Nasenschleimhäute:* [den] S. haben; sich bei etwas den, einen S. holen; an chronischem S. leiden; er hat ihn mit seinem S. angesteckt.

schnuppe ⟨in der Wendung⟩ jmdm. schnuppe sein ⟨ugs.⟩: *jmdm. gleichgültig sein:* ob du mitkommst oder nicht, das ist mir völlig s.

schnuppern: a) *durch kurzes, stärkeres Einziehen von Luft etwas riechen wollen:* das Pferd, der Hund schnuppert [an meiner Hand]. **b)** ⟨etwas s.⟩ *schnuppernd wahrnehmen, riechen:* er schnupperte die frische Farbe; übertr.: er wollte mal wieder Landluft s. *(sich auf dem Land aufhalten).*

Schnur, die: **a)** *Bindfaden; Kordel:* eine dicke, dünne S.; goldene Schnüre und Tressen; ein langes Stück S.; eine S. lösen, aufbinden; eine S. um das Paket binden; Perlen auf eine S. ziehen; er umwickelte das Paket mit einer S. **b)** *Zuleitung an elektrischen Geräten:* die S. muß repariert werden. * ⟨ugs.⟩ **über die Schnur hauen** *(übermütig werden)* · ⟨ugs.:⟩ **wie am Schnürchen** *(völlig reibungslos, ohne Schwierigkeiten, Stockungen, glatt):* die Arbeit klappt, läuft wie am S.

schnüren: 1. a) ⟨etwas s.⟩ *mit einer Schnur fest zubinden:* ein Paket, ein Bündel, die Schuhe s.; sie schnürte das Mieder; ⟨jmdm. etwas s.; mit Raumangabe⟩ sie schnürten dem Gefangenen die Hände auf den Rücken. **b)** ⟨etwas s.⟩ *zu etwas zusammenbinden:* ein Paket, ein Bündel s.; ⟨etwas zu etwas s.⟩ Reisig zu Bündeln s. **c)** ⟨etwas s.; mit Raumangabe⟩ *mit Hilfe einer Schnur o. ä. irgendwo befestigen:* etwas auf den Gepäckträger, unter den Sitz s. **d)** ⟨etwas um etwas s.⟩ *fest binden:* einen Strick um den Koffer s. **2.** (veraltet) ⟨sich s.⟩ *ein Mieder anlegen:* sich fest, zu stark s.; sie hatte sich geschnürt. **3.** ⟨Jägerspr.⟩ *sich mit hintereinandergesetzten Läufen fortbewegen:* der Fuchs, der Wolf schnürt [über das Feld].

schnurren: *ein schnurrendes Geräusch von sich geben, verursachen:* die Katze schnurrte; der Ventilator, das Spinnrad, die Maschine schnurrt.

Schock, der: *starke seelische Erschütterung durch ein Ereignis:* der Tod ihres Kindes war ein schwerer S. für sie; einen [leichten] S. erleiden,

bekommen; einen S. nicht überwinden können; jmdm. einen S. versetzen; ⟨ugs.:⟩ einen S. fürs ganze Leben weghaben; das hat ihm einen S. gegeben; nach dem Unfall stand er unter S. *(Schockwirkung);* er hat unter S. gehandelt.

schocken ⟨ugs.⟩ ⟨jmdn. s.:⟩ *jmdm. einen heftigen Schreck einjagen, ihm einen Schock versetzen:* der Horrorfilm schockte das Publikum; das hat mich doch geschockt; als ich das gehört hatte, war ich ziemlich geschockt; wir waren über sein Aussehen, von seinen Worten ganz schön geschockt.

schockieren ⟨jmdn. s.⟩: *bei jmdm. Anstoß erregen, jmdn. in Entrüstung versetzen:* er schockierte das Publikum mit seinem neuesten Film, durch skandalöse Orgien; ihre Kleidung, ihr Verhalten hat uns alle schockiert; über etwas schockiert sein; sie waren von seinen Worten schockiert.

schofel ⟨ugs.⟩: *schäbig, gemein:* eine schofle Gesinnung; das war s. von ihm; er hat sich ihm gegenüber sehr s. benommen.

Scholle, die: **1.** *beim Pflügen umgebrochenes größeres Stück Erde:* mit dem Pflug Schollen aufwerfen; der Geruch der frisch umgebrochenen Schollen; ⟨übertr.⟩ (geh.): *Grund und Boden, Erde:* die heimatliche S.; auf eigener S. sitzen. **2.** *Eisscholle:* Schollen trieben, schwammen auf dem Fluß, stauten sich vor der Brücke.

schon: **I.** ⟨Adverb⟩ **1.** *früher als erwartet; bereits:* s. lange, längst; s. wieder, immer; er kommt s. heute, s. bald; ich habe es [jetzt] s. vergessen; sag bloß, du gehst s.; willst du s. gehen?; [du bist] s. zurück?; ich muß s. um 6 Uhr aufstehen; die Polizei wartet s. auf ihn; wenn er nur, doch s. käme!; kaum war er gegangen, s. ging der Krach los; ich komme später, du kannst ja s. [mal] *(kannst bereits, einstweilen)* die Koffer packen. **2.** */drückt aus, daß das Genannte mehr darstellt, schon weiter ist, als angenommen, gewünscht, oder daß zur Erlangung von etwas weniger notwendig ist, als angenommen, gewünscht/:* der Vater ist lich s. 90 Jahre alt; wir sind s. zu dritt; ein wenig von dem Gift kann s. tödlich sein; s. ein Remis wäre ein Erfolg; s. für 5 DM. **3.** */drückt aus, daß etwas bereits früher geschehen, eingetreten ist, früher bereits in vergleichbarer Weise stattgefunden hat/:* ich habe s. gefrühstückt; s. als Kinder/als Kinder s. hatten wir dafür eine Vorliebe; ich kenne das s.; früh, längst, immer bewährt; ich kenne das s.; wie s. gesagt; das hatten wir s. einmal; er hat, wie s. so oft, geholfen. **4.** *allein, bloß; ohne daß etwas anderes nötig wäre:* [allein] s. der Gedanke ist ein Unrecht; ihr geht s. so schlecht; der Ausweis genügt s. **II.** ⟨Gesprächspartikel⟩ **1.** */verstärkt eine Aussage, unterstreicht die Wahrscheinlichkeit von etwas/:* es ist s. ein Elend; das will s. was heißen; das kannst du s. glauben; du wirst s. sehen; wem nützt das s.?; es wird s. [gut] gehen; er wird s. wiederkommen. **2.** */drückt Ungeduld o. ä. aus/:* mach, komm s.!; hör s. auf! **3.** */drückt aus, daß eine gewisse Konsequenz erwartet wird/:* wenn wir das s. machen, dann aber ordentlich; wenn du s. so früh gehen willst, dann nimm dir wenigstens etwas zu essen mit. **4.** */schränkt eine Aussage ein, drückt aus, daß auch eine andere Schlußfolgerung möglich ist/:* Lust hätte ich s., aber keine Zeit; er hat s. recht, wenn er das sagt; er ist damit nicht zufrieden; er hat s. [eher]. **5.** */gibt einer Aussage ei-*

nen einschränkenden, oft geringschätzigen Unterton/: was hast du s. zu bieten?; was weiß er s.!
schön: 1. *positiv auf das ästhetische Empfinden wirkend; von vollendeter Gestalt:* eine schöne Frau; schöne Augen, Hände, Beine; eine schöne Stimme; schöne Kleider; ein schöner Anblick; eine schöne Aussicht, Gegend; ein schöner Park; schöne Farben, Möbel, Bilder, Gebäude; ein schönes Konzert; eine schöne Wohnung; (iron.:) das sind nichts als schöne *(leere, schmeichelnde)* Worte; sie ist auffallend, außergewöhnlich, berauschend s.; der Blumenstrauß sah sehr s. aus; das Buch, Bild finde ich sehr s.; sie hat sehr s. *(ansprechend)* Klavier gespielt; sie sind s. eingerichtet; (bes. nordd.:) das riecht, schmeckt s. *(gut);* subst.: sie hat einen ausgeprägten Sinn für das Schöne; sie war die Schönste von allen; das ist das Schönste, was ich je gesehen habe; er suchte mehr über die unbekannte Schöne *(Frau)* zu erfahren; (scherzh.:) na, ihr beiden Schönen *(ihr beiden)*. **2.** *klar, nicht trübe:* schönes Wetter; ein schöner Tag, Morgen; eine schöne Fernsicht; heute ist es, das Wetter s.; die Sonne scheint nicht mehr so s. wie gestern. **3.** *angenehm:* eine schöne Zeit; ein schönes Erlebnis; ein schöner Ausflug; wir haben einen schönen Tag, Urlaub verbracht; ein schöner Tod *(ein Tod ohne große Qualen);* das sind nichts als schöne *(schmeichlerische, leere)* Worte; alles war in schönster Harmonie; hier ist es s.; es wäre noch viel schöner, wenn er jetzt bei uns sein könnte; der Stoff fühlt sich s. [weich] an; ich hatte mir alles so s. gedacht, aber es kam anders; R: das ist zu s., um wahr zu sein · seine Erwartungen haben sich aufs schönste bestätigt. **4.** *gut, erfreulich; anständig; wie es sich gehört:* das ist ein schöner [Charakter]zug an ihm; das war nicht s. von dir; der Wein ist s. klar; er hat ihr gegenüber nicht s. gehandelt; /in *Ermahnungen und Beschwichtigungen, bes. gegenüber Kindern/:* sei s. brav!; paßt s. auf!; immer s. warten, ruhig bleiben, langsam fahren; /lobende *Anerkennung gegenüber Kindern/:* das habt ihr s. gemacht; /in *Dankes- und Grußformeln/:* schöne *(herzliche)* Grüße, Empfehlungen; schönsten Dank!; danke, bitte s. *(sehr);* er läßt s. grüßen, danken; /in *Formeln der Bekräftigung/:* [also, nun] s. *(gut, einverstanden)!;* s., ich werde es erledigen; s. und gut, ich werde mich beteiligen; /in *Formeln ironischer oder kritischer Distanz/:* er ist kein Kind von Traurigkeit, wie man so s. sagt, wie es so s. heißt. **5.** *beträchtlich:* eine schöne Leistung, Summe; ein schöner Erfolg, Gewinn; er hat ein schönes Geschäft gemacht; die Reise hat mich ein schönes (ugs.) Stück Geld gekostet; er hat ein schönes *(hohes)* Alter erreicht; er ist s. (ugs.; *sehr)* dumm, wenn er das macht; dabei habe ich mir s. (ugs.; *ziemlich)* weh getan; er ist s. (ugs.; *gehörig, sehr)* von ihm betrogen worden; du wirst dich noch s. (ugs.; *sehr)* wundern; ich mußte dort ganz s. (ugs.; *ziemlich viel)* arbeiten. **6.** *schlecht, unangenehm:* du bist mir ein schöner Fahrer!; das ist ja eine schöne Geschichte *(Sache);* das sind schöne Aussichten!; das wird ja immer schöner *(schlimmer, merkwürdiger)* [mit dir]; R: das wäre ja noch schöner *(das kommt gar nicht in Frage)!;* subst.: da hast du etwas Schönes angerichtet!

schonen: a) 〈jmdn., etwas s.〉 *rücksichtsvoll, behutsam behandeln; nicht strapazieren:* einen Schwachen s.; sie schonten selbst Frauen und Kinder nicht; ich muß meine Gesundheit, Kräfte, Augen s.; seine Kleider s.; dieses Seifenpulver schont die Wäsche; das Auto ist wahrhaftig nicht geschont *(arg strapaziert)* worden; adj. Part.: behutsam: eine schonende Behandlung; auf möglichst schonende Weise; man versuchte, ihm die traurige Nachricht schonend beizubringen. **b)** 〈sich s.〉 *Rücksicht auf seine Gesundheit nehmen:* er muß sich nach der Operation noch einige Wochen s.; du mußt dich mehr s.
Schönheit, die: **1.** *das Schönsein; schönes Aussehen:* eine große, klassische, strahlende, überwältigende, hinreißende, makellose, geistige, sinnliche S.; die S. der Natur genießen, besingen; diese Landschaft entfaltet ihre S. eigentlich erst im Herbst; der S. huldigen; jmdn. durch seine S. bezaubern, für sich einnehmen; ihr Gesicht war von einer ebenmäßigen S. **2. a)** *schöne Person:* sie ist eine vollendete, berühmte, ungewöhnliche, verblühte S.; eine S. war er nicht gerade. **b)** *etwas besonders Schönes:* landschaftliche, farbliche Schönheiten; die S. ihres Gesanges faszinierte alle; sie hat auf ihrer Reise die Schönheiten des Landes, der Stadt kennengelernt.
Schönheitsfehler, der: *etwas, was das Gesamtbild von etwas beeinträchtigt:* dein Vorschlag hat nur einen [kleinen] S.
Schonung, die: **1. a)** *schonende Behandlung; Pflege:* S. der Gesundheit; sein Zustand, Magen verlangt S.; jmdn., etwas mit S. behandeln. **b)** *Nachsicht, Rücksichtnahme:* das Gesetz kennt keine S.; wenn er das getan hat, gibt es keine S. mehr; auf keine S. rechnen können; sie baten, flehten vergebens um S. **2.** *eingezäunter Forstbezirk mit jungem Baumbestand:* eine S. anlegen.
schöpfen 〈etwas s.; mit Raumangabe〉 *mit einem Gefäß oder mit der Hand aufnehmen:* Wasser aus der Quelle, aus dem Fluß, aus dem Brunnen [mit der hohlen Hand] s.; sie hatten viel Wasser aus dem Boot zu s.; die Suppe auf die Teller s.; übertr.: Atem, frische Luft s.; [neue] Hoffnung, [neuen] Mut, [neue] Kraft s. *([wieder] hoffen können; Mut, Kraft bekommen);* Verdacht s. *(einen Verdacht haben);* er hat aus diesem Buch geschöpft *(bezogen).*
Schöpfer, der: *jmd., der etwas Bedeutendes hervorgebracht, gestaltet hat:* der S. vieler bedeutender Kunstwerke; wer ist der S. dieses Denkmals?; Rel.: der [allmächtige, ewige] S.; er sollte seinem S. danken, daß er noch lebt.
schöpferisch: *etwas Neues schaffend, gestaltend; kreativ:* ein schöpferischer Mensch, Geist, Kopf; schöpferische Kräfte, Phantasie entfalten; dieses Werk verrät seine schöpferische Natur, Anlage; er wartet auf den schöpferischen Augenblick; eine schöpferische Pause *(eine nötige Pause, um sich durch neue Ideen inspirieren zu lassen);* er ist nicht s. [veranlagt]; er ist s. *(künstlerisch)* tätig.
Schöpfung, die: **1.** *die erschaffene Welt:* die Wunder der S.; der Mensch als die Krone der S. **2.** *[Kunst]werk:* die Schöpfungen der Literatur, der bildenden Kunst, Beethovens; diese Einrichtungen sind seine S. *(gehen auf ihn zurück).*

Schornstein, der: *über das Dach hinausragender Abzugskanal für Rauch:* die Schornsteine der Fabrik, des Schiffes rauchen, qualmen; der S. wurde gereinigt, gefegt. * (ugs.:) **etwas in den Schornstein schreiben** *(etwas als verloren betrachten)* · **der Schornstein raucht [wieder]** *(das Geschäft hat [wieder] einen Aufschwung genommen)* · (ugs.:) **der Schornstein raucht von etwas** *(durch eine bestimmte Tätigkeit wird das nötige Geld verdient):* von irgend etwas muß der S. ja rauchen.

¹Schoß, der: *Pflanzentrieb:* junge, erste Schosse; die Bäume haben neue Schosse bekommen, getrieben.

²Schoß, der: **1.** *beim Sitzen durch Oberschenkel und Leib gebildeter Winkel:* sich auf jmds. S., jmdm. auf den S. setzen; auf jmds. S. sitzen; die Mutter hat das Kind auf dem S.; sie nahm das Kind auf den S.; komm auf meinen S.!; sie legte ihre Hände in den S.; er legte seinen Kopf in ihren S. **2.** (geh.) *Mutterleib:* sie trägt ein Kind in ihrem S.; **übertr.** (geh.): der fruchtbare S. der Erde; im S. *(im Innern) der Erde;* er ist in den S. *(in die Geborgenheit)* der Familie, Kirche zurückgekehrt. **3.** *an der Taille angesetzter Teil bestimmter Kleidungsstücke:* ein Frack mit langen Schößen; er lief mit fliegenden Schößen (scherzh.; *sehr schnell).* * **etwas fällt jmdm. in den Schoß** *(etwas wird jmdm. mühelos zuteil).*

schräg: 1. *nach einer Seite hin geneigt, nicht gerade:* eine schräge Fläche, Linie, Wand; in schräger Richtung verlaufen; das Zimmer ist s. *(hat eine schräge Wand);* den Kopf s. halten; sie hat s. stehende Augen; er wohnt s. gegenüber; du mußt das Glas s. halten; die Rosen s. anschneiden; den Schreibtisch s. stellen; etwas steht, liegt s.; die Sonnenstrahlen fallen s. ins Zimmer; er ging s. über die Straße. **2.** (ugs.) *in auffälliger Weise vom Üblichen, der Norm abweichend:* schräge Musik *(stark rhythmische, wilde, oft als unharmonisch empfundene [Jazz]musik);* ein schräger Vogel *(nicht vertrauenerweckender, seltsamer Mensch);* das klingt ziemlich s. *(unharmonisch).*

Schramme, die: *Kratzer:* eine tiefe, blutige S.; die Tür hat mehrere Schrammen; er hat bei dem Sturz einige Schrammen abbekommen.

Schrank, der: */ein Möbelstück/:* ein eichener, eingebauter, voller (ugs.) Schrank; den S. öffnen, abschließen, aufbrechen, ausräumen; einen S. zusammenbauen, aufstellen, aufschlagen, abschlagen; einen alten S. aufarbeiten; etwas aus dem S. nehmen; in den S. stellen, hängen; die Wäsche in den S. räumen; die Gläser stehen im S., auf dem S.; **übertr.** (ugs.): er ist ein S. *(ein großer, massig wirkender Mann).*

Schranke, die: **1.** *Absperrung, Barriere:* die Schranken der Rennbahn, des Kampfplatzes; die Schranken des Bahnübergangs öffnen, schließen, herunterlassen, aufziehen, hochziehen; der Wagen durchbrach die geschlossene S.; eine tobende Menge hat die Schranken überstiegen, übersprungen, niedergerissen; der Übergang ist durch Schranken geschützt; **bildl.** (geh.): vor den Schranken des Gerichts *(vor Gericht)* stehen, sich verantworten müssen. **2.** (meist Plural) *gesetzte Grenzen:* rechtliche, moralische Schranken; die Schranken von Stand und Alter; die

Schranken der Konvention, des Taktes; zwischen ihnen fielen Schranken; die Schranken übertreten, überspringen, überschreiten, niederreißen; er erlegt sich keinerlei Schranken auf *(ist hemmungslos, ohne Beherrschung);* keine Schranken mehr kennen *(hemmungslos sein);* Schranken zwischen sich und anderen errichten; seinem Freiheitsdrang waren enge Schranken gezogen, gesetzt; deiner Hilfsbereitschaft sind keine Schranken gesetzt *(du darfst dich dabei frei entfalten);* er bewegt sich damit noch innerhalb der Schranken der Gesetze. * **etwas hält sich in Schranken** *(etwas übersteigt nicht das erträgliche Maß)* · **etwas in Schranken halten** *(etwas begrenzen)* · (geh.:) **jmdn. in die/in seine Schranken weisen, verweisen** *(jmdn. zur Mäßigung auffordern)* · (geh.:) **jmdn. in die Schranken fordern** *(jmdn. zu einer Auseinandersetzung zwingen)* · (geh.:) **für jmdn., für etwas in die Schranken treten** *(für jmdn., etwas entschieden eintreten, kämpfen).*

Schraube, die: **1.** *Metallstift mit Gewinde:* die S. sitzt fest, hält nicht, hat sich gelockert, ist lose; eine S. lösen, anziehen, festziehen, hineindrehen; ein Brett mit Schrauben befestigen. **2.** *Schiffsschraube:* eine zweiflüglige S.; der Ertrunkene war in die S. geraten (ugs.) **3.** (ugs.) *unsympathische weibliche Person* /auch als Schimpfwort/: diese alte S.! * (ugs.:) **bei jmdm. ist eine Schraube los[e]/locker** *(jmd. ist nicht ganz normal)* · **eine Schraube ohne Ende** *(eine Angelegenheit, die zu keinem Abschluß kommt)* · (ugs.:) **die Schraube überdrehen** *(mit einer Forderung o. ä. zu weit gehen)* · (ugs.:) **die Schraube fester anziehen** *(den Druck auf jmdn., eine Gruppe verstärken).*

schrauben /vgl. geschraubt/: **1. a)** ⟨etwas s.; mit Raumangabe⟩ *drehen:* den Deckel auf das Glas, vom Glas s.; eine Glühbirne in die Lampe s. **b)** ⟨mit Raumangabe⟩ *mit Schrauben befestigen:* ein Schild an, auf die Tür s. **2.** ⟨sich s.; mit Raumangabe⟩ *sich [drehend, in schraubenförmigen Windungen] in eine bestimmte Höhe bringen:* das Flugzeug, der Vogel schraubt sich in die Höhe; das Fahrzeug schraubte sich in Serpentinen auf die, zur Paßhöhe. **3.** (ugs.) ⟨etwas s.; mit Raumangabe⟩ *erhöhen:* die Preise wurden in die Höhe geschraubt; sie hat ihre Ansprüche, Erwartungen zu hoch, ständig höher geschraubt.

schrecken: 1. a) (geh.) ⟨jmdn.⟩ *erschrecken, ängstigen:* Träume, Geräusche schreckten sie; mit Drohungen kannst du mich nicht s.; er ließ sich durch nichts s. **b)** ⟨jmdn. aus etwas s.⟩ *aufschrecken:* du hast mich [mit dem Lärm] aus dem Schlaf, aus meinen Gedanken, Träumen geschreckt. **2.** ⟨etwas s.⟩ *abschrecken:* Eier, den Braten s. **3.** (Jägerspr.) *einen Angstlaut ausstoßen:* das Reh schreckte.

Schrecken, (auch:) **Schreck,** der: **1.** *Erschrecken, Furcht:* ein heftiger, großer, jäher (geh.), panischer, freudiger S.; ein S. befällt, ergreift, packt, durchzuckt, lähmt jmdn.; das war [vielleicht] ein Schreck!; R: das war ein Schreck für ihn in der Abendstunde/Morgenstunde!; der S. fuhr ihm in die Glieder, in die Knochen (ugs.); der S. lag ihr noch in den Gliedern; er verbreitet Furcht und Schrecken um sich; einen Schrecken, kriegen (ugs.); jmdm. einen S. einflößen (ugs.), einjagen (ugs.); die Nachricht verbreitete Schrecken; er

versuchte vergebens der Sache ihren Schrecken zu nehmen (geh.); jmdn. in Schrecken versetzen *(ängstigen); etwas erfüllt* jmdn. mit Schrecken (geh.; *ängstigt* jmdn.); etwas mit Schrecken feststellen, wahrnehmen; sie sind bei dem Unfall mit dem Schrecken *(ohne Verletzung)* davongekommen; sie war bleich, starr, wie gelähmt vor Schreck; vor Schreck erstarren, zittern; sie mußten sich vom ersten S. erholen; der Gedanke hat für sie nichts von seinem Schrecken verloren (geh.); zu unserem Schreck fanden wir die Tür offenstehend; ach du [mein] Schreck!; [du] Schreck, laß nach! /ugs.; *Ausrufe des Erstaunens oder Erschreckens/.* **2.** (geh.) ⟨Plural⟩ *das Schreckenerregende:* die Schrecken des Krieges. **3.** *jmd., der allgemein gefürchtet ist:* dieser Vorgesetzte war der Schrecken der Soldaten.
schrecklich: 1. a) *furchtbar, in den Folgen sehr schlimm:* eine schreckliche Nachricht, Entdeckung, Überraschung; eine schreckliche Krankheit, Plage; schreckliche Qualen; ein schreckliches Unglück, Erlebnis; die Unglücksstelle bot einen schrecklichen Anblick; er stieß schreckliche Drohungen aus; es gab ein schreckliches Erwachen; es waren schreckliche Tage; der Trinker nahm ein schreckliches Ende; er kam auf schreckliche Weise ums Leben; der Anblick war s.; der Vater war s. in seinem Zorn (geh.; *furchterregend);* das ist ja s.! (ugs.; *sehr dumm, unangenehm);* der Tote war s. anzusehen; subst.: sie haben Schreckliches erlebt. **b)** (ugs.) *unausstehlich, unerträglich:* ein schrecklicher Mensch; er hat schreckliche Launen; du bist s.; es ist s. mit dir, immer hast du etwas auszusetzen! ⟨etwas ist jmdm. s.⟩ das, es ist mir s. *(sehr unangenehm),* ihm das sagen zu müssen. **2.** (ugs.) **a)** *sehr groß:* eine schreckliche Hitze, Kälte; sie hatte schreckliche Furcht; draußen ist ein schrecklicher Lärm. **b)** ⟨verstärkend bei Adjektiven und Verben⟩ *sehr:* es ist s. heiß, kalt; sie war s. traurig, allein; er ist s. eitel; sie hat sich s. gelangweilt, gefreut; es dauerte s. lange; sie ist s. nett; s. gerne!
Schrei, der: *in einem Affekt hervorgebrachter, unartikulierter Laut:* ein lauter, gellender, schriller, spitzer S.; ein S. aus tausend Kehlen; die Schreie der Verletzten; der heisere S. der Möwe; ein S. der Überraschung, der Wut; ein S. war zu hören; furchtbare Schreie zerrissen die Stille (geh.); einen S. ausstoßen, unterdrücken; mit einem S. brach er zusammen; übertr. (geh.): der S. *(das heftige Verlangen, die Forderung)* nach Brot, nach Rache. * **der letzte Schrei** *(die neueste Mode):* sie ist nach dem letzten S. gekleidet.
schreiben: 1. a) ⟨[etwas] s.⟩ *[eine Folge von Wörtern, Schriftzeichen, Zahlen o. ä.] auf einer Unterlage hervorbringen:* schön, ordentlich, wie gestochen, [un]leserlich, [un]deutlich, orthographisch richtig, groß, klein, schnell, unsauber, über den Rand s.; die Kinder lernen s.; er kann weder lesen noch s.; auf blauem/blaues Papier, mit dem Bleistift, mit dem Kugelschreiber s.; er hat [den Brief] mit der Hand geschrieben; sie schreibt perfekt auf, mit der Maschine; könntest du mir/für mich etwas s.?; [etwas] auf ein Blatt Papier s.; der Brief wurde nach Diktat geschrieben; etwas in die Maschine s.; Buchstaben, Noten s.; sie schreibt 280 Silben in der/pro Minute; er kann

nicht einmal seinen Namen s. **b)** ⟨etwas schreibt; mit Artangabe⟩ *etwas hat bestimmte Schreibeigenschaften:* der Bleistift schreibt weich, hart, gut; der Kugelschreiber, der Filzstift schreibt viel zu dick. **c)** ⟨es schreibt sich; mit Artangabe und Umstandsangabe⟩ *man kann in bestimmter Weise schreiben:* es schreibt sich gut mit diesem Stift, auf diesem Papier. **2. a)** ⟨etwas s.⟩ *niederschreiben, verfassen, abfassen:* einen Brief, Wunschzettel, eine Karte, Beschwerde, ein Rezept, Gesuch s.; er schreibt Fernsehspiele, Krimis, Romane, Gedichte; wir haben heute einen Aufsatz geschrieben; das Buch ist in einer verständlichen Sprache, in einem guten Stil geschrieben; er hat einen Bericht, ein Buch, ein Feature über Afrika geschrieben; er hat mehrere Opern, die Musik zu einem Film geschrieben *(komponiert);* die Zeitungen haben darüber geschrieben. **b)** ⟨an etwas s.⟩ *mit der Abfassung, Niederschrift von etwas beschäftigt sein:* an einem Roman, an seinen Memoiren s.; er schreibt schon lange an seiner Examensarbeit. **3.** *in bestimmter Art schriftlich formulieren:* **a)** ⟨mit Artangabe⟩ er schreibt gut, brillant, lebendig, anschaulich, interessant, flüssig; er schreibt englisch, in gutem Deutsch. **b)** ⟨etwas s.⟩ einen guten, persönlichen Stil, eine gewandte Feder (geh.) s.; er schreibt gutes, schlechtes Deutsch. **4.** ⟨etwas s.⟩ *schriftlich verbreiten:* er hat die Wahrheit, lauter Lügen, Unsinn geschrieben. **5.** *schriftstellerisch tätig sein:* mein Freund schreibt [für die Zeitung, den Rundfunk, in einem Magazin]; er schreibt über die Luftverschmutzung, Ameisen *(behandelt diese Themen);* er hat gegen den Krieg geschrieben *(sich schriftlich dagegen geäußert);* subst.: er hat großes Talent zum Schreiben. **6.** ⟨etwas s.⟩ *eine schriftliche Nachricht senden:* die Verwandten haben [aus dem Urlaub] einen Brief, eine Ansichtskarte geschrieben; er hat postlagernd, anonym, lange nicht, unter einer Deckadresse geschrieben; sie hat geschrieben, es gehe ihr gut; er hat nichts vom Vorfall, über den Vorfall geschrieben *(berichtet);* ⟨jmdm./an jmdn., an etwas [etwas] s.⟩ er hat mir [einen Brief] geschrieben; er hat an das Finanzamt [einen Beschwerdebrief] geschrieben; du hast lange nicht an deine Eltern geschrieben; die Freunde schreiben sich/(geh.:) einander von Zeit zu Zeit; er hat mir nur wenig von dir, der Sache geschrieben *(berichtet);* er schrieb mir *(unterrichtete mich, berichtete mir)* über dich, über deine Pläne; er schrieb seinen Eltern um Geld *(bat sie schriftlich darum).* **7.** (ugs.) ⟨sich mit jmdm. s.⟩ *mit jmdm. in brieflicher Verbindung stehen:* ich schreibe mich mit ihm seit vielen Jahren. **8.** ⟨jmdn. s.; mit Artangabe⟩ *jmdm. schriftlich einen bestimmten Gesundheitszustand bescheinigen:* der Arzt hat ihn krank, arbeits[un]fähig geschrieben. **9.** (ugs.) ⟨sich s.; mit Artangabe⟩ *in bestimmter Weise geschrieben werden:* sie sind Name, das Wort Thron schreibt sich mit „th". **10.** (veraltend) ⟨sich s.; mit Artangabe⟩ *mit Nachnamen heißen:* er schreibt sich Müller. **11.** (veraltend) ⟨etwas s.⟩ *als Datum haben:* wir schreiben, man schrieb das Jahr 1812; den Wievielten schreiben wir heute? **12.** (ugs.) ⟨etwas s.⟩ *eintragen, verbuchen:* einen Betrag auf die Rechnung s.
Schreiben, das: *Brief, Schriftstück:* ein dienstli-

ches S.; ein S. abfassen, verfassen, aufsetzen; wir danken für Ihr S.; auf Ihr S. antworten wir Ihnen folgendes ...; ein S. an die Behörde richten.
schreien /vgl. schreiend/: **1. a)** *mit übermäßig lauter Stimme rufen oder sprechen:* wütend, laut s.; du brauchst nicht so zu s., ich verstehe dich doch; er schrie mit erregter Stimme; er schreit immer mit seinen Kindern *(schimpft laut mit ihnen);* ⟨jmdm. etwas s.; mit Raumangabe⟩ jmdm. etwas ins Ohr s.; er schrie ihm ins Gesicht, er sei ein Lügner. **b)** *(von bestimmten Tieren) seine Stimme ertönen lassen:* die Kuh, das Käuzchen schreit; s u b s t.: man hörte das Schreien der Möwen. **c)** *laut weinen:* kläglich, stundenlang s.; das Baby hat [die ganze Nacht] geschrien. **d)** ⟨nach jmdm., nach etwas s.⟩ *laut rufend nach jmdm., etwas verlangen:* das Kind schrie nach der Mutter; die Tiere schreien nach Wasser; ⟨auch: um etwas s.⟩ sie haben um Hilfe geschrien; ü b e r t r. (geh.): das Volk schreit nach *(fordert)* Rache. **2.** ⟨etwas s.⟩ *übermäßig laut ausrufen:* Hilfe, hurra s.; entsetzt schrie er: „Halt!" **3. a)** *unartikulierte Schreie ausstoßen:* laut, mörderisch (ugs.), durchdringend, hysterisch, schrill, gellend s.; sie schrien vor Angst, Schmerz, Freude, Begeisterung; die Zuhörer schrien vor Lachen (ugs.; *lachten sehr laut);* wie am Spieß (ugs., *sehr laut)* s.; sie schrien aus Leibeskräften (ugs.; *so laut sie konnten);* laut schreiend liefen die Kinder davon; s u b s t.: man hörte lautes Schreien. **b)** ⟨sich s.; mit Artangabe⟩ *sich durch Schreien in einen bestimmten Zustand bringen:* sie haben sich auf dem Fußballplatz heiser, müde geschrien * (ugs.;) **zum Schreien sein** *(sehr komisch, zum Lachen sein).*
schreiend: 1. *kraß:* ein schreiendes Unrecht, Mißverhältnis. **2.** *grell:* schreiende Farben; die Plakate sind s. bunt.
schreiten: 1. (geh.): *langsam und feierlich gehen:* würdevoll, feierlich s.; langsam schritt er zum Ausgang; durch den Saal, über den Teppich, über die Bühne s.; sie schritten zu Tisch; hinter dem Sarg s. **2.** (gespreizt) ⟨zu etwas s.⟩ *mit etwas beginnen:* zur Wahl s.; jetzt müssen wir zur Tat s.
Schrift, die: **1.** *Schriftzeichen, Lettern:* die deutsche, lateinische, griechische S.; etwas ist in kyrillischer S. gedruckt; beim Druck dieses Buches wurden verschiedene Schriften *(Schriftarten)* verwendet. **2.** *Handschrift:* eine [un]leserliche, schöne, große, kleine, steile, schräge S.; diese S. ist schwer zu lesen, zu entziffern; jmds. S. begutachten, beurteilen; seine S. verstellen; er versuchte, die S. zu deuten; eine Sprache in Wort und S. *(mündlich und schriftlich)* beherrschen. **3.** *etwas Geschriebenes:* die S. auf der Münze, auf dem Grabstein ist kaum noch lesbar, ist unleserlich geworden. **4.** *Schreiben, Eingabe:* eine S. abfassen, aufsetzen, überreichen, weiterleiten. **5.** *Abhandlung:* eine umfangreiche, berühmte S.; sämtliche, die gesammelten Schriften des Verfassers; Schriften philosophischen Inhalts; eine S. über alternative Energien; Schriften zur Kunst des Mittelalters; eine S. herausgeben, veröffentlichen, publizieren, drucken. **6.** (veraltend) *Bibel:* die S. auslegen, erläutern; das steht in der S.
schriftlich: *in geschriebener Form:* eine schriftliche Mitteilung, Prüfung, Nachricht, Einladung; er macht die schriftlichen Arbeiten (ugs.; *den*

Schriftwechsel) etwas s. niederlegen, beantworten; du mußt die Sache s. machen (ugs.; *schriftlich festlegen);* hast du das s. (ugs.; *hast du dafür eine schriftliche Bestätigung)?;* R (ugs.): das kann ich dir s. geben *(dessen kannst du sicher sein);* subst.: haben Sie etwas Schriftliches in der Hand (ugs.; *eine schriftliche Unterlage)?*
schrill: *von unangenehm hellem, durchdringendem Ton:* ein schriller Ton, Schrei; eine schrille Stimme; ein schrilles Lachen; die Klingel ist sehr s.; sie lachte s.; übertr.: es kam ein schriller Ton in die Debatte.
schrillen ⟨etwas schrillt⟩: *etwas tönt schrill:* die Klingel, der Wecker, die Alarmglocke, das Telefon schrillt [durch das Haus].
Schritt, der: **1.** *das Ausschreiten mit einem Bein beim Gehen:* große, kleine, lange, ausgreifende, leichte, schwere, trippelnde, schnelle, zügige, polternde, federnde, leise, kräftige, unhörbare, schlurfende (ugs.), schleppende, forsche, rasche Schritte; die noch unsicheren Schritte des Kindes; eilige Schritte wurden hörbar, näherten sich; sein S. stockte (geh.; *er blieb stehen);* er hat einen raschen S. *(er geht rasch);* er verlangsamte, beschleunigte, verhielt (geh.) seinen S., seine Schritte; einen S. zurücktreten; bitte treten Sie einen S. näher; ein paar Schritte gehen (ugs.; *spazierengehen);* er lenkte (geh.) seine Schritte vom Bahnhof; er machte, tat (geh.) einen S. zur Seite; Freude beflügelte (geh.) seine Schritte; das Kind hat die ersten Schrittchen gemacht *(es beginnt zu laufen);* er kam zaghaften, gemessenen, beschwingten Schritten (geh.) herbei; mit schwankenden Schritten gehen; mit feierlichen Schritten durchmaß (geh.) er den Saal; mit wenigen Schritten war er an der Tür; nach einigen Schritten blieb er stehen; übertr.: dieses Vorgehen ist ein S. in die richtige Richtung *(ist richtig).* **2.** *langsame Gangart* /von Pferden/; *Schritttempo:* den S. wechseln; S. fahren *(langsam fahren);* im S. fahren, reiten; das Pferd geht im S. **3.** *Handlung, Maßnahme:* ein entscheidender, leichtfertiger, bedeutsamer, gewagter, unüberlegter S.; er hat sich alle weiteren Schritte vorbehalten; Schritte unternehmen, einleiten, veranlassen; diesen S. hätte er nicht tun sollen; er hat sich zu einem ernsten S. entschlossen. **4.** /*Maß für einen Abstand, eine Entfernung von der Länge etwa eines Schrittes*/: er stand nur ein paar, wenige Schritte von uns entfernt; in hundert Schritten/ (seltener:) S. Entfernung; auf hundert Schritte/ (seltener:) S. Entfernung; der Graben ist drei S./(seltener:) Schritte breit. **5.** *Hosenlänge vom Beinansatz bis zur Taille:* S. der Hose ist zu kurz; die Hose ist im S. zu lang, spannt im S. * **mit jmdm. Schritt halten können** *(im gleichen Tempo gehen können)* · **mit etwas Schritt halten** *(einer Entwicklung folgen, nicht hinter ihr zurückbleiben)* · (ugs.:) **jmdm. drei Schritte vom Leib bleiben** *(jmdm. nicht zu nahe kommen)* · **der erste Schritt** *(der Anfang)* · **den ersten Schritt tun** *(mit etwas beginnen)* · **den zweiten Schritt vor dem ersten tun** *(nicht folgerichtig handeln)* · **einen Schritt zu weit gehen** *(die Grenze des Erlaubten, des Möglichen überschreiten)* · **auf Schritt und Tritt** *(überall, überallhin)* · **Schritt um Schritt** *(mehr und mehr)* · **Schritt für Schritt** *(allmählich).*

schroff: 1. *steil [abfallend oder aufragend]:* schroffe Felsen, Klippen; die Felswand stürzt s. in die Tiefe, ragt s. auf. 2. **a)** *barsch, abweisend:* ein schroffes Wesen, Benehmen, Verhalten; eine schroffe Antwort; er war sehr s.; jmdn. s. begegnen; jmdn. s. behandeln; er hat mich sehr s. abgewiesen; eine Sache s. ablehnen. **b)** *jäh, unvermittelt:* die Übergänge sind zu s.; seine Aussage steht in schroffem *(entschiedenem)* Gegensatz zu der seines Bruders; er wandte sich s. ab.

Schrot, das: 1. */eine Gewehrmunition/:* mit S. schießen; er hat den Hasen mit einer Ladung S. erlegt. 2. *grobgemahlenes Getreide:* Getreide zu S. mahlen; das Brot ist aus S. hergestellt; das Vieh wird mit S. gefüttert. * **von echtem Schrot und Korn** *(von festem, solidem Charakter).*

Schrott, der: *unbrauchbar gewordene Gegenstände aus Metall:* S. sammeln, verkaufen; er handelt mit S.; Berge von S.; übertr. (ugs. abwertend): das ist alles S.! *(unbrauchbares Zeug);* er redet viel, lauter S. *(unsinniges Zeug).* *(ugs.:) etwas in/zu Schrott fahren *(ein Fahrzeug bei einem Unfall so beschädigen, daß es schrottreif ist).*

schrubben (ugs.): **a)** *(etwas, sich s.):* *durch kräftiges Reiben oder Bürsten säubern:* den Boden, den Flur, die Küche s.; sich von oben bis unten s.; ⟨jmdm., sich etwas s.⟩ sie hat dem Kind den Rücken geschrubbt; ⟨auch ohne Akk.⟩ sie schrubbt und wischt den ganzen Tag. **b)** ⟨etwas s.; mit Artangabe⟩ *durch Schrubben in einen bestimmten Zustand bringen:* den Boden sauber s. **c)** ⟨etwas von etwas s.⟩ *durch Schrubben von etwas entfernen:* den Schmutz vom Boden s.

Schrulle, die (ugs.): 1. *wunderlich anmutende Eigenheit eines Menschen:* merkwürdige Schrullen haben; er hat die S., ...; er hat nichts als Schrullen *(närrische Einfälle)* im Kopf; er hat den Kopf voller Schrullen. 2. *ältere, schrullige Frau* /oft als Schimpfwort/: du alte S.!

schrumpfen ⟨etwas schrumpft⟩: **a)** *etwas zieht sich zusammen [und bekommt eine faltige Oberfläche]:* das Obst schrumpft; die Kartoffeln schrumpfen im Frühjahr; das Gewebe ist geschrumpft. **b)** *etwas wird weniger, geht zurück, nimmt ab:* der Vorrat, das Kapital schrumpft; die Umsätze sind stark geschrumpft; die verfügbare Summe ist auf 8 000 DM, ist um 600 DM geschrumpft; schrumpfende Märkte.

Schub, der: 1. *das Schieben:* ein kräftiger S. beförderte die Kiste in den Laderaum; das Triebwerk erzeugt einen gewaltigen S.; die Rakete wird durch S. *(Schubkraft)* angetrieben; übertr.: er braucht einen S. *(einen Anstoß),* der ihn voranbringt; einen S. kriegen (ugs.), bekommen; ein technologischer S. *(eine Entwicklung, die schubartig vor sich geht).* 2. *in unregelmäßigen Abständen auftretender Anfall bei einer Krankheit:* ein depressiver S.; das Fieber kam in Schüben. 3. *Personengruppe, die gleichzeitig an einen bestimmten Ort geleitet wird; Menge von etwas:* ein neuer S. von Besuchern wird eingelassen; die Gäste kamen in Schüben; er war beim ersten S.

Schublade, die: *herausziehbarer Kasten in einem Möbelstück:* die S. klemmt; die S. aufziehen; etwas aus der S. nehmen, holen; etwas in die S. legen; bildl.: sie können nur in Schubladen denken; das ist die falsche S. *(das falsche Wer-*

tungsschema); er hat einen Plan, ein Projekt, einen Roman in der S.

Schubs, der (ugs.): *Stoß:* jmdm. einen S. geben; mit einem kräftigen S. etwas beiseite schieben.

schubsen (ugs.): **a)** ⟨jmdn., etwas s.⟩ *einen Schubs geben, stoßen:* die Kinder schubsten sich; der dumme Kerl hat mich geschubst!; ⟨auch ohne Akk.⟩ sie drängelten und schubsten. **b)** ⟨jmdn., etwas s.; mit Raumangabe⟩ *schubsend fortbewegen:* jmdn. aus dem Zimmer, durch die Tür, ins Wasser, zur Seite s.

schüchtern: a) *scheu, zurückhaltend:* ein schüchternes Kind, Mädchen; ein schüchterner Liebhaber; eine schüchterne Geste; der Junge ist, wirkt sehr s.; sie lächelte, fragte s. **b)** *vorsichtig, zaghaft:* ein schüchterner Versuch; ein s. geäußerter Wunsch; er wagte sich nur s. hervor.

Schuft, der (ugs.): *niederträchtiger Mensch:* der S. hat ihn übervorteilt; er ist ein gemeiner, elender S.; ich halte ihn für einen S.; /oft als Schimpfwort/: dieser S.!; du S.!

schuften (ugs.): *schwer, hart arbeiten:* er mußte tüchtig s.; er hat sein Leben lang, schwer, für seine Familie geschuftet; ⟨sich s.; mit Artangabe⟩ er hat sich müde, zu Tode geschuftet.

Schuh, der: *Fußbekleidung:* der rechte, linke S.; ein schöner S.; neue, modische, elegante, derbe, schwere, bequeme, flache, warme, gefütterte, hochhackige (ugs.), ausgetretene Schuhe; Schuhe aus Leder, mit hohen Absätzen; ein paar Schuhe für den Abend; die Schuhe sind zu groß, zu eng; diese Schuhe passen mir nicht; die Schuhe drücken [mich]; Schuhe kaufen, anprobieren, ausziehen, tragen, anhaben (ugs.), putzen, besohlen, flicken, machen (ugs.) *reparieren);* er zerreißt (ugs.) viele Schuhe; sich (Dativ) andere Schuhe anziehen; die Schuhe schlüpfen (ugs.); in alten Schuhen umherlatschen (ugs.); das zieht einem [ja] die Schuhe aus! /ugs.; *Ausruf der Entrüstung/;* R: das sind zwei Paar Schuhe *(das sind ganz verschiedene Dinge, Sachverhalte o. ä.);* umgekehrt wird ein S. draus *(es ist gerade umgekehrt)!* * (ugs.:) **jmdm. etwas in die Schuhe schieben** *(jmdm. die Schuld für etwas zuschieben):* er wollte mir die Schuld in die Schuhe schieben · (ugs.:) **wissen, wo jmdn. der Schuh drückt** *(wissen, was jmdn. bedrückt)* · **sich** (Dativ) **etwas längst an den Schuhen abgelaufen haben** *(eine schlechte Erfahrung längst gemacht haben).*

Schuhsohle, die: ↑ Sohle.

Schulbank, die: *Sitzplatz für Schüler:* er drückt noch die S. (ugs.; *er geht noch zur Schule);* sie haben zusammen auf einer, auf derselben S. gesessen *(sind zusammen zur Schule gegangen);* er wurde von der S. weg *(unmittelbar nach dem Ende der Schulzeit)* zur Bundeswehr eingezogen.

Schuld, die: 1. (ohne Plural) *begangenes Unrecht, Verfehlung:* eine schwere, moralische, persönliche S.; ein Gefühl tiefer S.; die S. liegt bei ihm, fällt auf ihn; es ist meine S., daß ...; seine S. leugnen, bestreiten, eingestehen, sühnen (geh.), einsehen, bekennen (geh.), zugeben (ugs.); S. auf sich laden; jmdm. die S. an etwas schieben, abwälzen; er sucht die S. immer bei anderen; ihn trifft keine S. *(er ist nicht schuldig);* jmdm. die S. [für etwas] geben, zuschreiben, zuschieben (ugs.); er hat, trägt (geh.) die S. an dem Zerwürfnis; er hat eine schwere S. auf sich geladen (geh.); er häufte mit seinen Taten S. auf S. (geh.); man konnte ihm seine S. nicht nachweisen; er war sich keiner S. bewußt; ein Gefühl der S. belastete ihn; mit S. beladen sein; sich von seiner S. reinwaschen; sich frei von S. fühlen; er wurde von aller S. freigesprochen; niemand glaubte an seine S.; /verblaßt und in Kleinschreibung/: [an etwas] schuld sein, haben; jmdm. [an etwas] s. geben. **2.** *Zahlungsverpflichtung:* eine alte, vergessene, verjährte S.; Schulden haben, machen (ugs.), eintreiben, einklagen, einziehen, einfordern; auf dem Haus liegt eine S. von 50 000 DM; jmdm. seine S. erlassen; eine S. anerkennen, löschen, tilgen; seine Schulden bezahlen, abzahlen, abtragen; er ist in Schulden geraten (ugs.), hat sich in Schulden gestürzt *(große Schulden gemacht);* für jmds. Schulden bürgen; das Haus ist frei von Schulden. * (geh.:) **[tief] in jmds. Schuld stehen** *(jmdm. sehr zu Dank verpflichtet sein)* · (ugs.:) **mehr Schulden als Haare auf dem Kopf haben** *(sehr verschuldet sein).*

schulden ⟨jmdm. etwas s.⟩: **a)** *zu zahlen haben:* jmdm. Geld, eine größere Summe, einen Betrag von hundert Mark [für etwas] s.; du schuldest mir noch etwas. **b)** *jmdm. etwas schuldig sein:* jmdm. Dank, eine Antwort, eine Erklärung s.; er schuldet uns Rechenschaft; er schuldet der sein Leben *(du hast es ihm gerettet).*

schuldig: 1. *die Schuld habend; Schuld tragend:* die schuldige Person; der schuldige Teil *(derjenige, der die Schuld trägt);* er ist nicht s.; ⟨einer Sache s. sein⟩ des Todes s. sein (geh. veraltend; *den Tod verdienen);* er bekannte sich, fühlte sich s.; jmdn. s. sprechen *(einen Schuldspruch über jmdn. fällen);* ⟨sich einer Sache s. machen⟩ er hat sich des Betrugs s. gemacht (geh.; *einen Betrug begangen);* ⟨einer Sache s./für s. befunden werden⟩ er wurde des Totschlags s./für s. befunden; ⟨an jmdm., an etwas s. werden⟩ er ist an seinem Bruder s. geworden (geh.; *hat gegenüber seinem Bruder Schuld auf sich geladen);* er ist s. *(als schuldiger Teil)* geschieden; R e c h t s w.: auf s. erkennen *(schuldig sprechen);* s u b s t.: wer ist der Schuldige? **2. a)** *gebührend, geziemend:* die schuldige Rücksicht, Achtung; der schuldige Dank; jmdm. den schuldigen Respekt zollen (geh.); den schuldigen Gehorsam leisten. **b)** ⟨jmdm. etwas s. sein, bleiben⟩ *zu geben verpflichtet:* er ist ihm 50 Mark s.; sie sind ihm das Geld s. geblieben *(haben es nicht bezahlt);* was bin ich Ihnen s.? (ugs.; *was habe ich zu bezahlen?);* ü b e r t r.: jmdm. Dank, Respekt, Achtung, eine Antwort s. sein; er ist ihm den Beweis für seine Behauptung s. geblieben; er war [dem Publikum] vieles s. geblieben *(hatte die Erwartungen nicht erfüllt);* das ist er seiner Stellung s. * **jmdm. nichts schuldig bleiben** *(zurückschlagen, sich seiner Haut wehren).*

Schuldigkeit (nur in bestimmten Wendungen) **seine Schuldigkeit tun** *(das tun, was von einem erwartet wird; seine Pflicht tun)* · **seine Schuldigkeit getan haben** *(nicht mehr gebraucht werden, überflüssig geworden sein).*

schuldlos: *ohne Schuld:* er war s.; man hat ihn s. *(unschuldig)* verurteilt; sich s. fühlen; sie war s. geschieden.

Schuldner, der: *jmd., der einem anderen einen* Geldbetrag schuldet: ein säumiger S.; er ist mein S.; ü b e r t r.: ich bin Ihr S. *(bin in Ihrer Schuld).*

Schule, die: **1.** *Schulgebäude:* eine große, neue, moderne S.; die S. ist alt, ist zu klein; eine neue S. bauen; die S. betreten, verlassen. **2. a)** *Lehranstalt:* eine höhere, öffentliche, staatliche, katholische S.; eine S. für behinderte Kinder; eine S. besuchen, verlassen; die S. durchlaufen, absolvieren; er hat die S. nicht zu Ende gemacht (ugs.; *nicht bis zum Abschluß besucht);* er ist in einer privaten S.; in/(ugs.:) auf der S. gehen; einen Schüler in die S. aufnehmen, aus der S. ausschließen; er kommt in diesem Jahr in die S. *(wird eingeschult);* sie kommt nächstes Jahr aus der S. (ugs.; *hat die Hauptschule abgeschlossen);* er ist vor dem Abitur von der S. abgegangen; er hat seine Kinder in eine exklusive S. gegeben (geh.); er wurde der S. verwiesen (geh.); er ist Lehrer an einer S.; er ist an die S., zur S. gegangen (ugs.; *ist Lehrer geworden);* er geht noch in die, zur S. (ugs.:) auf die S. *(ist noch Schüler);* er ist mit ihm in die S. gegangen (ugs.; *ist sein Schulkamerad);* wir sind zusammen in die S. gegangen (ugs.; *wir waren in der gleichen Schulklasse);* jmdn. von der S. weisen; er ist von der S. geflogen. **b)** *Gesamtheit von Schülern und Lehrern:* die ganze S. nahm an der Feier teil. **3.** *Unterricht:* die S. beginnt, fängt um acht Uhr an (ugs.), ist um ein Uhr aus (ugs.); morgen haben wir keine S. (ugs.); er hat die S. geschwänzt (ugs.); er hält S. (ugs.; *er unterrichtet);* er ist noch bei diesem Lehrer in die S. gegangen *(war sein Schüler);* nach der S.; vor der S.; die Kinder sind [noch] in der S., sind in die S./zur S. gegangen (ugs.; ü b e r t r.: er ist bei den großen Tragikern in die S. gegangen *(hat von ihnen gelernt);* er ist in eine harte S. gegangen, hat eine harte S. durchgemacht. **4.** *künstlerische oder wissenschaftliche Richtung:* eine philosophische S.; die florentinische, flämische S. *(Malerschule);* die Mannheimer, die Frankfurter S.; er kommt aus der S. Dürers, ist aus der Dürerschen S. hervorgegangen, gehört zur Dürerschen S. **5.** *Übungs-, Lehrbuch:* eine S. für Gitarre; eine S. des Flötenspiels. * **aus der Schule plaudern** *(interne Angelegenheiten Außenstehenden mitteilen)* · **etwas macht Schule** *(etwas findet Nachahmer)* · **[die] Hohe Schule: a)** (Reitsport; *bestimmte Dressurübungen):* Hohe S. reiten. **b)** *(eine bestimmte Disziplin in ihrer höchsten Vollendung):* die Hohe Schule der Redekunst.

schulen: a) ⟨jmdn. s.⟩ *ausbilden, üben, trainieren:* jmdn. politisch, gründlich s.; Funktionäre, das Personal, Vertreter s.; die Mitarbeiter müssen für ihre Aufgaben psychologisch geschult sein; es fehlt ihnen an geschultem Personal. **b)** ⟨etwas s.⟩ *durch systematisches Üben vervollkommnen:* sein Gedächtnis durch Auswendiglernen s.; a d j. P a r t.: ein geschultes Auge, Ohr; er hat die Mängel mit geschultem Blick sofort erkannt.

Schüler, der: **1.** *Jugendlicher, der eine Schule besucht:* ein guter, mittelmäßiger, schlechter, fleißiger, fauler S.; ein S. der Abschlußklasse, der Hauptschule; er war sein bester S.; ein ehemaliger S. von ihm; einen S. tadeln, loben, aufrufen, versetzen, drannehmen (ugs.), motivieren, benachteiligen; er unterrichtet S. der Oberstufe;

das Verhältnis von Lehrer und S. **2.** *jmd., der von einem anderen lernt, bei einem Lehrer, Professor studiert:* ein Schüler Dürers, Max Plancks, von Röntgen; dieser Dramatiker ist ein S. der Griechen (geh.; *hat sie studiert und ihre Erkenntnisse übernommen*). * **ein fahrender Schüler** *([im Mittelalter] wandernder, umherziehender Student).*
Schulgeld, das: *für den Besuch bestimmter Schulen zu entrichtender Betrag:* das S. bezahlen, überweisen. * (ugs.:) **sich das Schulgeld zurückgeben lassen [können]** *(nichts gelernt haben).*
Schulter, die: **1.** *Teil des Rumpfes:* schmale, breite, runde, eckige, kräftige, abfallende, gerade, schiefe Schultern; die rechte, linke S.; ihre Schultern zuckten; die S. schmerzt mir/mich; bedauernd zog sie die Schultern hoch; die Schultern hängen lassen, sinken lassen, heben, zusammenziehen; er zuckte fragend die Schultern, mit den Schultern; jmdm. auf die S. klopfen; jmdn. an den Schultern fassen, packen; den Arm um jmds. S. legen; er faßt sie um die S.; er stand da mit hängenden Schultern; er nahm das Kind auf die S.; er lud sich (Dativ) einen Sack auf die Schultern; in der Begeisterung hoben sie den Sportler auf ihre Schultern; sie stießen sich mit den Schultern an; sie ist sehr schmal in den Schultern; der Junge reicht der Mutter schon bis zur, bis an die S.; [sich (Dativ)] die Tasche über die S. hängen; er hat dem Schulkameraden über die S. geguckt; R i n g e n: er zwang ihn, legte ihn auf die Schulter[n]; b i l d l.: die ganze Arbeitslast lag auf seinen Schultern. **2.** *Schulterteil eines Kleidungsstücks:* die linke S. sitzt nicht; das Jackett ist in den Schultern zu eng, weit; ein Mantel mit wattierten, gepolsterten Schultern. **3.** *Bugstück von Schlachttieren:* ein Stück von der S. * **Schulter an Schulter: a)** *(dichtgedrängt):* die Menschen standen S. an S. **b)** *(gemeinsam):* sie kämpften S. an S. · **jmdm. die kalte Schulter zeigen** *(jmdn. verächtlich behandeln, abweisen)* · **auf beiden Schultern [Wasser] tragen** *(zwei Parteien gerecht werden wollen)* · **etwas auf die leichte Schulter nehmen** *(etwas nicht genügend ernst nehmen)* · **jmdn. über die Schulter ansehen** *(jmdn. verächtlich behandeln)* · **auf jmds. Schultern stehen** *(sich auf jmds. Lehren, Forschungen stützen).*
schultern ⟨etwas s.⟩: *auf die Schulter nehmen:* ein Gewehr, eine Last, einen Sack s.; er trug das Gepäck geschultert.
Schulung, die: **1.** *Ausbildung:* eine fachliche, systematische, politische S.; die Stimme verrät eine gute S.; er hat eine gründliche S. durchgemacht, erfahren (geh.). **2.** *Kurs, Lehrgang:* an einer S. teilnehmen; eine S. durchführen.
Schund, der (ugs.): **a)** *schlechte, minderwertige Ware:* das ist doch alles S.; er wollte uns S. verkaufen. **b)** *künstlerisch Wertloses, bes. Literatur:* er liest nur S.
Schuppe, die: **a)** *Hautgebilde auf der Körperoberfläche von Fischen, Reptilien u. a.:* die glänzenden Schuppen des Fisches; der Körper des Tiers ist mit Schuppen bedeckt. **b)** *kleines Hautteilchen, das von der Kopfhaut abgestoßen wird:* trockene, fettige Schuppen; er hat Schuppen [auf dem Kopf, auf dem Jackett]; ein Mittel gegen Schuppen. * **es fällt jmdm. wie Schuppen von den Augen** *(etwas wird jmdm. plötzlich klar).*

schüren (geh.) ⟨etwas s.⟩: *zum Aufflammen bringen, anfachen:* die Glut, das Feuer, den Brand s.; ü b e r t r.: *anstacheln:* jmds. Argwohn, Groll, Zorn, Haß s.; Feindschaft [gegen jmdn.] s.
schürfen: 1. a) ⟨etwas s.⟩ *Bodenschätze fördern:* Kohle, Erz s. **b)** ⟨nach etwas s.⟩ *nach Bodenschätzen graben:* hier wird nach Kohle, nach Uran, nach Erzen geschürft; ⟨auch ohne Präp.-Obj.⟩ hier wurde früher einmal geschürft; ü b e r t r.: wir müssen tiefer s., um die Zusammenhänge zu erkennen. **2. a)** ⟨sich (Dativ) etwas s.⟩ *durch Scheuern verletzen:* sie hat sich bei dem Sturz die Haut am Arm geschürft. **b)** ⟨sich s.; mit Artangabe⟩ *durch Schürfen in einen bestimmten Zustand bringen:* ich habe mich blutig geschürft.
Schurke, der: *niederträchtiger Mensch:* er ist ein S.; /oft als Schimpfwort/: dieser S.!
Schürze, die: *Kleidungsstück, das zum Schutz der Kleidung getragen wird:* eine frische, saubere S.; eine S. um-, vor-, abbinden, an-, ausziehen, tragen; das Kind klammerte sich an die S. der Mutter; sie wischte ihre Hände an der S. ab; eine S. voll Obst. * (ugs.:) **hinter jeder Schürze herlaufen** *(allen Mädchen nachlaufen).*
schürzen: 1. ⟨etwas s.⟩ *heben, raffen:* beim Treppensteigen schürzte sie den Rock; mit geschürztem Rock laufen. **2.** (geh.) ⟨etwas s.⟩ *knüpfen, schlingen:* einen Knoten s.; ⟨etwas zu etwas s.⟩ er hat das Seil zu einem Knoten geschürzt; b i l d l.: der Knoten der Handlung ist geschürzt. **3.** (geh.) *aufwerfen:* die Lippen s.; ein hochmütig geschürzter Mund.
Schuß, der: **1. a)** *das Schießen:* ein scharfer, gezielter S.; ein S. aus dem Hinterhalt; ein S. auf die Scheibe, mit der, aus der Pistole; ein S. fällt, knallt, kracht (ugs.); er traf das Tier mit dem ersten S.; er kam nicht zum S.; es folgte S. auf S.; er brachte den Keiler mit einem S. zur Strecke. **b)** *Geschoß:* Schüsse peitschten über das Feld; /bei Mengenangaben/: 10 S. Munition, Salut; er hat noch 3 S. im Magazin · der S. geht fehl, geht los, ging daneben (ugs.), traf [ins Schwarze], hat sein Ziel verfehlt; ein S. löste sich [aus dem Jagdgewehr]; der S. traf mitten ins Herz; einen S. [auf jmdn.] abgeben, abfeuern; er hat einen S. *(eine Schußwunde)* im Knie; er bekam einen S. *(eine Schußverletzung)* in den Arm; er ist unter den Schüssen der Gangster zusammengebrochen; b i l d l.: der S. ist nach hinten losgegangen *(die Sache hat sich gegen den Urheber gerichtet).* **2.** (Sport) **a)** *das kräftige Schießen eines Spielballs:* ein S. ins Tor; er beförderte den Ball mit einem S. ins Netz. **b)** *der geschossene Ball:* der S. ging an die Latte, ins Tor, ins Aus; einen S. abwehren; einen S. nicht halten können. **3.** *kleine zugesetzte Menge:* der Soße einen S. Rotwein zusetzen; Tee mit einem S. schottischem Whisky/(geh.:) schottischen Whiskys; Weiße mit S. *(Weißbier mit einem Zusatz von Fruchtsaft);* die Beigabe eines Schusses Rum, eines S. Rums; ü b e r t r.: seine Rede war mit einem S. Humor gewürzt. * (ugs.:) **etwas ist ein Schuß in den Ofen** *(etwas ist ein Fehlschlag)* · (ugs.:) **keinen Schuß Pulver wert sein** *(überhaupt nichts wert sein)* · (ugs.:) **weit vom Schuß sein** *(außerhalb eines bestimmten Bereichs sein)* · **ein Schuß ins Schwarze** *(ein Treffer)* · (ugs.:) **einen Schuß machen** *([von Kindern] kräftig*

wachsen) · (ugs.:) **jmdm. einen Schuß vor den Bug geben** *(jmdn. nachdrücklich warnen, etwas Unerwünschtes fortzusetzen)* · (ugs.:) **in/(seltener:) im Schuß** *(in Ordnung; in einem guten Zustand)* · das Auto war gut in S.; er ist momentan nicht gut im S. *(nicht gesund);* sie hat ihre Sachen gut in S., müßte sie besser in S. halten.

Schüssel, die: *tieferes, offenes Gefäß, bes. für Speisen:* eine flache, tiefe, runde S.; eine dampfende S. auf den Tisch bringen; eine S. dampfende/(geh.:) dampfender Kartoffeln; eine S. aus Glas, Porzellan; eine S. mit Kartoffeln, voll Obst; ein Satz Schüsseln; die S. füllen, leeren, leer essen (ugs.); aus der S. essen; etwas in eine S. füllen. * (ugs.:) **aus einer/aus derselben Schüssel essen** *(gemeinsame Sache machen)* · (ugs.:) **vor leeren Schüsseln sitzen** *(nichts zu essen haben).*

Schuster, der: *Schuhmacher:* S. sein; seine Schuhe zum S. bringen; R: S., bleib bei deinem Leisten *(bleibe bei dem, wovon du etwas verstehst).* *(ugs.:)* **auf Schusters Rappen** *(zu Fuß).*

Schutt, der: *Bauschutt, Gesteinstrümmer, Abfälle:* mehrere Kubikmeter S.; S. abladen verboten!; S. wegräumen, wegräumen; eine Grube mit S. auffüllen. * **etwas in Schutt und Asche legen** *(etwas zerstören und niederbrennen)* · **in Schutt und Asche liegen** *(zerstört und niedergebrannt sein)* · (geh.:) **in Schutt und Asche sinken** *(durch Feuer völlig zerstört werden).*

schütteln: a) ⟨jmdn., etwas s.⟩ *heftig hin und her bewegen:* jmdn. heftig, kräftig s.; er schüttelte ratlos, verwundert den Kopf; der Wind schüttelt die Zweige; der Löwe schüttelte seine Mähne; er schüttelte die Faust, die Fäuste gegen jmdn. s. *(drohend gegen jmdn. erheben)* Böen schüttelten das Flugzeug; wir haben die Äpfel geschüttelt *(vom Baum heruntergeschüttelt);* die Medizin vor Gebrauch s.; man hat ihn aus dem Schlaf geschüttelt; er war von Angst geschüttelt; ⟨auch ohne Akk.⟩ er schüttelte ratlos mit dem Kopf; ⟨jmdm. etwas s.⟩ er schüttelte ihm die Hand *(begrüßte ihn mit Handschlag).* b) ⟨etwas s.; mit Raumangabe⟩ *mit einer Schüttelbewegung von etwas lösen, entfernen, durch etwas hindurchtreiben:* die Äpfel vom Baum, den Staub aus der Matte, das Mehl durch ein Sieb s. c) ⟨etwas schüttelt jmdn.⟩ *etwas versetzt jmdn. in eine schüttelnde Bewegung:* ein Hustenanfall schüttelte ihn; es schüttelte mich [bei dem Anblick, vor Angst]; ein heftiges Weinen, Lachen schüttelte sie. d) ⟨sich s.⟩ *eine schüttelnde Bewegung machen:* der nasse Hund schüttelte sich; sich nach einem Schnaps, vor Ekel, vor Lachen s.

schütten: 1. ⟨etwas s.; mit Raumangabe⟩ *fließen, fallen lassen; gießen:* die Milch aus der Kanne, Wasser in den Ausguß s.; Futter in den Trog s.; den ganzen Abfall auf einen Haufen s.; den Inhalt seiner Tasche auf den Tisch, in den Abfalleimer s. *(gleiten lassen);* /mit der Nebenvorstellung des Unabsichtlichen/: sie hat Saft auf die Tischdecke geschüttet; ⟨jmdm., sich etwas s.; mit Raumangabe⟩ sie hat sich den Wein aufs, übers Kleid geschüttet. 2. (ugs.) ⟨es schüttet⟩ *es regnet in Strömen:* es schüttet seit Stunden.

Schutz, der: a) *Beistand, Hilfe, das Beschütztwerden:* polizeilicher, militärischer S.; jmdm. S. bieten, gewähren (geh.), [ver]leihen (geh.), zusichern, versagen (geh.); die Kinder suchten S. bei der Mutter; er genießt den S. des Gesetzes; sie befahlen, empfahlen die Kinder, sich dem S. Gottes (geh.; *vertrauten die Kinder, sich Gottes S. an*); sich jmds. S. anvertrauen; jmdn. um seinen S. bitten; der Flüchtling begab sich (geh.) in den, unter den S. der Polizei; übertr.: die Verbrecher entkamen unter dem, im S. der Dunkelheit. b) *Sicherung, Sicherheit:* Abhärtung ist ein sicherer, wirksamer S. gegen Erkältungen; ein Mittel zum S. gegen, vor Ansteckung; eine Brille zum S. der Augen gegen zu grelles Licht; es wurden Maßnahmen zum S. der Bevölkerung getroffen; die Bäume boten ihnen S. vor dem Regen; er hat einen Leibwächter zu seinem persönlichen S. * **jmdn. [gegen jmdn., gegen etwas/vor jmdn., vor etwas] in Schutz nehmen** *(jmdn. einem anderen gegenüber verteidigen).*

schützen: a) ⟨jmdn., sich, etwas s.⟩ *bewahren, verteidigen:* die Bevölkerung, das Land, das Eigentum s.; das Gesetz schützt die Bürger; Gott schütze dich! /Wunschformel/; sich gegen, vor Ansteckung, vor Gefahren s.; das Haus vor Sicherheitsmaßnahmen s.; der Name des Fabrikats ist [gesetzlich] geschützt *(darf nicht von anderen verwendet werden);* etwas vor dem Verderben, vor Nässe, vor Feuchtigkeit s.; etwas urheberrechtlich s. lassen; ein schützendes Dach über dem Kopf haben; sich schützend vor jmdn. stellen; ein [gegen Wind] geschützter Platz; geschützte *(unter Naturschutz stehende)* Pflanzen, Tiere. b) ⟨etwas schützt vor etwas, gegen etwas⟩ *etwas bewahrt vor etwas:* das Medikament schützt vor Erkältungen; der Mantel schützt gegen die Kälte; Unkenntnis schützt nicht vor Strafe.

schwach: 1. *kraftlos, matt, entkräftet; nicht widerstandsfähig:* eine schwache Gesundheit, Konstitution haben; er hat schwache Augen, Nerven; sie konnte nur mit schwacher *(leiser)* Stimme sprechen; der Patient ist sehr s.; sie wird körperlich immer schwächer; er ist noch s. auf den Beinen (ugs.; *noch nicht wieder bei Kräften);* der Puls ist s.; alt und s., krank und s., klein und s. sein; mach mich nicht s.! */Ausruf der Verwunderung, Entrüstung/;* übertr.: eine schwache Regierung; er machte nur schwache Versuche, sich zu verteidigen; einen schwachen Willen haben; der Wind ist heute s. *(nicht lebhaft);* wenn ich daran denke, wird mir ganz s. (ugs.; *packt mich ein Entsetzen);* nur nicht s. werden! (ugs.; *nicht wankend werden);* die Mutter ist zu s. *(nachgiebig),* um sich durchzusetzen. **2.** *dünn, von geringer Belastbarkeit:* schwache Mauern; ein schwaches Brett; ein schwacher Draht; der Ast ist zu s.; die Eisdecke ist noch s. **3.** *gering, mäßig:* schwacher Beifall; nur eine schwache Hoffnung haben; der Bericht gibt nur einen schwachen Eindruck von den Vorgängen; ein schwacher Trost; ein schwaches Lob; das war eine schwache (ugs.) Leistung; es gibt nur schwache Anzeichen von Besserung; schwaches *(schlechtes)* Licht; er ist ein schwacher Schüler *(seine Leistungen sind schlecht);* die Nachfrage war s.; die Glühbirne ist zu s. *(hat eine zu geringe Wattzahl);* das Geschäft, die Börse ist zur Zeit s. *(es herrscht eine geringe Nachfrage).* **4.** *nicht zahlreich:* eine schwache Beteiligung, das Konzert, die Vorstellung war nur s. besucht; das Land ist nur s. besiedelt. **5.** a) *nicht konzentriert,*

Schwäche

nicht gehaltvoll: schwacher Kaffee, Tee; eine schwache Lauge, Salzlösung; ein schwaches Gift; die Dosis des Medikamentes war zu s. **b)** *nicht gewichtig, von geringer geistiger Substanz:* ein schwaches [Theater]stück; ein schwächeres Werk des Malers; diese Argumente sind sehr s. **6.** (Sprachw.) */Art der Beugung/:* ein schwaches Verb, Substantiv; die schwache Beugung; dieses Verb wird s. konjugiert, gebeugt.
Schwäche, die: **1.** *mangelnde Kraft, Zustand der Kraftlosigkeit:* eine körperliche, geistige, allgemeine S.; eine S. der Nerven, Augen; eine S. befällt, überkommt jmdn.; er hat die S. überwunden; keine S. zeigen; er ist vor S. umgefallen, zusammengebrochen. **2.** *charakterlicher Mangel, Fehler:* eine charakterliche, menschliche, verzeihliche S.; jmds. S. ausnutzen; jeder Mensch hat seine Schwächen; jmdm. seine S. verzeihen; er kannte seine Schwächen, wußte, wo seine Schwächen liegen; einer S. nachgeben, widerstehen. **3.** *Mangel, nachteilige Eigenschaft:* eine entscheidende S. dieser Methode ist ihre Kompliziertheit; das Buch hat, weist [einige] Schwächen auf. **4.** *Vorliebe, Neigung:* deine S. für Eis ist bekannt; er hat eine S. für sie, für diesen Autor (ugs.; *mag sie, ihn sehr gern*).
schwächen: **a)** (jmdn., sich, etwas s.) *schwach machen, die Körperkräfte vermindern:* das Fieber, der Blutverlust schwächte ihn; die Krankheit hat seinen Körper geschwächt; seine Gesundheit ist geschwächt; er hat sich durch dauernde Überanstrengung geschwächt; der geschwächte Körper hatte keine Widerstandskraft mehr; übertr.: den Gegner durch fortgesetzte Angriffe s. **b)** (etwas schwächt etwas) *etwas setzt etwas herab:* das wird ihr Ansehen, ihre Macht s.; dieser Fehlschlag schwächte seine Position.
Schwachheit, die: *das Schwachsein:* die S. des Körpers; R: S., dein Name ist Weib!; bilde dir nur keine Schwachheiten ein *(glaube nur nicht, daß deine Wünsche in Erfüllung gehen)!*
schwächlich: *körperlich, gesundheitlich schwach:* ein schwächliches Kind; er ist, wirkt etwas s., hat eine schwächliche Konstitution.
Schwamm, der: **1. a)** *ein im Wasser lebendes niederes Tier:* nach Schwämmen tauchen. **b)** *zum Säubern gebrauchtes, Wasser aufsaugendes [poröses] Gebilde:* ein trockener, nasser, feuchter S.; der S. saugt sich voll; den S. ausdrücken; die Tafel mit dem S. säubern; er wäscht sich mit einem S.; R (ugs.): S. drüber! *(reden wir nicht mehr davon!).* **2.** (südd., österr., schweiz.) */ein Pilz/:* Schwämme suchen, sammeln, trocknen; in dem Gebälk, in dem Haus ist der S. *(ein Schimmelpilz).*
*(ugs. scherzh.) **sich mit dem Schwamm frisieren können** *(eine Glatze haben).*
Schwan, der: */ein großer Wasservogel/:* ein stolzer S.; die Schwäne schwimmen auf dem Teich; Schwäne füttern; mein lieber S.! /ugs.; *Ausruf des Erstaunens, der Verwunderung oder des Ärgers/.*
schwanen (etwas schwant jmdm.): *jmd. hat ein ungutes Vorgefühl von etwas:* ihm schwante nichts Gutes; mir schwant, es gibt Ärger.
Schwang (in der Wendung) etwas ist im Schwang[e] *(etwas ist üblich, ist in Mode):* diese Ausdrucksweise ist sehr im Schwange.
schwanger: *ein Kind erwartend:* eine schwan-

gere Frau; [von jmdm.] s. sein, werden; sie ist im vierten Monat, mit ihrem ersten Kind s.; mit einem Kind s. gehen. * (ugs.:) **mit etwas schwanger gehen** *(sich mit etwas im Geiste beschäftigen).*
schwängern 1. (jmdn. s.): *jmdn. schwanger machen:* eine Frau, ein Mädchen s. **2.** (etwas schwängert etwas mit etwas) *etwas erfüllt etwas mit etwas:* die Rosen schwängerten die Luft mit balsamischem Duft; (von etwas geschwängert sein) die Atmosphäre war von Rauch geschwängert; (auch attributiv) übertr.: eine mit, von Feindseligkeit geschwängerte Atmosphäre.
schwanken: 1. a) *sich heftig, unruhig auf und ab, hin und her bewegen; wanken:* sie schwankte und wäre fast gestürzt; die Zweige, Äste, Baumwipfel schwanken leicht, heftig im Wind [hin und her]; der Boden hatte [unter seinen Füßen] geschwankt; der Esel schwankte unter seiner Last; er ging mit schwankenden Schritten; übertr.: die Preise, Kurse schwanken *(sind instabil);* die Temperatur schwankt zwischen 18° [im Norden] und 25° [im Süden]; die Ergebnisse schwanken um einen Mittelwert. **b)** (mit Raumangabe) *sich schwankend irgendwohin bewegen:* der Betrunkene schwankte aus der Kneipe über die Straße, zur Tür. **2.** *unschlüssig sein:* lange, einen Augenblick lang s.; er schwankte, ob er fahren oder zu Hause bleiben sollte; zwischen Hoffnung und Resignation, zwischen Zorn und Mitleid s.; (geh.:) er schwankte wie ein Rohr im Wind; er ist sehr schwankend in seinen Entschlüssen; der Vorfall machte ihn schwankend, ließ ihn s.; subst.: ins Schwanken kommen, geraten.
Schwankung, die: *das Schwanken:* vorübergehende, heftige, geringe Schwankungen; Schwankungen der Stimmung, der Laune; das Barometer zeigt keinerlei S.; die Kurse sind starken Schwankungen unterworfen, ausgesetzt.
Schwanz, der: **1.** *Verlängerung der Wirbelsäule bei bestimmten Tieren:* ein langer, buschiger S.; der S. des Vogels, des Fisches; der Fasan hat einen prächtigen S.; dem Hund den S. kupieren; der Hund schlägt mit dem S., wedelt mit dem S.; Tiere soll man nicht am, beim S. fassen, packen, ziehen; er hat der Katze auf den S. getreten; die Bachstelze wippt mit dem S.; übertr.: der S. *(das Ende)* des Festzuges; das zog einen S. *(eine Reihe)* weiterer Prozesse nach sich. **2.** (derb) *männliches Glied:* jmdm. an den S. greifen. * (ugs.:) **den Schwanz einziehen** *(sich einschüchtern lassen und nachgeben)* · (ugs.:) **den Schwanz hängen lassen** *(bedrückt, traurig sein)* · (ugs.:) jmdm. **auf den Schwanz treten** *(jmdn. kränken)* · (ugs.:) **kein Schwanz** *(niemand).*
schwänzen (ugs.) (etwas s.): *mit Absicht versäumen:* den Unterricht, die Schule, die Vorlesung s.; (auch ohne Akk.) er hat heute geschwänzt.
schwären (geh.) (etwas schwärt): *etwas eitert:* die Wunde schwärt; eine schwärende Wunde.
Schwarm, der: **1.** *größere Zahl sich zusammen fortbewegender Tiere:* ein S. Bienen, Mücken, Krähen; ein S. junger/junge Heringe; ein S. von Insekten; einen S. *(Bienenschwarm)* einfangen; übertr.: *Schar:* ein S. Kinder folgte/folgten dem Wagen; ein S. von Kindern. **2.** *jmd., den man verehrt:* der S. der Klasse; dieser Schauspieler war mein S.; er ist mit seinem S. verabredet.

schwärmen: 1. a) *ausfliegen, sich im Schwarm bewegen:* die Bienen schwärmen jetzt; Mücken schwärmten [im Sonnenschein]. **b)** ⟨mit Raumangabe⟩ *sich schwärmend fortbewegen:* Mücken schwärmten um die Lampe; ü b e r t r.: die Menschenmenge schwärmte in das neu eröffnete Kaufhaus. 2. a) ⟨für jmdn., für etwas s.⟩ *von jmdm., etwas sehr angetan sein:* er schwärmt für Blondine; die Teens schwärmen für diese Musik. **b)** *begeistert reden:* er schwärmt wieder; sie schwärmten von dem guten Essen; subst.: er gerät leicht ins Schwärmen.
Schwarte, die: 1. *dicke, harte Haut am Fleisch:* eine dicke, geräucherte S.; die S. kann man nicht kauen. 2. (ugs.) *[dickes] Buch:* dicke, alte Schwarten; eine S. lesen, kaufen. * (ugs.:) **jmdm./jmdn. juckt die Schwarte** *(jmd. wird so übermütig, als wolle er Prügel haben)* · (ugs.:) **jmdm. die Schwarte gerben** *(jmdn. verprügeln)* · (ugs.:) **bis [jmdm.] die Schwarte kracht** *(sehr viel):* er muß arbeiten, bis [ihm] die S. kracht.
schwarz: 1. /*eine Farbbezeichnung*/: schwarze Haare, Schuhe; ein schwarzes Kleid; sein Gesicht war s. von Ruß; s. wie die Nacht, wie ein Rabe, wie der Teufel *(tiefschwarz)* sein; darauf kann er warten, bis er s. wird (ugs.; *darauf wird er vergeblich warten*); der Saal war s. *(gedrängt voll)* von Menschen; sie ist s. gekleidet; ein Kleidungsstück s. färben; der Stoff ist [weiß und] s. gemustert; subst.: ein tiefes, glänzendes Schwarz; sie trägt gerne Schwarz *(schwarze Kleider)*; das kleine Schwarze *(kniekurzes, festliches schwarzes Kleid)*; sie war in Schwarz gekleidet; er hat ins Schwarze *(beim Schießen in den innersten schwarzen Kreis)* getroffen. 2. *sehr dunkel:* schwarze Kirschen; schwarzer Pfeffer; schwarzes Brot; schwarzer Kaffee *(Kaffee ohne Milch)*; die schwarzen Bewohner, die Schwarzen des Landes *(die Neger)*; schwarzer Tee *(Tee aus den Blättern des Teestrauchs)*; eine schwarze (geh.; *sternlose*) Nacht; seine Hautfarbe ist s.; der Kuchen ist s. geworden (ugs.; *ist beim Backen verbrannt*); ganz s. verbrannt (ugs.; *sehr braun geworden*) heimkommen. 3. (ugs.) *schmutzig:* schwarze Hände, Fingernägel; der Kragen ist ganz s.; du bist s. an der Nase; du hast dich s. gemacht. 4. (ugs.) *katholisch:* eine schwarze Partei; hier sind alle Leute s. 5. *böse, unheilvoll:* schwarze Gedanken; schwarzer *(makabrer)* Humor; er hat eine schwarze Seele; dies war ein schwarzer Tag *(ein Unglückstag)* für ihn; ein schwarzer *([geschäftlich] unglücklicher)* Freitag. 6. (ugs.) *illegal:* schwarze Geschäfte; etwas s. kaufen; er ist s. über die Grenze gegangen. * **aus schwarz weiß machen [wollen]** *(etwas völlig anders darstellen, als es wirklich ist)* · (Kartenspiel:) **schwarz werden** *(keinen Stich bekommen)* · (ugs.:) **schwarz auf weiß** *(schriftlich)* · (ugs.:) **jmdm. nicht das Schwarze unter dem [Finger]nagel gönnen** *(sehr neidisch auf jmdn. sein)* · (ugs.:) **ins Schwarze treffen** *(genau das Richtige tun, sagen o. ä.)*.
schwarzarbeiten (ugs.): *illegal arbeiten:* an den Samstagen arbeitet er häufig schwarz.
schwarzsehen (ugs.): 1. a) *etwas pessimistisch beurteilen, einschätzen:* er sieht immer, nur schwarz. **b)** ⟨für jmdn., für etwas s.⟩ *sich Sorgen um jmdn., etwas machen:* für den Kandidaten, für

das Gelingen der Arbeit s.; für deine Urlaubspläne sehe ich schwarz. 2. *ohne die erforderliche Genehmigung einen Fernsehapparat benutzen:* er sieht schwarz.
schwatzen, (bes. südd.:) **schwätzen:** 1. a) *viel [und für andere störend] reden, sich unterhalten:* laut, unaufhörlich, stundenlang s.; sie schwatzen und stören den Unterricht; ich komme, um mit dir zu s.; über die Regierung, von einem Ereignis s.; er schwatzt über etwas, was er nicht versteht; fröhlich schwatzend gingen sie weiter. **b)** (ugs. abwertend) ⟨etwas s.⟩ *reden:* Überflüssiges, Unverständliches, Unsinn, dummes Zeug s. 2. *Dinge weitererzählen:* da muß einer geschwatzt haben!
Schwebe ⟨nur in bestimmten Wendungen⟩ **sich in der Schwebe halten:** a) *(in einem Schwebezustand verharren):* die Waage hält sich in der S. **b)** *(unentschieden bleiben):* der Zustand des Kranken hält sich in der S. · **etwas ist, befindet sich [noch] in der Schwebe** *(etwas ist noch unentschieden)* · **etwas bleibt in der Schwebe** *(etwas bleibt offen, unentschieden)* · **etwas in der Schwebe lassen** *(etwas nicht entscheiden, etwas offenlassen)*.
schweben: 1. a) *sich in der Luft, in einer Flüssigkeit in der Schwebe halten, ohne zu Boden zu sinken:* sie hatten das Gefühl zu s.; der Adler schwebt hoch in der Luft; der Verunglückte schwebte über dem Abgrund, zwischen Himmel und Erde; am Himmel schweben kleine Wölkchen; ein Ballon hat in geringer Höhe über den Häusern geschwebt; in dem Wein schweben kleine Partikelchen; übertr.: *sein, sich befinden:* in Angst, in tausend Ängsten s.; er schwebte zwischen Furcht und Hoffnung, in Lebensgefahr. **b)** ⟨mit Raumangabe⟩ *sich in der Luft langsam, kaum merklich fortbewegen:* nach unten, in die Höhe s.; ein Ballon ist über die Stadt geschwebt; Bienen schweben von Blüte zu Blüte. 2. ⟨etwas schwebt⟩ *etwas ist noch nicht abgeschlossen:* die Sache schwebt noch; man will nicht in das schwebende Verfahren eingreifen.
Schweif, der (geh.): *Schwanz:* ein langer, buschiger S.; der S. des Pferdes; der Hund wedelt mit dem S.; übertr.: S. des Kometen.
schweifen (geh.) ⟨mit Raumangabe⟩: *umherschweifen:* durch die Stadt, durch Wiesen und Felder s.; in die Ferne s.; übertr.: seine Blicke schweiften über die Köpfe der Menschen; er ließ seine Gedanken s.
schweigen: *still sein, nicht sprechen:* lange, betroffen, ratlos, betreten, beschämt, verlegen, hartnäckig, beharrlich s.; ich habe lange geschwiegen; kannst du s.? *(etwas für dich behalten)*; s. wie ein Grab *(absolut verschwiegen sein)*; der Redner, der Angeklagte, die Stimme schwieg; die Vögel schweigen; schweig *(sag ja nichts mehr [dagegen])*!; aus Höflichkeit, Angst s.; sie schweigen vor Staunen, vor Schreck; er schweigt auf alle Fragen *(äußert sich nicht dazu)*; er schweigt über die seltsamen Erfahrungen, von seinen Entdeckungen, zu den Vorwürfen; die Arbeit ist oberflächlich, von den Irrtümern ganz zu s. *(die Irrtümer nicht einmal berücksichtigt)*; übertr.: die Musik, der Lärm schweigt; seit heute schweigen die Waffen *(wird nicht mehr gekämpft)*; die Presse hat zu dem Vorgang geschwiegen; es herrschte schweigende Zustimmung.

Schweigen, das: *Zustand des Nichtsprechens; Stille:* ein lastendes, bedrückendes, eisiges, betretenes, peinliches, tödliches, verlegenes, betroffenes, dumpfes, beredtes S.; es herrschte tiefes S.; ein S. trat ein; R: S. im Walde *(niemand wagt, etwas zu sagen)* · S. bewahren, fordern; endlich hat er das, sein S. gebrochen *[[wieder] zu sprechen begonnen];* jmdm. S. auferlegen; jmd. ist zum S. verurteilt *(darf oder kann aus einem bestimmten Grund nicht reden).* * **sich in Schweigen hüllen** *(sich geheimnisvoll über etwas nicht äußern, keine Auskunft geben)* · **jmdn., etwas zum Schweigen bringen** *(verstummen lassen; jmdn. mit Gewalt veranlassen, nichts mehr zu äußern).*

schweigsam: *wortkarg, nicht gesprächig, still:* ein schweigsamer Mensch; er ist, wirkt sehr s.; warum so s.?; er saß s. in einer Ecke.

Schwein, das: 1. /*ein Haustier*/: ein fettes, dickes S.; das S. frißt, grunzt, schnüffelt, quiekt; sich wie ein S. *(sehr schlecht)* benehmen; ein S. mästen, füttern, züchten, schlachten, abstechen; R: wo haben wir denn schon zusammen Schweine gehütet *(seit wann duzen wir uns denn)*? 2. **a)** (derb) *gemeiner, niederträchtiger Mann* /oft als Schimpfwort/: dieses S. hat mich betrogen; du S.! **b)** (derb) *schmutziger, ungepflegter Mensch* /oft als Schimpfwort/: welches S. hat denn hier gegessen? **c)** (derb) *unanständiger Mensch* /oft als Schimpfwort/: mußt du immer dreckige Witze erzählen, du S.! **d)** (ugs.) *bedauernswerter Mensch:* er ist ein armes S. * (derb:) **kein Schwein** *(niemand):* das begreift, kapiert kein S.; kein S. war da · (ugs.:) **Schwein haben** *(Glück haben).*

Schweinehund, der (derb): *niederträchtiger Mann* /oft als Schimpfwort/: du S.!; er ist ein S. * (ugs.:) **der innere Schweinehund** *(Feigheit, Trägheit gegenüber einem als richtig erkannten Tun).*

Schweinerei, die (derb): **a)** *Zustand von Unsauberkeit:* wer hat diese S. hier hinterlassen? **b)** *Gemeinheit, üble Machenschaft:* was du gemacht hast, ist eine große S.; S.! /*Ausruf der Verärgerung*/. **c)** *moralisch Verwerfliches, Anstößiges:* er malte sich Schweinereien aus.

Schweiß, der: 1. *Drüsenabsonderung auf der Körperoberfläche:* der kalte S. stand ihm auf der Stirn; der S. läuft ihm übers Gesicht, rinnt ihm von der Stirn; S. trat auf seine Stirn; der S. brach ihm aus, brach ihm aus allen Poren; S. strömt ihm über den Körper; er trocknete, wischte sich den S. ab; sein Körper war mit S. bedeckt; sein Haar war von S. verklebt; sein Gesicht glänzt vor/von S.; das Pferd war naß von S.; seine Kleider rochen nach S.; bei der Arbeit kam er, geriet er in S.; er war in S. gebadet *(schwitzte sehr);* übertr.: *Mühe:* an diesem Werk hängt viel S.; die Arbeit hat [ihn] viel S. gekostet. 2. (Jägerspr.) *Blut:* das Tier hat viel S. verloren. * **im Schweiße meines Angesichts** *(unter großer Anstrengung).*

schweißen: *(etwas) s.) durch Erhitzen verschmelzen, fest verbinden:* Rohre, Schienen s.; der Schlosser schweißt in der Werkstatt.

schwelen: 1. (etwas schwelt) *etwas brennt glimmend, ohne offenes Feuer:* der Brand, das Holz, das Feuer schwelt; es schwelt unter der Asche; schwelende Trümmer; übertr. (geh.): Haß schwelt in ihm; der Konflikt, die Affäre schwelt schon länger; eine schwelende Feindschaft. 2.

(Fachspr.) ⟨etwas s.⟩ *unter Luftabschluß erhitzen:* Koks, Kohlen s.; Rasen s. *(langsam verbrennen).*

schwelgen: 1. *üppig essen und trinken:* die Gäste schwelgten und praßten. 2. ⟨in etwas s.⟩ *sich an etwas begeistern:* in Gefühlen s.; in Farben s. *(sie verwenden);* sie schwelgten in Erinnerungen.

Schwelle, die: 1. *Türschwelle:* eine hohe S.; über die S. treten, stolpern; er blieb auf der S. stehen; den Fuß über die S. des Hauses setzen; die Braut über die S. tragen; er darf uns nicht mehr über die S. kommen *(unser Haus, unsere Wohnung nicht mehr betreten);* übertr. (geh.): *Grenze, Beginn:* er steht an der S. des Todes; an der S. des 19. Jahrhunderts; etwas bleibt unterhalb der S. des Bewußtseins *(wird nicht bewußt).* 2. *Eisenbahnschwelle:* hölzerne, eiserne Schwellen; Schwellen legen, auswechseln; die Schienen liegen auf Schwellen. 3. *leichte Bodenerhebung:* eine S. im Boden.

¹schwellen, schwellte, geschwellt ⟨etwas schwellt etwas⟩ *etwas bauscht etwas:* der Wind schwellt die Segel, die Vorhänge; übertr. (geh.): Mut, Freude, Stolz schwellte seine Brust.

²schwellen, schwoll, geschwollen /vgl. geschwollen/ ⟨etwas schwillt⟩ **a)** *etwas schwillt an:* die Beine, Füße, Adern schwellen; sein Hals ist stark geschwollen; die Knospen beginnen zu s. (geh.; *prall zu werden);* er hat geschwollene Mandeln, eine geschwollene Backe; ⟨etwas schwillt jmdm.⟩ nach dem Sturz schwoll ihm das Knie; übertr. (geh.): das Herz, die Brust schwoll ihm vor Freude. **b)** (geh.) *etwas wächst bedrohlich an, nimmt an Stärke zu:* der Bach schwoll immer mehr, zu einem reißenden Strom; adj. Part.: schwellende *(üppige)* Formen, Lippen; ein schwellendes *(weiches, dickes)* Moospolster.

schwenken: 1. ⟨etwas s.⟩ *hin und her schwingen:* Tücher, Fahnen s.; er schwenkte seinen Hut [in der Hand]; winkend schwenkten sie die Arme über ihren Köpfen. 2. **a)** (mit Raumangabe) *eine Schwenkung machen, die Richtung ändern:* um die Ecke, in eine Seitenstraße, in eine andere Richtung s.; rechts, links schwenkt — marsch! /milit. Kommando/; übertr.: er ist in das andere Lager geschwenkt *(hat die Partei o. ä. gewechselt).* **b)** ⟨etwas s.⟩ *in eine andere Richtung bringen:* die Kamera, den Kran s.; der Hebel muß nach links geschwenkt werden. 3. ⟨etwas s.⟩ *[aus]spülen:* Gläser, Geschirr s.; die Wäsche in klarem Wasser s. 4. (Kochk.) ⟨etwas in etwas s.⟩ *hin und her drehen:* die Kartoffeln in Fett s.

schwer: 1. **a)** *von großem Gewicht; massig:* ein schwerer Koffer, Korb, Stein; eine schwere Last, Bürde; schweres Gepäck; ein schwerer Schrank; ein schwerer Mantel; der Regen fiel in schweren Tropfen; ein schwerer *(dicker, guter)* Stoff; eine schwere *(kostbare)* Seide; ein Armband aus schwerem *(massivem)* Gold; ein schwerer (ugs.; *dicker)* Mann; ein schwerer Wagen *(ein großer Wagen mit starkem Motor);* schwere Panzer, Geschütze; schwere *(mit schweren Waffen ausgerüstete)* Artillerie, Kavallerie; die Kiste ist s. wie Blei (ugs.; *sehr schwer);* seine Kleider waren s. von Nässe; die Äste sind s. von Früchten *(tragen viele Früchte);* ⟨etwas wird jmdm. s.⟩ seine Beine wurden ihm s. *(lastend, müde);* der Wagen hat s. geladen, ist s. beladen; seine Hand lag s. auf meiner Schulter; er hat an seinem Gepäck s. zu tragen; du darfst nicht so s. heben, tragen; die Bankräuber waren s. bewaffnet *(trugen mehrere Waffen bei sich);* übertr.: ein schwerer *(nährstoffreicher)* Boden; eine schwere See *(Sturzwelle);* ein schweres *(intensives, stark duftendes)* Parfüm; sein Wort, Urteil, Rat wiegt s. *(hat großes Gewicht, gilt etwas).* **b)** *ein bestimmtes Gewicht aufweisend:* ein 10 Pfund schwerer Fisch; der Sack ist einen Zentner s.; wie s. ist das Paket?; du bist zu s. (ugs.; *hast ein zu großes Gewicht);* wie s. bist du? *(wieviel wiegst du?);* der Korb ist schwerer als die Tasche, übertr. (ugs.): ein mehrere Millionen schwerer *(besitzender)* Geschäftsmann. **2.** *nicht leicht verdaulich, nicht gut verträglich:* schweres Essen; ein schwerer Wein; das fette Fleisch war ihm zu s.; die Speisen lagen ihm s. im Magen. **3.** *schwerfällig, unbeholfen, mühsam:* er hat einen schweren Gang; sie hörte seine schweren Schritte auf der Treppe; er schrieb mit schwerer Hand; er sprach mit [vom Alkohol] schwerer Zunge; übertr.: das Kind lernt, begreift s.; die Sache ging ihm s. ein (ugs.); er faßt es. auf. **4. a)** *hart, beschwerlich, mühevoll; mit Mühe:* ein schwerer Dienst; ein schweres Amt; eine schwere Aufgabe, Arbeit; eine schwere Geburt; ein schweres Leben, Schicksal; sie hat schwere *(lastende)* Sorgen; ein schwerer Tod; er starb nach schwerem Leiden; sie haben schwere Zeiten durchgemacht; die Arbeit wurde ihr zu s.; sie hat es s.; er muß s. arbeiten; die kleine Schrift ist s. zu lesen; er ist s. zu überzeugen; dieses Material ist s. zu verarbeiten; die Tür, der Deckel läßt sich nur s. öffnen, geht nur s. auf (ugs.); er kann sich nur s. mit dem Gedanken befreunden; du bist nur s. zu verstehen; der Kranke atmet s.; subst.: er hat das Schwerste überstanden; sie hat Schweres durchgemacht. **b)** *schlimm, arg; heftig, sehr stark:* eine schwere Krankheit; schwere Depressionen; ein schweres Verbrechen, Unrecht; schwere *(harte, strenge)* Strafen; eine schwere Enttäuschung; ein schwerer Verdacht, Verlust, Unfall; eine schwere Beleidigung; ein schweres Gewitter, Unwetter; jmdm. schweren Schaden zufügen; eine schwere Schuld auf sich laden; s. stürzen, verunglücken; er ist s. krank, verwundet, verletzt, betrunken, reich; sie ist s. in Ordnung; s. aufpassen, büßen; sich s. blamieren; die Krankheit macht ihm s. zu schaffen (ugs.); der Verlust traf sie s.; er wurde s. bestraft; das will ich s. hoffen (ugs.; *das erwarte ich auf jeden Fall).* **c)** *schwierig, nicht einfach:* eine schwere Frage, Prüfung; ein schweres Problem; Deutsch ist eine schwere Sprache; es war ein schwerer Tag für sie; die Aufgabe, das Thema war zu s. für die Schüler; schwere Musik; ein schwerer *(nicht leicht zu besteigender)* Gipfel; das ist s. zu sagen; das kann man nur s. begreifen, verstehen, einschätzen; sich nur s. entschließen, losreißen, trennen können; die Frage ist s. zu beantworten. **Schwere,** die: *das Schwersein; Gewicht:* er klagte über [bleierne] S. der Glieder; eine S. lag in seinen Gliedern, lag ihm in den Gliedern; übertr.: *Gewichtigkeit, Ausmaß:* die S. der Verantwortung, der Schuld, der Aufgabe, des Vergehens; das Gericht wandte das Gesetz in seiner ganzen S. *(Härte, Strenge)* an.

schwerfallen ⟨etwas fällt jmdm. schwer⟩: *etwas bereitet jmdm. Schwierigkeiten, macht jmdm. Mühe:* die Arbeit fiel ihm ausgesprochen, sichtbar, reichlich schwer; es ist ihm schwergefallen, dieses Urteil auszusprechen.
schwerfällig: *langsam, unbeholfen, träge;* schwerfällige Bewegungen; er ist ein schwerfälliger Mensch; er ist dick und s.; s. gehen, aufstehen; übertr.: er ist s. im Denken.
Schwergewicht, das: **1.** /Gewichtsklasse im Sport/: er wurde Weltmeister im S. **2.** *Gewicht, Nachdruck:* das S. der Arbeit verlagern; das S. liegt auf der Frage ...; man legte das S. auf eine gute Organisation.
schwerhalten ⟨etwas hält schwer⟩: *etwas ist schwierig:* es wird s., jemanden zu finden; Ersatz zu bekommen dürfte s.
schwerhörig: *schlecht hörend:* ein schwerhöriger alter Mann; er ist s.; er stellte sich bei meinen Bitten s. *(er wollte sie nicht erfüllen).*
schwerlich ⟨Adverb⟩: *kaum:* er wird s. heute schon kommen; das dürfte s. stimmen.
schwermachen ⟨jmdm., sich etwas s.⟩: *jmdm., sich große Mühe, Kummer machen; erschweren:* er macht sich und anderen das Leben schwer; du hast mir den Abschied schwergemacht.
schwermütig: *düster-traurig, voller Schwermut:* ein schwermütiger Mensch; eine schwermütige Stimmung; schwermütige Lieder; sie ist seit ihrer Jugend s. *(von Schwermut befallen):* nach dem Tod ihres Kindes wurde sie s.
schwernehmen ⟨etwas s.⟩: *als schwierig, als schlimm empfinden:* alles, alle Dinge, einen Tadel s.; du darfst das nicht s.
Schwerpunkt, der (Physik): *Massenmittelpunkt:* der S. der Kugel; den S. berechnen, bestimmen, verlagern; einen Gegenstand in seinem S. aufhängen, unterstützen; übertr.: *Hauptgewicht, wichtigster Punkt:* der S. des Interesses, der Politik, der Arbeit; der S. seines Schaffens lag in der Forschung; den S. auf etwas legen; den S. seines Wirkens bildete die soziale Arbeit.
Schwert, das: *Hiebwaffe der Ritter im Mittelalter:* ein blankes, rostiges, scharfes, schartiges, stumpfes, breites, zweischneidiges S.; ein S. tragen, führen, schwingen; das S. umhängen, ergreifen, ziehen, zücken, in die Scheide stecken; der Ritter gürtete (geh.) sein S.; sie kreuzten die Schwerter (geh.; *kämpften miteinander mit dem Schwert)*; mit gezogenem S. auf jmdn. eindringen; etwas mit Feuer und S. *(mit Brandschatzen und Morden)* ausrotten, verheeren; er wurde mit dem S., durch das S. hingerichtet. ∗ **etwas ist ein zweischneidiges Schwert** *(etwas hat sowohl eine gute als auch eine schlechte, gefährliche Seite)* ∙ (geh.:) **das Schwert des Damokles hängt/schwebt über jmdm.** *(jmd. ist in einer ständigen Gefahr).*
schwertun (ugs.) ⟨sich s. mit jmdm., mit etwas⟩: *mit jmdm., mit etwas Schwierigkeiten haben:* du tust dich/⟨seltener:⟩ dir schwer mit dem Lernen, mit dem Lehrer; ⟨seltener auch: sich s. in etwas⟩ er tut sich schwer in dieser Sache.
schwerwiegend: *gewichtig; von großer Tragweite:* eine schwerwiegende Entscheidung; ein schwerwiegender Entschluß; er hatte schwerwiegendere, noch schwerer wiegende Gründe.
Schwester, die: **1.** *Kind weiblichen Geschlechts*

in einer Geschwisterreihe: die ältere, jüngere, große (ältere), kleine (jüngere), leibliche, verheiratete S.; sie ist seine S.; sie hat [noch] zwei Schwestern; Christian hat ein Schwesterchen bekommen; grüßen Sie bitte Ihre [Frau] S., Ihr Fräulein S.!; sie gleicht sehr ihrer S. 2. (geh.) *Mitmensch weiblichen Geschlechts:* unsere Brüder und Schwestern in der DDR. 3. *Krankenschwester:* S. werden, sein; S. Anna hat Nachtdienst; sie arbeitet als S.; der Patient ruft, verlangt nach der S. 4. *Angehörige eines geistlichen Ordens:* die Schwestern eines bekannten Ordens; das Krankenhaus wird von geistlichen Schwestern geleitet; /in der Anrede/: S. Maria.

schwierig: 1. *schwer zu lösen, kompliziert, nicht leicht:* eine schwierige Aufgabe; ein schwieriges Unternehmen, Problem, Thema; eine schwierige Lektüre; die Verhandlungen waren, gestalteten sich s.; es war s., ihn zu überzeugen; die Situation wurde immer schwieriger *(heikler).* 2. *schwer zu behandeln, zu leiten:* ein schwieriger Mensch, Charakter; ein schwieriges Kind; sie ist sehr s.; im Alter wurde er immer schwieriger.

Schwierigkeit, die: *Hemmnis, schwierige Situation, Komplikation:* eine große, unlösbare, ernsthafte S.; ernstliche, unnötige, unüberwindliche, unerwartete, unvorhersehbare, erhebliche Schwierigkeiten; das ist, hierin liegt die S.; Schwierigkeiten haben sich eingestellt; dem Plan stehen beträchtliche Schwierigkeiten entgegen; etwas bereitet technische Schwierigkeiten; jmdm. Schwierigkeiten machen, in den Weg legen; die Schwierigkeiten überwinden, beheben, aus dem Weg räumen; die Sache hat ihre S.; er hat geschäftliche, finanzielle Schwierigkeiten; es gab Schwierigkeiten mit der Behörde; darin sehe ich keine S.; etwas ist mit Schwierigkeiten verbunden, verknüpft; er hat mit Schwierigkeiten zu kämpfen; in Schwierigkeiten kommen, geraten; jmdn. in Schwierigkeiten bringen.

schwimmen: 1. a) *sich [mit Armen und Beinen rudernd] im Wasser fortbewegen:* gut, schnell s.; auf dem Rücken, im Schmetterlingsstil s.; er ist/ hat im vergangenen Sommer viel geschwommen; er schwimmt wie ein Fisch *(sehr gut),* wie eine bleierne Ente *(ugs., scherzh.; schlecht, gar nicht);* stromabwärts, mit dem Strom, gegen den Strom s.; das Kind kann [noch nicht] s.; er ist heute s. gewesen; in dem Becken schwimmen Goldfische; er schwimmt weit draußen; bildl. (geh.): er schwamm in einem Meer von Glück; übertr.: *fahren:* die Schiffe dieses Reeders schwimmen auf allen Weltmeeren · subst.: Schwimmen ist ein gesunder Sport. b) (mit Raumangabe) *schwimmend irgendwohin gelangen:* sie ist ans andere Ufer, durch den See, über den Fluß, zur Insel geschwommen. 2. (etwas s.) a) *eine Strecke schwimmend zurücklegen:* 100 m s.; er ist die Strecke in 48 Sekunden geschwommen. b) *etwas in einem Wettschwimmen erreichen:* er hat/ist einen neuen Rekord, eine gute Zeit geschwommen. 3. a) (auf etwas, in etwas s.) *auf, in einer Flüssigkeit treiben:* ein Toter schwamm im Wasser; die Wrackteile waren/(selten:) hatten auf dem Wasser geschwommen; auf der Milch schwimmt eine Fliege; die Kinder ließen Schiffchen auf dem Wasser s.; adj. Part.: schwimmende Inseln;

schwimmende *(auf Seetransport befindliche)* Frachten; ein schwimmendes Hotel; etwas in schwimmendem *(heißem, flüssigem)* Fett braten. b) (etwas schwimmt) *etwas sinkt im Wasser nicht unter:* Holz, Öl, Kork schwimmt [auf Wasser]. 4. (ugs.) (etwas schwimmt) *etwas ist überschwemmt, ist ganz naß:* der Fußboden, das Bad schwimmt; der Boden schwamm vor Nässe, von vergossenem Öl; ihre Augen schwammen *(waren mit Tränen gefüllt).* 5. (in etwas s.) *etwas im Überfluß haben, genießen:* in Freude, Glück s.; sie schwimmen im Geld, im Öl. 6. (etwas schwimmt) *etwas verschwimmt:* die Zahlen schwammen vor ihren Augen; die Buchstaben begannen zu s.; (etwas schwimmt jmdm. vor den Augen) alles schwamm mir vor den Augen. 7. (ugs.) *unsicher werden, etwas nicht beherrschen:* der Redner begann zu s. * (ugs.:) **ins Schwimmen kommen/geraten** *(die Sicherheit verlieren).*

Schwindel, der: 1. *Gleichgewichtsstörung:* ein jäher, leichter, heftiger S.; ein plötzlicher S. erfaßte ihn, packte ihn, überkam ihn; es war nur ein vorübergehender S.; von S. befallen werden; er leidet zeitweise an, unter S. 2. (ugs.) *Betrug:* das ist der reinste, ein ausgemachter, aufgelegter, unerhörter S.; der S. mit dem abgeblich gestohlenen Wagen; das ist alles S., nichts als S.!; so ein S.!; der S. kam heraus, flog auf; den S. aufdecken; den S. kenne ich! *(darauf falle ich nicht herein!);* er fällt auf jeden S. herein *(läßt sich leicht betrügen).* * (ugs.:) **der ganze Schwindel** *(alles, das Ganze):* was kostet der ganze S.?

schwind[e]lig: *vom Schwindel ergriffen, taumelig:* er ist, wird leicht s.; s. fühlen; etwas macht jmdn. s.; (jmdm. ist, wird s.) ihm war, wurde ganz s. [vom Karussellfahren].

schwindeln: 1. a) *(ugs.)/(seltener auch:)* jmdn. schwindelt [es]) *jmd. ist schwindlig:* mir schwindelt; mich schwindelt; bei dem Blick in die Tiefe schwindelte [es] ihm/ihn; es schwindelte mir vor den Augen; übertr.: ihm schwindelte bei dem Gedanken; der Gedanke machte ihn s. b) (etwas schwindelt) *etwas ist von Schwindel ergriffen:* mein Kopf schwindelt; (etwas schwindelt jmdn.) der Kopf schwindelt mir; adj. Part.: *schwindelerregend:* in schwindelnder Höhe; in schwindelnde Tiefen, Abgründe. 2. (ugs.) a) *lügen:* da hast du doch geschwindelt. b) (etwas s.) *etwas sagen, was nicht der Wahrheit entspricht:* das ist alles geschwindelt; das hast du doch geschwindelt. 3. (jmdn., sich, etwas s.; mit Raumangabe) *durch eine Täuschung irgendwohin gelangen:* etwas durch den Zoll s.; er schwindelte sich durch alle Kontrollen, in den Saal.

schwinden (geh.) (etwas schwindet): a) *etwas nimmt ab, vermindert sich:* die Vorräte, sein Vermögen schwindet; die Kräfte des Patienten schwanden immer mehr; Handw.: Holz, Ton, Metall schwindet · der Ton schwindet manchmal *(wird leiser);* übertr.: sein Mut, seine Hoffnung, sein politisches Interesse schwindet; er spürte die Angst s. b) *etwas vergeht:* die Zeit schwindet; die Jahre schwanden; (etwas schwindet jmdm.) das Bewußtsein schwand ihm; ihm schwanden die Sinne *(er wurde ohnmächtig).* c) *etwas verschwindet nach und nach:* die Erinnerung daran schwand allmählich [aus seinem Gedächtnis];

das Lächeln schwand aus seinem Gesicht; ⟨etwas schwindet jmdm. aus etwas⟩ sein Name ist mir aus dem Gedächtnis geschwunden; **subst.**: sein Einfluß ist im Schwinden [begriffen].
schwingen /vgl. geschwungen/: **1.** ⟨etwas s.⟩ *mit Schwung hin und her bewegen, schwenken:* Fahnen s.; die Peitsche, einen Hammer s.; die Priester schwangen das Weihrauchgefäß über dem Altar. **2.** ⟨sich s.; mit Raumangabe⟩ *sich mit einem Schwung an eine bestimmte Stelle bewegen:* sich aufs Fahrrad, auf sein Pferd, auf den Fahrersitz s.; er schwang sich in den Sattel; er hat sich über den Zaun geschwungen; der Vogel schwang sich in die Luft, in die Lüfte, von Zweig zu Zweig; **übertr.** (geh.): die Brücke schwingt sich *(spannt sich)* über den Fluß. **3. a)** *sich schwingend oder vibrierend bewegen:* das Pendel, die Magnetnadel schwingt; die Schaukel schwang durch die Luft; der Artist schwingt am Trapez durch das Zirkuszelt; am Reck, an den Ringen s.; die Skiläuferin schwingt elegant zu Tal *(fährt mit großen Schwüngen ab);* **subst.**: der Anschlag der Taste bringt die Saite zum Schwingen. **b)** (geh.) ⟨etwas schwingt; mit Raumangabe⟩ *etwas ist [noch] gegenwärtig [als Nachklang]:* seine Worte schwangen noch im Raum; ein Vorwurf schwang in ihrer Stimme.
Schwingung, die: *das Schwingen, Vibration:* die S. der Luft, einer Membrane; Schwingungen breiten sich aus; eine S. erzeugen, messen, berechnen; das Pendel in S. bringen, versetzen, halten; die Saite kommt, gerät in S.; **übertr.**: *Regung:* seelische Schwingungen wahrnehmen.
schwirren: **a)** *ein schwirrendes Geräusch hervorbringen:* die Mücken schwirren; die Sehne des Bogens schwirrte. **b)** ⟨etwas schwirrt; mit Raumangabe⟩ *etwas fliegt mit schwirrendem Geräusch:* Käfer schwirren durch die Luft; Pfeile sind um seinen Kopf geschwirrt; **übertr.**: Gerüchte schwirrten durch die Stadt; ⟨etwas schwirrt jmdm.; mit Raumangabe⟩ Kugeln schwirrten ihm um die Ohren; **übertr.**: Namen, Gedanken schwirren *(gingen)* ihm durch den Kopf. **c)** ⟨etwas schwirrt von etwas⟩ *etwas ist von etwas erfüllt:* die Stadt schwirrt von Gerüchten, von Nachrichten über den Vorfall. **d)** ⟨etwas schwirrt jmdm.⟩ *etwas dröhnt jmdm.:* der Kopf schwirrt ihm [von Zahlen, von den vielen Eindrücken].
schwitzen: **1.** *Schweiß absondern:* leicht, stark s.; wie ein [Tanz]bär (ugs.; *sehr heftig),* wie ein Affe (ugs.; *sehr heftig),* wie ein Schwein (derb; *sehr heftig)* s.; er schwitzte vor Aufregung; am ganzen Körper s.; er hat bei der Arbeit sehr geschwitzt; du mußt einmal tüchtig s. *(eine Schwitzkur machen);* er war ganz geschwitzt (ugs.; *mit Schweiß bedeckt);* die Füße, Hände schwitzen; schwitzende Menschen; **subst.**: ins Schwitzen kommen, geraten; **übertr.** (ugs.): er schwitzt augenblicklich im Examen *(befindet sich in der unangenehmen Situation des Examens).* **2.** ⟨sich s.; mit Artangabe⟩ *sich durch Schwitzen in einen bestimmten Zustand bringen:* er hat sich ganz naß geschwitzt. **3.** ⟨etwas schwitzt⟩ *auf der Oberfläche von etwas sammelt sich Feuchtigkeit, setzt sich etwas ab:* die Wände, Mauern schwitzen; die Bäume schwitzen *(sondern Harz ab).* **4.** (Kochk.) ⟨etwas s.⟩ *in Fett bräunen:* Mehl [in Butter] s.

schwören /vgl. geschworen/: **1. a)** ⟨etwas s.⟩ *[als Schwur] leisten:* einen [feierlichen, heiligen, falschen] Eid s.; er hat einen Meineid geschworen; die Soldaten schworen den Fahneneid; ich schwöre es [so wahr mir Gott helfe] /*Eidesformel*/; ich möchte s., daß er es gewesen ist (ugs.; *ich bin ganz sicher).* **b)** ⟨etwas durch Eid, durch einen Schwur bekräftigen:* feierlich, öffentlich, falsch, leichtfertig, leichtsinnig s.; vor Gericht, mit erhobener Hand s.; er schwor auf die Bibel, auf die Verfassung. **2. a)** ⟨etwas s.⟩ *geloben:* Rache, ewige Treue s.; er schwor, das nie wieder zu tun; ⟨jmdm., sich etwas s.⟩ jmdm. ewige Liebe, Rache, den Tod s.; sie schworen sich/(geh.:) einander ewige Treue; du wirst mir nicht entkommen, das schwör' ich dir (ugs.; *darauf kannst du dich verlassen);* ich habe mir geschworen, das nie wieder zu tun. **b)** ⟨etwas s.⟩ *nachdrücklich versichern:* ich schwöre, daß ich nichts davon gewußt habe; er schwor bei Gott, bei allen Heiligen, bei seiner Ehre, unschuldig zu sein; ich schwöre bei allem, was mir heilig ist, daß ...; ⟨jmdm. etwas s.⟩ ich schwöre dir, daß ich den Scheck nicht weggenommen habe. **3.** ⟨auf jmdn., auf etwas s.⟩ *auf jmdn., auf etwas vertrauen:* auf den Arzt, auf das Medikament s.
schwül: **1.** *drückend, feuchtheiß:* ein schwüler Tag; schwüles Wetter; eine schwüle Hitze; die Luft war s.; es ist sehr s. heute. **2.** *beklemmend, bang:* eine schwüle Atmosphäre; die Stimmung war s.; ihm wurde s. zumute. **3.** *sinnlich:* schwüle Träume, Phantasien; ein schwüler Blick.
Schwüle, die: **1.** *drückende Hitze:* eine drückende, lastende, dumpfe, gewittrige S. herrschte; die S. der Luft, des Tages. **2.** *dumpf-sinnliche Atmosphäre:* die S. des Lokals, der Stimmung.
Schwulität, die (ugs.): *Verlegenheit, unangenehme Lage:* in [großen] Schwulitäten sein; er befand sich in einer S., geriet in eine S.; du hast ihn in Schwulitäten gebracht.
schwülstig: *überladen, aufgeschwemmt:* ein schwülstiger Stil, Ausdruck; ein schwülstiger *(schwülstig schreibender)* Schriftsteller; eine schwülstige Redeweise, Sprache; s. reden.
Schwung, der: **1. a)** *schwingende Bewegung:* einen S. nach rechts machen; dem Pendel einen S. geben; ein Rad, eine Schaukel in S. setzen, in S. halten; einen Stein mit einem S. von sich schleudern; das Rad in einem S. anhalten; die Skiläufer kommen in eleganten Schwüngen den Hang heruntergesaust; der Reiter setzt in kühnem S. *(Sprung)* über den Graben. **b)** *mitreißende Kraft, Elan:* rednerischer S.; ihm, seiner Rede fehlte aller S.; die Musik hat viel, keinen S.; er verstand der Sache S. zu geben; viel S. an die Arbeit gehen. **2.** *Linienführung:* der S. der Linien s. **3.** (ugs.) *Menge, Anzahl:* ein S. Bücher, Teller; er kam mit einem S. [von] Zeitungen unterm Arm. *** Schwung holen** *(sich bes. auf einer Schaukel, an einem Turngerät durch Ausholen in schnelle Bewegung versetzen)* · (ugs.:) **Schwung in etwas/etwas in Schwung bringen** *(etwas beleben, richtig in Gang bringen):* er hat s. in das Geschäft, in die Firma gebracht/hat das Geschäft, die Firma wieder in S. gebracht · (ugs.:) **in Schwung kommen: a)** *(lebhaft werden):* er kommt nur angsam in S. **b)** *(zu florieren beginnen):* die Geschäfte kamen in S. **c)**

(bei einer Arbeit gut vorankommen): wenn ich richtig in S. komme, bin ich bald fertig · (ugs.:) **in Schwung sein: a)** *(florieren).* **b)** *(lebhaft sein, in Fahrt sein).* **c)** *(bei einer Arbeit gut vorankommen).*

schwungvoll: *voll Schwung, Bewegung:* schwungvolle Bewegungen; eine schwungvolle Handschrift; schwungvolle Arabesken; **übertr.:** *mitreißend:* eine schwungvolle Inszenierung; eine schwungvolle Rede; er sprach sehr s.

Schwur, der: *Eid, feierliches Versprechen:* ein feierlicher, heiliger S.; heiße *(leidenschaftliche)* Schwüre; einen S. leisten, halten, brechen, verletzen; er hat den S. getan *(bei sich geschworen),* nie mehr zu trinken; die Hand zum S. erheben, aufheben; eine Aussage durch einen S. bekräftigen.

sechs ⟨Kardinalzahl⟩: *6:* wir waren s. Mann; sie waren zu sechst, (ugs.:) zu sechsen, (geh.:) ihrer s.; es ist s. [Uhr]; er wird heute s. [Jahre alt]; **subst.:** eine Sechs schreiben, würfeln. † acht.

sechste: † achte.

sechzig: † achtzig.

¹See, der: *größeres stehendes Binnengewässer:* ein großer, kleiner, tiefer, blauer, klarer, stiller, künstlicher S.; der S. ist zugefroren; einen S. durchschwimmen; Finnland, das Land der tausend Seen; das Haus am S.; auf einem S. rudern, segeln; im S. schwimmen, baden; sie sind mit einem Boot, Dampfer über den S. gefahren.

²See, die: **1.** *Meer:* eine stürmische, tobende, aufgewühlte S.; die offene S. *(das Meer in größerer Entfernung von der nächstgelegenen Küste);* die S. war bewegt, ging hoch, lag ruhig; Schiffe durchpflügten (geh.) *(durchfuhren)* die S.; im Urlaub waren sie an der, reisten sie an die S.; er ist auf S. *(an Bord eines Schiffes auf dem Meer);* bei ruhiger S. baden; von S. *(aus Richtung der offenen See)* kommende Schiffe; der Handel zur S. *(Seehandel).* **2.** *[Sturz]welle:* schwere, grobe Seen gingen über das Schiff. *** auf hoher See** *(weit draußen auf dem Meer)* · (geh.) verhüll.:) **auf See bleiben** *(den Seemannstod sterben)* · **in See gehen/stechen** *(aufs Meer hinausfahren, den Hafen verlassen)* · **zur See fahren, gehen** *(Seemann sein, werden).*

Seegang, der: *Wellengang:* ein hoher S.; trotz starken, schweren Seegangs schlingerte das Schiff kaum.

Seele, die: **1.** *im religiösen Sinn unsterblicher Teil des Menschen:* die Seelen der Verstorbenen; die armen Seelen im Fegefeuer; seine S. retten, läutern; die S. erlösen; der Mensch besitzt, hat eine [unsterbliche] S.; er hat seine S. dem Teufel, dem Bösen verschrieben; die Unsterblichkeit der S.; meiner Seel[e]! /bes. südd.; österr.: *Ausruf des Erstaunens, Erschreckens oder der Beteuerung/;* dabei wirst du keinen Schaden an deiner S. leiden; für die armen Seelen beten. **2.** *Gesamtheit der geistigen Kräfte und Empfindungen; Gemüt:* eine zarte, empfindliche, kindliche, unruhige, zerrissene S.; S. lag in ihrem Blick, sprach aus jeder ihrer Bewegungen; R: nun hat die liebe S. Ruh (meist scherzh.); zwei Seelen wohnen, ach, in meiner Brust; das fiel ihr schwer auf die S.; der Kummer, eine Schuld lag schwer auf seiner S.; in jmds. S. blicken, lesen können; tief in jmds. S. sehen; die Worte schnitten ihr [wie Schwerter] in die S.; sie ist ein Mensch mit viel S. *(mit starker Empfindung);* sie spielte ohne S. *(ohne innere Be-*

teilung). **3.** *Mensch:* sie ist eine gute, treue S.; eine durstige S. sein (ugs.; *gern Alkohol trinken*); sie sind verwandte Seelen *(sind wesensverwandt);* R: zwei Seelen und ein Gedanke *(zwei Menschen denken dasselbe)* · die Gemeinde zählt einige tausend Seelen (veraltend). *** keine Seele** *(niemand)* · **aus ganzer/tiefster Seele; in tiefster/in der Seele** *(zutiefst)* · **eine Seele von Mensch/von einem Menschen sein** *(sehr gutmütig sein)* · **die Seele einer Sache sein** *(die wichtigste Person für das Funktionieren von etwas sein)* · (geh.:) **seine Seele aushauchen** *(sterben)* · **eine schwarze Seele haben** *(ein böser Mensch sein)* · **mit ganzer Seele** *(ganz und gar; mit Begeisterung)* · **jmdm. die Seele aus dem Leib fragen** *(jmdn. alles Erdenkliche fragen)* · **sich** (Dativ) **die Seele aus dem Leib reden** *(sehr eifrig reden, um jmdn. für etwas zu gewinnen)* · **sich** (Dativ) **die Seele aus dem Leib schreien** *(sehr laut schreien)* · **jmdm. etwas auf die Seele binden** *(jmdm. etwas besonders einschärfen)* · (ugs.:) **jmdm. auf der Seele knien** *(jmdn. drängen, etwas zu tun)* · **etwas brennt jmdm. auf der Seele** *(jmd. hat ein dringendes Anliegen)* · **jmdm. aus der Seele sprechen** *(das sagen, was jmd. auch empfindet)* · **sich** (Dativ) **etwas von der Seele reden/schreiben** *(sagen, schreiben, was einen bedrückt).*

seelisch: *das Gefühl, Gemüt, Empfinden betreffend:* seelische Grausamkeit; seelische Leiden, Schmerzen, Kämpfe, Belastungen; unter seelischem Druck stehen; das seelische Gleichgewicht verlieren, wiederfinden; die Krankheit hatte seelische Ursachen, war s. bedingt; diese Erlebnisse haben das Kind s. stark beeinflußt.

Segel, das: *am Mast des Segelbootes angebrachtes Tuch:* die S. klarmachen, aufziehen, setzen, hissen, reffen, einziehen, bergen, einholen, herunterholen, beisetzen (Seemannsspr.); der Wind schwellt, bläht die S.; Seemannsspr.: die S. streichen *(einholen);* unter S. gehen *(abfahren);* das Boot fuhr mit vollen Segeln über den See. ***** (geh.:) **[vor jmdm., etwas] die Segel streichen** *(seinen Widerstand [gegen jmdn., etwas] aufgeben)* · **mit vollen Segeln** *(mit ganzem Einsatz):* mit vollen Segeln ging es auf sein Ziel los.

segeln: 1. a) *⟨etwas segelt⟩ etwas treibt mit Segeln vor dem Wind:* das Schiff segelt schnell, gut, schlecht; unser S. ging, mit dem, vor dem, hart am Wind s.; unter englischer Flagge s.; die Jacht segelte auf der Höhe von Dover. **b)** *mit einem Segelschiff fahren:* s. lernen; eine Jolle s.; wir haben/sind diesen Sommer viel gesegelt; sie sind über den See gesegelt; übertr.: die Regierung segelt auf Erfolgskurs. **2.** ⟨etwas s.⟩ **a)** *segelnd zurücklegen:* eine bestimmte Route s.; wir sind über 400 Meilen gesegelt; übertr.: die Opposition wäre einen anderen Kurs gesegelt. **b)** *segelnd ausführen, absolvieren:* einen Rekord s.; eine Regatta s. **c)** *ein Segelschiff [irgendwohin] steuern:* eine Jacht [nach Kiel] s. **3.** *schwebend gleiten, fliegen:* der Adler segelt hoch in der Luft, durch die Lüfte; die Wolken segeln am Himmel; er segelte über das Eis. **4.** (ugs.) ⟨mit Raumangabe⟩ *fallen:* er segelte aus dem Boden, aus der Hängematte, in die Pfütze, von der Couch; das Auto segelte *(flog, schleuderte)* aus der Kurve; übertr.: er ist von der Schule gesegelt *(geflogen).* **b)** ⟨durch etwas s.⟩ *etwas nicht bestehen:* durchs Examen s.

Segen, der: 1. *erbetene oder erteilte [göttliche] Gunst:* der göttliche, väterliche, päpstliche S.; jmdm. den S. geben, spenden, erteilen; über jmdn., etwas den S. sprechen; den S. erhalten, bekommen; der Priester gab den S. mit dem Allerheiligsten, mit der Monstranz; ohne den S. der Kirche (veraltend; *unverheiratet)* zusammenleben. 2. *Glück; Erfolg:* der S. der Arbeit, Ernte; auf seiner Arbeit ruht kein S. *(er hat nur Mißerfolge);* diese Erfindung ist ein wahrer, kein reiner S.; neue Medien – Fluch oder S.?; eine ordentliche Putzfrau ist ein S. *(eine Wohltat)* für den Haushalt; [es ist] ein S., daß es nicht regnet; die Lehrer wünschten ihnen Glück und S. auf ihrem weiteren Lebensweg; R: sich regen bringt S. * (ugs.:) **der ganze Segen** *(alles, was jmdm. gegen seinen Willen zuteil wird):* die Stricke rissen, und der ganze S. kam herunter · (ugs.:) **seinen Segen zu etwas geben** *(in etwas einwilligen)* · (ugs.:) **meinen/unseren Segen hat jmd.** *(von mir, von uns aus kann jmd. etwas Bestimmtes tun).*
segnen: 1. ⟨jmdn., etwas s.⟩ *jmdm., einer Sache den Segen geben:* der Pfarrer segnet die Gemeinde, das Brautpaar, die Fluren; die Eltern segneten ihre Kinder; Gott segne dich, dein Werk!; übertr.: er starb im gesegneten (geh.; hohen) Alter von 85 Jahren; einen gesegneten *(großen)* Appetit, gesegneten *(tiefen)* Schlaf haben. 2. (geh.) ⟨etwas s.⟩ *preisen; glücklich sein über:* ich segne deinen Entschluß, die Sache endlich zu bereinigen; er segnete den Tag, an dem er abgereist war. * (geh., oft spöttisch:) **mit etwas, mit jmdm. gesegnet sein** *(mit etwas, jmdm. reich bedacht sein):* mit Talenten gesegnet sein; die Ehe war mit Kindern gesegnet.
sehen: 1. a) ⟨meist mit Artangabe⟩ *mit dem Auge wahrnehmen:* gut, schlecht, scharf, weit s.; er kann nicht mehr ohne Brille s.; er kann wieder s. *(ist nicht mehr blind);* er sieht nur noch auf/mit einem Auge; /Ausruf der Überraschung/: sehe ich recht! b) ⟨mit Raumangabe⟩ *den Blick irgendwohin richten; blicken:* auf den Bildschirm, aus dem Fenster, in die Sonne s.; in den Spiegel s. *(sich im Spiegel betrachten);* nicht links noch rechts, nach oben, zu Boden s.; durch das Fernglas s.; /Verweis in einem Text/: siehe Seite 115; siehe oben, siehe unten; morgens kann er kaum aus den Augen s. *(kann er vor Müdigkeit kaum die Augen offenhalten);* /Ausruf des überraschten Erkennens/: sieh da!; und siehe da!; sieh mal [einer] guck! (ugs. scherzh.); übertr.: alles sah auf den kommenden Präsidenten *(richtete sein Interesse, seine Erwartungen auf ihn);* gelassen, sorgenvoll in die Zukunft s. *(an die Zukunft denken);* man kann niemandem ins Herz s. *(nicht wissen, was jmd. denkt);* das Boot sah *(ragte)* nur ein Stück aus dem Wasser; ⟨jmdm. s.⟩ ⟨mit Raumangabe⟩ jmdm. [tief] in die Augen s.; er versuchte, beim Skat seinem Nachbarn in die Karten zu s.; er konnte mir nicht in die Augen, ins Gesicht s. 2. a) ⟨jmdn., etwas s.⟩ *als vorhanden feststellen, bemerken; erblicken:* jmdn. schon von weitem, nur flüchtig, vom Fenster aus s.; es war so neblig, daß man die Hand nicht vor den Augen s. konnte; wir haben sie gar nicht s. bekommen; niemand war zu s.; die Berge waren gut, kaum, nur verschwommen zu s.; ich sehe alles doppelt; ich

sehe es [un]deutlich, verwundert, mit Staunen; wo hast du ihn gesehen?; man hat ihn zuletzt beim Verlassen seiner Wohnung gesehen; ich sah ihn kommen; ich habe ihn tanzen, spielen, sterben, davonlaufen s./(selten:) gesehen; wann sehen *(treffen)* wir uns?; ich freue mich, Sie zu s.; wir sehen ihn häufig bei uns [zu Besuch]; ich sehe ihn [in der Erinnerung] noch deutlich vor mir; den möchte ich sehen *(den gibt es nicht),* der das alles kann!; von ihm war [weit und breit] nichts mehr zu s. *(er war verschwunden)* ⟨auch ohne Akk.⟩ laß [mich] s.! *(zeige es [mir])* · Fußball: der Libero sah die rote Karte *(ihm wurde vom Schiedsrichter die rote Karte gezeigt zum Zeichen dafür, daß er den Platz verlassen müsse);* adj. Part.: er war bei ihnen gern gesehen; ein gern gesehener Gast: subst.: wir kennen uns vom Sehen *(haben noch nicht miteinander gesprochen);* übertr.: seinen Weg vor sich s. *(eine klare Vorstellung von seinem Lebensweg haben);* den Tod vor Augen s. *(glauben, daß das Ende gekommen ist).* b) ⟨jmdn., sich, etwas s.⟩ *mit Umstandsangabe* wähnen; *sich deutlich vorstellen können:* sie sah ihren Sohn schon als großen Künstler; er sah sich schon als der neue/(selten:) den neuen Chef, schon in leitender Stellung, am Ziel angelangt; er sah sich getäuscht; wir sahen *(fanden)* unsere Wünsche alle erfüllt, unsere Erwartungen enttäuscht. c) ⟨etwas s.⟩ *sich etwas ansehen; betrachten:* ein Spiel, einen Film, eine Komödie s.; er hat die Welt, hat schon viel von der Welt gesehen; da gibt es nichts [Besonderes] zu s.; es gibt dort nicht viel zu s. *(kaum Sehenswürdigkeiten);* das muß man gesehen haben *(das ist sehenswert);* das ist nur für Geld zu s. *(zu besichtigen).* d) ⟨jmdn., etwas s.⟩ *erleben:* noch nie haben wir einen glücklicheren Gewinner gesehen; er hat schon bessere Zeiten gesehen; ⟨jmdn. s.; mit Umstandsangabe⟩ noch nie hat man ihn so fröhlich gesehen; ihr habt ihn in Not gesehen und habt ihm nicht geholfen. e) ⟨sich s.; mit Umstandsangabe⟩ *sein:* wir sehen uns genötigt, gezwungen, das Haus zu verkaufen; dazu sehe wir uns nicht veranlaßt; ich sah mich nicht in der Lage, ihm zu helfen. f) ⟨sich s.; mit Artangabe⟩ *durch Sehen in einen bestimmten Zustand kommen:* sich müde s.; übertr.: sich an etwas nicht satt sehen können *(nicht genug davon sehen können).* 3. a) ⟨etwas s.⟩ *merken, feststellen:* überall nur Fehler s.; nur seinen Vorteil s. *(wahrnehmen);* von der einstigen Begeisterung war nichts mehr zu s.; der Arzt sah, daß er nicht mehr helfen konnte; ich sehe schon, so ist das nicht zu machen; wie ich sehe, ist hier alles in Ordnung; da sieht man's wieder!; ich möchte doch einmal s., ob er's wagt; ⟨auch ohne Akk.⟩ hast du gesehen?; siehst du [wohl]/(ugs.:) siehste *(merkst du jetzt, daß ich recht habe);* wir werden ja s.; ihr werdet schon s.!; seht, das war so. b) ⟨etwas s.; mit Artangabe⟩ *beurteilen:* alles negativ, falsch, verzerrt s.; (ugs.:) das darf man nicht so eng, muß man locker s.; sehe ich das richtig?; ich sehe das so, anders; wie siehst du das?; die Verhältnisse nüchtern s.; die Dinge s., wie sie sind; wir müssen diese Tat im richtigen Zusammenhang s.; adj. Part.: menschlich gesehen *(im Hinblick auf die menschlichen Beziehungen);* auf die Dauer gesehen, ist das keine Lösung. c) ⟨jmdn., etwas s.⟩ *erkennen, erfassen:* das Wesen, den Kern einer Sache s.; er sieht in ihm nur den Gegner; er sah darin nichts Befremdliches; er sieht die Zusammenhänge nicht; er hat in seinem Roman einige Figuren gut gesehen; Sie sehen *(ersehen)* daraus, daß ...; daran können Sie s., wie ... **d)** ⟨etwas s.⟩ *überlegen; prüfen:* s., ob es einen Ausweg gibt; ich will s., was sich tun, machen läßt. **4.** ⟨nach jmdm., nach etwas s.⟩ *sich um jmdn., um etwas kümmern:* nach den Kindern, nach dem Kranken s.; sieh bitte mal nach den Kartoffeln, ob sie schon gar sind!; wir müssen nach weiteren Möglichkeiten für den Absatz unserer Waren s. **5.** ⟨auf jmdn., auf sich, auf etwas s.⟩ *auf jmdn., sich, etwas achten, bedacht sein:* auf Ordnung, auf Sauberkeit s.; du solltest mehr auf dich selbst s.; wir müssen auf unsere Wähler s.; er sieht nur aufs Geld; wir müssen s., daß die Bestimmungen eingehalten werden. **6.** ⟨mit Nebensatz⟩ *sich darum kümmern, daß man etwas Bestimmtes erreicht:* sieh, daß du fertig wirst; er soll selbst s., wie er das Problem löst; R (ugs.): man muß s., wo man bleibt *(man muß für die sich bietenden Vorteile ausnutzen).* *(ugs.:)* **hast du nicht gesehen** *(unversehens):* hast du nicht gesehen, war er verschwunden · **sich [bei jmdm.] sehen lassen** *(jmdn. besuchen):* laß dich mal wieder bei uns s.! · **sich sehen lassen [können]** *(Fähigkeiten haben, hervorragend sein):* diese Leistung kann sich s. lassen · **sich mit jmdm., mit etwas sehen lassen können** *(stolz auf jmdn., auf etwas sein dürfen)* · **sich irgendwo, bei jmdm. nicht mehr sehen lassen dürfen/sollen/können** *(irgendwo nicht mehr hingehen, jmdn. nicht mehr unter die Augen treten dürfen/sollen/können)* · *(ugs.:)* **jmdn., etwas nicht mehr sehen können** *(jmdn., etwas nicht mehr leiden können)* · *(ugs.:)* **jmdn. am liebsten von hinten sehen** *(jmds. Anwesenheit als lästig, störend empfinden und sich freuen, wenn er bald wieder geht)* · **etwas [nicht] gern sehen** *(etwas [nicht] gern haben):* meine Eltern sahen diese Freundschaft nicht gern · **etwas kommen sehen** *(etwas Schlimmes voraussehen):* das habe ich kommen s./(selten:) gesehen!

Sehne, die: **1.** *Strang, der Muskeln und Knochen miteinander verbindet:* straffe, schlaffe Sehnen; die S. am Fuß liegt bloß, ist gerissen; ich habe mir eine S. gezerrt, überdehnt. **2.** *Strang zum Spannen des Bogens:* die S. am Bogen, an der Armbrust; die S. straffen, spannen; der Pfeil schnellte von der S. **3.** (Math.) *Strecke, die zwei Punkte einer Kurve verbindet:* eine S. zeichnen.

sehnen ⟨sich nach jmdm., nach etwas s.⟩: *Sehnsucht haben:* sich nach Ruhe, nach dem Gebirge s.; ich sehnte mich im stillen nach ihr; ich sehne mich danach, dich wiederzusehen.

sehnig: 1. *mit Sehnen durchsetzt:* sehniges Fleisch; das Steak ist sehr s. **2.** *durch Training kraftvoll:* sehnige Arme; eine sehnige Gestalt; sein Körper war straff und s.

sehnlich: *sehnsüchtig:* es ist mein sehnlicher, sehnlichster Wunsch; das hoffen wir s.

sehnlichst ⟨Adverb⟩: *mit größter Sehnsucht:* etwas s. verlangen, herbeiwünschen; wir haben dich s. erwartet.

Sehnsucht, die: *starkes Verlangen:* eine verzehrende, glühende, unstillbare S.; heimliche,

stille Sehnsüchte; er hatte S. nach seiner Familie, nach der alten Umgebung, in die Ferne; S. [er]wecken, empfinden; der Gedanke daran erfüllte ihn mit S.; du wirst schon mit S. *(ugs. / sehr)* erwartet; sie wurde von S. ergriffen, gequält, verzehrt; ich verging, starb fast vor S.

sehnsüchtig: *von Sehnsucht erfüllt, voller Sehnsucht:* ein sehnsüchtiges Verlangen; S. nach jmdm. ausschauen; er wurde s. erwartet.

sehr ⟨Adverb⟩: *in großem, hohem Maße; besonders:* s. arm, reich, hübsch, schön, betrübt, traurig, erfreut, beschäftigt, angestrengt, angespannt sein; das ist s. freundlich, nett, liebenswürdig von Ihnen; s. schön! s. gut!; er hat die Prüfung mit [der Note] „s. gut" bestanden; er wäre s. wohl imstande gewesen, die Arbeit rechtzeitig zu beenden; er ist zu s. verbittert, um noch gerecht urteilen zu können; er war mit seiner Zahlung s. im Rückstand; [ich] danke s.; bitte s.!; /Briefanfang/: s. geehrte/verehrte Frau Krause!; /Anrede an ein Publikum/: s. verehrte Anwesende! /meine s. geehrten/verehrten Damen und Herren!

seicht: 1. *flach, mit geringer Tiefe:* ein seichter Bach; seichte Stellen im See; der Teich ist s. **2.** *anspruchslos, oberflächlich:* seichtes Gerede; ein seichter Roman; diese Lektüre ist mir zu s.; die Unterhaltung plätscherte s. dahin.

Seide, die: **a)** /ein Stoff/: rohe, reine, bunte, matte, knitterfreie, japanische S.; die S. rauscht, knistert; ihr Haar ist wie S.; S. tragen; die Bluse ist aus S.; der Mantel ist auf/mit S. gefüttert; sie war in Samt und S. *(kostbar)* gekleidet. **b)** *seidenes Garn:* sie näht, strickt, häkelt mit S.

seiden: *aus Seide bestehend, hergestellt:* ein seidenes Kleid, Tuch, Kissen; eine seidene Bluse, Schleife, Krawatte; sie trägt seidene Wäsche.

seidig: *wie Seide wirkend:* ein seidiger Pelz; seidiges Haar; das Fell ist weich und s.; der Stoff schimmert s. *(wie Seide).*

Seife, die: /ein Waschmittel/: duftende, parfümierte, hautpflegende, kosmetische, überfettete S.; grüne S. *(Schmierseife);* die S. schäumt stark, kaum; früher kochte, siedete man S.; ein Stück S.; er wusch sich gründlich mit Wasser und S.

Seifensieder ⟨in der Wendung⟩ jmdm. geht ein Seifensieder auf (ugs.): *jmd. versteht, durchschaut plötzlich etwas.*

Seil, das: *starke Schnur:* das S. [des Bergsteigers] ist gerissen; ein S. knoten, befestigen, drehen; Seile spannen; am S. gehen, sich festhalten, einen Gletscher überqueren; etwas an, mit einem S. hochziehen; auf dem S. tanzen; der Boxer hing in den Seilen *(Ringseilen);* mit Seilen klettern; die Kinder springen, hüpfen über das S.

¹sein: **I.** **1.** **a)** ⟨mit Umstandsangabe⟩: *sich in einem bestimmten Zustand befinden; eine bestimmte Eigenschaft haben:* er war sehr freundlich; du bist wohl nicht gesund?; er ist wieder gesund; wie alt bist du?; ich bin 15 [Jahre alt]; er ist in den Sechzigern *(ist zwischen 60 und 70 Jahre alt);* er ist in Gefahr, ohne Schuld, noch am Leben; wie der Wein?; die Rose ist schön; der Fluß ist gefroren; die Geschichte ist sehr merkwürdig; das ist unerhört!; gern für sich *(allein)* s.; nicht bei sich *(ohnmächtig)* s.; es ist *(verhält sich)* nicht so, wie du meinst; das kann doch nicht wahr s.!; das wird [wohl] so s.; dem ist [nicht] so *(die Sache ver-*

hält sich [nicht] so); sei es, wie es wolle/wie dem auch sei *(gleichgültig, ob es sich so verhält).* **b)** ⟨jmdm. ist [es]; mit Artangabe⟩ *jmd. fühlt sich in einer bestimmten Weise:* mir ist [es] übel, schlecht, kalt; ist dir wieder besser?; mir ist *(ich habe das unbestimmte Gefühl),* als [ob] ... **2. a)** ⟨mit Gleichsetzungsnominativ; in Verbindung mit einem Possessiv- oder Interrogativpronomen⟩ *jmds. Besitz, Eigentum darstellen; jmdm. gehören:* das ist mein Mantel, Auto, Radio; ist der Schlüssel deiner?; das ist meiner; wessen Handtasche ist das?; ⟨ugs. landsch. auch: jmdm. s.⟩ wem ist die Handtasche, das Kind?; die Handtasche ist mir; **übertr.:** ich bin dein *(bin dir in Liebe verbunden).* **b)** ⟨mit Gleichsetzungsnominativ⟩ */drückt eine Identität oder Zuordnung aus/:* er ist Bäcker; er ist [ein] Künstler; er ist durch und durch Berliner; er ist ein mieser Schuft; die Katze ist ein Haustier; das ist eine Frechheit!; wir sind Kollegen; sie ist die Freundin meines Bruders; es war ein herrlicher Abend; R: das wär's *(das ist alles).* **c)** ⟨etwas ist etwas⟩ *etwas ergibt etwas:* zwei mal zwei ist vier. **3. a)** ⟨mit Raumangabe⟩ *sich irgendwo befinden; sich irgendwohin begeben haben:* in der Stadt, im Büro, zu Hause s.; er ist zur Zeit in Hamburg, in Urlaub, zur Kur, [nicht] hier; das Geld ist an seinem Platz, auf der Bank, auf meinem Konto; wo bist du?; sie waren essen *(haben sich zum Essen fortbegeben);* er ist bei der Arbeit. **b)** ⟨mit Raumangabe⟩ *irgendwoher stammen:* er ist aus guter Familie, aus Österreich, aus Berlin; die Bilder sind aus der Mannheimer Kunsthalle; das Paket ist von zu Hause, von Mutter. **c)** ⟨es ist; mit Zeitangabe oder Substantiven, die einen Zeitbegriff ausdrücken⟩ */gibt eine bestimmte Zeit an/:* es ist 19 Uhr; es ist Abend, schon spät; es war noch früh am Morgen; es war Winter; es war im Frühling, [im Jahre] 1945. **4. a)** ⟨meist im Infinitiv mit Modalverben⟩ *geschehen:* das darf, soll, muß nicht s.!; muß das s.?; es braucht nicht sofort zu s.; das kann doch nicht s.! *(das ist doch nicht möglich!);* wenn etwas ist (ugs.; *wenn sich etwas Wichtiges ereignet),* ruf mich an!; es sei/ so sei es denn! *(es möge, soll, kann so geschehen);* sei's drum *(es macht nichts);* R: was s. muß, muß s. *(es ist unvermeidbar).* **b)** ⟨etwas ist; mit Zeitangabe⟩ *etwas geht vor sich, ereignet sich:* das letzte große Erdbeben war dort im Sommer 1964; die Kapitulation war Anfang Mai 1945. **c)** ⟨etwas ist; mit Zeit- oder Raumangabe⟩ *etwas findet statt:* die Premiere ist heute abend, übermorgen, am 18. Mai; das Konzert war am großen Saal, im Freien. **5.** *existieren, Wirklichkeit sein:* Gott ist; es ist *(lebt)* nicht mehr; alles, was war, ist und s. wird; ist irgend etwas *(gibt es irgend etwas Besonderes, irgendeinen Grund zur Beunruhigung)?;* das war einmal *(das ist längst vorbei);* */Märchenanfang/:* es war einmal ein König ...; wenn er nicht gewesen wäre, wäre alles anders gekommen; unsere Freundschaft ist gewesen *(besteht nicht mehr);* R: was nicht ist, kann noch werden; **adj.** oder **subst. Part.:** Karl Hansen, ein gewesener *(ehemaliger)* Kapitän; Gewesenes *(Vergangenem)* soll man nicht nachtrauern; **subst.:** der Ursprung allen Seins. **6.** ⟨einer Sache s.⟩ *haben, vertreten:* ich bin der Auffassung, daß ...; ich bin nicht deiner Ansicht. **II. 1.** ⟨mit Infini-

tiv mit *zu*⟩ **a)** */entspricht einem mit ,,können" verbundenen Passiv/:* er ist durch niemanden zu ersetzen *(kann durch niemanden ersetzt werden);* das ist nicht mit Geld zu bezahlen; der Schmerz ist kaum zu ertragen; die Arbeit war ohne weiteres zu schaffen. **b)** */entspricht einem mit ,,müssen" verbundenen Passiv/:* fehlerhafte Exemplare sind zu entfernen *(müssen entfernt werden);* am Eingang ist der Ausweis vorzuzeigen. **2.** ⟨mit einem 2. Part. als Hilfsverb⟩ **a)** */dient der Perfektumschreibung/:* der Zug ist eingetroffen; er ist gestorben; wir sind [über den See] gerudert; er ist in Urlaub gefahren. **b)** */dient der Bildung des Zustandspassivs/:* das Fenster ist geöffnet, damit waren wir gerettet. ***** (ugs.:) *etwas ist nicht (etwas gibt es nicht, findet nicht statt):* Rauchen ist bei mir nicht · (ugs.:) *es sein (etwas getan haben; der Schuldige sein):* er war es; nachher will es keiner gewesen s. · (ugs.:) *nichts sein (im Leben zu nichts gebracht haben)* · (ugs.:) *wer sein (zu etwas gebracht haben; Ansehen genießen):* wir sind wieder wer im Fußball · (ugs.:) **es ist nichts mit etwas** *(etwas läuft nicht so ab, findet nicht so statt, wie geplant, beabsichtigt war):* wenn du krank bist, dann ist es wohl heute nichts mit unserem Ausflug · **es ist an jmdm., etwas zu tun** *(jmd. muß etwas tun):* es ist an ihm, sich um eine Verständigung zu bemühen · (ugs.:) **mit jmdm. ist etwas** *(jmdm. fehlt etwas)* · (ugs.:) **jmdm. ist [nicht] nach etwas** *(jmdm. steht [nicht] der Sinn nach etwas):* mir ist heute nicht nach Feiern · (ugs.:) **nicht so sein** *(sich großzügig, nachsichtig zeigen):* eigentlich solltest du nichts erhalten, aber ich will mal nicht so s. · **es sei denn, [daß]** *(außer wenn):* ich bin um acht da, es sei denn, daß etwas dazwischenkommt · **sei es ... sei es; sei es ... oder** *(entweder ... oder; ob ... oder [ob]):* das Prinzip ist das gleiche, sei es in der Luft, sei es im Wasser; einer muß es tun, sei es Herr X oder [sei es] Herr Y.

²sein ⟨Possessivpronomen; 3. Person Singular Maskulinum und Neutrum⟩: *a) ihm gehörend:* s. Vater; seiner Meinung nach; einer seiner Brüder/ von seinen Brüdern; der Graben war drei Meter (ugs.; *war drei Meter)* breit; alles, was s. ist (geh.); das Buch ist seines; ich hatte mein Werkzeug vergessen und benutzte seines/(geh.:) das seine; alles zu seiner *(zur passenden)* Zeit; /in Titeln/: Seine Exzellenz, Hoheit, Majestät; **subst.:** er feierte Weihnachten mit den Seinen *(seinen Angehörigen);* sie wurde die Seine (geh.; *seine Frau);* R: jedem das Seine *(jeder soll haben, was ihm zusteht);* den Seinen gibt's der Herr im Schlaf *(manche Leute haben so viel Glück, daß sie ohne Anstrengung viel erreichen).* **b)** *bei ihm zur Gewohnheit, Regel geworden:* er hat wieder seine Tabletten vergessen; er hat seinen Bus verpaßt.

seinerzeit ⟨Adverb⟩: *damals, früher:* diese Vorschrift gab es s. noch nicht; von diesem Buch war s. viel die Rede.

seinesgleichen ⟨indeklinables Pronomen⟩: *jmd., etwas von seiner Art, seinem Rang:* nur mit s. verkehren; (abwertend:) von ihm und s. kann man nichts anderes erwarten. ***** *etwas hat nicht/ sucht seinesgleichen (etwas ist nicht zu überbieten).*

seinetwegen ⟨Adverb⟩: **1.** *um seinetwillen:* sie hat s. die Fahrt abgesagt. **2.** (ugs.) *von ihm aus:* s. könnten wir heute schon abreisen, sagte er.

seit: I. ⟨Präp. mit Dativ⟩: *von einem bestimmten Zeitpunkt, Ereignis an:* s. dem zweiten Weltkrieg; s. langer Zeit; s. kurzem, langem, heute, gestern; s. wann bis du hier?; s. vier Uhr, s. zwei Stunden warte ich auf dich. II. ⟨temporale Konj.⟩ *seitdem:* er fährt kein Auto mehr, s. er den Unfall hatte; s. ich hier bin, fühle ich mich wohler.

seitdem: I. ⟨temporaler Konj.⟩ *von einem bestimmten Zeitpunkt an:* s. ich das weiß, traue ich ihm nicht mehr; s. sie berühmt ist, kennt sie uns nicht mehr. II. ⟨Adverb⟩ *von dem vorher genannten Ereignis, Augenblick an:* ich habe ihn s. nicht mehr gesehen; nichts hat sich s. geändert.

Seite, die: 1. a) *Grenzfläche eines Gegenstandes:* die vordere, hintere, obere, untere, äußere, innere S.; die Seiten eines Würfels; das Paket war auf allen Seiten mit der Anschrift versehen. b) *rechter, linker Teil eines Gegenstandes, eines Raumes, einer Fläche:* die linke, rechte S. der Straße, des Tales; die gegenüberliegende S. des Hafens; S p o r t : die Seiten wechseln *(die Spielfeldhälften, den Platz tauschen)* · etwas auf die S. *(aus dem Weg)* stellen, räumen, schaffen; auf die, zur S. gehen; das Schiff legte sich auf die S.; auf beiden, zu beiden Seiten des Bahnhofs; jmdn. zur S. *(beiseite)* nehmen. c) *Richtung:* der Wagen wich nach der falschen S. aus; die Menschen gingen nach allen Seiten auseinander; von allen Seiten strömten die Leute zusammen; sie sah mich von der S. *(aus seitlicher Richtung)* an. 2. *rechter oder linker Teil des Körpers; Flanke:* sich (Dativ) vor Lachen die Seiten halten; S. an S. *(nebeneinander);* sich nicht gern an jmds. *(mit jmdm.)* zeigen; auf der S. liegen; sich im Schlaf auf die [linke, rechte] S. drehen; die Hände in die Seite stemmen; er hat Stiche in der S. 3. *einer anderen gegenüberliegende Fläche:* die beiden Seiten einer Münze, eines Blattes; er legte die erste S. *(Schallplattenseite)* auf; das Buch hat 150 Seiten, ist 150 Seiten stark; s. herausreißen; eine neue S. in der Zeitung aufschlagen; die Zeitung brachte die wichtige Nachricht gleich auf der ersten S.; die Anmerkung steht auf S. 215; siehe S. 11–15/die Seiten 11–15; mit 80 Seiten buntbebilderten Angeboten; ein Lesezeichen zwischen die Seiten legen; R: das ist [nur] die eine/ist die andere S. der Medaille *(das ist [nur] die eine/ist die andere von zwei Erscheinungsformen);* alles/jedes Ding hat [seine] zwei Seiten *(hat Vor- und Nachteile).* 4. a) (Math.) *Grenzlinie einer Fläche:* die Seiten eines Dreiecks berechnen. b) *Abstammungslinie:* er hat diese Begabung von der mütterlichen S. 5. a) *Charakterzug:* diese S. an ihm war mir neu; jeder Mensch hat gute, schlechte Seiten; von dieser S. kannte ich ihn noch nicht; uns gegenüber zeigte er sich stets von seiner besten S. *(zeigte er nur seine besten Eigenschaften).* b) *Aspekt, Standpunkt:* die technische S. des Problems; die juristische S. einer Aktion; einer Sache eine neue, positive S. abgewinnen; dieser Vorfall hat auch seine guten Seiten; auf der einen S. ..., auf der anderen S. ... *(einerseits ..., andererseits ...);* etwas von allen Seiten *(gründlich)* untersuchen; man muß versuchen, die Dinge von der leichten, heiteren S. zu nehmen, anzusehen. 6. *gegnerische Partei; andere Person oder Gruppe:* die andere S. zeigte sich sehr unnachgiebig; beide Seiten sind an Ver-

handlungen interessiert; auf welcher S. stehen Sie eigentlich?; das Recht ist auf unserer S.; er schlug sich auf die S. der Partisanen; nach allen Seiten offen sein; er erhielt von verschiedenen Seiten *(Personen, Firmen)* Angebote; ich werde von meiner S. *(von mir aus)* nichts unternehmen; von anderer, dritter, offizieller, unterrichteter S. erfahren wir, daß ...; das kann von keiner S. *(von niemandem)* bestritten werden; von dieser S. ist nichts zu befürchten; von kirchlicher S. wurden keine Einwände erhoben; ü b e r t r . : auf der S. des Fortschritts stehen. * (scherzh.:) **jmds. grüne Seite** *(jmds. unmittelbare Nähe):* setz dich, komm an meine grüne S.! · (ugs.:) **etwas ist jmds. schwache Seite:** a) *(jmd. kann etwas nicht besonders gut):* Rechnen ist seine schwache S. b) *(jmd. hat eine Schwäche für etwas):* Rauchen ist meine schwache S. · (ugs.:) **etwas ist jmds. starke Seite** *(jmd. kann etwas besonders gut):* Zeichnen ist seine starke S.; (iron.:) Offenheit ist nicht seine stärkste S. *(er ist nicht immer offen und ehrlich)* · **jmdn. jmdm./etwas einer Sache an die Seite stellen** *(jmdn. jmdm./etwas einer Sache gleichstellen):* wir stellen ihn seinem Bruder an die S. · (ugs.:) **etwas auf die Seite schaffen** *(etwas heimlich, unauffällig wegbringen)* · (ugs.:) **jmdn. auf die Seite schaffen** *(jmdn. umbringen)* · (ugs.:) **etwas auf die Seite legen** *(etwas sparen)* · **jmdn. auf seine Seite bringen/ziehen** *(jmdn. für seine Absichten, Pläne gewinnen)* · **jmdm. nicht von der Seite gehen/weichen** *(jmdn. nicht verlassen)* · (ugs.:) **jmdn. von der Seite ansehen** *(jmdn. geringschätzig ansehen, behandeln)* · **jmdm. zur Seite springen** *(jmdm. beispringen, helfen)* · **jmdm. [mit Rat und Tat] zur Seite stehen** *(jmdm. helfen, beistehen)* · **auf seiten** *(auf der Seite, bei):* auf s. der Wähler herrscht Erbitterung · **von seiten** *(von der Seite, von):* von s. der Opposition kamen Einwände.

Seitenblick, der: *Blick von der Seite mit einem bestimmten Ausdruck:* jmdm. einen kurzen, ironischen S. zuwerfen; durch einen, mit einem S. etwas zu verstehen geben; mit einem S. auf die Kinder *(der Kinder wegen)* brachen das Gespräch ab.

Seitenhieb, der: *eigentlich nicht zum Thema gehörende kritische Bemerkung:* mit einem deutlichen S. auf die Opposition schloß er seine Rede.

seitens ⟨Präp. mit Gen⟩: *von seiten:* s. der Belegschaft wurden keine Einwände erhoben; s. meines Mandanten erkläre ich, daß ...

Seitensprung, der: *erotisches Abenteuer außerhalb einer festen Bindung:* gelegentliche, häufige Seitensprünge; einen S. machen.

seither ⟨Adverb⟩: *seitdem:* ich habe ihn im April gesprochen, doch s. habe ich keine Verbindung mehr mit ihm.

seitlich: I. ⟨Adj.⟩ *auf, an der Seite [befindlich]:* die seitliche Begrenzung der Straße; bei seitlichem *(von der Seite kommendem)* Wind begann der Wagen zu schlingern; das Schild ist s. angebracht. II. ⟨Präp. mit Gen.⟩ *an [der Seite von] etwas:* sie gingen s. des Flusses spazieren; das Haus liegt s. der Bahn. III. ⟨Adverb⟩ *an [der Seite von] etwas, jmdm.:* die Bahnstrecke verläuft hier s. vom Rhein; s. von mir stand ein Polizist.

seitwärts: I. ⟨Adverb⟩ *nach der Seite hin:* sich s. halten; einen Schritt s. machen; das Haus liegt mehr s. **II.** (geh.) ⟨Präp. mit Gen.⟩ *auf der Seite einer Sache:* s. des Weges.

Sektion, die: 1. *Leichenöffnung:* eine S. vornehmen; durch die S. wurde die Todesursache festgestellt. 2. *Abteilung; Gruppe eines Vereins:* die S. München des Alpenvereins; die deutsche S. von Amnesty International.

Sekunde, die: 1. a) /*eine Zeiteinheit*/: 10 Minuten und 15 Sekunden; die Sekunden verstrichen, verrannen; man muß jede S. [aus]nutzen; er kam auf die S. genau. **b)** (ugs.) *sehr kurze Zeitspanne, Augenblick:* wir dürfen keine S. verlieren; es dauert nur eine S.; ich bin in einer S. wieder da; in der nächsten S. war er bereits verschwunden; eine S. [bitte]! (warten Sie [bitte] einen Augenblick!). **2.** (Musik) *Intervall von einem ganzen oder halben Ton:* eine S. auf dem Klavier anschlagen; er sang das Lied eine S. tiefer. **3.** (Math.) /*eine Winkeleinheit*/: ein Winkel von 45 Grad, 21 Minuten, 10 Sekunden.

selbst, (auch:) **selber: I.** ⟨Demonstrativpron.⟩ /*drückt aus, daß keine andere Person oder Sache gemeint ist als die betreffende*/: der Vater, der Minister, Gott s. *(in eigener Person);* das muß ich s. tun, machen, sehen; er ist gar nicht mehr er s. *(ist geistig und körperlich so heruntergekommen, daß man ihn gar nicht mehr zu erkennen glaubt);* er ist die Zuverlässigkeit s. *(in Person);* sie muß sich s. *(persönlich)* entscheiden; das muß er s. wissen *(ist seine ganz persönliche Sache);* das weiß ich s. *(das braucht mir niemand zu sagen);* sie würde sich damit nur s. betrügen, belügen; erkenne dich selbst!; mir tut es s. leid; mir war s. nicht wohl bei der Sache; ich war mir s. überlassen; ich war mir meiner selbst kaum bewußt; du hast dich wohl mit dir selbst unterhalten?; man muß eine Sache um ihrer selbst willen tun; von s. *(allein, ohne Mitwirkung von außen)* wäre ich nie darauf gekommen; das versteht sich s.; das kommt schon von s.; vor lauter Terminen komme ich gar nicht mehr zu mir s. *(finde ich keine Zeit mehr zur Selbstbesinnung);* subst.: mein besseres Selbst *(Ich);* sein zweites Selbst; unser wahres Selbst. **II.** ⟨Adverb⟩ *sogar:* selbst Bitten konnten sie nicht umstimmen; selbst mit Geld war er nicht dafür zu haben; ich tue das, selbst *(auch dann)* wenn ich dafür bestraft werde. * **sich** (Dativ) **selbst genug sein** *(den Umgang, die Freundschaft mit anderen nicht benötigen).*

selbständig: a) *aus eigener Fähigkeit, Initiative handelnd; ohne fremde Hilfe ausgeführt:* das ist eine selbständige Arbeit; er ist für sein Alter schon sehr s.; er kann hierbei s. handeln, entscheiden; er hatte nie gelernt, s. zu denken. **b)** *unabhängig:* eine selbständige Stellung, Tätigkeit; die selbständigen Berufe *(Berufe, in denen jmd. nicht als Arbeitnehmer arbeitet);* er will s. sein; wann ist dieses Entwicklungsland s. geworden *(hat es seine staatliche Autonomie erhalten)?* * **sich selbständig machen: a)** *(ein eigenes Unternehmen gründen).* **b)** (scherzh.; *abhanden kommen, weglaufen):* die Radkappe ist Kind hat sich unterwegs s. gemacht.

Selbstbeherrschung, die: *Fähigkeit, sich zu beherrschen:* S. üben; [keine] S. haben; er hat seine S. verloren.

selbstbewußt: *von seinem Wert und seinen Fä-*

higkeiten überzeugt: eine selbstbewußte Frau; er, sein Benehmen war ziemlich s.; er trat sehr s. auf.

Selbstbewußtsein, das: *das Überzeugtsein von seinem Wert und seinen Fähigkeiten:* ihr S. war stark ausgeprägt, schwand durch diese Mißerfolge; großes S. haben; der Vorfall erschüttert sein S.; das gibt mir, stärkt mein S.; übertr.: das nationale S.; das S. des Bürgertums.

selbstgefällig: *seine Zufriedenheit mit den eigenen Vorzügen und Leistungen gegenüber anderen besonders betonend:* eine selbstgefällige Miene aufsetzen, zur Schau tragen; der junge Mann ist sehr s.; s. in den Spiegel blicken.

Selbstgespräch, das: *Gespräch mit sich selbst, Monolog:* er führt, hält oft lange Selbstgespräche.

selbstlos: *nicht auf den eigenen Vorteil bedacht, uneigennützig:* selbstlose Liebe; jmdn. in selbstloser Weise unterstützen; sie ist sehr s.; sie hat s. gehandelt, verzichtet.

Selbstmord, der: *Tötung der eigenen Person:* S. begehen, verüben; die Zahl der Selbstmorde hat zugenommen; durch S. enden; seinem Leben durch S. ein Ende machen; übertr.: ein S. mit Messer und Gabel *(ein Sichzugrunderichten durch falsche bzw. übermäßige Ernährung);* das ist/wäre [reiner, glatter] S. *(das ist/wäre sehr riskant);* das grenzt an S. *(ist sehr gefährlich).*

selbstredend ⟨Adverb⟩: *natürlich:* das ist s. ein Irrtum; „Du kommst doch?" – „Selbstredend!"

selbstsicher: *von der Richtigkeit seines Tuns überzeugt; seiner Wirkung sicher:* ein selbstsicherer Geschäftsmann; er ist sehr, allzu s.; sie tritt sehr s. auf.

selbsttätig: a) *automatisch funktionierend:* eine selbsttätige Absperrvorrichtung; die Maschine schaltet sich s. aus. **b)** *selbst mitarbeitend; aktiv:* er hat selbsttätigen Anteil an der Firma; die Schüler wollten s. bei der Beurteilung mitwirken.

selbstverständlich: I. ⟨Adj.⟩ *keiner besonderen Erklärung oder Begründung bedürfend:* eine selbstverständliche Hilfsbereitschaft, Liebenswürdigkeit, Pflicht; das ist doch, halte ich für s.; ⟨etwas ist für mich eine s., ihr zu helfen. **II.** ⟨Adverb⟩ *zweifelsohne, natürlich:* s. hast du recht; s. komme ich mit; „Hast du Zeit für mich?" – „Selbstverständlich!"

selig: 1. (Rel.) *nach dem Tode des ewigen Lebens teilhaftig:* er hat ein seliges Ende gehabt; ihr seliger *(verstorbener)* Vater/(veraltend auch:) ihr Vater s.; s. werden; er ist s. entschlafen; Gott hab' ihn s.!; der Glaube allein macht s.; (iron.:) von mir aus kann er s. werden mit seinem Geld *(ich kann sehr gut darauf verzichten);* subst.: (ugs.:) ihr Seliger *(ihr verstorbener Mann);* Myth.: die Gefilde der Seligen *(Elysium).* **2.** *sehr glücklich:* selige Stunden, Zeiten; sie sanken in seligen Schlaf; sich s. in den Armen liegen; s. lächeln; ⟨über etwas s. sein) sie war s. über das Geschenk; s. s., s. daß er die Prüfung bestanden hatte. **3.** (ugs.) *leicht betrunken:* er war schon s.; sie wankten s. von der Feier nach Hause.

Seligkeit, die: **1.** (Rel.) *das ewige Leben:* die ewige S. gewinnen, verlieren; in die ewige S. eingehen; übertr.: meine S. hängt davon gewiß nicht ab. **2.** *Glück, Freude:* alle Seligkeiten des Erdendaseins auskosten; in s. schwimmen (ugs.: *sehr selig sein);* voller S. sein.

selten: 1. *in kleiner Zahl vorkommend, nicht häufig:* seltene Vögel, Tiere, Pflanzen; ein seltenes Exemplar; ein seltener Gast; das ist ein ganz seltener Fall; er ist ein Mensch von seltenen *(außergewöhnlichen)* Gaben; er besitzt die seltene Gabe des Zuhörens; er ist ein seltener Vogel (ugs.; *seltsamer Mensch*); wahre Freunde sind s.; seine Besuche bei uns sind s. geworden *(er besucht uns nicht mehr oft);* er kommt leider nur s. zu uns; wir sehen ihn s.; solch ein Mensch begegnet einem s.; nur noch s. spielt sie Geige; es kommt nicht s. vor, daß ...; (ugs. iron.:) s. so gelacht! *(das ist gar nicht komisch, witzig).* 2. (ugs.) ⟨verstärkend bei Adjektiven⟩ *besonders:* er machte ein s. dämliches Gesicht; die Aufführung war s. gut.
Seltenheit, die: a) *seltenes Vorkommen:* diese Pflanzen stehen wegen ihrer S. unter Naturschutz. b) *etwas selten Vorkommendes:* diese Qualität, solche Treue ist heute eine S.; das ist keine S. bei ihm, ist eine S. in solchen Fällen; es ist schon eine S., daß ...; er hat in seiner Sammlung viele Seltenheiten *(seltene Exemplare).*
Seltenheitswert, der: *das Seltensein:* ein Exemplar von, mit [großem] S.; gute Aktionen des Torwarts hatten S.
seltsam: *eigenartig; nicht recht begreiflich; merkwürdig:* ein seltsamer Mensch; seltsame Geschichten, Erlebnisse; ich hatte ein seltsames *(ungutes)* Gefühl bei dieser Sache; ihre Stimme klang s. weich; dies ist s.; er war alt und s. geworden; mir war s. zumute; sich s. benehmen; das kommt mir s. vor; sein Verhalten berührte mich s.; subst.: mir ist etwas Seltsames passiert.
Semester, das: a) *Studienhalbjahr an einer Hochschule:* das S. beginnt, geht zu Ende, ist zu Ende; vor seinem Medizinstudium hatte er drei S. Jura studiert; sie ist, steht im achten S. b) (Studentenspr.) ⟨in Verbindung mit bestimmten Adjektiven⟩ *jmd., der eine bestimmte Anzahl von Semestern studiert hat:* er ist schon ein höheres, älteres S.; jüngere S. * (ugs. scherzh.:) **ein höheres/ älteres Semester** *(eine ältere Person).*
senden: 1. a) ⟨etwas jmdm./an jmdn., an etwas s.⟩ *zuschicken, jmdm. übermitteln:* jmdm. ein Paket, eine Ansichtskarte, Blumen s.; sie sandten/ sendeten ihm Grüße; senden Sie Glückwünsche an die ganze Familie, an seine Privatadresse; ⟨auch ohne Dat.⟩ ein Telegramm [nach Köln] s.; er hat den Brief per Eilboten gesandt/gesendet; übertr.: dich hat mir der Himmel gesandt *(du kommst im rechten Augenblick).* b) ⟨jmdn., etwas s.; gewöhnlich mit Raumangabe⟩ *irgendwohin schicken, gelangen lassen:* eine Abordnung, einen Boten [dorthin] s.; Truppen in ein Katastrophengebiet s.; übertr.: die Sonne sandte/(selten:) sendete heiße Strahlen zur Erde. 2. ⟨etwas s.⟩ *durch Funk oder Fernsehen übertragen:* Notrufe s.; das Fernsehen sendete ein Fußballspiel; im Radio wurden eben Reiserufe gesendet.
Sender, der: *technische Anlage, die Funk- und Fernsehsendungen o. ä. ausstrahlt:* der S. ist gestört, wird von einem anderen überlagert, fällt wegen Reparaturarbeiten aus; ein anderer S. schlägt durch; auf welcher Frequenz arbeitet der S. von Norddeich?; die angeschlossenen S. kommen mit eigenem Programm wieder; einen überseeischen S. gut, schlecht empfangen; einen S.

stören; auf einen anderen S. umschalten; die Meldung ging über den S.; der Bundespräsident spricht über alle S.; der Boxkampf wird von allen Sendern übernommen, gerafft, ausgestrahlt.
Sendung, die: 1. *gesandte Menge von Waren:* eine postlagernde S.; eine neue S. [von] Orangen ist eingetroffen; eine S. empfangen; wir bestätigen den Empfang der S. 2. a) *wichtiger Auftrag:* die politische S. einer Partei; eine diplomatische S. des Außenministers. b) *Bestimmung, die jmd. in sich fühlt:* er glaubte an seine S. als Dichter, als Retter der Menschheit. 3. *Übertragung durch Rundfunk oder Fernsehen:* eine S. in Schwarzweiß, in Stereo; Achtung, S. läuft!; der Schulfunk bringt eine S. für das 8. Schuljahr; morgen gibt es eine S. über das Leben in Afrika, zum 750jährigen Jubiläum der Stadt; der Minister merkte nicht, daß er schon auf S. war (ugs.; *daß die Sendung bereits begonnen hatte).*
Senf, der: 1. /*eine Pflanze*/: der S. hat leuchtend gelbe Blüten; auf einigen Feldern wurde S. angebaut. 2. *aus Senfsamen gewonnene, scharfe, breiige Masse:* ein Glas, eine Tube S.; er liebt scharfen, milden S.; er aß ein Würstchen mit S. * (ugs.:) **seinen Senf dazugeben [müssen]** *(ungefragt seine Meinung äußern).*
sengen: 1. ⟨etwas sengt⟩ *etwas fängt an zu glimmen, ohne Feuer zu fangen:* sie bügelte den Rock zu heiß, so daß der Stoff sengte; adj. Part.: er lag in der sengenden *(brennend heißen)* Sonne. 2. ⟨etwas s.⟩ *die Haare o. ä. abbrennen:* ein gerupftes Huhn s. * **sengend und brennend** *(plündernd und alles niederbrennend).*
senken: 1. a) ⟨etwas s.⟩ *abwärts bewegen, sinken lassen:* den Kopf, die Arme s.; sie senkten die Fahnen zur Ehrung der Gefallenen; er stand mit gesenktem Haupt (geh.) da; er hielt seinen Kopf immer noch gesenkt; übertr.: den Blick, die Augen s. (geh.; *zu Boden blicken).* b) ⟨jmdn., etwas s.; mit Raumangabe⟩ *hinabgleiten lassen:* den Sarg ins Grab s.; Schößlinge in die Erde s.; der Baum senkt seine Wurzeln in den Boden; bildl. (geh.): der Keim des Bösen war in sein Herz gesenkt worden. 2. ⟨etwas s.⟩ a) *niedriger, tiefer machen:* den Wasserspiegel s.; einen Schacht s. (Bergmannsspr.; *in die Tiefe führen).* b) *geringer machen:* die Preise, Steuern, den Blutdruck s.; die Zahl der Arbeitslosen ist wieder gesenkt worden; sie senkte die Stimme *(sprach leiser).* 3. ⟨etwas sich s.⟩ *etwas bewegt sich abwärts:* die Schranke senkt sich; der Förderkorb senkt sich; die Äste senkten sich unter der Last des Schnees; übertr. (geh.): die Nacht senkt sich auf die Erde. 4. ⟨etwas senkt sich⟩ *etwas wird niedriger:* der Wasserspiegel, der Boden, das Haus, die Mauer hat sich gesenkt.
senkrecht: *im rechten Winkel zu etwas, gerade von oben nach unten oder umgekehrt verlaufend:* eine senkrechte Wand, Linie; die beiden Schenkel des rechten Winkels stehen s. aufeinander; fast s. stieg er vom Felsen an; das Flugzeug stürzte s. ab; bleiben Sie s. (ugs. scherzh.; *fallen Sie nicht hin)!*; immer [schön] s. bleiben! (ugs.; *immer Haltung, Fassung bewahren!).* * (ugs.:) **das einzig Senkrechte** *(das einzig Richtige).*
Sensation, die: *aufsehenerregendes Ereignis:* eine technische, literarische S. [ersten Ranges];

die Rede war eine politische S.; ihre Hochzeit war die S. des Jahres; eine S. wittern; S. machen, erregen; das Publikum verlangt Sensationen; für eine S. sorgen; es riecht nach einer S.

sensationell: *aufsehenerregend:* eine sensationelle Nachricht, Idee, Aufmachung; der Prozeß nahm eine sensationelle Wendung; seine Fähigkeiten sind s. (ugs.; *außergewöhnlich, hervorragend*); s. wirken; wir siegten s. hoch.

Sense, die: **1.** *Gerät zum Mähen von Gras oder Getreide:* die S. dengeln *(schärfen);* er mähte das Gras mit der S. **2.** (ugs.) ⟨in bestimmten Verwendungen⟩ *Schluß, Ende:* jetzt ist aber S.!; damit war S.; wenn es nicht klappt, ist bei mir S.; S.!

sensibel: *empfindsam, feinfühlig:* ein sensibles Kind; er hat sensible Nerven; sie ist, wirkt, reagiert sehr s.; er ist für diese Probleme, für diesen Sport zu s.; in dieser Frage, auf diesem Gebiet ist er s.; ⟨jmdn. für etwas s. machen⟩ jeden einzelnen für den Schutz der Umwelt s. machen; **übertr.:** die sensible Haut um die Augen; ein sensibles Meßgerät; sensible Daten; das sensible Gleichgewicht zwischen Angebot und Nachfrage.

sentimental: *übertrieben gefühlvoll:* ein sentimentaler Film; sie ist, sang sehr s.

September, der: *neunter Monat des Jahres:* ein warmer, sonniger, milder S.; Anfang S.; am Ende des Monats S./des September[s].

Serie, die: **a)** *Reihe bestimmter gleichartiger Dinge oder Geschehnisse:* eine S. von Briefmarken; eine ganze S. von Verbrechen; durch den Nebel gab es eine S. schwerer Unfälle, eine S. von Unfällen. **b)** *Anzahl in gleicher Ausführung gefertigter Produkte:* die S. dieser Fernsehgeräte läuft aus; ein Wagen der gleichen S.; dieser Artikel wird bald in S. *(serienmäßig)* hergestellt. **c)** *Folge von Sendungen, Veröffentlichungen:* am Montag beginnen wir mit einer sechsteiligen S.; diese Bildbände erscheinen in einer S., als S. * **etwas geht in Serie** *(etwas wird in Serienanfertigung hergestellt):* der neue Typ geht am 1. März in S.

seriös: a) *vertrauenerweckend; zuverlässig, glaubwürdig, gediegen:* ein seriöser älterer Herr; ein seriöses Hotel; diese Firma ist, wirkt durchaus s.; der Anzug ist für diesen Anlaß nicht s. *(solide, gediegen und würdig)* genug. **b)** *ernsthaft, ernstzunehmen:* ein seriöser Schauspieler; nur seriöse Käufer, Bewerber wollen sich melden; solche Anzeigen sind nicht s.

servieren: 1. a) *bei Tisch bedienen:* er serviert nicht an diesem Tisch; beim Frühstück serviert ein anderer Kellner. **b)** ⟨etwas s.⟩ *eine Speise auftragen:* Sie können die Suppe s.; ⟨jmdm. etwas s.⟩ man servierte ihnen eine Eisbombe als Nachspeise. **2. a)** (Tennis) *aufschlagen:* der Australier serviert; er servierte stark, ziemlich schwach. **b)** (Fußball) ⟨jmdm. etwas s.⟩ *genau zuspielen:* er servierte dem Linksaußen den Ball.

Sessel, der: *bequeme, gepolsterte Sitzgelegenheit:* ein niedriger, tiefer, bequemer, drehbarer S.; ein S. mit, ohne Armlehnen; sich aus, von einem S. erheben; in einem S. sitzen; sich in einem S. setzen; er machte es sich (Dativ) im S. bequem.

seßhaft: a) *einen festen Wohnsitz habend:* seßhafte Stämme; sie sind zur seßhaften Lebensweise *(zu einem Leben mit festem Wohnsitz)* übergegangen; er ist nach vielen Jahren endlich s. ge-

worden; sie haben sich inzwischen s. *(ansässig)* gemacht; sie sind jetzt s. *(wohnen jetzt)* in Berlin. **b)** *gerne an einem festen Wohnsitz, seinem Aufenthaltsort bleibend:* sie waren seßhafte Leute; er war nicht sehr s. [veranlagt].

setzen /vgl. gesetzt/: **1. a)** ⟨sich s.⟩ *eine sitzende Stellung einnehmen; sich hinsetzen; Platz nehmen:* jmdn. auffordern, sich zu s.; er hat sich gesetzt; setz dich!; sich bequem, aufrecht s.; sich an den Tisch, ans Fenster, auf einen Stuhl, auf seinen Platz, aufs Pferd, auf seine vier Buchstaben (ugs.), ins Gras, ins Licht, in die Sonne, in den Schatten, in die Ecke, in den Wagen, neben jmdn., unter einen Baum, zu jmdm. s.; auf diese Nachricht hin hat sie sich gleich in den Zug, auf die Bahn gesetzt *(ist sie gleich mit der Bahn losgefahren);* sie setzten sich zu Tisch *(zum Essen an den Tisch);* die Vögel setzten sich aufs Dach *(ließen sich darauf nieder);* ⟨sich jmdm. s.; mit Raumangabe⟩ die Katze setzte sich ihm auf den Schoß; /verblaßt/: sich an jmds. Stelle s. *(jmdn. von seinem angestammten Platz verdrängen und sich seine Rechte anmaßen);* sich an die Spitze s. *(die führende Position übernehmen);* der Wagen setzte sich auf die andere Fahrbahn *(wechselte die Fahrbahn),* setzte sich vor mich *(überholte mich und fuhr vor mir her);* sich in den Besitz von etwas s. *(sich etwas aneignen);* sich ins Unrecht s. *(durch sein eigenes Verhalten bewirken, daß man nicht mehr im Recht ist);* sich mit jmdm. in Verbindung, ins Benehmen, Einvernehmen s. *(sich an jmdn. wenden und sich mit ihm verständigen);* sich in Marsch s. *(losmarschieren);* der Zug setzte sich in Bewegung *(fuhr an).* **b)** ⟨etwas setzt sich⟩ *etwas sinkt in etwas nach unten:* der Niederschlag aus der Lösung hat sich gesetzt; der Kaffee muß sich erst s. *(der Kaffeegrund muß sich nach dem Brühen erst am Boden sammeln);* das Erdreich setzt *(senkt)* sich. **c)** ⟨etwas setzt sich; mit Raumangabe⟩ *etwas dringt irgendwohin:* die Giftstoffe setzen sich unter die Haut; Staub, Geruch setzt sich in die Kleider. **2.** ⟨jmdn., etwas s.; mit Raumangabe⟩ *einen bestimmten Platz geben; an eine bestimmte Stelle bringen:* einen Stuhl an den Tisch, alles an Ort und Stelle s.; den Becher [zum Trinken] an den Mund s.; ein Kind auf einen Stuhl s.; einen Topf aufs Feuer, den Hut auf den Kopf s.; das Huhn [zum Brüten] auf die Eier s.; Karpfen in einen Teich s.; der Gast wurde neben die Dame des Hauses gesetzt *(es wurde ihm dort ein Platz zugewiesen);* vorsichtig einen Fuß vor den andern s.; etwas an die Stelle von etwas s. *(etwas durch etwas anderes ersetzen);* jmdn. auf schmale Kost s. *(jmdm. wenig zu essen geben);* seine Hoffnung, sein Vertrauen auf jmdn., auf etwas s. *(auf jmdn., etwas hoffen, vertrauen);* etwas auf den Spielplan, auf die Tagesordnung s. *(aufführen; behandeln wollen);* einen Betrag auf die Rechnung s. *(berechnen);* etwas außer Betrieb s. *(nicht mehr benutzen, stillegen);* etwas außer Kraft s. *(aufheben, für ungültig erklären);* jmdn. in Freiheit s. *(freilassen);* jmdn. in die Lage s., etwas zu tun *(jmdm. etwas ermöglichen);* jmdn. durch etwas in Erstaunen s. *(erstaunen);* etwas in die Zeitung s. *(in der Zeitung abdrucken lassen);* etwas ins Werk s. *(beginnen, ausführen);* etwas in Tätigkeit, in Betrieb s. *(anlaufen, arbeiten lassen);* etwas in Musik s. *(vertonen);* etwas in einem Text in Klammern s. *(einklammern);* etwas zu etwas in Beziehung s. *(auf etwas beziehen, mit etwas vergleichen);* Banknoten in Umlauf s. *(einführen);* Zweifel in etwas s. *(etwas bezweifeln);* etwas unter Wasser s. *(von Wasser überschwemmen lassen);* seinen Namen unter etwas s. *(etwas unterschreiben);* keinen Fuß mehr vor die Tür s. *(nicht mehr aus dem Haus gehen);* einen Punkt, ein Komma, überhaupt keine Satzzeichen s. *(in einem Text anbringen);* die Worte gut zu s. wissen *(zu reden verstehen);* ⟨jmdm., einer S. etwas s.⟩ einer Sache eine Grenze, Grenzen, Schranken s. *(das Ausmaß von etwas begrenzen);* jmdm. eine Frist s. *(bestimmen);* sich (Dativ) ein Ziel, sich etwas zum Ziel s. *(sich etwas vornehmen).* **3.** ⟨etwas s.⟩ **a)** *pflanzen:* Salat, Tomaten s.; diese Bäume wurden vor 10 Jahren gesetzt. **b)** *in einer bestimmten Form aufstellen, lagern:* Getreide in Puppen s.; Holz, Briketts s. *(schichten, stapeln);* B r e t t s p i e l : einen Stein s.; ⟨auch ohne Akk.⟩ du mußt s.; er hat noch nicht gesetzt. **c)** *herstellen und aufstellen:* einen Herd, einen Ofen s.; ⟨jmdm. etwas s.⟩ man hat ihm einen Grabstein, ein Denkmal gesetzt *(errichtet).* **d)** *an einem Mast aufziehen; aufstecken:* den diplomatischen Stander s.; Positionslaternen s.; vor der Ausfahrt werden die Segel gesetzt. **e)** (Druckerspr.) *einen Schriftsatz von etwas herstellen:* Lettern, Schrift, ein Manuskript [mit der Hand, mit der Maschine] s. **f)** *bei einer Wette, einem Glücksspiel einsetzen:* ein Pfand s.; er setzte seine Uhr zum, als Pfand; beim letzten Rennen hatte er ein ganzes Geld auf ein Pferd gesetzt; ⟨auch ohne Akk.⟩ er setzt immer auf dasselbe Pferd; ü b e r t r .: ich setze auf ihn *(glaube an seinen Erfolg).* **4.** (Sport) ⟨jmdn. s.⟩ *einem Spieler, einer Mannschaft einen bestimmten Platz zuweisen, die Qualifikation ganz oder teilweise ersparen:* man setzte die deutsche Meisterin als Nummer zwei; er war nicht gesetzt worden und mußte deshalb in die Ausscheidungskämpfe. **5.** ⟨über etwas s.⟩ *sich in Sprüngen, mit einem Hilfsmittel über etwas hinwegbegeben:* die Römer sind/haben über den Rhein gesetzt; das Pferd setzt über den Graben, über ein Hindernis; er ist/(auch:) hat mit einem Sprung über den Zaun gesetzt. **6.** (ugs.:) ⟨es setzt etwas⟩ *es gibt Schläge:* gleich setzt es Hiebe, Prügel; wenn du nicht sofort hörst, dann setzt es etwas.

Seuche, die: *sich schnell ausbreitende, gefährliche, ansteckende Krankheit:* eine verheerende S.; eine S. fordert viele Todesopfer, greift um sich, breitet sich aus, wütet; eine S. bekämpfen; viele starben an der S.; ü b e r t r. (ugs.): die Tiefflieger sind eine [wahre], die reinste S.!

seufzen: *als Ausdruck von Kummer oder Erleichterung einmal schwer, hörbar ausatmen:* schwer, erleichtert s.; sie seufzte tief, als sie an den Abschied dachte; seufzend willigte sie ein; unter einem Druck, Joch s. (geh.: *leiden).*

Seufzer, der: *einmaliges Seufzen:* ein stummer, lauter, tiefer, schwerer S.; ein S. entrang (geh.) sich ihm; einen S. ausstoßen, unterdrücken; mit einem S. der Erleichterung ging er.

sexuell: *den Geschlechtstrieb, das Geschlechtsleben betreffend; geschlechtlich:* sexuelle Kontakte, Tabus; das sexuelle Verhalten der Bevölkerung;

die Kinder wurden schon früh s. aufgeklärt; jmdn. sexuell mißbrauchen.

sich ⟨Reflexivpronomen; 3. Person Singular und Plural Dativ oder Akk.⟩: **1.** /weist auf eine Person oder Sache zurück/: er versteckte s.; sie schämte s. nicht; er/sie muß s., sie müssen s. noch gedulden; sie überließen die beiden s. selbst; setzen Sie s. bitte!; am nächsten Tag rächte s. der Mann/ rächte der Mann s./rächte er s. auf grausame Weise; ⟨in Verbindung mit einer Präp.⟩ die Schuld bei s. suchen, auf s. nehmen; Geld bei s. haben; das hat viel für s.; er hörte den Fremden die Treppe zu s. heraufkommen; er läßt gern andere für s. arbeiten. **2.** /drückt eine Wechselbeziehung aus/ *einander:* sie begegneten s. vor dem Rathaus; sie küßten s.; sie teilten die Beute unter s.; sie trösteten s. gegenseitig. – Der Gebrauch von „s. einander" gilt als nicht korrekt.

Sichel, die: *Werkzeug zum Schneiden von Gras o. ä.:* die S. wetzen, schärfen; Gras mit der S. schneiden; er hat sich an der, mit der S. verletzt; b i l d l .: die S. des Mondes.

sicher: [Adj.] **1.** *gefahrlos; nicht durch eine Gefahr bedroht:* ein sicherer Weg; ein sicherer Aufenthalt, Arbeitsplatz; sich in sicherem Abstand halten; ich war nirgends s.; dort konnte er vor Feinden, Angriffen, Überfällen, Diebstahl s. sein, sich s. fühlen; das Geld s. aufbewahren; dort lebt man auch nicht sicherer; am sichersten/ das sicherste wäre es, wenn du ...; R: s. ist s. *(lieber zuviel Vorsicht als zuwenig).* **2.** *zuverlässig:* ein sicheres Geleit; ein sicherer Beweis; ein sicheres Ergebnis; das ist ein sicheres Zeichen dafür, daß ...; eine sichere *(gesicherte)* Stellung; er hat ein sicheres *(festes)* Einkommen. **3.** *auf Grund von Übung, Erfahrung o. ä. keine Fehler machend, nicht irrend:* er hat ein sicheres Urteil, einen sicheren *(guten)* Geschmack; er ist ein sicherer Schütze, Fahrer; der Zahnarzt hat eine sichere Hand *(hat seine Hand völlig unter Kontrolle);* er war in der Prüfung vollkommen s. *(wußte auf alle Fragen richtig zu antworten);* der Schüler hatte das Musikstück sehr s. gespielt; sie fährt sehr s. **4.** *keine Hemmungen spüren lassend, selbstbewußt:* er hat ein sicheres Auftreten; er ist, wirkt sehr s. **5.** *feststehend; gewiß:* wir rechnen mit einem sicheren Sieg des Favoriten; seine Niederlage ist s.; soviel ist s., daß er kein Dieb ist; ⟨etwas ist jmdm. s.⟩ eine Strafe ist ihm s.; das Geld ist uns noch längst nicht s. *(wir können nicht fest damit rechnen);* ⟨[sich (Dativ)] jmds., einer Sache s. sein⟩ er war [sich] des Erfolgs, ihrer Zustimmung, s. du bist deiner Sache vielleicht etwas zu s. **II.** ⟨Adverb⟩ *wahrscheinlich, sicherlich; mit Sicherheit:* er kommt ganz s.; er wird es s. tun; s. hast du dich geirrt; es ist s. schwierig; /Ausdruck der Bestätigung/: s.!

Sicherheit, die: **1.** *das Sichersein vor Gefahr oder Schaden:* soziale, wirtschaftliche S.; die öffentliche S. und Ordnung; die S. am Arbeitsplatz; die S. der Arbeitsplätze *(die Garantie für ihr Bestehenbleiben);* die S. eines Staates gegenüber Terrorakten o. ä.; unsere S. ist gefährdet, bedroht; in S. sein, sich befinden; er brachte sich, die Menschen, das Vieh in S.; die Polizei sorgte für die S. der Bevölkerung; du solltest zur S. abschließen. **2.** *Gewißheit:* bei diesem

Stoff haben Sie die S., daß er sich gut waschen läßt; mit an S. grenzender Wahrscheinlichkeit; etwas mit S. erwarten; das läßt sich [nicht] mit S. *(Bestimmtheit)* behaupten; darauf kannst du mit tödlicher S. rechnen. **3.** *das Freisein von Fehlern und Irrtümern; Zuverlässigkeit:* die S. seines Urteils; sie hat eine große S. in allen Fragen des Geschmacks; mit nachtwandlerischer S. *(ohne den geringsten Fehler zu machen)* löste er alle Prüfungsaufgaben. **4.** *Gewandtheit; Selbstbewußtsein:* er hat wenig S. in seinem Benehmen, Auftreten; er hat an S. gewonnen; sie bewegt sich mit völliger S. in der neuen Umgebung. **5.** *hinterlegtes Geld o. ä. als Bürgschaft:* die S. eines Schuldners, einer Forderung; gewisse Sicherheiten geben, leisten; eine S. für einen Kredit fordern; sein Gehalt dient der Bank als S. * **sich in Sicherheit wiegen** *(irrtümlich glauben, nicht in Gefahr zu sein).*

sicherlich ⟨Adverb⟩: *wahrscheinlich:* du hast es s. gelesen; s. kannst du mir darüber Auskunft geben; s. ist das/das ist s. ein Versehen.

sichern: 1. ⟨jmdn., sich, etwas s.⟩ *sicher machen; vor einer Gefahr schützen:* jmdn., sich gegen/vor Verlust s.; sich gegen eine/vor einer Gefahr s.; sich beim Bergsteigen durch ein Seil s.; das Gewehr s. *(den Abzug blockieren);* er hat das Fahrrad durch ein Schloß gesichert *(vor Diebstahl geschützt);* er hat sich nach allen Seiten *(gegen Einwände, die von den verschiedenen Seiten kommen könnten)* gesichert; das Land sichert *(befestigt)* seine Grenzen; das Gesetz soll die Rechte der Menschen s. *(garantieren);* adj. Part.: sie lebten in gesicherten Verhältnissen *(ihre wirtschaftliche Lage war nicht gefährdet);* seine Zukunft war gesichert *(er brauchte sich in finanzieller Hinsicht keine Sorgen um seine Zukunft zu machen).* **2.** ⟨jmdm., sich, etwas s.⟩ *verschaffen; für jmdn., sich sicherstellen:* sich Karten für ein Konzert, das Vorkaufsrecht s.; er hat sich den Meistertitel gesichert; dieser Sprung sicherte ihm den Sieg; er wollte seinem Sohn die Geschäftsnachfolge s.; ⟨auch ohne Dat.⟩ die Polizei sichert die Spuren *(ermittelt diese als Beweismittel, solange sie noch erkennbar sind).* **3.** (Jägerspr.) *wittern, horchen* /vom Wild/: die Tiere sicherten.

Sicherung, die: **1.** *das Sichern, Sicherstellen, Schutz:* die S. der Arbeitsplätze, des Friedens; die S. der Nachfolge, Rechte; das Netz sozialer Sicherungen *(gesetzlich verankerter sozialer Leistungen);* die Zerstörer wurden zur S. des Verbandes eingesetzt. **2. a)** *Schutzvorrichtung:* das Gewehr hat eine S. **b)** *Stromsicherung:* eine S. für 25 Ampere; die S. ist durchgebrannt.

Sicht, die: **1.** *Möglichkeit, in die Ferne zu sehen:* eine gute, klare S.; eine S. von 100 Metern; die S. betrug bei starkem Nebel nur 20 Meter; die S. besserte sich, verschlechterte sich; wir hatten schlechte S.; Häuser versperrten die S.; übertr.: aus, in seiner S. *(wie er es sah)* war die Sache sehr schwierig. **2.** *Sichtweite:* das Schiff ist jetzt außer S., kommt in S.; Land in S.!; sie segelten in S. der Küste. (Kaufmannsspr.) *das Vorzeigen, Vorlage:* auf/bei S.; zehn Tage nach S. zahlbar. * **auf lange/weite/kurze Sicht** *(für lange, kurze Zeit, Dauer):* etwas auf lange, weite S. planen.

sichtbar: a) *mit den Augen wahrnehmbar; erkennbar:* die sichtbare Welt; eine weithin sicht-

bare Leuchtschrift; durch die Färbung wurden die Bazillen unterm Mikroskop s.; der Fleck auf dem Kleid war deutlich s. *(zu sehen).* **b)** *deutlich [erkennbar], sichtlich, offenkundig:* sichtbare Fortschritte; sein Zustand hat sich s. gebessert; etwas s. machen *(verdeutlichen).*

sichten ⟨etwas s.⟩: **1.** *in größerer Entfernung wahrnehmen; erspähen:* ein Schiff, Land s.; sie hatten Flugzeuge am Himmel gesichtet. **2.** *durchsehen und ordnen:* Papiere, jmds. Nachlaß s.; er sichtete das Material für seine Arbeit.

sichtlich: *offenkundig; merklich:* er hatte sichtliche Schwierigkeiten mit der Aussprache; die Arbeit bereitete ihm sichtliche Freude, Mühe, Anstrengung; er war s. erleichtert; er war s. erfreut über diese Mitteilung.

sickern ⟨etwas sickert; mit Raumangabe⟩: *etwas fließt langsam, tröpfchenweise, spärlich in etwas, durch etwas hindurch:* das Regenwasser sickert in die Erde; das Blut ist durch den Verband gesickert; übertr.: die Sache ist in die Presse gesickert *(heimlich dorthin gelangt).*

sie ⟨Personalpronomen⟩: **1.** ⟨3. Pers. Sing. Nom. und Akk.⟩: s. liest gerade die Zeitung; ich werde s. fragen; sie hat eine schöne Jacke, wo hast du s. gekauft?; subst.: eine Sie (ugs., *ein weibliches Wesen; ein weibliches Tier*). **2.** ⟨3. Pers. Plural Nom. und Akk.⟩ s. beide; s. gehen spazieren; diese Blumen, hast du s. selbst gepflückt? (ugs.:) s. haben *(man hat)* mir meine Uhr gestohlen.

Sie ⟨Personalpronomen 3. Pers. Plural als Höflichkeitsanrede für eine oder mehrere Personen⟩ nehmen S. doch bitte Platz, mein Herr, meine Herren!; die beiden sagen S. zueinander.

Sieb, das: *Gerät, mit dem feste Stoffe von einer Flüssigkeit oder Stoffe verschiedener Beschaffenheit voneinander getrennt werden:* ein löcheriges, feines, grobes S.; Sand, Kies auf ein S. schaufeln; etwas durch ein S. rühren, schütten, schlagen; sie goß den Kaffee durch ein S.; das S. *(die siebähnliche Vorrichtung)* an der Benzinpumpe reinigen.

¹sieben: 1. ⟨etwas s.⟩ *durch ein Sieb schütten:* Kies, Sand s.; das Mehl in eine Schüssel s. **2.** (ugs.) ⟨jmdn., etwas s.⟩ *aus einer Anzahl von Personen oder Sachen die ungeeigneten ausscheiden:* Kandidaten s.; die Redaktion siebt das Material; ⟨auch ohne Akk.⟩ bei der Prüfung, Auswahl, unter den Bewerbern wurde sehr gesiebt.

²sieben ⟨Kardinalzahl⟩: 7: die s. Wochentage; die s. Bitten des Vaterunsers; die s. Worte Jesu am Kreuz; die sieben Todsünden; wir sind zu s./siebt; (geh.:) es waren ihrer s.; es ist s. [Uhr]; er schläft heute s. [Jahre alt] subst.: die Sieben ist eine heilige Zahl. ↑ acht.

siebente, siebte: ↑ achte.

siebzig: ↑ achtzig.

siedeln ⟨meist mit Raumangabe⟩: *sich ansässig machen; eine Siedlung gründen:* viele Bauern haben in der fruchtbaren Gegend gesiedelt.

sieden: 1. ⟨etwas siedet⟩ *etwas ist bis zum Siedepunkt erhitzt; etwas kocht:* das Wasser siedet bei 100°; die Eier haben 5 Minuten gesiedet/gesotten *(in siedendem Wasser gelegen);* sie verbrühte sich mit siedend heißem Wasser; übertr.: in ihm siedete es, siedete vor Wut *(war äußerst wütend);* mir siedet das Blut, wenn ich diese Ungerechtigkeit sehe. **2.** (bes. südd., österr.) ⟨etwas s.⟩ *in ko-*

chendem Wasser gar machen: Kartoffeln, Fische, Eier s.; sie sotten/siedeten Krebse; ⟨auch ohne Akk.⟩ in der Küche wurde gebraten und gesotten; **adj. Part.**: gesottener Fisch; **subst.**: es gab jeden Tag Gesottenes und Gebratenes.

Siedlung, die: **1.** *Ort, an dem sich Menschen angesiedelt haben:* hier gab es schon in früherer Zeit menschliche Siedlungen; sie besichtigten die Siedlungen der Indianer. **2. a)** *außerhalb gelegener Ortsteil mit meist gleichartigen, einfachen Häusern:* eine S. planen, bauen; er wohnt in einer S. am Rande der Stadt. **b)** *Bewohner einer Siedlung:* die ganze Siedlung protestierte.

Sieg, der: *erfolgreicher Ausgang eines Kampfes, Wettstreits o. ä.:* ein glorreicher, glücklicher, leichter, schwerer, knapper, blutiger S.; ein diplomatischer, politischer, militärischer S.; der S. war schwer erkämpft, teuer erkauft; S. über den Gegner, über die Mitbewerber; einen S. erringen, davontragen; jmdm. den S. entreißen; auf S. spielen (Sport; *alles daransetzen, das Spiel zu gewinnen);* das Spiel endete mit einem hohen Sieg der Heimmannschaft; seine sportliche Laufbahn mit einem S. krönen; um den S. kämpfen; von S. zu S. schreiten *(ständig siegen);* **übertr.**: ein moralischer S.; der S. der Freiheit, des Guten; einen S. über sich selbst erringen; der Wahrheit, Vernunft zum S. verhelfen.

Siegel, das: **a)** *Siegelstempel:* das S. auf etwas drücken; einem Brief das S. aufdrücken. **b)** *auf ein Schriftstück o. ä. geprägtes [amtliches] Zeichen:* das S. der Stadt, der Universität; ein S. fälschen, anbringen, aufbrechen; eine Urkunde mit dem päpstlichen S. * **unter dem Siegel der Verschwiegenheit** *(streng vertraulich):* er hat mir alles unter dem S. der Verschwiegenheit gesagt.

siegen: *in einem Kampf, Wettstreit o. ä. der Sieger sein, den Gegner überwinden:* im Kampf, im Streit, im sportlichen Wettkampf s.; über jmdn. s.; die alte Partei hat gesiegt *(die Wahl gewonnen);* unsere Mannschaft hat diesmal [hoch, knapp, mit 2:0] gesiegt *(gewonnen);* **übertr.**: die Wahrheit wird schließlich doch s.; bei ihr siegte das Gefühl über den Verstand.

Sieger, der: *jmd., der einen Sieg errungen hat; Gewinner:* aus einem [Wett]kampf als S. hervorgehen; S. bei, in dem Turnier, im Endspiel wurde die kanadische Mannschaft; die S. ehren; die Zuschauer jubelten dem S. zu; er wurde zum S. nach Punkten erklärt.

Signal, das: **a)** *[Warn]zeichen mit einer festen Bedeutung:* optische, akustische, militärische Signale; das S. bedeutet freie Fahrt; ein S. blasen, funken; das S. zum Angriff, zur Abfahrt geben; ein S. beachten, übersehen, überhören; **übertr.**: das sind hoffnungsvolle Signale *(Anzeichen).* **b)** *Eisenbahnverkehrszeichen:* das S. steht auf „Halt", auf „Freie Fahrt"; halt, wenn das S. ertönt!; das S. hochziehen; bei dem Unglück hatte der Zugführer das S. überfahren *(nicht beachtet);* **übertr.**: alle Signale stehen auf Sieg.

Silbe, die: *einen Teil eines Wortes oder auch ein Wort bildende, einen oder mehrere Laute umfassende Einheit:* eine offene *(auf einen Vokal endende),* geschlossene *(auf einen Konsonanten endende),* kurze, lange, [un]betonte S.; die Silben zählen, trennen; S. für S. buchstabieren; (ugs.:)

Silben verschlucken *(nicht deutlich sprechen);* man konnte jede S. deutlich verstehen; das Wort wird auf der vorletzten S. betont; er hat das Vorkommnis mit keiner S. *(überhaupt nicht)* erwähnt; ein Wort nach Silben trennen.

Silber, das: **1.** *weißglänzendes Edelmetall:* reines, glänzendes, mattes, legiertes S.; olympisches S. *(Silbermedaille);* Geräte, Becher, Schalen aus/ (veraltet:) von [getriebenem] S.; der Leuchter wurde mit S. überzogen; **übertr.** (geh.): das S. *(der silberne Schimmer)* des Mondlichts. **2.** *Geschirr, Bestecke o. ä. aus Silber:* das S. muß geputzt werden. **3.** (veraltend) *Hartgeld:* er konnte nur in S. herausgeben; er bezahlte mit S.

silbern: 1. *aus Silber bestehend:* silberne Löffel, Münzen, Messer und Gabeln. **2.** *hell, weiß, schimmernd; silberfarben:* ein silberner Farbton; das silberne Licht des Mondes; ihr Haar war s. (geh.); **übertr.**: ein silbernes Lachen.

Silberstreifen (in der Wendung) *ein Silberstreifen am Horizont: Zeichen beginnender Besserung:* in der Stahlkrise zeichnete sich ein S. am Horizont ab, war ein S. am Horizont zu sehen.

Silhouette, die: *Umriß, der sich vom Hintergrund abhebt:* das Denkmal ragt als dunkle S. in den Abendhimmel; man sah in der Ferne die S. der Berge; **bildende Kunst**: eine S. *(eine Schattenriß)* zeichnen, einrahmen; **übertr.**: ein Mantel mit modischer S. *(Umißlinie).*

simpel: *einfach, primitiv:* eine simple Konstruktion, Methode; ein simples Spielzeug; dieses simple *(ganz einfache)* Gerät erfüllt seinen Zweck; der Preis für dieses simple Kleid ist einfach zu hoch; der Lehrer stellte ganz simple Fragen; diese Erklärung ist s.

singen: 1. a) *seine Stimme im Gesang ertönen lassen:* gut, rein, schlecht, [un]sauber, falsch, zweistimmig, mehrstimmig, gemeinsam, nach Noten, vom Blatt, auswendig, wie eine Nachtigall, mit/ohne Ausdruck, zur Laute, zur Gitarre s.; er singt solo *(als Solist);* ich kann in dieser Tonlage nicht s.; er hat früher in einem Chor gesungen; übertr.: auf dem Dach singt eine Amsel; die Telegrafendrähte singen; er spricht mit singendem *(stark modulierendem)* Tonfall. **b)** ⟨etwas s.⟩ *singend hören lassen, vortragen:* eine Arie, ein Solo, ein Duett s.; ein Lied im Chor *(gemeinsam)* s.; wer singt den Baß *(die Baßpartie)?;* die Melodie ist nicht schwer zu s.; übertr.: die Nachtigall singt ihr Lied. **c)** ⟨etwas s.⟩ *als Stimmlage haben:* Sopran, Alt, Baß s. **3. a)** ⟨jmdn., sich s.; mit Artangabe⟩ *durch Singen in einen bestimmten Zustand bringen:* ich habe mich ganz heiser, müde gesungen; sie hat das Kind in den Schlaf, Schlummer gesungen. **b)** ⟨etwas singt sich; mit Artangabe⟩ *etwas ist in einer bestimmten Weise zum Singen geeignet:* dieses Lied singt sich leicht; mit trockener Kehle singt es sich schlecht; es singt sich schön im Wald. **4.** (ugs.) *Aussagen machen, jmdn., etwas preisgeben, verraten:* er hat bei der Polizei, im Verhör, vor Gericht gesungen; **subst.**: jmdn. zum Singen bringen.

sinken: 1. a) *sich langsam abwärts bewegen:* die Waagschale sinkt; die Sonne beginnt zu s.; gegen Mittag sank der Nebel; der Ballon sank, sie sanken und mußten Ballast abwerfen; das Schiff ist gesunken *(untergegangen);* übertr.: er ist [moralisch] tief gesunken *(verkommen).* **b)** ⟨mit Raumangabe⟩ *absinkend an einen bestimmten Ort gelangen:* das Schiff sank auf den Grund des Meeres; auf den Boden s.; sie sanken sich/einander in die Arme *(umarmten einander);* langsam sinken die Blätter zur Erde. **c)** ⟨gewöhnlich mit Raumangabe⟩ *aus einer aufrechten, in die Höhe, nach oben gerichteten o. ä. Haltung [langsam, erschlaffend] niederfallen, niedersinken:* die Arme s. lassen; den Kopf auf die Brust, die Hände in den Schoß s. lassen; an jmds. Brust, auf/in die Knie, auf die/zur Erde, auf den/zu Boden, in jmds. Arme s.; nach vorn s.; ⟨jmdm. s.; mit Raumangabe⟩ jmdm. an die Brust, zu Füßen s.; der Kopf sank ihm auf die Brust. **d)** ⟨in etwas s.⟩ *[langsam] in den weichen Untergrund eindringen, einsinken:* sie, ihre Füße sanken in den tiefen Schnee; übertr.: nach dem anstrengenden Tag sind wir gestern abend gleich ins Bett gesunken *(früh zu Bett gegangen);* in Schlaf s. *(einschlafen);* in Ohnmacht s. *(ohnmächtig werden).* **2.** ⟨etwas sinkt⟩ **a)** *etwas wird niedriger, verliert an Höhe:* das Hochwasser beginnt zu s.; die Quecksilbersäule ist gesunken; der Wasserspiegel sank um 5 Meter. **b)** *etwas wird weniger, verringert sich, fällt:* der Blutdruck, das Fieber ist gesunken; das Thermometer, Barometer sinkt *(zeigt niedriger werdende Werte an);* das Thermometer ist auf Null gesunken; sinkende Temperaturen. **3.** ⟨etwas sinkt⟩ *etwas wird geringer, verliert an Wert:* die Preise, die Kurse sind gesunken; der Wert des Grundstücks ist gesunken; übertr.: sein Mut ist gesunken; jmds. Hoffnung, Ansehen, Einfluß sinkt *(schwindet);* seine Stimmung sank unter Null (ugs.; *wurde immer schlechter);* er ist in der Gunst des Publikums, in ihrem Ansehen gesunken.

Sinn, der: **1. a)** *Sinnesorgan:* die fünf Sinne; wache, empfindsame, abgestumpfte, stumpfe Sinne; etwas schärft den S.; Tiere haben oft schärfere Sinne als der Mensch; er war seiner Sinne nicht mehr mächtig, nicht mehr Herr seiner Sinne (geh.; *hatte sich nicht mehr in der Gewalt);* äußere Eindrücke nehmen wir mit den Sinnen wahr. **b)** ⟨Plural⟩ *geschlechtliches Empfinden, Verlangen:* jmds. Sinne erwachen; ihr Anblick erregte seine Sinne. **2.** *Bewußtsein, Wahrnehmungs-, Reaktionsfähigkeit; Gedächtnis:* jmdm. vergehen, schwinden die Sinne *(jmd. verliert das Bewußtsein);* jmds. Sinne verwirren sich *(jmd. kann nicht mehr klar denken);* der Alkohol umnebelte seine Sinne; etwas aus dem S. verlieren; das habe ich nicht im S. behalten. **3.** *Gefühl für etwas; Verständnis:* der S. für Humor, Tradition, Pünktlichkeit fehlte ihm völlig; er hat einen ausgeprägten ästhetischen S.; dafür habe ich keinen S. **4.** *Sinnesart; Denkungsart:* sein harter S. ließ das nicht zu; einen stolzen, edlen S. haben; seinen S. ändern; anderen Sinnes werden (geh.; *seine Meinung ändern);* ich bin mit ihm eines Sinnes (geh.; *gleicher Meinung);* offenen Sinnes *(aufgeschlossen)* alles in sich aufnehmen; frohen Sinnes *(froh gestimmt)* fuhr er in Urlaub; bei der Besetzung der Stelle hatte man ihn im S. *(an ihn gedacht);* sie hat ganz in meinem S. gehandelt *(ich stimme mit ihrer Handlungsweise überein);* das war nicht ganz in seinem S. *(gefiel ihm nicht so recht).* **5.** *Bedeutung; geistiger Gehalt; Ziel und Zweck:* der ge-

heime, verborgene, tiefere, wahre S. einer Sache; der S. eines Wortes; der S. des Lebens; S. und Wert von Dichtung und Kunst; was ist der S. dieser Arbeit?; der eigentliche S. der Handlung bleibt verborgen; den S. einer Rede richtig erkennen, ahnen, begreifen; einen S. in eine Textstelle hineinlegen; er hat den S. meiner Worte nicht erfaßt; er hat seinen Ausführungen einen anderen S. unterschoben; etwas hat seinen S. verloren; etwas hat seinen guten S. *(ist sehr sinnvoll);* etwas hat keinen, wenig, nicht viel S. *(ist sinnlos);* das macht keinen, wenig S. (ugs.; *ist nicht, wenig sinnvoll);* im wahrsten, tiefsten, besten, eigentlichen, weiteren, eigenen Sinn[e] des Wortes; Kritik im weitesten Sinn[e]; etwas in einem ganz bestimmten Sinn[e] meinen, sagen, verstehen; in einem tieferen Sinn[e] ist alles vergeblich gewesen; in dem, in diesem Sinn[e] habe ich an ihn geschrieben; er hat dem Gesetz in jedem Sinn[e] *(in jeder Hinsicht)* genügt; das ist nicht in seinem, ist ganz nach meinem S. *(das ist nicht so, wie er es möchte, ist ganz so, wie ich es möchte);* er zitierte dem Sinn[e] nach *(nicht dem Wortlaut nach, sondern gab nur den Inhalt des Zitates wieder);* dem Sinn[e] nach kann das nur heißen, daß ... ∗ **der sechste/ein sechster Sinn** *(besonderer Instinkt, etwas richtig einzuschätzen).* · **jmdm. steht der Sinn nach etwas** *(jmd. ist zu etwas aufgelegt, hat Lust zu etwas):* ihm stand nicht der S. nach Feiern · (ugs.:) **seine fünf Sinne zusammennehmen/zusammenhalten** *(aufpassen, sich konzentrieren)* · (ugs.:) **seine fünf Sinne nicht beisammenhaben**; nicht bei Sinnen sein *(nicht bei Verstand sein, Unsinniges sagen, tun)* · **sich** ⟨Dativ⟩ **etwas aus dem Sinn schlagen** *(einen Plan aufgeben)* · **jmdm. aus dem Sinn kommen** *(von jmdm. vergessen werden):* sie, sein Plan war ihm ganz aus dem S. gekommen · **jmdm. nicht aus dem Sinn gehen/wollen** *(jmdn. ständig beschäftigen, nicht loslassen):* sie ging ihm nicht mehr aus dem S. · **etwas geht/fährt jmdm. durch den Sinn; etwas kommt jmdm. in den Sinn** *(etwas fällt jmdm. ein)* · **etwas liegt jmdm. im Sinn** *(jmd. denkt immer an etwas)* · **etwas im Sinn haben** *(etwas vorhaben)* · **ohne Sinn und Verstand** *(ohne Überlegung)* · **von Sinnen sein** *(außer sich sein):* sie war von Sinnen vor Angst; bist du denn [ganz und gar] von Sinnen?

sinnen (geh.): **1. a)** ⟨über etwas s.⟩ *nachdenken:* darüber s., wie man jmdm. helfen kann; er sinnt darüber, wie er es sich beim einrichten könnte; ⟨auch ohne Präpositionalobjekt⟩ er sann und sann, aber es fiel ihm kein Ausweg ein; was sinnst du?; adj. Part.: sinnend stand er am Fenster; subst.: alles Sinnen und Grübeln nützt nichts. **b)** ⟨auf etwas s.⟩ *nach etwas trachten; die Gedanken intensiv auf etwas richten:* auf Abhilfe, auf neue Mittel und Wege, auf eine Liste s.; er sann auf Rache; subst.: all ihr Sinnen und Trachten ging dahin, an das Geld heranzukommen. **2.** (veraltend) ⟨etwas s.⟩ *planen, vorhaben:* Verderben, Verrat s.; er sinnt nichts Gutes. ∗ **gesonnen sein, etwas zu tun** *(gewillt sein, etwas zu tun):* ich bin nicht gesonnen nachzugeben.

sinnig (ugs. scherzh.): *gutgemeint und sinnvoll sein sollend, aber meist ziemlich unpassend:* ein sinniger Vers, Spruch; sein Geschenk war wieder sehr s. [ausgedacht].

sinnlich: 1. *mit den Sinnen wahrnehmbar:* ein sinnlicher Eindruck, Reiz; eine sinnliche Wahrnehmung, Empfindung, Darstellung; bestimmte Strahlen sind s. nicht wahrnehmbar. 2. *auf den Sinnengenuß, besonders den geschlechtlichen Genuß ausgerichtet oder hindeutend;* den sinnlichen Freuden zugetan sein; sinnliche Bewegungen, Regungen, Begierden; sinnliche Liebe; sinnliches Verlangen; er ist eine sinnliche Natur; ihr Mund ist sehr s.; jmdn. s. erregen.

sinnlos: *unvernünftig; unsinnig, ohne Sinn und Verstand:* sinnloses Geschwätz; unzusammenhängende, sinnlose Reden; sinnlose Grausamkeit; er hat das Kind in sinnloser Wut geschlagen; der Versuch ist völlig s.; es ist s., auf ihn zu hoffen; er war s. *(völlig)* betrunken.

sinnvoll: *einen Sinn habend; vernünftig:* eine sinnvolle Einrichtung, Aufgabe, Arbeit: einen sinnvollen Gebrauch von etwas machen; es ist wenig s., jetzt davonzulaufen; diese Entscheidung ist nicht sehr s.; der Raum war s. aufgeteilt.

Sippe, die: 1. *Gruppe der Blutsverwandten:* in Sippen leben; der Stamm gliedert sich in Sippen. 2. (scherzh. oder abwertend) *Familie, Verwandtschaft:* die ganze S. versammelte sich, kam bei dem Jubiläum zusammen; er kommt schon wieder mit der ganzen S. (ugs. abwertend); die ganze S. *(Gesellschaft, Bande)* ist mir verhaßt.

Sippschaft, die (ugs. abwertend): 1. *Verwandtschaft:* sie brachte ihre ganze S. mit, reiste mit ihrer ganzen S. an. 2. *üble Gesellschaft, Gesindel, Bande:* diese verlogene S.

Sirene, die: *Gerät, das einen lauten, heulenden Ton als Warnung oder Signal hervorbringt:* die S. der Feuerwehr, des Unfallwagens, eines Schiffes, einer Fabrik; die Sirenen ertönten, heulten.

Sitte, die: 1. *Brauch, feste Gewohnheit, Tradition:* eine schöne, gute, heimatliche, althergebrachte, uralte S.; ererbte Sitten; dort herrschen ziemlich rauhe, wilde Sitten *(dort geht es ziemlich rauh zu);* das ist bei ihnen [so] S. *(üblich);* die Sitten und Gebräuche eines Volkes; S. und Brauch; wir wollen auch heute nicht mit dieser S. brechen. 2. *sittliches Verhalten; ethische, moralische Normen, Werte:* Zucht und S.; Anstand und S. verletzen; Verfall und Verrohung der Sitten; das lockert die Sitten, verstößt gegen alle guten Sitten/die gute S. 3. ⟨Plural⟩ *Benehmen, Manieren:* sie achten, sehen bei ihren Kindern auf gute Sitten; er war ein Mensch mit/von sonderbaren, vornehmen, feinen, guten Sitten. 4. (ugs.) *Sittenpolizei:* sich bei der S. melden müssen.

sittlich: *den Forderungen der Ethik, Moral entsprechend oder auf sie bezogen:* die sittliche Natur des Menschen; sittliche Bedenken, Vorurteile, Forderungen; der sittliche Zerfall eines Volkes; das sittliche Weltbild einer Epoche; der sittliche Wert, die sittliche Reife eines Menschen, einer Handlung; seine sittliche Entrüstung war groß; ein Mensch ohne jeden sittlichen Halt.

Situation, die: *Lage, Verhältnisse, Umstände:* eine schwierige, gefährliche, verfahrene, heikle, peinliche, fürchterliche (ugs.) S.; die gegenwärtige, geistige, politische, wirtschaftliche; die S. ist verzweifelt, kritisch, brenzlig (ugs.); es ergab sich eine gespannte S.; die S. spitzt sich immer mehr zu; die S. erfassen, beherrschen, überblik-

ken, klären, meistern; die psychologische S. berücksichtigen; zum Glück hat sie die S. gerettet *(hat verhindert, daß sie peinlich o. ä. wurde);* man muß sich der veränderten S. anpassen; er fühlte sich, war der S. gewachsen; er blieb Herr der S.; einen Ausweg aus einer komplizierten S. suchen, finden; jmdn. in eine unwürdige S. bringen; er hat sich in eine ausweglose S. begeben; in dieser S. hätte er gar nicht anders handeln können; sie wurden in einer verfänglichen S. überrascht; so etwas wäre in der heutigen S. nicht mehr möglich; sie wurde mit dieser neuen S. nicht fertig.

Sitz, der: 1. a) *Sitzfläche:* ein durchgesessener S.; S. und Lehne des Sessels sind gepolstert; die Sitze müssen neu bezogen werden; er legte seinen Mantel auf den S. im Auto. b) *Sitzplatz:* bequeme, gepolsterte Sitze; ein S. ist noch frei; sein S. ist leer [geblieben]; zwei Sitze belegen, freihalten; darf ich Ihnen meinen S. anbieten?; er hat sich einen Stein als S. ausgesucht; die Gäste nehmen ihre Sitze ein; die Anwesenden erhoben sich von den Sitzen. 2. *Platz mit Stimmberechtigung:* er hatte S. und Stimme im Rat, in der Hauptversammlung; die Partei erhielt, hatte 40 Sitze im Parlament; sie verloren 5 Sitze an die Opposition. 3. *Ort, an dem sich eine Institution o. ä. dauernd befindet:* diese Stadt ist S. der Regierung, eines Bischofs; der S. des Unternehmens ist [in] Berlin; die Vereinten Nationen haben ihren S. in New York; übertr.: die Seele gilt als S. des Gefühls. 4. *sitzende Haltung:* ein aufrechter, steifer S.; der Reiter hat einen guten, schlechten S. 5. *Paßform eines Kleidungsstücks o. ä.:* der S. mußte noch korrigiert werden; der S. der Brille ist noch nicht befriedigend; der Anzug hat einen guten, schlechten, keinen [guten] S.; ein Kostüm von tadellosem S. ∗ (ugs.:) **auf einen Sitz** *(ohne Unterbrechung, hintereinander)* · (ugs.:) **etwas reißt/haut jmdn. vom Sitz** *(etwas versetzt jmdn. in Begeisterung, Erstaunen).*

sitzen: 1. (gewöhnlich mit Umstandsangabe) a) *sich auf einem Sitz niedergelassen haben:* möchtest du s.?; [auf einem Stuhl] weich, bequem, schlecht s.; mit gekreuzten, übereinandergeschlagenen Beinen s.; vor Schmerzen nicht s. und nicht liegen können; sie kann nicht still, ruhig s.; ich habe/(südd., österr., schweiz.:) bin den ganzen Tag gesessen; am Tisch, Ofen, Kamin, Feuer, Fenster, auf einer Bank, in einem Sessel, im Zimmer, im Gras, in der vierten Reihe, zu mehreren um den Tisch, unter einem Baum, vor dem Fernsehapparat, zu jmds. Füßen, zwischen lauter Fremden s.; am Steuer [seines Wagens] s.; du sollst auf deinem Platz s. bleiben; er kam auf einen harten Stuhl, neben mich zu s.; im Sattel s.; Fliegen sitzen auf der Lampe *(haben sich darauf niedergelassen);* die Henne sitzt auf den Eiern *(brütet sie);* /verblaßt/: an, bei, über einer Arbeit s. *(mit einer Arbeit beschäftigt sein);* sie saßen beim Kaffee *(tranken gerade Kaffee),* bei Tisch *(waren beim Essen),* beim Kartenspiel *(spielten Karten);* das Mädchen blieb beim Tanzen oft s. (veraltend) *(wurde nur selten zum Tanzen aufgefordert);* sie sitzen im Café, Wirtshaus, Wartesaal *(halten sich dort auf);* er saß über den Büchern *(las, studierte eifrig),* über seiner Examensarbeit abends will er nur vor dem Fernseher s. *(fernse-*

hen); sie sitzt den ganzen Tag zu Hause *(begibt sich sehr selten nach draußen, unter Menschen)* · 〈jmdm. s.〉 für ihr Porträt hat sie dem Maler gesessen *(hat ihm Modell gesessen);* adj. Part.: er hat eine sitzende Tätigkeit *(muß bei seiner Tätigkeit sitzen);* subst.: den ganzen Tag bin ich noch nicht zum Sitzen gekommen. **b)** (ugs.) 〈auf etwas s.〉 *sich nicht von etwas trennen wollen und es nicht hergeben, herausgeben:* er sitzt auf seinem Geld. **2. a)** 〈etwas sitzt; mit Raumangabe〉 *etwas befindet sich an einer bestimmten Stelle, ist an einer bestimmten Stelle befestigt:* der Knopf sitzt an der falschen Stelle; an dem Zweig sitzen mehrere Blüten; im Kopf des Schneemannes saßen zwei Kohlestückchen als Augen; 〈etwas sitzt jmdm; mit Raumangabe〉 der Hut saß ihm schief auf dem Kopf; übertr.: der Schreck, die Angst saß ihm noch in den Gliedern *(hatte ihn noch nicht verlassen).* **b)** 〈etwas sitzt voll von etwas〉 *etwas ist in reichem Maße mit etwas versehen, von etwas bedeckt:* die Pflanzen saßen voll von Blattläusen/voller Blattläuse; der Zweig saß voll von weißen Blüten/voller weißer Blüten. **3. a)** 〈mit Raumangabe〉 *an einem [entfernten oder entlegenen] Ort leben:* er sitzt zur Zeit in Afrika; er sitzt in einem kleinen Dorf; die Firma sitzt jetzt in Berlin. **b)** (ugs.) *sich in Haft befinden:* er sitzt seit drei Jahren; er sitzt im Gefängnis, hinter schwedischen Gardinen; er hat drei Jahre gesessen. **c)** 〈mit Raumangabe〉 *Mitglied in einer Versammlung, einem Gremium o. ä. sein:* er sitzt im Parlament, Ausschuß, Vorstand. **4.** 〈etwas sitzt〉 *etwas paßt:* der Anzug sitzt [gut, tadellos]; das Kleid sitzt wie angegossen *(sehr gut);* das Kostüm sitzt nicht; adj. Part.: eine schlecht sitzende Brille, Frisur, Krawatte. **5.** (ugs.) 〈etwas sitzt〉 **a)** *etwas ist so perfekt gelernt, eingeübt o. ä., daß es einen Zweck genau erfüllt:* jeder Handgriff sitzt [bei ihm]; was er gelernt hat, sitzt. **b)** *etwas trifft richtig und erreicht die gewünschte Wirkung:* die Ohrfeige saß; das, der Hieb, der Schuß hat gesessen. * (ugs.:) **einen sitzen haben** *(betrunken sein):* er hatte gestern abend ganz schön einen s. · (ugs.:) **etwas nicht auf sich** (Dativ) **sitzen lassen** *(etwas von sich weisen, nicht unwidersprochen lassen).*

sitzenbleiben (ugs.): **1.** *nicht in die nächste Schulklasse versetzt werden:* er war zu faul, daß er zweimal sitzenblieb; der Junge blieb schon in der Sexta sitzen. **2.** (veraltend) *als Frau unverheiratet bleiben:* die älteste Tochter blieb sitzen. **3.** 〈auf etwas s.〉 *für etwas keinen Käufer finden:* der Kaufmann ist auf seiner Ware sitzengeblieben.

sitzenlassen (ugs.): **1.** 〈jmdn. s.〉 **a)** *ein Mädchen nicht heiraten:* schließlich hat er sie sitzenlassen/(seltener:) sitzengelassen. **b)** *im Stich lassen:* er hat Frau und Kinder sitzenlassen/(seltener:) sitzengelassen; er sitzt ihn doch jetzt nicht s. **c)** *vergeblich warten lassen:* wir wollten uns treffen, aber er hat mich sitzenlassen/(seltener:) sitzengelassen. **2.** 〈jmdn. s.〉 *nicht in die nächste Schulklasse versetzen:* man hat ihn zwei Jahre vor dem Abitur sitzenlassen/(seltener:) sitzengelassen. **3.** 〈jmdn. auf etwas s.〉 *jmdm. etwas nicht wie erwartet abnehmen, abkaufen:* ihr könnt mich doch jetzt nicht auf meinen ganzen Vorräten s.; sie haben die Bauern dieses Jahr auf ihren Kartoffeln sitzenlassen /seltener:/ sitzengelassen.

Sitzfleisch 〈in der Wendung〉 kein Sitzfleisch haben (ugs.): *keine Ausdauer haben:* der Junge hat kein S.

Sitzung, die: **1. a)** *Versammlung, in der über etwas beraten wird; Konferenz:* eine öffentliche, geheime, wichtige, entscheidende, ergebnislose, langweilige, lange, ausgedehnte S.; die S. zieht sich in die Länge, dauert zwei Stunden, fällt aus, ist geschlossen, zu Ende, findet am Mittwoch, dem 25. Juni, in Berlin statt; eine S. anberaumen, ansetzen, abhalten, eröffnen, unterbrechen, schließen, vertagen; er hatte nicht an der letzten S. teilgenommen; etwas in, während einer S. beschließen; zu einer S. zusammentreten. **b)** (ugs.) *Karnevalssitzung:* die S. wird im Fernsehen übertragen; in eine, zu einer S. gehen. **2. a)** *das Sitzen für ein Porträt:* er gewährte dem Künstler zwei Sitzungen. **b)** *zahnärztliche, psychotherapeutische o. ä. Behandlung:* die Wurzelbehandlung erforderte mehrere Sitzungen.

Skandal, der: *Ärgernis und großes Aufsehen erregendes Geschehen:* es gibt einen S., wenn er das erfährt!; einen S. machen, heraufbeschwören, vermeiden; es ist ein S. *(ist skandalös, unerhört),* wie man ihn behandelt hat; er war in einen S. verwickelt; manche Zeitungen leben von Skandalen; es kam zu einem häßlichen S.; etwas wächst sich zu einem [richtigen] S. aus.

skandalös: *Empörung hervorrufend, unglaublich, unerhört:* skandalöse Zustände; die Behandlung hier ist s.; sie hat sich s. benommen.

Skat, der: **1.** /ein Kartenspiel/: [eine Runde, einen zünftigen] S. spielen; sie droschen (ugs.; *spielten),* klopften (ugs.; *spielten)* S. **2.** *die zwei im Skatspiel zur Seite gelegten Karten:* den S. aufnehmen, zur Seite legen; den S. liegen lassen *(aus der Hand spielen);* im S. lag ein As.

Skelett, das: **1.** *Knochengerüst:* ein menschliches S.; das S. eines Säugetieres; er ist das reinste S., ist zum S. abgemagert *(er ist sehr mager).* **2.** *tragende Konstruktion, Gerüst:* das S. des Hochhauses steht schon.

Skepsis, die: *durch Zweifel, Bedenken, Mißtrauen bestimmte Haltung:* seine angeborene S. bewahrte ihn davor; er hatte eine gesunde S. gegenüber lautstarken Proklamationen; sie betrachteten das Angebot mit einiger S., voller S.

skeptisch: *zweifelnd, zunächst mißtrauisch und zögernd:* ein skeptischer Mensch, Kunde; eine skeptische Einstellung, Haltung; er machte ein skeptisches Gesicht; da bin ich noch s. *(zweifle ich noch);* er stand unseren Plänen s. gegenüber; sie betrachteten, beurteilten die Sache äußerst s.

Ski, der: *Schneeschuh, Schi:* neue Skier/(auch:) S.; er fährt, läuft S.; die Skier anschnallen, wachsen; auf den Skiern stehen.

Skizze, die: **1.** *[als Entwurf dienende] Zeichnung in wenigen, sich auf das Wesentliche beschränkenden Strichen:* eine flüchtige S.; die S. einer Landschaft, eines Tieres; eine S. anfertigen, machen, entwerfen, [leicht] hinwerfen; er machte eine S. von dem Gebäude. **2. a)** *Aufzeichnung in Stichworten:* die S. einer Rede; für den zweiten Teil seines Romans hatte er nur Skizzen hinterlassen. **b)** *kurze literarische Darstellung in erzählerischer Form:* eine S. schreiben; er nannte seinen Reisebericht „Italienische Skizzen".

skizzieren ⟨etwas s.⟩: **1.** *mit wenigen Strichen zeichnen:* unterwegs skizzierte er mehrere Gebäude. **2. a)** *in großen Zügen darstellen; umreißen:* er skizzierte den Inhalt des Buches. **b)** *sich für etwas Notizen machen; entwerfen:* er skizzierte den Text für seine Ansprache.

Sklave, der: *unfreier, rechtloser, der Sklaverei unterworfener Mensch:* viele Neger wurden als Sklaven verkauft; Sklaven halten, kaufen, befreien, freilassen; jmdn. wie einen Sklaven behandeln; mit Sklaven handeln; sie haben ihn zum Sklaven gemacht; übertr.: er ist der S. seiner Leidenschaften *(ist ihnen völlig unterworfen).*

Skrupel, der: *Bedenken, Zweifel:* es kamen ihm S.; ihn quälten [keine] S.; seine S. waren rasch verflogen; er hatte, kannte keine S.; sich mit [moralischen] Skrupeln quälen, herumschlagen; er hat es ohne jeden S. getan; sie waren voller S.

so: **I.** ⟨Adverb⟩ **a)** */alleinstehend; als Frage, die Erstaunen ausdrückt oder als abschließende Bemerkung/:* „Er will nächste Woche verreisen.“ – „So *(wirklich)?*“; so, diese Arbeit wäre getan; so, ich gehe jetzt. **b)** *auf diese Weise, in dieser Form:* so habe ich es gewollt; so ist es richtig, ist es gewesen; recht so!; so [und nicht anders] muß man das machen; dem ist nicht so; so meinte sie das auch; ach, so ist das!; ach so, das wußte ich nicht; das ist nun einmal so; sie spricht einmal so, einmal so/bald so, bald so; er spricht so, daß ihn jeder verstehen kann; es ist mir so *(ich habe den Eindruck),* als wäre ...; er hat sich so verhalten, wie man es von ihm erwartet hatte; das habe ich nur so (ugs.; *ohne etwas Besonderes damit zu meinen)* gesagt; es hat nur so (ugs.; *sehr stark)* geschüttet; der Wagen sauste nur so (ugs.; *sehr schnell)* dahin; er ist so (ugs.; *ohne zu bezahlen)* ins Kino gekommen; wir haben auch so (ugs.; *ohne zusätzliche Arbeit)* schon genug zu tun. **c)** *in solchem Maße, Grade; derartig:* einen so hohen Turm hatte er noch nie gesehen; ich wußte nicht, daß er so krank war; ich bin nicht so dumm, das zu glauben; das ist nicht so schlimm; es war nicht so leicht, sein Vertrauen zu gewinnen; die Preise sind so niedrig, daß jeder die Ware bezahlen kann; sie war so erschrocken, daß sie nicht sprechen konnte; warum kommt er so spät?; er wird nicht so bald wiederkommen; sei doch bitte so gut, so freundlich und hilf mir tragen; er kam so schnell wie/so schnell als möglich/; als konjunktionale Einheit nur *daß*/: sie war sehr krank, so daß sie nicht kommen konnte; /beim Vergleich; in Verbindung mit *wie*/: er ist so *(ebenso, genauso)* groß wie du; etwas ist so hart wie Stein *(sehr hart),* so weiß wie Schnee *(schneeweiß).* **d)** (ugs.) ⟨pronominal⟩ *solch:* so ein Haus hätte ich auch gerne; so ein schönes Lied!; so eine Frechheit!; was soll man mit so einem Kerl (ugs.) anfangen?; das ist auch so einer! *(Menschen dieser Art kennen wir schon);* so etwas [Schönes] habe ich noch nie gesehen; so etwas von Frechheit ist mir noch nicht begegnet! **e)** */oft in Verbindung mit einem bedeutungsgleichen Adverb/ etwa, ungefähr:* so gegen, um Mitternacht; es waren so an, um hundert Personen; ich mache mir so meine Gedanken darüber; er hat es so ziemlich *(in etwa)* verstanden; er hat sich noch so leidlich *(einigermaßen gut)* aus der Sache gezogen. **II.**

⟨Konj.⟩ **a)** (geh.) *also, deshalb, demnach:* er war nicht da, so konnten wir ihn nicht sprechen; du hast es gewollt, so trage die Folgen. **b)** (veraltet) *wenn, falls:* wir sehen uns bald wieder, so Gott will. **III.** ⟨Gesprächspartikel⟩ **1.** /drückt eine Bekräftigung aus/ *wirklich:* das will mir so gar nicht einleuchten. **2.** drückt eine Unbestimmtheit aus, verleiht dem Gesagten oft den Charakter der Beiläufigkeit/: wie geht es euch denn so?; wie man so sagt. **3.** /nachdrücklich in Aufforderungssätzen; oft in Verbindung mit *doch*/: so hör doch endlich auf!; so komm doch! * (ugs.:) **so oder so** *(in jedem Fall):* er muß das Geld so oder so zurückzahlen · (ugs.:) **so und so** *(ohnehin):* ich muß s. und s. einkaufen gehen.

sobald ⟨Konj.⟩: *sofort wenn:* er will anrufen, s. er zu Hause angekommen ist.

Socke, die: *kurzer Strumpf:* wollene, dicke Socken; ein Paar Socken; die Socken sind zerrissen; Socken stricken, waschen, stopfen; Socken anziehen, tragen; du hast ein Loch in der [linken] S.; das zieht einem [ja] die Socken aus! /ugs.; *Ausruf der Entrüstung/.* * (ugs.:) **sich auf die Socken machen** *(schnell aufbrechen)* · (ugs.:) **jmdm. auf den Socken sein** *(jmdn. verfolgen)* · (ugs.:) **[ganz] von den Socken sein** *(sehr überrascht, erstaunt sein)* · (ugs.:) **jmdm. qualmen die Socken** *(jmd. hat sich sehr geeilt; jmd. hatte viel Lauferei).*

soeben ⟨Adverb⟩: *gerade; in diesem Augenblick; vor ganz kurzer Zeit:* s. schlägt die Uhr 12; das Buch ist s. erschienen; wie wir s. erfahren ...

sofern ⟨Konj.⟩: *wenn, falls; vorausgesetzt, daß:* wir werden kommen, s. es euch paßt; s. vorhanden, bedienen Sie sich einer Schreibmaschine.

sofort ⟨Adverb⟩: *gleich, unverzüglich, in kürzester Frist:* das muß s. erledigt werden; komm s. her!; er war s. tot; ich bin s. *(in wenigen Minuten)* fertig; er kommt s. *(in wenigen Minuten).*

sofortig: *sofort geschehend, stattfindend:* mit sofortiger Wirkung; die sofortige Abreise war unumgänglich.

Sog, der: *saugende Kraft, Strömung:* der S. des Wassers riß das Boot fort; in den S. der Propeller, der Schiffsschraube geraten; er wurde vom S. der Maschine erfaßt; übertr.: er geriet in den S. *(Einflußbereich)* der Großstadt.

sogar ⟨Adverb⟩ **1.** /drückt Erstaunen aus über ein nicht erwartetes Verhalten o.ä./ *auch, überdies:* er hat uns s. mit dem Auto abgeholt; er kam s. selbst; er hat sich darüber gewundert. **2.** /zur Anreihung von Satzteilen/ *mehr noch; um nicht zu sagen:* sie sind vermögend, s. sehr vermögend/sehr vermögend s.

sogleich ⟨Adverb⟩: *sofort:* als die Gäste ankamen, wurden sie s. in ihre Zimmer geführt.

Sohle, die: **1. a)** *Fußsohle:* seine Sohlen waren mit Blasen bedeckt; er hat sich einen Dorn in die S. getreten; sie lief mit nackten Sohlen durchs Gras. **b)** *Schuhsohle, Strumpfsohle:* dicke, dünne, haltbare Sohlen; Sohlen aus Leder, aus Gummi; die Sohlen sind durchgelaufen, haben Löcher, sind zerrissen; neue Sohlen auf die Schuhe machen lassen, nageln, kleben. **2.** *Boden eines Tales, eines Flusses o.ä.:* die S. eines Flusses, Grabens, Kanals; die S. des Tales ist mehrere Kilometer breit. * (ugs.:) **eine kesse Sohle aufs Parkett legen** *(schwungvoll [unter Bewunderung der Anwesen-*

den] tanzen) · (ugs.:) **sich** (Dativ) **die Sohlen [nach etwas] ablaufen/wund laufen** *(viele Gänge machen, um etwas Bestimmtes zu finden, zu erreichen)* · (ugs.:) **sich an jmds. Sohlen heften** *(ständig in jmds. Nähe sein, bleiben)* · (ugs.:) **sich** (Dativ) **etwas an den Sohlen abgelaufen haben** *(eine bestimmte Erfahrung längst gemacht haben)* · (ugs.:) **es brennt jmdm. unter den Sohlen** *(die Zeit drängt sehr)* · **auf leisen Sohlen** *(leise, unbemerkt):* auf leisen Sohlen davonschleichen.

Sohn, der: *unmittelbarer männlicher Nachkomme:* ein unehelicher, legitimer (veraltet; *ehelicher*) S.; ein ungeratener S.; der älteste, jüngste, einzige S.; sein eigener, erstgeborener S.; sein S. Andreas; einer unserer Söhne; er liebte ihn wie seinen eigenen S.; sie haben einen erwachsenen S.; Firma Hans Maier und S./und Söhne; nun, mein S. /in der Anrede/; der S. des Hauses *(der erwachsene Sohn einer Familie);* er ist der S. Hans Maiers/ist Hans Maiers S./ist der S. von Hans Maier; Vater und S. sehen sich sehr ähnlich; er ist ganz der S. seines Vaters *(ist seinem Vater sehr ähnlich);* sie haben einen S. bekommen; grüßen Sie Ihren [Herrn] S.; übertr.: die Söhne (geh.; *Bewohner)* der Berge; er ist der größte S. *(der berühmteste Einwohner)* seiner Stadt.

solang[e] ⟨Konj.⟩: *für die Dauer, während:* s. du Fieber hast, mußt du im Bett bleiben; du kannst bleiben, s. du willst; /verneint mit konditionaler Nebenvorstellung/: s. du nicht aufgeräumt hast, darfst du nicht spielen gehen.

solch ⟨Demonstrativpronomen; solcher, solche, solches; selten; unflektiert: solch⟩: *so geartet; so groß:* [ein] solcher Glaube; [eine] solche Handlungsweise; [ein] solches Vertrauen; solche Taten; ein solcher Tag/s. ein Tag; ich habe solchen Hunger!; bei solchem Herzklopfen; mit solchen Leuten verkehrst du?; die Taten eines solchen Helden/(selten:) die Taten solches Helden; die Wirkung solchen/(seltener:) solches Sachverhalts; alle solche Anweisungen; all solcher Spuk; solcher feine/(selten:) feiner Stoff; ein solcher feiner Stoff/s. ein feiner Stoff; solches herrliche Wetter; bei solchem herrlichen Wetter/(selten:) herrlichem Wetter; bei s. herrlichem Wetter, bei s. einem herrlichen Wetter; die Tatsache solcher schlechten/(auch:) schlechter Beeinflussung; bei solcher intensiven/(auch:) intensiver Sonneneinstrahlung; solche prachtvollen/(auch:) prachtvolle Bauten; s. prachtvolle Bauten; der Wert solcher alten/(auch:) alter Bücher; der Wert s. alter Bücher; solches Schöne/s. Schönes; solche Angestellte[n]; mit solchem Schönen, mit s. Schönem; solche Armen/(auch:) Arme; die Hütten solcher Armen; zwei solche Fehler, (selten:) zwei solcher Fehler; mit zwei solchen Fehlern; es kamen Musikkenner und solche, die sich dafür hielten; die Sache als solche *(an sich)* wäre nicht so schlimm, aber ...; es gibt immer solche und solche/(ugs.:) sone und solche *(die Menschen sind verschieden).*

Sold, der: *Bezahlung für Soldaten:* S. auszahlen, zahlen, empfangen; heute gibt es S. * **in jmds. S. stehen** *(für jmdn. arbeiten, in jmds. Dienst stehen).*

Soldat, der: *Angehöriger der Streitkräfte eines Landes:* ein einfacher, gemeiner (veraltet; *einfacher),* gedienter (veraltet), gewöhnlicher, aktiver S.; die alliierten, die deutschen Soldaten; weibliche Soldaten; S. [auf Zeit] werden; er war [im Krieg] 5 Jahre S.; viele Soldaten fielen, wurden verwundet; Soldaten einberufen, einziehen, ausbilden; das Grab[mal] des unbekannten Soldaten *(Gedenkstätte für gefallene Soldaten);* er ist bei den Soldaten (ugs. veraltet), kommt zu den Soldaten (ugs. veraltet; *wird Soldat).*

solidarisch: *durch Solidarität gekennzeichnet; füreinander einstehend:* eine solidarische Haltung; ein wenig solidarisches Verhalten zeigen, an den Tag legen; s. handeln; er fühlte sich, erklärte sich s. mit uns.

solid[e] ⟨1. *haltbar, gediegen in der Ausführung:* der Schrank ist eine solide Arbeit; solide Möbel; eine solide Verarbeitung; ein solider Bau; ein solides (ugs.; *kräftiges)* Mittagessen; die Möbel sind s. gearbeitet. 2. *fundiert:* eine solide finanzielle Grundlage, Basis; die Firma ist s., macht keinen soliden Eindruck; eine solide Ausbildung; solide Kenntnisse haben. 3. *maßvoll; nicht ausschweifend:* ein solider Mensch; ein solider Lebenswandel; er ist, lebt sehr s.

Soll, das: 1. *Arbeitssoll; vorgeschriebene Produktionsmenge:* das S. ist zu hoch, liegt bei 100 Stück am Tag; ein S. von 500 Stück; das S. wurde erhöht, beträgt 500 Stück pro Tag; er hat sein S. nicht erfüllt, [mit 10 Prozent] übererfüllt. 2. (Kaufmannsspr.) *Schuldseite eines Kontos:* etwas im S. buchen, ins S. eintragen; S. und Haben *(die beiden Seiten der Bilanz).*

sollen: ⟨Modalverb; mit Infinitiv⟩: 1. a) *verpflichtet, gehalten sein, etwas Bestimmtes zu tun:* du sollst sofort nach Hause kommen; wir hätten daran denken s.; ich hätte zur Post gehen s.; er sagte, ich solle nicht auf ihn warten; es hat so sein s.; so soll es sein; was soll ich hier tun?; du sollst *(darfst)* doch nicht mit ihm sprechen!; das hättest du nicht tun s.; ich soll dir sagen *(habe den Auftrag, dir zu sagen),* daß du kommen kannst; da soll ich nicht grob werden! (ugs.; *da habe ich doch Grund genug, grob zu werden);* der soll mir nur kommen! *(dem werde ich es zeigen!);* (mit Ellipse des Verbs) „Er wird fahren." – „Soll er doch!"; „Er wußte es nicht." – „Wie sollte er!" **b)** /drückt einen Wunsch des Sprechers aus/ *mögen:* damit soll alles vergessen sein; die Bitte soll gewährt sein; er soll mir willkommen sein; es soll *(wird)* nicht wieder vorkommen; du sollst es haben *(wirst es bekommen);* was soll das bedeuten? *(was mag das zu bedeuten haben?);* wozu soll das gut sein? *(was nutzt das, wozu dient das?).* 2. ⟨im 2. Konjunktiv⟩ *eigentlich müssen:* das sollte sie doch wissen; er sollte sich schämen; man sollte meinen, er hätte es nun verstanden; es sollte mich wundern, wenn ...; das sollte man *(dürfte man eigentlich)* nie tun. 3. (geh.) ⟨im 2. Konjunktiv⟩ *jmdm., einer Sache beschieden sein:* er sollte die Heimat nicht wiedersehen; dem Unternehmen sollte kein Erfolg beschieden sein *(ihm war kein Erfolg beschieden);* er sollte an der Aufgabe scheitern *(sie daran gescheitert).* 4. ⟨im 2. Konjunktiv⟩ /dient dem Ausdruck einer Bedingung, Einräumung/: sollte es regnen, dann bleiben wir zu Hause; sollte der Fall eintreten, daß der Plan mißlingt, dann ...; 5. ⟨im 2. Konjunktiv⟩ /dient in einer Frage dem Ausdruck eines Zweifels an et-

was/: sollte das wahr sein? *(ist das wirklich wahr?)*; sollte er doch recht haben?; sollte das sein Ernst sein? **6.** /dient dem Ausdruck einer Feststellung, für die man sich nicht verbürgt/ *es heißt, daß ...; man sagt ...*: das Konzert soll sehr schön gewesen sein; laut Wetterbericht soll es heute regnen; er soll sehr reich sein; sie soll geheiratet haben. **II.** ⟨Vollverb; etwas *s.*⟩ *beauftragt sein, etwas Bestimmtes zu tun*: ich soll das nicht, habe das nicht gesolt; was soll ich denn da, damit?; was soll das? /ugs.; *Ausdruck des Unmuts/*; was soll's? /ugs.; *Ausdruck der Gleichgültigkeit/*.

somit ⟨Adverb⟩: *also, folglich*: er war nicht dabei, s. konnte er/er konnte s. nicht darüber berichten; er war sehr intelligent und s. *(darum)* bestens für den Posten geeignet.

Sommer, der: *Jahreszeit zwischen Frühling und Herbst*: ein langer, kurzer, schöner, heißer, trokkener, verregneter, nasser S.; in diesem Jahr will es überhaupt nicht S. werden; über Nacht ist es S. geworden; der S. kommt, beginnt, geht zu Ende, neigt sich seinem Ende zu; wir verleben schon den zweiten S. an der See; diesen, nächsten S.; im S. des Jahres 1988; seit dem letzten S.; den S. über; einen [ganzen] S. lang; er fährt im S. in Urlaub; er geht im S. und im Winter/S. wie Winter *(das ganze Jahr über)* schwimmen; übertr. (geh.): *Höhepunkt*: der S. des Lebens.

sommerlich: *dem Sommer entsprechend*: sommerliches Wetter; sommerliche Hitze; es ist schon s. warm; sie war s. *(leicht)* gekleidet.

Sonde, die: **1.** *stab- oder röhrenförmiges Instrument für bestimmte Untersuchungen o. ä.*: die S. in den Magen einführen; er wurde mit der S. ernährt. **2.** *Flugkörper mit Meßgeräten*: die S. ist in eine Umlaufbahn um den Mars eingeschwenkt.

sonderbar: *merkwürdig, eigenartig, seltsam*: ein sonderbarer Mensch, Gast, Kauz (ugs.); ein sonderbares Erlebnis, Ereignis, Gefühl; sein Benehmen war s.; das ist sehr, höchst, mehr als s.; er ist heute, manchmal so s.; er benahm sich so s.

sonderlich ⟨nur in Verbindung mit einer Verneinung⟩: **a)** *besonders groß*: die Arbeit machte ihm keine sonderliche Freude; seine Mahnungen blieben ohne sonderliche Wirkung; sonderliches Vertrauen zu diesem Menschen hatte er nicht. **b)** ⟨verstärkend bei Adjektiven und Verben⟩ *sehr, besonders*: er ist nicht s. klug, geschickt; ich fühle mich heute nicht s. (ugs.; *nicht besonders gut*).

¹sondern ⟨Konj.⟩: *vielmehr; im Gegenteil*: er zahlte nicht sofort, s. überwies den Betrag durch die Bank; das ist nicht grün, s. blau; nicht er hat es getan, s. sie; /in Wortpaaren/: nicht [nur] ..., sondern [auch] das Wetter war nicht nur sonnig, s. auch warm; er kommt nicht heute, s. morgen.

²sondern (geh.) ⟨jmdn., etwas von jmdm., von etwas *s.*⟩: *trennen, scheiden*: die kranken Tiere von den gesunden s.; sie sonderte die faulen Früchte von den guten; adj. Part.: *einzeln, für sich*: die Frage müssen wir gesondert behandeln.

sondieren (ugs.) ⟨etwas *s.*⟩: *vorsichtig erkunden, erforschen*: das Gelände, die Lage, die Stimmung in der Öffentlichkeit, den Markt s.; sie sondierten [bei den Kandidaten], wer geeignet sei.

Sonnabend, der (bes. norddt.): *sechster Tag der mit Montag beginnenden Woche; Samstag*: ein verkaufsoffener S.; ein langer S. (ugs.; *Sonn-*

abend, an dem die Geschäfte auch nachmittags geöffnet sind); heute ist S.; wir bleiben bis S.; wir schließen S., den 21. März; am S., dem/(auch:) den 4. März; er kommt nächsten/am nächsten S.; an [den] Sonnabenden ist das Haus geschlossen.

Sonne, die: **1.** *Licht und Wärme spendender Himmelskörper*: die helle, leuchtende, strahlende, goldene (geh.) S.; die heiße, glühende, gleißende, brennende, sengende S.; die aufgehende, untergehende, sinkende S.; S. und Mond; die S. geht [im Osten] auf, steht hoch [am Himmel], im Zenit, im Westen, hat ihren höchsten Stand erreicht, geht [blutrot] unter, sinkt, versinkt im Meer, hinter dem, am Horizont; die S. scheint, strahlt, leuchtet, wärmt, brennt [unbarmherzig vom Himmel herab], sticht, sengt, glüht; die S. durchdringt den Nebel, bricht durch die Wolken, kommt heute nicht heraus *(bleibt hinter einer Wolkendecke verborgen)*, kommt hinter den Häusern hervor, spiegelt sich im Wasser; die S. blendet mich; er ist der glücklichste Mensch unter der S.; sie leben unter südlicher S. (geh.; *im Süden*); R: die S. bringt es an den Tag · er ließ sich die S. auf den Rücken scheinen; das Licht, der Stand der S.; in der ersten Halbzeit spielten sie gegen die S., in der zweiten mit der S. im Rükken; in die S. gucken, blinzeln; bildl.: Frau S.; die S. lacht, blickt durch die Wolken; heute meint es die S. gut (ugs.; *heute ist es sehr sonnig, recht warm*); die S. des Glücks leuchtet ihr. **2.** *Licht und Wärme, Sonnenschein*: die S. hat ihn gebräunt, hat sein Haar gebleicht; Wind und S., Regen und S. haben seine Haut gegerbt; sie kann viel, keine S. vertragen; der Balkon hat keine, wenig, viel, den ganzen Tag S.; die Pflanzen brauchen viel S.; er kommt wenig an die S. *(kommt wenig hinaus ins Freie)*; die Masse schmilzt wie Butter, Schnee an der S. *(sehr schnell)*; (ugs.:) sich die S. auf den Pelz brennen lassen; geh mir bitte aus der S.!; in der S. sitzen, liegen; wir setzen, legen uns in die S.; er ließ sich in, von der S. braten (ugs.; *ließ sich bräunen*).

sonnen: **1. a)** ⟨sich *s.*⟩ *ein Sonnenbad nehmen*: wir haben uns auf der Wiese, am Strand gesonnt; ⟨schweiz. auch ohne *sich*⟩ wir sonnten uns im Badeanzug. **b)** ⟨etwas *s.*⟩ *der Sonne aussetzen*: sie sonnte die Betten auf dem Balkon. **2.** (geh.) ⟨sich in etwas *s.*⟩ *etwas selbstzufrieden genießen*: er sonnte sich in seinem Glück, Erfolg, Ruhm.

Sonnenschein, der: *das Scheinen der Sonne*: der S. lockte die Menschen ins Freie; draußen ist, herrscht strahlender S. *(die Sonne scheint strahlend)*; übertr.: nach der Versöhnung herrscht bei ihnen wieder eitel S. *(sind sie in bester Stimmung)*; das Kind war ihr S. *(ihr großes Glück)*; mein kleiner S. *(mein liebes Kind)!* · sie gingen bei S. spazieren; sie saßen im hellen, warmen S.

sonnig: *voll Sonnenschein; reich an Sonne*: ein sonniges Zimmer, ein sonniger Tag; die Pflanzen brauchen einen sonnigen Standort; im sonnigen Süden; das Wetter war s.; hier ist mir zu s.; übertr.: *heiter, fröhlich*: ein sonniges Wesen haben; er ist ein sonniger Mensch; du hast ja ein sonniges Gemüt (ugs.; *bist sehr naiv*).

Sonntag, der: *letzter Tag der mit Montag beginnenden Woche*: ein erholsamer, ruhiger S.; die Ausstellung wird S., den 5. Mai eröffnet; eines [schönen] Sonntags; am S., dem 6. April/(auch:) den 6. April; er kommt nächsten/am nächsten S.; sie kommt nächsten S. abend, S. abends; in der Nacht von S. auf/zum Montag; das Lokal ist an Sonn- und Feiertagen geöffnet; bis S. fertig sein. **sonst** ⟨Adverb⟩: **a)** *außerdem; darüber hinaus:* haben sie s. noch Fragen?; das weiß s. niemand, s. keiner außer ihm; er hat s. nichts, nichts s. gesagt; s. noch was! /ugs.; *Ausruf der Empörung, der Ablehnung/.* **b)** ⟨in Verbindung mit Interrogativpronomen⟩ *anders:* wer s. hätte das/wer hätte das s. so gut schreiben können?; was willst du s. machen?; wie, wo [denn] s.? **c)** *in anderen Fällen; bei anderer Gelegenheit; für gewöhnlich:* der s. so freundliche Mann war heute mürrisch; du bist doch s. nicht so empfindlich; es ist s. viel kälter hier; hier ist noch alles wie s. *(wie immer).* **d)** *andernfalls:* ich mußte ihm helfen, weil er s. zu spät gekommen wäre/s. wäre er zu spät gekommen; tu es gleich, s. vergißt du es.

Sopran, der ⟨Musik⟩: **1.** *hohe Frauen- oder Knabenstimme:* ein heller, klarer, schöner S.; die Sängerin hat einen sehr hohen S.; sie singt S. **2.** *Sopranistin:* der S. war indisponiert.

Sorge, die: **1.** *Kummer, Besorgnis, Bedrückung:* große, schwere Sorgen; Sorgen quälen, plagen, drücken ihn, lasten auf ihm, lassen ihm keine Ruhe; die S. um das kranke Kind machte sie traurig; deine S. war unnötig; seine größte S. war, daß ...; das sind Sorgen! (auch iron.); Sorgen haben; die Sorgen vergessen, vertreiben, verscheuchen, abschütteln; diese S. bin, wäre ich los (ugs.; *das ist glücklicherweise erledigt*); er versuchte, seine Sorgen im Alkohol zu ertränken; sein Zustand machte, bereitete ihr Sorgen; du machst dir unnötige Sorgen; ich teile deine Sorgen *(Bedenken)* nicht; ich habe keine S. *(keine Bedenken, Zweifel),* daß er das Examen besteht; keine S. *(nur ruhig),* das schaffen wir schon; sie macht sich Sorgen um ihn, um seine Zukunft; mache dir darum, darüber, deswegen keine Sorgen!; deine Sorgen möchte ich haben! (ugs. iron.; *deine Sorgen sind doch geringfügig, du übertreibst das alles*); dieser Sorgen bin ich nun enthoben (geh.), ledig (geh.); voller S., ohne S., frei von Sorgen in die Zukunft blicken; sie war in S. um ihn; sein Zustand erfüllte sie mit [großer] S. **2.** *Fürsorge; Mühe:* die S. für ihre Familie, um das tägliche Brot; man sollte ihr diese S., die S. dafür abnehmen; laß das nur meine S. sein! *(dafür werde ich sorgen);* das ist meine erste, größte S. *(darum werde ich mich in erster Linie kümmern);* das ist seine S. *(darum muß er sich kümmern).* *(geh.:* **für etwas Sorge tragen** *(für etwas sorgen; sich um etwas kümmern).*

sorgen: 1. ⟨sich um jmdn., um etwas/(seltener auch:) jmds. wegen, wegen einer Sache s.⟩ *sich einer Person oder Sache wegen Sorgen machen; sich ängstigen:* sie sorgt sich sehr um ihn, um seine Zukunft; um seine Gesundheit; du brauchst dich deswegen nicht zu s.; ⟨auch ohne Präp.-Obj.⟩ du brauchst dich nicht zu s. **2.** ⟨für jmdn., für etwas s.⟩ *sich um jmdn., um etwas kümmern, bemühen:* gut, vorbildlich, schlecht für jmdn. s.; für seine Familie, für die Erziehung s.; für Essen und Trinken s.; für Ruhe und Ordnung s.; wer sorgt während deiner Abwesenheit für den Hund?; er will

dafür s. *(dafür Sorge tragen),* daß alles rechtzeitig fertig ist; es ist gut für sie gesorgt *(sie braucht sich um ihre Zukunft keine Sorgen zu machen).* **3.** ⟨etwas sorgt für etwas⟩ *etwas verursacht etwas:* sein Verschwinden hat für Aufregung, für Überraschung, für Schlagzeilen gesorgt.

Sorgfalt, die: *Genauigkeit, Gewissenhaftigkeit:* S. auf etwas verwenden; du hast es an der nötigen S. fehlen lassen; ohne, mit mehr, mit aller, mit größter S. vorgehen.

sorgfältig: *gewissenhaft, genau; mit großer Sorgfalt:* er ist ein sorgfältiger Mensch; eine sorgfältige Arbeit, Schrift; er ist, arbeitet sehr s.; etwas s. vorbereiten, prüfen; etwas s. behandeln; er geht nicht sehr s. mit seinen Sachen um; er hat es s. *(mit Eifer)* vermieden aufzufallen.

sorgsam: *sorgfältig und behutsam:* die sorgsame Betreuung, Pflege des Kranken; etwas s. auswählen; s. mit etwas umgehen; er hat das Geheimnis s. *(streng)* gehütet.

Sorte, die: *bestimmte Art, Qualität:* die teuerste, erste, beste, billigste S.; eine gute, mittlere S. Äpfel; davon gibt es feinere und gröbere Sorten, Sorten in allen Preislagen; verschiedene Sorten von Birnen; Stoffe aller Sorten/in allen Sorten; übertr. (abwertend): mit dieser S. Mensch möchte ich nichts zu tun haben; zwei von dieser S. (ugs.; *so wie du bist)* wären zuviel; er war ein Betrüger übelster S. *(ein sehr übler Betrüger);* er ist ein Mensch von der friedfertigen S.

sortieren ⟨etwas s.⟩: *nach Art, Güte o. ä. ordnen:* Waren, Papiere s.; etwas nach seiner Größe, nach Qualität s.; die Mutter sortiert die Wäsche in den Schrank; adj. Part.: *eine bestimmte Sortierung aufweisend:* ein gut sortiertes Lager, Angebot; das Geschäft ist in Weinen gut sortiert.

soundso (ugs.) **I.** ⟨Adverb⟩: *in nicht näher bezeichneter Weise; unbestimmt wie:* er war s. lange nicht mehr da; das habe ich dir schon s. *(sehr)* oft gesagt; s. viel, lange, breit, groß. **II.** ⟨Adj.⟩ /steht an Stelle einer genaueren Bezeichnung/: Paragraph s.; subst.: ein Herr Soundso.

souverän: 1. *selbständig, unabhängig:* ein souveräner Staat; ein souveräner (unumschränkter) Herrscher; das Land ist, wurde s.; er regierte, herrschte s. *(unumschränkt).* **2.** (geh.) *überlegen und sicher:* in souveräner Spieler; eine souveräne Beherrschung der fremden Sprache; er war, wirkte s.; er beherrschte sein Gebiet, seinen Stoff s., hat die Aufgabe s. gelöst.

soviel: I. ⟨Konj.⟩ *wieviel auch immer:* s. ich auch arbeitete, ich wurde nie fertig; s. ich weiß *(soweit mir bekannt ist),* kommt er morgen. **II.** ⟨Adverb⟩ *in dem[selben] Maße:* er hat [halb, doppelt, noch einmal] s. gearbeitet wie du; du mußt ihm s. wie/als möglich helfen; nimm, s. du willst.

soweit: I. ⟨Konj.⟩ *in dem Maße wie:* s. ich weiß, kommt er morgen; es wird klappen, s. sich die Dinge überblicken lassen. **II.** ⟨Adverb⟩ *im allgemeinen, insgesamt:* es geht ihm s. gut; ich bin s. einverstanden; wir werden es s. wie/als möglich vorbereiten. * (ugs.:) **soweit sein** *(fertig, bereit sein):* gib mir Bescheid, wenn du s. bist; es ist bald s. *(der erwartete Zeitpunkt ist bald da).*

sowie ⟨Konj.⟩: **1.** *und auch:* wissenschaftliche und technische Werke s. schöne Literatur. **2.** *sobald:* sowie er ihn erblickte, lief er ihm entgegen.

sowieso I. ⟨Adverb⟩: *ohnehin:* den Brief kann ich mitnehmen, ich gehe s. zur Post; das s.! *(das versteht sich von selbst).* II. ⟨Adj.⟩ */steht an Stelle einer genauen Bezeichnung/ soundso:* Paragraph s.; subst.: ein Herr Sowieso.

sowohl ⟨in den Wortpaaren⟩ **sowohl ... als [auch]; sowohl ... wie [auch]** *(und)/betont* nachdrücklich das gleichzeitige Vorhandensein, Tun o. ä./: er spricht s. Englisch als [auch] Deutsch; s. er wie [auch] sie waren/(seltener:) war dort.

sozial: a) *die menschliche Gesellschaft, die gesellschaftliche Stellung betreffend:* soziale Fragen, Konflikte, Bestrebungen, Verhältnisse, Mißstände; die soziale Revolution; er fordert soziale Gerechtigkeit; ein sozialer Wandel hat stattgefunden; das soziale Gefälle; der soziale Frieden; Rechtsw.: die soziale Indikation · die soziale Sicherheit. **b)** *das Gemeinwohl betreffend; der Allgemeinheit dienend:* soziale Arbeit leisten; soziale Berufe, Einrichtungen, Leistungen, Lasten, Abgaben; sie macht ein soziales Jahr; die sozialen Dienste; eine soziale Einstellung haben; s. gesinnt sein; er empfindet, denkt, handelt s.

Sozialismus, der: *sozialistische Gesellschafts- und Wirtschaftsordnung:* wissenschaftlicher, praktischer, nationaler, real existierender S.; der utopische S.; für den S. arbeiten; im S. leben.

sozusagen ⟨Adverb⟩ *gewissermaßen:* das Problem hat sich s. von selbst gelöst.

spähen: 1. ⟨mit Raumangabe⟩ *suchend blicken:* in die Ferne, um die Ecke s.; sie spähte aus dem Fenster. **2.** ⟨nach jmdm., nach einer Sache s.⟩ *ausschauen:* er spähte nach dem Fremden, nach den vorbeifahrenden Autos.

Spalier, das: **1.** *Lattengerüst für Pflanzen:* er zieht Obstbäume am S.; die Rosen ranken an einem S. **2.** *Menschenreihen zu beiden Seiten einer Straße o. ä.:* in S. Fähnchen schwenkender Kinder, von winkenden Kindern; zu jmds. Ehren ein S. bilden; S. stehen *(sich zu einem S. aufgestellt haben);* er ging, schritt (geh.) durch das S.

Spalt, der: *schmale, längliche Öffnung; schmaler Zwischenraum:* in dem Holzblock klaffte ein S., klafften mehrere Spalte; durch die Mauer ging ein tiefer S.; ein S. im Eis; die Tür einen S. offenlassen; die Augen, das Fenster einen S. weit/breit öffnen; er schaute durch einen S. in der Wand.

Spalte, die: **1.** *Riß, Spalt in einem festen Material:* in dem Mauerwerk zeigten sich tiefe, breite Spalten; aus den Spalten der Erde drang Dampf. **2.** *Druckspalte:* die Buchseite hat zwei Spalten; der Beitrag füllte drei Spalten; das Wörterbuch ist in drei Spalten *(dreispaltig)* gesetzt.

spalten: 1. a) ⟨etwas s.⟩ *[mit einem Werkzeug] in Längsrichtung zerteilen:* das Holz, die Klötze mit einem Beil s.; Frost und Hitze haben den Fels gespalten/gespaltet; ein vom Blitz gespalteter Baum; Chemie: eine chemische Verbindung s.; Physik: Atomkerne s.; adj. Part.: eine gespaltene Zunge; das Kind hat eine gespaltenen Rachen *(Wolfsrachen),* eine gespaltene Lippe *(Hasenscharte)* · ⟨jmdm. etwas s.⟩ ein Säbelhieb hatte ihm den Schädel gespalten. **b)** ⟨etwas spaltet sich; mit Artangabe⟩ *etwas läßt sich in bestimmter Weise spalten:* dieses Holz spaltet sich leicht, schwer, schlecht. **c)** ⟨etwas spaltet sich⟩ *etwas reißt auf, zerteilt sich:* durch den Frost hat

sich das Mauerwerk gespalten/gespaltet; ihre Haare, Fingernägel spalten sich. **2. a)** ⟨etwas s.⟩ *uneinig machen; die Einheit von etwas zerstören:* er versuchte die Partei zu s.; das Volk war in Parteien gespalten. **b)** ⟨etwas spaltet sich⟩ *etwas trennt sich, wird uneinig:* seine Anhängerschaft hat sich in verschiedene Lager gespalten.

Spaltung, die: *Trennung, Entzweiung:* die S. des Landes; es kam zu einer S. der Partei.

Span, der: *Holz-, Metallspan:* feine, grobe Späne; sie haben gearbeitet, daß die Späne flogen *(haben tüchtig gearbeitet);* die Späne wegfegen; R: wo gehobelt wird, da fallen/fliegen Späne.

spanisch: *Spanien, die Spanier betreffend, ihnen zugehörend:* die spanische Sprache; spanische Trauben, Apfelsinen; er spricht s. *(in spanischer Sprache);* etwas auf s. sagen. ∗ ⟨ugs.:⟩ **etwas kommt jmdm. spanisch vor** *(etwas erscheint jmdm. seltsam, verdächtig).*

Spanne, die: **1.** */ein altes Längenmaß/:* eine S. hoch, lang, breit. **2.** *Abstand, Unterschied:* die S. zwischen Einkaufs- und Verkaufspreis; wir haben nur noch eine kleine S. Zeit (geh.).

spannen /vgl. spannend, gespannt/: **1. a)** ⟨etwas s.⟩ *straff ziehen:* die Saiten einer Geige, Gitarre s.; den Geigenbogen *(die Haare des Geigenbogens)* s.; das Fell der Pauke, der Trommel s.; einen Bogen, eine Armbrust s.; du mußt das Seil, die Sehne des Bogens fester s.; übertr.: ihre Nerven waren zum Zerreißen gespannt *(sie war im Zustand höchster Anspannung);* du darfst deine Erwartungen nicht zu hoch s. *(darfst nicht zu viel erwarten).* **b)** ⟨etwas s.⟩ *straff befestigen:* ein Seil, Fäden s.; Gardinen s. *(durch Spannen in die richtige Form bringen);* eine Plane über einen Wagen s.; der Maler spannt die Leinwand auf den Rahmen. **c)** ⟨etwas spannt sich⟩ *etwas wird straff, fest:* seine Muskeln spannten sich; die Haut über ihren Backenknochen war gespannt. **d)** ⟨etwas in etwas s.⟩ *einspannen:* einen Bogen Papier in die Schreibmaschine s.; er hat das Werkstück in den Schraubstock gespannt. **e)** ⟨etwas s.⟩ *zum Auslösen bereitmachen:* das Gewehr, die Pistole s.; den Hahn eines Revolvers, den Abzug s.; er spannte den Verschluß seines Fotoapparates. **2.** ⟨etwas spannt⟩ *etwas sitzt so eng, daß es einschnürt, beengt:* das Gummiband, der Rock spannt [ein wenig]; die Jacke spannt über dem Rücken, unter den Armen. **3.** ⟨ein Tier s.; mit Raumangabe⟩ *anspannen:* ein Pferd an, vor den Wagen s.; er spannte den Ochsen an den Pflug. **4.** (geh.) ⟨etwas spannt sich über jmdn., über etwas⟩ *etwas wölbt sich über jmdn., etwas, führt über jmdn., etwas hinweg:* blauer Himmel spannte sich über uns; eine Brücke spannt sich über den Fluß, über das Tal. **5.** (ugs.) ⟨auf jmdn., auf etwas s.⟩ *ungeduldig warten:* er hat schon lange auf diese Erbschaft gespannt; sie spannen darauf, daß er abreist; sie spannte den ganzen Abend auf ihn.

spannend: *Spannung erregend; fesselnd:* eine spannende Geschichte; der Roman ist s. [geschrieben]; ein spannender Augenblick; er erzählte sehr s.; mach's nicht so s.! (ugs.; *halte uns nicht so lange in Spannung!);* der macht's aber s.! *(macht, erzählt etwas sehr umständlich).*

Spannung, die: **1. a)** *das Gespannt-, Straffsein:*

die S. der Saiten hatte nachgelassen; das Seil hielt die S. nicht aus und riß. **b)** *Spannungsdruck:* die S. eines Gewölbes, einer Brücke; die Scheibe ist gesprungen, weil die S. zu groß war. **2.** *Stromstärke:* die elektrische S. sinkt, steigt, läßt nach, fällt ab; die S. messen, erhöhen, herabsetzen, verändern, regeln; die Leitung hat eine S. von 220 Volt; die Leitung steht unter S. **3. a)** *gespannte Erwartung, Ungeduld:* im Saal herrschte eine große, atemlose, ungeheure S.; die S. stieg [aufs höchste], wuchs, erreichte den Höhepunkt, war auf dem Höhepunkt; allmählich ließ die S. nach; etwas erregt, weckt (geh.) S., erhöht die S.; er versetzte, hielt die Leute in S.; sie saßen in erwartungsvoller S. auf ihrem Platz; er las das Buch mit wachsender S.; sie erwarteten ihn mit, voll S. **b)** *innere Anspannung, Erregung:* die [innere] S. war unerträglich, löste sich allmählich, ließ nach; er befand sich in einem Zustand der S.; eine S. aushalten. **c)** *gespanntes Verhältnis, Unstimmigkeit:* in letzter Zeit bestand, herrschte eine gewisse S. zwischen ihnen; die Spannungen zwischen beiden Staaten konnten überwunden, vermindert werden; der Streit der Brüder führte zu Spannungen innerhalb der Familie.

sparen: 1. a) *Geld zurücklegen, Ersparnisse machen:* er hat sich vorgenommen zu s.; sie spart schon seit einigen Jahren, bei einer Bank, bei einer Bausparkasse; er spart auf, für ein Auto; sie spart für ihre Kinder; subst.: jmdn. zum Sparen anhalten. **b)** ⟨etwas s.⟩ *zurücklegen, erübrigen:* er hat jetzt 500 Mark, eine größere Summe gespart; wenn er genug Geld [dafür] gespart hat, will er sich ein Auto kaufen; ⟨sich (Dativ) etwas s.⟩ er hat sich schon viel Geld gespart. **c)** *sparsam sein, haushalten:* er kann nicht s.; sie spart am unrechten Ort, am falschen Platz, Ende; ⟨mit etwas s.⟩ mit den Vorräten müssen wir s. *(wir haben nicht mehr genug davon);* er spart mit jedem Pfennig (ugs.; *ist ziemlich geizig*); sie sparte nicht mit Lob *(lobte viel).* **2.** *einsparen:* **a)** ⟨etwas s.⟩ sie hat dabei eine ganze Menge Geld gespart; sie waren gezwungen, Strom, Gas, Material zu s.; übertr.: dadurch hat er Zeit, Mühe, Arbeit, Kräfte gespart. **b)** ⟨an etwas s.⟩ sie versuchte am Haushaltsgeld zu s.; sie spart sogar am Essen; bei dem Essen war an nichts gespart worden *(es war sehr üppig).* **3.** ⟨sich (Dativ) etwas s.⟩ **a)** *ersparen; vermeiden:* du sparst dir viel Ärger, wenn du ihm aus dem Weg gehst; die Mühe, den Weg hätten wir uns s. können. **b)** *unterlassen:* spare dir deine Bemerkungen, Worte!; deine Ermahnungen, Ratschläge kannst du dir s.

spärlich: *kümmerlich, dürftig, kärglich:* eine spärliche Ausbeute; spärliche Reste; es gab nur spärliche Nachrichten; sein spärlicher Haarwuchs machte ihm Kummer; die Vegetation war sehr s.; die Geldmittel kamen, flossen nur sehr s.; das Zimmer war s. beleuchtet; der Vortrag war recht s. besucht; sie war nur s. *(wenig)* bekleidet.

sparsam: a) *haushälterisch; nicht verschwenderisch:* eine sparsame Hausfrau; sie ist, lebt, wirtschaftet sehr s.; wir müssen s. mit dem Heizöl umgehen; übertr.: er machte davon nur s. *(wenig)* Gebrauch. **b)** *wirtschaftlich:* ein sparsamer Verbrauch; etwas [nur] s. *(nicht viel von etwas)* verwenden; es gab nur sparsamen Applaus; der

Raum war nur s. möbliert *(es standen nur wenig Möbel darin);* ⟨etwas ist s. in etwas⟩ das Waschmittel ist s. im Verbrauch.

spartanisch: *streng, einfach:* eine spartanische Erziehung; ein spartanischer Lebensstil; spartanische *(große)* Strenge; sie leben s. [einfach]; er wurde s. erzogen.

Spaß, der: **1.** *Scherz:* ein gelungener, harmloser, alberner, derber, schlechter, dummer (ugs.) S.; die Späße des Clowns; es war doch nur [ein] S.; ist das S. oder Ernst?; das ist kein S. mehr; R (ugs.): S. muß sein! · dein S. geht zu weit; hier, da hört [für mich] der S. auf *(das geht [mir] zu weit);* er macht gern einen S., Späße; mach keine Späße! /ugs.; *Ausruf des Erstaunens* /; S. beiseite!; ohne S.! *(im Ernst);* er hat doch nur S. gemacht (ugs.; *hat es nicht ernst gemeint*); er läßt sich gern einen S. gefallen; er hat sich (Dativ) einen S. mit dir erlaubt; er treibt gern seinen S. mit jmdm. *(neckt andere gern);* er versteht [keinen] S. *(hat [keinen] Humor);* in diesen Dingen versteht sie keinen S. *(läßt sie nicht mit sich spaßen);* (ugs.:) er macht das aus S. an der Freud; aus dem S. war auf einmal Ernst geworden; etwas aus, im, zum S. sagen *(nicht ernst meinen);* er ist heute nicht zu Späßen aufgelegt. **2.** *Vergnügen, Freude an etwas:* der S. mit den neuen Spielzeug dauerte nicht lange; mir ist der S. vergangen *(ich habe keine Lust mehr);* er hatte seinen S. an dem Spiel; etwas macht [großen, richtigen, keinen] S.; das machte ihm diebischen S.; laß ihm doch den S.!; [ich wünsche dir für heute abend] viel S.!; was kostet der S.? (ugs.; *was kostet das?*); er hat ihnen den S. verdorben; er macht sich einen S. daraus, sie zu erschrecken *(er tat das mit einer gewissen Boshaftigkeit).* * (ugs.:) **etwas ist ein teurer Spaß** *(etwas verursacht übermäßige Ausgaben).*

spaßen (veraltend): *Späße machen, scherzen:* er spaßte den ganzen Abend [mit den Kindern]; spaßte über alles; ich spaße nicht *(ich meine es ernst);* Sie spaßen wohl! *(das kann nicht Ihr Ernst sein!).* * **mit jmdm. ist nicht zu spaßen; jmd. läßt nicht mit sich spaßen** *(bei jmdm. muß man sich vorsehen)* · **mit etwas ist nicht zu spaßen, darf man nicht spaßen** *(etwas muß ernst genommen werden).*

spaßig: *komisch, drollig:* eine spaßige Geschichte; ein spaßiges Erlebnis; das ist sehr s.; er ist, erzählt sehr s.

spät /vgl. später/: **a)** *in der Zeit schon weit fortgeschritten:* am späten Abend; bis in die späte Nacht; er kam zu später Stunde (geh.; *sehr spät*); im späten Sommer (geh.); im späten Mittelalter *(in den beiden letzten Jahrhunderten des Mittelalters);* die Werke des späten (alten) Goethe; es ist schon s. am Abend, schon ziemlich s.; es ist gestern ziemlich s. geworden; für s. im Herbst; wie s. ist es? *(wieviel Uhr ist es?).* **b)** *nach dem üblichen, erwarteten Zeitpunkt eintretend, geschehend o. ä.:* ein spätes Frühjahr; eine späte *(spät reifende)* Sorte Äpfel; ein später *(einige Generationen später geborener)* Nachkomme des letzten Kaisers; ein spätes Glück; späte *(verspätete)* Reue, Einsicht, Besinnung; wir werden mit einem späteren Zug fahren; Minuten später *(kurz darauf);* wir sind heute s. dran (ugs.; *wir haben uns verspätet, so daß die Zeit drängt*); dazu ist es jetzt zu s.; Ostern ist, liegt, fällt dieses Jahr s.; s.,

später aufstehen; du kommst s., später als sonst, zu s.; er kam ein paar Minuten später.
später: I. ⟨Adj.⟩ **a)** *zukünftig, kommend:* in späteren Zeiten, Jahren; spätere Generationen; der spätere *(danach kommende)* Eigentümer hat das Haus umgebaut. **b)** *künftig:* damals lernte er seine spätere Frau kennen. **II.** ⟨Adverb⟩ *zu einem in der Zukunft liegenden Zeitpunkt:* s. wollen sie sich ein Haus bauen; das wirst du s. noch lernen; wir sehen uns s. noch; er vertröstete ihn auf s.; bis s.! */Abschiedsformel/.*
spätestens ⟨Adverb⟩: *nicht später als:* er kommt s. am Freitag zurück; die Arbeit muß [bis] s. Freitag fertig sein; wir sehen uns s. morgen, in einer Woche; in s. einer Woche; das wußte er s. seit dem Tag, als ...; das merkt er s. nach ...
Spatz, der: /*ein Vogel*/: ein junger, frecher, dreister S.; die Spatzen lärmen, tschilpen, plustern sich auf; R: der hat wohl Spatzen unterm Hut *(er nimmt unhöflichermaßen den Hut nicht ab beim Grüßen);* besser ein S. in der Hand als eine Taube auf dem Dach; das pfeifen die Spatzen von den Dächern *(das weiß längst jeder).*
spazierengehen: *einen Spaziergang machen:* in einem Park, im Wald s.; er geht jeden Tag spazieren; sie sind spazierengegangen.
Spaziergang, der: *Gang im Freien:* unser sonntäglicher S.; der tägliche S. bekommt ihm gut; wir haben einen weiten S. gemacht; auf seinen Spaziergängen nimmt er den Hund mit; übertr.: (ugs.): das ist, war, wird kein S. *(ist, war, wird keine leichte Sache).*
Speck, der: *Fettgewebe:* frischer, gebratener, geräucherter, gesalzener, grüner *(ungesalzener und ungeräucherter)* S.; fetter, magerer, durchwachsener S.; ran an den S.! /ugs.: *Aufforderung, mit etwas zu beginnen/;* S. räuchern, braten, ausbraten, auslassen; das Schwein setzt S. an; du hast ganz schön S. angesetzt (ugs. scherzh.; *hast ziemlich zugenommen);* K o c h k.: S. und Eier; Eier mit S.; R: mit S. fängt man Mäuse.
Speer, der: **a)** /*eine Waffe*/: die Eingeborenen töteten die Tiere mit Speeren. **b)** /*ein Sportgerät*/: er warf, schleuderte den S. 75 Meter weit.
Speiche, die: **1.** /*Teil des Rades*/: eine S. des Vorderrades ist gebrochen, verbogen; eine neue S. einsetzen, einziehen. **2.** *einer der beiden Unterarmknochen:* Elle und S.; der Arzt hat festgestellt, daß die S. gebrochen ist.
Speichel, der: *Absonderung der Speicheldrüsen:* S. absondern; der S. lief ihm aus dem Mund.
speichern ⟨etwas s.⟩: *lagern, ansammeln:* Getreide, Lebensmittel, Vorräte [in Lagerhäusern] s.; Trinkwasser in einem Reservoir s.; bestimmte Zellen speichern Fett; elektrische Energie s.; der Kachelofen hat Wärme für die ganze Nacht gespeichert; D a t e n v e r a r b.: ein Programm, etwas auf Magnetband s.; der Computer speichert die Daten; gespeicherte Informationen.
speien ⟨etwas⟩: **1.** ⟨mit Raumangabe⟩ *spucken:* er hat auf den Boden gespie[e]n; ⟨jmdm. s.; mit Raumangabe⟩ es hatte ihm jemand ins Gesicht gespie[e]n. **2. a)** *sich übergeben:* in der Nacht mußte er heftig s. **b)** ⟨etwas s.⟩ *erbrechen:* er hat Blut, Galle gespie[e]n; übertr.: der Artist speit Feuer; der Vulkan hat Feuer und Lava gespie[e]n; die Brunnenfiguren speien Wasser.

Speise, die (geh.): *zubereitete Nahrung; Gericht:* eine süße, kalte, warme, sättigende S.; versalzene, ungenießbare, verdorbene, erlesene Speisen; Speisen und Getränke waren inbegriffen; eine S. zubereiten, würzen, abschmecken, kosten, einnehmen; sie trug die Speisen auf; sie kostete, versuchte von allen Speisen; Früchte des Waldes waren seine S., (geh.:) dienten ihm zur S. * (geh.:) **Speis und Trank** *(Essen und Trinken):* sie bedankten sich für S. und Trank.
Speisekarte, die: Speisenkarte, die: *Verzeichnis der Speisen eines Lokals:* eine reichhaltige S. hing aus; die S. verlangen, studieren (ugs.); Herr Ober, die S. bitte!; etwas auf die S. setzen; das Gericht steht nicht auf der S., wurde auf der S., von der S. gestrichen; wollen Sie nach der S. *(à la carte)* essen?
speisen: **1.** (geh.) *essen:* üppig, ausgiebig, gut s.; sie speisten gemeinsam, auswärts, in einem feinen Restaurant; zu Mittag, zu Abend s.; haben Sie schon gespeist?; ich wünsche wohl zu s.!; ⟨selten auch: etwas s.⟩ was wollen Sie heute s.? **2.** (geh. veraltend) ⟨jmdn. s.⟩ *zu essen geben; verpflegen:* Hungrige, Arme s.; in dem Lager mußten täglich etwa 300 Personen gespeist werden. **3.** ⟨etwas s.:⟩ **a)** *eine technische Anlage o. ä. mit dem nötigen Stoff versorgen:* eine Lichtanlage mit elektrischem Strom, einen Dampfkessel mit Wasser s.; das Wasserwerk wird aus dem Rhein gespeist; der Automat kann nur mit Markstücken gespeist werden. **b)** *seinen Zufluß haben:* der See wird aus einem, durch einen, von einem Fluß gespeist.
Spektakel, der (ugs. veraltend): *Lärm, Krach:* sie machten [einen] großen, heillosen S.; wenn er das erfährt, gibt es einen riesigen S. *(Streit).*
Spekulation, die: **1.** (Wirtsch.) *risikoreiches Geldgeschäft:* eine verfehlte, geglückte, glückliche S.; er hat sein Vermögen durch gewagte Spekulationen verloren. **2.** *Mutmaßung, Annahme:* das ist alles nur, reine S. *(es entbehrt der realen Grundlage);* seine S. ging dahin, daß ...; man stellte wilde, unhaltbare Spekulationen darüber an, ob er zurücktreten werde; er verliert sich in Spekulationen; etwas ist, bleibt S.; es gab Spekulationen um den Minister, um seinen Rücktritt; man erging sich darüber in Spekulationen.
spekulieren: **1.** (Wirtsch.) *risikoreiche Geschäfte machen:* er spekuliert an der Börse, auf Hausse; er hat mit seinem Vermögen, in Grundstücken spekuliert. **2.** (ugs.) ⟨auf etwas s.⟩ *fest mit etwas rechnen:* auf ein Amt, eine Erbschaft s.; bei diesen Plänen spekulierte man auf die Instinkte der Masse. **3.** (ugs.) ⟨über etwas s.:⟩ oft in Verbindung mit *lassen⟩ Vermutungen anstellen:* über den Ausgang der Sache läßt sich nur s.
Spende, die: *freiwillige Gabe:* eine große, großzügige, kleine S.; Spenden an Geld, für wohltätige Zwecke; es gingen viele Spenden ein; Spenden sammeln, geben, empfangen (geh.), verteilen, austeilen; um eine S. bitten.
spenden ⟨etwas s.⟩: *als Spende geben, schenken:* Geld, Almosen (veraltend) s.; er spendete eine größere Summe für die Opfer des Erdbebens; Blut s. *(sich Blut für medizinische Zwecke abnehmen lassen);* ein Organ s. *(zu einer Organspende bereit sein);* ⟨auch ohne Akk.⟩ es wurde reichlich gespendet; übertr. (geh.): *[als Wohltat] geben,*

erweisen: jmdm. Beifall, Anerkennung, [ein] Lob s.; Freude, Trost s.; der Kamin spendete eine behägliche Wärme; die Bäume spenden Kühle, Schatten; ein Wasser spendender Brunnen; Rel.: das Abendmahl, die Sakramente, den Segen s. *(austeilen).*

spendieren (ugs.) ⟨etwas s.⟩: *für andere bezahlen, stiften:* eine Runde Schnaps s.; den Wein hat er spendiert; ⟨jmdm. etwas s.⟩ er spendierte ihr ein Eis; er hat uns noch nie etwas spendiert.

Sperre, die: **1. a)** *Absperrung:* in den Straßen wurden Sperren errichtet, gebaut; die Sperren mußten wieder weggeräumt werden. **b)** *(heute nicht mehr übliche) Bahnsteigsperre:* die S. öffnen, schließen; durch die S. gehen. **2.** *Verbot, Sperrfrist:* eine S. aufheben; über die Einfuhr dieser Ware ist eine S. verhängt worden; Sport: einen Spieler mit einer S. [von 3 Monaten] belegen; die S. wieder aufheben; eine S. über jmdn. verhängen. * (ugs.:) **eine Sperre haben: a)** *(begriffsstutzig sein; nicht begreifen).* **b)** *(einen inneren Widerstand gegen etwas haben).*

sperren: **1. a)** ⟨etwas s.⟩ *absperren, versperren:* einen Zugang, Durchgang, eine Einfahrt, Brücke, Straße für den Verkehr, einen Paß s.; die Grenzen sind gesperrt; der Hafen, der Fluß ist für größere Schiffe gesperrt. **b)** ⟨etwas s.⟩ *verbieten, untersagen:* die Einfuhr, den Handel s.; die Ausfuhr dieser Ware ist gesperrt; ⟨jmdm. etwas s.⟩ jmdm. den Urlaub s. **c)** ⟨etwas s.⟩ *die Benutzung, den Gebrauch von etwas verhindern, unterbinden:* die Bank hat sein Konto gesperrt; einen Kredit, einen Scheck s. ⟨jmdm. etwas s.⟩ dem Mieter wurde das Gas, das Licht, das Wasser, das Telefon gesperrt; ihm wurde der Kredit gesperrt. **d)** (Sport) ⟨jmdn. s.⟩ *die Teilnahme an einem Spiel, an einem Wettkampf untersagen:* der Verband hat den Spieler für ein ganzes Jahr gesperrt. **2.** ⟨ein Tier, jmdn. in etwas s.⟩ *einsperren:* den Vogel in den Käfig, die Tiere in den Stall s.; sie sperrte die Kinder in ein Zimmer; er wurde ins Gefängnis, in eine Einzelzelle gesperrt. **3.** ⟨sich gegen etwas s.⟩ *sich sträuben, widersetzen:* er sperrte sich gegen diesen Vorschlag; sie sperrt sich gegen alles ⟨auch ohne Präp.-Obj.⟩ warum mußt du dich immer s.? **4.** (ugs. landsch.) ⟨etwas sperrt⟩: **a)** *etwas schließt nicht richtig:* die Tür, das Fenster sperrt. **b)** *etwas ist zu eng und steht darum ein wenig offen:* das Hemd sperrt; die Rockfalten sperren *(klaffen zu sehr).* **5.** (Druckerspr.) ⟨etwas s.⟩ *mit größeren Zwischenräumen versehen:* Wörter s.; der Text ist gesperrt gedruckt.

Spesen, die ⟨Plural⟩: *im Dienst o. ä. entstehende Auslagen, die erstattet werden:* hohe, geringe S.; S. machen, haben; die S. tragen, zahlen, übernehmen, aufrechnen, teilen; die S. bekommt er vom Betrieb ersetzt; nach Abzug der S. verbleiben noch fünfzig Mark; R (ugs.): außer S. nichts gewesen *(bei der Sache ist nichts herausgekommen).*

spezialisieren ⟨sich s.⟩: *sich auf ein bestimmtes Fachgebiet o. ä. festlegen:* nach dem Studium will er sich s.; die Buchhandlung hat sich auf das Sachbuch spezialisiert; wir sind dafür spezialisiert, Sonderaufträge auszuführen.

speziell I. ⟨Adj.⟩ *besondere:* spezielle Wünsche, Fragen, Interessen; das ist sein spezielles Gebiet; in diesem speziellen Falle; er ist sein spezieller

Freund (auch iron.); auf Ihr spezielles Wohl!; subst. (ugs.): auf Ihr Spezielles! /Trinkspruch/. **II.** ⟨Adverb⟩ *in besonderem Maß, vor allem:* wir wollen s. dieses Problem behandeln; du s./s. du *(gerade du)* solltest das wissen.

Sphäre, die: *Bereich:* die politische, private S.; aus seiner S. heraustreten; in seiner S. bleiben. * **in höheren Sphären schweben** *(in einer Traumwelt leben, die Wirklichkeit vergessen).*

spicken: **1.** ⟨etwas s.⟩ *mit Speckstreifen versehen:* der Koch spickte den Braten [mit kleinen Speckstreifen]; ein gespickter Hasenrücken. **2.** ⟨etwas mit etwas s.⟩ *reichlich mit etwas versehen:* er spickte seine Rede mit Zitaten; die Arbeit war mit Fehlern gespickt; er hatte eine gespickte (ugs.; mit viel Geld gefüllte) Brieftasche eingesteckt. **3.** (ugs.) ⟨jmdn. s.⟩ *bestechen:* er hatte den Beamten vorher ordentlich gespickt. **4.** (ugs. landsch.) *heimlich abschreiben, abgucken:* gib zu, daß du [bei/von ihm] gespickt hast.

Spiegel, der: **1.** *glatte, spiegelnde Fläche aus Glas oder Metall:* ein ovaler, runder, rechteckiger, geschliffener, gerahmter S.; ein blinder, trüber, beschlagener S.; der S. ist zerbrochen, hat einen Sprung; einen S. aufhängen, aufstellen; er zog einen kleinen S. aus der Tasche; den S. befragen (auch; sich im S. prüfend betrachten); in den S. schauen, sehen, blicken; sie stand vor dem S., trat vor den S.; übertr.: das Werk ist S. seiner Zeit. **2.** *Wasserspiegel:* der S. des Meeres, des Sees glänzte in der Sonne. **3. a)** *seidener Rockaufschlag:* die S. des Fracks, der Smokingjacke glänzten. **b)** *andersfarbiger Tuchbesatz an Uniformkragen:* der Offizier hatte gelbe S. am Uniformkragen. **4.** (Jägerspr.) *heller Fleck am Hinterteil von Reh, Hirsch u. a.:* der S. des Gamsbocks. **5.** *andersfarbiger Fleck an den Flügeln von bestimmten Vögeln, bes. Enten:* der Enterich hatte bunte Spiegel. * **jmdm. den Spiegel vorhalten** *(jmdn. deutlich auf seine Fehler hinweisen)* · (ugs.:) **sich** (Dativ) **etwas hinter den Spiegel stecken können** *(etwas beherzigen müssen)* · (ugs.:) **sich** (Dativ) **etwas nicht hinter den Spiegel stecken** *(etwas vor anderen verheimlichen, es ihnen nicht zeigen).*

spiegeln: a) ⟨sich in etwas s.⟩ *als Spiegelbild erscheinen:* die Vorübergehenden spiegelten sich in den Fensterscheiben; die Sonne spiegelt sich im Wasser; übertr.: in ihrem Gesicht spiegelte sich Freude; in seinen Briefen spiegelt sich der Geist der Zeit. **b)** ⟨etwas spiegelt etwas⟩ *etwas wirft das Spiegelbild von etwas zurück:* die Fensterscheibe spiegelt dein Bild, die vorüberfahrenden Autos; übertr.: seine Bücher spiegelten die Not des Krieges. **c)** ⟨etwas spiegelt⟩ *etwas glänzt:* der Fußboden spiegelt in allen Zimmern [vor Sauberkeit]; das Bild war schlecht zu erkennen, weil das Glas zu sehr spiegelte; spiegelnde Scheiben; spiegelnde Fläche des Sees.

Spiel, das: **1. a)** *Unterhaltungsspiel:* ein lustiges, unterhaltsames, lehrreiches S.; die Spiele der Kinder; Spiele für Erwachsene; das S. macht viel Spaß; ein S. anregen, machen, spielen; dieses S. *(diese Partie)* habe ich gewonnen, verloren; er hat das S. gemacht *(gewonnen);* ich gebe das S. auf, gebe das S. verloren; sich an einem S. beteiligen; an einem S. teilnehmen; bei einem S. mitmachen, zuschauen; das Kind war ganz in sein S. *(ins-*

Spielen) vertieft; das schafft er wie im S. (spielend, mühelos); wer ist noch im S. (ist noch nicht ausgeschieden)?; die Arbeit wird ihm zum S. (fällt ihm nicht schwer). **b)** *Glücksspiel:* ein falsches, betrügerisches, hohes, gewagtes S.; dieses S. ist, wird verboten; machen Sie Ihr S.! *(machen Sie Ihren Einsatz!; setzen Sie!);* dem S. verfallen sein; er hat sein Geld beim S. verloren, hat kein Glück im S.; R: das S. ist aus *(die Sache ist verloren).* **c)** *sportlicher Wettkampf, bei dem zwei Parteien um den Sieg kämpfen:* ein faires, spannendes, hartes S.; das S. ist noch nicht entschieden, steht 3:1, endete unentschieden, wurde abgebrochen; das S. findet heute abend statt, wird in München ausgetragen; die Mannschaft muß noch zwei Spiele machen, absolvieren; einem S. zusehen; Zuschauer bei einem S. sein. **d)** *einzelner Spielabschnitt:* er hat trotz mäßiger Karten alle drei Spiele gewonnen; im Doppel gewannen die Tennisdamen die ersten beiden Spiele des ersten Satzes. **e)** *Art und Weise wie ein Spieler, eine Mannschaft spielt:* ein defensives, offensives, verzögertes, schnelles S.; er zwang dem Gegner das eigene S. auf. **2.** *aus mehreren Teilen bestehendes Ganzes, das zum Spielen bestimmt ist:* das S. ist nicht mehr vollständig; sie stellte das S. auf dem Tisch auf; ich habe euch ein paar neue Spiele mitgebracht; er kaufte ein S. Karten; übertr.: ein S. *(Satz)* Stricknadeln, Saiten. **3.** *künstlerische Darbietung, Vortragsart:* das gute, schlechte, natürliche, manierierte S. eines Schauspielers; das brillante, temperamentvolle S. des Pianisten; dem S. des Geigers, der Geige lauschen; sie begeisterte die Zuhörer durch ihr S., mit ihrem S. **4.** *einfaches Bühnenspiel:* ein mittelalterliches S.; geistliche Spiele; ein S. für Laien; ein S. einstudieren, proben, aufführen. **5.** *unregelmäßige, nicht durch einen Zweck bestimmte Bewegung:* das S. ihrer Hände, Finger; das S. seiner Muskeln; das S. der Wellen, der Blätter im Wind; übertr.: das S. der Gedanken; das freie S. *(Zusammenwirken)* der Kräfte. **6.** *nicht ernstgemeintes, unverbindliches, willkürliches Tun, Treiben:* das ist doch alles nur S.; ist für ihn nur ein S.; ein S. mit der Liebe; das war ein S. mit dem Tod *(war lebensgefährlich);* das war ein abgekartetes S. *(war heimlich vereinbart);* ein falsches, doppeltes S. *(eine unehrliche Vorgehensweise);* ein offenes S. spielen *(ehrlich handeln, aufrichtig sein);* jmds. S. *(Absichten)* durchschauen; du hast ihm das, sein S. verdorben *(seine Pläne durchkreuzt);* du darfst das S. nicht zu weit treiben; er treibt, spielt ein gefährliches, ein gewagtes S.; er treibt nur sein S. mit ihr *(meint es nicht ernst mit ihr);* R: genug des grausamen Spiels! *(hören wir auf damit!);* übertr.: ein S. des Schicksals, des Zufalls *(ein vom Schicksal, vom Zufall bestimmtes Geschehen);* das ist ein seltsames S. der Natur *(etwas, was von der Norm abweicht).* **7.** *Bewegungsfreiheit, Spielraum bei Maschinenteilen o. ä.:* das Pedal, die Lenkung hat zuviel S. * **ein Spiel mit dem Feuer** *(gewagtes, riskantes Handeln)* · **[bei jmdm.] gewonnenes Spiel haben** *(schon im voraus bei jmdm.) sein Ziel erreicht haben)* · **mit jmdm., mit etwas leichtes Spiel haben** *(mit jmdm., mit etwas fertig werden)* · **das Spiel verloren geben** *(eine Sache als aussichtslos aufgeben)* · **etwas aufs Spiel setzen** *(etwas*

[leichtfertig] riskieren, einer Gefahr aussetzen) · **etwas steht auf dem Spiel** *(etwas ist in Gefahr)* · **jmdn., etwas aus dem Spiel lassen** *(jmdn., etwas nicht in etwas hineinziehen)* · **aus dem Spiel bleiben** *(nicht einbezogen werden)* · **[mit] im Spiel sein** *(mitwirken; eine gewisse Rolle spielen)* · **jmdn., etwas ins Spiel bringen** *(jmdn. mitwirken lassen, etwas zur Wirkung kommen lassen)* · **etwas kommt ins Spiel** *(etwas wird wirksam):* bei der Sache kam noch ein anderer Aspekt ins S.

spielen /vgl. spielend/: **1. a)** ⟨etwas s.⟩ *ein Unterhaltungsspiel o. ä. ausführen:* Skat, Halma, Dame, [eine Partie] Schach, Karten s.; die Kinder spielen Ball, Blindekuh, Versteck[en]; Kartenspiel: Trumpf, eine andere Farbe s. *(ausspielen).* **b)** *sich mit einem Unterhaltungsspiel o. ä. beschäftigen:* mit Puppen, mit dem Ball, im Sand s.; die Kinder spielen miteinander; ihr dürft noch eine Weile s.; geht noch ein wenig s.!; spielende Kinder. **c)** ⟨sich s.; mit Artangabe⟩ *durch Spiele in einen bestimmten Zustand gelangen:* die Kinder haben sich müde, hungrig gespielt. **d)** ⟨mit Umstandsangabe⟩ *herumspielen, etwas ständig bewegen:* sie spielte an ihrem Ohrring, mit ihrem Armband; das Kind spielt mit den Zehen an der Bettdecke; übertr.: der Wind spielte mit seinen Haaren. **2. a)** ⟨etwas s.⟩ *bei einem bestimmten Glücksspiel mitwirken:* Lotto, Toto, Roulett s. **b)** *sich bei Glücksspielen beteiligen:* niedrig, hoch, mit hohen Einsätzen, riskant s.; in der Lotterie, im Lotto, in einer Spielbank s.; wir haben erfahren, daß er spielt *(Spieler ist).* **3.** (Sport) **a)** ⟨etwas s.⟩ *ein bestimmtes sportliches Spiel betreiben:* er spielt hervorragend Tennis; Fußball, Handball, Eishockey s.; mittwochs gehen sie immer Volleyball s. **b)** ⟨gewöhnlich mit Umstandsangabe⟩ *einen sportlichen Wettkampf austragen:* spielt ihr heute?; die Mannschaft hat enttäuschend gespielt; man hat ihn selten so hervorragend s. sehen; um Punkte, um einen Pokal s.; sie müssen gegen eine der stärksten Mannschaften s.; sie haben heute 1:0, unentschieden gespielt *(das Spiel mit 1:0, mit einem Unentschieden abgeschlossen).* **c)** ⟨es spielt sich; mit Artangabe und Umstandsangabe⟩ *man kann unter bestimmten Umständen in bestimmter Weise spielen:* auf nassem Boden, bei solchem Wetter spielt es sich schlecht. **d)** ⟨etwas s.; mit Art- oder Raumangabe⟩ *einen Ball, Puck in bestimmter Weise im Spiel bewegen, irgendwohin gelangen lassen:* den Ball hoch, flach, vors Tor s. **e)** ⟨mit Umstandsangabe⟩ *als Spieler einen bestimmten Posten einnehmen:* er spielt halblinks, in der Verteidigung, als Stürmer; ⟨auch jmdn.⟩ er spielt Libero, Verteidiger. **4. a)** ⟨etwas s.⟩ *ein Musikinstrument beherrschen:* er spielt gut, nur mittelmäßig, schlecht und recht Klavier; Flöte, Gitarre s.; das Kind soll ein Instrument s. lernen. **b)** ⟨etwas s.⟩ *auf einem Musikinstrument hervorbringen:* eine Etüde, eine Sonate [auf dem Klavier] s.; er spielt am liebsten Jazz; sie spielten [Werke von] Bach und Mozart; die Kapelle spielte einen Marsch; übertr.: sie spielt doch mal deine neue Platte (ugs.; *lege sie auf);* das Radio spielte *(im Radio hörte man)* beliebte Melodien. **c)** ⟨mit Umstandsangabe⟩ *musizieren:* auswendig, vom Blatt, ohne Noten, nach dem Gehör s.; sie spielten vierhändig, an zwei Flügeln; auf der

Geige s.; zur Unterhaltung, zum Tanz s.; das Orchester spielt *(konzertiert)* morgen in München; übertr.: bei ihm spielt (ugs.; *läuft*) den ganzen Tag das Radio. **5. a)** (jmdn., etwas s.) *auf der Bühne künstlerisch gestalten, darstellen:* eine kleine Rolle, die Hauptrolle in einem Stück s.; sie spielte die Ophelia überzeugend, sehr differenziert; er spielt den jugendlichen Liebhaber. **b)** (etwas s.) *aufführen:* ein Drama, eine Oper s.; was wird heute im Kino, im Theater gespielt?; das Stadttheater spielt heute „Hamlet"; übertr. (ugs.): ich möchte wissen, was hier gespielt wird *(vor sich geht).* **c)** (mit Umstandsangabe) *als Darsteller auftreten; eine Rolle gestalten:* sie spielte gut, eindringlich; er spielt nur noch an großen Bühnen. **6.** (sich s.; mit Raumangabe) *durch seine Leistung im sportlichen oder künstlerischen Spiel in einen bestimmten Rang aufsteigen:* dieser Schauspieler hat sich in letzter Zeit [ganz] nach vorne, in die erste Reihe gespielt; die Mannschaft hat sich an/in die Weltspitze gespielt. **7.** (etwas spielt; mit Umstandsangabe) *etwas handelt, geht vor sich, spielt sich ab:* der Roman spielt um die Jahrhundertwende; die Oper spielt in Spanien. **8.** (jmdn., etwas s.) *vortäuschen:* er spielt immer den großen Herrn, den Überlegenen; sie spielt gern die Naive, die große Dame; er spielte den Beleidigten *(war [scheinbar] beleidigt);* er spielt den Unschuldigen *(will es nicht gewesen sein);* sie spielte ihre Anteilnahme stets überzeugend; adj. Part.: *geheuchelt, vorgetäuscht:* gespieltes Interesse; seine Überlegenheit war nur gespielt. **9. a)** (etwas spielt; mit Raumangabe) *etwas bewegt sich unregelmäßig, ohne bestimmten Zweck:* der Wind spielt in den Zweigen; das Sonnenlicht spielte auf dem Waldboden; ein Lächeln spielte um ihre Lippen. **b)** (etwas spielt in etwas) *etwas geht in seiner Färbung in einen anderen Farbton über:* ihr Haar spielt ins Rötliche; das Blau ihres Kleides spielt ins Grünliche; der Diamant spielt *(glitzert)* in allen Farben. **10.** (mit jmdm., mit etwas s.) *sein Spiel treiben:* sie spielte [nur] mit ihm, mit seinen Gefühlen; man soll nicht mit der Liebe s.; er hat mit dem Leben gespielt *(hat es aufs Spiel gesetzt);* er spielt gern mit Worten *(liebt das Wortspiel).* **11.** (etwas s. wirksam werden lassen, einsetzen:* seine Beziehungen, sein Geld s. lassen; sie ließ alle ihre Künste, Reize, ihren ganzen Charme s.

spielend: *leicht, ohne Mühe:* eine Aufgabe s. bewältigen; s. mit einer Arbeit fertig werden; das Auto nahm die Steigung s.; der Apparat ist s. leicht *(sehr leicht)* zu handhaben.

Spieler, der: **1.** *jmd., der an einem [sportlichen] Spiel o. ä. teilnimmt:* ein guter, fairer, schlechter S.; die besten Spieler kamen in die Auswahlmannschaft. **2.** *jmd., der sich an Glücksspielen beteiligt, dem Glücksspiel verfallen ist:* ein leidenschaftlicher hemmungsloser S.; er ist als S. bekannt, zum S. geworden.

Spielerei, die: **1.** *dauerndes Spielen, nicht ernst zu nehmende, nicht sinnvolle Betätigung:* laß doch die S. [an diesem Apparat]; das sind doch alles Spielereien; übertr.: das Tragen dieser Last war für ihn [nur] eine S. *(Kleinigkeit).* **2.** *überflüssiges Beiwerk:* die technischen Neuerungen an diesem Wagen sind doch nur Spielereien.

Spielraum, der: *Bewegungsfreiheit:* genügenden, ausreichenden, keinen S. haben; mehr S. brauchen; jmdm. freien S. lassen, gewähren, einräumen, zugestehen.

Spielregel, die: *Regel, die den Spielablauf bestimmt:* die S. einhalten; gegen die Spielregeln verstoßen; sich nicht an die S. halten; übertr.: die politischen Spielregeln kennen.

Spieß, der: **1.** *Stoßwaffe:* die Landsknechte waren mit Spießen bewaffnet. **2. a)** *Bratspieß:* den S., den Braten am S. drehen; wir haben ein Ferkel am S. gebraten. **b)** (ugs.) *auf einen kleinen Bratspieß gereihte Fleischstücke:* einen S. bestellen, essen; dort gibt es gute Spieße. * (ugs.:) **den Spieß umdrehen/umkehren** *(mit der gleichen Methode seinerseits vorgehen).*

spießig (abwertend): *spießbürgerlich:* spießige Ansichten, Vorurteile; er ist mir zu s.; s. angezogen sein.

Spinne, die: *insektenähnliches Tier:* eine große, giftige S.; die S. spinnt, webt ihr Netz, sitzt, lauert im Netz; (ugs.:) pfui S.! */Ausruf des Abscheus/;* R: S. am Morgen [bringt] Kummer und Sorgen, S. am Abend erquickend und labend.

spinnen: 1. (etwas s.) **a)** *Fasern zu Fäden drehen:* [etwas] grob, fein s.; Garn, Flachs s.; (auch ohne Akk.) sie hat früher noch am Spinnrad, mit der Hand gesponnen; R: es ist nichts so fein gesponnen, es kommt doch ans Licht der Sonnen. **b)** *Fäden erzeugen:* die Seidenraupe spinnt einen Kokon; die Spinne hat ihr Netz gesponnen; (auch ohne Akk.) sie spinnt *(baut)* an ihrem Netz; bildl.: ein Lügengewebe, eine Intrige s. *(viele Lügen verbreiten).* **c)** *Chemiefasern erzeugen:* Perlon s. **2.** (ugs.) **a)** *verrückte Ideen haben, nicht recht gescheit sein:* du darfst ihn nicht ernst nehmen, der spinnt; du spinnst wohl! **b)** (etwas s.) *Unwahres behaupten, vortäuschen:* Intrigen s.; das ist doch alles gesponnen!

Spion, der: **1.** *jmd., der Spionage treibt:* er ist als S. für eine fremde Macht tätig; einen S. überführen; man hat ihn als S. verdächtigt, entlarvt; übertr.: der Chef hatte in jeder Etage mindestens einen S. *(heimlichen Beobachter, Aufpasser)* sitzen. **2. a)** *Guckloch in der Tür:* bevor sie öffnete, schaute sie immer durch den S. **b)** (veraltend) *Beobachtungsspiegel am Fenster:* sie sitzt den ganzen Tag am S.

Spionage, die: *Auskundschaftung von Staatsgeheimnissen o. ä. für eine fremde Macht:* er trieb S. für den Geheimdienst, im Auftrag einer ausländischen Macht; beide wurden unter dem Verdacht der S. verhaftet, standen unter dem Verdacht der S.; der Offizier wurde in der S. überführt, wegen S. bestraft; sie arbeiteten beide in der S.

spionieren: a) *Spionage treiben:* er hat für eine ausländische Macht, gegen eine Großmacht spioniert. **b)** *heimlich Beobachtungen machen, lauschen, überall nachforschen:* er spioniert im Betrieb, in allen Schreibtischen.

spitz: 1. a) *mit einer scharfen Spitze versehen; nicht stumpf:* spitze Nadeln, Pfeile, Dornen; ein spitzes Messer; die Zähne dieser Tiere sind sehr s.; der Bleistift ist nicht s. genug. **b)** *immer schmaler werdend und [wie] in einem Punkt endend:* spitze Türme, Giebel; sie trug spitze Schuhe, ein Kleid mit einem spitzen Ausschnitt;

sie hat eine spitze Nase, ein spitzes Kinn;
Math.: ein spitzer Winkel *(ein Winkel von weniger als 90°);* der Turm ist s., läuft [oben] s. zu. **2.**
anzüglich, boshaft, bissig: spitze Bemerkungen;
sie führt gern spitze Reden; eine spitze Feder
(kritisch und angriffslustig) schreiben; sie kann
sehr s. sein; er wurde sehr s., antwortete s. **3.**
(fam.) *schmal, abgezehrt:* er hat ein ganz spitzes
Gesicht bekommen; sie ist nach der Krankheit
recht s. geworden; du siehst aber s. aus.
Spitze, die: **1. a)** *spitzes, scharfes Ende von etwas:* die S. eines Messers, Schwertes, Pfeils,
Speers, einer Nadel; die S. des Bleistifts ist abgebrochen. **b)** *immer schmaler werdender und [wie]
in einem Punkt endender Teil von etwas:* die S. eines Turmes, Giebels; die S. eines Dreiecks. **c)**
*Ende, vorderster Teil von etwas Langgestrecktem,
Länglichem o. ä.:* die Spitzen der Finger; an den
Schuhen die Spitzen [der Sohlen] erneuern lassen; die S. der Zigarre abschneiden. **d)** *das obere
Ende von etwas, das Oberste:* die S. des Mastes;
endlich erreichten sie die S. *(den Gipfel)* des Berges. **2. a)** *das vordere Ende, der Anfang; erste
Stelle:* das S. des Heeres, des Zuges; das deutsche
Boot hat die S. übernommen, abgeben müssen,
liegt an der S.; der Verein steht, liegt jetzt an der
S. [der Tabelle]; das junge Pferd setzte sich an die
S. [des Feldes], konnte sich lange an der S. behaupten; übertr.: an der S. des Staates, einer
Verschwörung stehen. **b)** (Sport) *in vorderster Position spielender Stürmer:* er war als S. nicht spritzig genug; er will S. spielen; die Mannschaft
spielte mit zwei Spitzen, praktisch ohne S. **3. a)**
Spitzengruppe; leitende, führende Gruppe: die
[gesamte] S. des Konzerns, der Partei ist zurückgetreten; diese drei Personen bilden die S. **b)**
(Plural) *führende, einflußreiche Persönlichkeiten:*
die Spitzen der Gesellschaft, der Partei, von
Kunst und Wissenschaft. **4.** *boshafte Bemerkung,
Anspielung:* das war eine S. gegen dich; seine
Rede enthielt einige Spitzen. **5.** (ugs.) **a)** *Höchstwert, Höchstmaß:* die Verkaufszahlen erreichten
die absolute S.; die S. *(Höchstgeschwindigkeit)*
dieses Wagens liegt bei 160 km/h; dieses Auto
fährt, schafft 200 km/h S.; in der S. *(Zeit der
Höchstbelastung)* brach der Stromversorgung zusammen. **b)** *höchste Güte, Qualität:* der Sänger,
sein Spiel ist wirklich S.; etwas als einsame, absolute S. bezeichnen. **6.** (Wirtsch.) *bei einer Aufrechnung übrigbleibender Betrag:* die Spitzen beim
Umtausch von Aktien; es bleibt eine S. von
zwanzig Mark. **7.** *kunstvolles durchbrochenes Gewebe:* eine kostbare, echte, geklöppelte S.; Brüsseler Spitzen; Spitzen knüpfen, weben, wirken,
häkeln, stricken; das Kleid ist mit Spitzen besetzt. **∗ einer Sache die Spitze nehmen/abbrechen**
(einer Sache die Gefährlichkeit, Schärfe, Hauptwirkung nehmen) · **etwas auf die Spitze treiben**
(etwas zum Äußersten treiben) · **die Spitze des Eisbergs** *(der weitaus kleinere erkennbare Teil einer
üblen, mißlichen Sache großen Ausmaßes).*
spitzen: 1. (etwas s.) *spitz machen, anspitzen:*
den Bleistift, die Farbstifte s.; übertr.: sie
spitzte die Lippen, den Mund; der Hund spitzte
die Ohren *(stellte sie auf).* **2.** (ugs.) **a)** *heimlich,
vorsichtig spähen, Ausschau halten:* hast du gespitzt?; durch den Türspalt, um die Ecke s. **b)**

aufmerken, aufmerksam werden: da hat er plötzlich gespitzt; jetzt spitzt du aber. **c)** (sich auf etwas s.) *etwas schon ungeduldig erwarten, auf etwas
reflektieren:* sie spitzten sich alle auf eine Einladung; darauf hatte er sich schon lange gespitzt.
spitzfindig: *übertrieben genau, in ärgerlicher
Weise kleinlich:* spitzfindige Unterschiede machen; spitzfindige Untersuchungen, Betrachtungen anstellen; er, diese Erklärung ist mir zu s.
spitzkriegen (ugs.) (etwas s.): *herausbekommen, merken:* er hat den Schwindel gleich spitzgekriegt; er hatte längst spitzgekriegt, daß man
ihn hereinlegen wollte.
Splitter, der: *spitzes, scharfkantiges Bruchstück:*
ein S. von Glas, Holz, Metall; die S. einer Granate, Bombe; sich einen S. *(Holzsplitter)* einreißen; ich habe mit einen S. in den Finger gestoßen, gerissen; er hat einen S. im Fuß; sie versuchte den S. herauszuziehen, zu entfernen; das
Glas zerbrach in viele [kleine] S. [und Scherben].
splittern (etwas splittert): **a)** *etwas bildet Splitter:* das Holz splittert; das Sperrholz hat zu sehr
gesplittert. **b)** *in Splitter zerbrechen, zerspringen:*
die Scheibe ist bei dem Aufprall gesplittert.
Sporn, der (meist Plural): *am Stiefelabsatz befestigtes Rädchen o. ä. zum Antreiben des Reittieres:*
die Sporen klirrten; die Sporen anschnallen;
Sporen tragen; er gab dem Pferd die Sporen,
drückte dem Pferd die Sporen in die Weichen.
∗ sich (Dativ) **die Sporen verdienen** *(ersten Erfolg,
erste Anerkennung erringen).*
Sport, der: **1. a)** *körperliche Ertüchtigung; Leibesübungen:* du mußt mehr S. treiben; die Wettkämpfe boten, brachten, zeigten guten S. *(gute
sportliche Leistungen).* **b)** *Sportart:* Tennis ist ein
schöner, anstrengender S.; einen S. ausüben, betreiben, pflegen. **2.** (ugs.) *Zeitvertreib, Hobby,
Vergnügen:* Briefmarkensammeln ist ein teurer
S.; Fotografieren war schon immer sein S.; jeder
hat so seinen S.; das macht er nur als, aus, zum S.
(Spaß). **∗** *(ugs.:)* **sich** (Dativ) **einen Sport daraus
machen, etwas zu tun** *(etwas aus Übermut, mit einer gewissen Boshaftigkeit tun).*
sportlich: 1. a) *den Sport betreffend:* sportliche
Wettkämpfe, Leistungen, Neigungen, Interessen; er hat seine sportliche Laufbahn beendet;
du mußt dich mehr s. betätigen. **b)** *[durch Sport]
trainiert; kräftig und schlank:* eine sportliche Erscheinung, Gestalt; er hat eine sportliche Figur;
sie ist, wirkt s. **c)** *ziemlich flott, schnell:* ein
sportliches Tempo; er fährt s. **2.** *fair:* eine sportliche Haltung, Auffassung; ein sportliches Verhalten, Benehmen; sie war zu ihm; er hat s. gehandelt. **3.** *einfach und zweckmäßig in Form
oder Schnitt; flott:* sportliche Kleidung; ein
sportlicher Anzug; ein Mantel von sportlicher
Eleganz; ein sportlicher Wagen; eine sportliche
Armbanduhr, Tasche; der Hut ist, wirkt sehr s.
Spott, der: *das Verspotten, Verhöhnen, Sich-lustig-Machen:* gutmütiger, leichter, scharfer, beißender S.; [seinen] S. mit jmdm., mit etwas treiben; er erntete nur Hohn und S.; man Schaden
hatte er auch noch den S.; Gegenstand des Spottes sein, zum S. [der Leute] werden (geh.; *verspottet werden);* er war dem S. preisgegeben (geh.).
spötteln (geh.): *sich lustig machen, witzeln:* er
spöttelte über den Eifer der anderen.

spotten: 1. a) *sich mit Spott äußern:* er spottet gern, ist immer bereit zu s.; du hast leicht s. b) ⟨über jmdn., über etwas/(geh. veraltend:) jmds., einer Sache s.⟩ *verspotten:* sie spotten über ihn, über seine Angst/(geh. veraltend:) seiner, seiner Angst. 2. (geh.) a) ⟨einer Sache s.⟩ *etwas nicht ernst nehmen; sie über etwas hinwegsetzen:* die Bergsteiger spotteten der drohenden Gefahr. b) ⟨etwas spottet einer Sache⟩ *etwas entzieht sich einer Sache:* diese Vorgänge spotten jeder Vorstellung, aller rationalen Erklärung; diese Zustände spotten jeder Beschreibung *(sind sehr schlimm).*

spöttisch: *voll Spott:* ein spöttisches Lächeln; spöttische Bemerkungen; ein spöttisches Gesicht machen; ein spöttischer Blick; ein spöttischer *(gern spottender)* Mensch; s. lächeln.

Sprache, die: 1. *das Sprechen, Fähigkeit des Sprechens:* die menschliche S.; er hat durch den Schock die S. verloren; der Schreck nahm, raubte (geh.) ihm die S.; sie hat nach dem Unfall die S. nur langsam wiederbekommen, wiedererlangt; R: heraus mit der S.! *(gestehe endlich!; sage endlich, was du willst!).* 2. a) *Art des Sprechens; Redeweise:* eine flüssige, unbeholfene S.; er hat eine angenehme S.; seine S. war, klang rauh; seiner S. nach ist er Norddeutscher; man erkennt ihn an seiner S. b) *Ausdrucksweise, Stil:* eine einfache, nüchterne, natürliche, schlichte, kunstlose, schöne, gehobene, gewählte, gepflegte, gekünstelte, gezierte S.; die S. der Poesie, des Dichters; die S. des Alltags; die S. einer Epoche; die S. des Volkes; die S. *(Zeichensprache)* der Taubstummen; er spricht eine ungelenke, ungehobelte S.; er ist ein Meister der S.; ein Wort aus der S. der Jäger; übertr. (geh.): *Ausdrucksform:* die S. des Herzens, der Leidenschaft; die S. der Musik. 3. *Sprachsystem; Muttersprache:* die deutsche, englische, lateinische S.; germanische, afrikanische Sprachen; verwandte Sprachen; alte, neuere Sprachen; eine tote *(heute nicht mehr gesprochene)* S.; eine lebende *(heute noch gesprochene)* S.; Deutsch ist eine schwere, schwierige S.; diese S. ist leicht zu erlernen; eine fremde S. lernen, studieren, beherrschen, sprechen, verstehen; er kann (ugs.; *spricht)* mehrere Sprachen; der Wortschatz, die Grammatik, das System einer S.; einen Text aus einer S. in die andere übersetzen; in einer fremden S. sprechen; sie unterhielten sich in japanischer S. * jmdm. **bleibt die Sprache weg** *(jmd. sie sehr überrascht, weiß nicht, was er sagen soll)* · (geh.:) **etwas verschlägt/raubt jmdm. die Sprache** *(etwas überrascht jmdn. aufs höchste, so daß er zunächst nichts sagen kann)* · **die Sprache auf etwas bringen** *(ein bestimmtes Thema anschneiden; das Gespräch auf etwas lenken)* · **die gleiche Sprache sprechen/reden** *(die gleiche Einstellung haben und sich daher leicht verständigen können)* · **etwas spricht/redet eine andere Sprache** *(etwas drückt etwas anderes, Gegensätzliches aus)* · **eine deutliche, unmißverständliche Sprache [mit jmdm.] sprechen/reden** *([jmdm.] etwas offen und energisch sagen)* · **etwas spricht eine deutliche Sprache** *(etwas drückt den wahren Sachverhalt sehr deutlich aus, zeigt ihn sehr genau):* diese armseligen Hütten sprechen eine deutliche S. · (scherzh.:) **in sieben Sprachen schweigen** *(sich zu nichts äußern)* · **mit der Sprache herausrücken**

(etwas zögernd erzählen, eingestehen) · **etwas zur Sprache bringen** *(die Erörterung eines Themas herbeiführen)* · **etwas kommt zur Sprache** *(etwas wird erörtert, wird Gegenstand eines Gesprächs).*

sprachlich: *die Sprache betreffend:* sprachliche Kenntnisse, Eigenheiten; ein sprachlicher Fehler; das ist s. falsch, richtig; der Aufsatz ist s. gut.

sprachlos: *sehr überrascht, erschrocken:* in ihrem Gesicht spiegelte sich sprachloses Erstaunen; sie sah ihn s. an; ich bin einfach s. *(ich finde keine Worte mehr);* ⟨vor etwas s. sein⟩ er war s. vor Entsetzen, vor Schreck[en].

Sprachrohr, das (seltener)· *der Lautverstärkung dienendes trichterförmiges Blechrohr:* er rief das Boot durch das S. an; übertr.: sie ist nur sein S. *(spricht lediglich in seinem Namen);* dieses Blatt ist das S. der Partei *(vertritt nachdrücklich die Meinung der Partei);* er machte sich zum S. dieser Sache *(trat öffentlich für sie ein).*

sprechen: 1. a) *sich mit Worten äußern, ausdrükken:* leise, laut, deutlich, langsam, schnell, hoch, tief, heiser, fließend, stockend, stammelnd, unartikuliert, mit zitternder, verstellter Stimme, durch die Nase s.; er spricht mit französischem Akzent; gewandt, überlegt, klug, weise (geh.), einfach, schlicht, unbedacht, töricht (geh.) s.; sie sprach sehr gewählt, gepflegt, geziert, natürlich, in ernstem Ton; er spricht viel, wenig, oft, selten; englisch, in einer fremden Sprache s.; das Kind lernt, kann schon s., spricht schon wie ein Erwachsener; er spricht, wie ihm der Schnabel gewachsen ist (ugs.; *freiheraus, ungeziert);* er wollte einen Papagei s. lehren; vor Schreck konnte sie nicht s.; er sprach ins Mikrophon, vor sich hin, wie im Fieber; du hast im Schlaf gesprochen; darauf kommen wir noch zu s.; ich spreche aus Erfahrung *(weiß das aus eigener Erfahrung);* du sprichst in Rätseln *(ich verstehe nicht, was du meinst);* er hat ihnen sehr wenig, sprich *(mit anderen Worten, eigentlich, genauer gesagt)* gar nichts hinterlassen; ganz allgemein gesprochen, ...; ins unreine gesprochen *(noch nicht genau formuliert);* subst.: das lange Sprechen strengt ihn an; jmdn. zum Sprechen bringen. b) ⟨mit jmdm. s.⟩ *mit jmdm. ein Gespräch führen, sich unterhalten:* er spricht gerade mit seinem Chef; die Frauen sprachen lange miteinander [auf der Treppe]; ich habe noch nicht mit ihm über dich, über deinen Fall, wegen der Wohnung s. können; er hat mit ihm von oder über die Sache gesprochen; ich habe noch mit dir zu s. *(etwas zu besprechen);* so kannst du mit mir nicht s. *(diesen Ton verbitte ich mir);* er sprach mit sich selbst *(führte Selbstgespräche);* mit diesem Menschen kann man nicht s. *(er ist unverträglich, eigensinnig).* c) ⟨über jmdn., über etwas/von jmdm., von etwas s.⟩ *berichten, erzählen; sich unterhalten:* er hat gerade über dich, über deine Angelegenheit gesprochen; wir sprachen auch von euch; er sprach davon, daß er verreisen wolle; sprechen wir nicht mehr darüber! *(die Sache soll erledigt sein).* (geh.) ⟨jmdm. von jmdm., von etwas s.⟩ man hat mir von Ihnen bereits gesprochen. d) ⟨über jmdn., über etwas/von jmdm., von etwas s.; mit Artangabe⟩ *eine bestimmte Meinung äußern; urteilen:* gut, schlecht über jmdn., von jmdm. s.; ⟨er hat nachteilig über deine Arbeit gesprochen. e) ⟨für jmdn.,

für etwas/gegen jmdn., gegen etwas s.⟩ *sich für jmdn.*, *etwas/gegen jmdn.*, *etwas aussprechen, votieren:* er hat nur für dich, für deine Sache gesprochen; einige sprechen für den Vorschlag, andere dagegen. **2.** ⟨gewöhnlich mit Umstandsangabe⟩ *eine Rede, Ansprache o. ä. halten:* öffentlich, frei s.; der Redner hat gut, schlecht, lange, nur kurz gesprochen; sie sprach frei *(ohne abzulesen);* ich hoffe, ich spreche für euch alle *(in eurem Sinn),* wenn ich dies sage; er spricht im Fernsehen, im Rundfunk, über den Rundfunk; wer spricht denn heute abend?; er sprach vor einer großen Zuhörerschaft, zu den Studenten, über ein interessantes Thema. **3.** ⟨etwas s.⟩ **a)** *etwas äußern, sagen:* er sprach nur ein paar Worte, Sätze; er hat noch kein Wort gesprochen; ein deutliches, offenes Wort s.; da hast du ein wahres Wort gesprochen *(das ist ganz richtig);* das Kind kann schon ganze Sätze s. **b)** (geh.) *in einem feierlichen, getragenen, nachdrücklichen o. ä. Ton sagen:* ein Gebet, den Segen s.; ein Gedicht s.; einen Kommentar s.; er sprach: „So geschehe es!". **c)** *eine Sprache beherrschen:* er spricht gut, fließend, perfekt Englisch; sie spricht ein gutes Französisch, mehrere Sprachen akzentfrei; er spricht Mundart, Dialekt. **4.** ⟨jmdn. s.⟩ *mit jmdm. zusammenkommen und Worte mit ihm wechseln:* jmdn. privat, geschäftlich, telefonisch s. wollen; ich habe sie heute noch nicht gesprochen; wann kann ich Sie s.?; ich bin heute nicht [für ihn] zu s.; wir sprechen uns noch! *(die Angelegenheit zwischen uns ist noch nicht erledigt).* **5. a)** (geh.) ⟨etwas spricht⟩ *etwas macht sich bemerkbar, meldet sich:* da hat sein Gewissen gesprochen; ihr Herz, ihr Gefühl sprach; sie ließ ihr Herz s. *(ließ sich in ihrer Haltung von ihrem Gefühl leiten).* **b)** ⟨etwas spricht aus etwas⟩ *etwas wird an etwas deutlich erkennbar:* aus ihren Augen, aus ihren Zügen sprach Angst; aus seinen Worten sprach Stolz. **c)** ⟨etwas spricht für jmdn., für etwas/gegen jmdn., gegen etwas⟩ *etwas ist ein positives/negatives Kennzeichen für jmdn., für etwas:* dieser Umstand spricht für ihn, für seine Unschuld; vieles spricht gegen diesen Plan. * **schlecht/nicht gut auf jmdn. zu sprechen sein** *(jmdn. nicht leiden können; über jmdn. verärgert sein)* · **etwas spricht für sich [selbst]** *(etwas bedarf keiner weiteren Erklärung).*
Sprechstunde, die: *Zeit, in der jmd. zur Behandlung, Beratung o. ä. aufgesucht werden kann:* der Arzt hat heute keine S.; in die S. gehen; zur S. kommen.

spreizen: 1. ⟨etwas s.⟩ *auseinanderstrecken:* die Beine, die Arme, die Finger, die Zehen s.; der Vogel spreizte die Flügel *(breitete sie aus).* **2.** ⟨sich s.⟩ **a)** *sich zieren, sträuben:* sie spreizte sich eine Weile, bevor sie zusagte. **b)** *sich geziert, affektiert benehmen:* er macht sich lächerlich, weil er sich gar zu sehr spreizt; adj. Part.: *geziert, gestelzt:* eine gespreizte Ausdrucksweise; gespreizte Reden halten; sie drückte sich sehr gespreizt aus.
sprengen: 1. a) ⟨etwas s.⟩ *mit Raumangabe⟩ eine Flüssigkeit über etwas spritzen:* sie hat Wasser auf die Wäsche, über die Wäsche, über die Blumen gesprengt. **b)** ⟨etwas s.⟩ *etwas besprengen, bespritzen:* die Wäsche s.; den Rasen, die Straße, die Beete s.; sie hat die Blumen noch etwas gesprengt. **2.** ⟨etwas s.⟩ **a)** *aufsprengen, gewaltsam*

öffnen: seine Fesseln, Ketten s.; sie haben das Tor mit Beilhieben gesprengt; das Wasser hat die Eisdecke gesprengt; bildl. ⟨etwas sprengt jmdm. etwas⟩: die Aufregung sprengte ihm fast die Brust; übertr.: eine Versammlung s. *(gewaltsam auflösen);* der Spieler hat die [Spiel]bank gesprengt *(zahlungsunfähig gemacht).* **b)** *auseinandersprengen; mit Sprengstoff zerstören:* eine Brücke, ein Gebäude, einen Turm s.; man hat das Schiff in die Luft gesprengt; der Felsen mußte gesprengt werden; ⟨auch ohne Akk.⟩ im Steinbruch wird heute gesprengt. **3.** (veraltend) ⟨mit Raumangabe⟩ *scharf reiten:* die Reiter sind über die Brücke, aus dem Tor, in die Stadt gesprengt.
Spreu, die: *Getreideabfall:* die S. wurde in Säcke gefüllt; plötzlich waren alle verflogen wie [die] S. im Wind. * **die Spreu vom Weizen trennen/sondern** *(Wertloses vom Wertvollen trennen).*
sprichwörtlich: a) *zu einer Floskel geworden, in der Art eines Sprichwortes:* sprichwörtliche Redensarten, Wendungen. **b)** *allgemein bekannt, häufig zitiert:* sprichwörtliches Glück, Pech; seine Freigebigkeit ist schon s. [geworden].
sprießen ⟨etwas sprießt⟩ *etwas wächst hervor, empor, keimt, treibt:* überall sprossen die Blumen, sind die Knospen gesprossen; die Saat sprießt; der Bart beginnt zu s.; übertr.: immer neue Vereine sprießen aus dem Boden.
springen: 1. a) *sich mit den Füßen vom Boden wegschnellen:* er ist hoch, weit, aus dem Stand, mit Anlauf, in die Höhe gesprungen; du bist an der Reihe, ich bin/habe bereits gesprungen (Sport; *habe meinen Sprung bereits absolviert);* die Fische springen *(schnellen aus dem Wasser).* **b)** ⟨mit Raumangabe⟩ *sich mit einem Sprung, mit Sprüngen, irgendwohin bewegen, von irgendwo wegbewegen:* er ist hin und her, zur Seite, über ein Hindernis, über einen Graben gesprungen; auf die [fahrende] Straßenbahn, ins Boot, ans Land s.; durchs Fenster, [mit dem Fallschirm] aus dem Flugzeug, über Bord ins Wasser, in die Tiefe s.; die Katze sprang vom Dach; die Kinder sprangen *(hüpften)* über die Wiese, durch den Garten; auf die Beine, Füße s. *(mit einer raschen Bewegung aufstehen);* sie sprang aus dem Bett *(stand mit einer schwungvollen Bewegung aus dem Bett auf);* ⟨jmdm. s.; mit Raumangabe⟩ die Katze sprang ihm auf den Schoß; der Hund wollte ihm an die Kehle s.; übertr.: der Ball springt nicht mehr richtig; der Ball sprang *(hüpfte, schnellte)* über das Tor, in den Nachbargarten; der Zeiger der Uhr sprang *(rückte)* gerade auf Zwölf; die Ampel *(das Licht der Ampel)* ist gerade [von Gelb] auf Rot gesprungen; er springt von einem Thema zum anderen *(wechselt oft unvermittelt das Thema).* **c)** ⟨etwas s.⟩ *einen bestimmten Sprung ausführen:* er springt den Fosbury-Flop, er ist/hat einen Salto gesprungen. **d)** (Sport) ⟨etwas s.⟩ *[im Wettkampf] mit einem Sprung erreichen:* eine große Weite, einen neuen Rekord s.; er ist/hat in diesem Jahr die 5,80 m schon zweimal gesprungen. **2. a)** ⟨gewöhnlich mit Raumangabe⟩ *sich rasch, in großen Sprüngen fortbewegen:* dort springt ein Reh; die Hunde sind durch die Felder, über die Wiesen gesprungen. **b)** (ugs. landsch.) *schnell laufen, irgendwohin eilen:* sie ist schnell ins Haus gesprungen; spring doch mal rasch zum Bäcker!;

wenn wir den Zug noch kriegen wollen, müssen wir aber s. 3. (geh.) ⟨etwas springt aus etwas⟩ *etwas spritzt, sprüht hervor:* hier springt eine Quelle aus dem Boden; aus dem Stein sind Funken gesprungen. **4. a)** ⟨etwas springt von etwas⟩ *etwas löst sich plötzlich ab, wird aus seiner Lage geschnellt:* der Knopf sprang von der Jacke; ⟨etwas springt jmdm.⟩ von etwas⟩ der Ball ist ihm vom Fuß gesprungen. **b)** ⟨etwas springt aus etwas⟩ *etwas löst sich ruckartig aus etwas heraus:* aus der Halterung s.; die Achse ist aus dem Lager gesprungen; der letzte Wagen sprang aus den Schienen. **5.** ⟨etwas springt⟩ **a)** *etwas bekommt einen Sprung, Riß:* Porzellan springt leicht; die Schüssel, die Glasscheibe ist gesprungen; die Saite auf der Geige ist gesprungen *(zerrissen);* meine Lippen sind gesprungen *(aufgeplatzt).* **b)** (geh.) *etwas öffnet sich, platzt auf:* die Knospen, die Samenkapseln des Mohns sind gesprungen. * (ugs.:) **etwas springen lassen** *(etwas spendieren).*

Spritze, die: **1. a)** *Gerät zum Spritzen:* der Feuerwehrmann steht bei der S.; die Feuerwehr rückte mit drei Spritzen aus. **b)** *Injektionsspritze:* eine S. auskochen, reinigen, desinfizieren. **2.** *Einspritzung, Injektion:* der Arzt gab ihm eine S.; die S. *(das injizierte Präparat)* wirkt schon; er bekam eine S. gegen Wundstarrkrampf; sie braucht jetzt keine Spritzen mehr; der Fixer hat sich (Dativ) eine S. gesetzt; übertr.: das Unternehmen braucht eine S. (ugs.; *Finanzspritze).*

spritzen: 1. a) ⟨etwas s.; mit Raumangabe⟩ *Flüssigkeit, pastenförmige Masse o. ä. in Form von Tropfen oder Strahlen hervortreten, -schießen und irgendwohin gelangen lassen:* Farbe auf den Boden s.; Sahne auf eine Torte s.; Beton in die Verschalung s.; die Feuerwehrleute spritzten Wasser und Schaum auf das brennende Haus, ins Feuer; ⟨auch ohne Akk. und ohne Raumangabe⟩ mit Wasser s.; spritz doch nicht so!; ⟨jmdm. etwas s.; mit Raumangabe⟩ die Kinder spritzten uns Wasser ins Gesicht. **b)** ⟨jmdn., etwas s.⟩ *übersprühen, besprengen:* den Rasen, die Straße s.; er spritzte die Vorübergehenden [mit Wasser]; der Bauer hat die Bäume [gegen Schädlinge] gespritzt *(mit einem Schädlingsbekämpfungsmittel übersprüht);* er ließ sein Auto [neu] s. *(lackieren).* **c)** ⟨jmdn., etwas s.; mit Artangabe⟩ *durch Bespritzen in einen bestimmten Zustand versetzen:* du hast mich, die Wand ganz naß gespritzt; du hast alles voll rote Farbe gespritzt. **2.** ⟨etwas spritzt⟩ *etwas spritzt in Tropfen auseinander, sprudelt plötzlich hervor:* das Fett hat gespritzt; Vorsicht, es spritzt!; das Wasser ist nach allen Seiten gespritzt; ⟨jmdm. spritzt etwas; mit Raumangabe⟩ das Blut ist ihm ins Gesicht gespritzt. **3. a)** ⟨etwas s.⟩ *etwas injizieren:* der Arzt hat Morphium gespritzt; ⟨auch ohne Akk.⟩ diese Schwester spritzt gut; der Chefarzt spritzte selbst; ⟨jmdm., sich etwas s.⟩ der Arzt spritzte ihm ein Schmerzmittel [in die Vene]. **b)** (ugs.) ⟨jmdn., sich s.⟩ *eine Injektion geben:* der Zuckerkranke muß sich jeden Tag s. ⟨auch ohne Akk.⟩ er hatte gespritzt *(sich Rauschgift injiziert).* **4.** ⟨etwas s.⟩ *mit Mineralwasser versetzen:* spritzen Sie den Wein bitte!; er trank einen gespritzten Apfelsaft. **5.** (ugs.) *sich sehr beeilen; schnell irgendwohin laufen:* wenn der Chef winkt, spritzt er [nur so]; er ist zum Bahnhof gespritzt.

Spritzer, der: *durch Spritzen entstandener kleiner Tropfen, Fleck:* ein paar S. auf der Windschutzscheibe; er hat von dem vorüberfahrenden Auto ein paar S. abbekommen; ein paar S. Spülmittel ins Wasser geben; Whisky mit einem S. *(Schuß)* Soda.

spritzig: a) *begeisternd, witzig, geistreich:* ein spritziges Theaterstück; die Musik war sehr s.; eine s. geschriebene Reportage. **b)** *prickelnd, feurig:* ein spritziger Wein. **c)** *schnell, sportlich:* ein spritziges Auto; der Motor ist sehr s.; ein spritziger *(agiler, wendiger)* Stürmer.

spröd, (häufiger:) **spröde: 1. a)** *brüchig, ungeschmeidig:* sprödes Metall; ein sprödes Material, ein spröder Stoff; ihre Haut, ihr Haar ist vor der Sonne ganz s. geworden; übertr.: *schwer zu gestalten, zu bearbeiten:* der Stoff zu dem Theaterstück erwies sich als sehr s. **b)** *rauh, hart klingend:* eine spröde Stimme. **2.** *herb, abweisend:* eine spröde Schönheit; ein sprödes Wesen; sie war, zeigte sich [ziemlich] s.

Sprosse, die: **a)** *Leiterstufe:* an der Leiter fehlen ein paar Sprossen, ist eine S. gebrochen; bildl.: er hat die höchste S. seiner Laufbahn erreicht. **b)** *Querholz, mit dem ein Fenster o. ä. unterteilt ist:* die Sprossen mit Ölfarbe streichen.

Spruch, der: **1.** *kurzer, einprägsamer, lehrhafter, oft gereimter Satz:* ein alter, frommer, schöner, bekannter, weiser S.; Sprüche *(Zitate)* aus der Bibel lernen, aufsagen, hersagen; diesen S. wollte er beherzigen; die Wände waren mit anarchistischen Sprüchen *(Parolen)* bedeckt. **2.** (ugs.) **a)** ⟨Plural⟩ *alberne Reden, nichtssagende Phrasen:* laß doch endlich diese [dummen, albernen] Sprüche! **b)** *Ausspruch; kurzgefaßte Worte, mit denen jmd. eine bestimmte Aussage macht:* der Vertreter leierte an jeder Tür seinen S. herunter; er hat immer einen guten S. auf Lager; nun sag schon deinen S., dein Sprüchlein. **3.** *Urteilsspruch, Richterspruch:* der S. des Gerichts, der Geschworenen; einen S. fällen. * (ugs.:) **Sprüche machen/klopfen** *(hochtrabend reden; prahlen).*

spruchreif (meist in der Verbindung) etwas ist [noch nicht] spruchreif: *etwas ist [noch nicht] in dem Stadium, in dem darüber gesprochen, entschieden werden kann:* diese Angelegenheit ist jetzt endlich s. [geworden].

sprudeln ⟨etwas sprudelt⟩: **a)** *etwas schäumt, bildet Blasen, Strudel, läßt kleine Blasen aufsteigen:* der Sekt hat im Glas gesprudelt; das Wasser sprudelt beim Kochen; übertr.: vor guter Laune s.; ein sprudelndes Temperament. **b)** ⟨etwas sprudelt; mit Raumangabe⟩ *wallend, schäumend hervorströmen, fließen, sich irgendwohin ergießen:* aus der Flasche s.; der Sekt sprudelt schäumend ins Glas; im Bach sprudelt über das Geröll; der Quell ist aus dem Felsen gesprudelt; bildl.: die Worte sprudelten nur so aus seinem Mund, über seine Lippen, von seinen Lippen.

sprühen: 1. ⟨etwas s.; mit Raumangabe⟩ *zerstäuben:* Wasser über die Pflanzen, auf die Blätter s.; ⟨jmdm., sich etwas s.; mit Raumangabe⟩ sie sprühte sich Spray aufs Haar. **2. a)** ⟨etwas sprüht⟩ *etwas stiebt auseinander:* die Funken haben gesprüht; die Brandung tobte, daß die Gischt nur so sprühte; es sprüht (ugs.,: *es regnet fein*); übertr. (geh.): aus seinen Augen sprühte jugendliches Feuer; ein sprühendes *(lebhaftes)* Temperament; eine sprühende *(ausgelassene)* Laune. **b)** ⟨etwas sprüht; mit Raumangabe⟩ *in vielen kleinen Teilchen, zerstiebend o. ä. irgendwohin fliegen:* der Regen ist gegen die Scheiben gesprüht; die Gischt sprühte über das Deck. **c)** ⟨etwas sprüht etwas⟩ *etwas gibt etwas in kleinen Teilchen von sich:* das Feuer, der Krater sprüht Funken; übertr. (geh.): seine Augen sprühten Feuer, Blitze *(blitzten, funkelten);* ⟨auch ohne Akk.⟩ seine Augen sprühten [vor Freude]; der Redner sprühte vor Ideen, vor Geist.

Sprung, der: **1.** *das Springen, Sich-vom-Boden-Wegschnellen; Satz:* ein hoher, weiter, gewaltiger, zu kurzer S.; zweifache, dreifache Sprünge beim Eiskunstlauf; ein S. aus dem Stand, mit Anlauf; ein S. über einen Graben, aus dem Fenster, in die Tiefe; einen S. vom 5-Meter-Turm; einen S. machen, wagen; er tat einen kleinen S. zur Seite; das Pferd, der Hund vollführte wilde Sprünge; die Katze schnappte den Vogel im S.; er eilte in, mit großen Sprüngen davon; mit einem S. war er auf der anderen Seite; die Raubkatze duckte sich zum S., setzte zum S. an; übertr.: bis dorthin ist es nur ein kleiner S. (ugs.; *ist es nicht weit);* die neue Stellung bedeutet für ihn einen großen S. nach vorn; den Sprüngen *(Gedankensprüngen)* in seiner Argumentation konnte sie nicht folgen; er machte beim Vorlesen einen S. *(übersprang eine Stelle).* **2.** *Riß, schmaler Spalt:* in der Scheibe war ein S.; die Tasse, das Glas, die Schüssel hat einen S., hat einen S. bekommen; die Mauer wies viele [Risse und] Sprünge auf. **3.** (Jägerspr.) *Rudel:* ein S. Rehe. • **ein Sprung ins Dunkle/Ungewisse/ins kalte Wasser** *(ein Wagnis)* • **den Sprung wagen** *(sich zu etwas Riskantem entschließen)* • (ugs.:) **keine großen Sprünge machen können** *(sich nicht viel leisten können)* • (ugs.:) **einen Sprung in der Schüssel haben** *(verrückt, nicht recht bei Verstand sein)* • (ugs.:) **[immer] auf dem Sprung sein** *([immer] in Eile sein)* • (ugs.:) **auf dem Sprung sein/ stehen** *(im Begriffe sein)* • (ugs.:) **sich auf die Sprünge machen** *(schnell weggehen)* • (ugs.:) **jmdm. auf die Sprünge helfen** *(jmdm. [durch Hinweise] weiterhelfen)* • (ugs.:) **auf einen Sprung** *(für kurze Zeit):* ich komme auf einen S. vorbei • (ugs.:) **jmdm. auf/hinter die Sprünge kommen** *(herausfinden, was jmd. tut).*

sprunghaft: 1. *unausgeglichen, unstet:* ein sprunghaftes Wesen; sein sprunghaftes *(nicht folgerichtiges)* Denken erschwert die Verständlichkeit seiner Ausführungen; er ist zu s. **2.** *abrupt und übergangslos:* eine sprunghafte Entwicklung; ein sprunghafter Anstieg der Preise; seine Leistung hat sich s. gesteigert.

Spucke, die (ugs.): *Speichel:* er hat die Briefmarke mit S. angefeuchtet. * (ugs.:) **jmdm. bleibt die Spucke weg** *(jmd. ist sehr überrascht, weiß nicht, was er sagen soll).*

spucken: 1. a) *Speichel auswerfen, von sich geben:* häufig s.; auf den Boden s.; ⟨jmdm. s.; mit Raumangabe⟩ sie spuckte ihm ins Gesicht; übertr. (ugs.): der Ofen spuckt *(gibt starke Hitze ab);* der Motor spuckt *(funktioniert nicht mehr ordnungsgemäß);* er hat vielleicht gespuckt *(geschimpft),* als er das hörte. **b)** ⟨etwas s.⟩ *durch den Mund von sich geben, auswerfen:* Blut, Schleim s.;

einen Kern auf den Boden s.; ⟨jmdm. etwas s.; mit Raumangabe⟩ er spuckte ihm den Kirschkern mitten ins Gesicht. **2.** (ugs. landsch.) *sich übergeben, erbrechen:* das Baby spuckt; bei der Überfahrt mußten viele s.; heute nacht hat er ganz schön gespuckt. **3.** (ugs.) ⟨auf jmdn., auf etwas s.⟩ *jmdn., etwas verachtungsvoll ablehnen, zurückweisen:* auf den, auf sein Geld spucke ich!

Spuk, der: *Gespenstererscheinung:* der S. begann um Mitternacht; die Reiter flogen wie ein S. an ihm vorbei; übertr.: die Polizei kam und machte dem ganzen S. *(dem schlimmen Treiben, den Geschehnissen)* ein Ende.

spuken: a) *als Geist sein Unwesen treiben:* der Geist des Schloßherrn soll hier s., gespukt haben; in diesem Haus spukt es *(gibt es Geistererscheinungen);* übertr.: dieser Aberglaube spukt *(lebt, hält sich)* noch immer unter den Leuten, in den Köpfen vieler Menschen. **b)** ⟨mit Raumangabe⟩ *sich als Geist irgendwohin bewegen:* früher soll hier ein Gespenst durch die Gänge gespukt sein. * (ugs.:) **bei jmdm. spukt es** *(jmd. ist nicht ganz bei Verstand).*

spülen: 1. a) ⟨etwas s.⟩ *mit Wasser reinigen:* die Gläser, das Geschirr s.; ⟨auch ohne Akk.⟩ nach dem Essen spült sie immer gleich *(wäscht sie das Geschirr ab).* **b)** ⟨etwas s.⟩ *ausspülen:* du hast die Wäsche nicht lange genug gespült; ⟨jmdm., sich etwas s.⟩ sich den Mund mit [Mund]wasser s. **c)** ⟨etwas aus etwas s.⟩ *herausspülen:* sie spülte die Seife aus der Wäsche, aus den Haaren. **d)** *die Wasserspülung betätigen:* du hast vergessen zu s. **2. a)** (seltener) ⟨etwas spült; mit Raumangabe⟩ *irgendwohin geschwemmt, getrieben werden:* Wrackteile sind ans Land gespült; das Meer ist ans Ufer über die Deichkrone gespült *(hat sich dahin ergossen).* **b)** ⟨etwas spült jmdn., etwas; mit Raumangabe⟩ *etwas treibt, schleudert jmdn., etwas irgendwohin:* die Wogen haben die Schiffstrümmer, den Toten, den Leichnam ans Land gespült; er wurde ins Meer, über Bord gespült.

Spur, die: **1. a)** *Abdruck im Boden, im Schnee:* eine deutliche, tiefe, frische, kaum erkennbare S.; die breite, schmale S. eines Rades, eines Schlittens; die Spuren eines Tieres, von Hasen; die Spuren führten aufs Feld, in den Wald; der Hund wittert eine S., nahm die S. des Wildes auf; der Wind hat die Spuren im Schnee verweht; einer S. [im Schnee] folgen, nachgehen. **b)** *präparierte Laufspur für den Skilanglauf:* die Spuren legen; aus der S. treten, in die S. gehen; in der S. sein. **2.** *verbliebenes Zeichen, Merkmal; Überrest:* die Spuren des Krieges; die Spuren vergangener Kulturen; von dem Täter fehlt jede S.; die Spuren führten nach Frankreich, haben sich verloren; die richtige S. verfolgen, aufnehmen; eine S. suchen, finden, entdecken, haben; die Polizei sicherte die Spuren am Tatort; keine Spuren hinterlassen; alle Spuren [einer Tat, eines Verbrechens] verwischen, tilgen, beseitigen; der S. eines Verbrechens folgen, nachgehen; der Hinweis führte auf die S. des Verbrechers; die Polizei ist der S. (hatte Anhaltspunkte, Hinweise, die zu ihm führten); übertr.: die Spuren ehemaliger Schönheit, des Alters; ihr Gesicht zeigte deutliche Spuren der Anstrengung; die Sorgen hatten ihre Spuren bei ihm hinterlassen, waren nicht ohne Spuren an ihm vorübergegangen. **3.** *sehr kleine Menge; Kleinigkeit:* in der Lösung fand er eine S. des gesuchten Elements; an der Suppe fehlt noch eine S. Salz, Pfeffer; die Soße ist [um] eine S. zu salzig; Jod benötigt der Körper nur in Spuren. **4. a)** *Spurweite:* in diesem Land hat die Eisenbahn eine breitere S.; Autos mit breiter S. **b)** *markierte Fahrbahn auf der Straße:* die S. wechseln; auf/in der mittleren S. fahren; in der S. bleiben; die Straße hat drei Spuren. **c)** *korrekter Geradeauslauf eines Wagens:* die S. des Autos ist nicht in Ordnung, stimmt nicht; die S. kontrollieren; der Wagen hält nicht die S.; beim Bremsen gerät der Wagen aus der S. **5.** *Magnetband-, Tonbandspur:* das Bandgerät arbeitet mit vier Spuren. * ⟨ugs.:⟩ **ein heiße Spur** *(ein für die Aufklärung eines Verbrechens wichtiger Anhaltspunkt)* · ⟨ugs.:⟩ **keine Spur/nicht die Spur** *(überhaupt nicht[s])* · **jmdn. auf die [richtige] Spur bringen** *(jmdn. Hinweise geben, die ihm weiterhelfen)* · **jmdm., einer Sache auf die Spur kommen** *(herausfinden, was jmd. tut; etwas aufdecken)* · **jmdm., einer Sache auf der Spur sein/bleiben** *([weiterhin] jmdn. verfolgen, bemüht sein, eine Sache zu erforschen, aufzudecken)* · **auf der richtigen/falschen Spur sein** *(etwas Richtiges/Falsches vermuten)* · **in jmds. Spuren treten/auf jmds. Spuren wandeln** *(jmds. Vorbild folgen)*.

spuren: 1. a) ⟨etwas spurt⟩ *etwas hält genau die Spur:* der Wagen spurt einwandfrei; der Ski spurt nicht gut. **b)** ⟨etwas s.⟩ *mit einer Spur für den Skilanglauf versehen:* eine Piste s.; gespurte Loipen. **2.** ⟨ugs.⟩ *sich gut einfügen; einordnen:* wenn er nicht spurt, wird er entlassen.

spüren: 1. ⟨etwas s.⟩ *verspüren, fühlen, merken:* einen Schmerz, Müdigkeit, keinen Hunger s.; spürst du schon etwas, eine Wirkung, eine Linderung?; ich spüre den Alkohol *(die Wirkung des Alkohols)* nicht; ich spürte, wie/daß der Boden unter meinen Füßen nachgab; er spürte eine Erregung in sich aufsteigen; er spürte ihre Enttäuschung; sie spürte die lange Bahnfahrt doch sehr *(war davon sehr ermüdet, angegriffen)*; er hat seine Verärgerung nicht s. lassen *(zeigte sie nicht)*; von Kameradschaft war dort nicht viel zu s.; das wirst du noch am eigenen Leib[e] s. *(an dir selbst erfahren)*. **2.** (Jägerspr.) ⟨ein Tier s.⟩ *die Spur eines Tieres suchen, aufnehmen:* die Hunde spüren einen Fuchs; ⟨auch ohne Akk.⟩ die Hunde spüren nach Wild.

spurlos: *ohne eine Spur zu hinterlassen:* sein spurloses Verschwinden erregte Aufsehen; diese Erlebnisse sind nicht s. *(ohne Auswirkungen zu hinterlassen)* an ihr vorübergegangen; mein Schirm ist s. *(ohne daß es einen Anhaltspunkt gegeben hätte)* verschwunden.

sputen (veraltend) ⟨sich s.⟩: *sich beeilen:* es ist schon spät, wir müssen uns s.

Staat, der: **1.** *politische Organisation eines Volkes; Staatsgebilde, Staatswesen:* ein selbständiger, unabhängiger, souveräner, neutraler, friedliebender S.; benachbarte Staaten; die sozialistischen Staaten; S. und Kirche; einen S. im Staate bilden; einen neuen S. gründen, aufbauen; den S. schützen, verteidigen; einen S. anerkennen; im Interesse, zum Wohl des Staates; er war eine

Stütze des Staates; R: etwas ist faul im Staate Dänemark *(hier stimmt etwas nicht, ist etwas nicht in Ordnung)*! **2.** (ugs. veraltend) *kostbare, festliche Kleidung:* sie trug ihren feinsten S., hatte ihren ganzen, gesamten S. angelegt, erschien in vollem S. * ⟨ugs.:⟩ **mit etwas ist kein Staat zu machen, läßt sich kein Staat machen; mit etwas keinen Staat machen können** *(mit etwas nicht imponieren, keinen Eindruck machen können)*.

¹Stab, der: *Stange, Stock:* ein S. aus Eisen, aus Holz; die Stäbe des Gitters, am Käfig sind verbogen; der Dirigent hob den S. (geh.; *Taktstock*); Sport: er hatte beim ersten Sprung die Latte mit dem S. gerissen. * ⟨geh.:⟩ **den Stab über jmdn. brechen** *(jmdn. verdammen, völlig verurteilen)*.

²Stab, der: *Gruppe verantwortlicher Mitarbeiter:* der wissenschaftliche, technische S. eines Betriebes; ein S. von Mitarbeitern; der General kam mit seinem ganzen S.; ein Offizier vom S.; er wurde zum S. [des Regiments] versetzt.

stabil: a) *haltbar, fest:* ein stabiler Schrank; die Stühle sind sehr s.; das Haus ist s. gebaut. **b)** *widerstandsfähig; kräftig:* eine stabile Gesundheit, Konstitution; sie ist nicht sehr s. **c)** *beständig, dauerhaft:* eine stabile Regierung, Wirtschaft; stabile Preise; die Währung, die Wetterlage ist s.

Stachel, der: *stechende Spitze:* die Stacheln des Brombeerstrauchs, der Kakteen, der Rosen; die Stacheln des Igels; der S. *(das Stechorgan)* einer Biene, Wespe; der S. war tief eingedrungen; er versuchte den S. herauszuziehen, zu entfernen; übertr. (geh.): der S. *(Anreiz, treibende Kraft)* des Ehrgeizes; den S. *(das Quälende)* der Reue, des Zweifels, des erlittenen Unrechts spüren; einer Sache den S. *(das Schmerzende, Verletzende)* nehmen. * ⟨geh.:⟩ **wider den Stachel löcken** *(sich gegen etwas sträuben; widerspenstig sein)*.

stach[e]lig: *voller Stacheln:* ein stacheliger Kaktus, Zweig; eine stachelige Frucht; ein stacheliges Tier; sein Bart war ganz s.; übertr.; stachelige *(spitze, schnippische)* Reden.

Stadium, das: *Entwicklungsstufe; Stand:* ein frühes, fortgeschrittenes, das letzte S.; die Stadien einer Entwicklung; die Verhandlungen haben ein neues S. erreicht, sind in ein neues S. getreten.

Stadt, die: **a)** *größere geschlossene Siedlung:* eine kleine, große, schöne, malerische, häßliche, verkehrsreiche S.; die S. Köln; die S. der Künste; eine S. von, mit 10 000 Einwohnern; der Rat der S.; eine S. besuchen, besichtigen; eine S. gründen, zerstören, wieder aufbauen; im Zentrum, am Rande der S. wohnen; die Bürger, Einwohner, Bewohner einer S.; im Weichbild der S. *(im eigentlichen Stadtgebiet)*; in den Mauern unserer S. (geh.; *in unserer Stadt*); vor den Toren (geh.; *außerhalb*) der S.; sie kommt, stammt aus der S.; die Leute aus der S.; in die S. ziehen; in der S. wohnen, arbeiten; in der S. (ugs.; *in die Innenstadt*) gehen, um einzukaufen; er ist in S. und Land *(überall)* bekannt. **b)** *die Einwohner der Stadt:* die S. hat hohen Besuch; die ganze S. war auf den Beinen. **c)** (ugs.) *Stadtverwaltung:* er ist bei der S. angestellt.

städtisch: a) *die Stadt, die Stadtverwaltung betreffend:* städtische Beamte, Behörden, Verkehrsmittel, Bauten; städtische Anlagen; die Schule ist

s.; das Heim wird s. verwaltet. **b)** *nach Art der Städter; nicht ländlich:* die städtische Lebensweise; ihre Wohnung ist s.; sie kleidet sich s.
staffeln: 1. a) *stufenweise ordnen, abstufen:* Preise, Gebühren, Steuern, Mieten s.; das Gehalt der Beamten ist nach Dienstjahren gestaffelt. **b)** ⟨etwas staffelt sich⟩ *etwas stuft sich ab, ist stufenweise geordnet:* die Beamtengehälter staffeln sich. **2.** ⟨etwas s.⟩ *stufenweise hintereinander aufstellen, anordnen:* die Armee, die Abwehr (der Mannschaft) war tief gestaffelt.
Stahl, der: **1.** *schmiedbares Eisen:* legierter, rostfreier, hochwertiger S.; S. ausglühen, härten, walzen, schmieden, anlassen (fachspr.; *elastisch, zäh machen*), vergüten (fachspr.; *härten und zäh machen*); die Masse ist hart wie S.; übertr.: er hat Nerven aus S., wie S. *(hat gute Nerven).* **2.** (geh.) *Waffe aus Stahl:* getroffen, durchbohrt vom tödlichen S. *(Dolch, Schwert),* sank er nieder.
stählen ⟨sich, etwas s.⟩: *abhärten, kräftigen, widerstandsfähig machen:* er hat sich, seinen Körper, seine Muskeln durch Sport gestählt.
stählern: *aus Stahl:* stählerne Waffen, Ketten; das stählerne Gerüst des Hochbaues; übertr.: stählerne *(sehr harte, kräftige)* Muskeln, Arme; sein stählerner *(unbeugsamer, starker)* Wille.
Stall, der: **1.** *Raum, Bau [auf einem Bauernhof], in dem Nutztiere untergebracht sind:* zu dem Haus gehören mehrere Ställe [für Kühe, Pferde]; die Wohnung sah aus wie ein S. (ugs.; *war sehr schmutzig*), war der reinste S. (ugs.; *war schmutzig, verfallen, dunkel*); einen S. anbauen; den S. säubern, ausmisten; die Pferde aus dem S. holen; die Kühe in den S. treiben; bildl. (ugs.): den S. müssen wir mal tüchtig ausmisten *(hier müssen wir Ordnung schaffen);* sie kommt aus gutem, aus einem guten S. (scherzh.; *aus guter Familie);* sie haben einen S. voll (ugs.; *viele)* Kinder. **2.** (ugs.) *Rennstall, Gestüt:* dieser S. nimmt an den Rennen nicht teil; übertr. (ugs.): die drei ersten Rennwagen kommen alle aus demselben S. *(von derselben Firma).* * (ugs.:) **ein [ganzer] Stall voll von etwas** *(sehr viele):* du kannst einige davon haben, wir haben davon einen ganzen S. voll.
Stamm, der: **1.** *Baumstamm:* ein schlanker, dikker, knorriger S.; S. der Eiche war hohl; einen S. schälen, zersägen; eine Hütte aus rohen Stämmen. **2.** *Volksstamm; Geschlecht:* die germanischen Stämme; er war der Letzte des Stammes; sie waren eines Stammes [und Geschlechts] (geh.). **3.** (Landw.) *bestimmter Tierbestand:* ein S. Bienen; er verkaufte einen S. Hühner *(Hahn und Hennen).* **4.** *fester Bestand; Grundstock:* der S. einer Belegschaft; das Haus hat einen [festen] S. von Gästen, Besuchern; der Spieler gehört zum S. der Mannschaft. **5.** (Sprachw.) *Wortstamm:* S. und Flexionsendung eines Wortes, Verbs. * (ugs. scherzh.:) **vom Stamme Nimm sein** *(gerne alles nehmen, was man bekommen kann).*
stammeln: 1. ⟨etwas s.⟩ *undeutlich, stockend hervorbringen:* er stammelte verlegen eine Entschuldigung, ein paar Worte; ⟨auch ohne Akk.⟩ sie stammelte vor Verlegenheit. **2.** (Med.) *bestimmte Laute, Lautverbindungen fehlerhaft sprechen:* das Kind, der Patient stammelt.
stammen: a) ⟨aus etwas s.⟩ *seinen Ursprung, seine Herkunft haben:* er stammt aus Bayern, aus

einer alten Familie; die Pflanze stammt aus Amerika; das Wort stammt aus dem Griechischen; die Nachricht stammt aus zuverlässiger Quelle. **b)** ⟨etwas stammt aus etwas, von jmdm.⟩ *etwas rührt aus etwas, von jmdm. her:* die Urkunde stammt aus dem 13. Jahrhundert; der Schmuck stammte aus dem Besitz ihrer Familie, aus einem Einbruch; etwas stammt aus einem Verkauf; der Ausspruch stammt von Wilhelm Busch.
stämmig: *klein, kräftig und untersetzt:* ein stämmiger Junge; ein stämmiger Körper, Wuchs; er ist sehr s., ist s. gebaut.
stampfen: 1. a) ⟨mit etwas s.⟩ *heftig, schwer auftreten:* er stampfte [vor Zorn, Ungeduld] mit dem Fuß, mit dem Absatz auf den Boden; das Pferd stampfte mit seinen Hufen. **b)** ⟨mit Raumangabe⟩ *sich stampfend fortbewegen:* durch den Schnee, übers Feld s.; er stampfte durchs Zimmer, daß die Möbel wackelten. **c)** ⟨etwas von etwas s.⟩ *durch Aufstampfen entfernen:* den Schnee von den Schuhen s.; ⟨sich (Dativ) etwas von etwas s.⟩ sich den Schnee von den Schuhen s. **d)** ⟨etwas s.⟩ *durch Stampfen angeben, deutlich machen:* er stampfte [mit dem Fuß] den Takt zum Tanz. **2.** ⟨etwas stampft⟩ **a)** *etwas arbeitet mit regelmäßigen, wuchtigen Stößen:* die Maschinen, Motoren stampfen; subst.: er hörte das Stampfen der Maschinen. **b)** (Seemannsspr.) *ein Schiff bewegt sich in der Längsrichtung heftig auf und nieder:* das Schiff stampfte. **3.** ⟨etwas s.⟩ **a)** *mit einem Küchengerät, in einem Mörser o. ä. zerkleinern:* Kartoffeln s.; etwas zu Pulver s.; sie stampfte die Gewürze in einem Mörser. **b)** *feststampfen:* Lehm, Sand [mit den Füßen] s.
Stand, der: **1.** *das Stehen:* er hatte auf dem schmalen Gerüst keinen guten, sicheren S.; er sprang aus dem S. *(ohne Anlauf);* Turnen: vom Reck in den S. springen; übertr.: er hat bei seinem/gegen seine Vorgesetzten einen schweren, harten, keinen leichten S. *(kann sich ihm nur schwer durchsetzen, behaupten).* **2. a)** *Standplatz:* der S. des Jägers, Schützen, Beobachters; die Pferde waren noch in ihren Ständen *(Boxen);* ein S. für 10 Taxen. **b)** *Verkaufsstand, Bude:* jeder Händler hat [in der Halle, auf dem Markt] seinen festen S.; er besuchte auf der Messe die Stände verschiedener Firmen, Verlage. **3. a)** *Stellung, Höhe:* der S. des Mondes, der Sterne [am Himmel]; er prüfte den S. des Wassers [im Dampfkessel], des Thermometers; er richtete sich nach dem S. der Sonne; das Hochwasser hatte bei 6,50 m seinen höchsten S. erreicht. **b)** *Lage, Situation; Zustand, Verfassung:* der S. der Geschäfte, des Wettkampfs, des Spiels; der augenblickliche S. der Aktien, des Dollarkurses; den S. seines Vermögens überprüfen; bei diesem S. der Dinge würde ich das nicht empfehlen; etwas auf den neuesten S. bringen; nach, gemäß dem S. vom 1. 1. 1987; der Wagen ist gut im Stand[e]/in gutem Stand[e] *(ist in gutem Zustand);* das setzt mich in den S. *(ermöglicht es mir),* die Reise doch noch zu machen; hier wurde nach dem heutigen, neu[e]sten S. der Forschung verfahren. **4.** (veraltend) *Berufsstand, Gesellschaftsschicht:* der geistliche, weltliche S.; die niederen, höheren, gebildeten Stände; der S. der Arbeiter; Menschen aus allen Ständen und Berufen; bitte Name und S.

(Familienstand) angeben; er hat unter seinem S. geheiratet *(jmdn. aus einer unteren Gesellschaftsschicht);* ein Mann von [vornehmem, hohem] S. * (ugs.:) **aus dem Stand [heraus]** *(ohne Anlaufzeit, Vorbereitung o. ä.):* etwas aus dem S. erreichen · (geh.:) **in den Stand der [heiligen] Ehe treten** *(heiraten).*

standhaft: *fest beharrend; unerschütterlich:* ein standhafter Mensch; er war, blieb s. trotz aller Versuchungen; sie trug s. ihr Unglück; sich s. weigern mitzukommen.

standhalten: 1. a) ⟨einer Sache s.⟩ *erfolgreich widerstehen; gegen etwas bestehen:* den Angriffen des Gegners [nur mühsam] s.; er hat allen Versuchungen standgehalten; ⟨auch ohne Dat.⟩ die Truppen hielten stand, bis die Verstärkung kam. **b)** ⟨etwas hält einer Sache stand⟩ *etwas hält etwas aus:* die Brücke hat den Belastungen nicht standgehalten; der Deich hielt dem Aufprall des Wassers stand; übertr.: er konnte seinem Blick nicht s. **2.** ⟨etwas hält einer Sache stand⟩ *etwas kann vor etwas bestehen:* etwas hält der Kritik stand; diese Behauptungen halten einer näheren Prüfung nicht stand.

ständig: *dauernd, fortwährend:* sein ständiger Aufenthalt, Wohnsitz; seine ständige Wohnung, Anschrift; sein ständiges Einkommen; ein ständiger Ausschuß; eine ständige Ausstellung; er ist [ein] ständiges Mitglied der Gesellschaft, Körperschaft; er stand unter ständigem Druck; das ist seine ständige Angst, Sorge; sie leben in ständiger Feindschaft; wir haben s. Ärger mit ihm; der Straßenverkehr wächst s., nimmt s. zu.

Standpauke, die (ugs.): *Strafpredigt:* sich eine S. anhören müssen; mit einer S. empfangen werden; jmdm. eine S. halten *(jmdn. ausschimpfen).*

Standpunkt, der: **1.** (selten) *Beobachtungsplatz, Standort:* der erhöhte S. bot eine gute Aussicht; von diesem S. aus kannst du alles beobachten. **2.** *Einstellung, Meinung, Auffassung:* ein richtiger, vernünftiger, falscher, überwundener, überholter S.; jmdm. seinen S. darlegen, erklären; du vertrittst einen S., den ich nicht teile; er hat sich (Dativ) deinen S. zu eigen gemacht; er steht auf dem S., stellt sich auf den S., daß ...; er beharrt auf seinem S., geht von seinem S. nicht ab, ist von seinem S. nicht abzubringen; vom S. der Arbeiter aus ist diese Forderung verständlich. * (ugs.:) **jmdm. den Standpunkt klarmachen** *(jmdn. gründlich die Meinung sagen).*

Stange, die: **1.** *langer Stab aus Holz oder Metall:* eine lange, dicke, dünne S.; die Würste hingen an, auf einer S.; die Tänzerinnen übten an der S. *(dem Übungsgerät für das Ballett);* die Hühner sitzen auf ihren Stangen; er stieß den Kahn mit der S. ab. **2.** *stangenförmiges Gebilde:* eine S. Zimt, Lakritz; eine S. *(mehrere stangenförmig verpackte Schachteln)* Zigaretten; Schwefel in Stangen. **3.** (Jägerspr.) *Stamm des Geweihs von Hirsch und Rehbock:* die Stangen tragen die Enden und die Krone des Geweihs. * (ugs.:) **eine Stange Geld** *(viel Geld)* · (ugs.:) **eine Stange angeben** *(viel prahlen)* · (ugs.:) **jmdm. die Stange halten** *(jmdn. in Schutz nehmen, für ihn eintreten)* · (ugs.:) **jmdn. bei der Stange halten** *(jmdn. veranlassen, nicht aufzugeben, etwas Bestimmtes zu Ende zu führen)* · (ugs.:) **bei der Stange bleiben**

(etwas nicht aufgeben, es zu Ende führen) · (ugs.:) **von der Stange** *(nicht nach Maß gearbeitet, als Konfektion):* sie kauft [ihre Kleider] von der S.

stänkern (ugs.): *Unfrieden stiften durch beständiges Kritisieren, Nörgeln:* er stänkert im Betrieb, gegen einen Kollegen, gegen jede Neuerung; er hat immer etwas zu s.

Stapel, der: *aufgeschichteter Stoß, Haufen:* ein S. Holz, Wäsche, Bücher; einen S. [auf]schichten. * (Seemannspr.:) **etwas auf S. legen** *(mit dem Bau eines Schiffes beginnen)* · (Seemannspr.:) **etwas läuft vom Stapel** *(ein neu gebautes Schiff wird zu Wasser gelassen)* · **etwas vom Stapel lassen: a)** (Seemannspr.) *(ein neu gebautes Schiff zu Wasser lassen).* **b)** (ugs.) *(etwas, was komisch o. ä. wirkt, von sich geben):* er ließ eine Ansprache vom S.

stapeln: 1. ⟨etwas s.⟩: *zu einem Stapel aufschichten:* Bücher, Wäsche, Waren im Lager s.; er stapelte die Kisten auf einen Haufen. **2.** ⟨etwas stapelt sich⟩ *etwas häuft sich an:* die unerledigte Post stapelte sich auf seinem Schreibtisch, liegt auf seinem Schreibtisch gestapelt.

stapfen ⟨mit Raumangabe⟩: *langsam, mit schweren Schritten gehen:* müde stapften sie durch den Schnee, übers Feld.

¹Star, der: **a)** *Film-, Bühnenstar:* ein S. der Stummfilmzeit; sie ist ein S. geworden; sie hat die Allüren eines Stars. **b)** (ugs.) *jmd., der bekannt, berühmt ist:* er ist der S. seiner Partei; er war der S. des Abends.

²Star, der: /*eine Augenkrankheit* /: grauer, grüner S.; er hat den S.; den S., jmdn. am S. operieren. * (veraltend:) **jmdm. den Star stechen** *(jmdn. aufklären, wie sich etwas in Wirklichkeit verhält).*

stark: 1. *viel Kraft besitzend, kräftig:* ein starker Mann, Bursche; er hat starke Muskeln; er rief mit starker *(lauter)* Stimme; ein starker *(leistungsfähiger)* Motor; er ist sehr, ungeheuer, unheimlich (ugs.) s., s. wie ein Bär; der Junge ist groß und s. geworden; du bist am stärksten; übertr.: *gefestigt, unerschütterlich:* starke Nerven; er hat einen starken Willen, Glauben; s. sein im Glauben; du mußt jetzt s. bleiben *(darfst nicht wankend werden);* subst.: wer ist der Stärkste? **2. a)** *mächtig; zahlenmäßig groß:* eine starke Partei; ein starkes Aufgebot, Gefolge; die Beteiligung war stark s. **b)** *eine bestimmte Anzahl aufweisend:* eine etwa 50 Mann starke Bande; eine 150 Seiten starke Abhandlung; wie s. ist die Auflage des Buches? **3. a)** *sehr gut, tüchtig, bedeutend:* ein starker Gegner, Spieler; die Mannschaft bot eine starke Leistung; dieser Roman ist sein stärkstes Buch; er spielte heute besonders s.; ⟨in etwas s. sein⟩ in Deutsch ist sie nicht sehr s. **b)** *groß, beträchtlich:* ein starker Eindruck, Einfluß; etwas findet starken Widerhall, Beifall; das ist eine starke Übertreibung, Zumutung; er ist ein starker Raucher, Esser, Trinker *(raucht, ißt, trinkt viel);* die Nachfrage war diesmal besonders s.; das ist s.! /ugs./; *Ausruf der Entrüstung* /. **c)** *heftig, intensiv:* starker Regen, Frost, Wind; starke Kälte, Hitze; starke Schneefälle; ein starker Druck; starkes Licht; eine starke Erkältung; ein starker Schnupfen; er hatte starke Schmerzen; es herrschte starker Verkehr auf den Straßen; die Rauchentwicklung war so s., daß er nichts mehr sehen konnte. **4.** *in starkem Maße, außerordent-*

lich; sehr, viel: s. beschäftigt, in Anspruch genommen, verschuldet sein; ein s. wirkendes Mittel; das Land ist s. besiedelt; die Blumen duften s.; es hat s. geregnet; er trinkt, raucht s.; ich habe dich s. im Verdacht; es geht s. auf Mitternacht (ugs.; *ist bald Mitternacht*); er ist s. in den Vierzigern (ugs.; *über vierzig Jahre alt*). **5. a)** *dick, umfangreich:* starke Mauern, Bretter, Sohlen; starkes Papier, Garn; starke Äste; Kleider für stärkere (verhüll.) Damen; diese Pappe ist zu s.; er ist in letzter Zeit etwas s. (verhüll.) geworden. **b)** *eine bestimmte Dicke, einen bestimmten Umfang aufweisend:* eine 20 cm starke Wand, Mauer; das Buch ist 500 Seiten s. **6.** *gehaltvoll, konzentriert, kräftig:* starker Kaffee, Tee; starke Zigarren; ein starkes Gift; der Kaffee ist ziemlich s., ist mir zu s. **7.** (ugs.) *sehr gut, eindrucksvoll:* ein starker Typ, Film; jmdn., etwas s. finden; s. aussehen, singen; das ist echt s.! *Ausruf der Bewunderung*; subst.: das ist das Stärkste! **8.** (Sprachw.) *Art der Beugung:* ein starkes Verb, Substantiv; die starke Beugung; ein Verb s. konjugieren. * (ugs.:) **sich für jmdn., für etwas stark machen** *(sich für jmdn., etwas sehr einsetzen)*.
Stärke, die: **1.** *Kraft:* die S. seiner Muskeln, Arme, Fäuste; die S. *(Leistungsfähigkeit)* eines Motors; übertr.: *Festigkeit, Unerschütterlichkeit:* die S. ihres Glaubens hat ihr geholfen. **2. a)** *Macht:* die wirtschaftliche, militärische S. eines Landes; die S. einer Partei, der Gewerkschaft. **b)** *Anzahl, zahlenmäßige Größe:* die S. der Truppe wurde verringert; die Klasse hat eine S. von 30 Schülern; Angaben über die S. der einzelnen Schulklassen. **3. a)** *Grad, Größe, Intensität:* die S. des Druckes, des Lichtes; die S. der Empfindung, der Leidenschaft; die S. der Beteiligung ließ nach. **b)** *Heftigkeit:* die S. des Sturmes, des Regens; die S. des Verkehrs nahm zu; der Lärm nahm an S. zu; es war ein Orkan von ungeheurer S. **4.** *besondere Fähigkeit:* die S. dieses Spielers ist seine Schnelligkeit; Mathematik ist nicht seine S. *(in Mathematik ist er nicht besonders begabt);* darin zeigt sich, liegt eine große S.; jmd., etwas hat Stärken und Schwächen. **5.** *Dicke, Durchmesser:* die S. der Mauern, Balken; die S. des Papiers, des Leders; die S. eines Seiles, Kabels; die S. eines mittleren Baumes; die S. der Scheibe beträgt etwa 2 cm; Fäden in verschiedener S., in verschiedenen Stärken; Bretter von verschiedener S. **6.** *Gehalt, Konzentration:* die S. des Kaffees, Alkohols, Giftes; die S. von etwas feststellen, messen. **7. a)** *in bestimmten Pflanzen enthaltener, zu den Kohlenhydraten gehörender Stoff:* S. aus Kartoffeln, Reis, Weizen; die S. wird durch Gärung in Zucker verwandelt. **b)** *Wäschestärke:* Wäsche, Hemdkragen mit S. behandeln.
stärken: 1. (sich s.) *sich durch Essen, Trinken erfrischen:* nach dem langen Marsch stärkten sie sich [durch einen/mit einem Imbiß]. **2.** (etwas stärkt jmdn., etwas) *etwas kräftigt, festigt jmdn., etwas:* der Schlaf, die Gebirgsluft hat ihn gestärkt; das Training stärkte ihren Körper; sie nahm ein stärkendes Mittel; übertr.: der Erfolg hat sein Selbstgefühl, seine Position gestärkt; etwas stärkt jmdn. in seinem Glauben. **3.** (etwas s.) *mit Stärke steif machen:* Wäsche, Kragen und Manschetten s.; das Hemd ist gestärkt.

starr: 1. *steif; wie erstarrt:* ein starrer Körper; vor Schrecken, Entsetzen, Staunen stand sie s. da; ⟨vor etwas s. sein⟩ sie war s. vor Kälte. **2.** *unbewegt, reglos:* mit starrem Blick, mit s. geöffneten Augen; er blickte s. vor sich hin; ihr Lächeln war s. **3.** *nicht flexibel:* starre Gesetze, Regeln, Strukturen; ein starres Prinzip. **4.** *unbeweglich:* die Teile sind s. miteinander verbunden.
starren: 1. ⟨mit Raumangabe⟩ *mit starrem Blick schauen:* in die Luft, ins Wasser, ins Dunkle s.; alle starrten erstaunt, [wie] gebannt auf den Fremden; ihre Augen starrten ins Leere; ⟨jmdm. s.; mit Raumangabe⟩ er starrte ihr ins Gesicht. **2.** ⟨mit Raumangabe⟩ *herausragen, emporragen:* die kahlen Äste starrten in den Himmel. **3.** ⟨vor/von etwas s.⟩ *von etwas ganz bedeckt, voll sein:* er, seine Kleidung, das Zimmer starrte vor Schmutz; das Land starrte von Waffen.
starrsinnig: *eigensinnig, unbeugsam:* ein starrsinniger alter Mann; sein Vater war sehr s.; s. beharrte er auf seiner Meinung.
Start, der (Sport): **1. a)** *das Starten (zu einem Wettkampf):* ein gelungener, geglückter, mißglückter S.; sein S. war nicht besonders gut, glücklich; erst der dritte S. gelang, klappte (ugs.); er hatte einen guten S.; den S. üben, trainieren; den S. freigeben *(einen Wettkampf beginnen lassen);* nach, vor dem S.; vom S. an, weg führen; er gab mit seiner Pistole das Zeichen zum S.; übertr.: er hatte bei seiner Arbeit einen schlechten S. *(Anfang);* der S. in den Urlaub; jmdm. den S. ins Berufsleben erleichtern; der S. eines neuen Programms. **b)** *Startlinie:* die Läufer versammelten sich am S., gingen an den, zum S.; der Titelverteidiger war nicht am S. *(nahm nicht am Wettkampf teil).* **2. a)** *Abflug:* der S. des Flugzeugs verzögerte sich; der S. der Rakete glückte, war mißglückt; den S. verzögern, verschieben, verbieten, untersagen, freigeben; S. und Landung der Flugzeuge beobachten. **b)** *Startplatz:* das Flugzeug rollte zum S. * (Sport:) **fliegender Start** *(Start aus der Bewegung heraus).*
starten: 1. *den Wettlauf, das Rennen, die Fahrt beginnen:* zur letzten Etappe s.; die Läufer, Pferde, Rennwagen starten [zur gleichen Zeit]; der Titelverteidiger wird morgen nicht s. *(wird nicht am Wettkampf teilnehmen);* übertr.: wir starten morgen in den Urlaub, zu einer Expedition. **2.** *abfliegen:* unser Flugzeug startet um 11 Uhr, ist pünktlich gestartet; wir konnten wegen des Nebels nicht s. **3.** ⟨etwas s.⟩ *in Gang setzen; abfahren, abfliegen lassen:* eine Rakete, einen Satelliten, die Maschine s.; ein Fahrzeug, Auto s.; du kannst den Motor schon s. *(anlassen);* übertr.: *in Gang setzen, beginnen:* ein neues Unternehmen, eine Expedition s.; eine neue Karriere; einen Versuch, eine Aktion, eine Tournee s.
Station, die: **1.** *Haltestelle; Bahnstation:* wie heißt die nächste S.?; übernächste S. steigen wir aus; wieviel Stationen sind es noch, müssen wir noch fahren?; der Zug hält nicht an jeder S.; an der nächsten S. müssen wir aussteigen, umsteigen; die wichtigsten Stationen *(Aufenthalte)* seiner Reise waren Rom und Athen; kath. Rel.: die vierzehn Stationen *(Haltepunkte)* des Kreuzweges; übertr.: die wichtigsten Stationen *(Abschnitte)* seines Lebens, seiner Laufbahn. **2.**

Krankenhausabteilung: die chirurgische, innere S.; auf welcher S. liegt der Patient?; er wurde auf S. 3 verlegt; der Arzt ist auf S. *(arbeitet auf der Station).* **3.** *Beobachtungs-, Sendestelle:* eine meteorologische S.; eine S. am Nordpol errichten; das Programm wird von einer anderen S. gesendet. * **freie Station haben** *(freie Unterkunft und Verpflegung haben)* · **Station machen** *(sich während einer Reise für kurze Zeit aufhalten):* er hat auf seiner Reise bei uns, in München S. gemacht.

statt: I. ⟨Präp. mit Gen.⟩ *an Stelle:* s. seines Freundes kam sein Bruder; er kam s. meiner; er trug eine Schleife s. eines Schlipses (hochsprachlich **nicht** korrekt: s. einem Schlips); ich dachte, er würde arbeiten, s. dessen lag er im Bett; ⟨mit Dativ, wenn der Gen. formal nicht zu erkennen ist oder wenn ein weiteres starkes Substantiv im Gen. Sing. hinzutritt⟩ s. Worten will er Taten sehen. **II.** ⟨Konj.⟩ *anstatt; und nicht:* er legte sich ins Bett, s. zu arbeiten/(veraltend:) s. daß er arbeitete; er gab das Geld mir s. ihm; die Nachricht ist an mich s. an dich gekommen.

Statt ⟨nur in der Wendung⟩ **an jmds. Statt** *(an jmds. Stelle):* mein Bruder kommt an meiner S.

Stätte, die ⟨geh.⟩: *Stelle, Platz, Ort:* eine gastliche, ungastliche, geweihte, heilige, historische, denkwürdige S.; eine S. der Erholung, des Grauens, der Verwüstung; er mußte die liebgewordene S., die S. seines Wirkens verlassen; er besuchte die Stätten seiner Kindheit.

stattfinden ⟨etwas findet statt; gewöhnlich mit Umstandsangabe): *etwas geht vonstatten, wird veranstaltet:* die Aufführung findet heute abend, erst morgen, in der Aula statt; die Versammlung hat stattgefunden; ⟨**nicht** korrekt: die stattgefundene Versammlung⟩.

stattgeben (Papierdt.) ⟨einer Sache s.⟩: *etwas bewilligen, erfüllen:* man hat dem Antrag, der Klage, dem Gesuch stattgegeben.

statthaft ⟨in der Verbindung⟩ etwas ist nicht statthaft: *etwas ist verboten, nicht gestattet:* das Eingreifen der Polizei war nicht s.

stattlich: **a)** *hochgewachsen, von großer, kräftiger Statur:* ein stattlicher Mann; er ist eine stattliche Erscheinung; er ist, wirkt s. **b)** *ansehnlich, imponierend, bemerkenswert:* ein stattliches Gebäude, Haus; er besitzt eine stattliche Sammlung von Gemälden, Briefmarken; sie hat eine stattliche Summe im Lotto gewonnen; die Anzahl der Gäste war s. [geworden].

Statur, die: *Gestalt, Wuchs:* eine untersetzte, mittlere, kleine, große S. haben; er hat die S. seines Vaters; er ist von kräftiger S.

Staub, der: *aus feinsten Teilchen bestehende Substanz, pulverförmiger Schmutz:* feiner, dichter, dicker, heller, grauer, radioaktiver S.; der S. der Straße; überall lag S. [auf den Sachen]; der Wind wirbelt den S. auf; der Regen hat den S. weggespült; wir mußten viel S. einatmen, schlucken; den S. von den Möbeln wischen, saugen; du mußt noch S. saugen; hast du schon S. gewischt?; er war völlig mit S. bedeckt; eine Wolke von S.; etwas zerfällt zu S. *(zerfällt, löst sich auf, wird mürbe);* die Pflanzen waren grau von S. * **den Staub von den Füßen schütteln** *(einen Ort [für immer] verlassen)* · (ugs.:) **Staub aufwirbeln** *(Unruhe schaffen, Aufre-*

gung verursachen)* · (ugs.:) **sich aus dem Staub[e] machen** *(sich rasch und heimlich entfernen)* · (geh.; veraltend:) **jmdn., etwas in den Staub/durch den Staub ziehen, zerren** *(jmdn., etwas verunglimpfen)* · (geh. veraltend:) **vor jmdm. im Staub kriechen;** (geh. veraltend:) **sich vor jmdm. in den Staub werfen** *(sich jmdm. unterwerfen)* · (geh. verhüll.:) **[wieder] zu Staub werden** *(gestorben sein).*

stauben ⟨etwas staubt⟩: *etwas gibt Staub von sich:* die Straße staubte; bei dieser Trockenheit staubt es sehr.

stäuben: a) ⟨etwas stäubt⟩ *etwas zerstiebt in kleinste Teilchen, wirbelt wie Staub umher:* sie fuhren so rasch, daß der Schnee stäubte. **b)** ⟨etwas s.⟩ *mit Raumangabe) etwas Pulveriges auf, über etwas streuen, verteilen:* Mehl auf das Kuchenblech, Puderzucker über den Kuchen s.

staubig: *mit Staub bedeckt, voll Staub:* die staubigen Schuhe, Kleider abbürsten; sie mieden die staubige Straße; hier ist es sehr s.

stauen: 1. a) ⟨etwas s.⟩ *am Weiterfließen hindern, sich ansammeln lassen:* das Wasser des Flusses, einen Fluß s.; Med.: der Arzt hat das Blut durch Abbinden der Vene gestaut. **b)** ⟨sich s.⟩ *sich ansammeln, ins Stocken geraten:* überall staute sich das Wasser; an den Brückenpfeilern hat sich das Eis gestaut; die Menschenmenge staute sich in den Straßen, vor dem Tor; die Autos haben sich an der Unfallstelle gestaut; übertr.: Zorn, Ärger hatte sich in ihm gestaut. **2.** (Seemannsspr.) *seefest verladen, unterbringen:* Ladung, Warenballen s.; Vorräte in die Kajüte s.

staunen ⟨über jmdn., über etwas s.⟩: *sich sehr wundern, sich von jmdm., etwas beeindruckt zeigen:* man kann über sie, über ihre Leistung nur s.; er staunte, daß sie so war; ich staune, wie du das schaffst; ⟨auch ohne Präp.-Obj.⟩ da staunst du [wohl]! *(das hättest du nicht gedacht, erwartet);* man höre und staune!; die staunenden Zuschauer; subst.: aus dem Staunen nicht herauskommen; etwas mit Staunen erkennen.

stechen: 1. ⟨etwas sticht⟩ *etwas ist spitz, mit Spitzen o. ä. versehen und löst eine unangenehme Empfindung auf der Haut aus:* Dornen stechen. **2.** ⟨jmdn., sich s.⟩ *(mit einem spitzen Gegenstand) einen Stich beibringen; an, mit einem spitzen Gegenstand verletzen:* jmdn. mit einer Stecknadel s.; sich an den Dornen der Rosen s.; ⟨jmdm./(seltener:) jmdn. s.; mit Raumangabe⟩ ich habe mir/mich in den Finger gestochen. **3.** ⟨jmdn. s.⟩ **a)** *die Fähigkeit haben, sich durch Stiche zu wehren od. anzugreifen, Blut zu saugen:* Wespen stechen. **b)** *mit dem Stechrüssel bzw. dem Stachel einen Stich beibringen:* die Wespe hat ihn gestochen; ⟨jmdm./(seltener:) jmdn. s.; mit Raumangabe⟩ das Insekt hat ihm/ihn ins Bein gestochen. **4.** ⟨mit Umstandsangabe⟩ *(mit einem spitzen Gegenstand) einen Stich in einer bestimmten Richtung ausführen:* mit einer Nadel durch das Leder, in den Stoff s.; ⟨jmdm./(seltener:) jmdn. s.; mit Raumangabe⟩ er hatte ihm/ihn mit dem Messer in die Brust gestochen; ⟨nach jmdm. s.⟩ der Betrunkene hat nach ihm gestochen. **5.** ⟨etwas in etwas s.⟩ *durch Einstechen in einem Material o. ä. hervorrufen, bewirken:* Löcher in das Leder s. **6.** ⟨ein Tier s.⟩ (Fischerei) *mit einem gabelähnlichen Gerät fangen:* Aale s. **7.** ⟨ein Tier s.⟩ *(bestimmte Schlacht-*

tiere) durch Abstechen töten: Schweine s. **8.** ⟨etwas s.⟩ *mit einem entsprechenden Gerät von der Oberfläche des Bodens ab-, aus dem Boden herauslösen:* Torf, Rasen s. **9.** ⟨etwas s.⟩ *durch Abschneiden über der Wurzel ernten:* Feldsalat s.; Spargel s. **10.** ⟨es sticht jmdn.⟩ *es schmerzt jmdn. ähnlich wie Nadelstiche:* es sticht mich [im Rücken]; ein stechender Schmerz; s u b s t. : ein Stechen *(ein stechender Schmerz)* in den Eingeweiden. **11.** ⟨etwas in etwas s.⟩ *mit dem Stichel eingraben, gravieren:* etw. in Kupfer, in Stahl s. **12.** (Kartenspiel) **a)** ⟨etwas sticht⟩ *(von einer Farbe) die anderen Farben an Wert übertreffen:* Herz sticht. **b)** ⟨[etwas] s.⟩ *(eine Karte) mit Hilfe einer höherwertigen Karte an sich bringen:* [einen König] mit dem Buben s. **13.** (Sport, bes. Reiten) *(bei Punktegleichheit in einem Wettkampf) durch Wiederholung eine Entscheidung herbeiführen:* beim Jagdspringen wird gestochen; s u b s t. : drei Reiter kamen ins Stechen. **14.** *die Stechuhr betätigen:* er hat vergessen zu s. **15.** ⟨etwas sticht⟩ *etwas ist unangenehm grell, heiß /von der Sonne/:* die Sonne stach fürchterlich. **16.** ⟨etwas sticht jmdn.⟩ *etwas reizt jmdn. sehr:* die Neugier sticht ihn. **17.** ⟨etwas sticht⟩ *etwas ist starr, durchdringend:* seine Augen stechen; ein stechender Blick. **18.** ⟨etwas sticht in etwas⟩ *etwas weist einen Übergang in einen bestimmten anderen Farbton auf:* ihr Haar sticht ins Rötliche.

¹stecken, steckte, gesteckt: **1.** ⟨jmdn. etwas s.; mit Raumangabe⟩ *an eine bestimmte Stelle tun, schieben, stellen, legen:* die Kerze auf den Leuchter s.; den Schlüssel ins Schloß, ins Schlüsselloch, das Schwert in die Scheide, den Stecker in die Steckdose s.; einen Brief in den Umschlag, in den Briefkasten s.; die Hände in die Tasche s.; er steckte den Kopf ins Wasser; /verblaßt/: sie steckte den Jungen ins Bett (fam.; *brachte ihn zu Bett*); die Kinder ins Internat, in ein Heim s.; der Tobsüchtige mußte in eine Zwangsjacke gesteckt werden; er wurde ins Gefängnis gesteckt (ugs.; *eingesperrt*); er hat sein ganzes Vermögen in dieses Unternehmen gesteckt; sich hinter jmdn. s. (ugs.; *jmdn. anstacheln, bei etwas mitzumachen*); ⟨jmdm., sich etwas s.; mit Raumangabe⟩ er steckte ihr den Ring an den Finger; ich mußte mir Watte in die Ohren s.; sie steckte sich eine Blume ins Haar; der Raum war gesteckt (ugs.; *sehr*) voll. **2. a)** ⟨etwas s.⟩ *mit Nadeln zusammenhalten:* den Saum s.; der Ärmel ist nur gesteckt; sie hat ihr Haar in die Höhe, zu einem Knoten gesteckt. **b)** ⟨etwas an etwas s.⟩ *mit einer Nadel o. ä. an etwas befestigen, anheften:* sie steckte die Brosche an das Kleid; ⟨jmdm., sich etwas s.⟩ er hat sich das Edelweiß an den Hut gesteckt. **3.** ⟨etwas s.⟩ *zum Keimen in die Erde bringen:* Erbsen, Bohnen, Rüben, Kartoffeln s.

²stecken, steckte/(geh.:) stak, gesteckt: **1.** ⟨mit Raumangabe⟩ *sich in etwas befinden, an einer bestimmten Stelle festsitzen, befestigt sein:* der Ring steckt am Finger; der Schlüssel steckt im Schloß; das Buch hat hinter dem Schrank gesteckt; die Kugel steckte/stak noch in der Wunde; das Messer steckt in der Scheide; der Pfahl steckt [fest] in der Erde; er hat, läßt immer die Hände in den Taschen s.; die Kinder steckten/staken in dicken Anoraks; seine Füße steckten/staken in Pantoffeln *(er trug Pantoffeln)*; das Kind steckt (ugs.;

liegt) schon im Bett; die Zeichnung hat zwischen den Büchern gesteckt; wo steckt (ugs.; *ist)* denn der Junge schon wieder?; ⟨auch ohne Raumangabe⟩ der Schlüssel steckt *(ist nicht abgezogen)*; ü b e r t r. : in dem Aufsatz steckt viel Arbeit *(es wurde viel Arbeit, Mühe darauf verwendet);* in dem Prospekt stecken *(sind)* viele Fehler; in ihm scheint eine Krankheit zu s. *(er scheint krank zu werden);* er steckt augenblicklich in einer Krise. **2.** ⟨etwas steckt voll von etwas⟩ *etwas ist voll von etwas, bedeckt mit etwas:* das Kleid steckt noch voller Nadeln; ü b e r t r. : die Arbeit steckt voller Fehler *(in der Arbeit sind viele Fehler);* er steckt voller Witz, Einfälle, Bosheit *(er ist sehr witzig, einfallsreich, boshaft).* *(ugs.:) in jmdm. steckt etwas (jmd. ist begabt, befähigt).

steckenbleiben: **1.** *festsitzen, sich nicht weiterbewegen können:* der Wagen ist [im Schnee, im Schlamm] steckengeblieben; wir sind unterwegs steckengeblieben; ⟨jmdm. bleibt etwas stecken⟩ eine Gräte ist ihm im Hals steckengeblieben; ü b e r t r. : das Projekt ist in den Anfängen steckengeblieben; die Verhandlungen blieben stecken *(kamen ins Stocken).* **2.** (ugs.) *beim freien Sprechen, Vortragen den Faden verlieren:* er ist [beim Gedichtaufsagen, in seinem Vortrag] einige Male steckengeblieben.

steckenlassen ⟨etwas s.⟩: *etwas an der Stelle, an der es steckt, belassen:* er ließ den Schlüssel stecken; laß dir Geld nur stecken! (ugs.; *ich bezahle für dich mit).*

Steckenpferd: **1.** /ein Kinderspielzeug/: die Kinder reiten auf dem S. **2.** *Liebhaberei, Hobby:* sein S. ist Briefmarkensammeln. *(scherzh.:) sein Steckenpferd reiten: a) *(seiner Lieblingsbeschäftigung nachgehen).* **b)** *(über sein Lieblingsthema sprechen, sich verbreiten).*

Stecknadel, die: *zum Feststecken von etwas verwendete Nadel mit Kopf:* die S. ins Nadelkissen stecken; eine Schleife mit Stecknadeln anheften, befestigen; es war so still, daß man eine S. hätte fallen hören können; es war so voll, daß keine S. zu Boden/zur Erde fallen konnte. *(ugs.:) jmdn., etwas wie eine Stecknadel suchen (jmdn., etwas lange überall suchen)* · (ugs.:) *eine Stecknadel im Heuhaufen/im Heuschober suchen (etwas Aussichtsloses beginnen, tun).*

Steg, der: **1.** *schmale Brücke für Fußgänger:* über den Bach führte ein S.; das Boot legte am S. *(Landungssteg)* an. **2.** /Teil eines Saiteninstruments/: die Saiten des Cellos laufen über den S.

Stegreif (in der Verbindung) *aus dem Stegreif: ohne Vorbereitung, ohne vorherige Probe:* er hielt seine Rede aus dem S.; das kann ich nicht aus dem S. sagen, beantworten.

stehen: **1. a)** (gewöhnlich mit Umstandsangabe) *sich in aufrechter Haltung, Stellung befinden:* gerade, aufrecht, krumm, schief, gebückt, breitbeinig, [stock]steif, still, reglos, wie angewurzelt, auf den Zehenspitzen s.; sie standen dicht gedrängt, in Reih und Glied, wie eine Mauer; das Kind kann schon [allein] s.; er stand s abseits; S p o r t : der Stürmer stand abseits *(in Abseitsstellung)* · sie standen am Ufer; der Schrank steht an der Wand; wir standen lange im Regen; in der Straßenbahn, während der Fahrt mußten wir s. *(hatten wir keinen Sitzplatz);* die Flaschen stehen im Schrank; er war froh, wieder auf festem Boden, auf sicherem Grund zu s.; er hat/(südd., österr., schweiz.:) ist auf der Leiter gestanden; wenn die Bank noch unter dem Baum stünde/ (auch:) stände ...; viele Neugierige standen um den Verunglückten; er stand unter der Dusche; er trägt diesen Hut, wo er geht und steht *(wo immer er sich aufhält);* er steht den ganzen Tag an der Maschine *(arbeitet im Stehen an der Maschine);* sie konnte vor Müdigkeit kaum noch [auf den Füßen] s.; nach dem Sturz kam er glücklich wieder auf die Füße zu s.; s u b s t.: das lange Stehen ermüdet; er muß seine Arbeit im Stehen verrichten; ⟨jmdm., sich s.; mit Raumangabe⟩ du stehst mir im Weg; du stehst dir [selbst] im Licht. **b)** ⟨etwas steht; mit Umstandsangabe⟩ *etwas ist vorhanden, erbaut, errichtet, hingestellt, gewachsen:* das Haus steht schon lange, steht leer, steht unbenutzt; im letzten Jahr standen hier noch Bäume; der Teller, das Glas, das Essen, der Wein steht auf dem Tisch; der Wagen steht geschützt, unter einem Baum, Dach; er hat einen großen Schrank im Zimmer stehen. **2.** ⟨mit Raumangabe⟩ *sich befinden, sein:* er steht auf der Höhe seines Ruhms; er steht im dritten Dienstjahr, in einem Amt; er steht im Rang über ihm; er steht vor großen Aufgaben, Schwierigkeiten; du stehst auf der falschen Seite *(hast dich für die falsche Partei entschieden);* die Sonne steht [hoch] am Himmel; auf den Straßen stand das Wasser; weite Gebiete standen unter Wasser *(waren überflutet);* hast du noch etwas [Geld] auf deinem Konto s.?; der Artikel steht auf der ersten Seite, in der Zeitung; was steht auf dem Programm?; davon steht nichts in dem Vertrag; das Gericht steht nicht auf der Speisekarte; die Mannschaft steht jetzt [in der Tabelle] auf dem zweiten Platz; der Weltrekord steht auf 9,9 Sekunden; in ihren Augen standen Tränen; ⟨jmdm. steht etwas; mit Raumangabe⟩ Schweißtropfen standen ihm auf der Stirn; Schaum stand ihm vor dem Mund. **3.** ⟨etwas steht still, ist nicht in Bewegung, in Betrieb:⟩ er wartete, bis die Maschine stand; die Uhr steht ja; s u b s t.: endlich konnte das Pferd, das Auto zum Stehen gebracht werden; adj. Part.: stehendes *(nicht fließendes)* Wasser, Gewässer. **4. a)** ⟨etwas steht; mit Artangabe⟩ *etwas weist einen bestimmten Stand auf:* die Flut steht hoch; das Wasser stand sehr niedrig; das Spiel steht 2:1, unentschieden; die Sache steht nicht gut. **b)** ⟨es steht mit jmdm., mit etwas/um jmdn., um etwas; mit Artangabe⟩ *es ist in bestimmter Weise um jmdn., um etwas bestellt:* es steht nicht zum besten mit ihm, mit seiner Gesundheit; es steht schlecht um ihn, um seine Geschäfte; ⟨auch ohne Präp.-Obj.⟩ wie steht's? (ugs.: *wie geht es dir?).* **c)** ⟨etwas steht; mit Raumangabe⟩ *etwas ist in eine bestimmte Richtung gerichtet, ist in einer bestimmten Stellung:* der Wind steht nach Norden; der Zeiger steht auf zwölf; das Barometer steht heute auf „veränderlich“; die Rauchfahne stand senkrecht in die Höhe. **5.** (ugs.) ⟨etwas steht vor etwas⟩ *etwas ist so mit etwas bedeckt, getränkt o. ä., daß es ganz steif ist:* die Hose steht ja vor Schmutz. **6.** ⟨etwas steht jmdm.; mit Artangabe⟩ *etwas kleidet jmdn. in bestimmter Weise:* das Kleid steht dir gut, nicht schlecht, nicht beson-

ders gut; ⟨auch ohne Artangabe⟩ das Kleid steht dir *(kleidet dich gut).* **7.** ⟨etwas steht bei jmdm.⟩ *etwas hängt von jmdm. ab, ist in jmds. Ermessen gestellt:* die Entscheidung darüber steht [ganz] bei Ihnen; es steht bei dir, anzunehmen oder abzulehnen; ob wir fahren oder noch warten, steht bei dir. **8.** ⟨auf etwas steht etwas⟩ *etwas wird in bestimmter Weise geahndet, bestraft:* auf Mord steht in vielen Ländern die Todesstrafe; auf ein solches Verbrechen steht Gefängnis. **9. a)** ⟨zu jmdm. s.⟩ *zu jmdm. halten:* in Notzeiten zu jmdm. s.; er steht auch jetzt noch zu ihm. **b)** ⟨zu etwas s.⟩ *etwas einhalten:* du mußt zu deinem Versprechen, zu deinem Wort s. **10. a)** ⟨zu jmdm., zu etwas s.; mit Artangabe⟩ *eine bestimmte Einstellung zu jmdm., zu etwas haben:* wie stehst du denn zu ihm, zu dieser Sache? **b)** ⟨sich mit jmdm. s.; mit Artangabe⟩ *ein bestimmtes Verhältnis zu jmdm. haben:* er steht sich nicht besonders gut mit seinen Kollegen. **11.** (ugs.) ⟨sich s.; mit Artangabe⟩ *in bestimmten Verhältnissen sein:* er steht sich gut. **12.** (ugs.) ⟨auf jmdn., auf etwas s.⟩ *für jmdn., für etwas eine besondere Vorliebe haben; jmdn., etwas besonders mögen, schätzen:* er steht besonders auf blonde Frauen, auf Blond. **13.** (ugs.) ⟨etwas steht⟩ *etwas ist fertig, abgeschlossen:* die Aufführung steht; die Rede muß bis morgen s. **14.** (geh.) ⟨etwas steht; mit Infinitiv mit zu und abhängigem Nebensatz⟩ *man muß, darf, kann mit etwas rechnen:* es steht zu fürchten, daß er nicht überlebt; es steht zu hoffen, daß alles planmäßig verläuft. **15.** (Skispringen) ⟨etwas s.⟩ *einen Sprung stehend zu Ende bringen:* der beste Springer stand [einen Sprung von] 96 Meter[n]; er konnte den Sprung nicht s. **16.** ⟨etwas steht für etwas⟩ *etwas bürgt für etwas, steht für etwas ein:* dieses Fabrikat steht für Qualität. **17.** /häufig verblaßt/: er steht mit seiner Meinung allein; auf dem Boden der Tatsachen s. *(realistisch sein);* der Akkusativ steht *(folgt)* auf die Frage „wen?“ oder „was?“; seine Worte stehen stellvertretend für die Meinung vieler; hier müssen alle für einen s. *(einstehen);* stand Behauptung gegen Behauptung *(die Behauptungen waren gegensätzlich);* mit jmdm. in Briefwechsel, Verbindung s. *(mit jmdm. Briefwechsel, Verbindung haben);* ich werde tun, was in meiner Kraft, in meinen Kräften steht *(werde mein möglichstes tun);* er steht im, in dem Verdacht *(wird verdächtigt),* gestohlen zu haben; er steht in keinem guten Ruf *(hat keinen guten Leumund);* etwas steht noch in seinen Anfängen *(ist noch im Anfangsstadium);* etwas steht im, in Einklang mit etwas *(stimmt mit etwas überein);* etwas steht im, in Widerspruch zu etwas *(etwas widerspricht einer Sache);* bei jmdm. in hohem Ansehen, in jmds. Gunst s. *(von jmdm. sehr geschätzt werden);* im Dienst einer guten Sache s. *(sich für etwas Gutes einsetzen);* bei jmdm. in Dienst, in jmds. Dienst[en] s. (veraltend: *bei jmdm. angestellt sein);* die Vernunft steht über allem *(hat den höchsten Rang);* er steht über den Dingen, über der Sache *(ist darüber erhaben);* er glaubt hoch über allen andern zu s. *(glaubt mehr zu sein als die andern);* der Kessel steht unter Druck *(ist einem von innen wirkenden Druck ausgesetzt);* er steht sehr unter Druck *(ist in großer Bedrängnis);* etwas steht unter Strafe *(wird bestraft);* er stand unter dem Schutz der Polizei *(wurde von ihr beschützt);* sie standen unter seinem Befehl *(wurden von ihm befehligt);* er steht sehr unter ihrem Einfluß *(wird sehr von ihr beeinflußt);* er stand unter dem Einfluß einer Droge, von Alkohol *(war der Wirkung einer Droge, von Alkohol ausgesetzt);* die Veranstaltung stand unter dem Motto ... *(hatte das Motto ...);* unter Anklage, vor Gericht s. *(vor Gericht angeklagt sein);* etwas steht zur Diskussion, zur Debatte *(wird in einer Diskussion, in einer Debatte erörtert);* etwas steht zur Wahl *(wird zur Auswahl angeboten);* das Haus steht schon mehrere Wochen zum Verkauf *(wird schon mehrere Wochen zum Kauf angeboten).* * **etwas kommt jmdn./**(seltener:) **jmdm. teuer zu stehen** *(etwas hat für jmdn. üble Folgen)* · **etwas steht und fällt mit jmdm., mit etwas** *(etwas ist entscheidend von jmdm., von einer Sache abhängig)* · (ugs.:) **etwas steht jmdm. bis oben/bis hier[hin]** *(etwas ist jmdm. zum Überdruß geworden)* · **etwas steht hinter etwas** *(etwas wird von etwas bestimmt).*

stehenbleiben: 1. a) *nicht mehr weitergehen; sich nicht mehr fortbewegen:* er blieb erstaunt, unschlüssig, regungslos, wie angewurzelt stehen; an jeder Ecke, in der Passage, vor dem Schaufenster bleibt er stehen; plötzlich blieb der Wagen stehen; übertr.: in der Entwicklung s.; die Zeit blieb stehen, schien stehengeblieben zu sein; wo sind wir gestern stehengeblieben? *(an welcher Stelle haben wir gestern das Gespräch, die Unterrichtsstunde o. ä. unterbrochen?).* **b)** ⟨etwas bleibt stehen⟩ *etwas bleibt nicht in Betrieb, arbeitet nicht mehr weiter:* plötzlich blieben die Räder, Maschinen stehen; deine Uhr ist stehengeblieben; übertr.: das Herz war ihr fast stehengeblieben. **2.** ⟨etwas bleibt stehen⟩ *etwas wird vergessen, unabsichtlich stehengelassen:* hier ist ein Schirm, Koffer stehengeblieben. **3.** ⟨etwas bleibt stehen⟩ *etwas wird so belassen, wie es war:* der Schrank soll s.; zu viele Fehler sind stehengeblieben; bei den Fliegerangriffen war kein Gebäude stehengeblieben *(der Zerstörung entgangen);* übertr.: diese Behauptung kann so nicht s.

stehenlassen: 1. ⟨jmdn. s.⟩ *jmdn. nicht beachten [und fortgehen]:* sie hat ihn einfach stehenlassen/(seltener:) stehengelassen; übertr. (Sport): den Gegner einfach s. *(ihn umspielen).* **2.** ⟨etwas s.⟩ *etwas dort lassen, wo es ist:* sie hat die Tassen auf dem Tisch stehenlassen/(seltener:) stehengelassen; sie mußten alles stehen- und liegenlassen; das Unkraut, die Bäume s. *(nicht entfernen);* den Text lassen wir an der Tafel stehen *(wischen wir nicht weg);* Sport: das Bein s. *(nicht wegnehmen, so daß der Gegner zu Fall kommt);* ⟨sich (Dativ) etwas s.⟩ er hat sich einen Bart stehenlassen (ugs.; *wachsen lassen).* **3.** ⟨etwas s.⟩ *vergessen, unabsichtlich zurücklassen:* er hat seinen Schirm stehenlassen/(seltener:) stehengelassen. **4.** ⟨etwas s.⟩ *unkorrigiert lassen:* den Satz kannst du so nicht s.; der Korrektor hat einen Fehler stehenlassen/(seltener:) stehengelassen *(übersehen).* **5.** ⟨etwas s.⟩ *nicht anrühren:* die Suppe, den Nachtisch s.; für ein Stück Obstkuchen läßt er alles andere stehen (ugs.; *ein Stück Obstkuchen ißt er am allerliebsten).*

stehlen: 1. ⟨[etwas] s.⟩ *fremdes Eigentum widerrechtlich an sich bringen:* man sagt von ihm, daß

er stiehlt; er stiehlt wie ein Rabe/wie eine Elster; Geld, Waren, Schmuck s.; die Diebe haben Bilder im Wert von mehreren Millionen gestohlen; die gestohlenen Gegenstände wurden wiedergefunden; übertr.: diese Ideen, Gedanken hat er [bei einem anderen] gestohlen; ⟨jmdm. etwas s.⟩ man hat ihm seine Uhr, seine Papiere gestohlen; übertr.: er stahl ihr einen Kuß (geh.; *küßte sie);* jmdm. die Zeit s. *(jmdn. ungebührlich lange aufhalten);* die Zeit dafür mußten wir uns geradezu s. *(nehmen, obwohl wir sie eigentlich nicht hatten);* das hat mir den Schlaf gestohlen *(mich um den Schlaf gebracht).* **2.** ⟨sich s.; mit Raumangabe⟩ *sich unbemerkt fortbegeben, irgendwohin begeben:* er stahl sich aus dem Zimmer, in das Haus; übertr. (geh.): ein Lächeln stahl sich auf ihre Lippen *(erschien auf ihren Lippen);* er hat sich in ihr Herz gestohlen *(ihre Zuneigung gewonnen);* ein Sonnenstrahl stahl sich durch die Wolken *(trat aus den Wolken hervor).* * (ugs.:) **jmdm. gestohlen bleiben können** *(nichts mit jmdm., mit einer Sache zu tun haben wollen).*

steif: 1. *nicht weich, nicht leicht zu biegen:* ein steifer Hut, Kragen; steifes Leinen; das Papier, die Pappe ist s. **2.** *unbeweglich, starr:* ein steifes Bein; er hat einen steifen (unelastischen) Gang; durch den Zug bekam er einen steifen Hals; ihre Finger waren s. vor Kälte; der alte Mann ist völlig s. *(kann sich kaum noch bewegen);* vom langen Sitzen waren sie ganz s. geworden; er ist s. wie ein Stock, wie ein Besenstiel (ugs.; *völlig steif, bewegungsunfähig).* **3.** *dick, zähflüssig:* eine steife Suppe; der Pudding ist zu s.; Gelee s. werden lassen; die Sahne, das Eiweiß s. schlagen. **4.** (Seemannsspr.) *stark, kräftig:* es herrschte ein steifer Wind, eine steife Brise; eine steife *(stark bewegte)* See; übertr.: ein steifer Grog. **5.** *förmlich, leicht gezwungen:* eine steife Begrüßung, Unterhaltung; ein steifes Benehmen; er ist ein steifer *(ungewandter, wenig entgegenkommender)* Mensch; ein steifer *(sehr förmlicher)* Empfang; seine Verbeugung war s. und förmlich; er begrüßte uns s. * **steif und fest** *(hartnäckig):* etwas s. und fest behaupten.

Steigbügel ⟨in der Wendung⟩ jmdm. den Steigbügel halten: *jmdm. bei seinem Aufstieg Hilfestellung geben.*

steigen: 1. ⟨mit Raumangabe⟩ **a)** *sich an einen bestimmten Ort bewegen, begeben:* auf einen Berg, auf die Leiter, auf einen Stuhl s.; aufs Fahrrad, aufs Pferd s.; er stieg durchs Fenster; er ist über den Zaun gestiegen; ins Auto, in den Zug s.; in den Keller s.; ins Bad, ins Bett s. (fam.; *gehen);* die Passagiere stiegen an Land; die Wanderer stiegen zu Tal (geh.); übertr.: (ugs.:) auf die Bremse s. *(scharf bremsen);* in die Kleider s. *(sich anziehen);* ins Examen, ins Abitur, in die Prüfung s. *(das Examen, das Abitur, die Prüfung machen).* **b)** *aussteigen, absteigen, heruntersteigen:* aus dem Auto, dem Zug s.; (fam.:) aus der Badewanne, aus dem Bett s.; sie stiegen aus dem Boot; er ist aus dem Fenster gestiegen (ugs.; *hat das Haus durch das Fenster verlassen);* vom Pferd, vom Baum s.; er stieg von der Leiter s. **2.** *sich aufwärtsbewegen, emporsteigen:* schnell, hoch, in große Höhen s.; der Ballon, die Rakete steigt; der Nebel steigt; eine Lerche steigt in die Lüfte (geh.);

das Flugzeug steigt bis auf 10 000 Meter; die Kinder lassen Drachen s.; der Saft steigt [in den Bäumen]; (etwas steigt jmdm.; mit Raumangabe) [Scham]röte stieg ihr ins Gesicht; der Duft stieg ihm in die Nase. **3.** (etwas steigt) **a)** *etwas steigt an, nimmt zu:* die Temperatur, das Fieber steigt [auf 40°]; das Barometer ist gestiegen; das [Hoch]wasser, die Flut, der Fluß steigt langsam, stündlich um 20 cm; die Unruhe, Spannung, das Vertrauen steigt; die Aussichten, seine Chancen steigen; die steigende Bedeutung einer Branche. **b)** *etwas erhöht sich, wird größer:* der Wert der Bilder steigt; der Umsatz, das Einkommen steigt; die Preise, sind [um 10%] gestiegen; die Aktien steigen *(ihr Wert erhöht sich);* die Zahl der Toten stieg auf 100; übertr.: die Ansprüche der Menschen steigen zunehmend. **c)** (in etwas s.) *an etwas zunehmen:* die Bilder stiegen im Wert, im Preis. **4.** (ugs.) (etwas steigt) *etwas findet statt:* die Feier, der große Coup wird morgen s. **steigern: 1.** (etwas s.) *erhöhen, vergrößern:* die Leistungen, das Tempo s.; die Erträge wurden [um 10 Prozent] gesteigert; die Auflage der Zeitung wurde auf 100 000 gesteigert; die Angriffe steigerten seine Wut ins Maßlose; der Erfolg steigerte sein Selbstbewußtsein; Sprachw.: im Adjektiv s. *(die Vergleichsformen bilden).* **2. a)** (etwas steigert sich) *etwas wird größer, nimmt zu:* die Angst, seine Wut, ihre Unruhe steigerte sich; die Schmerzen steigerten sich ins Unerträgliche, bis zur Unerträglichkeit; der Sturm steigerte sich zum Orkan; seine Leistungen steigerten sich *(wurden besser).* **b)** (sich s.) *besser werden:* die Mannschaft steigerte sich [in ihren Leistungen]; der Sänger steigerte sich im Laufe des Abends. **c)** (sich in etwas s.) *hineinsteigern:* er steigerte sich in Wut. **3.** (etwas s.) *ersteigern:* bei der Auktion steigerte er ein Bild.

steil: 1. a) *stark ansteigend oder abfallend:* steile Felswände; ein steiler Weg, Anstieg; eine steile Abfahrt; die Treppe ist sehr s.; der Weg führt s. aufwärts, s. in die Höhe; die Hänge fallen s. ab; übertr.: eine steile Karriere. **b)** *senkrecht:* eine steile [Hand]schrift; sie richtete sich s. auf. **2.** (ugs.) *großartig:* eine steile Sache; das war eine steile Party. **3.** (Sport) *nach vorn gespielt (und nicht seitwärts):* eine steile Vorlage; der Ball, der Paß war zu s.; ihr müßt s. spielen.

Stein, der: **1.** *Gesteinsstück:* ein runder, spitzer, flacher S.; roher, [un]behauener S.; das Brot ist hart wie S.; einen S. werfen, schleudern; ich habe einen S. im Schuh; Steine sammeln, behauen; eine Figur aus S. hauen; etwas in S. meißeln, hauen, graben; man könnte ebensogut Steinen predigen (geh.; *alle Worte, Ermahnungen treffen auf taube Ohren);* übertr. (geh.): er hat ein Herz aus S. *(ist hartherzig);* ihr Gesicht war zu S. geworden, zu S. erstarrt *(hat einen starren Ausdruck angenommen).* **2.** *Baustein:* gebrannte Steine; Häuser, Brücken aus S.; kein S. blieb auf dem anderen *(es wurde alles zerstört);* (α) *Maßangabe):* eine zwei S. starke Mauer. **3.** *Edelstein:* echte, synthetische, geschliffene Steine; geschnittene Steine *(Gemmen);* imitierte, künstliche Steine; der S. funkelt; die Uhr läuft auf 12 Steinen *(Rubinen in den Lagern);* eine Uhr mit 12 Steinen. **4.** *Obstkern:* Pflaumen, Pfirsiche haben

Steine. **5.** *Brettspielstein:* die Steine des Mühlespiels; er hat die weißen, sie die schwarzen Steine. **6.** *steinähnliche Ablagerung im Körper:* Steine bilden sich, gehen ab; er hat Steine, leidet an Steinen [in der Galle]. * **der Stein der Weisen** *(die Lösung aller Rätsel)* · **der Stein des Anstoßes** *(Ursache der Verärgerung)* · **jmdm. fällt ein Stein vom Herzen** *(jmd. ist sehr erleichtert über etwas)* · **jmdm. fällt kein Stein aus der Krone** *(jmd. vergibt sich [bei etwas] nichts)* · (ugs.:) **es friert Stein und Bein** *(es herrscht starker Frost)* · (ugs.:) **Stein und Bein schwören** *(etwas nachdrücklich versichern)* · **den ersten Stein auf jmdn. werfen** *(damit beginnen, einen anderen öffentlich anzuklagen, ihm etwas vorzuwerfen)* · (ugs.:) **den Stein ins Rollen bringen** *(eine Angelegenheit in Gang bringen)* · **jmdm. [die] Steine aus dem Weg räumen** *(für jmdn. die Schwierigkeiten beseitigen)* · **jmdm. Steine in den Weg legen** *(jmdm. Schwierigkeiten machen)* · (ugs.:) **bei jmdm. einen Stein im Brett haben** *(bei jmdm. gut angeschrieben sein)* · **keinen Stein auf dem anderen lassen** *(etwas völlig zerstören).*
steinern: *aus Stein:* ein steinernes Kreuz; übertr. (geh.): er hat ein steinernes *(mitleidloses, unrührbares)* Herz; mit steinerner *(unbewegter)* Miene.
steinig: *mit vielen Steinen bedeckt:* ein steiniger Weg, Acker; die Küste ist sehr s.
Stelle, die: **1. a)** *Ort, Platz, Bereich:* eine rauhe, entzündete S. der Haut; eine kahle S. am Kopf; eine schadhafte S. im Gewebe; die beste S. zum Campen; eine S., wo Pilze wachsen; diese S. muß ausgebessert werden; sich an der vereinbarten S. treffen; er hat die Sachen an die falsche S. gestellt; er blieb unentwegt auf der gleichen S. stehen; er rührte sich nicht von der S. *(blieb auf dem gleichen Platz stehen);* übertr.: das ist seine empfindliche, verwundbare S. *(in diesem Punkt ist er empfindlich, verwundbar);* mangelnde Ausdauer ist seine schwache S. *(hier liegt seine Schwäche);* seine Argumentation hat eine schwache S. *(ist in einem Punkt nicht stichhaltig);* er ist an die S. seines erkrankten Kollegen getreten *(hat seinen Platz eingenommen);* etwas an passender, unpassender S. *(im rechten, falschen Augenblick)* bemerken; ich an deiner S. hätte das anders gemacht; ich möchte jetzt nicht an seiner S. sein/ stehen *(nicht seine Verantwortung haben).* **b)** *Platz innerhalb einer Reihenfolge:* etwas kommt, steht an oberster, vorderster S.; sie liegt mit 3 211 Punkten an dritter S.; er steht in der Wirtschaft an führender S. **2. a)** (ugs.) *Stellung:* eine freie, offene S.; in diesem Betrieb ist eine S. [als Sekretärin] frei; (sich (Dativ) eine S. suchen; eine S. finden, antreten, verlieren, ausschreiben; er hat seine S. gewechselt; sie hat eine gute S.; sich um eine S. bemühen, bewerben. **b)** *Amt, Behörde:* die amtliche, maßgebende S.; eine staatliche S.; sich an höchster S. erkundigen, beschweren; sich an die zuständige S. wenden; er sitzt an einflußreicher S. (ugs.; *hat einen einflußreichen Posten inne).* **3.** *Textstelle:* eine spannende, wichtige S.; er las die entscheidende S. aus dem Brief vor; eine S. herausschreiben; etwas an eine andere S. verweisen. **4.** (Math.) *Platz einer Zahl in einer Zahlenreihe:* die erste S. hinter dem Komma; die Zahl 1 000 hat 4 Stellen. * **auf der Stelle** *(sofort)* ·

zur Stelle sein *(im rechten Moment dasein)* · (militär.:) **sich zur Stelle melden** *(seine Anwesenheit melden)* · (ugs.:) **nicht von der Stelle kommen** *(nicht vorwärtskommen)* · **auf der Stelle treten** *(nicht vorankommen)* · **an Stelle/**(auch:) **anstelle** *(stellvertretend für jmdn., für etwas):* an S. des Leiters kam sein Stellvertreter; an S. von Klagen hörte man nur Gutes.

stellen: 1. a) ⟨sich s.; mit Raumangabe⟩ *sich an einen bestimmten Ort aufrecht hinstellen:* sich ans Fenster, vor die Tür, unter einen Baum, neben den Stuhl, auf die Leiter, in eine Ecke s.; stell dich neben mich, ans Ende der Schlange, in die Reihe!; sich auf die Zehenspitzen. *(sich auf den Zehenspitzen in die Höhe recken);* ⟨auch ohne Raumangabe⟩ (ugs. landsch.:) wenn du besser sehen willst, mußt du dich s.; ü b e r t r.: sich gegen jmdn., etwas s.; sich hinter jmdn., etwas s. *(jmdn., etwas unterstützen);* sich schützend vor jmdn. stellen; /verblaßt/: sich in den Dienst der guten Sache s.; sich auf den Standpunkt s., daß ...; sich zur Wahl s. **b)** ⟨jmdn. s.; mit Raumangabe⟩ *jmdn. an einen bestimmten Platz hinstellen:* das Baby ins Laufgitter s.; die Kleine wieder auf die Füße s.; der Lehrer stellte den Schüler zur Strafe in die Ecke; ü b e r t r.: jmdn. vor eine Entscheidung, ein Problem s.; /verblaßt/: jmdn. unter Anklage s. *(vor Gericht anklagen);* jmdn. vor Gericht s. *(verklagen);* jmdn. vor eine Aufgabe s.; jmdn. in Dienst s. *(einstellen);* jmdn. unter Aufsicht s. *(beaufsichtigen lassen).* **c)** ⟨etwas s.; mit Raumangabe⟩ *etwas an einen bestimmten Ort, Platz hinstellen:* eine Vase auf den Tisch, einen Schrank an die Wand, ins Zimmer s.; Stühle um den Tisch, Pantoffeln unters Bett, Blumen in die Vase s.; sie hat den Topf auf den Herd gestellt; ⟨jmdm., sich etwas s.; mit Raumangabe⟩ sie stellte ihm einen Teller mit Obst auf den Tisch · ⟨auch ohne Raumangabe⟩ man soll diese Flaschen legen, nicht s.; ü b e r t r.: eine Frage in den Mittelpunkt der Diskussion s.; eine Sache über eine andere s. *(sie bevorzugen);* /verblaßt/: etwas unter Strafe s. *(mit Strafe bedrohen);* Strafantrag s. *(jmdn. verklagen);* einen Antrag s. *(etwas beantragen);* [jmdm.] ein Ultimatum s. *(eine Frist setzen);* etwas unter Beweis s. *(beweisen);* jmdm., sich eine Aufgabe s.; Forderungen s. *(etwas Bestimmtes fordern);* er stellte verschiedene Bedingungen *(machte seine Zustimmung von bestimmten Voraussetzungen abhängig).* **2.** ⟨etwas s.⟩ *aufstellen:* Netze [im seichten Wasser], Fallen s. **3.** ⟨jmdn., etwas s.⟩ *beschaffen, herbeischaffen:* einen Ersatzmann, Pferde s.; einen Bürgen, eine Kaution s.; er stellte *(stiftete)* den Wein für die Feier; ⟨jmdm. jmdn., etwas s.⟩ die Firma stellte ihm Wagen und Chauffeur *(stellte sie ihm zur Verfügung).* **4. a)** ⟨etwas s.; mit Umstandsangabe⟩ *einstellen:* das Radio lauter, leiser s.; den Schalter nach links s.; den Wecker auf 5 Uhr s.; die Heizung höher, niedriger s.; den Hebel schräg s. **b)** ⟨etwas s.⟩ *richten:* die Uhr s.; die Weichen s.; die Waage muß gestellt werden; ⟨jmdm., sich etwas s.⟩ wir müssen uns für morgen den Wecker s. *(ihn so einstellen, daß er klingelt).* **5.** ⟨etwas s.⟩ *aufstellen, erstellen:* eine Diagnose, eine Prognose s.; ⟨jmdm. etwas s.⟩ man hat ihm ein Horoskop gestellt. **6.** ⟨sich s.; mit Artangabe⟩ *einen bestimmten Zu-*

stand vortäuschen: sich krank, taub, schlafend, schwerhörig s.; er stellte sich dumm (ugs.; tat, als ob er nichts wüßte). **7.** ⟨etwas s.; mit Artangabe⟩ *einer bestimmten Temperatur aussetzen:* den Wein kalt, das Essen warm s. **8.** ⟨jmdn. s.⟩ *fangen, an der Flucht hindern:* die Polizei stellte den Verbrecher; der Hund hat den Hasen gestellt. **9. a)** ⟨sich jmdm. s.⟩ *sich selbst ausliefern:* er hat sich der Polizei gestellt; ⟨auch ohne Dat.⟩ der Dieb hat sich [freiwillig] gestellt; er mußte sich [zur Musterung] s. **b)** ⟨sich jmdm., einer Sache.⟩ *einer Herausforderung nicht ausweichen; bereit sein, etwas auszutragen:* sich einer Diskussion, den Reportern, der Presse s.; der Boxer stellte sich seinem Konkurrenten [zu einem Titelkampf]. **10.** ⟨sich zu jmdm., zu etwas s.; mit Artangabe⟩ *einstellen:* wie wirst du dich zu dem neuen Kollegen s.?; sich positiv, negativ dazu s. **11.** ⟨jmdn. s.; mit Artangabe⟩ *jmdm. ein bestimmtes Auskommen verschaffen:* die Firma hat sich gut geweigert, ihn anders zu s.; ⟨auch sich s.⟩ (ugs. landsch.:) ich stelle mich heute nicht schlecht; a d j. P a r t.: gut, schlecht gestellt sein *(sich in guten, schlechten finanziellen Verhältnissen befinden).* **12.** ⟨ein Tier stellt etwas⟩ *ein Tier stellt etwas auf:* der Hund, das Pferd stellt die Ohren; die Katze stellt den Schwanz. **13.** ⟨etwas s.⟩ *inszenieren:* eine Szene s.; das Ballett nach der Musik s.; gestellte Bilder; das Foto wirkt gestellt *(unnatürlich, gezwungen).* *✶auf sich [selbst] gestellt sein [[finanziell] auf sich selbst angewiesen sein]* · (ugs.:) **sich gut mit jmdm. stellen** *(jmds. Sympathie zu gewinnen trachten).*

Stellung, die: **1. a)** *Körperhaltung:* eine natürliche, zwanglose, [un]bequeme S.; eine hockende S. einnehmen; das Modell wechselte mehrmals seine S.; in gebückter, kniender S. verharren (geh.). **b)** *bestimmte Körperhaltung beim Geschlechtsverkehr:* eine neue S. ausprobieren; er brachte ihr verschiedene Stellungen bei. **2.** *Stand, Position:* die S. der Sterne; die S. der Planeten zur Sonne; die S. eines Wortes im Satz. **3. a)** *Posten, Amt:* eine schlechte, gutbezahlte, einflußreiche S.; diese S. sagt ihm nicht zu; eine S. suchen, finden, annehmen, aufgeben, antreten, verlieren; er hat häufig seine S. gewechselt; eine hohe S. bekleiden (geh.), innehaben (geh.); er ist schon einige Zeit ohne S., in führender S.; für eine bestimmte S. [un]geeignet sein; sie ist seit einiger Zeit [bei uns] in S. (ugs.; *hat eine Arbeit [bei uns]* angetreten); sich nach einer anderen, neuen, passenden S. umsehen; sich um eine S. bewerben, bemühen (geh.). **b)** *Rang, Position:* seine soziale S. verbot es ihm, an dieser Veranstaltung teilzunehmen; die S. der Stadt als zentraler Handelsplatz/(geh.:) als eines zentralen Handelsplatzes; er muß auf seine S. in der Gesellschaft Rücksicht nehmen; er befindet sich in [un]abhängiger, exponierter S. **4.** *von Militär besetzter Frontabschnitt, Verteidigungsstützpunkt:* eine befestigte, [un]gedeckte, gut getarnte S.; die eigenen, feindlichen Stellungen; die S. besetzen, halten, verlassen, wechseln, stürmen, nehmen; sie haben ihre S. behauptet, verteidigt; neue Stellungen beziehen; in S. gehen *(sich postieren);* die Polizisten brachten Wasserwerfer in S. *(fuhren sie auf);* ü b e r t r.: geh nur, ich halte inzwischen die S. *(bleibe hier und passe auf).* **5.** *Einstellung:* eine kritische S. zu etwas haben. * **zu etwas Stellung nehmen** *(seine Meinung zu etwas sagen)* · **für jmdn., für etwas/gegen jmdn., gegen etwas Stellung nehmen** *(sich für oder gegen jmdn. oder etwas aussprechen)* · **Stellung beziehen** *(einen bestimmten Standpunkt einnehmen).*

Stellungnahme, die: *Meinungsäußerung:* eine klare, eindeutige S.; sich eine S. vorbehalten; eine S. zu, gegen etwas; sich einer S. enthalten.

stemmen: 1. ⟨etwas s.⟩ *etwas Schweres in die Höhe heben:* Gewichte, Hanteln [in die Höhe] s.; er hat 100 Kilo gestemmt. 2. ⟨sich, etwas s.; mit Raumangabe⟩ *mit großer Kraft gegen etwas drükken; aufstützen:* sich [mit dem Rücken] gegen die Wand, gegen die Tür s.; sie stemmte die Arme in die Seite; die Ell[en]bogen auf den Tisch s. 3. ⟨etwas s.⟩ *etwas mit einem Stemmeisen o. ä. hervorbringen:* ein Loch [in die Wand] s. 4. ⟨sich gegen etwas s.⟩ *sich widersetzen; sich gegen etwas wehren:* er stemmte sich gegen alle Pläne.

Stempel, der: a) *Prägestock:* einen S. anfertigen, herstellen, schneiden [lassen] *(herstellen [lassen]);* den S. auf den Briefumschlag drücken. b) *Abdruck des Stempels:* ein runder S.; der S. der Firma, einer Behörde; der Brief trägt den S. vom 1. Januar, des heutigen Tages (geh.); Briefmarken durch einen S. entwerten; das Dokument ist mit Unterschrift und S. versehen. * **den Stempel von jmdn., etwas tragen** *(von jmdn., etwas geprägt sein)* · **jmdn., einer Sache seinen/den Stempel aufdrücken** *(jmdn., einer Sache sein eigenes charakteristisches Gepräge verleihen).*

stempeln: 1. ⟨etwas s.⟩ a) *mit einem Stempel versehen:* Briefe, Postkarten, Formulare s.; die Briefmarken sind gestempelt *(durch einen Stempel entwertet);* die Bestecke sind [800] gestempelt *(tragen den Silberstempel 800).* b) *durch Stempelaufdruck hervorbringen, erscheinen lassen:* das Datum s.; Name und Anschrift auf den Umschlag s. 2. ⟨jmdn. zu jmdn. s.⟩ *jmdn. als jmdn. kennzeichnen:* jmdn. zum Lügner, Verräter, Sündenbock s. 3. (ugs. veraltend) *Arbeitslosenunterstützung beziehen:* er muß s. gehen.

Stengel, der: *Stiel:* ein schlanker, dünner, dikker, biegsamer S.; die Blüten sitzen auf langen Stengeln; übertr. (ugs.): fall [mir] nicht vom S. *(fall nicht um, hin).* * (ugs.:) **fast vom Stengel fallen** *(sehr überrascht sein).*

sterben: 1. a) *aufhören zu leben:* plötzlich, unerwartet, jung, hochbetagt, ruhig, eines unnatürlichen/gewaltsamen Todes (geh.) s.; er mußte früh s.; er ist in der Blüte seiner Jugend (geh.) gestorben; er starb als guter Christ; er ist an einem Herzschlag gestorben; daran, davon stirbt man nicht (ugs.: *das ist gar nicht so schlimm);* sie starb aus Gram (geh.) über den Tod ihres Kindes; er ist durch Mörderhand (geh.), gestorben; im Krankenhaus, zu Hause, auf dem Schlachtfeld *(im Kampf),* in den Armen seiner Frau s.; das Kind ist bei der Geburt gestorben; sie ist mit 70 Jahren/im Alter von 70 Jahren gestorben; er starb über seiner Arbeit; /formelhafter Schluß im Märchen/: und wenn sie nicht gestorben sind, dann leben sie noch heute; ⟨jmdm. s.⟩ ihm ist die Frau gestorben; übertr.: der Wald stirbt *(geht zugrunde);* die sterbende Natur; subst.: im Sterben liegen *(mit dem Tode ringen).* b) *(für*

jmdn., für etwas s.⟩ *sein Leben hingeben:* für das Vaterland, für eine Idee, für seinen Glauben s. c) ⟨etwas s.⟩ *in bestimmter Weise sterben:* einen leichten, schweren, qualvollen Tod s. 2. (ugs.) ⟨vor etwas s.⟩ *von etwas sehr bedrängt werden:* sie starben vor Heimweh; sie wollten vor Angst fast s. * **für jmdn. gestorben sein** *(jmdn. nicht mehr interessieren, für ihn nicht mehr existieren):* das Thema, der Kerl ist für mich gestorben · (ugs.:) **etwas ist gestorben:** a) *(etwas ist nicht zustande gekommen):* das Projekt ist gestorben. b) *(etwas ist abgeschlossen, erledigt):* „Okay, gestorben", rief der Regisseur · (ugs.:) **zum Sterben** *(sehr):* es war zum S. langweilig.

Sterbenswörtchen ⟨in der Verbindung⟩ kein/ nicht ein Sterbenswörtchen (ugs.): *überhaupt nichts:* er hat kein S. [von seinem Vorhaben] gesagt, verraten, erzählt.

sterblich: 1. *dem Tode unterworfen:* der sterbliche Leib; alle Lebewesen sind s.; subst. (geh.): die Sterblichen *(die Menschen);* ein gewöhnlicher Sterblicher *(ein Durchschnittsmensch).* 2. (ugs.) *sehr, über die Maßen:* sich s. blamieren.

Sterblichkeit, die: *Anzahl der Sterbefälle:* die S. bei Kreislauferkrankungen; die S. nimmt zu, ab; die S. der Kinder ist groß.

Stern, der: 1. /*ein Himmelskörper/:* ein heller, leuchtender, kleiner, blasser S.; ein neuer S. *(Nova);* er benahm sich wie ein Mensch von einem anderen S. *(ganz und gar andersartig);* Astron.: ein S. erster, zweiter, dritter Größe; die Sterne des nördlichen, südlichen Himmels · die Sterne stehen am Himmel, funkeln, glänzen, glitzern, leuchten, scheinen, strahlen; die Sterne gehen auf, unter; die Sterne beobachten; der Himmel ist mit Sternen übersät (geh.); auf diesem S. (geh.: *auf der Erde);* Astrol.: die Sterne stehen günstig *(ihre Konstellation kündet für jmdn. Glück an);* er befragt die Sterne, liest in den Sternen *(sucht durch Sterndeutung die Zukunft zu erforschen);* ein glücklicher S., sein guter S. *(freundliches Geschick)* hat ihn geleitet; jmds. S. geht auf, ist im Aufgehen/sinkt, ist im Sinken *(jmd. ist zunehmend erfolgreich/erfolglos);* jmd. ist unter einem guten, glücklichen S. geboren *(jmd. hat Glück im Leben).* übertr.: Berühmtheit, gefeierter Künstler: die Sterne der Oper, des Theaters; er ist der neue S. am Filmhimmel; mit ihr geht ein neuer S. auf. 2. a) *sternförmiges [Rang]abzeichen:* silberne, goldene Sterne auf den Schulterstücken. b) *Sternform, Sternzeichen:* am Christbaum hängen silberne Sterne; das Pferd hat einen S. *(eine sternförmige Blesse);* Sterne aus Marzipan; ein Hotel mit drei Sternen *(Gütezeichen in Sternform);* ein S., Sternchen verweist auf eine Fußnote. * (ugs.:) **Sterne sehen** *(durch einen Schlag o. ä. ein Flimmern vor den Augen haben)* · **die Sterne vom Himmel holen wollen** *(Unmögliches erreichen wollen)* · **jmdm./für jmdn. die Sterne vom Himmel holen** *(alles für jmdn. tun)* · **etwas steht in den Sternen [geschrieben]** *(etwas ist noch völlig ungewiß)* · (geh.:) **etwas unter einem guten/glücklichen/[un]günstigen Stern** *(etwas nimmt einen guten/glücklichen/[un]günstigen Verlauf)* · (geh.:) **nach den Sternen greifen** *(nach etwas Unerreichbarem streben)* · (geh.) **unter fremden Sternen** *(in der Fremde).*

stetig: *gleichmäßig andauernd:* eine stetige Entwicklung; eine s. steigende Bedeutung; er arbeitet sehr s.; etwas nimmt s. zu, ab.

stets ⟨Adverb⟩: *immer:* er ist s. guter Laune; er kommt s. pünktlich.

¹Steuer, die: *an den Staat zu entrichtende Abgabe:* [in]direkte, staatliche, städtische S.; hohe, harte, drückende, aufgelaufene Steuern; vom Gehalt wird die S. abgezogen, geht die S. ab; den Bürgern werden immer neue Steuern auferlegt (geh.); die S. wurde einbehalten; Steuern [be]zahlen, hinterziehen; der Staat erhebt dafür eine S.; die Steuern ermäßigen, erhöhen, senken, einziehen, eintreiben; eine S. auf etwas legen; er kann die Steuern nicht aufbringen; Steuern nachzahlen müssen; das Auto kostet viel S.; etwas unterliegt der S.; nach Abzug der Steuern bleibt ...; etwas mit einer S. belegen; er kann die Unkosten von der S. absetzen.

²Steuer, das: *Steuervorrichtung, Lenkrad:* das S. des Schiffes, des Autos; das S. führen, ergreifen, herumwerfen, -reißen; der Beifahrer hat das S. übernommen *(hat den Fahrer beim Fahren abgelöst);* er hat den ganzen Tag am/⟨ugs.:⟩ hinterm S. gesessen *(ist gefahren);* er wollte sie nicht ans S. lassen ⟨ugs.⟩: *ihr nicht erlauben zu fahren⟩*; jmdm. ins S. greifen; übertr.: *Führung:* er hat das S. übernommen, fest in der Hand. * **das Steuer herumreißen/herumwerfen** *(den Gang, die Richtung einer Entwicklung ändern).*

steuern: 1. a) ⟨jmdn., etwas s.⟩ *lenken:* ein Schiff, ein Auto, ein Flugzeug s.; einen Porsche s. *(fahren);* er hat das Boot sicher in den Hafen, durch die Klippen, zur Insel gesteuert; er hat das Motorrad mit einer Hand gesteuert; ⟨auch ohne Akk.⟩ er kann nicht s.; wer hat gesteuert?; mehr nach rechts s. **b)** ⟨etwas steuert; mit Raumangabe⟩ *etwas nimmt Kurs auf etwas:* das Schiff steuert aufs Meer, zur Insel, nach Norden; übertr.: *wohin steuert unsere Politik?* **c)** ⟨etwas s.⟩ *einen bestimmten Kurs einhalten:* einen geraden, einen mittleren Kurs s.; übertr.: einen falschen Kurs s. *(das Falsche tun).* **2.** ⟨etwas s.; mit Raumangabe⟩ *sich zielstrebig in eine bestimmte Richtung bewegen:* er steuerte an die Theke, nach vorn; übertr.: er steuert in sein Unglück. **3.** ⟨etwas s.⟩ **a)** (Technik) *(bei Geräten, Maschinen) regulieren:* einen Rechenautomaten, die Geschwindigkeit des Fließbands s.; automatisch gesteuerte Heizungen. **b)** *für einen bestimmten Ablauf, Vorgang sorgen:* den Produktionsprozeß s.; Hormone steuern die Tätigkeit der Keimdrüsen; ein Gespräch [in die gewünschte Richtung] s.; eine staatlich gesteuerte Wirtschaftspolitik. **4.** (geh.) ⟨einer Sache s.⟩ *entgegenwirken:* einem Unheil, Mangel, der Not, dem Unfug, Übel zu s. suchen.

Stich, der: **1. a)** *das Stechen:* ein schmerzhafter, tödlicher S.; der S. einer Wespe, Biene ; ein S. mit dem Messer, ins Herz; er bekam mehrere Stiche. **b)** *durch einen Stich verletzte Stelle:* der S. schmerzt, ist angeschwollen, juckt. **2.** *stechender Schmerz:* heftige Stiche in der Seite, am Herz haben, verspüren, bekommen; übertr.: bei diesem Namen ging ihm ein S. durchs Herz; das gab mir einen S. *(traf mich sehr).* **3.** *Nähstich:* enge Stiche machen; die Maschine näht große, exakte Stiche; etwas mit ein paar schnellen Stichen anhef-

ten. **4.** *Stahl-, Kupferstich:* ein alter, wertvoller, farbiger S.; Stiche eines alten Meisters. **5.** *leichter Farbschimmer:* das Dia hat einen [leichten] S. ins Blaue; übertr.: er war einen S. *(ein bißchen)* zu korrekt gekleidet; sie hat einen S. ins Ordinäre. **6.** (Kartenspiel) *Karten, die ein Spieler durch Stechen an sich bringt:* [k]einen S. bekommen, abgeben; er hat einen S. gemacht; übertr.: er machte, bekam gegen den Verteidiger keinen S. mehr. * **etwas hält Stich** *(etwas hält der Nachprüfung stand, erweist sich als richtig)* · ⟨ugs.:⟩ **einen [leichten] Stich haben** *(nicht recht bei Verstand sein)* · ⟨ugs.:⟩ **etwas hat einen [leichten] Stich** *(etwas ist [leicht] verdorben)* · **jmdn. im Stich lassen** *(jmdn. in einer Notlage nicht helfen)* · **etwas im Stich lassen** *(etwas aufgeben, zurücklassen)* · **etwas läßt jmdn. im Stich** *(etwas versagt):* das Gedächtnis läßt ihn manchmal im S.

Stichelei, die: *boshafte Anspielung:* laß doch die S.!; er konnte die ständigen, dauernden, ewigen Stichelein nicht mehr ertragen.

sticheln: 1. *nähen, sticken:* sie stichelt am Saum des Kleides. **2.** *boshafte Bemerkungen machen, hetzen:* mußt du immerzu s.?; er stichelt gern gegen seine Vorgesetzten.

stichhaltig: *der Nachprüfung standhaltend:* ein stichhaltiger Grund, Beweis, Einwand; seine Gründe waren, erwiesen sich als nicht s.

Stichwort, das: **1.** *in einem Lexikon o. ä. behandeltes Wort:* das Lexikon hat, behandelt 50 000 Stichwörter; ein S. suchen, vermissen; unter dem entsprechenden S. suchen, nachschlagen. **2.** *Einsatzzeichen für einen Schauspieler:* das S. fällt; jmdm. das S. geben; das S. verpassen; übertr.: er gab das S. für unseren Aufbruch, zu Reformen. **3.** (Plural) *einzelne Wörter, kurze Notiz als Gedächtnisstütze:* Stichworte notieren, aufschreiben; sich Stichworte machen [für einen Vortrag]; er hat die Rede in Stichworten mitgeschrieben.

sticken: 1. *eine Stickerei ausführen:* sie stickt, zum Zeitvertreib s.; sie stickt mit buntem Garn an einer Decke. **2.** ⟨etwas s.⟩ **a)** *durch Sticken hervorbringen:* Muster s.; ein Monogramm in Tischdecken, auf Taschentücher s. **b)** *mit einer Stickerei versehen:* eine Decke s.; eine gestickte Bluse.

stickig: *von schlechter, verbrauchter Luft erfüllt:* ein stickiger Raum; die Luft ist s. *(verbraucht).*

Stiefel, der: **1.** *hoher Schuh:* enge, weite, hohe, gefütterte S.; S. mit hohen Absätzen, Schäften; ein Paar S.; R ⟨ugs.⟩: das sind zweierlei S. *(ganz verschiedene Dinge)* · die S. sind durchgelaufen, schmutzig; die S. putzen, wichsen, besohlen [lassen]. **2.** *stiefelförmiges Trinkgefäß:* einen S. bestellen, trinken, leeren. * ⟨ugs.:⟩ **einen [tüchtigen/gehörigen/guten] Stiefel vertragen [können]** *(viel Alkohol vertragen [können])* · ⟨ugs.:⟩ **seinen/den alten Stiefel weitermachen** *(immer in der gewohnten Weise vor sich hin arbeiten)* · ⟨ugs.:⟩ **einen Stiefel zusammenreden, -schreiben** *(viel und unqualifiziert reden, schreiben)* · ⟨ugs.:⟩ **einen Stiefel fahren, spielen usw.** *(schlecht fahren, spielen usw.)* · ⟨ugs.:⟩ **sich** (Dativ) **einen Stiefel einbilden** *(sehr eingebildet sein).*

stiefeln ⟨mit Raumangabe⟩: *gemächlich gehen:* die Kinder stiefelten durch den Schnee, zum Bahnhof, in Richtung Würstchenbude.

Stiefkind, das: *Kind des Ehepartners:* sie behandelt die Stiefkinder wie ihre eigenen; man behandelte ihn ein wenig als S. *(vernachlässigte, benachteiligte ihn);* übertr.: er ist ein S. des Glücks; zu den Stiefkindern innerhalb unserer Gesellschaft gehören Behinderte, Kinder, Alte.

stiefmütterlich: *lieblos:* eine stiefmütterliche Behandlung erfahren; du hast ihn sehr s. behandelt *(vernachlässigt, zurückgesetzt).*

Stiel, der: 1. a) *Pflanzenstengel:* ein kurzer, dünner, kräftiger S.; die Stiele der Blüten, der Blätter; Rosen mit langen Stielen. b) *Fruchtstiel:* die Stiele der Äpfel, Birnen entfernen; Kirschen haben lange Stiele. 2. *längeres stab- oder stangenförmiges Stück Holz, Metall o. ä. (als Griff):* ein hölzerner S.; der S. der Pfanne, des Hammers, des Besens; der S. ist abgebrochen, hat sich gelockert; das Glas hat einen schlanken S. *(Verbindungsstück zwischen Fuß und Schale);* Eis am S.

Stielaugen (meist in den Wendungen) (ugs.:) **Stielaugen machen/bekommen/kriegen** *(begehrlich oder verblüfft dreinschauen)* · **mit Stielaugen auf etwas sehen/blicken/gucken** *(begehrlich nach etwas blicken).*

Stier, der: 1. *männliches Rind:* ein gereizter, wütender S.; der S. riß sich los, nahm ihn auf die Hörner; er ging wie ein S. auf seinen Gegner los (ugs.; *griff ihn wild an);* der Matador besiegte, tötete den S. 2. (Astrol.) */ein Tierkreiszeichen/:* sie ist [ein] S. (ugs.; *im Sternzeichen des Stiers geboren).* * **den Stier bei den Hörnern packen/fassen** *(eine Aufgabe mutig anpacken).*

stieren (mit Raumangabe): *starr blicken:* in eine Ecke, zu Boden, auf einen Fleck s.; der Kranke stierte an die Decke des Zimmers.

¹**Stift,** der: 1. *Schreib-, Malstift:* ein dicker, dünner, harter, weicher, langer, farbiger S.; der S. ist abgebrochen; den S. [an]spitzen. 2. *Metallstift, Nagel:* ein kurzer, langer S. aus Draht, Holz; etwas mit Stiften anheften, befestigen. 3. (ugs.) *Lehrling:* diese Arbeiten muß der S. machen.

²**Stift,** das: *kirchliche Stiftung:* im Mittelalter entstanden viele Stifte/(selten:) Stifter; ein S. gründen, errichten; in einem S. wohnen, leben.

stiften: 1. ⟨etwas s.⟩ *gründen, ins Leben rufen:* Klöster, Kirchen, einen Orden s.; die Stadt stiftete einen Preis [für Nachwuchsforscher]. 2. ⟨etwas s.⟩ a) *spenden:* Geld, eine größere Summe für einen wohltätigen Zweck s. b) (ugs.) *spendieren:* er hat den Wein [für die Feier] gestiftet. 3. ⟨etwas s.⟩ *schaffen, herbeiführen:* Unheil, Schaden, Verwirrung, Unruhe s.; er suchte vergebens, Frieden zwischen den Parteien zu s.

Stiftung, die: 1. *das Stiften:* die S. des Klosters, des Ordens. 2. *Schenkung:* eine kirchliche, staatliche, wohltätige S.; die Bilder sind eine S. des Malers; eine S. errichten, verwalten; eine S. an jmdn. machen; Geld aus einer S. erhalten.

Stil, der: 1. *Art des sprachlichen Ausdrucks:* ein gewandter, flüssiger, gepflegter, schlechter, schwerfälliger, holpriger, hölzerner S.; sein S. ist steif, gespreizt, trocken; der S. seiner Briefe ist knapp, lebendig; er hat, schreibt seinen eigenen, einen eigenwilligen, unbeholfenen S.; das Buch ist in einem bilderreichen S. geschrieben. 2. *charakteristische Ausdrucksform:* romanischer, gotischer S.; der S. des Barocks; dieses Kleid ist schön, aber nicht mein S.; die Räume haben S.;

seinen eigenen, persönlichen S. finden, entwickeln; dieses Haus ist im S. der Gründerzeit gebaut. 3. *sportliche Technik:* sein S. läßt zu wünschen übrig; er läuft, schwimmt einen/in einem ausgezeichneten S.; er muß seinen S. noch verbessern. 4. *Format; Manier:* das ist schlechter politischer S.; das ist nicht mein S. *(so etwas mache ich nicht, das widerspricht meiner Art);* „Scheiße ...", und in diesem S. ging es weiter; ein Gebäude neuen Stils; er betreibt den Handel im großen S. *(im großen);* ein Betrug großen Stils *(von großen Ausmaßen).*

still: 1. *ruhig, frei von Lärm oder Unruhe:* ein stiller Platz, Ort; ein stilles Dorf, Tal; sie wohnen in einer stillen Gegend; ein stilles Gebet; kath. Rel.: eine stille Messe · in einer stillen Stunde *(in einem ruhigen Augenblick);* es war s. wie in einer Kirche; ihr müßt jetzt s. sein, euch s. verhalten; sei doch endlich s.! *(hör zu reden auf!);* auf das Klopfen hin blieb es s. in der Wohnung. 2. a) *nicht lebhaft, nicht gesprächig:* ein stilles Kind; du bist ja heute so s.; sie saß den ganzen Abend s. in der Ecke; er arbeitet s. vor sich hin. b) *sich nicht äußernd; wortlos:* eine stille Liebe, Wut; ein stilles Glück; ein stiller Vorwurf; sie verharrten in stillem Gedenken; in stiller Trauer, in stillem Schmerz / Formeln in Todesanzeigen/; s. trauern. 3. *unbewegt:* ein stilles Wasser, Gewässer; die Luft war ganz s.; s. daliegen; halte bitte die Hände, die Füße s.! * **im stillen: a)** *(bei sich):* im stillen fluchte er. **b)** *(unbemerkt, heimlich):* sie hatte im stillen alle Vorbereitungen getroffen · **es wird s. um jmdn., um etwas** *(jmd., etwas verliert an öffentlichem Interesse).*

Stille, die: *Ruhe, Schweigen:* eine tiefe, feierliche, friedliche, atemlose S.; die S. des Waldes, der Nacht; S. verbreitete sich, breitete sich aus; eine peinliche S. entstand, trat ein; es herrschte eine erwartungsvolle S.; S. umgab ihn; eine S. lag über dem Land (geh.); kein Laut durchbrach, unterbrach die S.; ein Schrei zerriß die S.; das Haus lag in tiefer S.; übertr.: die S. vor dem Sturm *(gespannte Atmosphäre vor einem explosiven Ereignis).* * **in aller Stille** *(unbemerkt, ohne Aufheben):* in aller S. heiraten.

stillegen ⟨etwas s.⟩: *einstellen, schließen:* eine Eisenbahnlinie, eine Zeche s.

stillen: 1. ⟨etwas s.⟩ *zum Stillstand bringen:* jmds. Tränen s.; das Blut mit Watte s.; Schmerzen [durch eine Injektion] s. 2. ⟨etwas s.⟩ *ein Bedürfnis befriedigen:* den Hunger s.; seinen Durst mit einem Glas Bier s.; seine Neugier, ein Verlangen s. 3. ⟨jmdn. s.⟩ *an der Brust trinken lassen:* sie stillt ihr Baby; noch mit drei Jahren wurde das Kind gestillt; (auch ohne Akk.) stillst du *(ernährst du das Kind durch Stillen)?*

Stillschweigen, das: *das Verschweigen von etwas, das Schweigen:* sie versprachen, [darüber] strengstes S. zu bewahren; S. vereinbaren, geloben (geh.); etwas mit S. übergehen.

Stillstand, der: *das Stillstehen, das Nichtfortschreiten:* in der Entwicklung ist ein S. eingetreten; R: S. bedeutet Rückschritt · es hat in den Verhandlungen einen S. gegeben; der Motor kommt zum S.; etwas zum S. bringen *(bewirken, daß etwas stillsteht).*

stillstehen ⟨etwas steht still⟩: *etwas ist nicht*

[mehr] im Gang, hat keinen Fortgang [mehr]: die Mühle steht seit einiger Zeit still; während des Streiks standen die Maschinen, alle Räder still *(es wurde nicht gearbeitet);* der Verkehr steht still; ü b e r t r.: die Zeit schien stillzustehen; sein Herz stand still vor Schreck *(er erschrak heftig, hatte sehr große Angst);* ihr Mundwerk steht nie still *(sie spricht fortwährend).*

Stimme, die: **1. a)** *Sprechstimme:* eine laute, leise, wohlklingende, [un]angenehme, weiche, harte, rauhe, sonore, heisere, klare, fremde, vertraute S.; ein feines, zartes Stimmchen; die S. des Menschen; seine S. ist schlecht zu hören, zu verstehen; die S. wurde immer schwächer; die S. klang ruhig; seine S. trägt, überschlägt sich, schnappt über; die Stimmen verstummten, erstarben (geh.); die S. versagte ihm; seine S. zitterte, wurde unsicher; seine S. erheben (geh.; *zu sprechen beginnen),* heben *(lauter sprechen),* senken *(leiser sprechen),* dämpfen; er suchte seine S. zu verstellen; jmds. S. hören, vernehmen; Stimmen hören *(akustische Wahnvorstellungen haben);* sie erkannte ihn an der S.; mit erhobener, fester, erregter, bewegter, deutlicher, stockender, erstickter S. sprechen; Ungeduld klang in seiner S.; ü b e r t r.: eine innere S. *(ein Gefühl, eine Vorahnung)* warnte sie; die S. des Blutes *(das Sichhingezogen-Fühlen zu Blutsverwandten);* der S. des Herzens, Gewissens, der Vernunft folgen, gehorchen *(seiner Liebe, seinem Gewissen, seiner Vernunft gemäß handeln).* **b)** *Singstimme:* eine hohe, tiefe, gewaltige S.; seine S. hat einen großen Umfang; sie hat eine schöne S.; er ließ seine S. ausbilden; die Sänger ließen ihre Stimmen erschallen (geh.); seine S. schonen; er hat seine S. verloren; der Sänger war an diesem Abend nicht bei S. (ugs.); sie sangen mit lauter S.; ü b e r t r.: die Stimmen der Orgel, der Glocken. **2.** *Gesangspart, Instrumentalpart:* die erste, zweite S. singen; die S. verteilen; eine S. aus der Partitur abschreiben. **3.** *Meinung, Urteil:* eine gewichtige S.; die Stimmen des Protestes mehren sich; seine S. gilt viel; es wurden Stimmen laut, die ...; warnende Stimmen erhoben sich (geh.); die Stimmen der Presse, des Volkes. **4.** *Wählerstimme:* eine [un]gültige S.; jede S. zählt, ist wichtig; [k]eine S. haben *([nicht] wahlberechtigt sein);* Stimmen sammeln, [aus]zählen; einem Kandidaten seine S. geben; die Partei hat bei der letzten Wahl Stimmen gewonnen, verloren; er konnte viele Stimmen auf sich vereinigen; seine S. abgeben *(wählen);* in der Versammlung Sitz und S. haben; sich der S. enthalten; er wurde mit den Stimmen dieser Leute gewählt.

stimmen: 1. ⟨etwas stimmt⟩ *etwas ist richtig, ist in Ordnung, ist zutreffend:* ihre Angabe, die Behauptung stimmt; meine Vermutungen stimmten nicht; die Adresse stimmt nicht mehr; die Rechnung hat nicht gestimmt; die Sache stimmen hinten und vorne nicht (ugs.); die Kohlen müssen s. (ugs.; *die Bezahlung, der Verdienst muß gut sein);* der Preis muß s. *(im angemessenen Verhältnis zum Erworbenen stehen);* mit meinen Nieren muß etwas nicht s.; die Kasse hat nicht gestimmt *(bei der Abrechnung hat ein Betrag gefehlt);* stimmt es, daß du morgen kommst?; das kann doch nicht, kann unmöglich s.!; [das] stimmt!

(das ist wahr!); etwas stimmt hier, in dieser Ehe, zwischen den beiden nicht (ugs.; *ist nicht in Ordnung);* bei ihm stimmt etwas nicht (ugs.; *er ist nicht ganz normal);* mit unsern Nachbarn stimmt etwas nicht; stimmt so! (ugs.) */Aufforderung, das Wechselgeld zu behalten/;* stimmt auffallend! (iron.; *da hast du wirklich recht!);* ℞ (ugs.): stimmt's, oder hab' ich recht *(verhält es sich etwa nicht so, wie ich behaupte)?;* ü b e r t r.: wenigstens stimmt die Moral; bei diesem Autor stimmt alles. **2.** ⟨etwas stimmt auf jmdn., zu jmdm., zu einer Sache⟩ *etwas paßt auf jmdn., zu jmdm., zu etwas:* die Beschreibung stimmt auf die Gesuchte; seine Aussage stimmt zu der des anderen Zeugen. **3.** ⟨jmdn. s.; mit Artangabe⟩ *jmdn. in eine besondere Stimmung bringen:* etwas stimmt jmdn. freudig, traurig, wehmütig; deine Worte stimmen mich nachdenklich, zuversichtlich; sie hat ihn [mit ihren Worten, durch ihre Worte] wieder versöhnlich gestimmt; zum Feiern gestimmt sein; er war sehr feindlich [gegen uns] gestimmt. **4.** ⟨für jmdn., für etwas/gegen jmdn., gegen etwas⟩ *seine Stimme abgeben:* er hat für diesen Kandidaten gestimmt; viele stimmten gegen den Vorschlag; ⟨auch ohne Präp.-Obj.⟩ sie hat mit Ja, mit Nein gestimmt. **5.** ⟨etwas s.⟩ *die Stimmung eines Instrumentes korrigieren:* die Geige s.; den Flügel s. lassen; das Instument höher, tiefer s.; ⟨auch ohne Akk.⟩ das Orchester stimmt.

Stimmung, die: **1. a)** *das Stimmen eines Instrumentes:* eine S. vornehmen. **b)** *das Gestimmtsein eines Instrumentes:* eine reine, temperierte S.; die S. auf Kammerton; die S. der Geige ist unsauber, zu hoch. **2.** *Stimmungslage:* es herrschte eine heitere, ausgelassene, gelockerte, gedrückte, feierliche S.; die S. war gedämpft; die S. schlug plötzlich um, sank; die S.! */Aufforderung an die Anwesenden, fröhlich zu sein/;* die S. aufhellen; etwas trübt jmds. S.; etwas beeinträchtigt die S.; jmdm. [mit etwas, durch etwas] die S. *(die gute Laune)* verderben; sie waren bester S. *(Laune);* Stimmungen *(Schwankungen des seelischen Gleichgewichts)* unterworfen sein; in versöhnlicher, gereizter S. sein; die Gesellschaft war, kam in S. *(war, wurde fröhlich);* er war nicht in der richtigen S. für diese Unternehmung; eine Kapelle sorgte für S. *(Heiterkeit, Fröhlichkeit);* das versetzte mich in eine depressive S.; die Musik brachte die Leute in S. *(in fröhliche Laune);* er bemühte sich, die Menschen in S. *(bei guter Laune)* zu halten. **3.** *Wirkung, Atmosphäre:* die merkwürdige S. vor einem Gewitter; die S. einer Landschaft, eines Sonnenuntergangs einfangen; das Bild strahlt S. aus. **4.** *Meinung, Neigung:* die allgemeine, herrschende S. war gegen ihn, war feindselig, freundlich; die S. des Volkes erkunden wollen; für jmdn., für eine Sache S. machen *(werben);* gegen jmdn., gegen eine Sache S. machen *(versuchen, eine ablehnende Haltung hervorzurufen).*

stinken: 1. *einen unangenehmen Geruch haben, verbreiten:* es stinkt fürchterlich, abscheulich, wie die Pest; es stinkt [nach Gas]; die faulen Eier stanken schrecklich; aus dem Hals s.; er stinkt nach Knoblauch, wie ein Bock (derb; *sehr übel);* stinkende Abgase. **2.** (ugs.) ⟨etwas stinkt⟩ *etwas ist verdächtig, erregt einen bestimmten Verdacht:* die Sache stinkt; an dieser Sache stinkt etwas; das stinkt nach Verrat. **3.** (ugs.) ⟨jmdm. s.⟩ *jmdm. lästig werden:* langsam stinkt mir die Sache; die Schule stank ihr gewaltig; der Kerl stinkt mir schon lange; sag ehrlich, was dir an mir stinkt.

Stirn, (geh.:) **Stirne,** die: *Teil des Gesichts zwischen Augenbrauen und Haaransatz:* eine hohe, niedrige, niedere, glatte, zerfurchte S.; seine S. umwölkte sich (geh.), verfinsterte sich (geh.); er zog seine S. in Falten; sich (Dativ) die S. trocknen, kühlen, reiben; die S. runzeln; sich (Dativ oder Akk.) an die S. tippen, greifen; er hat eine Beule an der S.; er schlug sich (Dativ oder Akk.) an die S. vor Verblüffung; Schweißtropfen standen ihm auf der S.; er kämmt sich (Dativ) das Haar aus der, in die S.; man sah ihm an, was hinter seiner S. vorging *(was er dachte);* den Hut in die S. drücken; sich (Dativ) den Schweiß von der S. wischen; Schweiß rann, lief ihm von der S. * **jmdm., einer Sache die Stirn bieten** *(jmdm., einer Sache furchtlos entgegentreten)* · **über jmdn., etwas die Stirn runzeln** *(mißbilligen, tadeln)* · **die Stirn haben, etwas zu tun** *(die Unverschämtheit, Dreistigkeit besitzen, etwas zu tun)* · **sich** (Dativ) **an die Stirn fassen/greifen** *(etwas, eine Handlung nicht begreifen können)* · **etwas steht jmdm. an der/auf der Stirn geschrieben** *(etwas ist in jmds. Gesichtszügen deutlich erkennbar)* · **jmdm. etwas an der Stirn ablesen** *(an seinem Gesicht merken, was in ihm vorgeht)* · **mit eiserner Stirn: a)** *(unerschütterlich):* mit eiserner S. standhalten. **b)** *(unverschämt):* mit eiserner S. leugnen.

stochern ⟨in etwas s.⟩: *mit einem spitzen Gegenstand wiederholt in etwas stechen:* [mit dem Schürhaken] in der Glut, im Feuer, im Ofen s.; die Kinder stochern lustlos im Essen.

¹Stock, der: **1. a)** *Stab:* ein langer, dünner, dikker, knotiger S.; mit einem S. in etwas stochern; er geht, als ob er einen S. verschluckt hätte (ugs.; *er hat einen sehr aufrechten und steifen Gang).* **b)** *Spazierstock, Krückstock:* ein S. mit Silberknauf; er braucht zum Gehen einen S.; seit seinem Unfall geht er am S.; auf einen S. gestützt gehen. **c)** *Schlagstock:* den S. zu spüren bekommen *(Prügel bekommen);* Schläge mit dem S. bekommen. **2.** *Blumenstock, Rebstock:* die Stöcke blühen; viele der Stöcke waren erfroren. **3.** *Wurzelstock, Baumstumpf:* Stöcke ausgraben, roden. **4.** *Bienenstock:* die Bienen haben den S. verlassen *(sind ausgeschwärmt).* * **über Stock und Stein** *(über alle Hindernisse hinweg)* · (ugs.:) **am Stock gehen** *(in einer schlechten gesundheitlichen Verfassung oder schlechten finanziellen Lage sein).*

²Stock, der: *Stockwerk:* der zweite, oberste S.; ein drei S. hohes Haus; das Gebäude hat vier S.; sie wohnen einen S. tiefer, im ersten S.

stocken: 1. ⟨etwas stockt⟩ **a)** *etwas steht vorübergehend still:* sein Herz, sein Puls, sein Atem hat gestockt; ⟨etwas stockt jmdm.⟩ das Blut stockte ihm in den Adern. **b)** *etwas geht nicht zügig weiter, voran:* der Absatz, der Verkehr, die Arbeit hat gestockt; seine Worte stockten plötzlich; seine Antwort kam stockend *(zögernd);* ⟨etwas stockt jmdm.⟩ die Feder stockte ihm; subst.: das Gespräch geriet ins Stocken. **2.** *innehalten:* er stockte in seiner Erzählung, bei seinem Bericht; er hat einen Augenblick gestockt; stockend *(nicht flüssig)* sprechen. **3.** (bes. südd., österr., schweiz.)

⟨etwas stockt⟩ *etwas wird dickflüssig, sauer, gerinnt:* die Milch hat/ist gestockt.

Stockung, die: *Unterbrechung des Ablaufs:* eine S. des Verkehrs, der Arbeit; eine S. im Arbeitsablauf; in der Unterhaltung trat eine S. ein; die Tagung lief ohne S. ab.

Stockwerk, das: *Etage, Stock:* die oberen Stockwerke des Gebäudes wurden durch Feuer zerstört; das Haus hat fünf Stockwerke; der Fahrstuhl hält nicht in allen Stockwerken.

Stoff, der: **1.** *Substanz, Materie:* ein synthetischer, pflanzlicher, wasserlöslicher S.; dieser S. ist radioaktiv; übertr.: aus einem anderen S. sein *(von anderer Art sein).* **2.** (ugs.) **a)** *Alkohol:* unser S. ist ausgegangen; neuen S. aus dem Keller holen. **b)** *Rauschgift:* wo hast du den S. her?; er hat sich S. verschafft. **3.** *Gewebe:* ein seidener, wollener, leichter, schwerer, dünner, feiner, glatter, strapazierfähiger, knitterfreier, hochwertiger, gemusterter S.; ein S. aus Baumwolle; der S. liegt einfach, doppelt breit; der S. läßt sich gut verarbeiten; S. weben, wirken, zuschneiden; S. für ein Kleid, zu einem Kostüm; ein Anzug aus einem teuren S.; etwas mit S. auskleiden, ausschlagen, bespannen. **4.** *Thema, Gegenstand, Material für eine geistige Arbeit:* ein interessanter, langweiliger, schwieriger, trockener, ergiebiger S.; ein S. für einen Roman, zu einer Komödie; der S. ist reizvoll, interessiert ihn; schon bald ging ihnen der S. *(Gesprächsstoff)* aus; S. für eine Abhandlung sammeln, zusammentragen; einen S. bearbeiten, verfilmen; den neuen S. *(Unterrichtsstoff)* durchnehmen; das Buch liefert einen guten Überblick über die Fülle des Stoffes; aus diesem S. läßt sich etwas machen.

stöhnen: *mit einem langgezogenen, gequälten Laut ausatmen, ächzen:* laut, leise, vor Schmerz, vor Anstrengung s.; sie seufzte und stöhnte; subst.: das Stöhnen der Verletzten auf; subst.: das Stöhnen von Verletzten; übertr.: er stöhnte über die viele Arbeit; alle stöhnen unter der Hitze; das Volk stöhnte unter der Diktatur.

¹Stollen, der, (auch:) **Stolle,** die: /ein Weihnachtsgebäck/: einen S. backen, kaufen; ein Stück S. essen.

²Stollen, der: *[Gruben]gang:* einen S. anlegen, vortreiben; sie trieben einen S. in den Fels.

³Stollen, der: *Zapfen an Sportschuhen, Hufeisen:* er hat einen S. von seinem Schuh verloren; Fußballschuhe mit S.; in die Hufeisen S. einschrauben.

stolpern: 1. a) *mit dem Fuß anstoßen und dabei [fast] zu Fall kommen:* er stolperte und fiel hin; er ist über die Schwelle, über eine Baumwurzel gestolpert; er stolperte auf seine großen Füße, Beine *(geht unbeholfen);* übertr.: über diese Affäre ist er gestolpert *(durch sie zu Fall gekommen);* die Mannschaft ist bereits in der ersten Runde gestolpert *(hat verloren oder nur unentschieden gespielt).* **b)** ⟨mit Raumangabe⟩ *stolpernd gehen:* er stolperte durch die Dunkelheit, zum Ausgang; der Betrunkene ist über die Straße gestolpert; übertr.: er stolperte in die Zahlungsunfähigkeit; sie stolpert von einer Katastrophe in die andere. **2. a)** (ugs.) ⟨über jmdn. s.⟩ *jmdm. unvermutet begegnen:* bei der Versammlung ist er über mehrere Bekannte gestolpert. **b)** ⟨über etwas s.⟩ *etwas*

nicht verstehen, daran Anstoß nehmen: über einen Fachausdruck, über jede Kleinigkeit s.
stolz: 1. a) *von Stolz erfüllt:* der stolze Vater; die stolzen Eltern; mit stolzer Freude; er ist s. wie ein Spanier; ⟨auf jmdn., auf etwas s. sein⟩ sie ist s. auf ihre Tochter; darauf kannst du s. sein; ich bin s. darauf, daß ... **b)** *hochmütig, eingebildet:* ein allzu stolzes Mädchen; ein stolzer Gang, Blick; er ist, wirkt sehr s.; s. wie ein Pfau schritt er einher; er war zu s., um Hilfe anzunehmen; warum so s.? (ugs.; *warum grüßen Sie nicht?*). **2.** *stattlich, imposant:* ein stolzes Schloß, Schiff. **3.** (ugs.) *erheblich, groß:* ein stolzer Preis; die stolze Summe von einer Million Mark.
Stolz, der: *starkes Selbstgefühl, Hochmut:* natürlicher, übertriebener, mütterlicher S.; der S. der Eltern; sein männlicher S. verbietet ihm das; sein S. auf diese Erfolge ist berechtigt; S. schwellte seine Brust (geh.); in ihm regte sich väterlicher S.; jmds. S. verletzen; man versuchte, seinen S. zu brechen, zu beugen; seinen [ganzen] S. an etwas setzen *(sich sehr um etwas bemühen);* er hat, besitzt überhaupt keinen S. *(ist sich nicht zu schade für etwas Unwürdiges);* er hat aus verletztem S. so gehandelt; aus falschem S. *(Stolz am falschen Platz)* hat er unsere Hilfe abgelehnt; er fühlte sich in seinem S. tief gekränkt; sein Erfolg erfüllt ihn mit S. (geh.); er war voller S. * **jmds. ganzer Stolz sein** *(dasjenige oder diejenige Person sein, worauf oder auf die jmd. sehr stolz ist)* · **[auch] seinen Stolz haben** *(etwas Demütigendes nicht tun).*
stolzieren ⟨mit Raumangabe⟩: *gravitätisch gehen:* er stolzierte feierlich durch das Restaurant, in den Saal, über die Promenade.
stopfen: 1. ⟨etwas s.⟩ *mit Garn flicken:* die Strümpfe, die Socken [mit Wolle] s.; sie versuchte, das Loch in der Hose zu s.; er trug Strümpfe, die an mehreren Stellen gestopft waren. **2.** ⟨etwas in etwas s.⟩ *hineinstecken, hineintun:* das Baby stopft alles in den Mund; sie stopfte die Sachen eilig in den Koffer; übertr.: die Kinder ins Auto s. und wegfahren · ⟨jmdm., sich etwas in etwas s.⟩ er stopfte sich Watte ins Ohr. **3.** ⟨etwas s.⟩ *vollfüllen:* Strohsäcke, Betten s.; sie stopften die Kissen mit Daunen; die Matratzen waren mit Seegras gestopft; er stopfte seine Pfeife; ⟨jmdm., sich etwas in Pfeifchen s.; übertr. (ugs.): der Saal war gestopft voll *(bis zum letzten Platz gefüllt).* **4.** ⟨etwas s.⟩ *zustopfen:* eine Lücke im Zaun s.; sie haben das Leck mit Werg gestopft; bildl.: die Regierung bemühte sich, das Loch im Etat zu s. *(das Defizit zu beseitigen).* **5.** ⟨ein Tier s.⟩ *mästen:* Gänse s.; übertr. (ugs.): stopf doch das Kind nicht so! **6.** (fam.) *tüchtig essen:* die Kinder haben ganz schön gestopft. **7.** (ugs.) ⟨etwas stopft⟩ *etwas sättigt sehr:* der Brei stopft. **8.** ⟨etwas stopft⟩ *etwas hemmt die Verdauung:* Kakao, Schokolade stopft; ein stopfendes Mittel verordnen.
Stoppel, die: **a)** *nach dem Mähen im Boden verbliebener Teil des Getreidehalms:* die Stoppeln unterpflügen; sie gingen über die Stoppeln. **b)** *nachgewachsener Bart:* die Stoppeln des Bartes; sein Gesicht war mit Stoppeln bedeckt.
stoppen: 1. a) ⟨jmdn., etwas s.⟩ *anhalten, am Weiterfahren hindern:* ein Auto, eine Wagenko-

lonne, ein Schiff s.; wir wurden kurz vor der Grenze gestoppt; die Maschinen wurden gestoppt *(zum Stillstand gebracht);* Fußball, Eishockey: den Ball, die Scheibe s.; Sport: den Gegner s. *(am Angreifen, Durchbrechen hindern);* übertr.: er war nicht zu s. *(in seinem Redefluß zu bremsen).* **b)** ⟨etwas s.⟩ *dafür sorgen, daß etwas aufhört, nicht weitergeht:* den Verkehr, die Produktion s.; seine Zahlungen, die Auslieferung der Zeitung s.; er konnte die verhängnisvolle Entwicklung nicht mehr s. **2.** *innehalten, halten, stehenbleiben:* der Wagen, das Auto stoppte plötzlich [an der Kreuzung]; der Fahrer konnte nicht mehr s.; stopp! /*Aufforderung anzuhalten, stehenzubleiben*/; stopp mal! /ugs.; *Aufforderung innezuhalten*/; übertr.: der Angriff stoppte. **3. a)** ⟨jmdn., etwas s.⟩ *die Geschwindigkeit von jmdm., etwas mit der Stoppuhr messen:* sein Lauf, der Läufer wurde gestoppt. **b)** ⟨etwas s.⟩ *als Ergebnis des Messens erhalten:* die Zeit s.; ich habe knapp 11 Sekunden, 192 km/h gestoppt.
Stöpsel, der: **1.** *kleiner Pfropfen:* der S. einer Karaffe; der S. sitzt fest; den S. aus dem Waschbecken herausziehen; den S. ins Abflußloch stecken; die Flasche ist mit einem S. verschlossen. **2.** (ugs. scherzh.) *kleiner Junge, kleinwüchsiger Mensch:* na, du kleiner S.!
Storch, der: /*ein großer Vogel*/: ein junger, schwarzer, weißer S.; Störche nisten auf dem Dach; der S. klappert mit seinem langen Schnabel; der S. *(Klapperstorch)* bringt die Kinder; bei ihnen war der S. *(ist ein Baby geboren);* da/ nun/jetzt brat' mir einer einen S.! /ugs.; *Ausdruck der Verwunderung*/. * (fam. veraltend:) **der Storch hat jmdn. ins Bein gebissen: a)** *(jmd. erwartet ein Baby).* b) *(jmd. hat ein Baby bekommen)* · (ugs.:) **wie ein Storch im Salat** *(steif, staksig).*
stören: 1. ⟨jmdn. s.⟩ *belästigen, von etwas abhalten:* die Arbeitenden, Schlafenden s.; du störst mich; der Lärm störte sie sehr; die Kinder störten ihn dauernd bei der Arbeit, in seiner Ruhe; lassen Sie sich nicht s.! *(kümmern Sie sich nicht um meine Anwesenheit!);* es stört mich nicht, wenn du rauchst; ⟨auch ohne Akk.⟩ darf ich einen Augenblick s.?; bitte nicht s.!; störe ich?; entschuldigen Sie bitte, daß/wenn ich störe!; entschuldigen Sie bitte, daß/wenn ich störe!; entschuldigen Sie bitte, daß/wenn ich störe!; das dauernde Hin und Her ist sehr störend; etwas als störend empfinden; sich durch jmdn., etwas gestört fühlen. **2.** ⟨etwas stört jmdn.⟩ *etwas mißfällt jmdm.:* die niedrigen Decken stören mich; es störte sie, daß nach dem Vortrag keine Diskussion stattfand; das soll uns nicht weiter s. *(kümmern).* **3.** ⟨etwas s.⟩ *behindern, beeinträchtigen:* die Vorlesung, die Feier, den Unterricht s.; die Ruhe, den Frieden, die öffentliche Ordnung gestört; die Leitung, den Sender, den Empfang s.; ein gestörtes Gleichgewicht, Gefühlsleben; gestörte Familienverhältnisse, Beziehungen; er ist geistig gestört *(geisteskrank).* **4.** (ugs.) ⟨sich an jmdm., an einer Sache s.⟩ *sich an jmdm., etwas stoßen:* sie störten sich an seinem Äußern.
störrisch: *widersetzlich, eigensinnig:* ein störrisches Kind; ein störrischer Esel; ein störrisches Wesen haben; er war s. wie ein Maulesel (ugs.; *sehr störrisch*); er schwieg s.
Störung, die: **a)** *das Gestörtwerden; Unterbrechung, Behinderung:* eine kurze, kleine, vorüber-

gehende, nächtliche S.; eine S. des ökologischen Gleichgewichts; Störungen im Ablauf; häufige Störungen bei der Arbeit; die S. von Ruhe und Ordnung; in der Leitung ist eine S.; eine S. trat auf; bitte entschuldigen Sie die S.!; er verbat sich jede S.; er entschuldigte sich für die S.; man muß mit Störungen rechnen; die Sache verlief ohne S. **b)** *das Gestörtsein; Beeinträchtigung eines normalen Ablaufs:* atmosphärische Störungen; die Störungen greifen auf Westeuropa über und gestalten das Wetter veränderlich; gesundheitliche, nervöse Störungen haben; es liegt eine technische S. vor; eine S. hervorrufen, feststellen, beseitigen.

Stoß, der: **1.** *das Stoßen; [heftiger] Anstoß, Anprall:* ein leichter, heftiger, kräftiger S.; ein S. mit dem Ellenbogen, mit dem Fuß; der S. warf ihn zu Boden, brachte ihn zu Fall; er konnte dem S. ausweichen; er gab ihm einen S. in die Seite; er bekam einen S. in den Rücken; das Tier versetzte ihm einen S. mit den Hörnern. **2.** *Schlag, Stich mit einer Waffe:* ein sicherer S.; einen S. parieren, abwehren, auffangen; den ersten, den entscheidenden S. führen; er ficht auf [Hieb und] S.; er kam nicht zum S. **3. a)** *Erdstoß:* mehrere schwache Stöße; der Boden wurde von einem gewaltigen S. erschüttert. **b)** *Stoßen der Kugel:* er hat noch zwei Stöße, tritt zu seinem letzten S. an. **c)** *kurze, ruckartige, rhythmische Bewegung:* die Stöße der Wellen; ein paar Stöße rudern, schwimmen; in tiefen, flachen, keuchenden Stößen atmen; er schwamm mit langen, kräftigen Stößen. **4.** *Stapel:* ein dicker, großer S.; ein S. Zeitungen, Bücher, Wäsche; Brennholz zu einem S. aufschichten. *** (ugs.:) **sich** (Dativ) **einen Stoß geben** *(sich zu etwas überwinden)* · **etwas versetzt jmdm. einen Stoß** *(etwas erschüttert jmdn.).*

stoßen: **1. a)** 〈sich s.〉 *anstoßen:* paß auf, daß du dich nicht stößt!; sich an der Tischkante s.; ich habe mich heftig [am Kopf] gestoßen; 〈sich (Dativ) etwas s.〉 er hat sich [im Dunkeln, an der Tür] den Kopf, den Ellenbogen gestoßen. **b)** 〈jmdn. s.〉 *jmdm. einen Stoß versetzen:* er stieß ihn mit dem Schirm; 〈jmdn./(auch:) jmdm. s.〉; mit Raumangabe〉 er stieß ihm in die Seite. **c)** 〈jmdn., sich etwas s.; mit Raumangabe〉 *stechen:* dem Rivalen ein Messer in die Rippen s.; er stieß sich einen Dolch ins Herz, durch die Brust. **d)** 〈etwas in etwas s.〉 *etwas durch Stoßen in etwas hervorbringen:* er hat mit der Stange ein Loch in die Scheibe gestoßen. **e)** 〈jmdn., etwas s.; mit Raumangabe〉 *mit einem Stoß irgendwohin bringen, fortbewegen:* jmdn. aus dem Zug, ins Wasser, von sich, von der Leiter, zur Seite s.; Bohnenstangen in die Erde s.; S p o r t : er hat die Kugel 10 Meter [weit] gestoßen; b i l d l . (geh.): den Herrscher vom Thron s.; ü b e r t r .: jmdn. auf etwas s. *(deutlich hinweisen);* man hat ihn aus der Gemeinschaft gestoßen (geh.; *verstoßen);* die Eltern haben ihren Sohn von sich gestoßen (geh.; *haben ihn verstoßen).* **f)** 〈mit Raumangabe〉 *[an]prallen:* im Dunkeln gegen eine Mauer s.; er ist/hat mit dem Fuß an die Vase gestoßen, so daß sie umfiel; der Wagen stieß gegen einen Baum; er stieß mit dem Kopf an die Decke. **2.** 〈etwas s.〉 *zerkleinern:* Zimt, Zukker [zu Pulver] s.; gestoßener Pfeffer. **3.** 〈ein Tier stößt〉 *ein Tier stößt mit den Hörnern, mit dem*

Kopf zu: die Kuh, der Ziegenbock stößt [mit den Hörnern nach ihm]. **4.** 〈etwas stößt〉 *etwas rüttelt:* der Wagen stößt [auf der schlechten Straße]. **5.** 〈auf jmdn., auf etwas s.〉 *unvermutet antreffen, vorfinden:* bei der Bohrung stieß man auf Erdöl; wir stießen plötzlich auf alte Bekannte; die Polizei stieß auf eine heiße Spur; ü b e r t r .: sie stießen [mit ihrem Plan] auf Widerstand, auf Ablehnung, auf Kritik. **6.** 〈zu jmdm., zu etwas s.〉 *zu jmdm. [vor]dringen:* nach dem Abstecher werden wir wieder zu euch, zur Gruppe s. **7.** 〈etwas stößt auf etwas〉 *etwas trifft auf etwas:* die Straße stößt auf den Marktplatz. **8.** 〈etwas stößt an etwas〉 *etwas grenzt an etwas:* das Grundstück stößt an den Wald. **9.** 〈sich an etwas s.〉 *an etwas Anstoß nehmen:* sie stießen sich an seinem Benehmen, an seiner ordinären Sprache. **10.** (veraltend) 〈in etwas s.〉 *kurz und kräftig in etwas blasen:* in die Trompete s.; der Wächter stieß ins Horn. **11.** (ugs.) 〈jmdm. etwas s.〉 *jmdm. etwas zu verstehen geben:* ich habe ihm das gestern gestoßen; das mußt du ihr unbedingt s.

stottern: a) *unter zwanghafter Wiederholung einzelner Laute oder Silben sprechen:* er stottert ein wenig; vor Aufregung, Verlegenheit s.; ü b e r t r . (ugs.): der Motor stottert *(läuft ungleichmäßig).* **b)** 〈etwas s.〉 *stammeln:* sie stotterte eine Entschuldigung; er stotterte, er wisse es nicht. *** (ugs.:) **auf Stottern** *(auf Teilzahlung).*

strafbar: a) *unter Strafe stehend:* eine strafbare Handlung; ein Mißbrauch ist s.; 〈sich s. machen〉 damit hast du dich s. gemacht.

Strafe, die: **a)** *Buße für eine verbotene [gesetzwidrige] Handlung; Bestrafung:* eine harte, schwere, abschreckende, [un]gerechte, [un]verdiente, milde, empfindliche, grausame S.; eine gerichtliche, disziplinarische S.; eine körperliche S. *(Züchtigung);* k a t h . R e l .: eine zeitliche, ewige S. *(im Fegefeuer, in der Hölle abzubüßende Strafe)* · die S. war [noch] glimpflich; auf dieses Delikt steht ein hohe S. *(es wird hart bestraft);* die S. blieb nicht aus; R: S. muß sein!; das ist die S. [dafür]!; das ist ja eine S. Gottes! · jmdm. eine S. androhen, auferlegen, aufbrummen (ugs.); man hat ihm die S. [ganz, teilweise] erlassen, geschenkt; eine S. antreten, verbüßen, absitzen, abbrummen (ugs.); eine S. [über jmdn.] verhängen; eine S. aussprechen, aufheben, [zur Bewährung] aussetzen, verschärfen, mildern, vollstrecken, vollziehen; er hat seine S. bekommen (ugs.; *ist für seine Tat bestraft worden);* er wird [noch] seine S. finden *(wird eines Tages wegen seiner Tat bestraft werden);* er empfand diese Arbeit als S. *(sie war ihm sehr lästig, fiel ihm schwer);* das Betreten der Baustelle ist bei S. verboten *(wird bestraft);* eine Tat mit einer S. belegen; etwas unter S. stellen *(mit einer Strafe bedrohen);* diese Tat steht unter S. *(wird bestraft);* er wurde zu einer S. von zehn Jahren Haft verurteilt; zur S. darfst du nicht mit!; ü b e r t r .: die S. *(eine negative Folge)* folgte auf dem Fuß; das ist die S. für deinen Leichtsinn; es ist eine S. *(ist schwer zu ertragen),* mit ihm arbeiten zu müssen. **b)** *Geldbuße:* [eine] S. zahlen, bezahlen [müssen]; sie erhoben, kassierten von den Parksündern 20 DM S./eine S. von 20 DM; zu schnelles Fahren kostet S. *** (Rechtsw.:) **jmdn. in Strafe nehmen** *(jmdn. bestrafen).*

strafen: ⟨jmdn. s.⟩ *mit einer Strafe belegen; bestrafen:* jmdn. hart, schwer [für etwas] s.; jmdn. körperlich s. *(züchtigen);* ein strafender Blick traf ihn; sie sah ihn strafend an; übertr.: das Schicksal hat ihn schwer gestraft *(er hat ein schweres Schicksal zu ertragen);* er ist gestraft genug (ugs.; *er braucht deswegen nicht noch eine Strafe);* jmdn. mit Verachtung s. *(jmdn. seine Verachtung fühlen lassen).*

straff: a) *glatt, fest gespannt, stramm:* ein straffes Seil; eine straffe Haut; eine straffe Haltung; das Gummiband ist s.; die Saiten sind s. gespannt; du mußt die Decke s. ziehen; die Hose sitzt zu s.; sie trägt das Haar s. zurückgekämmt; eine straffe Brust. b) *streng, energisch:* eine straffe Organisation, Ordnung, Leitung; die Führung ist sehr s.; der Betrieb ist s. organisiert.

straffen: 1. a) ⟨etwas s.⟩ *straff machen, spannen:* das Seil, die Leine s.; der Wind straffte die Segel; seinen Körper, seine Muskeln s.; die Creme strafft die Haut *(wirkt straffend auf die Haut).* b) ⟨sich s.⟩ *straff werden:* die Haut strafft sich; sein Züge strafften sich wieder. 2. ⟨etwas s.⟩ *straffer gestalten:* die Produktion, das Programm s.; die Organisation s.; einen Text s.

straffrei: *ohne Strafe:* er ist bei der Sache s. ausgegangen, davongekommen.

sträflich: *unverantwortlich:* ein sträflicher Leichtsinn; es ist s., in diesem Zustand zu fahren; du hast ihn, die Arbeit s. vernachlässigt.

Strafpredigt, die (ugs.): *Vorhaltungen:* eine S. über sich ergehen lassen; ich mußte mir seine S. anhören; sie hat den Kindern [wegen des Zuspätkommens] eine S. gehalten.

Strahl, der: 1. *Lichtstrahl:* die sengenden, glühenden, warmen Strahlen der Sonne; die ersten Strahlen des Lichts (geh.; *das erste Morgenlicht);* ein S. fiel auf sein Gesicht, durch den Türspalt; die Sonne sendet ihre Strahlen auf die Erde; übertr. (geh.): ein S. der Hoffnung. 2. (Plural) *elektromagnetische Wellen:* radioaktive, ultraviolette, kosmische Strahlen; die Strahlen brechen sich, werden reflektiert, absorbiert, zurückgeworfen; Radium, Uran sendet Strahlen aus; sich gegen schädliche/vor schädlichen Strahlen schützen. 3. *Flüssigkeitsstrahl:* ein dicker, dünner, kräftiger S.; den S. des Schlauchs auf das Beet richten; das Wasser schoß in einem mächtigen S. aus der schadhaften Leitung.

strahlen: 1. ⟨etwas strahlt⟩ *etwas sendet Strahlen aus, leuchtet:* die Sonne strahlt am, vom Himmel; die Sterne strahlen; das Licht strahlt [hell]; der Ofen strahlte vor Hitze; radioaktive Stoffe strahlen; adj. Part.: strahlendes *(sonniges)* Frühlingswetter; bei strahlender Sonne; eine strahlende *(glänzende)* Erscheinung; übertr.: das Haus strahlt in neuem Glanz; alles strahlt vor Sauberkeit. 2. *froh, glücklich aussehen:* sie strahlte [übers ganze Gesicht]; sie strahlte vor Freude, Glück, Stolz; sein Gesicht strahlte; ein strahlendes Lachen; sie sah ihn strahlend an.

Strähne, die: 1. *Haarsträhne:* eine blonde, schwarze, glatte, lockige S.; eine S. fiel ihr in die Stirn; wirre Strähnen hingen ihr ins Gesicht; sie läßt sich beim, vom Friseur Strähnen *(getönte, gefärbte Strähnen)* machen. 2. *Phase:* er hat derzeit eine gute, glückliche, unglückliche S.

stramm: 1. *stark gespannt, eng:* ein strammer Gummizug; der Gürtel, die Hose sitzt [zu] s. 2. *kräftig [gebaut]; gesund:* ein strammer Junge; sie hat stramme Beine, Waden; er ist s. *(dick)* geworden. 3. *gerade aufgerichtet, straff:* eine stramme Haltung annehmen; er hält sich s. 4. *energisch und forsch, streng:* ein strammer Dienst; eine strammer (ugs.; *linientreuer)* Marxist; ein strammer (ugs.; *strenggläubiger)* Katholik; s. links, rechts, konservativ sein. 5. (ugs.) *tüchtig, viel; zügig:* strammen Hunger haben; s. wandern, marschieren; sie mußten s. arbeiten.

strampeln: 1. *mit den Beinen heftige Bewegungen machen:* im Schlaf s.; das Baby strampelt schon [in ihrem Bauch]; das Baby strampelt [vor Vergnügen]. 2. (ugs.) a) (ugs.) ⟨mit Umstandsangabe⟩ *radfahren:* durch die Gegend, in Richtung Burgdorf, gegen den Wind, nach Süden s.; er strampelt mit dem Fahrrad zur Arbeit; bergauf mußten sie ganz schön s. b) ⟨etwas s.⟩ *auf dem Fahrrad zurücklegen:* wir sind heute fünfzig Kilometer gestrampelt. 3. (ugs.) ⟨mit Umstandsangabe⟩ *hart arbeiten, sich bemühen:* sie haben etliche Jahre s. müssen, um es so weit zu bringen; der deutsche Meister mußte noch ganz schön s., bis er den Sieg sicher hatte.

Strand, der: *flache Küste des Meeres, eines Sees:* ein breiter, schmaler, steiniger S.; südliche, überfüllte, verschmutzte Strände; der S. der Ostsee; sie gehen an den S. *(Badestrand);* die Boote liegen am, auf dem S.; ein Schiff ist auf [den] S. gelaufen, geraten; Seemannsspr.: der Kapitän setzte das leck gewordene Schiff auf [den] S.

stranden: 1. *auf Grund laufen:* das Schiff ist [auf der Sandbank, vor der Küste] gestrandet; ein gestrandeter Wal; gestrandete *(an den Strand gespülte)* Waren; subst.: ein Schiff nahm die Gestrandeten auf; übertr.: schließlich strandete sie in einem Café in München. 2. (geh.) *scheitern:* er ist gestrandet [in seinem Beruf]; ein gestrandeter Mensch.

Strang, der: 1. *dickes Seil, Strick:* die Glocke wird noch mit einem S. geläutet; die Pferde legten sich mächtig in die Stränge *(begannen kräftig zu ziehen);* zum Tode durch den S. (geh.; *durch Erhängen)* verurteilen. 2. *Garn-, Wollbündel:* einen S. Wolle kaufen; sie hat 4 Stränge von diesem Garn gebraucht. 3. *Faserstrang:* verschiedene Stränge der Muskeln, Sehnen, Nerven waren zerstört. 4. *Schienenstrang:* ein S. der U-Bahn; ein toter *(nicht befahrener)* S.; übertr.: ein S. des Romans schildert uns ...; mehrere Stränge bildeten die Handlung des Films. * (ugs.:) **wenn alle Stränge reißen** *(im Notfall, wenn es keine andere Möglichkeit mehr gibt)* · **an einem/am gleichen/am selben Strang ziehen** *(das gleiche Ziel verfolgen)* · (ugs.:) **über die Stränge schlagen/hauen** *(übermütig werden).*

Strapaze, die: *große körperliche Anstrengung:* die Reise war eine große S.; es ist eine S. *(ist anstrengend),* ihm zuhören zu müssen; Strapazen aushalten, auf sich nehmen, überstehen; sich scheuen; man kann ihm die Strapazen der Reise nicht ansehen; sie sah von den Strapazen erholen.

strapazieren: 1. ⟨etwas s.⟩ *etwas stark beanspruchen, abnutzen:* ein Kleidungsstück, die Schuhe sehr s.; die tägliche Rasur strapaziert die Haut;

die Autos werden bei dieser Rallye stark strapaziert; übertr.: diese Ausrede, Redensart ist schon zu oft strapaziert *(benutzt)* worden. **2.** ⟨jmdn., sich, etwas s.⟩ *stark in Anspruch nehmen, überanstrengen:* die Kinder strapazierten die Mutter, die Nerven der Mutter; er hat sich bei dieser Arbeit sehr strapaziert; sie sahen sehr strapaziert aus; übertr.: jmds. Geduld, Langmut s. (ugs.; *auf eine harte Probe stellen*).

Straße, die: **1. a)** *Verkehrsweg:* eine schmale, breite, belebte, regennasse, kurvenreiche, ansteigende, abschüssige, vereiste, wenig befahrene S.; die Berliner S.; eine S. erster, zweiter Ordnung; die Straßen waren menschenleer, waren schwarz vor Menschen; die S. ist frei *(es ist kein Fahrzeug auf der Straße);* die S. [führt] zum Bahnhof, nach Köln; die S. biegt links ab; die S. vom Bahnhof zum Hotel; zwei Straßen kreuzen sich; eine S. bauen, ausbessern, verbreitern; eine S. überqueren, befahren, benutzen, [wegen Bauarbeiten für den Durchgangsverkehr] sperren, freigeben; die S. entlanggehen; Gangster machen die Straßen unsicher; er notierte sich S. und Hausnummer; rechts, links der S. standen Bäume; das Hotel steht an der S.; die Kinder spielen auf der S.; sie traten aus dem Haus auf die S.; bei Dunkelheit trauten sie sich nicht mehr auf die S. *(nach draußen);* der Wagen bringt seine hohe Motorleistung nicht so gut auf die S. *(setzt sie nicht so gut um);* er ist ihm auf der S. *(unterwegs)* begegnet; sie haben sich den ganzen Tag auf der S. herumgetrieben (ugs.; *sind nicht nach Hause gekommen*); du darfst heute nicht auf die S. gehen *(das Haus nicht verlassen);* die Fenster, die Zimmer gehen auf die/zur S. *(liegen auf der Straßenseite);* durch die Straßen bummeln, schlendern; die Demonstranten zogen durch die Straßen; sie wohnen in einer ruhigen S.; er ist bei Rot über die S. gegangen; etwas über die S. *(zum Verzehr außerhalb des Lokals)* verkaufen; von der S. weg *(nachdem man sie nur auf der Straße gesehen/gehört hatte)* wurde sie engagiert; Jugendliche von der S. holen *(Jugendlichen eine sinnvolle Betätigung oder Arbeit beschaffen, damit sie sich nicht mehr herumtreiben);* das Wort hat er auf der S. aufgeschnappt *(hat er von Leuten gehört, die sich draußen herumtreiben und sich derb ausdrücken);* die Regierung darf dem Druck der S. *(Opposition, die sich in Demonstrationen, Protestaktionen äußert)* nicht nachgeben; übertr.: auf der S. des Glücks, des Erfolgs. **b)** *Bewohner der Straße:* die ganze S. nahm an dem Ereignis teil. **2.** *Meerenge:* die S. von Gibraltar, von Dover. ∗(ugs.:) **mit mir, mit etwas die Straße pflastern können** *(in viel zu großer Zahl vorhanden sein):* es gibt so viele Jurastudenten, daß man mit ihnen die S. pflastern könnte · **auf offener Straße** *(mitten auf der Straße, in aller Öffentlichkeit)* · (ugs.:) **jmdn. auf die Straße werfen/setzen: a)** *(jmdm. entlassen).* **b)** *(jmdm. seine Wohnung, sein Zimmer kündigen)* · **auf der Straße liegen/sitzen/stehen: a)** (ugs.; *arbeitslos sein*). **b)** *(ohne Wohnung, Bleibe sein)* · **auf die Straße gehen** *(demonstrieren):* Tausende gingen [für mehr Abrüstung, gegen neue Waffensysteme] auf die S.

Straßenbahn, die: ↑ Bahn.

sträuben: 1. a) ⟨etwas s.⟩ *aufstellen, aufplustern:* die Federn s.; der Hund sträubt das Fell. **b)** ⟨et-

was sträubt sich⟩ *etwas plustert sich:* das Fell, das Gefieder sträubte sich; ⟨jmdm. sträubt sich etwas⟩ der Katze sträubt sich das Fell; vor Angst, vor Entsetzen sträubten sich ihm die Haare. **2.** ⟨sich s.⟩ *sich wehren, widersetzen:* sich lange, heftig, mit allen Mitteln s.; er sträubte sich, Militärdienst zu leisten; er hat sich innerlich gegen diesen Plan gesträubt; übertr.: die Feder sträubt sich, diese schrecklichen Vorgänge zu beschreiben; subst.: schließlich half ihm kein Sträuben.

Strauch, der: *Busch:* ein blühender, dürrer, belaubter, dorniger S.; Sträucher pflanzen, abernten, [be]schneiden.

straucheln: 1. (geh.) *stolpern und taumeln:* der Mann, das Pferd strauchelte; subst.: sie kam ins Straucheln. **2. a)** (geh.) *sein Ziel nicht erreichen, scheitern:* er ist als Wissenschaftler gestrauchelt; die Mannschaft ist gegen einen Außenseiter gestrauchelt; ein gestrauchelter Mensch. **b)** *auf die schiefe Bahn geraten:* schon mit 17, in der Großstadt s.; die meisten der aus dem Gefängnis Entlassenen straucheln wieder; subst. Part.: den Gestrauchelten helfen.

¹Strauß, der: *Blumenstrauß:* ein duftender, bunter, großer, schöner S.; ein Sträußchen Veilchen, zwei Sträuße Tulpen; ein S. weißer Flieder/ (geh.:) weißen Flieders; der S. ist verwelkt; einen S. pflücken, binden, zusammenstellen; jmdm. einen S. Rosen schicken, überreichen.

²Strauß, der: /ein großer Vogel/: afrikanische Strauße; er steckt den Kopf in den Sand wie der Vogel S. *(will eine Gefahr nicht sehen).*

³Strauß, der: (geh. veraltend) *Auseinandersetzung:* das war ein heftiger S.; sie hatten sich schon manchen harten S. geliefert; er hat einen S. mit seinem Kontrahenten ausgefochten.

streben: 1. ⟨mit Raumangabe⟩ *sich energisch auf ein Ziel zu bewegen:* die Menschen strebten nach Hause, zum Ausgang, zur Tür; die Pflanzen streben (geh.; *strecken sich*) nach dem/zum Licht; der Fluß strebt zum (geh.; *fließt ins*) Meer; übertr.: die Türme des Doms streben (geh.; *ragen*) in den Himmel; diese Partei strebt mit aller Energie an die Macht/zur Macht *(erstrebt sie heftig).* **2.** ⟨nach etwas s.⟩ *sich mit aller Kraft um etwas bemühen, nach etwas trachten:* nach Macht, Ehre, Glück, Reichtum s.; er hat sein Leben lang nach Selbständigkeit gestrebt; er strebte immer [danach], sich zu vervollkommnen; subst. (geh.): sein Streben geht dahin/ist darauf gerichtet, die Zustände zu verbessern.

strebsam: *fleißig und zielstrebig:* ein strebsamer Schüler, junger Mann; sie ist sehr s.

Strecke, die: **1. a)** *Wegstrecke, Stück eines Weges; Entfernung:* eine kurze, lange, weite, übersichtliche, ebene, gefährliche S.; eine bestimmte S. fahren, gehen, laufen; sie hatten eine ziemliche, beträchtliche, schwierige S., eine S. von 20 km zurückzulegen, zu bewältigen; sie haben noch eine große S. vor sich; jmdn. eine S. [Weges] begleiten; die S. bis zur Grenze schaffen wir in zwei Stunden; er fliegt diese S. *(Route)* öfter; viele Wagen sind auf der S. *(Rennstrecke)* liegengeblieben; das Land war über weite Strecken [hin] *(war zu großen Teilen)* überschwemmt; übertr.: weite Strecken *(Passagen)* des Buches

sind sehr schwer verständlich; M a t h .: eine S.
*(durch zwei Punkte begrenzte Gerade) auf einer
Geraden abtragen.* **b)** (Sport) *genau abgemessener
Weg, festgelegte Entfernung für ein Rennen:* er
läuft, schwimmt besonders die langen Strecken;
viele Zuschauer räumten die S.; auf die S. gehen
(starten); die Läufer sind noch auf der S. *(unterwegs);* ein riesiges Teilnehmerfeld ging über
diese S. *(nahm an diesem Rennen teil).* **2. a)** *Bahnlinie:* eine stark befahrene S.; die S. nach Frankfurt ist vorübergehend gesperrt; er fährt häufig
die S. Berlin–Frankfurt, zwischen Berlin und
Frankfurt; eine S. ausbauen; der Ort liegt an der
S. Frankfurt–Mainz; dieser Zug verkehrt auf der
S. Basel–Dortmund; der Zug hielt auf freier/auf
offener S. *(außerhalb des Bahnhofs).* **b)** *Gleisab-
schnitt:* eine S. begehen, abgehen, kontrollieren;
er arbeitet auf der S. **3.** (Bergmannsspr.) *waag-
rechter Grubenbau:* von dem Schacht gehen mehrere Strecken aus. * **auf der Strecke bleiben** *(scheitern, unterliegen; vereitelt werden, verlorengehen):*
alle Reformprogramme sind auf der S. geblieben · **jmdn. zur Strecke bringen: a)** *(erlegen):* er
hat bei der Safari einen Tiger zur S. gebracht. **b)**
(jmdn. fangen, überwältigen, töten).
strecken: 1. a) ⟨etwas s.⟩ *geradebiegen, in gerade
Haltung bringen:* die Beine, die Arme, die Knie,
den Körper s.; das gebrochene Bein wurde gestreckt *(in einen Streckverband gelegt);* den Finger
s. (ugs.; *sich durch Fingerheben melden);* adj.
P a r t .: ein gestreckter Galopp *(ein schneller Galopp mit gestreckten, weit ausgreifenden Beinen des
Pferdes);* M a t h .: ein gestreckter Winkel *(Winkel
von 180°).* **b)** ⟨sich, etwas s.⟩ *ausstrecken, dehnen:*
die Glieder s.; sich dehnen und s.; die Kinder
reckten und streckten sich, ehe sie sich erhoben;
sie streckten die Hälse, um etwas zu sehen; der
Torwart mußte sich gewaltig s. *(mußte einen
Hechtsprung machen),* ü b e r t r .: der Weg streckt
sich *(ist länger als erwartet).* **c)** ⟨etwas s.; mit
Raumangabe⟩ *in eine bestimmte Richtung ausstrecken:* sie streckte den Kopf aus dem Fenster,
durch den Türspalt, nach vorn; er streckte die
Füße unter den Tisch, von sich. **d)** (ugs. landsch.)
⟨sich s.⟩ *wachsen:* der Junge hat sich mächtig gestreckt. **e)** ⟨sich s.; mit Raumangabe⟩ *sich ausgestreckt hinlegen:* er streckte sich behaglich aufs
Sofa, ins Gras, unter die Decke. **2.** ⟨etwas s.⟩ **a)**
*durch Verdünnen, Vermischen mit Zusätzen in der
Menge vermehren:* die Soße, Suppe [mit Wasser]
s. **b)** *rationieren, etwas sparsamer verbrauchen:*
die Vorräte, die Lebensmittel s. **3.** ⟨etwas s.⟩ *durch
entsprechende Bearbeitung größer, länger, weiter,
breiter machen:* Eisenblech durch Hämmern,
Walzen s.; die Schuhe ein wenig s. lassen;
ü b e r t r .: das Muster des Kleides streckt ihre Figur *(läßt sie schlanker und größer erscheinen).*
Streich, der: **1.** (geh. veraltend) *Hieb, Schlag:*
ein tödlicher S.; einen S. gegen jmdn. führen
(jmdn. angreifen); jmdm. einen S. versetzen. **2.**
Scherz, Spaß: ein dummer, lustiger, schlimmer
S.; Streiche machen, vollführen, verüben; er
denkt sich immer neue Streiche aus; zu Streichen
aufgelegt sein. * **jmdm. einen Streich spielen**
(jmdn. hereinlegen) · (veraltend:) **auf einen
Streich** *(auf einmal)* · (ugs. landsch.:) **mit etwas zu
Streich kommen** *(mit etwas zurechtkommen).*

streicheln ⟨jmdn., etwas s.⟩: *mit der Hand sanft,
liebkosend über etwas streichen:* jmds. Gesicht,
Hände, Haar s.; er streichelte seinen Hund [am
Kopf]; läßt sich der Hund s.?; ⟨jmdm. etwas s.⟩ er
streichelt ihr das Haar; ⟨auch jmdm. über etwas
s.⟩ er streichelte ihr übers Haar; ü b e r t r .: der
Wind streichelte ihr Haar.
streichen: 1. a) ⟨etwas s.; mit Raumangabe⟩
auftragen: Butter, Marmelade aufs Brot s.; der
Arzt strich Salbe auf die Wunde; sie hat sich
(Dativ) die Butter dick aufs Brot gestrichen. **b)**
⟨etwas s.⟩ *bestreichen:* ein Brot, Brötchen [mit
Käse] s.; die Mutter hat dem Kind ein Frühstücksbrot gestrichen. **2.** ⟨etwas s.⟩ *anstreichen,
mit einem Anstrich versehen:* die Decke, die
Wände s.; er hat die Türen mit Ölfarbe gestrichen; weiß gestrichene Möbel; Vorsicht, frisch
gestrichen! **3. a)** ⟨mit Raumangabe⟩ *leicht darüber
hinfahren:* sie hat [mit der Hand] über den Stoff,
über das Kissen gestrichen. ⟨jmdm., sich s.; mit
Raumangabe⟩ die Mutter strich dem Kind zärtlich über den Kopf, durchs Haar; er strich sich
bedächtig über den Bart; ⟨auch sich (Dativ) etwas s.⟩ er strich sich bedächtig den Bart; adj.
P a r t .: das Maß sollte gestrichen voll sein; ein
gestrichener *(bis zum Rand gefüllter)* Eßlöffel
Mehl. **b)** ⟨etwas s.; mit Raumangabe⟩ *weg-, beiseite schieben, mit einer streichenden Bewegung irgendwohin befördern:* mit einer raschen Bewegung strich sie die Krümel beiseite, vom Tisch; er
hat mit einem Spachtel Kitt in die Fugen gestrichen; gekochte Tomaten durch ein Sieb s. *(passieren);* ⟨jmdm., sich etwas s.; mit Raumangabe⟩
dem Kind, sich das Haar aus der Stirn s. **c)** (veraltend) ⟨etwas s.⟩ *auf einem Streichinstrument spielen:* er streicht die Geige, das Cello. **4.** ⟨mit
Raumangabe⟩ *sich über etwas hinbewegen; [ziel-
los] umherstreifen:* ein Raubvogel streicht *(fliegt)*
über den Wald; er ist tagelang durch die Wälder
gestrichen; jmd. streicht ums Haus; ⟨jmdm. s.;
mit Raumangabe⟩ die Katze strich ihm um die
Beine; ü b e r t r .: kühle Luft strich über sein Gesicht. **5.** ⟨jmdn., etwas s.⟩ *wegstreichen, tilgen:* ein
Wort, einen Satz s.; hast du ihn, seinen Namen
aus der Liste gestrichen?; Nichtzutreffendes
bitte s.!; ü b e r t r .: du mußt die Sache aus deinem
Gedächtnis s. *(sie vergessen);* einen Auftrag s.
(rückgängig machen); deine Pläne, deinen Urlaub
kannst du s. (ugs.; *fallenlassen, aufgeben).*
Streife, die: **a)** *Polizeistreife:* eine S. ist unterwegs, patrouilliert auf der Straße; der Dieb
wurde von der S. gestellt. **b)** *Kontrollgang:* die
Polizei macht eine S.; sie sind, gehen auf S.
streifen /vgl. gestreift/: **1.** ⟨jmdn., etwas s.⟩ *leicht
berühren:* jmdn. am Arm, an der Schulter s.; sie
streifte die Wand [mit ihrem Kleid]; der Schuß
hat ihn nur gestreift *(oberflächlich verletzt);* der
Fußgänger wurde von dem Lastwagen gestreift
(angefahren); ü b e r t r .: ein Windhauch streifte
sie (geh.; *fuhr über sie hin);* ein verstohlener Blick
streifte ihn *(jmd. sah ihn mit verstohlenem Blick
kurz an);* Heidelberg haben wir bei dieser Reise
nur gestreift *(nur flüchtig besucht, sind daran vor-
beigefahren).* **2.** ⟨etwas s.⟩ *nur anklingen lassen,
nicht ausführlich behandeln:* er hat diese Frage,
dieses Problem [in seinem Vortrag] nur gestreift.
3. a) ⟨etwas von etwas s.⟩ *abstreifen:* die Hand-

schuhe von der Hand, den Ring vom Finger s.; er hat die Asche von der Zigarre gestreift; Beeren von den Rispen s.; ⟨jmdm., sich etwas von etwas s.⟩ sie streifte sich die Badekappe vom Kopf. **b)** ⟨etwas s.; mit Raumangabe⟩ *durch eine streifende Bewegung an eine bestimmte Stelle bringen:* den Ring auf den Finger s.; sie streifte den Ärmel in die Höhe, die Handschuhe über die Hand; das Hemd über den Kopf s. *(darüberziehen);* ⟨jmdm., sich etwas s.; mit Raumangabe⟩ sie hatte sich die Kapuze über den Kopf gestreift. **4.** ⟨mit Raumangabe⟩ *ohne festes Ziel durchwandern, umherstreifen:* durch die Wälder, die Gegend, die Straßen s.; er ist wochenlang durch das Land gestreift. **Streifen,** der: **1. a)** *schmales, langes Stück von etwas:* ein schmaler, breiter, langer S.; ein S. Stoff, Papier, ein S. Land/(geh.) Landes; Speck, Fleisch in Streifen schneiden. **b)** *langer, schmaler, farblich von seiner Umgebung abgehobener Abschnitt einer Fläche:* feine, breite, schwarze, weiße Streifen; am Horizont zeichnet sich ein heller S. ab; der S. *(das Streifenmuster)* gefällt mir nicht; er hat den weißen S. auf der Fahrbahn überfahren; ein Rock mit bunten Streifen. **2.** (ugs.) *Film:* ein alter, neuer, interessanter, amüsanter S.; das Kino zeigt einen S. von ...

Streik, der: *organisierte Arbeitsniederlegung:* ein langer, ein spontaner, wilder *(von der Gewerkschaft nicht geplanter)* S.; ein S. gegen die Beschlüsse der Arbeitgeber; der S. verschärft sich, lähmt die Wirtschaft, ist beendet, war erfolgreich, ist zusammengebrochen; einen S. ausrufen, organisieren; den S. durchhalten, abbrechen, abblasen (ugs.); die Metallarbeiter haben sich dem S. angeschlossen; das Recht auf S.; etwas durch S. erzwingen; die Arbeiter wollen in [den] S. treten, stehen im S.; zu einem S. aufrufen. **streiken: 1.** *die Arbeit niederlegen:* wochenlang s.; die Arbeiter wollen s.; sie streiken für höhere Löhne, gegen die Beschlüsse der Arbeitgeber; subst. Part.: die Streikenden wurden ausgesperrt; übertr.: ich streike (ugs.; *ich mache nicht mehr mit, ich gebe auf);* mein Magen streikt (ugs.; *verträgt das Essen nicht, mir ist übel).* **2.** (ugs.) ⟨etwas streikt⟩ *etwas versagt, funktioniert nicht mehr:* der Motor, die Maschine streikte plötzlich.

Streit, der: *mit Worten, oft auch mit Handgreiflichkeiten ausgetragene, heftige Auseinandersetzung:* ein heftiger, erbitterter, alter S.; ein gelehrter, wissenschaftlicher S. *(ein Streit unter Gelehrten);* ein blutiger S. entbrannte [zwischen ihnen]; ein S. der Meinungen; ein S. um Nichtigkeiten, um Worte; ein S. unter den Kindern; der S. zwischen zwei Parteien, den Eheleuten; bei ihnen herrscht immer Zank und S.; ein S. entsteht, bricht aus, die beiden haben S. [miteinander]; er hat S. mit ihm bekommen, gekriegt (ugs.); es gab [einen] fürchterlichen S.; den S. schlichten, beilegen, beenden, begraben; einen S. entfachen (geh.), anzetteln, anfangen, austragen; er sucht gern S. *(ist streitsüchtig);* sie sind in S. geraten; sie liegen im S.; sind im S. auseinandergegangen, leben in S. miteinander. * **ein Streit um des Kaisers Bart** *(überflüssiger Streit um Nichtigkeiten)* · **einen Streit vom Zaun[e] brechen** *(einen Streit heraufbeschwören, beginnen).*

streitbar (geh.): *zum Streiten, Kämpfen um et-*

was, *zur kritischen Auseinandersetzung stets bereit:* ein streitbarer Mann; sie ist, gilt als sehr s. **streiten: 1.** *sich heftig, im Streit mit jmdm. auseinandersetzen, sich zanken* **a)** mußt du immer s.?; ich habe keine Lust zu s.; warum streitet ihr den ganzen Tag?; adj. Part.: die streitenden Parteien; subst.: sie versuchte die Streitenden zu beruhigen. **b)** ⟨sich mit jmdm. s.⟩ sich mit seiner Frau s.; er hat sich mit seinem Bruder um das Erbteil, wegen des Mädchens gestritten; ⟨auch ohne Präp.-Obj.⟩ streitet ihr euch schon wieder?; sie streiten sich den ganzen Tag [um nichts und wieder nichts (ugs.), wegen jeder Kleinigkeit]; R: wenn zwei sich streiten, freut sich der Dritte. **2.** ⟨über etwas s.⟩ *heftig diskutieren:* sie stritten über die Gleichberechtigung; sie haben miteinander darüber gestritten, ob die Sache vertretbar sei; darüber kann man/läßt sich s. *(darüber kann man verschiedener Meinung sein);* ⟨auch sich über etwas s.⟩ sie stritten sich über die Auslegung einer Bibelstelle. **3. a)** (geh. veraltend) *kämpfen:* für das Vaterland, gegen eine feindliche Übermacht s.; es wird erbittert gestritten. **b)** (geh.) ⟨für etwas s.⟩ *sich für etwas mit allen Kräften einsetzen:* für Recht und Freiheit, für eine Idee s. **c)** (geh.) ⟨gegen etwas angehen:* gegen das Unrecht s. **d)** (geh.) ⟨um etwas s.⟩ *um etwas kämpfen:* sie stritten um das Erbe.

Streitigkeiten, die ⟨Plural⟩: *Streiterei, heftige Auseinandersetzung:* es gab endlose S.; laßt doch die ewigen (ugs.), dauernden (ugs.) S.!; S. brachen aus; S. beilegen, schlichten; es kam zu S.

streng: 1. *hart, unerbittlich, unnachsichtig:* ein strenger Vater, Lehrer, Richter; eine strenge Strafe, Maßnahme; ein strenges Urteil, Verbot; strenge Vorschriften; hier herrscht eine strenge Ordnung; mit strenger Miene; mit strengem Blick; (südd., schweiz.:) ein strenger *(anstrengender, beschwerlicher)* Dienst, eine strenge *(harte, anstrengende)* Arbeit, Tätigkeit; die Mutter ist sehr s. [mit, zu den Kindern]; er sieht s. aus, wirkt sehr s.; er urteilt, zensiert sehr, zu s.; jmdn. s. zurechtweisen, erziehen, bestrafen; er sah die Fremden s. *(mit strenger Miene)* an; etwas strengstens, aufs/auf das strengste verbieten. **2. a)** *genau, exakt, strikt:* etwas ist ein strenges Geheimnis; strengste Diskretion wahren; strenges Stillschweigen bewahren; es wurde strengste Pünktlichkeit gefordert; er hatte die strenge Weisung, niemanden einzulassen; strenge Sitten; eine strenge Diät; im strengen Sinne, sind wir alle schuld daran; er ist ein strenger *(strenggläubiger)* Katholik; die Anweisungen s. befolgen, beachten; das ist s., strengstens verboten; die beiden Bereiche sind s. voneinander zu trennen; er geht s. methodisch vor. **b)** *ein bestimmtes Prinzip konsequent befolgend:* der strenge Aufbau eines Dramas, einer Fuge; der strenge Stil eines romanischen Bauwerks. **3.** *sehr kalt:* ein strenger Winter; strenger *(sehr starker)* Frost; der Winter war sehr s. **4.** *herb, leicht bitter:* ein strenger Geschmack, Geruch; das Wild riecht s.; das Fleisch ist etwas s. im Geschmack. **5.** *nicht lieblich, herb:* strenge Züge; ihr Gesicht ist etwas s.; die Frisur macht ihr Gesicht noch strenger.

Strenge, die: **1.** *Härte, Unerbittlichkeit:* große, übertriebene, eiserne S.; die S. der Strafe; die S.

zu weit treiben; S. walten lassen, üben; er wurde mit übergroßer S. erzogen; mit unnachsichtiger, drakonischer S. vorgehen. **2.** *Härte, große Kälte:* die S. des Frostes; der Winter kommt mit großer S. **3.** *Herbheit, leichte Bitterkeit:* die S. des Geschmacks; ein Geruch von beißender S. **4.** *Herbheit, fehlende Lieblichkeit:* die S. ihrer Züge, ihres Mundes. **5.** *Genauigkeit, Straffheit, Striktheit der Gestaltung:* die S. der Formen, des Bauwerks.

streuen: 1. ⟨etwas s.⟩ **a)** *über etwas verteilen, hinstreuen:* Blumen, Torf, Sand s.; Salz auf das Fleisch s.; bei Glatteis muß man Viehsalz [auf die Straße] s.; den Vögeln/für die Vögel Futter s.; ⟨jmdm. etwas s.⟩ mit Raumangabe⟩ sie haben dem Angreifer Pfeffer in die Augen gestreut; übertr.: Gerüchte unter die Leute s.; ⟨auch ohne Akk.⟩ die Geschäftsleitung ließ s. ⟨ugs.; *verbreiten),* das Unternehmen stehe kurz vor dem Konkurs. **b)** *bestreuen:* bei Glatteis muß die Straße [mit Viehsalz] gestreut werden; ⟨auch ohne Akk.⟩ heute muß gestreut werden *(ein Streumittel gegen die Glätte auf dem Boden verteilt werden).* **2.** ⟨etwas streut⟩ *etwas läßt etwas herausrinnen, austreten:* das Salzfaß streut gut, nicht mehr richtig; der Mehlsack, die Tüte streut *(hat ein Loch, ist undicht).* **3.** ⟨etwas streut⟩ **a)** *etwas trifft ungenau:* die Geschütze, die Gewehre streuten. **b)** *etwas verteilt sich [zerplatzend, explodierend] in einem [zu] weiten Umkreis:* diese Geschosse streuen stark, nur wenig. **4.** (Fachspr.) ⟨etwas streut⟩ **a)** *etwas weicht von der eigentlichen Richtung nach verschiedenen Seiten ab:* die Licht-, Röntgenstrahlen, streuen. **b)** *etwas verursacht, bewirkt die Ausbreitung krankhafter Prozesse:* der Krankheitsherd streut. **c)** *etwas weicht von einem errechneten Mittelwert, Durchschnittswert ab:* die statistischen Meßwerte sollten nicht allzu sehr s.

streunen: *sich herumtreiben:* Jugendliche sind durch die Stadt gestreunt; sie sind/(seltener:) haben den ganzen Tag gestreunt; streunende Hunde, Katzen.

Strich, der: **1.** *das Streichen:* der S. mit dem Pinsel, mit dem Bogen, mit der Bürste; der kräftige, weiche S. *(die Bogenführung)* des Geigers. **2.** *auf einer Unterlage hervorgebrachte Linie:* ein dicker, dünner, feiner, sauberer S.; der S. ist nicht gerade; er hat in dem Buch viele Striche an den Rand gemacht; Striche [mit dem Lineal] ziehen; die Striche *(Zeichen in Form kleiner gerader Striche)* auf der Skala einer Waage, eines Thermometers; der Maler hat einen feinen, eleganten S. *(eine feine, elegante Mal-, Zeichentechnik);* der Zeichner hat ihn mit wenigen schnellen Strichen skizziert; die Fehler waren mit dicken roten Strichen unterstrichen; übertr.: er ist nur noch ein S. (ugs.; *ist sehr dünn geworden);* in groben, knappen Strichen umriß der Redner seine Vorstellungen. **3.** *Streichung, Kürzung:* er hat im Drehbuch einige Striche vorgenommen. **4.** *Wachstumsrichtung der Haare, des Fells; Fadenverlauf des Gewebes:* bei der Verarbeitung des Stoffes muß der S. beachtet werden; die Haare, das Fell gegen den S., mit dem S. bürsten. **5.** (ugs.) **a)** *Prostitution, die auf der Straße angeboten wird:* der S. hat sie kaputtgemacht; man hat vergeblich versucht, ihn vom S. und von den Drogen wegzubringen. **b)** *Gegend in der Prostitution ange-*

boten wird: im Bahnhofsviertel ist der S. * **einen Strich unter etwas machen/ziehen** *(etwas beenden, mit etwas Schluß machen)* · (ugs.:) **keinen Strich tun/machen** *(nichts tun, nichts arbeiten)* · (ugs.:) **jmdm. einen Strich durch die Rechnung machen** *(jmds. Pläne durchkreuzen)* · (ugs.:) **jmdm. einen Strich durch etwas machen** *(jmdm. etwas unmöglich machen)* · (ugs.:) **auf den Strich gehen** *(der Prostitution auf der Straße nachgehen)* · (ugs.:) **jmdn. auf den Strich schicken** *(jmdn. veranlassen, zwingen, der Prostitution auf der Straße nachzugehen)* · **noch auf dem Strich gehen können** *(nicht so sehr betrunken sein, daß man nicht mehr gerade gehen kann)* · (ugs.:) **etwas geht jmdm. gegen/wider den Strich** *(jmd. mag etwas nicht)* · (ugs.:) **nach Strich und Faden** *(gehörig, gründlich)* · **unter dem Strich** *(als Ergebnis)* · (ugs.:) **etwas ist unter dem Strich** *(etwas ist schlecht, von nur geringem Niveau)* · **etwas steht unter dem Strich** *(etwas steht im Unterhaltungsteil der Zeitung).*

Strick, der: **1.** *dickes Seil, dickere Schnur:* ein dicker, langer S.; der S. reißt, hält, löst sich; sie hat den Korb an einem S. heruntergelassen; das Pferd war mit einem S. an den Baum angebunden. **2.** (fam.) *Bursche, Kerl, Schelm:* so ein S.!; dieser S. hat mich doch angeführt! * (ugs.:) **wenn alle Stricke reißen** *(wenn es keine andere Möglichkeit mehr gibt)* · (ugs.:) **den Strick nehmen/sich kaufen können** *(in einer völlig verfahrenen Situation sein)* · **den Strick nicht wert sein** *(ganz unwürdig sein)* · (ugs.:) **jmdm. aus etwas einen Strick drehen** *(jmds. Äußerung, Handlung so auslegen, daß sie ihm schadet)* · **den, einen Strick nehmen/** (geh.:) **zum Strick greifen** *(sich erhängen).*

stricken: a) *eine Strickarbeit ausführen:* zwei links, zwei rechts, glatt rechts, glatt links s.; viel, gerne, zum Zeitvertreib s.; sie hat lange an dem Schal gestrickt. **b)** ⟨etwas s.⟩ *durch Stricken anfertigen:* Strümpfe s.; die Mutter hat [ihm/für ihn] einen Pullover gestrickt.

strikt: *sehr streng:* ein strikter Befehl; strikter Gehorsam; etwas s. einhalten, befolgen.

Strippe, die (berlin.): *Schnur:* die S. durchschneiden, aufknoten. 2. (ugs.) ⟨in bestimmten Verwendungen⟩ jmdn. an der Strippe haben *(mit jmdm. telefonieren);* sie hängt den ganzen Tag an der S. *(telefoniert ununterbrochen);* jmdn. an die S. bekommen, kriegen *(jmdn. als Gesprächspartner ans Telefon bekommen);* wer war denn an der S. *(wer hat angerufen)?*

strittig: *noch nicht entschieden, umstritten:* eine strittige Angelegenheit, Frage; ein strittiges Problem; die Sache ist noch s.

Stroh, das: *Halme, von gedroschenem Getreide:* frisches, nasses, faules S.; ein Bund, ein Bündel, eine Schütte S.; etwas brennt wie nasses S. *(schlecht);* das Brot schmeckt wie S. (ugs.); S. aufschütteln, streuen; auf/im S. schlafen; das Dach ist mit S. gedeckt. * (ugs.:) **Stroh im Kopf haben** *(dumm sein)* · **leeres Stroh dreschen** *(viel Unnötiges, Unsinniges reden).*

Strohhalm, der: *trockener Getreidehalm:* der Sturm knickte die Bäume wie Strohhalme; sie tranken die Limonade mit dem S. *(Trinkhalm).* * **sich an einen Strohhalm klammern** *(in der kleinsten sich bietenden Möglichkeit nach Hoffnung suchen)* · **nach dem rettenden Strohhalm greifen** *(die* *letzte Rettungsmöglichkeit ergreifen*) · (ugs.:) **über einen Strohhalm stolpern** *(an einer vergleichsweise geringfügigen Kleinigkeit scheitern).*

Strom, der: **1. a)** *großer Fluß:* ein breiter, langer, schiffbarer S.; der S. ist vereist, führt Hochwasser, tritt über die Ufer; der S. fließt durch eine fruchtbare Ebene, mündet ins Meer; einen S. befahren; man sah viele Boote auf dem S.; die Bäche wurden durch den Regen in reißende, wilde Ströme verwandelt; übertr.: Ströme von Schweiß, von Tränen, von Blut flossen; ein S. von Menschen, von Autos, von Besuchern, von Flüchtlingen; ein S. von Verwünschungen ergoß sich über ihn; er ließ sich vom S. der Menge treiben; der S. der Rede versiegte; der S. (geh.) der Zeit, des Vergessens, der Ereignisse. **b)** *Strömung:* der S. trieb ihn vom Ufer ab; gegen den S. anschwimmen; mit dem S. schwimmen. **2.** *Elektrizität:* schwacher, elektrischer S.; der S. hat eine Spannung von 220 Volt; ein S. von 12 Ampere; die Batterie gibt kaum noch S. ab; S. ein-, abschalten, unterbrechen; man hat ihm den S. gesperrt; sie verbrauchen viel, wenig S.; Wasserkraft in S. verwandeln; mit S. heizen; das Gerät, das Gehäuse stand unter S. ∗ **in Strömen** *(sehr heftig):* es regnete in Strömen · **mit dem Strom schwimmen** *(sich der herrschenden Meinung anschließen)* · **gegen/wider den Strom schwimmen** *(sich der herrschenden Meinung entgegenstellen).*

strömen: 1. (etwas strömt; mit Raumangabe) *etwas fließt schnell und in großer Fülle von irgendwoher, in eine bestimmte Richtung:* Wasser strömte aus der Leitung, in das Becken; frische Luft strömte ins Zimmer; aus der defekten Leitung strömte das Gas; das Blut strömt durch die Adern; Regen strömte unablässig vom Himmel; (auch ohne Raumangabe) der Regen strömte *(es regnete sehr stark);* adj. Part.: bei, in strömendem *(heftigem)* Regen kamen sie an. **2.** (mit Raumangabe) *sich in großer Anzahl von irgendwoher, in eine bestimmte Richtung bewegen:* die Menschen strömten auf die Straße, aus dem Saal, durch die Straßen, in die Ausstellung, zu dem Festzelt; (auch ohne Raumangabe) das Publikum strömte *(kam in Scharen).*

Strömung, die: **1.** *das Strömen; starke, fließende Bewegung:* eine starke, schwache, reißende, gefährliche S.; die Strömungen der Luft; warme, kalte Strömungen des Meeres; die S. hat das Boot erfaßt, abgetrieben, mitgerissen; der Fluß hat eine tückische S.; der Schwimmer muß gegen die S. ankämpfen, ist in die S. geraten. **2.** *geistige Bewegung, Richtung:* politische, geistige, literarische Strömungen; nostalgische Strömungen in der Mode; die herrschende S. der Zeit; es gab eine revolutionäre S. unter der Oberfläche.

Strophe, die: *Vers:* kunstvoll gebaute Strophen; die erste S.; sie sangen alle drei Strophen des Liedes; wir sangen S. 1, 4 und 5/die Strophen 1, 4 und 5; ein Gedicht mit vier Strophen.

strotzen: *übervoll sein von etwas, etwas in großer Menge haben:* er strotzt vor/von Energie, Kraft, Gesundheit; der Aufsatz strotzte vor/von Fehlern; der Junge strotzte *(starrte)* vor Dreck; strotzende *(üppige, fruchtbare)* Wiesen.

Strudel, der: **1.** *im Wasser entstehender Wirbel:* ein gefährlicher S.; ein S. zog den Schwimmer in

die Tiefe; das Boot geriet in einen S., wurde von einem S. erfaßt; übertr.: er wurde in den S. der Ereignisse hineingerissen, hineingezogen; sie stürzten sich in den S. der Vergnügungen. **2.** *Gebäck:* ein S. mit Äpfeln, mit Kirschen.

Struktur, die: **1.** *Aufbau, Gefüge, innere Gliederung:* die S. der Kristalle, einer Zelle; die S. der deutschen Sprache; die politische, soziale, wirtschaftliche S. eines Landes; Strukturen wandeln sich, werden sichtbar; die innere S. verändern. **2.** *reliefartig gestaltete Oberfläche:* die S. eines Kleiderstoffes; eine Tapete mit S.

Strumpf, der: *Bekleidung für Fuß und Bein:* kurze, lange, warme, seidene Strümpfe; ein S. mit Naht; ein Paar neue/(geh.:) neuer Strümpfe; Strümpfe stopfen, stricken, waschen; die Strümpfe anziehen, ausziehen; solche Strümpfe tragen; die Kinder liefen auf Strümpfen *(ohne Schuhe)* umher; du hast ein Loch im S.; sie steckt ihr Geld in den S. *(Sparstrumpf).* ∗ (ugs.:) **sich auf die Strümpfe machen** *(schnell aufbrechen).*

struppig: *wirr, zerzaust:* struppige Haare; ein struppiger Bart; das Tier hatte ein struppiges Fell; seine Haare waren s.; er sah s. aus; übertr.: struppiges Gebüsch.

Stube, die (veraltend): *Zimmer:* eine große, kleine, enge, winzige, warme S.; die gute S. (ugs.: *das nur bei besonderen Anlässen benutzte Zimmer);* die Rekruten sind auf der S. *(in ihrem gemeinschaftlichen Wohn- und Schlafraum in der Kaserne);* er sitzt, hockt immer in der S. (ugs.: *geht nicht aus dem Haus);* R: [nur immer] herein in die gute S.! (ugs.) */Aufforderung einzutreten!.*

Stück, das: **1.** *[abgetrennter] Teil von einem größeren Ganzen:* ein großes, kleines, dickes, langes, kurzes, schmales, breites S.; ein winziges Stückchen; ein S. Brot, Schokolade; ein S. Stoff, Holz; ein S. Land, Garten; ein S. weißes Papier/(geh.:) weißen Papiers; zwei S./(seltener:) Stücke Kuchen essen; der Preis eines Stücks Kuchen/eines S. Kuchens; ein S. [von etwas] abschneiden, abbrechen; das größte, beste S. bekommen, erwischen (ugs.); er las ein S. aus seinem Buch vor; ich begleite dich ein S./(geh.:) ein S. Weg[es]; das letzte S. des Weges fuhren sie mit der Bahn; das Kleid ist aus einem S. gearbeitet; etwas in Stücke reißen; der Teller ist in tausend Stücke zersprungen; er hat das Fleisch in große Stücke geschnitten; übertr.: der Vortrag behandelte ein S. Zeitgeschichte; der Möbel bedeuten ihm ein S. Heimat *(erinnern ihn an die Heimat);* das war ein schweres S. *(viel)* Arbeit; wir sind ein gutes S. *(ziemlich gut)* vorangekommen; die Sache hat ein schönes S. *(viel)* Geld gekostet. **2.** *Einzelgegenstand, Einzelteil:* ein seltenes, wertvolles S.; das kostbarste S. der Sammlung; Seife, eine Mark das S.; Seife, das S. [für] eine Mark; es waren Stücker zehn (ugs.; *ungefähr, etwa);* sie nahmen drei Stücke/drei S. Zucker in den Kaffee; /bei Mengenangaben/: er hat zehn S. Vieh im Stall; bitte zehn S. von diesen Apfelsinen · die Bilder wurden S. für S. numeriert; diese Arbeit wird nach S. bezahlt; die Produktion wurde um 10 000 S. erhöht; übertr.: sie ist [und bleibt] unser bestes S. (ugs.; *der liebste, beste o.ä. Mensch für uns).* **3.** (ugs.) *Person:* sie ist ein freches, faules, dummes S. (ugs.). **4.** *Theaterstück, Musikstück:* ein modernes, bekanntes, erfolgreiches S.; ein S. von Brecht; er spielt, übt Stücke von Schumann; sie spielten Stücke für Geige und Klavier; ein S. schreiben, aufführen, spielen, proben, absetzen; das ist durchgefallen, steht auf dem Spielplan. * **große Stücke auf jmdn. halten** *(jmdn. sehr schätzen)* · **etwas ist nur ein Stück Papier** *(etwas ist zwar schriftlich fixiert, aber nichts wert)* · (ugs.:) **etwas ist ein starkes/ein tolles o. ä. Stück** *(etwas ist eine Unverschämtheit, etwas ist unerhört)* · **aus freien Stücken** *(unaufgefordert)* · (ugs.:) **sich für jmdn. in Stücke reißen lassen** *(alles für jmdn. tun)* · (ugs.:) **in einem Stück** *(ununterbrochen)* · (ugs. landsch.:) **im/am Stück** *(nicht aufgeschnitten):* Käse im S. · **in vielen/in allen Stücken** *(in vieler, in jeder Hinsicht).*

Stückwerk ⟨in der Verbindung⟩ etwas ist/bleibt [nur] Stückwerk: *etwas ist, bleibt unvollkommen und daher unbefriedigend:* die Arbeit, alles ist S.

studieren: **1. a)** *eine Hochschule besuchen, Student sein:* seine Kinder s. lassen; er hat lange, 8 Semester studiert; er studiert an der TU Berlin; adj. Part.: er hat eine studierte (ugs. veraltend) Frau; subst.: die Studierenden *(Studenten);* er ist ein Studierter (ugs. veraltend). **b)** *⟨etwas s.⟩ an einer Hochschule erlernen:* Medizin s.; er studiert im zweiten Semester Malerei. **2.** *⟨etwas⟩ a) lernen, einüben:* ein Lied, seine Rolle, einen Gesangspart s. **b)** *sich eingehend mit etwas befassen:* eine Frage, ein Problem s.; er studiert die Akten, die Landkarte; sie studierten eingehend die Speisekarte (ugs.; *lasen sie genau durch).*

Studium, das: **1.** *Hochschulstudium:* ein langes, schwieriges s.; das S. der Medizin; dieses S. dauert fünf Jahre; das S. aufnehmen, abbrechen, beenden; sein S. mit dem Diplom abschließen; er hat sein S. erfolgreich absolviert; sie ist mitten im S., geht nach dem S. weg; mit dem S. beginnen. **2. a)** *Einstudierung:* das S. dieser Rolle machte ihm Mühe; für das S. des Gesangsparts hatte er nur wenig Zeit. **b)** *eingehende [wissenschaftliche] Beschäftigung mit etwas:* umfangreiche, gründliche, eingehende Studien; Studien betreiben; dabei kann man so seine Studien *(Beobachtungen)* machen; seinen Studien, dem Studium *(der Erforschung)* antiker Münzen widmen (ugs.:) sie waren ganz in das S. der Speisekarte vertieft *(lasen, prüften sie ausgiebig);* er ist mit dem S. der Zeitung beschäftigt.

Stufe, die: **1.** *einzelne Trittfläche einer Treppe o. ä.:* eine breite, schmale, hohe, niedrige, ausgetretene, steinerne S.; die erste, unterste, oberste S.; Vorsicht, S.!, Achtung, S., Stufen! /warnende Hinweise/; die S. knarrt; die Stufen des Altars; die Treppe hat zehn Stufen; die Stufen *(Treppe)* hinuntergehen, hinunterstegen, hinaufgehen, emporsteigen (geh.), hinaufsteigen; er nimmt immer mehrere Stufen auf einmal *(springt in Sätzen die Treppe hinauf);* Stufen ins Eis, in den Gletscher schlagen; übertr.: (geh.:) die Stufen zum Erfolg erklimmen (geh.); er steht auf der obersten S. des Ruhms. **2.** *Entwicklungsstufe, Stadium; Grad, Ausmaß:* die Stufen der Erkenntnis; die höchste S. der Vollkommenheit; die tiefste S. der Erniedrigung; er ist auf einer niedrigen, primitiven S. stehengeblieben. **3.** *einzelne, auf einem bestimmten Niveau verlaufende Phase des Anhei-*

zens, *Ablaufens o. ä.:* die zweite S. der Heizplatte einstellen; etwas in drei Stufen abwickeln. * **auf einer/auf der gleichen Stufe stehen** *(den gleichen Rang haben, gleichwertig sein)* · **jmdn., etwas auf eine/auf die gleiche Stufe stellen** *(jmdn., etwas im Rang miteinander gleichstellen)* · · **sich mit jmdm. auf eine/auf die gleiche Stufe stellen** *(sich jmdm. gleichstellen).*

Stuhl, der: **1.** *Sitzmöbel mit Rückenlehne:* ein harter, gepolsterter, drehbarer, wackliger (ugs.), hoher, niedriger S.; ein S. mit hoher Lehne, mit Armlehnen; Stühle stehen um den Tisch; Stühle aufstellen, rücken; sie hat dem Besuch keinen S. angeboten *(ihn nicht zum Sitzen aufgefordert);* den S. heran-, herbeiziehen; auf einem S. sitzen, hocken (ugs.); sich auf einen S. setzen, auf einen/einem S. niederlassen. **2.** *Stuhlgang:* harter, weicher, blutiger S.; er hatte mehrere Tage keinen S. * **elektrischer Stuhl** *(einem Stuhl ähnliche Vorrichtung, auf der zum Tode Verurteilte mit Starkstrom hingerichtet werden)* · **jmdm. den Stuhl vor die Tür stellen** *(jmdn. gehen heißen, jmdn. kündigen)* · (ugs.:) **fast vom Stuhl fallen** *(sehr überrascht sein)* · (ugs.:) **mit etwas zu Stuhle kommen** *(mit etwas zurechtkommen)* · **sich zwischen zwei Stühle setzen** *(sich zwei gebotene Möglichkeiten entgehen lassen)* · **zwischen zwei Stühlen sitzen** *(sich zwei Möglichkeiten verscherzt haben).*

Stuhlgang, der: *menschliche Ausscheidung:* harter, weicher S.; S. haben.

stumm: **a)** *unfähig zu sprechen:* ein stummes Kind; er ist s. [von Geburt an]; ⟨vor etwas s. sein⟩ vor Schreck, vor Staunen s. sein *(kein Wort hervorbringen);* übertr.: Trümmer als stumme Zeugen des Krieges. **b)** *nicht von Worten begleitet, wortlos:* eine stumme Bewegung, Klage; stummer Zorn, Schmerz; ein stummer Blick traf ihn; er hat eine stumme Rolle *(Rolle, in der er nichts zu sprechen hat);* eine stumme Szene *(in der nicht gesprochen wird);* er war s. wie ein Fisch *(sprach kein Wort);* auf die Frage blieb er s. *(sagte er nichts);* s. werden *(schweigsam werden);* s. zuhören; seine Worte machten sie s. (geh.; *ließen sie verstummen);* übertr.: ein stummer Laut (Sprachw.; *Laut, der nicht gesprochen wird).* * (ugs.:) **jmdn. stumm machen** *(jmdn. töten).*

Stümper, der: *(abwertend): Nichtskönner:* er ist ein rechter, elender (ugs.) S.; diese Arbeit hat ein S. ausgeführt; hier war ein S. am Werk.

stumpf: **1. a)** *nicht scharf:* ein stumpfes Messer, Beil, Schwert; stumpfe Zähne; die Schere, die Schneide, die Klinge ist s. [geworden]. **b)** *nicht spitz:* eine stumpfe Nadel; Math.: ein stumpfer Winkel *(Winkel, der zwischen 90° und 180° beträgt);* ein stumpfer Kegel; eine stumpfe Pyramide · sie hat eine stumpfe Nase; der Bleistift ist s. [geworden]. **2.** *teilnahmslos, interesselos; abgestumpft:* ein stumpfer Mensch, Blick; s. vor sich hin starren, brüten; er ist s. geworden gegen alle Einflüsse, gegenüber allen Einflüssen. **3.** *matt, glanzlos:* stumpfe Seide; die Farbe ist s. geworden; die Oberfläche des Holzes ist s.; der Schnee ist zu s. *(ist ohne die erwünschte Glätte);* ihr Haar war von der Sonne s. geworden.

Stumpf, der: *nach Abnutzung, Verbrauch, Abtrennung o. ä. verbliebenes kurzes Stück von etwas ursprünglich Langgestrecktem:* der S. eines Baumes; seine Zähne waren nur noch Stümpfe; die Kerze war bis auf einen S. heruntergebrannt. * (ugs.:) **mit Stumpf und Stiel** *(ganz und gar):* diese Tierart wurde mit S. und Stiel ausgerottet. **stumpfsinnig: a)** *in Stumpfsinn versunken, davon geprägt, teilnahmslos:* ein stumpfsinniges Leben; er starrte s. vor sich hin; bei dieser langweiligen Arbeit kann man s. werden. **b)** *eintönig, geisttötend:* eine stumpfsinnige Arbeit; diese Tätigkeit ist furchtbar s.

Stunde, die: **1.** *Zeitraum von 60 Minuten:* eine ganze, halbe, volle, gute *(etwas mehr als eine),* knappe *(nicht ganz volle)* S.; anderthalb Stunden; eine dreiviertel S./drei viertel Stunden; alle halbe S; alle halbe[n] Stunden; die Bahn geht jede S.; es dauerte eine geschlagene *(ganz und gar eine)* S.; es ist noch keine S. vergangen; er hat eine S. [lang] telefoniert; eine S. später; eine S. vor Tagesanbruch; zu Fuß, mit dem Auto ist es eine S. bis dorthin; der Ort liegt eine S. *(Weg-, Autostunde)* entfernt; er war drei Stunden [lang] unterwegs; er verbringt [ganze] Stunden mit seinem Hobby; er hat Stunden und Stunden/Stunden und Tage *(sehr lange)* dazu gebraucht; sie zählten die Stunden *(warteten voller Ungeduld)* bis zum Aufbruch; die Uhr schlägt nur jede volle S.; die Putzfrau bekommt zwölf Mark [für] die S., in der S., pro S.; er kam auf/für eine S. zu uns herüber; er wird in einer S. kommen; der Zug fährt 120 km in der S.; er hatte die Arbeit innerhalb einer S. erledigt; es muß um diese S. passiert sein; S. um S. verging; von einer S. zur anderen veränderte sich die Lage; von S. zu S. *(zunehmend im Ablauf der Stunden)* wurden sie unruhiger; im Abstand von zwei Stunden; vor einer S. ist er heimgekommen. **2.** (geh.) *Zeit, Zeitpunkt, Augenblick:* es waren frohe, glückliche, schwere, traurige, einsame, verlorene Stunden; die morgendlichen Stunden; die S. der Rache, des Todes; Stunden der Begeisterung; sie verlebten an diesem Ort die schönsten Stunden ihres Lebens; du mußt die richtige, geeignete S. abwarten; er hatte heute seine große S. *(einen großen Auftritt);* da hatte er eine schwache S. (ugs.; *einen Augenblick, in dem er keine, nicht genug Widerstandskraft hatte);* sie hat keine ruhige S. mehr, seit die Kinder fort sind; wir erlebten eine historische S.; das Krankenhaus ist jede S. *(immer)* in Bereitschaft; er muß diese S. *(in dieser Stunde)* noch kommen; die Gunst der S. nutzen, versäumen; diese Maßnahme ist ein Gebot der S.; in der S. der Gefahr, der Not hielten sie zusammen; von dieser S. an/(geh. veraltend:) von Stund an *(von diesem Augenblick an);* er kommt zu gewohnter/zur gewohnten S.; zu später S. *(spätabends);* zu nächtlicher S. *(nachts);* zur selben, zur gleichen, zu vorgerückter S.; zur S. *(im Augenblick)* wissen wir noch nichts Näheres; sie können zu jeder S. kommen; bis zur/bis zu dieser S. *(bis jetzt)* kennen wir keine Einzelheiten des Vorfalls. **3.** *Unterrichtsstunde:* die erste, nächste, letzte S. fällt aus; wir haben heute fünf Stunden; sie haben sechs Stunden Latein in der Woche; eine S. vorbereiten; Stunden *(Privat-, Nachhilfestunden)* [in Englisch, Physik] erteilen, geben, nehmen; in der zweiten S. haben wir Deutsch. * (geh.:) **die blaue Stunde** *(Dämmerstunde)* · (geh.:) **jmds. schwere Stunde** *(Zeitpunkt*

der Entbindung) · **die Stunde X** *(der erwartete, noch unbekannte Zeitpunkt, an dem etwas Entscheidendes geschehen wird)* · **die Stunde Null** *(Zeitpunkt, an dem etwas völlig neu beginnt)* · (veraltend, noch scherzh.:) **jmds. letzte Stunde/ letztes Stündlein hat geschlagen, ist gekommen** *(jmds. Ende steht bevor)* · **wissen, was die Stunde geschlagen hat.**

stunden ⟨jmdm. etwas s.⟩: *jmdm. Zahlungsaufschub gewähren:* jmdm. die fälligen Raten, die Miete s.; man hat ihm die Schuld einen Monat gestundet; ⟨auch ohne Dat.⟩ das Finanzamt war nicht bereit, den Betrag zu s.

stündlich: a) *jede Stunde:* ein stündlicher Wechsel; der Rundfunk bringt s. Nachrichten; der Zug verkehrt s. zwischen beiden Städten; die Lage ändert sich s. *(von Stunde zu Stunde).* **b)** *jeden Augenblick, in einer der kommenden Stunden; bald:* mit seiner Rückkehr ist s. zu rechnen; wir erwarten s. seine Ankunft.

Stunk, der (ugs.): *Zank, Ärger, Unfrieden:* S. machen, anfangen; mit jmdm. S. haben.

stur (ugs. abwertend): **a)** *starrsinnig, schwerfällig, unnachgiebig:* ein sturer Beamter; er ist s. wie ein Panzer, wie ein Bock (ugs.; *sehr stur);* s. an etwas festhalten, auf etwas bestehen; er bleibt s. bei seiner Meinung; er arbeitet s. nach Vorschrift; wenn er etwas nicht tun will, schaltet er auf s. *(läßt sich nicht beeinflussen).* **b)** *stumpfsinnig:* eine sture Arbeit; die Tätigkeit ist sehr s.

Sturm, der: **1.** *überaus starker Wind:* ein starker, heftiger, verheerender, eisiger S.; der S. bricht los, wütet, tobt, tost, legt sich, richtet große Verwüstungen an; der S. heult, pfeift ums Haus, jagt, fegt übers Wasser; der S. entwurzelt Bäume, wühlt das Meer auf, deckt Dächer ab; das Barometer steht auf S. *(zeigt Sturm an);* das Schiff kämpfte gegen den S., mit dem S.; in S. und Regen gingen sie spazieren; in einen S. geraten; ü b e r t r.: die Stürme des Lebens; ein S. der Entrüstung brach los. **2. a)** *das Stürmen, Angriff:* den S. ab-, zurückschlagen; die Festung im S. nehmen; S p o r t: im S. *(Angriffsspiel)* war, spielte, agierte die Mannschaft zu drucklos · Befehl zum S. [auf die Stadt] geben; ü b e r t r.: beim Schlußverkauf setzte sich der S. auf die Geschäfte ein. **b)** (Sport) *die Gesamtheit der Stürmer:* der S. der Mannschaft. * **ein Sturm im Wasserglas** *(große Aufregung um eine geringfügige Sache)* · **gegen etwas Sturm laufen** *(gegen etwas Geplantes heftig protestieren und agieren)* · **Sturm läuten/klingeln** *(heftig läuten).*

stürmen: 1. a) ⟨etwas stürmt⟩ *etwas weht heftig:* der Wind hat gestürmt, ist über die Felder gestürmt. **b)** ⟨es stürmt⟩ *es herrscht Sturm:* es stürmt seit Stunden; heute nacht hat es gestürmt. **2.** ⟨mit Raumangabe⟩ *rennen, eilen:* aus dem Haus, auf die Straße s.; die Zuschauer stürmten aufs Spielfeld; die Kinder sind nach Hause gestürmt. **3. a)** ⟨etwas s.⟩ *etwas im Sturmangriff erobern:* eine Festung, einen Stadt s.; die Soldaten haben ein feindlichen Stellungen gestürmt; ü b e r t r.: die Zuschauer stürmten die Bühne. **b)** *einen Sturmangriff führen:* die Infanterie hat gestürmt; S p o r t: er stürmt *(spielt als Stürmer);* die Mannschaft stürmt *(greift an).*

stürmisch: 1. *sehr windig, von Sturm erfüllt:*

stürmisches Wetter; ein stürmischer Herbst; sie fuhren bei stürmischer *(vom Sturm aufgepeitschter)* See hinaus; die Überfahrt war sehr s.; übertr.: stürmische *(ereignisreiche, sehr bewegte)* Tage, Zeiten. **2.** *sehr lebhaft, heftig, leidenschaftlich:* stürmischer Jubel, Beifall; ein stürmisches Temperament; er ist ein stürmischer Liebhaber; eine stürmische Begrüßung; seine Worte riefen stürmische *(sehr große)* Heiterkeit hervor; nicht so s.! *(nicht so ungeduldig, heftig!);* sie wurde s. gefeiert, begrüßt, umarmt; s. protestieren. **3.** *sehr schnell vor sich gehend:* eine stürmische Entwicklung; der Aufschwung war, vollzog sich sehr s.; die Technik hat sich s. entwickelt.

Sturz, der: **1.** *das Fallen, Stürzen:* ein schwerer, tödlicher S.; ein S. auf dem Eis; ein S. auf die Straße, aus dem Fenster, in die Tiefe; ein S. mit dem Fahrrad, vom Pferd; er hat den S. überlebt; sie konnte den S. gerade noch abfangen; er hat sich bei dem S. schwer verletzt; übertr.: *das jähe Absinken, Fallen:* man rechnete mit einem S. der [Börsen]kurse, der Preise. **2.** *erzwungenes Abtreten, gewaltsame Absetzung:* der S. des Ministers, der Regierung; jmds. S. vorbereiten, herbeiführen; das hat zum S. des Regimes geführt.

stürzen: 1. a) *hinfallen:* schwer, unglücklich s.; das Pferd ist gestürzt; die Mauern, die Säulen sind gestürzt (geh.; *umgefallen);* die Frau stürzte und brach sich ein Bein; beim Skilaufen, mit dem Fahrrad s.; er ist tot zu Boden gestürzt. **b)** ⟨mit Raumangabe⟩ *in die Tiefe fallen:* aus dem Fenster, in eine Schlucht s.; das Flugzeug stürzte ins Meer; von der Leiter, vom Pferd s.; übertr. (geh.): die Felsen stürzen *(fallen steil ab)* ins Meer; der Regen stürzte vom Himmel *(es regnete heftig);* das Wasser stürzt *(fließt mit Vehemenz)* über die Felsen zu Tal; ⟨etwas stürzt jmdm.; mit Raumangabe⟩ Tränen stürzten *(rannen)* ihr aus den Augen. **2. a)** ⟨jmdn., sich s.; mit Raumangabe⟩ *jmdn. werfen, sich fallen lassen:* jmdn., sich aus dem Fenster, aus dem Zug s.; er hat sich von der Brücke in den Fluß gestürzt; übertr.: *bringen:* sich ins Verderben, ins Unglück s.; jmdn. in Verlegenheit, in Verzweiflung s. **b)** ⟨sich auf jmdn., auf etwas s.⟩ *über jmdn., über etwas herfallen:* sich auf das Essen s.; sie stürzten sich neugierig auf die Post; er stürzte sich auf den Passanten *(griff ihn tätlich an);* die Fotografen stürzten sich auf den Star *(versuchten mit aller Macht, ihn zu fotografieren).* **3.** ⟨mit Raumangabe⟩ *hastig, ungestüm eilen:* er stürzte an die Tür, aus dem Haus, ins Zimmer, zum Fenster. **4.** ⟨etwas s.⟩ *umkippen, umkehren:* die Form, den Topf s.; die Mutter stürzt den Pudding, den Kuchen *(löst ihn durch Umkippen des Gefäßes heraus)* [auf eine Platte]; ⟨auch ohne Akk.⟩ bitte nicht s.! */ Aufschrift auf Kisten mit zerbrechlichen Transportgütern/.* **5. a)** ⟨jmdn. s.⟩ *gewaltsam seines Amtes entheben:* einen Minister, die Regierung s. **b)** *das Amt, die Amtsgewalt verlieren, seines Amtes enthoben werden:* der Minister ist [über diesen Fall, wegen dieser Sache] gestürzt. **6.** ⟨sich in etwas s.⟩ *sich intensiv einer Sache widmen:* sich in die Arbeit, ins Vergnügen, in eine Gefahr s.; er hat sich in Unkosten gestürzt *(große Ausgaben auf sich genommen).*

Stütze, die: *Gegenstand, der etwas stützt, ihm Halt gibt:* eine S. für Kopf und Füße; die Stützen der Wäscheleine; der Baum braucht eine S.; der Pfeiler dient der Mauer als S., zur S.; übertr.: die Stützen des Staates; er ist eine große S. *(Hilfe)* für seinen Vater; die Notizen dienen ihm als S. *(Unterstützung)* für sein Gedächtnis.

¹stutzen ⟨etwas s.⟩: *kürzer schneiden, abschneiden [und dadurch in eine bestimmte Form bringen]:* den Bart, die Haare s.; die Hecken, Bäume müssen gestutzt werden; ⟨jmdm., sich etwas s.⟩ dem Hund die Ohren, den Schwanz s. *(kupieren);* den Hühnern die Flügel s.

²stutzen: *plötzlich verwundert, irritiert aufmerken, bei etwas innehalten; mißtrauisch werden, aufhorchen:* kurz, einen Augenblick s.; als er den Namen hörte, stutzte er.

stützen: 1. a) ⟨jmdn., sich, etwas s.⟩ *durch Stützen, Pfosten o. ä. Halt geben:* einen Baum, einen Ast s.; das baufällige Haus muß gestützt werden; das Gewölbe wird von Säulen gestützt; zwei Leute stützten den Verletzten; übertr.: ein Regime s.; die Partei stützt ihren Minister *(gibt ihm Rückendeckung).* Wirtsch.: die Kurse s. *(einen Wertverlust verhindern).* **b)** ⟨etwas s.⟩ *untermauern:* einen Verdacht, eine Annahme, eine Vermutung s.; er stützte seine Behauptung durch Beweise. **2.** ⟨sich, etwas s.; mit Raumangabe⟩ *aufstützen:* er stützte den Kopf in die Hände, die Arme in die Seiten, die Ellenbogen auf den Tisch; er stützte sich mit den Händen auf den Tisch; er muß sich beim Gehen auf einen Stock s.; übertr.: die Partei stützt sich auf die Arbeiterschaft *(wird von ihr getragen).* **3.** ⟨sich auf etwas s.⟩ *sich auf etwas berufen; auf etwas aufbauen:* die Anklage stützt sich auf Zeugenaussagen; er stützt sich lediglich auf Vermutungen.

stutzig ⟨in den Verbindungen⟩ **jmdn. stutzig machen** *(jmdn. befremden; jmdn. Verdacht schöpfen lassen, nachdenklich machen)* · **stutzig werden** *(Verdacht schöpfen, mißtrauisch werden):* als einer nach dem anderen verschwand, wurde er s.

Subjekt, das: **1. a)** (Philos.) *Individuum:* das erkennende, denkende S. **b)** (abwertend) *Mensch, Person:* kriminelle Subjekte; er ist ein ganz gemeines, verkommenes, übles, trauriges S. **2.** (Sprachw.) *Satzgegenstand:* das grammatische, logische S.; das S. eines Satzes bestimmen.

Substanz, die: **1.** *Stoff, Materie:* eine chemische, wasserlösliche, weißliche S.; eine neue S. entdecken. **2.** *Gehalt; das Wesentliche, der Kern einer Sache:* die geistige S. einer Nation; das Buch, der Vortrag hat wenig [geistige] S.; in die S. eingreifende Veränderungen. **3.** *als Bestand Vorhandenes, bes. als Kapital, Vermögen:* die S. angreifen, aufbrauchen; übertr.: bei ihr geht immer alles gleich an die S. *(sie hat keinerlei Kraftreserven);* sie leben, zehren seit einiger Zeit von der S. (ugs.; *von dem, was vorhanden ist).*

Suche, die: *das Suchen:* eine erfolglose, ergebnislose, vergebliche S.; die polizeiliche S. war erfolgreich; die S. beginnen, abbrechen, aufgeben; er beteiligte sich an der S. nach den Vermißten; er ist, befindet sich auf der S. *(er sucht)* nach einer Stellung; sich auf die S. machen, begeben *(zu suchen beginnen);* nach etwas auf die S. gehen *(sich daranmachen, etwas zu suchen);* jmdn. auf die S. schicken; etwas nach langer S. wiederfinden.

suchen /vgl. gesucht/: **1.** ⟨jmdn., etwas/nach

jmdm., nach etwas s.⟩ *zu finden, zu erlangen, zu erwerben trachten:* etwas lange, verzweifelt, vergebens, händeringend, wie eine Nadel im Heuhaufen s.; ich habe dich überall gesucht; jmdn. polizeilich, steckbrieflich, fieberhaft s. [lassen]; eine Wohnung, ein Zimmer s.; sie sucht ihre Brille, ihre Schlüssel; er, seine Hand suchte den Schalter/nach dem Schalter *(tastete danach);* eine Stelle in einem Buch, einen Ort auf der Landkarte s.; Pilze, Beeren s. *(sammeln);* Verkäuferin gesucht /Stellenanzeige/; den Täter/nach dem Täter, Spuren/nach Spuren s.; die Mutter ist das Kind s. gegangen (ugs.); die beiden haben sich gesucht und gefunden (ugs.; *sie passen zueinander);* wo suchst du hier? (ugs.; *was machst du hier?*); einen Ersatz für jmdn. s.; solche Leute muß man schon s. (ugs.; *sind sehr selten);* er sucht einen Job (ugs.); die Tiere suchen Futter, Nahrung; Pflanzen suchen stets das Licht *(wenden sich ihm zu);* nach dem Weg s.; einen Ausweg/nach einem Ausweg, eine Entschuldigung/ nach einer Entschuldigung; was sucht denn der Kerl hier (ugs.; *was will er hier, warum ist er hier*)?; ⟨jmdm., sich jmdn., etwas s.⟩ sich Arbeit, einen Partner s.; ich werde dir eine Frau s. · /verblaßt/: Streit s. *(gerne Streit anfangen);* Rat, Hilfe, Trost, Ruhe, Erholung s.; sein Glück, Frieden, Versöhnung s.; Bekanntschaften, Anschluß (ugs.) s.; jmds. Freundschaft s.; sein Recht, seinen Vorteil s.; ein Gespräch s. *(gerne mit jmdm. sprechen wollen);* er suchte nach Worten *(er suchte nach der richtigen Weise, etwas auszudrük- ken);* er sucht hinter allem etwas Schlechtes *(er ist sehr argwöhnisch);* die Gründe dafür sind in seiner Vergangenheit zu s. *(liegen dort);* Schutz s.; ⟨auch ohne Akk. oder ohne Präp.-Obj.⟩ ich habe stundenlang ohne Erfolg gesucht; da kannst du lange s. (ugs.; *dein Suchen ist völlig zwecklos);* R: wer sucht, der findet · sich suchend, mit suchendem Blick umsehen; such, such! /an einen Hund gerichtete Aufforderung/; adj. Part.: *rar, begehrt:* ein sehr gesuchter Rohstoff; diese Fachleute sind sehr gesucht. 2. ⟨mit Infinitiv mit *zu*⟩ *versuchen, bemüht sein, trachten:* etwas zu kaufen, zu mieten s.; jmdn. zu gefallen, zu helfen, zu schaden s.; etwas zu vergessen s. * (ugs.:) **irgendwo nichts zu suchen haben** *(irgendwo stören, nicht hingehören, nicht sein dürfen)* · **etwas nicht hinter jmdm. gesucht haben** *(jmdm. etwas Bestimmtes nicht zugetraut haben).*

Sucht, die: a) *krankhaftes physisches Verlangen, krankhafte Abhängigkeit von etwas:* die S. nach Alkohol, Nikotin, Rauschgiften; eine S. bekämpfen; an einer krankhaften S. leiden; jmdn. von einer S. heilen; das Trinken ist bei ihm zur S. geworden. b) *übersteigerte Neigung zu etwas:* die S., alles zu kritisieren, herabzusetzen; das Verleumden ist eine wahre S. bei ihm; ihn trieb die S. nach Vergnügen, nach Geld.

süchtig: 1. *von einer Sucht befallen:* ein süchtiger Patient; er ist s.; durch Tablettenmißbrauch ist er s. geworden. 2. ⟨nach etwas s. sein⟩ *ein starkes Verlangen nach etwas haben:* s. nach Süßigkeiten; übertr.: ein nach Sensationen süchtiges *(darauf begieriges)* Publikum.

Süd, der: 1. a) *Süden:* der Wind kommt aus S., dreht nach S.; die Straße verläuft von Nord nach

S. b) /*Bezeichnung für den südlichen Teil von etwas, die südliche Lage, Richtung*/: Frankfurt (Süd). 2. (geh.) *Südwind:* es wehte ein warmer S. **Süden,** der: 1. *Himmelsrichtung, in der die Sonne am höchsten steht:* im S. kommen Wolken auf; die Sonne steht im S.; das Zimmer geht, liegt nach S. *(nach der Südseite);* wir möchten ein Zimmer nach S. *(auf der Südseite)* haben; die Straße verläuft von S. nach Norden. 2. a) *im Süden liegendes Gebiet:* der S. der Stadt, des Landes; der S. Deutschlands; er wohnt im S. von München. b) *südliche Länder, Mittelmeerraum:* der warme, sonnige S.; die Vögel fliegen nach S.; sie reisen jedes Jahr in den S.

südlich: I. ⟨Adj.⟩ 1. a) *in südlicher Himmelsrichtung befindlich:* die südliche Halbkugel; der südliche Himmel; 50 Grad südlicher Breite. b) *im Süden liegend:* der südliche Teil des Landes; die Stadt liegt weiter s. c) *im Mittelmeerraum befindlich:* die südlichen Länder, Völker; den Winter in südlichen Gefilden (geh.) verbringen. 2. *von Süden kommend; nach Süden gerichtet:* ein südlicher Wind; der Gebirgszug verläuft in südlicher Richtung; sie steuerten südlichen Kurs. II. ⟨Präp. mit Gen.⟩ *im Süden:* s. der Alpen, der Elbe; s. der Stadt; (selten:) s. Münchens. III. ⟨Adverb⟩ *im Süden:* s. von München; s. von Formentera; s. vom Main.

Suff, der (ugs.): *das übermäßige Trinken von Alkohol:* der S. hat ihn ruiniert; er hat sich dem S. ergeben; ist dem S. verfallen; das hat er im S. *(im Zustand der Trunkenheit)* gesagt.

Sühne, die (geh.): *Buße:* [von jmdm.] S. fordern, verlangen, erhalten; jmdm. eine S. auferlegen; jmdm. S. für etwas [an]bieten, geben; das Verbrechen fand seine S.; S. leisten.

sühnen (geh.) ⟨etwas s.⟩: *büßen:* ein Verbrechen, Unrecht, die Schuld s.; er hat die, seine Tat mit dem Leben, dem Tode gesühnt; ⟨auch ohne Akk.⟩ er hat für seine Tat gesühnt.

Summe, die: 1. *Ergebnis einer Addition:* die S. von 20 und 4 ist, beträgt 24; eine S. herausbekommen, herauskriegen (ugs.); die S. errechnen; die Zahlenreihe ergibt die folgende S. *(Endzahl);* übertr. (geh.): *die Gesamtheit, die Quintessenz:* die S. seiner Erfahrungen, seines Wissens; er zog die S. seiner politischen Tätigkeit. 2. *Geldbetrag:* eine größere, erhebliche, beträchtliche, stattliche, riesige (ugs.), bescheidene S.; eine große S. Geld/ (geh.) Geldes; die runde *(volle)* S. von 1 000 DM; etwas kostet eine hübsche (ugs.; *große*) S., ein hübsches Sümmchen (ugs.); das Projekt hat immense Summen verschlungen; eine bestimmte S. bereitstellen; die ganze S. muß sofort bezahlt werden; er mußte die volle S. zahlen *(es wurde ihm nichts erlassen);* die notwendige S. beschaffen, zusammenbekommen; eine S. von 10 000 DM fordern; große Summen aufwenden, aufbringen müssen, ausgeben, verbrauchen, verschleudern.

summen: 1. a) *einen Summton verursachen, von sich geben:* die Bienen, Fliegen s.; der Motor, die Kamera, der Wasserkessel summt. b) ⟨mit Raumangabe⟩ *mit einem Summton irgendwohin fliegen:* ein Käfer summt um die Lampe; die Bienen waren von Blüte zu Blüte gesummt. c) ⟨es summt; mit Raumangabe⟩ *ein Summton ist zu hören:* es summt im Hörer, im Apparat; ⟨jmdm. summt es; mit Raumangabe⟩ es summt mir in den Ohren. **2.** ⟨etwas s.⟩ *etwas leise mit geschlossenen Lippen singen:* ein Lied, eine Melodie, einen Ton s.; ⟨auch ohne Akk.⟩ er summte leise [vor sich hin].

Sumpf, der: *feuchtes, sumpfiges Gelände:* ausgedehnte Sümpfe; einen S. entwässern, trockenlegen, austrocknen; in einen S. geraten; das Auto, der Wagen ist im S. (ugs.; *im Schlamm*) steckengeblieben; ü b e r t r.: ein S. von Korruption; er ist im S. der Großstadt versunken, untergegangen.

sumpfig: *von Wasser durchtränkt, morastig, schlammig:* eine sumpfige Wiese; sumpfiger Boden; das Ufer, das Gebiet ist sehr s.

Sünde, die: *Übertretung eines göttlichen Gebotes:* eine geringe, schwere S.; Sünden auf sich laden (geh.); eine S. tun, begehen *(sündigen);* [die, seine] Sünden beichten, bekennen, bereuen; jmdm. seine Sünden vergeben; seine Sünden erkennen; etwas meiden wie die S. (geh.; *ängstlich meiden);* die Menschheit ist in S. *(in sündigen Zustand)* geraten; die beiden leben in S. (veraltet; *leben unverheiratet zusammen*); von der S., von seinen Sünden erlöst werden; ü b e r t r.: architektonische Sünden *(Fehler);* die Sünden der früheren Bildungspolitik; es ist eine [wahre] S./eine S. und Schande *(es ist empörend),* wie ihr damit umgeht; sie hat ihm seine Sünden *(Fehler; Fehltritte)* verziehen.

Sündenbock, der (ugs.): *jmd., dem man die Schuld an etwas zuschiebt:* er sucht, braucht immer einen S.; er ruht nicht, bis er einen S. gefunden hat. * (ugs.:) **jmdn. zum Sündenbock machen** *(jmdm. unbegründet die Schuld an etwas geben).*

sündhaft: 1. (geh.) *sündig, sündenbeladen:* die sündhaften Menschen; ein sündhaftes Leben; sündhafte Gedanken; er hat s. gehandelt; es ist s. *(ist eine Sünde, Schande),* so mit Brot umzugehen. **2.** (ugs.) **a)** *sehr viel, sehr hoch:* das ist ein sündhafter Preis. **b)** *(verstärkend bei Adjektiven)* *überaus, sehr:* der Pelz war s. teuer.

Suppe, die: *flüssige Speise:* eine dicke, dünne, klare, kräftige, versalzene, fade, schmackhafte, gute S.; eine S. mit Einlage; ein Teller S.; du mußt die S. aufessen; eine S. kochen; eine S. abschmecken, servieren; Grieß in die S. rühren; ü b e r t r. (ugs.): draußen ist eine furchtbare S. *(starker Nebel);* mir läuft die S. *(der Schweiß)* am Körper herunter. * (ugs.:) **die Suppe auslöffeln** [die man sich eingebrockt hat] *(die Folgen seines Tuns selbst tragen)* · (ugs.:) **jmdm., sich eine schöne Suppe einbrocken** *(jmdn., sich in eine unangenehme Lage bringen)* · (ugs.:) **jmdm. die Suppe versalzen** *(jmdm. die Freude an etwas verderben)* · (ugs.:) **sein eigenes Süppchen kochen** *(in einer Gemeinschaft nur für sich leben, seine eigenen Ziele verfolgen)* · (ugs.:) **sein Süppchen am Feuer anderer kochen** *(sich auf Kosten anderer Vorteile verschaffen)* · (ugs.:) **jmdm. in die Suppe spucken** *(jmdm. einen Plan verderben)* · (ugs.:) **jmdm. in die Suppe fallen** *(jmdn. besuchen, während er gerade beim Essen ist).*

surren: a) *ein surrendes Geräusch verursachen, von sich geben:* Maschinen, Kameras, Räder surrten. **b)** ⟨mit Raumangabe⟩ *surrend irgendwohin fliegen:* Käfer surrten durch die Luft.

süß: 1. *nach Zucker schmeckend:* süße Speisen;

süße Trauben, Kirschen, Mandeln; süße *(nicht gesäuerte)* Milch; süßer Wein; ein süßer *(lieblicher, angenehmer)* Duft entströmt (geh.) den Blüten; er ißt gern süße Sachen *(Süßigkeiten);* die Marmelade ist, schmeckt widerlich s.; s u b s t.: er ißt gern Süßes; ü b e r t r.: süße (geh.; *zart, lieblich klingende*) Melodien; süßes *(angenehmes, ein wohliges Gefühl auslösendes)* Nichtstun; träume s. *(von angenehmen Dingen).* **2. a)** *lieblich, reizend:* ein süßes Geschöpf, Ding (ugs.), Kind; ein süßes Gesicht; das Mädchen ist sehr s. **b)** (ugs.) *sehr hübsch, sehr nett:* ein süßes Kleid; s. aussehen.

süßen ⟨etwas s.⟩: *süß machen:* Speisen, Getränke s.; der Saft ist gesüßt *(ist mit Zucker versetzt);* sie süßen den Tee mit Kandis; ⟨auch ohne Akk.⟩ der Süßstoff süßt stärker als Zucker.

Süßigkeit, die: **1.** (selten) *das Süßsein, die Süße:* die S. der Früchte, des Honigs; ü b e r t r. (geh.): *Wohlgefühl:* die S. des Glücks. **2.** ⟨Plural⟩ *etwas Süßes in Form von Schokolade, Bonbons u. a.:* er ißt gerne, zuviel Süßigkeiten.

süßlich: 1. *leicht und oft auch unangenehm süß:* ein süßlicher Beigeschmack, Geruch; das Parfüm ist mir zu s.; leicht s. duften; die erfrorenen Kartoffeln schmecken s. **2.** *sentimental, gefühlvoll:* süßliche Gedichte; sein Stil ist zu s. **3.** *übertrieben und geheuchelt freundlich:* ein süßliches Lächeln; mit süßlicher Miene.

Symbol, das: **1.** *Sinnbild; Kennzeichen:* ein religiöses, christliches S.; die Taube ist ein S. des Friedens; etwas ist ein S. für etwas. **2.** *Zeichen:* ein mathematisches, chemisches, logisches S.

symbolisch: *sinnbildlich, zeichenhaft:* eine symbolische Geste, Handlung; diese Zeremonie hat symbolische Bedeutung; er erwarb das Grundstück für einen symbolischen *(nur pro forma gezahlten)* Betrag von einer Mark; diese Worte sind s. zu verstehen.

Sympathie, die: *positive Gefühlseinstellung zu jmdm., etwas; Zuneigung:* seine S. gehört dieser Partei; viel, wenig, große, geringe S. für jmdn. haben, zeigen; dieser Plan hat meine volle S. *(hat meine Zustimmung);* dein Verhalten hat dir viele Sympathien eingetragen; sich (Dativ) alle S., alle Sympathien verscherzen; jmdm., einer Sache S. entgegenbringen (geh.); S. für etwas bekunden (geh.); jmds. S. gewinnen, genießen; er hat sich (Dativ) die Sympathien vieler erobert; bei aller S. *(bei allem Wohlvollen),* das ist falsch.

sympathisch: *Sympathie erweckend, angenehm, liebenswert:* ein sympathischer Mensch; eine sympathische Erscheinung, Stimme; er hat ein sympathisches Äußeres, Aussehen; er wirkt sehr, ausgesprochen (ugs.) s.; seine Bescheidenheit macht ihn s.; ⟨jmdm. s. sein⟩ er ist mir nicht s.; ü b e r t r.: dieser Plan, diese Sache ist mir nicht s. *(sagt mir nicht zu, ist mir nicht geheuer).*

Symptom, das: *Anzeichen, Merkmal:* die Symptome einer Krankheit; die Symptome mehren sich; bei dem Patienten zeigen sich die Symptome von Gelbsucht; die Symptome erkennen, beschreiben; bestimmte Symptome aufweisen.

System, das: **1.** *wissenschaftliches Schema, Lehrgebäude:* ein philosophisches S.; das Hegelsche S.; gesammelte Ergebnisse, Erkenntnisse in ein S. bringen. **2.** *Gesellschaftsstruktur, Staats-*

form; Regime: ein kapitalistisches, marxistisches, totalitäres, faschistisches, korruptes, verlogenes, verhaßtes S.; das bestehende gesellschaftliche S. *(die Gesellschaftsordnung);* das herrschende S. bekämpfen, unterstützen, ablehnen, ablösen, beseitigen. **3.** *Ordnung, Ordnungsprinzip:* ein durchdachtes, fehlerhaftes, ausgeklügeltes S.; sprachliche Systeme; Systeme von Lauten und Zeichen; das S. der Notenschrift, des Alphabets; hinter dieser Sache steckt S. *(sie ist planvoll begonnen, es verbirgt sich wohldurchdacht eine bestimmte Absicht dahinter);* S. in etwas bringen; Apparate verschiedener Systeme *(Bauarten);* man arbeitet hier nach einem bestimmten S. **4.** *einer gemeinsamen Funktion dienende technische Anlagen; Bauelemente, die eine geschlossene Einheit bilden:* ein S. von Röhren, Kanälen, Straßen; ein S. von Strebebogen und Pfeilern.

systematisch: *nach einem zugrundeliegenden System, planvoll:* eine systematische Darstellung, Ordnung; etwas s. ordnen; er betreibt s. Sport; das Gebiet wurde s. abgesucht; er hat seinen Gegner s. *(ohne Rücksichtnahme, ohne eine Möglichkeit dazu auszulassen)* zugrunde gerichtet.

Szene, die: **1.** *kleinere Einheit eines Bühnenstücks oder Films; Auftritt:* erster Akt, dritte S.; diese S. spielt auf dem Marktplatz, ist abgedreht,

aufgenommen; eine S. aus einem Stück von Brecht proben, spielen, filmen, drehen, wiederholen; das Drama wurde von einer Berliner Bühne in S. gesetzt (geh.; *inszeniert, aufgeführt);* ein Stück geht in S. (geh.; *wird zur Aufführung vorbereitet).* **2.** *Schauplatz eines Auftritts auf der Bühne:* die S. stellt eine ärmliche Wohnung dar; die Schauspieler warten hinter der S. auf ihren Auftritt; Beifall auf offener S. *(Szenenbeifall);* übertr: der Parteivorsitzende betrat nun die S. *(erschien nun).* **3.** *Vorgang, Vorfall:* eine rührende, unwürdige S.; furchtbare Szenen spielten sich ab; er wurde Zeuge einer merkwürdigen S.; es kam zwischen ihnen zu einer häßlichen S. *(Auseinandersetzung, Streit).* **4.** *für bestimmte Aktivitäten charakteristischer Bereich:* die weltpolitische, literarische S.; er ist in der Bonner S. zu Hause; sie kennt sich aus in der S. *(Scene).* *die Szene beherrschen (immer im Mittelpunkt stehen)* · *jmdm. eine Szene machen (jmdm. heftige Vorwürfe machen)* · *etwas in Szene setzen (etwas arrangieren)* · *sich in Szene setzen (mit etwas Eindruck zu machen versuchen)* · *jmdn. in Szene setzen (veranlassen, bewirken, daß jmd. einen guten Eindruck macht, einen wirkungsvollen Auftritt hat):* er weiß seine Mitspieler, seine Interviewpartner in S. zu setzen.

T

Tabak, der: **1. a)** */ein Nachtschattengewächs/:* der T. blüht; T. bauen, säen, ernten. **b)** *Blätter der Tabakpflanze:* T. fermentieren, beizen; mit T. handeln. **2.** *aus den Tabakblättern gewonnenes Produkt zum Rauchen:* schwerer, leichter, schlechter, stinkender T.; T. rauchen, kauen, schnupfen; er raucht eine Pfeife T., eine Zigarre aus einheimischen, überseeischen Tabaken.

Tablette, die: *[flach] gepreßtes Stück eines Medikaments:* dreimal täglich eine T.; eine T. einnehmen, schlucken, im Mund zergehen lassen; in Wasser auflösen; sich mit Tabletten vergiften.

Tadel, der: *mißbilligende Äußerung; Verweis:* ein scharfer, [un]berechtigter T.; dieser T. ist [un]verdient; ihn trifft kein T. *(er hat keine Schuld);* einen T. aussprechen; jmdm. einen T. erteilen; einen T. erhalten; er nahm den T. gelassen hin; ich zog mir damit einen T. zu, mußte einen T. einstecken (ugs.); seine Worte enthielten einen versteckten T.; ein Leben ohne T. (geh.; *ein vorbildliches Leben);* er ist ein Ritter ohne Furcht und T. (geh.; *ein vorbildlicher Mann).*

tadellos: *einwandfrei, vorbildlich:* ein tadelloses Benehmen; die Verständigung [am Telefon] war, klappte, funktionierte t.; t.! (ugs.; *großartig);* der Anzug sitzt t.

tadeln (jmdn., etwas t.): *sich mißbilligend über jmdn., über etwas äußern; jmdn. rügen:* einen Schüler scharf, streng, mild[e] t.; jmds. Verhalten t.; ich mußte ihn wegen seiner/für seine Nachlässigkeit, Faulheit, Frechheit t.; an allem fand er et-

was zu t.; ⟨auch ohne Akk.⟩ ich tadle nicht gern; adj. Part.: tadelnde Worte; ein tadelnder Blick.

Tafel, die: **1. a)** *[größere] Platte:* eine steinerne, bronzene, viereckige, ovale T.; eine T. am Rathaus erinnert an den Besuch Maria Theresias; eine T. aus Holz, mit Hinweisen anbringen, aufstellen; die Nummern, Namen standen auf hölzernen Täfelchen. **b)** *Schul[wand]tafel:* die T. abwischen, umdrehen; einen Satz an die T. schreiben; die Formel steht an der T.; in der ersten Klasse schrieben wir noch auf Tafeln *(Schiefertafeln).* **2.** *flaches Stück einer Ware:* eine T. Schokolade; die Tafeln der Wandverkleidung; Leim in Tafeln. **3.** *besondere Buchseite für Abbildungen, Tabellen u. a.:* mathematische, genealogische Tafeln; das Buch enthält 10 Tafeln auf Tafeln; diese Statistik ist auf T. 18 dargestellt. **4.** (geh.) *gedeckter Tisch:* eine festliche T.; die T. decken, schmücken; sich an der T. niederlassen, von der T. erheben; jmdn. zur T. bitten, laden; während, nach der T. *(dem Essen).* *die Tafel aufheben (das Zeichen zur offiziellen Beendigung der Mahlzeit geben).*

tafeln (geh.): *an der Tafel sitzen und speisen:* wir haben gestern festlich getafelt.

Tag, der: **1.** *Zeit der Helligkeit zwischen Auf- und Untergang der Sonne; Tageslicht:* ein sonniger, trüber, nebliger T.; der längste, der kürzeste T. des Jahres; guten T./(ugs.:) T.! /Grußformel/; [zu] jmdm. guten T. sagen; jmdm. [einen] guten T. wünschen; der T. war regnerisch, heiß, schwül;

es wird, ist schon T.; der T. beginnt, dämmert, bricht an (geh.), zieht herauf (geh.), naht (geh.), erwacht (geh.), geht zu Ende, neigt sich (geh.); wir müssen fertig werden, solange es noch T. ist; das ist ein Unterschied wie T. und Nacht; die Tage werden länger, kürzer, nehmen zu, nehmen ab; R: es ist noch nicht aller Tage Abend *(es kann sich noch einiges ändern);* er redet viel, wenn der T. lang ist (ugs.; *auf seine Worte kann man nichts geben);* man soll den T. nicht vor dem Abend loben *(man soll nicht schon frühzeitig etwas beurteilen)* · wir haben T. und Nacht *(ständig)* geöffnet; wir verbrachten den T. im Grünen, auf dem Wasser; des Tag[e]s (geh.; *tags)* · am; bei Tag[e] *(tags);* es ist noch früh am Tag[e]; der Dieb ist am hellen, hellichten T. in das Geschäft eingebrochen; er schlief bis in den hellen T. **2. a)** Kalendertag, Zeitraum von Mitternacht bis Mitternacht: ein ruhiger, ausgefüllter, denkwürdiger, bedeutender, wichtiger T.; ein verlorener T.; ein T. wie alle Tage; der T. X *(noch unbestimmter Tag, an dem etwas Entscheidendes geschehen wird, durchgeführt werden soll);* der T. der Abreise naht; heute ist sein großer T. *(ein bedeutender Tag für ihn);* R: morgen ist auch [noch] ein T.; kein T. gleicht dem anderen · der T. hat 24 Stunden; der T. jährt sich heute [zum drittenmal]; es war ein schwarzer T. *(Unglückstag)* für ihn, für die Börse; er verbrachte einen T. in Frankfurt; er hat den T. nutzlos herumgebracht, totgeschlagen (ugs.); er stiehlt mir den T. *(er hält mich von der Arbeit ab);* er weiß nicht, was er mit den lieben langen Tag *(während des ganzen Tages)* machen soll; wir vereinbarten T. und Stunde unseres Wiedersehens; heute habe ich meinen freien T., einen T. Urlaub; ich mache mir jetzt ein paar schöne Tage; sie machte sich (Dativ) einen guten, faulen T. (ugs.; *ließ es sich gutgehen, faulenzte);* seitdem hatte er keinen guten T. mehr bei seinem Meister *(er wurde ständig zurechtgewiesen, getadelt);* er hat heute [k]einen guten T. [erwischt] *(ist [nicht] in Form, hat [kein] Glück);* ⟨Akk. als Zeitangabe⟩ ich habe drei Tage gewartet; ich erwarte ihn jeden Tag zurück; der Brief kann, muß jeden T. ankommen; er kam jeden T., alle [vierzehn] Tage, einen T. um den anderen, jeden dritten Tag; den T. über *(tagsüber);* er kam einen T. eher, früher, später; er blieb einige, nur wenige Tage; er fährt ein paar Tage in Urlaub; ewig und drei Tage (ugs. scherzh.; *sehr lange);* ich habe den ganzen T. nichts gegessen; er war der Mann, Held des Tages; im Laufe, während des Tages; ⟨Genitiv als Zeitangabe⟩ eines [schönen] Tages *(an einem nicht näher bestimmten Tage);* er war dieser Tage *(neulich)* hier; er wird dieser Tage *(in den nächsten Tagen)* operiert · an diesem, am gleichen, an einem beliebigen Tage; am folgenden, am nächsten Tage; dreimal am T. *(dreimal täglich);* es ist noch früh am Tag[e]; am Tage davor, danach; das Geschenk kam auf den T. *(pünktlich)* an; es sind heute auf den T. genau drei Jahre; die beiden Veranstaltungen fallen auf den gleichen T., auf einen T.; es ist auf/für drei Tage verreist; sie verschwand von einem T. auf den anderen *(plötzlich);* jmdn. von einem T. auf den andern *(fortlaufend)* vertrösten; T. für T. *(täglich);* er fliegt in zwei Tagen hin und zurück; heute in acht Tagen,

über acht Tage; heute vor vierzehn Tagen; sie hielt ihm die Treue in guten und bösen Tagen *(allezeit);* es geht ihm von T. zu T. *(in stetiger Entwicklung)* besser; bis zum heutigen T. **b)** ⟨Plural⟩ (geh.) *Zeit:* die Tage der Jugend; es kommen auch wieder bessere Tage; er hat schon bessere Tage gesehen *(früher ging es ihm besser);* jmds. Tage sind gezählt *(jmd. wird nicht mehr lange leben);* seine Tage als Minister, in Hamburg sind gezählt *(er wird seinen Ministerposten verlieren, muß bald Hamburg verlassen);* noch bis in unsere Tage. **c)** *Ehren-, Gedenktag:* der T. der Befreiung, des Kindes. **d)** ⟨Plural⟩ (ugs. verhüll.) *Menstruation:* sie hat, bekommt ihre Tage. * (Rel.:) **der Jüngste Tag** *(Tag des Jüngsten Gerichts)* · (geh. veraltend:) **der Tag des Herrn** *(Sonntag)* · **Tag der offenen Tür** *(Tag, an dem Behörden und öffentliche Einrichtungen vom Publikum besichtigt werden können)* · **sich** (Dativ) **einen Tag im Kalender [rot] anstreichen** *(sich etwas besonders merken)* · **[bei] jmdm. guten Tag sagen** *(jmdm. einen kurzen Besuch abstatten)* · **etwas kommt an den Tag** *(etwas wird bekannt, stellt sich heraus)* · **etwas an den Tag bringen/ziehen** *(etwas aufdecken, enthüllen)* · **etwas an den Tag legen** *(etwas überraschend erkennen lassen):* er legte einen verdächtigen Eifer an den T. · **auf meine, deine usw. alten Tage** *(im Alter)* · **jmds. Tage sind gezählt** *(jmd. wird bald sterben)* · **bei Tage besehen** *(genauer betrachtet)* · **in den Tag hinein leben** *(sorglos dahinleben)* · (Bergmannsspr.:) **über, unter Tag[e]** *(über, unter der Erdoberfläche)* · **unter Tags** *(den Tag über).*

tagaus (in der Verbindung) tagaus, tagein: *jeden Tag, immer:* t., tagein fährt er zwei Stunden zur Arbeit; t., tagein die gleichen Handgriffe.

tagen: 1. ⟨es tagt⟩ *es wird Tag:* es tagt bereits; im Osten begann es zu t. **2.** *eine Tagung, Sitzung abhalten:* öffentlich, geheim t.; die Konferenz tagt bereits seit Wochen; der Ausschuß tagt im kleinen Saal; sie tagten über Probleme des Umweltschutzes; übertr. (scherzh.): wir tagten *(waren fröhlich beisammen)* bis zum frühen Morgen.

Tagesgespräch (in der Wendung) etwas ist [das], bildet das Tagesgespräch: *etwas wird als Neuigkeit diskutiert:* dieser Einbruch bildete das T. in der Stadt; was war heute [das] T. bei euch?

Tageslicht, das: *natürliches Licht:* das T. schwindet, verdämmert (geh.); durch das Kellerfenster fiel, kam etwas T. herein; das Zimmer hat kein T.; Neonröhren ersetzen das T.; bei T. arbeiten. * (geh.:) **das Tageslicht scheuen** *(etwas zu verbergen haben)* · **etwas ans Tageslicht bringen/ziehen/zerren/holen** *(etwas der Öffentlichkeit bringen)* · **etwas kommt ans Tageslicht** *(etwas wird bekannt, wird entdeckt).*

Tagesordnung, die: *festgelegter Plan für den Ablauf einer Sitzung:* die T. aufstellen, einhalten; etwas auf die T. setzen; dieser Punkt steht nicht auf der T., wird von der T. gestrichen, abgesetzt; zur T.! /mahnender Zuruf bei Sitzungen/; [über etwas] zur T. übergehen *(die Beratung beginnen).* *etwas ist an der Tagesordnung *(etwas kommt immer wieder vor)* · **zur Tagesordnung übergehen** *(im normalen, üblichen Ablauf fortfahren).*

täglich: *jeden Tag [vorkommend]:* der tägliche Bedarf; die tägliche Arbeit; t. trainieren; eine Medizin dreimal t. einnehmen; wir sehen uns t.

Tagung, die: *größere Versammlung von Fachleuten o.ä.:* die T. dieser Gesellschaft findet im Herbst statt; eine T. abhalten, veranstalten; sich zu einer T. anmelden; an einer T. über das/zum Thema Verbraucherschutz teilnehmen; bei/auf dieser T. hielt er ein Referat.

Taille, die: *schmalste Stelle des Rumpfes:* eine schlanke, schmale, breite T.; ein Kleid in der T. enger machen, in der T. betonen; sie hat keine T.; die Mode betont die T., deutet die T. nur an; einen Anzug, ein Kleid auf T. *(mit betonter Taille)* arbeiten; der Anzug sitzt in der T. hervorragend; er faßte sie um die T.; sie hat T. 60, hat 60 cm T. *(Taillenweite).*

Takt, der: 1. a) *festgelegte Einheit im Aufbau eines Musikstücks:* die Takte eines Walzers; ein halber, ganzer T. [Pause]; ein paar Takte singen; wir spielen jetzt die Takte 24 bis 80; das Stückchen besteht nur aus wenigen Takten; die Musik brach mitten im T. ab; übertr. (ugs.): dazu möchte ich auch ein paar Takte *(etwas)* sagen; mit dem muß man ein paar Takte *(ein ernstes Wort)* reden. b) *abgemessenes Zeitmaß von Tönen oder Bewegungen:* den T. angeben, schlagen, wechseln; er kann nicht, keinen T. halten; aus dem T. kommen, jmdn. aus dem T. bringen; im T., nach dem T. singen, tanzen, rudern; du mußt im T. bleiben; die Hämmer klangen im T.; übertr.: jmdn. aus dem T. bringen *(aus dem Konzept bringen, ihn stören, verwirren);* aus dem T. kommen *(gestört werden).* 2. *Gefühl für Anstand und Höflichkeit:* er hat viel, wenig, keinen T.; er hat keinen T. im Leibe (ugs.); den T. verletzen; gegen den T. verstoßen; es fehlt ihm an T.; man muß ihm Mangel an T. vorwerfen; sie hat die Sache mit großem T. behandelt.

taktlos: *ohne Anstandsgefühl; verletzend:* ein taktloser Mensch; eine taktlose Frage; taktloses Benehmen; sein Verhalten war ziemlich t.; es war t. von ihm, mir das zu sagen; sich t. verhalten.

Tal, das: 1. *tiefer liegendes Gelände, Senke:* ein enges, dunkles, weites, langes, breites, fruchtbares T.; das T. öffnet sich, verengt sich; wir sehen vom Berg ins T. hinein, hinab; das Vieh ins/zu T. treiben; über Berg und T. wandern; im Herbst fahren die Bewohner von den Almen zu T.; übertr.: die Wirtschaft befindet sich in einem T. *(hat schlechte Konjunktur).* 2. *Bewohner eines Tales:* das ganze T. war da.

Talent, das: a) *angeborene besondere Begabung:* sie besitzt ein ungewöhnliches musikalisches T.; er hat T. zum Dichten, Singen, Fußballspielen, zum Schauspieler; sie hat besonderes T. zur/in der/für Leichtathletik; sie zeigt, entfaltet, entwickelt viel T.; er überschätzt sein T.; jmds. T. entdecken, fördern; ich habe nicht das geringste T. zum Lügen (iron.); er hat ein besonderes, seltenes T., die Leute vor den Kopf zu stoßen; sein T. verkümmern, brachliegen lassen; diese Arbeit verrät T.; nun stehen wir da mit unserem T. (ugs.; *nun sind wir ratlos);* er ist nicht ohne T.; ein Gitarrist von überragendem T. b) *talentierter Mensch:* er ist ein großes, starkes, aufstrebendes, vielversprechendes T.; ein neues T. aus der Jugendmannschaft; im deutschen Fußball; junge Talente fördern, testen.

tanken ⟨etwas t.⟩: *Treibstoff o.ä. in einen Tank*

füllen *[lassen]:* Benzin, Öl t.; ich habe nur 10 Liter getankt; den Wagen t.; ⟨auch ohne Akk.⟩ ich muß heute noch t.; übertr. (ugs.): er hat zuviel getankt *(getrunken);* frische Luft, Sonne t. *(aufnehmen);* jetzt habe ich neue Kräfte getankt.

Tante, die: a) *Schwester oder Schwägerin der Mutter oder des Vaters:* meine T. Maria; ein wohnt bei seiner T.; meine T., deine T. /ein Kartenspiel/. b) (ugs.) *[bekannte] weibliche Erwachsene:* gib der T. die Hand!; (abwertend:) was will die T.?; zwei alte Tanten.

Tanz, der: 1. a) *rhythmische Bewegung des Körpers [zu Musik]:* ein kultischer, zeremonieller, magischer T.; alte, moderne, langsame, schnelle, wilde, lateinamerikanische, afrikanische Tänze; Tänze aus den Alpen; heute ist T. *(eine Tanzveranstaltung)* im Gasthof; einen T. einüben, vor-, aufführen; einen T. hinlegen, aufs Parkett legen (ugs.; *schwungvoll tanzen);* den neuen T. kann ich nicht; die Großeltern machten, wagten auch ein Tänzchen (ugs.); keinen T. auslassen; jmdm. einen T. abschlagen; beim nächsten T. ist Damenwahl; sich im Tanz[e] drehen; um einen, um den nächsten T. bitten; eine Dame zum T. auffordern; er hat das Mädchen am Sonntag zum T. *(zu einer Tanzveranstaltung)* geführt; die Kapelle spielt zum T. auf; bildl.: der T. *(das Auf und Ab)* der Mücken, der Wellen, der Schneeflocken. b) *[zum Tanz gespieltes] rhythmisches Musikstück:* einen T. komponieren; sie spielten die Deutschen Tänze von Beethoven. 2. (ugs.) *Auseinandersetzung, Streit; lebhafte Betätigung:* jetzt kann der T. beginnen, losgehen (ugs.); ich ein Tänzchen mit jmdm. haben. * (ugs.:) **einen Tanz aufführen** *(übertrieben heftig gegen etwas protestieren)* · **ein Tanz auf dem Vulkan** *(ausgelassene Lustigkeit in gefahrvoller Zeit)* · **der Tanz ums Goldene Kalb** *(die allgemeine Gier nach Geld).*

Tanzbein ⟨in der Verbindung⟩ **das Tanzbein schwingen** (ugs. scherzh.): *tanzen.*

tanzen: 1. a) *sich im Tanz bewegen:* die Paare tanzen; sie tanzt gut, leicht, schwer, beschwingt, leidenschaftlich gern; laß uns t.!; möchten Sie t.?; ich kann nicht t.; mit wem tanzt sie?; wir haben schon lange nicht mehr miteinander getanzt; es wurde getanzt; man tanzte zu, nach den Klängen einer Zigeunerkapelle; wir haben die ganze Nacht getanzt; t. *(zum Tanzen)* gehen; es tanzt das Ballett der Staatsoper; sie tanzt *(ist Balletttänzerin)* an der Scala, in der Truppe von Barischnikow; er tanzt *(gibt einen Tanzabend)* morgen in Nürnberg; bildl.: die Wellen tanzen; die Mücken tanzen über dem Wasser; der Kahn tanzt auf den Wellen; er tanzte *(sprang umher)* vor Schmerz, vor Freude; ⟨etwas tanzt jmdm.; mit Umstandsangabe:⟩ mir tanzte es vor den Augen *(mir wurde schwindlig);* mir hat das Herz vor Freude getanzt. b) ⟨mit Raumangabe⟩ *sich tanzend fortbewegen, irgendwohin bewegen:* aus dem Saal, auf die Terrasse, durch die Halle t.; sie sind ins Freie getanzt. 2. ⟨jmdn., etwas t.⟩ *einen Tanz aus-, vorführen; tanzend darstellen:* [einen] Walzer, Tango t.; einen Tanz t.; Ballett t.; sie hat die klassischen Rollen, die Giselle getanzt. 3. ⟨sich t.; mit Umstandsangabe⟩ *durch Tanzen in einen Zustand geraten:* sich in Ekstase t.; wir haben uns heiß, müde getanzt.

Tapet ⟨nur in den Wendungen⟩ **etwas aufs Tapet bringen** (ugs.; *etwas zur Sprache bringen*): er brachte auch diese Frage aufs T. · **etwas kommt aufs Tapet** (ugs.; *etwas kommt zur Sprache*).
Tapete, die: *Wandbekleidung aus Papier, Stoff o. ä.:* eine einfarbige, gemusterte, bunte T.; diese T. ist lichtecht, abwaschbar, vergilbt; zwei Rollen T./Tapeten; diese T. paßt gut ins Schlafzimmer; die T. erneuern, abreißen. * (ugs.:) **die Tapeten wechseln** (*umziehen*). **b)** *(sich in Beruf oder Tätigkeit verändern).*
tapfer: a) *mutig, standhaft:* ein tapferer Soldat; eine tapfere Frau; tapferen Widerstand leisten; er war t.; die Mannschaft kämpfte, wehrte sich t. **b)** *beherrscht, ohne zu klagen:* eine tapfere Haltung; Sie müssen jetzt ganz t. sein; etwas t. aushalten; t. unterdrückte sie die Tränen. **c)** *(veraltend) tüchtig, wacker:* t. arbeiten, essen, zechen.
tappen ⟨mit Raumangabe⟩: *ungeschickt, unsicher gehen:* durchs Zimmer, in eine Pfütze t.; wir tappten im Finstern, Dunkeln über den Hof; tappende Schritte; übertr.: in eine Falle t.
Tarantel ⟨in der Verbindung⟩ **wie von der Tarantel gestochen** (ugs.): *plötzlich; wie besessen:* er sprang auf wie von der T. gestochen.
Tarif, der: *festgelegtes System oder Verzeichnis von Löhnen, Gebühren u. a.:* die Tarife der Bahn, der Post; ab 1. Januar gelten neue Tarife; einen T. aufstellen, ändern; die Gewerkschaft hat die Tarife gekündigt, will mit den Unternehmern neue Tarife vereinbaren, aushandeln; die Arbeiter werden nach T., über, unter T. bezahlt; er verdient laut T. 4 296,53 DM.
tarnen ⟨jmdn., sich, etwas t.⟩: *[durch Verhüllen] unkenntlich machen, schützen:* Geschütze, Truppen t.; die Stellung wurde gegen Fliegersicht getarnt; der Spion hatte sich als Arbeiter getarnt; ein gut getarnte Radarfalle; eine mit Ballonmütze getarnte Gestalt; übertr.: seine Absichten, Maßnahmen t. *(verschleiern).*
Tasche, die: **1.** *Teil eines Kleidungsstücks (Mantel-, Hosentasche u. a.):* große, tiefe, aufgenähte, ausgebeulte Taschen; die Taschen umkehren, umkrempeln (ugs.); sich die Taschen mit Bonbons füllen, vollstopfen; er hatte alle Taschen voll[er] Nüsse; die Hand aus der T. nehmen, in die T. stecken; die Hände in die Taschen vergraben; er zog, holte die Schlüssel aus der T.; ich habe ein Loch in der T.; er suchte, kramte (ugs.) in seinen Taschen. **2.** *Akten-, Hand-, Markttasche u. a.:* eine kleine, schwere, lederne T.; eine T. aus Kunststoff, für Einkäufe, zum Umhängen; die T. ist voll, leer; jmdm. die T. tragen; etwas in die T. legen, packen, füllen, stopfen; die Flaschen bekomme ich nicht mehr in die T. * (ugs.:) **sich** (Dativ) **die eigenen Taschen füllen** *(sich bereichern)* · (ugs.:) **jmdm. auf der Tasche liegen** *(von jmdm. ernährt, unterhalten werden)* · (ugs.:) **jmdm. etwas aus der Tasche ziehen** *(jmdm. etwas auf hinterhältige Weise abnehmen).* **etwas aus dem eigenen/aus eigener Tasche bezahlen** *(selbst bezahlen)* · (ugs.:) **etwas [schon] in der Tasche haben** *(im festen Besitz von etwas sein):* er hat seine Anstellung, sein Examen in der T. · (ugs.:) **jmdn. in der Tasche haben** *(jmdn. zwingen können, alles zu tun)* · **[für etwas tief] in die Tasche greifen müssen** *([für etwas viel] zahlen müssen)* · (ugs.:) **etwas in**

die eigene Tasche stecken *(etwas für sich behalten, unterschlagen)* · **jmdm. in die Tasche arbeiten/in jmds. Tasche arbeiten** *(jmdm. unberechtigte Vorteile zukommen lassen)* · **in die eigene Tasche arbeiten/wirtschaften** *(in betrügerischer Weise Profit machen)* · (ugs.:) **etwas wandert/fließt in jmds. Tasche/Taschen** *(etwas fließt jmdm. als Profit zu)* · (ugs.:) **sich selbst in die/sich in die eigene Tasche lügen** *(sich etwas vormachen)* · (ugs.:) **jmdm. in die Tasche stecken** *(jmdm. sehr überlegen sein).*
Tasse, die: *[Porzellan]gefäß zum Trinken:* eine Meißner, eine chinesische T.; eine T. aus Kunststoff; eine T. Kaffee, zwei Tassen Tee trinken; die T. ausspülen, umstoßen, zerbrechen; trink deine T. aus!; die Kanne faßt sechs Tassen; eine T. *(einer Tasse entsprechende Menge)* Reis, voll Reis; nehmen Sie noch ein Täßchen? *(darf ich Ihnen noch einmal einschenken?);* aus der T. trinken; Kaffee, Tee in die Tassen gießen; darf ich Sie zu einer T. Kaffee einladen?; R (ugs.): hoch die Tassen! *(laßt uns gemeinsam trinken, anstoßen!).* * (ugs.:) **nicht alle Tassen im Schrank haben** *(nicht richtig bei Verstand sein)* · (ugs.:) **trübe Tasse** *(ein langweiliger, dummer Mensch).*
Taste, die: *Hebel, der mit dem Finger heruntergedrückt wird:* eine T. klemmt, ist entzwei; eine T. auf der Schreibmaschine [nieder]drücken, bedienen; die T. des Morseapparats drücken; die schwarzen, weißen Tasten am Klavier; eine T. anschlagen, greifen; auf die T. drücken; er hämmert, haut (ugs.) auf die Tasten; der Pianist griff mächtig in die Tasten *(spielte mit Schwung).*
tasten: 1. a) ⟨mit Umstandsangabe⟩ *vorsichtig fühlende, suchende Bewegungen mit den Händen ausführen:* sie tastete im Dunkeln; der Blinde tastete mit seinem Stock; er tastete mit den Fingern über ihr Gesicht; sie bewegte sich tastend zur Tür; adj. Part. übertr.: ein erster tastender Versuch; tastende Fragen. **b)** ⟨nach jmdm., etwas t.⟩ *vorsichtig greifend suchen:* nach dem Lichtschalter t.; mit dem Stock nach dem Weg t. **c)** ⟨sich t.; mit Raumangabe⟩ *sich tastend vorwärtsbewegen:* wir tasteten uns durch das Dunkel, zur Tür. **2.** ⟨etwas t.⟩ **a)** *tastend feststellen:* der Arzt tastet die Geschwulst. **b)** *(bes. Fachspr.) mit Hilfe von Tasten übertragen:* einen Funkspruch t.; ein Manuskript auf der Setzmaschine t.
Tat, die: **1.** *Handlung; das Tun:* eine gute, hochherzige, edle, selbstlose, kühne große, tapfere, kluge T.; eine böse, schlimme, feige, ruchlose, grauenvolle, verbrecherische T.; eine geschichtliche T.; eine T. der Verzweiflung; Taten der Nächstenliebe; das ist die T. eines Wahnsinnigen; eine [gute] T. vollbringen; eine [böse] Tat begehen; er ist ein Mann der T. *(er handelt, ohne zu zögern);* eine lange geplante T. ausführen; der Angeklagte hat seine T. gestanden, zugegeben; er bereut die T. sehr; er ist der T. verdächtig, überführt. * **in der Tat** *(wirklich):* in der T., du hast recht!; das ist in der T. schwer · **jmdn. auf fri-**

scher Tat ertappen *(jmdn. bei einem Vergehen überraschen).*

Täter, der: *jmd., der eine Straftat begangen hat:* der heimliche, unbekannte, wirkliche, vermeintliche T.; wer ist der T.?; die T. kamen nachts; der T. ist etwa 1,80 m groß, ca. 20 Jahre alt ...; der T. hat gestanden, leugnet hartnäckig; den T. ermitteln, ausfindig machen, ergreifen, festnehmen, bestrafen; als T. kam nur er ernstlich in Frage; die Polizei sucht, fahndet noch nach dem T., hat noch keine Spur von den Tätern.

tätig: a) *tatkräftig, aktiv:* seine tätige Mitarbeit, Mitwirkung, Anteilnahme, Unterstützung; tätige *(sich in Taten ausdrückende)* Nächstenliebe; ein tätiger Hausmeister; unentwegt t. sein. b) ⟨t. sein⟩ *sich betätigen:* Mutter ist noch in der Küche t.; übertr.: der Vulkan ist noch t. *(in Tätigkeit).* c) ⟨t. werden⟩ *in Aktion treten, eingreifen:* da nichts geschehen ist, soll nun unser Abgeordneter, der Betriebsrat, der Elternbeirat t. werden. d) ⟨t. sein; mit Umstandsangabe⟩ *arbeiten:* als Pädagoge, als Künstler t. sein; er ist bei der Gemeinde, für eine ausländische Firma, in einer Bank t.; sie ist geheimdienstlich t. gewesen; ⟨auch attributiv⟩ der in unserer Firma tätige Herr XY.

tätigen (Papierdt.) ⟨etwas t.⟩: *durchführen, vollziehen:* ein Geschäft, einen Abschluß, eine Bestellung, Buchung t.; Investitionen t.; sie tätigte einige Einkäufe, Arbeiten, Anrufe.

Tätigkeit, die: a) *das Tätigsein, Wirken; Beschäftigung:* körperliche, geistige, schriftstellerische T.; eine angenehme, aufreibende T.; eine T., die ich in meiner Freizeit ausübe; sie entwickelte eine rastlose, fieberhafte T.; die Firma entfaltete eine rege T. *(wurde geschäftlich aktiv);* bei dieser T. muß man sich sehr konzentrieren; das gehört zu den Tätigkeiten *(Aufgaben)* einer Hausfrau. b) *Arbeit:* seine langjährige T. als Verwalter, im Ausland, für die Partei; die aufreibende T. eines Managers; seine T. aufnehmen; welche T. haben Sie früher ausgeübt?; einer geregelten T. nachgehen; mit meiner derzeitigen T. bin ich zufrieden. c) *das In-Betrieb-Sein, In-Funktion-Sein:* die T. des Herzens; eine Maschine in T. *(in Gang)* setzen; die Anlage ist in voller T.; der Vulkan ist in T. getreten *(ausgebrochen);* das Notstromaggregat tritt automatisch in T.

tätlich: *gewalttätig, handgreiflich:* eine tätliche Auseinandersetzung; tätlichen Widerstand leisten; er hat mich t. angegriffen; der Betrunkene wurde [gegen den Fremden] t. *(er schlug zu).*

Tätlichkeiten, die ⟨Plural⟩: *Gewalttätigkeiten:* der Zank artete in T. aus, endete mit T.; die Streitenden gingen zu T. über; er ließ sich zu T. hinreißen; es kam zu T.

Tatsache, die: *etwas wirklich Geschehenes, Vorhandenes; Realität:* das ist eine unbestrittene, unleugbare, unwiderlegbare, unabänderliche, bedauernswerte, entscheidende, gänzlich belanglose T.; eine historische T.; das sind die nackten Tatsachen *(Tatsachen ohne Beschönigung);* T.! (ugs.; *es ist so!);* die Tatsachen sprechen dagegen; die Tatsachen entstellen, verdrehen, verfälschen; eine T. unterschlagen; ich berichte nur Tatsachen, lasse die Tatsachen sprechen; seine Behauptung entspricht nicht den Tatsachen; wir mußten der T. Rechnung tragen, daß ...; er hält

sich an die Tatsachen, beruft sich auf die T., daß ...; er hat sich mit den Tatsachen abgefunden. * vollendete Tatsachen schaffen *(nicht mehr rückgängig zu machende Umstände, Geschehnisse herbeiführen)* · den Tatsachen ins Auge/Gesicht sehen *(realistisch denken und handeln)* · vor vollendeten Tatsachen stehen *(mit etwas konfrontiert sein, was nicht mehr zu ändern ist)* · jmdn. vor die vollendete Tatsache/vor vollendete Tatsachen stellen *(jmdn. mit etwas konfrontieren, was nicht mehr zu ändern ist).*

tatsächlich: I. ⟨Adj.⟩ *den Tatsachen entsprechend, wirklich.* vermeintliche und tatsächliche Vorzüge; die tatsächlichen Gegebenheiten, Zustände, Umstände; der tatsächliche Hergang des Unfalls; das ist der tatsächliche Grund für seine Entlassung; sein tatsächlicher Name *(ugs.; richtiger)* Name ist Gregorowitsch. II. ⟨Adverb⟩ *in Wirklichkeit, wirklich, in der Tat:* er hat mir den Unfall geschildert, aber t. war es ganz anders; er war t. ein großer Gangster; so etwas gibt es t.; ist das t. wahr?; t.? *(ist das wirklich wahr?);* das ist t. besser; er ist es t.; da habe ich mich doch t. geirrt.

¹**Tau,** der: *feuchter Niederschlag:* in der Nacht ist T. gefallen; am Morgen lag [der] T. auf den Wiesen; der T. funkelt, glitzert. * (geh.:) **vor Tau und Tag** *(in aller Frühe).*

²**Tau,** das: *starkes Seil [auf Schiffen]:* ein steifes, geteertes, dickes, starkes T.; ein T. auswerfen, kappen, aufrollen; etwas mit Tauen befestigen; Turnen: am T. klettern.

taub: 1. a) *gehörlos:* eine taube alte Rentnerin; er ist auf einem Ohr, auf beiden Ohren t.; sie ist t. geboren, im Alter t. geworden; (ugs.:) schrei nicht so, ich bin doch nicht t.!; denkst du vielleicht, ich sei t.?; übertr.: sich t. stellen *(sich weigern, etwas zur Kenntnis zu nehmen, von etwas keine Notiz nehmen);* er ist t. für, gegen alle Bitten, Ratschläge, Warnungen *(er will nicht hören);* auf diesem/(ugs.:) dem Ohr ist er t. *(in dieser Angelegenheit ist er unzugänglich).* b) *gefühllos:* ein taubes *(dumpfes)* Gefühl in den Armen haben; die Fingerspitzen wurden mir ganz t. vor Kälte. 2. *leer, ohne nutzbaren Inhalt:* eine taube Nuß, Ähre; ein taubes *(unbefruchtetes)* Vogelei; Bergmannsspr.: taubes Gestein *(ohne Erzgehalt)* · der Pfeffer ist t., schmeckt t. *(hat kein Aroma);* der Kürbis blüht t. *(ohne Fruchtansatz).*

Taube, die: /ein Vogel/: eine T. nistet unterm Dach; die Tauben girren, gurren, rucksen, schnäbeln [sich]; Tauben züchten, halten, füttern, vergiften; /als Kosewort/: mein Täubchen!; R (ugs.): die gebratenen Tauben fliegen einem nicht ins Maul *(es fällt einem nichts ohne Mühe zu).*

tauchen: 1. a) *unter der Wasseroberfläche verschwinden, sich unter Wasser begeben:* die Ente, der Delphin taucht; das U-Boot taucht; der Schwimmer tauchte im Meer; der Taucher ist/hat nach Perlen getaucht; bis auf den Grund, 10 Meter [tief], 5 Minuten [lang] t. b) (geh.) ⟨mit Raumangabe⟩ *sich in etwas eintauchend hinein- oder auftauchend hinaufbegeben:* der Schwimmer tauchte in die eisigen Fluten, aus dem Wasser; sie tauchte an die Oberfläche; übertr.: die Sonne taucht ins Meer, ist unter den Horizont getaucht *(untergegangen);* ins Dunkel t.; eine Insel tauchte aus dem Meer *(wurde allmählich erkenn-*

bar). **2.** ⟨jmdn., etwas t.; mit Raumangabe⟩ *in eine Flüssigkeit senken:* den Pinsel in die Farbe t.; er hat die Hand ins Wasser getaucht; sie haben ihn ins, unter Wasser getaucht; ⟨auch ohne Raumangabe⟩ wir haben ihn ordentlich getaucht; übertr. (geh.): der Raum war in gleißendes Licht getaucht *(von gleißendem Licht erfüllt).*

¹tauen (selten) ⟨es taut⟩: *Tau schlägt sich nieder:* heute nacht hat es getaut.

²tauen: 1. a) ⟨es taut⟩ *Tauwetter setzt ein:* es hat getaut. **b)** ⟨etwas taut⟩ *etwas wird zu Wasser:* das Eis ist getaut; der Schnee taut von den Dächern. **2.** ⟨etwas taut etwas⟩ *etwas läßt etwas schmelzen:* die Sonne hat das Eis getaut.

Taufe, die: **1. a)** *Sakrament der Aufnahme in die christliche Kirche:* die [heilige] T. empfangen, spenden; das Sakrament der T.; eine T. vornehmen; an jmdm. die T. vollziehen; ein Kind zur T. bringen, tragen; das Kind erhielt in der T. den Namen Christian. **b)** *Familienfest bei der Kindtaufe:* am Sonntag haben wir T.; eine T. mitmachen; zur T. eingeladen sein. **2.** *festliche Namengebung:* die T. eines Schiffes, Flugzeuges; die T. einer Glocke. * **jmdn. über die Taufe halten**/(veraltend:) **aus der Taufe heben** *(bei jmds. Taufe Pate sein)* · (ugs.:) **etwas aus der Taufe heben** *(etwas gründen, begründen, ins Leben rufen).*

taufen: 1. ⟨jmdn. t.⟩ *jmdm. die Taufe spenden:* Heiden t.; er hat sich t. lassen; das Kind ist schon, noch nicht getauft; übertr. (ugs.): der Wirt hat den Wein getauft *(mit Wasser verdünnt).* **2.** ⟨jmdn., etwas t.⟩ *[feierlich] einen Namen geben:* ein Schiff, eine Glocke t.; das Kind wurde [nach der Patin auf den Namen] Susanne getauft.

taugen: 1. ⟨etwas t.⟩ *wert sein, brauchbar sein:* das Messer, der Mann taugt nichts; dieses Mittel taugt wenig, nicht viel; taugt er denn etwas? (ugs.; *leistet er etwas?).* **2. a)** ⟨zu etwas, für etwas t.⟩ *geeignet sein:* er taugt nicht zu schwerer, für schwere Arbeit; das Messer taugt nicht zum Brotschneiden. **b)** ⟨für jmdn./(geh. veraltend:) jmdm. t.⟩ *gut, geeignet sein:* dieses Buch taugt nicht für Kinder/taugt Kindern nicht.

tauglich: *brauchbar, geeignet:* taugliches Material; eine taugliche Personenbeschreibung; er ist als Pilot, zu schwerer körperlicher Arbeit, für diese Aufgabe nicht t.; er ist beschränkt, voll t. *(wehrdiensttauglich);* er wurde zum/für den Wehrdienst t. geschrieben.

Taumel, der: **a)** *Schwindelgefühl, Benommenheit:* ein [leichter] T. überkam ihn, befiel, ergriff, erfaßte ihn; ich bin noch wie im T. *(ganz benommen).* **b)** *Rausch, Überschwang:* ein T. der Begeisterung, der Freude packte, ergriff die Menschen; im wilden T. der Wut, der Lust; er geriet in einen wahren T. des Entzückens, des Glücks; der Erfolg hatte sie in einen T. versetzt.

taumeln: a) *unsicher hin und her schwanken; benommen sein:* vor Müdigkeit, Schwäche t.; der Kranke ist halt getaumelt; das Flugzeug begann zu t. **b)** ⟨mit Raumangabe⟩ *sich taumelnd fortbewegen, irgendwohin bewegen:* er ist gegen die Wand, vom Stuhl zum Bett getaumelt; der Falter taumelt *(fliegt ziellos)* von Blüte zu Blüte.

Tausch, der: *das Tauschen:* ein vorteilhafter, guter T.; damit hast du einen schlechten T. gemacht; etwas durch T. erwerben; etwas in T. ge-

ben, nehmen *(als Tauschobjekt weggeben, erhalten);* das Buch habe ich im T. für/gegen ein anderes erhalten; seine Wohnung zum T. anbieten.

tauschen: a) ⟨jmdn., etwas t.⟩ *geben, um jmd. anderes, etwas anderes dafür zu bekommen:* Waren, Münzen t.; sie tauschten die Kleider, die Partner; er tauschte sein Grundstück gegen ein größeres; wir tauschten unsere Plätze, unsere Rollen; er hat das Zimmer mit seinem Bruder getauscht; ⟨auch ohne Akk.⟩ wollen wir t. *(unsere Plätze, Aufgaben wechseln)?;* er tauscht gern *(macht gern Tauschgeschäfte)* · übertr.: sie tauschten Blicke; ich tauschte einen schnellen Blick mit ihm; sie tauschten Zärtlichkeiten, Küsse *(liebkosten sich);* wir tauschten einen Händedruck *(drückten uns die Hände).* **b)** ⟨mit jmdm., mit etwas t.⟩ *einen Austausch von jmdm., etwas vornehmen:* sie tauschten mit den Plätzen, mit den Partnern. **c)** ⟨mit jmdm. t.⟩ *im Wechsel an jmds. Stelle treten:* die Nachtschwester hat mit einer Kollegin getauscht; R: ich möchte nicht mit ihm t. *(ich möchte nicht in seiner Lage sein).*

täuschen: 1. a) ⟨jmdn., etwas t.⟩ *irreführen:* er hat mich mit seinen Behauptungen, durch sein Verhalten getäuscht; sie läßt sich leicht t.; der Schein täuscht uns oft; jmds. Hoffnungen t. *(nicht erfüllen);* wenn mich mein Gedächtnis nicht täuscht *(wenn ich mich richtig erinnere);* wenn mich nicht alles täuscht *(wenn ich mich nicht sehr irre);* ⟨auch ohne Akk.⟩ der Schüler hat versucht zu t. *(wollte unerlaubterweise abschreiben);* adj. Part.: eine täuschende Nachahmung des echten Rings; er sieht dir täuschend ähnlich; ich sah mich in meinen Erwartungen getäuscht. **b)** ⟨etwas täuscht⟩ *etwas vermittelt einen falschen Eindruck:* das Neonlicht täuscht; der Turm täuscht sehr hoch, das täuscht [nur]. **c)** (Sport) *den Gegner irreleiten:* er täuschte geschickt und schoß den Ball ins Tor. **2. a)** ⟨sich t.⟩ *sich irren:* du täuschst dich, wenn du das glaubst; wenn ich mich nicht täusche, dann ist er es; ich kann mich natürlich t.; darin täuscht er sich; täuschen wir uns nicht über den Ernst der Lage! **b)** ⟨sich in jmdm. t.⟩ *von jmdm. enttäuscht sein:* ich habe mich sehr in ihm getäuscht.

Täuschung, die: **a)** *das Täuschen:* eine arglistige, plumpe, raffinierte, böswillige T.; die T. gelang ihm nicht; sie ist einer T. zum Opfer gefallen, auf eine T. hereingefallen. **b)** *das Getäuschtwerden; Irrtum:* es war alles nur [eine schöne] T.; man erlag, unterlag beinah der T., daß es echte Blumen seien; man gebe sich darüber keiner T. hin! (geh.: *man täusche sich darüber nicht!);* optische T. *(optische Wahrnehmung, die mit der Wirklichkeit nicht übereinstimmt).*

tausend: a) ⟨Kardinalzahl⟩ *1000:* t. Mann, t. Zigarren; t. und eine T. Briefe; es waren an die t. (ugs.), einige t. Menschen da; viele t., mehrere t., ein paar t. Familien. **b)** (ugs.) *sehr viele, unzählige:* er hat t. Gründe, t. Entschuldigungen, Ausreden, Wünsche; ich muß noch t. Sachen erledigen; t. Ängste ausstehen *(sich sehr ängstigen);* t. Grüße, Küsse! */Grußformel im Brief/.*

Tausend, das: **a)** *Menge, Einheit von tausend Stück:* ein halbes T.; das erste bis fünfte T. der Auflage; einige Tausend Zigarren; eine Packung mit einem T. Büroklammern; fünf vom T. *(5 Pro-*

mille). **b)** ⟨Plural⟩ *Anzahl von mehrmals tausend:* viele Tausend[e]; Tausende von Mark, Menschen; Tausende armer Menschen; der Tod Tausender; die Verluste gehen in die Tausende; sie starben zu Tausenden.
tausendste: ↑ achte.
Technik, die: 1. *Gesamtheit der Mittel und Verfahren, mit denen die Naturkräfte nutzbar gemacht werden:* die moderne T.; die T. der Neuzeit, der Antike; die T. erleichtert dem Menschen die Arbeit; Segen und Fluch der T.; ein Wunder der T.; nach neuestem Stand der T.; im Zeitalter der T. leben; er ist, arbeitet in der T. (ugs.; *in der technischen Abteilung*). 2. *technische Ausrüstung, Einrichtung; technische Beschaffenheit:* einen Lehrling in die T. einer Klimaanlage einweisen; das Büro ist mit modernster T. ausgestattet; mit der T. der Apparatur vertraut sein. 3. *Art, wie etwas ausgeführt wird:* handwerkliche, künstlerische Techniken; die T. des Eislaufs, des Geigenspiels; die T. des Dramas *(Kunst, ein Drama aufzubauen);* eine neue, ausgefeilte T. erarbeiten, anwenden; der Schwimmer hat seine T. verbessert; man bewunderte die saubere, virtuose T. des Klavierspielers; er beherrscht alle Techniken; sie bediente sich verschiedener Techniken.
technisch: 1. *die Technik betreffend, zur Technik gehörend:* das technische Zeitalter; der technische Fortschritt; technische Berufe, Fächer, Kenntnisse; technische Ausdrücke; eine technische Fachschule, Hochschule, Universität; die Technische Hochschule Darmstadt; er ist technischer Zeichner, technischer Direktor; ein t. begabter Mensch. 2. *die Ausführungsart oder Technik betreffend, den Ablauf, aber nicht die Sache selbst betreffend:* technisches Können; er spielt mit hoher technischer Vollendung; er ist ein t. *(in der Kampfesweise)* hervorragender Boxer; Schwächen in den technischen Disziplinen wie z. B. im Kugelstoßen; eine technische Störung; technisches Versagen; die Ausführung des Planes stößt auf technische Schwierigkeiten; das ist t. unmöglich; das war t. einwandfrei.
Tee, der: 1. */ein asiatischer Strauch/:* T. anbauen, [an]pflanzen. 2. **a)** *getrocknete Blätter des Teestrauches:* schwarzer, grüner, aromatisierter, chinesischer, russischer T.; ein Päckchen T. **b)** *daraus bereitetes Getränk:* starker, dünner T.; T. mit Rum, Zitrone, Milch; der T. muß drei Minuten ziehen; ich mache uns schnell einen T.; eine Tasse, ein Glas T. trinken; Kellner, zwei T. bitte!; R (ugs.): abwarten und T. trinken *(warten wir erst einmal ab)* · T. kochen, aufbrühen, aufgießen; den T. ziehen lassen; sie nahmen (geh.) den T. auf der Terrasse; zum T. wurde Gebäck gereicht. 3. *Getränk aus getrockneten Pflanzenteilen:* ein T. aus Heilkräutern, aus Lindenblüten.
Teich, der: *kleineres stehendes Gewässer:* ein fischreicher, verschlammter, flacher, tiefer T.; einen T. anlegen, ablassen, [mit Fischen] besetzen; auf dem T. rudern; im T. baden. * (ugs.:) **der große Teich** *(der Atlantische Ozean).*
Teig, der: *breiartige Masse, die gebacken wird:* ein zäher, dünner, zäh-, dünnflüssiger T.; der T. geht; den T. [an]rühren, mit Hefe ansetzen, gehen lassen, kneten; den T. ausrollen, formen, [in einer Form] backen; etwas aus T. formen.

Teil, der oder das: 1. ⟨der T.⟩ *Glied oder Abschnitt eines Ganzen:* der obere, untere, vordere, hintere T. (eines Möbels, Kleidungsstücks o. ä.); der nördliche, südliche T. des Landes; gleiche, ungleiche Teile; der erste, zweite T. des Buches, des Gedichtes, der Oper; beide Teile in einem Band; ein wesentlicher T. fehlt; der schwierigste, größte T. der Arbeit steht noch aus, kommt erst noch (ugs.); dieser Saal war früher T. der Bibliothek *(gehörte zur B.);* wir sind alle T. einer großen Familie; der fünfte T. von fünfzig ist zehn; er nahm sich den besten, den schlechtesten T. des Bratens; der Cocktail besteht aus zwei Teilen *(zwei Dritteln)* Gin und einem T. Saft; wir wohnen im schönsten T. der Stadt; etwas in drei, vier Teile teilen; einen Motor in seine Teile zerlegen; das Buch gliedert sich, zerfällt in zehn Teile *(Abschnitte);* zum gemütlichen T. des Abends übergehen; das war zum T. *(teils)* Mißgeschick, zum T. *(teils)* eigene Schuld; es waren zum T. *(teilweise)* sehr schöne Pferde; ich habe das Buch zum großen/größten T., erst zum kleineren T. gelesen. 2. ⟨der T.⟩ *Partei, Seite:* der klagende, schuldige T.; sie war in dieser Ehe immer der gebende T.; man muß beide Teile hören, um gerecht urteilen zu können; diese Auseinandersetzung ist für alle Teile peinlich. 3. ⟨der/das T.⟩ *Anteil:* ich will gern mein[en] T. dazu beitragen, beisteuern; mein Vetter hat auf sein[en] T. *(Erbteil)* verzichtet; ich für mein[en] T. *(was mich betrifft, ich)* bin zufrieden; die Geschwister erbten zu gleichen Teilen; wir sind zu gleichen Teilen daran beteiligt; jeder muß zu seinem T. mithelfen, daß wir fertig werden. 4. ⟨das T.⟩ *einzelnes, kleines Stück:* die einzelnen Teile des Motors; ein defektes T. auswechseln, ersetzen; er prüft jedes T. sorgfältig; das Gerät in seine Teile zerlegen. * **ein gut Teil** *(eine nicht geringe Menge):* dazu gehört ein gut T. Frechheit · **sein[en] Teil zu tragen haben** *(kein leichtes Leben haben)* · **sich** (Dativ) **sein Teil denken** *(seine eigenen Gedanken bei etwas haben):* ich sage nichts, aber ich denke mir mein T. · **das bessere/**(selten:) **den besseren Teil gewählt, erwählt haben** *(es besser haben als ein anderer)* · (ugs.:) **sein[en] Teil abhaben/bekommen haben/weghaben: a)** *(keine weiteren Ansprüche stellen können).* **b)** *(einen [gesundheitlichen] Schaden erlitten haben)* · (ugs.:) **jmdm. sein[en] Teil geben** *(jmdm. tüchtig die Wahrheit sagen).*
teilen: 1. **a)** ⟨jmdn., etwas t.⟩ *trennen, zerlegen:* ein Land, ein Gebiet t.; etwas in zwei, in viele, in gleiche Teile t.; einen Apfel in vier Stücke t.; der Lehrer teilt die Schüler in zwei Gruppen; ein Vorhang teilte das Zimmer; das Schiff teilt (geh.; *durchschneidet*) die Wellen; M a t h.: eine Strecke im Verhältnis 3:4 t.; 15 durch 3 t. *(dividieren);* 15 geteilt durch 3 ist 5; a d j. P a r t.: einen Brief mit geteilten *(nicht nur freudigen)* Gefühlen lesen. **b)** ⟨sich t.⟩ *sich trennen, auseinandergehen:* der Vorhang teilt sich; der Weg teilt *(gabelt)* sich; die Schüler teilten sich in zwei Mannschaften, Parteien; ü b e r t r.: hier, in diesem Punkt teilen sich die Meinungen, Ansichten; a d j. P a r t.: wir waren geteilter Meinung; die Urteile, Meinungen darüber sind sehr geteilt *(unterschiedlich).* 2. *aufteilen:* **a)** ⟨etwas t.⟩ die Beute t.; wir teilten den Gewinn unter uns

[Geschwistern], untereinander; ⟨auch ohne Akk.⟩ wir haben redlich geteilt. **b)** ⟨sich (Dativ) etwas mit jmdm. t.⟩ ich teilte mir immer die Kirschen mit meinem Bruder; ⟨auch ohne Präp.-Obj.⟩ wir teilten uns die Kirschen. **3. a)** ⟨jmdn., etwas mit jmdm. t.⟩ *jmdn. an jmdm., an etwas teilhaben lassen:* das Zimmer, die Wohnung mit jmdm. t.; der Hund will seinen Herrn mit niemandem t.; er teilt sein Brot, seine Zigaretten mit mir; sie haben Freude und Leid, Kummer und Schmerz miteinander geteilt; ⟨auch ohne Akk.⟩ er will mit niemandem t.; ⟨auch ohne Akk. und ohne Präp.-Obj.⟩ er teilt nicht gern *(er ist geizig).* **b)** ⟨etwas t.⟩ *an etwas teilhaben; etwas gleichfalls vertreten:* ich kann diese Ansicht, Auffassung, diesen Optimismus nicht t.; sie teilte meine Überzeugung, meine Bedenken; er teilte ihr Los; er teilte das Schicksal aller verkannten Genies. **4.** (geh.) ⟨sich mit jmdm., mit etwas in etwas t.⟩ *etwas gemeinsam nutzen oder tragen:* ich teile mich mit ihm in die Arbeit, in den Besitz dieses Gartens; wir teilten uns die Kosten, den Gewinn.
teilhaftig ⟨in der Verbindung⟩ einer Sache teilhaftig werden, sein (geh. veraltend): *in den Besitz oder Genuß einer Sache kommen, gekommen sein:* einer Amnestie t. werden, sein; ich wurde der zweifelhaften Ehre t., ihn begleiten zu dürfen.
Teilnahme, die: **1.** *das Teilnehmen:* die T. an diesem Lehrgang ist freiwillig; er wurde wegen seiner T. an dem Aufstand verurteilt. **2. a)** *innere Beteiligung, Interesse:* ehrliche T. an etwas zeigen; sie hörte aufmerksam, aber ohne besondere T. zu; er war voll glühender T. **b)** (geh.) *Mitgefühl, Anteilnahme:* das hungernde Kind hatte meine T. geweckt; ich möchte Ihnen meine herzliche, aufrichtige T. *(mein Beileid)* aussprechen.
teilnahmslos: *kein Interesse zeigend:* teilnahmslose Gesichter, Augen; im Unterricht t. dasitzen; er starrte mich t. *(apathisch)* an.
teilnehmen ⟨an etwas t.⟩: **1.** *sich beteiligen, mitmachen:* an einer Veranstaltung, Gesellschaft, an einem Gespräch t.; er nimmt am Unterricht teil; er hat am Zweiten Weltkrieg teilgenommen; alle teilnehmenden Personen. **2.** *Teilnahme, Interesse zeigen:* er nahm an meiner Freude, an meinem Schmerz teil; adj. Part.: ein teilnehmender *(mitfühlender)* Mensch; sie fand, sprach [einige] teilnehmende Worte; er erkundigte sich teilnehmend nach meiner Verletzung.
Telefon, (auch:) **Telephon,** das: **1.** *Telefonanschluß:* T. beantragen, haben; ich habe mir T. legen lassen. **2.** *Telefonapparat:* das schnurlose T.; T. *(ein Anruf)* für dich!; das T. läutet, klingelt, ist gestört; gibt es hier ein T.?; darf ich Ihr T. benutzen?; nicht ans T. gehen; jmdn. ans T. rufen; Sie werden am T. gewünscht, verlangt; am T. hängen, sich ans T. hängen (ugs.; *telefonieren*); das kann ich jetzt am T. nicht sagen; ins T. schreien.
telefonieren: *ein Telefongespräch führen:* t. müssen; er telefoniert gerade; mit seinen Eltern, mit dem Büro, nach Rom, nach einem Arzt t.
Teller, der: /*ein Eßgeschirr*/: ein flacher, irdener, zinnerner, silberner T.; ein bunter T. *(mit Äpfeln, Nüssen, Süßigkeiten o. ä.)*; ein T. aus Porzellan, Steingut; der T. steht auf dem Tisch, hat einen Sprung, ist angeschlagen; die Teller füllen, leer essen, spülen, abwaschen, abtrocknen; sie

nahm die gebrauchten, schmutzigen T. weg und stellte, setzte saubere auf den Tisch; er hat nur einen T. [voll] Suppe gegessen; aus tiefen Tellern *(Suppentellern), von* Meißner Tellern essen.
Tempel, der: **1.** *Gebäude zur Verehrung eines Gottes, der Götter:* ein heidnischer, griechischer, römischer, indischer, jüdischer T.; ein T. des Zeus, der Artemis; ü b e r t r.: ein T. Gottes (geh.; *eine Kirche*); ein T. der Kunst (geh.; *ein Theater*); ein T. des Konsums *(Warenhaus o. ä.).* **2.** *Pavillon, Schutzhütte:* im Park wurde ein kleiner T. errichtet. * (ugs.:) **jmdn. zum Tempel hinauswerfen/ hinausjagen** *(jmdn. hinauswerfen, davonjagen).*
Temperament, das: **1.** *Wesensart, Gemütsart:* die vier Temperamente; er hat ein cholerisches, sanguinisches, phlegmatisches, melancholisches T., ein aufbrausendes, lebhaftes, schwermütiges T., ein aufbrausendes, lebhaftes, schwermütiges T.; wie man darüber urteilt, ist Sache des Temperaments. **2.** *lebhafte, tatkräftige Art des Denkens und Handelns:* sein T. ging mit ihm durch; sie besitzt, hat [viel] T. *(ist lebhaft),* kein, wenig T. *(ist langweilig);* sein T. zügeln; seinem T. die Zügel schießen lassen; eine Arbeit mit T. angehen, anpacken; du darfst dich von deinem T. nicht fortreißen lassen.
Temperatur, die: **a)** *meßbarer Wärmezustand:* eine hohe, tiefe, mittlere, gleichbleibende T.; hier herrscht eine milde, gemäßigte, angenehme, schwüle, unerträgliche T., eine T. von 20 Grad; die höchste, die niedrigste T.; die T. steigt, fällt, sinkt [unter Null, unter den Nullpunkt]; die T. im Schmelzofen liegt bei, beträgt 3 000 Grad; wir hatten im Winter Temperaturen bis zu −30°C; der Wein hat die richtige T.; seine T. *(Körperwärme)* messen, kontrollieren. **b)** (ugs.) *leichtes Fieber:* T. haben, bekommen; er hat etwas T.
Tempo, das: **1.** *Geschwindigkeit:* ein langsames, gemächliches, gemäßigtes, schnelles, scharfes, rasendes, wahnsinniges (ugs.) T.; hier ist nur T. 50 (ugs.; *50 km/h*) erlaubt; auf Landstraßen gilt T. 100 *(sind als Höchstgeschwindigkeit 100 km/h erlaubt);* das T. erhöhen, steigern, beschleunigen, einhalten, vermindern, herabsetzen; ein mörderisches T. anschlagen; ein zügiges T. vorlegen (ugs.; *zügig fahren);* hat der ein T. drauf! (ugs.; *fährt der aber schnell);* T./T., T.! (ugs.; *los, beeil dich, beeilt euch!);* der Läufer an der Spitze machte T., ging ein hohes T., mußte seinem T. Tribut zollen; aufs T. drücken (ugs.; *die Geschwindigkeit erhöhen);* im T. zulegen, nachlassen, zurücklegen; er fuhr in vollem T. gegen eine Mauer; er nahm die Kurve in/mit hohem T. **2.** (Musik) *Zeitmaß:* das T. angeben, genau einhalten; der Kapellmeister nahm das T., die Tempi zu rasch; der Sänger fiel aus dem T.
Tendenz, die: **a)** *Absicht, Hang, Neigung:* die T. des Films ist deutlich erkennbar, geht dahin, zielt darauf ab, ...; er hat, zeigt eine starke T. zum Dogmatismus; diese Zeitung verfolgt eine bestimmte T.; er sagte dies mit der bestimmten T.; die Gegensätze zu überbrücken. **b)** *Entwicklungsrichtung:* neue Tendenzen in der Musik; eine bestimmte T. zeichnet sich ab, hält an; die T. an der Börse ist steigend, fallend; die Preise zeigen [eine] steigende, fallende T.
tendieren ⟨mit Umstandsangabe⟩: *zu etwas neigen, auf etwas gerichtet sein:* zum Zweiparteien-

system t.; die Partei tendiert stark nach links, in Richtung Liberalismus; unsere Gewinne tendieren gegen Null; er tendiert dahin, den Vertrag abzuschließen; die Aktien tendieren (Wirtsch.; *entwickeln sich im Kurs*) schwächer, rückläufig, uneinheitlich.

Teppich, der: *geknüpfte oder gewebte Decke für den Fußboden oder als Wandbehang:* ein echter, alter, wertvoller, orientalischer, persischer T.; der fliegende T. aus dem Märchen; der T. ist abgetreten; schwere, dicke Teppiche dämpften den Schritt; für den Staatsbesuch wurde ein roter T. ausgerollt; einen T. weben, knüpfen; den T. abbürsten, [ab]saugen, klopfen, zusammenrollen; der ganze Fußboden ist mit Teppichen belegt, bedeckt, ausgelegt; ü b e r t r. (geh.): ein T. von Moos; der grüne T. der Wiesen. * (ugs.:) **auf dem Teppich bleiben** *(sachlich, im angemessenen Rahmen bleiben)* · (ugs.:) **etwas unter den Teppich kehren** *(etwas vertuschen).*

Termin, der: 1. *festgelegter Zeitpunkt; Tag, bis zu dem etwas geschehen muß:* ein dringender T.; der letzte, äußerste T. für die Einzahlung; der T. ist ungünstig, paßt mir nicht; einen T. festsetzen, vereinbaren, bestimmen, einhalten, überschreiten, versäumen; können Sie mir schon einen festen T. nennen?; der Masseur hat noch Termine frei; einen neuen T. erhalten, sich geben lassen; keinen T. mehr bekommen; ich bin an diesen T. gebunden, auf diesen T. festgelegt; die Sitzung wurde auf einen späteren T. verschoben, verlegt; er zahlte pünktlich zum vereinbarten T. 2. **a)** *zeitlich festgesetzte Verabredung, Besprechung; Treffen:* ich habe heute einen T. beim Arzt, viele Termine; den T. absagen müssen; er hetzt von T. zu T. **b)** (Rechtsw.) *zeitlich festgesetzte Verhandlung:* ich habe um 10 Uhr einen T.; der Anwalt hat morgen T.; einen gerichtlichen T. anberaumen, wahrnehmen, versäumen, vertagen, absetzen, aufheben; der Prozeß zieht sich von T. zu T.

Terrain, das: *Gelände:* unbebautes, offenes, unwegsames T.; das T. erkunden; die Truppen gewannen, verloren [an] T., mußten T. aufgeben; ü b e r t r.: das ist sein bevorzugtes T., ein unbekanntes T. für ihn; das T. für Verhandlungen vorbereiten; der Dollar gewinnt T., verliert wieder T.; sie konnten gewaltig T. gutmachen. * **das Terrain sondieren** *(in einer Sache vorfühlen).*

Terror, der: *Schreckensherrschaft; rücksichtslose Gewalt:* in dieser Stadt regiert der T., herrscht blutiger, nackter T.; die Geheimpolizei übt blanken T. aus; T. *(große Angst)* verbreiten; wir mußten dem T. weichen; das ganze Land stand unter diesem T.; ü b e r t r. (ugs.): mach nicht so 'nen T. wegen jeder Kleinigkeit.

Test, der: *Versuch zur Feststellung bestimmter Eigenschaften:* ein wissenschaftlicher, psychologischer, sportlicher T.; an dem Patienten wurden mehrere klinische Tests/(selten:) Teste durchgeführt; der T. hat ergeben, daß ...; das Pokalspiel war ein harter T. *(eine schwere Prüfung)* für die Mannschaft; einen T. aus-, erarbeiten, bestehen; jmdn., etwas einem T. unterziehen.

Testament, das: **a)** *letztwillige Verfügung:* ein handgeschriebenes, [un]gültiges T.; sein T. machen *(seinen Letzten Willen erklären)*; ein T. aufsetzen, widerrufen, ändern, anfechten; er starb

ohne T., ohne ein T. zu hinterlassen; etwas in seinem T. verfügen; er hat dich in seinem T. bedacht; R e c h t s w.: ein T. errichten; das T. wurde eröffnet; ü b e r t r.: *Vermächtnis:* das politische T. Adenauers. * (ugs.:) **sein Testament machen können** *(sich auf Übles gefaßt machen müssen).*

testamentarisch: *durch Testament bewirkt:* eine testamentarische Verfügung; das ist t. bestimmt, festgelegt; sie hat ihm das Haus t. vermacht.

testen (jmdn., etwas t.): *durch einen Test prüfen:* das neue Modell muß noch getestet werden; einen Werkstoff auf Säurefestigkeit t.; jmds. Konzentrationsfähigkeit t.; die Probanden wurden zwei Stunden lang getestet; die Bewerber wurden auf ihr Allgemeinwissen getestet.

teuer: 1. a) *einen hohen Preis habend:* ein teures Auto; sie trägt teuren Schmuck; diese Ware ist [viel] zu t.; ihr ist nichts zu t.; der Wagen ist t. im Unterhalt *(verursacht hohe Kosten)*; er hat zu t. gekauft; er verkauft seine Waren viel zu t.; er läßt sich alles t. bezahlen; der Kaffee ist wieder [etwas] teurer geworden; wie teuer ist t *(was kostet)* dieser Stoff?; das Kleid war sündhaft t.; ü b e r t r.: er hat seinen Leichtsinn t. bezahlt *(hat dafür schwer gebüßt)*; der Sieg ist t. *(mit großen Opfern)* erkauft; er wird im Ernstfall sein Leben t. verkaufen *(sich bis aufs äußerste verteidigen).* **b)** *hohe Ausgaben verursachend:* ein teures Restaurant, Geschäft; es sind teure Zeiten; hat die Waren zu teuren *(ugs.; hohen)* Preisen eingekauft; teure *(ugs.; hohe)* Mieten; das hat teures *(ugs.; viel)* Geld gekostet; sie wollte das teure Porto sparen; du bist zu t. mit deinen Waren. **2.** (geh.) *sehr geschätzt, lieb, wert:* mein teurer Vater, Freund; mit diesem teuren Ring verbinden sich teure Erinnerungen für mich; dieses Buch ist mir lieb und t.; er schwor bei allem, was ihm lieb und t. war. * **etwas kommt jmdn./(seltener:) jmdm. teuer zu stehen** *(etwas hat üble Folgen für jmdn.).*

Teufel, der: 1. *Gestalt, die das Böse verkörpert:* der hinkende, stinkende, leibhaftige T.; der T. mit dem Pferdefuß; des Teufels Großmutter; er ist ein T. in Menschengestalt; das ist ein T. von einem Weib (ugs.; *eine sehr böse Frau*); in dich ist wohl der T. gefahren! (ugs.; *du bist wohl nicht recht bei Verstand, was nimmst du dir heraus?*); den T. austreiben, bannen, verjagen; Faust hat sich, seine Seele dem T. verschrieben; er ist vom T. besessen; (geh. veraltet:) er wird vom T. der Eitelkeit, des Neides, Geizes geplagt; scher dich/geh zum T.! (ugs.; *verschwinde!*); /in Verwünschungen (ugs.)/: da soll doch gleich der T. dreinschlagen!; hol' mich der T., soll mich der T. holen, wenn ich lüge!; zum T. mit ihm! soll ihn der T. holen!; hol's der T.!; ich will des Teufels sein, wenn ...; /Flüche (ugs.)/: in [des] Teufels/in drei Teufels Namen!; zum, nicht mal!; [den] T. auch! zum T. [mit dir]!; /Ausrufe (ugs.)/: T., T.!; pfui T.!; hol' dich der T. /der T. soll dich holen!; R: der T. steckt im Detail *(die Kleinigkeiten bereiten bei der Durchführung von etwas die meisten Schwierigkeiten)*; es/da müßte doch mit dem T. zugehen, wenn ... (ugs.; *es ist ganz unwahrscheinlich, daß ...*); gibt man dem T. den kleinen Finger, so nimmt er die ganze Hand; wenn man vom T. spricht *(wenn man über jmdn. redet)*, kommt er auch schon. **2.** *Mensch mit bestimmten Eigenschaften:* die Kleine ist ein richtiger T. (ugs.; *sehr wild*); er ist ein T. *(ist höchst bösartig, grausam),* ein armer T. *(ein bedauernswerter Mensch),* ein dummer T. *(ein Dummkopf),* ∗ (ugs.:) **weiß der Teufel!** *(ich weiß es nicht):* weiß der T., wer alles da war! · (ugs.:) **kein Teufel** *(niemand)* · (ugs.:) **den Teufel** *(gar nicht, nicht im geringsten):* ich schere mich den T. darum; den T. werde ich tun! · (ugs.:) **jmdn. reitet der Teufel** *(jmd. folgt einer schlechten Eingebung, treibt Unfug)* · (ugs.:) **der Teufel ist los** *(es gibt Aufregung, Streit)* · **den Teufel durch Beelzebub austreiben** *(ein Übel durch ein noch schlimmeres bekämpfen)* · (ugs.:) **sich** (Dativ) **den Teufel auf den Hals laden** *(sich in große Schwierigkeiten bringen)* · (ugs.:) **den Teufel im Leib haben** *(unbeherrscht, wild, temperamentvoll sein)* · (ugs.:) **den Teufel an die Wand malen** *(Unheil heraufbeschwören)* · (ugs.:) **in [des] Teufels Küche kommen** *(in eine schlimme Situation geraten)* · (ugs.:) **jmdn. in [des] Teufels Küche bringen** *(jmdn. in eine schlimme Situation bringen)* · (ugs.:) **des Teufels sein** *(etwas völlig Unvernünftiges tun, im Sinn haben):* du bist wohl des Teufels? · (ugs.:) **auf Teufel komm raus** *(mit allen Kräften, so heftig wie möglich):* sie arbeiteten auf T. komm raus · (ugs.:) **etwas ist beim Teufel, ist/ geht zum Teufel** *(etwas ist, geht verloren; etwas ist, geht kaputt):* all unser Geld war, ging zum T. · (ugs.:) **jmdn. zum Teufel/zu allen Teufeln wünschen** *(jmdn. weit fort wünschen)* · (ugs.:) **jmdn. zum Teufel jagen/schicken** *(jmdn. davonjagen, vertreiben).*

teuflisch: 1. *heimtückisch, verrucht:* ein teuflischer Plan; teuflischer Hohn; er hatte eine teuflische Freude an Quälereien; was sie sich ausgedacht hatte, war t.; er grinste t. **2.** (ugs.) **a)** *sehr groß:* eine teuflische Ähnlichkeit; ein teuflischer Durst. **b)** ⟨verstärkend vor Adjektiven und Verben⟩ *sehr:* es ist t. kalt; man muß t. aufpassen.

Text, der: **a)** *etwas Geschriebenes; Wortlaut:* ein fremdsprachiger, literarischer T.; der genaue, authentische, ursprüngliche T. [einer Rede, eines Gedichts]; der T. der Urkunde ist unvollständig, verderbt (fachspr.), unleserlich; den T. ändern, verfälschen, ergänzen, entstellen, verhunzen (ugs.); einen T. einsehen, [über]lesen, redigieren (fachspr.), korrigieren, interpretieren, deuten, erklären, kommentieren; einen T. entwerfen, abfassen, übersetzen; den vollen T. *(Wortlaut)* der Erklärung [ab]drucken; er schrieb die Texte *(Erläuterungen)* zu den Abbildungen; er gibt fremdsprachige Texte für die Schule heraus; ein Wort nachträglich in den T. einfügen; weiter im T.! (ugs.; *fahr fort!*); er predigte über einen T. *(eine Bibelstelle)* aus dem Alten Testament. **b)** *zu einem Musikstück gehörende Worte:* wie lautet der T. des Liedes?; er hat den T. zu einer Oper verfaßt. ∗ (ugs. veraltend:) **jmdm. den Text lesen** *(jmdm. eine Strafpredigt halten)* · **aus dem Text kommen** *(vom Thema abkommen, den Faden verlieren)* · **jmdn. aus dem Text bringen** *(jmdn. so verwirren, daß er den Faden verliert).*

Theater, das: **1. a)** *Gebäude, in dem Schauspiele u. a. aufgeführt werden:* in unserer Stadt wurde ein neues, modernes T. gebaut; das T. füllte sich schnell; im August ist das T. geschlossen; wir

treffen uns vor dem T.; R (ugs.): demnächst in diesem T. *(etwas wird bald geschehen, sich ereignen).* **b)** *Unternehmen, das Schauspiele u. a. aufführt:* wir haben hier ein privates, staatliches, städtisches T.; wir haben ein Abonnement im T.; wir sind im, beim T. abonniert; sie ist am/beim T. [beschäftigt]; er will zum T. [gehen] *(Schauspieler werden).* **c)** *Vorstellung, Aufführung:* heute ist kein T.; das T. beginnt um 8 Uhr; das T. ist ausverkauft; die Kinder spielen T. *(sie führen etwas auf);* sie machen T. für Kinder; heute abend gehen wir ins T.; nach dem T. treffen wir uns im Ratskeller. **2.** (ugs.) *unechtes, übertriebenes Tun; Unruhe, Verwirrung, Aufregung:* es gab viel T. in, wegen dieser Sache; das ist doch alles nur T.!; war das ein T., bis wir ihn soweit hatten!; so ein T.!; das reine T.! *(unnötige Aufregung);* laß das T.!; viel T. um einen Vorfall, um eine Kleinigkeit machen; sie führte ein wahres T. auf *(erregte sich sehr über etwas);* hör auf mit dem T.! ∗ (ugs.:) **Theater spielen** *(etwas vortäuschen)* · (ugs.:) **jmdm. Theater vormachen** *(jmdm. etwas vorspielen, was in Wirklichkeit gar nicht so ist).*

Thema, das: **1.** *Hauptinhalt, leitender Gedanke:* ein interessantes, ergiebiges, beliebtes, unterhaltendes, aktuelles, reizvolles, heikles, leidiges, beliebtes, schwieriges, unerschöpfliches T.: das T. Hochschulreform; das T. des Vortrags heißt, lautet ...; das T. der Diskussion, des Romans, Films; dies T. ist tabu; das ist für uns kein T. *(steht nicht zur Diskussion);* die Themen/(älter auch:) Themata der Referate ergänzten sich gut; dieses T. interessiert, fesselt ihn sehr; ein T. aufgreifen, berühren, anschneiden, fallenlassen; ein T. [endgültig] begraben, abhaken (ugs.; *nicht mehr darüber sprechen);* ein T. [erschöpfend, oberflächlich, eingehend] behandeln; wechseln wir das T.; der Schüler hat in seinem Aufsatz das T. verfehlt; sich einem anderen T. zuwenden; auf ein T. eingehen; auf ein anderes T. überspringen; sie kamen immer wieder auf das alte T. zurück; beim T. bleiben; über ein T. sprechen, diskutieren; vom T. abschweifen, abkommen; zu einem neuen T. übergehen; zu seinem eigentlichen T. zurückkehren; das gehört nicht zum T.; was hast du zu diesem T. zu sagen? **2.** (Musik) *Tonfolge, die einer Komposition zugrunde liegt:* das T. einer Sonate, eines Satzes; ein T. aufgreifen, variieren; er spielte ein frei erfundenes T. ∗ (ugs.:) **Thema, [Nummer] eins: a)** *(wichtigstes Thema).* **b)** *(Sex).*

Theorie, die: **1. a)** *wissenschaftliche oder abstrakte Betrachtungsweise:* die Praxis ist ganz anders als die T.; er beherrscht die T.; in der T. mag das richtig sein. **b)** *[wirklichkeitsfremde] Gedanken oder Vorstellungen:* das ist doch alles [reine, bloße, blanke] T.; er verstieg sich in Theorien. **2.** *Lehre, System; wissenschaftlich begründete Anschauung:* das ist eine unbeweisbare, richtige, falsche, kühne T.; diese T. beruht auf einem Irrtum; eine T. aufstellen, entwickeln, vertreten, begründen, ausbauen, beweisen; der Kommissar hatte sich schon eine einleuchtende T. über den Hergang der Tat gebildet; eine T. praktisch anwenden, in die Praxis umsetzen. ∗ *etwas ist* **graue Theorie** *(etwas entspricht nicht der Wirklichkeit, läßt sich in der Praxis nicht durchführen).*

Thermometer, das: *Gerät zum Messen der*

Wärme: das T. zeigt 23 Grad [Wärme] im Schatten, über Null, 10 Grad unter Null; das T. *(die Quecksilbersäule)* fällt, klettert, steigt [auf 20 °C].

Thron, der: **1.** *erhöhter Sitz eines Fürsten:* ein prächtiger, goldener T.; der König saß auf dem T.; an den Stufen des Thrones stehen; ü b e r t r. (ugs. scherzh.): er sitzt auf dem T. *(auf dem Nachttopf, Abortsitz).* **2.** *monarchische Herrschaft, Regierung:* den T. besteigen *(die monarchische Herrschaft antreten);* er sitzt seit 20 Jahren auf dem T. *(regiert seit 20 Jahren als Monarch);* auf den T. verzichten; jmdm. auf den T. folgen *(jmds. Nachfolge als Monarch antreten);* jmdn. auf den T. erheben (geh.; *zum Herrscher machen);* jmdn. vom T. stoßen *(als Monarch entmachten);* das Bündnis von T. und Altar *(Herrscherhaus und Kirche).* ∗ (ugs.:) **jmds. Thron wackelt** *(jmds. Stellung ist bedroht)* · **jmdn., etwas auf den Thron heben** *(jmdm. eine erstrangige Stellung, einer Sache eine große Bedeutung zuerkennen)* · **jmdn., etwas vom Thron stoßen** *(jmdn., einer Sache die Vorrangstellung nehmen).*

thronen ⟨mit Raumangabe⟩ *feierlich [auf erhöhtem Platz] sitzen:* er thront am oberen Ende der Tafel, hinter seinem Schreibtisch; sie hat auf ihrem Sessel gethront wie eine Prinzessin; ü b e r t r. (geh.): das Schloß thront auf der Höhe.

Tick, der: **1.** (Med.) *nervöse Muskelzuckung:* einen T. haben. **2.** (ugs.) *Schrulle, wunderliche Angewohnheit:* das ist auch so ein T. von ihm; einen kleinen T. haben. **3.** (ugs.) *Nuance:* einen T. besser, schneller; alles war einen T. zu künstlich.

ticken 1. ⟨etwas tickt⟩: *etwas gibt ein tickendes Geräusch von sich, verursacht ein tickendes Geräusch:* die Uhr, der Fernschreiber tickt; in der Kommode tickt der Holzwurm; ü b e r t r.: eine Zeitbombe tickt *(eine große Gefahr droht sich zu entwickeln).* **2.** (ugs.) ⟨mit Umstandsangabe⟩ *denken und handeln; in einer bestimmten inneren Verfassung sein:* Frauen ticken anders als Männer; du tickst wohl/bei dir tickt es wohl nicht ganz richtig *(du bist wohl nicht recht bei Verstand).*

tief: 1. a) *weit nach unten reichend oder gerichtet:* tiefe Schluchten, Täler, Abgründe; tiefes Wasser; tiefe Meere, Seen, Ströme; ein tiefer Teller *(Suppenteller);* die Pflanze schlägt tiefe Wurzeln; tiefer Schnee *(in den man einsinkt);* ein tiefer Sturz; eine tiefe Verbeugung; der Brunnen, der Abgrund ist t.; man mußte t. graben, bohren, bis man Wasser fand; die Sonne sinkt tiefer; die Wolken hängen, das Flugzeug fliegt t. *(in geringer Entfernung vom Boden);* das Kleid ist t. ausgeschnitten; t. in den Sand, in den Schnee einsinken; der Wald war t. verschneit; ich bückte mich t.; t. unten liegt das Dorf; ü b e r t r.: t. in Gedanken [versunken] sein; er steckt t. in Schulden, sitzt t. in der Patsche (ugs.); er ist t. gefallen, gesunken *(moralisch verkommen).* **b)** *weit ins Innere reichend, von beträchtlicher Ausdehnung nach innen, nach hinten:* eine tiefe Wunde; aus tiefer Brust aufatmen, seufzen; ein tiefer Atemzug, Seufzer; im tiefsten Innern Afrikas; im tiefen Walde *(mitten im Walde);* die Bühne ist sehr t.; er wohnt t. im Walde; der Feind drang t. in das Land ein; die Höhle erstreckte sich [bis] t. in den Berg hinein; t. einatmen, ausatmen; er hat ihr t. in die Augen geschaut; ü b e r t r.: aus tiefster Seele, tiefstem Her-

zen; mitten im tiefsten Frieden; etwas in der tiefsten Tiefe seiner Seele fühlen; tiefe Blicke, Einblicke in etwas tun; R (ugs.): das läßt t. blicken *(das ist aufschlußreich).* **c)** *eine bestimmte Tiefe aufweisend:* ein 3 m tiefes Loch; wie t. ist der Stich?; der Schrank war nur 30 cm t., nicht t. genug für Kleider. **d)** *zeitlich weit fortgeschritten, auf dem Höhepunkt:* in tiefster Nacht; im tiefen Winter; bis t. in den Herbst, in das 18. Jh. hinein; sie arbeitete bis t. in die Nacht. **e)** *niedrig, in niedriger Lage befindlich:* tiefe Temperaturen; dieses Metall hat einen tiefen Schmelzpunkt; das Barometer, Thermometer steht t., ist t. gefallen; das Haus liegt tiefer als die Straße. **2.** *tiefgründig, nicht oberflächlich; gründlich:* tiefe Gedanken; ein tiefer Denker; er zeigte eine tiefe Einsicht, einen tiefen Verstand, Geist; in diesen Worten liegt, steckt ein tiefer Sinn; was ist der tiefere *(eigentliche)* Sinn dieser Maßnahmen?; wir müssen dem Grund, die Ursache tiefer suchen; t. empfinden, fühlen; er hat t. *(gründlich)* nachgedacht. **3. a)** *sehr groß, sehr stark, intensiv:* tiefer Gram, Schmerz, tiefe Schwermut; eine tiefe Freude, Ohnmacht; ein tiefer Schlaf, Glaube; in tiefer Verzagtheit; ein tiefer Groll erfüllte ihn; ihr Ausdruck zeigte tiefe Andacht, Ergriffenheit; in tiefer Trauer, tiefer Wehmut; Worte tiefsten Mitgefühls; ich sage ihr das im tiefsten Vertrauen; diese Vorgänge liegen im tiefsten Dunkel der Vergangenheit. **b)** ⟨verstärkend bei Verben⟩ *sehr:* jmdn. t. bedauern, beschämen, beleidigen; ich beklage diese Fehlentscheidung t.; von etwas t. beeindruckt, t. ergriffen sein. **4. a)** *dunkel klingend:* ein tiefer Ton, eine tiefe Stimme; er sang im tiefsten Baß; eine Terz tiefer spielen. **b)** *kräftig, dunkel gefärbt:* ein tiefes Rot; tiefe [Farb]töne. ∗ **etwas geht bei jmdm. nicht tief** *(etwas beeindruckt jmdn. wenig).*

Tief, das: **1.** (Meteor.) *Gebiet mit niedrigem Luftdruck:* über Island lagert ein ausgedehntes T.; das T. rückt näher, nähert sich, weicht aus, zieht vorbei, zieht ab; Deutschland liegt am Rande eines Tiefs; ü b e r t r.: die Partei hat ihr T. überwunden; der Februar brachte das absolute T. für die Branche; er steckt in einem [seelischen] T. **2.** (Seemannsspr.) *Fahrwasser:* das Haff ist durch ein T. mit der See verbunden.

Tiefe, die: **1. a)** *Ausdehnung oder Richtung nach unten oder innen:* eine große, unergründliche, schwindelerregende, dunkle T.; die T. des Wassers, Grabens, Schachtes, Abgrunds; die T. des Fahrwassers ausloten, peilen; das U-Boot ging auf T.; in der T. versinken; in die T. blicken, steigen, springen, stürzen, fallen; die T. des Urwaldes eindringen; ü b e r t r.: die T. *(das Abgründige)* der menschlichen Seele; die verborgenen Tiefen des Herzens; er kennt alle Höhen und Tiefen des Lebens; /in Verbindung mit Maßangaben/: die T. der Rille beträgt 2 mm; das Gebäude hat eine T. von zehn Metern; ein Schrank von 30 cm T. **b)** *tiefgelegene Stelle:* dieser Fisch lebt in großen Tiefen. **2.** *Tiefgründigkeit:* die T. seiner Gedanken, seiner Einsicht; ein Ausspruch von großer T. **3.** *Größe, Stärke:* die T. ihres Schmerzes, Leides, seines Gefühls, seiner Empfindung. **4. a)** *dunkler Klang:* ein Baß von erstaunlicher T. **b)** *sehr kräftige, dunkle Tönung:* die T. des Blaus.

tiefgründig: *von Gedankentiefe zeugend:* tiefgründige Fragen, Betrachtungen; eine tiefgründige wissenschaftliche Arbeit.

Tiefpunkt, der: *negativ[st]er Abschnitt einer Entwicklung, eines Ablaufs:* ich hatte einen seelischen T. *(war sehr deprimiert);* dies war ein T. in meiner Karriere; an diesem Tage hatte die Konjunktur, hatte seine Laune ihren T. erreicht.

tiefsinnig: a) *von gründlichem Nachdenken zeugend; gehaltvoll:* ein tiefsinniges Buch; eine tiefsinnige Bemerkung. **b)** (ugs. veraltend) *gemütskrank:* meine Großmutter ist zuletzt t. geworden.

Tier, das: **1.** *nichtmenschliches Lebewesen:* ein männliches, verschnittenes, weibliches T.; wilde, zahme, einheimische, exotische Tiere; ein zierliches, munteres, zutrauliches Tierchen; ein kleines T. lief über die Straße; er benahm sich wie ein wildes T.; Tiere halten, pflegen, warten, züchten, dressieren, abrichten, zur Schau stellen, vorführen; Tiere beobachten; ein T. darf man nicht quälen; der Löwe, der König der Tiere; er kann mit Tieren umgehen; übertr.: das T. *(das triebhafte Wesen)* brach in ihm durch; R (ugs.): jedem Tierchen sein Pläsierchen *(wir wollen ihm sein Vergnügen lassen).* **2.** (ugs.) *Mensch mit bestimmten Eigenschaften:* sie ist ein gutes T. *(sie ist gutmütig und ein bißchen beschränkt);* er ist ein hohes/großes T. *(eine hochgestellte, wichtige Person)* bei der Bank, in der Verwaltung; er ist ein richtiges T. *(ist roh und brutal).*

tierisch: 1. *zur Tier gehörend, vom Tier stammend:* tierische Organismen, Parasiten; tierisches Fett; tierisches Eiweiß. **2.** (abwertend) *triebhaft, roh:* tierische Gier; tierisches Verlangen; tierische Grausamkeit; sein Benehmen war einfach t. **3.** (ugs.) **a)** *sehr groß, stark:* eine tierische Kälte, Zumutung. **b)** ⟨verstärkend bei Adjektiven und Verben⟩ *sehr, ungeheuer:* es tut t. weh; hier zieht es t.; er hat sich t. gefreut.

tilgen ⟨etwas t.⟩: **1.** (Wirtsch.) *durch Zurückzahlen aufheben:* eine Schuld t.; ein Darlehen durch Ratenzahlungen t. **2.** (geh.) *endgültig beseitigen, löschen:* die Spuren eines Verbrechens t.; die Erinnerung an etwas aus seinem Gedächtnis t.

Tinte, die: *intensiv gefärbte Flüssigkeit zum Schreiben:* schwarze, rote, blaue, grüne, unsichtbare T. *(Geheimtinte, die durch bestimmte Mittel sichtbar gemacht werden kann);* die T. fließt, kleckst, ist noch nicht trocken; mit T. schreiben; R (ugs.): das ist [doch] klar wie dicke T. *(das versteht sich von selbst);* über dieses Thema ist schon viel T. verspritzt *(viel geschrieben)* worden. * (ugs.:) **in der Tinte sitzen** *(in einer mißlichen Situation sein)* · (ugs.:) **in die Tinte geraten** *(in eine mißliche Situation geraten).*

Tip, der: **1.** (ugs.) *Fingerzeig, nützlicher Rat:* das war ein guter T.; jmdm. einen T. geben; ich hatte einen sicheren T. für die Börse. **2.** *schriftlich festgehaltene Vorhersage bei Lotto, Toto, in Wettbüros o. ä.:* wie sieht dein T. aus?; hast du deinen T. *(Tippschein)* schon abgegeben?

tippen: 1. (mit Raumangabe) *leicht und kurz berühren:* auf, gegen eine Glasscheibe t.; er tippte kurz aufs Gaspedal; an den Hut t. *(flüchtig grüßen);* übertr.: im Gespräch an etwas t. (ugs.; *kurz, vorsichtig auf etwas zu sprechen kommen);* daran ist nicht zu t. (ugs.; *das ist einwandfrei);* er

kann nicht an den Meister, an seinen Vorgänger t. (ugs.; *er hält keinem Vergleich mit ihm stand);* ⟨jmdm./jmdn. t. mit Raumangabe⟩ er hat mir/ mich auf die Schulter getippt; ich tippte mir an die Stirn. **2.** (ugs.) **a)** ⟨etwas t.⟩ *etwas auf der Maschine schreiben:* einen Brief, ein Manuskript t.; ein sauber getippter Brief. **b)** *maschineschreiben:* mit zwei Fingern t.; ich habe zwei Stunden lang getippt. **3.** (ugs.) ⟨auf etwas t.⟩ *etwas vermuten, voraussagen:* auf jmds. Sieg t.; ich tippe darauf, daß er morgen kommt; ⟨auch ohne Präp.-Obj.⟩ du hast richtig, gut, falsch getippt. **4. a)** *im Toto oder Lotto wetten:* er tippt jede Woche. **b)** ⟨etwas t.⟩ *beim Lotto bestimmte Zahlen wählen:* sechs Richtige t.; welche Zahlen hast du getippt?

Tisch, der: **1. a)** / *Möbelstück mit waagerechter Platte* /: ein kleiner, großer, runder, schwerer, ausziehbarer, eichener T.; in der Ecke stand ein gedeckter T.; der T. war reich gedeckt *(es gab viel zu essen);* der T. wackelt; den T. decken, abdecken, abwischen, scheuern; jmdm. einen T. reservieren; der Ober wies ihnen einen T. an; am T. sitzen, arbeiten; die Kinder durften mit am T. essen; am runden T. *(Konferenztisch)* verhandeln; er zahlte bar auf den T.; etwas auf den T. stellen, legen; die Arme auf den T. stützen; die Suppe steht auf dem T.; wir saßen um den T.; vom T. aufstehen; nimm die Ell[en]bogen vom T.! **b)** *Personen, die zusammen an einem Tisch sitzen:* der ganze T. brach in Gelächter aus; sie schaute zu dem fröhlichen T. in der Ecke hinüber. **2.** ⟨in Verbindung mit bestimmten Präpositionen⟩ *Mahlzeit:* zu T.; nach T.; vor T.; vom T. aufstehen *(die Mahlzeit beenden);* darf ich zu T. bitten?; bitte zu T.! / *Aufforderung, Platz zu nehmen* /; sich zu T. setzen; eine Dame zu T. führen. * (ugs.:) **reinen Tisch [mit etwas] machen** *(etwas bereinigen, in Ordnung bringen)* · **jmdn. an einen Tisch bringen** *(verschiedene Personen zu Verhandlungen zusammenführen):* es ist wichtig, Ost und West an einen Tisch zu bringen · **sich mit jmdm. an einen Tisch setzen** *(mit jmdm. Verhandlungen führen, reden)* · (ugs.:) **etwas auf den Tisch des Hauses legen** *(etwas förmlich vorlegen, zur Kenntnis bringen)* · **am runden Tisch** *(unter Gleichberechtigten, in kollegialem Kreis):* etwas am runden T. verhandeln · **an grünen Tisch/vom grünen Tisch aus** *(ganz theoretisch, ohne Kenntnis der Praxis):* das ist am grünen T. entschieden worden · (ugs.:) **etwas fällt unter den Tisch** *(etwas wird nicht beachtet, nicht berücksichtigt)* · (ugs.:) **etwas unter den Tisch fallen lassen** *(etwas nicht berücksichtigen, nicht durchführen, stattfinden lassen)* · (ugs.:) **jmdn. unter den Tisch trinken**/(derb:) **saufen** *(mehr Alkohol als der Mittrinker vertragen)* · **von Tisch und Bett getrennt sein** *(nicht mehr in ehelicher Gemeinschaft leben)* · (ugs.:) **vom Tisch sein** *(erledigt, bewerkstelligt sein)* · (ugs.:) **vom Tisch müssen** *(dringend erledigt werden müssen)* · (ugs.:) **etwas vom Tisch wischen** *(etwas als unwichtig abtun, als unangenehm beiseite schieben)* · (geh.:) **zum Tisch des Herrn gehen** *(am Abendmahl teilnehmen; zur Kommunion gehen).*

Tischtuch, das: *Tischdecke:* ein weißes T. aus Damast; zum Essen ein frisches T. auflegen; R: das T. [zwischen uns] ist zerschnitten *(mit unserer Freundschaft, Beziehung ist es endgültig aus).*

Titel, der: **1. a)** *Amts-, Rangbezeichnung:* einen T. erlangen, erwerben, führen; jmdm. einen T. verleihen, aberkennen; sich (Dativ) einen [falschen] T. beilegen, anmaßen; er hat den T. eines Sekretärs; er hat den T. Professor; er hat/führt [k]einen akademischen T.; jmdn. mit seinem T. anreden; er trat unter hochtrabenden Titeln auf; er macht keinen Gebrauch von seinem T. **b)** (Sport) *im Wettkampf errungene Rangbezeichnung:* er hält, trägt den T. des Weltmeisters seit 1985; er konnte seinen T. im Schwergewicht erfolgreich verteidigen; seinen T. verlieren, abgeben müssen; mit dieser Übung hat sie sich den T. im Bodenturnen geholt, gesichert. **2. a)** *kennzeichnender Name eines Buches, Kunstwerks o. ä.:* ein langer, reißerischer, treffender T.; wie lautet der genaue T. der Zeitschrift?; das Buch trägt einen verlockenden, vielverheißenden T.; welchen T. soll der neue Film haben, bekommen?; einen T. im Katalog nachsehen, anführen, zitieren; wir müssen einen besseren T. für das Buch finden; der Film läuft unter dem T. ... **b)** *unter einer bestimmten Bezeichnung, bes. als Buch, Schallplatte o. ä. veröffentlichtes Werk:* der letzte T. des Sängers wurde ein Hit; dieser T. ist bereits vergriffen. **3.** *Titelblatt eines Buches:* den T. künstlerisch gestalten. **4.** *Abschnitt eines Gesetzes o. ä.:* der achte T. enthält ...; diese Mittel sind unter T. 5 des Haushaltsplans ausgewiesen.

Toast, der: **1.** *geröstete [Weiß]brotschnitte:* T. machen, essen; der Kellner servierte Toaste/Toasts mit Sardellen, Radieschen, Käse u. a.; ein Spiegelei auf T. **2.** *Trinkspruch:* einen T. auf jmdn. ausbringen; der hohe Gast wurde mit mehreren Toasten/Toasts geehrt.

Tobak, der (in der Fügung) starker Tobak (ugs.; *etwas Unerhörtes, Unverschämtheit).*

toben: 1. a) ⟨etwas tobt⟩ *etwas ist entfesselt, in wilder Bewegung:* das Meer tobt; die Wellen, Winde toben; hier hat ein Unwetter getobt; der Kampf tobte bis in die Nacht hinein; übertr.: die Leidenschaften tobten *(waren aufgewühlt);* die Verzweiflung tobte in ihm. **b)** ⟨etwas tobt; mit Raumangabe⟩ *etwas bewegt sich entfesselt, tobend irgendwohin:* der Krieg ist durchs Land getobt. **2. a)** *lärmend umherlaufen:* die Kinder haben den ganzen Tag getobt; tobt nicht so! **b)** ⟨mit Raumangabe⟩ *sich lärmend fortbewegen:* die Kinder sind durch den Garten getobt. **3.** *rasen, außer sich sein:* er tobt vor Schmerz, vor Wut; er hat getobt, als er das erfuhr; er tobte wie ein Berserker.

Tochter, die: **1.** *unmittelbarer weiblicher Nachkomme:* seine kleine T.; unsere älteste T.; das Ehepaar hat zwei Töchter; sie ist ganz die T. ihres Vaters *(sieht, ist ihm sehr ähnlich);* sie ist nicht seine leibliche T.; jmds. natürliche (veraltet; *nichteheliche)* T.; die Adresse Ihres Fräulein T.; die T. des Hauses *(die erwachsene Tochter der Familie);* übertr.: sie ist eine große T. *(berühmte Bewohnerin)* unserer Stadt; er sah sich unter den Töchtern des Landes (scherzh.; *den Mädchen in der Gegend)* um. **2.** (schweiz.) *Mädchen, Fräulein, bes. als Angestellte in einer Gaststätte, einem Haushalt:* eine T. anstellen. **3.** (Kaufmannsspr.) *Tochtergesellschaft:* diese Firma ist T. der AEG.

Tod, der: **1.** *das Sterben; Ende des Lebens:* ein ruhiger, schöner, schmerzloser, langsamer, qualvoller, bitterer, früher, plötzlicher T.; der T. auf dem Schafott, am Galgen, durch den Strang; der T. auf dem Schlachtfeld; der T. ist durch Ertrinken, Erfrieren, durch Entkräftung, durch Altersschwäche eingetreten; der T. kam schnell, nahte (geh.) schnell; der T. der Verunglückten trat um 18 Uhr ein; das wird noch einmal sein T. sein *(wird ihn einmal töten);* auf den Schlachtfeldern wurden Millionen Tode gestorben (geh.; *kamen Millionen Menschen ums Leben);* R: umsonst ist [nur] der T. [und der kostet das Leben] *(es gibt nichts umsonst)* · den T. fürchten, scheuen; den T. suchen, herbeiwünschen, ersehnen; jmds. T. betrauern, wünschen, wollen; jmdm. den T. wünschen; einen sanften, schweren T. haben; (geh.:) den T. durch Henkershand erleiden müssen; den T. eines Helden, eines Feiglings, des Gerechten sterben (geh.); Kinder, kommt herein, ihr holt euch den T. (ugs.; *ihr werdet noch krank);* die Schrecken, die Bitterkeit des Todes; angesichts des Todes hatten auch die Tapfersten den Mut verloren; eines gewaltsamen, [k]eines natürlichen Todes sterben; er muß des Todes (geh.) sterben; jmdn., sich dem Tode weihen (geh.); dem Tode nahe sein (geh.); auf den T. (geh.; *lebensgefährlich)* krank sein, krank liegen, verwundet sein; ein Kampf auf Leben und T; jmdm. die Treue halten bis zum/bis in den T.; für jmdn., für seine Überzeugung in den T. gehen (geh.; *sein Leben opfern);* freiwillig in den T. gehen (geh.; *Selbstmord begehen);* sie folgte ihrem Mann in den T.; jmdn. in den T. treiben; das Leben, Fortleben nach dem Tode; jmdn. über den T. hinaus lieben; es geht hier um T. oder Leben; jmdn. vom Tode erretten; zu Tode *(tödlich)* erkrankt sein; diese Krankheit führt zum T.; jmdn., ein Tier zu Tode hetzen, prügeln, quälen, schinden; sich zu Tode fallen, trinken; bei diesem Versuch kam er zu Tode *(verunglückte er tödlich);* das Gericht verurteilte ihn zum Tode; der Henker brachte den Verurteilten vom Leben zum Tode (geh.; *richtete ihn hin);* /häufig verblaßt/: jmd., etwas ist jmdm. auf den T. (äußerst) zuwider; ich kann ihn auf den/für den T. *(absolut)* nicht ausstehen; zu Tode *(aufs äußerste)* betrübt sein; ich muß mich zu Tode arbeiten, schuften, ärgern, grämen, schämen, langweilen; du hast mich zu Tode *(furchtbar)* erschreckt; ich bin zu Tode erschrocken. **2.** *Gestalt, die die Endlichkeit des Lebens verkörpert:* der T. mit Stundenglas und Hippe/Sense; der T. als Sensenmann; der grimmige, unerbittliche T.; auf der Straße lauert der T.; der T. packt den Menschen; der T. klopft an, pocht an (geh.); der T. steht vor der Tür, ruft, holt jmdn., winkt jmdm.; der T. schickte seine Boten, steht, ist vor der Tür; der T. schloß ihr die Augen (geh.); eine Beute des Todes sein, werden (geh.); jmdn. den Klauen des Todes entreißen (geh.); dem T. entrinnen, entfliehen; er ist dem T. von der Schippe gesprungen (scherzh.); einer tödlichen Gefahr entronnen, hat eine lebensgefährliche Krankheit überstanden); er hat dem T. ins Auge gesehen *(war in Lebensgefahr);* mit dem T. ringen *(lebensgefährlich erkrankt sein);* er sieht aus wie der leibhaftige T., ist blaß, bleich wie der T. * **der Schwarze Tod** *(die Pest)* · der

Weiße Tod *(Tod durch Lawinen oder Erfrieren im Schnee)* · (ugs.:) **Tod und Teifel!** /*Fluch*/ · **weder Tod noch Teufel fürchten** *(sich vor nichts fürchten)* · **etwas ist der Tod von etwas** *(etwas zerstört, vernichtet etwas)* · (geh.:) **den Tod finden** *(umkommen):* dort, bei diesem Unglück fand er den T. · (geh.:) **tausend Tode sterben** *(voller Angst, Zweifel, Unruhe sein)* · (geh.:) **des Todes sein** *(sterben müssen)* · (veraltet:) **mit Tod abgehen** *(sterben)* · **zu Tode kommen** *(den Tod finden, sterben)* · **etwas zu Tode reiten/hetzen** *(etwas durch allzu häufige Anwendung wirkungslos machen):* er hat diesen guten Einfall, diese Idee zu Tode gehetzt.
Todesstoß ⟨in den Verbindungen⟩ **jmdm. den Todesstoß geben/versetzen** (geh.; *jmdn. durch einen Stich töten)* · **jmdm., einer Sache den Todesstoß geben/versetzen** (geh.; *jmdn., etwas zu völliger Wirkungslosigkeit herabdrücken)*.
tödlich: 1. a) *den Tod herbeiführend:* ein tödlicher Schlag, Schuß, Unfall; ein tödliches Gift; eine tödliche Krankheit, Wunde, Verletzung; Rechtsw.: Körperverletzung mit tödlichem Ausgang · der dritte Stich war t.; das Gift wirkt in dieser Dosis t.; er ist t. verunglückt; übertr.: solche Äußerungen in seiner Gegenwart können t. sein (ugs.; *können sehr gefährlich sein, üble Folgen haben)*. **b)** *das Leben bedrohend:* eine tödliche Gefahr. **2. a)** *sehr groß:* tödlicher Ernst; tödliche Langeweile; tödlicher *(unversöhnlicher)* Haß; etwas mit tödlicher *(absoluter)* Sicherheit erraten. **b)** ⟨verstärkend bei Veben und Adjektiven⟩ *sehr, in höchstem Maße:* jmdn. t. beleidigen; sie t. langweilen; eine t. langweilige, banale Geschichte.
Toilette, die: **1. a)** *kleinerer Raum mit Klosettbecken [und Waschgelegenheit]:* öffentliche Toiletten; die T. benutzen; auf der/in die T. gehen; ich habe mir auf der/in der T. die Hände gewaschen. **b)** *Klosettbecken:* etwas in die T. werfen. **2.** *Ankleiden und Körperpflege:* die morgendliche, abendliche T.; hast du deine T. bald beendet?; *Toilette machen (sich sorgfältig anziehen und zurechtmachen)*. **3.** *festliche Damenkleidung:* man sah bei dem Ball viele kostbare Toiletten; in großer T. sein, erscheinen.
tolerant: *duldsam, weitherzig:* eine tolerante Gesinnung, Einstellung; ein toleranter Mensch; er ist t. gegen andere, gegenüber anderen Menschen; er hat sich immer t. gezeigt.
toll: 1. *wild, ausgelassen, übermütig:* tolle Streiche; er kam auf allerlei tolle Gedanken; die Kinder sind ja heute rein t.; auf dem Fest ging es t. her, t. zu. **2. a)** (veraltend) *wahnsinnig:* ein toller Mensch; man schoß ihn nieder wie einen tollen *(tollwütigen)* Hund; er gebärdet sich wie t. **b)** (ugs.) *verrückt, unsinnig:* das ist eine tolle Zumutung; du bist wohl t., wie kannst du so etwas tun?; subst.: das Tollste an der Sache ist, daß ... **3.** (ugs.) *schlimm:* ein toller Lärm; das Zimmer war in einem tollen Zustand; das ist ja eine tolle Wirtschaft hier!; wenn es gar zu t. wird, gehe ich weg; die Sache wird immer toller; paß auf,es kommt noch toller; er treibt es zu t.; subst.: das ist das Tollste, was mir je begegnet ist. **4.** (ugs.) *großartig, prachtvoll:* ein toller Einfall; eine tolle Sache; ein tolles Fest; eine tolle Frau; er ist wirklich ein toller Bursche; ein toller Wagen; das ist ja t.; er fährt einfach t.

tollen: a) *beim Spielen wild umherjagen:* die Kinder haben fröhlich, ausgelassen, lärmend [im Garten, vor dem Hause] getollt. **b)** ⟨mit Raumangabe⟩ *sich tollend irgendwohin bewegen:* sie sind durch die Wiesen getollt.
¹Ton, der: *lockeres, feinkörniges, weiches Gestein, das in feuchtem Zustand formbar ist:* grober, feiner T.; T. kneten, mischen; etwas aus T. formen, in T. modellieren; eine Schale aus gebranntem T.
²Ton, der: **1. a)** *hörbare Luftschwingung; Klang:* ein lauter, leiser, hoher, tiefer, heller, dunkler, langgezogener, an-, abschwellender T.; ein starker, [un]reiner T.; grelle, schrille, klagende, wimmernde Töne; ein eigentümlicher, geheimnisvoller T. war zu hören; der T. [er]klingt, klingt auf, verklingt; der Apparat läßt einen surrenden T. hören, gibt einen surrenden T. von sich; das Instrument hat einen guten, vollen, schönen T.; er brachte keinen T. *(kein Wort)* hervor, heraus vor Heiserkeit, Aufregung; er sagte keinen T.; gab keinen T. von sich *(er schwieg)*; er hätte nur einen T. (ugs.; *ein Wort)* zu sagen brauchen; (ugs.:) jetzt möchte ich keinen T. mehr hören! /Aufforderung, bes. an Kinder, sich ruhig zu verhalten, nicht mehr zu widersprechen/; Rundf., Filmw., Fernsehen: den T. steuern, aussteuern, überwachen; einem Film T. unterlegen; /Kommandos bei der Aufnahmearbeit/: T. ab!; T. läuft!; übertr.: ich faßt keinen T. von sich hören *(er gibt gar keine Nachricht)*; darüber hat er keinen T. *(nichts)* verlauten lassen; R (ugs.): hast du/haste Töne? /Ausdruck des Erstaunens/. **b)** (Musik) *meßbare Einheit eines Tonsystems:* einen ganzen, halben T. höher, tiefer singen; einen T. den T. a *(die Tonstufe a)* auf dem Klavier anschlagen; den Sängern den T. angeben; den T. halten; den richtigen, falschen T. spielen; übertr.: ich spürte die falschen Töne *(die Unaufrichtigkeit)* in seinem Brief; R: der T. macht die Musik *(die Art, wie etwas vorgebracht wird, ist entscheidend)*. **2.** *Betonung:* der T. liegt auf der zweiten Silbe; dieses Wort, diese Silbe trägt den T.; du mußt den T. mehr auf dieses Wort legen. **3.** *Redeweise, Tonfall:* der T. ihres Briefes ist überheblich, hochfahrend; sein spöttischer T. ärgert mich; bei uns herrscht ein freier, ungezwungener, ein rauher, aber herzlicher T.; was ist das für ein T.? *(wie redest du denn mit mir?)*; sich einen anderen T. ausbitten; ich verbitte mir diesen Ton!; er fand nicht den richtigen T.; er sprach in scharfem, sanftem, energischem T. mit uns; er redete in ernstem, ruhigem Tone an; er redete in großen Tönen *(mit übertriebenem Pathos)* von der Menschlichkeit; sie schlug [mir gegenüber] einen frechen, ungehörigen T. an; diesen T. kenne ich bei ihm; du hast dich im T. vergriffen *(hast nicht bedacht, zu wem du sprichst)*; er erzählte die Geschichte im gleichgültigsten T. der Welt. **4.** *Farbe in bestimmter Tönung:* kräftige, warme Töne; die Töne der Tapete sind zu lebhaft, zu düster, sind gut aufeinander abgestimmt, wirken unruhig; dieser Maler bevorzugt volle, satte Töne; Polstermöbel und Vorhänge sind im T. aufeinander abgestimmt, sind T. in T. gehalten *(haben die gleichen, nur in Nuancen voneinander abweichenden Farbtöne)*; die Fotografie war in rotbraunem T. ausgeführt. * **der gute/**(seltener:) **feine Ton** *(Re-*

geln des Umgangs im gesellschaftlichen Leben): das gehört zum guten T. · **den Ton angeben** *(die maßgebliche Rolle spielen, tonangebend sein)* · **einen anderen, schärferen o. ä. Ton anschlagen** *(von nun an größere Strenge walten lassen)* · (ugs.:) **große Töne reden/schwingen/spucken** *(sich aufspielen, sich wichtig machen)* · (ugs.:) **einen** [furchtbaren, schrecklichen o. ä.] **Ton am Leib haben** *(sich in höchst unangenehm wirkender, ungebührlicher Weise äußern)* · (ugs.:) **in den höchsten Tönen von jmdm., von etwas reden** *(jmdn., etwas sehr loben).*

Tonart, die: *auf einem bestimmten Dreiklang aufgebautes Tonsystem:* die T. C-Dur, a-Moll; in welcher T. steht das Lied?; eine Melodie in eine andere T. umschreiben, aus einer T. in die andere transponieren; übertr.: eine respeklose, ungehörige T. *(ein respektloser, ungehöriger Tonfall);* das kann ich in jeder T. singen (ugs.; *das kenne ich schon in- und auswendig);* er redet in allen Tonarten *(auf jede erdenkliche Weise)* auf mich ein. * **eine andere, schärfere o. ä. Tonart anschlagen** *(von nun an größere Strenge walten lassen).*

Tonband, das: *Kunststoffstreifen für elektroakustische Aufnahmen:* das T. läuft ab; ein T. einspannen, bespielen, besprechen, abspielen, löschen; ein T. abhören, auswerten; Musik, eine Rede auf T. aufnehmen; etwas auf T. sprechen.

tönen: 1. (etwas tönt) *etwas gibt Töne von sich, schallt:* die Glocke, ein Lautsprecher tönt; aus der Bar tönte Musik; seine Stimme tönte laut über den Hof. 2. (ugs.) **a)** (etwas t.) *großspurig verkünden:* „... und wir werden siegen", tönte der Redner. **b)** (von etwas t.) *prahlend über etwas sprechen:* er tönt gern, viel von Gleichberechtigung; (auch ohne Präp.-Obj.) er tönt mal wieder; adj. Part.: tönende *(nichtssagende)* Worte; eine tönende Phrase. 3. (etwas t.) *in der Farbe verändern, mit einer bestimmten Färbung versehen:* sie hat ihr Haar [rötlich] getönt; die Wand wurde grau getönt; adj. Part.: getönte Brillengläser.

Tonne, die: 1. **a)** *(größeres) Faß:* eine T. aus Holz, Eisen; eine T. mit Öl, Benzin, Teer; mit einer T. gesalzener Heringe/gesalzene Heringe/ (seltener:) gesalzenen Heringen; die Baustelle war mit rotweißen Tonnen gekennzeichnet; übertr. (ugs.): *dicke Person:* Mensch, ist das eine T.! **b)** /ein schwimmendes Seezeichen/: eine T. sichten, ansteuern; das Fahrwasser ist mit Tonnen markiert. 2. **a)** /eine Gewichtseinheit/: eine T. hat 1000 kg; mit 10 000 Tonnen kanadischem Weizen/(geh.:) kanadischen Weizens; ein Schiff mit einem Gewicht von 5 Tonnen. **b)** /ein Raummaß/: ein Schiff von 10 000 Tonnen.

Tönung, die: *Art, wie etwas getönt ist; Färbung:* eine leichte, helle, dunkle T.; ein Glas mit/von grüner T.; übertr.: einem Bericht eine bestimmte T. geben.

Topf, der: 1. *rundes, meist tiefes Gefäß:* ein irdener, eiserner, emaillierter, verbeulter T.; ein T. mit, voll Milch; den T. Suppe; ein T. mit Marmelade; der T. läuft über, ist übergekocht (ugs.); der T. ist zerbrochen; einen T. auf den Herd, aufs Feuer setzen, stellen; den T. am Kochen halten (ugs.); einen T. Kartoffeln *(Menge Kartoffeln, die in einen Topf geht)* schälen; alles in einem T. kochen; R: jeder T. findet seinen Deckel *(jeder, alles*

findet das zu ihm passende Gegenstück); übertr.: die Einkünfte gingen alle in den großen T. *(wurden Gemeinschaftseigentum).* 2. (ugs.) *Nachtgeschirr:* der Kleine sitzt auf dem T., auf dem Töpfchen. 3. *Blumentopf:* Pflanzen in Töpfe setzen, in Töpfen ziehen. * (ugs.:) **alles in einen Topf werfen: a)** *(nicht Zusammengehöriges verwechseln).* **b)** *(alles, alle ohne Rücksicht auf Unterschiede gleich behandeln).*

¹Tor, das: 1. **a)** *breiter Eingang, Einfahrt:* der Hof hat zwei Tore; der Erntewagen schwankt durch das T.; zum T. hinausfahren, hinausreiten. **b)** *Vorrichtung, mit der eine Einfahrt verschlossen wird:* ein hölzernes, eisernes T.; das T. ist, steht offen; die Tore der Schleuse öffnen, schließen sich; das T. öffnen, aufmachen, aufstoßen, offenhalten, verriegeln, verrammeln, bewachen; ans T. klopfen; sie haben ein Haus vor den Toren der Stadt *(außerhalb, aber in unmittelbarer Nähe der Stadt);* übertr.: er öffnete mir das T. zu einer neuen Welt. 2. (Sport) **a)** *durch zwei Pfosten und eine Querlatte markiertes Ziel bei bestimmten Mannschaftsspielen:* das T. verfehlen, reinhalten (ugs.; *keinen Treffer zulassen);* am T. vorbeischießen; aufs T. schießen; der Torwart läuft aus dem T.; der Ball landet im T.; er steht heute im T., hütet das T. *(ist Torwart);* den Ball über das T. köpfen, vor das T. flanken. **b)** *Treffer mit dem Ball o. ä.:* das war kein T.; bisher sind zwei Tore gefallen; ein T. schießen, [ein]köpfen, erzielen, verhindern; die Mannschaft siegte mit 4:2 Toren. **c)** *durch zwei in den Schnee gesteckte Stangen markierter Durchgang, der bes. beim Slalom passiert werden muß:* eng, schwer gesteckte Tore; Tore abstecken, ausflaggen; am dritten T. ist er bereits gescheitert, hat er eingefädelt (ugs.).

²Tor, der (geh.): *einfältiger oder unklug handelnder Mensch:* Toren und Weise; was war ich für ein T.!; er ist ein reiner T. *(ein naiver, argloser Mensch);* du armer T.!

Torf, der: *in Mooren durch Zersetzung entstandener Boden:* T. stechen, graben; wir brennen T., heizen mit T.; den T. trocknen, pressen, auf die Beete streuen; Erde mit T. vermischen.

Torheit, die: *Dummheit, unkluge Handlung:* so eine T.!; du mußte seine T. schwer büßen; er hat große, unverzeihliche Torheiten begangen; das zeugt von seiner unglaublichen, schrecklichen T.

töricht: *dumm, albern, einfältig, ohne Verstand handelnd:* eine törichte Frau; törichte Hoffnungen; das war eine törichte Bemerkung, eine törichte Frage; es wäre t., auf seine Hilfe zu warten; t. handeln, daherreden; t. lächeln, fragen.

torkeln: a) *stark taumeln:* der Betrunkene hat/ ist getorkelt; du torkelst ja *(du bist ja betrunken).* **b)** (mit Raumangabe) *sich taumelnd fortbewegen, irgendwohin bewegen:* der Betrunkene ist auf die Straße, nach Hause getorkelt.

torpedieren (etwas t.): 1. *mit Torpedos beschießen [und versenken]:* ein Schiff t.; der Tanker wurde von einem U-Boot torpediert. 2. *vereiteln, zunichte machen:* einen Plan t.; man hat die Pläne durch eine gezielte Indiskretion torpediert.

Torschlußpanik, die: *Angst, die letzte Chance zu verpassen, den Anschluß zu versäumen:* eine T. erfaßte, ergriff ihn, brach bei ihm aus; aus T. heiraten; in T. geraten.

Tortur, die: *Qual, große Strapaze:* der Marsch durch die glühende Hitze war eine T.; es bedeutete für mich eine wahre T., in dieser Runde bis zum Ende auszuharren.

tosen ⟨etwas tost⟩: *etwas dröhnt, braust in heftiger Bewegung:* der Sturm, der Wasserfall tost; die Wellen tosen; subst.: das Tosen der Brandung war weithin zu hören; adj. Part.: tosender Lärm, Beifall erfüllte den Saal.

tot: 1. a) *gestorben, nicht mehr am Leben seiend:* ein toter Mensch, ein toter Körper; tote Tiere; ein toter *(abgestorbener)* Baum, Ast; totes *(abgestorbenes)* Gewebe; sie hat ein totes Kind geboren; er ist t.; klinisch t. sein; er fiel t. hin, war auf der Stelle t.; die ganze Familie ist nun t. *(existiert nicht mehr);* sie lag t. im Bett; als t. gelten; jmdn., einen Vermißten für t. erklären; wie t. daliegen; er konnte nur noch t. geborgen werden; übertr.: ihre Liebe war t. *(erloschen);* die Leitung des Telefons ist t. *(ist unterbrochen).* b) *anorganisch:* tote Materie; totes Gestein; die tote Natur. 2. *leblos; ohne Verbindung mit dem Leben:* tote *(erblindete, matte, glanzlose)* Augen; tote *(glanzlose)* Farben; ein totes Grau; der tote *(unwirksame)* Buchstabe; tote Zahlen, Ziffern; eine tote *(nicht mehr gesprochene)* Sprache; eine tote *(wie ausgestorbene)* Stadt; ein toter Flußarm *(ohne Strömung);* einen Zug auf dem toten *(blind endenden)* Gleis abstellen; der Hochsommer ist eine tote *(stille)* Zeit in diesem Geschäft; diese Gegend wirkt t. *(erscheint öde, ausgestorben);* übertr.: er war geistig schon lange t. 3. *ohne Nutzen, ohne Gewinn:* totes Kapital *(das keine Zinsen trägt);* eine tote Last; das tote Gewicht *(Eigengewicht)* eines Fahrzeugs; ein totes *(unentschiedenes)* Rennen. * **mehr tot als lebendig** *(am Ende seiner Kräfte; übel zugerichtet)* · (ugs.:) **tot und begraben** *(längst in Vergessenheit geraten).*

total: a) *in vollem Umfang, vollständig:* ein totaler Mißerfolg; eine totale Sonnenfinsternis; die totale Zerstörung der Stadt; bis zur totalen Erschöpfung; die Stadt wurde t. zerstört. b) (ugs.) ⟨verstärkend bei Adjektiven und Verben⟩: *völlig, ganz und gar:* er ist t. erschöpft, betrunken; das war t. verkehrt; das ist t. danebengegangen.

Tote, der: *jmd., der gestorben ist:* bei dem Verkehrsunfall gab es zwei Tote; einen Toten aussegnen, beerdigen, begraben, zu Grabe tragen (geh.); die Toten ehren; der Toten gedenken; um einen Toten trauern; er schlief wie ein Toter *[lange und] fest);* es war ein Lärm, um Tote aufzuwecken *(ein fürchterlicher Lärm);* na, bist du von den Toten auferstanden? *(läßt du dich auch mal wieder blicken?, lebst du noch?; gibt es dich wieder?);* R: die Toten soll man ruhen lassen *(man soll nichts Nachteiliges über sie sagen).*

töten ⟨jmdn., sich t.⟩: *jmdn., sich das Leben nehmen:* jmdn. vorsätzlich, heimtückisch, durch Genickschuß, mit Gift t.; einen Menschen, ein Tier t.; er tötete die Ratte mit einem Knüppel; er hat sich [selbst] getötet *(hat Selbstmord begangen);* durch die Explosion wurden zwei Arbeiter getötet; ⟨auch ohne Akk.⟩ du sollst nicht t. (bibl.); übertr. (ugs.): den Nerv eines Zahns t. *(abtöten);* die Glut der Zigarette t. *(zum Verlöschen bringen);* die Zeit t. *(nutzlos verbringen).*

totlachen (ugs.) ⟨sich t.⟩: *überaus heftig lachen:*

er hat sich [fast, halb] totgelacht, als er das sah; ich hätte mich t. können; subst.: es ist zum Totlachen *(das ist komisch, lustig, drollig).*

totlaufen (ugs.) ⟨etwas läuft sich tot⟩: *etwas geht ergebnislos zu Ende:* die Diskussion hatte sich bald totgelaufen.

Totschlag, der: *Tötung eines Menschen:* T. im Affekt; einen T. begehen, verüben; auf T. steht Freiheitsstrafe; wegen Totschlags verurteilt werden.

totschlagen ⟨jmdn. t.⟩: *erschlagen:* eine Maus, eine Fliege t.; er hat im Rausch einen Menschen totgeschlagen; R (ugs.): dafür lasse ich mich t. *(das ist ganz sicher);* du kannst mich t./und wenn du mich totschlägst *(es hilft alles nichts),* ich weiß es nicht mehr; übertr.: die Zeit, den Tag t. *(nutzlos verbringen).*

totschweigen ⟨jmdn., etwas t.⟩: *von jmdm., von etwas ganz bewußt nicht sprechen oder schreiben:* eine Angelegenheit t.; die Presse hat seine Erfolge totgeschwiegen.

Tour, die: 1. a) *Ausflug, Wanderung:* eine T. unternehmen; eine T. an den Königssee, auf den Feldberg, durch Europa, in die Berge machen. b) *[Geschäfts]reise:* er geht morgen auf T.; er ist oft wochenlang auf T. c) *bestimmte Strecke:* er macht, fährt heute die T. Mainz–Mannheim; er mußte die ganze T. wieder zurückfahren; eine T. mit dem Bus machen, fahren. 2. (ugs.) *Art und Weise, meist mit Tricks o. ä. etwas zu erreichen; [nicht ganz rechtmäßiges] Vorhaben:* die T. zieht bei mir nicht mehr, ist schiefgegangen; das ist eine billige T.; es ist immer dieselbe T. *(immer das gleiche);* krumme Touren reiten, sich auf krumme Touren einlassen *(unerlaubte Dinge tun);* jmdm. die T. vermasseln *(jmds. Vorhaben vereiteln);* auf diese T. falle ich nicht herein; er macht es auf die langsame, gemütliche T.; sie versuchte es auf die sanfte, naive, kameradschaftliche T.; er reist auf die dumme T. *(er versucht die Leute zu übervorteilen);* sie versuchte es mit einer anderen T. 3. (Technik) *Umdrehung einer Welle:* die Maschine macht 5000–7000 Touren in der Minute; der Motor läuft auf vollen, höchsten Touren, kommt schnell auf Touren. * (ugs.:) **in einer Tour** *(ohne Unterbrechung):* er schwatzt, erzählt in einer T. · (ugs.:) **seine Tour kriegen, haben** *(einen Anfall von schlechter Laune bekommen, haben)* · (ugs.:) **auf Touren kommen** *(in Schwung kommen; in Erregung geraten):* nach dem Frühstück kommt er erst richtig auf Touren · (ugs.:) **jmdn. auf Touren bringen** *(jmdn. antreiben, erregen, wütend machen; in Schwung bringen)* · (ugs.:) **etwas läuft auf vollen/höchsten Touren** *(etwas wird äußerst intensiv betrieben).*

Trab, der: *beschleunigter Gang besonders des Pferdes:* T. reiten; im T., in lockerem, leichtem, starkem, hartem, scharfem T. reiten; das Pferd fiel in T., wurde in T. gesetzt; übertr. (ugs.): er setzte sich in T. *(er begann zu laufen);* [nun aber] ein bißchen T.! *(beeil dich!).* * (ugs.:) **jmdn. auf Trab bringen** *(jmdn. zu schnellerem Handeln, Arbeiten antreiben)* · (ugs.:) **jmdn. in Trab halten** *(jmdn. ständig beschäftigen, nicht zur Ruhe kommen lassen)* · (ugs.:) **auf Trab sein** *(unterwegs sein, zu tun haben):* ich war die ganze Woche auf T.

traben: 1. a) *im Trab laufen oder reiten:* das

Pferd trabt; er hat englisch, deutsch getrabt. **b)** ⟨mit Raumangabe⟩ *sich im Trab irgendwohin bewegen:* er, das Pferd ist durch die Koppel getrabt. **2.** (ugs.) ⟨mit Raumangabe⟩ *eilig irgendwohin gehen:* er ist nach Hause, zur Schule getrabt.

Tracht, die: **1.** *für bestimmte Volksgruppen, auch Berufsgruppen typische Kleidung:* bunte, ländliche, bäuerliche Trachten; die bayerische, die Spreewälder T.; die T. des Bergmanns; die T. anlegen; ein Mädchen in T. **2.** (veraltend) *Traglast:* eine T. Holz, Stroh, Heu. ∗ (ugs.:) **eine Tracht Prügel** *(eine reichliche Anzahl Schläge):* er hat eine gehörige T. Prügel bekommen.

trachten (geh.) ⟨nach etwas t.⟩: *nach etwas streben, etwas zu verwirklichen suchen:* nach Ehre, nach Reichtum t.; er trachtete [danach], so schnell wie möglich wegzukommen; einen Plan zu verhindern t.; subst.: sein ganzes/all sein Sinnen und Trachten ging auf Gelderwerb aus.

Tradition, die: **a)** *Überlieferung, herkömmlicher Brauch:* eine alte, ehrwürdige, geheiligte, feste T.; demokratische Traditionen; es war T., daß ...; eine T. pflegen, hüten, wahren, wiederaufnehmen, weitergeben; dieser Verein hat eine lange, stolze T.; an einer T. festhalten; mit der T. brechen; dieses Fest ist bei uns bereits T., zur T. geworden *(es findet regelmäßig statt).* **b)** (selten) *Weitergabe an spätere Generationen:* die schriftliche T. dieser Sage beginnt erst im 14. Jh.

tragbar: 1. *so beschaffen, daß man es tragen kann:* ein tragbarer Fernsehapparat; ein durchaus tragbares *(für den Alltag geeignetes)* Kleid; diese Mode ist nicht t. **2.** *keine zu große Belastung bedeutend, erträglich:* finanziell gerade noch t. sein; die Mieten sind kaum noch t.; übertr.: der Minister ist für seine Partei nicht mehr t. *(entspricht nicht mehr ihren Anforderungen).*

träg[e]: *sich ungern bewegend; schwerfällig und langsam:* ein träger Mensch; träge Bewegungen; er ist geistig, körperlich t.; die Bürger sind politisch t. geworden; er war zu t., um mitzuspielen; die Hitze macht mich ganz t.; übertr.: der Fluß fließt t. dahin.

tragen /vgl. getragen/: **1. a)** ⟨jmdn., etwas t.⟩ *stützend halten; heben und mit sich führen:* ein Kind auf dem Arm, in den Armen, huckepack t.; einen Koffer t.; eine Last in der Hand, auf dem Rücken, auf dem Kopf t.; der Hund trug eine Ratte im Maul; das Pferd trägt den Reiter *(der Reiter sitzt auf ihm);* Steine, Holz, Kartoffeln t.; den Arm in der Binde, in einer Schiene t.; übertr.: die Füße, Knie tragen mich kaum noch, nicht mehr, nicht weiter *(ich bin sehr müde);* er eilte davon, so schnell ihn die Füße trugen · ⟨auch ohne Akk.⟩ jmdm. t. helfen. **b)** ⟨jmdn., etwas t.; mit Raumangabe⟩ *tragend bringen:* ein Kind ins Bett t.; die Sanitäter trugen den Verletzten [auf einer Bahre] zum Krankenwagen; jmdm./für jmdn. den Koffer zum Bahnhof t.; das Essen aus der Küche ins Zimmer t.; etwas an Bord, in den Keller t.; übertr.: das Auto wurde aus der Kurve getragen *(kam in der Kurve von der Fahrbahn ab);* Klatsch von Haus zu Haus t. **c)** ⟨an etwas t.; in Verbindung mit *schwer*⟩ *sich mit einer Last abmühen;* er trägt schwer an diesen zwei Koffern, hat schwer daran zu t.; übertr.: er trägt schwer an *(leidet schwer unter)* seiner

Schuld · ⟨auch ohne Präp.-Obj.⟩ wir hatten schwer zu t. *(waren sehr bepackt).* **d)** ⟨etwas trägt sich; mit Artangabe⟩ *etwas ist in bestimmter Weise zum Tragen geeignet:* der Koffer trägt sich leicht, bequem; das Paket trägt sich schlecht; diese Last trägt sich am besten auf dem Rücken. **e)** ⟨etwas trägt etwas⟩ *etwas stützt und hebt das volle Gewicht einer Sache von unten:* Säulen tragen das Dach; der Turm trägt eine Aussichtsplattform; adj. Part.: tragende Balken, Konstruktionen; übertr.: die Regierung wird vom Vertrauen des Volkes getragen; die Aussprache war von großem Ernst getragen (geh.; *sie fand in ernsthafter Bemühung statt);* das Unternehmen trägt sich selbst *(erfordert keinen Zuschuß);* adj. Part.: die tragende *(grundlegende)* Idee eines Werkes; eine tragende Rolle *(Hauptrolle)* spielen. **f)** ⟨etwas trägt jmdn., etwas⟩ *etwas hat eine bestimmte Tragfähigkeit:* die Brücke trägt auch schwerste Lasten; der Magnet trägt fünf Zentner; die Eisdecke trägt einen Erwachsenen; das Salzwasser trug ihn *(er ging darin nicht unter);* ⟨auch ohne Akk.⟩ das Eis trägt noch nicht. **2. a)** ⟨etwas t.⟩ *bei sich haben, mit sich führen:* einen Paß bei sich t.; der Verbrecher trägt einen Revolver; übertr.: der Wind trug den Heugeruch mit sich. **b)** ⟨etwas t.⟩ *an sich haben, mit etwas bekleidet sein:* ein neues Kleid, ein Kostüm, [eine] Tracht, Uniform t.; eine Mütze, hohe Stiefel t.; sie trägt Trauer *(Trauerkleidung);* das trägt man heute nicht mehr *(das ist nicht mehr modern);* Einlagen im Schuh, ein Bruchband t.; er trägt eine Perücke, ein Toupet; er trägt einen Bart, eine Brille; sie trägt Ohrringe, einen Brillantring, viel, wenig, keinen Schmuck; sie trug Blumen im Haar; Orden, eine Krone t.; adj. Part.: getragene *(gebrauchte)* Sachen, Kleider, Anzüge, Schuhe. **c)** ⟨etwas t.; mit Artangabe⟩ *in bestimmter Weise halten, an sich haben:* er trägt den Kopf immer etwas schief, gesenkt; der Hund trug seinen Schwanz hoch *(streckte ihn nach oben);* sie trägt das Haar glatt, gewellt, kurz, in Locken, im Knoten; er trägt den Mantel offen; sie trägt die Röcke gern lang, kurz; ⟨auch ohne Akk.⟩ man trägt wieder kurz, lang *(kurze, lange Röcke sind wieder modern).* **d)** ⟨etwas t.; mit Artangabe⟩ *in bestimmter Weise gekleidet sein:* diese Dame trägt sich einfach, elegant; sie trug sich immer nach der letzten Mode. **e)** ⟨etwas trägt sich; mit Artangabe⟩ *etwas hat bestimmte Trageeigenschaften:* dieser Stoff trägt sich schlecht; das Hemd trägt sich sehr angenehm. **3.** ⟨etwas trägt etwas⟩ *etwas bringt etwas hervor:* der Baum trägt Früchte; der Acker trägt Roggen, Klee; bildl.: seine Bemühungen haben [reiche] Früchte getragen *(Erfolg gebracht);* übertr.: das Kapital trägt Zinsen · ⟨auch ohne Akk.⟩ die Bäume tragen in diesem Jahr schlecht, gut, zum erstenmal. **4.** ⟨ein Tier t.⟩ *trächtig sein:* die Kuh trägt ein Kalb; ⟨auch ohne Akk.⟩ die Kuh, die Stute trägt; adj. Part.: tragende Muttertiere; eine tragende Stute. **5.** ⟨etwas t.⟩ *erdulden, ertragen:* er trägt sein Unglück tapfer; sie trug ihr Schicksal mit Geduld, Würde; er hat ein schweres Los zu tragen; sie hat ihr Leiden stets schweigend getragen; sein Kreuz t. **6.** ⟨etwas t.⟩ *auf sich nehmen, übernehmen:* die Kosten t. *(bezahlen);* die Verluste trägt die Versicherung; das Risiko tragen wir; er mußte die Folgen seines Tuns t.; die Verantwortung für etwas, die Schuld an etwas t. **7.** ⟨etwas t.⟩ **a)** *führen, haben:* einen berühmten Namen t.; er trägt den Ehrentitel mit Stolz. **b)** *mit etwas versehen sein:* der Grabstein trägt eine Inschrift; das Buch trägt den Titel ...; das Paket trägt die Aufschrift ... **8.** ⟨sich mit etwas t.; mit Infinitiv mit *zu*⟩ *sich mit einem Vorhaben beschäftigen:* er trägt sich mit dem Gedanken, Plan, mit der Absicht, sein Haus zu verkaufen. **9.** ⟨etwas trägt; mit Artangabe⟩ *etwas hat eine gewisse Reichweite:* das Geschütz trägt *(schießt)* weit; adj. Part.: eine tragende *(weit hörbare)* Stimme haben. * *etwas kommt zum Tragen (etwas wird wirksam).*

Träger, der: **1. a)** *jmd., der Lasten o. ä. trägt:* für die Expedition wurden Träger angeworben; auf dem Bahnsteig nahm sie einen T. *(Gepäckträger);* eine Ambulanz mit zwei Trägern. **b)** *jmd., der Zeitungen austrägt:* die Tageszeitung wurde durch Träger zugestellt. **2. a)** *jmd., der etwas innehat oder ausübt:* der T. eines Ordens, eines adligen Namens; die Träger der Staatsgewalt, der Kultur; der T. *(die leitende Kraft)* einer Entwicklung sein. **b)** *Körperschaft, Einrichtung, die für etwas verantwortlich ist:* der T. der öffentlichen Fürsorge. **3.** *tragender Bauteil:* eiserne, hölzerne Träger; einen T. [in die Decke] einziehen. **4.** *Band o. ä. an einem Kleidungsstück, das dieses trägt, hält, Schulterband:* eine Hose mit Trägern; der T. ist [von der Schulter] gerutscht.

tragisch: 1. a) *schicksalhaft, unheilvoll, erschütternd:* eine tragische Verkettung der Umstände; ein tragisches Ereignis; tragische Ironie; ein tragisches Schicksal; sein Bruder fand ein tragisches Ende, kam auf tragische Weise ums Leben; der Film endete t. **b)** (ugs.) *schlimm, ernst:* das ist alles nicht so t., nur halb so t.; nimm doch nicht alles gleich so t.! **2.** *die Tragödie betreffend, zu ihr gehörend; Tragik behandelnd, ausdrückend:* eine tragische Rolle spielen; die tragische Heldin eines Dramas; ein tragischer Dichter.

Tragödie, die: **1.** *Trauerspiel:* die antike, die klassische T.; eine T. in fünf Akten; eine T. schreiben, dichten, spielen, aufführen. **2. a)** *tragisches Ereignis, Unglück:* in diesem Hause hat sich eine furchtbare T. abgespielt; welch eine T.! **b)** (ugs.) *etwas Schlimmes, als katastrophal Empfundenes:* eine T. mit diesem alten Auto; diese Niederlage ist keine T.; mach doch keine T. daraus! *(mach es nicht schlimmer, als es ist).*

trainieren: 1. *als Trainer betreuen:* **a)** ⟨jmdn. t.⟩ eine Mannschaft, einen Boxer t.; ein Pferd t.; er hat seine Leute besonders auf Ausdauer trainiert. **b)** ⟨mit jmdm. t.⟩ er hat täglich vier Stunden mit uns trainiert. **2. a)** *planmäßig üben:* er trainiert hart [für die Olympischen Spiele]; er hat wochenlang trainiert. **b)** ⟨sich, etwas t.⟩ *durch Üben in Form bringen:* seine Muskeln, sein Gedächtnis t.; er hat sich gut trainiert; er geht gut trainiert in den Wettkampf; er hat einen trainierten Körper. **3.** ⟨etwas t.⟩ *einüben:* er trainiert Hochsprung; zur Zeit trainiert er besonders den dreifachen Axel.

Training, das: **a)** *planmäßige Durchführung eines Übungsprogramms:* ein hartes, scharfes, regelmäßiges T.; er leitet das T. der Weitspringer, im Weitsprung; wir haben heute abend T.; ein T.

absolvieren; das T. abbrechen; sich einem T. unterziehen, unterwerfen; am T. teilnehmen; zum T. gehen. **b)** *gezieltes Üben des Körpers, des Geistes:* körperliches, geistiges, autogenes T.; das ist ein gutes T. für das Gedächtnis; nicht mehr im T. *(nicht mehr in der Übung)* sein.

traktieren (ugs.) ⟨jmdn., etwas mit etwas t.⟩: *in sehr unangenehmer Weise bearbeiten; in übler Weise mit jmdm., etwas umgehen; quälen, mißhandeln:* jmdn. mit Schlägen, mit Fußtritten, mit dem Stock t.; er traktierte *(plagte)* mich stundenlang mit Schulaufgaben; jmdn. mit Vorwürfen t.

trällern ⟨etwas t.⟩: *munter vor sich hin singen:* ein Liedchen, eine Melodie t.; ⟨auch ohne Akk.⟩ sie trällert gern bei der Arbeit.

trampeln: 1. a) *mehrmals mit den Füßen stampfen:* die Zuschauer fingen an, vor Ungeduld zu t.; die Studenten haben getrampelt /Zeichen des Beifalls/. **b)** ⟨sich (Dativ) etwas von etwas t.⟩ *etwas durch Trampeln entfernen:* ich habe mir den Schnee von den Schuhen getrampelt. **c)** ⟨jmdn., etwas t.; mit Artangabe⟩ *durch Fußtritte in einen bestimmten Zustand bringen:* sie haben das Gras platt getrampelt; er wurde von der Menge zu Tode getrampelt. **2. a)** ⟨mit Raumangabe⟩ *sich trampelnd fortbewegen, ohne Rücksicht zu nehmen irgendwohin gehen:* warum seid ihr auf das frische Beet getrampelt?; die Kinder sind durch das Gras getrampelt. **b)** ⟨etwas t.⟩ *trampelnd herstellen:* einen Pfad [durch den Schnee] t.

Tran, der: *aus Meerestieren gewonnenes Öl:* der Wal lieferte viel T.; T. sieden, verarbeiten. * (ugs.) **im Tran:** a) *[durch Alkoholgenuß, Drogen, Schläfrigkeit] völlig benommen:* im T. sein. **b)** *(geistesabwesend, zerstreut):* er hat im T. vergessen, die Tür abzuschließen.

Träne, die: *als Tropfen aus dem Auge tretende Flüssigkeit:* eine heimliche, verstohlene T.; salzige Tränen; Tränen der Rührung, der Freude; jmdm. treten [die] Tränen in die Augen, stehen Tränen in den Augen; eine T. rann, lief, rollte ihm über die Wange (geh.); helle Tränen stürzten ihr aus den Augen (geh.); seine Tränen versiegten (geh.); jmdm. kommen leicht [die] Tränen; Tränen vergießen; sie hat keine T. vergossen; als die Kinder erfuhren, daß sie zu Hause bleiben sollten, gab es Tränen *(weinten sie);* Tränen in den Augen haben; eine T. zerdrücken; sich (Dativ) die Tränen aus den Augen wischen; bittere, blutige, heiße Tränen, manch heimliche, stille T. weinen; sie trocknete ihre Tränen; der Rauch trieb uns die Tränen in die Augen; wir haben bei dem komischen Auftritt Tränen gelacht *(haben sehr gelacht);* jmd., etwas ist keine T. wert *(ist nicht wert, sich deswegen Kummer zu machen);* sie war den Tränen nahe *(hätte fast geweint);* sie brach in Tränen aus *(sie schwamm, zerfloß in Tränen, war in Tränen aufgelöst (weinte sehr heftig);* er kämpfte mit den Tränen, lächelte unter Tränen; unter Tränen gestand er seine Schuld; die Augen voll Tränen haben; ihre Augen standen voll Tränen *(sie waren tränengefüllt);* diese Verse rührten sie zu Tränen. * **jmdm., einer Sache keine Tränen nachweinen** *(jmdm. einer Sache nicht nachtrauern)* · (scherzh.:) **mit einer Träne im Knopfloch** *(scheinbar gerührt):* ich danke dir mit einer T. im Knopfloch.

tranig: 1. *voll Tran; nach Tran schmeckend:* traniger Speck; der Fisch, das Öl schmeckt t. **2.** (ugs.) *langweilig, langsam:* ein traniger Mensch; er ist zu t., sieht t. aus.

Trank, der (geh.): *Getränk:* ein süßer, herber, bitterer, edler, köstlicher, göttlicher T.; sie hat ihm einen heilenden T., ein heilendes Tränklein gebraut; jmdn. mit Speis und T. erfrischen.

tränken: 1. ⟨ein Tier t.⟩ *trinken lassen:* das Kalb t.; die Pferde füttern und t.; ü b e r t r.: der Regen tränkt die Erde. **2.** ⟨etwas in etwas, mit etwas t.⟩ *sich mit einer Flüssigkeit vollsaugen lassen:* einen Lappen in, mit Öl, in, mit Benzin t.; ü b e r t r.: der Boden war mit, von Blut getränkt.

Transport, der: **1.** *das Transportieren:* der T. von Gütern, Vieh, Menschen; der T. auf der Straße, mit der Bahn, mit/auf Lastwagen, auf dem Schienenweg, per Schiff, Flugzeug; der Verletzte hat den T. ins Krankenhaus nicht überlebt; die Kisten wurden auf dem, beim T. beschädigt. **2.** *Menge von Waren oder Lebewesen, die transportiert werden:* ein T. Pferde, Autos, Soldaten; es ist ein T. mit Lebensmitteln angekommen; dieser T. geht nach Berlin, ist für Berlin bestimmt; einen T. von Gefangenen zusammenstellen, überwachen.

transportieren: a) ⟨jmdn., etwas t.⟩ *an einen anderen Ort bringen, befördern:* Güter auf Lastwagen, mit der [Eisen]bahn, per Schiff, im Flugzeug, mit Flugzeugen t.; Truppen an die Front t.; ü b e r t r.: das Blut transportiert den Sauerstoff zu den einzelnen Organen. **b)** (Technik) ⟨etwas transportiert etwas⟩ *etwas bewirkt mechanisch, daß sich etwas bewegt, daß etwas weitergeschoben wird:* dieses Zahnrad transportiert den Film im Apparat; ⟨auch ohne Akk.⟩ die Kamera, das Förderband transportiert nicht mehr.

Trara, das ⟨in bestimmten Verbindungen⟩ (ugs.:) **mit großem Trara** *(mit viel Lärm und Aufwand):* jeder Gast wurde mit großem T. empfangen · (ugs.:) **um etwas Trara machen** *(um etwas viel Aufhebens machen):* mach doch nicht solches, soviel T. um diese Geschichte!

Tratsch, der (ugs. abwertend): *Gerede über andere:* Klatsch und T. verbreiten, weitertragen.

Traube, die: **1.** *in traubiger Weise an einem Stiel angeordnete Beeren oder Blüten:* eine volle, schöne T.; die Trauben des Goldregens; die Johannisbeeren hingen in roten Trauben am Strauch; ü b e r t r.: eine T. summender/(seltener:) summende Bienen; die Menschen hingen in Trauben an der Straßenbahn. **2.** *Weintraube:* süße, grüne, blaue Trauben; Trauben schneiden *(ernten);* ein Kilo Trauben kaufen; R: die Trauben hängen jmdm. zu hoch/sind jmdm. zu sauer.

trauen: 1. a) ⟨jmdm., einer Sache t.⟩ *zu jmdm., zu etwas Vertrauen haben:* du kannst ihm t.; ich traue seinen Worten, seinem Versprechen; ich traue dem Frieden, der Sache, seinen Angaben nicht [recht] *(ich habe Bedenken);* R: trau, schau, wem! **b)** ⟨sich t.; mit Infinitiv mit *zu*⟩ *wagen, etwas zu tun:* ich traue mich/(selten:) mir nicht, ins Wasser zu steigen, von der Mauer zu springen; traust du dich/(selten:) dir ihn anzusprechen?; ⟨auch ohne Infinitiv⟩ du traust dich nur nicht (ugs.: *du bist zu feige dazu).* **c)** ⟨sich t.; mit Raumangabe⟩ *sich irgendwohin zu gehen oder von irgendwo wegzugehen wagen:* ich traue mich nicht

ins Wasser, aus dem Hause; er traute sich erst bei Dunkelheit auf die Straße. **2.** ⟨jmdn. t.⟩ *ehelich verbinden:* sich t. lassen; der Geistliche, der Standesbeamte hat das Paar gestern getraut; sie sind kirchlich, standesamtlich, in der Kirche, auf dem Standesamt getraut worden.

Trauer, die: **1. a)** *seelischer Schmerz über ein Unglück oder einen Verlust:* Trauer erfüllte ihn, überkam ihn; ein Gefühl wehmutsvoller (geh.) T.; er ist voll[er] T. über das Unglück, über den Wortbruch des Freundes, um den verstorbenen Freund; er hat T., ist in T. *(er trauert um einen Toten, einer seiner Angehörigen ist gestorben);* der Tod ihres Mannes hat sie in tiefe T. versetzt (geh.); in tiefer T., in stiller T. / *Formeln in Todesanzeigen/;* die Nachricht erfüllte mich mit T. **b)** *Trauerzeit:* es wurden drei Tage T. angeordnet; sie besucht während der T. keine Gesellschaften; er hat vor Ablauf der T. *(des Trauerjahres)* wieder geheiratet. **2.** *Trauerkleidung:* T. tragen, anlegen; die T. ablegen; eine Dame in T.

trauern: 1. *seelischen Schmerz empfinden, betrübt sein:* um einen Verstorbenen, um den Tod der Mutter t.; über einen Verlust t.; er trauert, weil sein Vater gestorben ist; adj. Part.: die trauernden Hinterbliebenen / *Formel in Todesanzeigen/.* **2.** *Trauerkleidung tragen:* die Witwe trauerte ein ganzes Jahr.

Trauerspiel, das: **1.** *Schauspiel mit tragischem Ausgang:* ein T. in fünf Akten; „Emilia Galotti" ist ein bürgerliches T. **2.** (ugs.) *etwas Schlimmes, Beklagenswertes:* es ist wirklich ein T., wie dort gewirtschaftet wird; es ist ein T. *(es ist schlimm)* mit ihm, mit diesem Unternehmen.

träufeln: 1. ⟨etwas t.; mit Raumangabe⟩ *tropfen lassen:* eine Arznei in, auf eine Wunde, ins Ohr t.; er hat Benzin in sein Feuerzeug geträufelt. **2.** (veraltend) ⟨etwas träufelt⟩ *etwas tröpfelt, tropft:* das Wasser ist vom Dach geträufelt.

traulich (geh.): *vertraut, gemütlich:* trauliche Stille, Ruhe; ein trauliches Zimmer; ein trauliches Beisammensein; wir saßen in trauliger Runde, beim traulichen Schein der Lampe; t. beisammensitzen, miteinander plaudern.

Traum, der: **1.** *im Schlaf auftretende Vorstellungen und Bilder:* ein schöner, süßer, wilder, wollüstiger, beängstigender, schwerer, wirrer T.; es war nur ein T.; der T. ist in Erfüllung gegangen; ich habe einen [sonderbaren, merkwürdigen] T. gehabt; Träume deuten, auslegen, analysieren; aus einem T. erwachen, aufschrecken, auffahren; jmdn., etwas im Traum[e] sehen; oft erschien ihm sein Vater im T.; im T. an etwas denken; im T. erlebte er alles noch einmal; sie redet im T.; es ist mir wie im T., wenn ich daran zurückdenke; sie lebt immer wie im T. *(sieht die Wirklichkeit nicht);* R: Träume sind Schäume; ü b e r t r.: er wurde jäh aus seinen Träumen gerissen *(in die Wirklichkeit zurückgeführt)* als ...; diese Landschaft ist ein T. *(sehr schön);* es war ein T. von einem Haus (ugs.: *ein traumhaft schönes Haus);* die Braut in einem T. (ugs.: *wunderschönen Kleid)* aus weißer Seide. **2.** *sehnlicher, unerfüllter Wunsch:* der T. einer/von einer Weltreise; das war der T. meines Lebens, meiner Jugend, meiner schlaflosen Nächte (scherzh.); es war immer sein T., Maler zu werden; ein langjähriger T. hat sich endlich erfüllt;

der T. [vom eigenen Haus] ist ausgeträumt, ist aus; aus ist der T.! (ugs.; *es besteht keine Hoffnung mehr; der Wunsch erfüllt sich nicht*); ich muß dir deinen T. zerstören *(deine Hoffnungen zunichte machen);* sie ist die Frau seiner Träume (ugs.; *seiner Wunschvorstellungen*); in seinen kühnsten Träumen hatte er sich das nicht so schön vorgestellt. * (ugs.:) **nicht im Traum** *(gar nicht; nicht im entferntesten):* das wäre mir nicht im T. eingefallen; er denkt nicht im T. daran. **träumen:** 1. a) *einen Traum haben:* jede Nacht, oft, nie t.; ich habe schlecht, herrlich geträumt; sie träumte von ihrem Vater; sie träumte davon, reich zu sein; träume süß! /Gutenachtwunsch/; du träumst (ugs.; *phantasierst*) wohl? /Ausdruck der Ablehnung/. b) ⟨etwas t.⟩ *im Traum erleben:* etwas Schönes, Schreckliches t.; einen bösen Traum t.; ich träumte, ich sei gestorben; das hast du nur geträumt. c) (geh.) ⟨jmdm. träumt von etwas⟩ *jmd. erlebt etwas im Traum:* mir träumte von einer Reise; ihm träumte [davon], er müsse sterben. 2. a) *seine Gedanken schweifen lassen:* mit offenen Augen, am hellen Tag, ins Blaue hinein t.; der Fahrer hat geträumt *(nicht aufgepaßt);* er saß träumend am Schreibtisch. b) ⟨von etwas t.⟩ *etwas wünschen, erhoffen:* von einer großen Zukunft t.; er träumt davon, Rennfahrer zu werden. * (ugs.:) **sich** (Dativ) **etwas nicht/nie träumen lassen** *(mit einer Möglichkeit überhaupt nicht rechnen):* das hätte ich mir nie t. lassen. **träumerisch:** *verträumt:* träumerische Augen; jmdm. t. zunicken; t. in die Ferne blicken. **traumhaft: a)** *wie in einem Traum:* traumhafte Vorstellungen; er ging seinen Weg mit traumhafter Sicherheit. **b)** (ugs.) *überaus schön, wunderbar:* eine traumhafte Insel; das Essen war t.; eine t. schöne Lage, Landschaft. **traurig:** 1. *von Trauer erfüllt; bekümmert:* ein trauriges Kind; traurige Augen haben; ein trauriges Gesicht machen; er schreibt traurige Verse, einen traurigen Brief; das macht mich ganz t.; sie war t. über den Verlust ihres Ringes; sei nicht t. deswegen!; er wurde t., sie ging; t. aussehen, nach Hause gehen; jmdn. t. ansehen; t. sagte er ... 2. a) *Trauer, Kummer erregend; bedauerlich:* eine traurige Nachricht; die traurige Wahrheit; ein trauriges Kapitel, Ereignis; wir erfüllen die traurige Pflicht, den Tod unseres Mitarbeiters ... anzuzeigen; ich kenne einen traurigen Fall aus unserer Stadt; sie kam zu der traurigen *(schmerzlichen)* Erkenntnis, daß ...; sie hatte eine traurige *(freudlose)* Jugend, ein trauriges Leben gehabt; ein trauriges *(beklagenswertes)* Zeichen der Zeit; es ist t., daß wir das nicht ändern können; t., aber wahr; t. genug, wenn du das nicht begreifst! **b)** *armselig, erbärmlich, kläglich:* ein trauriger Rest; ein trauriges Ergebnis; dort herrschen traurige Zustände; sie lebt in recht traurigen Verhältnissen; er hat eine traurige Berühmtheit erlangt; in unserer Kasse sieht es t. aus. **Traurigkeit,** die: *das Traurigsein; Betrübnis, Melancholie:* eine tiefe, große, niederdrückende, dumpfe T. befiel, überkam sie, erfüllte ihr Herz. **Traute,** die (ugs.): *Mut:* ihr fehlte die [nötige] T.; hast du wirklich die T., hier zu widersprechen?; ich hätte zum Chef gehen sollen, aber ich hatte keine rechte T. [dazu].

Trauung, die: *Amtshandlung, mit der eine Ehe geschlossen wird:* eine standesamtliche, kirchliche, evangelische, ökumenische T.; eine T. vollziehen, vornehmen; an einer T. teilnehmen; bei einer T. Trauzeuge sein; vor, nach der T. **treffen: 1.** *mit einem Schlag, Schuß o. ä. erreichen:* a) ⟨jmdn., etwas t.⟩ das Ziel, die Scheibe t.; die Kugel hat das Wild, den Treiber getroffen; er traf ihn zweimal mit der Faust ins Gesicht; am Kinn, auf die Nase; das Geschoß, der Hieb traf ihn an der Schulter; er wurde tödlich, schwer, von einem Stein getroffen; der Blitz hat die Scheune getroffen; das Haus wurde von einer Brandbombe getroffen; (ugs.) der Schlag *(ein Schlaganfall)* hat ihn getroffen; er traf nur die Latte *(der Torschuß ging nur an die Latte);* ⟨auch ohne Akk.⟩ der Schuß traf [nicht]; übertr.: auf der Rückreise traf ihn der Tod (geh.; *starb er);* ihn trifft keine Schuld *(er ist unschuldig);* sie fühlt sich von den Vorwürfen nicht getroffen *(bezieht sie nicht auf sich);* die Verantwortung trifft allein den Zugführer; das Los hat diesmal mich getroffen *(ich bin ausgelost worden);* er stand da wie vom Blitz getroffen *(völlig verstört).* **b)** ⟨mit Umstandsangabe⟩ er hat gut, schlecht, ins Schwarze getroffen; der Torschuß traf genau in die lange Ecke. **2.** ⟨jmdn., etwas t.⟩ *richtig erfassen, herausfinden:* den richtigen Ton, jmds. Geschmack t.; der Sänger traf den Einsatz *(setzte richtig ein);* mit dieser Vermutung haben Sie sicher das Richtige getroffen; [du hast es] getroffen! (ugs.; *richtig gesagt!);* der Fotograf hat dich gut getroffen *(das Bild ist sehr charakteristisch);* adj. Part.: ein treffendes *(genau passendes)* Wort; ein treffender Ausdruck; er verstand es, ihn treffend, aufs treffendste nachzuahmen. **3.** a) ⟨jmdn., etwas t.⟩ *mit jmdm., mit etwas zusammenkommen:* einen Freund, alte Bekannte t.; ich traf ihn im Hotel, auf der Post, beim Schwimmen *(im Schwimmbad),* beim Kofferpacken *(als er seine Koffer packte);* wir trafen uns/(geh.:) einander im Schloßpark; sie trafen *(begegneten)* sich zufällig auf der Straße; wann, wo wollen wir uns t.?; wir treffen uns auf ein Bier, zum Mittagessen; übertr.: ihre Blicke trafen *(begegneten)* sich. **b)** ⟨auf jmdn., auf etwas t.⟩ *auf jmdn., etwas stoßen:* auf den Feind, auf eine Panzersperre t.; Sport: in der nächsten Runde trifft sie auf ihre Doppelpartnerin; die Mannschaft trifft bei diesem Spiel auf einen starken Gegner; übertr.: auf Widerstand, Ablehnung, Schwierigkeiten t. **c)** ⟨sich mit jmdm. t.⟩ *auf Grund einer Verabredung zusammenkommen:* er traf sich mit ihr im Schloßpark; ich treffe mich heute mit ihm zum Skat; **4.** a) ⟨es trifft sich; mit abhängigem daß-Satz⟩ *es geschieht:* es traf sich [zufällig], daß der Minister abwesend war; es trifft sich gut, schlecht, ausgezeichnet, daß du heute gekommen bist; R: wie es sich so trifft *(wie es der Zufall will).* **b)** ⟨es t.; mit Artangabe⟩ *in bestimmter Weise vorfinden:* wir haben es im Urlaub mit dem Wetter, mit der Unterkunft gut getroffen; du triffst es heute gut, schlecht *(die Gelegenheit ist günstig, ungünstig).* **5.** a) ⟨jmdn. t.; mit Umstandsangabe⟩ *verletzen, erschüttern:* dieser Vorwurf traf ihn tief, schwer, mitten ins Innerste, bis ins empfindlichste; deine Bemerkung hat ihn an seiner empfindlichsten Stelle getroffen; du hast sie in ihrem Stolz getroffen. **b)** ⟨jmdn., etwas t.⟩ *jmdn., einer Sache Schaden zufügen:* mit dem Boykott versucht man die Wirtschaft des Landes zu t.; die große Dürre hat die Bauern hart getroffen; ein schweres Unglück hat die Stadt getroffen; es *(Unglück, Leid)* trifft immer die Besten; weshalb muß es immer mich t.? *(warum muß ich es immer sein?).* **6.** ⟨etwas t.⟩ *veranlassen, zustande bringen* /verblaßt/: Vorbereitungen, Vorkehrungen t. *(etwas vorbereiten, beginnen);* eine Auslese, Auswahl t. *(etwas auswählen);* seine Wahl t. *(sich entscheiden);* eine Verabredung t. *(sich verabreden),* Maßnahmen t. *(etwas unternehmen, veranlassen);* Vorsorge t. *(etwas vorbereiten, rechtzeitig für etwas sorgen);* mit jmdm. eine Vereinbarung, ein Übereinkommen, Abkommen, eine Absprache t. *(etwas vereinbaren).*

Treffen, das: **1.** *Zusammenkunft, Begegnung:* regelmäßige, seltene T.; ein T. der Abiturienten; ein T. der Außenminister; ein T. verabreden, veranstalten; an einem T. teilnehmen; zu einem T. kommen. **2.** (militär. veraltet) *Gefecht:* frische Truppen ins T. führen. **3.** (Sport) *Wettkampf:* ein faires, spannendes T.; das T. endete unentschieden; sie konnte das T. für sich entscheiden. ⋆ (geh.:) **etwas ins Treffen führen** *(etwas als Argument vorbringen).*

Treffer, der: **1. a)** *ins Ziel gelangter Schuß u. ä.:* einen T. erzielen; der Kreuzer erhielt einen T. im Maschinenraum; auf 10 Schüsse 8 T. haben. **b)** (Sport) *Berührung des Gegners, Schlag; erzieltes Tor:* ein sauberer, ungültiger T.; der Boxer mußte mehrere T. einstecken; einen T. landen, erzielen, markieren, anbringen; drei T. sind inzwischen gefallen; der Torwart verhinderte einen sicheren T. **2.** *gewinnendes Lotterielos:* jedes zehnte Los ist ein T.; auf einen T. kommen viele Nieten; übertr. (ugs.): einen T. *(Glück)* haben.

trefflich (veraltend): *ausgezeichnet, vorzüglich:* er ist ein trefflicher Beobachter; sich t. bewähren.

treiben: 1. a) ⟨jmdn., etwas t.; mit Raumangabe⟩ *in Bewegung setzen; vor sich her drängen, jagen:* das Vieh auf die Weide, zur Tränke, aus dem Stall t.; den Feind in die Flucht, aus dem Lande t.; der Stürmer treibt den Ball *(dribbelt mit dem Ball)* bis vors Tor; der Wind treibt das welke Laub durch die Straßen; übertr.: die Preise in die Höhe t. *(hochtreiben);* die Kinder aus dem Haus t. *(sie zum Verlassen des Elternhauses veranlassen)* · ⟨auch ohne Raumangabe⟩ Vieh, Schafe t.; Wild, Hasen t. *(eine Treibjagd veranstalten);* die Kinder treiben den Kreisel, den Reifen; die Ladung treibt das Geschoß; der Schwimmer ließ sich von der Strömung t.; übertr.: ich ließ mich von den Verhältnissen t.; ⟨jmdm. etwas t.; mit Raumangabe⟩ der Sturm trieb mir den Schnee ins Gesicht. **b)** ⟨etwas treibt jmdm. etwas; mit Raumangabe⟩ *etwas ruft bei jmdm. eine körperliche Reaktion hervor:* diese Bemerkung trieb ihm das Blut, die Schamröte ins Gesicht; diese Arznei treibt mir den Schweiß auf die Stirn, aus den Poren; ⟨auch ohne Dat., Akk. und ohne Raumangabe⟩ Bier, der Tee treibt *(ist harntreibend);* adj. Part.: treibende *(die Ausscheidung fördernde)* Medikamente. **c)** ⟨jmdn. in etwas, zu etwas t.⟩ *antreiben, zu einem Verhalten drängen:* jmdn. in den Tod, in den Wahnsinn, zur Eile, zur Arbeit t.; er hat sie zur Verzweiflung, zum Selbstmord getrieben; die Not trieb ihn zum Diebstahl; laß dich nicht zum Äußersten t.!; es treibt mich, Ihnen zu danken; übertr.: seine Eifersucht hat ihn dazu getrieben · ⟨auch ohne Präp.-Obj.⟩ jmdn. ständig t. *(zur Arbeit, Eile anhalten);* adj. Part.: er ist die treibende Kraft bei diesen Reformen. **d)** ⟨etwas treibt etwas⟩ *etwas läßt etwas laufen, hält etwas in Gang:* das Wasser treibt das Mühlrad; das Rad treibt die Mühle; der Motor treibt zwei Maschinen. **2. a)** ⟨etwas t.; mit Raumangabe⟩ *hineintreiben, irgendwohin schlagen:* Nägel ins Holz t.; einen Keil zwischen die Balken t.; einen Stollen, Schacht in die Erde t.; einen Tunnel durch den Berg t.; der Böttcher treibt Reifen auf das Faß; der Goldschmied treibt *(hämmert)* ein Muster in Gold, in Silber. **b)** ⟨etwas t.⟩ *durch Schlagen formen:* Kupfer mit dem Hammer t.; eine Schale, eine Brosche t.; adj. Part.: getriebene Arbeit; eine getriebene Schale; Beschläge aus getriebenem Messing. **3. a)** ⟨etwas t.⟩ *im Wachstum fördern:* Salat [im Mistbeet] t.; die Tulpen, Maiglöckchen treibt [im Treibhaus] worden. **b)** ⟨etwas treibt etwas⟩ *etwas bringt etwas hervor, läßt etwas wachsen:* der Baum treibt Knospen, Blüten, Blätter; der Roggen treibt Ähren. **c)** ⟨etwas treibt⟩ *etwas wächst hervor:* die Knospen treiben; die Saat fängt an zu t. **4. a)** ⟨etwas treibt etwas⟩ *etwas läßt etwas aufgehen:* das Backpulver treibt den Teig. **b)** ⟨etwas treibt⟩ *etwas gärt, geht auf:* die Hefe, der Teig muß noch t. **5. a)** ⟨etwas t.⟩ *sich mit etwas beschäftigen, abgeben:* Handel, Schiffahrt t.; Vielweiberei t.; ein Handwerk, ein Gewerbe t.; dunkle Geschäfte t.; Studien, Musik, Sport, Gymnastik t.; Unfug, Unsinn t.; Possen, Schabernack t.; was treibst du denn? (ugs.: *wie geht es dir, was machst du?);* was treibt sie so den ganzen Tag? (ugs.: *was tut sie?);* /verblaßt/: Wucher t. *(zu hohe Zinsen oder Preise fordern);* [großen] Luxus, [unnötigen] Aufwand t. *(verschwenderisch leben);* Spionage t. *(spionieren);* Verschwendung t. **b)** ⟨etwas mit jmdm., mit etwas t.⟩ *mit jmdm., mit etwas in bestimmter Weise verfahren:* mit etwas Handel t.; seinen Spaß mit jmdm. t.; Unzucht, Blutschande mit jmdm. t.; mit diesen Dingen treibt man nicht seinen Spott; er treibt ein falsches, unehrliches Spiel mit uns *(betrügt uns);* sie treibt Mißbrauch mit ihren Kenntnissen. **c)** ⟨es t.; mit Umstandsangabe⟩ *sich auf bestimmte Weise verhalten:* er treibt es schlimm, arg, gar zu toll; sie trieb es ganz schön bunt *(wild);* er treibt es noch so weit, daß er entlassen wird; übertr. (ugs.): er wird es nicht mehr lange t. *(man wird seine Machenschaften aufdecken;* auch ugs., verhüll.: *er wird bald sterben).* **d)** (ugs. verhüll.) ⟨es mit jmdm. t.⟩ *mit jmdm. Geschlechtsverkehr haben:* er treibt es schon länger mit ihr; die beiden haben es miteinander getrieben. **6.** ⟨mit Raumangabe⟩ *von einer Strömung fortbewegt werden:* das Eis treibt auf dem Fluß; der Ballon ist südwärts, über die Grenze getrieben; das Schiff trieb mit dem Strom; wir treiben vor dem Wind, ans Land; eine Leiche trieb im Wasser; ⟨auch ohne Raumangabe⟩ das Boot trieb kieloben; übertr.: er hat die Dinge zu weit t. lassen *(sich selbst überlassen);* er läßt sich zu sehr t. *(verhält*

sich zu passiv); man weiß nicht, wohin die Dinge treiben *(wie sie sich entwickeln).*
Treiben, das: **1. a)** *geschäftiges Durcheinanderlaufen; Sichtummeln einer größeren Zahl von Menschen:* das ausgelassene T. der Kinder; das Leben und T. auf den Straßen; es herrschte ein lebhaftes, geschäftiges, buntes T.; ich habe das ganze T. hier gründlich satt; dann stürzte ich mich in das närrische T. *(in den Karnevalstrubel).* **b)** *jmds. Tun, Handeln:* sein heimliches, korruptes, schändliches, wüstes T. beobachte ich schon lange; seinem T. *(seinen Machenschaften)* ein Ende machen. **2. a)** *Treibjagd:* das T. war um 17 Uhr beendet; ein T. abhalten, veranstalten. **b)** *Geländeabschnitt, in dem eine Treibjagd stattfindet:* im ersten, zweiten T. wurden 10 Hasen erlegt.
Trend, der: *Entwicklungstendenz, Neigung:* der neue, internationale T.; ein starker, steigender T. in Richtung/hin zu mehr Dezentralisierung; der allgemeine T. zu höherer Technologie; der T. in der Autoindustrie geht zu Autos mit mehr PS; einen positiven T. beobachten, feststellen, ausnutzen; die Statistik bestätigt den T.; dem aufkommenden T. gerecht werden; dieses neue Modell liegt voll im T. [der Zeit]; (ugs.:) Genosse T. *(der Trend als Helfer bei politischen Zielen).*
trennen: 1. a) 〈jmdn., sich, etwas von jmdm., von etwas/aus etwas t.〉 *lösen, entfernen, abtrennen:* eine Borte vom Kleid, das Futter aus dem Mantel t.; den Kopf vom Rumpf t. *(abschlagen);* ein Tier von der Herde t.; das Kind von seiner Mutter, von seiner Familie t.; das Erz vom Gestein t.; das Eigelb vom Eiweiß t. **b)** 〈jmdn., etwas t.〉 *auseinanderbringen:* Eigelb und Eiweiß t.; Sauerstoff und Wasserstoff t.; die Bestandteile einer Mischung sorgfältig t.; die Nähte t.; die Streitenden mußten getrennt werden. **c)** 〈etwas t.〉 *in seine Bestandteile zerlegen:* ein Kleid t.; ein Stoffgemisch chemisch, durch Kondensation t.; ein Wort [nach Silben] t. **d)** 〈jmdn.〉 *auseinanderreißen:* die beiden Geschwister sollten nicht getrennt werden; der Krieg hat die Familie getrennt; nichts konnte die Liebenden t. **2.** *klar unterscheiden, auseinanderhalten:* **a)** 〈jmdn., etwas t.〉 die Begriffe klar, sauber t.; wir müssen Person und Sache strikt t. **b)** 〈jmdn., etwas von etwas t.〉 wir müssen die Person streng von der Sache t.; mein Beruf kann von meiner Freizeit nicht streng getrennt werden. **3. a)** 〈sich t.〉 *auseinandergehen:* wir trennten uns am Bahnhof; unsere Wege trennen sich hier *(jeder nimmt einen anderen Weg);* nach drei Stunden Diskussion trennte man sich; Sport.: die beiden Mannschaften trennten sich 0:0. **b)** 〈sich von jmdm. t.〉 *weggehen:* vor der Haustür trennte er sich von mir. **4. a)** 〈sich t.〉 *eine Partnerschaft, Gemeinschaft auflösen:* wir haben uns [endlich, nach zwei Jahren, freundschaftlich, im guten] getrennt; die beiden Teilhaber haben sich getrennt; adj. Part.: die Eheleute leben getrennt. **b)** 〈sich von jmdm. t.〉 *sich loslösen:* sie hat sich von ihrem Mann getrennt; von meinem Gesangspartner habe ich mich getrennt; übertr.: (verhüll.): die Firma hat sich von diesem Mitarbeiter getrennt. **5.** 〈sich von etwas t.〉 *etwas hergeben:* sich von Erinnerungsstücken nur ungern t., nicht t. können; sich von jeglichem Besitz t.; übertr.: sich von einem Gedanken, einem

Wunsch, einer Vorstellung t. müssen; sich von einem Anblick nicht t. können. **6. a)** 〈etwas trennt etwas〉 *etwas bildet eine Grenze, ein Hindernis zwischen etwas:* ein Stacheldraht trennte die Grundstücke; ein Zaun trennt die Gärten; übertr.: uns trennen Welten *(wir sind äußerst verschieden);* die verschiedene Herkunft trennte sie. **b)** 〈etwas trennt jmdn., etwas von jmdm., von etwas〉 *etwas grenzt jmdn., etwas gegen jmdn., etwas ab:* der Kanal trennt England vom Kontinent; nur ein Graben trennt die Zoobesucher von den Elefanten; eine Glaswand trennt ihn von seinem Verteidiger; 〈auch ohne Präp.-Obj.〉 ein Gebirgszug trennt das Land [in zwei Regionen]. übertr.: nur noch wenige Tage trennen uns von den Wahlen. **7.** (Rundf.) 〈etwas trennt [etwas]; mit Artan­gabe〉 *etwas besitzt eine bestimmte Trennschärfe:* das Radio trennt [die Sender] gut, scharf, nicht richtig, genügend. **8.** 〈jmdn., etwas t.〉 *(eine telefonische Verbindung unterbrechen:* die Verbindung wurde getrennt; man hat uns getrennt.
Trennung, die: **a)** *das Trennen, Getrenntwerden:* die T. der Familie war nicht zu verantworten; es war eine T. für immer; sie konnte die T. von ihren Freunden nicht überwinden. **b)** *das Getrenntsein:* die lange T. hatte unsere Beziehungen erkalten lassen; die T. von Staat und Kirche *(von politischer und kirchlicher Macht);* die T. von Tisch und Bett *(die Aufhebung der Lebensgemeinschaft);* in T. *(vom Ehepartner getrennt) leben.*
Treppe, die: *aus Stufen bestehender Aufgang:* eine breite, enge, schmale, steile, steinerne T.; eine T. aus Holz, Marmor; die T. zum oberen Stock, zur Terrasse; die T. knarrt, ist ausgetreten, ist frisch gebohnert; früher ging hier doch eine T. hoch (ugs.): die T. führt in den Keller; die T. hinauf-, hinuntergehen, -steigen, -eilen, -stürzen; sie kann nicht mehr gut Treppen steigen, laufen; das Kind ist die T. hinuntergefallen; er hat ihn die T. hinuntergeworfen; wir haben diese Woche die T. zu putzen, zu reinigen; (ugs.:) sie macht *(reinigt)* gerade die T.; er wohnt vier Treppen hoch *(im 4. Stock),* eine T. höher, tiefer; auf halber T. *(auf dem Treppenabsatz)* zum ersten Stock; übertr.: der Friseur hat ihm Treppen, Treppchen [ins Haar] geschnitten *(hat ungleichmäßig gearbeitet).* * (ugs.:) **die Treppe hinauffallen** *[überraschenderweise] beruflich aufsteigen.*
Treppenwitz, der 〈in der Wendung〉 ein Treppenwitz [der Weltgeschichte] *(das ist ein Vorfall, der wie ein schlechter Scherz wirkt).*
treten: 1. a) 〈mit Raumangabe〉 *einen oder mehrere Schritte irgendwohin machen; etwas betreten:* nach vorn, nach hinten, neben jmdn., zur Seite, an, auf die Seite t.; in den Vordergrund t.; ans/an das Fenster, auf den Balkon, auf die Straße t.; aus dem Haus t.; aus dem Dunkel, in die Sonne t.; in die Tür, ins Zimmer, ins Freie t.; der Regisseur trat vor den Vorhang; er trat zwischen die Streithähne, mitten unter die Leute; militär.: die Wache tritt ins Gewehr *(präsentiert);* 〈auch ohne Raumangabe〉 bitte treten Sie näher; die Halle war so voll, daß man kaum t. konnte; übertr.: an jmds. Stelle t. *(jmdn. ersetzen);* der Mond trat aus den Wolken, hinter die Wolken *(kam hervor, verschwand);* die Sonne tritt *(wechselt)* in das Zeichen des Krebses; der Saft tritt

(steigt) in die Bäume; der Fluß ist über die Ufer getreten *(hat sie überschwemmt);* alle erlittenen Demütigungen traten wieder in sein Bewußtsein *(wurden ihm wieder bewußt);* (etwas tritt jmdm.; mit Raumangabe) der Schweiß trat ihm auf die Stirn; die Tränen traten ihr in die Augen. **b)** (in etwas t.) *mit etwas beginnen*/häufig verblaßt/: in [den] Streik, Ausstand t.; in den Staatsdienst, in ein Angestelltenverhältnis t.; in den Ehestand t. *(heiraten);* in den Ruhestand t.; bei jmdm. in die Lehre t.; er tritt heute in sein 50. Lebensjahr; jmd., etwas tritt in Aktion *(wird tätig);* die Verordnung ist heute in Kraft, außer Kraft getreten *(gültig, ungültig geworden);* er will mit dir in Beziehungen, in Kontakt, in einen Dialog, in Verhandlungen, in Verbindung t. **2. a)** (mit Raumangabe) *den Fuß an eine Stelle setzen:* in ein Loch, in eine Pfütze t.; du bist/hast in etwas getreten *(hast dich mit Kot beschmutzt);* bitte nicht auf den Rasen, auf die Beete t.!; er ist auf eine Schnecke, auf seine Brille, auf eine Tellermine getreten; er tritt vor Ungeduld von einem Fuß auf den anderen *(setzt die Füße abwechselnd auf);* der Tänzer treten auf der Stelle *(machen Schrittbewegungen, ohne weiterzutreten).* **b)** (mit Raumangabe) *mit dem Fuß stoßen:* nach jmdm., nach etwas t.; das Kind hat nach mir getreten; er trat gegen die Tür, in die Glasscheibe; der Radrennfahrer trat mächtig (ugs.) in die Pedale, sie trat auf das Gaspedal, auf die Bremse; über tr. (ugs.): nach unten t. *(Frustrationen an Abhängigen abreagieren)* · (auch ohne Raumangabe) Vorsicht, das Pferd tritt! **c)** (jmdn. t.) *mit dem Fuß treffen:* jmdn. mit Füßen t.; das Pferd hat mich getreten; ich habe ihn versehentlich getreten; Fußball: den Ball, das Leder t. (ugs.: *Fußball spielen);* über tr. (ugs.): man muß ihn immer t. *(ihn drängen),* damit er etwas tut · (jmdn./(auch:) jmdn. t.; mit Raumangabe) du hast/bist mir, hast mich auf den Fuß getreten; er trat ihm/ihn gegen das Schienbein; er trat seinem Vordermann auf die Hacken. **3. a)** (etwas t.) *mit dem Fuß betätigen:* das Spinnrad, den Webstuhl, den Blasebalg der Orgel t.; er hat sofort die Bremse, die Kupplung getreten; der Geiger tritt *(markiert)* den Takt. **b)** (etwas t.) *durch Treten herstellen, hervorbringen:* einen Pfad [in/durch den Schnee] t.; Wege zwischen den Beeten t.; (jmdm. etwas t.; mit Raumangabe) jmdm. eine Delle ins Auto t. **c)** (etwas t.; mit Raumangabe) *mit dem Fuß irgendwohin befördern:* die Brennesseln zur Seite t.; Fußball: den Ball ins Tor, ins Aus t.; (jmdm. etwas t.; mit Raumangabe) ihr tretet mir ja den ganzen Dreck in die Wohnung. **d)** (Fußball) (etwas t.) *durch Treten ausführen:* eine Ecke, einen Freistoß t. **4.** (sich (Dativ) etwas in den Fuß t.) *in etwas Scharfes hineintreten:* ich habe mir einen Dorn in den Fuß getreten. **5.** (etwas t.; mit Artangabe) *durch Treten in einen bestimmten Zustand versetzen:* ihr tretet ja die Beete platt; ein zu Matsch getretener fauler Apfel. **6.** (ein Tier t.) *begatten:* der Hahn tritt die Henne. * **jmdm. zu nahe treten** *(jmdn. kränken, verletzen).*

treu: 1. a) *beständig gesinnt, zuverlässig, anhänglich:* ein treuer Freund, Gatte, Sohn, Verwalter, Diener; ein treues Pferd, ein treuer Hund; sie ist eine treue Seele *(ein anhänglicher Mensch);* er hat ein treues Herz, einen treuen Sinn; treue Liebe; ein treues *(verläßliches)* Gedächtnis; in treuem Gedenken, mit treuen Grüßen /Briefschlüsse/; er wurde für dreißig Jahre treue/(geh.:) treuer Mitarbeit geehrt; jmdm. t. ergeben sein; er ist t. wie Gold, t. wie ein Hund; sie war t. bis in den Tod; sie hat ihn t. geliebt; er dient der Firma t. seit zwanzig Jahren; er tut t. und brav seine Pflicht; über tr.: (jmdm., einer Sache t. sein, bleiben) er bleibt sich [selbst], seinem Wesen t.; er bleibt seinem Vorsatz, seiner Überzeugung, seiner Pflicht [bis zum letzten] t.; der Erfolg blieb ihm t. *(er hatte immer Erfolg)* **b)** *keine anderen Sexualpartner habend:* ein treuer Ehemann; eine treue Frau; er ist nicht t., kann nicht t. sein *(hat immer wieder andere Sexualpartner);* (jmdm. t. sein, bleiben) sie war ihm immer t.; er ist seiner Frau t. geblieben. **c)** (ugs.) *unbeirrt, unerschütterlich:* ein treuer Anhänger der Monarchie; ein treuer Kunde; die treuesten Fans. **2.** (ugs.) *treuherzig:* mit treuer Miene, treuem Blick; jmdn. t. ansehen. **Treue,** die: **1.** *beständige Gesinnung:* ewige, unerschütterliche, unwandelbare T.; die sexuelle T.; die T. des Gatten, Freundes; die T. zur Heimat; jmdm. T. geloben (geh.), schwören; jmdm. [die] T. halten, bewahren, die T. brechen; jmds. T. auf die Probe stellen; den Eid der T. leisten; sie dankten der Kundschaft für die langjährige T.; in T. zu jmdm. stehen, halten; er nimmt es mit der ehelichen T. nicht so genau; meiner Treu! /veraltet; Beteuerungsformel/; in alter T. Dein ... /Briefschluß/. **2.** *Genauigkeit, Zuverlässigkeit:* historische T.; die T. seines Gedächtnisses; ein Film von dokumentarischer T. * **auf/**(seltener:) **in Treu und Glauben** *(ohne Bedenken; voll Vertrauen):* jmdm. etwas auf Treu und Glauben überlassen; in Treu und Glauben handeln.

treuherzig: *arglos vertrauend; kindlich-naiv:* ein treuherziges Gesicht haben, machen; seine Augen blicken t.; er sah mich t. an.

treulos: *nicht treu; verräterisch:* treulose Freunde, Verbündete; ein treuloser Liebhaber; er hat mich t. verlassen; sein Versprechen t. gebrochen; sie hat t. an ihr gehandelt.

Tribut, der: *Abgaben eines besiegten Landes:* den Besiegten, Unterworfenen einen T. auferlegen; einen T. fordern, nehmen, leisten, zahlen, aufbringen; den T. verweigern; über tr.: seine Krankheit ist der T. *(das unvermeidliche Opfer)* dafür, daß er sich früher nie geschont hat; diese Autobahnstrecke fordert einen zu hohen T. [an Menschenleben] *(zu viele Opfer);* dem Alter T. zollen *(dem Alterungsprozeß unterworfen sein);* dem Zeitgeschmack, der Mode [den] T. zollen, entrichten *(sich dem Diktat des Zeitgeschmacks, der Mode beugen);* einer Leistung den nötigen, schuldigen T. *(Respekt)* zollen.

Trichter, der: **1.** *Gerät zum Füllen von Flaschen u. ä.:* ein T. aus Glas, Blech, Kunststoff; Milch, Saft durch einen T. gießen, mit einem T. einfüllen. **2.** *trichterförmige Öffnung:* der T. der Trompete, des Horns. **3.** *Einschlagloch einer Granate oder Bombe:* er sprang in den T., nahm im T. Deckung. * (ugs.:) **auf den [richtigen] Trichter kommen** *(etwas merken, erkennen)* · (ugs.:) **jmdn. auf den [richtigen] Trichter bringen** *(jmdn. dazu bringen, daß er etwas merkt, erkennt).*

Trick, der: a) *Kunstgriff, Kniff:* der T. des Zauberers, Taschenspielers, Gauners; das ist der ganze T. *(das ganze Kunststück)* dabei; es gibt einen einfachen T., das zu umgehen; einen T. anwenden, beherrschen; jmdm. einen T. zeigen, verraten; er kennt jede Menge Tricks; ich bin bald hinter seinen T. gekommen. b) *listig ausgedachtes, geschicktes Vorgehen eines Betrügers:* sie ist auf einen üblen, raffinierten, billigen T. hereingefallen; jmdm. mit schmutzigen Tricks reinlegen (ugs.); mit diesem T. hat er viele betrogen.
Trieb, der: 1. *starker [natürlicher] Drang zu bestimmten Handlungen:* ein heftiger, unbezähmbarer, natürlicher, unwiderstehlicher, blinder, tierischer T.; edle, sinnliche, dumpfe, sexuelle, verdrängte, sadistische Triebe; einen T. *(Hang)* zum Verbrechen haben; ich spürte den T. in mir, mein Leben selbst in die Hand zu nehmen; einen [geschlechtlichen] T. befriedigen, bezähmen, beherrschen, zügeln, meistern; seinen Trieben nachgeben, freien Lauf lassen; sie wird von ihren Trieben beherrscht, läßt sich von ihren Trieben leiten. 2. *gerade erst entwickelter Teil einer Pflanze:* die Bäume zeigen frische Triebe; der Nachtfrost hat die jungen Triebe vernichtet.
Triebfeder (in der Verbindung) etwas ist die Triebfeder bei, von o. ä. etwas: *etwas bewirkt, beherrscht etwas:* Haß, Geiz, Neid war die T. seines Handelns; Neugier ist die T. für alles, was sie tut; bei dieser Sache ist pure Gewinnsucht die T.; die eigentliche T. zu dieser Tat war Eifersucht.
triebhaft: *von Trieben beherrscht:* ein triebhafter Mensch; triebhafte Sinnlichkeit; sie handelt t.
triefen: a) ⟨etwas trieft; mit Raumangabe⟩ *etwas fließt in großen Tropfen:* der Regen trieft von den Ästen, vom Dach; das Blut ist aus der Wunde getrieft/(selten:) getroffen; Fett trieft ins Feuer; ⟨etwas trieft jmdm.; mit Raumangabe⟩: der Schweiß triefte/(geh.:) troff ihm von der Stirn. b) ⟨von etwas/vor etwas⟩ *tropfend naß sein:* die Wurst trieft von/vor Fett; wir trieften/(geh.:) troffen vom Regen; sein Mantel hat von/vor Nässe getrieft/(selten:) getroffen; ⟨auch ohne Präp.-Obj.⟩ seine Augen triefen *(sondern Flüssigkeit ab);* triefend naß sein · übertr.: die Hände des Tyrannen triefen von Blut; er trieft nur so von/vor Arroganz, Ironie, Mitleid; seine Filme triefen von/vor Edelmut, Sentimentalität, Pathos.
triftig: *gewichtig, schwerwiegend:* ein triftiger Grund, Einwand; ein triftiges Argument, Motiv; er hatte eine triftige Entschuldigung.
trinken: 1. a) *Flüssigkeit zu sich nehmen:* genußvoll, schnell, langsam, hastig, gierig, aus der Flasche, in/mit kleinen Schlucken, in großen Zügen t.; du darfst nicht so kalt *(nicht so Kaltes)* t.; er ißt und trinkt gerne gut; laß mich mal [aus deinem Glas, von deinem Bier] t.; die Mutter gibt dem Kind zu t.; subst.: du darfst über der Arbeit das Essen und Trinken nicht vergessen. b) ⟨es trinkt sich; mit Artangabe und Umstandsangabe⟩ aus diesen Gläsern trinkt es sich gut, schlecht. 2. ⟨etwas t.⟩ *(als Getränk) zu sich nehmen:* Kaffee, Milch, Tee, Wasser t.; er trinkt gerne Bier, alkoholische Getränke; sie hat viel, nur wenig getrunken; er trank sein Bier in einem Zug; einen Schluck Wasser, eine Tasse Kaffee, eine Flasche Limonade t.; trinkst du noch ein Glas?; diesen

Wein mußt du mit Verstand, mit Andacht t.; der Wein läßt sich t./ist zu t./den Wein kann man t. (ugs.; *schmeckt gut*); übertr. (geh.): die ausgedörrte Erde trank den Regen; die Schönheit, das Leben t. *(voll in sich aufnehmen).* 3. ⟨sich, etwas t.; mit Artangabe⟩ *durch Trinken in einen bestimmten Zustand bringen:* das Baby hat sich satt getrunken; du mußt das alles leer t. 4. a) ⟨[etwas] t.⟩ *Alkohol trinken:* mäßig, viel t.; er trinkt *(ist Trinker);* aus Einsamkeit, Kummer beginnt sie zu t.; er raucht und trinkt nicht; der Fahrer hatte getrunken *(stand unter Alkoholeinfluß);* ich habe was (ugs.) getrunken und nehme deshalb ein Taxi. b) ⟨sich, etwas t.; mit Artangabe⟩ *durch Alkoholtrinken in einen bestimmten Zustand bringen:* ex t. *(das Glas auf einen Zug austrinken);* er hat sich voll, arm getrunken; er hat sich um den Verstand getrunken. 5. ⟨auf jmdn., auf etwas t.⟩ *ein Hoch ausbringen:* auf das Hochzeitspaar t.; sie tranken auf ein gutes Gelingen, auf eine gesunde Gesundheit.
* (ugs.:) **einen trinken** *(Alkohol zu sich nehmen):* ich trinke jetzt einen, dann fühle ich mich besser; laß uns einen t. gehen!
Trinkgeld, das: *kleines Geldgeschenk für einen erwiesenen Dienst:* ein hohes, kleines, großes, mageres, nobles, reichliches, fürstliches T.; [kein] T. geben; wenig, kein T., keinen Pfennig T. bekommen, erhalten; dem Portier ein T. zustecken, in die Hand drücken; kein T. [an]nehmen; die Trinkgelder mußte sie abliefern.
Tritt, der: 1. *Schritt, das Auftreten:* einen leisen, schweren, festen, kräftigen, leichten, federnden T. haben; er hörte, vernahm Tritte auf dem Flur; er hat einen falschen T. gemacht und hat sich dabei den Knöchel gebrochen; man erkennt ihn an T. *(an seinem Gang);* bei jedem T., unter seinen Tritten knarrten die Dielen. 2. *Gleichschritt:* den T. angeben, halten; den falschen T. haben; jmdn. aus dem T. bringen; er kam aus dem T.; die Soldaten marschieren im T.; ohne T., marsch!/*militär. Kommando!;* übertr.: durch den Feldverweis kam, geriet die Mannschaft völlig aus dem T. *(verlor ihren Spielrythmus).* 3. *Fußtritt:* jmdm. einen T. [ans Schienbein, in den Hintern (ugs.)] geben, versetzen; er gab dem Ball einen T., daß er in die Ecke flog; durch den T. eines Pferdes verletzt werden; er wurde mit Tritten mißhandelt. 4. *Fußspur, Fährte:* der T. des Wildes; man erkannte, sah Tritte im Schnee. 5. *Trittbrett, kleine Trittleiter:* auf einem T. stehen; auf einen T. steigen.
* **Tritt fassen:** a) (militär.; *den Gleichschritt aufnehmen).* b) *(wieder in geregelte, feste Bahnen kommen)* · (ugs.:) **einen Tritt bekommen/kriegen** *(entlassen werden, fortgejagt werden).*
Triumph, der: a) *großer Erfolg, Sieg:* ein großer, beispielloser, unerhörter T.; ein T. der Technik, der Wissenschaft; einen T. erringen, erleben, davontragen; er genoß den T.; dieser Sieg bedeutet ein neuer T. für ihn; sie feierte einen großen T. über die Gegnerin; Triumphe feiern *(großen Erfolg haben);* die Stätte seiner Triumphe. b) *Genugtuung; Siegesfreude:* der Erfolg seiner Firma war für ihn ein großer T.; T. spiegelte sich in seiner Miene; er hörte den T. in seiner Stimme; der Sieger wurde im T. *(mit großem Jubel, großer Begeisterung)* durch die Straßen geleitet.

triumphieren: a) *frohlocken:* er triumphierte [innerlich], als er von der Niederlage der Gegner hörte; er sollte nicht zu früh t.; heimlich triumphierte sie wegen seiner Schlappe; er sah sie triumphierend an. b) ⟨über jmdn., über etwas t.⟩ *den Sieg davontragen:* über seine Feinde, Gegner, Rivalen t.; er triumphierte über die Krankheit; übertr.: sein Geist triumphierte über die Natur; Neugier triumphierte in ihnen über die Angst.

trivial: *gewöhnlich, alltäglich:* triviale Worte, Weisheiten, Thesen, Bemerkungen, Gedanken; die Handlung des Films ist sehr t.; diese Formulierungen klingen sehr t.

trocken: 1. a) *frei von Feuchtigkeit:* trockene Kleider, Wäsche, Schuhe; trockener Boden, trokkene Luft, Kälte; trockene Sachen anziehen; hoffentlich kommen wir noch trockenen Fußes *(ohne nasse Füße zu bekommen)* nach Hause; er hörte alles trockenen Auges (geh.; *ohne Rührung)* an; die Straße ist wieder t. *(abgetrocknet);* die Farbe ist noch nicht t. *(getrocknet);* etwas t. *(in trockenem Zustand)* reiben, bügeln, reinigen; sich t. *(mit einem elektrischen Rasierapparat)* rasieren; wir sind noch t. *(bevor es zu regnen begann)* heimgekommen; subst.: es regnete in Strömen, aber wir waren, saßen im Trockenen *(an einem vor Regen geschützten Platz).* b) *ausgetrocknet, ausgedörrt:* trockenes Brot, Holz, Heu, Laub; trockene Zweige; er hat einen trockenen Hals, Mund, hat trockene Lippen; das Brot ist t. geworden; Sprichw.: trocken Brot macht Wangen rot. c) *ohne Belag, ohne Beilage:* sie bekamen nur trockenes Brot zu essen; es gibt bei diesem Menü nur trockene Kartoffeln (ugs.; *Kartoffeln ohne Sauce);* das trockene Gedeck *(Gedeck ohne Wein)* kostet eine Mark. 2. *regenarm:* ein trockenes Jahr; ein trockener Herbst, Sommer; trockenes Wetter, Klima; in dieser Jahreszeit ist es hier heiß und t.; das Frühjahr war zu t. 3. *fettarm:* trockene Haut; trockenes *(sprödes)* Haar; das Fleisch dieser Tiere ist sehr t.; der Braten ist zu t. geworden. 4. *herb:* trockener Sekt; der Sherry ist mir zu t., ist extra t. 5. *langweilig, prosaisch:* ein trockener Mensch; eine trockene Abhandlung; trockene Zahlen; in trockener Ton; dieses Thema, diese Arbeit war ihm zu t.; seine Vortragsweise ist sehr t. 6. *witzig, ungerührt:* eine trockene Bemerkung, Antwort; er hat eine trockene Art; er hat einen trockenen Humor, Witz; etwas t. sagen, feststellen, mitteilen. 7. *dem Klang nach spröde, hart:* der trockene Knall eines Gewehres; ein trockenes Lachen; ein trockener Husten; der Ton des Instruments ist, klingt t. 8. (Sport) *hart, krachend:* ein trockener Schuß aus 17 Metern; er landete eine trockene Rechte am Kinn des Gegners. * (ugs.:) **trocken sein** *(als Alkoholiker[in] keinen Alkohol mehr trinken)* · (ugs.:) **auf dem trockenen sitzen:** a) *(nicht mehr weiterkommen, in Verlegenheit sein).* b) *(nichts mehr zu trinken haben).*

trockenlegen: 1. ⟨jmdn. t.⟩ *mit frischen, trockenen Windeln versehen:* das Baby t. 2. ⟨etwas t.⟩ *entwässern:* Moor, Sumpf, Land, einen Teich t. 3. (ugs., oft scherzh.) ⟨jmdn. t.⟩ *jmdm. die alkoholischen Getränke entziehen, vorenthalten:* sie haben den Alkoholiker trockengelegt.

trocknen: 1. *trocken werden:* etwas trocknet gut, schlecht, schnell, leicht; die Wäsche ist/hat

schon getrocknet; etwas trocknet am Ofen, auf der Leine, im Wind; er ließ sich von der Sonne trocknen; subst.: die Wäsche zum Trocknen aufhängen. 2. a) ⟨jmdn., sich, etwas t.⟩ *trocken werden lassen, trocken machen; abtrocknen:* seine Augen, Stirn, den Schweiß t.; die Wäsche auf dem Balkon t.; die Haare mit dem Fön t.; der Wind hat ihre Kleider getrocknet; ⟨jmdm., sich etwas t.⟩ sich die Hände an der Schürze t.; sie trocknete dem Kind die Tränen. b) ⟨etwas t.⟩ *dörren:* Äpfel, Pilze, Pflaumen t.; getrocknete Bananen; an der Luft getrocknete Wurst.

trödeln: a) *langsam sein, etwas langsam tun:* trödle doch nicht so!; wenn ihr weiter so trödelt, verpassen wir den Zug; er hat oft auf dem Nachhauseweg, bei der Arbeit getrödelt. b) ⟨mit Raumangabe⟩ *sich langsam, ohne festes Ziel irgendwohin bewegen:* durch die Straßen, nach Hause t.; wir sind zum Park getrödelt.

Trommel, die: 1. */ein Schlaginstrument/:* eine kleine, große T.; die Trommeln rasseln, wirbeln, dröhnen dumpf; die T. schlagen, rühren (geh. veraltend; *schlagen).* 2. *trommelförmiger Behälter, Gegenstand:* die T. der Waschmaschine, des Revolvers; das Kabel, Seil über eine T. wickeln; Lose aus einer T. ziehen. * (ugs.:) **die Trommel für jmdn., etwas rühren** *(eifrig für jmdn., etwas Reklame machen).*

trommeln: 1. a) *die Trommel schlagen:* laut, leise, gedämpft t.; der Schlagzeuger trommelt. b) ⟨etwas t.⟩ *durch Trommeln hervorbringen:* den Takt, den Rhythmus [auf dem Tisch] t.; der Spielmannszug trommelt einen Marsch. 2. a) ⟨etwas trommelt⟩ *bringt ein trommelndes Geräusch hervor:* der Regen trommelt. b) ⟨mit Umstandsangabe⟩ *trommelnd auf etwas schlagen:* er trommelte [mit den Fäusten] an, gegen die Tür; nervös mit den Fingern auf den Tisch/(selten:) auf dem Tisch t.; Regen trommelt *(prasselt)* auf das Dach, gegen die Fensterscheibe. c) ⟨jmdn. aus etwas t.⟩ *durch Trommeln erreichen, daß jmd. aufsteht:* jmdn. aus dem Schlaf, aus dem Bett t.

Trompete, die: */ein Blechblasinstrument/:* eine gestopfte T.; die Trompeten schmetterten; er bläst [die] T.; die T. an die Lippen setzen; ein Konzert für T. und Horn; er blies auf der T.

trompeten: a) *Trompete blasen:* der Straßenmusikant trompetet; übertr.: er trompetet den ganzen Tag (ugs.; *schneuzt sich unmäßig laut);* die Elefanten trompeteten laut *(brachten trompetende Laute hervor).* b) ⟨etwas t.⟩ *etwas auf der Trompete blasen:* einen Tusch, einen Marsch t.; übertr.: *lautstark äußern:* sie trompetete die Neuigkeit [durch das ganze Quartier].

tröpfeln: 1. a) ⟨etwas tröpfelt⟩ gewöhnlich mit Raumangabe⟩ *etwas fließt, fällt langsam in einzelnen Tropfen:* Blut tröpfelt aus der Wunde, auf die Erde; der Regen tröpfelt von den Blättern der Bäume. b) ⟨etwas t.⟩ ⟨mit Raumangabe⟩ *träufeln:* die Arznei auf ein Stück Zucker, in Wasser t. 2. ⟨es tröpfelt⟩ *es regnet schwach, einzelne Tropfen:* eben fängt es an zu t.; es tröpfelt nur.

tropfen: 1. ⟨etwas tropft⟩ a) *etwas fließt, fällt in einzelnen Tropfen:* der Regen tropft [vom Dach]; es tropft [durch die Decke, von den Bäumen]; Blut tropfte auf die Erde, aus der Wunde; ⟨etwas tropft jmdm.; mit Raumangabe⟩ der Schweiß tropft ihm von der Stirn. **b)** *etwas gibt einzelne Tropfen ab:* der Wasserhahn, das Gefäß tropft; diese Kerzen tropfen [nicht]; ⟨etwas tropft jmdm.⟩ ihm tropfte die Nase. **2.** ⟨etwas t.; mit Raumangabe⟩ *träufeln:* eine Tinktur auf die Wunde, in die Augen t.; ⟨jmdm. etwas t.; mit Raumangabe⟩ er tropfte ihm eine Lösung ins Ohr. **3.** ⟨es tropft⟩ *es regnet einzelne Tropfen:* es hat ein wenig getropft.

Tropfen, der: **1.** *kleine Flüssigkeitsmenge in kugeliger Gestalt:* ein großer, kleiner, dicker T.; R: steter T. höhlt den Stein · ein T. Wasser, Öl, Blut; T. laufen an der [Fenster]scheibe herunter, herab (geh.); die ersten T. fallen *(es beginnt zu regnen);* es regnet dicke T.; dreimal täglich 15 T. einnehmen; der Schweiß rann ihm in T. von der Stirn; **bildl.** (geh.): ein bitterer T., ein T. Wermut fiel in den Becher der Freude; **übertr.**: *Wein:* er trinkt gern einen guten, edlen T. **2.** *ein wenig, eine kleine Menge:* kannst du mir ein paar T. Öl leihen?; es ist kein T. Milch mehr im Hause; er hat keinen T. [Alkohol] getrunken; sie haben ihre Gläser bis auf den letzten T. *(vollkommen)* geleert. **3.** ⟨Plural⟩ *Medizin, die in Tropfen eingenommen wird:* jmdm. Tropfen verschreiben; hast du deine Tropfen genommen? * ⟨ugs.⟩: **etwas ist wie, ist nur ein Tropfen auf den/auf einen heißen Stein** *(etwas ist völlig unzureichend, nutzlos).*

Trost, der: *Tröstung:* ein großer, kleiner, wahrer, geringer, schwacher, magerer, süßer T.; die Kinder sind ihr ganzer, einziger T.; ihre Worte waren ihm ein T.; es war ihr ein gewisser T., zu wissen, daß ...; das ist ein schöner, schwacher T. (iron.; *das hilft wenig)*; ein T. (ugs.; *nur gut),* daß es bald vorüber ist; jmdm. T. spenden (geh.), zusprechen, bringen; etwas gibt jmdm. T.; T. suchen, finden; T. aus etwas schöpfen (geh.); er fand T. bei/in seiner Arbeit, im Glauben; etwas erfüllt jmdn. mit T. (geh.); er verlangte nach geistlichem T.; zum T. (ugs.) kann ich Ihnen sagen, daß ... * (ugs.:) **nicht [ganz, recht] bei Trost sein** *(nicht recht bei Verstand sein).*

trösten: **1.** ⟨jmdn. t.⟩ *jmdm. Trost zusprechen:* jmdn. [in seinem Leid, Kummer, Schmerz, Unglück] t.; jmdn. mit teilnehmenden Worten [über einen Verlust] t.; er wollte sich nicht t. lassen; nach diesem Zuspruch fühlten sie sich getröstet; die Hoffnung auf Besserung tröstete ihn *(machte ihm Mut, richtete ihn auf);* es tröstete mich (ugs.; *beruhigte mich),* daß es anderen auch nicht besser ging; tröstende Worte; tröstender Zuspruch. **2. a)** ⟨sich t.⟩ *sich beruhigen, abfinden:* sich schnell, nur schwer, bei einem Kognak t.; sie tröstete sich mit dem Gedanken, damit, daß ...; tröste dich, auch ich bin durchgefallen! **b)** ⟨sich mit jmdm., mit etwas t.⟩ *sich mit jmdm., etwas Ersatz verschaffen:* er tröstete sich [über den Verlust] mit einer Flasche Schnaps; er hat sich rasch mit einer anderen getröstet (ugs.; *hat sich schnell eine andere Frau genommen);* ⟨auch ohne Präp.-Obj.⟩ du hast dich aber schnell getröstet (ugs.; *du hast aber schnell jmd. anders gefunden)*.

tröstlich: *Trost bringend:* tröstliche Worte; ein tröstlicher Gedanke; ein tröstliches Gefühl; es ist t. zu wissen, daß ...; seine Worte klangen wenig t.

trostlos: a) *schlecht, aussichtslos, verzweifelt:* sie leben in trostlosen Verhältnissen; er ist in einer

trostlosen Lage, Verfassung; er machte einen trostlosen Eindruck; das Wetter war t.; es ist t. (ugs.; *furchtbar, bejammernswert),* wie sie sich quälen müssen. **b)** *öde, unschön:* eine trostlose Gegend; trostlose Fassaden; der Anblick war t.

Trott, der: **1.** *langsame Gangart von Pferden:* die Pferde gehen im T. **2.** *immer gleicher, eintöniger Ablauf:* der alltägliche T.; es geht alles den alten/im alten, gewohnten T. weiter *(im gewohnten Gang);* aus dem täglichen T. rauskommen wollen; sie sind wieder in den alten T. verfallen, zurückgefallen.

trotz ⟨Präp. mit den Gen., seltener auch mit dem Dativ⟩: *ungeachtet; ohne Rücksicht auf:* t. aller Bemühungen, Versuche; t. heftiger Schmerzen; sie fuhren t. dichten Nebels/t. dichtem Nebel; t. Regens/t. Regen; t. Schnee und Kälte; t. allem; t. alledem blieben sie Freunde.

Trotz, der: *Widersetzlichkeit, Ungehorsam, Eigensinn:* unbändiger, hartnäckiger, kindlicher, kindlicher T.; sein T. richtete sich gegen alle Erziehungsversuche; früher versuchte man, den T. des Kindes durch Prügel zu brechen, ihm den T. auszutreiben; er tat das alles aus T.; aus T. stampfte er mit den Füßen auf; **übertr.** (geh.): diese Krankheit bietet der Medizin immer noch T.; er tat es aller Vernunft, allen Warnungen zum T. *(trotz besserer Einsicht, aller Warnungen).*

trotzdem: I. ⟨Adverb⟩ *dennoch:* er wußte, daß es verboten war, aber er tat es t.; es ging ihm schlecht, t. raffte er sich auf. **II.** (ugs.) ⟨Konj.⟩ *obwohl:* t. es regnete, gingen sie spazieren.

trotzen: **1.** (geh.) ⟨jmdm., einer Sache t.⟩ *entgegentreten, die Stirn bieten:* den Gefahren, allen Versuchen, den Unbilden der Witterung t.; er trotzte allen seinen Gegnern; **übertr.**: diese Krankheit trotzte bisher jeder Behandlung; diese Bäume trotzen dem Klima in großen Höhen. **2.** *trotzig sein:* die Kinder trotzen.

trotzig: *eigensinnig, dickköpfig, widersetzlich:* er machte ein trotziges Gesicht, gab eine trotzige Antwort; das Kind ist t.; t. schweigen.

trüb[e]: 1. a) *getrübt, milchig:* trübes Wasser; das Glas enthält eine trübe Flüssigkeit; der Wein, Saft ist t. geworden. **b)** *unsauber, verschmiert:* trübes Glas; trübe Fensterscheiben; der Kranke hat trübe *(glanzlose)* Augen; der Spiegel ist t. **c)** *nicht hell, matt, düster:* trübes Licht; ein trüber Lichtschein; die Lampe brannte t. **d)** *regnerisch, ohne Sonne, düster:* trübes Wetter; ein trüber Tag; der Himmel, das Wetter ist t.; heute ist es t. **2. a)** *traurig, düster, betrübt:* trübe Gedanken; er war in trüber Stimmung; es waren trübe Zeiten, Tage, Stunden; t. hing sie ihren Gedanken nach. **b)** (ugs.) *schlecht, ungünstig:* trübe Erfahrungen machen; das sind trübe Aussichten; die Meldung stammt aus trüben *(fragwürdigen)* Quellen; die Sache sieht t./mit der Sache sieht es t. aus. * (ugs.:) **im trüben fischen** *(unklare Zustände zum eigenen Vorteil ausnutzen).*

Trubel, der: *lebhaftes Durcheinander; Gewühl:* es herrschte [ein] großer, ungeheurer T.; dem T. der Festtage zu entgehen versuchen; sie kamen aus dem T. *(aus der Unruhe)* nicht heraus; sie stürzten sich, gerieten in den großen T.; in dem T. waren die Kinder verlorengegangen.

trüben: 1. a) ⟨etwas t.⟩ *trübe machen, verunrei-*

gen: der chemische Zusatz trübt die Flüssigkeit; der Tintenfisch trübt das Wasser; die Fensterscheibe war getrübt. **b)** ⟨etwas trübt sich⟩ *etwas wird trübe, unklar:* die Flüssigkeit, der Saft, das Wasser trübt sich; der Himmel hat sich getrübt *(bewölkt);* seine Augen haben sich getrübt *(sind glanzlos, matt).* **2. a)** ⟨etwas trübt etwas⟩ *etwas beeinträchtigt etwas:* etwas trübt die gute Stimmung, jmds. Glück; sein Verhalten trübte ihr gutes Verhältnis; seit dem Zwischenfall ist das gute Einvernehmen zwischen ihnen getrübt; eine durch nichts getrübte Eintracht; ⟨etwas trübt jmdm. etwas⟩ seine Traurigkeit trübte allen die Freude. **b)** ⟨etwas trübt sich⟩ *etwas verschlechtert sich:* ihr gutes Verhältnis hatte sich getrübt. **3. a)** ⟨etwas trübt etwas⟩ *etwas verwirrt etwas, macht etwas unsicher:* etwas trübt jmds. Blick für etwas, jmds. Urteil; sein Bewußtsein, sein Erinnerungsvermögen war getrübt. **b)** ⟨etwas trübt sich⟩ *etwas wird verworren, unklar:* im hohen Alter hatte sich sein Bewußtsein getrübt.

Trübsal, die (geh.): **a)** *Drangsal, Übel:* viel, große T. erdulden, erleiden müssen. **b)** *Traurigkeit, Betrübnis:* sie waren voller T.; jmdn. in seiner T. trösten. * (ugs.:) **Trübsal blasen** *(in trauriger Stimmung sein).*

trübselig: a) *traurig, betrübt, verzagt:* trübselige Gedanken; eine trübselige Stimmung; er machte ein trübseliges Gesicht; er ging den ganzen Tag t. umher; sie blickten t. vor sich hin. **b)** *öde, trostlos:* eine trübselige Behausung, Gegend; ein trübseliges Nest *(Dorf);* es war eine trübselige Zeit; der Winter ist hier t. c) *regnerisch, schlecht:* es herrscht ein trübseliges Wetter.

trübsinnig: *traurig, melancholisch:* er war ganz t.; hier kann man t. werden; t. saß sie da.

Trübung, die: **a)** *das Getrübtsein:* eine leichte, starke, schwache T.; die T. der Flüssigkeit; es wurde eine T. der Augen, der Linse festgestellt; eine T. ist eingetreten, vergeht, verschwindet wieder. **b)** *Beeinträchtigung, Verschlechterung:* eine T. der Freundschaft, des guten Einvernehmens. **c)** *Störung, Verwirrung:* eine T. des Bewußtseins tritt ein.

trudeln: 1. *sich um sich selbst drehend niederfallen:* der Ball, die Kugel trudelt; die welken Blätter trudeln auf die Erde, im Wind; das Flugzeug hat plötzlich angefangen zu t.; subst.: die Maschine kam ins Trudeln. **2.** (ugs.) ⟨mit Raumangabe⟩ *langsam irgendwohin gehen, fahren:* durch die Gegend t.; wir trudelten südwärts; in ihrem kleinen Wagen trudelte sie auf den Parkplatz.

trügen: a) ⟨etwas trügt jmdn.⟩ *etwas täuscht jmdn., führt jmdn. irre:* das Gedächtnis, die Hoffnung trog ihn; das Gefühl, seine Ahnung hatte ihn nicht getrogen; wenn mich nicht alles trügt, wird es bald ein Gewitter geben. **b)** ⟨etwas trügt⟩ *etwas ist irreführend:* oft trügt der Schein, das Äußere; das Erscheinungsbild trog.

trügerisch (geh.): **a)** (veraltend) *geheuchelt, falsch:* er spielt ein trügerisches Spiel; seine Behauptungen, Versprechungen erwiesen sich als t. **b)** *täuschend, irreführend:* ein trügerisches Gefühl; trügerische Sicherheit; trügerischer Schein, Glanz; die augenblickliche Ruhe ist t.; der Moorboden, das Eis war t. *(war nicht tragfähig).*

Trugschluß, der: *falscher Schluß, unrichtige*

Folgerung: diese Annahme war ein verhängnisvoller T.; er war das Opfer eines Trugschlusses; einem T. erliegen.

Trümmer, die ⟨Plural⟩: *Bruchstücke, Überreste eines zerstörten Ganzen:* rauchende, umherliegende, verstreute T.; die T. eines Flugzeuges; es blieben nur T. übrig; die T. beseitigen, aus dem Weg räumen; er fand von seinem Haus nur noch T. vor; viele Tote wurden aus den Trümmern geborgen; etwas in T. legen *(völlig zerstören);* die Stadt lag in Trümmern *(war völlig zerstört);* ein ganzes Stadtviertel war in T. gesunken (geh.; *zerstört worden);* der Betrunkene hat alles in T. geschlagen *(alles zerschlagen);* bei der Explosion sind alle Fensterscheiben in T. gegangen *(zerstört worden);* viele waren unter den Trümmern begraben; übertr.: damals stand er vor den Trümmern seiner Existenz, seines Glücks; die T. *(Überreste)* der Armee, des Reiches.

Trumpf, der: *eine der [wahlweise] höchsten Karten bei bestimmten Kartenspielen:* ein hoher, niederer, dicker (ugs.) T.; was ist T.?; Herz, Pik ist T.; er hat lauter T./lauter Trümpfe; nur noch T. auf der Hand haben; [einen] T. ausspielen; T. spielen, zugeben; seinen T. behalten; übertr.: alle Trümpfe/mit etwas einen echten T. in der Hand haben; seine besten Trümpfe aus der Hand geben, jmdm. die Trümpfe aus der Hand nehmen; einen T. auf Lager, in der Hinterhand haben (ugs.); etwas als seinen letzten T. ausspielen; alle Trümpfe sind auf seiten des Herausforderers. * *etwas ist Trumpf* *(etwas ist zur Zeit sehr gefragt, von größter Wichtigkeit).*

Trunk, der (geh.): **1. a)** *Getränk:* ein erfrischender, labender (geh.) T.; man reichte ihm einen kühlen T. **b)** (veraltet) *das Trinken:* sie setzten sich zu einem gemeinsamen T. zusammen. **c)** (veraltend) *Schluck:* ein T. süßen Weins; er bat um einen T. Wasser. **2.** *Trunksucht:* er ist dem T. verfallen, hat sich dem T. ergeben.

trunken (geh.). **1.** *berauscht:* sie waren alle t. von/vom Wein; jmdn. mit Wein t. machen. **2.** *begeistert, berauscht:* trunkener Übermut; trunkene Freude; von einer Idee t. sein; sie waren t. von/vor Freude, Glück; der Sieg machte sie t.

Trupp, der: *Schar:* ein kleiner, versprengter T.; ein T. Reiter, Arbeiter; ein T. berittener (seltener:) berittene Polizisten; sie marschierten in einzelnen Trupps.

Truppe, die: **1. a)** *an der Front kämpfende Streitkräfte:* eine schlecht ausgerüstete, schlagkräftige T.; die kämpfende T.; die Moral in der T. verbessern; er tut Dienst bei der T.; er wurde wegen Entfernung von der T. bestraft; jmdn. zur T. zurückversetzen; zur T. zurückkehren. **b)** *militärischer Verband:* eine motorisierte, stark dezimierte T.; feindliche, alliierte, reguläre, eigene, flüchtende, geschlagene, meuternde Truppen; die T. war angetreten; die Truppen verstärken, an die Front werfen, in Marsch setzen, irgendwo stationieren, zusammenziehen, zurückziehen, abziehen. **2.** *zusammen auftretende Gruppe:* eine berühmte, bekannte T.; die T. des Bundestrainers; eine T. von Schauspielern, Artisten, Künstlern. * (ugs.:) **nicht von der schnellen Truppe sein** *(umständlich, langsam sein).*

Tube, die: *zusammendrückbarer Behälter für be-*

stimmte halbfeste Stoffe: eine T. Zahnpasta, Creme, Senf; eine T. aufschrauben, zusammendrücken, verschließen, zudrehen; etwas aus der T. herausdrücken. * (ugs.:) **auf die Tube drücken: a)** *(Gas geben).* **b)** *(etwas beschleunigen).*

Tuch, das: **1.** /*eine Stoffart*/: feines, weiches, glattes T.; dieses Geschäft führt, verarbeitet nur englische Tuche; T. weben, rauhen, walken, scheren; ein Stück, ein Ballen T. **2.** *viereckiges, gesäumtes Stück Stoff:* ein wollenes, seidenes, buntes, dickes, warmes T.; ein T. auf dem Kopf tragen, um den Kopf binden; sie legte ein T. *(Umschlagtuch)* um die Schultern; ein T. umbinden; ein T. im Halsausschnitt, unter dem Mantel tragen; etwas in ein T. wickeln, einschlagen; etwas mit einem T. zudecken; ein T. über den Patienten decken; beim Abschied schwenkten sie farbige Tücher. * (ugs.:) **ein rotes Tuch für jmdn. sein** *(jmdn. zum Zorn reizen).*

Tuchfühlung, die (ugs.): *enger Abstand zum Nebenmann:* zu jmdm. T. halten; mit jmdm. T. haben; wir brauchen die T. mit dem Bürger; wir gingen tanzen, um T. mit Mädchen zu bekommen; auf T. sein, sitzen, kommen, gehen; übertr.: keine T. *(Kontakte, Beziehungen)* mehr haben; wir bleiben auf T. *(in Verbindung);* wir kamen schnell auf T. *(kamen uns schnell näher).*

tüchtig: 1. *fähig, befähigt:* ein tüchtiger Mann, Kerl (ugs.), Mitarbeiter, Handwerker; sie ist eine tüchtige Kraft; der Arzt ist, gilt als sehr t. **2.** *gut, beachtlich:* das ist eine tüchtige Arbeit, Leistung; t., t.! (iron.). **3.** (ugs.) **a)** *beträchtlich:* ein tüchtiges Stück Arbeit; er nahm einen tüchtigen Schluck; eine tüchtige Tracht Prügel bekommen; er braucht eine tüchtige Portion Optimismus. **b)** ⟨verstärkend bei Adjektiven und Verben⟩ *sehr, viel, sehr [stark]:* es war t. kalt; es hat t. geschneit; du mußt t. essen; man hat ihn t. hereingelegt; jmdm. t. die Meinung, t. Bescheid sagen.

Tücke, die: *Hinterhältigkeit, Bosheit:* er ist, steckt voller [List und] T.; übertr.: er war den Tücken des Meeres ausgesetzt; er wurde mit den Tücken der komplizierten Maschine nicht fertig. * **etwas hat [seine] Tücken** *(etwas ist schwierig, kompliziert)* · **die Tücke des Objekts** *(Schwierigkeit, die sich unvermutet beim Gebrauch eines Gegenstandes zeigt).*

tückisch: *voller Tücke, boshaft:* ein tückischer Mensch, Plan; er sah ihn mit tückischen Augen an; er ist t.; t. lächeln; übertr.: ein tückischer Zufall; eine tückische *(bösartige)* Krankheit; die Strömung ist an dieser Stelle sehr t.

Tugend, die: **a)** *sittliche Grundhaltung:* T. üben; er ist ein Ausbund an/von T.; nach T. streben. **b)** *sittlich wertvolle Eigenschaft:* hohe, politische, christliche, weibliche Tugenden; weit verbreitete Tugenden; typische deutsche Tugenden wie Fleiß, Strebsamkeit, Pünktlichkeit; die T. der Bescheidenheit; er ist ein Muster demokratischer Tugenden. **c)** (veraltet) *Keuschheit:* etwas gefährdet jmds. T.; seine T. bewahren.

tummeln: 1. ⟨sich t.; mit Raumangabe⟩ *herumtollen, sich vergnügen:* die Kinder tummelten sich den ganzen Tag auf der Wiese, im Wasser, im Freien. **2.** (bes. westmd., österr.) ⟨sich t.⟩ *sich eilen:* ihr müßt euch t., sonst kommt ihr zu spät.

tun: **I. 1.** ⟨etwas t.⟩ **a)** *machen, ausführen:* etwas

[un]gern, freiwillig, selbst, allein t.; ich möchte einmal gar nichts t. *(faulenzen);* das wird er nicht, niemals t.; was tust du denn da?; so etwas tut man nicht *(gehört sich nicht);* so tu doch was! *(greif doch ein!);* tu, was du willst *(es ist mir gleichgültig, wie du handelst, dich verhältst);* tu's doch *(mach deine Drohung doch wahr)!;* du tust es ja doch nicht; was sollte er in dieser Lage t.?; da läßt sich nicht viel t.; was t.?; er konnte dort t. und lassen, was er wollte; diese Arbeit wäre getan; ich tue, was in meinen Kräften steht, wie mir befohlen; sein möglichstes, sein Bestes, ein übriges t.; ich habe das Meinige (geh.), das Meine (geh.) getan; sie hat getan, sie hat es konnte *(sich nach Kräften bemüht);* da hast du des Guten zuviel getan; tu, was du nicht lassen kannst!; was hat er denn angestellt?); wer hat das getan? *(wer ist der Schuldige);* das tut nichts *(ist unerheblich);* man sollte in diesem Fall das eine t. und das andere nicht lassen *(beides tun);* er tut nichts als faulenzen; sie hatte nichts Besseres/nichts Eiligeres zu t., als ...; hast du nichts anderes zu t., als zu meckern? *(mußt du immerzu meckern?);* etwas auf eigene Gefahr, aus Überzeugung, aus reiner Bosheit, aus eigenem Antrieb, mit Vergnügen, von sich aus *(unaufgefordert)* t.; etwas für die Gesundheit, für die Rentner t.; dagegen muß man etwas t.; was tust du *(hast du vor)* mit dem Messer?; eine Arbeit t.; er hat viel Gutes getan; sie hat viel an den Kindern getan (ugs.; *hat ihnen viel Gutes zukommen lassen);* kann ich etwas für Sie t.? *(kann ich Ihnen helfen?);* R: man tut, was man kann *(man bemüht sich nach Kräften);* subst.: widerrechtliches, verhängnisvolles, verräterisches Tun. **b)** /verblaßt/: einen Schrei, einen Blick, einen Fehltritt, einen Fall t.; er tut einen Schritt zur Seite; sie tat einen furchtbaren Knall; er hat ein Gelübde getan; etwas tut seine Wirkung *(wirkt in der erwarteten Weise);* seine Pflicht t.; Dienst t.; jmds., einer Sache Erwähnung t. (Papierdt.; *jmdn., etwas erwähnen).* **c)** ⟨jmdm. etwas t.⟩ *antun; zuteil werden lassen:* was hat er dir getan?; jmdm. etwas Böses, Gutes, Liebes t.; du brauchst dich nicht zu fürchten, der Hund tut dir nichts *(beißt dich nicht);* jmdm. einen Gefallen t.; R: was du nicht willst, daß man dir tu', das füg' auch keinem andern zu. **2.** (ugs.) ⟨jmdn., etwas t.; mit Raumangabe⟩ *an eine bestimmte Stelle bringen:* etwas an seinen Platz t.; du mußt noch etwas Salz an, in die Suppe t.; Holz aufs Feuer t.; sein Geld auf die Bank t.; Geld ins Portemonnaie, die Bücher in die Mappe t.; sie will die Kinder in den Kindergarten t. *(schicken),* zur Oma t. *(in deren Obhut geben).* **3.** (ugs.) ⟨mit Artangabe⟩ *sich verhalten:* überrascht, freundlich, vornehm t.; er tut sehr wichtig; tu doch nicht so! (ugs.: *verstell dich doch nicht!);* er tut bloß so (ugs.; *er meint es in Wirklichkeit nicht so);* er tat so, als wäre nichts gewesen, als ob/als wenn/wie wenn er nichts wüßte, als wüßte er nichts. **4.** (ugs.) ⟨etwas t.⟩ *arbeiten:* wenig, nichts t.; der Maler hat viel zu t. *(viele Aufträge);* ich habe keine Zeit, ich muß noch etwas für die Schule t.; ⟨auch ohne Akk.⟩ ich habe noch zu t.; sie hatte dort geschäftlich zu t. **5.** (ugs.) *etwas geschieht:* **a)** ⟨es tut sich etwas; es hat sich einiges, viel, nichts getan. **b)** ⟨etwas tut sich; mit

Umstandsangabe⟩ hier tut sich einiges in der letzten Zeit, in diesem Land; heute hat sich endlich etwas getan. **6.** (ugs.) ⟨etwas tut es⟩ **a)** *etwas genügt:* dieses einfache Papier tut es [auch]; der Mantel tut es noch diesen Winter; Worte allein tun es nicht. **b)** *etwas funktioniert:* das Auto tut es nicht mehr so recht. **II.** ⟨mit Infinitiv⟩ **1.** ⟨Infinitiv vorangestellt oder ugs. nachgestellt⟩ /dient zur Betonung des Vollverbs/: t. tut keiner was; kennen tue ich sie nicht; (ugs.:) ich tue gern kochen. **2.** (ugs.) /dient zur Umschreibung des Konjunktivs/: das täte *(würde)* mich schon interessieren. * (ugs. verhüll.:) **es tun** *(Geschlechtsverkehr haben)* · (ugs.:) **es nicht unter etwas tun** *(eine Mindestforderung haben)* · **gut daran tun** *(richtig handeln)* · (geh.; veraltend:) **etwas kund und zu wissen tun** *(etwas mitteilen)* · **recht daran tun** *(mit etwas richtig handeln)* · **[etwas] mit jmdm., mit etwas zu tun haben** *(mit jmdm., etwas umgehen, in Berührung kommen; sich mit jmdm., etwas befassen, auseinandersetzen müssen)* · **mit jmdm., mit etwas nichts zu tun haben wollen** *(jmdn. meiden)* · **mit etwas nichts zu tun haben: a)** *(für etwas nicht zuständig, verantwortlich sein; mit etwas nicht befaßt sein).* **b)** *(nicht als [Mit]schuldiger für etwas verantwortlich sein)* · **es mit jmdm., mit etwas zu tun haben** *(jmdn., etwas von bestimmter Art vor sich haben)* · **mit etwas ist es [nicht] getan** *(etwas genügt [nicht])* · (ugs.:) **[es] mit etwas zu tun haben** *(an etwas leiden)* · **[es] mit jmdm., mit etwas zu tun bekommen/**(ugs.:) **kriegen** *(von jmdm. zur Rechenschaft gezogen werden)* · (ugs.:) **mit sich [selbst] zu tun haben** *(genug eigene Probleme haben)* · **jmdn. ist um jmdn., um etwas zu tun** *(jmdm. ist an jmdm., an etwas gelegen)* · **etwas hat [etwas] mit etwas zu tun** *(etwas hängt mit etwas in bestimmter Weise zusammen)* · (geh.:) **jmds. Tun und Lassen; jmds. Tun und Treiben** *(alles, was jmd. tut).*

tünchen ⟨etwas t.⟩: *anstreichen, mit Tünche bestreichen:* die Decken, die Wände [weiß, farbig] t.; ⟨auch ohne Akk.⟩ Vorsicht, frisch getüncht!

tupfen: a) ⟨etwas auf etwas t.⟩ *tupfend auftragen:* Salbe, Jod auf die verletzte Stelle t. **b)** ⟨etwas von etwas t.⟩ *tupfend entfernen, abtupfen:* das Blut von der Schläfe t.; ⟨jmdm., sich etwas t.; mit Raumangabe⟩ er tupfte sich mit einem Tuch den Schweiß von der Stirn. **c)** ⟨sich (Dativ) etwas t.⟩ *abtupfen:* sich mit einer Serviette den Mund t.

Tür, die: **a)** *Vorrichtung, mit der ein Eingang, eine Öffnung verschlossen wird:* eine weiße, eiserne, verglaste T.; die T. des Schrankes, des Ofens, des Autos; die T. knarrt, quietscht, klemmt, sperrt, hat sich verzogen, fällt zu, öffnet sich, schließt sich, klappert, schlägt zu, springt auf, fällt ins Schloß, ist angelehnt; die T. ging [nicht] auf; plötzlich ging die T. auf *(öffnete sich die Tür)*, und der Botschafter trat herein; er hörte, wie die T. ging *(geöffnet wurde)*; die T. öffnen, aufmachen, aufklinken, aufbrechen, zuschlagen, zuknallen, (ugs.), abschließen, absperren (südd., österr.; *abschließen)*, verriegeln, verschließen, aufstoßen, aufreißen, zuwerfen; mach die T. von außen zu! (ugs.: *geh hinaus!)*; T. zu, es zieht!; du kriegst die T. nicht zu! /ugs.; *Ausruf des Erstaunens/*; er hat die T. ausgehängt, geölt; der Schreiner hat eine neue T. eingesetzt; er zog die T. hinter sich zu; du hast ihm die Tür vor der Nase zugeschlagen;

jmdm. die Tür aufhalten; sie wohnt eine T. weiter, die nächste T. links; der Schrank, das Auto hat vier Türen; an die T./an der T. *(Haustür, Wohnungstür)* klopfen; sie wohnen T. an T. *(in unmittelbarer Nachbarschaft);* er ging an die T., um zu öffnen; wer war an der T.?; jmdm. [bis] an die T. begleiten, bringen; einen Brief unter der T. durchschieben; er hat den Bettler von der T. gewiesen (geh.); sie gingen von T. zu T. und baten um Spenden; sie standen vor verschlossener T. *(es öffnete ihnen niemand;* R: jeder kehre/fege vor seiner eigenen T. **b)** *Eingang, Öffnung:* eine schmale, breite, niedrige, offene, geschlossene, geheime T.; das ist die falsche, richtige T.; die nächste T.; diese T. verbindet die beiden Räume; diese T. geht auf den Hof, ins Bad, zur Küche; er trat aus der T.; sie steckte den Kopf durch die T. *(guckte zur Tür herein);* der Schrank geht nicht durch die T.; sie stand in der T.; er trat vor die T., ging vor die T.; sie steckte neugierig den Kopf zur T. herein. * (geh.:) **jmdm. stehen alle Türen offen** *(jmd. hat sehr viele Möglichkeiten, Verbindungen)* · (geh.:) **die Tür offen halten/offenhalten; die Tür nicht zuschlagen** *(die Möglichkeit für Verhandlungen aufrechterhalten)* · **sich (Dativ) eine Tür offenhalten** *(eine Möglichkeit, einen Ausweg erhalten)* · **einer Sache Tür und Tor öffnen** *(einer Sache Vorschub leisten; etwas unbeschränkt ermöglichen)* · **offene Türen einrennen** *(gegen gar nicht vorhandene Widerstände ankämpfen)* · **überall offene Türen finden** *(überall eine gute Aufnahme finden)* · **hinter verschlossenen Türen** *(geheim)* · (ugs.:) **mit der Tür ins Haus fallen** *(sein Anliegen unvermittelt vorbringen)* · (ugs.:) **jmdn. vor die Tür setzen** *(jmdn. hinauswerfen)* · **etwas steht vor der Tür** *(etwas steht unmittelbar bevor)* · **zwischen Tür und Angel** *(kurz, in Eile).*

turbulent: *erregt, stürmisch:* eine turbulente Diskussion, Mitgliederversammlung, Zeit; turbulente Szenen; die Sitzung verlief sehr t.; in der Wahlversammlung ging es t. zu.

Türke (in der Wendung) **einen Türken bauen** (ugs.): *etwas vortäuschen, vorspielen.*

Turm, der: **1.** *schmales, hohes Bauwerk; aufragender Teil eines Bauwerkes:* ein hoher, schlanker, runder, eckiger, spitzer T.; über der Vierung erhebt sich ein T.; sie bestiegen den T. des Münsters; auf einen T. steigen, klettern; (veraltet:) jmdn. in den T. *(Schuldturm, Gefängnis)* werfen. **2.** *turmartige Gebilde, Aufbau:* der T. des Panzers, des U-Bootes. **3.** /Figur im Schachspiel/: den T. verlieren, ziehen; jmdm. den T. wegnehmen. * **in einem elfenbeinernen Turm leben/sitzen** *(in einer Welt leben, in der man mit der Wirklichkeit nicht mehr in Berührung kommt).*

türmen: 1. a) ⟨etwas auf etwas t.⟩ *auf etwas häufen:* er türmte alle Pakete auf den Tisch. **b)** ⟨etwas türmt sich⟩ *etwas häuft sich, stapelt sich übereinander:* der Abfall, Müll türmte sich in den Straßen; auf dem Schreibtisch türmen sich die Akten; übertr.: die Arbeit türmte sich vor Zeit *(wächst sehr an).* **2.** (ugs.) *davonlaufen, flüchten:* die Soldaten, Diebe sind getürmt; sie wollen aus dem Gefängnis, ins Ausland, über die Grenze t.

turnen: 1. *Leibesübungen ausführen:* jeden Tag am offenen/bei offenem Fenster t.; sie turnen am Barren, an den Ringen, auf der Matte; subst.:

heute haben wir Turnen *(Turnunterricht);* er ist vom Turnen befreit. **2.** ⟨etwas t.⟩ **a)** *turnend ausführen:* eine Übung t.; seine Kür t. **b)** *an einem bestimmten Turngerät turnen:* Barren, Reck t. **3.** ⟨mit Raumangabe⟩ *herumklettern:* die Kinder turnten am Geländer, über die Tische und Bänke.

Tusch, der: *von einer Kapelle ausgebrachtes Hoch:* ein kräftiger T.; einen T. blasen, spielen, er wurde mit einem T. begrüßt, empfangen.

tuscheln: a) *flüstern; leise und heimlich reden:* mit jmdm. t.; die Leute begannen zu t.; es wurde viel hinter seinem Rücken über ihn getuschelt. **b)** ⟨jmdm. etwas t.; mit Raumangabe⟩ *jmdm. etwas leise sagen:* sie tuschelte ihm etwas ins Ohr.

Tüte, die: **1.** /*ein Verpackungsmittel*/: eine T. Zucker, Bonbons; die T. ist kaputtgegangen (ugs.), ist [auf]geplatzt; etwas in eine T. füllen, stecken; eine T. mit Bonbons/voll Bonbons. **2.** (ugs.) *Person, die man abschätzig oder verwundert betrachtet:* eine langweilige, lustige T.; /auch als Schimpfwort:/ verschwinde, du T.! * (ugs.:) **Tüten kleben** *(im Gefängnis sitzen)* · (ugs.:) **etwas kommt nicht in die Tüte** *(etwas kommt nicht in Frage).*

tuten: *einen tutenden Laut ertönen lassen:* der Dampfer, die Schiffssirene tutet; subst.: das Tuten vieler Autos war zu hören. * (ugs.:) **von Tuten und Blasen keine Ahnung haben** *(von etwas nicht das geringste verstehen).*

Typ, der: **1.** *Modell, Bauart, Form:* ein neuer T. eines Flugzeugs; der T. ist *(die Wagen dieses Typs sind)* serienmäßig mit Gürtelreifen ausgestattet; verschiedene Typen entwickeln, produzieren; ein Fertighaus älteren Typs; es handelt sich um eine Maschine des Typs/vom T. Boeing 707. **2. a)** *Menschentyp:* ein südländischer T.; er ist ein athletischer, hagerer, untersetzter, ruhiger, femini-

ner, ängstlicher, cholerischer, blonder T.; er ist ein ganz anderer T. als sein Bruder; die beiden sind ganz verschiedene Typen; diese Frau ist mein T. (ugs.; *gefällt mir*); Blond ist nicht sein T. (ugs.; *Blondhaarige mag er nicht besonders*); ein Mädchen von slawischem T.; diese Farbe paßt nicht zu deinem T. **b)** *typischer Vertreter:* er gilt als der T. des erfolgreichen Mannes; er ist ein seltsamer, eigenwilliger T. Mensch; er verkörpert den T. des bürgerlichen Intellektuellen; er ist nicht der T. dafür, dazu; er ist nicht der T., so etwas zu tun, der so etwas tut *(es ist nicht seine Art);* zu welchem T. [von] Frauen gehört sie?; dein T. wird verlangt (ugs.; *jmd. möchte etwas von dir, möchte dich sprechen*); dein T. ist hier nicht gefragt (ugs.; *du bist hier unerwünscht*). **c)** (ugs.) *männliche Person:* ein toller, dufter, netter, beknackter, cooler, attraktiver, interessanter, heißer, wildfremder, mieser, kaputter T.; du hast einen neuen T. *(Freund)?;* einen T./Typen kennenlernen; der T. vom Nebentisch quatschte uns an.

Type, die: **1.** *Druckbuchstabe, Schreibmaschinentype:* die Typen der Schreibmaschine sind verschmutzt, beschädigt; Typen gießen, reinigen, auswechseln; eine andere T. wählen. **2.** (ugs.) *ungewöhnlicher Mensch:* eine seltsame, wunderliche T.; das ist vielleicht eine T.!

typisch: *charakteristisch, bezeichnend:* ein typisches Beispiel; eine typische Reaktion; er ist ein typischer, der typische Berliner; typische Merkmale, Symptome; ein typischer Fall von Leichtsinn; diese Äußerung ist t. Frau Meier (ugs.; *ist ganz bezeichnend für sie*); t. Mann (ugs.; *typisch für Männer*); [das war mal wieder] t.! (ugs.; *es war nichts anderes zu erwarten*); ⟨etwas ist t. für jmdn.⟩ dieses Verhalten ist t. für ihn.

Tz: ↑ Tezett.

U

übel: a) *moralisch, charakterlich schlecht:* ein übler Bursche (ugs.); eine üble Person; einen üblen Ruf haben; in eine üble Gesellschaft geraten; jmdn. auf üble/übelste Weise/in übler/in der übelsten Weise hereinlegen; sein Verhalten war recht ü.; jmdm. ü. mitspielen *(Böses antun).* **b)** *ungünstig, nachteilig, schlimm:* eine üble Geschichte; sich in einer üblen Lage befinden; ein übles Ende; üble Folgen haben; die Situation ist zur Zeit ü.; jmd. ist ü. dran (ugs.; *jmdm. geht es schlecht*); jmdm. geht es zur Zeit ü.; er hat es ü. vermerkt *(war ärgerlich, böse),* daß ...; jmdm. ü. zurichten; es steht ü. mit ihm/um ihn, mit seiner Gesundheit/um seine Gesundheit; etwas läßt sich nicht ü. an *(verläuft bis jetzt günstig);* das hätte für dich ü. ausgehen können; das kann dir ü. bekommen *(für dich nachteilig werden);* etwas steht jmdm. ü. an *(paßt nicht zu jmdm.);* mit etwas bei jmdm. ü. ankommen *(nichts erreichen);* subst.: jmdm. Übles [an]tun. **c)** *unangenehm, schlecht:* ein übler Geruch; üble [An]gewohnheiten; üble Laune haben; einen üblen Geschmack

im Mund, auf der Zunge haben; das Essen ist nicht ü. *(eigentlich ganz gut);* etwas schmeckt, riecht ü. **d)** ⟨jmdm. ist, wird [es] ü.⟩ *jmdm. ist, wird körperlich unwohl:* ihm ist ü.; bei dem Anblick ist ihr ü. geworden; es kann einem ü. werden, wenn man das liest.

Übel, das: **1.** *schlimmer Zustand; Mißstand:* die Ü. dieser Welt; die Ü. sehen, erkennen, bekämpfen, abstellen, an der Wurzel fassen, packen, mit der Wurzel ausrotten; der Grund allen/(veraltet:) alles Übels; etwas ist von/(geh. auch:) vom Ü.; zu allem Ü. *(zu allen unglücklichen Umständen)* begann es noch zu regnen. **2.** (geh. veraltend) *Leiden:* ein chronisches Ü.; sein altes Ü. plagt ihn wieder; der Arzt will dem Ü. abhelfen. * **ein notwendiges Übel** *(etwas Unangenehmes oder Lästiges, was sich jedoch nicht umgehen läßt)* · **das kleinere Übel/das kleinere von zwei Übeln** *(eine Sache mit geringerem Nachteil).*

Übelkeit, die: *Unwohlsein:* eine plötzliche Ü. verspüren; etwas verursacht jmdm./bei jmdm. Ü., erregt in jmdm. Ü.; gegen Ü. ankämpfen.

übelnehmen ⟨jmdm. etwas ü.⟩: *gekränkt, beleidigt sein:* diese Äußerung hat er dir sehr übelgenommen; nimm es mir bitte nicht übel, aber ...; man kann es ihm nicht ü., wenn er ...; /daß er so reagierte, kann man ihm nicht ü.; ⟨auch ohne Dat.⟩ hoffentlich nimmt er das nicht übel.

Übelstand, der: *übler Zustand:* die Übelstände endlich beseitigen; einem Ü. abhelfen.

üben: **1. a)** *proben, trainieren:* täglich, mehrere Stunden [lang], fleißig, bis zur Erschöpfung ü.; auf dem Klavier, am Reck ü.; der Lehrer übte zwei Stunden mit den Schülern. **b)** ⟨etwas ü.⟩ *etwas durch ständiges Wiederholen lernen:* eine Sonate auf dem Klavier, seine Rolle, eine Turnübung ü.; wir üben heute einparken/das Einparken; ein geübter Griff. **c)** ⟨etwas ü.⟩ *ein Instrument spielen lernen:* Klavier ü.; du mußt täglich mehrere Stunden Geige ü. **d)** ⟨sich in etwas ü.⟩ *Geschicklichkeit in etwas erwerben:* sich im Schwimmen, im freien Sprechen ü.; übertr.: sich in Geduld, in Nachsicht ü. **2.** ⟨jmdn., etwas ü.⟩ *jmdn., etwas schulen:* sein Auge, sein Gedächtnis ü.; mit geübten Händen; in etwas geübt sein. **3.** ⟨etwas ü.⟩ *etwas tun, erweisen* /häufig verblaßt/: Barmherzigkeit, Gerechtigkeit, Gnade, Großmut, Milde, Geduld, Langmut, Nachsicht, Solidarität ü.; Verrat, Rache an jmdm. ü.; er hat scharfe Kritik an dem Stück geübt.

über: **I.** ⟨Präp. mit Dativ oder Akk.⟩ **1.** ⟨mit Dativ⟩ **a)** /kennzeichnet die Lage oberhalb von jmdm., von etwas/: die Lampe hängt ü. dem Tisch; ü. der Stadt liegt dichter Nebel; sie wohnt ü. uns *(ein Stockwerk höher);* übertr.: der Preis liegt ü. dem Durchschnitt. **b)** /drückt aus, daß sich etwas unmittelbar auf etwas befindet und es ganz oder teilweise bedeckt/: einen Mantel ü. dem Kleid tragen; er lag ü. dem Tisch. **c)** *während, bei:* ü. der Arbeit einschlafen. **d)** *infolge:* ü. dem Streit ging ihre Freundschaft in die Brüche; ich bin ü. dem Lärm aufgewacht. **2.** ⟨mit Akk.⟩ **a)** /kennzeichnet die Richtung auf eine Stelle oberhalb von jmdm., etwas/: ich hänge das Bild ü. den Tisch. **b)** /kennzeichnet die Bewegung oder Erstreckung oberhalb von jmdm., etwas oder oben auf etwas/: wir fliegen ü. die Alpen; ü. München fahren; eine Brücke führt ü. den Fluß; ü. den See fahren; ü. die Straße gehen; der Fluß tritt ü. die Ufer; der Rock reicht ü. das Knie; ⟨in Verbindung mit *hin*⟩ ü. die Wiese hin. **c)** /kennzeichnet die Bewegung auf ein Ziel hin, wobei etwas unmittelbar auf oder um etwas zu liegen kommt und es dann ganz oder teilweise bedeckt/: er legte die Decke ü. den Sarg; sie warf das Kleid ü. den Stuhl; den Mantel ü. die Schulter werfen. **d)** /drückt aus, daß etwas Thema oder Gegenstand von etwas ist/: ein Buch ü. die Verfassungsgeschichte; er hält einen Vortrag ü. moderne Architektur; wie denken Sie ü. diese Angelegenheit? **e)** *wegen, betreffend:* sich ü. etwas aufregen; ü. jmdn., etwas verärgert sein; ü. Deinen Brief habe ich mich sehr gefreut. **f)** /drückt das Überschreiten einer Zahl oder Anzahl aus/: Kinder ü. 10 Jahre zahlen den vollen Preis; Städte ü. 100 000 Einwohner. **g)** /drückt eine zeitliche Erstreckung aus/: ü. Tag, Nacht; ü. das Wochenende verreisen; das Heizöl reicht ü. den Winter. **h)** /drückt die höchste Stufe einer Rangordnung

aus/: Musik geht ihm ü. alles; es geht nichts ü. ein gutes Essen. **i)** /drückt das Überschreiten einer bestimmten Grenze aus/: das geht ü. seine Kraft, ü. seinen Verstand; er wurde ü. Gebühr gelobt. **j)** /bezeichnet das Mittel/: eine Anfrage ü. Btx; einen Aufruf ü. alle Sender; die Telefonnummer habe ich ü. einen Freund, ü. die Auskunft in Erfahrung gebracht. **k)** ⟨Subst. + *über* + gleiches Subst.⟩ /drückt auf emotionale Weise eine Verstärkung aus/: hier wurden Fehler ü. Fehler gemacht; Blumen ü. Blumen standen auf dem Tisch. **l)** ⟨in Abhängigkeit von bestimmten Wörtern⟩ spotten, weinen, lachen ü.; traurig, froh sein ü.; der Sieg ü. jmdn.; Herr sein ü. etwas. **II.** ⟨Adverb⟩ **1.** *mehr als:* ü. die Hälfte der Mitglieder war aus dem Verein ausgetreten; Gemeinden von ü. 100 000 Einwohnern; der Wagen ist ü. vier Meter lang; seit ü. einem Jahr. **2.** /drückt eine zeitliche Erstreckung aus/: das Wochenende, das ganze Jahr, den Winter ü. **3.** /imperativisch und elliptisch/ Gewehr ü.! **III.** ⟨Adjektiv (ugs.)⟩ **1.** *übrig:* vier Mark sind noch ü. **2.** ⟨jmdm. ü. sein⟩ **a)** *überlegen sein:* kräftemäßig ist er mir ü. **b)** *zuviel sein, satt haben:* das ist mir jetzt ü. * **über und über** *(völlig):* etwas ist ü. und ü. mit Schmutz bedeckt · ⟨ugs.:⟩ **über sich nicht bekommen/bringen/kriegen** *(sich zu etwas nicht entschließen können).*

überall ⟨Adverb⟩: *an allen Stellen, in jedem Bereich:* so etwas findet man nicht ü.; ü. Bescheid wissen, sich auskennen; er ist ü. beliebt; sich ü. vordrängen; ü. [und nirgends] zu Hause sein.

überanstrengen ⟨jmdn., sich, etwas ü.⟩: *überfordern:* sein Herz, seine Nerven, Kräfte ü.; er hat sich bei dieser Arbeit überanstrengt.

überarbeiten: **1.** ⟨etwas ü.⟩ *durcharbeiten und verbessern:* einen Text, das Manuskript ü.; das Theaterstück ist vom Autor noch einmal überarbeitet worden; eine völlig überarbeitete Fassung. **2.** ⟨sich ü.⟩ *sich durch Arbeit überanstrengen:* er hat sich überarbeitet; völlig überarbeitet sein.

überaus ⟨Adverb⟩: *in hohem Maße; sehr:* er ist ü. geschickt; das hat mir ü. gut gefallen.

überbieten: **a)** ⟨jmdn., etwas ü.⟩ *durch Mehrbieten übertreffen:* jmdn. beträchtlich, um einige hundert Mark bei einer Auktion ü. **b)** ⟨jmdn., sich, etwas ü.⟩ *übertreffen:* an Eifer alle anderen ü.; einen Rekord um zwei Zentimeter ü.; sie überboten sich gegenseitig in Zuvorkommenheit; diese Frechheit ist kaum noch zu ü.

Überblick, der: **1.** *unbehinderte Sicht, Übersicht:* von hier aus hat man einen guten Ü. über das Tal, über das Spielfeld, über die Menschenmenge; übertr.: sich einen Ü. [über einen Themenkreis] verschaffen; einen genauen Ü. haben. **2.** *kurzgefaßte Darstellung:* einen kurzen, gedrängten Ü. über etwas geben; die Geschichte des Deutschen Reiches im Ü. **3.** *Fähigkeit, etwas zu erkennen, zu überschauen:* es fehlt ihm noch der Ü./an Ü.; er hat völlig den Ü. verloren.

überblicken ⟨etwas ü.⟩: **a)** *einen Gesamtblick über etwas haben:* von hier aus kann man das Spielfeld vollständig, gut ü. **b)** *überschauen; im Zusammenhang sehen:* ein Thema, das Arbeitsgebiet noch nicht ganz ü.; er hatte die Lage schnell überblickt.

überbringen ⟨etwas ü.⟩: *zustellen, übermitteln:* einen Brief, Geld ü.; Glückwünsche ü. *(in jmds.*

*Namen gratulieren); ⟨jmdm. etwas ü.⟩ er hat ihm die Nachricht persönlich überbracht.
überbrücken ⟨etwas ü.⟩: **1.** *über etwas hinwegkommen; überwinden:* einen Zeitraum, den augenblicklichen Geldmangel mit einem/durch einen Kredit ü.; **übertr.**: Gegensätze, Klassenunterschiede ü. *(ausgleichen).* **2.** (selten) *eine Brücke über etwas schlagen:* den Fluß, die Elbe ü.
überdies ⟨Adverb⟩: *obendrein, außerdem:* ich habe daran kein Interesse, ü. habe ich zur Zeit kein Geld dafür; die Siegerin über 400 m war ü. zweite über 800 m geworden.
Überdruß, der: *Widerwille, Abneigung:* etwas bereitet Ü.; in jmdm. kommt Ü. auf; aus Ü. am Leben; etwas bis zum Ü. gehört, getan haben.
überdrüssig ⟨in der Verbindung⟩ jmds., einer Sache/(seltener:) jmdn., einer Sache überdrüssig sein, werden: *allmählich Widerwillen, Abneigung gegen jmdn., etwas empfinden:* ich bin des Lebens/(seltener:) das Leben ü.; wir sind seiner/(seltener:) ihn ü.
übereilen: a) ⟨etwas ü.⟩ *überhastet tun:* eine Entscheidung, eine Abreise ü.; ⟨häufig im 2. Partizip⟩ der Entschluß war übereilt; eine übereilte Heirat, Flucht, Tat. **b)** ⟨sich ü.⟩ *in einer Sache zu schnell vorgehen:* übereile dich [damit] nicht!
übereinander ⟨Adverb⟩: **a)** *räumlich eines über dem anderen:* die Dosen ü. aufstellen. **b)** *über sich gegenseitig:* die beiden Familien haben ü. geredet, sich ü. unterhalten.
übereinkommen (geh.) ⟨mit jmdm. ü.; meist mit Infinitiv mit *zu*⟩: *einig werden:* ich bin mit ihm übereingekommen, den Vertrag ruhenzulassen; er kam mit ihr überein, nichts verlauten zu lassen/(auch:) daß man nichts verlauten ließ; ⟨auch ohne Präp.-Obj.⟩ die Regierungen sind übereingekommen, Verhandlungen zu führen.
Übereinkommen, das: *Abmachung:* ein stillschweigendes Ü.; das Ü. sieht vor, daß ...; ein Ü. treffen, erzielen; zu einem Ü. gelangen.
Übereinkunft, die: ↑ Übereinkommen.
übereinstimmen: a) ⟨mit jmdm. in etwas ü.⟩ *gleicher Meinung sein:* in diesem Punkt stimmt er mit mir überein; ich stimme mit Ihnen darin überein, daß etwas geändert werden muß; ⟨auch ohne Präp.-Obj.⟩ in der Gesamtbeurteilung stimmen die Sachverständigen völlig überein. **b)** ⟨etwas stimmt mit etwas überein⟩ *etwas paßt zueinander, deckt sich:* der Teppich stimmt in der Farbe mit dem Vorhang überein; ⟨auch ohne Präp.-Obj.⟩ die Zeugenaussagen stimmen nicht überein; nach übereinstimmender Meinung der Fachleute.
Übereinstimmung, die: **a)** *gleiche Meinung:* es herrscht, besteht volle/völlige Ü. darüber, daß ...; in beiderseitiger Ü. *(Einvernehmen)* den Vertrag lösen; wir sind zu keiner Ü. gekommen. **b)** *Einklang, Gleichheit:* die Ü. der Zeugenaussagen; die Ü. von Idee und Wirklichkeit, zwischen Theorie und Praxis; etwas mit etwas in Ü. bringen; in Ü. mit jmdm. handeln.
¹überfahren: 1. ⟨jmdn., etwas ü.⟩ *von einem Ufer ans andere befördern:* der Fährmann hat uns übergefahren. **2.** *von einem Ufer ans andere fahren:* wir sind mit der Fähre übergefahren.
²überfahren: 1. ⟨jmdn. ü.⟩ *über jmdn. fahren und ihn [tödlich] verletzen:* einen Fußgänger, einen*

Hund ü.; der Radfahrer ist von einem LKW überfahren worden; **übertr.** (Sport): der Absteiger wurde mit 5:0 überfahren *(besiegt).* **2.** ⟨etwas ü.⟩ *etwas als Fahrer übersehen:* ein Stoppschild, die Ampel bei Rot ü. **3.** ⟨etwas ü.⟩ *darüberfahren:* eine Kreuzung, eine Markierung ü.; die Straßenbahn hat eine falsch gestellte Weiche überfahren und ist entgleist. **4.** (ugs.) ⟨jmdn. ü.⟩ *überrumpeln:* ich werde mich bei den Verhandlungen nicht ü. lassen; sich [von jmdm.] überfahren fühlen.
Überfall, der: *überraschender Angriff:* ein feindlicher, plötzlicher, dreister, nächtlicher, räuberischer Ü.; ein Ü. auf ein Land, auf eine Bank; einen Ü. planen, vereiteln; der Ü. wurde am helllichten Tage verübt, ausgeführt; die Täter trugen bei dem Ü. Masken; Ü. ⟨**übertr.** (ugs.): verzeihen Sie den [plötzlichen] Ü. *(überraschenden Besuch).*
überfallen: 1. ⟨jmdn., etwas ü.⟩ *auf jmdn., etwas einen Überfall ausüben:* jmdn. auf der Straße, nachts, hinterrücks, von hinten ü.; eine Bank ü.; die Rebellen haben das Dorf überfallen; **übertr.** (ugs.): der Regen, die Nacht hat uns überfallen *(überrascht).* **2.** (ugs.) **a)** ⟨jmdn. ü.⟩ *jmdn. überraschend aufsuchen, besuchen:* wenn ich in der Nähe bin, werde ich Sie einmal ü.; er hat mich beim Arbeiten, mitten in der Arbeit überfallen. **b)** ⟨jmdn. mit etwas ü.⟩ *mit etwas bestürmen:* bei seiner Ankunft überfielen ihn die Journalisten mit Fragen; die Kinder überfielen mich mit ihren Wünschen. **3.** ⟨etwas überfällt jmdn.⟩ *etwas überkommt jmdn.:* ein Schauder, ein gewaltiger Schreck, das Heimweh überfiel uns; plötzlich hat mich eine furchtbare Müdigkeit überfallen.
überfällig: a) *längst fällig:* ein überfälliger Besuch; die Änderung der Taktik war ü.; ein überfälliger (Kaufmannsspr.; *nicht eingelöster*) Wechsel. **b)** *zur erwarteten Zeit nicht eingetroffen:* ein überfälliges Flugzeug; die Maschine ist seit zwei Stunden ü./als ü. gemeldet.
überfliegen: 1. ⟨jmdn., etwas ü.⟩ *über jmdn., etwas hinwegfliegen:* den Ozean, die Alpen [in 10 000 m Höhe] ü. **2.** (ugs.) ⟨etwas ü.⟩ *etwas flüchtig lesen, überlesen:* den Brief, den Vertragsentwurf nur [schnell] überfliegen. **3.** ⟨etwas überfliegt etwas⟩ *etwas überzieht etwas:* ein zartes Rot überfliegt ihre Wangen.
überfließen: 1. ⟨etwas fließt über⟩ **a)** *etwas strömt über etwas hinaus:* das Wasser, das Benzin ist aus [dem Tank] übergeflossen. **b)** *etwas wird so gefüllt, daß der Inhalt über den Rand fließt:* die Wanne, der Tank ist übergeflossen; **übertr.**: er, sein Herz fließt vor Begeisterung über. **2.** ⟨etwas fließt in etwas über⟩ *etwas vermischt sich mit etwas:* die Farben fließen ineinander über.
überflügeln ⟨jmdn. ü.⟩: *[ohne große Anstrengung] übertreffen:* er hat seinen Lehrmeister, alle anderen in der Leistung weit überflügelt.
Überfluß, der: *über das Benötigte hinausgehende Menge:* Ü. an Nahrungsmitteln, Versorgungsgütern; etwas ist im Ü. vorhanden, steht in/im Ü. zur Verfügung; im Ü. leben; zum Ü./zu allem Ü. *(obendrein)* erbricht er noch viel Geld.
überflüssig: *unnötig, unnütz:* eine überflüssige Anschaffung; überflüssige Worte machen; mach dir keine überflüssigen Sorgen; die Arbeit ist, war [völlig] ü.; etwas für ü. halten; ich komme mir hier [ziemlich, recht] ü. vor.

überfluten ⟨etwas überflutet etwas⟩: *etwas überschwemmt etwas:* der Strom hat die Ebene überflutet; **übertr**. (geh.)): Licht überflutete die Menge; die Menschenmenge überflutete den Platz; der Markt ist, wird mit billigen Erzeugnissen überflutet; ein Glücksgefühl überflutete sie.
überfragt ⟨in der Verbindung⟩ überfragt sein: *etwas auf eine Frage hin nicht wissen:* in dieser Sache bin ich ü.
¹**überführen,** (auch:) **überführen**: 1. ⟨jmdn., etwas ü.; gewöhnlich mit Raumangabe⟩ *an einen anderen Ort transportieren:* man führte ihn in ein Krankenhaus über/(auch:) überführte ihn in ein Krankenhaus; um ihn dorthin überzuführen/(auch:) zu ü.; man hat die Leiche in die Heimat, nach Deutschland übergeführt/(auch:) überführt. 2. ⟨etwas in etwas ü.⟩ *etwas in etwas umwandeln:* die chemische Verbindung wurde in eine andere übergeführt/überführt.
²**überführen**: 1. ⟨jmdn. einer Sache ü.⟩ *jmds. Tat beweisen:* die beiden Festgenommenen konnten der Tat, des Diebstahls überführt werden; ⟨auch ohne Gen.⟩ wurde er überführt? 2. ⟨etwas ü.⟩ *mit einer Brücke überspannen:* beim Autobahnbau mußten best. Bahnlinien überführt werden.
Überführung, die: 1. *Brücke über eine Verkehrslinie:* die Ü. über die Bahn, über den Kanal ist gesperrt; zum Überqueren der Schienen die Ü. benutzen; unter der Ü. hindurchfahren. 2. *das Überführen von jmdm.:* die Ü. der Täter ist gelungen. 3. *das Transportieren:* die Ü. des Toten, der Leiche beantragen.
überfüllt: *über das Normalmaß gefüllt:* überfüllte Schulen, Straßenbahnen; der Saal, die Bahn, das Stadion war [restlos, total] ü.
Übergang, der: 1. *das Hinübergehen:* der Ü. der Truppen über den Rhein. 2. a) *Stelle zum Hinübergehen:* hier ist ein Ü. über die Bahn für Fußgänger. b) *Stelle zum Passieren:* einen neuen Ü. über die Grenze anlegen, eröffnen; Truppen bewachten alle Übergänge. 3. a) *Wechsel, Überleitung:* ein abrupter Ü.; der Ü. vom Schlafen zum Wachzustand; der Ü. vom einer Tonart in die andere; beim Ü. vom Handbetrieb auf maschinelle Fertigung gibt es Schwierigkeiten; eine Farbkomposition mit zarten Übergängen *(Abstufungen);* ohne jeden Ü. b) *Übergangszeit:* für den Ü. genügt eine einfachere, billigere Ausführung. c) *Zwischenlösung:* das Zimmer ist für ihn nur ein Ü., dient nur als Ü. 4. *zusätzliche, nachträglich gelöste Fahrkosten für die nächsthöhere Klasse bei der Bahn:* einen Ü. lösen; ich brauche einen Ü.
übergeben: 1. a) ⟨jmdm., einer Sache jmdn., etwas ü.⟩ *überlassen, ausliefern:* der Dieb wurde der Polizei übergeben; alle Akten und Beweisstücke wurden der Staatsanwaltschaft übergeben; **übertr.** (geh.): etwas dem Flammen ü. *(verbrennen).* b) ⟨jmdm./(auch:) an jmdn. etwas ü.⟩ *etwas jmdm. aushändigen, überreichen:* jmdm. einen Brief ü.; dem Besitzer die Schlüssel, das Geld ü.; den Staffelstab an den nächsten Läufer ü.; jmdm./an jmdn. die Führung, sein Amt ü.; das [Telephon]gespräch an den zuständigen Herrn ü.; er hat sein Geschäft dem Sohn übergeben *(übertragen, übereignet);* jmdm. etwas zu treuen Händen ü. *(anvertrauen);* die Stadt dem Feind an Feind ü. *(nach Kapitulation die Ver-*

fügungsgewalt übertragen); ⟨auch ohne Dat. oder Präp.-Obj.⟩ der Brief muß persönlich übergeben werden; die Wache ü. c) ⟨einer Sache etwas ü.⟩ *für etwas freigeben:* eine Brücke, eine Autobahn dem Verkehr ü.; etwas seiner Bestimmung ü. 2. ⟨sich ü.⟩ *erbrechen:* er mußte sich mehrmals ü.
¹**übergehen:** 1. ⟨mit Raumangabe⟩ *überwechseln:* sie sind ins feindliche Lager, zu einer anderen Partei, zur anderen Seite übergegangen. 2. ⟨etwas geht auf jmdn., in etwas über⟩ *etwas kommt in anderen Besitz:* das Geschäft ist auf den Sohn übergegangen; das Grundstück wird in den Besitz der Gemeinde, in fremde Hände ü. 3. ⟨zu etwas ü.⟩ *etwas anderes beginnen:* zur Tagesordnung, zu einem anderen Thema, Punkt ü.; man ist dazu übergegangen, Kunststoffe zu verwenden; zum Angriff, zur Offensive ü.; endlich von Reden zu Taten ü. 4. ⟨etwas geht in etwas über⟩ a) *etwas wandelt sich allmählich in einen anderen Zustand:* das Fleisch ist in Fäulnis, die Leiche in Verwesung übergegangen. b) *etwas vermischt sich unmerklich, ohne sichtbare Grenze mit etwas anderem, wird zu etwas anderem:* die Unterhaltung ging zum Schluß in lautes Schreien über; das Meer schien in den Himmel, Himmel und Meer schienen ineinander überzugehen.
²**übergehen:** 1. ⟨jmdn., etwas ü.⟩ *nicht beachten; nicht berücksichtigen; über etwas hinweggehen:* eine Anordnung, ein Gesetz ü.; er überging unsere Einwände, die frechen Fragen; jmds. Fehler stillschweigend ü.; jmdn. bei der Begrüßung, bei der Beförderung, im Testament ü.; sich übergangen fühlen. 2. ⟨etwas ü.⟩ *überspringen:* ich werde dieses Kapitel, diesen Punkt zunächst ü.
Übergewicht, das: 1. a) *jmds. normales Gewicht übersteigendes Gewicht:* er hat [beträchtliches] Ü.; sie macht sich Sorgen wegen ihres Übergewichts. b) *höheres Gewicht als gefordert, zugelassen:* das Paket, der Brief hat 50 g Ü.; das Fluggepäck darf kein Ü. haben. 2. *größere Stärke, Übermacht:* das militärische, wirtschaftliche Ü. [über jmdn.] gewinnen, erhalten, haben, behaupten; im Unterricht haben die naturwissenschaftlichen Fächer ein klares Ü. *(sehr viel größere Bedeutung).* * (ugs.:) **das Übergewicht bekommen** *(das Gleichgewicht verlieren und überkippen).*
¹**übergießen:** 1. ⟨jmdm. etwas ü.⟩: *etwas über jmdn. gießen:* man hatte mir einen Eimer kaltes Wasser übergegossen. 2. ⟨etwas ü.⟩ *verschütten:* er zitterte und goß den Wein über.
²**übergießen** ⟨jmdn., etwas ü.⟩: *begießen:* der Braten muß ständig mit Soße übergossen werden; sie haben die Leiche mit Benzin übergossen und verbrannt.
übergreifen: 1. *mit der einen Hand über die andere greifen:* bei dieser Passage der Etüde muß man mehrfach ü.; am Reck in den Kreuzgriff, zum Kreuzgriff ü. 2. ⟨etwas greift auf etwas über⟩ *etwas dehnt sich auf etwas aus, erfaßt etwas anderes mit:* das Feuer griff schnell auf die umliegenden Gebäude über; der wilde Streik hat auf andere Firmen, Städte übergegriffen.
Übergriff, der: *Einmischung. [gewaltsame] Belästigung:* militärische Übergriffe; ein neuer Ü. der Rebellen auf fremdes Gebiet; er hat sich manchen Ü. erlaubt; zuschulden kommen lassen; die

Zahl der Übergriffe nimmt zu; sich gegen feindliche Übergriffe schützen.

überhaben (ugs.): 1. ⟨etwas ü.⟩ *etwas über etwas angezogen haben:* zum Glück hatte ich bei dem kalten Wind noch einen Mantel über. 2. ⟨jmdn., etwas ü.⟩ *nicht mehr länger dulden, ertragen können:* das lange Warten, jmds. dauernde Nörgelei ü.; ich habe ihn allmählich über. 3. ⟨etwas ü.⟩ *etwas übrig haben:* nur noch ein paar Mark [von dem großen Gewinn] ü.

überhandnehmen: *in übermächtiger Weise an Zahl, Stärke zunehmen; sich stark vermehren:* die Überfälle, Unfälle haben sehr stark überhandgenommen; der Verkehrslärm, das Unkraut nahm überhand; die Ratten nehmen hier überhand.

¹**überhängen** ⟨etwas hängt über⟩: *etwas ragt hervor, reicht über etwas hinaus:* die Zweige des Baumes hängen über; große Schneemassen hingen an den Dächern über; das überhängende Geschoß eines Fachwerkhauses; unter einem überhängenden Felsen Schutz suchen.

²**überhängen** ⟨jmdm., sich etwas ü.⟩: *etwas um jmdn., sich hängen, legen:* jmdm. einen Mantel, eine Decke ü.; du mußt dir noch die Tasche ü.; ⟨auch ohne Dat.⟩ er hängte den Rucksack über.

überhäufen: a) (seltener) ⟨etwas mit etwas ü.⟩ *mit etwas voll belegen:* den Schreibtisch mit Büchern, Akten ü.; die Kommode ist mit Nippes überhäuft. **b)** ⟨jmdn. mit etwas ü.⟩ *jmdm. sehr viel zuteil werden lassen:* den Gewinner mit Blumen, Geld, Ehrungen ü.; er überhäufte ihn mit Lob, Vorwürfen, Arbeit.

überhaupt: I. ⟨Adverb⟩ **1.** *insgesamt, aufs Ganze gesehen:* ich habe ihn gestern nicht angetroffen, er ist ü. selten zu Hause; mir gefällt es in Madrid, ü. in Spanien. **2.** ⟨verstärkend bei Verneinungen⟩ *ganz und gar:* das ist ü. nicht möglich, nicht wahr; davon kann ü. keine Rede sein; er hat heute ü. noch nichts gegessen; das geht ihn ü. nichts an. **3.** *abgesehen davon, überdies:* du kannst einmal nachfragen, und ü. solltest du dich/und ü., du solltest dich mehr darum kümmern. **5.** *gerade, besonders:* wir gehen gerne im Wald spazieren, ü. im Herbst; man wird, ü. im Alter, nachlässiger. **II.** ⟨Partikel⟩ *eigentlich:* was willst du ü. hier?; wie ist das ü. passiert?; du könntest ü. *(ruhig)* etwas freundlicher sein.

überheblich: *eingebildet, arrogant:* ein überheblicher Mensch; in überheblichem Ton reden; er, sein Benehmen ist ü.; sich ü. zeigen.

überhitzen ⟨etwas ü.⟩: *etwas über das Normalmaß erhitzen:* das Wasser, einen Dampfkessel ü.; adj. Part.: überhitzter Dampf; übertr.: überhitzte *(erregte)* Gemüter; die überhitzte *(übersteigerte)* Konjunktur dämpfen.

¹**überholen: 1.** ⟨jmdn., etwas ü.⟩ *hinter sich lassen, an jmdm. vorbeifahren, -laufen:* einen Radfahrer, Bus ü.; er hat mich rechts überholt; der norwegische Läufer hat ihn kurz vor dem Ziel überholt; ⟨auch ohne Akk.⟩ man darf nur links ü.; er hat falsch überholt; subst.: hier ist [das] Überholen streng verboten; übertr.: er hat alle seine Mitschüler [weit] überholt *(in der Leistung überflügelt).* **2.** ⟨etwas ü.⟩ *[technisch] überprüfen, erneuern:* einen Wagen gründlich ü.; die Anlage muß total überholt werden; subst.: das Schiff muß zum Überholen in die Werft.

²**überholen: 1.** ⟨jmdn., etwas ü.⟩ *jmdn., etwas ans andere Ufer befördern:* er hat uns, das Gepäck mit seinem Motorboot übergeholt; (veraltet:) hol über! / *Ruf nach dem Fährmann/.* **2.** (Seemannsspr.) *sich auf die Seite legen:* das Schiff holte über, hat nach Backbord übergeholt.

überholt: *veraltet:* überholte Ansichten haben; diese Nachricht, seine Theorie ist längst ü.

überhören: 1. ⟨etwas ü.⟩ **a)** *etwas nicht hören:* das Klingeln, eine Frage ü. **b)** *etwas hören, aber nicht zur Kenntnis nehmen:* eine Mahnung ü.; das möchte ich [lieber] überhört haben.

überkochen ⟨etwas kocht über⟩: *etwas kocht so stark, daß es überläuft:* die Milch kocht gleich über, ist übergekocht; übertr.: er kocht leicht, schnell über *(erregt sich schnell).*

überkommen: 1. ⟨etwas überkommt jmdn.⟩: *etwas erfaßt jmdn.:* Angst, Ekel, Zorn, ein Gefühl des Neides, Hasses überkam ihn bei diesem Anblick, als er das sah; ⟨es überkommt jmdn., mit Artangabe⟩ bei diesem Gedanken überkam es uns *(wurde uns plötzlich)* heiß, kalt. **2.** (veraltend) ⟨etwas ist jmdm./auf jmdn. überkommen⟩ *etwas ist überliefert, vererbt sich fort:* viele Zeugnisse dieser alten Kultur sind uns/auf uns überkommen; das Erbe ist ihm vom Großvater überkommen; adj. Part.: überkommene Bräuche.

überladen ⟨etwas ü.⟩: *zu viel, zu sehr beladen;* überlasten: einen Wagen, Aufzug ü.; übertr.: seinen Magen ü.; wir sind zur Zeit mit Aufträgen total überladen; adj. Part.: die überladene *(überreich verzierte)* Fassade; der Raum wirkt ü. *(hat zu viel aufdringlichen Zierat);* sein Stil ist viel zu überladen.

überlassen: a) ⟨jmdm. etwas ü.⟩ *abgeben, zur Verfügung stellen:* jmdm. etwas freiwillig, billig, kostenlos, als Pfand, zur Erinnerung ü.; er hat mir das Auto über das Wochenende, im Urlaub überlassen. **b)** ⟨jmdm., einer Sache etwas ü.⟩ *etwas jmd. anderen tun, entscheiden lassen:* die Erziehung der Kinder den Eltern ü.; überlaß das bitte mir! *(mische dich hier nicht ein!);* jmdm. die Initiative ü. *(eine anderen aktiv werden lassen);* jmdm. die Wahl, die Entscheidung, die Arbeit ü.; er überläßt alles dem Zufall. **c)** ⟨jmdm., einer Sache jmdn., sich ü.⟩ *anvertrauen, in Obhut geben:* den Hund während der Urlaubszeit dem Nachbarn ü.; sie überläßt die Kinder der Fürsorge der Großmutter; jmdn. sich selbst ü. *(jmdn. ohne Aufsicht, allein lassen).* **d)** ⟨jmdn., sich einer Sache ü.⟩ *in einem Zustand belassen, preisgeben:* sich seinen Gedanken, der Freude, seinem Zorn, dem Schmerz, der Trauer ü.; er überließ sie ihrer Verzweiflung.

überlasten ⟨etwas ü.⟩: *etwas mehr als zulässig belasten:* ein Fahrzeug, eine Fähre ü.; übertr.: *zu stark beanspruchen:* ein Telefonnetz ü.; die Straßen waren überlastet; seinen Magen, das Herz, den Kreislauf ü.; beruflich überlastet sein; wir sind zur Zeit mit Arbeit total überlastet.

¹**überlaufen: 1.** *zum Gegner übergehen:* Hunderte von Soldaten sind [zu den Rebellen] übergelaufen. **2.** ⟨etwas läuft über⟩ **a)** *etwas fließt über etwas hinaus:* die Milch ist übergelaufen; das Benzin ist [aus dem Tank] übergelaufen. **b)** *etwas wird so gefüllt, daß der Inhalt überfließt:* die Badewanne, der Tank, Eimer ist übergelaufen.

²überlaufen: 1. ⟨etwas überläuft jmdn.⟩ *etwas überkommt jmdn.*: Angst, ein Schauder, ein Zittern überlief ihn; ⟨es überläuft jmdn.; mit Artangabe⟩ es überläuft mich *(mir wird)* heiß, [eis]kalt, heiß und kalt, wenn ... 2. ⟨jmdn., etwas ü.⟩ *sehr oft aufsuchen, in Anspruch nehmen:* wir werden hier von Vertretern überlaufen; die Praxis, das Geschäft ist sehr überlaufen; ein überlaufener Kurort. 3. (bes. Sport) **a)** ⟨jmdn., etwas ü.⟩ *im Laufen überwinden, laufend durchbrechen:* er hat die ganze Abwehr überlaufen und das Siegestor geschossen. **b)** ⟨jmdn., etwas ü.⟩ *über jmdn., etwas hinauslaufen:* der Staffelläufer hat beim Wechsel die Markierung überlaufen. **c)** ⟨etwas ü.⟩ *über etwas laufend hinwegsetzen:* er überlief die Hürden, Hindernisse technisch perfekt.

überleben: 1. **a)** ⟨etwas ü.⟩ *etwas überstehen; mit dem Leben davonkommen:* eine Katastrophe ü.; der Arzt glaubt nicht, daß die Nacht noch überlebt *(noch länger lebt);* diese Schande werde ich nicht ü. *(sie ist so groß, daß ich sie kaum ertragen kann);* du wirst es schon ü. (ugs.; *es ist alles nicht so schlimm*); ⟨auch ohne Akk.⟩ die Soldaten wollten nur noch ü.; subst.: jetzt geht es ums Überleben. **b)** ⟨jmdn. ü.⟩ *länger als jmd. leben:* sie überlebte ihn um ein Jahr; seine Lehre hat ihn überlebt *(ist über seinen Tod hinaus wirksam geblieben);* Rechtsw.: der überlebende Teil *(der länger lebende Ehepartner).* 2. ⟨etwas überlebt sich⟩ *etwas veraltet:* diese Mode wird sich schnell überleben; überlebte Vorstellungen.

¹überlegen: 1. ⟨jmdm., sich etwas ü.⟩ *etwas über jmdn., etwas legen:* sie legen: dem Kind eine Decke übergelegt. 2. (ugs.) ⟨jmdn. ü.⟩ *übers Knie legen und schlagen:* der Vater hat den frechen Jungen ordentlich übergelegt. 3. ⟨sich ü.; mit Artangabe⟩ *sich über etwas beugen; sich neigen:* er hat sich zu weit übergelegt; das Schiff hat sich weit, hart nach Steuerbord übergelegt.

²überlegen ⟨etwas ü.⟩: *etwas bedenken, durchdenken:* etwas gründlich, reiflich, genau, von allen Seiten, lange, hin und her ü.; eine bessere Lösung ü.; das muß alles gut überlegt sein, werden; es ist, wäre zu ü., ob ...; das wäre zu ü. *(darüber könnte man sich unterhalten);* ⟨auch ohne Akk.⟩ überlege nicht lange [und komme einfach mit]; er hat hin und her überlegt; subst.: nach langem, reiflichem Überlegen sagte er zu; ⟨sich (Dativ) etwas ü.⟩ *sich etwas genau, reiflich ü.:* ich werde, ich muß es mir noch einmal ü.; das muß ich mir noch sehr ü. *(es ist fraglich),* ob ich ...; er hat es sich anders überlegt *(hat seine Meinung geändert);* überlege dir alles gut, bevor du dich entscheidest; ich habe mir meine Worte gut, genau überlegt.

³überlegen: a) *andere erheblich übertreffend:* ein überlegener Geist; ein überlegener *(klarer)* Sieg; an Intelligenz ist er uns allen weit ü.; sich [in etwas] ü. zeigen; die Mannschaft war [dem Gegner] haushoch (ugs.) ü., hat ü. *(deutlich)* 6:0 gewonnen. **b)** *Überlegenheit verratend; überheblich:* etwas mit überlegener Ruhe machen; eine überlegene Miene aufsetzen; er lächelte ü.

Überlegenheit, die: *überlegene Stärke:* die geistige Ü.; die wirtschaftliche, militärische Ü. eines Staates; die zahlenmäßige Ü. des Gegners fürchten; seine Ü. nutzen, [gegenüber] jmdn. ausspielen; im Gefühl der Ü. leichtsinnig werden.

Überlegung, die: **a)** *das Überlegen:* Überlegungen anstellen *(etwas überlegen);* etwas ist einer [kurzen] Ü. wert; bei näherer, ruhigerer Ü. sieht die Sache anders aus; ohne, mit [wenig] Ü. handeln; nach einiger Ü. sagte er zu. **b)** *[vorgetragene] Folge von Gedanken:* er schloß seine Überlegungen mit der Feststellung ab ...; es gibt bereits Überlegungen in dieser Richtung *(man hat sich in dieser Hinsicht bereits Gedanken gemacht);* etwas in seine Überlegungen [mit] einbeziehen.

überlesen ⟨etwas ü.⟩: **1.** *etwas beim Lesen übersehen:* einen Fehler ü. **2.** *etwas flüchtig lesen:* ich habe den Brief nur schnell überlesen.

überliefern: 1. ⟨etwas ü.⟩ *etwas an spätere Generationen weitergeben:* er wollte dieses Werk der Nachwelt ü.; die Dichtung ist nur in einer Handschrift, als Fragment überliefert; überlieferte *(traditionelle)* Bräuche; sich an die überlieferten Formen halten. 2. (veraltet) ⟨jmdn., einer Sache jmdn. ü.⟩ *ausliefern:* man hat ihn dem Feind, dem Gericht überliefert.

Überlieferung, die: **a)** *das Überliefern:* mündliche, schriftliche Ü.; die Ü. der Nibelungensage; nach einer alten Ü. soll es in dem Schloß spuken. **b)** *Brauch, Tradition:* alte Überlieferungen pflegen, bewahren; an der Überlieferung festhalten.

überlisten ⟨jmdn. ü.⟩: *jmdn. mit List überspielen:* seine Gegner ü.; es gelang mir, ihn zu ü.

Übermacht, die: *sehr viel größere Macht, Stärke:* eine erdrückende Ü.; jmdn. seine Ü. spüren lassen; der gewaltigen Ü. erliegen; mit großer Ü. angreifen; von der Ü. erdrückt werden; vor der Ü. zurückweichen.

übermannen: **a)** (veraltet) ⟨jmdn. ü.⟩ *jmdn. überwältigen:* der Held hat den Riesen übermannt. **b)** ⟨etwas übermannt jmdn.⟩ *etwas überkommt jmdn.:* Rührung, Sehnsucht, der Zorn, der Schmerz, der Schlaf übermannte ihn; von seinen Gefühlen übermannt werden.

Übermaß, das: *über das Normale hinausgehende Menge, Stärke:* ein Ü. an Arbeit, Belastung, Hitze; ein Ü. an/von Freude; etwas im Ü. genießen; alles im Ü. haben, besitzen; im Ü. des Schmerzes, der Trauer; er ist bis zum Ü. beschäftigt.

übermäßig: a) *über das Normale hinausgehend:* eine übermäßige Belastung; ü. essen, trinken. **b)** ⟨verstärkend vor Adjektiven und Verben⟩ *über die Maßen, überaus:* ü. hohe Kosten, die Ware ist ü. teuer; sich ü. anstrengen.

übermenschlich: *über die Grenzen des Menschen hinausgehend; gewaltig:* übermenschliche Taten; es gehört eine übermenschliche Anstrengung dazu, so etwas auszuhalten.

übermitteln ⟨jmdm. etwas ü.⟩: *mitteilen, ausrichten:* jmdm. die Grüße der Freunde [telefonisch] ü.; er übermittelte dem Verein die Glückwünsche der Stadt; ⟨auch ohne Dat.⟩ die Meldung wurde telephonisch übermittelt.

übermorgen ⟨Adverb⟩: *an dem auf morgen folgenden Tag:* wir fahren ü. in Urlaub; treffen uns ü. abend; ü. habe ich frei.

Übermut, der: *Ausgelassenheit:* jmds. dämpfen; etwas aus [lauter] Ü. tun; das hat er in seinem Ü. getan; die Kinder wußten sich vor Ü. nicht zu lassen; R: Ü. tut selten gut.

übermütig: 1. *ausgelassen, voller Übermut:* ein

übermütiger Streich; die Kinder waren ganz ü., tobten ü. durchs Haus. **2.** (veraltend) *überheblich:* ü. auftreten; der Erfolg hat ihn ü. gemacht.

übernachten ⟨mit Raumangabe⟩: *irgendwo für die Nacht eine Unterkunft haben:* im Hotel, im Auto, im Freien, unter freiem Himmel ü.

übernächtigt: *übermüdet, unausgeschlafen:* einen übernächtigten Eindruck machen; wir waren alle völlig ü.; ü. aussehen.

übernatürlich: *über die Gesetze der Natur hinausgehend:* übernatürliche Wesen; die Angst verlieh ihm übernatürliche Kräfte.

¹übernehmen: 1. a) ⟨etwas ü.⟩ *etwas von jmdm. übergeben bekommen:* das Staffelholz ü.; eine Warensendung ü.; er übernahm aus den Händen des Präsidenten den Pokal; jetzt übernehme ich ein Stück die Koffer. **b)** ⟨etwas ü.⟩ *als Nachfolger weiterführen, in Besitz nehmen:* etwas kostenlos ü.; jmds. alte Möbel ü.; ich habe den Wagen billig von der Firma übernommen; er hat das Geschäft von seinem Vater, den Hof in eigener Bewirtschaftung übernommen. **c)** ⟨jmdn., etwas ü.⟩ *in eigene Verantwortung nehmen; auf sich nehmen:* etwas freiwillig, nur gezwungenermaßen ü.; ein Amt, einen Auftrag, eine Aufgabe, eine Kontrolle, die Aufsicht [über etwas], die Führung, die Leitung einer Abteilung ü.; die Verteidigung des Angeklagten, die Titelrolle in einem Film ü.; er übernahm die Kosten für ihren Aufenthalt *(kam dafür auf);* sie wollte es ü., Karten zu besorgen; die volle Verantwortung, Garantie, Gewähr [für etwas], eine Bürgschaft ü.; er hat die Kinder, die Erziehung der Kinder seines gefallenen Bruders übernommen; die übernommene Verpflichtung erfüllen. **2.** ⟨etwas ü.⟩ *etwas von einem anderen in einer eigenen Arbeit verwerten:* etwas wörtlich, in Auszügen ü.; eine Formulierung ü.; das deutsche Fernsehen hat die Sendung vom französischen Fernsehen übernommen. **3. a)** ⟨jmdn. ü.⟩ *von einer anderen Stelle zu sich nehmen, bei sich eingliedern:* die Firma übernahm die Angestellten der aufgelösten Tochterfirma. **b)** ⟨jmdn., etwas ü.⟩ *an Bord nehmen:* Passagiere, eine Ladung ü. **c)** ⟨sich ü.⟩ *sich zuviel zumuten:* sich gesundheitlich, finanziell ü.; sich beim/im Essen, beim Arbeiten ü.; er hat sich mit dem Haus[bau] übernommen.

²übernehmen (ugs.) ⟨etwas ü.⟩: *etwas überlegen, überhängen:* das Gewehr ü. *(über die Schulter legen);* sie hat die Stola übergenommen.

überprüfen ⟨jmdn., etwas ü.⟩: *jmdn., etwas kontrollieren:* eine Rechnung, eine Liste, die Richtigkeit von etwas ü.; jmds. Angaben ü.; alle Personen sind überprüft worden; eine Entscheidung ü. *(noch einmal überdenken).*

überquellen ⟨etwas quillt über⟩: **a)** *etwas dehnt sich über den Rand hinaus aus:* der Teig ist übergequollen. **b)** *etwas ist so voll, daß der Inhalt daraus hervorquillt:* der Papierkorb quillt über; übertr.: von/vor Freude ü.; eine überquellende Dankbarkeit.

überqueren ⟨etwas ü.⟩: *über etwas hinweggehen, -fahren:* einen Fluß, eine Kreuzung ü.; subst.: beim Überqueren der Straße vorsichtig sein.

¹überragen: 1. ⟨jmdn., etwas ü.⟩ *erheblich größer als jmd., als etwas sein:* der Fernsehturm überragt alle Hochhäuser; er überragt seinen Vater um Haupteslänge (geh.), um einen ganzen Kopf. **2.** ⟨jmdn., etwas ü.⟩ *jmdn., etwas übertreffen:* er hat alle anderen an Intelligenz, in der Leistung weit überragt; adj. Part.: er ist ein überragender *(hochintelligenter)* Kopf; eine überragende *(großartige)* Arbeit; ein Problem von überragender *(besonderer)* Bedeutung.

²überragen: *hinausragen:* hier ragt ein Brett über; ein überragender *(vorspringender)* Giebel.

überraschen: 1. a) ⟨jmdn. ü.⟩ *durch etwas Unerwartetes in Erstaunen versetzen:* die Nachricht hatte alle überrascht; seine Absage, Entscheidung hat mich wenig, nicht im geringsten, nicht weiter überrascht; wir waren über den herzlichen Empfang überrascht; von etwas [un]angenehm überrascht sein; sich von etwas überrascht zeigen; adj. Part.: *unerwartet:* die Sache nahm eine überraschende Wendung; das Angebot kam [völlig] überraschend; es ging überraschend *(sehr)* schnell. **b)** ⟨jmdn. mit etwas ü.⟩ *jmdm. mit etwas eine unerwartete Freude machen:* jmdn. mit etwas Geschenk, mit einem Besuch ü.; R: lassen wir uns ü. *(warten wir es ab).* **2. a)** ⟨jmdn. ü.⟩ *jmdn. ertappen:* die Täter wurden beim Einbruch [von der Polizei] überrascht; er hat die beiden in einer eindeutigen Situation überrascht. **b)** ⟨etwas überrascht jmdn.⟩ *etwas trifft jmdn. unvorbereitet:* ein Gewitter überraschte uns am Abend; sie wurden von dem Erdbeben im Schlaf überrascht.

Überraschung, die: **1. a)** *das Überraschtsein; Verwunderung:* für eine [freudige] Ü. sorgen; in der ersten Ü. hatte er zugestimmt; zu meiner größten, nicht geringen Ü. mußte ich hören, daß .../wie ...; zur allgemeinen Ü. ging er nach Hause. **b)** *das Überraschen:* diese Ü. ist der geglückt; jmdm. eine Ü. bereiten. **2. a)** *in meist unangenehmer Weise überraschendes Geschehen, Ereignis:* das war eine schöne, böse, unangenehme Ü. **b)** *unerwartete Freude; etwas Schönes, womit man nicht gerechnet hat:* das ist aber eine Ü.!; es soll eine Ü. sein; für jmdn. eine kleine Ü. *(ein kleines Geschenk)* kaufen, haben.

überreden ⟨jmdn. zu etwas ü.⟩: *jmdn. durch [eindringliches] Zureden zu etwas veranlassen:* jmdn. zum Mitkommen, zum Kauf ü.; ich ließ mich nicht ü., den Vertrag zu unterschreiben; ⟨auch ohne Präp.-Obj.⟩ hast du sie ü. können?

überreichen ⟨jmdn. etwas ü.⟩: *[feierlich] übergeben:* jmdm. eine Urkunde, ein Geschenk, den Pokal ü.; der Architekt überreichte dem Hausherrn die Schlüssel; ⟨auch ohne Dat.⟩ ich kann die Auszeichnung zu ü.

überreizen: 1. ⟨jmdn., etwas ü.⟩ *durch übergroße Belastung stark reizen:* die Nerven, die Einbildungskraft ü.; er ist durch ununterbrochenes Studium überreizt; meine Augen sind stark überreizt; in völlig überreiztem Zustand sein. **2.** (Kartenspiel) ⟨sich, etwas ü.⟩ *im Hinblick auf die eigenen Karten zu viel bieten:* ich habe mich überreizt; er hat seine Karte, Blatt überreizt.

Überrest, der: *letzter, Rest:* nur ein trauriger, kläglicher Ü. war noch vorhanden. ∗ (geh. verhüll.:) **die sterblichen Überreste** *(der Leichnam).*

überrumpeln ⟨jmdn. ü.⟩: *jmdn. überraschen, daß er keine Möglichkeit zur Gegenaktion hat:* das feindliche Lager, die gegnerische Mannschaft wurde überrumpelt; ich ließ mich durch diese Frage nicht von ihm ü.

überrunden ⟨jmdn., etwas ü.⟩: *jmdn. so überholen, daß er eine ganze Runde zurückliegt:* einige Läufer nach 8 000 m ü.; es folgen noch einige Wagen, die schon mehrmals überrundet worden sind; übertr.: *übertreffen:* die Konkurrenz ü.

übersättigt: *im Übermaß mit etwas versehen:* übersättigte Bürger; ⟨von etwas ü. sein⟩ wir sind ganz ü. von Luxus.

überschatten ⟨etwas überschattet etwas⟩: **1.** (geh.) *etwas wirft über etwas Schatten:* Lindenbäume überschatten den Platz. **2.** *etwas trübt etwas:* ein Unglück überschattete das Festival.

überschätzen ⟨jmdn., sich, etwas ü.⟩: *zu hoch einschätzen:* einen Dichter, jmds. Talent, seine Kräfte ü.; sich [selbst] ü.

überschauen: ↑ überblicken.

überschäumen ⟨etwas schäumt über⟩: **a)** *etwas fließt schäumend über den Rand:* der Sekt, das Bier schäumt über. **b)** *etwas ist so voll, daß der Inhalt daraus hervorschäumt:* die Sektgläser schäumten über; übertr.: er schäumt vor Temperament geradezu über; adj. Part.: *wild, nicht zu zügeln:* überschäumende Begeisterung.

Überschlag, der: **1.** *ungefähre [Kosten]berechnung:* wir müssen einen Ü. der Ausgaben, einen Ü. über die voraussichtlichen Kosten machen; einen Ü. machen, wieviel Geld benötigt wird. **2.** *ganze Drehung um die horizontale Achse:* einen Ü. am Pferd machen; der Sportflieger machte zwei Überschläge *(Loopings).*

¹überschlagen: 1. ⟨etwas ü.⟩ *etwas auslassen:* ein Kapitel, mehrere Seiten in einem Buch ü. **2.** ⟨etwas ü.⟩ *etwas ungefähr berechnen:* die Kosten ü.; er überschlug, was so etwas kosten wird, ob sein Geld dafür noch reicht. **3.** ⟨sich ü.⟩ *sich beim Fallen um die eigene Achse drehen:* sich beim Sturz ü.; der Wagen hat sich mehrmals überschlagen; übertr.: (ugs.:) der Verkäufer überschlug sich fast *(war überaus beflissen);* sich vor Liebenswürdigkeit förmlich ü. *(sehr liebenswürdig sein).* **4.** ⟨etwas überschlägt sich⟩ **a)** *etwas wird hell und schrill:* in der Aufregung, vor Wut hat sich seine Stimme überschlagen. **b)** *etwas folgt dicht aufeinander:* die Meldungen, Nachrichten haben sich überschlagen.

²überschlagen: 1. ⟨etwas ü.⟩ *übereinanderlegen:* sie hat die Beine übergeschlagen; mit übergeschlagenen Beinen dasitzen. **2.** ⟨etwas schlägt über⟩ *etwas springt, strömt über:* die Wellen schlugen über; Funken sind übergeschlagen *(übergesprungen).* **3.** ⟨etwas schlägt in etwas über⟩ *etwas verändert sich zu etwas:* seine Begeisterung ist in Fanatismus übergeschlagen.

³überschlagen (bes. südd.): *lauwarm:* überschlagenes Wasser; das Wasser darf nur ü. sein.

überschnappen: 1. a) ⟨etwas schnappt über⟩ *etwas schnappt über die Zuhaltung:* der Riegel, das Schloß ist/(auch:) hat übergeschnappt. **b)** ⟨etwas schnappt über⟩ *etwas schlägt sich:* ihre Stimme schnappte über. **2.** (ugs.) *den Verstand verlieren:* wenn er so weitermacht, schnappt er noch über; du bist wohl [leicht] übergeschnappt.

überschneiden ⟨etwas überschneidet sich⟩: **a)** *etwas schneidet, kreuzt sich:* die beiden Linien überschneiden sich [an zwei Stellen]. **b)** *etwas fällt zeitlich teilweise mit etwas zusammen:* die beiden Veranstaltungen, Sendungen überschnei-

den sich [um eine halbe Stunde]. **c)** *etwas berührt sich, trifft mit etwas zusammen:* die beiden Themen-, Arbeitsbereiche überschneiden sich.

überschreiben: 1. ⟨jmdm./auf jmdn. etwas ü.⟩: *schriftlich übertragen, vermachen:* er hat das Geschäft seinem Sohn/auf seinen Sohn überschrieben; Kaufmannsspr. (veraltend): jmdm./auf jmdn. einen Auftrag ü.; ⟨auch ohne Dat. oder Präp.-Obj.⟩ die Forderung ist noch nicht überschrieben. **2.** ⟨etwas ü.⟩ *mit einer Überschrift versehen:* er hat den Kommentar „Nie wieder" überschrieben; das Kapitel, das Gedicht ist [mit den Worten] überschrieben ...

überschreiten ⟨etwas ü.⟩: **1.** *über etwas hinweggehen:* die Schwelle eines Hauses, die Grenze ü.; subst.: [das] Überschreiten der Gleise [ist] verboten; übertr.: er hat die Siebzig bereits überschritten *(er ist über 70 Jahre alt);* das Hochwasser, die Reisewelle hat den Höhepunkt bereits überschritten *(geht wieder zurück);* die Ausgaben überschreiten *(sind größer als)* die Einnahmen. **2.** *sich nicht an etwas halten:* ein Gesetz, die vorgeschriebene Geschwindigkeit, seine Befugnisse, die Grenzen des Erlaubten ü.; das überschreitet jedes zulässige Maß *(ist unverschämt).*

Überschrift, die: *Titel:* eine reißerische (ugs.), schlechte, mißverständliche Ü.; wie lautet die Ü. des Artikels?; das Kapitel trägt eine ganz irreführende Ü.; etwas mit einer Ü. versehen.

Überschuß, der: **a)** *Gewinn, Plus:* hohe Überschüsse erzielen, haben. **b)** *über ein Maß hinausgehende Menge, das Mehr:* ein Ü. an Geburten *(mehr Geburten als Sterbefälle);* es besteht ein Ü. an Frauen, an Männern; er hat einen Ü. an Kraft.

überschüssig: *über ein Maß, den Bedarf hinausgehend:* überschüssige Wärme, Energie; überschüssige Ware[n]; übertr.: seine überschüssigen Kräfte austoben.

¹überschütten ⟨jmdn., etwas mit etwas ü.⟩: *etwas über jmdn., etwas schütten:* etwas mit Erde, mit Asche ü.; übertr.: jmdn. mit Geld, Blumen, Beifall, Lob ü.; er hat uns mit Vorwürfen, mit Hohn und Spott überschüttet.

²überschütten ⟨jmdm. etwas ü.⟩: *jmdm. etwas übergießen:* er hat mir Bier übergeschüttet.

Überschwang, der: *Übermaß an Gefühl, Begeisterung o. ä.:* der Ü. der Freude, der Gefühle; voll, voller Ü. sein; etwas in seinem jugendlichen Ü., im ersten Ü., im Ü. der Jugend sagen.

überschwemmen: a) ⟨etwas überschwemmt etwas⟩ *etwas überflutet etwas:* der Fluß hat weite Landstriche überschwemmt; alles war vom Hochwasser überschwemmt; übertr.: Touristen überschwemmen das Land. **b)** ⟨jmdn., etwas mit etwas ü.⟩ *mit etwas überreichlich versehen:* den Markt mit billigen Waren ü.; der Leser werden heute mit Zeitungen aller Art überschwemmt.

Überschwemmung, die: *das Überschwemmen:* die Ü. des Rheins, am Oberrhein; die Ü. weiter Gebiete, der Altstadt; die Ü. hat große Schäden angerichtet, geht langsam zurück; es kam zu Überschwemmungen; tagelange Wolkenbrüche führten zu den riesigen Überschwemmungen; übertr. (ugs.): du hast im Bad eine Ü. angerichtet *(sehr viel Wasser verspritzt).*

überschwenglich: *übersteigert, exaltiert:* eine überschwengliche Begeisterung; jmdn. mit über-

schwenglichen Worten, in überschwenglicher Weise, ü. feiern, loben; er ist mir zu ü. [in seinen Äußerungen]; jmdm. ü. danken.
¹übersehen: 1. ⟨etwas ü.⟩ **a)** *überblicken:* von hier aus kann man das Tal, das ganze Spielfeld gut ü. **b)** *in den Zusammenhängen kennen, über etwas Bescheid wissen:* die Folgen, das Ausmaß von etwas, die Verhältnisse ü.; ob das möglich ist, läßt sich noch nicht ü. 2. ⟨jmdn., etwas ü.⟩ **a)** *jmdn., etwas versehentlich nicht sehen:* einen Fehler, ein Verkehrsschild, einen Hinweis ü.; bei deiner Größe kann man dich nicht ü. **b)** *jmdn., etwas absichtlich nicht sehen, bemerken; ignorieren:* jmds. Fauxpas taktvoll ü.; er wollte mich ü.
²übersehen ⟨sich (Dativ) etwas ü.⟩: *einer Sache überdrüssig werden:* ich habe mir dieses Kleid übergesehen; man sieht sich so etwas schnell, leicht über.
übersenden ⟨jmdm. etwas ü.⟩: *jmdm. etwas schicken, übermitteln:* jmdm. ein Schreiben ü.; er hat mir zum Jubiläum Glückwünsche übersandt/(auch:) übersendet; anbei, beiliegend, als Anlage/in der Anlage übersende ich Ihnen ...
¹übersetzen: 1. **a)** ⟨jmdn., etwas ü.⟩ *ans andere Ufer befördern:* er hat uns ans andere Ufer, auf das andere Ufer, zum anderen Ufer übergesetzt; wir ließen uns mit/von der Fähre ü. **b)** *hinüberfahren:* wir sind/haben [mit der Fähre] übergesetzt; den Truppen gelang es, auf das südliche Ufer überzusetzen. 2. ⟨etwas ü.⟩ *etwas über etwas hinwegführen:* bei diesem Tanz muß der Fuß übergesetzt werden; hast du den Finger übergesetzt *(beim Klavierspielen mit dem Finger über den Daumen gegriffen)?*
²übersetzen: a) ⟨etwas ü.⟩ **a)** *in eine andere Sprache übertragen:* etwas wörtlich, Wort für Wort, frei, richtig, genau, sinngemäß ü.; einen Text aus dem Französischen/vom Französischen ins Deutsche ü.; können Sie mir diesen Brief ü.?; ein in mehreren Sprachen übersetzter Roman. **b)** ⟨etwas in etwas ü.⟩ *umgestalten, übertragen:* eine Szene, ein Thema ins Dramatische ü.; der Künstler hat diese ganze Gedankenwelt großartig in [die] Musik übersetzt.
Übersetzung, die: 1. **a)** *das Übersetzen:* die wörtliche, freie, wortgetreue Ü.; eine Ü. aus dem Französischen/vom Französischen ins Deutsche; die deutsche Ü. ist, stammt von ...; eine Ü. *(den übersetzten Text)* von etwas machen, anfertigen, liefern. **b)** *übersetzte Ausgabe:* von diesem Buch ist jetzt eine Ü. erschienen; der Autor *(sein Buch)* ist in deutscher Ü./in einer deutschen Ü. erschienen, liegt jetzt in der Ü. vor; ein Werk nur aus/in der Ü. kennen, in der Ü. lesen. 2. (Technik) *Stufe der mechanischen Bewegungsübertragung:* das Fahrrad hat eine große, kleine Ü.; das Getriebe hat eine Ü. von 1 : 5,6; mit einer größeren Ü. fahren.
Übersicht, die: 1. *Überblick:* jmdm. fehlt die Ü.; die Ü. ist durch viele Nebensächlichkeiten erschwert; eine klare, die nötige, keine Ü. [über etwas] haben; die Ü. gewinnen, bekommen, verlieren; sich (Dativ) eine Ü. [über die Lage] verschaffen. 2. *übersichtliche [tabellenartige] Darstellung:* eine vergleichende Ü.; eine Ü. über die deutsche Geschichte des 19. und 20. Jh.s.; er gab eine Ü. über die anstehenden Fragen.

übersichtlich: 1. *gut zu überblicken:* ein übersichtliches Gelände; die Straßenkreuzung ist ü. [angelegt]. 2. *gut und schnell lesbar, erfaßbar:* eine übersichtliche Darstellung; die Tabellen sind ü.; die Arbeit ist ü. angelegt, gegliedert.
übersiedeln, (auch:) **übersiedeln** ⟨mit Raumangabe⟩: *den Wohnsitz verlegen:* von Stuttgart nach München ü.; die Firma siedelte hierher über/(auch:) übersiedelte hierher, ist hierher übergesiedelt/(auch:) ist hierher übersiedelt.
überspannen: 1. **a)** ⟨etwas ü.⟩ *etwas mit etwas bespannen:* etwas mit Leinwand, mit einem Tuch ü. **b)** ⟨etwas überspannt etwas⟩ *etwas führt über etwas hinweg:* eine Hängebrücke überspannt [in 50 m Höhe] den Fluß, die Bucht, das Tal; der Kirchenraum wird von einem Tonnengewölbe überspannt. 2. ⟨etwas ü.⟩ *etwas zu stark spannen:* eine Saite, die Feder, den Bogen ü.
überspannt: *unvernünftig, übertrieben:* überspannte Ideen, Ansichten, Grundsätze; überspannte *(zu hohe)* Forderungen; er ist ein etwas überspannter *(exaltierter)* Mensch; sie ist ü.; etwas für ü. halten.
überspielen: 1. ⟨etwas ü.⟩ *über etwas Negatives hinweggehen und es anderen nicht bewußt werden lassen:* seine Unsicherheit, eine prekäre Situation ü. 2. ⟨etwas ü.; mit Raumangabe⟩ *eine [akustische] Aufnahme übertragen:* eine Platte auf ein Tonband ü.; ⟨jmdm. etwas ü.; mit Raumangabe⟩ die Aufzeichnung wurde uns aus dem Studio in Wien überspielt. 3. ⟨jmdn. ü.⟩ **a)** *jmdn. ausspielen:* der Stürmer überspielte seinen Gegenspieler, die gesamte gegnerische Abwehr. **b)** *jmdn. überlisten:* man hat ihn bei den Verhandlungen überspielt; er hat sich von seinen Partnern ü. lassen. 4. ⟨üb)spielt sein, wirken⟩ *so viel gespielt haben, daß man keine Bestleistung mehr erbringt, lustlos, unkonzentriert ist, wirkt:* er hat zuviele Turniere bestritten, ist ausgelaugt und ü.
überspitzen ⟨etwas ü.⟩: *etwas übertreiben:* er soll die Angelegenheit nicht ü.; das ist leicht, etwas überspitzt [ausgedrückt]; eine überspitzte Formulierung.
¹überspringen ⟨etwas ü.⟩: 1. *mit einem Sprung überwinden:* einen Graben, einen Zaun ü.; das Pferd hat die Hindernisse fehlerfrei übersprungen; er hat im Weitsprung die 8-Meter-Grenze, im Stabhochsprung 5,80 m übersprungen. 2. *auslassen:* eine [Schul]klasse, eine Entwicklungsstufe ü.; wir haben dieses Kapitel, einige Seiten übersprungen.
²überspringen: 1. ⟨etwas springt über⟩ *etwas bewegt sich an eine andere Stelle:* der [elektrische] Funke ist übergesprungen; übertr.: ihre Fröhlichkeit sprang auf die andern über. 2. ⟨auf etwas ü.⟩ *zu etwas übergehen:* der Redner ist auf ein anderes Thema übergesprungen.
übersprudeln ⟨etwas sprudelt über⟩: **a)** *etwas läuft sprudelnd über:* die Limonade ist übergesprudelt; übertr.: sein Temperament sprudelt über; er sprudelt über von/vor Witz; er ist von/vor guten Einfällen nur so (ugs.) übergesprudelt; übersprudelnde Lebenslust, Schaffenskraft. **b)** *etwas ist so gefüllt, daß der Inhalt sprudelnd überläuft:* die Flasche ist übergesprudelt.
¹überstehen ⟨etwas steht über⟩: *etwas ragt hinaus, hervor:* das oberste Geschoß steht [um] einen

halben Meter über; der Balken hat am Dach übergestanden; den überstehenden Papierstreifen abschneiden.

²überstehen ⟨etwas ü.⟩: *etwas durchstehen, überwinden:* eine Gefahr, eine Reise, eine Krankheit gut ü.; die Firma hat die Krise ohne großen Schaden überstanden; das Schlimmste ist jetzt überstanden; er hat es überstanden (verhüll.; *er ist gestorben*); sich von der gerade überstandenen Krankheit erholen.

¹übersteigen: 1. ⟨etwas ü.⟩ *kletternd o. ä. überwinden:* eine Mauer, einen Zaun ü. **2.** ⟨etwas übersteigt etwas⟩ *etwas geht über etwas hinaus:* die Nachfrage übersteigt das Angebot; ich hoffe, daß die Kosten den Voranschlag nicht wesentlich ü.; das übersteigt meine finanziellen Möglichkeiten, meine Kräfte; sein Verhalten hat die Grenze des Erlaubten überstiegen.

²übersteigen: *hinüberklettern:* die Diebe sind vom Nachbarhaus [aus] auf unser Dach übergestiegen.

übersteigern: 1. ⟨etwas ü.⟩ *etwas über das Normalmaß steigern:* seine Forderungen, die Preise ü.; adj. Part.: ein übersteigertes Selbstbewußtsein haben. **2.** ⟨sich ü.⟩ *sich übermäßig steigern:* er übersteigerte sich in seinem Zorn.

überstimmen ⟨jmdn., etwas ü.⟩: *jmdn. durch Stimmenmehrheit besiegen, etwas mit Stimmenmehrheit ablehnen:* Gegner eines Gesetzes knapp ü.; der Antrag wurde überstimmt.

¹überströmen: 1. ⟨etwas strömt über⟩ *etwas fließt über den Rand:* das Wasser ist übergeströmt; ü bertr.: sein Gefühl strömte über; sein Herz strömte vor Seligkeit über; er ist von/vor Dankbarkeit fast übergeströmt; überströmende *(sehr große)* Herzlichkeit. **2.** (geh.) ⟨etwas strömt auf jmdn. über⟩ *etwas geht auf jmdn. über:* seine gute Laune ist auf uns alle übergeströmt.

²überströmen ⟨etwas überströmt etwas⟩: *etwas fließt strömend über etwas und bedeckt es:* der Fluß hat das Land, die Ebene überströmt; sein Gesicht war von Tränen, von Blut überströmt.

Überstunde, die: *zusätzliche Arbeitszeit von einer Stunde:* Überstunden machen, leisten.

überstürzen: 1. (veraltend) ⟨etwas überstürzt sich⟩ *etwas überschlägt sich:* die Wogen, Wassermassen überstürzen sich. **2. a)** ⟨etwas ü.⟩ *etwas übereilt tun, machen:* etwas, eine Entscheidung, seine Abreise ü.; man soll nichts ü.; übereilt handeln, abreisen. **b)** (veraltend) ⟨sich ü.⟩ *sich übereilen:* sich beim Essen, Sprechen ü.; er hat sich in der Arbeit noch nie überstürzt (*er arbeitet gemächlich*). **3.** ⟨sich ü.⟩ *sehr, allzu rasch aufeinander folgen:* die Ereignisse überstürzten sich.

übertölpeln ⟨jmdn. ü.⟩: *in plumper Weise hereinlegen:* ich lasse mich von ihm nicht ü.

übertönen ⟨jmdn., sich, etwas ü.⟩: *lauter sein als jmd., als etwas:* jeder versuchte, den anderen zu ü.; die Lautsprecher übertönten alles.

übertragen: 1. a) ⟨etwas ü.⟩ *etwas als Übertragung senden:* etwas original, direkt, live [im Fernsehen] ü.; das Konzert wird von allen Sendern übertragen. **b)** ⟨etwas ü.; mit Raumangabe⟩ *etwas überspielen:* eine Schallplattenaufnahme auf Band ü. **2.** ⟨etwas ü.⟩ **a)** *etwas schriftlich in angemessener Weise übersetzen:* ein Buch ü.; einen Text [aus dem/vom Lateinischen] ins Deutsche ü.

b) ⟨etwas in etwas ü.⟩ *etwas in etwas umwandeln, umformen:* etwas vom Stenogramm in Langschrift ü.; eine Erzählung in Verse ü.; er hat das Stück in eine andere Tonart übertragen. **3.** ⟨etwas ü.; mit Raumangabe⟩ *etwas an anderer Stelle nochmals schreiben, zeichnen o. ä.:* etwas ins reine, in die Reinschrift, in ein Heft, auf die nächste Seite ü.; ein Muster auf einen Stoff ü.; die Abschlußrechnung wird ins Hauptbuch übertragen. **4.** ⟨etwas auf etwas ü.⟩ *etwas auf etwas anwenden:* man kann das System nicht einfach auf die dortigen Verhältnisse ü.; adj. Part.: die übertragene *(nicht wörtlich zu verstehende, sinnbildliche)* Bedeutung einer Formulierung; ein Wort ü., in übertragener Bedeutung gebrauchen. **5. a)** ⟨etwas überträgt etwas⟩ *etwas leitet, gibt Kräfte o. ä. weiter:* die Antriebswelle überträgt die Kraft des Motors auf die Räder. **b)** ⟨jmdm. etwas ü.⟩ *erteilen, übergeben:* jmdm. eine Aufgabe ü.; ein Amt, eine Leitung von etwas ü.; die Partei hatte ihm diese Funktion übertragen. **6. a)** ⟨etwas ü.⟩ *eine Krankheit weitergeben:* diese Insekten übertragen die Krankheit; es besteht die Gefahr, daß die Krankheit [auf andere Personen] übertragen wird. **b)** ⟨etwas überträgt sich auf jmdn.⟩ *etwas erfaßt, befällt jmdn.:* die Krankheit überträgt sich auf andere Personen; seine Heiterkeit hat sich auf uns alle übertragen.

Übertragung, die: **1.** *Übermittlung in Ton und Bild:* eine zeitverschobene Ü. der zweiten Halbzeit; die Ü. des Konzerts ist beendet, war [qualitativ] schlecht, war oft gestört, unterbrochen; die Ü. beginnt, läuft, kommt (ugs.) im zweiten Programm; die Ü. im Rundfunk hören; das Fernsehen sendet, bringt eine Ü. von der Fußballweltmeisterschaft. **2. a)** *schriftliches, dem Text gemäßes Übersetzen:* die Ü. des Romanes, des Buches [aus dem/vom Französischen] ins Deutsche ist, stammt von ... **b)** *Umwandlung:* die Ü. einer Melodie in eine andere Tonart; die Ü. der Prosa in Verse. **3. a)** *das Weiterleiten, -geben von Kräften o. ä.:* die Ü. der Kraft auf die Räder. **b)** *das Erteilen, Übergeben:* die Ü. aller Funktionen. **4.** *Verbreitung:* die Ü. der Krankheit verhindern.

übertreffen: a) ⟨jmdn., sich ü.⟩ *besser sein als jmd.:* jmdn. in der Leistung, an Fleiß, an Intelligenz weit ü.; der Schüler hat schon heute seinen Meister bei weitem, um vieles übertroffen; er hat sich selbst übertroffen *(man weiß nicht, man von ihm erwartet hatte);* am Reck ist er nicht zu ü. **b)** ⟨etwas übertrifft etwas⟩ *etwas übersteigt etwas:* die Nachfrage, das Ergebnis hat alle Erwartungen übertroffen; das übertrifft jede Vorstellung, die kühnsten Hoffnungen, meine schlimmsten Befürchtungen.

übertreiben: a) *in aufbauschender Weise darstellen:* er übertreibt maßlos, furchtbar; du sollst nicht immer so ü.; ich übertreibe nicht/es ist nicht übertrieben, wenn ich das sage. **b)** ⟨etwas ü.⟩ *etwas übersteigern, zu weit treiben:* Ansprüche, die Sauberkeit ü.; man kann alles ü.; übertreibe nicht das Training; adj. Part.: übertriebene Höflichkeit, Vorsicht; übertriebenes Mißtrauen, Pathos; übertriebene Hoffnungen hegen; uns war etwas, reichlich übertrieben?; übertrieben vorsichtig, mißtrauisch, sparsam sein.

¹übertreten: 1. (Sport) *über eine Markierung treten:* der Sprung ist ungültig, weil sie übergetreten ist/hat. **2.** ⟨etwas tritt über⟩ *etwas überflutet das Ufer:* der Fluß ist nach dem langen Regen übergetreten. **3.** ⟨zu etwas ü.⟩ *sich einer anderen Anschauung, Gemeinschaft anschließen:* zu einer anderen Partei ü.; er ist zur katholischen Kirche, zum katholischen Glauben übergetreten.

²übertreten: 1. ⟨etwas ü.⟩ *gegen etwas verstoßen:* ein Gesetz, eine Vorschrift ü. **2.** (seltener) ⟨sich (Dativ) etwas ü.⟩ *verstauchen, vertreten:* ich habe mir den Fuß übertreten.

Übertritt, der: *das Übertreten, Überwechseln:* der Ü. von einer Partei zu einer anderen, aus einem Beruf in einen anderen; die Zahl der Übertritte [zu dieser neuen Partei] nimmt zu.

übertrumpfen ⟨jmdn., etwas ü.⟩: **1.** *weit übertreffen:* mit dieser Leistung hat er alle übertrumpft; jmds. Leistung ü. **2.** (Kartenspiel) *mit einem höheren Trumpf an sich bringen, besiegen, übertreffen:* er hat ihn, seine Karte übertrumpft.

übervorteilen ⟨jmdn. ü.⟩: *sich auf jmds. Kosten einen Vorteil verschaffen:* man hat ihn bei dem Kauf übervorteilt.

überwachen ⟨jmdn., etwas ü.⟩: *kontrollieren, beobachten:* einen Verdächtigen, jeden seiner Schritte [Tag und Nacht] ü.; die Ausführung einer Arbeit, eines Befehls ü.; eine technische Anlage, den Produktionsablauf ü.

überwältigen: 1. ⟨jmdn. ü.⟩ *bezwingen:* einen Angreifer ü.; nach kurzem Handgemenge hatte man den Tobenden überwältigt. **2.** ⟨etwas überwältigt jmdn.⟩ *etwas erfaßt, erfüllt jmdn.:* Angst, Wehmut überwältigte ihn; der Schlaf hat ihn überwältigt; die dramatische Wucht des Stückes überwältigte das Publikum *(beeindruckte es tief);* überwältigt von dem Gefühl, daß ...

überwältigend: a) *großartig; eindrucksvoll:* einen überwältigenden Eindruck auf jmdn. machen; der Anblick war ü. **b)** *sehr groß; deutlich:* ein überwältigender Sieg; jmdn. mit überwältigender Mehrheit wählen; seine Leistungen sind nicht ü. *(sind mittelmäßig).*

überweisen: 1. ⟨etwas ü.⟩ *etwas anweisen, auf jmds. Konto einzahlen:* die Miete ü.; die Bank hat das Geld überwiesen *(hat den Überweisungsauftrag ausgeführt);* die Gehälter werden auf ein Girokonto überwiesen; ⟨jmdm./an jmdn. etwas ü.⟩ jmdm. Geld, einen Betrag ü.; wir werden Ihnen/an Sie das Honorar ü. **2.** ⟨jmdn., etwas ü.⟩ *mit Raumangabe⟩ zur Behandlung, Bearbeitung übergeben, zuleiten:* jmdn. an einen Facharzt, zu einem Spezialisten, in die Klinik ü.; der Fall, der Plan wurde einer anderen/an eine andere Behörde, an den Ausschuß überwiesen.

¹überwerfen ⟨jmdm., sich etwas ü.⟩: *etwas mit einer schnellen Bewegung umhängen, überlegen:* sich rasch seinen Mantel ü.; sie hat dem Kind eine Decke übergeworfen.

²überwerfen ⟨sich mit jmdm. ü.⟩: *mit jmdm. in Streit geraten:* ich habe mich mit ihm wegen der Finanzierung überworfen; ⟨auch ohne Präp.-Obj.⟩ die beiden haben sich wegen einer Kleinigkeit [völlig] überworfen.

überwiegen: a) ⟨etwas überwiegt⟩ *etwas ist bestimmend, herrscht vor:* im Süden des Landes überwiegt noch das Laubholz; diese Meinung, die Kraft überwiegt; sein Einfluß hat letztlich überwogen; adj. Part.: die überwiegende Mehrheit *(der größere Teil)* der Bevölkerung; jmdn. mit überwiegender *(mehr als der einfachen)* Mehrheit wählen; sich überwiegend *(hauptsächlich)* mit sozialen Fragen befassen; morgen wird es überwiegend *(meistens)* heiter sein. **b)** ⟨etwas überwiegt etwas⟩ *etwas übertrifft etwas:* bei ihm überwog das Gefühl die Vernunft; das Interesse hat die Vorbehalte überwogen.

überwinden: 1. (geh.) ⟨jmdn., etwas ü.⟩ *besiegen:* er hat seinen Gegner nach hartem Kampf überwunden; ein Gesellschaftssystem ü. *(bekämpfen und abschaffen);* Sport: in der letzten Minute konnte er schließlich den gegnerischen Torhüter ü. *(ein Tor gegen ihn erzielen).* **2.** ⟨etwas ü.⟩ **a)** *bewältigen, bezwingen; meistern:* er hat die Steigung mit dem Rad mühelos überwunden; Hindernisse, Schwierigkeiten ü.; ein Gefühl, die Angst, eine Enttäuschung, seine Scham, Scheu, Bequemlichkeit ü.; die Krise dürfte jetzt überwunden sein. **b)** *an etwas nach innerem Widerstand schließlich nicht länger festhalten, es aufgeben:* alle Bedenken, Vorbehalte, seine innere Abneigung, sein Mißtrauen ü.; ein überwundener Standpunkt. **3.** ⟨sich ü.⟩ *einen inneren Widerstand aufgeben und etwas schließlich doch tun:* er hat sich schließlich überwunden und seine Zustimmung gegeben; er konnte sich nur sehr schwer ü., das zu tun.

Überwindung, die: *das Sichüberwinden:* es hat mich viel, einige Ü. gekostet, das zu tun; etwas nur mit großer Ü. tun.

überzeugen: 1. a) ⟨jmdn. ü.⟩ *jmdn. in seiner Meinung mit Hilfe von Argumenten o. ä. umstimmen:* jmdn. [durch Beweise] von einem Irrtum, von der Richtigkeit einer Handlungsweise ü.; jmdn. von jmds. [Un]schuld ü.; wir konnten ihn nicht ü./er ließ sich nicht ü.; er war nur schwer [davon] zu ü., daß ...; ⟨von etwas überzeugt sein⟩ ich bin nicht davon überzeugt, daß ...; ⟨von jmdm. überzeugt sein⟩ von diesem Künstler bin ich nicht überzeugt *(er gefällt mir nicht).* **b)** *in seiner Leistung, seiner Glaubhaftigkeit o. ä. ganz den Erwartungen entsprechen:* die Mannschaft wußte im Rückspiel zu ü.; er überzeugte durch sein sicheres Auftreten; solche Beweise überzeugen nicht. **2.** ⟨sich von etwas ü.⟩ *sich vergewissern:* ich habe mich davon überzeugt, daß ...; er kann sich selbst, mit eigenen Augen ü., daß ...

überzeugend: *einleuchtend, glaubhaft:* überzeugende Beweise, Gründe; seine Rolle ü. sprechen.

überzeugt: *fest an etwas Bestimmtes glaubend:* ein überzeugter Christ, Marxist.

Überzeugung, die: *Gewißheit, feste Meinung:* die religiöse, politische Ü. eines Menschen; es war seine ehrliche Ü., daß ...; seine Ü. klar, fest vertreten; die Ü. gewinnen/haben, daß ... [nicht] gegen seine Ü. handeln; etwas im Brustton der Ü. *(in fester Überzeugung)* sagen; der [festen] Ü. sein, daß ...; etwas aus innerer Ü. tun; in/mit der festen Ü., daß ...; meiner Ü. nach/nach meiner Ü.; zu der Ü. kommen, gelangen, daß ...

¹überziehen ⟨sich etwas ü.⟩: *über etwas anderes anziehen:* einen Mantel ü.; ⟨jmdm., sich etwas ü.⟩ sie hat sich eine Jacke übergezogen, weil es kühl

wurde. * (ugs.:) **jmdm. eins, ein paar überziehen** *(jmdm. einen Hieb, Hiebe versetzen).*
²überziehen: 1. a) ⟨etwas mit etwas ü.⟩ *mit etwas bedecken, beziehen:* etwas mit [Kunst]stoff, Leinwand, Lack, mit einer Isolierung ü.; der Kuchen wird mit einem Zuckerguß überzogen ⟨auch ohne Präp.-Obj.⟩ die Polstersessel neu ü.; die Betten sind frisch überzogen. **b)** ⟨etwas überzieht sich mit etwas⟩ *etwas bedeckt, bezieht sich mit etwas:* der Himmel hat sich mit Wolken überzogen. **2.** ⟨etwas ü.⟩ *mehr Geld vom Konto abheben, als darauf gutgeschrieben ist:* er hat sein Konto überzogen. **3.** ⟨etwas ü.⟩ *zu weit treiben:* seine Kritik ü.; adj. Part.: überzogene *(zu weit gehende)* Forderungen, Vorstellungen. **4.** (geh.) ⟨jmdn., etwas mit etwas ü.⟩ *einer Sache aussetzen:* jmdn. mit Drohungen, Strafen, Klagen ü.; das Land wurde mit Krieg überzogen. **5.** ⟨etwas ü.⟩ *zugemessene Zeit überschreiten:* die Sendezeit [um 18 Minuten] ü.; er überzieht häufig die Pause.
üblich: *allgemein bekannt, gebräuchlich, gewohnt:* die übliche Arbeit, Methode, Ausrede; das übliche Gerede; etwas zu den üblichen Bedingungen kaufen; zur üblichen Zeit; es ist nicht ü., die Leute zu kontrollieren/daß die Leute kontrolliert werden; etwas wie ü. erledigen.
übrig: *als Rest vorhanden, verbleibend, restlich:* die übrigen Teile, Sachen aufheben; alle übrigen *(anderen)* Gäste sind bereits gegangen; von dem Material, Essen ist noch etwas ü.; ich habe [davon] noch etwas ü.; das, alles übrige *(andere)* alle übrigen *(anderen)* waren einverstanden. * **für jmdn. etwas/nichts übrig haben** *(für jmdn. Sympathie/keine Sympathie empfinden)* · **für etwas viel/ etwas/nichts übrig haben** *(an etwas viel Interesse/ kein Interesse haben)* · **im übrigen** *(ansonsten)* · **ein übriges tun** *(etwas Zusätzliches tun).*
übrigbleiben: *verbleiben, als Rest bleiben:* von dem Essen ist nichts übriggeblieben; wieviel Geld ist übriggeblieben?; zwei Kandidaten werden ü. * **jmdm. bleibt nichts [anderes/weiter] übrig als ...** *(jmd. hat keine andere Wahl als ...).*
übrigens ⟨Adverb⟩: *nebenbei bemerkt:* ü. könntest du mir einen Gefallen tun; ich habe ü. ganz vergessen, dir zu gratulieren; ü., habe ich dir schon gesagt, daß ...?
Übung, die: **a)** *das Üben; durch ständige Wiederholung erworbene Gewandtheit:* das ist alles nur Ü., eine Sache der Ü.; das macht die Ü.; R: Ü. macht den Meister · ihm fehlt die Ü.; nicht genügend Ü. haben; aus der Ü. kommen; außer Ü. sein; in [der] Ü. sein; bleiben; wieder in Ü. kommen. **b)** *Turnübung:* eine schwierige, leichte Ü.; am Reck eine Ü. turnen. **c)** *(für den Ernstfall) probeweise durchgeführte Aktion:* militärische Übungen; Übungen abhalten; die Feuerwehr rückt zur Ü. aus. **d)** *Lehrveranstaltung an einer Hochschule:* eine zweistündige mittelhochdeutsche Ü.; Übungen für Fortgeschrittene, in Althochdeutsch, über Goethes Lyrik; eine Ü. abhalten. **e)** (Rel.) *geistliche Betrachtung, Teil der Exerzitien:* sich geistlichen Übungen unterziehen.
Ufer, das: *Rand eines Gewässers:* ein hohes, steiles, felsiges, sanft abfallendes U.; das U. des Flusses, des Sees; das U. befestigen; das sichere U. erreichen; am rechten, diesseitigen, anderen U.; am U. anlegen; ans U. kommen, gelangen,

rudern, schwimmen, treiben; die Flaschenpost wurde ans U. gespült; (geh.:) an den Ufern des Rheins; der Fluß tritt über die U.; sich vom U. abstoßen, immer weiter entfernen; übertr. (geh.): sich zu neuen Ufern aufmachen.
Uhr, die: **a)** *Zeitmesser:* eine goldene, moderne, genau gehende, automatische, elektrische, wasserdichte U.; die U. tickt, geht vor/nach, steht, ist abgelaufen, zeigt halb zehn, schlägt elf; deine U. geht nach dem Mond (ugs.; *geht falsch, ungenau);* die U. stellen, aufziehen, anhalten, reparieren; eine U. tragen; auf die U., nach der U. sehen, blicken, schauen; nach meiner U. ist es bereits fünf; übertr.: jmds. biologische, innere U. *(der biologische Rhythmus);* das Unternehmen war ein Rennen gegen die U.; in diesem Land gehen die Uhren anders. **b)** *Uhrzeit:* es ist genau, Punkt, Schlag (ugs.) acht U.; wieviel U. ist es?; der Zug fährt um fünf U. dreißig/um 5.30 U.; /bei der automatischen Zeitansage/: beim nächsten Ton ist es null U. und 10 Minuten; etwas dauert von acht bis zehn U. * (ugs.:) **rund um die Uhr** *(24 Stunden lang, ohne Unterbrechung)* · (geh.:) **jmds. Uhr ist abgelaufen** *(jmds. Lebenszeit ist, geht zu Ende).*
Ulk, der: *Spaß, Scherz:* ein köstlicher U.; [einen] U. machen; sich einen U. erlauben, aus etwas machen; er machte, trieb seinen U. mit ihm.
ulkig (ugs.): *komisch, spaßig:* ein ulkiger Mensch, Kerl (ugs.); die Sache war sehr u.; er kann so u. erzählen; sein Verhalten war etwas u. *(sonderbar).*
Ultimatum, das: *zeitlich befristete Forderung:* das U. ist abgelaufen; [jmdm.] ein U. stellen; ein U. annehmen, zurückweisen, ablehnen; die Aufforderung gleicht einem U., kommt einem U. gleich.
um: I. ⟨Präp. mit Akk.⟩ **1.** /räumlich; kennzeichnet die Lage oder Bewegung im Hinblick auf einen Bezugspunkt in der Mitte; oft in Korrelation mit *herum*/: alle standen um ihn [herum], um den Tisch; er wohnt nur um die Ecke [herum]; sich um die eigene Achse drehen; übertr.: alles dreht sich nur um ihn. **2.** /drückt aus, daß jmd., etwas Mittelpunkt von etwas ist/: Gerüchte, Spekulationen um die Firma, um einen Plan, um Namen, bestimmte Personen. **3. a)** /kennzeichnet einen bestimmten Zeitpunkt/: die Veranstaltung beginnt um 20 Uhr. **b)** /kennzeichnet einen ungefähren Zeitpunkt; oft in Korrelation mit *herum*/: um Weihnachten, Ostern [herum]; um den 15. Juli; um die Mittagszeit; um diese Zeit [herum] muß es geschehen sein. **4.** /kennzeichnet Zweck oder Ziel einer Tätigkeit/: um Nachsicht bitten; um sein Leben kämpfen; um Geld spielen. **5.** /drückt einen regelmäßigen Wechsel aus/: einen Tag um den anderen. **6.** ⟨Subst. + *um* + gleiches Subst.⟩ /drückt auf emotionale Weise ein kontinuierliches Nacheinander aus/: es verging Woche um Woche, Stunde um Stunde; Seite um Seite schreiben; er fuhr Runde um Runde. **7.** /bezeichnet in Verbindung mit dem Komparativ ein bestimmtes Maß, eine Größenordnung/: er ist um Haupteslänge (geh.) größer als ich; hier kauft man um die Hälfte billiger; eines um nichts, um vieles besser. **8.** /kennzeichnet einen Unterschied bei Maßangaben/: der Rock wurde

um 5 cm gekürzt. **9.** ⟨in Abhängigkeit von bestimmten Wörtern⟩ sich sorgen um; das Wissen um etwas; um Hilfe rufen; es ist schade um jmdn., etwas. **II.** ⟨Konj.⟩ **1.** ⟨in Verbindung mit Infinitiv mit *zu*⟩ **a)** /drückt einen Zweck, eine Folge aus/: er kam, um mir zu gratulieren. **b)** /in weiterführend-abschließender Funktion/ er hat mit Novellen angefangen, um erst im Alter Romane zu schreiben. **2.** ⟨in Verbindung mit *so* und Komparativ⟩ /drückt eine proportionale Verstärkung aus/: die Zeit ist knapp, um so besser muß man sie nützen; je schneller der Wagen [ist], um so größer [ist] die Gefahr. **III.** ⟨Adverb⟩ /oft in Korrelation mit *herum*/: *ungefähr*: ich brauche um [die] 100 Mark [herum]; es waren um [die] 50 Personen da. * (geh.) **um und um** *(ganz, rundherum):* der Platz war u. und u. geschmückt.

umarbeiten ⟨etwas u.⟩: *in seiner Form verändern, eine neue Form, Gestalt geben:* einen Anzug [nach neuestem Schnitt] u.; er hat den Roman in ein Drama, zu einem Drehbuch umgearbeitet.

umarmen ⟨jmdn. u.⟩: *mit den Armen umschließen und an sich drücken:* jmdn., sich/(geh.:) einander bei der Begrüßung liebevoll, zärtlich, stürmisch u.

Umbau, der: **1. a)** *bauliche Umgestaltung:* der U. des Hauses, Geschäftes; der U. der Kulissen geschieht innerhalb weniger Minuten; alle Umbauten müssen genehmigt werden; wegen U. (selten: wegen Umbaus) geschlossen; übertr.: der U. der Verwaltung vornehmen. **b)** (selten) *das Umgebaute:* der U. ist sehr schön geworden. **2.** *Umkleidung:* ein U. aus Holz, Kunststoff.

¹umbauen ⟨etwas u.⟩: *baulich verändern:* einen Laden, ein Haus u.; der Saal wurde zu einem Kino umgebaut ⟨auch ohne Akk.⟩ sie wollen u. übertr.: die Verwaltung, eine Mannschaft u.

²umbauen ⟨etwas u.⟩: *ein-, umfassen:* etwas mit einer Mauer u.; der Platz soll umbaut werden; 20 000 m³ umbauter Raum (Bauw.).

umbilden: 1. ⟨etwas u.⟩ *umändern:* das Kabinett u.; die Parteispitze soll umgebildet werden. **2.** ⟨etwas bildet sich um⟩ *etwas verändert sich in seiner Struktur:* die chemische Zusammensetzung bildet sich beim Erhitzen um.

umbinden ⟨jmdm., sich etwas u.⟩: *umhängen und festbinden:* dem Kind einen Schal u.; er hat sich eine Krawatte, sie hat sich eine Schürze, ein Tuch umgebunden.

umblicken ⟨sich u.⟩: *sich umschauen:* sich nach etwas u.; er blickte sich mehrmals nach dem Mädchen um; sich in der Runde u.; er ging, ohne sich noch einmal umzublicken *(ohne zurückzuschauen).*

umbringen ⟨jmdn., sich u.⟩: *töten:* jmdn. mit Gift, auf bestialische Weise, aus Eifersucht u.; er hat sich umgebracht. übertr. (ugs.): die ständige Nörgelei bringt mich noch um *(zermürbt mich);* das Material ist nicht umzubringen *(ist unverwüstlich);* er brachte sich [fast, beinahe] um vor Hilfsbereitschaft *(war sehr hilfsbereit).*

umdrehen: a) ⟨etwas u.⟩ *auf die entgegengesetzte Seite drehen:* ein Blatt Papier, die Zeitung, ein Geldstück u.; ⟨jmdm. etwas u.⟩ jmdm. den Arm, die Hand u.; übertr. (ugs.): einen Spion, Agenten u. *(ihn dazu bringen, daß er für die andere Seite spioniert).* **b)** ⟨sich u.⟩ *eine Drehung ma-*

chen: als er sich umdrehte, erkannte ich ihn; kannst du dich einmal u.?; er drehte sich nach den drei Mädchen um *(wendete den Kopf und blickte ihnen nach).*

umfallen: a) ⟨etwas fällt um⟩ *etwas bleibt nicht stehen, fällt zu Boden:* viele Bäume sind, ein Bauzaun ist bei dem Sturm umgefallen. **b)** *in einem Zustand von Schwäche zusammenbrechen:* bei der Hitze sind einige Teilnehmer [wie die Fliegen (ugs.)] umgefallen; subst.: zum Umfallen *(sehr)* müde sein; übertr. (ugs.): bei den Verhandlungen ist er doch noch umgefallen *(hat er seinen bis dahin festen Standpunkt aufgegeben).*

Umfang, der: **1.** *Länge der Begrenzungslinie:* der U. einer Kugel, der Erde; der Baumstamm hat einen U. von 5,30 m; den U. eines Kreises berechnen; den U. messen; bildl. (ugs. scherzh.): sie hat einen ganz schönen U. *(ist ziemlich dick).* **2.** *Dicke, Stärke:* jeder Band hat 800 Seiten U., hat einen U. von 800 Seiten. **3.** *Ausmaß:* der U. einer Arbeit, Untersuchung; der U. der Schäden läßt sich noch nicht überblicken; etwas nimmt einen immer größeren, einen ungeahnten, ungeheuren U. an; einen festgelegten U. überschreiten; etwas in seinem wirklichen U. übersehen; der Angeklagte war in vollem Umfang[e] geständig *(hat alles gestanden).*

umfangen (geh.) ⟨jmdn. u.⟩: *mit den Armen umschließen:* jmdn. [mit beiden Armen] u., umfangen halten; übertr.: Dunkelheit, eine angenehme Kühle umfing uns.

umfänglich: *von größerem Ausmaß; ausgedehnt:* umfängliche Vorbereitungen, Sicherheitsmaßnahmen; ein umfänglicher Brief[wechsel]; die Arbeit erwies sich als sehr u.

umfangreich: *von größerem Umfang, Ausmaß:* umfangreiche Berechnungen, Nachforschungen anstellen; er hat ein umfangreiches Wissen.

umfassen: 1. ⟨jmdn., etwas u.⟩ *mit den Armen umschließen:* jmds. Knie, Arme, Taille u.; er umfaßte mich, hielt mich umfaßt. **2.** ⟨etwas u.⟩ *umzingeln:* die gegnerischen Stellungen von Norden her u. **3.** ⟨etwas umfaßt etwas⟩ *etwas enthält etwas:* diese Ausgabe umfaßt die frühen Werke des Dichters; sein Arbeitsgebiet umfaßt Planung und Organisation; adj. Part.: *ausgedehnt, weitgespannt:* eine umfassende Bildung haben; umfassende Vorbereitungen treffen; ein umfassendes *(volles)* Geständnis ablegen; seine Kenntnisse sind u.; sich u. orientieren.

Umfrage, die: *systematische Befragung von Personen:* die U. ist nicht repräsentativ; die U. hat ergeben, daß ...; eine U. [zur/über die Hochschulreform] machen; eine U. unter den Teilnehmern veranstalten; etwas durch U. ermitteln.

umfunktionieren ⟨etwas u.⟩: *für einen anderen als den vorherigen oder eigentlich vorgesehenen Zweck verwenden:* einen alten Fabrikbau zu einem Jugendzentrum u.; die Veranstaltung wurde in eine/zu einer Demonstration umfunktioniert ⟨ugs. auch:⟩ jmdn. zu etwas u.⟩ der Spieler wurde zum Stürmer umfunktioniert *(ihm wurde die Funktion des Stürmers übertragen).*

Umgang, der: **a)** *gesellschaftlicher Verkehr:* ein angenehmer, geselliger U.; diese Leute sind kein U. für dich *(sie passen nicht zu dir);* mit jmdm. U. haben, pflegen; jmds. U. meiden; durch dauernden U., im U. mit Ausländern hat er sich die Sprachkenntnisse angeeignet. **b)** *das Umgehen mit jmdm., mit etwas:* den U. mit jmdm., mit etwas erst lernen müssen; der ständige U. mit Jugendlichen hat ihn aufgeschlossener gemacht; durch den U. mit Behinderten hat sie vieles gelernt; sich im U. mit Tieren auskennen; ein sparsamer U. mit dem Material ist angezeigt.

umgänglich: *freundlich, entgegenkommend:* er ist ein umgänglicher Mensch; ein umgängliches Wesen haben; du mußt etwas umgänglicher sein; er hat sich sehr u. gezeigt.

Umgangsformen, die ⟨Plural⟩: *Art, sich zu benehmen:* gute, schlechte, keine U. haben, besitzen; jmdm. [gute] U. beibringen; er fiel durch seine guten U. auf.

umgeben: a) ⟨jmdn., sich, etwas mit jmdm., mit etwas u.⟩ *einfassen; herumsein lassen:* das Grundstück mit einem Zaun u.; er hat sich mit einem großen Mitarbeiterstab, mit Experten umgeben; ü b e r t r.: jmdn. mit viel Liebe u. *(sie ihm zuteil werden lassen);* sich mit einem Heiligenschein u. *(sich idealisieren).* **b)** ⟨jmdn., etwas u.⟩ *umschließen, von allen Seiten einschließen:* eine Hecke umgibt den Garten; die Stadt ist ringsum von Wald umgeben; von Spitzeln umgeben sein.

Umgebung, die: **1.** *das umliegende Gebiet; unmittelbare Nachbarschaft:* eine gebirgige, waldreiche U.; die U. Berlins/von Berlin; die Stadt hat eine schöne U.; er sucht eine Wohnung in Stuttgart oder U.; Ausflüge in die nähere und weitere U. machen. **2.** *Kreis von Menschen; Bereich, Milieu, in dem jmd. lebt:* seine nähere U. versuchte, ihm den Vorfall zu verheimlichen; aus der U. des Kanzlers war zu hören, daß ...; zur näheren U. von jmdm. gehören; in fremder, vertrauter U. leben; er fühlt sich wohl in dieser U.

¹umgehen ⟨etwas u.⟩: **1.** *in einem Bogen um etwas herumgehen, -fahren:* die Innenstadt, den Ort [auf einer Schnellstraße] u.; die Straße umgeht westlich den Gebirgszug; ein Hindernis u. **2.** *nicht beachten:* Vertragsbestimmungen, ein Gesetz, eine Vorschrift u.; er umging in seiner Rede diesen kritischen Punkt; es ließ sich nicht u. *(vermeiden),* ihn zu begrüßen.

²umgehen: 1. a) ⟨etwas geht um⟩ *etwas ist in Umlauf:* eine Liste, Zeitschrift, Sammelbüchse geht [in der Firma] um; es geht das Gerücht um, daß ... **b)** *in Erscheinung treten, auftreten:* hier im Schloß gehen Gespenster um, soll eine weiße Frau u.; ü b e r t r.: es geht die Angst um in der Bevölkerung; bei uns geht die Grippe um. **2.** ⟨mit jmdm., mit etwas u.; mit Artangabe⟩ *jmdn., etwas in bestimmter Weise behandeln:* mit jmdm. behutsam, vorsichtig, sehr grob u.; er geht mit seinen Sachen sehr nachlässig um; sparsam, leichtsinnig, verschwenderisch mit dem Geld u.; ⟨auch ohne Artangabe⟩ er kann mit Kindern u.; ü b e r t r.: mit seinen Gefühlen, seiner Angst um[zu]gehen lernen. **3.** ⟨mit etwas u.⟩ *etwas vorhaben:* mit einem Plan, Vorhaben u.; er geht mit dem Gedanken um, ein Haus zu kaufen.

umgehend: *sofort; ohne jede Verzögerung ausgeführt:* eine umgehende Antwort, Information; jmdm. u. antworten; etwas u. erledigen.

umgestalten ⟨etwas u.⟩: *umbilden:* einen Raum, ein Schaufenster u.; der Garten ist in eine

öffentliche/zu einer öffentlichen Anlage umgestaltet worden.

umgraben ⟨etwas u.⟩: *grabend bearbeiten:* den Garten, ein Beet u.

umhängen ⟨etwas u.⟩ *an eine andere Stelle hängen:* Bilder u.; die Wäsche u. **2.** ⟨jmdm., sich etwas u.⟩ *jmdm., sich etwas umlegen:* sie hat dem Kind, sich den Mantel umgehängt.

umher ⟨Adverb⟩: *meist zusammengesetzt mit Verben⟩: ringsum:* die Wrackteile waren weit u. verstreut.

umhinkönnen ⟨nur verneint und mit Infinitiv mit *zu*⟩: *umgehen, vermeiden können:* er wird kaum u., den Vorfall zu melden; wir haben nicht umhingekonnt, auch die anderen einzuladen.

umkehren: 1. *kehrtmachen und zurückgehen, -fahren:* wir sind auf halbem Wege [wieder] umgekehrt; viele mußten u., weil der Saal überfüllt war. **2.** ⟨etwas u.⟩ *etwas von innen nach außen kehren, umstülpen:* Taschen, Hemden, Strümpfe, Kleidungsstücke u.; ü b e r t r. (ugs.): ich habe das ganze Haus umgekehrt *(durchsucht).* **3.** ⟨etwas u.⟩ *umdrehen, entgegengesetzt machen:* im zweiten Durchgang wurde die Reihenfolge umgekehrt; etwas verläuft umgekehrt, in umgekehrter Reihenfolge, Richtung; umgekehrt! *(im Gegenteil!).*

umkippen: 1. a) *umfallen:* die Vase, die Flasche kippt um; die Leiter droht umzukippen; er ist mit dem Stuhl, mit dem Boot umgekippt. **b)** (ugs.) *zusammenbrechen:* er geht bei der Hitze umgekippt; ü b e r t r. (ugs.): bei den Verhandlungen ist er doch noch umgekippt *(hat er seinen bis dahin festen Standpunkt geändert);* die gute Stimmung kippte plötzlich [in Panik] um *(schlug in Panik um).* **c)** (ugs.) ⟨etwas kippt um⟩ *etwas wird durch zu lange Lagerung sauer:* der Wein ist umgekippt. **2.** ⟨etwas u.⟩ *umwerfen:* den Tisch u.; er hat versehentlich den Eimer umgekippt. **3.** ⟨etwas kippt um⟩ *etwas stirbt biologisch ab:* der See, das Meer droht umzukippen.

umklammern ⟨jmdn., etwas u.⟩: **1.** *fest umfassen:* jmds. Hand u.; der Ertrinkende umklammerte den Rettungsschwimmer mit den Armen; er hielt ihre Hand umklammert. **2.** *einschließen, umzingeln:* die Truppen haben den Feind, eine ganze Division umklammert.

¹umkleiden (geh.) ⟨jmdn., sich u.⟩: *umziehen:* sich zum Ausgehen, für das Theater u.; sie hat noch rasch das Kind umgekleidet.

²umkleiden ⟨etwas mit etwas u.⟩: *etwas mit etwas umgeben:* das Rednerpult mit einem Fahnentuch, mit Girlanden u.

umkommen: 1. *ums Leben kommen:* im Krieg, in den Flammen u.; seine Angehörigen sind bei einem Erdbeben, durch einen Autounfall umgekommen; ü b e r t r.: davon wirst du nicht u. *(das wird dir nicht schaden);* vor Hitze, Hunger, Langeweile fast u. **2.** ⟨etwas kommt um⟩ *etwas verdirbt:* Lebensmittel, Reste, nichts u. lassen; alles verbrauchen, damit nichts umkommt.

Umkreis, der: *unmittelbar umgebendes Gebiet:* drei Kilometer im U.; in U. von drei Kilometern; im engen, größeren, weiteren, ganzen U. war kein Haus zu finden; er ist über den U. der Stadt nie hinausgekommen.

Umlauf, der: **1. a)** *das Umlaufen:* der U. des Blutes, im Gefäßsystem; der U. der Erde um die

Sonne dauert ein Jahr. **b)** *das Kursieren:* der U. der Zahlungsmittel, von falschen Fünfmarkstükken, von Zeitschriften; der U. stockt, ist gehemmt; viele Gerüchte waren in/im U.; etwas in U. bringen, setzen *(etwas umlaufen lassen);* etwas soll in U. kommen; etwas außer U. setzen *(aus dem Verkehr ziehen).* **2.** *Rundschreiben:* einen U. erhalten, abzeichnen, weitergeben; etwas durch [einen] U., in/mit einem U. bekanntmachen.

¹umlaufen: 1. ⟨etwas läuft um⟩ **a)** *etwas kursiert:* eine Bekanntmachung läuft im Betrieb um; falsche Fünfmarkstücke sind umgelaufen; es läuft das Gerücht um, daß ...; sich in die umlaufende Liste eintragen. **b)** *ringsherum verlaufen:* der Balkon läuft [an dem Haus] ganz um; eine umlaufende Galerie. **²umlaufen 1.** ⟨etwas u.⟩ *um etwas herumlaufen:* das Spielfeld, die Bahn fünfmal u. **2.** ⟨etwas umläuft etwas⟩ *etwas bewegt sich in einer bestimmten Bahn:* der Planet umläuft die Sonne in ungefähr 11 Jahren.

¹umlegen: 1. ⟨jmdm., sich etwas u.⟩ *etwas umhängen:* sich den Mantel u.; ⟨auch ohne Dat.⟩ sie hatte eine Pelzstola umgelegt. **2.** ⟨jmdn., etwas u.⟩ *an einen anderen Platz bringen, verlegen:* eine Leitung u.; der Patient ist in eine andere Abteilung umgelegt worden. **3. a)** ⟨etwas u.⟩ *etwas, was steht, auf den Boden bringen:* eine Mauer, einen Schornstein, einen Baum u.; der Regen hat das Getreide umgelegt *(niedergedrückt).* **b)** ⟨etwas u.⟩ *umschlagen:* den Kragen, die Manschetten u. **c)** (ugs.) ⟨jmdn. u.⟩ *töten:* die Einbrecher haben den Mitwisser, den Verräter einfach umgelegt. **d)** (ugs.) ⟨jmdn. u.⟩ *zu Boden werfen:* er hatte seinen Gegner mit einem Boxhieb umgelegt. **4.** ⟨etwas u.⟩ *Kosten anteilmäßig verteilen:* die Kosten werden auf alle [anteilmäßig] umgelegt. **²umlegen** ⟨etwas mit etwas u.⟩: *etwas mit etwas umgeben:* den Braten mit einem Gemüsen, Salaten u.

umleiten ⟨etwas u.⟩: *einen anderen Weg leiten:* der gesamte Verkehr mußte wegen eines Unfalls [über Nebenstraßen] umgeleitet werden; das Flugzeug wurde entführt und nach Kuba umgeleitet; übertr.: Geld in die Privatkasse u.

umrahmen ⟨etwas umrahmt etwas⟩: *etwas umgibt etwas (wie ein Rahmen):* ein Bart umrahmt sein Gesicht; der Ort ist von dunklen Wäldern umrahmt; übertr.: eine Feier musikalisch u.; die Veranstaltung war von verschiedenen Darbietungen umrahmt.

¹umreißen ⟨jmdn., etwas u.⟩: *zu Boden reißen:* einen Baum, ein Verkehrsschild u.; das Auto hat einen Fußgänger umgerissen; er riß mich vor Freude fast um. **²umreißen** ⟨etwas u.⟩: *knapp beschreiben, skizzieren:* etwas kurz, mit wenigen Worten, in groben Zügen u.; eine Situation, die Geschäftslage u.; der Tatbestand ist rasch umrissen; adj. Part.: *ausgeprägt:* fest, scharf umrissene Ansichten, Vorstellungen haben.

umrennen ⟨jmdn., etwas u.⟩: *im Laufen anstoßen und zu Fall bringen:* fast hätte ich die Leiter umgerannt; er hat eine alte Frau umgerannt.

umringen ⟨jmdn., etwas u.⟩: *dicht um jmdn., um etwas herumstehen:* einen Stand u.; der Sieger war ständig von Journalisten umringt.

Umriß, der: *Kontur:* der U. einer Figur; nur die Umrisse der Häuser waren zu erkennen; übertr.: *in großen Zügen:* etwas in großen, flüchtigen Umrissen darstellen.

umrühren ⟨etwas u.⟩: *durch Rühren vermischen:* die Suppe u.; subst.: etwas unter ständigem Umrühren langsam kochen lassen.

ums (ugs.): *um das:* mehrmals u. Haus gehen; bei einem Unfall u. Leben kommen.

umsatteln (ugs.): *das Fach, den Beruf wechseln:* u. müssen; er hat von Medizin auf/(seltener:) zur Soziologie umgesattelt.

Umsatz, der: *Menge, Wert des Verkaufs:* ein großer, guter U. [an/(seltener:) von, in etwas]; der U. stagniert, geht zurück, steigt; den U. halten können, steigern, erhöhen; U. machen (ugs.; großen Umsatz haben).

umschalten: a) ⟨mit Raumangabe⟩ *eine andere Verbindung herstellen:* direkt ins Stadion u.; zur Tagesschau schalten wir um nach Hamburg. **b)** ⟨etwas u.⟩ *anders schalten, einstellen:* einen Hebel, den Strom u.; das Netz von Gleichstrom auf Wechselstrom u.; den Apparat auf einen anderen Sender u. **c)** (ugs.) *umstellen:* die Wirtschaft muß [auf andere Produkte] u.; übertr.: ich muß nach dem Urlaub erst wieder u.

umschiffen ⟨etwas u.⟩: *etwas mit einem Schiff umfahren:* wir haben das Kap der Guten Hoffnung umschifft; bildl.: er hat bei den Verhandlungen alle Klippen umschifft *(alle Schwierigkeiten überwunden).*

Umschlag, der: **1. a)** *um ein Buch gelegter Schutzumschlag:* ein farbiger U.; der U. ist beschädigt, zerrissen; einen U. um das Buch legen. **b)** *Briefumschlag:* ein gefütterter U.; der U. ist aufgerissen; einen frankierten U. beilegen; den U. zukleben, öffnen; eine Briefmarke auf den U. kleben; den Brief in einen U. stecken. **2.** *Wickel:* ein warmer, kalter U. [mit essigsaurer Tonerde]; die Umschläge haben etwas geholfen, haben mir Linderung verschafft; der Arzt hat mir feuchtwarme Umschläge verordnet; jmdm. einen U., Umschläge machen u. wechseln, erneuern. **3.** *umgeschlagener Rand an Hosen:* der U. an der Hose ist ausgefranst; die Umschläge ausbürsten, erneuern; eine Hose mit/ohne U. **4.** *plötzliche Veränderung:* ein wirtschaftlicher U. trat, setzte ein; den U. seiner Stimmung war es unerklärlich; den U. des Wetters [in den Gliedern] spüren. **5.** *das Umladen von Waren:* der U. der Waren, von Gütern; der U. vom Schiff auf die Bahn; der U. hat sich nicht erhöht, ging zurück; der Hafen hat 10 Mio. t. im Monat.

umschlagen: 1. ⟨etwas u.⟩ *fällen:* Bäume u. **2.** ⟨etwas u.⟩ *so wenden, daß das Innere nach außen kommt:* den Kragen, die Ärmel u.; etwas Hosenbeine umgeschlagen. **3.** *(eine Buchseite) umdrehen:* eine Seite u. **4.** ⟨jmdn., sich etwas u.⟩ *umlegen:* sich ein Tuch u. **5.** ⟨etwas schlägt um⟩ *etwas kippt um:* der Kahn, das Boot ist umgeschlagen. **6.** ⟨etwas schlägt um⟩ *etwas ändert sich plötzlich:* das Wetter, der Wind wird bald u.; plötzlich ist seine gute Laune, die Stimmung [ins Gegenteil] umgeschlagen; Sympathie schlug in Haß um. **7.** ⟨etwas u.⟩ *etwas umladen:* hier werden Waren aller Art umgeschlagen.

umschließen: a) ⟨etwas u.⟩ *mit den Händen um-*

fassen: etwas mit Händen u.; er hielt ihre Hand fest umschlossen. **b)** ⟨etwas umschließt etwas⟩ *etwas umgibt etwas:* eine hohe Mauer umschließt das Haus; der Kragen umschließt locker den Hals; ü b e r t r. (geh.): sein Vorschlag umschließt *(enthält)* auch diese Möglichkeit.

¹umschreiben: 1. ⟨etwas u.⟩ *neu fassen, schreiben:* einen Text, Artikel u.; er hat das Stück völlig umgeschrieben. 2. ⟨etwas auf jmdn., auf etwas u.⟩ *etwas übertragen:* die Hypothek auf einen anderen Inhaber u.; er hat das Haus auf seinen Sohn umgeschrieben/u. lassen; etwas auf ein anderes Konto u.

²umschreiben ⟨etwas u.⟩: 1. *beschreiben, abgrenzen:* jmds. Rechte, Pflichten, Befugnisse [genau, kurz] u.; der Tatbestand läßt sich nicht mit wenigen Worten, läßt sich am besten mit dem Wort „verfehlt" u. 2. *anders, verhüllend ausdrükken:* eine unangenehme Sache [geschickt] u.; S p r a c h w.: den Genitiv durch eine präpositionale/mit einer präpositionalen Fügung u.

umschulen: 1. ⟨jmdn. u.⟩ *in eine andere Schule schicken:* wegen des Umzugs mußten die Kinder umgeschult werden; ein Kind von der Grund- in die Realschule u. 2. ⟨jmdn. u.⟩ *in einem anderen Beruf ausbilden:* die Bergleute werden [zu Bauarbeitern] umgeschult; einen Piloten auf einen neuen Flugzeugtyp u.; sich u. lassen. 3. *eine Umschulung mitmachen:* er schult [auf Maurer] um.

Umschweife (Plural) ⟨gewöhnlich in der Verbindung⟩ ohne Umschweife *(geradeheraus, ohne Zögern):* etwas ohne U. sagen, tun.

Umschwung, der: 1. *Veränderung ins Gegenteil:* ein plötzlicher U. der Stimmung, in der Stimmung; in der öffentlichen Meinung trat ein U. ein; einen U. verursachen, auslösen, veranlassen, herbeiführen; etwas führt zu einem U. 2. (Turnen) *kreisförmiger Schwung:* drei Umschwünge am Reck, an den Ringen machen.

umsehen: 1. ⟨sich u.⟩ *sich umdrehen, um jmdn., etwas zu sehen:* sich mehrmals [nach jmdm.] u.; der Reiter sah sich um, ob die Stange gefallen war; ü b e r t r.: ihr werdet euch noch u. *(wundern),* wenn ich nicht mehr hier bin! 2. **a)** ⟨sich nach jmdm., nach etwas u.⟩ *Ausschau halten, suchen:* sich nach neuen Mitarbeitern, nach einem passenden Geschenk, nach einem anderen Arbeitsplatz u.; ⟨auch ohne Präp.-Obj.⟩ darf ich mich ein wenig u.? **b)** ⟨sich u.; mit Raumangabe⟩ *in einem bestimmten Bereich Erfahrungen sammeln:* sich in der Welt u.; ü b e r t r.: er will sich im Verlagswesen u.; bei mir darfst du dich nicht u. *(es ist nicht aufgeräumt).*

umsein (ugs.) ⟨etwas ist um⟩: *etwas ist vorbei:* die Frist, Zeit ist [längst] um; schade, daß der Urlaub schon um ist.

umsetzen: 1. ⟨jmdn., sich, etwas u.⟩ *an eine andere Stelle, einen anderen Platz setzen:* Bäume, Pflanzen, Randsteine u.; der Lehrer hat die Schüler in der Klasse umgesetzt; wir haben uns umgesetzt. 2. ⟨etwas in etwas u.⟩ *etwas in etwas umwandeln:* etwas filmisch u.; ein Musikstück in eine andere Tonart u.; Prosa in Verse u.; etwas in Wärme, Strom u.; Stärkemehl wird in Zucker umgesetzt; er hat sein ganzes Geld in Alkohol umgesetzt (ugs.; *dafür ausgegeben);* jetzt gilt es, die Theorie in die Praxis umzusetzen; etwas in

die Tat u. *(realisieren).* 3. ⟨etwas u.⟩ *verkaufen:* Waren [für 50 000 Mark, im Wert von 100 000 Mark] u.; gestern hat er viel, nichts umgesetzt.

Umsicht, die: *kluges Verhalten:* in dieser Situation bewies, zeigte er große, eine erstaunliche U.; etwas mit viel U. tun, erledigen.

umsichtig: *klug überlegend; mit Umsicht vorgehend:* ein umsichtiger Leiter; er ist sehr u.; u. handeln, vorgehen; sich [bei, in etwas] u. zeigen.

umsonst ⟨Adverb⟩: 1. *vergeblich:* es war alles u.; sich u. anstrengen, bemühen; er hat den Weg völlig u. gemacht; nicht u. *(nicht ohne Grund)* hält er sich im Hintergrund. 2. *ohne Bezahlung:* etwas u. tun, bekommen; er hat die Arbeit sogar u. gemacht; hier gibt es etwas u.

¹umspringen ⟨jmdn., etwas u.⟩: *um jmdn., um etwas herumspringen:* die Kinder und der Hund umsprangen den heimkehrenden Vater.

²umspringen: 1. ⟨etwas springt um⟩ *etwas wechselt von einem Augenblick zum anderen die Richtung, die Farbe:* der Wind ist [nach Norden] umgesprungen; die Ampel ist [auf Rot, von Grün auf Rot] umgesprungen. 2. ⟨mit jmdm., mit etwas u.; mit Artangabe⟩ *in bestimmter unguter Weise behandeln:* mit den Häftlingen grob, rücksichtslos, brutal u.; so können Sie mit mir nicht u.!

Umstand, der: *für ein Geschehen bestimmende Situation, Gegebenheit:* ein wichtiger, entscheidender, unvorhergesehener, glücklicher U.; die Umstände erlauben, gestatten mir das nicht; die Umstände bringen das mit sich; erschwerende Umstände kamen, traten hinzu; dieser U. darf nicht außer acht gelassen werden; nicht viel, keine Umstände machen *(schnell entschlossen handeln);* macht [euch] bitte [meinetwegen] keine Umstände *(trefft bitte keine großen Vorbereitungen);* gewisser Umstände wegen nicht mitfahren können; R e c h t s w.: jmdm. mildernde Umstände zubilligen *(Umstände, die das Strafmaß herabsetzen);* dem Patienten geht es den Umständen entsprechend gut; bei den gegebenen Umständen ist das nicht möglich; durch eine Verkettung unglücklicher Umstände geschah der Unfall; etwas richtet sich nach den näheren Umständen; unter diesen, gewissen, den besonderen, derzeitigen, gegenwärtigen Umständen werde ich nicht kommen; unter keinen Umständen *(auf keinen Fall)* werde ich das tun. * **unter Umständen** *(vielleicht, möglicherweise)* · ⟨verhüllend:⟩ **in anderen Umständen sein** *(schwanger sein).*

umständlich: a) *schwerfällig; nicht gewandt:* er ist ein umständlicher Mensch; er ist furchtbar u.; etwas u. machen, erzählen; ⟨in etwas u. sein⟩ er ist sehr u. in seiner Arbeitsweise. **b)** *zeitraubend, zu ausführlich:* umständliche Vorbereitungen; das ist [mir] alles viel zu u.

umstehen ⟨jmdn., etwas u.⟩: *um jmdn., um etwas herumstehen:* Neugierige umstanden den Verletzten, das Auto; ein von hohen Weiden umstandener Teich.

umstehend: *umseitig:* u., auf der umstehenden Seite finden Sie die Auflösung.

umsteigen: 1. *in eine andere Bahn o. ä. steigen:* nach Passau muß man u.; in München u.; von der Linie 4 in die Linie 7 u.; s u b s t.: sich beim Umsteigen beeilen. 2. (ugs.) *zu etwas anderem übergehen:* vom Auto auf öffentliche Verkehrsmittel u.; sie wollen auf Erdgas u.; er war von weichen auf harte Drogen umgestiegen.

¹umstellen: 1. ⟨etwas u.⟩ **a)** *an einen anderen Platz stellen:* Möbel, Tische, Bücher u.; ich habe die Schränke wieder umgestellt. **b)** *umschalten, anders einstellen:* einen Hebel, Schalter u. **c)** (Sport) *die Mannschaftsaufstellung ändern:* der Trainer hat die Mannschaft nicht umgestellt. 2. ⟨sich, etwas u.⟩ *auf etwas anderes, Neues einstellen:* sich schnell u. können; die Produktion, den Fuhrpark auf Katalysatorautos u.; ⟨auch ohne Akk.⟩ sie wollen auf Erdgas u.

²umstellen ⟨jmdn., etwas u.⟩: *sich so um jmdn., um etwas stellen, daß niemand entkommen kann:* die Polizei hat das Haus, das Gelände umstellt; das Wild wurde von den Jägern umstellt.

umstoßen: 1. ⟨jmdn., etwas u.⟩ *umwerfen:* den Eimer, die Leiter u.; er hat ihn mit dem Ellenbogen umgestoßen. 2. ⟨etwas u.⟩ *völlig ändern, rückgängig machen:* einen Plan, ein Urteil, ein Testament, eine Bestimmung u.; er hat jetzt alles wieder umgestoßen.

Umsturz, der: *gewaltsame Änderung; Revolution:* der U. ist gescheitert, geglückt, wurde vorzeitig entdeckt, aufgedeckt; einen U. planen, vorbereiten; an einem U. beteiligt sein; durch einen U. an die Macht gelangen.

umstürzen: 1. ⟨etwas u.⟩ *umwerfen:* Tische, Stühle u.; die Demonstranten haben mehrere Fahrzeuge umgestürzt. 2. *umfallen:* er war mit dem Stuhl umgestürzt; bei dem Sturm sind Kräne, Gerüste umgestürzt; umstürzende Bäume. 3. ⟨etwas u.⟩ *völlig verändern:* die Ereignisse haben ihre Pläne total umgestürzt.

Umtausch, der: *das Umtauschen:* [der] U. ist innerhalb einer Woche möglich; das den U. vorbehalten; etwas ist vom U. ausgenommen, ausgeschlossen.

umtauschen ⟨etwas u.⟩: **a)** *zurückgeben und etwas anderes dafür nehmen:* ein Geschenk u.; etwas gegen/(seltener:) in etwas anderes u. **b)** *etwas, was nicht den Wünschen entspricht, zurücknehmen und etwas anderes dafür geben:* das Geschäft hat [mir] die beanstandete Ware umgetauscht. **b)** *in eine andere Währung umwechseln:* vor der Reise Geld u.; Dollars in Mark u.

umtun (ugs.): 1. ⟨jmdm., sich etwas u.⟩ *umlegen:* sich eine Schürze, ein Tuch u. 2. **a)** ⟨sich nach jmdm., nach etwas u.⟩ *Ausschau halten, suchen:* sich nach einer Hilfe, nach einer neuen Stellung u. **b)** ⟨sich u.⟩ *sich umsehen, um etwas genauer kennenzulernen:* du mußt dich ein wenig u.; sich in einer Stadt, in der Welt u.

umwandeln ⟨etwas in/(auch:) zu etwas u.⟩: *verändern, umbilden:* Stärke in Zucker, Wasser in Energie u.; die Freiheitsstrafe wurde in eine Geldstrafe umgewandelt; adj. Part.: seit dem Unfall ist er wie umgewandelt *(völlig verändert).*

Umweg, der: *Weg, der nicht direkt an ein bestimmtes Ziel führt:* ein kleiner, weiter, beträchtlicher U.; das war aber ein gewaltiger U.; einen U. machen, fahren; auf Umwegen ans Ziel kommen; übertr.: etwas auf einem U./auf Umwegen erreichen; etwas auf Umwegen, auf dem U. über einen Dritten erfahren.

Umwelt, die: *Lebensbereich eines Individuums:* eine fremde, neue, ungewohnte, saubere U.; die

U. prägt den Menschen; die Belastung, Verschmutzung, Zerstörung, Verseuchung, der Schutz der U.; den Einflüssen der U. ausgesetzt sein.

umwenden: 1. ⟨sich u.⟩ *sich umdrehen:* er wandte/wendete sich um und sah uns nach; sich mehrmals nach jmdm. u. 2. ⟨etwas u.⟩: *umschlagen:* die Seiten eines Buches, das Notenblatt u.

umwerfen: 1. ⟨etwas u.⟩ *durch Anstoßen bewirken, daß etwas umfällt:* eine Vase, einen Stuhl, Tisch u.; übertr.: das eine Glas Wein wird dich nicht [gleich] u. *(betrunken machen).* 2. ⟨jmdm., sich etwas u.⟩ *umlegen:* man warf dem erschöpften Läufer eine Decke um; er hat sich schnell einen Mantel umgeworfen. 3. **a)** ⟨etwas u.⟩ *etwas grundlegend ändern, entscheidend beeinflussen:* seine Entscheidung wirft den ganzen Plan um; er hat alles wieder umgeworfen. **b)** (ugs.) ⟨etwas wirft jmdn. um⟩ *etwas bringt jmdn. aus der Fassung, erschüttert jmdn.:* die Nachricht wird ihn nicht umwerfen; seine Forderung hat mich umgeworfen; adj. Part.: eine umwerfende Komik; das Ergebnis war umwerfend *(verblüffend).*

¹umziehen: 1. **a)** *in eine andere Wohnung ziehen:* in eine größere Wohnung, nach München u.; wir sind vorigen Monat umgezogen; übertr.: er mußte vorübergehend zum Arbeiten in ein anderes Zimmer u. **b)** (ugs.) ⟨etwas u.⟩ *(im Rahmen eines Umzuges) an einen bestimmten Ort transportieren:* seine Sachen, das Klavier u. 2. ⟨jmdn., sich u.⟩ *umkleiden:* sich schnell, für das Konzert, zum Abendessen u.; ich habe mich umgezogen/bin schon umgezogen.

²umziehen: 1. ⟨etwas umzieht etwas⟩ *etwas verläuft um etwas:* ein Wall umzieht die Burg. 2. **a)** ⟨etwas umzieht etwas⟩ *etwas bedeckt etwas:* schwarze Wolken umzogen den Himmel. **b)** ⟨etwas umzieht sich⟩ *etwas bewölkt sich:* der Himmel hat sich umzogen.

Umzug, der: 1. *Wohnungswechsel:* der U. ist am 30. Juni; der U. in die neue Wohnung, nach München steht mir bevor; die Spedition Meyer übernimmt, macht den U.; jmdm. beim U. helfen. 2. *Fest-, Demonstrationszug:* ein festlicher U. der Trachtenvereine [durch die Straßen]; einen politischen U. veranstalten, machen, verbieten.

unabänderlich: *nicht zu ändern:* eine unabänderliche Entscheidung; mein Entschluß, das Urteil ist u.; es steht u. fest, daß ...

unablässig: *ständig, unaufhörlich:* unablässige Wiederholungen; es regnete u.; ich habe u. davor gewarnt.

unabsehbar: *nicht absehbar:* das kann unabsehbare Folgen haben; ein u. langer Zug; die Folgen sind u.

unangebracht: *unpassend; nicht angebracht:* eine unangebrachte Bescheidenheit, Sparsamkeit, Milde; diese Bemerkung war [hier] völlig u.; das scheint mir ganz und gar u.

unangenehm: *Unbehagen hervorrufend, Peinlichkeit verursachend:* ein unangenehmer Geruch; eine unangenehme Erinnerung an etwas haben; er ist ein unangenehmer *(unsympathischer)* Mensch, Typ; er ist u. aufgefallen *(hat Mißfallen erregt);* von etwas u. berührt sein; er kann sehr u. *(grob, böse)* werden; ⟨etwas ist jmdm. u.⟩ die Begegnung war ihr ausgesprochen, höchst, ziemlich u.; es ist mir sehr u. *(peinlich),* daß ...

Unannehmlichkeit, die ⟨meist Plural⟩: *unangenehme Sache, Angelegenheit:* sich Unannehmlichkeiten ersparen; jmdm. Unannehmlichkeiten bereiten, machen; mit etwas nur Unannehmlichkeiten haben.

Unart, die: *schlechte Angewohnheit, die sich bes. im Umgang mit anderen Menschen bemerkbar macht:* das ist eine alte U. von ihm; diese U. mußt du dir abgewöhnen.

unaufhaltsam: *stetig fortschreitend:* ein unaufhaltsamer Verfall, Aufstieg; der technische Fortschritt ist u., schreitet u. voran.

unaufhörlich: *nicht enden wollend:* in unaufhörlicher Bewegung sein; es regnet u.

unauslöschlich: *bleibend:* einen unauslöschlichen Eindruck hinterlassen; dieses Erlebnis ist u., wird mir u. bleiben.

unaussprechlich: a) *unsagbar, sehr groß, stark:* ein unaussprechliches Elend; eine unaussprechliche Freude, Dankbarkeit erfüllte ihn. **b)** ⟨verstärkend bei Adjektiven und Verben⟩ *sehr:* er ist u. gütig; jmdn. u. lieben.

unausstehlich: *unerträglich:* ein unausstehlicher Mensch; ich finde diese Leute, diese Art u.

unbändig: *ungeheuer groß, stark:* eine unbändige Wut erfaßte ihn; unbändige Kraft, unbändigen Hunger haben; sein Haß, Zorn war u.; wir haben uns u. gefreut.

unbedacht: *nicht genügend überlegt; voreilig:* eine unbedachte Äußerung; ein unbedachtes Wort; er hat sehr u. gehandelt.

unbedingt: I. ⟨Adj.⟩ *ohne Einschränkung, absolut:* er verlangt unbedingte Zuverlässigkeit, Treue; unbedingte Verschwiegenheit ist für diese Stellung Voraussetzung. **II.** ⟨Adverb⟩ *auf jeden Fall:* du mußt u. kommen; das ist u. nötig, wäre nicht u. nötig gewesen; das hättest du tun müssen, u.; er wollte u. dabeisein.

unbegreiflich: *unverständlich, unfaßbar:* eine unbegreifliche Sorglosigkeit, Torheit; es ist u., daß/wie so etwas passieren konnte; ⟨etwas ist jmdm. u.⟩ der Unfall ist uns allen u.

unbegrenzt: *uneingeschränkt:* unbegrenztes Vertrauen zu jmdm. haben; jmdm. unbegrenzte Vollmacht[en] geben; meine Mittel sind [nicht] u.; jmdm. u. vertrauen können.

Unbehagen, das: *unbehagliches Gefühl:* ein leichtes, großes, wachsendes U. empfinden; U. hervorrufen; ein Gedanke bereitet jmdm. U., löst bei/in jmdm. [ein] U. aus; etwas mit U. verfolgen.

unbeholfen: *körperlich, geistig schwerfällig wirkend:* eine unbeholfene Bewegung; er ist sehr u.; sich etwas u. bewegen, ausdrücken.

unbekannt: *nicht bekannt:* ein unbekannter Künstler, Täter; Reste einer bisher unbekannten Kultur; Math.: eine unbekannte Größe · aus unbekannter Ursache ist ein Brand ausgebrochen; ich bin hier [völlig] u. *(ich kenne mich hier nicht aus; mich kennt hier niemand);* die Briefe des Dichters waren völlig u.; Empfänger, Adresse u.; er ist u. verzogen; ⟨jmdm. u. sein⟩ Angst ist ihm u. *(kennt er nicht);* das ist mir nicht u. *(weiß ich sehr wohl);* der große Unbekannte; Rechtsw.: Strafanzeige gegen Unbekannt *(gegen einen nicht bekannten Täter)* erstat-

ten; Math.: eine Gleichung mit zwei Unbekannten.

unbenommen ⟨mit Infinitiv mit *zu* in der Verbindung⟩ es ist/bleibt jmdm. unbenommen; *es bleibt jmdm. überlassen:* es ist, bleibt dir u., die Versammlung zu besuchen.

unbequem: a) *unpraktisch, ungemütlich:* ein unbequemer Stuhl; die Schuhe, Autositze sind u.; u. sitzen. **b)** *für andere lästig:* eine unbequeme Meinung; er ist ein unbequemer Mahner, Kritiker; unbequeme Fragen stellen; ⟨jmdm. u. sein⟩ ich weiß, daß ich ihm u. bin.

unberechenbar: *kaum einschätzbar:* ein unberechenbarer Mensch; diese Tiere sind immer u.

unbeschadet ⟨Präp. mit Genitiv⟩: *ohne Rücksicht auf:* u. der Tatsache, daß ...; u. seines Ansehens/(seltener:) seines Ansehens u. trat er für ihn ein.

unbeschreiblich: a) *unsagbar, sehr groß:* eine unbeschreibliche Frechheit; die Begeisterung, der Jubel war u. **b)** ⟨verstärkend bei Adjektiven und Verben⟩ *sehr:* er war u. glücklich; die Unfälle haben u. zugenommen.

unbesehen: *ohne Bedenken; ohne es genau geprüft zu haben:* etwas nicht u. übernehmen, kaufen; das glaube ich dir u.

unbestreitbar: *nicht zu bestreiten:* unbestreitbare Verdienste, Fähigkeiten; das ist eine unbestreitbare Tatsache; es ist u., daß ...

Unbilden, die (geh.): *[bes. durch das Wetter verursachte] üble Auswirkungen:* den U. des Wetters ausgesetzt sein; unter den U. der Witterung, des Winters leiden.

und ⟨Konj.⟩: **1.** /drückt eine Anreihung oder Beiordnung aus/: er u. sie; essen u. trinken; Tag u. Nacht; Vater u. Mutter gingen spazieren; es ging ihm besser, u. er konnte wieder arbeiten; wir hoffen, Ihnen hiermit gedient zu haben, u. verbleiben mit freundlichen Grüßen ...; ich war erkältet, u. wie! (ugs.); u. ähnliches, u. vieles andere mehr; u. dergleichen; so weiter; u. so fort; u., u., u. (ugs.; *und noch vieles mehr*); /in ironischen Anknüpfungen/: du u. arbeiten!; er u. ein guter Tänzer! **2. a)** /drückt in Wortpaaren Unbestimmtheit aus/: der u. der; dies u. das; da u. dort; so u. so. **b)** /drückt in Wortpaaren eine Steigerung, Verstärkung aus/: er arbeitete u. arbeitete; es wurde schlimmer u. schlimmer; nach u. nach; sie ist durch u. durch schlecht. **c)** /zur Verstärkung einer selbstverständlichen Bejahung/: u. ob [ich komme, ich das kenne]! **3.** /drückt einen Gegensatz aus/: alle verreisen, u. *(aber)* er muß zu Hause bleiben; er will es durchsetzen, u. *(selbst)* wenn alle geschlossen dagegen sind.

Undank, der: *fehlende Dankbarkeit:* für etwas nur U. ernten; jmdm. etwas mit U. vergelten; R: U. ist der Welt Lohn.

Unding, das (in der Verbindung) etwas ist ein Unding: *etwas ist unsinnig:* das ist doch ein U.; es ist ein U., so etwas zu verlangen.

unendlich: 1. *unermeßlich, sehr groß:* unendliche Geduld haben; unendliche Mühe; eine unendliche Weite; Math.: eine unendliche Größe, Reihe; Fot.: das Objektiv auf „u." einstellen *(auf eine nicht begrenzte Entfernung);* subst.: die beiden Linien schneiden sich im Unendlichen. **2.** (geh.) ⟨verstärkend bei Adjektiven und Verben⟩

sehr: die Freude, Enttäuschung war u. groß; sich über etwas u. freuen.

unentbehrlich: *unbedingt notwendig:* ein unentbehrliches Hilfsmittel, Werkzeug; ein unentbehrlicher Helfer; etwas ist [jmdm., für jmdn.] u.; sich u. vorkommen; sich für u. halten * **sich unentbehrlich machen** *(sich in einer Weise einsetzen, daß man schließlich für nicht entbehrlich gehalten wird):* er versteht es, sich hier u. zu machen.

unentgeltlich: *umsonst; ohne Bezahlung:* eine unentgeltliche Leistung, Reparatur; alle Auskünfte sind u.; etwas u. machen.

unentschieden: a) *nicht entschieden:* unentschiedene Fälle, Fragen; die Angelegenheit ist noch u.; etwas u. lassen. **b)** (Sport) *ohne einen Sieger ausgehend:* der unentschiedene Ausgang eines Spiels; sich u. trennen; der Kampf endete u.; **subst.:** ein Unentschieden erreichen, erzielen. **c)** (selten) *unentschlossen:* ein unentschiedener Mensch; er ist noch u.

unentwegt: *stetig, unaufhörlich:* unentwegte Mahnungen; er war ein unentwegter *(unermüdlicher)* Kämpfer; u. weitermachen; das Telefon klingelte u.; **subst.:** nur ein paar Unentwegte waren noch da.

unerhört: 1. a) *sehr groß, gewaltig:* eine unerhörte Anstrengung, Leistung; sein Tempo ist u. **b)** *unglaublich, empörend:* eine unerhörte Frechheit; [das ist doch] u.!; sein Verhalten war [einfach] u.; sich u. benehmen, aufführen. **c)** (verstärkend bei Adjektiven und Verben) *sehr, überaus:* eine u. beeindruckende Leistung; er hat sich u. angestrengt. **2.** (veraltend) *unerfüllt:* unerhörte Bitten; seine Wünsche blieben u.

unersättlich: *nicht zu befriedigen:* ein unersättliches Verlangen; seine Neugier ist u.; er ist u. in seinem Wissensdrang.

unerschwinglich: *nicht erschwinglich:* eine unerschwingliche Uhr; unerschwingliche Preise; die Mieten sind u., u. *(zu)* teuer; ⟨etwas ist für jmdn. u.⟩ ein Haus ist für uns u.

unersprießlich (geh.): *nicht erfreulich; nicht vorteilhaft:* eine unersprießliche Zusammenarbeit; die Sache war für beide Seiten u.

unfähig: 1. *nicht fähig; ohne die nötige Befähigung:* ein unfähiger Mitarbeiter, Politiker; er ist einfach u. **2.** (zu etwas/(geh.) einer Sache u. sein⟩ *nicht in der Lage zu etwas sein:* er ist zu einer solchen Handlung/einer solchen Handlung u.; er war u., einen klaren Gedanken zu fassen.

Unfall, der: *Unglück:* ein leichter, schwerer, selbstverschuldeter U.; ein U. mit tödlichem Ausgang; ein U. mit dem Auto, im Betrieb, auf der Baustelle; heute ereigneten sich drei Unfälle; der U. forderte ein Menschenleben, drei Todesopfer; die Unfälle mehren sich; einen U. haben, erleiden (geh.); einen U. verursachen, bauen (ugs.), aufnehmen; Unfälle verhüten, vermeiden; der Verletzte ist an den Folgen des Unfalls gestorben; Unfällen vorbeugen; bei einem U. verletzt werden; gegen Unfälle versichert sein.

unfertig: a) *noch nicht fertiggestellt:* eine unfertige Arbeit, Zeichnung; noch in unfertigem Zustand sein; etwas u. zurücklassen. **b)** *noch nicht reif:* ein unfertiger Mensch; er ist noch sehr u.

unflätig: *unanständig, derb:* unflätige Ausdrücke; sich u. benehmen; u. schimpfen.

unfreundlich: 1. *unhöflich:* ein unfreundlicher Mensch; unfreundliches Personal; ein unfreundlicher Empfang; ⟨zu jmdm./(seltener:) gegen jmdn. u. sein⟩ sie war sehr u. zu mir/(seltener:) gegen mich; jmdm. u. antworten. **2.** *naßkalt:* ein unfreundlicher Monat, Tag; das Wetter war u.

unfruchtbar: a) *keinen Ertrag bringend:* unfruchtbares Land; der Boden, Baum ist u.; übertr.: eine unfruchtbare *(sinnlose)* Diskussion. **b)** *nicht fortpflanzungsfähig:* ein unfruchtbares Tier; die unfruchtbaren Tage der Frau *(Tage, an denen eine Empfängnis nicht möglich ist);* die Frau ist u.

Unfug, der: **1.** *ungehöriges Benehmen, Treiben:* grober U. *(die Allgemeinheit belästigendes, die öffentliche Ordnung störendes Verhalten);* was soll dieser U.!; laß diesen U.; U. machen, treiben, anstellen. **2.** *unsinniges Zeug:* das ist doch alles U.!; rede keinen U.!

ungeachtet ⟨Präp. mit Genitiv⟩: *ohne Rücksicht auf:* u. wiederholter Mahnungen unternahm er nichts; u. der Tatsache/(seltener:) der Tatsache u., daß ...; u. dessen, daß ...

ungeahnt: *die Erwartung übersteigend:* ungeahnte Schätze, Kostbarkeiten; es gab ungeahnte Schwierigkeiten; ungeahnte Kräfte entwickeln; dort bieten sich ungeahnte Möglichkeiten.

ungebeten: *nicht eingeladen, nicht willkommen:* ein ungebetener Gast, Besucher; sie hat sich u. eingemischt; er kam, erschien u.

ungebührlich: a) *ungehörig; ohne den nötigen Anstand:* ein ungebührliches Benehmen, Betragen; er hat sich u. gegenüber u. benommen, aufgeführt. **b)** *über ein angemessenes Maß hinausgehend:* ungebührliche Forderungen; ein u. hoher Preis; u. lange warten müssen.

Ungeduld, die: *fehlende Geduld:* eine große, wachsende U.; voll[er] U. sein; seine innere U. wächst; U. befiel, ergriff ihn; seine U. bezähmen, zügeln; etwas in, mit großer U. erwarten; von U. erfüllt sein; vor U. fast vergehen.

ungefähr: I. ⟨Adverb⟩ *nicht ganz genau, etwa:* u. 200 Personen; das ist u. die Hälfte; u. Bescheid wissen; es war u. neun Uhr, als ...; u. in drei Wochen/in drei Wochen u.; so u. habe ich mir das vorgestellt. **II.** ⟨Adj.⟩ *nicht genau bestimmt, annähernd:* eine ungefähre Zahl; die ungefähren Kosten berechnen; nur eine ungefähre Ahnung, Vorstellung von etwas haben. * **von ungefähr** *(ganz zufällig):* etwas von u. erwähnen · **nicht von ungefähr** *(aus gutem Grund):* nicht von u. hat sie sich über ihn beschwert.

ungehalten: *verärgert:* äußerst, sichtlich u. sein; u. auf etwas reagieren; ⟨über jmdn., etwas, wegen etwas u. sein⟩ er war über ihre Absage, wegen dieser Angelegenheit sehr u.

ungeheuer: 1. *gewaltig, außerordentlich:* eine ungeheure Höhe, Weite, Größe; eine ungeheure Anstrengung; er hat ungeheure Schmerzen, ein ungeheures Wissen; der Aufprall, Druck war u.; die Kosten steigen u., ins ungeheure *(sehr stark).* **2.** (ugs.) (verstärkend vor Adjektiven und Verben) *sehr, überaus:* u. groß, schwer, heiß; ein u. wertvoller Schmuck; das ist u. wichtig; sich u. freuen.

Ungeheuer, das: **1.** *furchterregendes Tier [in der Sage]:* ein siebenköpfiges, drachenartiges, fauchendes, feuerspeiendes U.; das U. von Loch

Ness. **2.** *grausamer Mensch:* er ist ein [wahres, richtiges] U.; dieses, so ein U.! **3.** (ugs.:) *Ungetüm:* das ist ein U. von [einem] Hut.

ungeheuerlich: 1. *unglaublich:* eine ungeheuerliche Frechheit; diese Behauptung ist u. **2. a)** *gewaltig:* eine ungeheuerliche Menge, Anstrengung; die Folgen des Krieges waren u. **b)** (ugs.) ⟨verstärkend vor Adjektiven und Verben⟩ *sehr, überaus:* u. groß, laut; sich u. freuen.

ungehobelt: 1. a) *grob, unhöflich:* ein ungehobelter Kerl (ugs.); sein Benehmen ist sehr u.; sich u. aufführen. **b)** *unbeholfen:* eine ungehobelte Ausdrucksweise; er war ein wenig linkisch und u. **2.** *nicht glatt gehobelt:* ein ungehobeltes Brett.

ungehörig: *frech:* ein ungehöriges Benehmen; eine ungehörige Antwort; das war sehr u. von dir; sich u. aufführen.

ungelegen: *zu unpassender Zeit:* ungelegener Besuch, ungelegene Gäste; zu ungelegener Zeit kommen; komme ich u.? *(störe ich?);* ⟨jmdm. u. sein, kommen⟩ die Einladung ist, kommt mir u.

ungelogen (ugs.) ⟨Adverb⟩: *tatsächlich:* u., die Sache ist so; ich habe u. fast zwanzig Stunden geschlafen.

ungemein: a) *außerordentlich:* ungemeine Fortschritte machen. **b)** ⟨verstärkend vor Adjektiven und Verben⟩ *sehr:* u. groß, teuer; er ist u. fleißig; das freut mich u.

ungemütlich: 1. *nicht gemütlich:* eine ungemütliche Wohnung; eine ungemütliche Stimmung, Atmosphäre; hier, bei jmdm. ist es u.; in diesem Restaurant sitzt man u.; es ist u. *(unangenehm)* kalt. **2.** *unfreundlich, mißlich:* ein ungemütlicher Mensch; in eine ungemütliche Lage geraten. * (ugs.:) **ungemütlich werden** *(grob werden; unwirsch auf etwas reagieren).*

ungeniert: *ungezwungen; ohne Hemmungen:* ein ungeniertes Auftreten, Benehmen; etwas u. sagen, tun; sich u. benehmen; er griff u. zu.

ungenießbar: 1. a) *nicht eßbar:* ungenießbare Beeren; diese Pilze sind u. **b)** *in nicht [mehr] genießbarem Zustand:* ungenießbare Speisen; die Wurst war u.; der Wein ist u. geworden. **2.** (ugs.) *unausstehlich:* ein ungenießbarer Mensch, Chef; er war heute wieder einmal u.

ungenutzt, ungenützt: *nicht genutzt:* ungenutztes Gelände; ungenutzte Naturschätze, Energien; etwas ist u., liegt u. da; eine Chance u. vorübergehen lassen.

ungerecht: *dem Recht, Rechtsempfinden widersprechend:* eine ungerechte Behandlung, Bevorzugung, Strafe; das Urteil ist sehr u.; du bist aber u.!; das war u. von dir; jmdn. u. behandeln; ⟨gegen jmdn./jmdm. gegenüber u. sein⟩ er war gegen seine Kinder/seinen Kindern gegenüber u. **Ungerechtigkeit,** die: *das Ungerechtsein, ungerechte Tat:* eine große, himmelschreiende U.; diese U. schreit zum Himmel (ugs.; *ist unglaublich*); die U. der Welt ertragen müssen; eine U. gegenüber den Armen; Ungerechtigkeiten beim Kinderfreibetrag auszugleichen versuchen.

ungereimt: a) (selten) *sich nicht reimend:* ungereimte Verse. **b)** *keinen Sinn ergebend:* ungereimte Vorschläge; ungereimtes Zeug reden; das kommt mir alles ziemlich u. vor.

ungern ⟨Adverb⟩: *widerstrebend:* etwas u. tun, sehen; sie ist sehr u. von hier weggezogen.

ungeschehen ⟨in der Verbindung⟩ etwas ungeschehen machen: *etwas Geschehenes rückgängig machen:* er hätte diese Tat am liebsten u. gemacht; ich wollte, ich könnte das u. machen.

Ungeschick, das: *fehlende Geschicklichkeit:* es war mein U.; es ist durch mein U. passiert; etwas mit U. anfassen, anpacken.

ungeschickt: *nicht gewandt; unbeholfen:* ein ungeschickter Mensch; ungeschickte Hände, Finger haben; technisch, handwerklich u. sein; er ist sehr u. [in diesen Dingen]; wie kann man nur so u. sein!; etwas u. anfangen, anpacken, machen, ausführen; sich u. ausdrücken, anstellen.

ungeschlacht: *grob, plump:* ein ungeschlachter Mensch; das Äußere, sein Auftreten ist etwas u.; das Gebäude wirkt u.; sich u. bewegen.

ungeschminkt: 1. *nicht geschminkt:* ein ungeschminktes Gesicht; ungeschminkte Lippen; sie war noch u.; u. bleiben. **2.** *offen, ohne Beschönigung:* das ist die ungeschminkte Wahrheit; jmdm. u. seine Meinung sagen.

ungeschoren ⟨meist in den Verbindungen⟩ **jmdn. [mit etwas] ungeschoren lassen** *(jmdn. [mit etwas] in Ruhe lassen)* · **ungeschoren bleiben/davonkommen** *(keinen Nachteil erleiden).*

ungestört: *ohne Störung; ruhig:* ein ungestörtes Beisammensein; eine ungestörte Entwicklung; ein ungestörter [Rundfunk]empfang; hier sind wir u.; ich möchte [für] die nächsten Stunden u. bleiben; u. arbeiten können.

ungestüm: *stürmisch, temperamentvoll:* eine ungestüme Bewegung; ein ungestümes Vorgehen; ein ungestümer Angriff; ungestüme Liebkosungen, Worte; er ist ein sehr ungestümer junger Mann, hat ein ungestümes Wesen; er ist immer recht u.; jmdn. u. umarmen, begrüßen.

ungesund: a) *der Gesundheit schadend:* ein ungesundes Klima; ungesunde Kleidung, Nahrung, Ernährung; fettreiches Essen ist [für jeden] u. **b)** *krank:* eine ungesunde Gesichtsfarbe haben; einen ungesunden Eindruck machen; er sieht u. aus; übertr.: ein ungesunder Ehrgeiz; ungesunde wirtschaftliche Verhältnisse.

ungeteilt: a) *nicht geteilt:* das ungeteilte Deutschland; ein Grundstück u. in seinen Besitz über. **b)** *allgemein, gesamt:* ungeteilten Beifall, ungeteilte Zustimmung, Anerkennung finden; sich ungeteilter Aufmerksamkeit erfreuen; die Freude war u.

Ungetüm, das: **1.** (veraltend) *riesengroßes Wesen:* die Ungetüme des Altertums. **2.** *etwas sehr Großes, Abstoßendes, Unförmiges:* der Wagen ist ein wahres U.; ein U. von einem Schrank.

ungewiß: *nicht sicher; unbestimmt:* eine ungewisse Zukunft; der Ausgang der Angelegenheit ist noch u.; es ist noch u., ob ...; seine Absichten u./im ungewissen lassen *(nichts Genaues darüber äußern);* ⟨sich (Dativ) über etwas u./im ungewissen sein⟩ ich war mir über mein weiteres Vorgehen u./im ungewissen; ⟨jmdn. über etwas im ungewissen lassen⟩ sie haben uns über ihre Pläne im ungewissen gelassen; subst.: etwas Ungewisses; eine Fahrt ins Ungewisse.

ungewöhnlich: 1. *vom Üblichen abweichend:* eine ungewöhnliche Form; sie ist eine ungewöhnliche Frau; die Methode ist sehr u.; das Haus sieht u. aus. **2. a)** *das gewohnte Maß über-*

steigend: ungewöhnliche Leistungen, Erfolge. **b)** ⟨verstärkend vor Adjektiven und Verben⟩ *sehr:* u. groß, kalt, streng; er ißt u. viel; ein u. hoher Stromverbrauch; es hieß, daß er sie u. hasse.

ungewohnt: *nicht vertraut:* eine ungewohnte Umgebung, Stunde, Heftigkeit; das war für alle u.; ⟨etwas ist jmdm. u.⟩ die Arbeit ist mir noch u.

ungezogen: *ungehorsam, frech:* ein ungezogenes Kind; eine ungezogene Antwort geben; das war recht u. von dir; du warst u. [zu mir]; es ist u., so etwas zu sagen; jmdm. u. antworten.

Ungezogenheit, die: *das Ungezogensein, Frechheit:* das war eine [große] U.; ich werde ihm seine Ungezogenheiten noch austreiben, abgewöhnen.

ungezwungen: *natürlich; nicht steif:* ein ungezwungenes Benehmen, Wesen; er redete frei und u.; sich u. benehmen, bewegen; u. plaudern.

unglaublich: 1. a) *unerhört, empörend:* eine unglaubliche Frechheit, Zumutung; die Zustände hier sind u.; es ist u., was er sich alles erlaubt hat. **b)** *nicht glaubhaft, unwahrscheinlich:* eine unglaubliche Geschichte; das ist doch u.!; subst.: das grenzt ans Unglaubliche. **2. a)** *sehr groß:* eine unglaubliche Menge; ein unglaubliches Tempo. **b)** (ugs.) ⟨verstärkend vor Adjektiven und Verben⟩ *sehr:* u. groß, schwer, dick; sie sieht noch u. jung aus; er hat sich u. aufgeregt.

ungleich: 1. *nicht gleich; verschieden:* ungleicher Lohn, Besitz, Wert; ungleiche Kräfte; zwei Schränke von ungleicher Größe; ungleiche Charaktere; ein ungleiches Paar; ungleiche Gegner; ein ungleicher Kampf; mit ungleichen Mitteln, Waffen kämpfen; die beiden Brüder sind sehr u.; u. groß, gut, breit sein. **2.** ⟨verstärkend vor dem Komparativ⟩ *viel:* dies ist u. besser, größer, schöner als das; dafür hast du u. mehr Zeit als ich; er arbeitet u. genauer als sein Vorgänger.

Unglück, das: **1.** *unheilvolles Ereignis:* ein großes, schreckliches U.; die Niederlage wurde als nationales U. empfunden; ein schweres U. ist geschehen, ist passiert, hat sich ereignet; laß nur, das ist kein U. *(ist nicht so schlimm);* paß auf, sonst gibt es noch ein U.!; R: ein U. kommt selten allein · die beiden Unglücke *(Unfälle)* forderten fünf Todesopfer; er sieht aus wie ein Häufchen U. (ugs.; *sieht elend aus);* ein U. gerade noch verhindern, verhüten können; ein U. verursachen, verschulden; hoffentlich richtet er kein U. *(nichts Schlimmes)* an; bei dem U. gab es Tote und Verletzte. **2.** *[persönliches] Mißgeschick:* ein geschäftliches, berufliches U.; U. im Beruf haben; ihm widerfuhr ein U.; ein U. hat die Familie getroffen, betroffen, heimgesucht; das bringt U.; das U. gepachtet haben; ins/in sein U. rennen (ugs.); jmdn. ins U. bringen, stoßen, stürzen *(jmdm. Schaden zufügen);* zu allem U. *(unglücklicherweise)* kam noch die Krankheit hinzu; das U. wollte es, daß ich noch krank wurde *(unglücklicherweise wurde ich noch krank).*

unglücklich: a) *nicht glücklich; traurig, bedrückt:* unglückliche Menschen; einen unglücklichen Eindruck, ein unglückliches Gesicht machen; ganz u. sein; u. aussehen, dreinschauen *(über etwas u. sein)* wir sind u. über diese Entscheidung; ich bin u. darüber, daß ... **b)** *bedauerlich, widrig:* ein unglücklicher Zufall; eine unglückliche Niederlage; ein unglückliches Zusammentreffen der Ereignisse; eine unglückliche *(nicht erwiderte)* Liebe; die Sache nahm einen unglücklichen Verlauf, Ausgang. **c)** *ungeschickt:* eine unglückliche Bewegung; eine unglückliche Hand haben; eine unglückliche Figur *(keinen guten Eindruck)* machen; er stürzte [höchst] u. und brach sich das Bein.

unglücklicherweise ⟨Adverb⟩: *zum Unglück, Unheil:* u. wurde er noch krank.

Ungnade ⟨in den Wendungen⟩ **[bei jmdm.] in Ungnade fallen, sein** *(jmds. Gunst verlieren, verloren haben).*

ungültig: *nicht mehr geltend:* eine ungültige Fahrkarte; ungültige Banknoten, Stimmen; der Paß, der Vertrag ist u.; etwas für u. erklären.

Ungunst, die: *das Unfreundliche, Unangenehme:* die U. der Witterung; die U. der Verhältnisse brachte es mit sich, daß ... * **zu jmds. Ungunsten** *(zu jmds. Nachteil):* das Kräfteverhältnis hat sich stark zu unseren Ungunsten verschoben.

ungünstig: *nicht günstig:* ungünstiges Wetter; ein ungünstiger Zeitpunkt, Termin, Vertrag; unter ungünstigen Bedingungen arbeiten; im ungünstigsten Falle müssen wir zahlen; die Voraussetzungen sind denkbar u.; der Prozeß steht zur Zeit für Sie u.

ungut: *unerfreulich, unangenehm:* ein ungutes Verhältnis; ungute Erinnerungen; ein ungutes Gefühl haben; es sind ungute Worte gefallen; nichts für u.! */Entschuldigungsformel/.*

unhaltbar: a) *dringend der Änderung bedürfend:* unhaltbare Zustände; die äußeren Verhältnisse sind u. [geworden]. **b)** (Sport) *nicht haltbar:* ein unhaltbarer Schuß; der Ball war [für den Torwart] u. **c)** *nicht zutreffend:* unhaltbare Vorwürfe; die Behauptung, die Theorie war u.; sich als u. erweisen, herausstellen.

Unheil, das: *verhängnisvolles Geschehen, Unglück:* viel, schreckliches U.; jmdm. droht U.; das U. brach plötzlich herein; großes U. anrichten, bringen, stiften, verursachen, abwenden, verhindern, verhüten; er hat das U. geahnt, vorausgesehen, kommen sehen.

unheilbar: *nicht heilbar:* ein unheilbares Leiden; an einer unheilbaren Krankheit leiden; u. krank sein; übertr.: [einen] unheilbaren Schaden anrichten; ein unheilbarer *(unverbesserlicher)* Pessimist; u. geizig sein.

unheilvoll: *schlimm, bedrohlich:* einen unheilvollen Verlauf nehmen; eine unheilvolle Botschaft entgegennehmen; die Entwicklung ist u.

unheimlich: 1. *anstrengend; leichtes Grauen erregend:* eine unheimliche Gestalt, Erscheinung, Dunkelheit; ein unheimlicher Gast, Ort; ein unheimliches Gefühl haben; die Atmosphäre in diesem Haus war u.; uns war es u. [zumute]; ⟨jmdm. ist, wird u.⟩ im Dunkeln wurde mir u.; in dieser Gegend ist es u. **2.** (ugs.) *sehr groß, sehr viel:* eine unheimliche Angst, einen unheimlichen Willen, Hunger haben; die Schmerzen sind u.; sein Appetit ist u. **b)** ⟨verstärkend vor Adjektiven und Verben⟩ *sehr:* u. groß, schnell, dick; u. viel Geld brauchen, ausgeben; er hat u. gearbeitet, gespart, geflucht.

Uniform, die: *einheitliche Dienstkleidung:* blaue U.; die grüne U. der Polizei; die U. sieht elegant aus; U. tragen; die U. an-, ausziehen, ablegen; in U. sein, gehen; er kam in voller U. *(in seiner U. mit allem Zubehör).*

uninteressant: 1. *ohne Reiz; langweilig:* ein uninteressanter Bericht, Fall, Vortrag; das Buch, die Sache, die Stadt ist u.; es ist [für uns] völlig u. *(gleichgültig),* welche Pläne er hat. **2.** (Kaufmannsspr.) *unvorteilhaft:* ein uninteressantes Angebot; das ist [für uns] preislich u.

uninteressiert: *kein Interesse zeigend:* ein uninteressiertes Gesicht machen; er war, zeigte sich bei der Diskussion völlig u.; ⟨an etwas u. sein⟩ er war an meinen Ausführungen völlig u.

unken: *schwarzsehen, etwas Schlimmes prophezeien:* **1.** er unkt ständig; hör bloß auf zu u.! **2.** ⟨etwas u.⟩ „Bald wird es regnen", unkte er; ihr könnt u., was ihr wollt.

unkenntlich ⟨gewöhnlich in den Verbindungen⟩ **etwas wird unkenntlich** *(etwas wird entstellt, nicht mehr erkennbar):* der Text ist u. geworden · **sich, etwas unkenntlich machen** *(sich, etwas so verändern, daß es nicht mehr erkennbar ist):* er hatte sich durch Bart und Brille u. gemacht.

Unkenntlichkeit ⟨gewöhnlich in der Verbindung⟩ **bis zur Unkenntlichkeit:** *bis zu dem Zustand, in dem nichts mehr zu erkennen ist:* der Tote war bis zur U. verstümmelt.

Unkenntnis, die: *das Nichtwissen:* seine völlige U. der Zusammenhänge, auf diesem Gebiet führte dazu, daß ...; U. schützt nicht vor Strafe; etwas aus U. falsch machen; durch U. glänzen (ugs. scherzh.); in U. *(im unklaren)* [über etwas] sein; jmdn. in U. lassen; in U. der Tatsachen.

unklar: 1. a) *unverständlich:* unklare Ausführungen; der Bericht, dieser Satz ist u.; sich u. ausdrücken; ⟨jmdm. ist etwas u.⟩ das ist mir u.; ihm war u., was sie gemeint hatte; es ist mir völlig u., wie das geschehen konnte. **b)** *ungeklärt:* eine unklare Situation; es herrschen völlig unklare Verhältnisse; es ist noch völlig u., ob die Verhandlungen zustande kommen; er hat uns [darüber] im unklaren *(im ungewissen)* gelassen. **2.** *trüb, verschwommen:* ein unklares Bild; es herrscht unklares Wetter; das Foto ist u.; etwas ist in der Ferne nur u. zu erkennen; übertr.: unklare Empfindungen, Erinnerungen.

unklug: *nicht klug; ungeschickt:* ein unkluges Verhalten, Vorgehen; es war sehr u. von ihm, das zu sagen; wie kann man nur so u. handeln!

Unkosten, die ⟨Plural⟩: *zusätzliche Kosten:* die U. sind [zu] hoch; die U. belaufen sich auf 798 Mark; die Einnahmen decken nicht einmal die U. *(Ausgaben);* U. entstehen; große U. haben; die U. [für etwas] tragen, bestreiten, senken; sich (Dativ) unnötige U. machen; etwas ist mit U. verbunden; übertr.: geistige U. (ugs.; *geistige Anstrengungen).* ∗ **sich in Unkosten stürzen** *(hohe Ausgaben auf sich nehmen):* bei der Hochzeit für seine Tochter hat er sich in U. gestürzt.

Unkraut, das: *zwischen Nutzpflanzen wild wachsende Pflanzen:* das U. wuchert; R: U. vergeht/ verdirbt nicht *(einem Menschen wie mir passiert nichts)* · U. jäten, rupfen, ausreißen, ziehen, hacken, unterpflügen, entfernen, vertilgen.

unkündbar: *nicht kündbar:* ein unkündbares Darlehen; eine unkündbare Stellung; als Beamter, Betriebsrat ist er u.

unlängst ⟨Adverb⟩: *kürzlich:* er hat mich u. besucht; an dieser Stelle stand u. noch ein Kiosk.

unlauter: *nicht ehrlich; nicht korrekt:* ein unlauteres Verhalten; das Gesetz gegen den unlauteren Wettbewerb; etwas nur mit unlauteren Mitteln, Methoden erreichen; das Vorgehen ist u.

unleidlich: *mißmutig:* ein unleidlicher Verlierer; sei doch nicht immer so u.!

unleugbar: *nicht bestreitbar:* unleugbare Tatsachen, Nachteile; der Aufstieg, Verfall ist u.

unlieb ⟨in der Wendung⟩ **etwas ist jmdm. nicht unlieb:** *etwas kommt jmdm. gelegen:* sein Besuch zu diesem Zeitpunkt ist mir nicht u.; es ist mir nicht u., daß/wenn du dableibst

unliebsam: *unangenehm:* unliebsame Vorkommnisse, Überraschungen, Folgen, Verzögerungen; unliebsames Aufsehen erregen; es kam zu unliebsamen Streitereien; u. auffallen.

unlösbar: 1. *untrennbar:* eine unlösbare Verbindung; ein unlösbarer Zusammenhang; u. miteinander verbunden sein. **2.** *nicht lösbar:* eine unlösbare Aufgabe; ein unlösbares Rätsel; ein unlösbarer Konflikt, Widerspruch; das Problem ist [für alle] u.

unlöslich: *sich nicht auflösend:* ein [in Flüssigkeiten] unlöslicher Stoff; etwas ist in Wasser u.

Unlust, die: *Widerwille:* an der Börse herrschte heute ausgesprochene U. beim Aktienkauf; große U. verspüren; seine U. überwinden; mit U. an die Arbeit gehen.

Unmasse, die (ugs.): *große Menge:* eine U. Bilder, von/an Bildern; eine U. Bücher/von Büchern brauchen; er hat eine U. Geld ausgegeben; man sah Unmassen von Leuten.

unmaßgeblich: *belanglos, unbedeutend:* das ist meine unmaßgebliche Meinung /*Ausdruck der Bescheidenheit/;* dein Urteil, Entschluß ist [für uns] u.

unmäßig: a) *maßlos:* ein unmäßiges Verlangen; unmäßiger Alkoholkonsum; ⟨in etwas u. sein⟩ er ist in seinen Forderungen, im Essen u. · u. essen, trinken. **b)** ⟨verstärkend vor Adjektiven⟩ *sehr:* du dick; sein Hunger ist u. groß.

Unmensch, der: *grausamer Mensch:* so ein U.!; wer seine Kinder so verprügelt, ist ein U.; R (ugs.): ich bin/man ist ja schließlich kein U.! *(ich lasse doch mit mir reden).*

unmenschlich: 1. *roh, grausam:* unmenschliche Grausamkeit, Härte, Behandlung; jmdn. u. behandeln; ein unmenschliches *(menschenfeindliches)* Gesellschaftssystem; unmenschliche *(menschenunwürdige)* Verhältnisse. **2. a)** *sehr groß; unerträglich:* unmenschliches Leid; eine unmenschliche Hitze, Kälte; die Schmerzen sind schon u. **b)** (ugs.) ⟨verstärkend vor Adjektiven und Verben⟩ *sehr:* es war u. heiß, schwül; u. viel arbeiten müssen; wir haben u. gefroren.

unmerklich: *nicht, kaum spürbar:* eine unmerkliche Veränderung; u. war es dunkel geworden.

unmißverständlich: *klar und deutlich:* eine unmißverständliche Antwort, Absage, Ablehnung; der Satz, Text, Vertrag ist u.; etwas u. ausdrücken; u. seine Meinung sagen; jmdm. etwas u. zu verstehen geben.

unmittelbar: a) *ohne Umweg:* die Straße führt u. zum Bahnhof; die Tür führt u. in den Garten. **b)** *in kurzem zeitlichen oder räumlichen Abstand:*

unmöglich

in unmittelbarer Nähe des Tatorts; u. neben, vor jmdm. sitzen; er betrat u. nach mir den Raum; ich fahre u. nach dem Essen los; der Vertragsabschluß steht u. bevor. **c)** *direkt; ohne Zwischenstufe:* sein unmittelbarer Vorgesetzter; eine unmittelbare Folge, Lebensgefahr; unmittelbaren Einfluß ausüben; in unmittelbarer Verbindung miteinander stehen; ein u. vom Volk gewähltes Staatsoberhaupt; er hat sich u. an die Herstellerfirma gewandt.

unmöglich: I. ⟨Adj.⟩ **1.** *nicht möglich, nicht denkbar:* ein unmögliches Verlangen; die Herstellung, Erledigung in so kurzer Zeit ist u.; es ist absolut u., so etwas zu verlangen; daß er ein Mörder sein soll, ist ganz u.; ⟨jmdm. ist etwas u.⟩ es ist mir u., daran teilzunehmen; ⟨jmdm. etwas u. machen⟩ du, dieser Umstand macht es mir u., mein Vorhaben aufzugeben; deine Reaktion hat mir das Fortfahren u. gemacht; subst.: das Unmögliche möglich machen; damit verlange ich nichts Unmögliches; er hat fast Unmögliches geleistet. **2.** (ugs.) *unangenehm auffallend; unpassend:* eine unmögliche Ausdrucksweise; er trägt einen [für die Veranstaltung, für die Straße] unmöglichen Anzug; er ist ein unmöglicher Mensch; in dieser Aufmachung bist du u.; sich u. benehmen. **II.** ⟨Adverb⟩ *meist in Verbindung mit können⟩ keinesfalls:* etwas u. annehmen können; ich kann u. darauf eingehen, verzichten; die Rechnung kann u. stimmen; das geht u. * **jmdn., sich unmöglich machen** *(jmdn., sich blamieren, bloßstellen).*

unmündig: a) *minderjährig:* er hinterläßt drei unmündige Kinder; seine Tochter ist noch u. **b)** *nicht selbständig:* unmündige Untertanen.

Unmut, der: *Ärger, Verdruß:* voller U. sein; sein U. darüber stieg mehr und mehr; seinen U. nicht verbergen können; seinem U. Luft machen (ugs.); das hat er in seinem ersten U. gesagt.

unnachahmlich: *einzigartig:* ein unnachahmliches Geschick; mit unnachahmlicher Eleganz, Gewandtheit erledigte er die Aufgabe; sein Spiel, ihre Art u.

unnachgiebig: *kein Entgegenkommen zeigend:* eine unnachgiebige Haltung einnehmen; u. sein, bleiben; er zeigt sich [in diesem Punkt] u.

unnachsichtig: *streng, ohne Nachsicht:* jmdn. mit unnachsichtiger Strenge behandeln; u. sein; er hat die Schüler u. bestraft.

unnahbar: *sehr zurückhaltend; abweisend:* eine unnahbare Würde, Haltung; ein unnahbarer Vorgesetzter; er ist u., gibt sich, zeigt sich u.

unnötig: *überflüssig; nicht notwendig:* unnötiger Ärger; sich unnötige Sorgen machen; unnötiges Warten vermeiden; das sind unnötige Ausgaben; die ganze Arbeit ist u.; es war alles u.; es ist u., sich darüber Gedanken zu machen; sich u. beeilen, aufregen; u. zu sagen, daß ...

unnütz: *nutzlos, unnötig:* unnütze Ausgaben; sich unnütze Gedanken über etwas machen; unnützes Zeug kaufen; es ist u. *(zwecklos),* darüber zu streiten; die Zeit u. vertun.

Unordnung, die: *Durcheinander:* hier herrscht [eine] große, unbeschreibliche, schreckliche (ugs.) U.; eine fürchterliche (ugs.) U.; u. hinterlassen; die U. beseitigen; etwas in U. bringen; die Akten sind in U. geraten; vor lauter (ugs.) U.

nichts mehr finden; übertr.: ihr seelisches Gleichgewicht war in U. geraten.

unparteiisch: *ohne Bevorzugung einer Seite; neutral:* ein unparteiisches Urteil; ein unparteiischer Dritter; eine unparteiische Haltung einnehmen; er bemühte sich, u. zu bleiben; das Recht u. handhaben; subst.: der Unparteiische *(Schiedsrichter)* leitete das Spiel souverän.

unpassend: *nicht passend; nicht angebracht:* eine unpassende Bemerkung machen; bei unpassender Gelegenheit, im unpassendsten Augenblick kommen; ich fand ihr Benehmen sehr, höchst u.; sich u. ausdrücken, benehmen.

unpäßlich: *sich unwohl fühlend:* sie ist, fühlt sich heute u.

unpersönlich: a) *nüchtern; ohne persönliches Gepräge:* hier herrscht eine unpersönliche Atmosphäre; in einem unpersönlichen Stil schreiben; er war sehr u.; der Brief ist u. [gehalten, abgefaßt]. **b)** (Sprachw.) *nicht auf eine Person zu beziehen:* u. gebrauchte Verben.

unpraktisch: 1. *nicht zweckmäßig; nicht sinnvoll:* das sehr unpraktisches Gerät; die Möbel sind alle u.; das ist aber sehr u., ist mir zu u.; die Zusatzaggregate sind u. angeordnet. **2.** *ungeschickt:* ein unpraktischer Mensch; er ist sehr u.

Unrat, der (geh.): *Abfall:* stinkender U.; den U. zusammenkehren, beseitigen. * **Unrat wittern** *(Schlimmes ahnen, befürchten).*

unrecht: a) *falsch:* zu unrechter Zeit kommen; auf dem unrechten Weg sein; Ehrfurcht am unrechten Ort, Platz; der Brief ist in unrechte Hände gekommen; auf unrechte *(schlechte)* Gedanken kommen; es ist u., so etwas zu tun. **b)** *unpassend:* im unrechten Augenblick kommen; Sparsamkeit am unrechten Patz. * **unrecht daran tun** *(unrecht handeln).*

Unrecht, das: *ungerechte Tat:* ein schweres, bitteres, himmelschreiendes U.; jmdm. geschieht widerfährt [ein] U.; jmdn. trifft ein U.; ein U. begehen, wiedergutmachen, bekämpfen, beseitigen; jmdm. ein U. [an]tun, zufügen; im U. sein; /verblaßt und mit Kleinschreibung: unrecht bekommen; er hat gar nicht so unrecht; jmdm. unrecht geben; du tust unrecht, wenn du dich selbst ins U., wenn du so etwas machst. * **jmdn., sich ins Unrecht setzen** *(bewirken, daß jmd., man nicht im Recht ist):* damit, dadurch hat er sich selbst ins U. gesetzt · **zu Unrecht** *(fälschlich, irrtümlich).*

Unregelmäßigkeit, die: **1.** *fehlende Gleichmäßigkeit:* die U. des Herzschlags; die Kontrolluhr zeigt Unregelmäßigkeiten im Triebwerk an. **2.** ⟨meist Plural⟩ *Verstoß, betrügerische Handlung:* bei der Stimmenauszählung sind Unregelmäßigkeiten vorgekommen; man hat Unregelmäßigkeiten festgestellt, entdeckt, aufgedeckt; jmdm. eine U. nachweisen; sich einige Unregelmäßigkeiten zuschulden kommen lassen.

unrein: *nicht sauber, nicht klar:* eine unreine *(mit Pickeln o. ä. bedeckte)* Haut; unreiner Atem; das Wasser ist u.; übertr.: unreine *(unmoralische)* Gedanken; ein unreiner *(nicht klar klingender)* Ton; unreine *(nicht klar leuchtende)* Farben; u. *(nicht sauber)* singen, spielen. * **etwas ins unreine schreiben** *(etwas in vorläufiger, noch nicht ausgearbeiteter Form niederschreiben)* · **ins unreine sprechen, reden** *(nicht exakt formulieren).*

Unruhe, die: **1. a)** *fehlende Ruhe, Unrast, Nervosität:* nervöse, krankhafte, quälende, verzehrende, merkwürdige, ewige U.; seine U. ist begreiflich; ihre U. wuchs; U. ergreift, erfaßt, überfällt, erfüllt, überkommt jmdn.; U. bemächtigte sich seiner; eine innere U. läßt mich nicht los; jmdm. U. bereiten, verursachen, bringen; er hat in der letzten Zeit eine merkwürdige U. gezeigt; in U. sein; jmdn. in U. versetzen. **b)** *unruhiges [lärmerfülltes] Treiben:* die U. der Großstadt, auf der Straße; im Saal, unter den Zuschauern entstand U.; in der Klasse herrscht dauernde U.; bei der U. kann ich nicht arbeiten; U. *(Unzufriedenheit, Empörung)* stiften. **2.** ⟨meist Plural⟩ *Aufruhr:* soziale, politische, religiöse Unruhen; die Unruhen in den Betrieben, in der Arbeiterschaft, unter den Studenten, unter der Bevölkerung; nach dem Regierungsbeschluß sind Unruhen ausgebrochen; die Unruhen halten an, weiten sich aus; die Unruhen unterdrücken, im Keime ersticken; bei den Unruhen kamen drei Menschen ums Leben; der Staat wird von Unruhen heimgesucht, erschüttert; es kam zu schweren Unruhen.

unruhig: a) *ohne Ruhe; nervös:* ein unruhiger Geist; einen unruhigen Schlaf haben; die Kinder sind u.; sie wurde langsam u.; er rutschte u. hin und her; der Motor läuft u. *(nicht gleichmäßig);* übertr.: das Tapetenmuster ist mir zu u. **b)** *unstet, wechselvoll:* unruhige Zeiten; ein unruhiges Leben führen; der Journalismus ist ein unruhiges Geschäft. **c)** *laut; voller Lärm:* eine unruhige Straße, Wohngegend; die Wohnung ist sehr u., ist mir zu u. *(liegt in einer verkehrsreichen Straße).*

unsagbar: a) *unbeschreiblich:* unsagbares Leid, Elend; unsagbare Schmerzen leiden. **b)** ⟨verstärkend vor Adjektiven und Verben⟩ *sehr:* sie war u. glücklich, traurig; sich u. freuen; jmdn. u. lieben.

unsäglich (geh.): ↑ unsagbar.

unschädlich: *ungefährlich:* unschädliche Insekten; dieses Mittel ist für das Herz, die Leber u. * **jmdn., etwas unschädlich machen** *(dafür sorgen, daß jmd. keinen Schaden mehr anrichtet):* einen Spion, Krankheitserreger u. machen.

unschätzbar: *außerordentlich groß:* einen unschätzbaren Wert haben; jmdm. einen unschätzbaren Dienst erweisen; er hat sich unschätzbare Verdienste erworben; ein unschätzbares *(einen außerordentlich großen Wert habendes)* literarisches Zeugnis; deine Hilfe ist für uns alle u.

unscheinbar: *unauffällig:* ein unscheinbares Auftreten; er ist ein unscheinbares Männchen; der Angeklagte ist klein und u.

unschlüssig: *unentschlossen, schwankend:* eine unschlüssige Haltung einnehmen; er blieb u. stehen; ⟨sich (Dativ) über etwas u. sein⟩ ich bin mir über mein weiteres Vorgehen noch u.; sie war sich u. [darüber], was sie tun sollte.

unschön: a) *häßlich:* ein unschönes Aussehen haben; ihr unschönes Gesicht wurde durch die Brille noch häßlicher. **b)** *unerfreulich:* ein unschöner Zwischenfall; es kam zu unschönen Szenen; es war sehr u. *(unfreundlich)* von dir, ihn so zu behandeln.

Unschuld, die: **1.** *Schuldlosigkeit:* seine U. stellte sich bald heraus; seine U. beteuern, beweisen, nachweisen; einen Angeklagten wegen erwiesener U. freisprechen. **2.** (geh.) *Jungfräulich-*

keit, Keuschheit: sie ist die reine U. *(ist unverdorben);* die U. verlieren; einem Mädchen die U. nehmen, rauben; Weiß ist die Farbe der U.; ein Ausdruck von U. lag auf ihrem Gesicht. **3.** *Harmlosigkeit:* in kindlicher U. alles glauben; etwas in aller U. sagen. *∗* (scherzh.:) **Unschuld vom Lande** *(unverdorbenes, naives Mädchen vom Land).*

unschuldig: 1. a) *nicht schuldig; ohne Schuld:* der unschuldige Fahrer; der Angeklagte ist u., wurde für u. erklärt; im Gefängnis sitzen; jmdn. u. verurteilen; subst.: den Unschuldigen spielen; einen Unschuldigen bestrafen. **b)** ⟨an etwas u. sein⟩ *für etwas nicht verantwortlich sein:* an diesem Ausgang bin ich vollkommen u.; daran ist sie nicht ganz u.; an seinem Erfolg ist er selbst völlig u. (iron.; *er hat nichts dazu beigetragen*). **2.** *sittlich rein; unverdorben:* unschuldige Kinder; ein junges, unschuldiges Mädchen; u. wie ein neugeborenes Kind; sie ist noch u. *(unberührt).* **3.** *harmlos:* ein unschuldiges Vergnügen; er hat nur ganz u. gefragt.

unschwer ⟨Adverb⟩: *leicht:* die Auflösung ließ sich u. erraten; man konnte u. feststellen, was er wirklich wollte.

unselig: *unheilvoll, unglücklich:* ein unseliges Erbe; er wurde das unselige Laster [der Trunksucht] nicht los; Zeiten unseligen Angedenkens.

unsicher: 1. *eine Gefahr in sich bergend; gefährdet:* unsichere Fahrer; ein unsicheres Fahrzeug; dieser Weg, diese Gegend ist mir zu u.; sich [in dem Haus] u. fühlen; Einbrecher machen seit Wochen die Gegend u. **2. a)** *ohne Sicherheit:* einen unsicheren Eindruck machen; eine unsichere *(zittrige)* Hand haben; mit unsicheren Schritten; der neue Mitarbeiter ist noch etwas u.; sie ist in ihrem Urteil sehr u.; das Kind ist noch u. auf den Beinen; sich [auf den Schlittschuhen] u. bewegen; jmdn. u. machen *(verwirren);* sich u. im Kreise umblicken. **b)** *nicht selbstsicher:* ein unsicheres Auftreten; er wurde zusehends unsicherer; ihre kokette Art machte ihn u. **3.** *zweifelhaft, unbestimmt; unklar:* eine unsichere Sache, Methode; ein unsicheres Gefühl; eine unsichere Zukunft haben; es ist noch u., ob er kommt; ich bin u. *(ich weiß nicht),* ob das stimmt; ⟨sich (Dativ) u. sein⟩ ich bin mir noch u. *(habe mich noch nicht entschieden),* ob ich das nehmen soll. *∗* (ugs.:) **etwas unsicher machen** *(sich an einem bestimmten Ort aufhalten [um sich dort zu vergnügen]):* Pfingsten werde ich Paris u. machen.

Unsinn, der: **1.** *Fehlen von Sinn:* sie diskutieren über Sinn und U. solcher Maßnahmen. **2.** *etwas Unsinniges:* großer, barer, reiner, glatter, blanker, völliger, blühender, vollkommener U.; das ist doch alles U.; es ist U., so etwas zu behaupten; viel U. schreiben, schwatzen, verzapfen (ugs.); du redest lauter (ugs.) U.; diesen U. glaube ich nicht; „Macht es dir etwas aus?" – „U.!" *(Keineswegs!).* **3.** *ungehöriges Benehmen, Treiben:* U. machen, treiben; laß den U.!; der Bengel hat nur U. im Kopf.

unsinnig: 1. *sinnlos, unvernünftig, töricht:* unsinniges Gerede, Geschwätz; unsinnige Gedanken, Pläne; es ist doch u., so etwas machen zu wollen; subst.: etwas Unsinniges tun. **2.** *sehr groß, übertrieben:* unsinnige Kosten, Preise; unsinnige Forderungen. **3.** (ugs.) ⟨verstärkend vor

Adjektiven und Verben): *sehr:* u. schnell fahren; u. hohe Preise, Mieten; er hat sich u. gefreut.
Unsitte, die: *schlechte Angewohnheit:* die U. des Parkens im Halteverbot; das ist eine grobe, häßliche U. [von ihm]; eine U. ablegen.
unsterblich: 1. *nicht sterblich:* die unsterblichen Götter; die Seele ist u. **2.** *unvergeßlich, unvergänglich:* die unsterblichen Klassiker; die unsterbliche Musik, die unsterblichen Werke Beethovens; seine Schöpfungen sind, bleiben u.; subst.: er zählt zu den Unsterblichen. **3.** ⟨verstärkend vor Verben⟩: *sehr:* damit kannst du dich u. blamieren; er war u. verliebt.
unstet: *ruhelos:* ein unstetes Wesen haben; ein unstetes Leben führen; ein unsteter *(innere Unruhe ausdrückender)* Blick; u. umherreisen.
Unstimmigkeit, die: **1.** *Fehler, Widerspruch:* eine kleine U. feststellen; bei der Überprüfung der Rechnung stieß ich auf Unstimmigkeiten. **2.** *Meinungsverschiedenheit:* eine unbedeutende U.; es bestehen große Unstimmigkeiten zwischen den Parteien; bei seinem Besuch kam es zu Unstimmigkeiten; wegen Unstimmigkeiten mit dem Trainer wollte er den Verein wechseln.
Unsumme, die: *sehr große Summe:* das Haus hat eine U. [Geldes] gekostet, verschlungen; diese U. von 100 000 DM werden wir nicht zahlen; Unsummen an Produktionsgeldern sparen können; Unsummen für etwas ausgeben.
untad[e]lig: *einwandfrei, tadellos:* eine untadelige Haltung, Amtsführung, Gesinnung; u. gekleidet sein; sich u. benehmen.
untätig: *nichtstuend; nicht aktiv:* u. sein, bleiben; er sah u. zu, wie wir uns abplagten; wir mußten u. *(ohne eingreifen zu können)* zusehen, wie unser Haus abbrannte; u. herumsitzen; die Hände u. in den Schoß legen.
untauglich: *nicht tauglich:* ein Versuch am untauglichen Objekt, mit untauglichen Mitteln; er ist für diese Arbeit, für diesen Posten, zu schwerer körperlicher Arbeit, als Pilot u.; jmdn. u. *(wehrdienstuntauglich)* schreiben.
unten ⟨Adverb⟩: **a)** *an einer tiefer gelegenen Stelle; unter jmdm., etwas:* u. liegen, sitzen; u. im Regal, im Keller; der Fahrstuhl steht, ist u.; dort u.; tief u.; u. links; u. und oben *(Unterseite und Oberseite)* verwechseln; siehe S. 153 u. *(im unteren Teil der Seite);* von oben nach u.; übertr.: jmdn. von oben bis u. *(sehr gründlich)* mustern; sie war von oben bis u. *(ganz und gar)* verdreckt; wie u. *(an späterer Stelle)* ausgeführt. **b)** *am unteren Ende einer gesellschaftlichen Rangordnung:* die u. sind, wollen nach oben; er hat sich von u. hochgearbeitet. **c)** (ugs.) *im Süden:* wir waren schon mehrmals [dort] u.
unter: I. ⟨Präp. mit Dativ und Akk.⟩ **1.** ⟨mit Dativ⟩ **a)** /kennzeichnet die Lage unterhalb von jmdm., etwas/: etwas liegt u. dem Tisch; u. der Dusche stehen; u. uns *(ein Stockwerk tiefer)* wohnt eine Sängerin; etwas u. dem Mikroskop *(mit Hilfe des Mikroskops)* betrachten; ⟨in Korrelation mit *hindurch*⟩ /kennzeichnet eine Bewegung unter Nennung eines festen Bezugspunkts/: der Zug fährt u. der Brücke hindurch; übertr.: die Preis liegt u. dem Durchschnitt. **b)** /drückt aus, daß sich etwas, u. etwas ganz oder teilweise bedeckt, irgendwo befindet/: eine Pistole

u. dem Mantel, eine Bluse u. dem Pullover tragen. **c)** /nennt Art oder Begleitumstände/: u. Tränen, Schmerzen; u. dem Beifall der Menge; u. einem Vorwand die Versammlung verlassen; u. großen Schwierigkeiten eine Arbeit beenden. **d)** *mit:* u. Zwang, Lebensgefahr; u. Vorspiegelung falscher Tatsachen. **e)** /kennzeichnet eine Bedingung/: u. der Voraussetzung, Bedingung, u. dem Vorbehalt, daß ... **2.** ⟨mit Akk.⟩ /kennzeichnet die Richtung auf eine Stelle unterhalb von jmdm., etwas/: den Schemel u. den Tisch schieben; sich ein Kissen u. den Kopf legen; die Scheune ist bis u. das Dach gefüllt; sich u. die Dusche stellen. **3.** ⟨mit Dativ und Akk.⟩ *zwischen; innerhalb:* der Brief lag u. den Akten; u. den Zuschauern sitzen; sich u. das Publikum mischen. **4.** ⟨mit Dativ⟩ **a)** (selten) /drückt den Bezug auf einen Zeitpunkt aus/: u. dem heutigen Datum; er hat u. dem Datum des 31. Juli bezahlt. **b)** (südd.) *während:* u. Tags *(tagsüber).* **5.** ⟨mit Dativ und Akk.⟩ /drückt eine Abhängigkeit, Unterordnung aus/: u. jmds. Leitung, Führung, Schutz; jmdn. u. Aufsicht stellen; eine Kur u. ärztlicher Kontrolle machen; u. der Regierung Kaiser Karls IV. **6.** ⟨mit Dativ⟩ /drückt das Unterschreiten einer Zahl oder Anzahl aus/: Kinder u. 10 Jahren (aber: Kinder über 10 Jahre!); der Preis liegt u. 100 Mark. **b)** /kennzeichnet einen einzelnen oder eine Anzahl aus einer Menge/: nur einer u. vielen, u. 40 Bewerbern sein. **7. a)** ⟨mit Dativ und Akk.⟩ /kennzeichnet eine Zuordnung/: etwas steht u. einem Motto; etwas u. ein Thema stellen. **b)** ⟨mit Dativ⟩ /kennzeichnet eine Zugehörigkeit/: u. falschem Namen; u. einem Pseudonym; u. nigerianischer Flagge segeln; du erreichst mich unter der Nummer ... **8.** ⟨mit Dativ⟩ *zwischen:* Streit u. den Kindern; u. Freunden, Männern; sie wollten u. sich *(ungestört)* bleiben; u. uns *(im Vertrauen)* gesagt. **9.** ⟨mit Dativ und Akk.⟩ /kennzeichnet einen Zustand, in dem sich etwas befindet, in den etwas gebracht wird/: der Kessel steht u. Druck, Dampf; etwas u. Strom setzen. **10.** ⟨mit Dativ und Akk.; in Abhängigkeit von bestimmten Wörtern⟩ u. jmdm. leiden; u. etwas stöhnen; Unterwerfung u. jmdn. **II.** ⟨Adverb⟩ *weniger als:* Gemeinden von u. 100 000 Einwohnern; die Bewerber waren alle u. 30 Jahre alt.
unterbieten (jmdn., sich, etwas u.): **a)** *für etwas weniger verlangen als andere:* einen Preis [beträchtlich, um fast hundert Mark] u.; er hatte alle Konkurrenten unterboten; übertr.: etwas ist [im Niveau] kaum noch zu u. **b)** (Sport) *für etwas weniger Zeit brauchen:* den Rekord, eine bestimmte Zeit um eine Zehntelsekunde u.
unterbinden ⟨etwas u.⟩: *verbieten, verhindern:* den Handelsverkehr, jede Diskussion, Störung u.; die Kontakte zwischen den Delegationen u.
unterbleiben ⟨etwas unterbleibt⟩: *etwas wird nicht getan:* das hat künftig zu u.; jede Störung ist unterblieben.
unterbrechen: a) ⟨jmdn., etwas u.⟩ *stören, vorübergehend stillegen:* eine Bahnlinie, Pipeline u.; die Stromversorgung war mehrere Stunden lang unterbrochen; die Telefonleitung, das [Telefon]gespräch ist unterbrochen; wir sind *(unser Telefongespräch ist)* unterbrochen worden; die

Stille wurde gelegentlich von einem vorbeifahrenden Auto unterbrochen; eine Schwangerschaft u.; übertr.: der Gebirgszug wird von
mehreren tiefen Tälern unterbrochen. **b)** ⟨etwas
u.⟩ *etwas [für eine gewisse Zeit] nicht weiterführen:*
die Arbeit, den Urlaub u.; seine Reise [in München, für zwei Tage] u.; eine Sendung, ein Spiel
u.; er mußte das Studium u.; die unterbrochene
Vorstellung fortsetzen; übertr.: dieses Ereignis
unterbrach die Eintönigkeit in seinem Leben. **c)**
⟨jmdn., etwas u.⟩ *verursachen, daß jmd. nicht wei-
terspricht, etwas abbricht:* er unterbrach sie, ihren
Redestrom mit Fragen; die Rede des Ministers
wurde mehrfach durch Zwischenrufe unterbrochen; unterbrich mich nicht dauernd!

unterbreiten ⟨jmdm. etwas u.⟩: **a)** /in Verbindung mit bestimmten Substantiven/ *jmdm. etwas
vortragen:* jmdm. Vorschläge [zu etwas], ein Angebot, sein Programm u.; er hat mir seine Pläne
unterbreitet. **b)** (veraltend) *jmdm. etwas vorlegen:*
jmdm. ein Schriftstück [zur Einsichtnahme] u.;
der Beamte unterbreitete *(überreichte)* dem Vorgesetzten sein Abschiedsgesuch.

unterbringen ⟨gewöhnlich mit Raumangabe⟩:
1. ⟨etwas u.⟩ *verstauen:* Waren [im Lager] u.; alles
Gepäck im Kofferraum u.; übertr. (ugs.): er
wußte nicht, wo er dieses Gesicht u. sollte *(woher
er es kannte).* **2.** ⟨jmdn. u.⟩ *jmdm. eine Unterkunft
verschaffen:* die Gäste im Hotel, bei Verwandten
u.; er konnte die alten Leute in einem Altersheim
u.; wir sind sehr gut untergebracht. **3.** (ugs.)
⟨jmdn. u.⟩ *jmdm. eine Stellung verschaffen:* jmdn.
bei einer Firma, Behörde u.; er hat seinen Sohn
auf diesem Posten untergebracht. **4.** (ugs.) ⟨etwas
u.⟩ *erreichen, daß etwas angenommen wird:* er hat
sein Manuskript bei, in der Zeitung, bei einem
Verlag untergebracht.

unterdessen ⟨Adverb⟩: *inzwischen:* die beiden
haben u. geheiratet; ich gehe einkaufen, u.
kannst du/du kannst u. aufräumen.

unterdrücken: 1. ⟨etwas u.⟩ *zurückhalten, nicht
aufkommen lassen:* eine [bissige] Bemerkung, seinen Unwillen u.; er konnte seine Erregung, seinen Zorn, das Lachen nur mit Mühe u.; bestimmte [politische] Meldungen, Nachrichten,
Tatsachen u. *(nicht bekanntwerden lassen);* ein
unterdrücktes Kichern, Niesen war zu hören; mit
unterdrückter Stimme sprechen. **2.** ⟨jmdn., etwas
u.⟩ *mit Terror beherrschen:* eine Rasse, Minderheiten u.; jmdn. psychisch, sexuell u.; der Aufstand wurde grausam unterdrückt *(im Keim erstickt);* ein unterdrücktes Volk.

untere: a) *sich unten befindend:* die unteren
Schichten, Lagen; den unteren Knopf drücken;
im unteren Fach; die Städte an der unteren Elbe
(am Unterlauf der Elbe). **b)** *dem Rang nach unter
anderen stehend:* die unteren Schulklassen,
Ränge, Instanzen.

untereinander ⟨Adverb⟩: **a)** *eines unter dem anderen, unter das andere:* die Bilder u. aufhängen.
b) *miteinander:* etwas u. ausmachen, regeln; sie
tauschen ihre Erfahrungen u. aus.

Unterfangen, das: *schwieriges Unternehmen:*
ein aussichtsloses, hoffnungsloses U.; es ist ein
kühnes, gefährliches, löbliches, schwieriges U.,
so etwas zu tun.

Untergang, der: **1. a)** *das Versinken:* der U. ei-

nes Schiffes. **b)** *das Untergehen:* der U. des Mondes; den U. der Sonne beobachten. **2.** *das Zu-
grundegehen:* der U. des Römischen Reiches; der
U. ist unaufhaltsam; dem Volk droht der U.; der
Alkohol ist [noch] sein U. (ugs.; *Verderben*); das
Fernsehen bedeutete nicht den U. des Kinos; etwas ist dem U. geweiht (geh.); vom U. bedroht
sein; jmdn., etwas vor dem U. bewahren.

untergehen: 1. a) *versinken:* das gekenterte
Boot ist innerhalb kurzer Zeit untergegangen; er
fiel über Bord und ging unter; übertr.: die letzten Sätze des Redners gingen im Applaus unter.
b) ⟨etwas geht unter⟩ *etwas verschwindet hinter etwas:* der Mond geht unter; die Sonne geht am
Horizont langsam, geht heute um 19.23 Uhr unter; bildl. subst.: jmds. Stern ist im Untergehen [begriffen] *(jmds. Ruhm verblaßt).* **2.** *zugrunde gehen:* dieses Reich, Volk ist vor über tausend Jahren untergegangen; es ist so dunkel, als
ob die Welt u. wollte; der Held der Geschichte
ging am Ende unter; untergegangene Kulturen.

¹untergraben ⟨etwas u.⟩: *unterpflügen:* Dung,
Mist u.; das nicht geerntete Gemüse, der verfaulte Salat wird einfach untergegraben.

²untergraben ⟨etwas u.⟩: *unauffällig, von innen
heraus zerstören:* die staatliche Ordnung, das
Vertrauen in den Staat zu u. versuchen; die Gerüchte untergraben sein Ansehen, seine Stellung,
seinen Ruf, seine Autorität.

unterhalb: I. ⟨Präp. mit Gen.⟩ *unter etwas:* u.
der Fensterbrüstung; die Frostgrenze liegt u.
2 000 Meter; der Schiffsunfall ereignete sich u.
der Neckarmündung, u. Heidelbergs. **II.** ⟨Adverb
in Verbindung mit *von*⟩ *unter etwas, tiefer als etwas gelegen:* die Altstadt liegt u. vom Schloß.

Unterhalt, der: **1. a)** *Lebensunterhalt:* ein sicherer, kümmerlicher, kärglicher, dürftiger U.; seinen U. haben, von etwas bestreiten; für jmds. U.
sorgen, aufkommen [müssen]; zu jmds. U. beitragen. **b)** *Unterhaltszahlung:* den U. verweigern; er
muß ihr U. leisten, zahlen; jmdn. auf U. verklagen. **2.** *Instandhaltung:* der U. elektronischer
Spezialgeräte; das Auto ist günstig im U.

¹unterhalten: 1. ⟨jmdn. u.⟩ *für jmdn. sorgen:*
eine Familie, seine Eltern u.; er muß zwei Kinder
aus erster Ehe u. **2.** ⟨etwas u.⟩ **a)** *etwas halten, betreiben:* ein Geschäft, einen Rennstall u. **b)** *pflegen; instand halten:* Gebäude, Gleisanlagen u.;
das Auto muß unterhalten werden, will unterhalten sein u.; *kostet Geld);* das Feuer im Ofen u.
(am Brennen halten). **3.** ⟨etwas mit/zu jmdm. u.⟩
lebendig erhalten, pflegen: gute Kontakte, enge
freundschaftliche Beziehungen mit/zu jmdm. u.;
⟨auch ohne Präp.-Obj.⟩ die beiden Staaten unterhalten gutnachbarliche Beziehungen. **4.** ⟨jmdn.,
sich u.⟩ *erfreuen, die Zeit vertreiben:* seine Gäste
mit vergnüglichen Geschichten u.; die Musik hat
uns gut unterhalten; sich auf einer Party bestens,
blendend, prächtig u.; adj. Part.: ein unterhaltendes Buch; der Film war sehr unterhaltend. **5.**
⟨sich mit jmdm. u.⟩ *sprechen, plaudern:* sich mit
jmdm. laut, leise, flüsternd, angeregt, lebhaft, unter vier Augen, privat u.; sich mit jmdm. über ein
Problem, Thema, über bestimmte Fragen u.;
⟨auch ohne Präp.-Obj.⟩ sich italienisch, auf englisch u.; wir haben uns [darüber] unterhalten, wie
wir verfahren wollen.

²unterhalten (ugs.) ⟨etwas u.⟩: *darunterhalten:* einen Eimer u.; er hat die Hand untergehalten.

unterhaltsam: a) *heiter, kurzweilig:* ein unterhaltsamer Abend; eine unterhaltsame Veranstaltung; es war in der Gesellschaft recht u. **b)** *für Unterhaltung sorgend:* ein unterhaltsamer Gesellschafter, Plauderer.

Unterhaltung, die: **1.** *Pflege, Erhaltung:* die U. der Gebäude, von Gleisanlagen; das Auto ist in der U. sehr teuer. **2.** *Gespräch, Plauderei:* eine anregende, geistreiche U.; die U. war lebhaft, stockte; es kam keine vernünftige U. zustande; mit jmdm. [über etwas] eine U. führen; die U. allein bestreiten *(fast allein reden);* sich an der U. beteiligen; etwas in einer U. erfahren. **3.** *Zeitvertreib, Vergnügen:* sich (Dativ) etwas U. suchen, verschaffen; jmdm. gute, angenehme U. wünschen; die U. der Gäste bestreiten; für U. sorgen.

unterirdisch: *unter der Erde liegend:* ein unterirdischer Gang; unterirdische Atomversuche; die Ölleitung verläuft, liegt u.

unterjochen ⟨jmdn. u.⟩: *jmdn. unterdrücken:* jmdn., ein Volk u.; unterjochte Minderheiten.

unterkommen: 1. ⟨gewöhnlich mit Raumangabe⟩ **a)** *Unterkunft finden:* bei Freunden, in einer Pension u.; privat u.; wo kann man billig u.?; die alten Leute sind in einem Heim untergekommen. **b)** (ugs.) *eine Stellung finden:* als Köchin, in einem Verlag, bei einer Firma u.; er ist endlich untergekommen. **2.** (bes. süddt., österr.) ⟨jmdm. u.⟩ *begegnen:* ein solcher Fall ist mir in 30 Jahren noch nicht untergekommen; das größte Talent, das mir je untergekommen ist; wenn dir etwas Verdächtiges unterkommt, dann sage es.

unterkriegen (ugs.) ⟨jmdn. u.⟩: *jmdn. gefügig machen, bezwingen:* ich werde ihn schon u.; er ist nicht unterzukriegen; sich nicht u. lassen *(nicht den Mut verlieren).*

Unterkunft, die: *vorübergehende Wohnung:* eine einfache, menschenwürdige, billige U.; eine U. im Hotel, für eine Nacht; [sich (Dativ)] eine U. suchen; [k]eine U. finden, haben; jmdm. U. gewähren, freie U. anbieten; für U. und Frühstück 59 Mark bezahlen; die Soldaten sind in ihre Unterkünfte *(Kasernen)* zurückgekehrt.

Unterlage, die: **1.** *das [zum Schutz] Untergelegte:* eine dicke, weiche, harte U.; eine U. aus Gummi, Holz, Metall, Pappe; eine U. zum Schreiben; etwas dient als U.; etwas als U. benutzen; etwas auf eine U. stellen; übertr.: eine gute finanzielle U. *(Grundlage);* eine gute U. haben (ugs.; *etwas Kräftiges essen, um den Alkohol besser vertragen zu können).* **2.** ⟨Plural⟩ *schriftliches Beweisstück; Akten:* die originalen Unterlagen; die Unterlagen sind verschwunden; sämtliche Unterlagen anfordern, beibringen, vernichten; die Unterlagen nicht herausgeben; jmdm., dem Gericht die Unterlagen übergeben, zuleiten; etwas geht aus den Unterlagen hervor; jmdm. Einblick in die Unterlagen gewähren.

unterlassen ⟨etwas u.⟩: *etwas nicht tun:* ein Vorhaben, eine Reise u.; er will das Rauchen künftig u.; unterlassen Sie das bitte!; unterlaß diese Albernheiten!; aus Angst vor der Wahrheit hat er eine Befragung unterlassen; ich habe es u. *(versäumt),* danach zu fragen; jmdn. wegen unterlassener Hilfeleistung bestrafen.

unterlaufen: 1. (Sport) ⟨jmdn. u.⟩ *geduckt in jmdn. hineinlaufen:* einen Spieler, den Gegner u. **2.** ⟨etwas unterläuft jmdm./(veraltet:) läuft jmdm. unter⟩ *etwas passiert jmdm.:* ihm sind in der Eile einige Fehler unterlaufen/(veraltet:) sind einige Fehler untergelaufen; manchmal unterläuft einem ein Versehen, Mißgeschick, eine Unaufmerksamkeit, ein Irrtum/(veraltet:) läuft einem ein Versehen, Mißgeschick, eine Unaufmerksamkeit, ein Irrtum unter. **3.** ⟨etwas u.⟩ *unwirksam machen:* eine Vorschrift, Bestimmung, ein Gesetz, Verbot u.; manche Initiative wird durch die Bürokratie unterlaufen.

¹unterlegen ⟨etwas u.⟩: *darunterlegen:* eine feste Platte, eine Filzmatte u.; ⟨jmdm., sich etwas u.⟩ ich habe mir ein Kissen untergelegt; der Henne Eier zum Brüten u.; übertr.: er hat meiner Antwort einen falschen Sinn untergelegt.

²unterlegen ⟨etwas u.⟩: *mit einer Unterlage versehen:* eine Glasplatte mit Filz u.; mit Seide unterlegte Spitzen; übertr.: einem Film Musik u.; er hat der Melodie einen anderen Text unterlegt.

³unterlegen: *schwächer als ein anderer:* er kommt sich auf diesem Gebiet u. vor; ⟨jmdm. u. sein⟩ dem Gegner an Zahl, an Kondition u. sein; er ist seiner Frau geistig u.

unterliegen: 1. *besiegt, überflügelt werden:* in einem Kampf, Wettbewerb u.; sie unterlagen [mit] 1:2; er unterlag knapp, nach Punkten; die unterlegene Mannschaft war technisch besser. ⟨jmdm. u.⟩ er ist seinem Gegner bei der Wahl unterlegen; übertr.: der ständigen Verlockungen u. **2.** ⟨einer Sache u.⟩ *unterworfen sein:* jeder Besucher unterliegt scharfen Kontrollen; bestimmten Zwängen, strenger Geheimhaltung, der Zensur, Überwachung u.; die Kleidung unterliegt der Mode; einer Täuschung u. *(sich täuschen, getäuscht werden);* der Bearbeitung u. *(bearbeitet werden);* es unterliegt keinem Zweifel, daß ...

Untermiete ⟨in der Verbindung⟩ in/zur Untermiete wohnen: *als Untermieter wohnen.*

unterminieren ⟨etwas u.⟩: *von innen heraus schwächen, zerstören:* den Staat, die Staatsordnung u.; man hat seine Stellung, sein Ansehen, seine Autorität unterminiert.

unternehmen ⟨etwas u.⟩: **1.** *ausführen, in die Wege leiten:* eine Reise, einen Ausflug, einen Spaziergang u.; mit hundert Mark kann man/läßt sich viel u.; der Minister will geeignete Schritte, einen neuen Versuch, Vorstoß u.; große Anstrengungen, einen neuen Anlauf u.; wollen wir heute abend etwas u. *(wollen wir ausgehen)?* **2.** *Maßnahmen ergreifen:* es wird nichts u.; was haben Sie nun unternommen?; er hatte es unternommen, die Sache aufzuklären; etwas gegen jmdn. u.; wir müssen etwas gegen die Maulwürfe, gegen diese Mißstände u.

Unternehmen, das: **1.** *Vorhaben:* ein kühnes, schwieriges, gewagtes U.; das U. einzig, scheiterte, ist mißlungen; ein U. planen, vorbereiten. **2.** *größere Firma:* ein großes, finanzstarkes, privates, junges U.; ein U. der Stahlindustrie; ein U. gründen, leiten, auflösen, liquidieren (Kaufmannsspr.); in ein U. einsteigen (ugs.).

unterordnen ⟨einer Sache u.⟩ *zugunsten einer Sache zurückstellen:* die eigenen Interessen dem Gemeinwohl u.; Sprachw.: eine unterordnende Konjunktion · ⟨häufig im 2. Partizip⟩ *abhängig, zweitrangig:* ein untergeordneter Begriff; etwas spielt nur eine untergeordnete Rolle; das ist von untergeordneter Bedeutung; Sprachw.: ein untergeordneter Satz. **b)** ⟨sich jmdm. u.⟩ *sich fügen, anpassen:* sich jmdm., der Gemeinschaft u.; ⟨auch ohne Dat.⟩ du mußt dich u.; es fällt ihm schwer, sich unterzuordnen. **c)** ⟨jmdm. jmdn. u.⟩ *unterstellen:* man hat mich meinem Kollegen untergeordnet; sie ist ihm untergeordnet; eine mir untergeordnete Person.

Unterredung, die: *Besprechung:* eine lange, wichtige U.; eine U. im engsten Kreise, unter vier Augen; die U. dauerte zwei Stunden, ist auf/für 9 Uhr angesetzt, findet nicht statt, ist beendet; eine U. verlangen; mit jmdm. eine U. vereinbaren, haben, führen; um eine U. bitten.

Unterricht, der: *schulisches Lernen; Lehrstunde:* theoretischer U.; ein lebendiger, langweiliger, interessanter, moderner U.; U. für Ausländer; U. in Deutsch; der U. dauert von 8 bis 12 Uhr, beginnt erst um 9 Uhr, fällt heute aus, ist beendet, ist aus (ugs.); U. [in etwas] erteilen, geben, nehmen; den U. versäumen, schwänzen (ugs.); täglich drei Stunden U. haben; dem U. fernbleiben; am U. teilnehmen; er ist im U. unaufmerksam; vom U. befreit, freigestellt werden.

unterrichten: 1. a) *Unterricht abhalten:* täglich fünf Stunden u.; er unterrichtet an einem Gymnasium, in der Oberstufe, in Heidelberg. **b)** ⟨etwas/(auch:) in etwas u.⟩ *ein bestimmtes Fach lehren:* sie unterrichtet Englisch, Mathematik/(auch:) in Englisch *(dem Fach Englisch),* in Mathematik. **c)** ⟨jmdn. u.⟩ *jmdn. Unterricht erteilen:* Kinder, die Oberstufe u.; er unterrichtet diese Klasse schon seit drei Jahren [in Deutsch]. **2. a)** ⟨jmdn. über/von etwas u.⟩ *in Kenntnis setzen, informieren:* jmdn. sofort, umfassend, nur mangelhaft über eine/von einem Vorgang u.; der Katalog unterrichtet Sie über alle Einzelheiten; ⟨auch ohne Präp.-Obj.⟩ er unterrichtete seinen Vorgesetzten; adj. Part.: falsch, genau unterrichtet sein; soweit ich unterrichtet bin ...; wie aus gutunterrichteten Kreisen zu erfahren war ... **b)** ⟨sich über etwas u.⟩ *sich Kenntnis verschaffen:* sich an Ort und Stelle über einen Vorfall u.; ich muß mich erst über den Stand der Dinge u.; ⟨auch ohne Präp.-Obj.⟩ ich werde mich sehr genau, möglichst rasch u.

untersagen ⟨jmdm. etwas u.⟩: *jmdm. etwas verbieten:* jmdm. das Betreten eines Geländes u.; der Arzt hat ihm das Rauchen strengstens untersagt; er hat ihm untersagt, Alkohol zu trinken; das Spielen im Garten war uns untersagt; ⟨auch ohne Dat.⟩ etwas ist bei Strafe untersagt.

unterschätzen ⟨jmdn., etwas u.⟩: *zu gering einschätzen:* einen Gegner, die Kraft, das Können des Gegners gewaltig u.; eine Aufgabe, die Schwierigkeit einer Sache u.

unterscheiden: 1. a) ⟨etwas u.⟩ *voneinander trennen [und erkennen]:* Einzelheiten u. [können]; in der Einleitung unterscheidet der Verfasser vier Gesichtspunkte. **b)** ⟨jmdn., etwas nach etwas u.⟩ *einteilen:* etwas nach Güte, Qualität u.; die Probanden nach vier Typen u. **c)** ⟨zwischen jmdm., zwischen etwas u.⟩ *einen Unterschied machen:* zwischen heimischen Wörtern und Fremdwör-

tern nicht u.; zwischen altem und neuem Vorstand u.; er unterscheidet sehr genau zwischen den Leuten. **2.** ⟨jmdn., etwas von jmdm., von etwas u.⟩ *auseinanderhalten:* das Richtige vom Falschen, Echtes von Unechtem, Wesentliches vom Unwesentlichen u.; man kann ihn kaum von seinem Zwillingsbruder u.; die Dinge nicht voneinander u. können; ⟨auch ohne Präp.-Obj.⟩ zweierlei ist zu u.; die Zwillinge, die Begriffe sind nur schwer zu u. **3. a)** ⟨sich von jmdm., von etwas u.⟩ *sich abheben:* sich deutlich, klar, grundlegend, kaum von jmdm. u.; er unterscheidet sich von seinem Bruder durch größere Zielstrebigkeit, im Charakter, in nichts; ⟨auch ohne Präp.-Obj.⟩ in diesem Punkt unterscheiden sich die Parteien überhaupt nicht. **b)** ⟨etwas unterscheidet jmdn. von jmdm.⟩ *etwas hebt jmdn. von jmdm. ab:* Kollegialität, Zuverlässigkeit unterscheidet ihn von seinem Vorgänger. **4. a)** ⟨jmdn., etwas u.⟩ *wahrnehmen:* ich unterscheide einen Fleck am Horizont. **b)** ⟨jmdn., etwas an etwas u.⟩ *erkennen, bestimmen:* man kann die Zwillinge am Gang u.; er kann die Schnäpse am Geruch u.

¹unterschieben ⟨etwas u.⟩: *darunterschieben:* eine Platte, eine Unterlage u.; ⟨jmdm., sich etwas u.⟩ sie schob ihm ein Kissen unter; übertr.: ein untergeschobenes Kind, Testament.

²unterschieben ⟨jmdm. etwas u.⟩: **a)** *heimlich zuschieben:* jmdm. einen Brief u. **b)** *unberechtigterweise zuordnen, unterstellen:* man unterschiebt mir diese Äußerung; er hat mir einen falschen Beweggrund unterschoben.

Unterschied, der: *Verschiedenheit; das Anderssein:* ein geringer, großer, gewaltiger, ins Auge fallender, augenfälliger, himmelweiter (ugs.) U.; erhebliche soziale, klimatische Unterschiede; der U. zwischen Mensch und Tier; ein U. wie Tag und Nacht *(ein sehr großer Unterschied);* Unterschiede in der Farbe, Qualität; der U. ist beträchtlich, auffallend; die Unterschiede verwischen sich allmählich; zwischen den beiden Formulierungen besteht ein feiner U.; zwischen Arbeit und Arbeit ist noch ein U. (ugs.; *es kommt auf die Qualität an*); es ist ein U., ob du es sagst oder ob er es sagt; darin liegt der U.; das macht [k]einen U. (ugs.; *das ist [un]erheblich*); keinen U. *(Abgrenzung)* machen zwischen dem eigenen Kind und dem der Schwester; einen U. erkennen, feststellen; jmdm. einen U. klarmachen; im U. zu ihm/zum U. von ihm interessiere ich mich dafür sehr; ich bin gleicher Meinung, aber mit dem U., daß ...; jmdn., etwas ohne U. behandeln.

unterschiedlich: *ungleich, verschieden:* unterschiedliche Größe, Qualität; das ist recht u., ist u. geregelt; Schüler u. behandeln.

¹unterschlagen ⟨etwas u.⟩: **a)** *veruntreuen:* einen Brief, Wechsel u.; er hat größere Summen unterschlagen. **b)** (ugs.) *verheimlichen:* eine Nachricht u.; er hat das Hauptsache, bestimmte Tatsachen einfach unterschlagen.

²unterschlagen ⟨etwas u.⟩: *etwas kreuzen:* sie hat ihre Beine untergeschlagen; mit untergeschlagenen Beinen dasitzen.

Unterschlagung, die: *Veruntreuung:* Unterschlagung begehen; jmds. U. aufdecken; wegen U. verurteilt sein.

unterschreiben: 1. a) *seine Unterschrift hinset-*

zen: links, rechts, mit Tinte, mit vollem Namen u. **b)** ⟨etwas u.⟩ *etwas mit seiner Unterschrift versehen:* einen Brief, Scheck, Vertrag u.; eine Vollmacht, sein Testament u.; das Abkommen ist noch nicht unterschrieben; diese Resolution kann man gern, gut, mit gutem Gewissen u. **2.** (ugs.) ⟨etwas u.⟩ *gleichfalls vertreten, bejahen:* das, diese Behauptung kann ich nicht u.

unterschreiten ⟨etwas u.⟩: *geringer sein; weniger benötigen:* die Kosten haben den Voranschlag unterschritten.

Unterschrift, die: *der eigenhändig unter einen Text geschriebene Name:* eine unleserliche U.; die U. daruntersetzen, verweigern, nachahmen, fälschen, nicht lesen können; die U. leisten (Papierdt.; *unterschreiben*); der Botschafter vollzog im Namen der Regierung die U. (geh.); der Brief trägt seine U.; seine U. für/zu etwas geben; eine U. beglaubigen lassen, einholen; Unterschriften für etwas sammeln; etwas durch seine U. beglaubigen; etwas ist ohne U. nicht gültig; jmdm. einen Brief, Vertrag zur U. vorlegen.

untersetzt: *kräftig und gedrungen:* ein untersetzter Herr; ein Mann von untersetzter Gestalt; er ist etwas u.

unterste: a) *sich ganz unten befindend:* das u. Stockwerk; das Buch steht im untersten Fach. **b)** *tiefste, niedrigste (dem Rang, der Bedeutung nach):* die untersten Offiziersränge; die untersten Klassen. * (ugs.:) **das Unterste zuoberst kehren** *(alles durchwühlen, durcheinanderbringen).*

unterstehen: 1. a) ⟨jmdm., einer Sache u.⟩ *jmdm., einer Sache untergeordnet sein:* die Behörde untersteht dem Innenminister[ium]; als Abteilungsleiter unterstellt er unmittelbar dem Vorstand. **b)** ⟨einer Sache u.⟩ *einer Sache unterliegen:* ständiger Kontrolle u.; diese Fälle unterstehen dem Verwaltungsgericht; es untersteht keinem Zweifel *(es besteht kein Zweifel),* daß ... **2.** ⟨sich u.⟩ *sich erlauben, erdreisten:* er hat sich unterstanden, ihm zu widersprechen; untersteh dich [nicht], so etwas zu tun; untersteh dich! *(unterlaß das!/als Warnung oder Drohung).*

¹**unterstellen: a)** ⟨sich u.⟩ *unter etwas Schutz suchen:* ich habe mich während des Gewitters [unter dem Balkon] untergestellt. **b)** ⟨etwas u.⟩ *abstellen, unterbringen:* du kannst das Fahrrad, den Wagen bei mir, in meiner Garage u.

²**unterstellen: 1.** ⟨jmdm. einer Sache jmdn., etwas u.⟩ *unterordnen:* eine Abteilung direkt dem Vorstand u.; die Behörde ist dem Innenminister[ium] unterstellt; jmdn. der Aufsicht, Kontrolle von ... u. **2. a)** ⟨jmdm. etwas u.⟩ *unterschieben:* jmdm. eine Tat, Absicht u.; es wird mir unterstellt, daß ich so etwas gewollt habe. **b)** ⟨etwas u.⟩ *etwas annehmen:* unterstellen wir das Bestehen solcher Pläne; ich unterstelle einmal, daß alles so gewesen ist.

unterstreichen ⟨etwas u.⟩: **a)** *einen Strich unter etwas ziehen:* alle Namen, Fachwörter in einem Text u.; der entscheidende Satz ist dick, rot, mit Filzstift unterstrichen; s u b s t.: etwas durch Unterstreichen hervorheben. **b)** *betonen, bekräftigen:* jmds. Verdienste, die Bedeutung eines Vertrages u.; ich muß u., daß ...; er unterstrich seine Ausführungen durch eine lebhafte Gestik.

unterstützen ⟨jmdn., etwas u.⟩: **a)** *jmdm. hel-*

fen: jmdn. tatkräftig, moralisch, bei seiner Arbeit u.; die Hilfsorganisationen mit Geld u.; sie wird von den Eltern finanziell unterstützt. **b)** *fördern:* jmds. Bestrebungen/jmdn. in seinen Bestrebungen voll und ganz u.; den Kandidaten einer Partei, ein Gesuch u.; ein Projekt u.; das Mittel unterstützt den Heilungsprozeß.

Unterstützung, die: **a)** *[materielle] Hilfe:* öffentliche, private, gesetzliche, eine angemessene, regelmäßige, monatliche U.; die U. der Armen, Bedürftigen; die U. beträgt 200 Mark monatlich; U. beantragen, bekommen, erhalten, beziehen; jmdm. die U. kürzen, herabsetzen, entziehen, streichen; jmdm. U. gewähren; auf die U. angewiesen sein. **b)** *Beistand, Förderung:* uneingeschränkte, bedingungslose U.; jmdm. seine U. zusagen, zusichern, angedeihen lassen, zuteil werden lassen, versagen; bei jmdm. U. finden; Sie können auf meine U./mit meiner U. rechnen; U. werben, bitten.

untersuchen ⟨jmdn., etwas u.⟩: *sehr genau prüfen, analysieren:* jmdn., etwas gründlich, eingehend, sorgfältig, sehr genau u.; der Arzt will mich, das Blut auf Zucker u.; etwas chemisch, unter dem Mikroskop u.; etwas gerichtlich u. lassen; sich ärztlich u. lassen; einen Unfall u.; den Boden auf seine Beschaffenheit, Tragfähigkeit u.; jmdn. auf, nach Waffen u.; es soll untersucht werden, ob alles richtig ist.

Untersuchung, die: **1.** *das Untersuchen, Prüfung:* eine genaue, sorgfältige, eingehende, chemische, polizeiliche U.; statistische, wissenschaftliche Untersuchungen; die U. des Blutes, des Patienten, der Unfallursache; die U. läuft noch, ist im Gange, ist abgeschlossen, verlief ergebnislos, ergab folgendes: die U. fordern, beantragen, einleiten, durchführen, niederschlagen, einstellen; eine strenge U. anordnen; das Ergebnis der U. abwarten; der U. nicht vorgreifen; sich einer gründlichen U. unterziehen; jmdn. mit der U. des Falles beauftragen. **2.** *wissenschaftliche Arbeit:* eine wertvolle, tiefgreifende, interessante U.; eine U. über Umweltschäden; eine U. anstellen, anfertigen, veröffentlichen.

untertauchen: 1. a) *im Wasser verschwinden:* der Schwimmer ist untergetaucht. **b)** ⟨jmdn. u.⟩ *unter Wasser drücken:* er hat mich aus Spaß mehrals untergetaucht. **2.** *verschwinden:* der Verbrecher ist in der Menschenmenge, irgendwo in der Großstadt untergetaucht; er mußte vor der Gestapo bei Freunden u.

unterwegs ⟨Adverb⟩: *auf dem Weg; auf der Reise:* den ganzen Tag u. *(nicht zu Hause)* sein; ich war gerade u., als der Anruf kam; der Brief war lange u.; wir haben u. viel Neues gesehen; die ganze Stadt war u. *(draußen auf den Straßen);* übertr. (ugs.): bei seiner Frau ist etwas, ein Kind u. *(sie ist schwanger).*

unterweisen (geh.) ⟨jmdn. in etwas u.⟩: *unterrichten:* er hat uns in Geschichte, im Gebrauch von Waffen unterwiesen; ich unterwies *(instruierte)* sie, wie sie sich verhalten sollten.

unterwerfen: 1. a) ⟨jmdn., etwas u.⟩ *besiegen und abhängig machen:* ein Land, einen Staat u.; das Volk ließ sich nicht bedingungslos u. **b)** ⟨sich jmdm., einer Sache u.⟩ *sich jmdm. beugen, sich fü-*

gen: sich jmds. Willen, Willkür, Bedingungen u.; sich einem Urteil u.; die Indianer unterwarfen sich den Eroberern; ⟨auch ohne Dat.⟩ die Germanen wollten sich nicht u. **2.** ⟨einer Sache jmdn., sich, etwas u.⟩ *unterziehen:* die Grenzgänger strengen Kontrollen u.; jmdn. einem Verhör u.; sich einer Prüfung u.; Schwankungen, Veränderungen unterworfen sein.

unterwürfig: *devot:* ein unterwürfiger Kollege; er ist gegenüber seinem Vorgesetzten immer sehr u.; sich u. zeigen, verhalten.

unterzeichnen: a) *seine Unterschrift geben:* links, rechts, mit Tinte, mit vollem Namen u. **b)** ⟨etwas u.⟩ *etwas mit einer Unterschrift versehen:* einen Brief, ein Abkommen u.; der Aufruf ist vom Parteivorsitzenden unterzeichnet. **c)** (veraltet) ⟨sich u.⟩ *unterschreiben:* er hat sich als Vorsitzender unterzeichnet; subst. Part.: der [rechts, links] Unterzeichnete.

¹unterziehen: ⟨etwas u.⟩ **a)** *darunter anziehen:* warme Wäsche u.; ⟨jmdm., sich etwas u.⟩ ich habe mir noch einen Pullover untergezogen. **b)** *einziehen:* sie haben einen Träger, Balken unter die Decke untergezogen. **c)** *vorsichtig vermengen:* Eischnee [unter den Quark] u.

²unterziehen: ⟨jmdn., sich, etwas einer Sache u.⟩ *auferlegen; etwas mit jmdm., mit sich, mit etwas geschehen lassen:* er unterzog sich dieser Aufgabe; sich einer Kur u.; ⟨häufig verblaßt/:⟩ jmdn. einer Untersuchung, Prüfung u.; das Haus wird einer gründlichen Renovierung unterzogen; ich habe mich der Mühe unterzogen, den ganzen Text zu lesen.

Untiefe, die: **1.** *flache Stelle in einem Gewässer:* Baken zeigen die U. an; das Schiff geriet in eine U. **2.** *sehr große Meerestiefe:* Untiefen unweit des Ufers machen das Baden gefährlich.

untröstlich (gewöhnlich in der Verbindung) untröstlich sein: *sehr traurig sein:* sie waren u. darüber, daß ...; ich bin u. *(es tut mir leid),* daß ich die Sache vergessen habe.

unumgänglich: *nicht zu vermeiden:* ein unumgänglicher Krankenhausaufenthalt; diese Maßnahmen, Preiserhöhungen sind u.; es ist u., hier Abhilfe zu schaffen.

unumwunden: *offen, freiheraus:* etwas u. sagen, zugeben; jmdm. u. seine Meinung sagen.

ununterbrochen: *ohne Unterbrechung:* in ununterbrochener Reihenfolge; es regnete u.; ihr Mann redet u.

unverantwortlich: *nicht zu verantworten:* ein unverantwortlicher Leichtsinn; sein Verhalten war u.; etwas für u. halten; u. handeln.

unverbesserlich: *nicht zu ändern:* ein unverbesserlicher Mensch; er ist ein unverbesserlicher *(unverwüstlicher)* Optimist; du bist doch u.!

unverblümt: *ganz offen:* unverblümtes Mißtrauen; unverblümte Direktheit; jmdm. u. die Wahrheit, seine Meinung sagen; etwas u. sagen.

unverfänglich: *nicht bedenklich:* unverfängliche Fragen stellen; die Sache schien u. zu sein.

unverfroren: *dreist:* unverfrorene Antworten geben; du bist u.!; jmdn. u. nach etwas fragen.

unvergeßlich: *in der Erinnerung immer lebendig:* unvergeßliche Eindrücke; unvergeßliche Stunden erlebt haben; ⟨jmdm. u. sein, bleiben⟩ diese Begegnung wird mir immer u. bleiben.

unvergleichlich: a) *einzigartig:* eine unvergleichliche Tat, Leistung; der Liebreiz der Landschaft ist u.; es schmeckte u. **b)** ⟨verstärkend vor Adjektiven⟩ *sehr:* jmd., etwas ist u. schön; es geht ihm heute u. *(viel)* besser als vor Jahren.

unverhofft: *überraschend:* ein unverhofftes Wiedersehen; ich traf ihn gestern ganz u.; R: u. kommt oft.

unvermeidlich: *nicht zu vermeiden:* eine unvermeidliche Auseinandersetzung; Preiserhöhungen werden u. sein; es wird u. sein, die Produktion zu drosseln; subst.: sich in das Unvermeidliche fügen.

unvermittelt: *plötzlich:* eine unvermittelte Frage; u. stehenbleiben; er reiste u. ab.

unvermutet: *überraschend:* unvermutete Schwierigkeiten; sein unvermutetes Erscheinen stiftete Verwirrung; jmdn. u. besuchen.

unverschämt: a) *sehr frech:* eine unverschämte Person; er ist, wurde u.; der Bursche grinste u. **b)** (ugs.) *das übliche Maß stark überschreitend:* unverschämte Preise; er hatte ein unverschämtes Glück; die Mieten sind u. [hoch]. **c)** (ugs.) ⟨verstärkend vor Adjektiven⟩ *sehr:* er ist u. reich; sie sieht u. gut aus.

unversehens ⟨Adverb⟩: *unerwartet, plötzlich:* u. abreisen; er trat u. ins Zimmer.

unverstanden: *kein Verständnis bei anderen findend:* eine unverstandene Frau; sich [von jmdn.] u. fühlen.

unverständig: *[noch] ohne den nötigen Verstand:* ein unverständiges Kind; sei doch nicht so u.!

unverständlich: a) *nicht zu hören; undeutlich:* unverständliche Worte murmeln; er redete leise und u. **b)** ⟨etwas u., bleibt jmdm. u.⟩ *etwas ist, bleibt für jmdn. unbegreiflich:* seine Rede war, blieb uns allen u.; es ist mir einfach u., wie das passieren konnte.

unversucht ⟨in der Verbindung⟩ nichts unversucht lassen: *alles Mögliche versuchen, unternehmen:* sie ließ nichts u., um in den Besitz der Dokumente zu gelangen.

unverwandt: *fortdauernd:* mit unverwandtem Blick jmdn. ansehen; jmdn., etwas u. anstarren.

unverwüstlich: a) *sehr haltbar, dauerhaft:* ein unverwüstliches Material; der Stoff, Anzug ist u.; übertr.: ein unverwüstlicher Evergreen; eine unverwüstliche Gesundheit haben; sein Humor ist u. **b)** *nicht zu entmutigen:* ein unverwüstlicher Forscher; er ist u.; u. weiterarbeiten.

unverzeihlich: *nicht zu entschuldigen:* ein unverzeihlicher Fehler; dieser Leichtsinn ist u.; es ist u., daß man das versäumt hat.

unverzüglich: *sofort:* unverzügliche Hilfsmaßnahmen; etwas u. beginnen.

unvorhergesehen: *unerwartet:* ein unvorhergesehenes Ereignis; es traten unvorhergesehene Schwierigkeiten auf.

unwahrscheinlich: 1. a) *nicht zu erwarten:* eine solche Möglichkeit ist doch sehr u.; eine solche Untersuchung halte ich für u.; es ist u., daß so etwas eintritt. **b)** *unglaublich:* eine unwahrscheinliche Geschichte; seine Darstellung ist, klingt sehr u. **2.** (ugs.) **a)** *sehr groß, sehr viel:* unwahrscheinliches Glück haben; ein unwahrscheinliches Interesse war festzustellen. **b)** ⟨verstärkend vor Adjektiven und Verben⟩ *sehr:* u. heiß, dick; er spielt u. gut; wir froren u.

unweigerlich: *mit Sicherheit eintretend:* eine unweigerliche Folge; eine Preiserhöhung wird u. auf uns zukommen; das setzt u. voraus, daß ...

unweit: **I.** ⟨Präp. mit Genitiv⟩ *nicht weit von:* u. Berlins; u. des Bahnhofs ereignete sich ein Unfall. **II.** ⟨Adverb⟩ *nicht weit:* u. von Berlin, vom Bahnhof.

Unwesen ⟨gewöhnlich in der Verbindung⟩ sein Unwesen treiben ⟨mit Raumangabe⟩: *schädigend, zerstörerisch tätig sein:* in dieser Gegend treibt ein Einbrecher sein U.

Unwetter, das: *verheerendes Gewitter:* ein schweres U. richtete großen Schaden an; die Gegend wurde von einem U. heimgesucht.

unwiderruflich: *endgültig:* ein unwiderruflicher Beschluß; die Entscheidung, das Urteil ist u.; zum u. letzten Male.

unwiderstehlich: *nicht zu widerstehen:* ein unwiderstehlicher Mensch, Typ; einen unwiderstehlichen Drang, Trieb zum Stehlen haben; mit unwiderstehlichem Charme; sie ist einfach u.; er hält sich bei den Frauen für u.

unwiederbringlich: *endgültig:* ein unwiederbringlicher Verlust; etwas ist u. verloren.

Unwille[n], der: *Ärger:* sein U. richtet sich gegen den Sachbearbeiter; seinen Unwillen nicht zurückhalten [können], unverhohlen äußern; jmds. Unwillen erregen, hervorrufen, beschwichtigen; seinem Unwillen Luft machen (ugs.).

unwillkürlich: *unbewußt; ganz von selbst geschehend:* eine unwillkürliche Reaktion; als er die Stimme hörte, drehte er sich u. um.

Unwissenheit, die: *das Nichtwissen:* sein weit verbreitete, allgemeine, erschreckende U.; es besteht, herrscht U. darüber, ob ...; aus U. falsch handeln; jmdn. bewußt in U. halten, lassen.

unwohl: *nicht wohl:* sie ist heute etwas u.; er fühlt sich hier sehr u.; ⟨jmdm. ist, wird [es] u.⟩ nach der Fahrt war mir u.; mir wird [es] u. *(unbehaglich)* bei diesem Gedanken.

unzulänglich: *nicht ausreichend:* unzulängliche Vorbereitungen, Leistungen, Kenntnisse; die Bezahlung, Ausrüstung ist u.

üppig: **1. a)** *in großer Fülle; überreich:* eine üppige Vegetation, Blütenpracht; üppige Zuwachsraten; ein üppiges Mahl; der Kofferraum, die Leistungsbilanz ist nicht gerade ü.; sie haben es nicht ü. *(haben nicht viel Geld);* ü. gefüllte Regale; zu ü. leben. **b)** *von rundlichen, vollen Formen:* ein üppiger Körperbau, Busen; eine üppige Blondine; ihre Formen sind ü. **2.** (ugs. landsch.) *übermütig:* er war, wurde [mir] zu ü.

urbar ⟨in der Verbindung⟩ etwas urbar machen: *etwas landwirtschaftlich nutzbar machen:* ein Stück Land, ein Moor u. machen.

Urheber, der: *jmd., der etwas bewirkt, veranlaßt:* die Urheber dieses Gesetzes; der geistige U. von etwas sein.

Urkunde, die: *Schriftstück mit Rechtskraft:* eine alte, wichtige, öffentliche *(von einer Behörde ausgestellte),* notarielle U.; die U. des Standesbeamten; eine U. ausfertigen, ausstellen, beglaubigen, hinterlegen, versiegeln; jmdm. eine U. überreichen.

Urlaub, der: *[dem Arbeitnehmer] zustehende Er-*

holungszeit: ein langer, mehrwöchiger, [un]bezahlter, tariflich festgelegter, erholsamer, wohlverdienter U.; U. (militär.; *Ausgang*) bis zum Wecken; ein U. [von drei Wochen] im Süden, am Mittelmeer; der U. war völlig verregnet; mir steht noch U. zu; U. beantragen, bekommen, erhalten; keinen U. mehr, noch 6 Tage U. haben; seinen U. antreten, unterbrechen, abbrechen, vorzeitig beenden; den U. ganz, auf einmal nehmen; seinen U. auf dem Lande verbringen; auf/im/in U. sein; er kommt Sonntag auf U.; jmdn. aus dem U. zurückrufen; in U. gehen, fahren; sich im U. erholen; vom U. zurück sein; übertr.: U. von der Familie, vom Alltag machen.

Ursache, die: *Anlaß, Grund; Ausgangspunkt:* die eigentliche, wirkliche U.; innere und äußere Ursachen; die U. eines Streites/für einen Streit; was ist die U.?; die U. ist noch nicht bekannt, geklärt; keine U.! *(bitte!;* /Antwortfloskel auf einen Dank/); R: kleine Ursachen, große Wirkung · diese Äußerungen waren die U. meiner/für meine Verärgerung; etwas bildet die U. für etwas; die U. ermitteln, herausfinden, erkennen, beseitigen; du hast alle U. *(allen Grund),* dich zu freuen; einer U. nachgehen, auf den Grund gehen, kommen; aus bisher ungeklärter U. ist ...; das Gesetz von U. und Wirkung.

Ursprung, der: *Beginn, Ausgangspunkt:* der U. der Menschheit, des Christentums; etwas verdankt seinen U. einem bestimmten Ereignis; etwas hat in etwas seinen U.; den Ursprüngen nachgehen; das Gestein ist vulkanischen Ursprungs; ein Wort germanischen Ursprungs; etwas auf seinen U. zurückführen; etwas vom U. her betrachten; einen Fluß bis zu seinem U. *(bis zur Quelle)* hinaufwandern.

ursprünglich: **1.** *anfänglich, zuerst [vorhanden]:* die ursprüngliche Form; der ursprüngliche Plan ist geändert worden; die Landschaft ist hier noch ganz u.; u. wollte er daran teilnehmen; sie hatte u. Ärztin werden wollen. **2.** *echt, unverfälscht:* ursprüngliches Sitten; einfach und u. leben.

Urteil, das: **1.** *gerichtliche Entscheidung:* ein mildes, hartes, gerechtes U.; ein U. des höchsten Gerichts; das U. ist ergangen, ist unwiderruflich, ist noch nicht rechtskräftig, wird schriftlich zugestellt; das U. lautet auf Freispruch; das U. fällen, verkünden, begründen, bestätigen, annehmen, anfechten, aufheben, vollstrecken; über jmdn. das U. sprechen; die Verkündung des Urteils; gegen das U. Berufung einlegen; übertr.: du hast dir selbst dein U. gesprochen. **2.** *Beurteilung, Standpunkt:* ein sachliches, [un]parteiisches, objektives, fachmännisches, vorschnelles, abgewogenes, vernichtendes, abfälliges U.; das U. eines Laien; sein U. steht bereits fest; sich [über etwas] ein U. bilden; das U. eines Fachmannes einholen; kein U. abgeben; ich maße mir darüber kein U. an; auf jmds. U. viel, nichts geben; sich auf jmds. U. verlassen [können]; er enthält sich eines Urteils; das bestärkt mich in meinem U.; zu einem U. kommen.

urteilen: **a)** *ein Urteil abgeben:* milde, hart, streng, fachmännisch, [un]parteiisch, [un]sachlich, abfällig, vorschnell u.; ohne Ansehen der Person u.; nach den verschiedenen Berichten zu u., ...; man soll nicht nach dem ersten Eindruck u.

b) ⟨über jmdn., über etwas u.⟩ *beurteilen:* wie urteilen Sie darüber?; er hat über ihn, über diesen Fall ganz richtig geurteilt.
urwüchsig: *naturhaft; von natürlicher, unverbildeter Art:* eine urwüchsige Gestalt, Kraft; ein urwüchsiger Kerl (ugs.); er hat eine urwüchsige *(derbe)* Sprache; die Landschaft ist noch ganz u.
Usus ⟨gewöhnlich in der Verbindung⟩ etwas ist [nicht] Usus: *etwas ist [nicht] üblich:* das ist bei uns so U.

V

vag[e]: *nicht eindeutig, nur flüchtig angedeutet:* eine vage Vermutung, Andeutung; ein vager Verdacht; vage Anhaltspunkte, Versprechungen; seine Vorstellungen waren sehr v.; dieser Gedanke wurde in dem Aufsatz nur v. angedeutet, formuliert.
Vase, die: *Gefäß für Blumen o. ä.:* eine große, runde, bunte, moderne, hohe, schlanke, bauchige, chinesische, kostbare V.; eine V. mit Rosen stand auf dem Tisch; einen Strauß in eine V. stellen, tun (ugs.).
Vater, der: **1.** *Mann, der ein oder mehrere Kinder gezeugt hat:* ein strenger, liebevoller, besorgter, treusorgender V.; der eigene V.; ein alleinerziehender V.; mein leiblicher V.; er ist V. geworden; er ist dreifacher V., V. von drei Kindern, V. eines unehelichen Kindes; ihm fehlt der V.; er war immer wie ein V. zu mir; er ist ganz der V. *(sieht seinem Vater sehr ähnlich);* sie haben V. und Mutter verloren; grüßen Sie bitte Ihren [Herrn] V.!; das hat sie vom V. (ugs.; *diese Eigenschaft hat sie von ihrem Vater geerbt*); sie machte ihn zum glücklichen V. eines Sohnes (geh. veraltend); R: V. werden ist nicht schwer, V. sein dagegen sehr; übertr.: die geistigen Väter *(Urheber)* des europäischen Gedankens; die Väter *(Schöpfer)* des Grundgesetzes; unser Torwart war der V. des Sieges. **2.** (Rel.) *Gott:* der himmlische V.; der V. im Himmel; Gott V. * **Vater Staat** *(der Staat in der Rolle des um den Bürger bemühten Gemeinwesens)* · (geh.:) **Vater Rhein** *(der Rhein in der Personifizierung eines Vaters)* · (geh. veraltend, noch scherzh.:) **sich zu den Vätern versammeln/zu seinen Vätern versammelt werden** *(sterben).*
Vaterland, das: *Land, Staat, in dem jmd. geboren ist und dem er sich zugehörig fühlt:* ein geeintes, einiges, geteiltes, politisch zerrissenes V.; das deutsche V.; das V. ist in Gefahr; sein V. lieben; dem V. dienen.
väterlich: 1. *dem Vater zugehörend, vom Vater kommend:* das väterliche Geschäft; väterliche Ermahnungen; in der väterlichen Linie, von väterlicher Seite. **2.** *einem Vater entsprechend; wie ein Vater:* ein väterlicher Freund; der Ton des Lehrers war v.; jmdm. v. zureden; jmdn. v. beraten, betreuen.
Vaterschaft, die: *das Vatersein:* die V. feststellen, nachweisen, ablehnen, leugnen, bestreiten, anerkennen; die Bestimmung, Feststellung der V.
Veilchen, das: **1.** */eine Blume/:* duftende V.; die Kinder pflücken V.; bildl.: sie ist ein V., das im Verborgenen blüht *(sie lebt zurückgezogen).* **2.** (ugs.) *blaugeschlagenes Auge:* er hat ein V.; jmdm. ein V. schlagen.
Ventil, das: *steuerbare Absperr- oder Drosselvorrichtung:* das V. eines Fahrradreifens, einer Luftmatratze, an einem Wasserhahn; das V. ist undicht, verstopft, schließt nicht; ein V. öffnen, schließen; die Ventile reinigen; übertr.: er braucht ein V. für seinen Ärger *(jmdn., etwas, um seinen Ärger abzureagieren).*
verabreden: a) ⟨etwas mit jmdm. v.⟩ *etwas nach Ort und Zeit festlegen:* er hat eine Zusammenkunft, Besprechung, ein Stelldichein mit ihm v.; ich habe mit ihr verabredet, daß wir gemeinsam vorgehen; ⟨auch ohne Präp.-Obj.⟩ wir verabredeten ein Treffen für das nächste Wochenende; adj. Part.: er kam zum verabredeten Zeitpunkt; es geschah alles wie verabredet. **b)** ⟨sich mit jmdm. v.⟩ *ein Treffen mit jmdm. vereinbaren:* ich verabredete mich mit ihr am Hauptbahnhof, auf ein Bier, im Park, zum Tennis ⟨auch ohne Präp.-Obj.⟩ sie haben sich für morgen verabredet; ich bin schon verabredet.
Verabredung, die: **1.** *das Verabreden, Vereinbarung:* eine kurze V. genügt; eine V. treffen *(etwas verabreden);* eine V. nicht einhalten; das entspricht nicht unserer V.; sich an eine V. halten; das verstößt gegen unsere V. **2.** *vereinbartes Treffen:* eine geschäftliche, private V.; eine V. [mit jmdm.] haben; eine V. absagen.
verabreichen ⟨jmdm. etwas v.⟩: *[zum Einnehmen] nach Vorschrift geben:* jmdm. eine Arznei v.; einem Kranken das Essen v.; ⟨auch ohne Dat.⟩ ein Medikament intravenös v. *(in eine Vene injizieren);* übertr. (ugs.): jmdm. eine Ohrfeige, eine Tracht Prügel v. *(geben).*
verabscheuen ⟨jmdn., etwas v.⟩: *Abscheu jmdn., einer Sache gegenüber empfinden:* er verabscheute jede Art von Schmeichelei.
verabschieden: 1. ⟨sich v.⟩ *zum Abschied einige formelhafte Worte an jmdn. richten:* sich höflich, eilig, umständlich, mit einem Kuß v.; wir verabschiedeten uns etwa gegen 12; ich muß mich leider schon v. *(muß leider gehen);* sie verabschiedet sich gerade von der Gastgeberin; übertr. (ugs.): sie verabschiedeten sich *(schieden aus)* mit einer deprimierenden Niederlage; man kann sich nicht so leicht von seinen Bindungen v. *(lösen);* nach 30 km verabschiedete sich die Lichtmaschine *(sie ging kaputt).* **2.** ⟨jmdn. v.⟩ **a)** *einen Gast zum Abschied grüßen:* der Staatsgast wurde auf dem Köln-Bonner Flugplatz verabschiedet. **b)** *in feierlicher Form aus dem Amt entlassen:* einen Offizier, einen hohen Beamten v.; unsere Direktorin wird morgen in den Ruhestand verabschiedet. **3.** ⟨etwas v.⟩ *annehmen und für gültig erklären:* ein Gesetz, den Haushaltsentwurf v.
verachten ⟨jmdn., etwas v.⟩: *keiner Beachtung für wert halten:* sie verachtete ihn wegen seiner

Laschheit; die Masse v.; übertr.: er hat den Tod, die Gefahr stets verachtet *(hat sich davon nie beeindrucken lassen).* * (ugs.) **etwas ist nicht zu verachten** *(etwas ist erstrebenswert):* ein Urlaub im Süden ist nicht zu v. **verächtlich: 1.** *Verachtung ausdrückend:* eine verächtliche Gebärde; verächtliche Blicke, Worte; sein Lachen, klang v.; du darfst von ihm nicht v. sprechen. **2.** *Verachtung verdienend:* eine verächtliche Gesinnung; ⟨jmdn., etwas v. machen⟩ er suchte ihn überall v. zu machen.

Verachtung, die: *Nichtachtung; Ausdruck der Geringschätzung:* ihre tiefe V. alles Bösen; seine V. für, gegen den Verräter; jmdn. der allgemeinen V. preisgeben; sie ließen ihn ihre V. deutlich spüren; er strafte ihn mit V.; er sah ihn mit, voll V. an; sie blickte mit, voll V. auf uns herab.

verallgemeinern ⟨etwas v.⟩: *für allgemeingültig erklären:* eine Feststellung, Erfahrung, Beobachtung v.; ⟨auch ohne Akk.⟩ du verallgemeinerst!

veralten ⟨etwas veraltet⟩: *etwas kommt außer Gebrauch, aus der Mode:* eine Mode, ein Stil veraltet; Waffensysteme veralten schnell; adj. Part.: ein veralteter Ausdruck; die Ausgabe des Buches war völlig veraltet.

veränderlich: *sich schnell verändernd; unbeständig:* er hat ein veränderliches Wesen; das Wetter bleibt v.; das Barometer steht auf „v.".

verändern: 1. ⟨jmdn., etwas v.⟩ *jmdm., einer Sache ein anderes Aussehen oder Wesen geben:* einen Raum v.; an der Fassade wurde einiges verändert; die Welt v. wollen; die Erlebnisse der letzten Zeit haben ihn völlig verändert; die Brille verändert sie stark; adj. Part.: eine veränderte Haltung; ein verändertes Wesen; seit dem Unglück ist er vollkommen verändert. **2.** ⟨sich v.⟩ **a)** *ein anderes Aussehen oder Wesen bekommen, anders werden:* sein Gesicht verändert sich; bei uns hat sich vieles verändert; du hast dich zu deinem Vorteil, Nachteil, zu deinen Ungunsten verändert. **b)** *die berufliche Stellung wechseln:* nach zehn Jahren in derselben Firma will er sich v.

Veränderung, die: **1.** *das Verändern:* nicht jede V. ist, bedeutet eine Verbesserung; keine V. gestatten, erlauben, dulden; an etwas eine V. vornehmen *(etwas verändern).* **2.** *das Anderswerden oder -sein:* eine starke, tiefgehende, entscheidende, einschneidende V.; eine V. [an] der Oberfläche, im Hormonhaushalt; eine V. zeigt sich in jmds. Wesen, geht in jmdm. vor, ist an jmdm. festzustellen, wahrzunehmen, zu bemerken, zu spüren; bei uns ist eine V. eingetreten *(hat sich etwas verändert);* seine Nähe bewirkte bei ihr eine vollständige V.; er liebt V. *(den Wechsel).*

verankern ⟨etwas v.⟩: **1.** *durch einen Anker befestigen:* das Schiff wurde verankert. **2.** *fest mit einer Unterlage verbinden:* Masten mit Stricke fest im Boden v.; die Pfähle sind in einer Betonplatte verankert; übertr.: dieses Bewußtsein war seit Jahrhunderten im Volk verankert; dieses Recht ist im Gesetz verankert *(durch das Gesetz gesichert).*

veranlagen ⟨jmdn., etwas v.⟩: *die Höhe der Steuern für jmdn., für etwas festsetzen:* eine Firma v.; er wurde vom Finanzamt mit 80 000 DM jährlich veranlagt; die Ehegatten werden gemeinsam zur Einkommensteuer veranlagt.

veranlagt ⟨in der Verbindung⟩ veranlagt sein ⟨mit Artangabe⟩: *bestimmte Anlagen, Fähigkeiten besitzen:* er ist künstlerisch, praktisch, romantisch v.; sie ist etwas sentimental v.; ⟨auch attributiv⟩ ein musikalisch veranlagtes Kind.

veranlassen: 1. ⟨etwas v.⟩ *dafür sorgen, daß etwas Bestimmtes geschieht; anordnen:* eine Maßnahme, Nachprüfung v.; wir veranlassen dann alles Weitere; bitte veranlasse, daß wir um 6 Uhr geweckt werden. **2.** ⟨jmdn. zu etwas v.⟩ *dahin wirken, daß jmd. etwas Bestimmtes tut:* er hat mich durch seine Handlungsweise zu diesem Schritt veranlaßt; was veranlaßte Sie zu diesem Entschluß, zu dieser Bemerkung?; er hat mich [dazu] veranlaßt, meinen Antrag zurückzuziehen; ich fühle mich, sehe mich veranlaßt einzugreifen.

Veranlassung, die: *Anlaß, Grund:* dazu liegt keine V. vor, besteht keine V.; unmittelbare V. dazu war ...; die V. zu etwas geben *(etwas veranlassen, verursachen, verschulden);* du hast keine V., unzufrieden zu sein; die Maßnahmen wurden auf V. der Regierung durchgeführt.

veranschlagen ⟨etwas v.⟩: *im voraus berechnen, schätzen:* die Kosten des Projekts wurden mit 2,5 Millionen veranschlagt; Grund und Boden wurden falsch veranschlagt; der Raum ist auf 2 000 Menschen veranschlagt worden; für die Fahrt veranschlage ich etwa 5 Stunden; übertr.: bewerten: dieser Vorteil kann nicht hoch genug veranschlagt werden.

veranstalten ⟨etwas v.⟩: **1.** *stattfinden lassen; organisieren und durchführen:* ein Fest, eine Aufführung im Konzert, eine Demonstration, Exkursion, Sammlung, Tagung, Auktion, Party, Ausstellung, einen Umzug, ein Turnier, Rennen v.; das Meinungsforschungsinstitut veranstaltete eine Umfrage. **2.** (ugs.) *machen, vollführen:* Lärm v.; veranstalte bloß keinen Zirkus!

Veranstaltung, die: **1.** *das Veranstalten:* die V. einer Tournee, einer Umfrage, von Turnieren; die V. der Olympischen Spiele erfordert riesige Summen. **2.** *etwas, was veranstaltet wird:* kulturelle, sportliche, karnevalistische, mehrtägige Veranstaltungen; eine [öffentliche] V. des Rundfunks, Fernsehens; die V. findet um 20 Uhr, im Freien statt; eine V. ankündigen, organisieren, durchführen; den Abschluß der V. bildet ...; auf, bei einer V. auftreten.

verantworten: 1. ⟨etwas v.⟩ *die Folgen zu tragen bereit sein, für etwas einstehen:* eine Maßnahme v.; das kann niemand v.; er wird sein Tun selbst v. müssen; das muß sie vor Gott, vor ihrem Gewissen, vor sich selbst v.; sie kann [es] nicht v., daß du allein nach London fährst. **2.** ⟨sich v.⟩ *sich rechtfertigen:* er hatte sich für seine Tat, wegen seiner Äußerung vor Gericht zu v.; du wirst dich vor dem Chef v. müssen.

verantwortlich: 1. a) *die Verantwortung tragend:* der verantwortliche Ingenieur, Redakteur; ich fühle mich nicht v.; ⟨für jmdn., für etwas v. sein⟩ die Eltern sind für ihre Kinder v.; ich bin dafür v., daß ...; der für den Einkauf verantwortliche Mitarbeiter; ⟨für etwas v. zeichnen⟩ sie zeichnet v. für das Manuskript der Sendung. **b)** ⟨jmdm. [gegenüber] v. sein⟩ er ist nur dem Chef, dem Vorstand [gegenüber] v. *(schuldet ihm Rechenschaft).* **c)** *schuld an etwas seiend:* wer ist hier v.?; subst.: die Verantwortlichen wurden bestraft · ⟨für etwas v. sein⟩ er ist für die Tat, für den Unfall allein, voll v.; ⟨jmdn., etwas für etwas v. machen⟩ du kannst den Arzt nicht für ihren Tod v. machen; er machte das schlechte Wetter für den Unfall v.; ⟨auch ohne Präp.-Obj.⟩ wenn ihr etwas passiert, mache ich dich v. *(ziehe ich dich zur Rechenschaft).* **2.** *mit Verantwortung verbunden:* eine verantwortliche Tätigkeit, Stellung; ein verantwortliches Amt.

Verantwortung, die: *das Verantworten:* eine große, schwere V.; die V. lastet schwer auf ihm; die V. für etwas ablehnen, auf sich nehmen, von sich weisen, auf andere abwälzen; die Eltern haben, tragen die V. für ihre Kinder; er trägt die volle V. für ihren Tod *(hat ihren Tod zu verantworten);* wer [politische] V. trägt *(wer ein verantwortliches Amt innehat)* ...; ich übernehme die V. für den reibungslosen Ablauf; eine Terrorgruppe hat die V. für den Anschlag übernommen *(hat sich zu ihm bekannt);* jmdm. die V. aufbürden, auferlegen, zuschieben, [nicht] abnehmen; das alles enthebt dich nicht der V.; du entziehst dich der V.; ich tue es auf deine V. *(du trägst die V.),* auf eigene V. *(auf eigenes Risiko);* aus dieser V. kann dich niemand entlassen; in der V. stehen *(Verantwortung tragen);* etwas in eigener V. *(selbständig, auf eigenes Risiko)* durchführen. * **jmdn. [für etwas] zur Verantwortung ziehen** *(jmdn. [für etwas] zur Rechenschaft ziehen).*

verarbeiten: 1. a) ⟨etwas v.⟩ *als Material für die Herstellung von etwas verwenden:* ausländische Rohstoffe v.; bei uns werden nur hochwertige Materialien, feinste Tabake verarbeitet; die verarbeitende Industrie (Wirtsch.; *Industrie, in der Rohstoffe verarbeitet oder Zwischenprodukte weiterverarbeitet werden);* übertr.: er hat in seinem Roman viele Motive aus der Mythologie verarbeitet; die aufgenommenen Reize werden im, vom Gehirn verarbeitet. **b)** ⟨etwas zu etwas v.⟩ *in einem Herstellungsprozeß zu etwas machen:* Leder zu Taschen, Fleisch zu Wurst, Gold zu Schmuck v.; übertr.: einen historischen Stoff zu einem Roman v. **2.** ⟨etwas v.⟩ *verdauen:* so schwere Nahrung konnte der Kranke, sein Magen nicht v. **3.** ⟨etwas v.⟩ *geistig bewältigen:* ein Buch in sich v.; eine Erfahrung, Enttäuschung, neue Eindrücke, Erlebnisse erst einmal v. müssen.

verärgern ⟨jmdn. verärgern⟩: *durch ständiges Ärgern in eine schlechte, gereizte Stimmung bringen:* durch eure spöttischen Bemerkungen habt ihr ihn verärgert; wir dürfen die Kunden nicht v.; adj. Part.: er war sehr verärgert.

verausgaben: a) (Papierdt.) ⟨etwas v.⟩ *ausgeben:* viel Geld v.; riesige Summen für etwas v.; übertr.: er hat seine Kräfte verausgabt *(erschöpft).* **b)** ⟨sich v.⟩ *sich bis zur Erschöpfung anstrengen:* die Läufer haben sich völlig verausgabt; bei dem, in dem, mit dem Rennen hatte er sich verausgabt.

veräußern ⟨etwas v.⟩: *verkaufen:* sie war gezwungen, ihren Schmuck zu v.; ehe er auswanderte, veräußerte er alle seine Habe.

Verband, der: **I.** *etwas, was als Schutz um eine Wunde oder verletzte Gliedmaßen gewickelt wird:* der V. verschiebt sich, rutscht, ist zu fest, ist angeklebt; einen V. machen, anlegen, abnehmen, erneuern; einen dicken V. um den Kopf haben; die Schwester wechselt die Verbände. **II. 1.** *größere Vereinigung:* kulturelle, politische, karitative Verbände; der V. Deutscher Studentenschaften; der V. für Arbeitsstudien; einen V. bilden, gründen; einem V. angehören, beitreten; jmdn. in einen V. aufnehmen; in einem V. organisiert sein; sich zu einem V. zusammenschließen. **2.** *größere militärische Einheit:* starke motorisierte Verbände; ein V. von achtzehn Flugzeugen; der Feind ersetzte seine Verluste durch neue Verbände; sie exerzierten, flogen im V. **3.** *eine Einheit bildende Gruppe:* die erwachsenen Kinder verlassen den V. der Familie; das einzelne Tier findet Schutz im V. der Herde.

verbannen ⟨jmdn. v.⟩: *aus dem Land weisen, an einen entlegenen Ort schicken:* jmdn. aus seinem Vaterland v.; er wurde auf eine Insel verbannt; übertr.: die Nichtseßhaften aus der Innenstadt, einen Mitarbeiter in den Außendienst v.; er wurde auf die Reservebank, aus der Nationalmannschaft verbannt; sie verbannte ihn, jeden Gedanken an ihn aus ihrem Innern.

Verbannung, die: **1.** *das Verbannen:* die V. politischer Gegner. **2. a)** *das Verbanntsein:* eine lebenslängliche V.; die V. aufheben; in der Zeit seiner V. **b)** *Ort, an den jmd. verbannt ist:* aus der V. zurückkehren; jmdn. in die V. schicken; in die V. gehen; er setzte sein Jahren in der V.

verbauen: 1. ⟨jmdm. etwas v.⟩ *durch Bauen versperren:* jmdm. die Aussicht, den Blick aufs Meer v.; übertr.: jmdm., sich [durch etwas, mit etwas] die Zukunft, alle Möglichkeiten v. *(ein Fortkommen unmöglich machen);* durch ihr Verhalten ist jede Verständigung verbaut. **2.** ⟨etwas v.⟩ *zum Bauen verwenden, beim Bauen verbrauchen:* Holz, Steine v.; er hat sein ganzes Geld verbaut. **3.** ⟨etwas v.⟩ *falsch und unzweckmäßig bauen:* der Architekt hat das Haus völlig verbaut; eine verbaute Villa.

verbeißen /vgl. verbissen/: **1.** ⟨ein Tier verbeißt sich in jmdn., in etwas⟩ *ein Tier beißt sich an jmdm., an etwas fest:* der Tiger hatte sich in ihn verbissen; die Hunde hatten sich ineinander verbissen. **2.** ⟨sich in etwas v.⟩ *sich hartnäckig und zäh immer mehr mit etwas beschäftigen:* er hat sich in seine Aufgabe, in die Arbeit verbissen. **3.** ⟨sich (Dativ) etwas v.⟩ *eine [Gefühls]äußerung unterdrücken:* ich verbiß mir die Schmerzen, eine Antwort; ich konnte mir das Lachen nicht v.; ⟨auch ohne Dat.⟩ seinen Ärger, seine Tränen v.

verbergen: 1. ⟨jmdn., sich, etwas v.⟩ *fremden Blicken entziehen; verstecken:* einen Flüchtling bei sich v.; etwas hinter seinem Rücken, unter seinem Mantel v.; der Verbrecher verbarg sich im Wald; der Fremde bemühte sich, sein Gesicht zu v.; als man ihr die Unglücksnachricht mitteilte, verbarg sie ihr Gesicht in den Händen; sie konnte die Tränen, den Schmerz, Ärger, die Erregung, das Lachen nicht v. *(unterdrücken);* übertr.: er versuchte seine Wissenslücken hinter Gemeinplätzen zu v.; seine Unsicherheit durch forsches Auftreten v.; welche Absicht verbirgt sich dahinter?; adj. Part.: sich verborgen halten; im verborgenen *(unbemerkt)* bleiben. **2.** ⟨jmdm./vor jmdm. etwas v.⟩ *verheimlichen:* seine Ansicht vor jmdm. v.; er verbirgt uns etwas/etwas

vor uns!; ich hatte das Gefühl, sie verberge mir den wahren Grund; ich will dir nicht v. *(will dir ganz offen sagen), daß ...*; ⟨auch ohne Dat. oder Präp.-Obj.⟩ sie hat offenbar etwas zu v. *(etwas Unrechtes getan);* ich habe nichts zu v. *(habe nichts getan, was ich verheimlichen müßte).*
verbessern: 1. a) ⟨etwas v.⟩ *verändern und besser machen:* eine Methode, die Qualität des Produkts, den Rekord [um 2 Sekunden], seine finanzielle Lage v.; er will die ganze Welt v.; die vierte, verbesserte Auflage des Buches ist soeben erschienen. **b)** ⟨sich v.⟩ *sich bessere Lebensbedingungen schaffen:* wenn er die Stelle bekäme, würde er sich erheblich v.; durch den Erwerb eines Eigenheims haben sie sich verbessert. **c)** ⟨sich v.⟩ *besser werden:* die Verhältnisse haben sich entscheidend verbessert; der Schüler hat sich deutlich verbessert; die Schwimmerin hat sich stilistisch stark verbessert. **2. a)** ⟨etwas v.⟩ *berichtigen:* einen Fehler, ein Diktat v. **b)** ⟨jmdn., sich v.⟩ *jmds., seine Worte korrigieren:* du sollst mich nicht immer v.!; der Interviewer verbesserte sich ständig.
verbeugen ⟨sich v.⟩: *Kopf und Oberkörper neigen:* sich kurz, steif, leicht, tief, ehrfurchtsvoll, höflich, nach allen Seiten, vor jmdm. v.
Verbeugung, die: *das Verbeugen:* eine kleine, tiefe V. vor jmdm. machen; eine V. andeuten; er bedankte sich mit einer stummen, höflichen V.
verbieten: 1. a) ⟨jmdm. etwas v.⟩ *bestimmen, daß etwas unerlaubt und zu unterlassen sei:* die Eltern haben ihr den Besuch dieser Diskothek verboten; ich habe euch verboten, auf der Straße zu spielen; du hast mir gar nichts zu v.; der Arzt hat ihr den [Genuß von] Alkohol verboten; man hat ihm das Haus verboten *(er darf dieses Haus nicht betreten);* Unbefugten ist der Zutritt verboten!; ⟨auch ohne Dat.⟩ Vater hat es ausdrücklich verboten; das Betreten dieses Grundstücks ist bei Strafe verboten; Rauchen, Durchgang verboten!; übertr.: das müßte ihm schon sein Ehrgefühl v. *(verwehren);* das verbietet mir mein Geldbeutel (scherzh.; *das übersteigt meine finanziellen Möglichkeiten*); adj. Part. (ugs.): er sieht [in, mit diesem Hemd] einfach verboten *(unmöglich)* aus. **b)** ⟨etwas v.⟩ *für unzulässig erklären:* eine Demonstration, eine Partei v.; dieses Medikament soll demnächst verboten werden; soviel Ignoranz müßte verboten werden *(ist kaum noch zu tolerieren).* **2.** ⟨etwas verbietet sich⟩ *etwas ist selbstverständlich nicht möglich:* ein solches Handeln verbietet sich von selbst; es verbietet sich, daß ...
verbinden: 1. ⟨jmdn., sich, etwas v.⟩ *mit einem Verband oder einer Binde versehen:* eine Wunde, einen verletzten Arm v.; die Verwundeten mußten verbunden werden; ⟨jmdm., sich etwas v.⟩ sie verbanden ihm die Augen. **2. a)** ⟨etwas mit etwas v.⟩ *zusammenbringen, miteinander in Kontakt bringen:* zwei Städte werden durch eine Eisenbahn-, Buslinie miteinander verbunden; der Kanal verbindet die Nordsee mit der Ostsee; die Insel ist mit dem Festland durch einen Damm verbunden; ⟨auch ohne Präp.-Obj.⟩ ein Tunnel verbindet die beiden Flußufer; ein Kabel verbindet Mikrophon und Lautsprecher; übertr.; adj. Part.: verbindende *(überleitende)* Worte. **b)** ⟨etwas verbindet etwas mit etwas⟩ *etwas hält etwas*

mit etwas zusammen: eine Schraube verbindet den oberen mit dem unteren Teil; ⟨auch ohne Präp.-Obj.⟩ der Leim verbindet die beiden Stücke. **c)** ⟨etwas verbindet sich mit etwas⟩ *etwas vereinigt sich, etwas reagiert:* beim Rühren verbindet sich das Mehl mit der Butter; Chlor verbindet sich mit Natrium zu Kochsalz; diese Stoffe verbinden sich [chemisch] miteinander. **3. a)** ⟨etwas mit etwas v.⟩ *an etwas anschließen, mit etwas in Zusammenhang bringen:* Großzügigkeit mit einer gewissen Strenge v.; das Angenehme mit dem Nützlichen v.; ich weiß nicht, ob er mit diesen Worten eine genaue Vorstellung verband; der Ausflug ist mit einem Museumsbesuch verbunden. **b)** ⟨etwas verbindet sich mit etwas⟩ *etwas steht mit etwas in Zusammenhang:* bei ihr verbindet sich Mut mit kühler Besonnenheit; ⟨auch ohne Präp.-Obj.⟩ Rationalität und Romantik verbinden sich hier auf angenehme Weise; adj. Part.: damit sind große Probleme verbunden; dieser Posten ist mit viel Arbeit verbunden. **c)** ⟨etwas verbindet sich mit etwas⟩ *etwas steht mit etwas in einem assoziativen Zusammenhang:* mit diesem Namen, mit dieser Melodie verbinden sich schöne Erinnerungen für mich; adj. Part.: der Aufstieg der Firma ist eng mit seinem Namen verbunden. **4.** ⟨etwas verbindet jmdn. mit jmdm.⟩ *etwas erhält eine Beziehung zwischen jmdn. und einem anderen aufrecht:* mit ihm verbindet mich eine jahrelange Freundschaft; sie verbindet nichts mehr miteinander; ⟨auch ohne Präp.-Obj.⟩ uns verbinden gemeinsame Interessen; ⟨auch ohne Akk. und ohne Präp.-Obj.⟩ gemeinsame Erlebnisse verbinden; adj. Part.: er war ihr freundschaftlich, in Liebe verbunden; übertr.: seine Arbeit als Intendant verbinden ihn aufs engste mit der Kulturszene. **5.** ⟨sich mit jmdm. v.⟩ *sich zu einem Bündnis zusammentun:* die Studenten wollten sich mit den Arbeitern v.; die Sozialisten haben sich mit den Kommunisten [zu einer Koalition] verbunden; ⟨auch ohne Präp.-Obj.⟩ wir sollten uns zu einer Bürgerinitiative v. **6.** (geh. veraltend) ⟨sich (Dativ) jmdn. v.⟩ *sich jmdn. zu Dank verpflichten:* Sie würden mich Ihnen sehr v., wenn Sie meiner Bitte entsprächen; / *Höflichkeitsformel/:* ich bin Ihnen sehr verbunden *(dankbar).* **7.** ⟨jmdn. mit jmdm., mit etwas v.⟩ *eine Telefonverbindung zwischen jmdn. und einem anderen herstellen:* würden Sie mich bitte mit Herrn Schmidt, mit Ihrer Filiale, mit Bremen 42 87 v.?; ⟨auch ohne Präp.-Obj.⟩ ich werde Sie gleich v.; ⟨auch ohne Akk. und ohne Präp.-Obj.⟩ bleiben Sie am Apparat, ich verbinde; falsch verbunden!
verbindlich: 1. *freundlich, entgegenkommend:* verbindliche Worte; eine verbindliche Geste; verbindlich[st]en Dank; er, seine Art war sehr v.; v. lächeln. **2.** *bindend, verpflichtend:* eine verbindliche Zusage, Abmachung, Norm; das Abkommen war v., wurde für v. erklärt; ⟨etwas ist für jmdn. v.⟩ der Schiedsspruch war für alle v.
Verbindlichkeit, die: **1.** ⟨meist Plural⟩ *[geldliche] Verpflichtung:* Verbindlichkeiten eingehen, erfüllen; Verbindlichkeiten aus Warenbezügen; Verbindlichkeiten in Höhe von ...; gegen jmdn. Verbindlichkeiten haben: die Erledigung, Abwicklung von Verbindlichkeiten. **2.** *bindender Zwang:* die V. eines Schiedsspruchs, Abkom-

mens; das hat für mich keine V. **3.** (geh.) *Höflichkeit, freundliche Worte:* jmdm. Verbindlichkeiten sagen; sie tauschten nur Verbindlichkeiten aus. **Verbindung,** die: **1.** *das Verbinden:* die V. zweier Orte durch die Eisenbahn, durch Brükken; die V. von Geschmack und praktischem Sinn, von Metallteilen; eine neue V. zwischen Architektur und Plastik bahnt sich an. **2.** *Beziehung, Zusammenhang:* eine enge, lose, feste, ständige, briefliche, geschäftliche V.; die V. ging im Krieg verloren; eine V. eingehen, lösen, abbrechen; einflußreiche Verbindungen, Verbindungen zum Ministerium haben; die V. mit jmdm., zu jmdm. suchen, aufnehmen, anknüpfen; die V. nicht abreißen lassen; er hält die V. zwischen ihnen aufrecht; man suchte eine V. zwischen den Ereignissen herzustellen; in V. mit jmdm. treten, stehen; wir wollen miteinander in V. bleiben; wegen dieser Sache werde ich mich sofort mit ihm in V. setzen; er wollte nicht, daß man ihn, seinen Namen mit diesem Ereignis in V. bringe; die ermäßigte Fahrkarte gilt nur in V. mit dem Berechtigungsausweis. **3. a)** *Verkehrsverbindung, Strecke:* eine Gerade ist die kürzeste V. zwischen zwei Punkten; durch die Katastrophe war die V. zur Außenwelt, zwischen den einzelnen Orten unterbrochen; er suchte eine günstige V. nach Heidelberg; nach Hamburg gibt es von hier eine direkte V. **b)** *Fernsprechverbindung:* die schlechte V.; die V. ist nicht zustande gekommen; eine V. herstellen, unterbrechen; er hat keine V. erhalten, bekommen. **4.** *Studentenverbindung, Korps:* eine studentische, farbentragende, [nicht]schlagende V.; er trat in eine V. ein. **5.** (Chemie) *Stoff, der durch die Vereinigung chemischer Elemente entsteht:* Wasser ist eine V. aus Wasserstoff und Sauerstoff; die beiden Stoffe gehen eine [chemische] V. ein.

verbissen: *[allzu] hartnäckig und zäh:* ein verbissener Gegner; er blieb mit verbissener Hartnäckigkeit dabei; sein Gesichtsausdruck war v. *(zeugte von Verbissenheit);* v. geführte Verhandlungen; v. schweigen; die Mannschaft kämpfte v. um den Sieg; (ugs.:) das darf man nicht so v. *(engstirnig)* sehen, nehmen.

verbitten ⟨sich (Dativ) etwas v.⟩: *verlangen, etwas zu unterlassen:* ich verbitte mir jede Einmischung, diesen Ton!; er verbat sich, daß man sich lustig machte über ihn; das möchte ich mir verbeten haben *(das bitte ich zu unterlassen)!*

verbittern ⟨etwas verbittert jmdn.⟩: *etwas erfüllt jmdn. mit Bitterkeit:* Kummer und Sorgen, schwere Erlebnisse hatten ihn verbittert; adj. Part.: eine verbitterte alte Frau; er hatte ein verbittertes Gesicht; er war sehr verbittert.

verblassen ⟨etwas verblaßt⟩: **a)** *etwas wird blaß, verliert seine Farbe, Leuchtkraft:* der Stoff, der Bucheinband, die Farbe verblaßt mit der Zeit; die Tapeten sind schon etwas verblaßt; ein verblaßtes Muster. **b)** *etwas wird (als Eindruck) schwächer:* neben seinem Erfolg verblaßten die Leistungen der anderen; die Erinnerungen an die Kindheit verblaßten immer mehr.

verbleiben: 1. ⟨mit Artangabe⟩ *etwas vereinbaren, wie vereinbart belassen:* sie verblieben folgendermaßen; sie waren so verblieben, daß ...; wie waren wir verblieben? **2.** (geh.) **a)** ⟨mit Raum-

angabe⟩ *bleiben, sich aufhalten:* der Sohn verblieb freiwillig im Elternhaus; die Durchschrift verbleibt beim Aussteller; niemand wußte, wo sie verblieben waren; übertr.: im Amt, an seinem Arbeitsplatz v.; subst.: ein Verbleiben des Ministers in seinem Amt war unmöglich. **b)** ⟨mit Gleichsetzungsnominativ⟩ *sein, bleiben:* er verblieb zeit seines Lebens ein Träumer; in Erwartung Ihrer Antwort, mit den besten Grüßen verbleibe ich Ihr ... / *Briefschluß* /. **3.** (geh.) ⟨jmdm.⟩ *übrigbleiben:* von sieben Kindern waren ihr nur noch drei verblieben; ⟨auch ohne Dat.⟩ nach Abzug der Zinsen verbleiben noch 322 Mark; adj. Part.: die noch verbleibenden Ferientage; das [ihr] verbliebene Geld.

verblenden ⟨etwas verblendet jmdn.⟩: *etwas beraubt jmdn. der Vernunft:* sein Haß verblendete ihn; adj. Part.: ein verblendeter Mensch.

verblüffen ⟨jmdn. v.⟩: *völlig überraschen:* jmdn. durch etwas/mit etwas v.; ihre Antwort verblüffte uns; mancher Käufer läßt sich durch die niedrigen Preise, von den niedrigen Preisen v.; ⟨auch ohne Akk.⟩ seine Offenheit verblüfft; adj. Part.: ein verblüffendes Ergebnis; verblüffende Erfolge; eine verblüffende Ähnlichkeit.

verblühen ⟨etwas verblüht⟩: *etwas hört zu blühen auf und beginnt zu verwelken:* diese Blumen verblühen schnell; die Rosen sind verblüht; übertr.: eine verblühte Witwe, Schönheit.

verbluten *durch starken Blutverlust sterben:* er ist an der Unfallstelle verblutet; ⟨auch: sich v.⟩ er hätte sich fast verblutet.

verbohren (ugs.) ⟨sich in etwas v.⟩: *sich verbissen mit etwas beschäftigen; starrköpfig an etwas [Falschem] festhalten:* er verbohrte sich in diese Idee; er hat sich in seinen Entschluß verbohrt; adj. Part.: starrköpfig: ein verbohrter Mensch.

Verbot, das: *Anordnung, die etwas Bestimmtes verbietet:* ein strenges, vorläufiges V.; das V. einer Partei, des Waffenbesitzes; ein V. erlassen, übertreten, aufheben; du hältst, kehrst dich einfach nicht an das V.; sie verstießen gegen das ausdrückliche V. zu rauchen; es gab ihm trotz des ärztlichen Verbotes etwas zu trinken.

verboten: ↑ verbieten.

Verbrauch, der: *das Verbrauchen:* hohe, niedrige Verbräuche; der V. an, von Butter ist gestiegen, hat sich erhöht, hat zugenommen; den V. drosseln, vermindern; sie haben einen großen V. an *(verbrauchen viel)* Energie; der V. *(die mißbräuchliche Nutzung)* der Natur; das ist sparsam im V.; etwas ist zum baldigen V. bestimmt.

verbrauchen ⟨etwas v.⟩: **a)** *[regelmäßig] eine gewisse Menge von etwas für einen bestimmten Zweck verwenden:* viel Strom, Gas, Wasser, Geld v.; etwas für etwas v.; der Wagen verbraucht 7,5 Liter Benzin [auf 100 km]; übertr. (ugs.): der Verein hat in kurzer Zeit mehrere Trainer verbraucht. **b)** *allmählich aufzehren:* sie hatten alle ihre Vorräte verbraucht; das letzte Stück Seife war inzwischen verbraucht; adj. Part.: verbrauchte Kräfte völlig v.; der Reiz des Spiels war sich schnell verbraucht; adj. Part.: verbrauchte Batterien; ein verbrauchter *(abgearbeiteter)* Mensch; verbrauchte *(abgenutzte)* Nerven; verbrauchte *(schlechte)* Luft.

verbrechen ⟨etwas v.⟩: *Unerlaubtes, Böses tun:*

er hat nichts verbrochen; was soll ich denn schon wieder verbrochen haben?; übertr. (ugs. scherzh.): er hat wieder ein neues Gedicht verbrochen *(verfaßt).*

Verbrechen, das: a) *schwere Straftat:* ein schweres, grauenvolles, gemeines V.; das V. des Mordes, des Landesverrats; das V. ist unaufgeklärt, ungesühnt geblieben, gesühnt worden; ein V. [an jmdm.] begehen, verüben; ein V. anzeigen, untersuchen, aufdecken, aufklären, bestrafen, ahnden; er wurde mehrerer Verbrechen angeklagt, für schuldig befunden. b) *verwerfliche Handlung:* Kriege sind ein V. an der Menschheit, gegen die Menschlichkeit; es ist wohl noch kein V., wenn ich einmal etwas später nach Hause komme (scherzh.); ich habe mir kein V. zuschulden kommen lassen. c) *Verbrechertum:* das organisierte V. bekämpfen.

verbreiten: 1. ⟨etwas v.⟩ a) *dafür sorgen, daß etwas in einem weiten Umkreis bekannt wird:* ein Gerücht, eine Nachricht v.; die Meldung wurde durch die Presse, über Rundfunk und Fernsehen verbreitet; er ließ überall v., daß ...; adj. Part.: eine weit verbreitete Ansicht; diese falsche Meinung ist leider weit verbreitet. b) *in einem weiten Umkreis erregen, erwecken, ausbreiten:* die Feinde verbreiteten überall Furcht und Schrecken; diese Tiere können Krankheiten v. 2. ⟨etwas verbreitet sich; meist mit Umstandsangabe⟩ a) *etwas wird in einem weiten Umkreis bekannt:* die Nachricht von dem Unglück verbreitete sich mit Windeseile, wie ein Lauffeuer; sein Ruf verbreitete sich auch im Ausland. b) *etwas breitet sich aus, erfaßt ein Gebiet:* die Seuche verbreitete sich im ganzen Land, innerhalb kürzester Zeit; das Hoch verbreitete sich über Osteuropa; der Duft verbreitete sich im ganzen Haus; es wird verbreitet Schneefälle geben. 3. (geh.) ⟨sich über etwas v.⟩ *allzu ausführlich darstellen, erörtern:* sich über eine Frage, ein Thema, ein Problem v.

verbreitern: 1. ⟨etwas v.⟩ *breiter machen:* eine Straße, einen Weg v. 2. ⟨etwas verbreitert sich⟩ *etwas wird breiter:* nach vorne hin verbreitert sich die Bühne.

Verbreitung, die: *das Verbreiten:* die Presse sorgte für eine rasche V. der Ereignisse; diesem ausgezeichneten Buch ist eine weite V. zu wünschen; diese Methode hat weite V. gefunden *(hat sich weit verbreitet).*

verbrennen: 1. a) *vom Feuer verzehrt, durch Feuer vernichtet werden:* Papier verbrennt schnell; die Dokumente sind zu Asche verbrannt; drei kleine Kinder sind in der Wohnung verbrannt; die Insassen des Wagens sind in den Flammen, bei lebendigem Leib, lebendigen Leibes verbrannt; es riecht verbrannt (ugs.; *es herrscht ein Brandgeruch).* b) ⟨etwas verbrennt⟩ *etwas wird durch zu starke Hitze schwarz [und ungenießbar]:* der Kuchen ist total verbrannt, schmeckt verbrannt; sie ließ den Braten v. 2. ⟨jmdn., etwas v.⟩ *vom Feuer verzehren lassen:* Holz, Papier v.; eine Leiche v.; sie wurden als Hexen, Ketzer verbrannt; er wollte sich (nach seinem Tode) v. lassen; ⟨auch: sich v.⟩ er hat sich aus Protest selbst verbrannt *(den Verbrennungstod gesucht);* übertr.: die Sonne hat ihn verbrannt *(stark gebräunt),* hat den Rasen verbrannt

(verdorren lassen). 3. *durch Berührung mit einem heißen Gegenstand, Stoff verletzen:* a) ⟨sich v.⟩ ich habe mich [am Bügeleisen, an der Hand] verbrannt. b) ⟨jmdm., sich etwas v.⟩ mit dem heißen Wasser habe ich mir, dem Kind die Hand verbrannt; mit der Brühe kannst du dir die Zunge v. 4. (ugs.) ⟨etwas v.⟩ *als Energie verbrauchen:* viel Öl, Strom, Gas.

verbringen: 1. ⟨etwas v.; meist mit Raum- oder Artangabe⟩ *verleben; zubringen:* sie verbringen ihren Urlaub an der See; auf diese Weise verbrachten sie ihr Leben, ihre Tage; der Kranke hatte eine ruhige Nacht verbracht; er hatte die Zeit mit Warten, sein Leben in Einsamkeit verbracht; wir verbrachten den Abend mit Freunden, zu Hause, im Theater, in angenehmer Gesellschaft. 2. (Papierdt.) ⟨jmdn., etwas v.; mit Raumangabe⟩ *an einen bestimmten Ort bringen, schaffen:* jmdn. in eine Heilanstalt, sein Vermögen ins Ausland, Abfälle auf eine Deponie v.

verbummeln (ugs.): 1. ⟨etwas v.⟩ a) *nutzlos verbringen:* die Zeit, den Abend, ein Semester v. b) *achtlos verlegen, verlieren:* seine Schlüssel, den Ausweis, Akten v. c) *achtlos vergessen:* unsere Verabredung hatte ich ganz verbummelt. 2. *durch Nichtstun herunterkommen:* er verbummelt immer mehr; ein verbummelter Student.

verbünden ⟨sich mit jmdm. v.⟩: *ein Bündnis schließen, sich zusammentun:* die Armee verbündete sich mit den Aufständischen; er hat sich mit ihm verbündet, war mit ihm verbündet; ⟨auch ohne Präp.-Obj.⟩ Rußland und Österreich hatten sich verbündet; adj. Part.: verbündete Staaten; subst.: die Verbündeten im zweiten Weltkrieg.

verbürgen: a) ⟨sich für jmdn., für etwas v.⟩ *die Garantie übernehmen; bürgen:* für die Richtigkeit, für die Wahrheit [der Aussage] kann ich mich v.; ich verbürge mich dafür, daß das stimmt; er wollte sich für ihn, für seine Zuverlässigkeit v. b) ⟨etwas verbürgt sich⟩ *etwas bietet die Gewähr für etwas:* dieses Mittel verbürgt den Erfolg; diese Meldung ist verbürgt *(ist amtlich).*

verbüßen ⟨etwas v.⟩: *eine Freiheitsstrafe ableisten:* eine Gefängnisstrafe v.; er verbüßte seine Strafe in Berlin; ein Teil der Strafe ist durch die Untersuchungshaft verbüßt.

Verdacht, der: *[begründete] Vermutung einer Schuld oder bösen Absicht:* ein hinreichender, [un]begründeter, schlimmer V.; es besteht der dringende V., nicht der geringste V., daß er der Täter war; der V. fiel auf ihn, richtete sich gegen ihn; einen bestimmten V. haben; ich habe den V. *(ich vermute),* daß ... (ugs.); einen V. hegen; V. schöpfen; etwas erregt, erweckt V., ruft jmds. V. wach; den V. auf jmdn. lenken; im V./in V./unter dem V. stehen *(verdächtigt werden),* einen Mord begangen zu haben; jmdn. im V./in V. haben *(verdächtigen);* die Diagnose ergab V. auf Gehirnerschütterung; etwas auf V. tun (ugs.; *aufs Geratewohl, in der Annahme, daß es richtig ist);* in V. geraten, kommen *(sich verdächtig machen);* sein Verhalten brachte ihn in den V. der Untreue; er war über allen V. erhaben.

verdächtig: *zu Verdacht Anlaß gebend; nicht geheuer:* eine verdächtige Person; durch sein Verhalten machte er sich v. *(erregte er Verdacht);* es war v. still; seine Redereien machten ihn v.; die

Angelegenheit kommt mir sehr v. vor, sieht v. aus; ⟨jmdm. v. sein⟩ das ist mir höchst v.; ⟨einer Sache v. sein⟩ er ist der Tat dringend v. **verdächtigen** ⟨jmdn. einer Sache v.⟩: *für schuldig halten:* jmdn. eines Verbrechens, des Mordes, Diebstahls v.; er hat mich verdächtigt, das Geld entwendet zu haben; ⟨auch ohne Gen.⟩ sie haben ihn zu Unrecht verdächtigt; ich will niemanden v., aber ... **Verdächtigung,** die: *Äußerung eines Verdachts:* falsche Verdächtigungen; er war den schlimmsten Verdächtigungen ausgesetzt; er litt unter den fortgesetzten Verdächtigungen. **verdammen** ⟨jmdn., etwas v.⟩: *mit Nachdruck verurteilen:* die Synode verdammte mehrere Sätze seiner Lehre; seine Einstellung wurde von allen verdammt; subst. Part.: die Hölle ist der Ort der Verdammten. **2.** ⟨jmdn., etwas zu etwas v.⟩ *verurteilen, zwingen:* die Gelähmte war zum Nichtstun verdammt; übertr.: sie waren zum Erfolg verdammt. **verdammt** (ugs.): **a)** *gemein, übel:* so ein verdammter Kerl!; diese verdammten Lügen; /Flüche/: v. [noch mal]!; v. und zugenäht!; verdammter Mist! **b)** *(verstärkend bei Adjektiven und Verben) sehr:* es war v. kalt; sie ist v. hübsch; sie mußten sich v. anstrengen. **verdanken: a)** ⟨jmdm., einer Sache etwas v.⟩ *für etwas Dank schulden:* er hatte ihm alles zu v.; ich verdanke meinen Lehrern sehr viel; die Erhaltung der Statue ist einem besonderen Glücksfall zu v. *(zuzuschreiben);* wir verdanken unsere Rettung nur dem Umstand, daß ...; das habe ich allein dir zu v. (iron.; *es ist allein deine Schuld)!* **b)** ⟨etwas verdankt sich einer Sache⟩ *etwas ist auf etwas zurückzuführen, beruht auf etwas:* der glückliche Ausgang verdankt sich seinem Mut. **verdauen** ⟨etwas v.⟩: *aufgenommene Nahrung im Körper auflösen und verwandeln:* er hatte das Essen noch nicht verdaut; Erbsen sind schwer zu v.; übertr. (ugs.): solche Dichtung ist schwer zu v. *(geistig zu verarbeiten);* diese Nachricht mußte ich erst einmal v. *(damit innerlich fertig werden).* **Verdauung,** die: *das Verdauen:* seine V. ist gestört, ist nicht in Ordnung; eine gute V. haben; er leidet an schlechter V. **verdecken** ⟨jmdn., etwas v.⟩: *zudecken, der Sicht entziehen:* bei einer Sonnenfinsternis verdeckt der Mond die Sonne; der Hut verdeckte halb sein Gesicht; seine Augen waren von einer dunklen Brille verdeckt; auf dem Klassenbild wurde er von einem anderen Schüler fast ganz verdeckt; ⟨jmdm. etwas v.⟩ der Vordermann verdeckte *(nahm)* ihm die Sicht; übertr.: seine wahren Absichten v. *(verbergen).* **verdenken** ⟨jmdm. etwas v.; meist verneint und in Verbindung mit *können*⟩: *übelnehmen:* man kann es ihm nicht v., wenn er sich wehrt; sein langes Zögern wurde ihm sehr verdacht. **verderben: 1.** ⟨etwas verdirbt⟩ *etwas wird durch Gärung oder Fäulnis ungenießbar:* das Obst verdirbt, wenn es nicht gegessen wird; die Wurst ist verdorben; sie läßt viel v.; verdorbenes Fleisch. **2.** ⟨jmdm., sich etwas v.⟩ **a)** *schädigen:* du wirst dir bei der schlechten Beleuchtung die Augen v.; ich habe mir den Magen verdorben *(habe mir eine Magenverstimmung zugezogen);* adj. Part.: ein

verdorbener Magen. **b)** *zunichte machen:* jmdm. den Spaß, die Lust, das Vergnügen, die Stimmung v.; ich hatte mir selbst die Freude daran verdorben; ⟨auch ohne Dat.⟩ sie hat den Kuchen verdorben *(schlecht gebacken);* die Reinigung hat den Mantel verdorben *(unbrauchbar gemacht);* adj. Part.: ein verdorbenes Fest. **3.** ⟨jmdn. v.⟩ *auf jmdn. einen schlechten Einfluß ausüben:* die schlechte Gesellschaft hat ihn verdorben. * **es mit jmdm. verderben** *(sich jmds. Gunst verscherzen):* **an etwas ist nichts mehr zu verderben** *(etwas ist bereits in schlechtem Zustand, man braucht es nicht mehr zu schonen).* **Verderben,** das: *Zustand, in dem jmd. umkommt oder moralisch verkommt; Unglück:* der Alkohol, dieser Umgang, diese Frau ist sein V.; dem V. entrinnen; jmdn. seinem V. preisgeben (geh.); an jmds. V. schuld haben, sein; ins/in sein V. rennen, laufen; jmdn. ins V. stürzen. **verdeutlichen** ⟨etwas v.⟩: *deutlicher machen:* er versuchte seinen Standpunkt an einem Beispiel, durch Beispiele, an Hand von Beispielen zu v. **verdeutschen: 1.** ⟨etwas v.⟩ *ins Deutsche übersetzen:* ein Fremdwort, einen fremdsprachigen Text v. **2.** (ugs.) ⟨jmdm. etwas v.⟩ *erklären:* ich werde aus der Gebrauchsanweisung nicht klug, kannst du sie mir mal v.? **verdichten: 1.** ⟨etwas v.⟩ *zusammendrängen:* Gase, Flüssigkeiten v.; übertr.: seine Erlebnisse verdichtete *(gestaltete)* er in einem Roman. **2.** ⟨etwas verdichtet sich⟩ *etwas wird dichter, verstärkt sich:* der Nebel, Rauch, das Dunkel verdichtet sich; übertr.: die Gerüchte verdichteten sich *(nahmen zu);* der Eindruck verdichtete sich *(wird)* immer mehr zur Gewißheit. **verdienen** ⟨etwas v.⟩: **1.** *als Lohn für eine Leistung oder Tätigkeit erhalten:* Geld v.; viel, wenig, eine Menge (ugs.), dicke Gelder (ugs.) v.; ein paar Pfennige nebenbei v.; wieviel verdienst du im Monat, in der/pro Stunde?; dabei ist nicht viel zu v.; er verdient *(erwirbt das Geld für)* seinen Unterhalt, sein Brot durch Übersetzen; ⟨etwas an etwas v.⟩ der Händler verdient 50% an *(hat 50% Gewinn bei)* einigen Waren; ⟨sich (Dativ) etwas v.⟩ ich habe mir das Studium selbst verdient; ⟨auch ohne Dat. und ohne Akk.⟩ er verdient gut *(hat einen guten Verdienst);* in ihrer Familie verdienen drei Personen *(sind drei Personen erwerbstätig);* adj. Part.: sauer, schwer, redlich, ehrlich verdientes Geld. **2.** *etwas wert sein, beanspruchen dürfen:* das verdient Anerkennung, Lob, Belohnung; eine Prämie, Tadel, Strafe v.; er verdient Vertrauen, Beförderung; seine Tat verdient gerühmt zu werden; das habe ich nicht um dich verdient *(ich könnte eine bessere Behandlung von dir erwarten);* adj. Part.: eine verdiente *(gerechte)* Strafe; ein verdienter Mann *(ein Mann, der Bedeutendes geleistet hat);* sein hohes verdient *(verdientermaßen)* gewonnen. * **sich um etwas verdient machen** *(Bedeutendes für etwas leisten):* sich um den Staat verdient machen · **es nicht besser/anders verdienen** *(sein Mißgeschick zu Recht erleiden).* **¹Verdienst,** der: *durch Arbeit erworbenes Geld; Lohn, Gehalt:* ein geringer V.; einen guten, geringen, hohen, ausreichenden V. haben; einen Teil seines Verdienstes abgeben, sparen; von meinem V. allein hätten wir uns diese Wohnung nicht leisten können; er ist ohne V.

²**Verdienst,** das: *verdienstvolle Tat, Leistung:* seine Verdienste als Kommunalpolitiker sind unbestritten; sein V. um die Stadt ist groß; es ist das V. dieses Arztes, daß sie die schwere Krankheit überstanden hat; das V. der Erfindung gebührt ihm allein; du rechnest dir das ganz allein als V./(selten auch:) zum V. an; er hat bedeutende Verdienste um die Verbesserung der sozialen Bedingungen; du hast dir große Verdienste um die Stadt erworben *(hast dich um die Stadt sehr verdient gemacht);* sie, ihre Tat wurde nach V. belohnt *(wurde belohnt, wie sie es verdient hatte);* jmdn. in Anerkennung seiner Verdienste ehren.

verdienstvoll: 1. *anerkennenswert:* eine verdienstvolle Tat; es wäre sehr v., wenn du dich um die Angelegenheit kümmern würdest; v. handeln. **2.** *verdient:* ein verdienstvoller Helfer, Bürger.

verdonnern (ugs.) 〈jmdn. zu etwas v.〉: **a)** *verurteilen:* er wurde zu zehn Monaten Gefängnis, zu Unterhaltszahlungen verdonnert; 〈auch ohne Präp.-Obj.〉 er ist [wegen Betrugs] verdonnert worden. **b)** *jmdm. einen unliebsamen Auftrag erteilen:* jmdn. zum Staubsaugen v.; ich wurde dazu verdonnert, alle Fenster zu putzen.

verdoppeln: 1. 〈etwas v.〉 **a)** *auf das Doppelte erhöhen:* die Geschwindigkeit v.; die Zahl der Mitarbeiter wurde verdoppelt; ü b e r t r.: er verdoppelte *(beschleunigte)* seine Schritte. **b)** *verstärken, intensivieren:* wir müssen unsere Kräfte, Anstrengungen v. **2.** 〈etwas verdoppelt sich〉 *etwas wird doppelt so groß wie bisher:* der Ertrag der Felder hat sich mehr als verdoppelt.

verdorben ↑ verderben.

verdorren 〈etwas verdorrt〉: *etwas vertrocknet:* die Sträucher verdorren; die Felder sind in der Hitze verdorrt; verdorrte Blumen, Zweige.

verdrängen: 1. 〈jmdn., etwas v.〉 *von einer Stelle drängen:* jmdn. von seinem Platz, aus seiner Stellung v.; ich lasse mich nicht von dir, durch dich v.; ü b e r t r.: synthetische Stoffe haben das Holz verdrängt *(ersetzt);* die Freude an dem neuen Wagen hat bei ihm alle anderen Interessen verdrängt. **2.** (Psych.) 〈etwas v.〉 *aus dem Bewußtsein verbannen; unterdrücken:* sie versuchte, das Erlebnis, das schlechte Gewissen, ihre Probleme zu v.; verdrängte Triebe, Affekte, Vorstellungen.

verdrehen 〈etwas v.〉: **1.** *aus einer natürlichen Stellung zu weit herausdrehen:* die Glieder v.; er verdreht die Augen, den Hals; 〈jmdm., sich etwas v.〉 er hat mir die Arme, Handgelenke verdreht. **2.** (ugs.) *[bewußt] unrichtig darstellen:* die Wahrheit, die Worte, einen Tatbestand v.; das Recht v. *(falsch anwenden).* **3.** *(Filmmaterial) verbrauchen:* 120 000 Meter Film für eine Serie v.

verdreht (ugs.): *verrückt, durcheinander:* ein verdrehter Spinner (ugs.); sie hat verdrehte Ansichten; sie ist ganz v.

verdrießen (geh.) 〈etwas verdrießt jmdn.〉: *etwas macht jmdn. mißmutig:* seine Ablehnung hat mich sehr verdrossen; er hat sich durch nichts v. lassen; ich ließ mich keine Mühe v. *(scheute keine Mühe),* das seltene Stück zu beschaffen; es verdrießt mich, daß ...; ich ließ es mich nicht v. *(ließ mich nicht entmutigen).*

verdrießlich: a) *leichte Verärgerung und Miß-*

stimmung zum Ausdruck bringend: er machte ein verdrießliches Gesicht; seine Miene war sehr v.; warum siehst du so v. aus? **b)** (veraltend) *Verdruß bereitend:* eine verdrießliche Angelegenheit; das ist, klingt alles recht v.

verdrossen: *mißmutig, nicht in Stimmung:* ein verdrossenes Schweigen, Gesicht; er war sehr v.; v. machte er sich wieder an die Arbeit.

verdrücken (ugs.): **1.** 〈etwas v.〉 *essen:* eine große Portion v.; er hat gestern abend eine ganze Fleischwurst verdrückt. **2.** 〈sich v.〉 *sich unauffällig entfernen:* sich vor dem Lehrer, in ein Hinterzimmer v.; du hast dich ja bald wieder verdrückt.

Verdruß, der: *Mißmut, Ärger:* V. empfinden, haben; jmdm. V. ersparen, bereiten; die Arbeit machte, brachte ihm viel, großen, nichts als V.; das gibt, erregt, erweckt nur V.; er tat alles mit, ohne, voll V.; zu meinem V. kam er doch noch.

verduften: 1. 〈etwas verduftet〉 *etwas verliert seinen Duft:* der Kaffee ist in dem offenen Gefäß verduftet. **2.** (ugs.) *sich schnell und unauffällig entfernen:* der Betrüger ist längst [ins Ausland] verduftet; verdufte! *(mach, daß du wegkommst!).*

verdunkeln: 1. 〈etwas v.〉 *dunkel machen:* einen Raum v.; die Fenster wurden verdunkelt *(verhängt),* damit kein Licht nach außen drang. **2.** 〈etwas v.〉 *unklar machen, die Spuren von etwas verwischen:* er versuchte die Tat, den Tatbestand zu v. **3.** 〈etwas verdunkelt sich〉 *etwas wird dunkel:* vor dem Gewitter verdunkelte sich der Himmel; bei der Sonnenfinsternis verdunkelt sich die Sonne. **4.** 〈etwas verdunkelt etwas〉 *etwas macht etwas dunkel:* schwarze Wolken verdunkeln den Himmel; ü b e r t r. (geh.): die Ereignisse verdunkelten ihr Glück.

verdüstern: 1. 〈etwas verdüstert etwas〉 *etwas macht etwas düster:* Wolken verdüstern den Himmel; ü b e r t r.: schweres Leid verdüsterte seinen Lebensabend. **2.** 〈etwas verdüstert sich〉 *etwas wird düster:* der Himmel verdüstert sich; ü b e r t r.: seine Miene verdüsterte sich.

verdutzt (ugs.): *völlig verwirrt, überrascht:* er machte ein verdutztes Gesicht; er war ganz v.; v. blickte er auf.

verebben 〈etwas verebbt〉: *etwas nimmt langsam ab, hört allmählich auf:* die Aufregung, Empörung, der Lärm verebbte schließlich; der Beifall war verebbt *(verklungen).*

verehren: 1. 〈jmdn. v.〉 *sehr hoch schätzen:* einen Lehrer, Schauspieler v.; er verehrte ihn wie seinen Vater; er verehrte (veraltend; *umwarb)* seit einiger Zeit ein Mädchen; a d j. P a r t.: unser verehrter Seniorchef; /Anrede in Briefen, Ansprachen o. ä./: sehr verehrte gnädige Frau!; verehrte Anwesende!; (ugs. iron.:) mein Verehrtester! **b)** *seinen Glauben an ein höheres Wesen, an Heilige o. ä. im Kult zum Ausdruck bringen:* die Jungfrau Maria v.; die Griechen verehrten viele Götter; sie wird als Heilige verehrt. **2.** (scherzh.) 〈jmdm. etwas v.〉 *schenken:* er hat ihr eine goldene Kette, einen Blumenstrauß verehrt.

Verehrung, die: **1.** *das Verehren als Kult:* die V. der Jungfrau Maria; die V. einer Gottheit, eines Gottes. **2.** *ehrfurchtsvolle Liebe und bewundernde Hochachtung:* eine hohe, abgöttische V.; seine V. ist aufrichtig; allgemeine V. genießen; V. für jmdn. empfinden; jmdm. V. entgegenbrin-

gen; in, mit tiefster V. zu jmdm. aufsehen; er war voll V. für den großen Meister.
vereidigen ⟨jmdn. v.⟩: *durch einen Eid verpflichten:* Beamte v.; der Zeuge wurde vereidigt; der Präsident wurde auf die Verfassung vereidigt; ein vereidigter Sachverständiger.
Verein, der: *Gruppe von Personen, die sich zur Pflege gemeinsamer Interessen zusammengeschlossen haben:* ein eingetragener V.; der V. Deutscher Ingenieure; der V. für Sozialpolitik; ein V. zur Bekämpfung des Alkoholismus; einen V. gründen; einem V. beitreten, angehören; aus einem V. austreten, ausgeschlossen werden; in einen V. eintreten; sich in einem/zu einem V. zusammenschließen; die Mitglieder, Satzungen des Vereins; übertr. (ugs. iron.): so ein lahmer, langweiliger, seltsamer V. *(Gruppe von Leuten, die man langweilig findet, verächtlich macht).* * **im Verein mit** *(im Zusammenwirken mit, zusammen mit):* im V. mit den Roten Kreuz linderte man die Not der Bevölkerung · **in trautem Verein [mit]** *(unerwartetermaßen zusammen [mit]):* er saß da in trautem V. mit seinen politischen Gegnern.
vereinbaren: 1. ⟨etwas v.⟩ *durch gemeinsamen Beschluß festlegen; verabreden:* ein Treffen, einen Termin, einen Preis, einen Tag [mit jmdm.] v.; ich hatte für heute eine Zusammenkunft mit ihm vereinbart; das hatten wir so [unter uns, untereinander] vereinbart; zwischen beiden Parteien war vereinbart worden, daß ...; etwas vertraglich v.; adj. Part.: der Vertrag wurde zu den vereinbarten Bedingungen geschlossen. **2.** ⟨etwas mit etwas v.⟩ *meist verneint⟩ in Übereinstimmung bringen:* ein solches Verhalten konnte ich mit meinem Gewissen, meiner politischen Überzeugung nicht v.; das läßt sich nicht miteinander v.
Vereinbarung, die: **a)** *das Vereinbaren:* eine V., Vereinbarungen mit jmdm. treffen (nachdrücklich; *etwas mit jmdm. vereinbaren*); sie verhandelten lange, ohne daß es zu einer ausdrücklichen V. gekommen wäre. **b)** *etwas, was man mit jmdm. vereinbart hat:* die V. einhalten, verletzen, aufheben, für ungültig erklären; sie hielt sich nicht an unsere V.; Sprechstunde, Preis nach V.
vereinen (geh.): **1. a)** ⟨jmdn., etwas v.⟩ *zusammenschließen:* das Bestreben geht dahin, die Firmen [zu einem Konzern] zu v.; das Schicksal hatte sie wieder vereint; adj. Part.: ein vereintes Europa; vereint *(gemeinsam)* werden wir die Arbeit schon schaffen. **b)** ⟨sich v.⟩ *sich zusammenschließen:* sich zu einer Partei, in gemeinsamem Handeln v. **2.** ⟨etwas in sich, in etwas v.⟩ *verschiedene Eigenschaften zugleich besitzen:* sie vereint Geist und Anmut in sich; er vereint alle Kompetenzen in seiner Hand. **3.** ⟨etwas mit etwas v.⟩ *in Übereinstimmung bringen:* etwas nicht mit seinen Prinzipien v. können; die Auffassungen lassen sich nicht miteinander v.
vereinfachen ⟨etwas v.⟩: *einfacher machen:* eine Methode, ein Herstellungsverfahren, die Verwaltung v.; er hat das Problem in unzulässiger Weise vereinfacht; adj. Part.: ein vereinfachtes Verfahren; etwas vereinfacht darstellen.
vereinigen: 1. a) ⟨etwas v.⟩ *zu einer Einheit oder Gesamtheit zusammenfassen:* verschiedene Unternehmen v.; dadurch sollte die Macht, sollten mehrere Aufgabenbereiche in einer Hand verei-

nigt werden; er konnte alle Stimmen auf sich v. *(für sich gewinnen).* **b)** ⟨sich v.⟩ *sich verbinden:* auch ausländische Künstler vereinigten sich mit dieser Gruppe; sie haben sich [gegen mich] vereinigt; ihre Stimmen vereinigten sich im, zum Duett; hier vereinigen sich Fulda und Werra [zur Weser]. **2.** ⟨etwas in sich v.⟩ *verschiedene Eigenschaften zugleich besitzen:* er vereinigt sehr gegensätzliche Eigenschaften in sich. **3.** ⟨etwas mit etwas v.⟩ *in Übereinstimmung bringen:* sein Handeln läßt sich mit den von ihm vertretenen Grundsätzen nicht v.
vereinzelt: *einzeln vorkommend oder auftretend:* vereinzelte Fälle von Cholera; es fielen nur noch vereinzelte Schüsse; es gab nur noch v. Regenschauer.
vereiteln ⟨etwas v.⟩: *verhindern, zunichte machen:* einen Plan, ein Unternehmen, eine Tat v.
verenden: *[langsam und qualvoll] sterben /*von Tieren/: das Reh war in der Schlinge verendet; in dem harten Winter sind viele Tiere verendet.
vererben: 1. ⟨jmdm./(auch:) an jmdn. etwas v.⟩ *als Erbe überlassen:* er hat dem Neffen sein ganzes Vermögen vererbt; übertr. (scherzh.): sie hat mir ihren alten Wintermantel vererbt *(geschenkt).* **2.** ⟨jmdm. etwas v.⟩ *als Veranlagung auf jmdn. übertragen:* sie hat ihren Kindern ihre schwachen Augen vererbt; eine vererbte Schwäche. **3.** ⟨etwas vererbt sich⟩ *etwas geht als Veranlagung auf die Nachkommen über:* die Begabung für Musik hat sich in der Familie, ist Generationen [vom Vater] auf den Sohn vererbt.
verewigen: 1. ⟨sich etwas v.; mit Umstandsangabe⟩ *unvergeßlich, unsterblich machen:* in diesem Werk hat er sich, seinen Namen verewigt; da sich wieder ein Hund verewigt (scherzh.; *seine Notdurft verrichtet*). **2.** ⟨etwas v.⟩ *lange andauern lassen:* sie wollten anscheinend die augenblicklichen Verhältnisse v.
[1]verfahren: 1. ⟨mit Artangabe⟩ *in einer bestimmten Weise vorgehen, jmdn., etwas behandeln:* schonend, eigenmächtig, rücksichtslos v.; er ist mit ihm, gegen ihn, in einer Angelegenheit in jeder Schonung verfahren; er verfährt immer nach demselben Schema; wir werden folgendermaßen v.: ... **2.** (ugs.) ⟨etwas v.⟩ *durch Fahren verbrauchen:* ich habe in der letzten Zeit viel Geld, Benzin verfahren. **3.** ⟨sich v.⟩ *in eine falsche Richtung, in die Irre fahren:* ich hatte mich bei dem Nebel verfahren.
[2]verfahren: *in eine falsche Bahn geraten:* eine verfahrene Lage; die Angelegenheit ist völlig v.
Verfahren, das: **1.** *Arbeitsweise, Methode:* ein neues, vereinfachtes V. [zur Feststellung von ...] entwickeln, anwenden; sich an ein erprobtes V. halten; unsere Techniker arbeiten nach dem neuesten, modernsten Verfahren. **2.** *gerichtliche Untersuchung:* ein gerichtliches, geheimes V.; das V. wurde ausgesetzt; ein V. einstellen, ruhenlassen, niederschlagen; ein V. gegen jmdn. einleiten, eröffnen, anhängig machen; gegen ihn läuft ein V. wegen ...; man wollte nicht in das schwebende V. eingreifen.
Verfall, der: **1. a)** *das Verfallen, Zerstört-, Bau-

fälligwerden: der schnelle, langsame V. eines Bauwerks; der V. des alten Schlosses war nicht mehr aufzuhalten; ein Gebäude dem V. preisgeben *(verfallen lassen);* das Haus geriet immer mehr in V. *(verfiel immer mehr).* **b)** *Abnahme, Schwinden der körperlichen und geistigen Kraft:* ein schneller körperlicher V.; der V. des Körpers, der Kräfte; die Ärzte versuchten vergeblich, seinem raschen V. entgegenzuwirken. **c)** *Niedergang, [Epoche der] Auflösung:* kultureller, sittlicher, moralischer V.; der V. des Römischen Reiches, der Kunst. **2.** (Bankw.) *Ende der Einlösungsfrist eines Wechsels o. ä.:* der V. eines Wechsels, Pfandes; Gutscheine vor dem V. einlösen. **verfallen: 1. a)** ⟨etwas verfällt⟩ *etwas fällt allmählich zusammen, wird baufällig:* das Haus, Bauwerk verfällt, war ziemlich verfallen; sie ließen das Gebäude v.; ein verfallenes Schloß. **b)** *körperlich und geistig zunehmend an Kraft verlieren:* der Kranke verfiel zusehends; a d j. P a r t.: verfallene Gesichtszüge; er, sein Gesicht sah ganz verfallen aus. **c)** ⟨etwas verfällt⟩ *etwas löst sich in einer Epoche des Niedergangs auf:* die Sitten verfielen; die Kultur war mehr und mehr verfallen; seine Autorität verfiel. **2.** ⟨etwas verfällt⟩ *etwas wird nach einer bestimmten Zeit wertlos oder ungültig:* ein Wechsel, Pfand, eine Marke verfällt; die Eintrittskarten waren inzwischen verfallen; das Medikament, die Konserve ist verfallen *(das Haltbarkeitsdatum ist überschritten).* **3. a)** ⟨in etwas v.⟩ *in einen bestimmten [negativen] Zustand hineingeraten:* in Schlaf, Schweigen, Schwermut, Trübsinn v.; er verfiel wieder in den alten Fehler, Ton, Schlendrian (ugs.); unversehens verfiel er in seinen Dialekt *(begann er Dialekt zu sprechen).* **b)** ⟨jmdm., einer Sache⟩ *sich nicht mehr von jmdm., von etwas lösen können:* einer Leidenschaft, dem Wahnsinn, dem Zauber der Musik, dem Alkohol, den Verlockungen der Großstadt v.; er ist dieser Frau verfallen *(ihr hörig geworden);* er ist dem Tode verfallen (geh.; *er muß sterben).* **4.** ⟨auf jmdn., auf etwas v.⟩ *auf jmdn., auf etwas kommen, etwas [Merkwürdiges] ersinnen:* auf einen absonderlichen Gedanken, auf ein neues Projekt, eine seltsame Idee v.; wie konntest du nur darauf v., ausgerechnet ihn um Rat zu fragen!; wie konntest du nur auf ihn verfallen *(ihn auswählen)*? **5.** ⟨etwas verfällt jmdm., einer Sache⟩ *etwas fällt jmdm., einer Sache zu:* die Schmuggelware, der Besitz verfällt dem Staat. **6.** ⟨etwas verfällt⟩ *etwas verliert seine Stabilität, geht zurück:* die Preise für Erdöl verfielen.
verfangen: 1. ⟨sich v.; mit Raumangabe⟩ *sich verwickeln und hängenbleiben:* ich verfing mich in einem Netz; das Seil verfing sich im Geäst, an einem Felsvorsprung; ü b e r t r.: er verfing *(verstrickte)* sich in Lügen, in Widersprüche[n]. **2.** ⟨etwas verfängt, meist verneint⟩ *etwas nützt, wirkt bei jmdm.:* dieser Trost, Trick verfängt nicht; Versprechungen, Ratschläge, solche Argumente, Bitten, diese Mittel verfangen bei ihm nicht.
verfänglich: *so geartet, daß man dabei leicht in Verlegenheit kommt:* eine verfängliche Situation; verfängliche Blicke, Worte, Reden; die Frage war, klang v.
verfärben: 1. ⟨etwas verfärbt etwas⟩ *etwas verdirbt etwas durch Übertragen seiner Farbe:* das

rote Hemd hat die ganze Wäsche verfärbt; verfärbte Handtücher. **2.** ⟨sich v.⟩ *die Farbe wechseln, verlieren:* der Stoff, die Tapete hat sich verfärbt; sein Gesicht, er verfärbte sich vor Wut.
verfassen ⟨etwas v.⟩: *niederschreiben:* einen Brief, eine Rede, Schrift, einen Artikel für eine Zeitung v.; er hat einige Dramen verfaßt.
Verfassung, die: **1.** *Zustand, in dem man sich befindet:* seine geistige, seelische, körperliche, gesundheitliche V. läßt das nicht zu; ich befand mich, war in schlechter, in einer guten, in einer unbeschreiblichen, in bester V.; er fühlte sich nicht in der V. *(Stimmung),* das Fest mitzumachen. **2.** *Grundsätze der Ordnung, Grundgesetz:* die V. eines Staates; die V. tritt in, außer Kraft; die V. beraten, [ab]ändern, in Kraft setzen, auslegen, brechen; auf Grund der V.; diese Bestimmung der V. wird aufgehoben; auf die V. schwören, vereidigt werden; das verstößt gegen die V.
verfaulen ⟨etwas verfault⟩: *etwas wird völlig von Fäulnis durchdrungen:* die Kartoffeln verfaulen; die Äpfel sind [am Baum] verfault; verfaultes Obst, Holz.
verfechten ⟨etwas v.⟩: *energisch vertreten, für etwas eintreten:* eine Meinung, Ansicht, Theorie, Lehre v.; diese Partei verfocht nach wie vor den politischen Führungsanspruch.
verfehlen: 1. a) ⟨jmdn., etwas v.⟩ *nicht mehr erreichen:* den Anschluß [um wenige Minuten] v.; ich fürchtete schon, dich zu v.; wir hatten uns/ (geh.:) einander verfehlt. **b)** ⟨etwas v.⟩ *am eigentlichen Ziel vorbeigehen:* den Weg, die Ausfahrt, die richtige Tür v.; der Schuß verfehlte das Ziel; ü b e r t r.: seine Rede hatte ihre Wirkung nicht verfehlt; er hat das Thema verfehlt; er hat den Rekord verfehlt *(nicht eingestellt);* du hast deinen Beruf verfehlt (auch scherzh. als Lob für außerberufliche Fähigkeiten); a d j. P a r t.: ein verfehltes *(falsch angelegtes)* Leben; ein verfehlter *(falscher)* Beruf; eine verfehlte *(falsche)* Politik; es wäre, ich hielte es für völlig verfehlt *(verkehrt),* wollte man ihn gewaltsam zurückhalten. **2.** (geh.) ⟨etwas v.⟩ *versäumen:* eine Chance, Gelegenheit v.; er hätte es nicht v. dürfen, ihn einzuladen.
Verfehlung, die: *Verstoß gegen Grundsätze oder Vorschriften:* eine geringe, moralische V.; eine V. eingestehen; du hast dir keine Verfehlung zuschulden kommen lassen; er wurde wegen seiner Verfehlungen entlassen.
verfeinden ⟨sich mit jmdm. v.⟩: *zum Feind eines anderen werden:* er hat sich mit allen Leuten verfeindet; ⟨auch ohne Präp.-Obj.⟩ die beiden Nachbarn hatten sich wegen der Grenze ihrer Grundstücke verfeindet; sie waren seit langem [miteinander] verfeindet; verfeindete Gruppen.
verfeinern: a) ⟨etwas v.⟩ *feiner machen und dadurch verbessern:* eine Soße mit saurer Sahne, Rotwein v.; die Methoden sind inzwischen verfeinert worden; ein verfeinerter Stil, Geschmack. **b)** ⟨etwas verfeinert sich⟩ *etwas wird feiner und dadurch besser:* ihre Umgangsformen, die Methoden haben sich verfeinert.
verfinstern: a) ⟨etwas v.⟩ *finster machen:* schwarze Wolken verfinsterten den Himmel. **b)** ⟨etwas verfinstert sich⟩ *etwas wird dunkel, finster:* der Himmel verfinsterte sich; ü b e r t r.: sein Gesicht, seine Miene verfinsterte sich.

verfliegen: 1. ⟨etwas verfliegt⟩ **a)** *etwas verflüchtigt sich:* der Geruch, Duft wird bald v.; der Nebel, Dunst ist verflogen. **b)** *etwas geht schnell vorüber:* die Zeit, eine Stunde verfliegt im Nu; die Wochen, Monate sind schnell verflogen; der Ärger, der ganze Spuk war verflogen. **2.** (ugs.) ⟨sich v.⟩ *in die falsche Richtung fliegen:* der Pilot, das Flugzeug hatte sich verflogen.
verflleßen ⟨etwas verfließt⟩: **1.** *etwas verschwimmt:* in ihren Bildern verfließen die Farben; übertr.: die Grenzen zwischen Novelle und Erzählung, die Begriffe beginnen hier zu v. **2.** *etwas verstreicht, vergeht.* Wochen, Monate verflossen; die Zeit hier ist viel zu schnell verflossen; adj. Part.: aus verflossenen Tagen; in längst verflossenen Zeiten; subst. Part. (ugs.): seine Verflossene *(ehemalige Freundin).*
verflixt (ugs.): **1.** *unangenehm, ärgerlich:* eine verflixte Geschichte; ein verflixter Kerl; es ist v., immer wieder geht etwas entzwei; /Flüche/: v. [noch mal]!; v. und zugenäht! **2.** ⟨verstärkend bei Adjektiven und Verben⟩ *sehr, ziemlich:* es ging v. schnell; wir mußten uns v. anstrengen.
verfluchen: a) ⟨jmdn. v.⟩ *den Zorn Gottes auf jmdn. herabwünschen:* die Anhänger der Sekte verfluchten ihn. **b)** ⟨etwas v.⟩ *verwünschen:* seinen Leichtsinn v.; wie oft ich dieses nicht funktionierende Schloß schon verflucht habe!; er hat es schon öfter verflucht, damals eingewilligt zu haben; adj. Part. (ugs.): *sich unangenehm auswirkend und zu verwünschen:* das verfluchte Spiel; das ist eine ganz verfluchte Geschichte, Sache; /Fluche/: verflucht [noch mal]!; verflucht noch eins! ⟨verstärkend bei Adjektiven und Verben⟩ *ziemlich, sehr;* sie ist verflucht gescheit; das sieht verflucht nach Betrug aus.
verflüchtigen: 1. ⟨etwas v.⟩ *in gasförmigen Zustand überführen:* Salzsäure v. **2.** ⟨etwas verflüchtigt sich⟩ *etwas geht in gasförmigen Zustand über:* Äther, Alkohol verflüchtigt sich leicht; übertr.: der ideale Grundgedanke jener Bewegung verflüchtigte sich bald. **3.** (scherzh.) ⟨sich v.⟩ *unbemerkt, auf unerklärliche Weise verschwinden:* er hat sich inzwischen verflüchtigt; der Schmuck hatte sich verflüchtigt.
verfolgen: 1. a) ⟨jmdn. v.⟩ *zu erreichen und einzufangen suchen:* einen Flüchtling, Verbrecher, den Feind v.; Jäger, Hunde verfolgen das Wild; er wurde von der Polizei verfolgt; sich überall verfolgt fühlen; er verfolgt seinen Konkurrenten (Sport; *ist ihm dicht auf der Spur);* übertr.: eine dunkle, trübe Ahnung, der Gedanke daran verfolgte ihn *(ließ ihn nicht los);* er ist vom Schicksal, Unglück, Pech verfolgt; jmdn. mit Blicken, mit den Augen v. *(unablässig beobachten);* sie verfolgte ihn mit Bitten, mit Vorwürfen, mit ihrem Haß *(setzte ihm damit zu);* jmdn. aus politischen, rassischen, religiösen Gründen v. *(jmds. Freiheit einengen, ihm nach dem Leben trachten);* subst. Part.: sie waren politisch Verfolgte, Verfolgte des Naziregimes. **b)** ⟨etwas v.⟩ *jmds. Spur o. ä. nachgehen, folgen:* einen Weg, eine Spur, einen Hinweis v.; die Polizei verfolgte die falsche Fährte. **c)** (Rechtsw.) ⟨etwas v.; mit Artangabe⟩ *gegen etwas gerichtlich vorgehen:* Zuwiderhandlungen werden strafrechtlich verfolgt. **2.** ⟨etwas v.⟩ *zu erreichen, zu verwirklichen suchen:* ein Ziel,

eine Absicht, einen Zweck, Plan, Gedanken, Grundsatz v. **3.** ⟨etwas v.⟩ *die Entwicklung von etwas genau beobachten:* eine Angelegenheit, die politische Entwicklung aufmerksam v.; er verfolgte den Prozeß, die Ereignisse in der Zeitung, im Fernsehen; eine Sache nicht weiter v. *(sich nicht mehr länger dafür interessieren).*
Verfolger, der: *jmd., der einen anderen verfolgt:* ein hartnäckiger V.; die V. waren ihm dicht auf den Fersen; er hat die V. getäuscht, abgeschüttelt; er ist seinen Verfolgern entkommen.
Verfolgung, die: *das Verfolgen:* die V. des Wilds, Verbrechers aufnehmen; übertr.: eine strafrechtliche V. von Ordnungswidrigkeiten; eine V. aus politischen, religiösen Gründen; die V. der Juden, der Christen; Verfolgungen erdulden, erleiden; sie waren Verfolgungen ausgesetzt; Rechtsw.: jmdn. außer V. setzen.
verfügbar: *vorhanden und zur Verfügung stehend:* alle verfügbaren Vorräte, Reserven, Räume; Hilfe, eine Hilfskraft ist für mich derzeit nicht, habe ich nicht v.
verfügen: 1. ⟨etwas v.⟩ *[von Amts wegen] anordnen:* v., was zu geschehen hat; der Minister verfügte den Bau der Talsperre; er verfügte [letztwillig, in seinem Testament], daß ...; die verfügten Änderungen. **2.** ⟨über jmdn., über etwas v.⟩ **a)** *bestimmen, was mit jmdm., mit etwas geschehen soll:* über sein Geld [frei] v. können; man verfügt über mich, als wäre ich ein Sklave; /Höflichkeitsformel/: verfügen Sie über mich! *(ich stehe zu Ihren Diensten).* **b)** *besitzen [und einsetzen können]:* über Reserven, gute Beziehungen, Menschenkenntnis, geheimnisvolle, übernatürliche Kräfte v.; er verfügt über gute Kenntnisse. **3.** (Papierdt.) ⟨sich v.; mit Raumangabe⟩ *sich [einem Zwang, einer Aufforderung folgend] an einen bestimmten Ort begeben:* er verfügte sich eilig nach Hause; du verfügst dich jetzt auf deinen Platz, ins Bett.
Verfügung, die: **1.** *Anordnung [einer Behörde oder eines Gerichts]:* eine einstweilige V.; eine letztwillige V. *(ein Testament);* eine V. erlassen, aufheben; der V. gemäß; laut V.; einer V. nachkommen. **2.** *das Verfügen* (meist in bestimmten Verwendungen): ich überlasse dir die V. darüber; etwas zur V. haben; jmdm. etwas zur V. stellen; sein Amt zur V. stellen *(seinen Rücktritt anbieten);* jmdm. zur V. stehen *(für jmdn. dasein);* er erklärte, daß er für das Amt, als Minister nicht mehr zur V. stehe *(nicht mehr bereit sei, das Amt, den Ministerposten zu übernehmen);* es stand ihm nur wenig Material für seine Untersuchung zur V.; halte dich zur V. *(halte dich bereit)!*
verführen: a) ⟨jmdn. zu etwas v.⟩ *jmdn. so beeinflussen, daß er etwas gegen seine eigentliche Absicht tut:* jmdn. zum Trinken v.; darf ich Sie zu einem Stück Torte v. (ugs. scherzh.; *einladen)?;* ⟨auch ohne Akk.⟩ der niedrige Preis verführt *(verlockt zum Kauf).* **b)** ⟨jmdn. v.⟩ *zum Geschlechtsverkehr verleiten;* er hat das Mädchen verführt.
verführerisch: a) *verlockend:* ein verführerisches Angebot; der Anblick war äußerst v.; die Torte sieht v. aus. **b)** *sehr attraktiv:* sie sieht v. aus.
vergällen: 1. (Fachspr.) ⟨etwas v.⟩ *denaturieren, ungenießbar machen:* Spiritus, Alkohol v. **2.** ⟨jmdm. etwas v.⟩ *die Freude [an etwas] verderben:*

wir lassen uns die Freude [daran] nicht v.; die Reise war mir vergällt.

Vergangenheit, die: a) *die vergangene Zeit:* die jüngste V.; V., Gegenwart und Zukunft; die unbewältigte V.; die V. lebendig werden lassen, heraufbeschwören, enthüllen, wachrufen; das gehört der V. an *(ist vergessen, nicht mehr üblich);* die Gespenster der V.; ich konnte mich nur schwer in die V. zurückversetzen; sie haben mit der V. gebrochen. b) *der Gegenwart vorangegangene Lebenszeit eines Menschen:* seine V. war dunkel; seine V. mit sich schleppen, tragen; er hat eine bewegte V. hinter sich; er sucht seine braune (ugs.; *nazionalsozialistische)* V. zu verbergen; die Stadt ist stolz auf ihre V. *(Geschichte);* sie ist eine Frau mit V. *(sie hat einen zweifelhaften Ruf).* c) (Grammatik) *Vergangenheitsform:* ein Verb in die V. setzen.

vergänglich: *nicht dauerhaft:* vergänglicher Besitz, Ruhm; alles ist v.

vergeben: 1. ⟨jmdm. etwas v.⟩ *verzeihen:* er hat ihm die Kränkung, Schuld, das Unrecht [nicht, längst] vergeben; deine Sünden sind dir vergeben; ⟨auch ohne Akk.⟩ vergib mir!; ⟨auch ohne Dat.⟩ die Sache ist vergeben und vergessen. 2. ⟨etwas v.⟩ *übertragen, zuteilen:* einen Posten v., zu v. haben; die Stelle ist schon vergeben; einen Auftrag [an jmdn.] v.; ein Stipendium [an jmdn.] v. *(gewähren);* es waren noch einige Eintrittskarten zu v. *(übrig);* ich habe den Tanz bereits vergeben *(jmdm. versprochen);* ü b e r t r. (scherzh.): er ist für heute schon vergeben *(hat heute schon etwas anderes vor);* seine Töchter sind alle vergeben *(verlobt oder verheiratet).* 3. ⟨etwas v.⟩ *nicht nutzen:* eine Chance v.; S p o r t : ein Tor, einen Elfmeter v.; ⟨auch ohne Akk.⟩ er vergab kläglich *(konnte den Ball nicht im Tor unterbringen).* 4. (Kartenspiel) ⟨sich, etwas v.⟩ *falsch geben:* du hast dich, die Karten vergeben. * **sich** (Dativ) **etwas/nichts vergeben** *(seinem Ansehen durch ein Tun [nicht] schaden).*

vergebens ⟨Adverb⟩: *umsonst, erfolglos:* alle Mühe war v.; ich habe ihn mehrfach gewarnt, es war alles v.; er hat v. gewartet.

vergeblich: *erfolglos:* ein vergebliches Opfer; eine vergebliche Anstrengung, alles Bitten war, blieb v.; er hat sich bisher v. bemüht.

vergegenwärtigen ⟨sich (Dativ) etwas v.⟩: *sich etwas Zurückliegendes ins Gedächtnis rufen:* man muß sich die damalige Situation einmal v.

vergehen: 1. a) ⟨etwas vergeht⟩ *etwas geht dahin und wird Vergangenheit:* die Jahre vergehen; [wie rasch] die Zeit vergeht!; es werden noch Monate v., bis alles wieder in Ordnung ist; über dieser Arbeit vergingen Wochen; es vergeht kein Tag, ohne daß wir miteinander telefonieren; es waren noch keine fünf Minuten vergangen, als ...; ⟨etwas vergeht jmdm.⟩ die Tage vergingen mir wie im Flug; a d j. P a r t.: längst vergangene Tage; im vergangenen *(letzten)* Jahr. b) ⟨etwas vergeht⟩ *etwas schwindet, läßt nach, geht vorüber:* Leidenschaften vergehen; die Schmerzen sind vergangen; das vergeht wieder!; ⟨etwas vergeht jmdm.⟩ der Appetit, der Mut ist ihm vergangen bei diesem Anblick; das Lachen wird dir vergehen; ihm war der Spaß an dieser Arbeit vergangen; (geh.): jmdm. vergehen die Sinne *(jmd. wird ohnmäch-*

tig). 2. ⟨vor etwas v.⟩ *sehr leiden:* vor Angst, Scham, Sehnsucht, Lange[r]weile, Heimweh v. 3. a) ⟨sich an jmdm. v.⟩ *ein Sexualverbrechen an jmdm. begehen:* er hat sich an dem Mädchen, an Kindern vergangen. b) ⟨sich an etwas v.⟩ *sich fremden Besitz aneignen:* er hat sich öfter an fremdem Eigentum vergangen. 4. ⟨sich gegen etwas v.⟩ *gegen etwas verstoßen:* sich gegen die guten Sitten, gegen das Gesetz v.

Vergehen, das: 1. *das Dahinschwinden:* Werden und V. in der Natur. 2. *strafbare Handlung:* ein leichtes, schweres V.; du hast dich eines Vergehens schuldig gemacht (geh.); er wurde für sein V. bestraft; sie mußten für ihre V. büßen.

vergelten: 1. ⟨etwas mit etwas v.⟩: *auf etwas mit einem bestimmten Verhalten reagieren:* Gleiches mit Gleichem, eine Wohltat mit Undank v.; er hat stets Haß mit Liebe zu v. versucht. 2. ⟨jmdm. etwas v.; mit Artangabe⟩ *danken, lohnen:* wie soll ich dir das v.?; jmdm. etwas schlecht v.; / *Dankesformel!* (veraltend): vergelt's Gott!

Vergeltung, die: *das Vergelten, Rache:* blutige V. üben *(sich für etwas rächen);* er sann auf V.; das war die V. für sein Verhalten.

vergessen: 1. ⟨etwas v.⟩ *aus dem Gedächtnis verlieren, nicht behalten können:* die Hausnummer, jmds. Adresse, eine Jahreszahl, Vokabeln wieder v.; er hatte den Namen der Straße vergessen; ich habe vergessen, was ich sagen wollte; ⟨auch ohne Akk.⟩ eine Sprache sehr leicht *(bin vergeßlich).* 2. *an jmdn., an etwas nicht mehr denken:* a) ⟨jmdn., etwas v.⟩ den Schlüssel [mitzunehmen] v.; ich habe meinen Schirm bei euch, im Zug, zu Hause vergessen *(liegenlassen);* sie hatten ihn längst vergessen *(er war aus ihrer Erinnerung geschwunden);* vergiß mich nicht ganz!; Weihnachten ist längst vergessen *(es liegt schon weit zurück);* ich habe [es] vergessen, ihm zu schreiben; er hatte völlig vergessen, mich zu wecken; wir besuchten auf unserer Italienreise Venedig, Florenz und Rom, Neapel nicht zu v.; das war ein Ereignis, das man nicht so leicht vergißt; es soll alles vergessen sein *(wir wollen nicht mehr davon sprechen);* das solltest du schnell v. *(du solltest dich nicht mehr damit befassen);* man darf nicht v. *(muß im Bewußtsein behalten),* daß ...; daß ich es nicht vergesse, ...; bevor ich es vergesse, ...; ich darf niemals vergessen, nicht einen Augenblick vergessen werden *(aus dem Gedächtnis verschwinden),* daß ...; der Kummer war bald vergessen; dieses Erlebnis ließ uns viele unangenehme Erinnerungen v.; vergiß es!; das, den kannst du v.! (ugs.; *damit, mit ihm ist nichts los);* sie hatten über den Erzählen ganz all der Arbeit vergessen; ⟨auch ohne Akk.⟩ Kinder vergessen schnell; du mußt versuchen, zu v.; a d j. P a r t.: ein vergessener *(heute unbekannter)* Schriftsteller. b) (geh. veraltet) ⟨jmds., einer Sache v.⟩ vergiß mein[er] nicht!; er hatte seiner Pflicht vergessen. c) (südd., österr.) ⟨auf jmdn., auf etwas/(seltener:) an jmdn., an etwas v.⟩ er hatte völlig auf/an ihn, auf/an seinen Geburtstag v. 3. ⟨sich v.⟩ *die Beherrschung verlieren:* in seinem Zorn vergaß er sich völlig; wie konntest du dich soweit v., ihn zu schlagen? * **jmdm. etwas nicht, nie vergessen** *(jmdm. für etwas dankbar sein, wegen etwas zürnen):* ich werde dir v., daß du uns geholfen hast.

Vergessenheit, die: *das Vergessensein:* diese Ereignisse sind der V. anheimgefallen (geh.; *vergessen worden*); den Namen eines Komponisten der V. entreißen (geh.); in V. geraten.

vergeßlich: *leicht vergessend:* ein vergeßlicher Mensch; er ist sehr v. [geworden].

vergeuden ⟨etwas v.⟩: *etwas (Kostbares) gedankenlos verschwenden, verbrauchen:* sein Geld, Vermögen, seine Kräfte v.; mit dieser Arbeit wurde nur Zeit vergeudet.

vergewaltigen: 1. ⟨jmdn. v.⟩ *zum Geschlechtsverkehr zwingen:* eine Frau überfallen und v. **2.** ⟨etwas v.⟩ **a)** *einer Sache etwas Ungemäßes aufzwingen:* man kann die Sprache nicht so v., wie er es getan hat. **b)** *mit Terror unterdrücken:* ein Volk läßt sich auf die Dauer nicht v.

vergewissern ⟨sich jmds., einer Sache/(selten:) über jmdn., über etwas v.⟩: *sich Gewißheit über jmdn., etwas verschaffen:* ich mußte mich erst seiner Sympathie, der Zuverlässigkeit des Berichtes v.; ich habe mich über diesen Mann vergewissert *(von der Zuverlässigkeit dieses Mannes überzeugt);* ich wollte mich v., ob die Sitzung tatsächlich stattfände; er war noch einmal zurückgegangen, um sich zu v., daß sie noch da war.

vergießen ⟨etwas v.⟩: *verschütten, danebengießen:* beim Eingießen vergoß sie etwas Kaffee; das Kind hat seine Milch vergossen. **2.** ⟨in bestimmten Verwendungen⟩ Tränen v. *(heftig weinen);* sie haben bei der Arbeit viel Schweiß vergossen *(sich sehr angestrengt);* bei den Überfällen wurde wieder Blut vergossen *(wurden wieder Menschen getötet);* (geh.:) er hat sein Blut fürs Vaterland vergossen *(ist fürs Vaterland gefallen).*

vergiften: 1. ⟨etwas v.⟩ *mit Gift vermischen, giftig machen:* Speisen v.; das Essen, der Wein war vergiftet; adj. Part.: durch Autogase vergiftete Luft; der Pfeil war vergiftet; übertr.: die Atmosphäre v.; durch solche Eindrücke kann die Seele eines Kindes vergiftet werden. **2.** ⟨sich v.⟩ *sich eine Vergiftung zuziehen:* sie hatten sich an Pilzen, durch schlechtes Fleisch vergiftet. **3.** ⟨jmdn., sich v.⟩ *mit Gift töten:* Ratten v.; sie hat ihren Mann aus Eifersucht vergiftet; er hat sich mit Tabletten vergiftet.

vergilben ⟨etwas vergilbt⟩: *etwas wird vor Alter blaß, gelb:* das Papier vergilbt mit der Zeit; adj. Part.: vergilbte Briefe, Fotos, Tapeten; vergilbtes Laub.

Vergleich, der: **1.** *das Vergleichen:* ein passender, treffender V.; der V. hinkt; dieser V. drängt sich einem geradezu auf; die feuchte Kälte im Norden und warme, sonnige Süden – das ist doch gar kein V.!; der V. zwischen beiden Werken fällt zugunsten der älteren aus; Vergleiche anstellen, ziehen *(etwas vergleichen);* dieser Roman hält keinen V. mit den früheren Werken des Schriftstellers aus; das ist nichts im V. zu früheren Vorgängen; im V. zu/(auch:) mit seinem Bruder ist er unbegabt; etwas zum V. heranziehen. **2.** (Rechtsw.) *gütlicher Ausgleich in einem Streitfall:* ein außergerichtlicher, gütlicher V.; einen V. vorschlagen, anbieten, anbahnen, schließen, zustande bringen; auf einen V. eingehen; einen Streit durch einen V. aus der Welt schaffen; es endet mit einem V.; zwischen beiden Parteien kam es zu einem V.

vergleichen: 1. a) ⟨jmdn., etwas mit jmdm., mit etwas v.⟩ *prüfend nebeneinander halten, gegeneinander abwägen, um Unterschiede oder Übereinstimmungen festzustellen:* eine Reproduktion mit dem Original v.; man kann diese Dinge nicht miteinander v.; er verglich ihn mit seinem Bruder; ⟨auch ohne Präp.-Obj.⟩ Bilder, Gedichte v.; sie haben die Preise verglichen; können wir einmal die Zeit, die Uhren, die Uhrzeit v.; das ist doch gar nicht zu v. *(ist doch viel besser/schlechter o. ä.);* vergleiche Seite 124; adj. Part.: vergleichende Anatomie, Sprachwissenschaft. **b)** ⟨jmdn. etwas mit jmdm., einer Sache/(geh.:) jmdm., einer Sache v.⟩ *durch einen Vergleich in Beziehung setzen:* der Dichter verglich sie mit einer Blume/ verglich sie einer Rose. **2.** ⟨sich mit jmdm. v.⟩ *sich mit jmdm. messen:* ich kann, darf mich nicht mit ihm v. **3.** (Rechtsw.) ⟨sich mit jmdm. v.⟩ *sich gütlich einigen:* er hat sich mit seinem Gegner verglichen; ⟨auch ohne Präp.-Obj.⟩ die streitenden Parteien haben sich verglichen.

vergnügen /vgl. vergnügt/: **1.** ⟨sich v.; mit Umstandsangabe⟩ *sich in froher Stimmung die Zeit vertreiben:* sich auf einem Fest, auf dem Jahrmarkt v.; die Kinder vergnügten sich mit ihren Geschenken, mit dem Hund. **2.** (selten) ⟨etwas vergnügt jmdn.⟩ *etwas belustigt jmdn.:* meine Antwort schien ihn zu v.

Vergnügen, das: **1. a)** *Freude, Vergnügtsein:* ein kindliches, echtes, seltenes, außerordentliches V.; /Höflichkeitsformeln/: es ist mir ein V. *(ich tue es sehr gern);* das V. ist ganz auf meiner Seite · sein V. an etwas haben; jmdm. sein V. gönnen; jmdm. das V. verderben; kein V. an etwas finden; etwas macht jmdm. [großes] V.; er machte sich ein V. daraus, uns zu begleiten; mit seinem Besuch bereitete er uns ein großes V.; das macht, bereitet mir ein diebisches V.; [ich wünsche euch] viel V. im Theater!; /Höflichkeitsformeln/: wem habe ich das V. *(spreche ich)?;* mit [dem größten] V. *(selbstverständlich, sehr gern)!* · (ugs. iron.:) [na, dann] viel V.!; ich schriftstellere nur so zum/zu meinem V.; ich höre zu meinem V. *(meiner Freude),* daß ... **b)** *etwas, was jmdm. Freude, Spaß macht:* mit ihm zu arbeiten, ist kein reines V.; es war ein zweifelhaftes V. *(war nicht gerade angenehm);* das war ein teures V. *(hat viel Geld gekostet, hat übermäßige Ausgaben verursacht);* jeden Abend stürzten sie ins V. *(vergnügten sie sich, feierten sie).* **2.** (veraltend) *Veranstaltung mit Tanz:* ein V. besuchen, mitmachen; an einem V. teilnehmen; auf ein, zum V. gehen.

vergnügt: *von einer heiteren und zufriedenen Stimmung erfüllt:* eine vergnügte Gesellschaft; ein vergnügter Abend; sie haben sich einen vergnügten *(vergnüglichen, schönen)* Tag gemacht; er ist immer v.; er lächelte v. vor sich hin.

vergolden: 1. ⟨etwas v.⟩ *mit einer dünnen Schicht Gold überziehen:* eine Statue, einen Bilderrahmen, Nüsse v.; eine vergoldete Kette, Uhr; bildl.: die Abendsonne vergoldete die Dächer. **2.** (geh.) ⟨etwas vergoldet etwas⟩ *etwas verschönt etwas:* die Erinnerung vergoldete die schweren Jahre. **3.** (ugs.) ⟨jmdm. etwas v.⟩ *jmdm. etwas, was er für einen getan hat, teuer bezahlen:* sie hat ihm sein Schweigen vergoldet; ⟨meist in

Verbindung mit *lassen*⟩ er hat sich sein Schweigen v. lassen.
vergönnen (geh.) ⟨jmdm. etwas v.⟩: *zuteil werden lassen:* es war ihm [vom Schicksal] nicht vergönnt, diesen Tag zu erleben; es war ihm vergönnt, eine Weltreise zu machen; mögen Ihnen noch viele Jahre vergönnt sein.
vergöttern ⟨jmdn. v.⟩: *abgöttisch lieben und verehren:* die Schüler vergötterten ihren Lehrer; er vergötterte seine Frau, seine beiden Töchter.
vergraben: 1. a) ⟨etwas v.⟩ *in ein gegrabenes Loch legen und mit Erde bedecken:* Wertsachen, einen Schatz v.; das tote Tier wurde [in der Erde] vergraben. **b)** ⟨sich v.⟩ *in die Erde verkriechen, dort verbergen* /von Tieren/: der Regenwurm, Maulwurf hat sich in der/in die Erde vergraben; übertr.: er vergräbt sich immer mehr *(zieht sich immer mehr zurück).* **2.** ⟨etwas v.⟩ *mit Raumangabe*⟩ **a)** *verbergen:* sie vergrub ihr Gesicht in beide Hände/in beiden Händen. **b)** *tief in etwas stecken:* er vergrub die Hände in die/in den Hosentaschen. **3.** ⟨sich v.; mit Raumangabe⟩ *sich mit etwas so intensiv beschäftigen, daß man kaum in Verbindung mit der Umwelt bleibt:* sich in die Arbeit v.; ich vergrub mich ganz in meine Bücher.
vergrämen: 1. (Jägerspr.) ⟨ein Tier v.⟩ *wiederholt stören und so verscheuchen:* Wild, Vögel v. **2.** (geh.) ⟨jmdn. v.⟩ *verärgern, mißmutig machen:* die Wähler v.; damit vergrämst du nur deine Freunde, die Kundschaft.
vergrämt (geh.): *von Gram erfüllt:* ein vergrämtes Gesicht; eine vergrämte alte Frau; ihre Züge waren v.; sie sah v. aus.
vergreifen: 1. a) ⟨sich v.⟩ *falsch greifen, daneben greifen:* der Pianist hat sich mehrmals vergriffen. **b)** ⟨sich in etwas v.⟩ *etwas Falsches wählen:* sich im Ton[fall], im Ausdruck v.; wir haben uns in der Wahl unserer Mittel vergriffen. **2.** ⟨sich an etwas v.⟩ *sich etwas unrechtmäßig aneignen:* du darfst dich nicht an fremdem Eigentum, Besitz, Gut v.; er hat sich an der Kasse vergriffen *(hat widerrechtlich Geld aus ihr entnommen).* **3.** ⟨sich an jmdm. v.⟩ *jmdm. Gewalt antun, jmdn. schlagen:* sich an Schwächeren v.; wie können Sie sich an fremden Kindern v.!; übertr. (ugs.): ich will mich lieber nicht an der Maschine v. *(will mich mit ihr aus Angst vor unsachgemäßer Behandlung gar nicht erst befassen).*
vergriffen: *nicht lieferbar:* ein vergriffenes Buch; seine Werke sind [beim Verlag] vergriffen.
vergrößern: 1. ⟨etwas v.⟩ **a)** *größer machen:* einen Raum, ein Geschäft v.; sein Repertoire v. **b)** *vermehren:* sein Kapital v.; die Zahl der Mitarbeiter v.; diese Maßnahme hatte das Übel nach vergrößert *(verschlimmert).* **c)** *eine größere Reproduktion von etwas herstellen:* eine Fotografie v.; das Bild ist vierfach, auf das Vierfache vergrößert. **2. a)** ⟨sich v.⟩ *größer, umfangreicher werden, sich weiter ausdehnen:* der Betrieb, das Geschäft hat sich wesentlich vergrößert; wir sind umgezogen und haben uns vergrößert *(haben jetzt eine größere Wohnung, ein größeres Geschäft);* der Leberfleck hat sich vergrößert; eine krankhaft vergrößerte Leber. **b)** ⟨etwas vergrößert sich⟩ *etwas nimmt zu, vermehrt sich:* mein Bekanntenkreis hatte sich inzwischen vergrößert; der Geldumlauf vergrößert sich ständig. **3.** ⟨etwas vergrößert⟩

etwas läßt etwas größer erscheinen: das Glas vergrößert; die Lupe vergrößert stark, nur schwach.
vergucken (ugs.): **1.** ⟨sich v.⟩ *falsch sehen:* du hast dich wahrscheinlich verguckt; da muß er sich verguckt haben. **2.** ⟨sich in jmdn. v.⟩ *sich verlieben:* er hat sich in das Mädchen verguckt.
Vergünstigung, die: *jmdm. auf Grund bestimmter Voraussetzungen gewährter Vorteil:* soziale Vergünstigungen; es ist eine ganz besondere V., daß ...; die bisherigen Vergünstigungen fielen weg, wurden ihm entzogen; die Bundesbahn bietet, gewährt Vergünstigungen aller Art; für sich selbst hätte er nie um eine V. gebeten.
vergüten: 1. ⟨jmdm. etwas v.⟩ **a)** *jmdm. für etwas entschädigen:* jmdm. seine Auslagen, einen Verlust v. **b)** *jmds. Leistungen bezahlen:* jmdm. eine Arbeit, eine Tätigkeit v.; ich ließ mir dafür etwas v.; ⟨auch ohne Dat.⟩ die Leistungen werden nach einheitlichen Sätzen vergütet. **2.** (Fachspr.) ⟨etwas v.⟩ *durch ein Verfahren verbessern:* ein Metall v.; eine vergütete Linse.
verhaften ⟨jmdn. v.⟩: *festnehmen:* die Polizei hat den Mörder, hat ihn unter dem Verdacht des Mordes verhaftet; er ist unschuldig verhaftet worden.
verhaftet ⟨in der Verbindung⟩ einer Sache verhaftet sein (geh.): *mit etwas eng verbunden sein:* er ist [in] der Tradition zutiefst verhaftet; ⟨auch attributiv⟩ ein seiner Zeit verhafteter Autor.
Verhaftung, die: *das Verhaften:* die V. ist irrtümlich erfolgt; eine V. veranlassen, anordnen, rückgängig machen, aufheben; die Polizei nahm viele Verhaftungen vor; er ist der V. entgangen; der Täter entzog sich der V. durch die Flucht; eine Welle von Verhaftungen.
verhallen ⟨etwas verhallt⟩: *etwas hallt immer schwächer und ist allmählich nicht mehr zu hören:* ein Ton, Geräusch verhallt; die Glockenschläge, die Schritte verhallten; übertr.: sein Ruf darf nicht ungehört v. *(seine Mahnung darf nicht unbeachtet bleiben).*
verhalten: 1. a) ⟨sich v.; mit Artangabe⟩ *in einer bestimmten Weise reagieren, sich einstellen, eine bestimmte Haltung, Einstellung zeigen:* sich still, ruhig, passiv, abwartend, vorsichtig, abweisend v.; er hat sich uns gegenüber immer korrekt verhalten; sie wollte von mir wissen, wie sie sich in diesem Falle v. solle. **b)** ⟨etwas verhält sich; mit Artangabe⟩ *etwas hat einen bestimmten Sachverhalt:* die Sache, Angelegenheit verhält sich nämlich so, in Wirklichkeit ganz anders; ⟨es verhält sich mit etwas; mit Artangabe⟩ mit der Sache verhält es sich folgendermaßen: ...; wie verhält es sich eigentlich damit? **c)** ⟨etwas verhält sich zu etwas; mit Artangabe⟩ *etwas steht zu etwas in einem bestimmten Verhältnis:* die beiden Größen, Gewichte verhalten sich zueinander wie 1 zu 2. **2.** (geh.) ⟨etwas v.⟩ *zurückhalten:* die Tränen, das Lachen, den Schmerz v.; den Harn nicht v. können; er verhielt den Atem; sie verhielten den Schritt *(gingen für einen Augenblick nicht weiter);* ⟨auch ohne Akk.⟩ an der Kreuzung verhielt er einen Augenblick *(blieb er stehen);* adj. Part.: verhaltener Groll, Unwille, Zorn; der Pianist spielte sehr verhalten; sie sprach mit verhaltener *(gedämpfter, leiser)* Stimme.
Verhalten, das: *das Reagieren, das Sicheinstel-*

len; *Art und Weise, wie sich jmd., etwas verhält:* ein anständiges, tadelloses, musterhaftes, seltsames, anstößiges, taktisches, kluges V.; das V. in Notsituationen; sein V. änderte sich; das gewohnte, übliche V. zeigen; sein V. [gegen jmdm., jmdm. gegenüber] ändern; ich kann mir sein V. nicht erklären; das V. eines Gases, von Viren untersuchen; in seinem V. anderen gegenüber hat sich nichts geändert; Tiere mit geselligem V.

Verhältnis, das: **1.** *Beziehung, in der sich etwas mit etwas vergleichen läßt; Relation:* ein arithmetisches, geometrisches V.; die architektonischen Verhältnisse; ihre Ergebnisse stehen im Verhältnis 3 zu 1; im V. zu früher ist er jetzt viel häufiger krank; im V. zu der Arbeit ist der Lohn zu gering; der Lohn steht in keinem, nicht im V. zur Arbeit *(ist zu gering, gemessen an der Arbeit);* das Selbstbewußtsein des Verfassers steht im umgekehrten V. zu seiner Leistung; der Gewinn wird nach dem V. der eingezahlten Beträge verteilt. **2. a)** *Art, wie jmd. zu jmdm., etwas steht; persönliche Beziehung:* sein V. zur Umwelt war gestört; ein inneres, persönliches V. zu jmdm., zur Malerei, zu Bach haben; er hat, findet kein rechtes V. zu diesen Dingen; ich stand in einem engen, freundschaftlichen, gespannten V. zu ihm; zwischen uns herrscht ein gutes, vertrautes V.; **übertr.:** er hat ein gestörtes V. zur Wahrheit *(nimmt es mit der Wahrheit nicht so genau).* **3.** (ugs.) *a) Liebesverhältnis:* ein V. mit einem Mädchen, einer verheirateten Frau haben, anfangen, beenden; die beiden haben ein V. [miteinander]; ein V. mit jmdm./zu jmdm. unterhalten. **b)** *jmd., mit dem man ein Liebesverhältnis unterhält:* er ist ihr neuestes V. **4.** ⟨Plural⟩ *a) soziale Lage, Lebensumstände:* seine häuslichen Verhältnisse sind mir unbekannt; meine Verhältnisse erlauben mir das, solche Ausgaben nicht; sie kommen beide aus kleinen Verhältnissen *(aus kleinbürgerlichem Milieu);* sie leben in dürftigen, engen, ärmlichen, bescheidenen, guten, gesicherten Verhältnissen; er lebt über seine Verhältnisse *(zu aufwendig).* **b)** *bestimmte Gegebenheiten, Umstände, Voraussetzungen:* wie sind die akustischen Verhältnisse in diesem Raum?; unter dem Zwang, Druck der Verhältnisse; er ist ein Opfer der politischen Verhältnisse; dies alles geschah unter den schwierigsten Verhältnissen; unter normalen Verhältnissen wäre das nicht möglich gewesen; ich bin für klare Verhältnisse *(für eine klare Regelung).*

verhandeln: 1. a) ⟨mit jmdm. v.⟩ *Unterredungen führen, um zu einer Einigung zu kommen:* er verhandelt mit mir über/(seltener auch:) um die Sache; der deutsche Außenminister verhandelte mit seinen französischen Kollegen; ⟨auch ohne Präp.-Obj.⟩ die Vertreter der Regierungen verhandeln wieder [über den Truppenabzug]. **b)** ⟨etwas mit jmdm. v.⟩ *eingehend besprechen, erörtern:* er verhandelte die Sache mit seinem Vertragspartner; ⟨auch ohne Präp.-Obj.⟩ es wurden immer die gleichen Fragen verhandelt; sein Fall wurde in der dritten Instanz v. *(gerichtlich untersucht).* **2.** ⟨gegen jmdn. v.⟩ *eine Gerichtsverhandlung durchführen:* das Gericht verhandelte gegen ihn wegen Körperverletzung; gegen ihn wurde vor dem Oberlandesgericht verhandelt.

Verhandlung, die: *das Verhandeln:* eine geheime, öffentliche V.; diplomatische, parlamentarische Verhandlungen; eine V. *(Gerichtsverhandlung)* unter Ausschluß der Öffentlichkeit, vor der zweiten Strafkammer; die Verhandlungen zogen sich hin, nahmen einen schnellen Fortgang, führten zu keinem Ergebnis, verliefen ergebnislos; Verhandlungen aufnehmen; die V. führen, leiten, unterbrechen, vertagen, fortführen, beenden, abschließen, abbrechen; der Zwischenfall an der Grenze hat die Verhandlungen erschwert; nach dem Abbruch, Scheitern der Verhandlungen; sie ließen sich auf keine, in Verhandlungen ein; mit jmdm. in V. stehen; Unternehmer und Gewerkschaften waren in Verhandlungen eingetreten; der Gegner war jetzt zu Verhandlungen bereit.

verhangen: 1. *in Dunst gehüllt, bedeckt, verschleiert:* ein verhangener Himmel; der Himmel ist v. **2.** *mit etwas zugehängt:* verhangene Fenster.

verhängen ⟨etwas v.⟩: **1.** *mit einem Vorhang zuhängen, verdecken:* die Fenster v.; sie verhängte den Spiegel mit einem schwarzen Tuch. **2.** *[als Strafe] verordnen, bestimmen:* Hausarrest, eine Strafe über jmdn., den Belagerungszustand, Ausnahmezustand v.; Sport: der Schiedsrichter verhängte einen Elfmeter.

Verhängnis, das: *Unglück, Unheil, dem jmd. nicht entgehen kann:* das V. brach über ihn herein, ließ sich [nicht] abwenden; sie wurde sein V.; das V. beschleunigen; er entging seinem V. nicht; seine Spielleidenschaft wurde ihm zum V.

verhängnisvoll: *sich übel auswirkend; unheilvoll:* ein verhängnisvoller Irrtum, Fehler; diese Entscheidung, Nachlässigkeit war v.; seine Politik hat sich als v. erwiesen.

verharren (geh.): **a)** ⟨mit Raumangabe⟩ *für eine Weile innehaltend an einer bestimmten Stelle bleiben:* er konnte nicht lange in dieser Stellung v.; sie verharrte eine Zeitlang regungslos, unschlüssig an der Tür. **b)** ⟨auf/bei/in etwas v.⟩ *an etwas beharrlich festhalten, bei etwas bleiben:* auf/bei seiner Meinung v.; sie verharrte in ihrem Entschluß, in Schweigen, im Zweifel.

verhaßt: *gehaßt, verabscheut:* ein verhaßter Mensch; eine verhaßte Pflicht; mit deinen spitzen Bemerkungen machst du dich überall v. *(unbeliebt);* ⟨jmdm. v. sein⟩ dieser Mensch war ihm schon immer v. *(er haßte ihn schon immer);* diese Arbeit ist mir v. *(ich verabscheue sie).*

verhauen (ugs.): **1.** *verprügeln:* **a)** ⟨jmdn. v.⟩ sie verhauten ihren Mitschüler. **b)** ⟨jmdm. etwas v.⟩ er hat ihm ordentlich den Hintern verhauen. **2.** ⟨etwas v.⟩ *viele Fehler in etwas machen:* er hat seine Klassenarbeit gründlich verhauen. **3.** ⟨sich v.⟩ *sich in etwas irren:* bei deiner Berechnung, Beweisführung hast du dich gehörig verhauen.

verheddern (ugs.) ⟨sich v.⟩: **a)** *sich in etwas verfangen; sich verwickeln:* er verhedderte sich im Stacheldraht; die Wolle hat sich beim Aufwickeln verheddert. **b)** *steckenbleiben:* er verhedderte sich mehrmals [in seiner Rede].

verheeren ⟨etwas v.⟩: *verwüsten, zerstören:* feindliche Truppen, Überschwemmungen verheerten das Land; adj. Part.: *schlimm, schrecklich, katastrophal:* eine verheerende Wirkung; die Zustände waren verheerend; solche Verhältnisse müssen sich auf den Schulbetrieb verheerend

auswirken; diese häßliche Betonmauer sieht ja
wirklich verheerend (ugs.; *scheußlich*) aus.
verhehlen (jmdm. etwas v.): *verbergen, verheimlichen:* jmdm. die Wahrheit, seine eigentliche
Meinung, seine Neugier, seinen Kummer v.; ich
will dir nicht v., daß ...; ⟨auch ohne Dat.⟩ er hat
seine Enttäuschung nicht [vor mir] verhehlt.
verheilen ⟨etwas verheilt⟩: *etwas heilt zu, heilt
völlig:* seine Wunden verheilten schlecht; die
Wunde war noch nicht ganz verheilt.
verheimlichen (jmdm. etwas v.): *jmdn. bewußt
von etwas nicht in Kenntnis setzen:* jmdm. eine
Entdeckung, einen Fund v.; du verheimlichst mir
etwas!; der Arzt verheimlichte ihr, wie schlecht
es um ihrem Mann stand; ⟨auch ohne Dat.⟩ er hat
den wirklichen Sachverhalt [vor ihr] verheim-
licht; da gibt es doch nichts zu v.!
verheiraten: **1.** ⟨sich v.⟩ *jmdn. heiraten:* sie hat
sich inzwischen, hat sich in Amerika verheiratet;
du willst dich mit ihm v.?; a d j. P a r t.: ein ver-
heirateter junger Mann; sie ist [un]glücklich verheiratet; ü b e r t r. (ugs. scherzh.): ich bin doch
nicht mit der Firma verheiratet *(kann die Firma
doch jederzeit verlassen).* **2.** (veraltend) ⟨jmdn. v.⟩
jmdn. zur Ehe geben: sie wollte ihre jüngere
Schwester gern v.; er hat seine Tochter mit ei-
nem/an einen Bankier verheiratet.
verheißungsvoll: *vielversprechend:* ein verheißungsvoller Anfang; ihre Leistungen waren nicht
sehr v.; seine Worte klangen sehr v.
verhelfen (jmdm. zu jmdm., zu etwas v.): *dafür
sorgen, daß jmd., etwas bekommt:* jmdm. zu
seinem Recht, Glück, zu einer Stellung v.; er hat
seinem Freund zu einer Frau verholfen; einer Sache zum Durchbruch, zum Sieg v. *(dazu beitragen, daß sich etwas durchsetzt).*
verhexen (jmdn. v.): *verzaubern:* im Märchen
hatte die alte Zauberin den Prinzen [in einen Vo-
gel] verhext; a d j. P a r t.: sie starrte ihn wie verhext an; (ugs.:) das ist [doch rein] wie verhext *(es
will einfach nicht gelingen)!*
verhindern (etwas v.): *bewirken, daß etwas nicht
geschieht oder getan wird:* einen Diebstahl, Überfall v.; das muß ich unter allen Umständen v.;
a d j. P a r t.: er ist dienstlich verhindert *(kann aus
dienstlichen Gründen nicht kommen);* er war an
der Teilnahme verhindert; ein verhinderter Dichter *(jmd. mit dichterischen Ambitionen).*
Verhör, das: *gerichtliche oder polizeiliche Vernehmung; strenge Befragung:* das V. dauerte
mehrere Stunden; mit jmdm. ein V. anstellen;
jmdn. einem V. unterziehen *(verhören);* er wurde
ins V. genommen *(verhört).*
verhören: **1.** ⟨jmdn. v.⟩ *gerichtlich oder polizeilich vernehmen:* den Angeklagten, die Zeugen v.;
er wurde verhaftet und noch am gleichen Tag
verhört. **2.** ⟨sich v.⟩ *etwas falsch hören:* du mußt
dich verhört haben, er heißt nicht Marian! hast es
eben geklingelt, oder habe ich mich verhört?
verhüllen (jmdn., sich, etwas v.): *einhüllen und
dadurch der unmittelbaren Betrachtung entziehen:*
sich mit einem Tuch, das Gesicht mit einem
Schleier v.; ein Schleier verhüllte sie, ihre Gestalt
bis zu den Füßen; Wolken verhüllten die Bergspitzen; a d j. P a r t.: sie war tief verhüllt;
ü b e r t r.: eine verhüllte *(versteckte)* Drohung;
ein verhüllender *(euphemistischer)* Ausdruck.

verhungern: *vor Hunger sterben:* täglich verhungern in der Welt viele Menschen; wir haben
gerade so viel, daß wir nicht verhungern;
s u b s t.: sie sind schon am Verhungern (ugs.; *haben großen Hunger*); a d j. P a r t.: er sah halb,
ganz verhungert *(sehr elend und abgemagert)* aus.
verhüten ⟨etwas v.⟩: *das Eintreffen von etwas
Unerwünschtem verhindern:* Schaden, ein Unglück, eine Katastrophe, einen Unfall v.; eine
Empfängnis v.; eine weitere Ausbreitung der
Seuche konnte verhütet werden; er konnte das
Schlimmste v.; möge Gott v., daß ...
verirren ⟨sich v.⟩: *vom richtigen Weg abkommen:*
einige Schüler verirrten sich [im Wald, im Ne-
bel]; er hatte sich in den Sperrbezirk verirrt *(war
versehentlich dorthin geraten).*
verjagen ⟨jmdn. v.⟩: *fortjagen, vertreiben:* die
Diebe, Feinde v.; Vögel, Hühner v.; jmdn. von
Haus und Hof v.; ü b e r t r.: dieser Wein verjagt
alle Sorgen.
verjubeln (ugs.) ⟨etwas v.⟩: *für Vergnügungen
ausgeben:* sein Geld v.; er hat seinen ganzen Wo-
chenlohn [in der Kneipe] verjubelt.
verjüngen: **1.** ⟨jmdn., sich, etwas v.⟩ *ein jüngeres
Aussehen geben; jünger machen:* sie hat sich, ihr
Gesicht v. lassen; dieses Mittel hat ihn um Jahre
verjüngt; das Personal sollte verjüngt werden *(es
sollten vorwiegend junge Leute eingestellt werden).*
2. ⟨etwas verjüngt sich⟩ *etwas wird in seinem Verlauf an Umfang immer geringer:* die Säule verjüngt sich [nach oben]; der Schacht verjüngt sich.
verkalken: **1.** ⟨etwas verkalkt⟩ *Kalk lagert sich
in etwas ab:* Knochen, Arterien, alternde Ge-
webeteile verkalken. **2.** (ugs.) *[durch Arterienver-
kalkung] geistig unbeweglich werden:* in diesem
Alter beginnt man bereits zu v.; er ist völlig, total
verkalkt. **3.** ⟨etwas verkalkt⟩ *etwas verliert durch
Kalkablagerung seine Funktionsfähigkeit:* die
Kaffeemaschine verkalkt leicht bei diesem Wasser; die Heizstäbe sind verkalkt.
Verkauf, der: *das Verkaufen:* der V. von Waren,
Eintrittskarten; Einkauf und V.; V. nach außer
Haus, über die Straße /Hinweis an Cafés o. ä./;
einen V. rückgängig machen; vom V. zurücktreten; etwas zum V. anbieten; etwas zum V. bringen (Papierdt.; *etwas verkaufen);* das Grundstück kommt, steht zum V. *(ist zu verkaufen).*
verkaufen: **1. a)** ⟨jmdm., etwas v.⟩ *zu einem bestimmten Preis an jmdn. abgeben:* etwas teuer, billig, für wenig Geld, für /(veraltend:) um hundert
Mark, unter seinem Wert v.; Grundbesitz, Ver-
lagsrechte v.; Bier, Eis über die Straße *(zum Mitnehmen)* v.; Autos v. *(mit Autos handeln);* sie verkauft Blumen auf dem Markt *(bietet sie dort zum
Kauf an);* sie mußten ihr Haus v.; das Kleid war
schon verkauft; sie werden als Sklaven in fremde
Länder verkauft; der Verein mußte einen Spieler
v. (Sport.: *transferieren);* diese Mädchen verkaufen ihren Körper *(gehen der Prostitution
nach);* ⟨auch ohne Akk.⟩ wir haben in letzter Zeit
gut verkauft; ⟨jmdm./(auch:) an jmdn. etwas v.⟩
sie haben uns ihr Auto verkauft; der Besitz
wurde an den Staat verkauft. **b)** ⟨etwas verkauft
sich; mit Artangabe⟩ *etwas ist in bestimmter Weise
verkäuflich:* diese Ware, dieser Artikel verkauft
sich gut, schlecht, leicht, schwer. **2.** (ugs.) ⟨sich v.⟩
einen schlechten, unbefriedigenden Kauf tätigen:

bei, mit diesem Kleid habe ich mich verkauft; bei dieser Ware verkaufen Sie sich bestimmt nicht. **3.** ⟨sich v.⟩ *sich bestechen, vom Gegner gegen Geld oder Gewährung anderer Vorteile gewinnen lassen:* wie kann man sich nur so v.!; ⟨sich jmdm., an jmdn. v.⟩ er hat sich dem Feind/an den Feind verkauft. **4.** ⟨jmdn., sich, etwas v.; gewöhnlich mit Artangabe⟩ *dafür sorgen, daß jmd., etwas den gewünschten Anklang, Beifall findet, erfolgreich ist:* er weiß, wie man eine Story gut, richtig verkauft; die kleine Plattenfirma verkauft ihre Stars recht geschickt; die Schlagersängerin, Filmschauspielerin hat sich teuer verkauft; die Parteien wollen diese Reform als große Leistung v.; ⟨jmdm. etwas v.⟩ den Lesern eine Story [richtig] v.

Verkehr, der: **1.** *Beförderung oder Bewegung von Personen, Sachen oder Fahrzeugen auf dafür vorgesehenen Wegen:* grenzüberschreitender V.; fließender V. *(Bewegung der Fahrzeuge im Straßenverkehr);* ruhender V. *(das Halten, Parken von Fahrzeugen auf Straßen und Plätzen);* es herrscht starker, lebhafter, reger V.; der V. stockt, hat stark zugenommen, flutet [in den, durch die Straßen der Großstadt], bricht zusammen, kommt zum Erliegen; der V. auf der Autobahn wächst ständig; den V. drosseln, lenken, regeln, umleiten; solche Fahrzeuge behindern den V.; die Brücke wurde dem [öffentlichen] V. übergeben, wurde für den V. gesperrt; das Auto wurde aus dem V. gezogen, zum V. zugelassen. **2. a)** *Kontakt zu jmdm., Beziehung:* den V. mit jmdm. abbrechen; in gesellschaftlichem, mündlichem, brieflichem V. mit jmdm. stehen; sie ist kein V. für dich *(du solltest den Umgang mit ihr meiden);* er kannte sich nicht aus im V. mit Behörden. **b)** *Geschlechtsverkehr:* vorehelicher, außerehelicher V.; V. haben; nach, vor dem V. ∗ **etwas aus dem Verkehr ziehen** *(etwas nicht mehr für den Gebrauch zulassen):* die Banknoten wurden aus dem V. gezogen · (ugs.:) **jmdn. aus dem Verkehr ziehen** *(jmdn. nicht mehr öffentlich wirken lassen):* diesen Minister hätte man aus dem V. ziehen müssen.

verkehren: 1. ⟨etwas verkehrt; mit Umstandsangabe⟩ *etwas fährt als öffentliches Verkehrsmittel regelmäßig auf einer Strecke:* der Omnibus, die Straßenbahn verkehrt alle 15 Minuten; dieser Zug verkehrt nicht, nur an Sonn- und Feiertagen; der Dampfer hat/(auch:) ist früher zwischen Hamburg und Helgoland verkehrt. **2. a)** ⟨mit jmdm. v.⟩ *mit jmdm. Kontakt pflegen:* mit jmdm. viel, oft, wenig, brieflich, mündlich v.; intim, geschlechtlich mit jmdm. v. *(Geschlechtsverkehr mit jmdm. haben).* **b)** ⟨in etwas v.⟩ *regelmäßig zu Gast sein:* sie verkehrte viel in dieser Familie; sie verkehrten in den besten Kreisen, in zweifelhafter Gesellschaft; in diesem Restaurant verkehren hauptsächlich Künstler. **3. a)** ⟨etwas in etwas v.⟩ *ins Gegenteil verwandeln:* Recht in Unrecht v.; eine solche Auslegung hieße den Sinn der Worte ins Gegenteil v. **b)** ⟨etwas verkehrt sich in etwas⟩ *sich ins Gegenteil verwandeln:* die Vorzüge verkehrten sich in Schwächen.

verkehrt: *falsch:* die Zigarette am verkehrten Ende anzünden; eine verkehrte Erziehung; du hast eine verkehrte Einstellung; das ist ganz, total (ugs.) v.; das ist gar nicht v. *(das ist ganz ordentlich);* etwas v. machen; etwas steht v. herum.

verkeilen: 1. ⟨etwas v.⟩ *mit Keilen festmachen:* einen Mast, einen Balken v. **2.** (ugs.) ⟨jmdn. v.⟩ *verprügeln:* er ist von seinen Mitschülern verkeilt worden. **3.** ⟨etwas verkeilt sich in etwas⟩ *etwas schiebt sich beim Zusammenstoß fest in etwas:* bei dem Unfall hatten sich vier Wagen, beide Lokomotiven ineinander verkeilt.

verkennen ⟨jmdn., etwas v.⟩: *nicht richtig erkennen; falsch beurteilen:* jmds. Worte, den Ernst der Lage, die wirkliche Situation v.; ihre Absicht war nicht zu v.; er wird von allen verkannt; ich will nicht v. *(will zugeben),* daß ...

Verkettung, die: *Verbindung, das Zusammentreffen:* eine V. unglückseliger Umstände.

verklagen ⟨jmdn. v.⟩: **1.** *eine gerichtliche Untersuchung gegen jmdn. verlangen:* jmdn. bei, vor Gericht v.; die Firma auf Schadenersatz v.; er wurde wegen Körperverletzung verklagt. **2.** (veraltend) *sich über jmdn. beschweren, jmdn. verraten:* seinen Kameraden beim Lehrer v.

verklären: 1. ⟨etwas verklärt etwas⟩ *etwas macht etwas schön, strahlend:* die Freude verklärte sein Gesicht; adj. Part.: ein verklärtes Gesicht; verklärte Blicke; übertr.: die Erinnerung verklärte die Kindheit. **2.** ⟨etwas verklärt sich⟩ *etwas wird schön, strahlend:* ihre Augen verklärten sich; übertr.: die Kindheit verklärt sich in der Erinnerung. **3.** (Rel.) ⟨jmdn., etwas v.⟩ *ins Überirdische erhöhen:* er, sein Leid wurde verklärt.

verkleiden: 1. ⟨jmdn., sich v.⟩ *kostümieren:* sie verkleideten ihn als Seemann; ich habe mich als Harlekin verkleidet. **2.** ⟨etwas v.⟩ *mit etwas bedecken und dadurch verhüllen:* Heizkörper v.; Wände mit Fliesen, Kunststoffplatten v.; das Zimmer wurde ringsum mit Holztäfelung verkleidet.

verkleinern: 1. ⟨etwas v.⟩ *kleiner machen:* einen Raum [um die Hälfte] v.; der Spielplatz mußte verkleinert werden; einen Betrieb v.; etwas in verkleinertem Maßstab darstellen. **b)** *verringern:* sie versuchten, seine Leistungen, Verdienste, Bedeutung zu v.; durch diese Maßnahme wurde ein Kapital erheblich verkleinert. **c)** *eine kleinere Reproduktion von etwas herstellen:* ein Bild, eine Fotografie v. **2. a)** ⟨sich v.⟩ *kleiner werden, an Ausdehnung, Umfang o. ä. verlieren:* der Betrieb hat sich sehr verkleinert; dadurch, daß sie einige Räume als Büro benutzen, hat sich ihre Wohnung verkleinert; wir sind umgezogen und haben uns etwas verkleinert *(haben jetzt eine kleinere Wohnung).* **b)** ⟨etwas verkleinert sich⟩ *etwas verringert sich:* durch diese Umstände verkleinert sich sein Anteil; die Zahl der Mitarbeiter, sein Bekanntenkreis hat sich verkleinert. **3.** ⟨etwas verkleinert⟩ *etwas läßt etwas kleiner erscheinen:* diese Linse verkleinert stark, sehr.

verklingen ⟨etwas verklingt⟩: *etwas hört auf zu klingen, ist allmählich nicht mehr zu hören:* die Melodie, das Geläut verklang; man hörte seine Worte v.; dann verklang das Geräusch.

verknacksen (ugs.) ⟨sich (Dativ) etwas v.⟩: *verstauchen:* ich habe mir den Fuß verknackst.

verknallen (ugs.): **1.** ⟨etwas v.⟩ *verschießen:* es wurde unnötig viel Pulver verknallt; sie hatten ihre ganze Munition verknallt. **2.** ⟨sich in jmdn. v.⟩ *sich verlieben:* er hatte sich sofort in das Mädchen verknallt; adj. Part.: sie ist ganz verknallt in ihn.

verkneifen (ugs.) ⟨sich (Dativ) etwas v.⟩: **1.** *etwas nicht offen zeigen:* sich den Schmerz v.; ich konnte mir das Lachen nicht, kaum v. **2.** *sich etwas versagen:* das werde ich mir v. müssen; bei den Preisen haben wir uns das verkniffen.
verkniffen: *durch Erbitterung zusammengezogen und verhärtet:* ein verkniffenes Gesicht; verkniffene Augen; sein Mund ist v.; er sieht v. aus; subst.: er hat etwas Verkniffenes.
verknöchern: *alt und geistig unbeweglich werden:* er verknöchert immer mehr; adj. Part.: ein verknöcherter Bürokrat, Gelehrter; er ist alt und verknöchert; übertr.: verknöcherter *(starrer)* Dogmatismus.
verknüpfen: 1. ⟨etwas mit etwas v.⟩ *durch einen Knoten verbinden:* die Enden einer Schnur miteinander v.; ⟨auch ohne Präp.-Obj.⟩ du mußt die Fäden v.; übertr.: die Reform ist mit erheblichen Ausgaben verknüpft. **2.** ⟨etwas mit etwas v.⟩ *zugleich mit etwas anderem erledigen; verbinden:* er verknüpfte die Urlaubsreise mit einem Besuch bei seinen Eltern. **3. a)** ⟨etwas mit etwas v.⟩ *in Zusammenhang bringen; eine Verbindung herstellen:* wir verknüpfen mit seinem Namen bedeutende Bauten des Klassizismus; zwei Gedankengänge miteinander v.; ⟨auch ohne Präp.-Obj.⟩ etwas logisch v.; diese Gedanken lassen sich kaum v.; adj. Part.: sein Name ist mit der Nachkriegsliteratur eng verknüpft. **b)** ⟨etwas verknüpft sich mit etwas⟩ *etwas steht mit etwas in einem Zusammenhang:* mit diesem Begriff verknüpfen sich bestimmte Vorstellungen.
verkohlen: 1. ⟨etwas verkohlt⟩ *etwas verbrennt und wird zu Kohle:* Papier, Holz verkohlt; die Leiche war bis zur Unkenntlichkeit verkohlt. **2.** (ugs.) ⟨jmdn. v.⟩ *anführen:* denke nicht, daß du mich v. kannst.
verkommen: 1. *herunterkommen, verwahrlosen:* das Kind verkam immer mehr; in dieser Gesellschaft wird er bestimmt v.; adj. Part.: er ist ein verkommenes Subjekt (ugs.). **2.** ⟨etwas verkommt⟩ **a)** *etwas verfällt, geht langsam zugrunde:* es wäre schade, wenn das Anwesen verkäme; sie lassen den Hof völlig v.; der Park ist zu einer Wildnis verkommen. **b)** *etwas verdirbt:* das Obst wird v.; iß, damit nichts verkommt!
verkorksen (ugs.) ⟨etwas v.⟩: *verpfuschen, verderben:* er hat den Aufsatz verkorkst; der Schneider hat das Kleid völlig verkorkst; ⟨jmdm., sich etwas v.⟩ jmdm. den Abend, sich den Magen v.
verkörpern (geh.): **1.** ⟨jmdn., etwas v.⟩ *auf der Bühne darstellen:* die Schauspielerin hat ihre Rolle, die Iphigenie vorbildlich verkörpert. **2. a)** ⟨etwas v.⟩ *so vollkommen zur Anschauung bringen, daß man fast damit gleichzusetzen ist:* er verkörpert die höchsten Tugenden seines Volkes. **b)** ⟨etwas verkörpert sich in jmdm., in etwas⟩ *mit jmdm. etwas kommt etwas vollkommen zur Anschauung:* in ihm hat sich ein Stück Moderne verkörpert.
verkrachen (ugs.): **1.** ⟨sich mit jmdm. v.⟩ *in Streit geraten; sich verfeinden:* er verkrachte sich mit seinem Kollegen; ⟨auch ohne Präp.-Obj.⟩ wir haben uns verkracht; adj. Part.: sie ist mit ihrer Freundin verkracht. **2.** *bankrott gehen:* das Unternehmen ist schon bald nach seiner Gründung verkracht; adj. Part.: *gescheitert:* eine verkrachte Existenz; ein verkrachter Jurist.

verkraften (ugs.) ⟨etwas v.⟩: *mit seinen Kräften bewältigen:* eine Aufgabe, Arbeit, Entwicklung kaum v. können; es ist fraglich, ob er diese seelischen Belastungen überhaupt v. wird; (scherzh.:) kannst du noch ein Stück Torte v.?
verkriechen (ugs.) ⟨sich v.⟩: *in, unter etwas kriechen, um sich zu verstecken:* der Igel hat sich verkrochen; sich in einen Winkel, unter die/unter der Bank v.; das Tier hat sich im Gebüsch verkrochen; ich werde mich jetzt ins Bett v. (ugs.; *ins Bett gehen*); am liebsten hätte ich mich [in den hintersten Winkel] verkrochen; bildl.: die Sonne verkriecht sich [hinter den Wolken]; übertr.: du brauchst dich nicht vor ihm zu v. *(kannst durchaus neben ihm bestehen).*
verkümmern ⟨etwas verkümmert⟩: **a)** *etwas gedeiht nicht recht, geht allmählich ein:* durch mangelnde Pflege, durch die lange Trockenheit sind die Pflanzen verkümmert; in der Gefangenschaft verkümmern diese Tiere; adj. Part.: ein verkümmerter Baum; verkümmerte Organe, Glieder; übertr.: in der neuen Umgebung verkümmerte sie allmählich. **b)** *etwas wird nicht ausgebildet, bleibt ungenutzt:* du darfst dein Talent nicht v. lassen; das Rechtsgefühl war verkümmert.
verkünden, (auch:) **verkündigen** (geh.) ⟨etwas v.⟩: **a)** *öffentlich bekanntgeben:* ein Urteil, die Entscheidung des Landgerichts v.; im Radio wurde das Ergebnis der Bundestagswahl verkündet; sie verkündeten *(predigten)* das Evangelium. **b)** *[laut] erklären, mitteilen:* er verkündete stolz, daß er gewonnen habe.
verkürzen: 1. a) ⟨etwas v.⟩ *kürzer machen:* eine Schnur, ein Brett [um 10 cm] v.; das Bein ist durch eine Operation verkürzt worden; den Urlaub v.; ⟨jmdm., sich etwas v.⟩ um uns die lange Wartezeit zu v. *(kurzweiliger zu gestalten),* machten wir einen Spaziergang; adj. Part.: verkürzte Arbeitszeit; ein verkürzter Satz; der Arm erscheint auf dem Bild stark verkürzt *(perspektivisch verkleinert).* **b)** ⟨etwas verkürzt sich⟩ *etwas wird kürzer:* die Schatten haben sich verkürzt. **2.** (Sport) ⟨auf etwas v.⟩ *einen Rückstand, Vorsprung verringern:* lange führte die heimische Mannschaft mit 3:1, bis der Gegner auf 3:2 verkürzte.
verladen: 1. ⟨jmdn., etwas v.⟩ *zum Transport in ein Fahrzeug bringen:* Güter, Waren, Vieh v.; die Truppen wurden auf Schiffe verladen. **2.** (ugs.) ⟨jmdn. v.⟩ *betrügen, hintergehen:* die Wähler v.; jmdn. mit falschen Versprechungen v.
Verlag, der: *Unternehmen, das Bücher, Zeitungen o. ä. herausbringt und über den Buchhandel verkauft:* ein schöngeistiger, belletristischer, wissenschaftlicher V.; einen V. für sein Buch, für seinen Roman suchen; für einen, im V. arbeiten; ein Buch in V. nehmen (veraltend; *verlegen*), in V. geben (veraltend; *verlegen lassen*); seine Werke sind alle im selben V. erschienen.
verlangen: 1. ⟨etwas v.⟩ *unbedingt haben wollen, erwarten; fordern:* Genugtuung, sein Geld, Rechenschaft, eine Erklärung, Unmögliches, eine gewisse Rücksicht v.; es wird von jedem Pünktlichkeit verlangt; die Rechnung v. *(um die Rechnung bitten);* wieviel verlangen Sie für das Pfund?; der Beamte verlangte einen Ausweis von ihr *(forderte sie auf, einen Ausweis zu zeigen);* du kannst von ihm nicht gut v., daß er alles bezahlt;

mehr kann man wirklich nicht v.; er verlangt, vorgelassen zu werden; das ist zuviel verlangt. **2.** ⟨etwas verlangt jmdn., etwas⟩ *etwas erfordert jmdn., etwas, macht etwas notwendig:* diese Arbeit verlangt Geduld; eine solche Aufgabe verlangt den ganzen Menschen; wir mußten das tun, was die Situation [von uns] verlangte. **3.** ⟨jmdn., etwas v.⟩ *mit jmdm. zu sprechen wünschen:* Sie werden am Telefon, am Apparat verlangt; bei Kartenbestellungen verlangen Sie bitte die Kasse, **4. a)** ⟨nach jmdm. v.⟩ *wünschen, daß jmd. zu einem kommt:* nach dem Arzt v.; sie verlangte nach ihren Enkelkindern. **b)** ⟨nach etwas v.⟩ *etwas zu erhalten wünschen:* der Kranke verlangte nach einem Schluck Wasser; wir verlangen nach größerer Selbständigkeit. **c)** (geh.) ⟨jmdn. verlangt [es] nach jmdm., nach etwas⟩ *jmd. sehnt sich nach jmdm., etwas:* ihn verlangte nach einem Menschen, dem er sich anvertrauen konnte; mich verlangt es nach einem tröstenden Wort; adj. Part.: verlangend die Hände ausstrecken.

Verlangen, das (geh.): *Begehren, sehnendes Streben nach etwas:* ein dringendes, [un]berechtigtes, großes, heftiges, sehnsüchtiges, heißes, leidenschaftliches, unstillbares V.; es ist mein sehnlichstes V., in Ruhe gelassen zu werden; ein starkes V. nach etwas haben, spüren; ein V. erfüllen, befriedigen, stillen; er zeigte kein V. nach diesen Dingen; etwas erweckte, erregte sein V.; auf V. *(Wunsch)* des Patienten, auf sein V. [hin] wurde noch ein anderer Arzt konsultiert; der Ausweis ist auf V. *(auf eine Aufforderung hin)* vorzuzeigen; sie schaute mit, voll V. nach ihm aus.

verlängern: 1. ⟨etwas v.⟩ **a)** *länger machen:* eine Schnur, ein Rohr, eine Strecke v.; ein Kleid, einen Rock, die Ärmel [um 3 cm] v. **b)** *längere Zeit dauern lassen, gültig machen:* eine Frist, seinen Urlaub, einen Wechsel v.; er ließ seinen Paß, Ausweis v.; der Vertrag wurde um 3 Jahre verlängert; Sport: das Spiel mußte verlängert werden *(es mußte eine vorgeschriebene Zeit weitergespielt werden).* **2.** ⟨etwas verlängert sich⟩ **a)** *etwas wird länger:* die Kolonne verlängerte sich [immer mehr]. **b)** *etwas bleibt länger gültig:* der Ausweis verlängert sich automatisch [um ein Jahr]. **3.** ⟨etwas v.⟩ *verdünnen und dadurch ergiebiger machen:* die Soße, Suppe, Brühe v. **4.** (Sport) ⟨[etwas] v.⟩, gewöhnlich mit Raumangabe *den Ball direkt in der gleichen Richtung weiterleiten:* er verlängerte den Ball, die Flanke ins Tor; er verlängerte mit dem Kopf zum freistehenden Libero.

Verlaß, der ⟨in der Verbindung⟩ auf jmdn., auf etwas ist Verlaß: *man kann sich auf jmdn., etwas verlassen:* auf ihn ist kein V.; es war V. darauf, daß ...

verlassen: 1. a) ⟨jmdn., etwas v.⟩ *von jmdm., von etwas fortgehen, sich entfernen:* seine Eltern, Verwandten, seinen Arbeitsplatz, ein Land, die Heimat v.; eine Party früh v.; die Autobahn v.; er verließ fluchtartig das Lokal; die Besatzung hat das Schiff verlassen; sie darf heute erstmals das Bett v. *(aufstehen);* die ersten Autos der neuen Serie haben das Werk verlassen *(wurden ausgeliefert);* übertr.: wir wollen dieses Thema, diesen Punkt jetzt v. **b)** ⟨jmdn. v.⟩ *allein [und ohne Hilfe] lassen, sich von jmdm. trennen:* jmdn. treulos, böswillig, in der Not v.; er hat seine Frau, Familie verlassen; sie hat uns für immer verlassen (verhüll.; *ist gestorben*); R (ugs.): und da verließen sie ihn */Ausdruck dafür, daß jmd. mit etwas nicht mehr weiterweiß/;* adj. Part.: ich fühlte mich verlassen, kam mir ganz verlassen vor; er war von Gott und aller Welt, von allen Freunden verlassen; das Dorf lag verlassen *(einsam)* da. **2.** ⟨sich auf jmdn., auf etwas v.⟩ *auf jmdn., auf etwas vertrauen:* man kann sich [nicht] auf ihn, auf das, was er sagt, v.; kann ich mich darauf v. *(ist es sicher)?;* er verläßt sich darauf, daß du ihm hilfst; darauf kannst du dich v. / worauf du dich v. kannst *(da kannst du sicher sein).*

verläßlich: *zuverlässig, sicher:* ein verläßlicher Mensch; aus verläßlicher Quelle haben wir erfahren, daß ...; er gilt als unbedingt v.

Verlaub ⟨in der Wendung⟩ mit Verlaub (geh.): *wenn es gestattet, erlaubt ist:* ihr seid mir, mit V. [gesagt, zu sagen], allzu frech.

Verlauf, der: **1.** *Entwicklung, Hergang, Ablauf:* den V. einer Feier, eines Krieges, einer Krankheit schildern; die Sache nahm einen guten, normalen, verhängnisvollen V.; im V. *(innerhalb)* eines Jahres von einem Jahr hat sich manches geändert; im V. *(während)* der Polizeiaktion geschah folgendes ... **2.** *Richtung, in der etwas verläuft:* der V. einer Kurve, Straße; den V. einer Linie, Grenze bestimmen, festlegen.

verlaufen: 1. (sich v.) **a)** *in eine falsche Richtung gehen, sich verirren:* die Kinder haben sich verlaufen; der Park war so groß, daß man sich darin v. konnte. **b)** *auseinandergehen, sich auflösen:* die Menschenansammlung verlief sich langsam, während das Geschäft geschlossen war, hatte sich die Kundschaft verlaufen *(auf andere Geschäfte verteilt);* übertr.: das Hochwasser, die Überschwemmung hat sich wieder verlaufen *(ist wieder abgeflossen).* **2.** ⟨etwas verläuft⟩ *mit Art- oder Raumangabe) etwas erstreckt sich, hat eine bestimmte Richtung:* die Grenze ist damals schnurgerade verlaufen; die Linien verlaufen parallel; die Straße verläuft entlang der Grenze, den Bach entlang. **3.** ⟨etwas verläuft; mit Artangabe⟩ *etwas läuft in einer bestimmten Weise ab:* die Feier, der Abend verlief sehr harmonisch; die Generalprobe ist glänzend verlaufen; die nächsten Tage verliefen langweilig; die Untersuchung verlief ergebnislos; es verlief alles nach Wunsch, ohne Zwischenfall; die Krankheit ist normal verlaufen; es ist alles glatt, gut, glücklich verlaufen. **4.** ⟨etwas verläuft⟩ *etwas rinnt auseinander:* die Tinte, Farbe verläuft auf dem schlechten Papier; der Käse verläuft, wenn er überbacken wird.

verlautbaren: a) ⟨etwas v.⟩ *[amtlich] bekanntgeben:* über den Stand der Untersuchungen wurde noch nichts verlautbart; er ließ v. lassen *(bekanntwerden lassen),* daß er nicht mehr kandidieren werde. **b)** ⟨etwas verlautbart⟩ *etwas wird bekannt:* ein Vorkommnis, worüber nie etwas verlautbart ist; es verlautbarte *(hieß, wurde erzählt),* der Staatschef sei erkrankt.

verlauten ⟨etwas verlautet⟩: *etwas wird ohne offizielle Bestätigung bekannt:* wie verlautet, ist es zu Zwischenfällen gekommen; aus amtlicher Quelle verlautet, daß ...; er hatte von seinem Auftrag nichts, kein Wort v. lassen.

verleben /vgl. verlebt/ ⟨etwas v.⟩: **1.** *verbringen,* *zubringen:* seine Kindheit auf dem Lande, bei den Großeltern v.; wir haben viele frohe Stunden [miteinander] verlebt; wir haben unseren Urlaub gemeinsam verlebt; die in Rom verlebten Jahre. **2.** (ugs.) *zum Lebensunterhalt verbrauchen:* die Erbschaft, das Geld hat er schnell verlebt.

verlebt: *durch ein ausschweifendes Leben vorzeitig gealtert und verbraucht:* sie hat ein verlebtes Gesicht; er sah schon sehr v. aus.

¹verlegen: 1. a) ⟨etwas v.; gewöhnlich mit Raumangabe⟩ *einen anderen Ort für etwas wählen, an einen anderen Ort legen:* eine Haltestelle v.; er hat seinen Wohnsitz nach Frankfurt verlegt; die Universität, der Sitz der Regierung wurde in eine andere Stadt verlegt; sie verlegten den Betrieb in größere Räume; übertr.: er verlegte die Handlung seines Romans nach Mailand, ins Mittelalter. **b)** ⟨etwas v.⟩ *verschieben:* eine Veranstaltung, einen Termin v.; die Tagung ist auf die nächste Woche verlegt worden. **2.** ⟨etwas v.⟩ *an den falschen Platz legen:* ich habe meine Brille, den Schlüssel, die Quittung verlegt. **3.** ⟨etwas v.⟩ *fachgerecht auf eine bestimmte Fläche bringen, über eine bestimmte Strecke hin legen:* Gleise, Rohre, Kabel, Leitungen v.; der Teppichboden muß noch verlegt werden. **4.** ⟨etwas v.⟩ *herausbringen, veröffentlichen:* dieser Verlag verlegt Bücher, Noten, Zeitungen; seine Werke werden bei Faber & Faber verlegt. **5.** ⟨jmdm. etwas v.⟩ *versperren:* jmdm. den Weg, Zugang v.; den Truppen war der Rückzug verlegt. **6.** ⟨sich auf etwas v.⟩ *es mit etwas anderem versuchen, sich für etwas Bestimmtes entscheiden:* er verlegte sich auf ein Fachgebiet; sich aufs Bitten, Leugnen v.

²verlegen: *befangen, verwirrt:* ein verlegenes Kind; eine verlegene Antwort; ein verlegener Blick; verlegenes Schweigen; er war, wurde [ganz] v.; sie ist doch sonst nicht so v.; v. lächeln, antworten, dastehen. * **um etwas nicht/nie verlegen sein** *(immer etwas als Entgegnung bereit haben):* sie war nie um eine Antwort, Ausrede v.

Verlegenheit, die: **a)** *Befangenheit, Verwirrtheit:* seine V. zeigen, verraten, verbergen, überwinden; sie brachte ihn durch ihre bloße Anwesenheit in V.; er steckte sich vor V. eine Zigarette an. **b)** *unangenehme Situation; Unannehmlichkeit:* jmdm. Verlegenheiten bereiten; jmdm. aus der [ersten] V. helfen; sich mit etwas aus der V. ziehen; in großer, arger, tödlicher, in der schlimmsten V. sein; in V. geraten, kommen.

verleiden ⟨jmdm. etwas v.⟩: *bewirken, daß jmd. an etwas keine Freude mehr hat:* du hast mir mit deinem Kritisieren die Arbeit, die Freude daran verleidet; durch den Zwischenfall wurde mir der Urlaub, der ganze Abend verleidet.

verleihen: 1. ⟨etwas v.⟩ *jmdm. etwas [gegen eine Gebühr] leihen:* Geld, Masken, Anzüge, Autos, Boote, Filme v.; er verleiht nicht gern Bücher an andere. **2.** ⟨jmdm. etwas v.⟩ *jmdn. mit etwas auszeichnen:* jmdm. einen Orden, Titel, Rang, ein Amt v.; dem Schriftsteller wurden die Ehrenbürgerrechte seiner Heimatstadt verliehen. **3.** ⟨jmdm., einer Sache etwas v.⟩ *geben, verschaffen:* ihre Anwesenheit verlieh dem Fest einen gewissen Glanz; Gott hat ihm Kraft verliehen; seinen Worten Nachdruck v.; mit seinen Worten hatte er der Meinung aller Ausdruck verliehen.

verleiten ⟨jmdn. zu etwas v.⟩: *verführen:* jmdn. zum Trinken, zum Spiel v.; ich ließ mich durch ihn zu einer unvorsichtigen Äußerung v.; ⟨auch ohne Akk.⟩ der äußere Anschein verleitet zu diesem Irrtum.

verlernen ⟨etwas v.⟩: *etwas, was man gelernt hat, wieder vergessen, nicht mehr können:* ich habe mein Latein noch nicht verlernt; hast du es verlernt, höflich zu sein?; Radfahren verlernt man nicht; übertr.: er hat das Lachen verlernt *(ist sehr ernst geworden).*

¹verlesen: 1. ⟨etwas v.⟩ *zur Kenntnisnahme [öffentlich] vorlesen:* einen Text, eine Anordnung v.; die Namen der Gewinner, Preisträger wurden verlesen. **2.** ⟨sich v.⟩ *falsch lesen:* du mußt dich verlesen haben.

²verlesen ⟨etwas v.⟩ *die schlechten Früchte o. ä. aus einer Menge aussondern:* Erbsen, Beeren, Kartoffeln v.

verletzen: 1. ⟨jmdn., sich v.⟩ *jmdm., sich eine Wunde, Verletzung o. ä. beibringen:* jmdn., sich mit dem Messer, mit der Schere v.; ich habe mich [an der Hand, beim Holzhacken] verletzt; an dem rostigen Draht kann man sich leicht v.; bei dem Unfall wurde er lebensgefährlich verletzt; ⟨jmdn., sich etwas v.⟩ ich habe mir das Knie verletzt; adj. Part.: er war leicht, schwer verletzt; subst.: es gab bei dem Zugunglück 2 Tote und über 30 Verletzte. **2. a)** ⟨etwas v.⟩ *nicht achten, gegen etwas verstoßen:* mit seinem Verhalten den Anstand, Takt, jmds. Gefühle v.; das verletzt meinen Schönheitssinn; die Grenzen eines Landes v. *(illegal überschreiten);* adj. Part.: verletzter Stolz, verletzte Ehre. **b)** ⟨jmdn. v.⟩ *kränken, beleidigen:* diese Äußerung mußte ihn v.; mit dieser Bemerkung hast du ihn verletzt; adj. Part.: ein verletzendes Auftreten; seine Worte waren geradezu verletzend; verletzt schweigen; ich fühlte mich verletzt.

Verletzung, die: **1.** *verletzte Stelle am Körper:* er hat bei dem Unfall schwere [innere], geringfügige, nur leichte Verletzungen erlitten, davongetragen; er hat eine V. am Kopf; der Verunglückte ist seinen Verletzungen erlegen; sie kamen mit schweren Verletzungen ins Krankenhaus. **2.** *das Nichtbeachten:* die V. einer Vorschrift, Pflicht, eines Gesetzes.

verleugnen ⟨jmdn., sich, etwas v.⟩: *leugnen, daß jmd., etwas etwas ist; sich nicht zu jmdm., etwas bekennen:* die Wahrheit, seinen Glauben, seine Herkunft, seine Freunde v.; er kann seine Erziehung nicht v.; das läßt sich nicht v. *(das ist so);* wenn ich so handelte, müßte ich mich selbst v. *(würde ich gegen mein wahres Wesen handeln);* er hat sich [am Telefon] v. lassen *(hat sagen, ausrichten lassen, er sei nicht anwesend).*

verleumden ⟨jmdn. v.⟩: *diffamieren, in schlechten Ruf bringen:* jmdn. aus Neid, Haß v.; er ist von seinen Nachbarn verleumdet worden.

verlieben ⟨sich v.⟩: *von Liebe zu jmdm. erfaßt werden:* sich oft v.; er hat sich hoffnungslos in das Mädchen verliebt; adj. Part.: ein verliebtes Mädchen, Pärchen; jmdm. verliebte Blicke zuwerfen; sie war bis über beide Ohren (ugs.; *heftig)* verliebt; ⟨in jmdn., in etwas verliebt sein⟩ er ist sehr in sie, in ihre Augen verliebt *(liebt sie, ihre Augen sehr);* übertr.: ich bin in das Bild ganz

verliebt *(es gefällt mir sehr);* er ist in seine Idee verliebt *(ist davon begeistert).*
verlieren: 1. ⟨jmdn., etwas v.⟩ *abhanden kommen lassen:* Geld, einen Ring, seinen Schirm, Schmuck, die Brieftasche v.; ich muß auf dem Weg mein Armband verloren haben; das Kind hat im Gedränge seine Mutter verloren. **2.** ⟨jmdn., etwas v.⟩ *einbüßen, nicht mehr haben* /häufig verblaßt/: seine Ersparnisse v.; er hat beim Spiel viel Geld verloren *(zahlen müssen);* einen Freund, die Kundschaft v.; er hat im Krieg ein Auge, ein Bein verloren; die Zähne v.; der Patient verlor viel Blut; sein Amt, seinen Posten, seine Stellung v.; sein Ansehen, seinen Kredit, Einfluß, seine Macht, jmds. Gunst v.; das Augenlicht v. *(blind werden);* die Sprache, die Stimme v. *(stumm werden);* er hatte vor Schreck die Sprache verloren *(konnte vor Schreck nicht sprechen);* den Appetit v. *(nichts mehr essen mögen);* die Farbe v. *(blaß werden);* das Gleichgewicht v. *(sich nicht im Gleichgewicht halten können);* den Überblick v. *(etwas nicht mehr überblicken können);* das Leben v. *(im Einsatz für etwas sterben);* das Bewußtsein, die Besinnung v. *(bewußtlos werden);* das Gedächtnis, die Erinnerung v. *(sich an nichts mehr erinnern können);* jmdn., etwas aus dem Gedächtnis/aus dem Sinn v. *(nicht mehr daran denken);* die Ruhe v. *(unruhig werden);* die Fassung v. *(sich nicht mehr zusammennehmen können);* er hat völlig den Halt verloren *(ist ganz haltlos geworden);* die Geduld v. *(ungeduldig werden);* die Gewalt über ein Fahrzeug v. *(ein Fahrzeug nicht mehr lenken können);* sie hat den Zusammenhang verloren *(findet den Zusammenhang nicht mehr);* du darfst keine Zeit v. *(mußt dich beeilen);* es ist keine Zeit zu v. *(es ist eilig);* ich habe dadurch einen ganzen Tag verloren; sie hat die Lust, den Mut, die Hoffnung, den Glauben verloren; wir verlieren in ihm, mit ihm einen geschätzten Kollegen *(mit ihm ist ein geschätzter Kollege gestorben);* sie hat im letzten Jahr ihren Mann verloren *(ihr Mann ist letztes Jahr gestorben);* der Gegner verlor tausend Mann; der Baum verliert seine Blätter *(die Blätter des Baumes fallen ab);* der Stoff verliert seine Farbe *(wird mit der Zeit farblos);* das Fleisch verliert seinen Geschmack; das Gewürz, der Kaffee verliert sein Aroma; das Leben hat seinen Sinn verloren; adj. Part.: die Ersparnisse waren unwiederbringlich verloren; verlorene *(vergebliche)* Mühe; er ist ein verlorener *(zugrunde gerichteter, nicht mehr zu rettender)* Mann; sie ist unrettbar, rettungslos, hoffnungslos verloren; es ist noch nicht alles verloren *(aussichtslos);* ⟨etwas ist an/bei jmdm. verloren⟩ die ärztliche Kunst war an ihm, bei ihm verloren *(blieb bei ihm wirkungslos);* ⟨für jmdn., für etwas verloren sein⟩ er trat einem anderen Verein bei und war damit für uns, für unsere Mannschaft verloren · er saß ganz verloren *(verlassen, unglücklich)* da; in der Großstadt kam sie sich zunächst ganz verloren *(verlassen, einsam)* vor. **3.** ⟨etwas v.⟩ *bei etwas besiegt werden:* einen Prozeß, eine Partie, Wette v.; sie hatten den Krieg verloren; sie haben das Spiel [mit] 1 : 3 verloren; ⟨auch ohne Akk.⟩ wir haben [nach Punkten] verloren. adj. Part.: eine verlorene Schlacht, Schachpartie. **4.** ⟨an etwas v.⟩ *einbüßen:* an Ansehen, Ein-

fluß, Kredit v.; die Sache hat dadurch an Wert verloren; das Flugzeug verlor an Höhe; das Spiel hat für mich an Reiz verloren; ⟨auch ohne Präp.-Obj.⟩ sie hat in letzter Zeit sehr verloren *(ist nicht mehr so schön wie früher);* er verliert *(wirkt weniger günstig)* bei näherer Bekanntschaft. **5. a)** ⟨etwas verliert sich⟩ *etwas schwindet, vergeht:* der Angst, Furcht, Unsicherheit verliert sich nach und nach; seine Begeisterung wird sich schnell v.; der Geruch, Duft verliert sich. **b)** ⟨sich v.; mit Raumangabe⟩ *nicht mehr wahrnehmbar sein:* er verliert sich in, unter der Menge, zwischen den Bäumen; der Pfad verliert sich im Wald. **c)** ⟨sich in etwas v.⟩ *ganz in etwas aufgehen:* ich verlor mich in Träumen, in Hirngespinsten; verliere dich nicht in Einzelheiten; adj. Part.: er war ganz in Gedanken, in den Anblick des Sonnenuntergangs verloren *(versunken).* * (ugs.:) **nichts verloren haben** (mit Raumangabe) *(irgendwo stören, nicht hingehören)* · **nichts zu verlieren haben** *(alles riskieren können)* · **jmdn./etwas verloren geben** *(sich nicht um jmdn., etwas bemühen).*
verloben ⟨sich mit jmdm. v.⟩: *jmdm. versprechen, ihn zu heiraten:* ich habe mich mit meinem Jugendfreund verlobt; sie haben sich offiziell, zu Pfingsten miteinander verlobt; ⟨auch ohne Präp.-Obj.⟩ sie haben sich heimlich verlobt; adj. Part.: sie waren so gut wie verlobt; subst.: seine [frühere] Verlobte; ihr Verlobter; / Formel in Verlobungsanzeigen/: als Verlobte grüßen ...
Verlöbnis, das (geh.): *Verlobung:* ein V. eingehen, [auf]lösen.
Verlobung, die: *gegenseitiges Heiratsversprechen:* die, seine V. anzeigen; eine V. auflösen, rückgängig machen; V. *(ein Fest zur Verlobung)* feiern; / Formel in Verlobungsanzeigen/: wir geben die V. unserer Tochter bekannt; die V. ihrer Tochter geben bekannt ...
verlocken ⟨jmdn. zu etwas v.⟩: *auf jmdn. so einwirken, daß er nicht widerstehen kann:* jmdn. zu einem Abenteuer v.; die Reklame hat mich verlockt, das neue Produkt zu kaufen; ⟨auch ohne Akk.⟩ der See verlockte zum Baden; adj. Part.: ein verlockendes Angebot; das Wetter ist heute nicht sehr verlockend *(nicht besonders schön).*
verlogen: *unwahrhaftig, lügnerisch:* ein verlogener Mensch; verlogene Reden; eine verlogene Moral; er ist durch und durch v.
verlohnen (geh.): **a)** ⟨etwas verlohnt etwas⟩ *rechtfertigt, lohnt etwas:* es, der Erfolg verlohnt die Mühe /(geh. veraltend auch noch:) der Mühe. **b)** ⟨etwas verlohnt sich⟩ *lohnt sich:* es, der Aufwand hat sich nicht verlohnt.
verlorengehen ⟨etwas geht verloren⟩: **1.** *etwas verschwindet, kommt abhanden:* der Brief, der Koffer ist verlorengegangen; übertr.: damit geht doch nur unnötig Zeit verloren; in dem Betrieb sind 2000 Arbeitsplätze verlorengegangen. **2.** *etwas wird verloren:* der Krieg ist verlorengegangen. * **an jmdm. ist jmd. verlorengegangen** *(jmd. hätte seiner Begabung nach gut etwas anderes werden können):* an ihm ist ein Arzt verlorengegangen.
verlöschen ⟨etwas verlischt⟩: *etwas hört auf zu brennen und zu leuchten:* das Licht, Feuer, die Kerze verlischt; die Lampen sind verloschen; übertr. (geh.): sein Andenken wird nicht v.

Verlust, der: a) *das Verlieren; Einbuße:* der V. des gesamten Vermögens, der Brieftasche; wir beklagen den V. *(Tod)* unseres Autors; ein V. von, an etwas; das Dokument ist in V. geraten (Papierdt.; *ist verlorengegangen).* b) *durch Verlieren erlittener Schaden:* hohe finanzielle Verluste; sein Tod ist ein großer, unersetzlicher, schmerzlicher V.; einen schweren, empfindlichen V. erleiden; einen V. ersetzen; dieses Geschäft brachte 1000 Mark V. *(Defizit);* hohe Verluste machen; mit V. *(mit einem Defizit)* arbeiten; etwas mit V. verkaufen; die Feinde erlitten schwere Verluste *(hatten viele Tote und Verwundete).*

verlustig (in den Verbindungen) (Papierdt.:) **einer Sache verlustig gehen** *(etwas einbüßen, verlieren):* er ist seiner Vorrechte, seiner Stellung v. gegangen · (Papierdt. veraltend:) **jmdn. einer Sache für verlustig erklären** *(jmdm. etwas absprechen):* sie wurden ihrer Staatsbürgerschaft für v. erklärt.

vermachen (jmdm. etwas v.): *als Erbe hinterlassen:* er hat ihnen sein Haus, seinen Besitz vermacht; sie haben einander gegenseitig ihr Vermögen vermacht; übertr. (scherzh.): *geben, schenken:* sie hat mir diese Handtasche vermacht.

vermählen (geh.) (sich v.): *sich verheiraten:* sie hat sich [mit einem Bankier] vermählt; sie haben sich zu Weihnachten vermählt; adj. Part.: sie sind jung vermählt; subst.: den Vermählten gratulieren.

Vermählung, die (geh.): *Heirat, Verheiratung:* V. feiern; seine V. mit jmdm. anzeigen; sie dankten für die Glückwünsche anläßlich, zu ihrer V. /Formel in Vermählungsanzeigen/: wir geben unsere V. bekannt; ihre V. geben bekannt ...

vermehren: 1. (etwas v.) *an Menge, Anzahl, Intensität o. ä. größer machen:* seinen Besitz v.; seltene Pflanzen, Bakterien [durch Züchtung] v.; eine vermehrte und verbesserte Auflage; diese Aufgabe erfordert vermehrte Anstrengungen. 2. a) (sich v.) *an Menge, Anzahl o. ä. größer werden; zunehmen:* die Zahl der Grippeerkrankungen hat sich von Jahr zu Jahr vermehrt; die Menschen, Völker haben sich in den letzten Jahrzehnten sprunghaft vermehrt; sie vermehren sich wie die Kaninchen (ugs.; *sehr stark);* adj. Part.: man hört jetzt vermehrt *(in zunehmendem Maß, mit zunehmender Häufigkeit)* von solchen Vorgängen. b) (sich v.; mit Artangabe) *sich fortpflanzen:* Schnecken vermehren sich durch Eier.

vermeiden (etwas v.): *es nicht zu etwas kommen lassen:* Fehler, Zusammenstöße, einen Skandal v.; Härten ließen sich nicht v.; wenn ich es hätte v. können, hätte ich euch nicht belästigt; ich möchte gern v., daß ...; ich vermied es [peinlich, sorgfältig], mit ihm zusammenzutreffen.

vermengen: 1. (etwas mit etwas v.) *mischen:* Butter und Zucker werden mit einem Pfund Mehl vermengt; alle Zutaten sind gut miteinander zu v.; (auch ohne Präp.-Obj.) die Zutaten v. 2. (etwas mit etwas v.) *durcheinanderbringen, mit etwas verwechseln:* zwei völlig verschiedene Begriffe miteinander v. (auch ohne Präp.-Obj.) er vermengt alles. 3. (etwas vermengt sich mit etwas) *etwas mischt sich mit etwas:* das Regenwasser vermengte sich mit der Farbe [zu einer trüben Flüssigkeit].

vermerken: a) (etwas v.; mit Raumangabe) *notieren, festhalten:* etwas im Kalender v.; er hat das Eingangsdatum auf dem Brief vermerkt; (sich (Dativ) etwas v.) ich habe mir das am Rand des Schriftstücks vermerkt; übertr.: das sei nur am Rande vermerkt *(nur nebenbei gesagt).* b) (etwas v.; mit Artangabe) *zur Kenntnis nehmen:* etwas mißfällig, mit Dankbarkeit, als Besonderheit v.; der Vorfall war peinlich vermerkt worden; (jmdm. etwas v.; mit Artangabe) das wurde mir übel vermerkt *(wurde mir übelgenommen).*

¹**vermessen:** 1. (etwas v.) *genau [ab]messen:* ein Feld, einen Bauplatz, Land v. 2. (sich v.) *falsch messen:* ich habe mich wahrscheinlich vermessen. 3. (geh.) (sich v.; mit Infinitiv mit *zu) sich anmaßen, etwas Bestimmtes zu tun:* du willst dich v., ihn zu kritisieren, so etwas zu fordern?

²**vermessen:** *anmaßend, tollkühn:* ein vermessener Wunsch; das war zu v.

vermieten (etwas v.): *gegen Bezahlung zur Benutzung überlassen:* eine Wohnung, Autos, Tretboote v.; Zimmer [mit Frühstück] zu v.!; (jmdm./an jmdn. etwas v.) das Haus haben sie Freunden/an Freunde vermietet.

vermindern: a) (etwas v.) *geringer machen, [der Intensität nach] abschwächen:* die Geschwindigkeit, die Steuerlast v.; etwas um die Hälfte v.; die Forderung wurde [von 1500] auf 1000 Mark vermindert; die Maßnahmen sollen die Unfallhäufigkeit v.; adj. Part.: dem Angeklagten wurde verminderte Zurechnungsfähigkeit zugebilligt; Musik: eine verminderte *(um einen Halbton verringerte)* Terz, Quart, Quint. b) (etwas vermindert sich) *etwas wird geringer, schwächt sich ab:* Einnahmen, Ausgaben vermindern sich; sein Einfluß wird vermindert.

vermischen: 1. (etwas mit etwas v.) *gründlich mischen:* die Zutaten miteinander v.; (auch ohne Präp.-Obj.) alle Zutaten gut v.; adj. Part.: mit Wasser vermischter Wein; übertr.: vermischte Schriften *(Schriften verschiedenen Inhalts).* 2. (etwas vermischt sich mit etwas) *etwas verbindet sich mit etwas:* Wasser vermischt sich nicht mit Öl; übertr.: die beiden Volksstämme haben sich vermischt. 3. (etwas v.) *nicht auseinanderhalten:* Begriffe, Fakten v.

vermissen (jmdn., etwas v.): a) *das Fehlen von jmdm., das nicht mehr Vorhandensein einer Sache mit großem Bedauern feststellen:* ich vermisse dich sehr *(du fehlst mir);* sie vermißt ihre Kinder, die verstorbenen Eltern schmerzlich; wir haben dich gestern vermißt *(bedauert, daß du nicht da warst);* die verlorene Tasche v. b) *als fehlend registrieren:* 5 der Verunglückten wurden geborgen, 3 werden noch vermißt; ich vermisse seit gestern meine Brieftasche; übertr.: ihre Einrichtung läßt jeden Geschmack v.; adj. Part.: vermißte Soldaten; er ist seit 1943 vermißt; er wurde im Krieg als vermißt *(verschollen)* gemeldet; subst. Part.: die Liste der Vermißten.

vermitteln: 1. a) *zwischen Gegnern eine Einigung erzielen:* in einem Streit, in dem Tarifkonflikt v.; er vermittelte zwischen den streitenden Parteien; er war bereit zu v. *(eine Schlichtung zu versuchen);* vermittelnde Schritte unternehmen; er hat vermittelnd in die Auseinandersetzung eingegriffen. b) (etwas v.) *zustande bringen, herbei-*

führen: ein Treffen, eine Heirat v. **2.** ⟨jmdm. jmdn., etwas v.⟩ *verschaffen:* jmdm. eine Wohnung, ein Zimmer, einen Posten, Arbeit, Arbeitskräfte, Mitarbeiter v.; jmdm. eine Stellung bei der Firma X v. **3.** ⟨jmdn. v.⟩ *weiterleiten:* Arbeitskräfte an eine Firma, ins Ausland v.; schwer zu vermittelnde Arbeitslose. **4.** ⟨etwas v.⟩ *geben, zuteil werden lassen:* er, der Bericht vermittelt einen Einblick in die Vorgänge; einen ersten Eindruck, eine Vorstellung von der Sache; ⟨jmdm. etwas v.⟩ er vermittelt uns ein Gefühl von Fremdheit.

Vermittlung, die: **1.** *das Vermitteln zwischen Gegnern:* jmdm. seine V. anbieten; jmds. V. annehmen, begrüßen, ablehnen. **2.** *Beschaffung:* die V. von Aufträgen, Stellen, Arbeitskräften; ich habe die Wohnung durch seine V. bekommen, erhalten. **3.** *Telefonzentrale:* die V. meldete sich nicht; er rief die V. an.

vermöge (geh.) ⟨Präp. mit Gen.⟩: *durch, auf Grund:* v. seiner Beziehungen, seiner Sprachkenntnisse hat er einen guten Posten bekommen.

vermögen (geh.) **a)** ⟨mit Infinitiv mit zu⟩ *können:* er vermag nicht, niemand hätte [es] vermocht, ihn zu überzeugen; nur wenige vermochten sich zu retten; wir werden alles tun, was wir zu tun vermögen. **b)** ⟨etwas v.⟩ *erreichen, ausrichten:* sie vermag bei ihm viel, alles; Vertrauen vermag viel; ich will tun, was ich vermag.

Vermögen, das: **1.** *größerer persönlicher Besitz in Geld und Geldeswert:* ein V. von einer Million; ein großes V. erben, erwerben; sein V. verlieren, verspielen, verprassen, durchbringen; viel V. haben *(reich sein);* jmdm. ein kleines V. hinterlassen, vermachen; ein V. für etwas geben, bekommen; sein V. zusammenhalten; das Bild war ein V. *(sehr viel Geld)* wert; das kostet ja ein V.!; er ist durch diese Erbschaft zu V. gekommen. **2.** (geh.) *Fähigkeit, Kraft:* er hat nicht das V., logisch zu denken; sein V., auf sie einzuwirken, ist groß; soviel in meinem V. *(meiner Macht)* liegt, will ich mich dafür einsetzen; nach bestem V. helfen.

vermögend: *ein größeres Vermögen besitzend; reich:* in dieser Gegend wohnen nur vermögende Leute; er hat eine vermögende Frau geheiratet; er ist sehr, keineswegs v.

vermuten ⟨etwas v.⟩: *mutmaßen; auf einen Sachverhalt schließen:* es wird Brandstiftung vermutet; das ist, steht [ernsthaft] zu v., läßt sich nur v.; die bisherige Untersuchung läßt v., daß ...; ich vermute, er kommt nicht wieder; ⟨jmdn. v.; mit Umstandsangabe⟩ ich vermute ihn in der Bibliothek *(vermute, daß er in der Bibliothek ist);* ich hatte euch noch gar nicht so früh vermutet *(hatte mit euch noch gar nicht so früh gerechnet);* adj. Part.: das vermutete Versteck; nichts Böses vermutend, drehte ich mich um.

vermutlich: I. ⟨Adj.⟩ *für möglich, wahrscheinlich gehalten;* das vermutliche Ergebnis der Wahl. **II.** ⟨Adverb⟩ *wie man vermuten kann; vielleicht:* er wird v. morgen kommen; sie sind v. ins Kino gegangen.

Vermutung, die: *das Vermuten, Annahme:* meine V., daß er krank ist, war [doch] richtig; die V. liegt nahe, daß er schuld ist; eine V. haben, hegen (geh.), äußern; eine V. fallenlassen; wir sind auf Vermutungen angewiesen; sich in Vermutungen erschöpfen (geh.); das führt zu der V., daß ...

vernachlässigen: 1. ⟨jmdn., etwas v.⟩: *sich nicht genügend um jmdn., um etwas kümmern:* seine Arbeit, Pflicht, Kleidung, seine Familie, Frau und Kinder v.; in seinen späteren Werken hat der Autor den Stil, die Sprache ziemlich vernachlässigt; adj. Part.: ich fühlte mich [von ihm] vernachlässigt; das Haus sieht vernachlässigt *(ungepflegt, leicht verwahrlost)* aus. **2.** ⟨etwas v.⟩ *unberücksichtigt, außer acht lassen:* diese Frage haben wir vernachlässigt, können wir v.; eine zu vernachlässigende Größe.

vernarren (sich in jmdn. v.): *sich verlieben:* ich hatte mich in das Mädchen vernarrt; adj. Part.: er schien ganz vernarrt in sie [zu sein]; übertr.: sie war in das Bild vernarrt.

vernehmbar: 1. *hörbar:* sie sprach mit [kaum, weithin] vernehmbarer Stimme; nichts als ein dünnes Pfeifen war v. **2.** (selten) *vernehmungsfähig:* der Verletzte ist noch nicht v.

vernehmen: 1. (geh.) ⟨etwas v.⟩ **a)** *hören und als etwas Bestimmtes registrieren:* Schritte auf dem Flur, ein Geräusch, Hilferufe v.; die Worte des Kranken waren kaum zu v.; von ihrem Gespräch vernahm er nur Bruchstücke. **b)** *sagen hören; erfahren:* wir vernahmen, daß er kommen werde; wie wir vernahmen, ist er noch nicht zurückgekehrt; er ließ sich mit lauter Stimme v.; vernehmt das Wort der Heiligen Schrift; subst.: dem Vernehmen nach ... *(wie man erfährt, hört);* nach sicherem Vernehmen ... **2.** ⟨jmdn. v.⟩ *gerichtlich befragen:* den Angeklagten, die Zeugen v.; er wurde zur Sache vernommen.

vernehmlich: *laut und deutlich hörbar:* mit vernehmlicher Stimme; ich räusperte mich v.

Vernehmung, die: *gerichtliche Befragung:* die [polizeiliche, richterliche] V. durchführen, abbrechen; die V. der Zeugen, zur Sache.

verneigen (geh.) ⟨sich v.⟩: *sich verbeugen:* sich tief, leicht v.; sich vor dem Publikum, nach allen Seiten v.; übertr.: wir verneigen uns [in Ehrfurcht, in Dankbarkeit] vor den Toten.

verneinen (geh.) ⟨etwas v.⟩: *mit Nein beantworten:* eine Frage [energisch, heftig] v.; die Frage stellen heißt schon sie v.; eine verneinende Antwort; verneinend den Kopf schütteln; übertr.: *leugnen, bestreiten:* den Sinn des Lebens v.; Gewaltanwendung v. *(ablehnen).*

vernichten ⟨jmdn., etwas v.⟩: *völlig zerstören:* eine Urkunde, Briefe, Akten, Unterlagen, Unkraut, Schädlinge v.; das Feuer vernichtete einen großen Teil des Schlosses; adj. Part.: der Gegner erlitt eine vernichtende Niederlage; den Feind, das feindliche Heer vernichtend schlagen; übertr.: ein vernichtendes Urteil; ein vernichtender Blick.

Vernunft, die: *Denkvermögen, Einsicht:* das gebietet die V.; keine V. haben; V. walten lassen *(vernünftig handeln, einsichtig sein);* V. annehmen *(vernünftig werden);* jmdm. V. predigen *(jmdn. zu einem vernünftigen Handeln zu bewegen suchen);* das ist gegen alle [Regeln der] V.; der Mensch ist mit V. begabt; er handelt ohne V. *(Überlegung);* jmdn. zur V. *(zur Einsicht)* bringen; er scheint zur V. gekommen *(einsichtig geworden)* zu sein; nimm endlich V. an *(verhalte dich endlich vernünftig)!;* das ist ein Gebot der V.; er mußte sich zur V. rufen.

vernünftig: 1. a) *von Vernunft geleitet; einsichtig, besonnen:* ein vernünftiger Mensch; er ist schon ein vernünftiger Junge; wirst du nicht bald v.?; er ist sonst ganz v.; sei doch v.!; sie haben sehr v. geurteilt, gehandelt. **b)** *von Einsicht und Vernunft zeugend; einleuchtend:* eine vernünftige Frage, Antwort, Methode, Ansicht; ein vernünftiges Buch, Verhalten; ein vernünftiger Vorschlag; seine Argumente, Einwände waren sehr v.; das nenne ich v.! **2.** (ugs.) *so beschaffen, daß man es akzeptieren kann:* ein vernünftiges Essen; vernünftige Preise; **subst.:** endlich bekamen sie etwas Vernünftiges zu essen.

veröffentlichen ⟨etwas v.⟩: *herausbringen; der Öffentlichkeit zugänglich machen:* ein Buch, einen Roman v.; er hat eine neue LP veröffentlicht; über dieses Problem ist schon viel, noch nichts [in den Zeitungen] veröffentlicht worden.

verordnen ⟨etwas v.⟩: **1.** *als Therapie verschreiben:* ein Medikament, Bäder, Massagen, eine Kur v.; /*Gebrauchsanweisung bei Medikamenten*/: wenn vom Arzt nicht anders verordnet, dreimal täglich ...; ⟨jmdm. etwas v.⟩ der Arzt verordnete ihm strenge Bettruhe. **2.** (veraltend) *verfügen, anordnen:* der Stadtrat verordnete, daß ...; es wird hiermit verordnet, daß ...

verpacken: a) ⟨etwas v.⟩ *einpacken, versandfertig machen:* Bücher, Porzellan v.; soll ich Ihnen die Schale als Geschenk v.?; etwas luftdicht v.; das Geschenk war liebevoll verpackt; **übertr.:** er hatte seine Kritik diplomatisch verpackt. **b)** ⟨etwas in etwas v.⟩ *in etwas packen, unterbringen:* Ersatzteile in Kästen v.; die Schuhe wurden in einem/in einen Campingbeutel verpackt.

verpassen (ugs.): **1.** ⟨jmdn., etwas v.⟩ *verfehlen, versäumen:* einen Zug, die Straßenbahn, den Anschluß v., eine Chance v. *(ungenutzt lassen);* wir haben uns neulich leider verpaßt; eine verpaßte Gelegenheit; Sport: einen Rekord v. *(die Chance, ihn zu brechen, nicht nutzen).* **2.** (ugs.) ⟨jmdm. etwas v.⟩ *[gegen seinen Willen] geben; aufzwingen, zudiktieren:* jmdm. eine Spritze v.; jmdm. drei Jahre Gefängnis v.; jmdm. einen Rüffel v. *(jmdn. tadeln);* jmdm. eine Tracht Prügel v. *(jmdn. prügeln);* **übertr.:** das Sofa hat einen neuen Bezug verpaßt bekommen. * (ugs.:) **jmdm. eine verpassen** *(jmdm. eine Ohrfeige, eine Tracht Prügel geben).*

verpesten (ugs.) ⟨etwas v.⟩: *mit Gestank erfüllen:* die Autos, Abgase verpesten die Straßen; die Luft ist von den Emissionen der Fabriken verpestet.

verpfänden ⟨etwas v.⟩: *als Pfand beleihen lassen:* er hat seine Uhr verpfändet; **übertr.:** sein Wort v. *(sein Ehrenwort geben).*

verpflegen ⟨jmdn., sich v.⟩: *verköstigen:* die Gäste wurden bei ihnen gut verpflegt; während des Manövers werden die Truppen von Feldküchen verpflegt; wir haben uns im Urlaub selbst verpflegt *(mit Essen versorgt).*

verpflichten: 1. a) ⟨jmdn. v.⟩ *durch ein Versprechen o. ä. binden:* jmdn. feierlich, durch Eid, durch Handschlag [auf etwas] v.; jmdn. eidlich v. *(vereidigen).* **b)** ⟨jmdn. v.⟩ *für eine bestimmte Tätigkeit einstellen; engagieren:* einen Fußballspieler, Trainer v.; jmdn. für ein Amt v.; der Schauspieler ist nach Berlin, an das Burgtheater, als Don Car-

los, auf drei Jahre verpflichtet worden. **c)** ⟨etwas verpflichtet jmdn. zu etwas⟩ *etwas erlegt jmdm. eine bestimmte Pflicht auf:* seine Stellung verpflichtet ihn, das zu tun; das verpflichtet Sie zu nichts; gesetzlich, moralisch, vertraglich zu etwas verpflichtet sein; ich bin zum Stillschweigen verpflichtet; bin ich verpflichtet zu kommen?; ⟨jmdm. zu etwas verpflichtet sein⟩ ich bin ihm zu Dank verpflichtet *(schulde ihm Dank);* ⟨auch ohne Präp.-Obj.⟩ ich fühle mich ihm gegenüber verpflichtet; **übertr.:** der Tradition, nur seinem Gewissen verpflichtet sein. **2. a)** ⟨sich zu etwas v.⟩ *etwas ganz fest zusagen, fest versprechen:* er hat sich verpflichtet, diese Aufgabe zu übernehmen; ich kann mich nicht dazu v. **b)** ⟨sich v.; mit Zeitangabe⟩ *sich vertraglich binden:* der Sänger hat sich auf, für zwei Jahre [an die Staatsoper] verpflichtet; sich für vier Jahre beim Bund v.

Verpflichtung, die: **1. a)** *das Verpflichten:* die V. der Beamten auf die Verfassung, auf den Staat. **b)** *das Engagieren:* die V. neuer Künstler, Kräfte für eine Spielzeit, an die Deutsche Oper Berlin; er hat eine V. *(ein Engagement)* als Dramaturg. **2.** *etwas, wozu man verpflichtet ist:* dienstliche, berufliche, soziale Verpflichtungen; keine [bindenden] Verpflichtungen eingehen, übernehmen; keine anderweitigen Verpflichtungen haben; etwas erlegt jmdm. eine moralische V., hohe, schwere Verpflichtungen auf; er hat viele gesellschaftliche Verpflichtungen; er hat alle seine Verpflichtungen gewissenhaft erfüllt; sie waren dieser V. enthoben (geh.); er konnte seinen finanziellen Verpflichtungen [gegenüber seinen Gläubigern] nicht mehr nachkommen *(seine Schulden nicht bezahlen).*

verpfuschen (ugs.) ⟨etwas v.⟩: *schlecht ausführen und dadurch verderben:* die Schneiderin hat das Kleid verpfuscht; **adj. Part.:** ˜eine verpfuschte Sache; **übertr.:** ein verpfuschtes Leben.

verpönt: *allgemein mißbilligt, abgelehnt:* eine verpönte Erziehungsmethode; ein solcher Standpunkt ist heutzutage streng v., gilt als v., wird von vielen als undemokratisch v.

verprassen ⟨etwas v.⟩: *durch seine Lebensführung verschwenden:* sein Vermögen, sein Geld, sein ganzes Hab und Gut, alles sinnlos v.

verprügeln ⟨jmdn. v.⟩: *heftig prügeln:* er verprügelte seinen Klassenkameraden; sie haben sich verprügelt; in seiner Wut verprügelte er seinen Hund.

verpuffen ⟨etwas verpufft⟩: **1.** *etwas explodiert schwach:* die chemische Substanz ist verpufft. **2.** *etwas bleibt ohne Wirkung:* die ganze Aktion ist verpufft; die Wirkung, der Elan verpufft.

verpulvern (ugs.) ⟨etwas v.⟩: *nutzlos ausgeben:* sein Geld, sein Vermögen für eine verlorene Sache v.

verputzen ⟨etwas v.⟩: **1.** *mit Putz versehen:* eine Mauer, ein Haus v.; der Maurer verputzt die Wände. **2.** (ugs.) *essen:* der kann viel v.; die Torte hat er auch noch restlos verputzt *(aufgegessen).* * (ugs.:) **jmdn., etwas nicht verputzen können** *(jmdn., etwas nicht leiden können).*

verquicken ⟨etwas mit etwas v.⟩: *verbinden, verknüpfen:* zwei verschiedene Sachen, Behauptungen miteinander v.; das Abkommen ist mit der

Grenzfrage verquickt; ⟨auch ohne Präp.-Obj.⟩ hier werden verschiedene Dinge verquickt.

Verrat, der: *das Verraten:* ein gemeiner, schändlicher V.; V. üben *(jmdn., etwas verraten);* V. an jmdm., an der guten Sache begehen, üben; sie wurden wegen Verrats militärischer Geheimnisse vor Gericht gestellt.

verraten: 1. a) ⟨etwas v.⟩ *etwas, was hätte geheim bleiben sollen, weitersagen:* ein Geheimnis, eine Absicht, einen Plan v.; ⟨jmdm. etwas v.⟩ jmdm. ein Versteck v.; er hat den Verlauf der geheimen Sitzung an uns verraten; übertr. (ugs.): ich will dir v. *(im Vertrauen mitteilen), wohin ich fahre; ... aber ihr dürft noch nichts v.!* **b)** ⟨sich v.⟩ *etwas sagen oder tun, was man eigentlich geheimhalten, für sich behalten wollte:* jetzt hast du dich aber verraten. **2.** ⟨jmdn., etwas v.⟩ *[treubrüchig werden und] preisgeben:* jmdn. schnöde, schmählich v.; seinen Freund v. *(im Stich lassen);* seine Ideale v.; er hat die Wahrheit verraten *(durch Lügen mißachtet).* **3. a)** ⟨etwas verrät etwas⟩ *etwas läßt etwas erkennen:* seine Miene verriet tiefe Bestürzung; seine Sprache verriet seine Herkunft. **b)** ⟨sich v.; mit Artangabe⟩ *sich zu erkennen geben:* du verrätst dich schon bei den, mit den ersten Worten, durch deinen Dialekt. * (ugs.:) **raten und verkauft sein** *(hilflos preisgegeben sein).*

verräterisch: a) *auf Verrat zielend:* in verräterischer Absicht handeln; verräterische Beziehungen zu einer fremden Macht anknüpfen; er hat v. *(wie ein Verräter)* an ihnen gehandelt. **b)** *etwas verratend, erkennen lassend:* verräterische Anspielungen; ihr Lachen war sehr v.

verrauchen: 1. ⟨etwas v.⟩ *für Rauchwaren ausgeben:* er verrauchte sein ganzes Geld. **2.** ⟨etwas verraucht⟩ *etwas löst sich auf, schwindet:* sein Zorn war schnell verraucht. **3.** ⟨im 2. Part.⟩ *mit Rauch erfüllt:* ein gänzlich verrauchter Raum; das Zimmer war v.

verrechnen: 1. ⟨etwas v.⟩ *ausgleichen:* eine Forderung mit einer Gegenforderung v.; einen Scheck v. *(einem Konto gutschreiben);* würden Sie den Gutschein bitte mit verrechnen? **2.** ⟨sich v.⟩ **a)** *falsch rechnen:* du hast dich bei dieser Aufgabe verrechnet; da muß ich mich verrechnet haben; er hat sich um 5 Mark verrechnet *(vertan).* **b)** (ugs.) *sich täuschen, sich irren:* da hast du dich aber sehr, ganz gewaltig verrechnet!; ich hatte mich in der Wirkung nicht verrechnet; er hatte sich in diesem Menschen sehr verrechnet.

verrecken (derb): *sterben:* man ließ ihn wie einen Hund v.; meinetwegen mag er v. *(zugrunde gehen);* ⟨jmdm. etwas v.⟩ dem Nachbarn sind alle Kühe verreckt. * (derb:) **nicht ums Verrecken!** *(um keinen Preis!).*

verreisen: *eine Reise machen:* dienstlich, geschäftlich, privat, allein, mit seiner Frau, für ein paar Tage v.; wir können dieses Jahr [im Urlaub] nicht v.; er ist zur Zeit verreist.

verrenken: a) ⟨jmdm., sich etwas v.⟩ *aus der normalen Lage drehen und dadurch das Gelenk verletzen:* ich habe mir den Fuß, den Knöchel verrenkt; du hast dem Kind den Arm verrenkt; übertr. (ugs.): bei diesem Wort kann man sich die Zunge v. *(es ist schwer auszusprechen).* **b)** ⟨sich, etwas v.⟩ *in eine unnatürliche Stellung bringen:* die Tänzer verrenkten sich, ihre Glieder,

Arme und Beine auf der Bühne; er mußte sich v., um etwas sehen zu können.

verrennen: 1. ⟨sich in etwas v.⟩: *an etwas starrköpfig festhalten, sich in etwas verbeißen:* sich in eine fixe Idee, in eine Sackgasse v.; du hast dich in dieses Problem verrannt. **2.** ⟨sich v.⟩ *bei einer Handlung, einem Vorgehen die falsche Richtung einschlagen:* er merkt nicht, wie er sich damit verrannt hat; du verrennst dich immer mehr.

verrichten ⟨etwas v.⟩: *ordnungsgemäß ausführen, erledigen:* eine Arbeit, seinen Dienst v.; eine Andacht v.; still ein Gebet v. *(beten);* sie haben die Arbeiten zu unserer vollen Zufriedenheit verrichtet.

verringern: a) ⟨etwas v.⟩ *kleiner, geringer machen:* den Abstand, die Entfernung, das Tempo, die Geschwindigkeit, das Gewicht, die Anzahl von etwas v. **b)** ⟨etwas verringert sich⟩ *etwas wird kleiner, geringer:* die Kosten haben sich in diesem Jahr nicht verringert; unsere Aussichten haben sich inzwischen verringert.

verrinnen ⟨etwas verrinnt⟩ (geh.): **a)** *etwas versickert:* Wasser verrinnt im Sand. **b)** *etwas vergeht:* die Zeit verrinnt [schnell]; schon war wieder ein Jahr verronnen.

verrosten ⟨etwas verrostet⟩: *etwas wird rostig:* das Geländer, das Fahrrad verrostet; das Auto war an einigen Stellen ganz verrostet.

verrücken ⟨etwas v.⟩: *an eine andere Stelle rükken:* die Möbel, die Grenzpfähle v.

verrückt (ugs.): **1.** *geisteskrank:* du benimmst dich, als wärst du v.; sie waren ganz v. *(ganz außer sich)* vor Freude; du bist wohl v. geworden, solche Ansprüche zu stellen!; bist du v.!? *(was du da tust, sagst, ist doch nicht ernst zu nehmen);* bei dem Lärm kann man ja v. werden *(der Lärm ist unerträglich)!;* mit deiner Fragerei machst du mich noch v. *(bringst du mich noch vollständig durcheinander);* ich werde v.! /ugs.; *Ausruf der Verwunderung/;* als er seine neuen Ideen vortrug, erklärte man ihn für v.; subst.: er lief wie ein Verrückter davon. **2.** *ausgefallen, ungewöhnlich; überspannt, närrisch:* eine verrückte Idee, Mode; so ein verrückter Kerl!; sie hatte sich geradezu v. angezogen; subst.: so etwas Verrücktes! **3.** (verstärkend bei Adjektiven und Verben) *sehr:* die Wunde brennt ganz v., wie v. * (ugs.:) **verrückt spielen** *(sich seltsam benehmen)* · (ugs.:) **etwas spielt verrückt** *(etwas funktioniert nicht mehr richtig, weicht ab vom normalen Ablauf):* plötzlich spielt die Maschine v.; das Wetter hat heute v. gespielt · (ugs.:) **auf etwas verrückt sein** *(etwas sehr gern mögen):* die Kinder sind ganz v. auf Gummibärchen · (ugs.:) **auf jmdn./nach jmdm. verrückt sein** *(leidenschaftlich in jmdn. verliebt sein).*

Verruf (in den Verbindungen) **in Verruf kommen/geraten** *(ins Gerede kommen)* · **jmdn., etwas in Verruf bringen** *(um seinen guten Ruf, ins Gerede bringen):* diese Affäre hat ihn, das Haus in V. gebracht.

verrufen: *übel beleumdet:* eine verrufene Gegend; eine verrufene Gesellschaft; dieses Lokal, diese Familie ist in der ganzen Nachbarschaft v.

Vers, der: **1. a)** *Dichtung in gebundener Rede:* ein gereimter, reimloser, holpriger, schlechter V.; Verse von Brentano; Verse vortragen, deklamieren, schmieden (scherzh.), machen (ugs.); etwas in Verse setzen, in Versen abfassen, schreiben. **b)** *Zeile eines Gedichts, einer Strophe:* erster und dritter, zweiter und vierter V. reimen sich; das Gedicht hat drei Strophen zu je vier Versen. **2. a)** *Strophe:* das Gedicht hat drei Verse. **b)** *kleinster Textabschnitt der Bibel:* er las die Weihnachtsgeschichte nach Lukas 2, V. 1 bis 20; die Verse 1 bis 20 vorlesen. * (ugs.:) **sich (Dativ) einen/keinen Vers auf etwas machen können** *(sich etwas [nicht] erklären können).*

versacken (ugs.): **1. a)** ⟨etwas versackt⟩ *etwas geht unter:* das Boot versackte. **b)** ⟨in etwas v.⟩ *in etwas einsinken:* die Räder versackten im Schlamm. **2.** ⟨etwas versackt⟩ *etwas senkt sich:* das Fundament versackte. **3.** *allmählich verkommen:* er hat keine Arbeit und versackt immer mehr; er ist gestern abend wieder einmal versackt *(hat lange gefeiert und viel getrunken).*

versagen: 1. a) ⟨jmdm., einer Sache etwas v.⟩ *nicht gewähren:* jmdm. seine Unterstützung, eine Bitte, einen Wunsch, eine Ehrerbietung, den Gehorsam v.; ich konnte ihm meine Bewunderung nicht v.; dem Plan seine Zustimmung nicht v.; die Erfüllung ihres sehnlichsten Wunsches blieb ihr versagt.; es war ihnen versagt, ... *(nicht erlaubt).* **b)** ⟨sich (Dativ) etwas v.⟩ *auf etwas verzichten; sich etwas nicht erlauben:* er versagt sich vieles; ich kann es mir nicht v., darauf hinzuweisen *(ich muß darauf hinweisen).* **c)** (geh.) ⟨sich jmdm. v.⟩ *sich jmdm. nicht hingeben:* sie hat sich ihm versagt. **2. a)** *nicht das Erwartete leisten:* völlig, kläglich, total v.; sie hat im Examen versagt; die Regierung, die Polizei, die Schule, das Elternhaus hat versagt; da versagt die ärztliche Kunst; subst.: das Unglück ist auf menschliches Versagen zurückzuführen. **b)** ⟨etwas versagt⟩ *etwas funktioniert nicht mehr:* plötzlich versagten die Bremsen; ⟨etwas versagt jmdm.⟩ die Stimme versagte ihr *[vor Aufregung] (sie konnte [vor Aufregung] nicht sprechen).*

Versager, der: **a)** *jmd., der versagt:* er ist in seinem Beruf ein völliger V. **b)** *etwas, was nicht funktioniert:* der Apparat war ein V.

versalzen: 1. ⟨etwas v.⟩ *zu stark salzen:* sie versalzte die Kartoffeln, hat die Suppe versalzen /(selten:) versalzt; ein versalzenes Essen; das Fleisch ist versalzen. **2.** (Fachspr.) ⟨etwas versalzt⟩ *etwas wird mit Salzen angereichert:* viele Flüsse sind durch die Einleitung von Abwässern versalzt; durch Verdunstung versalzt der See. **3.** (ugs.) ⟨jmdm. etwas v.⟩ *verderben, zunichte machen:* jmdm. seine Pläne v.; er hat mir die ganze Freude, das Vergnügen versalzen.

versammeln: 1. ⟨jmdn. v.; mit Raumangabe⟩ *[um sich] zusammenkommen lassen:* die Schüler in der Aula, seine Familie um sich v. **2.** ⟨sich v.⟩ *zusammenkommen:* sich in der Aula, zur Andacht v.; die Familie versammelte sich [um den Eßtisch, am Bett des Kranken]; adj. Part.: er erklärte vor versammelter Zuhörerschaft, Mannschaft (ugs.), daß ... **3.** (Reitsport) ⟨ein Tier v.⟩ *zu gespannter Aufmerksamkeit zwingen:* vor dem Hindernis versammelte der Reiter sein Pferd.

Versammlung, die: *Zusammenkunft einer größeren Anzahl von Personen zu einem bestimmten Zweck:* die V. war gut, schlecht besucht; eine V. einberufen, abhalten, leiten, verbieten, auflösen,

sprengen, stören; ich erkläre hiermit die V. für eröffnet, geschlossen; sie nahmen an der V. teil; er sprach auf einer V. von Lehrern; in einer V. sein; von einer V. kommen, zu einer V. gehen.

versanden ⟨etwas versandet⟩: **1.** *etwas wird durch Anschwemmung immer seichter:* der Hafen, der Fluß, die Mündung, der See versandet immer mehr. **2.** (ugs.) *etwas wird schwächer und hört schließlich ganz auf:* das Gespräch ist versandet; die Verhandlungen versandeten.

versäumen ⟨etwas v.⟩: **a)** *ungenutzt vorübergehen lassen:* eine gute Gelegenheit v.; wir haben schon genug Zeit versäumt *(verloren);* es ist keine Zeit zu v. *(die Zeit drängt);* ich habe nichts zu v. *(ich habe keine Eile);* da hast du wirklich etwas, hast du nicht viel versäumt! *(da hast du dir etwas, nicht viel entgehen lassen!);* er wollte nachholen, was er in seiner Jugend versäumt hatte. **b)** *nicht teilnehmen, nicht wahrnehmen; verpassen:* den Zug v.; den Termin v.; den Unterricht v.; ein Treffen, eine Verabredung v.; subst. Part.: das (im Unterricht) Versäumte bald nachholen. **c)** *nicht tun; unterlassen:* seine Pflicht v.; ich darf nicht v. zu gratulieren; sie wollten nichts v., um ihm zu helfen; es ist versäumt worden, die nötigen Reparaturen vorzunehmen.

Versäumnis, das: *etwas, was man versäumt, unterlassen hat:* die Versäumnisse der Regierung; dem Beschuldigten waren Versäumnisse nicht nachzuweisen; du hast dir ein schweres V. zuschulden kommen lassen.

verschaffen ⟨jmdm., sich etwas v.⟩: *beschaffen; dafür sorgen, daß jmdm., einem selbst etwas zuteil wird:* jmdm., sich das benötigte Geld, Arbeit, eine Stellung, eine Unterkunft v.; sich Geltung, Recht, einen Vorteil, Respekt, ein Alibi v.; sich Zutritt zu etwas v.; sich etwas auf [un]rechtmäßige Weise v.; ich wollte mir erst Gewißheit darüber v.; das Medikament verschaffte ihm etwas Erleichterung *(linderte seine Schmerzen etwas);* was verschafft mir die Ehre [Ihres Besuches]? *(was ist der Grund Ihres Kommens?).*

verschanzen: a) (veraltend) ⟨etwas v.⟩ *durch Schanzen befestigen:* ein Lager, eine Stellung v. **b)** ⟨sich v.⟩ *gewöhnlich mit Raumangabe⟩ sich durch eine befestigte Stellung schützen:* die Truppen verschanzten sich hinter dem Fluß, auf dem Berg; übertr.: er verschanzte *(versteckte)* sich hinter seiner Zeitung; sich hinter seinen Vorschriften, hinter Ausreden v. *(sie als Ausflucht benutzen).*

verschärfen: a) ⟨etwas v.⟩ *erhöhen, steigern:* Vorschriften, Kontrollen, Anforderungen v.; das Tempo [der Arbeit], eine Strafe v.; das verschärfte seine Aufmerksamkeit; die Zeitungszensur wurde verschärft; adj. Part.: verschärfte Kontrollen; er bekam drei Tage verschärften Arrest. **b)** ⟨etwas verschärft sich⟩ *etwas wird schärfer, größer, steigert sich:* die Gegensätze, die politischen Spannungen verschärften sich immer mehr; die Lage, der Konflikt hat sich verschärft *(ist schwieriger, ernster geworden).*

verscheiden (geh.) *sterben:* am 19. Juni verschied [nach langer Krankheit] ...

verschenken ⟨etwas v.⟩: *als Geschenk weggeben:* er hat seine Bücher verschenkt; sie verschenkte allen Schmuck an ihre Töchter; ich habe nichts zu v. *(besitze selbst nicht viel);*

übertr.: seine Gunst an jmdn. v.; den Sieg, ein Tor v. *(die Möglichkeit, ein Tor zu schießen, nicht nutzen);* er hat beim Weitsprung 40 cm verschenkt *(ist 40 cm zu früh abgesprungen).*

verscherzen ⟨sich (Dativ) etwas v.⟩: *durch Leichtsinn, Gedankenlosigkeit einbüßen:* sich jmds. Sympathien, Wohlwollen, Gunst, Zuneigung, Freundschaft v.; das hast du dir ein für allemal verscherzt.

verscheuchen: a) ⟨jmdn. v.⟩ *vertreiben, fortjagen:* Fliegen, Vögel, Wild v.; der Lärm muß die Einbrecher verscheucht haben. **b)** ⟨etwas v.⟩ *zum Verschwinden bringen:* die Sorgen, einen Gedanken, die Müdigkeit v.; ⟨jmdm. etwas v.⟩ sie verscheuchte ihm durch ihr heiteres Wesen allen Kummer.

verschicken: 1. ⟨etwas v.⟩ *versenden:* Waren[muster], Prospekte, Einladungen, ein Rundschreiben, Anzeigen v. **2.** ⟨jmdn. v.⟩ *zur Kur, Erholung schicken:* einen Kranken, Erholungsbedürftige v.; die Kinder wurden vom Sozialamt zur Kur, aufs Land, an die See verschickt.

verschieben: 1. a) ⟨etwas v.⟩ *an eine andere Stelle schieben:* einen Schrank, die Möbel v.; Eisenbahnwagen [auf ein anderes Gleis] v. übertr.: die Grenzen nach Westen v.; das verschiebt *(ändert)* die Perspektive, das Bild etwas. **b)** ⟨etwas verschiebt sich⟩ *etwas verrutscht:* die Nahtstelle, die Tischdecke, ihr Hut, Kopftuch hat sich verschoben; übertr.: die Betonung, der Akzent hat sich bei diesem Wort verschoben; die Besitzverhältnisse hatten sich auf eine ungesunde Art verschoben. **2. a)** ⟨etwas v.⟩ *auf einen späteren Zeitpunkt legen, aufschieben:* seine Abreise, den Urlaub, einen Termin v.; eine Arbeit immer wieder, von einem Tag auf den anderen v.; eine Sache auf unbestimmte Zeit, auf einen späteren Zeitpunkt, um ein paar Tage v.; etwas läßt sich nicht länger v. **b)** ⟨etwas verschiebt sich⟩ *etwas wird aufgeschoben, findet zu einem späteren Zeitpunkt statt:* der Termin, die Abreise hat sich verschoben; der Beginn der Vorstellung verschiebt sich um einige Minuten. **3.** (ugs.) ⟨etwas v.⟩ *unerlaubt verkaufen:* Waren, Devisen [ins Ausland], etwas auf dem Schwarzmarkt v.

verschieden: 1. *unterschiedlich:* verschiedene Interessen haben; verschiedener Ansicht, Meinung, Auffassung sein; die beiden Brüder sind ganz, völlig v.; v. wie Tag und Nacht; die beiden Gläser sind in/nach Form, Farbe und Größe v.; das ist [von Fall zu Fall] v. *(wird [von Fall zu Fall] unterschiedlich beurteilt, angesehen);* v. groß, schwer, lang sein; das kann man v. beurteilen; subst.: die Annonce stand unter der Rubrik „Verschiedenes". **2.** ⟨dem Indefinitpronomen und unbestimmten Zahlwort nahestehend⟩ *mehrere, manche, einige:* verschiedene Leute haben daran Kritik geübt; ich habe verschiedene Gründe dafür; ich habe schon an den verschiedensten Stellen *(überall)* gesucht; durch den Einspruch verschiedener Delegierter/(seltener:) Delegierten; er war Vorsitzender verschiedener einflußreicher Organisationen; nach der Umorganisation kündigten verschiedene Angestellte; er hatte verschiedene Male versucht anzurufen; verschiedenes *(einiges)* war noch zu besprechen.

verschiedentlich ⟨Adverb): *schon öfter:* er hat

v. Bedenken gegen dieses Projekt geäußert; er ist v. dort gesehen worden.

verschießen: 1. ⟨etwas v.⟩ *durch Schießen aufbrauchen:* sie hatten alle Munition verschossen. **2.** (Sport) ⟨etwas v.⟩ *nicht zu einem Tor nutzen:* einen Elfmeter, Freistoß v. **3.** ⟨etwas verschießt⟩ *etwas bleicht aus, verblaßt:* der Stoff verschießt [in der Sonne], ist verschossen. * (ugs.:) **in jmdn. verschossen sein** *(in jmdn. verliebt sein).*

verschimmeln ⟨etwas verschimmelt⟩: *etwas überzieht sich mit Schimmel und verdirbt:* der Käse ist verschimmelt; verschimmeltes Brot; übertr. (ugs.): *geistig abstumpfen:* hier, bei dieser Arbeit muß man ja v.

¹**verschlafen: 1.** *über einen bestimmten Zeitpunkt hinaus schlafen:* **a)** du hast wohl heute früh verschlafen? **b)** ⟨sich v.⟩ ich habe mich leider verschlafen. **2.** ⟨etwas v.⟩ **a)** *schlafend verbringen:* einen Tag, das halbe Leben v. **b)** *schlafend versäumen:* den Zug, die Straßenbahn, eine Verabredung v. **c)** *im Schlaf überwinden:* seine Kopfschmerzen, einen Kummer, seine Sorgen v.

²**verschlafen:** *noch nicht ganz ausgeschlafen, noch vom Schlaf benommen:* die noch ganz verschlafenen Kinder; er war noch ganz v.; v. öffnete er die Tür; übertr.: ein verschlafenes *(stilles, ruhiges)* Städtchen; der Junge ist, wirkt so v. *(geistig träge, unlebendig).*

¹**verschlagen: 1.** ⟨etwas v.⟩ *mit festgenagelten Brettern versperren:* Fässer, Kisten v.; einen Raum, eine Öffnung mit Brettern v. **2.** ⟨etwas v.⟩ *verblättern, so daß man die betreffende Seite nicht mehr findet:* jetzt hast du die Seite, die Stelle verschlagen. **3.** (Tennis) ⟨etwas v.⟩ *an die falsche Stelle schlagen:* den Ball v. **4.** ⟨etwas verschlägt jmdm. etwas⟩ *etwas raubt, benimmt jmdm. etwas für kurze Zeit:* die Nachricht, das Entsetzen, der Schreck verschlug ihr die Rede, Sprache, Stimme; die Kälte, der Sturm verschlägt mir den Atem; der Anblick hatte uns den Appetit verschlagen. **5.** ⟨etwas verschlägt jmdn., etwas; mit Raumangabe⟩ *etwas treibt jmdn., etwas irgendwohin, läßt jmdn., etwas irgendwohin geraten:* der Sturm verschlug das Schiff an eine unbekannte Küste, die Schiffbrüchigen auf eine einsame Insel; der Zufall verschlug den Arzt in ein kleines Dorf; sie wurden als Flüchtlinge nach Süddeutschland verschlagen; wie hat es euch an diesen Ort verschlagen? **6.** (veraltend) ⟨etwas verschlägt etwas⟩ *etwas nützt, hilft etwas:* was verschlägt das alles?; es verschlägt nichts *(macht nichts aus),* daß er nicht kommt; (auch ohne Akk.) das Mittel verschlug *(wirkte)* bei ihm nicht.

²**verschlagen: 1.** (ugs.) *unaufrichtig und schlau:* ein verschlagener Bursche, Blick; er ist durch und durch v.; in seiner Antwort wich er v. aus. **2.** (ugs. landsch.) *mäßig warm:* verschlagene Temperaturen; das Badewasser ist v.

verschlechtern: 1. ⟨etwas v.⟩ *schlechter werden lassen:* dadurch hast du deine Stellung nur noch verschlechtert; diese Rede hat seine Aussicht, wiedergewählt zu werden, stark verschlechtert *(verringert).* **2.** ⟨etwas verschlechtert sich⟩ *etwas wird schlechter, schlimmer:* ihr Befinden, ihre Gesundheit hat sich [zusehends] verschlechtert; die Qualität, das Wetter, die politische Lage, seine Position verschlechterte sich. **3.** ⟨sich v.⟩ *in eine*

schlechtere Lage kommen: er hat sich finanziell verschlechtert. **4.** ⟨sich v.⟩ schlechter werden: er hat sich in seiner Leistung verschlechtert.
verschleiern: 1. ⟨sich, etwas v.⟩ mit einem Schleier verhüllen: die Frau verschleierte sich, ihr Gesicht; ⟨sich (Dativ) etwas v.⟩ ich verschleierte mir das Gesicht · die Witwe war, ging tief verschleiert; bildl.: der Himmel verschleierte sich (bedeckte sich mit einer dünnen Wolkenschicht); sein Blick verschleierte sich (wurde verschwommen); verschleierte Augen; er sprach mit verschleierter (belegter) Stimme; ich sehe die Berge nur verschleiert (undeutlich, unscharf). **2.** ⟨etwas v.⟩ etwas durch Irreführung zu vertuschen suchen: seine Absicht[en], Mißstände, einen Bankrott, einen Skandal v.; hier läßt sich nichts mehr v.
verschleppen: 1. ⟨jmdn., etwas v.⟩ gewaltsam an einen fremden Ort bringen: sie wurden im Krieg verschleppt; man verschleppte sie als Geiseln an einen unbekannten Ort; (scherzh.:) wer hat meine Schere verschleppt (an einen anderen Platz gelegt)? subst. Part.: einen Verschleppten befreien. **2.** ⟨etwas v.⟩ weiterverbreiten: die Ratten verschleppten die Seuche; durch mangelnde Hygiene Krankheitserreger v. **3.** ⟨etwas v.⟩ immer wieder hinauszögern; hinausziehen: einen Prozeß, Verhandlungen, die Bearbeitung eines Antrages v. **4.** ⟨etwas v.⟩ (eine Krankheit) nicht beachten und nicht rechtzeitig behandeln: er hat die Lungenentzündung verschleppt; eine verschleppte Grippe.
verschließen: 1. ⟨etwas v.⟩ **a)** abschließen und dadurch den Zugang oder den Zugriff unmöglich machen: ein Zimmer, einen Schrank, eine Schublade, eine Tür, den Zugang zu etwas, das Haus v.; adj. Part.: eine verschlossene Kassette; etwas im verschlossenen Umschlag übergeben; sie standen vor verschlossener Tür, kamen vor verschlossene Türen (niemand öffnete ihnen); übertr.: auf Grund seiner Schulbildung blieben ihm manche berufliche Möglichkeiten verschlossen. **b)** etwas einschließen, um es unter Verschluß aufzubewahren: Vorräte, sein Geld v.; er verschloß die Mappe sorgfältig in seinem, seinen Schreibtisch; übertr.: für sich behalten, niemandem offenbaren: seine Gedanken, Gefühle, ein Geheimnis in sich v.; sie verschloß ihre Liebe in ihrem Herzen. **c)** ⟨etwas v.⟩ mit etwas bedecken: den Topf mit einem Deckel, die Flasche mit einem Korken v.; etwas sofort wieder v.; etwas [luftdicht] verschlossen aufbewahren. **2. a)** ⟨sich jmdm. v.⟩ sich nicht mitteilen, offenbaren: er verschließt sich seinen Freunden; ⟨auch ohne Dat.⟩ er verschloß sich mehr und mehr; übertr.: das Land verschloß sich dem fremden Beobachter; adj. Part.: das Buch, ihr Charakter bleibt mir verschlossen; verschlossene Gesichter; ein verschlossener (sehr zurückhaltender, in sich gekehrter) Mensch. **b)** ⟨sich einer Sache v.⟩ sich in keiner Weise zugänglich zeigen: sich jmds. Argumenten, Wünschen, einer Erkenntnis v.; er konnte sich dieser Überlegung nicht v. (mußte ihre Richtigkeit einsehen); sich der Tatsache nicht v. können, daß ... (erkennen, anerkennen müssen, daß ...).
verschlimmern: a) ⟨etwas v.⟩ verschlechtern: du verschlimmerst die Sache nur; eine Erkältung verschlimmerte seinen Zustand. **b)** ⟨etwas ver-

schlimmert sich⟩ etwas wird schlimmer: ihr Zustand, das Übel verschlimmerte sich.
¹verschlingen ⟨etwas v.⟩ umeinander-, ineinanderschlingen: die Hände, die Arme v.; sie hatte die Fäden ineinander, miteinander, zu einem Knäuel verschlungen; adj. Part.: verschlungene (in Windungen verlaufende) Wege; übertr.: die Interessen der beiden Staaten waren eng miteinander verschlungen (verbunden).
²verschlingen: 1. ⟨jmdn., etwas v.⟩ ohne viel zu kauen, [hastig] essen, fressen: der Hund verschlang das Fleisch; der Schiffbrüchige wurde von Haien verschlungen; gierig, voll Heißhunger hatten sie das Essen verschlungen; bildl.: die Dunkelheit hatte ihn plötzlich verschlungen; übertr.: jmdn. mit Blicken, mit den Augen v. (voll Begierde anstarren); sie haben seine Worte geradezu verschlungen; ich habe das Buch in einer Nacht verschlungen (in einem Zug gelesen). **2.** ⟨etwas verschlingt etwas⟩ kostet etwas: der Bau hat Millionen, viel Geld, Unsummen, Steuergelder verschlungen; seine Reisen, Gelage haben große Summen verschlungen.
verschlucken: 1. ⟨etwas v.⟩ hinunterschlucken: einen Bissen, eine Pille, [aus Versehen] einen Kern, eine Gräte v.; bildl.: er war verschwunden, wie vom Erdboden verschluckt; übertr.: die Endsilben, ein Wort v. (undeutlich aussprechen); eine Bemerkung, Frage v. (nicht aussprechen); die Bauten haben Millionen verschluckt (gekostet); die dicken Wände, Teppiche verschlucken den Schall (absorbieren ihn); das Dunkel der Nacht hatte ihn verschluckt (geh.; er war in der Dunkelheit verschwunden). **2.** ⟨sich v.⟩ etwas in die Luftröhre bekommen: sich beim Essen, an der Suppe v.
verschmähen ⟨etwas v.⟩: aus Verachtung ablehnen, zurückweisen: jmds. Hilfe, Liebe, Freundschaft v.; (scherzh.:) er verschmäht den guten Kuchen (mag ihn nicht essen); adj. Part.: er hat sie aus verschmähter Liebe getötet.
verschmerzen ⟨etwas v.⟩: über etwas hinwegkommen: er wird diesen Verlust v.; ich verschmerze es leicht, daß ich zu Hause bleiben muß; ich kann es v.!
verschmitzt: listig und pfiffig: ein verschmitztes Gesicht, Lächeln; er lächelte v.
verschnupft: a) erkältet, Schnupfen habend: er ist stark v.; ganz v. sprechen. **b)** gekränkt, verärgert: [über etwas, wegen etwas] v. sein.
verschnüren ⟨etwas v.⟩: mit einer Schnur zusammenbinden, zuschnüren: ein Paket v.; ein fest verschnürter Karton.
verschollen: für verloren oder tot gehalten: ihr im Krieg verschollener Sohn; das Schiff, Flugzeug war, blieb v.; übertr.: das Buch war lange Zeit v. (unauffindbar); du warst lange v. (verschwunden).
verschonen: a) ⟨jmdn., etwas v.⟩ jmdm. nichts Übles tun, keinen Schaden zufügen: der Krieg verschonte niemanden, hat diese Gegend verschont; sie waren von der Seuche verschont geblieben; adj. Part.: er blieb von allen neugierigen Fragen verschont. **b)** ⟨jmdn. mit etwas v.⟩ jmdm. etwas ersparen: verschone mich mit deinen Fragen.
verschreiben: 1. ⟨jmdm. etwas v.⟩ **a)** als Arzt schriftlich verordnen: der Arzt hat ihm verschie-

dene Medikamente, eine [vierwöchige] Kur, Bäder, Bestrahlungen verschrieben; du solltest dir [vom Arzt] etwas für den Kreislauf, gegen deine Schmerzen v. lassen. **b)** (veraltend) *urkundlich übertragen, übereignen:* jmdm. sein Haus, seinen Hof v.; bildl.: er hat seine Seele dem Teufel verschrieben. **2.** ⟨etwas v.⟩ *beim Schreiben verbrauchen:* viel Papier v.; er hat den ganzen Block verschrieben. **3.** ⟨sich einer Sache v.⟩ *sich einer Sache ganz widmen:* er hat sich dem Theater, der Musik verschrieben. **4.** ⟨sich v.⟩ *einen Fehler machen:* er hat sich in diesem Brief zweimal verschrieben.

verschrie[e]n: *verrufen:* diese Gegend ist wegen zahlreicher Überfälle v.; er war bei ihnen als Geizhals v. *(stand in dem Ruf, geizig zu sein).*

verschulden v. lassen: **1.** ⟨etwas v.⟩ *schuldhaft verursachen:* einen Unfall v.; er hat sein Unglück selbst verschuldet *(ist selbst schuld daran);* subst.: das war mein Verschulden; ihn trifft kein Verschulden; sie gerieten durch [ihr] eigenes, ohne eigenes Verschulden in diese Situation. **2.** ⟨sich v.⟩ *Schulden machen:* für den Bau des Hauses hat er sich hoch verschuldet; er ist sehr, bis über die Ohren (ugs.) verschuldet.

verschütten: **1.** ⟨jmdn., etwas v.⟩ *zuschütten, völlig bedecken:* durch den Vulkanausbruch, von der Lawine wurden mehrere Orte verschüttet; die Erdmassen verschütteten einen Arbeiter *(begruben einen Arbeiter unter sich);* er ist im Krieg verschüttet gewesen; bildl.: seine Begabung war, blieb verschüttet; subst. Part.: die Verschütteten konnten gerettet werden. **2.** ⟨etwas v.⟩ *unabsichtlich ausschütten:* Wasser, Zucker v.; er schenkte ein, ohne einen Tropfen zu v.

verschweigen ⟨vgl. verschwiegen⟩/: ⟨jmdm. etwas, jmdn. v.⟩ *nicht sagen, jmdm. gegenüber nicht erwähnen:* jmdm. die Wahrheit, den wahren Sachverhalt v.; du verschweigst mir etwas!; er verschwieg ihr, daß er vorbestraft war; er hatte ihr seinen Sohn verschwiegen; ⟨jmdm., etwas vor jmdm. v.⟩ er hatte seine Krankheit vor ihr verschwiegen; ⟨auch ohne Dat.⟩ seine Fehler v.; ich habe nichts zu v.

verschwenden ⟨etwas v.⟩: *leichtsinnig, unnötig verbrauchen; vergeuden:* sein Geld, seine Zeit v.; Energie, Rohstoffe v.; seine Kraft, seinen Geist an, für, mit etwas v.; übertr.: sie hat ihre Liebe an ihn verschwendet; ich werde keinen einzigen Gedanken, keine Mühe daran v.

verschwenderisch: **1.** *leichtsinnig und allzu großzügig im Ausgeben oder Verbrauchen von etwas:* ein verschwenderischer Mensch; ein verschwenderisches Leben führen; er ist von Natur aus v.; sie geht mit ihrem Geld v. um. **2.** (geh.) *überaus reichhaltig; üppig:* eine verschwenderische Pracht, Fülle.

verschwiegen: *diskret; nicht schwatzhaft:* ein verschwiegener Mensch; er ist v. [wie ein Grab]; übertr.: sie trafen sich an einem verschwiegenen *(geheimen)* Ort; ein verschwiegenes *(verborgenes)* Plätzchen.

Verschwiegenheit, die: *das Verschwiegensein:* er ist die V. selbst; strengste, unbedingte V. geloben; übertr.: in der V. *(Verborgenheit)* des Klosters.

verschwimmen ⟨etwas verschwimmt⟩: *etwas*

wird, ist unklar in den Umrissen: die Farben, die Konturen verschwimmen; die Berge verschwimmen im Dunst; ⟨etwas verschwimmt jmdm.⟩ mit Raumangabe⟩ die Buchstaben verschwimmen mir vor den Augen; adj. Part.: verschwommene Umrisse; übertr.: verschwommene *(unbestimmte)* Ausdrücke, Begriffe, Gefühle, Vorstellungen; sich verschwommen *(unklar)* ausdrücken.

verschwinden: **a)** *sich aus jmds. Blickfeld entfernen:* schnell, unauffällig, im Gewühl v.; er ist gleich nach der Besprechung verschwunden (ugs.; *gegangen*); er verschwand ins/ins Haus (ugs.; *ging ins Haus*); die Sonne verschwand hinter den Wolken; der Zug verschwand in der Ferne; der Zauberer ließ allerlei Gegenstände v.; verschwinde! (ugs.; *geh weg!*); du mußt hier v. *(es wird hier gefährlich für dich);* subst.: sein Verschwinden wurde nicht bemerkt; übertr.: diese Mode verschwindet schnell wieder *(überlebt sich schnell);* sie verschwindet völlig neben ihm *(ist im Vergleich zu ihm sehr klein);* ich muß mal v. (ugs.; *die Toilette aufsuchen);* adj. Part.: verschwindend klein, wenig; ein verschwindender *(äußerst geringer)* Bruchteil; eine verschwindende *(ganz geringe)* Minderheit. **b)** *verlorengehen; abhanden kommen:* in unserem Betrieb verschwindet immer wieder Geld; er hat Geld v. lassen *(unterschlagen, gestohlen);* meine Brille war spurlos verschwunden.

verschwitzen ⟨etwas v.⟩: **1.** *durch Schwitzen naß, unansehnlich machen:* ein Hemd, den Kragen v.; adj. Part.: verschwitzte Haare; ich war ganz verschwitzt. **2.** (ugs.) *vergessen:* unsere Verabredung habe ich völlig verschwitzt.

verschwören: **1.** ⟨sich mit jmdm. v.⟩ *sich mit jmdm. heimlich verbünden:* er hatte sich mit anderen Offizieren [gegen die Regierung, zu einem Attentat] verschworen; ⟨auch ohne Präp.-Obj.⟩ sie verschworen sich gegen den Diktator; adj. Part.: unsere Organisation war ein verschworener Haufen; übertr.: alles scheint sich gegen uns verschworen zu haben *(uns mißlingt alles).* ⟨sich einer Sache v.⟩ *sich ganz für etwas einsetzen:* sich einem politischen Ziel v.

Verschwörung, die: *Anschlag, Komplott:* eine V. gegen den neuen Staatschef, gegen die Regierung; eine V. anstiften, anzetteln, organisieren, aufdecken, entdecken, im Keime ersticken, niederwerfen; sie waren an der V. nicht beteiligt, hatten mit der V. nichts zu tun.

versehen: **1.** ⟨etwas v.⟩ *ausüben, eine bestimmte Aufgabe erfüllen:* seinen Posten, Dienst gewissenhaft v.; jmds. Amt, Stelle v.; sie versieht (veraltend; *besorgt)* uns den Haushalt. **2.** ⟨jmdn., sich, etwas mit etwas v.⟩ *dafür sorgen, daß etwas bei jmdm., etwas vorhanden ist:* jmdn. mit Büchern, Geld v.; sich mit Proviant v.; er ist gut, schlecht, reichlich, [un]genügend damit versehen; das Haus wurde mit Blitzableitern versehen; der Geistliche hat ihn mit den Sterbesakramenten versehen; wir waren mit allem [Nötigen] wohl versehen. **3.** ⟨sich, etwas v.⟩ *etwas falsch machen; sich bei etwas irren:* ich habe mich versehen; versieh dich nicht bei der Preisangabe, mit dem Gewicht, beim Wiegen!; hierbei ist manches versehen worden. **4.** (veraltet) ⟨sich einer Sache v.) *einer Sache gewärtig sein:* bei dieser Person hat man sich jeder Untat zu v.; ehe man sich's versieht ... *(schneller, als man erwartet ...).*

Versehen, das: *aus Unachtsamkeit entstandener Fehler, Irrtum:* es war nur ein V.; ihm ist ein V. unterlaufen, passiert; ein V. kann dabei schon einmal vorkommen; sein V. erkennen, bedauern; wir bitten dieses V. zu entschuldigen; aus V. habe ich den Brief nicht eingesteckt; durch ein V. ist Ihr Antrag noch nicht bearbeitet worden.

versehentlich: *irrtümlich:* die versehentliche Preisgabe eines Geheimnisses; er war versehentlich in den falschen Zug gestiegen.

versenden ⟨etwas v.⟩: *an einen größeren Personenkreis schicken:* Briefe, Waren, Verlobungsanzeigen, ein Rundschreiben v.; die Warenproben sind gestern versandt/(auch:) versendet worden.

versengen ⟨etwas v.⟩: *an der Oberfläche leicht verbrennen:* sie hat beim Bügeln die Bluse versengt; die Sonnenhitze versengt Wiesen und Felder *(dörrt sie aus);* ⟨jmdm., sich etwas v.⟩ du hast dir die Haare [an der Kerze] versengt.

versenken: 1. ⟨etwas v.⟩ **a)** *bewirken, daß etwas versinkt:* [feindliche] Schiffe v. **b)** *in die Tiefe senken:* einen Schatz im Meer v.; der Behälter für das Öl wird in die Erde versenkt; er versenkte *(steckte)* die Hände in die Taschen; adj. Part.: eine versenkte *(nicht über die Oberfläche des Gegenstandes herausragende)* Schraube. **2.** ⟨sich in etwas v.⟩ *sich vertiefen:* sich in seine Bücher, in die Arbeit, in den Anblick des Bildes v.

Versenkung, die: **1.** *das Versenken:* die V. feindlicher Schiffe; die V. eines Sarges, einer Leiche ins Meer. **2.** *das Sichversenken:* mystische V.; die V. in das eigene Selbst. **3.** *versenkbarer Teil der Bühne:* der Schauspieler, die Dekoration verschwand in der V. * (ugs.:) **in der Versenkung verschwinden** *(aus der Öffentlichkeit verschwinden, in Vergessenheit geraten)* · (ugs.:) **aus der Versenkung auftauchen** *(plötzlich wieder in Erscheinung treten, dasein).*

versessen (in der Verbindung) **auf** jmdn., etwas versessen sein: *jmdn., etwas sehr gern haben, etwas unbedingt haben wollen:* auf Geld, Süßigkeiten v. sein; sie waren v. darauf, etwas Neues zu erfahren; er ist auf die Kinder ganz v.

versetzen: **1. a)** ⟨etwas v.⟩ *an eine andere Stelle setzen, rücken:* Bäume, Sträucher, eine Laube, Grenzsteine v.; die Knöpfe an einem Mantel v.; die Mauer wurde [um] mehrere Meter versetzt; die Steine sind versetzt *(in der nächsten Reihe jeweils verschoben)* angeordnet; übertr.: beim Betrachten des Films fühlt man sich ins vorige Jahrhundert versetzt. **b)** ⟨jmdn. v.⟩ *zu einer anderen Dienststelle beordern, kommandieren:* jmdn. in eine andere Abteilung, in eine andere Stadt v.; einen Beamten in den Ruhestand v. *(pensionieren);* er wurde [nach Frankfurt] versetzt. **c)** ⟨jmdn. v.⟩ *in die nächsthöhere Klasse überführen, aufnehmen:* einen Schüler v.; wegen schlechter Leistungen wurde er nicht versetzt. **2. a)** ⟨jmdn., etwas in etwas v.⟩ *in einen bestimmten Zustand bringen:* etwas in Bewegung v.; jmdn. in eine frohe Stimmung, in Aufregung, Begeisterung, Erstaunen, Wut, Angst [und Schrecken], in einen Freudentaumel v.; seine Unterstützung hat mich in die Lage versetzt, meine Ausbildung abzuschließen.

b) ⟨sich in jmdn., in etwas v.⟩ *sich in jmdn., in etwas hineindenken:* du mußt dich einmal in meine Lage v.; er kann sich nur schwer in einen anderen v. **3.** ⟨jmdm. etwas v.⟩ *unversehens geben* /verblaßt/: jmdm. einen Schlag, Hieb v. *(jmdn. schlagen);* jmdm. einen Stoß v. *(jmdn. stoßen);* jmdm. eine Ohrfeige v. *(jmdn. ohrfeigen);* jmdm. einen [Fuß]tritt v. *(jmdn. treten);* jmdm. einen Stich v. *(jmdn. stechen).* **4.** ⟨etwas mit etwas v.⟩ */ver]mischen:* eine Lösung mit einer anderen v.; ⟨auch ohne Präp.-Obj.⟩ Wein und Wasser wurden versetzt. **5.** (ugs.) ⟨etwas v.⟩ **a)** *verpfänden:* seine Uhr, seine Kleider [im Leihhaus] v.; sie haben die versetzten Sachen wieder eingelöst. **b)** *verkaufen, zu Geld machen:* er hat seine Bildersammlung versetzt; ehe sie auswanderten, haben sie ihre ganze Habe versetzt. **6.** (ugs.) ⟨jmdn. v.⟩ *vergeblich warten lassen:* sie hat mich versetzt. **7.** (veraltend) ⟨etwas v.⟩ *mit einer gewissen Entschlossenheit antworten:* auf meine Frage versetzte er, er komme nicht mit; „Niemals", versetzte sie.

versichern: **1.** ⟨jmdm. etwas v.⟩ *als sicher, gewiß bezeichnen; beteuern:* das kann ich dir v.; er versicherte mir das Gegenteil; er versicherte ihm seiner Freundschaft, daß dies nicht wahr sei; mir ist wiederholt versichert worden, daß alles in Ordnung sei; ⟨auch ohne Dat.⟩ etwas hoch und heilig *(ganz fest, feierlich),* eidesstattlich v.; er versicherte, daß er nicht der Täter sei. **2.** (geh.) **a)** ⟨jmdn. einer Sache v.⟩ *jmdm. Gewißheit über etwas geben:* jmdn. seines Schutzes, seiner Freundschaft v.; seien Sie unserer Teilnahme versichert; seid versichert, Sie dürfen versichert sein, daß die Sache sich so verhält. **b)** ⟨sich jmds., einer Sache v.⟩ *sich vergewissern:* er wollte sich seiner, seiner Hilfe v.; ich habe mich seiner Zustimmung versichert *(habe sie vorher eingeholt).* **3. a)** ⟨jmdn., sich, etwas v.⟩ *für jmdn., sich, etwas eine Versicherung abschließen:* sich, seine Familie [gegen Krankheit, Unfall] v.; sein Haus, Eigentum, Gepäck [gegen Diebstahl] v.; sie waren hoch, zu niedrig, nicht gegen Feuer versichert. **b)** ⟨jmdn., etwas v.⟩ *jmdm. Versicherungsschutz bieten:* wir versichern Sie gegen Unfall, Einbruch, Feuer.

Versicherung, die: **1.** *Beteuerung:* eine schriftliche V.; eine V. an Eides Statt; eine eidesstattliche, feierliche V. abgeben; jmdm. die V. geben, daß ...; von jmdm. die V. erhalten, daß ... **2. a)** *Versicherungsvertrag:* eine V. über 50 000 Mark, gegen Diebstahl, Feuer, Einbruch; meine V. läuft noch; eine V. abschließen, erneuern, kündigen. **b)** *Versicherungsgebühr:* die V. beträgt 250 Mark monatlich; die V. erhöhen, herabsetzen. **c)** *Versicherungsgesellschaft:* die V. kommt für den Schaden auf; in solchen Fällen zahlt die V. nicht. **d)** *das Versichern gegen bestimmte Schäden:* die V. des Reisegepäcks kostet pro Stück 10 DM.

versiegeln ⟨etwas v.⟩: **1.** *mit einem Siegel verschließen:* einen Brief, ein Wertpaket, ein Testament v.; die Wohnung v. *(behördlich durch Siegel verschließen).* **2.** *durch Auftragen einer Schutzschicht widerstandsfähiger machen:* das Parkett, den Parkettboden v.

versiegen (geh.) ⟨etwas versiegt⟩: *etwas hört zu fließen auf:* Quellen, Brunnen versiegen; ihre Tränen sind versiegt; bildl.: diese Geldquelle ist versiegt; übertr.: seine schöpferische Kraft war versiegt; das Gespräch, die Unterhaltung versiegte *(verstummte allmählich);* er besitzt einen nie versiegenden Humor.

versiert: *auf einem bestimmten Gebiet erfahren:* ein versierter [Versicherungs]kaufmann; er ist in Währungsfragen sehr v. *(bewandert).*

versilbern ⟨etwas v.⟩: **1.** *mit einer Silberschicht überziehen:* einen Becher, Löffel, Knopf, eine Gabel, ein Messer, Eßbesteck v.; adj. Part.: ein versilberter Leuchter. **2.** (ugs.) *zu Geld machen; verkaufen:* Kleider, seine Armbanduhr v.

versinken ⟨gewöhnlich mit Raumangabe⟩: *unter die Oberfläche von etwas geraten und darin verschwinden:* im Sumpf, Schlamm, Morast, in den Wellen, im Meer v.; die Sonne versank hinter dem/den Horizont *(verschwand hinter dem Horizont);* er versank bis an die Knöchel im Schnee; das Boot brach in zwei Teile auseinander und versank; vor Scham wäre er am liebsten im Erdboden versunken; eine versunkene Stadt; bildl.: in einem Meer von Entzücken, von Tränen v.; übertr.: Glück, Leid, Not, Schmerz, Trauer, ganz in sich selbst v.; wenn er auf der Bühne stand, versank für ihn die Welt; adj. Part.: er war ganz in seine Arbeit, in ihren Anblick, in Gedanken versunken.

Version, die: **1.** *Darstellungsart, Lesart:* die amtliche, offizielle V. eines Vorfalls; das ist eine neue, andere, abweichende V.; die ältere V. *(Fassung)* eines Gedichts; die englische V. *(Übersetzung)* eines Romans; diese V. kenne ich noch nicht; über diese Geschichte sind verschiedene Versionen im Umlauf, verbreitet. **2.** *Ausführung, die vom ursprünglichen Typ, Modell o. ä. in bestimmter Weise abweicht:* die neue V. eines Fernsehgerätes; dieses Gerät gibt es auch noch in einer anderen, moderneren, größeren V.

versöhnen: **a)** ⟨jmdn. mit jmdm. v.⟩ *einen Streit zwischen jmdm. und einem anderen beilegen:* er hat sie mit ihrer Mutter versöhnt; ⟨auch ohne Präp.-Obj.⟩ wir haben die Streitenden versöhnt; sie sind wieder versöhnt; ich mußte ihn v. *(besänftigen, versöhnlich stimmen)* und lud ihn zum Essen ein; adj. Part.: sie hat das versöhnende Wort endlich gesprochen; übertr.: die schöne Umgebung versöhnt mich mit der langweiligen Stadt *(ist ein Ausgleich dafür);* das versöhnt mich mit meinem Schicksal *(das läßt mich mein Schicksal ertragen).* **b)** ⟨sich mit jmdm. v.⟩ *mit jmdm. Frieden schließen:* ich habe mich entschlossen, mich mit ihm zu v.; ⟨auch ohne Präp.-Obj.⟩ habt ihr euch inzwischen versöhnt?

versöhnlich: *zur Versöhnung und friedlichen Verständigung bereit:* ein versöhnlicher Mensch; versöhnliche Worte sprechen, finden; die Stimmung war recht v.; sie waren v. gestimmt; das Buch hat einen versöhnlichen Schluß, endet v. *(hat einen tröstlichen, ermutigenden Schluß).*

Versöhnung, die: *das [Sich]versöhnen, Versöhntwerden:* die V. [der beiden, zwischen ihnen] ist durch seine Vermittlung zustande gekommen; eine V. anbahnen, ablehnen, zurückweisen; V. feiern; es war ein großes Fest der allgemeinen V.; eine Konferenz zur nationalen V.; zur V. bereit sein; jmdm. die Hand zur V. bieten, reichen.

versonnen: *seinen Gedanken nachhängend und die Umwelt vergessend:* ein versonnener Mensch,

Blick; in versonnener *(träumerischer)* Stimmung sein; sie war ganz v.; er blickte v. in sein Glas.

versorgen: **1.** ⟨jmdn., etwas v.⟩ *für jmdn., für etwas sorgen:* einen Kranken, die Kinder, das Haus, den Garten v.; einen Verletzten ärztlich v.; er hat eine Familie zu v. *(zu ernähren);* ⟨jmdm. etwas v.⟩ sie versorgt ihm den Haushalt; der Hausmeister versorgt den Fahrstuhl, die Zentralheizung *(ist dafür verantwortlich).* **2.** ⟨jmdn., sich mit etwas v.⟩ *für sich etwas Fehlendes, notwendig Gebrauchtes beschaffen:* jmdn. mit Nahrung, Kleidung, Geld v.; die Stadt mit Trinkwasser, Strom, Gas v.; hast du die Tiere mit Futter versorgt *(ihnen zu fressen gegeben)?;* ich habe mich mit allem Nötigen versorgt; ⟨auch ohne Präp.-Obj.⟩ er hat seine Kinder, seine Kinder sind alle versorgt *(sie leben in auskömmlichen Verhältnissen);* übertr.: ein Gerät mit Strom v.; das Gehirn ist nicht ausreichend mit Blut versorgt.

Versorgung, die: **1.** *das Versorgen, Versorgtwerden:* die V. eines Kranken, der Kinder, Tiere; die V. der Wirtschaft mit Rohstoffen; die V. des Hauses mit Brennstoff; die V. [mit Heizöl] war mangelhaft, gefährdet, unterbrochen. **2.** *Sicherung des Lebensunterhalts:* die V. der Rentner.

verspäten ⟨sich v.⟩: *zu spät, später als erwartet kommen:* ich habe mich leider verspätet; seine Ankunft, der Zug hat sich etwas, [um] 10 Minuten verspätet; adj. Part.: verspätete Glückwünsche; ein verspäteter *(zu dieser Jahreszeit sonst nicht mehr anzutreffender)* Schmetterling; der Zug, das Schiff, Flugzeug traf verspätet ein, kam verspätet [an]; der Roman erschien verspätet.

Verspätung, die: *das Sichverspäten, Verspätetsein:* der Zug hat eine Stunde V., hat die V. [wieder] aufgeholt; wir hatten V.; entschuldigen Sie bitte die V.; das Flugzeug wird voraussichtlich mit einer V. von 20 Minuten eintreffen.

verspeisen (geh.) ⟨etwas v.⟩: *mit Behagen aufessen:* einen Braten, Obst mit Appetit v.; er hatte ein ganzes Hähnchen verspeist.

versperren ⟨etwas v.⟩: **1.** *unzugänglich, unpassierbar machen:* den Eingang, den Zugang [mit Kisten] v.; ein parkendes Auto versperrte die Einfahrt; die Straße ist durch die umgestürzten Bäume versperrt; ⟨jmdm. etwas v.⟩ sie versperrten ihm den Weg *(ließen ihn nicht weitergehen);* du versperrst mir die Aussicht; ein Neubau versperrt *(nimmt)* uns jetzt den Blick auf den See. **2.** (südd., österr.) *ab-, verschließen:* die [Wohnungs]tür, einen Schrank, ein Zimmer v.

verspielen: **1.** ⟨etwas v.⟩ **a)** *beim Spielen verlieren:* sein Geld, ein Vermögen, Hab und Gut, Haus und Hof, den letzten Heller v.; **b)** *als Einsatz beim Spiel verwenden, verbrauchen:* er verspielt beim Lotto jede Woche zehn Mark. **2.** ⟨etwas v.⟩ *durch eigenes Verschulden verlieren:* sein Glück, Recht, eine Chance v.; ⟨auch ohne Akk.⟩ nun hast du verspielt, gib auf; der Gegner hatte endgültig verspielt. **3.** ⟨sich v.⟩ *versehentlich falsch spielen, beim Spielen einen Fehler machen:* der Pianist verspielte sich einige Male. * **bei jmdm. verspielt haben** *(jmds. Sympathien verloren haben).*

verspielt: **1.** *nur immer zum Spielen aufgelegt:* ein verspieltes Kind; er ist noch sehr v. **2.** *leicht, heiter:* eine verspielte Melodie; ein etwas zu verspielter Baustil; das Kleid wirkt verspielt.

verspotten ⟨jmdn., etwas v.⟩: *zum Gegenstand seines Spottes machen:* den politischen Gegner v.; sie verspotteten seine Ungeschicklichkeit; man verspottet ihn wegen seiner Gutgläubigkeit.

versprechen: 1. a) ⟨jmdm. etwas v.⟩ *verbindlich erklären, daß etwas geschehen wird; zusichern:* jmdm. etwas mit Handschlag, in die Hand, fest, hoch und heilig *(ganz fest, feierlich)* v.; jmdm. eine Belohnung, Geld, die Rückzahlung, seine Unterstützung, Hilfe, eine Anstellung v.; einer Frau die Ehe v.; er hat uns wer weiß was (ugs.; *alles mögliche)* versprochen; er hat mir versprochen, pünktlich zu sein; versprich mir, daß du dich vorsiehst; ⟨auch ohne Dat.⟩ versprich, vorsichtig zu fahren; was man verspricht, muß man halten; adj. Part.: der Vater konnte den versprochenen Zuschuß nicht mehr zahlen; übertr.: die Werbung verspricht [dem Verbraucher] zuviel. **b)** ⟨etwas v.⟩ *erwarten lassen:* der Junge verspricht etwas zu werden; das Wetter, es verspricht schön zu werden; das Unternehmen verspricht zu gedeihen; das Barometer verspricht gutes Wetter; die Obstbäume versprechen eine gute Ernte; das verspricht den meisten Erfolg; seine Miene versprach nichts Gutes. **c)** ⟨sich (Dativ) etwas von jmdm., von etwas v.⟩ *etwas erwarten:* ich hatte mir von dem neuen Mitarbeiter eigentlich mehr versprochen; hiervon verspreche ich mir viel, wenig, eine ganze Menge, ein positives Ergebnis; was versprichst du dir davon? **2.** ⟨sich v.⟩ *beim Reden einzelne Laute oder Wörter verwechseln:* er versprach sich ständig; ich habe mich nur versprochen.

Versprechen, das: *das Versprechen, Zusage:* ein V. [ein]halten, erfüllen; sie hat ihm auf dem Sterbebett das V. abgenommen, für ihre Kinder zu sorgen; ich habe ihm das V. gegeben, mich in Zukunft mehr um diese Angelegenheit zu kümmern; er hat mich an mein V. erinnert; auf dein V. hin habe ich es getan; ich habe ihn von seinem V. entbunden.

Versprechung, die ⟨meist Plural⟩ *großartiges Versprechen, Zusicherung:* das sind alles leere Versprechungen; Versprechungen halten, [nicht] erfüllen, brechen; den Wählern wurden große Versprechungen gemacht.

verspritzen: 1. ⟨etwas v.⟩ *spritzend verteilen:* Wasser, Farbe v. **2.** ⟨jmdn., etwas v.⟩ *spritzend beschmutzen:* der Wagen hat uns, die Windschutzscheibe völlig verspritzt; ⟨jmdm. etwas v.⟩ du hast mir, dir mit dem Fett den Pullover verspritzt.

verspüren ⟨etwas v.⟩: **a)** *durch die Sinne wahrnehmen, spüren:* Schmerz, Hunger, Durst, [nicht die geringste] Müdigkeit v.; er verspürte bereits die Wirkung der Medizin. **b)** *eine seelische Regung, einen inneren Antrieb empfinden:* Angst, Sehnsucht, [keine] Lust zu etwas, [kein] Verlangen nach etwas v.; er verspürte keine Lust zu tanzen. **c)** *erkennen, wahrnehmen, merken:* in seiner Abhandlung ist der Einfluß seines Lehrers zu v.

Verstand, der: *Fähigkeit des Menschen, sinngemäß aufzufassen, zu begreifen:* ein scharfer, kluger, nüchterner, stets wacher V.; der menschliche V.; dazu reicht mein V. nicht aus, fehlt mir der V.; den V. schärfen, ausbilden; wenig V. haben; ich hätte ihm mehr V. zugetraut; für die schwierige Rechenaufgabe mußte der Schüler all seinen

V. zusammennehmen; die Unglücksnachricht hat ihren V. verwirrt; (ugs.:) seinen V. versaufen *(ziemlich viel Alkohol trinken);* man muß an seinem V. zweifeln *(sein Verhalten ist unerklärlich);* er ist bei vollem V. *(Bewußtsein);* bei klarem V. *(klarer Überlegung)* kann man nicht so urteilen; (ugs.:) du bist wohl nicht ganz bei V. *(nicht ganz zurechnungsfähig);* er durchdrang alles mit seinem V.; das geht über meinen V. *(das kann ich nicht begreifen);* das hat mich um meinen V. gebracht *(hat mich fassungslos gemacht);* das brachte sie wieder zu V. *(zur Vernunft).* * (ugs.:) **jmdm. steht der Verstand still/bleibt der Verstand stehen** *(etwas ist für jmdn. unbegreiflich)* · **den Verstand verlieren** *(durch etwas um seinen klaren Verstand gebracht werden und völlig unverständlich handeln)* · (ugs.:) **etwas mit Verstand essen/trinken/rauchen o. ä.** *(etwas wegen seiner Qualität oder Rarität bewußt genießen).*

verständig: *klug, einsichtig:* er wird schon einlenken, er ist doch ein verständiger Mensch; verständige Worte; das Kind ist für sein Alter schon sehr v.; sie zeigten sich sehr v.

verständigen: 1. ⟨jmdn. v.⟩ *von etwas in Kenntnis setzen:* er verständigte die Polizei [über diesen, von diesem Vorfall]. **2.** ⟨sich mit jmdm. v.⟩ **a)** *jmdm. deutlich machen, was man sagen will:* ich konnte mich mit dem Engländer gut v.; ⟨auch ohne Präp.-Obj.⟩ wir verständigten uns auf englisch, durch Zeichen; sie mußten schreien, um sich zu v. **b)** *sich einigen; zu einer Einigung kommen:* ich konnte mich mit ihm über alle strittigen Punkte v.; ⟨auch ohne Präp.-Obj.⟩ die beiden Parteien, Gegner sollten sich v.

Verständigung, die: **1.** *das Verständigen:* die V. der Angehörigen, der Polizei, des Arbeitgebers. **2. a)** *das Sichverständlichmachen:* die V. mit ihm war sehr schwierig; der Sturm machte jede V. unmöglich. **b)** *Einigung:* eine friedliche V.; eine V. suchen, erzielen; für die V. der Völker wirken; es kam zu einer V.

verständlich: 1. *gut hörbar, gut zu verstehen:* der Redner sprach mit leiser, aber verständlicher Stimme; er murmelte einige kaum verständliche Worte; er spricht sehr klar und v.; ich mußte schreien, um mich v. zu machen *(damit man mich hören, verstehen konnte).* **2.** *leicht zu begreifen; anschaulich:* ein leicht verständliches Buch; ein verständlicher Wink; der Vortrag ist schwer, kaum v.; eine Theorie v. darstellen; ⟨jmdm. etwas v. machen⟩ er versuchte, den Kindern das Lesestück v. zu machen *(zu erklären);* er machte ihr v. *(verdeutlichte ihr),* daß er aus Italien kommt. **3.** *leicht einzusehen, begreiflich:* ein verständlicher Wunsch; eine verständliche Reaktion, Sorge; eine verständliche *(plausible)* Erklärung; sein Verhalten ist durchaus v.; es ist v., wenn du nach diesem Vorfall nicht mehr kommst; ⟨etwas ist jmdm. v.⟩ seine Verärgerung ist mir durchaus v.

Verständnis, das: **1.** *das Verstehen, Begreifen:* man muß dem Leser das V. eines so schweren Textes erleichtern; dies ist für das V. der weiteren Handlung sehr wichtig. **2.** *Fähigkeit, jmdn., etwas zu verstehen; Einfühlungsvermögen:* ihm geht jedes V. für Kunst ab; es fehlt ihm jedes V. für meine Probleme; das V. für moderne Literatur ist ihm noch nicht aufgegangen; er hat volles V. da-

für; das rechte V. für jmdn., etwas aufbringen, bekommen, finden; V. für etwas wachrufen (geh.), wecken; er zeigte viel, großes V. für die Sorgen der Bauern; er brachte uns viel V. entgegen; bei jmdm. [mit etwas] auf kein V. stoßen; du kannst bei ihm auf V. rechnen; mit V. von seiner Seite ist hier nicht zu rechnen; sie nickte voll V.; wir bitten um V. [für die Verzögerung]; das Buch trägt zum V. unserer Kultur bei. **verstärken:** 1. **a**) ⟨etwas v.⟩ *dicker, stärker, stabiler machen:* eine Mauer, einen Wall, Pfeiler, Träger v.; die Socken sind an den Fersen verstärkt. **b**) ⟨etwas v.⟩ *zahlenmäßig vergrößern:* die Besatzung, die Wache, die Garnison, Polizeieinheiten v.; das Team wird von zwölf auf fünfzehn, wird um drei Personen verstärkt; ein verstärkter Chor. 2. **a**) ⟨etwas v.⟩ *die Intensität, Stärke von etwas erhöhen:* den elektrischen Strom, die Spannung, den Druck v.; der Ton, eine Stimme wird durch die Lautsprecheranlage verstärkt; eine elektrisch verstärkte Gitarre; übertr.: seine Anstrengungen v.; diese Bemerkung hat seinen Argwohn verstärkt; der Eindruck wurde durch die Tatsache verstärkt, daß ...; diese Mitteilung verstärkte seine Vermutung zur Gewißheit. **b**) ⟨etwas verstärkt sich⟩ *etwas wird stärker, intensiver:* der Druck verstärkt sich, wenn man das Ventil schließt; der Lärm hat sich verstärkt; übertr.: meine Zweifel haben sich verstärkt; ihr Eigensinn hat sich eher verstärkt als verringert; er will sich jetzt in verstärktem Maße darum kümmern; es herrscht eine verstärkte Nachfrage. 3. **a**) ⟨etwas v.⟩ *durch neue Mitglieder o. ä. stärker, leistungsfähiger machen:* eine Mannschaft, ein Team v.; der neue Spieler soll besonders die Abwehr v. **b**) ⟨etwas verstärkt sich⟩ *etwas wird durch neue Mitglieder o. ä. stärker, leistungsfähiger:* die Mannschaft hat sich für die kommende Meisterschaft durch zwei neue Stürmer verstärkt.
Verstärkung, die: 1. *das Verstärken, Stabilermachen:* die V. einer Mauer, einer Wand; die Sturmschäden machen eine V. des Deiches notwendig; eine Säule zur, als V. aufstellen. 2. **a**) *zahlenmäßige Vergrößerung:* eine V. der Truppen, der Polizei ist dringend nötig. **b**) *Truppen o. ä., durch die eine Einheit vergrößert und gestärkt wird:* die V. kam zu spät, traf rechtzeitig ein; V. anfordern, verlangen, heranziehen; die Wache rief V., erhielt keine V.; um V. bitten. 3. *Erhöhung der Stärke, Intensität:* die V. des Stroms, der Spannung; eine V. des Tons; übertr.: man befürchtete eine V. seines Einflusses.
verstauben /vgl. verstaubt/ ⟨etwas verstaubt⟩: *etwas wird staubig:* Bücher und Zeitschriften verstauben im Regal; ein verstaubtes Aktenbündel; bildl.: seine Romane verstauben in den Bibliotheken *(werden von niemandem gelesen).*
verstaubt: *altmodisch, überholt:* leicht verstaubte Ansichten; eine verstaubte Anschauung; seine Parolen sind, wirken schon sehr v.
verstauchen ⟨sich (Dativ) etwas v.⟩: *sich durch Stoß, Aufprall o. ä. eine Verletzung am Gelenk zuziehen:* sich den Fuß, das Bein, die Hand v.
verstauen ⟨jmdn., etwas v.; mit Raumangabe⟩ *auf engem Raum gut verteilt unterbringen:* Geschirr, Bücher in Kisten, die Koffer im Gepäcknetz v.; die Schüler verstauen ihre Bücher in der/

(auch:) in die Schultasche; ⟨auch ohne Raumangabe⟩ habt ihr das Gepäck verstaut?; übertr. (scherzh.): die Familie, die Kinder im Auto v.
verstecken ⟨jmdn., sich, etwas v.⟩: *verbergen:* das Eichhörnchen versteckt die Nüsse; wo hast du den Schlüssel versteckt?; er versteckte seine Hände auf dem Rücken; Ostereier [für die Kinder] v.; sich hinter einem Baum, im Gebüsch v.; das Kind hat sich vor ihm versteckt; das Geld im/(selten:) in den Schreibtisch v.; ⟨jmdm. etwas v.⟩ sie versteckten ihm die Brille; übertr.: der gesuchte Brief hatte sich, war zwischen anderen Schriften versteckt *(war dort hingeraten);* er versteckte sich hinter den Vorschriften *(schob sie vor, benutzte sie als Vorwand);* er versteckte seine Verlegenheit hinter einem Lächeln; adj. Part.: ich hielt mich [vor ihnen], die Beute [im Wald] versteckt; eine versteckte *(nicht leicht erkennbare)* Gefahr; versteckte *(geheime)* Umtriebe; versteckte *(nicht offen ausgesprochene, heimliche)* Vorwürfe, Angriffe; subst.: die Kinder spielen Verstecken. **∗ sich vor/(seltener:) neben jmdm. verstecken müssen, können** *(jmdm. in den Leistungen weit unterlegen sein)* · **sich vor/neben jmdm. nicht zu verstecken brauchen** *(jmdm. ebenbürtig sein).*
verstehen: 1. ⟨jmdn., etwas v.⟩ *deutlich hören:* ich konnte alles, kein Wort, keine Silbe v.; der Redner war gut, schlecht, schwer zu v.; verstehst du, was er sagt?; du mußt deutlicher sprechen, ich verstehe dich sonst nicht. 2. **a**) ⟨jmdn., etwas v.⟩ *begreifen, den Sinn von etwas erfassen:* einen Gedankengang, einen Zusammenhang v.; hast du ihn, seine Ausführungen *(das, was er gesagt, vorgetragen hat)* verstanden?; es ist schwer zu v. *(schwer begreiflich),* weshalb das gerade so sein soll; das verstehst du noch nicht *(dafür bist du noch zu klein);* er hat nicht verstanden, worum es geht; das versteht doch kein Mensch *(das ist zu unklar, verworren o. ä.);* ich verstehe [nun] einer *(das begreift doch niemand)!;* ich verstehe Englisch, kann es aber kaum sprechen; ⟨auch ohne Akk.⟩ ja, ich verstehe!; ein barsche Aufforderung!: du bleibst hier, verstanden!/verstehst du! **b**) ⟨jmdn., etwas v.; mit Umstandsangabe⟩ *auslegen, deuten:* hast du das richtig verstanden?; er hat deine Worte anders, falsch verstanden; wenn ich recht verstehe, willst du kündigen; versteh mich bitte richtig, nicht falsch *(lege meine Worte nicht falsch aus, nimm sie nicht übel);* das ist symbolisch, als Aufforderung zu v.; das ist so, in dem Sinne zu v., daß ...; wie soll ich das v.? *(wie ist das gemeint?);* wie verstehst du darunter?; unter einer Demokratie versteht jeder etwas anderes *(jeder legt den Begriff anders aus);* das ist falsch verstandene *(hier nicht angebrachte)* Loyalität; ⟨auch ohne Akk.⟩ wenn ich recht verstehe, willst du nicht länger bleiben. 3. **a**) ⟨jmdn., etwas v.⟩ *Verständnis für jmdn., für etwas haben; sich in jmdn., in etwas hineindenken [können]:* Fehler und Schwächen der anderen v.; ich kann ihn, sein Benehmen nicht v.; er versteht sie [sehr gut]; keiner versteht mich, will mich v.; wir verstehen uns/(geh.:) einander; sie verstand seinen Entschluß, daß zu fliegen; daß er Angst hat, kann ich gut v.; ich verstehe nicht, wie man so leichtsinnig sein kann; eine Ausnahme gibt es nicht, das müssen Sie [schon] v.; die Frau fühlt sich

nicht verstanden. **b)** ⟨sich mit jmdm. v.⟩ *mit jmdm. gut auskommen, gleicher Meinung sein:* ich verstehe mich sehr gut mit ihm; in dieser Frage verstehe ich mich [nicht] mit ihm. **4. a)** ⟨etwas v.⟩ *etwas gut können, gelernt haben:* seinen Beruf, sein Handwerk, Fach, Geschäft, seine Kunst, Arbeit, Sache [gründlich] v.; eine Sprache v. *(beherrschen);* so viel Latein, Französisch verstehen wir noch; er versteht zu reden/das Reden; der Vertreter versteht es meisterhaft, andere zu überzeugen; er hat es so gut gemacht, wie er es versteht; er versteht es eben nicht besser. **b)** ⟨etwas von etwas v.⟩ *auf einem bestimmten Gebiet besondere Kenntnisse haben:* er versteht viel, allerhand, eine ganze Menge (ugs.) von Musik, Literatur, Politik; versteht du etwas von Wein?; davon verstehst du nichts! **c)** ⟨sich auf etwas v.⟩ *etwas gut können; sich auskennen mit:* er versteht sich aufs Geschäftemachen, auf diese Apparatur, aufs Schreinern, auf Pferde. **5.** (veraltend) ⟨sich zu etwas v.⟩ *[unwillig] sich zu etwas bereit erklären:* sich zu einer Entschuldigung, zum Schadenersatz v.; du wirst dich zum Nachgeben v. müssen; ich werde mich dazu nicht v., das Haus zu verkaufen; **6. a)** ⟨sich als jmdn. v.⟩ *sich als jmd. Bestimmtes sehen:* er versteht sich als Revolutionär; er will sich als Liberaler verstanden wissen. **b)** ⟨etwas versteht sich; mit Artangabe⟩ *etwas ist in bestimmter Weise gemeint, aufzufassen:* der Preis versteht sich mit/ ohne Verpackung, mit Flasche, ab Werk; das versteht sich von selbst *(ist selbstverständlich);* /als verstärkende, bestätigende Formel/: sie fährt im eigenen Wagen - mit Chauffeur, versteht sich.

versteifen: 1. ⟨etwas v.⟩ **a)** *steif, fest machen:* einen Kragen [mit einer Einlage] v. **b)** *abstützen:* einen Zaun durch/mit Latten v.; eine Mauer, Hängebrücke, Decke v. **2.** ⟨etwas versteift sich⟩ *etwas wird steif:* das Gelenk, Bein hat sich vom langen Liegen versteift; adj. Part.: versteifte Glieder. **3.** (seltener) ⟨etwas versteift sich⟩ *etwas verstärkt sich, wird unnachgiebiger:* der Widerstand der Rebellen versteifte sich; die Fronten haben sich noch mehr versteift. **4.** ⟨sich auf etwas v.⟩ *hartnäckig an etwas festhalten:* sich auf sein Recht v.; sich darauf v., Jura zu studieren.

versteigen /vgl. verstiegen/: **1.** (selten) ⟨sich v.⟩ *sich beim Bergsteigen, Klettern verirren:* ich hatte mich [in der Wand, beim Klettern] verstiegen. **2.** (geh.) ⟨sich zu etwas v.⟩ *etwas in kühner Weise oder in übertriebenem Maß tun:* sich zu übertriebenen Forderungen v.; er verstieg sich zu der Behauptung, daß ...

versteigern ⟨etwas v.⟩: *durch Versteigerung verkaufen:* einen Hof, Kunstgegenstände, eine Bibliothek, Gemälde v.; die Sammlung wird nicht als Ganzes verkauft, sondern meistbietend an den Meistbietenden versteigert.

Versteigerung, die: *Verkauf an den Meistbietenden; Auktion:* eine freiwillige, öffentliche V.; die V. eines Nachlasses ausschreiben, ansetzen, bekanntgeben; auf, bei einer V. [mit]bieten, etwas ersteigern; etwas zur V. geben; das Haus kam zur V. *(wurde versteigert).*

versteinern: 1. *zu Stein werden:* Pflanzen, Tiere v.; das Holz ist im Laufe der Jahrtausende versteinert; er stand wie versteinert *(starr vor Schreck o. ä.)* da. **2.** (geh.) **a)** ⟨etwas versteinert etwas⟩ *et-*

was macht etwas starr, unbewegt: die Verzweiflung versteinerte seine Züge. **b)** ⟨etwas versteinert sich⟩ *etwas wird starr, unbewegt:* sein Lachen, seine Miene versteinert sich.

verstellen: 1. ⟨etwas v.⟩ *unzugänglich, unpassierbar machen, versperren:* eine Tür, einen Eingang, Durchgang v.; die Einfahrt war mit/durch Kisten verstellt; der Wagen verstellt die Ausfahrt; ein Haus verstellt *(nimmt)* den Blick auf das Meer; ⟨jmdm. etwas v.⟩ er verstellte mir den Weg *(ließ mich nicht weitergehen).* **2. a)** ⟨etwas v.⟩ *an den falschen Platz stellen, falsch einordnen:* eine Uhr, die Zeiger v.; beim Abstauben waren die Bücher verstellt worden. **b)** ⟨etwas v.⟩ *so einstellen, wie man es braucht:* einen Hebel, den Sitz, den Rückspiegel im Wagen, die Blende, den Gürtel, das Notenpult v.; den Liegestuhl, die Höhe des Liegestuhls kann man v. **c)** ⟨etwas verstellt sich⟩ *etwas gelangt in eine andere Stellung, bekommt eine andere Einstellung:* die Zündung hat sich verstellt. **3. a)** ⟨etwas v.⟩ *ändern, um zu täuschen:* die [Hand]schrift, Miene v.; er rief mich mit verstellter Stimme an. **b)** ⟨sich v.⟩ *sich anders geben, als man ist:* du schläfst ja gar nicht, du verstellst dich nur; warum verstellt er sich dauernd?

verstiegen: *überspannt, übertrieben:* verstiegene Ansichten, Erwartungen; seine Pläne sind viel zu v., als daß sie Anklang finden könnten.

verstimmen: 1. *etwas verliert die richtige Stimmung, hört auf, richtig gestimmt zu sein:* **a)** ⟨etwas verstimmt sich⟩ das Klavier hat sich verstimmt, verstimmt sich leicht bei Temperaturwechsel; ein verstimmtes Klavier; das Instrument ist verstimmt. **b)** (seltener) ⟨etwas verstimmt⟩ der Flügel, die Geige verstimmt bei dieser Feuchtigkeit. **2.** ⟨etwas v.⟩ *falsch stimmen, bewirken, daß etwas die richtige Stimmung verliert:* du hast an den Wirbeln gedreht und die Geige verstimmt. **3.** ⟨jmdn. v.⟩ *verärgern, mißmutig machen:* du hast ihn mit dieser Äußerung sichtlich verstimmt; seine Ablehnung verstimmte uns aufs tiefste; ich war, wurde durch den Vorfall etwas verstimmt; verstimmt verließ er die Versammlung; übertr.: ein verstimmter *(leicht verdorbener)* Magen.

verstockt: *uneinsichtig:* ein verstockter Mensch; der Angeklagte war, zeigte sich v.; sei nicht so v.!; sie blieb, schwieg v.

verstohlen: *heimlich, unauffällig:* ein verstohlenes Lächeln; er warf ihr verstohlene Blicke zu; jmdn. v. ansehen, betrachten, mustern; er steckte ihm v. etwas zu.

verstopfen ⟨etwas v.⟩ **a)** *ganz ausfüllen, zustopfen:* ein Loch, eine Öffnung v.; die Fugen, Ritzen mit Papier v.; ⟨sich (Dativ) etwas v.⟩ ich mußte mir bei dem Lärm die Ohren v. **b)** *undurchlässig, unpassierbar machen:* du verstopfst mit dem Teeblättern den Ausguß; die Autos verstopfen die Straßen; Abfälle verstopfen die Toilette; adj. Part.: eine verstopfte Düse; die Leitung ist verstopft; die Straßen sind [mit/von Fahrzeugen] verstopft; meine Nase ist verstopft; übertr.: verstopft sein *(keinen Stuhlgang haben).*

verstört: *verwirrt, erschüttert:* ein durch diese schrecklichen Erlebnisse völlig verstörter Mensch; verstörte Blicke; verstörte Reden führen; sie war von dem plötzlichen Tod ihres Mannes ganz, tief, völlig v.; v. antworten.

Verstoß, der: *Verletzung von Bestimmungen, Anordnungen, Vorschriften o.ä.:* ein grober, schwerer, leichter, kleiner V.; ein V. gegen die Ordnung, gegen das Gesetz, gegen die öffentliche Moral, gegen die Regeln des Anstandes; ein V. gegen die grammatischen Regeln; die Verstöße gegen die Verkehrsordnung häufen sich; der geringste V. wird geahndet, bestraft.
verstoßen: 1. ⟨jmdn. v.⟩ *aus einer Gemeinschaft ausstoßen:* er hat seine Tochter [aus dem Elternhaus], den Sohn wegen seiner politischen Einstellung verstoßen. **2.** ⟨gegen etwas v.⟩ *etwas übertreten, verletzen:* gegen das Gesetz, gegen die Vorschrift, gegen die Disziplin, gegen die Gebote v.; er hat mit diesem Vorgehen gegen die Spielregeln, gegen alle Tabus verstoßen; das verstößt gegen den guten Geschmack.
verstreichen: 1. ⟨etwas v.⟩: **a)** *zustreichen, ausfüllen:* einen Riß, eine Fuge v.; das Loch in der Wand mit Gips v. **b)** *gut verteilt auf etwas streichen:* die Butter [auf dem Brot] v.; die Farbe mit dem Pinsel v. **c)** *streichend verbrauchen:* wir haben viel Farbe verstrichen. **2.** (geh.) ⟨etwas verstreicht⟩ *etwas vergeht:* die Zeit verstreicht schnell; Stunden waren ungenutzt verstrichen; wir dürfen die Frist nicht v. lassen; er ließ noch eine Weile v.
verstreuen: ⟨etwas v.⟩ **a)** *unabsichtlich ausstreuen:* Salz, Mehl v.; er hat die Streichhölzer auf den Boden verstreut. **b)** *streuend verteilen:* Asche auf dem vereisten Fußweg v.; eine Handvoll Körner für die Vögel v. **c)** *streuend verbrauchen:* im Winter einen Zentner Vogelfutter v. ⟨etwas v.; mit Raumangabe⟩ *ohne Ordnung irgendwo hinlegen, ausbreiten:* er hat seine Kleider, die Kinder haben die Spielsachen im ganzen Zimmer verstreut; a d j. P a r t.: Papiere lagen verstreut auf dem Boden; ü b e r t r.: verstreute *(weit auseinanderliegende)* Gehöfte; die Lager sind über das ganze Land verstreut *(verteilt).*
verstricken: 1. a) ⟨sich v.⟩ *beim Stricken einen Fehler machen:* bei diesem Muster habe ich mich immer wieder, nicht ein einziges Mal verstrickt. **b)** ⟨etwas v.⟩ *beim Stricken verbrauchen:* ich habe schon fast die ganze Wolle verstrickt. **c)** ⟨etwas verstrickt sich; mit Artangabe⟩ *etwas wird beim Stricken in bestimmter Weise aufgebraucht:* diese Wolle verstrickt sich gut, schnell. **2.** ⟨jmdn., sich in etwas v.⟩ *in etwas verwickeln:* jmdn. in ein Gespräch v.; er hat sich in Widersprüche, in Lügen verstrickt; (geh.:) er ist in Schuld verstrickt.
verstümmeln: 1. ⟨jmdn. v.⟩ *schwer verletzen und entstellen:* der Mörder hatte sein Opfer [mit dem Messer] verstümmelt; bei dem Unfall wurden mehrere Fahrgäste entsetzlich, bis zur Unkenntlichkeit verstümmelt; eine verstümmelte Hand, eine grausig verstümmelte Leiche. **2.** ⟨etwas v.⟩ *so ändern, verkürzen, daß es sinnlos oder unverständlich wird:* einen Text, einen Plan, eine Idee v.
verstummen: *plötzlich zu reden, klingen, tönen o.ä. aufhören:* vor Entsetzen v.; das Gespräch, sein Gesang, die Musik verstummte; die Glokken, die Vögel verstummten; der Motor verstummte plötzlich; ü b e r t r.: der Dichter ist verstummt *(hat aufgehört zu schreiben);* der Klatsch ist endlich verstummt *(hat aufgehört);* s u b s t. (geh.): jmdn. zum Verstummen bringen.

Versuch, der: **a)** *Bemühen, durch das man etwas verwirklichen will:* ein kühner, aussichtsloser, verzweifelter, mißglückter, kostspieliger V.; seine ersten lyrischen Versuche *(Gedichte, Kunstwerke);* der erste, letzte V.; es war ein gewagter V., aus dem Gefängnis zu entfliehen; dieses Gedicht ist nur ein bescheidener V.; der V. einer strafbaren Handlung; der V. gelingt, mißlingt, scheitert; niemand weiß, wie der V. ausgeht; alle Versuche blieben erfolglos; ich will noch einen V. mit ihm, mit dem Gerät machen *(ich will es mit ihm, mit dem Gerät noch einmal versuchen);* ich machte den vergeblichen V., ihn umzustimmen; es käme auf einen V. an *(man müßte es nur einmal probieren);* S p o r t: beim Weitsprung hat jeder Teilnehmer sechs Versuche *(sechsmal die Möglichkeit, die Übung auszuführen);* beim dritten V. erreichte er seine neue Bestleistung im Hochsprung. **b)** *Experiment:* ein chemischer, psychologischer V.; der V. ist gelungen, mißlungen; ein V. im Labor, mit untauglichen Mitteln, am lebenden, toten, ungeeigneten Objekt; einen V. vorbereiten, anstellen, abbrechen, auswerten; er macht Versuche an Tieren; aus einem V. lernen; die Sache ist in den Versuchen steckengeblieben; die Versuche mit Kernwaffen einstellen, stoppen.
versuchen: 1. ⟨etwas v.⟩ *kosten, probieren:* eine Speise, den Wein v.; versuchen Sie einmal diesen Kaffee!; (auch ohne Akk.) willst du mal [davon] v.? **2. a)** ⟨etwas v.⟩ *wagen; probieren, ob es möglich ist:* sein Bestes, das Letzte, das Äußerste, das Unmögliche v.; wenn es dort nicht zu haben ist, dann versuchen Sie es doch in einem Spezialgeschäft; ich versuchte zu entfliehen, zu leugnen, zu scherzen, mich herauszureden, mich zu befreien; zu fliehen, zu leugnen, sich zu befreien v.; er versuchte, sie bei den Händen zu fassen; sie versuchte vergeblich, ihn auf diese Weise zu trösten; er versucht, ob er es kann, ob es geht, wie weit er damit kommt, was daraus wird; laß mich mal v. *(ausprobieren),* ob der Schlüssel paßt, ob ich es schaffe; immer wieder, von neuem v. **b)** ⟨etwas v.⟩ *sich um etwas bemühen:* ich versuchte, das Klavierspielen zu erlernen, die Schrift zu entziffern. **c)** ⟨es mit jmdm., mit etwas v.⟩ *probieren, ob jmd., etwas sich bewährt:* der Chef will es mit ihm [noch einmal] v.; versuche es doch einmal mit diesem Medikament! **d)** ⟨sich an, auf, in etwas v.⟩ *sich an etwas heranwagen, etwas in Angriff nehmen:* verschiedene Dichter haben sich schon an diesem Thema versucht; ich versuchte mich an einem Roman, auf dem Klavier, in diesem Beruf, in der Malerei. **3.** (geh. veraltet) ⟨jmdn. v.⟩ *auf die Probe stellen:* Gott versucht die Menschen. * *versucht sein/sich versucht fühlen, etwas zu tun (die Neigung verspüren, aber noch zögern, etwas zu tun).*
Versuchung, die: *Anreiz zu etwas Schlechtem oder Ungewolltem:* dieses Angebot war eine große V. für ihn; oft war die V. an sie herangetreten (geh.), den Schmuck zu behalten; den Versuchungen nachgeben, erliegen, unterliegen; er war dort vielen Versuchungen ausgesetzt; ich konnte der V. nicht widerstehen, das Kleid zu kaufen; ich war schon in V., dich anzurufen *(ich hätte dich fast angerufen);* jmdn. in [die] V. bringen, etwas zu tun; er kam, geriet, fiel in V.; man soll nieman-

den in V. führen *(in die Versuchung bringen, etwas Unrechtes zu tun)*; mit der V. kämpfen.

versumpfen: 1. ⟨etwas versumpft⟩ *etwas wird sumpfig:* der Teich versumpft immer mehr; das Ufer, der Boden ist völlig versumpft. **2.** (ugs.) *unsolide, liederlich werden:* in der Großstadt v.; letzte Nacht sind wir völlig versumpft.

versündigen (geh.) ⟨sich an jmdm., an etwas v.⟩: *an jmdm., etwas unrecht tun, schuldig werden:* sich an der Natur v.; er hat sich an seinen Kindern versündigt; ⟨auch ohne Präp.-Obj.⟩ versündige dich nicht!

versüßen ⟨jmdm., sich etwas v.⟩: *angenehmer machen:* sich (Dativ) das Leben v.; er wollte ihm mit dieser Abfindung die Entlassung v.

vertagen: a) ⟨etwas v.⟩ *auf einen anderen Termin verlegen:* eine [Gerichts]verhandlung, eine Sitzung, Konferenz v.; die Beratungen auf die kommende Woche, bis auf weiteres, wegen Terminschwierigkeiten v.; eine Aktion v. *(aufschieben).* **b)** ⟨sich v.⟩ *beschließen, eine Sitzung o. ä. zu verschieben:* der Landtag, das Gericht hat sich [auf einen späteren Termin] vertagt.

vertauschen: a) ⟨etwas v.⟩ *irrtümlich statt des Richtigen mitnehmen:* jmds. Hut v.; wir haben unsere Mäntel vertauscht; die Schirme wurden im Restaurant vertauscht. **b)** (geh.) ⟨etwas mit etwas v.⟩ *auswechseln:* er hat seinen Platz mit meinem vertauscht; der Maler vertauschte den Pinsel mit der Feder *(wurde Schriftsteller);* Köln mit Bonn v. *(von Köln nach Bonn ziehen);* ⟨auch ohne Präp.-Obj.⟩ in dem Theaterstück vertauschen Herr und Diener ihre Rollen.

verteidigen: a) ⟨jmdn., sich, etwas v.⟩ *vor [militärischen] Angriffen schützen:* eine Stadt, Festung, Stellung, die Grenze, das Land, das Eigentum v.; sein Leben v.; du hast dich tapfer, hartnäckig, bis aufs äußerste verteidigt; die Dorfbewohner verteidigten sich gegen die plündernden Soldaten; er hat sich mit bloßen Fäusten verteidigt; Sport: das Tor, den Strafraum v.; ⟨auch ohne Akk.⟩ die Mannschaft mußte in den letzten Minuten mit aller Kraft v. **b)** ⟨jmdn., sich, etwas v.⟩ *rechtfertigen; Vorwürfe abwehren, für jmdn., etwas eintreten:* Luther verteidigte seine Thesen; der Abgeordnete verteidigte die Politik der Regierung; der Minister verteidigte sich in seiner Rede geschickt gegen die Angriffe der Opposition; er verteidigte lebhaft seine Frau. **c)** ⟨jmdn. v.⟩ *vor Gericht vertreten:* er wurde von einem guten Anwalt verteidigt. **d)** (Sport) ⟨etwas v.⟩ *sich bemühen, etwas bereits Errungenes zu erhalten, zu behalten:* seinen Titel v.; die Mannschaft konnte den Vorsprung bis zum Ende v.

Verteidigung, die: **1. a)** *das [militärische] Verteidigen:* eine wirksame, nukleare V.; die V. einer Stadt, der Grenzen, des Luftraums; zur V. der Heimat bereit sein; der Minister der V. *(für das Militärwesen);* Sport: die Mannschaft konzentrierte sich ganz auf die V. **b)** *das Sichverteidigen; Rechtfertigung:* eine geschickte, kluge, schwache, kraftlose, wortreiche V.; er ist in der V., wurde immer mehr in die V. gedrängt; zu seiner V. brachte er vor, machte er geltend, daß ... **c)** *Vertretung vor Gericht:* die V. des Angeklagten liegt in den Händen eines guten Anwalts; der Anwalt übernahm die V., lehnte die V. ab, ist mit der V.

des Angeklagten beauftragt. **2. a)** *der oder die Verteidiger bei Gericht:* was hat die V. dazu zu sagen?; die V. zog ihren Antrag zurück; auf Antrag der V. wurden neue Zeugen vorgeladen. **b)** (Sport) *Hintermannschaft, Abwehr:* die V. konnte den gegnerischen Sturm nicht halten, war sehr unsicher; er spielt jetzt in der V.

verteilen: 1. ⟨etwas v.⟩ *austeilen:* die Geschenke, Vorräte, Reste v.; Unterstützungen an, unter die Bedürftigen v.; er verteilte Flugblätter an die Passanten; der Spielleiter verteilte die Rollen; ein Stück in verteilten Rollen lesen; Lob und Tadel, Ohrfeigen v. **2.** ⟨jmdn., etwas v.⟩ *nach bestimmten Gesichtspunkten anordnen, aufteilen:* die Ladung gleichmäßig auf beide Achsen v.; der Wirt verteilte die Portionen auf die einzelnen Tische; die Flüchtlinge wurden auf drei Lager verteilt; die Salbe gleichmäßig auf der/(auch:) die Haut v.; der Maler verteilt Licht und Schatten im richtigen Verhältnis. **3. a)** ⟨sich v.⟩ *sich verbreiten, über einen Bereich ausbreiten:* die Gäste verteilten sich [auf die verschiedenen Räume, an die einzelnen Tische]; die Polizei hatte sich über den Platz verteilt; man muß rühren, damit sich der Farbstoff gut, in der gesamten Masse verteilt. **b)** ⟨etwas verteilt sich; mit Raumangabe⟩ *etwas befindet sich an verschiedenen, auseinanderliegenden Orten:* die Hälfte der Bevölkerung lebt in Großstädten, der Rest verteilt sich auf das übrige Land; die Filialen der Bank sind in der ganzen Stadt verteilt.

Verteilung, die: **1.** *das Austeilen, Verteilen:* eine gerechte V. der Subventionen, Spenden; er wurde bei der V. verbotener Schriften ertappt. **2.** *Art und Weise, in der etwas sich verteilt, aufgeteilt ist:* die V. von Land und Wasser auf der Erdkugel. **3.** *Art und Weise, in der etwas verteilt, in etwas verbreitet, aufgelöst o. ä. ist:* der Stoff findet sich darin in feinster V. * (nachdrücklich:) **etwas zur Verteilung bringen** *(etwas verteilen, austeilen)* · (nachdrücklich:) **etwas kommt/gelangt zur Verteilung** *(etwas wird verteilt, ausgeteilt).*

verteuern: a) ⟨etwas verteuert etwas⟩: *etwas macht etwas teurer:* der Transport verteuert die Waren; das Übernachten verteuert den Ausflug. **b)** ⟨etwas verteuert sich⟩ *etwas wird teurer:* die Waren verteuern sich durch den Transport, haben sich um 3 % verteuert.

verteufelt (ugs.): **a)** *unangenehm, vertrackt:* eine verteufelte Angelegenheit;/oft mit dem Unterton [widerstrebender] Anerkennung/ ein verteufelter *(toller, verwegener)* Kerl. **b)** ⟨verstärkend bei Adjektiven und Verben⟩ *sehr:* eine v. schwierige Aufgabe; es riecht ganz v. nach Benzin.

vertiefen: 1. a) ⟨etwas v.⟩ *tiefer machen:* ein Loch, einen Graben [um einen halben Meter] v.; Musik: Ces ist das um einen Halbton vertiefte C. **b)** ⟨etwas vertieft sich⟩ *etwas wird tiefer:* die Falten in ihrem Gesicht haben sich vertieft; übertr.: die Kluft zwischen den Parteien hat sich noch vertieft; die Dämmerung vertiefte sich (geh.; *nahm zu).* **2. a)** ⟨etwas v.⟩ *verstärken, vergrößern:* die Wirkung von etwas v.; dieser Vorfall vertiefte ihre Abneigung gegen ihn; der Präsident wollte durch seinen Besuch die Freundschaft zwischen den beiden Völkern v.; er suchte seine Kenntnisse, sein Wissen zu v. **b)** ⟨etwas vertieft sich⟩ *etwas wird stärker, größer, intensiver:* sein Haß, ihre Freundschaft vertiefte sich. **3.** ⟨sich in etwas v.⟩ *sich mit etwas intensiv beschäftigen:* sich in eine Zeitung, ein Buch, in die Lektüre eines Buches v.; er war in Gedanken, in den Anblick des Bildes, in ein Gespräch mit einem Freund vertieft; ich war so in meine Arbeit vertieft, daß ich ihn nicht bemerkte.

vertilgen ⟨etwas v.⟩: **a)** *beseitigen, ausrotten:* Ungeziefer v. **b)** *ganz aufessen:* die Kinder haben den Kuchen restlos vertilgt.

vertippen (ugs.) ⟨sich v.⟩: *einen Tippfehler machen:* ich habe mich mehrmals vertippt.

Vertrag, der: *[schriftliche] rechtsgültige Vereinbarung:* ein [un]günstiger, langfristiger, [un]gültiger, befristeter V.; ein V. auf drei Jahre, zwischen den beiden Partnern; der V. ist amtlich beglaubigt, rechtskräftig, null und nichtig; der V. verstößt gegen Treu und Glauben; einen V. mit jmdm. schließen; einen V. annehmen, unterschreiben, unterzeichnen, einhalten, brechen, verletzen; sie haben einen V. über die Nutzung der Ölvorkommen abgeschlossen; ich halte mich an den Wortlaut des Vertrages; kraft des Vertrags; er ist an den V. gebunden; auf einem/ (auch:) einen V. bestehen; ich berief mich auf den V.; jmdn. aus seinem V. entlassen; etwas in den V. aufnehmen; laut V. sind sie dazu verpflichtet ...; sie wurde von der Filmgesellschaft unter V. genommen, steht bei ihr unter V.; von einem V. zurücktreten.

vertragen: 1. ⟨etwas v.⟩ *aushalten, ertragen:* diese Pflanze verträgt viel Nässe; er kann viel v.; ich vertrage dieses Klima nicht; Rauch, Lärm, Aufregungen schlecht v.; ein Medikament gut, nicht v.; mein Magen verträgt, ich vertrage keine fetten Speisen *(sie bekommen mir nicht);* ich vertrage nichts, keinen Alkohol *(mich macht bereits eine kleine Menge Alkohol betrunken);* keinen Widerspruch, keine Kritik v. [können]; er verträgt keinen Spaß *(ist leicht gekränkt);* er vertrug es nicht, daß sie das letzte Wort haben wollte; übertr.: jetzt könnte ich einen Schnaps v. (ugs.; *würde gerne einen Schnaps trinken, hätte einen nötig).* **2.** (ugs. landsch.) ⟨etwas v.⟩ *abnutzen, verschleißen:* der Mantel ist schon sehr vertragen. **3. a)** ⟨sich mit jmdm. v.⟩ *mit jmdm. gut auskommen:* ich habe mich mit meinem Bruder immer [gut] vertragen; sich mit keinem v. *(immer Streit bekommen);* ⟨auch ohne Präp.-Obj.⟩ könnt ihr euch denn nicht v.?; [Kinder] vertragt euch [wieder]; übertr.: die beiden Farben vertragen sich nicht *(passen nicht zueinander).* **b)** ⟨etwas verträgt sich mit etwas⟩ *etwas ist mit etwas vereinbar:* das verträgt sich nicht mit seiner Stellung; damit verträgt sich aber die Tatsache schlecht, daß ...

vertraglich: *durch Vertrag geregelt:* die vertragliche Kündigungsfrist beträgt sechs Wochen; etwas v. vereinbaren, festsetzen, abmachen, regeln; v. gebunden, zu etwas verpflichtet sein.

verträglich: 1. *gut zu vertragen; bekömmlich:* eine gut verträgliche Kost; das Essen ist leicht, schwer v. **2.** *friedlich, umgänglich:* ein verträglicher Mensch; die Jungen sind heute ganz v.

vertrauen ⟨vgl. vertraut/ ⟨jmdm./auf jmdn.⟩, einer Sache/auf etwas v.⟩: *sich auf jmdn., etwas verlassen:* seinem Freund, auf seinen Freund [blind,

blindlings] v.; ich habe ihr tief, rückhaltlos, in jeder Weise vertraut; auf Gott v.; er vertraute seinem Können/auf sein Können.

Vertrauen, das: *Glaube daran, daß man sich auf jmdn., etwas verlassen kann:* ein festes, starkes, unerschütterliches, unbegrenztes, grenzenloses V.; das V. ist erschüttert, zerstört, geschwunden; ich habe, hege (geh.) großes V. zu ihm, zu seinen Fähigkeiten; mein V. auf/in ihre Treue ist unerschüttert; auf/in jmdn. großes V. setzen *(jmdm. vertrauen);* er hat das [in ihn gesetzte] V. gerechtfertigt; jmdm. V. schenken, entgegenbringen; wir danken Ihnen für das uns erwiesene, bewiesene V.; das Parlament sprach der Regierung das V. aus *(gab ein Vertrauensvotum ab);* zu jmdm. V. fassen; jmds. V. gewinnen, besitzen, genießen, täuschen, mißbrauchen; er weiß das V. zu würdigen; ich muß mir erst noch V. erwerben; wir wollen sein V. nicht enttäuschen; der neue Mitarbeiter erweckt V., verdient unser V.; nach diesem Vorfall hat er das V. in ihn verloren, hat er ihm das V. entzogen; jmdm. einen Beweis seines Vertrauens geben; jmdn. seines Vertrauens würdigen (geh.; *jmdm. vertrauen);* er ist ein Mann seines Vertrauens *(dem er voll vertraut);* ein Wort im V.; im V. gesagt ...; jmdn. ins V. ziehen *(jmdm. etwas anvertrauen);* etwas voll V. beginnen; R: V. gegen V.; V. ist gut, Kontrolle ist besser.

vertraulich: 1. *geheim:* eine vertrauliche Mitteilung, Besprechung; was ich Ihnen jetzt sage, ist streng v.; etwas v. behandeln *(nicht weitererzählen).* **2.** *freundschaftlich, intim:* sie sah ihn in vertraulichem Gespräch mit einem Mann; das vertrauliche Du; er wandte sich v. an sie.

Vertraulichkeit, die: **1.** *das Vertraulichsein:* die V. der Liebenden; es wollte keine rechte V. zwischen ihnen aufkommen; bei aller V., aber das ist mir zuviel! **2.** (meist Plural) *Zudringlichkeit:* du erlaubst dir allerhand plumpe, ungehörige, dreiste Vertraulichkeiten, nimmst dir Vertraulichkeiten heraus; bitte keine Vertraulichkeiten!

verträumen ⟨etwas v.⟩: *mit Träumereien, untätig zubringen:* die Zeit, den Tag v.

verträumt: a) *lebensfremd, träumerisch:* ein verträumtes Kind; er ist zu v., um sich durchzusetzen. **b)** *idyllisch, still:* ein verträumtes Dörfchen.

vertraut: a) *eng befreundet:* ein vertrauter Freund; etwas im vertrauten Kreis aussprechen; mit jmdm. vertrauten Umgang haben, auf vertrautem Fuß leben; sie sind, tun sehr v. miteinander; subst.: der Vertraute des Kanzlers; er ist sein Vertrauter. **b)** *gut bekannt, in keiner Weise fremd:* er fühlte sich wohl in der vertrauten Umgebung; ein vertrautes Gesicht *(ein Bekannter);* ⟨jmdm. v.⟩ diese Lieder sind mir seit meiner Jugend v.; ⟨sich mit etwas v. machen⟩ ich muß mich erst mit der Arbeit, mit der Maschine v. machen *(sie genau kennenlernen);* mit diesem Gedanken mußt du dich v. machen *(du mußt dich daran gewöhnen).*

vertreiben: I. a) ⟨jmdn., etwas v.⟩ *zum Verlassen eines Ortes zwingen:* den Feind, die Diebe v.; Fliegen v.; jmdn. aus dem Haus, aus der Heimat, von Haus und Hof v.; der Lärm hat das Wild vertrieben; die Hühner aus dem Garten v. *(wegjagen);* der Wind vertreibt die Wolken *(weht sie weg);* hoffentlich habe ich Sie jetzt nicht vertrieben *(gehen Sie jetzt nicht meinetwegen weg).* **b)** ⟨etwas v.⟩ *wegbringen, beseitigen:* das Fieber, den Husten, Schnupfen v.; ⟨jmdn., sich etwas v.⟩ ich will mir den Schlaf durch eine/mit einer Tasse Kaffee v.; vielleicht kann ich ihm seinen Kummer, die Sorgen, die schlechte Laune v. **2.** ⟨etwas v.⟩ *im großen verkaufen:* Waren, Bücher [massenhaft] v.; er vertreibt seine Produkte auf Jahrmärkten, in Warenhäusern; der Verlag vertreibt die Zeitungen in alle Länder/in allen Ländern der Erde; dieser Artikel wird nur vom Versandhandel vertrieben.

vertreten: 1. a) ⟨jmdn. v.⟩ *jmds. Stelle einnehmen:* einen erkrankten Lehrer v.; er vertritt den Minister in seinem Amt; die beiden Ärzte vertreten sich/(geh.:) einander im Urlaub; während, in seiner Abwesenheit wird er von einem Kollegen vertreten; der Minister läßt sich von seinem Staatssekretär v. *(schickt ihn an seiner Stelle).* **b)** ⟨jmdn., etwas v.⟩ *jmds. Interessen, Rechte wahrnehmen:* ein bekannter Rechtsanwalt vertritt ihn [vor Gericht]; den Staat als Diplomat v.; die Interessen der Arbeiter, einer Firma v.; die deutschen Farben bei der Weltmeisterschaft v.; die Abgeordneten vertreten ihren Wahlkreis; adj. Part.: es waren einige Repräsentanten des Staates vertreten *(anwesend);* die Anhänger der Partei waren bei der Versammlung [zahlenmäßig] stark vertreten *(viele Anhänger waren anwesend);* die Singvögel sind hier vor allem durch die Finken vertreten *(von den Singvögeln gibt es hier besonders die Finken);* von den Lyrikern ist in dieser Anthologie nur Rilke vertreten; seine Bilder sind in mehreren Ausstellungen vertreten *(sind dort ausgestellt).* **c)** ⟨jmdn., etwas v.⟩ *für eine Firma Waren vertreiben:* eine Firma, ein Geschäftshaus v.; er vertritt mehrere Verlage im süddeutschen Raum; unsere Produkte werden in Italien durch eine, von einer Tochtergesellschaft vertreten. **d)** ⟨etwas v.⟩ *für etwas eintreten:* einen Satz, eine These, eine Ansicht, Anschauung, Meinung v. *(der Ansicht, Anschauung, Meinung sein);* er vertrat die Auffassung, man müsse jetzt handeln; eine Richtung in der Kunst v. *(zu einer Richtung gehören);* kannst du das [wirklich, mit gutem Herzen, mit gutem Gewissen] v. *(kannst du dafür wirklich einstehen)?;* seine Sache selbst v.; diese hohen Ausgaben sind nicht zu v. *(kann man nicht verantworten);* wer hat diese Anordnung zu v. *(ist dafür verantwortlich)?* **2.** ⟨sich (Dativ) etwas v.⟩ *verstauchen:* ich habe mir den Fuß vertreten.

Vertreter, der: **a)** *Stellvertreter:* er kommt als V. des Präsidenten; bei Kankheit, im Urlaub ist er sein V. [im Amt]; einen V. suchen, stellen; zum V. bestimmt werden. **b)** *Interessenvertreter, Repräsentant:* der diplomatische V. eines Staates; führende V. der Wirtschaft; die V. der Kirche; ein gewählter V. des Volkes *(Abgeordneter);* er ist ein V. des Expressionismus *(repräsentiert ihn);* der V. des Klägers, der Anklage; einen V. bestellen, beauftragen. **c)** *Handelsvertreter:* ein guter, glänzender, gewandter, schlechter V.; er ist V. einer Versicherung, für Waschmaschinen. **d)** *Verfechter, Anhänger:* er ist ein konsequenter, eifriger, fanatischer V. seiner Lehre. **e)** (ugs. abwertend) *nicht vertrauenswürdiger Mensch:* das ist ein übler, feiner (iron.), sauberer (iron.) V.!

Vertretung, die: **1. a)** *das Vertreten; Stellvertretung:* die V. eines erkrankten Kollegen übernehmen; er nahm in V. des Chefs an der Sitzung teil; in V. /bei Unterschriften/; jmdn. mit der V. beauftragen; der Anwalt übernahm die V. des Angeklagten bei, vor Gericht *(vertrat ihn vor Gericht).* **b)** *Person, die jmdn. vorübergehend vertritt:* der Arzt hat zur Zeit eine V.; wir suchen eine V. für den Hausmeister. **2.** *Abordnung, Delegation, Interessenvertretung:* die Vertretungen der einzelnen Staaten bei der UNO; eine diplomatische V. *(Mission)* im Ausland. **3.** (Sport) *delegierte Mannschaft:* die deutsche V. bei den Weltmeisterschaften konnte sich sehen lassen. **4. a)** *Handelsvertretung:* er übernimmt, hat eine V. für Staubsauger. **b)** *Handelsniederlassung:* eine V. im süddeutschen Raum eröffnen.

vertrinken ⟨etwas v.⟩: *durch Trinken vergeuden:* er hat seinen Lohn, sein ganzes Geld vertrunken.

vertrocknen ⟨etwas vertrocknet⟩: *etwas trocknet aus und schrumpft zusammen:* der Baum vertrocknet; die Quelle ist vertrocknet *(hat kein Wasser mehr);* vertrocknetes Gras; vertrocknetes Brot; übertr.: ein vertrockneter *(unlebendiger, phantasieloser)* Mensch.

vertrödeln (ugs.) ⟨etwas v.⟩: *unnütz verbringen:* wir vertrödeln die Zeit [mit Plaudern].

vertrösten ⟨jmdn. v.⟩: *jmdm. etwas für später versprechen; jmdn. hinhalten:* er hat den Gläubiger noch einmal vertröstet; er wurde auf später, auf unbestimmte Zeit vertröstet; jmdn. von einem Tag zum anderen v.

vertun: 1. ⟨etwas v.⟩ *nutzlos verbrauchen; vergeuden:* er hat sein ganzes Geld, seine Zeit [mit Vergnügungen] vertan; die Mühe war nutzlos vertan; eine vertane *(nicht genutzte)* Gelegenheit. **2.** (ugs.) ⟨sich v.⟩ *sich irren:* sich beim Rechnen v.

vertuschen ⟨etwas v.⟩: *verheimlichen:* ein Verbrechen v.; der Minister wollte den Skandal v.

verübeln ⟨jmdm. etwas v.⟩: *übelnehmen:* man hat ihm sein Verhalten [oft, mit Recht] sehr verübelt; du darfst es mir nicht verübeln, daß ich schon gehe; ihm wurde sehr verübelt, daß er ihn öffentlich angegriffen hat.

verüben ⟨etwas v.⟩: *etwas Schlechtes tun, begehen:* einen Mord, einen Anschlag, ein Attentat, einen Einbruch v.; Selbstmord v.; er hat an seinem Partner Betrug verübt.

verunglücken ⟨a)⟩ *einen Unfall erleiden:* in der Fabrik, mit dem Auto, schwer, lebensgefährlich, tödlich v.; beim Aufstieg aufs Matterhorn verunglückten vier Bergsteiger; der Zug ist verunglückt. **b)** (ugs.) ⟨etwas verunglückt⟩ *etwas mißlingt:* die Rede, das Bild ist verunglückt; ⟨etwas verunglückt jmdm.⟩ die Torte ist ihr völlig verunglückt.

verunstalten ⟨jmdn., etwas v.⟩: *jmdn., etwas häßlich machen, entstellen:* mit dieser Frisur verunstaltest du dich, dich; der Anbau hat das Schloß [scheußlich] verunstaltet; die Narbe verunstaltet sie, ihr Gesicht.

veruntreuen (Rechtsw.) ⟨etwas v.⟩: *unterschlagen:* der Angestellte hat Gelder, Wertpapiere veruntreut; veruntreutes Geld, Gut.

verursachen ⟨etwas v.⟩: *hervorrufen, bewirken:* das Unwetter verursachte große Schäden; einen Unfall, Kosten, viel Arbeit, Lärm v.; er verur-

sachte durch seine Bemerkung großen Verdruß, Ärger; es verursachte Schwierigkeiten, ihn zu wecken; ⟨jmdm. etwas v.⟩ dieses Problem hat mir manches Kopfzerbrechen verursacht.
verurteilen: 1. ⟨jmdn. zu etwas v.⟩ *gerichtlich für schuldig erklären und bestrafen:* jmdn. zu einer Geldstrafe, zu [einem Jahr] Gefängnis v.; er wurde in Abwesenheit zum Tod verurteilt; ⟨auch ohne Präp.-Obj.⟩ man hat ihn wegen Fahrerflucht verurteilt; übertr.: *verdammen:* das Unternehmen war zum Scheitern verurteilt; er war zum Schweigen verurteilt *(mußte schweigen);* zur Bedeutungslosigkeit verurteilt sein. 2. ⟨jmdn., etwas v.⟩ *ablehnen, heftig kritisieren:* ein Benehmen, jmds. Methoden aufs schärfste v.
vervielfachen: 1. a) ⟨etwas v.⟩ *um das Vielfache vermehren:* der Umsatz ist in den letzten Jahren vervielfacht worden. b) ⟨etwas vervielfacht sich⟩ *etwas wird um das Vielfache mehr, größer:* der Gewinn, die Anzahl der Bewerber hat sich vervielfacht. 2. ⟨etwas mit etwas v.⟩ *multiplizieren:* drei mit fünf v.
vervollkommnen: a) ⟨etwas v.⟩ *besser, vollkommen machen, perfektionieren:* das Verfahren ist glänzend vervollkommnet worden; ich möchte mein Wissen, meine Kenntnisse durch Kurse/in Kursen v.; eine vervollkommnete Maschine. b) ⟨sich v.⟩ *sich verbessern, vollkommen werden:* die Methode hat sich, ich habe mich in den Fremdsprachen vervollkommnet.
vervollständigen: a) ⟨etwas v.⟩ *ergänzen, vollständig machen:* er konnte seine Sammlung v.; ein neuer Schreibtisch vervollständigte die Zimmereinrichtung; diese Aussage vervollständigt das Bild von den Vorgängen *(rundet es ab).* b) ⟨etwas vervollständigt sich⟩ *etwas wird vollständig:* die Sammlung vervollständigt sich langsam.
¹verwachsen: 1. *etwas wächst zu, verheilt:* a) ⟨etwas verwächst⟩ die Wunde ist gut, leicht, schnell verwachsen; Risse in der Baumrinde verwachsen. b) ⟨etwas verwächst sich⟩ die Narbe hat sich verwachsen. 2. ⟨etwas verwächst mit/(selten:) in etwas, zu etwas⟩ *etwas wächst mit etwas zusammen:* die Kelchblätter verwachsen langsam miteinander/ineinander; ein Blatt ist mit dem anderen, die Blätter sind zu einem Kelch verwachsen; übertr.: er ist mit dem Unternehmen, Geschäft, mit seiner Arbeit ganz verwachsen; sie sind zu einer Gemeinschaft verwachsen. 3. (ugs. landsch.) ⟨etwas v.⟩: *aus etwas herauswachsen:* die Kinder haben ihre Kleider schon wieder verwachsen; ein verwachsenes Kleid.
²verwachsen: (Skisport): *falsches Wachs auftragen:* a) beim Abfahrtsrennen hatten alle Läufer unserer Mannschaft verwachst. b) ⟨sich v.⟩ er verlor, weil er sich verwachst hatte.
³verwachsen: 1. *schief gewachsen, verkrüppelt:* ein verwachsener Mensch; er hat ein verwachsenes Bein. 2. *überwuchert, dicht bewachsen:* ein verwachsener Garten; der Weg ist völlig v.
verwackeln (ugs.) ⟨etwas v.⟩: *unscharfe Bilder verursachen:* eine Aufnahme v.; ein verwackeltes Bild; das Foto ist verwackelt.
verwahren (geh.): 1. ⟨etwas v.; mit Raumangabe⟩ *irgendwo sicher aufbewahren:* Schriften, Zeichnungen, Papiere im Safe v.; die kostbaren Gegenstände werden im Museum hinter Glas

verwahrt ⟨auch ohne Raumangabe⟩ die Dokumente müssen sorgfältig verwahrt werden. 2. ⟨sich gegen etwas v.⟩ *protestieren, etwas energisch zurückweisen:* ich verwahre mich entschieden gegen die Verdächtigungen, Anschuldigungen.
verwahrlosen: *herunterkommen, verkommen:* sittlich v.; die Jugendlichen verwahrlosen in diesem Milieu; er läßt sein Haus, seinen Garten völlig v.; adj. Part.: verwahrloste Jugendliche; ihre Wohnung ist total verwahrlost.
Verwahrung, die: 1. *das Aufbewahren, Verwahren:* er übernahm die V. der kostbaren Stücke nur ungern; jmdm. etwas in V. geben *(von jmdm. aufbewahren lassen);* Wertsachen in V. nehmen, in V. halten, haben. 2. (Rechtsw.; veraltet) *zwangsweise Unterbringung einer Person an einem Ort, wo sie unter Kontrolle ist:* die V. einer Jugendlichen in einer Erziehungsanstalt anordnen. 3. *Einspruch, Protest:* gegen eine Anschuldigung V. einlegen *(sich dagegen verwahren).*
verwalten ⟨etwas v.⟩: *verantwortlich leiten; für jmdn. betreuen, in Ordnung halten:* etwas gut, schlecht, geschickt, treulich v.; Gelder, einen Nachlaß, die Kasse v.; ein Gut v.; die Jugendlichen verwalten ihr Jugendzentrum selbst; die Geschäfte v.; ein Amt v. *(innehaben).*
Verwaltung, die: 1. *das Verwalten:* die V. eines Vermögens; er übernimmt die V. des Hauses; jmdn. mit der V. eines Nachlasses, einer Stiftung betrauen; er hat die Kasse in eigener V.; unter staatlicher V. stehen. 2. *verwaltende Stelle; Verwaltungsapparat:* die öffentliche, staatliche V.; die V. arbeitet unrationell; er ist in der V. tätig.
verwandeln: 1. a) ⟨etwas verwandelt jmdn., etwas⟩ *etwas ändert jmdn., etwas völlig:* der Tod ihrer Eltern, das Erlebnis verwandelte sie völlig; ich fühle mich wie verwandelt; der Schnee hat die ganze Landschaft verwandelt. b) ⟨sich v.⟩ *sich völlig ändern:* seit dem Tod ihres Vaters hat sie sich sehr verwandelt; die Szene verwandelt sich *(das Bühnenbild wird umgebaut).* 2. a) ⟨jmdn., etwas in jmdn., in etwas v.⟩ *zu jmd., etwas anderem werden lassen; umwandeln, umgestalten:* die Hexe hat den Prinzen in ein Tier, in einen Stein verwandelt; die Wohnung in ein Büro v.; das Erdbeben verwandelte die Stadt in einen Trümmerhaufen; Wasser in Dampf, Energie in Bewegung v.; übertr.: sie haben die drohende Niederlage noch in einen Sieg verwandelt. b) ⟨sich in jmdn., in etwas v.⟩ *zu jmd., etwas anderem werden, umgewandelt werden:* das Mädchen hat sich inzwischen in eine junge Dame verwandelt; der Frosch verwandelte sich in einen Prinzen; der Detektiv verwandelte sich in einen *(verkleidete sich als)* Anstreicher; die kleinsten Bäche hatten sich in reißende Ströme verwandelt; seine Zuneigung verwandelte sich in Haß. 3. (Sport) ⟨etwas v.⟩ *eine bestimmte Situation zu einem Tor nutzen:* einen Freistoß [aus 20 m] v.; er verwandelte den Elfmeter [zum 1:0]; ⟨auch ohne Akk.⟩ der eingewechselte Spieler verwandelte zum 2:0.
verwandt: 1. *zur gleichen Familie gehörend; von gleicher Abstammung:* verwandte Personen, Tiere, Pflanzen; ⟨mit jmdm. v. sein⟩ jmdm. nahe, entfernt, weitläufig, im dritten, vierten Grad v. sein; die beiden sind miteinander v.; übertr.: verwandte *(auf gemeinsamen Ursprung*

zurückgehende) Völker, Rassen, Sprachen; die Wörter sind etymologisch v. · subst.: eine nahe, ferne Verwandte meiner Familie, von mir; ich habe Verwandte auf dem Lande. **2.** *ähnlich, gleichartig:* verwandte Bestrebungen, Anschauungen, Erscheinungen; ⟨etwas ist mit etwas v.⟩ diese Wissenschaften, Fachgebiete sind miteinander v.; ⟨jmdm., einer Sache v. sein⟩ seine Ideen, Vorstellungen sind denen der Antike v.; er ist ihm geistig, sie sind sich wesensmäßig v.

Verwandtschaft, die: 1. a) *das Verwandtsein, gleiche Abstammung:* zwischen ihnen bestand keine V.; jmds. V. feststellen. **b)** *alle Verwandten:* zur Hochzeit hatten wir die ganze V. eingeladen; wir haben eine große V.; zur V. gehören. **2.** *Ähnlichkeit, Gleichartigkeit:* die V. des Geistes, der Seele; zwischen den beiden Plänen, Problemen besteht eine gewisse V.

verwaschen: a) *durch häufiges Waschen verblichen:* ein verwaschenes Hemd; verwaschene Jeans; das Kleid ist schon sehr v., sieht v. aus. **b)** *verwischt, undeutlich, blaß:* verwaschene Muster, Inschriften; die Farben, Linien sind ganz v.; das Rot sieht sehr v. aus; übertr.: verwaschene *(unklare, verschwommene)* Vorstellungen.

verwässern ⟨etwas v.⟩: **1.** *mit zuviel Wasser vermischen:* Milch, Wein v.; du hast den Whisky ganz verwässert. **2.** *die Wirkung, Aussagekraft von etwas abschwächen, den ursprünglichen Gehalt von etwas nicht genügend wahren:* eine philosophische Lehre v.; der Film wurde durch unnötige Einschübe verwässert; die Rede wurde verwässert wiedergegeben.

verwechseln ⟨jmdn., etwas mit jmdm., mit etwas v.⟩: *irrtümlich für jmd. anderen, etwas anderes halten:* mit wem verwechseln Sie mich?; er verwechselte ihn mit einem früheren Kollegen; er hat das Salzfaß mit dem Zuckerstreuer verwechselt; ⟨auch ohne Präp.-Obj.⟩ die beiden kann man doch gar nicht v.; er hat die beiden Mäntel verwechselt *(irrtümlich den falschen mitgenommen);* „mir" und „mich", „scheinbar" und „anscheinend" v.; die Begriffe v. *(nicht Zusammengehörendes durcheinanderbringen);* subst.: sich zum Verwechseln ähnlich sehen.

verwegen: *kühn, draufgängerisch:* ein verwegener Flieger; sein Plan ist äußerst v.; v. reiten.

verwehen: 1. ⟨etwas verweht etwas⟩ **a)** *etwas weht etwas weg:* der Sturm hat die Blätter, den Rauch verweht. **b)** *etwas weht etwas zu:* der Wind hat die Spur im Sand verweht; mit/vom Schnee verwehte Wege. **2.** (geh.) ⟨etwas verweht⟩ *etwas vergeht, verfliegt:* seine Worte, die Melodien, die Klänge der Glocken sind verweht; übertr.: sein Zorn, seine Trauer verweht.

verwehren (geh.) ⟨jmdm. etwas v.⟩: *verweigern, an etwas hindern:* jmdm. den Eintritt, die Benutzung von etwas v.; man kann ihm die Teilnahme an der Feier nicht v., kann ihm nicht v., an der Feier teilzunehmen; übertr.: die Häuser haben ihm den Ausblick verwehrt.

verweigern: 1. a) ⟨etwas v.⟩ *ablehnen; sich weigern, etwas zu tun:* vor Gericht die Aussage v.; der Soldat verweigerte den Gehorsam, den Dienst; eine Antwort v.; der Kranke verweigerte zwei Tage die Nahrung *(aß nichts);* die Annahme einer Sendung v.; Annahme verweigert / *Vermerk*

auf Postsendungen/; die Steuerzahlung v. **b)** ⟨jmdm. etwas v.⟩ *jmdm. etwas nicht geben, nicht gewähren:* jmdm. eine Auskunft, eine Unterredung, die Zahlung, Zulassung, Genehmigung v.; die Behörden verweigerten ihm die Ausreise, das Visum. **2.** (geh.) ⟨sich v.⟩ *sich verschließen, unzugänglich zeigen, an nichts teilnehmen:* viele Jugendliche verweigern sich; ⟨sich jmdm. v.⟩ sie verweigerte sich ihrem Mann *(wollte nicht mit ihm schlafen).* **3.** (Reitsport) ⟨ein Tier verweigert⟩ *ein Pferd scheut vor einem Hindernis, nimmt es nicht:* das Pferd hat zweimal am Rick verweigert.

verweilen (geh.): **a)** ⟨mit Raumangabe⟩ *irgendwo bleiben:* an jmds. Krankenbett, bei jmdm. als Gast v.; nur kurze Zeit an einem Ort, in einer Stadt v.; er verweilte kurz an der Tür und horchte; übertr.: ihr Blick verweilte lange auf ihm; bei einem Thema, Gedanken v. **b)** ⟨sich v.⟩ *sich aufhalten:* ich will mich nicht länger, nicht lange v.; sich ein paar Tage bei Freunden v.

Verweis, der: 1. *Tadel, Rüge:* ein milder, strenger, schwerer V.; jmdm. einen V. geben, erteilen; einen V. bekommen, erhalten, einstecken müssen (ugs.); das trug mir einen V. ein. **2.** *Hinweis auf eine andere Buchstelle:* ein V. auf ein anderes Buch, Kapitel, Stichwort; der V. stimmt nicht.

verweisen: 1. (geh.) **a)** ⟨jmdm. etwas v.⟩ *vorhalten, verbieten:* die Mutter verwies dem Mädchen seine vorlauten Worte, sein Verhaltensweise. **2.** ⟨jmdn. einer Sache (geh.)/aus etwas, von etwas v.⟩ *den weiteren Aufenthalt verbieten:* jmdn. der Schule/von der Schule, des Saales/aus dem Saal v.; der Spieler wurde des Platzes/vom Platz verwiesen *(bekam einen Platzverweis);* der Verurteilte wurde des Landes verwiesen. **3. a)** ⟨jmdn. auf etwas v.⟩ *jmdn. auf etwas hinweisen:* den Leser auf eine frühere Stelle, Seite des Buches v.; der Beamte verwies mich auf die gesetzlichen Bestimmungen; das Schild verweist auf eine Einfahrt. **b)** ⟨jmdn., etwas an jmdn., an etwas v.⟩ *veranlassen, sich an eine bestimmte andere Person oder Stelle zu wenden:* als ich mich beschwerte, verwies man mich an den Inhaber; der Kunde wurde an die Geschäftsleitung verwiesen; den Fall an die zuständige Instanz v. (Rechtsw.; *übergeben).*

verwelken ⟨etwas verwelkt⟩: *etwas wird welk:* die Blumen verwelken schon; verwelkte Rosen; übertr.: ein verwelktes Gesicht; verwelkte Schönheit; ihr Ruhm ist verwelkt (geh.).

verwenden: 1. ⟨jmdn., etwas v.⟩ *gebrauchen, benutzen:* seine Mittel gut, sinnvoll, schlecht v.; er verwendete/verwandte das Lehrbuch im Unterricht; er hat in seinem Text schon viele Fremdwörter verwendet/verwandt; seine Energie auf etwas v.; er hat viel Fleiß auf diese Arbeit verwendet/verwandt; Geld, Zeit auf, zu, für etwas v.; wir verwenden nur beste Zutaten zu den Speisen; davon ist nichts [mehr] zu v.; etwas zu seinem Nutzen v. **2.** ⟨sich für jmdn., für etwas v.⟩ *sich für jmdn., für etwas einsetzen:* er verwandte/ (auch:) verwendete sich beim Direktor für ihn; (geh. veraltet) ⟨etwas von jmdm., von etwas v.⟩ *in verneinter Aussage⟩ nicht von jmdm., etwas abwenden:* er verwendete/(selten:) verwandte keinen Blick, kein Auge von dem Bild.

Verwendung, die: 1. *das Verwenden, Ge-*

brauch: die sinnvolle, zweckmäßige, nutzbringende, regelmäßige, einseitige, zwecklose V. eines Mittels, von Geldern; ich habe für ihn, dafür keine V. *(kann ihn, es nicht gebrauchen);* ich habe für alles V. (ugs.; *kann alles brauchen*); Beamte, Offiziere zur besonderen V. **2.** *Fürsprache:* ich bekam das auf seine V. hin. * (nachdrücklich:) **etwas findet Verwendung** *(etwas wird verwendet):* dieser Kunststoff findet hier keine V.

verwerfen /vgl. verworfen/: **1.** ⟨etwas v.⟩ *ablehnen, zurückweisen:* eine Lehre, Theorie, einen Vorschlag v.; der Schriftsteller verwarf den Plan, Entwurf, die Erzählung wieder; Rechtsw.: das Gericht verwarf die Klage, die Berufung, Revision, Beschwerde, den Antrag. **2.** ⟨sich v.⟩ *eine Spielkarte falsch ausgeben:* du hast dich beim Geben verworfen. **3.** ⟨etwas verwirft sich⟩ *etwas verzieht sich:* die Bretter, Türen, Rahmen haben sich verworfen; Geol.: die Gesteinsschichten verwerfen sich *(werden gegeneinander verschoben).*

verwerflich (geh.): *schlecht, moralisch abzulehnen:* eine verwerfliche Handlung, Tat; solche Mittel sind äußerst v.

verwerten ⟨etwas v.⟩: *ausnutzen, nützlich verwenden:* eine Erfindung nutzbringend, nützlich, praktisch, kommerziell v.; Anregungen, Ideen v.; den Stoff dramatisch v.; Reste, Abfälle noch zu etwas v. können; davon ist nichts [mehr] zu v.

verwesen *verfaulen* /von toten Körpern/: der Kadaver verwest; die Leichen waren schon stark verwest.

Verwesung, die: *das Verwesen:* die V. war schon eingetreten, weit fortgeschritten; der Körper ist bereits in V. übergegangen.

verwickeln: 1. a) ⟨etwas v.⟩ *durcheinanderbringen, verwirren:* du hast die Schnur, die Leine verwickelt; das Garnknäuel ist verwickelt. **b)** ⟨sich v.⟩ *durcheinanderkommen, sich verfangen:* die Fäden haben sich verwickelt; paß auf, daß sich der Mantel nicht in den Speichen verwickelt; übertr.: sie hatte sich bei ihren Aussagen in Widersprüche verwickelt. **2.** ⟨jmdn. in etwas v.⟩ *in etwas hineinziehen, an etwas beteiligen:* jmdn. in ein Gespräch v.; er wurde, war in eine Affäre, Schlägerei, in einen Streit, Skandal, Prozeß verwickelt; sie waren in schwere Kämpfe verwickelt.

verwickelt: *kompliziert, schwierig:* ein verwickeltes Verfahren; diese Geschichte ist sehr v.; der Fall liegt recht v.

verwildern: *wild und roh, zur Wildnis werden:* die Hunde, Pflanzen verwildern; der Park verwildert völlig; eine verwilderte Wiese; übertr. (geh.): die Kinder sind in den Ferien ganz verwildert; adj. Part.: eine verwilderte Jugend; eine verwilderte Sprache, verwilderte Sitten.

verwinden ⟨etwas v.⟩: *überwinden, darüber hinwegkommen:* eine Enttäuschung, einen Verlust, eine Kränkung nicht v. können; er hat es noch nicht verwunden, daß er übergangen wurde.

verwirken (geh.) ⟨etwas v.⟩: *einbüßen, sich verscherzen:* seine Freiheit, die Ehre, seine Rechte v.; er hat sein Leben verwirkt *(muß eine Schuld durch den Tod sühnen);* er hat ihre Gunst, Sympathie, ihr Vertrauen verwirkt.

verwirklichen: 1. ⟨etwas v.⟩ *in die Wirklichkeit umsetzen:* einen Plan, eine Absicht, eine Idee, einen Traum v.; der Politiker konnte die Ziele der Partei v. **2. a)** ⟨etwas verwirklicht sich⟩ *etwas wird Wirklichkeit:* seine Träume, seine Hoffnungen haben sich nicht verwirklicht. **b)** ⟨sich in etwas v.⟩ *in etwas seine eigentliche Aufgabe, Erfüllung finden:* der Mensch verwirklicht sich in seiner Arbeit; ⟨auch ohne Präp.-Obj.⟩ jetzt habe ich die Möglichkeit, mich selbst zu v.

verwirren /vgl. verworren/: **1. a)** ⟨etwas v.⟩ *in Unordnung bringen:* die Fäden v.; der Wind verwirrt das Haar; verwirrte Haare. **b)** ⟨etwas verwirrt sich⟩ *etwas kommt in Unordnung:* das Garn verwirrt sich. **2. a)** ⟨jmdn., etwas v.⟩ *irremachen, unsicher machen:* die Fragen, Zwischenrufe verwirrten den Redner; diese Meldung hat mich ganz verwirrt; verwirre nicht die Begriffe *(bringe sie nicht durcheinander);* ⟨jmdm. etwas v.⟩ das hat ihm die Sinne, den Geist verwirrt; adj. Part.: eine verwirrende Fülle von Waren; verwirrend für jmdn. sein; er war von ihrem Anblick ganz verwirrt. **b)** ⟨etwas verwirrt sich⟩ *etwas gerät in Unordnung:* seine Gedanken verwirrten sich.

Verwirrung, die: **a)** *Durcheinander, Chaos:* es entstand, herrschte eine allgemeine V.; große V. [mit etwas] anrichten, stiften, hervorrufen; sich in einem Zustand geistiger V. *(Verstörtheit)* befinden. **b)** *Fassungslosigkeit, Unsicherheit:* bringe ihn nicht in V.!; sie geriet durch diese Bemerkung vollkommen in V.; in seiner V. vergaß er alles.

verwischen: a) ⟨etwas v.⟩ *verschmieren:* die Tinte, Farben v.; die Unterschrift war verwischt. **b)** ⟨etwas v.⟩ *beseitigen, undeutlich werden lassen:* die Spuren eines Verbrechens v.; der unangenehme Eindruck wurde wieder verwischt. **c)** ⟨etwas verwischt sich⟩ *etwas verschwimmt, wird undeutlich:* die Konturen, Grenzen, sozialen Unterschiede verwischen sich.

verwittern ⟨etwas verwittert⟩: *etwas zerfällt langsam unter Witterungseinflüssen:* das Gestein, der Baum, die Gebäude verwittern; die Mauern der Burg sind schon stark verwittert; bildl.: ein verwittertes *(zerfurchtes)* Gesicht.

verwöhnen ⟨jmdn. v.⟩: **a)** *zu nachgiebig erziehen:* ein Kind v.; der Sohn ist sehr, maßlos verwöhnt. **b)** *jmdm. jeden Wunsch erfüllen:* er hat seine Braut [mit Geschenken] verwöhnt; ich lasse mich gerne v.; übertr.: das Schicksal hat uns nicht verwöhnt; adj. Part.: hohe Ansprüche stellend: ein verwöhnter Gaumen, Geschmack; die Zigarre für den verwöhnten Kenner; ich bin im Essen nicht sehr verwöhnt.

verworfen (geh.): *charakterlich, moralisch minderwertig:* ein verworfener Tyrann; v. handeln.

verworren: *wirr und unklar:* verworrene Ausführungen; ein verworrener Kopf; die Rede, die politische Lage war reichlich v.; seine Aussage hörte sich recht v. an.

verwunden ⟨jmdn. v.⟩: *[im Krieg] verletzen:* jmdn. leicht, schwer, tödlich, auf den Tod (veraltet) v.; am Arm verwundet werden; er wurde an der Front, bei einem Angriff, im Krieg verwundet; adj. Part.: die verwundeten Soldaten wurden weggebracht; subst.: die Verwundeten pflegen; übertr. (geh.): jmdn. mit Worten v.

verwunderlich: *erstaunlich, seltsam:* das ist sehr v.; was ist daran so v.?; die Sache schien mir höchst v.; ich finde es nicht weiter v., wenn/daß er heute nicht kommt.

verwundern: a) ⟨sich über etwas v.⟩ *sich wundern:* er verwunderte sich über ihr Benehmen. **b)** ⟨etwas verwundert jmdn.⟩ *etwas wundert jmdn.:* das verwundert mich gar nicht; es verwunderte ihn, daß sie gar nichts dazu sagte; daß er weggeht, ist nicht zu v. *(ist nicht verwunderlich);* adj. Part.: mit verwunderten Blicken; verwundert den Kopf schütteln.

verwünschen ⟨jmdn., etwas v.⟩: *wütend, ärgerlich über etwas sein:* sein Schicksal, Geschick v.; ich könnte ihn in die Hölle v.; er verwünschte den Tag, an dem er ihm begegnet war; adj. Part.: dieses verwünschte *(unerfreuliche, peinliche)* Zusammentreffen!; verwünscht /*Ausruf des Unwillens*/, daß ich ihm begegnen mußte!

Verwünschung, die: *Äußerung des Ärgers, Fluch:* laute Verwünschungen ausstoßen; er brach in heftige Verwünschungen aus.

verwurzelt ⟨in der Verbindung⟩ in etwas verwurzelt sein: *eine feste Bindung an etwas haben:* er war tief im christlichen Glauben, in der Tradition verwurzelt.

verwüsten ⟨etwas v.⟩: *(ein Gebiet) zerstören:* der Sturm, der Feind hat das ganze Land verwüstet; die Stadt wurde im Krieg verwüstet.

verzagen (geh.): *die Hoffnung verlieren:* er wollte schon v., als er endlich ein Angebot erhielt; der Kranke war völlig verzagt.

verzapfen ⟨etwas v.⟩: **1.** (Fachspr.) *durch Zapfen verbinden:* Balken v. **2.** (ugs.) *reden, hervorbringen:* wer hat diesen Unsinn, Schwachsinn, Blödsinn, Quatsch, Mist verzapft?

verzaubern: 1. ⟨jmdn. v.⟩ *durch Zauber verwandeln:* die Hexe verzauberte die Kinder [in Vögel]. **2.** ⟨jmdn. v.⟩ *der Wirklichkeit entrücken:* der Anblick, die Musik hat uns alle verzaubert; er hatte sie mit seinem Spiel verzaubert.

verzehren: 1. (geh.) ⟨etwas v.⟩ *[auf]essen, zu sich nehmen:* seine Brote, das Mittagessen v.; Fachspr.: der Gast hat nichts, viel verzehrt. **2.** (veraltend) ⟨etwas v.⟩ *aufbrauchen, von etwas leben:* seine Pension v.; das kleine Erbe war längst verzehrt. **3.** ⟨etwas verzehrt jmdn., etwas⟩ *etwas verbraucht etwas völlig, zehrt an jmdm. bis zu dessen völliger Erschöpfung:* der Kummer verzehrt sie; diese Arbeit, die Krankheit hat ihre Kräfte völlig verzehrt; adj. Part.: (geh.) das verzehrende Feuer der Liebe; verzehrende Leidenschaften. **4.** (geh.) ⟨sich v.⟩ *mit Umstandsangabe innerlich sehr an etwas leiden:* sich vor Sehnsucht v.; er verzehrt sich in Liebe zu ihr.

verzeichnen: 1. a) ⟨etwas v.⟩ *falsch zeichnen:* auf diesem Bild ist die Hand völlig verzeichnet. **b)** ⟨jmdn., etwas v.⟩ *entstellt, verzerrt darstellen:* der Autor hat in seinem Roman die historischen Persönlichkeiten, die sozialen Verhältnisse verzeichnet. **2.** ⟨etwas v.⟩ *schriftlich aufführen, notieren:* Wäsche, Inventar, Preise v.; die Namen sind in der Liste verzeichnet; übertr.: Fortschritte wurden nicht verzeichnet *(wurden nicht erzielt);* er hatte große Erfolge zu v. *(hatte viel Erfolg);* es sind drei Todesfälle zu v. *(zu beklagen).*

Verzeichnis, das: *Liste, Register:* ein [un]vollständiges, lückenhaftes, alphabetisches, amtliches V.; ein V. aufstellen, führen, vorlegen; er legte ein V. der neu eingegangenen Bücher, von allen Büchern an; dieser Gegenstand ist in dem V. enthalten, aufgeführt, wurde nicht ins V. aufgenommen; etwas in ein V. eintragen.

verzeihen ⟨etwas v.⟩: *nicht übelnehmen, entschuldigen:* ein Unrecht v.; verzeih das harte Wort!; so etwas ist nicht zu v.; verzeihen Sie bitte die Störung!; verzeihen Sie, daß/wenn ich störe; ⟨auch ohne Akk.⟩ verzeihen Sie bitte! /Höflichkeitsformel/ *(ich bitte um Entschuldigung);* verzeihen Sie bitte, können Sie mir die Uhrzeit sagen?; ⟨jmdm., etwas v.⟩ diese Äußerung wird sie mir nie verzeihen; das sei dir [noch einmal] verziehen; ich kann es mir nicht v., daß ...

Verzeihung, die: *das Verzeihen:* jmds. V. erlangen (geh.); jmdm. V. gewähren (geh.); jmdn. um V. bitten; V.! /Höflichkeitsformel/; V., ich habe mich geirrt.

verzerren: 1. a) ⟨etwas v.⟩ *verziehen, entstellen:* das Gesicht, den Mund [vor Schmerz] v.; Schreck, Angst verzerrte ihre Züge; die Linse, der Spiegel verzerrte die Gestalt; die Stimmen auf dem Tonband klangen sehr verzerrt *(auf unangenehme Weise verändert).* **b)** ⟨etwas verzerrt sich⟩ *etwas verzieht sich:* das Gesicht verzerrte sich vor Wut, zu einer Grimasse. **2.** ⟨sich (Dativ) etwas v.⟩ *durch zu starkes Dehnen verletzen:* ich habe mir eine Sehne, einen Muskel verzerrt. **3.** ⟨etwas v.⟩: **a)** *etwas nach der Länge, Breite überdehnen:* dieser Spiegel verzerrt die Gestalt; das Fernsehbild war merkwürdig verzerrt. **b)** *verfälschen, entstellt darstellen:* er verzerrte in seinem Artikel die tatsächlichen Verhältnisse völlig, gab ein verzerrtes Bild von den Vorfällen.

verzetteln: 1. ⟨etwas v.⟩ *auf einzelne Zettel schreiben:* Wörter v.; die neuen Bücher müssen genau verzettelt werden. **2. a)** ⟨etwas v.⟩ *für viele kleine, unwichtige Dinge verbrauchen:* er verzettelte sein Geld, seine Arbeitskraft an unbedeutende Projekte, mit unnützen Dingen. **b)** ⟨sich v.⟩ *wegen Nebensächlichkeiten zu nichts Wichtigem kommen:* du verzettelst dich an deine Hobbys, in Einzelheiten, mit diesen vielen Pöstchen.

Verzicht, der: *das Verzichten:* ein freiwilliger V.; der V. auf diese Reise fällt mir schwer; einen V. fordern; seinen V. erklären; V. leisten, üben (Papierdt.; *verzichten);* er ist bereit zum V.

verzichten ⟨auf jmdn., auf etwas v.⟩: *einen Anspruch auf etwas aufgeben:* auf seinen Anteil, auf eine Belohnung, auf die Teilnahme v.; auf ein Amt v.; ich verzichte auf deine Hilfe *(brauche sie nicht);* darauf kann ich gut und gerne v.; auf die Anwendung von Gewalt v. *(Gewalt nicht anwenden wollen);* auf ihre Gesellschaft müssen wir heute v.; Sie müssen leider auf mich v.; ⟨auch ohne Präp.-Obj.⟩ ich verzichte freiwillig.

verziehen: 1. a) ⟨etwas v.⟩ *verzerren:* den Mund angewidert, zynisch, schmerzlich v.; er verzog das Gesicht vor Schmerz, zu einer Grimasse; die Männer verzogen keine Miene. **b)** ⟨etwas verzieht sich⟩ *etwas verzerrt sich:* sein Gesicht verzog sich schmerzlich, zu einem Lächeln, zu einem breiten Grinsen, zu einer Grimasse. **2. a)** (selten) ⟨etwas v.⟩ *aus der normalen Form bringen, zu sehr dehnen:* verzieh das Gummi nicht!; das Kleid ist ganz verzogen. **b)** ⟨etwas verzieht sich⟩ *etwas verliert die normale Form:* der Pullover, das Kleid hat sich [beim Waschen] verzogen; die Tür, das Holz hat sich durch die Feuchtigkeit verzogen.

3. a) *umziehen, übersiedeln:* er ist in eine andere Stadt, nach Zürich, schon vor sechs Jahren verzogen; Adressat ist verzogen. **b)** ⟨etwas verzieht sich⟩ *etwas verschwindet allmählich:* der Nebel, das Gewitter verzieht sich; der Schmerz hat sich verzogen. **c)** (ugs.) ⟨sich v.⟩ *sich [unbemerkt] entfernen:* ich verziehe mich, wenn die Tante kommt; sie verzog sich ins Badezimmer; verzieh dich! *(verschwinde!).* **4.** ⟨jmdn. v.⟩ *falsch erziehen, zu sehr verwöhnen:* sie hat ihre Kinder verzogen. **5.** ⟨etwas v.⟩ *umsetzen, ausziehen, damit sie nicht zu dicht stehen:* junge Pflanzen, Rüben v.

verzieren ⟨etwas v.⟩: *ausschmücken:* eine Decke mit Stickereien, einen Schrank mit Schnitzereien v.; eine Torte v.

verzinsen ⟨gewöhnlich mit Artangabe⟩: **a)** ⟨etwas v.⟩ *Zinsen für etwas zahlen:* die Bank verzinst das Geld mit 3 Prozent. **b)** ⟨sich v.⟩ *Zinsen bringen:* das Kapital verzinst sich gut, mit/zu 6 Prozent.

verzögern: a) ⟨etwas v.⟩ *hinausschieben:* die Unterrichtung der Presse v.; er hat seine Abreise verzögert; der strenge Winter hat die Baumblüte um drei Wochen verzögert. **b)** ⟨etwas v.⟩ *verlangsamen, hemmen:* er verzögerte den Schritt; die Mannschaft versuchte, das Spiel zu v.; durch Arbeitskräftemangel wurde der Bau des Werkes verzögert. **c)** ⟨etwas verzögert sich⟩ *etwas geschieht später als vorgesehen:* die Fertigstellung verzögert sich; seine Ankunft hat sich [um zwei Stunden] verzögert.

Vorzug, der: *Verzögerung:* die Sache duldet keinen V. *(ist dringend);* bei V. der Zahlung werden Zinsen berechnet; mit etwas im V. *(zeitlich im Rückstand)* sein; es ist Gefahr im V./Gefahr ist im V. *(es droht unmittelbar Gefahr);* er ist mit den Steuern in V. *(zeitlich in Rückstand)* geraten, gekommen; das wird ohne V. *(sofort)* ausgeführt.

verzweifeln: *jede Hoffnung verlieren:* am Leben, an den Menschen, am Gelingen des Plans, an seinem Talent v.; er wollte schon v., als sich schließlich doch noch ein Ausweg zeigte; man könnte v. [über so viel Ignoranz]!; nur nicht v.!; es ist, besteht kein Grund zu v./(subst.:) zum Verzweifeln; subst.: es ist zum Verzweifeln [mit seiner Faulheit] · adj. Part.: sie war ganz verzweifelt, machte ein verzweifeltes Gesicht; er war in einer verzweifelten *(hoffnungslosen)* Lage; ein verzweifelter *(erbitterter, aber aussichtsloser)* Kampf; er machte verzweifelte *(große, aber vergebliche)* Anstrengungen; die Situation ist verzweifelt (ugs., *sehr)* ernst.

Verzweiflung, die: *Niedergeschlagenheit, Hoffnungslosigkeit:* eine tiefe, plötzliche V. kam über ihn, überkam, erfüllte, packte ihn; daraus spricht die reine V.; ich überließ mich der V.; mit dem Mut der V. kämpfen; das war eine Tat der V.; er tat es aus, in, vor [grenzenloser, heller, unsäglicher, äußerster] V.; in V. [über jmdn., etwas] geraten; jmdn. in die, zur V. treiben; es ist, besteht kein Grund zur V.; du bringst mich noch zur V. [mit deiner ewigen Nörgelei].

verzwickt (ugs.): *sehr kompliziert, schwierig:* eine verzwickte Geschichte, Angelegenheit; das Problem ist ganz v.

Vesper, die: **1.** (kath. Rel.) *Gottesdienst am späten Nachmittag:* der V. beiwohnen; in die, zur V. gehen; zur V. läuten. **2.** (auch: das; bes. südd.) *kleinere Mahlzeit [am Nachmittag]:* V. essen, machen; etwas zur/zum V. essen; als V. gab es ...

Veto, das: **a)** *Protest, Einspruch [durch den etwas verhindert wird]:* ein/sein V. [gegen etwas] einlegen; sein V. zurückziehen. **b)** *Recht, gegen etwas Einspruch zu erheben:* ein aufschiebendes V.; ein absolutes *(endgültiges und unwiderrufliches)* V.; von seinem V. Gebrauch machen.

Vetter, der: *Cousin:* er ist nicht mein V., ist ein V. ersten Grades; sie sind Vettern zweiten Grades; übertr.: der Hirsch und seine Vettern, das Rentier und der Elch.

Vetternwirtschaft, die: *Bevorzugung von Verwandten und Freunden bei der Besetzung von Posten:* in dieser Firma herrscht üble V.; die V. beseitigen, abschaffen; diese V. muß aufhören!

via ⟨Präp. mit Akk.; gewöhnlich nur in Verbindung mit Namen oder alleinstehenden Substantiven im Singular⟩: *(auf dem Wege) über:* nach Berlin v. Frankfurt fliegen, fahren; übertr.: v. Telefon, v. EDV; sie wurden v. Verwaltungsgericht zur sofortigen Zahlung aufgefordert.

vibrieren ⟨etwas vibriert⟩: *etwas ist in schwingend-zitternder Bewegung:* die Stimmgabel vibriert; die Luft hat über dem Asphalt vibriert; die Wände vibrierten durch den, von dem Lärm; seine Stimme vibrierte leicht, leise.

Vieh, das: **1. a)** *Tiere, die zu einem bäuerlichen Betrieb gehören:* V. halten, züchten; das V. füttern, versorgen; der Bauer mußte all sein V. verkaufen; (iron.:) was die liebe V.! *(nicht so, wie es einem Menschen eigentlich entspräche);* jmdn. wie ein Stück V. *(roh, rücksichtslos)* behandeln. **b)** *Kühe, Rinder:* das V. brüllt; das V. in den Stall, aus dem Stall, auf die Weide treiben; das V. weiden, hüten, zur Tränke führen, schlachten; mit V. handeln. **2. a)** (ugs.) *Tier:* das arme V.!; dieses V. hat mir wieder den Salat abgefressen! **b)** (derb) *roher Mensch:* dieses V. hat sein Kind gequält; /auch als Schimpfwort:/ du blödes V.!

viehisch: **a)** *tierisch[-primitiv]:* viehisches Vegetieren; dieses Leben ist v.; v. hausen; übertr.: viehische *(sehr große, fast unerträgliche)* Schmerzen. **b)** *äußerst roh, triebhaft [und grausam]:* ein viehischer Mörder, dies Verbrechen wurde auf viehische Weise durchgeführt; sich v. benehmen; jmdn. v. behandeln, ermorden.

viel: I. ⟨Indefinitpronomen und unbestimmtes Zahlwort⟩ **1.** ⟨Singular: vieler, viele, vieles; unflektiert: viel⟩ *eine große Menge von etwas:* v. Blut wurde vergossen; schade um das viele Geld; vieles Unbekannte v. Unbekanntes; viel[er] schöner Schmuck; vieles überflüssige Verhandeln; v. Vergnügen, v. Spaß [wünschen wir]!; v. Glück [und Segen]!; [haben Sie] vielen Dank!; v. Zeit auf etwas verwenden; er trinkt v. Milch; das hat mich/(seltener:) mir viel[e] Mühe gekostet; vieles, was ich gesehen habe, hat mich nachdenklich gestimmt; er hat viel[es] erlebt; in vieler Beziehung, Hinsicht; sie willmit vielem hat er recht; mit v. gutem Willen begann er seine Arbeit; mit vielem unnötigen Fleiß; mit v. Geld kann man leicht einkaufen; trotz vielem Angenehmen; das kommt von vielen Schwitzen; er ist in seinem Leben um vieles gekommen *(hat vieles nicht genießen können);* das ist [nicht, sehr, recht, ziemlich] v.; das ist ein bißchen v. (untertreibend für: *das ist zuviel*) auf einmal!; er ist nicht v. über fünfzig [Jahre]; er kann nicht v. vertragen *(wird schnell betrunken)*; das hat nicht v. zu besagen, zu bedeuten; das macht v. aus; er arbeitete so v., daß er krank wurde; er weiß v., ja zu v. davon; dazu ist nicht v. zu sagen; sich v. auf etwas einbilden, v. auf jmdn., etwas geben; v. aus etwas machen; mit ihm ist nicht v. los; er fragt nicht v. danach, ob es erlaubt ist oder nicht; er hat v. von seinem Vater *(ähnelt seinem Vater sehr)*. **2.** ⟨Plural: viele, unflektiert: viel⟩ *eine große Anzahl einzelner Personen oder Sachen:* viel[e] hohe Häuser; viele solche Vergleiche; wie v., welch viele, welche vielen Menschen!; die vielen Sorgen; viele Angehörige/(selten:) Angehörigen; es waren ihrer viele; er war viele Wochen krank; beide Beamten haben gleich viel[e] Dienstjahre; das Ergebnis vieler geheimer/(selten:) geheimen Verhandlungen; der Lebenslauf vieler Abgeordneter/(auch:) Abgeordneten; die Eigentümer vieler alter Mietshäuser; in vielen Fällen; in vielen dieser Fälle; mit viel[en] hundert Fahnen; einer statt vieler; einer unter vielen. **II.** ⟨Adverb⟩ **1.** *oft:* v. allein sein, v. lesen, fernsehen, ins Kino gehen; v. an der frischen Luft sein. **2.** ⟨verstärkend bei Adjektiven im Komparativ oder vor *zu* + Adjektiv⟩ *in hohem Maße, weitaus:* er weiß v. mehr, weniger als ich; er ist v. reicher, als man denkt; ich bleibe v. lieber zu Hause; ihm geht es jetzt [sehr] v. besser; hier ist es auch nicht v. anders als bei uns; v. zuviel, v. zuwenig; diese Frau ist v. zu gut für diesen Mann.

vielerlei ⟨unbestimmtes Gattungszahlwort⟩: *viele unterschiedliche Dinge, Arten o.ä. umfassend:* v. Sorten Brot; v. Gründe; v. interessante Beobachtungen; sie hat v. zu erzählen.

vielfach (unbestimmtes Zahlwort): **a)** *von vielen Menschen [geäußert, herrührend]:* die Sendung wurde auf vielfachen Wunsch wiederholt; nach der vielfachen Meinung der Zeit. **b)** *mehrfach:* ein vielfacher Millionär; er ist vielfacher Meister in der Dressur; er hat ihm den Schaden v. ersetzt. **c)** (ugs.) *gar nicht so selten, recht oft, häufig:* man kann dieser Meinung v. begegnen; das trifft nicht, wie v. angenommen, zu.

Vielfalt, die: *das Vorkommen, Auftreten in vielen verschiedenen Arten, Formen:* eine bunte, unübersichtliche, verwirrende V.; die V. des Lebens, der Möglichkeiten; eine erstaunliche V. an, von Mustern aufweisen.

vielleicht: **I.** ⟨Adverb⟩ **a)** *eventuell:* ich komme v. morgen; v. hast du dich geirrt; v. *(es kann sein),* daß alles nur ein Mißverständnis war; es ist v. besser, wenn ich jetzt gehe. **b)** *ungefähr:* es waren v. dreißig Leute da; ein Mann von v. fünfzig Jahren. **II.** ⟨Partikel; unbetont⟩ **a)** *wirklich sehr* /der emotionalen Nachdrücklichkeit dienend/: ich war v. aufgeregt!; du bist v. ein Spinner! **b)** *ich bitte, mahne dringend, daß ...* /als Aufforderung, Vorwurf, Zurechtweisung/: v. wartest du, bis du an der Reihe bist! **c)** *etwa:* ist das v. eine Lösung?; wollen Sie mir v. erzählen, daß ...?

vielmals ⟨Adverb⟩: *ganz besonders, sehr:* jmdm. v. danken; er läßt v. grüßen, v. um Entschuldigung bitten; verzeihen Sie bitte v., daß wir nicht früher geantwortet haben; danke v.!

vielmehr ⟨Adverb⟩: *eher, im Gegenteil:* nicht das Geld ist wichtig, entscheidend ist v. die Freude an der Arbeit; man sah sie oft am Tage, v. *(oder genauer)* am hellen Nachmittag; das ist kein Spaß, sondern v. bitterer Ernst.

vielseitig: a) *an vielen Dingen interessiert:* ein vielseitiger Mensch; sie ist sehr v. **b)** *viele Gebiete umfassend, mannigfach:* eine vielseitige Ausbildung, Verwendungsmöglichkeit; v. begabt, gebildet, interessiert sein; die Arbeit ist recht v.; dieses Gerät läßt sich v. verwenden. **c)** *von vielen [geäußert]:* einem vielseitigen Wunsch nachkommen; dieses Lied wurde v. gewünscht.

vielversprechend: *zu berechtigten Hoffnungen Anlaß gebend:* ein vielversprechender junger Mann; ein vielversprechender Anfang; dieses Programm ist v.; das sieht v. aus.

vier ⟨Kardinalzahl⟩: *4:* die v. Jahreszeiten, Himmelsrichtungen, Temperamente; die v. Elemente *(Erde, Feuer, Wasser, Luft);* die v. Evangelisten; Gespräche der großen Vier *(USA, UdSSR, England, Frankreich);* Sport: er kam auf Platz v. · wir sind zu vieren (veraltend), unser v. (geh.), zu viert; es ist v. [Uhr]; er wurde heute v. [Jahre alt]; Skat: ein Grand mit vier[en] *(mit vier Buben).* * (ugs.:) **alle viere von sich strecken** *(sich ausstrecken und entspannen)* · (ugs.:) **auf allen vieren** *(auf allen Händen und Füßen).* ↑ acht.

vierte: ↑ acht.

Viertel, das: **1.** *der vierte Teil eines Ganzen:* im ersten V. des Jahres; drei V. des Weges liegen hinter uns; im abnehmender Mond im letzten V.; ein V. *(Viertelliter)* Wein; ein V. *(Viertelpfund)* Leberwurst; die Turmuhr schlägt gerade V.; es ist V.; [ein] V. vier (3^{15} oder 15^{15} Uhr); [ein] V. nach drei (3^{15} oder 15^{15} Uhr); [ein] V. vor drei/drei V. drei (2^{45} oder 14^{45} Uhr); es ist drei V. *(es fehlen noch fünfzehn Minuten bis zur vollen Stunde).* **2.** *Stadtteil:* sie wohnen in einem alten, ruhigen, vornehmen, verrufenen V.; viele neue V. sind am Stadtrand entstanden.

vierzig: ↑ achtzig.

Visage, die (derb abwertend): *Gesicht:* eine ekelhafte, schreckliche, fiese (ugs.) V.; ich kann seine V. nicht sehen *(ich kann ihn ganz und gar nicht leiden);* ich hau' dir eins, eine in die V.!

Visier, das: **1.** *beweglicher, das Gesicht bedeckender Teil des Helmes:* das V. herunterlassen, herunterschlagen, herunterklappen, schließen, aufschlagen; der Ritter öffnete nach dem Zweikampf das V. **2.** *Vorrichtung zum Zielen an Feuerwaffen:* ein verstellbares V.; der Jäger bekam einen Bock ins V., hatte einen Bock im V. * **das Visier herunterlassen** *(sich zu bestimmten Fragen nicht äußern)* · jmdn., etwas ins Visier nehmen: **a)** *(sein Augenmerk auf jmdn., etwas richten).* **b)** *(jmdn., etwas kritisieren)* · **mit offenem Visier kämpfen** *(seine Absichten klar zu erkennen geben).*

Visum, das: *einem Paß, der jmdm. gestattet, in ein Land einzureisen:* ein V. beantragen, erteilen, verweigern; sich (Dativ) ein V. beschaffen; ein V. nach Amerika bekommen; für Reisen in die Schweiz braucht man kein V. mehr; die Visa sind abgelaufen.

Vogel, der: **a)** *von Federn bedecktes Wirbeltier mit Flügeln:* ein bunter, zahmer, kleiner, fremdartiger, exotischer V.; sie hockte wie ein kranker V.

in der Ecke; der V. fliegt, flattert, schlägt mit den Flügeln, schwingt sich in die Lüfte, schwebt in der Luft, hüpft von Ast zu Ast, singt, zwitschert, trällert, pfeift, wird flügge, nistet, brütet, mausert sich, hat die/ist in der Mauser, füttert seine Jungen; jmdm. ist ein V. zugeflogen; viele Vögel sitzen auf den Telegraphendrähten; die Vögel ziehen im Herbst nach dem Süden; einen V. fangen, fliegen lassen; die Vögel füttern; (ugs. scherzh.:) der V. *(die gebratene Gans oder Ente)* brutzelt schon im Ofen, hat gut geschmeckt; übertr. (ugs.:) der V. ist ausgeflogen *(jmd. ist nicht anzutreffen, hat sich davongemacht);* der silberne, riesige V. *(das Flugzeug)* fliegt über den Wolken; R: friß, V., oder stirb! *(es bleibt keine andere Wahl).* **b)** (ugs.) *durch Wesen oder Art auffallender Mensch:* er ist ein lustiger, ulkiger, schräger, linker, seltener, seltsamer, komischer, häßlicher V.; ihr seid vielleicht zwei Vögel!; bringen Sie die beiden Vögel auf die Wache! * **[mit etwas] den Vogel abschießen** *([mit etwas] alle anderen, alles andere übertreffen)* · (ugs.:) **einen Vogel haben** *(nicht recht bei Verstand sein, seltsame Ideen haben)* · **jmdm. den/einen Vogel zeigen** *(indem man mit dem Finger an die Stirn tippt, einem anderen zu verstehen geben, daß man sein Verhalten für dumm o. ä. hält).*

Volk, das: **1. a)** *Nation, Gemeinschaft von Menschen, die nach Sprache, Kultur und Geschichte zusammengehören:* ein freies, tapferes, entrechtetes, geknechtetes, unterdrücktes V.; das deutsche, englische, französische V.; die europäischen, orientalischen Völker; die Völker Afrikas, der Sowjetunion; das V. der Dichter und Denker; er ist ein großer Sohn seines Volkes; R: jedes V. hat die Regierung, die es verdient. **b)** *Volksmasse:* das arbeitende, werktätige, unwissende V.; das V. auf seiner Seite haben; das V. steht hinter der Regierung; das V. jubelte ihm zu; das V. fordert sein Recht; das V. hat die Macht übernommen; das V. befragen (in einer, durch Volksabstimmung); das V. aufwiegeln, aufhetzen; die Abgeordneten sind die gewählten Vertreter des Volkes; im V. begann es zu gären; die Macht geht vom V. aus; zum V. sprechen; (ugs.:) das V. der Fernseher *(die ständigen Fernsehzuschauer).* **c)** *untere Schicht der Bevölkerung:* das einfache, ungebildete, niedere V.; ein Mann aus dem Volke; er rechnete sich nicht zum [gemeinen] V.; die Hefe des Volkes. **2.** (ugs.) *größere Anzahl von Menschen, Menge:* das versammelte, neugierige, leichtlebige V.; so ein blödes V.! /*Ausdruck des Ärgers*/; auf dem Platz drängte sich das aufgeregte V., das junge V. *(die Jugend);* viel V./(ugs.:) Volks war unterwegs; dieses verlogene V. *(Pack);* das kleine V. (ugs.; *die Kinder)* stürmte herein; etwas unters V. bringen *(verbreiten, bekanntmachen);* sich unters V. mischen; übertr.: dieses freche V. [von Spatzen]! **3.** (Fachspr.) *Schwarm:* ein V. Bienen, Tauben, Rebhühner. * (jüdische Rel.:) **das auserwählte Volk** *(die Juden)* · (veraltend:) **fahrendes Volk** *(Schausteller, Artisten)* · **dem Volk aufs Maul schauen** *(beobachten, wie sich die einfachen Leute ausdrücken).*

voll: **1. a)** *ganz gefüllt:* ein voller Eimer; ein volles Faß, Glas; mit vollem Mund spricht man nicht; mit vollen Backen kauen; wir haben immer ein volles Haus *(haben immer viele Gäste);* sie spielten vor vollem *(ausverkauftem)* Haus; eine Hand v. Kirschen; ein Teller v. Suppe; eine Brieftasche v. Geldscheine[n], v. neuer Geldscheine, voller neuer Geldscheine; der Schrank ist v. Kleider/v. von Kleidern/voller Kleider; der Tisch lag v./voller/v. von Zeitungen; die Finger sind v./voller *(bedeckt von)* Tinte; ein Netz v. mit Fischen; er war v. des süßen Weines/des süßen Weines v. (geh.; *betrunken);* das Glas ist halb, bis zum Rand v.; die Kanne ist v. Kaffee; ich bin v. [bis obenhin] (ugs.; *völlig satt);* der Koffer ist v. *(es paßt nichts mehr hinein);* die Läden sind v. davon; der Bus war ziemlich v. *(er konnte kaum noch Fahrgäste aufnehmen);* vor Weihnachten ist es immer sehr v. [in den Geschäften]; der Saal war gedrängt v., war so v., daß keine Nadel zur Erde/zu Boden fallen konnte; die Straßenbahn war zum Brechen, brechend, gerammelt (ugs.), gestopft v. *(sehr voll);* ich habe gerade beide Hände v. *(in beiden Händen etwas zu halten, tragen);* das Geld mit vollen Händen *(ohne zu sparen, großzügig)* ausgeben. **b)** *erfüllt, durchdrungen von ...:* voller Spannung; v. dankbarer Zuversicht; des Lobes v./v. des Lobes über jmdn. sein (geh.; *jmdn. sehr loben);* sie schaute ihn v./voller Angst *(ängstlich)* an; er steckt voller Dummheiten; v. innigster Anteilnahme; v. staunender Bewunderung; den Kopf v. haben (ugs.; *an vieles zu denken haben).* **c)** (ugs.) *völlig betrunken:* Mensch, ist der v.!; der Fahrer war total v., war v. wie eine Strandhaubitze (ugs.; *stark betrunken);* übertr.: mit vollen Segeln *(mit aller Kraft)* einem Ziel zusteuern; mit voller Wucht *(sehr heftig).* **2.** *ganz, völlig, vollständig:* ein volles Dutzend; ein voller Erfolg; eine volle *(runde)* Zahl, Summe; ein volles Jahr, volle drei Jahre an einem Buch schreiben; volle Gewißheit über etwas haben; bei vollem Lohnausgleich; etwas in vollem Maße billigen; mit dem vollen Namen unterschreiben; die Manege liegt im vollen Licht; in voller Uniform; etwas in vollen Zügen genießen; er besitzt mein volles Vertrauen; in voller Fahrt *(bei hoher Geschwindigkeit);* in vollem Lauf, Galopp (ugs.; *schnell)* herbeikommen; die Untersuchungen sind schon in vollem Gange; fünf Minuten vor, nach v. *(vor, nach der vollen Stunde);* die Uhr schlägt nur die volle Stunde; man kann mit vollem Recht behaupten, daß ...; das ist mein voller Ernst; das ist die volle Wahrheit; die volle Bedeutung dieser Worte verstand er erst später; plötzlich stand er in voller Größe vor mir, richtete er sich zu seiner vollen Größe auf; die Maschine arbeitet mit voller *(unvermindeter)* Kraft, läuft auf vollen Touren; die Zahl ist nun wieder v. *(alle sind wieder vollzählig anwesend);* jmdn. v. ansehen *(mit freiem Blick ins Gesicht sehen);* das Gehalt v. *(ohne Abzüge)* auszahlen; jmds. Ansprüche v. anerkennen; sich v. für etwas einsetzen; er arbeitet v. *(ganztags);* v. einsatzfähig sein; er ist v. geständig, verantwortlich; der Abfahrtsläufer ist voll v. *(mit vollem Einsatz)* gefahren; ich muß für sie v. *(den vollen Fahrpreis)* bezahlen; ich stehe v. [und ganz] hinter dir, billige dein Verhalten v. [und ganz]; ich muß morgen v. dasein (ugs.; *geistig rege, leistungsfähig sein);* das liegt v. im Trend; K e g e l n: jeder hat drei Wurf in die vollen *(in die aufgestellten neun Kegel);* S e e - m a n n s s p r. : volle Kraft voraus, zurück! **3. a)** *ein wenig dick, füllig:* ein volles Gesicht; ein voller Busen; volle Schultern, Lippen; ihr Mund war v.; sie ist in letzter Zeit etwas voller geworden. **b)** *von kräftig sich entfaltender, sich zeigender Substanz:* volle Töne, Farben; der volle Geschmack; der Duft des Parfums ist v. und frisch. **c)** *dicht:* volles Haar; voller Flieder, volle Nelken *(mit mehr als den üblichen Blütenblättern).* * **aus dem vollen schöpfen** *(alles reichlich zur Verfügung haben)* · **aus dem vollen leben/wirtschaften** *(leben, wirtschaften, ohne sich einzuschränken)* · (ugs.:) **in die vollen gehen** *(die verfügbaren Kräfte, Mittel verschwenderisch einsetzen).*

vollauf 〈Adverb〉: *in jeder Hinsicht, völlig:* er hat diese Auszeichnung v. verdient; das erfüllt v. seinen Zweck; das genügt v.; er ist mit dieser Arbeit v. beschäftigt.

vollbringen 〈etwas v.〉: *zustande bringen, ausführen:* Leistungen, ein Meisterstück, große Taten, etwas Großes, ein Wunder v.; ich habe mein Tagewerk vollbracht; es ist vollbracht!

Volldampf 〈gewöhnlich in der Verbindung〉 mit Volldampf (ugs.): *mit aller Kraft:* mit V. an die Arbeit gehen; [mit] V. voraus!

vollenden: 1. 〈etwas v.〉 *zum Abschluß bringen, fertig machen:* einen Satz, ein Werk v.; er hatte keine Lust mehr, das Begonnene zu v.; sein Leben v. (geh. verhüllend; *sterben*); S p r a c h w. : vollendete Gegenwart *(Perfekt);* vollendete Vergangenheit *(Plusquamperfekt);* ü b e r t r. : heute vollendet sie ihr dreißigstes Lebensjahr *(wird sie 30 Jahre alt).* **2.** (geh.) 〈etwas vollendet sich〉 *etwas verwirklicht sich, gelangt zur Vollendung:* ihre Liebe vollendete sich; in dieser Stadt hatte sich das Drama des Krieges vollendet.

vollendet: *vollkommen, unübertrefflich:* sie ist eine vollendete Dame, Schönheit; er hat das Konzert technisch v. gespielt; sie ist v. schön.

vollends 〈Adverb〉: *ganz und gar, endgültig:* diese Nachricht verwirrte ihn v.; er ist auf dem Wege, seine Sehkraft v. zu verlieren; sie richtete sich v. auf.

vollführen 〈etwas v.〉: *ausführen:* etwas Böses v.; eine Bewegung, einen Freudentanz, einen Höllenlärm (ugs.) v.; das Schiff vollführte das Manöver bei stürmischer See.

völlig: *gänzlich, vollständig, ganz und gar:* völlige Einigung, Übereinstimmung erzielen; es herrschte völlige Windstille; er ließ ihm völlige Freiheit in der Entscheidung; das ist mein völliger Ernst; für die völlige Gleichberechtigung kämpfen; er ist ein völliges Kind *(er ist naiv und harmlos);* v. erschöpft, gesund sein; der Baum ist v. kahl; das ist v. ausgeschlossen, sinnlos, belanglos; du bist ja v. am Ende, verrückt, betrunken; das genügt v.; beim Erdbeben wurde die Stadt v. zerstört; das verhält sich v. anders.

volljährig: *das erforderliche Alter für bestimmte Rechtshandlungen erreicht habend:* alle volljährigen männlichen Personen wurden eingezogen; mit 18 v. werden; [noch nicht] v. sein; jmdn. für v. erklären.

vollkommen: 1. *ohne jeden Fehler; unübertrefflich, hervorragend:* sie ist eine vollkommene Schönheit; er hatte das vollkommene *(perfekte)*

Gedächtnis; kein Mensch ist v. **2.** (ugs.) *völlig, gänzlich, ganz und gar:* eine vollkommene Niederlage; ein v. gesunder Mensch; vollkommene Sicherheit ist nicht zu erreichen; jmdm. v. vertrauen; du hast v. recht; das genügt v.; das Lesestück ist v. veraltet.

Vollkommenheit, die: *das Vollkommensein:* nach V. streben; es zur V. bringen.

Vollmacht, die: *schriftlich gegebene Erlaubnis, bestimmte Handlungen vorzunehmen:* seine Vollmachten reichten dafür nicht aus; uneingeschränkte V. haben; jmdm. [die] V. für, zu etwas geben, erteilen; von jmdm. V. bekommen, erhalten, etwas zu tun; die V. auf einen anderen übertragen; jmdm. die V. entziehen; seine Vollmachten überschreiten; jmdn. mit weitreichenden Vollmachten ausstatten, ausrüsten; jmds. Vollmachten beschneiden; eine V. *(Schriftstück über die Vollmacht)* unterschreiben, vorlegen; jmd. eine V. ausstellen.

vollständig: 1. *keine Lücken, Mängel aufweisend, komplett:* eine vollständige Ausgabe der Werke Brechts; die Briefmarkensammlung ist [nicht] v.; einen Text v. abdrucken. **2.** (ugs.) *völlig, ganz und gar:* er läßt ihm vollständige Freiheit; die Verabredung hatte ich v. vergessen; das genügt [mir] v.; die Stadt wurde fast v. zerstört.

Vollständigkeit, die: *das Vollständigsein:* V. anstreben, erreichen, vermissen; der V. halber; Anspruch auf V. erheben; auf V. Wert legen.

vollstrecken 〈etwas v.〉: **1.** *in amtlichem Auftrag durchführen:* [an jmdm.] ein Urteil, die Todesstrafe v.; ein Testament v.; adj. Part.: die vollstreckende Gewalt *(Exekutive).* **2.** (Sport) *ausführen und dabei ein Tor erzielen:* einen Strafstoß v.; 〈auch ohne Akk.〉 Müller vollstreckte blitzschnell.

vollzählig: *die vorgeschriebene, gewünschte Anzahl aufweisend; alle ohne Ausnahme:* die Mannschaft ist jetzt v.; die Familie ist v. erschienen, versammelt.

vollziehen: 1. 〈etwas v.〉 *ausführen, durchführen, in die Tat umsetzen:* einen Befehl, jmds. Willen, eine Umstellung, ein Urteil, eine Strafe, die Todesstrafe an jmdm. v.; den Bruch mit der Tradition v.; der Bürgermeister vollzog die traditionellen Hammerschläge bei der Grundsteinlegung; eine Trauung, ein Opfer v. *(vornehmen);* adj. Part.: die vollziehende Gewalt *(Exekutive).* **2.** 〈etwas vollzieht sich〉 *etwas geschieht:* eine große Wandlung hat sich in ihm vollzogen; die Umstellung vollzog sich reibungslos; diese Veränderung, dieser Vorgang, Umschwung hat sich in aller Stille, im geheimen, nur langsam, rasch, mit großer Geschwindigkeit vollzogen; das Schicksal wird sich v.; diese Entwicklung war bereits im 9. Jahrhundert vollzogen.

vom: *von dem:* v. Lande; v. Morgen bis zum Abend; das kommt v. vielen Trinken.

von 〈Präp. mit Dativ〉: **1. a)** /gibt einen räumlichen Ausgangspunkt an/: v. Berlin, Frankreich; v. Norden, v. der Küste; v. vorn, hinten, oben, unten, drüben, rechts, links; v. wo?; v. woher?; 〈in bestimmten Korrelationen〉 v. ... an: v. dieser Stelle an; v. ... aus: v. Mannheim aus sind es bis Heidelberg ungefähr zwölf Kilometer; v. ... bis [zu]: v. Frankfurt bis Hamburg, v. hier bis zum

Bahnhof.; v. ... her: die Blumen wurden v. unten her angestrahlt; v. ... nach: v. Luxemburg nach Bangkok fliegen; v. ... zu: v. Ast zu Ast hüpfen. **b)** /gibt den Vorgang oder Zustand einer Loslösung, Trennung an/: Wäsche v. der Leine nehmen; sich den Schweiß v. der Stirn wischen; ⟨mit Betonung auf *von*⟩ allen Ballast v. sich werfen; ein lieber Freund ist v. uns gegangen (verhüll.; *gestorben*). **2.** /gibt einen zeitlichen Ausgangspunkt an/: v. heute, v. gestern; ⟨in bestimmten Korrelationen⟩ v. ... an/: v. diesem Zeitpunkt an; v. heute an; v. ... auf: v. Jugend auf; v. Freitag auf Sonnabend; v. ... bis: v. Dienstag bis Freitag. **3.** /als Teil des Präpositionalattributes/: **a)** /stellt eine Beziehung her oder nennt Ursache und Urheberschaft; vertritt ein Genitivattribut/: Post v. einem Freund; müde v. der Arbeit; v. selbst; die Umgebung v. Berlin; die Belagerung v. Paris; die Trauer v. Millionen; ein Gedicht v. Brecht; die Königin v. England; er ist Vater v. vier Söhnen. **b)** /nennt im Passiv den Täter, die Ursache/: er wurde v. seinem Chef gelobt *(der Chef hatte ihn gelobt)*; der Baum ist v. dem Traktor umgerissen worden *(der Traktor hat den Baum umgerissen)*. **c)** (ugs.) /statt eines persönlichen, den Besitzer nennenden Genitivattributs, das zu einem unpersönlichen Substantiv gehört/: der Hut v. meinem Vater (besser: meines Vaters); das Gefieder v. dem Vogel (besser: des Vogels). **d)** (veraltend) /gibt an, woraus etwas besteht/: ein Ring v. *(aus)* Gold; ein Herz v. Stein. **e)** /dient der Angabe der Art oder bestimmter Eigenschaften/: ein Mann v. Charakter; ein Kleid v. besonderer Machart; eine Sache v. Wichtigkeit; ein Fall v. Menschenraub. **f)** /dient der Angabe von Maßen, Größenordnungen/: eine Entfernung v. drei Metern; ein Tisch v. drei Meter Länge; eine Fahrt v. fünf Stunden; eine Summe v. 1000 Mark; eine Gans v. acht Pfund; eine Stadt v. [über] 300 000 Einwohnern; Kinder v. [unter] zehn Jahren. **4. a)** /nennt das Ganze, von dem der Teil stammt; partitiv/: einer v. ihnen war der Täter; v. zehn Angestellten sind drei krank; die Hälfte v. der Summe, v. der Torte; der älteste v. den Brüdern; eine Art v. Roman; ein Rest v. Scham war noch in ihm; (ugs.:) ich weiß v. nichts. **b)** /gibt an Stelle eines Gleichsetzungssatzes das Typische einer Person oder Sache an/: ein Teufel v. einem Vorgesetzten; dieses Prachtwerk v. Brücke; (ugs.:) eine Seele v. Mensch *(ein gutherziger Mensch).* **c)** /gibt den Bereich an, für den das Gesagte gilt/ *hinsichtlich, in bezug auf:* er ist Lehrer v. Beruf; v. Natur aus ist sie gutmütig. **5.** /als Adelsprädikat/: Otto v. Bismarck. **6.** /in Abhängigkeit von bestimmten Wörtern; in bestimmten Verbindungen/: jenseits v.; unterhalb v.; infolge v.; etwas sprechen, berichten; „Ist alles gut verlaufen?" — „Von wegen!" (ugs.; *keinesfalls!*); „Darf ich mir das nehmen?" — „Von mir aus!" (ugs.; *ich habe nichts dagegen).* * **von ... wegen** *(ausgehend von ...; im Auftrag von ...):* etwas v. Amts wegen bekanntgeben · (veraltet:) **von dannen** *(von da weg):* sie schritten aufrecht v. dannen · (geh. veraltet:) **von hinnen** *(von hier weg):* v. hinnen eilen · **von sich aus** *(aus eigenem Antrieb):* sie kam v. sich aus darauf zu sprechen.

vor: I. ⟨Präp. mit Dativ und Akk.⟩ **1.** ⟨räumlich⟩

mit Dativ⟩ **a)** /zur Angabe der Lage/ *an der vorderen Seite:* v. dem Haus; er hielt v. dem Lkw; sie wartet v. dem Café; zwei Kilometer v. *(außerhalb)* der Stadt; v. ... her: er trug die Fahne v. ihnen her; ⟨mit Betonung auf *vor*⟩ er hat das Buch v. sich liegen. **b)** /zur Angabe der Rangordnung/: er wurde Sieger v. seinem Landsmann; (geh.) er ist reich v. uns allen. **c)** *gegenüber:* v. dem Spiegel stehen; plötzlich stand er v. mir *(mir gegenüber);* v. dem Fernsehgerät sitzen *(fernsehen);* übertr. (geh.): v. Gericht, v. dem Richter stehen *(angeklagt sein).* **d)** *in Gegenwart von, im Beisein von:* v. vielen Zuschauern; etwas v. Zeugen bestätigen; er spielte sich v. den Mädchen immer sehr auf. **2.** ⟨räumlich; mit Akk.; zur Angabe der Richtung⟩ *an die vordere Seite:* sich v. die Tür stellen; v. das Haus treten; v. „aber" muß ein Komma gesetzt werden; ⟨mit Betonung auf *vor*⟩ setz dich bitte v. mich; übertr.: jmdn. v. ein Ultimatum stellen; sich v. jmdn. stellen *(jmdn. in Schutz nehmen).* **3. a)** ⟨mit Dativ; zur Angabe der Zeit⟩ *früher als; bevor das Genannte erreicht ist:* v. 1945; v. dem Unfall; v. Sonnenaufgang; ein Tag v. der Abreise; v. einigen Jahren; heute v. einem Jahr; v. Christi Geburt; die Party beginnt nicht v. 20 Uhr; v. zwei Stunden wird er nicht zurückkommen; es ist zwei Minuten v. sieben [Uhr]; es ging schon v. acht [Uhr]; in dieser Stadt hatte der Dichter v. über dreihundert Jahren gelebt; das war noch v. meiner Zeit *(das habe ich nicht mehr miterlebt);* sie hatte v. mir *(bevor sie mich kennenlernte)* noch einen anderen Freund. **b)** ⟨zeitlich; mit Dativ; mit Betonung auf *vor*⟩ /weist auf etwas Kommendes hin/: etwas noch v. sich haben; die Prüfung liegt v. ihr. **4.** ⟨mit Dativ; ohne Artikel⟩ /gibt den Grund an/ *aus, bewirkt durch:* v. übergroßer Freude weinen; v. Kälte zittern; v. Neugier fast platzen; v. Schmerzen schreien; v. Neid erblassen; starr v. Schreck; keuchend v. Anstrengung; es strahlte v. Sauberkeit; v. lauter Arbeit vergaß er ihren Geburtstag. **5.** ⟨mit Dativ; in Abhängigkeit von bestimmten Wörtern⟩ sich schützen v. etwas; jmdn. v. etwas bewahren, warnen; Angst haben v. jmdm. **6.** (veraltet) *anstatt, für:* Gnade v. Recht ergehen lassen. II. ⟨Adverb; gewöhnlich imperativisch oder elliptisch⟩ *nach vorn:* v. auf den Platz; Freiwillige v.!; drei Schritte v. und zwei zurück.

vor ⟨Adverb; gewöhnlich imperativisch oder elliptisch⟩: **a)** *vorn, an der Spitze:* der Vater v., die Kinder hinterher; sie wanderten los, [allen] v. der Lehrer/der Lehrer v.; er fiel — mit dem Kopf v. — die Treppe hinunter. **b)** *vorwärts:* immer langsam v.!

vorangehen: **1.** *vorne, an der Spitze gehen:* der Lehrer geht voran; übertr.: mit gutem Beispiel v. **2. a)** ⟨etwas geht voran⟩ *etwas macht Fortschritte:* die Arbeit geht [gut] voran; ⟨es geht [gut] voran⟩ mit der Arbeit geht es [gut] voran. **b)** ⟨etwas geht einer Sache voran⟩ *etwas geht voraus:* dem Beschluß gingen lange Diskussionen voran; an den vorangegangenen Tagen hatte es viel geschneit.

vorankommen: **1.** *eine Strecke zurücklegen:* er war schwer auf den verstopften Straßen vorangekommen. **2.** *Fortschritte machen:* er kommt mit seiner Arbeit [nicht, gut] voran.

voraus ⟨Adverb; gewöhnlich imperativisch oder elliptisch⟩: **a)** *vor den anderen, an der Spitze:* er immer v., die anderen hinterher; sie war schon weit v.; ü b e r t r. : im Rechnen ist sie ihm v. *(ist sie besser als er);* er war ihm immer um eine Nasenlänge v.; sie war ihrer Zeit weit v. **b)** *vorwärts:* mit halber Kraft v.!; Volldampf *(mit aller Kraft)* v.! * **im/**(bes. schweiz.:) **zum voraus** *(schon vorher).*

vorauseilen: a) *sich beeilen, um früher als andere irgendwo zu sein:* er eilte voraus, um Plätze freizuhalten; ü b e r t r. : seine Gedanken eilten schon voraus. **b)** ⟨einer Sache v.⟩ *etwas Zukünftiges schon vorwegnehmen:* diese Meldung eilte den Tatsachen weit voraus; er eilte mit seinen Ideen seiner Zeit voraus.

vorausgehen: 1. *schon vorher, früher als ein anderer irgendwohin gehen:* sie ging voraus, um einen Tisch zu besetzen; du kannst v., wir kommen nach; ü b e r t r. : jmdm. in den Tod v.; ihm ging der Ruf voraus, ... **2.** ⟨etwas geht jmdm., einer Sache voraus⟩ *etwas ereignet sich, geschieht vorher:* ihrem Tod ist ein jahrelanges Leiden vorausgegangen.

voraushaben ⟨jmdm./vor jmdm. etwas v.⟩: *überlegen, im Vorteil sein:* er hat ihm die Erfahrung voraus; sie hatten vor uns die Geschicklichkeit voraus.

vorausschicken: 1. ⟨jmdn., etwas v.⟩ *jmdn., etwas vorausgehen, -fahren lassen:* er hat die Kinder [zu den Großeltern] vorausgeschickt; einige Abteilungen, Panzerwagen wurden vorausgeschickt. **2.** ⟨etwas v.⟩ *etwas vorher mitteilen:* er hat einige allgemeine Bemerkungen vorausgeschickt; ich muß noch v., daß ...; ⟨einer Sache etwas v.⟩ der Diskussion wird eine kurze Einführung vorausgeschickt.

voraussetzen: 1. ⟨etwas v.⟩ *etwas als vorhanden, als selbstverständlich annehmen:* etwas stillschweigend, als bekannt v.; seine Zustimmung läßt sich nicht mit Sicherheit v.; bei seiner Planung hatte er ihr Einverständnis vorausgesetzt. **2.** ⟨etwas setzt etwas voraus⟩ *etwas bedingt etwas, braucht etwas als Voraussetzung:* eine Verständigung setzt guten Willen auf beiden Seiten voraus; das Unternehmen wird gelingen, vorausgesetzt, daß alle mitmachen.

Voraussetzung, die: **1.** *Bedingung:* das ist eine wichtige, selbstverständliche, notwendige, unabdingbare, unerläßliche, unumgängliche V.; die Voraussetzungen dafür fehlen, sind [nicht] erfüllt, gegeben; die Voraussetzungen für etwas schaffen; das bildet die V. dafür; ein abgeschlossenes Studium ist die V. für diese Position; etwas ist an bestimmte Voraussetzungen geknüpft; unter der [stillschweigenden] V., daß ...; er machte zur V., daß ... **2.** *Annahme:* diese Vorstellung beruht auf völlig falschen Voraussetzungen; von falschen Voraussetzungen ausgehen.

Voraussicht, die: *Ahnung, Vermutung; Weitblick:* menschliche V.; seine kluge V.; mangelnde V. * **aller Voraussicht nach/nach menschlicher Voraussicht** *(höchstwahrscheinlich)* · **in weiser Voraussicht** *(ahnungsvoll).*

voraussichtlich: *wahrscheinlich, vermutlich:* die voraussichtliche Ankunft des Zuges; der voraussichtliche deutsche Meister; er wird v. morgen kommen; v. werden alle zustimmen.

vorbauen: 1. a) *vorsorgen, Vorkehrungen treffen:* sie haben für ihr Alter vorgebaut; er baut schon vor, falls er nicht kommt. **b)** ⟨einer Sache v.⟩ *rechtzeitig etwas gegen etwas unternehmen:* Mißverständnissen v. **2.** ⟨etwas v.⟩ *etwas vorn anbauen:* eine Veranda v.; ⟨einer Sache etwas v.⟩ dem Hotel wird eine Eingangshalle vorgebaut.

Vorbedacht ⟨in den Verbindungen⟩ **aus/mit/voll Vorbedacht** *(nach genauer Überlegung und in bestimmter Absicht)* · **ohne Vorbedacht** *(ohne Überlegung).*

Vorbehalt, der: *Einwand, Einschränkung:* ein stiller, versteckter, innerer V.; meine Vorbehalte sind nicht unbegründet; einige Vorbehalte gegen den Plan haben, anmelden; einer Sache ohne [den leisesten] V. zustimmen; etwas nur unter/mit V. annehmen.

vorbehalten ⟨sich etwas v.⟩: *sich noch eine Möglichkeit offenlassen:* sich gerichtliche Schritte, die letzte Entscheidung, das Recht auf Änderung, die Möglichkeit, vom Vertrag zurückzutreten, v.; [wir haben uns] alle Rechte vorbehalten. * **etwas ist/bleibt jmdm. vorbehalten** *(jmdm. ist/bleibt es überlassen, als erster etwas zu tun).*

vorbehaltlich (Papierdt.) ⟨Präp. mit Gen.⟩: *unter der Voraussetzung, daß ...:* v. der Genehmigung des Vorstandes/durch den Präsidenten.

vorbei ⟨Adverb⟩: **1.** /räumlich/ *neben jmdm., etwas entlang und schon weiter weg:* der Wagen ist hier schon v.; an zwei Gegenspielern ist er v., am dritten bleibt er hängen; ü b e r t r. : er schleuste die Gelder am Finanzamt v. ins Ausland; Maßnahmen wurden ergriffen, leider am Bedarf v. **2.** /zeitlich/ *vergangen:* es ist acht Uhr v.; als wir kamen, war alles schon v. *(zu Ende);* der Sommer war schnell v.; R: v. ist v. * (ugs.:) **mit jmdm. ist es vorbei: a)** *(jmd. ist tot).* **b)** *(jmd. ist am Ende seiner Kräfte, seiner Existenz)* · (ugs.:) **mit etwas ist es vorbei** *(etwas existiert nicht mehr).*

vorbeigehen: 1. a) *entlang- und weitergehen:* er ging grußlos, in einiger Entfernung vorbei; wir haben ihn gerade v. sehen; ohne sie eines Blickes zu würdigen, ging er an ihr vorbei; achtlos an einem Gemälde v.; sie muß unter unserem Fenster v.; der Schuß ging haarscharf [am Tor] vorbei *(hat nicht [ins Tor] getroffen);* ü b e r t r. : an der Wirklichkeit, am Leben v.; s u b s t. : beim, im Vorbeigehen rief sie uns einen Gruß zu; im Vorbeigehen *(nur flüchtig)* etwas bemerken. **b)** (mit Raumangabe) *auf einem größeren Gang jmdn., etwas kurz besuchen, um etwas zu erledigen:* noch kurz zu Hause, im Supermarkt v.; beim Einkaufen werde ich bei ihr, bei der Post v.; bei dieser Gelegenheit kannst du dort v. und die Rechnung bezahlen. **2.** ⟨etwas geht vorbei⟩ *etwas vergeht:* das Gewitter geht schnell vorbei; die Schmerzen werden wieder v.; ü b e r t r. : keine Gelegenheit, Chance ungenutzt v. lassen.

vorbeireden ⟨an etwas v.⟩: *nicht auf den Kern einer Sache eingehen:* er hat dauernd an den Dingen, am eigentlichen Problem vorbeigeredet. * **aneinander vorbeireden** *(miteinander über etwas sprechen, wobei jeder etwas anderes meint).*

vorbereiten: 1. ⟨jmdn., sich, etwas auf/für etwas v.⟩ *auf etwas einstellen, für etwas leistungsfähig, geeignet machen:* sich lange, intensiv, schlecht auf/für eine Prüfung v.; der Trainer hat die Mannschaft auf/für das Spiel sehr gut vorbereitet; er versuchte, seine Eltern schonend darauf vorzubereiten *(seinen Eltern etwas schonend mitzuteilen);* auf etwas nicht vorbereitet *(gefaßt)* sein; ⟨auch ohne Präp.-Obj.⟩ er hatte sich gut vorbereitet, war nicht vorbereitet. **2.** ⟨etwas v.⟩ *notwendige Dinge vorher erledigen:* ein Fest, den Parteitag v.; eine Reise gut, in allen Einzelheiten v.; vorbereitende Maßnahmen treffen.

Vorbereitung, die: *das Vorbereiten; vorbereitende Maßnahme:* eine lange, intensive, ausgedehnte V.; die V. des Parteitages; die V. auf/für die Prüfung; die Vorbereitungen laufen auf vollen Touren; Vorbereitungen [für etwas] treffen; die Vorbereitungen unterbrechen, beenden, abschließen; jmdm. bei den Vorbereitungen helfen; etwas ist, befindet sich in V.; mit den Vorbereitungen beginnen; nach gründlicher V.; ohne jede V. hat sie 30 Punkte geschafft.

vorbeugen: **1.** ⟨sich v.⟩ *sich nach vorn beugen:* er hat sich zu weit vorgebeugt; ich mußte mich v., um etwas zu sehen. **2.** ⟨einer Sache v.⟩ *durch bestimmte Maßnahmen etwas zu verhindern suchen:* einer Gefahr, Krankheit v.; sie beugten einer militärischen Auseinandersetzung v.; vorbeugende Maßnahmen; R: v. ist besser als heilen.

Vorbild, das: *[mustergültiges] Beispiel; Leitbild:* ein schlechtes V.; ein leuchtendes V. für jmdn. sein; er ist der Jugend/für die Jugend ein echtes V.; dieser Konflikt diente ihm als V. für sein Drama; [sich (Dativ)] ein V. suchen; jmdm. ein V. geben; in jmdm. ein V. haben, sehen; einem großen V. nacheifern, nachstreben, folgen; nach dem V. von ...; nimm ihn dir zum V.!; etwas zum V. wählen.

vorbildlich: *mustergültig:* ein vorbildliches Verhalten; eine vorbildliche Sauberkeit; er ist ein vorbildlicher Lehrer; seine Arbeit ist v.; sich v. benehmen.

vorbringen: **1.** ⟨etwas v.⟩ *etwas nach vorn bringen:* etwas von hinten, aus dem Lager v.; militär.: Geschütze, Munition, Nachschub v. *(ins Kampfgebiet bringen).* **2. a)** ⟨etwas v.⟩ *etwas vortragen, darlegen:* seine Wünsche, Forderungen v.; ein Anliegen, eine Frage v.; er muß Gründe, Beweise, Argumente v.; was hast du noch zu deiner Verteidigung vorzubringen? **b)** ⟨etwas gegen jmdn., gegen etwas v.⟩ *einwenden:* gegen diese Theorie läßt sich v., daß ...; was hast du dagegen vorzubringen?

vordere: *sich vorn befindend:* der v. Teil des Hauses; in den vorderen Reihen sitzen.

Vordergrund, der: *vorderer Bereich:* der V. der Bühne; im V. des Bildes stehen einige Personen. * **im Vordergrund stehen** *(Mittelpunkt sein; stark beachtet werden)* · **etwas in den Vordergrund stellen** *(etwas als besonders wichtig herausstellen)* · **in den Vordergrund treten/rücken** *(auffallen, an Bedeutung gewinnen)* · **jmdn., sich in den Vordergrund spielen/rücken/drängen/schieben** *(Aufmerksamkeit erregen wollen; sich vordrängen).*

vorderste: *sich ganz vorn befindend:* die v. Tür; in der vordersten Reihe sitzen; übertr.: an vorderster Front; in der vordersten Front, Linie, Reihe *(im Brennpunkt des Geschehens)* stehen.

vordringen: a) ⟨mit Raumangabe⟩ *vorwärts dringen:* in große Höhen, in den Weltraum v.;

der Feind ist bis an die Außenbezirke der Stadt, er ist mit seinem Plan bis zum Minister vorgedrungen; übertr.: in unerforschte Gebiete, Bereiche v. **b)** ⟨etwas dringt vor⟩ *etwas breitet sich aus:* diese Mode dringt [immer mehr] vor.

vordringlich: *besonders dringend:* vordringliche Aufgaben, Fragen; dieses Wohnungsgesuch, dieser Fall ist v.; etwas v. behandeln.

voreinander ⟨Adverb⟩: **a)** *einer vor dem andern:* sich v. hinstellen. **b)** *gegenseitig:* sich v. fürchten; etwas v. verbergen.

voreingenommen: *parteiisch, nicht objektiv:* eine voreingenommene Haltung; ⟨gegen jmdn., etwas/jmdm., einer Sache gegenüber v. sein⟩ du bist doch v. gegen diesen Verein/gegenüber diesem Verein.

vorenthalten ⟨jmdm. etwas v.⟩: *nicht geben, gewähren:* jmdm. sein Geld, Erbe v.; diese Neuigkeit hat uns vorenthalten; den Lesern nichts v. *(die Leser über alles informieren).*

vorerst ⟨Adverb⟩: *zunächst, einstweilen:* ich möchte v. nichts unternehmen; v. müssen wir warten.

Vorfahr[e], der: *Angehöriger der früheren Generation einer Familie:* die väterlichen Vorfahren; seine Vorfahren stammen aus Frankreich; er ist ein V. von uns, ein V. mütterlicherseits.

vorfahren: **1. a)** *weiter nach vorn fahren:* der Zug fährt [ein Stück] vor; ich werde noch ein paar Meter v. **b)** ⟨etwas v.⟩ *etwas weiter nach vorn fahren:* fahren Sie Ihren Wagen noch etwas vor. **2. a)** *vors Haus, vor den Eingang fahren:* das Taxi, der Chauffeur ist [unten, am Eingang] vorgefahren; in, mit einem Rolls-Royce v.; vor dem Theater, zum Empfang v. **b)** ⟨etwas v.⟩ *etwas vors Haus, vor den Eingang fahren:* lassen Sie den Wagen v.

Vorfall, der: *Vorkommnis; plötzliches Ereignis:* ein eigenartiger, seltsamer, rätselhafter, unangenehmer, peinlicher V.; ein V. von großer, allgemeiner Bedeutung; keine besonderen Vorfälle; die Vorfälle häuften sich; der V. ereignete sich auf dem Marktplatz; einen V. geheimhalten, verschweigen; sehr ernst nehmen, beobachten, miterleben; von dem V. nichts gemerkt haben.

vorführen: 1. ⟨jmdm. jmdn. v.⟩ *vor jmdn. hinführen:* den Häftling dem Untersuchungsrichter v.; der Patient wurde dem Arzt vorgeführt; ⟨auch ohne Dat.⟩ die Gefangenen wurden vorgeführt. **2. a)** ⟨jmdm., etwas v.⟩ *zeigen, vorstellen:* Tiere, Pferde v.; die neue Mode, neue Kleider v.; die Firma führt morgen ihre neuen Automodelle vor. **b)** ⟨etwas v.⟩ *etwas aufführen, darbieten:* einen Film, neuestes Programm v.; ⟨jmdm. etwas v.⟩ er führte dem Publikum einen dreifachen Salto am Trapez vor. **3.** (ugs.) ⟨jmdn., etwas v.⟩ *blamieren:* die Opposition versuchte, den Staatssekretär vorzuführen; vor allen Leuten wurde sie vorgeführt; Sport: die Gastmannschaft wurde mit 6:0 regelrecht vorgeführt.

Vorgang, der: **1.** *Ereignis, Geschehen:* ein wichtiger, entscheidender V.; die Vorgänge um den Rücktritt des Ministers; diese Vorgänge kamen nicht zur Sprache, wiederholten sich; die Vorgänge genau verfolgen; einen V. melden, in allen Einzelheiten schildern; sich nicht mehr genau erinnern können. **2.** *Gesamtheit der eine bestimmte Person, Sache betreffenden Akten:* den V.

XY anfordern; bitte suchen Sie mir den V. zu diesem Tagesordnungspunkt heraus.

vorgeben: 1. ⟨etwas v.⟩ *etwas nach vorn geben:* die Hefte v.; ⟨jmdm. etwas v.⟩ geben Sie mir bitte einmal alle Muster vor. 2. (bes. Sport) ⟨jmdm. etwas v.⟩ *jmdm. einen Vorsprung geben:* den Amateuren eine Runde v.; ⟨seinem Gegner (beim Schach) einen Turm, Bauern v.; ich gebe Ihnen 15 Punkte, 30 Meter vor. 3. ⟨etwas v.⟩ *etwas zum Vorwand nehmen:* er gab vor, krank gewesen zu sein; er gab dringende Geschäfte vor. 4. ⟨etwas v.⟩ *etwas ansetzen, festlegen, bestimmen:* ein Limit, eine bestimmte Zeit v.; die vorgegebene Flugbahn erreichen; ⟨jmdm. etwas v.⟩ ihnen wurden bestimmte Normen vorgegeben.

vorgehen: 1. **a)** *nach vorn gehen:* an die Tafel, zur Bühne, zum Altar v.; militär.: der Feind ging [zum Angriff] vor; in Schützenlinie v. *(angreifen).* **b)** *vorausgehen:* ich bin vorgegangen, weil ich den Weg kannte; du kannst schon v. **c)** ⟨etwas geht vor⟩ *etwas zeigt etwas zu früh an:* die Uhr geht [zehn Minuten] vor. 2. ⟨etwas geht vor; gewöhnlich mit Raumangabe⟩ *etwas geschieht:* was geht hier, hinter meinem Rücken, zwischen den beiden vor?; große Veränderungen gehen in der Welt, mit ihm vor; nicht wissen, was in jmdm. vorgeht. 3. *Vorrang haben:* die Schulaufgaben gehen vor; das Alter geht vor *(alte Leute haben Vorrang);* die Gesundheit, meine Mutter geht [mir] vor; ⟨jmdm., einer Sache v.⟩ das geht allen anderen vor. 4. ⟨mit Umstandsangabe⟩ *handeln, gegen etwas angehen:* streng, entschieden, unnachsichtig, rücksichtslos, brutal, mit Gewalt v.; gegen die Übeltäter, gegen Verleumdungen mit aller Schärfe, gerichtlich v.; die Polizei ging gegen die Demonstranten mit Wasserwerfern vor; die Schülerin ging bei dieser Aufgabe sehr geschickt, methodisch, systematisch vor; subst.: ein überstürztes Vorgehen führt zu nichts.

Vorgeschmack, der: *etwas, wodurch man einen gewissen Eindruck von etwas Kommendem erhält:* das war nur ein kleiner V. auf die morgige, von der morgigen Sendung; wir haben im V. des Frühlings bekommen.

Vorgesetzte, der und die: *jmd., der anderen übergeordnet ist:* ein angenehmer Vorgesetzter; sich an die unmittelbare V. wenden.

vorgestern ⟨Adverb⟩: *einen Tag vor dem gestrigen:* ich habe ihn v. getroffen. ∗ **von vorgestern sein** *(sehr rückständig, überholt sein).*

vorgreifen ⟨jmdm., einer Sache v.⟩: *jmdm., einer Sache zuvorkommen:* dem Minister, seiner Stellungnahme, der Entscheidung des Gerichts nicht v.; ⟨auch ohne Dat.⟩ ich wollte nicht v.

Vorhaben, das: *Plan, Absicht:* ein gefährliches V.; wissenschaftliche V. *(Projekte);* das V. ist geglückt, scheiterte; jmds. V. vereiteln; ein V. billigen, aus-, durchführen, unterstützen; jmdm. sein V. ausreden; jmdn. von seinem V. abbringen.

vorhalten: 1. ⟨etwas v.⟩ *davorhalten:* ein Taschentuch, die Hand beim Husten v.; mit vorgehaltener Pistole Geld fordern; ⟨jmdm., sich etwas v.⟩ sich einen Spiegel v. 2. ⟨jmdm. etwas v.⟩ *jmdm. wegen etwas Vorhaltungen machen:* jmdm. seine Fehler, Sünden, Schwächen, Äußerungen v.; er hielt ihr vor, daß sie zuviel Geld ausgäbe. 3. ⟨etwas hält vor⟩ *etwas reicht, hält an:* die Vorräte

werden [noch vier Wochen] v.; das Essen hält nicht vor *(war nicht gehaltvoll);* übertr.: die Freude, die gute Stimmung hielt nicht lange vor.

Vorhaltung ⟨gewöhnlich in der Verbindung⟩ jmdm. [wegen, in einer Sache] Vorhaltungen machen: *jmdm. etwas vorwerfen; jmdn. tadeln.*

Vorhang, der: **a)** *vor etwas hängende größere Stoffbahn:* einfarbige, bunte, schwere, samtene Vorhänge an den Fenstern, Türen; der V. fällt nicht gleichmäßig, hält das Licht ab; den V. auf-, zuziehen, zurückschieben, zum Waschen abnehmen, öffnen, schließen; den V. nähen, waschen, spannen; die Sonne fällt, dringt durch den V.; **b)** *Bühnenvorhang:* ein schwerer, dunkelroter V.; der V. geht auf/hoch, geht zu, fällt, hebt sich, senkt sich, teilt sich; der V. herunterlassen; in zehn Minuten ist V. *(ist die Vorstellung zu Ende);* der Künstler hatte zwölf Vorhänge *(mußte beim Applaus sich zwölfmal zeigen);* vor den V. treten; übertr.: über die Ereignisse war der V. gefallen *(die Ereignisse waren endgültig vergessen).* ∗ **der eiserne Vorhang** *(feuersicherer Abschluß der Bühne gegen den Zuschauerraum)* · **der Eiserne Vorhang** *(die weltanschaulich-politische Grenze zwischen Ost und West).*

vorher ⟨Adverb⟩: *vor einem bestimmten Zeitpunkt:* einige Tage v.; warum hast du mir das nicht v. gesagt?; wie schon v. erwähnt ...; v. sah alles anders aus.

vorherrschen ⟨etwas herrscht vor⟩: *etwas überwiegt, ist beherrschend:* eine Mode, ein Stil herrscht vor; in dem Gemälde herrschen rote Farbtöne vor; ich bin v. der allgemein in der Ansicht vor, daß ...; die vorherrschende Meinung.

vorhin ⟨Adverb⟩: *vor kurzer Zeit:* er war v. da; v. sprachen wir noch davon.

vorige: *vorhergehend:* voriges Jahr; vorigen Monat; am vorigen Dienstag; in der vorigen Woche; im vorigen *(weiter oben)* bereits gesagt ...; subst.: aus dem Vorigen *(aus den voranstehenden Ausführungen)* geht hervor, daß ...; die Vorigen (in Bühnenanweisungen: *die bereits in der letzten Szene vorkommenden Personen).*

Vorkehrung, die ⟨meist Plural⟩: *vorbeugende Maßnahme:* die Vorkehrungen waren ausreichend, nutzten nichts; Vorkehrungen treffen.

Vorkenntnisse, die ⟨Plural⟩: *bereits vorhandenes Wissen:* für diese Tätigkeit sind keine besonderen, keinerlei V. erforderlich; spezielle V. in der englischen Sprache sind nicht vonnöten; ihm fehlen die einfachsten, elementarsten V.; gute, ausreichende V. haben, besitzen, mitbringen.

vorknöpfen (ugs.) ⟨sich (Dativ) jmdn. v.⟩: *jmdn. zur Rede stellen, zurechtweisen, zur Rechenschaft ziehen:* den werde ich mir gründlich v.!; übertr.: das neue Programm muß ich mir heute nachmittag mal v.

vorkommen: 1. *nach vorn kommen:* die Zuschauer kamen langsam, immer weiter vor; der Schüler mußte v. *(an die Tafel kommen).* 2. ⟨etwas kommt vor⟩: **a)** *etwas geschieht, ereignet sich:* etwas kommt selten, nie, oft, häufig, kaum, überall vor; so etwas kommt schon mal vor, kann v., darf nicht wieder v.; das kommt nur im Film vor; etwas kommt alle Jubeljahre einmal (ugs.; *sehr selten)* vor; ⟨etwas kommt jmdm. vor⟩ so etwas ist mir noch nicht vorgekommen. **b)** ⟨mit Raumangabe⟩ *etwas findet sich, ist vorhanden:* in dem Text kommen viele Fehler vor; das Tier kommt nur noch am Amazonas, in Afrika vor; in diesem Land kommen wertvolle Bodenschätze vor; subst.: reiche Vorkommen an Eisenerz, von Erdöl. **3.** ⟨jmdm., sich v.; mit Artangabe⟩ *einen bestimmten Eindruck auf jmdn. machen:* die Sache kommt mir komisch, merkwürdig, eigenartig, verdächtig, seltsam v.; er, das Bild kommt mir bekannt vor; mir kommt alles so vor, als ob ...; das kommt dir nur so vor *(da irrst du dich);* wie kommst du mir eigentlich vor? (ugs.; *was erlaubst du dir?*); neben ihr komme ich mir klein und häßlich vor; hier komme ich mir verlassen, überflüssig, ziemlich wertlos, wie ausgestoßen vor; sich sehr klug, wichtig, wunder wie schlau v.

Vorlage, die: **a)** *das Vorlegen:* zahlbar bei V. eines Schecks; die Karten werden nur gegen V. des Personalausweises ausgehändigt; eine Verdienstbescheinigung zur V. beim Finanzamt. **b)** *Muster, Vorbild:* keine V. [für, zu etwas] haben; eine V. zum Stricken; eine V. benutzen; die V. kopieren; sich genau an die V. halten; etwas nach einer, ohne V. zeichnen, malen, anfertigen. **c)** *Gesetzesvorlage:* eine V. für ein neues Gesetz ausarbeiten, beraten; eine V. einbringen, durchbringen (ugs.), annehmen, abändern, ablehnen; einer V. zustimmen. **d)** (Sport) *Ballvorlage:* eine weite, steile, genaue, präzise, maßgerechte V.; eine V. geben, aufnehmen; die V. verpassen, direkt verwandeln, nicht mehr erreichen; auf V. des Linksaußen schoß er das Führungstor.

vorlassen: 1. (ugs.) ⟨jmdn. v.⟩ *vorgehen, passieren lassen:* jmdn. an der Kasse, auf der Treppe v.; einen schnellen Läufer v.; ich habe die ältere Dame am Schalter vorgelassen. **2.** ⟨jmdn. v.⟩ *jmdn. zu einem Höhergestellten gehen lassen:* er wurde beim Minister nicht vorgelassen; die Sekretärin durfte niemanden v.

vorläufig: *vorübergehend; nicht endgültig:* eine vorläufige Aufenthaltserlaubnis; diese Maßnahmen sind nur v.; v. *(vorerst)* wohne ich im Hotel.

vorlaut: *sich überall einmischend; ungefragt redend:* ein vorlauter Junge; ein vorlautes Mundwerk; sei nicht so v.!; v. antworten.

vorlegen: 1. a) ⟨sich v.⟩ *sich nach vorn beugen:* du darfst dich nicht [so, zu weit] v. **b)** ⟨etwas v.⟩ *vor etwas hinlegen:* einen Stein, Hemmschuh, Balken v. (vor das Rad); eine Kette, einen Riegel v. *(die Tür mit einer Sicherheitskette, einem Riegel verschließen);* ⟨jmdm. etwas v.⟩ den Tieren Futter, Klee v.; darf ich Ihnen noch etwas v.? *(von der Platte auf den Teller legen?);* Sport: er legte dem Mittelstürmer maßgerecht den Ball vor. **c)** ⟨jmdm. etwas zu etwas v.⟩ *jmdm. etwas präsentieren:* jmdm. einige Bücher zur Ansicht, Begutachtung v.; dem Chef den Brief, Vertrag zur Unterschrift v.; ⟨auch ohne Präp.-Obj.⟩ die Verteidigung legte dem Gericht neues Beweismaterial vor⟩ sich (Dativ) ein Protokoll v. lassen; ⟨auch ohne Dat. und ohne Präp.-Obj.⟩ seinen Ausweis v. müssen. **2.** ⟨etwas v.⟩ *etwas veröffentlichen, darlegen:* einen Gesetzentwurf, den Bilanzbericht v.; ⟨jmdm. etwas v.⟩ die Pläne wurden jetzt dem Ausschuß, der Öffentlichkeit vorgelegt. **3.** ⟨etwas v.⟩ *in einem Wettbewerb als erster etwas erzielen, vorweisen:* eine gute Zeit, einen weiten Sprung,

20 Punkte v.; sie legten ein hohes Tempo vor *(liefen, fuhren sehr schnell).* **4.** ⟨etwas v.⟩ *vorläufig bezahlen:* eine Summe, 20 Mark v.; ⟨auch ohne Akk.⟩ kannst du für mich v.?

vorlesen ⟨jmdm. etwas v.⟩: *etwas, was andere hören sollen, laut lesen:* den Kindern Geschichten v.; soll ich dir den Brief v.?; ⟨auch ohne Dat.⟩ er hat einige Abschnitte aus seinem Buch vorgelesen; lies mal vor, was auf dem Zettel steht.

Vorliebe, die: *besonderes Interesse:* seine V. gilt der alten Musik; eine geheime, ausgesprochene, besondere V. für etwas haben, zeigen, verraten, an den Tag legen; sie liest mit V. Krimis.

vorliebnehmen ⟨mit jmdm., mit etwas v.⟩ *sich mit dem begnügen, was gerade zur Verfügung steht:* ich nehme statt des Bettes mit dem Sofa vorlieb; Sie werden heute mit mir v. müssen.

vorliegen: a) ⟨etwas liegt jmdm. vor⟩ *etwas befindet sich in jmds. Händen:* der Antrag liegt dem Ausschuß zur Begutachtung vor; der Fall liegt bereits dem Richter, dem Gericht vor; ⟨auch ohne Dat.⟩ es liegen noch nicht alle Unterlagen vor; sein neuer Roman liegt jetzt vor; adj. Part.: im vorliegenden Fall. **b)** ⟨etwas liegt vor⟩ *etwas besteht, ist vorhanden:* ein Verschulden des Fahrers liegt nicht vor; offenkundig liegt hier ein Irrtum vor; es liegen Gründe zu der Annahme vor, daß ...; gegen ihn liegt nichts vor; es liegt noch nichts vor *(es ist noch keine Arbeit da).*

vormachen: 1. (ugs.) ⟨etwas v.⟩ *etwas vor etwas machen, legen, anbringen:* den Riegel, die Sicherheitskette v. **2.** ⟨jmdm. etwas v.⟩ *zeigen, wie etwas zu machen ist:* man muß ihm alles v.; kannst du mir das noch einmal v.? **b)** *weismachen, vortäuschen:* mir kannst du [so leicht] nichts v.; auf diesem Gebiet, in diesen Dingen macht mir keiner etwas vor *(habe ich selbst genaue Kenntnisse);* wir wollen uns doch nichts v.

vormerken ⟨jmdn., etwas v.⟩: *für eine spätere Sache notieren:* eine Bestellung, einen Termin im Kalender v.; jmds. Besuch für 10 Uhr v.; sich v. lassen *(sich auf die Warteliste setzen lassen);* ein Zimmer v. *(reservieren).*

vormittag: ↑ nachmittag.

Vormittag: der: ↑ nachmittag.

vormittags: ↑ nachmittags.

Vormund, der: *Rechtsvertreter einer minderjährigen oder entmündigten Person:* einen V. [für jmdn.] einsetzen, berufen; jmdm. einen V. geben; jmdn. zum V. berufen, bestellen, bestimmen; übertr.: ich brauche keinen V. *(ich kann für mich selbst sprechen).*

Vormundschaft, die: *Aufsicht eines Vormundes:* die V. über/(seltener) für jmdn. übernehmen, führen; jmdm. die V. übertragen; jmdn. unter V. stellen; unter jmds. V. stehen.

vorn[e] ⟨Adverb⟩: *an vorderer Stelle; an der Vorderseite:* da, rechts, ganz, weiter v.; der Eingang ist v.; er sitzt v. in der zweiten Reihe; bitte v. einsteigen; v. *(an der Spitze)* marschieren; alle Zimmer liegen nach v. (ugs.; *auf der Straßenseite*); etwas von v. betrachten. * **von vorn[e]** *(von Anfang an)* · (ugs.:) **von vorn[e] bis hinten** *(ganz und gar).*

vornehm: 1. a) *gebildet; sich durch edle Gesinnung auszeichnend, fein:* eine vornehme Dame, Gesellschaft; dort trifft sich die vornehme Welt; ein vornehmes Wesen haben; in vornehmen

Kreisen; aus einer vornehmen Familie stammen; sein Benehmen ist immer sehr v.; er tut immer so v. **b)** *elegant, erlesen, gepflegt:* eine vornehme Blässe, Wohnung, Kleidung; ein vornehmer Badeort; ein vornehmes Internat besuchen; die Ausstattung des Wagens ist, wirkt ausgesprochen v. **2.** (geh.) *hauptsächlich, wichtig:* unsere vornehmste Aufgabe, Pflicht besteht darin ...
vornehmen: 1. ⟨etwas v.⟩: **a)** *etwas nach vorn bewegen:* die Stühle v.; die linke Schulter, das linke Bein v. **b)** (ugs.) *etwas davortun:* die Hand, ein Taschentuch v. *(vor den Mund nehmen);* ich habe eine Schürze vorgenommen *(vorgebunden).* **2. a)** ⟨sich (Dativ) etwas v.⟩ *etwas zu tun beabsichtigen:* sich einiges, zuviel, allerhand, etwas anderes v.; ich habe mir heute diese Arbeit vorgenommen; ich habe mir fest vorgenommen, künftig nicht mehr daran teilzunehmen. **b)** (ugs.) ⟨sich (Dativ) etwas v.⟩ *sich mit etwas zu beschäftigen beginnen:* nehmt euch die Landkarte, das Buch, die unregelmäßigen Verben noch einmal vor! **c)** (ugs.) ⟨sich (Dativ) jmdn. v.⟩ *vorknöpfen:* den werde ich mir mal v.! **3.** ⟨etwas v.⟩ *etwas durchführen:* eine Prüfung, genaue Untersuchung, Beratung, Investition v.; an der Sache sollen noch einige Änderungen vorgenommen werden.
vornherein ⟨in der Verbindung⟩ *von vornherein: von Anfang an:* etwas steht von v. fest; er hat den Plan von v. abgelehnt.
Vorrang, der: *größere Bedeutung, höherer Stellenwert (als jmd., etwas anderes):* [den] V. vor jmdm., etwas haben; diese Sache hat absoluten V.; jmdm. den V. geben, streitig machen, einräumen, lassen; den V. behalten, behaupten.
Vorrat, der: *zum späteren Gebrauch Gesammeltes, Angehäuftes:* ein großer, reichlicher V.; ein V. an Lebensmitteln [für Notzeiten]; die Vorräte sind ausreichend, werden knapp, sind aufgebraucht, aufgezehrt, gehen zur Neige; solange der V. reicht; [sich] einen V. anlegen; Vorräte ansammeln, hamstern (ugs.); etwas als/auf V. kaufen, anschaffen; etwas in V. haben, halten; übertr.: er hat einen unerschöpflichen V. an Witzen auf Lager; auf V. arbeiten, schlafen.
vorrätig: *als Vorrat vorhanden:* vorrätige Waren; davon ist nichts mehr v.; das Buch ist nicht mehr v.; einen Artikel v. haben, halten.
Vorrecht, das: *besonderes Recht; Vergünstigung:* ein traditionelles V.; das ist das V. der Jugend; jmdm. steht das V. zu; ein V. haben, genießen, verlieren; ein V. für sich beanspruchen, in Anspruch nehmen; sich ein V. verschaffen; jmds. Vorrechte aufheben; jmdm. ein V. entziehen; jmdn. seiner Vorrechte berauben (geh.); auf sein V. verzichten; von seinem V. Gebrauch machen.
Vorrichtung, die: *Konstruktion, Apparatur mit bestimmter Funktion:* eine praktische, einfache, zweckmäßige, sinnvolle V.; eine V. zum Belüften; die V. arbeitet automatisch.
vorrücken: 1. a) ⟨etwas v.⟩ *etwas nach vorn rücken:* den Schrank v.; ich werde den Schreibtisch noch ein Stück v. **b)** *sich nach vorn bewegen:* wenn Sie [mit Ihrem Stuhl] vorrücken, habe ich auch noch Platz; rücke auf Feld 5 vor!; die Zeiger der Uhr rücken vor; unsere Mannschaft ist auf den zweiten Tabellenplatz vorgerückt. **2.** (militär.) *vordringen:* die feindlichen Truppen rücken im-

mer weiter, sehr schnell vor. **3.** ⟨etwas rückt vor⟩ *etwas geht unaufhaltsam auf einen späteren Zeitpunkt zu:* die Zeit rückt [schnell] vor, ist schon ziemlich vorgerückt; zu vorgerückter Stunde *(ziemlich spät am Abend);* übertr.: ein Mann in vorgerücktem *(höherem)* Alter.
Vorsatz, der: *feste Absicht:* gute, löbliche Vorsätze haben; unser fester V. ist, seine Absetzung zu erreichen; einen V. fassen, aufgeben, fallenlassen, vergessen; etwas macht jmds. Vorsätze zunichte; seinem V. treu bleiben; an seinem V. festhalten; bei seinem V. bleiben; jmdn. in seinem V. bestärken; er kam mit dem V., Streit zu beginnen; von seinem V. nicht abgehen.
vorsätzlich: *mit Absicht; voll bewußt:* vorsätzliche Brandstiftung, Körperverletzung; etwas geschah v.; jmdn. v. beleidigen.
Vorschein ⟨in den Wendungen⟩ **etwas zum Vorschein bringen** *(zum Vorschein kommen lassen)* · **etwas kommt zum Vorschein** *(etwas erscheint, kommt aus der Verborgenheit hervor).*
vorschieben: 1. a) ⟨etwas v.⟩ *etwas vor etwas schieben:* den Riegel v. **b)** ⟨etwas v.⟩ *etwas nach vorn, vorwärts schieben:* den Tisch, den Wagen [etwas, ein Stück] v.; er schob verlegen die Unterlippe vor; eine Grenze v. *(vorverlegen);* Truppen v. *(vorrücken lassen);* vorgeschobene Stellungen; auf vorgeschobenem Posten stehen. **c)** ⟨jmdn., sich, etwas v.⟩ *nach vorn bewegen:* den Kopf v., um etwas zu sehen; er schob sich in der Menge allmählich immer weiter vor; die kalten Luftmassen schieben sich nach Süden vor. **2. a)** ⟨jmdn. v.⟩ *jmdn. für die eigenen Interessen tätig werden lassen:* er sucht noch einen, den er v. kann; man schob einige Strohmänner vor. **b)** ⟨etwas v.⟩ *etwas zum Vorwand nehmen:* eine Krankheit, eine wichtige Besprechung als Grund für sein Fernbleiben v.; ein vorgeschobener Grund.
vorschießen: 1. *sich schnell vorbewegen:* plötzlich, aus dem Hintergrund v.; der rote Rennwagen ist plötzlich vorgeschossen und hat die Führung übernommen. **2.** (ugs.) ⟨jmdm. etwas v.⟩ *jmdm. Geld leihen:* meine Eltern haben mir das Geld, 1 000 Mark vorgeschossen.
Vorschlag, der: *Empfehlung, Anregung:* ein guter, brauchbarer, akzeptabler, kluger, vernünftiger, undurchführbarer, unsinniger V.; praktische Vorschläge; ein V. zur Lösung des Problems; ein V. zur Güte *(zur gütlichen Einigung);* der V. ist [un]annehmbar; na, ist das ein V.? (ugs.: *ist das nicht ein guter Gedanke?);* [jmdm.] einen V. machen; einen V. akzeptieren, billigen, ablehnen, verwerfen; ich erlaube mir den V. ...; sich jmds. Vorschlägen anschließen; auf jmds. V. eingehen; auf meinen V. [hin], auf V. von Frau ... wurde der Text geändert; Sie müssen mit konkreten Vorschlägen kommen (ugs.). * (Papierdt.:) **jmdn., etwas in Vorschlag bringen** *(vorschlagen).*
vorschlagen a) ⟨jmdm. etwas v.⟩: *jmdm. einen Vorschlag machen:* jmdm. eine andere Lösung v.; ⟨häufig ohne Dat.⟩ ich schlage vor, wir gehen zuerst essen/daß wir zuerst essen gehen. **b)** ⟨jmdn. v.⟩ *jmdn. für etwas empfehlen:* jmdn. für ein Amt, für einen Posten v.; sie wurde auf der Versammlung als Kandidatin vorgeschlagen.
vorschnell: *übereilt; voreilig:* ein vorschneller Entschluß; v. urteilen, handeln.

vorschreiben: 1. ⟨jmdm. etwas v.⟩ *als Vorlage, Muster niederschreiben:* den Kindern, Schülern die Buchstaben, Wörter deutlich v. **2.** ⟨jmdm. etwas v.⟩ *anordnen, bestimmen:* jmdm. die Arbeit, die Bedingungen v.; ich lasse mir von dir nichts v.; er hat mir vorgeschrieben, wie ich mich verhalten soll; ⟨häufig im 2. Partizip⟩ die vorgeschriebene *(verlangte)* Anzahl, Menge, Dosis; etwas ist so vorgeschrieben *(bestimmt, festgelegt).* **3.** ⟨etwas schreibt etwas vor⟩ *etwas bestimmt etwas:* das Gesetz, die Strafprozeßordnung schreibt [in diesen Fällen] vor, daß ...

vorschreiten ⟨etwas schreitet vor⟩: *etwas kommt voran:* die Bauarbeiten schreiten zügig vor; die Arbeit ist schon weit vorgeschritten; in vorgeschrittenem Stadium; trotz seines vorgeschrittenen *(höheren)* Alters wandert er viel.

Vorschrift, die: *Anweisung, Verordnung:* eine neue, strenge, genaue V.; eine V. für die Bedienung der Anlage; die V. besagt, daß ...; eine V. erlassen, umgehen, verletzen; er hat die dienstlichen, geltenden Vorschriften nicht beachtet, befolgt, eingehalten; jmdm. Vorschriften machen *(jmdm. etwas vorschreiben);* laut polizeilicher V.; sich [genau] an die Vorschriften halten; das verstößt gegen die V.; Dienst nach V. machen *(peinlich genau die Dienstvorschriften einhalten, so daß Verzögerungen entstehen);* nach V. des Arztes.

vorschriftsmäßig: *wie vorgeschrieben:* eine vorschriftsmäßige Ausrüstung; die technische Einrichtung ist nicht v.; sich v. verhalten; v. rechts fahren.

Vorschub ⟨in der Wendung⟩ jmdm., einer Sache Vorschub leisten: *jmdn., etwas [nicht Gutzuheißendes] begünstigen.*

Vorschuß, der: *Vorauszahlung:* ein V. auf das Gehalt, Honorar; einen V. beantragen, erhalten; V. nehmen; sich [Dativ] einen V. geben, auszahlen lassen; um [einen] V. nachsuchen, bitten.

vorschützen ⟨etwas v.⟩: *etwas zum Vorwand nehmen:* eine Krankheit, eine wichtige Besprechung [als Grund] für sein Fehlen v.

vorschweben ⟨etwas schwebt jmdm. vor⟩: *jmd. hat etwas im Sinn:* mir schwebt eine andere Lösung, etwas ganz Neues vor; diese Position schwebte ihm schon immer vor.

vorsehen: 1. a) ⟨etwas sieht vor⟩ *etwas ist sichtbar:* der lange Rock sieht [unter dem Mantel] vor. **b)** ⟨hinter etwas v.⟩ *hervorsehen:* die Kinder sahen hinter einer Hecke vor. **2. a)** ⟨etwas v.⟩ *planen:* eine Erhöhung der Produktion v.; die Neuauflage ist für nächstes Jahr vorgesehen; es ist vorgesehen, einige Bestimmungen zu ändern; das vorgesehene Gastspiel fiel aus. **b)** ⟨jmdn., etwas für etwas v.⟩ *in Aussicht nehmen; einplanen:* er ist für dieses Amt, für andere Aufgaben vorgesehen; wir haben das Geld für Möbelkäufe vorgesehen. **c)** ⟨jmdn. als jmdn., etwas als etwas v.⟩ *für jmdn., etwas bestimmen:* er ist als Nachfolger des Präsidenten vorgesehen; diesen Betrag haben wir als erste Planungsrate im Etat vorgesehen. **3.** ⟨etwas sieht etwas vor⟩ *etwas bestimmt etwas:* für diese Fälle sieht das Gesetz keine Unterstützung vor; der neueste Plan sieht vor, daß ... **4.** ⟨sich v.⟩ *vorsichtig sein:* sich beim Überqueren der Straße v.; sieh dich vor, daß/damit du nicht hereingelegt wirst; vor ihm muß man sich sehr v.

vorsetzen: 1. a) ⟨etwas v.⟩ *etwas vor etwas setzen:* eine Blende v.; ein Kreuz v. *(vor eine Note setzen);* ⟨einer Sache etwas v.⟩ er hat seinem Namen ein „von" vorgesetzt. **b)** ⟨etwas v.⟩ *nach vorn tun, bringen:* den rechten Fuß v.; das Verkehrsschild wurde noch etwas vorgesetzt. **c)** ⟨jmdn. sich v.⟩ *jmdn., sich weiter nach vorn hinsetzen:* den Schüler v.; nach der Pause haben wir uns vorgesetzt. **2.** ⟨jmdm. etwas v.⟩ *jmdm. etwas servieren, zum Essen hinsetzen:* seinen Gästen einen kleinen Imbiß v.; übertr. (ugs.): es ist unverschämt, einem ein solches Programm vorzusetzen.

Vorsicht, die: *das Vorsichtigsein; Achtsamkeit:* unnötige, übertriebene V.; hier ist äußerste V. geboten, nötig, am Platze; V.!; V., Hochspannung!; V., Stufe[n]!; V., zerbrechlich!; V., frisch gestrichen!; V., sie kommt! R: V. ist die Mutter der Weisheit/(ugs.:) der Porzellankiste; V. ist besser als Nachsicht; V. walten lassen (geh.), üben; alle V. außer acht lassen; etwas erfordert, verlangt, gebietet größte V.; etwas mit großer V. beginnen, tun; mit der nötigen V. vorgehen, zu Werke gehen; jmd., etwas ist mit V. zu genießen (ugs.; *große Zurückhaltung ist jmdm., einer Sache gegenüber geboten);* jmdn. zur V. mahnen; ich nehme zur V. *(sicherheitshalber)* einen Schirm mit.

vorsichtig: *achtsam; mit Vorsicht:* eine vorsichtige Fahrerin; mit vorsichtigen Schritten; eine vorsichtige Liberalisierung, Öffnung gegenüber dem Westen; vorsichtiger Optimismus; nach meiner Krankheit war ich die erste Zeit sehr v.; seien Sie v. beim Kauf, in/mit Ihren Äußerungen; bitte sei v., damit dir nichts passiert!; ⟨mit etwas v. sein⟩ wir müssen mit Sport, mit unserem Urteil v. sein *(müssen uns damit zurückhalten);* etwas v. anfassen, behandeln; fahr v.!

vorsintflutlich (ugs.): *völlig veraltet; altmodisch:* vorsintflutliche Anschauungen; die Ausrüstung ist v.; etwas sieht v. aus.

Vorsitz, der: *Versammlungsleitung:* den V. übernehmen, abgeben, niederlegen; den V. im Aufsichtsrat haben; bei einer Versammlung den V. führen; jmdm. den V. übergeben, übertragen; unter dem V. des Institutsleiters, von ...

Vorsorge, die: *vorsorgliche Maßnahme:* berufliche V.; für etwas V. treffen, tragen (Papierdt.; *für etwas sorgen);* es ist V. getroffen [worden], daß ...; der Kurs bietet eine V. gegen Haltungsschäden bei Kindern; trotz aller V. ...

vorsorglich: *zur Vorsorge; vorsichtshalber:* vorsorgliche Sicherheitsmaßnahmen; v. Einspruch erheben; ich habe v. mehr Geld mitgenommen.

vorspiegeln ⟨jmdm. etwas v.⟩: *vortäuschen:* jmdm. gute Absichten, Bedürftigkeit v.

Vorspiegelung ⟨in der Wendung⟩ Vorspiegelung falscher Tatsachen: *bewußte Irreführung:* jmdn. wegen V. falscher Tatsachen belangen.

vorsprechen: 1. ⟨[etwas] v.⟩ *rezitieren:* einen Text, einen Monolog v.; jmdn. v. lassen; sie hat im Theater vorgesprochen. **2.** ⟨jmdm. etwas v.⟩ *vorsagen:* dem Kind immer wieder die gleichen Wörter v. **3.** ⟨mit Raumangabe⟩ *jmdn. wegen eines Wunsches besuchen:* ich soll [wegen des Antrages, der Bewerbung] in drei Wochen noch einmal bei ihm, im Büro, auf der Dienststelle v.

vorspringen: 1. ⟨etwas springt vor⟩ *etwas ragt*

vor: das Gesims, der Balken springt an der Fassade [zu weit] vor; schroff vorspringende Felsen; er hat stark vorspringende Backenknochen. **2. a)** ⟨mit Raumangabe⟩ *hervorspringen:* hinter einem Auto, aus seinem Versteck v. **b)** ⟨etwas springt vor⟩ *etwas bewegt sich ruckartig weiter:* der Zeiger der Uhr sprang [auf die 10] vor.

Vorsprung, der: **1.** *vorspringender Teil:* auf dem V. einer Mauer, Fassade stehen; an einem V. hängenbleiben. **2.** *Abstand gegenüber Konkurrenten:* ein großer, nicht mehr aufzuholender, knapper, winziger, hauchdünner (ugs.) V.; ein V. von zwei Sekunden, von 50 Metern; der V. wächst, vergrößert sich, schmilzt, wird geringer; der V. beträgt 30 Punkte; seinen V. vergrößern, halten, verteidigen, verlieren, einbüßen, ins Ziel retten; einen V. gegenüber, vor den Verfolgern haben, herausholen; jmdm. einen V. geben; an V. gewinnen; mit großem V. durchs Ziel fahren, gehen; übertr.: einen V. an Know-how haben.

Vorstand, der: **a)** *Führungsgremium von Firmen, Vereinigungen:* ein dreiköpfiger V.; der V. tagt, tritt zusammen; den V. bilden, [neu] wählen, erweitern, umbilden, verkleinern, umbesetzen, zusammenrufen; den V. entlasten (Kaufmannsspr.; *seine Geschäftsführung nach Prüfung gutheißen*); dem V. angehören; die Mitglieder des Vorstandes; die Damen und Herren des Vorstandes/vom V.; in den V. gewählt, berufen werden. **b)** *Vorstandsmitglied:* er ist V. geworden, zum V. berufen worden.

vorstehen: 1. ⟨etwas steht vor⟩ *etwas ragt hervor:* der Zaun, der Randstein steht zu weit vor; vorstehende Zähne, Backenknochen haben. **2.** ⟨jmdm., einer Sache v.⟩ *die Führung haben:* dem Amt, einer Gemeinde, einem Institut v.; er hat drei Jahre lang unserer Abteilung vorgestanden.

vorstellen: 1. ⟨etwas v.⟩ **a)** *etwas vor etwas stellen:* einen Schirm, eine spanische Wand v. **b)** *etwas weiter vor stellen:* das rechte Bein v.; den Tisch, die Stühle noch etwas v.; den Zeiger v. *(vorwärts drehen):* die Uhr v. *(ihre Zeiger vorwärts drehen).* **2. a)** ⟨jmdn. jmdm. v.⟩ *jmdn., etwas bekannt machen:* er hat uns seine Begleiterin vorgestellt; sie hat ihn uns als ihren Verlobten vorgestellt; darf ich Ihnen meinen Bruder v.?; ⟨auch ohne Dat.⟩ heute wurde der neue Abteilungsleiter vorgestellt; übertr.: *präsentieren:* wir stellen Ihnen heute eine junge Künstlerin vor ...; die Firma stellt auf der Messe ihr neuestes Modell vor. **b)** ⟨sich v.⟩ *sich mit Namen, als Person bekannt machen:* der junge Mann stellte sich [mit Meyer, mit vollem Namen] vor; wir haben uns [gegenseitig] vorgestellt; heute stellt sich noch ein Bewerber in der Firma, beim Personalchef vor *(spricht wegen einer Anstellung vor);* er stellte sich als Vertreter der Firma ... vor; ⟨sich jmdm. v.⟩ Sie haben sich mir immer noch nicht vorgestellt; übertr.: sich den Wählern v.; die Band stellt sich in neuer Besetzung vor. **3.** ⟨sich (Dativ) jmdn., etwas v.⟩ *sich vergegenwärtigen; sich ein Bild von jmdm., von etwas machen:* ich kann mir v., daß er ein guter Lehrer ist/ich kann ihn mir als guten Lehrer v.; stellen Sie sich einmal vor, die Lage würde sich verschlechtern; stell dir meine Überraschung vor!; so stelle ich mir mein künftiges Leben vor; das kann ich mir nicht v. *(das*

halte ich für nicht möglich); sich alles anders, einfacher, schlimmer, komplizierter v.; darunter kann ich mir nichts v.; ich kann mir gut, lebhaft v., daß .../wie ...; was haben Sie sich als Gehalt, Preis so vorgestellt? (ugs.; *an welches Gehalt, an welchen Preis haben Sie gedacht?);* was hast du dir eigentlich vorgestellt? (ugs.; *was erlaubst du dir eigentlich?);* wie stellst du dir das vor? *(wie soll das vor sich gehen?);* stell dir vor (ugs.; *du wirst überrascht sein),* er hat sein Geschäft aufgegeben; du kannst dir gar nicht v., wie glücklich ich bin *(ich bin sehr glücklich /*als Verstärkung/*).* **4.** ⟨etwas v.⟩ *etwas darstellen:* was soll das eigentlich v.?; sie stellt etwas vor *(ist eine Persönlichkeit).*

vorstellig (in der Verbindung) vorstellig werden (Papierdt.) ⟨mit Raumangabe⟩ *sich an jmdn. wenden:* in dieser Sache, wegen eines Zuschusses ist er bei mir, auf der Behörde v. geworden.

Vorstellung, die: **1.** *das [Sich]bekanntmachen:* die V. der Kandidaten, der neuen Modelle; einen Bewerber zu einer persönlichen V. einladen. **2. a)** *Aufführung:* eine kostenlose V. für Schüler; eine V. für wohltätige Zwecke; die V. beginnt um 20 Uhr, ist um 22 Uhr zu Ende, dauert drei Stunden, fällt aus; eine V. besuchen, stören, absagen; der Zirkus gibt täglich zwei Vorstellungen; Ende der V.; in die V. am Nachmittag gehen; nach der V. noch essen gehen; kurz vor der V.; zu spät zur V. kommen. **b)** *Auftritt:* der Künstler gibt hier eine einmalige V.; das war eine kurze V.; der Kollege gab hier nur eine kurze V. (scherzh.; *war nur kurze Zeit hier beschäftigt);* die Mannschaft gab eine schwache V. (Sport; *spielte schwach).* **3.** *Überlegung, Gedanke:* falsche, vage, nebelhafte Vorstellungen; düstere Vorstellungen bedrücken ihn; feste, ungenaue, keine klaren Vorstellungen von etwas haben; sich noch keine rechte, richtige V. machen können; sein Bericht hat in mir die V. erweckt, daß ...; Sie machen sich keine Vorstellungen, Sie haben keine V. *(Sie ahnen nicht),* wie es hier zugeht; die V. *(Überzeugung)* gewonnen haben, daß ...; gewisse, bestimmte Vorstellungen in jmdm. [er]wecken; etwas gibt jmdm. eine V. von etwas; das entspricht nicht meinen Vorstellungen; er entspricht der landläufigen V. des Unternehmers/von einem Unternehmer; du mußt dich endlich von der V. *(von dem Glauben)* frei machen, daß ... **4.** (geh.) ⟨Plural⟩ *Einwände, Vorhaltungen:* alle Vorstellungen nutzten nichts; jmdm. [wegen etwas] Vorstellungen machen.

Vorstoß, der: *das Vordringen:* ein V. in den Weltraum, zum Gipfel; der V. kam zum Stillstand, scheiterte; einen V. wagen, unternehmen, starten; übertr.: sein V. [in dieser Sache] war erfolglos; einen V. machen, versuchen.

vorstrecken: 1. a) ⟨etwas v.⟩ *etwas nach vorn strecken:* den Kopf, die Arme, den Oberkörper [weit] v. **b)** ⟨sich v.⟩ *sich nach vorn beugen:* sich weit v. müssen, um etwas zu sehen. **2.** (ugs.) ⟨jmdm. etwas v.⟩ *jmdm. etwas leihen, vorschießen:* jmdm. Geld, hundert Mark [bis zum Monatsende] v.; ⟨auch ohne Dat.⟩ er wollte die Kosten für die Fahrt nicht v.

Vorstufe, die: *Vor-, Anfangsstadium:* die V. einer/zu einer Entwicklung; die Planung ist noch in der V.; übertr.: seine jetzige Stellung ist die V. zu einem Ministeramt.

vortäuschen ⟨etwas v.⟩: *etwas vorspiegeln:* tiefe Betroffenheit, lebhaftes Interesse v.; eine Krankheit v. *(simulieren);* der Einbruch war vorgetäuscht *(fingiert);* ⟨jmdm. etwas v.⟩ er hat ihr solche Gefühle nur vorgetäuscht.

Vorteil, der: a) *Möglichkeit zu persönlichem Nutzen, Gewinn:* ein großer, entscheidender V.; finanzielle, materielle Vorteile; dieser V. brachte ihm nichts ein; der V. liegt darin, daß ...; dieser Umstand ist nicht unbedingt ein V.; dabei springt mancher V. heraus (ugs.); seinen V. erkennen, haben, finden [aus]nutzen; er kennt, sucht nur seinen eigenen V., hat nur den eigenen V. im Auge; er hat dadurch/davon viele Vorteile; das bietet allerhand Vorteile, hat den V., daß ...; Vor- und Nachteile bedenken, [gegeneinander] abwägen; sich von etwas Vorteile versprechen; sich Vorteile verschaffen; einen V. aus etwas ziehen; etwas bringt jmdm. Vorteile; einen persönlichen V. für sich herausholen (ugs.), herausschlagen (ugs.); sehr auf seinen V. bedacht sein, aussein; gegenüber jmdm. [weit] im V. *(in einer günstigen Lage)* sein; dies ist von V. *(vorteilhaft);* etwas dient, geschieht zu jmds. V.; jmd. hat sich zu seinem V. *(zu seinen Gunsten)* verändert; S p o r t : der Schiedsrichter ließ V. gelten *(unterbrach das Spiel trotz eines Fouls am ballführenden Spieler nicht);* T e n n i s : V. Aufschläger *(nach Einstand Möglichkeit, den nächsten Punkt zu machen).*

vorteilhaft: *einen persönlichen Vorteil, Nutzen bringend:* ein vorteilhaftes Geschäft, Angebot; sie hat ein vorteilhaftes Äußeres; sich v. kleiden; etwas v. [ver]kaufen; ⟨für jmdn. v. sein⟩ diese Farbe ist für dich v.

Vortrag, der: 1. *Rede über ein bestimmtes Thema:* ein langer, interessanter, langweiliger V.; ein V. mit Lichtbildern, über moderne Malerei; der V. war kurz, dauerte über eine Stunde, fand großen Beifall; einen V. halten, absagen; den V. ablesen, frei halten; jmdn. für einen V. gewinnen; zu einem öffentlichen V. einladen; in einen/zu einem V. gehen. 2. *das Vortragen; Vortragsart:* ein klarer, flüssiger V.; sein V. des Gedichtes war nicht fließend genug; das Eislaufpaar bot einen ausgezeichneten V. seiner Kür. * (Papierdt.:) **etwas zum Vortrag bringen** *(etwas vortragen).*

vortragen: 1. ⟨etwas v.⟩ *etwas nach vorne tragen:* Stühle v.; die Hefte zum Lehrer v. 2. ⟨etwas v.⟩ *etwas darbieten:* ein Gedicht, Lied v.; eine ausgezeichnet vorgetragene Kür; ⟨auch ohne Akk.⟩ die Schülerin kann gut v. *(rezitieren).* 3. ⟨jmdm. etwas v.⟩ *darlegen:* jmdm. seine Wünsche, Beschwerden, eine Bitte v.; ich habe ihm meine Gründe vorgetragen; ⟨auch ohne Dat.⟩ den Plan in einem Brief an den Minister v.

vortrefflich: *sehr gut:* eine vortreffliche Arbeit, Leistung; er ist ein vortrefflicher Lehrer; das Essen war heute v.; [das ist] v.!; er spielt v.

Vortritt, der: *das Vorangehen:* jmdm. gebührt (geh.) der V.; jmdm. den V. lassen, einräumen, zugestehen; ü b e r t r . : in dieser Sache lasse ich Ihnen den V. *(die Gelegenheit, zuerst zu handeln).*

vorüber ⟨Adverb⟩: 1. /räumlich/ *vorbei:* kaum war der erste Wagen v. ... 2. /zeitlich/ *vergangen:* das Gewitter ist v.; jmds. große Zeit ist v.

vorübergehen: 1. ⟨an jmdm., etwas v.⟩ *vorbei-*

gehen: an jmdm. grußlos v.; an etwas achtlos v.; s u b s t . : jmdm. im Vorübergehen etwas zurufen; ü b e r t r . : an dieser Tatsache kann man nicht mehr v.; die Krankheit ist nicht spurlos an ihm vorübergegangen; eine Chance ungenutzt v. *(verstreichen)* lassen. 2. ⟨etwas geht vorüber⟩ *etwas vergeht:* das Gewitter geht vorüber; der Urlaub ist viel zu schnell vorübergegangen.

vorübergehend: *nur eine gewisse Zeit dauernd:* ein vorübergehender Kälteeinbruch; das ist eine vorübergehende Erscheinung; das Geschäft ist v. geschlossen.

Vorurteil, das: *vorgefaßte Meinung; Voreingenommenheit:* überholte, landläufige, unbegründete Vorurteile; das ist nur ein V., ein reines V.; ein V. gegen jmdn., gegen etwas haben, hegen; Vorurteile bekämpfen, abbauen, ablegen, nähren; Vorurteilen entgegentreten, -wirken; in Vorurteilen verhaftet (geh.), befangen (geh.) sein.

Vorwand, der: *Ausrede; vorgegebener Grund:* ein fadenscheiniger V.; etwas dient jmdm. nur als, zum V.; etwas als V. benutzen; einen V. haben, suchen; er findet immer einen V., um nicht mithelfen zu müssen; unter dem V., verreisen zu müssen, sagte er ab; etwas zum V. nehmen.

vorwärts ⟨Adverb⟩: *nach vorn:* drei Schritte v. machen, tun; bitte v. gehen; [immer] v.!; v. marsch! /m i l i t ä r . Kommando/; ü b e r t r . : das Band v. laufen lassen; die Einmaleins v. und rückwärts aufsagen können; nun mach mal v.! (ugs.; *beeile dich!*); das ist ein großer Schritt v. *(ein Fortschritt).*

vorwärtsgehen ⟨etwas geht vorwärts⟩: *etwas entwickelt sich günstig:* die Sache will nicht recht v.; ⟨es geht vorwärts mit etwas⟩ mit der Arbeit geht es [prächtig] vorwärts.

vorwärtskommen: *Fortschritte machen, Erfolg haben:* im Beruf, im Leben v.; mit/in einer Arbeit nur langsam, rasch v.

vorweisen ⟨etwas v.⟩: a) *vorzeigen:* den Paß, die Fahrzeugpapiere v.; ⟨jmdm. etwas v.⟩ er hat uns gute Zeugnisse vorzuweisen. b) *aufweisen, bieten:* hervorragende Kenntnisse in einem Fach v. [können]; sie kann Erfolge v.; du mußt etwas vorzuweisen haben.

vorwerfen: 1. ⟨etwas v.⟩ *etwas nach vorn werfen:* den Ball weit v.; den Kopf, die Beine v.; m i l i t ä r . : neue Truppen, Verbände v. *(ins Kampfgebiet schicken).* 2. ⟨jmdm. etwas v.⟩ *etwas vor jmdn. hinwerfen:* den Tieren Futter v.; er hat den Löwen ein großes Stück Fleisch [zum Fraß] vorgeworfen. 3. ⟨jmdm., sich etwas v.⟩ *tadeln, zum Vorwurf machen:* jmdm. Unsachlichkeit, Mangel an Arbeitseifer v.; er warf ihr vor, zuviel Geld auszugeben/daß sie zuviel Geld ausgebe; sich nichts vorzuwerfen haben.

Vorwurf, der: *Vorhaltung, Beschuldigung:* ein versteckter, offener, leiser, ernster V.; der V. der Vertragsbrüchigkeit; der V. ist [un]berechtigt, trifft mich nicht; ihr Blick war ein einziger, stummer V.; schwere Vorwürfe gegen jmdn., etwas erheben; die Vorwürfe [energisch] zurückweisen; jmdm. wegen etwas einen V., [bittere, heftige] Vorwürfe machen; daraus will ich dir keinen V. machen; das macht sich deswegen Vorwürfe; diesen V. kann ich dir leider nicht ersparen; den V. lasse ich nicht auf mir sitzen; sich gegen solche

Vorwürfe verwahren, wehren; jmdn. mit Vorwürfen überhäufen, überschütten; das kann man ihm nicht zum V. machen.
Vorzeichen, das: **1. a)** (Math.) *einer Zahl vorausgestelltes Zeichen, das diese als positiv oder negativ ausweist:* ein positives, negatives V.; dieser Posten kommt mit umgekehrtem V. auf die andere Seite der Gleichung; ü b e r t r.: das Ereignis steht unter negativem V.; es begann alles noch einmal, aber mit umgekehrtem V. *(unter entgegengesetzten Bedingungen).* **b)** (Musik) *Versetzungszeichen:* das V. auflösen; eine Etüde mit drei Vorzeichen. **2.** *Anzeichen, Omen:* ein böses, schlechtes V.; das ist [k]ein gutes V. für unseren Plan; etwas als ein günstiges V. ansehen.
vorzeichnen ⟨etwas v.⟩: *etwas zuvor, als Vorlage aufzeichnen:* das Muster, Modell v.; ⟨jmdm., sich etwas v.⟩ jmdm., sich den Grundriß des Hauses v.; ü b e r t r.: jmdm. seinen [beruflichen] Weg v. *(aufzeichnen);* damit ist bereits die Richtung vorgezeichnet, in die die Entwicklung führen wird; eine streng vorgezeichnete Laufbahn.
vorzeigen ⟨etwas v.⟩: *etwas zeigen, vorlegen:* die Eintrittskarte, seinen Ausweis v.; bitte die Fahrkarten [zur Kontrolle] v.; ⟨jmdm. etwas v.⟩ sie konnte ihm ein Attest v.; ü b e r t r. s u b s t.: das ist eine Frau zum Vorzeigen (ugs.; *mit der man Eindruck machen kann).*
vorzeitig: *früher als erwartet, beabsichtigt:* eine vorzeitige Bekanntgabe; seine vorzeitige Abreise löste Spekulationen aus; er ist v. *(zu früh)* gealtert; jmd. scheidet v. aus der Firma aus.
vorziehen: 1. ⟨etwas v.⟩ **a)** *etwas vor etwas ziehen:* den Vorhang, die Gardinen v. **b)** *etwas nach vorn ziehen:* den Tisch noch etwas v.; etwas unter dem Gerümpel v. (ugs.; *hervorbringen).* **2.** ⟨jmdn., etwas v.⟩ *zuerst behandeln, abfertigen:* der Arzt

hat mich vorgezogen; wir müssen die Erledigung dieses Auftrages v.; vorgezogene Wahlen. **3. a)** ⟨jmdn., etwas v.⟩ *jmdm., einer Sache den Vorzug geben; lieber mögen:* ich ziehe moderne Möbel, das Leben in der Großstadt vor; sie zog den jüngeren Bruder vor; er hat es vorgezogen, zu Hause zu bleiben *(er ist lieber zu Hause geblieben);* ziehen Sie Wein oder Bier vor?; ⟨jmdm. jmdn., einer Sache etwas v.⟩ ich ziehe ihn seinem Bruder vor; einen Urlaub im Hotel dem Camping v. **b)** ⟨jmdn. v.⟩ *begünstigen:* der Lehrer zieht die beiden Schüler [den anderen gegenüber] vor.
Vorzug, der: **a)** *gute Eigenschaft, die jmdn., etwas vor anderen auszeichnet:* jmd. hat einige, viele Vorzüge [gegenüber anderen]; sein V. ist die Verläßlichkeit; das ist ein besonderer V. an/von ihm; ich kenne die Vorzüge dieses Mitarbeiters; immer wieder neue Vorzüge an/bei jmdm. entdecken. **b)** *Vorteil:* der V. liegt darin, daß ...; etwas hat den großen V., daß ...; dieser Stoff weist alle Vorzüge von reiner Wolle auf. **c)** *Vergünstigung; jmdm., einer Sache eingeräumter Vorrang:* diese Methode verdient [gegenüber anderen] den V.; ich gebe seinen Ideen, ihm den V. vor anderen, räume seinen Ideen, ihm den V. ein; ich habe, genieße den V., ihn zu kennen; jmdn., etwas mit V. *(bevorzugt)* behandeln.
vorzüglich: *ausgezeichnet:* er ist ein vorzüglicher Redner, Schauspieler, Fachmann; das Essen war heute v.; es hat mir v. geschmeckt; die Arbeit ist v. gelungen.
Vulkan, der: *feuerspeiender Berg:* ein noch tätiger, feuerspeiender, erloschener V.; unterirdische Vulkane; der V. ist wieder ausgebrochen, in Tätigkeit geraten, aktiv; ü b e r t r.: sie ist ein V. *(ist sehr temperamentvoll);* auf einem V. leben *(sich in gefahrvoller Lage befinden).*

W

Waage, die: **1.** *Gerät zum Bestimmen des Gewichts:* eine genaue, zuverlässige, exakt anzeigende W.; die W. *(der Zeiger der Waage)* schlägt aus; diese W. ist unzuverlässig, wiegt nicht genau; eine W. eichen; etwas auf die W. legen; sich auf die W. wiegen; etwas auf, mit der W. wiegen; er bringt immerhin zwei Zentner auf die W. (ugs.; *wiegt zwei Zentner).* **2.** (Astrol.) /*ein Tierkreiszeichen*/: er ist [eine] W. (ugs.; *ist im Zeichen der Waage geboren).* ∗ sich (Dativ)/(geh.): **einander die Waage halten** *(gleich sein, sich entsprechen):* Vor- und Nachteile hielten sich die W.
waag[e]recht: *im rechten Winkel zu einer senkrechten Linie oder Fläche verlaufend:* eine waag[e]rechte Linie; das Brett liegt w.
Waagschale, die: *Schale an einer Waage für die Gewichte oder das zu Wiegende:* die W. steigt, hebt sich, sinkt, senkt sich; die Waagschalen halten sich das Gleichgewicht, halten sich, sind im Gleichgewicht. ∗ **etwas in die Waagschale werfen** *(etwas geltend machen, als Mittel einsetzen):* er warf seine ganze Autorität in die W. · **etwas fällt**

in die Waagschale *(etwas ist entscheidend wichtig).*
wach: 1. *nicht schlafend:* wache und schlafende Säuglinge; w. sein, bleiben; w. werden; ich hielt mich die halbe Nacht mühsam w.; sie hat die ganze Nacht w. gelegen; sie rüttelte ihn w. *(rüttelte ihn, bis er wach wurde);* der Lärm hat mich w. gemacht *(aufgeweckt);* er ist kaum, nicht w. zu kriegen (ugs.; *schwer zu wecken).* **2.** *aufgeweckt:* wache Sinne, Augen; ein wacher Geist; mit wachem Verstand; etwas sehr w. verfolgen.
Wache, die: **1.** *Wachdienst:* W. haben, halten, die W. übernehmen, dem nächsten übergeben; auf W. sein, ziehen. **2.** *Wachposten:* die W. zieht auf, präsentiert; die Wachen ausstellen, die Wachen einziehen, ablösen. **3.** *Wachgebäude; Wachlokal:* er wurde auf die, zur W. mitgenommen; man forderte ihn auf, mit ihr zur W. zu kommen. ∗ **Wache stehen/**(ugs.:) **schieben** *(Wachdienst haben).*
wachen: 1. (geh.) *wach sein:* w. und schlafen; w. und träumen; sie hat die ganze Nacht [hindurch] gewacht; s u b s t.: zwischen Wachen und Träumen. **2.** ⟨mit Raumangabe⟩ *wach bleiben und*

auf jmdn., etwas aufpassen: sie hat die ganze Nacht an seinem Bett, bei ihm gewacht; sie wachen an den Grenzen des Landes. **3.** ⟨über jmdn., über etwas w.⟩ *auf jmdn., auf etwas aufpassen:* sorgsam, sorgfältig, streng, eifrig, mit Eifersucht über etwas w.; sie wacht über die Kinder, wacht darüber, daß die Kinder nichts anstellen.

wachhalten ⟨etwas w.⟩: *etwas lebendig erhalten:* das Interesse an etwas w.; wir wollen die Erinnerungen an diesen Tag stets w.

wachrufen ⟨etwas w.⟩: *[wieder] hervorrufen, wecken:* eine Vorstellung, Erinnerung, Gefühle, Empfindungen [in jmdm.] w.

wachrütteln ⟨jmdn., etwas w.⟩: *aufrütteln:* diese Nachricht hat ihn [aus seinen Träumen] wachgerüttelt; das Elend, das sie dort sahen, rüttelte ihr Gewissen wach.

Wachs, das: **a)** *Bienenwachs:* das W. schmilzt; W. gießen, formen, kneten; Kerzen aus W. **b)** /wachsähnlicher Stoff/: W. (Schiwachs) für Pulverschnee; er hat das Auto mit W. behandelt, poliert, den Boden mit W. (Bohnerwachs) eingerieben. * **Wachs in jmds. Händen sein** *(alles tun, was jmd. sagt; jmdm. gegenüber sehr nachgiebig sein).*

wachsam: *sehr aufmerksam, scharf beobachtend:* ein wachsamer Wächter, Hund; ein wachsames Auge auf jmdn., auf etwas haben *(auf jmdn., auf etwas genau aufpassen);* w. sein; er verfolgte die Vorgänge sehr w.

¹wachsen: 1. a) *sich organisch entwickeln und dabei an Größe zunehmen:* schnell, übermäßig, unheimlich (ugs.) w.; er ist wieder ein ganzes Stück gewachsen; dieser Baum wächst nicht mehr; das Gras wächst üppig; ihr Haare, Fingernägel wachsen schnell; die Kletterpflanze wächst an der Mauer in die Höhe *(breitet sich beim Hochwachsen an der Mauer aus);* ⟨etwas wächst jmdm.⟩ die Haare wachsen ihm in die Stirn; er läßt sich einen Bart, lange Haare w.; übertr.: der Bau wächst; die Schatten wuchsen (geh.; *wurden länger);* er ist an, mit seinen Aufgaben gewachsen *(hat durch sie an innerer Größe gewonnen);* eine Kultur muß w. *(sich harmonisch entwickeln);* gewachsene Traditionen. **b)** ⟨mit Artangabe⟩ *sich in bestimmter Weise wachsend entwickeln:* der Baum wächst krumm, gerade, in die Breite, in die Höhe; sie ist gut gewachsen *(hat eine gute Figur).* **c)** ⟨etwas wächst; mit Umstandsangabe⟩ *etwas gedeiht, entwickelt sich:* hier, auf diesem Boden, in diesem Klima wächst die Pflanze gut, nicht; überall wächst Unkraut. **2.** ⟨etwas wächst⟩ **a)** *etwas vermehrt sich, wird größer:* die Stadt, die Gemeinde, die Einwohnerzahl wächst noch; unsere Familie ist inzwischen gewachsen; sein Reichtum, Vermögen wächst ständig; die Flut wächst *(steigt);* die Ansprüche, die Anforderungen sind gewachsen; wachsende Teilnehmerzahlen. **b)** *etwas wird stärker, intensiver, nimmt zu:* der Sturm wächst [zum Orkan]; seine Erregung, Aufregung, Erbitterung wächst [immer mehr]; der Lärm, der Schmerz, die Spannung wuchs ins Unerträgliche; wachsende Schwierigkeiten; er hörte es mit wachsendem Erstaunen, Interesse, mit wachsendem Vergnügen; sie spielen mit wachsender Begeisterung (ugs.; *sehr gern)* Skat. * **jmdm./einer Sache gewachsen sein** *(mit jmdm., mit etwas fertig werden).*

²wachsen ⟨etwas w.⟩: *mit Wachs einreiben, behandeln:* den Fußboden, die Treppe w.; ich habe meine Schier noch nicht gewachst; (auch ohne Akk.⟩ er hat falsch gewachst *(das falsche Schiwachs benutzt).*

Wachstum, das: **1.** *das Wachsen, Größerwerden:* das geistige, körperliche W. eines Kindes; das W. der Pflanzen fördern, beschleunigen, hindern, stören; im W. begriffen sein; das Kind ist im W. zurückgeblieben; übertr.: wir tranken eine Flasche eigenes W. *(Wein aus dem eigenen Weinberg)* des Winzers; dieses Gemüse ist eigenes W. *(stammt aus dem eigenen Garten).* **2.** *das Größerwerden, Sichvermehren, Sichausdehnen:* das rasche W. einer Stadt, der Wirtschaft.

wack[e]lig: *wackelnd, nicht feststehend:* ein wackeliger Stuhl, Tisch; wackelige Zähne; wakkeliges *(nicht mehr stabiles)* Mobiliar; die Leiter ist ziemlich w., sieht recht w. aus; übertr. (ugs.): nach der Krankheit war er ziemlich w. *(schwach, kraftlos)* [auf den Beinen]; wackelige *(gefährdete, nicht gesicherte)* Arbeitsplätze; die Firma steht w. *(steht finanziell schlecht).*

wackeln: a) ⟨etwas wackelt⟩ *etwas steht, sitzt nicht fest:* der Tisch, der Stuhl hat schon gewackelt; sein Zahn wackelt *(ist locker);* wenn ein Lastwagen vorbeifährt, wackelt (ugs.; *bebt)* das ganze Haus; übertr. (ugs.): seine Stellung wackelte schon lange *(war gefährdet);* bei ihm soll es auch w. *(geschäftlich schlecht stehen).* **b)** *sich nicht ganz ruhig verhalten; in unruhiger Bewegung sein:* beim Fotografieren mit die gewackelt; er kann mit den Ohren w. *(kann sie bewegen).* **c)** (ugs.) ⟨mit Raumangabe⟩ *sich mit unsicheren Schritten irgendwohin bewegen:* der Alte ist über die Straße gewackelt.

wacker: *tüchtig, ordentlich:* er hat sich w. gehalten, geschlagen; wir haben alle w. getrunken; (sonst meist veraltend:) wackere *(rechtschaffene, redliche)* Bürger; w. *(tapfer, einsatzfreudig)* um etwas kämpfen.

Wade, die: *hinterer Teil des Unterschenkels:* dicke, stramme, dünne Waden; ihre Waden sind etwas zu kräftig; er hat Waden wie ein Storch (ugs. scherzh.; *sehr dünne Waden);* er hat einen Krampf in der W.

Waffe, die: *Gerät, Instrument zum Kämpfen:* eine gefährliche, spitze, scharfe W.; taktische, strategische, leichte, schwere Waffen; herkömmliche, konventionelle, atomare, nukleare Waffen einsetzen; die Waffen ruhen *(die Kampfhandlungen sind unterbrochen);* Waffen tragen, führen; jmdm. die W. entreißen, entwinden (geh.), aus der Hand schlagen; die W. *(den Revolver, das Gewehr)* entsichern, auf jmdn. richten; die Waffen ergreifen *(zu kämpfen beginnen);* die Waffen niederlegen, schweigen lassen (geh.; *nicht weiterkämpfen);* jmdn. mit blanker W. angreifen; von seiner W. Gebrauch machen; sie starrten von Waffen *(trugen viele Waffen, waren schwer bewaffnet);* übertr.: seine Schlagfertigkeit ist seine stärkste, beste W.; einem Gegner selbst die Waffen in die Hand geben *(ihm selbst die Argumente liefern);* mit einem politischen Gegner die Waffen kreuzen (geh.; *sich mit ihm auseinandersetzen);* jmdn. mit seinen eigenen Waffen *(Argumenten)* schlagen; mit geistigen Waffen, mit

Waffen des Geistes *(mit Argumenten, Überzeugungskraft)* kämpfen. * (geh.:) **die Waffen strecken: a)** *(kapitulieren).* **b)** *(sich geschlagen geben):* vor diesem Konkurrenten mußte er die Waffen strecken · (geh.:) **unter [den] Waffen sein/stehen** *(in kampfbereitem Zustand sein)* · (geh. veraltend:) **jmdn. zu den Waffen rufen** *(jmdn. zum Militärdienst einziehen).*

wagen: 1. ⟨etwas w.⟩ **a)** *aufs Spiel setzen:* viel, wenig, nichts, alles, einen hohen Einsatz, seine Stellung, seinen Kopf *(sein Leben)* w.; er hat für ihn, für die Sache sein Leben gewagt. **b)** *riskieren, sich trauen, sich nicht scheuen, etwas zu tun:* einen Versuch, ein Experiment, den Angriff, Kampf w.; einen Sprung, ein Spiel, eine Wette w.; eine Bitte, ein Wort w.; kann, soll man es w.?; sie wagte [es] nicht, ihn anzusprechen; er wagte kaum aufzublicken; ich wage nicht zu behaupten *(bin nicht sicher),* daß dies alles richtig ist; R: wer nicht wagt, der nicht gewinnt; frisch gewagt ist halb gewonnen; adj. Part.; *riskant, gefährlich, kühn:* ein gewagtes Unternehmen, Spiel; diese Behauptung, der Scherz war ziemlich gewagt; es erscheint mir recht gewagt, dies zu behaupten. **2.** (sich w.) *(mit Raumangabe) sich getrauen, den Mut haben, irgendwohin zu gehen:* sich abends nicht mehr aus dem Haus, auf die Straße, durch den Wald w.; übertr.: du wagst dich da an eine schwierige Aufgabe, auf ein prekäres Gebiet.

Wagen, der: **1.** *Fahrzeug mit Rädern, das gezogen oder geschoben wird:* ein kleiner, leichter, schwerer, zweirädriger, vierrädriger, geschlossener, offener W.; der W. holperte durch die Schlaglöcher, rumpelte über den holprigen Weg; einen W. ziehen, schieben; den W. bespannen, lenken, fahren; die Pferde an den, vor den W. spannen; auf dem, im W. sitzen; in den, auf den W. steigen; sie stiegen, kletterten alle vom W. **2.** *Eisenbahn-, Straßenbahnwagen:* ein langer, vierachsiger W.; ein W. der Linie 5; der letzte W. des Zuges ist entgleist; einen W. ankuppeln, anhängen, abkuppeln, abhängen; aus dem W. steigen. **3.** *Auto:* ein offener, schnittiger, sportlicher, eleganter, schwerer, alter, gebrauchter W.; der W. läuft ruhig, liegt gut auf der Straße; der W. gerät ins Schleudern, überschlägt sich; einen großen W. fahren, haben; seinen W. überholen lassen, zur Inspektion bringen; aus dem W., in den W. steigen; im W. sitzen; er ist viel mit dem W. unterwegs. * (ugs.:) **sehen, abwarten** o. ä., **wie der Wagen läuft** *(abwarten, wie sich eine Sache entwickelt)* · (ugs.:) **jmdm. an den Wagen fahren/pinkeln/pissen** *(jmdm. etwas anhaben wollen).*

wägen (geh.) ⟨etwas w.⟩: *genau prüfend bedenken:* er wog/(seltener auch:) wägte jedes ihrer Worte; R: erst w., dann wagen!

Wagnis, das: *gewagtes Unternehmen, Risiko:* ein gefährliches, kühnes, unerhörtes W.; ein W. unternehmen, versuchen; etwas als [ein] W. ansehen; er nahm das W. auf sich; auf ein solches W. lasse ich mich nicht ein.

Wahl, die: **1.** *das Auswählen, Sichentscheiden; Entscheidungsmöglichkeit:* das war eine schwere, schwierige, einfache W.; die W. ist nicht leicht, fällt ihm schwer; die W. steht ihm frei; eine gute, richtige, kluge, schlechte W. treffen; er hat seine W. getroffen *(hat sich entschieden);* ich habe, mir bleibt, es gibt keine andere W.; er hat ihm die W. gelassen; Sprichw.: wer die W. hat, hat die Qual · er heiratete das Mädchen seiner W. *(das Mädchen, das er gewollt hatte);* er ist geschickt, nicht zimperlich in der W. seiner Mittel; dieses Kleid kam in die engere W., wurde [von ihr] in die engere W. gezogen *(kam nach einer ersten Auswahl noch in Frage);* Sie gewinnen eine Reise nach eigener W.; er stand vor der W., wurde vor die W. gestellt, mitzufahren oder zu Hause zu arbeiten; es stehen jetzt nur noch drei zur W. *(nur noch unter ihnen kann ausgewählt werden).* **2. a)** *das Wählen; Abstimmung:* eine direkte, indirekte *(durch Wahlmänner zustande gekommene),* geheime, demokratische W.; freie Wahlen; eine W. durch Stimmzettel, Handaufheben; die Wahlen zum neuen Landtag; wie ist die W. ausgegangen?; die Wahlen verliefen ruhig; die W. ist ungültig; eine W. vornehmen [lassen], durchführen; Wahlen ausschreiben; die W. anfechten; der Ausgang der Wahlen ist noch ungewiß, steht noch nicht fest, war überraschend; sich an, bei einer W. beteiligen; sie gingen, schritten (geh.) alle zur W.; er ist zur W. berechtigt. **b)** *das Gewähltwerden in einem Amt o. ä.:* die W. dieses Mannes war ein Mißgriff; die W. ist bestätigt worden; die W. ist auf ihn gefallen *(er wurde gewählt);* er hat die W. zum Vertrauensmann abgelehnt; ich nehme die W. an; er kam in die engere W. *(er gehört zu den aussichtsreichen Bewerbern);* jmdn. zur W. vorschlagen; du mußt dich zur W. stellen; er hat sich zur W. aufstellen lassen. * (bes. Kaufmannsspr.:) **erste/zweite/dritte Wahl** *(erste, zweite, dritte Güteklasse):* dies ist zweite W.; Waren erster W.

wählen /vgl. gewählt/: **1. a)** ⟨jmdn., etwas w.⟩ *auswählen, aussuchen; ausersehen:* einen Stoff für ein Kleid w.; ein Geschenk für jmdn. w.; im Gericht auf der Speisekarte w.; welchen Beruf hat er gewählt?; du hast das Beste gewählt; hast du auch die richtige Telefonnummer gewählt *(durch Drehen der Wählscheibe bzw. durch Drükken der Tasten die richtige Telefonnummer zusammengesetzt)?;* du darfst dir/für dich etwas w.; er hat ihn sich zum Freund, zum Vorbild gewählt; das kleinere Übel w.; du hast den falschen Augenblick, den günstigsten Zeitpunkt gewählt; sie konnte w., ob sie gleich oder erst am nächsten Tag fahren wollte; er wählte seine Worte mit Bedacht *(überlegte sich genau, was er sagte).* **b)** *eine Wahl treffen; sich für etwas entscheiden:* gut, klug, überlegt w.; er wählte lange, bis er sich schließlich zu einem Kauf entschloß; er konnte unter mehreren, nur zwischen zwei Möglichkeiten w.; der Ober fragte, ob wir schon gewählt *(uns für ein Gericht entschieden)* hätten; erst w. *(die Telefonnummer wählen),* wenn das Zeichen ertönt. **2. a)** ⟨jmdn., etwas w.⟩ *für jmdn., für etwas seine Stimme abgeben; durch Wahl bestimmen:* einen Präsidenten, den Landtag, ein neues Parlament w.; welche Partei hast du gewählt?; jmdn. in einen Ausschuß, zum Vorsitzenden, Anführer w.; ein demokratisch gewählter Volksvertreter. **b)** *zur Wahl gehen:* geheim w.; hast du auch gewählt?; er darf noch nicht w.; morgen gehen wir alle w.; er wählt links *(gibt seine Stimme einer linken Partei).*

wählerisch: *anspruchsvoll:* wählerische Kunden; ein wählerischer Geschmack; er ist im Essen sehr w.; sie ist in ihrem Umgang nicht sehr w.; er war in seiner Wortwahl nicht gerade w. *(drückte sich ziemlich derb, kräftig aus).*

Wahn, der (geh.): *irrige, trügerische Vorstellung, Selbsttäuschung:* ein schöner, kurzer, eitler (veraltend) W.; ein religiöser W.; jmds. W. zerstören; er war in einem W. befangen; er lebte ständig in dem W., man wolle ihn bespitzeln.

wähnen (geh.): **a)** ⟨jmdn., sich, etwas w.; mit Umstandsangabe⟩ *glauben, vermuten:* er wähnte sich unbeobachtet; sie wähnten sich in Sicherheit, gerettet; wir wähnten dich bereits in Berlin. **b)** ⟨etwas w.⟩ *irrigerweise annehmen:* er wähnte, die Sache sei längst erledigt.

Wahnsinn, der: **1.** (veraltend): *geistige Umnachtung:* dem W. verfallen sein; die Nacht des Wahnsinns (geh.) hatte ihn umfangen; in W. verfallen; von W. befallen sein. **2.** (ugs.) *große Unvernunft, unsinniger, gefährlicher Einfall:* es ist heller, reiner W., so etwas zu tun; das ist ja W.!; schon der Gedanke daran wäre W.; einen solchen W. mache ich nicht mit.

wahnsinnig: 1. *geistesgestört:* ein wahnsinniger Mensch; er ist w., ist w. geworden; subst.: er schrie wie ein Wahnsinniger; übertr.: du bist ja w. *(nicht bei Verstand);* dieser Lärm macht mich noch w. *(stört mich sehr).* **2.** (ugs.) *unsinnig, ausgefallen, vernunftwidrig:* ein wahnsinniger Plan; ein wahnsinniges Unternehmen, Unterfangen. **3.** (ugs.) **a)** *sehr groß, sehr heftig:* wahnsinnige Schmerzen; wahnsinnige Angst; ein wahnsinniger Schreck befiel sie; ich habe wahnsinnigen Hunger, Durst. **b)** *(verstärkend bei Adjektiven und Verben) sehr:* er forderte eine wahnsinnig hohe Summe; ich habe noch w. viel zu tun; sie liebte ihn w. * (ugs.:) **wie wahnsinnig** *(sehr stark, viel, schnell):* er rannte davon wie w.

wahr: 1. *der Wahrheit, Wirklichkeit entsprechend, auf Wahrheit beruhend:* der wahre Sachverhalt, Grund; eine wahre Geschichte, Begebenheit; endlich kam seine wahre Gesinnung zum Vorschein, zeigte er sein wahres Gesicht *(wurde erkennbar, wie er wirklich war);* daran ist kein wahres Wort *(das ist alles gelogen);* von dem ganzen Bericht ist kein Wort, keine Silbe w.; das ist [wirklich] w., scheint w. zu sein, kann nicht w. sein; das ist nur zu w. *(ist leider nicht erfunden);* ihr Traum wurde w. *(wurde Wirklichkeit);* er hat seine Drohung w. gemacht *(in die Tat umgesetzt);* etwas für w. halten; das ist und bleibt w.; /in bekräftigenden Ausrufen/: wie w.!; sehr w.!; so w. ich hier stehe!; so w. ich lebe!; /in einer bekräftigenden Frageformel/: nicht w., du kommst doch mit?; /in einem Ausruf des leichten Erstaunens, der Entrüstung/: das kann/darf [doch] nicht w. sein!; R: was w. ist, muß w. bleiben; das ist schon gar nicht mehr w. (ugs.; *ist schon sehr lange her);* subst.: etwas Wahres wird schon an der Sache sein. **2.** (geh.) *wirklich, echt:* wahre Freundschaft, Liebe; ein wahrer Freund; er hat seine wahren Gefühle nicht erkennen lassen; das ist wahre Kunst; der wahre *(tatsächliche)* Täter wurde nie gefaßt. **3.** *richtig, regelrecht, geradezu:* ein wahrer Beifallssturm; eine wahre Flut von Zuschriften; diese Ruhe ist ein wahrer Segen; diese Kinder

sind eine wahre Plage; subst.: jetzt ein kühles Bad, das wäre das einzig Wahre (ugs.; *das wäre wunderbar, wäre das einzig Richtige).*

wahren ⟨etwas w.⟩: **a)** *bewahren, erhalten:* seine Würde, Ehre, den Anstand, die Form w.; den Schein w. *(eine Täuschung aufrechterhalten);* er war stets darauf bedacht, Abstand, Distanz zu w. **b)** *verteidigen, wahrnehmen:* seine Rechte, seinen Vorteil w.; er suchte seine Interessen, die Interessen seiner Familie zu w.

währen (geh.) ⟨etwas währt; mit Zeitangabe⟩: *etwas dauert eine bestimmte Zeit:* ihre Freundschaft währte nicht lange; es währte nur einen Augenblick, dann war alles vorbei; das wird auch nicht ewig w.; R: was lange währt, wird endlich gut; ehrlich währt am längsten.

während: 1. ⟨Präp. mit Gen.⟩ *im Verlauf von:* w. der Vorstellung, des Spiels, des Krieges; es hat w. des ganzen Urlaubs geregnet; w. dreier Jahre; ⟨mit Dativ, wenn der Gen. formal nicht zu erkennen ist oder wenn ein weiteres stark gebeugtes Substantiv im Gen. Sing. hinzutritt⟩: w. fünf Jahren; w. des Ministers aufschlußreichem Bericht. **2.** ⟨Konj.⟩ **a)** /drückt die Gleichzeitigkeit zweier Vorgänge aus/ *in der Zeit als:* w. ich schrieb, las er. **b)** /drückt die Gegensätzlichkeit zweier Vorgänge aus/ *wohingegen, indes:* du gehst spazieren, w. ich arbeiten muß; w. sich freute, waren die anderen eher enttäuscht.

wahrhaben ⟨in der Wendung⟩ etwas nicht wahrhaben wollen: *sich etwas nicht eingestehen, etwas nicht zugeben wollen:* er wollte nicht w., daß er das gesagt hatte; sie will ihre Fehler nie w.

wahrhaft (geh.): *wirklich, echt, nicht nur dem Schein nach:* wahrhafte Bescheidenheit; ein w. großer Künstler; sein Spiel ist w. gekonnt.

wahrhaftig: I. (geh.) ⟨Adj.⟩ *aufrichtig, wahr:* ein wahrhaftiger Mensch; er ist immer w. gewesen. **II.** ⟨Adverb⟩ *wirklich, tatsächlich:* daran habe ich w. nicht gedacht; das habe ich doch [wirklich und] w. vergessen; [wahr und] w., das hätte ich nicht gedacht!; er dachte doch w., es wäre so.

Wahrheit, die: *das Wahre, wahrer, wirklicher Sachverhalt:* die reine, volle, ganze, nur die halbe, die lautere (geh.), nackte, ungeschminkte, harte, grausame W.; eine bittere, traurige W.; allgemeingültige, absolute Wahrheiten *(Erkenntnisse);* die W. *(das Wahrsein)* dieser Behauptung ist nicht bewiesen; was er gesagt hat, ist die W., entspricht der W. *(ist wahr);* an der Sache ist ein Körnchen W. (geh.; *sie hat einen wahren Kern);* die W. ist oft unbequem; R: die W. liegt in der Mitte *(liegt zwischen zwei [extremen] Aussagen, Urteilen);* immer die W. sagen; wenn ich die W. sagen soll *(wenn ich ehrlich bin),* muß ich gestehen, daß mir das Kleid nicht gefällt; jmdm. die W. ins Gesicht sagen, schleudern; jmdm. unverblümt, schonungslos die W. sagen; die W. verschweigen, verschleiern, erfahren; die W. suchen, finden, erkennen; die W. *(das Wahrsein)* einer Aussage bezweifeln, anzweifeln, beweisen; diese Aussage kommt der W. einigermaßen nahe; etwas beruht auf W.; bei der W. bleiben *(nichts Unwahres sagen);* wir werden schon noch hinter die W. kommen (ugs.; *werden sie erfahren);* er nimmt es mit der W. nicht so genau; von der W. abweichen. * (geh.:) **der Wahrheit die Ehre**

geben *(die Wahrheit sagen, sie ehrlich bekennen)* · **in Wahrheit** *(eigentlich, in Wirklichkeit):* in W. verhielt sich das ganz anders.
wahrnehmen ⟨etwas w.⟩: **1.** *mit den Sinnen erfassen; bemerken:* einen Geruch, ein Geräusch, einen Lichtschein [in der Ferne] w.; er nahm von den Vorgängen um sich her, von alledem nichts mehr wahr *(merkte, spürte davon nichts mehr);* etwas an jmdm. w. *(feststellen).* **2.** *nutzen, ausnutzen:* eine günstige Gelegenheit, Möglichkeit, eine Chance, seinen Vorteil w.; er nimmt die Angelegenheiten, Interessen der Arbeiter, seiner Firma wahr *(vertritt sie);* eine Frist w. (Papierdt.; *einhalten*); einen Termin [bei Gericht] w. (Rechtsw.; *zu einem Termin erscheinen*).
Wahrnehmung, die: **1.** *das Wahrnehmen; Sinneseindruck:* sinnliche Wahrnehmungen; die W. eines Geruches, eines Tones, Geräusches; das ist eine häufige W. *(häufig festzustellende Tatsache);* eine W. machen *(etwas wahrnehmen, feststellen, bemerken).* **2.** (Papierdt.) *Erledigung; Erfüllung einer Aufgabe:* die W. der Geschäfte, eines Falles; die W. *(Vertretung)* berechtigter Interessen; die W. *(Einhaltung)* eines Termins.
wahrsagen: *mit Hilfe bestimmter, auf Aberglauben oder Schwindel beruhender Praktiken Zukünftiges vorhersagen:* **a)** aus Karten, aus dem Kaffeesatz w.; ⟨jmdm. w.⟩ die Zigeunerin hat ihm wahrgesagt/gewahrsagt. **b)** ⟨etwas w.⟩ die Zukunft, Schlimmes w.; ⟨jmdm. etwas w.⟩ sie wahrsagte ihm, daß er eine große Reise machen werde.
wahrscheinlich: I. ⟨Adj.⟩ *mutmaßlich, ziemlich gewiß:* die wahrscheinliche Folge dieses Ereignisses; er ist der wahrscheinliche Täter; es ist nicht w., daß er heute noch kommt; ich halte das nicht für w. **II.** ⟨Adverb⟩ *voraussichtlich, aller Wahrscheinlichkeit nach:* w. kommt er morgen; er hat sehr w. *(mit großer Sicherheit)* recht.
Wahrscheinlichkeit, die: *das Wahrscheinlichsein; ziemliche Gewißheit:* die W., daß es noch Überlebende gibt, ist gering, verringert sich immer mehr; etwas mit größter W., mit an Gewißheit grenzender W. annehmen. * **aller Wahrscheinlichkeit nach** *(sehr wahrscheinlich, mit großer Sicherheit):* aller W. nach fährt er mit.
Wahrung, die: *das Wahren, Wahrnehmen; Erhaltung:* die W. berechtigter Interessen; unter W., zur W. seiner Selbständigkeit.
Währung, die: *Zahlungsmittel eines Landes:* eine stabile, harte, feste, weiche, freie, gebundene W.; die W. stützen, stabil halten, manipulieren; den Geldwert einer W. bestimmen; sie zahlten in deutscher, ausländischer W.; sie hatten nur deutsche W. *(deutsches Geld)* bei sich.
Waisenknabe ⟨in der Wendung⟩ ein/der reine/reinste Waisenknabe gegen jmdn. sein (ugs.:) *an jmdn. nicht heranreichen.*
Wald, der: *Gelände mit dichtem Baumbestand:* ein grüner, schattiger, dichter, dunkler, düsterer, finsterer, undurchdringlicher, lichter, verschneiter W.; die bunten, herbstlichen Wälder; W. und Feld; Wälder und Wiesen; der W. ist schon kahl; die Wälder rauschen; einen W. anpflanzen, roden; den W. schützen, pflegen; den W. durchwandern, durchstreifen; die Tiere des Waldes; durch den W. gehen, wandern; im tiefen, kühlen W.; sich im W. verirren; im W. Pilze suchen; R:

wie man in den W. hineinruft, so schallt es [wieder] heraus; bildl.: ein W. *(eine dichte Menge)* von Fahnen, Masten, Säulen. * (ugs.:) **den Wald vor [lauter] Bäumen nicht sehen: a)** *(das Gesuchte nicht sehen, obwohl es vor einem liegt).* **b)** *(vor lauter Einzelheiten das große Ganze nicht erkennen).*
Wall, der: *Erdaufschüttung:* einen hohen W. errichten, aufschütten; W. und Graben, Wälle und Mauern schützen die Burg; die Festung war durch einen W. geschützt, von einem W. umgeben; übertr.: das Bündnis sollte einen W. *(Schutz)* gegen die drohende Gefahr bilden.
wallen ⟨etwas wallt⟩: **1.** *etwas kocht, siedet [sprudelnd]:* das Wasser wallt, hat schon gewallt; die Soße kurz w. lassen; übertr. (geh.): die Flut wallte [und brauste] *(war in heftiger Bewegung);* der Nebel wallte im Tal. **2.** (geh.) *etwas fällt, hängt in langen Falten, Locken o. ä. nieder:* die langen Locken wallten über ihre Schultern; wallendes Haar; sie trug ein wallendes Gewand.
Wallung ⟨in bestimmten Wendungen⟩: **jmd./ jmds. Blut, Gemüt gerät in Wallung** *(jmd. wird erregt, zornig)* · **jmdn./etwas in Wallung bringen** *(jmdn., etwas heftig erregen):* die Bilder brachten seine Phantasie in W.
walten (geh.) ⟨etwas waltet⟩: *etwas wirkt, herrscht:* bei ihnen waltet ein guter Geist; hier haben rohe Kräfte gewaltet; er hat Gnade, Milde, Gerechtigkeit w. lassen; es wäre besser gewesen, Vernunft, Vorsicht w. zu lassen; /in der Beschäftigungsformel/: das walte Gott!; subst.: das Walten des Geschicks.
Walze, die: **a)** *walzenförmiger Teil einer Maschine, eines Gerätes, Instruments:* die W. einer Druckmaschine, einer Spieluhr. **b)** *Maschine, Gerät mit einer Walze:* die W. *(Straßenwalze)* glättet den Asphalt; den Acker nach dem Säen mit der W. *(Ackerwalze)* bearbeiten. * (ugs.:) **die alte/gleiche/dieselbe Walze** *(die alte schon bekannte Geschichte)* · (ugs. veraltend:) **auf die Walze gehen** *(auf die Wanderschaft gehen)* · (ugs. veraltend:) **auf der Walze sein** *(auf der Wanderschaft sein).*
walzen: 1. ⟨etwas w.⟩ **a)** *durch Pressen mit einer Walze glätten, strecken:* Metall, Blech w. **b)** *mit der Walze glätten:* den Acker, die Straße w. **2.** (ugs. veraltend) *wandern, auf der Wanderschaft sein:* sie sind durch halb Europa gewalzt.
wälzen: 1. ⟨jmdn., etwas w.⟩ *rollend fortbewegen:* die Stämme ließen sich nicht, kaum w.; einen Stein, Fels zur Seite w.; den Verletzten auf den Bauch w. *(drehen);* übertr.: du darfst nicht die Schuld, Verantwortung auf andere w. **b)** ⟨etwas in etwas w.⟩ *in etwas hin und her wenden:* das Schnitzel in Paniermehl, die Leber in Mehl w. **2.** ⟨sich w., mit Raumangabe⟩ **a)** *sich hin und her bewegen, werfen:* sich die ganze Nacht schlaflos im Bett, unruhig von einer Seite auf die andere w.; er hat sich vor Schmerzen am Boden gewälzt; übertr.: sie wälzten sich vor Lachen (ugs.: *mußten sehr lachen).* **b)** *sich in Massen irgendwohin bewegen:* die Lava, die Lawine wälzte sich zu Tal; die Menschenmenge wälzte sich durch die Straßen. **3.** (ugs.) ⟨etwas w.⟩ *eifrig suchend durchblättern; in etwas nachschlagen:* Bücher, Akten w.; er wälzte eine ganze Reihe von Wörterbüchern, konnte aber das Wort nicht finden. **4.** (ugs.) ⟨etwas w.⟩ *sich eingehend mit etwas beschäftigen; hin*

und her überlegen: Gedanken, Pläne w.; was wälzt ihr denn wieder für Probleme?

Wand, die: **1.** *[senkrecht stehende] Fläche als seitliche Begrenzung eines Raumes:* eine dünne, dicke, [nicht]tragende, 15 cm starke, schalldichte, gemauerte, hölzerne W.; R: da wackelt die W.! *(da ist etwas los, da geht es hoch her);* die Wände haben Ohren *(hier gibt es Leute, die lauschen);* wenn die Wände reden könnten! *(in diesen Räumen hat sich manches abgespielt)* · der Raum hatte getäfelte, gekalkte, schmucklose, schräge Wände; eine W. mauern, errichten, aufrichten, hochziehen, einziehen, durchbrechen, einreißen, niederreißen; die Wände tünchen, streichen, weißen, tapezieren, verputzen; etwas an die W. rücken, lehnen; ein Bild an die W. hängen; dicht an der W. entlanggehen; die Leiter lehnt an der W.; sie wohnen W. an W. *(sind Zimmernachbarn);* einen Nagel in die W. schlagen; er nahm das Bild wieder von der W.; er drehte sich im Schlaf zur W. *(Wandseite);* übertr.: er hat eine W. zwischen sich und den anderen errichtet *(hat Distanz geschaffen);* die Wände zwischen den Rassen niederreißen *(das Trennende beseitigen);* er mußte gegen eine W. von Vorurteilen *(gegen viele Vorurteile)* ankämpfen; am Himmel zieht eine schwarze, graue W. *(Wolkenwand)* herauf. **2.** *Bergwand, Felswand:* eine senkrechte, steile, überhängende W.; eine W. erklettern, ersteigen, bezwingen; die Bergsteiger sind in die W. eingestiegen, haben sich in der W. verstiegen. * (veraltend:) spanische Wand *(Wandschirm)* · (ugs.:) die [eigenen] vier Wände *(jmds. Zuhause, in dem er sich wohl fühlt, in das er sich zurückzieht o. ä.)* · (ugs.:) ... daß die Wände wackeln *(sehr heftig):* er lachte, schrie, schimpfte, daß die Wände wackelten · (ugs.:) das, es ist, um die Wände/an den Wänden hochzugehen; da kann man doch die Wände/an den Wänden hochgehen! *(das ist doch empörend!; da kann man doch rasend werden!)* · jmdn. an die Wand drücken *(jmdn. rücksichtslos beiseite, in den Hintergrund drängen)* · jmdn. an die Wand spielen: a) *(einen anderen [Schauspieler] durch gutes Spiel weit übertreffen.* b) *(jmdn. durch geschicktes Manöver ausschalten)* · (ugs.:) jmdn. an die Wand stellen *(jmdn. standrechtlich erschießen)* · gegen eine Wand reden *(jmdn. vergebens von etwas zu überzeugen suchen).*

Wandel, der: *das Sichwandeln; Veränderung, Wechsel:* ein allmählicher, schneller, plötzlicher, grundlegender, durchgreifender W.; ein innenpolitischer, gesellschaftlicher W.; ein W. der Ansichten, der Gesinnung/in den Ansichten, in der Gesinnung; ein W. vollzieht sich, tritt ein; hier muß W. geschaffen werden; etwas erfährt einen entscheidenden W.; einen W. herbeiführen, eintreten lassen; die Mode unterliegt dem W., ist dem W. unterworfen; die Kirche im W. *(im Verlauf)* der Zeiten, der Jahrhunderte.

wandeln (geh.): **1. a)** ⟨jmdn., etwas w.⟩ *bei jmdm., bei etwas einen Wandel herbeiführen; ändern:* seine Gesinnung w.; die Zeit wandelt den Geschmack; das Ereignis hat ihn völlig gewandelt. **b)** ⟨etwas in etwas w.⟩ *verwandeln, zu etwas anderem werden lassen:* Chaos in Ordnung, Zwietracht in Frieden w. **2. a)** ⟨sich w.⟩ *anders werden; sich ändern:* der Geschmack, die Mode wandelt sich schnell; das Bild hatte sich plötzlich gewandelt; die Zeiten haben sich gewandelt; in seinem Leben hat sich vieles gewandelt; er hat sich nicht gewandelt. **b)** ⟨etwas wandelt sich in/ (auch:) zu etwas⟩ *etwas wird zu etwas anderem:* seine Angst hat sich in Zuversicht, ihr Haß hat sich in/(auch:) zu Liebe gewandelt. **3.** ⟨mit Raumangabe⟩ *sich irgendwo ergehen:* sie wandelten durch den Park; er ist vor dem Kurhaus auf und ab gewandelt. * (ugs.:) ein wandelnder, wandelndes, eine wandelnde ... sein *(die Verkörperung von etwas Bestimmtem sein):* er war ein wandelnder Vorwurf; er ist ein wandelndes Lexikon *(weiß auf vielen Gebieten Bescheid).*

wandern: 1. a) *eine Wanderung machen:* allein, gemeinsam, ziellos w.; durch Wälder und Felder, in die Berge w.; morgen wollen wir wieder einmal w. **b)** ⟨mit Raumangabe⟩ *ohne ein festes Ziel irgendwohin gehen, sich ergehen:* er wanderte ruhelos durch die Zimmer; durch die Stadt w.; übertr.: die Lachse wandern *(ziehen)* zu ihren Laichplätzen; die Dünen wandern *(verschieben sich)* landeinwärts; die Wolken wandern am Himmel *(ziehen am Himmel dahin);* seine Blicke, Augen wanderten *(schweiften)* von einem zum andern; ihre Gedanken wanderten *(schweiften)* in die Ferne, in die Zukunft; die Kugel ist im Körper gewandert *(hat ihre Lage verändert);* der Brief war von Hand zu Hand gewandert *(war immer weitergegeben worden);* eine wandernde *(umherziehende)* Schauspielertruppe. **2.** (ugs.) ⟨mit Raumangabe⟩ *irgendwohin befördert, gebracht werden:* er wanderte für drei Jahre ins Gefängnis; die Sachen wandern auf den Speicher, zum Müll; der Brief ist längst in den Papierkorb gewandert.

Wanderung, die: *das Wandern; Ausflug zu Fuß:* eine lange, ausgedehnte, weite, beschwerliche, mühselige W.; eine W. von sechs Stunden; es war eine schöne, herrliche W. durch den Wald; eine W. unternehmen, machen; nach einer kurzen Rast setzten sie ihre W. fort; endlich waren sie am Ziel der W.; an einer W. teilnehmen; übertr.: er unterbrach plötzlich seine ruhelose W. *(sein ruheloses Umhergehen)* durch die Zimmer; die Lachse sind auf der W. nach ihren Laichplätzen.

Wandlung, die: **1.** *das Sichwandeln; Veränderung, Umwandlung:* eine innere, grundlegende, gründliche, äußere, allmähliche, schnelle W.; in diesem Land hat sich eine gesellschaftliche W. vollzogen; in ihm, mit ihm ist eine seltsame W. vor sich gegangen; im Zustand des Kranken ist eine W. zum Guten eingetreten; ihre religiöse Haltung hat eine W. durchgemacht, erfahren, erlitten; die Dinge sind einer steten W. unterworfen, sind in einer W. begriffen. **2.** (kath. Rel.) *Hauptteil der kath. Messe:* bei der W. knieten sie nieder; zur W. läuten.

Wange, die (geh.): *Backe:* runde, frische, rote, blasse, zarte, glatte Wangen; ihre Wangen röteten sich; er streichelte ihr die Wangen; sie tanzten W. an W.; sie gab ihm einen Kuß auf die W.; das Blut stieg ihr in die Wangen.

wanken: 1. a) *sich schwankend bewegen und zu stürzen, einzustürzen drohen:* der Turm wankte und stürzte ein; er hat unter der Last gewankt;

der Boden unter seinen Füßen wankte *(bebte);* ⟨etwas wankt jmdm.⟩ die Knie wankten (geh.; *zitterten)* ihr. **b)** ⟨mit Raumangabe⟩ *sich wankend fortbewegen, irgendwohin bewegen:* aus dem Haus, über die Straße, zur Tür w. **2.** *unsicher sein:* die Monarchie, sein Mut begann zu w.; in seinem Glauben wankend werden; der Vorfall machte ihn wankend; **subst.**: jmds. Entschluß ins Wanken bringen; seine Sicherheit geriet ins Wanken. * **nicht wanken und [nicht] weichen** *(sich nicht vertreiben lassen).*

wann ⟨Adverb⟩. **1.** /temporal/ *zu welchem Zeitpunkt, um welche Zeit?;* w. kommst du?; w. ist er geboren?; frage ihn doch, w. es ihm paßt; er kommt, aber er weiß noch nicht, w. [er kommt]; ⟨leitet einen Relativsatz ein⟩ der Termin, w. die Wahlen stattfinden, liegt noch nicht fest · bis w. ist die Arbeit fertig?; seit w. weißt du es?; von w. an kann ich mit deiner Hilfe rechnen?; ⟨mit besonderem Nachdruck auch ohne Inversion in Fragesätzen⟩ du bist w. mit ihm verabredet?; ⟨in Verbindung mit *immer, auch, auch immer*⟩ du kannst kommen, w. [auch] immer *(jederzeit, wenn)* du Lust hast; morgen oder w. immer *(jederzeit sonst);* er ist immer bereit, w. es auch sei. **2.** /konditional/ *unter welcher Bedingung?:* w. ist ein Wagen vorschriftsmäßig geparkt?; er weiß nie genau, w. man rechts überholen darf.

Wanne, die: **1.** *Badewanne:* eine gekachelte, eingebaute W.; die W. voll Wasser laufen lassen, ablaufen lassen, reinigen; Wasser in die W. einlassen; in die W. steigen (ugs.); er sitzt gerade in der W. (ugs.; *badet gerade).* **2.** *einer Wanne ähnlicher Gegenstand, bes. wannenartiges Gefäß:* der Ölbehälter muß in einer W. liegen; der verletzte Skiläufer wurde in einer W. ins Tal gebracht.

Wanst, der (derb): *[dicker] Bauch:* sich (Dativ) den W. vollschlagen, füllen, vollfressen; er rannte ihm das Messer in den W.

Wappen, das: /Stadt-, Amts-, Familienwappen/: ein fürstliches, gräfliches W.; das Berliner W.; das W. der Habsburger, einer Stadt, von Hamburg; er darf ein W. führen; diese Stadt führt einen Löwen im W. *(das Wappentier ist ein Löwe).*

wappnen (geh.): **a)** ⟨sich gegen etwas w.⟩ *sich auf etwas gefaßt machen, gegen etwas vorbereiten:* er wappnete sich gegen Anfeindungen; dagegen war ich nicht gewappnet; ⟨auch ohne Präp.-Obj.⟩ er hatte sich, war gewappnet. **b)** ⟨sich mit etwas w.⟩ *sich mit etwas versehen, etwas aufbieten, um gerüstet zu sein, bestehen zu können:* sich mit Geduld, mit neuem Mut w.

Ware, die: *Handelsgut:* eine gute, erstklassige, hochwertige, teure, preiswerte, billige, schlechte, fehlerhafte, minderwertige, leichtverderbliche, haltbare, frische, lose W.; unverzollte, steuerfreie Waren; das ist eine gängige W.; eine strapazierfähige, synthetische W. *(ein strapazierfähiges, synthetisches Erzeugnis);* diese W. findet reißenden Absatz, ist ausgegangen, ausverkauft, ist augenblicklich nicht am Lager, kommt bald wieder herein, führen wir nicht; diese Waren sind im Preis stark herabgesetzt; Waren herstellen, produzieren, lagern, stapeln, auszeichnen, anbieten, verkaufen, absetzen, liefern, anfordern, bezahlen; Waren austauschen, einführen, ausführen. * (ugs.:) **heiße Ware** *(illegale Ware).*

warm: 1. a) *eine mittlere, aber doch verhältnismäßig hohe Temperatur aufweisend:* warmes Wasser, ein warmes Getränk, warme Suppe, warme Speisen; ein warmes Essen *(etwas Gekochtes);* ein warmer Ofen, Herd; ein warmes *(geheiztes)* Zimmer; das Lokal hat warme und kalte Küche *(führt warme und kalte Speisen);* ein warmes Bad nehmen; warme Hände, Füße haben; warmes Wetter, ein warmer Regen, Wind; ein warmes Lüftchen; die warmen Sommermonate; in der warmen Jahreszeit *(im Sommer);* wärmere Länder, Gegenden, Zonen; eine warme Quelle; es waren die ersten warmen Tage des Jahres; warme Miete (ugs.; *Miete einschließlich Heizungskosten);* hier ist es sehr, zu w.; hier drinnen muß es w. bleiben; das Essen w. halten, stellen; die Speise muß w. gegessen werden; sie hat die Suppe noch einmal w. gemacht *(aufgewärmt);* heute abend wollen wir w. (ugs.; *warme Speisen)* essen; die Sonne schien sehr w.; der Mantel hält w.; er hat sich w. *(mit warmem Wasser)* geduscht; der Sportler läuft sich w. *(erwärmt sich durch Laufen);* die Heizung auf „warm“ stellen; ich habe w. (ugs.; *ich friere nicht);* ⟨jmdm. ist, wird w.⟩ mir ist [es] w.; langsam wurde [es] uns w.; **subst.**: sie sitzen im Warmen *(in einem geheizten Raum);* er hat heute noch nichts Warmes *(kein warmes Essen)* gegessen; **übertr.**: warme *(einen Stich ins Gelbliche, Rötliche aufweisende)* Farben; warmes *(behaglich wirkendes, gelbliches)* Licht; der Raum wirkte hell und w. *(behaglich);* bei diesem Anblick wurde es ihm [ganz] w. ums Herz *(empfand er ein Glücksgefühl).* **b)** *vor Kälte schützend:* warme Kleidung, Wäsche; sie band sich ein warmes Tuch um den Hals; dieser Mantel ist sehr w.; du mußt dich w., wärmer anziehen; **subst.**: zieh dir lieber etwas Warmes an. **2. a)** *eifrig, lebhaft, nachdrücklich:* er ist ein warmer Befürworter, Förderer, Anwalt dieses Plans; warmes Interesse für etwas hegen; sie wurde uns warm, wärmstens (ugs.) empfohlen. **b)** *herzlich, wohlwollend, freundlich:* warme Anteilnahme; ein warmes Gefühl der Dankbarkeit; ein warmes *(gütiges)* Herz; er verabschiedete sich mit einem warmen Händedruck; wie wird er noch kalt (ugs.; *ist gleichgültig, uninteressiert).* **c)** (ugs.) ⟨mit jmdm., mit etwas w. werden⟩ *eine nähere Beziehung zu jmdm., zu etwas entwickeln:* mit ihm, mit der neuen Umgebung ist er nie recht w. geworden. * (ugs.:) **warm werden** *(vertraut werden, sich einleben):* er muß hier erst einmal w. werden.

Wärme, die: **1. a)** *mittlere, mäßig hohe Temperatur; Zustand des Warmseins:* eine angenehme, milde, wohlige, trockene, feuchte, sommerliche, unangenehme W.; ist das heute eine W.!; wir haben heute, das Wasser hat 20 Grad W.; der Ofen strahlt eine angenehme W. aus; bei dieser W. trägt du noch einen Pullover?; komm doch herein in die W. (ugs.; *ins warme Zimmer).* **b)** (Physik) *Wärmeenergie:* gebundene, strahlende, latente *(aufgespeicherte)* W.; die spezifische W. eines Stoffes; bei diesem Vorgang wird W. frei, entsteht, entwickelt sich W., wird W. erzeugt. **2.** *Herzlichkeit, Warmherzigkeit:* menschliche, persönliche, innere W.; W. des Gefühls; ihren Worten fehlte die W.; er trat mit W. für sie ein, sprach mit [wachsender] W. von ihr.

wärmen: a) ⟨jmdn., sich, etwas w.⟩ *warm machen, aufwärmen:* die Suppe w.; jmdn./für jmdn. das Essen w.; er wärmte sich am Ofen; er wärmte sich mit einem Schnaps; die Decke wird deine Füße w.; ⟨jmdn., sich etwas w.⟩ du kannst dir die Hände am Feuer w. **b)** ⟨etwas wärmt⟩ *etwas gibt Wärme, hält warm:* Wolle wärmt; der Mantel, der Kachelofen wärmt gut.

warmhalten ⟨in der Verbindung⟩ sich (Dativ) jmdn. warmhalten (ugs.): *sich jmds. Wohlwollen erhalten:* diesen Mann mußt, solltest du dir w.

warnen: a) ⟨jmdn. vor etwas w.⟩ *auf eine Gefahr hinweisen, aufmerksam machen:* jmdn. nachdrücklich, rechtzeitig, heimlich vor etwas w.; jmdn. vor einer Gefahr, vor einem Anschlag, vor einem Betrüger w.; er warnte sie [davor], zu nahe ans Ufer zu treten (nicht korrekt: ..., nicht zu nahe ans Ufer zu treten); ⟨auch ohne Akk.⟩ die Polizei warnt vor Glatteis, vor Taschendieben; ⟨auch ohne Präp.-Obj.⟩ er hatte ihn zu spät gewarnt; seine warnende Stimme erheben; übertr.: sein Gefühl, Instinkt, eine innere Stimme warnte ihn, es zu tun. **b)** ⟨jmdn. w.⟩ *nachdrücklich, dringend auffordern, etwas zu tun oder zu lassen:* ich habe dich oft genug gewarnt; du bist gewarnt!; ich warne dich, du machst einen Fehler; adj. Part.: er drohte warnend mit dem Finger; ein warnendes *(abschreckendes)* Beispiel.

Warnung, die: *das Warnen, Gewarntwerden; Hinweis auf eine Gefahr:* eine nachdrückliche, eindringliche, ernste W.; eine W. vor Sturm, Glatteis; seine W. war berechtigt; das ist meine letzte W. *(drohende Aufforderung);* das soll mir eine W. *(eine Lehre für die Zukunft)* sein!; eine W. mißachten, in den Wind schlagen; eine W. vor jmdn. aussprechen; er ging trotz aller Warnungen; er hörte, achtete nicht auf ihre Warnungen; ein Schild mit einer W. anbringen; laß dir das zur W. dienen *(lerne daraus für die Zukunft).*

Warte ⟨nur in bestimmten Wendungen⟩: **von jmds. Warte aus** *(von jmds. Standpunkt aus, von jmds. Blickwinkel her):* von seiner W. aus [betrachtet], sieht das Problem anders aus · **auf einer höheren Warte stehen** *(an Übersicht, Einsicht andere übertreffen).*

¹warten ⟨auf jmdn., auf etwas w.⟩: *das Eintreffen einer Person oder Sache erwartend verweilen; harren:* [un]geduldig, sehnsüchtig, nervös, lange, eine Weile, einen Augenblick, eine Stunde lang, stundenlang auf jmdn. w.; wir haben vergebens, vergeblich, gespannt, seit Wochen, mit Schmerzen *(sehnsüchtig)* auf eine Nachricht gewartet; auf eine Antwort, auf eine günstige Gelegenheit, auf besseres Wetter, auf den Zug, auf die Abfahrt w.; sie warteten auf Einlaß/sie warteten darauf, eingelassen zu werden; auf einen Studienplatz *(auf die Zuteilung eines Studienplatzes)* w.; der Schauspieler wartete auf sein Stichwort; sie wartete *(lauerte)* nur darauf, daß er einen Fehler machte; wir warten mit dem Essen auf ihn; darauf können Sie lange w. *(es dauert nicht lange);* du hast lange auf dich w. lassen; darauf habe ich schon lange gewartet (ugs.; *das habe ich vorausgesehen);* worauf warten wir eigentlich noch? *(warum beginnen, handeln wir nicht?); laßt uns anfangen);* auf dich haben wir gerade noch gewartet (ugs. iron.; *du störst hier);* ⟨auch ohne Präp.-Obj.⟩ wir haben lange w. müssen; du konntest wohl nicht w.?; der soll ruhig/kann w. *(ihn können wir warten lassen, mit ihm können wir uns Zeit lassen);* sollen wir mit dem Essen w.?; damit wollen wir noch w. *(das schieben wir noch auf);* beeile dich, die Mutter wartet schon; du hast mich aber w. lassen!; warten Sie bitte einen Augenblick!; ich warte an der Ecke; er hat so lange gewartet *(gezögert),* bis es zu spät war; warten Sie, bis Sie aufgerufen werden; der kann w., bis ich die Rechnung bezahle (ugs.; *die Rechnung bezahle ich so schnell nicht);* da kannst du lange w., kannst du w., bis du schwarz wirst! (ugs.; *da wartest du umsonst);* ich kann w.! (ugs.; *ich habe Zeit);* warte mal *(einen Augenblick Geduld bitte, es fällt mir gleich ein); /oft scherzhafte Drohungen/:* warte nur!; na warte!; subst.: das lange Warten hatte sie müde gemacht; übertr.: beeile dich, der Zug wartet nicht auf dich; das Essen kann w. *(damit ist es nicht so eilig);* zu Hause wartete eine Überraschung [auf uns]; der Erfolg, die Kritik ließ nicht lange auf sich w.

²warten ⟨etwas w.⟩: *(technische Anlagen) regelmäßig auf ihre Funktionstüchtigkeit hin überprüfen:* das Auto, die Anlage, die Maschine muß regelmäßig gewartet werden.

warum ⟨Adverb⟩: *aus welchem Grund?, weshalb?:* w. bist du nicht gekommen?; w. nicht gleich? (ugs.; *das hätte man doch gleich so machen können);* w. nicht? /Antwort, durch die eine Zusage ausgedrückt wird/; w. eigentlich nicht? /drückt aus, daß der Sprecher etwas in Erwägung zieht/; er will wissen, w. sie das getan hat; er ist getadelt worden und weiß nicht, w.; w. das denn?; w. denn das?; /ugs.; *drückt den Unmut des Fragenden aus/;* subst.: er fragte nicht nach dem Warum [und Weshalb] *(Grund);* ⟨leitet einen Relativsatz ein⟩ der Grund, w. er das getan hat.

was: **I.** **1.** ⟨Interrogativpronomen⟩ /dient der Frage nach einer Sache oder einem Verhalten/: w. ist das?; w. bedeutet das?; w. kostet das?; w. soll denn das [bedeuten]?; w. hast du da?; w. gibt es Neues?; w. ist [denn hier] los? (ugs.); w. willst du denn damit?; w. willst du denn schon wieder?; w. denkst du dir denn eigentlich?; w. kann ich für Sie tun?; w. sagst du da?; w. soll man dazu sagen?; w. ist er [von Beruf]?; w. will er denn werden?; w. sind denn das für Geschichten?; w. für Wein, was für einen Wein trinkt er am liebsten?; w. weiß ich? (ugs.; *ich weiß es nicht);* er hat Bilder, Bücher und w. weiß ich noch alles (ugs.; *und noch vieles andere)* gekauft; da staunst du, w.? *(nicht wahr?);* w.? (ugs.: *[wie] bitte?);* /häufig in Ausrufen der Überraschung, der Ablehnung, des Zweifels o. ä./: w.!; w. denn, das weißt du nicht?; ach w.! /ugs.; *Äußerung des Unmuts/;* an w. (ugs.; *woran)* denkst du?; auf w. (ugs.; *worauf)* wartest du noch?; für w. (ugs.; *wofür)* ist das gut?; in w. (ugs.; *worin)* soll ich es aufbewahren?; mit w. (ugs.; *womit)* ist er beschäftigt?; um w. (ugs.; *worum)* handelt es sich?; vor w. (ugs.; *wovor)* hast du Angst?; von w. (ugs.; *wovon)* lebt er denn so?; zu w. (ugs.; *wozu)* taugt das? · subst.: mit das Was, sondern das Wie ist entscheidend. **2.** ⟨Relativpronomen⟩ /bezieht sich auf etwas Unbestimmtes, Allgemeines; faßt einzelne Dinge oder einen ganzen Satz allgemein zusammen/: etwas, manches, einiges, vieles, alles, w. ich hier gesehen habe; das ist das Beste, w. du tun kannst; das, w. du gesagt hast, ist nicht richtig; du kannst machen, w. du willst; ich weiß nicht, w. ich sagen soll; w. ich noch sagen wollte ...; w. ihn betrifft, so ist er ganz zufrieden. **3.** (ugs.) ⟨Indefinitpronomen⟩ *etwas:* ich weiß w.; du kannst w. erleben!; das ist w. anderes; da haben wir uns w. Schönes eingebrockt! **II.** ⟨Adverb⟩ (ugs.): **1.** *warum:* w. regst du dich so auf!; w. stehst du hier herum?; w. mußtest du das auch sagen! **2. a)** *wie sehr:* w. hat er sich verändert!; w. ist das doch so schwer! **b)** *inwiefern:* w. stört dich das? **c)** *wie beschaffen, geartet:* w. soll ich sein, feige!

Wäsche, die: **1.** *Unterwäsche:* feine, duftige, seidene, warme W.; frische W. anziehen; die W. wechseln. **2.** *Gesamtheit der Textilien, die zu waschen sind:* weiße, bunte, saubere, schmutzige, stark verschmutzte W.; W. aus Leinen, Baumwolle, Kunstfaser; die W. in die Maschine stecken; die W. trocknet schnell; ist schon trocken; die kleine W. selbst waschen; die große W. *(die großen Teile)* in die Wäscherei geben, außer Haus geben, ausgeben; die W. einweichen, kochen, spülen, schleudern, auswringen, stärken, bleichen, aufhängen, trocknen, bügeln, mangeln, sortieren; W. ausbessern, flicken, nähen; sie hat ihr Geld unter der W., zwischen der W. versteckt. **3.** *das Waschen; Vorgang des Waschens:* wir haben heute große W. *(Waschtag);* die kleine W. *(das Waschen der kleineren Wäschestücke)* erledigt sie selbst; das Hemd ist bei der W. eingelaufen; die Bluse ist [gerade] in der W.; die Handtücher in die W. tun (ugs.). * (ugs.:) **[seine] schmutzige Wäsche [vor anderen Leuten] waschen** *(mißliche private Angelegenheiten vor andern ausbreiten)* · (ugs.:) **dumm aus der Wäsche gucken** *(einfältig, verdutzt dreinschauen)* · (ugs.:) **jmdm. an die Wäsche gehen, wollen: a)** *(jmdn. tätlich angreifen).* **b)** *(jmdn. unsittlich berühren).*

waschecht: 1. *sich beim Waschen nicht verändernd:* waschechte Stoffe, Tücher; die Farben sind [garantiert] w. **2.** (ugs.) *typisch, unverfälscht:* er ist ein waschechter Berliner; er spricht waschechtes Sächsisch.

waschen: 1. a) ⟨jmdn., sich, etwas w.⟩ *reinigen, säubern:* sich mit Wasser und Seife, kalt, von Kopf bis Fuß w.; seine Hände w.; sich (Dativ) beim Friseur die Haare w. lassen; Haare w. und legen kostet 25 DM; das Obst vor dem Verzehr gründlich w.; ⟨jmdm., sich etwas w.⟩ sich das Gesicht, die Haare w.; ⟨[sich, jmdm.] etwas w.; mit Raumangabe⟩ sich den Schmutz von den Händen, den Schmutz aus der Wunde w.; bildl. (ugs.): wir sind gestern gewaschen worden *(in heftigen Regen gekommen).* **b)** ⟨etwas w.⟩ *in einem bestimmten Waschvorgang von Schmutz befreien:* die Socken mit Seife w.; sie wäscht ihre Wäsche in der Waschmaschine, mit der Hand; etwas kalt, separat w.; das Kleidungsstück kann man nicht w., läßt sich nicht w.; ein frisch gewaschenes Hemd; ⟨auch ohne Akk.⟩ sie wäscht jede Woche; subst.: das Hemd ist beim Waschen eingegangen. **c)** ⟨etwas wäscht etwas; mit Artangabe⟩ *etwas reinigt etwas in bestimmter Weise:* dieses Waschmittel wäscht Ihre Wäsche absolut sauber.

2. ⟨etwas w.⟩ *durch Ausschwemmen o. ä. von anderen Bestandteilen trennen, säubern:* Erze, Gold w.; Rauchgase w. **3.** (ugs.) ⟨etwas w.⟩ **a)** *Banknoten aus einer Erpressung o. ä. umtauschen gegen andere, nicht registrierte:* Lösegeld w. **b)** *Spenden so deklarieren, daß sie für den Spender Vorteile bringen:* Spendengelder w. * (ugs.:) **etwas hat sich gewaschen** *(etwas ist nicht leicht):* die Aufgabe hat sich gewaschen; eine Ohrfeige, die sich gewaschen hat *(eine heftige Ohrfeige).*

Wasser, das: **1. a)** *natürliche Flüssigkeit:* klares, reines, sauberes, frisches, kaltes, lauwarmes, heißes, abgestandenes, trübes, schmutziges, fauliges, salziges, brackiges, mineralhaltiges, kalkhaltiges, hartes *(sehr kalkhaltiges),* weiches *(kalkarmes)* enthärtetes W.; stilles W. *(Mineralwasser ohne Kohlensäure);* schweres W. (Chemie: *Deuteriumoxid);* geweihtes W.; fließendes W.; W. zum Waschen; ein Glas W.; W. aus der Leitung; eine Flasche W. (ugs.; *Mineralwasser);* das W. ist, schmeckt gut; W. verdunstet, gefriert; das W. kocht, siedet, wallt [auf]; das W. tropft, fließt aus dem Hahn; W. in die Badewanne laufen lassen; W. holen, schöpfen, filtern, aufbereiten, destillieren; W. für den Kaffee aufsetzen; er hat beim Schwimmen W. geschluckt; die Frucht besteht zu 90 Prozent aus W.; seinen Durst mit W. löschen; dort wird nach W. gebohrt; R: das wäscht kein W. ab; da, dort wird auch nur mit W. gekocht; übertr.: das W. *(die Tränen)* trat, schoß ihr in die Augen, stand ihr in den Augen; der Schmerz trieb ihr das W. *(die Tränen)* in die Augen; das W. *(der Schweiß)* lief, tropfte ihm von der Stirn; W. (verhüll.; *Urin)* lassen, das W. lösen (veraltend); das W. nicht halten können; W. (ugs.; *die Wassersucht)* [in den Beinen] haben. **b)** *kosmetischen Zwecken dienende Flüssigkeit:* wohlriechende, duftende Wässer. **2.** *Wasser[masse] eines Flusses, eines Sees, des Meeres; Gewässer:* ein stehendes, fließendes, tiefes W.; offenes *(nicht von Eis bedecktes)* W.; auflaufendes W. *(Flut)* ablaufendes W. *(Ebbe);* das W. ist an dieser Stelle flach, seicht, sehr tief; das W. fließt, strömt, rauscht, rinnt, plätschert, gurgelt, versickert, verläuft sich; das W. steigt [an], tritt über die Ufer, durchbricht die Dämme, überschwemmt das Land, wird abgeleitet; das W. treibt die Turbine; R: bis dahin fließt noch viel W. den Rhein o. ä. hinunter; stille Wasser sind, gründen tief; W. hat keine Balken · sie liebt, mag W. nicht; sie lagen den ganzen Tag am W.; etwas schwimmt, treibt auf dem W.; durchs W. gleiten; dieses Tier lebt am, im W.; sie tummelten sich, planschten im W.; die Häuser spiegelten sich im W.; ins W. springen, fallen, stürzen; etwas ins W. werfen, tauchen; er konnte sich kaum über W. halten *(drohte unterzugehen);* unter W. *(unter der Wasseroberfläche)* schwimmen; ein Gelände unter W. setzen *(von Wasser überschwemmen lassen);* die Wiesen stehen unter W. *(sind überflutet);* die Boote wurden zu W. gelassen; man kann diesen Ort zu W. oder zu Land *(auf dem Wasserweg oder auf dem Landweg)* erreichen. * **ein stilles Wasser sein** *(ein ruhiger, zurückhaltender Mensch sein)* · **reinstes Wassers/von reinstem Wasser** *(ausgesprochen, durch und durch)* · (ugs.:) **das Wasser steht jmdm. bis zum**

Hals|e| *(jmd. steckt in Schulden, ist in großen Schwierigkeiten)* · (ugs.:) **jmdm. läuft das Wasser im Mund zusammen** *(jmd. bekommt großen Appetit auf etwas)* · (ugs.:) **etwas ist Wasser auf jmds. Mühle** *(etwas unterstützt jmds. Ansichten, Absichten)* · **Wasser in den Wein gießen** *(die Begeisterung dämpfen)* · **jmdm. das Wasser abgraben** *(jmds. Existenzgrundlage gefährden, jmdn. seiner Wirkungsmöglichkeiten berauben)* · (ugs.:) **jmdm. [nicht] das Wasser reichen können** *(jmdm. an Fähigkeiten, Leistungen [nicht] gleichkommen)* · (ugs.:) **aussehen, als könnte man kein Wässerchen trüben** *(ganz harmlos aussehen)* · (ugs.:) **nahe am/ ans Wasser gebaut haben** *(sehr leicht in Tränen ausbrechen)* · (ugs.:) **bei Wasser und Brot sitzen** *(im Gefängnis sitzen)* · **ins Wasser gehen** *(Selbstmord durch Ertränken begehen)* · **etwas fällt ins Wasser** *(etwas kann nicht stattfinden)* · (ugs.:) **mit allen Wassern gewaschen sein** *(gerissen sein; alle Tricks kennen)* · **sich über Wasser halten** *(sein Leben fristen, seine Existenz erhalten)* · (ugs.:) **etwas wird zu Wasser** *(etwas kann nicht verwirklicht werden, löst sich in nichts auf)* · **ins kalte Wasser springen** *(ein Wagnis eingehen).*

wäßrig, (auch:) wässerig: *zu viel Wasser enthaltend:* eine wäßrige Suppe; wässerige Kartoffeln; eine wäßrige Lösung; diese Früchte sind mir zu w.; übertr.: er sah ihn mit wäßrigen *(farblosen, hellen)* Augen an; ein wäßriges *(helles, blasses)* Blau; eine wäßrige *(wasserhelle)* Flüssigkeit.

waten ⟨mit Raumangabe⟩: *in etwas einsinkend, mit langsamen, stapfenden Schritten gehen:* ans Ufer, durch den Bach, im Wasser w.

Watte, die: *aus weichen Fasern hergestelltes Material:* weiche, blutstillende W.; er steckte, stopfte sich (Dativ) W. in die Ohren; etwas in W. [ver]packen; eine mit W. gefütterte Jacke; er tupfte die Wunde vorsichtig mit W. ab. ∗ (ugs.:) **Watte in den Ohren haben** *(nicht hören wollen)* · (ugs.:) **jmdn. in Watte packen** *(jmdn. übertrieben vorsichtig behandeln).*

weben: a) *eine Webarbeit ausführen:* sie webt gerne; an diesem Teppich hat sie lange gewebt. b) ⟨etwas w.⟩ *durch Weben herstellen:* Tuch, Spitzen, Seide w.; Teppiche w.; der Stoff wurde auf, mit der Maschine gewebt; übertr.: die Spinne webt ihr Netz.

Wechsel, der: **1.** *das Wechseln, Sichablösen; Änderung, Wandel:* ein dauernder, regelmäßiger, unaufhörlicher, allmählicher, langsamer, schneller W.; der W. der Ereignisse, der Jahreszeiten; ein W. der Lebensweise, der Lebensweise; ein W. in der Leitung eines Geschäftes, an der Spitze des Unternehmens; der W. von Tag und Nacht, von Hitze und Kälte, zwischen Arbeit und Ruhe; ein W. *(Wechseln)* von einem Platz zu einem anderen; Sport: der W. *(das Auswechseln)* eines Spielers; beim W. *(Seitenwechsel)* stand das Spiel 1:1; fliegender W. *(Wechsel der Spieler während des Spiels);* übertr.: sie arbeiteten in fliegendem W. *(lösten einander ab)* · in der Politik des Landes trat ein entscheidender W. ein; sie liebt den W. *(die Abwechslung);* alles ist dem W. unterworfen; im W. der Zeiten; der Darbietungen folgten einander im bunten/in buntem W. **2.** (Geldw.) *schriftliche, befristete Zahlungsverpflichtung:* ein ungedeckter W.; der monatliche W.

(ugs.; *gewährte Unterhaltssumme)* von seinen Eltern; Wechsel auf lange, kurze Sicht; der W. ist fällig, verfällt; der W. ist geplatzt (ugs.; *nicht eingelöst worden);* einen W. ausstellen, unterschreiben, akzeptieren, begeben *(verkaufen)*, diskontieren *(vor Fälligkeit gegen Zinsabzug kaufen)*, überreichen, präsentieren, vorlegen, prolongieren *(verlängern)*, einlösen, protestieren *(zurückweisen);* einen W. auf jmdn. ziehen *(als Zahlungsanweisung ausstellen);* er bezahlte mit einem W. 3. (Jägerspr.) *Wildwechsel:* hier hat das Wild seinen W. ∗ **einen Wechsel auf die Zukunft ausstellen** *(etwas tun, dessen fragwürdige Folgen sich erst in späterer Zeit zeigen werden).*

wechseln: **1.** a) ⟨jmdn., etwas w.⟩ *durch jmd. anderen, etwas anderes, durch etwas Neues, Frisches ersetzen:* die Wohnung, den Wohnsitz, die Schule, den Platz w.; er hat seine Stellung, den Beruf gewechselt; du mußt [bei deinem Auto] die Reifen, das Öl w. lassen; er mußte unterwegs ein Rad w.; die Wäsche, die Schuhe, Strümpfe w. *(andere anziehen);* er hat die Zigarettenmarke gewechselt *(sich einen anderen Friseur, Partner suchen);* ⟨jmdm. etwas w.⟩ der Arzt hat mir den Verband gewechselt. b) ⟨etwas mit jmdm. w.⟩ *austauschen:* mit jmdm. Briefe, einen Händedruck, Blicke, Komplimente w.; ⟨auch ohne Präp.-Obj.⟩ wir wechselten nur wenige Worte *(sprachen nur kurz miteinander).* c) ⟨etwas w.⟩ *ändern:* seine Ansichten, seine Meinung, die Gesinnung, den Glauben w.; plötzlich wechselte er den Ton; wollen wir nicht lieber das Thema w.? d) ⟨etwas w.⟩ *in eine andere, kleinere Geldsorte umtauschen:* fünfzig Mark, einen Hundertmarkschein w.; an der Grenze müssen wir noch etwas Geld w. *(in eine andere Währung umtauschen);* ⟨etwas in, gegen etwas w.⟩ Mark in/ gegen Franc w.; ⟨jmdm. etwas w.⟩ kannst du mir zwanzig Mark w.? ⟨auch ohne Dat. und ohne Akk.⟩ ich kann leider nicht w. **2.** ⟨etwas wechselt⟩ *etwas ändert sich:* das Wetter wechselt; seine Stimmung, der Ausdruck seines Gesichtes konnte sehr schnell w.; Regen und Sonne wechselten *(lösten einander ab);* adj. Part.: wechselnde Mehrheiten; mit wechselndem Erfolg, Glück; es, der Himmel ist wechselnd bewölkt. **3.** (Jägerspr.) *seinen Standort, sein Revier verlassen:* das Wild ist gewechselt; der Bock ist über den Weg gewechselt *(hat ihn überquert).* **4.** ⟨mit Raumangabe⟩ *überwechseln:* zu einer anderen Partei w.; der Minister ist ins Auswärtige Amt gewechselt; auf eine andere Schule w.

wechselseitig: *gegenseitig:* eine wechselseitige Beziehung; sich w. bedingen; Kunst und Wissenschaft haben sich w. befruchtet.

wecken: 1. ⟨jmdn. w.⟩ *wach machen, aus dem Schlaf reißen:* jmdn. um sechs Uhr, mitten in der Nacht, aus dem Schlaf, unsanft w.; mit deinem Geschrei hast du das Kind geweckt; von einem lauten Knall geweckt werden; er läßt sich vom Zimmermädchen w.; subst.: um 8 Uhr ist Wecken; übertr.: der Kaffee hat seine Lebensgeister geweckt. **2.** ⟨etwas w.⟩ *hervorrufen, wachrufen:* die neuigsten Triebe w.; jmds. Neugier, Verdacht, Mißtrauen, Hoffnungen, Wünsche w.; sein Interesse wurde geweckt; seine Worte hatten alte Erinnerungen in ihr geweckt.

Wecker, der: *Weckuhr:* der W. tickt, klingelt, rasselt, schrillt; der W. hat nicht geweckt; den W. stellen, abstellen. * (ugs.:) **jmdm. auf den Wecker gehen/fallen** *(jmdm. lästig werden).*

wedeln ⟨mit etwas w.⟩: *etwas rasch hin und her bewegen:* der Hund wedelte freudig mit dem Schwanz; mit der Hand, dem Taschentuch w.; ⟨mit Raumangabe⟩ er wedelte mit einer Zeitung die Krümeln vom Tisch *(entfernte sie durch Wedeln);* ⟨auch ohne Präp.-Obj.⟩ der Hund wedelt, begrüßt wedelnd sein Herrchen.

weder ⟨in dem Wortpaar⟩ weder ... noch: *nicht ... und auch nicht ...:* dafür habe ich w. Zeit noch Geld, noch Lust; sie war w. reich noch schön; w. ihm noch mir ist es gelungen, sie zu überzeugen; er hat ihm w. beruflich geholfen, noch hat er seine künstlerischen Anlagen gefördert; w. er noch sie wußte/(auch:) wußten Bescheid; /als Antwort auf eine Entscheidungsfrage, bei der beide Möglichkeiten verneint werden/: „Kommst du heute oder morgen?" – „Weder noch".

weg ⟨Adverb⟩ (ugs.): *fort:* die Kinder sind schon w. *(weggegangen);* er ist schon lange von zu Hause w.; zur Tür hinaus, und w. war er; der Zug ist w. *(abgefahren);* die Ware war schnell w. *(verkauft, vergriffen);* kaum lag er im Bett, da war er schon w. *(eingeschlafen);* das ist ziemlich weit von der Stadt w. *(entfernt);* drei Nächte hintereinander war er w. *(abwesend);* die Schlüssel sind w. *(nicht zu finden);* der Reiz ist w. *(dahin);* w. damit!; w. da!; schnell w.!; Finger w.! * (ugs.:) **[ganz, einfach] weg sein** *(begeistert sein)* · (ugs.:) **über etwas weg sein** *(etwas überwunden haben)* · (ugs.:) **in einem weg** *(ununterbrochen, immerzu):* er redet in einem w.

Weg, der: 1. *Geh-, Fahrweg:* ein steiniger, schlechter, schmaler, abschüssiger W.; ein öffentlicher, privater W.; Wege und Straßen; der W. durch den Wald, zum Strand; der W. ist gesperrt, ist hier zu Ende; hier ist, geht kein W.; die Wege sind aufgeweicht; der W. geht steil aufwärts, steigt an, biegt nach links ab; wohin geht, führt dieser W.?; der W. kreuzt eine Straße; hier trennen sich unsere Wege; einen W. anlegen, befestigen; die Wege mit Kies bestreuen; einen W. sperren; wir gehen, nehmen lieber diesen W.; wir sind den eingeschlagenen W. weitergegangen, haben diesen W. verlassen; er bahnte sich (Dativ) einen W. *(Durchgang)* durch das Gestrüpp; auf einem W. weitergehen, bleiben; wenn du rechtzeitig ankommen willst, mußt du dich auf den W. machen *(losgehen, aufbrechen);* ein Hase sprang über den W.; ihr dürft nicht von diesem W. abweichen; bildl.: unsere Wege *(Lebenswege)* kreuzten sich mehrmals; hier trennen sich unsere Wege, gehen unsere Wege auseinander *(hier hört unsere bisherige Zusammenarbeit, die Übereinstimmung unserer Ansichten auf);* dunkle, krumme Wege gehen *(Unrechtes tun);* seinen geraden W. gehen *(sich nicht beirren lassen);* R: der gerade W. ist der kürzeste; der W. zur Hölle ist mit guten Vorsätzen gepflastert; daran führt kein W. vorbei. 2. a) *Wegstrecke:* das ist ein weiter, langer, der nähere, nächste, kürzeste, direkte W. zur Stadt; der W. [dahin] war länger, als er gedacht hatte, wollte kein Ende nehmen; bis dorthin sind es noch fünf Kilometer W., ist es noch

eine Stunde W. *(zu laufen, zu fahren);* wir haben noch einen langen W., einen W. von einer Stunde zurückzulegen; einen bestimmten W. suchen, wählen, nehmen, einschlagen; einen W. abkürzen, abschneiden; jmdm. den W. zeigen, versperren, verlegen; den W. verfehlen, verlieren; wir haben denselben, den gleichen W.; wir haben noch ein gutes Stück W./(geh.:) Wegs vor uns; er ging seines Wegs, seiner Wege (geh.; ging fort); wohin des Wegs? *(wo gehst du hin?);* woher des Wegs? *(wo kommst du her?);* auf halbem W. wieder umkehren; wir kamen uns auf dem halben W. entgegen; du stehst mir im W. *(hinderst mich am Weitergehen);* er ist mir in den W. gelaufen *(ist mir zufällig begegnet);* ich stellte mich ihm in den W. *(hinderte ihn am Weitergehen);* er fragte mich nach dem W. zum Bahnhof; im Nebel sind wir vom [richtigen] W. abgekommen; bildl.: den W. zu den Herzen der Zuhörer finden; übertr.: bis dahin ist [es] noch ein weiter W. *(dauert es noch lange);* jmds. W. nach oben, zum Sozialismus; jmdm. etwas mit auf den W. geben *(als Lehre zuteil werden lassen);* seine eigenen Wege gehen *(selbständig, unabhängig handeln);* er ist auf dem W. der Besserung, zur Genesung; hast du die Sache endlich auf den W. gebracht *(in Gang gesetzt)?;* sich nicht vom rechten W. abbringen lassen *(nicht unmoralisch, ungesetzlich handeln);* R: alle, viele Wege führen nach Rom; es führen viele Wege in die Hölle, aber keiner heraus. **b)** *Gang, Fahrt, Reise:* dies war ein schwerer W. für sie; mein erster W. führte mich zu ihm; er ist, befindet sich auf dem W. *(ist unterwegs)* nach Berlin; auf dem W. zum Bahnhof; ich traf sie auf dem W. zur Arbeit; bildl.: der W. der Sonne, der Gestirne; jmdm. Lehren mit auf den W. *(Lebensweg)* geben; jmdn. auf seinem letzten W. begleiten *(an seinem Begräbnis teilnehmen).* **c)** (ugs.) *Besorgung:* einen W. vorhaben; für jmdn. Wege machen, erledigen; er hat mir den W. abgenommen. 3. *Möglichkeit, Art und Weise, Methode:* neue, andere, bessere Wege eröffnen sich jmdm.; dieser W. steht ihm noch offen, scheidet aus; das ist nicht der richtige W. zum Erfolg; das ist der einzig gangbare W.; der W. war bereits vorgezeichnet; einen anderen W. suchen, finden, gehen; jmdm. einen W. [auf]zeigen, weisen; ich sehe nur diesen einen, keinen anderen W.; er hat mir diesen W. verlegt; etwas auf direktem, privatem, gesetzlichem, diplomatischem W. regeln; etwas auf dem schnellsten, kürzesten W. erledigen; sich auf gütlichem Wege einigen; etwas auf legalem W. erreichen; der Kranke wurde auf künstlichem W. ernährt; auf diesem W. können wir das Problem nicht lösen; auf diesem W. danken wir allen, die uns geholfen haben; etwas auf dem des Prozesses entscheiden; wir wollen uns im Wege der Verhandlung einigen. * **Weg und Steg** *(alle Wege, die ganze Gegend)* · **seinen Weg machen** *(im Leben vorwärtskommen);* **jmdm. den Weg/die Wege ebnen** *(jmdm. Schwierigkeiten aus dem Weg räumen; jmdn. fördern)* · (ugs.:) **den Weg allen/(auch:) alles Fleisches gehen** *(sterben)* · *(scherzh.:)* **etwas geht den Weg alles Irdischen** *(etwas wird defekt und unbrauchbar)* · **den Weg des geringsten Widerstandes gehen** *(allen Schwierigkeiten ausweichen, auszuweichen suchen)* · (oft iron.:) **auf dem besten Wege sein** *(durch sein Verhalten einen bestimmten Zustand bald erreicht haben):* er ist auf dem besten Wege zu verkommen · **sich auf halbem Wege treffen** *(sich durch beiderseitiges Nachgeben einigen)* · **jmdm. auf halbem Weg entgegenkommen** *(teilweise nachgeben)* · **auf halbem Weg stehenbleiben** *(etwas nicht abschließen, vollenden)* · **auf halbem Wege steckenbleiben** *(etwas nicht abschließen können, vollenden können)* · **auf halbem Wege umkehren** *(etwas aufgeben)* · *(ugs.:)* **auf kaltem Weg[e]** *(skrupellos)* · *(geh.:)* **jmdn. auf den rechten Weg führen** *(jmdn. vor Fehlern, Verfehlungen bewahren)* · **jmdm./einer Sache aus dem Weg gehen** *(jmdn., etwas meiden)* · **etwas aus dem Weg räumen** *(etwas überwinden)* · *(ugs.:)* **jmdn. aus dem Weg räumen** *(jmdn. ausschalten, umbringen)* · **jmdm./einer Sache im Weg sein/stehen** *(für jmdn., für etwas ein Hemmnis darstellen)* · **jmdm. in den Weg treten: a)** *(jmdm. entgegenstellen).* **b)** *(jmdm. Schwierigkeiten machen)* · **etwas in die Wege leiten** *(etwas anbahnen)* · *(ugs.:)* **jmdm. nicht über den Weg trauen** *(jmdm. sehr mißtrauen).*

wegbleiben (ugs.): **1.** *nicht mehr erscheinen, kommen:* auf einmal, von da an blieb er weg; die Kunden blieben weg; er ist über Nacht weggeblieben; ⟨jmdm. bleibt etwas weg⟩ ihm blieb die Luft weg *(er bekam keine Luft mehr).* **2.** ⟨etwas bleibt weg⟩ *etwas wird weggelassen, nicht berücksichtigt:* der Deckel kann, soll w.

wegen ⟨Präp. mit Gen.⟩: **a)** *auf Grund von ...:* w. Motorschadens; w. des schlechten Wetters/ (ugs.:) w. dem schlechten Wetter konnten wir nicht weiterfahren; er wurde w. Mangels an Beweisen freigesprochen; w. der großen Kälte/ (geh.:) der großen Kälte w. blieben wir zu Hause; w. Umbaus/(häufiger:) w. Umbau gesperrt; ⟨mit Dativ, wenn der Gen. formal nicht zu erkennen ist oder wenn ein starkes Substantiv im Gen. Singular hinzutritt⟩ w. Geschäften war er drei Tage verreist; sie stritten sich w. ihres Bruders neuem Ball. **b)** *um ... willen:* w. des Geldes; w. der Kinder/(geh.:) der Kinder w. blieben sie zu Hause; Karins w.; w. mir (ugs.; *meinetwegen*), w. meiner (veraltet, nord südd., westmd.; *meinetwegen*) brauchst du nicht zu warten; das haben sie nur w. uns (ugs.; *unsertwegen*) getan.

wegfallen ⟨etwas fällt weg⟩: *etwas entfällt, kommt nicht mehr in Betracht:* dieser Grund fällt jetzt weg; die letzten Programmpunkte mußten w.; etwas w. lassen.

weggehen: 1. a) *fort-, davongehen:* schnell, heimlich, leise, grußlos, ohne Abschied, im Zorn w.; er ging weg, ohne ein Wort zu sagen; R (ugs.): geh mir [bloß, ja] w. damit!/*Ausruf des Unwillens/*; subst.: er sagte es ihm, beim Weggehen. **b)** (ugs.) *ausgehen:* oft, selten w.; heute gehe ich nicht mehr weg; wollt ihr so spät noch w.? **2.** (ugs.) ⟨etwas geht weg⟩ **a)** *etwas läßt sich entfernen:* der Fleck geht leicht, nicht mehr, nur schwer weg; die Farbe ist wieder weggegangen. **b)** *etwas verschwindet:* die Kopfschmerzen sind weggegangen. **3.** (ugs.) ⟨etwas geht weg⟩ *etwas verkauft sich:* die Ware geht schnell, leicht weg, geht w. wie warme Semmeln (ugs.); die letzten Exemplare sind gerade weggegangen *(verkauft worden).* **4.** (ugs.) ⟨über jmdn., über etwas w.⟩ *hinweg-*

gehen, sich hinwegsetzen; übergehen: du kannst nicht einfach über ihn, über seine Anregung w.

weghaben (ugs.): **1.** ⟨jmdn., etwas w.⟩ *entfernt, beseitigt haben:* den Fleck w.; man wollte ihn [von dem Posten] w. *(ihn davon entfernt sehen).* **2.** ⟨etwas w.⟩ *bekommen haben:* er hat seine Strafe, seinen Anteil schon weg. **3.** ⟨etwas w.⟩ *verstehen, begreifen, gut können:* er hatte sofort, gleich weg, wie es gemacht werden muß; hast du es endlich weg?. ∗ (ugs.:) **einen weghaben: 1.** *(betrunken sein).* **2.** *(nicht recht bei Verstand sein).*

wegkommen (ugs.): **1.** *fortkommen, sich entfernen, weggehen:* wir müssen sehen, daß wir hier w.; machen Sie, daß Sie wegkommen!; sie kommt wenig weg *(kann selten das Haus verlassen).* **2.** ⟨etwas kommt weg⟩ *etwas kommt abhanden, verschwindet:* wieviel Geld ist weggekommen?; hier kommt nichts weg; ⟨etwas kommt jmdm. weg⟩ mir ist meine Uhr weggekommen. **3.** ⟨über etwas w.⟩ *über etwas hinwegkommen; etwas verschmerzen, überwinden:* sie ist über den Verlust leicht, kaum, lange Zeit nicht weggekommen. **4.** ⟨mit Artangabe⟩ *bedacht werden, abschneiden:* der Kleinste ist gut, am schlechtesten weggekommen; bei diesen Prüfer wärst du besser weggekommen *(hättest du besser abgeschnitten);* glimpflich, mit einem Jahr Gefängnis w. **5.** ⟨von etwas w.⟩ *sich von etwas frei machen:* vom Alkohol, vom Rauchen w.; vom Öl als einziger Energiequelle w. wollen.

weglassen: 1. ⟨etwas w.⟩ *auslassen, fortlassen:* er hat in seinem Bericht einige Namen weggelassen; diese Szene lassen wir weg. **2.** (ugs.) ⟨jmdn. w.⟩ *weggehen lassen:* die Kinder wollten die Mutter nicht w.

weglaufen: *davonlaufen, fortlaufen:* die Kinder sind vor dem Hund weggelaufen; ⟨jmdm. w.⟩ sie ist ihrem Mann weggelaufen; übertr. (ugs.): die Arbeit läuft nicht weg.

wegnehmen: a) ⟨etwas w.⟩ *entfernen, wegtun:* nimm doch mal hier weg!; den Fuß vom Gas w.; übertr.: der Schrank nimmt viel Platz weg *(beansprucht viel Platz);* der Vorhang nimmt viel Licht weg *(hält das Licht ab).* **b)** ⟨jmdm. jmdn., etwas w.⟩ *abnehmen:* er nahm dem Kind das Spielzeug weg; er hat ihm [heimlich] die Uhr weggenommen *(gestohlen);* ich will Ihnen den Platz nicht w. *(ihn nicht für mich in Anspruch nehmen);* jmdm. den Partner w. *(abspenstig machen).*

wegräumen ⟨etwas w.⟩: *beiseite räumen:* Schutt, Steine, Hindernisse w.; räumen Sie doch bitte Ihre Sachen weg!

wegstehlen ⟨sich w.⟩: *heimlich weggehen:* er hat sich [aus der Gesellschaft] weggestohlen.

wegwerfen ⟨etwas w.⟩: *von sich werfen; zum Abfall tun:* Papier, Bananenschalen, Zigarettenstummel w.; die alten Sachen kannst du w.; übertr.: sich w. *(sich entwürdigen);* wie konnte sie sich nur an einen solchen Menschen w.!

wegwerfend: *verächtlich, geringschätzig:* eine wegwerfende Handbewegung, Gebärde, Antwort; jmdn. w. behandeln.

wegziehen: 1. ⟨etwas w.⟩ *beiseite ziehen, durch Ziehen entfernen:* den Vorhang, die Gardinen, das Tischtuch w.; ⟨jmdm. etwas w.⟩ sie zog ihm die Bettdecke weg. **2.** *seinen Wohnsitz verlegen:* sie sind letztes Jahr [aus Berlin, von hier] weggezogen; übertr.: im Herbst ziehen die Vögel weg *(fliegen die Vögel nach dem Süden).*

weh: a) (geh.) *schmerzlich, traurig:* eine wehe Empfindung; mit einem wehen Blick sah sie ihn an; es war ihm [ganz] w. zumute, ums Herz. **b)** (fam.) *wund, schmerzend:* er hat einen wehen Finger, Fuß. *(ugs.:) **jmdm., sich weh tun** (jmdm., sich einen Schmerz zufügen):* ich habe mir [an der scharfen Kante, am Kopf] w. getan · (fam.:) **etwas tut [jmdm.] weh** *(etwas schmerzt jmdm.):* mein Fuß tut [mir] w.; wo tut es dir denn w.? · (geh.:) **jmdm. weh tun** *(jmdn. kränken, verletzen).*

weh[e] ⟨Interj.⟩ o weh!; weh[e] mir!; wehe [dir], wenn du zu spät kommst!; wehe [uns], wenn wir nicht fertig werden!

wehen: **1. a)** ⟨etwas weht⟩ *etwas ist in spürbarer Bewegung:* der Wind weht kühl, rauh, aus Norden; es weht ein Lüftchen, eine steife Brise; vom Meer her wehte es ziemlich kühl. **b)** ⟨etwas weht; mit Raumangabe⟩ *etwas wird von der Luft, vom Wind irgendwohin getragen:* ein Blumenduft wehte ins Zimmer. **c)** ⟨etwas weht etwas; mit Raumangabe⟩ *etwas treibt etwas, bewegt etwas fort:* der Wind wehte den Schnee vom Dach, die Blätter auf einen Haufen; ein Lufthauch wehte die Papiere vom Schreibtisch, auf den Boden; ⟨etwas weht jmdm. etwas; mit Raumangabe⟩ der Wind wehte ihm den Rauch ins Gesicht. **2.** ⟨etwas weht⟩ *etwas flattert, wird von der Luft, vom Wind bewegt:* ihre Haare wehten im Wind; sie ließen die Tücher [im Wind] w.; wehende Fahnen.

wehleidig (abwertend): *übertrieben empfindlich:* ein wehleidiger Mensch; er sprach mit wehleidiger *(jammernder)* Stimme; sei nicht so w.!; stelle dich nicht so w. an!

Wehmut, die (geh.): *verhaltene Trauer:* leise, tiefe W. erfaßte sie; W. beschlich ihn; mit W. dachte sie daran zurück.

wehmütig: *voller Wehmut:* ein wehmütiger Blick; wehmütige Gedanken; ein wehmütiges Lied; sie lächelte w., blickte w. in die Ferne.

Wehr (in der Verbindung) sich zur Wehr setzen: *sich wehren, verteidigen:* gegen diese Angriffe hättest du dich zur W. setzen müssen.

wehren: 1. ⟨sich w.⟩ *sich verteidigen, widersetzen, sträuben:* sich heftig, tapfer, verzweifelt, erbittert, mit Händen und Füßen, mit allen Kräften [gegen etwas] w.; du mußt lernen, dich zu w.; er wehrte sich lange gegen die Einsicht, daß ...; sie wehrte sich *(protestierte)* gegen die [ungerechtfertigten] Vorwürfe; er wehrte sich, das zu glauben. **2. a)** ⟨geh.⟩ ⟨einer Sache w.⟩ *Einhalt gebieten, etwas bekämpfen:* dem Bösen w.; niemand hatte versucht, dem Unheil zu w.; R: wehret den Anfängen! **b)** (geh. veraltend) ⟨jmdm. etwas w.⟩ *verbieten, verwehren:* ich will, kann es dir nicht w.; niemand hatte ihnen den Durchgang gewehrt.

Weib, das (veraltet oder ugs. abwertend): **a)** *Frau:* ein schwaches, blühendes, stolzes W.; ein zänkisches, altes W. (ugs. abwertend); ein altes Weiblein; ein tolles, rassiges W. (ugs.; *eine attraktive Frau); /oft als Schimpfwort/:* blödes W.! **b)** (veraltend) *Ehefrau:* Mann und W.; er nahm sie sich zum W. (scherzh.:) Weib und Kind *(Familie):* er hat W. und Kind verlassen.

Weibchen, das: **1.** (veraltend, noch scherzh.) *Frau, Mädchen:* mein W.; sie ist nur ein W. (ab-

wertend; *reines Geschlechtswesen).* **2.** *weibliches Tier:* das W. baut das Nest, legt die Eier, hat ein unauffälliges Gefieder.

weiblich: 1. *dem weiblichen Geschlecht angehörend:* ein weibliches Kind; ein Kind weiblichen Geschlechts; eine weibliche Person, Angestellte; das weibliche Geschlecht *(die Frauen);* weibliche Wesen *(Frauen)* haben hier keinen Zutritt; ein weibliches Tier; eine weibliche Stimme *(Frauenstimme)* meldete sich am Telefon; weibliche [Körper]formen; ein weiblicher Vorname; Bot.: weibliche Blüten; Sprachw.: ein weibliches Substantiv; Sprachw.: ein weibliches Substantiv; **2.** *den Frauen zugehörend, für sie charakteristisch:* weibliche Anmut, Grazie; eine [typisch] weibliche Eigenschaft; weibliche Kleidung; weibliche Berufe; diese Mode ist sehr w. subst.: sie hat wenig Weibliches.

weich: 1. a) *nicht hart oder fest, einem Druck leicht nachgebend:* weiche Kissen, Polster; ein weiches Bett, Lager; ein weiches Moospolster; weiches Holz; weiche Wolle; weicher Käse; weiche Birnen; weiche *(weichgekochte)* Eier; weiches *(kalkarmes)* Wasser; ein weicher Bleistift *(Bleistift mit weicher Mine);* der weiche Gaumen *(das Gaumensegel);* übertr.: weiche *(zitternde)* Knie haben; eine weiche Landung *(Landung ohne harten Aufprall)* · die Butter ist in der Sonne w. geworden; etwas w. wie Wachs, wie Butter; das Fleisch ist noch nicht w. *(gar);* w. gepolstert sein; die Eier w. kochen; sie sitzen, liegen; das Raumschiff ist w. gelandet; Wasser w. machen *(enthärten).* **b)** *zart, geschmeidig:* weiche Haut; weiche Hände; ein weicher Pelz; die Wolle, der Stoff, das Leder ist sehr w.; dieses Shampoo macht ihr Haar w. [wie Seide]. **2.** *empfindsam:* ein weiches Gemüt, Herz haben; er ist ein sehr weicher Mensch; für diesen Beruf ist er viel zu w.; es wurde ihnen w. ums Herz *(sie wurden gerührt);* etwas stimmt jmdn. w. *(rührt ihn).* **3. a)** *nicht schrill; nicht hart:* ein weicher Ton, Klang, Laut; sie hat eine weiche, wohlklingende Stimme, einen weichen Anschlag; Sprachw.: weiche *(stimmhafte)* Konsonanten. **b)** *nicht grell:* weiches Licht. **4.** *nicht scharf, nicht streng:* weiche [Gesichts]züge; ein weicher Mund; ihr Gesichtsausdruck ist w. **5.** *nicht stabil:* weiche Währung; weiche Preise. **6.** *(von Drogen) keine physische Abhängigkeit hervorrufend:* weiche Drogen.

Weiche, die: *Teil der Straßenbahn-, Eisenbahnschienen:* die Weichen waren vereist, funktionierten nicht; eine W. stellen; die Wagen holpern über die Weichen. * **die Weichen für etwas stellen** *(die beabsichtigte Entwicklung von etwas vor seinem Beginn festlegen).*

¹weichen: **a)** ⟨etwas w.⟩ *einweichen:* Brötchen in Milch w.; die Wäsche über Nacht w. **b)** ⟨etwas weicht⟩ *in Flüssigkeit weich werden:* Wäsche w. lassen; die Erbsen, Linsen müssen eine Stunden, über Nacht w.

²weichen: 1. ⟨etwas weicht⟩ *etwas verschwindet langsam, läßt allmählich nach:* die Spannung, der Druck, die Angst wich nach und nach; ⟨etwas weicht von jmdm.⟩ die Unruhe ist von ihm gewichen *(hat ihn verlassen).* **2. a)** ⟨jmdm., einer Sache w.⟩ *Platz machen, das Feld räumen:* sie mußten der Übermacht, der Gewalt, dem Druck w.; er mußte dem Stärkeren, dem Besseren w.; die

Hitze ist einer empfindlichen Kühle gewichen; die alten Häuser mußten einem Neubau w.; **übertr**.: die anfängliche Begeisterung wich einer großen Bestürzung. **b)** ⟨mit Raumangabe⟩ *zurückweichen:* alle Farbe, alles Blut war aus seinem Gesicht gewichen; sie wich *(entfernte sich)* nicht vom Krankenbett, von seiner Seite; keinen Fingerbreit, keinen Schritt vom Wege w.; sie mußten vor dem Feind w.; sie wichen zur Seite.

weichlich: *ohne innere Festigkeit, ohne Energie, verzärtelt:* ein weichlicher Mensch, Mann; ein weichlicher Charakter; er ist sehr w.

¹**Weide,** die: */ein Baum/:* eine alte, hohle W.; den Fluß säumten knorrige Weiden; Körbe aus W. *(Weidenzweigen)* flechten.

²**Weide,** die: *Viehweide:* eine fette, saftige, grüne W.; die Tiere grasen, bleiben den ganzen Sommer auf der W.; Vieh auf die W./zur W. treiben.

weiden: **1. a)** ⟨ein Tier weidet⟩ *ein Tier befindet sich auf der Weide:* Schafe, Kühe, Rinder weiden; die Tiere weiden am Hang, auf der Wiese *(fressen dort Gras);* die Tiere haben den ganzen Sommer über geweidet; weidende Herden. **b)** (geh.) ⟨ein Tier w.⟩ *hüten, grasen lassen:* das Vieh, die Kühe, Ziegen w.; die Hirten weiden ihre Herden auf den Bergwiesen. **2.** ⟨sich an etwas w.⟩ **a)** *sich an einem bestimmten Anblick erfreuen:* die Menschen, ihre Augen, ihre Blicke weideten sich an dem herrlichen Anblick. **b)** *etwas mitleidlos, schadenfroh beobachten:* er weidete sich an ihrer Angst.

weidlich ⟨Adverb⟩: *tüchtig, sehr:* eine Gelegenheit w. ausnutzen; sie mußten sich w. plagen; sich w. über jmdn. lustig machen.

weigern: 1. (geh. veraltend) ⟨jmdm. etwas w.⟩ *verweigern:* er hat dem Vorgesetzten den Gehorsam geweigert. **2.** ⟨sich w.; mit Infinitiv mit *zu*⟩ *ablehnen, etwas Bestimmtes zu tun:* sich standhaft, hartnäckig, entschieden, lange [Zeit], glatt (ugs.) w., einen Befehl auszuführen; ⟨auch ohne Infinitiv mit *zu*⟩ du kannst dich nicht länger w.

Weigerung, die: *Ablehnung:* eine standhafte, hartnäckige W.; auf seiner W. beharren.

Weihe, die: **1.** *feierliche Einweihung, Ingebrauchnahme:* die W. der Glocken, der Kirche vornehmen; dem Altar die kirchliche W. erteilen. **2.** (geh.) *Feierlichkeit:* die W. der Stunde, des Tages empfinden; die Musik verlieh, gab der Feierstunde [die rechte] W. **3.** (kath. Rel.) *Priesterweihe:* die niederen, höheren, vorbereitenden Weihen; der Priester erhielt, empfing (geh.) die W.; [jmdm.] die W. erteilen.

weihen: 1. (kath. Rel.) **a)** ⟨jmdn., etwas w.⟩ *jmdn. in ein geistliches Amt einführen, etwas für den gottesdienstlichen Gebrauch bestimmen:* einen Priester, einen Bischof, einen Papst w.; Kerzen, Glocken, den Altar w.; geweihtes Wasser; ein geweihter Raum. **b)** ⟨jmdn. zu etwas w.⟩ *jmdm. ein kirchliches Amt übertragen:* jmdn. zum Priester, zum Bischof w. **2.** (geh.) ⟨jmdn., sich, etwas jmdm., einer Sache w.⟩ *widmen, verschreiben:* sich, sein Leben, seine ganze Kraft, seine Arbeit der Wissenschaft w.; den Toten ein Gedenken w.; das Denkmal ist den Gefallenen des Krieges geweiht. **3.** (geh.) ⟨jmdn., etwas einer Sache w.⟩ *preisgeben:* etwas dem Verderben, dem Untergang w.; die Gefangenen waren dem Tode geweiht.

Weihnachten, das und (als Plural:) die: *Fest der Geburt Christi:* diese W./(auch:) dieses W.; nächste, kommende, letzte W.; gesegnete W.; fröhliche, frohe W.; schöne W.!; dieses Jahr hatten wir weiße, grüne W. *(Weihnachten mit, ohne Schnee);* W. steht vor der Tür; bald ist W.; zu W. feiern; die Kinder freuen sich auf W.; bis W. sind es noch drei Wochen; nach W., über W. verreisen; jmdm. etwas zu W. schenken; er will uns zu (bes. nordd.) W./an (bes. südd., österr., schweiz.) W. besuchen; es war wie W. (ugs. scherzh.; *es war eine große Überraschung, war sehr schön).*

weihnachtlich: *Weihnachten gemäß:* weihnachtliche Stimmung; die Räume waren w. geschmückt.

Weihnachtsbaum, der: *Christbaum:* den W. schmücken, putzen (westmd.), anzünden.

weil ⟨Konj.⟩: *da; aus dem Grunde, daß:* er konnte nicht kommen, w. er krank war; w. er verschlafen hatte, kam er zu spät; das kann ich nicht machen, w. es ihm an Geld fehlt; eine überflüssige, w. unbeantwortbare Frage; „Warum kommst du nicht?" – „Weil ich keine Zeit habe."

Weile, die: *kurze Zeitspanne:* eine kleine, kurze, geraume W. war vergangen; es dauerte, währte (geh.) eine W., bis die Tür geöffnet wurde; mit der Sache hat es gute W. *(sie eilt nicht);* eine W., ein Weilchen bleiben, rasten; ich muß dich eine W. alleine lassen; für eine W. Pause machen; nach einer W. wurde es still; seit einer W. *(seit einiger Zeit)* fühlt er sich nicht wohl; er ist vor einer W. gegangen; R: eile mit W.!

weilen (geh.) ⟨mit Raumangabe⟩: *sich aufhalten, anwesend sein:* am Bett des Kranken, zur Erholung auf dem Lande w.; die Gäste weilten einige Tage in unserer Stadt; er weilt nicht mehr unter uns/unter den Lebenden *(ist verstorben);* in Gedanken weilte er schon zu Hause.

Wein, der: **1. a)** *Weinstöcke:* der W. blüht; W. bauen, anbauen, anpflanzen. **b)** *Weintrauben:* der W. reift; den W. ernten, lesen, keltern. **2.** *alkoholisches Getränk aus Weintrauben:* weißer, roter, süßer, saurer, herber, schwerer, leichter, süffiger (ugs.), junger, neuer, feuriger, spritziger, lieblicher, gezuckerter, heuriger W.; ein guter W.; offener W.; ausländische Weine; hier wächst, gedeiht ein guter W. *(in dieser Gegend gibt es guten Wein);* eine Flasche, ein Schoppen, ein Faß W.; ein Glas funkelnder W./(geh.:) funkelnden Weins; der W. ist zu kalt, zu warm; der W. ist ihm in den Kopf/zu Kopf gestiegen; dieser W. läßt sich trinken *(ist gut);* das Bukett, die Blume, der Duft, der Geschmack des Wein[e]s; W. vom Faß W. trinken; den W. abfüllen, auf Flaschen ziehen, kalt stellen, probieren, kosten; er hat W. gepanscht; W. verschneiden, zuckern; er hat uns einen köstlichen W. kredenzt (geh.); dem W. zusprechen (geh.); beim W. sitzen; jmdn. zu einem Glas W. einladen; vom W. berauscht sein; R: im W. ist, liegt Wahrheit. * neuen Wein in alte Schläuche füllen *(etwas nur halbherzig, nicht grundlegend ändern)* · jmdm. reinen/klaren Wein einschenken *(jmdm. die volle [unangenehme] Wahrheit sagen)* · (geh. scherzh.:) voll des süßen Weines sein *(berauscht sein).*

weinen: 1. *Tränen vergießen:* laut, leise, heftig, bitterlich, herzzerreißend, jämmerlich (ugs.) w.;

warum weinst du denn?; du brauchst doch nicht zu w.; er weinte wie ein Kind; über jmdn., über etwas w.; sie weinten um den Toten; er weinte vor Wut, vor Freude; das Kind weinte still vor sich hin, weinte zum Steinerweichen (ugs.; *sehr heftig*); er wußte nicht, ob er lachen oder w. sollte *(war von zwiespaltigen Gefühlen bewegt);* man könnte w., wenn man das sieht!; subst.: er war dem Weinen nahe; es ist zum Weinen *(es ist schrecklich anzusehen),* wie hier alles verfällt. **2.** ⟨sich w.; mit Umstandsangabe⟩ *sich durch Weinen in einen bestimmten Zustand bringen:* das Kind hat sich müde, hat sich in den Schlaf geweint. **3.** ⟨etwas w.⟩ *weinend hervorbringen:* dicke, heiße Tränen w.; sie weinten Freudentränen. * (ugs.:) **leise weinend** *(kleinlaut, beschämt).*

weinerlich: *kläglich:* in weinerlichem Ton, mit weinerlicher Stimme sprechen; ihre Stimme war, klang w.; jmdm. ist w. zumute.

weise (geh.): *klug:* weise Reden, Ratschläge, Lehren; ein weiser Richter; er dünkt sich sehr w.; es wäre weiser gewesen, anders zu handeln; er hat w. geurteilt, gehandelt, entschieden.

Weise, die: **1.** *Form, Art:* die [Art und] W., wie man ihn behandelte, war nicht schön; das ist doch keine Art und W.! *(das gehört sich nicht!);* auf jede, keine, diese, verschiedene, andere W.; er betrog ihn auf heimtückische W.; man half ihm in großzügiger, vorbildlicher, selbstloser W.; in gewisser W. hat er recht; er hat sich in auffallender W. verändert; das ist in keiner/(ugs.:) in keinster W. *(ganz und gar nicht)* gerechtfertigt. **2.** *Melodie, Lied:* fröhliche, heitere, lustige, schwermütige, bekannte Weisen singen, spielen.

weisen: 1. a) ⟨jmdm. etwas w.⟩ *zeigen:* jmdm. den Weg, die Richtung w. **b)** ⟨mit Raumangabe⟩ *deuten:* er wies mit der Hand zur Tür; seine Hand wies auf mich; die Magnetnadel weist nach Norden. **c)** ⟨etwas weist sich⟩ *etwas stellt sich heraus:* ob er recht behält, wird sich w., muß sich erst noch w. **2.** ⟨jmdn., etwas w.; mit Raumangabe⟩ *schicken, verweisen:* jmdm. aus dem Haus[e], aus dem Land, von der Schule w.; übertr.: etwas empört, weit von sich w.

Weisheit, die: *Erkenntnis, Wissen:* eine alte, ewige W.; die göttliche, höchste, tiefste W.; das ist eine traurige W.; die W. des Alters; all seine W. aus Büchern geschöpft haben; das Buch enthält viele Weisheiten. * (ugs.:) **der Weisheit letzter Schluß** *(die beste Lösung)* · (ugs.:) **seine Weisheit für sich behalten** *(sich nicht einmischen)* · (ugs.:) **die Weisheit [auch] nicht mit dem Löffel gegessen/gefressen haben** *(nicht besonders intelligent sein)* · *(ugs.:)* **die Weisheit mit Löffeln gegessen/gefressen zu haben glauben; die Weisheit [alleine] gepachtet zu haben glauben** *(sich für besonders klug halten)* · **mit seiner Weisheit am Ende sein** *(nicht mehr weiterwissen).*

weismachen (ugs.) ⟨jmdm. etwas w.⟩: *einreden, vorschwindeln:* das kannst du mir nicht w.!; er wollte mir w., er habe nicht mehr gesehen.

weiß: 1. /*eine Farbbezeichnung*/: weiße Zähne; ein weißes Tuch, Kleid; eine weiße Wand; weiße Haare, Hände; ein Strauß weißer Rosen; weiße Blutkörperchen; weißes Mehl; weiße Felder auf dem Spielbrett; weiße Weihnachten, Ostern *(Weihnachten, Ostern mit Schnee);* weißes *(unbe-*

schriebenes) Papier; sie hißten die weiße Fahne *(zeigten eine weiße Fahne als Zeichen der Kapitulation);* ein weißer Fleck auf der Landkarte *(unerforschtes Gebiet);* der weiße Sport *(Tennis);* weiße Kohle *(Elektrizität);* die Farbe des Kleides ist w.; etwas leuchtet, etwas ist w. wie Schnee; er war ganz w. *(blaß)* im Gesicht; er war w. wie Kreide, wie Kalk, wie eine gekalkte Wand *(sehr blaß);* er ist w. geworden *(hat weiße Haare bekommen);* das Kleid war rot und w. gestreift; etwas w. streichen, lackieren; du hast dich an der Wand w. gemacht (ugs.; *mit weißer Farbe beschmutzt*); subst.: das Weiße im Ei *(Eiweiß);* ein grelles, strahlendes Weiß; die Farbe Weiß; ihre Lieblingsfarbe ist Weiß; sie waren alle in Weiß gekleidet; sie trägt W. *(ein weißes Kleid).* **2.** *sehr hell aussehend:* weißer Pfeffer; weiße Bohnen; weißes Fleisch; weißer Wein *(Weißwein);* weißes *(fahles)* Licht; die weiße *(hellhäutige)* Rasse; subst.: hier leben vorwiegend Weiße *(lebt hellhäutige Bevölkerung).* * (ugs.:) **jmdm. nicht das Weiße im Auge gönnen** *(jmdm. gegenüber sehr mißgünstig sein).*

Weißglut, die: *stärkste Glut:* Eisen bis zur W. erhitzen; übertr.: jmdn. in/zur/bis zur W. bringen, jmdn. bis zur W. treiben, reizen *(jmdn. sehr zornig machen, zum äußersten Zorn reizen).*

Weisung, die (geh.): *Anweisung, Anordnung:* eine W. erhalten, empfangen, bekommen, befolgen, erteilen, ergehen lassen; man hat ihnen klare Weisungen gegeben; er hatte W., niemanden einzulassen; jmds. W. folgen, nachkommen; an eine W. gebunden sein; sie handelten auf direkte W. hin; gemäß, nach der W. handeln.

weit: 1. *räumlich, flächig ausgedehnt:* weite Felder, Wiesen, Ebenen, Räume, Täler; eine weite *(große)* Öffnung; das weite Meer; der weite Himmel, Horizont; die weite Welt; man hat von dort aus einen weiten Blick; in weiter Ferne *(in großer Entfernung)* sahen sie ein Schiff; die Landschaft hier ist w. und eben; die Tür, die Fenster w. öffnen; du mußt den Mund weiter aufmachen; übertr.: er hat einen weiten *(nicht beschränkten)* Horizont, Gesichtskreis; etwas findet weite Verbreitung; weite *(große)* Teile, Kreise der Bevölkerung waren betroffen; er hat ein weites *(allzu großzügiges)* Gewissen; im weitesten *(umfassendsten)* Sinne des Wortes; eine Vorschrift w. auslegen; dieser Irrtum ist w. verbreitet. **2.** *streckenmäßig ausgedehnt, lang, entfernt:* ein weiter Weg; eine weite Reise; über weite Strecken; weiten Abstand halten; der Weg ist w.; wie ist es bis zur nächsten Stadt?; w. hinter dem nächsten Dorf; er kommt von w. her; er ist w. in der Welt herumgekommen; die beiden Ortschaften liegen w. auseinander; er wohnt nicht w. von uns [entfernt]; sie hatten w. zu gehen, zu laufen; sich nicht zu w. hineinwagen; er hat w. geworfen; weiter rechts; die Bücher liegen weiter vorn, hinten, oben, unten; ⟨in Verbindung mit einer Maßangabe o. ä., dieser nachgestellt⟩ er sprang 5 Meter w.; die Stadt ist zehn Kilometer w. von hier entfernt; er wohnt ein paar Häuser weiter; übertr.: es würde zu w. führen, den Vorgang in Einzelheiten darzustellen; mit dieser Methode wirst du nicht w. kommen; er ist zu w. gegangen *(über das Zumutbare hinausgegangen);* das war weit unter seinem Niveau; er ist seiner Zeit w. vorausgeeilt; warum hast du es so w. kommen lassen?; wie w. *(in welchem Stadium)* seid ihr mit dem Projekt?; ich bin w. davon entfernt, das zu glauben; er war mit seinen Gedanken w. weg *(war abwesend);* bis Weihnachten ist es nicht mehr w. *(dauert es nur noch kurze Zeit);* R: so w., so gut *(bis hierhin ist alles in Ordnung).* **3.** *locker sitzend, nicht fest anliegend:* ein weiter Rock; weite Ärmel; weite [Hosen]beine; die Schuhe sind ihm zu w.; das Kleid weiter machen lassen. **4.** ⟨verstärkend, bes. bei Adjektiven im Komparativ und bei Verben⟩ *weitaus, in hohem Maße:* etwas ist w. besser, schöner, größer, mehr; das ist w. unter seinem Niveau; er ist seinem Bruder w. überlegen. * **weit und breit** *(ringsum, überall)* · (ugs.:) **so weit sein** *(fertig sein, zu etwas bereit sein)* · (ugs.:) **mit jmdm., mit etwas ist es nicht weit her** *(jmd., etwas ist unbedeutend, unzureichend)* · **bei weitem** *(weitaus):* der ist bei weitem besser · **bei weitem nicht** *(längst nicht):* sie singt bei w. nicht so gut · **von weitem** *(aus großer Entfernung)* · **das Weite suchen** *(fliehen, sich eilig entfernen)* · (geh.:) **das Weite gewinnen** *(entkommen).* **weitaus** ⟨Adverb; bes. in Verbindung mit einem Komparativ oder Superlativ⟩: *mit großem Abstand, Unterschied:* etwas ist w. schöner, besser; diese Maschine arbeitet w. schneller als andere; sein Spiel war w. am besten; der w. beste/(auch:) w. der beste Reiter; jmdn. w. übertreffen. **Weite,** die: **1. a)** *große, räumliche Ausdehnung:* die unendliche, endlose W. des Landes; die W. des Meeres; sie durchmaßen (geh.) die W. des unendlichen Raumes. **b)** *Ferne:* in die W. blicken; er ließ seinen Blick in die W. schweifen (geh.). **2.** *Umfang; Durchmesser:* eine geringe, große W.; die W. des Kragens, der Taille messen; die lichte W. der Öffnung; das Kleidungsstück muß in der W. geändert werden. **3.** (bes. Sport) *Entfernung, Strecke:* der beste Springer erreichte eine W. von 7,50 m; eine große W. springen. **weiten: 1.** ⟨etwas w.⟩ *durch Dehnen weiter machen:* Schuhe w. **2.** ⟨etwas weitet sich⟩ *etwas wird weit:* das Tal weitet sich hier [zu einer Ebene]; ihre Augen weiteten sich *(öffneten sich weit);* übertr.: sein Blick hat sich durch viele Reisen geweitet *(er hat viele Dinge kennengelernt).* **weiter** ⟨Adverb⟩ **a)** *darüber hinaus, sonst:* w. weiß ich nichts von der Sache/ich weiß nichts w. von der Sache; er wollte w. nichts, als sich verabschieden; das ist nichts w. als eine Ausrede; kein Wort w.!; in der Stadt gibt es einen Zoo, w. gibt es einen botanischen Garten und ein Freigehege; das ist nicht w. *(im übrigen nicht so)* schlimm; was ist da w. *(denn schon)* dabei?; R: wenn es w. nichts ist *(das geht ohne Schwierigkeiten, das ist eine Kleinigkeit).* **b)** *weiterhin:* er will sich w. mit der Sache beschäftigen; und was geschah w.?; halt, nicht w.! *(nicht weiterhin so fortfahren).* **weitere:** *hinzukommend, zusätzlich:* haben Sie noch weitere Fragen?; weitere Informationen finden Sie in einem Merkblatt; sie mußten weitere zwei Jahre warten; weitere Nachrichten; jedes weitere Wort ist überflüssig; ohne weitere Umstände ergriff er Besitz; die weitere *(sich nach und ergebende)* Entwicklung abwarten; dies zeigte sich im weiteren *(späteren)* Verlauf;

subst.: Weiteres erfahren Sie morgen; alles Weitere wird sich finden. * **ohne weiteres: a)** *(ohne Schwierigkeiten).* **b)** *(ohne Bedenken)* · **bis auf weiteres** *(vorerst, vorläufig)* · **des weiteren** *(darüber hinaus)* · **im weiteren** *(im folgenden).* **weitergehen: 1. a)** *einen Weg fortsetzen:* schnell, langsam w.; sie sind auf diesem Weg, zu Fuß weitergegangen; bitte w.! **b)** *(etwas w.)* weitergehend durchmessen: ein Stück, keinen Schritt mehr w.; sie gingen den eingeschlagenen Weg weiter *(setzen ihn fort).* **2.** ⟨etwas geht weiter⟩ *etwas setzt sich fort:* etwas geht pausenlos, unaufhaltsam, stundenlang weiter; die Sitzung ging ohne Unterbrechung weiter; es geht alles im alten Trott weiter; so konnte es nicht mehr w. *(der Zustand war unhaltbar);* keiner wußte, wie es w. sollte; wie geht die Geschichte weiter?; wann geht es, die Fahrt w.?; hier geht es nicht weiter *(der Weg ist hier zu Ende).* **weiterhin** ⟨Adverb⟩ **1.** *weiter; auch in Zukunft:* sie arbeiten w. in ihrem Beruf; sie leben w. getrennt; er ist w. *(immer noch, auch jetzt noch)* skeptisch. **2.** *darüber hinaus, außerdem:* sie verlangen mehr Urlaub; w. fordern sie eine bessere Bezahlung; w. ist folgendes zu bedenken. **weiterkommen:** *vorankommen:* er will im Beruf w.; so, auf diesem Weg kommen wir nicht weiter; in einer Sache [nicht] w.; wir sind mit der Arbeit ein gutes Stück weitergekommen. **weitersagen** ⟨etwas w.⟩: *einem anderen sagen:* sagen Sie es bitte nicht weiter! **weitgehend:** *fast vollständig:* weitgehende Übereinstimmung; sie hatten weitgehende Vollmachten; die früheren Beschränkungen waren w. aufgehoben; die Umstände haben sich w./weitestgehend/weitgehendst gebessert. **weithin** ⟨Adverb⟩: **1. a)** *bis in große Entfernung:* der Lärm war w. zu hören; etwas ist w. sichtbar. **b)** *allgemein, bei vielen:* ein weithin bekannter Künstler, dieser Ort ist noch w. unbekannt. **2.** *in hohem Maße, in großem Umfang:* es ist w. sein Verdienst. **weitläufig: 1.** *großzügig angelegt; viel Raum bietend:* ein weitläufiges Gebäude, Haus; die Anlage ist sehr w., ist w. angelegt. **2.** *weitschweifig, sehr ausführlich:* eine weitläufige Erklärung, Entschuldigung, Darstellung; etwas sehr w. erklären, beschreiben. **3.** *entfernt:* eine weitläufige Verwandtschaft; sie sind w. verwandt. **weitschweifig:** *zu ausführlich und umständlich:* ein weitschweifiger Bericht; er ist in seinen Ausführungen immer sehr w.; w. erzählen. **weitsichtig: a)** *nur entfernte Dinge gut erkennend:* er hat weitsichtige Augen; er ist w. **b)** *Weitblick habend, vorausschauend:* eine weitsichtige Politik; weitsichtige Maßnahmen; er hat nicht sehr w. gehandelt. **weittragend: a)** *von großer Reichweite:* weittragende Geschütze, Raketen. **b)** *bedeutsam:* weittragende Pläne, Entscheidungen; ein Beschluß von weittragender Bedeutung. **Weizen,** der: */eine Getreideart/:* W. anbauen * **jmds. Weizen blüht** *(jmdm. geht es gut; jmd. ist erfolgreich).* **welch,** welcher, welche, welches; welche; unflektiert: welch: **1.** ⟨Interrogativpronomen⟩ */dient der Frage nach einer Person oder Sache/:* welchen Mann, welche Frau, welches Kind meinst du?;

die politischen Verhältnisse welches/welchen Staates?; die Aussage welches Zeugen?; welches/(seltener:) welcher ist dein Hut?; der Hut welches jungen/(auch:) welchen jungen Mannes?; welches der Bücher/welches von den Büchern gehört dir?; an welchem Tag kommt er?; hast du gemerkt, welche *(wieviel)* Mühe ihm das gemacht hat?; er fragte mich, welcher Teilnehmer das gesagt habe; welcher Verantwortliche auch [immer] *(gleichgültig, welcher Verantwortliche)* zugestimmt hat, es war nicht recht; /in emphatischen Ausrufen/: w. (geh.; *was für)* ein großer Künstler er ist!; w. (geh.; *was für ein)* trauriges Los war ihm beschieden! **2.** (stilistisch unschön) ⟨Relativpronomen⟩ *der, die, das; die:* der Mann, welcher die Tür öffnete, war mir unbekannt; das sind die Bücher, welche er sich ausgesucht hat; (Papierdt.:) Äpfel, Birnen, Pfirsiche, w. letztere er besonders liebte; (Papierdt.:) er nickte, welche Gebärde er als Zustimmung auffaßte. **3.** ⟨Indefinitpronomen⟩ *einige, einiges; etwas:* ich habe keine Lust, hast du welche?; er möchte ein Stück Brot haben, ist noch welches da?; (auf Personen bezogen ugs.:) es gab welche *(einige Leute),* die glaubten alles, was man ihnen erzählte.

welk: **1.** *vertrocknet, verdorrt:* welke Blätter, Blumen; welkes Laub; die Rosen sind w. [geworden]. **2.** *schlaff geworden, nicht mehr straff und glatt:* welke Haut; welke Hände; ihr Gesicht ist w. geworden, sieht w. aus.

welken: **1.** ⟨etwas welkt⟩ *etwas wird welk:* die Blumen, die Blüten welken rasch; der Blumenstrauß ist schon gewelkt; übertr.: Ruhm welkt schnell. **2.** *schlaff werden, altern:* die Haut ist gewelkt; diese Frau ist früh gewelkt.

Welle, die: **1.** *Woge:* große, hohe, schäumende Wellen; die Wellen gehen hoch, rollen, schlagen, klatschen ans Ufer, brechen sich, branden gegen die Küste, rauschen; Wind und Wellen; der Kamm einer W.; das Boot treibt, schaukelt auf den Wellen; in den Wellen ertrinken, umkommen; sich von den Wellen tragen lassen; von den Wellen fortgerissen, verschlungen werden; übertr.: die Wellen der Begeisterung gingen hoch; eine W. des Mitgefühls schlug ihnen entgegen; es gab eine W. von Protesten; die Wellen der Erregung haben sich wieder geglättet. **2.** *Haarwelle:* sorgfältig gelegte Wellen; sie ließ sich das Haar in Wellen legen. **3.** *wellenförmige Erhebung:* Wellen im Gelände; die Wellen im Teppichboden entfernen. **4.** *Kurbelwelle:* die W. einer Maschine, eines Motors; die W. ist gebrochen, wird ausgewechselt. **5.** (Physik) *Schwingung:* lange, kurze, elektromagnetische Wellen; die Wellen des Lichtes, des Schalls; der Sender sendet auf einer neuen, anderen W. *(Frequenz).* **6.** *Bewegung, Strömung, Richtung:* eine künstlerische, revolutionäre W.; im Film der neuen W.; die weiche W. (ugs.; *allgemein vorherrschende Nachgiebigkeit, Konzilianz)* in der Politik, im Strafvollzug. **7.** /eine Turnübung/: eine W. am Reck ausführen, machen (ugs.). ∗ **grüne Welle** *(aufeinander abgestimmte Verkehrsampeln mit Grünlicht in einer Verkehrsstraße)* · **etwas schlägt hohe Wellen** *(etwas verursacht große Erregung)* · **etwas schlägt [seine] Wellen** *(etwas hat Auswirkungen).*

wellig: *wellenförmig; in Wellen verlaufend:* welliges Hügelland; w. gewordene Pappe; welliges *(gewelltes)* Haar; das Gelände ist w.

Welt, die: **1. a)** *Weltall, Universum:* Theorien über die Entstehung der W. **b)** *Stern-, Planetensystem:* ferne Welten; übertr.: dazwischen liegen Welten; zwischen uns liegen, uns trennen Welten *(wir haben nichts gemeinsam, sind völlig verschieden).* **2.** *Erde, Lebensraum des Menschen; Leben, Dasein auf der Erde:* die schöne, weite W.; eine andere, bessere, schönere W.; die heile W.; die reale, wirkliche, sinnliche W.; eine lichte, finstere W.; verkehrte W. *(Verkehrung der normalen Verhältnisse);* die W. von morgen; die uns umgebende W. *(Umwelt);* die Welt ist schön; R: die W. ist klein/ist ein Dorf *(so trifft man sich hier an einem [entlegenen] Ort, wo das nicht zu erwarten war);* davon geht die W. nicht unter (ugs.; *das ist nicht so schlimm);* was kostet die W.? *(was sollte einen zurückhalten?)* · er kennt die W. *(ist viel gereist);* die W. beherrschen, regieren; die W. verändern wollen; die Großen, Mächtigen der W.; sie hat keinen Menschen auf der W. *(keine Freunde oder Verwandten);* R: es ist nichts vollkommen auf dieser W. · Nachrichten aus aller W.; mit offenen Augen durch die W. gehen; das Beste, Dümmste in der W. (ugs.; *überhaupt);* er war schon in aller W. *(überall [auf der Welt]);* er ist viel, weit in der W. herumgekommen; er lebt in einer anderen W. *(er ist ein Träumer);* eine Reise um die W. machen; die Nachricht lief um die ganze W.; nicht von dieser W. sein; er ist der beste Mensch von der W. (ugs.; *den man sich vorstellen kann);* bildl.: hier ist die W. mit Brettern vernagelt *(hier geht es nicht weiter);* er wohnt am Ende der W. (scherzh.; *weit draußen);* jmdm. bis ans Ende der W. *(überallhin)* folgen. **3.** *Bereich, Lebenskreis:* die geistige, christliche, bürgerliche W.; die W. des Kindes, der Technik, des Theaters; eine völlig neue W. tat sich ihm auf; eine neue, fremde W.; eine W. brach für ihn zusammen; seine Sammlungen, seine Bücher sind seine W. *(sein Lebensinhalt).* **4.** *Gesellschaft; die Menschen:* die böse, falsche, schlechte, feindliche W.; die große, elegante W. *(die vornehme, reiche Gesellschaft);* die östliche und die westliche W.; die freie W.; ganze, halbe W. war davon betroffen; R: die W. ist schlecht; die W. hielt den Atem an; so etwas hat die W. noch nicht gesehen; vornehm, nobel geht die W. zugrunde (oft scherzh.; *eigentlich kann sich jmd., kann ich mir so etwas Teures gar nicht leisten)* · die W. schaut, blickt auf ihn; er kämpfte gegen eine W. von Feinden; die Gleichgültigkeit der W.; er hat der W. entsagt (geh.; *sich aus ihr zurückgezogen);* er hat sich von der W. zurückgezogen; er lebt ganz von der W. abgeschieden; er hat sich vor aller W. blamiert. ∗ **die dritte Welt** *(die Entwicklungsländer)* · **alle Welt** *(jedermann)* · (ugs.:) **etwas ist nicht die Welt** *(etwas macht nicht viel aus, ist nicht viel Geld)* · (ugs.:) **etwas kostet nicht die Welt** *(etwas kostet nicht viel)* · **die Welt nicht mehr verstehen** *(nicht begreifen können, daß es so etwas geben, daß etwas so geschehen kann)* · **auf die Welt/zur Welt kommen** *(geboren werden)* · **etwas mit auf die Welt bringen** *(mit einer bestimmten Veranlagung o. ä. geboren werden)* · **etwas aus der Welt schaf-**

fen *(etwas in Ordnung bringen, beseitigen)* · (ugs.:) **etwas ist nicht aus der Welt** *(etwas ist nicht sehr weit entfernt)* · **aus aller Welt** *(von überall her)* · (ugs.:) **jmdn. in die Welt setzen** *(ein Kind zeugen, gebären)* · (ugs.:) **etwas in die Welt setzen** *(etwas verbreiten)* · (ugs.:) **um nichts in der Welt/nicht um alles in der Welt** *(auf keinen Fall)* · (ugs.:) **um alles in der Welt** *(um Gottes willen)* · (ugs.:) **in aller Welt** *(denn überhaupt, nur)* · (geh.:) **nicht von dieser Welt sein** *(der jenseitigen, übernatürlichen Welt angehören)* · (geh.:) **jmdn. zur Welt bringen** *(ein Kind gebären).*
weltlich: **1.** *irdisch; der Welt zugewandt:* weltliche Freuden, Genüsse; w. eingestellt sein. **2.** *nicht kirchlich, nicht geistlich:* weltliche Lieder, Schulen; weltliche und geistliche Fürsten.
wenden: **1. a)** ⟨etwas w.⟩ *auf die andere Seite drehen:* das Heu, den Braten, die Gans, die Pfannkuchen w.; der Schneider hat den Mantel, das Kostüm gewendet *(zertrennt und die linke Seite nach außen gedreht); (auch ohne Akk.)* bitte w.! */ Aufforderung zum Umwenden des Blattes/.* **b)** ⟨etwas in etwas w.⟩ *wälzen:* den Fisch, das Fleisch, die Leber in Mehl w. **2.** ⟨sich, etwas w.⟩ *drehen:* er wendete/wandte jäh, plötzlich, langsam den Kopf; etwas hin und her w.; er wendete/wandte sich, seine Schritte nach links und ging davon; sich zur Seite w.; übertr.: das Wetter hat sich gewendet (geh.; *geändert);* das Glück wendete sich [von ihm] (geh.; *kehrte sich ab);* er konnte das Unheil von uns w. *(abwenden);* plötzlich wendete sich das Gespräch (geh.; *nahm einen anderen Verlauf).* **3. a)** ⟨etwas w.⟩ *in die entgegengesetzte Richtung bringen:* die Pferde, den Wagen, das Auto w. **b)** *drehen:* der Wagen, das Auto, das Schiff wendete; hier kannst du schlecht [mit dem großen Wagen] w.; der Schwimmer dieses Vereins wendete als erster. **4. a)** ⟨sich zu etwas w.⟩ *anschicken:* er wendete/wandte sich zum Gehen; sie wendeten/wandten sich zur Flucht. **b)** ⟨etwas wendet sich in etwas/zu etwas⟩ *etwas wandelt sich, verkehrt sich in etwas, zu etwas:* die Sache hat sich zum Bösen gewendet; der Zustand des Kranken hat sich zum Besseren gewendet; etwas wendet sich ins Gegenteil. **5.** ⟨etwas w.; mit Raumangabe⟩ *richten, lenken:* sein Augenmerk, seine Aufmerksamkeit, seine Gedanken auf jmdn. w.; sie wendete/wandte kein Auge von dem Kind; seinen Blick zum Himmel w. **6. a)** ⟨sich an jmdn., an etwas w.⟩ *eine Frage, Bitte an jmdn. richten:* sich vertrauensvoll, schriftlich, mündlich an jmdn. w.; er hat sich mit einer Bitte, Frage an mich gewendet/gewandt; übertr.: dieses Buch wendet sich nur an Fachleute. **b)** ⟨sich gegen jmdn., gegen etwas w.⟩ *jmdn., etwas angreifen:* er wendete/wandte sich in seinem Zeitungsartikel gegen den Redner, gegen seine Behauptungen, Vorwürfe; der Aufruf wendet sich gegen die Umtriebe der Aufwiegler. **c)** (geh.) ⟨sich, etwas von jmdm., von etwas w.⟩ *abwenden:* er hat sich mit Abscheu von ihnen gewendet; er wendete sein Herz von ihr. **7.** ⟨etwas an jmdn., an etwas/auf jmdn., auf etwas w.⟩ *aufwenden, verwenden:* viel Zeit, Geld, Mühe, Kraft, Fleiß, Sorgfalt auf etwas w.; er wollte keinen Pfennig mehr an dieses Projekt w.; sie wendeten/wandten alles an ihre Kinder.

wendig: a) *leicht beweglich, leicht zu steuern:* ein wendiges Boot, Auto, Fahrzeug; ein wendiges *(gut zugerittenes)* Pferd; dieser Wagen ist w. **b)** *gewandt, schnell reagierend:* ein wendiger Verkäufer; er ist w., hat sich als sehr w. erwiesen.
Wendung, die: **1.** *Drehung:* eine leichte, scharfe, schnelle W.; eine W. nach rechts, um hundertachtzig Grad; eine W. des Kopfes; der Wagen machte eine W. **2.** *Veränderung, Wende:* eine glückliche, günstige, entscheidende, plötzliche W.; die Angelegenheit bekam eine W. zum Guten, nahm eine überraschende W. *(änderte sich in überraschender Weise);* in seinem Denken hatte sich eine W. vollzogen; in seinem Gesundheitszustand trat eine verhängnisvolle W. ein; das Auftreten dieses Zeugen gab dem Prozeß eine sensationelle W.; mit seiner Bemerkung gab er dem Gespräch eine andere W. **3.** *Redewendung:* eine bildliche, stehende, feste W.
wenig: **I.** ⟨Indefinitpronomen und unbestimmtes Zahlwort⟩: **1.** ⟨Singular: weniger, wenige, weniges; unflektiert: wenig⟩ *eine geringe Menge von etwas; nicht viel:* weniger, aber echter Schmuck; weniges erlesenes Silber; sie besitzt nur wenig[en] Schmuck, nur wenig[en] echten Schmuck; mit weniger, konzentrierter Kraft; mit wenigem[,] guten Wein; das wenige Geld muß lange reichen; ich fand nur w. Gutes, nur weniges Gute; er hat nur w. Geld, w. Zeit; sie haben gleich w. Geld; heute habe ich noch weniger Zeit als gestern; wir haben w. Hoffnung, ihn zu sehen; der wenige, heftige Regen; nach wenigen kurzen Üben; sie hat nicht w. *(ziemlich viel)* Mühe damit gehabt; das macht weniger, die wenigste Arbeit; das ist [ziemlich, sehr, erschreckend] w.; das wenige, was ich habe, genügt nicht; das wenigste [, was er hätte tun sollen,] wäre gewesen, sich zu entschuldigen; w. fehlte, und er wäre abgestürzt; weniger wäre mehr gewesen; dazu läßt sich w. sagen; er besitzt w., weniger als du, am wenigsten von uns; ich muß nicht weniger als zehn Leute verpflegen; ich habe genauso w. verstanden wie du; er hat nicht wenig[es] *(ziemlich viel)* erlebt; es gibt wenig[es], was er nicht weiß; aus wenigem mehr machen; er gibt sich mit wenigem zufrieden; er sollte sich zum wenigsten *(wenigstens)* entschuldigen; das Geld wird immer weniger (ugs.; *nimmt ab);* sie wird immer weniger (ugs.; *sie magert ab).* **2.** ⟨Plural: wenige, unflektiert: wenig⟩ *eine geringe Anzahl einzelner Personen oder Sachen:* wenige Beamte; es gibt nur wenig[e] Bücher, nur wenig[e] solche Steine; er hat nur wenige treue Freunde; die Hilfe weniger guter Menschen, weniger Angestellter; in wenigen Tagen; mit wenig[en] Worten; wie wenige wissen das!; es ist nur wenigen, den wenigsten bekannt, daß ...; der Reichtum weniger, von wenigen; einige wenige; es ist einer unter, von [den] wenigen. **II.** ⟨Adverb⟩ **1.** ⟨bei Verben⟩ *kaum, selten, in geringem Maße:* w. essen, trinken; die Medizin hilft w.; du hast dich zu w. darum gekümmert. **2.** ⟨bei Adjektiven, Adverbien und Verben⟩ *nicht sehr, unwesentlich, in geringem Grad:* eine w. bekannte, w. ergiebige Quelle; das ist weniger schön, weniger angenehm; ich habe nur w. mehr getrunken als er; er ärgerte, freute sich nicht w. *(sehr);* er möchte darüber nicht reden, viel weniger schrei-

ben; je mehr er redet, um so/desto weniger glaube ich ihm; es kommt weniger auf die Menge als [vielmehr] auf die Güte an; sie kam, als er es am wenigsten erwartete; er war nichts weniger als erfreut *(ganz und gar nicht erfreut).* * **ein wenig** *(etwas):* hast du nicht ein [ganz] klein w. (ugs.) Zeit für mich?; mit ein w. gutem Willen wird es gehen; ich habe ein w. geschlafen.
weniger ⟨Konj.⟩: *minus:* fünf w. drei ist, macht, gibt zwei.
wenigstens ⟨Adverb⟩: a) *zumindest; immerhin:* er sollte sich w. entschuldigen; man hat ihr w. eine Rente gewährt; w. regnet es nicht mehr; jetzt weiß man w., woran man ist; bei uns w. *(jedenfalls)* ist das so. b) *mindestens:* ich habe w. dreimal gerufen; es dauert w. eine Woche.
wenn ⟨Konj.⟩ **1.** /konditional/ *unter der Voraussetzung, Bedingung, daß ...; falls:* w. du willst, kannst du mit uns fahren; w. das wahr ist, [dann] trete ich sofort zurück; was würdest du machen, w. du es wärst?; ich könnte nicht, selbst w. ich wollte; w. nötig, komme ich sofort; R: w. das Wörtchen w. nicht wär' [wär' mein Vater Millionär]; subst.: das viele, ewige (ugs.) Wenn und Aber *(die vielen Zweifel und Einwände).* **2.** /temporal/ **a)** *sobald:* w. die Ferien kommen, [dann, so] verreisen wir; na, warte, wenn ich dich erwische! **b)** *sooft:* [immer, jedesmal] w. er dieses Lied hört, muß er an seine Kinderzeit denken. **3.** /konzessiv/ ⟨in Verbindung mit *auch, schon* u. a.⟩ *obwohl:* er gehorchte, auch w. es ihm/w. es ihm auch schwerfiel; [und] w. auch! (ugs.; *das ist kein Grund, keine Entschuldigung);* w. er schon *(da er)* nichts weiß, sollte er wenigstens schweigen. **4.** ⟨in Verbindung mit *doch, nur⟩ ich wünschte, daß:* w. er doch/nur käme; w. ich nur wüßte, ob sie kommt, wo sie wohnt! **5.** ⟨in Verbindung mit *als, wie⟩: als ob:* es ist so, als w. er es geahnt hätte; er sah aus, wie w. er krank wäre.
wennschon (ugs.) ⟨in bestimmten Verbindungen⟩ [na] **wennschon!** *(das macht nichts, stört weiter nicht)* • **wennschon, dennschon** *(wenn es schon getan wird, geschieht, dann aber auch richtig.*
wer: 1. ⟨Interrogativpronomen⟩ /fragt nach einer oder mehreren männlichen und weiblichen Personen/: w. ist der Fremde?; w. hat das getan?; w. ist da?; halt, w. da? /Ruf eines Postens/; w. alles war *(wie viele Leute waren)* dabei? /in Ausrufen, rhetorischen Fragen, Beteuerungsformeln/ w. hat das nicht schon einmal erlebt!; w. das doch könnte!; w. anders als du kann das gewesen sein!; ich habe es ihm schon w. weiß wie oft (ugs.; *sehr oft)* gesagt; das ist w. weiß wie lange (ugs.; *sehr lange)* her; was glaubt er eigentlich, w. er ist!? **2.** ⟨Relativpronomen⟩ *derjenige, der:* w. das tut, hat die Folgen zu tragen; w. auch immer *(jeder, der)* kommt, er soll Hilfe finden; /zur Hervorhebung eines Satzteils/ w. nicht kam, war sie. **3.** (ugs.) ⟨Indefinitpronomen⟩ *jemand:* da vorn ist w. ins Wasser gesprungen; hat w. nach mir gefragt?; bei ihnen ist er w. *(jemand Besonderes).*
werben: 1. ⟨für etwas w.⟩ *das Interesse an etwas zu wecken suchen; Reklame machen:* für ein Waschmittel, für eine Partei w.; er warb im Fernsehen, durch Plakate für diese Zeitung; ⟨auch ohne Präp.-Obj.⟩ wir müssen mehr w. **2.** (geh.) ⟨um jmdn., um etwas w.⟩ *sich um jmdn., um etwas*

bemühen; jmdn., etwas zu gewinnen suchen: [bei jmdm.] um Freundschaft w.; um jmds. Vertrauen w.; um ein Mädchen w. (veraltet); der Verein hat sehr um diesen Spieler geworben; mit werbenden Worten. **3.** ⟨jmdn., etwas w.⟩ *anwerben:* [neue] Kunden w.; Freiwillige, Soldaten [zum Kriegsdienst] w.; sie konnte fünf neue Abonnenten w.
Werbetrommel, die ⟨in der Wendung⟩ die Werbetrommel rühren/schlagen *[für jmdn., etwas] Reklame machen.*
Werbung, die: **1.** *das Werben:* die W. neuer Mitglieder, Abonnenten verstärken; das Mädchen wies seine W. (veraltet; *seinen Heiratsantrag)* ab. **2. a)** *Reklame, Propaganda:* gute, geschickte, auffällige, aufdringliche W.; die W. für ein Produkt [im Fernsehen], durch Wort und Bild; unsere W. hat Erfolg, kommt [nicht] an, erreicht nicht alle Käuferschichten; das Unternehmen betreibt gezielte W. für seine Erzeugnisse. **b)** *Werbeabteilung:* in der W. arbeiten.
werden: I. 1. a) ⟨mit Artangabe⟩ *in einen bestimmten Zustand kommen; eine bestimmte Eigenschaft bekommen:* arm, reich, gesund, krank, blind, alt, müde w.; böse, zornig, frech, übermütig, traurig w.; (geh.:) frohen Mutes w.; der Lack wurde schnell hart; die Milch ist sauer geworden; wie wird die Ernte?; das Wetter wird schön, besser; es wird heiß heute; die Tage werden länger; es wird jetzt früh dunkel; gestern war es [zu] spät geworden; wir wurden bald handelseinig; das muß anders w.; es wurde still um ihn; ⟨jmdm. wird etwas; mit Artangabe⟩ das Herz wurde ihm schwer; die Zeit wird mir lang. **b)** ⟨jmdm. wird [es]; mit Artangabe⟩ *jmd. bekommt ein bestimmtes Gefühl:* mir wird [es] warm, heiß, schlecht; es wurde ihm/ihm wurde übel bei dem Gedanken, daß ... **2.** /drückt die Entwicklung zu etwas aus/ **a)** ⟨mit Gleichsetzungsnominativ⟩ er wird Kaufmann, Arzt, Soldat; er ist nichts [Richtiges] geworden *(hat keinen richtigen Beruf erlernt);* sie wurde meine Frau; sie wurde Mutter; er ist ein berühmter Gelehrter geworden; etwas wird Mode; das Buch wurde ein großer Erfolg; die Zeichnung ist nichts geworden (ugs.; *ist mißlungen);* mit den beiden scheint es etwas zu w. (ugs.; *sie scheinen ein Paar zu werden).* **b)** ⟨zu etwas w.⟩ das Kind ist zum Mann geworden; er wurde zum Trinker; das ist bei ihm zur fixen Idee geworden; ⟨jmdm. zu etwas w.⟩ er wird dir zum Segen, zum Verderben; das Kind wird mir zur Last. **c)** ⟨etwas wird aus jmdm., aus etwas⟩ aus ihrer Freundschaft wurde Liebe; was soll aus der w.?; daraus kann nichts w. *(das geht nicht).* **3.** ⟨es wird; mit Zeitangabe oder Substantiven, die einen Zeitbegriff ausdrücken⟩ *es geht auf einen bestimmten Zeitpunkt oder -abschnitt zu:* es wurde 10 Uhr, bis er kam; es wird Abend, Nacht, Frühling; morgen wird es ein Jahr, daß ...; es wird [höchste] Zeit, daß ... **4.** *sich entwickeln; fertig werden:* der Kuchen, das Haus wird (ugs.) allmählich; sind die Fotos geworden (ugs.; *gut geworden)*?; die Zeichnung ist doch noch geworden (ugs.); die Pflanze wird nicht wieder (ugs.; *geht ein);* der Junge wird (ugs.; *macht sich);* du wirst schon noch (ugs.); wird's bald? (ugs.) /energische Aufforderung/; adj. oder subst. Part.: werdendes Leben; eine werdende Mutter; die Sprache ist et-

was Gewordenes; subst.: das Buch ist noch im Werden; Werden und Vergehen. **5.** (geh.) ⟨etwas wird jmdm.⟩ *jmd. erhält etwas:* jedem Mitbürger soll sein Recht w.; jedem wurde/(geh.:) ward sein Teil. **II. 1.** ⟨mit einem Infinitiv; dient der Umschreibung des Futurs⟩: wir werden nächste Woche in Urlaub fahren; er wird bald gehen; bis du zurückkommst, werde ich meine Arbeit beendet haben; /drückt eine Annahme aus/: sie werden sich [wohl] kennen; sie wird schon wissen, was sie tut; sie wird den Brief inzwischen bekommen haben. **2.** ⟨mit einem 2. Part.; dient der Passivumschreibung⟩: geschlagen w.; der Antrag ist abgelehnt worden; der Künstler wurde um eine Zugabe gebeten; es wurde gemunkelt *(man munkelte),* daß ...; /drückt eine energische Aufforderung aus/: jetzt wird aber geschlafen! **3.** ⟨Konjunktivform *würde* mit einem Infinitiv; dient der Umschreibung des Konjunktivs in bestimmten Fällen⟩ ich würde kommen, wenn das Wetter besser wäre; ich würde helfen; sonst würden wir dort nicht wohnen; /in höflicher Aufforderung/: würdest du das bitte erledigen? /als Floskel, die eine Äußerung entgegenkommender erscheinen läßt/: ich würde sagen, meinen ... * (ugs.:) **nicht mehr werden** *(sich nicht wieder fassen können).*
werfen: 1. a) ⟨jmdn., etwas w.⟩ *durch die Luft schleudern:* einen Ball, einen Stein w.; Handgranaten w.; das Schiff warf Anker; (auch ohne Akk.) laß mich auch einmal w.!; er wirft [50 m] weit, sehr gut; subst.: im Werfen ist er sehr gut. **b)** ⟨etwas w.⟩ *etwas als Wurfgeschoß benutzen:* mit Steinen, mit faulen Eiern w.; er hat mit dem Kissen nach ihr geworfen. **c)** ⟨etwas w.⟩ *durch Werfen erzielen:* eine Sechs w. *(würfeln);* Sport: ein Tor w.; er hat [einen] Weltrekord geworfen *(einen Weltrekord im Werfen aufgestellt).* **2. a)** ⟨jmdn., etwas w.; mit Raumangabe⟩ *mit Schwung irgendwohin befördern, von irgendwo wegbefördern:* den Ball in die Höhe, gegen die Wand, ins Tor w.; Abfälle auf einen Haufen w.; jmdn. auf den Boden, ins Wasser, über Bord w.; das Pferd warf ihn aus dem Sattel; die Tür ins Schloß w. *(zuschlagen);* die Kleider von sich w. *(schnell ablegen);* den Kopf in den Nacken w. *(zurückwerfen);* die Arme in die Höhe w. *(mit einem Schwung, Ruck nach oben bewegen);* ⟨auch ohne Raumangabe⟩ die Tänzer warfen die Beine; dem Ringer gelang es, seinen Gegner zu w. (Sport; *niederzuwerfen);* übertr.: jmdn. auf die Straße w. (ugs.; *entlassen);* einen Gast aus dem Lokal w. (ugs.; *hinausweisen, zum Verlassen des Lokals auffordern);* Ware, billigen Schund auf den Markt w. *(in den Handel bringen);* eine Frage in die Debatte w. *(zur Sprache bringen);* alle Bedenken, Sorgen von sich, hinter sich w. *(sich davon frei machen);* Bilder an die Wand w. (ugs.; *projizieren);* die Laterne wirft ihren Schein in das Zimmer; eine schwere Infektion warf sie aufs Krankenlager (geh.); sie warf einen Blick in den Saal, in den Spiegel, in die Zeitung *(sah kurz hinein).* **b)** ⟨sich w.; mit Raumangabe⟩ *sich stürzen, sich fallen lassen:* sich in einen Sessel, auf einen Stuhl w.; sich [vor jmdm.] auf die Knie, zu Boden w.; sich vor den Zug w.; sich aufs Pferd w.; die Polizisten warfen sich auf, über den Verbrecher; der Kranke warf sich vor Schmerzen hin und her;

(sich jmdm. w.; mit Raumangabe⟩ er warf sich ihm zu Füßen; sie hat sich ihm an den Hals, an die Brust geworfen; übertr.: sich in seinen besten Anzug w. (ugs.; *ihn anlegen);* sich auf eine neue Aufgabe w. *(eifrig damit beschäftigen).* **3.** ⟨etwas wirft etwas⟩ *etwas bringt etwas hervor, bildet etwas:* der Brei, das kochende Wasser wirft Blasen; der Vorhang wirft [schwere] Falten; die Bäume werfen lange Schatten. **4.** ⟨etwas wirft sich⟩ *etwas verzieht sich:* das Holz, der Belag hat sich geworfen. **5.** ⟨ein Tier wirft [ein Tier]⟩ *ein Tier gebiert Junge·* die Katze, der Hund hat [drei] Junge geworfen. * (ugs.:) **mit etwas [nur so] um sich werfen** *(etwas im Übermaß verwenden; etwas verschwenden):* er wirft mit dem Geld um sich.
Werk, das: **1.** *Arbeit, Tätigkeit:* das ist ein schwieriges, mühevolles, undankbares W.; das W. macht Fortschritte, kommt gut voran, bleibt liegen, ruht; ein W. beginnen, fördern, zu Ende führen, abbrechen, liegenlassen; die Helfer haben ihr W. beendet, getan; rüstig, entschlossen ans W. gehen *(damit beginnen);* ich will mich gleich ans W. machen; ans Werk!; wir sind [bereits] am Werk[e] *(haben damit begonnen);* etwas ins W. setzen *(verwirklichen, ausführen).* **2.** *Handlung, Tat:* ein verdienstvolles, Gott wohlgefälliges W.; Werke der christlichen Nächstenliebe; die Zerstörung war das W. weniger Sekunden *(geschah in wenigen Sekunden);* die Verschwörung war sein W.; damit hat er ein großes W. vollbracht; gute Werke tun; du tätest ein gutes Werk (ugs.; *würdest mir einen Wunsch erfüllen, einen Gefallen tun),* wenn du ... **3.** *Geschaffenes, [künstlerisches] Erzeugnis:* ein kostbares, wertvolles, seltenes, schönes, herrliches, überragendes, gigantisches W.; die Werke Gottes (geh.; *die Schöpfung);* ein klassisches W. der italienischen Malerei; das [künstlerische] W. Richard Wagners; ein W. seiner Hände (geh.), seines Fleißes; die großen Werke der Weltliteratur; Goethes sämtliche, gesammelte Werke *(Schriften);* die hier aufgeführten Werke *(Bücher)* sind veraltet, überholt; seine Werke sind unvergänglich; ein W. schaffen, vollenden, abschließen, vernichten; sein W. [durch einen großartigen Abschluß] krönen; ein wissenschaftliches W., ein W. über die Raumfahrt schreiben, herausgeben, publizieren; an einem neuen W. arbeiten. **4. a)** *technische Anlage, Fabrik:* ein chemisches W., ein W. der Metallindustrie; das W. produziert Lastwagen; ein W. [im Ausland] errichten; ausbauen, stillegen; im W. *(in der Fabrik)* arbeiten; der Wagen kostet ab W. *(wenn er beim Werk abgeholt wird, ohne Überführungskosten o. ä.)* etwa 15 000 Mark. **b)** *Belegschaft einer Fabrik, eines Betriebs o. ä.:* das [gesamte] W. macht im Juli Urlaub. **5.** *Mechanismus, Triebwerk:* das W. [der Uhr, der Maschine] ist verschmutzt; das W. auseinandernehmen, reinigen, reparieren; die Orgel hat noch ein mechanisches W. * (geh.:) **zu Werke gehen** *(verfahren, vorgehen):* wir müssen sehr vorsichtig zu Werke gehen.
Werkzeug, das: **a)** *einzelnes Arbeitsgerät:* dazu braucht man sehr feine Werkzeuge; übertr.: er war ihr willenloses, gefügiges W.; er ist nur das W. seiner Geldgeber. **b)** *Gesamtheit von Werkzeugen als Arbeitsgerät:* sein W. mitbringen.

wert: 1. (veraltend): *lieb, geschätzt, teuer:* mein werter Freund; Ihr wertes Schreiben vom ...; wie war doch Ihr werter Name?; (veraltet:) werter Herr Meier! /Anrede im Brief/. **2. a)** (etwas ist etwas w.) *etwas hat einen bestimmten Wert:* das ist viel, wenig, kaum etwas w.; das Kleid ist 200 Mark w.; der Apparat ist nichts w. *(taugt nichts);* 〈etwas ist jmdm. etwas w.〉 der alte Schmuck ist ihr viel, einiges w.; wieviel, was sind Ihnen diese Bilder w. *(wieviel bieten Sie dafür)?;* übertr.: deine Hilfe, dein Urteil ist mir viel w. *(bedeutet viel für mich);* mehr bin ich dir nicht w. *(bedeute ich dir nicht)?* **b)** 〈jmds., einer Sache (auch:) jmdn., eine Sache w. sein〉 *jmds., einer Sache würdig sein:* er ist deiner nicht w.; das wäre einer näheren (auch:) eine nähere Untersuchung w.; er ist diese Frau nicht w.; er ist [es] nicht w., daß ... **Wert, der: 1.** *[Kauf]preis, Wertbetrag; Marktwert:* der W. des Schmuckes ist gering, sehr hoch, unbekannt; der W. des Geldes *(der Geldwert, die Kaufkraft)* schwankt; das Haus hat einen W. von 500 000 Mark; den W. einer Handelsware festlegen; etwas behält seinen W., bekommt wieder W., gewinnt, verliert an W.; die Aktien fallen, steigen im W.; eine Uhr im Werte von 600 Mark; sie hat den Wagen über, unter [seinem] W. verkauft. **2.** 〈Plural〉 *Dinge oder Besitz von großem Wert:* Werte schaffen, erhalten, vernichten; der Krieg hat viele Werte zerstört; übertr.: geistige, sittliche, menschliche Werte; zeitliche, ewige Werte; die Umkehrung der Werte. **3.** *Bedeutung, Wichtigkeit:* ein hoher, großer, geringer W.; der sachliche ideelle, psychologische W. einer Maßnahme; der W. des Abkommens liegt darin, daß ...; das hat wenig, nur geringen, keinen [praktischen] W., nur bedingten W.; das hat doch keinen W. (ugs.; *das nützt gar nichts*); diese Einrichtung behält ihren W., bekommt später wieder W.; der Ring hat nur persönlichen W. [für seinen Besitzer]; er legt der Sache keinen großen W. bei; sie ist sich ihres eigenen Wertes voll bewußt; seine Erfindung ist in ihrem vollen W. kaum abzuschätzen; über W. oder Unwert dieses Vertrages kann man streiten; diese Feststellung ist ohne W., von großem W. für uns. **4.** (Fachspr.) *durch Messung oder Berechnung gewonnene Zahl, Zahlenwert:* mathematische, meteorologische, technische Werte; die mittleren Werte des Wasserstandes; die Werte schwanken, bleiben konstant; er liest die Werte von einer Skala ab; die Messung ergab den W. 7,5; eine Gleichung auf den W. null bringen. * **auf etwas Wert legen** *(etwas für sehr wichtig halten, an etwas besonders interessiert sein):* er legt [viel, wenig, großen, keinen] Wert auf modische Kleidung.

werten 〈jmdn., etwas w.; mit Artangabe〉: *einschätzen, bewerten:* seine Leistung wurde zu hoch, nicht genügend gewertet; ich werte es als besonderen Erfolg, daß ...; S p o r t : die Punktrichter werten sehr unterschiedlich; 〈auch ohne Artangabe〉 der beste Sprung wird gewertet *(für gültig erklärt).*

wertlos: *ohne Wert:* wertlose Banknoten; eine wertlose Nachahmung; diese Angaben sind w. für mich *(nützen mir nichts);* die Briefmarke ist durch die Beschädigung w. geworden.

Wertschätzung, die (veraltend): *Ansehen,*

Achtung: er genießt keine besondere W. bei seinen Kollegen; sie erfreut sich allgemeiner W.

wertvoll: a) *von großem Wert, kostbar:* wertvoller Schmuck; dies ist das wertvollste Stück der Sammlung; wertvolle Aufbaustoffe, Vitamine; sie ist ein wertvoller *(charaktervoller)* Mensch; der Film ist künstlerisch sehr w.; diese Möbel sind sehr w. **b)** *von großem Nutzen:* ein wertvoller Hinweis; seine Hilfe war uns sehr w.

Wesen, das: **1.** *Art, Charakter:* sein freundliches W. gewinnt ihm viel Sympathie; sein ganzes W. strahlt Freude, Zuversicht aus; sie hat ein angenehmes, ansprechendes, sonniges, ein unangenehmes, mürrisches W.; er hat ein einnehmendes *(sympathisches)* W. (auch scherzh.: *er nimmt alles, was für ihn erreichbar ist*); das entspricht nicht seinem W.; sie ist von liebenswürdigem W.; diese Marotte paßt, gehört zu seinem W. **2.** *das Besondere, Kennzeichnende einer Sache, Erscheinung; innere Natur:* er will das W. der Dinge ergründen, nach dem W. der Dinge forschen; das liegt im W., gehört zum W. der Demokratie, der Kunst. **3.** *Lebewesen, Geschöpf:* natürliche, übernatürliche W.; das höchste W. *(Gott);* der Mensch ist ein geselliges, vernunftbegabtes W.; weit und breit war kein menschliches W. *(kein Mensch)* zu sehen; sie ist ein freundliches, liebes, zartes, ängstliches, stilles W.; das arme W. wußte nicht aus noch ein; das kleine W. *(das Kind)* hat die Augen geöffnet; auf der Treppe begegnete mir ein weibliches W. (ugs.; *eine Frau).* * **viel Wesens/kein Wesen [aus, um, von etwas] machen** *(einer Sache [keine] große Bedeutung beimessen)* · **sein Wesen treiben** *(sich herumtreiben, irgendwo aufhalten [und Unfug treiben]):* er hat lange Zeit in unserer Stadt sein W. getrieben.

wesentlich: a) *bedeutsam, wichtig, grundlegend:* wesentliche Aufgaben, Merkmale, Verdachts-, Beweisgründe; wesentliche Teile der Einrichtung fehlen noch; das ist kein wesentlicher Unterschied; subst.: das Wesentliche erfassen, herausarbeiten; du hast nichts Wesentliches verpaßt. **b)** 〈verstärkend bei Adjektiven im Komparativ und Verben〉 *sehr, viel:* er ist w. größer als du; ich habe w. mehr erwartet; dieser Umstand trägt w. dazu bei, daß ...; er hat sich nicht w. verändert. * **im wesentlichen** *(in der Hauptsache, ohne ins einzelne zu gehen):* das ist im wesentlichen dasselbe.

weshalb 〈Adverb〉: *aus welchem Grund, warum?:* w. hast du das getan?; w. nicht?; ich weiß nicht, w. er beleidigt ist; 〈leitet einen Relativsatz ein〉 das war der Grund, w. er entlassen wurde; subst.: das Warum und Weshalb blieb unklar.

Wespennest, das: *Brutbau der Wespen:* ein W. ausräuchern. * (ugs.:) **in ein Wespennest stechen/** (auch:) **greifen** *(eine heikle Angelegenheit berühren und dadurch große Aufregung verursachen).*

West, der: **1. a)** *Westen:* der Wind dreht von Nord nach W. **b)** /Bezeichnung für den westlichen Teil von etwas, die westliche Lage, Richtung/: Essen (W.). **2.** (geh.) *Westwind:* ein milder, Regen bringender W.

Weste, die: /auf dem Oberkörper getragenes Kleidungsstück/: eine graue, seidene, gestrickte W.; ein Anzug mit W. * (ugs.:) **eine saubere/reine/ weiße Weste haben** *(nichts Unehrenhaftes, Un-*

rechtmäßiges getan haben) · *(ugs.:)* **jmdm. etwas unter die Weste jubeln** *(jmdm. etwas aufbürden, etwas anlasten, ohne daß er es merkt oder sich dagegen wehren kann).*

Westen, der: **1.** *Himmelsrichtung, in der die Sonne untergeht:* Wind aus W.; im W. geht die Sonne unter; die Straße führt nach W.; das Zimmer geht nach W.; von W. kommt ein Gewitter. **2. a)** *im Westen liegendes Gebiet:* der W. des Landes; er wohnt im W. der Stadt. **b)** *die westliche Welt:* die Türkei gehört zum W.

westlich: I. ⟨Adj.⟩ **1. a)** *in westlicher Himmelsrichtung befindlich:* der westliche Himmel; die westliche Hemisphäre; 60° westlicher Länge. **b)** *im Westen liegend:* der westliche Teil der Stadt; der See liegt weiter w. **c)** *das Bündnissystem im Westen betreffend:* die westlichen Demokratien; ein w. orientiertes Land. **2.** *von Westen kommend, nach Westen gerichtet:* westliche Winde; sie steuerten westlichen Kurs, in westlicher Richtung. **II.** ⟨Präp. mit Gen.⟩ *im Westen:* w. des Rheins; w. der Bahnlinie; w. der Stadt; (selten:) w. Mannheims. **III.** ⟨Adverb⟩ *im Westen:* w. von Mannheim; die Hebriden liegen w. von Schottland.

Wettbewerb, der: **a)** *das Wetteifern innerhalb einer bestimmten Aufgabenstellung; Wettstreit mehrerer um die beste Leistung:* ein internationaler W.; einen W. für Architekturstudenten ausschreiben; einen W. gewinnen; aus einem W. ausscheiden; gut im W. liegen; in einem W. siegen. **b)** *das Wetteifern, Kampf um möglichst viele Machtanteile; Konkurrenz:* unter den Firmen herrscht ein harter, heftiger W.; unlauterer W. (Rechtsw.: *Wettbewerb mit unrechtmäßigen Mitteln)*; in W. mit jmdm. treten; die Firmen stehen im [freien]/in [freiem] W. miteinander.

Wette, die: *Abmachung, bei welcher der etwas vom andern bekommt, der in einer Streitfrage recht behält:* eine gewagte, eine alberne W.; die W. ging um 100 Mark; was gilt die W.?; *(was bekomme ich, wenn ich recht habe?);* eine W. eingehen, abschließen, annehmen, gewinnen, verlieren; jmdm. eine W. anbieten; ich gehe jede W. ein/(ugs.:) ich mache jede W. *(bin fest davon überzeugt),* daß er kommt * **um die Wette** *(mit großer Anstrengung, Hingabe o.ä., einander überbieten wollend):* sie liefen, sangen um die W.

wetten: 1. a) ⟨mit jmdm. w.⟩ *eine Wette abschließen:* ich wette mit dir [um eine Flasche Sekt], daß er gewinnt; ⟨auch ohne Präp.-Obj.⟩ sie wetteten, wer zuerst fertig sein würde; worum/um wieviel/ (ugs.) was wetten wir?; es ist, wie ich dir sage, [wollen wir] w.? (ugs.); R (ugs.): so haben wir nicht gewettet *(so war es nicht vereinbart, so geht es nicht).* **b)** *übervzeugt, fast sicher sein:* ich wette/ möchte w./(ugs.:) wetten, daß er nichts merkt? *(er merkt bestimmt nichts).* **2.** ⟨etwas w.⟩ *etwas als Wettpreis einsetzen:* hundert Mark, ein Faß Bier w.; ich wette zehn gegen eins *(ich bin ganz sicher),* daß ... **3.** ⟨auf jmdn., auf etwas w.⟩ *für eine Voraussage Geld einsetzen, einen Tip abgeben:* auf ein Pferd, auf einen Boxer w.; auf Sieg, auf Platz w.; ⟨auch ohne Präp.-Obj.⟩ er hat hoch gewettet; sie hat gewettet und verloren.

Wetter, das: **1.** *mit Sonnenschein, Regen, Wind, Kälte, Wärme, Bewölkung o.ä. in Erscheinung tretender jeweiliger Zustand der Atmosphäre:* gutes,

heiteres, [un]freundliches, strahlendes, schönes, warmes, hochsommerliches, nebliges, schlechtes, nasses, kaltes, kühles, rauhes, diesiges, veränderliches, unsicheres, scheußliches, W.; das W. ist beständig, hält sich, ändert sich, schlägt um, hat sich gebessert, wird heute schlecht, gut; es ist herrliches W. draußen; es herrscht stürmisches W.; nach und nach setzt mildes W. ein; das W. voraussagen; wir bekommen anderes W.; was werden wir morgen für W. haben?; bei klarem W. kann man von hier aus die Alpen sehen; er ist bei jedem W. unterwegs; R: bei solchem W. jagt man keinen Hund vor die Tür · wir sprachen über das W., vom W.; alles hängt vom W. ab. **2.** *Unwetter, Gewitter:* ein W. braut sich, zieht sich zusammen, zieht herauf, bricht los, entlädt sich; das W. tobt [sich aus], zieht ab; alle W. /Ausruf des Erstaunens, der Bewunderung/. **3.** (Bergmannsspr.) ⟨Plural⟩ *Luft, Gasgemisch in einer Grube:* frische, matte, giftige W. * (ugs.:) **bei jmdm. gut Wetter machen** *(jmdn. günstig stimmen)* · *(ugs.:)* **um gut[es] Wetter bitten** *(um Wohlwollen, Verständnis bitten)* · (Bergmannsspr.:) **schlagende Wetter** *(explosive Gemische von Grubengas).*

wettern: *laut schimpfen:* über die Unordnung, auf die schlechten Zeiten, gegen den Staat w.; er wetterte ganz fürchterlich.

wetterwendisch: *launenhaft, wankelmütig:* ein wetterwendischer Mensch; sie ist sehr w.

wettmachen (ugs.) ⟨etwas w.⟩: **1.** *ausgleichen:* eine Schlappe, das Versäumte wieder w.; er machte seine geringere Begabung durch großen Fleiß wett. **2.** *sich für etwas erkenntlich zeigen:* wir müssen seine Hilfeleistungen bald w.

wetzen: 1. ⟨etwas w.⟩: *schärfen, glätten:* das Messer, die Sense [mit einem Stein] w.; der Vogel wetzt seinen Schnabel an einem Zweig. **2.** (ugs.) *rennen:* der kann aber w.!; zur Post w.

wichtig: *bedeutsam, entscheidend:* wichtige Gründe, Beschlüsse, Entscheidungen, Neuigkeiten, Veränderungen; eine wichtige Meldung, Mitteilung; er ist ein ganz wichtiger *(einflußreicher)* Mann; sie sprach mit wichtiger *(die eigene Bedeutsamkeit übertrieben erkennen lassender)* Miene; dieser Brief ist sehr w.; ⟨jmdm. w. sein⟩ was du sagst, ist mir/ist für mich äußerst w. · Vitamine sind für die Ernährung sehr w.; das ist nicht, ist halb so w.; ich halte es für w., daß du so fort hingehst; du nimmst das alles zu w.; er nimmt sich selbst zu w.; sie kam sich ungemein, ungeheuer (ugs.) w. vor; er tat sehr w. mit dem Brief *(machte viel Aufhebens darum);* das wichtigste/am wichtigsten ist, daß er bald wieder gesund ist; subst.: ich habe noch etwas Wichtiges vor. * (ugs.:) **sich [mit jmdm., mit etwas] wichtig machen/tun** *(mit jmdm., einer Sache angeben).*

Wichtigkeit, die: *das Wichtigsein; Bedeutung:* einer Sache besondere W. beimessen, beilegen; das ist von größter W., wird später von großer W. für dich; er ist von seiner W. ganz erfüllt.

Wickel, der: *Zusammengewickeltes; Umschlag:* dem Kranken einen kalten, heißen W. machen. * (ugs.:) **jmdn. am/beim Wickel packen/kriegen/ haben/nehmen: a)** *(jmdn. fassen und festhalten).* **b)** *(jmdn. zur Rede stellen, ausschelten).*

wickeln: 1. a) ⟨etwas w.⟩ *etwas so umeinanderdrehen, -schlingen, daß es eine bestimmte, meist* *runde Form bekommt:* Wolle [zu einem Knäuel] w. **b)** ⟨etwas um etwas, auf etwas w.⟩ *herumwinden:* Garn auf eine Rolle w.; eine Binde um den Arm w.; ⟨sich (Dativ) etwas um etwas w.⟩ ich wickelte mir ein Tuch um die verletzte Hand. **c)** ⟨etwas w.⟩ *auf Lockenwickel aufdrehen:* sie wickelt regelmäßig ihr Haar; ⟨jmdm., sich etwas w.⟩ sie wickelt sich, ihrer Schwester die Haare immer selbst. **d)** ⟨etwas w.⟩ *durch Wickeln herstellen:* einen Turban w.; Zigarren w.; Elektrotechnik: eine Spule w. **2. a)** ⟨jmdn., sich, etwas in etwas w.⟩ *einwickeln:* ein Geschenk in Papier w.; ein Kind in Windeln w.; er wickelte sich in eine Decke; ⟨auch ohne Raumangabe⟩ das Baby muß noch gewickelt *(es muß ihm noch die Windel angelegt)* werden. **b)** ⟨etwas w.⟩ *mit einer Bandage versehen:* das Bein muß gewickelt werden. **3. a)** ⟨jmdn., sich, etwas aus etwas w.⟩ *auswickeln:* das Buch aus dem Papier w.; sie wickelte sich, das Kind aus dem Tuch. **b)** ⟨etwas von etwas w.⟩ *etwas, was auf, um etwas gewickelt ist, entfernen:* das Tau vom Pflock, den Draht von der Spule w.

wider (geh.) ⟨Präp. mit Akk.⟩: *gegen:* das war w. meinen ausdrücklichen Wunsch; w. Erwarten kam er doch; etwas w. Willen tun; er handelte w. besseres Wissen; er hat w. die Ordnung, die Gesetze gehandelt, hat Anklage w. ihm erhoben.

widerfahren (geh.) ⟨etwas widerfährt jmdm.⟩: *etwas geschieht jmdm., stößt jmdm. zu, wird jmdm. zuteil:* mir ist etwas Seltsames, Merkwürdiges widerfahren; ihm ist in seinem Leben viel Leid widerfahren; dir soll Gerechtigkeit w.

Widerhall, der: *zurückgeworfener Schall:* der W. eines Donners, Schusses, Rufes, Pfiffes; man hörte den W. seiner Schritte in dem Gewölbe; übertr.: der W. *(die Resonanz)* auf seine Schriften war gering. * **Widerhall finden** *(auf Interesse, Zustimmung stoßen):* sein Vorschlag fand, er fand mit seinem Vorschlag nur wenig W.

widerhallen: a) ⟨etwas hallt wider⟩ *etwas schallt zurück:* der Schuß, der Donner hallte [von den Bergwänden] wider/(seltener:) widerhallte von den Bergwänden; seine Schritte haben [auf dem Pflaster] widergehallt. **b)** ⟨etwas hallt von etwas wider⟩ *etwas ist von Widerhall erfüllt:* der Raum hallte von Gelächter wider, hallte wider/(seltener:) widerhallte vom Geschrei.

widerlegen ⟨jmdn., etwas w.⟩: *[jmds. Behauptungen] als falsch nachweisen:* eine Ansicht, Behauptung, jmds. Einwände w.; es war nicht schwer, den Zeugen zu w.

widerlich: 1. a) ⟨Widerwillen, Ekel erregend:⟩ ein widerlicher Geruch, Anblick; diese Insekten sind [mir] w.; das schmeckt w. **b)** *unerträglich:* ein widerlicher Mensch, Schmeichler, Kriecher; er, sein Benehmen ist mir w. **2.** ⟨verstärkend bei Adjektiven⟩ *sehr, überaus:* der Kuchen ist w. süß.

Widerpart (in der Wendung) jmdm. Widerpart bieten/halten *(jmdm. Widerstand leisten).*

Widerrede, die: *Gegenrede, Widerspruch:* Rede und W.; ich dulde keine W.; keine W.!; er tat alles ohne [ein Wort der] W.

Widerruf, der: *Zurücknahme einer Aussage oder Erlaubnis:* er hat öffentlich W. geleistet; der Durchgang ist [bis] auf W. gestattet.

widerrufen ⟨etwas w.⟩: *für falsch oder ungültig erklären:* einen Befehl, eine Anordnung, Erlaub-nis, Behauptung, Zusicherung w.; der Angeklagte hat sein Geständnis widerrufen.

widersetzen ⟨sich jmdm., einer Sache w.⟩: *sich gegen jmdn., gegen etwas wehren; etwas verweigern:* sich einer Maßnahme w.; er hat sich mir offen widersetzt; sich einer Bitte, einem Wunsch nicht w. können; sie hatten sich [hartnäckig] der Aufforderung, ihren Ausweis vorzuzeigen, widersetzt.

widerspenstig: *ungehorsam, störrisch:* ein widerspenstiges Kind; das Pferd ist sehr w., zeigte sich w.; übertr.: widerspenstiges Haar.

widerspiegeln: a) ⟨etwas spiegelt jmdn., etwas wider/(auch:) etwas widerspiegelt jmdn., etwas⟩ *etwas zeigt jmdn., etwas im Spiegelbild:* das Wasser spiegelt die Bäume, die Spaziergänger wider; übertr.: sein Gesicht spiegelte seinen Zorn wider. **b)** ⟨sich in etwas w.⟩ *im Spiegelbild erkennbar werden:* die Sonne hat sich im Wasser widergespiegelt; übertr.: in dem Roman spiegeln sich die Sitten der Zeit wider/(auch:) widerspiegeln sich die Sitten der Zeit.

widersprechen: a) ⟨jmdm., sich, einer Sache w.⟩ *eine entgegengesetzte Meinung vertreten:* jmdm. heftig, energisch, bestimmt, höflich w.; einer Behauptung mit Nachdruck w.; dem muß ich w.; du widersprichst dir selbst; der Betriebsrat hat der Entlassung widersprochen *(hat dagegen Widerspruch eingelegt);* (auch ohne Dat.) „So geht das nicht", widersprach er sofort. **b)** ⟨etwas widerspricht einer Sache⟩ *etwas stimmt nicht mit etwas überein:* diese Entwicklung widerspricht unseren Erfahrungen; die Berichte, ihre Aussagen widersprechen sich/(geh.:) einander; nachzugeben widersprach seinen Grundsätzen; adj. Part.: die widersprechendsten *(gegensätzlichsten)* Nachrichten trafen ein.

Widerspruch, der: **1.** *Einrede, Einspruch:* sein W. war berechtigt; gegen diese Ansicht erhob sich allgemeiner W.; keinen W. dulden, vertragen, aufkommen lassen; jeden W. zurückweisen; ich muß W. dagegen einlegen, daß ...; der Redner erfuhr (geh.) allseits W.; seine Gedanken stießen überall auf [scharfen, heftigen, entrüsteten] W.; der Vorschlag wurde ohne W. angenommen; das reizt geradezu zum W. **2.** *Gegensatz, Unvereinbarkeit:* das ist ein unüberbrückbarer, entscheidender, innerer W.; das ist ein W. in sich; der offensichtliche W. liegt darin, daß ...; einen W. aufklären; kannst du dir diesen seltsamen W. erklären?; sich in W. zu jmdm., zu etwas setzen; das steht, ist im/(auch:) in W. zum Gesetz *(widerspricht dem Gesetz);* seine Taten stehen mit seinen Reden in auffälligem W.; er verwickelte sich in Widersprüche *(machte widersprüchliche Aussagen).*

Widerstand, der: **1.** *Gegenwehr, Abwehr:* ein zäher, tapferer, hartnäckiger, verbissener, leidenschaftlicher, aussichtsloser W.; hinhaltender, aktiver, passiver, W.; organisierter, antifaschistischer W.; Rechtsw.: W. gegen die Staatsgewalt · der W. der Bevölkerung gegen das Projekt wächst, läßt nach, hat sich erschöpft, erlahmt, erlischt allmählich; den W. organisieren, aufgeben, brechen; er mußte innere Widerstände *(Hemmungen)* überwinden; jmdm. W. entgegensetzen; offenen W. leisten; nicht bereit sein, irgendwelchen W./irgendwelche Widerstände zu dulden; er stieß auf [unerwarteten] W. bei seinen Kollegen; sie ließ sich ohne W. festnehmen; zum bewaffneten W. aufrufen; im Krieg gehörte er dem W. an, war er im W. *(Widerstandsbewegung).* **2. a)** (Physik) *entgegenwirkende Kraft:* der magnetische, elektrische W.; der W. beträgt 500 Ohm. **b)** (Elektrotechnik) */ein Schaltelement/:* ein W. von 2 000 Ohm; der W. ist überlastet, durchgebrannt; einen W. einbauen, einschalten, auswechseln.

widerstehen: 1. ⟨jmdm., einer Sache w.⟩ *standhalten, nicht nachgeben·* dem Gegner, einem feindlichen Angriff w.; das Material widerstand allen Belastungen; er widerstand tapfer allen Versuchungen; sie konnte ihm, seinem Verlangen nicht w.; wer hätte da w. können? **2.** ⟨etwas widersteht jmdm.:⟩ *etwas ekelt jmdn.:* süße Speisen widerstehen mir leicht.

widerstreben: 1. (geh.) ⟨jmdm., einer Sache w.⟩ *sich widersetzen:* ich widerstrebe dir, deinen Absichten nicht; adj. Part.: widerstrebende Elemente; er tat die Arbeit nur widerstrebend *(ungern).* **2.** ⟨etwas widerstrebt jmdm., einer Sache⟩ *etwas ist zuwider:* die Einführung dieses Systems widerstrebt unseren Wünschen; es widerstrebt mir, so etwas zu tun.

Widerstreit, der: *Zwiespalt:* der W. der Meinungen, Ansichten, Interessen; er lebte in einem W. zwischen Pflicht und Neigung.

widerwärtig: *abstoßend, widerlich:* ein widerwärtiger Mensch; ein widerwärtiger Geruch; eine widerwärtige Verleumdung; ⟨etwas ist jmdm. w.⟩ diese Sache war ihm w.

Widerwille, der: *starke Abneigung, Ekel:* ein heftiger, heimlicher W.; sein W. wuchs; W. erfaßte mich, stieg in mir auf; Widerwillen gegen, bei etwas empfinden, haben, hegen; das erweckte, erregte, verscheuchte meinen Widerwillen; er betrachtete sie mit Widerwillen.

widerwillig: *widerstrebend, ungern:* mit widerwilliger Zustimmung; eine widerwillige *(Widerwillen ausdrückende)* Antwort; er kam w.

widmen: 1. ⟨jmdm. etwas w.⟩ *als Zeichen der Freundschaft, der Verehrung zueignen:* jmdm. ein Buch w.; er widmete der Sängerin ein Lied. **2.** (geh.) **a)** ⟨jmdm., einer Sache etwas w.⟩ *etwas für jmdn., für etwas verwenden:* sein Leben einer Aufgabe w.; seine Freizeit der Politik w.; /verblaßt/: die Presse widmete dem Ereignis begeisterte Leitartikel; diesen Dingen nicht die nötige Aufmerksamkeit w.; würden Sie mir noch einen Augenblick w.? **b)** ⟨sich jmdm., einer Sache w.⟩ *sich eingehend mit jmdm., mit etwas beschäftigen:* sich seinem Hobby, der Erziehung seiner Kinder w.; heute kann ich mich dir ganz w.; du mußt dich jetzt den Gästen w.

Widmung, die: *[Worte der] Zueignung:* in dem Buch stand eine W. des Verfassers; in ein Buch eine W. [hinein]schreiben; ich besitze sein Bild mit persönlicher W.

widrig: *ungünstig:* widrige Umstände, Verhältnisse, Ereignisse, Bedingungen; eine widrige Lage; widrige Winde verhinderten die Landung.

wie: **I.** ⟨Adverb⟩ 1. /dient zur Kennzeichnung einer Frage/: **a)** *auf welche Art und Weise?:* w. machst du das?; w. wird das Wetter?; w. geht es dir?; w. heißt du?; w. komme ich hier zum Bahn-

hof?; ich weiß nicht, w. das möglich war; w. [bitte]? *(ich habe dich/Sie nicht verstanden);* w., Sie sind noch da?; (ugs.:) gewußt w.!; (ugs.:) fertig werden wir, aber w.?; w. kommt es *(was sind die Ursachen dafür),* daß ...; w. *(woher)* soll ich das wissen?; w. das? */drückt Erstaunen aus/;* w. war das? (ugs.); w. wär's mit einem Schnaps *(trinken Sie einen Schnaps)?;* (ugs.); s u b s t.: das Wie und Warum bleibt unklar. **b)** *in welchem Maße?:* w. groß ist er?; w. alt bist du?; w. spät ist es?; w. viele Stühle brauchst du?; ich frage mich, wie teuer das wird. 2. */als Ausruf des Erstaunens, Bedauerns, der Freude o. ä./:* w. schade!, w. schön ist es hier!; w. groß du bist!; w. du wieder aussiehst *(du siehst unmöglich aus)!;* w. doch [manchmal] der Zufall spielt!; er ist hingefallen, und/aber w.! */drückt eine Verstärkung aus/.* **3.** /dient als relativischer Anschluß/: die Art, w. er spricht; mich stört, w. sie dem auch sei, ich mache mit. **II.** ⟨Konj.⟩ 1. ⟨Vergleichspartikel⟩ er ist [eben]so groß w. du, doppelt so schnell w. du; sie ist jetzt so alt, w. du damals warst; [so] weiß w. Schnee; sie weinte w. ein Kind; ich bin, fühle mich w. gerädert; das ist so gut w. sicher; so, w. ich war, lief ich mit; wenn so schnell, so bald w. möglich; er ging w. immer früh zu Bett; w. gesagt[,] habe ich keine Zeit; w. du siehst, ist er noch da; klug w. er war, fand er sich bald zurecht. 2. /schließt zur Veranschaulichung ein od. mehrere Beispiele an/: ein Haustier w. Pferd, Schwein, Rind. 3. /tritt an Stelle von *und*/: Junge w. Alte nahmen teil; das Haus ist außen w. innen renoviert. 4. /schließt eine nähere Erläuterung (Apposition) an/: ein Mann w. er; in einer Zeit w. der unsrigen/w. die unsrige; Menschen wie du und ich. 5. /in Aussagesätzen/: sie spürte, w. sie errötete; er sah, w. sie aus dem Haus kam. 6. /temporal/: w. ich an seinem Fenster vorbeigehe, höre ich ihn singen; das sah ich sofort, w. (ugs. landsch.; *als*) ich ins Haus kam.

wieder ⟨Adverb⟩ 1. *erneut; noch einmal:* nicht, nie, bald, immer [und immer] w.; w. und [immer] w.; w. ist ein Jahr vergangen; er hat w. nach dir gefragt; schon w.?; da wären wir w. [einmal] (ugs.); wir wollten w. mal/mal w. ins Kino; wie heißt er w. (ugs.: *noch*)?; er wäre gern mitgegangen, aber auch w. nicht. 2. */drückt die Rückkehr in den früheren Zustand o. ä. aus/:* er hat sich w. erholt, ist w. gesund; er wurde bald w. freigelassen.

Wiederaufnahme, die: *das Wiederaufnehmen:* die W. der Arbeit; die W. der Verhandlungen, von diplomatischen Beziehungen; R e c h t s w.: er hat W. des Verfahrens beantragt.

wiederaufnehmen ⟨etwas w.⟩: *erneut beginnen:* die Arbeit, das Studium, ein Gespräch, ein Gerichtsverfahren w.; einen Gedanken w. *(darauf zurückkommen);* die abgebrochenen Verhandlungen wurden wiederaufgenommen.

wiederbeleben ⟨jmdn. w.⟩: *ins Leben zurückrufen:* einen Ertrunkenen [durch künstliche Atmung] w.; ü b e r t r.: alte Bräuche w.

Wiedergabe, die: **a)** *das Wiedergeben:* eine genaue, detaillierte, verzerrte, unvollständige, wörtliche W. einer Rede. **b)** *Darbietung:* der Künstler bot eine ausgezeichnete, vollendete W. des Klavierkonzerts. **c)** *Reproduktion:* eine genaue, originalgetreue W. des Gemäldes, von Gemälden.

wiedergeben: 1. ⟨jmdm. etwas w.⟩ *zurückgeben:* jmdm. ein [geliehenes] Buch, sein Geld w.; übertr. (geh.): jmdm. die Freiheit w. **2.** ⟨etwas w.⟩ **a)** *wiederholen:* jmds. Rede, Äußerung [un]genau, nur bruchstückhaft w.; einen alten Text buchstabengetreu w. *(zitieren, abdrucken);* w., was vorgefallen ist; das läßt sich mit Worten gar nicht w. *(ausdrücken);* dieser Ausdruck läßt sich im Deutschen nur mit einem Nebensatz w. *(übersetzen).* **b)** *darbieten:* ein Lied eindrucksvoll w.; seine Erlebnisse in einem Reisebericht lebendig w.; dem Maler ist es gelungen, die idyllische Stimmung wiederzugeben.

wiederherstellen ⟨etwas w.⟩: **a)** *etwas wieder aufbauen, restaurieren:* die barocke Fassade, ein Kunstwerk w.; das ausgebrannte Rathaus soll im ursprünglichen Stil wiederhergestellt werden. **b)** *etwas wieder in Ordnung, in den früheren Zustand bringen:* die Sicherheit des Staates, Ruhe und Ordnung, die alten Beziehungen, Kontakte w.; jmds. Gesundheit, die Sehkraft der Augen w.; übertr.: er ist von seiner Krankheit noch nicht ganz wiederhergestellt *(genesen).*

¹wiederholen ⟨sich (Dativ) etwas w.⟩: *sich etwas zurückholen:* sich verliehene Bücher, Gegenstände w.; ⟨auch ohne Dat.⟩ er sprang über den Zaun, um den Ball wiederzuholen; übertr.: er hat sich den Titel wiedergeholt.

²wiederholen: 1. **a)** ⟨etwas w.⟩ *nochmals sagen:* etwas kurz, Wort für Wort, deutlich, mit Nachdruck w.; eine Frage, Antwort, sein Angebot w.; ich kann nur w., was ich bereits gesagt habe; ich kann nur w., daß ich nichts davon weiß. **b)** ⟨sich w.⟩ *bereits Gesagtes noch einmal sagen:* der Redner wiederholte sich mehrmals; du wiederholst dich *(das hast du schon einmal gesagt).* **2.** ⟨etwas w.⟩ *dem Gedächtnis von neuem einprägen:* die Schüler wiederholen Vokabeln. **3.** ⟨etwas w.⟩ *etwas Geschehenes nochmals geschehen, vor sich gehen lassen:* eine Sendung, ein Experiment w.; das Spiel, die Wahl muß wiederholt werden; die Firma konnte ihren Vorjahreserfolg w.; der Schüler muß die Klasse w. *(nochmals durchlaufen).* **4.** ⟨etwas wiederholt sich⟩ **a)** *etwas kehrt immer wieder:* das Muster wiederholt sich später; die Figuren wiederholen sich. **b)** *etwas geht nochmals vor sich:* der Vorgang wiederholt sich ständig; das kann sich täglich, jederzeit w.; so eine Katastrophe darf sich niemals w.

wiederholt: *mehrmalig; immer wieder* auch wiederholte Beschwerden nutzen nichts; trotz wiederholter Aufforderung; ich habe w./zum wiederholten Male darauf hingewiesen, daß ...

wiederkehren: a) *zurückkehren:* von einer Reise w.; er ist nicht mehr [von der Expedition, aus dem Krieg] wiedergekehrt. **b)** ⟨etwas kehrt wieder⟩ *etwas erscheint wieder, wiederholt sich:* so eine günstige Gelegenheit kehrt nicht wieder; ein ständig wiederkehrender Vorwurf.

wiederkommen: a) *wiederkehren:* ich werde morgen w.; du brauchst nicht mehr wiederzukommen. **b)** ⟨etwas kommt wieder⟩ *etwas erscheint wieder:* der Ausschlag kommt immer wieder; so eine Gelegenheit kommt nicht wieder.

wiedersehen ⟨jmdn., etwas w.⟩: *wieder begegnen:* jmdn. nach langer Zeit w.; ich möchte meine Heimat, meine Eltern einmal w.; wann sehen wir uns wieder?; das Geld wirst du nicht mehr w. (ugs.; *zurückbekommen*); subst.: ein frohes Wiedersehen feiern; auf Wiedersehen! /Grußformel/.

Wiege, die: *Kinderbett:* eine W. für das Baby; das Kind in die W. legen; übertr.: die W. der Menschheit, der abendländischen Kultur; Mainz ist die W. *(Geburtsstätte)* der Buchdruckerkunst. ∗ (ugs.:) *etwas ist jmdm. [auch] nicht an der Wiege gesungen worden (etwas widerfährt jmdm. ganz unerwartet)* · *etwas ist jmdm. in die Wiege gelegt worden (etwas ist jmdm. angeboren)* · *(meist scherzh.:) von der Wiege bis zur Bahre (das ganze Leben hindurch).*

¹wiegen: 1. ⟨jmdn., sich, etwas w.⟩ *das Gewicht bestimmen:* Kartoffeln, das Fleisch, das Gepäck w.; jeder Boxer wird vor dem Kampf gewogen; sich regelmäßig w.; ⟨auch ohne Akk.⟩ die Verkäuferin hat knapp, kleinlich, großzügig gewogen. **2.** ⟨etwas w.⟩ *ein bestimmtes Gewicht haben:* etwas wiegt viel, zuviel, drei Pfund; wieviel wiegst du?; er wog damals fast zwei Zentner; (geh.:) ⟨mit Artangabe, ohne Akk.⟩ die Tasche wog *(war)* schwer, leicht; übertr.: diese Einwände, seine Worte wiegen schwer *(haben großes Gewicht).*

²wiegen: 1. ⟨jmdn., sich, etwas w.⟩ *schwingend hin und her bewegen:* das Kind [in der Wiege, in den Armen] w.; sie wiegte das Baby in den Schlaf *(brachte es durch Wiegen zum Schlafen);* der Wind wiegt die Ähren; skeptisch wiegte er seinen Kopf hin und her; mit wiegenden Schritten gehen. **2.** ⟨sich w.; mit Umstandsangabe⟩ *schwingende Bewegungen ausführen:* die Boote wiegen sich auf den Wellen; sie wiegte sich in den Hüften, im Rhythmus der Musik; die Halme wiegten sich im Wind; übertr.: sich in Sicherheit w.; sich in der Hoffnung w., daß ... **3.** ⟨etwas w.⟩ *zerkleinern:* Petersilie w.; gewiegte Zwiebeln.

wiehern: *ein Wiehern hören lassen:* die Pferde wieherten; übertr. (ugs.): er wieherte [laut] *(lachte sehr laut)* über den Witz, vor Vergnügen; es gab ein wieherndes *(lautes)* Gelächter. ∗ *etwas ist zum Wiehern (etwas ist zum Lachen).*

Wiese, die: *grasbewachsene Fläche:* eine grüne, saftige, blühende, sumpfige, schattige W.; Wiesen und Wälder; sie ist feucht, naß; eine W. mähen; auf einer W. liegen, spielen. ∗ *auf der grünen Wiese (vor der Stadt; in freiem, noch unbebautem Gelände):* es entstehen immer mehr Supermärkte auf der grünen W.

wieso ⟨Adverb⟩: *aus welchem Grunde denn?:* w. geht das Licht aus?; w. weißt nicht w., er dazu kommt; w. [denn]?; ⟨leitet einen Relativsatz ein⟩ nenne mir den Grund, w. es so gekommen ist.

wieviel ⟨Interrogativadverb⟩: *welche Menge, Anzahl?:* w. Einwohner hat die Stadt?; w. Uhr ist es?; w. wiegst du?; w. bin ich dir schuldig?; ich weiß nicht, w. das kostet; w. er auch *(gleichgültig, wieviel er)* verdient, er ist nie zufrieden; w. schöner ist das Leben, wenn ...

wievielte: *der wievielte Besucher, Kunde war er?; zum wievielten Male?; am wievielten Juli?; subst.: der Wievielte (wievielte Tag des Monats) ist heute?*

wild: 1. **a)** *in der Natur, im Naturzustand [vorkommend]; nicht kultiviert:* wilde, w. lebende Tiere; wilde Tauben; eine wilde Schlucht; ein

wilder Gebirgsbach; wilder Wein; eine wilde Bande; wilde Völker, Stämme; eine wilde Mähne; das Haar hängt ihr w. ins Gesicht; w. wucherndes Unkraut; die Trauben wachsen w. **b)** *unkontrolliert [sich entwickelnd]:* wildes *(wucherndes)* Fleisch; die wilden Triebe abschneiden; ein wilder Handel, Streik; wildes Parken; w. zelten, bauen. **2. a)** *ungestüm, ungebändigt, stürmisch:* das wilde Meer; eine wilde Schlacht, Verfolgungsjagd; ein wilder Kampf; eine wilde Zeit, Party; ein wildes Kind; eine wilde Phantasie, Leidenschaft; in wildem Zorn; w. (ugs.; *fest*) entschlossen; w. drauflosstürmen; es ging alles w. *(heftig)* durcheinander; die Sachen w. *(wüst)* durcheinanderwerfen; ⟨w. auf jmdn., auf etwas sein⟩ er ist ganz w. auf sie *(begehrt sie heftig).* **b)** *böse, wütend:* mit wilden Blicken; wilde Augen machen; wilde Verwünschungen, Drohungen, Flüche ausstoßen; er wurde ganz w. (ugs.); ⟨jmdn. w. machen⟩ eine solche Ausrede macht mich w.; subst.: wie ein Wilder toben, schreien. **c)** *maßlos, übertrieben:* wilde Gerüchte, Behauptungen, Anschuldigungen; es wurde w. herumspekuliert. * (ugs.:) **etwas ist halb so/nicht so wild** *(etwas ist nicht so schlimm, gefährlich)* · (ugs.:) **wie wild** *(mit äußerster Heftigkeit, Intensität):* sie tanzte, fotografierte wie w.
Wild, das: **a)** *Gesamtheit der jagdbaren Tiere:* ein Stück W.; das W. sucht Futter, wechselt das Revier; das W. schonen, füttern, jagen, locken, beschleichen, erlegen; auf W. schießen. **b)** *zum Wild gehörendes Tier:* scheues W.; wie ein gehetztes W. davonlaufen. **c)** *Fleisch vom Wild:* heute gibt es W. [zu essen]; gerne W. essen.
Wildnis, die: *nicht kultiviertes Land:* eine undurchdringliche W.; in der W. leben; der Garten ist die reinste W. *(ist verwahrlost).*
Wille, der: *das Wollen; Entschlußkraft; Absicht:* ein fester, eiserner, starker, unbändiger, unbeugsamer, entschlossener, schwacher, schwankender W.; der W. des Volkes zum Frieden; der W. zur Macht; es war der W. des Verstorbenen; das ist Gottes unerforschlicher W.; der gute W. allein reicht nicht aus; es war mein freier W., diese Arbeit zu machen; es ist kein böser W. von mir, wenn ...; guten Willen zeigen; er hat seinen eigenen Willen *(ist sehr willensstark);* den guten Willen für die Tat nehmen; jmds. Willen beeinflussen, lenken, lähmen, brechen, beugen; laß ihm seinen Willen; er soll seinen Willen haben *(soll das tun, haben, was er unbedingt will);* seinen Willen durchsetzen wollen; jmdm. seinen Willen aufzwingen [wollen]; er hat den festen Willen *(ist fest entschlossen),* sich zu ändern; einem fremden Willen gehorchen; sich dem Willen der Eltern beugen; die Festigkeit, Stärke, Schwäche des Willens; [voll] guten Willens sein *(bemüht sein, die Erwartungen zu erfüllen);* an gutem Willen *(an der Bereitschaft, dem Sichbemühen)* hat es nicht gefehlt; auf seinem Willen bestehen, beharren; etwas aus freiem Willen tun; das ist beim besten Willen nicht möglich; bei/mit einigem guten Willen geht es; das geschah gegen/(geh.:) wider meinen Willen, ohne [Wissen und] Willen seines Vaters; es steht in deinem Willen, das zu tun; etwas mit Willen *(absichtlich)* tun; nach dem Willen der Mehrheit; R: wo ein W. ist, ist auch ein Weg.

* **der Letzte Wille** *(Testament)* · **wider Willen** *(ungewollt, unbeabsichtigt)* · **jmdm. zu Willen sein** *(sich jmdm. unterwerfen, hingeben).*
willen (in der Verbindung) um jmds., einer Sache willen: *wegen; im Interesse von:* um der Kinder, um des [lieben] Friedens w.; etwas nicht um seiner selbst w. tun.
willenlos: *ohne eigenen Willen:* ein willenloses Werkzeug von jmdm. sein; völlig w. sein; jmdm. w. ausgeliefert sein.
willens (in der Verbindung) willens sein ⟨mit Infinitiv mit *zu*⟩: *gewillt sein, etwas zu tun;* er war durchaus w., sich zu ändern; ich bin nicht w. mitzumachen.
willkommen: *angenehm; gern gesehen:* ein willkommener Gast; ein willkommener Anlaß zum Feiern; eine willkommene Gelegenheit, Abwechslung; /Begrüßungsformeln/: [seid] w.!; herzlich w.!; w. bei uns, in der Heimat, zu Hause!; ⟨jmdm. w. sein⟩ Sie sind uns jederzeit w.; das Angebot war ihr sehr w. * **jmdn. willkommen heißen** *(jmdn. begrüßen).*
Willkür, die: *selbstherrliches Verhalten:* absolutistische, brutale W.; das ist reine W.; überall herrscht W.; die W. bekämpfen; der W. des Vorgesetzten ausgeliefert, preisgegeben sein; hier ist der W. Tür und Tor geöffnet.
willkürlich: *selbstherrlich, eigenmächtig:* willkürliche Maßnahmen, Änderungen; die Auswahl war ganz w. *(nicht systematisch; zufällig);* etwas w. festlegen, anordnen.
wimmeln ⟨etwas wimmelt von jmdm., von etwas⟩: *etwas ist voll, erfüllt in einer sich rasch, lebhaft durcheinanderbewegenden Menge:* die Straße wimmelt von Menschen/auf der Straße wimmelt es von Menschen; hier wimmelt es von Ameisen; die Arbeit wimmelt von Fehlern.
wimmern: *einen wimmernden Laut von sich geben:* vor Schmerzen w.; das kranke Kind wimmerte jämmerlich, kläglich vor sich hin; subst.: man hörte ein leises Wimmern.
Wimper, die: *Haar am Augenlid:* lange, gebogene, seidige, dichte, helle, künstliche, falsche Wimpern; die Wimpern senken; die Wimpern bürsten, schwärzen, färben; sich die Wimpern [mit Mascara] tuschen; (scherzh.:) mit den Wimpern klimpern; mir ist eine W. ins Auge geraten. * **nicht mit der/mit keiner Wimper zucken** *(keine Reaktion, Betroffenheit zeigen)* · (ugs.:) **ohne mit der Wimper zu zucken** *(kaltblütig, ohne zu zögern).*
Wind, der: **1.** *starke Luftbewegung:* ein heftiger, stürmischer, starker, kühler, eisiger, kalter, lauer, warmer, sanfter, linder, steifer (nordd.), schneidender, böiger, [un]günstiger, widriger W.; Meteor.: auffrischende Winde aus Ost · W. und Wasser, W. und Wellen/Wogen; der W. weht, bläst, braust, pfeift, heult uns Haus, kommt von Osten; ein leichter W. kommt auf; der W. dreht sich, legt sich, flaut ab; der W. bringt Regen, verjagt die Wolken; R: daher weht [also] der W.!; wer W. sät, wird Sturm ernten · auf günstigen W. warten; gegen den W. ankämpfen; gegen den W. segeln, kreuzen; die Mannschaft spielt mit dem W., hat den W. im Rücken; Segelsport: [hart] am Winde, mit hohem, vollem Winde, vor dem Winde segeln. **2.** *Blähung:* ihm ging ein W. ab; er ließ einen W. fahren (ugs.), streichen (ugs.).

* (ugs.:) **ein anderer/scharfer/schärferer Wind weht** [jetzt] *(irgendwo werden [jetzt] andere, strengere Methoden angewandt)* · *(ugs.:)* **wissen/merken, woher der Wind weht** *(wissen/merken, was gespielt wird, was vor sich geht)* · **wie der Wind** *(sehr schnell)* (ugs.:) **Wind machen** *(übertreiben; prahlen)* · *(ugs.:)* **viel Wind um etwas machen** *(großes Aufheben von etwas machen)* · *(ugs.:)* **Wind von etwas bekommen/haben** *(etwas, was man eigentlich nicht wissen sollte, doch erfahren)* · **jmdm. den Wind aus den Segeln nehmen** *(jmdm. den Grund für sein Vorgehen oder die Voraussetzungen für seine Argumente nehmen)* · **sich** (Dativ) **den Wind um die Nase wehen, um die Ohren wehen/pfeifen lassen** *(die Welt und das Leben kennenlernen)* · **bei/**(seltener:) **in Wind und Wetter** *(auch bei schlechtem Wetter)* · *(ugs.:)* **etwas in den Wind schlagen** *(etwas Gutgemeintes nicht beachten)* · **in den Wind reden** *(reden, ohne daß man Gehör findet)* · **in alle Winde** *(überallhin).*

Windel, die: *Tuch, in das ein Säugling gewickelt wird:* weiche, frische, nasse Windeln; eine W. aus Stoff; eine [Packung Windeln; [dem Baby] die Windeln wechseln; [die] Windeln waschen; das Kind in Windeln legen, wickeln; damals lagst du noch in [den] Windeln *(warst du noch ein Baby).* *etwas ist/steckt/liegt noch in den Windeln *(etwas ist noch im Anfangsstadium).*

winden: 1. (geh.) **a)** ⟨etwas w.; mit Raumangabe⟩ *durch Flechten in etwas befestigen:* Blumen in einen Kranz, zwischen die Zweige w.; ⟨jmdm., sich etwas w.; mit Raumangabe⟩ dem Mädchen Schleifen ins Haar w. **b)** ⟨etwas zu etwas w.⟩ *durch Flechten zu etwas machen:* Blumen zu Kränze w. **c)** ⟨etwas w.⟩ *durch Flechten herstellen:* bunte Girlanden w.; aus Blumen Kränze w. **2.** (geh.) **a)** ⟨etwas um jmdn., um etwas w.⟩ *etwas um etwas legen, binden, um jmdn. schlingen:* ein Band um das Buch w.; die Arme um die Mutter w.; ⟨jmdm., sich etwas um etwas w.⟩ er wand sich eine Schärpe um den Bauch. **b)** ⟨jmdm. jmdn., etwas aus etwas w.⟩ *jmdm. etwas entwinden:* dem Angreifer den Stock, die Waffe aus den Händen w.; sie wanden der weinenden Mutter das Kind aus den Armen. **3. a)** ⟨sich w.⟩ *sich schlangenartig fortbewegen:* der Wurm windet sich; die Schlange windet sich [im Sand]. **b)** ⟨sich w.; mit Umstandsangabe⟩ *sich krümmen:* er windet sich wie ein Aal, wie eine Schlange; sich in Krämpfen w.; er wand sich vor Magenschmerzen; ⟨häufig im 2. Partizip⟩ *gekünstelt, umständlich:* gewundene Sätze; sich gewunden ausdrücken. **b)** ⟨sich w.; mit Raumangabe⟩ *sich irgendwohin schlängeln:* er wand sich durch die Menge; ein Pfad windet sich in die Höhe; ein gewundener Flußlauf.

Windeseile ⟨in der Verbindung⟩ in/(seltener:) mit Windeseile: *sehr schnell:* etwas verbreitet sich in/(seltener:) mit W.

windig: 1. *voll Wind:* ein windiger Tag; eine windige Ecke; es ist heute ziemlich w. **2.** (ugs.) *unsicher, unzuverlässig:* ein windiger Bursche; eine windige Firma; das ist eine windige *(haltlose)* Ausrede; damit sieht es sehr w. aus.

Windmühle, die: *Mühle mit großen Flügeln, die durch den Wind getrieben werden:* eine alte, holländische W. * **gegen/**(auch:) **mit Windmühlen kämpfen** *(einen aussichtslosen Kampf führen).*

Wink, der: *Zeichen, Hinweis:* ein heimlicher, kurzer, kleiner, deutlicher, unmißverständlicher, stummer W.; ein W. mit den Augen; jmdm. einen leisen W. geben, etwas zu tun; jmds. W. verstehen, befolgen, nicht bemerken; er bekam einen W. von oben *(eine Andeutung von höherer Stelle);* auf ihren W. hin kam der Kellner herbeigeeilt; übertr.: ein W. des Schicksals *(ein Ereignis, das als Warnung aufgefaßt wird).* * **ein Wink mit dem Zaunpfahl** *(eine sehr deutliche Anspielung):* der Hinweis war ein W. mit dem Zaunpfahl.

Winkel, der: **1.** (Math.) *geometrisches Gebilde aus zwei sich schneidenden Geraden:* ein spitzer *(weniger als 90° betragender)* rechter *(90° betragender),* stumpfer *(zwischen 90° und 180° liegender)* W.; der Scheitel[punkt], die Schenkel eines Winkels; die beiden Linien bilden einen W. von 75°, schneiden sich in einem W. von 75°; an dieser Stelle zweigt die Straße in scharfem W. nach Norden ab. **2.** *Ecke in einem Raum:* in einem W. des Zimmers stand ein Sessel; etwas in allen Ecken und Winkeln suchen. **3.** *abgelegene Stelle:* ein stiller, malerischer, verträumter, romantischer W. der Stadt; übertr.: im verborgensten, tiefsten, letzten W. des Herzens. * **toter Winkel** *(Gesichtswinkel, aus dem heraus etwas Bestimmtes nicht wahrgenommen werden kann).*

wink[e]lig: *viele Winkel habend; eng:* winkelige Dörfer, Gassen; das Atelier war schräg und w.; die Altstadt ist furchtbar w.

winken: 1. a) *mit bestimmten Bewegungen etwas ausdrücken:* freundlich, leutselig, mit der Hand, zum Abschied w.; die Kinder standen am Straßenrand und winkten mit Fähnchen; ⟨jmdm. w.⟩ sie winkte ihm mit einem Taschentuch. **b)** ⟨jmdm. etwas w.⟩ *durch Winken befehlen:* er winkte ihr, sie solle schweigen. **c)** ⟨jmdn., einer Sache⟩ *durch eine Handbewegung herbeirufen:* dem Kellner, einem Taxi w. **d)** ⟨jmdn. w.; mit Raumangabe⟩ *jmdn. durch Winken veranlassen, irgendwohin zu gehen:* er winkte ihn zu sich. **e)** ⟨etwas w.⟩ *durch Winken [mit einer Fahne] anzeigen:* auf Wiedersehen w.; der Linienrichter winkte Abseits. **2.** ⟨jmdm. winkt etwas⟩ *jmd. kann etwas erwarten; jmd. bekommt etwas:* dem Sieger winken wertvolle Preise; dort winkt ihm höheres Einkommen, großer Gewinn, ein Abenteuer; ⟨ohne Dat.⟩ es winken 30% Gewinn.

winseln: 1. *hohe, leise klagende Laute von sich geben:* der Hund winselte vor der Tür. **2.** ⟨um etwas w.⟩ *in unwürdiger Weise um etwas flehen:* um Gnade, Hilfe, um sein Leben w.

Winter, der: *Jahreszeit zwischen Herbst und Frühling:* ein kalter, harter, strenger, eisiger, rauher, langer, schneereicher, milder W.; es wird, ist W.; der W. kommt, dauert lange; ich bin schon den dritten W. hier; die Freuden, Schrecken des Winters; W. für W. *(jedes Jahr im Winter)* fliegt sie nach Mallorca; gut durch den W. kommen; im W. verreisen wir; ich bleibe im W., den W. über, über den W., während des Winters da.

winterlich: *dem Winter entsprechend:* eine winterliche *(verschneite)* Landschaft; heute herrschen winterliche Temperaturen; winterliche *(warme)* Kleidung anziehen; es ist, wird schon sehr w.; w. gekleidet sein.

winzig: *sehr klein:* ein winziges Zimmer; eine

winzige Menge; ein winziger Bruchteil; ein w. *(sehr) kleines Tier;* es ist w. wie ein Staubteilchen; aus der Ferne sieht die Kirche w. aus.

Wipfel, der: *Spitze eines Baumes:* hohe, spitze, noch unbelaubte, schwankende W.; der Wind rauscht in den Wipfeln.

wippen: a) *auf einer Wippe, einer federnden Unterlage schaukeln, auf und ab schwingen:* das Baby auf seinen Knien w. lassen; die Kinder wippen [auf der Wippe]. **b)** ⟨etwas wippt⟩ *etwas gerät in auf und ab, hin und her schwingende Bewegung:* ihre Locken, die Federn auf dem Hut wippten. **c)** ⟨mit etwas w.⟩ *etwas auf und ab, hin und her bewegen, schwingen lassen:* mit dem Fuß, mit der Schuhspitze w.; der Vogel wippt mit dem Schwanz. **d)** ⟨mit Umstandsangabe⟩ *sich federnd auf und ab bewegen:* auf den Zehen, in den Knien w.; er wippte auf und nieder.

wir ⟨Personalpronomen; 1. Pers. Pl. Nom.⟩: **1.** /steht für mehrere Personen, zu denen die eigene gehört/: w. essen gerade; w. bleiben zu Hause; w. beide; w. Deutschen/(veraltend:) Deutsche. **2.** (fam.) /in vertraulicher Anrede, bes. gegenüber Kindern und Patienten/ *du, ihr, Sie:* was haben w. denn da?; das wollen w. schön sein lassen.

Wirbel, der: **1. a)** *schnelle Drehbewegung:* der Strom hat starke, gefährliche W.; der Rauch stieg in dichten Wirbeln auf; sie beendete den Tanz mit einem wilden W.; ü b e r t r. (geh.): sich nicht im W. der Gefühle, Leidenschaften forttreiben lassen. **b)** *großes Aufsehen; Trubel:* seine Äußerung verursachte einen großen W.; es wird einen furchtbaren W. geben; um jmdn., um etwas [einen] W. machen. **2.** *Knochen der Wirbelsäule:* der fünfte W. ist gebrochen, beschädigt; ich habe mir den W. verletzt. **3.** *Haarwirbel:* er hat, das Haar bildet einen starken W. **4.** *Trommelwirbel:* einen W. schlagen; sie empfingen ihn mit einem dumpfen W. **5.** *drehbarer Griff:* zum Stimmen der Geige dreht man den W.

wirbeln: 1. a) ⟨etwas wirbelt⟩ *etwas bewegt sich schnell in kreisender Bewegung:* die Schiffsschraube begann zu w.; die Schneeflocken wirbelten immer dichter; die Absätze der Tänzerin wirbelten. **b)** ⟨mit Raumangabe⟩ *sich in kreisender Bewegung schnell irgendwohin, von irgendwoher bewegen:* die Flocken wirbeln durch die Luft; der Rauch wirbelt aus dem Schornstein; die Tänzer wirbeln über die Bühne. **c)** ⟨jmdn., etwas w.; mit Raumangabe⟩ *in schneller Drehung bewegen:* der Wind wirbelte die trockenen Blätter in, durch die Luft; er wirbelte seine Partnerin über die Tanzfläche. **2.** *einen Wirbel ertönen lassen:* die Trommler begannen zu w.; die Trommel wirbelt.

wirken: 1. ⟨mit Umstandsangabe⟩ *tätig sein, arbeiten:* der Arzt hat lange in diesem Dorf gewirkt; an einer Schule als Lehrer w.; für ein bestimmtes Ziel w.; s u b s t.: auf ein langes, segensreiches Wirken zurückblicken. **2.** (geh.) ⟨etwas w.⟩ *leisten, hervorbringen:* Gutes w.; der Messias hat viele Wunder gewirkt. **3.** ⟨etwas wirkt; gewöhnlich mit Artangabe⟩ *etwas hat eine Wirkung:* die Arznei wirkt [gut, schlecht, gar nicht]; der Sturm wirkte verheerend; sein Zuspruch wirkte beruhigend, ermunternd auf ihn; sich nahe das Bild auf mich w. lassen; es hat gewirkt! *(es war wirkungsvoll);* bei ihm hat es nicht gewirkt *(hat*

keine Verhaltensänderung bewirkt). **4.** ⟨mit Artangabe⟩ *einen bestimmten Eindruck hervorrufen:* er wirkt lächerlich; die Arbeit wirkt primitiv; sie wirkt, als ob ...; ein sympathisch wirkender Mensch. **5.** ⟨etwas wirkt; mit Raumangabe⟩ *etwas kommt irgendwo zur Geltung:* die Farbe, das Bild wirkt in diesem Zimmer nicht; das Muster wirkt nur aus der Nähe. **6.** (Handw.) ⟨etwas w.⟩ *auf bestimmte Weise aus Fäden herstellen:* Teppiche w.; mit der Hand gewirkte Stoffe.

wirklich: I. ⟨Adj.⟩ **a)** *in der Wirklichkeit vorhanden; tatsächlich.* Szenen aus dem wirklichen Leben; ist das der wirkliche *(richtige)* Name?; sich nicht w. dafür interessieren; Geschichten, die sich w. zugetragen haben. **b)** *echt:* ein wirklicher Freund; das war für mich eine wirkliche *(wirklich spürbare)* Hilfe. **II.** ⟨Adverb⟩ *in der Tat, bestimmt:* ich bin w. zufrieden; ich weiß w. nicht, wo er ist; sie tut mir w. und wahrhaftig leid; also w.! /Ausdruck der Kritik, Entrüstung/; er ist es w.

Wirklichkeit, die: *Realität, tatsächliche Lage:* die rauhe, harte, nackte, unabänderliche W.; die heutige, soziale, gesellschaftliche, politische W.; die graue W. des Alltags; der Traum wird zur W. übertraf alles, sieht ganz anders aus; die W. verklären, verfälschen, entstellen; kehren wir in die W. zurück; in W. *(wie sich die Dinge verhalten)* liegt die Sache so; sich mit der W. auseinandersetzen; keinen Bezug zur W. haben, den Bezug zur W. verloren haben.

wirksam: a) *mit Erfolg wirkend:* ein wirksames Medikament; wirksame Maßnahmen, Kontrollen; ein wirksamer Schutz; das Mittel ist sehr w.; alle Möglichkeiten w. ausschöpfen; jmds. Interessen w. vertreten. **b)** (Papierdt.) ⟨etwas wird w.⟩ *etwas tritt in Kraft, gilt:* die neuen Bestimmungen werden mit 1. Juli w.

Wirkung, die: *Reaktion, Folge:* eine nachhaltige, wohltuende, schnelle W.; die W. der Explosion war entsetzlich; die erhoffte W. blieb aus; er tat dies, ohne die gewünschte W. zu erzielen; die W. noch erhöhen; seine Ermahnungen hatten keine W., übten keine W. aus, verfehlten ihre W., ließen keine W. erkennen; das Medikament tat seine W.; [keine] W. zeigen *[nicht] erkennen lassen, daß etwas Auswirkungen hat);* diese Verfügung wird mit W. (Papierdt.) vom 1. Oktober, mit sofortiger W. ungültig; ohne W. bleiben; ich war über die W. jmdn., von seinen Worte überrascht; das Mittel kam zur W. *(wirkte);* zwischen Ursache und W. unterscheiden.

wirr: a) *ungeordnet:* wirre Haare; es herrschte ein wirres Durcheinander von Büchern und Zeitungen; die Haare hingen ihm w. ins Gesicht. **b)** *unklar, verwirrt:* wirre Gedanken; ein wirrer Traum, wirres Gekritzel; wirres Zeug reden; er sprach ziemlich w. ⟨jmdm. ist w.; mit Raumangabe⟩ mir ist ganz w. im Kopf.

Wirren, die ⟨Plural⟩ *ungeordnete Verhältnisse, Unruhen:* politische W.; durch die inneren W. ist das Land schwer bedroht; in den W. der Nachkriegszeit.

Wirrwarr, der: *großes Durcheinander:* es gab einen heillosen W.; in dem W. von Stimmen war er kaum zu verstehen; der *(das chaotische Zustände)* im Ministerium war unbeschreiblich.

Wirt, der: *Inhaber, Pächter einer Gaststätte:* ein

aufmerksamer, tüchtiger W.; der W. kocht hier selbst, begrüßte sie, bediente seine Gäste persönlich; der W. des, vom „Goldenen Löwen"; [den] W. spielen; beim W. bestellen, bezahlen.

Wirtschaft, die: **1.** *Volkswirtschaft:* die kapitalistische, sozialistische, einheimische W.; die freie W. *(auf freiem Wettbewerb und privater Aktivität beruhende Wirtschaftsform);* eine expandierende, stagnierende W.; die W. liegt danieder, wird von Krisen erschüttert; die W. ankurbeln, in Gang halten, [staatlich] lenken, ordnen, planen; sich in der W. betätigen. **2.** *Gaststätte:* er saß in der W.; in die W. gehen; in einer W. einkehren. **3.** *Landwirtschaft, kleines Gut:* er hat nur eine kleine W.; die Frau führt allein die W.; in der väterlichen W. arbeiten. **4.** *Haushalt, Hauswirtschaft:* sie führt ihrem Sohn die W.; eine eigene W. gründen (veraltet). **5.** (ugs.) *Durcheinander, Unordnung:* das ist eine schöne (iron.) W.!; was ist denn das für eine W.?; mir paßt diese W. sowieso nicht; diese W. muß aufhören.

wirtschaften: a) ⟨mit Artangabe⟩ *die gegebenen Mittel in bestimmter Weise einteilen:* gut, schlecht, zweckmäßig, sparsam, aus dem vollen, mit Gewinn w.; seine Frau muß mit dem Geld sehr genau w., um auszukommen; ⟨auch ohne Artangabe⟩ sie versteht zu w. **b)** (selten) ⟨etwas w.; mit Umstandsangabe⟩ *durch Wirtschaften in eine bestimmte Lage bringen:* er hat die Firma konkursreif, in den Ruin, den Hof zugrunde gewirtschaftet. **c)** ⟨mit Umstandsangabe⟩ *im Haushalt tätig sein:* in Küche und Keller, Haus und Hof w.; sie wirtschaftet mit großem Eifer.

wirtschaftlich: 1. *die Volkswirtschaft betreffend:* die wirtschaftliche und soziale Lage der Angestellten; wirtschaftliche Verhältnisse, Interessen, Erfolge, Probleme, Maßnahmen; du läßt dich nur von wirtschaftlichen Erwägungen leiten; es geht ihm w. gut, schlecht. **2.** *rationell; finanziell günstig:* ein wirtschaftliches Auto; eine wirtschaftliche *(sparsame)* Hausfrau; das Spülmittel ist im Verbrauch sehr w.; das ist nicht w. gedacht, gehandelt.

Wisch, der: *wertloses Blatt Papier, Schriftstück:* ich habe den W. weggeworfen; was steht auf diesem W.?

wischen: 1. a) ⟨etwas aus/von etwas w.⟩ *durch Abwischen entfernen:* die Krümel vom Tisch w.; sie wischte das Blut mit einem Tuch von seinem Gesicht; bildl.: er wischte ihre Bedenken, Sorgen einfach vom Tisch; ⟨jmdm., sich etwas aus, von etwas w.⟩ ich wischte mir den Schweiß von der Stirn, die Tränen aus den Augen. **b)** ⟨sich (Dativ) etwas w.⟩ *etwas abwischen, säubern:* er wischte sich den Mund, mit dem Taschentuch die Nase; sie wischte sich verstohlen die Augen. **2.** ⟨über etwas w.⟩ *eine Bewegung [mit der Hand] über etwas machen:* mit der Hand über den Tisch w.; ⟨sich (Dativ) über etwas w.⟩ er wischte sich mit dem Ärmel über die Stirn. **3.** ⟨etwas w.⟩ **a)** *mit feuchtem Tuch säubern:* den Boden, die Treppen w. **b)** *mit trockenem Tuch entfernen:* Staub w. **4.** ⟨mit Raumangabe⟩ *sich schnell bewegen:* der Hund wischte um die Ecke. * (ugs.:) **jmdm. eine wischen** *(jmdm. eine Ohrfeige geben).*

wispern: a) *flüstern:* die Kinder wisperten. **b)** ⟨etwas w.⟩ *leise sagen:* ich habe nicht verstanden,

was er wisperte; ⟨jmdm. etwas w.; mit Raumangabe⟩ er verstand nicht, was sie ihm ins Ohr wisperte.

wissen: 1. ⟨jmdn., etwas w.⟩: *Wissen, Kenntnisse haben; jmdn., etwas kennen:* etwas auswendig, genau, sicher, mit Sicherheit, bestimmt, nur ungefähr, im voraus w.; den Weg, die Lösung, jmds. Namen, Adresse w.; wissen Sie schon das Neueste?; das Schlimmste, (iron.:) Beste, Schönste weiß er noch gar nicht; viel, nichts von dem Vorfall w.; woher soll ich das w.?; was ich alles w. soll! *(ich soll immer alles wissen);* daß/damit du es nur weißt, mit uns ist es aus!; das hätte ich w. sollen, müssen; wenn ich das gewußt hätte ...; etwas aus zuverlässiger Quelle w.; R: was ich nicht weiß, macht mich nicht heiß · ich weiß ein gutes Lokal; er weiß es nicht anders *(er hat es nicht anders gelernt);* soviel ich weiß, wollte er kommen; ich weiß [mir] keinen anderen Rat/kein größeres Vergnügen als ...; ich weiß, was ich weiß *(ich bleibe bei meinem Standpunkt);* er weiß alles [besser]; er weiß, was er will *(er hat einen festen Willen);* ihr wißt auch nicht, was ihr wollt *(ihr seid so unentschlossen);* was weiß denn der! *(der weiß doch gar nichts!);* du mußt wissen *(dir im klaren sein),* was du zu tun hast; nicht w. *(unsicher, unentschlossen sein),* was man tun soll; ich wüßte nicht *(mir ist nicht bekannt),* daß er sich anders entschieden hätte; ich weiß, wovon ich rede *(ich kann mich auf Tatsachen stützen);* wenn ich nur wüßte, ob ...; jmdn. etwas w. lassen *(jmdm. etwas mitteilen);* ich möchte nicht w., wieviel Geld das alles gekostet hat *(das war alles sehr teuer);* das weiß alle Welt, jedes Kind *(jedermann);* das wissen die Götter/das weiß der liebe Himmel (ugs.; *das weiß ich nicht);* [das] weiß der Himmel, der Henker, Geier (ugs.; *ich weiß es nicht);* was weiß ich (ugs.; *das weiß ich nicht und das interessiert mich nicht);* weißt du was *(ich schlage vor),* wir fahren einfach dorthin; man kann nie w. *(kann nicht voraussehen),* wozu das gut ist; sie wollte w. *(sie wußte angeblich),* daß alles bereits entschieden sei; wer weiß, ob wir uns wiedersehen; ⟨auch ohne Akk.⟩ [ja] ich weiß [schon]; nicht daß ich wüßte *(mir ist nichts bekannt);* bei ihr weiß man nie *(sie ist unberechenbar);* weißt du noch?; „Kommt sie?" – „Wer weiß?" *(vielleicht);* „Wie ist es gelaufen?" – „Ich weiß nicht so recht." **2.** ⟨von/um etwas w.⟩ *über etwas unterrichtet, im Bilde sein:* ich weiß von seiner schwierigen Situation, um seine Nöte; von dieser/um diese Angelegenheit w. **3.** (geh.) **a)** ⟨jmdn., etwas w.; mit Umstandsangabe⟩ *jmdn., etwas in einer bestimmten Situation wissen:* jmdn. zu Hause, in guten Händen w.; Haus und Garten in guter Obhut w.; jmdn. gut versorgt, glücklich w. **b)** ⟨etwas w.; mit 2. Part.⟩ *sicher sein, daß etwas in bestimmter Weise behandelt wird:* eine Angelegenheit endlich erledigt w.; ich will diese Frage in der Weise, nur so verstanden w., daß ... **4.** ⟨mit Infinitiv mit *zu*⟩ *etwas zu tun verstehen:* sich zu benehmen, zu behaupten w.; etwas zu schätzen w.; er wußte wohl, das Leben zu genießen; sich zu helfen w.; mit jmdm. nichts anzufangen w.; er wußte zur *(konnte)* berichten ...; er weiß etwas aus sich, aus etwas zu machen. **5.** (ugs.) ⟨in bestimmten Ver-

bindungen als verstärkende floskelhafte Einschübe) so tun, als ob die Angelegenheit wer weiß was wie wichtig sei; er erzählte dies und was weiß ich/ich weiß nicht was noch alles. * **von jmdm., von etwas nichts [mehr] wissen wollen** *(an jmdm., an etwas kein Interesse [mehr] haben)* · *(ugs.:)* **es wissen wollen** *(bei etwas seine Fähigkeiten energisch unter Beweis stellen wollen)* · *(geh.:)* **sich mit jmdm. eins wissen** *(sich einig sein)* · *(ugs.:)* **wissen, wo jmdn. der Schuh drückt** *(Kenntnis davon haben, was jmdn. bedrückt)* · *(ugs.:)* **wissen, wo der Hund begraben liegt** *(den Kern einer Sache, die Ursache einer Schwierigkeit kennen)* · *(ugs.:)* **wissen, woher der Wind weht** *(wissen, was gespielt wird, was vor sich geht)* · **wissen, was die Uhr/die Glocke geschlagen hat** *(über etwas, was einem bevorsteht, schon Bescheid wissen)*.
Wissen, das: *umfangreiche Kenntnisse:* ein gründliches, reiches, umfangreiches, umfassendes W.; sein W. ist unerschöpflich, reicht dafür nicht aus; ihr W. um diese Dinge; R: W. ist Macht · ein großes W. haben, besitzen; aus dem Reichtum, Schatz seines Wissens schöpfen; meines Wissens *(soviel ich weiß)* ist es so; jmdn. mit W. *(bewußt)* benachteiligen; er tat es mit W. seiner Eltern *(seine Eltern wußten, daß er es tat)*; gegen [sein], wider besseres W. *(obwohl man weiß, daß es falsch ist);* etwas nach bestem W. und Gewissen tun; das geschah ohne mein W.
Wissenschaft, die: a) *Bereich der Forschung und deren Lehren:* die mathematische W.; reine, angewandte Wissenschaft[en]; exakte Wissenschaften *(Wissenschaften, deren Ergebnisse auf Messungen, mathematischen Beweisen beruhen);* die W. der Medizin, von den Fischen; Kunst und W.; die W. fördern, pflegen; der W. dienen; sich, sein Leben der W. widmen, weihen (geh.); er hat sich auf die W. geworfen (ugs.); in der W. tätig sein; übertr. (ugs.): die tägliche Ernährung ist fast schon eine W., ist eine W. für sich *(sehr kompliziert).* b) *Gesamtheit der Wissenschaftler:* die W. ist anderer Ansicht; Prominenz aus W. und Politik war vertreten.
wissenschaftlich: *der Wissenschaft entsprechend, zugehörig:* wissenschaftliches Denken, Arbeiten; wissenschaftliche Methoden, Untersuchungen, Forschungen, Ergebnisse; wissenschaftliche Bücher, Vorträge, Tagungen; der wissenschaftliche Nachwuchs; ist sie wissenschaftliche *(mit wissenschaftlichen Arbeiten beauftragte)* Hilfskraft; ein wissenschaftlicher Beirat; wissenschaftliche Literatur; der Zweck ist rein w.; w. arbeiten, tätig sein, geschult sein; diese Theorie ist w. nicht haltbar; das ist w. erwiesen.
wissentlich: *bewußt, absichtlich:* eine wissentliche Falschmeldung, Kränkung; w. in sein Unglück rennen.
wittern: 1. (Jägerspr.) ⟨[etwas] w.⟩ *[etwas] mit dem Geruchssinn wahrnehmen:* das Reh wittert; der Hund wittert Wild. 2. a) ⟨etwas w.⟩ *etwas vermuten, fürchten:* Gefahr, Unheil, Verrat, eine Falle w.; eine Möglichkeit, Chance, Sensation, ein Geschäft w. b) (ugs.) ⟨jmdn. in jmdm. w.⟩ *in jmdm. jmdn. vermuten:* in jmdm. einen möglichen Kunden, einen Feind w.
Witterung, die: 1. *Wetterlage:* eine kühle, warme, angenehme, feuchte, naßkalte, wech-

selnde W.; die W. schlägt um; allen Unbilden der W. trotzen; der W. ausgesetzt sein; bei jeder W. joggen; das hängt von der W. ab. 2. (Jägerspr.): a) *Geruchs-, Spürsinn:* das Tier, der Hund hat eine feine W. b) *Geruchsspur:* die W. [auf]nehmen; dem Hund W. geben; übertr.: er bekam W. von ihren Absichten.
Witz, der: 1. *Äußerung mit besonderer Pointe:* ein guter, schlechter, fauler, alberner, geistreicher, platter, politischer, ein-, zweideutiger, unanständiger, schmutziger (ugs.) W.; jüdische Witze; Witze über die Bayern; der W. ist [ur]alt; und was, wo ist jetzt der W. *(das eigentlich Witzige)* [dabei]?; Witze erzählen, reißen (ugs.), loslassen (ugs.); laß deine dreckigen (ugs.) Witze!; sie kann keine Witze erzählen; hast du den W. verstanden?; kennst du schon den neuesten W.?; sie machten ihre Witze mit dem alten Lehrer *(amüsierten sich auf seine Kosten);* über seine eigenen Witze lachen; übertr. (ugs.): das ist der [ganze] W. [bei der Sache] *(das ist alles);* das ist [ja] gerade der W. *(darauf kommt es an);* der W. *(das Komische, Erstaunliche, Wichtige)* daran ist, daß ...; der W. *(der Kern der Sache)* ist nämlich der, daß ...; das ist doch [wohl nur] ein [schlechter] W., soll wohl ein W. sein *(das ist doch nicht wahr, möglich);* das ist kein W. *(das ist wirklich wahr);* das Urteil war ein W. *(in keiner Weise angemessen);* ihr Aufzug war ein W. *(sehr seltsam, lächerlich);* etwas geradezu als W. *(paradox)* empfinden; sich mit jmdm. einen Witz *(Scherz)* erlauben; mach keine Witze! *(das ist nicht möglich!).* 2. *Geist; geistreiche Art; Verstand:* ein sprühender, beißender, scharfer W.; er hat viel W.; jmdm., einer Sache fehlt der W.; sein W. *(Spott)* macht vor niemandem, vor nichts halt; seinen W. zeigen (geh.), betätigen (geh.); eine mit W. und Laune, mit Geist und W. vorgebrachte Erzählung.
witzig: 1. *geistreich, humorvoll:* eine witzige Rede, Bemerkung; witzige Einfälle, Ideen; er ist sehr w.; deine Äußerung war alles andere als w.; etwas w. formulieren. 2. (ugs.) a) *merkwürdig:* eine witzige Sache; ein witziges Gefühl; das ist ja w. b) *einfallsreich:* witzige Musik; witzige Hosen.
wo: I. ⟨Adverb⟩ *an welcher Stelle:* 1. ⟨interrogativ⟩ wo warst du heute?; wo wohnt er?; wo ist er geboren?; wo können wir uns treffen?; wo [denn] sonst?; von wo ist er gekommen?; ich weiß nicht, wo er steckt; wo gibt's denn so was! (ugs.; *das ist ja unglaublich!).* 2. ⟨relativ⟩ a) ⟨lokal⟩ die Stelle, wo es passiert ist; überall, wo Menschen wohnen; bleib [da], wo du bist; paß auf, wo er hingeht!; wo immer er auch sein mag ... b) ⟨temporal⟩ in dem Augenblick, zu dem Zeitpunkt, wo ...; es kommt noch der Tag, wo er mich braucht. 3. (ugs.; hochsprachlich nicht korrekt) ⟨indefinit⟩ der Schlüssel wird doch wo *(irgendwo)* liegen; das Geschäft soll, muß hier wo sein. II. ⟨Konjunktion⟩ 1. (veraltend) ⟨konditional⟩ *wenn:* bei seinem Fleiß wird er dich erreichen, wo nicht übertreffen. 2. a) ⟨kausal⟩ *weil:* was wollt ihr verreisen, wo ihr [doch] zu Hause so schön habt. b) ⟨konzessiv⟩ *obwohl, während:* sie erklärte sich außerstande, wo sie [doch] nur keine Lust hatte.
woanders ⟨Adverb⟩: *an anderer Stelle:* w. wohnen; versuchen Sie es w.; mit seinen Gedanken w. *(nicht bei der Sache)* sein.

Woche, die: *Zeitraum von sieben Tagen, von Montag an gerechnet:* diese, die letzte, [über]nächste, vergangene, kommende W.; Sport: eine englische W. *(W. mit drei Meisterschaftsspielen* · die dritte W. des Monats; die W. vor, nach Pfingsten; die W. war sehr ruhig; Wochen und Monate vergingen; das Kind ist drei Wochen alt; ⟨Akk. als Zeitangabe⟩ drei Wochen [lang]; alle drei Wochen, jede dritte W. besuchte er sie · vor, nach drei Wochen; die W. über/in, während, (südd.:) unter der W. *(an den Wochentagen);* Mitte der W.; am Anfang der W.; zweimal die W./in der W. geht sie putzen; der W. wochen hinaus ausgebucht sein; heute vor/in drei Wochen; die Arbeit muß noch in dieser W. fertig werden; er wurde zu sechs Wochen Arrest verurteilt. * (veraltet:) **in die Wochen kommen** *(niederkommen)* · *(veraltet:)* **in den Wochen sein/liegen** *(im Kindbett liegen).*

Wochenende, das: *dienstfreie Zeit am Ende einer Woche:* ein langes, verlängertes W. *(W. mit zusätzlicher Freizeit, meist Feiertagen);* das W. in den Bergen verbringen; ich wünsche Ihnen ein angenehmes W.; an den Wochenenden fortfahren; über das W. verreist sein.

wöchentlich: *jede Woche:* wöchentliche Lieferung; die Zeitschrift erscheint w.; w. zweimal/zweimal w. zur Massage gehen.

Woge, die (geh.): *große Welle:* dunkle, stürmische, haushohe Wogen; Wind und Wogen; in den Wogen verschwinden; bildl.: die Wogen der Begeisterung gingen hoch, schlugen immer höher, glätteten sich allmählich.

wogen (geh.) ⟨etwas wogt⟩: *etwas bildet Wogen:* das Meer wogt, die Fluten wogen; wogende Wellen; die wogende See; bildl.: *sich hin und her bewegen:* die Ähren wogten im Wind; wogende Menschenmassen; mit wogendem Busen stürmte sie herein; zur Zeit wogt noch ein heftiger Kampf [hin und her]; es wogte in ihr *(sie war innerlich bewegt, erregt)* vor Empörung und Scham.

woher ⟨Adverb⟩: *von welcher Stelle, Richtung:* w. kommst, stammst du?; ich weiß nicht, w. er das hat; w. des Wegs? (geh.); ach w. [denn]/aber w.! /ugs.; verneint nachdrücklich eine vorangegangene Behauptung oder Frage/; ⟨leitet einen Relativsatz ein⟩ er soll wieder dorthin gehen, w. er gekommen ist.

wohin ⟨Adverb⟩: *in welche Richtung; an welchen Ort:* w. gehst du?; ich weiß noch nicht, w. ich im Urlaub fahren soll; w. des Wegs? (geh.); w. damit, mit dem Krempel? (ugs.; *was soll ich damit, mit dem Krempel machen?*); ⟨leitet einen Relativsatz ein⟩ ihr könnt gehen, w. ihr wollt.

wohl I. ⟨Adverb⟩: **1. a)** *(körperlich) gut, angenehm, behaglich:* mir ist nicht w.; sich nicht ganz w. fühlen; sich wieder w. befinden (geh.); am wohlsten fühle ich mich zu Hause; die Wärme tut mir sehr w.; laß dir's w. schmecken, w. ergehen; es sich w. sein lassen; jmdm. ist es w. ums Herz; mir ist nicht w. [zumute] bei dem Gedanken *(ich habe ein ungutes Gefühl dabei);* /in bestimmten formelhaften Verbindungen/ leben Sie/lebe w.!; gehab dich w.! (veralt.; noch scherzh.); schlaf w.!; w. bekomm's!; [ich] wünsche, w. geruht, gespeist zu haben (veraltet). **b)** *gut:* es ist alles w. geordnet; bedenke alles w.; du tust w. daran, wenn

...; ich weiß [sehr] w., bin mir w. bewußt, daß ...; das steht dir [nicht] w. an. **2.** ⟨in Verbindung mit *aber*⟩ *jedoch:* hier kommen diese Tiere nicht vor, w. aber in wärmeren Ländern. **3.** *zwar:* er sagte w., er wolle das tun, aber ich glaube ihm nicht; das wird w. gesagt, aber ... **4.** *etwa:* es waren w. 50 Leute. **5.** (geh. veraltend) */als Ausruf des Glücklichpreisens/:* w. dem, der ... **6.** (veraltend) */als bejahende Antwort auf eine Bitte/:* sehr w., mein Herr! **II.** ⟨Partikel; unbetont⟩ **1.** *vermutlich:* das wird w. so sein; sie wird w. kaum kommen; du hast w. zuviel Geld!; das wird w. das beste sein. **2.** */drückt eine Bekräftigung, Verstärkung aus/:* siehst du w.!; man wird doch w. fragen dürfen!; willst du w. hören! * **wohl oder übel** *(notgedrungen).*

Wohl, das: *Wohlbefinden:* das seelische, körperliche, leibliche W.; das öffentliche, allgemeine W. *(das Wohlergehen der Menschen);* das W. seiner Familie liegt ihm am Herzen; das W. des Staates liegt in seinen Händen; auf sein W. bedacht sein; auf jmds. W. trinken; das Glas leeren; /Trinksprüche/: auf dein/Ihr W.!; zum W.! · für das leibliche W. *(Essen und Trinken)* der Gäste sorgen; das geschah nur zu deinem W. * **Wohl und Wehe** *(Wohlergehen, Schicksal).*

Wohlgefallen, das: *Gefallen, Freude:* sein W. an etwas, an jmdm. finden, haben; etwas erregt, findet jmds. W.; etwas, w.; etwas W. betrachten. * (ugs.:) **etwas löst sich in Wohlgefallen auf: a)** *(etwas geht entzwei):* das Spielzeug löst sich in W. auf. **b)** *(etwas findet ein gutes Ende).*

wohlhabend: *begütert, reich:* ein wohlhabender Bürger; sie stammt aus einer wohlhabenden Familie; er ist sehr w.

Wohltat, die: *gute Tat:* jmdm. eine [große] W. erweisen; von jmdm. eine W. annehmen; kleine Wohltaten empfangen, genießen, austeilen; auf die Wohltaten anderer angewiesen sein; übertr.: *Angenehmes:* die W. eines Bades genießen; etwas als W. empfinden; bei der Hitze ist der Regen ein wahre W. für alle Lebewesen.

wohltätig: 1. (veraltend) *karitativ:* wohltätige Einrichtungen; eine wohltätige Veranstaltung; eine Sammlung für wohltätige Zwecke; w. sein, wirken. **2.** (geh. veraltend) *wohltuend:* einen wohltätigen Einfluß auf jmdn. ausüben.

wohltuend: *angenehm, erquickend:* eine wohltuende Stille, Kühle, Wärme; etwas als w. empfinden; es ist w. ruhig hier.

wohlweislich ⟨Adverb⟩: *aus gutem Grund:* etwas w. tun, unterlassen.

Wohlwollen, das: *Geneigtheit; wohlwollende Gesinnung:* väterliches W.; W. zeigen; jmds. W. genießen; jmdm. W. entgegenbringen, bekunden (geh.), bezeigen (geh.); sich jmds. W. erwerben, erobern, verscherzen; W. für jmdn. empfinden, hegen (geh.); jmdn., etwas mit W. behandeln, betrachten; jmd. ist w. angewiesen sein.

wohlwollend: *mit Wohlwollen:* wohlwollende Freundlichkeit, Gesinnung; wohlwollende Neutralität üben; eine Aufführung w. besprechen; jmdm. w. auf die Schulter klopfen; einer Sache w. gegenüberstehen; etwas w. prüfen.

wohnen ⟨mit Umstandsangabe⟩: *seine [ständige] Unterkunft haben:* in der Stadt, auf dem Land[e], im Grünen, am Waldrand, in einem Neubau, im

Nachbarhaus, in der Rheinstraße wohnen; wo wohnst du?; parterre, zwei Treppen höher, vierter (ugs.)/im vierten Stock, bei den Eltern, zur Miete, in Untermiete, möbliert, billig, primitiv, menschenunwürdig, komfortabel, schön w.; er wohnt außerhalb, am Ende der Welt (ugs.; *weit draußen*), drei Kilometer, nur zehn Minuten vom Büro entfernt; Tür an Tür, über/unter jmdm. w.; nur vorübergehend, für 14 Tage dort w.; hier läßt es sich gut, angenehm w.; in diesem Hotel wohnt man gut *(ist man gut untergebracht);* ü b e r t r. (geh.): in seinem Herzen wohnt der Wunsch, einmal dorthin zu kommen.

Wohnsitz, der: *Ort, wo man gemeldet ist und meist ständig wohnt:* erster, zweiter W.; sein ständiger W. ist München; er hat, nimmt seinen W. in München; den W. wechseln; keinen festen W. haben, ohne festen W. sein; seinen W. nach Köln verlegen.

Wohnung, die: *Einheit von Räumen als ständige Unterkunft:* die elterliche W.; eine komfortable, winzige, billige, teure, sonnige, helle, moderne, leerstehende, kalte, feuchte W.; eine W. mit drei Zimmern, Küche, Bad; eine W. in einem Neubau, mit allem Komfort; die W. ist für uns zu klein, ist verwohnt; die W. wird zum Jahresende frei, ist am 1. Juli beziehbar; die W. kostet 700 Mark monatlich; die W. liegt in der Innenstadt, weit draußen, im 3. Stock, zur Straße; die W. hat Südlage; eine W. suchen, finden, vermitteln, tauschen, [ver]mieten, beziehen, aufgeben, räumen, kündigen, übernehmen, wechseln; eine konspirative *(von einer Verschwörergruppe gemietete)* W. observieren, durchsuchen; jmdm. eine W. zuweisen; Wohnungen [für Kinderreiche] bauen; aus seiner W. ausziehen, rausmüssen (ugs.); sich nach einer größeren W. umsehen.

wölben: a) ⟨etwas w.⟩ *etwas bogenförmig anlegen:* die Saaldecke leicht w.; die Kuppel ist stark gewölbt; ⟨häufig im 2. Partizip⟩ eine gewölbte Decke, Halle; er hat eine hohe, gewölbte Stirn. **b)** ⟨etwas wölbt sich; mit Raumangabe⟩ *etwas erstreckt sich bogenförmig:* sich nach außen w.; eine Steinbrücke wölbt sich über den Fluß; ein prachtvoller Sternenhimmel wölbt sich über uns.

Wolf, der: **1.** */ein Raubtier/:* ein reißender W.; ein Rudel Wölfe; die Wölfe heulen; ein W. hat mehrere Schafe gerissen. **2.** *Fleischwolf:* Fleisch, Gemüse durch den W. drehen, im W. zerkleinern. * **ein Wolf im Schafspelz sein** *(ein Mensch mit sanftem Auftreten, aber von bösem Wesen sein)* · (ugs.:) **jmdn. durch den Wolf drehen** *(jmdn. hart herannehmen, ihm sehr zusetzen)* · **mit den Wölfen heulen** *(sich aus Opportunismus im Reden und Handeln der Mehrheit anschließen)* · **unter die Wölfe geraten [sein]** *(brutal behandelt werden).*

Wolke, die: *größere Ansammlung von Wassertropfen oder Eiskristallen:* helle, graue, schwarze, tiefhängende, dunkle, schwere Wolken; aus Westen ziehen dicke Wolken auf; die Wolken ballen sich, türmen sich, ziehen sich [am Horizont] zusammen, bringen Regen, regnen sich ab; die Wolken stehen, ziehen, zerteilen sich, jagen, rasen am Himmel; die Wolken haben sich wieder verzogen; der Wind [ver]jagt die Wolken; die Sonne brach durch die Wolken; die Bergspitzen verschwinden in den Wolken, sind in Wolken

[gehüllt]; über den Wolken fliegen; der Himmel ist mit/von Wolken verhangen, ist mit/von Wolken bedeckt; b i l d l : eine W. von Staub; eine W. von Parfum hinter sich herziehen; Wolken von Heuschrecken überfielen das Land; er qualmte dicke Wolken (ugs.; *er rauchte sehr stark);* sie war in Wolken von Tüll gehüllt; dunkle Wolken *(unheilvolle Ereignisse)* ziehen am politischen Horizont herauf; die Stimmung war von keinem Wölkchen getrübt. * **auf Wolken/in den Wolken/über den Wolken schweben** *(unrealistisch, ein Träumer sein)* sie schwebt meistens über den Wolken · **aus allen Wolken fallen** *(sehr überrascht, enttäuscht sein).*

Wolle, die: **a)** *Haare bestimmter Tiere:* W. von Schafen, Ziegen; die W. scheren, spinnen; ü b e r t r. (ugs.): er hat eine gewaltige W. auf dem Kopf, auf der Brust. **b)** *aus Wolle gesponnenes Garn:* feine, dicke, rote, melierte, reine W.; ein Strang, ein Knäuel W.; die W. kratzt; ein Pullover aus W. **c)** *aus Wolle hergestelltes Gewebe:* ein Mantel aus W.; der Stoff ist reine W. (ugs.; *aus reiner Wolle hergestellt).* * **in der Wolle gefärbt [sein]** *(ein überzeugter Vertreter von etwas [sein]):* er ist ein in der W. gefärbter Linker · (ugs.:) **[mit jmdm.] in die Wolle geraten/sich [mit jmdm.] in der Wolle haben/sich [mit jmdm.] in die Wolle kriegen** *(sich mit jmdm. zanken).*

wollen: I. ⟨Vollverb⟩ **a)** ⟨etwas w.⟩ *etwas wünschen, erstreben:* klare Verhältnisse w.; er will dein Bestes, dein Glück; sie weiß, was sie will; was wollen Sie eigentlich [von mir]?; bei ihm, dagegen ist nichts zu w. (ugs.; *nichts zu machen);* sie will, daß ich mitfahre; er wollte etwas von ihr (ugs.; *intime Beziehungen mit ihr);* diese Pflanzen wollen *(brauchen)* feuchten Boden; ⟨auch ohne Akk.⟩ du mußt nur w. *(den festen Willen haben);* wenn man so will *(man könnte es so einschätzen),* habe ich ...; wie du willst; es geht los, ob du willst oder nicht; er kann, wenn er will; R: wer nicht will, der hat schon. **b)** (ugs.) *die Absicht, den Wunsch haben, etwas zu tun:* wir wollen ans Meer, ins Gebirge *(dorthin fahren);* sie will zum Film *(will Filmschauspielerin werden);* nach Hause w. *(dorthin gehen, fahren wollen);* wollen Sie zu mir?; wollt ihr wohl/gleich/endlich! /Drohung/. **c)** ⟨im 2. Konjunktiv als Ausdruck eines irrealen Wunsches⟩ ich wollte, es wäre alles schon vorbei! **II.** ⟨Modalverb; mit Infinitiv⟩ *beabsichtigen, mögen:* teilnehmen, fahren, anrufen w.; alles allein machen, besser wissen w.; wohin willst du gehen?; na, dann wollen wir mal anfangen, an die Arbeit gehen (ugs.); das will ich dir [denn doch] geraten haben! *(laß dir das gesagt sein!);* ich will endgültig wissen, was hier gespielt wird; er will Ingenieur werden; nichts mit jmdm., mit etwas zu tun haben w.; nichts von jmdm. wissen w.; er wollte mich nicht mehr kennen; niemand will es jetzt gewesen sein; ich will nichts gesagt haben; das will ich nicht gehört, gesehen haben /eine Warnung/; ich will das gehört, gesehen haben /er behauptet, das gehört, gesehen zu haben);* ich wollte *(möchte)* Sie bitten, ob Sie ...; diese Sendung will aufklären *(dient der Aufklärung).* **b)** (veraltend) ⟨im 1. Konjunktiv⟩ /drückt einen Wunsch, eine höfliche Aufforderung aus/: wenn Sie das bitte beachten wollen; Sie wollen sich bitte morgen bei mir melden, einfinden. **c)** /hat nur umschreibende Funktion/: es will mir scheinen *(es scheint mir);* das will nicht viel sagen, bedeuten *(das sagt, bedeutet nicht viel);* das will mir nicht gefallen *(das gefällt mir nicht);* die Arbeit will mir nicht schmecken (ugs.; *gefällt mir nicht);* das will ich meinen, glauben /*Ausdruck der Zustimmung*/; es will mir nicht in den Kopf, Sinn *(ich kann nicht glauben),* daß ...; es will und will nicht regnen *(es besteht keine Aussicht auf den ersehnten Regen).* **3.** ⟨in Verbindung mit dem 2. Partizip mit *sein* oder *werden*⟩ *müssen:* dieser Schritt, diese Entscheidung will gut überlegt, nicht übereilt sein; so eine Sache will vorsichtig angefaßt, behandelt werden; Autofahren will gelernt sein. * (ugs.:) **jmdm. etwas wollen** *(etwas Übles gegen jmdn. im Sinne haben).*

Wonne, die: *Gefühl des höchsten Vergnügens:* die Wonnen der Liebe, des Glücks; das ist eine wahre W.; es ist eine W., ihn spielen zu sehen; es wäre mir eine W., ihm gehörig die Meinung zu sagen; etwas mit W. *(mit großem Vergnügen)* tun; die Kinder kreischten vor W.

Wort, das: **1.** *Einheit von Lautung und Inhalt:* ein kurzes, einsilbiges, einfaches, zusammengesetztes, deutsches, germanisches, veraltetes, schwieriges, unbekanntes, mehrdeutiges, unanständiges, treffendes W.; ein W. der Fachsprache, aus dem Englischen; das W. „Haus"; das W. ist ein Substantiv, ist aus dem Französischen entlehnt, ist unaussprechbar; bildl.: jmdm. liegt das W. auf der Zunge *(jmdm. will ein Ausdruck nicht sofort einfallen)* · ein W. buchstabieren, richtig schreiben, aussprechen, übersetzen, gebrauchen; die letzten Wörter verschlucken (ugs.; *unverständlich aussprechen);* Wörter her-, ableiten, [neu] prägen, lernen; bestimmte Wörter an-, durch-, unterstreichen; ein anderes W. dafür einsetzen, verwenden; die Bedeutung eines Wortes; einen Text W. für W. abschreiben; das ist im wahrsten, eigentlichen Sinne des Wortes/in des Wortes wahrster, eigenster Bedeutung *(das ist wirklich)* wunderbar; im eigentlichen Sinne des Wortes; 2 000 Mark, in Worten: zweitausend; mit einem W.: nein!; nach dem passenden W. suchen. **2.** *Äußerung, Ausspruch:* freundliche, freimütige, grobe, harte, scharfe, aufmunternde, überschwengliche, zündende, zu Herzen gehende, höfliche, unvorsichtige, salbungsvolle, aufreizende, beschwichtigende, markige, hohle, hochtrabende, große, geistreiche, goldene *(beherzigenswerte),* erhebende, witzige, treffende, zärtliche Worte; das gedruckte W.; ein dichterisches, klassisches W.; Worte des Glaubens, des Trostes, des Dankes; jmdm. fehlen die Worte *(jmd. ist völlig überrascht);* das waren Ihre Worte; das erste W., das ich davon höre *(das ist mir ganz neu);* bei ihm ist jedes zweite W. „Geld" *(er spricht sehr häufig von Geld);* kein W. ist darüber gefallen *(darüber wurde überhaupt nicht gesprochen);* ein W. gab das andere *(sie gerieten in Streit);* zwischen uns ist kein böses W. gefallen; daran/davon ist kein W. wahr; daran ist kein wahres W.; jedes W. von ihm traf, saß (ugs.; *hatte Wirkung);* ein unbedachtes W. ist ihm entschlüpft, herausgerutscht (ugs.); diese Worte galten ihm, der Opposition; mit jmdm. ein W. [unter

vier Augen] sprechen; sag doch ein W.! *(sag doch etwas!);* einige Worte an die Eltern, Angehörigen richten; kein W. fallenlassen (ugs.; *sagen);* er hat mir davon kein [einziges] W. *(nichts)* gesagt; kein W. davon wissen; vor Angst, Schreck kein W. herausbringen (ugs.; *sagen können),* über die Lippen bringen; keine Worte *(kein Verständnis)* dafür haben, finden; spare dir deine Worte!; ein W. einwerfen; mit jmdm. ein ernstes, offenes, deutliches W. reden, sprechen; mit jmdm. ein paar freundliche Worte wechseln; viele Worte machen *(viel reden, ohne dabei zum Wesentlichen zu kommen);* er wollte nur ein paar Worte sprechen *(eine kleine Ansprache halten);* jmds. Worte beherzigen; R: dein W. in Gottes Ohr *(möge eintreffen, was du sagst);* du sprichst ein großes W. gelassen aus (scherzh.); hast du da noch ein Worte *(das ist doch unglaublich)!* · dein W. in Ehren, aber ...; er pflegt seine Worte genau zu wählen; die richtigen, passenden Worte für etwas finden; bei dem Lärm sein eigenes W. nicht mehr verstehen; das letzte W. ist [in dieser Angelegenheit] noch nicht gesprochen *(die Angelegenheit ist noch nicht endgültig entschieden);* das letzte W. *(die Entscheidung)* hat der Präsident; ein W., Wörtchen mitzureden haben; Sie haben jetzt das W. *(Sie sind an der Reihe zu sprechen);* jmdm. das W. geben, erteilen, entziehen, abschneiden; sich an seinen eigenen Worten berauschen; auf jmds. W./Worte *(Rat)* hören; [nicht] viel auf jmds. W./Worte geben; er hört, gehorcht aufs W. *(auf der Stelle);* jmdm. etwas aufs W. *(ohne Einschränkungen)* glauben; auf ein W.! *(ich habe dir/Ihnen etwas zu sagen);* etwas in wohlgesetzten Worten darlegen; in seinen Worten lag im Vorwurf, eine Drohung; etwas in dürren, schlichten, wenigen Worten beschreiben; eine Sprache in W. und · Schrift *(mündlich und schriftlich)* beherrschen; in/ mit W. und Tat *(in [jmds.] Reden und Handeln);* jmdn., etwas mit keinem W. erwähnen; mit anderen Worten *(anders ausgedrückt);* mit einem W. *(kurz gesagt),* es war skandalös; etwas in Worte fassen, kleiden *(etwas ausdrücken);* davon war mit keinem W. die Rede; jmdn. mit leeren, schönen Worten abspeisen *(jmdm. nichts Verbindliches sagen);* mit diesen Worten *(indem er das sagte)* verließ er das Zimmer; das läßt sich nicht mit zwei Worten sagen *(bedarf einer längeren Ausführung);* nach Worten suchen, ringen; ohne viel, große Worte *(ohne darüber zu reden)* zustimmen; ums W. bitten *(in einer Versammlung bitten, öffentlich etwas sagen zu dürfen);* sich zu W. melden; jmdn. [nicht] zu W. kommen lassen *(jmdm. [keine] Gelegenheit geben, sich zu äußern).* **3.** (geh.) *Text; Wortlaut:* die Worte zu dieser Musik schrieb ...; etwas in W. und Bild darlegen; nach den Worten der Heiligen Schrift; Lieder ohne Worte. **4.** *Versprechen; Zusage:* das ist ein W.; sein W. geben, halten, einlösen, brechen; ich habe sein W.; ich gebe Ihnen mein W. darauf; jmdm. das W. abnehmen zu schweigen; sein W. zurücknehmen, zurückziehen; auf mein W. *(dafür verbürge ich mich)!;* jmdn. beim W. nehmen. * **geflügelte Worte** *(oft zitierte Aussprüche, Sätze)* · **etwas ist jmds. letztes Wort** *(etwas ist jmds. äußerstes Entgegenkommen)* · **das Wort ergreifen/nehmen** *(in einer Versammlung sprechen)* ·

das Wort führen *(Wortführer sein)* · **jmdm. das Wort verbieten** *(jmdm. untersagen, sich zu äußern)* · (geh.:) **jmdm., einer Sache das Wort reden** *(sich sehr für jmdn., für etwas einsetzen)* · (ugs.:) **noch ein Wörtchen mit jmdm. zu reden haben** *(jmdn. wegen etwas zur Rechenschaft ziehen müssen)* · **das große Wort haben/führen** *(großsprecherisch reden)* · **ein [gutes] Wort für jmdn. einlegen** *(sich für jmdn. verwenden)* · **[immer] das letzte Wort haben/behalten wollen, müssen** *(um recht zu behalten, immer noch ein Gegenargument vorbringen)* · **kein Wort über etwas verlieren** *(über etwas nicht mehr sprechen)* · **jmdm. das Wort aus dem Munde nehmen** *(vorbringen, was ein anderer auch gerade sagen wollte)* · **jmdm. das Wort im Munde [her]umdrehen** *(jmds. Aussage absichtlich falsch, gegenteilig wiedergeben)* · **ein Wort viel/dauernd im Munde führen** *(einen Ausdruck oft gebrauchen, anwenden)* · **jmdm. ins Wort fallen** *(jmdn. unterbrechen)* · **bei jmdm. im Wort sein, stehen** *(jmdm. durch ein Versprechen verpflichtet sein).*
wörtlich: a) *dem Wortlaut genau entsprechend:* die wörtliche Wiedergabe, Übersetzung eines Textes; Sprachw.: die wörtliche Rede · etwas w. zitieren, wiederholen; das ist w. abgeschrieben. **b)** *genau:* er hat das w. [so] gesagt; einen Befehl w. ausführen; etwas nicht [so] w. nehmen.
Wortwechsel, der: *Streit:* in einen heftigen W. [mit jmdm.] geraten; es kam zu einem kurzen, scharfen W. zwischen den beiden.
Wrack, das: *zerstörtes, schrottreifes Schiff, Flugzeug:* das W. des Schiffes verschrotten, sprengen; die W. des Stoßes dämpfen; jmdn. mit voller W. übertr.: ein menschliches W.; er ist nur noch ein W. *(ein gebrochener Mensch).*
Wucher, der: *übertriebene Geldforderung:* das ist W.; mit etwas W. treiben.
wuchern: 1. ⟨etwas wuchert⟩ *etwas wächst, vergrößert sich unkontrolliert:* das Unkraut wuchert; die Pflanzen wuchern über den Zaun; wucherndes Fleisch; übertr.: der Medienmarkt wuchert immer mehr. **2.** ⟨mit etwas w.⟩ *mit etwas Wucher treiben:* mit seinem Geld, Vermögen w.
Wuchs, der: **1.** *Art zu wachsen:* die Bäume stehen in vollem, bestem W.; Pflanzen mit raschem, von schnellem W. **2.** *Gestalt, Statur:* er ist von kräftigem, von schmalem W.
Wucht, die: *große Schwungkraft:* eine ungeheure W. steckt hinter den Schlägen des Boxers; die W. des Stoßes dämpfen; jmdn. mit voller W. [am Kinn] treffen; mit ganzer, aller W. zuschlagen; unter der W. des gegnerischen Angriffs brach die Front zusammen. · (ugs.:) **eine Wucht sein** *(beeindruckend, großartig sein).*
wuchtig: a) *kraft-, schwungvoll:* ein wuchtiger Schlag, Gang, Sprung; die Bewegungen des Turners sind w. **b)** *massig:* eine wuchtige Gestalt, Statur; der Schreibtisch ist, wirkt viel zu w.
wühlen: 1. a) *mit Händen, Pfoten oder Schnauze graben:* Mäuse, Maulwürfe wühlen; die Wildschweine wühlen mit dem Rüssel im Schlamm; die Kinder haben im Sand gewühlt; übertr.: der Schmerz wühlte *(rumorte)* in seinen Eingeweiden; ⟨etwas wühlt jmdm.; mit Raumangabe⟩ der Hunger wühlte ihm im Gedärm. **b)** (auch etwas w.) *wühlend etwas suchen:* in der Erde nach Wurzeln, Trüffeln w. **c)** ⟨in etwas w.⟩ *kramen, stöbern:* in der Tasche, in der Schublade, im Koffer

w.; er wühlte in alten Papieren. **2.** ⟨etwas w.⟩ *wühlend hervorbringen, schaffen:* Löcher, Gänge (in die Erde) w.; ⟨sich (Dativ) etwas w.⟩ das Tier hat sich einen Gang in den Erdboden gewühlt; übertr.: das Wasser, der Fluß hat sich ein neues Bett gewühlt. **3.** ⟨sich etwas w.; mit Raumangabe⟩ *hineingraben:* sich in die Erde w.; er wühlte seinen Kopf in die Kissen; übertr.: er hat sich durch die Akten gewühlt *(sich mühsam hindurchgearbeitet).* **4.** *aufrührerisch, gegen etwas w.⟩ hetzen; geheim dagegen arbeiten:* er hat gegen die Regierung, gegen seine Konkurrenten gewühlt.
wund: *aufgescheuert, offen:* wunde Füße, Hände; die wunden Stellen der Haut mit Puder bestreuen; das Kind ist w.; er hat sich w. geritten; sich (Dativ) die Finger w. schreiben *(der viele Briefe o. ä. schreiben [ohne etwas zu erreichen]);* übertr.: das ist ein wunder Punkt bei ihm *(da ist er sehr empfindlich).*
Wunde, die: *durch Verletzung entstandene offene Stelle in der Haut [und im Gewebe]:* eine frische, offene, leichte, tiefe, klaffende, blutende, eiternde, schwärende (geh.), gefährliche, tödliche W.; die W. eitert, näßt, vernarbt, verharscht, blutet, heilt, klafft, schmerzt, tut weh, brennt; die W. ist wieder aufgebrochen, hat eine große Narbe hinterlassen; eine W. untersuchen, behandeln, verbinden, klammern, nähen, kühlen, reinigen, desinfizieren; jmdm., sich eine W. beibringen; der Verletzte hatte Wunden an Arm und Kopf; der Verletzte blutete aus vielen Wunden; aus der W. drang Blut; er, sein Körper war mit Wunden bedeckt; übertr.: er hat durch seine Worte alte Wunden wieder aufgerissen *(altes Leid wieder aufgefrischt);* der Krieg hat dem Land viele Wunden geschlagen (geh.); du hast damit an eine alte W. gerührt *(etwas Unangenehmes berührt).*
wunder[s] ⟨nur in bestimmten Verbindungen⟩ (ugs.:) **wunder[s] was** *(etwas Besonderes; sehr viel):* er meint, w. was geleistet zu haben · (ugs.:) **wunder[s] wie** *(besonders, sehr):* er glaubt w. wie gescheit zu sein.
Wunder, das: **1.** *ein durch die Naturgesetze nicht erklärbares Ereignis:* ein großes W.; ein W. geschieht, ereignet sich; das klingt wie ein W.; nur ein W. kann sie retten; es war wirklich ein W., daß sie unversehrt blieben; wenn nicht ein W. geschieht, sind sie verloren; W. tun (bibl.), wirken (bibl.); sie glaubten an ein W.; das grenzt fast an ein W.; auf ein W. hoffen, warten; wie durch ein W. hat sie es überlebt; R: o W. [über W.]! /als Ausruf höchster Überraschung; oft scherzh./. **2. a)** *große Leistung:* diese Brücke ist ein technisches W.; dieser Apparat ist ein W. an Perfektion. **b)** *ein bewundernswürdiges Gebilde:* die W. der Natur, der Technik. * (ugs.:) **etwas ist ein/kein Wunder** *(etwas ist/ist nicht verwunderlich)* · **was Wunder** *(niemanden wundert es)* · (ugs.:) **etwas wirkt Wunder** *(etwas hilft erstaunlich schnell, gut)* · (ugs.:) **sein blaues Wunder erleben** *(eine böse Überraschung erleben).*
wunderbar: 1. (seltener) *durch ein Wunder bewirkt:* eine wunderbare Fügung, Begebenheit; sie wurden w. errettet (geh.). **2. a)** *sehr schön, sehr gut:* wunderbares Wetter; die Fahrt war w.; das hast du w. gemacht, gesagt; ich finde es w., daß ... **b)** *großartig, bewunderns-*

wert: ein wunderbarer Mensch, Künstler; sie war w. in dieser Rolle. **c)** (ugs.) ⟨verstärkend bei Adjektiven⟩ *sehr:* der Sessel ist w. bequem.

wunderlich: *seltsam, verschroben:* ein wunderlicher Mensch, Kauz; wunderliche Einfälle, Dinge; er ist ein wenig w.; im Alter ist er w. geworden; er hat sich recht w. benommen.

wundern: a) ⟨etwas wundert jmdn.⟩ *etwas setzt jmdn. in Erstaunen, überrascht jmdn.:* das wundert mich sehr, gar nicht, über die Maßen (geh.); seine Einstellung, sein Verhalten wundert sie; es sollte mich w., wenn die Sache nicht doch so wäre; mich wundert, daß du das nicht erkennst. **b)** ⟨sich über jmdn., über etwas w.⟩ *jmdn., etwas nicht recht verstehen; über etwas befremdet sein:* ich habe mich sehr über ihn, über sein Verhalten gewundert; sie wunderte sich, daß er noch nicht da war; ich wundere mich über gar nichts mehr; R (ugs.): ich muß mich doch sehr w.! **c)** ⟨sich w.⟩ *erstaunt, überrascht sein:* du wirst dich wundern, wenn du das Haus jetzt siehst.

Wunsch, der: **1.** *Verlangen, Begehren:* ein glühender, heftiger, unstillbarer, lebhafter, brennender, dringender, bescheidener, törichter, kindlicher, naiver, unerfüllbarer, geheimer, heimlicher, unbewußter, ehrlicher W.; das ist ein begreiflicher W.; sein sehnlichster W. war ...; es war sein letzter, sein ausdrücklicher W., sein W. und Wille, dort begraben zu werden; ihr W. ist endlich in Erfüllung gegangen; der W., das Land näher kennenzulernen, regte sich in ihm; R: Ihr W. ist/sei mir Befehl; der W. ist hier der Vater des Gedankens · der W. nach Ruhe war übermächtig (geh.), packte sie; einen W. äußern, aussprechen, zu erkennen geben (geh.), laut werden lassen, unterdrücken, zurückstellen, haben, hegen; jmds. Wünsche respektieren, erraten, verbergen, achten, befriedigen, unterstützen, erhören, erfüllen; etwas ruft einen W. in jmdm. wach, erweckt einen W. in jmdm.; er las ihr jeden W. von den Augen ab; sich (Dativ) einen W. erfüllen, versagen; haben Sie sonst noch irgendwelche Wünsche *(möchten Sie noch etwas)?;* du hast noch einen W. frei *(darfst dir noch etwas wünschen);* jmds. Wünschen nachkommen, entgegenkommen, entsprechen, stattgeben (Papierdt.), begegnen (geh.), folgen; er widerstand dem W., sich ein neues Auto zu kaufen; er wurde auf eignen W. versetzt; wir richten uns ganz nach Ihren Wünschen; es [ver]lief alles ganz nach W. *(ganz so, wie man es sich vorgestellt hatte).* **2.** *Glückwunsch:* meine besten, innigsten Wünsche begleiten Sie; beste, herzliche, alle guten Wünsche zum Geburtstag, zum Jahreswechsel; empfangen Sie meine aufrichtigen Wünsche für Ihr Wohlergehen (geh.); mit den besten Wünschen für sie ... / *Briefschlußformel/.* * etwas ist ein frommer Wunsch *(etwas ist eine Illusion).*

wünschen: 1. ⟨jmdm., einer Sache jmdn., etwas w.⟩ *für jmdn., für etwas erhoffen:* jmdm. von Herzen alles Gute w.; jmdm. eine gute Reise, gute Besserung, Glück, Erfolg w.; ich wünsche Ihnen ein glückliches neues Jahr; jmdm. Hals- und Beinbruch (ugs.; *alles Gute)* w.; ich wünsche dir guten Appetit; jmdm. guten Morgen w.; wir wünschen dem Unternehmen gutes Gelingen; sie wünschte ihrem Sohn eine gute Frau; ⟨auch ohne Dat.⟩ ich wünsche gute Fahrt; [ich] wünsche, wohl zu speisen (geh.), wohl geruht zu haben. **2.** *begehren, gerne haben wollen:* ⟨sich (Dativ) jmdn., etwas w.⟩ sich etwas sehnlich, sehnsüchtig, brennend w.; was wünschst du dir?; er hat sich von seinen Eltern Skier zu Weihnachten gewünscht; sie wünschen sich ein Baby. **b)** ⟨sich (Dativ) jmdn. als jmdn./zu jmdm. w.⟩ er wünscht sich ihn als Freund, zum Freund. **c)** ⟨jmdn., etwas w.⟩ *etwas aufrichtig, heimlich, von Herzen w.:* er wünschte eine Stunde zu ruhen; es wünscht Sie jemand zu sprechen; was wünschen Sie, bitte?; er wünscht *(verlangt)* eine Antwort; er wünscht, daß man sich an die Vorschrift hält; ich wünsche das nicht *(möchte das nicht haben);* es bleibt zu w./es wäre zu w., daß ... ⟨im 2. Konjunktiv als Ausdruck eines irrealen Wunsches⟩ ich wünschte, es wäre schon Feierabend, ich hätte das nicht gesagt; ⟨auch ohne Akk.⟩ Sie wünschen bitte?; ganz wie Sie wünschen. **3.** ⟨jmdn., sich w.; mit Raumangabe⟩ *jmdn., sich an einem anderen Ort haben wollen:* jmdn. weit fort w.; jmdn. dahin w., wo der Pfeffer wächst; sich auf eine einsame Insel w. * etwas läßt [sehr, viel]/etwas läßt nichts zu wünschen übrig *(etwas ist durchaus [nicht] so, wie es sein sollte):* die Unterbringung im Hotel ließ nichts zu wünschen übrig.

Würde, die: **1.** *Achtung forderndes Wesen, Ehrwürdigkeit; Wertgefühl:* die menschliche, persönliche W.; eine natürliche, schlichte W.; die W. des Menschen, der Person; die W. des Alters; die Teilnehmer trugen dem feierliche, gemessene W. zur Schau; jmds. W. antasten, verletzen; die W. wahren, verlieren; W. ausstrahlen; auf W. bedacht sein; etwas mit W. tragen; ohne alle W./(geh.:) bar aller W. sein; übertr.: die W. des Gerichts respektieren. **2.** *mit Titel und bestimmten Ehren verbundenes Amt:* akademische Würden; die höchste W. erreichen, erlangen; man verlieh ihm die W. eines Doktors ehrenhalber; jmdn. in eine W. einsetzen; mit einer W. bekleidet sein; zu hohen Würden emporsteigen, gelangen; R: W. bringt Bürde. * etwas ist unter aller Würde *(etwas ist unzumutbar):* der Zustand der Räume war unter aller W. · etwas ist unter jmds. Würde *(etwas ist eine Zumutung für jmdn.).*

würdig: a) *würdevoll:* eine würdige Feier; ein würdiges Begräbnis, Aussehen; ein würdiger alter Herr; jmdn. w. empfangen; w. einherschreiten. **b)** *wert:* ein würdiger Gegner, Nachfolger; jmdn. w. vertreten; ⟨jmds., einer Sache w. sein o. ä.⟩ er war, zeigte sich, erwies sich seines Vertrauens [nicht] w.; man hat ihn des Preises nicht für w. befunden, gehalten; sie fühlte sich seiner nicht w.; die Szene wäre eines Shakespeare w. gewesen *(hätte von Sh. geschrieben sein können);* er ist nicht w., so bedauert zu werden/daß man ihn so bedauert.

würdigen: 1. ⟨jmdn., etwas w.⟩ *anerkennen:* eine Leistung gebührend, nach Gebühr *(gebührend),* nach Verdienst, [nicht] richtig w.; die Wissenschaftlerin, ihre Arbeit wurde nicht so gewürdigt, wie sie es verdient hat; er weiß die Hilfe seiner Freunde zu w. *(zu schätzen);* diesen Punkt hat die Forschung bisher nicht genügend gewürdigt *(beachtet);* jmds. Gründe für seine Entscheidung w. *(gelten lassen).* **2.** ⟨jmdn., etwas einer Sache w.⟩

für würdig befinden: (geh.:) jmdn. seines Vertrauens, seines Umgangs w.; er hat mich keines Grußes, keines Wortes gewürdigt; er würdigte ihn keines Blickes *(beachtete ihn nicht).*
Würdigung, die: *das Würdigen, Anerkennen:* eine kritische W. sciner Verdienste, seiner Leistungen; in W. *(Anerkennung)* seiner Arbeit wurde ihm ein Preis zuerkannt.
Wurf, der: **1.** *das Werfen:* ein guter, schlechter, kraftvoller W.; ein W. mit dem Ball, mit dem Speer; der erste W. ist nicht geglückt, ist mißlungen, ergab einen neuen Rekord; der erste W. ging ins Ziel; ein W. von 60 Metern; jeder hat drei Würfe; bci diesem W. ist er übergetreten; er hat mit einem W. alle Kegel, alle neune getroffen; zu einem W. ansetzen, ausholen. **2.** *Erfolg, ein gelungenes Werk:* der Roman ist ein großer, glücklicher W.; damit ist ihm ein W. gelungen. **3.** *Faltenbildung:* der W. der Falten, der Vorhänge. **4.** *die auf einmal geborenen Jungen bestimmter Tiere:* ein W. Katzen, Hunde, Kaninchen.
Würfel, der: **1.** */ein geometrischer Körper/:* einen W. zeichnen; das Gefäß hat die Form eines Würfels; die Oberfläche des Würfels berechnen. **2.** *in Würfelform Gebrachtes:* einige W. Zucker; sie kocht Suppe aus einem W. (ugs.: *Suppenwürfel):* Speck, Schinken, Fleisch in W. schneiden. **3.** *Spielwürfel:* ein Satz W.; der W. rollt, zeigt eine Sechs; R: die W. sind gefallen *(die Sache ist entschieden, es gibt kein Zurück mehr).*
würfeln: 1. a) *mit Würfeln spielen:* die Kinder, die Männer am Stammtisch würfelten; er hat mit ihm um Geld gewürfelt. **b)** ‹etwas w.› *den Würfel werfen:* er hat die höchste Zahl, eine Sechs gewürfelt; wir würfelten, wer fahren muß. **2.** ‹etwas w.› *in Würfel schneiden:* Speck, Fleisch, Tomaten w.; gewürfelte Zwiebeln.
würgen: 1. ‹jmdn. w.› *die Kehle zusammendrükken:* jmdn. am Hals w.; der Mörder hatte sein Opfer gewürgt; übertr.: die Angst würgte ihn; eine würgende Angst stieg in ihm auf. **2. a)** *einen starken Brechreiz haben:* er mußte w. **b)** ‹es würgt jmdn.; mit Raumangabe› *jmd. hat ein Übelkeitsgefühl:* es würgte ihn in der Kehle, im Hals. **3.** ‹an etwas w.› *etwas nur mühsam hinunterschlucken können:* er würgte an dem Bissen, an dem zähen Fleisch; übertr.: er würgte an seinem Essen *(es schmeckte ihm nicht).* **4.** (ugs.) ‹etwas w.; mit Raumangabe› *mühsam hinein-, hindurchzwängen:* Knöpfe in enge Löcher w.; die Nadel durch das Leder w.; ‹jmdm. etwas w.; mit Raumangabe› jmdm. einen Knebel in den Mund w.
¹**Wurm,** der: */ein Tier/:* ein langer, dünner, fetter W.; in dem Apfel war ein W. *(eine Made);* den Kadaver fressen die Würmer; der W. windet sich, kriecht über das Gras; in den Möbeln ist der W. *(Holzwurm);* das Kind, der Hund hat Würmer *(Eingeweidewürmer);* Würmer abtreiben; einen W. auf den Angelhaken machen; von Würmern befallen sein. * (ugs.:) **in etwas ist/sitzt der Wurm drin** *(etwas ist nicht in Ordnung)* · (ugs. scherzh.:) **den Wurm baden** *(angeln)* · (ugs.:) **jmdm. die Würmer aus der Nase ziehen** *(durch vieles Fragen etwas von jmdm. zu erfahren suchen).*
²**Wurm,** das (ugs.): *Kind:* das kleine W., die armen Würmer, Würmchen hatten nichts zu essen.
wurmen (ugs.) ‹etwas wurmt jmdn.›: *etwas är-*

gert jmdn. sehr: die Niederlage wurmt ihn mächtig, ziemlich, sehr, heftig; es wurmte ihn, daß man ihn übergangen hatte.
Wurst, die: **1.** *aus zerkleinertem Fleisch hergestelltes Nahrungsmittel:* frische, geräucherte, hausgemachte, grobe, feine W.; eine große, kleine, pralle W.; Frankfurter, Wiener Würstchen; heiße Würstchen mit Senf; eine Scheibe, ein Stück, ein Ende W.; die W. stopfen, füllen; W. herstellen, machen; die W. aufschneiden, in Scheiben schneiden, abpellen; eine W. braten; ein Brot mit W. belegen, bestreichen; Fleisch zu W. verarbeiten; R (ugs.): es geht/jetzt geht es um die W.! *(jetzt gilt es!);* W. wider W. *(Gleiches wird mit Gleichem vergolten).* übertr. (ugs.): *völlig unbedeutender Mensch:* was will dieses Würstchen von mir? **2.** *längliche Rolle:* den Teig zu einer W. formen. * (ugs.:) **jmdm. Wurst/**(auch:) **Wurscht sein** *(jmdm. völlig gleichgültig sein)* · (ugs.:) **mit der Wurst nach dem Schinken/nach der Speckseite werfen** *(mit kleinem Einsatz Großes zu gewinnen, zu erreichen suchen).*
Wurzel, die: **1.** *Pflanzenwurzel:* starke, kräftige, dicke, lange, verholzte, weitverzweigte Wurzeln; die Wurzeln verzweigen sich, breiten sich aus, verdorren, faulen; die Pflanzen haben neue Wurzeln getrieben, ausgebildet, bekommen; bildl.: das Übel an der W. fassen, packen, mit der W. ausrotten; das rührt an die Wurzeln seiner Existenz; die Axt an die W. legen *(ein Übel gründlich beseitigen);* übertr.: *Ursache, Grund:* geistige, historische Wurzeln; die Wurzeln von etwas bloßlegen, freilegen; der Streit hat seine Wurzeln in einem lange zurückliegenden Vorfall. **2.** *Zahnwurzel.* eine verfaulte, gesunde W.; die W. ist vereitert; die W. des Zahnes muß behandelt, gezogen werden. **3.** (Math.) *Grundzahl einer Potenz:* die dritte W. aus 27 ist 3; die W. *(Quadratwurzel)* aus einer Zahl ziehen. **4.** (Sprachw.) *Wortwurzel:* die indogermanische W. von *lieben* ist * *leubh-.* * **Wurzeln schlagen: a)** ‹etwas schlägt Wurzeln› *(etwas bildet Wurzeln aus und wächst an):* der Baum hat Wurzeln geschlagen. **b)** (ugs.:) *allzu lange stehend warten müssen):* willst du hier Wurzeln schlagen? **c)** *(sich einleben, eingewöhnen):* es dauert lange, bis er Wurzeln schlägt.
wurzeln ‹etwas wurzelt in etwas›: **1.** *etwas hat seine Wurzeln in etwas geschlagen:* die Eiche wurzelt tief im Boden; übertr.: das Mißtrauen wurzelt tief in ihm. **2.** *etwas hat in etwas seinen Ursprung, seine Ursache:* diese Gedanken wurzeln im demokratischen Sozialismus; diese Krise wurzelt in den wirtschaftlichen Schwierigkeiten.
würzen ‹etwas w.›: *mit Gewürzen schmackhaft machen:* etwas kräftig, pikant, leicht, stark, scharf w.; sie hat die Suppe, das Fleisch (mit Muskat, mit Kräutern) gewürzt; übertr.: er hatte einen Vortrag mit Anekdoten gewürzt.
würzig: *kräftig in Geruch oder Geschmack:* ein würziger Duft, Geruch; würzige Landluft; würzige Speisen; der Wein ist, schmeckt sehr w.
Wust, der: *ungeordnetes Durcheinander:* sich durch einen W. von Papieren durcharbeiten; er erstickte förmlich in dem W. von Akten; übertr.: ein W. von Vorurteilen.
wüst: 1. *öde:* eine wüste Gegend, Landschaft. **2.** *wirr, unordentlich, chaotisch:* es herrschte ein wü-

stes Durcheinander; wüste Unordnung; in seinem Zimmer sah es w. aus. **3.** *wild; ausschweifend:* ein wüstes Gelage, Fest; eine wüste Schlägerei; er führt ein wüstes Leben; ein wüster Kerl
(ugs.); wüste Szenen spielten sich ab; sie haben
es w. getrieben; du siehst ja w. *(stark mitgenommen)* aus. **4.** *rüde:* wüste Schimpfwörter, Flüche;
w. fluchen; er hat ihn w. beschimpft.
Wüste, die: *vegetationsloses Gebiet in heißen Zonen der Erde:* die W. durchqueren, überfliegen;
eine W. urbar machen, bewässern, in fruchtbares
Land verwandeln; die Expedition führte durch
die W.; sie waren in der W. verdurstet. * (ugs.:)
jmdn. in die Wüste schicken *(jmdn. entlassen).*
Wut, die: *heftiger Zorn:* ohnmächtige, grenzenlose, verhaltene, unsägliche, verbissene, jähe
(geh.), maßlose, große W.; eine blinde, kalte W.
packte ihn; W. stieg in ihm auf, überkam ihn, erfüllte ihn (geh.), erwachte in ihm (geh.); die W.
des Volkes richtete sich gegen solche Ungerechtigkeiten; die W. der Menge schüren; seine W. an
jmdm. auslassen; er hatte, bekam eine fürchterliche W. auf seinen Bruder (ugs.; *war sehr wütend*

über ihn); er fraß seine W. in sich hinein; aus W.
hatte er den Teller an die Wand geworfen; in W.
kommen, geraten; sich in W. reden, [hinein]stei-
gern; das Geschwätz brachte ihn in W.; in plötzlicher W. schlug er auf den Mann ein; voller W.
ging er davon; er schäumte, bebte, platzte,
schnaubte, kochte vor W.; er war blaß, rot vor
W.; **übertr.**: mit W. *(Arbeitswut, Verbissenheit)*
machten sie sich ans Werk. * (ugs.:) **[eine] Wut im
Bauch haben** *(sehr wütend sein).*
wüten: *toben, rasen:* schrecklich, furchtbar, wie
ein Stier, wie ein Berserker w.; er wütete gegen
sich, gegen seine Widersacher; er wütete vor
Zorn, vor Schmerzen; **übertr.** (geh.): der Sturm,
das Feuer, das Meer wütet; der Krieg, eine Seuche wütete im Land, unter den Menschen.
wütend: **a)** *sehr zornig:* ein wütender Blick;
(ugs.:) er war w. wie ein angeschossener Eber; sie
wurde richtig (ugs.) w.; er sah sie w. an; diese
Frage machte ihn w.; (auf/über jmdn., über etwas
w. sein, werden) sie ist sehr w. auf/über dich. **b)**
sehr groß; erbittert: ein wütender Haß, Eifer; ein
wütender Schmerz.

X

x, X, das: **1.** *24. Buchstabe des Alphabets:* ein
kleines x, ein großes X schreiben. **2.** */ Zeichen für
einen unbekannten Namen, eine unbekannte
Größe/:* Herr X; die Stadt X; Unternehmen X.
3. a) (Math.) */ Zeichen für eine Unbekannte in einer
Gleichung/:* $3x = 15$; eine Gleichung nach x auf-

lösen. **b)** (ugs.) */ Zeichen für eine unbestimmte,
aber ziemlich hoch angesehene Zahl/:* das Stück
hat x Aufführungen erlebt; sie hat doch x Kleider. * (ugs.:) **jmdm. ein X für ein U vormachen**
(jmdn. täuschen, irreführen): er läßt sich kein X
für ein U vormachen.

Z

zackig: 1. *gezackt:* ein zackiger Rand; die Fels-
gipfel waren z., ragten z. in den Himmel. **2.** (ugs.)
schneidig, straff, forsch: ein zackiger Soldat; zak-
kige Musik; er ist sehr z.; z. grüßen.
zaghaft: *ängstlich, unsicher, schüchtern:* zaghafte Schritte, Annäherungsversuche; ihr Lächeln war, wirkte sehr z.; sie öffnete z. die Tür;
sie antwortete z.
zäh: 1. a) *zähflüssig:* ein zäher Teig, Morast; die
Masse war z. und klebrig, tropfte z. aus dem Faß.
b) *schwer dehnbar und fest:* zähes Leder; etwas ist
z. wie Leder; **übertr.** (abwertend): das Schnitzel
war sehr z. **2. a)** *widerstandsfähig:* ein zäher Bursche; ein Mensch von zäher Gesundheit; das
Tier hat ein zähes Leben; sie ist z. wie eine Katze.
b) *ausdauernd, beharrlich:* zäher Widerstand; etwas mit zähem Fleiß erreichen; z. an etwas festhalten. **c)** *sehr langwierig:* zähe Verhandlungen;
die Arbeit geht nur z. voran.
Zahl, die: **1.** *in Ziffern oder Worten ausgedrückte
Angabe einer Menge, Größe, eines Wertes o.ä.:*
eine hohe, niedrige, runde, dreistellige, vierstel-

lige Z.; arabische, römische Zahlen *(Ziffern);*
Math.: ganze, gebrochene, [un]gerade, endli-
che, gemischte, natürliche, komplexe Zahlen;
die Zahlen von 1 bis 100; die angegebene Z.
scheint mir zu hoch zu liegen; die Sieben galt als
heilige Z.; die Z. Dreizehn gilt als Unglückszahl;
genaue Zahlen *(Zahlenangaben)* liegen nicht vor;
Zahlen zusammenzählen, addieren, [voneinan-
der] abziehen, subtrahieren, [miteinander] mal-
nehmen, multiplizieren, [durcheinander] teilen,
dividieren; eine Z. auf-, abrunden; der Unternehmer versprach, Zahlen zu nennen *(Zahlenangaben zu machen);* er hat ein gutes Gedächtnis
für Zahlen; einen in nüchternen Zahlen ausdrükken; den Wert einer Sendung in Zahlen angeben;
mit großen Zahlen rechnen. **2.** *Anzahl, Menge,
Summe:* eine gewisse, [un]bestimmte, große, unübersehbare, beträchtliche, ausreichende, begrenzte, beschränkte, kleine, verschwindende Z.;
eine große Z. Besucher war/(auch:) waren gekommen; die Z. unserer Mitglieder steigt ständig; die Z. der Verbrechen ist gewachsen, hat

überhandgenommen; die Z. der Anwesenden schätzen; der Z. nach waren es nur wenige; sie waren sieben an der Z.; die Mitglieder sind in voller Z. erschienen; diese Bäume wachsen dort in großer Z.; Leiden ohne/(geh. veraltend:) sonder Z. *(unzählige, zahllose Leiden).* 3. (Sprachw.) *Numerus:* das Eigenschaftswort richtet sich in Geschlecht und Z. nach dem Hauptwort. * **rote Zahlen** *(Fehlbeträge, Verlustzone)* · **schwarze Zahlen** *(Gewinnzone, Gewinne).*
zahlen: 1. a) ⟨etwas z.⟩ *Geld, als Gegenleistung geben:* eine Summe auf einmal, in Raten, [in] bar, bargeldlos, durch einen/mit einem Scheck, per Überweisung, im voraus, in/mit Schweizer Franken z.; viel Geld, einen hohen Preis, 100 Mark [für etwas] z.; Bestechungsgelder, Schmiergelder (ugs.) z.; wieviel hast du z. müssen?; du mußt das Geld an ihn, direkt an die Firma z.; ⟨jmdm. etwas z.⟩ er hat ihm noch 20 Mark für das Buch zu z.; ü b e r t r.: für seinen Leichtsinn mußte er mit einem gebrochenen Bein z. b) ⟨etwas z.⟩ *eine Schuld tilgen, bezahlen:* seine Miete [pünktlich] z.; die Zeche, eine Runde z.; Raten, Reparationen, Beiträge, Zoll, Steuern z.; er mußte Strafe z.; ⟨auch ohne Akk.⟩ die Versicherung will nicht z.; er kann nicht mehr z. *(ist bankrott);* sie haben immer noch an der Waschmaschine zu z. c) *seine Rechnung begleichen:* Herr Ober, bitte z.!; sie zahlten und gingen; er zahlte mit einem Hundertmarkschein; er wollte nicht z. d) ⟨jmdm., etwas z.⟩ *eine Ware, eine Dienstleistung bezahlen:* das Taxi, die Reparatur z.; wir haben den Elektriker noch nicht gezahlt; ⟨jmdm. etwas z.⟩ kannst du mir das Bier z.? 2. a) ⟨etwas z.⟩ *auszahlen:* Gehälter, Prämien z.; ⟨jmdm. etwas z.⟩ er hat ihm eine Abfindung gezahlt. b) ⟨mit Artangabe⟩ *in bestimmter Weise entlohnen:* er zahlt gut, schlecht; die Firma zahlt miserabel, recht ordentlich, über Tarif.
zählen: 1. a) *eine Zahlenfolge [im Geiste] hersagen:* vorwärts, rückwärts, von 1 bis 100 z.; das Kind kann schon [bis 20] z. b) ⟨etwas z.⟩ *addieren, die Anzahl feststellen:* etwas genau z.; sein Geld, die Wäschestücke z.; ⟨auch ohne Akk.⟩ du hast falsch gezählt; ü b e r t r.: sie zählte die Tage, Stunden bis zum Tag ihrer Ankunft; unsre Tage, Stunden hier sind gezählt *(wir müssen bald abreisen)* · ⟨jmdm. etwas z.; mit Raumangabe⟩ sie zählte dem Kind das Geld auf/in die Hand. 2. (geh.) a) ⟨jmdn., etwas z.⟩ *haben, aufweisen:* er zählte gerade, etwa, um, ungefähr, nicht mehr als 40 Jahre; die Stadt, das Land zählt knapp 5 Millionen Einwohner; man zählte [das Jahr] 1870 (veraltend; *es war das Jahr, im Jahr 1870).* b) ⟨nach etwas z.⟩ *etwas betragen, ausmachen:* die Opfer der Katastrophe zählten nach Tausenden; seine Fehler zählten nach Dutzenden. 3. a) ⟨jmdn., sich, etwas zu jmdm., zu etwas, (seltener:) unter jmdn., unter etwas z.⟩ *zu jmdm., zu etwas rechnen:* ich zähle ihn zu meinen Freunden; er kann sich zu den reichsten Männern des Landes z.; sie zählte diese Zeit zu der glücklichsten in ihrem Leben. b) ⟨zu jmdm., zu etwas z.⟩ *zu jmdm., zu etwas gehören:* er zählt zu den bedeutendsten Dirigenten; diese Tage zählten zu den schönsten des Sommers. 4. a) ⟨etwas zählt⟩ *etwas gilt, ist von Bedeutung:* bei ihm zählt nur die Leistung; das

zählt nicht; die Dauer der Betriebszugehörigkeit zählt, nicht das Alter. b) ⟨etwas zählt etwas⟩ *etwas hat den Wert von etwas:* die roten Spielmarken zählen fünf Punkte, die blauen zehn. 5. (geh.) ⟨auf jmdn., auf etwas z.⟩ *sich auf jmdn., auf etwas verlassen:* auf ihn, auf seine Hilfe kannst du z.; ich zähle auf dich; können wir heute auf dich z. *(mit dir rechnen)?*
Zähler, der: 1. (Math.) *über dem Bruchstrich stehende Zahl:* Z. und Nenner eines Bruches. 2. *Strom-, Gaszähler:* den Z. ablesen; den Stand des Zählers prüfen.
zahllos: *unzählige, sehr viele:* zahllose Opfer; er hat ihm zahllose Male geholfen; eine zahllose *(sehr große)* Menge von Büchern.
zahlreich: a) *viele:* zahlreiche Mitglieder, Bewerber, Bewerbungen, Briefe, Geschenke; er hat in zahlreichen Fällen geholfen; die Entlassung zahlreicher Angestellter/(selten:) Angestellten. b) *aus vielen Personen, Teilen bestehend; groß:* eine zahlreiche Familie, Gesellschaft; er mußte die zahlreiche Post beantworten; der Besuch war sehr z.; er bedankte sich für z. *(in großer Menge)* eingegangene Glückwunschschreiben; die Interessenten waren z. *(in großer Zahl)* erschienen.
Zahlung, die: *das Bezahlen:* die Z. [der Miete] geschieht, erfolgt monatlich; die Z. blieb aus, steht noch aus; eine Z. leisten, einstellen, entgegennehmen, erhalten; etwas an Zahlungs Statt annehmen; für eine Z. haften, bürgen; sich gegen eine Z. sträuben; gegen Z. von 5 Mark erhalten Sie ausführliches Prospektmaterial. * **etwas in Zahlung geben:** a) *(etwas als Zahlungsmittel verwenden).* b) *(beim Kauf eines neuen Gegenstandes einen entsprechenden alten vom Verkäufer verrechnen lassen)* · **etwas in Zahlung nehmen:** a) *(etwas als Zahlungsmittel akzeptieren).* b) *(beim Verkauf eines neuen Gegenstandes einen entsprechenden alten vom Käufer übernehmen und seinen Wert auf den Kaufpreis anrechnen).*
zahm: *an den Menschen gewöhnt, zutraulich:* ein zahmes Reh, Tier; der Vogel war ganz z.; ü b e r t r. (ugs.): eine zahme *(milde)* Kritik; euch werde ich schon noch z. *(gefügig)* machen.
zähmen: 1. ⟨ein Tier z.⟩ *an den Menschen gewöhnen, zahm machen:* einen Löwen, Tiger z.; gezähmte Raubtiere vorführen; ü b e r t r.: die Naturgewalten z. 2. (geh.) ⟨sich, etwas z.⟩ *beherrschen, zügeln:* seine Leidenschaften, seine Ungeduld z.; er wußte sich kaum noch zu z.
Zahn, der: 1. *Teil des Gebisses:* gute, schöne, regelmäßige, vorstehende, schlechte, faule, falsche *(künstliche)* Zähne; ein hohler, plombierter, abgebrochener, kariöser Z.; die Zähne kommen durch, brechen durch; der Zahn wackelt, ist locker, tut weh; mir ist ein Z. abgebrochen; vor Kälte klapperten ihnen die Zähne; die Zähne putzen; das Kind bekommt Zähne, hat noch die ersten, schon die zweiten Zähne; der Hund zeigte, fletschte, bleckte die Zähne; der Tiger schlug seine Zähne in die Flanke des Tieres; ihm fallen die Zähne aus; du mußt dir die Zähne richten lassen; einen Z. plombieren, füllen, ziehen; er hat sich (Dativ) einen Z. ausgebissen, ausgebrochen; er hat ihm die Zähne eingeschlagen; durch die Zähne pfeifen; in den Zähnen stochern; er hat eine Lücke in, zwischen den Zäh-

nen; er knirschte vor Wut mit den Zähnen; sie klapperte mit den Zähnen; er murmelte etwas zwischen den Zähnen. **2.** *Zacke:* die Zähne einer Briefmarke, einer Säge, eines Zahnrades; bei meinem Kamm sind ein paar Zähne ausgebrochen. * (ugs. scherzh.:) **die dritten Zähne** *(jmds. künstliches Gebiß)* · **der Zahn der Zeit** *(die zerstörende Kraft der Zeit)* · (ugs. veraltend:) **ein steiler Zahn** *(ein kesses Mädchen)* · (ugs.:) **die Zähne zusammenbeißen** *(bei Schmerzen, in einer schwierigen Lage o. ä. tapfer sein)* · (ugs.:) **jmdm. die Zähne zeigen** *(etwas ungern, mit Widerwillen essen)* · (ugs.:) **jmdm. den Zahn ziehen** *(jmdm. eine Illusion, Hoffnung nehmen)* · (ugs.:) **sich (Dativ) an etwas, an jmdm. die Zähne ausbeißen** *(mit etwas, mit jmdm. nicht fertig werden; sich mit der Bewältigung von etwas vergeblich abmühen)* · (ugs.:) **lange Zähne machen;** (ugs.:) **mit langen Zähnen essen** *(etwas ungern, mit Widerwillen essen)* · (ugs.:) **einen Zahn draufhaben: a)** *(mit hoher Geschwindigkeit fahren).* **b)** *(schnell arbeiten)* · (ugs.:) **einen Zahn zulegen: a)** *(die Fahrgeschwindigkeit steigern).* **b)** *(schneller arbeiten)* · (ugs.:) **die Zähne nicht auseinanderkriegen** *(nicht viel reden, mundfaul sein)* · (ugs.:) **jmdm. auf den Zahn fühlen** *(jmdn. scharf und kritisch ausforschen)* · (ugs.:) **bis an die Zähne bewaffnet sein** *(schwer bewaffnet sein)* · (ugs.:) **etwas ist/reicht nur für den/einen hohlen Zahn** *(etwas ist zu knapp bemessen)* · (ugs.:) **etwas mit Zähnen und Klauen verteidigen** *(etwas mit allen zur Verfügung stehenden Mitteln verteidigen).*
Zange, die: /*ein Werkzeug*/: den Draht mit der Z. biegen, abkneifen; er zog den Nagel mit Hilfe einer Z. heraus; das Kind mußte mit der Z. *(Geburtszange)* geholt werden. * (ugs.:) **jmdn. in die Zange nehmen: a)** *(jmdn. unter Druck setzen, ihm mit Fragen zusetzen).* **b)** *(Fußball: einen gegnerischen Spieler von zwei Seiten her heftig bedrängen)* · (ugs.:) **jmdn. in der Zange haben** *(jmdn. in der Gewalt haben, zu etwas zwingen können)* · (ugs.:) **jmdn./etwas nicht mit der Zange anfassen mögen** *(vor jmdm., etwas Widerwillen empfinden).*
Zank, der: *meist lautstarke Auseinandersetzung, bei der sich die Beteiligten in unschöner Weise beschimpfen:* hier herrscht ständig Z. und Streit; es gab häufig, dauernd Z. zwischen den beiden; einen Z. schlichten, beenden; in Z. geraten; mit jmdm. in dauerndem Z. leben.
zanken: 1. ⟨mit jmdm. z.⟩ *schimpfen:* der Vater hat tüchtig, gehörig mit ihm gezankt; ⟨auch ohne Präp.-Obj.⟩ muß ich schon wieder z.? **2.** ⟨sich mit jmdm. z.⟩ *sich mit jmdm. streiten:* er hat sich mit seinem Bruder, mit seiner Frau heftig gezankt; er zankt sich mit allen Leuten; ⟨auch ohne Präp.-Obj.⟩ sie zanken sich den ganzen Tag [um das Geld, um nichts und wieder nichts (ugs.)].
zappeln: *sich rasch, unruhig, zuckend hin- und herbewegen:* er zappelte mit Händen und Füßen; der Fisch zappelt am Angelhaken, im Netz; sie zappelte vor Nervosität, Ungeduld *(war vor Nervosität, Ungeduld sehr unruhig, in ständiger Bewegung).* * (ugs.:) **jmdn. zappeln lassen** *(jmdn. warten, im ungewissen lassen).*
zart: 1. a) *weich und fein; nicht rauh:* zarte Haut, zarte Hände, Finger; ein zarter Flaum; dieses Leder ist sehr z., fühlt sich z. an. **b)** *fein, dünn, zer-*

brechlich; *nicht grob:* ein zartes Gebilde; zarte Blüten; zartes Porzellan; überall zeigte sich zartes Grün; die Blätter der Pflanzen waren noch sehr z. **c)** *mürbe; nicht zäh:* zartes Fleisch, Gemüse, Gebäck; der Braten, das Schnitzel war sehr z. **2. a)** *hell; nicht kräftig [gefärbt]:* zarte Farben; ein zartes Rosa, Lila, Grün; sie hat einen zarten Teint; sie zeichnete mit zarten *(dünnen, nicht kräftigen)* Strichen; die Seide war z. getönt. **b)** *leise, lieblich:* zarte Töne, Klänge, Melodien; ihre Stimme ist, klingt sehr z. **3. a)** *sanft, vorsichtig, behutsam; kaum spürbar:* ein zarter Windhauch; eine zarte Berührung, Geste; ihre Hände waren z., strichen z. über sein Haar; man ging nicht gerade z. mit ihnen um. **b)** *feinfühlig, empfindsam; zärtlich:* ein zartes Gemüt, Gewissen; zarte Gefühle; er deutete es nur z. an. **4.** *empfindlich, schwächlich; nicht widerstandsfähig:* eine zarte Gesundheit, Konstitution; es starb im zarten *(frühen)* Alter von drei Jahren; sie ist ein wenig z., war schon immer sehr z.
zärtlich: *liebevoll, liebkosend:* zärtliche Worte, Blicke, Gefühle; zärtliches Geflüster; ein zärtlicher Vater, Ehemann; jmdn. z. ansehen, streicheln, umarmen; sie liebten sich z. *(innig)* ⟨mit, zu jmdm. z. sein⟩ sie war sehr z. mit, zu den Kindern; sie wurden z. *(intim)* miteinander.
Zärtlichkeit, die: **a)** *das Zärtlichsein:* sie umsorgte ihn mit großer Z.; es gab wenig, keine Z. zwischen ihnen. **b)** *Liebkosung:* Zärtlichkeiten austauschen; jmdn. mit Zärtlichkeiten überhäufen, überschütten.
Zauber, der: **1.** *übernatürliche, magische Kraft:* geheimnisvoller, magischer Z.; Z. treiben; einen Z. anwenden; den Z. bannen, lösen; etwas durch Z. bewirken; wie durch Z. war plötzlich alles verändert. **2.** (geh.) *Reiz, Faszination:* ein besonderer, seltsamer, merkwürdiger Z. ging von ihr aus; ihr Z., der Z. ihres Wesens nahm mich gefangen; sie übte einen großen Z. auf andere Menschen aus; er erlag ihrem Z.; er liebte den Z. der Musik. **3.** (ugs.) a) *großes Aufheben um eine nichtige Angelegenheit:* einen mächtigen Z. veranstalten um etwas; ich halte nichts von dem ganzen Z.; den Z. kenne ich! **b)** *wertloses Zeug:* was kostet der ganze Z.?; wohin soll denn der ganze Z.?
zaubern: a) *Zauber anwenden, Zauberei treiben:* z. können; ich kann doch nicht z.! (ugs.:) *ich kann nichts Unmögliches leisten).* **b)** ⟨etwas z.⟩ *durch Zauber hervorbringen:* die Fee zauberte für sie die herrlichsten Gewänder; übertr. (scherzh.:) sie hatte in kurzer Zeit einen Kuchen gezaubert. **c)** ⟨jmdn., sich, etwas z.; mit Raumangabe⟩ *durch Zauber an einen bestimmten Ort bringen:* der Geist zauberte ihn in eine Flasche; er zauberte ein Kaninchen aus seinem Hut *(brachte es durch einen Zaubertrick daraus hervor);* übertr. (geh.): er zauberte feine Töne aus dem Instrument.
zaudern: *unschlüssig sein, zögern:* nur kurz, zu lange, einen Augenblick z.; sie zauderten mit der Ausführung des Plans; er hatte gezaudert, den Plan auszuführen; er tat es, ohne zu z.; er hielt zaudernd inne; **subst.:** da hilft kein Zaudern!
Zaum, der: *Zaumzeug:* einem Pferd den Z. anlegen; ein Pferd an den Z. gewöhnen, es fest, gut im Zaum[e] halten. * **sich, etwas im Zaum[e] halten** *(sich, etwas beherrschen, zügeln):* du mußt dich,

deine Zunge im Z. halten; er kann seine Leidenschaften, Begierden nicht im Z. halten.

Zaun, der: *Einfriedigung:* ein hoher, niedriger Z.; ein lebender Z. *(Heckenzaun);* ein Z. aus Maschendraht; der Z. um den Garten, zwischen den beiden Grundstücken muß repariert werden; einen Z. erneuern, errichten; die Kinder schlüpften durch den Z., kletterten über den Z. * **etwas vom Zaun brechen** *(mutwillig etwas anfangen).*

Zaunpfahl (in der Wendung) **mit dem Zaunpfahl winken:** *auf etwas sehr deutlich anspielen.*

¹Zeche, die: *Gasthausrechnung:* eine große Z. machen; eine Z. von 200 Mark; seine Z. nicht bezahlen; er hat den Wirt um die Z. geprellt. * (ugs.:) **die Zeche prellen** *(eine Gasthausrechnung nicht bezahlen)* · (ugs.:) **die Zeche bezahlen müssen** *(die Folgen tragen müssen).*

²Zeche, die: *Bergwerk, Grube:* eine Z. stillegen; er arbeitet jetzt auf einer anderen Z.

zechen (veraltend, noch scherzh.): *ausgiebig Alkohol trinken:* fröhlich, bis zum frühen Morgen z.

Zeh, der, (auch:) **Zehe,** die: *Fußzeh:* der große, kleine Zeh; seine Zehen waren verkrüppelt; er hat sich (Dativ) einen Zeh, eine Zehe gebrochen, die Zehen erfroren; er stellte sich auf die Zehen, schlich auf [den] Zehen durchs Zimmer. * (ugs.:) **jmdm. auf die Zehen treten:** a) *(jmdn. kränken, beleidigen).* b) *(jmdn. unter Druck setzen).*

zehn ⟨Kardinalzahl⟩: *10:* wir waren z. Mann, waren zu zehnt, zu zehnen (ugs.), unser z. (geh.); die Zehn Gebote; es ist z. [Uhr]; er wird heute z. [Jahre alt]; ich wette z. zu eins *(bin ganz sicher),* daß er kommt; subst.: eine Zehn schreiben; die Zehn (ugs.; *Straßenbahnlinie 10*) fährt zum Hauptbahnhof. ↑ acht.

zehnte: ↑ achte.

zehren: 1. ⟨von etwas z.⟩ *von etwas Vorhandenem leben und es dabei aufbrauchen:* von den Vorräten, von seinen Ersparnissen z.; übertr.: von diesem Konzert zehrte er noch lange; sie zehrte von ihren Erinnerungen. 2. a) ⟨etwas zehrt⟩ *etwas schwächt, verbraucht Körperkräfte:* Fieber, die Seeluft, die See zehrt; eine zehrende Krankheit. b) ⟨etwas zehrt an jmdm., an etwas⟩ *etwas wirkt nach und nach zerstörerisch:* die Sorge hat sehr an ihr, an ihren Nerven gezehrt; das Fieber, die Krankheit zehrte an seinen Kräften.

Zeichen, das: 1. a) *sichtbarer oder hörbarer Hinweis:* ein deutliches, unverständliches, heimliches Z.; dieses Z. war verabredet; das Z. zum Anfang, Angriff, Einsatz wurde gegeben; das Z. zum Aufbruch ertönte; jmdm. ein Z. geben, machen; sich durch Z. miteinander verständigen; jmdn. durch ein Z. warnen; er nickte zum Z., daß er mich verstanden habe. b) *Kennzeichen, Merkzeichen:* die Zeichen am Rand konnte er nicht deuten; er machte sich (Dativ) ein Z. auf die betreffende Seite, legte sich ein Blatt Papier als Z. in das Buch; geben Sie bei Rückfragen bitte unser Z. *(Diktatzeichen)* an; er kerbte ein Z. in den Baum, brannte den Rindern Zeichen ein. 2. *Vorzeichen, Symptom:* ein sicheres, eindeutiges, klares, deutliches, untrügliches, bedenkliches, schlechtes, böses, alarmierendes Z.; die ersten Z. einer Krankheit; das ist kein gutes Z.; ein Z. von Schwäche; das ist ein Z. dafür, daß sich das Wetter ändert; die Z. des Verfalls waren nicht zu

übersehen; das war ein Z. des Himmels; etwas als ein günstiges Z. nehmen; etwas mit allen Z. der Verachtung zurückweisen; wenn nicht alle Z. trügen, wird es besser; (scherzh.:) es geschehen noch Zeichen und Wunder! /*Ausruf des Erstaunens, der Überraschung*/; er gab Z. der Ungeduld, des Unmuts von sich; sie warteten auf ein Z.; er hielt es für ein Z. von Schwäche; als Z., zum Z. *(als Ausdruck)* der Versöhnung reichten sie sich die Hand; übertr.: er hat die Z. der Zeit *(die Situation, Lage)* erkannt. 3. *Symbol:* ein kreisförmiges, dreieckiges Z.; ein mathematisches, chemisches Z.; ein magisches Z.; das Zeichen des Kreuzes; beim Klavierspielen die Z. *(Vorzeichen, Vortragszeichen)* beachten; du mußt in verschiedenen Sätzen die Z. *(Satzzeichen)* richtig setzen; die Sprache ist ein System von Z. 4. *Sternbild, Tierkreiszeichen:* aufsteigende, absteigende Z.; die Z. des Tierkreises; die Sonne steht im Z. des Widders; er ist im Z. des Löwen geboren. * (geh.:) **ein Zeichen, Zeichen setzen** *(etwas tun, was richtungweisend ist; Anstöße geben)* · (veraltend, noch scherzh.:) **seines Zeichens** *(von Beruf):* er war seines Zeichens Schneider · **etwas steht im Zeichen von etwas** *(etwas wird von etwas geprägt, beeinflußt):* die Stadt stand im Z. der Olympischen Spiele · (geh.:) **etwas steht unter einem guten/[un]günstigen/glücklichen Zeichen** *(etwas hat gute/[un]günstige Voraussetzungen).*

zeichnen: 1. *eine Zeichnung anfertigen; zeichnend tätig sein:* gern z.; sie kann gut z.; mit Bleistift, mit Kohle, auf dunklem Papier, nach der Natur z.; an diesem Plan hat er lange gezeichnet; subst.: er ist sehr geschickt im Zeichnen. 2. a) ⟨etwas z.⟩ *zeichnend herstellen:* eine Skizze, ein Porträt, ein Muster z. b) ⟨jmdn., etwas z.⟩ *zeichnend nachbilden; porträtieren, abzeichnen:* jmdn., etwas mit ein paar Strichen, in knappen Umrissen z.; sie mußten eine Landschaft z.; übertr.: der Schriftsteller zeichnet seine Charaktere nach dem Leben. 3. ⟨etwas, ein Tier z.⟩ *kennzeichnen, mit einem Zeichen versehen:* Waren z.; Wäsche [mit dem Monogramm] z.; Bäume zum Fällen z.; das Vieh wurde gezeichnet; adj. Part.: mit einer Musterung versehen: der Hund, das Fell ist schön gezeichnet · übertr. (geh.): die Krankheit hatte ihn gezeichnet; er war bereits vom Tod gezeichnet; er ist [vom Schicksal] gezeichnet. 4. (Kaufmannsspr.) a) ⟨etwas z.⟩ *durch Unterschrift übernehmen:* Aktien, eine Anleihe z.; er zeichnete bei der Sammlung einen Betrag von 20 Mark *(trug sich mit diesem Betrag in die Sammelliste ein).* b) *unterzeichnen, unterschreiben:* gezeichnet H. Meier /Abk.:/ gez.; *vor dem nicht handschriftlichen Namen unter einem Schriftstück/.* 5. ⟨für etwas z.⟩ *für etwas verantwortlich sein:* für diesen Artikel zeichnet der Chefredakteur [verantwortlich].

Zeichnung, die: 1. *gezeichnete Darstellung:* eine maßstabgetreue Z.; eine Z. anfertigen, ausführen; der Schrank wurde nach einer Z. angefertigt; übertr.: die Z. der einzelnen Charaktere ist dem Schriftsteller nicht gelungen. 2. *Musterung:* das Fell hat eine schöne Z. 3. (Kaufmannsspr.) *Kaufverpflichtung durch Unterschrift:* die Z. der Anleihe beginnt, wird geschlossen; eine Anleihe zur Z. auflegen.

zeigen: 1. ⟨mit Raumangabe⟩ *deuten, hinzeigen, weisen:* mit dem Finger auf jmdn., etwas z.; er zeigte in diese Richtung; übertr.: der Zeiger zeigt auf zwölf; der Wegweiser, die Magnetnadel zeigt nach Norden. 2. a) ⟨jmdm. jmdn., etwas z.⟩ *sehen lassen; vorführen, vorzeigen:* er hat mir den Brief, sein Haus gezeigt; (ugs.:) ich kann es dir schwarz auf weiß z.; er ließ sich sein Zimmer z.; er wollte mir die Stadt z.; übertr.: das mußt du mir erst einmal z. *(vorweisen, beweisen)*!; ⟨auch ohne Dat.⟩ wir mußten unsere Pässe z.; übertr.: das Foto zeigte ihn in jungen Jahren. b) ⟨jmdm. etwas z.⟩ *wissen lassen, angeben:* jmdm. den [richtigen] Weg z.; er zeigte uns, an welcher Stelle das Unglück geschehen war; zeige mir doch bitte *(mach es mir vor, erkläre mir),* wie es gemacht wird. c) ⟨sich z.⟩ *sich sehen lassen:* sich in der Öffentlichkeit, am Fenster z.; mit ihm kann man sich überall z.; so kann ich mich nicht auf der Straße z.; übertr.: Wolken z. sich am Himmel; es zeigten sich die ersten Sterne *(wurden die ersten Sterne sichtbar)* · ⟨sich jmdm. z.⟩; *der Präsident zeigte sich der Menge auf dem Balkon.* 3. ⟨etwas z.⟩ *spüren, erkennen, deutlich werden lassen:* [wenig] Verständnis [für jmdn., für etwas] z.; [keine] Angst, Reue, Einsicht z.; seine Macht, Überlegenheit z.; er ist nicht in der Lage, Gefühle zu z.; zeige wenigstens den guten Willen; er zeigte Haltung; sie zeigten keine Lust dazu; die Arbeit zeigt Fleiß, Talent; jetzt kannst du z. *(beweisen),* was du kannst; die Erfahrung hat gezeigt, daß ...; der Rüffel hat Wirkung gezeigt *(war wirksam);* ⟨jmdm. etwas z.⟩ jmdm. seine Liebe z.; jmdm. sein Mißfallen z.; seine Frage, Antwort, sein Verhalten zeigt mir, daß er es nicht begriffen hat; dem werde ich's [aber] z.! /ugs.; *Ausruf des Zorns/.* 4. a) ⟨sich z.⟩ *mit Artangabe⟩ sich erweisen:* sich dankbar, großzügig z.; sich mit etwas zufrieden z.; sich freundlich zu jmdm., feindlich gegen jmdn. z.; sich jeder Lage gewachsen z.; er hat sich klug, tapfer gezeigt; er hat sich als guter Freund/(veraltet:) guten Freund gezeigt; uns gegenüber zeigte sie sich nur von ihrer besten Seite. b) ⟨etwas zeigt sich⟩ *etwas stellt sich heraus, wird deutlich:* die Folgen zeigen sich später; es wird sich ja z., ob du recht hast; daß deine Entscheidung falsch war, zeigt sich jetzt. 5. ⟨etwas zeigt etwas⟩ *etwas zeigt etwas an:* das Thermometer zeigt 15° unter Null; die Uhr zeigt zwölf.

Zeiger, der: *Teil eines Meßinstruments, der den gemessenen Wert anzeigt:* der große, kleine Z. der Uhr; Z. steht, zeigt auf zwölf; der Z. der Waage blieb bei fünf Kilo stehen; der Z. schlug aus; den Z. vor-, zurückstellen, anhalten.

zeihen (geh.) ⟨jmdn., sich einer Sache z.⟩: *bezichtigen:* jmdn. des Verrates, Meineides, einer Lüge z.; er hat sich selbst eines Vergehens geziehen.

Zeile, die: 1. *Schrift-, Druckzeile:* schiefe, weite, enge Zeilen; eine neue Z. beginnen; die Anzeige kostet pro angefangene Z. 10 Mark; eine Z. ein-, ausrücken; am Anfang, am Ende der Z.; beim Lesen eine Z. überspringen; er hat davon sicher noch keine einzige Z. *(noch gar nichts)* gelesen; jmdm. ein paar Zeilen *(eine kurze Mitteilung)* schicken, schreiben; Ihre [freundlichen] Zeilen *(Ihren Brief)* habe ich erhalten; etwas Z. für Z. durchgehen, prüfen; in, auf der fünften Z. von oben; etwas auf der Schreibmaschine mit zwei Zeilen Abstand schreiben. 2. *Reihe:* mehrere Zeilen junger Bäume; eine lange Z. von unscheinbaren Häusern. * **zwischen den Zeilen lesen** *(auch das nicht ausdrücklich Gesagte in einem Text erkennen, verstehen):* bei dieser Nachricht muß man zwischen den Zeilen lesen können.

zeit (in der Verbindung) zeit meines, seines usw. Lebens: *während meines, seines usw. ganzen Lebens:* ich werde dir z. meines Lebens dankbar sein.

Zeit, die: 1. *Zeitablauf, in dem sich alles Geschehen vollzieht:* die Z. vergeht, verstreicht, verrinnt (geh.), geht dahin (geh.), flieht (geh.); die Z. wird es offenbaren, lehren, gleicht aus, arbeitet für uns; die Z. läßt sich nicht festhalten, nicht zurückdrehen; er möchte den Gang der Z. aufhalten; R: die Z. heilt alle Wunden; kommt Z., kommt Rat. 2. *Zeitraum; verfügbare Zeitspanne:* lange, kurze Z.; dafür ist die Z. zu knapp zu viel, wenig Z. zur Verfügung; jmds. freie Z. ist knapp bemessen; die Z. drängt, ist abgelaufen; es ist Z. genug, wenn wir um 8 Uhr abfahren; dafür bleibt keine Z. mehr, bleibt noch genug Z.; die Z. wurde ihm lang; dafür fehlt uns jetzt die Z.; es ist schon eine geraume Z. her, liegt schon einige Z. zurück; wieviel Z. ist seitdem vergangen?; viel, keine, noch eine Stunde Z. haben; sich (Dativ) [die] Z. für etwas, für jmdn. nehmen; etwas erfordert, braucht, kostet [viel] Z., braucht seine Z.; Z. und Gelegenheit haben, etwas Bestimmtes zu tun; etwas dauert, währt (geh.) eine lange Z.; jmdm. für etwas Z. lassen; ich gebe Ihnen dazu drei Wochen Z. *(Frist);* Z. sparen, gewinnen, für etwas finden; die [freie] Z. ausnutzen, für etwas nutzen; die [kostbare] Z. ungenutzt verstreichen lassen; Z. [mit etwas] verschwenden, vertrödeln (ugs.); seine Z. [mit etwas] verbringen; viel Z. [und Mühe] an etwas wenden; sich (Dativ) die, seine Z. [gut] einteilen; einige Z., eine kurze Z. [lang] warten; die ganze Z. [hindurch, über] war er damit beschäftigt; eine Z., die längste Z. seines Lebens hat er dort gewohnt; hier bin ich die längste Z. gewesen (ugs.; *ich gehe von hier weg);* jmdm. die Z. stehlen, rauben (geh.; *jmdn. unnötig aufhalten);* wir dürfen keine Z. verlieren *(müssen uns beeilen);* damit hat es noch Z. *(das eilt nicht);* Sport: er hat, ist die beste Z. gelaufen; die Z. nehmen, stoppen · auf die Länge der Z. *(auf die Dauer)* geht das nicht so weiter; das ist nur eine Frage der Z. *(es wird über kurz oder lang so kommen);* er ist auf unbestimmte Z., für längere Z. verreist; ich habe ihn in letzter, in der ganzen Z., in all der Z. nicht gesehen; nach kurzer Z. war er wieder zurück; er wohnt schon seit einiger Z. hier; er kann über seine Z. [frei] verfügen; das ist vor langer Z., während der Z., zu der Z. deiner Abwesenheit geschehen; R: Z. ist Geld; spare in der Z., so hast du in der Not. 3. *durch bestimmte Umstände charakterisierter Zeitabschnitt:* schöne, goldene, harte, schlimme, böse, teure Zeiten; die gute alte Z.; die alte, die neue Z.; unsere, die heutige, schnellebige Z.; kommende, künftige, spätere, vergangene Zeiten; die Z. der Reformation; die Z. vor dem Krieg, dem Krieg; herrliche, unsichere Zeiten; das war eine glückliche, selige (geh.) Z.; das waren noch Zeiten!

(damals ging es uns noch gut); die Zeiten sind schlecht, haben sich geändert; diese Zeiten sind vorbei, kommen nie wieder; Z. und Umstände erfordern es; dafür ist die Z. noch nicht reif; sie haben eine schwere Z. durchgemacht; sie hat [auch] bessere Zeiten gekannt, gesehen *(hat in besseren Verhältnissen gelebt als heute);* [ach] du liebe Z.! /ugs.; *Ausruf der Verwunderung, Bestürzung, des Bedauerns/*; er hat seine Z. (ugs.; *seine Gefängnisstrafe)* abgesessen; der Geist seiner Z.; ein Haus im Geschmack der, seiner Z.; er ist nicht auf der Höhe der, seiner Z. *(ist nicht modern);* er gab seiner Z. das Gepräge; er ist seiner Z. vorausgeeilt; er hofft immer auf bessere Zeiten, eine Sage aus vergangener Z.; das stammt noch aus der Z. unserer Großeltern, aus der Z., als ...; für kommende Zeiten ist gesorgt; er hat genug für alle Z./für alle Zeiten *(für immer);* er ist hinter seine Z. zurückgeblieben *(ist nicht modern, fortschrittlich);* in alter Z., in alten Zeiten; in Zeiten der Not; es geschah in der ersten Z. des Krieges, nach dem Krieg; das war in seinen besten Zeiten *(als es ihm gesundheitlich, finanziell o. ä. am besten ging);* er geht immer mit der Z. *(ist modern, fortschrittlich);* das muß vor meiner Z. (ugs.; *vor meinem Hiersein)* geschehen sein; zu Luthers Zeiten; das gab es zu allen Zeiten; R: die Zeiten ändern sich, und wir [ändern uns] mit ihnen. **4.** *Zeitpunkt; Augenblick:* dafür ist jetzt nicht die richtige, rechte Z.; die Z. für den Besuch ist jetzt ungünstig; es ist Z. aufzubrechen; jetzt ist es aber Z.!; für uns wird es langsam Z.; es ist höchste Z. *(schon sehr spät);* wenn du das noch nicht kannst, dann ist, wird es aber höchste Zeit *(ist es dringend notwendig),* es zu lernen; dafür ist die Z. jetzt gekommen; die Z. steht bevor, naht heran, wird kommen, in der .../wo ...; ihre Z. ist gekommen (geh. verhüllend; *ihre Niederkunft steht bevor);* seine Z. war gekommen (geh. verhüllend; *er mußte sterben);* welche Z. *(wieviel Uhr)* ist es?; Ort und Z. für etwas bestimmen, festsetzen, vereinbaren, ausmachen; die [richtige, rechte] Z. versäumen, verschlafen; du hast die Z. nicht eingehalten; er hielt seine Z. *(den für sein Handeln günstigen Zeitpunkt)* für gekommen; hast du [die] genaue Z. *(Uhrzeit)?*; es geschah um 6 Uhr mitteleuropäischer Z. *(Zeitrechnung);* es ist an der Z. zu handeln *(der Zeitpunkt zum Handeln ist gekommen);* einen Vertrag auf Z. *(einen befristeten Vertrag)* abschließen; er ist Soldat, Beamter auf Z. *(für eine bestimmte, befristete Zeit);* er kam erst nach der festgesetzten Z.; ich habe ihn seit dieser Z. nicht mehr gesehen; es war schon zwei Tage über die Z.; um diese Z. ist er sonst immer hier; wie sehen uns morgen um diese, um dieselbe, um die gleiche Z.; von der, dieser Z. an blieb er verschwunden; das Kind kam vor der Z. *(wurde zu früh geboren);* zu jeder, passender, günstiger, gegebener Z.; das war zu der Z., als/(geh.) da hier noch niemand wohnte; zu der Z. *(damals)* konnte er nicht verreisen; er kam zu nachtschlafender Z. *(spät in der Nacht; nachts);* sie kamen zur gleichen Z. an; er kam zur rechten Z.; R: alles zu seiner Z. **5.** (Sprachw.) *Tempus:* einfache, zusammengesetzte Zeiten; in welcher Z. steht das Verb? * *jmdm./sich mit etwas die Zeit vertreiben (jmdn., sich mit etwas für eine bestimmte Zeit unterhal-*

ten) · *(ugs. abwertend:)* die Zeit totschlagen *(seine Zeit nutzlos verbringen)* · mit der Zeit *(allmählich):* mit der Z. gewöhnt man sich an alles · von Zeit zu Zeit *(gelegentlich, ab und zu)* · zur Zeit *(jetzt, im Augenblick):* er ist zur Z. im Ausland · zu Zeiten einer Person oder Sache *(zu Lebzeiten einer bestimmten Person; als es etwas Bestimmtes noch gab).*

zeitig: *früh:* ein zeitiger *(früh einsetzender)* Winter; am zeitigen Nachmittag; diese Blumen blühen im zeitigen Frühjahr; z. aufstehen, zu Bett gehen; es wird jetzt schon z. dunkel.

zeitigen (geh.) ⟨etwas zeitigt etwas⟩: *etwas bringt etwas hervor, hat ein bestimmtes Ergebnis:* Folgen, Wirkungen z.; unsere Bemühungen haben ein gutes Ergebnis, gute Erfolge gezeitigt.

zeitlich: 1. *die Zeit betreffend:* ein zeitliches Nebeneinander; in großem, kurzem zeitlichen Abstand; den zeitlichen Ablauf festlegen; der Besuch des Museums war z. nicht mehr möglich; etwas ist z. begrenzt. **2.** *vergänglich, irdisch:* zeitliche und ewige Werte; die [zeitlichen Güter; kath. Rel.: zeitliche Strafen. * (scherzh.:) *etwas segnet das Zeitliche (etwas geht nach längerem Gebrauch kaputt, wird unbrauchbar).*

Zeitpunkt, der: **a)** *bestimmter Augenblick:* der entscheidende Z. war gekommen; den richtigen, günstigen Z. wählen, abwarten, verpassen, versäumen. **b)** *Termin:* einen Z. vereinbaren, festsetzen; zum jetzigen, zu einem späteren Z.; zu diesem Z. bin ich schon nicht mehr da.

Zeitung, die: **a)** *täglich bzw. regelmäßig in kürzerem Zeitabstand erscheinende Druckschrift mit aktuellen Nachrichten, Berichten u. a.:* eine führende, angesehene, unabhängige, überregionale Z.; die Z. erscheint täglich, jeden Freitag, in Zürich; die Z. mußte ihr Erscheinen einstellen, ist eingegangen (ugs.); die Z. berichtet, schreibt, tritt dafür ein, daß ...; alle Zeitungen haben sich mit dem Fall beschäftigt, waren voll davon (ugs.); eine Z. drucken, herausgeben, verlegen, redigieren; eine Z. halten, lesen, bestellen, abonnieren; die Z. abbestellen; Zeitungen austragen; die Z. (ugs.; *das Bezugsgeld dafür)* kassieren; welche Z. lesen Sie?; er sitzt im Sessel und liest [die] Z.; diese Nachricht habe ich aus der Z. (ugs.); das habe ich erst aus der Z., durch die Z. erfahren; etwas durch die Z. *(mit einer Zeitungsanzeige)* suchen; das ging durch alle Zeitungen; sie berichtet, schreibt für eine ausländische Z.; etwas in der Z. lesen, bekanntgeben, veröffentlichen; das hat in der Z. gestanden; eine Anzeige in die Z. setzen, [ein]rücken; sein Aufsatz war in der Z. abgedruckt. **b)** (ugs.) *Presseunternehmen:* sie ist bei einer Z. [beschäftigt]. **c)** *Zeitungsexemplar, Zeitungsblatt:* die Z. aufschlagen, zusammenfalten; etwas in eine alte Z. einschlagen; etwas in Z. *(in Zeitungspapier)* einwickeln.

zeitweilig: *vorübergehend; für kurze Zeit:* eine zeitweilige Verzögerung, Abwesenheit; die Straße ist z. gesperrt; er mußte z. aussetzen.

zeitweise ⟨Adverb⟩: *manchmal; eine Zeitlang:* es hat z. geregnet; die Autobahn war z. *(vorübergehend)* gesperrt; ⟨auch attributiv⟩ ein zeitweiser Rückgang.

Zelle, die: **1. a)** *enger, einfach möbllerter Raum, in dem Personen abgeschieden oder abgetrennt von* *anderen leben:* eine schlichte, kahle, dunkle Z.; die Mönche wohnen in Zellen; der Gefangene sitzt in Z. 134; jmdn. in eine Z. einschließen. **b)** *kleiner Hohlraum:* die Zellen der Bienenwabe; die Zellen des Akkumulators. **2.** *kleinste selbständige Einheit im Aufbau der Lebewesen:* Zellen wachsen, verschmelzen, teilen sich, sterben ab. **3.** *kleine [politisch] aktive Gruppe:* kommunistische Zellen; die Partei bildete, gründete Zellen in den Fabriken. * (ugs. scherzh.:) **die [kleinen] grauen Zellen** *(das Gehirn, das Denkvermögen).*

Zelt, das: *aus einem Gestänge und darübergespanntem Stoff bestehende auf- und abbaubare Behausung:* ein Z. aufschlagen, aufbauen, aufstellen, abbrechen; aus dem Z. treten; in Zelten wohnen, leben, im Z. übernachten, schlafen; ein Zirkus errichtet sein Z. auf dem Festplatz. * **die Zelte abbrechen** *(den Aufenthaltsort, den bisherigen Lebenskreis aufgeben)* · **irgendwo seine Zelte aufschlagen** *(irgendwo wohnen, sich niederlassen):* sie wollen in München ihre Zelte aufschlagen.

zelten: *im Zelt übernachten, wohnen:* im Lager, auf einem Campingplatz, am Waldrand z.

Zensur, die: **1.** *Leistungsnote:* der Schüler hat schlechte Zensuren, bekam eine gute Z. für den Aufsatz, in Deutsch; der Lehrer gibt, erteilt eine Z.; die Zensuren stehen schon fest; übertr.: Zensuren austeilen *(in anmaßender Weise über jmdn., etwas Urteile aussprechen).* **2. a)** *[staatliche] Kontrolle von Büchern, Filmen u. ä.:* eine politische Z.; die Z. der Presse; eine Z. ausüben; die Z. streng, tolerant, nachlässig handhaben; die Post der Gefangenen unterliegt einer scharfen, strengen Z.; etwas fällt der Z. zum Opfer. **b)** *Prüfstelle:* die Z. hat das Buch, die Aufführung verboten, beanstandet, zugelassen, freigegeben; der Brief durfte die Z. passieren, ging durch die Z.

Zentner, der: *Gewicht von 50 kg/(österr., schweiz.:) 100 kg:* zehn Z. Kartoffeln, Kohlen; ein Schwein von 3 Zentner[n] Lebendgewicht, mit einem Lebendgewicht von 3 Zentnern; ein Z. Kartoffeln kostet/(seltener:) kosten 40 Mark; ein Z. neue Kartoffeln/(geh.:) neuer Kartoffeln; er wiegt anderthalb Z.

Zentrum, das: **1.** *Mittelpunkt:* das Z. des Erdbebens; die Stadt ist ein kulturelles, wirtschaftliches Z.; im Z. *(in der Mitte)* des Platzes steht ein Denkmal; im Z. treffen; übertr.: er, diese Frage stand im Z. des Interesses; dieser Ort ist das Z. der Macht. **2.** *innerer Teil:* das Z. der feindlichen Stellung angreifen; er wohnt im Z. der Stadt; ein Geschäft im Z. **3.** *zentrale, nach außen wirkende Gruppe oder Institution:* ein geistiges Z.; sie bildeten das Z. des Widerstandes. **4.** *größere Einrichtung für etwas Bestimmtes:* ein Z. für Gentechnologie, für Behindertensport.

Zepter, das: *Herrscherstab:* ein goldenes Z.; unter dem Z. *(unter der Regentschaft)* dieses Königs blühte das Land auf; übertr.: das Z. übernehmen, abgeben *(ein Amt übernehmen, abgeben).* * **das Zepter führen/**(ugs.:) **schwingen** *(die Herrschaft, Führung haben):* sie führt/schwingt das Z. im Haus[e].

zerbrechen: 1. 〈etwas z.〉 *in Stücke brechen:* ein Glas z.; sie hat ihre Brille zerbrochen. **2.** 〈etwas zerbricht〉 *etwas bricht entzwei:* die Platte zerbrach; bei der Explosion zerbrachen viele Fen-

sterscheiben; zerbrochenes Geschirr; 〈etwas zerbricht jmdm.〉 der Teller ist mir [in der Hand, beim Abwaschen] zerbrochen; bildl. (geh.): ihre Ehe, Liebe, seine Hoffnung zerbrach. **3.** (geh.) 〈an etwas z.〉 *scheitern, zugrunde gehen:* er ist am Leben, an den Verhältnissen zerbrochen.

zerdrücken 1. 〈etwas z.〉 *durch Druck zerstören, vernichten:* ein Ei, ein Glas [in der Hand] z.; die Kartoffeln [mit der Gabel] z.; er zerdrückte die Spinne; mehrere Häuser wurden von den Erdmassen zerdrückt. **2.** (ugs.) 〈etwas z.〉 *zerknittern:* die Bluse, der Hut ist ganz zerdrückt; eine zerdrückte *(aus der Form geratene)* Frisur.

Zeremonie, die: *in bestimmten festen Formen ablaufende feierliche Handlung:* eine feierliche, umständliche, prunkvolle Z.; die Z. der Taufe; der Präsident wurde in/mit einer schlichten Z. in sein Amt eingeführt; übertr. (scherzh.): die Z. des abendlichen Waschens.

zerfahren: *gedankenlos, zerstreut:* er machte einen zerfahrenen Eindruck; du bist heute so z.

Zerfall, der: **a)** *das Zerfallen:* den Z. eines Hauses aufhalten, verhindern; der Frost beschleunigte den Z. der Ruine; Physik : der radioaktive Z. von Atomkernen. **b)** *Untergang:* der Z. des Römischen Reiches; der langsame Z. der Partei.

zerfallen: 1. 〈etwas zerfällt〉 **a)** *etwas bricht auseinander, löst sich auf:* die Mauer zerfällt [immer mehr]; in/zu Staub, in Asche z., in nichts, in seine Bestandteile z.; die Tablette in Wasser z. lassen; Physik : ein Element zerfällt; Atomkerne zerfallen *(spalten sich).* **b)** *etwas geht zugrunde, geht unter:* nach Alexanders Tod zerfiel sein Reich. **2.** 〈etwas zerfällt in etwas〉 *etwas gliedert sich in bestimmter Weise:* die Abhandlung zerfällt in mehrere Kapitel, Teile. * **mit jmdm., mit etwas zerfallen sein** *(mit jmdm., mit etwas verfeindet, zerstritten sein):* er ist mit seiner Familie zerfallen · **mit sich selbst zerfallen sein** *(mit sich selbst unzufrieden und unglücklich sein).*

zerfetzen: 1. 〈jmdn., etwas z.〉: *mit Vehemenz zerreißen, in Stücke reißen:* Papier, einen Brief z.; der Sturm zerriß das Zelt; eine Granate hat ihn zerfetzt; 〈jmdm. etwas z.〉 die Granate hatte ihm den Bein zerfetzt; zerfetzte Körper. **2.** 〈etwas z.〉 *verreißen:* die Kritik hat die Aufführung zerfetzt.

zerfleischen: 1. 〈jmdn. z.〉 *mit den Zähnen in Stücke reißen:* die Wölfe zerfleischten die Schafe. **2.** (geh.) 〈sich z.〉 *sich quälen:* du zerfleischst dich in Selbstvorwürfen.

zerfließen 〈etwas zerfließt〉: **a)** *etwas löst sich auf, verflüssigt sich:* der Schnee, das Eis zerfließt; die Schokolade war in der Sonne zerflossen; übertr.: in, vor Mitleid z. *(ein Übermaß an Mitleid zeigen).* **b)** *etwas läuft auseinander:* die Tinte, Farbe zerfließt auf dem Papier; übertr.: in der Dämmerung zerflossen *(verschwammen)* die Konturen.

zerfressen: 1. 〈ein Tier zerfrißt etwas〉 *zerstört, beschädigt etwas durch Fraß:* Motten haben den Stoff zerfressen. **2.** 〈etwas zerfrißt etwas〉 *etwas zerstört, zersetzt etwas:* der Rost, die Säure zerfrißt das Metall; der Eiter hat den Knochen zerfressen; bildl.: der Gram zerfraß ihr das Herz.

zergehen 〈etwas zergeht〉: meist mit Raumangabe: *etwas schmilzt, löst sich auf:* das Eis zergeht in, an der Sonne; Zucker zergeht in Wasser;

etwas im Munde z. lassen; Butter z. lassen; das Fleisch ist so zart, daß es auf der Zunge zergeht.

zerknirscht: *sehr schuldbewußt:* ein zerknirschter Sünder; z. dreinschauen; über etwas z. sein.

zerknittern ⟨etwas z.⟩: *zusammendrücken, so daß Knicke, Falten entstehen:* du hast beim Sitzen deinen Anzug zerknittert; ein zerknittertes Hemd; die Zeitung ist ganz zerknittert; bildl.: ein zerknittertes *(sehr faltiges)* Gesicht; übertr. (ugs.): nach dieser Standpauke war er ganz zerknittert *(niedergeschlagen).*

zerlegen: a) ⟨etwas z.⟩: *auseinandernehmen, in seine Bestandteile auflösen:* einen Motor z.; der Kleiderschrank läßt sich z.; etwas in seine Bestandteile z. **b)** ⟨ein Tier z.⟩ *zerteilen:* erlegtes Wild z.; die Gans [kunstgerecht] z. *(tranchieren).*

zermalmen ⟨jmdn., etwas z.⟩: *zerquetschen:* herabstürzende Felsmassen zermalmten drei Menschen; seine Hand wurde in der Maschine zermalmt.

zermartern ⟨sich (Dativ) etwas z.⟩: *vergebens anstrengen:* er zermarterte sich den Kopf, das Hirn, aber der Name fiel ihm nicht ein.

zermürben: ⟨jmdn., etwas z.⟩ *mürbe machen, jmds. Widerstandskraft brechen:* Sorgen zermürbten sie; sie zermürbten den Angeklagten im/durch ein Kreuzverhör; eine zermürbende Ungewißheit; ein von Sorge zermürbter Mensch.

zerpflücken ⟨etwas z.⟩: **a)** *auseinanderzupfen; durch Zupfen verkleinern:* eine Rose z.; Salat z. **b)** (ugs.) *im einzelnen kritisieren:* eine Rede Satz für Satz z.; jmds. Argumente z.; der Kritiker hat das Buch zerpflückt.

zerreißen: 1. a) ⟨jmdn., etwas z.⟩ *in Stücke reißen; auseinanderreißen:* Papier, einen Brief, einen Faden z.; ein Tuch in schmale Streifen z.; das Raubtier hat die Beute mit den Zähnen zerrissen; eine Granate hatte ihn zerrissen; übertr.: der Sturm hat die Wolkendecke zerrissen; ein Knall zerriß die Stille; ich kann mich doch nicht z. *(zwei Dinge auf einmal tun);* ich könnte mich z. [vor Wut]; sie hat sich für uns förmlich zerrissen *(hat alles Erdenkliche für uns getan).* **b)** ⟨jmdm., sich etwas z.⟩ *ein Loch in etwas reißen, etwas beschädigen:* der Hund hat ihm die Hose zerrissen; ich habe mir an dem Stuhl die Strümpfe zerrissen; ⟨auch ohne Dat.⟩ der Junge zerreißt viel. **2.** ⟨etwas zerreißt⟩ *etwas reißt auseinander, geht entzwei:* das Garn zerreißt leicht; das Seil, die Schnur zerriß; zerrissene Kleider, Schuhe; übertr.: der Nebel zerreißt; die Bande zwischen ihnen waren zerrissen; subst.: die Atmosphäre war zum Zerreißen gespannt.

zerren: 1. ⟨jmdn., etwas z.; mit Raumangabe⟩ *gewaltsam oder mühsam ziehen:* jmdn. aus dem Bett, auf die Straße, in ein Auto z.; einen Sack hinter sich her z.; übertr.: jmdn. vor Gericht, etwas an die Öffentlichkeit z. **2.** ⟨sich (Dativ) etwas z.⟩ *zu stark dehnen:* ich habe mir einen Muskel gezerrt. **3.** ⟨an jmdm., an etwas z.⟩ *heftig, ruckartig ziehen:* an der Glocke, den Schuhbändern z.; der Hund zerrt an der Kette, Leine; übertr.: der Lärm zerrt an meinen Nerven.

zerrinnen (geh.) ⟨etwas zerrinnt⟩: *etwas zerfließt, löst sich auf:* der Schnee zerrinnt; bildl.: seine Pläne, Träume sind [in nichts] zerronnen.

zerrütten ⟨etwas zerrüttet jmdn., etwas⟩: **1.** *et-*

was erschöpft jmdn. körperlich, geistig völlig: der Alkoholkonsum hatte ihn, seine Gesundheit zerrüttet; zerrüttete Nerven. **2.** *in seinem Gefüge zerstören:* die Mißwirtschaft zerrüttete die Finanzen des Staates; eine zerrüttete Ehe; er lebt in völlig zerrütteten Verhältnissen.

zerschellen ⟨etwas zerschellt⟩: *etwas bricht beim Aufprall auseinander:* das Schiff zerschellte [an einer Klippe]; das Flugzeug ist [an einer Bergwand] zerschellt; die Maschine lag zerschellt am Boden; übertr.: an seinem Widerstand zerschellten *(scheiterten)* alle Angriffe.

zerschlagen: 1. ⟨etwas z.⟩: **a)** *unabsichtlich, durch Fallenlassen zerbrechen:* Porzellan, Geschirr z. **b)** *in Stücke schlagen, stark beschädigen, zerstören:* in seiner Wut das Mobiliar z.; ein Stein hat die Windschutzscheibe, der Hagel hatte die Ernte zerschlagen; übertr. adj. Part.: ich fühle mich [an allen Gliedern] wie zerschlagen *(lahm);* alle Glieder sind mir wie zerschlagen *(schmerzen mich);* sie war nach dem anstrengenden Tag ganz zerschlagen *(sehr müde);* übertr.: *zerstören, vernichten:* eine feindliche Division z.; ein Besitztum z. *(aufteilen);* jmds. Macht, einen Spionagering z. **2.** ⟨etwas zerschlägt sich⟩ *etwas erfüllt sich nicht, kommt nicht zustande:* meine Hoffnungen, Pläne zerschlugen sich; die Sache hat sich wieder zerschlagen.

zerschmettern ⟨etwas z.⟩: *mit großer Wucht zerschlagen:* eine Vase auf dem Fußboden z.; herabfallende Gesteinsbrocken hatten sein Bein zerschmettert; er lag mit zerschmetterten Gliedern auf der Straße; ⟨jmdm. etwas z.⟩ die Kugel zerschmetterte ihm das Bein; übertr. (geh.): die Feinde, seinen Gegner z. *(vernichten).*

zerschneiden: 1. ⟨etwas z.⟩: *auseinanderschneiden:* Stoff, Papier, Rohre [mit einer Schere] z.; die Maschine zerschnitt dicke Stahlplatten; übertr.: eine Straße zerschneidet den früheren Park. **2.** ⟨etwas zerschneidet jmdn. etwas⟩ *etwas verletzt etwas durch Schnitte:* die Scherben zerschnitten ihm die Hand.

zersetzen: 1. a) ⟨etwas zersetzt etwas⟩ *etwas löst etwas auf, zerstört etwas:* der elektrische Strom zersetzt Säure; Mikroben, Bakterien zersetzen organische Verbindungen. **b)** ⟨etwas zersetzt sich⟩ *etwas löst sich auf:* das Holz hat sich im Boden zersetzt. **2.** ⟨etwas z.⟩ *etwas in seinem Bestand, in seiner Ordnung schädigen, untergraben:* sie zersetzten mit ihrer Propaganda die Moral; die feindliche Propaganda zersetzte das Heer; zersetzende Reden; etwas wirkt zersetzend.

zersplittern: 1. ⟨etwas zersplittert etwas⟩ *etwas zerschlägt etwas in Splitter:* der Sturm, der Blitz zersplitterte den Mast; übertr.: das Land war zersplittert [in viele Kleinstaaten]. **2. a)** ⟨etwas z.⟩ *für zu viele Dinge gleichzeitig verbrauchen:* er zersplitterte seine Kräfte, seine Zeit. **b)** ⟨sich z.⟩ *viele Dinge gleichzeitig tun, sich verzetteln:* er hat sich in den letzten Jahren zu sehr zersplittert. **2.** ⟨etwas zersplittert⟩ *etwas zerbricht, zerfällt in Splitter:* das Fenster zersplitterte; bei dem Aufprall war die Windschutzscheibe zersplittert; ein zersplitterter Knochen.

zerspringen ⟨etwas zerspringt⟩: *etwas [Sprödes] bricht in Stücke:* das Glas zersprang [in tausend Stücke]; eine Saite war zersprungen (geh.; *geris-*

sen); zersprungene Scheiben; übertr. (geh.): der Kopf wollte mir z. [vor Schmerzen].

zerstören ⟨etwas z.⟩: *durch Beschädigung unbrauchbar machen, vernichten:* etwas mutwillig, sinnlos, vollständig, restlos z.; eine Stadt, eine Leitung z.; dieses Haus wurde im Kriege, durch Bomben, durch Feuer, durch ein/bei einem Erdbeben zerstört; übertr.: die Natur z.; die Landschaft z. *(verschandeln);* jmds. Hoffnungen z. *(zunichte machen);* jmds. Ehe, Existenz, Glück, Gesundheit z.; zerstörte Illusionen.

zerstreuen: **1.** ⟨etwas z.⟩ *verstreuen:* der Wind zerstreut die Blätter; die Kleider lagen auf dem Boden zerstreut; adj. Part.: zerstreutes *(diffuses)* Licht; die Häuser liegen [über das Tal] zerstreut; die Freunde waren in alle Winde zerstreut. **2.** ⟨jmdn., etwas z.⟩ *auseinandertreiben:* die Polizei versuchte die Demonstranten, die Menge [mit Wasserwerfern] zu z. **3.** ⟨sich z.⟩ *auseinandergehen:* die Menge zerstreute sich [in die umliegenden Straßen]. **4.** ⟨jmdn., sich z.⟩ *ablenken, unterhalten [lassen]:* sich durch ein Spiel, eine schöne Krimi (ugs.), beim Fernsehen z.; ich versuchte ihn mit allerlei Scherzen zu z. **5.** ⟨etwas z.⟩ *beseitigen:* jmds. Bedenken, Zweifel z.; es gelang ihm, jeden Verdacht zu z.

zerstreut: *unaufmerksam:* ein zerstreuter Fußgänger; er ist ein zerstreuter Professor (scherzh.; *ein sehr zerstreuter Mensch*); er ist oft z. und vergißt dann alles; sie sah z. auf die Uhr.

Zerstreuung, die: **1.** (veraltend) a) *Unterhaltung, Zeitvertreib:* die Zerstreuungen der Großstadt; Z. in etwas suchen, finden; seinen Gästen allerlei Zerstreuungen bieten. **b)** *Zerstreutsein, Unaufmerksamkeit:* ich habe in der Z. meine Tasche liegen[ge]lassen. **2.** *Auseinandertreiben:* die Z. der Ansammlung, der Demonstranten.

zerteilen: **1.** ⟨etwas z.⟩ *in Teile zerlegen:* Geflügel, einen Braten z.; übertr.: der Wind zerteilt die Wolken; (geh.:) das Boot zerteilte die Wellen; ich kann mich doch nicht z. (ugs.; *mehrere Dinge zugleich tun*). **2.** ⟨etwas zerteilt sich⟩ *etwas geht auseinander, löst sich auf:* der Nebel zerteilt sich; die Wolken haben sich zerteilt.

zertreten ⟨ein Tier, etwas z.⟩: *durch Darauftreten töten oder zerstören:* eine Blume, eine Kirsche z.; einen Käfer achtlos z.; die Kinder haben den Rasen zertreten *(niedergetreten).*

zertrümmern ⟨etwas z.⟩: *in Stücke schlagen:* einen Spiegel z.; bei dem Streit wurde die ganze Einrichtung zertrümmert; Med.: Nierensteine z. *(auf nichtoperativem Weg zum Verschwinden bringen);* Kernphysik: die Atomkerne werden zertrümmert; ⟨jmdm. etwas z.⟩ bei dem Sturz wurde ihm der Schädel zertrümmert.

zerzausen ⟨[jmdm.] etwas z.⟩: *(bes. vom Haar) in Unordnung bringen:* zerzaustes Haar; der Wind hatte ihre Frisur zerzaust; ihre Haare sind zerzaust; bildl.: vom Sturm zerzauste Bäume.

zetern (ugs.): *laut jammern, schimpfen:* laut z.; wegen, über etwas z.

Zettel, der: *kleineres Blatt Papier:* ein leerer, beschriebener Z.; an der Tür hing, klebte ein Z. mit ihrem Namen; etwas auf einen Z. schreiben, auf einem Z. notieren; ein Z. mit Notizen.

Zeug, das: **1.** (ugs.) **a)** *nicht näher bestimmte [wertlose] Sache:* wie teuer ist das Z.?; das Z. hat furchtbar geschmeckt; was soll ich nur mit dem Z. anfangen?; weg mit dem Zeug[s]! **b)** *nicht näher bestimmtes unsinniges Gerede o. ä.:* [das ist] dummes Z.!; dummes, albernes Z. reden, träumen; der Kranke redet wirres, ungereimtes Z.; die Kinder treiben nur dummes Z.; glaub doch nicht all das Z.! **2.** (ugs.) *Kleidung, Ausrüstung u. ä.:* sein Z. in Ordnung halten; buntes Z. waschen; bei der Kälte tragen sie dickes, warmes Z. ∗ (ugs.:) **jmd. hat/in jmdm. steckt das Zeug zu jmdm., etwas** *(jmd. ist zu etwas befähigt, hat die Begabung, etwas Bestimmtes zu werden):* in ihm steckt das Z. zu einem tüchtigen Ingenieur; er hat nicht das Z. dazu · (ugs.:) **was das Zeug hält** *(mit aller Kraft):* er arbeitete, rannte, was das Z. hielt · (ugs.:) **jmdn. etwas am Zeug[e] flicken** *(jmdn. tadeln, kritisieren)* · **sich mächtig/richtig ins Zeug legen** *(sich sehr anstrengen, mit großem Einsatz etwas Bestimmtes tun).*

Zeuge, der: *jmd., der bei etwas anwesend war, etwas miterlebt hat [und auf Befragen darüber berichten kann]:* ein vertrauenswürdiger, ein falscher Z.; der Z. Meyer (Rechtsw.); er war Z. des Unfalls, der Tat; es waren keine Zeugen dabei; wir alle waren Z./(ugs.:) Zeugen dieses Gesprächs; er wurde unfreiwillig Z. ihres Streites; Zeugen werden gesucht, mögen sich melden; Gott ist/sei mein Z.! (geh.; /*Beteuerungsformel*/); einen Zeugen benennen, stellen, vernehmen, verhören, befragen, vereidigen; als Z. [vor Gericht] auftreten, erscheinen, vorgeladen werden; jmdn. als Zeugen für etwas anführen; etwas im Beisein von Zeugen tun, sagen; das Testament wurde vor Zeugen geöffnet; übertr.: diese Ruinen sind [stumme] Zeugen, die letzten Zeugen *(Zeichen, Überbleibsel)* der Vergangenheit. ∗ **jmdn. als Zeugen/zum Zeugen anrufen** *(sich auf jmdn. berufen).*

zeugen (geh.): **1.** ⟨für jmdn./gegen jmdn. z.⟩ *Zeuge sein, als Zeuge aussagen:* in einem Prozeß für jmdn., gegen jmdn. z.; übertr.: das zeugt *(spricht)* nicht gerade für seine Wahrheitsliebe. **2.** ⟨etwas zeugt von etwas⟩ *etwas beweist etwas:* sein Verhalten zeugt nicht von Geschmack.

Zeugnis, das: **1.** (veraltend) *Zeugenaussage:* das Z. verweigern; [falsches] Z. [für jmdn., gegen jmdn.] ablegen; nach seinem Z. war die Sache ganz anders. **2.** (geh.) **a)** *Beweis:* etwas ist ein untrügliches Z. seiner; diese Aussage ist Z. seiner Unbestechlichkeit; er hat damit ein glänzendes Z. seiner Intelligenz, von seiner Intelligenz gegeben. **b)** *Gegenstand, der als Beweis für etwas dient:* der Roman ist ein literarisches Z. dieser Zeit; diese Funde sind Zeugnisse einer frühen Kulturstufe. **3. a)** *Schulzeugnis:* ein gutes, schlechtes, mäßiges, glänzendes Z.; das Z. der Reife *(Abiturzeugnis);* am Ende des Schuljahres gibt es Zeugnisse; der Junge hat ein gutes Z. mit nach Hause gebracht (ugs.). **b)** *Bescheinigung, Attest:* ein amtliches, behördliches, ärztliches Z.; ein Z. ausstellen, vorlegen, beibringen, fordern, verlangen, fälschen. **c)** *Arbeitszeugnis:* ein erstklassiges, ausgezeichnetes Z.; der Koch hat die besten Zeugnisse vorzuweisen; übertr.: alle konnten ihm nur das beste Z. ausstellen *(sich nur positiv über ihn äußern).*

Ziege, die: **1.** /*ein Haustier*/: die Z. meckert, gibt Milch; sie ist mager, neugierig wie eine Z.

(ugs.; *sehr mager, sehr neugierig*); Ziegen halten, hüten, melken; R: die Z. ist die Kuh des kleinen Mannes. **2.** (ugs. abwertend) *weibliche Person, über die man sich ärgert:* sie ist eine dumme, alte, alberne Z.; /auch als Schimpfwort/: blöde, doofe Z.!

Ziegel, der: **1.** *Dachziegel:* der Sturm hat die Z. vom Dach gefegt; das Haus ist mit roten Ziegeln gedeckt. **2.** *Ziegelstein:* Z. formen, brennen; das Haus ist aus Ziegeln gebaut.

ziehen: **1.** ⟨jmdn., etwas z.⟩ *hinter sich her durch Zugkraft fortbewegen:* einen Handwagen z.; Pferde haben den Heuwagen gezogen; der Schlitten wurde von Hunden gezogen; laß dich nicht so z. (ugs.); **übertr.**: hoffentlich wird das nichts Böses nach sich z. *(keine üblen Folgen haben).* **2.** *zupfen, zerren, reißen:* **a)** ⟨an etwas z.⟩ heftig, fest, ungeduldig an der Klingelschnur z.; der Hund zieht an der Leine; ⟨auch ohne Präp.-Obj.⟩ der Hund zieht *(drängt ungestüm vorwärts).* **b)** ⟨jmdn. an etwas z.⟩ jmdn. an den Ohren z.; er hat ihn am Ärmel gezogen. **3.** ⟨etwas z.⟩ **a)** *durch Ziehen in Tätigkeit setzen:* die Klingel, die Notbremse z.; die Orgelregister z. **b)** *herausziehen und entnehmen:* Süßigkeiten, Blumen [aus Automaten] z.; kannst du mir/für mich Zigaretten am Automaten z.? **4.** ⟨etwas z.⟩ **a)** *zu einem bestimmten Zweck heraus-, hervorziehen:* die Brieftasche z.; die Pistole z.; blitzschnell hatte er das Messer [aus der Tasche] gezogen; jmdn. mit gezogener Waffe bedrohen. **b)** *aus einer bestimmten Menge auswählen und herausholen:* ein Los z.; sie hat einen Gewinn, eine Niete gezogen. **c)** *durch Weg-, Herausziehen entfernen:* einen Nagel aus dem Brett, den Korken aus der Flasche z.; den Ring vom Finger, den Stiefel vom Fuß z.; den Hut [zum Gruß] z. *(leicht anheben, lüften);* einen Zahn, die Wurzel z.; ⟨jmdm. etwas z.⟩ er hat ihm den Splitter aus dem Fuß gezogen; gestern wurden ihm die Fäden gezogen; **übertr.**: Banknoten aus dem Verkehr z. **d)** *eine Spielfigur rücken:* einen Stein, den Springer [auf ein anderes Feld] z.; ⟨auch ohne Akk.⟩ du mußt z. **5. a)** ⟨jmdn., etwas z.; mit Raumangabe⟩ *durch Ziehen zu sich hin bewegen:* den Stuhl an den Tisch z.; das Boot ans Land/an Land z.; die Mutter zog das Kind an sich, an ihre Brust; jmdn. auf die Seite z.; den Verunglückten aus dem Auto z.; die Tür leise ins Schloß z.; sie zogen ihn mit Gewalt ins Auto; er zog sie neben sich aufs Sofa; **übertr.**: der Fürst zog viele Künstler an seinen Hof. **b)** ⟨etwas z.; mit Raumangabe⟩ *energisch in eine bestimmte Richtung steuern:* er zog den Wagen in letzter Sekunde in die Kurve, scharf nach links; der Pilot hat die Maschine wieder nach oben gezogen. **c)** ⟨jmdn., etwas z.; mit Raumangabe⟩ *an eine bestimmte Stelle, in eine bestimmte Richtung, Lage, Stellung bringen:* Perlen auf eine Schnur z.; er hat die Knie bis unters Kinn gezogen; einen Faden durch das Nadelöhr z.; die Mütze ins Gesicht z.; die Schultern in die Höhe z.; der Sog zog ihn in die Tiefe; er wurde in den Strudel gezogen; sie zog eine Schürze über das Kleid, eine Bluse unter den Pullover; eine Schutzbrille über die Augen z.; eine Decke fest um sich z.; die Gardine vors Fenster z.; die Last zog ihn zu Boden; **übertr.**: jmdn. ins Gespräch z. *(jmdn. an einem Gespräch*

beteiligen); jmdn. ins Vertrauen z. *(jmdn. etwas anvertrauen);* jmdn. ins Verderben z.; er hat die Sache ins Lächerliche gezogen; es zog ihn in die Ferne, zu ihr. **6.** ⟨etwas auf sich z.⟩ *lenken:* die Blicke, die Aufmerksamkeit, jmds. Unwillen, Unmut, Zorn auf sich z. **7.** ⟨etwas aus etwas z.⟩ *herausziehen, gewinnen:* die Pflanzen ziehen die Nahrung aus dem Boden, aus der Nährlösung; Öl aus bestimmten Pflanzen z.; **übertr.**: aus etwas viel Geld, Gewinn aus dem Geschäft z.; eine Lehre, einen Vorteil, Nutzen aus etwas z.; aus seinem Verhalten kann man den Schluß z. *(schließen),* daß ... **8.** ⟨etwas z.⟩ **a)** *durch Ziehen, Dehnen herstellen:* Draht, Röhren z.; Kerzen werden gezogen; **übertr.**: der Leim zieht Fäden; bei der Hitze zog *(bildete)* das Pflaster Blasen. **b)** *durch Ziehen, Dehnen länger machen, in eine andere Form bringen:* die Bettlaken [in Form] z.; Kaugummi läßt sich gut z.; **übertr.**: du darfst die Töne nicht so sehr z. **9.** ⟨etwas z.⟩ **a)** *ausführen, beschreiben:* einen Strich, einen Kreis, eine Linie [mit dem Lineal], eine Parallele z.; mit dem Flugzeug eine Schleife z.; ⟨jmdm., sich etwas z.⟩ er zog sich einen Scheitel. **b)** *herstellen, errichten:* einen Graben, eine Mauer, eine Grenze z.; sie haben Zäune um den Park gezogen; der Pflug zieht Furchen in das Erdreich. **c)** *spannen:* Drähte, Leitungen z.; zur Absperrung wurde eine Leine gezogen; ⟨etwas auf etwas z.⟩ Saiten auf eine Geige z.; das Bild auf Pappe z. **10. a)** ⟨etwas z.⟩ *eine bestimmte Miene machen:* ein Gesicht, eine Fratze, eine Grimasse z. **b)** ⟨etwas z.; mit Raumangabe⟩ *durch Mienenspiel in eine bestimmte Richtung bewegen, in eine bestimmte Haltung bringen:* den Mund in die Breite, die Stirn in Falten z.; er hat die Mundwinkel nach unten, die Augenbrauen nach oben gezogen. **11.** ⟨etwas zieht sich; mit Raumangabe⟩ *etwas verläuft, erstreckt sich irgendwohin:* die Grenze zieht sich quer durch das Land; ein Stacheldrahtzaun zog sich rund um das Gelände; der Gebirgszug zieht sich westwärts; der Weg zieht sich bis zur Küste; ⟨auch ohne Raumangabe⟩ der Weg zieht sich aber (ugs.; *ist ziemlich lang, länger als erwartet);* **übertr.**: der Schmerz zog [sich] bis in die Fingerspitzen, durch den ganzen Körper; ein ziehender Schmerz; **subst.**: sie verspürte ein leichtes, starkes Ziehen im Bein. **12.** ⟨mit Raumangabe⟩ *sich stetig fortbewegen, wandern, fahren:* heimwärts, von dannen z.; in die Welt, in die Ferne, durch die Lande, in den Krieg, in den Kampf z.; Demonstranten zogen durch die Straßen; die Schwalben sind nach Süden gezogen; die Lachse sind flußaufwärts, zu ihren Laichplätzen gezogen; der Nebel zieht über die Wiesen; der Qualm zieht durchs ganze Haus, ins Zimmer; die Feuchtigkeit ist in die Wände gezogen *(eingedrungen);* ⟨auch ohne Raumangabe⟩ die Wolke, der Nebel zieht; laß ihn z.! (ugs.; *laß ihn seiner Wege gehen);* **übertr.**: die verschiedensten Gedanken zogen durch ihren/ihr durch den Kopf. **13.** ⟨mit Raumangabe⟩ *umziehen, den Wohnsitz wechseln:* sie sind in einen anderen Ort, aufs Land, in die Stadt, nach Berlin, zu den Eltern gezogen. **14.** ⟨es zieht jmdn.; mit Raumangabe⟩ *es verlangt jmdn. nach jmdm. oder etwas:* es hat ihn heim, in die Ferne, nach Hause gezogen; es zog mich nicht zu diesen Leuten. **15.** ⟨etwas zieht⟩ *etwas hat Luftzug:* der Kamin, der Ofen, der Schornstein zieht [gut, schlecht]; die Pfeife zieht nicht mehr. **16.** ⟨an etwas z.⟩ *saugen:* an der Zigarette, an der Zigarre z.; sie hat an meinem Strohhalm gezogen. **17.** ⟨etwas z.⟩ *mit Raumangabe⟩ einatmend in sich aufnehmen:* den Duft, die frische Luft durch die Nase z.; er hat den Rauch tief in die Lunge gezogen. **18.** ⟨etwas zieht⟩ *etwas liegt im heißen Wasser:* die Klöße sollen nicht kochen, sondern nur z.; den Tee drei Minuten z. lassen; der Kaffee hat lange genug gezogen, muß noch z. **19.** ⟨es zieht⟩ *es herrscht ein Luftzug:* wenn die Tür offensteht, zieht es; es zieht an die Beine, vom Fenster her; ⟨jmdm. zieht es⟩ es zieht mir [an den Beinen]. **20.** (ugs.) ⟨etwas zieht⟩ *etwas hat das Interesse wachrufende Wirkung:* dieser Buchtitel, diese Reklame zieht enorm; diese Masche zieht immer noch; das Angebot zog nicht bei ihm; seine Tricks haben in letzter Zeit nicht mehr gezogen. **21.** ⟨ein Tier, etwas z.⟩ *aufziehen, züchten:* Blumen, Pflanzen [aus Samen, aus Stecklingen] z.; er zieht Rosen in seinem Garten; sie haben früher Schweine, Gänse gezogen. **22.** ⟨jmdn. z.⟩ *mit Artangabe⟩ erziehen:* sie haben ihre Kinder gut, schlecht gezogen; ⟨sich (Dativ) jmdn. z.⟩ den Jungen werde ich mir noch z. (ugs.; *so erziehen, daß er meinen Vorstellungen entspricht⟩*. **23.** (ugs.) ⟨jmdm. etwas über etw. z.⟩ *jmdm. mit einem Gegenstand ausholend auf etwas schlagen:* er zog ihm in seiner Wut eine Flasche über den Kopf, eine Latte über den Rücken.

Ziel, das: **1. a)** *Ort, den jmd. erreichen will:* das Z. einer Reise, Wanderung; unser heutiges Z. ist Kaiserslautern, ist der Eiswoog; ans Z. kommen, gelangen; am Z. sein; die Flotte lief mit unbekanntem Z. aus; kurz vor dem Z. umkehren; *übertr.:* auf diese Weise kommen wir nie zum Z. *(erreichen wir nichts, nie etwas).* **b)** (Sport) *Ende einer Wettkampfstrecke:* das Z. passieren; er erreichte als erster das Z., ging als erster durchs Z.; als nächster Läufer kam der Franzose ins Z. **c)** *Stelle, die beim Schießen, Werfen o. ä. anvisiert wird, getroffen werden soll:* ein Z. anvisieren, treffen, verfehlen; eine Blechbüchse diente ihm als Z.; er schoß mehr als einmal am Z. vorbei; Raketen ins Z. schießen, bringen; *übertr.:* er war das Z. ihres Spottes. **2.** *etwas, worauf eine Handlung oder Absicht gerichtet ist:* weitgesteckte, hohe, kühne, ferne, unerreichbare Ziele; die politischen Ziele eines Landes; dies ist erklärtes Z., das vordringlichste Z.; das Z. von Wünschen werden; alle seine Gefühle hatten nur dies eine Z.; sein Z. erreichen, sich ein Z. setzen, stecken; ein Z. ins Auge fassen; ein Z. im Auge haben; ein klares, festes Z. vor Augen haben; das Z. im Auge behalten; seine Ziele verschleiern; sein Z. beharrlich verfolgen; seine Ziele verwirklichen; der Schüler hat das Z. der Klasse *(das Klassenziel, die Versetzung)* nicht erreicht; bestimmten Zielen dienen; einem Z. zustreben; sich einem Z. nähern; er ist am Z. seiner Wünsche [angelangt]; auf sein Z. losgehen, lossteuern (ugs.); jmdn. für seine Ziele einspannen; er studiert mit dem Z. *(der Absicht),* in die Forschung zu gehen; sich von seinem Z. nicht abbringen lassen; sich (Dativ) etwas zum Z. setzen; diese Aktionen führen

nicht zum Z.; auf diese Weise kommst, gelangst du nicht zum Z. **3.** (Kaufmannsspr. veraltend) *Zahlungsfrist, Termin:* das Z. der Zahlung ist 30 Tage; jmdm. drei Monate Z. gewähren; das Z. einhalten, überschreiten; etwas gegen drei Monate Z. kaufen. * **über das Ziel hinausschießen** *(bei seinem Tun zuviel Eifer zeigen):* in ihrem Eifer sind sie weit über das Z. hinausgeschossen.

zielbewußt: *sicher und ganz bewußt mit einem bestimmten Ziel vor Augen handelnd:* ein zielbewußter junger Mann; seine Frau ist sehr z.; z. vorgehen, auf etwas zusteuern.

zielen: **1.** *etwas, womit man schießt, wirft o. ä., genau auf ein Ziel richten:* gut, genau z.; er zielte und schoß; über Kimme und Korn z.; mit der Schleuder auf Spatzen, auf die Scheibe, in die Ecke, nach jmdm. z.; ein gut gezielter Schuß, Wurf; *übertr.:* die Störversuche zielten in diese Richtung; er zielte mit seiner Frage, seiner Kritik auf die Mißstände im Verein *(wies darauf hin).* **2.** ⟨etwas zielt auf etwas⟩ *etwas soll etwas bewirken, soll einen bestimmten Zweck verfolgen:* seine Bemühungen zielten auf eine Verbesserung der politischen Verhältnisse; sein Plan zielt auf eine schnelle Lösung; *adj. Part.:* gezielte Hilfe; gezielte politische Äußerungen, Maßnahmen; gezielter gegen Mißstände vorgehen.

Zielscheibe, die: *als Ziel dienende Scheibe, auf die geschossen wird:* eine Z. aufstellen; auf eine, nach einer Z. schießen; *übertr.:* jmdn., etwas als Z. benutzen; er war Z., wurde zur Z. ihres Spottes.

zielstrebig: *ein Ziel mit Eifer und Energie anstrebend, ihm unbeirrt zustrebend:* ein zielstrebiger Mensch; er ist z., verfolgt die Sache z.

ziemen (geh.): **1.** ⟨etwas ziemt sich⟩ *etwas gehört sich:* es ziemt sich nicht, Gesprächen anderer zuzuhören; das ziemt sich nicht für dich. **2.** (selten) ⟨etwas ziemt jmdm.⟩ *etwas ist für jmdn. passend, angemessen:* es ziemt dir nicht zu klagen; dieser Platz ziemt ihm nicht.

ziemlich: I. ⟨Adj.⟩ (ugs.) *beträchtlich:* er hat ein ziemliches Vermögen; sie unterhielten sich mit ziemlicher Lautstärke *(recht laut);* ich weiß mit ziemlicher Sicherheit *(so gut wie sicher),* wer das gemacht hat. **II.** ⟨Adverb⟩ **a)** *sehr, aber nicht übermäßig; recht:* es ist z. kalt; ich kenne ihn z. gut; du kommst z. spät. **b)** *fast, beinah:* das Haus ist z. neu; (ugs.:) es ist so z. *(ungefähr)* in meinem Alter; das kommt so z. auf dasselbe heraus; er hat so z. alles falsch gemacht.

Zierde, die: *etwas, womit etwas verziert wird:* sich etwas als Z. anstecken; zur Z. *(als Schmuck)* Blumen auf den Tisch stellen; *übertr.:* der alte Dom ist eine Z. der Stadt.

zieren: 1. a) (geh. selten) ⟨etwas, sich mit etwas z.⟩ *etwas, sich mit etwas schmücken:* die gedeckte Tafel mit Blumen z.; seine Hände waren mit Brillanten geziert. **b)** ⟨etwas ziert etwas⟩ *etwas schmückt etwas, ist eine Zierde von etwas:* Orden zierten seine Brust; bekannte Namen zierten den Briefkopf; das Denkmal ziert den Platz. **2.** ⟨sich z.⟩ *aus Schüchternheit o. ä. etwas nicht gleich annehmen:* sich beim Essen z.; zier dich doch nicht so!; er nannte die Dinge beim Namen, ohne sich zu z. *(ohne Scheu, ohne Umschweife).*

zierlich: *klein und fein; zart und anmutig [ausse-*

hend]: eine zierliche Figur; ihre Hände sind sehr z.; z. schreiben.

Ziffer, die: *Zeichen für eine Zahl:* arabische, römische Ziffern; eine Zahl mit drei Ziffern; eine Zahl in Ziffern schreiben; das steht unter Z. 4, in Z. 4 *(im Abschnitt mit der Ziffer 4).*

Zigarette, die: /*eine Tabakware*/: eine deutsche, amerikanische, selbstgedrehte Z.; eine Z. mit Filter, ohne Mundstück; eine Stange, Pakkung, Schachtel Zigaretten; sich (Dativ) eine Z. drehen, anstecken, anbrennen; eine Z. rauchen; die Z. ausdrücken, wegwerfen; jmdm. eine Z. anbieten; er raucht eine Z. nach der andern; an der Z. ziehen; zur Z. greifen.

Zigarre, die: 1. /*eine Tabakware*/: eine leichte, milde, schwere, starke, dunkle, helle Z.; eine Z. mit Bauchbinde (ugs.; *mit Streifband*); die Z. zieht nicht, hat keine Luft; eine Kiste Zigarren; die Z. abschneiden, abbeißen; sich (Dativ) eine Z. anstecken, anbrennen; eine Z. rauchen; jmdm. eine Z. anbieten; das Deckblatt der Z. ist beschädigt. 2. (ugs.) *grobe Zurechtweisung, Rüffel, Rüge:* eine fürchterliche Z. bekommen; er hat ihm eine Z. verpaßt; er mußte eine dicke Z. einstecken.

Zimmer, das: *einzelner Raum in einer Wohnung oder in einem Haus:* ein großes, geräumiges, helles, freundliches, gemütliches, zweifenstriges, kleines, schmales, sonniges, möbliertes, kaltes, überheiztes Z.; ein halbes *(sehr kleines)* Z.; Z. frei!; ein Z. mit Balkon, mit Bad, fließend warm und kalt Wasser; die Z. gehen ineinander *(sind verbunden)*; das Z. geht nach vorn, nach hinten *(liegt im vorderen, hinteren Teil des Hauses)*; das Z. geht auf den Hof; ein möbliertes Z. mieten; ein Z. vermieten, kündigen, betreten; ein Z. *(Hotelzimmer)* bestellen; ich habe mir ein Z. im Hotel genommen; das Z. heizen, lüften, aufräumen, tapezieren lassen; auf sein Z. gehen; auf dem Z. sein; ich lasse mir das Frühstück aufs Z. *(Hotelzimmer)* bringen; im Z. sitzen, sein; auf/in sein Z. gehen; eine Flucht von Zimmern.

zimmern: 1. ⟨etwas z.⟩ *etwas aus Holz herstellen:* ein Vogelhäuschen z.; einen Tisch z.; eine grob gezimmerte Bank. 2. ⟨an etwas z.⟩ *an etwas aus Holz Bestehendem arbeiten:* er hat den ganzen Tag an dem Regal gezimmert.

zimperlich (abwertend): *übertrieben empfindlich:* ein zimperliches Kind; es tut doch nicht weh, sei nicht so z.!; er ist nicht z. *(hat keine Hemmungen)*, wenn es um die Durchsetzung seiner Interessen geht.

Zimt, der: 1. /*ein Gewürz*/: gestoßener Z.; Milchreis mit Zucker und Z. 2. (ugs. abwertend) *etwas Lästiges, Unsinniges o. ä.:* was soll der ganze Z.?; das ist alles Z.

Zins, der: 1. *prozentual berechnete Entschädigung für leihweise überlassenes Geld:* hohe, niedrige Zinsen; 8,5 % Zinsen; Zinsen für etwas nehmen, berechnen; die Zinsen heraufsetzen, bezahlen; etwas kostet Zinsen; das gut angelegte Geld brachte, trug viel Zinsen; Geld und Zinsen zurückzahlen; von den Zinsen seines Vermögens leben; übertr.: jmdm. etwas mit Zinsen/mit Z. und Zinseszins zurückgeben, zurückzahlen, heimzahlen *(sich für etwas an jmdm. sehr rächen)*. 2. (südd., österr., schweiz.) *Abgabe, Miete:* der Z. für die Wohnung ist nicht hoch.

Zipfel, der: *[spitz zulaufendes] Endstück:* der Z. eines Tuches, einer Decke, der Schürze, des Kissens; der Z. der Wurst; übertr.: der Ort liegt am äußersten Z. des Sees; das ist erst ein kleiner Z. der ganzen Wahrheit.

zirka ⟨Adverb⟩: *es entstand ein Sachschaden von z. 10 000 Mark; z. fünf Kilo; z. zwei Stunden; ich komme in z. drei Wochen.

Zirkel, der: 1. *Gerät zum Zeichnen eines Kreises, zum Abgreifen von Maßen o. ä.:* den Z. öffnen, schließen; einen Kreis mit dem Z. ziehen, schlagen; Entfernungen mit dem Z. auf der Karte abstecken. 2. (geh.) *Kreis:* in literarischer Z.; in dem Z. Intellektueller fühlte er sich wohl. b) *Veranstaltung im kleineren Kreis:* einen Z. besuchen; an einem Z. teilnehmen; der Z. für Psychologie beginnt am 19. Januar. 3. a) *(seltener) kreisförmige Gruppierung, Figur; Ring:* sie standen in einem Z. um das Feuer, um ihn herum. b) (Reitsport) *Kreisfigur:* dieser Weg eignet sich gut zum Reiten auf dem Z.

zirkulieren ⟨etwas zirkuliert⟩: a) *etwas kreist:* die Luft zirkuliert im Raum; das Blut ist/hat in den Adern zirkuliert. b) *etwas ist in Umlauf:* Gerüchte sind/haben über ihn in der Stadt zirkuliert; eine Zeitschrift z. lassen.

zischen: a) *ein zischendes Geräusch hervorbringen, von sich geben:* die Schlange, die Gans hat gezischt; das Wasser zischte auf der heißen Kochplatte; das Publikum zischte *(zeigte durch Zischen sein Mißfallen).* b) ⟨mit Raumangabe⟩ *sich sehr schnell [mit einem zischenden Geräusch] fortbewegen, irgendwohin bewegen:* der Dampf ist aus dem Kessel gezischt; sie zischte (ugs.) um die Ecke; der Ball war durch die Luft gezischt. c) *(etwas z.) etwas in verhalten-scharfem Ton sagen:* einen Fluch [durch die Zähne, gegen jmdn.] z.; „Verschwinde hier!" zischte sie.

zitieren: 1. ⟨etwas z.⟩ a) *wörtlich wiedergeben, anführen:* etwas falsch, ungenau, auswendig z.; Verse [aus einer Dichtung], eine Stelle aus einem Buch z.; Brecht *(eine Stelle aus seinem Werk)* z.; er zitiert öfter seinen alten Lehrer *(das, was dieser immer sagte);* einen Paragraphen z.; ein oft zitierter Satz, Autor; ⟨auch ohne Akk.⟩ aus einer Rede z. b) *etwas anführen, nennen:* eine Quelle z.; dieses Beispiel wird oft zitiert. 2. ⟨jmdn. z.; mit Raumangabe⟩ *jmdn. auffordern, irgendwohin zu kommen:* jmdn. zu sich, vor Gericht, aufs Rathaus, ins Ministerium z.

Zitrone, die: /*eine Südfrucht*/: eine Z. auspressen; heiße Z. *(ein heißes Getränk mit Zitrone)* trinken. * **mit Zitronen gehandelt haben** *(mit einer Unternehmung o. ä. Pech gehabt haben).*

zitt[e]rig *(zitternd):* zittrige Hände; er sprach mit zittriger Stimme; eine zittrige *(unregelmäßige)* Handschrift; z. schreiben; er fühlt sich noch recht z. *(schwach)* [auf den Beinen].

zittern: 1. *sich in ganz kurzer, schneller Abfolge hin und her bewegen:* er zittert [vor Kälte]; er zittert wie Espenlaub *(sehr);* sie zitterte am ganzen Körper, an allen Gliedern, vor Wut, Kälte; seine Stimme zitterte [vor Erregung]; bei der Detonation zitterten *(vibrierten)* die Wände; die Nadel des Kompasses zitterte; ⟨etwas zittert jmdm.⟩ ihm zittern [vor Angst, von der Anstrengung] die Hände, die Beine, die Knie; adj. Part.: mit zitternder Stimme berichtete er den Vorfall; subst.: ein Zittern ging durch seinen Körper. **2.** ⟨vor jmdm., vor etwas z.⟩ *vor jmdm., vor etwas große Angst haben:* er zitterte vor dem jähzornigen Vater, vor der nächsten Prüfung; ⟨auch ohne Präp.-Obj.⟩ wir haben ganz schön gezittert, als das Boot kenterte; zitternd und bebend *(voller Furcht)* kam er angelaufen. **3.** ⟨um/für jmdn., um/für etwas z.⟩ *um jmdn., etwas Angst haben:* er zitterte um sein Vermögen; ich habe an seinem Prüfungstag für ihn gezittert. * **mit Zittern und Zagen** *(angstvoll, voller Furcht).*

Zivil, das: *bürgerliche Kleidung:* Z. anziehen, anlegen (geh.), tragen; in Z. sein, gehen; er erschien zum Ball in Z.

zögern: *unschlüssig warten und nur langsam mit etwas beginnen:* einen Augenblick, Moment, eine Sekunde z.; er nahm den Auftrag an, ohne zu z.; er zögerte mit der Antwort; er zögerte, der Aufforderung nachzukommen. adj. Part.: mit zögernden Schritten kam er näher; zögernd einwilligen; der Erfolg setzte nur zögernd ein; subst.: er nahm ohne Zögern an; nach anfänglichem Zögern stimmte er zu.

Zoll, der: **a)** *Abgabe, die jmd. für eine Ware beim Überschreiten der Grenze zahlen muß:* hoher Z.; Z. erheben, verlangen, zahlen; auf bestimmten Waren liegt Z.; die Zölle senken, abschaffen. **b)** *Behörde, die die Abgabe an der Grenze erhebt:* er ist beim Z. beschäftigt.

zollen (geh.) ⟨jmdm., einer Sache etwas z.⟩: *erweisen, entgegenbringen:* jmdm. Anerkennung, Achtung, Bewunderung, Lob, Beifall, Dank z.

Zone, die: **a)** *nach bestimmten Gesichtspunkten abgegrenztes geographisches Gebiet:* die kalte, warme, heiße, gemäßigte, tropische, subtropische Z.; die baumlose Z. im Hochgebirge; eine entmilitarisierte Z.; die amerikanische, französische Z. *(Besatzungszone);* die ursprünglich sowjetisch besetzte Z. Deutschlands; die Truppen verließen die neutrale Z. **b)** *festgelegter Bereich, für den bestimmte einheitliche Gebühren, Fahrpreise o. ä. gelten:* die erste, zweite Z.; der Bereich der öffentlichen Verkehrsmittel ist hier in unterschiedliche Zonen aufgeteilt. **c)** *bestimmter Bereich:* eine Z. der Gefahr, des Mißtrauens; die erogenen Zonen des Körpers.

Zopf, der: **1.** *[herabhängendes] geflochtenes Haar:* dicke, abstehende Zöpfe; einen Z. flechten; sie trägt einen [falschen] Z.; ich habe mir die Zöpfe abschneiden lassen. **2.** *wie ein Zopf geflochtener Kuchen:* einen Z. backen. * (ugs.:) **ein alter Zopf** *(eine längst überholte Ansicht, überlebter Brauch)* · (ugs.:) **den alten Zopf/die alten Zöpfe abschneiden** *(Überholtes abschaffen).*

Zorn, der: *heftiger Unwille gegen jmdn., etwas; Wut:* heller, heißer, flammender (geh.), heiliger (geh.), ohnmächtiger Z.; Z. ergriff, packte ihn; sein Z. kannte keine Grenzen, verebbte, verrauchte; großen Z. auf jmdn. haben; sein Z. richtete sich gegen die Vorgesetzten, gegen diese Bestimmungen; etwas aus, im Z. tun; in ehrlichem, gerechtem Z.; in Z. geraten, ausbrechen; sich in Z. reden; jmdn. in Z. bringen, versetzen; in Z. kommen; von Z. erfüllt sein; vor Z. rot werden.

zornig: *voll Zorn, wütend:* ein zorniger Ausruf, Mensch; zornige Blicke, Worte; er war, wurde

sehr z. wegen dieser Sache; die Augen blitzten z.; sie fauchte ihn z. an, stampfte z. auf; das machte ihn sehr z.; ⟨auf/über jmdn., über etwas z. sein, werden⟩ er war, wurde sehr z. auf/über mich, über meine Bemerkung.

zu /vgl. zum, zur/: **I.** ⟨Präp. mit Dat.⟩ **1. a)** /drückt eine Bewegung bis an ein Ziel aus/: er kommt zu mir; sie geht zu ihrer Mutter; sich zu jmdm. beugen, wenden; etwas zu *(ins)* Tal befördern; zu Boden stürzen (geh.; *umfallen);* das Blut stieg ihm zu (geh.; *in den)* Kopf; Grüße von Haus zu Haus; von hier bis zu ihm sind es zehn Meter. **b)** /gibt einen Ort oder eine Lage an/: zu ebener Erde wohnen; zu Wasser und zu Lande *(auf dem Wasser- und auf dem Landweg);* zu Hause *(in seiner Wohnung)* sein; jmdm. zu Füßen sitzen; zu beiden Seiten des Bahnhofs; er wurde zu *(veraltend; in)* Köln geboren; was da an Menschen zu den Türen hereinkam, war unvorstellbar; ⟨in Verbindung mit *hin*⟩ zu den Dünen hin war nicht soviel Betrieb; /in Namen von Gaststätten/ Gasthaus zu den drei Eichen; /als Teil eines Eigennamens/ Graf zu Mansfeld. **2.** /bezeichnet einen Zeitpunkt oder eine Zeitspanne/: zu Anfang des Jahres, zu Mittag, zu früher Morgenstunde, zu Lebzeiten, zu Zeiten Adenauers/zu Adenauers Zeiten; zu meiner Zeit; zu Weihnachten, Silvester, Neujahr, Ostern, Pfingsten; von gestern zu heute; von Tag zu Tag wurde es schlimmer. **3.** /drückt aus, daß etwas durch etwas erweitert, daß etwas hinzugefügt o. ä. wird/: zu dem Essen gab es einen herben Wein; zu Bier paßt dies nicht; die Schuhe kannst du zu diesem Kleid nicht tragen; Pfennig zu Pfennig legen, um zu sparen. **4. a)** /kennzeichnet die Art und Weise einer Fortbewegung/: sie kamen zu Pferd; zu Fuß gehen; (veraltend:) zu Schiff reisen. **5.** /kennzeichnet die Art und Weise, in der etwas geschieht, sich darbietet o. ä./: er verkauft alles zu kleinen Preisen; er wohnt im Souterrain; zu deutsch *(deutlich ausgedrückt; in deutscher Sprache)* also im Keller; er erledigte alles zu meiner Zufriedenheit. **6.** /drückt Zweck, Grund, Ergebnis, Ziel einer Tätigkeit aus/: zu Ehren des Jubilars; sie kaufte Stoff zu einem *(für ein)* Kleid; er sagte das zu ihrer Beruhigung; sie spielten zu ihrer Unterhaltung; das ist zu seinem Besten; jmdn. zu einem Spaziergang, zu einer Party einladen; jmdm. etwas zu Weihnachten schenken; er rüstet sich zu einer Reise; ich stehe zu Ihrer Verfügung. **7.** /in Verbindung mit Zahl- oder Mengenangaben/ **a)** /kennzeichnet die Menge, Anzahl, Häufigkeit o. ä. von etwas/: zu [knapp] einem Drittel war alles verkauft; die Wasserkraft ist erst zu 2 % genutzt; zu Dutzenden strömten sie in den Saal; sie lagen zu dritt/dreien, zu vieren in einem Zimmer; die Waren sind zu einem großen Teil verdorben. **b)** /kennzeichnet ein in Zahlen ausgedrücktes Verhältnis/: eine Mischung im Verhältnis 2 zu 1; das Spiel stand 3 zu 0; sie haben zuerst schon dreimal zu null gespielt (Sport; ugs.: *kein Gegentor hinnehmen müssen).* **c)** /steht bei der Nennung eines Preises/: das Pfund wurde zu einer Mark angeboten; fünf Briefmarken zu 30 [Pfennig]; eine Zigarre zu sechzig [Pfennig]. **d)** /steht bei Angaben, die ein Maß, Gewicht o. ä. nennen/: ein Faß zu zehn Litern; Portionen zu je einem Pfund. **8.** /bezeichnet das Ergebnis eines Vorgangs, einer Veränderung, die Folge einer Entwicklung, Veränderung o. ä./: die Äpfel zu Brei verarbeiten; zu Staub zerfallen; das Eiweiß zu Schaum schlagen. **9.** /kennzeichnet in Abhängigkeit von bestimmten Wörtern unterschiedlicher Wortart eine Beziehung/: der Auftakt zu etwas; jmdm. zu etwas verhelfen; zu jmdm., zu etwas gehören; zu diesem Thema wollte er sich nicht äußern; er war sehr freundlich zu uns. **II.** ⟨Adverb⟩ **1.** *in höherem Maße, als es gut oder angemessen ist oder akzeptabel erscheint:* zu groß; zu teuer; zu spät; das ist zu allgemein ausgedrückt; ⟨in Verbindung mit *für, um* oder *als daß*⟩ sie ist zu gut für diesen Job; er ist zu alt, um das nicht zu wissen *(in seinem Alter muß man das wissen);* er ist zu vorsichtig, als daß er sich auf dieses Risiko einließe. **2.** (ugs.) ⟨imperativisch oder elliptisch⟩ **a)** *weiter [so], vorwärts:* nur zu!; immer zu!; dann man zu! **b)** *schließen!, zumachen!:* Tür zu! Mund auf, Augen zu! **c)** *geschlossen:* eine Flasche, noch fest zu, stand auf dem Tisch. **3. a)** /stellt die Bewegung auf ein Ziel hin in ihrer Dauer dar/ sie bewegten sich langsam dem Ausgang zu; zur Grenze zu vermehrten sich die Kontrollen; ⟨in Verbindung mit *auf*⟩ er geht auf den Turm zu; der Baum stürzte auf den Waldarbeiter zu. **b)** /gibt eine Lage durch Nennung eines Bezugspunkts an/ neben ihm, der Tür zu, stand seine Mutter; ⟨in Verbindung mit *nach*⟩ das Zimmer liegt nach dem Hof zu. **III.** ⟨Konj.⟩ **1.** ⟨beim Infinitiv und abhängig von Wörtern unterschiedlicher Wortart, bes. von Verben⟩: das Haus ist zu verkaufen; er hofft kommen zu können; er ist heute nicht zu sprechen; ich habe viel zu tun; die Fähigkeit, zuzuhören und zu erzählen; die Möglichkeit, sich zu verändern; er stand nur da, anstatt zu helfen; er nahm das Buch, ohne zu fragen; er besuchte ihn, um sich nach seinem Befinden zu erkundigen. **2.** ⟨beim 1. Partizip⟩ /bezeichnet ein Können, Sollen oder Müssen/: die zu gewinnenden Preise; der zu zahlende Betrag; trotz zu erwartender Konkurrenz.

Zubehör, das: *Einzelteile, die zu etwas dazugehören:* das Z. des Staubsaugers; Fotoapparat mit allem Z. zu verkaufen.

zubekommen (ugs.) ⟨etwas z.⟩: *mit Mühe schließen können:* etwas schwer, kaum z.; sie hat den Koffer, die Tür nicht zubekommen.

zubereiten ⟨etwas z.⟩: *herrichten, vorbereiten, zurechtmachen, zum Verzehr herstellen:* etwas gut, lieblos, mit Liebe, mit Sorgfalt z.; das Essen, die Mahlzeiten, Salat z.; jmdm./für jmdn. eine Suppe z.; die Arznei muß zubereitet werden.

zubilligen ⟨jmdm. etwas z.⟩: *zugestehen:* jmdm. ein Recht, eine Vergünstigung, Erleichterungen z., mildernde Umstände z.

zubinden ⟨etwas z.⟩: *mit einer Schnur u. ä. verschließen:* einen Sack [mit einer Schnur] z.; ⟨jmdm., sich etwas z.⟩ sich die Schuhe z.

zubringen **1.** ⟨etwas z.; mit Raumangabe oder Artangabe⟩ *verbringen:* längere Zeit auf Reisen, eine Nacht im Freien z.; er hatte Stunden mit Warten zugebracht. **2.** (ugs.) ⟨etwas z.⟩ *mit Mühe schließen können:* sie brachte den Schrank, die Tür, den Deckel nicht zu; (scherzh.:) vor Staunen brachte er den Mund nicht mehr zu.

Zucht, die: **1.** *das Ziehen, Aufzucht:* die Z. von Rosen, Orchideen; er beschäftigt sich mit der Z. von Pudeln. **2.** *Ergebnis des Züchtens:* Zuchten von Bakterien; die Hunde aus dieser Z. sind besonders schöne Tiere. **3. a)** (veraltend) *Disziplinierung, Erziehung:* eine eiserne Z. ausüben; er hat die Jungen in eine strenge Z. genommen; er ist in strenger Z. aufgewachsen. **b)** (oft abwertend) *das Gewöhntsein an strenge Ordnung, Disziplin:* eine straffe, preußische, eiserne Z.; in dieser Klasse ist, herrscht [wenig] Z.; hier herrscht Z. und Ordnung, (iron.:) was ist das für eine Z. hier?; man muß sie an Z. gewöhnen; die Klasse ist schwer in Z. zu halten *(zu disziplinieren).*

züchten ⟨ein Tier, etwas z.⟩: *ziehen, aufziehen:* Blumen [aus Samen], Tiere, Rosen, Bienen z.; Bakterien auf Nährböden z. *(heranziehen);* übertr.: dort wird systematisch Haß gezüchtet *(in den Menschen geweckt).*

züchtigen (geh.) ⟨jmdn. z.⟩: *mit Schlägen strafen:* er hat die Kinder mit dem Stock gezüchtigt.

zucken: 1. a) *eine unwillkürliche, jähe Bewegung machen:* der Patient zuckte [mit der Hand] beim Einstechen der Nadel; er, seine Hand hat beim Berühren der heißen Herdplatte gezuckt; er ertrug den Schmerz, ohne zu z.; subst.: ein Zucken ging durch seinen Körper; er hat einen nervösen Zucken; übertr.: an der Wand zuckte der Widerschein des Kaminfeuers; ein zuckender Lichtschein. **b)** ⟨es zuckt; mit Raumangabe⟩ *ein Zucken zeigt sich:* es hat in seinem Gesicht gezuckt; es zuckte schmerzlich um ihren Mund, um ihre Mundwinkel; ⟨es zuckt jmdm.; mit Raumangabe⟩ es zuckte ihm in der Schulter; übertr.: bei seinen Klängen zuckte es ihr in den Füßen, Beinen *(hätte sie tanzen mögen);* es hatte ihm in den Händen gezuckt, als er das sah *(er hätte am liebsten zugeschlagen).* **2.** ⟨etwas zuckt; mit Raumangabe⟩ *etwas bewegt sich irgendwo in kurzen, schnellen, oft ruckartigen Bewegungen:* die Flammen zuckten aus dem Dach; Blitze sind über den Himmel gezuckt; übertr.: plötzlich zuckte ein Gedanke durch seinen Kopf.

zücken ⟨etwas z.⟩: **1.** *zum Kämpfen rasch hervorziehen:* den Dolch z.; er ging mit gezücktem Messer auf seinen Kumpel los. **2.** *rasch hervorziehen und für etwas bereithalten:* an jeder Ecke zückten sie ihre Fotoapparate; er zückte sofort sein Portemonnaie, seinen Ausweis; er zückte seinen Bleistift, um alle Wünsche zu notieren.

Zucker, der: **1.** *Rohrzucker, Rübenzucker:* brauner, weißer, gestoßener, gemahlener Z.; ein Stück Z. *(Würfelzucker);* ein Pfund Z., ein Eßlöffel [voll] Z.; die Früchte sind süß wie Z.; Z. herstellen, gewinnen, raffinieren; nehmen Sie Z. zum Tee?; etwas mit Z. süßen; sie tranken Kaffee mit Milch und Z.; er trinkt den Tee ohne Z. **2.** (ugs.) *Zuckerkrankheit:* der Patient hat [hochgradig] Z.; er leidet an Z., er erkrankt, er ist gestorben. * (ugs.:) **Zucker sein** *(wunderbar, hervorragend, schön, gut sein):* sie, diese Idee ist Z.

zudecken ⟨jmdn., sich, etwas z.⟩: *völlig bedecken:* das Kind [mit einer Decke] z.; er deckte sich seinen Mantel zu; bist du auch gut zugedeckt?; den Topf z. *(den Deckel drauflegen);* die Beete im Winter mit Zweigen z.; übertr.: man hat ihn mit Fragen förmlich zugedeckt

(überschüttet); der Frontabschnitt wurde mit Artilleriefeuer zugedeckt *(stark beschossen).*
zudem ⟨Adverb⟩: *außerdem, darüber hinaus:* es war kalt, z. regnete es.
zudrehen: 1. ⟨etwas z.⟩ **a)** *durch Drehen verschließen:* etwas fest, richtig (ugs.) z.; den [Wasser]hahn, den Gashahn, die [Wasser]leitung, das Ventil z. **b)** (ugs.) *abstellen:* die Heizung, den Heizkörper z.; er hat vergessen, das Wasser zuzudrehen. **c)** *festdrehen, anziehen:* die Muttern, Schrauben fest z. **2.** ⟨jmdm., einer Sache sich, etwas z.⟩ *zuwenden:* jmdm. den Rücken, den Kopf z.; er drehte sich seinem Nachbarn zu.
zudringlich: *sich aufdrängend; aufdringlich:* ein zudringlicher Mensch, Kerl, (ugs.); er hat eine zudringliche Art; z. werden.
zudrücken: 1. ⟨etwas z.⟩ *durch Druck schließen:* den Deckel, die Tür, den Verschluß z.; ⟨jmdm. etwas z.⟩ dem Toten die Augen z.; der Verbrecher hat seinem Opfer die Kehle zugedrückt *(hat es erwürgt).* **2.** (ugs.) *kräftig drücken:* du mußt [stärker] z., sonst geht der Koffer nie zu; er drückt ganz ordentlich zu, wenn er einem die Hand gibt.
zuerkennen ⟨jmdm. jmdn., etwas z.⟩: *[auf Grund eines Urteils] zusprechen:* jmdm. ein Recht, eine hohe Strafe, die Doktorwürde, eine Belohnung z.; das Kind wurde der Mutter zuerkannt.
zuerst ⟨Adverb⟩: **a)** *zunächst, als erstes:* z. wollen wir etwas essen; z. war ich am Bahnhof und dann auf der Post. **b)** *als erster, erste, erstes:* wer war z. da?; wer z. kommt, wird z. bedient. **c)** *zum ersten Mal:* diese Theorie findet sich z. in der Antike; wann habt Ihr Euch z. gesehen? **d)** *in der ersten Zeit, anfangs:* z. hatte er Schwierigkeiten bei der Arbeit; er wollte es z. nicht glauben.
zufahren: 1. ⟨auf jmdn., auf etwas z.⟩ *in Richtung auf jmdn., auf etwas fahren:* auf die Stadt, auf die Grenze z. **2.** ⟨auf jmdn., auf etwas z.⟩ *losgehen, zuspringen:* wütend auf jmdn. z.; der Hund war auf ihn zugefahren. **3.** (ugs.) *schneller fahren:* fahr zu, es ist schon spät!
Zufahrt, die: **1.** *das Zufahren auf etwas:* die Z. zum Stadion erfolgt am besten über die neue Brücke; das Hochwasser erschwerte die Z., machte die Z. den Häusern unmöglich. **2.** *Zufahrtsweg:* die Z. zum Grundstück war gesperrt.
Zufall, der: *Geschehen, das nicht zu erwarten, nicht beabsichtigt war und dessen Ursache nicht erkennbar ist:* ein merkwürdiger, seltsamer, großer, [un]glücklicher, blinder, freundlicher, lächerlicher, seltener, peinlicher Z.; es war der bloße, reine, pure/es war bloßer, reiner purer Z., daß wir uns getroffen haben; das ist aber ein Z. *(eine Überraschung)!;* der Z. wollte es, daß er an diesem Tag später aus dem Haus ging; wie es der Z. manchmal will ...; daß er überlebt hat, ist nichts als ein Z.; der Z. hat uns hierhin geführt; es ist kein Z. *(es hat schon seinen Grund),* daß ihm das passiert ist; die Sache war ein Spiel des Zufalls; er wollte die Sache nicht dem Z. überlassen; das verdankst du nur einem Z.; durch einen dummen Z. hat er nichts davon erfahren; durch Z., per (ugs.) Z. *(zufällig)* hörte ich, daß ...
zufallen: 1. ⟨etwas fällt zu⟩ *etwas schließt sich mit Heftigkeit:* die Tür, der Deckel ist [polternd, krachend] zugefallen; ⟨etwas fällt jmdm. zu⟩ vor großer Müdigkeit sind ihm die Augen, die Lider

zugefallen *(ist er eingeschlafen).* **2.** ⟨etwas fällt jmdm. zu⟩ *etwas wird jmdm. zuteil, wird jmdm. übertragen:* ein Gewinn, ein Preis, eine bestimmte Rolle, eine Aufgabe fällt jmdm. zu; der größte Teil des Erbes ist den Kindern zugefallen; ihm ist immer alles zugefallen *(er hatte niemals Schwierigkeiten bei etwas).*
zufällig: *vom Zufall bestimmt, durch Zufall:* eine zufällige Begegnung; Ähnlichkeiten mit lebenden Personen sind rein z.; es ist z. noch ein Platz frei; es ist nicht z. *(es hat seinen ganz bestimmten Grund),* daß er danach fragt; jmdn. z. treffen; jmdn. z. kennen; er drehte sich wie z. *(so, als ob es unbeabsichtigt sei)* um; haben Sie z. (ugs.; *vielleicht)* gesehen, wo ich die Schlüssel hingelegt habe?
zufliegen: 1. *in Richtung auf jmdn., auf etwas fliegen:* **a)** ⟨auf jmdn., auf etwas z.⟩ wir fliegen jetzt auf Berlin, auf Mallorca zu; der Ball flog auf mich zu, kam auf mich zugeflogen. **b)** ⟨einer Sache z.⟩ das Flugzeug fliegt dem offenen Meer zu. **2.** (ugs.) ⟨etwas fliegt zu⟩ *etwas schließt sich mit Heftigkeit:* die Tür, das Fenster flog [krachend, durch einen Windstoß] zu. **3.** ⟨ein Tier fliegt jmdm. z.⟩ *fliegt zu jmdm. hin:* uns ist ein Wellensittich zugeflogen; übertr.: alle Herzen flogen ihm zu *(er war sehr beliebt);* die Ideen, Gedanken flogen ihm nur so zu *(er hatte eine Fülle von Ideen, Gedanken);* dem Jungen ist in der Schule alles zugeflogen *(er lernte sehr leicht).*
zufließen ⟨etwas fließt einer Sache zu⟩: **1.** *etwas fließt in Richtung auf etwas:* der Fluß fließt dem Meer zu. **2.** *etwas fließt in etwas hinein:* dem Bassin fließt ständig frisches Wasser zu; übertr.: dem Verein sind zahlreiche Spenden zugeflossen; der Erlös fließt einer Hilfsorganisation zu.
Zuflucht, die: *schützender Ort, Sicherheit, Rettung für jmdn. in Not:* er suchte [bei Freunden] vor den Verfolgern Z.; sie fanden in einer Scheune Z. vor dem Unwetter; er hat vielen Verfolgten Z., eine Z. geboten; sein Bruder war für ihn die letzte, einzige Z.; er suchte und fand Z. in seinem Glauben. * **seine Zuflucht zu etwas nehmen** *(etwas als letzte Möglichkeit ansehen, in seiner Not von etwas Gebrauch machen):* er nahm seine Z. zu einer Lüge.
zufolge ⟨Präp. mit Gen. und Dativ⟩: *nach, gemäß:* letzten Meldungen, einem Bericht z. ist er verunglückt; seinem Wunsch z./(seltener vorangestellt mit Gen.:) z. seines Wunsches.
zufrieden: *mit den gegebenen Verhältnissen einverstanden:* er ist ein zufriedener Mensch; ein zufriedenes Gesicht machen; bist du jetzt endlich z.?; er ist immer, gar nicht, außerordentlich z.; wir können z. sein; ⟨mit jmdm., mit etwas z. sein⟩ damit mußt du z. sein *(mehr kannst du nicht verlangen);* er ist mit nichts, mit sehr wenig z.; sie ist mit dem neuen Auto sehr z. *(hat nichts auszusetzen)* · ich bin es (veraltend; *damit)* z., wenn alles so bleibt; sie waren dankbar und z., lebten glücklich und z.; z. lächeln, aussehen.
zufriedengeben ⟨sich mit etwas z.⟩: *mit etwas zufrieden sein:* mit diesem geringen Verdienst, damit wollte ich mich nicht z.; ⟨auch ohne Präp.-Obj.⟩ endlich gab er sich zufrieden.
Zufriedenheit, die: *das Zufriedensein:* das alles konnte ihm keine Z. geben, bringen; die Anerkennung erfüllte ihn mit [tiefer, innerer] Z.; er hat

die Arbeit zu unser aller Z. ausgeführt; die Ware ist nicht ganz zu unserer Z. ausgefallen. **zufriedenlassen** ⟨jmdn. z.⟩: *in Ruhe lassen, nicht behelligen:* laß mich doch endlich einmal [mit deinen Klagen] zufrieden! **zufriedenstellen** ⟨jmdn. z.⟩: *jmds. Wünsche, Erwartungen erfüllen:* er stellt seine Kunden in jeder Weise zufrieden; wir werden immer bemüht sein, Sie zufriedenzustellen; adj. Part.: zufriedenstellende Leistungen; sein Befinden ist [nicht] zufriedenstellend. **zufügen: 1.** (seltener) ⟨einer Sache etwas z.⟩ *hinzufügen, dazugeben:* sie fügte dem Teig [nachträglich] noch etwas Mehl zu. **2.** ⟨jmdm. etwas z.⟩ *antun:* jmdm. ein Leid, großen Schaden, einen schweren Verlust, ein Unrecht, Schmerzen z. **Zufuhr,** die: *das Zuführen, Zuleiten, Zugeführtwerden:* die Z. von Lebensmitteln, Hilfsgütern kam ins Stocken; die Z. [von Benzin] zum Vergaser ist unterbrochen; durch das atlantische Tief wird die Z. kalter Festlandluft unterbunden. **zuführen: 1. a)** ⟨jmdn., einer Sache jmdn., etwas z.⟩ *zu jmdm., zu etwas bringen, hinführen:* dem Kaufmann Kunden, der Partei neue Mitglieder, Anhänger z.; dem Hengst die Stute z.; übertr.: der Verbrecher wurde seiner verdienten Strafe zugeführt *(es wurde veranlaßt, daß der Verbrecher seine verdiente Strafe erhielt);* etwas einem Zweck, einer Verwendung z. *(für einen Zweck verwenden [lassen]);* ein Problem einer Lösung z. *(es für seinen eigentlichen Zweck verwenden [lassen]).* **b)** ⟨jmdm., einer Sache etwas z.⟩ *jmdn., etwas mit etwas versorgen; jmdm. etwas zuleiten:* jmdm. künstliche Nahrung, Sauerstoff z.; einem Motor Benzin, einer Maschine Strom z. **2.** ⟨etwas führt auf etwas zu⟩ *etwas verläuft in Richtung, führt auf etwas hin:* die Straße führt auf den Wald zu; übertr.: diese Entwicklung führt auf eine Katastrophe zu.

Zug, der: **1.** *Lokomotive, Triebwagen mit den dazugehörenden Wagen:* ein voll besetzter, überfüllter, voller, fahrplanmäßiger, verspäteter Z.; der Z. Hamburg-Rom; der Z. nach, von München läuft auf Gleis 2 ein; der Z. hat [viel, eine halbe Stunde] Verspätung, kommt voraussichtlich zehn Minuten später an, fährt ab, geht ab (ugs.), rast vorüber, donnert vorbei, rattert heran, bremst, hält [auf freier Strecke, nicht auf allen Bahnhöfen], fährt ein, läuft ein, ist entgleist, verkehrt nur werktags, hat in Frankfurt 20 Minuten Aufenthalt, endet hier, hat keinen Speisewagen, hat/führt die 1. und 2. Klasse; dieser Z. hat keinen Anschluß *(es fährt kein Anschlußzug in die gewünschte Richtung);* mein Z. geht in einer Stunde; ich diesen Wetter nehme ich lieber den Z. *(fahre ich lieber mit der Bahn statt mit dem Auto);* einen Z. benutzen; den Z. [durch Ziehen der Notbremse] zum Stehen bringen; den Z. verpassen, versäumen, nicht mehr erreichen, bekommen, erwischen (ugs.); Vorsicht bei der Abfahrt des Zuges!; jmdn. an den Z. bringen; meine Schwester war am Z., um mich abzuholen; auf den fahrenden Z. aufspringen; sie stiegen in den [falschen] Z. ein; wir saßen im [falschen, verkehrten] Z.; er fuhr, kam erst mit dem letzten Z.; ein Kind war unter den Z. geraten; wir holen dich vom Z. ab; sie brachten ihn zum Z.; wir kommen zu spät zum Z., wenn ihr euch nicht beeilt; R: der Z. ist abgefahren (ugs.; *es ist zu spät, es ist nichts mehr zu ändern).* **2. a)** *[sich fortbewegende] Gruppe, Schar; Kolonne:* ein langer, endloser Z. von Demonstranten; ein Z. Vögel, Fische; ein Z. Infanterie; der Z. bewegte sich langsam durch die Stadt, zum Botschaftsgebäude; sich zu einem Z. formieren. **b)** (veraltend) *Gespann:* ein Z. Ochsen. **3.** *das Ziehen, Sichfortbewegen [in einer Gruppe, Kolonne]:* der Z. der Wolken; der Z. der Vögel nach dem Süden, der Z. *(Kriegszug)* Alexanders nach Indien; übertr.: das ist der Z. *(die Tendenz)* der Zeit; diese Plastik hat einen Z. ins Monumentale *(wirkt in gewisser Hinsicht monumental);* im Zuge *(im Zusammenhang mit)* der Entwicklung. **4.** *Zugluft:* hier ist, herrscht [ein] furchtbarer Z.; keinen Z. vertragen; der Ofen hat keinen Z. *(nicht den nötigen Luftzug, um gut zu brennen);* er war während der Fahrt dem Z. ausgesetzt; bei dem starken Z. hat er sich erkältet; ihr sitzt, steht dort im Z.; ich bin in den Z. gekommen und habe mich erkältet; ich muß mich vor Z. schützen. **5.** (Brettspiel) *das Bewegen, Weiterrücken einer Figur:* ein schwacher, starker, genialer, verkehrter, falscher Z. im Schachspiel; das war der entscheidende Z.; einen, den ersten Z. tun, machen; einen Z. zurücknehmen, wiederholen; ich bin am Zuge *(bin an der Reihe, einen Zug zu machen);* matt in drei Zügen; übertr.: jetzt ist die andere Seite am Z. *(muß sie handeln);* etwas Z. um Z. *(ohne Verzug)* erledigen; die Auszahlung der Beträge erfolgte Z. um Z.; er hat die Argumente seiner Gegner Z. um Z. *(eins nach dem anderen)* widerlegt. **6. a)** *Schluck:* einen kräftigen Z. aus dem Glas, aus der Flasche tun; er hat einen guten Z. *(trinkt viel auf einmal);* er leerte das Glas auf einen/in einem/mit einem Z. *(ohne abzusetzen);* er trank in langen, einigen, kräftigen Zügen. **b)** *das Einatmen der Luft, das Einziehen des Rauches:* einen Z. aus der Pfeife tun; er machte nur ein paar Züge und warf die Zigarette weg; er rauchte in schnellen, hastigen Zügen; sie atmeten die würzige Luft in vollen Zügen ein; übertr.: die Ferien, seine Jugend in vollen Zügen *(ausgiebig)* genießen. **7.** *Linie[nführung]:* die Züge seiner Schrift verraten seinen Charakter; er unterschreibt mit einem Z. *(ohne abzusetzen);* übertr.: er versuchte die Begebenheit in kurzen, knappen, großen, groben Zügen darzustellen, zu umreißen. **8.** *typische Linie des Gesichts:* regelmäßige, jungenhafte, grobe, brutale Züge; die Züge eines Gesichts, eines alten Menschen; ein herber Z. in dem jugendlichen Gesicht; ein strenger, weicher Z. um den Mund; ein Z. von Strenge, Härte; seine Züge haben sich vollständig verändert; sie hat scharf geschnittene Züge. **9.** *charakterliche Eigenschaften:* ein charakteristischer, hervorstechender Z. seines Wesens; ein schwermütiger Z. liegt über seinem Wesen; das ist ein sympathischer Z. an ihm; das ist kein schöner Z. von ihr *(ist nicht sehr nett).* **10.** *das Ziehen [an etwas]:* ein starker Z. nach unten, nach der Seite; Z. ausüben; einen Z. an der Glocke tun *(die Glocke, an der Glocke ziehen);* die Täuscher taten einen guten Z. *(Fang);* mit ein paar kräftigen Zügen *(Schwimmbewegungen, Ruderschlägen)* erreichten sie das Ufer; das Seil wird auf Z. *(Zug-*

kraft) beansprucht. **11.** *Vorrichtung zum Ziehen:* der Z. an der Kapuze, am Anorak; der Z. am Rolladen ist gerissen; der Z. *(ausziehbarer Mittelteil)* der Posaune. **12.** (ugs.) *durch Erziehung erreichte Ordnung, Disziplin:* der Trainer hat Z. in die Mannschaft gebracht; hier ist kein richtiger Z. drin. **13.** *kleinste militärische Abteilung:* ein Z. Infanterie; drei Züge der Pioniere halfen bei den Löscharbeiten. **14.** (veraltend) *Fachrichtung, Zweig:* der altsprachliche, musische Z. eines Gymnasiums. **15. a)** *dem Geschoß Drall gebende Vertiefung im Innern des Laufes einer Feuerwaffe:* die Züge eines Gewehrlaufs, eines Geschützrohrs. **b)** *Kanal für Luft- und Rauchgase:* der Ofen hat zu enge Züge. * (ugs.:) **einen Zug durch die Gemeinde machen** *(von Lokal zu Lokal ziehen)* · (ugs.:) **in den letzten Zügen liegen** *(im Sterben liegen)* · (ugs.:) **im falschen Zug sitzen** *(sich nicht richtig entschieden haben)* · **in einem Zug[e]** *(mit einem Mal, ohne Unterbrechung)* · **jmdn. gut im Zug haben** *(jmdn. gut erzogen haben)* · **zum Zug[e] kommen** *(entscheidend aktiv werden können bei etwas).*

Zugabe, die: **a)** *etwas, was zusätzlich gegeben wird:* beim Einkauf etwas als Z. bekommen. **b)** *zusätzliche Darbietung:* der Künstler gab drei Zugaben; etwas als Z. singen, spielen; die Zuhörer erzwangen eine Z. von wenig Wasser dünsten.

Zugang, der: **1. a)** *Eingang, Einfahrt:* ein unterirdischer Z.; der Z. zu dem Grundstück, zum Schloß ist gesperrt; das Haus hat nur einen Z.; den Z. bewachen, besetzen. **b)** *Zutritt:* [freien, keinen] Z. zu etwas haben; jmdm. den Z. verwehren; den Z. zu etwas fordern, erzwingen; jmdm. Z. gewähren; sich Z. zu einem Raum, zu jmdm. verschaffen; ü b e r t r.: zur modernen Malerei, zu diesem Menschen habe ich keinen [rechten] Z.; der Spion hatte keinen Z. zu Geheimakten; Z. zu einem Konto haben *(darüber verfügen können).* **2.** *das Hinzukommen:* einen Z. von, an Personen, Sachen registrieren; die Klinik hatte gestern vier Zugänge; es gab viele Zugänge; unter den Zugängen waren einige Kinder.

zugänglich: **1.** *a) Zugang bietend, betretbar:* ein schwer zugängliches Dorf im Gebirge; die Ortschaft ist, liegt für den Verkehr schwer z.; ist nur von Norden her z. **b)** *für die Besichtigung, Benutzung zur Verfügung stehend:* die Sammlung ist jedem, für jeden z.; das Schloß wurde der Öffentlichkeit z. gemacht. **2.** *aufgeschlossen:* ein zugänglicher Mensch; nach dem dritten Glas wurde er etwas zugänglicher; meinen Wünschen, für meine Überlegungen war er immer z.

zugeben ⟨etwas z.⟩: **1.** *als Zugabe geben:* der Sänger gab drei Lieder zu. **2. a)** *[nach längerem Zögern oder Leugnen] gestehen:* eine Tat, seine Schuld z.; der Junge gab zu, die Fensterscheibe eingeworfen zu haben. **b)** *eingestehen, einräumen:* sie gab offen, nur ungern, unumwunden zu, daß ...; gib's doch endlich zu, du stellst es nicht!; Sie müssen doch z., daß ...; ich gebe zu, daß sich die Verhältnisse inzwischen geändert haben, aber ...; zugegeben, er hat nicht unrecht, aber ...; ⟨jmdm. etwas z.⟩ ich gebe Ihnen zu, daß ... **c)** *erlauben, gestatten:* ich werde es nie zugeben, daß sie das tut; er durfte das nicht z.

zugegen ⟨in der Verbindung⟩ zugegen sein (geh.): *bei etwas anwesend sein:* er war bei der Feier z.

zugehen: **1. a)** ⟨auf jmdn., auf etwas z.⟩ *in Richtung auf jmdn., auf etwas gehen:* er ging [schnellen Schrittes] auf ihn, auf das Haus, auf die Stelle zu; ü b e r t r.: er hat die Fähigkeit, auf die Menschen zuzugehen; sie sollten aufeinander z. *(sich versöhnen);* die Arbeit geht dem Ende zu; er ging geradewegs auf sein Ziel zu; er geht schon auf die Achtzig zu *(wird bald 80 Jahre alt);* es geht auf Weihnachten zu *(es wird bald Weihnachten).* **b)** (ugs.) *ausschreiten, vorangehen:* ihr müßt tüchtig, ordentlich z., wenn ihr die Straßenbahn noch erreichen wollt; geh zu *(beeile dich)!* **2.** (Papierdt.) ⟨etwas geht jmdm. zu⟩ *etwas wird jmdm. zugestellt:* jmdm. geht eine Nachricht, Mitteilung zu; die Sendung, der Brief geht Ihnen noch heute mit der/per Post zu. **3.** ⟨etwas geht zu; mit Artangabe⟩ *etwas läuft in einer bestimmten Form aus:* der Obelisk, die Pyramide geht [nach oben] spitz zu; das Rohr geht eng zu. **4.** ⟨es geht; mit Artangabe und meist auch mit Raumangabe⟩ *es geht in bestimmter Weise her:* alles ging völlig harmonisch, natürlich zu; dort ging es nicht immer fein zu; wie ist das zugegangen?; auf dem Fest ging es sehr lustig, fröhlich, bunt zu; bei ihnen ging es zu wie in einem Taubenschlag *(es war ein dauerndes Kommen und Gehen);* R: so geht es nun einmal zu in der Welt! **5.** (ugs.) ⟨etwas geht zu⟩ *etwas läßt sich schließen:* die Tür, das Fenster, der Schrank, der Koffer geht nicht, schwer zu; die Tür geht von allein zu (ugs.; *schließt selbsttätig);* Türen gingen auf und zu *(öffneten und schlossen sich).*

zugeknöpft: ↑ zuknöpfen.

Zügel, der: *am Zaumzeug befestigter Riemen zum Lenken des Pferdes:* die Z. halten, schleifen lassen, straff anziehen; das Pferd gut am Z. haben, am [kurzen, langen] Z. führen; dem Pferd die Z. anlegen; dem [durchgehenden] Pferd in die Z. fallen *(das [durchgehende] Pferd energisch am Zügel packen, um es zum Stehen zu bringen);* er ritt mit verhängten Zügeln *(mit locker hängenden Zügeln und dadurch sehr schnell).* * **die Zügel [fest] in der Hand haben** *(die Führung innehaben; für straffe Ordnung sorgen)* · **die Zügel straffer anziehen** *(strenger werden)* · **die Zügel schleifen lassen/lockern** *(weniger streng sein)* · **jmdm., einer Sache Zügel anlegen** *(jmdn. in seinen Aktivitäten einschränken; eine Sache Einschränkungen unterwerfen)* · **[jmdm., einer Sache] die Zügel schießen lassen** *(die Disziplin lockern, einer Sache freien Lauf lassen)* · **jmdn. am langen Zügel führen** *(jmdn. so leiten, daß ihm Raum zu seiner Entfaltung bleibt)* · **die Zügel aus der Hand geben, legen** *(eine Aufgabe abgeben, in andere Hände geben).*

zügellos: *nicht von Vernunft und sittlicher Einsicht kontrolliert:* ein zügelloses Treiben; ein zügelloser Mensch; sie ist, benimmt sich z.

zügeln: a) ⟨ein Tier z.⟩ *zurückhalten, nicht frei gehen lassen:* ein Pferd z. **b)** ⟨jmdn., sich, etwas z.⟩ *beherrschen:* seine Ungeduld, seinen Zorn [nicht] z. können; ich konnte mich nicht mehr z. und mußte meine Meinung sagen; die Jugendlichen waren nicht zu z. *(zurückzuhalten).*

Zugeständnis, das: *Entgegenkommen in einer bestimmten Angelegenheit:* gegenseitige Zugeständnisse; er verlangte keine Zugeständnisse in dieser Sache; ich kann Ihnen keine weiteren Zugeständnisse machen; wir müssen seiner Jugend Zugeständnisse machen *(manches zugute halten);* Zugeständnisse an die Mode machen *(sich nach der jeweiligen Mode richten).*

zugestehen ⟨jmdm. etwas z.⟩: **a)** *jmds. berechtigtem Anspruch auf etwas stattgeben:* jmdm. ein Recht, einen Platz z.; dem Käufer Rabatt z. **b)** *zugeben:* ich muß dir z., Geschmack hast du; wir mußten ihm z., daß er korrekt gehandelt hatte; ⟨auch ohne Dat.⟩ ich muß z., etwas in Verzug geraten zu sein.

zugetan ⟨in der Verbindung⟩ jmdm., einer Sache zugetan sein (geh.): *jmdm., etwas gern haben:* jmdm. von Herzen, im Liebe, ehrlich z. sein; er war dem Essen und Trinken sehr z.

zugig: *der Zugluft ausgesetzt:* ein zugiger Gang; das ist eine zugige Ecke; hier ist es mir zu z.

zügig: *schnell und stetig:* ein zügiges Tempo; die Vorbereitungen gehen, schreiten z. voran; z. arbeiten, fahren.

zugreifen: *etwas [Angebotenes] schnell nehmen:* Sie müssen schnell z. *(sich schnell zum Kauf entschließen),* wenn Sie die Waren noch billig kaufen wollen; hier heißt es z. *(das Angebot sollte man sich nicht entgehen lassen)*!; bitte greifen Sie zu! /*Aufforderung, von etwas Angebotenem, bes. etwas Eßbarem etwas zu nehmen*/ übertr.: die Polizei hat zugegriffen *(hat jmdn. plötzlich verhaftet);* die Staatsanwaltschaft griff zu *(schritt ein);* bei diesem Angebot sollte er z. *(es annehmen).*

Zugriff, der: *das Zugreifen:* er hat sich das billige Grundstück durch raschen Z. gesichert; dem behördlichen Z. *(Einschreiten)* ausgeliefert, unterworfen sein; jmdm. den Z. auf etwas verwehren; sich dem Z. der Polizei entziehen; vor jmds. Z. sicher sein; jmds. Z. entzogen sein.

zugrunde ⟨in den Wendungen⟩ **zugrunde gehen** *(vernichtet werden, sterben):* elend z. gehen; sie, ihre Ehe wird daran noch z. gehen · **jmdn., etwas zugrunde richten** *(jmdn., etwas ruinieren, vernichten, verderben).* · **einer Sache etwas zugrunde legen** *(etwas für etwas als Grundlage nehmen):* er legte seiner Predigt einen Text aus dem Johannesevangelium zugrunde · **etwas liegt einer Sache zugrunde** *(etwas bildet die Grundlage für etwas).*

zugunsten ⟨Präp.⟩ *bei Voranstellung mit Gen. oder mit* von + Dativ: *zu jmds. Gunsten; für jmdn., etwas:* z. seines Sohnes hat er auf das Erbe verzichtet; er hat sich z. eines Kunden verrechnet; ein Bazar z. der Welthungerhilfe; z. von einem anderen hat er nicht kandidiert; ⟨bei Nachstellung mit Dativ⟩ ihm z. hättest du dich anders entscheiden müssen.

zugute ⟨in den Wendungen⟩ **jmdm. etwas zugute halten** *(etwas zu jmds. Entschuldigung berücksichtigen):* man muß ihm seine Jugend z. halten · **sich** (Dativ) **etwas auf eine Sache zugute tun** *(auf etwas stolz sein):* er tat sich auf seine Beziehungen viel z. · **etwas kommt jmdm., einer Sache zugute** *(etwas wirkt sich für jmdn., etwas positiv aus):* seine langjährige Erfahrung kommt ihm nun z. · **jmdm. etwas zugute kommen lassen** *(jmdn. von etwas Nutzen haben lassen)* · **sich** (Dativ) **etwas zugute tun** *(sich etwas gönnen).*

zuhalten: 1. ⟨etwas z.⟩ **a)** *[mit der Hand] ver-*

schließen: eine Öffnung z.; ⟨jmdm., sich etwas z.⟩ sie hielt ihm den Mund zu; sich die Ohren, die Nase z. **b)** *geschlossen halten:* die Türen, die Fenster z.; bei der kalten Luft den Mund zu. **c)** *so gegen etwas drücken, daß es nicht geöffnet werden kann:* die Tür von außen, von innen z. **2.** ⟨auf etwas z.⟩ *auf etwas zufahren:* der Kapitän, das Schiff hielt auf die Landungsbrücke zu.

zuhören: *einer Rede oder musikalischen Darbietung aufmerksam folgen:* aufmerksam, schweigend, höflich, versunken, mit Interesse z.; er hörte bei dem Gespräch, bei der Rundfunkübertragung zu; du hast nicht [richtig] zugehört!; z. kann gut z.; ⟨ugs.:⟩ hör mal zu, das war doch ganz anders; ⟨jmdm., einer Sache z.⟩ jmdm., der Unterhaltung aufmerksam z.; jetzt hör mir mal gut zu! /*leicht drohende Aufforderung, etwas Bestimmtes zu beherzigen*/.

zuknöpfen ⟨etwas z.⟩: *mit Knöpfen schließen:* den Mantel, die Hose z.; ⟨jmdm., sich etwas z.⟩ ich knöpfte mir das Kleid zu; adj. Part.; übertr.: *reserviert, abweisend:* ein zugeknöpftes Wesen; er war, zeigte sich sehr zugeknöpft.

zukommen: 1. ⟨auf jmdn., auf etwas z.⟩ *sich jmdm., einer Sache nähern:* er kam [direkt, geradewegs, mit schnellen Schritten] auf mich, auf unser Haus zu; übertr.: er ahnte nicht, was mit dieser Arbeit auf ihn zukam. **2.** ⟨auf jmdn. z.⟩ *sich in einer bestimmten Angelegenheit mit jmdm. in Verbindung setzen:* wir werden gegebenenfalls auf Sie z. **3.** (geh.) ⟨etwas kommt jmdm. zu⟩ **a)** *etwas steht jmdm. zu:* das Geld, der Urlaub kommt Ihnen zu; dieser Titel, Rang, eine Führungsrolle kommt ihm nicht zu. **b)** *etwas gehört sich für jmdn.:* es kommt dir nicht zu, so zu fragen, dich einzumischen. **4.** ⟨etwas kommt einer Sache zu⟩ *etwas ist für etwas zutreffend, angemessen:* diesem Geschehen käme eigentlich eine andere Beurteilung zu; dieser Entscheidung kommt eine besondere Bedeutung zu *(diese Entscheidung hat eine große Bedeutung).* * **jmdm. etwas zukommen lassen: a)** *(veranlassen, daß jmd. etwas Bestimmtes bekommt):* wir lassen Ihnen den Bericht [per Post] z. **b)** *(veranlassen, daß jmd. einen materiellen Vorteil, Nutzen hat):* er ließ seinen armen Verwandten auch etwas z. · **etwas auf sich zukommen lassen** *(sich in einer Sache abwartend verhalten):* man muß die Dinge, alles auf sich z. lassen.

Zukunft, die: **1. a)** *Zeit, die vor jmdm. liegt; die kommende, spätere Zeit:* eine unsichere, ungewisse Z.; die Z. gehört der Jugend; dem Computer, dem Mikroprozessor gehört die Z. *(er wird eine bedeutende Entwicklung nehmen);* das Fortbewegungsmittel der Z. *(der kommenden Zeit);* wir wissen nicht, was uns die Z. bringen wird; beruhigt die Z. entgegensehen; auf eine bessere Z. hoffen; auf die Z. bauen; für die, für alle Z. *(für alle Zeit);* in naher, nächster Z.; er lebt mit seinen Gedanken immer in der Z.; du kannst ruhig in die Z. blicken, brauchst keine Angst vor der Z. zu haben. **b)** *jmds. späteres [berufliches] Leben:* unsere gemeinsame Z.; von seiner Entscheidung hängt seine Z. ab; wie denkst du dir denn [nun] deine Z.?; er hat eine große, glänzende Z. *(eine große Karriere)* vor sich; du hast dir damit die Z. verbaut; du mußt an deine Z. denken; sie sprachen über meine Z.; um seine Z. braucht ihm nicht bange zu sein. **2.** (Grammatik) *Futur:* ein Verb in die Z. setzen. * **etwas hat [keine] Zukunft** *(etwas hat eine, keine günstige Entwicklung zu erwarten):* diese veraltete Technologie hat keine Z. · **in Zukunft** *(von jetzt an; künftig)* · **mit/ohne Zukunft** *(mit/ohne Zukunftsperspektive).*

zukünftig: **I.** ⟨Adj.⟩ *künftig, später:* die zukünftige Entwicklung; sein zukünftiger Schwiegersohn; zukünftige Zeiten; s u b s t.: ihr Zukünftiger (ugs.; *Mann, den sie heiraten wird).* **II.** ⟨Adverb⟩ *künftig:* z. frage bitte mich und nicht ihn!; ich bitte, dies z. zu unterlassen!

Zulage, die: *Gehaltszulage:* eine Z. von 50 Mark bekommen, gewähren; Zulagen für Nachtarbeit.

zulangen (ugs.): **a)** *nach etwas greifen und es an sich nehmen:* der Dieb langte schnell zu. **b)** *(vom Angebotenen) reichlich nehmen:* die hungrigen Gäste haben [bei der Mahlzeit] tüchtig zugelangt; ü b e r t r.: die Unternehmen langen kräftig zu *(fordern hohe Preise).* **c)** *(bei der Arbeit) kräftig zupacken:* sie langt zu, kann z. **d)** *zuschlagen:* in seiner Wut hatte er zugelangt.

zulassen: **1. a)** ⟨jmdn. zu etwas z.⟩ *jmdn. Zugang gewähren:* es wurden keine Journalisten zu der Veranstaltung zugelassen. **b)** ⟨jmdn., etwas z.⟩ *in einer Funktion [amtlich] anerkennen:* ein Auto [zum Verkehr] z.; Tiere zur Zucht z.; ein Wertpapier an der Börse, zum Börsenhandel z.; ein Medikament z.; er wurde [nicht] zur Prüfung, zum Abitur, zum/für das Studium zugelassen; jmdn. als Zeugen, als Prozeßbeobachter z.; jmdn. als Arzt, Apotheker z. *(approbieren);* ⟨im 2. Part. in Verbindung mit *sein*⟩ er ist als Anwalt [beim Bundesgerichtshof] zugelassen; der Kraftwagen ist noch nicht zugelassen. **2. a)** ⟨etwas z.⟩ *dulden, erlauben:* ich werde das auf keinen Fall z.; ich kann [es] nicht z., daß ...; wie konntest du das z.!; Gefühle z. (Psych.; *sie nicht verdrängen).* **b)** ⟨etwas läßt etwas zu⟩ *etwas bietet die Möglichkeit zu etwas:* das Gesetz läßt keine Ausnahme zu; diese Worte lassen keinen Zweifel zu; das läßt die Vermutung, den Schluß zu *(läßt erwarten),* daß ...; etwas läßt keinen Aufschub zu; das läßt sein Eigensinn nicht zu *(sein Eigensinn erlaubt es ihm nicht);* wenn es meine Zeit zuläßt, komme ich. **3.** (ugs.) ⟨etwas z.⟩ *geschlossen lassen:* den Laden, die Tür z.; laß das Päckchen zu!

zulässig: *erlaubt, als vertretbar zugestanden:* die zulässige Geschwindigkeit; dieses Verfahren ist nicht z.

Zulauf, der: *Zuspruch, den jmd., etwas hat:* dieser Arzt, das neue Kaufhaus, sein Vortrag hatte großen Z.; er kann sich nicht über mangelnden Z. beschweren.

zulaufen: **1. a)** ⟨auf jmdn., auf etwas z.⟩ *in Richtung auf jmdn., auf etwas laufen:* die Kinder liefen auf ihn zu, kamen auf ihn zugelaufen; ⟨auch: einer Sache z.⟩ sie liefen dem Dorf zu; ü b e r t r.: die Straße läuft direkt auf das Haus zu *(verläuft in Richtung auf das Haus).* **b)** (ugs.) *schnell weiterlaufen:* lauf zu!; ihr müßt z., wenn ihr nicht zu spät kommen wollt. **2. a)** ⟨ein Tier läuft jmdm. zu⟩ *ein herrenloses oder entlaufenes Tier kommt zu jmdm.:* uns ist ein Hund, eine Katze zugelaufen; ein zugelaufener Pudel. **b)** ⟨jmdm., einer Sache z.⟩ *sich jmdm. anschließen:* der Sekte laufen die Jugendlichen in Scharen zu. **3.** ⟨etwas läuft zu; mit

Artangabe⟩ *etwas läuft in einer bestimmten Form aus:* die Pyramide läuft spitz, in einer Spitze zu; der Bolzen lief konisch zu. **4.** ⟨etwas läuft zu⟩ *etwas fließt hinzu:* laß noch kaltes Wasser z.

zulegen: **1.** (ugs.) ⟨sich (Dativ) etwas z.⟩ *sich etwas kaufen, anschaffen:* sich ein Auto, einen Hund z.; ü b e r t r. (oft scherzh.): er hat sich eine Freundin, sie haben sich zwei Kinder zugelegt; sich einen Bauch, einen Bart z. **2.** (ugs.) *sein Tempo steigern:* der Läufer hat tüchtig zugelegt. **3.** (ugs.) *sich vergrößern; zahlenmäßig mehr werden:* erheblich, 50% z.; die Partei hat bei der letzten Wahl kräftig zugelegt. **4.** (ugs.) *dicker werden:* du hast in der letzten Zeit ganz schön zugelegt. **5.** *einen finanziellen Verlust haben; zusetzen:* bei dem Geschäft habe ich noch zugelegt.

zuleide ⟨in der Verbindung⟩ jmdm. etwas zuleide tun: *jmdm. einen Schaden, eine Verletzung zufügen:* er kann niemandem, keiner Fliege (ugs.) etwas z. tun; ich habe ihm nichts z. getan.

zuletzt ⟨Adverb⟩: **a)** *als letzter, als letztes:* ich kam z. an die Reihe; daran habe ich z. gedacht; er war z. Major. **b)** *zum letzten Mal:* wann sahen Sie ihn z.?; er war z. vor 5 Jahren hier. **c)** *schließlich, zum Schluß:* z. sahen wir uns genötigt einzugreifen; wir mußten z. doch umkehren. * (ugs.:) **bis zuletzt: a)** *(bis zu seinem, ihrem Tode):* er arbeitete bis z. **b)** *(bis zum Ende):* er ist bis z. geblieben · **nicht zuletzt** *([besonders] auch):* alle Leute und nicht z. die Kinder hatten ihn gern.

zuliebe ⟨in der Fügung⟩ jmdm., einer Sache zuliebe: *um jmdm. einen Gefallen zu tun; mit Rücksicht auf jmdn., auf etwas:* das tue ich nur meinem Vater z.; tu es mir z.!; der Wahrheit z.

zum: *zu dem:* z. Fluß; z. letzten Mal; z. Winter; ⟨in Verbindung mit einem substantivierten Infinitiv⟩: es ist z. Weinen; z. Mitmachen; z. Spielen.

zumachen (ugs.): **1.** ⟨etwas z.⟩ **a)** *schließen:* die Tür, das Fenster, den Koffer z.; den Rock, seine Hose, Jacke z.; einen Brief z. *(zukleben);* eine Flasche z. *(mit einem Verschluß versehen);* mach den Mund zu!; ich konnte kein Auge z. *(konnte keinen Schlaf finden);* ⟨jmdm., sich etwas z.⟩ mach mir bitte den Reißverschluß zu! **b)** *ein Geschäft aufgeben, den Betrieb einstellen:* er mußte sein Geschäft, seinen Laden z.; ⟨auch ohne Akk.⟩ er mußte z. **2.** *zeitweilig schließen:* wann, um wieviel Uhr machen Sie zu? **3.** *sich beeilen:* mach zu!; du mußt z., damit du fertig wirst.

zumal: **I.** ⟨Adverb⟩ *besonders, vor allem:* wir sind alle schuld, z. ich selbst; sie hat zu Hause wenig zu tun, z. da/wenn sie eine Putzfrau hat. **II.** ⟨Konj.⟩ *besonders da, weil:* ich kann es ihm nicht abschlagen, z. er immer so gefällig ist.

zumessen: **1.** ⟨jmdm. etwas z.⟩ *nach einem bestimmten Maß genau zuteilen:* die Mutter maß jedem der Kinder seinen Teil zu. **2.** ⟨jmdm., einer Sache etwas z.⟩ *beimessen:* jmdm. die Schuld [an einem Unglück] z.; diesem Vorfall mißt er keine Bedeutung z.; einer Sache Wert, Gewicht z.

zumindest ⟨Adverb⟩: *als wenigstes; mindestens:* ich kann z. verlangen, daß er mich anhört.

zumute ⟨in der Verbindung⟩ jmdm. ist, wird zumute ⟨mit Artangabe⟩: *jmd. ist in einer bestimmten, kommt in eine bestimmte Gemütsverfassung, Stimmung:* mir war, wurde ganz sonderbar, seltsam, feierlich z.; ihm war dabei gar nicht wohl z.

(er hatte Bedenken dabei); ihm war nicht nach Scherzen, zum Lachen z.

zumuten ⟨jmdm., sich etwas z.⟩: *von jmdm., sich etwas verlangen, was eigentlich nicht zu vertreten ist:* ich kann ihm nicht z. zu kommen; du mutest dir zuviel zu *(du überanstrengst dich);* diese Arbeit kann niemandem zugemutet werden.

Zumutung, die: *ungebührliches Verlangen:* es ist eine Z. [für die Nachbarn], so spät noch zu klingeln; eine Z. an jmdn. stellen *(jmdm. etwas zumuten);* eine Z. zurückweisen; ich verwahre mich gegen eine solche Z., gegen derartige Zumutungen; das ist eine Z.! *(das ist unerhört!)*

zunächst: I. ⟨Adverb⟩ **a)** *anfangs; zuerst, als erstes:* die Sache war z. nicht aufgefallen; z. einmal werde ich mir die Unterlagen ansehen. **b)** *vorerst, einstweilen:* daran denke ich z. noch nicht. **II.** (geh.) ⟨Präp. mit Dativ⟩ *als nächstes, neben, ganz nahe:* diese Plastik steht z. dem Pfeiler; das Haus ist dem See z. gelegen.

Zunahme, die: *das Zunehmen; Vergrößerung, Vermehrung:* eine beträchtliche, geringe, starke Z. des Gewichts, des Umfangs, des Geburten; eine rasche, plötzliche, merkliche Z. des Reiseverkehrs; eine Z. um, von acht Pfund; es ließ sich eine [geringe] Z. der Ausfuhr feststellen.

zünden: 1. a) ⟨etwas z.⟩ *zur Explosion bringen:* eine Mine, Rakete, Sprengladung, einen Knallkörper z. **b)** ⟨etwas zündet⟩ *etwas beginnt zu brennen:* das Streichholz, Pulver zündet nicht; der Blitz hat gezündet *(einen Brand verursacht).* **2.** ⟨etwas zündet⟩ *ruft Stimmung, Begeisterung hervor:* die Idee, der Vorschlag zündete sofort; übertr.; adj. Part.: eine zündende Rede, Ansprache, Parole. * (ugs.:) **bei jmdm. hat es gezündet** *(jmd. hat etwas [endlich] verstanden).*

Zunder, der: *leicht brennbares, früher zum Feuermachen verwendetes Material:* mit Z. Feuer machen. * (ugs.:) **jmdm. Zunder geben: a)** *(jmdn. schlagen, prügeln).* **b)** *(jmdn. beschimpfen, zurechtweisen)* · (ugs.:) **Zunder bekommen/kriegen: a)** *(Schläge, Prügel bekommen).* **b)** *(beschimpft, zurechtgewiesen werden).*

zunehmen: a) ⟨etwas nimmt zu⟩ *etwas wird größer, stärker, vermehrt sich:* seine Kräfte nehmen wieder, rasch zu; die Tage nehmen zu *(werden länger);* der Wind hat zugenommen; der Mond nimmt zu *(seine Lichtscheibe wird größer);* die Kälte hatte um einige Grade zugenommen; adj. Part.: zunehmender Mond; mit zunehmenden Jahren, bei zunehmendem Alter verbieten sich solche Dinge von selbst; in zunehmendem Maße; mit zunehmender Geschwindigkeit; zunehmend *(immer mehr)* an Einfluß gewinnen; es wird zunehmend *(stetig)* wärmer. **b)** ⟨an etwas z.⟩ *etwas in verstärktem Maße erhalten, aufweisen:* mit den Jahren hat er an Erfahrung, Macht, Ansehen zugenommen; der Wind nimmt an Heftigkeit zu. **c)** *sein Gewicht vergrößern:* er hat tüchtig, beträchtlich, stark, etwas, drei Kilogramm, ein paar Pfunde zugenommen; bei diesem Essen kannst du nicht z. *(das Essen ist nicht gehaltvoll).* **d)** (Stricken, Häkeln) ⟨[etwas] z.⟩ *die Anzahl der Maschen vergrößern:* von der 20. Reihe an muß man [fünf Maschen] z.

zuneigen (geh.): **1.** ⟨sich jmdm., einer Sache z.⟩ *sich in Richtung auf jmdn., etwas neigen:* er neigte

sich seiner Nachbarin zu; übertr.: das Jahr, die Arbeit neigt sich dem Ende zu *(nähert sich dem Ende);* jmdm. zugeneigt sein *(Zuneigung für jmdn. empfinden).* **2.** ⟨einer Sache z.⟩ *innerlich zustimmen, sich für etwas entscheiden:* einer Ansicht, keiner bestimmten Partei z.

Zuneigung, die: *freundschaftliches, liebendes Gefühl; Sympathie:* eine zärtliche, stürmische, herzliche Z.; ihre Z. wuchs rasch; jmdm. seine Z. schenken, bewahren, beweisen; jmds. Z. gewinnen; bei jmdm. Z. erwecken; für jmdn. keine Z. aufbringen können; zu jmdm. Z. haben, empfinden, hegen; das Kind faßte schnell Z. zu uns.

zünftig: *den Vorstellungen entsprechend, richtig:* ein zünftiger Sportler, Skifahrer; eine zünftige *(zweckentsprechende)* Kluft, Campingausrüstung; unsere Wanderung war z.

Zunge, die: **1.** *Organ bes. zum Schmecken [und Sprechen] in der Mundhöhle von Mensch und Wirbeltier:* eine belegte, pelzige Z.; vor Durst klebt mir die Z. am Gaumen; jmdm. die Z. herausstrekken; zeig mal die, deine Z.; der Hund läßt die Z. aus dem Maul hängen; ich habe mir mit der heißen Suppe die Z. verbrannt; er hat eine feine, verwöhnte Z. *(ist ein Feinschmecker);* der Pfeffer brennt auf der Z.; ich habe mir auf die Z. gebissen; das Fleisch ist so zart, daß es auf der Z. zergeht; er fuhr sich (Dativ) mit der Z. über die Lippen; mit der Z. schnalzen; sie stößt mit der Z. an *(lispelt);* eine spitze, scharfe, lose, böse Z. haben *(zu spitzen, frechen Äußerungen neigen);* böse Zungen *(boshafte Leute; Lästerer)* behaupten, er hätte ...; sie hat eine flinke Z. *(ist oft voreilig in ihrem Urteil);* eine schwere Z. haben *([in angeheitertem Zustand] im Sprechen unbeholfen sein);* seine Z. hüten, im Zaum halten *(in seinen Äußerungen vorsichtig sein);* sich (Dativ) bei einem Wort die Z. abbrechen *(ein schwieriges Wort fast nicht aussprechen können);* er wetzt seine Z. an dieser Geschichte *(redet gehässig darüber);* er wollte sich nicht die Z. verbrennen (ugs.; *sich nicht durch eine unbedachte Äußerung schaden);* ich beiße mir eher die Z. ab, als daß ich etwas verrate *(ich verrate auf keinen Fall etwas);* der Wein löste ihm die Z. *(brachte ihn zum Reden);* ich biß mir auf die Z. *(ich unterdrückte im letzten Moment eine Äußerung);* er ließ sich (Dativ) die Worte auf der Z. zergehen *(empfand den Klang der Worte nach, während er sie aussprach);* das Wort liegt mir auf der Z. *(ich weiß es, doch es fällt mir nicht ein);* es lag mir auf der Z., das zu sagen *(ich hätte es beinahe gesagt);* es brannte mir die ganze Zeit auf der Z. *(ich wollte es die ganze Zeit schon sagen);* sie redet mit gespaltener Z. *(sie ist unaufrichtig, doppelzüngig);* diese Worte gingen ihm schwer von der Z. *(es wurde ihm schwer, diese Worte auszusprechen);* (ugs.:) sie kamen mit heraushängender Z. *(völlig außer Atem)* auf dem Bahnsteig an; (ugs.:) vor Durst hing uns die Z. aus dem Hals; alle Länder deutscher Z. (geh. veraltend: *Sprache);* mit tausend Zungen predigen (geh.; *nachdrücklich auf etwas hinweisen).* **2.** *Gericht aus Rinder-, Kalbszunge:* wir aßen heute Z. **3.** *tonbildendes Metallplättchen; Rohrblatt:* die Z. bei, in Blasinstrumenten. * **das Zünglein an der Waage sein** *(als Person oder Sache bei etwas den Ausschlag geben).*

züngeln: *(von Schlangen) die Zunge rasch hin und her, nach vorn und wieder nach hinten bewegen:* die Schlange züngelt; b i l d l .: das Feuer züngelt; Flammen züngelten aus dem Fenster.

zunichte ⟨in den Verbindungen⟩ **etwas zunichte machen** *(etwas vereiteln, vernichten)* · **etwas ist/ wird zunichte** *(etwas ist, wird vereitelt, zerstört).*

zunutze ⟨in der Verbindung⟩ sich (Dativ) etwas zunutze machen: *Nutzen aus etwas ziehen, etwas ausnutzen:* sich jmds. Unwissenheit z. machen.

zupacken: a) *schnell und fest zugreifen:* schnell, mit beiden Händen z.; ü b e r t r .: er, sie hat eine zupackende Art *(faßt eine Aufgabe energisch, tatkräftig an).* **b)** *tüchtig arbeiten:* sie kann z.; bei dieser Arbeit müssen alle kräftig z.

zupaß ⟨in der Verbindung⟩ jmdm. zupaß kommen: *jmdm. gelegen, gerade recht kommen:* er, sein Angebot, dieses Geld kam uns sehr z.

zupfen: 1. *mehrmals kurz und leicht ziehen:* **a)** ⟨jmdn., sich an etwas z.⟩ jmdn. am Ärmel z. **b)** ⟨an etwas z.⟩ er zupfte nervös an seiner Krawatte. **2.** ⟨etwas z.⟩ *lockern und herausziehen:* Fäden [aus einem Gewebe], Unkraut, Baumwolle z. *(auseinanderzupfen).* **3.** ⟨etwas z.⟩ *anreißen:* die Gitarre *(die Saiten der Gitarre)* z.; beim Pizzikato werden die Töne, Saiten nur gezupft.

zur: *zu der:* z. Vorsicht einen Schirm mitnehmen; z. Vernunft kommen; z. Schule gehen.

zurechtfinden ⟨sich z.; gewöhnlich mit Umstandsangabe⟩: *von selbst die richtigen räumlichen, zeitlichen o. ä. Zusammenhänge erkennen:* sich irgendwo, mit etwas, in seiner Rolle, in der Dunkelheit, langsam, mit der Zeit, schnell z.; ich finde mich schon zurecht; ü b e r t r .: in dieser Abrechnung finde ich mich nicht zurecht; er konnte sich im Leben nicht mehr z.

zurechtkommen: 1. a) ⟨mit jmdm., mit etwas z.⟩ *mit jmdm., mit etwas fertig werden, umgehen können:* mit der Schule, mit den Lehrern, Kollegen gut, nicht z.; *(auch ohne Präp.-Obj.)* kommen Sie zurecht?; ich komme finanziell gut zurecht. **b)** ⟨ohne jmdn., ohne etwas z.⟩ *jmdn., etwas nicht brauchen; ihn, es entbehren können:* ich komme gut ohne ihn, ohne Haushaltsmaschinen zurecht. **2.** *rechtzeitig kommen:* zum Zug z.; er kam gerade noch zurecht, bevor das Spiel begann.

zurechtlegen: 1. ⟨etwas z.⟩ *zum Gebrauch passend hinlegen:* lege mir die Sachen [zur Reise, zum Umkleiden] zurecht!; ⟨sich (Dativ) etwas z.⟩ ich legte mir mein Schreibzeug zurecht. **2.** ⟨sich (Dativ) etwas z.⟩ *ausdenken:* ich habe mir den Fall folgendermaßen zurechtgelegt; sich einen Plan, eine Ausrede, Antwort z.

zurechtmachen (ugs.): **1.** ⟨etwas z.⟩ *für den Gebrauch vorbereiten:* das Essen, den Salat z.; ⟨jmdm. etwas z.⟩ sie machte dem Besuch das Bett zurecht. **2.** ⟨sich z.⟩ *sich [für einen besonderen Anlaß] verschönern:* sich schön, geschickt z.; sich fürs Theater, zum Tanzen z.; sie ist immer gut zurechtgemacht.

zurechtrücken ⟨etwas z.⟩: *an die richtige Stelle rücken:* Stühle, die Mütze z.; ⟨jmdm., sich etwas z.⟩ ich rückte mir den Sessel zurecht; ü b e r t r .: das mußt du wieder z. *(in Ordnung bringen).*

zurechtweisen ⟨jmdn. z.⟩: *tadeln, rügen:* er hat ihn [streng, barsch, scharf] zurechtgewiesen; jmdn. wegen einer Sache z.

zureden ⟨jmdm. z.; gewöhnlich mit Artangabe⟩: *jmdn. durch Reden zu beeinflussen suchen:* jmdm. gut, gütlich, eindringlich, tüchtig, lange z.; er redete ihm zu wie einem kranken Kind, wie einem lahmen Gaul (ugs.); ich redete ihr zu, den Mantel zu kaufen; subst.: er tat es endlich auf unser Zureden [hin]; alles Zureden half nichts.

zureichen: 1. ⟨jmdm. etwas z.⟩ *hinhalten, geben:* du könntest mir die Steine, das Holz z. **2.** (ugs.) ⟨etwas reicht zu⟩ *etwas reicht aus:* bei ihm reicht das Geld nie zu; der Stoff reicht gerade zu [für das Kleid]; adj. Part.: ein zureichender Grund; etwas zureichend begründen.

zurichten: 1. (Fachspr.) ⟨etwas z.⟩ *zur Bearbeitung aufbereiten, vorbereiten:* Leder, Pelze, Holz, Stoff z. **2.** ⟨mit Artangabe⟩ ⟨jmdn. z.⟩ *in einen üblen Zustand bringen:* er war bei der Schlägerei arg, schlimm, schrecklich, übel zugerichtet worden; wie hat man dich denn zugerichtet? **b)** ⟨etwas z.⟩ *beschädigen:* etwas schlimm z.

zurück ⟨Adverb; meist zusammengesetzt mit Verben⟩: **1. a)** *wieder hier, am Ausgangspunkt* /räumlich/: ich bin um 8 Uhr, von der Reise z. **b)** *im Rückstand* /zeitlich/: die Ernte, die Natur ist dieses Jahr noch weit z.; ü b e r t r .: er ist geistig, in seinen Leistungen sehr z. **2.** *auf dem Rückweg* /räumlich/: hin sind wir gefahren, z. gelaufen. **3.** (ugs. landsch.) *vorher* /zeitlich/: zehn Jahre z. sah die Sache noch ganz anders aus. **4.** /in Aufforderungen u. ä./: nach hinten /räumlich/: [zwei Schritte] z.!; subst.: es gibt kein Zurück [mehr] *(keine Möglichkeit zur Umkehr).*

zurückbleiben: 1. a) ⟨meist mit Umstandsangabe⟩ *an einer Stelle bleiben, zurückgelassen werden:* der Koffer blieb im Hotel zurück; ich bleibe als Wache zurück; ü b e r t r .: er blieb nach ihrem Tod mit 3 Kindern, als Witwer zurück. **b)** ⟨meist mit Raumangabe⟩ *weiter hinten bleiben, gehen:* ein wenig, zwei Schritte z.; wir bleiben hinter den anderen zurück, um ungestört reden zu können; ü b e r t r .: die Stadt blieb hinter uns zurück. **2.** ⟨etwas bleibt zurück⟩ **a)** *etwas bleibt übrig:* nach der Verbrennung bleibt Asche zurück. **b)** *etwas bleibt als Folge von etwas bestehen:* nach, von seiner Krankheit blieb [bei ihm] ein dauernder Leberschaden zurück; vom Rotwein war ein häßlicher Flecken auf dem Kleid zurückgeblieben. **3. a)** *langsamer wachsen, sein als andere:* er bleibt im Wettlauf zurück; meine Uhr bleibt zurück *(geht nach);* ü b e r t r .: mit seiner Arbeit z.; seine Leistungen blieben hinter den Erwartungen zurück; die Einnahmen blieben hinter denen des Vorjahrs weit zurück. **b)** *sich langsamer als normal entwickeln:* das Kind ist geistig, körperlich, in der Entwicklung zurückgeblieben; er ist in der Schule sehr zurückgeblieben; er macht einen zurückgebliebenen Eindruck.

zurückfahren: 1. a) *wieder zum Ausgangspunkt fahren:* noch am gleichen Tag, mit der Bahn z. **b)** ⟨jmdn., etwas z.⟩ *an den Ausgangsort zurückbringen:* ich fahre dich [mit dem Wagen] zurück; den Wagen [in die Garage] z. **2.** *zurückprallen:* vor Schreck z.; er fuhr entsetzt [mit dem Kopf] zurück, als er sie sah. **3.** (Technik) ⟨etwas z.⟩ *eine technische Anlage auf geringere Leistung einstellen:* das Kraftwerk z.; die Produktion wurde zurückgefahren *(reduziert).*

zurückfallen: 1. *nach hinten fallen:* aufs Bett z.; ich ließ mich [auf den Stuhl] z. 2. *auf ein niedrigeres Leistungsniveau sinken:* weit, auf den Stand des Vorjahres z.; der Läufer ist [zwei Runden] zurückgefallen; durch diese Niederlage fiel die Mannschaft auf den letzten Platz zurück. 3. ⟨in etwas z.⟩ *wieder in etwas verfallen:* [wieder] in den alten Fehler, Schlendrian z. 4. ⟨etwas fällt auf jmdn. zurück⟩ *etwas wird jmdm. als Fehler angelastet:* seine schlechten Manieren fallen auf seine Eltern zurück; der Vorwurf fällt auf ihn [selbst] zurück. 5. ⟨etwas fällt an jmdn. zurück⟩ *etwas geht wieder in jmds. Besitz über:* das Grundstück fällt [wieder] an uns zurück.

zurückfinden: 1. *den Weg zum Ausgangspunkt finden:* du kannst jetzt umkehren, ich finde schon allein [zum Bahnhof] zurück. 2. (geh.) ⟨meist mit Raumangabe⟩ *zurückkehren:* er fand in die Heimat, nach Hause, zu ihr zurück; ü b e r t r.: zu sich selbst z. *(eine innere Krise überwinden).*

zurückführen: 1. a) ⟨jmdn. z.; meist mit Raumangabe⟩ *wieder an den Ausgangspunkt bringen:* ich führte ihn denselben Weg, auf seinen Platz zurück; ü b e r t r.: Flüchtlinge in ihre Heimat, einen Menschen in die Gemeinschaft z. b) ⟨etwas führt zurück; meist mit Raumangabe⟩ *etwas führt zum Ausgangspunkt:* aus diesem Labyrinth führt kein Weg zurück. 2. ⟨etwas ist auf etwas zurückzuführen⟩ *etwas hat etwas Bestimmtes als Ursache:* etwas ist auf Fahrlässigkeit, auf menschliches Versagen zurückzuführen; die Sache ist darauf zurückzuführen, daß ... 3. ⟨etwas auf etwas z.⟩ a) *etwas für die Folge von etwas erklären:* er führte den Unfall auf einen Reifendefekt zurück. b) *aus etwas ableiten:* etwas auf seinen Ursprung, auf seinen wahren Wert z.

zurückgeben: 1. ⟨jmdm. etwas z.⟩ *dem Eigentümer wiedergeben:* er hat mir das geliehene Buch [noch nicht] zurückgegeben; der Lehrer gibt den Schülern die Hefte zurück; ⟨auch ohne Dat.⟩ den Führerschein z.; sein Parteibuch z. *(aus der Partei austreten);* das Geld, die gestohlenen Sachen z.; ü b e r t r.: er hat sein Mandat [an die Partei] zurückgegeben. 2. ⟨etwas z.⟩ *antworten, entgegnen:* „Das ist nicht wahr!" gab er zurück; ü b e r t r.: einem Tier die Freiheit z.; jmdm. sein Wort, sein Versprechen z. *(jmdn. von einem Versprechen lösen);* das gab mir neue Sicherheit zurück.

zurückgehen: 1. a) *wieder zum Ausgangspunkt gehen:* ich habe etwas vergessen, ich muß noch einmal z.; der Schüler ging zu seinem/auf seinen Platz zurück; nach Deutschland, in seine alte Heimat z. *(sich wieder dort ansiedeln).* b) ⟨etwas z.⟩ *als Rückweg nehmen:* wir gingen denselben Weg zurück. c) *nach hinten gehen:* zwei Schritte z.! d) ⟨etwas geht zurück⟩ *etwas weicht zurück:* der Gletscher geht zurück. e) ⟨etwas geht zurück⟩ *etwas wird zurückgeschickt:* die Sendung, den Brief geht [als unzustellbar, an den Absender] zurück; er hat im Restaurant die versalzene Suppe z. lassen *(sie nicht gegessen).* 2. ⟨etwas geht zurück⟩ *etwas nimmt ab, wird geringer, kleiner:* die Flut, das Hochwasser geht zurück; das Fieber geht zurück; die Einnahmen, Preise, Kurse gingen immer mehr zurück; die Ausfuhr, der Umsatz, das Geschäft ist zurückgegangen; die Besucherzahlen gehen stark zurück. 3. a) ⟨etwas geht auf

jmdn., auf etwas zurück⟩ *etwas hat seinen Ursprung bei jmdm., in etwas:* die Sache geht auf seine Initiative zurück; die Verordnung geht noch auf Napoleon zurück. b) ⟨mit Umstandsangabe⟩ *bis zu einem früheren Zeitpunkt verfolgen, beobachten:* auf den Ursprung, bis in die Frühzeit z.; man muß schon weit in die Geschichte z., um ähnliches zu finden.

zurückhalten: 1. a) ⟨jmdn., etwas z.⟩ *festhalten; am Weggehen, -fahren, -fließen hindern:* er konnte das Kind gerade noch [am Arm] z.; Sie wollen fort, ich will Sie nicht länger z.; die Sendung, das Auto wird vom Zoll zurückgehalten *(nicht herausgegeben).* b) ⟨jmdn. von, vor etwas z.⟩ *von etwas abhalten:* jmdn. von einer zu anstrengenden Reise, vor einem unüberlegten Schritt z.; ⟨auch ohne Präp.-Obj.⟩ der Gedanke an sie hielt mich zurück, etwas zu sagen; nichts konnte ihn mehr z.; ich mußte mich z., um nicht ... 2. *nicht merken lassen, nicht offen aussprechen:* a) ⟨etwas z.⟩ er hielt sein Urteil, seinen Unwillen, seine Vorwürfe, Gefühle zurück; adj. Part.: er ist sehr zurückhaltend *(still und bescheiden);* ein zurückhaltender Mensch. b) ⟨mit etwas z.⟩ er hielt mit seinem Unwillen, mit seiner Kritik nicht zurück; er war sehr zurückhaltend mit Lob. 3. ⟨mit etwas z.⟩ *vorsichtig agieren; abwarten:* die Erzeuger hielten mit ihren Verkäufen zurück; adj. Part.: zurückhaltend auf etwas reagieren; sich zurückhaltend äußern. 4. a) ⟨sich z.⟩ *im Hintergrund, abseits bleiben:* ich hielt mich zurück und verkehrte mit niemandem. b) ⟨sich mit, bei etwas z.⟩ *sich mäßigen:* sich beim Trinken, mit dem Essen z.

Zurückhaltung, die: *reservierte Haltung:* auf dem Aktienmarkt herrschte noch große Z.; du mußt dir mehr, äußerste Z. auferlegen; die Kritik nahm das neue Stück mit größter Z. auf.

zurückkehren: *zurückkommen:* [reumütig] nach Hause z.; vom Urlaub, von der Reise z.; er ist aus dem Krieg nicht mehr zurückgekehrt *(im Krieg gefallen);* b i l d l.: langsam kehrte die Erinnerung, sein Bewußtsein zurück. b) ⟨zu jmdm., zu etwas z.⟩ *sich jmdm., einer Sache wieder zuwenden:* zu dem gewohnten Leben, zum Glauben z.; er ist zu seiner Frau zurückgekehrt.

zurückkommen: a) *wieder zum Ausgangspunkt kommen:* unverrichteter Dinge, mit leeren Händen z.; wann wirst du von der Reise, aus dem Urlaub z.?; der Brief ist als unzustellbar zurückgekommen; ü b e r t r.: nach einer Weile kamen die Zahnschmerzen zurück. b) ⟨auf etwas, auf jmdn. wenden:* er kam in seiner Rede immer wieder auf diesen Gedanken zurück; ich werde auf Ihr Angebot z.; auf jmdn., auf jmds. Bewerbung z.

zurücklassen: 1. ⟨jmdn., etwas z.⟩ *an dem Ort lassen, von dem man sich entfernt:* das Gepäck im Hotel z.; sie mußten ihre ganze Habe z.; ü b e r t r.: die Verstorbene ließ drei Kinder zurück; die Wunde ließ keine Narbe zurück; ich lasse dir/für dich eine Nachricht zurück *(hinterlasse eine Nachricht).* 2. (ugs.) ⟨jmdn. z.⟩ *zurückkehren lassen:* sie wollten ihn nicht [nach Hause] z.

zurücklegen: 1. a) ⟨etwas z.⟩ *wieder an den alten Platz legen:* etwas [an seinen Platz, in die Schublade] z. b) ⟨etwas z.⟩ *zurückbeugen:* er legte den

Kopf zurück. **c)** ⟨sich z.⟩ *sich nach hinten legen; hinlegen:* ich legte mich [im Bett, Lehnstuhl] zurück. **2.** ⟨etwas z.⟩ **a)** *aufheben, reservieren:* eine Eintrittskarte z.; würden Sie mir/für mich dieses Buch z.? **b)** ⟨etwas z.⟩ *sparen:* Geld für eine Reise, eine schöne Summe z. **3.** ⟨etwas z.⟩ *eine Strecke hinter sich bringen:* den Schul-, Heimweg [rasch, zu Fuß, mit dem Auto] z.; wir legten auf unserer Wanderung täglich 15 km zurück.
zurücknehmen: 1. ⟨etwas z.⟩ *wieder an sich nehmen:* er hat seine Geschenke [von ihr] zurückgenommen; etwas anstandslos z.; Ware aus dem Schlußverkauf wird nicht zurückgenommen *(kann vom Käufer nicht zurückgegeben werden).* **2.** ⟨jmdn., etwas z.⟩ *nach hinten verlegen:* Truppen [aus vorgeschobener Stellung] z.; der Trainer nahm den Spieler zurück *(beorderte ihn in die Hintermannschaft).* **3.** ⟨etwas z.⟩ **a)** *rückgängig machen:* sein Versprechen, ein Verbot, eine Entscheidung, eine Klage z. **b)** *widerrufen:* er wollte von dem, was er gesagt hatte, kein Wort z.; R (scherzh.): ich nehme alles zurück [und behaupte das Gegenteil]. **4.** ⟨etwas z.⟩ *verringern, reduzieren:* das Gas, die Lautstärke [etwas] z.
zurückprallen: 1. ⟨etwas prallt zurück⟩ *etwas fliegt gegen etwas und springt zurück:* der Ball prallt [von der Hauswand] zurück; bildl.: die Hitze prallt von der Mauer zurück. **2.** *zurückschrecken:* ich prallte [vor Schreck] zurück.
zurückrufen: 1. a) ⟨jmdn. z.⟩ *durch Rufen zum Umkehren veranlassen:* jmdn. noch einmal [zu sich, ins Zimmer] z.; übertr.: ein fehlerhaftes Produkt z. *(von seiten des Herstellers zu seiner Rückgabe auffordern).* **b)** ⟨jmdn. z.⟩ *zurückbeordern:* den Botschafter [nach Bonn] z.; er wurde aus dem Urlaub zurückgerufen. **c)** ⟨etwas z.⟩ *im Weggehen rufen:* er hat noch zurückgerufen, daß er auf mich warten würde. **d)** *einen Anrufer seinerseits anrufen:* ich rufe zurück. – Hochsprachlich nicht korrekt: ich rufe Sie zurück. **2.** ⟨jmdm., sich etwas in etwas z.⟩ *in Erinnerung rufen:* sich die Vergangenheit, die Ereignisse in die Erinnerung z.; ich konnte mir das Erlebnis nicht mehr ins Gedächtnis, ins Bewußtsein z.
zurückschaudern: *sich vor Abscheu abwenden; zurückschrecken:* bei diesem Anblick, vor dieser furchtbaren Tat schauderte er zurück.
zurückschlagen: 1. a) ⟨etwas z.⟩ *wieder an den Ausgangspunkt schlagen, werfen:* den Ball [ins Spielfeld, zum Torwart] z. **b)** ⟨jmdn., etwas z.⟩ *abwehren:* den Feind, das Heer, den Angriff z. **2.** *Schläge zurückgeben:* als sie ihn verprügeln wollten, hat er kräftig zurückgeschlagen; übertr.: er schlägt sofort zurück. **3.** ⟨etwas z.⟩ *nach hinten, zur Seite bewegen:* den Mantel, den Kragen, die Bettdecke, das Verdeck z. **4.** ⟨etwas schlägt zurück⟩ *bewegt sich mit kräftigem Schwung in die Gegenrichtung:* das Pendel schlägt zurück. **5.** ⟨etwas schlägt auf jmdn., auf etwas zurück⟩ *etwas hat negative Auswirkungen für jmdn., etwas:* das schlägt auf uns, auf unser Verhältnis zurück.
zurückschrecken: a) *vor Schreck zurückfahren:* er schrickt, schrak zurück, ist [vor ihm] zurückgeschreckt/⟨selten:⟩ zurückgeschrocken, als er sein entstelltes Gesicht sah. **b)** ⟨vor etwas z.⟩ *nicht den Mut zu etwas Bestimmtem haben:* vor einem Verbrechen [nicht] z.; er schreckt, schreckte

vor nichts zurück; er ist vor Gewaltmaßnahmen nicht zurückgeschreckt. **c)** ⟨etwas schreckt jmdn. zurück⟩ *etwas hält jmdn. von etwas ab:* seine Drohung hat mich nicht zurückgeschreckt.
zurücksetzen: 1. a) ⟨jmdn., sich z.⟩ *weiter hinten Platz nehmen [lassen]:* ich setze mich, setze dich etwas weiter, einige Reihen zurück. **b)** ⟨etwas z.⟩ *nach hinten versetzen:* den Grenzstein, die Hecke z. **c)** ⟨etwas z.⟩ *wieder an den früheren Platz bringen, setzen:* einen Fisch ins Wasser z. **d)** ⟨sich z.⟩ *sich wieder an seinen Platz setzen:* setz dich wieder auf die Bank zurück. **2.** ⟨etwas z.⟩ *herabsetzen, verbilligen:* die Preise z.; zurückgesetzte Waren. **3.** ⟨jmdn. z.⟩ *benachteiligen, kränken:* ich kann ihn nicht vor dir/dir gegenüber so z.; sie fühlt sich [in unseren Augen] zurückgesetzt. **4. a)** ⟨etwas z.⟩ *ein Fahrzeug rückwärts bewegen:* du mußt den Wagen z. **b)** *rückwärts fahren:* der Wagen, der Fahrer setzte [mit seinem Wagen] zurück.
zurückstecken: 1. ⟨etwas z.⟩ **a)** *wieder an den alten Platz stecken:* die Brille [ins Etui] z. **b)** *nach hinten versetzen:* die Stange ein wenig z. **2.** (ugs.) *in seinen Forderungen bescheidener werden, sich mit weniger zufriedengeben:* bei den Verhandlungen mußten beide Seiten z.
zurückstehen: 1. *in einer Linie, Front weiter hinten stehen:* die Häuser stehen etwas zurück. **2.** ⟨hinter jmdm., hinter etwas z.⟩ *an Wert und Leistung geringer sein:* er steht [in seinen Leistungen] nicht weit hinter der Konkurrenten zurück; die Qualität steht weit hinter der der Konkurrenz zurück; ⟨auch ohne Präp.-Obj.⟩ ich wollte da nicht z. **3.** *anderen den Vortritt lassen, verzichten:* wir werden wohl z. müssen; er will nicht hinter einem jüngeren Kollegen z.; übertr.: hinter diesem Problem muß alles andere jetzt z.
zurückstellen: 1. ⟨etwas z.⟩ **a)** *an den ursprünglichen Platz stellen:* die Stühle [an ihren Platz] z.; die Bücher [ins Regal] z. **b)** *nach hinten rücken, stellen:* du kannst den Schrank noch ein wenig z. **c)** *reservieren:* Waren [einem Kunden/für einen Kunden] z.; sich etwas z. lassen. **d)** *niedriger einstellen:* die Heizung z. **e)** *nachstellen:* die Zeiger, die Uhr z.; mit der Winterzeit die Uhr eine Stunde, um eine Stunde z. **2.** ⟨etwas z.⟩ *vorläufig nicht für so wichtig erachten; verschieben:* seine Bedenken z.; alle Sonderwünsche z.; der Neubau der Schule wird zurückgestellt. **3.** ⟨jmdn. z.⟩ *vorläufig, zeitweilig von etwas befreien:* einen schwachen Schüler z.; er wurde wegen des Herzfehlers [vom Wehrdienst] zurückgestellt.
zurücktreten: 1. *nach hinten treten:* zwei Schritte z.; von der Bahnsteigkante z.! **2.** *sein Amt niederlegen:* die Regierung ist zurückgetreten; der Präsident trat [von seinem Amt, Posten als Vorsitzender] zurück. **3.** ⟨von etwas z.⟩ **a)** *etwas rückgängig machen:* von einem Kauf z.; von dem Vertrag innerhalb einer Woche z. können. **b)** *auf etwas verzichten:* er ist von seiner Forderung, seinem Recht, seinem Anspruch zurückgetreten. **4.** ⟨etwas tritt zurück⟩ *etwas wird geringer, unbedeutender:* sein Einfluß tritt immer mehr zurück; der Vorfall tritt hinter/gegenüber anderem zurück.
zurückweichen: *sich zurückziehen, weichen:* langsam, instinktiv, erschrocken, ängstlich vor etwas z.; die Menge wich ehrfürchtig zurück; unter dem Druck, vor der Übermacht wich der

Feind zurück; übertr.: die Vegetation weicht immer mehr [nach Norden] zurück.

zurückweisen: a) ⟨jmdn. z.⟩ *wieder an den früheren Platz verweisen:* jmdn. an seinen Platz z.; mehrere Reisende wurden an der Grenze zurückgewiesen *(durften nicht einreisen).* **b)** ⟨jmdn. z.⟩ *nicht einlassen:* einen Besucher z. **c)** ⟨jmdn., etwas z.⟩ *entschieden ablehnen:* etwas empört, entrüstet, mit Nachdruck, entschieden z.; ein Geschenk, einen Einspruch, eine Beschwerde, einen Vorwurf, ein Ansinnen, jede Einmischung z.; die Klage wurde vom Gericht zurückgewiesen; einen Bewerber z.

zurückwerfen: a) ⟨jmdn., etwas z.⟩ *wieder an den Ausgangspunkt werfen:* den Ball [ins Spielfeld] z.; die Brandung warf den Schwimmer zurück. **b)** ⟨etwas wirft etwas zurück⟩ *etwas reflektiert etwas:* der Spiegel wirft die Lichtstrahlen, die Wand den Schall zurück. **c)** ⟨jmdn., etwas z.⟩ *abwehren:* den Feind, das Heer z. **d)** ⟨etwas z.⟩ *ruckartig nach hinten bewegen:* die Haare, den Kopf z. **e)** ⟨sich z.⟩ *sich schnell nach hinten legen, setzen:* er warf sich in den Sessel, auf das Bett zurück. **f)** ⟨etwas wirft jmdn., etwas zurück⟩ *etwas bringt jmdn., etwas in Rückstand:* das Projekt wurde dadurch um, auf Jahre zurückgeworfen; die Krankheit hat ihn weit zurückgeworfen.

zurückzahlen: a) ⟨etwas z.⟩ *erhaltenes Geld zurückgeben:* Schulden, einen Betrag [mit Zinsen] z.; ⟨jmdm. etwas z.⟩ hast du ihm das geliehene Geld zurückgezahlt? **b)** (ugs.) ⟨jmdm. etwas z.⟩ *heimzahlen:* ich werde ihm das z.!

zurückziehen: 1. *zum Ausgangspunkt ziehen:* die Zugvögel ziehen schon zurück. **2.** ⟨etwas z.⟩ *nach hinten, zur Seite ziehen:* den Vorhang z.; sie zog ihre Hand zurück. **3.** (militär.) ⟨jmdn., etwas z.⟩ *nach hinten beordern:* die Truppen, Soldaten z.; der vorgeschobene Posten wurde zurückgezogen. **4.** ⟨etwas z.⟩ *rückgängig machen, von etwas absehen:* eine Klage, Anzeige, Bewerbung, sein Angebot, seine Zusage, einen Antrag z.; Geld z. *(geliehenes Geld kündigen).* **5.** ⟨sich z.; gewöhnlich mit Raumangabe⟩ **a)** *sich (in bestimmter Absicht) an einen Ort begeben, an dem man ungestört ist:* er zog sich [für kurze Zeit] in sein Zimmer zurück; das Gericht zieht sich zur Beratung zurück; (scherzh.:) ich ziehe mich in meine Gemächer zurück; sich von jmdm. z. *(den Umgang mit jmdm. abbrechen);* bildl.: sich ins Privatleben, in die Einsamkeit z.; übertr.: du kannst dich nicht darauf, auf den Standpunkt z., daß ...; Part.: wir führen ein zurückgezogenes Leben, leben sehr zurückgezogen. **b)** *zurückweichen:* der Gegner zog sich zurück. **c)** *eine Tätigkeit, Stellung aufgeben, etwas verlassen:* sich von den Geschäften, aus der Politik, aufs Altenteil z.

Zuruf, der: *lauter, an jmdn. gerichteter Ruf:* anfeuernde, aufmunternde, höhnische Zurufe; die Wahl des Vorstandes erfolgte durch Z. *(Akklamation).*

zurufen ⟨jmdm. etwas z.⟩: *laut mitteilen:* jmdm. einen Befehl, eine Warnung, etwas auf französisch z.; ich rief ihm zu, er solle warten.

zusagen: 1. a) ⟨jmdm., einer Sache, etwas z.⟩ *versprechen:* er hat mir diesen Posten, schnelle Hilfe zugesagt; einem Staat Kredite z. **b)** ⟨etwas z.⟩ *eine Einladung annehmen:* er hat sein Kommen, seine Teilnahme fest zugesagt; er hat zugesagt zu kommen; ⟨jmdm. etwas z.⟩ er sagte mir seinen Besuch zu; ⟨auch ohne Akk. und ohne Dat.⟩ er wird z. **2.** ⟨jmdm. z.⟩ *jmds. Vorstellungen entsprechen:* diese Wohnung, Arbeit, dieses Buch, dieser Wein sagt mir [nicht] zu; die letzte Bewerberin hat mir am meisten zugesagt.

zusammen ⟨Adverb⟩: **a)** *gemeinsam, miteinander:* wir spielen, musizieren, verreisen z.; die beiden haben z., er hat z. mit ihm ein Buch geschrieben. **b)** *insgesamt:* die beiden besitzen z. ein Vermögen von fünfzigtausend Mark; er weiß mehr als die anderen z.; alles z. kostet 10 Mark.

Zusammenarbeit, die: *gemeinsame Arbeit:* wirtschaftliche, internationale, weltweite Z.; die Z. mit dem Betriebsrat, von Bund und Ländern, zwischen den beiden Staaten.

zusammenballen: 1. ⟨etwas z.⟩ *zu einem Klumpen o.ä. ballen:* Schnee, Papier, die Fäuste z. **2.** ⟨sich z.⟩ *sich ballen:* die Gewitterwolken ballen sich zusammen; auf dem Platz ballten sich die Menschenmassen zusammen; sie ballten sich zu großen Gruppen zusammen; bildl. (geh.): über seinem Haupt ballt sich das Verhängnis, ballen sich drohende Wolken zusammen.

zusammenbeißen ⟨etwas z.⟩: *gegeneinanderpressen:* die Zähne [vor Schmerz, trotzig] z.

zusammenbrauen: 1. (ugs.) ⟨etwas z.⟩ *brauen, mischen:* ein Getränk z.; was hast du da für ein scheußliches Zeug zusammengebraut? **2.** ⟨etwas braut sich zusammen⟩ *etwas ist im Entstehen:* ein Gewitter, Unwetter braut sich zusammen; es scheint sich etwas zusammenzubrauen.

zusammenbrechen: a) ⟨etwas bricht zusammen⟩ *etwas stürzt ein, geht in Trümmer:* das Gerüst ist zusammengebrochen; übertr.: das Lügengebäude brach zusammen; das ganze Unglück brach über ihr zusammen. **b)** *infolge Schwäche o.ä. hinfallen, ohnmächtig werden:* aus, vor Erschöpfung z.; ohnmächtig, tödlich getroffen z.; übertr.: der Vater ist bei der Todesnachricht zusammengebrochen *(war völlig gebrochen);* unter der Last der Beweise brach er zusammen. **c)** ⟨etwas bricht zusammen⟩ *etwas schlägt fehl, scheitert, geht zugrunde:* der Angriff ist zusammengebrochen; die Firma ist zusammengebrochen *(hat Bankrott gemacht);* der Verkehr in der Innenstadt, der Immobilienmarkt, das Telefonnetz brach zusammen; jmds. Kreislauf, Widerstandskraft bricht zusammen; für ihn brach eine Welt zusammen *(er sah sich getäuscht).*

zusammenbringen: 1. a) ⟨etwas z.⟩ *sammeln, anhäufen:* er hat ein Vermögen damit zusammengebracht; wieviel habt ihr bei der Sammlung zusammengebracht? **b)** (ugs.) ⟨etwas z.⟩ *zustande bringen:* er brachte keine drei Sätze/Worte zusammen *(konnte vor Erregung nichts sagen);* sie brachte das Gedicht nicht mehr zusammen *(konnte es nicht mehr aufsagen).* **2. a)** ⟨jmdn. mit jmdm. z.⟩ *jmds. Bekanntschaft mit jmdm. herbeiführen:* ich brachte ihn mit einem Kollegen zusammen; ⟨auch ohne Präp.-Obj.⟩ er hat die beiden [in seiner Wohnung] zusammengebracht. **b)** ⟨etwas mit etwas z.⟩ *in Verbindung bringen:* er brachte ihr Verhalten nicht mehr mit seiner weit zurückliegenden Kränkung zusammen; ⟨auch ohne Präp.-Obj.⟩ zwei verschiedene Dinge z.

Zusammenbruch, der: a) *Ruin:* der wirtschaftliche, politische Z.; der Z. der Bank, des Betriebs war nicht aufzuhalten. b) *Nervenzusammenbruch:* einen Z. erleiden; die vielen Aufregungen führten zum Z.

zusammenfahren: 1. a) ⟨mit jmdm., mit etwas z.⟩ *zusammenstoßen:* er ist mit dem Lastwagen zusammengefahren; ⟨auch ohne Präp.-Obj.⟩ zwei Züge sind zusammengefahren. b) ⟨jmdn., etwas z.⟩ *kaputtfahren:* den Wagen des Freundes z. 2. *[vor Schreck] zusammenzucken:* bei dem Knall fuhr er [heftig] zusammen.

zusammenfallen: 1. ⟨etwas fällt zusammen⟩ a) *etwas stürzt ein:* ein Haus fiel zusammen; die Dekoration ist wie ein Kartenhaus zusammengefallen; ü b e r t r .: damit fällt seine Beweisführung in sich zusammen. b) *zusammensinken; kleiner, dünner werden:* der Ballon, Teig ist zusammengefallen. 2. *mager, körperlich schwach werden:* er ist [durch seine Krankheit] sehr zusammengefallen. 3. ⟨etwas fällt mit etwas zusammen⟩ *etwas findet gleichzeitig statt:* die Blütezeit der Dichtung fiel mit der Zeit der größten politischen Machtentfaltung zusammen; ⟨auch ohne Präp.-Obj.⟩ die beiden Veranstaltungen, unsere Geburtstage fallen zusammen; in eins z. *(identisch sein).*

zusammenfassen: 1. ⟨jmdn., etwas z.⟩ *vereinigen:* die Teilnehmer in/zu Gruppen von 10 Personen z.; verschiedene Dinge unter einen Oberbegriff z.; die Sportverbände wurden in einem Dachverband zusammengefaßt. 2. ⟨etwas z.⟩ *kurz, als Resümee formulieren:* die Ergebnisse einer Untersuchung, den Lehrstoff [in Regeln] z.; er faßte seine Eindrücke in einem/(auch:) in einen einzigen Satz zusammen; zusammenfassend stellte er fest, daß ...

zusammenfügen: a) ⟨etwas z.⟩ *zusammensetzen:* Steine zu einem Mosaik z.; Werkstücke, Teile, Scherben z. b) ⟨etwas fügt sich zusammen⟩ *etwas verbindet sich zu einem Ganzen:* die Teile fügen sich schön, nahtlos zusammen.

Zusammenhalt, der: a) *feste Verbindung:* der Z. der einzelnen Teile, des Gewebes. b) *innere Verbundenheit:* der enge, feste Z. der Gruppe; der Z. in der Gemeinschaft lockert sich, geht verloren; die Mannschaft hat keinen Z.

zusammenhalten: 1. a) ⟨etwas hält zusammen⟩ *etwas haftet aneinander:* die geleimten Bretter halten gut zusammen. b) ⟨etwas hält etwas zusammen⟩ *etwas hält etwas in einer festen Verbindung:* eine Schnur hält das Bündel zusammen; ü b e r t r .: die Gruppe wird von gemeinsamen Interessen zusammengehalten. 2. ⟨etwas z.⟩ *vergleichend nebeneinanderhalten:* zwei Gegenstände z., um sie zu vergleichen. 3. ⟨jmdn., etwas z.⟩ *geschlossen in einer Gruppe halten:* die Schafherde z.; der Lehrer konnte die Klasse, die Schüler kaum z.; ü b e r t r .: seine Gedanken z.; sein Geld z. 4. *einander beistehen; sich innerlich verbunden sein:* die beiden Freunde haben immer [brüderlich, eng, wie Pech und Schwefel] zusammengehalten; wir müssen in diesen schweren Zeiten fest z.

Zusammenhang, der: *innere Beziehung, Verbindung:* die inneren, historischen, wirtschaftlichen Zusammenhänge; die Zusammenhänge durchschauen; einen Z. herstellen; die Ge-

schichte hat wenig Z.; es besteht kein [ursächlicher, direkter], nur ein loser Z. zwischen diesen Vorfällen; ich finde, sehe keinen Z. zwischen ...; einen Satz, ein Zitat aus dem Z. *(aus dem dazugehörigen Text)* reißen, herauslösen; er wurde in/im Z. genannt; Ereignisse [miteinander] in Z. bringen; sein Tod steht in keinem Z. mit dem Unfall.

zusammenhängen ⟨etwas hängt mit etwas zusammen⟩: a) *etwas ist mit etwas fest verbunden:* die Insel hing früher mit dem Festland zusammen; ⟨auch ohne Präp.-Obj.⟩ die beiden Teile hängen nur lose zusammen; ü b e r t r .: die beiden hängen zusammen wie die Kletten *(sind unzertrennlich).* b) *etwas steht mit etwas in Beziehung:* seine Gelenkschmerzen hängen mit einer Erkältung zusammen; daß er so spät kam, hing mit dem schlechten Wetter zusammen; alles, was damit zusammenhängt; sein Schicksal hing eng, aufs engste damit zusammen; a d j . P a r t .: etwas zusammenhängend erzählen.

zusammenklappen: 1. ⟨etwas z.⟩ a) *zusammenlegen:* einen Campingtisch, ein Taschenmesser, einen Fächer z. b) *aneinanderschlagen:* die Hacken z. 2. (ugs.) *einen Schwächeanfall erleiden:* vor Erschöpfung, nach der Anstrengung z.; er klappte zusammen wie ein Taschenmesser.

zusammenkommen: 1. a) ⟨mit jmdm. z.⟩ *sich treffen:* ich bin gestern mit ihm zusammengekommen; ⟨auch ohne Präp.-Obj.⟩ die Mitglieder kamen [im Klub] zusammen; ü b e r t r .: zwei Menschen, die nicht z. können. b) *sich versammeln:* zu einer Kundgebung z.; wir sind hier zusammengekommen, um ... 2. ⟨etwas kommt zusammen⟩ *etwas sammelt sich an:* bei der Sammlung ist viel Geld, einiges [an Spenden, an Geschenken] zusammengekommen. b) *etwas ereignet sich gleichzeitig:* heute ist aber auch alles zusammengekommen; verschiedene Ursachen kamen zusammen.

zusammenlaufen: 1. a) *von verschiedenen Seiten an eine Stelle laufen:* die Menschen liefen [neugierig, auf dem Platz] zusammen. b) ⟨etwas läuft zusammen⟩ *etwas fließt zusammen:* das Wasser läuft in der Mulde zusammen. 2. ⟨etwas läuft zusammen; mit Raumangabe⟩ *etwas trifft, vereinigt sich in einem bestimmten Punkt:* an diesem Punkt laufen die Linien zusammen; ü b e r t r .: hier laufen die Fäden zusammen. 3. ⟨etwas läuft zusammen⟩ *etwas geht an den Rändern ineinander über:* die Farben laufen zusammen. 4. (ugs.) ⟨etwas läuft zusammen⟩ *etwas läuft ein:* der Stoff ist beim Waschen zusammengelaufen.

zusammenlegen: 1. ⟨etwas z.⟩ *falten:* die Zeitung, das Tischtuch, die Wäsche z.; ihr müßt die Kleider ordentlich z. 2. ⟨etwas z.⟩ *zusammentragen und an eine bestimmte Stelle legen:* die Spielsachen, die Reiseutensilien z. 3. *gemeinsam Geld geben:* wir haben z. müssen; wir legten für ein Geschenk zusammen; ⟨auch mit Akk.⟩ sie legten Geld zusammen. 4. ⟨etwas z.⟩ *zusammenfassen, vereinigen:* zwei Abteilungen, Schulklassen, Veranstaltungen z. 5. ⟨jmdn. z.⟩ *in einem Raum, Zimmer unterbringen:* Kranke z.

zusammennehmen: 1. ⟨etwas z.⟩ *anspannen, anstrengen:* du mußt alle deine Gedanken, Kräfte, deinen ganzen Mut z. 2. ⟨sich z.⟩ *sich be-*

herrschen: er hat sich heute sehr zusammengenommen; nimm dich gefälligst zusammen! 3. ⟨etwas z.⟩ *zusammenfassen:* wenn wir alle Ergebnisse zusammennehmen, dann ...; alles zusammengenommen *(alles in allem)* hat die Arbeit drei Tage gedauert.

zusammenreißen (ugs.): **1.** ⟨sich z.⟩ *sich zusammennehmen:* reiß dich zusammen!; er riß sich zusammen. **2.** ⟨etwas z.⟩ *energisch zusammenschlagen:* die Hacken z.; reißen Sie die Knochen zusammen! *(stehen Sie stramm!).*

zusammensacken: *schwer und kraftlos hinsinken:* er sackte langsam auf dem Sitz, über dem Steuer zusammen; ich bin in mir/(seltener:) in mich zusammengesackt.

zusammenschlagen: **1.** ⟨etwas z.⟩ *kräftig gegeneinanderschlagen:* die Absätze, Hacken z.; der Musiker schlägt die Becken zusammen. **2.** (ugs.) **a)** ⟨jmdn. z.⟩ *zu Boden schlagen:* er wurde von Rowdys zusammengeschlagen. **b)** ⟨etwas z.⟩ *zertrümmern:* in seiner Wut schlug er die Möbel zusammen. **3.** ⟨etwas z.⟩ *falten:* die Zeitung, die Fahne z. **4.** ⟨etwas schlägt über jmdm., über einer Sache zusammen⟩ *etwas geht über jmdn., über etwas hinweg:* die Wellen schlugen über dem Schwimmer, über dem sinkenden Schiff zusammen; übertr. (geh.): das Unglück schlägt über mir zusammen *(droht mich zu vernichten).*

zusammenschließen ⟨sich mit jmdm. z.⟩: *sich vereinigen, verbünden:* wir schließen uns mit euch [in einem Verein, zu einer Mannschaft] zusammen; ⟨auch ohne Präp.-Obj.⟩ sich im Kampf für, gegen etwas z.; die Firmen haben sich zusammengeschlossen.

zusammenschmelzen ⟨etwas schmilzt zusammen⟩: *etwas schmilzt und wird weniger:* der Schnee ist in der Sonne zusammengeschmolzen; übertr.: der Vorrat, das Geld ist bis auf einen kleinen Rest zusammengeschmolzen.

zusammensetzen: **1.** ⟨etwas z.⟩ **a)** *aneinanderfügen:* Steine zu einem Mosaik z.; die Puzzleteile z.; Garben [zu Hocken, Puppen] z. **b)** *durch Zusammenfügen herstellen:* eine Maschine [aus einzelnen Teilen] z. **2.** ⟨sich aus jmdm., aus etwas z.⟩ *aus jmdm., etwas bestehen:* die Uhr setzt sich aus vielen Teilen zusammen; die Besucher setzen sich aus allen Kreisen der Bevölkerung zusammen; die Regierung setzt sich aus dem Kanzler, fünfzehn Ministern und acht Staatssekretären zusammen; adj. Part.: ein zusammengesetztes *(aus zwei oder mehr Wörtern gebildetes)* Wort. **3.** ⟨sich mit jmdm. z.⟩ *sich zueinander setzen:* ich wollte mich mit ihm an einen Tisch z.; ⟨auch ohne Präp.-Obj.⟩ in der Schule saßen sie zusammen; wir müssen uns einmal z. und ein Glas trinken; sich zu Verhandlungen z. *(treffen).*

zusammenstecken: **1.** ⟨etwas z.⟩ *zusammenfügen:* den Stoff [mit Nadeln] z.; übertr.: sie steckten die Köpfe zusammen *(tuschelten).* **2.** (ugs.) ⟨mit jmdm. z.⟩ *häufig beisammen sein:* er steckt oft mit meinem Bruder zusammen; ⟨auch ohne Präp.-Obj.⟩ die beiden stecken immer zusammen.

zusammenstellen: **1.** ⟨jmdn., sich, etwas z.⟩ *nebeneinander-, an den gleichen Platz stellen:* Stühle, Tische, die Betten z.; stellt euch näher zusammen! **2.** ⟨etwas z.⟩ *aus mehreren Teilen gestal-*

ten: eine Ausstellung nach bestimmten Epochen z.; ein Programm, eine Sendung, eine Übersicht, die Speisekarte, ein Menü z.; der Trainer stellt die Mannschaft zusammen.

zusammenstoßen: **1.** ⟨mit jmdm., mit einer Sache z.⟩ *zusammenprallen:* mit den Köpfen z.; auf der Treppe wäre ich fast mit ihr zusammengestoßen; die Straßenbahn ist mit dem Bus zusammengestoßen; ⟨auch ohne Präp.-Obj.⟩ zwei Autos sind zusammengestoßen; übertr.: ich bin heute mit ihm heftig zusammengestoßen *(habe eine Auseinandersetzung mit ihm gehabt).* **2.** ⟨etwas stößt zusammen⟩ *etwas grenzt aneinander:* die beiden Grundstücke stoßen zusammen.

zusammentragen ⟨etwas z.⟩: *herbeischaffen, sammeln:* Holz für ein Feuer, Vorräte für den Winter z.; übertr.: Material [für eine Dokumentation], die Fakten [zu einem Vortrag] z.

zusammentreffen: **1.** ⟨mit jmdm. z.⟩ *jmdn. treffen:* ich traf im Theater mit alten Bekannten zusammen; ⟨auch ohne Präp.-Obj.⟩ wir trafen im Winter in Kitzbühel zusammen. **2.** ⟨etwas trifft zusammen⟩ *etwas geschieht gleichzeitig:* günstige Umstände trafen zusammen; subst.: es war ein unglückliches Zusammentreffen verschiedener Umstände.

zusammenziehen: **1. a)** ⟨etwas z.⟩ *[durch Ziehen] enger machen:* eine Schlinge z.; ein Loch im Strumpf z.; die Augenbrauen z.; die Säure zieht den Mund zusammen. **b)** ⟨etwas zieht sich zusammen⟩ *etwas wird enger, kleiner:* die Wunde hat sich zusammengezogen; bei Kälte ziehen sich die Körper zusammen. **2.** ⟨jmdn., etwas z.⟩ *konzentrieren, sammeln:* Truppen, Polizei z.; die Referendare wurden an einem Ort zusammengezogen. **3.** ⟨etwas z.⟩ *addieren:* Zahlen z.; die einzelnen Posten z. **4.** ⟨etwas zieht sich zusammen⟩ *etwas entsteht, braut sich zusammen:* ein Gewitter zog sich zusammen; übertr.: Unheil zieht sich [über mir] zusammen. **5.** ⟨mit jmdm. z.⟩ *gemeinsam eine Wohnung beziehen:* sie ist mit ihrem Freund zusammengezogen; ⟨auch ohne Präp.-Obj.⟩ die beiden sind zusammengezogen.

zusätzlich: *hinzukommend:* zusätzliche Informationen, Kosten; er zahlte ihm z. eine Prämie.

zuschanden (geh.) ⟨gewöhnlich in den Verbindungen⟩ **etwas zuschanden machen** *(vereiteln, zerstören, vernichten):* jmds. Hoffnung, Erwartung z. machen · **etwas wird zuschanden** *(etwas wird vereitelt):* alle seine Pläne wurden z. · **jmdn., etwas zuschanden fahren, reiten, schlagen usw.** *(fahren, reiten, schlagen usw., bis jmd., etwas zugrunde gerichtet, völlig entkräftet ist).*

zuschieben: **1.** ⟨etwas z.⟩ *durch Schieben schließen:* die Schublade, Waggontür z. **2.** ⟨jmdm. etwas z.⟩ *hinschieben:* er schob ihm das Glas zu. **b)** *etwas Unangenehmes anlasten:* jmdm. die Schuld, Verantwortung z.

zuschießen: **1.** (ugs.) ⟨auf jmdn., auf etwas z.⟩ *sich schnell und geradewegs auf jmdn., etwas zubewegen:* sie schoß plötzlich auf mich, auf den Ausgang zu; der Wagen schoß auf den Abgrund zu. **2.** ⟨etwas z.⟩ *[Geld] beisteuern:* er hat [zu dem Fest, zu dem Unternehmen] eine Menge Geld zugeschossen; die Regierung lehnte es ab, weitere Millionen zuzuschießen.

Zuschlag, der: **1. a)** *Betrag, um den ein Preis er-*

höht wird: die Ware wurde mit einem Z. von 110 Mark, von 10% verkauft. **b)** *zusätzlich gezahltes Entgelt, zu zahlende Gebühr:* für Nachtarbeit werden Zuschläge gezahlt; der Schnellzug kostet Z. **2.** (Eisenbahn) *zusätzliche Fahrkarte für schnelle Züge:* der Z. kann im Zug gelöst werden. **3. a)** *das Zusprechen:* der Z. (bei der Versteigerung) erfolgt an Herrn ..., wurde mir erteilt; bei der Auktion fand ein Gebot von 2 500 Mark für die Uhr den Z. **b)** *Auftrag, der jmdm. bei einer Ausschreibung erteilt wird:* jmdm. den Z. für etwas geben, erteilen; der Architekt ... erhielt, bekam den Z.

zuschlagen: **1. a)** ⟨etwas z.⟩ *laut und heftig schließen:* die [Wagen]tür, das Buch z. **b)** ⟨etwas schlägt zu⟩ *etwas fällt laut und heftig zu:* bei dem Wind schlug das Fenster, die Tür [mit einem Knall] zu. **2.** ⟨etwas z.⟩ *zunageln:* eine Kiste, ein Faß z. **3. a)** *drauflosschlagen:* hart, rücksichtslos, erbarmungslos, mit geballter Faust, mit einem Stock z.; schlag zu!; ü b e r t r.: die Armee schlug zu. **b)** (ugs.) *jmdm. einen Schlag versetzen:* die konservative Presse schlug zu; sie schlug zu: „Du hast mich angelogen!"; die Erben haben wieder zugeschlagen und die Aufführung des Stückes verboten; ü b e r t r.: das Schicksal, der Tod hat zugeschlagen. **c)** (ugs.) *sich reichlich bedienen:* die Stadt will jetzt bei den Parkgebühren z.; unser Vermieter wollte tüchtig z.; ü b e r t r.: der Sänger hat [mit seiner neuen LP] wieder zugeschlagen *(eine imponierende Leistung vollbracht).* **d)** (ugs.) *essen:* wir haben nachts noch mal zugeschlagen; nach der Diät wieder z. **e)** (ugs.) *ein Angebot wahrnehmen:* bei diesen Sonderangeboten mußte ich einfach z.; die Wohnung war noch frei, und da haben wir sofort zugeschlagen. **4.** ⟨jmdm. etwas z.⟩ *zu jmdm. schlagen:* dem Partner den Ball z. **5. a)** ⟨jmdm. etwas z.⟩ *zusprechen:* das Grundstück wurde dem Meistbietenden zugeschlagen; das Gemälde wurde dem Käufer mit 20 000 Mark zugeschlagen. **b)** ⟨jmdm., einer Sache etwas z.⟩ *als Auftrag erteilen:* einem Architekten, der Baufirma X den Auftrag z. **6.** ⟨etwas z.⟩ *aufschlagen:* [zu] dem/auf den Preis noch 10% z.

zuschneiden ⟨etwas z.⟩: **a)** *in eine bestimmte Form schneiden:* Bretter, Latten für einen Zaun z.; den Stoff für ein/zu einem Kostüm z.; ü b e r t r.: der ganze Kurs ist auf die Prüfung zugeschnitten *(ausgerichtet);* die Sendung ist auf den Geschmack des breiten Publikums zugeschnitten. **b)** *durch Zuschneiden zum Nähen vorbereiten:* einen Rock, ein Kleid [nach einem Schnittmuster] z.

zuschnüren ⟨etwas z.⟩: *verschnüren:* das Paket z.; ⟨jmdm., etwas z.⟩ seinem Opfer [mit einer Schnur] die Kehle z. *(jmdn. erdrosseln);* ü b e r t r.: die Angst schnürte ihr fast die Kehle zu.

zuschreiben: 1. ⟨jmdm., sich, einer Sache etwas z.⟩ *zuweisen; meinen, daß jmdm., einer Sache etwas zukommt:* dieses Bild wird Leonardo da Vinci zugeschrieben; jmdm. das Verdienst, den Erfolg, die Schuld, den Fehlschlag z.; die Folgen hast du dir selbst zuzuschreiben; diese Tat ist nur seiner Dummheit zuzuschreiben; jmdm. bestimmte Eigenschaften, Fähigkeiten, Neigungen z.; der Quelle wird eine wundertätige Wirkung zugeschrieben. **2.** (ugs.) ⟨etwas z.⟩ *hinzuschreiben:* noch einige Worte z.

Zuschrift, die: *Schreiben mit einer Stellungnahme zu etwas:* anonyme, ablehnende Zuschriften; die meisten Zuschriften aus dem Leserkreis waren positiv; wir haben unzählige Zuschriften [auf das Inserat, zu der Sendung] erhalten.

Zuschuß, der: *finanzielle Beihilfe:* ein geringer, hoher Z.; verlorene Zuschüsse; einen Z. erhalten, beantragen, bewilligen, gewähren, zahlen; der Staat leistet einen beträchtlichen Z. für den Bau, zu den Baukosten; um einen Z. bitten.

zusehen: 1. *jmdn., etwas beobachten; zuschauen:* aus sicherer Entfernung, untätig z.; bei den Bauarbeiten, bei einem Spiel z.; ich will z., wie du das machst; s u b s t.: etwas vom bloßen Zusehen lernen; ⟨jmdn., einer Sache z.⟩ jmdm. beim Arbeiten z.; einem Fußballspiel, den Tanzenden z.; ü b e r t r.: ich kann nicht ruhig, tatenlos z. *(mit ansehen),* wenn man so ungerecht verfährt. **2.** ⟨mit Nebensatz⟩ *sich bemühen:* sieh zu, daß nichts passiert; sieh zu, wo du bleibst; ich will z., daß ich kommen kann.

zusein (ugs.): **1.** ⟨etwas ist zu⟩: *etwas ist geschlossen:* das Fenster, die Tür, der Laden ist zu. **2.** *betrunken sein:* er ist ja schon wieder zu.

zusetzen: 1. a) ⟨einer Sache etwas z.⟩ *hinzufügen:* dem Wein Wasser, Zucker z.; ich habe dem Kühlwasser ein Frostschutzmittel zugesetzt. **b)** (ugs.) ⟨etwas z.⟩ *von den Reserven etwas zulegen:* wenn du krank wirst, hast du nichts zuzusetzen *(keine Kraftreserven);* bei einer Sache Geld z.; ⟨auch ohne Akk.⟩ bei dem Geschäft mußte er bis jetzt nur z. **2.** ⟨jmdm. z.⟩ *jmdn. bedrängen:* jmdm. [wegen etwas] hart z.; man hat ihm so lange mit Fragen zugesetzt, bis er alles zugegeben hat; ü b e r t r.: die Hitze hat ihm ziemlich zugesetzt *(hat ihn sehr angegriffen).*

zuspitzen: 1. a) ⟨etwas z.⟩ *spitz machen:* ein [Stück] Holz an einem Ende z. **b)** ⟨etwas spitzt sich zu⟩ *etwas wird spitz:* der Obelisk spitzt sich [nach oben] zu. **2.** ⟨etwas spitzt sich zu⟩ *etwas verschärft sich:* die Krise, der Konflikt, die politische Lage spitzt sich gefährlich, bedrohlich zu; die Probleme werden sich z.

zusprechen: 1. a) ⟨jmdm., sich etwas z.⟩ *mit Worten geben:* jmdm., sich selbst Mut, Trost [in einer Sache] z. **b)** ⟨jmdm. z.; mit Artangabe⟩ *in bestimmter Weise zu jmdm. reden:* jmdm. besänftigend, ermutigend, freundlich, tröstend, begütigend z. **2. a)** ⟨jmdm. etwas z.⟩ *zuerkennen:* das Gericht sprach ihm den Nachlaß, das Erbe zu; bei der Scheidung wurde das Kind der Mutter zugesprochen. **b)** ⟨jmdm., einer Sache etwas z.⟩ *zuschreiben:* einer Pflanze Heilkräfte z.; Verdienste, die man ihm z. muß. **3.** (geh.) ⟨einer Sache z.⟩ *etwas reichlich genießen:* dem Wein z.; er hat dem Alkohol, dem Essen reichlich, kräftig, tüchtig, eifrig, übermäßig zugesprochen.

Zuspruch, der: **1.** *aufmunterndes Zureden:* ein tröstender, freundlicher, besänftigender Z.; geistlichen Z. suchen; auf jmds. Z. hören. **2. a)** *Interesse, Besuch:* die Veranstaltung, Ausstellung fand guten, regen Z., erfreute sich eines großen Zuspruchs; wir rechnen mit starkem Z.; über mangelnden Z. können wir uns nicht beklagen. **b)** *Anklang, Zustimmung:* die Ware erfreut sich eines allgemein großen Zuspruchs; das kalte Buffet bei den Gästen großen Z. gefunden.

Zustand, der: a) *Beschaffenheit, Verfassung:* jmds. körperlicher, seelischer, geistiger Z.; ein nervöser, krankhafter Z.; der bauliche Z. des Hauses ist einwandfrei; ein Z. der Niedergeschlagenheit; der Z. *(Gesundheitszustand)* des Patienten ist bedenklich, ist schlimmer geworden, hat sich gebessert; die Wohnung befindet sich in einem verwahrlosten Z.; im Z. der Trunkenheit Auto fahren; im Z. geistiger Umnachtung; jmdn. in einem Z. der Verzweiflung, in einem desolaten, üblen, trostlosen Z. vorfinden; in kritischem Z. *(Gesundheitszustand)* operiert werden; in diesem Z. kannst du unmöglich auf die Straße gehen; in Ihrem Z. *(fortgeschrittenem Stadium der Schwangerschaft)* wollen Sie noch verreisen? b) ⟨meist Plural⟩ *Lage, Gegebenheit:* die politischen, wirtschaftlichen, sozialen, gesellschaftlichen Zustände eines Landes; dort herrschen unerträgliche, unmögliche, unglaubliche Zustände; das ist ein unhaltbarer Z.!; die Zustände in dem Altersheim ändern, verbessern; einen Z. wiederherstellen; R (ugs.): Zustände wie im alten Rom *(schlimme, unmögliche Verhältnisse);* das ist doch kein Z.! *(so kann es nicht bleiben).* *(ugs.:)* **Zustände bekommen/kriegen** *(sich sehr aufregen, ärgern).*
zustande ⟨in den Verbindungen⟩ **etwas zustande bringen** *(etwas bewerkstelligen, fertigbringen)* · **etwas kommt zustande** *(etwas wird verwirklicht).*
zustecken: 1. ⟨etwas z.⟩ *etwas mit Hilfe von etwas schließen:* sie hat die Bluse, den tiefen Ausschnitt mit einer Nadel zugesteckt. 2. ⟨jmdm. etwas z.⟩ *unauffällig geben:* dem Enkel fünf Mark, der Friseuse ein Trinkgeld z.; man hat ihm unauffällig, heimlich einen Zettel zugesteckt.
zustehen: 1. ⟨etwas steht jmdm., einer Sache zu⟩ *etwas gebührt jmdm.:* dieses Geld, Recht, dieser Anteil steht mir zu; mehr Mandate stehen der Partei nicht zu. 2. ⟨etwas steht jmdm. zu⟩ *etwas kommt jmdm. zu:* ein Urteil darüber steht dir nicht zu; es steht mir nicht zu, dir Vorwürfe zu machen.
zustimmen: a) ⟨jmdm. z.⟩ *der gleichen Meinung sein wie ein anderer:* ich stimme Ihnen zu; in diesem Punkt kann ich dir nicht z. b) ⟨einer Sache z.⟩ *etwas billigen:* einem Plan voll und ganz, bedingungslos, ohne Vorbehalte z.; das Parlament hat dem Gesetzentwurf mit großer Mehrheit zugestimmt; ⟨auch ohne Dat.⟩ warum stimmst du nicht zu?; stimmst du nicht zu?
Zustimmung, die: *Einwilligung, Unterstützung:* etwas findet jmds. lebhafte, uneingeschränkte Z.; einer Sache seine Z. versagen (geh.), verweigern; zu etwas seine Z. geben; dafür brauchen wir die Z. der Eltern; jmds. Z. einholen.
zustoßen: 1. ⟨etwas z.⟩ *etwas mit einem Stoß schließen:* die Tür [mit dem Fuß] z. 2. *Stoßbewegungen ausführen:* er hat mit dem Degen, Messer mehrmals zugestoßen; stoß zu! 3. ⟨etwas stößt jmdm. zu⟩ *etwas passiert jmdm.:* gib acht, daß dir nichts zustößt; hoffentlich ist den beiden nichts [Schlimmes], kein Unglück zugestoßen; für die Kinder ist vorgesorgt, falls mir etwas zustößt *(verhüll.: falls ich sterben sollte).*
zutage ⟨in den Verbindungen⟩ **etwas zutage bringen/fördern** *(etwas zum Vorschein bringen)* · **etwas kommt/tritt zutage:** a) *(etwas wird an der [Erd]oberfläche sichtbar).* b) *(etwas wird offenkun-*

dig) · **etwas liegt offen/klar zutage** *(etwas ist deutlich erkennbar).*
zuteil ⟨in der Wendung⟩ etwas wird jmdm. zuteil (geh.): *jmd. erhält etwas:* ihm ist eine hohe Auszeichnung z. geworden; den Kindern eine gute Ausbildung z. werden lassen.
zuteilen: a) ⟨jmdm. etwas z.⟩ *[als Anteil] geben:* jmdm. seinen Anteil z.; den Kindern das Essen z.; ⟨auch ohne Dat.⟩ im Krieg wurden die Lebensmittel zugeteilt *(rationiert).* b) ⟨jmdm., einer Sache jmdn., etwas z.⟩ *zuweisen:* jmdm. eine Wohnung, Arbeit, Aufgabe, Rolle z.; er ist einer anderen Abteilung zugeteilt worden.
zutragen: 1. ⟨jmdm. etwas z.⟩ *zu jmdm. tragen:* das Tier trägt seinen Jungen Futter zu; der Wind trug uns den Duft der Linden zu; übertr.: jmdm. Nachrichten, Gerüchte z. 2. ⟨etwas trägt sich zu⟩ *etwas geschieht:* was hat sich denn hier zugetragen?; der Vorfall trug sich gestern zu.
zutrauen: a) ⟨jmdm., sich, einer Sache etwas z.⟩ *an jmds. Fähigkeiten, Eigenschaften, an etwas glauben:* jmdm. einen guten Geschmack z.; er traut sich zu wenig, nichts zu; traust du dir zu, das Problem zu lösen?; er hat seiner Gesundheit zuviel zugetraut. b) ⟨jmdm. etwas z.⟩ *etwas von jmdm. erwarten:* jmdm. einen Mord, keine Lüge, ein besseres Ergebnis z.; ich traue ihm zu, daß er uns betrügt; ich traue ihm alles *(alles Negative)* zu; das hätte ich ihm nie zugetraut!; dem ist doch alles *(alles Negative)* zuzutrauen!
Zutrauen, das: *Vertrauen:* kein rechtes Z. mehr zu jmdm. haben; er gewann das Z. seiner Vorgesetzten; ich habe alles Z. zu ihm verloren.
zutreffen: a) ⟨etwas trifft zu⟩ *etwas stimmt, entspricht den Tatsachen:* seine Angabe, die Beschreibung, Behauptung, Feststellung, der Vorwurf traf zu; das dürfte [wohl] nicht ganz z.; eine zutreffende Bemerkung, Behauptung, Darstellung. b) ⟨etwas trifft für/auf jmdn., etwas zu⟩ *etwas ist auf jmdn., etwas anwendbar:* das Gesetz trifft für/auf diesen Fall nicht zu; die Beschreibung trifft auf dich zu; subst.: Zutreffendes bitte ankreuzen.
Zutritt, der: *das Betreten:* kein Z.!; Z. nur für Personal, nur mit Sondergenehmigung; [Unbefugten ist der] Z. verboten!; freien Z. zu etwas haben; Z. bei Hofe, in höchsten Gesellschaftskreisen haben; jmdm. den Z. zu etwas verweigern, verwehren; ungehinderten Z. verlangen, erlangen, erwirken; sich Z. verschaffen; übertr.: das Gemisch ist vor Z. von Luft zu schützen.
Zutun, das ⟨in der Verbindung⟩ ohne jmds. Zutun: *ohne jmds. Mitwirkung.*
zuverlässig: *verläßlich:* ein zuverlässiger Mitarbeiter; zuverlässige Informationen haben; etwas aus zuverlässiger Quelle erfahren; die Angaben sind z.; sich als z. erweisen.
Zuversicht, die: *festes Vertrauen auf eine positive Entwicklung in der Zukunft:* große Z. erfüllte ihn; voll, voller Z. sein; ich habe die feste Z., daß ...; seine Ruhe verbreitete Z.; Z. ausstrahlen; etwas in Z. tun, daß ...; dem Rückspiel mit Z. entgegensehen.
zuversichtlich: *voller Zuversicht:* es herrscht zuversichtliche Stimmung; ich bin ganz, sehr z.; sie ist z., daß es ihr gelingen wird ...; er sprach z. von der weiteren Entwicklung.

zuviel ⟨Indefinitpronomen⟩: **1.** *mehr als nötig, gewünscht:* z. wissen; einer z.; viel z.; du darfst dir nicht z. zumuten; im Kaffee ist z. Milch; das wäre z. verlangt; Garten ist z. gesagt, es ist nur ein Stück Rasen; einen z. getrunken haben (ugs.; *betrunken sein*); **iron.:** das ist z. des Guten/des Guten z.; R: was z. ist, ist z. *(meine Geduld ist am Ende);* besser z. als zuwenig. **2. a)** ⟨etwas ist, wird jmdm. z.⟩ *etwas ist, wird jmdm. zu anstrengend:* die Arbeit wird mir allmählich z.; heute ist mir alles z. **b)** ⟨etwas ist z. für jmdn.⟩ *etwas geht über jmds. Kräfte:* Angst und Kummer waren z. für sie; diese Nachricht war z. für ihn.

zuvor ⟨Adverb⟩: *zeitlich davor:* im Jahr z.; wir haben ihn nie z. gesehen; ich hatte mich z. erkundigt, ob ...

zuvorkommen ⟨jmdm., einer Sache z.⟩: *schneller sein als jmd.; handeln, bevor etwas eintritt, geschieht:* einem Angriff z.; jmdm. bei einem Kauf, mit seinem Angebot z.; sie wollte zahlen, aber ich bin ihr zuvorgekommen; dem Unheil, Vorwürfen z.; er ist meinem Wunsch zuvorgekommen *(hat ihn erfüllt, ehe ich ihn ausgesprochen habe).*

zuvorkommend: *höflich, liebenswürdig:* ein zuvorkommendes Wesen haben; jmdm. gegenüber, zu jmdm. sehr z. sein; jmdn. z. behandeln.

Zuwachs, der: *Vermehrung:* ein Z. an Besitz, Vermögen, Macht; ein dreiprozentiger Z. im Bausektor; der Z. fiel deutlicher aus als erwartet; der Verein hat einen großen Z. an/von Mitgliedern zu verzeichnen; dieses Jahr brachte einen hohen wirtschaftlichen Z., einen Z. von 1,5 %; man erwartet ähnliche Zuwächse (fachspr.) in den nächsten Jahren; die Familie hat Z. (ugs.; *ein Kind*) bekommen; ich habe dem Jungen einen Anzug auf Z. (ugs.; *reichlich groß*) gekauft.

zuwege ⟨in den Verbindungen⟩ **etwas zuwege bringen** *(etwas fertigbringen)* · **mit etwas zuwege kommen** *(mit etwas fertig werden)* · **gut/schlecht zuwege sein** (ugs.; *in guter/schlechter gesundheitlicher Verfassung sein).*

zuwenden: a) ⟨jmdm., einer Sache sich, etwas z.⟩ *zu jmdm., zu etwas wenden:* sich der Sonne z.; er wandte/wendete sich seinem Nebenmann zu; jmdm. den Rücken, das Gesicht z.; die beiden Gestalten wandten/wendeten sich dem Theaterausgang zu; **übertr.:** das Glück hat sich ihr zugewandt/zugewendet; jmdm. seine Aufmerksamkeit, sein Interesse z. **b)** ⟨sich einer Sache z.⟩ *sich mit etwas befassen:* sich dem Studium der Chemie, einer neuen Aufgabe, einem Problem, einem Thema z.; wir wandten/wendeten uns dann der Frage zu, ob ...; **übertr.:** die Mode hat sich neuen Formen zugewandt.

Zuwendung, die: **1.** *Finanzbeihilfe:* eine finanzielle, einmalige Z.; eine Z. in Höhe von ...; von jmdm. Zuwendungen erhalten; jmdm. Zuwendungen machen; wir freuen uns über die Zuwendungen an, für unser Institut. **2.** *liebevolle Aufmerksamkeit, Beachtung:* menschliche Z.; Kinder brauchen Z.

zuwenig ⟨Indefinitpronomen⟩: *weniger als nötig:* z. Erfahrung, Leute; sie ißt z. [Obst].

zuwerfen: 1. ⟨etwas z.⟩ *zuschütten:* einen Graben, eine Grube mit Erde, Schutt [wieder] z. **2.** ⟨etwas z.⟩ *laut und heftig schließen:* die Tür [hinter sich], den [Wagen]schlag, den Deckel z. **3.** ⟨jmdm.

etwas z.⟩ *etwas zu jmdm. hinwerfen:* jmdm. den Ball, den Schlüssel z.; **übertr.:** jmdm. böse Blicke, eine Kußhand z.

zuwider ⟨in den Verbindungen⟩ **etwas ist jmdm., einer Sache zuwider** *(etwas steht jmdm., einer Sache entgegen)* · **jmdm. zuwider sein** *(jmdm. widerwärtig sein).*

zuwiderhandeln (Papierdt.) ⟨einer Sache z.⟩: *im Widerspruch zu etwas handeln:* dem Gesetz, einer Anordnung, einem Verbot z.

zuziehen: 1. ⟨etwas z.⟩ **a)** *durch Heran-, Zusammenziehen schließen:* die Vorhänge, die Tür [hinter sich] z. **b)** *festziehen:* eine Schleife, einen Knoten z. **2.** ⟨jmdn., etwas z.⟩ *hinzuziehen:* einen Arzt, Gutachter, einige Fachberater zu den Verhandlungen z. **3.** *hierherziehen:* wir sind erst vor kurzem [aus der Großstadt, vom Nachbardorf] zugezogen; **subst. Part.:** hier wohnen fast nur Zugezogene. **4.** ⟨sich (Dativ) etwas z.⟩ *etwas bekommen, erleiden:* sich eine Erkältung, einige Rippenbrüche z.; **übertr.:** sich den Zorn des Publikums, [mit etwas] heftige Vorwürfe z.

zuzüglich (Kaufmannsspr.) ⟨Präp. mit Gen.⟩: *hinzukommend:* das Apartment kostet 400 Mark z. der Heizkosten; ⟨ein folgendes alleinstehendes, stark gebeugtes Substantiv im Singular bleibt gewöhnlich ungebeugt⟩ der Preis z. Porto; ⟨im Plural mit dem Dativ, wenn der Genitiv nicht erkennbar ist⟩ z. Beträgen für Verpackung und Versand.

Zwang, der: **1.** *zwingende Notwendigkeit, Pflicht:* wirtschaftliche, politische Zwänge; die Zwänge des Gesetzes, der Gesellschaft, der Mode; die Zwänge der Zivilisation; der Z. zur Kürze; die Teilnahme ist Z.; es besteht kein Z. zum Kauf[en]/, etwas zu kaufen; etwas nur aus Z. tun. **2.** *[psychologischer] Druck; Belastung:* ein äußerer, innerer, sanfter, moralischer Z.; der Z. der Pflicht; allen Z. ablegen; einen Z. auf jemanden ausüben; seinen Gefühlen, Empfindungen Z. antun, auferlegen; unter einem Z., aus einem gewissen Z. heraus handeln; R: tu dir keinen Z. an (oft scherzh.; *laß dich durch nichts zurückhalten*)!

zwanglos: a) *ungezwungen; ohne Förmlichkeit:* ein zwangloses Beisammensein; sich z. benehmen, unterhalten; z. plaudern; z. zusammenkommen; hier geht es ganz z. zu. **b)** *unregelmäßig:* die Zeitschrift erscheint in zwangloser Folge.

zwangsläufig: *notgedrungen:* eine zwangsläufige Entwicklung; das ist eine zwangsläufige Folge; das führt z. dazu, daß ...

zwanzig: ↑ achtzig.

zwar ⟨Adverb⟩: **1.** ⟨in Verbindung mit *aber*⟩ /leitet eine Feststellung ein, der eine Einschränkung folgt/: z. war er dabei, aber er hat nichts gesehen; der Wagen ist z. gut gepflegt, hat aber einige Roststellen. **2.** ⟨in Verbindung mit voranstehendem *und*⟩ /leitet eine Erläuterung zu dem zuvor Gesagten ein/: die Feier findet nun doch statt, und z. am Mittwoch; er hat sich verletzt, und z. so stark, daß ...

Zweck, der: **1.** *Ziel einer Handlung; Absicht:* ein edler, politischer, erzieherischer Z.; der Z. dieser Sache ist der, daß .../liegt darin, daß ...; [der] Z. der Übung (ugs., oft scherzh.; *das Ziel*) war ...; R: der Z. heiligt die Mittel · einen bestimmten, doppelten Z. verfolgen, erreichen; die Sache hat ihren Z. verfehlt, erfüllt; (geh.:) etwas seinen Zwekken dienstbar machen; die Form ist dem Z. angepaßt; welchem Z. soll das dienen?; etwas ist für private, wohltätige Zwecke bestimmt, vorgesehen; zum Zwecke der Gesundheitsvorsorge; zu welchem Z.? **2.** *Sinn:* der Z. des Ganzen ist nicht ersichtlich; es hat wenig Z., dort anzurufen; das hat doch alles keinen/hat ja doch keinen Z.

zwecks (Papierdt.) ⟨Präp. mit Gen.⟩: *zum Zwecke von:* z. Feststellung der Personalien.

zwei ⟨Kardinalzahl⟩: *2:* wir z.; die ersten z.; z. Bücher; das Leben zweier Menschen/von z. Menschen steht auf dem Spiel; sie gingen zu zweien *(je zwei und zwei)* die Treppe hinauf; wir sind zu zweien (veraltend), zu zweit; es ist z. Uhr; er ist z. Jahre alt; viele Grüße von uns zweien; subst.: in Latein eine Zwei *(Note 2)* schreiben, haben; mit der Zwei *(Straßenbahnlinie 2)* fahren; eine Zwei würfeln; * **für zwei** *(das übliche Maß hinausgehend, sehr viel):* er arbeitet, ißt für z.

zweideutig: 1. *doppeldeutig:* eine zweideutige Frage; der Satz, Text ist z. **2.** *unanständig:* zweideutige Witze erzählen.

zweierlei ⟨Gattungszahlwort⟩: *verschieden:* z. Schuhe anhaben; mit z. Garn nähen; das ist z. *(das sind zwei [völlig] verschiedene Dinge).*

Zweifel, der: *Ungewißheit, Bedenken, Skepsis:* quälender, nagender, bohrender, lähmender Z.; bange, begründete Z.; dein Z. ist nicht berechtigt; darüber kann kein, nicht der geringste, leiseste, mindeste Z. bestehen; es ist, besteht, herrscht kein Z. an seinem guten Willen; kein Z., er war hier; ein Z. war jetzt nicht mehr möglich; Z. an der Wahrheit seiner Worte erwachten in ihr (geh.), stiegen in ihr auf (geh.), quälten sie; es kamen ihm Z., ob er richtig gehandelt habe; seine Z. sind geschwunden, gewichen, ausgeräumt; die ersten Z. [über die Echtheit des Gemäldes] waren schon vor einigen Jahren aufgetaucht; Z. bekommen, hegen (geh.); etwas weckt jmds. Z., hinterläßt einen Z. bei jmdm.; seinen Z. äußern; keinen Z. an etwas lassen, über etwas aufkommen lassen; jmds. Z. zerstreuen, vertreiben, verscheuchen; die letzten Z. beseitigen; man wird dabei gewisse Zweifel nicht los; jmdm. den Z. nehmen; er setzte keinen Z. in ihre Worte; seine Behauptung begegnete (geh.) starkem Z., ließ dem Z. breiten Raum (geh.); das ist, steht außer allem Z. *(gilt als sicher, steht fest);* ich bin, befinde mich im/in Z. darüber, ob ...; er hat sie über seine Meinung nicht im Z. gelassen *(hat ihr gegenüber seine Meinung deutlich geäußert);* er geriet in Z.; sie zog, stellte seine Worte in Z. *(bezweifelte sie);* du hast ohne [jeden] Z. *(ganz gewiß)* recht; er ist über jeden, allen Z. erhaben.

zweifelhaft: 1. *unsicher, fraglich:* ein Werk von zweifelhaftem Wert; es ist noch sehr z., ob er kommt; der Erfolg ist noch [recht, höchst] z.; das scheint mir z. **2.** *anrüchig, fragwürdig, verdächtig:* eine zweifelhafte Person; man hat ihn in recht zweifelhafter Gesellschaft gesehen; ein Mensch von zweifelhaftem Aussehen, Charakter, Ruf; das ist ein [ziemlich] zweifelhaftes Vergnügen *(kein [reines] Vergnügen);* seine Geschäfte erscheinen mir etwas z.

zweifeln ⟨an jmdm., an sich, an etwas z.⟩: *Zweifel, Bedenken haben; bezweifeln, in Frage stellen:*

ich zweifle nicht an dir, an deinem guten Willen, am Gelingen des Planes; an der Richtigkeit seiner Aussage war nicht zu z.; das läßt mich an deinem Verstand z.; langsam begann er an sich selbst zu z.; er zweifelte daran, daß/ob ...; ich zweifle, daß er kommt.

Zweig, der: *dünner Ast:* ein dünner, dürrer, geknickter, grüner, blühender Z.; kahle, belaubte, überhängende Zweige; die Zweige eines Baumes; der Z. ist abgestorben; die Zweige grünen, knospen; einen Z., Zweige in die Vase stellen, von einem Strauch brechen; die Vögel sitzen auf den Zweigen, singen in den Zweigen, hüpfen von Z. zu Z.; übertr.: das ist ein anderer Z. *(eine andere Seitenlinie)* dieser Familie; die einzelnen Zweige *(Untergruppen, -abteilungen)* der Wissenschaft, der Industrie, der Verwaltung. * (ugs.:) **auf keinen grünen Zweig kommen** *(keinen Erfolg haben).*

zweite ⟨Ordinalzahl⟩: *2.:* der z. von rechts; du bist schon der z., der das sagt; zum ersten, zum zweiten, zum dritten! / *Ruf des Auktionators* /; das z. Schuljahr; er singt die z. Stimme, spielt z. Geige; sie fuhren zweiter Klasse; Waren zweiter Wahl *(minderer Güte);* im zweiten Stock; er hat den Prozeß in zweiter Instanz verloren; zum zweiten Mal; Verbrennungen zweiten Grades; er spielt in der zweiten Mannschaft; er gehört zur zweiten Garnitur (ugs.; *zu einer Gruppe mit minderem Leistungsniveau);* subst.: er ist der Zweite *(der Leistung nach)* in der Klasse; heute ist der Zweite *(2. Tag des Monats).*

Zwickmühle, die: *bestimmte Stellung der Steine beim Mühlespiel:* er macht, hat eine Z.; übertr. (ugs.): *schwierige, unangenehme Lage:* wie kommen wir aus dieser Z. wieder heraus?; er befand sich, saß in einer Z.

zwielichtig: *undurchsichtig, fragwürdig, suspekt:* eine zwielichtige Gestalt; ein zwielichtiger Charakter, Geschäftemacher; seine Haltung in dieser Auseinandersetzung war ziemlich z.

Zwiespalt, der: *innere Uneinigkeit, Zerrissenheit; Widersprüchlichkeit:* der Z. zwischen Geist und Natur, zwischen Gefühl und Verstand; er versuchte vergeblich, aus dem Z. herauszukommen; im Z. der Empfindungen; sich in einem inneren Z. befinden; er war in einem Z., geriet in einen Z.; er litt unter dem Z. seiner Natur.

zwiespältig: *innerlich zerrissen; widersprüchlich:* ein zwiespältiges Wesen; zwiespältige Gefühle bewegten ihn.

Zwietracht, die (geh.): *Uneinigkeit:* unter, zwischen ihnen ist, herrscht Z.; Z. stiften, säen.

Zwilling, der: **1.** *eines von zwei zugleich geborenen Geschwistern:* eineiige, zweieiige Zwillinge; siamesische *(zusammengewachsene)* Zwillinge; die beiden sind Zwillinge; der eine Z., einer der [beiden] Zwillinge ist nach der Geburt gestorben. **2.** (Astrol.) /*ein Tierkreiszeichen* /: er ist [ein] Z. (ugs., *ist im Zeichen der Zwillinge geboren).*

zwingen: 1. a) (jmdn., sich, etwas zu etwas z.) *nötigen, mit Gewalt zu etwas veranlassen:* jmdn. zu einem Geständnis, zum Sprechen, zum Rücktritt z.; es zwingt dich niemand, das zu tun; das Flugzeug wurde zur Landung gezwungen; man muß ihn zu seinem Glück z. *(muß ihn ein wenig zum Handeln antreiben);* sie mußte sich zu einem

Lächeln, zur Ruhe z.; ⟨auch ohne Präp.-Obj.⟩ er läßt sich nicht z.; ich will dich ja nicht z., aber ... **b)** ⟨etwas zwingt jmdn. zu etwas⟩ *etwas fordert etwas von jmdm.:* die Situation zwang ihn zu raschem Handeln; die Gefährlichkeit der Situation zwang uns zur Eile; wir sehen uns gezwungen, gerichtlich dagegen vorzugehen; ⟨auch ohne Akk.⟩ die wirtschaftliche Lage zwingt zu Einsparungen; adj. Part.: eine zwingende Notwendigkeit; er hatte zwingende *(überzeugende)* Gründe; dieser Schluß ist nicht zwingend; er lächelte gezwungen *(unnatürlich).* **2.** (geh.) ⟨jmdn. z.; mit Raumangabe⟩ *mit Gewalt an einen bestimmten Ort bringen:* den Gefesselten auf einen Stuhl, zu Boden z.; man zwang die Gefangenen in einen engen Raum; übertr.: etwas in seine Gewalt, unter seine Kontrolle z. **3.** (ugs. landsch.) ⟨etwas z.⟩ *schaffen, bewältigen:* er wird die Arbeit schon zwingen; zwingst du das noch *(kannst du das noch aufessen)*?

zwischen ⟨Präp. mit Dativ und Akk.⟩: **1.** /räumlich/ **a)** ⟨mit Dativ; zur Angabe der Lage⟩ *ungefähr in der Mitte von; mitten in; mitten unter:* unser Haus steht z. einer Tankstelle und einem Supermarkt; z. Eiffelturm und Trocadero (nicht korrekt: z. Eiffelturm und z. Trocadero) fließt die Seine; ich saß z. zwei Gästen; er fand das Foto z. den Papieren; übertr.: z. den Parteien stehen *(keiner Partei[linie] folgen)*; er schwebt, schwankt z. Furcht und Hoffnung. **b)** ⟨mit Akk.⟩ *zur Angabe der Richtung*) *ungefähr in die Mitte von; mitten hinein; mitten unter:* er stellte den Wagen z. die [beiden] Bäume; er setzte sich z. die beiden Kontrahenten; sie pflanzt Salat z. die Tomaten; übertr.: z. die Streitenden treten *(in einem Streit vermitteln).* **2.** /zeitlich/ innerhalb eines bestimmten Zeitraums: **a)** ⟨mit Dativ⟩ z. dem 1. und 6. Januar; z. Weihnachten und Neujahr arbeiten wir nicht; komm bitte z. 17 und 18 Uhr. **b)** ⟨mit Akk.⟩ mein Urlaub fällt z. die Feiertage. **3.** ⟨mit Dat.⟩ **a)** /kennzeichnet eine Mittelstellung/: eine Farbe z. Grau und Blau; das Gebäude ist ein Mittelding z. Villa und Palast. **b)** /bei Maß- und

Mengenangaben/ *innerhalb der angegebenen Grenzwerte:* die Bäume sind z. 15 und 20 Meter hoch; sie ist z. 30 und 40 [Jahre alt]; der Preis liegt z. 80 und 100 Mark. **4.** ⟨mit Dativ; zur Angabe einer Beziehung⟩ es ist zum Bruch z. ihnen gekommen; z. ihnen ist es aus (ugs.); der Unterschied z. Theorie und Praxis; z. Wein und Wein ist ein großer Unterschied (ugs. scherzh.; *nicht alle Weine sind von gleicher Qualität).*

Zwischenfall, der (geh.): *a) kurzer, den Fortgang der Ereignisse störender Vorgang:* ein peinlicher, unerwarteter, bedauerlicher, dramatischer, folgenschwerer, belangloser Z.; ein Z. in einem Kernkraftwerk; ein Z. ereignet sich, spielt sich ab; einen Z. hervorrufen, inszenieren, provozieren, bereinigen; die Feier verlief ohne [jeden] Z.; es kam zu einem Z. an der Grenze. **b)** ⟨Plural⟩ *Unruhen:* die Zwischenfälle häufen sich; es kam zu blutigen, schweren Zwischenfällen.

Zwist, der (geh.): *Uneinigkeit, Streit:* ein Z. in der Familie, zwischen den Brüdern; einen Z. mit jmdm. haben; einen Z. beilegen, beenden, begraben; er lebt in/im Z. mit seiner Schwester, ist mit ihr in Z. geraten.

zwitschern: **a)** *trillernde Töne von sich geben:* die Vögel zwitschern im Garten. **b)** ⟨etwas z.⟩ *zwitschernd hören lassen:* sie zwitscherten fröhliche Volkslieder; der Vogel zwitschert sein Liedchen. * (ugs.:) **einen zwitschern** *(Alkohol trinken).*

zwölf ⟨Kardinalzahl⟩: *12:* die z. Apostel; die z. Monate; es ist z. [Uhr]; R: es ist fünf [Minuten] vor z. *(allerhöchste Zeit).* ↑acht.

Zylinder, der: **1.** *hoher Herrenhut:* einen Z. tragen; er kam in Frack und Z. **2.** *röhrenförmiger Hohlkörper:* der Z. der Petroleumlampe ist verrußt; Technik: der Motor hat vier, sechs Z.; einen Z. bohren, schleifen. **3.** (Math.) /ein geometrischer Körper/: einen Z. konstruieren; den Inhalt eines Zylinders berechnen.

zynisch: *hämisch spottend; verletzend; gemein:* ein zynischer Mensch; zynische Bemerkungen machen; er hatte nur ein zynisches Lächeln dafür übrig; sei doch nicht so z.!; jmdn. z. behandeln.

DUDEN-TASCHENBÜCHER

Praxisnahe Helfer zu vielen Themen

Herausgegeben vom Wissenschaftlichen Rat der DUDEN-Redaktion: Prof. Dr. Günther Drosdowski · Dr. Rudolf Köster · Dr. Wolfgang Müller · Dr. Werner Scholze-Stubenrecht

Band 1: Komma, Punkt und alle anderen Satzzeichen
Sie finden in diesem Taschenbuch Antwort auf alle Fragen, die im Bereich der deutschen Zeichensetzung auftreten können. 165 Seiten.

Band 2: Wie sagt man noch?
Hier ist der Ratgeber, wenn Ihnen gerade das passende Wort nicht einfällt oder wenn Sie sich im Ausdruck nicht wiederholen wollen. 219 Seiten.

Band 3: Die Regeln der deutschen Rechtschreibung
Dieses Buch stellt die Regeln zum richtigen Schreiben der Wörter und Namen sowie die Regeln zum richtigen Gebrauch der Satzzeichen dar. 188 Seiten.

Band 4: Lexikon der Vornamen
Mehr als 3 000 weibliche und männliche Vornamen enthält dieses Taschenbuch. Sie erfahren, aus welcher Sprache ein Name stammt, was er bedeutet und welche Persönlichkeiten ihn getragen haben. 239 Seiten.

Band 5: Satz- und Korrekturanweisungen
Richtlinien für die Texterfassung.
Dieses Taschenbuch enthält die Vorschriften für den Schriftsatz, die üblichen Korrekturvorschriften und die Regeln für Spezialbereiche. 282 Seiten.

Band 6: Wann schreibt man groß, wann schreibt man klein?
Jeder weiß, daß die Groß- und Kleinschreibung eines der schwierigsten Kapitel der deutschen Rechtschreibung ist. Dieses Taschenbuch bietet mit rund 8 200 Artikeln eines schnelle Hilfe für die tägliche Schreibpraxis. 252 Seiten.

Band 7: Wie schreibt man gutes Deutsch?
Dieser Band stellt die vielfältigen sprachlichen Ausdrucksmöglichkeiten dar. Ein unentbehrlicher Ratgeber für alle, die sich um einen guten Stil bemühen. 163 Seiten.

Band 8: Wie sagt man in Österreich?
Das Buch bringt eine Fülle an Informationen über alle sprachlichen Eigenheiten, durch die sich die deutsche Sprache in Österreich von dem in Deutschland üblichen Sprachgebrauch unterscheidet. 252 Seiten.

Band 9: Wie gebraucht man Fremdwörter richtig?
Mit 4 000 Stichwörtern und über 30 000 Anwendungsbeispielen ist dieses Taschenbuch eine praktische Stilfibel des Fremdwortes. 368 Seiten.

Band 10: Wie sagt der Arzt?
Dieses Buch gibt die volkstümlichen Bezeichnungen zu rund 9000 medizinischen Fachwörtern an und erleichtert damit die Verständigung zwischen Arzt und Patient. 176 Seiten.

Band 11: Wörterbuch der Abkürzungen
Dieses Wörterbuch enthält rund 38 000 nationale und internationale Abkürzungen aus allen Bereichen. 288 Seiten.

Band 13: mahlen oder malen?
Gleichklingende Wörter, die verschieden geschrieben werden, gehören zu den schwierigsten Problemen der deutschen Rechtschreibung. Dieses Buch bietet eine umfassende Sammlung solcher Zweifelsfälle. 191 Seiten.

Band 14: Fehlerfreies Deutsch
Zahlreiche Fragen zur Grammatik werden im DUDEN-Taschenbuch „Fehlerfreies Deutsch" in leicht lesbarer, oft humorvoller Darstellung beantwortet. 204 Seiten.

Band 15: Wie sagt man anderswo?
Dieses Buch will all jenen helfen, die mit den landschaftlichen Unterschieden in Wort- und Sprachgebrauch konfrontiert werden. 190 Seiten.

Band 17: Leicht verwechselbare Wörter
Der Band enthält Gruppen von Wörtern, die auf Grund ihrer lautlichen Ähnlichkeit leicht verwechselt werden. 334 Seiten.

Band 18: Wie schreibt man im Büro?
Dieser Band enthält zahlreiche nützliche Informationen, Empfehlungen, Hinweise und Tips für die moderne Büroarbeit. Das praktische Nachschlagewerk für alle Sekretärinnen und Bürokräfte. 179 Seiten.

Band 19: Wie diktiert man im Büro?
Alles Wesentliche über die Verfahren, Regeln und Techniken des Diktierens. 225 Seiten.

Band 20: Wie formuliert man im Büro?
Dieses Taschenbuch bietet Regeln, Empfehlungen und Übungstexte aus der Praxis. 282 Seiten.

Band 21: Wie verfaßt man wissenschaftliche Arbeiten?
Dieses Buch behandelt ausführlich und mit vielen praktischen Beispielen die formalen und organisatorischen Probleme des wissenschaftlichen Arbeitens. 216 Seiten.

Band 22: Wie sagt man in der Schweiz?
In rund 4 000 Artikeln gibt dieses Wörterbuch Auskunft über die Besonderheiten der deutschen Sprache in der Schweiz. 380 Seiten.

DUDENVERLAG
Mannheim/Wien/Zürich

DER DUDEN IN 10 BÄNDEN

Das Standardwerk zur deutschen Sprache
Herausgegeben vom Wissenschaftlichen Rat der
DUDEN-Redaktion:
Professor Dr. Günther Drosdowski ·
Dr. Rudolf Köster · Dr. Wolfgang Müller ·
Dr. Werner Scholze-Stubenrecht

Band 1: Die Rechtschreibung
Das maßgebende deutsche Rechtschreibwörter-
buch. Zweifelsfälle der Groß- und Kleinschreibung, der Zusammen- und Getrenntschreibung
und alle anderen orthographischen Probleme
werden auf der Grundlage der amtlichen Richtlinien entschieden. Ausführlicher Regelteil mit
Hinweisen für das Maschinenschreiben und den
Schriftsatz. 792 Seiten.

Band 2: Das Stilwörterbuch
Das DUDEN-Stilwörterbuch ist das umfassende
Nachschlagewerk über die Verwendung der Wörter im Satz und die Ausdrucksmöglichkeiten der
deutschen Sprache. Es stellt die inhaltlich sinnvollen und grammatisch richtigen Verknüpfungen dar und gibt ihren Stilwert an. 864 Seiten.

Band 3: Das Bildwörterbuch
Über 27 500 Wörter aus allen Lebens- und Fach-
bereichen werden durch Bilder definiert. Nach
Sachgebieten gegliedert stehen sich Bildtafeln
und Wortlisten gegenüber. 784 Seiten mit
384 Bildtafeln. Register.

Band 4: Die Grammatik
Die DUDEN-Grammatik gilt als die vollständig-
ste Beschreibung der deutschen Gegenwartssprache. Sie hat sich überall in der Welt, wo Deutsch
gesprochen oder gelehrt wird, bewährt. 804 Seiten mit ausführlichem Sach-, Wort- und Zweifels-
fälleregister.

Band 5: Das Fremdwörterbuch
Mit rund 50 000 Stichwörtern, mehr als 100 000
Bedeutungsangaben und 300 000 Angaben zu
Aussprache, Betonung, Silbentrennung, Herkunft
und Grammatik ist dieser DUDEN das grundlegende Nachschlagewerk über Fremdwörter und
fremdsprachliche Fachausdrücke. 832 Seiten.

Band 6: Das Aussprachewörterbuch
Mit etwa 130 000 Stichwörtern unterrichtet es
umfassend über Betonung und Aussprache
sowohl der heimischen als auch der fremden
Namen und Wörter. 791 Seiten.

Band 7: Das Herkunftswörterbuch
Dieser Band stellt die Geschichte der Wörter von
ihrem Ursprung bis zur Gegenwart dar. Es gibt
Antwort auf die Frage, woher ein Wort kommt
und was es eigentlich bedeutet. 844 Seiten.

Band 8: Die sinn- und sachverwandten Wörter
Wem ein bestimmtes Wort nicht einfällt, wer den
treffenden Ausdruck sucht, wer seine Aussage
variieren möchte, der findet in diesem Buch
Hilfe. 801 Seiten.

Band 9: Richtiges und gutes Deutsch
Dieser Band ist aus der täglichen Arbeit der
DUDEN-Redaktion entstanden. Er klärt gram-
matische, stilistische und rechtschreibliche
Zweifelsfragen und enthält zahlreiche praktische
Hinweise. 803 Seiten.

Band 10: Das Bedeutungswörterbuch
Dieses Wörterbuch stellt einen neuen Wörter-
buchtyp dar. Es ist ein modernes Lernwörter-
buch, das für den Spracherwerb wichtig ist und
den schöpferischen Umgang mit der deutschen
Sprache fördert. 797 Seiten.

DUDEN – Das große Wörterbuch der deutschen Sprache in 6 Bänden

**Das maßgebende Werk für höchste, selbst
wissenschaftliche Ansprüche.**
Herausgegeben und bearbeitet vom Wissen-
schaftlichen Rat und den Mitarbeitern der
DUDEN-Redaktion unter Leitung von Günther
Drosdowski.
Über 500 000 Stichwörter und Definitionen auf
rund 3 000 Seiten. Mehr als 1 Million Angaben zu
Aussprache, Herkunft, Grammatik, Stilschichten
und Fachsprachen sowie Beispiele und Zitate aus
der Literatur der Gegenwart. Jeder Band etwa
500 Seiten.
„Das große DUDEN-Wörterbuch der deutschen
Sprache" ist das Ergebnis jahrzehntelanger
sprachwissenschaftlicher Forschung der
DUDEN-Redaktion. Mit seinen exakten
Angaben und Zitaten erfüllt es selbst höchste
wissenschaftliche Ansprüche. „Das große
DUDEN-Wörterbuch" basiert auf mehr als drei
Millionen Belegen aus der Sprachkartei der
DUDEN-Redaktion und enthält alles, was für
die Verständigung mit Sprache und für das Ver-
ständnis von Sprache wichtig ist.

DUDEN – Deutsches Universalwörterbuch

Der Wortschatz der deutschen Sprache
2., vollständig überarbeitete und erweiterte Auflage.
Über 120 000 Artikel mit den Neuwörtern der
letzten Jahre, mehr als 500 000 Angaben zu
Rechtschreibung, Aussprache, Herkunft, Grammatik und Stil, 150 000 Anwendungsbeispiele
sowie eine kurze Grammatik für Wörterbuch-
benutzer dokumentieren den Wortschatz der
deutschen Gegenwartssprache in seiner ganzen
Vielschichtigkeit. Ein Universalwörterbuch im
besten Sinne des Wortes. 1 816 Seiten.

DUDENVERLAG
Mannheim/Wien/Zürich